KB134567

TAX AFFAIRS

2024년판

상속세와 증여세 실무

최성일 저

SAMIL | 삼일인포마인

　기획재정부는 상속세제 개편을 위한 전문가 위원회를 구성하여 유산세 과세에서 유산취득형 과세체계로의 전환, 각종 상속공제액과 세율 및 과세표준 구간 조정 등에 대한 논의가 진행되고 있으나, 여러 가지 고려할 사항이 많아 빠르게 추진되지 못하고 있는 것 같다.

　최근 상속·증여세 부과처분 중 다수 불복사건의 유형은 평가기간 밖의 매매사례가액과 과세관청에서 의뢰하는 일명 꼬마빌딩 등 감정가액과 관련된 것으로서, 납세자의 주장이 행정심판에서 받아들여진 경우가 많지 않아 보이므로, 유사사안에 대해서는 신중하게 검토하여 의사결정을 해야 할 것으로 생각된다.

　실무해설서인 이 책자에서는 법령개정 취지 등 법리를 제시하면서도 실무해결 중심으로 다음에 주안점을 두고 개정판을 집필하였다.

　첫째, 개정이 많은 법령은 개정연혁을 비교요약하고, 새로운 예규와 심판결정례 및 판례 등을 실무에서 더 쉽게 활용할 수 있도록 구체적 사례를 만들어 수정·보완하거나 추가하였다.

　둘째, 다른 세법 및 민사법 판결과 상속·증여세가 관련된 사안(예 : 상속인 중 일부가 상속포기한 경우 상속세와 증여세 과세방법 등)에 대해 사례로 만들어 설명하였다.

　셋째, 유권해석과 심판결정 또는 판례가 다른 사안은 비교하여 적용방법을 설명하였다.

　2024년 상속증여세법 주요개정내용은 혼인·출산(입양 포함) 증여재산공제를 신설하고 가업승계에 대한 증여세 과세특례범위와 연부연납기간을 확대한 것이다.

　첫째, 5천만원 증여재산공제와는 별도로 혼인·출산(입양 포함)한 자녀가 부모로부터 증여를 받은 경우 증여재산공제(1억원)를 신설하여 신랑과 신부 각각 1억 5천만원까지 공제를 받을 수 있도록 하였다.

　둘째, 가업승계에 따른 증여세 특례에 있어 가업재산가액에서 10억원을 차감한 금액에 대한 증여세액을 60억원까지는 10%로, 60억원 초과분에 대해서는 20%를 적용하던 것을, 20% 적용대상을 120억원 초과분으로 상향시키고, 연부연납기간을 5년에서 15년으로 연장하였다.

　셋째, 기회발전특구 내 기업에 대해서는 가업상속공제 요건 중 상속인의 신고기한부터 2년 내 대표이사 취임, 사후관리요건 중 업종변경 및 5년간 대표이사 종사규정을 적용하지 아니하도록 하였다.

　넷째, 탈세·회계부정 기업인과 자경농민에 대해서는 가업승계에 대한 증여세 과세특례 및 영농자녀등 증여세 감면혜택을 배제하였다.

실무상 많이 발생하는 다양한 사례를 구체적인 계산사례 등을 만들어 설명하고, 상속증여세법과 민법 등의 관련 내용을 수록하여 실무에서 판단에 도움을 주는 개정판을 발간하려고 노력하였다.

독자 여러분이 상속·증여세와 관련한 의사결정을 할 때 이 책자가 하나의 해결 방법을 제시하는 등으로 도움이 되길 바라며, 앞으로도 실무해결에 더 충실한 책자를 만들기 위해 노력하겠으니 독자 여러분의 많은 의견 제시를 부탁드린다.

끝으로 이 책을 출판할 기회를 준 삼일인포마인 이희태 대표이사님과 원고를 꼼꼼하게 살펴서 보기 좋게 편집해 주신 임직원 여러분에게 감사드린다. 또한 적용상 혼란이 있는 부분을 지적하고 쉽게 이해할 수 있는 문장으로 바꾸어 주는 등 개정판 발간에 많은 도움을 준 박혜자 세무사님에게 고마운 마음을 전한다.

2024년 3월 저자

세금이 국가재정수입에서 차지하는 비율이 높아질수록 세법의 중요성은 강조될 것이다. 최근 급격하게 변화하는 국내외 경제적 환경 등에 대응하기 위하여 세법을 빈번하게 개정하고 있으며 다양한 거래형태에 대하여 해당 세법을 올바르게 해석·적용하여 정확한 세액을 산출하는데 있어 납세자와 과세관청 모두 어려움을 겪고 있는 것도 사실이다.

상속세와 증여세는 재정수요조달목적 외에 소득재분배와 부(富)의 집중현상을 완화시킨다는 사회정책적 기능을 가지고 있다. 우리 경제는 세계적 금융위기를 극복하는 과정 등에서 부의 편중현상이 심화되는 경향이 나타나고 있고 적정한 세부담 없는 부의 대물림을 막고 부의 재분배 기능을 강화해야 한다는 사회적 요구가 확대되고 있어서 공정사회추진을 위한 세제분야 추진과제에 고액재산가의 변칙적인 상속·증여방지와 주식 명의신탁 등에 대한 과세강화를 포함하고 있다.

정부는 적정한 세금을 부담하지 않고 부를 무상이전시키는 것을 막기 위하여 새로운 금융기법과 자본거래 등에 대한 새로운 증여의제규정을 신설·보완하고 유형별 포괄주의를 도입하는 등의 노력을 해 왔으나, 이러한 입법조치로는 변칙적인 증여행위를 사전에 효과적으로 차단할 수 없다는 판단하에 2004년부터 완전포괄주의 증여세 과세제도를 도입하였다.

완전포괄주의 과세제도를 시행함에 따라 일반적 상거래나 정상적인 재산가치 증가분 등에 대해서도 무차별적으로 증여세가 과세되는 것이 아닌가 불안해하는 사람도 있으나, 완전포괄주의 과세제도라 하더라도 증여세는 타인으로부터 무상으로 취득한 재산이나 이익에 대해서 과세하는 세금이므로 상거래 관행상 용인되는 가액으로 거래한 경우 또는 부모 등의 재산적 기여 등이 없이 자녀의 재산가치가 증가한 경우까지 과세하는 것은 아니다.

하지만 완전포괄주의 과세제도에서 세법상 재산평가액과 차이가 있는 거래 등을 하는 경우 증여세 과세대상인지, 거래관행상 정당한 사유가 있어 과세대상이 아닌지를 판단하거나 과세대상인 경우 증여재산가액을 계산하는 것은 쉬운 일은 아니다. 이는 다양한 거래형태에 대한 과세방법 등을 세법에서 구체적이고 명확하게 규정하는데 한계가 있기 때문일 것이다.

필자는 1994년부터 2005년까지 국세청 재산세과에서 상속·증여세법령 유권해석업무를 담당하고 2005년 이후 현재까지 국세공무원교육원에서 상속세 및 증여세법 전임교수로서 상속·증여세 실무 및 주식변동조사실무 등에 대하여 강의하고 있다. 1996년 상속세 및 증여세법 전면개편 및 그 이후 매년 신설·보완한 증여의제규정의 마련과 완전포괄주의 과세제도 도입을 위한 세법개정 실무작업에 참여하고 유권해석업무를 하면서 법령개정도 어렵지만 이를 실무에 적용할 때에 다양한 적용방법이 나타나고 개정시 예상하지 못한 불합리한 결과가 나오는 등 납세자와 과세관청 모두 많은 어려움을 겪고 있음도 경험하였다.

그동안의 세법개정과 상담 및 유권해석업무, 강의경험 등을 토대로 실무해설서를 발간하여 상속·증여세 실무를 하는 분들에게 조금이나마 도움을 드리고자 본 책자를 집필하게 되었다.

본 책자는 이론적 측면보다는 상속·증여재산을 평가하고 각종 공제액을 산정하여 상속·증여세액이 얼마인가를 계산하여야 하는 실무자 입장에서 필요한 해설서가 되도록 다음의 사항에 중점을 두어 집필하도록 노력하였다.

첫째, 책자 편제는 상속·증여세액을 산출하는 순서로 기술하고, 예규·심판결정례·판례 등은 관련 법조문의 항목별로 세분화하여 소제목에 대한 세법내용을 설명하고 그 다음에 수록하여 관련 예규 등을 쉽게 찾도록 하였다.

둘째, 적용상 논란이 많은 사안에 대한 예규와 심판결정례등에 대해서는 이해를 돕기 위해 그 예규내용등과 관련한 사례를 예시하고 필자의 해설을 추가하여 적용방법을 제시하였고, 개정된 법령과 관련한 예규와 심판결정례등은 법령개정내용과 그 적용시기 및 적용방법을 기술하였다.

셋째, 평소 질문을 많이 받았거나 적용상 오류 발생이 많은 사안에 대해서는 구체적인 사례를 들어 설명하고 필요한 경우 계산사례를 수록하였다.

넷째, 빈번하게 개정된 법령에 대해서는 개정연혁을 도표로 요약하고 사례를 만들어 연도별 적용방법을 설명하도록 노력하였다.

다섯째, 과도한 상속·증여세 부담을 상속·증여세법령으로는 해결할 수 없는 사안의 경우에도 민법 등 관련법령을 활용하여 해결할 수 있는 방법을 소개하였다.

다양한 사례를 들어 가능하면 쉽고 명확하게 설명하려고 최선을 다 했으나, 아쉬움과 부족함은 여전히 남는다. 조세법에 있어 예규나 선결정례등과 필자의 주장은 하나의 견해일 뿐 절대적이거나 영원한 것은 아닐 것이다.

다만, 독자 여러분이 상속세 및 증여세법을 적용하여 과세대상여부를 판단하고 정확한 세액을 계산하는데 있어 이 책자가 하나의 방법을 제시하는 등으로 도움을 줄 수 있기 바라며, 앞으로도 더 나은 책자를 만들기 위해 노력하고자 하니 독자 여러분의 많은 관심을 부탁드린다.

끝으로 이 책을 출판할 기회를 준 삼일인포마인 이정민 대표이사님과 원고내용을 꼼꼼하게 살펴서 보기 좋게 편집해 주신 조원오 상무님, 조윤식 부장님 등 임직원 여러분의 노고에 진심으로 감사드린다. 또한, 필자보다 더 정성을 기울여 원고를 보완·수정해 주고 내조해 준 박혜자 세무사에게도 고마운 마음을 전한다.

2012년 5월 저자

1. 약어 표시예

① 관련 법, 영, 규칙 등의 표시

법률 등 명칭	약어 표시
상속세 및 증여세법	상속증여세법, 상증법, 法
상속세 및 증여세법 시행령	상속증여세법 시행령, 상증령, 令
상속세 및 증여세법 시행규칙	상속증여세법 시행규칙, 상증규칙, 規則
상속세 및 증여세법 기본통칙	상속증여세법 기본통칙
상속세 및 증여세법 집행기준	상속증여세법 집행기준

※ 상자 안에서 법조문 표시한 경우 法, 令, 規則으로 표시함.

② 1996.12.31. 이전 상속세법령은 구상속세법, 구상속세법시행령, 구상속세법시행규칙 등으로 표시함.

③ 국세기본법, 국세징수법, 조세특례제한법, 소득세법, 법인세법, 부가가치세법 등 그 밖의 법률명 전체를 기재함.

④ 기타 법률의 경우 다음은 약어표시하고 그 외 민법 등은 법률명 전체를 표시함.

법률 등 명칭	약어 표시
자본시장 및 금융투자업에 관한 법률	자본시장법
독점규제 및 공정거래에 관한 법률	공정거래법
부동산실권리자 명의등기에 관한 법률	부동산실명법
금융실명거래 및 비밀보장에 관한 법률	금융실명법

⑤ 예규 등의 표시
- 재재산 : 재무부, 재정경제원, 재정경제부, 기획재정부 재산세제과 예규
- 재산, 재삼, 재산상속, 재산세과, 상속증여 서면법규, 법령해석재산 : 국세청 재산세3과, 재산세과, 상속증여세과, 법규과, 법령해석과 예규
- 제도, 서일, 서이, 서면4팀 : 국세종합상담센터, 고객만족센터 예규
- 재조세 : 재경부 조세정책과 예규
- 재일 : 양도소득세 예규, 징세 : 국세기본법 및 국세징수법 예규

⑥ 판례, 심판례 등의 표시
- 헌재 : 헌법재판소 결정례, 대법원 : 대법원 판례
- 국심 또는 조심 : 국세심판원 또는 조세심판원 심판결정례
- 감심 : 감사원 심사결정례 • 심사상속 · 증여 : 국세청 심사결정례

2. 예규, 심판결정례 등에 대한 해설 및 적용상 논란이 있어 필자의 의견을 기술한 내용 등에 대하여는 전문가와 상의하고 국세청 등의 유권해석을 받아 처리하기 바란다.

차 례

차 례

차 례

차 례

제3편 증 여 세

차 례

차 례

제4장   비과세 및 과세가액 불산입 재산 • 911

차 례

제 **4** 편　상속 · 증여재산의 평가

제1장　상속 · 증여재산 평가 원칙 · 1086

차례

차례

제5편 신고·납부 및 결정

제3장 과세표준과 세액의 결정과 경정 • 1404

차 례

2024년 주요 개정내용

2024년 주요 개정내용

1. 가업승계에 따른 세부담 완화

① 가업승계 증여세 과세특례 혜택 확대

(조특법 §30의6, 상증법 §71, 조특령 §27의6)

현 행	개 정
□ 가업승계 증여세 과세특례	□ 저율과세 구간 확대, 사후관리 완화, 연부연납 기간 확대
○ (대상) 18세 이상 거주자가 60세 이상 부모로부터 가업승계목적 주식등 증여	
○ (특례한도)	
– 업력 10년 이상: 300억원	
– 업력 20년 이상: 400억원	○ (좌 동)
– 업력 30년 이상: 600억원	
○ (기본공제) 10억원	
○ (세율) 10%	
– 단, 60억원 초과분은 20%	– 단, **120억원** 초과분은 20%
○ (사후관리) 5년	○ (좌 동)
– 표준산업분류상 **중분류** 내 업종변경 허용	– **중분류 → 대분류**
○ (연부연납 기간) 5년	○ **15년**
○ (신청 기간) 증여받은 날이 속하는 달의 말일부터 3개월 이내	○ (좌 동)

〈개정이유〉 중소·중견기업의 원활한 가업승계 지원

〈적용시기〉 ○ 120억원 초과분 20% 저율과세 : 2024.1.1. 이후 증여받는 분부터 적용

          ○ 연부연납 기간 확대 : 2024.1.1. 이후 증여세 과세표준 신고기한 내에 신청하는 분부터 적용

          ○ 사후관리 완화 : 2024.2.29. 이후 업종을 변경하는 분부터 적용

② 가업상속공제 사후관리요건 완화(상증령 §15)

현 행	개 정
□ 가업상속공제 사후관리 요건	□ 사후관리 요건 완화
○ 상속인의 가업종사	○ 업종 유지요건 완화
– 상속인이 **대표이사**로 종사	– (좌 동)
– 표준산업분류상 **중분류** 내 업종변경 허용	– **중분류 → 대분류**
– 가업을 1년 이상 휴업하거나 폐업하지 않을 것	– (좌 동)
○ 자산 유지	
– 가업용 자산의 **40%** 이상 처분 금지	
○ 지분 유지	○ (좌 동)
– 주식 등을 상속받은 상속인의 지분 유지	
○ 고용 유지	
– 정규직 근로자 수 90% 이상 또는 총급여액 90% 이상 유지	
<신설>	○ 기회발전특구내 기업에 대해 다음의 추징사유 적용배제
	– 상속인의 신고기한부터 2년 이내 대표이사 취임
	– 5년 이내 대표이사로서 가업에 종사

〈개정이유〉 가업상속 지원을 통한 경제활력 제고

〈적용시기〉 2024.2.29. 이후 상속개시하는 것(업종변경 및 기업발전특구 이전 기업)부터 적용

2. 탈세·회계부정에 대한 증여세 과세특례 적용 배제

(조특법 §30의6·§71)

현 행	개 정
<신 설>	□ 증여자 또는 수증자가 탈세·회계부정으로 징역·벌금형을 받은 경우 가업승계·영농승계 증여세 과세특례 배제 ㅇ (범죄 행위) 가업과 관련한 탈세·회계부정 ㅇ (행위 시기) 증여일 10년 전부터 사후관리기간(증여 후 5년)까지의 탈세·회계부정

〈개정이유〉 조세회피 방지

〈적용시기〉 2024.1.1. 이후 증여받는 분부터 적용

3. 혼인·출산에 따른 증여재산 공제 신설(상증법 §53의2)

현 행	개 정
□ 증여재산 공제* 　* 증여자별 아래 금액을 증여세 과세가액에서 공제하고, 수증자 기준 10년간 　공제금액과 합산하여 초과분은 공제제외 　ㅇ 배우자 : 6억원 　ㅇ 직계존속 : 5천만원 　　(단, 수증자가 미성년자: 2천만원) 　ㅇ 직계비속 : 5천만원 　ㅇ 직계존비속 외 6촌 이내 혈족, 4촌 이내 인척 　　: 1천만원	ㅇ (좌 동)
<신 설>	□ 혼인 증여재산 공제 　ㅇ 아래 요건 모두 충족 시 증여세 과세가액에서 공제 　　❶ (증여자) 직계존속 　　❷ (공제한도) 1억원 　　❸ (증여일) 혼인신고일 이전 2년 + 혼인신고일 이후 2년 이내(총 4년) 　　❹ (증여재산) 증여추정·의제 등에 해당하는 경우 제외 　ㅇ 반환특례 　　- 혼인공제 적용받은 재산을 혼인할 수 없

현 행	개 정
	는 정당한 사유*가 발생한 달의 말일부터 3개월 이내 증여자에게 반환 시 처음부터 증여가 없던 것으로 봄
	※ 정당한 사유
	• 약혼자의 사망
	• 민법 제804조 각 호의 약혼해제 사유*
	* 자격정지 이상의 형 선고받은 경우, 약혼 후 1년 이상 생사불명, 불치병, 그 밖의 중대한 사유(혼인 준비 중 파혼하는 경우 등)
	• 혼인할 수 없는 중대한 사유로서 국세청장이 인정하는 사유
	○ 가산세 면제 및 이자상당액 부과
	− 혼인 전 증여받은 거주자 : 증여일부터 2년 이내에 혼인하지 않은 경우로서 증여일부터 2년이 되는 날이 속하는 달의 말일부터 3개월이 되는 날까지 수정신고 또는 기한 후 신고한 경우
	− 혼인 이후 증여받은 거주자 : 혼인이 무효가 된 경우로서 혼인무효 소의 확정판결일이 속하는 달의 말일부터 3개월이 되는 날까지 수정신고 또는 기한 후 신고한 경우
	□ 출산·입양 증여재산 공제
	○ 거주자가 자녀의 출생일 또는 입양일부터 2년 이내에 직계존속으로부터 증여받은 경우 1억원까지 공제
	□ 혼인과 출산·입양 증여재산공제 한도
	− 혼인 증여재산공제와 출산·입양 증여재산공제는 합하여 1억원을 한도로 함

〈개정이유〉 결혼비용 세부담 완화 및 출산 등 장려
〈적용시기〉 2024.1.1. 이후 증여를 받는 분부터 적용

4. 공익법인 지출의무 위반 제재 완화 등 제도 합리화

(상증법 §48 · §78, 상증령 §38 · §41의2)

현 행	개 정
□ 공익법인의 출연재산 일정비율 상당액 공익목적사업 지출 의무	□ 지출실적 등 산정기준 및 위반시 제재 합리화
○ 의무지출액	○ (좌 동)
– 출연재산 가액의 1%	
* 주식 10% 초과 보유 공익법인 : 3%	
○ 출연재산 가액 산정기준	○ 상장주식 가액 산정기준 변경
– 직전 사업연도 종료일 기준 재무상태표 상 자산가액	– (좌 동)
* 단, 상증법상 평가액의 70% 이하인 경우 상증법상 평가액	
– 공익법인이 3년 이상 보유한 상장주식* 의 경우, 최근 3개년도 자산가액 평균	– 최근 3개년도 → 5개년도 자산가액 평균
* 유가증권시장 및 코스닥시장 거래 주식	
○ 지출실적 산정기준	○ ❶ or ❷ 선택 가능
– 당해 과세연도 사용 실적	❶ 당해 과세연도 사용실적
	❷ 당해 과세연도 + 직전 4과세연도의 5년 평균 사용실적
○ 위반시 제재	○ 제재 합리화
– 미달지출액의 10% 가산세 및 주식 5% 초과분 증여세	– 주식 5% 초과 보유 공익법인 : 미달지출액의 200% 가산세
	– 주식 5% 이하 보유 공익법인 : 미달지출액의 10% 가산세

〈개정이유〉 공익법인의 지출의무 관련 제도 합리화

〈적용시기〉 2024.1.1. 전에 상속세, 증여세 또는 가산세 부과사유가 발생한 경우에는 개정규정에도 불구하고 종전의 규정에 따름.

다만, 2023.12.31.이 속하는 과세기간 또는 사업연도에 종전의 규정에 따른 상속세 또는 증여세 부과사유가 발생한 공익법인등이 원하는 경우에는 개정규정을 적용

5. 공익법인 감리업무 수수료 징수 근거 신설(상증법 §50, 상증령 §43)

현 행	개 정
□ 회계감사 적정성에 대한 감리 　ㅇ (감리주체) 기획재정부장관 　　→ 한국공인회계사회에 위탁 <신 설> 　ㅇ (감리대상) 외부 회계감사 대상 공익법인* 　　의 감사보고서 　　* 대상 : 자산 100억원 이상 등 공익법인 　　　(종교, 학교ㆍ유치원 교육법인 제외) 　ㅇ (감사인 제재) 감사기준 위반 감사인은 기재 　　부장관이 금융위에 통보하고 금융위에서 　　제재	□ 감리업무 수수료 징수 근거 신설 　ㅇ (좌 동) 　ㅇ (수수료 징수) 수탁기관(한국공인회계사 　　회)은 감사인으로부터 감사보수 중 일부* 　　를 감리업무 수수료로 징수 가능 　　* 수수료율(감사보수의 1% 이내)은 시행령 　　　에 규정 　ㅇ (좌 동)

〈개정이유〉 원활한 감리업무 수행을 위한 수수료 징수 근거 마련

〈적용시기〉 2024.1.1. 이후 개시하는 과세기간 또는 사업연도에 대한 감사보고서와 재
　　　　　무제표 감리하는 분부터 적용

6. 상속재산 평가방법 차이에 대한 가산세 적용제외 합리화

(국기법 §47의3 ④, §47의4 ③, 국기령 §27의5)

현 행	개 정
□ 과소신고가산세 적용제외	□ 적용제외 확대
○ 상속재산(증여재산)의 **평가 방법 차이**로 인해 상속세 및 증여세 과세표준을 과소신고한 경우	○ (좌 동)
<추 가>	－ 부담부증여의 양도소득세 과세표준을 과소신고한 경우
□ 납부지연가산세 적용제외	□ 적용제외 확대
○ 상속재산(증여재산)에 대한 **평가심의위원회의 평가방법 차이**로 상속·증여세액의 납부지연이 발생한 경우(시행령)	○ 상속재산(증여재산)의 **평가방법 차이**로 상속·증여세액의 납부지연이 발생한 경우 (과소신고가산세 적용제외 사유와 동일)
* 상속·증여세를 법정신고기한 내에 신고한 경우에 한함	* (좌 동)
<추 가>	－ 부담부증여의 양도소득세 납부지연이 발생한 경우

〈개정이유〉 상속·증여재산 평가차이로 인한 가산세 적용 합리화

〈적용시기〉 2024.1.1. 이후 양도소득세 또는 증여세를 결정·경정하는 분부터 적용

제 **1** 편

민법상 상속제도

상속증여세 과세체계

제1절 : 상속세 과세체계

1. 상속세 개요

상속세는 자연인의 사망을 원인으로 상속이 개시됨에 따라 피상속인이 남긴 상속재산을 무상으로 취득하는 상속인 또는 수유자에게 해당 상속재산에 대하여 과세하는 세금이다. 우리나라 상속세 과세방식은 피상속인을 기준으로 하여 세액을 계산하는 유산세 과세체계를 원칙으로 하며, 피상속인이 거주자인가 또는 비거주자인가에 따라 과세대상으로 삼는 상속재산의 범위 및 공제해 주는 공과금 등과 상속공제액에 차이를 두고 있다. 상속개시일 현재 상속재산의 가액에서 공과금 또는 채무 등을 공제하는 등 상속개시 시점을 기준으로 과세표준과 세액을 계산한다.

또한, 상속세는 상속인 또는 수유자 각자가 상속받거나 상속받을 재산의 점유비율에 따라 납부할 의무를 부여하되 일부 상속인 등이 납부하지 않은 상속세가 있는 경우 다른 상속인 등에게 연대하여 납부할 의무를 부여하고 있다.

2. 피상속인 기준으로 상속세액 계산하는 유산세 과세체계

우리나라의 상속세 과세체계는 피상속인이 남긴 유산총액을 과세물건으로 하여 무상이전자(피상속인)를 기준으로 과세표준과 상속세액을 계산하여 과세하는 유산세 과세방식이라 할 수 있다.

따라서 상속인이 여러 사람인 공동상속의 경우에도 이를 각자의 상속분으로 분할하기 전의 유산총액을 과세대상으로 하고 상속인별 상속공제액의 합계액을 차감하여 계산한 과세표준에 누진구조의 세율을 적용하게 된다.

유산세 과세체계와 대응되는 유산취득세 과세체계는 각 상속인의 유산취득가액을 기준으로 과세표준과 세액을 산출하는 과세제도라 할 수 있다. 즉, 상속인 등이 여러 사람일 경우 먼저 상속재산을 상속분에 따라 분할하고, 이와 같이 분할된 각자의 몫을 과세대상으로 하여 초과누진세율을 적용하게 되는 것이다.

유산세 과세방식과 유산취득세 과세방식의 장단점은 다음과 같이 구분해 볼 수 있으며, 각 나라의 과세방식은 순수한 유산세 과세방식 또는 유산취득세 과세방식보다는 두 과세방식을 결합한 혼합형 과세제도가 더 일반적이라 할 수 있다.

▌유산세 방식과 유산취득세 방식의 장단점 ▌

구 분	장 점	단 점
유산세 방식	① 누진세율로 과세함으로써 부의 집중을 억제하는 사회정책적 의미에 부합 ② 피상속인의 세부담청산의 의미에 부합 ③ 유산의 분할위장을 통한 조세회피의도를 방지 ④ 조세행정이 용이	① 유산취득자의 담세력에 상응하는 공평한 과세 불가능 ② 유산의 분할을 방해하여 부의 편재를 시정하는 효과억제 ③ 중산계층에 대한 상속세 부담의 상대적 과중
유산 취득세 방식	① 담세력에 상응하는 세부담 ② 분할을 촉진하여 부의 집중을 억제하는 과세목적에 부합 ③ 중산계층에 대한 상속세 부담이 상대적으로 가벼움	① 상속재산의 위장분할을 통한 상속세 회피 소지 ② 세무행정이 복잡 ③ 상속재산 분할이 지연될 경우 납세의무확정이 장기화될 우려

제2절 증여세 과세체계

1. 증여세 개요

증여세는 타인으로부터 재산을 무상으로 취득한 자연인 또는 법인에게 해당 증여재산에 대하여 과세하는 세금이다. 자연인의 사망을 원인으로 상속이 개시됨에 따라 피상속인의 상속재산을 무상으로 취득하는 상속인 등에게만 상속세를 과세할 경우 살아 있을 때 재산을 증여함으로써 상속세를 과세받지 않을 수 있는 점을 고려하여 상속세의 보완세적 성격으로 증여세를 과세하고 있다.

또한, 증여세는 증여를 받은 수증자에게 납부할 의무를 부여하면서 수증자가 증여세를 납부할 능력이 없다고 인정되는 등 증여세를 징수할 수 없는 경우에는 증여자에게 연대하여 납부할 의무를 지우고 있으며, 증여재산에 대하여 법인세 또는 소득세가 부과되는 경우에는 증여세를 과세하지 않도록 하여 이중과세를 방지하고 있다.

2. 수증자 기준의 증여세액 계산하는 유산취득세 과세체계

증여세는 증여를 받은 수증자를 기준으로 하여 과세표준과 세액을 계산하는 유산취득세 과세방식이라 할 수 있으며, 증여가 있을 때마다 증여세 과세표준과 세액을 계산하되 동일인으로부터 10년 이내에 증여받은 재산은 합산과세하는 제도를 도입하여 분산 증여를 통해 초과 누진세율을 적용받는 것을 회피하는 것을 방지하고 있다.

제3절 : 상속세와 증여세의 공통적 특징

1. 무상으로 소유권이 이전된 재산에 대한 세금

재산소유자가 보유한 상태에서 부과하는 보유세와 소유자가 바뀐 경우 과세대상으로 삼는 유통세 성격으로 구분할 때 종합부동산세·재산세 등은 보유세 성격을 가지며, 양도소득세·상속세와 증여세·취득세 등은 유통세 성격이라 하겠다. 재산의 소유권이 바뀌는 이유는 대가를 주고받는 유상거래와 대가를 주고받지 않는 무상거래로 크게 나눌 수 있으며, 유상거래의 경우에는 소득세법 적용대상이 될 것이고 무상거래의 경우에는 상속증여세법 적용대상이 될 것이다. 거래 당사자가 법인인 경우에는 유상거래 및 무상거래 모두가 법인세법 적용대상이 된다. 또한 유상과 무상이 결합된 거래의 경우에는 소득세·법인세법상 부당행위계산부인 규정과 증여세 과세규정이 동시에 적용될 수 있으며, 무상으로 이전되는 재산이나 이익에 대한 세금은 상속세와 증여세라 할 수 있다.

2. 상속개시일 또는 증여시점의 과세원칙

상속세와 증여세는 상속개시일 및 증여일을 기준으로 하여 과세표준과 세액을 계산한다는 점에서 일정기간 동안의 소득금액을 기준으로 하여 과세하는 소득세, 법인세 등 기간과세의 세목과 구분되는 시점과세의 성격을 가지고 있다. 납세의무성립일인 상속개시일 또는 증여일에 거주자인가 비거주자인가에 따라 과세대상 재산의 범위와 상속·증여재산공제의 범위가 결정되고, 과세대상 재산의 가액과 공제가능한 채무액 등을 확정하여 납부할 세액을 계산하고 있다. 이에 납세의무성립일 현재 불확정적인 권리의 가액을 산정하거나 주채무자의 변제능력유무가 불확실한 (연대)보증채무를 공제해 줄 것인가 등 판단이 어려워 납세자와 과세관청의 다툼이 많은 것도 사실이다. 또한, 특수관계인 간의 거래와 특수관계가 없는 자간의 거래에 대한 증여세 과세요건을 달리하고 있어 특수관계 성립 여부도 증여세 납세의무성립일에 판단해야 하는 등 일정 시점 과세방식인 상속세와 증여세의 경우 납세의무성립일이 특히 증여세의 경우 중요한 의미를 갖는다.

3. 상속개시전 증여재산 또는 재차 증여재산의 합산과세제도

1997.1.1. 이후 상속세와 증여세의 세율은 과세표준 1억원 이하 10%에서 과세표준 30억원 초과분 50%까지 5단계 초과 누진세율을 동일하게 적용한다. 자녀에게 같은 금액의 재산을 무상으로 이전시키는 경우에도 누진세율 체계에서 시점과세 원칙을 따를 경우 한번에 재산을 물려주느냐 아니면 나누어서 물려주느냐에 따라 부담하는 총세액에는 차이가 생긴다. 동일한 재산가액을 무상으로 취득하는 경우라면 일시에 물려받는 경우와 쪼개서 물려받는 경우 총 무상 취득 재산가액에는 차이가 없으므로 부담하는 세금에도 차이가 생기지 않도록 하는 것이 합리적일 것이다. 이에 따라 재산을 증여받은 자에게 증여받은 시점에서 증여세를 부과하고 추가로 증여자가 상속인에게 사망하기 전 10년(상속인 외의 자는 5년) 이내에 증여한 재산은 상속세 과세가액에 더하여 더 높은 누진세율로 상속세를 산출한 후에 증여 당시 증여세 산출세액을 기납부세액으로 공제해 주는 합산과세제도를 두고 있다.

증여의 경우에도 마찬가지로 해당 증여일 전 10년 이내에 동일인으로부터 증여받은 재산의 합계액이 1천만원 이상인 경우 종전 증여재산가액을 금번 증여재산가액에 합산하여 과세함으로써 분산 증여를 통한 누진세율 회피를 방지하는 제도를 두고 있다.

4. 과세대상 재산종류의 분류에 대한 과세상 중요성

과세대상이 되는 상속재산 또는 증여재산의 종류가 상속증여세법상 어떤 재산에 해당하느냐에 따라 다음과 같은 과세상 차이가 발생할 수 있으므로 재산의 종류를 확정하는 것도 상속증여세법 적용에 있어 중요한 의미를 갖는다.

첫째, 재산의 평가방법이 달라져 평가액에 차이가 생길 수 있고 결과적으로 상속·증여세액이 달라질 수 있다. 재건축·재개발이 시행되는 지역 내에 있는 아파트의 경우 평가기준일이 관리처분계획인가일 전이냐 이후냐에 따라 하루 사이에도 재산의 종류는 부동산과 부동산을 취득할 수 있는 권리로 바뀌고 평가방법 및 평가액에 차이가 생길 수 있다. 또한, 최대주주가 증여한 재산이 증자시 신주인수대금인 현금이냐 인수한 주식이냐에 따라 최대주주 할증평가 등 평가방법의 차이로 인하여 납부할 세액이 달라질 수 있다.

둘째, 증여재산의 반환 및 재증여와 관련한 증여세 과세대상 여부에 차이가 발생할 수 있다. 증여세 신고기한 이내에 증여받은 재산을 반환(재증여)하는 경우 증여세를 과세하지 않는데, 이때 반환은 증여받은 재산을 그대로 돌려주는 것을 의미하므로 현금을 증여받고 그 금전으로 취득한 부동산이나 주식을 증여자에게 돌려주게 될 경우 반환에 해당되지 않아 반환시기에 관계없이 당초 증여분과 반환분 모두가 증여세 과세대상이 될 수도 있다.

셋째, 상속공제 및 물납허가요건에 영향을 미친다. 상속받은 재산 중 금융재산에 대해서는 금융재산 상속공제를 적용하는데 상속재산이 예금인 경우에는 공제대상이나 예금인출액 중 사용처가 불분명하여 상속추정한 금액이나 현금의 경우에는 공제받을 수 없으며, 상속재산가액 중 부동산과 유가증권의 가액이 절반을 초과하는 경우 물납이 가능한데 피상속인이 부동산을 매도 또는 매수하는 과정에서 사망하는 경우 해당 재산을 부동산으로 보느냐 아니면 처분한 재산 또는 매수채권으로 보느냐에 따라 물납 허가대상 여부가 달라질 수 있다.

짧은 기간에 재산의 종류가 바뀌는 경우는 많지 않겠지만 주식을 신규 상장하거나 상장이 폐지되는 기간 중에 상속이 개시되는 경우에 과세대상 재산이 상장주식이냐 비상장주식이냐에 따라 평가방법에 차이가 있고 결과적으로 상속·증여세액이 달라질 수 있으므로 재산의 종류를 확정하는 것도 중요한 의미를 가진다.

제2장

민법상 상속제도

제1절 : 상속의 의의와 효과

1. 개 요

상속세는 자연인의 사망으로 인하여 상속이 개시됨에 따라 그 사망자(피상속인)가 남긴 재산을 상속받거나 유증 또는 사인증여에 의하여 취득하는 자(상속인 또는 수유자)에게 해당 상속재산에 대하여 과세하는 세금이다. 현행 상속증여세법에서는 상속세 과세요건과 관련된 상속개시의 원인 및 시기, 상속인 및 상속순위, 상속재산의 범위와 상속재산 분할방법, 유증 또는 사인증여 등에 대한 규정을 두고 있지 않다. 따라서 상속 개시의 원인 및 시기, 상속인 등에 관하여 규정하고 있는 민법 내용을 준용하고 있으므로 민법상 상속제도에 관한 사항을 개략적으로 설명하고자 한다.[1]

2. 상속의 의의

상속이란 자연인의 사망 또는 사망 여부가 불확실한 인정사망(시체는 발견되지 않았으나 객관적 정황이나 증거로 보아 사망이 확실하다고 인정되는 경우) 및 실종선고로 인하여 법률상 정해진 상속인이 사망자(피상속인)에게 속하였던 모든 재산에 관한 권리의무(피상속인의 일신에 전속되는 것을 제외)를 포괄적으로 승계하는 것을 말한다(민법 §1005 본문). 종전 민법에서 호주 상속제도가 있을 때에는 신분상속과 재산상속이 있었지만 호

---

1) 민법상 상속제도는 민법 및 다음 저자님들 책자의 내용을 일부 참고함.
　- 金疇洙・金相瑢 共著, 親族・相續法(9판), 法文社
　- 金俊鎬, 民法講義(全訂版), 法文社
　- 郭潤直, 民法槪說, 博英社

주제도가 폐지된 현재에는 재산상속만이 있고 사망(자연적 사망, 인정사망, 실종선고)의 경우에 상속이 개시된다.

3. 상속개시의 원인 및 시기

상속은 자연인의 사망으로 인하여 개시된다(민법 §997). 상속개시의 시기는 상속개시의 원인이 발생한 때 즉, 피상속인이 사망한 순간이다. 피상속인의 사망과 동시에 당연히 상속이 개시되기 때문에 상속인이 이를 알았는지 몰랐는지에 영향을 받지 않는다.

상속개시의 원인은 일반적인 사망(인정사망을 포함함), 부재선고 및 실종선고로 구분할 수 있다. 상속개시의 시기는 상속인의 자격, 상속인의 범위, 상속순위의 결정, 유류분의 결정 등 민법상 상속제도의 여러 가지 문제를 해결하는데 중요한 기준이 됨은 말할 것도 없고, 상속세 과세에 있어서도 납세의무의 성립 및 세액 결정, 신고기한 및 부과제척기간의 기산일 등이 된다.

가. 자연적 사망

자연적 사망인 경우에는 실제로 사망한 사실이 발생한 시점이다. 보통은 사망신고서에 첨부되는 의사, 치과의사 또는 한의사의 사망진단서 또는 시체검안서에 의거하여 가족관계등록부에 기재된 사망 연·월·일·시·분으로 사망시기를 확인한다(가족관계등록법 §84). 그러나 가족관계등록부의 기재는 반증으로 번복할 수 있는 추정적 효력을 가질 뿐이다.

나. 인정사망

수재, 화재 기타 사변으로 인하여 사망한 것이 확실하지만 시신이 발견되지 아니하는 경우에 이와 같은 사실을 조사·담당하는 관청의 사망보고서에 의하여 사망한 것으로 하는 제도를 말한다. 사망보고서에 의하여 사망으로 간주하는 경우는 가족관계등록부에 기재된 사망의 연·월·일·시에 의하여 사망시기가 확정되며, 가족관계등록부의 기재는 자연사망과 같이 추정적 효력을 갖는다.

다. 실종선고

실종선고에 의하여 사망한 것으로 간주되는 경우를 말한다. 민법 제28조에 의하면 사망일자는 법원에서 실종선고를 한 일자가 아니라 실종기간이 만료되는 시점이다. 그러나 상속증여세법에서는 민법 규정에 따를 경우 국세부과의 제척기간(10년 또는 15년)이 경과되어 상속세를 과세할 수 없는 사례가 발생할 수 있으므로 민법의 규정과 달리 상속개시 사실을 파악할 수 있는 실종선고일을 사망일로 하는 특례규정(상속증여세법 §1 ①)을 두고 있다.

☞ **실종기간 및 기산일(민법 §27)**
　① 보통실종 : 5년(부재자의 생존을 증명할 수 있는 최후의 소식이 있었던 때)
　② 특별실종 : 1년
　　○ 전쟁실종 : 전쟁이 종지한 때　　○ 항공기실종 : 항공기가 추락한 때
　　○ 선박실종 : 선박이 침몰한 때　　○ 위난실종 : 위난이 종료한 때

라. 부재선고

부재선고에 관한 특별조치법[2]에 의하여 부재선고를 받은 사람은 가족관계등록부를 폐쇄하며, 이 경우 민법상 상속 및 혼인에 관하여는 실종선고를 받은 것으로 보므로 재산상속이 일어나게 된다.

마. 동시사망

2인 이상이 비행기 추락, 선박 침몰, 교통사고, 화재 또는 수해 등 동일한 사고로 사망한 경우에는 동시에 사망한 것으로 추정한다(민법 §30). 피상속인의 재산을 상속받을 수 있는 상속인이 되기 위해서는 상속개시 당시 생존해 있어야 하는데 2인 이상이 동일한 위난으로 사망한 경우 누가 먼저 사망하였는지에 따라 상속인의 범위가 달라진다. 만약

---

2) 부재선고에 관한 특별조치법
　제1조 (목적) 이 법은 대한민국의 군사분계선 이북(以北) 지역에서 그 이남(以南) 지역으로 옮겨 새로 가족관계등록을 창설한 사람 중 군사분계선 이북 지역의 잔류자(殘留者)에 대한 부재선고(不在宣告)의 절차에 관한 특례를 규정함을 목적으로 한다.
　제2조 (정의) 이 법에서 "잔류자"란 가족관계등록부에 군사분계선 이북 지역에 거주하는 것으로 표시된 사람을 말한다.
　제3조 (부재선고) 법원은 잔류자임이 분명한 사람에 대하여는 가족이나 검사의 청구에 의하여 부재선고를 하여야 한다.
　제4조 (부재선고의 효과) 부재선고를 받은 사람은 가족관계등록부를 폐쇄한다. 이 경우 「민법」 제997조의 적용 및 혼인에 관하여는 실종선고를 받은 것으로 본다.

에 친족적 신분관계에 있는 甲과 乙이 동일한 위난을 당하고, 甲이 乙보다 먼저 사망한 경우에는 甲의 재산은 乙과 나머지의 상속인에게 상속된다. 한편, 甲과 乙이 동시에 사망한 경우에는 甲과 乙 사이에는 상속권이 발생하지 아니하므로 甲의 재산은 甲의 상속인에게, 乙의 재산은 乙의 상속인에게 상속된다. 2인 이상이 동일한 위난을 당하여 사망하는 경우 누가 먼저 사망했는지를 증명하는 것이 어려운 점을 감안하여 민법에서는 동시사망의 추정 규정을 두고 있다.

4. 상속개시의 장소

상속은 피상속인의 주소지에서 개시된다(민법 §998). 상속개시의 장소는 민법상은 상속 관련 소송사건과 파산사건의 재판관할을 확정하는데 필요하며 세법상은 과세관할을 결정하는 기준이 된다.

5. 상속의 효과

상속인은 상속이 개시된 때부터 피상속인의 일신에 전속된 것을 제외하고 재산에 관한 권리·의무를 포괄적으로 승계한다. 이러한 상속의 일반적 효력은 상속인의 상속개시 사실의 인지 여부나 상속등기 및 기타의 의사표시 등 행위와 관계없이 법률상 발생된다. 일신전속권이란 인격권으로서 성명권, 교수계약에 의한 권리, 특정한 능력에 의하여 형성된 예술권·저작권 등의 급여의무, 부양의 권리·의무 등을 의미한다.

상속개시 당시 2인 이상의 상속인이 있는 경우 공동상속인은 각자의 상속분에 따라 피상속인의 권리의무를 승계하고 분할을 할 때까지는 상속재산을 공유로 한다(민법 §1006).

제 2 절 상속인 및 상속순위

1. 상속인

재산을 남기고 사망한 경우 또는 행방불명이 되어 생사를 알 수 없는 경우에 이해관계를 가진 사람의 청구에 의해 법원이 실종선고를 내린 사람을 「피상속인」이라 하며, 상속

개시에 의하여 피상속인의 권리와 의무를 승계받는 자를「상속인」이라 한다. 민법은 직
계비속, 직계존속, 형제자매, 4촌 이내의 방계혈족 및 배우자에게 상속권을 부여하고 있
다(민법 §1000, §1003).

2. 상속순위

상속이 개시될 때에 상속인의 자격을 가진 자가 한 사람밖에 없을 경우에는 상속순위
의 문제가 일어나지 않지만 그 자격을 가진 자가 여러 명일 경우에는 상속인의 순위를
정해 둘 필요가 있다. 민법이 정하는 상속순위는 다음과 같다.

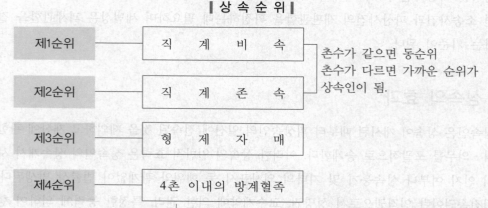

┃상 속 순 위┃

제1순위 ──── 직 계 비 속
제2순위 ──── 직 계 존 속 } 촌수가 같으면 동순위
촌수가 다르면 가까운 순위가
상속인이 됨.
제3순위 ──── 형 제 자 매
제4순위 ──── 4촌 이내의 방계혈족

* 배우자의 경우 직계비속(직계비속이 없는 경우 직계존속)과 같은 순위, 직계존비속
이 없는 경우 단독 상속인이 됨.

가. 제1순위 : 직계비속

1순위 상속인은 아들과 딸, 손자녀와 외손자녀, 증손자녀·고손자녀 등 직계비속이다.
이 때 직계비속이 여러 명 있는 경우 촌수가 다르면 촌수가 가까운 직계비속이 먼저 상속
인이 되고 촌수가 같으면 그 직계비속들은 같은 순위의 상속인이 된다. 즉, 아들과 딸이
손자와 외손자보다 먼저 상속권을 갖게 되고 아들과 딸은 같은 순위의 공동상속인이 된다.

직계비속은 자연혈족, 법정혈족, 혼인중의 출생자, 기혼·미혼에 따른 차별이 없다. 또
한 상속개시 당시 태아가 있는 경우 태아도 상속에서는 이미 출생한 것으로 보므로 유복
자도 직계비속이 된다.

양자로 간 사람의 경우 양부모(법정혈족)와 친생부모(자연혈족) 모두의 직계비속에 해당하지만, 민법 제908조의2 규정 등에 의한 친양자 입양은 입양으로 인하여 친생부모와 친족관계가 종료되므로 친생부모로부터 상속인으로서 재산을 상속받을 수 없다.

나. 제 2 순위 : 직계존속

직계존속은 부계와 모계, 생가와 양가를 구분하지 아니하므로 친생부모와 양부모가 있을 때에는 함께 같은 순위로 상속인이 된다. 다만, 친양자 입양의 경우 친생부모는 직계존속이 될 수 없으며, 1991.1.1. 이후 민법에서는 적모(嫡母)와 계모(繼母)는 법정모자관계가 폐지되었으므로 이들은 직계존속이 아니다. 직계존속이 여러 명인 경우 직계비속과 마찬가지로 그 직계존속의 촌수가 같으면 같은 순위의 상속인이 되고 촌수를 달리하면 최근친이 먼저 상속인이 된다.

직계존속에 대해서는 대습상속은 인정하지 아니하므로 피상속인의 母가 이미 사망하고 父만 있을 때에는 父만이 상속하며, 이미 사망한 母의 직계존속(외조부모)은 대습상속을 할 수 없다. 그리고 양부모가 사망하고 양자가 유산을 상속받은 후 배우자와 직계비속없이 사망한 경우에 양자의 상속재산은 모두 친생부모가 상속하며, 양조부모는 살아있는 경우에도 친생부모가 최근친이므로 상속할 수 없다.

다. 제 3 순위 : 형제자매

형제자매는 피상속인의 직계비속, 직계존속, 배우자 및 대습상속인이 없는 경우에 상속권이 주어진다. 형제자매는 남녀, 기혼·미혼, 자연혈족과 법정혈족 및 동복과 이복을 차별하지 않으며 형제자매의 수가 여러 명인 때에는 같은 순위로 상속인이 된다.

라. 제 4 순위 : 4촌 이내의 방계혈족

피상속인의 직계비속, 직계존속, 배우자 및 형제자매가 없는 경우에만 상속인이 되고 촌수가 같으면 공동상속인이 된다. 예컨대 3촌이 되는 방계혈족으로는 백숙부, 고모, 외숙부, 이모, 질 등이 공동상속인이 되며, 4촌이 되는 방계혈족으로는 종형제자매, 고종형제자매, 외종형제자매, 이종형제자매 등이 공동상속인이 된다.

마. 배우자

피상속인의 배우자는 제1순위 상속인(직계비속)과 같은 순위가 되고 제1순위가 없는 때에는 제2순위 상속인(직계존속)과 같은 순위의 상속인이 되며, 1·2순위 상속인이 없는 경우에는 단독상속인이 된다. 배우자는 혼인신고를 하여 민법상 혼인관계가 인정되어야 하므로 사실혼 관계에 있는 자는 제외한다.

바. 특별연고자의 재산분여 (민법 §1057의2)

상속인의 존부를 알 수 없는 경우 재산분여를 원하는 특별연고자는 상속인 수색공고기간(민법 제1057조에 의해 1년 이상의 기간)이 만료된 후 2월 이내에 가정법원에 재산분여청구를 하여야 하며, 이러한 재산분여의 청구가 용인되면 다음의 특별연고자에게 상속재산의 전부 또는 일부가 귀속되게 된다.[3]

- 피상속인과 생계를 같이하고 있던 자
- 피상속인을 요양간호한 자
- 기타 피상속인과 특별한 연고가 있던 자
  사실혼관계 배우자, 사실상 양자, 장기간 피상속인의 요양간호종사자 등이 특별연고자가 될 수 있을 것이다.

사. 국 가

법률상 상속인이 없고 상속인 수색공고기간 만료 후 2월 이내 재산분여를 청구하는 자가 없으면 상속인 부존재로서 피상속인의 상속재산은 국가에 귀속한다(민법 §1058).

---

3) 제1053조 (상속인없는 재산의 관리인) ① 상속인의 존부가 분명하지 아니한 때에는 법원은 제777조의 규정에 의한 피상속인의 친족 기타 이해관계인 또는 검사의 청구에 의하여 상속재산관리인을 선임하고 지체없이 이를 공고하여야 한다.
　제1056조 (상속인없는 재산의 청산) ① 제1053조 제1항의 공고있는 날로부터 3월 내에 상속인의 존부를 알 수 없는 때에는 관리인은 지체없이 일반상속채권자와 유증받은 자에 대하여 일정한 기간 내에 그 채권 또는 수증을 신고할 것을 공고하여야 한다. 그 기간은 2월 이상이어야 한다.
　제1057조 (상속인수색의 공고) 제1056조 제1항의 기간이 경과하여도 상속인의 존부를 알 수 없는 때에는 법원은 관리인의 청구에 의하여 상속인이 있으면 일정한 기간 내에 그 권리를 주장할 것을 공고하여야 한다. 그 기간은 1년 이상이어야 한다.
　제1057조의2 (특별연고자에 대한 분여) ① 제1057조의 기간 내에 상속권을 주장하는 자가 없는 때에는 가정법원은 피상속인과 생계를 같이 하고 있던 자, 피상속인의 요양간호를 한 자 기타 피상속인과 특별한 연고가 있던 자의 청구에 의하여 상속재산의 전부 또는 일부를 분여할 수 있다.
　② 제1항의 청구는 제1057조의 기간의 만료 후 2월 이내에 하여야 한다.

3. 대습상속 및 상속결격

가. 대습상속

상속인이 될 직계비속 또는 형제자매가 상속개시 전에 사망하거나 결격자(피대습자)가 된 경우에 피대습자의 직계비속(대습자)이 있는 때에는 그 직계비속이 사망하거나 결격된 자의 순위에 갈음하여 상속인이 되는 것을 대습상속이라 한다(민법 §1001). 이 경우 상속개시 전에 사망하거나 결격된 직계비속 또는 형제자매(피대습자)의 배우자(대습자)도 직계비속(대습자)과 함께 같은 순위로 공동상속인이 되고 그 직계비속인 대습상속인이 없는 때에는 단독 상속인이 된다(민법 §1003 ②). 상속포기는 상속개시 전에 할 수 없으므로 대습상속의 사유가 되지 아니하며, 남편도 처의 대습상속인이 될 수 있으므로 처가 사망한 후 남편이 재혼을 하지 않으면 장인과 장모의 유산을 상속받을 수 있다.

또한, 동시사망으로 추정되는 경우에도 대습상속이 가능한 것으로 대법원에서 판결하고 있다(대법원 99다13157, 2001.3.9.).[4)]

나. 상속결격

상속결격이란 상속인에 대하여 민법상 사유가 발생하였을 경우에 재판상의 선고를 기다리지 아니하고 법률상 당연히 그 상속인이 피상속인의 권리의무를 승계하는 자격을 잃게 되는 것을 말한다. 피상속인의 유산을 상속인에게 승계시키는 것은 피상속인과 상속인 간의 윤리적·경제적인 결합관계를 고려한 것인데 이러한 협동체적 결합관계를 깨뜨리는 비윤리적·반인륜적인 행위를 한 자에게까지 상속권을 인정할 필요가 없다는 것이 상속결격제도의 취지라 할 수 있다.

상속결격의 법정사유는 다음과 같다(민법 §1004).

① 고의로 직계존속, 피상속인, 그 배우자 또는 상속의 선순위나 동순위에 있는 자를 살해하거나 살해하려 한 것
② 고의로 직계존속, 피상속인과 그 배우자에게 상해를 가하여 사망에 이르게 한 것
③ 사기 또는 강박으로 피상속인의 상속에 관한 유언 또는 유언의 철회를 방해한 것

---

4) 1997.8.3. 괌에서 대한항공 추락사고로 인하여 일가족이 동시사망으로 추정된 사건에서 3순위 상속인인 형제자매와 대습상속인에 해당하는 사위 중 누구에게 상속권이 있는가에 대한 판결임.

④ 사기 또는 강박으로 피상속인의 상속에 관한 유언을 하게 한 것
⑤ 피상속인의 상속에 관한 유언서를 위조·변조·파기 또는 은닉한 것

상속결격의 효과는 첫째, 상속결격사유가 발생하는 상속인은 당연히 상속할 자격을 잃는다. 상속개시 전에 결격사유가 생기면 그 상속인은 결격사유 발생이후 상속이 개시되더라도 상속을 할 수 없고 상속개시 후에 결격사유가 생긴 경우에는 유효하게 발생한 상속권도 그 상속개시 당시로 소급하여 무효가 된다. 따라서 결격자가 상속재산을 선의·무과실의 제3자에게 양도한 경우에는 그 양도행위는 처음부터 당연무효이며, 선의취득의 보호를 받지 아니하는 한 제3자는 아무런 권리도 취득하지 못한다. 따라서 적법한 상속인의 상속회복청구권이 그 침해를 안 날로부터 3년 또는 상속이 개시된 날로부터 10년이 경과되어 소멸하든가 제3자의 취득시효가 완성되지 아니하는 한 적법한 상속인으로부터 반환청구가 있으면 이에 응하지 않으면 안된다.

둘째, 상속결격자는 상속인이 될 수 없을 뿐만 아니라 유증을 받을 수도 없다.

셋째로 결격의 효과는 결격자의 일신에만 미치므로 결격자의 직계비속이나 배우자는 대습상속을 받을 수 있다.

❘ 대습상속 예시 ❘

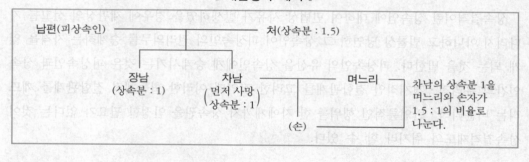

제3절 : 상속분

1. 개 요

상속분이란 2인 이상의 상속인이 있는 공동상속의 경우에 전체 상속재산에 대하여 각 상속인이 상속받는 몫의 비율을 의미한다.

상속분은 피상속인의 의사(유언)에 따라 정하여지는 지정상속분과 민법에 의하여 정하여지는 법정상속분으로 구분할 수 있다.

2. 지정상속분

피상속인은 살아있는 동안 유언에 의하여 상속분을 지정할 수 있는데 이를 지정상속분이라 한다. 유언에 의하여 상속재산을 받을 수 있는 자는 법정상속인이 될 수도 있고 법정상속인 외의 개인 또는 법인, 기타 단체, 국가나 지방자치단체가 될 수도 있다. 그러나 유류분에 반하는 지정을 할 수 없으며 만약 유류분[5]에 반하는 지정을 하였을 경우에는 침해를 받은 유류분권리자는 반환을 청구할 수 있다(민법 §1115). 만약 피상속인이 상속분을 지정

---

[5] 민법 제1112조 (유류분의 권리자와 유류분) 상속인의 유류분은 다음 각호에 의한다(1977년 개정시 도입).
  1. 피상속인의 직계비속은 그 법정상속분의 2분의 1
  2. 피상속인의 배우자는 그 법정상속분의 2분의 1
  3. 피상속인의 직계존속은 그 법정상속분의 3분의 1
  4. 피상속인의 형제자매는 그 법정상속분의 3분의 1
제1113조 (유류분의 산정) ① 유류분은 피상속인의 상속개시시에 있어서 가진 재산의 가액에 증여재산의 가액을 가산하고 채무의 전액을 공제하여 이를 산정한다.
  ② 조건부의 권리 또는 존속기간이 불확정한 권리는 가정법원이 선임한 감정인의 평가에 의하여 그 가격을 정한다.
제1114조 (산입될 증여) 증여는 상속개시전의 1년간에 행한 것에 한하여 제1113조의 규정에 의하여 그 가액을 산정한다. 당사자쌍방이 유류분권리자에 손해를 가할 것을 알고 증여를 한 때에는 1년 전에 한 것도 같다.
제1115조 (유류분의 보전) ① 유류분권리자가 피상속인의 제1114조에 규정된 증여 및 유증으로 인하여 그 유류분에 부족이 생긴 때에는 부족한 한도에서 그 재산의 반환을 청구할 수 있다.
  ② 제1항의 경우에 증여 및 유증을 받은 자가 수인인 때에는 각자가 얻은 유증가액의 비례로 반환하여야 한다.
제1116조 (반환의 순서) 증여에 대하여는 유증을 반환받은 후가 아니면 이것을 청구할 수 없다.
제1117조 (소멸시효) 반환의 청구권은 유류분권리자가 상속의 개시와 반환하여야 할 증여 또는 유증을 한 사실을 안 때로부터 1년 내에 하지 아니하면 시효에 의하여 소멸한다. 상속이 개시한 때로부터 10년을 경과한 때도 같다.

하는 것에 아무런 제한이 없다면 특정 상속인에게 모든 재산을 상속하여 다른 상속인들의
경제적 기반을 침해하는 등으로 가족관계를 무너뜨릴 수 있고 변제능력이 없는 상속인에
게 상속재산을 물려주어 상속 채권자가 채권을 회수할 수 없는 문제 등이 발생할 수 있다.

3. 법정상속분

피상속인이 공동상속인의 상속분을 지정하지 아니한 경우 그 상속분은 법정상속분 즉,
같은 순위 상속인이 여러 명인 때에는 그 상속인은 균분으로 하고(민법 §1009 ①), 배우자
의 상속분은 직계비속 또는 직계존속과 공동으로 상속하는 경우 직계존비속 각자 상속분
의 5할을 더한다.

1991.1.1.부터 시행되는 민법에서는 남녀의 상속비율 균등화, 호주상속자 상속분 가산
제도의 폐지, 배우자 상속분의 남녀차별을 폐지하는 등 남녀의 불평등한 상속분을 완전
히 평등하게 개정하였다.

한편, 사망 또는 결격된 자에 갈음하여 상속인이 된 자(대습상속인)의 상속분은 피대습
상속인의 상속분에 의한다. 이 때 피대습상속인의 직계비속이 여러 명일 때에 그 상속분
은 피대습상속인의 상속분의 한도에서 법정상속분에 의하여 정한다(민법 §1009, §1010).

| 법정상속분의 계산 |

	각 사례별 상속인	1990.12.31. 이전		1991.1.1. 이후	
		법정상속분	비 율	법정상속분	비 율
법정상속의 경우	배우자 · 장남	장남 1.5 배우자 1.5	1/2 1/2	장남 1 배우자 1.5	2/5 3/5
	배우자 · 장남 · 장녀 (동일가족부 내)	장남 1.5 장녀 1 배우자 1.5	3/8 2/8 3/8	장남 1 장녀 1 배우자 1.5	2/7 2/7 3/7
	배우자 · 장남 · 장녀 (他家) · 차남	장남 1.5 장녀 0.25 차남 1 배우자 1.5	6/17 1/17 4/17 6/17	장남 1 장녀 1 차남 1 배우자 1.5	2/9 2/9 2/9 3/9
	배우자 · 부 · 모 (배우자가 호주상속을 하는 경우)	배우자 2.25(주) 부 1 모 1	9/17 4/17 4/17	배우자 1.5 부 1 모 1	3/7 2/7 2/7

(주) 1990.12.31. 개정 전 민법 제1009조 제3항에 의한 상속분이 처의 상속분이므로 이 고유상속분에 다시 5
할을 더함. 즉, (1 + 0.5) + (1 + 0.5) × 0.5 = 2.25가 됨.

4. 증여 또는 유증받은 자의 상속분 (민법 §1008)

공동상속인 중에 피상속인으로부터 재산의 증여 또는 유증받은 자가 있는 경우에 그 수증재산이 자기의 상속분에 달하지 못한 때에는 그 부족한 부분의 한도까지 상속분이 인정된다. 피상속인으로부터 생전의 증여 또는 유증을 받은 자가 있는 경우 이를 고려하지 아니하면 공동상속인의 상속분에 차이가 생기게 되므로 증여 또는 유증을 상속분의 선급으로 보아 상속분 산정에서 이를 참작하도록 한 것이다. 이것을 수증자 또는 유증받은 자의 반환의무라고 하며, 다른 공동상속인의 유류분을 침해하지 아니하는 한 증여 또는 유증에 의하여 취득한 재산을 보호받을 수 있다.

5. 기여분제도 (민법 §1008의2)

기여분이란 공동상속인 중에서 상당한 기간 동안 동거·간호 그 밖의 방법으로 피상속인을 특별히 부양하거나 피상속인의 재산의 유지 또는 증가에 관하여 특별히 기여한 자가 있을 경우에는 피상속인의 상속개시 당시 재산의 가액에서 기여상속인의 기여분을 공제한 것을 상속재산으로 보고 공동상속인간의 상속분을 산정한다. 이렇게 산정한 상속분에다 기여분을 더한 금액을 기여상속인의 상속분으로 한다. 이는 공동상속인 사이의 상속재산 분할에 있어서 실질적 공평을 꾀하려는 제도이다.

기여분은 공동상속인의 협의에 의하여 결정되나, 공동상속인이 기여분에 관하여 협의가 되지 아니하거나 협의할 수 없는 때에는 가정법원은 기여자의 청구에 의하여 기여분을 결정하게 된다.

사례 법정상속분 계산

(가족 구성)

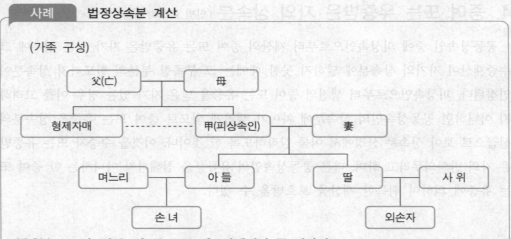

〈유형1〉 모, 처, 아들, 딸 등 모두 생존상태에서 甲 사망시
　　　　 － 상속인 및 법정지분 : 처 3/7, 아들 2/7, 딸 2/7
〈유형2〉 모, 처, 아들, 딸 등 모두 생존상태에서 甲 사망한 후 아들이 상속포기시
　　　　 － 상속인 및 법정지분 : 처 3/5, 딸 2/5
〈유형3〉 모, 처, 아들, 딸 등 모두 생존상태에서 甲 사망한 후 아들과 딸이 모두 상속포기한
　　　　 경우
　　　　 － 상속인 및 법정지분 : 처 7/7
〈유형4〉 아들 먼저 사망하고 처, 딸 등 모두 생존상태에서 甲 사망시
　　　　 － 상속인 및 법정지분 : 처 3/7, 아들 몫 2/7(며느리 2/7 × 3/5, 손녀 2/7 × 2/5),
　　　　　　　　　　　　　　　 딸 2/7　　　　　　　　　　　　　　　　　 (대습상속)
〈유형5〉 처, 모, 형제자매만 있는 상태에서 甲 사망시
　　　　 － 법정지분 : 처 3/5, 모 2/5
〈유형6〉 직계존비속이 없고 처와 형제자매만 생존상태에서 甲 사망시
　　　　 － 상속인 및 법정지분 : 처 단독상속
〈유형7〉 직계존비속 및 처 없고 형제자매만 생존상태에서 甲 사망시
　　　　 － 상속인 및 법정지분 : 형제자매가 균등지분에 따른 상속
〈유형8〉 甲과 모, 처, 아들·며느리·손녀, 딸과 외손자가 동시사망한 것으로 추정하고 사위
　　　　 와 형제자매가 생존상태에서 甲 사망시
　　　　 － 상속인 및 법정지분 : 사위가 대습상속인으로서 단독상속

제**4**절 · **상속재산의 분할**

1. 상속재산 분할의 개념

민법에서 상속인이 2인 이상이 있는 경우에 최종적으로 각 상속인에게 귀속할 때까지 상속재산을 공유로 한 것으로 한다. 상속재산의 분할은 상속개시로 인하여 생긴 공동상속인간의 상속재산의 공유상태를 종료시키고 공동상속인별 상속분에 따라 그 배분귀속을 확정시키는 일종의 청산행위이다. 이러한 상속재산의 분할은 ① 상속재산에 있어서 공유관계가 존재하고, ② 공동상속인이 확정되어야 하며, ③ 피상속인의 유언이나 공동상속인 전원의 합의로써 상속재산 분할에 관한 금지가 없어야 한다. 상속재산의 분할을 청구할 수 있는 자는 상속을 승인한 공동상속인이며, 포괄적 수증자도 포함된다.

2. 상속재산의 분할방법

가. 유언에 의한 분할 (민법 §1012)

피상속인은 유언으로 상속재산의 분할방법을 정하거나 공동상속인이 아닌 제3자에게 상속재산의 분할을 위탁할 수 있다. 상속재산 분할방법의 지정 등의 유언이 무효 또는 분할방법의 지정을 위탁받은 제3자가 이를 실행하지 아니한 경우에는 공동상속인은 협의에 의하여 분할을 하고 만약 협의가 되지 아니할 때에는 가정법원의 조정 또는 심판에 의하여 분할할 수 있다.

나. 협의에 의한 분할 (민법 §1013)

피상속인의 유언이 없거나 상속재산 분할방법의 지정을 위탁받은 자가 그 지정을 실행하지 않은 경우, 유언이 무효인 경우 및 유언의 효력이 발생하지 아니한 경우 그리고 유언에 의한 분할금지가 없는 경우 등에는 공동상속인은 언제든지 협의에 의하여 상속재산을 분할할 수 있다. 상속재산 분할의 협의에는 공동상속인(포괄적 수증자 포함)의 전원이 참가하여야 하며 일부의 상속인만으로 이루어진 협의분할은 효력이 없다.

이 경우 공동상속인 등이 모두 한 자리에 모여서 분할할 수도 있고 순차적으로 분할할 수도 있다. 피상속인의 배우자가 미성년자인 자녀와 같은 순위로 공동상속인이 된 경우에 그 배우자가 미성년자인 자녀의 친권자로서 상속재산을 분할하는 협의를 하는 행위는 민법 제921조에서 규정하고 있는 이해가 상반되는 행위에 해당하므로 반드시 특별대리인을 선임받아 미성년자를 대리하게 하여야 한다.

다. 조정 또는 심판에 의한 분할 (민법 §269 · §1013)

공동상속인간에 상속재산 분할의 협의가 성립되지 않는 때에는 각 공동상속인은 가정법원에 분할을 청구할 수 있다.

3. 상속재산분할의 효과 (민법 §1015)

상속재산의 분할은 상속개시된 때에 소급하여 그 효력이 있다. 그러나 제3자의 권리를 해하지 못한다. 이 경우 제3자는 상속재산에 대한 등기·등록·명의개서 및 인도 등을 통하여 소유권을 취득한 자를 말하며, 상속인으로부터 상속재산을 매수한 후 소유권이전 등기 등을 경료하지 아니한 자 또는 그의 상속인은 제3자에 포함되지 아니한다. 그러나 이 소급효는 현물분할의 경우에만 인정되는 것이며 상속재산을 매각하여 그 대금을 분배하는 경우 등에는 소급효가 생기지 않는다. 상속재산 분할 후에 상속인이 된 자는 다른 공동상속인에게 상속재산의 분할을 청구하거나 그 상속분에 상당하는 가액의 지급을 청구할 수 있다.

4. 상속재산의 협의분할과 증여세 과세문제

공동상속인이 상속재산을 민법 제1013조의 규정에 의하여 협의분할함에 있어서 상속인이 자기의 법정상속지분을 초과하여 상속재산을 취득하더라도 동 초과 취득분에 대하여 증여세를 과세하지 아니한다. 그러나 각 상속인의 상속분이 확정되어 등기·등록·명의개서 등이 된 후에 그 상속재산에 대하여 공동상속인 사이의 협의분할에 의하여 특정 상속인이 당초 상속분을 초과하여 취득하는 재산가액은 해당 분할에 의하여 상속분이 감소된 상속인으로부터 증여받은 재산으로 보아 증여세를 과세한다. 다만, 당초 상속재산의 분할에 대하여 무효 또는 취소 등의 사유로 인하여 상속지분이 변동되는 때에는 증여세를 과세하지 않는다(상속증여세법 §4 ③. 상속증여세법 시행령 §3의2).

제**5**절 : **상속의 승인과 포기 및 재산의 분리**

1. 개 념

상속이 개시되면 상속인은 법률상 당연히 피상속인에게 귀속된 재산상의 지위를 승계하게 된다. 그러나 상속인의 자유의사를 무시하고 권리·의무의 승계를 강제할 수는 없을 것이며, 특히 상속재산의 구성이 적극재산보다 채무 등 소극재산이 많은 때에는 상속인에게 부담을 주게 되므로 민법은 상속의 승인 또는 포기제도를 두어서 상속인의 의사에 따라서 상속 개시 당시 발생한 상속의 효과를 확정시키도록 하여 상속인을 보호하기 위한 제도를 두고 있는 것이다.

그러나 3월 내에 한정승인 또는 포기하지 아니한 때에 단순승인으로 본 민법규정은 헌법에 불일치한다는 결정이 내려진바 있다. 즉, 민법 제1026조 제2호의 규정은 상속인이 아무런 귀책사유 없이 상속재산 중 소극재산이 적극재산을 초과하는 사실을 알지 못하여 고려기간 내에 한정승인 또는 포기를 하지 못한 경우에도 단순승인한 것으로 본 것은 기본권제한의 입법한계를 일탈한 것으로 재산권을 보장한 헌법의 규정에 합치되지 아니하여 헌법재판소에서 헌법 불일치 결정을 내렸다(헌재 98헌바24·25, 1998.8.27.).

이에 따라 민법 제1019조 제3항을 신설하여 상속채무가 상속재산을 초과하는 사실을 중대한 과실없이 상속개시 후 3월 내에 알지 못하여 단순승인한 경우에는 그 사실을 안 날로부터 3월 내에 한정승인을 할 수 있도록 하였고, 1998.8.27.부터 2002.1.13. 전에 상속이 개시된 경우에는 개정 민법 시행(2002.1.14.) 후 3월 내에 한정승인을 할 수 있도록 하였다.

또한 2022.12.13. 개정된 민법에서는 미성년자인 상속인이 상속채무가 상속재산을 초과하는 상속을 성년이 되기 전에 단순승인한 경우에는 성년이 된 후 그 상속의 상속채무 초과사실을 안 날부터 3개월 내에 한정승인을 할 수 있도록 하였다. 미성년자인 상속인이 제3항에 따른 한정승인을 하지 아니하였거나 할 수 없었던 경우에도 또한 같다.

2. 상속의 승인

상속의 승인이란 피상속인에게 속하였던 재산상의 모든 권리와 의무를 승계하겠다는 것으로서 단순승인과 한정승인이 있다.

가. 단순승인 (민법 §1025)

1) 단순승인의 의의

단순승인이란 피상속인의 권리와 의무를 포괄적이고 조건없이 승계하는 것을 말한다. 단순승인을 한 상속인은 상속에 의하여 승계한 채무를 전부 변제할 수 없는 경우에는 상속인 자신의 고유재산으로 변제하여야 한다. 민법은 단순승인을 상속의 기본으로 하고 상속인이 상속개시 있음을 안 날로부터 3월 내에 한정승인 또는 상속포기를 하지 아니한 때에는 단순승인한 것으로 보고 있다(민법 §1026).

2) 법정단순승인 (민법 §1026)

상속인의 단순승인에 관한 의사의 유무를 묻지 않고 다음과 같은 일정한 행위 또는 부작위를 한 경우에는 그 상속인이 단순승인한 것으로 본다.

① 상속인이 상속재산에 대한 처분행위를 한 때
② 상속인이 상속개시 있음을 안 날부터 3월 내에 한정승인 또는 상속포기를 하지 아니한 때
③ 상속인이 한정승인 또는 상속포기를 한 후에 상속재산을 은닉하거나 부정소비하거나 고의로 재산목록에 기입하지 아니한 때

나. 한정승인 (민법 §1028)

한정승인이란 상속인은 상속으로 인하여 취득할 재산의 한도 내에서 피상속인의 채무와 유증을 변제할 것을 조건으로 상속을 승인하는 것을 말한다. 피상속인의 채무 등 소극적 재산가액이 부동산 등 적극재산을 초과하는 경우에 상속인의 의사를 묻지 아니하고 권리와 채무의 전부를 승계시킨다면 상속인은 오히려 고유재산으로 상속채무를 변제하여야 하므로 재산상 피해를 볼 수 있다. 상속인이 한정승인을 하는 경우에는 상속개시 있음을 안 날로부터 3월 내에 상속재산의 목록을 첨부하여 상속개시지의 가정법원에 한정승인의 신고를 하여야 한다(민법 §1030).

상속인이 상속채무가 상속재산을 초과하는 사실을 중대한 과실없이 3월 내에 알지 못하여 신고하지 못한 경우에는 상속채무가 많은 것을 안 날로부터 3월 내에 신고할 수 있다.

이러한 요식행위로서의 신고에 의하지 아니한 한정승인의 의사표시는 효력이 없다. 한정승인을 한 상속인은 상속으로 인하여 취득한 재산의 한도 내에서만 피상속인의 채무와

유증의 변제를 하면 되고 자기의 고유재산으로써 변제할 필요는 없다.

3. 상속의 포기

피상속인의 사망으로 상속이 개시되면 피상속인에게 귀속되는 모든 재산상 권리와 의무가 상속인에게 당연히 승계된다. 상속의 포기란 상속재산에 속한 모든 권리의무의 승계를 부인하고 처음부터 상속인이 아니었던 것으로 하려는 단독의 의사표시이다. 상속재산 중에서 부동산 등 적극재산이 채무 등 소극재산보다 더 많다면 상속을 포기할 필요가 없을 것이며, 적극재산이 많은지 소극재산이 많은지 의심스러운 경우에는 한정승인을 할 수 있을 것이다. 상속채무가 상속재산을 초과하는 것이 명백한 경우에는 상속을 포기하는 것이 한정승인에 비해 절차상 간편할 것이나, 상속을 포기한 후에 피상속인의 상속재산이 추가로 밝혀져 상속채무를 초과하는 경우에도 상속포기한 자는 해당 상속재산을 받을 수 없다 하겠다.

상속을 포기하려는 자는 상속개시 있음을 안 날로부터 3월 내에 가정법원에 포기의 신고를 하여야 한다(민법 §1041).

공동상속인의 경우에도 각 상속인은 단독으로 포기할 수 있으며, 그 상속을 포기한 자의 상속분은 다른 공동상속인의 상속분의 비율로 각 상속인에게 귀속한다.

4. 승인 및 포기의 기간

상속인은 상속개시 있음을 안 날로부터 3월내에 단순승인이나 한정승인 또는 포기를 할 수 있다. 그러나 그 기간은 이해관계인 또는 검사의 청구에 의하여 가정법원이 이를 연장할 수 있다.

상속인은 상속채무가 상속재산을 초과하는 사실(이하 이 조에서 "상속채무 초과사실"이라 한다)을 중대한 과실 없이 상속개시 있음을 안 날로부터 3월내에 알지 못하고 단순승인(민법 제1026조 제1호 및 제2호에 따라 단순승인한 것으로 보는 경우를 포함한다.)을 한 경우에는 그 사실을 안 날부터 3개월 내에 한정승인을 할 수 있다.

또한 2022.12.13. 이후부터 미성년자인 상속인이 상속채무가 상속재산을 초과하는 상속을 성년이 되기 전에 단순승인한 경우에는 성년이 된 후 그 상속의 상속채무 초과사실을 안 날부터 3개월 내에 한정승인을 할 수 있다. 미성년자인 상속인이 한정승인을 하지 아니하였거나 할 수 없었던 경우에도 또한 같다.

2022.12.13. 개정된 민법 부칙에서 특례규정을 두어 이 법 시행 전에 상속이 개시된 경우로서 다음의 어느 하나에 해당하는 경우에는 위의 민법 제1019조 제4항의 개정규정에 따른 한정승인을 할 수 있다.

① 미성년자인 상속인으로서 이 법 시행 당시 미성년자인 경우

② 미성년자인 상속인으로서 이 법 시행 당시 성년자이나 성년이 되기 전에 제1019조 제1항에 따른 단순승인(제1026조 제1호 및 제2호에 따라 단순승인을 한 것으로 보는 경우를 포함한다)을 하고, 이 법 시행 이후에 상속채무가 상속재산을 초과하는 사실을 알게 된 경우에는 그 사실을 안 날부터 3개월 내

5. 재산의 분리

재산의 분리란 상속개시 후에 상속채권자나 유증받은 자 또는 상속인의 채권자의 청구에 의하여 상속재산과 상속인의 고유재산을 분리시키는 가정법원의 처분을 말한다. 상속에 의하여 상속재산과 상속인의 고유재산이 혼합되는 경우 상속채무가 상속재산을 초과하는 경우 상속인의 채권자에게 불이익이 생기고, 상속인의 고유 채무가 재산을 초과하는 경우에는 상속채권자가 불이익을 입게 된다.

한정승인과 상속포기의 제도는 상속재산이 채무초과인 경우에 상속인을 보호하기 위하여 만들어진 제도라면, 재산의 분리는 상속인의 채무가 그의 고유재산을 초과하는 경우 피상속인의 채권자나 유증받은 자를 보호하기 위한 제도라 할 수 있다.

상속채권자나 유증받은 자 또는 상속인의 채권자는 상속개시된 날로부터 3월 내에 상속재산과 상속인의 고유재산의 분리를 가정법원에 청구할 수 있다(민법 §1045).

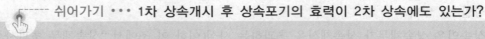

쉬어가기 ••• 1차 상속개시 후 상속포기의 효력이 2차 상속에도 있는가?

□ 사실관계
○ ① 甲 사망 ⇒ ② 甲의 배우자와 자녀들 상속포기 ⇒ ③ 甲의 2순위 상속인 甲의 父(乙) 사망 ⇒ ④ 乙의 대습상속인 甲의 배우자와 자녀들
○ 甲의 채무가 甲의 배우자와 자녀들에게 승계되는지, 상속포기의 효력이 있는지?

□ 풀이
○ 甲의 채무가 乙의 대습상속인에 해당하는 甲의 배우자와 자녀들에게 승계됨(대법원 2014다39824, 2017.1.12.).

- 피상속인(甲)의 사망 후 상속채무가 상속재산을 초과하여 상속인인 배우자와 자녀들이 상속포기를 하였는데, 그 후 피상속인의 직계존속(乙)이 사망하여 민법 제1001조, 제1003조 제2항에 따라 대습상속이 개시된 경우에 대습상속인이 민법이 정한 절차와 방식에 따라 한정승인이나 상속포기를 하지 않으면 단순승인을 한 것으로 간주됨.
- 위와 같은 경우에 이미 사망한 피상속인의 배우자와 자녀들에게 피상속인의 직계존속의 사망으로 인한 대습상속도 포기하려는 의사가 있다고 볼 수 있지만, 그들이 상속포기의 절차와 방식에 따라 피상속인의 직계존속에 대한 상속포기를 하지 않으면 효력이 생기지 않는바, 이와 달리 피상속인에 대한 상속포기를 이유로 대습상속 포기의 효력까지 인정한다면 상속포기의 의사를 명확히 하고 법률관계를 획일적으로 처리함으로써 법적 안정성을 꾀하고자 하는 상속포기제도가 잠탈될 우려가 있음.

제 6 절 : 유언과 유증 및 사인증여

1. 유 언

가. 유언의 의의

유언은 유언자의 사망과 동시에 일정한 법률효과를 발생시키는 것을 목적으로 일정한 방식에 따라서 하는 상대방이 없는 단독행위이다. 유언의 효력은 유언자의 사망 후에 발생하지만 유언이 법률행위로써 성립하는 것은 일반의 단독행위와 마찬가지로 그 표시행위가 완료한 때이다.

나. 유언의 법적 성질과 유언사항

유언은 피상속인의 자유로운 최종적 의사표시를 확보하기 위한 제도이므로 그 법적 성질도 그에 준하여 다음과 같다. 이러한 법적 성질에 해당하지 아니하는 내용의 유언은 무효로 보아야 할 것이다.

① 유언은 요식행위이다. 죽은 사람은 말이 없으므로 유언이 과연 본인의 최종적인 진정한 의사인지를 확인하려고 해도 곤란한 경우가 생긴다. 유언의 위조와 변조 등을

막기 위하여 민법에서 정한 방식으로 유언을 하여야만이 유효하다.

② 유언은 상대방이 없는 단독행위이다. 유증을 받은 자는 유언의 효력이 발생한 후에 그 효력을 받는 것을 거절할 수 있다. 유증과 사인증여는 증여자(피상속인)의 사후에 재산이 무상이전된다는 점에서 그 성질이 동일하나 유언은 상대방이 없는 단독행위인 점에서 생전증여인 계약으로서 증여자의 사망에 의하여 효력이 발생하는 사인증여와는 구분된다.

③ 반드시 유언자 본인의 독립된 의사에 의하여 이루어져야 하는 행위이다.

④ 유언은 유언자가 언제든지 철회할 수 있다.

⑤ 유언은 사후행위이다.

⑥ 유언은 법정사항에 한하여 할 수 있는 행위이다.

민법상 유언할 수 있는 사항은 ㉠ 재단법인의 설립, ㉡ 친생 부인, ㉢ 인지, ㉣ 입양, ㉤ 후견인 지정, ㉥ 상속재산 분할방법의 지정 또는 위탁, ㉦ 상속재산 분할금지, ㉧ 유언집행자의 지정 또는 위탁, ㉨ 유증, ㉩ 신탁 등이다.

다. 유언의 방식 (민법 §1065)

유언의 효력이 유언자가 사망한 후에 발생하므로 유언자의 진의인가 아닌가 또 유언이 있었는지 없었는지를 확인하는 것이 곤란하다. 따라서 유언자의 사망 후에 그의 진의를 명확하게 하여 분쟁과 혼란을 피하기 위해서 엄격형식주의를 요구하고 있다. 현행 민법상 유언의 방식은 자필증서, 녹음, 공정증서, 비밀증서와 구수증서의 다섯 가지가 있다.

1) 자필증서에 의한 유언 (민법 §1066)

유언자가 그 전문과 연월일, 주소, 성명을 자서하고 날인하여야 한다. 또한 자필증서에 문자의 삽입·삭제 또는 변경을 하는 경우에는 유언자가 이를 자서하고 날인하여야 한다.

2) 녹음에 의한 유언 (민법 §1067)

유언자가 유언의 취지, 그 성명과 연월일을 구술하고 이에 참여한 증인이 유언의 정확함과 그 성명을 구술하여야 한다.

3) 공정증서에 의한 유언 (민법 §1068)

유언자가 증인 2인이 참여한 공증인의 면전에서 유언의 취지를 구수하고 공증인이 이를 필기낭독하여 유언자와 증인이 그 정확함을 승인한 후 각자 서명 또는 기명날인하여 야 한다.

4) 비밀증서에 의한 유언 (민법 §1069)

유언자가 필자의 성명을 기입한 후 증서를 엄봉날인하여 이를 2인 이상의 증인의 면전에 제출하여 자기의 유언서임을 표시한 후 그 봉서 표면에 제출연월일을 기재하고 유언자와 증인이 각자 서명 또는 기명날인하여야 한다.

이 방식에 의한 유언봉서는 그 표면에 기재된 날로부터 5일 내에 공증인 또는 법원서기에게 제출하여 그 봉인상에 확정일자인을 받아야 한다. 만일 비밀증서에 의한 유언이 그 방식에 흠결이 있는 경우 그 증서가 자필증서의 방식에 적합한 때에는 자필증서에 의한 유언으로 본다(민법 §1071).

5) 구수증서에 의한 유언 (민법 §1070)

질병 기타 급박한 사유로 인하여 자필증서, 녹음, 공정증서 및 비밀증서에 의할 수 없는 경우에만 인정되는 유언방식이 구수증서에 의한 방식이다. 위와 같은 특별한 경우 유언자가 2인 이상의 증인의 참여로 그 1인에게 유언의 취지를 구수하고 그 구수를 받은 자가 이를 필기낭독하여 유언자와 증인이 그 정확함을 승인한 후 각자 서명 또는 기명날인하여야 한다. 이 경우 그 증인 또는 이해관계인은 급박한 사유가 종료한 날로부터 7일 내에 가정법원에 그 검인을 신청하여야 한다.

라. 유언의 철회

1) 임의철회 (민법 §1108)

유언자는 언제든지 유언 또는 생전행위로써 유언의 전부나 일부를 철회할 수 있으며, 유언자는 그 유언을 철회할 권리를 포기하지 못한다.

2) 법정철회

유언자 스스로의 임의철회 이외에 다음과 같은 경우는 법률상 유언을 철회한 것으로 보고 있다. 첫째, 전후의 유언이 저촉되거나 유언 후의 생전행위가 유언과 저촉되는 경우에는 그 저촉된 부분의 전유언은 철회한 것으로 보는 "유언의 저촉"이다(민법 §1109).

그리고, 둘째는 유언자가 고의로 유언증서 또는 유증의 목적물을 파훼한 때에는 그 파훼한 부분에 관한 유언은 철회한 것으로 본다(민법 §1110).

마. 유언의 효력 발생시기

유언은 유언자가 사망한 때로부터 그 효력이 생긴다. 그러나 특정한 조건이나 기한이 있는 유언의 경우에는 그 조건의 성취나 기한이 도래한 때에 효력이 발생한다.

① 정지조건이 있는 유언(민법 §1073 ②) : 유언에 정지조건이 있는 경우에 그 조건이 유언자의 사망 후에 성취한 때에는 그 조건성취한 때로부터 유언의 효력이 생긴다.

② 해제조건이 있는 유언 : 민법에는 명문 규정이 없으나 상대방 없는 단독행위인 유언에 해제조건이 붙으면 유언은 유언자가 사망한 때로부터 그 효력이 생기며, 그 조건이 유언자의 사망 후에 성취하였을 때에는 그 조건이 성취한 때로부터 효력을 잃는다고 보아야 할 것이다.

③ 시기(始期)가 있는 유언 : 유언에 始期를 붙인 경우에 유언은 유언자가 사망한 때로부터 효력이 생기나, 그 이행은 기한이 도래한 때에야 청구할 수 있다고 보아야 한다.

④ 종기(終期)가 있는 유언 : 終期가 있는 유언은 유언자가 사망한 때로부터 그 효력이 생기나 그 기한의 도래에 의하여 효력을 잃는다.

바. 유언의 무효와 취소

유언자는 생존중에 유언의 효력을 잃게 하려면 유언의 무효와 취소를 주장할 필요없이 철회하면 된다. 따라서 유언의 무효와 취소가 문제가 되는 경우는 유언자가 사망한 후의 경우가 대부분이다.

보통의 의사표시의 무효와 취소에 관한 규정이 유언의 성질에 의하여 대체로 다음과 같이 적용된다.

① 방식의 흠결이 있는 유언은 무효이다(민법 §1060).

② 유언 무능력자, 즉 만 17세 미만 자와 의사능력이 없는 자의 유언은 무효이다(민법 §1061 · §1063).

③ 수증 결격자에 대한 유언은 무효이다(민법 §1064).

④ 선량한 풍속 기타 사회질서에 위반한 사항을 내용으로 하는 유언은 무효이다(민법 §103).

⑤ 강행규정에 위반되는 유언은 무효이다.

⑥ 법정사항(재단법인설립, 인지 등) 외의 사항을 내용으로 하는 유언은 무효이다.

⑦ 유언자의 생전행위에 의하여 이미 실현되었거나 유언자의 사망 전에 실현된 것을 내용으로 하는 유언은 무효이다.

⑧ 사기 · 강박에 의한 취소의 규정(민법 §110 ①)이 적용된다.

사. 유언의 검인과 개봉 (민법 §1091)

유언의 검인과 개봉은 유언을 집행하는 준비절차이다. 유언의 증서나 녹음을 보관하고 있는 자 또는 발견한 자는 유언자의 사망 후 지체없이 가정법원에 제출하여 그 검인을 청구하여야 한다. 공정증서나 구수증서에 의한 유언에는 유언자의 사망 후 검인이 필요없다.

2. 유 증

가. 유증의 의의

유증이란 유언에 의한 재산의 무상증여이다. 사인행위(死因行爲)란 점에서 성립과 동시에 효력이 생기는 생전 증여와 다르며 증여자의 사망으로 인하여 효력이 생기지만 유언은 단독행위라는 점에서 계약행위인 사인증여와도 다르다. 하지만 유증과 사인증여는 증여자가 사망한 후에 재산을 무상으로 이전시킨다는 점에서 매우 비슷하므로 유증에 관한 규정이 사인증여에도 적용된다(민법 §562).

다만 능력, 방식, 승인과 포기 등에 관한 규정은 준용되지 아니하며, 주로 유증의 효력에 관한 규정이 준용되며, 유증의 철회에 관한 규정은 사인증여가 계약이라는 점을 고려할 때 준용되지 아니한다고 보아야 할 것이다.

유증의 주요내용은 상속재산에 대하여 전부 또는 일부를 유증하는 경우이지만 반드시 상속재산에 관하여만 유증을 하여야 하는 것은 아니며, 채무를 면제시키는 것도 유증에 속한다. 유증은 유언자의 의사를 존중하여 재산처분의 자유를 인정한 것이나, 유류분제도를 두어 상속재산의 처분에 일부 제한을 하고 있다.

나. 수증자와 유증의무자

수증자는 유증을 받은 자로서 유언 중에 지정되어 있는 자를 말하며, 상속인 또는 상속인 외의 자연인 및 국가 · 지방자치단체와 영리 · 비영리법인 등도 수증자가 될 수 있다. 상속결격의 원인은 유증의 경우에도 준용되므로 상속결격자는 수증자가 될 수 없다 하겠다.

유증의무자는 유증을 이행해야 할 자를 말하며, 통상 상속인이 유증의무자가 되지만 유언집행자, 포괄적 수증자 또는 상속인이 없는 경우 상속재산관리인이 유증의무자가 되기도 한다.

다. 유증의 효력

유증이 단순유증인 때에는 그 효력은 유언자가 사망한 때로부터 발생하며, 정지조건이 있는 경우에는 그 효력은 조건이 성취한 때부터 발생한다. 수증자가 유언자의 사망 전에 먼저 사망한 경우에는 유증의 효력은 생기지 아니한다. 다만, 유언자의 의사로써 수증자의 상속인을 보충수증자로 지정할 수 있다(민법 §1090 단서). 또 정지조건이 있는 유증의 경우에도 수증자가 그 조건성취 전에 사망한 경우 유증의 효력은 생기지 아니하지만, 유언자는 유언으로 다른 의사를 표시한 때에는 그 의사에 의한다(민법 §1090 단서).

라. 포괄적 유증

포괄적 유증이란 상속재산의 전부 또는 일정한 비율에 의한 유증이다. 사실혼의 배우자에게 상속재산의 1/2을 준다든가, 재혼한 배우자가 전혼(前婚)에서 낳은 자녀에게 자기의 직계비속과 같은 비율의 재산을 준다든가 하는 것이 그 예이다.

재산의 전부 또는 일부를 포괄적으로 유증받은 포괄적 수증자는 실질적으로 상속인과 거의 다르지 않다. 민법은 포괄적 유증을 받은 자는 상속인과 동일한 권리의무가 있다고 명시하고 있다(민법 §1078). 따라서 포괄적 수증자는 상속인과 마찬가지로 유언자의 일신전속에 관한 권리의무를 제외하고 포괄적으로 권리의무를 승계한다. 다만 유증에는 조건이나 부담을 붙일 수 있다는 점과 수증자가 상속개시 전에 사망한 경우에 원칙적으로 유증의 효력이 생기지 아니하는 점에서 대습상속이 인정되는 상속과는 차이가 있다.

유언능력이 없는 자가 유증을 한 때, 수증자가 유언자의 사망 전 또는 조건성취 전에 사망하거나 또는 유증결격자가 된 때, 수증자가 유증을 포기한 때 등 포괄적 유증의 효력이 발생하지 아니하는 경우에는 유증의 목적물인 재산은 상속인에게 귀속한다(민법 §1090).

마. 특정적 유증

특정적 유증이란 하나의 재산을 구체적으로 특정한 유증이다. 특정적 수증자는 유증의 목적물인 특정의 재산에 관하여 증여계약의 수증자와 동일하며, 특정 유증재산은 상속재산으로서 상속인에게 귀속되므로 수증자는 상속인에게 유증의 이행을 청구할 수 있다.

바. 부담 있는 유증

부담 있는 유증이란 유언자가 수증자에게 본인이나 그의 상속인 또는 제3자를 위하여 일정한 의무를 이행하여야 하는 부담을 붙인 유증을 말한다. 부담 있는 유증을 받는 자는 유증 목적의 가액을 초과하지 아니한 한도에서 부담한 의무를 이행할 책임이 있으며(민법 §1088 ①), 부담이 유증 목적의 가액을 초과한 때에는 그 초과한 부분은 무효가 된다.

3. 사인증여

가. 사인증여 의의

사인증여란 증여자가 살아 있을 때에 수증자와 체결한 증여계약의 효력을 증여자의 사망시점에서 발생하도록 하는 정지조건부 계약이라 할 수 있다. 즉 증여자의 사망을 법정요건으로 하여 재산이 무상이전되는 증여의 유형을 말한다. 사인증여는,

① 수증자의 승낙의사를 요건으로 하는 낙성계약이고, ② 특정방식을 요하지 않는 불요식행위이며, ③ 사인증여를 받은 자는 증여자의 사망시 상속인에 대해 사인증여계약의 이행을 청구할 수 있을 뿐이고 상속인과 동일한 권리 · 의무를 갖지 못한다.

나. 상속증여세법상 취급

민법상 사인증여는 증여의 유형으로 구분하고 있고 유증은 상속의 유형으로 구분하고 있으므로 유증과 사인증여에 대해 세법상 별도의 규정이 없다면 유증에 대하여는 상속세가, 사인증여에 대하여는 증여세가 각각 과세될 것이다.

그러나 상속증여세법상 유증과 사인증여에 대한 과세는 모두 사망을 원인으로 재산이 무상이전 된다는 점에서 상속세를 과세하고, 증여세는 과세하지 아니한다.

구 분	의 의	세법상 취급
증 여	당사자의 일방(증여자)이 자기의 재산을 무상으로 상대방(수증자)에게 준다는 의사를 표시하고 상대방이 이를 승낙함으로써 효력이 발생하는 계약(상속개시전에 수증자에게 소유권 이전된 재산)	증여세 과세
상 속	사망하거나 또는 실종선고를 받은 자(피상속인)의 법률상의 지위를 일정한 자(상속인)들이 포괄적으로 승계	상속세 과세
유 증	상대방 없는 단독행위인 유언(유언자)에 의하여 유산의 전부 또는 일부를 무상으로 타인(수유자)에게 주는 행위	
사인증여	증여자의 생전에 증여계약이 이루어진 무상증여로서 그 효력은 증여자의 사망 후에 발생	
증 여	증여자 사망 후 소유권 이전된 증여재산	

제**2**편

상 속 세

┃ 상속세 계산 흐름도 ┃

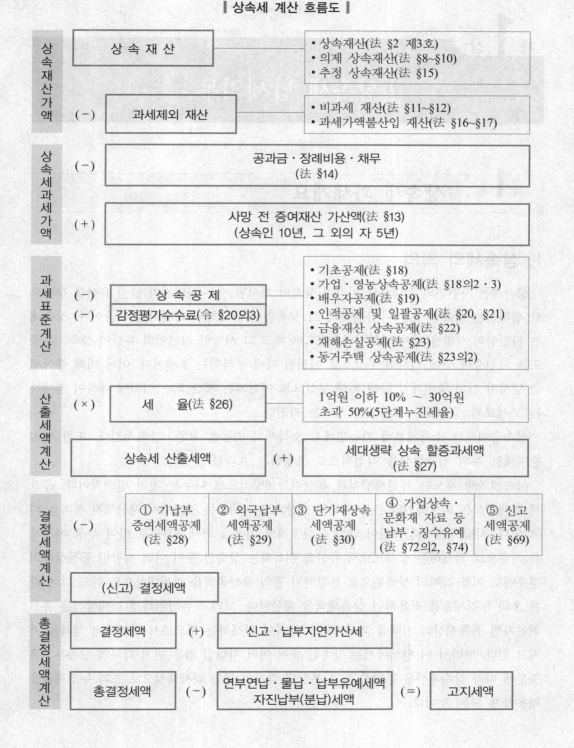

상속재산가액			
		상 속 재 산	• 상속재산(法 §2 제3호) • 의제 상속재산(法 §8~§10) • 추정 상속재산(法 §15)
	(−)	과세제외 재산	• 비과세 재산(法 §11~§12) • 과세가액불산입 재산(法 §16~§17)

상속세과세가액		
	(−)	공과금 · 장례비용 · 채무 (法 §14)
	(+)	사망 전 증여재산 가산액(法 §13) (상속인 10년, 그 외의 자 5년)

과세표준계산			
	(−)	상 속 공 제	• 기초공제(法 §18) • 가업 · 영농상속공제(法 §18의2 · 3) • 배우자공제(法 §19) • 인적공제 및 일괄공제(法 §20, §21) • 금융재산 상속공제(法 §22) • 재해손실공제(法 §23) • 동거주택 상속공제(法 §23의2)
	(−)	감정평가수수료(令 §20의3)	

산출세액계산			
	(×)	세 율(法 §26)	1억원 이하 10% ~ 30억원 초과 50%(5단계누진세율)
	상속세 산출세액	(+)	세대생략 상속 할증과세액 (法 §27)

결정세액계산						
	(−)	① 기납부 증여세액공제 (法 §28)	② 외국납부 세액공제 (法 §29)	③ 단기재상속 세액공제 (法 §30)	④ 가업상속 · 문화재 자료 등 납부 · 징수유예 (法 §72의2, §74)	⑤ 신고 세액공제 (法 §69)
	(신고) 결정세액					

총결정세액계산		
	결정세액 (+)	신고 · 납부지연가산세
	총결정세액 (−)	연부연납 · 물납 · 납부유예세액 자진납부(분납)세액 (=) 고지세액

제 1 장

상속세 납세의무

제 1 절 : 상속세 과세개요

1. 상속세의 의의

상속세는 자연인의 사망으로 인하여 상속이 개시된 경우 사망자가 남긴 유산을 무상으로 취득하는 상속인 또는 수유자에게 그 상속재산에 대하여 과세하는 세금이다. 상속세는 자연인의 사망을 납세의무 성립요건으로 하고 그 사망한 자연인의 유산이 상속·유증 또는 사인증여 등에 의하여 무상으로 이전될 때에 부과되는 조세이다. 이에 비해 증여세는 당사자 간의 증여계약 등에 의해 무상으로 이전되는 재산 또는 이익에 대하여 과세하는 조세로써 상속세를 보완하는 성격을 가진다.

상속증여세는 소득재분배 기능면에서 소득세의 기능을 보완·강화시킨다. 또한 상속 증여세는 부의 집중현상을 직접적으로 조정하는 효과를 갖는다.

상속세과세 제도는 유산세방식과 유산취득세방식으로 나누는 것이 일반적이다. 유산세 과세방식은 피상속인의 유산 자체를 대상으로 과세하는 것으로서 자산세적 성격을 띠고 있다. 사망자인 피상속인이 남긴 유산총액의 이전을 과세물건으로 하여 무상 이전자를 기준으로 과세하는 방식으로서 유산을 취득하는 상속인 등이 여러 사람인 공동상속의 경우에도 이를 각자의 상속분으로 분할하기 전의 유산총액을 과세대상으로 하고 그에 따른 초과 누진세율을 적용하여 상속세액을 계산한다. 그리고 유산취득세 과세방식은 유산 취득자별 취득재산의 가액을 과세가액으로 하여 과세하는 것으로서 수익세적 성격을 가지고 있다. 따라서 이 방식에서는 상속인 등이 여러 사람일 경우 먼저 각자의 상속분·유증분에 따라 상속재산을 분할하고 그 분할된 각자의 몫을 과세대상으로 초과 누진세율을 적용하게 되는 것이다.

우리나라의 경우에는 유산세방식으로 상속세를 과세하고 있으며, 일부 유산취득세과세방식을 채택하고 있다. 상속증여세법은 거주자가 사망한 경우에는 모든 상속재산을 상속세 과세대상으로 하고(상속증여세법 §3), 상속재산의 범위에 있어 피상속인에게 귀속되는 재산으로서 금전으로 환산할 수 있는 경제적 가치가 있는 모든 물건과 재산적 가치가 있는 법률상 또는 사실상의 모든 권리를 포함한다(상속증여세법 §2 제3호)고 규정하고 상속재산의 가액에서 차감하는 공과금 등 또한 피상속인을 기준으로 산정토록 규정하고 있어 유산과세형 상속세제를 취하고 있음을 알 수 있다.

다만, 상속세 납부의무는 상속인 또는 수유자가 상속재산 중 각각 상속받은 재산의 점유비율에 따라 부여하고 있으므로(상속증여세법 §3의2), 유산과세형을 중심으로 일부 유산취득과세방식을 도입하고 있다고 볼 수 있다.

유산세과세방식과 유산취득세과세방식의 장·단점 등을 요약하면 다음과 같다.

구 분	유산과세형 (estate tax type)	유산취득과세형 (inheritance tax type)
과세 방법	• 피상속인의 유산총액 • 상속재산분할 전 유산총액을 기준으로 세액계산 • 전체세액을 상속지분별로 배분	• 각 상속인별 취득재산가액 • 각 상속지분별 분할금액을 기준으로 세액계산
납세의무자	• 피상속인의 재산무상이전자	• 각 상속인
장·단점	• 각 상속인별 취득재산가액 다과에 불구 동일세율 적용 → 세수증대 효과 • 인적공제 등 간접적인 혜택 • 세무행정 간편	• 각 상속인별 취득재산가액에 상응한 세율 적용 → 응능부담과 부의 분산효과 • 인적공제 등 직접적인 혜택 • 상속재산 위장분할 등 → 세무행정 복잡
채택 국가	• 한국, 영미법계 국가	• 독일, 일본

2. 상속의 정의

상속은 사망으로 인하여 개시되며(민법 §997), 상속인은 상속개시된 때로부터 피상속인의 재산에 관한 포괄적 권리의무를 승계한다(민법 §1005). 이러한 민법 제5편에 따른 상속의 범위에 유증·사인증여·특별연고자에 대한 상속재산의 분여를 포함하여 상속을 정의하였다.

또한 2021.1.1. 이후 상속이 개시되는 분부터 신탁법에 따른 유언대용신탁과 수익자연속신탁을 상속에 포함하였다.

가. 유증(遺贈)

유증이란 유언자가 유언에 의하여 재산을 수증자에게 무상으로 증여하는 단독행위를 말한다.

나. 사인증여

사인증여란 민법 제562조에 따른 증여자의 사망으로 인하여 효력이 생길 증여[상속개시일 전 10년 이내에 피상속인이 상속인에게 진 증여채무 및 상속개시일 전 5년 이내에 피상속인이 상속인이 아닌 자에게 진 증여채무의 이행 중에 증여자가 사망한 경우의 그 증여를 포함한다. 이하 "사인증여"(死因贈與)라 함]를 말한다.

다. 특별연고자에 대한 상속재산 분여

민법 제1057조의2에 따른 피상속인과 생계를 같이 하고 있던 자, 피상속인의 요양간호를 한 자 및 그 밖에 피상속인과 특별한 연고가 있던 자(이하 "특별연고자"라 함)에 대한 상속재산의 분여(分與)를 상속에 포함한다.

라. 유언대용신탁 및 수익자연속신탁

2012.7.26.부터 시행하는 신탁법 제59조에 따른 유언대용신탁[6] 및 신탁법 제60조에 따른 수익자연속신탁[7]을 상속에 포함하여 상속세와 증여세 과세방법을 명확하게 규정하였다.

---

6) 신탁법 제59조(유언대용신탁) ① 다음 각 호의 어느 하나에 해당하는 신탁의 경우에는 위탁자가 수익자를 변경할 권리를 갖는다. 다만, 신탁행위로 달리 정한 경우에는 그에 따른다.
   1. 수익자가 될 자로 지정된 자가 위탁자의 사망 시에 수익권을 취득하는 신탁
   2. 수익자가 위탁자의 사망 이후에 신탁재산에 기한 급부를 받는 신탁
   ② 제1항 제2호의 수익자는 위탁자가 사망할 때까지 수익자로서의 권리를 행사하지 못한다. 다만, 신탁행위로 달리 정한 경우에는 그에 따른다.
7) 신탁법 제60조(수익자연속신탁) 신탁행위로 수익자가 사망한 경우 그 수익자가 갖는 수익권이 소멸하고 타인이 새로 수익권을 취득하도록 하는 뜻을 정할 수 있다. 이 경우 수익자의 사망에 의하여 차례로 타인이 수익권을 취득하는 경우를 포함한다.

3. 상속개시일

상속개시 원인	상속세 납세의무성립일
사망(인정사망 포함)	가족관계등록부에 기재된 사망한 연·월·일·시·분
실종선고·부재선고*	실종선고일·부재선고일

* 민법상 상속개시일 : 실종기간 만료일

　사망인 경우에는 사망신고서에 첨부되는 의사 등의 사망진단서 등에 의거 가족관계등록부에 기재된 사망 연·월·일·시·분으로 사망시기를 확인한다. 그러나 가족관계등록부에 기재는 반증으로 번복할 수 있는 추정적 효력을 가질 뿐이다. 실종선고에 의하여 사망한 것으로 간주되는 경우 민법상 사망일자는 실종선고일자가 아니라 실종기간이 만료되는 시점이나 상속증여세법에서는 실종선고일자를 상속개시일로 규정하고 있다.

　민법상 실종선고의 경우에는 실종기간이 만료된 때(보통실종은 5년, 위난실종은 그 위난이 종료한 후 1년)에 사망한 것으로 보아 상속이 개시되지만, 상속세 과세의 경우에는 상속세 부과제척기간이 만료된 후에 실종선고를 받음으로써 상속세를 부과할 수 없게 되는 사례를 방지하기 위해 실종선고일을 상속개시일로 규정하고 있다.

　상속개시의 시기는 상속인의 자격·범위·순위 등을 결정하는 기준일이 될 뿐만 아니라 상속세 과세에 있어서도 상속재산가액의 평가, 상속공제의 결정, 세율의 적용 및 상속세 신고기한과 부과제척기간의 기산일이 되는 등으로 매우 중요한 의미를 가진다.

　상속개시일은 피상속인의 재산을 상속재산으로 보아 과세하느냐 증여재산으로 보아 과세하느냐를 판단할 때도 중요한 기준이 되고 어느 재산으로 보느냐에 따라 상속공제액 또는 증여재산공제액 등이 달라져 상속세 또는 증여세의 부담세액에 영향을 준다. 즉, 피상속인이 증여하기로 한 부동산에 대한 소유권이전등기신청서가 접수되기 전에 사망한 경우에 해당 부동산은 상속재산에 포함시키고 증여채무를 공제하지 않고 상속세를 과세하여 해당 부동산 취득자에게 상속세 납부의무를 부여하고 증여세는 별도 부과하지 아니한다. 증여등기를 신청한 후에 피상속인이 사망한 경우에는 사망 전 증여재산으로 보아 먼저 증여세를 과세하고 그 재산가액을 다시 상속세 과세가액에 더하여 계산한 상속세 산출세액에서 기납부증여세액을 공제하는 방법으로 상속세를 과세한다.

관련 예규·심판결정례 및 판례 등

☐ 피상속인의 공부상 사망일과 사실상의 사망일이 다른 경우 사실상의 사망일을 상속개시일로 봄(재삼 01254-1797, 1992.7.6.).

☐ 실종선고로 상속개시된 경우 납세의무성립일(재재산 46014-299, 1997.8.29.)

　실종선고로 상속이 개시된 경우에는 실종선고일을 상속개시일로 보며 상속세 과세물건의 범위, 배우자공제, 세대를 건너뛴 상속에 대한 할증과세 등은 상속개시일을 기준으로 판정함.

☐ 당초 사망신고시 사망일이 법원의 결정으로 변경된 경우 사망일(조심 2023서6759, 2023.5.31.)

　시체검안서 상 사망일시를 2021.5.24. 12시 00분경에서 2021.5.26. 06시 00분 사이로 추정하였는데, 상속인은 그 중 가장 빠른 2021.5.24.을 사망일로 하여 사망신고를 하였다가, 법원에서 "폐쇄가족관계등록부 중 사망란에 기록된 '사망일시 2021.5.24.'을 '사망일시 2021.5.26. 06시 00분 이전 추정'으로 정정하는 것을 허가한다"고 결정하고 정정등록하였으므로

　- 정정된 사망일을 기준으로 상속개시 전 5년 내 증여 재산인지를 판단해야 함(과세처분 취소)

　사례　　**자녀들 사망 후 父의 실종선고를 받은 경우 상속세 과세방법**

☐ 사망 및 실종선고에 따른 상속개시 현황

　○ 甲이 2004.6.30.에 실종선고를 받은 시점에서는 甲의 배우자 및 자녀들이 모두 사망함으로써 甲의 재산은 생존하는 손자들에게 상속등기된 경우에 상속세 과세방법은?

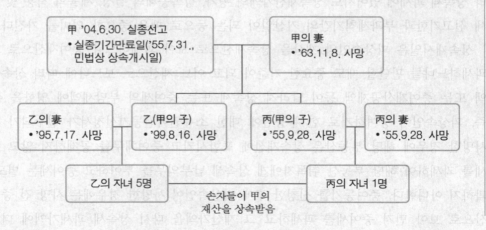

> **풀이**
>
> ○ 민법상 상속개시일은 실종기간만료일인 1955.7.31.이므로 이때 甲의 妻와 子인 乙·丙이 甲의 재산을 상속받은 것이고 乙·丙의 사망시에 그의 배우자 및 자녀들이 상속받은 것이 되어 甲, 甲의 妻, 乙·丙의 상속개시일에 각각 상속세를 과세해야 하나
>
> ○ 상속증여세법상 상속개시일은 실종선고일인 2004.6.30.이 되고, 상속개시 당시 상속인과 재산평가액 등을 기준으로 상속세를 과세해야 하기 때문에 乙과 丙의 자녀들이 대습상속인으로서 甲의 상속재산을 상속받은 것으로 보아 상속세를 과세해야 할 것이다.
>
> * 부과제척기간이 경과한 후에 실종선고를 받는 경우 과세하지 못하는 것을 해소하기 위해 실종선고일을 상속개시일로 규정하고 있는데, 乙과 丙의 사망일이 부과제척기간 내에 있는 경우에도 甲의 실종선고일이 乙과 丙의 사망일보다 뒤에 있는 경우에는 甲의 재산에 대해 乙과 丙의 상속재산에는 포함시킬 수 없고 甲에 대한 상속세만을 과세해야 할 것이다.

4. 상속세 과세대상

상속세 과세대상이 되는 재산의 범위, 공제가능한 공과금·채무·장례비용 및 상속공제 등은 피상속인이 거주자인 경우와 비거주자인 경우에 차이가 있다. 거주자가 사망한 경우에는 상속개시 당시 그가 소유하고 있는 국내 및 국외에 소재하는 모든 재산에 대하여 상속세를 과세하며, 피상속인이 부담해야 할 모든 공과금·채무·장례비용 및 상속공제를 적용한다. 비거주자가 사망한 경우에는 국내에 소재하는 재산에 대해서만 상속세를 과세하지만 공제받을 수 있는 금액에는 차이가 있다. 상속인 또는 수유자가 거주자인지 또는 비거주자인지 여부는 상속세 과세대상이 되는 상속재산을 구분하는 등에 있어 영향을 주지 않는다.

피상속인	상속세 과세대상
거주자	국내 및 국외에 소재하는 모든 상속재산
비거주자	국내에 있는 모든 상속재산

│피상속인이 거주자인 경우와 비거주자인 경우 상속세 과세제도 차이│

구 분	피상속인이 거주자인 경우	피상속인이 비거주자인 경우
① 신고기한	상속개시일이 속하는 달의 말일부터 6개월	상속개시일이 속하는 달의 말일부터 9개월
② 과세대상재산	국내·외의 모든 상속재산	국내에 소재한 상속재산
③ 과세가액 공제금액		

구 분	피상속인이 거주자인 경우	피상속인이 비거주자인 경우
• 공과금	상속개시일 현재 납부되지 아니한 모든 금액	국내소재 상속재산에 대한 공과금
• 장례비용	피상속인의 장례비용	공제 안됨
• 채무	모든 채무 공제	국내 소재 상속재산을 목적으로 하는 유치권·질권 또는 저당권으로 담보된 채무
④ 과세표준의 계산		
• 기초공제(2억원)	공제	2001.1.1.부터 공제
• 가업·영농상속공제	공제	공제 안됨
• 그 밖의 인적공제 • 일괄공제(5억원)	공제	공제 안됨
• 배우자공제 (5~30억원)	공제	공제 안됨
• 금융재산상속공제	공제	공제 안됨
• 재해손실공제	공제	공제 안됨
• 동거주택 상속공제	공제	공제 안됨
• 감정평가수수료공제	공제	공제

 관련 예규·심판결정례 및 판례 등

☐ 비거주자의 국외상속재산을 국내 상속인이 상속받은 경우(대법원 94누5359, 1994.11.11.)

비거주자인 피상속인의 상속재산 중 국내에 있는 재산은 국내 상속인들이, 국외에 있는 재산은 국외 상속인들이 각각 가지기로 협의하였다면 국내에 있는 상속재산에 대해서만 상속세액을 산출하고 국내에 있는 상속인들에게 납세의무를 부여해야 하므로 국내 상속인들에 대한 과세처분은 국내 상속재산의 상속세액에 대한 법정상속분에 따라 계산한 세액을 초과하는 부분이 위법하고, 국외 상속인들에 대한 과세처분은 전부 위법함.

가. 거주자와 비거주자의 구분

거주자는 상속개시일 현재 국내에 주소를 두거나 183일(2014.12.31. 이전 1년) 이상 거주한 사람을 말하며, 그 외의 사람은 비거주자에 해당한다. 피상속인이 거주자인가를 판단할 때에 피상속인의 국적 또는 상속인이 거주자인가 비거주자인가에 영향을 받지 않는다. 비거주자가 국내에 영주를 목적으로 귀국하여 사망한 경우에는 거주기간에 관계없이 거주자로 본다.

나. 주소와 거소

주소와 거소에 대해서는 소득세법 시행령 제2조부터 제4조까지에 따른다. 또한, 거주자와 비거주자의 판정에 대하여는 소득세법 시행령 제2조의2 및 제3조에 따르며 거주자가 2 이상의 주소지를 두고 있는 경우에는 「주민등록법」에 의하여 등록된 곳을 주소지로 한다.

1) 주 소

주소란 생활의 근거가 되는 곳을 말한다. 이 경우 생활의 근거가 어디인지는 객관적인 사실에 의하여 판정하며 원칙적으로 주민등록지를 기준으로 하되, 국내에서 생계를 같이 하는 가족 및 국내에 소재하는 자산의 유무 등 생활관계의 객관적 사실에 따라 판정한다.

2) 거 소

거소란 주소 외의 장소 중 상당기간에 걸쳐 거주하는 장소로서 주소와 같이 밀접한 일반적 생활관계가 형성되지 아니한 장소로 한다.

3) 주소와 거소의 판정

(가) 국내에 거주하는 개인이 다음에 해당하는 경우 국내에 주소를 가진 것으로 본다.
　① 계속하여 183일(2014.12.31. 이전 1년) 이상 국내에 거주할 것을 통상 필요로 하는 직업을 가진 때
　② 국내에 생계를 같이하는 가족이 있고, 그 직업 및 재산상태에 비추어 계속하여 183일(2014.12.31. 이전 1년) 이상 국내에 거주할 것으로 인정되는 때

(나) 국외에 거주 또는 근무하는 자가 외국국적을 가졌거나 외국법령에 의하여 그 외국의 영주권을 얻은 자로서 국내에 생계를 같이하는 가족이 없고 그 직업 및 자산 상태에 비추어 다시 입국하여 주로 국내에 거주하리라고 인정되지 아니하는 때에는 국내에 주소가 없는 것으로 본다.

4) 거주자 또는 비거주자가 되는 시기

비거주자가 거주자로 되는 시기는 다음 시기로 한다.

(가) 국내에 주소를 둔 날

(나) 국내에 주소를 가지거나 국내에 주소가 있는 것으로 보는 사유가 발생한 날

(다) 국내에 거소를 둔 기간이 183일(2014.12.31. 이전 1년)이 되는 날

거주자가 비거주자로 되는 시기는 다음 시기로 한다.

(가) 거주자가 주소 또는 거소의 국외 이전을 위하여 출국하는 날의 다음 날

(나) 국내에 주소가 없거나 국외에 주소가 있는 것으로 보는 사유가 발생한 날의 다음 날

5) 해외현지법인등의 임직원 등에 대한 거주자 판정

거주자나 내국법인의 국외사업장 또는 해외현지법인(내국법인이 발행주식총수 또는 출자지분의 100분의 100을 직접 또는 간접 출자한 경우에 한정한다) 등에 파견된 임원 또는 직원이나 국외에서 근무하는 공무원은 거주자로 본다.

6) 거주기간의 계산

(가) 국내에 거소를 둔 기간은 입국하는 날의 다음 날부터 출국하는 날까지로 한다.

(나) 국내에 거소를 두고 있던 개인이 출국 후 다시 입국한 경우에 생계를 같이하는 가족의 거주지나 자산소재지 등에 비추어 그 출국목적이 관광, 질병의 치료 등으로서 명백하게 일시적인 것으로 인정되는 때에는 그 출국한 기간도 국내에 거소를 둔 기간으로 본다.

(다) 국내에 거소를 둔 기간이 1과세기간에 걸쳐 183일 이상인 경우에는 국내에 183일 이상 거소를 둔 것으로 본다.

(라) 재외동포가 입국한 경우 생계를 같이하는 가족의 거주지나 자산소재지 등에 비추어 단기 관광, 질병의 치료, 병역의무의 이행, 친족의 경조사 등 그 밖의 사업의 경영 또는 업무와 무관한 사유로 일시적으로 입국한 것으로 인정되는 때에는 그 기간은 국내에 거소를 둔 기간으로 보지 않는다.

 관련 예규 · 심판결정례 및 판례 등

❏ 신병치료목적으로 이주신고하고 출국한 경우 거주자에 해당될 수 있음(재재산 46014-184, 1998.7.13.).
거주자와 비거주자를 구분함에 있어 내국인이 해외이주신고를 하고 출국한 경우, 당해 해외이주신고가 생업 및 생활관계의 이주가 아니라 단순히 신병치료를 목적으로 이루어진 경우에는 해외이주신고 여부에 불구하고 피상속인의 거주기간 · 직업 · 국내에서 생계를 같이하는 가족 및 국내소재 자산의 유무 등 생활관계의 객관적 사실에 따라 거주자 여부를 판단함.

❏ 영주권을 얻은 자도 국내에 생계를 같이하는 가족이 있는 경우 등에는 거주자에 해당될 수 있음(재산 세과-84, 2013.3.18., 재산 46014-839, 1999.5.1.).

❏ 86년 국외이주 후 모든 국내재산 처분했고, 국내발생 이자·배당·임대소득 등에 비추어 비거주자에 해당함(조심 2011서3009, 2011.12.21.).

❏ 미국 영주권 취득 등으로 보아 비거주자에 해당하므로 배우자공제 등을 배제한 것은 정당함(국심 2001중721, 2001.8.14.).

❏ 국내 소유 재산 등으로 볼 때 거주자에 해당함(대법원 2014두47303, 2015.4.23.).

　－① 원고가 1995.7.7. 가족과 함께 미국으로 출국한 이후 子를 제외한 나머지 가족은 국내에 거의 체류하지 않는 반면 원고는 이 사건 증여일 무렵인 1997.12.31.까지 약 2년 6월 동안 331일을 국내에 체류하였고, 가족들과 달리 원고는 해외이주 신고도 하지 않고 국내에 주민등록을 유지하고 있었던 사실, ② 국내에 다수의 부동산을 보유하면서 사업자등록을 하고 부동산 임대업을 영위하여 상당한 소득을 얻고 있었고, 그 임대소득에 대하여 거주자에게만 적용되는 소득공제를 받았던 사실, ③ 원고가 1995년에 CC교역 주식회사의 이사직을 사임하였으나 4년 뒤인 1999년에 위 회사의 대표이사로 다시 취임하였으며, 이사직 사임 이후에도 위 회사 주식을 상당수 보유하고 있었던 사실 및

　－이에 더하여, 원고의 처가 미국으로 출국한 후 식당 운영을 시작한 것은 이 사건 증여일 이후이고, 원고나 가족들이 증여일 무렵에는 미국에서 별다른 경제활동을 하였다고 볼 만한 사정이 없는 점 등에 비추어 살펴보면, 증여일인 1997.5.23. 당시 국내 거주자에 해당한다고 보임.

❏ 캐나다 시민권자로 생활하다 사망한 경우 비거주자에 해당함(대법원 2010두8171, 2010.9.30.).

❏ 국내에서 생계를 같이하는 가족 및 국내에 소재하는 자산의 유무 등 생활관계의 객관적 사실로 볼 때 거주자에 해당함(대법원 2001두8629, 2002.8.23.).

❏ 출국 후 17여 년간 유학생활하다 사망했으나 가족관계, 국내소유재산, 주민등록관계 등으로 보아 장래 귀국해 국내 거주할 것으로 인정되므로 '거주자'에 해당함(대법원 98두7046, 1998.6.26.).

❏ 사망당시 생활근거지가 외국으로서 일신상의 사유로 일시 국외에 체재한 것이 아니므로 비거주자에 해당되어 인적공제 등 적용 안됨(대법원 97누11034, 1997.10.24.).

❏ 피상속인의 주민등록이 말소된 경우에도 사망 당시의 생활근거지가 국내에 있으면 거주자임(대법원 89누8064, 1990.8.14.).

제 2 절 : 상속세 납부의무자

상속세 납부의무자는 상속으로 인하여 재산을 취득한 상속인(상속을 포기한 자를 포함함)과 유증 또는 사인증여(증여채무의 이행 중에 증여자가 사망한 경우의 해당 증여를 포함)에 따라 상속재산을 취득한 수유자 및 특별연고자가 된다.

상속세 납부의무자는 상속재산 중 각자가 받았거나 받을 재산의 비율에 따라 상속세를 연대하여 납부할 의무가 있다. 다만, 유증 등을 받은 수유자가 영리법인인 경우에는 해당 영리법인이 납부할 상속세를 면제하되, 그 영리법인의 주주 등이 상속인 등인 경우에는 상속인 등에게 납부의무를 부여한다.

피상속인이 증여하기로 한 재산의 소유권을 넘겨주지 못하고 사망함에 따라 상속개시 후에 증여등기된 경우에 해당 재산은 상속재산에 포함되고 상속인이 이행해야 할 증여채무는 불공제하며, 증여재산을 취득한 수증자가 납부하는 증여세도 공제받지 못함으로써 상속인은 실제 취득한 재산이 없음에도 불구하고 상속세를 납부해야 하는 문제가 있었다. 2002.12. 세법개정시 증여계약 이행 중에 증여자가 사망하여 상속인이 해당 증여채무를 이행하는 경우 피상속인이 사망함으로써 효력이 발생하는 사인증여와 동일하게 해당 증여재산을 취득하는 자에게 상속세만을 부과하도록 하였다.

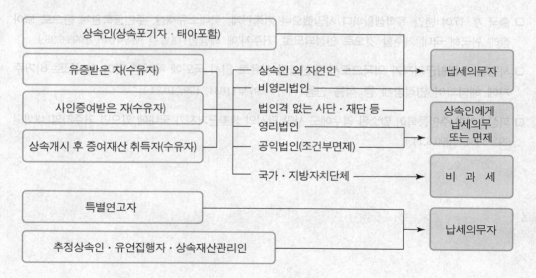

1. 상속인

피상속인의 모든 재산적 권리와 의무를 승계하는 상속인이 상속세 납부의무자가 되며, 각 납부의무자는 상속재산 중 각자가 받았거나 받을 재산의 비율에 따라 상속세를 납부할 의무가 있다. 상속인은 민법상 상속순위에 따른 선순위 상속인을 말하며, 선순위 상속인이 상속을 포기하여 민법상 상속인에 해당하지 않는 경우에도 상속증여세법에서는 납부의무자인 상속인에 포함시키고 있다.

가. 태 아

상속순위에 관하여 태아는 이미 출생한 것으로 보고 있으므로(민법 §988 · §1000 ③) 태아도 출생 후 취득하는 상속재산에 대하여 상속세 납부의무를 지게 되며 국세기본법상 상속으로 인한 피상속인의 납세의무도 승계된다.

사례 1

■ 이혼 소송 중 상속이 개시된 경우 배우자에게 상속권이 있을까?
　예) 甲이 혼인신고를 한 乙과는 이혼소송 중이고 丙과 사실혼 관계인 상태에서 甲이 사망한 경우 배우자는 민법상 혼인관계로 인정되는 乙이라 할 것이다.
■ 甲 사망 당시 상속인은 배우자(임신 중)와 甲의 父母가 있는 경우로서 ① 태아가 출생 후 곧바로 사망한 경우와 ② 사산(死産)된 경우 甲의 재산을 상속받는 방법 및 상속세 과세방법에 차이가 있을까?

풀이

①의 경우 상속인은 배우자와 곧바로 사망한 신생아가 되며, 신생아의 상속받을 권리는 배우자(모)에게 다시 상속된 것으로 보아 상속세 과세하며
②의 경우 상속인은 배우자와 甲의 父母가 되므로 그에 따른 상속세 부과하고 납부의무를 부여하는 것이 타당할 것이다.

사례 2　피상속인의 배우자와 자녀 중 자녀 전부가 상속을 포기한 경우 상속인은?

□ 사실관계
　○ 甲의 사망 당시 상속인은 배우자와 자녀가 있으며, 자녀들은 모두 상속포기를 함.
　○ 상속을 포기한 자녀들에게는 자녀(甲의 손자녀)가 있음.
□ 쟁점 : 배우자와 손자녀 또는 직계존속이 공동상속인지, 배우자가 단독상속인지

□ 변경된 대법원 판결내용(대법원2020그42, 2023.3.23. 전원합의체 결정)
 ○ 피상속인의 배우자와 자녀 중 자녀 전부가 상속을 포기한 경우에는 배우자가 단독상
  속인이 된다고 봄이 타당함.
  －상속에 관한 입법례와 민법의 입법 연혁, 민법 조문의 문언 및 체계적·논리적 해석,
   채무상속에서 상속포기자의 의사, 실무상 문제 등을 종합하여 보면, 배우자가 단독
   상속인이 된다고 봄이 타당하다고 판단하여, 종전 판례를 변경함
   ※ 배우자와 자녀 전원이 상속을 포기하는 경우 손자녀가 상속인이 되는 것임.

(종전 판례) 피상속인의 배우자와 자녀 중 자녀 전부가 상속을 포기한 경우 피상속인에게 손
자녀가 있으면 배우자와 그 손자녀가 공동 상속인이 됨(대법원 2013다48852, 2015.5.14.)

나. 후순위 상속인이 상속받은 경우

상속인 중 상속순위가 선순위인 단독상속인 또는 같은 순위의 공동상속인 전원이 민법 제1019조에 따라 상속을 포기함으로써 그 다음 순위에 있는 상속인이 재산을 상속받게 되는 경우에는 그 후순위 상속인이 받았거나 받을 상속재산의 비율에 따라 상속세를 납부할 의무를 지게 되며, 이때 증여세는 과세하지 아니한다. 이 경우 그 다음 순위 상속인이 피상속인의 1촌 외의 직계비속(손자, 외손자, 증손자 등)인 경우에는 상속증여세법 제27조(세대를 건너뛴 상속에 대한 할증과세)에 따라 계산한 상속세액을 더하여 과세한다.

다. 상속을 포기한 상속인

공동상속인 중 민법 제1019조 제1항에 따라 상속개시 있음을 안 날로부터 3월 내에 가정법원에 상속포기를 신고하여 상속재산을 받지 아니한 상속인은 민법상 상속인이 아니며, 상속증여세법에서 상속인에 관한 별도 규정을 두지 않은 경우에는 상속을 포기한 자에게 상속세 납부의무를 지울 수 없다고 할 것이다. 이 경우 상속개시 전에 피상속인으로부터 모든 재산을 증여받거나 피상속인이 상속개시 전에 모든 재산을 처분하는 등으로 현금화하여 우회 상속하고 상속인들이 상속을 포기하는 방법으로 상속세를 회피할 우려가 있다.

이에 따라 1999.1.1. 이후 상속개시된 경우부터 상속을 포기하거나 상속결격된 상속인도 상속세(연대)납부의무가 있는 상속인에 포함됨을 명확히 규정함으로써 상속개시 전 10년 내에 피상속인으로부터 재산을 증여받았거나 피상속인의 처분재산 또는 채무부담액에 대한 사용처가 불분명하여 상속추정된 금액이 있는 경우에는 상속세를 납부할 의무가 있다.

☞ 1998.12.31. 이전 상속분의 경우 대법원 판례를 수용하여 상속포기자에게는 상속세 납세의무를 부여하지 않도록 함(재산 46300 - 10060, 2002.5.6.).

 관련 예규·심판결정례 및 판례 등

❏ 상속개시 전 5년 이내에 증여받은 1순위 상속인이 상속을 포기한 경우 상속세납세의무가 없음(대법원 97누5022, 1998.6.23.). ⇒ 1998.12.31. 이전 상속개시분에 대해서 적용됨.

❏ 상속개시 전에 재산을 증여받은 상속인이 상속을 포기하는 경우에도 그 증여재산은 상속세 과세가액에 가산함(대법원 93누8092, 1993.9.28.).

❏ 상속개시 전 처분재산 등의 용도불분명으로서 상속세 과세가액에 산입되는 금액도 상속인이 적법하게 상속포기한 경우 상속세 납세의무 없음(대법원 97누16312, 1999.6.22.).

사례 **상속포기한 상속인이 있는 경우 1999년 전후 상속인별 상속세액 비교**

❏ 상속인별 증여재산과 상속재산 예시
• 상속을 포기한 甲의 10년 이내 증여재산 : 15억원, 증여세 과세표준 1,470백만원, 증여세 428백만원
• 乙이 상속받은 재산 : 7억원
• 상속인 외의 자 丙의 5년 이내 증여재산 : 3억원, 증여세 5천만원
• 상속세 과세표준 20억원 = 상속세 과세가액 25억원 - 일괄공제 5억원
• 상속세 산출세액 640백만원
• 甲과 乙이 납부할 총 세액 : 640백만원 - 丙의 증여세액 5천만원 = 590백만원

❙甲과 乙 각자가 부담할 상속세액❙

	1998.12.31. 이전	1999.1.1. 이후
甲	납세의무 없음	【590백만 × 1,470백만/1,700백만(20억원 - 3억원)】 - 428백만원 ≒ 82백만원
乙	162백만원 = 590백만원 - 428백만원	【590백만 × 230백만/1,700백만】 ≒ 80백만원

※ 甲과 乙이 납부할 상속세 산출세액 : 상속세 과세표준 20억원에서 丙의 증여재산가액 3억원을 차감한 17억원은 甲의 증여재산 중 1,470백만원과 乙의 상속재산 230백만원으로 구성되어 있으므로 그 비율로 안분한 것임.
※ 甲과 丙의 사망 전 증여재산 15억원과 3억원이 없는 경우 乙은 상속세 과세표준 2억원(7억 - 5억)에 대한 상속세 3천만원을 부담했을 것임.

2. 수유자

수유자(受遺者)란 ① 유증을 받은 자 ② 사인증여에 의하여 재산을 취득한 자 ③ 유언대용신탁 및 수익자연속신탁에 의해 신탁의 수익권을 취득한 자를 말한다. 상속인이 아닌 자가 피상속인의 유증 또는 사인증여에 의하여 상속재산을 취득하는 경우 및 2021.1.1. 이후 상속개시분부터 유언대용신탁 등에 의해 신탁의 수익권을 취득한 경우 그 수유자도 그가 받거나 받을 재산의 점유비율에 따라 상속세를 납부할 의무를 진다. 또한, 2003.1.1. 이후 상속개시분부터 증여이행 중에 증여자가 사망함으로써 상속개시 후에 증여재산을 취득하는 자도 수유자에 포함시켜 상속세 납부의무를 부여하고 있다.

2002.12.31. 이전 상속분의 경우 증여계약을 체결한 후 증여재산의 소유권을 이전하지 못하고 증여자가 사망한 경우에 해당 증여재산은 상속재산에 포함되고 증여채무는 상속채무로 공제하지 아니하므로 동 재산에 대해 부과된 상속세는 상속인이 납부의무를 부담하게 되고, 증여재산의 취득시점에서 수증자는 증여세를 납부하게 되어 동일한 재산에 대하여 이중의 세금을 부과하는 문제가 있었다.

이에 2003.1.1. 이후 상속개시분부터 상속채무로 공제하지 아니하는 증여채무 이행중에 증여자가 사망한 경우에는 해당 증여재산을 취득한 자를 수유자에 포함시켜 사인증여에 의하여 상속재산을 취득한 경우와 동일하게 그 수유자에게 상속세를 부과하고 증여재산 취득시점에서 증여세는 과세하지 않도록 하였다.

상속채무로 공제하지 않는 증여채무는 피상속인이 상속개시일 전 10년 이내에 상속인에게 진 것과 5년 이내에 상속인 외의 자에게 진 것을 말한다. 따라서 그 외의 증여채무로서 상속재산가액에서 빼는 증여채무와 관련한 상속재산에 대해서는 상속세는 과세하지 않고 해당 재산의 소유권이전 시점에서 증여세 과세대상이 된다.

사례 증여자 사망 후 증여재산 취득시 2003년 전후 상속·증여세 과세방법 비교

❑ 예시

○ 전체 재산가액 54억원(과세표준 기준) 중 A재산 30억원은 상속인이 상속받고, B재산은 상속인 외의 자인 손자에게 증여하기로 계약체결했으나 증여등기는 못하고 사망함.
 - 54억원(증여채무 24억원 불공제)에 대한 상속세 산출세액 2,240백만원
 - 증여재산가액 24억원 ⇨ 증여세 산출세액 8억원
 - 상속재산가액 30억원 ⇨ 상속세 산출세액 1,040백만원

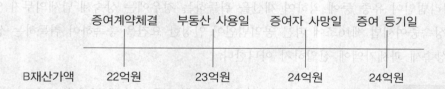

B재산가액	증여계약체결 22억원	부동산 사용일 23억원	증여자 사망일 24억원	증여 등기일 24억원

〈2002.12.31. 이전 과세방법〉
 - 상속세 : 54억원에 대한 상속세 2,240백만원 상속인이 부담
 - 증여세 : 증여등기일 현재 24억원에 대한 증여세 8억원 손자가 부담

〈2003.1.1. 이후 과세방법〉
 - 상속세 : 54억원에 대한 상속세 2,240백만원 상속인 및 손자가 부담
 - 증여세 : 과세하지 아니함(재산가액이 23억원 또는 25억원으로 변경된 경우에도 상속
  세 환급하거나 증여세 추가 과세하지 아니함).

가. 영리법인

영리법인이 무상으로 취득한 재산가액은 자산수증이익으로서 법인세가 과세되므로 영리법인이 납부할 상속세액을 면제하여 영리법인이 유증 등으로 취득한 상속재산에 대하여 법인세와 상속세가 이중으로 과세되는 것을 방지하고 있다. 일반적으로 법인세율이 상속세율보다 낮아 세부담을 줄일 수 있는 점을 활용하여 피상속인 또는 상속인들이 주주로 있는 영리법인에게 상속재산을 유증 등을 통해 귀속시키는 사례가 있었다. 이에 따라 2014.1.1. 이후 상속개시분부터 유증 등을 받은 영리법인의 주주 등 중 상속인과 그 직계비속이 있는 경우에는 영리법인에게 면제된 상속세 상당액에 상속인과 그 직계비속의 주식등 보유비율을 곱하여 계산한 금액을 해당 상속인과 그 직계비속이 납부하도록 하였다.

> 상속인과 그 직계비속 각자가 납부할 상속세액 =
> {영리법인이 받았거나 받을 상속재산에 대한 상속세 상당액 − (영리법인이 받았거나 받을 상속재산 × 10 ÷ 100)} × 상속인과 그 직계비속이 보유하고 있는 영리법인의 주식등의 비율

나. 비영리법인

비영리법인이란 민법 제32조 또는 기타 특별법 등에 의하여 설립된 법인으로 학술·종교·자선·기예·사교 기타 영리 아닌 사업을 목적으로 설립된 법인을 말한다. 이러한

비영리법인이 유증 등에 의하여 재산을 취득하는 경우에는 상속세 납세의무가 있다. 다만, 상속증여세법 제16조에 따른 공익법인이 일정한 요건을 충족하여 취득하는 상속재산은 상속세 과세가액에 산입하지 아니한다.

> **사례** 영리법인 또는 공익법인에게 유증한 경우 상속세 과세방법 비교
>
> ○ 상속재산 54억원(과세표준) 중 30억원은 상속인이 상속받고 24억원은 영리법인 또는 공익법인에게 유증함.
> ○ 상속인이 30억원을 상속받은 것은 동일하지만 영리법인에게 유증한 경우 24억원을 포함하여 상속세를 계산하고, 공익법인에게 유증한 경우 24억원은 과세표준에서 제외되므로 상속인이 납부할 상속세액에는 차이가 발생함.
>
> | 수유자 | 유증 | 과세표준 | 산출세액 | 면제세액 | 상속인이 납부할 세액 |
> |---|---|---|---|---|---|
> | 영리법인 | 24억 | 54억원 | 2,240백만원 | 996백만원
=2,240×24억/54억 | 2,240백만원 − 996백만원
= 1,244백만원 |
> | 공익법인 | 24억 | 30억원 | 1,040백만원 | − | 1,040백만원 |
>
> ※ 2014.1.1. 이후 상속인이 추가부담하는 상속세액 : (996백만원 − 24억원 × 10%) × 상속인과 그 직계비속이 보유하고 있는 영리법인의 주식보유비율

3. 특별연고자

상속권을 주장하는 자가 없는 때에는 가정법원은 피상속인과 생계를 같이하고 있던 자, 피상속인의 요양간호를 한 자, 기타 피상속인과 특별한 연고가 있던 자의 청구에 의하여 상속재산의 전부 또는 일부를 분여할 수 있다. 이 경우 특별연고자도 피상속인의 재산을 실질적으로 상속받은 것이 되므로 상속세 납부의무를 지게 된다.

4. 추정상속인·유언집행자 또는 상속재산관리인

납세관리인이 없는 경우로서 상속인이 확정되지 아니하였거나 상속인이 상속재산에 대하여 처분의 권한이 없는 경우에는 특별한 규정이 없으면 추정상속인·유언집행자 또는 상속재산관리인에 대하여 상속세를 과세하고 납부의무를 지울 수 있다(국세기본법 §82 ⑤).

이때 상속재산관리인이란 상속인의 존부가 분명하지 아니한 때에 상속재산을 관리하고 상속채권자와 유증받은 자에게 변제하는 등의 처리를 위하여 피상속인의 친족 기타 이해관계인 또는 검사의 청구에 의하여 선임된 자를 말하며(민법 §1053), 유언집행자란 유

언의 내용이 상속인의 이익에 반하는 경우도 있으며 또 상속인이 무능력자일 경우에는 유언의 집행에 부적당하므로 유언의 집행을 위하여 상속인 외의 자가 필요하게 되면 이 때 선임된 자를 말한다(민법 §1093).

상속세 납세의무가 성립되어 국가가 조세채권을 행사할 수 있으나 상속인이 확정되지 못하였다하여 방치할 경우에 조세가 일실되는 문제를 해소하기 위한 조치로 볼 수 있다. 또한 수유자가 비거주자이거나 국외로 주소 또는 거소를 이전하고자 하는 경우에는 납세관리인을 정하여 납세지 관할세무서장에게 신고하고 납세관리인이 상속세의 신고·납부 등의 일을 대신하도록 하고 있다.

5. 국가 또는 지방자치단체

국가 또는 지방자치단체의 경우에도 피상속인의 유언 등에 의하거나 상속인들이 상속재산을 증여함으로써 상속재산을 취득할 수 있다. 또한 민법상 상속인 및 특별연고자가 없는 경우 상속재산은 국가에 귀속된다. 이 경우 국가 등도 수유자에 해당할 수 있으나, 국가 또는 지방자치단체가 유증 등을 받거나 상속세 신고기한 이내에 상속재산을 증여받은 경우 비과세하는 상속재산에 해당하므로 상속세를 납부할 의무는 없다.

 관련 예규·심판결정례 및 판례 등

❑ 유언에 따라 형제로부터 금전을 받은 경우 과세방법(상속증여세과-24, 2014.2.5.)

공동상속인 중 일부(甲, 乙)가 피상속인의 유언에 의하여 부동산을 취득함에 있어서 乙이 일정 금액을 다른 상속인(丙)에게 지급할 것을 조건으로 한 경우로서 그 유언에 따라 적법하게 이행한 경우, 乙은 취득하는 부동산 가액에서 丙에게 지급한 금액을 차감한 금액을, 丙은 乙로부터 지급받은 금액을 각각 유증받은 것으로 보는 것임.

❑ 상속공제액에 미달하는 재산을 상속받은 경우(재재산 46014-49, 2000.2.21.)

배우자상속공제액 및 일괄공제액 미만의 재산을 받은 배우자 및 자녀도 상속재산에 가산되는 증여재산을 포함해 각자의 상속재산 비율에 따른 상속세 연대납세의무가 있음.

❑ 母가 子의 채무를 인수하는 조건으로 모든 재산을 상속받은 경우 과세방법(서면4팀-401, 2005.3.18.)

상속재산인 부동산을 공동상속인 중 母가 전부 상속받는 대가로 子의 채무를 인수하기로 협의 분할한 경우에는 子가 상속받기로 한 부동산을 상속받아 母에게 유상으로 양도한 것으로 봄(母·子에게 상속세 부과, 子에게 증여세 부과 안함, 子의 양도차익 없음).

□ 장남이 부동산 모두를 상속받고 형제들에게 현금을 지급한 경우 과세방법(상속증여세과 – 119, 2014.
4.30., 상속증여 – 449, 2013.8.6., 재산세과 – 236, 2012.6.25.)

장남외 공동상속인이 해당 상속지분에 해당하는 부동산을 상속받아 장남에게 유상으로 이전된
것으로 봄(앞의 예규 내용과 동일함).

□ 상속재산 미분할상태에서 다시 상속개시된 경우 과세방법(서일 46014 – 10361, 2002.3.19.)

조부가 사망한 후 상속세를 신고해야 할 父가 상속세 과세표준신고기한 이전에 사망하여 그
사망한 父의 상속인이 조부 또는 父의 재산을 함께 상속받는 경우에 조부와 父에 대한 상속세
는 각각 별도로 과세하되, 세대를 건너뛴 할증과세규정을 적용하지 아니하며, 뒤에 사망한 父
의 상속세과세가액에는 조부의 상속재산 중 父의 상속분을 합산하고 단기재상속 세액공제함.

□ 실종선고 절차진행 중인 상속인에 대한 납세의무(재삼 46014 – 2717, 1996.12.6.)

민법 제22조에 따른 실종의 선고를 받지 아니한 경우 공동상속인이 되는 것이고, 공동상속인은
각자가 받았거나 받을 상속재산을 한도로 하여 상속세를 연대하여 납부할 의무가 있는 것이므
로 공동상속인 중 1인이 그가 받은 상속재산으로 자기가 부담하여야 할 상속세를 초과하여 물
납을 신청하는 경우에는 증여세 과세문제는 발생하지 아니함.

□ 사망 전 증여재산에 대하여 상속인이 유류분 청구 안한 경우(재삼 46014 – 750, 1995.3.24.)

피상속인이 상속개시 전에 소유하고 있던 전재산을 상속인 이외의 자에게 증여하고, 이에 대해
상속인이 유류분 반환청구권을 행사하지 아니함에 따라 상속으로 인하여 취득한 재산이 없는
경우 상속인은 상속세 납부의무가 없음.

□ 상속분을 포기하는 대신 다른 상속인들의 고유재산 일부를 받은 것은 증여로 볼 수 없음(서울행법
2017구합5997, 2018.5.4., 서울고법 2018누50071, 2018.10.22. 확정).

공동상속인 중 1인이 상속분을 포기하는 대신 피상속인 명의 계좌에 입금되어 있던 공동상속인
각자의 고유재산인 임대료수입금액을 분배받은 경우, 증여에 해당하지 않음.

사례   **증여받은 남편의 상속세 신고기한내에 妻가 사망한 경우 과세방법**

□ 사례

증여받은 남편의 상속세 신고기한내에 妻가 사망한 경우 과세방법

□ 사실관계

아내가 남편에게 A재산 증여	남편 사망	妻 사망
①	②	③
	23억원	24억원

□ 질의

남편의 상속재산에 대해 상속분할이 확정되지 아니한 상태에서 妻가 사망한 경우 ② 남
편의 상속세 과세방법 및 ③ 妻의 상속재산에 ①의 A증여재산을 가산하는지 등

☐ 답변 및 해설(사전 법령해석과-3569, 2020.11.3.)

① 남편이 妻로부터 증여받은 A재산에 대해서는 일반적인 경우와 같이 증여세 부과

② 남편 사망시 A재산을 포함하고 아내의 법정상속분에 해당하는 금액에 대해 배우자상
속공제하여 상속세 과세, A재산에 대한 증여세액은 상속세에서 공제하지 아니하며 미
납부시 공과금으로 공제가능

③ 妻의 상속재산에는 남편의 상속재산 중 배우자 상속공제받은 법정상속분만큼 포함하
고 단기재상속에 따른 세액공제함.

6. 상속인별 납부할 상속세액 및 연대납부의무의 범위

가. 상속인·수유자별 납부할 상속세액

상속인 또는 수유자별(이하 "상속인별"이라 함)로 납부할 상속세액은 상속세 과세표준
상당액 중 상속인별 상속받은 재산가액(상속재산에 더하는 상속개시 전 10년 또는 5년
이내에 증여받은 재산을 포함하며, 이하 이 항목에서 같음)이 점유하는 비율에 따라 안분
하며, 상속인 또는 수유자는 그가 상속받은 재산가액 범위 내에서 다른 상속인 등이 납부
하지 않은 상속세가 있는 경우 연대납부의무가 있다.

$$\text{상속인·수유자별 납부할 상속세액} = \text{상속세 산출세액} \times \frac{\text{상속인·수유자별 상속세 과세표준} + \text{피상속인 사망 전 10년·5년 이내 증여받은 재산의 증여세 과세표준}}{\text{상속세 과세표준 상당액}}$$

즉, "상속인별"로 납부할 상속세액은 다음의 ①에 따라 계산한 상속인별 상속세 과세
표준 상당액을 ②의 금액으로 나누어 계산한 비율로 안분하게 된다. 이는 사망 전 증여재
산의 경우에 상속공제가 대부분 적용되지 않아 상속세 과세표준을 구성하게 되므로 증여
재산이 있는 상속인 등이 납부할 상속세액을 증가시켜 기납부증여세액을 많이 공제해 주
는 것이다.

① [(상속재산에 더한 상속인별 증여재산의 증여세 과세표준) + (㉮ × ㉰ ÷ ㉯)]

㉮ 상속증여세법 제25조 제1항에 따른 상속세 과세표준에서 상속증여세법 제13조 제1
항 각호에 따라 더한 증여재산의 증여세 과세표준을 뺀 금액

㉯ 상속증여세법 제13조에 따른 상속세 과세가액에서 동조 제1항 각호의 금액을 뺀

금액

㉰ 상속인별 상속세 과세가액 상당액에서 상속증여세법 제13조 제1항 각호에 따라 상속재산에 더하는 상속인별 증여재산을 뺀 금액

② 상속증여세법 제25조 제1항에 따른 상속세 과세표준에서 상속증여세법 제13조 제1항 제2호에 따라 더한 증여재산가액 중 수유자가 아닌 자에게 증여한 재산에 대한 과세표준을 뺀 가액

각 상속인별 납부할 상속세액은 상속인 외의 자가 증여받은 재산에 대한 기납부증여세액을 상속세 산출세액에서 차감하고 남은 세액을 상속인별로 안분하는 과정을 통해 계산해야 하고, 안분기준이 되는 상속인별 상속세 과세표준도 증여재산의 가액 상당액은 증여받은 상속인의 상속세 과세표준에 직접 배분하고 그 외의 가액은 과세가액으로 안분하여 배분하는 등 여러 번의 계산과정을 거쳐야 하는 복잡함이 있으나, 사망 전 증여받은 상속인 등이 납부할 상속세 산출세액을 높여줌으로써 기납부증여세 공제한도액이 커지게 되고 결과적으로 상속인 전체의 세부담이 감소되는 효과가 있다.

계산방법요약

❑ 〈1단계〉 상속인 외의 자가 증여받은 재산에 대한 기납부증여세 공제액을 계산하여 상속세 산출세액에서 직접 공제한다.

○ 상속세 산출세액에서 ⓐ와 ⓑ 중 적은 금액을 공제함 ⋯ ┃ 차감 후 세액 ┃

－ⓐ 사망 전 증여재산에 대한 증여세 산출세액

－ⓑ 공제한도액 : $\boxed{상속세\ 산출세액} \times \dfrac{증여재산에\ 대한\ 증여세\ 과세표준}{상속세\ 과세표준}$

❑ 〈2단계〉 상속인별로 상속세 과세표준과 상속세액을 배분함.

(과세표준배분)

○ 상속공제가 배제되는 상속재산 등(상속증여세법 제24조 : 증여재산과세표준, 상속인 외의 자에게 유증한 재산)은 증여·유증받은 상속인에게 직접 배분하고, 나머지 금액은 상속인별 과세가액으로 안분함 ⋯⋯⋯⋯⋯⋯⋯⋯⋯⋯⋯⋯⋯⋯⋯⋯⋯⋯ (㉯＋㉰)

• 배분 대상 과세표준(총과세표준 － 상속인 외의 자 증여재산) ⋯⋯⋯⋯⋯⋯⋯⋯ ㉮

• 직접 배분하는 과세표준(각 상속인별 증여재산과세표준, 상속인 외의 자에게 유증한 재산) ⋯⋯⋯⋯⋯⋯⋯⋯⋯⋯⋯⋯⋯⋯⋯⋯⋯⋯⋯⋯⋯⋯⋯⋯⋯⋯⋯⋯ ㉯

• 과세가액으로 배분하는 과세표준 ⋯⋯⋯⋯⋯⋯⋯⋯⋯⋯⋯⋯⋯⋯⋯⋯⋯⋯⋯⋯⋯ ㉰

$$= (㉮ - ㉯의 \ 합계) \times \frac{각 \ 상속인별 \ 상속세과세가액 - 상속인 \ 각자의 \ ㉯}{직접배분 \ 후 \ 남은 \ 과세가액}$$

(각자가 납부할 상속세 산출세액)

- ○ 1단계의 **차감 후 세액** 을 상속인별 과세표준으로 안분 ·········· 각자의 산출세액

□ 〈3단계〉 상속인별로 기납부증여세 공제액을 계산하여 공제

- ○ 각자의 상속세 산출세액에서 ⓐ와 ⓑ 중 적은 금액을 공제함.
  - ⓐ 사망 전 증여재산에 대한 증여세 산출세액
  - ⓑ 공제한도액 : **각자의 상속세액** $\times \dfrac{증여재산에 \ 대한 \ 증여세 \ 과세표준}{상속인별 \ 상속세 \ 과세표준}$

나. 영리법인이 면제받은 상속세액에 대한 상속인 등의 납부의무

2014.1.1. 이후 상속개시분부터 영리법인이 유증 등을 통해 취득한 상속재산에 대하여 면제받은 상속세액은 해당 영리법인의 주식 등을 보유하고 있는 상속인과 그 직계비속에게 다음에 따라 계산한 금액을 해당 상속인과 그 직계비속이 납부할 상속세액에 포함시켜서 납부할 의무를 부여한다.

> {영리법인이 받았거나 받을 상속재산에 대한 상속세 상당액 - (영리법인이 받았거나 받을 상속재산 × 10%)} × 상속인과 그 직계비속의 주식 등 지분율

또한 소득세와의 이중과세를 조정하기 위하여 다음 금액을 상속인이 보유한 주식의 취득원가에 가산하도록 하였다(소득세법시행령 §163 ⑩).

> 영리법인이 유증 받은 상속재산 × 상속인 또는 그 직계비속의 지분율

| 사례 | 영리법인이 유증 등을 받은 경우 상속세 과세방법 |

○ 피상속인이 상속인 甲, 乙과 영리법인 C에게 각각 상속재산 10억원씩을 상속 및 유증한 경우(공제금액은 없다고 가정)
    − 상속세 산출세액 계산 : 30억원 × 40% − 1.6억원 = 10.4억원
    − 상속인등이 각자 부담할 세액 : 甲, 乙, C법인 각각 3.5억원
○ 2014.1.1. 전후 상속인별 납부할 상속세액

구 분	2013.12.31. 이전	2014.1.1. 이후
C법인에 상속인이 없는 경우	− 甲과 乙은 각각 3.5억원 부담 − C법인이 납부할 3.5억원 면제	좌 동

C법인의 주식을 甲이 50% 보유한 경우	상 동	− 甲 : 4.7억원(3.5억원＋1.2억원)
		  • 甲이 추가 부담할 상속세액 :
		   3.5억원 − 10억원×10%) × 50%
		   = 125,000,000원
		− 乙 : 3.5억원
		− C법인이 납부할 3.5억원 면제

다. 상속인·수유자별 연대납부의무의 범위

상속인과 수유자는 다음의 금액 범위에서 다른 상속인 등이 납부하지 아니한 상속세 (가산세, 가산금, 체납처분비를 포함함)에 대하여 연대하여 납부할 의무가 있다. 이 경우 자산총액에는 상속으로 얻은 재산뿐만 아니라 상속재산에 더한 증여재산과 의제상속재 산 및 처분재산 등의 사용처가 불분명하여 상속재산에 더하는 상속추정재산을 포함한다.

> 연대납부의무 한도 = 상속으로 얻은 자산총액 − 부채총액 − 부과되거나 납부할 상속세액
> − 사전증여재산에 대한 증여세액

대법원에서 증여세액을 상속재산가액에서 빼고 연대납부의무의 범위를 정해야 한다는 판결(대법원 2016두1110, 2018.11.29.)한 바가 있고, 2020년 개정시 상속세 과세가액에 가산 한 사전증여재산에 대한 증여세액은 상속세 연대납부의무의 범위를 계산할 때 상속세액 에 포함됨을 명확하게 규정하였다.

공동상속인의 연대납부의무는 다른 공동상속인 각자가 납부할 상속세를 납부하지 아 니하거나 납세자력의 상실을 요건으로 성립되는 것이 아니므로 연대납부의무 범위 내에 서는 누구에게나 상속세를 징수할 수 있다(재삼 46014−435, 1999.3.2.).

라. 연대납부의무의 범위 내에서 자기 몫을 초과하여 납부한 경우

상속세는 상속재산에서 차감할 채무의 성격을 가지고 있으며 그 조세채무를 차감한 후의 재산가액이 공동상속인간 분할대상이라고 볼 수 있어 특정 상속인이 자기 몫에 해당하는 상속세액을 초과하여 납부한 경우 자기 몫에 미달하게 납부한 상속인이 그로 인하여 민법상 증여를 받았다고 보기 어려운 점이 있다. 물론 연대납부의무자가 자기 몫을 초과하여 납부한 경우 다른 납부의무자에게 구상권을 행사할 수 있으나, 상속세 납부방법을 포함하여 협의분할한 것으로 볼 수도 있고 조세채권 확보를 위하여 연대납부의무를 부여하면서 구상권을 행사하지 않았다는 사유 등으로 증여세 과세대상으로 삼기 어려운 점이 있다.

 관련 예규 · 심판결정례 및 판례 등

□ 자기 몫의 상속세 초과 납부 후 변제받은 경우 증여세 과세 안됨(재삼 46014-736, 1999.4.17.).

□ 상속재산을 초과하여 상속세를 납부한 경우 환급 여부(조심 2013서1648, 2013.6.28.)
  상속을 받은 재산을 초과하여 납부한 상속세가 있다면 동 초과액을 다른 상속인에 대한 증여로 볼 수 있는 명백한 경우가 아닌 이상 국세기본법상 과오납금이므로 환급하는 것이 타당함.

□ 소송 중 합의하여 유류분 반환이 있는 경우 유류분 반환금액을 반영하여 각 상속인별 납부할 상속세 재계산함(조심 2012서2586, 2013.7.11.).

□ 각자가 받은 재산에서 빼는 증여재산에 대한 증여세에 가산세 포함함(대법원 2019두40, 2020.1.16.).
  증여세 부과처분에 포함된 가산세는 원고가 증여세를 신고 · 납부하지 아니한 데 대한 행정상 제재로 부과된 것이므로 연대납부의무에서 공제되어서는 안 된다고 주장하나, 연대납무의무 한도를 계산할 때 공제하는 상속세도 그 납부세액인 점, 연대납무의무를 둔 취지는 상속재산에서 상속으로 납부한 세금을 차감하여 실제로 남은 재산을 기준으로 연대납부책임을 부과하려는 것인 점 등을 감안할 때, 증여세도 가산세를 포함한 납부세액을 공제하는 것이 타당함.

□ 공동상속인들의 연대납부의무 한도가 되는 '각자가 받았거나 받을 재산'에 사전증여재산이 포함되며, 사전증여재산에 대하여 부과되거나 납부할 증여세액을 공제하여 연대납부의무의 범위를 정해야 함(대법원 2016두1110, 2018.11.29.).

> **사례** 모든 상속재산을 공매하여 상속세에 충당한 후 체납세액이 있는 경우
>
> 1991.9.30. 사망한 김○○의 상속재산 A, B, C 모두 압류하여 공매한 금액 18억원을 체납세액에 충당한 후에도 체납세액 5억원이 남은 경우 상속인 고유의 재산 D를 압류하여 체납처분을 할 수 있는가?

- 상속재산 A, B, C의 상속개시 당시 평가액 : 35억원
- 상속세 체납세액 : 23억원(가산세, 가산금 및 중가산금 등 포함)

풀이

○ 상속세(가산세·가산금·체납처분비 포함) 연대납부의무는 상속재산총액에서 부채를 차감한 순재산가액 범위 내에서 지며, 그 금액 범위 내에서는 상속인 고유재산에 대해서도 체납처분 가능함(재재산 46014-105, 1998.5.23.).

○ 대구고등법원(99누1787, 2000.4.11.)은 공동상속인의 연대납세의무의 책임범위는 상속인이 받았거나 받을 재산 그 자체로 한정된다고 할 것이므로, 상속인들의 고유의 재산에 대하여 한 이 사건 압류처분을 위법하다고 판단하였으나,

○ 대법원에서는 예규내용과 같이 상속인의 고유재산도 압류 가능한 것으로 판결함(대법원 2000두3221, 2001.11.13.)함.

─ 구 상속세법(1996.12.30. 개정전) 제18조 제2항 소정의 "그가 받았거나 받을 재산"은 상속세 과세대상이 되는 상속재산을 구 상속세법에서 규정한 평가방법에 따라 평가한 재산가액에서 과세가액 불산입재산의 가액을 제외하고 채무 등을 공제하는 과정을 거쳐 이를 상속분으로 나누어야 확정된다고 할 것이므로, 상속인은 위와 같은 방법을 거쳐 산출되는 상속인별 '상속재산가액'의 범위 내에서 연대납세의무가 있고, 상속세 체납시에 상속재산이 아닌 상속인의 고유재산에 대하여도 압류가능하다.

❏ 2000.12월 세법개정시 연대납세의무 범위를 (상속으로 얻은 자산총액 − 부채총액 − 그 상속으로 인하여 부과되거나 납부할 상속세액)로 명확히 규정하였다.

 관련 예규·심판결정례 및 판례 등

❏ **사용처불분명 금액에 대한 상속세 납세의무**(재삼 46014−1069, 2000.2.24., 재삼 46014−2461, 1998.12.16.)

처분재산 중 사용처불분명으로 상속재산에 가산한 금액은 공동상속인들이 법정상속분에 따라 상속받은 것으로 보아 각자의 납부세액과 연대납세의무 범위를 정함.

❏ **상속재산 분할이 확인 안 되는 경우 법정지분에 따라 계산함**(재재산 46014−57, 1999.2.24.).

❏ **상속포기자가 있는 경우 상속인별 납부할 세액 및 연대납세의무 범위**(재산세과−2123, 2004.7.27.)

회신

각 상속인의 상속세 납세의무의 범위를 산정할 때에 상속세 과세표준 결정시 공제한 공과금이 있는 경우 그 공과금은 상속재산의 가액에서 차감하는 것이 타당하나, 상속세액을 차감하는 것은 아님. 그리고, 상속증여세법 시행령 제2조의2 제2항의 규정에 의하여 연대납세의무의 범위를 산정할 때에 상속재산가액에서 상속세를 공제한다는 것은 특정 상속인에게 다른 상속인이 미납부한 상속세액에 대해서 연대납세의무를 부여할 때에 그 특정 상속인이 상속받은 재산가액에서 그가 상속받은 재산가액에 대해서 납부할 상속세액을 공제한 금액을 한도로 연대납세의무를 진다는 의미로서 각 상속인의 상속세 납세의무의 범위를 산정할 때에 상속재산의 가액

에서 당해 상속세를 공제한다는 의미가 아님.

질의

1998.6.30. "000" 상속개시로 인해 상속인들이 상속받은 재산과 사망 전 증여재산에 대한 상속세 1,532백만원을 과세한바, 상속세 납부의무 범위가 상속재산가액 379백만원인지 공과금 356백만원을 차감한 23백만원인지, 상속세액도 차감하는지 여부?

구 분	상속재산	공과금 등	사망 전 증여재산
• 상속포기 안한 상속인 5인	379백만원	356백만원	–
• 상속포기한 상속인 3인	–	–	11,624백만원

* 공과금 356백만원 : 피상속인이 미납한 택지초과부담금 340백만원과 재산세, 종합토지세 16백만원으로서 상속인이 납부 안한 상태임.

해설

상속재산에서 공제하는 공과금은 피상속인이 부담해야 할 것으로 확정된 금액으로서 관련기관에서 강제징수하게 되면 상속인에게 남은 재산은 이를 차감한 금액이므로 상속세 징수 당시 완납 여부 등에 관계없이 동 공과금을 차감한 금액의 범위 내에서 상속세 납부의무를 지우는 것이 타당할 것이나, 상속세액까지 차감한 후의 금액에 대해 납부의무를 지우는 것은 아니다. 다만, 甲 상속인이 자기지분의 상속세를 납부하지 아니하여 乙상속인에게 연대납세의무를 부여할 때에 乙의 연대납세의무는 乙이 상속받은 자산총액에서 부채총액과 乙의 상속지분에 해당하는 상속세액을 공제한 금액을 한도로 하는 것이라는 유권해석으로 볼 수 있다.

❏ 5인의 상속인 중 고지누락된 2인의 상속세액은 부과처분이 없는 것임(조심 2010서3837, 2012.6.27.).
상속인이 3명에서 인지소송을 통해 2명이 추가되었는데 3명에게만 고지한 경우, 상속세 고지시 누락된 2명이 납부할 상속세액에 대해서는 부과처분이 존재하지 아니하므로, 적법한 부과처분이 없는 세액까지 다른 3명의 상속인에게 연대납세의무를 부여할 수 없음.

❏ 상속인간 협의분할한 사실이 없고 납세의무승계금액을 포기하기 위한 상속한정승인에 불과하므로 법정상속지분에 의한 상속세 연대납세의무 있음(국심 2004서1700, 2004.8.23.).

❏ 상속재산을 상속인 중 1인이 실질적으로 상속받아 처분하고 그 대금을 수령했더라도 '협의분할' 등이 없는 한 공동상속재산으로 봄(대법원 2002두1618, 2003.6.13.).

❏ 적법한 고지처분 후에 총세액 변동없이 상속지분율만 변동된 경우, 각자가 납부할 세액만을 변경통지한 것은 적법함(국심 99부1289, 2000.2.28.).

❏ 연대납부의무를 초과한 고지는 위법함(대법원 2014두3471, 2016.1.28.).
각자가 납부할 세액을 구분하지 않고 납세고지서 및 연대납부의무자 명단을 송달함으로써 연대납부의무의 한도가 없는 총세액을 징수고지하는 처분을 한 것이므로, 만약 상속재산 중 원고가 받았거나 받을 재산이 총세액에 이르지 못하는 경우에는 위 징수고지 중 그 연대납부의무의 한도를 넘는 부분은 위법하여 취소되어야 함.

사례 1	상속재산의 분할과 미분할이 혼재하는 경우 각자 납부할 세액 배분

❏ 상속재산 및 분할 내용

상속재산 \ 상속인	장남 (법정지분1/3)	차남 (법정지분1/3)	삼남 (법정지분1/3)
• A부동산 : 9억원	9억원	–	–
• B주식 : 12억원(미분할, 법정지분)	(4억원)	(4억원)	(4억원)
• C예금 : 6억원	2억원	2억원	2억원
• 처분재산 상속추정 : 9억원(법정지분)	(3억원)	(3억원)	(3억원)
• 사망 전 증여재산 가산액 : 5억원	5억원	–	–
분할한 상속재산 20억원 점유비율	16억원(80%)	2억원(10%)	2억원(10%)
미분할 상속재산 등 21억원 배분(법정지분)	(7억원)	(7억원)	(7억원)
분할, 미분할 등 포함한 상속인별 상속재산 점유비율	23억원(56.1%)	9억원(21.95%)	9억원(21.95%)
상속세 산출세액 : 10억원(가정)	561,000,000	219,500,000	219,500,000
기납부증여세액(5억원에 대한 산출세액)	84,000,000		
납부할 상속세액(916,000,000원)	477,000,000	219,500,000	219,500,000

풀이

○ 상속재산 중 일부만 분할한 경우 공동상속인별로 분할이 확정된 상속재산의 점유비율에 의하여만 각자가 납부할 상속세액을 배분하는 것은 아니며

○ 분할이 확정된 상속재산은 당해 상속인이 상속받은 재산에 포함하고, 분할되지 않은 상속재산은 공동상속인간의 법정상속분으로 상속받은 상태이므로 그 법정상속분을 각 상속인별 상속받은 재산에 포함시킨다.

○ 그리고, 분할할 수 없는 사용처 불분명 금액은 민법상 법정상속분으로 상속받은 것으로 추정하여 각 상속인의 재산가액에 포함시키고, 상속세 과세가액에 더한 사망 전 증여재산도 해당 상속인의 상속재산가액에 더하여 계산한 점유비율에 따라 상속인별 납부할 세액을 안분하고

○ 그 상속재산의 가액(분할한 상속재산 + 미분할 상속재산과 추정상속재산에 대한 법정상속분 + 증여재산)의 범위 내에서 연대납세의무를 부여한다.

사례 2	상속인 외의 자가 유증을 받아 납부할 세액이 생긴 경우 납부의무자는?

❏ 상속(유증)재산 분할 내용 및 상속세액
 - 상속인 甲(배우자) 및 乙(자)은 각각 4억원씩 상속받음.
 - 유증을 받은 丙·丁(상속인이 아님)은 각각 1억원씩 유증받음.
 ○ 상속공제액 및 상속세 계산내역
   - 상속공제액 : 배우자공제 5억원, 일괄공제 5억원

- 상속세액의 계산
  - 총상속재산가액 10억원
  - 상속공제액 8억원(상속증여세법 제24조에 의한 공제한도액)
  - 상속세과세표준 2억원
  - 납부할 상속세액 3천만원

❑ 쟁점사항

○ 甲과 乙이 상속재산 10억원 전부를 상속받았으면 상속세 부담이 없을 텐데, 상속인 외의 자인 丙·丁이 2억원을 유증을 받음으로써 부과된 상속세이므로

(갑설) 丙·丁에게 각각 1,500만원의 상속세 납세의무가 있는지

(을설) 상속재산의 점유비율에 따라 甲과 乙은 각각 1,200만원(3,000만원 × 4억/10억)을, 丙·丁은 각각 300만원(3,000만원 × 1억/10억)의 납세의무 있는지

풀이 (을설)에 의한다.

○ 상속인이 상속재산 전부 상속받았다면 상속공제액에 미달할 것이나, 상속증여세법 제24조에 따라 상속인 외의 자에게 유증한 재산은 상속공제가 적용되지 아니함에 따라 납부할 세액이 발생한 것으로서 상속인 입장에서는 납부할 세액이 없다고 주장할 수도 있을 것임.

○ 상속세의 경우 피상속인의 유산가액을 기준으로 하여 세액을 계산하는 유산세 과세방식을 채택하고 있고, 상속세 산출세액은 상속인 또는 수유자별 상속받은 재산의 가액의 점유비율에 따라 납부할 의무를 부여하고 있기 때문임.

사례 3 母가 子의 채무를 인수하는 조건으로 모든 상속재산을 상속받은 경우 과세방법

❑ 상속재산 협의분할 내용

○ 父의 사망으로 母가 상속재산인 A부동산(평가액 12억원)을 전부 상속받고

○ 子가 상속재산을 받지 않는 대신에 子의 채무액 5억원을 母가 인수하여 변제하기로 협의분할함.

❑ 쟁점사항

(갑설) 12억원에 대한 상속세 전부를 母에게 부과하고 子에게는 채무면제이익 5억원에 대한 증여세를 부과한다.

(을설) 子가 A부동산 중 일부를 상속받고 본인의 채무 5억원을 母에게 인수시킨 대가로 동 부동산을 양도한 것으로 보아 상속세는 母와 子에게 안분하여 부과하고 子에게 A부동산의 양도에 따른 양도소득세를 부과한다.

풀이 (을설)에 의함(서면4팀-401, 2005.3.18.).

| 사례 4 | 장남이 모든 상속재산을 상속받고 형제들에게 현금을 지급하는 경우 과세방법 |

❏ 상속재산 협의분할 내용
　○ 상속재산인 A·B부동산(15억원) 전부를 장남 앞으로 소유권이전등기하고
　○ 장남이 형제들에게 현금을 지급함.
❏ 쟁점사항
　(갑설) 15억원에 대한 상속세 전부를 장남에게 부과하고 형제들에게는 현금증여에 대한
　　　　증여세를 부과할 것인가?
　(을설) 형제들이 A·B부동산 중 일부를 상속받아 장남에게 유상으로 양도한 것으로 보
　　　　아 상속세와 양도소득세를 부과할 것인가?

풀이　(을설)에 의함(법규재산 2012-237, 2012.7.28., 서면4팀-628, 2005.4.27.).

양도소득세를 과세할 때의 양도시기는 잔금청산일과 소유권이전등기 접수일 중 빠른 날이다.
민법 제1015조에 따른 상속재산분할의 소급효는 현물분할의 경우에만 인정되므로 가액분할의
경우 일반적 양도시기에 의한다.

| 사례 5 | 상속인 외의 자가 증여받은 재산의 합산과세로 상속인이 납부할 상속세
액이 상속재산가액을 초과하는 경우 상속세 과세방법 |

❏ 상속재산, 사망 전 증여재산 및 상속세 결정 내용
　○ 상속재산 및 상속공제액
　－상속인 甲의 상속재산가액(과세가액) : 2억원
　－일괄공제액 : 5억원
　○ 상속재산에 더한 사망 전 증여재산 및 증여세액

구　분	증여재산가액	증여공제액	과세표준	산출세액
乙(성년인 손자)	10억원	3천만원	970,000,000	231,000,000
丙(며느리)	5억원	5백만원	495,000,000	89,000,000
丁(사실혼 배우자)	7억원	5백만원	695,000,000	148,500,000
합　계	22억원	4천만원	2,160,000,000	468,500,000

　○ 상속세 결정 내용
　－상속세 과세가액 : 24억원
　－상속공제 한도액 : (24억원－2,160백만원) = 240백만원
　－상속세 과세표준 : 24억원－240백만원 = 2,160백만원
　　＊ 일괄공제액은 5억원이나 상속공제 한도로 240백만원만 공제
　－ 상속세 산출세액 : 2,160백만원 × 40%－160백만원(누진공제)
　　　　　　　　　　 = 704백만원

○ 기납부증여세액 차감 후 납부할 상속세액
  - 704백만원 - 468,500천원 = 235,500천원
    ⇒ 누구에게 얼마를 부과할 것인가?

풀이

○ 상속인 甲이 상속받은 재산가액 2억원 범위 내에서 상속세를 과세하고, 상속재산가액을 초과하는 세액에 대하여는 납부할 의무가 없다.

사례 6 상속재산 전부를 동생에게 유증하고 사망함에 따라 배우자가 유류분 반환 청구를 포기한 대가로 시부모의 재산을 취득한 경우 과세방법

❑ 사실관계

○ 남편(甲)이 유일한 재산인 10억원의 A부동산을 상속인이 아닌 동생(乙)에게 유증하고 사망함에 따라 그의 상속인인 처(丙)가 유류분 반환청구소송을 시동생에게 제기하였고

○ 시아버지(丁)가 유류분에 상당하는 비상장주식(B)을 며느리에게 주기로 하고 며느리는 소를 취하함.
  → 결과적으로 동생(乙)은 A부동산을 취득하였고, 처(丙)는 비상장주식(B)을 취득한 경우 누구에게 어떤 세금을 과세할 것인가?
    - 동생(乙) : 상속세와 증여세 과세문제
    - 처(丙) : 상속세와 양도소득세 과세문제
    - 시아버지(丁) : 양도소득세 과세문제

❑ 쟁점사항

○ 피상속인(甲)이 동생(乙)에게 유증한 부동산에 대하여 피상속인의 배우자(丙)가 유류분 반환청구소송을 제기하였으며, 유류분 소송을 포기하는 대가로 며느리(丙)가 시아버지(丁)로부터 비상장주식을 받은 경우 상속세, 증여세, 양도소득세 과세방법은?
  〈1안〉 丙이 丁으로부터 받은 비상장주식에 대해 丙에게 증여세를 과세하고, 乙에게는 유증받은 부동산 전부에 대해 상속세 과세
  〈2안〉 乙이 丁으로부터 비상장주식을 증여받아 유류분 반환 부동산지분과 교환한 것으로 보아 乙에게 비상장주식에 대한 증여세와 양도소득세 및 유류분 반환분 외 부동산에 대한 상속세를 과세하고, 丙에게는 유류분으로 반환받을 부동산지분에 대한 상속세와 양도소득세 과세
  〈3안〉 乙에게는 丁의 채무인수에 따른 증여세와 유증분의 상속세 과세, 丙은 〈2안〉과 동일하게 과세, 丁이 乙의 유류분 반환의무를 인수하여 주식으로 대물변제한 것으로 보아 丁에게 양도소득세 과세

풀이 <3안>에 의한 과세방법이 타당할 것으로 보인다.

○ 민법 제1112조에서 규정한 유류분권자가 유류분을 포기하는 대가로 다른 재산을 취득하는 경우에는 유류분에 상당하는 상속재산을 다른 재산과 교환한 것으로 보아 그 상속재산에 대한 상속세와 양도소득세 납세의무가 있는 것이며, 피상속인으로부터 유증을 받아 유류분권자에게 유류분을 반환해야 할 의무가 있는 수유자가 다른 자로부터 증여받은 재산으로 유류분 반환하는 경우에는 그 수유자에게 당해 증여재산에 대한 증여세와 양도소득세 납세의무가 있는 것임. 또한, 수유자의 유류분반환의무를 제3자가 인수하여 유류권자에게 다른 재산으로 그 반환의무를 이행한 경우에는 그 제3자가 대물변제한 것으로 보아 양도소득세 과세대상으로 삼고 수유자에게는 상속증여세법 제36조의 규정에 의한 채무면제 등의 증여 의제를 적용하는 것이 타당하다(재산상속 46014 – 379, 2003.11.12.).

○ 피상속인이 생전에 대부분의 재산을 특정 상속인에게만 증여하거나 유언을 통해 유증하는 경우에 1순위 상속인인 피상속인의 배우자나 직계비속은 그 법정상속분의 1/2에 해당하는 재산가액에 대해서는 증여받거나 유증받은 자에게 유류분 반환청구권을 행사하여 상속재 산을 되돌려 받을 수 있는 바(민법 §1112)

– 피상속인의 처가 유류분반환청구권의 포기 대가로 수유자인 乙이 아닌 시아버지(丙)로부 터 비상장주식을 직접 취득하였다 하더라도 이는 시아버지로부터 아무런 대가없이 당해 주식을 증여받은 것으로 보기는 어렵고

  * 상속재산에 대한 유류분을 포기한 것으로 보고 시아버지로부터 주식을 증여받은 것으로 볼 경우 丙은 유류분상당액에 대한 배우자상속공제를 받을 수 없고 상속세 납세의무도 없는 반면, 주식에 대한 증여세 납세의무를 져야 함(1안의 과세내용임).

– 실질내용은 丙이 피상속인으로부터 상속받을 부동산(유류분)을 당해 비상장주식으로 교 환한 것에 해당한다고 할 것이므로 유류분반환청구분에 해당하는 부동산에 대한 상속세 납세의무를 지우고, 동 부동산은 양도소득세 과세대상으로 삼는 것이 타당할 것이다.

○ 유증받은 乙의 경우 丙에게 유류분으로 반환해야 할 의무가 있는데 이를 父인 丁이 대신 이행해 준 것이므로 그 이익에 대한 증여세와 유류분반환분 외의 부동산에 대한 상속세 납세의무를 지우는 것에는 논란의 소지가 없으나

– 당해 비상장주식에 대한 양도소득세의 경우에는 乙이 丁으로부터 비상장주식을 증여받 아 유류분반환 부동산지분과 교환한 것으로 볼 것인가(乙이 양도소득세 납세의무) 丁이 乙의 유류분반환채무를 인수하여 대물 변제한 것으로 볼 것인가(丁이 양도소득세 납세의 무)에 따라 취득가액과 납세의무자 등이 달라지는 문제가 있는 바

– 이는 유류분반환채무의 인수내용 및 차후 변제 또는 구상권 행사 여부, 비상장주식의 인 도과정 등 사실관계에 따라 판단할 사항이나

– 질의내용상 丁이 자식인 乙의 유류분반환의무(채무)를 인수하여 대신 대물변제한 것으로 보아 丁에게 비상장주식에 대한 양도소득세를 과세한다는 유권해석으로 볼 수 있다.

7. 납세의무의 승계

가. 개 요

상속으로 인한 납세의무의 승계는 피상속인에게 발생한 납세의무를 그대로 이어받는 것을 말한다. 상속이 개시된 때에 피상속인에게 부과되거나 피상속인이 납부할 국세, 가산금 및 강제징수비는 상속인(민법 제1000조, 제1001조, 제1003조 및 제1004조에 따른 상속인을 말하고, 상속증여세법 제2조 제5호에 따른 수유자를 포함한다) 또는 상속재산관리인에게 납세의무에 대한 별도의 지정조치 없이 당연히 승계되며, 피상속인의 생전에 피상속인에게 행한 처분 또는 절차는 상속인 또는 상속재산관리인에 대하여도 효력이 있다. 그러나 피상속인이 사망한 후 그 승계되는 국세 등의 부과징수를 위한 나머지절차는 상속인 또는 상속재산관리인을 대상으로 하여야 한다(국세기본법 기본통칙 24-0…2).

나. 납세의무 승계자

피상속인이 사망하여 상속이 개시된 때에 그 상속인(수유자를 포함) 또는 민법 제1053조에 규정하는 상속재산관리인 등 다음에 해당하는 자가 납세의무를 승계한다. 납세의무 승계는 피상속인에 대하여 행한 처분이나 절차는 상속인이나 상속재산관리인에 대하여도 효력이 있다(국세기본법 §24 ④).

① 상속인 중 수유자가 있는 경우
② 상속인 중 「민법」 제1019조 제1항에 따라 상속을 포기한 사람이 있는 경우
③ 상속인 중 「민법」 제1112조에 따른 유류분을 받은 사람이 있는 경우
④ 상속으로 받은 재산에 보험금이 포함되어 있는 경우

2015.1.1. 이후 상속개시분부터 납세의무 승계를 피하면서 재산을 상속받기 위하여 피상속인이 상속인을 수익자로 하는 보험계약을 체결하고 상속인은 민법 제1019조 제1항에 따라 상속을 포기한 것으로 인정되는 경우로서 상속포기자가 피상속인의 사망으로 인하여 보험금(상속증여세법 제8조에 따른 보험금을 말한다)을 받는 때에는 상속포기자를 상속인으로 보고, 보험금을 상속받은 재산으로 보아 납세의무를 승계하도록 하였다.

다. 납세의무 승계범위

납세의무 승계의 범위는 피상속인에게 부과되거나 그 피상속인이 납부할 국세·가산

금과 강제징수비를 상속으로 받은 재산의 한도에서 납부할 의무를 진다(국세기본법 §24 ①). 이 경우 상속으로 받은 재산에는 피상속인이 상속개시 전에 증여한 재산은 포함되지 아니하며(재삼 46014-871, 1996.4.3.), 상속으로 인한 납세의무의 승계는 피상속인이 부담할 제2차 납세의무도 포함한다. 제2차 납세의무의 승계에는 반드시 피상속인의 생전에 국세징수법 제12조에 따른 납부고지가 있어야 하는 것은 아니다(국세기본법 기본통칙 24-0…1). 이 때 태아에게 상속이 된 경우에는 그 태아가 출생한 때에 상속으로 인한 납세의무가 승계된다(국세기본법 기본통칙 24-0…4).

라. 공동상속의 경우 연대납세의무

상속인이 2명 이상일 때에는 각 상속인은 피상속인에게 부과되거나 그 피상속인이 납부할 국세·가산금과 체납처분비를 민법 제1009조·제1010조·제1012조 및 제1013조에 따른 상속분에 따라 나누어 계산한 국세·가산금과 강제징수비를 상속으로 받은 재산의 한도에서 연대하여 납부할 의무를 진다. 이 경우 각 상속인은 그들 중에서 피상속인의 국세·가산금 및 강제징수비를 납부할 대표자를 정하여 상속개시일부터 30일 이내에 대표자의 성명과 주소·거소 그 밖에 필요한 사항을 적은 문서(전자문서를 포함한다)로 상속인 대표자의 신고를 하여야 한다(국세기본법 §24 ②, 국세기본법 시행령 §12 ①). 그러나 상속인의 신고가 없는 경우에는 상속인 중 1인을 대표자로 지정할 수 있다. 이 경우 세무서장은 그 뜻을 적은 문서로 지체 없이 각 상속인에게 통지하여야 한다(국세기본법 시행령 §12 ②).

상속재산 분할방법의 지정에 관한 유언의 효력에 대하여 분쟁이 있는 등 상속재산의 분할방법이 명백하지 아니한 경우와 상속재산의 분할방법을 정할 것을 위탁받은 자가 그 위탁을 승낙하지 않는 경우에는 민법 제1009조의 규정에 의한 법정상속분에 대하여 국세기본법 제24조 제2항을 적용한다(국세기본법 기본통칙 24-0…6).

인지, 태아의 출생, 지정상속인의 판명, 유산의 분할 및 기타 사유에 의하여 상속인, 상속지분 또는 상속재산에 변동이 있는 경우라도 그 이전에 발생한 승계국세 및 납부책임에 대하여는 영향을 미치지 아니한다(국세기본법 기본통칙 24-0…9).

마. 상속인의 존부가 분명하지 아니한 경우의 납세의무 승계

납세의무가 승계되는 경우에 상속인이 있는지 분명하지 아니할 때에는 상속인에게 하여야 할 납세의 고지·독촉이나 그 밖에 필요한 사항은 상속재산관리인에게 하여야 한다

(국세기본법 §24 ④). 이 경우 피상속인의 혼인무효의 소 또는 조정이 계류 중에 있거나 기타 상속의 효과를 가지는 신분관계의 존부확정에 관하여 쟁송중인 경우 등 상속인이 명확하지 아니한 경우에는 그 무효의 소 기타 그 쟁송사유가 없는 것으로 보는 경우의 상속인에 대하여 납세의무 승계의 규정을 적용한다(국세기본법 기본통칙 24-0…5).

> **참고**
> • 친생자부인심판중 : 친생자로 봄.
> • 상속신분부존재청구중 : 상속신분존재로 봄.
> • 상속신분존재확인청구중 : 상속신분부존재로 봄.
> • 이혼무효심판중 : 이혼한 상태로 봄.

상속인이 있는지 분명하지 아니하고 상속재산관리인도 없을 때에는 세무서장은 상속개시지를 관할하는 법원에 상속재산관리인의 선임을 청구할 수 있다(국세기본법 §24 ⑤). 상속재산관리인의 선임청구를 받은 법원에서는 상속인의 존부가 분명하지 아니한 때에는 민법 제777조의 규정에 의한 피상속인의 친족 기타 이해관계인 또는 검사의 청구에 의하여 상속재산관리인을 선임하고 지체 없이 이를 공고하여야 한다(민법 §1053).

바. 납세의무 승계의 한도

납세의무 승계의 범위는 피상속인에게 부과되거나 그 피상속인이 납부할 국세·가산금과 강제징수비를 상속으로 받은 재산의 한도 내에서 납부할 의무를 진다. 여기에서 상속으로 받은 재산이란 상속받은 자산총액에서 부채총액과 그 상속으로 인하여 부과되거나 납부할 상속세를 공제한 가액을 말한다(국세기본법 시행령 §11 ①). 여기에서 자산총액과 부채총액의 가액은 상속증여세법 제60조부터 제66조까지의 규정을 준용하여 평가한다(국세기본법 시행령 §11 ②). 이 경우에 자산총액과 부채총액의 계산은 다음 사항을 감안하여야 한다(국세기본법 기본통칙 24-11…1).

① 상속재산에는 사인증여 및 유증의 목적이 된 재산을 포함한다.
② 생명침해 등으로 인한 피상속인의 손해배상청구권도 상속재산에 포함된다.
③ 피상속인의 일신에 전속하는 권리의무는 제외한다.
  예) • 대리권(상행위의 위임으로 인한 것 제외)
      • 부양청구권(이행지체분 제외)
      • 상속개시 전에 구체화되지 아니한 신원보증채무와 신용보증채무

- 피상속인이 예술가, 저술가인 경우 예술, 저술의 행위채무 등
- 피상속인이 부담하는 벌금, 과료

④ 피상속인이 수탁하고 있는 신탁재산은 수탁자의 상속재산에 속하지 아니한다.

 관련 예규·심판결정례 및 판례 등

☐ 민법 제1009조의 상속지분에 따라 납세의무를 승계한 것으로 보되 상속재산의 한도 내에서 연대납세의무를 통지하여야 함에도 정확한 상속재산 분배내역을 확인하지 아니하고 단독상속으로 보아 1인에게 납부통지를 한 처분은 부당함(조심 2012전4155, 2012.12.3.).

☐ 국세기본법 제24조에 의한 납세의무 승계시 "상속으로 인하여 얻은 재산"에 처분재산 산입액은 포함되지 않음 ↔ 상속되었다는 입증책임은 과세관청에 있으며, 현금 등으로 상속되었다는 구체적인 입증이 아니라 경험칙상 간접 입증으로 가능함(대법원 97누2764, 1997.9.9.).

제3절 : 상속세 과세관할 및 상속재산의 소재지

1. 과세관할

가. 상속개시지가 국내인 경우

상속세는 피상속인의 주소지(주소지가 없거나 불분명한 경우에는 거소지를 말하며, 이하 "상속개시지"라 함)를 관할하는 세무서장(국세청장이 특히 중요하다고 인정하는 것에 대하여는 관할지방국세청장으로 하며, 이하 "세무서장 등"이라 함)이 과세한다. 즉, 상속재산의 규모가 일정금액 이상이거나 피상속인이 대규모 기업집단을 지배하고 있었던 경우 등에는 지방국세청장이 상속세를 조사하여 부과하고 있다.

나. 상속개시지가 국외인 경우

상속개시지가 국외인 경우에는 국내에 있는 재산의 소재지를 관할하는 세무서장 등이 과세하고, 상속재산이 2 이상의 세무서장 등의 관할구역 안에 있을 경우에는 주된 재산(재산가액이 가장 높은 재산을 의미함)의 소재지를 관할하는 세무서장 등이 과세한다.

다. 과세관할을 위반한 상속세의 신고 및 과세처분의 효력

상속세의 납세의무자가 관할세무서를 위반하여 상속세를 신고한 경우에도 그 신고의 효력에는 영향이 없다(국세기본법 §43 ②). 그러나 국세의 과세표준과 세액을 결정(경정)하는 때에는 그 국세의 납세지 관할세무서장 외의 세무서장이 행한 결정(경정)처분은 그 효력이 없다(국세기본법 기본통칙 44 - 0…3).

2. 상속재산의 소재지

상속개시지가 국외인 경우 즉, 피상속인이 비거주자인 경우에는 국내에 소재하는 상속 재산에 대하여만 상속세 납세의무를 부여하고 해당 상속재산의 소재지를 기준으로 과세 관할을 결정하고 있기 때문에 상속재산의 소재지는 중요한 의의를 갖는다. 이에 따라 상속증여세법에서는 상속재산 소재지를 다음과 같이 정하고 상속개시 당시 현황에 따라 판단하도록 하고 있다(상속증여세법 §5 ①).

① 부동산 또는 부동산에 관한 권리 : 그 부동산의 소재지

② 광업권, 조광권 : 광구의 소재지

③ 어업권, 양식업권, 입어권(入漁權) : 어장에서 가장 가까운 연안(沿岸)

④ 선박 : 선적의 소재지. 다만, 선박법 제26조에 따라 등기와 등록이 제외되는 선박에 대하여는 그 선박 소유자의 주소지를 그 선박의 소재지로 한다(상속증여세법 기본통칙 5 - 0…1).

⑤ 항공기 : 항공기 정치장의 소재지

⑥ 주식 및 출자지분(이하 "주식 등"이라 함) 또는 사채 : 그 주식 등 또는 사채를 발행한 법인의 본점 또는 주된 사무소의 소재지. 다만, 외국법인이 국내법에 따라 국내에서 발행한 주식 등 또는 사채에 대하여는 그 거래를 취급하는 금융실명법 제2조 제1호에 따른 금융회사 등(이하 "금융회사 등"이라 함) 영업장의 소재지로 한다.

⑦ 자본시장법을 적용받는 신탁업을 경영하는 자가 취급하는 금전신탁 : 그 신탁재산을 인수한 영업장의 소재지. 다만, 금전신탁 외의 신탁재산은 그 신탁한 재산의 소재지

⑧ ⑥ 및 ⑦ 외의 예금·저금, 적금 등 금융재산 : 재산을 취급하는 금융회사 등 영업장의 소재지

⑨ 금전채권 : 채무자의 주소지. 다만, ⑥부터 ⑧까지의 경우는 제외하므로 해당 규정

에 의한다. 1996.12.30.까지 적용된 구상속세법에서는 대부금채권의 소재지에 대한 명문규정을 두지 아니하여 재산권리자의 주소에 의해 판단하였으나, 1996.12.30. 개정시에는 채무자의 주소지를 대부금채권의 소재지로 규정하였다.

⑩ 그 밖의 유형재산 또는 동산 : 그 유형재산의 소재지 또는 동산이 현재 있는 장소

⑪ 특허권, 상표권 등 등록이 필요한 권리 : 그 권리를 등록한 기관의 소재지

⑫ 저작권(출판권·저작인접권 포함) : 저작권의 목적물인 저작물이 발행되었을 경우 그 발행 장소

⑬ 기타 영업장을 가진 자의 그 영업에 관한 권리 : 그 영업장의 소재지. 이때 "영업에 관한 권리"란 영업과 관련하여 발생되는 법률상 또는 사실상의 모든 권리를 포함한다(상속증여세법 기본통칙 5-0…2).

⑭ 기타 ①~⑬에 규정되지 아니한 재산은 그 재산의 권리자의 주소에 의한다.

 관련 예규·심판결정례 및 판례 등

❑ 비거주자의 국내부동산 경매입찰보증금의 소재지는 국내임(재산상속 46014-96, 2003.4.4.).

❑ 주소지 잘못 기재하여 신고했어도 관할 위반한 부과처분은 위법함(대법원 1998두17968, 1999.11.26.).

제**2**장

상속세 과세하는 재산의 범위

상속세는 피상속인이 상속개시일 현재 소유하는 모든 재산에 대하여 과세한다. 해당 상속재산이 법정 상속인에게 상속된 경우뿐만 아니라 유증 또는 사인증여에 의하여 수유자에게 이전된 경우를 포함하며 피상속인이 증여하기로 계약은 체결하였으나 소유권을 이전해 주지 못하고 사망함에 따라 상속개시 후에 증여를 원인으로 이전된 재산도 상속세 과세대상에 해당한다. 민법상 상속재산은 아니지만 피상속인의 사망을 원인으로 상속인들이 무상으로 취득하는 보험금, 신탁재산 및 퇴직금 등을 과세대상 상속재산으로 간주하고 있으며 피상속인이 사망하기 전 일정기간 내에 일정 금액 이상의 재산을 처분하거나 부담한 채무로써 재산처분대금 또는 채무부담액의 사용처를 상속인들이 밝히지 못하면 상속받은 것으로 추정하여 과세하고 있다. 따라서 상속세가 과세되는 재산은 민법상 상속재산, 의제 상속재산, 추정 상속재산 세 가지로 구분할 수 있다.

제**1**절 : 민법상 상속재산

1. 민법상 상속재산

토지·건물·예금 등 피상속인에게 귀속되는 재산으로서 금전으로 환산할 수 있는 경제적 가치가 있는 모든 물건과 재산적 가치가 있는 법률상 또는 사실상의 권리를 포함한다. 다만, 피상속인의 일신에 전속하는 것으로서 피상속인의 사망으로 소멸하는 것은 제외하므로 의사, 변호사, 공인회계사, 세무사 등 전문자격증에 의해 개인사업체를 영위하다가 사망한 경우 동 사업체를 평가할 때는 영업권은 상속재산에 포함하지 않는다.

민법상 상속재산은 공동상속인들이 상속받는 재산과 수유자가 유증을 받는 재산을 포함하며 상속등기 등에 관계없이 피상속인이 상속개시일 현재 소유하고 있는 재산이면 상속세 과세대상에 해당한다.

┃ 재산의 종류 ┃ [8)]

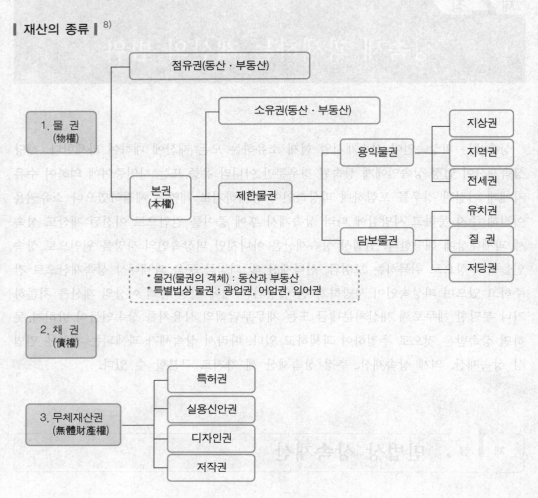

가. 물 권

물권은 민법상 채권과 함께 재산권의 대표적 권리이다. 물권은 권리자가 특정의 물건을 직접 지배해서 이익을 얻는 배타적 권리로서 유체물과 전기 기타 관리할 수 있는 자연력을 말한다(민법 §98). 민법 제185조에서 물권은 법률 또는 관습법에 의하는 것 외에는 임의로 창설하지 못한다고 규정하여 물권법정주의를 채택하고 있으며, 민법이 인정하

---

8) 물권 등 민법상 재산의 개념 등에 관한 사항은 "物權法, 李英俊 著(博英社)" 책자를 일부 참조함.

는 물권에는 점유권과 소유권, 용익물권으로서의 지상권·지역권·전세권 그리고 담보물권인 유치권·질권·저당권의 8가지가 있다. 또한 광업권·어업권과 같이 물건을 직접 지배하지는 아니하나 물권을 전속적으로 취득할 수 있는 권리는 준물권이라 하여 물권에 준한다.

1) 점유권

물건을 사실상 지배하는 자는 점유권이 있으며 점유자가 물건에 대한 사실상의 지배를 상실한 때에는 점유권이 소멸한다(민법 §192). 사실상 지배란 사회 통념상 물건이 어떤 사람의 지배하에 있다고 할 수 있는 객관적 사실관계라 할 수 있으며, 점유권은 상속인에 이전된다(민법 §193).

2) 소유권

소유권은 재산적 가치가 있는 물건을 전체적으로 지배할 수 있는 권리라 할 수 있으며 민법상 재산권의 근간이라 할 수 있다. 소유자는 법률의 범위 내에서 그 소유물을 사용, 수익, 처분할 권리가 있다(민법 §211). 토지, 건물, 예금, 주식 등 재산적 가치가 있는 물건이 소유권의 대상이 된다고 할 것이다.

3) 용익물권

용익물권이란 타인 소유의 물건을 일정한 목적을 위하여 사용하거나 수익할 수 있는 권리로서 목적물의 이용가치만을 지배하는 물권이라 할 수 있다. 민법에서는 부동산의 용익물권을 인정하며 지상권, 지역권 그리고 전세권으로 구분할 수 있다.

① 지상권

지상권이란 타인의 토지에 건물 기타의 공작물이나 수목을 소유하기 위하여 그 토지를 사용하는 권리를 말한다(민법 §279). 계약으로 지상권의 존속기간을 정하는 경우 다음의 기간을 최단기간으로 하도록 하고 있으며(민법 §280), 계약으로 존속기간을 정하지 않은 경우 최단기간을 존속기간으로 한다(민법 §281). 지상권자는 타인에게 그 권리를 양도하거나 그 권리의 존속기간 내에서 그 토지를 임대할 수 있다. 따라서 지상권은 상속 또는 증여를 할 수 있으므로 상속세 과세대상이 된다.

- 석조, 석회조, 연와조 또는 이와 유사한 견고한 건물이나 수목의 소유를 목적으로 하는 때에는 30년
- 앞 외의 건물의 소유를 목적으로 하는 때에는 15년

－ 건물 외의 공작물의 소유를 목적으로 하는 때에는 5년

② 지역권

지역권은 일정한 목적을 위하여 타인의 토지를 자기 토지의 편익에 이용하는 권리를 말한다(민법 §291). 예를 들어 A토지의 소유자가 B토지를 통행하기 위하여 B토지에 설정하는 권리를 말한다. 지역권(질권, 저당권을 포함함)과 같은 종된 권리는 주된 권리의 가치를 담보하거나 증가시키는 것으로서 독립하여 상속재산을 구성하지 아니하므로 상속세 과세대상에 해당하지 않는다(상증법 기본통칙 7-0…1).

③ 전세권

전세권자는 전세금을 지급하고 타인의 부동산을 점유하여 그 부동산의 용도에 좇아 사용·수익하며, 그 부동산 전부에 대하여 후순위권리자 기타 채권자보다 전세금의 우선변제를 받을 권리가 있다(민법 §303). 농경지는 전세권의 목적으로 하지 못한다. 전세권자는 전세권을 타인에게 양도 또는 담보로 제공할 수 있고 그 존속기간 내에서 그 목적물을 타인에게 전전세 또는 임대할 수 있으므로 전세권을 상속인이 승계받을 경우 상속세 과세대상에 포함된다.

4) 담보물권

담보물권은 채권자가 특정한 물건을 가지고 채권의 담보에 충당하여 채무자의 채무불이행이 있게 되면 그 교환가치로부터 다른 채권자보다 우선하여 변제를 받기 위한 권리이다. 담보물권은 제한물권이며, 타인의 물건에 대하여만 성립하는 타물권(他物權)이라는 점에서는 용익물권과 같으나, 담보물권은 물건의 교환가치의 취득을 목적으로 하는 가치권이라는 점에서 용익물권이 사용가치의 취득을 목적으로 하는 이용권인 것과 다르다.

담보물권으로는 민법상 유치권, 질권, 저당권 등이 있고, 특별법상 상사질권, 상사유치권 등이 있으며, 관습법상 양도담보 등이 있다.

담보물권의 경우 채권자가 채권을 우선 확보하기 위한 권리로서 채권 자체가 상속재산 또는 증여재산이 되기 때문에 별도의 과세대상 상속재산에 포함되지는 않는다고 할 것이다(상증법 기본통칙 7-0…1, 3호).

① 유치권

타인의 물건 또는 유가증권을 점유한 자는 그 물건이나 유가증권에 관하여 생긴 채권이 변제기에 있는 경우에는 변제를 받을 때까지 그 물건 등을 유치할 권리가 있다.

② 질권

질권이란 채권자가 채권의 담보로 채무자 또는 제삼자가 제공한 동산을 점유하고 그 동산에 대하여 다른 채권자보다 자기채권의 우선변제를 받을 권리를 말한다(민법 §329). 또한 질권은 재산권을 그 목적으로 할 수 있으나, 부동산의 사용, 수익을 목적으로 하는 권리는 그러하지 아니하다(민법 §345).

③ 저당권

저당권이란 채권자가 채무자 또는 제삼자가 점유를 이전하지 아니하고 채무의 담보로 제공한 부동산에 대하여 다른 채권자보다 자기채권의 우선변제를 받을 권리를 말한다(민법 §356). 저당권은 그 담보할 채무의 최고액만을 정하고 채무의 확정을 장래에 보류하여 이를 설정할 수 있는데 이를 근저당권이라 한다. 이 경우에는 채무가 확정될 때까지의 채무의 소멸 또는 이전은 저당권에 영향을 미치지 아니한다(민법 §357).

 관련 예규·심판결정례 및 판례 등

❏ 미등기 입목을 상속개시후 매도한 경우 금전으로 환산할 수 있는 경제적 가치가 있는 물건으로서 입목 매매가액을 상속재산가액에 가산한 것은 적법함(서울행정법원 2020구합-69601, 2021.9.24.).

❏ 점유로 인한 시효취득재산의 상속재산 등 해당 여부(재산세과-619, 2011.12.29.)
피상속인 명의의 부동산이 상속개시 전에 취득시효가 완성되어 민법 제245조에 따라 소송을 통하여 제3자에게 소유권이 이전된 경우 그 재산은 상속세 과세대상에 해당하지 않는 것이나, 이에 해당하는지 또는 피상속인의 증여에 의한 취득인지 여부 등은 판결내용 등 구체적인 사실을 확인하여 판단할 사항임. 또한, 민법 제245조에 의하여 취득하는 재산은 증여세 과세대상에 해당하지 아니함.

❏ 도로 또는 하천으로 사용되는 토지의 평가(재산세과-580, 2011.11.30.)
불특정다수인이 공용하는 사실상 도로 및 하천 등은 상속재산에 포함되나, 평가기준일 현재 도로 등 외의 용도로 사용할 수 없는 경우로서 보상가격이 없는 등 재산적 가치가 없다고 인정되는 때에는 그 평가액을 영(0)으로 하는 것임.

❏ 수증자 사망 후 사해행위 취소에 따라 환원된 경우 상속재산 해당 여부(재산세과-491, 2011.10.19.)
토지를 증여받은 수증자가 사망한 후 사해행위 취소소송의 판결에 따라 증여받은 재산이 증여자에게 원상회복 되더라도 해당 증여재산은 상속재산에 포함되는 것임.

❏ 상속개시 전 피상속인이 납골묘 계약을 체결하고 잔금을 지급하기 전에 사망한 경우 이미 지급한 계약금 등은 상속재산에 포함하는 것임(재산세과-407, 2011.8.31.).

❑ 도로 또는 도시계획 시설지구 등으로 고시된 재산(재재산 46014-93, 1999.12.31.)

  상속재산에는 피상속인에게 귀속되는 재산으로서 금전으로 환가할 수 있는 경제적 가치가 있는 모든 물건과 재산적 가치가 있는 법률상 또는 사실상의 모든 권리가 포함되는 것이므로 단순히 도로 또는 공원 등 도시계획시설로 결정 고시된 사유만으로 상속재산에서 이를 제외할 수는 없음. 다만, 상속재산인 당해 토지가 상속증여세법 제12조 제3호 및 동법 시행령 제8조 제2항의 규정에 해당하는 금양임야 또는 묘토인 농지에 대하여는 상속세가 비과세됨.

❑ 광고탑을 설치하게 하고 대가를 받을 수 있는 권리는 상속재산임(재삼 46014-1170, 1998.6.27.).

❑ 부의 상속재산 미분할상태에서 자 사망 후 다시 모가 사망한 경우(재삼 46014-868, 1999.5.7.)

  부의 상속재산에 대한 분할이 확정되지 아니한 상태에서 미혼의 자가 사망한 후 다시 모가 사망함에 따라 모의 상속세를 산정하는 경우, 부의 상속재산 중 모의 상속지분에 해당하는 재산 및 모가 미혼의 자의 단독상속인에 해당되므로 그의 재산 전부를 모의 상속재산가액에 포함함.

❑ 친일반민족행위자재산의 국가귀속에 관한 특별법에 따라 상속받은 재산이 국가귀속된 경우 이는 상속세 과세대상이 아님(조심 2011서2252, 2011.11.18.).

❑ 피상속인이 관리한 차명계좌에서 인출된 금액은 피상속인 재산임(대법원 2017두68721, 2018.2.13.).

  피상속인이 관리한 차명계좌는 피상속인 소유라고 봄이 타당하고, 차명계좌가 L의 계좌라거나 피상속인이 L로부터 소유자금의 관리를 위임받았다고 인정하기에는 부족함.

❑ 매매계약이 체결되었음을 인정하기 부족하므로 토지 자체가 상속재산임(대법원 2012두7905, 2015.2.12.).

  이 사건 토지는 사망일인 2005.5.20.까지도 망인의 소유로 등기되어 있다가 2005.11.21. (주)F건설산업에 2005.5.13. 매매를 원인으로 한 소유권이전등기가 마쳐진 사실, ② 상속인들은 2005.11.16. 상속세 신고를 하면서 이 사건 토지를 상속재산에서 제외하고 그 매매대금 ○○○○원을 상속재산에 포함하였던 사실 등으로 볼 때 원고들이 제출한 증거만으로는 상속개시일인 2005.5.20. 이전에 이 사건 토지에 관한 매매계약이 체결되었음을 인정하기에 부족하여 이 사건 토지 자체를 상속재산으로 보는 것은 정당함.

❑ 국유재산으로 판정된 재산은 상속세 부과대상이 아님(대법원 93누1347, 1994.2.22.).

❑ 상속개시 당시 피상속인이 취득한 토지에 관하여 환지처분 확정으로 인하여 증가된 토지상의 권리도 상속재산에 포함됨(대법원 91도1609, 1992.4.24.).

❑ 사망 전에 손자에게 주식을 양도한 것으로 주식변동상황명세서를 작성하고 증권거래세를 신고한 경우에도 주주명부에 명의개서한 바가 없고 양도계약서 등이 단순히 경리직원에 의해 작성되었다면 동 주식은 상속재산에 해당됨(서일 46014-11720, 2002.12.18., 대법원 93누14196, 1994.2.22.).

| 사례 | 부동산 합유자 중 일부 사망한 경우 상속세 과세 여부 |

❑ **사실관계**

A부동산을 甲, 乙, 丙이 합유로 소유하다가 甲이 사망한 경우 A부동산 중 甲의 상속재산에 포함시킬 가액이 있는지?

풀이

○ 과세관청 유권해석은 합유재산의 경우 합유자가 균등하게 소유한 것으로 보아 甲의 상속재산에 포함시키도록 하고 있으나(재산세과 – 581, 2010.8.12.)

○ 대법원 판결은 합유자 사이에 특별한 약정이 없는 한 사망한 합유자의 지위가 승계되는 것이 아니므로 상속재산에 포함되지 않는다고 판결함.

❑ 피상속인의 합유재산 과세함(재산세과 – 581, 2010.8.12., 재산상속 46014 – 35, 2000.1.11.).
타인과 함께 합유등기되어 있는 재산 중 피상속인의 지분에 대하여는 상속세가 과세되는 것이며, 이 경우 합유재산에 대하여 별도의 약정이 없는 한 합유자가 균등하게 소유하는 것으로 보아 상속재산을 계산한다. 또한, 상속인이 상속개시 후에 피상속인의 합유재산지분을 대가없이 상속인이 아닌 다른 합유자 명의로 변경 등기하는 경우 상속인이 당해 재산에 대한 피상속인의 합유지분을 다른 합유자에게 증여한 것으로 봄.

❑ 합유자의 사망으로 잔존합유자가 취득한 합유지분의 취득시기(법령해석재산 – 47, 2015.4.20.)

– 부동산을 합유로 소유하던 6인의 합유자 중의 1인이 사망한 경우 사망한 합유자의 소유지분(이하 "해당 지분"이라 함)은 사망일에 해당 지분 상당의 가액을 양도가액으로 하여 잔존합유자에게 양도되는 것이며, 잔존합유자는 그 사망일에 해당 지분을 균분 취득한 것임.

– 또한, 사망한 합유자의 상속인은 해당 지분 상당의 가액에 대한 지분환급(출급)청구권을 상속재산으로 하여 상속받는 것이며, 상속인이 잔존합유자에 대해 지분환급(출급)채무를 면제한 경우에는 그 채무면제로 인한 이익에 상당하는 금액을 증여재산가액으로 하여 잔존합유자에게 증여세를 과세함.

– 지분출급채무가 소멸된 잔존합유자가 해당 부동산의 양도대가 중 일부를 사망한 합유자의 상속인에게 지급하는 가액은 증여재산가액에 포함됨(법령해석재산 – 226, 2016.9.9.).

❑ 부동산 합유자 중 일부 사망한 경우 상속세 과세 여부(대법원 2009두10765, 2009.10.15.)
부동산의 합유자 중 일부가 사망한 경우 합유자 사이에 특별한 약정이 없는 한 사망한 합유자의 상속인은 합유자로서의 지위를 승계하는 것이 아니므로 잔존 합유자의 단독소유로 귀속된다고 할 것임.

❑ 피상속인과 상속인이 A부동산을 공유, 상속인이 상속을 포기하여 A공유재산을 제외한 상속재산은 국가에 귀속되고, A공유재산은 상속인에게 귀속된 경우 상속세 과세대상 여부에 대해서도

– 대법원 판결에 따르면 A공유재산에 대해 상속세를 과세하지 못할 것으로 생각되나 구체적인 내용은 유권해석 등을 받아 판단해야 할 것으로 보임.

공유, 합유, 총유 비교

구 분	공유(公有)	합유(合有)	총유(總有)
인적 결합형태	공동소유자 사이에 인적결합 관계가 매우 약한 개인주의적 소유형태	조합체로서 단체의 독립성보다는 구성원의 개별성 강조	권리 능력 없는 사단으로서 단체성 강조
공유지분의 처분	동의없이 자유롭게 처분 가능	임의로 처분하지 못하며 전원의 동의 필요	지분이 없음
공유물 처분 변경	공유자 전원의 동의	합유자 전원의 동의	사원총회의 결의
분할 청구	언제든지 분할청구 가능	분할청구 불가 특약이 있으면 가능	지분이 없으므로 안됨
부동산 등기 방식	몇 분의 몇이라는 지분으로 기재	합유자 전원 명의로 등기하되, 합유의 취지 기재	사단 자체의 명의로 등기
예시	여러 명이 공동 매입한 물건	여러 명의 동업자 재산	종중, 동창회, 정당의 재산
근거 규정	민법 §261~§270	민법 §271~§274	민법 §275~§277

사례　　혼인 중 甲명의로 취득한 재산이 甲의 특유재산인지, 외국법에 따라 공동재산인지

❑ 사실관계
- ○ 미국 영주권자인 甲은 시민권자인 D와 1969년 혼인하여 미국 캘리포니아주 로스앤젤레스에서 거주하다 2017.1.17. 사망함.
- ○ 甲 명의로 된 국내에 소재하는 재산 중 1/2만큼을 상속재산으로 하여 신고함.

❑ 쟁점 : 甲 명의된 국내에 소재하는 재산 전부가 상속세 과세대상인지

❑ 서울행정법원 판결(2019구합74126, 2020.5.29.)
- ○ 甲과 D는 혼인 이후 계속하여 미국 캘리포니아주에 거주하여 왔으므로 두 사람 사이의 재산관계(부부재산관계)에 대해서는 국제사법에 따라 미국(캘리포니아주)의 법률이 적용되어야 함.
- ○ 민법 제830조 제1항은 '부부의 일방이 혼인 중 자기의 명의로 취득한 재산은 그 특유재산으로 한다'라고 규정하고 있으나, 캘리포니아주법은 부부가 혼인 중에 취득한 재산은 공동재산으로 보고 있어
  - − 쟁점 재산들 중 적어도 1/2 만큼은 애초에 D 소유에 불과할 뿐이어서 甲의 특유재산에 해당할 여지가 없으므로 상속재산이 될 수 없음.

나. 준물권

민법에서 물권은 특정의 물건을 직접 지배하는 것을 말하며, 특별법에 의하여 특정의 물건을 직접 지배하여 배타적 권리를 가지는 권리로서 광업권·어업권 등이 있는데 이를 준물권이라 한다. 광업권 등도 재산적 가치를 가지고 있으므로 상속세 과세대상이다.

다. 채 권

특정인(채권자)이 다른 특정인(채무자)에 대하여 급여·급부를 청구할 수 있는 권리를 채권이라 말하며, 대출금·외상매출금 등 채권도 원칙적으로 상속된다. 다만 피상속인의 부양청구권 등과 같이 피상속인의 사망으로 소멸되는 일신전속적인 것은 상속세 과세대상에 해당하지 않는다. 신체·자유 또는 명예의 침해로 인한 위자료청구권은 청구의 의사표시가 있어 재산권이 된 것은 상속된다. 판례는 정신적 손해의 배상(위자료)청구권도 "피해자가 이를 포기하거나 면제하였다고 볼 수 있는 특별한 사정이 없는 한 생전에 청구의 의사표시를 할 필요없이 원칙적으로 상속되는 것이라고 해석함이 상당하다"고 판시하고 있다(대법원 1996.10.18. 66다1335). 그러나 약혼해제, 혼인무효·취소, 이혼, 입양무효·취소, 태양으로 인한 위자료청구권은 당사자 간에 이미 그 배상에 관한 계약이 성립되거나 소를 제기한 경우가 아니면 상속되지 아니한다.[9)]

 관련 예규 · 심판결정례 및 판례 등

☐ 상속개시 후 추가 배분된 직무발명보상금의 상속재산 포함여부(재재산 – 1278, 2022.10.11.)

직무발명보상금 청구권은 상속재산에 포함되며, 그 가액은 상속개시일 현재의 시가에 따르며, 직무발명보상금 청구권의 상속개시일 현재의 시가는 A법인이 보유한 B기업 상장주식을 상증법 제63조 제1항 제1호 가목에 따라 평가한 가액 등을 고려하여 산정하는 것임.

☐ 법인의 장부상 계상된 피상속인 명의의 가수금채권은 상속재산임(재재산 46014 – 5, 1998.1.6.).

☐ 상속개시일 현재 회수 불가능한 채권은 상속재산에서 제외함(재삼 46014 – 358, 1998.3.2.).

☐ 피상속인의 채권이 상법상 소멸시효 경과했으나 채무자가 시효이익 포기한 채권은 상속재산에 포함함

---

9) 민법 제806조 (약혼해제와 손해배상청구권) ① 약혼을 해제한 때에는 당사자일방은 과실있는 상대방에 대하여 이로 인한 손해의 배상을 청구할 수 있다.

② 전항의 경우에는 재산상 손해 외에 정신상 고통에 대하여도 손해배상의 책임이 있다.

③ 정신상 고통에 대한 배상청구권은 양도 또는 승계하지 못한다. 그러나 당사자 간에 이미 그 배상에 관한 계약이 성립되거나 소를 제기한 후에는 그러하지 아니하다.

(국심 99부827, 1999.12.16.).

☐ 미수채권은 상속개시 당시까지 피상속인의 소유라고 볼 수 있음(대법원 2013두23515, 2014.1.24.). 사망을 전후하여 상속인들과 사이에 상속재산의 분할 등에 관한 아무런 협의도 없었던 점 등의 사정에 비추어 보면 미수채권(고철선납보증금)은 상속개시 당시까지 피상속인의 소유라고 볼 수 있어 상속세과세가액에 포함한 부과처분은 적법함.

☐ 개인사업자의 장부에 그 자신의 가지급금이 자산항목으로 기재되어 있다 하여 상속재산 아님. 이 경우 피상속인이 인출한 금원의 출처에 대한 입증책임은 과세관청에 있음(대법원 91누12974, 1992.6.9.).

☐ 상속개시 당시 상속재산인 채권의 존부나 범위에 관하여 다툼이 있는 경우 판결에 따른 확정금액을 채권의 가액으로 볼 수 있음(대법원 92누10982, 1993.4.13.).

☐ 사망 전 구입한 무기명채권의 소재가 불분명한 경우 피상속인이 보관하였다가 상속한 것으로 추정 하여 과세할 수 있음(대법원 92누6761, 1992.7.10.).

라. 생명보험금

생명보험금의 경우 민법상 상속재산이 되는 경우와 의제 상속재산이 되는 경우로 구분 된다.

㉠ 피상속인이 자기를 피보험자와 수령인으로 한 경우 보험금청구권은 상속재산이다.

㉡ 보험계약에서 피상속인이 피보험자가 되고 특정의 상속인을 수령인으로 하였을 경 우에 상속인이 보험금을 수령한 것은 보험계약의 효과이므로 상속에 의한 승계가 아니고 그 상속인 고유의 권리에 의하여 취득한 것이 된다. 따라서 민법상 상속재 산에 해당하지 않을 것이나 상속증여세법에서는 의제 상속재산으로 규정하여 과세 대상으로 삼고 있다.

마. 무체재산권

무체재산권은 특허법, 실용신안법, 디자인보호법, 상표법 또는 저작권법 등에 따라 등 록된 특허권, 실용신안권, 디자인권, 상표권 또는 저작권 등과 같이 무체물에 대한 재산 권을 말한다. 무체재산권은 권리의 존속기간 동안 해당 재산권을 배타적 독점적으로 이 용할 수 있는 권리로서 이를 통해 장래 수입금액이 발생하는 등 재산적 가치를 가지고 있으므로 상속재산에 포함된다.

종 류	존속 기간	상속 여부
특허권	설정등록일부터 20년 (특허법 §88)	상속인이 없는 경우에는 그 특허권은 소멸된다 (특허법 §124).
실용신안권	실용신안권설정등록일부터 10년(실용신안법 §22)	상속인이 없는 경우에는 그 실용신안권은 소멸된다 (특허법 준용, 실용신안법 §28).
디자인권	디자인등록출원일 후 20년 (디자인보호법 §91)	상속인이 없는 경우에는 그 디자인권은 소멸된다 (디자인보호법 §111).
상표권	상표권설정등록일부터 10년 (상표법 §83)	상표권자가 사망한 날부터 3년 이내에 상속인이 그 상표권의 이전등록을 하지 아니한 경우에는 상표권자가 사망한 날부터 3년이 되는 날의 다음 날에 상표권이 소멸된다(상표법 §106).
광업권	탐사권 7년, 채굴권 20년 (광업법 §12)	광업권 포기의 효력은 해당 광업권자가 소멸등록을 신청하여 그 광업권이 소멸등록되어야 발생한다 (광업법§37).
저작권	저작자가 생존하는 동안과 사망한 후 70년간(저작권법 §39)	상속됨

2. 유증 또는 사인증여재산

유언은 유언자가 사망한 때부터 그 효력이 생기며, 유증을 받을 자는 유언자의 사망 후에 언제든지 유증을 승인 또는 포기할 수 있고 승인이나 포기는 유언자의 사망한 때에 소급하여 그 효력이 있다. 피상속인의 유언에 따라 유증을 받은 재산은 민법상 상속재산으로서 상속세 과세대상에 해당한다.

증여자와 수증자가 증여계약을 체결하면서 해당 증여계약의 효력은 증여자가 사망할 때에 발생시키는 정지조건부 증여를 사인증여라 한다. 민법상 사인증여도 일반적 증여와 같아 증여세 과세대상으로 삼을 수 있으나, 유증과 마찬가지로 증여자(피상속인)의 사망으로 인하여 효력이 발생하고 민법상 유증의 규정을 준용하며 피상속인의 사망 후에 그의 재산을 무상으로 취득한다는 점 등에서 동일하므로 상속증여세법에서 사인증여에 의하여 재산을 취득하는 경우 상속세 과세대상으로 규정하고 있다.

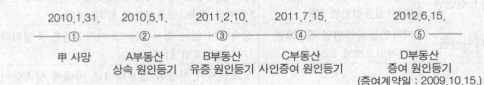

사례   상속, 유증, 사인증여받은 재산을 양도하는 경우 취득시기는?

❏ **사실관계**

○ 甲의 상속재산에 대해 다음과 등기함.

2010.1.31.	2010.5.1.	2011.2.10.	2011.7.15.		2012.6.15.
──①	──②	──③	──④		──⑤
甲 사망	A부동산	B부동산	C부동산		D부동산
	상속 원인등기	유증 원인등기	사인증여 원인등기		증여 원인등기
					(증여계약일 : 2009.10.15.)

풀이

○ 상속 또는 증여에 의하여 취득한 자산의 경우 '그 상속이 개시된 날 또는 증여를 받은 날'을 취득시기로 소득세법 시행령 제162조 제1항 제5호에서 규정하고 있는 바, 상속과 유증 및 사인증여의 경우 상속개시일이 취득시기가 된다(대법원 2011두8994, 2012.3.29.).

○ 부동산 증여의 경우 소유권이전등기일이 증여재산 취득시기가 되고 양도소득세 과세에 있어서도 그 날이 취득시기가 될 것이나, 2003.1.1. 이후 상속개시분부터 증여채무 이행 중에 상속이 개시되고 그 증여채무를 상속채무로 공제하지 아니하는 경우 상속세 과세대상으로 삼고 증여세 과세대상에서 제외하고 있는 바

○ 해당 증여재산(D부동산)의 경우 취득시기를 상속개시일로 볼 것인가, 증여등기일로 볼 것인가에 대하여 명확하게 규정하고 있지 아니하나 상속증여세법에서 상속재산으로 취급하고 있으므로 양도소득세에서도 상속개시일을 취득시기로 보는 것이 합리적이라고 본다.
   ⇒ A, B, C, D 부동산 모두 2010.1.31. 甲의 상속개시일이 취득시기임.

○ 증여재산을 유류분 권리자가 반환받고 양도하는 경우 취득시기는 상속개시일임(부동산거래 관리과-692, 2012.12.28.).

 관련 예규·심판결정례 및 판례 등

❏ **상속인이 아닌 자에게 상속재산을 이전한 경우**(재삼 46014-2184, 1998.11.11.)

상속개시 후에 피상속인의 부동산을 상속인 외의 자에게 소유권 이전등기하는 경우 당해 부동산은 상속재산에 포함되어 상속세가 과세되는 것이며, 당해 부동산이 피상속인으로부터 유증 또는 사인증여된 것이 아닌 경우에는 상속인이 그 취득자에게 소유권을 이전한 것으로 보아 사실상 소유권이전 원인에 따라 증여세 또는 양도소득세를 부과함.

❏ 상속개시 후 피상속인 재산을 상속인에게 매매를 원인으로 이전등기했으나 실질은 증여에 해당하고 소유권이전하지 않았으므로 상속세 과세대상임(대법원 93누23985, 1994.12.9.).

3. 증여채무 이행 중에 증여자가 사망한 경우 해당 증여재산

증여자와 수증자가 일반적인 증여계약을 체결하면 그 증여계약의 효력이 발생하였지만 해당 증여재산의 소유권을 수증자에게 이전하지 못하고 증여자가 사망하는 경우가 생길 수 있다. 민법 제186조에서 "부동산에 관한 법률행위로 인한 물권의 득실변경은 등기하여야 그 효력이 생긴다."고 규정하여 부동산 물권변동에 관하여 형식주의를 취하고 있다. 즉 수증자가 증여대상인 부동산을 인도받아 사용 · 수익하고 있더라도 소유권이전등기를 마치지 아니한 이상 부동산을 취득한 것으로 볼 수 없으므로 그러한 상태에서 소유자인 증여자가 사망한 경우에는 해당 부동산은 증여자(피상속인)의 소유재산으로서 상속재산에 해당한다. 또한 주식이나 출자지분 또는 동산 등의 경우에도 증여하기로 계약은 체결하였으나 주권 등을 인도하지 않는 등 수증자가 증여재산을 인도받지 못하고 증여자가 사망하는 경우 상속재산에 해당한다.

재산을 증여하기로 타인과 증여계약을 체결한 증여자는 해당 증여재산의 소유권을 이전시켜주어야 할 의무(증여채무)를 부담하는 것이고 이를 승계받은 상속인은 증여채무를 이행해야 하므로 상속인들은 결과적으로 해당 증여 대상 재산을 무상으로 취득하지 못할 것이다. 수증자에게는 증여재산의 소유권을 취득하는 때에 증여세 납세의무가 성립한다.

상속증여세법에서는 피상속인이 상속개시일 전 일정기간(수증자가 상속인인 경우 10년, 상속인 외의 자인 경우 5년) 이내에 부담한 증여채무의 경우 공제하지 않도록 규정함에 따라 증여 대상 재산에 대하여 상속세를 과세하고 증여가 이행된 시점에서 다시 증여세 과세대상이 될 수 있다.

이와 같이 증여채무 이행 중에 증여자가 사망한 경우 해당 증여재산에 대하여 상속세를 과세하는 것은 상속증여세법 개정 전후 동일하다. 다만, 해당 상속세액에 대하여 2002.12.31. 이전에는 상속인들에게 납부할 의무를 부여하고 증여세를 다시 과세하던 것을, 2003.1.1.부터 해당 상속세에 대한 납세의무를 상속개시 후 증여재산을 취득한 자에게 지우고 증여세는 과세하지 않도록 상속증여세법 제1 · 2조를 개정하였다. 제1조(상속세 과세대상)에서 상속채무로 공제하지 않는 제14조 제1항 제3호에 따른 증여채무의 경우 증여 대상이 되는 해당 재산을 사인증여재산의 범위에 포함시키고 '이하 같다'라고 용어 정의함으로써 증여자 사망 후에 소유권 이전된 일반 증여재산과 사인증여재산에 대한 상속세와 증여세 과세방법을 동일하게 규정하였다. 제2조 (증여세 과세대상)의 개정된 내용은 없지만 제1조에서 상속세 과세대상으로 규정하여 증여세 과세대상에서 제외되는 사인증여재산에 증여채무 이행 중 증여자가 사망한 경우 해당 증여재산을 포함하게 된 것이다.

┃ 상속증여세법 제1조(상속세 과세대상) 개정 전후 비교 ┃

2002.12.31. 이전	2003.1.1. 이후
제1조【상속세 과세대상】① 상속(유증, 증여자의 사망으로 인하여 효력이 발생하는 증여 및 민법 제1057조의2의 규정에 의한 특별연고자에 대한 상속재산의 분여를 포함한다. 이하 같다)으로 인하여 상속개시일(실종선고로 인하여 상속이 개시되는 경우에는 실종선고일을 말한다. 이하 같다) 현재 다음 각호의 1에 해당하는 상속재산이 있는 경우에는 그 상속재산에 대하여 이 법이 정하는 바에 의하여 상속세를 부과한다.	제1조【상속세 과세대상】① 상속[유증(遺贈), 증여자의 사망으로 인하여 효력이 발생하는 증여(제14조 제1항 제3호에 따른 증여채무의 이행 중에 증여자가 사망한 경우의 그 증여를 포함한다. 이하 같다) 및 「민법」 제1057조의2에 따른 특별연고자에 대한 상속재산의 분여(分與)를 포함한다. 이하 같다]으로 인하여 상속개시일(실종선고로 인하여 상속이 개시되는 경우에는 실종선고일을 말한다. 이하 같다) 현재 다음 각 호의 어느 하나에 해당하는 상속재산에 대하여 이 법에서 정하는 바에 따라 상속세를 부과한다.
제2조【증여세 과세대상】① 타인의 증여(증여자의 사망으로 인하여 효력이 발생하는 증여를 제외한다. 이하 같다)로 인하여 증여일 현재 다음 각호의 1에 해당하는 증여재산이 있는 경우에는 그 증여재산에 대하여 이 법이 정하는 바에 의하여 증여세를 부과한다.	제2조【증여세 과세대상】① 타인의 증여(증여자의 사망으로 인하여 효력이 발생하는 증여는 제외한다. 이하 같다)로 인하여 증여일 현재 다음 각 호의 어느 하나에 해당하는 증여재산에 대하여 이 법에서 정하는 바에 따라 증여세를 부과한다.

 관련 예규 · 심판결정례 및 판례 등

❑ **상속개시일과 증여등기일이 같은 날인 경우 과세방법**(재삼 46014 – 398, 1999.2.26.)

상속개시일과 동일자에 상속인 명의로 증여등기한 경우로서 피상속인의 사망시간이 등기접수보다 빠른 경우에는 당해 재산은 상속재산에 해당하며, 별도의 증여세를 부과하지 아니함.

➡ 증여등기신청서 접수시간이 빠른 경우 증여세를 과세하고 상속재산에 다시 가산하여 상속세 산출하고 기납부증여세액으로 공제하는 방식으로 과세함.

❑ **적법한 상속포기 없이 후순위 상속인이 상속재산 취득한 경우**(심사증여 2001 – 46, 2001.6.21.)

상속포기한 상속인이 피상속인의 예금을 인출해 상속인의 계좌에 입금한 행위는 '관리'가 아닌 '처분'으로서 '법정단순승인'에 해당돼 가정법원에 상속포기신고를 했더라도 그 상속포기의 효력없어, 차순위 상속인이 받은 상속재산은 상속인이 상속받아 상속개시일이 아닌 그 증여시기에 증여한 것으로 봄.

❑ **상속인 외의 자가 적법한 유언 없이 상속재산 취득한 경우**(국심 2001부979, 2001.7.31.)

상속인 외의 자가 피상속인으로부터 유증받은 예금으로 신고했으나, 민법상 유증에 해당되지 아니하므로 상속인이 상속개시일에 상속받아 증여한 것으로 보아 상속세와 증여세 과세됨.

❑ 상속인이 예금을 유증받은 경우(국심 2001서79, 2001.6.20.)

피상속인이 상속인에게 유증한 예금을 유증 후 24일, 상속개시 전 18일에 상속인이 인출해 자신의 계좌에 입금하여 사용하지 않은 것을 상속개시 전 증여재산으로 봄은 부당하고 유증받은 재산으로 보아 상속세만 과세함이 타당함.

❑ 상장될 경우 공익법인에 출연하도록 하여 상속개시 후 출연한 것이 증여채무인지 상속개시 후 증여인지 여부(대법원 2012두22706, 2014.10.15.)

사실관계

- 2008.2.19. 피상속인이 A주식기부증서를 주식발행법인에게 제출(A주식이 코스닥 상장될 경우 B교회에 기부하라는 증서)
- 2009.4.22. 상속개시
- 2010.1.22. 코스닥 상장
- 2010.2.27. 주식발행법인이 교회에 주식 출연

쟁점

증여채무에 해당하는지(교회가 수유자) 상속인이 상속받은 재산을 교회에 증여한 것인지(상속인에게 상속세 납부의무).

판결요지

증여채무에 해당하고 교회가 수유자로서 상속세 납세의무가 있음.

- 부관이 붙은 법률행위에 있어서 부관에 표시된 사실이 발생하지 아니하면 채무를 이행하지 아니하여도 된다고 보는 것이 상당한 경우에는 조건(정지조건부)으로 보아야 하고, 표시된 사실이 발생한 때에는 물론이고 반대로 발생하지 아니하는 것이 확정된 때에도 그 채무를 이행하여야 한다고 보는 것이 상당한 경우에는 표시된 사실의 발생 여부가 확정되는 것을 불확정기한으로 정한 것으로 보아야 한다. 따라서 어떠한 법률행위에 불확정기한이 부관으로 붙여진 경우에는 특별한 사정이 없는 한 그 법률행위에 따른 채무는 이미 발생하여 있고 불확정기한은 그 변제기나 이행기를 유예한 것에 불과하다.
- A법인이 기부를 위임받으면서 주식이전에 필요한 증권거래카드와 도장까지 수령한 점, 증여계약의 체결과 이행 경위 등에 비추어 살펴보면, 피상속인은 A법인의 상장이 확정되는 경우는 물론 상장되지 않는 것으로 확정되더라도 이 사건 주식을 B교회에 기부할 의사를 가지고 있던 것으로 볼 수 있으므로, A의 상장은 정지조건이 아니라 증여채무의 이행을 유예하는 불확정기한에 해당한다.

❑ 부동산 증여에 있어서 소유권이전등기를 마치지 아니한 상태에서 증여자가 사망한 경우 그 부동산은 상속재산에 속함(대법원 92누4529, 1992.11.27.).

사례 **증여이행 중 증여자 또는 수증자가 사망한 경우 과세방법**

☐ 2008.11.30. 甲이 乙에게 A부동산을 증여하기로 계약을 체결하였으나 소유권이전등
기를 하지 못한 상태에서 甲 또는 乙이 사망한 경우
－A부동산에 대한 과세방법은?

사례 1

증여자 甲이 사망한 경우

2008.11.30.	12.11.	2011.11.10.	2012.2.15.
△	△	△	△
증여계약체결 (5억원)	乙이 사용·수익 개시 평가액(5억원)	甲 사 망 (6억원)	乙명의로 증여등기 (6.5억원)

과세방법

A부동산은 甲의 민법상 상속재산에 해당하므로 6억원을 더하고 증여채무는 공제하지 않
고 상속세 과세하며 상속세 납세의무자는?
－2002.12.31. 이전 상속개시분은 甲의 상속인, 2003.1.1. 이후 상속개시분은 乙(수유자)
－증여등기시점에서 증여세 과세 여부
 • 2002.12.31. 이전 : 乙에게 증여세를 별도 과세함.
 • 2003.1.1. 이후 : 증여세 과세하지 아니함(평가액이 6.5억원으로 증가 또는 5.5억원으
  로 하락한 경우 증여세를 추가 과세하거나 상속세를 환급하지 아니함).

사례 2

수증자 乙이 사망한 경우

2008.11.30.	2011.7.1.	2011.11.10.	2012.2.15.
△	△	△	△
증여계약체결	乙 사망	乙 상속인에게 증여 등기	甲 사망

과세방법

－2011.7.1. 乙 사망시 : A부동산 자체는 상속재산이 아니나 이와 관련한 증여채권을 상
 속재산에 포함시킴.
－2011.11.10. 乙의 상속인에게 증여등기시 : A부동산에 대한 증여세를 과세할 때 乙의
 상속재산에 포함시킨 증여채권의 가액은 차감하는 것이 타당할 것으로 보인다.
－2012.2.15. 甲 사망시 : A부동산의 가액은 사망 전 증여재산으로서 상속세 과세가액에
 더하고 A부동산가액에 대하여 산출한 증여세액을 기납부세액으로 공제함이 타당할 것
 으로 보인다.

4. 매매계약 이행 중에 상속이 개시된 경우 해당 재산

피상속인이 소유하고 있는 재산을 타인에게 매도하는 과정에서 상속이 개시된 경우 해당 재산을 상속재산으로 보느냐 처분한 재산으로 보느냐에 따라 상속세 과세상 차이가 생길 수 있다. 피상속인이 부동산을 매도하는 과정에서 사망한 경우 해당 부동산 자체를 상속재산으로 보느냐 아니면 처분한 재산으로 보느냐에 따라 물납허가요건(총 상속재산가액 중 부동산과 유가증권의 가액이 1/2 초과 요건)에 영향을 미칠 수 있고, 처분한 재산으로 보아 상속추정규정을 적용할 경우 상속인들이 사용처를 소명하지 못한 매각대금에서 매각대금의 20%와 2억원 중 적은 금액을 차감하여 과세하는 등 과세대상 재산가액에도 차이가 생길 수 있다. 이러한 내용은 피상속인이 타인으로부터 재산을 매수하는 과정에서 상속이 개시된 경우에도 마찬가지이다.

피상속인의 소유재산이냐 처분재산이냐는 잔금청산 여부를 기준으로 판단한다. 증여의 경우 소유권이전등기 여부를 기준으로 상속재산 해당 여부를 판단하지만 매매의 경우 잔금청산 여부를 기준으로 상속재산 해당 여부를 판단한다.

가. 피상속인이 잔금까지 수령했으나 소유권이전해 주지 못한 재산

상속개시일 현재 피상속인 명의로 등기 등이 된 재산이지만 타인에게 매도하기로 계약을 체결하고 잔금까지 수령하였으나 소유권이전등기를 이행하지 못하고 사망한 경우 해당 재산은 상속재산에 포함하지 않고 처분한 재산으로 보아 그 매각대금에 대한 사용처에 따라 상속세 과세 여부를 판단한다.

나. 피상속인이 잔금을 수령하지 못하고 사망한 경우

피상속인이 재산을 타인에게 매도하기 위하여 매매계약을 체결하고 계약금 또는 중도금을 수령하고 잔금을 수령하기 전에 사망한 경우에는 해당 재산 자체를 상속재산으로 보아 과세한다. 이때 해당 재산의 평가액은 총 매매가액에서 피상속인이 수령한 계약금 등을 차감한 가액으로 한다. 그리고 피상속인이 수령한 계약금 등은 처분재산에 대한 매각대금으로 보아 상속추정규정의 적용을 받게 된다.

다. 피상속인이 잔금까지 지급했으나 소유권이전을 받지 못한 경우

피상속인이 타인으로부터 재산을 취득하기 위하여 매매계약을 체결하고 잔금까지 지급하였으나 피상속인 명의로 소유권이전등기 등을 하지 못하고 사망한 경우 매수 대상 재산 자체를 상속재산으로 보아 상속세를 과세한다. 예를 들어 피상속인이 부동산을 매수하기로 하여 잔금까지 지급한 경우로서 상속개시 후 해당 부동산의 소유권을 피상속인을 거치지 않고 양도인에서 상속인에게 직접 이전한 경우에도 물납허가요건 판단 등에 있어 해당 부동산 자체를 상속재산으로 보아야 할 것이다.

라. 피상속인이 잔금을 지급하지 못하고 사망한 경우

피상속인이 타인으로부터 매수하고자 하는 재산에 대한 계약금, 중도금을 지급하고 잔금은 아직 지급하지 못한 상태에서 사망한 경우 매수 대상 재산 자체를 상속재산으로 보는 것은 아니며, 피상속인이 지급한 계약금 및 중도금을 매수채권 성격으로 보아 상속재산에 포함시킨다.

 관련 예규·심판결정례 및 판례 등

□ **토지거래허가구역 내 매매계약 이행 중인 토지의 상속재산가액 산정**(재산세과-395, 2012.11.8.)
　토지거래허가구역 내 토지를 허가받지 않고 매매계약을 체결하여 잔금을 받기 전에 사망한 경우에도 해당 토지의 상속재산가액은 양도대금 전액에서 상속개시 전에 받은 계약금과 중도금을 뺀 잔액으로 함.

□ **토지거래 허가를 받지 않은 재산의 상속재산 해당 여부**(재산세과-43, 2011.1.19.)
　피상속인이 생전에 「국토의 계획 및 이용에 관한 법률」 제117조 제1항에 의한 토지거래계약에 관한 허가구역에 있는 토지를 허가받지 아니하고 제3자와 매매계약을 체결하여 매매대금의 잔금까지 수령한 경우, 그 토지는 상속증여세법 제7조에 의한 상속재산의 범위에 포함되는 것이며, 기 수령한 거래대금은 같은법 제14조 제1항 제3호에 의한 채무에 해당함. 이때 당해 토지의 평가는 상속증여세법 제60조, 제61조 및 제66조 등에 따라하는 것임.

□ **상속개시 후 매매계약 해지된 경우 과세방법**(재산세과-561, 2011.11.28.)
　상속개시일 전 피상속인이 부동산 양도계약을 체결하고 잔금을 영수하기 전에 사망한 경우 양도대금 전액에서 상속개시 전에 영수한 계약금과 중도금을 차감한 잔액을 당해 상속재산의 가액으로 하나, 중도에 매매계약이 해지된 경우에는 상속개시일 현재 시가 등에 의하는 것임.

□ **매매계약체결 후 사망하여 상속절차없이 양수인에게 등기이전한 경우**(재일 46014-213, 1995.1.27.)
　양도자산의 소유자가 매매계약을 체결하고 소득세법 시행령 제53조 규정에 의한 양도시기 도래 전에 사망한 후 상속인이 잔금 등을 수령하고 상속절차의 이행 없이 피상속인 명의로 해당 자산을 양도한 경우에도 그 양도자산은 상속자산에 해당하는 것이므로 상속인은 상속세 납세의무와 상속개시일부터 양도일까지 발생된 양도소득에 대한 소득세 납세의무가 있음.

❑ 피상속인이 부동산 매도계약을 체결하고 잔금영수 전에 사망한 경우 총매매대금에서 계약금, 중도금 등 수령금액을 차감한 금액을 상속재산에 포함시키며, 계약조건에 따라 매수자가 개발, 용도변경시 투입비용 및 공시지가 상승분은 상속재산가액에 가산 안함(재삼 46014 – 837, 1999.5.1.).

❑ 부동산 매도인이 매도대금 일부만 받고 사망한 경우, 그 부동산 자체가 상속재산이 되며 전체 매매 대금에서 피상속인에게 지급된 금액을 뺀 나머지 금액으로 평가함(대법원 2001두5040, 2002.2.26.).

❑ 상속개시 이전에 실질적으로 처분되었으나 상속개시 당시 등기이전이 안된 부동산은 상속재산에 포함 안됨(대법원 90누7838, 1991.6.25.).

5. 명의신탁재산의 상속재산 포함 여부

상속재산 포함 여부는 피상속인의 이름으로 되어 있는 재산인가 제3자 명의로 된 재산인가에 관계없이 해당 재산의 실질적인 소유권이 피상속인에게 있는지에 따라 판단한다. 자본시장법 또는 신탁업법 등에 따라 신탁한 재산 외의 일반 재산을 당사자 간에 합의하여 실질소유자가 아닌 명의대여자 명의로 등기·등록·명의개서 등을 하여 실질소유자는 상속세, 증여세뿐만 아니라 여러 가지 조세를 회피할 수 있다. 이러한 명의신탁을 통해 명의신탁자(실질소유자)가 여러 가지 조세를 회피하는 것을 방지하기 위하여 명의자로 등기·등록·명의개서 등을 한 날 명의신탁자가 명의수탁자(명의대여자)에게 증여한 것으로 보아 증여세를 과세할 수 있도록 상속증여세법 제45조의2에서 규정하고 있다.

명의자에게 증여한 것으로 간주하고 있으므로 해당 명의신탁재산의 명의자를 소유자를 보아 상속증여세법상 다른 규정을 적용하는 것으로 생각할 수도 있지만 세법에서 민법상 소유권을 변경시킬 수는 없을 것이다. 명의신탁시점에서 증여한 것으로 의제하여 증여세를 과세하였다 하더라도 그 이후 발생하는 상속세, 증여세, 종합소득세 및 양도소득세 등에 대한 납세의무는 실질소유자인 명의신탁자에게 부여하고 있다.

따라서 피상속인이 제3자에게 명의신탁한 재산은 상속재산에 포함되는 것이며 피상속인 명의로 등기 등이 되어 있으나 피상속인이 명의만을 빌려준 명의수탁재산은 상속재산에 포함되지 않는다.

다만, 부동산의 경우에는 부동산실명법에 따라 명의신탁약정과 물권변동이 무효가 되어 해당 부동산의 소유권이 수탁자 또는 매도자에게 귀속되고 신탁자는 부당이득금반환청구만을 할 수 있는 경우가 있으므로 명의신탁유형에 따라 상속재산 해당 여부를 판단할 필요가 있다.

① 등기명의신탁의 경우

등기명의신탁은 명의신탁자가 원소유자(매도자)로부터 부동산을 매수하면서 명의수탁자의 명의를 빌어 등기하기로 약정하는 3자간 명의신탁과 명의신탁자가 소유하던 부동산을 명의수탁자의 명의로 가장 매매·증여하여 등기를 이전하는 2자간의 명의신탁으로 구분된다.

㉠ 3자간 등기명의신탁

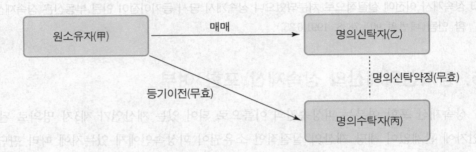

명의신탁약정과 물권변동이 무효가 되므로 부동산의 소유권은 형식상 원소유자 甲에게 귀속된다. 즉, 乙과 丙 사이의 명의신탁약정은 무효가 되므로 乙은 丙에게 명의신탁약정을 이유로 한 소유권이전등기를 청구할 수 없고 甲과 丙 사이의 소유권이전등기도 무효가 되므로 소유권은 원소유자인 甲에게 귀속되는 것이다. 乙은 丙 명의의 등기를 말소하고 甲을 상대로 계약을 원인으로 하는 소유권이전등기를 청구하여 등기를 회복하여야 한다. 만약 丙이 명의신탁 부동산을 되돌려 주지 않을 경우 재판을 통하여 소유권을 회복하여야 하는데, 법원이 명의신탁의 위법성이 크다고 인정하여 불법원인급여(不法原因給與)로 판결하는 경우에는 소유권을 회복하지 못하게 될 수도 있다.

㉡ 2자간 등기명의신탁

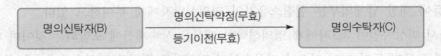

2자간 명의신탁의 경우 명의신탁약정이 무효가 되므로 소유권은 명의신탁자인 B에게 귀속되고 B는 C로의 소유권이전등기를 말소하여야 한다. 만약 C가 응하지 않을 경우 재판을 통하여 소유권을 회복하여야 하는데, 법원이 명의신탁의 위법성이 크다고 인정하여 불법원인급여(不法原因給與)로 판결하는 경우에는 소유권을 회복하지 못하게 될 수도 있다.

② 계약명의신탁의 경우

계약명의신탁은 원소유자(甲)는 명의신탁계약이 있다는 사실을 모르고(선의) 명의수탁자와 직접 계약을 체결하여 명의수탁자에게 등기를 이전해 주는 경우와 알고 한(악의) 경우가 있다.

㉠ 선의의 계약명의신탁

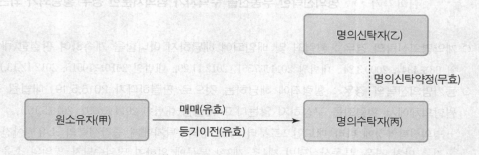

명의신탁자 乙과 丙 사이의 명의신탁약정은 무효가 되나 등기의 효력은 인정된다. 따라서 乙은 丙에게 명의신탁약정을 이유로 한 소유권이전등기를 청구할 수 없고 甲과 丙 사이의 소유권이전등기는 유효하므로 丙은 완전히 유효한 소유권을 취득하게 된다. 다만, 乙은 丙을 상대로 부당이득 반환청구를 할 수는 있다.

㉡ 악의의 계약명의신탁

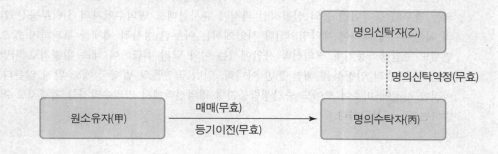

매도인이 악의인 경우에는 물권변동의 효력이 무효로 되므로 수탁자 앞으로 행하여진 등기는 원인무효가 되어 부동산소유권은 원소유자인 매도인에게 복귀한다. 그리고 부동산실명법 제4조에 의하면 부동산명의신탁약정과 물권변동은 무효로 되고 신탁자가 수탁자에 지급한 매매대금과 부동산소유권이전등기에 대하여 반환을 청구할 수 있다.

또한, 피상속인이 차명계좌를 통해 관리한 예금의 경우에는 상속재산에 포함하는 것이나, 피상속인 명의의 예금계좌의 경우에도 제3자가 당해 예금계좌를 실질적으로 지배·관리 등 피상속인은 명의만 빌려준 것으로 확인되면 상속재산에 포함하지 않는다.

금융실명법 제3조 제5항(2015.11.29. 시행)에서 "거래자의 실지명의(실명)가 확인된 계좌 또는 외국의 관계 법령에 따라 이와 유사한 방법으로 실명이 확인된 계좌에 보유하고 있는 금융자산은 명의자의 소유로 추정한다"고 규정하고 있으므로 명의자의 소유추정을 번복하지 못하게 되면 명의자의 상속재산에 포함시켜야 할 것이다.

쉬어가기 ··· 명의신탁한 부동산을 수탁자가 임의처분한 경우 횡령죄가 되는가?

○ 계약명의신탁의 경우 : 횡령죄 및 배임죄에 해당하지 아니함을 계속하여 판결함(대법원 98도4347, 2000.3.24., 대법원 2011도7361, 2012.11.29., 대법원 2010도10515, 2012.12.13.).

○ 등기명의신탁의 경우 : 횡령죄에 해당하는 것으로 판결하다가 2016.5.19. 대법원 전원합의체에서 횡령죄를 구성하지 않는다고 판결함(대법원 2014도6992, 2016.5.19.).

- 명의신탁약정에 따라 매도인으로부터 바로 명의수탁자에게 중간생략의 소유권이전등기를 마친 경우, 부동산실명법 제4조 제2항 본문에 의하여 명의수탁자 명의의 소유권이전등기는 무효이고, 신탁부동산의 소유권은 매도인이 그대로 보유하게 된다. 따라서 명의신탁자로서는 매도인에 대한 소유권이전등기청구권을 가질 뿐 신탁부동산의 소유권을 가지지 아니하고, 명의수탁자 역시 명의신탁자에 대하여 직접 신탁부동산의 소유권을 이전할 의무를 부담하지는 아니하므로, 신탁부동산의 소유자도 아닌 명의신탁자에 대한 관계에서 명의수탁자가 횡령죄에서 말하는 '타인의 재물을 보관하는 자'의 지위에 있다고 볼 수는 없다.

- 중간생략등기형 명의신탁은 악의의 계약명의신탁에서 명의수탁자 앞으로 등기가 이전되는 경우와 등기이전 등의 실질적인 과정에 유사한데도 명의수탁자의 신탁부동산 임의 처분행위에 대하여 계약명의신탁 사안에서는 아무런 형사적 제재를 부과하지 않으면서도 중간생략등기형 명의신탁 사안에서는 이와 달리 취급하여 계속 횡령죄로 처벌하는 것은 법적 안정성을 해칠 뿐만 아니라, 일반 국민들의 법 감정에도 맞지 않는다. 이러한 사정에 비추어 보아도 중간생략등기형 명의신탁에서 명의수탁자를 횡령죄로 처벌하는 것은 부당하다.

관련 예규 · 심판결정례 및 판례 등

☐ 명의신탁재산에 대해 수탁자인 피상속인에게 증여세가 과세되었더라도, 수탁한 재산임이 명백할 때는 상속재산에 포함되지 않음(재산상속 46014 - 174, 2000.2.17., 재삼 46014 - 1311, 1998.7.4.).

☐ 사찰소유 재산을 편의상 그 대표자인 피상속인 명의의 예금통장에 입금하여 사용하는 경우 그 금액은 상속재산이 아님(재삼 46014 - 2780, 1995.10.25.).

❏ 피상속인이 관리한 상속인 명의의 차명예금은 상속세 과세대상임(조심 2009서4131, 2010.1.6.).
　모든 재산을 상속인에게 상속하기로 유언장을 작성한 상황이고 상속개시일 현재 사용되지 않고 상속인 계좌에 그대로 통장잔고가 남아 있는 점 등을 고려할 때 증여세 과세처분은 부당함(상속세 과세대상이라는 결정).

❏ 피상속인이 관리한 차명계좌에서 인출된 금액은 상속재산임(대법원 2017두68721, 2018.2.13.).
　피상속인이 관리한 차명계좌는 피상속인 소유라고 봄이 타당하고, 차명계좌가 타인인 甲의 계좌라거나 피상속인이 甲으로부터 소유자금의 관리를 위임받았다고 인정하기에는 부족함.

❏ 관리신탁된 피상속인의 재산은 상속재산에 포함되며, 상속인으로부터 지급받은 금원은 증여세 과세대상에 해당됨(대법원 2017두61492, 2017.12.7.).

❏ 피상속인이 자금을 운용·관리한 차명계좌는 상속재산임(대법원 2017두49461, 2017.9.28.).
　피상속인은 자녀 명의를 차용하여 이 사건 계좌를 개설한 다음 계좌 자금을 운용·관리 하였다고 봄이 타당하므로 이는 피상속인의 차명계좌이고 자녀가 차명계좌에 입금된 금원에서 자신의 사적 용도로 사용한 금액은 원고가 피상속인으로부터 증여받은 재산이라고 봄이 타당함.

❏ 피상속인이 명의신탁한 것이 아니라 증여한 주식에 해당함(대법원 2014두618, 2014.4.30.).
　甲이 장기간 근무하며 회사의 중요한 업무를 수행하여 그에 대한 공로로 피상속인으로부터 주식을 증여받았을 확률이 큰 점, 상속인들은 甲과 주주권 확인 소송에서 패소한 점 등에 비추어 해당 주식은 명의신탁된 것이 아니라 甲이 피상속인으로부터 증여받은 것으로 봄이 타당함.

❏ 피상속인이 계좌를 관리해 온 사실로 보아 당해 계좌가 피상속인 소유로 추정되고 이에 반하는 특별한 사정없어 상속재산에 포함됨(대법원 2002두4037, 2002.9.24.).

❏ 父가 子에게 명의신탁한 부동산 및 주식에 대해 그대로 유증한다는 유언서 작성 후 사망한 경우, 상속재산에 해당함(대법원 2000두9366, 2002.4.12.).

❏ 피상속인이 명의수탁하고 있는 재산은 상속재산이 아님(=명의신탁자의 상속재산임)(대법원 94누13985, 1995.6.30.).

❏ 피상속인이 명의신탁한 재산에 증여세 부과된 경우(대법원 2002두12137, 2004.9.24.)
　피상속인이 실질소유자인 재산의 소유권명의가 제3자로 등기 등이 되어 있고 제3자에게 증여세가 부과되었더라도 실질소유관계에 따라 상속재산에 포함 여부를 판단하여야 함.

사례 1　명의신탁재산에 대한 상속재산 포함 여부

❏ 2006.11.30. 甲이 타인으로부터 취득한 주식을 乙에게 명의신탁한 것에 대하여 乙에게 증여한 것으로 의제하여 증여세가 부과된 경우로서
　- 乙 명의의 주식을 甲 명의로 환원하기 전에 甲 또는 乙이 사망한 경우 명의신탁주식에 대한 과세방법은?

사례 1

乙명의로 명의 개서된 상태에서 甲이 사망한 경우

2006.11.30.	2006.12.11.	2011.11.10.	2012.2.15.
△	△	△	△
甲의 주식 취득	乙명의로 명의개서 주식평가액(5억원)	甲 사 망 (7억원)	상속인 명의로 환원 (6.5억원)

과세방법

乙명의로 명의개서한 날 5억원 증여의제하여 과세, 甲 사망일에 7억원 상속재산에 포함하고 증여세 과세한 5억원은 사망 전 증여재산으로 합산과세 하지 아니하며 상속인 명의로 환원한 시점에서 증여세 등 과세대상 아님.

사례 2

乙명의로 되어 있는 상태에서 乙이 사망한 경우

2006.11.30	2006.12.31.	2011.11.10.	2012.2.15.
△	△	△	△
甲의 주식 취득	乙명의로 명의개서 주식평가액(5억원)	乙 사 망 (7억원)	甲 명의로 환원 (6.5억원)

과세방법

乙명의로 명의개서한 날 5억원 증여의제하여 과세, 乙사망 당시 乙명의로 되어 있더라도 상속재산에 포함하지 아니하며, 甲명의로 환원한 시점에서 증여세 등 과세대상 아님.

사례 2 **3자간 등기명의신탁한 부동산을 양도한 경우 양도시기는?**

❑ **사실관계**
- ○ 20052.12.29. 甲이 소유 부동산을 乙에게 양도하기로 매매계약 체결 및 계약금과 중도금 지급하고 소유권이전등기 및 잔금청산은 다음과 같이 함.
  - −2005.12.30. 乙의 명의수탁자인 丙 명의로 소유권 이전등기함.
  - −2006.1.20. 乙이 甲에게 잔금 지급
- ○ 甲의 양도시기가 소유권 이전등기일인지, 잔금청산일인지

❑ **대법원 판결내용(대법원 2015두41630, 2018.11.9.)**
- ○ 잔금청산일 2006.1.20.일이 양도시기임.
- ○ 소득세법 시행령 제162조 제1항에서 취득·양도시기를 '대금을 청산한 날'로 하고, '대금을 청산하기 전에 소유권이전등기를 한 경우에는 등기부에 기재된 등기접수일'로 한다'고 규정한 바

○ 3자간 등기명의신탁의 경우 부동산실명법에서 해당 등기를 무효로 규정하고 있어 명의수탁자인 丙에게 등기한 것은 효력이 없으므로 甲의 양도시기는 잔금을 청산한 날임.

사례 3　　불균등증자에 따른 증여세와 그 신주에 대한 상속세가 이중과세인지?

❏ **사실관계**

① 2018.3.22. 피상속인이 3자 배정방식으로 신주를 취득 → 증자에 따른 증여세 부과대상

② 2018.8.17. 피상속인 사망

③ 2019.4.9. 의무보호예수기간 경과 후 상속인 매각

❏ **쟁점** : ①시점의 증여세와 ②시점에서 해당 신주에 대한 상속세 부과가 이중과세인지

❏ **해설**

○ ① 증여세는 피상속인의 유상증자에 따른 증여이익에 대한 것으로서 상속인은 납세의무를 승계한 것이며 → 해당 증여세액은 공과금으로 상속재산가액에서 공제가능함.

○ ② 시점에서 피상속인이 소유한 해당 주식은 상속재산으로서 상속세를 과세하므로

○ ① 증여세와 ② 상속세 부과는 이중과세에 해당한다고 볼 수 없음(조심 2021서5624, 2023.8.31.).

---

6. 기타 유류분 등 상속재산 포함 여부

가. 증여재산을 유류분으로 반환받은 경우

피상속인이 상속개시일 전에 증여한 재산을 상속인(유류분 권리자)이 민법 제1115조[10]에 따라 유류분을 반환받은 경우 해당 유류분은 상속재산에 포함한다. 이 경우 상속재산에 포함될 재산의 가액은 반환받는 금전에 상당하는 재산을 상속개시일 현재 상속증여세법 제60조부터 제66조까지에 따라 평가한 가액에 의한다. 만약에 증여재산을 원본으로 반환하지 아니하고 금전으로 환가하여 유류분 권리자에게 반환하는 경우에는 유류분 권리자는 해당 재산을 상속받아 양도한 것으로 보아 각각 상속세와 양도소득세 납부의무가 생긴다(재산세과-35, 2012.2.2.).

---

10) 민법 제1115조 (유류분의 보전) ① 유류분 권리자가 피상속인의 제1114조에 규정된 증여 및 유증으로 인하여 그 유류분에 부족이 생긴 때에는 부족한 한도에서 그 재산의 반환을 청구할 수 있다.
② 제1항의 경우에 증여 및 유증을 받은 자가 수인인 때에는 각자가 얻은 유증가액의 비례로 반환하여야 한다.
민법 제1116조 (반환의 순서) 증여에 대하여는 유증을 반환받은 후가 아니면 이것을 청구할 수 없다.
민법 제1117조 (소멸시효) 반환의 청구권은 유류분 권리자가 상속의 개시와 반환하여야 할 증여 또는 유증을 한 사실을 안 때로부터 1년 내에 하지 아니하면 시효에 의하여 소멸한다. 상속이 개시한 때로부터 10년을 경과한 때도 같다.

　피상속인의 증여에 의하여 재산을 증여받은 자가 증여받은 재산을 유류분 권리자에게 반환한 경우 반환한 재산가액은 당초부터 증여가 없었던 것으로 본다(상속증여세법 기본통칙 31-0…3).

 쉬어가기 ··· 증여재산, 부(父) 사후에 계모가 나눠달라고(유류분반환청구) 한다면?

사실관계
○ 甲이 자녀 乙에게 재산을 증여함.
○ 甲은 乙에게 재산을 증여한지 1년 지나서 丙과 재혼함
○ 甲 사망후 乙은 상속포기 신고하여 법원에서 수리됨

해설
○ 증여는 상속개시 전 1년 간에 행한 것에 한해 민법 제1113조에 의해 가액을 산정하지만 상속개시 전 1년 이전이라도 당사자 쌍방이 유류분권리자에 손해를 가할 것을 알고 증여를 할 때 1년 전에 한 것도 유류분반환청구의 대상이 된다.
  * 유류분권리자에게 손해를 가할 것을 알고 행해진 것이라고 보기 위한 요건과 그 판단의 기준 시기(=증여 당시)(대법원 2020다247428, 2022.8.11.)
  - 즉 사실상 공동상속인이 아닌 제3자에게 상속개시전 1년 이내에 증여한 경우에 유류분반환청구 대상이 되며, 공동상속인에 대한 증여의 경우 상속개시 1년 이전의 것인지 혹은 당사자 쌍방이 손해를 가할 것을 알고서 했는지와 관계없이 유류분 산정을 위한 기초재산에 모두 산입된다.
○ 자녀 乙은 상속을 포기했기 때문에 상속포기의 소급효로 상속개시 당시 더 이상 공동상속인이 아닌 자가 되기 때문에 자녀 乙에 대한 증여 역시 공동상속인이 아닌 자에 대한 증여로 보아야 할 것인지 아니면 이 경우에도 공동상속인에 대한 증여로 보아야 할 것인지에 따라 유류분반환청구 기초재산의 범위에 포함이 가능한지 여부가 달라질 수 있다.
○ 판례는 이와 관련해 공동상속인이 일단 상속포기를 했다면 포기의 효과는 상속개시시로 소급한다고 본다. 상속포기신고를 수리하는 심판을 받은 이상 해당 공동상속인은 처음부터 상속인이 아닌 자가 된다.
○ 갑의 증여시기가 상속개시일로부터 1년보다 훨씬 이전이었고 증여 당시에는 丙과 재혼하기 전이기 때문에 재혼 배우자 丙은 유류분권리자도 아니었고, 또한 자녀 乙과 甲은 증여 당시 유류분 손해를 가할 것을 알고 있었다고 보기도 어려우므로 乙에 대한 증여재산은 유류분 산정을 위한 기초재산에 산입할 근거를 찾기 어렵다고 판시했다.

쉬어가기 · · · 생명보험금도 유류분반환청구대상인가?

사실관계

○ 甲이 乙에게 이혼소송을 제기하였으나, 유책배우자로서 이혼이 성립되지 아니하였고 甲은 丙과 동거를 하다가 2017.1월 사망

○ 甲은 본인을 피보험자, 丙을 수익자로 한 생명보험계약 체결하여 1995년부터 2015년까지 기간 중에 보험료를 납입하였고, 甲 사망 후 丙이 생명보험금을 수령함

○ 乙은 상속채무가 상속재산을 초과함에 따라 한정승인을 신청하여 법원에서 수리됨

[쟁점] 상속개시전 납입한 생명보험금이 유류분청구대상인지, 유류분산정방법은?

[대법원 판결내용] 대법원2020다247428, 2022.8.11.

○ 생명보험금도 유류분 산정의 기초재산에 포함되나, 상속개시 1년 전에 이루어진 경우에는 유류분권리자에 손해를 가할 것을 알고 이루어져야 함(원고 패소함)

① 공동상속인이 아닌 제3자에 대한 증여는 원칙적으로 상속개시 전 1년간에 행한 것에 한하되, 당사자 쌍방이 증여 당시에 유류분권리자에 손해를 가할 것을 알고 증여를 한 때에는 상속개시 1년 전에 한 것에 대하여도 유류분반환청구가 허용된다(민법 제1114조 참조). 유류분권리자에게 손해를 가할 것을 알고 행해진 것이라고 보기 위해서는, 당사자 쌍방이 증여 당시 증여재산의 가액이 증여하고 남은 재산의 가액을 초과한다는 점을 알았던 사정뿐만 아니라, 장래 상속개시일에 이르기까지 피상속인의 재산이 증가하지 않으리라는 점까지 예견하고 증여를 행한 사정이 인정되어야 하고, 이러한 당사자 쌍방의 가해의 인식은 증여 당시를 기준으로 판단하여야 하는데, 그 증명책임은 유류분반환청구권을 행사하는 상속인에게 있다(= 유류분반환청구권을 행사하는 상속인).

② 피상속인이 공동상속인이 아닌 제3자를 보험수익자로 지정한 생명보험계약을 체결하거나 중간에 제3자로 보험수익자를 변경하여 제3자가 생명보험금을 수령하는 경우, 이를 피상속인이 보험수익자인 제3자에게 유류분 산정의 기초재산에 포함되는 봄이 타당하다. 또한 공동상속인이 아닌 제3자에 대한 증여이므로 민법 제1114조에 따라 보험수익자를 그 제3자로 지정 또는 변경한 것이 상속개시 전 1년간에 이루어졌거나 당사자 쌍방이 그 당시 유류분권리자에 손해를 가할 것을 알고 이루어졌어야 유류분 산정의 기초재산에 포함되는 증여가 있었다고 볼 수 있다.

이때 유류분 산정의 기초재산에 포함되는 증여 가액은 피상속인이 보험수익자 지정 또는 변경과 보험료 납입을 통해 의도한 목적, 제3자가 보험수익자로서 얻은 실질적 이익 등을 고려할 때, 특별한 사정이 없으면 이미 납입된 보험료 총액 중 피상속인이 납입한 보험료가 차지하는 비율을 산정하여 이를 보험금액에 곱하여 산출한 금액으로 할 수 있다.

③ 유류분 부족액을 산정할 때 유류분액에서 공제하여야 하는 순상속분액은 유류분권리자가 부담하는 상속채무가 더 많은 경우라도 유류분권리자가 한정승인을 한 때에는 순상속분액을 0으로 보아 유류분 부족액을 산정하여야 함.

나. 유증받은 재산을 유류분으로 반환하는 경우

피상속인으로부터 유증을 받은 자가 상속세 과세표준 신고기한 이내에 해당 유증받은 재산을 다른 상속인에게 무상으로 이전한 경우 해당 재산은 상속인이 상속받은 것으로 보아 상속세를 과세한다(재산세과-1930, 2008.7.28).

 관련 예규·심판결정례 및 판례 등

❑ 유증받은 재산이 아닌 증여재산을 유류분으로 반환한 경우 과세방법(법규과-1637, 2005.12.20.)
 − 민법 제1116조(반환의 순서)에 따라 피상속인으로부터 유증받은 재산을 증여재산보다 먼저 유류분권리자에게 반환하여야 하므로 피상속인으로부터 상속개시일전 증여받은 재산을 유류분으로 반환하는 경우에는 증여받은 재산과 유증받은 재산을 서로 교환한 것으로 보아 각각 양도소득세를 부과하며
 − 유증재산가액을 초과하여 유류분권리자에게 반환한 증여재산가액은 당초부터 증여가 없는 것으로 보아 증여세를 환급하고 유류분권리자가 상속받은 재산으로 보아 상속세를 부과함.
❑ 유류분반환청구권 행사로 이전받은 재산은 상속재산에 해당함(대법원 2014두47266, 2015.4.9.).
 유류분반환청구권의 행사로 화해권고결정에 따라 이전받은 것으로 판단되는 금원을 피상속인의 상속재산에 해당한다고 보아 이를 상속세 과세가액에 포함시킨 것은 정당함.

다. 배당금 등 상속재산 포함 여부

상속재산에는 법률상 근거에 관계없이 경제적 가치가 있는 것, 예를 들면 영업권과 같은 것이 포함된다.

피상속인에게 귀속되는 소득이 있는 경우에는 그 소득의 실질내용에 따라 상속재산인지의 여부를 결정한다. 따라서 질권, 저당권 또는 지역권과 같은 종된 권리는 주된 권리의 가치를 담보하고 또는 증가시키는 것으로서 독립하여 상속재산을 구성하지 아니한다.

상속개시일 현재 인정상여 등과 같이 실질적으로 재산이 없는 경우에는 상속재산에 포함하지 아니하며 현금채권인 배당금, 무상주를 받을 권리 등 실질적으로 재산이 있을 경우에는 상속재산에 포함한다(상속증여세법 기본통칙 7-0…1).

그러나, 배당기준일 현재 생존하고 있던 주주가 주주총회에서 잉여금 처분결의가 있기 전에 사망한 경우로서 상속개시 후에 주주총회에서 잉여금의 처분이 확정된 경우 그 배당금과 상여금은 상속세 과세가액에 포함하지 아니하는 것이며, 상속받은 그 비상장주식 평가시에는 동 배당금과 상여금은 상속증여세법 시행령 제55조의 순자산가액 계산시 부

채에 포함하지 아니한다. 다만, 사망 전에 처분한 주식에 대한 배당금 등이 상속개시 후에 지급되는 경우 그 배당금 등은 상속재산에 포함한다(상속증여세법 기본통칙 63－55…8).

 관련 예규·심판결정례 및 판례 등

□ 상속인에게 지급된 소상공인공제금 상속재산 여부(상속증여세과－1356, 2022.8.1.)

　피상속인이 실질적으로 공제부금을 납부하고 사망으로 인하여 공제금을 지급받는 경우 상속증여세법 제8조에 따라 상속재산으로 보는 것임.

□ 피상속인 사망 후 국가로부터 지급받은 배상금은 상속재산임(상속증여세과－313, 2019.4.11.).

□ 배당기준일 현재 생존하고 있던 주주가 주주총회에서 잉여금 처분결의가 있기 전에 사망한 경우로서 상속개시 후에 잉여금의 처분이 확정된 경우에는 당해 배당금 및 상여금은 상속세 과세가액에 포함하지 아니하는 것이며, 상속받은 비상장주식을 평가함에 있어서는 이를 상속증여세법 시행규칙 제17조 제3항 제3호에 의한 부채에 포함하지 않음(재재산 46014－77, 1999.12.21.).

□ 피상속인의 무죄 판결로 수령한 형사보상금이 상속재산에 포함 여부(서면법규과－1444, 2012.12.6.)

　피상속인이 과거에 구금 또는 형이 집행된 사건에 대하여 재심을 신청하고 그 재심사건에서 무죄로 판결되어 그의 상속인이 「형사보상 및 명예회복에 관한 법률」에 따라 국가로부터 보상금을 수령하는 경우 해당 보상금에 상당하는 재산은 피상속인의 상속재산에 포함되는 것임.

7. 피상속인 일신전속권, 유족보상금의 상속재산 포함 여부

　피상속인의 일신전속권 특히 권리주체의 사망과 동시에 소멸하는 일반적 인격권은 상속되지 아니하므로 상속재산에 포함하지 않는다.

　또한, 피상속인이 교통사고, 항공기·선박사고 또는 산업재해 등으로 사망하여 그 유족이 가해자 또는 사용자측 보험회사 등으로부터 지급받는 보상금은 상속재산에 포함하지 않는다(재삼 46014－1237, 1996.5.17.).

　직원상조회 규약에 따라 매월 일정금액을 기금으로 적립하고 상조회 소속 근로자가 사망할 때 약정된 금액을 유족이 위로금 명목 등으로 지급받는 경우 해당 금전 중 부의금에 해당하는 금액은 상속재산에 포함하지 아니할 것이나, 그 외의 금전은 보험금 성격을 가지므로 상속재산에 포함시켜야 할 것이다.

관련 예규·심판결정례 및 판례 등

☐ 사고에 의한 사망으로 그 유족에게 위로금 성격으로 지급되는 보상금 또는 배상금은 유족의 고유재
산으로서 상속재산에 해당하지 아니함(사전 - 법령해석재산 - 346, 2021.8.30.).

☐ 헬리콥터 사고로 사망하여 유족이 수령하는 보상금에 대한 과세 여부(재산세과 - 182, 2012.5.16.)
피상속인이 미국에서 헬리콥터 사고로 사망하여 그 유족이 헬리콥터회사로부터 수령하는 보상
금에 대하여는 상속세가 과세되지 아니하는 것임.

☐ 피상속인이 보험회사에서 보상금을 지급받고 사망한 경우(심사상속 2013 - 28, 2013.11.19.)
교통사고 보상금은 피상속인의 육체적·정신적 고통 보상, 미래 치료 보상 등으로 구성되어 있
고, 피상속인의 상해를 사유로 보험회사를 대상으로 청구한 손해배상금으로 상속인에 대한 위
자료 성격의 유족보상금 또는 재해보상금으로 보기 어려워 상속재산에서 제외할 수 없음.

☐ 피상속인이 운영하던 병원 인수자가 동일 병원명 사용시 영업권 해당여부(조심 2023부226, 2023.6.19.)
피상속인이 영위하는 병원을 상속개시로 폐업한 후 제3자가 폐업한 병원과 동일한 상호로 계속
병원을 영위하더라도 상속인에게는 의사면허가 없어 의원의 운영이 불가능하고, 피상속인의 일
신전속권으로써 사망에 따라 소멸하므로 상속재산에 해당하지 아니함.

 쉬어가기 · · · 상속개시 후 상속재산에서 발생한 이자 등 과실의 분할방법은?

○ 공동상속인 간에 별도로 분할할 대상임(대법원 2015다27132, 2018.8.30.).
   − 상속개시 후 상속재산분할이 완료되기 전까지 상속재산으로부터 발생하는 과실은 상
     속개시 당시에는 존재하지 않았던 것인 바, 분할의 대상이 된 상속재산 중 특정 상속
     재산을 상속인 중 1인이 단독소유로 하고 그의 구체적 상속분과 그 특정 상속재산의
     가액과의 차액을 현금으로 정산하는 방법(이른바 대상분할의 방법)으로 상속재산을
     분할한 경우 그 특정 상속재산을 분할받은 상속인은 민법 제1015조 본문에 따라 상속
     개시된 때에 소급하여 이를 단독소유한 것으로 보게 되지만, 그 상속재산 과실까지도
     소급하여 그 상속인이 단독으로 차지하게 된다고 볼 수는 없다.
   − 이러한 경우 그 상속재산 과실은 특별한 사정이 없는 한 공동상속인들이 수증재산과
     기여분 등을 참작하여 상속개시 당시를 기준으로 산정되는 구체적 상속분의 비율에
     따라 이를 취득한다고 보는 것이 타당하다.
   − 상속세는 상속개시 당시 상속재산가액에 대하여 과세하므로 상속세 과세대상에는 해
     당하지 않는다.

의제 상속재산

민법상 상속재산은 피상속인이 상속개시일 현재 소유하고 있는 재산을 상속인 또는 수유자가 상속·유증·사인증여를 원인으로 하여 승계를 받는 재산을 말한다. 상속세는 자연인의 사망으로 인하여 상속이 개시된 경우 상속재산을 무상으로 취득하는 상속인 등에게 부과하는 조세라 할 수 있다. 피상속인의 사망을 원인으로 상속인 등이 무상으로 취득하는 재산이지만 민법상 상속재산에 해당하지 않는 재산이 있다. 즉 피상속인이 보험료를 불입하거나 근로를 제공하고 그의 사망으로 인하여 상속인 등이 지급받는 보험금 또는 퇴직금 등은 민법상 피상속인으로부터 승계받은 재산이 아니라 하여 상속재산에 해당되지 않는다. 하지만 피상속인이 소유한 재산을 상속·유증 및 사인증여라는 법률상 원인에 의하여 취득한 것과 보험금 등을 수령하는 것은 상속인 등이 무상으로 취득하는 재산이라는 점에서 경제적 실질이 동일하므로 실질과세원칙에 따라 상속재산으로 의제하여 상속세를 과세하고 있다. 이와 같이 민법상 상속재산은 아니지만 상속증여세법에서 상속재산에 포함시키고 있는 재산을 의제 상속재산이라 명칭하여 서술하고자 한다.

1. 보험금

가. 의 의

보험이란 사회현상이 복잡하고 위험요소가 상존하는 현대에는 사고나 재난이 누구에게나 닥쳐 올 수 있고 공동체사회에서 같은 종류의 사고를 당할 위험성이 있는 많은 사람이 미리 금전을 갹출하여 공통준비재산을 형성하고 사고를 당한 사람이 그 재산에서 재산적 급여를 받는 제도라 할 수 있다.

보험의 종류는 내용별로 손해보험·생명보험·특수보험으로 나눌 수 있고, 운영주체에 따라 사보험·공보험으로 분류할 수 있다. 손해보험은 크게 화재보험·해상보험·운송보험·특종보험 등으로 나누어지며, 이 중 특종보험에는 상해보험·자동차보험·항공보험·도난보험·신용보험·기관보험·기계보험·삼림보험·기상보험 등이 있다.

한편, 생명보험은 보험사고의 내용에 따라 사망보험·생존보험·양로보험 등으로 나누어진다. 그리고 특수보험은 사회보장제도의 하나로 실시되는 것으로서 여기에는 보험산업 발전과 신용사회 창조를 위한 보증보험, 국민복지 향상을 위한 국민생명보험과 의료보험, 그리고 근로자의 업무상 부상·질병·사망 시에 지급해 주는 제도로서 보험가입의무가 사업주에게 있는 산업재해보상보험 등이 있다.

피상속인이 보험료를 불입하고 그의 사망을 원인으로 지급되는 보험금의 경우 보험금 수취인이 피상속인으로부터 승계받은 재산이 아니라 보험계약을 체결할 때 지정된 수취인이 직접 원시취득한 것이라 하여 민법상 상속재산에 포함되지 아니하지만, 피상속인이 보험료를 지불하고 그의 사망을 원인으로 상속인 등이 무상으로 취득한다는 점에서는 민법상 상속재산과 경제적 실질이 같으므로 실질과세의 원칙에 따라 상속증여세법에서는 상속재산으로 간주하여 상속세를 과세하고 있다.

나. 상속재산으로 보는 보험금의 범위

상속재산으로 보는 보험금은 피상속인의 사망으로 인하여 받는 생명보험금 또는 손해보험금으로서 피상속인이 보험계약자인 보험계약에 의하여 받는 것을 말한다. 또한 보험계약자가 피상속인이 아닌 경우에도 피상속인이 실질적으로 보험료를 납부하였을 때에는 해당 보험금도 상속재산으로 본다.

농업협동조합중앙회 및 조합 또는 수산업협동조합중앙회 및 조합, 신용협동조합중앙회 및 조합, 우체국이 취급하는 공제금은 보험금에 해당하며(재재산-771, 2004.6.23.), 새마을금고법에 의한 새마을금고연합회가 지급하는 생명공제금 또는 손해공제금도 의제하는 보험금에 포함된다(서면상담4팀-1491, 2004.9.22.).

다. 상속재산으로 보는 보험금 계산방법

피상속인이 보험료를 전부 납부한 경우에는 보험금 전액을 상속재산으로 하며, 상속인 등 보험금 수취인이 보험료 중 일부를 납부한 경우 상속재산으로 보는 보험금의 가액은 지급받은 보험금의 총합계액에 피상속인이 납부한 보험료의 금액이 당해 보험계약에 의하여 피상속인의 사망시까지 납부된 보험료의 총액에서 차지하는 비율을 곱하여 계산한 금액으로 한다.

이 경우 피상속인이 납부한 보험료는 보험증권에 기재된 보험료의 금액에 의하여 계산하고 보험계약에 의하여 피상속인이 지급받는 배당금 등으로 당해 보험료에 충당한 것이 있을 때에는 그 충당된 부분의 배당금 등의 상당액은 피상속인이 부담한 보험료에 포함한다.

$$\text{의제 상속재산} = \text{보험금 수령액} \times \frac{\text{피상속인이 부담한 보험료 합계액}}{\text{피상속인의 사망시까지 납입된 보험료의 합계액}}$$

보험금지급소송에서 패소한 보험회사가 판결내용에 따라 상속인에게 지급하는 지연배상금은 상속재산으로 보지 아니하며, 당해 지연배상금은 소득세법 제21조 제1항 제10호에 따른 기타소득에 해당한다(서일 46014-10038, 2002.1.12.).

> **사례** **상속인이 일부 보험료 납부하고 지연배상금 등을 포함하여 수령한 경우**
>
> ❑ 아래의 사례에서 상속재산에 포함시킬 보험금의 금액은?
>> ○ 甲이 보험계약자로서 보험료를 납부하여 지급된 보험금 수령내용
>>> − 생명보험금 수령 금액 : 3억원
>>> * 생명보험금은 2.5억원이나, 보험회사와의 쟁송으로 보험금이 지연지급됨에 따라 지연배상금 5천만원을 함께 수령함.
>>> − 총 보험료 납부액은 5천만원이나, 상속인이 1천만원을 납부하였고 피상속인이 4천만원을 납부한 것으로 확인됨.
>> ○ 가해자측 보험회사로부터 수령한 유족보상금 : 1억원
>
> ❑ 상속재산에 포함하는 보험금
>> − $250,000,000$원 $\times \dfrac{(\text{5천만원} - \text{1천만원})}{\text{5천만원}} = 200,000,000$만원
>
> − 지연배상금 및 유족보상금은 상속세 과세대상이 아님.

☞ **상속재산가액을 계산할 때 보험금에서 공제하는 금액은**
- 1982.1.1~1993.12.31. 기간 중 상속개시분은 700백만원을,
- 1994.1.1~1996.12.31. 기간 중 상속개시분은 1,500만원이었고,
- 1997.1.1. 이후 상속개시분부터 공제금액이 없다. 이는 금융재산에 대한 상속공제제도를 도입하여 보험금, 신탁재산 등 금융재산 종류별로 공제하던 것을 흡수폐지하였기 때문이다.

라. 피상속인 사망시 지급되지 않는 보험금 과세방법

피상속인이 보험계약을 체결하고 보험료를 납부하였으나 피보험자를 피상속인 외의 자로 지정함에 따라 피상속인이 사망할 때 지급되지 않는 보험금은 상속개시일까지 납부한 금액과 납부한 보험료에 더하는 이자상당액을 합하여 평가한 금액을 상속재산에 포함한다. 다만, 상속세 과세표준 신고기한 이내에 해당 보험계약을 해지하고 수령하는 해약

환급금을 상속재산의 가액으로 하여 상속세를 신고하는 경우에는 그 해약환급금 상당액으로 평가할 수 있다(재산세과-418, 2012.11.22., 재산상속 46014-66, 2002.3.4.).

▌보험계약내용에 따른 상속·증여세 과세내용 요약▐

구 분	계약자 (보험료 납부자)	피보험자	수익자	과세방법
사례 ①	甲	甲	甲	甲의 민법상 상속재산
사례 ②	甲	甲	子의 妻	甲의 의제상속재산
사례 ③	甲	子	甲	甲의 사망시 보험금 지급되지 아니함
사례 ④	甲	子	子	– 甲의 보험료 납부액 상당액이 甲의 상속재산
사례 ⑤ (즉시연금보험)	甲	子	子	즉시연금보험으로서 子가 연금을 수령하다가 甲이 사망한 경우 – 甲사망 전 수령한 연금은 子의 증여재산이고 甲의 상속재산에 가산하며, 甲의 상속재산에 보험 해지환급금 상당액을 포함
사례 ⑥	子	甲	子	증여받은 재산으로 보험료 납부할 경우 보험금과 증여재산가액의 차액 증여세 과세

관련 예규 · 심판결정례 및 판례 등

☐ 플래티늄카드(VVIP) 회원을 피보험자로 하여 회사가 보험료를 지급하고 그의 사망으로 상속인에게 지급하는 보험금은 상속재산 해당함(상속증여세과157, 2013.5.28.)

☐ 보험료 불입자와 수익자가 동시에 사망하여 수익자의 외조모가 보험금 수령한 경우 상속증여세 과세방법(재산상속 46014-170, 2003.5.27.)

피상속인의 사망으로 인하여 지급받는 생명보험금으로서 피상속인이 보험계약자가 되거나 보험료를 불입한 경우에 상증법 제8조에 따라 피상속인의 상속재산으로 보는 것이며, 보험료불입자 외의 자가 보험사고 발생시 생명보험금을 수취하는 경우 상증법 제34조에 의하여 보험료불입자가 보험금상당액을 보험금수취인에게 증여한 것으로 보는 것임. 따라서 보험금수익인으로 지정된 자가 보험료불입자로부터 당해 보험금을 증여받은 것으로 보아 증여세를 과세하고, 당해 보험금을 보험금수익인으로 지정된 자의 상속재산에 포함시키고 증여세는 공과금으로 공제하여 그의 상속인에게 상속세를 과세함.

질의

甲이 보험료를 불입하고 乙(甲의 妻)을 피보험자, 丙(甲의 子)을 수익자로 한 생명보험금을 甲·乙·丙의 동시사망으로 丁(乙의 母이자 丙의 外祖母)이 수령한 경우에, 동 보험금을 누구의 상속재산으로 보아 상속세 또는 증여세를 과세하는지 여부?

해설

민법 제30조에 따라 동시사망의 추정을 받은 경우에는 사망자 상호간에는 상속이 개시되지 않기 때문에 甲·乙·丙이 배우자 및 직계존비속간이라도 서로간에 상속권은 없어 각자의 상속재산에 대해서만 상속세를 과세하고 상속공제도 배제되는바, 甲이 보험료를 불입하고 그의 사망으로 인하여 보험금이 지급되어야 甲의 상속재산에 포함시킬 수 있는데 질의사안의 경우 피보험자가 乙로 지정되어 있어 甲만 사망했다면 지급되지 않았을 보험금이므로 甲의 상속재산으로 포함시킬 수 없으며, 乙의 사망으로 丙이 보험금을 수령한 경우 丙이 보험료불입자인 甲으로부터 증여받은 것으로 보는 보험금에 해당되고, 이를 丙의 상속인인 외조모가 수령하였으므로 당해 보험금에 대해 丙에게 증여세를 부과하고 다시 丙의 상속재산에 포함시켜 상속인인 외조모에게 상속세를 부과하는 것이 유권해석한 것이다. 이 경우 증여세 납세의무는 외조모에게 승계시키고, 동 증여세액은 공과금으로 외손자의 상속재산에서 차감해야 할 것이다.

❑ 보험금 수령자가 상속인이 아닌 경우 그 수령자가 상속세 납세의무자임(조심 2020전7882, 2020.12.11.)

❑ 보험계약자 및 보험료 부담자가 피상속인의 회사인 경우 증여재산으로 보는 것은 별론으로 하더라도 상속재산 아님(조심 2011중477, 2011.9.16.)

❑ 즉시연금보험의 평가방법(대법원 2015두49986, 2016.9.23.)

사실관계

○ 즉시연금보험 계약 및 보험료 일시납부 내용

보험계약일 및 보험료 납부일	보험료	계약자	수익자	피보험자	계약해지 및 환급금 관련 약관내용
① 2012.5.30.	540백만원	甲	甲	甲의 子1	- 계약일부터 15일 내 청약철회 가능 - 계약해지시 환급금
② 2012.6.5.	5억 원	甲	甲	甲의 子1	• 청약철회기간 내 해지시 : 납입 보험료 전액
③ 2012.6.5.	10억 원	甲	甲	甲의 子2	• 청약철회기간 후 해지시 : 약관상 해지환급금

○ 2012.6.18. 甲 사망에 따른 즉시연금보험금 상속세 신고 및 과세내용
  - (납세자) 정기금을 받을 권리로 보아 평가한 1,466백만원으로 상속재산가액에 포함
  - (과세관청) 납입보험료 20.4억원으로 평가하여 과세함.
  - (대법원 판결) 상속개시일 현재 청약철회기간이 경과한 ① 보험은 약관에 따라 계산한 해지환급금으로, 청약철회기간 이내인 ②·③ 보험은 납입보험료 전액으로 과세하는 것임.

대법원 판결요지

○ 피상속인에게 귀속되는 보험계약상 지위가 여러 권리를 발생시키는 것이고 그 자체의 시가

를 곧바로 산정할 수 있는 적절한 방법이 없는 반면, 상속개시 시점에 보험계약을 해지하거나 청약을 철회하여 지급받을 수 있는 각종 환급금 등 그 보험계약상 여러 권리의 금전적 가치를 산정할 수 있고 그와 같은 권리들이 서로 양립할 수 없는 관계에 있다면, 특별한 사정이 없는 한 그러한 권리들의 가액 중 가장 높은 것이 해당 상속재산의 재산적 가치에 가장 부합한다고 할 것이므로, 이를 기준으로 상속세를 부과할 수 있다. 즉시연금보험의 계약상 권리를 상속받음에 따라 그 청약을 철회하거나 계약을 해지하고 보험료를 환급받을 수 있는 권리를 취득하였다면, 그 환급권의 가액은 청약철회기간 내에 상속이 개시된 경우 납입보험료 전액이고 그 이후에 상속이 개시된 경우에는 해지환급금 상당액이라고 봄이 타당하며, 실제로 그 즉시연금보험의 청약을 철회하거나 계약을 해지한 바 없었다고 하여 보험료 환급권을 취득하지 아니하였다고 보거나 그 가액을 달리 산정하여야 하는 것은 아님.

➡ 피상속인이 보험계약자 및 수익자이나, 피보험자는 자녀로서 피상속인의 사망시 지급되는 보험금이 아니기 때문에 상증법 제8조에 의한 의제하는 상속재산은 아니며, 피상속인의 즉시연금보험 계약자 및 수익자 지위를 상속한 것으로서 그 권리의 가액을 상속재산가액에 포함한 것임.

☐ 보험계약자가 피상속인 외의 자인 경우에도 피상속인이 실질적으로 보험료를 지불하였을 때에는 피상속인의 상속재산으로 봄(대법원 2005두5529, 2007.11.30.).

☐ 보험금을 상속재산으로 의제한 규정은 헌법에 위반되지 아니함(헌재 2009헌바137, 2009.11.26.).

사례 1 — 생명보험금의 지급유형별 상속세 또는 증여세 과세방법

○ 보험계약 내용
 - 보험계약자 : 피상속인
 - 피보험자 및 보험금수취인 : 妻
 - 만기 또는 보험사고발생시 지급액 : 3억원, 보험료는 20년간 월납
  (상속재산가액)

① 중도 해약한 경우 : 실제 수령하는 해약환급금 21,396천원 평가

(금액단위 : 천원)

경과기간 \ 종류	납입보험료(A)	해약환급금(B)	환급률(B/A)	비 고
1년	2,484	–	–	
2년	4,968	1,633	32.9%	
5년	12,420	8,917	71.8%	
10년	24,840	21,396	86.1%	상속개시일
20년	49,680	51,684	104.4%	

② 해약하지 않은 경우 : 보험료 불입액의 합계액 24,840천원 평가
 <중도해약하지 않은 경우 보험금 지급시점에서의 과세방법>

③ 妻로 보험계약자를 변경하여 보험료를 불입한 경우 : 상속세 과세받은 후에 보험료를 불입한 본인이 지급받은 것이 되므로 증여세 과세대상이 아님.

➡ 만기前에 妻가 사망한 경우에는 위와 같이 상속재산가액을 평가하여 상속세 과세

④ 長男으로 보험계약자를 변경하여 보험료를 불입한 경우 : 母가 수령한 3억원을 증여 받은 것으로 보아 증여세 과세

➡ 만기前에 母가 사망한 경우에도 상속인이 보험료를 불입했으므로 상속재산에는 포함되지 아니함.

※ 관련예규 : 피상속인이 보험료를 불입했으나 사망시 지급되지 않는 보험의 경우 상속개시 일까지 불입한 보험료 합계액에 이자를 더하여 평가하되, 실제 해약한 경우는 해약환급금 으로 평가(재산상속 46014 – 66, 2002.3.4.)

사례 2 　보험료 불입자와 피보험자 및 수취인이 동시에 사망한 경우 과세방법

(보험계약내용 및 상속개시)

　-생명보험 보험료 불입자 및 피보험자 : 甲

　-보험금 수취인 : 乙(甲의 배우자)

　-甲과 乙 동시사망 추정, 상속인은 자녀

풀이

○ 甲이 보험료를 불입하고 그의 사망으로 인하여 지급되는 생명보험금은 甲의 상속재산으로 의제하여 과세하고 乙의 증여재산에서 제외(상속증여세법 §8, §34 ②)

○ 乙의 상속재산에 포함하고 보험금에 대한 甲의 상속세 상당액은 공과금으로 공제 및 단기 재상속에 따른 세액공제 적용

○ 甲과 乙의 상속세 과세시 배우자상속공제는 배제함.

　* 甲이 먼저 사망한 경우에도 위와 같은 방법으로 과세하되 배우자상속공제는 적용함.

사례 3 　즉시연금보험 계약 및 연금지급개시후 계약자 및 수익자 사망한 경우 과세내용

(즉시연금보험 계약 및 계약자수익자 사망내용)

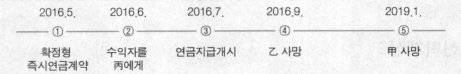

2016.5.	2016.6.	2016.7.	2016.9.	2019.1.
①	②	③	④	⑤
확정형 즉시연금계약	수익자를 丙에게	연금지급개시	乙 사망	甲 사망
수약자 : 甲	乙로 변경		수익자 : 乙의 子로 변경	
수익자 : 丙(甲의 子인 乙의 배우자)				

(시점별 상속·증여세 과세방법)
- ①과 ②시점에서 증여세 등 과세되지 아니함
- ③시점 : 수익자인 乙에게 증여세 과세대상
- ④시점 : 乙의 상속재산에 포함하여 과세
- ⑤시점 : 수증자인 乙이 이미 사망하였으므로 甲의 상속재산에 가산하는 증여재산 및 甲의 의제상속재산에도 해당하지 아니함.

사례 4 상속형 즉시연금보험이 민법상 상속재산으로서 분할대상인지?

❏ **사실관계**

甲이 자신을 생명보험의 보험계약자 및 피보험자로 하고, 자신이 생존할 때의 보험수익자로 자기 자신을, 자신이 사망할 때의 보험수익자를 상속인을 지정한 후 甲이 사망하여 보험사고가 발생한 경우, 보험금청구권은 보험수익자의 고유재산인지, 공동상속인들이 상속받은 재산인지

❏ **대법원 판결내용**(대법원 2019다300934, 2023.6.29.)

생명보험의 보험계약자가 스스로를 피보험자로 하면서 자신이 생존할 때의 보험수익자로 자기 자신을, 자신이 사망할 때의 보험수익자로 상속인을 지정한 후 그 피보험자가 사망하여 보험사고가 발생한 경우, 이에 따른 보험금청구권은 상속인들의 고유재산으로 보아야 하고 이를 상속재산이라고 할 수는 없다(대법원 2001.12.28. 선고 2000다31502 판결 등 참조). 상속인들은 보험수익자의 지위에서 보험자에 대하여 보험금 지급을 청구할 수 있고 이러한 권리는 보험계약의 효력으로 당연히 생기는 것이기 때문이다(대법원 2001다65755, 2001.12.24. 판결 등 참조).

보험계약이 피보험자의 사망, 생존, 사망과 생존을 보험사고로 하는 이상 이는 생명보험에 해당하고, 그 보험계약에서 다액인 보험료를 일시에 납입하여야 한다거나 사망보험금이 일시 납입한 보험료와 유사한 금액으로 산출되도록 설계되어 있다 하더라도 특별한 사정이 없는 한 생명보험으로서의 법적 성질이나 상속인이 보험수익자 지위에서 취득하는 사망보험금청구권의 성질이 달라지는 것은 아니다.

---

2. 신탁재산

가. 의 의

신탁법 제2조(신탁의 정의)에서 "신탁이란 신탁을 설정하는 자(위탁자)와 신탁을 인수하는 자(수탁자) 간의 신임관계에 기하여 위탁자가 수탁자에게 특정의 재산(영업이나 저

작재산권의 일부를 포함한다)을 이전하거나 담보권의 설정 또는 그 밖의 처분을 하고 수탁자로 하여금 일정한 자(수익자)의 이익 또는 특정의 목적을 위하여 그 재산의 관리, 처분, 운용, 개발, 그 밖에 신탁 목적의 달성을 위하여 필요한 행위를 하게 하는 법률관계를 말한다"고 규정하고 있다.

이와 같이 신탁은 위탁자와 수탁자의 계약 또는 위탁자의 유언에 의하여 위탁자가 특정의 재산을 수탁자에게 위탁하고, 수탁자는 특정수익자의 이익을 위하여 그 재산을 관리·처분하게 하는 법률관계를 말한다. 따라서 피상속인이 신탁재산의 위탁자인 경우 그 재산의 외형상·명목상 소유권은 수탁자에게 귀속되지만 위탁자는 신탁을 해지할 수 있는 등 실질적인 권리를 가지고 있으므로 신탁재산은 위탁자인 피상속인의 상속재산에 포함된다. 위탁자가 신탁이익의 전부를 향수하는 신탁은 위탁자 또는 그 상속인이 언제든지 해지할 수 있으며, 신탁이 해지된 때에는 신탁재산은 수익자에게 귀속하게 된다(신탁법 §56 · §59). 경제적 실질과세원칙에 따라 피상속인이 신탁한 재산을 상속재산으로 보도록 규정하고 있다.

나. 타익신탁의 경우

위탁자 본인이 신탁으로 인하여 발생되는 이익의 수익자가 되는 자익신탁(自益信託)과는 달리 이익의 수혜대상자가 위탁자 외의 자가 되는 신탁을 타익신탁(他益信託)이라 한다. 위탁자와 수익자가 다른 타익신탁의 경우 피상속인이 위탁한 신탁재산의 이익을 받을 권리를 타인이 소유하고 있는 경우 그 이익에 상당하는 가액은 상속재산으로 보지 아니하며(상속증여세법 §9 ① 단서), 이와는 반대로 피상속인이 신탁으로 인하여 타인으로부터 신탁의 이익을 받을 권리를 소유하고 있는 경우에는 해당 이익에 상당하는 가액을 상속재산에 포함한다(상속증여세법 §9 ②). 즉, 타익신탁의 경우에는 신탁의 이익을 받을 권리를 가지고 있는 자의 상속재산에 포함하는 것이다.

다. 유언대용신탁 및 수익자연속신탁

신탁법 제59조에 따른 유언대용신탁 및 신탁법 제60조에 따른 수익자연속신탁을 경우 위탁자의 사망시점에서 수익자에게 증여세를 과세한 후 상속세 과세가액에 가산하고 기납부증여세액을 공제할 것인지, 상속세만을 과세할 것인지에 대해 논란이 있었다. 유언대용신탁의 경우 위탁자의 사망 시점까지는 위탁자가 신탁재산의 원본과 수익을 소유하는 자익신탁으로서 상속재산에 포함되므로 증여세 과세대상은 아니라 할 수 있었으나, 2021.1.1. 이후 상속개시분부터 유언대용신탁 및 수익자연속신탁의 경우 당초 위탁자 및 수익자연속신탁의 수익자 사망시점에서 상속세를 과세하고 증여세는 과세하지 아니함을 명확하게 규정하였다.

유언대용신탁과 수익자연속신탁에 대한 상속세 과세방법은 다음과 같다.

① 유언대용신탁

(신탁내용) 甲이 신탁사와 A상가에 대해 乙을 수익자로 하여 甲이 살아있을 때까지는 신탁이익을 甲이 받고 甲이 사망한 이후에 신탁재산의 소유권이 乙에게 이전하는 유언대용신탁을 체결

(과세방법) 甲의 상속재산에 A상가를 포함하여 상속세를 과세하고 증여세는 과세하지 않는다.

② 수익자연속신탁

(신탁내용) 甲이 신탁사와 A상가에 대해 배우자를 수익자로 하고 배우자가 사망한 때 자녀인 丙을 수익자로 하는 수익자연속신탁을 체결한 경우
　－甲이 생존시에는 甲이 신탁이익을 甲이 받고 甲이 사망한 이후에는 배우자가 신탁이익을 받으며 甲의 배우자가 사망한 후에는 자녀인 丙에게 A상가의 소유권이 이전되는 수익자연속신탁임.

(과세방법) 甲의 상속재산에 A상가를 포함하여 상속세를 과세하고, 甲의 배우자가 사망한 때 그의 상속재산에 A상가를 포함하여 상속세를 과세하고 증여세는 과세하지 않는다.

라. 신탁재산가액 및 신탁이익 소유시기의 판정기준일

피상속인이 재산을 신탁한 경우와 피상속인이 신탁의 이익을 받을 권리를 소유하는 경우 상속재산에 포함할 가액은 다음과 같이 구분할 수 있다.

① 피상속인이 신탁한 재산의 가액. 다만, 타인이 신탁의 이익을 받을 권리를 소유하고 있는 경우에는 그 이익에 상당하는 가액은 제외한다.

② 피상속인이 신탁으로 인하여 타인으로부터 신탁의 이익을 받을 권리를 소유하고 있는 경우에는 당해 이익에 상당하는 가액

피상속인이 "신탁의 이익을 받을 권리를 소유하는 경우"란 원본 또는 수익이 수익자에게 실제 지급되는 때로 하되, 다음의 경우에는 그 소유시기를 아래와 같이 판정한다.

① 수익자로 지정된 자가 그 이익을 받기 전에 해당 신탁재산의 위탁자가 사망한 경우 : 위탁자가 사망한 날

② 신탁계약에 의하여 원본 또는 수익을 지급하기로 약정한 날까지 원본 또는 수익이 수익자에게 지급되지 아니한 경우 : 해당 원본 또는 수익을 지급하기로 약정한 날

③ 원본 또는 수익을 여러 차례 나누어서 지급하는 경우 : 해당 원본 또는 수익이 최초로 지급된 날

④ 신탁계약을 체결하는 날에 원본 또는 수익이 확정되지 아니한 경우로서 이를 분할하여 지급하는 경우 : 해당 원본 또는 수익의 실제 분할지급일

상속재산으로 보는 신탁재산 중 신탁업법 및 증권투자신탁업법에 의한 금전신탁 외의 신탁재산에 대하여는 그 가액에서 700만원을 공제하고 초과분만을 상속세 과세대상으로 삼았으나, 1997.1.1. 이후 상속개시분부터는 이러한 공제제도를 폐지하였는 바, 이는 금융재산상속공제제도로 흡수통합하였기 때문이다.

| 사례 | 신탁재산에 대한 위탁자 또는 수익자 사망시 상속세, 증여세 과세방법 |

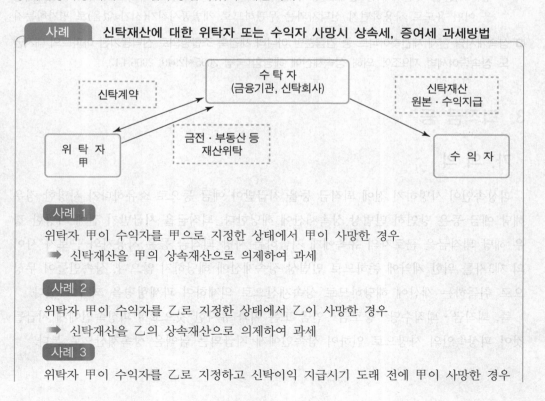

사례 1

위탁자 甲이 수익자를 甲으로 지정한 상태에서 甲이 사망한 경우
➡ 신탁재산을 甲의 상속재산으로 의제하여 과세

사례 2

위탁자 甲이 수익자를 乙로 지정한 상태에서 乙이 사망한 경우
➡ 신탁재산을 乙의 상속재산으로 의제하여 과세

사례 3

위탁자 甲이 수익자를 乙로 지정하고 신탁이익 지급시기 도래 전에 甲이 사망한 경우

➡ 甲의 상속재산에 포함하지 않으며, 甲 사망시점에 乙이 甲으로부터 증여받은 신탁재산으로 보아 증여세 과세하고 사망 전 증여재산으로서 甲의 상속세 과세가액에 더함.

 관련 예규·심판결정례 및 판례 등

❑ 피상속인이 위탁한 신탁재산을 임대한 경우 당해 재산은 상속재산에 포함되는 것이며, 임대료 등의 환산가액과 개별공시지가 중 큰 금액으로 평가함(재재산 46014-174, 2001.7.3.).

 질의

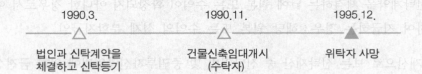

1990.3.	1990.11.	1995.12.
법인과 신탁계약을 체결하고 신탁등기	건물신축임대개시 (수탁자)	위탁자 사망

○ 위탁자의 사망에 따른 신탁토지를 평가함에 있어 수탁자가 토지상에 건물을 신축하여 임대업을 영위하고 있으므로 신탁재산을 "사실상 임대차계약이 체결된 재산"으로 보아 평가특례 규정을 적용할 것인지 또는 임대료 등이 신탁자에게 귀속되는 것도 아니고 수탁자가 신탁재산을 어떤 용도로 사용하던지 신탁자와는 무관하므로 개별공시지가(시가 없음)로 평가하는지

❑ 상속개시일 현재 재건축아파트 중 건물뿐만 아니라 재건축 조합명의로 신탁등기된 아파트의 대지권도 상속증여세법 제9조에 의해 상속재산에 해당함(국심 2005서2949, 2006.4.13.).

3. 퇴직금 등

가. 의 의

피상속인이 사망하기 전에 퇴직금 등을 지급받아 예금 등으로 소유하다가 사망한 경우 해당 예금 등은 당연히 민법상 상속재산에 해당한다. 퇴직금을 지급받기 전에 사망한 경우 해당 퇴직금을 근로자의 유족에게 지급하는 사망 퇴직금 등은 사용자와 근로자 사이의 제3자를 위한 계약에 준하므로 민법상 상속재산에 해당하지 않으나, 상속인들이 무상으로 취득하는 재산에 해당하므로 상속재산으로 의제하여 과세형평을 꾀하고 있다.

즉, 퇴직금·퇴직수당·공로금·연금 또는 이와 유사한 것으로서 피상속인에게 지급될 것이 피상속인의 사망으로 인하여 상속인에게 지급되는 금액은 상속재산으로 본다.

나. 상속재산으로 보지 않는 유족연금 등

피상속인의 사망으로 인하여 유족들이 지급받는 퇴직금 등은 상속재산으로 의제하면서 다음에 열거하고 있는 각종 연금법 등에 따른 유족연금 등은 상속재산으로 보지 아니한다.

비과세 또는 감면규정의 경우 엄격하게 해석하여 적용하는 것이므로 각종 연금법 등에 따라 지급되는 급여의 경우에도 열거되지 아니한 급여의 종류(예 : 국민연금법에 따른 노령연금이나 장애연금, 공무원연금법에 따른 퇴직수당 등)에 대해서는 상속재산에 포함한다.

① 국민연금법[11]에 따라 지급되는 유족연금 또는 사망으로 인하여 지급되는 반환일시금

② 공무원연금법, 공무원 재해보상법 또는 사립학교교직원 연금법에 따라 지급되는 퇴직유족연금, 장해유족연금, 순직유족연금, 직무상유족연금, 위험직무순직유족연금, 퇴직유족연금부가금, 퇴직유족연금일시금, 퇴직유족일시금, 순직유족보상금, 직무상유족보상금 또는 위험직무순직유족보상금

③ 군인연금법에 따라 지급되는 유족연금·유족연금부가금·유족연금일시금·유족일시금 또는 재해보상금

④ 산업재해보상보험법에 따라 지급되는 유족보상연금·유족보상일시금 또는 유족특별급여 또는 진폐유족연금

⑤ 근로자의 업무상 사망으로 인하여 근로기준법 등을 준용하여 사업자가 그 근로자의 유족에게 지급하는 유족보상금 또는 재해보상금과 기타 이와 유사한 것

⑥ 전직대통령예우에 관한 법률 또는 별정우체국법에 따라 지급되는 유족연금·유족연금일시금 및 유족일시금

 관련 예규·심판결정례 및 판례 등

❑ 정관에 따른 유족보상금이 상속재산에 해당하는지(상속증여세과−517, 2019.6.12.)

근로자의 업무상 사망으로 인하여 근로기준법 등을 준용하여 사업자가 유족에게 지급하는 유족보상금 또는 재해보상금 그 밖에 이와 유사한 금전의 경우 상속재산으로 보지 아니함.

❑ 국민연금법상 미지급급여가 노령연금인 경우 상속재산 포함됨(재산세과−252, 2012.7.6.).

「국민연금법」에 따라 지급되는 유족연금 또는 사망으로 인하여 지급되는 반환일시금은 상속재산에서 제외하며 미지급급여가 노령연금인 경우에는 상속재산으로 보는 것임.

---

11) 국민연금법 제49조 【급여의 종류】 이 법에 따른 급여의 종류는 다음과 같다.
　　1. 노령연금, 2. 장애연금, 3. 유족연금, 4. 반환일시금

❏ 유족위로금 등이 상속재산에 해당하는지 여부(재산세과-367, 2011.8.1.)

근로자가 업무 외의 사유로 사망하여 그 근로자의 유족이 회사로부터 「노동조합 및 노동관계조정법」에 따른 단체협약에 따라 위로금 성격으로 지급받는 유족위로금은 상속재산에 해당하고, 회사 및 노동조합으로부터 지급받은 경조금 및 상조금은 사회통념상 통상 필요하다고 인정되는 금품에 대하여 증여세가 비과세되는 것이며, 이에 해당하는지 여부는 사실 판단할 사항임.

❏ 근로기준법상 근로자가 지급받는 유족보상금 및 업무상 사망한 근로자의 유족에게 지급된 유족보상금은 상속재산에 해당되지 않음(재산세과-166, 2011.3.30., 서면4팀-701, 2007.2.26.).

❏ 피상속인이 사망 전에 퇴직금을 수령한 경우(서일 46014-10077, 2002.1.7.)

사립학교교직원연금법에 의하여 지급되는 유족연금·유족연금부가금·유족연금일시금·유족일시금 또는 유족보상금은 상속재산에 포함되지 아니하는 것이나, 피상속인이 상속개시 전에 지급받은 퇴직금이 현금 등으로 상속되는 경우에는 상속세가 과세됨.

❏ 공무원연금법에 의하여 유족이 지급받는 퇴직수당은 상속재산임(재삼 46014-808, 1999.4.27.).

❏ 퇴직금 수령 전에 상속개시된 경우 상속재산에 포함함(재삼 46014-1091, 1996.4.30.).

피상속인이 사망함에 따라 그가 근무하던 직장으로부터 상속인이 지급받아야 할 퇴직금에 대하여는 상속세 과세되며, 상속인에게 퇴직금을 지급하여야만 상속재산에 가산하는 것은 아님.

❏ 상속개시 후 퇴직금 수령을 포기한 경우 상속재산에 해당함(제도 46014-12214, 2001.7.18.).

피상속인에게 지급될 퇴직금을 수령할 권리가 있는 상속인이 그 권리를 포기한 경우, 상속인이 당해 퇴직금을 상속받아 퇴직금 지급의무자에게 증여한 것으로 봄.

❏ 주주총회에서 결의하지 않은 퇴직금청구권의 상속재산 해당 여부(대법원 2007두6557, 2007.5.30.)

주주총회에서 퇴직금 지급을 결의하였다면 퇴직금 등의 청구권을 행사할 수 있는 것이나, 퇴직금액, 지급방법, 지급시기 등에 관한 주주총회의 결의가 있었음을 인정할 증거가 없는 이상 퇴직금청구권의 행사는 불가능하므로 상속세 과세대상이 아님.

사례 1 　상속개시 후 퇴직금 수령을 상속인이 포기한 경우 상속재산 포함 여부

피상속인이 A(주)에서 근무 중에 사망한 경우로서 피상속인에게 지급될 퇴직금 2억원을 상속개시 후 A(주)의 이사회 결의 및 상속인들이 퇴직금 수령을 포기함으로써 퇴직금을 실제 지급받지 않은 경우 퇴직금 2억원에 대하여 상속세를 과세할 것인가, 제외할 것인가?

풀이

상속재산에 퇴직금 2억원 포함

상속재산은 "피상속인에게 귀속되는 금전으로 환가할 수 있는 경제적 가치가 있는 물건과 재산적 가치가 있는 법률상 또는 사실상 권리"를 말하는데 상속재산 해당 여부 및 과세가액의 평가는 피상속인 사망 당시를 기준으로 하여 피상속인에게 귀속되는 재산인가에 따라 판단하는 것으로서 상속개시 후 상속인이 실제 상속재산을 취득했는가에 따라 판단하거나 상속세 과세처분 당시의 평가액에 의하여 과세하는 것이 아니며, 피상속인의 사망과 함께 발생한 퇴직금 수령권리를 상속인이 포기하여 실제 지급받지 아니하였다 하여 그 포기한 사실이 상속개시 당시로 소급되어 효력이 발생하는 것도 아니므로, 퇴직급여지급규정이나 근로기준법 등에 의하여 피상속인이 지급받을 수 있는 퇴직금을 상속인이 포기한 경우에는 상속재산에 포함함.

* 피상속인이 사망하기 전 회사와의 근로조건계약 등을 통하여 퇴직금을 받지 않기로 한 경우가 아니라면 상속세 과세함이 타당할 것이다.

하지만 법인의 정관에 '퇴직한 임원의 퇴직금은 주주총회의 결의로 정한다'는 규정이 있고 주주총회에서 피상속인의 유지에 따라 상속인들이 퇴직금에 대한 권리를 주장하지 않겠다는 뜻을 밝힘에 따라 퇴직금을 지급하지 않기로 결의한 경우에는 퇴직금을 청구할 권리가 상속되었다고 보기 어려우므로 상속세 과세대상이 아니다(조심 2018서3886, 2019.6.20).

사례 2 **퇴직금을 유족보상금 명목으로 상속인에게 지급한 경우 과세 여부**

사망하기 전에 퇴사한 피상속인이 지급받지 못한 퇴직금을 상속개시 후 유족보상금 명목으로 지급받은 경우 과세 여부?

풀이

상속재산에 퇴직금을 포함

- 외형상 급여 등 지급명칭에 관계없이 실질적 내용에 따라 상속재산 해당 여부를 판단하여야 할 것인 바 피상속인이 지급받을 수 있는 퇴직금을 지급받지 못하고 사망한 경우 퇴직금 채권이 상속된 것이고 이는 민법상 상속재산에 해당함.

- 상속세를 과세하지 않는 유족보상금 등은 산업재해사고 등으로 인하여 사망한 경우 유족의 정신적·재산적 피해에 대한 보상 성격의 금전을 의미하는 것이므로 퇴직금을 유족보상금 명칭으로 지급하였다 하여 과세대상에서 제외할 수 없을 것으로 보인다.

제 3 절 : 추정 상속재산

1. 개 요

상속세 과세대상이 되는 상속재산은 원칙적으로 피상속인이 상속개시일 현재 소유하고 이를 상속인 등이 상속받거나 유증·사인증여를 받은 재산이어야 할 것이다. 다만, 현행 상속증여세법에서는 피상속인이 이미 타인에게 양도하여 상속개시 당시 소유하고 있지 않은 재산 또는 채무부담액에 대하여 일정요건을 충족하는 경우 상속받은 것으로 추정하여 과세하는 규정을 두고 있다.

피상속인이 사망하기 전 1년 또는 2년 이내에 재산을 처분하거나 채무를 부담한 금액이 2억원 또는 5억원 이상인 경우에는 피상속인이 현금화한 그 금전에 대한 사용처를 상속인이 입증하도록 하고 그 용도가 객관적으로 명백하지 아니한 금액에 대해서는 현금 등으로 상속받은 것으로 추정하여 상속세 과세가액에 산입하는 제도이다.

이러한 상속추정제도는 피상속인이 부동산, 주식이나 예금 등으로 물려주는 것보다 사망하기 전에 부동산 등을 처분하여 현금·귀금속 등으로 상속인에게 승계시키는 것이 과세관청에서 부의 무상이전 사실을 찾아내기 어렵다는 점을 이용하여 상속세를 부당하게 경감시키는 것을 방지하기 위한 조치로 볼 수 있다.

헌법재판소에서 구 상속세법(1990.12.31. 법 제4283호로 개정되기 전의 것) 제7조의2 제1항 중 "용도가 객관적으로 명백하지 아니한 것 중 대통령령으로 정하는 경우"를 추정규정으로 보지 아니하고 간주규정으로 해석하는 것은 헌법에 위반된다는 한정위헌결정(헌재 93헌바9, 1994.6.30, 94헌바23외, 1995.9.28.)을 한 바가 있으며 과세관청에서도 사실상은 추정규정으로 적용하여 상속인이 처분재산 등에 대한 사용처를 소명하도록 하고 소명하지 못한 금액에 대해서만 상속세를 과세하는 것으로 집행하였다. 1996.12.30. 상속증여세법 전면개편시에는 "……상속인이 상속받은 것으로 추정하여 …… 상속세 과세가액에 산입한다."고 규정하여 추정규정임을 명확하게 하였다.

 관련 예규·심판결정례 및 판례 등

❑ 상속증여세법 제15조 제1항 제1호는 헌법에 위반되지 아니함(헌재 2010헌바342, 2012.3.29.).

2. 상속인 등이 사용처를 입증해야 하는 처분재산 등의 범위

피상속인이 상속개시일 전에 재산을 처분하거나 채무를 부담한 것에 대하여 상속인이 그 처분재산가액 등에 대한 사용처를 소명하여야 할 대상은 재산종류별·채무종류별 및 기간별·가액별로 구분된다. 2000.1.1. 이후 상속개시분부터 피상속인이 재산을 처분하여 받거나 인출한 금액이 상속개시일 전 1년 이내에 재산종류별로 2억원 이상이거나 2년 이내에 5억원 이상인 경우에 상속인은 그 금전 등의 사용처를 소명해야 한다.

구 분	1년 이내	2년 이내
• 재산종류별(3가지) 처분가액(예금인출액)	2억원 이상	5억원 이상
• 국가·지방자치단체·금융기관의 채무부담액	2억원 이상	5억원 이상
• 상속인에게 변제의무가 없다고 추정되는 채무부담액	상속채무로 공제한 금액 전부	

가. 상속개시일 전 1년 또는 2년 이내의 의미

민법상 기간을 주·월·연으로 정한 때에는 이를 일(日)로 환산하지 아니하고 역(曆)에 의하여 계산하며(민법 §160), 일정한 기산일부터 과거로 소급하여 계산하는 경우에도 일반적으로 준용한다. 세법에서 특별한 규정이 없는 경우에는 민법상 기간계산방법을 준용한다. 예를 들어 상속개시일이 2015.7.10.인 경우에 상속개시일 전 1년이 되는 날을 역(曆)에 의하면 2015.7.9.부터 소급하여 1년이 되는 날(2014.7.9.)의 다음 날인 2014.7.10.을 말하므로 2014.7.10.부터 2015.7.10.까지의 기간 중에 처분한 재산 또는 부담한 채무가 사용처 소명대상이라 할 수 있다.

 관련 예규·심판결정례 및 판례 등

❑ 상속개시 전 처분재산의 기간계산방법(재삼 46014 - 1691, 1996.7.13.)

국세기본법 제4조의 규정에 따라 세법에 특별한 규정이 있는 경우를 제외하고는 민법의 규정에 의하여 기간의 계산을 하는 것이며, 기간을 일·주·월 또는 연으로 정한 때에는 초일은 산입하지 아니하는 것이고 기간을 과거로 소급하여 계산하는 경우에도 동일함.

나. 피상속인이 재산을 처분한 경우

1) 재산종류별의 의미

처분한 재산이 사용처 소명대상인가 여부는 재산종류별 처분가액 또는 인출금액을 기준으로 판단한다. 상속개시일 전 1년 이내에 부동산이나 주식의 처분가액·예금인출액 또는 그 밖의 재산의 처분가액 합계액이 2억원을 초과하더라도 각 재산종류별 처분가액이 2억원에 미달하면 상속인들이 사용처를 소명해야 하는 경우에 해당되지 아니한다. 반면에 상속개시일 전 1년 이내에 처분한 토지, 건물 및 분양권의 가액이 각각 2억원에 미달하더라도 합계액이 2억원 이상이면 사용처 소명대상에 해당한다. 재산종류를 1999.1.1. 이후 상속개시분부터 3종류(1998년까지는 5종류)로 축소하여 사용처 소명대상 범위를 확대, 상속세 과세를 강화하고 있으며 연도별 재산종류는 다음과 같다.

1996.12.31. 이전	1997.1.1.~1998.12.31.	1999.1.1. 이후
㉠ 부동산	㉠ 현금·예금	㉠ 현금·예금 및 유가증권
㉡ 동산	㉡ 부동산 및 부동산에 관한 권리	㉡ 부동산 및 부동산에 관한 권리
㉢ 유가증권	㉢ 유가증권	㉢ ㉠ 및 ㉡ 외 그 밖의 재산
㉣ 무체재산권	㉣ 무체재산권	
㉤ 채권	㉤ 기타 재산	
㉥ 기타 재산		

 관련 예규·심판결정례 및 판례 등

❑ 구상채권 회수시 상속개시 전 처분재산의 종류(재재산-118, 2014.2.12.)

상속개시일 전 처분재산 등의 상속추정시 구상채권을 회수한 경우 현금·예금·유가증권으로 구분함(갑설이 타당함).

질의

상속개시일 전 처분재산 등의 상속추정시 구상채권을 회수한 경우 재산종류별 구분

(갑설) 현금·예금·유가증권(상속증여세법 시행령 §11 ⑤ 1호)

(을설) 부동산 등 외의 기타자산(상속증여세법 시행령 §11 ⑤ 4호)

❑ 비거주자의 국내재산 매각대금도 상속추정 대상임(재산세과-298, 2010.5.17.)

❑ 상속개시일 전 처분재산 등의 상속추정 등 규정 적용시 상품권은 유가증권에 해당하는 것임(재산세과-238, 2010.4.19.).

❑ 상속개시 전에 발생한 부동산임대소득 및 배당소득금액은 처분재산의 사용처 소명대상 아님(재삼46014-825, 1998.5.12.).

❑ 상속개시일 전 1년 이내에 처분되고 등기는 상속개시 후에 경료된 경우 처분재산자체가 상속재산이 아니고, 추정상속재산에 해당함(대법원 93누11166, 1994.12.2.).

2) 처분재산가액의 산정방법

처분재산가액은 재산을 처분하고 피상속인이 실제 수입한 금액을 말한다. 다만, 실제 수입한 금액이 불분명한 경우에는 처분 당시를 기준으로 상속증여세법 제60조부터 제66조까지에 따라 평가한 가액에 의한다.

1996.12.31. 이전 상속개시분의 경우 2년 이내에 처분한 재산에 해당하는가에 대하여

과세관청의 유권해석, 심판결정례 및 대법원 판례에 차이가 있었던 것을 1997.1.1. 개정 세법에서는 피상속인이 매각대금을 실제 수령한 날을 기준으로 처분재산가액을 계산하도록 하였다.

① 과세관청 유권해석의 경우 처분한 재산에 대한 잔금수령일이 상속개시 전 2년 이내이면 계약금·중도금의 수령일이 그 이전이라도 총매매대금에 대해 사용처를 소명하는 것으로 해석(재삼 46014-135, 1993.1.19., 재삼 46014-2018, 1996.9.3.)하다가 1997.8.12. 유권해석을 변경하여 상속개시 전 2년 이내에 실제 수입한 금액에 한정하여 사용처를 소명하도록 하였다(재삼 46014-1920, 1997.8.12.).

② 심판결정례는 "상속개시 전 2년 이내에 처분한 재산매각대금의 용도에 관한 입증책임과 관련하여 그 범위는 상속개시 전 2년 이내에 영수한 대금의 용도로 제한함이 타당하다"고 하여 1997.1.1. 이후 법령과 동일하게 결정하였다(국심 93중685, 1993.9.10.).

③ 대법원 판례는 "상속재산의 매각일자가 상속개시일 전 2년 이내가 아니라면 중도금이나 잔금을 상속개시일 전 2년 이내에 수령하였다 할지라도 그 수령금 상당액은 사용처 소명대상이 아니다"고 판결하였다(대법원 94누9719, 1995.3.14.).

 관련 예규·심판결정례 및 판례 등

□ 임대보증금을 차감한 잔액만을 수령한 경우, 재산 처분금액의 2억원 이상 여부는 총매매대금을 기준으로 판단하며, 차감한 임대보증금은 처분대금을 사용한 것으로 봄(재삼 46014-1486, 1999.8.5.).

□ 피상속인이 타인과 공유하는 재산을 처분한 경우, 소명대상금액인 '상속개시 전 1년 내 수령한 금액'에는 타인의 공유지분상당액은 제외됨(국심 2001중664, 2001.8.30.).

3) 예금 등의 인출금액

통장 또는 위탁자계좌 등을 통하여 입금과 출금이 반복되는 예금 등의 경우에 사용처 소명대상 금액의 계산은 상속개시일 전 1(2)년 이내에 피상속인이 실제 인출한 금전 등의 금액은 상속개시일 전 1(2)년 이내에 인출한 금전 등의 합계액에서 당해 기간 중 예입된 금전 등의 합계액을 차감한 금전(순인출액) 등으로 하되, 그 예입된 금전 등이 통장 또는 위탁자계좌 등에서 인출한 금전 등이 아닌 경우에는 차감하지 아니한다. 2개 이상의 통장 등을 가지고 거래한 경우 인출한 금전 등의 합계액 및 예입된 금전 등의 합계액은 모든 통장 또는 위탁자계좌를 기준으로 하여 계산한다.

소명대상(순인출액) = 총인출액 − 총예입액 + 별도 조성된 자금의 예입액

 관련 예규 · 심판결정례 및 판례 등

□ 예금계좌 인출금에는 부동산을 처분하고 받은 금액 또는 채무를 부담하고 받은 금액 중 당해 계좌에 예입되었다가 인출한 것도 포함하는 것임(서면4팀 − 1862, 2004.11.18.).

□ 처분재산이 예금인 경우 당해 예금계좌에서 인출된 금액 중 재입금된 금액은 인출금액의 합계액에서 차감하는 것임(재산세과 − 595, 2011.12.20, 재산세과 − 354, 2011.7.21, 재삼 46014 − 1951, 1998.10.10.).

□ 예금의 입 · 출금이 계속된 경우에는 인출액에서 입금액을 차감한 순인출액을 기준으로 처분재산에 대한 사용처 소명 여부를 확인하되, 입금액이 별도로 조성된 자금임이 확인되는 경우에는 그러하지 아니하며 입금액이 별도로 조성된 금액이라는 것은 과세관청에서 입증해야 함(대법원 98두17395, 1998.12.24., 2001두9813, 2002.4.23., 2000두1232, 2002.1.11., 2001두5255, 2002.2.8.).

(예시) 2년 내 총인출액 12억원 − 총예입액 10.2억원(별도조성된 금액 4억원) = 1.8억원(5.8억원)
➡ 별도조성된 자금이 입금되었음을 과세관청에서 입증하지 못하면 순인출액은 1.8억원이 되어 상속인의 소명대상 아님.

□ 보통예금의 인출액도 재산의 처분행위에 해당됨(대법원 94누15929, 1995.5.12.).

사례 | 예금인출액에 대한 사용처 소명대상 여부 판정

거래일자	A통장(단위 : 천만원)			B통장(단위 : 천만원)		
	예입금액	인출금액	잔액	예입금액	인출금액	잔액
20xx.2.1.(2년前)			100			150
20xx.3.3.	15(15)		115			
20xx.3.15.		60	55			
20xx.4.1.				70(10)		220
20xx.8.31.					90	130
20xx.9.30.	110(20)		165			
20xx.11.30.		75	90			
20xx.12.30.					30	100
20△△.2.1.(상속개시일)	125(35)	135	90	70(10)	120	100

➡ 총인출액 25억5천만원(135+120)에서 예입된 금액 19억5천만원(125+70)을 차감하되,

A·B통장에서 인출된 금액에서 예입된 것으로 볼 수 없는 금전 4억5천만원은 차감하지 않은 10억5천만원이 사용처 소명대상 금액임.

※ 인출된 금전에서 예입된 것으로 볼 수 없는 금액
　-20xx.3.3. A통장 예입액은 그 전에 A·B통장에서 인출된 금액이 없음.
　-20xx.4.1. B통장 예입액 7억원 중 A통장 인출금 6억원 초과된 1억원
　-20xx.9.30. A통장 예입액 11억원 중 B통장 인출금 9억원 초과된 2억원

다. 채무를 부담한 경우

피상속인이 상속개시 전에 부담한 채무액에 대한 사용처 소명대상의 범위는 상속세를 과세할 때에 공제한 채무로서 그 채무의 성격에 따라 두 가지로 구분하고 있다. 즉, 국가·지방자치단체 또는 금융기관에 진 채무 등 상속인이 변제할 것이 확실하다고 인정되는 채무는 상속개시일 전 일정기간 내에 일정금액 이상을 부담한 경우에만 사용처를 소명하도록 하고, 그 외 개인 간의 사채로서 변제 여부가 불분명한 채무는 전부에 대하여 사용처를 소명하도록 규정하고 있다.

① 국가·지방자치단체·금융기관의 채무등 상속인이 부담할 것이 확실한 채무

피상속인이 부담한 채무의 합계액이 상속개시일 전 1년 이내에 2억원 이상 또는 2년 이내에 5억원 이상인 경우에 그 부담채무액에 대하여 사용처를 소명하도록 하고 있다.

② 개인 간의 채무 중 상속인이 변제할 의무가 없는 것으로 추정되는 채무

국가 등 외의 자에 대하여 부담한 채무로서 상속인이 변제할 의무가 없는 것으로 추정되는 채무는 그 채무의 부담시기와 금액에 관계없이 전부를 사용처 소명대상으로 하고 사용처를 입증하지 못하면 그 미소명 금액 전부를 상속세 과세가액에 산입한다.

 관련 예규·심판결정례 및 판례 등

□ 금융리스부채는 상속개시 전 채무부담액에 대한 사용처소명대상이 아님(서면4팀-1608, 2004.10.11.).

□ 피상속인이 부담한 금액이 일정금액 이상인 경우 그 채무의 발생원인에 관계없이 구 상속세법 제7조의2 적용대상임(대법원 92누7429, 1999.1.15.).

라. 용도가 객관적으로 명백하지 아니한 경우

피상속인이 재산을 처분하거나 채무를 부담한 것에 대하여 상속인이 사용처를 소명한 것 중 다음에 해당하는 경우에는 용도가 객관적으로 명백하지 아니한 것으로 본다.

① 피상속인이 처분재산 및 재산에서 인출한 금전 등 또는 채무를 부담하고 받은 금액을 지출한 거래 상대방이 거래증빙의 불비 등으로 확인되지 아니하는 경우

② 거래상대방이 금전 등의 수수사실을 부인하거나 거래상대방의 재산상태 등으로 보아 금전 등의 수수사실이 인정되지 아니하는 경우

③ 거래상대방이 피상속인의 특수관계인으로서 사회통념상 지출사실이 인정되지 아니하는 경우

④ 피상속인이 재산을 처분하거나 채무를 부담하고 받은 금전 등으로 취득한 다른 재산이 확인되지 아니하는 경우

⑤ 피상속인의 연령·직업·경력·소득 및 재산상태 등으로 보아 지출사실이 인정되지 아니하는 경우

 관련 예규·심판결정례 및 판례 등

❑ 인출액이 1년 이내 2억원, 2년 이내 5억원 이상에 모두 해당하는 경우 각각의 경우에 상증령 제11조 제4항에 따라 용도가 객관적으로 명백하지 아니한 것으로 추정한 금액 중 더 큰 금액을 상속받은 것으로 추정함(재재산 – 1554, 2022.12.21.).

❑ 부동산의 처분금액 중 피상속인의 예금계좌에 입금된 금액은 피상속인이 상속개시일전 부동산을 처분하고 받은 금액의 용도가 객관적으로 명백한 것으로 보는 것임(재산세과 – 1113, 2009.12.24.).

❑ 피상속인의 예금계좌에서 인출된 금전이 폰뱅킹 등으로 타인에게 송금된 사실만으로 사용처가 입증된 것으로 보지는 아니함(서면4팀 – 2458, 2007.8.17., 서일 46014 – 10704, 2002.5.23.).

❑ 처분한 재산에 대한 사용처를 소명할 때 상속세 신고서에 상속재산으로 현금을 기재했다하여 용도가 명백한 것으로 인정하지 않음(재삼 46014 – 2557, 1998.12.31., 국심 2000서3078, 2001.6.4.).

❑ 상속세 과세가액에 불산입되는 혼수비용은 통상의 가사용품 구입비용에 한정되고, 호화용품이나 주택·차량 등의 혼수는 과세가액에 산입됨(대법원 98두12536, 1998.9.28.).

❑ 피상속인의 예금계좌에서 인출된 금전이 폰뱅킹 등으로 타인에게 송금된 사실만으로 사용처가 입증된 것으로 보지는 아니함(서일 46014 – 10704, 2002.5.23.).

❑ 대지 매각대금이 3자에게 입금되었더라도 그 3자에 대한 채무의 존재사실이 확인되지 않은 경우

상속세 과세가액에 산입함(대법원 98두4993, 1999.9.3., 97누10291, 1998.5.22., 92누10197, 1992.10.9.).

❑ 상속개시 전 1년 내에 피상속인의 증권위탁계좌에서 출금된 금액이 제3자에게 귀속되었더라도 그 원인관계가 입증 안되는 경우에는 '용도불명'으로 보아 상속세 과세가액에 산입함. 즉, 피상속인의 제3자에 대한 차입금 채무나 그 재산출연 내지 수표수수의 원인관계에 대한 증빙서류를 제시한 바가 없으므로 쟁점 증권위탁계좌에서 인출된 금전의 용도가 객관적으로 명백하지 아니한 것으로 보아 상속세 과세가액에 산입한 처분은 정당함(심사상속 2001 – 31, 2001.7.13.).

마. 상속추정하지 않는 경우 및 상속추정 재산가액

1) 재산처분 및 국가·금융기관 등의 확실한 채무

처분재산가액 또는 부담채무액에 대한 용도가 객관적으로 명백하지 아니한 금액이 다음 ①, ② 중 적은 금액(이하 '20% 상당액'이라 함)에 미달할 경우에는 처분재산 또는 채무부담액에 대한 사용처가 소명된 것으로 보아 상속추정하지 아니하고, 미소명금액이 20% 상당액 이상인 경우에는 용도가 객관적으로 명백하지 아니한 것으로 추정하여 상속세 과세가액에 산입한다.

① 재산처분금액, 인출된 금전, 채무부담 금액의 100분의 20에 상당하는 금액
② 2억원

상속인이 사용처를 소명하지 못한 금액이 20% 상당액 이상인 경우 다음의 금액을 상속세 과세가액에 산입한다.

> 추정상속재산 = 처분재산가액·채무부담액 – 사용처 소명금액 – 20% 상당액

이 경우 사용처가 소명되었는지 여부 및 추정상속재산가액은 3가지 재산종류별 처분금액 및 금융기관 등 채무액으로 판단하고 계산한다.

 관련 예규·심판결정례 및 판례 등

❑ 상속개시 전 처분재산에 대한 사용처 소명대상 여부 및 80% 이상 소명 여부는 재산종류별 또는 채무별로 각각 판단하는 것임(재산상속 46014 – 57, 2003.3.6.).
  아래 예시에서 상속세 과세가액에 산입할 금액이 용도가 불분명한 총액 780백만원인지, 사용처가 80% 이상 확인된 부동산처분액을 제외하고 채무부담액 중 용도불분명한 759백만원을 산입

할 것인지에 대해 759백만원을 산입한다는 해석임(대법원 2001두3570, 2002.7.12.).

(단위 : 백만원)

재산종류	소명대상금액	용도입증금액	비 율	용도불분명	과세가액
합 계	1,710	930	54%	780	
부동산처분액	345	324	94%	21	780 or 759 ?
채무부담액	1,365	606	44%	759	

❑ 피상속인이 상속재산을 처분하거나 채무를 부담한 금액 중 용도를 입증하지 못한 부분 전부가 과세가액에 산입되는 것임(대법원 92누4413, 1992.9.25.).

➡ 2002.12.31. 이전 귀속분에 대한 판례에 해당함.

❙ 2002년 전후 상속추정하는 금액 계산사례 ❙

㉠ 처분재산 가 액	㉡ 2억원과 ㉠의 20% 중 적은 금액	㉢ 사 용 처 불분명 금액	㉣ 상속세 과세가액	
			2002.12.31. 이전	2003.1.1. 이후
8억원	1.6억원	1.5억원	과세 제외	과세 제외
		1.7억원	1.7억원	1천만원
20억원	2억원	1.9억원	과세 제외	과세 제외
		2.2억원	2.2억원	2천만원

2) 상속인이 변제할 의무가 없다고 추정되는 채무

피상속인이 부담하여 상속채무로 공제하는 채무 중 국가, 지방자치단체, 금융기관 등의 외의 채무로서 상속인이 변제할 의무가 없다고 추정되는 채무는 전액을 소명하지 못한 경우에는 소명하지 못한 금액 전부를 상속재산에 포함하여 상속세를 과세한다.

❙ 처분재산 등의 상속추정제도 개정연혁 ❙

구 분		1990.12.31. 이전	1991.1.1.~1996.12.31.	1997.1.1. 이후	2000.1.1. 이후
규정성격		의제규정 (실제는 추정규정으로 집행함)		추정규정	추정규정
소명 대상	처분 기간	상속개시일 전 1년 이내	상속개시일 전 2년 이내	상속개시일 전 1년 이내	1년내 : 2억원 이상 2년내 : 5억원 이상
	재산 가액	5천만원 이상	1억원 이상	2억원 이상	

구 분	1990.12.31. 이전	1991.1.1.~1996.12.31.	1997.1.1. 이후	2000.1.1. 이후
과세대상	\-1993.12.31. 이전 : 사용처가 불분명한 금액 전부를 상속세 과세가액에 산입 \-1994.1.1.~ : 사용처가 불분명한 금액이 처분재산가액의 2002.12.31. 20%와 2억원 중 적은 금액보다 적으면 과세제외하고, 이상이면 사용처 불분명액 전액 과세 \-2003.1.1.~ : 사용처가 불분명한 금액이 처분재산가액의 20%와 2억원 중 적은 금액보다 적으면 과세제외하고, 이상이면 과세하되 사용처 불분명액에서 처분재산가액의 20%와 2억원 중 적은 금액을 차감한 후의 잔액에 대해 과세			

사례 1 **처분재산에 따른 사용처 소명대상 여부 판정**

❑ 기간별, 재산종류별 처분내용

```
     2017.1.1          2018.1.1.         2019.1.1
  ─────△──────────────△────────────▲─────
                                      상속개시일
```

처분 1

2017.3.5. A토지 4.5억원, 2018.2.1. B건물 1억원, 2018.6.1. C분양권 2천만원
-소명금액 총 4억원(A토지 3억원, B건물 8천2백만원, C분양권 1천8백만원)

처분 2

2017.3.5. D주식 2억원, 2018.2.1. E채권 1.5억원, 2018.6.1. F인출액 1억원
-소명금액 총 2.1억원(D주식 0, E채권 1억15백만원, F인출액 9천5백만원)

❑ 사용처 소명대상금액 및 상속추정금액 계산

처분 1

-상속개시일 전 2년 이내에 토지, 건물, 분양권의 처분가액이 5.7억원이므로 전부가 사용처 소명대상에 해당한다.
-사용처를 소명하지 못한 금액 1.7억원(5.7억원-소명액 4억원)이 소명대상금액의 20%와 2억원 중 적은 1.14억원 이상이므로 과세대상이며
-추정 상속재산가액은 0.56억원(5.7억원-4억원-1.14억원)이다.

처분 2

-상속개시일 전 2년 이내에 처분가액이 4.5억원이므로 5억원에 미달하고 1년 이내에 처분한 E채권과 F인출액이 2억원 이상으로 사용처 소명대상이다.
-사용처를 소명하지 못한 금액 0.4억원(2.5억원-소명액 2.1억원)이 소명대상금액의 20%와 2억원 중 적은 5천만원에 미달하므로 과세대상에서 제외한다.

사례 2   채무부담액에 대한 추정상속재산 계산

○ 상속개시일 : 2019.5.26.
○ 상속세 과세시 공제한 채무액 및 사용처 소명내용
  ① 2017.6.14. 甲 은행으로부터 300백만원 대출받음.
  ② 상가건물에 대한 임대보증금 600백만원 중 200백만원은 2017.4.30.에 수령하고, 400백만원은 2017.5.30.에 수령하였음.
  ③ 위 채무에 대한 사용처는 2017.9.1. 부동산 취득 370백만원, 2018.7.10. 주식취득 30백만원을 사용한 것이 확인됨.

풀이

㉮ 사용처 소명대상 채무 금액 : 300백만원(은행채무) + 400백만원(임대보증금) = 700백만원
  ※ 2017.4.30. 수령한 임대보증금 200백만원은 2년 경과한 후에 수령한 금액으로 소명대상에서 제외(과세관청에서 증여·상속된 사실을 입증하면 과세가능함)
㉯ 700백만원 − 400백만원(소명금액) = 300백만원(미소명금액)
  ※ 미소명금액이 소명대상채무액의 20%(140백만원)와 2억원 중 적은 금액 이상이므로 상속재산추정대상이다.
㉰ 상속재산추정금액 : 700백만원 − 400백만원 − 140백만원(추정대상 채무액의 20%와 2억원 중 적은 금액) = 160백만원

사례 3   처분재산, 채무부담액에 대한 추정상속재산 계산

○ 피상속인 甲의 상속개시일 2019.2.1.
○ 재산처분·예금인출액 및 채무부담 내용

처분재산 및 채무액	계약금 (수령일)	중도금 (수령일)	잔 금 (수령일)	처분·인출액 및 채무액 합계	사용처 소명액	미소명 금액
A 토 지	5천만원 (2017.5.10.)	3천만원 (2017.6.10.)	7천만원 (2017.7.10.)	1.5억원	1억원	5천만원
B 건 물	1억원 (2017.1.20.)	1억원 (2017.5.20.)	3억원 (2017.6.20.)	5억원(4억원)	2억원	2억원
C 분양권	3천만원 (2018.5.31.)	2천만원 (2018.6.30.)	5천만원 (2018.7.31.)	1억원	8천만원	2천만원
D 주 식	1억원 (2017.7.1.)	2억원 (2017.8.1.)	1억원 (2017.9.1.)	4억원	3.5억원	5천만원
E 인출액	2년 이내 인출액 11억원, 예입액 9억원			2억원	1.4억원	6천만원
대 출 금	2017.2.25. 4억원을 은행에서 대출받음			4억원	2.6억원	1.4억원
임대보증금	2018.5.31. 1.5억원 임대보증금 발생			1.5억원	1.3억원	2천만원

풀이

사용처 소명대상금액 및 추정상속재산가액 계산
① A토지, B건물, C분양권
　－사용처 소명대상금액 : 상속개시일로부터 2년 전에 수령한 B건물 계약금을 제외한 처분
　　금액 6.5억원이 사용처 소명대상금액임.
　－소명 여부 판단 : 미소명금액 2.7억원이 소명대상금액의 20%인 1.3억원 이상임.
　－추정 상속재산가액 : 6.5억원－3.8억원－1.3억원(Min 6.5억원의 20%, 2억원) = 1.4억원
② D주식, E예금인출액
　－사용처 소명대상금액 : 상속개시일로부터 2년 내에 수령하거나 순인출한 금액의 합계액
　　이 6억원이므로 사용처 소명대상금액임.
　－소명 여부 판단 : 미소명금액 1.1억원이 소명대상금액의 20%인 1.2억원에 미달하므로 상
　　속추정 배제 ⇒ 과세관청에서 상속 사실 확인시 과세가능함.
③ 대출금, 임대보증금(상속인이 변제할 의무가 있다고 확인됨.)
　－사용처 소명대상금액 : 상속개시일로부터 2년 내에 발생한 채무 합계액이 5.5억원이므로
　　사용처 소명대상금액임.
　－소명 여부 판단 : 미소명금액 1.6억원이 소명대상금액의 20%인 1.1억원 이상임.
　－추정 상속재산가액 : 5.5억원－3.9억원－1.1억원(Min 5.5억원의 20%, 2억원) = 5천만원

사례 4　비거주자가 국내 재산을 처분한 경우 추정상속재산 계산

❏ 처분재산 및 신고내용
　○ 피상속인(비거주자, 캐나다 재외국민)의 사망일 : 2018.5.30.
　○ 국내 소재 부동산을 상속개시일 전 2년 이내에 처분함.
　　－처분일자 : 2016.6.27.　매각금액 : 6억원
　○ 매각대금 사용처에 대해서 상속인이 신고한 내용
　　－양도소득세 등 제세공과금 납부액 : 30백만원, 캐나다 송금액 : 400백만원(2017.7.25. 송금)
　　－나머지 170백만원에 대하여 사용처 미소명

풀이

○ 상속개시 전 처분재산 등에 대한 사용처 소명은 피상속인이 거주자, 비거주자 구분없이 동일하
　게 적용하며, 비거주자인 피상속인이 처분한 재산의 소재지가 국내에 있었기 때문에 상속증여
　세법상 과세대상이므로 상속인에게 사용처를 소명하도록 요구할 수 있다.
　－미소명금액 1억7천만원이 처분재산가액의 20%인 1.2억원보다 더 많으므로 미소명금액
　　에서 처분재산가액의 20%를 차감한 5천만원을 상속추정하여 상속세를 과세해야 하며
　－매각대금 중 4억원을 상속개시 전에 캐나다로 송금함으로써 상속개시일 현재 국외재산에
　　해당되므로 상속세 과세대상에 해당하지 아니함.

제3장

비과세하는 상속재산

상속재산 중 일정한 요건을 갖춘 경우 비과세하거나 과세가액 불산입을 규정하여 상속세를 과세하지 아니한다. 비과세와 과세가액 불산입에 해당하는 상속재산의 경우 상속세를 부과하지 않는다는 점에서 같은 효과가 있지만 법령에서 해당 재산에 대한 사용의무 등을 규정하고 이를 이행하지 않은 경우 사후적으로 세금을 징수하느냐 여부에 대해서는 비과세규정과 과세가액 불산입규정에 차이가 있다.

비과세란 국가가 원칙적으로 과세권을 포기한 것으로서 처음부터 납세의무가 발생하지 아니하며 비과세하는 상속재산을 어떻게 사용하라는 등의 의무를 부여하고 있지 아니하므로 추후 세금을 추징하는 경우도 없다. 이에 비해 과세가액 불산입의 경우 일정요건을 갖춘 상속재산에 대하여 상속개시 당시에는 과세하지 않지만 해당 상속재산에 대한 사용용도 등을 규정하고 이를 지키지 아니한 경우에는 세금을 추징하는바, 공익법인 또는 공익신탁에 출연한 상속재산에 대한 과세가액 불산입은 이에 해당한다.

상속증여세법에서 비과세하는 상속재산은 전사자 등에 대한 모든 상속재산의 비과세와 일반적 사망의 경우로서 비과세되는 상속재산으로 열거하고 있는 경우이다.

1. 전사자 등에 대한 상속세 비과세

전쟁, 사변 또는 이에 준하는 비상사태로 토벌 또는 경비 등 작전업무에 해당하는 공무의 수행 중 사망하거나 해당 전쟁 또는 대통령령으로 정하는 공무의 수행 중 입은 부상 또는 그로 인한 질병으로 사망하여 상속이 개시되는 경우에는 피상속인이 소유한 모든 재산에 대하여 상속세를 부과하지 아니한다. 여기서 "대통령령으로 정하는 공무의 수행"이란 사변 또는 이에 준하는 비상사태로 토벌 또는 경비 등 작전업무를 수행하는 것을 말한다.

관련 예규·심판결정례 및 판례 등

□ 부상 후 몇 년 이내에 사망시 비과세되는지 여부(재산상속 46014－185, 2002.6.26.)

상속증여세법 제11조에 따라 전사 기타 이에 준하는 사망 또는 전쟁 기타 이에 준하는 공무의 수행 중 입은 부상 또는 질병이 직접적인 원인이 되어 사망함으로써 상속이 개시되는 경우에는 상속세를 과세하지 아니하며, 이에 해당하는지 여부는 부상 또는 질병의 정도와 투병기간, 의사가 발급하는 사망진단서상 사망원인 등 구체적인 사실에 따라 판단해야 할 사안임.

□ 고엽제후유증으로 사망시 전사자 해당 여부(조심 2009서3928, 2009.12.31.)

사망의 직접적 원인은 골수부전이나 사망의 선행사인이 된 '비호지킨성림프종'이 고엽환자지원법에 따른 고엽제후유증 결정기준이 되는 질병이라 하더라도 전사자 등에 해당하지 아니함.

□ 고엽제후유증으로 사망시 전쟁 수행 중 사망 해당 여부(대법원 2012두16275, 2014.2.27.)

고엽제법 등에 따라 국가유공자로 등록되었다는 사정만으로 그 질병이 전투 등의 직무수행과 상당인과관계가 있다고 추단할 수 없고, 고엽제의 유해물질과 다발성 골수종 사이의 인과관계를 인정할 만한 상당한 개연성이 증명되었다고 볼 수 없어 피상속인이 입은 다발성 골수성과 전쟁 등의 수행 사이에 상당인과관계가 있다고 보기는 어려워 전사자 등에 해당하지 않음.

2. 비과세되는 상속재산

일반적 사망의 경우 상속재산 중 상속증여세법 제12조에서 비과세되는 상속재산으로 규정된 다음의 재산에 대해서만 상속세를 부과하지 아니한다.

가. 국가 등에 유증한 재산

국가·지방자치단체 또는 다음의 공공단체에 유증(사망으로 인하여 효력이 발생하는 증여를 포함하며, 이하 "유증 등"이라 함)한 재산에 대하여는 상속세를 부과하지 아니한다.

① 지방자치단체조합
② 공공도서관·공공박물관 또는 이와 유사한 것으로서 기획재정부령이 정하는 것

나. 문화재보호법에 따른 국가지정문화재 등

2023.1.1. 이후 상속개시분부터 국가지정문화재 등에 대한 상속세 비과세제도를 징수유예제도로 전환하였다. 징수유예제도에 대한 구체적 내용은 제5편(신고·납부 및 결정) 제2장(상속증여세 납부) 제4절(지정문화재 등의 징수유예 등)에서 기술하였다.

2022.12.31.까지는 문화재보호법에 따른 국가지정문화재 및 시·도지정문화재와 해당 문화재 또는 문화재 자료가 속하는 보호구역 토지에 대하여 상속세를 비과세하였다.

2000.12.29. 개정한 국가·시·도지정문화재 또는 문화재자료가 속하여 있는 보호구역안의 토지에 대한 추가적인 상속세 비과세규정은 2001.1.1. 이후 상속세를 결정하는 것부터 적용하도록 한다.

문화재 등에 대한 비과세는 1997.1.1 이후 상속개시분부터 적용하고, 1996.12.31. 이전 상속개시분은 지정문화재에 대하여 상속세의 징수유예가 적용되었다.

 관련 예규·심판결정례 및 판례 등

□ 비상장법인이 지정문화재 보유한 경우(재재산 46014-105, 1999.3.26.)

상속세가 비과세되는 지정문화재를 보유하고 있는 비상장법인의 주식을 상속받은 경우에 상속세 과세대상인 비상장법인의 주식가액은 다음 산식에 의하여 계산함.

$$\text{비상장법인의 1주당 평가액} \times \frac{\text{지정문화재 부분을 제외한 비상장법인의 순자산가액}}{\text{비상장법인의 순자산가액}} \times \text{상속받은 주식수}$$

다. 금양임야와 묘토인 농지 등

민법 제1008조의3에서는 분묘에 속한 9,900㎡ 이내의 금양임야와 1,980㎡ 이내의 묘토인 농지, 족보 및 제구의 소유권은 제사를 주재하는 자가 이를 승계하도록 규정하고 있다. 상속세가 비과세되는 금양임야 및 묘토의 범위는 제사를 주재하는 상속인을 기준으로 하며, 다수의 상속인이 공동으로 제사를 주재하는 경우에는 그 공동으로 주재하는 전체 상속인을 기준으로 하여 적용하므로, 설령 2명의 상속인이 공동으로 제사를 주재하면서 금양임야 및 묘토를 승계받았다고 하여 다음 면적의 두 배를 비과세하는 것은 아니다. 금양임야 및 묘토를 제사를 주재하는 사람과 그렇지 않은 사람이 공동으로 상속받은 경우 제사를 주재하는 자가 승계받은 금양임야와 묘토만이 비과세 대상이다.

2002.1.1. 상속개시분부터 비과세되는 금양임야와 묘토에 대하여 면적기준은 종전과 동일하게 적용하되, 비과세 한도액을 설정하여 금양임야와 묘토의 면적이 다음의 면적이내에 해당되더라도 그 가액이 2억원을 초과하는 경우에는 2억원까지 비과세하도록 하였다. 이는 개발예정지역이나 수도권지역 등에 위치한 고액의 금양임야 등이 제한없이 비과세되는 것을 방지하기 위한 것으로 보인다.

① 피상속인이 제사를 주재하고 있던 선조의 분묘에 속한 9,900㎡ 이내의 금양임야

② 분묘에 속한 1,980㎡ 이내의 묘토인 농지

  ※ 분묘의 수에 관계없이 제사를 주재하는 상속인을 기준으로 한 면적임.

③ 족보와 제구. 2013.2.15. 이후 상속개시분부터 1천만원을 한도로 비과세한다.

1) 제사를 주재하는 자

제사주재자는 우선적으로 망인의 공동상속인들 사이의 협의에 의해 정하되, 협의가 이루어지지 않는 경우에는 제사주재자의 지위를 유지할 수 없는 특별한 사정이 있지 않은 한 망인의 장남(장남이 이미 사망한 경우에는 장남의 아들, 즉 장손자)이 제사주재자가 되고, 공동상속인들 중 아들이 없는 경우에는 망인의 장녀가 제사주재자가 된다.[12](대법원 2007다27670, 2008.11.20. 전원합의체 판결)

 관련 예규·심판결정례 및 판례 등

☐ 제사를 주재하는 상속인의 범위에 피상속인의 배우자 포함 여부(법령해석과-4318, 2016.12.30.)

  금양임야를 승계하는 제사주재자를 공동상속인들의 협의에 따라 피상속인의 배우자로 정하고 금양임야를 승계하는 경우 비과세 대상이며, 제사주재자인 그 배우자의 사망으로 다시 상속이 개시된 경우 유일한 상속인인 장녀가 제사주재자로서 해당 금양임야를 승계하는 경우에는 비과세 대상임. 제사주재자란 실제로 본인의 책임 하에 선조의 봉제사를 주재하는 자를 말함.

---

12) 종전 대법원 판례

 - 민법 제1008조의3은 "분묘에 속한 1정보 이내의 금양임야와 600평 이내의 묘토인 농지, 족보와 제구의 소유권은 제사를 주재하는 자가 이를 승계한다."고 규정하고 있다. 원래 1958.2.22. 법률 제471호로 제정된 구 민법은 제사상속에 관한 일반 규정을 두지 않음으로써 제사상속을 도덕과 관습의 범주에 맡기면서도, 제996조에서 분묘에 속한 1정보 이내의 금양임야와 600평 이내의 묘토인 농지, 족보와 제구(이하 '제사용 재산'이라 한다)의 소유권은 호주상속인이 이를 승계하도록 규정하고 있었는데, 1990.1.13. 법률 제4199호로 개정된 구 민법에서는 호주상속제도를 폐지하고 호주승계제도를 채택하면서 위와 같이 제사용 재산의 승계를 호주승계의 효력이 아닌 재산상속의 효력 중의 하나로 제1008조의3에 규정하고 그 승계권자를 '호주상속인'에서 '제사를 주재하는 자'로 변경하였으며, 2005.3.31. 법률 제7427호로 개정된 현행 민법에서는 호주승계제도조차 폐지하고 제1008조의3은 그대로 유지하기에 이른 것이다.

 - 1990.1.13. 개정된 구 민법은 물론 현행 민법에서도 '제사를 주재하는 자'가 제사용 재산을 승계한다고 만 규정하고 있을 뿐 그것이 누구이거나 어떻게 정하는지에 관하여는 아무런 규정을 두고 있지 않다. 이에 관하여 종래 대법원은, 공동상속인 중 종손이 있다면 그에게 제사를 주재하는 자의 지위를 유지할 수 없는 특별한 사정이 있는 경우를 제외하고는 통상 종손이 제사주재자가 된다고 판시하여 왔다(대법원 1997.11.25. 선고 97누7820 판결, 대법원 1997.11.28. 선고 96누18069 판결 등 참조). 일반적으로 종손이란 '장자계의 남자손으로서 적장자'를 지칭하는바, 종래 우리의 관습은 상속인들간의 협의와 무관하게 우선적으로 적장자가 제사상속인이 되고 적장자가 없는 경우에는 적손, 중자, 서자, 중손, 서손의 순서로 제사상속인이 되는 것이었으므로, 위 대법원판결들은 이러한 종래의 관습에 터잡은 것이라고 하겠다.

❑ 외조부의 묘가 있는 임야를 모로부터 상속받은 경우 과세됨(재산상속 46014 – 444, 2001.10.19.).

상속증여세법 제12조 제3호 및 같은법 시행령 제8조 제2항의 규정에 의하여 제사를 주재하는 자가 승계한 「피상속인이 제사를 주재하고 있던 선조의 분묘에 속한 9,900제곱미터 이내의 금양임야」는 상속세가 비과세되는 것이며, 이 경우 제사주재자는 호주 외의 가족들 중에서도 정할 수 있는 것이나, 가족의 범위는 호주의 배우자, 호주의 혈족과 그 배우자 및 민법의 규정에 의하여 그 家에 입적한 자를 말하는 것(민법 §779)이므로 가족의 범위에 속하지 아니하는 자를 제사주재자로 보는 것은 타당하지 아니함.

2) 상속개시 후 금양임야 등으로 사용하는 경우

상속세 비과세하는 금양임야와 묘토인 농지는 피상속인이 제사를 주재하고 있던 선조의 분묘가 설치된 것을 의미하므로 피상속인이 사망한 후에 해당 피상속인의 분묘를 설치하는 경우 당해 상속세를 과세할 때 비과세하는 금양임야에는 해당하지 않는다.

 관련 예규 · 심판결정례 및 판례 등

❑ 비과세되는 금양임야에서 "분묘"는 피상속인이 제사를 주재하고 있던 선조의 것을 말함(재삼 46014 – 2429, 1997.10.14.).

❑ 선조의 분묘가 있는 것으로 확인되어 금양임야에 해당함(조심 2018서850, 2018.6.11.).

쟁점① 토지는 실제 피상속인과 청구인의 선조 분묘에 속하는 토지로 이용되고 있음이 청구인이 제출한 현황측량도, 분묘 설치사진 및 이와 관련한 청구인의 친지와 마을주민들의 사실확인서 등으로 확인되므로 상속세 비과세대상인 금양임야로 보아야 함.

❑ 사전증여받은 묘토는 비과세대상 상속재산으로 볼 수 없음(조심 2015중1878, 2015.6.29.).

❑ 상속개시 후에 금양임야와 묘토로 사용하기로 한 재산은 상속세 비과세대상이 아님(대법원 97누15753, 1997.12.26., 재삼 46014 – 255, 1999.2.4.).

❑ 금양임야 및 묘토가 상속개시일 이후에 수용되거나 타인에게 양도되었다는 사유로 인하여 상속세를 추징하는 것은 아님(재삼 46014 – 3677, 1993.10.20.).

❑ 증여받은 금양임야, 묘토인 농지에 대해 증여세 비과세 및 상속세 과세가액에서 제외한다는 규정이 없으므로 증여세 과세하고 상속세 합산과세한 처분은 잘못이 없음(조심 2012서2681, 2012.8.27.).

❑ 상속개시 전 피상속인이 분묘 이장조건으로 한 매매계약을 체결했으나 잔금청산 안된 경우 상속세 비과세대상 재산인 금양임야로 인정할 수 있음(조심 2011서3419, 2012.1.4.).

❑ 상속개시당시 연접지역의 토지이용상황이나 현황이 수림이 형성되어 있다고 보기 힘들고, 분묘들의 신원도 확인되지 않는다면 비과세 되는 금양임야에 해당하지 아니함(국심 2004서1675, 2004.10.11.).

❑ 비과세하는 묘토에 속하는 농지의 면적 한도(대법원 2001두5040, 2002.2.26.)

　상속세 과세가액에 산입되지 아니하는 민법 제1008조의3에 따른 분묘에 속한 600평 이내의 묘토인 농지의 범위는 제사 주재자를 기준으로 600평 이내의 농지를 의미하는 것이 아니라 봉사의 대상이 되는 분묘 매 1기당 600평 이내를 기준으로 정하여야 한다고 판단한 것은 정당함.

❑ 피상속인의 사망 당시 임야에 그 선대의 분묘가 없는 경우에는 그 임야를 금양임야라 하여도 그 가액은 상속세 과세가액에 산입함(대법원 2000두703, 2001.2.27., 99두1014, 2000.9.5.).

❑ 주변 일대가 도시화되어 있고, 경작자가 경작대가로 1년에 한두 번 정도 인근에 있는 농지소유자의 선조 분묘를 벌초한 것에 불과한 농지는 묘토인 농지에 해당 안됨(대법원 97누4838, 1997.5.30.).

❑ 금양임야의 상속인과 분묘의 제사주재자가 다른 경우에는 일반재산으로서 상속세과세대상임(대법원 94누4059, 1994.10.14.).

사례　　**금양임야 승계내용에 따른 비과세 상속재산 범위**

❑ 금양임야와 묘토 현황
　○ 피상속인이 임야와 농지를 매입하여 동 임야에 제사를 주재하는 선조의 분묘를 이장하고 농지는 묘토로 사용하기로 함.
　○ 상속개시일 현재 금양임야와 묘토의 면적과 평가액 및 상속내용

구 분	면 적	개별공시지가	평가액	상속내용
금양임야	15,000㎡	10,000/㎡	150백만원	전체면적을 장남이 상속
묘 토	1,300㎡	500,000/㎡	650백만원	장남 300㎡, 차남 1,000㎡ 상속

* 장남이 단독으로 제사를 주재하며, 차남은 제사주재자가 아님.

풀이

　○ 장남이 승계한 금양임야 9,900㎡ 이내와 묘토 600㎡ 이내의 면적에서 평가액 2억원까지 비과세되므로
　　－금양임야 99,000,000원(9,900㎡×10,000원/㎡)과 묘토 150,000,000원(300㎡×500,000원/㎡)의 합계액 249,000,000원 중 2억원은 비과세 상속재산에 해당.
　○ 비과세하는 금양임야와 묘토는 상속개시일 현재 피상속인이 제사를 주재하고 있던 선조의 분묘에 속하는 금양임야 등을 말하므로 피상속인이 선조로부터 승계받은 금양임야 등뿐만 아니라 본인이 생전에 선조의 분묘를 설치하여 금양임야와 묘토가 된 경우에도 비과세 대상에 해당하며
　　－여러 명의 상속인이 공동상속한 경우에는 제사를 주재하는 자 외의 상속인이 상속받은 금양임야와 묘토의 가액은 상속세과세가액에 산입하고 제사를 주재하는 자가 승계한 금양임야와 묘토는 비과세 대상에 해당한다.

라. 정당법에 따른 정당에 유증 등을 한 재산

피상속인이 정당법에 따른 정당에 유증 등을 한 상속재산에 대하여는 상속세를 부과하지 아니한다. 다만, 2005.1.1. 이후 불법정치자금에 대해서는 몰수·추징에 관계없이 상속세를 과세한다.[13]

마. 사내근로복지기금 등에 유증 등을 한 재산

근로복지기본법에 따른 사내근로복지기금, 2019.2.12. 이후 우리사주조합, 공동근로복지기금 및 근로복지진흥기금에 유증 등을 한 재산에 대하여는 상속세를 부과하지 않는다.

2001.12.31. 세법개정시 근로자복지기본법의 규정에 의한 우리사주조합을 비과세 대상 단체에 추가 규정하였는 바, 2002.1.1. 이후 상속이 개시된 것으로서 피상속인의 유증이나 사인증여에 의하여 우리사주조합이 취득한 재산부터 비과세되므로 2001.12.31. 이전에 상속이 개시된 경우에는 그 상속재산을 2002.1.1. 이후에 우리사주조합에서 취득하더라도 상속세 비과세를 받을 수 없음에 유의하여야 한다. 그러나 피상속인의 유증이나 사인증여가 없는 상태에서 상속인들이 우리사주조합에 재산을 증여한 경우에는 2002.1.1. 이후 증여분부터 우리사주조합은 증여세 비과세를 받을 수 있으며, 상속인들은 상속세를 부담하여야 한다. 그리고, 중소기업근로자복지진흥법에 의한 근로복지진흥기금은 근로자복지기본법의 규정에 의한 근로복지진흥기금으로 그 관련법령이 개정되었다.

바. 이재구호금품 등

피상속인이 사회통념상 인정되는 이재구호금품, 치료비 및 불우한 자를 돕기 위하여 유증 등을 한 상속재산은 비과세한다.

---

13) 조세특례제한법 제76조 (정치자금의 손금산입특례 등)
　　① 거주자가 「정치자금법」에 따라 정당(같은법에 따른 후원회 및 선거관리위원회를 포함한다)에 기부한 정치자금은 이를 지출한 해당 과세연도의 소득금액에서 10만원까지는 그 기부금액의 110분의 100을 세액공제하고, 10만원을 초과한 금액에 대해서는 해당 금액의 100분의 15(해당 금액이 3천만원을 초과하는 경우 그 초과분에 대해서는 100분의 25)에 해당하는 금액을 종합소득산출세액에서 공제한다. 다만, 사업자인 거주자가 정치자금을 기부한 경우 10만원을 초과한 금액에 대해서는 이월결손금을 뺀 후의 소득금액의 범위에서 손금에 산입한다.
　　② 제1항에 따라 기부하는 정치자금에 대해서는 상속세 또는 증여세를 부과하지 아니한다.
　　③ 제1항에 따른 정치자금 외의 정치자금에 대해서는 「상속증여세법」 제12조 제4호, 제46조 제3호 및 다른 세법의 규정에도 불구하고 그 기부받은 자가 상속받거나 증여받은 것으로 보아 상속세 또는 증여세를 부과한다.

사. 상속인이 신고기한 내에 국가 등에 증여한 재산

상속재산 중 상속인이 상속세 과세표준 신고기한 이내에 국가·지방자치단체 또는 공공단체에 증여한 재산도 상속세가 비과세되며, 이 비과세규정은 1999.1.1. 이후에 최초로 상속이 개시되거나 증여하는 분부터 적용한다.

 관련 예규·심판결정례 및 판례 등

□ 신고기한 내에 우리사주조합에 증여하는 경우(재재산−1136, 2008.12.31., 재산세과−1001, 2009.12.9.)
 피상속인이 사망 전에 우리사주조합이 설립될 수 없는 것에 대비하여 자신의 주식을 우리사주조합에 기증할 것을 조건으로 자신이 대주주로 있는 법인에게 사망 직전에 증여하고, 당해 법인이 상속세 신고기한 내에 우리사주조합을 설립하여 우리사주조합에 당해 주식을 기부한 경우에는 피상속인이 자신의 주식을 우리사주조합에 직접 증여한 것으로 보아 상속증여세법 제12조 및 동법 시행령 제8조의 비과세되는 상속재산에 해당한다고 보는 것이 타당함.

□ 사내근로복지기금에 유증하는 경우 상속세 비과세함(재산세과−528, 2010.7.19.).

□ 상속인이 상속재산을 다른 재산으로 대체하여 국·공립학교에 증여하는 경우에는 비과세되는 상속재산에 해당하지 아니함(재산세과−315, 2011.7.4).

□ 상속인이 수령한 수용보상금 중 상증법 제67조에 의한 신고기한 이내에 국·공립학교에 증여된 금액에 대하여는 같은법 제12조 제7호에 따라 상속세를 부과하지 아니하는 것임(재산세과−1654, 2008.7.15.).

제4장

상속세 과세가액

상속세 과세가액이란 총 상속재산가액에서 비과세 상속재산, 공익법인 등에 출연하여 과세가액 불산입하는 상속재산 및 공과금·채무·장례비용을 차감하고 사망 전 증여재산(상속개시일 전 상속인에게 10년 이내에게 증여한 재산과 상속인 외의 자에게 5년 이내에 증여한 재산)을 더한 금액을 말한다. 거주자가 사망한 경우와 비거주자가 사망한 경우 빼거나 더하는 항목에 약간의 차이가 있으며, 상속세 과세가액에서 여러 가지 상속공제와 감정평가수수료를 공제하면 상속세 과세표준이 계산된다.

거주자가 사망한 경우 과세가액	비거주자가 사망한 경우 과세가액
상속재산(민법상 상속재산, 의제상속재산)	국내 소재 상속재산(민법상 의제 상속재산)
+ 처분재산 등 중 사용처 불분명(상속추정)	+ 처분재산 등 중 사용처 불분명(상속추정)
− 비과세 상속재산	− 비과세 상속재산
− 공과금·장례비용·채무	− 국내재산 관련 공과금·채무
− 공익법인의 출연재산 등 과세가액 불산입	− 공익법인의 출연재산 등 과세가액 불산입
+ 상속개시 전 10년 내에 상속인과 상속인 외의 자에게 증여한 국내·외 소재 재산	+ 상속개시 전 10년 내에 상속인과 상속인 외의 자에게 증여한 국내 소재 재산
= 상속세 과세가액	= 상속세 과세가액

채무 및 공과금이 상속재산의 가액보다 큰 경우에는 이를 "0"으로 보고 사망 전 증여재산의 가액을 더하여 상속세 과세가액을 계산한다는 취지에서, 2000.1.1. 상속증여세법 제13조 제1항 상속세 과세가액은 "상속재산의 가액에 사망 전 증여재산가액을 더한 금액에서 제14조의 규정에 의한 것(공과금·장례비용·채무)을 차감한 금액으로 한다"에서 "상속재산의 가액에서 제14조에 따른 금액을 차감한 후 상속개시 전 일정기간 이내에 증여한 재산가액을 더한 금액으로 한다"로 개정하였으나, 대법원에서는 상속채무가 상속재산을 초과하는 경우 "0"으로 본다는 규정이 없다는 점 등을 들어 부수(負數)에 증여재산가액을 더하도록 판결하였다(조심 2008서2474, 2009.5.11., 대법원 2006다9207, 2006.9.22.).

이에 따라 2013.1.1. 이후 상속개시분부터 "제14조에 따른 금액이 상속재산의 가액을 초과하는 경우 그 초과액은 없는 것으로 본다"고 명확하게 규정하였다.

사례

상속재산의 가액	채무 및 공과금	사망 전 증여재산 가산액	상속세 과세가액	
			2012.12.31. 이전	2013.1.1. 이후
10억원	13억원	5억원	2억원 (10억−13억+5억)	5억원 (10억−13억)은 "0"으로 봄

제 1 절 : 상속재산에서 빼는 공과금·장례비용·채무

피상속인이 거주자이냐 비거주자이냐에 따라 상속재산의 가액에서 빼는 공과금 등의 범위가 다르다. 피상속인이 거주자인 경우에는 (공과금 + 장례비용 + 채무)를 빼는 것이나, 비거주자인 경우에는 (국내 상속재산의 공과금 + 국내 상속재산에 유치권·질권·저당권이 담보된 채무 + 국내 사업장의 공과금·채무)를 뺀다.

거 주 자 = 공과금 + 장례비용 + 채무

비거주자 = 해당 상속재산의 공과금 + 해당 상속재산을 목적으로 하는 유치권·질권·저당권으로 담보된 채무 + 국내 사업장 공과금·채무

1. 공과금

1) 거주자의 경우

거주자의 사망으로 인하여 상속이 개시된 경우에는 상속개시일 현재 피상속인이 납부할 의무가 있는 것으로서 상속인에게 승계된 조세·공공요금 및 국세기본법 제2조 제8호에 따른 공과금(공공요금에 해당하는 경우를 제외한다)을 뺀다. 이 때 국세기본법에서 규정한 '공과금'이란 국세징수법에서 규정하는 체납처분의 예에 의하여 징수할 수 있는

채권 중 국세 · 관세 · 임시수입부가세 및 지방세와 이에 관계되는 가산금 및 체납처분비 외의 것을 말한다.

상속개시일 현재 피상속인에게 납부의무가 성립된 것으로서 상속인에게 승계된 공과 금은 상속개시 후에 고지서 등이 발부된 경우에도 빼는 것이나, 상속개시일 이후 상속인 이 책임져야 할 사유로 납부 또는 납부할 가산세, 가산금, 체납처분비, 벌금, 과료, 과태 료 등은 포함하지 아니한다(상속증여세법 기본통칙 14-9…1).

① 상속으로 인한 납세의무의 승계는 피상속인이 부담할 제2차납세의무도 포함하며, 이러한 피상속인의 제2차납세의무의 승계에는 반드시 피상속인의 생전에 국세징수법 제12조에 의한 납부고지가 있어야 하는 것은 아니다(국세기본법 기본통칙 24-0…1).

② 상속인이 부동산 등에 대하여 상속등기를 할 때 부담하는 취득세 등은 뺄 공과금이 아니다.

③ 남편이 사망한 후에 남편의 상속세가 결정되기 전에 처가 사망함으로써 처의 상속 재산에 남편의 상속재산 중 처의 상속지분을 포함하여 처의 상속세를 과세하는 경 우에 남편의 상속재산에 대한 상속세 중 처의 상속지분에 상당하는 상속세는 처의 상속재산의 가액에서 공과금으로 뺀다.

④ 피상속인이 부동산을 매매하여 소득세법상 양도가 이루어졌으나 납부하지 아니한 양도소득세는 공과금으로서 뺀다. 그러나, 사망하기 전에 부동산매매계약을 체결하 고 잔금을 수령하기 전에 피상속인이 사망함으로써 상속인이 잔금을 수령한 경우 에는 당해 부동산은 상속재산에 포함되며, 양도소득세 납세의무자는 잔금을 수령한 상속인이므로 해당 양도소득세는 공과금에 해당하지 않는다.

 관련 예규 · 심판결정례 및 판례 등

❑ 주식과세이연금액에 상당하는 세액을 양도세로 납부해야 하는 경우 공과금에 해당함(상속증여세과 -772, 2023.12.28.).

❑ 피상속인이 증여세 연대납세의무자인 경우 공과금에 포함됨(재산세과-258, 2012.7.13.).

❑ 상속개시일 이후 상속인의 귀책사유로 납부하는 가산세 등은 공과금에 포함되지 아니함(재산세과- 456, 2011.9.30., 재산세과-588, 2010.8.13.).

❑ 재산세와 종합부동산세의 과세기준일 현재 생존하고 있는 피상속인이 과세기준일 이후에 사망한 경 우 상속재산의 가액에서 차감하는 공과금에 해당하는 것임(재산세과-393, 2011.8.23.).

❏ 농지대토로 양도소득세 비과세결정 후 사망하고 상속인이 요건을 충족하지 않아 부과되는 양도소득세는 상속재산의 가액에서 차감하는 공과금에 해당되는 것임(재산세과 - 169, 2009.9.9.).

❏ 피상속인이 명의신탁한 재산에 대하여 부과된 과징금을 상속개시 후 상속인이 납부한 경우 해당 과징금은 상속재산의 가액에서 차감하는 공과금에 해당함(재산세과 - 1661, 2009.8.10.).

❏ 부가가치세 예수금의 공과금 해당 여부(재산세과 - 1189, 2009.6.17.)

피상속인에게 귀속되는 부가가치세 예수금이 상속재산에 포함되어 있는 경우, 상속개시일 현재 피상속인이 부담하여야 할 부가가치세 상당액은 상속증여세법 제14조 제1항 제1호의 공과금에 포함되는 것으로서, 귀 질의의 경우 추가로 공제받을 수는 없는 것임.

[사실관계]

‐ 부친은 임대사업자로서 임대사업자 등록을 하여 사업영위 중 2008.11.18. 사망함.

‐ 2009. 1월 부가가치세 2008년 2기(7월~12월)분을 상속인이 신고납부함.

  ➡ 공과금 해당 여부?

‐ 2008.11.18.까지의 소득에 대하여 종합소득세 신고를 하였으며, 이 경우 부가가치세 예수금으로 기장하였음.

❏ 연부연납기간 중 재상속된 경우 공과금 공제금액(재산세과 - 884, 2009.5.6.)

연부연납기간 중에 사망한 상속인의 상속세 과세가액 산정시 상속재산에서 차감하는 공과금은 상속개시일 현재 고지되지 아니한 연부연납세액에 대하여 그 상속인이 받았거나 받을 재산을 기준으로 상증령 제2조의2 제1항의 비율에 따라 계산한 금액을 말함.

❏ 종합부동산세 환급금의 상속재산 해당 여부 및 공과금범위(재산세과 - 338, 2009.1.30.)

‐ 피상속인이 납부한 종합부동산세에 대한 환급세액 및 상속개시일까지 발생한 환급가산금은 상속재산에 포함되는 것임.

‐ 거주자의 사망으로 인하여 상속이 개시되는 경우로서 상속개시일 현재 피상속인에게 납세의무가 성립된 것으로 상속인에게 승계된 공과금이나 피상속인이 납부해야 할 공과금으로서 납부되지 아니한 금액은 상속증여세법 제14조 제1항 제1호에 따라 상속재산가액에서 차감하는 것이나, 상속인이 납부한 공과금에 대하여 발생한 환급금은 그러하지 아니함.

❏ 매매를 등기원인으로 하고 납세의무자(등록세)가 피상속인으로 되어 있는 경우 상속개시 이후 상속인들의 명의로 이전등기에 소요된 비용은 상속개시 당시 피상속인의 공과금으로는 보기 어려움(국심 2004서3860, 2004.12.10.).

❏ 부과철회된 양도소득세의 공과금 해당 여부(서울고법 2021누66601, 2022.5.25.)

이 사건 양도소득세는 상속개시일 현재 납세의무가 성립되어 상속인들이 이를 포괄승계하였는바, 부과제척기간이 도과하여 실제로 상속인들이 이를 납부할 의무를 부담하지 않게 되었다고 하더라도 상속재산가액에서 공제하는 공과금으로 보아야 함.

❏ 상속재산 경매대금이 상속채무에 충당되고 한정승인한 경우 양도소득세는 상속에 관한 비용에 해당함(대법원 2010두13630, 2012.9.13.).

한정승인 상속인들이 상속받은 부동산이 임의경매절차에 따라 강제매각된 후 매각대금이 상속채권자들에게 배당되어 상속인들에게 전혀 배당되지 않았다 하더라도 상속채무의 소멸이라는 경제적 효과를 얻었으므로 임의경매에 의한 부동산의 매각에 대하여 상속인들에게 양도소득세를 부과한 것은 적법하며, 양도소득세는 상속비용에 해당하는 조세채무에 해당함.

❏ 명의신탁 재산임이 들통이 나 명의수탁자에게 부과될 증여세를 상속인들이 대납한 경우 상속 채무에 해당되지 않음(대법원 2011두15022, 2011.9.29.).

2) 비거주자의 경우

비거주자의 사망으로 인하여 상속이 개시된 경우에는 상속세가 부과되는 국내에 소재하는 상속재산에 관한 공과금을 뺀다.

| 사례 | 상속개시 후에 세금 추징된 경우 공과금 공제범위 |

○ 상속개시일 : 2011.12.10.
○ 체납세액, 상속개시 후 부과된 세액과 가산금 등에 대한 공과금 공제범위

사례 1

피상속인의 종합소득세 체납세액 1.2억원을 상속인이 2012.9.10. 납부
: 상속개시일 현재 체납세액(가산금 포함)은 1억원이고, 상속개시 후의 기간에 대한 중가산금이 2천만원에 해당함.
➡ 상속개시 후의 기간에 대한 중가산금 2천만원은 공과금으로 공제할 수 없음.

사례 2

2012.7.1. 상속인에게 고지서가 발송된 세금이 다음과 같음.
: 2011년 1기분 부가가치세 3천만원 추징(가산세 5백만원 포함됨)
: 2011년 귀속분 종합소득세 2천만원 추징(가산세 3백만원 포함됨)
➡ 부가가치세에 대한 가산세는 피상속인의 귀책사유로 인해 부과된 것이므로 공과금으로 공제가능하지만, 종합소득세에 대한 가산세는 상속인이 신고납부의무를 해태하여 부과된 것이므로 공과금으로 공제할 수 없다고 할 것임.

사례 3

2007년 귀속분 종합소득세 1억원이 2012.2.1.에 추징되어 상속인이 납부하고 불복하여 2012.12.2. 조세심판원에서 2천만원을 감액하도록 결정함(최종 확정세액은 8천만원임).

➡ 조세심판원 결정전에 상속세를 과세하는 경우 1억원을 공과금으로 공제하고, 심판결
정으로 감액되는 2천만원을 공과금에서 차감하여 상속세를 경정하여야 할 것임.

2. 장례비용

장례비용은 상속개시 당시 피상속인이 지출하거나 변제할 의무가 있는 비용은 아니지
만 상속개시에 따른 필연적인 비용으로서 상속재산에서 지급되는 비용의 성질로 볼 수
있고 사회통념상 경비로 인정받고 있으므로 과세가액을 계산할 때 뺀다. 장례비용은 거
주자가 사망한 경우에 적용하고 비거주자가 사망한 경우에는 빼지 않는다.

가. 장례비용의 범위

장례비용은 거주자인 피상속인의 사망일로부터 장례일까지 장례에 직접 소요된 금액
을 말하며, 장례비용에는 시신의 발굴 및 안치에 직접 소요되는 비용과 묘지 구입비(공원
묘지 사용료를 포함함), 비석, 상석 등 장례에 직접 소요된 제반비용을 포함한다(상속증여
세법 기본통칙 14 - 9…2).

 관련 예규 · 심판결정례 및 판례 등

☐ 상속재산가액에서 공제되는 장례비용에 상석 및 비석의 설치비용이 포함됨(대법원 97누3651,
1998.4.24., 97누669, 1997.11.14.).

나. 공제금액

장례비용은 일반 장례비용과 봉안시설 · 자연장지 사용비용을 구분하여 뺀 금액을 정
하고 그 금액을 합한 금액으로 한다. 일반 장례비용의 경우 최소 5백만원에서 최대 1천
만원까지 빼며, 봉안시설 · 자연장지 사용비용은 최대 5백만원까지 뺄 수 있다. 따라서
장례비용 항목으로 최소 5백만원에서 최대 1,500만원까지 뺀다.

1) 일반 장례비용

피상속인의 사망일부터 장례일까지 장례에 직접 소요된 것으로 증빙에 의해 확인된 금
액(봉안시설 및 자연장지의 사용에 소요된 금액을 제외한다)을 뺀다. 이 경우 그 금액이

500만원 미만인 경우에는 500만원으로 하고 그 금액이 1,000만원을 초과하는 경우에는 1,000만원으로 한다.

2) 봉안시설 또는 자연장지 사용에 소요된 금액

봉안시설 및 자연장지[14]의 사용에 소요된 것으로 증빙에 의해 확인된 금액을 빼되, 그 금액이 500만원을 초과하는 경우에는 500만원으로 한다.

3) 사찰에 49재(齊) 비용을 지급한 경우 장례비용 해당 여부

장례비용은 피상속인의 사망일부터 장례일까지 장례에 직접 소요된 비용을 말하는 것이므로 장례일 이후 제사비용에 해당하는 49재(齊) 영가천도비용 등은 장례비용에 해당되지 않는다. 천도재, 49재 등을 올리기 위해 필요한 비용을 지출하는 경우 해당 비용은 무상으로 지출하는 것이 아니므로 지정기부금에 해당하지 않는다는 유권해석(기재부 소득세제과-99, 2013.2.18.)으로 볼 때 공익법인 등에 출연한 재산에도 해당하지 않는다고 하겠다.

사례　　**상속재산에서 공제할 수 있는 장례비용은?**

❑ 장례비용, 봉안시설사용료 및 49재(齊) 비용 지출내역
　– 영수증에 의하여 확인된 금액임.

구 분	장례비용	봉안시설 등 사용료	49재 경비	합 계	공제금액
<사례1>	4백만원	3백만원	7백만원	1천 4백만원	8백만원
<사례2>	7백만원	6백만원	3백만원	1천 6백만원	1천 2백만원
<사례3>	1천 2백만원	3백만원	5백만원	2천만원	1천 3백만원
<사례4>	1천 5백만원	7백만원	6백만원	2천 8백만원	1천 5백만원

풀이

○ 49재(齊) 비용은 전부 장례비용이 아님.
(사례1) 장례비용 최소 5백만원과 봉안시설사용료 3백만원의 합계액임.

---

14) 장사 등에 관한 법률 제2조 (정의)
　1. "매장"이란 시체(임신 4개월 이후에 죽은 태아를 포함한다. 이하 같다)나 유골을 땅에 묻어 장사(葬事)하는 것을 말한다.
　2. "화장"이란 시체나 유골을 불에 태워 장사하는 것을 말한다.
　3. "자연장(自然葬)"이란 화장한 유골의 골분(骨粉)을 수목·화초·잔디 등의 밑이나 주변에 묻어 장사하는 것을 말한다.
　5. "봉안"이란 유골을 봉안시설에 안치하는 것을 말한다.
　9. "봉안시설"이란 봉안묘·봉안당·봉안탑 등 유골을 안치(매장은 제외한다)하는 시설을 말한다.
　10. "자연장지(自然葬地)"란 자연장으로 장사할 수 있는 구역을 말한다.

(사례2) 장례비용 7백만원과 봉안시설사용료 한도액 5백만원의 합계액임.
(사례3) 장례비용 한도액 1천만원과 봉안시설사용료 3백만원의 합계액임.
(사례4) 장례비용 한도액 1천만원과 봉안시설사용료 한도액 5백만원의 합계액임.

───── 쉬어가기 ··· **장례비는 상속을 포기한 자식도 부담해야 하는가?**

○ 장례비용은 민법 제1000조 및 제1003조에 규정된 상속의 순위에 의하여 가장 선순
위에 놓인 자들이 각 법정상속분의 비율에 따라 부담하는 것임.

－특별한 사정이 없는 한 장례비용은 민법 제1000조 및 제1003조에 규정된 상속의 순위
에 의하여 가장 선순위에 놓인 자들이 각 법정상속분의 비율에 따라 부담함이 원칙이
라 할 것이고, 이러한 원칙은 특정 상속인이 상속을 포기하였더라도 동일하게 적용됨이
마땅하다(예를 들어, 1순위 상속인들이 상속을 포기하였다고 하더라도 그들의 장례비
용 부담의무는 면해지지 않는다. 비록 장례비용은 상속비용의 일부로 취급되어 상속재
산분할절차에서 고려되나, 장례비용의 부담은 상속에서 근거를 두는 것이 아니라, 망인
과의 친족관계에서 비롯된 것으로 파악함이 옳을 것이므로, 위 법리는 장례비용을 부담
하는 자와 상속인이 일치하는 경우 상속재산분할절차에서 장례비용을 고려할 수 있다
는 의미로 이해함이 상당하다).

○ 부의금의 법적 성질(＝조건부 증여) 및 접수된 부의금의 총 합계액이 장례비보다 많
거나 적은 경우의 처리 방법

－부의금이란 장례비에 먼저 충당될 것을 조건으로 한 금전의 증여로 이해함이 상당할
것이므로, 접수된 부의금 금액이 상속인 또는 상속인이 아닌 가족(편의상 이들을 '부의
금 피교부자'라고 한다)별로 다르더라도 동 금원은 모두 장례비로 먼저 충당되어야 하
며, 이 점은 부의금 피교부자가 후순위상속인이거나 상속자격이 없는 경우라 하더라도
마찬가지이다. 이러한 점은 생존해 있는 자들과는 별도로 오로지 망인과 관련하여 접수
된 부의금도 역시 마찬가지인데, 이러한 부의금은 위에서 본 원칙에 따라 장례비용을
부담할 자들에게 그들이 상속받을 경우 적용될 법정상속분의 비율에 따라 증여된 것으
로 봄이 상당하다. 그런데 만일 부의금의 총 합계액이 장례비를 상회한다면 부의금 피
교부자별로 접수된 금액의 비율대로 각 금액에서 충당하고, 나머지 금액은 각 부의금
피교부자별로 귀속되게 함이 옳다. 이 경우 각 부의금 피교부자별 금액이 확정되지 않
는다면, 각 부의금 피교부자의 지위에 상관없이 나머지 금액을 평등하게 분배함이 옳
다. 한편 부의금의 총 합계액이 장례비에 미치지 못한다면 접수된 부의금은 모두 장례
비에 충당되고, 나머지 장례비용은 위에서 본 원칙에 따라 장례비용을 부담하여야 할
자들이, 그들이 상속을 받을 경우 적용되었을 법정상속분에 따라 분담함이 옳다.

➡ 관련 판례 : 서울가법 2008합느86·87, 2010.11.2.

3. 채 무

가. 개 요

민법 제1005조에 의하면 상속인은 상속이 개시된 때로부터 피상속인의 재산에 관한 포괄적 권리와 의무를 승계하므로 채무 기타 재산적 의무도 상속된다. 상속인은 상속으로 얻은 적극적 재산의 가액에서 채무 등을 변제하여야 할 것이고 변제 후에는 무상으로 취득한 재산이 그만큼 줄어들 것이므로 소극적 재산을 차감한 순 재산가액에 대하여 상속세를 부담시키는 것이 응능부담의 원칙에 합당할 것이다.

상속재산의 가액에서 차감되는 채무란 상속개시당시 피상속인이 부담하여야 할 확정된 채무로서 공과금 외의 모든 부채를 말한다(상속증여세법 기본통칙 14-0…3).

다만 상속개시일 전 10년 이내에 피상속인이 상속인에게 진 증여채무와, 상속개시일 전 5년 이내에 피상속인이 상속인 이외의 자에게 진 증여채무는 상속세 과세가액을 계산할 때 상속재산의 가액에서 빼지 않는다.

채무는 원칙적으로 금액의 많고 적음에 관계없이 피상속인의 채무이면 상속재산가액에서 뺀다. 다만, 채무의 인정 여부에 대하여 납세자와 분쟁이 발생할 소지가 많은 점을 고려하여 공제 가능한 채무의 입증방법 및 범위 등을 규정하여 채무 인정 여부에 대한 판단기준을 제시하고 있다.

나. 거주자의 경우 채무인정범위

거주자가 사망한 경우 상속개시 당시 피상속인이 변제하여야 할 의무가 있는 확정된 채무를 빼며, 채무의 명칭이나 채무의 발생 장소 또는 저당권설정 여부에 관계없이 증빙에 의하여 확인되는 부채를 말한다.

1) 소비대차계약에 따른 피상속인의 채무

소비대차란 당사자의 일방이 금전 기타 대체물의 소유권을 상대방(채무자)에게 이전할 것을 약정하고 상대방은 동종·동질·동량의 물건을 반환할 것을 약정함으로써 효력이 발생하는 계약이다(민법 §598). 피상속인이 다른 자로부터 금전 등을 대출을 받고 변제하지 않고 사망한 경우 상속개시일 현재 지급하여야 할 채무 원금뿐만 아니라 상속개시일 현재 지급하지 않은 미지급이자도 채무로서 빼는 것이나, 상속개시일 이후 기간에 대하여 발생하는 지급이자는 빼지 아니한다(재삼 46014-139, 1994.1.14.).

다만, 법인세법 제52조에 따른 부당행위계산의 부인으로 계상한 인정이자 과세대상(법인세의 과세표준과 세액의 신고시 계상한 것을 포함한다)은 포함하지 아니한다(상속증여세법 기본통칙 14-0…3 ②).

 관련 예규 · 심판결정례 및 판례 등

❏ 상속개시 후 잔금청산한 상속 부동산 중개수수료는 채무가 아님(상속증여세과-423, 2017.4.25.).

❏ 상속인이 지급하는 세무사 지급수수료의 상속채무 여부(상속증여세과-445, 2016.4.26.)
상속개시 후 상속인이 피상속인이 과다납부한 양도소득세를 환급받기 위하여 세무사에게 지급하는 수수료는 상속재산가액에서 공제하는 채무에 해당하지 않음.

❏ 피상속인이 사망 전 수령한 농지연금의 채무 해당 여부(상속증여세과-77, 2015.3.24.)
피상속인이 「한국농어촌공사 및 농지관리기금법 시행령」 제19조의10 제1항에 따라 생전에 수령한 농지연금으로서 상속인이 실제로 부담한 사실이 입증되는 경우에는 상속 채무에 해당함.

❏ 법원의 판결에 따라 채무액이 결정되었으나 상속인이 채권자와 합의하여 채무액을 조정한 경우 상속인이 실제로 부담하기로 한 채무액을 상속재산의 가액에서 차감함(서면4팀-2760, 2007.9.20.).

❏ 상속인들이 한정승인을 한 경우 공제할 채무의 범위(서면4팀-2105, 2005.11.8.)
상속인 전원이 민법 제1019조 제1항에 따른 한정승인을 한 경우 상속재산가액에서 차감할 채무는 상속으로 인하여 취득할 재산(상속세 과세가액에 산입한 추정금액 제외)을 한도로 함.

❏ 피상속인이 부재자에 해당되어 상속인이 재산관리인 자격으로 체결하고 수령한 임차보증금의 채무 인정 여부(재재산 46014-72, 1999.12.15.)
피상속인이 생사불명의 부재자에 해당하여 상속인이 재산관리인의 자격으로 피상속인의 토지 위에 상속인 소유의 건물을 신축·임대중에 실종선고로 인하여 상속이 개시된 경우 상속인이 피상속인의 재산관리인의 자격으로 당해 토지와 건물을 임대목적물로 하여 임대차계약을 체결하였으면 총임대보증금을 토지와 건물의 가액으로 안분계산한 토지분 임대보증금 상당액을 피상속인의 채무로 보아 상속증여세법 제14조의 규정에 의하여 이를 상속재산에서 차감함.
➡ 재산관리인이 관리하는 임대보증금을 상속재산에 포함할 것인지는 별론임.

❏ 피상속인 명의의 부동산을 담보제공하고 받은 대출금액이라 하여 피상속인이 부담하여야 할 채무로 보지는 않음(재삼 46014-2666, 1996.12.3.).

❏ 피상속인이 대표이사로 있는 법인의 채무는 공제 안됨(재삼 46014-1118, 1996.5.4.).

❏ 상속개시 전 증여한 재산에 대한 임대보증금(부담부증여)은 공제 안됨(재삼 46014-569, 1998.4.2.).

❏ 피상속인의 대출채무에 대한 이자를 3자가 부담한 사실만으로 실질채무자가 변경되었다고 단정하기 어려운 점 등에 비추어 상속채무로 인정해야 함(조심 2021서2301, 2021.12.2.).

❑ 피상속인의 보증채무로 상속재산이 가압류되었어도 상속개시일 현재 확정된 채무라고 보기에 어려움이 있는 것은 상속재산가액에서 공제하지 아니함이 타당함(조심 2012중4070, 2012.12.3.).

❑ 상속채무를 확정시킨 소송과정에서 발생한 변호사비용은 상속재산가액에서 공제할 수 있음(조심 2011서1297, 2011.11.9.).

❑ 피상속인과 사실혼 관계에 있는 자가 법원의 조정에 따라 상속재산에서 지급하는 위자료 등 피상속인의 채무로 볼 수 없음(국심 2003서2342, 2003.11.19.).

❑ 타인명의 대출금도 피상속인이 사용하여 변제할 것이면 상속채무임(조심 2016서3805, 2017.3.29.).

❑ 채무는 상속개시 당시 피상속인이 종국적으로 부담하여야 할 것이 확실해야 하며, 이에 대한 입증책임은 납세의무자 측에 있음(대법원 2018두38475, 2018.6.28., 대법원 2017두55312, 2017.11.29.).

❑ 상속인 명의의 대출금은 피상속인이 사용하여 부담할 채무라고 명백하게 입증 못하면, 상속채무로 공제 안됨(대법원 2016두54527, 2017.1.12.).

❑ 피상속인이 조합을 탈퇴하기 이전에 생긴 조합의 채무는 상속재산가액에서 차감하며, 금융재산상속공제시 금융채무에 해당하지 아니함(대법원 2015두60167, 2016.5.12.).
  - 상속개시 당시 상속인이 환급을 청구할 수 있는 조합의 잔여재산이 있는 경우 피상속인이 사망으로 인하여 조합을 탈퇴하기 이전에 생긴 조합의 채무는 탈퇴로 인한 계산에 따라 상속재산가액에서 제외되며
  - 상속인은 탈퇴로 인한 계산에도 불구하고 여전히 조합과 함께 조합의 채권자에게 위 채무 중 피상속인의 지분에 해당하는 부분을 직접 부담하기는 하지만, 이는 특별한 사정이 없는 한 상속개시 당시 피상속인이 종국적으로 부담하여 이행하여야 할 것이 확실하다고 인정되는 채무가 아니므로 금융재산 상속공제에서 순금융재산의 가액(상속재산가액 중 금융재산의 가액에서 금융채무를 뺀 가액)을 산정할 때 차감되어야 할 금융채무로 볼 수 없음.

❑ 상속인이 피상속인 채무를 상환하고 상속개시된 경우 채무 인정 여부(대법원 2012두16183, 2012.10.25.)
  - 상속인이 피상속인을 대신하여 근저당채무를 상환해주고 피상속인에 대하여 구상권을 취득하여 피상속인이 상속인에게 지는 채무라고 주장하나,
  - 피상속인이 사망 이후 상속세 신고를 하면서 구상금채무를 신고하지도 않은 점, 상속세 조사결과 피상속인이 대위변제한 금원을 확인하여 이를 신고누락된 사망 전 증여재산가액에 포함시키기도 한 점 등에 비추어 보면 구상금채무가 상속개시일 현재까지 남아 있다고 보기 어려움.

❑ 피상속인과 상속인이 공동사업을 영위한 것으로 보아 쟁점채무의 1/2에 해당하는 금액만을 상속재산가액에서 차감한 처분은 정당하며, 청구인이 주장하는 보증채무가 상속개시당시 피상속인의 채무란 주장은 인정하기 어려움(대법원 2010두18062, 2010.12.9.).

❑ 피상속인의 채무가 상속인과의 공유건물 신축자금이나 공동경영 사업자금으로 충당되었더라도 그 채무가 피상속인의 단독 채무로 되어 있다면 채무 전체를 공제함(대법원 90누10391, 1991.4.9.).

2) 피상속인의 보증채무

보증채무란 채권자와 보증인과의 사이에서 맺어지는 보증계약에 의하여 성립되며, 주채무자가 그의 채무를 이행하지 아니하는 경우에는 보증인이 이를 이행하여야 할 채무를 말한다(민법 §428). 피상속인이 부담하고 있는 보증채무중 주채무자가 변제불능상태이고 상속인이 주채무자에게 구상권을 행사할 수 없다고 인정되는 금액은 채무로서 공제한다(상속증여세법 기본통칙 14-0…3 ③). 다만, 상속인이 주채무자로서 변제불능의 상태인 경우에는 주채무자인 상속인의 법정지분에 상당하는 상속재산가액을 초과하는 채무액을 상속재산가액에서 공제하도록 과세관청에서는 유권해석(재삼 01254-490, 1992.2.17.)하고 있는 바, 이는 주채무자인 상속인이 법정상속받을 재산가액으로 본인의 채무를 변제할 수 있기 때문에 그 부분까지는 변제능력이 있다고 보아 피상속인의 채무로 공제하지 않기 위한 것으로 이해된다.

 관련 예규·심판결정례 및 판례 등

☐ "주채무자의 변제불능상태 및 구상권을 행사할 수 없는 때"에는 상속개시일 현재 주채무자의 부도발생 또는 파산선고를 받은 경우뿐만 아니라 자본잠식 등의 재산상태에 의해 변제능력이 사실상 불가능한 것으로 인정되는 경우를 포함함(재재산 46014-224, 1996.6.10.).

☐ 부채가 자산을 초과하는 합자회사의 무한책임사원이 사망한 경우 채무 공제 여부(서면상담4팀-3376, 2006.10.9.)

합자회사의 1주당 순자산가치가 부수인 경우에는 이를 영(0)으로 하며, 상속재산 가액에서 공제할 채무란 상속개시 당시 피상속인이 부담하여야 할 것으로 확정된 채무로서 상속인이 실제로 부담하는 사실이 입증되는 것을 말함.

해설

무한책임사원은 청산시 회사가 변제하지 못하는 채무가 있는 경우 변제해야 하므로 순자산가치가 부수인 경우 이를 인정하는 것이 타당하나, 순자산가치와 순손익가치를 가중평균할 경우 자산을 초과하는 채무액이 일부만 반영되는 등 불합리하므로 순자산가치는 영(0)으로 평가하되, 상속개시일 현재 피상속인이 부담하여야 할 채무(보증채무 성격)로서 상속인이 변제한 후 구상권을 행사할 수 없다고 인정되는 경우에 상속채무로 공제할 수 있다는 유권해석이다.

☐ 구상권행사가 불가능한 보증채무는 공제가능함(재재산 46014-323, 1997.9.19.).

☐ 상속개시 당시 주채무자가 변제불능의 무자력 상태가 아니었어도 상속인이 피상속인의 보증채무를 변제한 경우 후발적 경정청구 사유에 해당되는지(대법원 2016두57595, 2017.1.12.)

☐ 상속개시일 현재 피상속인이 부담하고 있는 보증채무의 주채무자가 채무초과 상태가 상당기간 지속되어 융자도 받을 수 없고, 재기의 방도도 없는 경우 구상권을 행사하여도 변제받을 가능성이 없었다고 보이므로 상속재산가액에서 공제되어야 함(대법원 2010두16073, 2010.11.11.).

☐ 상속개시 당시 피상속인이 제3자를 위하여 연대보증채무 등을 부담하는 경우에 주채무자가 변제불능의 무자력 상태에 있기 때문에 피상속인이 그 채무를 이행하지 않으면 안될 뿐만 아니라 주채무자에게 구상권을 행사하더라도 변제받을 가능성이 없다고 인정되는 때에 그 채무금액을 공제할 수 있는 것임(대법원 2003두9886, 2004.9.24., 대법원 91누1455, 1991.5.24.).

☐ 주채무자가 변제불능 무자력 상태시 보증채무 공제 여부(=적극) 및 판단기준과 입증책임(=주장하는 납세자)(대법원 95누10976, 1996.4.12.)

3) 연대보증채무의 인정 범위

연대채무란 여러 명의 채무자가 동일한 내용의 채무에 관하여 각각 전부의 급부를 하여야 할 채무를 부담하고 그 가운데의 한 사람이 채무를 변제하면 모든 채무자의 채무가 소멸하는 채무이다. 이 경우 연대채무자 중 특정인이 변제 등으로 총채무자를 공동면책하게 한 때에는 다른 연대채무자의 부담부분에 대하여 구상권을 행사할 수 있다(민법 §425). 이러한 연대채무를 피상속인이 부담하고 있는 경우에 상속재산에서 뺄 채무액은 피상속인의 부담분에 상당하는 금액에 한정하여 뺄 수 있다. 다만, 연대채무자가 변제불능의 상태가 되어 피상속인이 변제불능자의 부담분까지 부담하게 된 경우로서 당해 부담분에 대하여 상속인이 구상권행사에 의해 변제받을 수 없다고 인정되는 경우에는 채무로서 공제할 수 있다(상속증여세법 기본통칙 14-0···3 ④).

 관련 예규·심판결정례 및 판례 등

☐ 한도액 제한이 있는 계속적 보증채무의 상속세과세가액에서의 공제 여부(대법원 97누5367, 1998.2.10.) 타인간의 계속되는 거래로 인하여 장래 발생하는 채무를 어떤 금액을 한도로 하여 보증을 하기로 약정한 보증인이 사망한 경우에는 상속인이 그 지위를 승계한다할 것이고, 이와 같은 계속적 보증채무의 경우에도 상속개시당시 주채무자가 변제불능의 무자력상태에 있어서 피상속인인 보증인이 그 채무를 이행하지 않으면 안되었을 뿐 아니라 주채무자에게 구상권을 행사하더라도 변제받을 가능성이 없었다고 인정되면 그 채무금액을 상속세과세가액에서 공제할 수 있음.

☐ 한도액 제한이 있는 계속적 보증채무는 상속세 과세가액에서 공제 가능하며, 연대보증인이 자신의 부담부분을 넘어 변제불능상태인 다른 연대보증금이 부담할 부분까지 상속재산에서 변제한 경우에도 상속세 과세가액에서 공제 가능함(대법원 2008두10133, 2010.12.9., 2000두1287, 2000.7.8., 96누

10423, 1997.7.11., 95누10976, 1996.4.12., 87누20, 1987.5.12.).

☐ 피상속인이 연대채무를 부담하고 있었으나 상속개시 당시에는 변제기가 도래하지 아니하고 주채무자가 변제불능의 무자력 상태에 있지도 아니하여 상속채무로 공제하지 아니하였으나 이후 제3자가 민사소송을 제기하여 판결에 의해 피상속인이 부담해야 할 연대채무로 확정된 경우 후발적 사유에 의한 경정청구로 상속채무의 공제가 가능함(2008두10133, 2010.12.9.).

4) 사용인의 퇴직금상당액에 대한 채무인정 범위

피상속인이 사업과 관련하여 고용한 사용인에 대한 상속개시일까지의 퇴직금상당액(근로자퇴직급여 보장법 제8조[15])에 따라 지급하여야 할 금액을 말함)은 상속개시 당시의 피상속인의 채무에 포함한다(상속증여세법 기본통칙 14-0…4).

5) 소멸시효가 완성된 채무

피상속인이 상속개시일 현재 변제할 의무가 있다고 확인되는 채무를 공제하는 것이므로 상속개시일 현재 소멸시효가 완성된 채무는 피상속인이 변제할 의무가 없기 때문에 상속재산가액에서 뺄 수 없을 것이다. 다만 피상속인이 소멸시효가 완성된 후에 그 시효이익을 포기함으로써 상속개시일 현재 변제할 의무가 있는 채무에 해당하는 경우에는 공제받을 수 있을 것이다.

그러나 피상속인이 보증채무를 부담하는 경우로서 주채무의 소멸시효 완성으로 보증채무가 소멸된 상태에서 보증인이 보증채무를 이행하거나 승인하더라도 주채무에 대한 소멸시효 이익의 포기 효과가 발생하는 것은 아니며 보증채무의 소멸을 주장할 수 있으므로 해당 보증채무는 상속재산에서 공제할 수 없다 하겠다(대법원 2010다51192, 2012.7.12.).

즉, 보증채무에 대한 소멸시효가 중단되는 등의 사유로 완성되지 아니하였다고 하더라도 주채무에 대한 소멸시효가 완성된 경우에는 시효완성 사실로써 주채무가 당연히 소멸되므로 보증채무의 부종성에 따라 보증채무 역시 당연히 소멸된다. 그리고 주채무에 대

---

15) 근로자퇴직급여 보장법 제8조 【퇴직금제도의 설정 등】 ① 퇴직금제도를 설정하려는 사용자는 계속근로기간 1년에 대하여 30일분 이상의 평균임금을 퇴직금으로 퇴직 근로자에게 지급할 수 있는 제도를 설정하여야 한다.
② 제1항에도 불구하고 사용자는 주택구입 등 대통령령으로 정하는 사유로 근로자가 요구하는 경우에는 근로자가 퇴직하기 전에 해당 근로자의 계속근로기간에 대한 퇴직금을 미리 정산하여 지급할 수 있다. 이 경우 미리 정산하여 지급한 후의 퇴직금 산정을 위한 계속근로기간은 정산시점부터 새로 계산한다.
근로자퇴직급여 보장법 제9조 【퇴직금의 지급】 사용자는 근로자가 퇴직한 경우에는 그 지급사유가 발생한 날부터 14일 이내에 퇴직금을 지급하여야 한다. 다만, 특별한 사정이 있는 경우에는 당사자 간의 합의에 따라 지급기일을 연장할 수 있다.

한 소멸시효가 완성되어 보증채무가 소멸된 상태에서 보증인이 보증채무를 이행하거나 승인하였다고 하더라도 주채무자가 아닌 보증인의 행위에 의하여 주채무에 대한 소멸시효 이익의 포기 효과가 발생된다고 할 수 없으며, 주채무의 시효소멸에도 불구하고 보증채무를 이행하겠다는 의사를 표시한 경우 등과 같이 부종성을 부정하여야 할 다른 특별한 사정이 없는 한 보증인은 여전히 주채무의 시효소멸을 이유로 보증채무의 소멸을 주장할 수 있다고 보아야 한다.

6) 소송 중인 채무

채무가 존재하는지 여부 또는 금액에 관한 쟁송이 진행 중인 채무는 상속개시일 현재 분쟁관계의 진상 및 소송 진행의 상황을 감안하여 뺄지 여부 및 뺄 채무액을 산정한다.

상속개시 이후 상속인들을 상대로 소송이 제기되고 피상속인이 부담하여야 할 채무가 상속개시 이후 법원판결에 의해 확정되었다면 상속채무로 공제하여야 할 것이다. 이 경우 확정된 상속채무에 대한 지연손해금(소장부본 송달일부터 판결 확정일까지) 역시 상속인들에게 승계된 것이므로 상속재산가액에서 차감되어야 할 상속채무에 해당한다는 조세심판원 결정(조심 2017서2540, 2018.4.26.)이 있다.

7) 임대보증금

사실상 임대차계약이 체결된 토지·건물에 있어서 부채로 공제되는 임대보증금은 토지와 건물에 귀속되는 임대보증금을 다음의 구분에 따라 안분하여 공제한다(상속증여세법 기본통칙 14-0…3 ⑤).

① 토지와 건물의 소유자가 같은 경우

토지·건물의 소유자가 같은 경우에는 토지·건물 각각에 대한 임대보증금은 전체 임대보증금을 토지·건물의 평가액(상속증여세법 제61조 제5항에 따른 평가액을 말한다)으로 안분계산한다.

② 토지와 건물의 소유자가 다른 경우

토지·건물의 소유자가 다른 경우에는 실지 임대차계약내용에 따라 임대보증금의 귀속을 판정하며 건물의 소유자만이 임대차계약을 체결한 경우에 있어서 당해 임대보증금은 건물의 소유자에게 귀속되는 것으로 한다.

관련 예규 · 심판결정례 및 판례 등

❑ 토지는 피상속인 소유, 건물은 상속인 등이 소유인 건물의 임대보증금 중 상속재산에서 공제할 채무 (재삼 46014 – 1144, 1995.5.11.)

사실상 임대차계약이 체결된 부동산이 토지는 피상속인 소유이고, 건물은 타인 소유인 경우로서 그 임대보증금의 귀속이 구분되지 아니하는 경우 당해 임대보증금을 토지와 건물의 가액비율로 안분하여 상속세 과세가액에서 토지귀속분을 공제함.

❑ 피상속인이 임대보증금을 수령하여 관리하였다면 부동산의 소유자 및 임대인 명의와 상관없이 상속 채무에 해당함(대법원 2019두44163, 2019.10.17.).

［사실관계］

피상속인과 상속인들이 공동으로 소유하는 부동산의 임대차계약서상 임대인을 피상속인과 상속인들 명의 또는 상속인들 명의만을 기재하였으나, 임대보증금과 임대료는 피상속인이 수령하여 관리함.

［판결취지］

– 임대차계약서상 임대인 명의가 각 해당 쟁점부동산 공동소유자와 완전히 일치하지 않고, 임차인들이 피상속인과 임대차계약을 체결하고 피상속인에게 임대차보증금과 차임을 지급하였다는 취지의 사실확인서를 제출하고 있는 점 등에 비추어 볼 때, 임대차계약서는 피상속인이 실질적 당사자로서 임대차계약을 체결하면서 임대인 명의를 부동산의 소유명의에 따라 형식상 그 중 일부 공동상속인들로 하여 작성한 것으로 볼 여지도 있어, 임대차계약서의 기재 내용만으로 그 임대인 내지 임대차보증금 반환채무자를 가리기는 어렵다 할 것이므로 실질 내용에 따라 판단해야 함.

– 임대차는 당사자 일방이 상대방에게 목적물을 사용 · 수익하게 하고 상대방은 차임을 지급할 것을 약정함으로써 성립하는 것으로 임대인이 그 목적물에 대한 소유권이 없더라도 임대차계약이 성립할 수 있고, 그 계약에 따라 수령한 보증금 반환채무는 소유자가 아닌 임대인이 부담하는 것임.

❑ 건물을 임대한 것이 소유자인 피상속인이었다면 대지소유자가 따로 있는 경우에도 다른 특별한 사정이 없는 한 임차보증금 반환채무는 피상속인이 전부 부담한 채무라고 할 것이고, 대지소유자가 따로 있다는 이유만으로 그 채무액을 토지가액분과 안분할 것은 아님(대법원 92누7429, 1993.1.15.).

❑ 피상속인이 사망시까지 임차인으로부터 약정한 임차보증금을 교부받지 않은 경우 그 임차보증금은 채무로 공제할 수 없음(대법원 90누1939, 1990.7.27.).

8) 정리채무 또는 반환기간이 5년 이상인 장기채무의 공제방법

상속증여세법에서 부동산, 주식 또는 채권 등 재산의 가액은 시가에 의하되 시가를 산정하기 어려운 경우 개별공시지가, 기준시가 등으로 평가하도록 규정하고 있으나 채무의 가액을 산정하는 방법에 대해서 구체적으로 규정하고 있지는 않다. 채권의 가액은 상대편인 채무자의 입장에서는 채무의 가액이 된다고 볼 수 있는 바, 다음과 같이 규정한 채권의 평가방법에 준하여 장기채무 등도 평가하여 공제하는 것이 타당할 것으로 보인다.

① 원본의 회수기간이 5년을 초과하거나 회사정리절차 또는 화의절차의 개시 등의 사유로 원래 채권의 내용이 변경된 경우에는 각 연도에 회수할 금액(원본에 이자상당액을 더한 금액을 말한다)을 상속증여세법 시행령 제58조의2 제2항 제1호 가목에 따른 적정할인율에 의하여 현재가치로 할인한 금액의 합계액. 이 경우 소득세법 제94조 제1항 제4호 나목에 따른 시설물이용권에 대한 입회금·보증금 등으로서 원본의 회수기간이 정하여지지 아니한 것은 그 회수기간을 5년으로 본다.

② 그 외의 채권의 경우에는 원본의 가액에 평가기준일까지의 미수이자상당액을 더한 금액

다. 공제 가능한 채무의 입증방법

상속세 과세가액을 계산할 때 공제할 채무금액은 상속개시 당시 피상속인의 채무로서 상속인이 실제로 부담하는 사실이 다음의 어느 하나에 의하여 입증되는 것을 말한다. 금융회사 등에 채무의 경우 상속개시일 현재 부채 잔액증명서 등을 교부받는 등으로 채무로 공제받을 수 있을 것이다.

① 국가·지방자치단체 및 금융실명법 제2조 제1호에 따른 금융회사 등에 대한 채무는 해당 회사 등에 대한 채무임을 확인할 수 있는 서류
② 기타의 자에 대한 채무는 채무부담계약서, 채권자확인서, 담보 및 이자 지급에 관한 증빙 등에 의하여 그 사실을 확인할 수 있는 서류

라. 공제할 수 없는 증여채무

민법상 증여계약은 당사자 일방(증여자)이 무상으로 재산을 수여하는 의사를 표시하고 상대방(수증자)이 이를 승낙함으로써 성립되며, 증여계약의 효력이 발생하게 되면 증여자는 증여 대상 재산의 소유권을 수증자에게 이전해야 할 채무(증여채무)를 부담하게 되고 수증자는 그에 상응하는 채권(증여채권)을 취득하게 된다고 할 것이다. 증여계약을 체결하였으나 상속개시 당시까지 그 이행이 완료되지 아니한 증여채무의 경우에도 상속인들이 이를 승계하여 이행해야 한다는 점에서 일반적인 채무와 다를 것이 없다.

그러나, 상속증여세법에서는 일반 채무와 구분하여 상속개시일 전 10년 이내(1998.

12.31. 이전 증여분 : 5년)에 피상속인이 상속인에게 진 증여채무와 상속개시일 전 5년 이내(1998.12.31. 이전 증여분 : 3년)에 피상속인이 상속인 외의 자에게 진 증여채무는 공제하는 채무에서 제외하고 있다(상속증여세법 §14 ① 3호).

이러한 증여채무 불공제규정은 피상속인이 상속개시일 전 10년 이내에 상속인에게 증여한 재산과 상속인 외의 자에게 5년 이내에 증여한 재산을 상속세 과세가액에 더하여 상속세를 과세함으로써 분산증여 등을 통해 누진세율을 회피하는 것을 방지하는 규정에 대한 과세실효성을 높이기 위한 보완조치로 볼 수 있다. 즉, 상속개시일 전 일정 기간 내에 증여한 재산을 상속세 과세가액에 합산하여 과세하면서 증여채무를 제한없이 공제해 줄 경우 증여계약이 체결된 재산을 상속재산에 포함시키고 피상속인의 증여채무를 동시에 공제하게 되면 상속세가 과세되지 않는 결과로 이어지고 상속개시 후 증여 이행시 낮은 세율로 증여세가 과세되어 누진세율을 피해갈 수 있다. 이에 따라 증여계약을 체결하였으나 소유권을 이전하지 못한 재산은 민법상 상속재산에 해당하고 증여채무는 공제하지 아니함으로써 증여 대상 재산에 대해서는 상속세가 과세되는 결과로 이어진다.

그러나 피상속인이 상속인 외의 자에게 진실된 증여채무를 부담함으로써 상속인들이 상속개시 후에 이를 이행한 경우에 상속인들은 실제 상속으로 얻은 재산이 없는데도 불구하고 증여채무를 공제받지 못하고, 수증자가 증여재산 취득시에 납부할 증여세액도 공제받지 못함으로써 상속세만 부담하는 결과를 초래하는 문제가 있었다.

이러한 문제점을 해소하기 위하여 2003.1.1. 이후 상속개시분부터 증여채무 이행 중에 상속이 개시된 경우 해당 증여재산에 대한 상속세 납세의무자를 해당 증여재산을 상속개시 후에 취득하는 자(수유자에 포함시킴)에게 부담시키고 실제 증여재산의 소유권이 수유자에게 이전된 시점에서는 증여세를 과세하지 않도록 개정하였다.

 관련 예규·심판결정례 및 판례 등

❑ 상속개시 전 10년 이내에 상속인에게 진 증여채무 불공제(재산세과-524, 2009.10.21.)

상속개시일 전 10년 이내에 피상속인이 상속인에게 진 증여채무와 상속개시일 전 5년 이내에 피상속인이 상속인이 아닌 자에게 진 증여채무의 이행 중에 증여자가 사망한 경우의 당해 증여로 인한 재산은 상속세 과세대상에 포함되는 것임.

❑ 증여채무 불공제규정은 違憲이 아님(헌재 2001헌바25, 2001.12.20.).

[사건개요]

피상속인이 상속개시 7일 전에 영리법인에게 증여하기 한 24억원의 부동산에 대해서 상속세를 부과하면서 동 영리법인에게 진 증여채무 24억원을 차감하지 않고, 상속개시 후 영리법인으로 소유권 이전된 증여재산에 대한 증여세액도 공제하지 아니한 처분에 대한 위헌청구건임.

결정요지

구 상속세법 제4조 제2항 본문 및 제18조 제3항 본문의 "증여재산"에 증여계약만 체결된 채 소유권이전등기가 경료되지 아니한 상태에서 피상속인이 사망한 경우의 부동산은 포함되지 않는 것으로 해석함으로써, 이 사건 증여 부동산에 대하여 상속인들이 상속세를 부담하고 증여세액 공제를 받지 못하게 되며, 또한, 제4조 제2항 제3호 본문이 상속인 이외의 자에게 국내에 있는 재산에 대하여 상속개시 3년 전까지 생긴 증여채무만을 상속재산 가액에서 공제하도록 제한함으로써 증여채무로서의 공제도 못 받게 되고, 이로 인하여 공동상속인들인 청구인들의 상속권 내지 재산권이 다소 제한되는 등 실질과세의 원칙상 다소 부당한 결과가 나오게 된다 하더라도, 위 각 법률규정은 상속재산의 가액 산정 및 상속세액 산출에 있어서의 공정성 확보를 통한 상속세 면탈기도의 차단, 이중과세의 방지, 과세행정의 능률제고 등을 위한 규정으로서 헌법 제37조 제2항의 과잉금지의 원칙에 반하지 않을 뿐만 아니라, 이와 같은 제한이 청구인들의 재산권을 박탈하거나 무의미하게 하여 그 본질적인 내용을 침해한다고도 볼 수 없으므로, 위 각 법률조항이 조세법리상 실질과세의 원칙에 반하거나 헌법상 재산권보장의 원칙에 위배되어 조세법률주의에 반한다고 할 수 없다.

* 결과적으로 상속인은 상속으로 얻은 재산도 없이 상속세만 부담하는 문제가 있어 2003.1.1.부터는 수증자에게 상속세만 과세하도록 함.

마. 상속개시일 전 5년을 경과한 증여채무의 공제 여부

피상속인이 상속개시일 전 10년을 경과하여 상속인에게 진 증여채무와 상속개시일 전 5년을 경과하여 상속인 외의 자에게 진 증여채무의 경우 상속개시일 현재 진정한 증여채무로서 상속개시 후 상속인들이 변제하여야 할 것으로 확인되는 경우에는 공제할 수 있다 하겠다. 다만, 해당 증여채무가 사인증여에 해당하는 증여채무에 해당할 경우에는 공제할 수 없다(재산세과–307, 2012.8.30.).

상속재산가액에서 공제가능한 증여채무에 해당할 경우 해당 재산에 대해서는 상속세가 과세되지 아니할 것이고, 수증자에게 해당 재산의 소유권이 실제 이전된 시점을 증여시기로 하여 증여세가 과세될 것이다.

 관련 예규·심판결정례 및 판례 등

❑ 법원에서 피상속인과 상속인 외의 자가 상속개시 5년 전에 체결한 증여계약이 유효한 것으로 판결한 경우 증여채무로 공제 가능함(사전 법령해석과–3730, 2020.11.16.).

☐ 상속개시 전 5년 전에 약정된 증여채무는 공제 가능함(재산세과 – 307. 2012.8.30.).

상속증여세법 제14조 제1항 제3호를 적용할 때 상속개시일 전 5년 전에 피상속인이 상속인이 아닌 자에게 진 증여채무로서 상속인이 실제로 부담하는 사실이 확인되는 경우 그 증여채무는 상속재산가액에서 차감하는 것이나, 사인증여 재산에 관련된 채무는 상속재산가액에서 차감하지 아니하는 것임.

귀 질의의 경우 '유언의 목적물'로 표기된 부동산에 대한 증여계약의 경위와 목적, 증여자의 채무이행 노력 여부, 그 증여계약의 효력이 증여자의 사망 후에 발생하는지 여부 및 상속개시일 현재 증여채무의 존재 여부 등 구체적인 사실을 확인하여 해당 부동산을 사인증여 재산으로 볼 것인지, 증여채무 이행중인 재산인지를 판단하여 채무 공제 여부를 결정할 사항임.

> **사실관계**
>
> – 피상속인이 사망하기 전 피상속인의 동생(숙부)과 재산문제로 인하여 피상속인이 소유하고 있는 A부동산을 유언의 목적물로 하여 A부동산이 매도될 경우 매도대금에서 매도관련 제반비용을 공제한 금액의 40%(수증인 4명 : 피상속인의 동생, 동생의 처, 조카 2인에게 각 10%)를 증여하기로 하고 2005.3.21. 증여계약서를 작성하여 법무법인에 공증한 사실이 있음.
> – 이후 피상속인과 상속인들은 A부동산을 매도하기 위해 노력하였으나 매도하지 못한 채 피상속인은 2012.5월 사망하였음.
> – 상속인들은 수증인들의 요구와 피상속인의 약정내용에 따라 A부동산을 상속인들에게 상속등기(이후 수증인들에게 다시 지분등기 이전은 하지 않음)한 다음 매각할 예정이며 매각과 동시에 제반비용을 공제한 금액의 40%를 증여할 예정이나 2012.8월 현재까지 동 부동산이 매각되지 않은 상태임.

바. 비거주자의 경우 채무인정 범위

비거주자가 사망한 경우에는 국내에 소재하는 상속재산에 대하여만 상속세 과세대상으로 삼고 있으므로 채무의 경우에도 국내 상속재산을 목적으로 하는 유치권, 질권, 전세권, 임차권(사실상 임대차계약이 체결된 경우 포함함), 양도담보물권 또는 저당권으로 담보된 채무 및 피상속인의 사망 당시 국내에 사업장이 있는 경우로서 그 사업장에 갖춰두고 기록한 장부에 의하여 확인되는 사업상의 채무를 뺀다. 이 경우 채무의 입증방법 및 증여채무의 불공제 내용은 거주자가 사망한 경우와 동일하다.

 관련 예규 · 심판결정례 및 판례 등

☐ 비거주자의 채무인정범위를 제한하는 것은 위헌 아님(헌재2011헌바177. 2015.4.30.).

　○ 외국 법원의 확정판결에 기초하여 이루어진 가압류의 피보전채무를 상속재산의 가액에서 차

감되는 채무에 포함시키지 아니한 상속증여세법 제14조 제2항은 헌법에 위배되지 아니함.

❑ 비거주자의 국내에 소재하는 상속재산에 설정된 유치권·질권 또는 저당권으로 담보된 채무는 국내 채무 또는 국외채무에 관계없이 상속재산의 가액에서 이를 차감함(재재산 46014-116, 1999.4.10.).

사례 1   **피상속인 명의로 대출받은 금액을 다른 사람이 사용한 경우 또는 타인 명의 대출금을 피상속인이 사용한 경우 채무공제 범위**

❑ 대출받은 사람의 명의 및 대출금 사용자 내역
   ○ A은행 대출금 5억원은 피상속인이 본인의 재산을 담보로 제공하고 자기의 명의로 대출을 받았으나 자녀가 사업자금으로 사용하였고 이자 등도 자녀가 불입하고 있는 것으로 확인됨.
   ○ B은행 대출금 7억원은 피상속인의 재산을 담보로 제공하고 배우자 명의로 대출받았으나 피상속인이 대주주로 있는 관계 법인의 자금으로 사용하고 있으며, 이자는 당해 법인에서 지급하고 있는 것으로 확인됨.

풀이
   ○ 채무는 대출채무자의 명의 및 명칭 여부에 관계없이 피상속인이 실제 변제하여야 할 의무가 있는 것으로서 상속인이 실제 부담하는 사실이 확인되는 것을 공제하는 바
   ○ A은행의 대출금은 피상속인은 보증채무자이고 자녀가 주채무자이므로 공제할 수 있는 상속채무에 해당되지 아니하며
      * 피상속인이 대출을 받아 그 대출금을 자녀에게 증여한 것으로 볼 수도 있을 것이나 피상속인 명의의 대출금을 자녀가 사용했다는 사실 자체가 증여에 해당되지 않고(피상속인이 자녀에게 대여한 금전소비대차가 성립할 수도 있음), 당해 대출금에 대한 증여세 과세를 위해서는 과세관청에서 증여사실을 입증해야 할 것이며 이 경우에는 상속채무로 공제가능할 것이다.
   ○ B은행 대출금의 경우 피상속인을 주채무자로 볼 때에는 채무로 공제하고 법인에 대한 대여금으로서 상속채권에 포함시켜서 과세하고
      - 주채무자를 법인으로 볼 때에는 상속채권 및 상속채무에서 모두 제외하여야 하는데 상속세 과세가액은 두 경우 모두 동일한 결과가 될 것이다.

사례 2   **단기 또는 장기 대출금의 원금과 이자의 채무공제 범위**

❑ 피상속인의 채무 및 상속인의 채무 상환내역
   ○ 피상속인의 사망일 : 2011.7.1.
   ○ A금융기관에서 대출받은 채무
      - 2009.7.1. 10억원을 대출받아 부동산 취득자금으로 사용, 만기일은 2012.6.30.임.
      - 대출일로부터 만기까지 이자는 3억원(年 10% 상당)임.
        (상속개시일까지 이자는 2억원이고 상속개시 후 만기까지 이자는 1억원임)
   ○ B금융기관에서 대출받은 채무

- 2010.7.1. 15억원을 대출받아 상장주식 취득자금으로 사용, 만기일은 2017.6.30.임.
- 대출일로부터 만기까지의 이자는 525백만원(年 5% 상당)이고 만기일에 원금과 함께 2,025백만원을 지급하기 함.
 (대출일로부터 상속개시일까지 이자는 75백만원이고 상속개시 후부터 만기일까지 이자는 450백만원임)
 * 현재가치로 할인할 때 적용할 이자율은 기획재정부장관이 8.0% 고시함.

풀이

○ A금융기관의 채무는 상속개시일 현재 미상환 원금에 그 날까지의 발생한 이자미지급액을 채무로 공제하므로 12억원 공제가능하며
○ B금융기관의 대출금 : 상환기간이 5년을 초과하는 장기채무의 경우 현재가치로 할인한 금액을 공제하여야 하므로 다음 산식에 의해 계산한다.
 - (원금 15억원 + 이자 525백만원) × 0.63017* = 1,276,094,250원
 * 이자율 8.0%, 회수기간 6년에 대한 현가계수는 0.63017임.

사례 3 피상속인의 보증채무 및 연대보증채무 공제 범위

❏ 피상속인의 보증채무 및 상속인의 상환내역
 ○ 피상속인이 甲의 채무에 대해 보증한 내용
  - 甲이 A금융기관에서 대출받을 때 피상속인이 보증하였으나 甲의 채무불이행으로 채권자인 A금융기관에서 甲의 재산에 대해 경매하여 2억원을 충당하고 나머지 채무(원리금) 3.3억원을 받기 위해 피상속인의 재산에 대해 경매 중임.
  - 상속개시일 현재 甲은 무재산인 것으로 확인됨.
 ○ 피상속인이 乙의 채무에 대해 연대보증한 내용
  - 乙이 B금융기관으로부터 대출받을 때 피상속인과 丙, 丁, 戊 4인이 연대보증하였고 피상속인 사망 당시 乙의 채무액은 10억원임.
  - 피상속인 사망 당시 乙은 파산하여 변제능력이 상실되어 연대보증인들이 채무를 상환하여야 할 상태였으며, 丁과 戊도 자력을 상실하여 피상속인과 丙이 변제할 수 밖에 없는 상황에서 피상속인이 사망함.
  - 상속인들은 7억원을 상환하고 丙이 3억원의 채무를 변제하였고 丙은 다른 재산이 있으나 丁과 戊에게는 구상권을 행사할 수 없는 상태임.

풀이

○ 甲에 대한 보증채무 3.3억원과 乙에 대한 연대보증채무 중 5억원은 상속채무로 공제 가능하다고 할 것이다.
○ 보증채무의 경우에도 주채무자가 자력을 상실하여 피상속인(상속인 포함)이 변제할 수 밖에 없고 변제한 후에도 구상권을 행사할 수 없다고 인정되는 경우에는 상속채무로 공제할

수 있으며

- 연대보증채무의 경우 피상속인의 지분에 해당하는 채무액을 공제하나, 다른 연대보증채
무자에게 변제능력이 없고 상속인들이 변제한 후에도 구상권을 행사할 수 없는 경우에는
다른 연대보증채무자의 몫까지 공제가능하므로 연대보증채무액 10억원을 변제능력이 있
는 丙과 피상속인이 각각 5억원을 변제할 의무가 있는 것으로 보아 공제한다.

사례 4 · **피상속인과 상속인이 소유한 토지와 건물에 임대보증금의 공제 범위**

❑ 임대부동산 소유 및 임대차계약 체결 내용

구 분	토 지	건 물	임대보증금	계약당사자	사업자 등록 및 신고
A부동산	피상속인	상속인	3억원	상속인과 피상속인이 공동으로 임차인과 임대차계약 체결함.	상속인과 피상속인이 공동사업자로 등록하여 부가가치세 등 신고 납부함.
B부동산	상속인	피상속인	4억원		
C부동산 (평가액)	상속인 (5억원)	피상속인 (3억원)	5억원		

(확인된 사실 관계)
○ A부동산의 경우 건물소유자인 상속인이 임차인으로부터 임대보증금 및 임대료를 수
령하여 사용하고 있으며, 토지의 사용대가는 지급하지 아니함.
○ B부동산의 경우 상속인과 피상속인이 5 : 5의 투자비율로 임대보증금과 임대료를 수
입하여 사용하고 있는 것으로 확인됨.
○ C부동산의 경우 피상속인이 임대보증금 전부를 사용하여 반환의무가 피상속인에게
있다고 주장하나, 임대보증금과 임대료가 얼마만큼 누구에게 귀속되었는지 불분명함.

풀이

○ 임대보증금의 경우 토지와 건물의 소유관계에 불구하고 실지 임대차계약내용에 따라 반환
의무의 귀속별로 채무공제 여부를 판단함.
○ A부동산은 상속인이 실지 임대차계약의 당사자로서 임대보증금 반환의무가 있으므로 상속
채무로 공제할 사항이 아니며
○ B부동산의 경우 피상속인에게 2억원의 임대보증금 반환의무가 있으므로 상속채무로 공제
하여야 할 것이고
○ C부동산과 같이 임대보증금의 귀속이 불분명한 경우에는 전체 임대보증금을 토지와 건물
의 가액의 안분하여 공제하므로 피상속인이 소유자인 건물에 해당하는 187,500,000원(5억
× 3억/8억)의 임대보증금을 상속채무로 공제가능함.

| 사례 5 | 이혼시 위자료 등을 미지급하고 재결합한 후 사망한 경우 채무공제여부 등 |

❑ **사실관계**

2010.5.	2019.7.	2019.8.
①	②	③
乙은 이혼시 甲에게 재산분할청구	甲과 乙 재결합 혼인신고	甲 사망

○ 판결 : 甲은 乙에게 10억원을 지급하라.
○ 5.2억은 乙에게 지급, 4.8억원을 지급하지 못한 상태에서 재결합함.

❑ **쟁점**

○ 배우자 상속공제 가능한지
○ 5.2억원을 사전증여재산으로 보아 甲의 상속세 과세가액에 가산하는지
○ 4.8억원을 甲의 상속채무로 보아 공제가능한지

❑ **해설**

○ 甲의 사망시 乙이 호적상 등재된 배우자이므로 공제대상에 해당하며
○ 이혼시 재산분할청구권를 행사하여 취득한 재산은 증여세 과세대상이 아니므로 甲의 상속세 과세가액에 가산하지 아니함. 다만 甲과 乙의 이혼에 조세포탈목적이 있다고 인정되는 경우에는 乙에게 증여세를 부과하고 甲의 상속세 과세가액에 가산하여야 할 것임.
○ 상속채무는 상속개시 당시 피상속인이 부담하여야 할 채무로서 상속인이 실제로 부담하는 사실이 증명되는 것을 말하는바, 상속개시 전에 이미 확정된 위자료 채무로서 상속인에게 승계되어 변제한 경우에는 공제하다고 할 것이나,
 - 재산분할청구권은 당사자간 혼인 중에 공동으로 형성한 재산의 분배와 부양적 요소를 담고 있으므로 甲과 乙이 재혼을 함으로써 그 취지가 없어졌고 乙은 채권자이자 채무자가 되어 실제로 지급할 채무도 아니므로 상속채무로 공제할 수 없다고 생각된다.

제 **2** 절 : 상속개시일 전 증여재산에 대한 합산과세

1. 개 요

피상속인이 살아있을 때에 상속인 또는 상속인이 아닌 자에게 재산을 증여하여 증여일 현재 증여세가 부과되거나 부과할 재산이지만 피상속인이 사망하기 전 일정 기간 이내에 증여한 재산은 상속세 과세가액에 합산하여 상속세를 부과함으로써 사망 전 분산증여를 통해 초과 누진세율체계인 상속세를 회피하는 것을 방지하고 있다. 고액의 재산을 전부 상속하여 높은 세율에 따른 상속세를 부담하는 경우와 사망하기 전에 여러 차례 나누어 서 재산을 증여하고 일부 재산만을 상속함으로써 낮은 세율의 증여세와 상속세를 부담하 는 경우에 있어 세부담 형평을 도모하고자 증여 당시 증여세 부과와는 별개로 상속세 과 세가액에 더하여 높은 세율로 상속세를 부과하고, 가산하는 증여재산에 대한 증여세액은 상속세 산출세액에서 기납부증여세액으로 공제하여 같은 재산에 대하여 증여세와 상속 세가 이중으로 부과되는 것을 방지하되 누진세율 적용 효과를 얻고자 하는 것이다.

2. 합산과세대상 증여재산의 범위

피상속인이 상속개시일 전 10년 이내에 상속인에게 증여한 재산과 상속개시일 전 5년 이내에 상속인이 아닌 자에게 증여한 재산을 상속세 과세가액에 더한다.

다만, 조세특례제한법 제30조의5에 따른 창업자금에 대한 증여세 과세특례와 같은법 제30조의6에 따른 가업의 승계에 대한 증여세 과세특례를 적용받은 증여재산의 경우에 는 증여시기에 관계없이 모두 상속세 과세가액에 가산하여 상속세를 정산한다.

┃ 연도별 상속세 합산과세대상 사망 전 증여재산의 범위 ┃

수증자	1990.12.31. 이전	1991.1.1.~1998.12.31.	1999.1.1. 이후
상속인	3년 이내 증여재산	5년 이내 증여재산	10년 이내 증여재산
상속인 외의 자	1년 이내 증여재산	3년 이내 증여재산	5년 이내 증여재산

가. 합산기간의 계산

상속세 과세가액에 더하는 증여재산은 그 증여일이 상속개시일부터 소급하여 일정기간 내에 있는 것을 말하는데, 기간역산방법에 대해 상속증여세법에서 정한 것이 없으므로 민법에 따르며 민법의 기간계산방법은 일정한 기산일부터 소급하여 계산되는 기간에도 준용한다. 상속개시일이 2012.1.31.인 경우 소급하여 10년이 되는 날인 2002.1.31.부터 상속개시 전까지 상속인에게 증여한 재산과 2007.1.31.부터 상속개시 전까지 상속인 외의 자에게 증여한 재산을 상속세 과세가액에 더한다(재삼 46014 - 2600, 1995.10.2.).

 관련 예규 · 심판결정례 및 판례 등

❑ 비거주자인 상속인에게 증여한 국외재산의 상속세 과세가액 포함 여부(재재산 - 1071, 2022.8.30.)

비거주자인 피상속인이 국외에 있는 재산을 비거주자인 상속인에게 증여하고 피상속인이 거주자가 된 후 사망한 경우, 상속증여세법 제13조 제1항을 적용할 때 해당 증여재산은 상속세 과세가액에 가산하지 아니함.

❑ 비거주자가 사망전 증여한 재산의 합산 범위(재재산 - 1078, 2020.12.9.)

비거주자가 증여당시 국내에 있는 재산을 상속개시일 전 10년 이내에 상속인에게 증여한 경우와 상속개시일 전 5년 이내에 상속인이 아닌 자에게 증여한 경우, 동 재산을 상속세 과세가액에 가산함.

❑ 금전무상대출에 따른 증여재산의 합산기간의 기산일(대법원 2011두10959, 2012.7.26.)

금전 무상대부에 따른 증여시기는 대출기간이 1년 이상인 경우 1년이 되는 날의 다음 날에 매년 새로 대출을 받은 것으로 보는 것이며, 이 날이 상속개시 전 5년 이내에 범위라면 사망 전에 증여한 재산으로 보아 상속세 과세가액에 합산하는 것임.

❑ 상속개시일 현재 소송계류 중에 있던 토지는 청구인들이 피상속인으로부터 사망 전 증여받은 재산에 해당함(조심 2012서1226, 2012.8.29.)

청구인들은 피상속인이 사망하기 전에 서울고법에 항소를 제기한 상태로 청구인들이 피상속인으로부터 증여받아 증여를 원인으로 소유권이전 등기한 쟁점1토지의 경우 상속개시일 현재 소유권에 변동이 없었던 만큼 쟁점토지는 상속개시일 현재 청구인들이 피상속인으로부터 사망 전 증여받은 재산에 해당한다고 봄이 타당함.

나. 합산기간 연장에 따른 경과조치

상속재산에 더하는 사망 전 증여재산에 대한 합산과세기간을 몇 차례 연장을 하였는 바 연장된 개정규정은 개정일 이후 최초로 증여와 상속이 있는 것부터 적용한다. 즉,

1998.12.31. 이전에 상속인에게 증여한 재산은 향후 5년 이내에 피상속인이 사망한 경우에만 합산과세하며, 1999.1.1. 이후에 상속인에게 증여한 재산부터 증여자인 피상속인이 10년 이내에 사망한 경우에 그 증여재산을 상속세 과세가액에 가산하여 과세하는 것이다. 따라서 1998.12.31. 상속인에게 증여한 재산은 증여자가 2003.12.31. 이전에 사망한 경우에 가산하는 것이고 2004.1.1. 이후에 사망한 경우에는 가산하지 아니한다.

다. 상속인의 판단시기

상속세 과세가액에 합산하는 증여재산의 합산기간과 관련하여 상속인과 상속인 이외의 자에 대한 구분은 상속개시일 현재를 기준으로 판단한다. 즉, 피상속인으로부터 증여를 받을 당시에는 상속인의 지위에 있지 아니하고 상속개시 당시는 상속인의 지위에 있는 경우에 사망 전 증여재산의 상속세 합산기간을 상속인으로 보아 적용할 것인가 아니면 상속인 외의 자로 보아 적용할 것인가에 대하여 국세심판원은 상속세 과세가액에 합산하는 증여재산의 합산기간과 관련하여 상속인과 상속인 이외의 자에 대한 구분은 상속개시일 현재를 기준으로 판단하여야 한다고 결정하였다(국심 2002중1303, 2002.8.9.).

또한, 피상속인으로부터 재산을 증여받을 당시에는 상속인의 지위에 있었으나 피상속인보다 먼저 사망한 경우에 그 수증자를 상속인으로 보아 합산기간을 적용할 것인가 또는 상속인 외의 자로 볼 것인가 아니면 상속인과 상속인 외의 자도 아니므로 가산하지 아니할 것인가에 대하여 과세관청은 피상속인보다 먼저 사망한 수증자의 증여재산은 가산하지 아니하도록 유권해석하였다(재산상속 46014-473, 2000.4.17., 집행기준 13-0-6 ①)

 관련 예규·심판결정례 및 판례 등

❑ 증여받은 손자가 대습상속인에 해당되는 경우 합산과세방법(상속증여세과-633, 2013.12.30.)
　－피상속인이 증여한 재산가액을 상속세 과세가액에 가산할 때 상속인과 상속인이 아닌 자에 대한 구분은 상속개시일 현재를 기준으로 판단하며, 상속개시일 현재 민법 제1001조에 따른 대습상속인은 상속증여세법 제3조 제1항의 상속인에 해당하는 것임.
　－상속세 산출세액에서 공제할 증여세액 공제액은 증여 당시의 그 증여재산에 대한 증여세 산출세액을 말하는 것으로서 세대생략증여에 따른 할증과세액은 증여세액 공제가 적용되지 않음.
❑ 손자가 증여받고 조부 사망시 대습상속인이 된 경우(대법원 2016두54275, 2018.12.13.)
　－ 손자들이 할아버지로부터 생전에 증여받은 재산에 대하여 상속증여세법 제57조에 따라 세대생략가산액을 납부한 이후 증여자인 할아버지가 사망한 때 증여자이자 피상속인인 할아버지의 대습상속인이 된 이상, 그들이 상속개시일 전 10년 이내에 피상속인으로부터 증여받

은 재산의 가액은 같은 법 제13조 제1항 제1호에 따라 상속인에 대한 증여로 보아 상속세 과세가액에 포함되어야 함.

- 상속재산에 가산된 증여재산에 대한 증여세 산출세액과 아울러 세대생략가산액까지 포함하여 상속세산출세액에서 공제함이 타당함.

❑ 이혼 후 상속개시된 경우 합산할 금액 및 기납부증여세 공제액계산방법 (대법원 2012두720, 2012.5.9.)

- 증여 당시 배우자였으나 상속개시 당시 이혼한 경우 상속세 과세가액에 합산할 금액은 증여세 과세표준이 아닌 증여재산가액을 기준으로 하는 것임.
- 증여 당시 수증자가 배우자증여공제를 받았다가 상속개시 당시에는 이혼으로 상속인이 아니어서 배우자상속공제를 받을 수 없게 된 경우, 상속세 산출세액에서 공제할 증여세액은 실제로 납부된 증여세액이 아니라 증여한 재산가액에 대하여 배우자증여공제를 하지 아니하였을 때의 증여세 산출세액임.

사실관계

- 2005년도 배우자에게 증여한 재산가액 : 470백만원
- 증여재산공제 3억원, 증여세 과세표준 170백만원, 산출세액 24백만원
- 2006년도 이혼한 후 2007년도 증여자가 사망

❑ 祖父 증여 ⇒ 父 사망 ⇒ 祖父하여 대습상속인이 된 경우 합산기간은 5년인지 10년인지 (조심 2017 서3396, 2018.1.31., 대법원 2016두54275, 2018.12.13.)

사전증여재산을 상속세과세가액에 가산하는 기간을 판단할 때 수증자가 상속인인지 상속인 외의 자인의 구분은 상속이 개시될 때를 기준으로 함이 타당하므로 대습상속인에 해당하는 손자가 상속개시일 전 10년 이내에 증여받은 재산을 상속재산에 가산한 것은 잘못이 없음.

라. 상속포기한 상속인의 증여재산 합산 여부

1999.1.1. 이후 민법상 상속포기한 상속인도 상속증여세법에서는 상속인에 포함시키고 있으며, 그 전에도 대법원 판례 등에 의해 상속인이냐 상속인 외의 자이냐는 상속개시일을 기준으로 하여 판단하며 상속개시 후 가정법원에 상속포기서를 제출하여 민법상 상속인에 해당하지 아니하는 자도 상속인으로 보아 그가 증여받은 재산을 가산하여 과세한다 (대법원 93누8092, 1993.9.28.).

 관련 예규 · 심판결정례 및 판례 등

❑ 상속을 포기한 자가 증여받은 재산도 상속세 과세가액에 가산함 (대법원 93누8092, 1993.9.28.).

마. 상속인이 아닌 자가 증여받은 재산

피상속인이 상속개시일 전 5년 이내에 상속인이 아닌 자에게 증여한 재산도 가산하여 과세한다. 이 경우 상속인이 아닌 자에는 자연인뿐만 아니라 영리법인, 비영리법인 또는 기타단체가 증여받은 재산을 모두 합산하되 공익법인 등에게 출연(증여)한 재산 등 상속 증여세법에서 합산하지 아니하도록 규정하고 있는 재산만을 제외한다.

상속세 납세의무가 없는 상속인 외의 자가 증여받은 재산을 가산하여 상속세를 산출하고 기납부증여세액을 공제하는 경우에 누진세율 적용에 따른 상속세 부담이 상속인에게 전가되는 결과가 발생함에 따라 상속인 외의 자가 증여받은 재산을 합산과세하는 것과 합산과세하면서 상속인 외의 자에게 상속세 납세의무를 부여하지 않는 것이 타당한가에 대하여 논란이 생길 수 있다. 이에 관하여 헌법재판소는 상속인 외의 자가 증여받은 재산을 상속세 과세가액에 더하여 상속인에게만 상속세를 부담시키는 관련규정은 과잉금지의 원칙에 위배되지 아니하고, 따라서 그 내용상 실질과세의 원칙에 비추어 다소 예외적으로 보여지는 부분이 있다 하더라도 이는 정당한 입법목적의 실현을 위하여 기본권제한의 입법한계를 준수하는 범위 내에서 상속권을 제한함에 따른 결과이므로 이를 가리켜 실질적 조세법률주의에 반한다고 말할 수는 없을 뿐만 아니라 이로 인하여 재산권의 본질적 내용이 침해되는 것도 아니므로, 이 사건 법률조항은 헌법상 재산권보장의 원칙에 반하지 아니한다는 결정(헌재 2002헌바43, 2002.10.31.)을 하면서도, 조세행정상의 어려움에도 불구하고 장기적인 측면에서는 진정한 의미의 증여와 상속세 회피 의도의 부당한 증여를 구별해 내는 다양한 기법을 개발하여 가산대상 여부를 실질에 부합하도록 결정하는 것이 조세정책상 타당하다는 것을 지적하였다.

 관련 예규 · 심판결정례 및 판례 등

❏ 조세회피목적 없이 상속인 아닌 자에게 증여한 재산도 합산대상임(재재산-142, 2009.1.28.).
상속개시 전 5년 이내에 상속인이 아닌 자에게 증여재산은 증여일 현재 시가를 상속세 과세가액에 가산하는 것임.

사실관계

- 2005.5월경 피상속인이 비상장법인 및 경영진과 연구진에게 365억원 증여
- 2008.1월 상속개시 : 상속인이 상속받은 재산가액은 190억원 상당
- 사망 전 증여한 재산을 합산하고 기납부증여세액 공제 후 상속세 납부세액 160억원 상당임.

사례 1   손자가 상속개시일부터 8년 전에 증여받은 재산의 합산과세 여부

❏ 사실관계

○ 조부가 손자에게 재산을 증여한 날로부터 8년 후에 사망함.

○ 상속개시 당시 상속인은 배우자, 아들, 딸이 있음.

❏ 쟁점

손자가 증여받은 재산을 상속세 과세가액에 더하는 경우가 있는가?

풀이

○ 피상속인이 상속개시 전 10년 이내에 상속인에게 증여한 재산과 5년 이내에 상속인이 아닌 자에게 증여한 재산을 상속세 과세가액에 더하므로 일반적인 경우 손자가 상속개시 전 8년 경에 증여받은 재산은 합산과세대상이 아니나,

○ 아들에게 민법상 상속결격사유가 있는 등으로 손자가 대습상속인이 되거나 아들과 딸이 모두 상속을 포기하여 손자가 직계비속으로서 1순위 상속인이 되는 경우에는 10년 이내에 증여받은 재산을 상속세 과세가액에 더하고 상속세 납세의무를 부담하게 됨.

사례 2   증여자와 수증자가 동시사망 추정된 경우 증여재산의 합산과세 여부

❏ 사실관계

○ 父가 자녀에게 재산을 증여한 날로부터 3년 이내에 교통사고로 인하여 민법상 동시사망 추정된 경우 해당 증여재산을 父의 상속세 과세가액에 더해야 하는지?

풀이

○ 상속세 과세가액에 더하는 사망 전 증여재산은 상속개시 당시 살아있는 상속인 또는 상속인이 아닌 자가 증여받은 재산을 의미하므로 증여자보다 먼저 사망한 수증자가 증여받은 재산은 합산과세하지 아니함.

○ 민법상 동시사망 추정의 경우 당사자 간에는 상속권이 발생하지 아니하고 상속세 납세의무를 부여할 수 없는 점 등을 감안할 때 증여자와 동시사망으로 추정된 수증자가 증여받은 재산은 합산과세하지 아니하는 것이 타당하다고 생각됨.

바. 영리법인이 증여받은 재산의 합산과세방법

피상속인이 상속개시일 전 5년 이내에 영리법인에게 증여한 재산도 합산과세대상에 해당된다. 영리법인이 재산을 증여받은 경우 법인세법에 따른 재산평가액을 자산수증이익으로서 법인세를 부과하고 있으므로 영리법인이 납부할 증여세는 면제하고 있다. 영리법인

에게 증여한 재산을 가산하는 경우 재산의 가액을 법인세법상 또는 상속증여세법상 어떤 평가액에 의할 것인가, 기납부세액으로 공제할 금액을 실제 납부하는 법인세액으로 하느냐 증여세 산출세액에 의하느냐에 대하여 논란이 될 수 있다. 이에 대하여 과세관청의 유권해석은 증여 당시 상속증여세법상 재산의 가액을 더하고 해당 증여재산의 가액에 대한 증여세 산출세액 상당액을 기납부세액으로 공제하도록 하고 있다(상속증여−544, 2013.9.3., 서면4팀−378, 2001.1.27., 재삼 46014−432, 1998.3.12.).

 관련 예규·심판결정례 및 판례 등

❑ 영리법인에 대한 증여로 해당 법인의 주주에게도 증여세가 과세된 경우 가산하는 증여재산의 범위 (재산세과−224, 2012.6.11.)

상속개시일 전에 피상속인과 특수관계에 있는 자가 출자한 영리법인에 피상속인이 재산을 증여하여 해당 영리법인의 주식가치가 증가한 것에 대하여 그 법인의 주주에게 증여세가 과세된 경우 해당 증여재산(주식가치 증가분)은 상속증여세법 제13조 제1항 제1호에 해당되는 것임. 귀 질의 "1."의 경우는 영리법인에 대한 증여재산가액이 가산되는 것이며, 질의 "2."의 경우는 주주인 상속인에 대한 주식가치 증가분이 가산되는 것임.

【사실관계】

−A법인 주주현황 : B법인(50%), C법인(50%)

−B법인 주주 : 갑(5%) 및 갑의 자녀(95%)

−C법인 주주 : 을(5%) 및 을의 자녀(95%)

−갑과 을이 A법인에 재산을 각각 100억원을 증여하였으며, A법인에게 자산수증이익으로 법인세가 각각 과세된 것과 별도로 B법인 및 C법인의 주주인 갑과 을의 자녀들에게 각각 주식가치 증가분 10억원에 대해 증여세가 과세됨.

(질의 1) 갑과 을이 해당 증여일로부터 5년 이내에 각각 사망하여 상속이 개시된 경우 합산되는 증여재산가액은?

(질의 2) 갑과 을이 해당 증여일로부터 5년 경과 10년 이내에 각각 사망하여 상속이 개시된 경우에 합산되는 증여재산가액은?

❑ 특수관계에 있는 자가 출자한 영리법인에 특수관계에 있는 자가 부동산의 증여로 해당 영리법인의 주식가치가 증가한 것에 대하여 해당 법인의 주주에게 증여세가 과세된 경우 해당 증여재산(주식가치 증가분)은 상속세 과세가액에 가산함(재재산−899, 2011.10.24.).

❑ 피상속인이 특수관계있는 영리법인에게 재산을 저가로 양도하고 사망한 경우 시가와 대가의 차액은 상속세 합산과세대상에 포함됨(재재산 46014−18, 2000.1.20.).

❑ 상속인이 최대주주로 있는 특정법인에 피상속인이 재산을 증여한 경우에 특정법인에 증여한 재산

전부를 가산하고 증여세 산출세액 상당액을 공제하며, 상속인에게 증여의제된 재산가액은 가산하지 아니함(재산상속 46014 – 166, 2002.6.4.).

예시

피상속인 甲이 결손법인(A)에게 10억원을 증여함에 따라 A법인의 최대주주인 乙(甲의 子, 지분율 20%)에게 2억원을 증여의제하는 경우로서 甲이 증여일로부터 3년 이내에 사망한 경우 합산과세방법은

- 甲에게 증여한 10억원을 합산과세하고 10억원에 대한 증여세액을 공제하는 것이지
- 甲의 증여재산 10억원과 乙의 증여재산 2억원을 합산과세하고 12억원에 대한 증여세액을 공제하는 것은 아니라는 유권해석으로 볼 수 있다.
➡ 2003.12.31. 이전 귀속분에 대한 유권해석임.

❑ 영리법인이 피상속인으로부터 받은 채무면제익도 합산함(재삼 46014 – 432, 1998.3.12.).

❑ 영리법인에게 증여한 재산의 가산시 증여세 산출세액상당을 공제함(재삼 46014 – 784, 1996.3.25.).

❑ 상속개시 전 피상속인이 재산처분대금을 영리법인에 대여했다가 채무면제한 경우, 사용처 불분명 재산은 아니나, 상속인 이외의 자에게 증여한 재산으로 가산대상임(대법원 2000두956, 2002.1.25.).

사례 | 영리법인에게 증여한 재산을 합산과세하고 해당 주식 평가시 자산가액 및 순손익액에 포함하는 것은 중복과세가 아닌가?

❑ 상속재산인 비상장주식의 가액을 평가할 때 생전 증여재산으로 상속세 과세가액에 이미 산입된 토지의 가액을 법인의 순자산가액에 포함하여 평가한 것이 중복과세금지 또는 실질과세의 원칙에 반하지 않음(대법원 2004두14373, 2006.7.6.).

❑ 사실관계 및 과세처분내용
　○ 피상속인 사망일 : 2000.9.28.
　○ 1999.12.29. 피상속인이 A비상장법인에게 토지를 증여함.
　○ A법인이 증여받은 토지를 상속세 과세가액에 가산하고 증여세액을 공제하였으며, A 법인의 주식 평가시 해당 토지를 순자산가액에 포함함.

❑ 판결요지
　○ 생전 증여재산인 이 사건 토지를 상속세 과세가액에 가산하는 것과 법 제63조 제1항, 법 시행령 제54조 제2항, 제55조 제1항에서 정하고 있는 평가방법에 따라 이 사건 토지를 포함한 소외회사의 순자산가액을 기준으로 이 사건 주식의 가액을 평가하는 것은 서로 별개의 과세처분이라고 할 수 있는 점, 관계 법령에서 비상장주식의 가액 평가시 당해 법인이 증여받은 재산이 상속세 과세가액에 가산되는 경우에는 이를 당해 법인의 순자산가액에서 제외한다는 별도의 규정을 두고 있지 아니한 점, 만약 이 사건 토지를 제외한 나머지 소외회사의 자산만을 기준으로 이 사건 주식의 가액을 평가할 경우 소외회사가 이 사건 토지를 증여받음으로써 얻게 된 경제적 이익이 아무런 세부

담 없이 원고들에게 그대로 이전되는 결과가 되어 부의 편재를 시정하고 재분배를 실
현하여 조세부담의 공평을 도모하고자 하는 상속세 제도의 취지에도 어긋나게 되는
점, 생전증여재산을 상속세 과세가액에 가산할 것인지 여부, 가산할 경우 그 범위와
기간 등은 입법정책의 문제인 점 등에 비추어 보면, 이 사건 토지의 가액 전부를 상속
재산으로 가산하고서도, 망인의 다른 상속재산인 이 사건 주식의 가액을 평가함에 있
어 다시 이 사건 토지를 소외회사의 순자산가액에 포함시켜 평가하였다고 하더라도,
그것이 중복과세금지 내지 실질과세의 원칙에 반한다고 볼 수는 없다고 판단한 원심
처분에는 잘못이 없다.

관련 예규·심판결정례 및 판례 등

☐ 상속개시 전 5년 이내에 상속인 외의 자에게 증여한 재산을 합산한 후 산출세액에서 세액공제하는 상속증
여세법 제13조 제1항 제2호와 제28조 제1항은 헌법에 반하지 아니함(헌재 2005헌가4, 2006.7.27.).

☐ 상속인 외의 자가 증여받은 재산을 상속세 과세가액에 가산하는 구상속세법 제4조 제1항은 헌법에
위배되지 아니함(헌재 2002헌바43, 2002.10.31.).

피상속인이 상속개시일 전에 영리법인과 상속을 포기한 상속인 3명에게 증여한 재산가액 19
억원을 상속세 과세가액에 가산하여 상속세를 산출한 후 증여세액을 공제하여 과세함.

3. 증여의제·추정으로 과세되는 이익 합산과세

상속개시일 전 일정기간 내에 피상속인이 상속인 등에게 증여한 재산가액을 상속세 과
세가액에 더하도록 규정한 취지는 상속세 과세대상이 될 재산을 미리 증여형태로 이전시
켜 누진세율체계인 상속세를 부당하게 경감시키는 것을 방지하는 데에 목적이 있고, 증
여의제의 경우 민법상의 증여계약에는 해당되지 아니하나 재산의 무상이전이라는 경제
적 실질이 민법상 증여와 동일한 효과를 가져오는 경우에 증여세를 과세한다는 취지로
볼 때 증여의제되는 재산가액도 상속세 과세가액에 가산하는 것이 타당할 것이며, 과세
관청의 유권해석과 대법원 판례에서도 이를 확인해주고 있다.

다만, 합산배제증여재산에 해당하는 증여추정 및 증여의제 재산은 합산과세하지 않는다.

관련 예규·심판결정례 및 판례 등

☐ 명의신탁으로 증여세가 과세된 재산이 실질소유자인 피상속인에게 환원되거나 피상속인의 상속재산

에 포함되어 상속세가 과세된 경우에 그 재산가액은 상속증여세법 제13조에 규정된 사망 전 증여재산에 해당되지 아니함(재산상속 46014 – 537, 2000.5.4.).

☐ 피상속인이 제3자의 채무를 면제해주고 3년 이내에 사망한 경우, 당해 채무면제 이익도 상속세 과세가액에 가산하는 증여재산에 해당됨(재삼 46014 – 1978, 1997.8.20.).

☐ 피상속인이 저가로 양도하여 증여의제된 재산가액도 사망 전 증여재산 합산과세대상에 포함함이 타당함(대법원 96누13361, 1997.7.25.).

☐ 피상속인이 특수관계있는 영리법인에게 재산을 저가로 양도하고 사망한 경우 시가와 대가의 차액은 상속세 합산과세대상에 포함됨(재재산 46014 – 18, 2000.1.20.).

☐ 피상속인이 상속개시 전에 상속인에게 증여한 재산에 대한 증여세를 연대납부의무가 없는 상태에서 대신납부한 것은 피상속인이 자신의 납세의무를 이행한 것이 아니라 상속인에게 새로운 증여를 한 것에 해당하므로 그 증여세 대신납부액은 상속세 과세가액에 가산하는 것임(국심 97서2390, 1998.7.29.).

4. 국세부과제척기간이 만료된 증여재산의 합산 여부

상속증여세법 제13조에서 상속개시일 전 일정기간 내에 피상속인이 상속인 등에게 증여한 재산을 가산하도록 규정하고 있으나, 증여세 부과제척기간이 만료된 증여재산을 더하여야 하는지에 관하여는 별도의 규정을 두고 있지 아니하며, 이에 대한 과세관청의 유권해석내용과 심판결정을 살펴보면 1996.12.31. 이전과 1997.1.1. 이후 그 내용을 달리 적용하고 있는 바 다음과 같다.

① 1997.1.1. 이후 결정분에 대한 유권해석

"상속세 결정 당시 증여세 부과제척기간이 만료되어 증여세를 부과하지 못한 증여재산도 상속세 과세가액에 합산과세하고, 증여세액은 공제하지 아니한다."는 재정경제부 유권해석이 있었는 바 이는 1996.12.28. 법률 제5193호로 개정된 상속증여세법 제28조 제1항 및 같은법 부칙 제6조의 개정규정에 따른 유권해석으로 볼 수 있다(재재산 46014 – 293, 1997.8.23.).

 관련 예규·심판결정례 및 판례 등

☐ 증여세 부과제척기간 만료된 증여재산도 합산과세함(재재산 46014 – 293, 1997.8.23.).
1992.1.9. 피상속인의 사망으로 상속이 개시되었으나 상속세를 신고하지 아니한 경우로서 1997.6월 상속세 결정시에 1989.12.2. 피상속인이 상속인에게 증여한 재산을 상속세 과세가액에 합산하여 과세할 수 있는지 여부 및 합산과세하는 증여재산에 대한 증여세 부과제척기간의

만료로 증여세를 부과하지 못한 경우 증여세액공제를 하여야 하는지 여부?

(갑설) 합산과세하고 증여세액공제하지 아니한다.

(이유) 상속세 부과제척기간은 피상속인이 증여하여 합산과세되는 재산이든지 피상속인 본래의 재산이든지를 구분하지 않고 상속세를 부과할 수 있는 날부터 기산하는 것이므로 증여한 재산에 대한 상속세 부과제척기간도 아직 만료되지 않았기 때문에 합산과세할 수 있으며, 상속증여세법(1996.12.30. 법률 제5193호로 개정된 것) 제28조 제1항 단서의 규정은 같은법 부칙 제6조의 규정에 의하여 1997.1.1. 이후 상속세 결정분부터 적용되기 때문임.

(을설) 합산과세하지 아니하며 증여세액공제도 하지 아니한다.

(이유) 피상속인이 상속인 또는 상속인 이외의 자에게 증여한 재산을 상속재산에 가산하여 상속세를 부과하면서 증여재산에 대하여 증여세를 부과하지 아니하였다하여 증여세액을 공제하지 아니할 경우 증여받은 자 외의 상속인들은 상속받지도 아니한 재산에 대한 상속세 납부의무를 지게 되는 불합리한 점이 있기 때문이며, 상속증여세법(1996.12.30. 법률 제5193호로 개정된 것) 제28조 제1항 단서의 규정은 증여세 부과제척기간의 만료로 증여세를 부과하지 못한 경우에는 상속재산에 합산하지 않고 따라서 증여세액공제도 아니한다는 것으로도 해석할 수 있기 때문임.

(국세청 의견) (갑설) 타당함.

(재경부 회신내용) (갑설)이 타당함.

□ 상속세 결정일 현재 증여세 부과제척기간이 경과한 증여재산은 합산과세할 수 없음(조심 2012서 2575, 2015.9.18.).

사실관계

1996.11.2. 상속개시분에 대한 상속세를 2012.2.15. 결정하면서 91.12.~96.6. 증여재산을 합산하여 과세함.

결정요지

증여세 부과제척기간이 경과한 사전증여재산을 상속세 과세가액에 포함한다는 별도의 규정이 없고 국세부과제척기간이 만료된 후에는 국세를 부과할 수 없는 국세기본법에 비추어 상속세 과세가액에 가산하는 '사전증여재산'이란 상속세 결정일 현재 증여세 부과제척기간이 만료되지 아니한 증여재산으로 한정하여 해석함이 타당함(대법원 2015.6.24. 선고 2013두23195 판결).

② 1996.12.31. 이전 결정분에 대한 유권해석 및 심판결정

국세심판소의 심판결정례(국심 96경3183, 1997.3.3, 국심 94서623, 1994.10.6.)에서는 상속세 부과처분일 현재 증여재산에 대한 증여세 부과제척기간이 만료되었다면 이를 상속세 과세가액에 가산하여 상속세를 부과할 수 없다고 결정하였다. 이러한 심판결정은 이건과 관련한 국세청장이 예규(재삼 46014－2613, 1995.10.4.)에서 "상속세법 제4조의 규정을 적용

함에 있어서 증여세 부과제척기간이 만료된 증여재산가액은 상속세 과세가액에 합산하지 아니하다"는 해석에 그 판단근거를 두고 있다 하겠으며, 재차증여에 대해서도 "부과제척기간이 만료된 종전 증여분의 증여가액은 재차증여분의 증여가액에 합산할 수 없는 것이다"(국심 94서2444, 1994.10.6.)라고 결정한 논거로 볼 수 있다.

5. 가산하는 증여재산가액의 평가

가. 증여 당시 평가액으로 과세

1994.1.1. 이후 상속개시분부터는 상속세 과세가액에 합산하는 증여재산가액은 증여당시 현황에 의한 평가가액이 되므로 상속개시 당시로 다시 평가하지 아니한다(상속증여세법 §60 ④). 구상속세법(1993.12.31. 법률 제4662호로 개정되기 전의 것) 제9조 제1항에서는 "상속재산의 가액에 가산할 증여재산의 가액은 …… 상속개시 당시의 현황에 의한다."고 규정하여 사망 전 증여재산을 상속개시일 현재로 다시 평가하도록 했으나 동규정은 헌법재판소에서 위헌결정(96헌가19·헌바72, 1997.12.24. 결정)을 받아 상속개시일에 관계없이 증여 당시 재산평가액을 상속세 과세가액에 합산한다.

나. 사망 전 증여재산에 대한 증여세 과세하지 않은 경우

상속세 과세가액에 더하는 증여재산에 대해 증여세가 부과되지 아니한 경우에는 해당 증여재산에 대하여 증여세를 먼저 과세하고, 그 증여재산가액을 상속세 과세가액에 더하여 상속세를 부과한다.

다. 부담부증여 재산의 합산과세방법

부담부증여재산을 합산과세하는 경우에는 증여일 현재 증여재산가액에서 해당 증여재산에 담보된 채무로써 수증자가 인수한 금액을 차감한 과세가액을 합산한다.

관련 예규·심판결정례 및 판례 등

❑ 부담부증여시 합산되는 재산가액은 증여세 과세가액임(재삼 46014-237, 1999.2.3.).

6. 증여세 과세특례가 적용되는 창업자금 및 가업승계 주식

창업자금에 대한 증여세 과세특례제도란 현금 등을 부모로부터 증여받아 창업자금으로 사용하는 경우 50억원(2015.12.31. 이전 30억원) 범위 내의 증여세 과세가액에서 5억원을 차감한 금액에 대하여 10%의 낮은 세율로 증여세를 과세하고 증여자가 사망하였을 때에 상속재산에 포함시켜서 상속세를 정산하는 제도이다. 이는 출산율 저하, 고령화 진전에 대응하여 젊은 세대로의 부의 조기이전을 촉진함으로써 경제활력을 증진하기 위한 목적으로 도입하여 2006.1.1. 이후 증여하는 것부터 적용한다.

또한, 부모가 10년 이상 운영하던 중소기업에 해당하는 가업의 주식을 자녀가 증여받은 경우에도 창업자금에 대한 증여세 과세특례제도에 준하여 낮은 세율로 증여세를 과세하고 증여자가 사망할 때에 상속재산에 포함하여 상속세를 정산하는 가업의 승계에 대한 증여세 과세특례제도를 2008.1.1.부터 도입하였다.

증여세 과세특례를 적용받은 창업자금 및 가업승계한 주식의 경우 일반적 증여재산과는 구분하여 증여한 시기에 관계없이 전부 상속재산에 더하여 상속세를 정산한다. 이 경우 증여재산의 가액은 증여 당시 평가액이며 이는 일반적 사망 전 증여재산과 동일하다.

하지만, 가업의 승계에 대한 증여세 특례를 적용받은 수증자가 증여자보다 먼저 사망한 경우로서 증여자의 상속세 과세가액을 산정할 때 해당 가업승계 주식의 가액은 가산하지 않는다(법규과 – 2400, 2023.9.14.).

7. 합산과세하지 않는 증여재산

상속세 과세가액에 더하는 증여재산은 민법상 증여에 의해 취득한 재산뿐만 아니라 상속증여세법에서 증여로 취급하여 과세하는 재산을 포함한다. 다만, 상속증여세법 또는 조세특례제한법에서 합산과세하지 않도록 규정한 경우와 예규 등에 따라 합산과세하지 아니하는 재산이 있다.

가. 상속증여세법상 합산과세하지 않는 증여재산

증여세가 비과세되는 증여재산, 공익법인 등에 출연하여 과세가액 불산입된 재산, 장애인이 받은 증여재산 중 과세가액 불산입한 금액 등은 합산과세하지 아니하며, 2004.1.1. 이후 상속개시분부터 합산배제 증여재산도 상속세 과세가액에 가산하지 않도록 하였다(상속증여세법 §13 ③).

① 비과세되는 증여재산(상속증여세법 §46)

② 공익법인 등이 출연받은 재산에 대한 과세가액 불산입(상속증여세법 §48 ①)

③ 공익신탁재산에 대한 과세가액 불산입(상속증여세법 §52)

④ 장애인이 증여받은 재산의 과세가액 불산입(상속증여세법 §52의2)

⑤ 합산배제 증여재산(상속증여세법 §47 ①) : 다음의 증여재산을 말한다.

　㉠ 재산가치의 증가에 따른 이익의 증여(상속증여세법 §31 ① 3호)

　㉡ 전환사채 등의 주식전환 등에 따른 이익의 증여(상속증여세법 §40 ① 2호 및 3호)

　㉢ 주식 등의 상장 등에 따른 이익의 증여(상속증여세법 §41의3)

　㉣ 합병에 따른 상장 등 이익의 증여(상속증여세법 §41의5)

　㉤ 재산 취득 후 재산가치 증가에 따른 이익의 증여(상속증여세법 §31 ① 3, §42의3)

　㉥ 재산 취득 자금 등의 증여추정(상속증여세법 §45, 2022.1.1. 이후 증여분부터 적용)

　㉦ 명의신탁재산의 증여의제(상속증여세법 §45의2, 2019.1.1. 이후 증여분부터 적용)

　㉧ 특수관계법인과의 거래를 통한 이익의 증여의제(상속증여세법 §45의3)

　㉨ 특수관계법인으로부터 제공받은 사업기회로 발생한 이익의 증여의제(상속증여세법 §45의4)

나. 조세특례제한법상 합산과세하지 않는 증여재산

2007.1.1. 이후 시행되는 조세특례제한법 제71조에 따라 영농자녀가 증여받은 농지 등에 대하여 증여세 감면되는 경우에는 합산과세하지 않는다(조특법 §71 ⑤).

2006.12.31. 이전 구조세감면규제법 또는 조세특례제한법에 따라 자경농민 또는 영농자녀가 증여받은 농지 등으로서 증여세가 면제되는 농지 등의 가액도 상속세 과세가액에 가산하는 증여재산에 이를 포함하지 아니하였다.

다만, 영농자녀 등이 증여받은 농지를 처분하는 등으로 증여세가 부과되는 경우에는 일반 증여재산과 같이 합산과세규정을 적용한다.

 관련 예규·심판결정례 및 판례 등

❑ 장애인에게 재산을 증여한 자가 사망한 후 증여세 추징사유가 발생한 경우 증여세 및 상속세 과세방법(서일 46014-11777, 2002.12.31.)

질의

상속증여세법 제52조의2의 규정에 의하여 증여세를 면제받은 장애인이 증여자가 사망한 후 신탁을 해지함으로써 증여세추징사유가 발생한 경우 증여세 과세방법 및 당해 증여재산가액이 증여자의 상속세 과세가액에 가산되는지?

회신

상속증여세법 제52조의2 제1항에 의하여 증여세과세가액에 불산입된 재산에 대하여 같은조 제2항에 해당하는 경우에는 예외없이 증여세를 부과하는 것임. 이 경우 증여자가 사망한 후에 증여세과세사유가 발생한 때에는 증여재산공제규정을 적용하지 아니하는 것이며, 같은법 제13조 제3항에 의하여 상속재산에 가산하는 증여재산가액에 포함하지 아니함.

❑ 자경농민 등이 증여세를 면제받은 농지는 상속세과세가액에 가산하지 않지만, 영농에 종사하지 아니하여 증여세를 추징하는 경우에는 합산함(재삼 46014-2356, 1997.10.2.).

❑ 출연재산에 대해 증여세 추징시 합산과세 여부(조심 2008구3555, 2009.6.9.)

출연(증여)받은 부동산을 직접 공익목적에 사용하지 않아 증여세 부과사유가 발생한 후 5년 이내 출연자가 사망하여, 상속개시일 전 5년 이내에 '피상속인이 상속인 아닌 자'에게 증여한 재산으로 보아 상속세 과세가액에 가산한 처분은 부당함.

다. 수증자가 증여자보다 먼저 사망한 경우 증여재산

증여자가 사망할 때 이미 사망한 상속인 또는 상속인이 아닌 자가 증여받은 재산을 합산과세할 것인가에 대하여 상속증여세법에서 구체적으로 규정하고 있지는 않지만 해당 조문을 엄격하게 해석할 때 합산하지 않는 것이 타당하다고 할 것이다. 즉 '상속인' 또는 상속인이 아닌 '자'는 증여자의 사망 당시 권리의무의 주체가 되는 살아있는 사람으로 해석하고 있다(집행기준 13-0-6 ①).

또한 영리법인의 경우에도 증여자의 사망 당시 이미 청산하는 등으로 존재하지 않는 경우에는 합산대상에서 제외하는 것이 타당할 것으로 보이나 필요한 경우 유권해석을 받아서 처리해야 할 것으로 생각된다.

 관련 예규 · 심판결정례 및 판례 등

❑ 증여자(甲)보다 수증자(乙)가 먼저 사망한 경우 甲의 상속세 과세가액에 乙에게 증여한 재산가액은 합산과세하지 아니함(재산상속 46014-473, 2000.4.17.).

라. 증여재산을 증여자가 반환받은 후 사망한 경우

증여한 재산을 증여세 과세표준 신고기한을 경과하여 증여자가 반환을 받고 사망한 경우 해당 재산은 증여자의 민법상 상속재산으로서 상속세 과세대상에 해당한다. 당초 증여재산에 대해서 증여세가 과세될 것이므로 해당 증여재산을 다시 상속재산에 가산할 것인가에 대한 논란이 생길 수 있다. 사망 전 증여재산에 대한 합산과세제도는 분산증여를 통한 누진세율 회피를 방지하는 데 목적이 있는 바 해당 증여재산을 합산과세하게 되면 동일한 재산이 민법상 상속재산에 포함되고 사망 전 증여재산으로 가산하는 문제 등을 고려하여 합산과세하지 아니하도록 유권해석을 하고 있다.

 관련 예규·심판결정례 및 판례 등

❑ 자녀에게 재산을 증여한 후 5월 지나 반환받고 사망한 경우 동 재산에 대해 자녀에게 증여세를 부과하고 상속재산으로 보나, 사망 전 증여재산으로 가산하지 아니함(재재산 46014-284, 2000.10.5.).

사례 1   피상속인이 증여 후 1년 정도 지나서 반환받고 사망한 경우 과세방법

❑ 자녀에게 증여한 재산 및 반환 내용

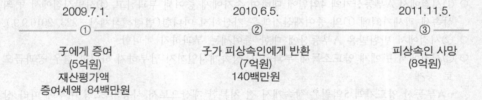

2009.7.1.	2010.6.5.	2011.11.5.
①	②	③
子에게 증여 (5억원) 재산평가액 증여세액 84백만원	子가 피상속인에게 반환 (7억원) 140백만원	피상속인 사망 (8억원)

① 시점에서 과세된 증여세 84백만원은 자녀가 이미 납부하였음.
② 시점에서 부과될 증여세 140백만원은 상속개시일 현재 미납부상태임.

쟁점

– ①의 증여재산가액 5억원을 상속세 과세가액에 합산과세할 수 있는지?
– ①과 ②의 증여세액을 상속세 결정시 기납부증여세액공제 또는 공과금으로 공제 여부?

풀이

○ 피상속인이 증여한 재산을 반환을 받고 사망함에 따라 상속개시일 현재 피상속인 소유가 된 재산이므로 고유의 상속재산에 포함시키고 상속개시 당시 평가액인 8억원으로 상속세를 과세하는 것이며

○ 원래 증여일(①)부터 6월을 경과하여 반환(②)을 받았기 때문에 ①시점에서는 자녀에게 5억원에 대한 증여세 8천4백만원을 과세하고 ②시점에서는 피상속인에게 증여세 1억4천만원을 과세하여야 함.

○ ①시점에서 자녀에게 증여한 재산가액 5억원을 사망 전 증여재산으로 볼 수도 있으나, 사망 전 증여한 재산을 상속세 과세가액에 가산하는 것은 분산 증여를 통하여 누진세율을 회피하는 것을 방지하기 위한 세액계산의 특례규정인데 사망 전 증여재산 자체가 고유의 상속재산으로서 상속세 과세가액에 포함되어 있기 때문에 합산과세시 이중과세문제가 발생하므로 다시 합산하지 아니하며, 사망 전 증여재산으로서 합산과세하지 않았기 때문에 자녀가 납부한 증여세액을 기납부증여세액으로 공제하지 않는다.

○ ③시점에게 피상속인에게 부과될 증여세액 1억4천만원은 상속인에게 승계되어 납부하여야 하므로 공과금으로 상속재산에서 공제가능함(상속세 산출세액에서 공제하는 기납부증여세액등이 아님).

사례 2 증여 후 6월 내에 반환받은 재산을 양도하고 사망한 경우 합산과세 여부

❏ 증여한 재산 반환 및 양도내용

2015.11.11.	2016.4.11	2016.7.10	2017.1.15.
①	②	③	④
甲이 손자에게 A부동산 (증여재산가액 : 4억원)	손자가 甲에게 반환	A부동산 5억원 양도	甲 사망

풀이

○ ①시점에서 A부동산가액 4억원에 대하여 손자에게 증여세 부과하고, ④사망시점에서 甲의 상속세 과세가액에 ①의 증여재산가액은 가산하지 아니함(법령해석재산-223, 2016.9.9.).

○ ②시점에서 반환받은 A부동산에 대한 증여세는 부과하지 아니함.

○ ③시점에서 甲에게 양도소득세 부과하고, 상속개시일까지 납부하지 하니한 경우 공과금으로 공제
　-A부동산 양도가액 5억원은 상속개시 전 처분한 재산으로서 사용처 소명 여부에 따라 상속세 과세가액에 가산 여부 결정함.

사례 3 부담부증여 재산에 대한 상속세 합산과세방법

❏ 부담부증여 현황 및 상속개시당시 재산가액, 채무현황

사망 전 증여재산	증여당시 평가액과 과세가액			상속개시 당시 현황	
	재산가액	인수한 채무	과세가액	재산가액	채무 잔액
A부동산	3억원	1억원	2억원	4억원	1억원
B부동산	3억원	2억원	1억원	3억원	1억원
C부동산	3억원	2억원	1억원	2억원	2억원
D부동산	3억원	3억원	0	4억원	1억원

> **풀이**
>
> ○ 부담부증여한 재산을 합산과세할 경우 상속세 과세가액에 더하는 금액은 증여 당시 증여세 과세가액이다.
> ○ 피상속인이 상속개시 전에 증여한 재산을 상속세 과세가액에 더하여 상속세를 산출하고 기납부증여세액을 공제하는 것은 분산 증여를 통하여 누진세율을 회피하는 것을 방지하기 위한 세액계산의 특례규정이지 당해 증여재산을 상속개시일에 피상속인의 상속재산으로 취급하여 그 상속개시일에 재평가한 가액으로 과세하고자 하는 것은 아니므로
> - 증여시점에서 재산의 소유권과 부채를 상환할 의무가 수증자에게 이전된 재산에 대하여 상속개시 당시 평가액을 상속재산가액으로 보거나 피상속인이 부담할 의무가 없는 상속채무를 공제할 것이 아니다.
> - 따라서 A, B, C, D부동산을 상속세 과세가액에 더할 때에 사망 전 증여재산의 가액은 증여세 과세가액인 각 2억원, 1억원, 1억원, 0원이 된다.

사례 4 ┃ 증여재산의 3년 내 양도로 부당행위적용시 상속세 합산과세 여부

○ 자녀가 父로부터 A부동산을 증여받아 3년 내에 양도한 후 父가 사망함.

1990.1.1.	2003.1.1.	2004.10.10.	2005.1.15.
─── ① ───	─── ② ───	─── ③ ───	─── ④ ───
父 취득	子 증여받음	子 양도	父 사망
	㉠증여세 : 1억원	㉡양도세 : 3천만원	

- ㉢ 父가 1990.1.1. 취득하여 2004.10.10. 양도한 것으로 볼 경우 양도세 : 3억원

〈양도세 및 증여세 과세방법〉

○ 父가 양도한 것으로 볼 경우 양도세(3억원)가 子의 증여세와 양도세의 합계액(1.3억원)보다 많으므로 父에게 양도세 3억원 과세하고 子에게는 연대납세의무를 부여하며
 - 子가 납부한 증여세 1억원은 환급될 것임.

〈父 사망시 상속세 과세방법〉

○ 2003.1.1. 증여당시 A부동산의 가액을 상속세 과세가액에 더하여 세액을 산출하고 증여세 산출세액 1억원을 기납부증여세액(한도액은 별도 계산)으로 공제함(서면4팀-1976, 2004.12.3.).
 - 증여행위 등을 통하여 양도소득세 부담을 줄이는 것을 방지할 목적으로 수증자가 부담하는 증여세와 양도세의 합계액과 당초 증여자가 양도한 것으로 보아 계산한 양도세 중 큰 세액을 부과하는 부당행위계산부인규정을 두고 있으나, 이는 세법상 조세부과의 특례에 해당되는 것일 뿐 私法上 효력까지 부인하는 것은 아니므로 父子간 증여의 효력에는 영향이 없으며, 소득세법 제101조 제2항에 따라 부당행위대상이 된 증여재산에 대한 상속증여세법상 특별 규정이 없으므로 피상속인이 사망

전에 증여한 재산에 대한 상속세 합산과세규정을 적용하여야 한다.

- 그리고, 사망 전 증여재산의 합산과세규정은 분산증여 등을 통한 누진세율을 회피하는 것을 방지하기 위한 것으로서 증여세 산출세액 상당액을 공제하여 이중과세를 방지하고 있으므로 수증자가 실지 부담한 증여세액은 없다하더라도 증여 당시 증여세 산출세액 상당액은 기납부증여세액으로 공제하는 것이 타당할 것이다. 수증자가 부담할 증여세액을 양도자가 양도세 명목으로 납부한 점과 영리법인이 증여받은 재산을 합산과세하는 경우에도 실제 납부한 법인세액이 아니라 증여세 산출세액을 공제하는 것을 고려한 것으로 볼 수 있겠다.

〈子가 양도대금으로 다른 재산 취득시〉
○ 子는 父로부터 증여받아 본인의 소유가 된 재산을 처분하고 그 양도대금을 수령하여 다른 재산을 취득하는데 사용한 것이므로 증여세 과세문제 없음.

 관련 예규·심판결정례 및 판례 등

□ 피상속인의 토지수용보상금이 차명계좌 등으로 운용되다가 상속인 등의 예금계좌로 입금된 금액을 상속개시 전 소정기간 내의 증여재산으로 봄은 정당함(대법원 98두11335, 1998.10.9.).

제3절 · 공익목적 출연재산의 과세가액 불산입

1. 개 요

비영리법인 또는 비영리단체에 해당하는 공익법인 등이 재산을 출연(무상으로 취득하는 유증, 증여 등을 포함함)받는 경우 해당 공익법인 등은 상속세 또는 증여세 납세의무가 있다. 하지만 국가나 지방자치단체가 수행하여야 할 교육, 의료, 사회복지, 문화, 환경 등의 공익사업을 민간단체가 수행하는 것에 대하여 지원을 하고 공익사업을 유도할 필요가 있으므로 세제측면에서 여러 가지 혜택을 부여하고 있다.

경제규모가 증대되고 사회가 다변화됨에 따라 삶의 질을 높이기 위한 국민복지 증진이 국가적 관심의 대상이 되고 있으며, 최근 이혼율·미혼모 증가에 따른 아동복지 및 급속한 고령화 추세에 따른 노인복지 등 사회복지 수요가 급증하는 가운데 공익법인의 역할에 대한 국민적 관심과 기대가 증대되고 있다. 또한, 소득수준의 향상에 따라 문화·예술·환경 등에 대한 수요가 급증하고 있으나 영리법인은 수익성 문제 등으로 참여를 기피하는 상황이고 국가가 이러한 공익수요를 모두 수행하는 데는 그 필요한 재원의 조달이나 예산의 분배 등에 있어 한계가 있다.

이에 따라 공익사업을 영위하는데 필요한 재원에 대해서는 조세감면 등의 혜택을 부여하여 민간단체가 정부를 대신하여 사회복지 등 공익사업을 수행하도록 유도하고 있으며, 상속증여세법에서도 공익법인 등이 일정요건을 갖추어 출연을 받은 재산에 대해서는 상속세 또는 증여세 납세의무를 면제하고 있다.

일반적 출연재산의 경우 재산종류에 따른 세제지원에 차등이 없지만 주식의 경우에는 일정 제한을 두고 있다. 이는 공익법인이 주식을 출연받거나 취득하여 출연자의 의사에 따라 의결권을 행사하는 등으로 지주회사화하는 것을 방지하고자 함이다.

공익법인 등에게 재산을 출연하여 상속세 또는 증여세를 면제받은 후에 그 출연재산을 출연자 또는 그의 친족 등이 사용·수익하거나 공익법인 등에 취직하여 평생직장으로 만드는 등 출연재산에 대한 조세감면제도를 편법 상속이나 경영권 유지의 수단으로 악용하는 것을 방지하기 위하여 출연받은 재산을 공익목적사업에 효율적으로 사용해야 한다는 등 공익법인이 지켜야 의무사항을 규정하고 이를 제대로 지키지 않았을 때에는 출연 당시 면제한 상속세 또는 증여세를 추징하도록 하고 있다. 또한 공익사업의 투명성을 높이기 위하여 외부회계감사제도, 공익목적사업비 수입과 지출에 대한 전용계좌사용, 결산서류 공시 등 의무를 부여하고 있다.

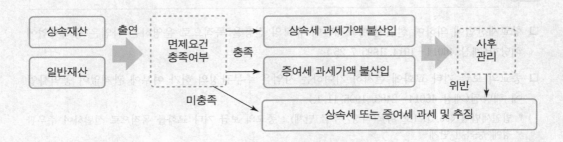

2. 공익법인 등의 범위

상속세와 증여세 감면혜택을 받을 수 있는 공익법인은 비영리법인, 기타 비영리단체 중 상속증여세법 시행령 제12조 각호에 열거된 공익사업을 영위하는 경우에 한정하므로 영리를 목적으로 하지 않는 비영리단체라 하여 모두 공익법인 등에 해당되는 것은 아니다.

　법인세법 제1조 제2호에 따른 비영리법인이란 민법 제32조에 따라 설립된 법인, 사립학교법이나 그 밖의 특별법에 따라 설립된 법인으로서 민법 제32조에 규정된 목적과 유사한 목적을 가진 법인, 국세기본법 제13조에 따른 법인으로 보는 단체로 반드시 사회일반의 이익을 목적으로 하지 않아도 되는 반면, 상속증여세법상 공익법인은 불특정다수인의 이익, 즉 공익을 사업목적으로 것 중 상속증여세법 시행령 제12조에 구체적으로 열거하고 있는 경우에 한정한다.

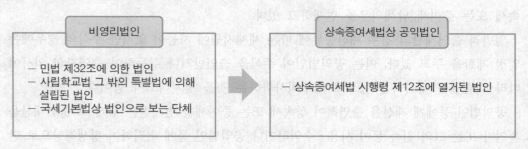

 관련 예규·심판결정례 및 판례 등

☐ 공익사업의 종류는 예시적인 것이 아닌 한정적인 규정이므로 출연재산이 공익사업에 해당하지 않으면 과세가액에 산입됨(대법원 96누7700, 1996.12.10.).

1　종교의 보급 기타 교화에 현저히 기여하는 사업

☐ 향교재산법에 의하여 설립된 향교재단이 유교의 진흥을 목적으로 운영하는 사업은 공익사업에 해당함(재삼 46014-1914, 1995.7.25.).

☐ 종교의 보급 기타 교화에 현저히 기여하는 사업은 주무관청의 허가 여부에 관계없이 공익사업에 해당됨(재삼 46014-2483, 1995.11.1.).

　* 법인세법령 §36 ① 1호 마목(지정기부금 단체) : 종교의 보급 기타 교화를 목적으로 설립하여 주무관청에 등록된 단체

☐ 주된 사무소가 해외에 있는 종교단체는 증여세 과세가액 불산입대상 공익법인에 해당하지 않고, 외국의 비영리법인에게 국내재산을 증여하는 경우 증여자에게 연대납부의무가 있는 것임(재산세과-72, 2011.2.15., 재재산-191, 2004.2.12.).

☐ 납골시설을 설치·운영하는 재단법인은 공익법인 등에 해당하지 아니하는 것이며, 공익법인에 해당되지 않는 비영리법인이 증여받은 재산에 대하여는 증여세가 과세되는 것임(상담4팀-3510, 2006.10.25.).

□ 상속재산출연 당시 종교단체○○에 등록되지 아니하였으나 사실상 사찰을 운영하고 있는 경우 공익법인 등의 출연재산 상속세과세가액 불산입대상임(국심 2005구3072, 2006.7.28.).

2 초·중등교육법 및 고등교육법에 의한 학교, 유아교육법에 따른 유치원을 설립·경영하는 사업

㉮ 초·중등교육법에 의하여 설립한 초등학교·공민학교, 중·고등학교, 고등공민·기술학교, 특수학교 등 각종 학교, ㉯ 고등교육법에 의한 대학, 산업대학, 교육대학, 전문대학, 방송대학·통신대학 및 사이버대학, 기술대학 등 각종 학교, ㉰ 유아교육법에 따른 유치원을 설립·경영하는 사업을 말한다.

➡ 사립학교법 시행일(1963.6.26.) 이전에 재단법인 형태로 설립된 경우도 공익법인으로 봄.

□ 학력인정 평생교육시설의 공익법인 등 해당 여부(법령해석재산-21431, 2015.4.10.)

개인이 설립한 학교형태의 학력인정 평생교육시설은 상속증여세법 시행령 제12조 제2호에 따른 초·중등교육법에 의한 학교를 설립·경영하는 공익법인 등에 해당하지 아니함.

□ 평생교육법에 의한 원격대학 형태의 평생교육시설은 공익법인에 해당함(재산세과-439, 2010.6.25.).

➡ 2001.4. 초·중등교육법 제60조의2에서 외국인학교 관련 규정이 신설됨에 따라 외국인학교도 공익법인에 해당함.

□ 개인명의로 등기한 사립유치원은 공익법인 등에 해당 안됨(대법원 2018두45206, 2018.9.20.).

공익법인은 법인(법인아닌 사단, 재단 포함)을 전제하고 있으므로 개인은 포함되지 아니한다고 봄이 타당하므로 개인명의 등기한 부동산은 출연한 재산으로 볼 수 없음. 아파트단지 내 동일필지 사립유치원은 제한요인 등으로 기준시가가 아닌 법원의 감정가액으로 시가적용함은 적법함.

3 사회복지사업법의 규정에 의한 사회복지법인이 운영하는 사업

사회복지사업법 제2조에서 규정한 사회복지사업을 행할 목적으로 설립된 법인이 다음의 법률규정에 의하여 운영하는 각종 사회복지사업을 말한다.

- 국민기초생활보장법
- 성매매방지및피해자보호등에관한법률
- 성폭력범죄의처벌및피해자보호등에관한법률
- 입양촉진및절차에관한특례법
- 가정폭력방지및피해자보호등에관한법률
- 농어촌주민의보건복지증진을위한특별법
- 아동복지법
- 정신보건법
- 장애인복지법
- 사회복지공동모금회법
- 모·부자복지법
- 영유아보육법
- 노인복지법

- 일제하일본군위안부피해자에대한생활안정지원및기념사업등에관한법률
- 장애인·노인·임산부등의편의증진보장에관한법률
- 식품기부활성화에관한법률(2006.3.24. 신설)

4 의료법에 따른 의료법인이 운영하는 사업

의료업을 목적으로 의료법에 따라 설립한 종합병원, 병원, 한방병원, 치과병원, 요양병원, 각종 의원, 한의원 및 조산원을 말한다.

5 법인세법 제24조 제2항 제2호에 해당하는 기부금을 받는 자가 해당 기부금으로 운영하는 사업

① 법정기부금 단체

비영리 교육재단(국립·공립·사립학교의 시설비, 교육비, 장학금 또는 연구비 지급을 목적으로 설립된 비영리 재단법인으로 한정한다), 기능대학, 평생교육시설 및 원격대학 형태의 평생교육시설, 외국교육기관 및 제주특별자치도 국제학교, 산학협력단, 광주과학기술원·대구경북과학기술원·울산과학기술원, 서울대학교, 인천대학교, 한국학교(대통령령으로 정하는 요건을 충족하는 학교만 해당한다)로서 대통령령으로 정하는 바에 따라 기획재정부장관이 지정·고시하는 학교, 국립대학병원·국립대학치과병원, 서울대학교병원·서울대학교치과병원, 사립학교가 운영하는 병원, 국립암센터, 지방의료원, 국립중앙의료원, 대한적십자사가 운영하는 병원, 한국보훈복지의료공단이 운영하는 병원, 한국원자력의학원, 국민건강보험공단이 운영하는 병원, 산업재해보상보험법에 따른 의료기관, 사회복지사업, 그 밖의 사회복지활동의 지원에 필요한 재원을 모집·배분하는 것을 주된 목적으로 하는 비영리법인(대통령령으로 정하는 요건을 충족하는 법인만 해당한다)으로서 대통령령으로 정하는 바에 따라 기획재정부장관이 지정·고시하는 법인에 지출하는 기부금

② 지정기부금 단체

사회복지·문화·예술·교육·종교·자선·학술 등 공익성을 고려하여 대통령령(법인세법 시행령 §39 ①)으로 정하는 기부금

6 법인세법 시행령 제39조 제1항 제1호 각목에 따른 공익법인 등 및 소득세법 시행령 제80조 제1항 제5호에 따른 공익단체가 운영하는 고유목적사업. 다만, 회원의 친목 또는 이익을 증진시키거나 영리를 목적으로 대가를 수수하는 등 공익성이 있다고 보기 어려운 고유목적사업은 제외한다.

- 법인세법 시행령상 지정기부금단체 등 : 2002.1.1. 이후 최초로 상속이 개시되거나 증여하는 것부터 적용
- 소득세법 시행령상 기부금대상민간단체 : 2007.2.28. 이후 최초로 상속세 또는 증여세를 결정하는 분부터 적용

▶ 법인세법 시행령 §39 ① 1호 [지정기부금단체의 범위]

가. 「사회복지사업법」에 따른 사회복지법인
나. 「영유아보육법」에 따른 어린이집
다. 「유아교육법」에 따른 유치원, 「초·중등교육법」 및 「고등교육법」에 따른 학교, 「근로자직업능력 개발법」에 따른 기능대학, 「평생교육법」 제31조 제4항에 따른 전공대학 형태의 평생교육시설 및 같은 법 제33조 제3항에 따른 원격대학 형태의 평생교육시설
라. 「의료법」에 따른 의료법인
마. 종교의 보급, 그 밖에 교화를 목적으로 「민법」 제32조에 따라 문화체육관광부장관 또는 지방자치단체의 장의 허가를 받아 설립한 비영리법인(그 소속 단체를 포함한다)
바. 「민법」 제32조에 따라 주무관청의 허가를 받아 설립된 비영리법인, 비영리외국법인, 「협동조합 기본법」 제85조에 따라 설립된 사회적협동조합, 「공공기관의 운영에 관한 법률」 제4조에 따른 공공기관(같은 법 제5조 제3항 제1호에 따른 공기업은 제외한다) 또는 법률에 따라 직접 설립된 기관 중 다음의 요건을 모두 충족한 것으로서 주무관청의 추천을 받아 기획재정부장관이 지정하여 고시한 법인 ⇒ 설립일부터 1년 이내에 지정기부금단체 등으로 고시된 경우에는 그 설립일부터 공익법인 등에 해당하는 것으로 본다.
(기획재정부 홈페이지 법령 - 공고란에 게시)

▶ 소득세법 시행령 §80 ① 5호 [기부금대상민간단체의 범위]

• 비영리민간단체지원법에 따라 등록된 단체 중 일정요건을 갖춘 것으로서 행정안전부장관의 추천을 받아 기획재정부장관이 지정한 단체
(기획재정부 홈페이지 법령 - 공고란에 게시)

지정기부금단체인 지역신용보증재단이 수익사업인 신용보증사업(정관상 고유목적사업)만을 영위하는 경우에는 공익법인 등에 해당하지 않는다고 해석(법령해석과 - 1268, 2018.5.9.)하고 있다.

7 「법인세법 시행령」 제39조 제1항 제2호 다목에 해당하는 기부금을 받는 자가 해당 기부금으로 운영하는 사업. 다만, 회원의 친목 또는 이익을 증진시키거나 영리를 목적으로 대가를 수수하는 등 공익성이 있다고 보기 어려운 고유목적사업은 제외한다.

▶ 법인세법 시행령 §39 ① 2호 다목

사회복지·문화·예술·교육·종교·자선·학술 등 공익목적으로 지출하는 기부금으로서 기획재정부령이 지정하여 고시하는 기부금

「법인세법 시행령」 제39조 제1항 제2호 다목에 해당하는 기부금을 받는 자는 해당 기부금 지정·고시 시점부터 공익법인등에 해당하며 그 기부금을 모두 소진한 경우에도 공익법인 등에서 제외되지 않는다(재재산 – 958, 2022.8.12.).

◀ 다음 ⑧부터 ⑫까지를 2020.12.31.까지 공익법인 등으로 보는 경우 ▶

2018.12.31. 현재 ⑧부터 ⑫까지에 해당하는 공익법인 등은 2020.12.31.까지 공익법인 등에 해당하는 것으로 본다. 2019.1.1. 시행되는 상속증여세법 시행령 제12조에서 삭제하고 법인세법령상 기부금단체를 공익법인 등으로 규정하여 대부분 종전 공익법인 등의 범위에 포함되지만 차이점이 있다면 기획재정부장관이 지정기부금 단체로 지정·고시한 경우에 공익법인 등에 해당하므로 유예기간 내에 기획재정부장관으로부터 기부금단체로 지정을 받아야 한다.

8 공익법인의 설립·운영에 관한 법률의 적용을 받는 공익법인이 운영하는 사업

▶ 공익법인의 범위(공익법인의 설립·운영에 관한 법률 시행령 §2)

재단법인 또는 사단법인으로서 사회일반의 이익에 공여하기 위하여 다음 사업을 목적으로 하는 법인

① 학자금·장학금 기타 명칭에 관계없이 학생 등의 장학을 목적으로 금전 등을 지급하거나 지원하는 사업(금전에 갈음한 물건·용역 또는 시설을 설치·운영 또는 제공하거나 지원하는 사업을 포함)

② 연구비·연구조성비·장려금 기타 명칭에 관계없이 학문·과학기술의 연구·조사·개발·보급을 목적으로 금전 등을 지급하거나 지원하는 사업(금전에 갈음한 물건·용역 또는 시설을 제공하는 사업을 포함)

③ 학문 또는 과학기술의 연구·조사·개발·보급을 목적으로 하는 사업 및 이들 사업을 지원하는 도서관·박물관·과학관 기타 이와 유사한 시설을 설치·운영하는 사업

④ 불행·재해 기타 사정으로 자활할 수 없는 자를 돕기 위한 모든 자선사업

⑤ "① 내지 ④"에 해당하는 사업의 유공자에 대한 시상을 행하는 사업

9 예술 및 문화에 현저히 기여하는 사업 중 영리를 목적으로 하지 아니하는 사업으로서 관계행정기관의 장의 추천을 받아 기획재정부장관이 지정하는 사업

예술 및 문화사업의 범위가 넓어 공익성이 낮은 경우에도 공익법인으로 분류될 개연성이 높아 2000.1.1. 이후 설립하는 것부터는 기획재정부장관이 고시하는 사업에 한하여 공익사업에 해당하는 것으로 개정되었다.

다만, 1999.12.31. 개정 전부터 예술·문화에 현저히 기여하는 사업 중 영리를 목적으로 하지 아니하는 사업을 영위하고 있는 공익법인은 기획재정부장관의 지정을 받은 것으로 본다.

➡ 상속증여세법 시행령 제12조 제9호의 신설(2001.12.31.)로 인하여 재정부장관의 지정이 없더라도 정부로부터 허가 또는 인가를 받은 문화·예술단체는 2002.1.1. 이후 공익법인에 해당됨.

10 공중위생 및 환경보호에 현저히 기여하는 사업으로서 영리를 목적으로 하지 아니하는 사업

11 공원 기타 공중이 무료로 이용하는 시설을 운영하는 사업

▶ 공익법인 등의 범위[상속증여세법 기본통칙 16 – 12…1]

마을회관 부지 등을 마을회에 기부하여 마을회관을 운영하는 경우에는 상속증여세법 시행령 제12조 제8호에 규정하는 "공원 기타 공중이 무료로 이용하는 시설을 운영하는 사업"을 영위하는 것으로 본다.

12 1호 내지 5호·7호 또는 8호와 유사한 사업으로서 기획재정부령이 정하는 사업

▶ 상속증여세법 시행규칙 §3 [공익법인 등의 범위]

① 산업기술혁신촉진법 제42조에 따라 허가받은 한국전자파연구원이 동법 제42조 제3항에 따라 운영하는 사업

② 중소기업진흥 및 제품구매촉진에 관한 법률에 의한 중소기업진흥공단이 운영하는 사업으로 동법 제74조 제1항 제20호의 규정에 의한 사업

③ 한국과학기술원법 기타 특별법에 의하여 설립되었거나 육성되는 법인이 운영하는 사업으로서 공익법인의 설립·운영에 관한 법률 시행령 제2조에 해당하는 사업

④ 법인세법 제24조 제2항 제4호 나목·마목, 같은항 제5호부터 제7호까지 및 같은법 시행규칙 별표 6의3 제32호에 따른 기부금을 받은 자가 해당 기부금으로 운영하는 사업

⑤ 「여신전문금융업법」 제62조에 따른 여신전문금융업협회가 금융사고를 예방하기 위하여 같

은 법 시행령 제6조의13 제1항에 따른 영세한 중소신용카드가맹점의 신용카드 단말기 교체를 지원하는 사업(2015.3.15. 이후 출연받는 경우부터 적용함)

⑥ 「정보통신기반 보호법」 제16조에 따른 정보공유·분석센터로서 「민법」 제32조 및 「금융위원회 소관 비영리법인의 설립 및 감독에 관한 규칙」에 따라 설립된 비영리법인이 금융 분야의 주요 정보통신기반시설에 대한 침해사고 예방, 취약점의 분석·평가 등 금융 분야 정보통신기반시설을 보호하기 위하여 운영하는 사업(2015.3.15. 이후 출연받는 경우부터 적용함)

⑦ 상공회의소법에 의한 대한상공회의소가 근로자직업능력개발법에 따라 운영하는 직업능력개발사업 및 유통산업발전법 제2조 제1호에 따른 유통산업을 지원하는 사업

⑧ 중소기업협동조합법에 의한 중소기업중앙회가 운영하는 중소기업연수사업·중소기업상품전시사업(국외의 전시장 설립 및 박람회참가사업을 포함한다) 및 중소기업글로벌지원센터의 건립·운영사업

⑨ 산업집적활성화 및 공장설립에 관한 법률에 의한 산업단지관리공단 및 한국산업단지공단이 사회복지사업법에 의하여 운영하는 사회복지사업

⑩ 지역균형개발 및 지방중소기업육성에 관한 법률에 의한 지역중소기업종합지원센터가 운영하는 지방중소기업지원사업

⑪ 근로자복지기본법에 따른 근로복지진흥기금이 출연하여 설립한 비영리법인으로서 민법 제32조에 따라 주무부장관의 허가를 받아 설립된 영유아보육시설이 운영하는 사업

⑫ 보험업법 제175조에 따른 보험협회가 생명보험 사회공헌사업 추진을 위한 협약에 따라 사회공헌기금 등을 통하여 수행하는 사회공헌사업

⑬ 「노동조합 및 노동관계조정법」 제10조 제2항에 따른 총연합단체인 노동조합이 시행하는 노사상생협력증진에 관한 교육·상담 사업, 그 밖에 선진 노사문화 정착과 노사 공동의 이익증진을 위한 사업으로서 고용노동부장관이 정하는 사업(2013.12.31.까지 유효함)

⑭ 「민법」 제32조에 따라 여성가족부장관의 허가를 받아 설립된 비영리법인이 외국 정부가 조성한 자금으로 일본군으로부터 직접적인 피해를 입은 자를 지원하기 위하여 운영하는 사업(2016.12.27.이 속하는 소득세 과세기간 또는 법인세 사업연도부터 적용한다)

▌예규에 의한 공익법인 여부▐

문서번호	일 자	공익법인명칭	사업내용	여부
상속46014-1110	00. 9.14	2010년세계박람회유치위원회		여
상속46014-1080	00. 9. 6	(사)전국공원묘원협회	공원묘원위탁관리	부
상속46014-607	00. 5.19	천주교마리아사업회	법인설립 여부·고유번호 관계없음	여
상속46014-128	00. 3.27	산림환경기능증진자금	환경보호	여
상속46014-270	00. 3. 3	한국지방자치단체국제화		부
상속46014-48	00. 1.13	영유아보육시설(개인운영)		부
재삼46014-1546	99. 8.13	사립미술관		여

문서번호	일 자	공익법인명칭	사업내용	여부
재삼46014-1387	99. 7.19	(사)한민족통일교육연구소	문화·예술	여
재삼46014-691	99. 4. 9	2002월드컵문화시민운동중앙협의회	문화·예술	여
재삼46014-461	99. 3. 8	(재)홍익회		부
재삼46014-201	99. 1.27	석탄산업합리화사업단		부
재삼46014-140	99. 1.22	한국건강관리협회	영리사업	부
재삼46014-37	99. 1. 7	전국수산물도매시장협회		부
재삼46014-2560	98.12.31	홍성인정직업훈련원		부
재삼46014-1755	98. 9.14	화교소학교	외국교육기관	부
재삼46014-1186	98. 6.29	안양여자기독교청년회	후원회	부
재삼46014-641	98. 4.15	(재)한국문화협회	공원묘원운영	부
재삼46014-531	98. 3.26	한국에이즈퇴치연맹	공중위생	여
재삼46014-2540	97.10.27	(재)부산사회체육센터	문화·예술	여
재삼46014-1910	97. 8. 7	화산사유지회	문화재수호·관리	여
재삼46014-1572	97. 6.27	한국방송개발원		여
재삼46014-79	97. 1.16	(재)명원문화재단	다도문화·학술연구	여
재삼46014-2483	96.11. 8	조계종(주무관청 허가 여부에 관계없음)		여
재삼46014-2294	96.10.11	새마을운동중앙본부와 산하단체		여
재삼46014-2151	96. 9.20	경로당	공중무료시설	여
재삼46014-1779	96. 7.27	한국불교미술박물관	사립미술관	여
재재산46014-278	95. 7.19	(재)광주향교재단	종교사업	여
재재산46014-277	95. 7.19	(사)동북아전략연구소		여
재재산46014-228	95. 6.15	국민생활체육협의회	문화·예술	여
재재산46014-187	95. 5.10	도서관및독서진흥법에 의하여 등록되거나 신고된 문고사업	문고사업	여
재재산46014-135	95. 4.12	한국방송공사		부
재삼46014-542	95. 3. 7	마을공동창고	공중무료시설	여
재산상속46014-156	02. 9.19	대한체육회와 그 산하가맹단체 및 국립대학교부속병원		여
재재산46014-306	01.12.27	(재)정암언론문화재단, (재)박건희문화재단		여
재재산46014-273	01.11. 2	환경운동연합		여
재재산46014-21	02. 1.24	운우판화미술관		여
재재산46014-86	01. 3.28	대한약학정보화재단		여
재재산46014-26	01. 2. 8	전국문화회관연합회		여

문서번호	일 자	공익법인명칭	사업내용	여부
재산상속46014-49	01. 1. 9	대학교내학생자치회	(소비자생활조합법)	부

 관련 예규·심판결정례 및 판례 등

☐ 재산을 출연받아 설립된 비영리법인이 설립일부터 1년 이내에 공익법인에 해당하는 경우에는 증여세 과세가액에 산입하지 아니함(공익법인지원팀-373, 2022.4.14., 상속증여세과-232, 2014.7.3.).

☐ 대한상공회의소가 근로자직업훈련촉진법에 따라 운영하는 직업능력개발사업은 2000.1.1. 이후 공익법인에 해당함(대법원 2009두20281, 2010.2.25.).

  - 노동부 설립허가를 받아 1998.9.8. 설립등기하면서 출연받은 재산의 경우 당시 상속증여세법상 공익법인 등이 출연받은 재산에 대한 증여세 과세가액불산입대상에 해당되지 아니함.
  - 2000.4.3. 개정된 상속증여세법 시행규칙 제3조는 원고를 증여세과세대상에서 제외하는 것으로 규정하되, 부칙 제2항에서 위 개정된 시행규칙을 2000.1.1. 이후 이루어진 증여행위부터 적용하도록 규정하고 있으므로, 상속증여세법 관련규정에서 새로운 세법을 소급하여 적용하도록 하는 예외규정이 없는 이상 원고에게 유리하게 이를 소급하여 적용할 수는 없음.

3. 출연재산의 범위

민법상 "출연"이란 본인의 의사에 의하여 자기의 재산을 감소시키고 타인의 재산을 증가시키는 효과가 있는 행위를 말한다.

상속증여세법상 "출연"이란 기부 또는 증여 등의 명칭에 불구하고 공익사업에 사용하도록 무상으로 재산을 제공하는 행위를 말하며, 그 출연행위에 의하여 제공된 재산을 출연재산이라고 한다.

즉, 공익법인이 무상으로 얻은 재산이 출연재산이 되는 것이며, 대가를 수반하여 제공받은 재산은 출연재산으로 볼 수 없다.

상속세 과세가액 불산입하는 재산은 상속재산을 출연한 경우이므로 상속인의 고유재산을 대체 출연하는 경우에는 상속세가 과세되며, 증여세의 경우에는 증여자(출연자)가 출연하는 모든 재산에 대하여 증여세 과세가액에 불산입한다.

다만, 의결권이 있는 내국법인의 주식의 경우에는 5%(성실공익법인의 경우 10% 또는 20%)를 초과하여 출연하는 경우 그 초과분에 대해서는 공익법인 등에게 상속세 또는 증여세가 과세된다.

관련 예규·심판결정례 및 판례 등

❑ 사찰 명의로 등기되지 않은 경우 창건주의 개인사찰에 불과함(대법원 2022두34517, 2022.5.26.). 사찰이 법인 아닌 사단 또는 재단으로 단체성을 가지고 있어서 독립된 권리주체로 그 부지나 매각대금을 총유하고 있다고 보기 어렵고, 이 사건 증여재산가액의 산정은 적법함.

❑ 상속받은 수익증권(펀드) 매각대금, 보험·정기예금의 해지자금을 출연한 경우 과세가액 불산입함 (상속증여세과 − 351, 2014.9.18., 재산세과 − 474, 2011.10.13.).

❑ 상속재산인 비상장주식 매각대금을 신고기한 내 출연시 불산입함(재산세과 − 511, 2010.7.14.).

❑ 상속인의 고유재산으로 출연하는 경우 불산입대상 아님(재삼 46014 − 668, 1999.4.6.).

❑ 공익법인이 출연받은 재산을 유류분 반환판결에 따라 반환하는 경우 당초부터 출연이 없었던 것으로 봄(재삼 46014 − 1681, 1996.7.13.).

❑ 개인명의로 등기된 재산은 출연재산 아님(서면4팀 − 2189, 2005.11.15., 조심 2008 − 3704, 2009.3.13.). 쟁점토지는 종교용지로 사용되고 있는 것은 사실이나 소유권이전등기 당시 사찰명의로 부동산 등기용등록번호를 부여받았음에도 부동산 등기부등본상 증여를 원인으로 청구인에게 소유권이 전등기를 받았으므로 증여세를 부과한 처분은 정당함.

❑ 공익법인 송금액을 상속세 과세가액에 포함시킨 처분은 위법함(대법원 2011두27872, 2012.3.15.). 상속개시일로부터 6개월 이내에 망인 및 참가인들이 상속받은 공익법인 송금액에 관하여 공익법인으로의 증여가 이루어지고, 상속세 과세표준 신고를 통하여 상속인들 사이에 증여 의사의 합치가 이루어진 이상, 공익법인 송금액은 상속세 과세가액에서 공제되어야 함.

❑ 피상속인이 생전에 공익사업에 출연하기 위하여 증여하였으나 소유권이전등기를 마치지 않은 토지는 상속세 과세가액에 산입함(대법원 90누1062, 1990.5.25.).

사례　상속인이 공익법인에 출연한 재산이 기부금 특별세액공제 대상인지?

❑ 상속인이 상속재산을 공익법인에 출연하여 상속세 과세가액에서 제외된 경우 해당 출연재산에 대하여는 기부금 특별세액공제를 받을 수 없음(법령해석소득 2015 − 22217, 2015.7.31.).

해설

상속인이 신고기한 이내에 공익법인에 상속재산을 출연하는 경우 상속세 과세가액에 불산입하는 것은 피상속인이 유증 등에 따라 직접 출연한 것과 같이 상속인이 실제 상속받은 재산으로 보고 있지 아니하므로 해당 출연재산은 상속인이 실제 지급한 기부금으로 보지 않도록 하여 세법간 일관성을 유지하려는 유권해석으로 보임.

4. 과세가액 불산입요건

가. 이사 등에 대한 요건

1) 피상속인이 출연하는 경우

피상속인의 유언, 사인증여에 의하여 상속재산을 공익법인에 출연하는 경우 해당 공익법인의 이사장 및 이사 중 피상속인 또는 상속인 및 그와 특수관계에 있는 이사가 몇 명인지에 상관없이 출연재산에 대하여 상속세과세가액에 산입하지 않는다.

2) 상속인이 출연하는 경우

피상속인의 유언 등이 없는 상태에서 상속인들이 다음의 요건을 모두 갖추어 상속세 과세표준 신고기한 이내에 출연하는 경우에는 상속세 과세가액에 산입하지 아니하지만 일부 요건이라도 갖추지 못한 경우에는 과세가액에 산입한다(상속증여세법 시행령 §13 ②).

① 상속인의 의사(상속인이 2명 이상인 경우에는 상속인들의 합의에 의한 의사로 한다)에 따라 상속받은 재산을 상증세법 제16조 제1항에 따른 기한까지 출연할 것

② 상속인이 ①에 따라 출연된 공익법인 등의 이사의 선임 등 공익법인 등의 사업운영에 관한 중요사항을 결정할 권한을 가지지 아니하고, 이사 현원(5명에 미달하는 경우에는 5명으로 본다)의 5분의 1을 초과하여 이사가 되지 아니할 것. 다만, 2016.2.5. 이후 상속세를 결정·경정하는 분부터 이사의 사망 또는 사임, 특수관계에 있지 않던 이사가 특수관계인에 해당하는 부득이한 사유로 상속인이 이사 현원의 5분의 1을 초과하여 이사가 된 경우로서 해당 사유가 발생한 날부터 2개월 이내에 이사를 보충하거나 개임하는 경우에는 상속인이 이사 현원의 5분의 1을 초과하여 이사가 된 것으로 보지 않는다.

공동상속인들이 합의에 따라 공익법인에 상속재산을 출연하고 일부 상속인들이 이사 현원의 5분의 1을 초과하는 등으로 과세가액 불산입요건을 충족하지 못한 경우 그 출연재산 전부가 상속세 과세가액 불산입의 대상이 되지 못하는 것으로서 그 출연재산 중 이사로 취임한 상속인을 제외한 나머지 상속인들의 상속지분에 해당하는 부분이 상속세 과세가액 불산입 대상이 되는 것은 아니다(대법원 96누10461, 1997.1.24.).

상속개시 후 상속인이 이사 등에서 물러나 해당 공익법인 등의 이사 현원의 5분의 1을 초과하지 아니하고, 동시에 상속인이 그 공익법인 등의 사업운영에 관한 중요사항을 결

정할 권한을 갖지 아니한 상태로 전환한 후 상속세 신고기한내에 상속재산을 그 공익법인 등에 출연하는 경우에도 상속증여세법 제16조 제1항에 따라 출연된 재산가액은 이를 상속세 과세가액에 산입하지 아니하며, 이사에는 이사회의 의결권을 갖지 아니하는 감사는 포함하지 아니한다(상속증여세법 기본통칙 16-13…3).

 관련 예규·심판결정례 및 판례 등

❏ 상속증여세법 제16조 제4항 중 "상속재산의 출연방법" 부분은 조세법률주의 및 포괄위임입법금지원칙에 위배되지 않음(헌재 2012헌바284, 2015.4.30.).
– 상속인들 중 일부는 다른 상속인들과 합의 없이 공익법인 등에 출연한 재산에 대하여 상속세 과세받은 청구인이 대통령령으로 포괄위임하였다고 주장하였으나
– 헌법재판소는 심판대상조항과 관련 조항들을 전체적·체계적으로 해석하면, 대통령령에 규정될 내용 및 범위의 기본사항, 즉 공익법인 출연재산에 대한 상속세과세가액 불산입 요건의 기본사항을 국민이 예측할 수 있을 정도로 구체적이고 명확하게 규정하고 있으며, 대통령령에 위임하고 있는 사항은 기술적인 사항이나 기타 세부적인 사항의 규율에 국한되어 있으므로 조세법률주의 및 포괄위임입법금지원칙에 위배되지 않는다고 판결함.

❏ 이사장이 사업운영에 관한 중요사항을 결정할 권한을 가진 것인지(상속증여세과-296, 2014.8.11.)
공익법인의 이사장 직위가 이사의 선임 등 사업운영에 관한 중요사항을 결정할 권한이 있는지 여부는 이사장에 취임한 사실만으로 판단하는 것은 아니며, 관할세무서장이 해당 공익법인의 정관, 사업운영현황, 중요사항의 결정방법 및 실태 등 구체적인 사실을 확인하여 판단할 사항임.

❏ 행방불명인 상속인을 제외하고 합의하여 출연한 경우(법규과-3621, 2008.8.25.)
연락두절 등 사유로 상속재산의 분할 협의에 참여하지 않은 상속인을 제외한 나머지 상속인들이 상속받은 재산을 합의에 따라 상속세 과세표준신고기한 이내에 공익법인 등에 출연한 경우에는 해당 출연재산의 가액을 상속세 과세가액에 불산입하는 것임.

❏ 상속인인 이사장에게 의사결정 권한이 없는 경우(국심 2004광1807, 2004.11.4.)
공익법인의 이사장이 상속인이어서 공익법인 출연액을 상속세과세가액에 산입하였으나 당해 법인의 정관 등에 이사장이 중요사항의 결정권한이 없는 것으로 확인되므로 이를 취소함이 타당함.

나. 출연 시한

재산을 출연한다는 것은 출연할 재산의 소유권을 공익법인에게 이전하는 것을 말한다. 따라서 재산을 출연할 의사표시를 하고 이를 이행하지 아니한다면 결과적으로 출연하지 않은 것과 같으므로 상속세 과세표준 신고기한까지 공익법인에 재산을 출연하는 경우에

한하여 상속세과세가액에 산입하지 아니한다.

다만, 법령 또는 행정상의 사유로 소유권이전이 지연되는 경우와 상속재산을 출연하여 공익법인을 설립하는 경우로서 부득이한 사유로 설립허가 등이 지연되는 경우에는 그 사유가 종료된 날부터 6월 이내에 출연하여야 한다.

이 경우 부득이한 사유는 공익법인 등에 재산을 출연하고자 하였으나 자신의 책임으로 돌릴 수 없는 법령상 또는 행정상의 장애사유 등이 있어 출연이 지연되는 사유를 의미하고, 상속인이 상속재산의 존재 자체를 알 수 없어 출연기한 내에 출연하지 못하였다는 사정만으로는 이에 해당한다고 볼 수 없다(대법원 2012두22706, 2014.10.15.).

▶▶ 상속증여세법 기본통칙 16-13…2【공익법인 등에의 출연시기 및 출연시한】

① 공익법인 등에 출연한 재산의 출연시기는 동 공익법인 등이 출연재산을 취득하는 때를 말한다.

② 공익법인 등에 출연한 재산은 상속세신고기한까지 공익법인 등에 그 출연을 이행(등기·등록 등을 요하는 재산의 경우 등기등록에 의하여 소유권이 이전된 것을 말함)하여야 한다. 다만, 법령상 또는 행정상의 정당한 사유로 인하여 설립허가 등이 지연되는 경우에는 그 사유가 종료된 날부터 6월 이내에 그 출연을 이행하여야 한다.

> 사례   **피상속인이 출연한 약속어음이 사망 후 결제된 경우 불산입 여부**
>
> ❑ 피상속인이 교회에 출연한 약속어음을 상속인이 결제한 경우 공익법인 등에 출연한 금액으로 보아 상속세과세가액에서 제외함(국심 2003구3182, 2004.3.18.).
>
> **사건 개요 및 쟁점사항**
>
> 피상속인이 2002.3.31. ○○교회에 발행일자를 2002.3.30.로 하고, 지급일을 2002.9.30.로 한 액면금액 ○○○원의 약속어음(이하 쟁점어음)을 헌금하고 2002.4.17. 사망함.
> (쟁점 1) 쟁점어음이 공제가능한 상속채무인지.
> (쟁점 2) 상속인 등이 임대보증금으로 결제한 어음의 액면금액을 공익법인 등에 출연한 금액으로 보아 상속세과세가액에서 제외할 수 있는지.
>
> **결정요지**
>
> (쟁점 1) 공제할 상속채무에 해당하지 아니함.
> - 법인세법 시행규칙 제19조 및 소득세법 기본통칙 34-3은 기부금을 약속어음으로 발행하여 지급한 경우 그 지급시기 및 손금확정(귀속)시기를 약속어음의 교부일이 아니라 실제 결제된 날로 규정하고 있으므로 세법상으로 볼 때 피상속인이 ○○○교회에 쟁점어음을 교부한 날인 2002.3.31.은 장래의 헌금(기부)을 약속한 날이고 실제 헌금(기부)일은 쟁점어음의 결제일인 2002.9.30.이라고 하겠다.

- 피상속인이 쟁점어음을 교부한 날인 2002.3.31. ○○○교회에 어음의 액면금액에 해당하는 금액을 2002.9.30. 지급하여야 하는 증여채무를 부담한 것으로 보는 것이 피상속인이 어음을 발행한 의도 및 어음의 발행내용에 부합하므로
- 쟁점어음채무를 증여채무로 보아 공제를 배제하여 과세한 처분은 잘못이 없다.

(쟁점 2) 상속세 과세가액에 불산입하는 공익법인 출연재산에 해당함.
- 금융거래내역 등에 의하면 청구인은 2002.4.17. 부동산을 상속받고 상속세 신고기간 내인 2002.9.30. 부동산의 임대보증금으로 어음의 액면금액을 결제하였다.
- 처분청은 상속받은 부동산의 임대보증금은 상속재산이 아니라 청구인의 고유재산이라는 입장이나, 부동산의 소유권은 사용수익·처분권으로 구성되고, 부동산의 임대보증금은 동 자산의 사용권에 대한 대가인 점을 감안하면 임대보증금이 청구인의 고유재산이라고 하는 처분청의 입장은 타당하지 않다.
- 한편, 상속받은 재산의 일부금액만을 공익법인 등에 출연하는 경우에는 상속재산의 환가 등이 필수적으로 수반되어 그 형태의 변경이 불가피한 것이 일반적이고, 부동산을 상속받아 그 보증금으로 받은 현금을 출연하는 경우 출연금의 원천이 상속재산임이 객관적으로 확인되므로 청구인이 부동산을 상속받아 그 보증금으로 받은 현금의 일부를 출연함으로써 상속받은 재산과 출연재산의 형태가 달라졌다고 하더라도 상속재산가액 한도 내의 출연금은 상속재산을 출연한 것으로 인정함이 합리적이라고 판단된다.

5. 내국법인 발행주식총수의 5%를 초과하여 출연받는 경우

공익법인이 내국법인의 의결권 있는 주식(출자지분)을 출연받는 경우로서 출연받는 주식과 보유하고 있는 주식 등의 합계가 해당 내국법인의 의결권 있는 발행주식 총수(2017.1.1. 이후 출연하는 분부터 자기주식과 자기출자지분은 제외)의 일정 주식수를 초과하는 경우에는 그 초과분에 대하여 출연시점에서 상속세 또는 증여세를 과세한다. 주식을 출연하여 상속세 또는 증여세를 면제받은 후에도 해당 공익법인을 통하여 의결권을 행사함으로써 계열회사를 지배하는 등 공익법인을 지주회사화하는 것을 방지하기 위한 조치로 볼 수 있다.

상속개시일 당시 의결권 있는 보통주를 상속세 신고기한 내에 의결권 없는 우선주로 전환한 후에 공익법인에 출연하는 경우 주식등이 의결권이 있는지 여부는 상속개시일이 아닌 상속세 과세표준 신고기한까지 주식을 출연하는 시점을 기준으로 판단한다고 해석하였다(사전-법규과-3153, 2023.12.21.).

┃ 공익법인의 주식보유 제한 개정연혁 ┃

2018.1.1.~2020.12.31.		2021.1.1. ~	
① 성실공익법인	10%	❶ 공익법인(원칙)	10%
② 의결권 불행사 & 자선·장학·사회복지법인으로서 성실공익법인	20%	❷ 의결권 불행사 & 자선·장학·사회복지 & 기업집단 외 공익법인 & ⑧요건 충족	20%
③ 기업집단과 특수관계있는 성실공익법인	5%	❸ 기업집단과 특수관계있는 공익법인	5%
④ 기타 일반 공익법인	5%	❹ 운용소득·출연재산 의무사용·이사 미충족, 내부거래, 특수관계법인 광고	5%
⑤ 국가등 설립 & 기업집단 외 & 비특수관계 주식 & 주무관청 승인	100%	❺ 국가등 설립 & 기업집단 외 & 비특수관계 주식 & 주무관청 승인, 3월 내 매각	100%

2021.1.1. 이후부터 성실공익법인 등과 일반 공익법인 등의 구분을 없애고 원칙적으로 내국법인 주식에 대한 보유비율을 100분의 10으로 하되, 상호출자제한기업집단과 특수관계에 있거나 상속증여세법 제48조 제11항의 요건을 갖추지 못한 공익법인 등은 100분의 5까지, 사회복지법인 등의 경우에는 100분의 20까지, 국가가 출연하여 설립한 공익법인 등은 종전과 같이 보유비율에 제한이 없는 등 주식 보유허용비율은 다음과 같으며, 그 초과하는 주식가액은 상속세를 부과한다.

① (원칙) 100분의 10

② 다음의 요건을 모두 갖춘 공익법인 등(나목 또는 다목에 해당하는 공익법인 등은 제외한다)에 출연하는 경우 : 100분의 20

　㉮ 출연받은 주식등의 의결권을 행사하지 아니할 것

　㉯ 자선·장학 또는 사회복지를 목적으로 할 것

③ 공정거래법 제31조에 따른 상호출자제한기업집단과 특수관계에 있는 공익법인 등 : 100분의 5

④ 상속증여세법 제48조 제11항 각 호 다음의 요건을 충족하지 못하는 공익법인 등 (❹) : 100분의 5

　㉮ 운용소득을 1년내 80%이상 사용할 것

　㉯ 출연자 등이 출연재산을 사용·수익하지 아니 할 것(자기내부거래 금지)

ⓓ 출연자·특수관계인 5분의 1 초과하여 이사로 취임하지 아니할 것

ⓔ 정당한 대가없이 특수관계법인 광고·홍보하지 아니할 것

ⓕ 출연재산가액의 1% 상당액 이상 사용의무(2022.1.1. 이후 시행)

다만, 주식보유비율 10%, 초과보유공익법인 3%(상증법 §48 ② 7호)

㉮ 내지 ㉣의 요건은 2020.12.31. 이전 성실공익법인의 요건 중 네 가지와 같으며, ㉤의 요건은 2022.1.1. 이후 적용하는 요건이다.

⑤ 국가가 출연하여 설립한 공익법인 등 일정요건을 갖춘 경우 공익법인 등 : 100분의 100

▌**주식출연 제한비율 연혁**▌

'90년 이전	'91～'93년	'94～'07년	'08～'17년	'18년～
제한없음	20%	5%	① 5%, ③ 10%, ④ 100%	① 5%, ② 20%, ③ 10%, ④ 100%

가. 5% 등 초과 여부 판단 및 과세방법

1) 출연을 받은 주식수 계산방법

출연하는 해당 주식에 대하여만 5% 등 초과 여부를 판단하게 되면 여러 차례로 나누어서 출연하거나 여러 개의 공익법인을 설립하여 출연하는 등으로 주식 초과출연제한규정을 회피할 수 있으므로 해당 공익법인이 주식을 출연받는 날 현재 보유하고 있는 주식 및 다음에 해당하는 공익법인이 보유하는 주식을 합하여 5% 등 초과 여부를 계산한다.

$$[Ⓐ + Ⓑ + Ⓒ + Ⓓ] ≤ K내국법인 총발행주식수의 5% 등$$

Ⓐ : 해당 공익법인(甲)이 출연받는 K법인의 주식

Ⓑ : 해당 공익법인(甲)이 출연받을 당시 보유하고 있는 K법인의 주식

Ⓒ : 출연자 및 그의 특수관계인이 해당 공익법인(甲) 외의 다른 공익법인 등(乙 외)에 출연한 K법인의 주식

Ⓓ : 상속인 및 그의 특수관계인이 재산을 출연한 다른 공익법인 등이 보유하고 있는 K법인의 주식 등(상속증여세법 §16 ② 1호 다목)

출연자 丁이 성실공익법인(A)에게 K법인의 주식 10%를 출연한 후에 다른 일반 공익법인(B)에게 K법인의 주식을 출연하는 경우 B가 출연받은 주식수에 A가 출연받은 10%를 합산하여 5% 초과 출연여부를 판단하는가, 합산할 경우 10% 전부인지 아니면 5%인

지에 대하여 가중치(1/2 또는 2)를 부여하지 않고 단순 합산(10%) 합산한다는 판결이 있다(서울고법 2019누41340, 2019.10.17.).

2) 출연자의 특수관계인의 범위

출연자의 친족, 사용인 등 다음 ①부터 ⑧까지 어느 하나에 해당하는 관계에 있는 자를 말한다(상속증여세법 시행령 §2의2 ①). 이 경우 본인도 특수관계인의 특수관계인으로 본다. 즉, 쌍방관계에 따라 특수관계 해당 여부를 판단한다.

① 친족 : 국세기본법 시행령 제1조의2 제1항 제1호부터 제4호까지의 어느 하나에 해당하는 자 및 직계비속의 배우자의 2촌 이내의 혈족과 그 배우자

⇨ 2014.2.21. 이후 부계혈족을 혈족으로 개정하여 부계와 모계혈족을 동일하게 규정하였다.

⇨ 국세기본법 시행령 제1조의2 제1항 제1호~제5호
1. 4촌(2023.2.27. 이전 6촌) 이내의 혈족
2. 3촌(2023.2.27. 이전 4촌) 이내의 인척
3. 배우자(사실상의 혼인관계에 있는 자를 포함한다)
   이 경우 사실혼 관계에 있는 배우자란 당사자의 배우자에 한하는 것이며, 사실혼 관계에 있는 배우자를 기준으로 4촌 이내의 인척을 특수관계인에 포함하지 아니한다 할 것이다(서면법규 −319, 2013.3.20.).
4. 친생자로서 다른 사람에게 친양자 입양된 자 및 그 배우자·직계비속
5. 본인이 「민법」에 따라 인지한 혼인 외 출생자의 생부나 생모로서 본인의 금전이나 그 밖의 재산으로 생계를 유지하는 사람 또는 생계를 함께하는 사람(2023.2.28. 이후 추가함)

② 사용인이나 사용인외의 자로서 당해 출연자의 재산으로 생계를 유지하는 자

사용인은 임원, 상업사용인, 그 밖에 고용계약관계에 있는 자를 말하며, 출자에 의하여 지배하고 있는 법인의 사용인을 포함한다.

"임원"은 법인세법 시행령 제40조 제1항에 따른 다음에 해당하는 자를 말한다. 2019.2.11. 이전에는 퇴직 후 5년이 지나지 아니한 그 임원(2014.2.21.부터 2019.2.11. 까지 기간 중에 상속세 또는 증여세를 결정하는 경우 사외이사를 제외한다)이었던 사람을 임원에 포함하였다(상속증여세법 시행령 §12의2 ① 3호 가목).

㉠ 법인의 회장, 사장, 부사장, 이사장, 대표이사, 전무이사 및 상무이사 등 이사회의 구성원 전원과 청산인

㉡ 합명회사, 합자회사 및 유한회사의 업무집행사원 또는 이사

㉢ 유한책임회사의 업무집행자

㉣ 감사

㉤ 그 밖에 ㉠부터 ㉣까지의 규정에 준하는 직무에 종사하는 자

"출자에 의하여 지배하고 있는 법인"은 다음 어느 하나에 해당하는 법인을 말한

다(상속증여세법 시행령 §12의2 ③).

　㉠ 본인, ①부터 ⑤까지의 자 또는 본인과 ①부터 ⑤까지의 자가 공동으로 발행주
　　식총수 또는 출자총액의 30% 이상 출자하고 있는 법인(A법인 ⇒ 1차 출자법인)

　㉡ 본인, ①부터 ⑥까지의 자 또는 본인과 ①부터 ⑥까지의 자가 공동으로 발행주
　　식총수 또는 출자총액의 50% 이상 출자하고 있는 법인(B법인 ⇒ 2차 출자법인)

　㉢ ①부터 ⑦까지에 해당하는 자가 발행주식총수 등의 50% 이상 출자하고 있는
　　법인(C법인 ⇒ 2차 또는 3차 출자법인)

③ 다음 어느 하나에 해당하는 자

　㉠ 본인이 개인인 경우 : 본인이 직접 또는 본인과 ①친족에 해당하는 관계에 있는
　　자가 임원에 대한 임면권의 행사 및 사업방침의 결정 등을 통하여 그 경영에 관
　　하여 사실상의 영향력을 행사하고 있는 기업집단의 소속기업

　　기업집단의 소속기업이란 공정거래법 제31조에 따른 상호출자제산기업집단에
　　속하는 법인과 공정거래법 시행령 제4조 제1항 제1호 각 목 외의 부분에 따른
　　동일인관련자의 관계에 있는 기업집단에 속하는 계열회사를 말하며[16], 기업집단
　　소속기업의 법인세법 시행령 제40조 제1항에 따른 임원과 퇴직 후 3년(해당 기
　　업이 공정거래법 제31조에 따른 공시대상기업집단[17]에 소속된 경우에는 5년)이

---

16) 공시대상기업집단 지정(공정거래법 시행령 §38)
　　공시대상기업집단은 해당 기업집단에 속하는 국내 회사들의 공시대상기업집단 지정 직전사업연도의 대
　　차대조표상의 자산총액(금융업 또는 보험업을 영위하는 회사의 경우에는 자본총액 또는 자본금 중 큰 금
　　액으로 하며, 새로 설립된 회사로서 직전사업연도의 대차대조표가 없는 경우에는 지정일 현재의 납입자
　　본금으로 한다)의 합계액이 5조원 이상인 기업집단으로 한다.
　　⇒ 공정거래위원회에서 매년 5월 1일까지 지정하며, 2019년 공시대상기업집단은 59개 기업집단(소속기
　　　업 2,103개)임.

17) 기업집단의 범위(공정거래법시행령 제4조)
　　기업집단이란 동일인이 사실상 사업내용을 지배하는 회사의 집단으로서 지분율기준 또는 지배력기준으
　　로 기업집단의 범위를 판단한다.

요 건	판단 기준
가. 지분율 요건	동일인 및 동일인관련자가 30% 이상 소유하고 최다출자자인 회사
나. 지배력(영향력) 요건[①~④] +경영에 지배적 영향력 행사	① 동일인이 임원의 50/100 이상 선임 ② 동일인이 당해 회사의 조직변경, 신규사업투자 등 주요의사 결정이나 업무집행에 지배적 영향력 행사 ③ 동일인 지배회사와 당해 회사간 임원겸임, 인사교류 ④ 통상적 범위를 초과하여 동일인 및 동일인관련자와 자금·자산·상품·용역 거래, 채무보증·피보증 및 계열회사로 인정될 수 있는 영업상 표시행위 등 사회통념상 경제적 동일체로 인정되는 회사

가. 지분율 기준(공정거래법 시행령 제4조 제1호)

지나지 않은 사람(이하 "퇴직임원"이라 한다)은 기업집단의 소속기업에 포함하여 특수관계인 해당 여부를 판단한다. 퇴직임원의 경우 2019.2.11. 이전에는 모든 기업의 임원 중 퇴직 후 5년이 지나지 않은 사람(2014.2.21.부터 2019.2.11. 기간 중에 상속세 또는 증여세를 결정하는 경우 사외이사를 제외한다)을 말한다.

　ⓛ 본인이 법인인 경우 : 본인이 속한 기업집단의 소속 기업(해당 기업의 임원과 퇴직임원을 포함한다)과 해당 기업의 임원에 대한 임면권의 행사 및 사업방침의 결정 등을 통하여 그 경영에 관하여 사실상의 영향력을 행사하고 있는 자 및 그와 ①에 해당하는 관계에 있는 자

④ 본인, ①부터 ③까지의 자 또는 본인과 ①부터 ③까지의 자가 공동으로 재산을 출연하여 설립하거나 이사의 과반수를 차지하는 비영리법인

⑤ ③에 해당하는 기업의 임원 또는 퇴직임원이 이사장인 비영리법인

⑥ 본인, ①부터 ⑤까지의 자 또는 본인과 ①부터 ⑤까지의 자가 공동으로 발행주식총

동일인이 단독으로 또는 동일인관련자와 합하여 당해 회사 발행주식(우선주 제외)의 30% 이상을 소유하고 최다출자자인 회사를 말한다. 이 경우 주식의 취득 또는 소유의 기준은 명의와 관계없이 실질적인 소유관계를 기준으로 하며, 동일인 관련자는 다음과 같다.
① 배우자, 6촌 이내의 혈족, 4촌 이내의 인척
② 동일인이 단독으로 또는 동일인관련자가 합하여 총출연금액의 100분의 30 이상을 출연한 경우로서 최다출연자이거나, 그중 1인이 설립자인 비영리법인 또는 단체(법인격이 없는 사단·재단)
③ 동일인이 직접 또는 동일인관련자를 통하여 임원구성이나 사업운용 등에 대하여 지배적인 영향력을 행사하는 비영리법인 또는 단체
④ 동일인이 사실상 사업내용을 지배하는 회사(계열회사)
⑤ 동일인 및 동일인과 ②, ③, ④의 관계에 해당하는 자의 사용인(법인인 경우에는 임원, 개인인 경우에는 상업사용인 및 고용계약에 의한 피용인을 말한다)
나. 지배력 기준(공정거래법 시행령 제4조 제2호)
다음 어느 하나에 해당되는 회사로서 동일인이 당해 회사의 경영에 대하여 지배적인 영향력을 행사하고 있다고 인정되는 회사를 말한다.
① 동일인이 다른 주요 주주와의 계약 또는 합의에 의하여 대표이사를 임면하거나 임원의 100분의 50 이상을 선임하거나 선임할 수 있는 회사
② 동일인이 직접 또는 동일인관련자를 통하여 당해 회사의 조직변경 또는 신규사업에의 투자등 주요 의사결정이나 업무집행에 지배적인 영향력을 행사하고 있는 회사
③ 동일인이 지배하는 회사(동일인이 회사인 경우에는 동일인을 포함)와 당해 회사간에 다음과 같은 인사교류가 있는 회사
　㉮ 동일인이 지배하는 회사와 당해 회사간에 임원의 겸임이 있는 경우
　㉯ 동일인이 지배하는 회사의 임·직원이 당해 회사의 임원으로 임명되었다가 동일인이 지배하는 회사로 복직하는 경우(동일인이 지배하는 회사 중 당초의 회사가 아닌 회사로 복직하는 경우를 포함)
　㉰ 당해 회사의 임원이 동일인이 지배하는 회사의 임·직원으로 임명되었다가 당해 회사 또는 당해 회사의 계열회사로 복직하는 경우
④ 통상적인 범위를 초과하여 동일인 또는 동일인관련자와 자금·자산·상품·용역 등의 거래를 하고 있거나 채무보증을 하거나 채무보증을 받고 있는 회사, 기타 당해 회사가 동일인의 기업집단의 계열회사로 인정될 수 있는 영업상의 표시행위를 하는 등 사회통념상 경제적 동일체로 인정되는 회사

수 또는 출자총액의 30% 이상 출자하고 있는 법인(A법인 ⇒ 1차 출자법인)

⑦ 본인, ①부터 ⑥까지의 자 또는 본인과 ①부터 ⑥까지의 자가 공동으로 발행주식총
수 또는 출자총액의 50% 이상 출자하고 있는 법인(B법인 ⇒ 2차 출자법인)

⑧ 본인, ①부터 ⑦까지의 자 또는 본인과 ①부터 ⑦까지의 자가 공동으로 재산을 출
연하여 설립하거나 이사의 과반수를 차지하는 비영리법인

| 비교표 |

구 분	기업집단	공시대상기업집단	상호출자제한기업집단
대 상	① 동일인이 회사인 경우 그 동일인과 그 동일인이 지배하는 하나이상의 회사의 집단 ② 동일인이 회사가 아닌 경우 동일인이 지배하는 2이상 회사의 집단	자산총액이 5조원 이상인 기업집단	자산총액이 10조원 이상인 기업집단
		* 공정거래위원회에서 매년 지정·통지 : 2019년 공시대상 59개, 상호출자제한 34개 기업집단	
근 거	공정거래법 §2 제2호 같은법 시행령 §3	공정거래법 §14 같은법 시행령 §21 ①	공정거래법 §14 같은법 시행령 §21 ②
공시 신고 의무 등		- 대규모내부거래공시·비상장회사 중요사항공시·기업집단현황공시(§11의 2~4) 및 주식소유현황신고(§13) 의무 - 총수일가 사익편취 규제(§23의 2)	- 공시대상기업집단 의무 외에 상호출자금지(§9), 순환출자금지(§9의 2), 채무보증금지(§10의 2), 금융보험사 의결권 제한 (§11) 등 추가 적용

┃특수관계인의 범위 (상속증여세법 시행령 §2의2) **┃**

※ 출연자와 다음 ① ~ ⑧의 하나에 해당하는 관계에 있는 자

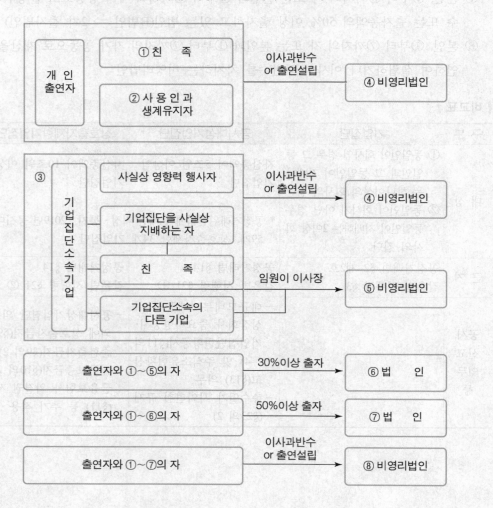

3) 주식 5% 등 초과 여부 판정시기

공익법인이 내국법인의 주식을 출연받은 날, 즉 해당 주권을 인도받은 날로 하되 주권의 인도일이 불분명하거나 주권을 인도하기 전에 주주명부 또는 사원명부에 해당 공익법인으로 명의개서를 한 경우에는 명의개서일을 말한다.

ℳ **5% 초과 여부 판정시기 개정연혁**

> • 1996.12.31. 이전에는 주식을 출연받는 날 현재 5%를 초과하였더라도 출연받은 날이 속하
> 는 사업연도의 주주명부 폐쇄일까지만 초과분을 처분하면 증여세를 면제받을 수 있었으나
> • 1997.1.1. 이후부터는 주식의 출연일 현재를 기준으로 5% 초과 여부를 판정함.

4) 5% 등 초과 출연시 과세방법

피상속인의 유언 등에 따라 출연하는 경우와 상속인 전원이 합의하여 출연하는 경우로 구분하여 5% 등 초과분에 대한 상속개시일 현재 상속증여세법상 주식평가액에 대하여 다음과 같이 상속세 및 증여세를 부과한다.

① 피상속인의 유언 등에 따라 출연하는 경우 : 공익법인에게 상속세를 부과한다.

② 상속인이 출연하는 경우 : 상속인에게 상속세를 과세하고 공익법인에게 증여세를 부과한다.

나. 5% 등을 초과해도 과세하지 않는 경우

성실공익법인에 해당하는 공익법인의 경우에는 주식 보유비율이 10%까지, 2018.1.1. 이후 상속개시분부터 사회복지 목적의 성실공익법인은 20%까지이며, 성실공익법인이나 국가 등이 출연하여 설립한 공익법인이 추가적인 일정요건을 갖춘 경우에는 주식보유비율에 제한이 없다.

1) 사회복지 목적의 공익법인 등의 범위

2018.1.1. 이후 상속개시분부터 상호출자제한기업집단과 특수관계에 있지 아니한 다음의 요건을 모두 갖춘 공익법인 등에 출연하는 경우에는 100분의 20까지 주식출연을 허용한다.

㉮ 공익법인 등의 정관에 출연받은 주식등의 의결권을 행사하지 아니할 것을 규정할 것

㉯ 자선·장학 또는 사회복지를 목적으로 할 것. 다음의 어느 하나에 해당하는 경우를 말한다.

ㄱ 사회복지사업법 제2조 제3호에 따른 사회복지법인

ㄴ 직전 3개 연도에 직접공익목적사업에 지출한 금액의 평균액의 100분의 80 이상을 자선·장학 또는 사회복지 활동에 지출한 공익법인 등

출연받은 주식 등에 대하여 의결권을 행사하는 경우에는 해당 공익법인 등이 출연받은 주식등의 의결권을 행사한 날에 발행주식총수 등의 100분의 10을 초과하여 보유하고 있는 주식등의 가액을 증여세 과세가액으로 하여 부과한다.

2) 2020.12.31. 이전 성실공익법인의 의미

다음의 ①~⑧의 요건을 모두 충족시키는 경우에 성실공익법인에 해당하며, 아래와 같이 개정되었다(상속증여세법 §16 ②, 상속증여세법 시행령 §13 ③).

┃ 성실공익법인요건 개정 연혁 ┃

2000.12.31. 이전	2001.1.1.~2007.12.31.	2008.1.1.~2012.12.31.	2013.1.1. 이후
㉠, ㉡ 중 큰 금액 이상을 매년 공익사업에 사용 ㉠ 운용소득의 90% ㉡ 수익용 재산가액의 5%	운용소득의 90% 이상 매년 직접 공익목적사업에 사용하는 공익법인	아래 ①~⑤ 요건을 모두 충족(2010.2.17. 이전 운용소득 90% 이상 사용)	아래 ①~⑧ 요건을 모두 충족

※ 2013.2.15.부터 기획재정부장관의 성실공인법인 확인제도를 시행하였고 2018.2.13.부터 관할 지방국세청장이 확인한다.

① 운용소득의 80% 이상을 매년 직접 공익목적사업에 사용할 것

➡ 2010.2.18. 이후 날이 속하는 사업연도에서 발생한 운용소득부터 적용하며 2010.2.17. 이전은 운용소득의 90% 이상을 공익사업에 사용해야 함.

② 출연자 또는 그의 특수관계인이 이사 현원의 5분의 1을 초과하지 않을 것

이 경우 출연자에는 재산출연일 현재 해당 공익법인 등의 총출연재산가액의 100분의 1에 상당하는 금액과 2천만원 중 적은 금액을 출연한 자는 제외하며, 2016.2.5. 이후 상속세를 결정·경정하는 분부터 이사의 사망 또는 사임, 특수관계에 있지 않던 이사가 특수관계인에 해당하는 부득이한 사유로 상속인이 이사 현원의 5분의 1을 초과하여 이사가 된 경우로서 해당 사유가 발생한 날부터 2개월 이내에 이사를 보충하거나 개임하는 경우에는 상속인이 이사 현원의 5분의 1을 초과하여 이사가 된 것으로 보지 않는다.

③ 주식회사의 외부감사에 관한 법률에 따른 외부감사를 받을 것

④ 전용계좌 개설·사용의무를 이행할 것

⑤ 결산서류 등 공시 의무를 이행할 것

2013.1.1.부터 성실공익법인의 요건에 다음 ⑥부터 ⑧까지를 추가하고, 성실공익법인 확인제도를 도입하였다.

⑥ 장부작성·보관의무(10년간)

⑦ 계열기업 광고·홍보금지

⑧ 출연자 등의 출연재산 사용·수익 금지

가. 2021.1.1. 이후 공익법인 사후관리 신고제 전환

2020.12.31. 이전 성실공익법인 등에 해당하는 여부를 5년 단위로 받던 것을 2021.1.1. 이후부터 다음 ①, ②에 해당하는 공익법인 등은 매년 사업연도 종료일부터 4개월 이내에 지방국세청장에게 운용소득 사용명세서 등을 신고해야 한다.

① 특정주식을 5% 초과하여 출연·취득하고 상속·증여세를 면제받은 공익법인

② 총재산가액의 30%(회계감사 등 일정요건 이행시 50%)를 초과하여 특수관계 있는 법인의 주식을 보유하는 공익법인

지방국세청장에게 제출해야 할 서류는 공익법인 등에게 주어진 의무의 이행여부를 확인을 위한 다음과 같은 것이다.

납세지 관할 지방국세청장은 신고한 공익법인 등의 상속증여세법 제48조 제11항 각 호의 요건 충족여부를 확인하여 그 결과를 국세청장에게 보고해야 하고, 국세청장은 보고받은 결과를 해당 공익법인의 과세기간 또는 사업연도 종료일부터 9개월 이내에 해당 공익법인등 및 그 주무관청에게 통보해야 한다.

납세지 관할 지방국세청장은 요건 충족여부 확인을 위하여 해당 공익법인 등 또는 그 주무관청에게 추가 자료제출을 요구할 수 있다.

① 공익법인 등 의무이행신고서

② 설립허가서, 등기사항증명서 및 정관

③ 운용소득 사용명세서

④ 이사 등 선임명세서

⑤ 특정기업광고 등 명세서

⑥ 특수관계인 사용수익명세서

⑦ 출연받은 재산의 공익목적사용 현황

신고를 하지 아니한 경우에는 자산총액의 100의 5%에 상당하는 금액을 가산세로 부과한다.

나. 2020.12.31. 이전 성실공익법인 등 확인제도

성실공익법인 등에 해당하는지 여부를 확인받으려는 공익법인 등은 다음의 서류를 해당 주무관청에 제출하여야 한다. 서류를 제출받은 주무관청은 해당 서류를 매 반기 종료

일 30일 이내에 관할지방국세청장에게 송부하여야 한다.
① 해당 공익법인 등의 설립허가서, 등기사항증명서 및 정관
② 회계 감사보고서
③ 운용소득 사용명세서
④ 이사 등 선임명세서
⑤ 특정기업광고 등 명세서
⑥ 전용계좌개설(변경·추가)신고서
⑦ 공익법인 결산서류 등의 공시
⑧ 출연자 등 특수관계인 사용수익명세서
⑨ 장부의 작성·비치 의무 불이행 등 명세서

관할지방국세청장은 성실공익법인 등 요건의 충족 여부를 확인하여 국세청장에게 보고하여야 하고, 국세청장은 그 결과를 매 반기 종료일부터 60일 이내에 주무관청 및 해당 공익법인 등에게 통보하여야 한다. 관활지방국세청장은 요건 충족 여부 확인을 위하여 주무관청 또는 해당 공익법인 등에게 추가 자료제출을 요구할 수 있다.

성실공익법인 등이 상속증여세법 시행령 제13조 제5항에 따른 요건을 모두 충족하였는지를 5년마다 재확인 받으려는 경우에는 5년간의 ㉮~㉾ 서류를 모두 제출하여야 한다.
성실공익법인 등의 확인제도는 2013.2.15.이 속하는 연도에 최초로 개시하는 과세기간 또는 사업연도분부터 적용하되, 2013.2.15. 당시 종전의 규정에 따른 성실공익법인 등에 해당하는 경우 2013.2.15.이 속하는 연도에 최초로 개시한 과세기간 또는 사업연도가 종료될 때까지 성실공익법인 등으로 본다(상속증여세법 시행령 부칙 §3).

성실공익법인 등이 해당 요건을 모두 충족하였는지는 대상 사업연도 전체를 기준으로 판단한다. 다만, 의료법인이 운영하는 사업을 영위하는 자의 요건 충족 여부를 판단하는 경우로서 이사요건[18]에 해당하는 경우에는 해당 사업연도(성실공익법인 등으로 처음 확인받으려는 경우로 한정한다)의 제2분기부터 제4분기까지를 기준으로 판단한다.

성실공익법인에 해당하는지는 매 과세기간 또는 사업연도 말을 기준으로 판단하므로 주식을 출연받을 때에 성실공익법인에 해당하여 20%(또는 10%) 출연분까지 상속세 또

---

18) 이사 요건이란 출연자(재산출연일 현재 해당 공익법인 등의 총출연재산가액의 100분의 1에 상당하는 금액과 2천만원 중 적은 금액을 출연한 자는 제외한다) 또는 그의 특수관계인이 공익법인 등의 이사 현원(이사 현원이 5명에 미달하는 경우에는 5명으로 본다)의 5분의 1을 초과하지 아니하는 경우를 말한다(상증령 §13 ③ 2호, ⑥ 단서).

는 증여세가 과세되지 아니한 경우에도 그 이후 사업연도에 성실공익법인의 요건을 충족하지 못할 경우에는 상속세 또는 증여세를 과세한다. 다만, 새로이 설립하는 공익법인의 경우 설립된 날로부터 3개월 이내에 주식을 출연받고 설립된 사업연도가 끝난 날부터 2년 이내에 성실공익법인에 해당하는 경우에는 5% 초과하여 20%(또는 10%) 이내로 출연을 받은 주식에 대해서도 과세하지 않는다(상속증여세법 §16 ③ 2호).

 관련 예규·심판결정례 및 판례 등

❏ 2008년 개정 상속증여세법 시행령 제42조 및 제13조 제3항, 제5항에 규정된 강화된 성실공익법인 요건은 그 시행일 2008.2.22. 이후 최초로 공익법인에 주식을 출연하거나 공익법인이 주식을 취득하는 분에 대하여 적용됨(대법원 2022두49007, 2022.11.3.).

❏ 신설 성실공익법인의 개정 성실공익법인 요건 확인절차(재재산-729, 2014.11.5.)

신설 공익법인은 최초 설립한 사업연도에 성실공익법인 요건을 충족한 경우 최초 설립한 사업연도부터 성실공익법인으로 적용. 다만, 설립 이후 성실공익법인 확인 신청시까지 운용소득의 80% 이상을 직접 공익목적에 사용한 사실이 확인되어야 함.

➡ 2017.12.31. 이전 법령의 해석이며, 2018.1.1. 이후 설립 후 2년 이내 성실공익법인에 해당하면 과세제외됨.

❏ 종전 성실공익법인의 개정 성실공익법인 요건 확인절차(서면법규과-1317, 2014.12.16.)

－종전 성실공익법인이 최초로 성실공익법인 확인 요청하는 경우 요건충족 대상 사업연도는 2013년 중 최초로 개시한 사업연도의 다음 사업연도이며, 해당 요건충족 대상 사업연도의 귀속분 서류를 요건충족 대상 사업연도의 다음 사업연도에 제출해야 함.

－종전 성실공익법인이 기획재정부장관으로부터 성실공익법인의 요건을 충족한 것으로 통보를 받은 경우 요건충족 대상 사업연도의 개시일부터 개정 규정의 성실공익법인 등으로 봄.

❏ 성실공익법인 해당 여부 판정기준일(재산세과-694, 2010.9.15.)

성실공익법인 등 해당 여부는 주식 등의 출연일 또는 취득일 현재를 기준으로 판정하는 것이며, 이 경우 운용소득의 사용 요건은 매 사업연도의 종료일 현재를 기준으로 운용소득을 직접공익목적사업에 사용한 실적으로 판단하는 것임.

❏ 2010.2.18. 개정된 성실공익법인의 100분의 80 이상을 직접 공익목적사업에 사용하는 운용소득은 2010년 사업연도에서 발생한 운용소득 분부터 적용하는 것임(재산세과-565, 2010.8.6.).

❏ 초, 중, 고와 대학을 운영하는 학교법인이 초, 중, 고 부분에 대하여 외부감사를 이행하지 않은 경우 성실공익법인에 해당하지 않음(재산세과-63, 2009.1.8.).

❏ 같은 날 순차로 일반 공익법인과 성실공익법인에 주식을 출연한 경우 5% 초과여부 판단방법(대법원2019두6418, 2023.2.23.)

- 과세가액 불산입 한도 초과 여부 판단시 성실공익법인과 일반공익법인이 출연받은 각 주식을 단순합산하여야 함.
- 과세가액 불산입 한도 초과 여부 판단시 '출연자가 다른 공익법인등에 출연한 동일 내국법인 주식'도 합산하여야 함.
- 다수의 공익법인등이 같은 날 동일한 주식을 출연받았더라도 시간적 선후관계에 있는 경우 각 출연시점을 기준으로 합산 대상 주식을 확정하는 것이 타당함.

3) 주식 보유에 제한을 받지 않는 공익법인

가) 국가가 출연하여 설립한 공익법인 등

내국법인의 주식을 보유하고 있더라도 출연자 등의 의사에 따라 해당 내국법인을 지배한다고 보기 어려운 경우까지 주식 보유를 제한하여 공익법인의 수익성을 해칠 필요는 없을 것이다. 이러한 취지에서 다음의 요건을 모두 충족하는 경우에는 내국법인의 주식 보유비율 제한을 받지 않는다(상속증여세법 §16 ③).

① 국가·지방자치단체가 출연하여 설립한 공익법인 또는 상증법 제48조 제11항에 따른 공익법인이
② 상호출자제한기업집단과 특수관계에 있지 않고
③ 당해 공익법인의 출연자와 특수관계 없는 내국법인의 주식 등을 출연받고
④ 주무부장관이 당해 공익법인의 목적사업을 효율적으로 수행하기 위하여 필요하다고 인정하는 경우

☞ 상기 내용은 2001.1.1. 이후 최초로 상속세 또는 증여세를 결정하는 분부터 적용
2011.1.1. 이후 상호출자제한기업집단과 특수관계가 없는 성실공익법인이 주식을 10%를 초과 출연받은 경우로서 초과보유일부터 3년 이내에 그 초과하여 출연받은 부분을 해당 주식의 출연자 또는 그와 특수관계가 없는 자에게 매각할 경우에는 상속세 또는 증여세를 과세하지 않는다.

① 국가·지방자치단체가 출연하여 설립한 공익법인 등은
  ㉠ 국가·지방자치단체가 재산을 출연하여 설립한 공익법인 또는
  ㉡ "㉠"의 공익법인이 재산을 출연하여 설립한 공익법인 또는
  ㉢ 공공기관의 운영에 관한 법률상 공공기관이 재산을 출연하여 설립한 공익법인 또는
  ㉣ "㉢"의 공익법인이 재산을 출연하여 설립한 공익법인을 말한다.
② 상호출자제한기업집단[19]과 특수관계가 없는 공익법인이란

---

19) 상호출자제한기업집단 지정(공정거래법 시행령 §21 ④)
  공시대상기업집단은 해당 기업집단에 속하는 국내 회사들의 공시대상기업집단 지정 직전사업연도의 대차대조표상의 자산총액(금융업 또는 보험업을 영위하는 회사의 경우에는 자본총액 또는 자본금 중 큰 금액으로 하며, 새로 설립된 회사로서 직전사업연도의 대차대조표가 없는 경우에는 지정일 현재의 납입자

공정거래법 제14조에 따른 상호출자제한기업집단에 속하는 법인과 같은법 시행령 제3조 제1호에 따른 동일인관련자의 관계에 있지 아니한 공익법인을 말한다(상속증여세법 시행령 §13 ⑦).

③ 출연자와 특수관계가 있지 아니한 내국법인은 다음의 어느 하나에 해당하지 않는 내국법인을 말한다.

　　㉠ 출연자(출연자가 사망한 경우에는 그 상속인을 말함) 또는 그의 특수관계인(해당 공익법인 제외)이 주주 등이거나 임원의 현원(5명 미달시 5명으로 봄) 중 5분의 1을 초과하는 내국법인으로서 출연자 및 그의 특수관계인(해당 공익법인 포함)이 보유하고 있는 주식의 합계가 가장 많은(최대주주인 경우) 내국법인

　　㉡ 출연자 또는 그의 특수관계인(해당 공익법인 제외)이 주주 등이거나 임원의 현원 중 5분의 1을 초과하는 내국법인에 대하여 출연자, 그의 특수관계인 및 공익법인 등 출자법인(해당 공익법인이 5%, 성실공익법인은 10%를 초과하여 주식을 보유하고 있는 내국법인을 말함)이 보유하고 있는 주식 합계가 가장 많은 경우에는 해당 공익법인의 출자법인(출연자 및 그의 특수관계인이 최대주주인 내국법인에 한함)

해당 공익법인의 출연자와 특수관계가 없는 내국법인 주식 등에 대하여 보유제한을 두지 않는 것은 출연자(특수관계인 포함)가 공익법인이 주식을 보유한 내국법인의 최대주주가 아닌 경우에는 출연자가 공익법인을 통하여 계열회사를 간접적으로 지배할 우려가 없으므로 주식보유한도에 예외를 인정한 것으로 볼 수 있다.

┃ 출연자와 특수관계가 없는 내국법인 예시 ┃

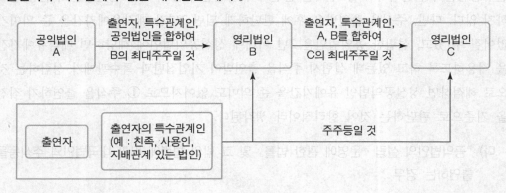

본금으로 한다)의 합계액이 10조원 이상인 기업집단으로 한다. ⇒ 공정거래위원회에서 매년 5월 1일까지 지정하며, 2019년 상호출자제한기업집단은 34개 기업집단(소속기업 1,421개)임.

예1) 공익법인이 100% 출자하여 설립한 내국법인의 경우에는 출연자 및 특수관계인이 당해 법인의 주주일 수 없으므로 허용

예2) 甲그룹의 사주가 출연·설립한 공익법인이 공익사업의 재원조달을 위하여 乙그룹 소속법인 주식을 5% 초과 보유하는 경우는 간접지배 우려가 없으므로 허용

예3) 그러나 甲그룹의 사주가 출연·설립한 공익법인이 甲그룹 소속법인 주식을 5% 초과 보유하는 경우에는 간접지배의 우려가 있으므로 불허

나) 공익법인 등이 10% 등 초과 출연분을 3년 이내에 매각하는 경우

상호출자제한기업집단과 특수관계에 있지 아니한 성실공익법인 등(공익법인 등이 설립된 날부터 3개월 이내에 주식등을 출연받고, 설립된 사업연도가 끝난 날부터 2년 이내에 성실공익법인 등이 되는 경우를 포함한다)이 발행주식총수 등의 100분의 10(사회복지목적사업 성실공익법인 등은 100분의 20)을 초과하여 출연받은 경우로서 초과 보유일부터 3년 이내에 초과하여 출연받은 부분을 매각(주식등의 출연자 또는 그의 특수관계인에게 매각하는 경우는 제외한다)하는 경우에는 상속세를 과세하지 아니한다.

2011.1.1. 이후 최초로 공익법인에게 주식을 출연하는 분부터 적용한다.

성실공익법인 등이 10% 등을 초과하여 출연받은 주식등을 출연자 및 출연자의 특수관계인 또는 특수관계가 없는 자에게 매각하는 경우에는 10%를 초과하여 출연받은 주식등 중에서 출연자 또는 출연자의 특수관계인에게 매각한 주식등에 대해서만 매각한 날을 기준으로 증여세를 부과한다(재재산-627, 2018.7.23.).

또한 10% 등 초과 보유일로부터 3년 이내에 초과하여 출연받은 부분을 매각하지 않은 경우에는 3년이 경과하는 날을 기준으로 증여세를 과세한다(법령해석과-2289, 2019.9.2.).

10% 초과하여 출연받은 주식을 3년 이내에 매각하면 과세 제외하는 경우 상호출자제한기업집단의 판단시기가 ① 주식을 출연하기 직전인지 ② 주식을 출연받은 후인지 명확하지 않다. 다만, 주식을 출연받은 후에 판단하게 되면 3년간 매각유예기간을 준 의미가 없어질 수 있고, 설립한 공익법인은 2년 이내에 성실공익법인에 해당하면 매각유예기간을 적용하도록 하고 있는데 설립시 주식을 출연받아 기업집단과 특수관계가 성립하는 것으로 해석하면 성실공익법인 유예기간을 준 의미도 없어지므로 ① 주식을 출연하기 직전을 기준으로 판단하는 것이 합리적이라 생각된다.

다) 「공익법인의 설립·운영에 관한 법률」 및 그 밖의 법령에 따라 내국법인의 주식등을 출연하는 경우

2017.1.1. 이후 출연받는 분부터 적용한다.

다. 운용소득사용의무 등의 요건에 해당하지 않게 된 경우

공익법인 등의 주식의 출연·취득 및 보유와 관련하여 출연·취득 당시에는 운용소득 사용요건등(상증법 §48 ⑪) 충족, 2021.12.31. 이전 성실공익법인 등에 해당되어 5% 초과 분에 대한 상속세 또는 증여세 과세대상에서 제외된 후 다음 어느 하나에 해당하는 경우 에는 상속세 과세가액 또는 증여세 과세가액에 산입하거나 즉시 증여세를 부과한다.

① 성실공익법인 등이 내국법인의 의결권 있는 발행주식총수 등의 100분의 5를 초과 하여 주식 등을 출연(출연받은 재산으로 주식 등을 취득하는 경우를 포함한다)받은 후 성실공익법인 등에 해당하지 아니하게 된 경우

② 운용소득사용 요건 등 또는 국가·지방자치단체 등이 출연한 공익법인 등에 해당되 었던 공익법인 등이 그 공익법인 등에 해당하지 아니하게 되거나 해당 출연자와 특 수관계에 있는 내국법인의 주식 등을 해당 법인의 발행주식총수 등의 100분의 5를 초과하여 보유하게 된 경우

 관련 예규·심판결정례 및 판례 등

❑ 공익법인이 벤처기업법에 따른 신기술창업전문회사를 설립한 경우(재재산 – 1529, 2022.12.14.)
상속증여세법 §16 ①에 따른 공익법인등인 연구기관이 출연받은 재산 및 출연받은 재산의 매 각대금을 벤처기업법에 따라 해당 공익법인등이 설립한 신기술창업전문회사의 주식을 취득하 는데 사용하는 경우는 상속증여세법 §16 ③ (3)에서 규정한 「공익법인의 설립·운영에 관한 법률」 및 그 밖의 법령에 따라 내국법인의 주식등을 취득하는 경우에 해당하지 아니함.

❑ 출연자가 A주식을 출연한 후에도 A법인의 최대주주에 해당하는 경우 A주식에 대한 증여세 과세 여부(법령해석과 – 276, 2018.1.30.)
성실공익법인 등이 공정거래법 제9조에 따른 상호출자제한기업집단에 속하는 내국법인(A법인) 의 의결권 있는 발행주식총수의 10%를 초과하여 출연받고 A법인이 출연자 또는 그의 특수관 계인(해당 공익법인은 제외함)이 보유하고 있는 주식 등의 합계가 가장 많은 내국법인에 해당 하는 경우 A법인은 상속증여세법 시행령(2016.8.31. 대통령령 제27472호로 개정된 것) 제13조 제8항에서 규정하고 있는 "그 공익법인 등의 출연자와 특수관계에 있지 아니한 내국법인"에 해당하지 않아 성실공익법인 등이 초과하여 출연받은 주식은 상속증여세법 제48조 제1항 단서 에 따라 증여세 과세가액에 산입함.

❑ 우선주가 의결권을 갖게 된 경우 과세대상임(재산세과 – 93, 2011.2.23.).
공익법인 등이 보유한 우선주에 대하여 의결권을 가지게 된 경우 내국법인의 의결권 있는 발행 주식 총수의 100분의 5를 초과하는 부분에 대하여 공익법인 등이 증여받은 것으로 봄.

□ 상호출자제한기업집단과 특수관계가 없는 성실공익법인이 특수관계없는 내국법인주식 취득하는 경우로서 주무부장관의 인정하는 경우와, 해당 성실공익법인이 2011.1.1. 이후 10% 초과 출연받고 3년 이내 특수관계자 외의 자에게 매각하는 경우에는 그러하지 아니함(재산세과-64, 2011.2.7.).

□ 국가가 설립한 공익법인이 그 공익법인의 출연자와 특수관계에 있지 아니한 내국법인의 주식 등을 출연받는 경우로서 주무부장관이 필요하다고 인정하는 경우에 해당하는 때에는 5% 초과 취득분에 대해서 증여세를 과세하지 않음(재산세과-959, 2010.12.16.).

□ 감자효력이 다음 연도에 발생한다하더라도 감자에 대한 주주총회결의가 있는 경우에는 그 연도의 주주명부폐쇄일에 감자결의 주식수는 포함하지 않고 주식보유비율 판정함(재산세과-934, 2010.12.13.).

사실관계

- 당사(공익법인)가 보유하고 있는 주식출연법인이 아래와 같이 감자를 하고자 함.
- 2010.12.15. : 감자(자기주식 소각)를 위한 주주총회
- 2010.12.31. : 2010년도 정기주주총회 주주명부폐쇄일
- 2011.1.20. : 채권자 이의제출기간의 만료일-감자의 효력발생일
- 공익법인이 출연받을 당시 지분율이 5%였으나 위와 같이 자기주식 소각감자를 실시하는 경우에는 지분율이 5%를 초과하게 됨.

□ 공익법인 등이 내국법인의 의결권 있는 발행주식총수의 100분의 5를 초과하여 주식을 출연받았는지 여부를 판단함에 있어 공익법인 등이 보유하고 있는 주식 등을 발행한 내국법인이 자본 또는 출자액을 감소시킨 경우에는 감자를 위한 주주총회결의일이 속하는 연도의 주주명부폐쇄일을 기준으로 계산하는 것임(재산세과-680, 2010.9.9.).

□ 공익법인이 5%를 초과하는 주식을 출연받아도 상속증여세가 과세되지 않는 예외규정을 적용함에 있어, 출연으로 인하여 특수관계가 소멸한 경우에는 "출연자와 특수관계에 있는 내국법인의 주식을 출연한 경우"에 해당하지 않음(재재산-243, 2007.2.16.).

□ 공익법인이 출연받은 재산에 대한 증여세 과세가액 불산입 규정을 적용할 때 당해 내국법인이 보유하는 자기주식은 의결권 있는 발행주식총수에 포함되는 것으로 봄(재재산-417, 2005.10.18.).

사례 　**주식을 피상속인이 유증한 경우와 상속인 합의 출연시 과세상 차이**

□ 甲이 보유하던 A(주) 주식 15%를 乙공익법인에 甲 사망 후에 신고기한 이내에 출연한 경우로서 다음 사례에서 과세상 동일 또는 차이가 있을까?

　사례 1 　甲이 작성한 유언장에 따라 출연

　사례 2 　甲의 유지를 받아 상속인 전원이 합의하여 출연

> ### 풀이
>
> ○ 5% 초과분에 대하여 (사례 1)은 乙공익법인에게 상속세를 부과, (사례 2)는 5% 초과분에
>   대한 상속세는 상속인에게, 증여세는 乙공익법인에게 부과한다.
>   - 유언이 있는 경우 乙공익법인은 주식을 甲으로부터 승계받은 것이고 수유자로서 상속세
>   납세의무가 있는 것이고, 공익법인으로서 5%까지 과세가액 불산입된 것이고 10%에 대
>   해서는 상속세 납세의무가 있다.
>   - 甲의 적법한 유언이 없는 경우 A(주) 주식은 공동상속인들이 상속개시와 동시에 승계받
>   아 상속인들이 소유가 것이므로 A주식에 대한 상속세 납세의무는 상속인에게 있으며
>   - 乙공익법인은 상속인들로부터 A주식을 증여받은 것에 해당되어 증여세 납세의무가 있는
>   것으로서 5%까지는 증여세 과세가액불산입에 해당되지만 5% 초과분에 대해서는 증여세
>   납세의무가 乙공익법인에게 있다.
>   - 상속인들이 상속재산을 출연하는 경우 1990.12.31.까지는 상속세를 과세하다가 1991.1.1.
>   부터 일정요건의 갖춘 출연의 경우 상속세를 추가로 면제한 것으로서 5%까지는 상속세
>   과세가액에 불산입되나, 5% 초과분에 대한 상속세 납세의무는 상속인에게 있는 것이다.

6. 출연재산의 이익이 상속인 등에 귀속되는 경우

상속세 과세가액에 산입하지 아니한 공익법인 등에 출연한 재산을 상속인에게 귀속시
키는 등 다음에 해당하는 경우에는 상속개시일 현재 상속증여세법에 따라 평가한 가액을
상속세 과세가액에 산입하여 상속세를 부과한다.

① 상속세 과세가액에 산입하지 아니한 재산과 그 재산에서 생기는 이익의 전부 또는
   일부가 상속인(상속인의 특수관계인을 포함한다)에게 귀속되는 경우
② 성실공익법인 등이 내국법인의 주식을 10% 초과하여 출연받은 경우로서 초과보유
   일로부터 3년 이내에 발행주식총수 등의 100분의 10을 초과하여 출연받은 주식등
   을 매각(주식등의 출연자 또는 그의 특수관계인에게 매각하는 경우는 제외한다)하
   지 아니하는 경우

 관련 예규·심판결정례 및 판례 등

☐ 공익법인이 내국법인의 의결권 있는 발행주식총수의 5%를 초과하여 취득한 재산가액에 대하여
  증여세를 부과하는 경우에 있어서 5% 초과 취득분은 당해 취득한 주식에 취득일 현재 당해 공익
  법인이 보유하고 있는 주식(증여세가 부과된 주식을 포함함)을 합산하여 계산하는 것이며, 이 경우
  증여세가 부과되는 5% 초과 취득분 주식을 처분하고 그 양도대금으로 주식을 5% 초과하여 취득
  하는 경우에는 다시 증여세를 부과하지 아니하는 것임(서일 46014-10053, 2004.1.8.).

- □ 피상속인이 상속개시 전 5년 이내에 상속인 외의 자에게 진 증여채무는 상속재산에서 차감하지 않으나, 공익법인 등 출연재산으로 보아 과세가액에 불산입할 수 있음(국심 2003구3182, 2004.3.18.).

- □ 공익법인이 목적사업의 효율적인 수행 목적으로 주식을 5% 초과하여 출연받은 경우 주무장관의 확인서를 부과처분 후에 제출한 경우에도 증여세 과세대상에서 제외하는 것이 타당함(국심 2004서690, 2004.8.19.).

- □ 공익목적사업을 영위하고 있더라도 법인설립 당시 공익법인의 범위에 해당하지 않은 청구법인이 출연받는 재산에 대하여 증여세를 과세한 사례(국심 2005구311, 2005.4.22.)

- □ 외부전문가의 세무확인보고서를 법정신고기간 내에 제출하지 아니한 공익법인에 가산세 부과처분은 정당하나, 세무확인보고 미이행 가산세 부과시 "당해 사업연도의 출연받은 재산가액"은 세무확인을 받지 아니한 사업연도 중에 출연받은 재산가액으로 하는 것이 타당함(국심 2003구2247, 2003.10.15.).

- □ 실제 출연하지 않고 출연한 것으로 상속세 신고가 되었고, 세무조사가 종결된 이후 출연이 이루어졌으며, 민법상 자필증서, 녹음 등 적법한 방식을 갖춘 유언에 의하여 출연된 사실도 확인되지 아니하므로 쟁점출연금은 피상속인의 생전처분이나 유증에 의한 것이라기보다는 상속인들의 의사에 의한 것이라고 판단되므로 상속세과세가액에서 공제할 수는 없음(국심 2005서3786, 2006.4.7.).

- □ 자필증서에 의한 유언은 유언자가 그 전문과 연월일, 주소, 성명을 자서하고 날인할 것을 요건으로 하나 동 유언서에는 주소가 누락되었는 바, '주소의 기재만을 빠뜨린 경우에는 유언방식의 엄격성을 요구하는 법의 취지가 달성되었다'고 하여 자필유언서의 효력을 인정하고 있는 법령해석 등으로 볼 때, 동 유언서는 자필 유언증서로서의 효력을 인정함이 타당(국심 2007서449, 2007.8.6.)

- □ 상속인 명의의 현금을 공익법인에 출연하고 나중에 상속재산을 협의분할하여 정산함이 상속세과세 표준 신고기한 내에 모두 끝났고, 공익법인에 출연한 이후 당해 금액에서 생기는 이익의 전부 또는 일부가 상속인과 그와 특수관계에 있는 자에게 귀속되지 아니하므로 공익법인에게 출연한 재산으로 보아 과세가액에 불산입하는 것이 타당(국심 2005중1885, 2005.12.30.)

- □ 유언이 적법한 방식을 갖추지 못한 경우(대법원 2005두3271, 2005.6.23.)
   자필증서, 녹음, 공정증서 등 적법한 방식을 갖춘 유언에 따라 하지 않은 장학재단의 설립에 따른 부동산의 출연은 상속세 과세가액에 포함됨.

- □ 피상속인이 생전에 공익사업에 출연하기 위하여 증여하였으나 소유권이전등기를 마치지 않은 토지는 상속세 과세가액에 산입함(대법원 90누1062, 90.5.25.).

7. 공익신탁재산에 대한 상속세 과세가액 불산입

공익신탁은 학술·종교·자선 등의 공익을 목적으로 하는 신탁으로 그 목적 및 사회적 기능이 공익법인과 사실상 차이가 없음에도 불구하고 공익신탁에 대한 상속세 과세가액 불산입규정이 없었던 문제점을 보완하기 위하여 1996.12. 세법개정시에 보완하여 1997.1.1. 이후 신탁하는 것부터 상속세 과세가액에 불산입하도록 하였다.

피상속인이나 상속인이 신탁법 제106조에 따른 공익신탁으로서 종교·자선·학술 또는 그 밖의 공익을 목적으로 하는 신탁을 통하여 공익법인 등에 출연하는 재산의 가액은 상속세 과세가액에 산입하지 아니한다. 공익신탁은 위탁자, 수탁자 및 수익자가 존재하는 법률관계를 전제하고 있으므로 단지 재산을 증여하면서 그 절차의 이행만을 타인에게 위임하는 법률관계는 이에 해당하지 않는다(대법원 2012두22706, 2014.10.15. 참조). 이 경우 다음의 요건을 충족해야만 한다.

① 공익신탁의 수익자가 상속증여세법 시행령 제12조에 규정된 공익법인 등이거나 그 공익법인 등의 수혜자일 것
② 공익신탁 만기일까지 신탁계약이 중도해지 되거나 취소되지 아니할 것
③ 공익신탁의 중도해지 또는 종료시 잔여신탁재산이 국가·지방자치단체 및 다른 공익신탁에 귀속될 것

공익신탁에의 출연시기 및 출연시한은 공익법인 등에의 출연시한과 마찬가지로 상속세 과세표준신고기한까지 신탁을 이행하여야 한다. 다만 법령상 또는 행정상 사유로 신탁이행이 늦어지면 그 사유가 끝나는 날이 속하는 달의 말일부터 6개월 이내에 신탁을 이행하여야 한다.

제5장 상속공제

제1절. 개요 및 기초공제

1. 개 요

상속공제는 일반적으로 가족을 부양하고 있던 피상속인의 사망으로 인하여 상속인들이 겪을 수 있는 경제적 어려움을 고려하여 상속세의 부담을 완화함으로써 상속인의 물적 생활안정을 유지시켜주기 위한 목적 또는 특정 경제정책적 목적을 위하여 상속재산의 가액에서 일정금액을 차감해주는 제도로 볼 수 있다. 상속공제는 배우자 상속공제·그 밖의 인적공제·일괄공제와 같이 상속인들의 인적구성에 따른 인적공제 성격과 가업·영농상속공제 및 금융재산·동거주택 상속공제와 같은 상속재산의 구성에 따른 물적공제 성격으로 구분할 수 있다.

상속공제는 거주자의 사망으로 상속이 개시되는 경우에 적용하며, 피상속인이 비거주자인 경우 기초공제 2억원만을 적용한다. 각 항목별 상속공제의 합계액을 제한없이 공제하는 것이 아니라 상속인 외의 자에게 유증 등을 한 재산 및 사망 전 증여재산(창업자금 및 가업승계한 주식에 대해 증여세 과세특례를 적용받은 증여재산은 제외함)에 대한 증여세 과세표준에 해당하는 금액에 대해서는 상속공제를 받지 못하도록 하는 등 상속공제 한도액이 있음에 유의하여야 한다.

또한 상속공제는 상속개시일 현재 피상속인이 소유한 상속재산(의제·추정 상속재산 포함함)에 대하여 적용하므로 상속개시 전 증여하고 상속세 과세가액에 가산한 증여재산에 대해서는 영농상속공제·금융재산상속공제 및 동거주택 상속공제는 적용하지 않는다. 다만 가업승계한 주식에 대하여 증여세 과세특례가 적용된 경우에는 가업상속공제를 적용한다.

┃ 상속공제 요약 ┃

○ 피상속인이 거주자인 경우 적용하고, 비거주자인 경우 기초공제만을 인정한다.

구 분	공제금액	비 고
기초공제	• 2억원	
가업 상속공제	• 공제액 : 아래 한도액 내에서 가업상속재산가액 　－ 가업영위기간 10년 이상~20년 미만 : 300억원 　－ 가업영위기간 20년 이상~30년 미만 : 400억원 　－ 가업영위기간 30년 이상 : 600억원	－ 2016.2.5. 이후 상속개 시분부터 2 이상 가업인 경우 가업별 상속공제 － 2016.2.4. 이전에는 가 업상속인 1인이 가업상 속재산 전부를 상속받 는 경우에만 공제
영농상속공제	• 영농상속재산가액(30억원 한도)	
배 우 자 공　　제	① 배우자가 실제로 상속받는 가액을 법정상속분에 따른 　한도액(30억원 한도) 범위에서 공제 ② 위의 금액이 5억원 미만인 경우 5억원 공제	
그 밖의 인적공제	• 자녀공제 : 1인당 5,000만원 • 미성년자공제 : 1천만원 × 19세까지의 잔여연수 • 연로자공제 : 5,000만원(65세 이상인 자) • 장애인공제 : 1천만원 × 기대여명의 연수	인원제한 없음 남·여 구분 없음
일괄공제	• 일괄공제 5억원과 (기초공제 + 그 밖의 인적공제) 　중 큰 금액 선택	배우자가 단독상속인인 경우 일괄공제 배제
금융재산 상속공제	• 순금융재산가액에 대해 20% 공제(한도 : 2억원) • 순금융재산가액의 20%가 2천만원에 미달시 2천만원 　을 공제하고, 순금융재산가액이 2천만원에 미달하는 　경우 순금융재산가액을 공제	금융기관이 취급하는 예금·금전신탁·출자 금·보험금 등(최대주주 주식은 제외)에 적용
재해손실 공　　제	• 상속개시 이후 신고기한 이내에 재난 등으로 상속재산 　이 멸실·훼손된 경우, 그 손실가액	그 손실가액에 대한 보험금 등 수령액 제외
동거주택 상속공제	• 피상속인과 상속인이 10년 이상 동거한 1세대 1주택 　을 무주택 직계비속인 상속인이 상속받은 경우 주택가 　액을 6억원 범위 내에서 공제	2009.1.1. 이후 상속개시 분부터 적용

2. 기초공제

거주자나 비거주자의 사망으로 상속이 개시되는 경우에는 2억원을 상속세 과세가액에서 공제하며, 이를 '기초공제'라 한다. 기초공제는 배우자 상속공제 등 인적공제와 함께 피상속인이 사망한 후에 상속인들의 최소한의 기초생활기반을 유지시키기 위하여 인정하고 있는 것으로 볼 수 있다. 2001.1.1. 이후 상속개시분부터 비거주자가 사망한 경우에도 기초공제를 적용한다.

▌ 기초공제 개정연혁 ▌

구 분	1994.1.1.~1996.12.31.	1997.1.1.~2000.12.31.	2001.1.1. 이후
거주자	1억원	2억원	2억원
비거주자	1억원	공제 안됨	2억원

 관련 예규 · 심판결정례 및 판례 등

☐ 선순위 상속인이 있으나 후순위 상속인이 상속재산 전액을 유증받은 경우, 후순위 상속인은 '상속공제를 받을 수 있는 상속인이라 할 수 없고 상속공제를 받을 수 있는 한도액도 없게 되어 기초공제 안됨(국심 2001구1554, 2001.10.25.).

☐ 상속세 기초공제액은 상속재산가액을 상속인 지분별로 분배하기 전에 그 총액에서 공제하는 것이지 상속인별 상속재산에서 각각 공제하는 것이 아님(국심 97전897, 1997.9.30.).

제2절 가업상속공제

1. 개 요

가업상속공제란 상속개시일 현재 피상속인이 10년(2007.12.31. 이전 상속개시분 5년, 2008.1.1~2008.12.31. 기간 중 15년) 이상 영위한 가업을 상속인 중 해당 가업에 종사하는 상속인(상속개시일 현재 18세 이상인 자로서 상속개시일 2년 전부터 계속하여 직접 가업에 종사한 경우를 말함) 가업상속재산을 상속받는 등 일정한 요건을 갖춘 경우 가업상속재산가액의 일정 금액을 공제하는 것을 말한다.

가업상속공제는 피상속인이 영위하던 기업을 상속인이 승계하여 계속 영위할 수 있도록 지원하기 위한 제도라 할 수 있는 바, 기술·경영의 노하우를 효율적으로 활용하고 전수하기 위해서는 중소기업의 가업승계에 대한 지원을 확대할 필요성이 계속 제기됨으로써 2008.1.1. 이후 가업상속공제액을 확대하고 일자리 창출을 지원하기 위한 고용요건을 추가하는 공제요건을 정비하는 등으로 상속증여세법을 개정하고 있다.

가업상속공제는 가업을 승계받은 상속인이 해당 가업을 계속 영위함으로써 국가 경제 발전에 기여하도록 지원하기 위한 제도이며, 이러한 조세정책적 목적에 부합하지 않은 경우에는 가업상속공제받은 금액을 상속재산가액에 포함하여 상속세를 징수한다.

2014.1.1. 이후 피상속인의 대표이사 재직기간 및 상속인의 요건 등을 완화하고 공제 대상기업과 공제액을 확대하는 한편 사후관리규정을 위반한 경우 추징방법을 개선하고, 가업상속재산에 대한 양도소득세 이월과세제도를 도입하였다.

2. 가업상속공제 요건

가업상속공제를 적용받기 위해서는 피상속인의 요건, 상속인의 요건 및 가업상속재산의 요건을 모두 충족해야 한다.

동일한 상속재산에 대해서 가업상속공제와 영농상속공제를 동시에 적용하지 않지만, 배우자가 가업상속공제 요건을 충족하는 주식을 상속받은 경우 가업상속공제와 함께 배우자 상속공제도 적용할 수 있다(재재산-254, 2018.3.22.).

구 분	기 준	구체적 요건
가업	계속 경영 기업	피상속인이 10년 이상 계속하여 경영한 기업
	중소기업	상속개시일이 속하는 과세기간 또는 사업연도의 직전 과세기간 또는 사업연도 말 현재 아래 요건을 모두 갖춘 기업 -상증령 별표에 따른 업종을 주된 사업으로 영위 -조특령 §2 ① 1, 3호 요건(중소기업기본법상 매출액, 독립성 기준)을 충족 -자산총액 5천억원 미만
	중견기업	상속개시일이 속하는 과세기간 또는 법인세 사업연도의 직전 과세기간 또는 사업연도 말 현재 아래 요건을 모두 갖춘 기업 -상증령 별표에 따른 업종을 주된 사업으로 영위 -조특령 §9 ④ 1, 3호 요건(중견기업 성장촉진 및 경쟁력 강화에 관한 특별법 시행령 §2 ② / 독립성 기준)을 충족 -상속개시일 직전 3개 과세기간 또는 사업연도의 기업회계기준 상 매출액의 평균금액 5천억원(2022년 4천억원, 2021.12.31. 이전 3천억원) 미만

구 분	기 준	구체적 요건
피상속인	주식보유기준	10년 이상 계속하여 피상속인을 포함한 최대주주 등 지분 40%(상장법인은 20%) 이상을 10년 이상 계속하여 보유
	대표이사 재직요건 (3중 1가지 충족)	• 가업 영위기간의 50% 이상 재직 • 10년 이상의 기간 　(상속인이 대표이사 등의 직을 승계하여 승계한 날부터 상속개시일까지 계속 재직한 경우) • 상속개시일부터 소급하여 10년 중 5년 이상의 기간
상속인	연령	18세 이상
	가업종사	상속개시일 전 2년 이상 가업에 종사 －다만, 피상속인이 65세 이전에 사망, 피상속인 천재지변 및 인재 등으로 사망한 경우 제외 ※ 상속개시일 2년 전부터 가업에 종사한 경우로서 병역·질병 등의 사유로 가업에 종사하지 못한 기간은 가업에 종사한 기간으로 봄
	취임기준	신고기한까지 임원취임 및 신고기한부터 2년 이내 대표이사 취임
	배우자	배우자가 요건 충족시 상속인요건 충족으로 봄
	상속세 납부능력 (중견기업에 적용)	2019.1.1. 이후 가업상속인의 가업상속재산 외의 상속재산이 가업상속공제를 받지 않았을 경우의 가업상속인이 부담하는 상속세액의 2배보다 큰 경우 가업상속공제 적용 배제
탈세등 배제		2020.1.1. 상속개시분부터 탈세·회계부정 기업인의 가업상속 혜택 배제
사후관리		상속개시 후 5년(2020~2022년 7년, 2019.12.31. 이전 10년) 동안 사후 관리 • 가업 영위 : 대표이사, 주된업종 유지(중분류내 허용), 1년 이상 휴·폐업 금지 • 가업용 자산 20%(5년내 10%) 이상 처분 금지 • 주식등을 상속받은 상속인의 지분 유지 • 고용 유지 : 2023.1.1. 이후 5년 통산 정규직 근로자수 또는 총급여 90% 이상 유지 　* 상속개시직전 2개 사업연도 정규직근로자 수의 평균
이월과세		공제를 받은 가업상속재산의 추후 양도시 피상속인의 당초 취득가액을 취득가액으로 하여 양도차익을 계산하여 양도소득세 과세

┃ 2013.12.31. 이전 가업상속공제 요건 ┃

피상속인 요건	상속인 요건	가업상속재산 요건
- 피상속인이 10년 이상 경영한 중소기업이고 - 가업영위기간의 60% 이상 또는 상속개시 전 10년 중 8년 이상 대표이사(개인기업 대표자)로 재직 - 2011.1.1. 이후 최대주주 1인에 대해서만 적용함.	- 상속개시일 현재 18세 이상 - 상속개시일 2년 전부터 계속하여 직접 가업에 종사 - 위 요건을 갖춘 가업상속인 1인이 가업상속재산 전부 상속받아 신고기한 내에 임원으로 취임하고 2년 내에 대표이사 등에 취임해야 함.	- 조세특례제한법상 중소기업으로 다음의 업종을 제외함. • 영농상속공제대상 사업 • 과세유흥장소에 해당 - 중소법인 또는 중견기업의 최대주주로서 지분율 40%{(상장·코스닥상장법인 20%)} 이상인 경우

가. 피상속인 요건

거주자인 피상속인이 상속개시일로부터 소급하여 10년 이상 계속하여 중소기업 또는 중견기업을 경영하여야 하고, 가업의 영위기간(2022.2.15. 이후 상속개시분부터 대분류 내의 다른 업종으로 주된 사업을 변경하여 영위한 기간을 합산한다) 중 피상속인이 다음의 하나에 해당하는 기간을 대표이사(개인사업자인 경우 대표자를 말하며, 이하 "대표이사 등"이라 함)로 재직하여야 한다.

① 100분의 50 이상의 기간
② 10년 이상의 기간(상속인이 피상속인의 대표이사 등의 직을 승계하여 승계한 날부터 상속개시일까지 계속 재직한 경우로 한정한다)
③ 상속개시일로부터 소급하여 10년 중 5년 이상의 기간

  * 2010.2.18.~2014.2.20. 상속개시분은 가업영위기간 중 60% 이상 또는 상속개시일부터 소급하여 10년 중 8년 이상을, 2008.1.1.~2010.2.17. 이전 상속개시분은 피상속인이 가업을 경영하는 기간 중 80% 이상의 기간을 대표이사 등으로 재직해야 함.

10년 이상 계속하여 경영한 기업에 해당하는지 여부를 판정할 때 피상속인이 소득세법이 적용되는 기업의 종전사업장을 폐업하고 다른 장소에 신규로 사업을 영위한 경우에는 종전 사업장에서의 사업영위기간을 포함하지 아니하는 것이나, 사업장을 사실상 폐업하지 아니하고 다른 장소로 이전하여 같은 업종의 사업을 계속하여 영위하는 경우에는 종전 사업장에서의 사업영위기간을 포함하여 계산한다.

2022.2.14. 이전 업종의 변경 여부는 통계청장이 작성·고시하는 한국표준산업분류상의 세세분류가 동일한 업종에 해당하는지 여부로 판단하도록 하였다(재산세과-301, 2012.8.26.).

피상속인이 중소기업을 경영하던 중에 법정관리를 받게 되어 대표이사에서 해임된 경

우 법정관리기간 중에도 최대주주 등에 해당하면 가업의 영위기간에는 법정관리기간이 포함될 수 있으나 대표이사로 재직한 기간에는 포함되지 아니한다.

 관련 예규ㆍ심판결정례 및 판례 등

☐ 가업승계 증여세 특례요건을 갖춘 후 대표이사가 子⇒피상속인⇒子로 변경된 후 상속개시된 경우 가업상속 공제대상이 될 수 있음(재재산-1084, 2023.9.15., 사전-법규과-2513, 2023.9.26.).

  사실관계
  - '84.3월부터 '04.8.1.까지 피상속인이 A법인의 대표이사로 재직
  - '09.8.31. 피상속인이 子에게 A주식을 증여, 가업승계 증여세 특례를 적용받음
    * 가업승계 증여세 특례 사후관리규정 준수하였음
  - '04.8.1.부터 '19.8.1.까지 子가 대표이사로 재직(증여일 이후 대표이사직 7년 이상 유지)
  - '19.8.1.부터 '19.11.1.까지 피상속인이 대표이사로 재직
  - '19.11.1.부터 현재까지 子가 대표이사로 재직 중
  - '22.12.20. 피상속인이 사망하여 상속개시
    ※ A법인은 대표이사 재직기간 요건 외 다른 가업상속공제요건을 갖춘 것으로 전제함.

☐ 피상속인이 상속개시일 현재 가업에 종사하지 아니하였더라도 다른 공제요건을 충족하면 가업의 상속에 따른 공제를 적용할 수 있음(기재부 조세법령운용과-571, 2022.5.30.).

☐ 합병법인의 가업영위기간 산정 방법(재재산-222, 2016.3.28., 상속증여세과-957, 2020.12.31.)
  10년 이상 영위한 합병법인과 합병법인의 자회사가 합병한 경우 가업영위기간은 합병법인을 기준으로 하며, 인적분할한 경우 분할신설법인의 사업영위기간은 분할 전 분할법인의 사업개시일부터 계산함.

☐ 개인사업을 동일업종 법인으로 전환시 가업상속공제의 가업영위 기간(재재산-725, 2019.10.28.)
  일부 사업용 재산을 제외하고 법인 전환 후에 동일한 업종을 영위하는 등 가업의 영속성이 유지되는 경우 피상속인이 개인사업자로서 영위한 기간을 포함하여 가업 경영기간을 계산함.

☐ 비상장법인이 기업인수목적회사에 합병된 경우 가업영위기간 계산(재재산-186, 2015.2.17.)
  비상장법인이 상장을 위하여 자본시장법 시행령 제6조 제4항 제14호에 따른 기업인수목적회사(SPAC)와 합병을 하는 경우로서 합병 후 상장법인이 합병 전의 비상장법인과 업종, 명칭, 대표이사 및 최대주주 등이 동일하여 사업의 계속성이 인정되는 경우에는 상속증여세법 제18조 제2항 제1호에 따른 "피상속인이 10년 이상 계속하여 경영한 기업" 판정시 피상속인이 합병 전 비상장법인을 계속하여 경영한 기간을 피상속인의 가업영위기간에 포함함

  사실관계
  - ㈜○○은 1992.1월 설립된 법인으로 2015.3월 ○○기업인수목적㈜(SPAC)와 합병등기하고

2015.3월 코스닥에 상장하였음.

- ㈜○○의 대표이사 이○○은 최대주주이자 대표이사로서 1992년 설립 이후 계속하여 경영함.
- 합병 직후 ○○기업인수목적㈜는 ㈜○○으로 상호 변경
- 최대주주의 주식 지분율(합병前 33.04% → 합병後 26.38%)은 다소 변동되었으나, 최대주주라는 사실에는 변함없으며 대표이사 직위도 유지
- ○○기업인수목적㈜의 임원 4명은 합병 직후 모두 사임

❑ 합병존속신설법인의 경우 10년 이상 가업 계속 영위기간의 기산일(법령해석재산 − 22512, 2015.5.27.)
- 피상속인이 10년 이상 계속하여 경영한 A법인이 피상속인이 10년 이상 계속하여 경영하지 않은 B법인을 흡수합병한 후 합병존속법인이 합병 전 A법인과 업종, 명칭, 대표이사 및 최대주주 등이 동일하여 A법인 사업의 계속성이 인정되는 경우 상속증여세법 제18조 제2항 제1호에 따른 "피상속인이 10년 이상 계속하여 경영한 기업" 판정시 피상속인이 합병 전 A법인을 계속하여 경영한 기간을 피상속인의 가업영위기간에 포함하며
- 상속세 과세가액에서 공제하는 가업상속 재산가액은 피합병법인으로부터 승계받은 자산, 부채 및 손익을 제외하고 같은 법 시행령 제15조 제5항 제2호에 따라 계산한 금액으로 함.

❑ 가업의 주된 업종 변경시 가업영위기간의 기산일은 해당 기업이 주된 업종을 변경한 후 처음으로 재화 또는 용역의 공급을 개시한 때임(법령해석과 − 2808, 2015.10.28.).
    ➡ 2022.2.15. 이후 상속개시분 대분류 내의 다른 업종으로 변경한 경우 가업영위기간 합산함.

❑ 합병신설법인의 경우 10년 이상 가업 계속 영위기간의 기산일은 합병신설법인이 합병 후 사업을 개시한 날임(상속증여세과 − 170, 2014.5.30.).

❑ 피상속인이 영위하던 두 법인이 합병한 경우 가업영위기간 계산방법(재산세과 − 288, 2012.8.14.)
피상속인이 20년 이상 계속하여 경영한 A법인과 B법인이 합병하여 합병 후의 존속법인인 A법인의 사업을 계속 영위 중에 상속이 개시된 경우 피상속인의 가업 계속영위기간은 피합병법인의 사업영위기간을 포함하여 계산하며, 이 때 가업상속재산은 같은법 시행령 제15조 제5항 제2호에 따라 상속개시일 현재 피상속인이 보유한 A법인의 주식을 대상으로 하는 것임.

❑ 상법상 집행임원 설치회사의 대표집행임원은 대표이사로 봄(상속증여세과 − 496, 2013.8.23.).
가업상속공제 적용 시 피상속인의 대표이사 재직기간을 산정함에 있어 정관 및 상법 제408조의2(집행임원 설치회사, 집행임원과 회사의 관계), 동법 제408조의5(대표집행임원)에 따라 대표집행임원으로 이사회에서 선임된 경우 대표이사에 해당함.

❑ 가업상속공제 적용시 피상속인이 "대표이사 등으로 재직한 경우"란 피상속인이 대표이사로 선임되어 법인등기부에 등재되고 대표이사직을 수행하는 경우를 말함(재산세과 − 172, 2011.4.1.).

❑ 피상속인의 대표이사 재직기간 판단시 피상속인이 상속인과 각자 대표이사로 등기된 경우에도 적용되는 것이나, 10년 이상 계속하여 가업을 영위하였는지는 사실판단 사항임(재산세과 − 211, 2009.9.14.).

- 가업상속은 피상속인 및 상속인이 특수관계있는 자와 공동대표이사로 등기된 경우에도 적용되는 것임(상속증여세과 - 1282, 2015.12.11., 재산세과 - 2975, 2008.9.29.).
- 피상속인이 상속개시일 현재 가업에 종사하지 아니한 경우 가업상속공제 안됨(재재산 - 655, 2010.7.8.).
- 중소기업에 해당하는 법인이 인적분할한 경우 당해 분할신설법인의 사업영위기간은 분할 전 분할법인의 사업개시일부터 계산함(상속증여세과 - 743, 2016.7.4., 재산세과 - 519, 2010.7.15.).

나. 상속인 요건

상속인(직계존속, 형제자매 등 상속인을 말함)이 다음의 ①부터 ④까지의 요건을 모두 갖추어야 한다. 2014.2.21. 이후 상속개시분부터 상속인의 배우자가 ①, ②, ④의 요건을 모두 갖춘 경우에는 상속인이 그 요건을 갖춘 것으로 본다. 따라서 가업에 2년 이상 종사하지 아니한 상속인이라도 그 배우자가 2년 이상 가업에 직접 종사하고 있는 경우 가업상속공제를 적용받을 수 있다.

① 상속개시일 현재 18세 이상인 경우
② 상속개시일 전에 피상속인의 가업영위기간 요건 중 2년 이상 직접 가업에 종사한 경우. 이 때 상속개시일 2년 전부터 가업에 종사한 경우로서 상속개시일부터 소급하여 2년에 해당하는 날부터 상속개시일까지의 기간 중 상속인이 법률의 규정에 의한 병역의무의 이행, 질병의 요양, 취학상 형편 등의 사유로 가업에 종사하지 못한 기간이 있는 경우에는 그 기간은 가업에 종사한 기간으로 본다. 이 경우 병역의무의 이행기간은 입대일부터 제대일까지를 의미한다(상속증여세과 - 1078, 2015.7.16.). 그리고 피상속인이 65세(2016.2.5. 이전 상속개시분은 60세) 이전에 사망하거나 천재지변 및 인재 등 부득이한 사유로 사망한 경우에는 2년 이상 직접 가업에 종사하지 못한 경우에도 2년 이상 종사한 것에 해당한다.

※ 피상속인이 자살로 사망한 경우는 상속인의 상속개시 전 가업종사요건(2년)의 예외사유인 피상속인이 인재 등 부득이한 사유로 사망한 경우에 해당함(사전 - 법규과 - 2495, 2023.9.25.).

그러나 2014.2.20. 이전 상속개시분의 경우 상속개시일 2년 전부터 계속하여 직접 가업에 종사할 것을 요건으로 하고 있어 상속인이 직접 가업에 2년 이상 종사하다가 퇴사한 후 다시 가업에 종사한 기간이 2년을 경과하기 전에 상속이 개시된 경우 상속개시일 2년 전부터 계속하여 직접 가업에 종사한 경우에 해당하지 않는다. 또한, 병역의무 등 부득이한 사유가 있는 경우에는 재입사 전 가업에 종사한 기간을 포함하여 상속인이 가업에 종사한 기간을 계산하였고, 2014.2.21. 이후 상속개시분부터는 병역의무 등 기간을 가업에 종사한 기간에 포함하도록 하였다.

③ 2016.2.5. 이후 상속개시분부터 상속인 2인 이상이 공동상속하는 경우에도 가업상속공제 가능하다.

따라서 1개 가업을 공동상속하는 경우에도 대표자로 취임하는 등 가업승계 요건을 충족한 자가 승계한 지분에 대해서는 가업상속공제를 적용한다(상속증여세과-198, 2018.2.21.).

2014.2.21.부터 2016.2.4.까지 상속개시분은 상속인 1명이 해당 가업의 전부(민법 제1115조에 따른 유류분 반환청구에 따라 다른 상속인이 받았거나 받을 상속재산, 즉 유류분상속재산은 제외한다)를 상속받은 경우에는 공제하였고

2014.2.20. 이전 상속개시분의 경우 상속인 1명이 모든 가업상속재산을 상속받아야 공제받을 수 있었으나 민법상 유류분제도에 따라 가업상속재산을 공동상속인들이 상속받은 경우까지 공제받지 못하는 문제가 있어 유류분 상속재산을 제외한 가업상속재산을 상속인 1명이 상속받으면 공제받을 수 있도록 하였다.

④ 상속세 과세표준 신고기한까지 임원으로 취임하고, 상속세 신고기한부터 2년 이내에 대표이사 등으로 취임한 경우

2024.2.29. 이후 상속개시분부터 기회발전특구에 소재하는 기업으로서 상속세 추징제외대상에 해당하는 경우에는 신고기한부터 2년 이내에 대표이사 등으로 취임해야 하는 요건은 적용하지 않는다.

상속인의 배우자가 법인의 대표이사 등으로 취임하는 경우에도 상속인이 대표이사 등에 취임한 것에 해당하지만, 개인기업체를 상속받는 경우로서 상속인의 배우자가 해당 개인기업체의 대표자가 되는 경우에는 가업상속공제요건을 갖춘 경우에 해당하지 않는다(법령해석과-3384, 2016.10.25.).

가업에 사용되는 부동산을 상속인들이 공동으로 상속받은 것으로 상속등기를 한 후 상속세 과세표준 신고기한 이내에 가업상속인에 해당하는 배우자가 단독으로 상속받는 것으로 재분할하여 다시 등기하는 경우 상속인 1명이 가업용 부동산을 전부 상속받은 것으로 보아 가업상속공제를 적용받을 수 있다(재산세과-309, 2012.8.30.).

 관련 예규·심판결정례 및 판례 등

❏ 상속받은 가업법인 주식 중 일부만 가업상속공제 가능한지(재재산-1538, 2022.12.20.)

가업상속공제 적용 시 상속받은 가업법인 주식 중 일부만 가업상속공제 받는 것으로 선택 가능하

며, 상속공제 받지 않은 주식 일부를 사후관리기간 내 처분 시 사후관리 위반에 해당하지 않음.

☐ 상속인인 직계존속이 기업을 상속받은 경우에도 가업상속공제 가능함(법규과 – 392, 2022.1.28.).

☐ 상속개시 전 공동(단독)대표이사 취임시 가업상속공제 여부(법령해석재산 – 1278, 2018.10.15.)

  가업상속공제는 상속인들이 1개의 가업을 공동상속받고 공동(단독)대표이사로 취임한 경우 또
  는 가업재산을 상속받기 전에 해당 기업의 대표이사로 취임한 경우에도 적용되는 것임.

  질의

  자녀1이 부친의 질병으로 상속개시 전 가업기업의 대표이사에 재직하던 중 가업을 자녀2와 공
  동상속받은 후에 자녀2가 공동(각자)대표이사로 취임한 경우 자녀1과 자녀2가 상속받은 가업
  재산에 대해 가업상속공제 적용 여부?

☐ 개인 공동사업자에 대한 가업상속공제 적용방법(서면법규과 – 556, 2014.5.30.)

  특수관계 없는 개인 A, B가 50%의 지분으로 개인 공동사업을 경영하던 중 공동 사업자 A의
  사망으로 상속이 개시되어 A의 상속인 1인이 가업을 상속받아 상속증여세법 제18조 제2항 제1
  호에 따른 가업상속공제를 적용 받은 이후 다른 공동사업자 B가 사망한 경우 B의 상속인에
  대해서는 같은 법 시행령 제15조 제3항 단서에 따라 가업상속공제를 적용할 수 없는 것임.

☐ 父의 가업을 상속받은 상속인이 母의 가업을 상속받은 경우 가업상속공제 요건을 충족하는 경우에
  는 공제 가능함(서면법규과 – 487, 2014.5.15.).

☐ 피상속인의 질병으로 사망하여 상속인이 2년 이상 가업에 종사하지 못한 경우 가업상속공제 안됨
  (법규재산 2012 – 332, 2012.9.20.).

☐ 일부 주식은 증여하고 남은 주식 전부를 가업상속인 1인이 상속받은 경우 가업상속공제 가능함(재
  산세과 – 334, 2012.9.20.).

☐ 가업상속재산 중 일부 출연하고 남은 주식 상속하는 경우(재산세과 – 730, 2010.10.6.)

  공익법인에 출연하고 남은 주식 전부를 상속인 1인이 상속받은 때에는 해당 가업 전부를 상속
  받은 것으로 보아 상속증여세법 시행령 제15조 제4항을 적용하는 것임.

☐ 가업영위기간이 다른 2개 이상의 기업의 가업상속공제방법(재재산 – 255, 2014.3.11.)

  – 가업상속공제 대상이 되는 2개 이상의 기업을 상속인 1인이 전부 상속받은 경우 가업상속공
    제는 상속세과세표준 신고 시 가업상속재산명세서 및 가업상속사실을 입증할 수 있는 서류
    를 제출(납세자가 선택)한 기업에 대하여 적용하는 것임.

  – 가업상속공제 대상이 되는 2개 이상의 기업을 상속인 1인이 전부 상속받은 경우 가업상속공
    제금액은 피상속인이 계속하여 경영한 기간이 가장 긴 기업을 기준으로 적용한 상속증여세
    법 제18조 제2항 제1호 가목의 금액을 공제한도로 하여 피상속인이 계속하여 경영한 기간이
    긴 기업부터 순차적으로 공제하되, 각 기업별 공제금액은 같은 법 제18조 제2항 제1호 가목
    에 따른 해당 기업의 경영기간별 공제한도 내에서 공제하는 것임.

❑ 다수의 가업경영시 가업상속공제 적용 방법(재재산-35, 2012.1.16.)

2개 이상 복수의 가업 모두를 상속받는 상속인 1명에 대해서만 가업상속공제가 적용되며, 가업상속공제 한도액은 2개 이상 가업상속재산 합계액에 대해 적용함(갑설이 타당함).

질의

- 피상속인이 가업의 요건을 충족하는 A, B법인 주식을 보유하다가 상속이 개시된 경우 상속개시일 현재 주식평가액이 A법인의 경우 90억원, B법인의 경우 60억원임.
- 장남이 A법인 주식 전부를 상속받고, 차남이 B법인의 주식 전부를 상속받는 경우 각각 가업상속공제가 적용되는지 아니면 상속인 중 1인이 A, B법인 주식 모두를 상속받은 경우에만 가업상속공제가 적용되는지 여부
- 상속인 중 1명이 A법인과 B법인의 주식 전부를 상속받는 경우 가업상속재산가액은 2개 기업의 주식평가액을 합한 금액(150억원)을 기준으로 한도를 적용하는지

(갑설) 2개 이상 복수의 가업 모두를 상속받는 상속인 1명에 대해서만 가업상속공제가 적용되며 그 공제한도는 가업 모두의 주식 합계액으로 함.

(을설) 2개 이상 복수의 가업 중 1개의 가업이라도 가업전부를 상속받는 상속인에게 각각 가업상속공제가 적용됨.

➡ 2016.2.4. 이전 상속분의 법령에 대한 유권해석임.

❑ 부모가 공동사업 영위하다가 순차로 사망할 경우 부모 상속지분 각각에 대하여 가업상속공제가 가능한지 여부(재산세과-375, 2012.10.15.)

2011.1.1. 이후 상속분부터는 부모가 공동사업으로 개인 중소기업을 경영하는 경우 가업상속공제는 부모 중 피상속인 1인에 한하여 가업상속공제가 적용되나, 가업상속을 받은 상속인인 모의 사망으로 장남이 받는 가업상속재산에 대해서는 가업상속공제 요건을 갖춘 경우 공제 가능함.

❑ 상속인이 가업에 종사하다가 군복무로 인해 부득이 휴직한 후 군복무를 마치고 다시 입사한 경우 재입사전 가업에 종사한 기간을 포함하여 계산함(재산세과-741, 2010.10.11.).

- 2010.6월 피상속인의 갑작스런 사망으로 인해 질의자가 가업을 승계하게 됨.
- 질의자는 대학 졸업 후 2005.9월부터 1년 6월 가업에서 근무하다 군 복무로 휴직함.
- 군 복무를 마친 2009.2월부터 현재까지 가업에서 근무하고 있음.

❑ 인적분할된 법인을 장남과 차남이 각각 1개씩 상속받는 경우 가업상속공제 적용 여부(1인이 전부 상속받아야 공제함)(재산세과-479, 2010.7.2.)

➡ 2016.2.5. 이후 상속분부터 공제가능함.

❑ 가업상속공제 적용시 상속인의 요건 중 상속세 신고기한까지 임원으로 취임하고 신고기한부터 2년 내에 대표이사로 취임하는 개정규정은 2009.2.4. 이후 최초로 상속이 개시되는 분부터 적용되는 것임(재산세과-426, 2010.6.23.).

❑ 차명주식을 신고 누락한 경우 가업상속공제 요건 충족 여부(조심 2015중1071, 2016.5.26.)

피상속인이 보유한 차명주식을 상속증여세법 제67조에 따른 상속세 과세표준 신고시 상속재산

에 포함하지 아니하고 신고함으로써 상속인 1명이 상속세 과세표준 신고기한까지 해당가업의
전부를 상속받지 아니한 경우에는 가업상속공제를 적용하지 않고 결정한 것은 잘못이 없음.

❑ 근로소득의 지급사실을 신고한 사실이 없는 등 가업에 종사한 사실이 객관적으로 입증되지 않아
가업상속공제를 적용할 수 없음(국심 2004서174, 2004.6.22.).

다. 가업상속재산 요건

1) 가업의 범위

가업이란 상속개시일이 속하는 과세연도의 직전 과세연도 말 현재 중소기업 또는 중견
기업을 말하며, 영농상속공제의 적용을 받는 사업을 제외한다. 중소기업 또는 중견기업
은 「제2절 가업상속공제, 5. 중소기업 또는 중견기업의 범위」에서 자세히 기술하였다.
2017.1.1. 이후 상속개시분부터 중소기업과 중견기업의 범위를 상속증여세법에서 직접
규정하고 있으며(종전에는 조세특례제한법을 준용함), 상속이 개시되는 소득세 과세기간
또는 법인세 사업연도의 직전 3개 소득세 과세기간 또는 법인세 사업연도의 매출액의 평
균금액이 5천억원(2022년 4천억원, 2021.12.31. 이전 3천억원) 이상인 기업 등은 다음의
연도별로 가업상속공제대상에서 제외한다.

┃ 중견기업에서 제외하는 법인의 개정연혁 ┃

구 분	'11~'12년	'13년	'14년~'16년	'17~'20년	'21년	'22년	'23년~
3년 평균 매출액	1,500억원	2,000억원	3,000억원	3,000억원	3,000억원	4,000억원	5,000억원
기업집단 내 기업 여부	상호출자제한기업집단 내 기업은 제외함						

피상속인이 개인사업체를 영위하는 경우뿐만 아니라 피상속인이 중소기업 또는 규모
의 확대 등으로 중소기업에 해당하지 아니하게 된 중견기업을 영위하는 법인의 최대주주
또는 최대출자자(상속증여세법 시행령 제19조 제2항에 의한 최대주주 또는 최대출자자
를 말한다. 이하 "최대주주 등"이라 한다)인 경우로서 그의 특수관계인(상속증여세법 시
행령 제2조의2 제1항 각호의 어느 하나에 해당하는 자를 말한다)의 주식 등을 합하여 발
행주식총수 등의 100분의 40(한국거래소에 상장되어 있는 법인은 100분의 20) 이상을
계속하여 보유하고 있어야 한다.

2) 최대주주 등의 범위

최대주주 등이란 상속증여세법 시행령 제19조 제2항에서 규정한 최대주주 등을 말하는 것으로서 주주 또는 출자자(이하 "주주 등"이라 한다) 1인과 그의 특수관계인의 보유주식 등을 합하여 그 보유주식 등의 합계가 가장 많은 경우의 해당 주주 등 1인과 그의 특수관계인 모두를 말한다. 특수관계인은 주주 1인과 상속증여세법 시행령 제2조의2 제1항 각호의 어느 하나에 해당하는 자를 말한다.「제2편 상속세 제4장 상속세과세가액 제3절 공익목적 출연재산의 과세가액 불산입」주식 5% 등 초과 출연관련 부분에 자세히 기술하였다. 특정 법인의 주주그룹 중 피상속인 및 그의 친족과 사용인 등 다음 각 항목에 해당하는 자가 보유하고 있는 주식의 합계가 가장 많은 경우 피상속인 및 그와 특수관계에 있는 주주 등이 최대주주 등에 해당한다.

3) 최대주주 등의 주식 보유비율

피상속인이 "2) 최대주주 등의 범위"에 해당하는 경우로서 그와 그의 특수관계인(상기 "2) 최대주주 등의 범위 ① 내지 ⑧"에 해당하는 자를 말함)의 주식 등을 합하여 발행주식총수 등의 100분의 40(한국거래소에 상장되어 있는 법인은 100분의 20) 이상을 10년 이상 계속하여 보유하고 있어야 한다.

▌최대주주 등의 보유지분율 개정연혁 ▌

구 분	1997~2007년	2008~2010년	2011~2022년	2023년 이후
비상장법인	50% 이상	50% 이상	50% 이상	40% 이상
거래소 상장법인	50% 이상	40% 이상	30% 이상	20% 이상

4) 최대주주 등 중 1인에 대해서만 가업상속공제 적용

상속증여세법 시행령 제15조 제3항 단서를 신설하여 "법 제18조 제2항 제1호에 따른 가업상속이 이루어진 후에 가업상속 당시 최대주주 등에 해당하는 자(가업상속을 받은 상속인은 제외한다)의 사망으로 상속이 개시되는 경우는 제외한다."고 규정함에 따라 동일한 법인에서 최대주주 등 중 1인에 대해서만 가업상속공제를 적용한다. 다만, 가업상속을 적용받은 상속인이 사망하여 다시 상속이 개시된 경우에는 재상속 당시 가업상속공제 요건을 모두 충족하는 경우에는 가업상속공제가 가능하다. 이러한 개정내용은 2011.1.1. 이후 상속개시분부터 적용한다.

관련 예규 · 심판결정례 및 판례 등

□ 父가 단독 운영하던 기업을 母가 상속받아 가업상속공제를 받은 후 10년 내 母 사망에 따라 子가 가업을 상속받은 경우, 가업상속공제가 적용되지 않는 것임(사전 – 법규과 – 2373, 2023.9.13.).

□ 피상속인이 직접 소유한 주식 없이 간접소유한 법인도 가업상속재산인지(법규과 – 2049, 2023.8.8.)
거주자 甲이 중소기업인 A법인(도매업)과 B법인(제조업)의 최대주주등으로서 각각 40% 이상을 10년 이상 계속 보유하고 해당 기업을 10년 이상 계속 경영하다 甲이 보유한 B법인 주식 전부를 A법인에 양도하여 B법인이 A법인의 완전자회사가 된 상태에서 甲이 사망하는 경우, B법인은 가업에 해당하지 않는 것임.

□ 매출비중 변경에 따른 주된 업종변경 및 영위기간(상속증여 – 2534, 2022.11.9.)
가업상속공제 대상 가업의 영위기간은 통계청장이 작성 · 고시하는 한국표준산업분류상 동일한 대분류 내의 다른 업종으로 주된 사업을 변경하여 영위한 기간을 합산하는 것임.

질의

甲이 A법인을 30년 이상 영위하던 중 매출비중에 따른 업종현황이 아래와 같은 경우 가업상속공제 대상 가업의 영위기간은?
- 2007년 이전 사업연도 : 건설업
- 2008~2009사업연도 : 부동산업
- 2010~2021사업연도 : 건설업

□ 피상속인이 10년 이상 보유한 주식만이 가업상속공제대상인지(기재부 조세법령운용과 – 10, 2022.1.5.)
가업상속에 해당하는 법인의 주식 중 피상속인이 직접 10년 이상 보유한 주식만이 가업상속공제 대상이 되는 것은 아니며, 종전 예규(재재산 – 385, 2014.5.14.)를 변경한 이번 예규내용은 생산일 이후 결정 · 경정분부터 적용함.

□ 가업의 경영기간은 가업상속 대상 기업의 주된 사업(업종)을 기준으로 판단함(재재산 – 70, 2021.1.21.).
(질의) A, B, C업종(모두 제조 관련 업종임)을 주업으로 10년 이상 사업을 영위하던 업체로, 제조업이 아닌 D업종을 상속개시 2년 전에 추가한 경우
– 경영기간이 10년 이상인지를 주된 업종만으로 판단하는지, 모든 업종을 기준으로 판단하는지

□ 사업장을 이전한 후 종전 사업장 미매각시 공제대상 가업상속재산 범위(법령해석재산 – 238, 2016.7.29.)
피상속인이 10년 이상 사업자단위과세를 적용받아 같이 운영하던 제1공장과 제2공장의 기계 · 설비 등을 상속개시 전 제3공장으로 이전하여 가업을 계속 영위하다가 제1공장은 매각되었으나 제2공장은 매각되지 않은 상태에서 상속이 개시된 경우 가업상속 재산가액은 상속개시일 현재 가업에 직접 사용되는 제3공장의 부동산 및 기계 · 설비 등의 가액을 말함.

❏ 비상장기업이 상장된 경우 피상속인 등의 지분율 요건(자문-법령해석과137, 2015.2.6.)

　　비상장기업이 상장된 경우 가업상속공제의 가업은 피상속인이 10년 이상 계속하여 최대주주 등인 경우로서 피상속인(특수관계인 포함)이 발행주식총수의 50%(상장된 이후에는 30%) 이상을 10년 이상 계속 보유하여야 함.

❏ 의결권 없는 우선주의 가업상속공제 등 적용 여부(법규과-1088, 2014.10.14.)

　　가업상속공제를 적용함에 있어 상속증여세법 시행령 제15조 제3항에 따라 피상속인과 그의 특수관계인의 주식 등을 합하여 해당 기업의 발행주식총수의 100분의 50(한국거래소에 상장된 법인이면 100분의 30) 이상을 계속하여 보유하는지 여부를 판정할 때 상법에 따른 의결권이 없는 우선주는 발행주식총수 및 피상속인과 그의 특수관계인이 보유하는 주식수에서 제외하는 것이며, 같은 조 제5항에 따른 가업상속재산에도 해당하지 않음. 또한, 상법에 따른 의결권이 없는 우선주를 증여받는 경우 해당 주식은 조세특례제한법 제30조의6에 따른 가업의 승계에 대한 증여세 과세특례를 적용받을 수 없음.

❏ 최대주주 지분율 산정시 자기주식 제외 여부 등(상속증여세과-154, 2014.5.23.)

　　가업상속공제를 적용함에 있어 최대주주 지분율 50%(상장법인은 30%) 판정 시 자기주식은 발행주식총수에서 제외하는 것이며, 2011.1.1. 이후 상속분부터 가업상속공제가 적용되는 피상속인은 상속개시 당시 최대주주 1인에 대해서만 공제하는 것임.

❏ 가업요건 판단시 사내근로복지기금의 최대주주 해당 여부(재재산-1039, 2011.12.2.)

　　중소기업을 영위하는 비상장법인의 최대주주가 그와 특수관계에 있는 자의 주식을 합하여 해당법인의 발행주식 총수의 100분의 50 이상을 보유하는 경우에는 상속증여세법 제18조 제2항 제1호에 포함되는 것임. 이 경우 사내근로복지기금은 상속증여세법 시행령 제15조 제3항의 최대주주 등과 특수관계에 있는 자에 해당되는 것임.

❏ 2011.1.1. 이후에 상속이 개시된 경우로서 부모가 공동으로 중소기업을 경영하는 경우 가업상속공제는 부모 한 명으로부터 상속받은 주식에 대하여 적용하는 것임(재산세과-538, 2011.11.11.).

　　-주식회사 A의 주주 및 임원현황

구 분	부	모	자
주주지분	70%	15%	15%
법인관계	대표이사	이사	이사

　　-주식회사 B의 주주 및 임원현황

구 분	부	모	자
주주지분	70%	15%	15%
법인관계	대표이사	대표이사	이사

- 위 A와 B는 20년 이상 영업을 하였으며, '자'는 3년 전에 회사에 입사하였음.
- ○ 부가 B법인의 공동대표인 경우 모의 사망으로 B법인에 대하여 가업상속공제를 받은 후 부의 사망시 B법인의 부친지분에 대해서도 가업상속공제를 받을 수 있는지?

☐ 매매진행 중 상속개시된 경우 가업상속재산 해당 여부(조심 2022서7622, 2023.9.5.)

(사실관계) 피상속인이 시간외 대량매매방법으로 상속인에게 상장주식을 매도

- 거래체결일 2020.3.20. → 상속개시일 2020.3.20. → 피상속인에게 매매대금 입금일 2020.3.24.
- 상속인은 저가양수에 증여가액을 상속재산가액에 가산하여 신고하였으나, 처분청은 잔금청산 전이므로 본래 상속재산으로 보아 상속세 과세하고 증여세 경정
- 가업상속공제 적용할 것을 경정청구했으나, 거부함.

(심판결정) 피상속인이 상속개시일 현재 보유한 주식으로서 가업상속공제 대상임.

☐ '피상속인이 상속재산인 해당 주식을 10년 이상 계속하여 보유할 것'은 상속증여세법 제18조 제2항 제1호에 따른 가업상속공제 적용요건이라고 할 수 없음(조심 2020서8289 (2021.12.6.).

➡ 대법원 2021.8.26. 선고 2021두38741 판결, 같은 뜻임.

☐ 2020.2.11. 이전 피상속인이 주식을 전부 증여하고 상속개시된 경우 가업상속공제 가능함(조심 2021전5169, 2022.4.25., 조심 2021광600, 2021.11.30., 조심2021서4871, 2021.11.15).

- 가업승계 증여제도는 중소기업의 경영자가 생전에 자녀에게 가업을 사전에 증여함으로써 중소기업의 영속성을 유지하고 경제활력의 증진을 도모하고자 2008년에 도입된 제도인바, 청구인은 상증법 제18조 제2항 및 같은 법 시행령 제15조에서 규정하고 있는 가업상속 공제요건에 대하여 쟁점이 되는 요건을 제외한 나머지 요건을 모두 충족하고 있으며
- 가업주식 '전부'를 증여한 경우에 관해서는 아무런 규정을 두고 있지 않아 이 건과 같이 피상속인이 생전에 가업주식을 '전부' 증여하여 가업승계를 마친 경우에는 오히려 가업승계 과세특례가 적용되지 않아 입법취지에 맞지 않는 불합리한 결과가 초래되는 문제점을 해결하기 위해 2020.2.11. 대통령령 제30390호로 조특법 시행령 제27조의6 제9항 제1호가 개정되었고
- 이는 입법 불비로 인한 차별을 시정하기 위한 것으로 소급적용도 가능하다고 보이는 점(대법원 2014두37702, 2018.10.4. 같은 뜻임) 등에 비추어 가업상속공제를 적용함이 타당함.

☐ 피상속인 또는 증여자가 해당 주식을 10년 이상 보유해야 가업상속공제 또는 가업의 승계에 대한 증여세 과세특례를 적용하기 위한 요건이라 할 수 없음(대법원 2019두44095, 2020.5.28.).

증여세 과세특례의 대상인 '가업'에 해당하려면 '증여자인 부모가 최대주주 또는 최대출자자로서 10년 이상 계속하여 그의 특수관계인의 주식 또는 출자지분을 합하여 일정비율, 즉 발행주식총수 또는 출자총액의 100분의 50 이상을 보유할 것'을 충족하면 되고, '증여자가 증여하는 해당 주식을 10년 이상 계속하여 보유할 것'까지 충족할 필요는 없다.

라. 가업상속인의 상속세 납부능력

2019.1.1. 이후 상속이 개시되는 분부터 가업상속인에게 상속세 납부능력이 있는 경우에는 가업상속공제를 적용하지 아니한다. 가업이 중견기업에 해당하는 경우로서 가업을 상속받거나 받을 상속인의 가업상속재산 외에 받거나 받을 상속재산의 가액이 가업상속 공제를 받지 않았을 경우에 해당 가업상속인이 납부할 의무가 있는 상속세액의 2배를 초과하면 해당 상속인이 받거나 받을 가업상속재산에 대해서는 공제를 적용하지 아니한다.

가업을 상속받거나 받을 상속인의 가업상속재산 외에 받거나 받을 상속재산의 가액이란 가업상속인이 받거나 받을 상속재산(상속재산에 가산하는 사망 전 증여재산 중 가업상속인이 받은 증여재산을 포함한다)의 가액에서 다음의 금액을 뺀 금액을 말한다.

ㄱ 해당 가업상속인이 부담하는 채무의 금액
ㄴ 해당 가업상속인이 받거나 받을 가업상속 재산가액

마. 탈세 · 회계부정 기업인의 가업상속 혜택 배제

2020.1.1. 이후 상속개시분부터 피상속인 또는 상속인의 가업의 경영과 관련하여 탈세 또는 회계부정(상속개시일 전 10년 이내 또는 상속개시일로부터 5년(2020~2022년 7년) 이내의 기간 중의 행위에 한정한다)으로 피상속인 또는 상속인이 상속세 결정 전에 형이 확정된 경우에는 가업상속공제를 적용하지 아니하며, 가업상속공제를 받은 이후 형이 확정된 경우에는 공제받은 금액을 상속개시 당시의 상속세 과세가액에 산입하여 상속세를 부과하고 이자상당액을 그 부과하는 상속세에 가산한다.

가업상속공제 배제되는 유죄의 범위는 다음의 행위에 따라 벌금형을 받은 경우를 말한다.

(조세포탈) 포탈세액 등이 3억원 이상이고, 그 포탈세액등이 신고 · 납부하여야 할 세액(납세의무자의 신고에 따라 정부가 부과 · 징수하는 조세의 경우에는 결정 · 고지하여야 할 세액을 말한다)의 100분의 30 이상인 경우 또는 포탈세액등이 5억원 이상인 경우(조세범처벌법 제3조 제1항)

(회계부정) 주식회사 등의 외부감사에 관한 법률 제39조 제1항에 따른 죄를 범하여 받은 벌금형(재무제표상 변경된 금액이 자산총액의 100분의 5 이상인 경우로 한정한다)[20]

---

20) 「주식회사 등의 외부감사에 관한 법률」 제39조(벌칙) ① 「상법」 제401조의2 제1항 및 제635조 제1항에

탈세·회계부정행위 시기	유죄 확정 시기	효과
상속개시 전 10년 이내 행위	가업상속공제 전	공제 배제
	사후관리 기간 중	추징
	사후관리 기간 이후	추징
사후관리기간(5년) 중 행위 (2020~2022년 : 7년)	사후관리 기간 중	추징
	사후관리 기간 이후	추징

* 사후관리기간 후 행위 : 적용대상이 아님

바. 가업 승계에 따른 증여세 과세특례가 적용된 주식에 대한 가업상속공제 적용

증여받은 주식에 대하여 조세특례제한법 제30조의6 제1항에 따른 증여세 과세특례를 적용받은 후 상속이 개시되는 경우 상속개시일 현재 다음의 요건을 모두 갖춘 경우에는 가업상속으로 보아 관련 규정을 적용한다.

① 상속증여세법 시행령 제15조 제3항에 따른 가업에 해당할 것(피상속인이 보유한 가업의 주식 등의 전부를 증여하여 상속증여세법 시행령 제15조 제3항 제1호 가목에 따른 주식 보유요건을 충족하지 못하는 경우에는 상속인이 증여받은 주식등을 상속개시일 현재까지 피상속인이 보유한 것으로 보아 주식 보유요건을 적용한다). 다만, 상속증여세법 시행령 제15조 제3항 제1호 나목은 적용하지 아니한다. 즉 중소기업을 영위하는 법인의 최대주주가 보유한 주식을 상속하였을 때의 공제요건을 모두 충족하여야 하지만, 피상속인이 가업을 영위하는 기간 중에 일정 기간 이상 대표이사 등으로 재직하여야 하는 요건은 적용하지 않는다.

② 수증자가 증여받은 주식 등을 처분하거나 지분율이 낮아지지 아니한 경우로서 가업에 종사하거나 대표이사로 재직하고 있을 것

규정된 자나 그 밖에 회사의 회계업무를 담당하는 자가 제5조에 따른 회계처리기준을 위반하여 거짓으로 재무제표를 작성·공시하거나 감사인 또는 그에 소속된 공인회계사가 감사보고서에 기재하여야 할 사항을 기재하지 아니하거나 거짓으로 기재한 경우에는 10년 이하의 징역 또는 그 위반행위로 얻은 이익 또는 회피한 손실액의 2배 이상 5배 이하의 벌금에 처한다.

관련 예규 · 심판결정례 및 판례 등

☐ 가업승계 증여세 과세특례를 적용받은 수증자가 사망한 경우 가업상속공제 여부(사전 법령해석과－3057, 2019.11.22.)

가업승계 증여세 과세특례를 적용받은 주식을 보유한 수증자가 상속개시일 현재 상속증여세법 시행령 제15조 제3항 제1호의 요건을 모두 충족하지 아니한 상태에서 사망한 경우 수증자의 배우자가 해당 주식을 상속받아 수증자의 지위를 승계하고 공동대표이사에 취임하여 가업에 종사하는 경우에도 해당 주식에 대해 같은 법 제18조 제2항 제1호에 따른 가업상속공제는 적용하지 아니함.

질의

가업승계 증여세 과세특례를 적용받은 쟁점 가업주식을 보유한 수증자가 대표이사 재직요건을 충족하지 못하고 사망하고, 수증자의 배우자가 쟁점 가업주식을 상속받아 수증자의 지위를 승계하고 공동대표이사에 취임하여 가업에 종사하는 경우 쟁점 가업주식에 대해 가업상속공제를 적용할 수 있는지 여부

☐ 증여세 과세특례가 적용된 주식 증여 후 사망한 경우 가업상속공제 적용(재산세과－311, 2012.8.31.)

가업승계 증여세 과세특례 대상 주식에 대해 가업상속공제를 적용할 때 피상속인의 대표이사 재직요건은 적용하지 아니하며, 가업상속공제는 증여세 과세특례를 받은 해당 주식에 한정함.

질의

가업승계요건을 갖춘 주식 50억원을 증여받아 30억원까지 증여세 과세특례를 받고 나머지 20억원은 일반세율로 증여세 납부한 후 상속이 개시되는 경우 대표이사 재직요건을 충족하지 않아도 가업상속공제가 가능하다면 그 대상은 30억원인지, 한도 초과분 20억원도 해당되는지?

☐ 증여세 특례 대상인 주식 등을 증여받은 후 상속이 개시되는 경우 상속개시일 현재 상속증여세법 시행령 제27조의6 제8항에 따른 요건을 모두 갖춘 경우 증여세 과세특례를 적용받은 수증자 1인에 대하여 가업상속으로 보는 것임(재산세과－911, 2010.12.8., 재산세과－1654, 2009.8.10.).

3. 가업상속공제금액

가. 공제금액

거주자의 사망으로 상속이 개시된 경우 피상속인과 상속인의 공제요건 및 가업상속재산의 공제요건을 충족하는 경우 해당 가업상속재산가액을 상속세 과세가액에서 공제하며 가업영위기간에 따른 공제한도액은 다음과 같다.

피상속인이 둘 이상의 독립된 기업을 가업으로 영위한 경우에는 해당 기업 중 피상속

인이 계속하여 경영한 기간이 가장 긴 기업의 계속 경영기간에 대한 공제한도액을 적용하며, 상속세 과세가액에서 피상속인이 계속하여 경영한 기간이 긴 기업의 가업상속재산가액부터 순차적으로 공제한다.

가업영위기간	10년 이상~20년 미만	20년 이상~30년 미만	30년 이상
2018.1.1.~2022.12.31.	200억원	300억원	500억원
2023.1.1.~	300억원	400억원	600억원

가업상속공제액 개정연혁

❏ 2014.1.1.~2017.12.31. 기간 중

가업영위기간	10년 이상~15년 미만	15년 이상~20년 미만	20년 이상
공제 한도액	200억원	300억원	500억원

❏ 2012.1.1.~2013.12.31. 기간 중 ①과 ② 중 큰 금액
① 가업상속재산가액의 70%로 하되, 사업영위기간에 따른 한도액 적용

가업영위기간	10년 이상~15년 미만	15년 이상~20년 미만	20년 이상
공제 한도액	100억원	150억원	300억원

② 2억원. 다만, 가업상속재산가액이 2억원 미만인 경우 그 가업상속재산가액으로 함.

❏ 2009.1.1.~2011.12.31. 기간 중 ①과 ② 중 큰 금액
① 가업상속재산가액의 40%로 하되 사업영위기간에 따른 한도액 적용

가업영위기간	10년 이상~15년 미만	15년 이상~20년 미만	20년 이상
공제 한도액	60억원	80억원	100억원

② 2억원. 다만, 가업상속재산가액이 2억원 미만인 경우 그 가업상속재산가액으로 함.

❏ 2008.1.1.~12.31. 피상속인이 15년 이상 영위한 가업상속재산을 가업상속인에게 상속하는 경우 다음 중 큰 금액
○ 가업상속재산가액의 100분의 20(30억원 초과시 30억원)
○ 2억원(가업상속재산가액이 2억원 미만인 경우에는 그 금액)
※ 가업상속재산가액 구간별 공제액 계산

가업상속재산가액	2억원 미만	2억원~10억원	10억원~150억원	150억원 초과
공제금액	당해 재산가액	2억원	재산가액의 20%	30억원

❏ 1997.1.1.~2007.12.31. 피상속인이 5년 이상 영위한 가업상속재산을 가업상속인에게 상속하는 경우 1억원 범위 내에서 가업상속재산가액을 공제

나. 가업상속재산의 가액

가업상속재산의 가액은 개인사업체 또는 주식 등으로 구분하여 상속개시일 현재 상속증여세법에 따른 다음의 평가액을 말한다. 이 경우 소득세법을 적용받는 가업상속재산의 경우 자산의 가액에서 부채를 빼지 않은 금액을 가업상속재산가액으로 하였으나, 2017.2.7. 이후 상속이 개시하는 분부터 가업상속재산에 담보된 부채가 있는 경우 자산의 가액에서 해당 부채를 뺀 금액을 가업상속재산가액으로 한다.

① 「소득세법」을 적용받는 가업 : 상속재산 중 가업에 직접 사용되는 토지, 건축물, 기계장치 등 사업용 자산의 가액에서 해당 자산에 담보된 부채를 차감한 가액
개인사업체 가업의 경우 유동자산은 가업상속공제 대상인 사업용 자산의 범위에 포함되지 아니한다(조심 2019중2136, 2019.9.9.).

② 「법인세법」을 적용받는 가업 : 2012.2.2. 이후 상속개시분은 다음과 같이 계산한 주식 등의 가액에 의한다.

$$\text{가업에 해당하는 법인의 주식 등 평가액} \times \frac{\text{상속개시일 현재 법인의 총자산가액} - \text{사업무관 자산가액}}{\text{상속개시일 현재 법인의 총자산가액}}$$

이 경우 법인의 총자산가액 등은 상속개시일 현재 상속증여세법 제60조부터 제66조까지에 따라 평가한 가액에 의하며, 사업무관자산의 범위는 다음과 같다.

㉠ 법인세법 제55조의2에 해당하는 비사업용 토지 등

㉡ 법인세법 시행령 제49조에 해당하는 업무무관자산, 임대하고 있는 부동산(지상권 및 부동산임차권 등 부동산에 관한 권리를 포함한다)

㉢ 법인세법 시행령 제61조 제1항 제2호에 해당하는 대여금 : 금전소비대차계약 등에 의하여 타인에게 대여한 금액

㉣ 과다보유 현금[상속개시일 직전 5개 사업연도 말 평균 현금(요구불예금 및 취득일부터 만기가 3개월 이내인 금융상품을 포함한다)보유액의 100분의 150을 초과하는 것을 말한다]

㉤ 법인의 영업활동과 직접 관련이 없이 보유하고 있는 주식, 채권 및 금융상품(㉣에 해당하는 것은 제외한다)

2008.1.1.부터 2012.2.1.까지 상속이 개시된 경우에는 상속재산 중 가업에 해당하는 법인의 주식 등의 평가액을 말한다.

관련 예규 · 심판결정례 및 판례 등

❏ 가업에 직접 사용되는 토지, 건축물, 기계장치 등 사업용 자산을 임차하기 위해 지급하는 임차보증금은 "가업상속 재산가액"에 포함됨(재재산 - 1324, 2022.10.21.).

❏ 퇴직연금운용자산(DB)의 사업무관자산 여부(재재산 - 1121, 2022.9.14.)
조세특례제한법 §30의6 가업승계 증여세 특례 적용시 확정급여형 퇴직연금제도(DB)를 설정한 법인의 퇴직연금운용자산은 상증령 §15 ⑤ (2) 마목에서 규정한 사업무관자산에 해당하지 아니함(근로자퇴직급여보장법 §16 ④에 따라 사용자가 반환을 요구할 수 있는 부분은 제외).

❏ 물적분할로 취득한 자회사의 주식은 사업무관자산에 해당함(상속증여세과 - 699, 2016.6.21., 적부 2017 - 49, 2017.8.30.).

❏ 가업에 해당하지 않는 자회사를 흡수합병한 경우 가업상속공제방법(재재산 - 222, 2016.3.18.)
가업에 해당하는 기업이 가업에 해당하지 않는 자회사를 흡수합병한 경우 가업상속 재산가액은 가업에 해당하는 법인의 주식가액에 총자산가액 중 사업무관자산을 제외한 자산가액이 총자산가액에서 차지하는 비율을 곱하여 계산함.

❏ 건물이 가업용과 임대용으로 사용하는 경우 사업무관 자산 산정방법(법규재산 - 1894, 2014.11.19.)
"사업무관자산"의 가액은 건물의 경우 상증법에 따라 평가한 건물의 가액 중 임대용으로 사용하는 부분의 기준시가로 평가한 가액이 차지하는 비율을 곱하여 계산한 가액을 말하는 것이고, 토지의 경우 상증법에 따라 평가한 토지의 평가액에 토지의 전체 면적 중 임대용으로 사용하는 건물의 부수토지에 상당하는 면적이 차지하는 비율을 곱하여 계산한 가액을 말함.

❏ 다른 법인이 발행한 주식의 사업무관자산 해당 여부(상속증여세과 - 56, 2015.1.29.)
법인세법을 적용받는 가업의 가업상속재산을 계산함에 있어 상속증여세법 시행령 제15조 제1항에 따른 가업에 해당하는 법인이 같은 업종을 영위하는 다른 법인이 발행한 주식을 보유하고 있는 경우 그 보유주식은 같은 조 제5항 제2호 마목에 따른 사업무관자산에 해당하는 것임.

❏ 모회사가 보유하고 있는 자회사 주식의 사업무관자산 해당 여부(상속증여세과 - 450, 2014.11.20.)
가업에 해당하는 법인이 같은 업종을 영위하는 다른 법인이 발행한 주식을 보유하고 있는 경우 그 보유주식은 사업무관자산에 해당함.

❏ 가업승계 후 상속개시된 경우 가업상속공제 적용방법(서면법규과 - 173, 2014.2.26.)
거주자가 2012.2.1. 이전 조세특례제한법 제30조의6에 따른 가업승계 주식을 증여받아 증여세 과세특례를 적용받고 2012.2.2. 이후 상속이 개시되어 같은 법 시행령 제27조의6 제8항에 따른 요건을 모두 갖추어 상속증여세법 제18조에 따른 가업상속공제를 적용하는 경우
- 가속재산가액은 상속증여세법 시행령(2012.2.2. 대통령령 제23591호로 개정된 것) 제15조 제5항 제2호에 따라 증여세 과세특례를 적용받은 주식의 가액에 그 법인의 총자산가액 중 상속개시일 현재 사업무관자산을 제외한 자산가액이 그 법인의 총자산가액에 차지하는 비율을

곱하여 계산한 금액으로 하는 것이며,

－이에 따른 가업상속공제를 적용받은 거주자에 대해 가업상속공제 사후관리규정을 적용할 때 가업용자산의 처분비율 또는 정규직 근로자의 고용유지 요건은 상속개시일 현재의 자산가액 또는 상속이 개시된 사업연도의 직전 사업연도 말 정규직 근로자 수를 기준으로 상속세 부과 여부를 판단하는 것임.

❑ 가업상속공제 한도액에 가업승계 증여세 과세특례 한도액 30억원을 추가하여 적용하지 아니함(재산세과－329, 2012.9.17.).

❑ 피상속인과 상속인이 사업용 토지와 건물을 공동으로 소유하던 중 상속개시 되는 경우 상속증여세법 시행령 제15조의 가업상속 요건에 해당하면 가업상속공제를 적용하며, 상속증여세법 시행령 제15조 제5항 제1호의 가업상속재산가액은 상속재산 중 가업에 직접 사용되는 토지, 건축물, 기계장치 등 사업용 자산으로서 부채를 차감하지 않은 가액을 말하는 것임(재산세과－283, 2010.5.7.).

❑ 가업법인 소유 수목은 경제적·재산적 가치가 있어 장부가액으로 평가하고, 장기간 처분이 제한되고 있는 점 등에 비추어 비유동자산으로 사업용자산에 해당함(심사－상속2022－10, 2023.1.18.).

❑ 가업법인이 소유한 자산 중 ① 해외생산 자회사주식과 ② 외화예금이 업무무관자산인지(조심 2023서473, 2023.8.16., 조심 2022서6525, 2023.11.2.).

가업법인은 의류 제조업을 영위하는 법인으로서 인건비 절감 등을 위해 해외현지공장을 운영하였고 그 현지공장의 매출 대부분은 쟁점법인 간의 것이며, 수출에서 매출 상당부분이 발생하는 쟁점법인이 보유한 외화예금으로 실제 거래처 대금 결제 등에 사용된 쟁점예금은 영업활동과 직접 관련성이 있는 것으로 보임.

❑ 만기가 3개월을 초과하는 금융상품의 경우 업무무관자산 해당 여부(조심 2023전7461, 2023.8.2.)

가업법인이 주식 증여 전부터 상당 규모의 시설투자를 진행한 사실이 확인되고, 이에 충당할 목적의 자금을 일시 운영할 목적으로 만기 3개월을 초과하는 쟁점 금융상품을 취득하였다가 이후 실제 시설투자에 직접 사용된다면 사업무관자산으로 단정하기 어려움.

❑ 사업상 필요에 의해 설립한 해외 현지법인이 업무무관자산인지(조심 2022서229, 2022.8.16.)

제조업을 영위하는 법인이 가격경쟁력을 위하여 해외진출하는 과정에서 제품의 경쟁력을 갖추기 위해 해외현지공장을 운영하는 것은 필요하고, 현지법령에 따라 지점설치가 불가피한 경우에는 가업상속공제를 적용받을 수 있음.

❑ 직원용 사택이 사업무관자산에 해당하는지 여부(조심 2021서6935, 2022.8.2.)

가업상속 대상 주식회사가 무상(관리비 보전 수준의 보증금 포함) 임대차계약을 통해 직원에게 쟁점사택을 제공하고 있지만 이는 사택 운영방법상의 임대차계약일 뿐이므로 이를 적극적 임대로 보기 어려운 점 등에 비추어 업무에 직접 사용하지 아니하거나 타인에게 임대하고 있는 사업무관자산으로 보기는 어렵다 할 것임.

❑ 유가증권을 처분하여 투자자금으로 사용한 사업무관자산 판단방법(조심 2020서1584, 2021.12.6.)

실제 상속개시일 이후 2019년말까지 52억원의 쟁점유가증권이 매각되었고, 45억원 상당이 당초 계획한 투자내역에 사용되었으며, 2020년말까지 35억원의 쟁점유가증권이 매각되었고, 20억원 상당이 동일 투자내역에 사용되었는바, 투자자금의 원천이 쟁점유가증권의 매각대금으로 보이는 점 등에 비추어 쟁점법인은 연구소 및 공장 건설 등을 위하여 차입한 금액을 자금운영의 목적으로 쟁점유가증권을 취득하였고, 상속개시일 이후 쟁점유가증권을 매각하여 실제 투자에 사용한 것으로 보이므로 쟁점유가증권 중 최소한 상속개시일 이후 실제 투자된 금액 상당액은 영업활동과 무관한 자산으로 보기는 어렵다고 판단됨.

❑ 임금지급등 목적인 보험이 업무무관자산인지(조심 2019광3069, 2020.1.30)

AA개발이 영업상에 필요한 노임지급 등의 용도를 위하여 쟁점보험에서 중도인출 또는 약관대출을 하거나 받은 것으로 확인되는 점 등 거래 당시의 제반 상황 및 실질내용 등을 감안할 때, 쟁점보험이 AA개발의 영업활동과 직접 관련이 없다고 보기에는 무리가 있음.

❑ 사업장의 임차보증금은 가업상속재산으로 보는 것임(조심 2012서626, 2012.6.19.).

가업상속공제대상이 되는 사업용 자산의 범위를 토지와 건물 등 유형고정자산으로 한정한 바 없고 가업상속공제제도의 취지 등에 비추어 가업에 직접 사용되는 토지, 건물의 임차보증금은 가업상속재산에 해당함.

❑ 가업 무관자산은 영업활동과 직접 관련 여부만으로 판단하여야 함(대법원 2021두52389, 2021.12.30., 대법원 2018두39713, 2018.7.13., 조심 2021인2887, 2021.8.14.).

> [과세내용]
>
> 가업으로 영위하는 법인이 100% 출자한 국외 공장의 주식이 사업무관자산으로 보아 가업상속공제가액에서 제외함.

> [판결요지]
>
> 가업상속의 외관을 꾸며 가업과 무관한 재산에 관해서도 상속공제혜택을 받는 것을 방지하기 위하여 가업상속공제액을 산정함에 있어 '영업활동과 직접 관련이 없이 보유하고 있는 주식'은 그 법인의 총자산가액에서 제외하도록 규정하고 있는 바,
>
> 가업상속공제 적용대상 주식 판단시 영업활동과 직접 관련이 없이 보유하고 있는 주식은 그 문언 그대로 영업활동과 직접 관련이 있는지 여부만으로 판단하여야 하며 이 사건 쟁점지분은 영업활동과 직접 관련이 있다고 봄이 타당함.

다. 상속세 납부유예

2023.1.1. 이후 상속개시분부터 가업을 상속받은 경우 가업상속공제를 받거나 해당 상속세액에 대해 납부유예를 선택할 수 있도록 하였다(구체적 내용은 제5편 신고·납부 및 결정, 제4절 문화재자료 등의 징수유예 등에서 기술하였다).

4. 상속세 추징과 추징하지 않는 경우

가. 상속세 추징방법

가업상속공제제도는 피상속인이 영위하던 가업을 상속인이 승계하여 계속 영위할 수 있도록 지원하기 위한 것인데, 이러한 지원 취지에 맞지 않게 상속인이 상속개시일로부터 일정기간(이하 "사후관리기간"이라 함) 이내에 정당한 사유 없이 가업상속재산을 처분하거나 가업에 종사하지 아니하는 경우에는 공제받은 가업상속공제금액을 상속세 과세가액에 가산하여 상속세를 부과한다.

┃ 사후관리기간 개정연혁 ┃

구 분	2019.12.31. 이전	2020.1.1.~2022.12.31.	2023.1.1.~
1) 가업용 자산의 처분	20% 이상 처분 : 10년 10% 이상 처분 : 5년	20% 이상 처분 : 7년 10% 이상 처분 : 5년	40% 이상 처분 : 5년
2) 상속인 가업 미종사	10년	7년	5년
3) 주식 지분율 감소	10년	7년	5년
4) 고용유지 요건 미충족	10년	7년	5년

2014.1.1.이 속하는 사업연도 분부터 가업상속공제 사후관리요건 준수기간에 따라 상속세 추징세액을 단계적으로 경감하는 기간별 추징률을 적용하고 2019.1.1. 이후 가업용 자산을 처분하는 경우 처분비율에 따른 금액을 상속세 과세가액에 가산하도록 하였고, 가업상속재산에 대한 양도소득세 이월과세를 적용받은 경우 양도소득세 상당액을 추징할 상속세 산출세액에서 공제한다.

상속세 과세가액에 가산할 금액은 다음과 같다.

$$
\text{가업상속공제금액} \times \frac{\text{가업용 자산 처분비율}^*}{(\text{2019.1.1. 이후 처분하는 분부터 적용})} \times \text{기간별 추징률}
$$

$$
^* \text{자산 처분비율} : \frac{\text{처분한 자산의 상속개시일 현재 가액}}{\text{상속개시일 현재 가업용자산의 가액}}
$$

① 기간별 추징률은 2023.1.1. 이후 100분의 100이며, 그 이전은 다음과 같다.

2014.1.1.~2019.12.31.		2020.1.1. 이후 상속개시분~	
기 간	율	기 간	율
7년 미만	100분의 100	5년 미만	100분의 100
7년 이상 8년 미만	100분의 90	5년 이상 7년 미만	100분의 80
8년 이상 9년 미만	100분의 80		
9년 이상 10년 미만	100분의 70		

② 기간은 상속개시일 또는 상속이 개시된 사업연도 말일부터 위반일까지의 다음의 구분에 따른 기간을 말한다.

　㉠ 가업상속재산 처분, 가업에 종사하지 아니한 경우 및 주식의 지분이 감소한 경우(상증법 제18조 제5항 제1호 가목·나목 또는 다목에 해당하는 경우) : 상속개시일부터 해당일까지의 기간

　㉡ 각 사업연도 고용유지요건을 지키지 않은 경우(상증법 제18조 제6항 제1호 라목에 해당하는 경우) : 상속이 개시된 사업연도의 말일부터 해당일까지의 기간

　㉢ 상속개시 후 사후관리기간 평균 고용유지·요건을 지키지 않은 경우(상증법 제18조 제6항 제1호 마목에 해당하는 경우) : 상속이 개시된 사업연도의 말일부터 각 사업연도의 말일까지 각각 누적하여 계산한 정규직 근로자 수의 전체 평균이 기준고용인원의 100분의 100(2019.12.31. 이전 규모의 확대 등으로 중소기업에 해당하지 아니하게 된 기업의 경우에는 100분의 120) 이상을 충족한 기간 중 가장 긴 기간

　　즉 10년 누적 평균은 100%에 미달하나, 8년 누적평균은 100% 이상인 경우에는 추징률 80%를 적용하여 상속세를 추징한다.

③ 사후관리규정 위반에 따른 상속세를 부과할 때 납부하였거나 납부할 양도소득세가 있는 경우에는 이를 상속세 산출세액에서 공제한다. 다만, 공제한 해당 금액이 음수(陰數)인 경우에는 영으로 본다.

　공제할 양도소득세 상당액은 가업상속공제를 받고 양도하는 가업상속 재산에 대하여 피상속인의 취득가액을 기준으로 계산한 양도소득세액(소득세법 제97조의2 제4항 적용)에서 상속개시 당시 가액을 취득가액으로 하여 계산한 양도소득세액을 뺀 금액에 해당 기간별 추징률을 곱한 금액을 말한다.

따라서 고용유지 요건을 충족하지 못해 사후관리를 위반한 이후 상속재산을 양도한 경

우에는 상속세를 부과하는 고용유지요건 위반시에는 양도소득세가 없으므로 상속세 산출세액에서 뺄 양도소득세액은 없다고 할 것이다(상속증여과-2259, 2020.9.1.).

나. 가업상속재산 처분한 경우 등 상속세 추징

정당한 사유가 없이 가업용 자산을 처분하거나 가업에 종사하지 아니하는 경우, 상속받은 주식의 지분이 감소하는 경우 및 고용유지·확대의무를 이행하지 아니한 경우 상속세를 부과한다.

2017.1.1. 이후 개시하는 소득세 과세기간 또는 법인세 사업연도부터 다음에 따라 계산한 이자상당액을 그 부과하는 상속세에 가산한다. 따라서 2016.12.31. 이전 상속이 개시된 경우에도 2017.1.1. 이후 과세기간 또는 사업연도에 상속세 부과사유가 발생하는 경우에는 다음의 이자상당액을 가산한다.

> 이자상당액 = ① 추징하는 상속세액 × ② 추징사유 발생 기간 × ③ 이자율
>
> ① 추징하는 상속세액 : '가업상속공제금액×기간별 추징률'을 상속개시 당시의 상속세 과세가액에 산입하여 계산한 상속세액
> ② 추징사유 발생 기간 : 당초 상속받은 가업상속재산에 대한 상속세 과세표준 신고기한의 다음 날부터 추징사유가 발생한 날까지의 기간
> ③ 이자율 : 국세기본법 시행령 제43조3 ②(年 1,000분의 29) ÷ 365일

1) 해당 가업용 자산의 100분의 40 이상을 5년 이내에 처분한 경우

▌가업용 자산의 처분비율 개정연혁 ▌

2019.12.31. 이전	2020.1.1.~2022.12.31.	2023.1.1. ~
10년 이내 : 20% 이상 5년 이내 : 10% 이상	7년 이내 : 20% 이상 5년 이내 : 10% 이상	5년 이내 40% 이상

이때 "가업용 자산"은 다음의 자산을 말한다.
① 소득세법의 적용을 받는 가업의 경우 : 가업상속재산
② 법인세법의 적용을 받는 가업의 경우 : 가업에 해당하는 법인의 사업에 직접 사용되는 사업용 고정자산

가업용 자산의 처분비율	=	가업용 자산 중 처분(사업에 사용하지 않고 임대하는 경우를 포함한다)한 자산의 상속개시일 현재의 가액
		상속개시일 현재 가업용 자산의 가액

2019.1.1. 이후 가업용자산을 처분하는 경우 다음 계산식에 따른 금액을 상속세 과세 가액에 가산하여 상속세를 추징하며, 2018.12.31. 이전에는 추징사유가 발생하는 경우에는 가업상속공제금액 전부에 대하여 상속세를 추징하였다(법 §18 ⑥ 1호 가목).

상속세 과세가액에 가산할 금액 : 가업상속공제금액 × 가업용 자산의 처분비율 × 기간별 추징률

수회에 걸쳐서 자산을 처분하는 경우 2차 이후 자산 처분비율은 종전에 처분한 자산의 가액을 제외하고 자산처분비율을 산정한다.

2) 해당 상속인이 가업에 종사하지 아니하게 된 경우

상속개시일부터 사후관리기간 이내에 가업에 종사하지 아니하는 경우에는 다음의 경우를 포함한다.

① 상속인이 대표이사 등으로 종사하지 아니하는 경우

2024.2.29. 이후 상속개시분부터 기회발전특구에 소재하는 기업으로서 상속세 추징 제외대상에 해당하는 경우에는 대표이사 등으로 5년간 종사요건은 적용하지 않는다.

② 가업의 주된 업종을 변경하는 경우

2024.2.29. 이후에는 대분류 내에서 상증령 별표에 따른 업종으로 변경하는 경우에는 상속세를 추징하지 아니하며, 기회발전특구로 가업의 사업장을 이전하는 경우 등에는 한국표준산업분류에 따른 구분에 관계 없이 별표에 따른 업종으로 변경할 수 있다. 이 경우 둘 이상의 독립된 기업을 가업상속을 받은 경우에는 개별기업별로 적용 여부를 판단한다.

2020.1.1. 이후 사후관리기간 중에 있는 것부터 한국표준산업분류에 따른 중분류(별표에 따른 업종으로 변경하는 경우로 한정한다) 내에서 업종변경을 허용하고 재산평가심의원회 심의를 거쳐 중분류 외 변경을 승인하는 경우에도 상속세를 추징하지 않도록 하였다.

2016.2.5.이 속하는 사업연도부터 통계법 제22조에 따라 통계청장이 작성·고시하는 한국표준산업분류상 소분류 내에서 업종을 변경하는 경우로서 상속개시일 현재

영위하고 있는 업종(한국표준산업분류에 따른 세분류 업종을 말한다)의 매출액이 사업연도 종료일을 기준으로 30% 이상인 경우에는 업종을 변경한 경우로 보지 않으며, 2014.2.21.이 속하는 사업연도부터 한국표준산업분류상 세분류 내에서 업종을 변경하는 경우에는 업종을 변경한 경우로 보지 아니하였다. 그러나 종전에는 가업상속공제 후 10년간 주된 업종을 유지하는 경우란 통계청장이 고시하는 한국표준산업분류상의 세세분류가 동일한 업종을 영위하는 것을 말한다(재산세과-331, 2012.9.17.).

또한, 가업상속공제를 적용받은 하나의 동일한 사업장에서 2 이상의 서로 다른 사업을 영위하는 경우에는 사업별 사업수입금액이 큰 사업을 주된 사업으로 보아 주된 업종의 변경 여부를 판단한다(재산세과-270, 2012.7.24.).

사례 **세분류 내 업종 전환사례**

❏ 한국표준산업분류에 따른 업종분류 예

업종코드	세분류 (예)	세세분류 (예)
1111	발효주 제조업	탁주제조업, 청주제조업, 맥주제조업
5511	관광숙박시설 운영업	호텔업, 여관업, 콘도미니엄 운영업

풀이

청주 제조업자가 추후 맥주 제조업으로 업종을 변경하는 경우 종전에는 추징사유에 해당하였으나, 2014.2.21. 이후 가업상속공제가 계속 인정됨.

---

③ 당해 가업을 1년 이상 휴업(실적이 없는 경우를 포함)하거나 폐업하는 경우

3) 주식 등을 상속받은 상속인의 지분이 감소된 경우

상속인의 지분이 감소된 경우란 다음의 어느 하나에 해당하는 경우를 포함한다. 다만 2009.1.1. 이후 상속개시분부터 상속받은 주식 등을 물납하여 지분이 감소되었으나 해당 상속인이 당해 법인의 최대주주에 계속하여 해당되는 경우에는 추징하지 아니한다.

① 상속인이 상속받은 주식 등을 처분하는 경우
② 주식 등의 발행법인이 유상증자시 상속인의 실권 등으로 지분율이 감소되는 경우
③ 상속인의 특수관계인이 주식 등을 처분하거나 유상증자할 때 실권 등으로 상속인이 최대주주 등에 해당되지 아니하게 되는 경우

관련 예규·심판결정례 및 판례 등

❑ 가업상속인간에 주식거래하여 지분이 변동된 경우 가업상속공제 추징 여부(법규과-2246, 2023.9.1.)
가업상속공제를 받은 공동상속인간 5년 이내 지분을 양도하여 지분이 감소한 경우, 가업상속공제 사후관리규정(상증법 §18의2 ⑤)에 따라 상속세가 추징되는 것임.

질의
○ 장남(50%)과 차남(40%)은 기업을 공동으로 상속받아 각자 가업상속공제를 적용받은 후, 장남이 지분 5%를 차남에게 양도하여 45%씩 동일 지분을 보유하는 경우
– 장남의 지분이 감소한 것으로 보아 상속세를 추징하는지?

❑ 가업상속공제 후 균등 유상감자한 경우 상속세 추징대상 여부(재재산-1575, 2022.12.23.)
피상속인으로부터 100%의 주식을 상속받은 후 균등지분율로 유상감자하는 경우는 상속증여세법 제18조 제6항 제1호 다목의 상속인의 지분이 감소한 경우에 해당하여 추징대상임.

❑ 상속인이 상속개시일 전 보유한 주식을 처분한 경우 과세 여부(사전 법령해석과-3917, 2020.11.30.)
2019.12.31. 이전 상속분으로서 상증법 §18 ② 1호에 따라 가업상속공제를 받은 후 주식 등을 상속받은 상속인의 지분이 상속개시일로부터 10년 이내에 상증령 §15 ⑧ 3호에 해당하는 사유 없이 감소한 경우에는 공제받은 금액을 상속개시 당시의 상속세 과세가액에 산입하여 상속세를 부과하나, 상속인이 상속개시일 전 보유한 기존주식을 처분하는 경우로서 처분 후에도 상증령 §15 ③에 따른 최대주주 등에 해당하는 경우에는 과세하지 아니함.

❑ 회생계획인가결정에 따라 가업상속재산이 감소하는 경우 추징 여부(법령해석과-1058, 2016.3.30.)
가업상속공제를 적용받은 상속인의 지분이 법원의 회생계획인가결정에 따라 감소하는 경우 추징하지 않는 정당한 사유에 해당하지 아니함.

❑ 가업상속공제를 받지 않은 주식 처분시 상속세 추징 아니함(법령해석재산-281, 2016.1.12.).

❑ 상속인 지분율 계산시 자기주식 포함 여부(서면법규과-763, 2014.7.18.)
상속인의 지분이 감소 여부 판단 시 주식발행법인이 보유하는 자기주식은 발행주식총수에서 제외하는 것이며, 자기주식을 처분한 후에도 상속인이 최대주주 등에 해당하는 경우에는 "상속인의 지분이 감소한 경우"에 해당하지 아니하는 것임.

❑ 가업상속공제 후 10년 이내에 균등 유상감자를 하는 경우 상속세 추징함(서면법규과-943, 2014.8.28., 서면법규과-959, 2013.9.5., 재산세과-16, 2011.1.7.).

❑ 가업상속공제를 적용받은 후 상속인이 상속개시일 전 보유한 기존주식을 처분하는 경우로서 처분 후에도 최대주주 등에 해당하는 경우에는 상속세를 부과하지 아니함(상속증여세과-1286, 2015.12.11).

❑ 균등유상감자가 추징사유인 주식 처분인지 여부(조심 2017부5161, 2018.3.26.)
상속증여세법 제18조 제5항 제1호 다목은 '상속인의 지분이 감소한 경우'를 추징대상으로 규정

하고 있는 바, 우선 '지분'이란 사전적 의미로 볼 때 공유자 각자의 지분 비율을 의미하므로 균등유상감자와 같이 유상감자하였더라도 청구인의 지분율이 유지되었다면 '지분이 감소한 경우'에 해당한다고 볼 수 없음.

4) 고용유지 요건을 충족하지 못한 경우

상속개시일을 기준으로 아래와 같이 고용유지조건을 충족하지 못한 경우 상속세를 추징한다.

2019.12.31. 이전	2020.1.1.~2022.12.31.	2023.1.1.
① 각 사업연도의 정규직근로자의 수가 기준고용인원의 80%에 미달하는 경우	① 각 사업연도의 정규직근로자의 수가 기준고용인원의 80%에 미달하는 경우 ② 각 사업연도의 총급여액이 기준총급여액의 80%에 미달하는 경우	①과 ② 모두에 해당하는 경우 ① 상속개시일부터 5년간 정규직근로자 수의 평균이 상속개시일 직전 2개 연도 정규직 근로자의 평균에 90% 미달하는 경우
② 상속이 개시된 사업연도 말부터 10년간 정규직근로자 평균인원이 기준고용인원의 100%(중견기업은 120%)에 미달하는 경우	③ 상속이 개시된 사업연도 말부터 7년간 정규직근로자의 수가 기준고용인원의 100%에 미달하는 경우 ④ 상속이 개시된 사업연도 말부터 7년간 총급여액의 전체 평균이 기준총급여액에 미달하는 경우	② 상속개시일부터 5년간 총급여액의 평균이 상속개시일 직전 2년 총급여액 평균의 90% 미달하는 경우

가) 정규직 근로자

2020.1.1.부터 정규직 근로자란 근로기준법에 따른 계약을 체결한 근로자를 말한다. 다만, 다음에 해당하는 자는 근로자에서 제외한다.

① 근로계약기간이 1년 미만인 근로자. 다만, 근로계약의 연속된 갱신으로 인하여 그 근로계약의 총 기간이 1년 이상인 근로자는 포함한다.

② 근로기준법 제2조 제1항 제9호에 따른 단시간근로자로서 1개월간의 소정근로시간이 60시간 미만인 근로자

③ 소득세법 시행령 제196조에 따른 근로소득원천징수부에 따라 근로소득세를 원천징수한 사실이 확인되지 않고, 다음의 어느 하나에 해당하는 금액의 납부사실도 확인되지 않는 자

ㄱ 국민연금법 제3조 제1항 제11호 및 제12호에 따른 부담금 및 기여금

ⓛ 국민건강보험법 제69조에 따른 직장가입자의 보험료

조세특례제한법 상 제외대상	상증법 상 포함여부
임원	정규직 근로자 포함
근로소득금액 7천만원 이상자	정규직 근로자 포함
최대주주(최대출자자) 및 그와 친족관계에 있는 자	정규직 근로자 포함
근로소득세 원천징수 미확인자	정규직 근로자 제외
계약기간 1년 미만 근로자	정규직 근로자 제외
단시간 근로자	정규직 근로자 제외

2019.12.31. 이전 정규직 근로자는 통계법 제17조에 따라 통계청장이 지정하여 고시하는 경제활동인구조사의 정규직 근로자를 말한다. 기준고용인원은 상속이 개시된 사업연도의 직전 2개 사업연도 정규직 근로자수의 평균을 말하며 각 사업연도 평균인원을 기준으로 계산한다.

이때 '정규직 근로자 수의 평균' 및 '정규직 근로자 수의 전체 평균'을 산정할 때 소수점 이하 부분은 절사나 반올림 없이 모든 비율을 반영하여 100분의 100 또는 100분의 120 미달 여부를 판단한다(법령해석재산-5, 2016.5.13.).

또한 기준고용인원 계산 시 '정규직근로자 수'에는 상속개시 전부터 가업기업에서 정규직 근로자로 근무한 가업상속인도 포함한다(법령해석과-1534, 2019.6.18.).

$$사업연도\ 평균인원\ =\ \frac{매월\ 말일\ 현재\ 정규직\ 근로자\ 수의\ 합계}{해당\ 사업연도의\ 월수}$$

가업상속하고 2019.2.12. 이후 합병 또는 분할하는 경우 고용유지 여부 판단기준을 마련하였다.

① (분할) 분할에 따라 가업에 해당하는 법인의 정규직 근로자의 일부가 다른 법인으로 승계되어 근무하는 경우 그 정규직 근로자는 분할 후에도 가업에 해당하는 법인의 정규직 근로자로 본다.

② (합병) 합병에 따라 다른 법인의 정규직 근로자가 가업에 해당하는 법인에 승계되어 근무하는 경우 그 정규직 근로자는 상속이 개시되기 전부터 가업에 해당하는 법인의 정규직 근로자였던 것으로 본다.

2013.12.31. 이전에는 상속이 개시된 사업연도 말부터 10년간 각 사업연도 말 기준 정

규직 근로자(「통계법」 제17조에 따라 통계청장이 지정하여 고시하는 경제활동인구조사의 정규직 근로자를 말한다. 이하 같다) 수의 평균이 상속이 개시된 사업연도의 직전 사업연도 말 정규직 근로자 수의 100분의 100(규모의 확대 등으로 중소기업에 해당하지 아니하게 된 기업의 경우에는 100분의 120)에 미달하는 경우

2011.1.1.부터 매출액이 1,000억원을 초과하여 중소기업에 해당하지 아니한 경우에도 매출액 1,500억원 이하인 중견기업에 대하여 가업상속공제를 적용하면서 상속개시일로부터 10년간 정규직 근로자 수의 평균이 상속개시 전에 비하여 100분의 120 이상을 유지하는 요건을 추가하였다.

나) 총급여액의 범위

총급여액은 정규직 근로자가 근로를 제공함으로써 받는 봉급·급료·보수·세비·임금·상여·수당과 이와 유사한 성질의 급여 및 법인의 주주총회·사원총회 또는 이에 준하는 의결기관의 결의에 따라 상여로 받는 소득의 합계액을 말한다. 다만, 최대주주(최대출자자) 및 그와 친족관계에 있는 자에게 지급한 임금은 제외하되, 기준고용인원 산정기간에 최대주주 등에 해당되는 사람만 있을 경우에는 포함한다.

5) 피상속인 또는 상속인이 탈세·회계부정으로 유죄의 확정판결을 받은 경우

2020.1.1. 이후 탈세·회계부정행위를 하는 경우로서 2020.1.1. 이후 상속이 개시되어 공제받는 분부터 피상속인 또는 상속인의 가업의 경영과 관련하여 탈세 또는 회계부정(상속개시일 전 10년 이내 또는 상속개시일부터 7년 이내의 기간 중의 행위에 한정한다)으로 피상속인 또는 상속인이 가업상속공제를 받은 이후 유죄의 확정판결을 받은 경우에는 상속세를 추징한다. 다만, 사후관리기간이 경과한 후의 행위는 적용대상이 아니다. 유죄의 범위는 다음의 행위에 따라 벌금형을 받은 경우를 말한다.

(조세포탈) 포탈세액 등이 3억원 이상이고, 그 포탈세액등이 신고·납부하여야 할 세액(납세의무자의 신고에 따라 정부가 부과·징수하는 조세의 경우에는 결정·고지하여야 할 세액을 말한다)의 100분의 30 이상인 경우 또는 포탈세액등이 5억원 이상인 경우(조세범처벌법 제3조 제1항)

(회계부정) 주식회사 등의 외부감사에 관한 법률 제39조 제1항에 따른 죄를 범하여 받은 벌금형(재무제표상 변경된 금액이 자산총액의 100분의 5 이상인 경우로 한정한다)[21]

탈세·회계부정행위 시기	유죄 확정 시기	효과
상속개시 전 10년 이내 행위	가업상속공제 전	공제 배제
	사후관리 기간 중	추징
	사후관리 기간 이후	추징
사후관리기간(7년) 중 행위	사후관리 기간 중	추징
	사후관리 기간 이후	추징

* 사후관리기간 후 행위 : 적용대상이 아님

 관련 예규·심판결정례 및 판례 등

☐ 기준고용인원 계산 시 최대주주 및 그 친족의 포함 여부(법규과 - 760, 2023.3.24.)

상증법 제18조의2 제5항 제4호 가목에 따른 상속개시일이 속하는 소득세 과세기간 또는 법인세 사업연도의 직전 2개 소득세 과세기간 또는 법인세 사업연도의 정규직근로자 수의 평균(이하 "기준고용인원"이라 함)을 계산할 때 상속개시 전부터 가업기업에서 정규직근로자로 근무하던 조특법 시행령 제26조의4 제2항 제3호에 해당하는 '가업기업의 최대주주 및 그와 국세기본법 시행령 제1조의2 제1항에 따른 친족관계에 있는 근로자'는 정규직근로자 수에 포함되며, 고용노동부로부터 근로계약기간 등을 승인받은 외국인근로자를 1년 단위로 「근로기준법」에 따라 계약을 체결하는 경우, 해당 근로자는 상증령 제15조 제13항에 따른 정규직근로자에 해당함.

☐ 기준고용인원과 기준총급여액 계산시 정규직 근로자였던 상속인 포함 여부(법규과 - 668, 2023.3.15.)

- 가업상속공제를 받은 기업(이하 "가업기업"이라 함)의 공동상속인이 상속개시 전부터 가업기업에서 정규직 근로자로 근무하던 중 상속이 개시되고 가업기업의 공동대표자가 된 경우, 해당 공동상속인은 상증법 제18조의2 제5항 제4호 가목에 따른 상속개시일이 속하는 법인세 사업연도의 직전 2개 사업연도(이하 "산정기간"이라 함)의 정규직근로자 수의 평균(이하 "기준고용인원"이라 함)을 계산할 때 정규직근로자 수에 포함되는 것이나,
- 해당 공동상속인의 총급여액은 같은 호 나목에 따른 산정기간의 정규직근로자 총급여액의 평균을 계산할 때 정규직근로자 총급여액에서는 제외(단, 기준고용인원 산정기간에 조세특례제한법 시행령 제26조의4 제2항 제3호에 해당되는 사람만 있을 경우에는 포함함)되는 것이며,
- 상증령 제15조 제17항에 따라 정규직근로자 수의 평균을 계산할 때에는 해당 공동상속인이 가업기업의 공동대표자가 된 날이 속하는 월부터 정규직근로자 수에 포함되지 않는 것임.

---

21) 「주식회사 등의 외부감사에 관한 법률」 제39조(벌칙) ① 「상법」 제401조의 2 제1항 및 제635조 제1항에 규정된 자나 그 밖에 회사의 회계업무를 담당하는 자가 제5조에 따른 회계처리기준을 위반하여 거짓으로 재무제표를 작성·공시하거나 감사인 또는 그에 소속된 공인회계사가 감사보고서에 기재하여야 할 사항을 기재하지 아니하거나 거짓으로 기재한 경우에는 10년 이하의 징역 또는 그 위반행위로 얻은 이익 또는 회피한 손실액의 2배 이상 5배 이하의 벌금에 처한다.

❑ 중견기업 법인이 인적분할한 경우 고용유지 요건 적용방법(상속증여세과-293, 2018.3.26.)

　가업상속공제 후의 고용유지 요건은 상속이 개시된 사업연도의 말부터 10년간 정규직 근로자수의 평균이 기준고용인원의 100분의 120 미만인 경우 상속세를 부과하며, 인적 분할한 경우에도 존속법인 및 분할신설법인의 정규직 근로자 수를 합산하여 계산하는 것임. 이 경우 법인세법상 적격 여부에 관계없이 분할존속법인과 분할신설법인의 근로자 수를 합하여 계산함.

❑ 2010.12.31. 이전 상속개시분 고용유지의무 적용 여부(재재산-450, 2017.7.20.)

　2010.12.31.(중소기업의 경우 2011.12.31.) 이전에 피상속인의 사망으로 상속이 개시되어 가업상속공제를 적용받은 경우에는 각 사업연도별 고용유지 요건을 추가한 상속증여세법(2014.1.1. 법률 제12168호로 개정된 것) 제18조 제5항의 개정 규정을 적용하지 아니함.

❑ 2012년도 중 상속이 개시되어 가업상속공제를 적용받은 경우 매년도 고용유지의무 규정은 2014.1.1. 이후 개시하는 과세기간 또는 사업연도 분부터 적용함(재재산-247, 2017.3.27.).

❑ 합병으로 증가되는 근로자의 정규직 근로자수 포함 여부(법령해석과-3069, 2016.9.28.)

　가업상속공제받은 기업이 사후관리기간 중에 다른 법인을 흡수합병하여 피합병법인의 근로자를 승계하는 경우 피합병법인의 근로자 중 가업법인의 사업장에서 근로를 제공하는 정규직 근로자는 상속증여세법 제18조 제5항 제1호 라·마목에서 규정하는 정규직 근로자 수에 포함됨.

❑ 호텔 리모델링 공사로 영업하지 못한 경우 추징 여부(조심 2018서804, 2018.7.24.)

　쟁점호텔 리모델링 공사는 가업의 확대·승계 발전을 위한 것으로 '영업준비'의 일환으로서 영업활동의 일부에 해당한다고 보이는 점, 해당 공사 기간 동안 휴업신고 없이 건설중인 자산관리 등 통상적인 업무관리 활동의 일정 수준 업무를 수행한 것으로 나타나는 점 등에 비추어 가업상속자산의 리모델링 공사 기간 중 매출실적이 없게 된 것을 '가업을 1년 이상 휴업(실적이 없는 경우 포함)하는 경우'에 해당한다고 보아 상속세를 부과한 것은 잘못임.

다. 상속세 추징하지 않는 경우

　가업을 승계받은 상속인이 사망하거나 가업용 상속재산이 수용되거나 국가 등에 증여하는 등 다음과 같이 정당한 사유가 있는 경우에는 상속세를 부과하지 않는다.

1) 가업용 자산을 처분한 경우에 있어 정당한 사유는 다음의 어느 하나에 해당하는 경우를 말한다.

　㉠ 가업용 자산이 「공익사업을 위한 토지 등의 취득 및 보상에 관한 법률」 그 밖의 법률에 따라 수용, 국가 또는 지방자치단체에 양도되거나, 시설의 개체, 사업장 이전 등의 사유로 처분하는 경우. 다만, 처분자산과 같은 종류의 자산을 대체 취득하여 가업에 계속 사용하는 경우에 한한다.

➡️ 가업용 자산이 10년 이내 수용되는 경우 수용 보상금액 이상의 동종 대체 자산을 취득하여 가업에 계속 사용하는 경우에 한하여 상속세 추징 안함(법규과 – 282, 2011.3.16.). 또한 '같은 종류의 자산'이란 가업에 직접 사용되는 사업용 고정자산으로 기업회계기준에 따르며(상속증여세과 – 518, 2019.6.12.), 처분 즉시 같은 종류의 자산을 대체취득하여 가업에 계속 사용하여야 함(법령해석재산 – 253, 2015.4.21.).

ⓛ 국가 또는 지방자치단체에 증여하는 경우

ⓒ 가업상속받은 상속인이 사망한 경우

ⓔ 합병·분할, 통합, 개인사업의 법인전환 등 조직변경으로 인하여 자산의 소유권이 이전되는 경우. 다만, 조직변경 이전의 업종과 같은 업종을 영위하는 경우로서 이전된 가업용 자산을 당해 사업에 계속 사용하는 경우에 한한다.

ⓜ 내용연수가 지난 자산을 처분하는 경우

2020.1.1. 이후 사후관리기간 중에 있는 것부터 업종변경 등 다음의 사유로 자산을 처분한 경우 상속세를 추징하지 않는다.

ⓗ 주된 업종 변경과 관련하여 자산을 처분하고 변경된 업종을 가업으로 영위하기 위하여 자산을 대체 취득하여 가업에 계속 사용하는 경우

ⓢ 자산처분금액을 조세특례제한법 제10조에 따른 연구·인력개발비로 사용하는 경우

2) 상속인이 가업에 종사하지 아니하는 경우 정당한 사유는 다음의 어느 하나에 해당하는 경우를 말한다.

㉠ 가업상속받은 상속인이 사망한 경우

ⓛ 가업상속재산을 국가 또는 지방자치단체에 증여하는 경우

ⓒ 상속인이 법률에 따른 병역의무의 이행, 질병의 요양, 취학상 형편 등으로 가업에 직접 종사할 수 없는 사유가 있는 경우. 다만, 그 부득이한 사유가 종료된 후 가업에 종사하지 아니하거나 가업상속받은 재산을 처분하는 경우를 제외한다.

3) 상속인의 지분이 감소된 경우 정당한 사유는 다음의 어느 하나에 해당하는 경우를 말한다.

㉠ 합병·분할·분할합병 등 조직변경에 따라 주식 등을 처분하는 경우. 다만, 처분 후에도 상속인이 합병법인 또는 분할신설법인 등 조직변경에 따른 법인의 최대주주 등에 해당하는 경우에 한한다.

ⓛ 해당 법인의 사업확장 등에 따른 유상증자시 상속인의 특수관계인 외의 자에게 주

식 등을 배정함에 따라 상속인의 지분율이 낮아지는 경우. 다만, 상속인이 최대주주 등에 해당하는 경우에 한한다.

ⓒ 상속인이 사망하는 경우. 다만, 사망한 자의 상속인이 원래 상속인의 지위를 승계하여 가업에 종사하는 경우에 한한다.

ⓔ 주식 등을 국가 또는 지방자치단체에 증여하는 경우

ⓜ 자본시장법 제390조 제1항에 따른 상장규정의 상장요건을 갖추기 위하여 지분을 감소시킨 경우. 다만, 상속인이 최대주주 등에 해당하는 경우에 한한다.

  * 지분분산 요건은 소액주주 수가 1천명(코스닥은 500명) 이상이고, 지분율 합계는 25% 이상일 것

ⓗ 주주 또는 출자자의 주식 및 출자지분의 비율에 따라서 무상으로 균등하게 감자하는 경우(2019.2.12. 이후 무상감자분부터 적용)

ⓢ 「채무자 회생 및 파산에 관한 법률」에 따른 법원의 결정에 따라 무상으로 감자하거나 채무를 출자전환하는 경우(2019.2.12. 이후 무상감자, 출자전환분부터 적용)

4) 2024.2.29. 이후 상속개시분부터 기회발전특구로 가업의 사업장을 이전하는 경우

다음에 해당하는 경우에는 상속세 신고기한 이내 임원으로 취임 및 신고기한부터 2년 이내에 대표이사로 취임하지 않거나 5년 이내에 대표이사로 종사하지 아니한 경우에도 상속세를 추징하지 않는다. 또한, 한국표준산업분류에 따른 구분에 관계 없이 별표에 따른 업종으로 변경할 수 있다. 이 경우 둘 이상의 독립된 기업을 가업상속을 받은 경우에는 개별기업별로 적용 여부를 판단한다.

〈기회발전특구에 소재하는 기업에 대한 공제요건 완화 및 상속세 추징제외 사유〉
다음의 요건을 모두 충족하는 가업을 말하며, 이 경우 둘 이상의 독립된 기업을 가업상속을 받은 경우에는 개별기업별로 적용 여부를 판단한다.
1. 다음 각 목의 어느 하나에 해당하는 경우
  가. 본점 또는 주사무소(이하 이 항에서 "본사"라 한다)를 「조세특례제한법」 제99조의4 제1항 제1호 가목 1)부터 5)까지 외의 부분에 따른 기회발전특구로 이전한 경우
  나. 본사가 기회발전특구에 소재하는 경우
2. 기회발전특구에 소재하는 본사 및 그 밖의 사업장에서 해당 기업의 업무에 종사하는 상시 근무인원(「조세특례제한법 시행령」 제60조의2 제7항에 따른 상시 근무인원을 말한다.)의 연평균 인원(매월 말 현재의 인원을 합하고 이를 해당 개월 수로 나누어 계산한 인원을 말한다.)이 해당 기업의 업무에 종사하는 전체 상시 근무인원의 연평균 인원의 100분의 50 이상인 경우

관련 예규·심판결정례 및 판례 등

☐ 가업용 자산을 처분하기 전에 취득한 자산의 경우에도 대체취득에 해당할 수 있음(기준-법령해석 재산-203, 2021.10.29.).

☐ 전환사채의 주식전환으로 상속인의 지분 감소 시 추징 여부(법령해석과-2699, 2018.10.12.)

가업상속공제를 받은 이후 가업법인이 사업확장을 위하여 상속인의 특수관계인 외의 자에게 전환사채를 발행하고 전환사채 인수인의 권리 행사로 상속인의 지분율이 낮아지는 경우로서 상속인이 최대주주 등에 해당하는 때에는 상속세 추징하지 아니함.

☐ 가업상속주식을 균등 무상감자한 경우 추징하지 아니함(법령해석재산-323, 2018.6.20.).

☐ 가업상속공제 후 자산의 포괄적 양도의 경우 정당한 사유 해당 여부(재산세과-186, 2012.5.16.)

가업상속에 대한 공제를 받은 상속인이 상속개시일부터 10년 이내에 조세특례제한법 제37조 (자산의 포괄적 양도에 따른 과세특례)에 따라 자산을 포괄적으로 양도한 경우, 해당 자산의 포괄적 양도는 상속증여세법 시행령 제15조 제6항 제1호 라목과 같은 조 같은 항 제3호 가목의 조직변경에 해당하는 것임.

➡ 포괄적 양도 이후에도 최대주주 등에 해당하는 경우에는 정당한 사유에 해당한다는 의미

☐ 가업상속 후 주된 업종을 변경하는 경우는 상속세가 부과되는 것이나, 한국표준산업분류상 세세분 류가 동일한 업종을 영위하는 경우는 그렇지 않음(재산세과-773, 2010.10.19.).

라. 상속세 추징세액에 대한 신고·납부의무

2018.1.1. 이후 가업상속재산을 처분하는 등으로 상속세 추징사유가 발생하는 상속인 은 그 추징사유가 발생한 날이 속하는 달의 말일(기준고용인원 위반에 해당하는 경우에 는 해당 소득세 과세기간의 말일 또는 법인세 사업연도의 말일)부터 6개월 이내에 가업 상속공제 사후관리추징사유신고 및 자진납부계산서(별지 9호 서식 부표6)에 의하여 납세지 관할세무서장에게 신고하고 해당 상속세와 이자상당액을 납세지 관할세무서, 한국은행 또는 체신관서에 납부하여야 한다. 다만, 이미 상속세와 이자상당액이 부과되어 납부한 경우에는 그러하지 아니하다. 가업상속공제 추징사유 발생 시 가업상속공제 사후관리 추 징사유를 자진 신고하지 않은 경우 국세기본법 제47조의2 "무신고가산세" 또는 제47조 의3 "과소신고가산세"는 과세되지 않지만, 같은 법 제47조의4 "납부지연가산세"는 과세 된다(자문 법령해석과-592, 2021.2.22.).

5. 중소기업 및 중견기업의 범위

2017.2.7. 이후 상속 개시 분부터 상속증여세법에서 가업에 해당하는 중소기업과 중견기업의 범위를 구분하고 해당 업종을 상속증여세법 시행령 [별표]에서 규정하였다. 중소기업과 중견기업의 범위가 해당 업종과 업종별 매출액 및 독립성 기준은 같지만, 자산총액 및 직전 3개 과세기간 또는 사업연도 매출액 평균금액의 기준에는 차이가 있다.

(1) 중소기업의 범위

다음의 요건을 모두 갖춘 경우에 중소기업에 해당한다.

① 영위하는 업종이 상속증여세법 시행령 [별표]의 해당 업종에 해당할 것
② 업종별 매출액이 중소기업기본법 시행령 [별표]에 따른 규모의 기준 이내일 것
③ 실질적인 독립성이 「중소기업기본법 시행령」 제3조 제1항 제2호에 적합할 것
④ 자산총액이 5천억원 미만일 것

(2) 중견기업의 범위

다음의 요건을 모두 갖춘 경우에 중소기업에 해당한다.

① 영위하는 업종이 상속증여세법 시행령 [별표]의 해당 업종에 해당할 것
② 중소기업이 아닐 것
③ 업종별 매출액이 중소기업기본법 시행령 [별표]에 따른 규모 기준 이내일 것
④ 소유와 경영의 실질적인 독립성이 「중견기업 성장촉진 및 경쟁력 강화에 관한 특별법 시행령」 제2조 제1항 제1호에 적합할 것
⑤ 직전 3개 소득세 과세기간 또는 법인세 사업연도의 매출액(매출액은 기업회계기준에 따라 작성한 손익계산서상의 매출액으로 하며, 사업연도가 1년 미만인 사업연도의 매출액은 1년으로 환산한 매출액을 말한다)의 평균금액이 5천억원(2022년 4천억원, 2021.12.31. 이전 3천억원) 미만인 기업일 것

┃ 중견기업 비교 ┃

세법상 중견기업		중견기업법 상 중견기업 (중견기업 성장촉진 및경쟁력 강화에 관한 특별법 §2)
가업상속공제 대상 중견기업 (상증세법 시행령 §15①)	조특법 상 중견기업 (조세특례제한법 시행령 §6의4①)	
1. 「조특법」상 중소기업이 아닐 것	1. 「조특법」상 중소기업이 아닐 것	1. 「중기법」상 중소기업이 아닐 것
2. 가업상속공제대상업종(상증령 별표)을 주된 업종으로 영위할 것	2. 소비성 서비스업 및 금융업, 보험 및 연금업, 금융 및 보험 관련 서비스업을 주된 업종으로 영위하지 않을 것	2. 금융업, 보험 및 연금업, 금융 및 보험 관련 서비스업이 아닐 것
3. 상호출자제한기업집단에 속하지 아니할 것	3. 상호출자제한기업집단에 속하지 아니할 것	3. 상호출자제한기업집단에 속하지 아니할 것
4. 직전 3년 평균 매출액 5천억원 (2022년 4천억원, 2021년 이전 3천억원) 미만인 기업일 것	4. 직전 3년 평균 매출액 3천억원 미만인 기업일 것(R&D비용 세액공제는 5천억원)	4. 민법상 비영리법인이 아닐 것

가. 업종기준

2017.2.7. 이후 중소기업 또는 중견기업은 상속증여세법 시행령 제15조 제1·2항 관련 [별표]에서 규정한 업종을 영위하는 경우를 말하며, 2022.2.15. 상속개시분부터 유치원을 추가하였다. 2017.1.1. 이후 개시하는 사업연도부터 개정된 조세특례제한법 시행령 제2조에서 중소기업의 업종을 유흥주점업 및 단란주점업(관광유흥음식점업 및 외국인전용 유흥음식점업은 제외), 호텔업 및 여관업(관광숙박업 제외) 등 소비성 서비스업을 제외한 모든 업종으로 확대함에 따라 기존 가업상속공제대상 업종의 범위를 유지하고자 상속증여세법령에서 직접 규정하였다. 하나의 사업체에서 2 이상의 서로 다른 사업을 영위하는 경우에는 사업별 사업수입금액이 큰 사업을 주된 사업으로 본다(조세특례제한법 시행령 §2 ③).

상속증여세법 시행령 [별표] 가업상속공제를 적용받는 중소 · 중견기업의 해당 업종

1. 한국표준산업분류에 따른 업종

표준산업분류상 구분	가업 해당 업종
가. 농업, 임업 및 어업 (01~03)	작물재배업(011) 중 종자 및 묘목생산업(01123)을 영위하는 기업으로서 다음에 따라 계산한 비율이 100분의 50 미만인 경우 [상증령 제15조 제7항에 따른 가업용 자산 중 토지(「공간정보의 구축 및 관리 등에 관한 법률」에 따라 지적공부에 등록하여야 할 지목에 해당하는 것을 말한다) 및 건물(건물에 부속된 시설물과 구축물을 포함한다)의 자산의 가액] ÷ (가업용 자산의 가액)
나. 광업(05~08)	광업 전체
다. 제조업(10~33)	제조업 전체. 이 경우 자기가 제품을 직접 제조하지 않고 제조업체(사업장이 국내 또는 개성공업지구에 소재하는 업체에 한정한다)에 의뢰하여 제조하는 사업으로서 그 사업이 다음의 요건을 모두 충족하는 경우를 포함한다. 1) 생산할 제품을 직접 기획(고안 · 디자인 및 견본제작 등을 말한다)할 것 2) 해당 제품을 자기명의로 제조할 것 3) 해당 제품을 인수하여 자기책임 하에 직접 판매할 것
라. 하수 · 폐기물 처리, 원료 재생, 환경정화 및 복원업(37~39)	하수 · 폐기물 처리(재활용을 포함한다), 원료 재생, 환경정화 및 복원업
마. 건설업(41~42)	건설업 전체
바. 도매 및 소매업(45~47)	도매 및 소매업 전체
사. 운수업(49~52)	여객운송업[육상운송 및 파이프라인 운송업(49), 수상 운송업(50), 항공 운송업(51) 중 여객을 운송하는 경우]
아. 숙박 및 음식점업(55~56)	음식점 및 주점업(56) 중 음식점업(561)
자. 정보통신업(58~63)	출판업(58)
	영상 · 오디오 기록물제작 및 배급업(59). 다만, 비디오물 감상실 운영업(59142)을 제외한다.
	방송업(60)
	우편 및 통신업(61) 중 전기통신업(612)
	컴퓨터 프로그래밍, 시스템 통합 및 관리업(62)
	정보서비스업(63)
차. 전문, 과학 및 기술서비스업(70~73)	연구개발업(70)
	전문서비스업(71) 중 광고업(713), 시장조사 및 여론조사업(714)
	건축기술, 엔지니어링 및 기타 과학기술 서비스업(72) 중 기타 과학기술 서비스업(729)

표준산업분류상 구분	가업 해당 업종
	기타 전문, 과학 및 기술 서비스업(73) 중 전문디자인업(732)
카. 사업시설관리 및 사업지원 서비스업(74~75)	사업시설 관리 및 조경 서비스업(74) 중 건물 및 산업설비 청소업(7421), 소독, 구충 및 방제 서비스업(7422)
	사업지원 서비스업(75) 중 고용알선 및 인력공급업 (751, 농업노동자 공급업을 포함한다), 경비 및 경호 서비스업(7531), 보안시스템 서비스업(7532), 콜센터 및 텔레마케팅 서비스업(75991), 전시, 컨벤션 및 행사대행업(75992), 포장 및 충전업(75994)
타. 임대업: 부동산 제외(76)	무형재산권 임대업(764, 「지식재산 기본법」 제3조 제1호에 따른 지식재산을 임대하는 경우로 한정한다)
파. 교육서비스업(85)	유아교육기관(8511, 2022년 추가), 사회교육시설(8563), 직원훈련기관(8565), 기타 기술 및 직업훈련학원(85669)
하. 사회복지 서비스업(87)	사회복지 서비스업 전체
거. 예술, 스포츠 및 여가관련 서비스업(90~91)	창작, 예술 및 여가관련서비스업(90) 중 창작 및 예술관련 서비스업(901), 도서관, 사적지 및 유사 여가관련 서비스업(902). 다만, 독서실 운영업(90212) 및 골프장·스키장운영업은 제외한다.
너. 협회 및 단체, 수리 및 기타 개인 서비스업(94~96)	기타 개인 서비스업(96) 중 개인 간병인 및 유사 서비스업(96993)

2. 개별법률의 규정에 따른 업종

가업 해당 업종
가. 「조세특례제한법」 제7조 제1항 제1호 커목에 따른 직업기술 분야 학원
나. 「조세특례제한법 시행령」 제5조 제9항에 따른 엔지니어링사업
다. 「조세특례제한법 시행령」 제5조 제7항에 따른 물류산업
라. 「조세특례제한법 시행령」 제6조 제1항에 따른 수탁생산업
마. 「조세특례제한법 시행령」 제54조 제1항에 따른 자동차정비공장을 운영하는 사업
바. 「해운법」에 따른 선박관리업
사. 「의료법」에 따른 의료기관을 운영하는 사업
아. 「관광진흥법」에 따른 관광사업(카지노, 관광유흥음식점업 및 외국인전용 유흥음식점업은 제외한다)
자. 「노인복지법」에 따른 노인복지시설을 운영하는 사업
차. 「노인장기요양보험법」 부칙 제4조에 따라 재가장기요양기관을 운영하는 사업
카. 「전시산업발전법」에 따른 전시산업
타. 「에너지이용 합리화법」 제25조에 따른 에너지절약전문기업이 하는 사업

가업 해당 업종
파. 「근로자직업능력 개발법」에 따른 직업능력개발훈련시설을 운영하는 사업
하. 「도시가스사업법」 제2조 제4호에 따른 일반도시가스사업
거. 「연구산업진흥법」 제2조 제1호 나목의 사업
너. 「민간임대주택에 관한 특별법」에 따른 주택임대관리업
더. 「신에너지 및 재생에너지 개발·이용·보급 촉진법」에 따른 신·재생에너지 발전사업

2017.2.7. 이전 업종기준

2017.2.7. 이전 업종기준은 조세특례제한법 시행령 제2조 제1항에서 규정한 업종으로서 상속증여세법에서 제외하는 업종에 해당되지 않는 경우를 말한다.

영농상속공제대상 업종에서 작물재배업, 축산업 및 어업을 주된 사업으로 영위하는 기업은 제외하나, 2016.2.5. 이후 상속 개시 분부터 종자 및 묘목생산업을 영위하는 기업으로서 다음 계산식에 따라 계산한 비율이 50% 미만인 기업은 가업상속공제를 적용한다.

> {상속재산 중 토지(「공간정보의 구축 및 관리 등에 관한 법률」에 따라 지적공부에 등록하여야 할 지목에 해당하는 것을 말한다) 및 건물(건물에 부속된 시설물과 구축물을 포함한다)의 자산가액} ÷ (『3. 나. 가업상속재산의 가액』)

* 참고 : 가업상속공제 적용이 안 되는 업종(예시)
농업, 임업, 축산, 어업, 전기·가스·수도사업, 일반숙박업, 주점업, 주차장운영업, 택배, 금융·보험업, 부동산임대 및 공급업, 법무·회계서비스업, 학교, 입시학원, 장애인복지시설, 보육시설, 골프장, 스키장, 노래방, 게임장, 무도장, 이·미용업, 욕탕, 세탁, 예식장, 가사서비스업 등

 관련 예규·심판결정례 및 판례 등

☐ 도소매업 수입금액이 축산업보다 많은 경우 가업상속공제 적용 여부(서면법규과-1260, 2014.12.1.)
농업회사법인의 주된 사업이 영농상속공제 적용을 받는 사업에 해당하지 아니하는 경우로서 상속증여세법 제18조 제2항 제1호의 요건을 모두 충족하는 경우에는 해당 법인의 주식에 대하여 가업상속공제를 적용받을 수 있음.

☐ 운전학원은 가업상속공제 대상 중소기업에 해당하지 아니함(조심 2013중1545, 2014.6.12., 재산세과-552, 2011.11.22.).

☐ "제조업 회사본부" 및 "비금융 지주회사"는 중소기업 업종인 "그 밖의 과학기술서비스업"에 해당하지 않는 것임(재산세과-157, 2011.3.14.).

나. 규모의 기준

2015.1.1. 이후 업종별 매출액이 중소기업기본법 시행령 별표 1에 따른 규모 기준 이내이고 자산총액이 5천억원 미만인 경우에 중소기업에 해당한다.

2017.1.1. 이후 중견기업은 자산총액 기준은 적용하지 않는다.

│ 별표 1 : 주된 업종별 평균매출액 등의 규모 기준 │

해당 기업의 주된 업종	분류기호	규모 기준
1. 의복, 의복액세서리 및 모피제품 제조업	C14	
2. 가죽, 가방 및 신발 제조업	C15	
3. 펄프, 종이 및 종이제품 제조업	C17	평균매출액 등
4. 1차 금속 제조업	C24	1,500억원 이하
5. 전기장비 제조업	C28	
6. 가구 제조업	C32	
7. 농업, 임업 및 어업	A	
8. 광업	B	
9. 식료품 제조업	C10	
10. 담배 제조업	C12	
11. 섬유제품 제조업(의복 제조업은 제외한다)	C13	
12. 목재 및 나무제품 제조업(가구 제조업은 제외한다)	C16	
13. 코크스, 연탄 및 석유정제품 제조업	C19	평균매출액 등
14. 화학물질 및 화학제품 제조업(의약품 제조업은 제외한다)	C20	1,000억원 이하
15. 고무제품 및 플라스틱제품 제조업	C22	
16. 금속가공제품 제조업(기계 및 가구 제조업은 제외한다)	C25	
17. 전자부품, 컴퓨터, 영상, 음향 및 통신장비 제조업	C26	
18. 그 밖의 기계 및 장비 제조업	C29	
19. 자동차 및 트레일러 제조업	C30	
20. 그 밖의 운송장비 제조업	C31	
21. 전기, 가스, 증기 및 수도사업	D	
22. 건설업	F	
23. 도매 및 소매업	G	

해당 기업의 주된 업종	분류기호	규모 기준
24. 음료 제조업	C11	평균매출액 등 800억원 이하
25. 인쇄 및 기록매체 복제업	C18	
26. 의료용 물질 및 의약품 제조업	C21	
27. 비금속 광물제품 제조업	C23	
28. 의료, 정밀, 광학기기 및 시계 제조업	C27	
29. 그 밖의 제품 제조업	C33	
30. 하수·폐기물 처리, 원료재생 및 환경복원업	E	
31. 운수업	H	평균매출액 등 800억원 이하
32. 출판, 영상, 방송통신 및 정보서비스업	J	
33. 전문, 과학 및 기술 서비스업	M	평균매출액 등 600억원 이하
34. 사업시설관리 및 사업지원 서비스업	N	
35. 보건업 및 사회복지 서비스업	Q	
36. 예술, 스포츠 및 여가 관련 서비스업	R	
37. 수리(修理) 및 기타 개인 서비스업	S	
38. 숙박 및 음식점업	I	평균매출액 등 400억원 이하
39. 금융 및 보험업	K	
40. 부동산업 및 임대업	L	
41. 교육 서비스업	P	

▷ 평균매출액 등 산정방법(중소기업기본법 시행령 제7조)

평균매출액 등을 산정하는 경우 매출액은 일반적으로 공정·타당하다고 인정되는 회계관행에 따라 작성한 손익계산서상의 매출액을 말한다. 다만, 업종의 특성에 따라 매출액에 준하는 영업수익 등을 사용하는 경우에는 영업수익 등을 말한다.

사업연도 유형별 구분		계산방법
① 직전 3개 사업연도의 총 사업기간이 36개월인 경우		직전 3개 사업연도의 총매출액 ÷ 3
② 직전 사업연도 말일 현재 총 사업기간이 12개월 이상이면서 36개월 미만인 경우		사업기간이 12개월인 사업연도의 총매출액을 사업기간이 12개월인 사업연도 수로 나눈 금액
전년 또는 당해연도에 창업·합병·분할하고 위 ①, ②에 해당하지 않는 경우	③ 창업 등 하고 12개월 이상인 경우	중소기업 해당 여부에 대하여 판단하는 날("산정일"이라 함)이 속하는 달의 직전 달부터 역산하여 12개월이 되는 달까지의 기간의 월 매출액을 합한 금액

사업연도 유형별 구분		계산방법
전년 또는 당해연도에 창업·합병·분할하고 위 ①, ②에 해당하지 않는 경우	④ 창업 등 하고 12개월 미만인 경우* 아래 ⑤, ⑥은 제외	창업일 등이 속하는 달의 다음 달부터 산정일이 속하는 달의 직전 달까지의 기간의 월 매출액을 합하여 해당 월수로 나눈 금액에 12를 곱한 금액 * 월할계산 후 1년 환산
	⑤ 산정일과 창업일등이 같은 달에 해당하는 경우	창업일이나 합병일 또는 분할일부터 산정일까지의 기간의 매출액을 합한 금액을 해당 일수로 나눈 금액에 365를 곱한 금액으로 * 일할계산 후 1년 환산
	⑥ 산정일이 창업일등의 다음 달에 속한 경우	

▷ 2014.12.31. 이전 규모의 기준

2014.12.31. 이전 규모의 기준은 (1) 중소기업기본법 규모의 기준 및 (2) 조세특례제한법상 규모의 기준을 모두 갖추어야 한다.

1) 중소기업기본법상 규모의 기준

상시 사용하는 종업원수·자본금 또는 매출액이 업종별로 「중소기업기본법 시행령」 (별표 1)의 규정에 의한 규모 기준 이내이어야 한다.

| 별표 1 : 업종별 상시근로자수·자본금 또는 매출액 규모 기준 |

해당 업종	규모 기준
제조업	상시 근로자 수 300명 미만 또는 자본금 80억원 이하
광업	상시 근로자 수 300명 미만 또는 자본금 30억원 이하
건설업	
운수업	
출판, 영상, 방송통신 및 정보서비스	상시 근로자 수 300명 미만 또는 매출액 300억원 이하
사업시설관리 및 사업지원서비스업	
보건 및 사회복지사업	
농업, 임업 및 어업	상시 근로자 수 200명 미만 또는 매출액 200억원 이하
전기, 가스, 증기 및 수도사업	
도매 및 소매업	
숙박 및 음식점업	
금융 및 보험업	
전문, 과학 및 기술 서비스업	
예술, 스포츠 및 여가관련 산업	

해당 업종	규모 기준
하수처리, 폐기물 처리 및 환경 복원업	상시 근로자 수 100명 미만 또는 매출액 100억원 이하
교육 서비스업	
수리 및 기타서비스업	
부동산업 및 임대업	상시 근로자 수 50명 미만 또는 매출액 50억원 이하

2) 조세특례제한법상 규모의 기준

종업원수 등이 다음의 어느 하나에 해당하는 기업은 중소기업에 해당하지 않는다(조세특례제한법 시행령 §2 ① 단서).

① 상시 사용하는 종업원수가 1천명 이상인 기업

② 자기자본이 1천억원 이상인 기업

③ 매출액이 1천억원 이상인 기업

　상속개시일 직전 사업연도의 매출액이 2011.1.1.부터 2012.12.31.까지 상속개시분은 1천500억원 이하, 2013년 1년간은 2천억원 이하, 2014.1.1. 이후 3천억원 이하이고 상호출자제한기업집단 내 기업이 아닌 경우로서 상속개시 후 10년간 정규직 근로자수의 평균이 상속개시 전 2개 사업연도 정규직 근로자 평균인원의 100분의 120 이상인 경우 중소기업에 포함함.

④ 자산총액이 5천억원 이상인 기업

 관련 예규·심판결정례 및 판례 등

❑ 관계기업을 가업상속받는 경우 해당 관계기업이 가업상속공제 대상에 해당하는지 여부 판단 시 매출액 기준은 개별기업을 기준으로 판단함(재재산－441, 2017.7.20.).

질의

가업상속공제 대상 여부 판단시 중소기업기본법상 관계기업의 경우 매출액 기준을 개별기업별로 판단하는 것인지 관계기업 전체로 판단하는 것인지?

법인명	상속개시일 직전 사업연도 매출액		가업상속공제 대상 여부	
	개별기업	관계기업 평균매출액	개별기업 기준	관계기업 기준
A법인	2,300억원	3,200억원	여	부
B법인	1,300억원	2,700억원	여	여
C법인	950억원	2,500억원	여	여

➡️ 「중소기업기본법」상 관계기업의 매출액은 종속기업의 매출액을 합산하여 계산하는 것으로 규정하고 있으나, 관계기업을 가업상속받는 경우 가업상속공제 대상 기업에 해당하는지 여부는 개별기업의 매출액을 기준으로 3천억원 이상 여부를 판단하는 것임.

☐ 관계회사 간 내부거래 매출액 제외 여부(법령해석과 – 3697, 2016.11.15.)

A기업과 B기업, C기업이 「중소기업기본법 시행령」 제2조에 따른 관계기업에 해당하는 경우로서(A기업이 같은 영 별표 2에 따라 B기업과 C기업을 각각 직접 지배하되 실질적 지배를 하고 있음) A기업이 상속증여세법 제18조 제2항 제1호에 규정된 상속이 개시되는 사업연도의 직전 사업연도의 매출액이 3천억원 이상인 기업에 해당하는지 여부를 판단하는 경우의 해당 매출액은 상속개시일이 속하는 직전 사업연도 말 현재 A기업과 B기업, C기업의 매출액을 모두 합한 관계기업 전체의 매출액을 말하는 것이며, 관계기업 간 내부거래 매출액이 있는 경우에도 해당 매출액에서 내부거래 매출액을 차감하여 계산하는 것은 아님.

☐ 가업상속공제대상 중소기업이란 조세특례제한법 시행령 제2조 제1항에 의한 중소기업을 말하는 것으로, 같은 항 제1호 적용시 종업원수, 자본금, 매출액은 그중 하나의 요건만 충족해도 되는 것이며 자본금이란 비상장 일반법인의 경우 대차대조표상 자본금과 자산에서 부채를 차감한 가액 중 큰 금액을 적용함(재산세과 – 121, 2011.3.9.).

다. 독립성 기준

소유와 경영의 실질적인 독립성이 다음 ①부터 ③까지에 해당하지 않아야 하므로 다음에 해당하는 경우 중소기업으로 보지 아니한다. 이 경우 중소기업기본법 시행령 제3조 제1항 제2호 나목의 주식등의 간접소유 비율을 계산할 때 자본시장법에 따른 집합투자기구를 통하여 간접소유한 경우는 제외하며, 중소기업기본법 시행령 제3조 제1항 제2호 다목을 적용할 때 "평균매출액 등이 별표 1의 기준에 맞지 아니하는 기업"은 "매출액이 조세특례제한법 시행령 제2조 제1항 제1호에 따른 중소기업기준에 맞지 아니하는 기업"으로 본다.

① 공정거래법 제14조 제1항에 따른 상호출자제한기업집단 또는 채무보증제한기업집단에 속하는 회사

② 자산총액이 5천억원 이상인 법인(외국법인을 포함하되, 비영리법인 및 중소기업기본법 시행령 제3조의2 제3항[22] 각 호의 어느 하나에 해당하는 자는 제외한다)이 주

---

22) 중소기업기본법 시행령 제3조의2 【지배 또는 종속의 관계】
③ 다음 각 호의 어느 하나에 해당하는 자가 다른 국내기업의 주식등을 소유하고 있는 경우에는 그 기업과 그 다른 국내기업은 제1항에 따른 지배기업과 종속기업의 관계로 보지 아니한다.
1. 「중소기업창업 지원법」에 따른 중소기업창업투자회사
2. 「여신전문금융업법」에 따른 신기술금융사업자
3. 「벤처기업육성에 관한 특별조치법」에 따른 신기술창업전문회사

식등의 100분의 30 이상을 직접적 또는 간접적으로 소유한 경우로서 최다출자자인 기업. 이 경우 최다출자자는 해당 기업의 주식등을 소유한 법인 또는 개인으로서 단독으로 또는 다음의 어느 하나에 해당하는 자와 합산하여 해당 기업의 주식등을 가장 많이 소유한 자를 말하며, 주식등의 간접소유 비율에 관하여는 국제조세조정에 관한 법률 시행령 제2조 제2항을 준용한다.

㉮ 주식등을 소유한 자가 법인인 경우 : 그 법인의 임원

㉯ 주식등을 소유한 자가 ㉮에 해당하지 아니하는 개인인 경우 : 그 개인의 친족

③ 관계기업에 속하는 기업의 경우에는 중소기업기본법 시행령 제7조의4(지배기업과 종속기업의 평균매출액 등 합산)에 따라 산정한 평균매출액 등이 별표 1의 기준에 맞지 아니하는 기업

간접소유비율 계산　　**국제조세조정법 집행기준 2-2-4(간접소유비율 계산)**

① A법인이 B법인의 주주인 C법인의 주식을 50% 이상 소유한 경우

　(예) A법인이 B주식 10%와 C주식 50%를 소유하고, C법인이 B주식을 45% 소유한 경우 A법인의 B법인에 대한 직ㆍ간접 소유비율은?

　　: 직접 소유비율 10% + 간접 소유비율 45%(1×45%) = 55%

② A법인이 B법인의 주주인 C법인의 주식을 50% 미만 소유한 경우

　(예) A법인이 B주식 10%와 C주식 40%를 소유하고, C법인이 B주식을 50% 소유한 경우 A법인의 B법인에 대한 직ㆍ간접 소유비율은?

　　: 직접 소유비율 10% + 간접 소유비율 20%(40%×50%) = 30%

---

4. 「산업교육진흥 및 산학연협력촉진에 관한 법률」에 따른 산학협력기술지주회사
5. 그 밖에 제1호부터 제4호까지의 규정에 준하는 경우로서 중소기업 육성을 위하여 중소기업청장이 정하여 고시하는 자

| 조세특례제한법과 중소기업기본법상 중소기업 비교 |

▷ 2015.1.1.부터 2017.2.6.까지

- 업종기준 : 중소기업기본법은 모든 업종이나 조세특례제한법은 시행령에 열거된 업종만이 중소기업임.
- 규모의 기준 및 독립성의 기준은 같음.

▷ 2014.12.31. 이전

구 분	조세특례제한법(영 §2)	중소기업기본법(§2)
업 종	• 제조업 등 33개 업종	• 모든 업종
규 모	• 중소기업기본법과 동일	• 업종별 상시 근로자수, 자본금, 매출액 기준(별표 1) 요건 충족
독립성 기 준	• 중소기업기본법의 ①, ②와 동일 * 단, 집합투자기구를 통한 간접소유(30%)는 제외	• 소유 및 경영의 독립성 충족 ① 독점규제 및 공정거래에 관한 법률에 의한 상호출자제한기업집단에 속하지 않을 것 ② 자산총액 5,000억원 이상 법인이 발행주식의 30% 이상을 직·간접으로 소유하고 있는 법인이 아닐 것 ③ 관계회사에 속하는 기업은 관계회사 간 상시근로자수, 자본금, 매출액, 자기자본, 자산총액의 합산이 중소기업 기준을 초과하지 않을 것 (2011년부터 적용)
졸업기준 (중소기업 제외기준)	• 상시종업원수 1,000명 이상 • 자산총액 5,000억원 이상 • 자기자본 1,000억원 이상 • 매출액 1,000억원 이상	• 상시근로자수 1,000명 이상 • 자산총액 5,000억원 이상 • 자기자본 1,000억원 이상 (2012년부터 적용) • 직전 3개 사업연도 평균 매출액 1,500억원 이상(2012년부터 적용)

6. 가업상속을 입증하는 서류의 제출

가업상속을 받은 상속인은 가업상속에 해당됨을 입증하기 위한 다음의 서류를 상속세 과세표준 신고와 함께 납세지 관할세무서장에게 제출하여야 한다. 그러나 이는 가업상속 공제를 적용받기 위한 필수적 요건은 아니므로 신고기한 내에 가업상속공제신고서 등을 제출하지 아니하였더라도 상속세 결정 당시라도 가업상속공제요건을 갖춘 것으로 확인되면 공제받을 수 있다(서울고법 2017누75745, 2018.4.4. 완료).

① 가업상속재산명세서

② 최대주주 또는 최대출자자에 해당하는 자임을 입증하는 서류

③ 기타 상속인이 당해 가업에 직접 종사한 사실을 입증할 수 있는 서류

7. 가업상속재산 양도소득세 이월과세제도 도입 등(상증법 §18 ⑧, 상증령 §15 ⑬, 소득세법 §97의2 ④)

상속받은 재산을 양도하는 경우 취득가액은 상속개시일 현재 상속증여세법 제60조부터 제66조까지를 적용하여 평가한 가액, 즉 상속세를 과세할 때 기준이 된 재산가액에 의한다. 이는 피상속인의 보유기간 동안 발생한 이득에 대하여 상속세가 과세되었으므로 양도소득세는 과세하지 않기 위함이다. 그러나 가업상속공제를 적용받은 상속재산의 경우에는 상속세가 과세되지 아니하였으므로 피상속인 보유기간 동안 발생한 자본이득에 대하여 양도소득세를 과세하는 것이 상속세가 과세된 다른 재산과의 과세형평성을 이룰 수 있다 할 것이다. 이에 따라 2014.1.1. 이후 양도분부터 양도소득세 이월과세제도(소득세법 §97의2 ④ 신설)를 도입하여 가업상속공제가 적용된 토지, 건물, 주식 등에 대한 취득가액은 다음의 합계액에 의한다.

① 피상속인의 취득가액 × 가업상속공제 적용률

② 상속개시일 현재 해당 자산가액 × (1 - 가업상속공제 적용률)

이 경우 가업상속공제 적용률은 (가업상속공제액 ÷ 해당 가업상속 재산가액)으로 하고, 가업상속공제가 적용된 자산별 가업상속공제금액은 가업상속공제금액을 상속개시 당시의 해당 자산별 평가액을 기준으로 안분하여 계산한다.

사례	가업상속공제 재산에 대한 양도소득세 이월과세 방법

○ 가업상속재산의 시점별 가액

피상속인 취득가액 (10억원)	상속개시일 현재 시가 (100억원)	상속인 양도가액 (120억원)
[양도차익 구성]	← 피상속인분 양도차익 → 90억원(100 - 10)	← 상속인분 양도차익 → 20억원(120 - 100)

- 가업상속공제 적용한 재산은 가업상속재산가액의 70%에 해당하는 70억원으로 가정

○ 양도차익 계산

(2013.12.31. 이전 양도분) : 양도가액 120억원 − 취득가액 100억원(상속개시 당시 시가)
= 20억원

(2014.1.1. 이후 이월과세 적용시 양도차익) : 120억원 − 37억원(①+②) = 83억원

① 피상속인의 취득가액 10억원 × 가업상속공제 적용률 70% = 7억원

② 상속개시일 현재 해당 자산가액 100억원 × (1−0.7) = 30억원

가업상속공제 개정연혁 요약

상속개시일	공제대상	가업상속공제액	공제한도액
1997.1.1.~ 2007.12.31.	5년 이상 경영한 중소기업	가업상속재산가액	1억원
20081.1.~ 2008.12.31.	15년 이상 경영한 중소기업	다음 ①, ② 중 큰 금액 ① 가업상속재산가액의 20% ② 2억원(가업재산가액 2억원 미달시 해당 금액)	30억원
2009.1.1.~ 2010.12.31.	10년 이상 경영한 중소기업	다음 ①, ② 중 큰 금액 ① 가업상속재산가액의 40% ② 2억원(가업재산가액 2억원 미달시 해당 금액)	가업영위기간별 한도 • 10년~15년 미만 : 60억원 • 15년~20년 미만 : 80억원 • 20년 이상 : 100억원
2011.1.1.~ 2011.12.31.	중소기업 졸업하여도 매출액 1,500억원까지 공제대상		
2012.1.1.~ 2012.12.31.		다음 ①, ② 중 큰 금액 ① 가업상속재산가액의 70% ② 2억원(가업재산가액 2억원 미달시 해당 금액)	가업영위기간별 한도 • 10년~15년 미만 : 100억원 • 15년~20년 미만 : 150억원 • 20년 이상 : 300억원
2013.1.1.~ 2013.12.31.	중소기업 졸업하여도 매출액 2,000억원까지 공제대상		
2014.1.1.~ 2017.12.31.	중소기업 졸업하여도 매출액 3,000억원까지 공제대상 • 2014~2021 : 3천억원 • 2022년 : 4천억원 • 2023.1.1. 이후 : 5천억원	가업상속재산가액 ※ 2016.1.1. 이후 공동상속 허용	• 10년~15년 미만 : 200억원 • 15년~20년 미만 : 300억원 • 20년 이상 : 500억원
2018.1.1.~ 2022.12.31.			• 10년~20년 미만 : 200억원 • 20년~30년 미만 : 300억원 • 30년 이상 : 500억원
2023.1.1.~			• 10년~20년 미만 : 300억원 • 20년~30년 미만 : 400억원 • 30년 이상 : 600억원

제**3**절 : 영농상속공제

1. 개 요

피상속인이 상속개시 8년(2022.12.31. 이전 2년) 전부터 영농에 종사한 경우로서 농지 등을 상속개시일 현재 18세 이상이면서 상속개시일 2년 전부터 계속하여 직접 영농에 종사한 상속인이 상속받은 경우 당해 농지 등의 가액을 30억원의 범위 내에서 공제받을 수 있다. 다음의 영농상속재산 요건, 피상속인 및 상속인의 요건을 모두 충족해야 영농상속공제를 적용받을 수 있다.

동일한 상속재산에 대해서는 가업상속공제와 영농상속공제를 동시에 적용하지 아니한다.

배우자가 영농상속공제 요건을 충족하는 재산을 상속받은 경우 영농상속공제와 배우자상속공제를 동시에 적용할 수 있다(사전 – 법규재산 – 49, 2022.1.27., 법령해석과 – 1441, 2018.5.29.).

영농상속재산 요건	피상속인 요건	상속인 요건
- 농업소득세 과세대상 농지 - 초지법에 따른 초지 - 보전산지 및 영림계획에 따른 조림기간 5년 이상인 산림지 - 어선법 등에 따른 어선 - 내수면어업법등에 따른 어업권	- 농지 등 소재지, 어선 선적지 등 또는 농지 등과 연접하는 시·군·구에 거주 - 상속개시 8년 전부터 직접 영농에 종사	- 상속개시일 현재 18세 이상 - 농지 등에 소재지 거주 - 상속개시일 2년 전부터 계속하여 직접 영농에 종사하거나 후계농업경영인·어업인후계자 및 임업후계자일 것 - 농업·수산업계열 학교 졸업

2. 영농상속재산의 범위

영농상속공제를 적용받을 수 있는 상속재산은 피상속인이 상속개시일 8년(2022.12.31. 이전 2년) 전부터 영농에 사용한 다음의 어느 하나에 해당하는 농지 등을 말한다.

① 농지법 제2조 제1호 가목에 따른 농지[23]

---

23) 농지법 제2조 (정의)
    1. "농지"란 다음 각 목의 어느 하나에 해당하는 토지를 말한다.
        가. 전·답, 과수원, 그 밖에 법적 지목(地目)을 불문하고 실제로 농작물 경작지 또는 다년생식물 재배지로 이용되는 토지. 다만, 「초지법」에 따라 조성된 초지 등 대통령령으로 정하는 토지는 제외한다.
        나. 가목의 토지의 개량시설과 가목의 토지에 설치하는 농축산물 생산시설로서 대통령령으로 정하는 시설의 부지

② 초지법 제5조에 따른 초지조성허가를 받은 초지[24]

해당 토지 소재지의 시장·군수에게 초지조성계획 등을 제출하여 허가를 받은 초지를 말한다.

2014.1.1. 상속증여세법 시행령에서 명확하게 규정하기 전에도 시장·군수로부터 허가를 받아서 조성된 초지가 영농상속공제 대상이라고 유권해석하였다(재재산-158, 2013.3.12.).

③ 산지관리법 제4조 제1항 제1호에 따른 보전산지 중 산림법에 의한 산림경영계획인가 또는 특수산림사업지구사업(법률 제4206호 산림법 중 개정법률의 시행 전에 종전의 산림법에 의하여 지정된 지정개발지역으로서, 동 개정법률 부칙 제2조의 규정에 해당하는 지정개발지역에서의 지정개발사업을 포함함)에 따라 새로이 조림한 기간이 5년 이상인 산림지(보안림·채종림 및 산림유전자원보호림의 산림지를 포함함)

④ 어선법 제2조 제1호에 따른 어선

⑤ 내수면어업법 제7조 또는 수산업법 제8조에 따른 어업권(수산업법 §8 ① 6호 및 7호에 따른 마을어업 및 협동양식어업의 면허는 제외함)

⑥ 농업·임업·축산업 또는 어업용으로 설치하는 창고·저장고·작업장·퇴비사·축사·양어장 및 이와 유사한 용도의 건축물로서 부동산등기법에 따라 등기한 건축물과 이에 딸린 토지(해당 건축물의 실제 건축면적을 건축법 제55조에 따른 건폐율로 나눈 면적의 범위로 한정한다)

⑦ 법인세법을 적용받는 영농법인의 주식. 2013.2.15. 이후 상속개시분부터 적용한다.

⑧ 염전 : 소금산업진흥법 제2조 제3호에 따른 염전으로서 6만제곱미터 이내의 것 (2020.2.11. 이후 상속개시분부터 적용)

 관련 예규·심판결정례 및 판례 등

❏ 축사 부지는 영농상속재산 공제대상의 농지에 포함 안됨(상속증여세과-299, 2014.8.12.).

❏ 금양임야 비과세와 영농상속공제는 중복적용하지 아니함(재산세과-323, 2012.9.12.).

❏ 상속개시일 현재 피상속인의 주소지와 동일한 시·군·구에 소재하지 아니한 농지에 대하여는 영농

---

24) 초지법 제2조 (정의)
　　1. "초지"란 다년생개량목초(多年生改良牧草)의 재배에 이용되는 토지 및 사료작물재배지와 목장도로·진입도로·축사 및 가축사육을 위한 사무실·관리인의 집·착유실·창고·건초사·싸이로·급수시설·두엄간·가축분뇨처리시설·운동장(말 조련용 마장을 포함한다)·그늘막·말 조련용 주로(조련감시대를 포함한다) 및 말 조련용 수영장과 그 보조시설을 위한 토지를 말한다.

상속공제가 적용되지 아니함(서면4팀 – 1268, 2005.7.21.).

□ 상속개시 전 증여한 재산에 대하여는 영농상속공제가 적용되지 않음(재재산 – 862, 2007.7.13.).

□ 내수면어업촉진법 제11조의 규정에 의하여 취득한 어업권은 영농상속공제를 받을 수 없음(재재산 46014 – 145, 2001.5.29.).

➡ 2002.1.1. 이후 상속개시분부터 내수면어업법에 의한 어업권도 영농상속공제가 가능하도록 법령이 개정되었음.

□ 개발사업예정지구로 지정된 농지를 영농상속인이 상속받은 경우에는 영농상속공제를 적용받을 수 있음(법규과 – 4080, 2008.9.29.).

□ 영농상속공제를 받을 수 있는 농지는 농지세과세대상(비과세, 감면, 소액부징수 등 포함)이 되는 농지를 말함(재산상속 46014 – 1741, 1999.9.28.).

3. 피상속인의 요건

영농에 종사한 피상속인이란 피상속인이 상속개시일 8년(2022.12.31. 이전 2년) 전부터 계속하여 직접 영농(양축·영어 및 영림을 포함하는 것으로서 한국표준산업분류에 따른 농업, 임업 및 어업을 영위하는 경우를 말함)에 종사한 경우로서 다음의 거주요건 중 어느 하나에 해당하는 자를 말한다.

2019.2.12. 이후 결정·경정분부터 피상속인이 상속개시일 2년 전부터 직접 영농에 종사한 경우로서 상속개시일부터 소급하여 2년에 해당하는 날부터 상속개시일까지의 기간 중 질병의 요양으로 영농에 종사하지 못한 기간은 직접 영농에 종사한 기간으로 본다.

2020.2.11. 이후 상속개시분부터 토지수용 등의 경우 종전 농지 양도 후 대체농지 취득 시까지 1년 이내의 기간은 계속하여 영농에 직접 종사한 것으로 본다.

가. 거주요건

① 농지·초지·산림지(이하 이 절에서 "농지 등"이라 함)가 소재하는 시(「제주특별자치도의 설치 및 국제자유도시 조성을 위한 특별법」 제15조 제2항에 따른 행정시를 포함한다)·군·구(자치구를 말한다), 그와 연접한 시·군·구 또는 해당 농지 등으로부터 직선거리 30킬로미터(2015.2.2. 이전 20킬로미터) 이내에 거주하는 사람. 산림지의 경우에는 통상적으로 직접 경영할 수 있는 지역을 포함한다.

② 어선의 선적지 또는 어장에 가장 가까운 연안의 시·군·구, 그와 연접한 시·군·

구 또는 해당 선적지나 연안으로부터 직선거리 30킬로미터(2015.2.2. 이전 20킬로
미터) 이내에 거주하는 사람

농지 등으로부터 직선거리 20킬로미터 이내에 거주하는 사람을 추가한 것은 2012.2.2.
이후 상속개시분부터 적용한다.

나. 직접 영농 종사 여부 판단기준

2015.2.3. 이후 영농에 종사하는 경우란 피상속인 또는 상속인이 다음의 어느 하나에
해당하는 경우를 말한다. 다만, 해당 피상속인 또는 상속인의 소득세법 제19조 제2항에
따른 사업소득금액(농업·축산업·어업 및 임업에서 발생하는 소득, 소득세법 제45조 제
2항에 따른 부동산임대업에서 발생하는 소득과 같은 법 시행령 제9조에 따른 농가부업소
득은 제외한다)과 같은 법 제20조 제2항에 따른 총급여액의 합계액이 3천700만원 이상인
과세기간이 있는 경우에는 피상속인 또는 상속인이 영농에 종사하지 아니한 것으로 본다.

2018.2.13. 이후 상속이 개시되는 분부터 사업소득금액이 음수인 경우에는 해당 금액
을 0으로 본다.

① 영농 : 소유 농지 등 자산을 이용하여 농작물의 경작 또는 다년생식물의 재배에 상
시 종사하거나 농작업의 2분의 1 이상을 자기의 노동력으로 수행하는 경우(단, 자
기 노동시간의 2분의 1 이상을 경작 또는 재배에 투입하는 경우에 한한다)

② 양축 : 소유 초지 등 자산을 이용하여 축산법 제2조 제1호에 따른 가축의 사육에
상시 종사하거나 축산작업의 2분의 1 이상을 자기의 노동력으로 수행하는 경우(단,
자기 노동시간의 2분의 1 이상을 가축의 사육에 사용하는 경우에 한한다)

③ 영어 : 소유 어선 및 어업권 등 자산을 이용하여 내수면어업법 또는 수산업법에 따른
허가를 받아 어업에 상시 종사하거나 어업작업의 2분의 1 이상을 자기의 노동력으로
수행하는 경우(단, 자기 노동시간의 2분의 1 이상을 어업에 사용하는 경우에 한한다)

④ 영림 : 소유 산림지 등 자산을 이용하여 산림자원의 조성 및 관리에 관한 법률 제13
조에 따른 산림경영계획 인가 또는 같은 법 제28조에 따른 특수산림사업지구 사업
에 따라 산림조성에 상시 종사하거나 산림조성작업의 2분의 1 이상을 자기의 노동
력으로 수행하는 경우(단, 자기 노동시간의 2분의 1 이상을 산림조성에 사용하는
경우에 한한다)

2015.2.2. 이전에는 피상속인 또는 상속인이 "직접 영농에 종사"하는지 여부는 농작
물의 경작 또는 다년생식물의 재배에 상시 종사하거나 농작업의 2분의 1 이상을 자기

의 노동력에 의하여 경작 또는 재배하였는지에 따라 판단하였다(상속증여세법 집행기준 18 - 16 - 4).

⑤ 법인세법을 적용받는 영농법인의 주식 : 다음의 요건을 모두 갖추어야 한다.

    ㉠ 상속개시일 8년(2022.12.31. 이전 2년) 전부터 계속하여 해당 기업을 경영할 것 2019.2.12. 이후 결정·경정하는 분부터 피상속인이 상속개시일 2년 전부터 해당 기업을 경영한 경우로서 상속개시일부터 소급하여 2년(2023.1.1. 이후 8년)에 해당하는 날부터 상속개시일까지의 기간 중 질병의 요양으로 경영하지 못한 기간은 해당 기업을 경영한 기간으로 본다.

    ㉡ 법인의 최대주주 등으로서 본인과 그 특수관계인의 주식등을 합하여 해당 법인의 발행주식총수 등의 100분의 50 이상을 계속하여 보유할 것

영농상속이 이루어진 후에 영농상속 당시 최대주주 등에 해당하는 사람(영농상속을 받은 상속인은 제외한다)의 사망으로 상속이 개시되는 경우는 적용하지 아니한다. 즉, 가업상속공제와 같이 최대주주 등 중 1인에 대해서만 영농상속공제를 적용한다.

 관련 예규·심판결정례 및 판례 등

☐ 작물재배업을 주된 업종으로 영위하는 영농조합법인으로부터 수령한 총급여액이 3,700만원을 초과하는 과세기간은 영농에 종사하지 아니한 것임(사전 - 법규과 - 2497, 2023.9.25.)

☐ 개인영농을 법인전환한 경우 영농영위기간 계산방법(사전 - 법규재산 - 922, 2022.12.6.)

  상증령 제16조 제2항 제2호 가목을 적용할 때 소득세법을 적용받는 영농을 법인세법을 적용받는 영농으로 법인전환하여 피상속인이 법인 설립일 이후 계속하여 그 법인의 최대주주 등에 해당하는 경우에는 개인영농으로서 영농을 영위한 기간을 포함하여 계산함.

☐ 영농상속공제 받은 재산을 2년 이내 다시 상속받는 경우 영농상속공제 적용 안됨(서면법규과 - 504, 2014.5.21., 조심 2014중4319, 2014.12.23.).

☐ 부업으로 다른 일을 하는 등 영농에 종사한 사실 인정됨(조심 2011중1656, 2011.8.3.).

  피상속인은 정규직이 아닌 부업의 형식으로 일을 하였고, 상속개시 후 청구인이 조합원으로 가입하면서 쌀소득 보전 직불금 수령내역 등에 의하여 농지 경작자가 피상속인에서 청구인으로 바뀐 사실이 확인되는 점 등을 보았을 때 영농상속공제를 적용함이 타당함.

☐ 실종선고에 의한 상속의 경우 실종선고일이 아닌 행방불명개시 당시를 기준으로 피상속인이 2년 전부터 농업에 종사했는지 여부를 판정함(국심 99중1699, 2000.7.11.).

4. 영농상속인의 요건

영농에 종사하는 상속인이란 다음의 ①과 ②의 요건을 모두 갖춘 자와 영농·영어 및 임업후계자를 말한다. 2016.2.5. 이후 상속이 개시되는 분부터 영농상속인이 농지 등의 일부 상속받은 경우에도 해당 농지 등에 대하여 영농상속공제를 적용받을 수 있으나, 2016.2.4. 이전에는 영농상속인이 농지 등을 전부 상속받아야 한다. 즉, 영농상속인에 해당하는 장남과 차남이 농지 등을 전부 상속받은 경우에는 영농상속공제가 가능하지만, 영농상속인에 해당하는 장남과 그렇지 않은 차남이 농지 등을 상속받은 경우에는 영농상속공제가 적용되지 않았다.

① 상속개시일 현재 18세 이상인 자로서 상속개시일 2년 전부터 계속하여 직접 영농에 종사할 것

2019.2.12. 이후 결정·경정하는(상속받는) 분부터 상속개시일 2년 전부터 영농에 종사한 경우로서 상속개시일부터 소급하여 2년에 해당하는 날부터 상속개시일까지의 기간 중 상속인이 법률의 규정에 의한 병역의무의 이행, 질병의 요양, 취학상 형편 등의 사유로 영농에 종사하지 못한 기간이 있는 경우에는 그 기간은 영농에 종사한 기간으로 본다. 이 경우 병역의무의 이행기간은 입대일부터 제대일까지를 의미한다(상속증여세과-1078, 2015.7.16.). 그리고 피상속인이 65세 이전에 사망하거나 연령에 관계없이 천재지변 및 인재 등 부득이한 사유로 사망한 경우에는 2년 이상 직접 영농에 종사하지 못한 경우에도 2년 이상 종사한 것에 해당한다.

※ 경정청구기간이 경과한 후 국세기본법 제45조의2에 따른 경정을 청구한 경우에는, 관할 세무서장은 개정된 상속증여세법 시행령(2019.2.12. 대통령령 제29533호로 개정된 것) 제16조 제3항 제1호 가목 단서를 근거로 하여 해당 경정청구를 인용할 수는 없다고 유권해석(재재산-1003, 2022.8.19.)함.

2020.2.11. 이후 상속개시분부터 토지수용 등의 경우 종전 농지 양도 후 대체농지 취득시까지 1년간은 계속하여 영농에 직접 종사한 것으로 본다.

② 위 3. 피상속인의 요건 중 농지 등 소재지에 거주해야 하는 요건을 충족할 것

③ 영농·영어 및 임업후계자는 다음의 어느 하나에 해당하는 자를 말한다(상속증여세법 시행규칙 §7 ①).

㉠ 「후계농어업인 및 청년농어업인 육성·지원에 관한 법률」 제8조에 따른 후계농업경영인, 청년창업형 후계농업경영인, 후계어업경영인 및 청년창업형후계어업경영인

ⓛ 임업 및 산촌 진흥촉진에 관한 법률 제2조 제4호의 규정에 의한 임업후계자

ⓒ 초·중등교육법 및 고등교육법에 의한 농업 또는 수산계열의 학교에 재학 중이
거나 졸업한 자

④ 법인세법을 적용받는 영농법인의 주식 : 다음의 요건을 모두 갖추어야 한다.

ⓐ 상속개시일 2년 전부터 계속하여 해당 기업에 종사할 것

2019.2.12. 이후 결정·경정하는 분부터 상속인이 법률의 규정에 의한 병역의무
의 이행, 질병의 요양, 취학상 형편 등의 사유로 영농에 종사하지 못한 기간이
있는 경우에는 그 기간은 영농에 종사한 기간으로 보며, 피상속인이 65세 이전에
사망하거나 연령에 관계없이 천재지변 및 인재 등 부득이한 사유로 사망한 경우에
는 2년 이상 직접 영농에 종사하지 못한 경우에도 2년 이상 종사한 것에 해당한다.

ⓑ 상속세과세표준 신고기한까지 임원으로 취임하고, 상속세 신고기한부터 2년 이
내에 대표이사 등으로 취임할 것. 2016.2.4. 이전에는 상속인 1인이 전부를 상속
받은 경우에 한하여 적용하였으나, 2016.2.5.부터 공동상속을 허용하였다.

 관련 예규·심판결정례 및 판례 등

❑ 경작하지 않은 지적공부상의 농지가 있는 경우 영농상속재산의 범위(상속증여세과 – 389, 2014.10.6.)

– 상속증여세법 제18조 제2항 제2호에 따른 영농상속공제는 같은 법 시행령 제16조 제1항에
따라 상속재산 중 피상속인이 상속개시일 2년 전부터 영농에 사용한 「농지법」 제2조 제1호
가목에 따른 농지(전·답, 과수원, 그 밖에 법적 지목(地目)을 불문하고 실제로 농작물 경작
지 또는 다년생 식물 재배지로 이용되는 토지를 말한다)의 전부를 영농에 종사하는 상속인이
상속받은 경우에 적용됨.

➡ 2016.2.4. 이전 상속개시분에 대한 해석임.

– 피상속인이 상속개시일 2년 전부터 영농에 사용한 농지에 해당하지 아니하고 상속개시일 현
재 사실상의 현황이 농지가 아닌 경우에는 이를 제외하고 영농상속공제 적용 여부를 판단함.

❑ 신고기한 경과 후에도 상속세 결정전까지 영농상속인인 배우자에게 농지 등의 소유권이전 등기가
되어 상속받은 것으로 확인되는 경우 영농상속공제 가능함(재산세과 – 120, 2011.3.9.).

❑ 영농에 사용되는 상속재산 전부를 영농상속인이 상속받아야 함(재재산 46014 – 55, 1999.2.24.).

상속증여세법 시행령 제16조 제1항 본문에서 "상속인 중 영농에 종사하는 상속인이 상속받은 것"
이란 영농에 사용되는 상속재산 전부를 영농에 종사하는 상속인이 상속받는 것을 말함. 이 경우
영농에 사용되는 상속재산 전부를 영농에 종사하는 상속인이 공동으로 상속받은 경우도 포함됨.

➡ 2016.2.5. 이후 상속개시분부터 영농상속공제 신청한 농지에 대해 공제가능함.

□ 영농상속공제 적용시 상속인에 피상속인의 배우자가 포함됨(재삼 46014 - 2325, 1997.9.30.).

□ 상속개시일 현재 영농후계자, 임업후계자로 지정받아야 함(재삼 46014 - 1422, 1999.7.26.).

□ 영농상속공제대상 농지는 영농상속인이 상속받고 공제요건을 충족하지 못한 농지는 영농상속인 외의 자가 상속받은 경우 공제대상 농지를 대상으로 공제 여부를 판단함(서면4팀 - 1268, 2005.7.21.).

□ 상속인 중 영농에 종사하는 상속인이 상속농지 전체를 상속받지 않은 경우, 1999.12.31. 법 개정 전의 경우라도 영농상속공제를 배제함은 정당함(국심 2002광1158, 2002.7.30.).

□ 농업의 간접적 경영에 불과한 경우 영농상속공제 적용할 수 없음(대법원 2012두15975, 2012.11.15.). 직접 영농에 종사하는 이상 다른 직업을 겸업하더라도 여기서 말하는 영농상속인에 해당할 것이지만, 다른 직업에 전념하면서 농업을 간접적으로 경영하는 것에 불과한 경우에 해당하고 상속개시일 2년 전부터 계속하여 그 영농상속재산의 소재지와 동일한 시·군·구에 거주하지 아니하여 영농상속공제 적용 배제는 적법함.

□ 농지소재지에 거주하며 농협 조합원으로 가입하고 휴일 등에 농사일을 했으나, 직업이 지방행정공무원으로서 간헐적·간접적으로 피상속인의 농업경영을 도와준 경우, 영농상속인에 해당하지 않음(대법원 2002두844, 2002.10.11.).

□ 영농상속재산인 농지전부를 영농상속인이 상속받는 경우에 한해 '영농상속공제'되며, 농지를 상속받은 상속인들 중 일부가 영농상속인에 해당하지 않는 경우 영농상속인의 상속지분비율에 따른 일부 공제도 허용 안됨(대법원 2001두779, 2002.10.11.).

□ 토지를 단독상속하였다고 볼 만한 증거가 없으므로 "영농상속인"에 해당되는지 여부에 관계없이 영농상속공제를 할 수 없음(대법원 2004두5331, 2004.8.30.).

5. 탈세·회계부정의 경우 영농상속공제 배제

2023.1.1. 이후 상속개시분부터 피상속인 또는 상속인이 영농과 관련하여 탈세 또는 회계부정(상속개시일 전 10년 이내 또는 상속개시일로부터 5년 이내의 기간 중의 행위에 한정한다)으로 피상속인 또는 상속인이 상속세 결정 전에 형이 확정된 경우에는 영농상속공제를 적용하지 아니하며, 영농상속공제를 받은 이후 형이 확정된 경우에는 공제받은 금액을 상속개시 당시의 상속세 과세가액에 산입하여 상속세를 부과하고 이자상당액을 그 부과하는 상속세에 가산한다.

영농상속공제 배제되는 유죄의 범위는 다음의 행위에 따라 벌금형을 받은 경우를 말한다.
(조세포탈) 포탈세액 등이 3억원 이상이고, 그 포탈세액등이 신고·납부하여야 할 세액(납세의무자의 신고에 따라 정부가 부과·징수하는 조세의 경우에는 결

정·고지하여야 할 세액을 말한다)의 100분의 30 이상인 경우 또는 포탈
세액등이 5억원 이상인 경우(조세범처벌법 제3조 제1항)
(회계부정) 주식회사 등의 외부감사에 관한 법률 제39조 제1항에 따른 죄를 범하여
받은 벌금형(재무제표상 변경된 금액이 자산총액의 100분의 5 이상인 경
우로 한정한다)[25]

탈세·회계부정행위 시기	유죄 확정 시기	효과
상속개시 전 10년 이내 행위	가업상속공제 전	공제 배제
	사후관리 기간 중	추징
	사후관리 기간 이후	추징
사후관리기간(5년) 중 행위	사후관리 기간 중	추징
	사후관리 기간 이후	추징

* 사후관리기간 후 행위 : 적용대상이 아님

6. 영농상속공제금액

영농상속인이 농지 등을 상속받은 경우 농지 등의 가액을 공제하되, 30억원을 초과하
는 경우에는 30억원을 한도로 한다.

┃ 영농상속공제 한도액 ┃

2023.1.1.~	2016.1.1.~2022.12.31.	2012.1.1.~2015.12.31.	1997.1.1.~2011.12.31.
30억원	20억원	5억원	2억원

7. 영농상속공제 추징

가. 추징방법

영농상속공제를 받은 자가 상속개시일부터 5년 이내에 정당한 사유가 없이 영농에 사
용하는 상속재산을 처분하거나 영농에 종사하지 아니하게 된 경우에 상속세를 부과한다.

---

25) 「주식회사 등의 외부감사에 관한 법률」 제39조(벌칙) ① 「상법」 제401조의2 제1항 및 제635조 제1항에
규정된 자나 그 밖에 회사의 회계업무를 담당하는 자가 제5조에 따른 회계처리기준을 위반하여 거짓으로
재무제표를 작성·공시하거나 감사인 또는 그에 소속된 공인회계사가 감사보고서에 기재하여야 할 사항
을 기재하지 아니하거나 거짓으로 기재한 경우에는 10년 이하의 징역 또는 그 위반행위로 얻은 이익 또는
회피한 손실액의 2배 이상 5배 이하의 벌금에 처한다.

2017.1.1. 이후 개시하는 소득세 과세기간 또는 법인세 사업연도부터 다음에 따라 계산한 이자상당액을 그 부과하는 상속세에 가산한다. 따라서 2016.12.31. 이전 상속이 개시된 경우에도 2017.1.1. 이후 과세기간 또는 사업연도에 상속세 부과사유가 발생하는 경우에는 이자상당액을 가산한다.

> 이자상당액 = ① 추징하는 상속세액 × ② 추징사유 발생 기간 × ③ 이자율
>
> ① 추징하는 상속세액 : '영농상속공제금액'을 상속개시 당시의 상속세 과세가액에 산입하여 계산한 상속세액
> ② 추징사유 발생 기간 : 당초 상속받은 가업상속재산에 대한 상속세 과세표준 신고기한의 다음 날부터 추징사유가 발생한 날까지의 기간
> ③ 이자율 : 국세기본법 시행령 제43조3 ②(年 1천분의 29) ÷ 365일

① 상속개시일부터 5년 이내에 영농에 종사하지 않는 경우 : 영농상속공제액 전액을 상속재산에 포함하여 상속세를 추징한다.
② 상속개시일부터 5년 이내에 영농상속재산을 처분한 경우 : 다음 금액을 상속재산에 포함하여 상속세를 추징한다.

$$영농상속\ 공제금액 \times \frac{영농상속받은\ 재산\ 중\ 처분\ 재산가액(상속개시\ 당시\ 평가액)}{영농상속받은\ 재산가액(상속개시\ 당시\ 평가액)}$$

나. 추징하지 아니하는 정당한 사유

영농상속인이 영농에 종사하지 않더라도 정당한 사유가 있어 상속세를 부과하지 아니하는 경우는 다음의 어느 하나에 해당하는 경우를 말한다.
① 영농상속받은 상속인이 사망하는 경우
② 영농상속받은 상속인이 「해외이주법」에 따라 해외이주하는 경우
③ 영농상속재산(영농상속을 받은 영농에 직접 사용하고 있는 재산을 말한다)이 「공익사업을 위한 토지 등의 취득 및 보상에 관한 법률」 그 밖의 법률에 따라 수용되거나 협의 매수된 경우
④ 영농상속재산을 국가 또는 지방자치단체에 양도하거나 증여하는 경우
⑤ 영농상 필요에 따라 농지를 교환·분합 또는 대토하는 경우

⑥ 상속인의 지분이 다음 사유로 감소된 경우로서 지분 감소 후에도 상속인이 최대주주 등에 해당하는 경우

㉠ 상속인이 상속받은 주식등을 물납한 경우

㉡ 합병·분할·분할합병 등 조직변경에 따라 주식 등을 처분하는 경우. 다만, 처분 후에도 상속인이 합병법인 또는 분할신설법인 등 조직변경에 따른 법인의 최대주주 등에 해당하는 경우에 한한다.

㉢ 해당 법인의 사업확장 등에 따른 유상증자시 상속인의 특수관계인 외의 자에게 주식 등을 배정함에 따라 상속인의 지분율이 낮아지는 경우. 다만, 상속인이 최대주주 등에 해당하는 경우에 한한다.

㉣ 상속인이 사망하는 경우. 다만, 사망한 자의 상속인이 원래 상속인의 지위를 승계하여 영농에 종사하는 경우에 한한다.

㉤ 주식 등을 국가 또는 지방자치단체에 증여하는 경우

㉥ 「자본시장법」 제390조 제1항에 따른 상장규정의 상장요건을 갖추기 위하여 지분을 감소시킨 경우

⑦ 상속인이 법률의 규정에 의한 병역의무의 이행, 질병의 요양, 취학상 형편 등으로 농업·축산업·임업 및 어업에 직접 종사할 수 없는 사유가 있는 경우

다만, 그 부득이한 사유가 종료된 후 영농에 종사하지 아니하거나 영농상속받은 재산을 처분하는 경우에는 상속세를 추징한다.

다. 상속세 추징세액에 대한 신고·납부의무

2018.1.1. 이후 영농상속재산을 처분하는 등으로 상속세 추징사유가 발생하는 상속인은 그 추징사유가 발생한 날이 속하는 달의 말일부터 6개월 이내에 영농상속공제 사후관리추징사유신고 및 자진납부계산서에 의하여 납세지 관할세무서장에게 신고하고 해당 상속세와 이자상당액을 납세지 관할세무서, 한국은행 또는 체신관서에 납부하여야 한다. 다만, 이미 상속세와 이자상당액이 부과되어 납부한 경우에는 그러하지 아니하다. 신고와 납부의무를 부여하였기 때문에 기한 내에 신고·납부하지 아니하는 경우에는 신고·납부불성실가산세 부과대상에 해당한다.

관련 예규 · 심판결정례 및 판례 등

☐ 재배작물의 종류를 변경한 추징 여부(법령해석재산 – 2202, 2018.7.2.)

　영농상속공제를 받은 후 재배작물의 종류를 변경하더라도 변경한 재배작물이 한국표준산업분류상 농업 등의 범주에 속한 경우에는 영농상속공제 사후관리 위반에 해당하지 아니함.

☐ 농지상속공제를 받은 농지를 5년 이내 처분하거나 영농상속인이 농업에 종사하지 아니하게 된 때에는 그에 상당하는 가액을 상속세 과세가액에 산입하여 상속세를 부과함(재삼 46014 – 1109, 1998.6.19.).

☐ 영농상속공제받은 후 임대하는 농지는 상속세 부과함(재삼 46014 – 1766, 1999.9.30.).

☐ 영농상속공제받은 농지를 물납한 경우에도 추징대상임(재산상속 46014 – 1741, 1999.9.28.).

☐ 영농상속공제받은 재산을 상속개시일부터 5년 이내에 정당한 사유없이 처분함으로써 상속세를 추징하는 경우 신고 · 납부불성실가산세는 부과하지 아니함(서일 46014 – 10884, 2002.7.5.).

☐ 1999.1.1. 이후 상속분에 대해 영농상속공제받은 재산을 처분한 경우에 상속세 추징금액은 영농상속공제금액에 영농상속재산가액 중 처분한 영농상속재산가액이 차지하는 비율을 곱하여 계산함(재재산 46014 – 272, 2001.11.2.).

☐ 영농상속공제를 받은 농지가 상속개시일로부터 5년 이내에 세금체납으로 경매처분된 경우는 "정당한 사유"에 해당하지 않으므로 상속세 과세가액에 산입하여 추징함(국심 2004부4320, 2005.1.10.).

　➡ 부득이한 사유 : 사망, 해외이주, 수용, 국가기관에 양도, 농지의 교환 · 분합 및 대토

☐ 상속받은 농지 중 면적초과로 일부만 농지상속공제를 받고 5년 내에 일부 농지를 처분한 경우, 농지상속공제를 받지 않은 농지를 처분했다면 상속세 추징하지 아니함(국심 2002서551, 2002.5.24.).

8. 영농상속공제 신청 및 입증서류 제출

　영농상속공제를 받고자 하는 자는 영농상속 사실을 입증할 수 있는 서류를 상속세 과세표준신고와 함께 납세지 관할세무서장에게 제출하여야 한다.

① 최대주주 등에 해당하는 자임을 입증하는 서류
② 농업소득세 과세사실증명서 또는 영농사실 증명서류
③ 어선의 선적증서 사본
④ 어업권 면허증서 사본
⑤ 영농상속인의 농업 또는 수산계열 학교의 재학증명서 또는 졸업증명서
⑥ 「임업 및 산촌 진흥촉진에 관한 법률」에 의한 임업후계자임을 증명하는 서류

영농상속공제 신고를 받은 납세지 관할세무서장은「전자정부법」제36조 제1항에 따른 행정정보의 공동이용을 통하여 다음의 서류를 확인하여야 한다.

㉮ 농지 · 초지 또는 산림지의 등기사항증명서

㉯ 농업 · 임업 · 축산업 또는 어업용으로 설치하는 창고 · 저장고 · 작업장 등 건축물과 이에 딸린 토지의 등기사항증명서

관련 예규 · 심판결정례 및 판례 등

☐ 신고기한 내에 영농상속신고서를 제출하지 아니한 경우에도 상속개시일 현재 영농상속공제 요건에 해당되면 공제가능함(재삼 46014 - 1179, 1999.6.17.).

제4절 : 배우자 상속공제

1. 개 요

상속세는 재산이 세대 간에 이전될 때 과세한다는 이론적 측면에서 부부(夫婦) 사이에 재산을 이전하는 것은 동일한 세대간 이전이라는 점과 부부가 혼인 중에 마련한 재산은 부부 공동재산으로서 일방의 배우자가 사망하여 취득하는 재산은 다른 일방의 배우자로부터 무상으로 취득하는 재산이 아니라는 점 등을 들어 배우자가 상속받은 재산에 대해서는 상속세를 과세해서는 안된다는 주장이 있다.

배우자가 상속받은 재산에 대하여 상속세를 어떻게 과세할 것인가는 나라별로 차이가 있다. 미국이나 영국의 경우 배우자가 상속받은 재산가액은 배우자상속공제를 인정함으로써 결국 상속세를 과세하지 않게 되며, 우리나라나 일본 등의 경우에는 일정금액을 배우자 상속공제로 인정함으로써 배우자가 상속받은 재산에 대해서 일부는 상속세를 과세하는 결과로 이어진다.

1990년 세법개정시부터 배우자상속공제액을 지속적으로 상향조정하고 있다. 이는 상속세는 재산이 세대간에 무상으로 이전될 때에 과세하는 조세라는 측면에서 부부간에 재산이전은 동일한 세대에서의 이전이고 한쪽의 배우자가 사망할 때에 생존 배우자가 상속받은 재산은 추후 그의 사망시에 다시 상속세가 과세되는 점, 배우자의 재산형성 기여도

등을 감안하고 특히 여성의 사회적·경제적 지위향상을 고려한 조치라 할 수 있다. 특히, 1997.1.1. 이후 상속개시분부터는 종전의 결혼연수에 의한 공제방식을 폐지하고 배우자가 실제 상속받은 재산가액을 법정상속분에 따른 공제한도액(30억원 한도) 범위 내에서 공제하는 방식으로 개정하여 현재까지 유지하고 있다.

 관련 예규·심판결정례 및 판례 등

☐ 가업상속공제와 배우자 상속공제 적용 여부(재재산-254, 2018.3.22.)

질의

가업상속공제요건을 충족한 비상장주식과 부동산 등을 배우자가 모두 상속받음.
(질의 1) 비상장주식은 가업상속공제를 적용받고 부동산 등은 배우자상속공제 적용이 가능한지
(질의 2) 가업상속공제요건을 충족하지 못하여 가업상속공제가 배제된 경우 배우자상속공제금액의 계산

회신

○ (질의 1)의 경우 상속증여세법 제18조 제2항 제1호에 따른 가업상속공제와 같은 법 제19조 제1항에 따른 배우자 상속공제를 각각 적용할 수 있으며,
○ (질의 2)의 경우 거주자의 사망으로 배우자가 실제 상속받은 금액은 배우자상속공제한도액 범위 내에서 상속세 과세가액에서 공제하는 것임.

☐ 피상속인의 실질적인 생활근거지가 외국으로써 국내에 주소를 두지 않은 것으로 인정되는 경우에 배우자공제 등 인적공제를 배제함은 정당하고 피상속인이 비거주자인 경우에 인적공제를 배제하도록 한 법률은 위헌 아님(대법원 2001두3150, 2002.3.29., 헌재 2001헌바25, 2001.12.20.).

☐ 외국국적자도 거주자에 해당하면 배우자상속공제 받을 수 있음(재삼 46014-1059, 1998.6.12.).

2. 배우자의 의의

배우자 상속공제를 적용받을 수 있는 배우자란 민법상 혼인관계에 있는 자. 즉 가족관계등록부에 배우자[26]로 등재된 자를 말한다. 따라서 혼인신고를 하지 않은 사실혼 관계

---

26) 민법 제812조 (혼인의 성립) ① 혼인은 「가족관계의 등록 등에 관한 법률」에 정한 바에 의하여 신고함으로써 그 효력이 생긴다.
② 전항의 신고는 당사자 쌍방과 성년자인 증인 2인의 연서한 서면으로 하여야 한다.
제814조 (외국에서의 혼인신고) ① 외국에 있는 본국민사이의 혼인은 그 외국에 주재하는 대사, 공사 또는 영사에게 신고할 수 있다.
② 제1항의 신고를 수리한 대사, 공사 또는 영사는 지체없이 그 신고서류를 본국의 등록기준지를 관할하는 가족관계등록관서에 송부하여야 한다.

에 있는 배우자는 공제받을 수 없다.

혼인은 배우자의 사망이나 이혼에 의하여 해소된다. 이혼의 경우 협의상 이혼은 가정법원의 확인을 받아 이혼신고함으로써 효력이 생기며 재판상 이혼은 이혼 판결이 확정된 때 혼인이 해소되고 이혼신고는 보고적 의무에 불과하다. 따라서 혼인신고를 한 때부터 민법상 혼인이 해소되기 전까지 배우자에 해당한다.

다만, 1996.12.31. 이전 상속개시분의 경우에는 호적상 배우자가 없는 경우로서 사실혼 관계에 있는 자(내연관계에 있는 자는 제외함)에 대하여 과세관청의 유권해석 및 심판결정례에서는 배우자 상속공제를 인정하였고, 대법원에서는 인정하지 아니하였다.

① 배우자 상속공제에 있어서 사실상 혼인관계에 있는 자(내연관계에 있는 자는 제외함)를 포함함(재삼 46014-273, 1994.1.29.).

② 1996.12.31. 이전 상속개시 당시 사실혼관계에 있던 자는 배우자 상속공제할 수 있음(국심 99서747, 1999.12.22.).

③ 법률혼 성립 이전의 사실혼 기간을 합산한 결혼연수에 의해 배우자상속공제액을 계산함은 부당하고 법률혼이 성립한 기간만의 결혼연수에 의함(대법원 98두8360, 2000.9.3.).

상속증여세법상 배우자의 의미에 대하여 명확한 규정을 두고 있지 아니하면서도 1997년 이후와 그 전에 있어 배우자의 의미를 다르게 해석하고 적용하는 것은 배우자 상속공제제도가 결혼연수에 의한 공제방식을 택하고 있을 때에는 사실혼 관계에 있는 배우자의 경우에도 공제액의 계산이 가능하였으나, 법정상속지분에 의한 공제방식으로 변경하면서는 민법상 상속권이 주어지지 아니하는 사실혼 관계의 배우자에게 상속공제를 해주기 어려운 점을 고려한 것으로 볼 수 있다.

민법상 배우자에 관한 규정을 살펴보면 이혼시의 위자료청구권이나 재산분할청구권에 관한 규정에서는 사실혼 해소의 경우에도 유추적용되어야 할 것이라는 대법원 판례(1995.3.10. 선고, 94므1379·1386)를 고려할 때에 사실혼 관계에 있는 부부를 법률상의 부부와 동일하게 취급하는 경우가 있고, 국세기본법 시행령 제1조의2 제1항의 친족관계에서의 배우자 및 근로기준법·공무원연금법·군인연금법에서 배우자에는 사실상 혼인관계에 있던 자를 포함하는 것으로 규정하고 있으나, 민법상 재산상속에 관하여는 법률상의 배우자만을 적용하고 있다.

제836조 (이혼의 성립과 신고방식) ① 협의상 이혼은 가정법원의 확인을 받아 「가족관계의 등록 등에 관한 법률」의 정한 바에 의하여 신고함으로써 그 효력이 생긴다.

관련 예규·심판결정례 및 판례 등

☐ 이혼조정 성립 후 동일자에 사망한 경우 배우자상속공제 적용여부 등(법규재산 2013-228, 2013.9.11.)
가정법원의 이혼조정이 성립된 후 그 같은 날 피상속인이 사망하여 상속개시 되는 경우 상속개시 당시 배우자의 지위를 상실한 상태이므로 배우자상속공제 불가하며, 사전증여재산 상속세 과세가액 합산 기간은 5년을 적용하고, 이혼시 재산분할청구권에 의하여 분할한 재산은 증여재산이 아니므로 상속세 과세가액에 합산하지 아니함.

☐ 피상속인의 배우자가 「민법」 제1004조에 따라 상속인이 되지 못한 경우(배우자 살해)에도 배우자 상속공제(5억)가 적용됨(재산세과-1084, 2009.12.21.).

☐ 처가 국적상실로 남편 호적부에서 제적되었어도 이혼하지 않고 계속하여 민법상 혼인관계를 유지하고 있으면 배우자 공제 가능(재삼 46014-463, 1999.3.8.)

☐ 배우자 상속공제대상자는 민법상 혼인관계에 있는 배우자를 말함(재삼 46014-1977, 1997.8.19.).

☐ 상속개시일 전 5년 이내에 피상속인이 상속인이 아닌 前배우자에게 증여한 증여재산가액을 상속재산가액에 가산하는 경우 상속개시일 현재 피상속인의 배우자가 아닌 자에 대하여는 배우자 상속공제를 하지 않는 것임(조심 2010서533, 2010.10.28.).
  - 2005.10.31. 甲(피상속인)이 乙(배우자)에게 469백만원 증여(증여재산공제 3억원 적용)
  - 2006.11.6. 甲과 乙 이혼함.
  - 2007.8.13. 甲 사망
  - 사망 전 증여재산 합산과세하고 배우자상속공제 등 배제함에 따라 3억원에 대한 상속세가 추가 과세되고 상속인들이 부담하는 결과 발생

☐ 민법상 혼인으로 인정되는 혼인관계에 의한 배우자를 말하므로 사실혼 관계인 자 배우자상속공제 안됨(국심 2004구3365, 2005.3.2.).

☐ 사실혼 관계인 배우자의 경우, 1997.1.1. 이후 배우자 상속공제 및 증여재산공제를 받을 수 없음(국심 2002중0383, 2002.6.3.).

☐ 사실혼 관계였다가 피상속인이 1991년 사망하기 전에 혼인신고했으나 상속개시 후 혼인무효확정판결된 경우로서, 상속개시 당시 피상속인의 혼인의사가 없어, 배우자 상속공제대상인 사실혼 관계의 배우자로 볼 수 없음(국심 2001서948, 2001.12.26.).

3. 배우자 상속공제금액

배우자 상속공제는 상속세 과세표준 신고기한의 다음 날부터 6개월이 되는 날(이하 "배우자 상속재산분할기한"이라 함)까지 배우자의 상속재산을 분할한 경우와 그렇지 않

은 경우로 구분하여 그 공제금액에 차이를 두고 있다. 배우자가 상속받은 재산을 분할한 경우에는 배우자 상속공제한도액(30억원) 범위 내에서 배우자가 실제 상속받은 재산가액을 공제하고, 분할을 하지 않은 경우에는 최소 공제액 5억원을 적용한다. 따라서 배우자 상속공제액은 최소 5억원에서 최대 30억원까지이다.

배우자 상속재산분할기한 내에 분할한 경우	분할하지 않은 경우
① ㉠과 ㉡ 중 적은 금액 공제(5억원에 미달시 5억원 공제) ㉠ 배우자가 실제 상속받은 금액 : 배우자가 상속받은 총재산가액 – 채무 등 ㉡ 배우자 상속공제 한도액 : (배우자 법정상속분 – 배우자가 사망 전 증여받은 재산에 대한 증여세 과세표준) : 30억원 한도	② 5억원 공제 분할하지 않은 경우와 ①의 금액 5억원에 미달하는 경우 * 1999.12.31. 이전 귀속분 : [배우자 법정상속분 × 1/2(15억원 한도)] – 배우자가 사망 전 증여받은 재산가액

가. 배우자 상속재산분할기한 및 분할의 의미

1) 배우자 상속재산분할기한

배우자가 실제 상속받은 금액을 공제받기 위해서는 일정 기간 내에 배우자가 상속받은 재산을 확정하고 등기 등을 마쳐야 하는데 그 기간을 배우자 상속재산분할기한이라 한다.

배우자 상속재산분할기한은 2003.1.1.부터 2020.12.31.까지는 상속세 과세표준 신고기한의 다음 날부터 6월이 되는 날까지이며, 2021.1.1. 이후 결정·경정분부터 상속세 법정 결정기한과 동일하게 상속세 과세표준 신고기한의 다음 날부터 9월이 되는 날까지다. 1997.1.1.부터 2002.12.31.까지 상속이 개시된 경우에는 상속세 과세표준 신고기한까지 배우자가 상속받은 재산을 분할하고 그 내용을 신고한 경우에만 실제 상속받은 금액에 따른 공제를 적용받을 수 있었다.

> **사례**
>
> ■ 상속개시일이 2011.3.10.인 경우 상속세 신고기한 및 배우자 상속재산분할기한
>
> | 구 분 | 신고기한 | 배우자 상속재산분할기한 |
> |---|---|---|
> | 피상속인이 거주자인 경우 | 2011.9.30. | 2012.3.31. |
> | 피상속인이 비거주자 또는 상속인 전원이 비거주자인 경우 | 2011.12.31. | 2012.6.30. |

2) 분할의 의미

공동상속인 사이에 협의 등을 통하여 배우자가 상속받은 재산을 확정하고 등기·등록·명의개서 등이 필요한 재산의 경우에는 그 등기·등록·명의개서 등을 한 것을 말한다. 공동상속인간에 협의분할서 등을 작성하고 서명·날인한 경우 내부적으로는 배우자가 상속받은 재산이 확정된 것으로 볼 수 있을지 모르지만 배우자상속공제를 받기 위해서는 부동산의 경우 배우자 명의로 소유권이전등기, 차량·선박·항공기 등의 경우 행정기관에 있는 등록부에 배우자 명의로 등록, 주식이나 출자지분의 경우 회사에 비치되어 있는 주주명부 또는 사원명부에 배우자 이름으로 명의개서, 예금 등의 경우 배우자 이름으로 명의를 변경하거나 피상속인의 예금계좌 등에서 인출한 금전을 배우자 명의의 예금계좌에 입금시키는 등으로 공부상 배우자가 상속받은 재산으로 확정된 것을 말한다.

이 경우 소유권 등기원인이 '협의분할에 의한 상속'으로 한정하는 것은 아니므로 상속재산을 배우자 앞으로 등기·등록·명의개서 등을 한 경우에는 배우자가 실제 상속받은 재산에 해당한다(재재산 – 764, 2020.9.3.).

3) 배우자가 실제 상속받은 재산에 대한 신고의무

2010.1.1. 상속개시분부터 배우자가 상속받은 재산에 대하여 배우자 상속재산분할기한 이내에 관할세무서장에게 신고하지 아니한 경우에도 실제 상속받은 재산가액을 기준으로 공제받을 수 있다. 즉, 배우자상속공제를 규정한 상속증여세법 제19조 제2항을 "분할하여 신고한 경우에 한하여 적용한다."에서 "상속재산을 분할한 경우에 적용한다. 이 경우 분할 사실을 신고하여야 한다."로 개정되었는데 이는 단순히 신고를 하지 않았다는 이유로 배우자상속공제를 받지 못하는 불합리를 개선한 것으로 볼 수 있다.

따라서, 2010.1.1. 이후 상속개시분의 경우 배우자상속재산분할기한 이내에 배우자 명의로 등기·등록·명의개서 등을 한 재산이라면 그 분할내용을 세무서장에게 제출하지 아니한 경우에도 배우자가 실제 상속받은 재산으로 보아 공제금액을 계산할 수 있으나,

2001.1.1.부터 2009.12.31.까지 상속개시분의 경우에는 배우자의 상속재산분할기한까지 배우자의 상속재산을 분할하고 그 내용을 관할세무서장에게 신고한 경우에 한하여 적용하므로 배우자 앞으로 등기·등록·명의개서한 부동산이나 주식 등이라도 세무서장에게 배우자가 상속받은 재산이라고 신고하지 않은 경우에는 배우자가 실제 상속받은 재산가액에 포함시키지 아니하였다.

1997.1.1.부터 2000.12.31.까지 적용되는 법률에서 "상속재산의 분할"이라는 의미가 공동상속인 간에 협의하여 배우자가 상속받기로 한 협의분할서의 작성을 말하는 것인지

또는 배우자 명의로 등기·등록·명의개서 등까지 끝마친 것을 말하는지가 명확하지 아니한바, 과세관청에서는 "상속세 신고기한 내에 상속재산을 분할하여 신고한 후에 그 신고한 내용대로 배우자명의로 등기·등록·명의개서 등을 한 것이 상속세 결정시에 확인되면 배우자 상속공제가 가능하다"(재삼 46014-1631, 1998.8.27.)는 것으로 해석하였다. 즉, 상속세 신고기한 내에 공동상속인이 상속재산을 분할하여 배우자가 상속받는 것으로 신고한 재산에 대하여 상속세 신고기한 내에 배우자 명의로 등기·등록·명의개서 등을 하지 못했더라도 상속세 결정 전까지 신고내용대로 배우자명의로 등기 등을 한 때에는 실제 상속받은 금액으로 공제받을 수 있었다.

그러나, 2001.1.1. 이후 상속개시분부터는 상속세 신고기한 내에 등기·등록·명의개서 등을 통해 상속재산을 분할한 것이 확인되어야 배우자상속공제를 적용받도록 법 제19조 제2항을 개정하였다.

│ 배우자 상속재산분할기한 및 분할내용 신고의무 개정연혁 │

상속개시일	분할기한	분할의 의미 및 신고의무 여부
1997.1.1.~ 2000.12.31.	상속세 신고기한	신고기한 이내에 분할한 내용 신고하고 결정시까지 배우자 명의로 등기·등록·명의개서
2001.1.1.~ 2002.12.31.	상속세 신고기한	신고기한 이내에 분할한 내용 배우자 명의로 등기·등록·명의개서 및 그 내용 신고
2003.1.1.~ 2009.12.31.	상속세 신고기한의 다음 날부터 6월이 되는 날	분할기한 이내에 배우자 명의로 등기·등록·명의개서 및 그 분할내용 신고
2010.1.1.~	상속세 신고기한의 다음 날부터 6월이 되는 날	분할기한 이내에 분할한 내용 배우자 명의로 등기·등록·명의개서(신고의무 없음)

 관련 예규·심판결정례 및 판례 등

☐ 배우자가 상속받은 재산인지를 판단할 때 신탁원부의 위탁자 명의 변경은 필요하지 않음(1안이 타당함)(재재산-68, 2021.1.26.)

(질의)

피상속인의 신탁재산(부동산)에 대해 상속증여세법 §19에 따른 배우자상속공제 적용 시, 배우자의 상속재산을 분할한 경우를 판단함에 있어 '등기·등록·명의개서 등'의 범위(신탁원부의 명의자 변경이 배우자상속공제 요건인지 여부)

(1안) 신탁원부의 위탁자 명의 변경도 필요함.

(2안) 신탁원부의 위탁자 명의 변경은 필요하지 않음.

❑ 배우자상속재산분할기한은 상속에 대한 분쟁 등이 있는 경우와 비교하여 비례의 원칙 등에 위배됨 (헌재 2009헌바190, 2012.5.31. 헌법불합치 판결).

- 상속재산분할심판과 같이 상속에 대한 실체적 분쟁이 계속 중이어서 법정기한 내에 재산분할을 마치기 어려운 부득이한 사정이 있는 경우, 후발적 경정청구 등에 의해 그러한 심판의 결과를 상속세 산정에 추후 반영할 길을 열어두지도 않은 채, 위 기한이 경과하면 일률적으로 배우자 상속공제를 부인함으로써 비례원칙에 위배되어 청구인들의 재산권을 침해하고, 나아가 소송계속 등 부득이한 사유로 법정기한 내에 상속분할을 마치지 못한 상속인들을 그렇지 아니한 자와 동일하게 취급하는 것으로서 그 차별의 합리성이 없으므로 청구인들의 평등권을 침해한다.

- 이 사건 법률조항으로 인한 기본권 침해에 대하여 구체적으로 어떠한 내용의 구제수단을 마련할 것인가는 기본적으로는 입법재량의 영역에 있는 점, 이 사건 법률조항을 단순위헌 선고하는 경우 특별히 정당한 사유도 없이 재산분할을 미루는 상속인들까지 배우자 상속공제를 여과없이 적용받는 부당한 결과가 발생한다는 점 등을 고려하여 이 사건 법률조항에 대하여는 단순위헌결정 대신 입법자가 2013.12.31.을 시한으로 이를 개정할 때까지 잠정적용의 헌법불합치결정을 함이 적절하다.

나. 배우자 상속재산분할기한 내에 분할한 경우

배우자 상속재산분할기한 이내에 분할을 한 경우에는 배우자가 실제 상속받은 재산가액을 공제한도액 범위 내에서 공제한다. 다음 ① 내지 ③의 금액 중 가장 작은 금액을 공제하되, 그 금액이 5억원 미만이면 5억원을 공제한다.

① 배우자가 실제 상속받은 재산가액

② 민법상 배우자 상속분에 따른 공제한도액

③ 30억원

1) 배우자가 실제 상속받은 금액

배우자가 실제 상속받은 금액은 배우자상속재산분할기한 내에 배우자가 상속받은 재산(등기·등록·명의개서 등이 필요한 경우에는 그 등기·등록·명의개서 등이 된 것에 한함)가액에서 배우자가 승계한 채무·공과금 등을 차감하여 계산한다.

"배우자가 실제 상속받은 금액"의 계산방법에 대한 명확한 규정이 없어 배우자가 상속받은 부동산 등 적극적 재산가액을 의미하는 것인지 또는 적극적 재산가액에서 배우자가 인수한 채무 등 소극적 재산가액을 차감한 순재산가액을 의미하는 것인지가 불분명하다. 민법상 상속재산에는 적극적인 재산뿐만 아니라 채무 등 소극적인 재산도 포괄적으로 포함되는 점 및 부동산 등 적극적인 재산가액으로 해석할 경우에 부동산 등의 가액보다도 채무 등을 더 많이 인수하여 배우자가 상속으로 인하여 실질적으로 취득한 재산이 없음에도 배우자상속공제를 인정하는 문제를 감안할 때에 순재산가액으로 해석함이 타당하다.

또한, 배우자가 실제 상속받은 금액은 배우자가 상속받은 것으로 확인된 재산에 대하여 상속세를 결정할 때의 평가액에서 배우자가 승계한 채무·공과금 등을 차감하여 계산하므로 배우자가 실제 상속받은 재산의 가액이 상속세 신고 당시 평가액보다 상속세 결정시에 높아진 경우에는 배우자상속공제액이 늘어날 수 있고, 반대로 재산평가액이 감소한 경우에는 배우자 상속공제액이 줄어들 수 있다.

 관련 예규·심판결정례 및 판례 등

❑ 배우자가 부동산 지분 포기대가로 받은 금전의 상속공제 적용 여부(사전 – 법규과 1428, 2023.6.1.)

배우자가 상속재산 중 부동산을 상속받지 않는 대가로 자녀들로부터 그에 상당하는 가액을 정산금으로 지급받고 자녀들 명의로 소유권이전등기를 함에 따라 배우자 명의로 등기가 이루어지지 아니한 경우, 해당 정산금에 대해서는 배우자 상속공제를 적용받을 수 없음.

❑ 매매중인 부동산을 단독상속인 배우자에게 등기하지 않고 매수인에게 직접 소유권이전등기한 경우 배우자상속공제 여부(사전 법령해석재산 – 1572, 2021.11.11.)

피상속인의 직계존속 및 직계비속이 없어 배우자가 단독상속하는 경우로서, 피상속인이 부동산 매매계약을 체결한 후 계약을 이행하기 전에 사망하고 당해 부동산이 매수인에게 직접 소유권이전등기가 되는 경우에는 상속증여세법 제19조에 따른 배우자상속공제가 적용됨.

❑ 보상채권이 무기명증권이고 만기까지 예탁되었다는 사유만으로는 배우자상속재산분할기한까지 분할할 수 없는 정당한 사유에 해당하지 아니함(법규재산 2012 – 334, 2012.9.4.).

❑ 배우자가 상속받은 재산가액은 적극적인 재산에서 채무 등 소극적인 재산을 차감한 금액임(대법원 99두3027, 2000.3.10., 2000두8042, 2001.2.9.).

❑ 상속개시 후 수령하는 중도금과 잔금을 배우자가 상속받기로 협의분할한 경우 배우자상속공제 적용됨(서면4팀 – 2760, 2006.8.10., 서면4팀 – 1617, 2004.10.13.).

❑ 조사과정에서 적출된 상속재산을 상속개시 후 1년 이내에 배우자가 상속받은 것으로 분할하여 신고한 경우 공제가능함(서면4팀 – 1252, 2005.7.19.).

❑ 배우자 상속공제 적용시 배우자 명의로 등기·등록·명의개서 등을 하거나 동산을 배우자가 점유하는 등으로 배우자가 실제 상속받은 재산임이 확인되는 재산의 가액에서 배우자가 실제 인수한 채무를 차감하여 계산하는 것임(재산세과 – 374, 2011.8.3., 서면4팀 – 393, 2005.3.16.).

質의

부동산 등 재산은 법정상속지분에 따라 분할하였으나 대출금은 은행내규상 상속비율로 분할할 수 없어 피상속인의 배우자를 채무인수인으로 하고 자녀들을 담보제공자로 한 경우 배우자상속공제를 계산함에 있어 배우자가 실제 상속받은 금액에서 차감하는 채무는 얼마인지?

(갑설) 금융기관의 대출금 전액을 배우자가 실제 상속받은 금액에서 차감한다.

(을설) 금융기관 채무 중 법정상속지분 상당액을 배우자가 실제 상속받은 금액에서 차감한다.

回信 (갑설)이 타당함.

☐ 처분재산 중 사용처불분명으로 상속재산에 가산한 금액은 배우자 법정상속분 계산시 상속재산가액에 포함됨(재삼 46014-1069, 1999.6.4.).

☐ 배우자상속공제액 산정시 배우자가 상속받은 것으로 추정하여 상속세과세가액에 산입되는 추정상속재산가액은 '배우자가 실제 상속받은 금액'에 포함하지 않음(재재산-566, 2007.5.15.).

☐ 배우자상속공제액을 계산함에 있어 배우자가 상속개시 전에 증여받은 재산은 "배우자가 실제 상속받은 금액"에 포함하지 아니함(재재산-537, 2007.5.11.).

☐ 상속재산 중 일부의 등기원인이 '협의분할에 의한 상속'이 아닌 단순 '상속'으로 되어 있다하여 상속부동산 전체에 대한 분할협의가 없었다고 보기 어려우므로 배우자가 실제 상속받은 재산을 기준으로 공제금액을 계산해야 함(조심 2020중7887, 2021.11.3.).

☐ 상속재산이 배우자상속재산분할기한 내에 상속등기가 이루어지지 아니하고 수용된 경우 배우자 상속공제를 적용할 수 있음(조심 2018광1204, 2019.2.12.).

☐ 연금보험은 명의개서를 요하는 재산이 아니므로 상속재산분할기한내 배우자에게 분할한 것으로 보아야 함(조심 2014서5717, 2015.2.13.).

상속재산분할협의서가 허위로 작성되었다는 등의 특별한 사정이 없는 이상 연금보험 등은 전액을 배우자가 상속받은 것으로 보아 배우자상속공제규정을 적용하는 것이 타당함.

☐ 상속재산분할협의서에 채무에 대한 공동상속인 간 협의사항이 나타나지 않은 점 등을 보아 배우자가 단독으로 승계한 상속채무로 보는 것임(조심 2012서2501, 2012.8.1.).

제출된 상속재산분할협의서에 쟁점채무(병원비)에 대한 사항이 나타나지 않는 반면, 피상속인의 유동성 재산은 모두 배우자가 상속받는 것으로 나타나는 점, 쟁점채무는 배우자의 신용카드로 결제하고 배우자의 예금계좌에서 카드대금이 인출된 점 등을 종합하여 볼 때, 배우자가 쟁점채무 전액을 승계받은 것으로 봄이 타당함.

☐ 상속개시일 전 5년 이내에 배우자가 사망 전 증여받은 재산가액은 '배우자가 실제 상속받은 금액'에 포함하지 않음(조심 2019서1884, 2019.9.10., 국심 2001서1473, 2001.11.2.).

☐ 피상속인의 배우자(갑)에게 상속재산 분할협의된 금융재산에 대해 질권이 설정돼 있어 명의변경하여 분할하지 않고 다른 상속인이 관리하면서 (갑)의 상속세 등에 충당된 경우, (갑)이 상속받은 것으로

보아 배우자 상속공제함이 타당함(국심 2001서998, 2001.8.6.).

☐ 피상속인이 매매계약 후 사망하여 상속등기를 생략하고 매수인에게 등기 이전한 부동산은 배우자상속공제 대상에 해당하지 아니함(배우자 상속공제를 받기 위해서는 상속재산 분할협의에 따른 배우자 명의로의 등기가 필요함)(서울고법 2022누67403, 2023.5.18.).

☐ 채권적 약정에 대한 소송은 상속재산분할 청구의 소가 아님(대법원 2022두34555, 2022.5.26.).
최초의 신고·결정 또는 경정에서 과세표준 및 세액의 계산 근거가 된 거래 또는 행위 등이 그에 관한 소송에 대한 판결에 의하여 다른 것으로 확정되었을 때를 후발적 경정사유로 정하고 있어 배우자상속공제 추가로 받을 수 없음.

☐ 배우자 상속공제액 계산시 '배우자가 실제 상속받은 재산가액에 상당하는 금액'은 법정상속분이 아닌 실제 배우자 몫으로 분할받은 순재산을 의미함(구 상속세법)(대법원 2000두8042, 2001.2.9.).

☐ 상속개시 전 처분재산 중 상속추정재산이 곧바로 배우자 상속공제의 대상이 되는 것은 아님(대법원 2005두3592, 2005.11.10.).

2) 배우자 상속공제 한도액

배우자 상속공제 한도액은 ㉮와 ㉯ 중 적은 금액을 말한다.

> ㉮ 상속재산의 가액 ①* × 배우자의 법정 상속분 ②** - 상속재산에 가산한 증여재산가액 중 배우자에게 증여한 재산에 대한 증여세 과세표준
>
> ㉯ 30억원

* ① "상속재산의 가액"이란 상속세를 결정할 때에 최종 확정된 재산가액을 의미하는 것으로 상속세 과세표준신고기한 이내에 신고하지 아니한 상속재산 등을 포함하여 다음 산식에 의해 계산한다.

계산방법		참고사항
	총상속재산가액	상속재산가액(유증재산·사인증여재산 포함) + 의제상속재산가액 + 추정상속재산가액
(+)	상속개시일 전 10년 이내에 상속인에게 증여한 재산가액	증여재산가액 중 상속개시일 전 5년 이내에 상속인 외의 자에게 증여한 재산가액은 합산하지 아니함
(−)	상속인이 아닌 수유자가 유증 등을 받은 재산	상속인에게 유증 등을 한 재산의 가액은 차감하지 아니함
(−)	비과세되는 상속재산	상속증여세법 §12 규정에 의한 비과세상속재산
(−)	공과금·채무	과세가액 공제액 중 장례비용은 차감하지 아니함
(−)	공익법인 등 출연재산 및 공익신탁재산	상속증여세법 §16·§17 규정에 의한 상속세 과세가액 불산입한 출연재산 및 공익신탁재산
= 상속재산의 가액		

** ② "배우자의 법정상속분"이란 민법상 법정상속지분을 말하되, 공동상속인 중 상속을 포기한 사람이 있는 경우 상속포기전의 배우자 상속지분을 말한다.

　예) 배우자, 아들, 딸 중 딸이 상속을 포기한 경우 민법상 배우자 상속지분은 3/5 이지만 배우자 상속공제 한도액 계산시에는 딸이 상속포기하기 전의 법정지분인 3/7을 배우자 상속지분으로 함.

3) 배우자 상속공제 한도액 개정연혁

배우자 상속공제 한도액을 둔 것은 배우자가 실제 상속받은 재산가액을 제한없이 공제해 줄 경우에 그 혜택은 대재산가에게 집중되어 소득재분배의 상속세 기능에 역행하는 점 등을 감안한 조치라고 볼 수 있는 바, 배우자가 피상속인의 사망 전에 증여받은 재산가액이 30억원 이상인 경우에는 배우자의 법정상속분이 100억원이라도 배우자상속공제 한도액이 "0"이 되는 등의 문제가 있었다. 이를 보완하기 위하여 2001.1.1. 이후 상속개시분부터 배우자 법정상속분에서 배우자가 사망 전 증여받은 재산을 차감한 금액이 30억원을 초과하는 경우 30억원을 한도로 공제하도록 개정하였다.

이 경우에도 배우자 상속공제한도액을 배우자가 증여받아 상속세 과세가액에 가산한 재산가액 전부를 차감하여 계산하도록 함에 따라 증여 받을 당시 공제받았던 배우자 증여재산공제액에 대하여 배우자 상속공제가 허용되지 아니하는 결과가 발생하였다. 예를 들어 배우자가 5억원에 미달하는 재산을 증여받은 경우 증여 당시 납부할 증여세액은 없었는데 상속세 과세가액에 가산할 경우 배우자상속공제를 적용받을 수 없어 상속세를 납부해야 하는 불합리한 점이 발생하였고 이를 개선하기 위하여 한도액 계산시 배우자가 증여받은 재산에 대한 증여세 과세표준을 차감하도록 개정하여 2003.1.1. 이후 상속개시분부터 적용한다. 결과적으로 배우자가 증여받을 당시 공제받았던 배우자 증여재산공제액에 대해서는 배우자 상속공제를 받을 수 있다.

개정되기 전 상속증여세법 제19조 제1항의 경우 일부 문제점은 있었으나 헌법재판소에서 합헌결정을 한 바가 있고, 개정 법률은 개정 후 상속개시분부터 적용하도록 부칙에 규정하고 있어 소급적용하지 않는다.

▌배우자상속공제 한도액 계산방법 개정연혁 ▌

1997.1.1. ~ 2000.12.31.	2001.1.1. ~ 2002.12.31.	2003.1.1. 이후
[배우자 법정상속분(30억원 한도)] - 배우자가 사망 전 증여받아 상속세 과세가액에 가산한 증여재산가액	[배우자 법정상속분 - 배우자가 사망 전 증여받아 상속세 과세가액에 가산한 증여재산가액](30억원 한도)	[배우자 법정상속분 - 배우자가 사망 전 증여받아 상속세 과세가액에 가산한 증여재산에 대한 증여세 과세표준](30억원 한도)

 관련 예규·심판결정례 및 판례 등

❑ 유류분 보전판결에 의해 법정 상속인이 상속재산을 반환 받는 경우 상속인들이 최종 상속받은 재산에 따라 배우자 공제 등을 적용함(재삼 46014-2300, 1998.11.26.).

❑ 배우자의 법정상속분은 상속을 포기한 상속인이 있더라도 그 상속포기자를 포함시켜서 배우자의 지분을 계산함(재삼 46014-1612, 1998.8.24.).

❑ 1997년도에 상속개시된 경우, 상속세 과세가액에서 증여재산가액 등을 차감한 잔액상당액을 초과하는 배우자 상속공제 등은 적용배제됨(국심 2001전1518, 2001.11.19.).

❑ 2000년 이전 법률에 대해 합헌 결정함(헌재 2001헌바101, 2002.9.19.).
구 상속증여세법 제19조 차감규정에 의해 배우자로부터 증여를 받은 후 배우자가 5년 내에 사망하였는지에 따라 배우자 증여공제가 인정되는 사망 전 증여부분에 대한 상속세 과세 여부가 달라진다고 하더라도 이는 이 사건 제19조 차감규정의 입법목적을 위한 합리적인 차별의 결과라 할 것이므로 평등의 원칙이나 실질적 조세법률주의에 위반된다고 할 수 없다.

| 사례 | 상속재산 평가액의 변동에 따른 배우자 상속공제액 계산 |

구 분		상 속 재산가액	배우자 실제 상속금액	법 정 상 속 분	비 고
신고내용		35억원	16억원	15억원	* 배우자 상속공제액 : 15억원
결정 내용	사례 ①	42억원	16억원	18억원	배우자가 상속받기로 했으나 등기하 지 않고 신고누락한 부동산 7억원
	사례 ②	33억원	14억원	14.1억원	배우자 상속재산 중 2억원 과대평가

* 상속인은 배우자와 자녀 2명(자녀 1명은 상속포기함)
○ 배우자 법정상속지분은 자녀 1명이 상속포기하기 전의 지분인 3/7을 적용해야 함.
○ 사례 ①의 경우, 배우자 상속공제액 : 16억원
  − 배우자 상속공제한도액은 15억원 ⇨ 18억원으로 증가, 배우자가 상속받기로 분할했더라도 배
   우자 명의로 등기하지 않은 부동산은 실제 상속금액에는 포함하지 아니함.
○ 사례 ②의 경우, 배우자 상속공제액 : 14억원
  − 배우자 상속공제한도액은 15억원 ⇨ 14.1억원으로 감소, 과대평가된 재산 2억원을 배우자 실
   제 상속금액에서 차감

다. 배우자 상속재산분할기한 내에 분할하지 못한 경우

1) 부득이한 사유로 분할하지 못한 경우

부득이한 사유로 배우자 상속재산분할기한까지 상속재산을 분할할 수 없는 경우로서
배우자상속재산분할기한(2014.1.1. 상속재산을 분할하여 신고하는 분부터 부득이한 사유
가 소의 제기나 심판청구로 인한 경우에는 소송 또는 심판청구가 종료된 날) 다음 날로
부터 6개월이 되는 날(배우자의 상속재산분할기한의 다음 날부터 6개월을 경과하여 과세
표준과 세액의 결정이 있는 경우에는 그 결정일)까지 상속재산을 분할하고 그 내용을 신
고한 경우에는 배우자의 상속재산분할기한 이내에 분할한 것으로 본다. 이 경우 상속인
이 상속재산분할기한까지 미분할사유를 입증할 수 있는 서류를 첨부하여 신고한 경우에
한정하여 실제 상속받은 재산가액 상당액을 공제받을 수 있다.

부득이한 사유는 다음의 경우를 뜻하므로 공동상속인 사이에 단순히 상속재산의 분할
에 다툼이 있어 분할하지 못한 경우는 이에 해당되지 않는다.

① 상속인 등이 상속재산에 대하여 상속회복청구의 소를 제기하거나 상속재산 분할의
   심판을 제기한 경우
② 상속인이 확정되지 아니한 부득이한 사유 등으로 배우자 상속분을 분할하지 못하는
   사실을 관할 세무서장이 인정하는 경우

　즉, 친생자존재확인소송 또는 친생자부존재확인소송 등이 제기되어 상속인을 확정할 수 없는 경우 또는 피상속인의 유언내용에 대하여 상속인 간에 다툼이 있는 등으로 상속 재산의 분할이 지연되는 경우에 부득이한 사유가 있는 것에 해당하는 것으로서, 단순히 상속인들에 상속재산 분할협의가 지연되는 경우를 말하는 것은 아니다.

 관련 예규 · 심판결정례 및 판례 등

❏ 유류분청구소송으로 분할할 수 없는 경우로서 분할기한 후 6개월 이내에 상속재산을 분할하는 경우 배우자상속재산분할기한 이내에 분할한 것으로 보는 것임(재산세과 – 537, 2011.11.11.).

❏ 신고기한의 다음 날부터 6월이 되는 날까지 배우자의 상속재산을 신고한 경우에 한하여 적용하므로 요건을 충족하지 못한 경우에는 공제 안됨(대법원 2007두25312, 2008.3.27.).

　사건개요
　－2004.5.7. 甲 사망(상속인 : 배우자, 子1, 子2, 子3)
　－2004.6.14. 유증을 원인으로 子1에게 단독 등기
　－2005.5.30. 유류분반환청구 소송 중 재판상 화해, 배우자에게 10억원 반환
　－2005.11.29. 배우자 상속공제를 적용해 달라고 경정청구했으나, 거부함.

　판결요지
　－국세기본법상 후발적 경정청구사유에 해당하지 아니하며, 상속증여세법상 경정청구요건을 충족하고 있지 아니하므로 경정청구 허용하지 아니함.
　－법 제19조에 의하여 배우자의 실제 상속가액을 공제받기 위하여는 상속재산 신고기한 내에 배우자의 상속재산가액을 분할하여 신고하여야 하는 것이고, 다만 시행령 소정의 부득이한 사유로 당초의 신고기한 내에 배우자의 상속재산가액을 분할할 수 없는 경우에는 신고기한 을 연장할 수 있는 것이므로, 납세의무자 측에 상속재산 신고기한 내에 상속재산 중 배우자 의 상속재산가액을 분할하여 신고할 수 없었던 부득이한 사유가 있었다는 점이 인정되지 않 는 이상 상속재산 신고기한 경과 후에 배우자의 인적 공제액을 수정하여 추가공제를 요구할 수는 없는 것이다(대법원 2004.7.22. 선고, 2002두9322, 9339 판결 참조).

2) 부득이한 사유가 없이 분할하지 못한 경우

　배우자 상속재산분할기한 이내에 배우자가 상속받은 재산을 분할하여 등기 등을 하지 못한 경우에는 배우자 최소공제액인 5억원만을 공제한다.

　1997.1.1.부터 1999.12.31.까지의 기간 중에 배우자가 실제 상속받은 재산가액을 상속세 신고기한 이내에 신고하지 아니한 경우에는 배우자 법정상속분 상당액의 50%(그 금액이 15 억원을 초과하는 경우에는 15억원으로 한다)를 배우자상속공제액으로 하였으나, 1999.12월

세법 개정시에 폐지하여 2000.1.1. 이후 상속개시분부터는 상속재산 미분할시에는 배우자상속공제 최소금액인 5억원만을 공제하도록 하고 있다. 즉, 배우자 법정상속분의 50% 상당액을 공제받으로써 상속세는 일부 추가 납부하더라도 모든 상속재산을 자녀에게 상속함으로써 더 많은 증여세 경감효과를 얻는 사례를 방지하기 위한 조치로 볼 수 있다.

> **1999.12.31. 이전 미분할 및 무신고자의 배우자 상속공제금액 계산방법**
> 배우자 상속공제액 = {[(총상속재산가액 + 상속개시 전에 상속인에게 증여하여 상속세 과세가액에 가산한 재산가액) − (채무·공과금·금양임야 및 묘토의 가액 + 상속인외의 자에게 유증한 재산가액)] × 배우자의 법정상속지분비율 × 50%}(15억원을 한도로 함) − 배우자가 증여받아 상속세 과세가액에 가산한 사망 전 증여재산가액

라. 실제 상속받은 재산 또는 공제한도액이 5억원 미만인 경우

배우자가 실제 상속받은 재산이 없거나 상속받은 재산가액 또는 배우자 상속공제한도액이 5억원 미만인 경우에는 5억원을 공제한다. 배우자 상속을 포기한 경우에도 배우자상속공제를 받을 수 있으며, 이때의 공제금액은 5억원이 된다.

즉, 배우자상속공제액은 어떤 경우라도 최소 5억원은 인정하고 있는 것이다.

이는 법정상속분 공제방식으로 전환하면서 개정 전의 결혼연수에 의한 공제방식보다 공제액이 줄어드는 계층을 보호하기 위하여 최소공제액을 5억원으로 설정한 것이다.

 관련 예규·심판결정례 및 판례 등

❑ 배우자 상속공제액을 계산하여 5억원 미만인 경우 상속세 신고 여부에 관계없이 5억원을 공제함(재재산 46014 − 64, 1999.2.26.).

마. 부부가 같은 날 사망한 경우 상속세 과세방법

부부가 동일한 위난으로 같은 날에 사망한 경우에도 누가 먼저 사망하였느냐 또는 동시에 사망한 것으로 추정하느냐에 따라 부부의 상속재산을 물려받을 상속인이 달라질 수 있으며, 상속세 과세방법 및 그에 따른 상속세액에도 차이가 생길 수 있다. 민법상 상속인은 피상속인이 사망할 당시 생존하는 사람의 순서에 따라 정하여지므로 동일자에 부부

가 사망한 경우라도 한쪽 배우자가 조금이라도 늦게 사망하였다면 그는 배우자로서 1순위 상속권을 가지게 될 것이고 그가 상속받을 수 있는 권리는 뒤에 사망한 배우자의 상속인이 다시 상속받게 될 것이다. 그러나, 민법상 동시에 사망한 것으로 추정하는 경우에는 서로 간에는 상속권이 발생하지 아니하므로 부부(夫婦) 각자의 상속인들이 부부 각자의 상속재산을 상속받는 것으로 상속재산의 분할이 이루어질 것이다.

상속세의 경우에도 같은 가액의 재산을 자녀들이 상속받는 경우에도 부부가 시차를 두고 사망하였느냐, 동시에 사망하였느냐에 따라 세액계산이 달라져서 자녀들의 전체적인 상속세 부담액에 차이가 생길 수 있다.

1) 같은 날 시차를 두고 사망한 경우

먼저 사망한 자의 상속세를 계산하는 경우 배우자가 살아 있었으므로 배우자 상속공제를 적용받을 수 있다. 이 때 뒤에 사망한 배우자 명의로 등기·등록·명의개서 등을 하지 않고 부부(夫婦)의 상속재산 전부를 자녀에게 상속등기 등을 하는 것이 일반적이므로 뒤에 사망한 배우자가 상속받은 재산이 없는 것으로 보고 최소 공제액 5억원을 적용할 수도 있을 것이다. 그러나, 상속을 포기한 바가 없고 그가 상속받을 권리가 다시 상속되는 점과 분할하여 등기 등을 할 수 없는 점 등을 감안하여 먼저 사망한 배우자 상속재산가액 중 뒤에 사망한 배우자는 그의 법정상속지분을 상속받은 것으로 보아 배우자 상속공제를 적용하여 상속세를 과세하도록 하고 있다.

뒤에 사망한 배우자는 먼저 사망한 배우자의 상속재산가액 중 법정상속분을 상속받은 것으로 보아 배우자 상속공제를 적용하므로 해당 배우자 법정상속분은 뒤에 사망한 배우자의 상속재산에 포함시키고 배우자 상속공제는 없이 상속세액을 계산한다. 뒤에 사망한 배우자의 상속세를 계산할 때 먼저 사망한 배우자의 상속세액 중 그가 납부할 상속세 상당액을 공과금으로 공제하며, 단기재상속에 따른 세액공제를 적용한다.

2) 동시에 사망한 경우

동시 사망으로 추정하는 경우 서로에게 상속권이 발생하지 아니하므로 각자의 상속재산가액에서 배우자상속공제를 적용하지 않고 상속세를 계산한다(재삼 46014 - 1069, 1999.6.4.).

관련 예규ㆍ심판결정례 및 판례 등

☐ 부부가 동일자 시차를 두고 사망한 경우 공제방법(서면4팀 – 3255. 2006.9.25.)

배우자가 동일자에 시차를 두고 사망함으로써 부득이하게 배우자가 상속받은 재산을 확정하여 등기ㆍ등록를 못했다하더라도 먼저 사망한 자에 대한 상속인으로서 배우자의 법정상속지분에 대하여 배우자상속공제를 받을 수 있는 것임.

☐ 청구인이 모든 상속재산을 상속받았으므로 단기 재산상속에 따른 상속재산가액 재계산은 부당하다고 주장하나 협의분할 또는 상속포기를 한 사실이 없으므로 부모가 시차를 두고 사망한 사실에 대해 단기 재상속으로 보아 상속재산가액과 배우자공제를 재계산함은 정당함(조심 2008서2766, 2008.11.27.).

사실관계 및 신고내용

– 父 조○○가 2007.1.2. 사망하고, 母 김○○이 2007.1.25. 사망함.
– 父의 모든 재산을 子가 상속받은 것으로 하고 상속세 신고시 배우자상속공제 5억원 적용
– 母의 고유 상속재산에 대해서만 상속세 신고함.

과세내용

– 父의 상속재산가액 중 배우자 법정지분 6억 8,692만원을 배우자상속공제
– 母의 상속재산에 6억 6,692만원 추가하고, 단기재상속에 따른 세액공제 적용

4. 배우자 상속공제 개정연혁

1995.12.31. 이전은 결혼연수에 의한 (결혼연수 × 12백만원 + 1억원)을 공제금액으로 하여 배우자가 실제 상속받은 재산 또는 법정상속지분에 관계없이 일률적으로 결정되었다.

1996년도에는 위와 같은 결혼연수에 의한 공제액과 배우자가 실제 상속받은 재산가액(법정상속지분 내에서 10억원을 한도로 함) 중에서 납세자가 선택하여 공제받도록 하였다.

1997.1.1.부터 결혼연수에 의한 공제방식을 폐지하고 배우자가 실제 상속받은 재산가액을 법정상속지분(30억원을 한도로 함) 내에서 공제하는 것으로 개정하여 현재에 이르고 있는 바, 결혼연수에 의한 공제방식이 배우자의 기여도에 따른 형평을 반영할 수 있는 점은 있으나 생존배우자의 생활보호측면에서는 결혼기간이 짧은 젊은 부부의 경우 자녀 양육비나 교육비 등이 오히려 많이 소요됨에도 불구하고 배우자공제액은 더 낮은 문제점이 있어 이를 보완하기 위해 개선한 것으로 볼 수 있다. 또한, 법정상속분 공제방식으로 전환하는 경우 종전 결혼연수에 의한 공제방식보다 공제액이 줄어드는 계층을 보호하기 위하여 최소공제액을 5억원으로 설정하였다.

배우자 상속공제제도 개정연혁 요약

상속개시일	배우자 상속공제금액
1994.1.1.~ 1995.12.31.	1억원 + 결혼연수 × 1,200만원 * 결혼연수 계산시 1년 미만의 단수가 있는 경우 1년으로 봄
1996.1.1.~ 1996.12.31.	○ 배우자 상속재산 분할 신고한 경우 ①, ② 중 큰 금액 　① 1억원 + 결혼연수 × 1,200만원 　② 다음 중 적은 금액 　　㉮ 배우자가 실제 상속받은 금액(상속재산가액 - 채무 등) 　　㉯ 배우자의 법정상속분 - 배우자가 증여받아 상속재산에 가산한 금액 　　㉰ 10억원 ○ 배우자 상속받은 재산을 신고하지 아니한 경우 　1억원 + 결혼연수 × 1,200만원
1997.1.1.~ 1999.12.31.	① 배우자 상속재산 분할하여 신고한 경우 다음 중 적은 금액 　㉮ 배우자가 실제 상속받은 금액(상속재산가액 - 채무 등) 　㉯ 배우자의 법정상속분(30억원 한도) - 배우자가 증여받아 상속재산에 가산한 금액 ② 배우자 상속재산 분할하지 않거나 신고하지 아니한 경우 　상속재산 중 배우자 법정상속분(15억원 한도) - 배우자가 증여받아 상속재산에 가산한 금액 ③ ①과 ②의 금액이 5억원에 미달하는 경우 5억원(최소 공제액)
2000.1.1.~ 2000.12.31.	① 배우자 상속재산 분할하여 신고한 경우 다음 중 적은 금액 　㉮ 배우자가 실제 상속받은 금액(상속재산가액 - 채무 등) 　㉯ 상속재산 중 배우자 법정상속분(30억원 한도) - 배우자가 증여받아 상속재산에 가산한 금액 ② 배우자 상속재산 분할하지 않거나 신고하지 아니한 경우 및 ①금액이 5억원에 미달하는 경우 5억원(최소 공제액)
2001.1.1.~ 2002.12.31.	① 배우자 상속재산 분할하여 신고한 경우 다음 중 적은 금액 　㉮ 배우자가 실제 상속받은 금액(상속재산가액 - 채무 등) 　㉯ 배우자의 법정상속분 - 배우자가 증여받아 상속재산에 가산한 금액 　㉰ 30억원 ② 배우자 상속재산 분할하지 않거나 신고하지 아니한 경우 및 ①금액이 5억원에 미달하는 경우 5억원(최소 공제액)
2003.1.1.~ 2009.12.31.	① 배우자 상속재산 분할[*]하여 신고한 경우 다음 중 적은 금액 　㉮ 배우자가 실제 상속받은 금액(상속재산가액 - 채무 등) 　㉯ 상속재산 중 배우자 법정상속분 - 배우자가 증여받아 상속재산에 가산한 금액에 대한 증여세 과세표준 　㉰ 30억원

상속개시일	배우자 상속공제금액
	② 배우자 상속재산 분할하지 않거나 신고하지 아니한 경우 및 ①금액이 5억원에 미달하는 경우 5억원(최소 공제액) * 분할이란 배우자상속재산분할기한까지 배우자 명의로 등기 등을 마치고 그 내용을 세무서장에게 신고한 것을 의미함
2010.1.1.~	위와 동일하나, 배우자상속재산분할기한까지 배우자 명의로 등기 등을 마친 경우 그 내용을 세무서장에게 신고하지 아니한 경우에도 실제 상속받은 재산 공제가능

사례 1 **2003.1.1. 전후 배우자 공제한도액 비교**

❑ 기본사항

  ① 피상속인 : 甲(상속개시일 : 2009.1.20., 거주자)

  ② 상속인 : 배우자(乙), 子1(丙), 子2(상속포기), 부친(丁)

  ③ 상속재산

    ㉮ 토지 : 1,540,000천원   ㉯ 예금 : 700,000천원

    ㉰ 현금 : 300,000천원   ㉱ 토지에 금양임야와 묘토가액 : 80,000천원이 포함

    ㉲ 상속개시 전 1년 이내 처분재산 : 건물 300,000천원(용도불명)

  ④ 공과금 : 20,000천원, A은행채무 : 80,000천원, 장례비 : 10,000천원

  ⑤ 상속개시 전 증여재산가액

    - 2000.7.30. 배우자 : 600,000천원

    - 2006.8.10. 상속인 외의 자(조카) : 100,000천원

  ⑥ 배우자(乙)가 실제 상속받은 재산 : 1,900,000천원

  ⑦ 신고기한 내에 배우자가 상속받은 재산을 분할하여 신고하였음.

풀이

  ① 상속재산의 가액 : 3,200,000천원

    ㉮ 총상속재산 : 1,540,000천원(토지) + 700,000천원(예금) + 300,000천원(현금)

                + (300,000천원 − 60,000천원 : 추정상속재산) = 2,780,000천원

    ㉯ (+)상속인(배우자)에게 증여한 재산의 가액 : 600,000천원

      ※ 상속인 외의 자에게 증여한 금액은 미합산

    (−) 비과세재산(금양임야, 묘토) : 80,000천원

    (−) 공과금, 채무 : 80,000천원+20,000천원=100,000천원(장례비 제외)

    = 3,200,000천원(2,780,000천원 + 600,000천원 − 80,000천원−100,000천원)

  ② 공제 한도액 = 3,200,000천원 × 1.5/3.5 − 100,000천원(배우자 증여세 과세표준)

             = 1,271,428,570원(≤30억원)

  ③ 배우자공제액 : 1,271,428,570원(1,900,000천원과 1,271,428,570원 중 적은 금액)

❑ 2002.12.31.이전 배우자공제액
- 한도액 : 32억원 × 1.5/3.5 - 600,000천원(배우자 증여재산가액) = 771,428,570원(≤30억원)
- 배우자공제액 : 771,428,570원(1,900,000천원과 771,428,570원 중 적은 금액)

<u>사례 2</u>　**신고 당시와 결정 당시 평가액에 차이 있는 경우 배우자상속공제액 계산**

❑ 상속재산 분할신고내용 및 결정당시 평가액
○ 상속개시일 : 2009.7.1.
○ 상속인 : 배우자, 子1, 子2, 子3

상속재산	신고 당시 평가액	결정 당시 평가액	평가차액 및 발생원인	채 무 인수액	상속·유증 받은 자
A부동산	5억원	7억원	2억원, 시가적용 착오		배 우 자 상 속
B부동산	7억원	6억원	△1억원, 시가적용 착오	3억원	
C부동산	6억원	8억원	2억원, 면적과소신고		
D부동산	10억원	10억원	–	1억원	子1 상속
E주 식	6억원	6억원			子2 상속
F주 식	5억원	6억원	1억원, 평가방법 차이	1억원	子3 상속
G예 금	3억원	3억원	–		손자 유증
합 계	42억원	46억원	+4억원	5억원	

* A, B, C부동산은 배우자 명의로 상속등기를 하고 그 내용을 상속세 신고서에 기재하여 제출함.

❑ 상속세 조사과정에서 추가 확인된 내용
① 처분재산 중 사용처가 불분명하여 상속세 과세가액에 가산할 금액이 3억원임.
② 배우자가 2003.10.10. 피상속인으로부터 증여받은 재산가액 5억원이 있음.
③ 子1이 2001.2.8. 피상속인으로부터 증여받은 재산가액 2억원이 있음.

풀이

○ 배우자가 실제 상속받은 재산가액(㉠)을 법정상속분에서 사망 전 증여재산가액 상당을 차감한 공제한도액(30억원을 한도로 함, ㉡)의 범위 내에서 배우자상속공제액을 적용하므로 다음과 계산
○ ㉠배우자가 실제 상속받은 재산가액은 배우자 명의로 등기 등을 하고 그 내용을 상속개시 일부터 1년 내에 신고한 재산가액에서 채무, 공과금 등을 차감한 순재산가액에 의함.
　　　　　　　　　　　　　　　　　　　　　　　　　　　　　　　　　　　　　　 16억원(㉠)
- 배우자가 상속받은 재산의 가액은 납세자가 신고한 가액이 아니라 세무서장이 상속세 결정한 가액에 의하고, 상속재산의 면적을 과소하게 신고한 경우에는 상속세 신고 당시 면적에 따른 재산가액에 의하므로

- 배우자가 실제 상속받은 재산가액은 18억원이나 공제가능한 금액은 16억원(A부동산 7억원 + B부동산 6억원 + C부동산 6억원 - 채무액 3억원)임.

○ ㉡ 배우자상속공제 한도액은 다음 산식에 의하여 계산한 금액(30억원을 초과하는 경우에는 30억원으로 함) ··· 14억원(㉡)

- {[(총상속재산가액 + 상속개시 전에 상속인에게 증여한 재산가액) - (채무·공과금·금양임야 및 묘토의 가액 + 상속인외의 자에게 유증한 재산가액)] × 배우자의 법정상속지분비율(공동상속인 중 상속을 포기한 자가 있는 경우에도 상속을 포기하지 않은 경우의 배우자 법정상속분임)} - 배우자가 증여받은 재산에 대한 증여세 과세표준 = {[46억원 + 3억원(사용처 불분명) + 7억원(배우자, 子1의 증여재산) - 5억원(채무) - 3억원(손자에게 유증)] × 3/9(배우자 법정지분)} - 2억원(배우자가 증여받은 재산의 증여세 과세표준) = 14억원

○ 위의 산식에 의한 배우자 상속공제한도액은 상속세 신고기한 내에 신고한 재산인지 또는 상속추정된 재산인지에 관계없이 세무서장이 상속세를 결정할 때의 총상속재산가액을 기준으로 계산하므로

- 처분재산 중 사용처가 불분명하여 상속추정한 금액 및 배우자와 子1이 증여받아 상속세 과세가액에 가산하는 금액을 모두 포함하여 한도액을 계산함.

사례 3　평가액에 차이 발생 및 신고누락 재산이 있는 경우 배우자 상속공제액 계산

❑ 상속재산 분할 신고내용 및 결정당시 평가액

○ 상속개시일 : 2011.4.1.
○ 상속인 : 배우자, 子1, 子2, 子3(상속포기함)

상속재산	신고 당시 평가액	결정 당시 평가액	평가차액 및 발생원인	채무 인수액	상속·유증 받은 자
A부동산	6억원	9억원	3억원, 시가적용 착오		배우자 상속
B부동산	8억원	7억원	△1억원, 시가적용 착오	4억원	
C주식	7억원	9억원	2억원, 주식수 과소신고		
D부동산	10억원	11억원	1억원, 시가적용 착오	2억원	子1 상속
E주식	9억원	8억원	△1억원, 평가방법 착오		子2 상속
F주식	6억원	7억원	1억원, 평가방법 차이	1억원	공익법인 유증
G예금	4억원	4억원	-		며느리 유증
합계	50억원	55억원	+5억원	7억원	

❑ 상속세 조사과정에서 추가 확인된 내용

① 신고누락한 H도로(평가액 2억원)를 배우자 명의로 2011.12.20. 상속등기를 하였음.
② 2012.1.30. 배우자 명의로 바꾼 I예금계좌(3억원)는 피상속인의 차명계좌로 확인되었다.

③ 子1이 상속받는 부동산에는 비과세 대상인 금양임야가 3억원 포함됨.
④ 상속개시 전 처분재산 중 상속세 과세가액에 가산할 금액이 5억원임.
⑤ 배우자가 2002.4.4. 피상속인으로부터 증여받은 재산가액 5억원이 있음.
⑥ 子3이 2002.3.8. 피상속인으로부터 증여받은 재산가액 3억원이 있음.
⑦ 며느리가 2007.4.2. 피상속인으로부터 1억원을 증여받았음.
⑧ 피상속인이 2007.3.10. 공익법인에 현금 3억원을 출연하여 당해 공익법인이 증여세 과세가액에 불입한 사실이 있음.

풀이

○ 배우자가 실제 상속받은 재산가액(㉠)을 법정상속분 상당액에서 사망 전 증여재산가액 상당을 차감한 공제한도액(30억원을 한도로 함, ㉡)의 범위 내에서 배우자상속공제액을 적용하므로 다음과 계산

○ ㉠배우자가 실제 상속받은 재산가액은 배우자상속재산 분할기한 이내에 배우자 명의로 등기 등을 한 재산가액에서 채무, 공과금 등을 차감한 순재산가액에 의함. ················ 26억원(㉠)
  - 26억원(A부동산 9억원 + B부동산 7억원 + C주식 9억원 + H도로 2억원 + I예금 3억원 - 채무액 4억원)임.

○ ㉡배우자상속공제 한도액은 다음 산식에 의하여 계산한 금액(30억원을 초과하는 경우에는 30억원으로 함) ·············· 18억원(㉠)
  - {[(총상속재산가액㉮ + 상속개시 전에 상속인에게 증여한 재산가액㉯) - (채무·공과금·금양임야 및 묘토의 가액㉰ + 상속인외의 자에게 유증한 재산가액㉱)] × 배우자의 법정상속지분비율(㉲)} - 배우자가 증여받은 재산에 대한 증여세 과세표준(㉳)
  - ㉮ 총상속재산가액 = 신고한 재산가액 55억원 + 도로 및 예금 5억원 + 상속추정 재산 5억원 = 65억원
    * 총상속재산가액은 상속세 신고기한 내에 신고한 재산인지 또는 상속추정된 재산인지에 관계없이 세무서장이 상속세를 결정할 때의 금액을 기준으로 하여 계산함.
  - ㉯ 상속인에게 증여한 재산가액 = 배우자 5억원 + 子3의 3억원 = 8억원
    * 상속포기한 상속인도 상속증여세법상은 상속인에 해당되므로 그가 상속개시 전 10년내에 증여받는 재산은 합산과세대상에 해당됨.
  - ㉰ = 채무액 7억원 + 금양임야 2억원(비과세 한도액) = 9억원
  - ㉱ 상속인외의 자에게 유증한 재산 = 공익법인과 며느리에게 유증 10억원
  - ㉲ 배우자 법정상속분 = 3/9 : 공동상속인 중 상속을 포기한 자가 있는 경우에도 상속을 포기하지 않은 경우의 배우자 법정상속분임.
  - ㉳ 배우자가 증여받은 재산에 대한 증여세 과세표준 = 0
    * 증여재산은 5억원이나, 2002년 배우자 증여재산공제이 5억원이었음.
  - 배우자공제 한도액 = {[65억원 + 8억원(배우자, 子3의 증여재산) - 9억원(채무, 비과세) - 10억원(공익법인, 며느리에 유증)] × 3/9(배우자 법정지분)} - 0 = 18억원

○ 따라서, 배우자가 실제 상속받은 재산가액은 26억원이나 배우자 상속공제 한도액이 18억원이므로 배우자상속공제액은 18억원임.

| 사례 4 | 부부가 같은 날에 시차를 두거나 동시에 사망한 경우 상속세액 비교 |

❑ 상속개시 전 가족 현황 및 소유 재산가액
  ○ 가족 현황 : 甲(남편), 乙(부인), 子1, 子2
  ○ 소유 재산가액(채무 등 차감후 순재산가액) : 甲 35억원, 乙 7억원
❑ 甲과 乙의 사망시기에 따른 부담세액 비교

구 분		동시 사망	甲 먼저 사망	乙 먼저 사망
甲의 상속세	상속재산	3,500,000,000	3,500,000,000	35억원 + 3억원
	상속공제액 등	500,000,000	2,000,000,000[1]	500,000,000
	과세표준	3,000,000,000	1,500,000,000	3,300,000,000
	산출세액	1,040,000,000	440,000,000	1,190,000,000
	단기상속공제			
	납부할 세액	1,040,000,000	440,000,000	1,190,000,000
乙의 상속세	상속재산	700,000,000	7억원 + 15억원[1]	1,000,000,000[4]
	상속공제액 등	500,000,000	5억원 + 188,571,000[2]	1,000,000,000[4]
	과세표준	200,000,000	1,511,429,000	–
	산출세액	30,000,000	444,571,600	
	단기상속공제	–	164,865,360[3]	
	납부할 세액	30,000,000	279,706,240	–
부담할 상속세 합계		1,070,000,000	719,706,240	1,190,000,000

* 상속공제액은 일괄공제 5억원과 배우자상속공제가 있는 것으로 가정함.
1) 甲의 상속재산 중 乙의 법정상속분 15억원을 乙이 상속받은 것으로 보아 배우자 상속공제를
   적용하고, 乙의 상속재산에 포함시켜 과세함.
2) 甲의 상속세액 중 乙이 납부할 세액 188,571,000원(440,000,000×15억/35억)을 공과금으로 공
   제하고(子1·2가 승계하여 납부)
3) 단기재상속세액 164,865,360[440,000,000원×(15억−188,571,000원)/35억)]
4) 乙의 상속재산 중 甲의 법정상속분 3억원을 甲의 상속재산에 가산하고 배우자상속공제를 적
   용함(최소 공제액 5억원 적용).

풀이

○ 피상속인이 사망한 때에 상속이 개시되며, 사망한 때는 연, 월, 일, 시, 분으로 표시되는바
  교통사고 등으로 비슷한 시점에 사망한 경우에도 의사가 발급하는 사망진단서에 표시된 사
  망시간에 따라 상속개시의 순서가 정해지며 먼저 사망한 자의 상속개시 시점에서 생존한
  자는 상속인으로 취급하여 상속분 및 상속공제 등을 적용하고, 동시 사망의 경우에는 각자
  에게 상속권이 발생하지 아니함.
○ (사례 ①)의 경우 동시에 사망하였으므로 甲과 乙 각각의 상속재산에 대하여 子1과 子2를
  상속인으로 하여 기초, 자녀공제 또는 일괄공제 등을 적용하여 상속세를 계산하며 이때 배

우자상속공제는 적용하지 않음.

○ (사례 ②)의 경우 甲이 사망한 시점에서 乙은 생존해 있었으므로 배우자로서 상속인에 해당하므로 배우자상속공제를 적용받을 수 있고 상속세 납세의무도 있으나 상속재산을 분할하지 않았기 때문에 배우자가 상속받은 재산을 얼마로 하여 배우자상속공제액을 계산하고 및 乙이 납부할 상속세액을 배분할 것인가를 결정해야 할 것임.

  - 상속재산의 분할을 할 수 없는 상황에서 재차 상속이 개시되었으므로 乙의 경우 법정상속분을 상속받은 것으로 보아 15억원을 배우자상속공제액으로 하고 乙이 납부할 상속세액을 계산하며

  - 乙의 상속세 계산시 상속재산은 본인 고유재산 7억원에 甲으로부터 상속받은 것으로 본 15억원을 합산하여 배우자상속공제를 제외한 일괄공제 등을 적용하여 상속세액을 계산

    • 乙이 납부할 甲의 상속세액은 공과금으로 공제가 가능할 것이며 甲의 상속재산 15억원에서 상속세액을 차감한 금액을 단기재상속재산으로 보아 단기재상속에 따른 세액공제도 가능할 것임.

○ (사례 ③)의 경우에는 (사례 ②)와 甲·乙의 사망시점만 바뀌었으므로 (사례 ②)에 준하여 과세하면 될 것임.

○ 동일한 가액의 재산을 가진 부부의 사망의 경우에도 동시 사망이냐, 甲과 乙의 사망시기가 누구 빠르냐에 따라 부담세액이 달라지는 경우가 발생할 수 있는 바 사망 시간을 정확히 확인하여 상속세를 계산해야 할 것임.

사례 5　증여받은 후 배우자가 된 상태에서 증여자가 사망한 경우 배우자상속공제 방법등

❑ **사실관계**

① 2015.1.11. 甲이 사실혼 관계에 있는 乙에게 7억원 증여(증여재산공제없이 증여세 납부)
② 2020.1.11. 甲과 乙 혼인 신고함.
③ 2021.7.11. 甲 사망함.

(쟁점1) 甲의 사망전 증여재산으로 상속세 과세가액에 가산여부(상속증여세법 제13조)
　　　　 - 사망전 상속인에게 10년 이내, 상속인 외의 자는 5년 이내에 증여한 재산을 합산
(쟁점2) 합산과세할 경우 배우자상속공제 한도액 계산시 사전증여재산가액에 대한 증여세 과세표준을 빼는데 그 금액은?
　　　　 - 2015년 증여받을 때 증여세 과세표준(7억원)인지

풀이

○ (쟁점1)의 경우 피상속인이 사망하기 전에 증여한 재산의 합산대상여부는 상속개시일을 기준으로 판단하므로 甲의 사망시 乙은 배우자로서 상속인에 해당하여 10년 이내에 증여한 재산은 합산과세해야 할 것이며,

○ (쟁점2)의 경우에는 배우자상속공제 한도액 계산시 사전증여재산에 대한 증여세 과세표준을 차감하도록 한 규정을 문언대로 해석하면 7억원을 차감해야 하고, 증여재산가액을 차감하던 것을 2003.1.1. 이후 상속개시분부터 증여세 과세표준을 차감하도록 하여 이중과세되

제 5 절 : 그 밖의 인적공제

1. 개 요

상속공제 중 자녀 등에 대한 인적공제는 피상속인이 부양하고 있던 가족 등이 피상속인의 사망 후에도 필요로 하는 생활비 · 교육비 등에 대하여 상속세를 과세하지 아니함으로써 상속인들의 기초생활기반을 확보해 주려는 취지로 볼 수 있다.

이와 같은 취지에 따라 거주자의 사망으로 인하여 상속이 개시된 경우 배우자 외의 가족구성원에 따른 공제금액을 두고 있는 바, 자녀 · 미성년자 · 장애인 및 연로자로 구분하여 그 밖의 인적공제를 적용하고 있다.

그 밖의 인적공제를 받을 수 있는 자는 상속인 및 동거가족이다. 이 경우 동거가족이란 피상속인의 재산으로 생계를 유지하는 등 피상속인이 사실상 부양하고 있는 직계존비속(배우자의 직계존속을 포함함)과 형제자매를 말하며, 그 밖의 인적공제 적용대상에 해당하는 상속인이 상속을 포기하는 등으로 상속재산을 받지 아니하는 경우에도 적용한다(상속증여세법 기본통칙 20－18…1).

또한, 그 밖의 인적공제는 상속인의 공제신청이 없더라도 확인되는 내용에 따라 공제가능하다. 태아의 경우 2023.1.1. 이후 상속개시분부터 자녀공제 및 미성년자 공제대상임을 명확히 규정하였다. 이 경우 임신 사실을 확인할 수 있는 서류를 제출하여야 하며, 해당 서류에 의하여 태아의 존재 여부가 확인되는 경우에 한하여 자녀공제, 미성년자 공제를 적용한다.

구 분	공제요건	2016.1.1. 이후 공제액
자 녀	나이, 동거 여부 관계없음. 인원제한 없음	1인당 5천만원
미성년자	상속인 및 동거가족 중 19세 미만인 자	1천만원 × 19세까지 연수
연 로 자	배우자를 제외한 상속인 및 동거가족 중 65세 이상인 자	1인당 5천만원
장 애 인	상속인 및 동거가족 중 장애인	1천만원 × 기대여명의 연수[*]

* 2011.1.1. 이후 상속개시분부터 통계청장이 고시하는 통계표에 따른 성별·연령별 기대여명(期待餘命)의 연수(소수점 이하는 버림)를 적용하고 2010.12.31. 이전 상속분은 75세에 달하기까지의 연수를 적용함.

2. 자녀공제

1997.1.1. 이후 자녀수에 관계없이 공제하고, 2016.1.1. 이후 상속개시분부터 자녀 1인당 5천만원을 공제하며 연도별 공제액은 다음과 같다.

구 분	2016.1.1. 이후	1997.1.1.~2015.12.31.	1996.12.31. 이전
자녀 1인당 공제액	5천만원	3천만원	2천만원
자녀수 제한	제한 없음	제한 없음	2인까지만 공제

자녀공제는 나이·동거 여부·혼인 여부·동일 가족부등록 여부·외국국적 취득 여부 등에 관계없이 피상속인의 자녀로서 상속개시일 현재 생존해 있으면 적용받을 수 있다.

① 자연의 혈연관계에 있는 친생자는 혼인중의 출생자(친생자)뿐만 아니라 혼인 외의 출생자도 자녀공제를 적용한다.

② 양자의 경우 자녀공제가 되지만, 1991.1.1. 이후 계모자관계 및 적모서자관계는 민법상 직계존비속 사이가 아니므로 계모 또는 적모의 사망시 자녀공제를 받을 수 없다(재삼 46014-100, 1995.1.13.). **1990년** 이전 민법에서는 계모자관계 또는 적모서자관계를 법정혈족으로 규정하고 있어 공제대상에 해당되었다.

③ 가봉자(재혼으로 처가 데려온 아이를 부의 동의를 얻어 그 家에 입적한 자를 말함, 민법 제784조)는 가족의 범위에 포함되나, 부와 친생자관계가 아니므로 부의 사망시에는 자녀공제를 받을 수 없고(입양의 경우는 자녀공제가 가능), 생모가 사망한 경우에는 친생자로서 자녀공제의 대상이 된다.

④ 태아는 민법상 재산상속권이 인정되나, 자녀공제 및 미성년자공제 적용대상이 아니라고 유권해석(상속증여세법 집행기준 20-18-2, 재삼 01254-2470, 1992.9.20.)했으나, 조세심판원 공제대상이라고 결정(조심 2020부8164, 2022.1.26.)하였다. 손자가 대습상속인

인 경우 자녀공제는 받을 수 없고 미성년자공제는 적용받을 수 있다.

2023.1.1. 이후 상속개시분부터 자녀공제를 받을 수 있다.

 관련 예규·심판결정례 및 판례 등

☐ 상속개시 후 친생자로 확인된 경우 자녀공제됨(심사상속 98-71, 1998.5.22.).

☐ 모 사망후 자녀 사망한 경우 공제가능함(심사서울 96-1749, 1997.1.10.).
호적등본상 동시 사망으로 되어 있으나, 교통사고 정황, 관련인 진술로 보아 부가 먼저 사망하고 시차를 두어 모, 자녀가 사망한 것이므로 배우자 및 자녀공제하는 것이 타당함.

☐ 피상속인의 가족이 상속개시일 현재 해외에 거주하고 있고, 피상속인이 출국전에 국내재산을 모두 정리한 점 등으로 볼 때 피상속인을 거주자로 볼 수 없음(국심 2007서3190, 2008.5.1.).

☐ 상속인 전원이 상속개시일 훨씬 이전부터 미국에서 거주·생활하고 피상속인도 해외이주 신고 후 출국해 사망한 경우 인적공제 적용 안됨(국심 2001서2091, 2002.1.15.).

3. 미성년자공제

상속인(배우자를 제외함) 및 동거가족 중에 미성년자가 있는 경우에는 그 수에 관계없이 1천만원에 19세가 될 때까지의 연수를 곱하여 계산한 금액을 미성년자공제액으로 한다. 연도별 공제액은 다음과 같다.

구 분	2016.1.1. 이후	1997.1.1.~2015.12.31.	1996.12.31. 이전
미성년자 1인당 공제액	1천만원×19세까지의 연수	5백만원×20세까지의 연수	3백만원×20세까지의 연수
공제대상 인원 제한	제한 없음	제한 없음	2인까지만 공제

가. 미성년자의 의미 및 잔여연수 계산방법

미성년자[27]는 민법 제4조에 따라 만 19세(2013.6.30. 이전 20세)에 해당하지 아니하는 자를 의미하며, 19세가 될 때까지의 연수계산에 있어서 1년 미만의 기간은 1년으로 한다.

---

27) 2013.7.1.부터 성년자의 나이는 만 19세에 이르면 된다(민법 제4조).

나. 동거가족의 의미

"동거가족"이란 상속개시일 현재 피상속인이 사실상 부양하고 있는 직계존비속(배우자의 직계존속을 포함함) 및 형제자매를 말하며, 이때 "피상속인이 사실상 부양하고 있는 직계존비속 및 형제자매"란 피상속인의 재산으로 생계를 유지하는 직계존비속 및 형제자매를 말한다(상속증여세법 기본통칙 20−18…1 ①).

따라서 상속인 외의 동거가족에 해당하는 직계비속(손자·손녀)과 형제자매인 경우에는 피상속인이 함께 살면서 사실상 부양하고 있어야만 미성년자공제를 받을 수 있으며, 동거가족의 범위에 시부모·장인·장모는 직계존속에 포함하고 있으나 시동생·처남·처제는 피상속인이 함께 살면서 부양을 했더라도 미성년자공제를 받을 수 없다.

또한, 태아는 자녀공제에서와 마찬가지로 미성년자공제를 받을 수 없으며, 대습상속인은 상속인의 지위에 있으므로 미성년자공제 대상이 된다(재삼 46014−2244, 1994.8.17.).

2023.1.1. 이후 상속개시분부터 미성년자 공제를 받을 수 있다.

관련 예규·심판결정례 및 판례 등

□ 만 20세 미만인 자는 혼인을 했더라도 증여재산공제액 계산시 '미성년자'로 봄(재산상속 46014−384, 2001.8.1., 국심 2001전2217, 2001.10.19.).

□ 부모에게 부양능력이 있는 경우 손자는 공제대상 아님(재삼 46014−717, 1996.3.19.).

□ 상속개시일 현재 일정한 직업과 소득이 없어 부모가 부양능력 없는 피상속인의 손자를 동거가족으로서 실질적으로 피상속인이 부양한 경우, 미성년자 및 장애자 공제됨(심사상속 99−178, 1999.7.9.).

□ 호적등본상 출생신고 했다가 상속개시 후 인지취소확정판결로 출생신고가 말소된 경우, 상속개시당시 피상속인의 직계비속으로 볼 수 없어 미성년자공제 대상 아님(국심 2001서948, 2001.12.26.).

□ 상속인이 경제적 무능력자라고 주장할 뿐 상속개시당시 피상속인이 손자들을 사실상 부양한 것으로 인정되지 아니하므로 손자들에 대한 미성년자 공제적용 배제됨(국심 2000중141, 2000.4.25.).

□ 미성년자 공제대상자는 상속인에 한정되지 않으며, 상속개시일 현재 피상속인이 사실상 부양하는 동거가족인 형제자매나 직계존비속인 손자·손녀는 공제대상에 해당함(국심 98서1095, 1998.12.28.).

4. 연로자공제

거주자의 사망으로 상속이 개시된 경우 상속인(배우자를 제외함) 및 동거가족 중 65세 이상인 연로자에 대해서는 남녀 및 그 수에 관계없이 1인당 5천만원을 공제한다. 연도별 연로자 공제대상 및 공제금액은 다음과 같다.

구 분	2016.1.1. 이후	1997.1.1.～2015.12.31.	1996.12.31. 이전
1인당 공제액	5천만원	3천만원	3천만원
공제대상 나이	65세 이상	60세 이상	남자 60세(여자 55세) 이상

동거가족의 범위는 미성년자공제와 동일하며, 장애인이 연로자인 경우에 중복공제가 가능하나, 자녀와 배우자가 연로자인 경우에는 중복하여 공제받을 수 없다.

 관련 예규 · 심판결정례 및 판례 등

□ 연로자공제시 동거가족이란 피상속인이 동거하면서 사실상 부양하고 있던 직계존비속 및 형제자매를 말함(재삼 46014 - 2775, 1995.10.25.).

□ 연로자공제는 상속인의 국적 불문하고 수의 제한없이 적용함(재삼 46014 - 134, 1996.1.16.).

□ 주민등록상 동거하지 않더라도 피상속인이 사실상 동거부양한 어머니는 연로자 공제 적용 대상임(심사상속 99 - 320, 1999.10.8.).

□ 피상속인의 모가 피상속인이외의 자와 함께 거주하며, 피상속인이 母의 생활비를 부담한 사실이 확인 안되므로 연로자공제 대상 안됨(심사상속 98 - 323, 1999.1.8.).

□ 피상속인과 그 父가 동일 세대원이 아닌 경우(국심 95중2183, 1995.12.28.)
피상속인의 부가 인근 동생의 동거세대원으로 등재되어 있었다 하더라도 의료보험서류 등에 피상속인의 피부양자로 되어 있는 점 등으로 미루어 피상속인이 그의 부를 사실상 부양한 것으로 인정되므로 연로자공제를 적용함이 타당함.

5. 장애인공제

상속인(배우자를 포함한다) 및 동거가족 중 장애인에 대하여는 1천만원(2015.12.31. 이전 상속개시분 500만원)에 상속개시일 현재 「통계법」 제18조에 따라 통계청장이 승인하여 고시하는 통계표에 따른 성별 · 연령별 기대여명(期待餘命)의 연수를 곱하여 계산한 금액을 공제한다. 기대여명을 계산할 때에 1년 미만의 기간은 1년으로 보아 계산한다.

2010.12.31. 이전 상속개시분에 대하여는 500만원에 75세에 달하기까지의 잔여연수를

곱하여 계산한 금액을 공제하였다.

장애인공제는 자녀·미성년자·연로자공제 및 배우자공제와 중복하여 적용된다.

* 기대여명표 : 통계청//국가통계포털>국내통계>인구·가구>생명표>해당연도 완전생명표(각세별)

가. 장애인의 범위

장애인 공제대상이 되는 장애인은 상속개시일 현재 소득세법 시행령 제107조 제1항의 어느 하나에 해당하는 자로 의사·치과의사 또는 한의사로부터 장애인으로 판정받은 다음에 해당하는 자를 말한다.

① 「장애인복지법」에 의한 장애인 및 「장애아동복지지원법」에 따른 장애아동으로서 발달재활서비스 지원을 받고 있는 사람

② 「국가유공자 등 예우 및 지원에 관한 법률」에 의한 상이자 및 이와 유사한 자로서 근로능력이 없는 사람

③ 기타 항시 치료를 요하는 중증환자

나. 장애인증명서의 제출

장애인공제를 받고자 하는 경우에는 장애인증명서, 상이자증명서 또는 장애인등록증의 사본 등을 상속세 과세표준신고시에 제출하여야 하며, 신고당시에 제출하지 아니하였더라도 상속세 결정시에 장애인으로 확인되면 공제가능하다고 볼 수 있다.

 관련 예규·심판결정례 및 판례 등

❏ 상속개시 당시 상속인이 장애인복지법 제2조에 따른 장애인에 해당하는 경우로서, 상속개시일 이후에 해당 상속인이 같은 법 제32조 제1항에 따라 등록하고, 이에 따라 상속세 신고를 한 경우 장애인 공제 적용 가능함(사전 법령해석과-4032, 2020.12.8.).

❏ 상속인이 장애인인 경우 피상속인과 동거하지 아니하여도 장애인 상속공제되며, 연령에 관계없음 (재삼 46014-2752, 1996.12.11.).

❏ 장애인 공제금액은 장애 예상기간에 관계없이 75세에 달하기까지의 연수를 곱하여 계산함(재삼 46014-2647, 1997.11.11.).

❏ 거주자의 상속개시 당시 피상속인에게 배우자 및 자녀가 있는 때에는 그 배우자나 자녀가 상속의 포기 등으로 상속을 받지 아니한 경우에도 상속증여세법 제19조 및 제20조의 규정에 의한 공제를

받을 수 있으나, 같은 법 제24조의 "공제적용의 한도" 규정이 적용됨(재삼 46014-2622, 1997.11.6.).

❏ 상속개시일 현재 장애인으로 입증되면 무신고의 경우에도 신고기한 경과 후 장애인증명서를 제출하게 되면 공제가능(재산상속 46014-274, 2002.10.18.)

❏ 장애자 공제는 의사·치과의사 또는 한의사로부터 장애자 판정을 받은 자를 말하며, 그 증명은 의사 등으로부터 "장애자 증명서"를 교부받아 제출함으로써 입증함(재삼 46014-1249, 1995.5.23.).

❏ 상속인이 장애인인 경우 피상속인과 동거하지 아니하여도 장애인 상속공제되며, 연령에 관계없음(재삼 46014-2752, 1996.12.11.).

❏ '장애자'란 의사 등으로부터 장애자 판정을 받고 장애자증명서를 교부받아 정부에 제출하여 입증돼야 하므로 병상일지 및 진단서에 의하여는 장애자 공제대상에 해당 안됨(심사상속 99-42, 1999.4.9.).

❏ 신고기한 경과 후 장애인 증명제출시에도 공제함(국심 2000전1270, 2000.12.2.).

6. 중복공제를 받을 수 없는 경우

그 밖의 인적공제에 있어 각 항목별로 중복하여 공제를 적용하는 경우와 중복 공제를 제한하고 있는 경우가 있다.

① 자녀공제에 해당하는 자가 미성년자공제에 해당하는 경우는 중복공제가 가능하나, 자녀공제와 연로자공제는 중복적용할 수 없다.
② 배우자가 65세 이상일지라도 연로자공제를 적용할 수 없다.
③ 장애인공제에 해당하는 자가 자녀공제, 미성년자공제, 연로자공제 또는 배우자 상속공제에 해당하는 경우에는 그 금액을 합하여 공제한다.

관련 예규·심판결정례 및 판례 등

❏ 구 상속세법 제11조 제1항 제1호의 배우자공제와 동항 제4호의 연로자공제는 중복하여 적용할 수 없음(국심 96중1677, 1996.10.18.).

❏ 상속세 인적공제 중 자녀공제와 미성년자공제, 장애자공제와 다른 인적공제는 중복공제되나, 배우자 공제와 연로자공제는 중복공제 안됨(적부심동안양 96-13, 1996.9.18.).

❏ 피상속인의 배우자가 상속개시일 현재 만 55세 이상이더라도 연로자 공제를 추가로 공제할 수 없음(구 상속세법)(국심 2000부3615, 2001.6.8.).

제6절 : 일괄공제

거주자의 사망으로 상속이 개시된 경우 상속인과 수유자는 ① 「일괄공제액(5억원)」과 ② 「기초공제(2억원)와 그 밖의 인적공제의 합계액」 중 큰 금액을 선택하여 공제받을 수 있다. 이 경우 상속세 과세표준 신고기한 내에 신고가 없는 경우에는 일괄공제를 적용하던 것을 2020.1.1. 이후 국세기본법 제45조의3에 따라 기한 후 신고하는 분부터 ① 일괄공제액과 ② (기초공제+인적공제의 합계액) 중 큰 금액을 선택하여 공제받을 수 있도록 하였다. 신고한 기초공제와 그 밖의 인적공제의 합계액이 일괄공제보다 적은 경우에는 일괄공제를 적용한다.

다만, 피상속인의 배우자가 단독으로 상속받은 경우에는 일괄공제를 적용하지 않고 기초공제와 그 밖의 인적공제의 합계액만을 공제한다.

1997.1.1.부터 1998.12.31.까지의 기간 중에 일괄공제액은 가업상속의 경우에는 6억원을, 영농상속의 경우에는 7억원으로 하였으나, 1999.1.1. 이후 상속개시분부터는 일괄공제액은 5억원으로 통일하고, 여기에 가업상속공제와 영농상속공제에 해당하는 경우에 그 금액은 별도 공제한다.

 관련 예규·심판결정례 및 판례 등

❑ 자녀 1인이 상속재산 전부를 유증받은 경우 일괄공제 가능함(재산세과 - 200, 2012.5.24.).

❑ 직계존속이 결격상속인이 되어 형제자매가 상속받는 경우 일괄공제 적용됨(재산세과 - 131, 2012.3.28.).

❑ 거주자의 사망으로 상속이 개시되는 경우에 상속인의 전부 또는 일부가 비거주자인 경우에도 일괄공제 적용 가능함(서면4팀 - 583, 2004.5.3.).

❑ 피상속인의 형제자매가 상속인이 되는 경우 일괄공제를 적용할 수 있음(상속증여세과 - 464, 2018.5.18., 재산세과 - 31, 2010.1.19.).

❑ 일괄공제액보다 적은 기초공제와 기타인적공제의 합계액을 상속공제액으로 하여 상속세 신고한 경우에도 일괄공제 적용 가능함(재산상속 46014 - 222, 2000.2.29., 심사상속 99 - 482, 2000.3.10.).

❑ 배우자가 단독상속인이 되는 경우 일괄공제 적용 안됨(재산상속 46014 - 1631, 1999.9.2.).

❑ 자녀들의 상속포기, 유증 등으로 배우자가 단독으로 상속받은 경우는 일괄공제 적용됨(재삼 46014

-2305, 1997.9.29.).

사례별 일괄공제 적용 여부

❏ 상속인 구성 및 상속세 신고내용

〈사례 1〉 상속인은 직계비속 및 직계존속이 없고 배우자 혼자만 있는 경우

〈사례 2〉 상속인은 배우자, 자1, 자2, 자3으로 4명인데, 자녀 3인이 가정법원에 상속포기
신고하여 수리된 경우

〈사례 3〉 상속인은 배우자, 자1, 자2, 자3으로 4명으로 기초공제 2억원과 그 밖의 인적공
제 120백만원 합계 320백만으로 신고한 경우

〈사례 4〉 상속인은 배우자, 자1, 자2, 자3으로 4명으로 자녀 중 미성년자와 장애인이 있어
기초공제 2억원과 그 밖의 인적공제 4억원을 적용받은 수 있었으나 상속세를
신고하지 아니한 경우

풀이

○ 기초공제 2억원과 그 밖의 인적공제액의 합계액과 일괄공제 5억원 중 큰 금액을 공제받을
수 있으며, 배우자가 단독 상속인인 경우에는 일괄공제를 배제하고 무신고자의 경우에는
일괄공제를 적용하는 바

○ (사례 1)의 경우 상속인이 배우자 혼자만 있는 경우에 해당되므로 일괄공제는 적용할 수
없고 기초공제 2억원과 배우자상속공제를 적용하며

○ (사례 2)의 경우 자녀들이 상속을 포기하는 등으로 상속재산을 전혀 취득하지 아니한 경우
에도 피상속인에게 자녀가 있는 경우에는 일괄공제는 적용받을 수 있음.

　* "배우자가 단독으로 상속받는 경우"를 "피상속인의 상속인이 배우자 단독인 경우"로 상속증
여세법 기본통칙 21 - 0…1에서 규정하고 있고, 상속증여세법 제3조 제1항에서 상속을 포기
한 상속인도 상속세 납세의무가 있는 상속인으로 규정함.

○ (사례 3)의 경우 무신고자의 경우에도 자녀가 있으면 5억원의 일괄공제를 적용받을 수 있
는데 착오로 인해 5억원에 미달하는 금액을 공제액으로 신고하였다하여 일괄공제를 배제
하는 것은 불합리하므로 5억원 공제함.

○ (사례 4)의 경우 상속세 신고가 없는 경우에는 일괄공제 5억원을 적용하도록 상속증여세법
제21조 제1항 단서에서 명확히 규정하고 있으므로 그 밖의 인적공제액의 합계액 6억원이
아닌 일괄공제 5억원만을 공제함.

제 7 절 : 금융재산 상속공제

1. 개 요

거주자의 사망으로 상속이 개시된 경우로서 상속재산에 금융기관이 취급하는 예금·출자금·보험금·주식등 금융재산이 포함된 경우에는 순금융재산가액(금융재산가액에서 금융기관의 채무를 차감한 금액을 말함)의 20% 상당액을 2억원의 범위 내에서 공제한다. 다만, 최대주주 등이 보유한 주식 또는 출자지분에 대해서는 가업상속공제대상이므로 금융재산상속공제는 적용하지 않는다.

1997.1.1. 도입한 금융재산 상속공제제도는 금융실명제 실시에 따라 금융자산이 양성화되어 과세포착률이 높아진 점과 부동산 등은 시가의 70% 수준에서 상속세가 과세되나 금융재산은 시가대로 과세되는 점 등을 고려한 조치로 볼 수 있다.

금융재산 상속공제대상은 상속재산에 포함된 금융재산에 한정하는 것이므로 사망 전에 증여한 금융재산을 상속세 과세가액에 가산하는 경우, 주식 등 처분대금이나 예금인출액에 대한 사용처가 불분명하여 상속추정한 금액은 공제대상에 해당하지 아니한다.

무신고 또는 신고누락한 금융재산 또는 피상속인이 다른 사람 명의로 보유하고 있는 차명예금이나 명의신탁 주식의 경우 상속재산에 포함하여 상속세가 과세되면 금융재산상속공제를 적용받을 수 있었으나, 2016.1.1. 이후 상속개시분부터 상속세 과세표준 신고기한까지 신고하지 아니한 타인명의의 금융재산에 대해서는 상속공제를 적용하지 않는다.

2. 금융재산 상속공제 계산방법

거주자의 사망으로 상속이 개시되는 경우 상속개시일 현재 상속재산가액 중 금융재산의 가액에서 금융채무를 차감한 가액(순금융재산가액)이 있는 경우에는 다음과 같은 금액을 상속세 과세가액에서 공제하되, 그 금액이 2억원을 초과하는 경우에는 2억원을 공제한다.

가. 순금융재산의 가액이 2천만원을 초과하는 경우

해당 순금융재산의 가액의 100분의 20 또는 2천만원 중 큰 금액

나. 순금융재산의 가액이 2천만원 이하인 경우 : 해당 순금융재산의 가액

┃ 금융재산 상속공제 사례 ┃

순금융재산가액	공제액	과세액	비 고
○ 1,000만원	1,000만원	–	순금융재산가액 구간별 공제액
○ 2,000만원	2,000만원	–	• 2,000만원 이하 : 순금융재산가액
○ 5,000만원	2,000만원	3,000만원	• 2,000만원~1억원 : 2천만원
○ 1억원	2,000만원	8,000만원	• 1억원~10억원 : 순금융재산가액 × 20%
○ 10억원	2억원	8억원	• 10억원 이상 : 2억원
○ 15억원	2억원	13억원	

3. 순금융재산가액 계산방법

가. 금융재산

금융재산이란 금융실명법 제2조 제1호에 규정된 금융회사 등[28]이 취급하는 예금·적금·부금·계금·출자금·신탁재산(금전신탁재산에 한한다)·보험금·공제금·주식·채권·수익증권·출자지분·어음 등의 금전 및 유가증권과 다음을 포함한다.

① 한국거래소에 상장되지 아니한 주식 및 출자지분으로서 금융회사 등이 취급하지 아니하는 것
② 발행회사가 금융회사 등을 통하지 아니하고 직접 모집하거나 매출하는 방법으로 발행한 회사채

---

28) 금융실명거래 및 비밀보장에 관한 법률(2016.5.29.) 일부개정
  제2조 (정의) 이 법에서 사용하는 용어의 뜻은 다음과 같다.
  1. "금융회사 등"이란 다음 각 목의 것을 말한다.
    가. 「은행법」에 따른 은행, 나. 「중소기업은행법」에 따른 중소기업은행
    다. 「한국산업은행법」에 따른 한국산업은행, 라. 「한국수출입은행법」에 따른 한국수출입은행
    마. 「한국은행법」에 따른 한국은행
    바. 「자본시장과 금융투자업에 관한 법률」에 따른 투자매매업자·투자중개업자·집합투자업자·신탁업자·증권금융회사·종합금융회사 및 명의개서대행회사
    사. 「상호저축은행법」에 따른 상호저축은행 및 상호저축은행중앙회
    아. 「농업협동조합법」에 따른 조합과 중앙회 및 농협은행
    자. 「수산업협동조합법」에 따른 조합과 중앙회 및 수협은행
    차. 「신용협동조합법」에 따른 신용협동조합 및 신용협동조합중앙회
    카. 「새마을금고법」에 따른 금고 및 중앙회,
    타. 「보험업법」에 따른 보험회사
    파. 「우체국예금·보험에 관한 법률」에 따른 체신관서,
    하. 그 밖에 대통령령으로 정하는 기관

금융재산으로 열거하고 있지 않는 현금, 수표, 퇴직금, 연금 등은 금융재산 상속공제를 적용하지 않는다.

나. 금융채무

금융채무란 피상속인이 변제할 의무가 있다고 확인되어 상속재산가액에서 빼는 채무로서 금융실명법 제2조 제1호에 따른 금융회사 등의 채무를 말한다.

1999.1.1. 이후 상속개시분부터 금융재산가액에서 금융채무를 차감한 순금융재산가액에 대해 금융상속공제를 적용하도록 개정하였는 바, 그 취지는 피상속인이 은행에서 10억원을 대출받고 그 대출금을 예금한 상태에서 상속이 개시된 경우 10억원의 대출금은 채무로 빼고 다시 금융재산상속공제 2억원을 추가로 공제하게 됨으로써 사실상 상속세 과세가액에는 포함되지 않은 금융재산에 대해 공제를 적용하는 문제를 해소하기 위한 것이다.

사례   **금융기관에서 받은 임대보증금을 은행에 예금한 경우 순금융재산가액은?**

❑ 상속개시일 현재 은행에 변제할 임대보증금 및 예금 내용
  - 피상속인이 소유한 건물을 은행에 임대하고 임대보증금 20억원 수령
  - 20억원을 은행에 예금하였고 상속개시 당시 예금 자산 20억 3천만원(이자 3천만원)
  - 상속개시일 현재 임대보증금 20억원(채무 공제대상임)
❑ 은행에게 지급할 임대보증금을 금융채무로 볼 것인지 여부?

풀이

○ "금융채무"에 대해 "입증된 금융기관에 대한 채무를 말한다."고 상속증여세법 시행령 제19조 제4항에서 규정하고 있어 은행에서 받아 변제하여야 할 임대보증금도 포함되는 것으로 문구상 해석할 수는 있다는 점과
○ 임대보증금은 그 임차인이 금융기관인가 아니면 그 외의 자인가에 관계없이 채무로 공제해야 하고 세법 개정취지 등을 감안할 때 필자의 소견은 금융기관의 임대보증금은 금융채무로 보지 않는 것이 타당하다고 생각된다.

 관련 예규 · 심판결정례 및 판례 등

❑ 1998년 이전은 금융채무가 금융재산보다 많은 경우에도 공제 가능함(국심 2000서1205, 2001.2.5.).
  - 1998.12.28. 개정전의 상속증여세법 제22조 제1항의 규정에는 금융재산상속공제는 금융재산가액의 20% 상당액을 공제하도록 규정하였다가
  - 1999.1.1.부터 시행되는 법령에서 순금융재산의 가액(금융재산의 가액에서 금융채무를 차감

한 가액)의 20%를 공제하도록 개정하였으므로 상속개시일이 개정일 이전이라면 피상속인의 금융채무가 금융재산보다 많다는 이유로 금융재산상속공제를 배제할 수는 없음.

4. 최대주주 등 보유주식에 대한 금융재산상속공제 배제

가. 개 요

금융재산상속공제 대상에서 최대주주 등이 보유하고 있는 주식 또는 출자지분은 제외한다. 이는 최대주주 등이 보유하는 주식의 경우 주식을 대량 보유함으로써 회사를 지배할 수 있는 경영권이 수반된 재산의 보유형태로서 일반 금융재산과는 달리 자기자본에 해당하므로 공제대상에서 제외하는 것으로 볼 수 있겠다.

또한, 최대주주 등이 보유한 중소기업의 주식의 경우 가업상속공제를 적용받을 수 있기 때문에 금융재산상속공제를 적용하지 않은 측면도 있다. 그러나, 최대주주 등이 보유한 주식이라 하여 모두 가업상속공제를 받을 수 있는 것은 아니므로 가업상속공제를 적용받지 못한 최대주주 등의 보유주식에 대해서는 금융재산상속공제 대상에 포함시키는 것이 합리적이라 생각된다.

나. 최대주주 등의 범위

최대주주 등이란 주주 또는 출자자(이하 "주주 등"이라 한다) 1인과 그의 특수관계인의 보유주식 등을 합하여 그 보유주식 등의 합계가 가장 많은 경우의 해당 주주 등 1인과 그의 특수관계인 모두를 말하며, 가업상속공제제도에서의 최대주주 등의 범위와 동일하다.

┃ 최대주주 · 최대출자자 적용례 ┃

A주식회사		B주식회사		C주식회사		비 고
주주	지분비율	주주	지분비율	주주	지분비율	
甲(개인)	25%	甲(개인)	40%	甲(개인)	9%	각 회사의
乙(〃)	25%	乙(〃)	20%	乙(〃)	6.5%	주주간에는
丙(〃)	25%	丙(〃)	20%	丙(〃)	4.5%	상속증여세법
丁(〃)	25%	丁(〃)	20%	丁외19(〃)	각각 4%	시행령 §19
계	100%	계	100%	계	100%	②에 의한
최대주주 등	甲, 乙, 丙, 丁	최대주주 등	甲	최대주주 등	1999년 이전 없음	특수관계가 없음
					2000년 이후 甲	

▶▶ 상속증여세법 기본통칙 22-19…1【최대주주 등의 판정기준】
　① 피상속인과 특수관계에 있는 자의 보유주식 등을 합하여 최대주주 등에 해당하는 경우에
는 피상속인 및 그와 특수관계에 있는 자 모두를 최대주주 등으로 본다.
　② ①에 따른 보유주식의 합계가 동일한 최대주주 등이 2 이상인 경우에는 모두를 최대주주
등으로 본다.

5. 금융재산상속공제신고서 제출

　금융재산상속공제를 받고자 하는 자는 금융재산상속공제신고서를 상속세 과세표준 신
고와 함께 납세지 관할세무서장에게 제출하여야 한다.

 관련 예규·심판결정례 및 판례 등

❑ 대한지방행정공제회는 금융회사에 해당하지 아니하므로 동 공제회 가입한 한아름 목돈예탁 금액은
금융재산 상속공제가 적용되지 아니함(사전 법령해석과-1684, 2020.6.4.).

❑ 군인공제회 목돈수탁저축은 금융재산 상속공제 적용 안됨(상속증여세과-477, 2014.12.10.).

❑ 토지 수용보상금으로 받은 용지보상채권은 금융재산 상속공제대상임(재산세과-376, 2012.10.15.).

❑ 상속개시 이후에 상속인이 인출한 예금 등을 상속재산에 포함하여 신고하는 경우에는 금융재산 상
속공제가 적용됨(재산세과-620, 2011.12.29.).

❑ 금융재산 상속공제는 금융실명법에 따른 금융기관이 취급하는 금융재산에 한하는 것이므로 한국토
지주택공사가 발행한 무기명식 채권은 공제 안됨(재산세과-374, 2011.8.3.).

❑ 한국교직원공제회 예치금은 상속증여세법 제22조에 따른 금융재산 상속공제 대상에 해당되지 아니
함(재산세과-357, 2011.7.25.).

❑ 피상속인이 대표이사로 있던 법인의 장부상 계상된 가수금 채권은 금융재산에 해당되지 아니함(재
산세과-125, 2011.3.10.).

❑ 피상속인이 소유한 토지가 상속개시일 전에 수용되고 그 보상금이 공탁된 경우 당해 공탁금은 금융
재산 상속공제 대상에 해당하지 아니하는 것임(재산세과-715, 2010.9.30.).

❑ 상속개시 전 증여한 예금을 합산과세해도 금융재산상속공제 안됨(재산세과-155, 2010.3.12.).

❑ "자기앞수표"는 금융재산 상속공제 대상에 해당하지 않음(재산세과-883, 2009.5.6.).

❑ 금융기관이 취급하는 양도성예금증서는 금융재산에 포함함(서면4팀-542, 2008.3.4.).

❑ 상속세 과세가액에 산입되지 않은 금융재산은 금융재산 상속공제가 적용되지 않음(서면4팀 - 3277, 2007.11.13.).

❑ 공동사업에 현물출자함에 따라 취득한 출자지분은 금융재산상속공제 대상인 "출자지분"에 해당되지 아니함(재재산 46014 - 249, 2001.10.10.).

❑ 피상속인이 차명으로 예금한 금액 및 무신고, 신고누락한 금융재산도 공제가능함(재삼 46014 - 937, 1999.5.18., 재삼 46014 - 1962, 1998.10.12.).
   ➡ 2016.1.1. 이후 상속개시분부터 신고하지 아니한 차명 또는 무신고 금융재산은 공제 안됨.

❑ 퇴직금, 연금, 현금, 수표, 인출금 중 산입액은 금융재산 상속공제 안됨(재삼 46014 - 3030, 1997.12.26., 46014 - 1963, 1998.10.12., 46014 - 536, 1999.3.17.).

❑ 상속인에게 증여한 금융재산과 예금인출액으로서 사용처 불분명으로 상속재산에 가산한 금액은 금융재산 상속공제 적용 안됨(재산상속 46014 - 1754, 1999.9.29.).

❑ 상속세 과세가액에 가산하는 증여재산인 금융재산 및 상속개시 후 지급받은 퇴직금에 대하여는 금융재산 상속공제를 받을 수 없음(재삼 46014 - 1609, 1999.8.28.).

❑ 상속개시 전 상속인 계좌로 이체된 금전이 금융재산 상속공제 대상인지 여부(조심 2017서213, 2017. 6.2.)

   쟁점금융재산을 청구인이 임의로 이체하였을 개연성이 있는 점, 계좌이체일은 상속개시 6일 전으로 금융재산의 경제적 실질이 상속재산과 크게 차이나지 않는 점, 쟁점금융재산을 상속세과세가액에 합산하여 신고한 점 등에 비추어 금융재산 상속공제 대상으로 보아야 함.

❑ 피상속인 명의 수익증권①이 만기되어 상속개시전에 상속인 명의로 수익증권②를 재취득했으나, 사전증여로 입증 안되므로 금융상속재산으로서 금융상속공제 대상임(국심 2001서2600, 2001.12.12.).

사례　　**금융재산과 금융채무 신고누락하거나 차명계좌가 있는 경우 등 금융재산 상속공제액은?**

❑ 상속재산에 포함된 금융재산 및 가산한 증여재산 내역(③ 외 상속세 신고함)
   ① 상장주식(소액주주에 해당) : 2억원
   ② 비상장주식(최대주주에 해당) : 70백만원
   ③ 신고누락한 타인명의로 된 상장주식(소액주주에 해당) : 50백만원
   ④ 피상속인 명의의 예금계좌 잔고 : 150백만원(은행의 임대보증금 입금)
   ⑤ 피상속인의 차명계좌(처 명의) : 50백만원
   ⑥ 예금 인출액 중 사용처 불분명으로 상속추정한 금액 : 50백만원
   ⑦ 상속재산으로 의제된 생명보험금 : 50백만원
   ⑧ 공동사업장에 대한 출자지분 : 20백만원
   ⑨ 수표로 상속재산에 포함된 금액 : 30백만원

⑩ 증여한 상장주식(소액주주에 해당) 중 상속재산에 가산한 금액 : 100백만원

❑ 상속 채무 내역

① 은행 대출금 : 1억원

② 은행에 임대를 주고받은 임대보증금 : 150백만원

풀이

○ 상속증여세법 시행령 제19조 제1항 및 시행규칙 제8조에서 열거한 금융재산의 가액에서 금융채무를 차감하여 공제액을 계산함.

○ 공제가능한 금융재산의 가액 : 4억5천만원(2015.12.31. 이전 5억원)

－① 상장주식(소액주주에 해당함) : 2억원

－④ 피상속인의 예금계좌의 잔고 : 1억5천만원(은행의 임대보증금 입금)

－⑤ 妻명의 예금계좌이나 피상속인의 차명계좌로 확인된 예금 : 5천만원

－⑦ 상속재산으로 의제된 생명보험금 : 5천만원

○ 공제대상에 해당하지 않는 재산의 가액 : 3억2천만원(2015.12.31. 이전 2억7천만원)

－② 비상장주식(최대주주에 해당함) : 7천만원

  * 최대주주가 보유한 주식의 경우 가업상속공제대상에 포함시키고 있어 금융재산상속공제에서는 제외하도록 규정함.

－③ 신고누락한 타인명의로 된 상장주식(소액주주에 해당함) : 5천만원(2015.12.31. 이전 상속개시분 공제가능)

－⑥ 예금인출액 중 사용처 불분명으로 상속추정한 금액 : 5천만원

  * 금융재산 성격의 재산인 경우에도 상속증여세법 시행령 제19조 제1항 및 시행규칙 제8조에서 열거하지 아니한 현금, 수표, 연금, 퇴직금, 현금 상속으로 추정된 금액은 금융재산상속공제대상에 해당되지 아니함.

－⑧ 공동사업장에 대한 출자지분 : 2천만원

  * 상속증여세법 시행령 제19조 제1항에서 규정한 "출자지분"은 합명·합자·유한회사의 출자지분을 의미하는 것으로서 개인공동사업장의 출자지분은 아님.

－⑨ 현금 및 수표로서 상속재산에 포함된 금액 : 3천만원

－⑩ 증여한 상장주식(소액주주에 해당함) 중 상속재산에 가산함 금액 : 1억원

  * 상속개시 전 일정기간 내의 사망 전 증여재산을 상속세 과세가액에 가산하더라도 동 재산가액은 고유의 상속재산에 해당하는 것이 아니므로 가업·영농·금융재산상속공제 등 모든 상속공제대상에 제외하는 것임.

○ 금융재산가액에서 차감할 금융채무액 : 1억원

－금융재산가액에서 금융채무를 차감한 순금융재산가액에 대하여 공제금액을 적용하도록 1998.12.31. 상속증여세법을 개정한 것은 은행 등에서 대출을 받은 금전을 다시 금융기관에 입금하는 등 금융재산을 소유함으로써 채무공제와는 별개로 금융재산상속공제를 적용받는 불합리를 해소하기 위한 것인 바

－금융기관에서 받은 임대보증금의 경우 금융기관에 관한 채무로 볼 소지도 있으나 상기 세법 개정취지에 합당하지 않고 상속증여세법 제22조에서 금융재산에서 차감하는 "금융채무"의 성질에도 해당하지 아니하므로 금융기관에서 대출 등을 받은 채무만을 금융재산가액에서 차감함이 타당함.

– 다만, 상기 사안에 대한 명시적인 유권해석을 없기 때문에 과세관청이나 기획재정부에 유권해석을 의뢰하여 명확히 할 필요는 있을 것임.

○ 금융재산의 가액 4억5천만원에서 금융채무 1억원을 차감한 3억5천만원의 20%에 해당하는 7천만원을 금융재산상속공제액으로 공제

제 **8** 절 : 재해손실공제

1997.1.1. 이후 거주자의 사망으로 상속이 개시된 경우로서 상속세 과세표준 신고기한 이내에 화재 등 재난으로 인하여 상속재산이 멸실·훼손된 경우의 손실가액 상당액을 공제한다.

1. 재난의 범위

화재·붕괴·폭발·환경오염사고 및 자연재해 등으로 인한 재난을 말한다.

2. 공제되는 손실가액

상속재산의 가액에서 공제되는 손실가액은 재난으로 인하여 손실된 상속재산의 가액으로 하나, 그 손실가액에 대한 보험료 등의 수령 또는 구상권 행사에 의해 당해 손실가액 상당액을 보전받을 수 있는 경우 그 보전금액 등은 제외한다.

이때 재해손실가액 중 보험금 등의 수령 또는 구상권행사 등에 의하여 보전받을 수 있는 가액이 확정되지 아니한 경우에는 재난의 종류, 발생원인, 보험금의 종류 및 구상권 행사에 따른 분쟁관계의 진상 등을 참작하여 적정한 가액을 그 손실가액으로 한다(상속증여세법 기본통칙 23 – 20…1).

3. 재해손실공제신고서의 제출

재해손실공제를 받고자 하는 자는 재해손실공제신고서에 당해 재난의 사실을 입증하는 서류를 첨부하여 상속세 신고와 함께 납세지 관할세무서장에게 제출하여야 한다.

제**9**절 : 동거주택 상속공제

1. 개 요

2009.1.1. 이후 상속개시분부터 피상속인과 상속인이 상속개시일부터 소급하여 10년 이상 계속하여 동거한 주택이 일정 요건을 모두 충족하는 경우 상속주택가액(부수토지의 가액을 포함함) 상당액을 공제한다.

구 분	2009.1.1.~2015.12.31.	2016.1.1.~2019.12.31.	2020.1.1.~
공제율	상속주택가액의 40%	상속주택가액의 80%	상속주택가액의 100%
공제 한도액	5억원	5억원	6억원

2017.1.1. 이후 상속이 개시되는 분부터 상속주택가액은 상속개시일 현재 해당 주택 및 주택부수토지에 담보된 피상속인의 채무액을 뺀 가액으로 하여 피상속인의 상속채무에 대해서 동거주택 상속공제가 적용되지 않도록 하였다.

동거주택 상속공제의 제도적 취지는 부동산 실거래가액 신고 등으로 인한 1세대 1주택 실수요자의 상속세 부담을 완화시키고 상속인의 주거 안정을 도모하려는 것과 피상속인과 상속인이 상속개시일부터 소급하여 10년 이상 동거하는 경우 공제대상으로 삼아 노부모를 동거봉양하는 것을 유도하려는 데 등에 있다고 볼 수 있다.

2011.1.1. 이후 상속개시분부터 1세대가 일시적이나 혼인 등으로 인하여 2주택 이상을 소유한 경우에도 1세대가 1주택을 소유한 것으로 본다.

2. 동거주택 상속공제 요건

▌동거주택상속공제 대상 상속인에 대한 개정연혁▌

2009.1.1.~2012.12.31.	2013.1.1.~2013.12.31.	2014.1.1.~2021.12.31.	2022.1.1.~
동거하는 상속인	1세대를 구성하면서 동거하는 상속인	상속인 중 직계비속으로 한정	상속인 중 직계비속 및 대습상속인이 된 직계비속의 배우자를 포함

2013.1.1. 이후 상속개시분부터 피상속인과 상속인이 상속개시일부터 소급하여 10년 이상 계속하여 1세대를 구성하면서 10년 이상 계속하여 하나의 주택에서 동거한 상속인 (2022.1.1. 이후 상속세 결정·경정하는 분부터 대습상속인이 된 상속인의 배우자를 포함하며, 이하 상속인이라 함)이 상속받아야 하는 등 다음 ①부터 ③까지의 요건을 모두 갖춘 경우에 동거주택 상속공제를 적용한다.

① 피상속인과 상속인이 상속개시일부터 소급하여 10년 이상 계속하여 하나의 주택에서 동거할 것

2016.1.1. 이후 상속개시분부터 상속인이 미성년자인 기간은 동거기간에서 제외하며, 2014.1.1. 이후 상속개시분부터 상속인을 직계비속으로 한정하였다. 이는 동거봉양 취지에 부합하도록 배우자를 제외하고 직계비속이 봉양하는 경우에만 주택상속공제를 적용하도록 보완한 것이다.

② 피상속인과 상속인이 상속개시일부터 소급하여 10년 이상 계속하여 1세대를 구성하면서 1세대 1주택(고가주택을 포함하며, 이하 "1세대 1주택"이라 한다)에 해당할 것. 이 경우 무주택인 기간이 있는 경우에는 해당 기간은 전단에 따른 1세대 1주택에 해당하는 기간에 포함한다.

③ 상속개시일 현재 무주택자이거나 피상속인과 공동으로 1세대 1주택을 보유한 자 (2019.12.31. 이전에는 무주택자인 경우에만 해당함)로서 피상속인과 동거한 상속인이 상속받은 주택일 것

2010.12.31. 이전에는 피상속인과 동거한 주택에 대해서만 공제했으나, 2011.1.1. 이후에는 거주하지 아니한 주택도 공제대상에 포함하였다. 이 경우 다음 ①부터 ③까지의 요건을 모두 갖춘 경우에 동거주택 상속공제를 적용한다.

① 피상속인과 상속인이 상속개시일부터 소급하여 10년 이상 하나의 주택에서 동거

할 것

② 상속개시일부터 소급하여 10년 이상 계속하여 소득세법 제89조 제1항 제3호에 따른 1세대 1주택(고가주택을 포함함)에 해당할 것

③ 상속개시일 현재 무주택자인 상속인이 상속받은 주택일 것

 관련 예규·심판결정례 및 판례 등

❑ 동거한 상속인과 그 외 상속인이 공동상속받는 경우 상속공제 여부(상속증여세과 – 3987, 2022.9.29.)
동거주택 상속공제 요건을 갖춘 상속인과 그 외의 상속인이 주택을 공동으로 상속 등기하여 동거주택의 상속인 지분을 확인할 수 있는 경우 주택가액에서 공제요건을 충족하는 상속인의 지분 상당액을 상속세과세가액에서 공제함.

❑ 피상속인과 같은 세대에 주민등록된 자녀가 다른 주택을 보유하고 있으나, 자녀의 급여소득, 생활비 등 부담내역 등에 비추어 별개로 세대를 구성하여 그 생계를 달리하고 있으므로 공제대상임(조세 2022.10.21.).

❑ 2021.12.31. 이전 상속개시분의 경우 대습상속인인 직계비속의 배우자는 동거주택 상속공제를 받을 수 없음(대법원 2021두59748, 2022.3.17.).

3. 1세대 1주택의 범위

가. 주택의 의의

소득세법 등에서 주택에 대하여 구체적인 정의를 하고 있지는 않으나, 일반적으로 주거용으로 사용하는 건물을 주택이라 할 것이므로 실제 사용하는 주용도가 주거용인 건물을 말한다. 따라서 등기부 또는 건축물대장 등 공부상 용도와 실제 사용하는 용도가 다른 경우 실제 사용하는 용도에 따라 주택 해당 여부를 판단하여야 할 것이고 주택에는 단독주택·연립주택·다세대주택·다가구주택·아파트 등 형태와는 관계없이 주거용 건물 모두를 포함한다.

또한 무허가건축물의 경우에도 실제 주거용으로 사용하고 있으면 주택으로 볼 수 있으며, 1세대 1주택 요건을 충족한 주택을 멸실하고 취득한 입주권에 대해서도 동거주택 상속공제대상에 포함하도록 유권해석하고 있다.

하나의 건물이 주택과 주택 외의 부분으로 복합되어 있는 경우와 주택에 딸린 토지에 주택 외의 건물이 있는 경우에는 그 전부를 주택으로 본다. 다만, 주택의 연면적이 주택 외의 부분의 연면적보다 적거나 같을 때에는 주택 외의 부분은 주택으로 보지 아니한다.

이 경우 주택에 딸린 토지는 전체 토지면적에 주택의 연면적이 건물의 연면적에서 차지하는 비율을 곱하여 계산한다.

주택부수토지에 대한 공제적용 면적한도도 다음과 같다.

① 「국토의 계획 및 이용에 관한 법률」 제6조 제1호에 따른 도시지역 내의 토지 : 5배

　　즉 도시지역 내에 있는 주거지역, 상업지역, 공업지역 및 녹지지역을 말한다.

　　㉠ 수도권 내의 토지 중 주거지역 : 3배

　　㉡ 수도권 내의 토지 중 녹지지역 : 5배

　　㉢ 수도권 밖의 토지 : 5배

② 그 밖의 토지 : 10배

　　도시지역 밖에 있는 관리·농림·자연환경보전지역을 말한다.

피상속인이 주택이 동거주택 상속공제요건을 충족하는 경우 그 주택의 부수 토지를 공제대상에 포함하는 것이므로 피상속인은 부수토지를 소유하고 주택은 배우자가 소유하고 있던 중 상속이 개시된 경우 피상속인과 상속인이 10년 이상 동거 등의 다른 요건을 갖춘 경우에도 동거주택상속공제를 적용받을 수 없다고 하겠다(상속증여과-2418, 2020.10.2.).

나. 2주택 이상 소유한 경우에도 1주택으로 보는 경우

2011.1.1. 이후 상속개시분부터 1세대가 다음의 어느 하나에 해당하여 2주택 이상을 소유한 경우에도 1세대가 1주택을 소유한 것으로 본다.

2017.2.7. 이후 상속이 개시하는 분부터 상속개시일 현재 피상속인이 일시적으로 2주택을 소유한 경우에는 상속개시일 현재 피상속인과 상속인이 동거하는 주택을 동거주택으로 보도록 명확하게 규정하였다.

㉠ 피상속인이 다른 주택을 취득(자기가 건설하여 취득한 경우를 포함한다)하여 일시적으로 2주택을 소유한 경우. 다만, 다른 주택을 취득한 날부터 2년 이내에 종전의 주택을 양도하고 이사하는 경우만 해당한다.

㉡ 상속인이 상속개시일 이전에 1주택을 소유한 자와 혼인한 경우. 다만, 혼인한 날부터 5년 이내에 상속인의 배우자가 소유한 주택을 양도한 경우만 해당한다.

㉢ 피상속인이 「문화재보호법」 제53조 제1항에 따른 등록문화재에 해당하는 주택을 소유한 경우

㉣ 피상속인이 「소득세법 시행령」 제155조 제7항 제2호에 따른 이농주택을 소유한 경우

㉤ 피상속인이 「소득세법 시행령」 제155조 제7항 제3호에 따른 귀농주택을 소유한 경우

ⓗ 1주택을 보유하고 1세대를 구성하는 자가 상속개시일 이전에 60세 이상의 직계존속을 동거봉양하기 위하여 세대를 합쳐 일시적으로 1세대가 2주택을 보유한 경우. 다만, 세대를 합친 날부터 5년 이내에 피상속인 외의 자가 보유한 주택을 양도한 경우만 해당한다.

ⓢ 피상속인이 상속개시일 이전에 1주택을 소유한 자와 혼인함으로써 일시적으로 1세대가 2주택을 보유한 경우. 다만, 혼인한 날부터 5년 이내에 피상속인의 배우자가 소유한 주택을 양도한 경우만 해당한다.

ⓞ 피상속인·상속인이 피상속인의 사망 전에 발생된 제3자로부터의 상속으로 인하여 여러 사람이 공동으로 소유하는 주택을 소유한 경우(2020.2.11. 이후 결정·경정분부터 적용함). 다만, 피상속인 또는 상속인이 해당 주택의 공동소유자 중 가장 큰 상속지분을 소유한 경우는 제외한다. 이 경우 상속지분이 가장 큰 공동 소유자가 2명 이상인 경우에는 해당 주택에 거주하는 자, 최연장자의 순서에 따른 사람이 가장 큰 상속지분을 소유한 것으로 본다.

　조세심판원은 2017년 상속개시분에 대해 피상속인이 동거주택 외에 이전 상속주택의 소수지분을 보유한 경우에도 상속개시일로부터 10년 이상 계속하여 1세대 1주택에 해당한다고 보아 동거주택 상속공제를 적용할 수 있다고 결정하였다(조심 2019부1194, 2020.2.5.).

 관련 예규·심판결정례 및 판례 등

❑ 주택법에 따른 지역주택조합의 조합원입주권은 동거주택 상속공제 적용대상에 해당하는 상속주택에 해당하지 아니함(사전-법규과 1089, 2023.4.27.).

❑ 상속인의 배우자가 공동상속주택(B) 소수지분 소유하고 있는 경우(사전-법규재산-1130, 2022.11.28.)
상증법 제23조의2에 따른 동거주택 상속공제를 적용받기 위해서는 피상속인과 상속인(직계비속 및 대습상속인이 된 그 직계비속의 배우자인 경우로 한정)이 상속개시일부터 소급하여 10년 이상 계속하여 1세대를 구성하면서 1세대 1주택에 해당하여야 하는 것으로, 이 경우 상증령 제20조의2 제1항 각 호에 해당하여 2주택 이상을 소유한 경우에 한하여 1세대가 1주택을 소유한 것으로 보나, 상속개시일 현재 상속인의 배우자가 소득세법 시행령 제155조 제3항에 따른 공동상속주택(B)을 소유하고 있는 경우에는 공제대상에 해당하지 아니함.

❑ 동거주택 상속공제요건 중 1세대 1주택에 '21.1.1. 이후 취득한 분양권은 주택수에 포함 안됨(재재산-1316, 2022.10.19.).

○ 피상속인 甲은 2021.5월 사망하였으며, 상속개시일 현재 아파트 1채를 소유하고 있었음.

○ 상속개시일 현재 甲의 배우자는 2019.12월 취득한 아파트 분양권, 자녀 乙은 2021년 3월에 취득한 아파트 분양권을 각 1개씩 보유하고 있고, 상속인 丙은 무주택자임.

○ 피상속인과 상속인은 쟁점(1세대 1주택) 외 동거주택 상속공제의 나머지 요건은 충족함.

질의

동거주택 상속공제 요건에서 1세대1주택 여부를 판단시, '21.1.1. 이후 배우자와 乙이 취득한 분양권을 주택수에 포함하는지?

❑ 피상속인이 상속개시일 현재 일시적 2주택인 경우 동거주택 상속공제 여부(재재산 – 306, 2016.5.2.)

상속증여세법 시행령 제20조의2 제1항 단서 및 같은 항 제1호에 따라 피상속인이 다른 주택을 취득하여 일시적으로 2주택을 소유한 경우(상속개시일 현재 2주택인 경우를 포함)에도 다른 주택을 취득한 날부터 2년 이내에 종전의 주택을 양도하고 이사하는 경우에는 1세대가 1주택을 소유한 것으로 보는 것이며, 상속개시일 현재 일시적으로 2주택인 경우 동거주택 상속공제는 상속개시일 현재 피상속인과 직계비속인 상속인이 동거하는 주택에 대해 적용함.

❑ 공부상 오피스텔이라고 하더라도 10년 이상 사실상 주거용으로 사용하던 주택임이 확인되는 경우에는 동거주택 상속공제를 적용 받을 수 있음(법규재산 2013 – 411, 2013.10.31.).

❑ 주택매도잔금을 지급받기 전 상속개시된 경우 동거주택 상속공제 가능하며, 주택가액은 수령한 계약금 등을 뺀 금액임(법령해석재산 – 243, 2015.5.27., 법규재산 2011 – 110, 2011.4.7.).

❑ 무허가주택도 동거주택 상속공제 대상에 해당함(재산세과 – 163, 2012.4.27.).

❑ 1세대 1주택 요건 충족한 주택의 멸실로 취득한 입주권에 대한 동거주택 상속공제 적용 여부(재재산 – 230, 2012.3.22., 재산세과 – 237, 2012.6.25.)

동거주택 상속공제는 피상속인과 상속인이 상속개시일부터 소급하여 10년 이상 하나의 주택에서 동거한 경우로서 상속개시일부터 소급하여 10년 이상 계속하여 소득세법 제89조 제1항 제3호에 따른 1세대 1주택이고, 상속개시일 현재 무주택자인 상속인이 상속받은 주택인 경우에 적용함. 이 경우 1세대 1주택 요건을 충족한 주택의 멸실로 인해 취득한 입주권으로서 동 입주권 이외에 다른 주택이 없는 경우에는 1세대 1주택 요건을 충족한 것으로 보는 것이며, 10년 이상 동거요건을 충족한 경우 10년 이상 1세대 1주택 판정은 소유요건만으로 판정하는 것임.

❑ 주택은 상속인이 소유하고, 주택부수토지는 피상속인이 소유하고 있던 중 상속이 개시되어 피상속인과 10년 이상 동거한 상속인이 위 주택부수토지를 상속받는 경우에는 동거주택 상속공제를 적용할 수 없는 것임(사전 – 법규과 – 3443, 2022.12.2., 재산세과 – 335, 2011.7.14., 재산세과 – 580, 2010.8.11.).

❑ 주택부수토지만을 상속받은 경우 동거주택상속공제 여부(조심 2023서703, 2023.8.2.)

건물은 상속인이 전부를 소유하고, 부수토지는 피상속인과 상속인이 1/2씩 소유하다 상속이 개시되어 피상속인 소유 부수토지를 동거한 상속인이 받은 바, 주택은 세대의 구성원이 장기간 독립된 주거생활을 할 수 있는 구조로 된 건축물의 전부 또는 일부 및 그 부속토지이므로, 관련 규정의 문언과 취지 등에 비추어 비록 쟁점토지만을 상속받았다고 하더라도 다른 요건을 모두 충족하였다면 동거주택 상속공제를 적용받을 수 있음.

☐ 겸용주택을 상속받은 경우 동거주택 상속공제방법(사전 – 법규과 2863, 2023.11.16.)
주택면적이 주택외의 면적보다 큰 겸용주택의 경우 전체를 주택으로 보아 동거주택 상속공제를 적용하며, 구분소유 등기를 할 수 없는 겸용주택의 일부 구획에서 피상속인과 동거한 경우 소득세법 시행령 제154조 제3항에 따라 주택외의 부분은 주택으로 보는 주택전체에 대하여 동거주택 상속공제를 적용할 수 있음.

☐ 동거주택 상속공제 규정은 상속받은 주택이 다가구주택인 경우에도 적용됨(재산세과 – 180, 2011.4.7.).

☐ 상속인이 공동상속주택의 지분을 보유하고 있는 경우 상속증여세법 제23조의2에 따른 동거주택 상속공제를 적용하지 아니하는 것임(재산세과 – 695, 2010.9.15., 재산세과 – 608, 2010.8.18.).

☐ 상속인의 배우자가 공동상속주택의 지분을 보유하고 있는 경우 동거주택 상속공제를 적용하지 아니하는 것임(사전법규재산 – 873, 2022.9.7., 재산세과 – 683, 2010.9.10., 재산세과 – 607, 2010.8.18.).

☐ 동거주택 상속공제대상 주택이 겸용주택으로서 주택의 면적이 주택 외의 면적보다 큰 경우 「소득세법」 제154조 제3항에 따라 주택 외의 면적은 주택으로 보는 것임(재산세과 – 89, 2010.2.12.).

☐ 배우자가 소수지분상속주택 보유시 동거주택 상속공제 적용 여부(법령해석과 – 2913, 2018.11.4.)
1세대란 배우자를 포함하므로 1세대 1주택 판단 시 배우자 주택도 포함해서 판단하고, 동거주택 상속공제는 상증령 §20의2 ① 각 호의 7가지 경우를 제외하고 1세대가 1주택을 소유한 경우에만 적용됨(아래 사실관계는 동거주택 상속공제 안됨).

> 사실관계

배우자가 소수지분으로 상속받은 주택을 양도한 후 동거주택이 상속됨.

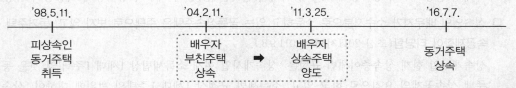

☐ A주택 보유중 父로부터 B주택 소수지분 상속받고 증여한 후 상속개시된 경우 A주택에 대해서 동거주택 상속공제를 적용하지 아니함(상속증여세과 – 462, 2018.5.18.).

> 사실관계

'01.3.5. '02.7.3. '15.12.28. '16.10.11. '17.12.11.
A주택 취득 B주택 소수지분(2/11)으로 상속 B주택 2/11 증여받음 B주택 4/11 증여함 상속개시

* B주택 최고상속지분은 母이며, 2/11 동생으로부터 증여받아 전체 지분 4/11을 차남에게 증여

하고 A주택은 10년 이상 동거한 삼남에게 상속함.

☐ 동거주택 상속공제 시 오피스텔을 주택으로 볼 것인지(조심 2021중1090, 2021. 0.17)

동거주택 상속공제를 받을 수 있는 1세대 1주택을 판정할 때 '주택'이란 건물공부상의 용도구분에 관계없이 실제 용도가 사실상 주거용으로 사용하는 건물을 말하는바, 쟁점오피스텔에는 냉장고, 세탁기, 주방시설 등 주거시설이 갖춰져 있고, 쟁점오피스텔에 전입한 임차인은 별도의 사업자등록을 하지 아니한 것으로 확인되어 이를 업무용으로 사용하였다고 보기는 어려운 점 등에 비추어 쟁점오피스텔은 사용용도 또한 주거용으로 주택에 해당한다고 할 것임.

☐ 피상속인이 소수지분으로 보유한 공동상속주택은 주택으로 보지 않고 동거주택 상속공제 적용함이 타당함(조심 2018서3354, 2018.11.15.).

사실관계

'06.4.11.	'12.5.31.	'17.7.3.	'17.7.19.
A주택 취득	B주택 소수지분으로 상속	B주택 양도	상속개시

* 피상속인과 배우자 및 자녀들 A주택에서 '06.4.부터 상속개시일까지 동거
** B주택의 피상속인 지분은 1/6이며, 피상속인의 오빠의 자녀들이 거주함.

결정요지

1주택을 상속으로 여러 사람이 공동 소유하는 경우 주택 수 계산시 공동상속주택을 상속인들의 주택으로 보지 아니하는 소득세법 시행령 제155조 제3항을 적용하는 것이 타당할 것이어서 동거주택 상속공제가 적용되는 1세대 1주택의 판정시 피상속인이 보유하고 있었던 이전상속주택의 소수지분은 주택으로 보지 않는 것이 타당한 점(조심 2016서2490, 2016.12.19. 같은 뜻임), 피상속인이 상속개시일로부터 소급하여 10년의 기간 동안에 본인의 의사와 상관없이 상속인으로서 이전상속주택의 소수지분을 상속받았다는 이유만으로 동거주택 상속공제의 적용을 배제할 경우 무주택자인 피상속인의 상속인들의 주거 안정이 우연한 사정에 의하여 박탈되는 결과가 초래되어 동거주택 상속공제 제도의 취지에 반하는 점 등에 비추어 상속공제 적용함이 타당함.

☐ 상속인의 배우자가 소수지분으로 소유하고 있는 공동상속주택은 주택으로 보지 않고, 동거주택 상속공제함이 타당함(조심 2011서867, 2011.9.8.).

상속개시일 현재 상속증여세법 규정은 '상속개시일 현재 소득세법상 1세대 1주택'일 것을 동거주택 상속공제의 요건으로 하고 있고, 소득세법 규정상 1세대 1주택의 범위에 대하여 '상속지분이 가장 큰 상속인이 아닌 자가 지분으로 소유하고 있는 공동상속주택은 주택으로 보지 않도록 규정'하고 있으므로 동거주택 상속공제가 적용되는 1세대 1주택의 판정시 상속인의 배우자가 소수지분으로 소유하고 있는 공동상속주택은 주택으로 보지 않는 것이 타당함(인용).

☐ 재산세가 부과되는 등 주택으로서의 가치가 있어 주택에 해당함(대법원 2014두1390, 2014.4.30.).

4. 동거기간 및 보유기간 요건

가. 동거기간

상속개시일부터 소급하여 피상속인과 상속인이 10년 이상 계속하여 동거하고 있어야한다. 2013.1.1. 이후 상속개시분부터 피상속인과 상속인이 1세대를 구성하면서 하나의주택에서 동거하여야 한다. 동거기간은 일반적으로 주민등록에 의하여 확인되는 기간으로 하는 것이나, 주민등록을 함께 하지 못한 경우에도 피상속인과 상속인이 함께 거주한것으로 확인되는 경우에는 동거기간에 포함시킬 수 있다. 상속주택에서 상속개시일부터소급하여 10년 이상 계속하여 동거해야 하는 것은 아니므로 피상속인과 상속인이 전셋집등에서 10년 이상 동거하는 경우 또는 종전 주택을 양도하고 새로운 주택을 취득한 후10년이 되기 전에 상속이 개시된 경우에도 종전 주택과 새로운 주택에서 동거한 기간이10년 이상이고 두 주택이 1세대 1주택 요건을 충족하는 경우 공제를 받을 수 있다.

이 경우 다음에 해당하는 부득이한 사유로 계속하여 동거하지 못하고 그 부득이한 사유가 해소된 때부터 동거하는 경우에는 계속하여 동거한 것으로 보되 동거기간을 계산할때에는 동거하지 못한 기간을 포함하지 아니한다.

① 징집
② 「초·중등교육법」에 따른 학교(초등학교 및 중학교를 제외한다) 및 「고등교육법」에따른 학교에의 취학
③ 직장의 변경이나 전근 등 근무상의 형편
④ 1년 이상의 치료나 요양이 필요한 질병의 치료 또는 요양

> **사례** **부득이한 사유가 있는 경우 동거기간 계산**
>
> ☐ 피상속인과 상속인의 동거 또는 동거하지 못한 기간
> - 2008.1.30.부터 피상속인과 상속인이 동거하기를 시작함.
> - 2016.1.31. 부득이한 사유로 상속인이 피상속인과 동거하지 못하게 됨.
> - 2017.1.31. 피상속인과 상속인이 다시 계속하여 동거하게 됨.
> - 2019.1.31. 상속인과 동거하는 상태에서 피상속인 사망함.
>
> **풀이**
>
> 2008.1.30. ~ 2016.1.30. 기간 중 8년과 2017.1.31. 이후 동거기간을 합산하여 10년 이상인 경우 동거기간요건을 충족하게 됨.

관련 예규 · 심판결정례 및 판례 등

□ 피상속인의 실종선고로 인하여 상속이 개시되는 경우 실종은 부득이한 사유에 해당하지 아니함(법령해석재산-2305, 2020.10.15.).

□ 주택재건축사업기간 동안 전세로 동거한 경우 동거기간에 산입함(재산세과-248, 2012.7.4.).

□ 주민등록 여부와 관계없이 사실상 동거한 경우 공제가능함(조심 2012서4357, 2013.4.26.).

□ 피상속인이 쟁점주택에 주소를 둔 기간이 114일여 부족하다는 사유로 동거주택 상속공제를 부인하였으나, 청구인이 제시하는 자료상 대학교 부총장으로 지방에서 약 16년 정도 근무하였던 피상속인이 방학기간 등을 이용하여 생계를 같이하는 청구인과 쟁점주택에서 114일 이상을 함께 동거하였음이 인정된다고 하겠음(조심 2010광3055, 2010.12.31.).

□ 별개 주택에서 생활한 이상 동거주택 상속공제 해당 안됨(서울고법 2013누53129, 2014.6.20. 완료). 망인과 별개의 주택에서 생활한 이상 바로 인근에 거주하며 자녀로서의 부양의무를 이행하였다고 하더라도 동거주택 상속공제 요건에 해당한다고 볼 수 없음.

나. 보유기간

2013.1.1. 이후 상속이 개시된 경우 상속개시일부터 소급하여 10년 이상 보유하지 아니한 주택의 경우에도 동거주택 상속공제를 적용할 수 있도록 명확하게 규정하였다. 즉 상속증여세법 제23조의2 제1항 제2호에서 상속개시일 현재 1세대 1주택인 경우로서 동거주택 판정기간 중 무주택인 기간이 있는 경우에는 해당 기간은 1세대 1주택에 해당하는 기간에 포함한다고 규정하여 그 동안 피상속인이 10년 이상 보유한 주택만이 공제대상인가에 대한 논란을 해소하였다.

2012.12.31. 이전 상속개시분의 경우 피상속인이 상속개시일부터 소급하여 10년 이상 계속하여 보유한 주택인 경우에만 동거주택 상속공제를 적용받을 수 있는가에 대하여 과세관청 예규 및 심판결정례에서는 "동거주택 상속공제 규정 적용시 보유기간의 산정은 피상속인 명의로 실제 취득(매매, 상속·증여 포함)한 날로부터 기산하는 것이다."라고 해석하여 10년 이상 보유를 공제요건으로 하고 있다(재산세과-127, 2011.3.10., 재산세과-106, 2010.2.23., 조심 2010서1780, 2010.9.8.).

그러나, 대법원에서는 "동거주택 상속공제에 있어 과세요건 규정의 엄격해석의 원칙상 소유 또는 보유라는 단어를 사용하지 아니하는 한 동거의 용어 속에 보유 또는 소유 개념이 포함되어 있다고 보기 어려워 피상속인이 쟁점주택을 10년 이상 소유하지 않았다는 이유로 공제하지 않는 것은 위법하다."(대법원 2012두2474, 2014.6.26.)고 판결하고 있다. 더불어 2011.1.1. 상속증여세법 제23조의2 제1항 제2호를 "상속개시일 현재 소득세법 제89조 제1항 제3호에 따른 1세대 1주택(고가주택을 포함한다)일 것"에서 "상속개시일부터 소급하여 10년 이상 계속하여 소득세법 제89조 제1항 제3호에 따른 1세대 1주택(같은 호에 따른 고가주택을 포함한다)으로서 대통령령으로 정하는 경우에 해당할 것"으로 개정하였는데, 개정된 규정이 상속인의 동거주택 상속공제의 요건으로서 종전의 '상속개시일 현재 1세대 1주택'을 '상속개시일부터 소급하여 10년 이상 계속하여 1세대 1주택'으로 변경됨으로써 상속개시일부터 소급하여 피상속인 및 그 배우자의 10년간 보유가 동거주택 상속공제의 요건이 되었다고 보아야 하고, 개정된 규정에 의하더라도 피상속인만의 10년 보유가 요건이 되었다고 할 수 없다고 판결하고 있다.

사례   10년 이상 보유·동거한 주택 처분 후 취득한 주택에서 2년 동거한 경우 공제 여부

❑ **사실관계**
- A주택에서 1998.4.9.부터 2010.1.26.까지 소득세법상 1세대 1주택 상태로 피상속인과 상속인이 계속 거주하였으며, A주택을 양도하고 B주택으로 2010.1.27. 이사함.
- B주택에서 2010.1.27부터 2012.1.15.까지 1세대 1주택 상태로 피상속인과 상속인이 계속 거주하였고 2012.1.15. 사망으로 인하여 상속이 개시됨.

풀이

2011.1.1. 이후 상속개시분부터 동거주택 상속공제를 적용할 때 상속개시일로부터 소급하여 10년 이상 계속하여 소득세법 제89조 제1항 제3호에 따른 1세대 1주택으로서 같은 법 시행령 제154조 제1항에 따른 1세대가 1주택(피상속인의 이사에 따른 일시적 2주택 등을 포함)을 소유한 경우 피상속인과 상속인이 상속개시일로부터 소급하여 10년 이상 계속하여 하나의 주택에서 동거하였다면 상속개시일 현재 무주택자인 상속인이 상속받은 주택에 대해서는 그 상속주택에 대하여 10년 이상 보유 및 동거하지 않았더라도 동거주택 상속공제를 받을 수 있다는 것이 과세관청 유권해석내용임(재산세과-261, 2012.7.19.).

 관련 예규·심판결정례 및 판례 등

❑ **피상속인의 보유기간이 10년 미만인 주택의 공제 여부**(재재산-180, 2019.2.20.)
피상속인과 상속인이 상속개시일로부터 소급하여 10년 이상 계속하여 하나의 주택에서 동거하는 경우에는 피상속인의 보유기간과 관련 없이 동거주택 상속공제를 적용함.

❑ **상속으로 취득한 주택 보유기간은 상속개시일부터 계산함**(재재산-488, 2012.6.18.).

❑ 동거주택 상속공제를 위한 1세대 1주택 판정시 무주택기간 포함 여부(재재산-189, 2012.3.8.)

동거주택 상속공제는 피상속인과 상속인이 상속개시일부터 소급하여 10년 이상 계속하여 하나의 주택에서 동거한 경우로서 상속개시일부터 소급하여 10년 이상 계속하여 소득세법 제89조 제1항 제3호에 따른 1세대 1주택이고, 상속개시일 현재 무주택자인 상속인이 상속받은 주택인 경우에 적용하는 것임. 이 경우 상속개시일부터 소급하여 10년 이내에 피상속인이 무주택자였던 경우에는 10년간 계속하여 1세대 1주택에 해당하지 아니함.

➡ 2012.12.31. 이전 상속분에 대해서만 적용되며, 2013.1.1. 이후 상속분의 경우 무주택기간을 포함하도록 상속증여세법 제23조의2 제1항 제2호 개정됨.

❑ 동거주택 상속공제시 10년 간 1세대 1주택 판정방법(재재산-230, 2012.3.22.)

동거주택 상속공제는 피상속인과 상속인이 상속개시일부터 소급하여 10년 이상 하나의 주택에서 동거한 경우로서 상속개시일부터 소급하여 10년 이상 계속하여 소득세법 제89조 제1항 제3호에 따른 1세대 1주택이고, 상속개시일 현재 무주택자인 상속인이 상속받은 주택인 경우에 적용되는 것임. 이 경우 1세대 1주택 요건을 충족한 주택의 멸실로 인해 취득한 입주권으로서 동 입주권 이외에 다른 주택이 없는 경우에는 1세대 1주택 요건을 충족한 것으로 보는 것이며, 10년 이상 동거요건을 충족한 경우 10년 이상 1세대 1주택 판정은 소유요건만으로 판정하는 것임.

❑ 동거주택 상속공제는 피상속인과 상속인이 상속개시일부터 소급하여 10년 이상 계속하여 하나의 주택에서 동거한 경우에 적용되는 것임(재산세과-594, 2011.12.20.).

❑ 사업상 형편으로 동거하지 못한 기간은 동거기간에 포함하지 않음(재산세과-506, 2011.10.27.).

❑ 상속인이 피상속인 외의 자(조부) 병 간호를 위해 피상속인과 거주하지 못한 경우에는 동거주택 상속공제 규정이 적용되지 아니함(재산세과-851, 2010.11.17.).

❑ 동거기간의 계산은 피상속인과 상속인이 주민등록 여부와 관계없이 한집에서 실제 같이 살았던 기간을 말하는 것임(재산세과-434, 2011.9.20.).

❑ 상속개시일 전 10년 동안 여러 차례 이사를 다님으로써 상속개시일 현재 1세대 1주택에는 해당하나 10년 이상 보유하고 거주하지 않은 주택을 2011.1.1. 이후 상속받은 경우에는 동거주택 상속공제 가능함(재재산-700, 2011.8.31.).

❑ 상속개시일 이전에 이미 피상속인과 상속인이 소급하여 10년 이상 계속하여 해당 주택에서 동거하던 중 질병요양 등의 사유로 인하여 다른 임차주택에서 거주하다 사망한 경우에는 동거주택 상속공제가 가능함(재산세과-595, 2010.8.16., 재산세과-57, 2010.2.1.).

- 피상속인과 상속인이 상속개시 7월 전부터 임차주택에서 거주함.

❑ 피상속인이 배우자인 전 피상속인으로부터 동거주택을 상속받은 경우에는 보유기간을 상속받은 날부터 기산하여야 하며, 전 피상속인이 보유한 기간은 합산할 수 없음(조심 2010서1780, 2010.9.8.).

❑ 동거주택 상속공제요건 규정의 엄격해석 원칙상 소유 또는 보유라는 단어를 사용하지 아니하는 한,

동거의 용어 속에 보유 또는 소유 개념이 포함되어 있다고 보기 어려워 피상속인(乙)이 쟁점주택을 10년 이상 소유하지 않았다는 이유로 과세처분한 것은 위법함(대법원 2012두2474, 2014.6.26.).

사건개요

- 1983.3.28.부터 甲, 甲의 처(乙), 甲의 자녀(丙, 丁) A주택에서 거주
- 1985.9.25. 甲이 A주택 소유권 취득
- 2004.8.7. 甲 사망, 乙이 A주택 상속등기
- 2009.6.13. 乙 사망, 丙과 丁 1/2씩 상속등기

제 10 절 : 공제적용의 한도

1. 개 요

상속세 과세가액에서 공제하는 기초공제 · 배우자공제 · 그 밖의 인적공제 · 일괄공제 · 금융재산상속공제 및 재해손실 · 동거주택 상속공제 등 각 항목별 공제의 합계액을 제한 없이 공제하는 것이 아니라 일정 한도액을 설정하여 공제한다. 상속공제 중 인적공제의 경우 피상속인이 부양의무자로서 부담하였을 생활비나 교육비 등을 감안하여 상속세를 과세하지 아니하도록 공제금액을 인정한다는 측면에서 상속인이 아닌 자가 상속받거나 유증 등을 받은 재산에 대해서는 상속공제를 배제하려는 측면과 사망 전 증여재산에 대해서는 증여당시 공제를 적용한 재산에 대하여 다시 상속공제를 인정하는 것은 이중으로 공제해 주는 측면 등을 고려하여 상속공제 한도액을 정하고 있다고 이해할 수 있다.

이러한 상속공제 한도액의 규정으로 인해 재산가액이 많지 않은 경우 모든 재산을 상속하였을 경우에는 상속세와 증여세를 납부하지 아니하여도 되는데 사망 전에 증여를 하게 되면 증여세 부담 외에 추가적인 상속세를 부담함으로써 현행 상속증여세법상 전체적인 세부담에 차이가 발생하고 있다.

2. 공제 한도액의 계산

2003.1.1. 이후 상속개시분의 경우 상속공제 한도액은 상속세 과세가액에서 다음의 어느 하나에 해당하는 가액을 뺀 금액으로 한다. 다만, 창업자금 및 가업승계에 대한 증여세

과세특례를 적용받은 증여재산의 경우 증여시기에 관계없이 전부 상속재산에 가산하여 상속세를 정산하고 이를 합산하는 경우 동 증여재산은 상속공제 한도액을 계산할 때 차감하지 아니하여 일반적 상속재산과 동일하게 상속공제를 적용받을 수 있다.

2016.1.1. 이후 상속개시분부터 ③의 금액은 상속세 과세가액이 5억원을 초과하는 경우에만 적용하도록 하여 모든 재산을 상속하는 경우 세금을 부담하지 않아도 되는데 상속개시 전에 증여함에 따라 증여세를 납부하고 다시 상속세를 추가 납부하여야 하는 불합리를 개선하였다.

2017.1.1. 이후 상속이 개시되는 분부터 선순위인 상속인이 아닌 상속인이 유증 등을 받은 재산의 가액에 대해서 상속공제를 적용하지 않도록 명확하게 규정하였다. 2016. 12.31. 이전 상속개시분의 경우 상속인이 아닌 자에게 유증 등을 한 재산가액에 대해서 상속공제를 적용하지 않도록 규정함에 따라 상속인(민법상 1순위에서 4순위까지)에 해당하는 손자녀・외손자녀 또는 형제자매 등이 유증 등을 받은 재산가액에 대한 상속공제 적용 여부에 논란이 있었다. 만약 손자 등이 유증 등을 받은 재산가액에 대하여 상속공제를 허용하면 선순위인 배우자와 자녀들이 모두 상속을 포기하고 손자 등이 상속받은 경우에는 상속공제가 배제되는 것과 형평성에 문제가 있으며, 조세심판원에서 대습상속인이 아닌 손자가 유증받은 2016.12.31. 이전 상속재산가액에 대하여 상속공제를 배제하는 것이 타당하다고 결정(조심 2014중5807, 2015.1.16.)한 사례가 있다.

① 선순위인 상속인이 아닌 자에게 유증(사인증여・증여채무 이행 중 증여자 사망으로 상속개시 후 소유권이 이전되는 증여를 포함함)을 한 재산의 가액
② 선수위인 상속인의 상속포기로 그 다음 순위의 상속인이 상속받은 재산의 가액
③ 상속세 과세가액에 가산한 증여재산가액(증여재산공제, 혼인・출산증여재산공제 및 재해손실공제를 받은 금액이 있는 경우에는 그 증여재산공제후 가액을 차감한 가액)

상속결격자의 직계비속 및 배우자가 대습상속받은 재산은 상속공제를 받을 수 있다.

2003.1.1. 이후 상속개시분부터 선순위 상속인의 상속포기로 인하여 다음 순위의 상속인이 상속받은 재산에 대해서도 상속공제를 적용하지 않는다. 즉, 피상속인의 자녀들이 모두 상속을 포기함으로써 손자 또는 외손자들이 상속받는 재산에 대해서도 손자 등이 유증 등을 받는 재산과 동일하게 보아 상속공제를 적용하지 않는다. 또한 증여이행 중에 증여자가 사망한 경우 해당 증여재산을 사인증여에 의하여 취득하는 재산과 동일하게 상속세만을 과세함에 따라 상속인 외의 자가 상속개시 후에 취득하는 증여재산에 대해서도

상속공제를 받을 수 없다.

3. 공제 한도액 개정연혁

상속공제 한도액의 계산방법에 대하여 몇 차례 개정을 하였는 바, 개정하기 전의 세법 내용이 일부 불합리한 점이 있었으나 해당 규정에 대하여 헌법재판소에서 모두 합헌 (2001헌바61, 2003.1.30.)이라고 결정하였고 개정된 내용에 대하여 소급 적용하는 부칙을 두고 있지 않기 때문에 상속개시 연도별로 해당 법조문을 적용하여야 한다.

상속공제적용의 한도 개정연혁		
1998.12.31. 이전	1999.1.1.~2000.12.31.	2001.1.1.~2002.12.31.
상속세과세가액－(상속인 외의 자에게 유증한 재산가액 ＋ 사망 전 증여재산 가산액)	상속세과세가액－(상속인 외의 자에게 유증한 재산가액 ＋ 사망 전 증여재산 가산액－배우자 증여재산공제액)	상속세과세가액－[상속인 외의 자에게 유증한 재산가액 ＋ (사망 전 증여재산 가산액*－증여재산공제액－재해손실공제액)]

* 2016.1.1.부터 상속세과세가액이 5억원 이하인 경우 사망 전 증여재산 가산액은 빼지 않음.

 관련 예규 · 심판결정례 및 판례 등

☐ 1999.1.1. 전 · 후 상속개시 여부를 구별해, 상속개시 전 "배우자로부터 증여받은 재산가액"에 대한 1998.12.28. 개정 전 · 후 공제적용의 한도규정을 각각 별도 적용함(대법원 2002두9193, 2003.1.10.).

☐ 계모가 남편 전처의 자녀에게 유증한 경우 일괄공제 등 적용 안됨(재산세과 - 313, 2012.9.6.).

☐ 상속인 외의 자가 유증받은 재산을 신고기한 이내에 상속인에게 반환한 경우 일괄공제 적용되며, 공제한도액 적용받지 않음(재산세과 - 3579, 2008.10.31.).

☐ 수유자가 유증을 포기하고 상속인들이 상속받은 경우 과세방법(서면4팀 - 537, 2005.4.11.)
피상속인이 보험계약자이고 수익자는 동생으로 지정한 생명보험금은 동생이 유증을 받은 것으로 보아 상속재산에 포함시키는 것이며, 동생이 보험금의 수령을 포기함에 따라 피상속인의 배우자와 자녀가 당해 보험금을 수취한 경우에는 최초로 상속재산을 분할하는 경우로 보아 증여세는 과세하지 아니하며, 동 보험금에 대해서는 상속공제가 가능함.

☐ 손자에게 유증한 재산 중 유류분 반환받은 재산은 상속공제 적용함(재삼 46014 - 2300, 1998.11.26.).

☐ 공제적용한도액 계산시 상속세과세가액에서 차감하는 증여재산가액에는 부담부 증여시 수증자가 인수한 채무액은 포함하지 않음(재삼 46014 - 237, 1999.2.3.).

□ 상속인 외의 자에게 상속재산 5억원과 은행채무 3억원을 유증한 경우 상속공제한도액 계산시 차감하여야 할 가액은 2억원임(조심 2012서4078, 2012.12.12.).

□ 손자에게 증여채무이행 중 사망한 경우 해당 재산도 상속공제 안됨(조심 2012중335, 2012.5.15.).

□ 상속세 과세가액에 가산되는 증여재산의 경우, 상속공제 한도액 계산시 2001.1.1. 이후 상속개시분부터 증여재산공제액이 차감되나 그 전 상속개시분은 그렇지 않음(국심 2001중2247, 2001.12.15.).

□ 상속공제한도액 계산시 상속세 과세가액에서 증여재산가액을 차감하고 증여재산공제를 적용하지 않음은 정당하며, 상속공제액을 임의로 적용함으로써 과소신고한 금액은 신고불성실가산세 적용됨(국심 2002서1035, 2002.7.15.).

□ 공제적용의 한도에 있어 상속개시 전 배우자로부터 증여받는 경우의 배우자증여재산 공제액만큼 증가되는 것은 1999.1.1. 이후 상속개시분부터 적용되나, 상속공제의 과다신고분은 신고불성실가산세 적용배제됨(국심 2000서2235, 2001.3.5.).

□ 후순위 상속인들이 상속받은 재산을 차감하고 공제 한도액 계산함(대법원 2016두60850, 2017.3.9.).

□ 상속세 과세가액에서 상속인이 아닌 자에게 유증 등을 한 재산의 가액과 상속세 과세가액에 가산한 증여재산가액을 차감한 가액을 상속공제적용의 한도로 함은 정당함(대법원 2002두12526, 2003.3.28.).

□ 사망 전 증여재산가액에 대하여 상속공제를 인정하지 않는 법률조항은 위헌 아님(헌재 2001헌바61, 2002헌바79[병합], 2003.1.30.).

사례 1 손자가 유증받은 재산을 반환하기 전·후 상속세액 비교

구 분		당 초 상속세 결정내용	유류분 반환 후 상속세 경정내용
상속받은 자	① 자녀 4명	0	8억원
	② 손 자	16억원	8억원
③ 상 속 세 과 세 가 액		16억원	16억원
④ 상 속 공 제 액(일괄공제)		0	5억원
⑤ 과 세 표 준		16억원	11억원
⑥ 산 출 세 액		4.8억원	2.8억원
⑦ 세 대 생 략 할 증 과 세 액 (⑥ × ①/③ × 30%)		1.44억원	0.42억원
⑧ 납 부 할 세 액 합 계(⑥+⑦)		6.24억원	3.22억원

㉮ 법정상속지분 : 자녀 4명 각각 1/4씩임 : 16억원 × 1/4 = 4억원

㉯ 유류분 청구권 행사시 반환받을 수 있는 재산 : 자녀 4명 각각 법정상속지분의 1/2임.
　－㉮ × 1/2 = 2억원

피상속인의 유언에 따라 모든 재산을 손자가 상속받은 경우에 상속재산가액에서 기초공제(2억원), 자녀공제, 일괄공제(5억원) 등 각종 상속공제를 받지 못한 금액에 상속세가 과세되고, 세대생략 할증과세가 적용됨(상속세액의 30% 추가 과세).

○ 법정상속인들이 일부의 상속재산이라도 취득하기 위해서는

피상속인이 손자에게 유증한 사실을 안 때로부터 1년 이내에 민법 제1115조에 의한 유류분 반환청구소송을 제기해야 하며 법정상속분의 2분의 1정도는 유류분으로 반환받을 수 있음.

○ 유류분반환청구 소송이 확정된 날부터 6월 이내에 상속세 경정청구를 해야 하며 확정판결에 따라 부동산 등 소유권이 법정상속인 명의로 이전된 것이 확인되면 그 재산가액에 대해서는 기초공제나 자녀공제 등 해당되는 상속공제를 적용하고 세대생략 할증세액을 재계산하는 등으로 상속세액을 다시 계산하여야 한다.

사례 2 상속세 과세가액, 상속공제액 및 상속공제 한도액 계산

가. 기본사항

- 상속개시일 : 2010.1.20.(상속개시일 현재 피상속인 甲은 국내에 거주함)
- 상속인 및 동거부양하는 가족 : 배우자(63세, 장애인), 子1(男, 32세), 子2(女, 18세), 母(75세)

나. 상속세 신고한 상속재산 분할내용

구 분	계	배우자	子1	子2	손자(유증)
A 부동산	32억원	22억원	10억원		
B 상장주식	15억원	–	–	10억원	5억원
C 예금	3억원	3억원			
D 금양임야	3억원		3억원		
증여재산가산액	18억원	10억원	3억원	3억원	2억원
금융기관 부채(상속개시 2년 전 발생)	14억원	6억원	4억원	4억원	
피상속인 체납세금	1억원			1억원	

* 배우자, 子1·2에게 2002년 증여하고, 손자에게 2006년 증여했고, 손자는 미성년자임.

다. 추가 확인한 내용

㉮ 상속개시 전 1년 이내에 처분한 E부동산의 매각대금 15억원 중 9억원은 A부동산 취득시 지출한 것으로 확인되나, 6억원에 대한 사용처는 불분명함.

㉯ E 부동산에 대한 양도소득세 1억원이 상속개시 후에 부과되어 子1이 납부함.

㉰ 평가액이 5억원인 F임대부동산을 子1에게 증여하기로 하여 子1이 사용·수익하고 있으나, 상속개시일 현재 소유권은 피상속인 명의로 등기되어 있음.

ⓑ G부동산은 제3자에게 3억원에 처분하고 잔금까지 수령하여 C예금계좌에 입금하였으나 상속개시일 현재 소유권은 피상속인 명의로 등기되어 있음.

ⓒ 잔고가 2억원인 H예금계좌는 처남 명의이나 피상속인이 지배관리한 것임.

ⓓ 상속개시일 현재 乙명의로 된 I주식(평가액 : 3억원)의 실소유자는 피상속인이며, 명의개서일에 乙에게 증여한 것으로 보아 증여세 과세한 사실을 확인함.

ⓔ 피상속인이 보험료를 불입한 생명보험금 2억원을 배우자가 수령하였으며, 피상속인의 교통사고 가해자로부터 3억원의 유족보상금을 배우자가 수령함.

ⓕ 피상속인이 사망 전에 근무하던 회사로부터 받을 수 있는 퇴직금 1억원을 지급받지 않기로 상속인이 포기한 사실을 확인함.

ⓖ 피상속인이 영리법인에게 빌려준 3억원을 받지 않기로 상속개시 전 2년 내에 채권포기한 사실이 있음.

ⓗ 장례비용으로 1,500만원(증빙있음)을 지출했으나 신고시 공제받지 아니함.

풀이

1. 상속재산의 가액 : 70억원

   A32 + B15 + C3 + D3 + ⓐ E4 + ⓒ F5 + ⓒ H2 + ⓓ I 3 + ⓔ 보험금 2 + ⓕ 퇴직금 1 = 70억원

   * 잔금수령한 G부동산, 유족보상금은 상속재산에서 제외

2. 증여재산가액 : 18억원 + ⓖ 3억원 = 21억원

3. 비과세재산 : 금양임야 3억원 중 2억원

4. 부채, 공과금 및 장례비용 : 14억원 + 체납세금 1억원 + ⓒ양도세 1억원 + ⓗ 1천 = 16.1억원

5. 상속세 과세가액 : 70억원 + 21억원 − 2억원 −16.1억원 = 72.9억원

6. 상속공제액

   ① 기초공제 : 2억원

   ② 배우자 상속공제액(㉠과 ㉡ 중 적은 금액) : 19억원

       ㉠ 실제 상속재산가액 : 22억원 + 3억원 −6억원 =19억원

       ㉡ 공제한도액 : [70억원 + 16억원 − (금양2억원 + 14억원 + 세금2억원 + 유증5억원)] × 3/7 − 증여재산의 과세표준 5억원 = 22억원

   ③ 그 밖의 인적공제 합계액 : 1.6억원

       ㉠ 자녀공제 2인 : 6천만원

       ㉡ 미성년자 공제 : 2년 × 500백만 = 1천만원

       ㉢ 연로자 공제(모친) : 3천만원

       ㉣ 장애인 공제(배우자) : 12년 × 500백만 = 6천만원

   ④ 일괄공제 적용 가능 : 5억원

       : ①기초공제와 ③그 밖의 인적공제액의 합계 3.6억원 <일괄공제 5억원>

   ⑤ 금융재산상속공제액 : 2.2억원 ≤ 2억원 ⇒ 2억원 공제 : 금융재산[B15억원 + C3억원 + H2억원 + I 주식3억원 + 보험금2억원) − 금융채무(14억원)] × 20% = 2.2억원

   ⑥ 항목별(① − ⑤) 상속공제합계액 : 19억원 + 5억원 + 2억원 = 26억원

   ⑦ 상속공제 한도액 : 52.5억원

       72.9억원 − (유증 5억원 + 증여재산 21억원 − 배우자증여공제 5억원 − 자녀 및 손자

증여재산공제 6천만원) = 52.5억원

⑧ 상속공제 가능액 : 26억원

7. 상속세 과세표준 : 72.9억원 − 26억원 = 46.9억원

제 6 장

상속세 과세표준 및 세액 계산

제 1 절 : 과세표준과 과세최저한

1. 과세표준

상속세의 과세표준이란 상속세율을 적용하여 세액을 산출하기 위한 기초가 되는 금액으로서 상속세 과세가액에서 기초공제, 가업·영농상속공제, 배우자·그 밖의 인적공제·일괄공제 및 금융재산상속공제 등 각종 상속공제액과 감정평가수수료를 뺀 가액을 말한다.

현행 상속세 과세방식은 유산세 과세체계로서 피상속인을 기준으로 모든 상속재산의 합계액에서 공과금·채무 등과 상속인의 구성 또는 상속재산의 구성에 따른 여러 가지 상속공제액을 차감하여 과세표준을 계산한다.

상속세 과세표준이 50만원 미만인 때에는 상속세를 부과하지 아니한다.

가. 피상속인이 거주자인 경우

거주자가 사망한 경우 총상속재산의 가액에서 비과세하는 상속재산과 공익법인 등 출연재산 과세가액 불산입, 피상속인이 변제할 의무가 있는 것으로 확인된 공과금·채무와 장례비용을 빼고 사망 전 증여재산가액을 가산한 후 각종 상속공제액과 감정평가수수료를 차감하여 과세표준을 계산한다.

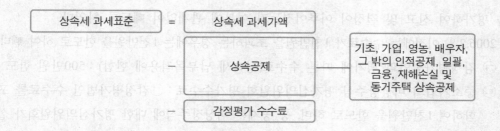

나. 피상속인이 비거주자인 경우

피상속인이 비거주자인 경우에도 거주자와 유사한 방법으로 상속세 과세표준을 계산하고 있다. 다만, 상속세 과세가액에서 공제하는 금액은 상속공제 중 기초공제(2억원)만을 적용하고 상속세 신고·납부를 하기 위하여 지출한 상속재산에 대한 감정평가수수료를 빼고 계산한다.

다. 상속재산의 감정평가수수료의 범위

2004.1.1.부터 상속·증여세를 신고하기 위하여 상속·증여재산을 감정기관이 평가함에 따라 다음에 해당하는 수수료를 지급한 경우 해당 수수료를 과세가액에서 뺀다.

① 부동산가격공시 및 감정평가에 관한 법률의 규정에 의한 감정평가업자(2015.2.2. 이전 감정평가법인)의 평가에 따른 수수료(상속세 납부목적용으로 한정한다). 해당 감정가액으로 상속세를 신고·납부한 경우에 한하여 뺀다.

② 비상장주식에 대한 신용평가전문기관 평가수수료

③ 서화·골동품 등 예술적가치가 있는 유형재산 평가에 대한 전문가 감정수수료. 2014.2.21. 이후 감정평가하는 분부터 뺀다.

①과 ③의 수수료 합계는 5백만원을 한도로 공제하며, 2006.2.9. 이후 중소기업 비상장주식에 대한 재산평가심의위원회에 평가를 의뢰하여 부담한 평가수수료(②)는 평가대상법인의 수 및 신용평가전문기관의 수별로 각각 1천만원을 한도로 하여 공제한다. 국세청 및 지방국세청에 설치된 평가심의위원회에서 납세자가 의뢰한 해당 중소기업 비상장주식을 직접 평가하는 경우에는 납세자가 부담하는 수수료가 없지만 평가심의위원회에서 직접 평가하지 못하고 신용평가전문기관에 평가를 의뢰하여 제출받은 평가가액을 납세자에게 제시하는 경우에는 신용평가전문기관에 지급할 수수료를 납세자가 부담하여야 한다. 이 경우 납세자가 부담한 비상장주식 평가수수료는 동 평가액으로 상속·증여재산

을 평가하여 신고 및 결정이 이루어졌는지 여부에 관계없이 빼도록 하였다.

2006.2.8. 이전에는 수수료가 1천만원을 초과하는 경우에는 1천만원을 한도로 하여 **뺀다**.

㉠ 감정평가법인의 평가에 따른 수수료(상속세 납부목적용에 한함) : 500만원 한도

㉡ 중소기업의 비상장주식 평가심의위원회 평가수수료 : ㉠감정평가법인 수수료를 포함하여 1천만원을 한도로 하며, 동 공제는 비상장주식에 대한 평가심의위원회가 설치·운영되는 2005.1.1. 이후 상속개시분부터 적용된다.

사례 개정 전후 감정평가수수료 공제액 비교

‖ 감정평가 등 수수료 지급액 ‖

(단위 : 백만원)

평가대상 재산	○○평가기관	△△평가기관	수수료 합계
A 부 동 산	600	700	1,300
B 비상장주식	1,200	1,300	2,500
C 비상장주식	1,100	1,100	2,200

‖ 감정평가 등 수수료 공제액 ‖

(단위 : 백만원)

평가대상 재산	2005.1.1.~2006.2.8.	2006.2.9. 이후 신청분	공제액 증가
A 부 동 산	500	500	0
B 비상장주식	500	2,000	1,500
C 비상장주식		2,000	2,000
공제액 합계	1,000	4,500	3,500

2. 과세최저한

상속세 과세표준이 50만원에 미달하면 상속세를 부과하지 아니한다. 이를 과세최저한이라 하며 피상속인이 거주자인 경우와 비거주자인 경우 동일하게 적용하며, 종전 20만원에서 2004.1.1.부터 50만원으로 상향조정하였다.

제 **2** 절 : 산출세액

상속세 과세표준의 구간에 따라 세율은 과세표준 1억원 이하 10%에서 30억원 초과 50%까지 5단계 누진세율을 적용하여 산출세액을 계산하고 세대를 건너뛴 상속의 경우에는 해당 산출세액의 30%를 산출세액에 가산한 금액을 산출세액으로 한다.

1. 세 율

2000.1.1. 이후 상속개시분 및 증여분에 대한 상속·증여세율은 과세표준의 구간에 따라 다음과 같으며 피상속인이 거주자인 경우와 비거주자인 경우 동일하게 적용한다.

과세표준	세 율	간편 계산식
1억원 이하	과세표준의 100분의 10	과세표준의 100분의 10
1억원 초과 5억원 이하	1천만원 + 1억원을 초과하는 금액의 100분의 20	과세표준 × 20% − 누진공제액 1천만원
5억원 초과 10억원 이하	9천만원 + 5억원을 초과하는 금액의 100분의 30	과세표준 × 30% − 누진공제액 6천만원
10억원 초과 30억원 이하	2억4천만원 + 10억원을 초과하는 금액의 100분의 40	과세표준 × 40% − 누진공제액 1억6천만원
30억원 초과	10억4천만원 + 30억원을 초과하는 금액의 100분의 50	과세표준 × 50% − 누진공제액 4억6천만원

▌연도별 세율 개정연혁 ▌

1996.1.1. 이전			1997.1.1.~1999.12.31.			2000.1.1. 이후		
과세표준	세율	누진공제	과세표준	세율	누진공제	과세표준	세율	누진공제
5천만원 이하	10%	−	1억원 이하	10%	−	1억원 이하	10%	−
2억5천만원 이하	20%	5백만원	5억원 이하	20%	10백만원	5억원 이하	20%	10백만원
5억5천만원 이하	30%	30백만원	10억원 이하	30%	60백만원	10억원 이하	30%	60백만원
5억5천만원 초과	40%	85백만원	50억원 이하	40%	160백만원	30억원 이하	40%	160백만원
			50억원 초과	45%	410백만원	30억원 초과	50%	460백만원

2. 세율개정에 따른 경과조치

2000.1.1. 이후 상속이 개시되거나 증여분부터 적용할 세율을 상향 개정하였는 바, 세율이 개정되기 전에 증여받은 재산을 개정 후 상속세 과세가액 또는 증여세 과세가액에 가산하여 상속세 또는 증여세를 과세하는 경우가 생길 수 있다. 사망 전 증여재산에 대한 합산과세의 경우 상속개시일 또는 뒤에 있는 증여일에 시행하는 세율을 적용할 경우 종전 증여재산에 대하여 개정된 세법을 적용함으로써 소급과세를 금지하는 국세기본법에 위배될 수 있다. 이에 따라 부칙 제5조에서 소급과세를 방지하기 위하여 "2000.1.1. 이전 증여분을 상속증여세법 제13조 및 제47조의 규정에 의하여 합산과세하는 경우로서 그 합산한 과세표준이 30억원을 초과하는 경우의 산출세액은 제26조의 개정규정에 불구하고 다음 각호의 구분에 따라 계산한다."고 규정하여 종전 증여재산에 대해서는 그 당시 세율을 적용하도록 하고 있다.

① 이 법 시행(2000.1.1.)전 증여분이 30억원을 초과하는 경우에는 다음 항목의 금액을 합산한 금액
  ㉠ 이 법 시행전의 증여분에 대하여는 종전의 제26조의 규정에 의한 산출세액
  ㉡ 이 법 시행후 상속·증여받은 재산에 상당하는 과세표준에 100분의 50을 곱하여 산출한 금액
② 이 법 시행전 증여분이 30억원 이하인 경우에는 다음 항목의 금액을 합산한 금액
  ㉠ 이 법 시행전의 증여분에 대하여는 종전의 제26조의 규정에 의한 산출세액
  ㉡ 과세표준을 30억원으로 하여 제26조의 규정에 의한 세율을 적용하여 계산한 금액에서 ㉠의 금액을 차감한 금액
  ㉢ 이 법 시행전 증여분을 합산한 과세표준에서 30억원을 차감한 잔액에 100분의 50을 곱하여 산출한 금액

| 사례 | 2000.1.1. 개정된 세율 적용례에 대한 부칙에 따른 세액 계산 |

❏ 증여한 재산 및 상속재산의 내역
  ○ 1999년 40억원을 배우자에게 증여함.
    ① 99년 배우자가 증여받은 재산 40억원에 대한 증여세액 : (40억원－5억원) × 40% － 160백만원 = 1,240백만원
  ○ 2000.1.1. 이후 증여자 사망, 상속재산 50억원에 증여재산 합산과세대상임.

풀이

○ 합산한 90억원에서 상속공제 15억원 적용한 후 과세표준 75억원에 대해 개정세율을 적용할 경우 상속세 산출세액 : 75억원 × 50% − 460백만원 = 3,290백만원
○ 부칙을 적용하여 세액을 산출한 경우
  ①의 세액(1,240백만원) + [(75억원 − 35억원) × 50%] = 3,240백만원

 관련 예규 · 심판결정례 및 판례 등

☐ 1999.12.31. 이전에 피상속인으로부터 증여받은 재산을 2000년 이후 상속재산에 합산과세시, '종전세율 적용대상 증여분'은 합산과세하는 증여재산에 대한 과세표준상당액(합산한 증여재산가액에 적용되는 상속공제액을 차감한 금액)으로 함(재산상속 46014 − 418, 2001.9.24.).

질의

1999.12.31. 이전에 피상속인으로부터 증여받은 재산을 2000년 이후 상속재산에 합산할 때, 관련부칙에 따라 개정전 세율을 적용할 금액이
(1안) 증여재산에 대한 증여세 과세표준인지
(2안) 증여재산에 대한 상속세 과세표준상당액(증여재산에서 상속공제한 금액, 상속공제가 적용되지 아니한 경우는 증여재산가액이 됨)인지
(3안) 상속세 과세표준을 증여재산과 상속재산으로 안분한 금액인지 여부

회신

상속증여세법(1999.12.28. 법률 제6048호로 개정된 것) 제26조의 개정내용에 대한 부칙 제5조의 규정에 의하여 1999.12.31. 이전의 "증여분"에 대하여 종전의 세율을 적용할 때에 '증여분'은 같은법 제13조의 규정에 의하여 합산과세하는 증여재산에 대한 상속세 과세표준상당액(합산한 증여재산가액에 적용되는 상속공제액을 차감한 금액)으로 하는 것이 타당함(2안 타당).

해설

사망 전 증여재산을 상속세 과세가액에 합산하여 과세하는 것은 분산증여를 통하여 누진세율의 적용을 회피하는 것을 방지하기 위한 세액계산의 특례규정으로서, 원래 증여행위를 부인하고 상속재산으로 보아 상속개시당시로 재산가액을 다시 평가하는 등으로 고유 상속재산과 동일하게 취급하여 상속세를 과세하는 것은 아니기 때문에 증여당시에 적용되던 세율이 세법개정으로 인상된 후에 상속이 개시된 경우에 사망 전 증여재산에 대해서 상속개시당시의 세율을 그대로 적용하여 상속세를 과세하는 것은 개정세법에 의하여 소급과세를 하는 문제가 발생하게 되므로 이를 방지하기 위해 1999.12. 세법개정시 최고세율을 인상하고 최고세율이 적용되는 구간을 확대하면서 1999.12.31. 현재 증여한 재산을 2000년 이후 상속개시분에 합산과세하는 경우에는 그 증여재산에 대하여 개정전의 세율을 적용하도록 규정하였는 바, 세율은 과세표준

을 기준으로 적용하는 것이므로 상속세 과세표준 중 사망 전 증여재산에 해당하는 과세표준액에 대해서는 개정전의 세율을 적용하고 나머지 부분은 개정세율을 적용함이 타당함. 즉, 상속세 과세가액에 합산하는 사망 전 증여재산가액에서 상속공제가 적용되는 금액(1999년 이후 배우자 증여분 5억원, 2001년 이후 자녀 1인당 증여분 3천만원 등)을 차감한 금액에 대하여 1999.12.31. 현재의 세율을 적용하여 계산한 상속세 산출세액에 상속세 총과세표준에서 위의 증여재산을 차감한 금액에 50%를 곱하여 계산한 금액을 합하여 상속세 산출세액을 계산하는 것이 타당하다고 할 것이다.

또한, 상속인 각자가 납부할 상속세액을 계산할 때에나 사망 전 증여재산에 대한 기납부 증여세액한도액을 계산할 때에도 상속세 과세표준 중 사망 전 증여재산에 대한 상속세 과세표준상당액이 차지하는 비율로 계산하고 있어, 산출세액을 계산하거나 안분하는 등의 경우에는 과세표준을 기준으로 함이 일관성 유지에도 합리적이라 할 것이다.

3. 세대를 건너뛴 상속에 대한 할증과세

세대를 건너뛴 상속에 대한 할증과세란 상속인 또는 수유자가 피상속인의 자녀를 제외한 직계비속인 경우에는 상속증여세법 제26조에 따른 상속세 산출세액에 일정한 금액을 할증하여 과세하는 것을 말한다.

즉, 상속세 산출세액에 상속재산(상속증여세법 제13조에 따른 상속재산에 가산한 증여재산 중 상속인 또는 수유자가 받은 증여재산 포함) 중 그 상속인 또는 수유자가 받았거나 받을 재산이 차지하는 비율을 곱하여 계산한 금액의 100분의 30에 상당하는 금액을 가산한다.

2016.1.1. 이후 상속개시분부터 피상속인의 자녀를 제외한 직계비속이면서 미성년자에 해당하는 상속인 또는 수유자가 받았거나 받을 상속재산의 가액이 20억원을 초과하는 경우에는 100분의 40에 해당하는 금액을 가산한다.

다만, 민법 제1001조에 따른 대습상속의 경우에는 할증과세를 하지 아니한다. 대습상속이란 할아버지와 할머니가 사망하기 전에 아버지가 먼저 사망하였거나 상속결격자가 됨으로써 그의 직계비속인 손자가 아버지의 순위에 갈음하여 상속인이 된 경우(어머니가 외조부모보다 먼저 사망하거나 상속결격자가 되는 경우에도 동일함)를 말한다.

다음 계산식에서 '총상속재산가액'은 상속세 과세가액 상당액을 말하며, 상속재산에 가산한 증여재산 중 상속인 또는 수유자가 아닌 자가 받은 증여재산이 상속세 과세가액에 포함되어 있는 경우에는 그 가액을 뺀다. 또한, '피상속인의 자녀를 제외한 직계비속이 상속받은 재산가액'에는 상속세 과세가액에 가산한 해당 직계비속이 증여받은 재산가액은 포함하지 아니한다(상속증여세과-1016, 2016.9.20.).

$$\text{할증과세 상속세액} = \text{산출세액} \times \frac{\text{피상속인의 자녀를 제외한 직계비속이 상속받은 재산가액}}{\text{총상속재산가액}} \times 30\%(\text{또는 } 40\%)$$

　이러한 세대생략 할증과세는 세대 간에 정상적으로 상속할 경우에 부담할 상속세액과 세대를 건너뛰고 상속할 경우에 부담하는 상속세액에 형평을 유지하기 위하여 1994.1.1. 이후 상속개시분부터 적용하였으며, 1994~1996년 기간 중의 상속개시분의 경우 할증과 세율이 20%이다.

 관련 예규 · 심판결정례 및 판례 등

❏ 수유자가 친정 조카의 아들(從孫)인 경우에는 할증과세를 안함(재삼 46014 - 1119, 1999.6.10.).

❏ 세대생략에 따른 할증과세규정 적용시 계모와 전처소생의 자녀(손자 포함)는 직계존비속에 해당하지 아니하는 것임(서면4팀 - 3616, 2006.11.1.).

❏ 손자가 증여받은 재산을 합산과세하는 경우에도 손자가 상속 또는 유증받은 재산이 없는 경우에는 다시 할증과세 안함(재산세과 - 149, 2010.3.10., 재삼 46014 - 99, 1999.1.8.).

❏ 세대를 건너뛴 상속에 대한 할증과세규정 적용시 1991.1.1.부터 적용되는 민법에서는 외조부와 외 손자는 직계존비속 관계로서 할증과세대상임(재재산 46014 - 177, 1996.4.18.).

❏ 조부의 상속재산을 분할하기 전에 父가 사망하여 조부의 상속재산이 손자에게 직접 상속등기된 경우 에도 조부로부터 父로 상속된 후 손자에게 재상속된 것에 해당되므로 세대생략 상속에 대한 할증과세 규정은 적용하지 아니하며, 단기재상속에 대한 세액공제 가능함(서일 46014 - 10361, 2002.3.19.).

❏ 배우자 상속공제시 법정상속액 및 세대할증 상속세액 계산시 상속재산에는 처분재산 중 사용처 불 분명으로 가산된 추정상속재산도 포함됨(재삼 46014 - 1069, 1999.6.4.).

제 3 절 : 세액공제 및 결정세액 계산

1. 개 요

　상속세의 과세표준 구간에 따른 세율을 곱하여 상속세를 산출하고 세대생략 상속의 경우 할증세액을 가산하여 산출세액을 계산하며 신고세액공제, 증여세액 공제 등 각종 세액공제를 적용하여 납부할 세액을 계산한다.

상속세 산출세액에서 공제하는 세액공제는 상속개시일 전 일정기간 내의 증여재산을 상속세 과세가액에 가산하여 상속세를 부과함으로써 동일한 재산에 대하여 증여세와 상속세가 이중으로 부과되는 것을 방지하기 위한 증여세액공제, 거주자가 사망한 경우 외국에 있는 상속재산에 대해서 외국과 국내에서 이중으로 상속세가 과세되는 것을 방지하기 위한 외국납부세액공제, 단기간 내에 2회 이상 상속이 개시되는 경우에 상속세 부담이 과도해지는 것을 방지하기 위한 단기재상속에 대한 세액공제제도가 있으며 법정신고기한 내에 상속세를 성실하게 신고하도록 유도하기 위한 신고세액공제가 있다.

> **♫ 결정세액의 계산**
>
> 상속세 납부할 세액(결정세액)
> = {(산출세액 + 세대를 건너뛴 상속에 대한 할증과세) − (증여세액공제 + 외국납부세액공제
>   + 단기재상속에 대한 세액공제 + 문화재자료 등의 징수유예 + 신고세액공제)}

2. 증여세액 공제

가. 개 요

증여세액공제란 상속세 과세가액에 상속개시일 전 10년 또는 5년 이내에 상속인 또는 상속인 외의 자에게 증여한 재산의 가액을 가산하는 경우 그 가산한 증여재산에 대한 증여세액(증여 당시의 당해 증여재산에 대한 증여세 산출세액을 말함)을 상속세 산출세액에서 공제하는 것을 말한다.

다만, 상속세 과세가액에 가산하는 증여재산에 대하여 국세기본법 제26조의2 제4항 또는 제5항에 따른 부과제척기간의 만료로 인하여 증여세가 부과되지 아니하는 경우에는 증여세액을 공제하지 아니한다.

이와 같이 증여세액공제를 하는 것은 동일한 재산에 대하여 증여세를 과세하고 또다시 상속세를 과세함으로써 이중의 과세를 하는 결과를 가져오므로 이를 방지하기 위한 것이다.

나. 공제방법

상속재산에 가산한 증여재산가액이 있는 경우에는 증여재산에 대하여 과세된 증여세액(증여 당시의 당해 증여재산에 대한 증여세 산출세액을 말함)을 상속세 산출세액에서 공제한다. 증여세액으로 공제하는 금액은 실제 납부한 증여세액을 의미하는 것이 아니라 증여세 산출세액 상당액을 말한다. 즉, 산출세액에서 신고세액공제를 차감하지 않고 가산세를 가산하지 아니한 금액을 말하며, 증여세 산출세액 상당액을 제한없이 공제하는 것이 아니라 상속세 산출세액에 상속재산(상속재산에 가산하는 증여재산을 포함함)의 과세표준에 대하여 가산한 증여재산의 과세표준이 차지하는 비율을 곱하여 계산한 금액을 한도로 공제한다.

다만, 가산하는 증여재산의 부과제척기간의 만료로 증여세가 부과되지 아니한 경우에는 공제하지 않으며, 2016.1.1. 이후 상속개시분부터 상속세 과세가액이 5억원 이하인 경우에는 상속공제를 적용받을 수 있으므로 해당 증여재산에 대한 증여세액은 공제하지 않는다.

다. 공제한도액 계산방법

사망 전 증여재산을 합산과세하는 것은 분산증여를 통해 누진세율을 회피하는 것을 방지하기 위한 상속세액 계산특례의 성격을 가지고 있다. 이러한 취지에서 합산과세규정을 적용할 때 세율을 인하하는 세법개정이 있을 경우 사망 전 증여재산을 가산하지 않고 계산한 상속세액보다 가산하여 부과하고 기납부증여세액을 공제한 후의 상속세액이 적어지는 경우가 발생할 수 있다. 즉, 증여 당시 적용한 증여세율은 50%이었는데 해당 증여재산을 가산한 후에 상속개시 당시 적용하는 상속세율이 40% 등으로 인하된 경우 등에는 오히려 증여재산의 가산 및 기납부증여세액 공제를 적용하지 아니한 경우보다 납부할 상속세액이 줄어들거나 심지어 상속세를 환급하는 등의 문제가 생길 수 있으며 이렇게 되면 사망 전 증여재산의 합산과세 취지는 없어지고 개정세법을 소급 적용하는 결과가 될 것이다.

이에 따라 가산하는 증여재산에 상응하는 상속세 산출세액 상당액을 공제한도액으로 설정하고 있다고 볼 수 있으며, 상속개시 당시 상속세율이 증여 당시 증여세율과 같거나 높은 경우에는 기납부증여세 공제한도액은 적용되지 아니할 것이다.

① 수증자가 상속인 또는 수유자가 아닌 경우 공제한도액

상속세 산출세액에 상속세 과세표준 중 상속인 등이 아닌 자가 증여받은 재산에 대한 증여세 과세표준이 차지하는 비율을 곱하여 계산한 금액을 한도액으로 계산한다.

$$공제한도액 = 상속세\ 산출세액 \times \frac{상속재산에\ 가산한\ 증여재산에\ 대한\ 증여세\ 과세표준}{상속세\ 과세표준(상속재산에\ 가산한\ 증여재산\ 포함)}$$

② 수증자가 상속인 또는 수유자일 경우 공제한도액

상속재산에 가산하여 과세한 증여재산의 수증자가 상속인 또는 수유자일 경우에는 당해 상속인 또는 수유자 각자가 납부할 상속세액에 그 상속인 또는 수유자가 받았거나 받을 상속재산에 대한 상속세 과세표준 상당액에 대하여 가산한 증여재산의 과세표준이 차지하는 비율을 곱하여 계산한 금액을 한도로 각자가 납부할 상속세액에서 공제한다. 이 경우 상속인 또는 수유자 각자가 납부할 세액은 "상속세 납부의무자"에서 기술한 내용과 같다.

$$공제한도액 = 각자\ 납부할\ 상속세\ 산출세액 \times \frac{상속재산에\ 가산한\ 각자의\ 증여재산에\ 대한\ 증여세\ 과세표준}{상속인 \cdot 수유자별\ 상속세\ 과세표준}$$

▌증여세액 공제방법의 변경내용(요약) ▌

구 분	종전예규(재재산 46014 - 253 1997.7.25.)	2000.8.26. 이후 결정(증액경정)분
증여세액 공제액	Min(①, ②) ① 증여세 산출세액 ② 상속인별 납부할 상속세액 × 증여재산가액 / 상속세과세가액	Min(①, ②) ① 증여세 산출세액 ② 상속인별 납부할 상속세액 × 증여세과세표준 / 상속세과세표준
상속인별 납부할 상속세액	각 상속인별 상속세 과세가액(증여재산을 포함함) 점유비율로 계산함.	각 상속인별 상속세 과세표준(증여재산을 포함함) 점유비율로 계산함.
상속인별 과세표준 배분방법	-	사망 전 증여재산은 이를 받은 상속인에게 직접 배분하고, 나머지는 과세가액으로 안분

➡ 2001.1.1. 상기 예규내용을 상속증여세법 시행령 제20조의4에 반영함.

사례 1 기납부증여세 공제한도액 개정 전후 한도액 계산

❏ 증여재산, 상속재산 및 산출세액 내역
  ○ 상속인 외의 자(타인)가 증여받은 재산 : 20억원(증여세 6.4억원)
  ○ 상속재산 30억원(상속인은 배우자만 있음)
  ○ 상속세 과세표준 20억원, 산출세액은 6.4억원으로 계산됨.
❏ 기납부증여세 공제한도액 비교
  (종전) : 6.4억원(산출세액)×20억원/(20억원+30억원) = 2.56억원
  (개정) : 6.4억원(산출세액)×20억원/20억원 = 6.4억원
  * 배우자 상속분 30억원은 전액 공제되므로 상속세 산출세액은 전부 제3자의 기납부증여세액으로
    전액 공제되도록 하여 추가 납부세액이 발생하지 않도록 함.

사례 2 父와 母로부터 증여받고 父가 사망한 경우 증여세액공제 적용방법

❏ 사실관계
  – 父와 母로부터 동시에 증여받고 6년 후 父가 사망함

증여자	증여재산	합산대상	과세가액	증여공제	과세표준	산출세액	비고
父	1억원		1억원				동시 증여
母	1.5억원	1억원	2.5억원	3천만원	2.2억원	34,000,000원	

(쟁점)
① 父의 상속재산에 가산할 증여재산가액이 1억원인지 안분한 88백만원(2.2억원×1억원
  /2.5억원)인지
② 기납부증여세 공제금액 어떻게 계산하는지

풀이

부와 모로부터 증여받고 부가 사망한 경우 상속세 계산 시 부의 증여분에 대한 증여세액공제
는 부와 모의 증여재산을 합산하여 계산한 증여세 산출세액을 증여재산가액으로 안분하여 계
산함(재산세과－81, 2013.3.18.).
① 상속재산에 가산하는 父의 증여재산은 1억원이며
② 父의 증여재산에 상당하는 증여세액은 13,600,000원임.

 관련 예규·심판결정례 및 판례 등

❏ 상속인 외의 자 증여재산 합산과세시 상속인별 납부세액계산(재재산 46014－247, 2000.8.26.)
  상속인 등의 각자가 납부할 상속세 산출세액은 상속세 산출세액에서 상속인 등 외의 자의 상속

재산에 가산하는 증여재산에 대한 증여세 산출세액을 차감한 잔액을 상속인 등 각자가 받았거나 받을 재산에 대한 상속세 과세표준의 비율로 안분계산 하는 것임.

☐ 증여세액 공제한도액 계산(재재산 46014 – 138, 2000.5.4.)

상증법 제13조에 따라 상속재산에 가산한 증여재산에 대한 증여세액은 같은법 제28조 제1항에 따라 상속세 산출세액에서 공제하며, 공제할 증여세액은 상속세 산출세액에 상속세과세표준중 가산한 증여재산에 대한 증여세 과세표준이 차지하는 비율을 곱하여 계산한 금액이 한도임.

☐ 父와 母 증여재산합산과세 후 父사망시 증여세액공제방법(재산상속 46014 – 1826, 1999.10.13.)

父와 母로부터 각각 증여받은 재산을 상증법 제47조 제2항에 따라 합산과세하는 경우로서 父의 사망으로 인하여 父로부터 증여받은 재산을 상속세 과세가액에 합산하는 경우, 같은법 제28조 제1항에 따라 기납부세액으로 공제할 父의 증여재산에 대한 증여세액은 父 · 母의 증여재산을 합산하여 계산한 증여세 산출세액 중에서 父의 증여재산에 상당하는 세액을 말하는 것으로서 증여세액을 재계산하지 않음.

☐ 손자가 증여받고 조부 사망시 대습상속인이 된 경우 10년 이내 증여재산을 상속재산에 가산하고 그 증여재산에 대한 증여세산출세액에 세대생략가산액을 포함하여 상속세산출세액에서 공제함이 타당함(대법원 2016두54275, 2018.12.13.).

☐ 세대생략 증여세 할증과세액은 기납부증여세액으로 공제 안됨(서일 46014 – 11365, 2002.10.18., 재삼 46014 – 99, 1999.1.18., 조심 2013중294, 2013.3.21., 국심 2001서104, 2001.4.3.).

☐ 상속재산에 가산한 증여재산에 대한 증여세액은 당해 증여재산의 수증자가 상속인 또는 수유자일 경우에는 각자가 납부할 상속세액에서 이를 공제하는 것이며, 그 공제할 증여세액이 수증자인 상속인 또는 수유자 각자가 납부할 상속세산출세액을 초과하는 때에는, 그 초과된 금액은 없는 것으로 보는 것임(재삼 46014 – 495, 1994.2.24.).

☐ 피상속인이 특정법인에게 재산 증여 후 5년 내 사망시, 상속재산에 가산하고 증여세 산출세액 상당액을 상속세 산출세액에서 공제하며, 특정법인의 최대주주 등이 납부했거나 납부할 증여세액은 공제하지 않음(서일 46014 – 10775, 2002.6.7.).

☐ 영리법인에 증여한 재산 합산과세시 기납부세액 공제방법(상속증여세과 – 544, 2013.9.3.)

상속개시 전 5년 이내에 피상속인이 영리법인에 증여한 재산이 있어 상속재산에 가산한 경우 상속세 산출세액에서 가산한 증여재산에 대한 증여세 산출세액상당액을 공제함.

☐ 영리법인에 2회 증여재산 합산과세시 기납부세액 공제방법(재산상속 46014 – 2182, 1999.12.31.)

피상속인으로부터 같은 연도에 2차에 걸쳐 영리법인이 증여받은 재산을 상속재산에 가산한 경우 상속세 산출세액에서 공제할 "증여세액"은 1차 증여재산에 대한 증여세 산출세액과 1 · 2차 증여재산을 합산한 금액에 대한 증여세 산출세액에서 기납부세액(1차 증여재산에 대한 증여세 산출세액상당액)을 차감한 후의 세액을 합산한 금액을 말함.

❏ 공제할 증여세액은 증여 당시 증여세 산출세액을 의미함(대법원 2017두35738, 2017.5.26.).

증여 당시에는 배우자로서 배우자공제를 적용받고 증여세를 납부했으나 이혼으로 상속개시 당시에는 배우자에 해당하지 아니한 경우 배우자공제를 적용하지 않고 계산한 증여세액을 기납부세액으로 공제해야한다는 원고 주장은 타당하지 아니함.

❏ 상속세 산출세액에서 공제할 증여세액(증여당시의 증여세 산출세액)은 실지부담한 증여세의 합계액으로 함(국심 2002중3235, 2003.2.10.).

❏ 재차증여 합산과세시 공제할 기납부증여세액의 한도 제한에 관한 규정이 조세법률주의에 위배되거나 위임의 근거가 없어 무효의 규정이라고 볼 수 없음(대법원 2000두475, 2001.9.14.).

사례 1 재차 증여재산 중 일부를 상속세 합산과세하는 경우 기납부증여세 계산

❏ 배우자가 증여받은 재산 및 증여세 합산과세 내용

(단위 : 백만원)

증여일자	① 증여재산 가액	② 합산 증여가액	③ 합계 (① +②)	④ 증여 공제	⑤ 과세 표준	⑥ 산출 세액	⑦ 기납부 증여세액	⑧ 차감 후 세액 (⑥-⑦)
1999.10.1.	700		700	500	200	30		30
2000.4.1.	500	700	1,200	500	700	150	30	120
2001.5.1.	200	1,200	1,400	500	900	210	150	60
2008.12.1.	500	1,400	1,900	500	1,400	400	210	190

- 상속개시일 : 2011.2.1.

[쟁점]

상속재산에 가산하는 2000, 2001, 2008년도 증여분 12억원에 대한 증여세액을 재계산할 것인가?, 각 증여시 추가납부할 세액(⑧)의 합계액 370백만원(120+60+190)을 기납부증여세액으로 볼 것인가?

[풀이]

⑧란 증여세액의 합계액에 의함.

○ 상속개시일로부터 10년 이내에 배우자에게 증여한 재산을 합산과세하므로 1999.10.1. 증여재산을 제외한 12억원을 합산과세하게 되는 바

○ 12억원에서 증여재산공제를 차감하여 증여세를 다시 산출할 경우 증여세액은 120백만원으로 계산되는바, 2000, 2001, 2008년도 증여재산의 경우 증여재산공제(5억원)를 적용하지 않고 더 높은 세율에 의한 증여세를 납부하였음에도 실제 납부세액보다 훨씬 적은 세액을 공제받게 되는 불합리한 점이 있음.

○ 즉 사망 전 증여재산을 상속재산에 가산하여 합산과세하는 것은 분산증여에 따른 누진세율

> 회피를 방지하기 위한 세액계산의 특례일 뿐이지, 기왕에 증여세를 납부한 재산(증여재산 공제액 상당액)에 대하여 다시 상속세 명목으로 과세함으로써 이중과세가 되어서는 아니될 것이므로 실제 납부한 상당액을 공제함이 타당함(재삼 46014-241, 1999.2.3., 대법원 97누 13148, 1998.11.13. 같은 뜻임).

사례 2 상속인·수유자별 납부할 상속세 산출세액(서식 ⑥) 및 기납부증여세 공제액(서식 ⑦기납부증여세액 중 ⓒ공제할세액) 계산

❏ 상속인·수유자별 상속받은 재산 및 사망 전 증여재산 현황

(단위 : 백만원)

구 분		합 계	처 (상속인)	장남 (상속인)	차남 (상속인)	손자 (수유자)
① 상속재산가액 (채무 등 차감 후 금액)		1,800	1,000	200	400	200
② 증여재산 가산액		2,000	700	800		500
③ 상속세 과세가액(①+②)		3,800	1,700	1,000	400	700
④ 상속공제액 계		1,400				
⑤ 각자의 상속세 과세표준		2,400				
⑥ 각자의 상속세 산출세액		800				
⑦ 기 납 부 증여세액	ⓐ 산출세액	285	30	171		84
	ⓑ 공제한도액					
	ⓒ 공제할세액					
⑧ 차감세액(⑥-ⓒ)						
⑨ 세대생략 할증세액						
⑩ 납부할 세액						

○ 추가 참고자료
  - 피상속인이 2002년도에 배우자, 장남 및 손자에게 증여한 것으로 가정
  - 상속공제 합계액은 1,400백만원으로 가정

풀이

▌1단계 계산 : 상속인·수유자별 상속세 과세표준 배분

1. 상속인·수유자별 직접 배분한 상속세 과세표준
  * 증여재산 가산액의 증여세 과세표준(상속공제가 배제되는 금액을 의미함)
  ① 배우자의 직접 배분한 과세표준 : 200백만원
  (증여재산공제액 5억원 공제, 2003.1.1. 이후 3억원 공제)

② 장남의 직접 배분한 과세표준 : 770백만원

(증여재산공제액 3천만원)

③ 손자의 직접 배분한 과세표준 : 470백만원

(증여받은 500백만원에 대한 3천만원 증여재산공제 가능)

2. 상속세 과세가액으로 배분한 상속세 과세표준 : 960백만원

○ 전체 상속세 과세표준(2,400백만원) - 직접 배분한 과세표준(1,440백만원)

○ 과세표준 배분기준으로 삼는 상속세 과세가액 : 1,800백만원

＊ 배우자(1,000백만원) + 장남(200백만원) + 차남(400백만원) + 손자(200백만원)

＊ 증여재산 가산액을 제외한 상속재산의 과세가액을 의미함.

④ 배우자의 과세가액으로 배분한 과세표준 : 533백만원

＊ 960백만원 ×(1,000백만원 ÷ 1,800백만원)

⑤ 장남의 과세가액으로 배분한 과세표준 : 107백만원

＊ 960백만원 × (200백만원 ÷ 1,800백만원)

⑥ 차남의 과세가액으로 배분한 과세표준 : 213백만원

＊ 960백만원 × (400백만원 ÷ 1,800백만원)

⑦ 손자의 과세가액으로 배분한 과세표준 : 107백만원

＊ 960백만원 × (200백만원 ÷ 1,800백만원)

▌2단계 계산 : 상속인·수유자별 상속세 산출세액 배분

1단계에서 계산한 상속인·수유자별 상속세 과세표준(1+2)으로 배분

구 분	합 계	배우자	장남	차남	손자
과세표준	2,400	733 (① + ④)	877 (② + ⑤)	213 (⑥)	577 (③ + ⑦)
상속세 산출세액	800	244.3	292.3	71	192.4

＊ 산출세액(800백만원) × (각자의 과세표준 ÷ 전체의 과세표준)

▌3단계 계산 : 상속인·수유자별 증여세액공제액 계산

⑧ 배우자의 증여세액공제 : Min(㉠, ㉡) 30백만원 공제

㉠ 배우자의 증여재산 700백만원에 대한 증여세 산출세액 : 30백만원

㉡ 공제한도액 : 66.7백만원

배우자의 산출세액 × 배우자의 증여세 과세표준(200백만원)
(244.3백만원) ─────────────────────────────
배우자의 상속세 과세표준(733백만원)

⑨ 장남의 증여세액공제 : Min(㉠, ㉡) 171백만원 공제

㉠ 장남의 증여재산 800백만원에 대한 증여세 산출세액 : 171백만원

㉡ 공제한도액 : 256.7백만원

장남의 산출세액 × 장남의 증여세 과세표준(770백만원)
(292.3백만원) ─────────────────────────────
장남의 상속세 과세표준(877백만원)

⑩ 손자의 증여세액공제 : Min(㉠, ㉡) 84백만원 공제

㉠ 손자의 증여재산 500백만원에 대한 증여세 산출세액 : 84백만원

ⓒ 공제한도액 : 156.6백만원

$$\text{손자의 산출세액} \atop (192.4백만원) \times \frac{\text{손자의 증여세 과세표준(470백만원)}}{\text{손자의 상속세 과세표준(577백만원)}}$$

사례 3 **상속인·수유자별 납부할 상속세 산출세액 및 기납부 증여세액 한도액 계산**

❏ 상속재산의 배분내용 및 사망 전 증여재산 가산액

구 분	합 계	처 (상속인)	장남 (상속인)	차남 (상속인)	삼남 (상속인)	손자 (수유자)	종로(주) (수증자)
①상속재산 가 액	3,452,222,896	1,714,238,777	464,567,772	471,525,317	423,981,030	377,910,000	0
②증여재산	680,000,000	200,000,000	250,000,000	80,000,000			150,000,000
③과세가액 (①+②)	4,132,222,896	1,914,238,777	714,567,772	551,525,317	423,981,030	377,910,000	150,000,000
④상 속 공제계	2,252,041,016						

※ 각자의 과세가액은 각자의 상속받은 재산가액에서 비과세상속재산과 승계한 채무, 공과금, 장
례비용(법정지분율)을 차감하여 계산한 것임.

풀이

1단계	상속인·수유자에게 배분할 상속세 산출세액을 계산 : 총 산출세액에서 상속인 외의 자가 증여받은 재산에 대한 기납부증여세액을 차감함.
2단계	상속인·수유자별 상속세 과세표준 배분금액 계산 ① 상속인·수유자별 배분할 상속세 과세표준 계산 : 총 상속세 과세표준－상속인 외의 자의 증여재산에 대한 증여세 과세표준 ② 상속인·수유자에게 직접 배분할 상속세 과세표준 계산 : 사망 전 증여재산에 대한 증여세 과세표준(상속공제 배제분) ③ 남은 과세표준(총 과세표준－①－②)을 상속인·수유자별 상속세 과세가액(사 망 전 증여재산은 제외)으로 안분 ④ 상속인·수유자별 상속세 과세표준 합계 : ② + ③
3단계	상속인·수유자별 납부할 상속세 산출세액을 계산 : 1단계의 상속세 산출세액을 2단계 ④번의 상속인·수유자별 상속세 과세표준의 점유비율로 안분함.

▌1단계 계산

❏ 종로(주)의 기납부증여세 공제액을 계산하고, 이를 산출세액에서 차감하여 상속인별로 배
분할 상속세액 계산

○ 수증자 종로(주)의 기납부증여세공제액 계산(ⓐ와 ⓑ중 적은 금액을 공제)

－ⓐ종로(주)의 증여재산 150,000,000에 대한 증여세산출세액 : 20,000,000원

－ⓑ공제한도액 : $\dfrac{\text{상속세산출세액}}{(608,317,050)} \times \dfrac{\begin{array}{c}\text{증여세 과세표준}\\(150,000,000)\end{array}}{\begin{array}{c}\text{상속세 과세표준}\\(1,880,181,880)\end{array}} = 48,531,239$원

○ 상속인별로 배분할 상속세액 계산

608,317,050원 － 20,000,000원 = 588,317,050원 … 차감후 세액

▌2단계 계산

❑ 상속인별로 상속세 과세표준을 배분

○ 상속공제를 받을 수 없는 증여세과세표준 등은 이를 증여·유증받은 상속인에게 직접 배분하고, 나머지 금액은 상속인별 과세가액으로 배분함.

－상속세과세표준(1,880,181,880) － 수증자 종로(주)의 증여재산가액(150,000,000)

= 1,730,181,880원이 상속인별로 배분할 과세표준임 ……………………… ㉮

○ 과세가액으로 배분할 과세표준 : 1,730,181,880 － (직접배분 : 270,000,000원

= 220,000,000 + 50,000,000) = 1,460,181,880원

＜처의 과세표준＞ 752,954,997원 = (㉯ + ㉰)

－직접 배분한 과세표준(증여재산과세표준) : 0 ………………………………… ㉯

사망 전 증여재산가액 2억원이 증여재산공제액 5억원에 미달되므로 직접 배분없음.

－과세가액으로 배분한 과세표준 : 752,954,997원 ……………………………… ㉰

$1,460,181,880 \times \dfrac{1,914,238,777}{3,712,222,896} = 752,954,997$원

※ 3,712,222,896 = 4,132,222,896 － (270,000,000 (장남과 차남의 증여세 과세표준 합계)

+ 150,000,000)

＜장남의 과세표준＞ 414,535,436원 = (㉱ + ㉲)

－직접 배분한 과세표준(증여재산과세표준) : 220,000,000원 …………………… ㉱

※ 250,000,000 － 30,000,000 = 220,000,000(증여세 과세표준)

－과세가액으로 배분한 과세표준 : 194,535,436원 …………………………… ㉲

$1,460,181,880 \times \dfrac{494,567,772}{3,712,222,896} = 194,535,436$원

※ 494,567,772 = 714,567,772 － 220,000,000(직접배분)

＜차남의 과세표준＞ 247,272,146원 = (㉳+㉴)

－직접 배분한 과세표준(증여재산과세표준) : 50,000,000원 …………………… ㉳

－과세가액으로 배분한 과세표준 : 197,272,146원 …………………………… ㉴

$1,460,181,880 \times \dfrac{501,525,317}{3,712,222,896} = 197,272,146$원

※ 501,525,317 = 551,525,317 － 50,000,000(직접배분)

＜삼남의 과세표준＞ 166,770,540원(㉵)

－과세가액으로 배분한 과세표준 : 166,770,540원 …………………………… ㉵

$$1,460,181,880 \times \frac{423,981,030}{3,712,222,896} = 166,770,540원$$

<손자의 과세표준> 148,648,761원(㉜)

－ 과세가액으로 배분한 과세표준 : 148,648,761원 ·················· ㉜

$$1,460,181,880 \times \frac{377,910,000}{3,712,222,896} = 148,648,761원$$

▌3단계 계산

❏ 상속인별로 상속세 산출세액 상당액을 배분

1단계에서 계산한 차감 후 세액 588,317,050원을 상속인별 과세표준으로 안분

○ 처의 상속세 산출세액 상당액

$$588,317,050 \times \frac{752,954,997}{1,730,181,880} = 256,028,726원$$

○ 장남의 상속세 산출세액 상당액

$$588,317,050 \times \frac{414,535,436}{1,730,181,880} = 140,955,276원$$

○ 차남의 상속세 산출세액 상당액

$$588,317,050 \times \frac{247,272,146}{1,730,181,880} = 84,080,420원$$

○ 삼남의 상속세 산출세액 상당액

$$588,317,050 \times \frac{166,770,540}{1,730,181,880} = 56,707,305원$$

○ 손자의 상속세 산출세액 상당액

$$588,317,050 \times \frac{148,648,761}{1,730,181,880} = 50,545,323원$$

▌4단계 계산

❏ 상속인별 기납부증여세 공제액 계산

○ 장남의 기납부증여세액 : ⓐ와 ⓑ중 적은 금액인 34,000,000원을 공제

－ ⓐ 장남의 증여재산 250,000,000에 대한 증여세산출세액 : 34,000,000원

－ ⓑ 공제한도액 : $\boxed{\begin{array}{c}\text{장남의 산출세액}\\(140,955,276)\end{array}} \times \dfrac{\text{장남의 증여세과세표준}(220,000,000)}{\text{장남의 상속세과세표준}(414,535,436)}$

= 74,807,020원

○ 차남의 기납부증여세액 : ⓐ와 ⓑ중 적은 금액인 5,000,000원을 공제

－ ⓐ 차남의 증여재산 80,000,000에 대한 증여세산출세액 : 5,000,000원

－ ⓑ 공제한도액 : $\boxed{\begin{array}{c}\text{차남의 산출세액}\\(84,080,420)\end{array}} \times \dfrac{\text{차남의 증여세과세표준}(50,000,000)}{\text{차남의 상속세과세표준}(247,272,146)}$

= 17,001,595원

계산결과

구 분		합 계	처 (상속인)	장 남 (상속인)	차 남 (상속인)	삼 남 (상속인)	손 자 (수유자)	종로(주) (수증자)
① 상속재산가액		3,452,222,896	1,714,238,777	464,567,772	471,525,317	423,981,030	377,910,000	0
② 증여재산		680,000,000	200,000,000	250,000,000	80,000,000			150,000,000
③ 과세가액 (①+②)		4,132,222,896	1,914,238,777	714,567,772	551,525,317	423,981,030	377,910,000	150,000,000
④ 상속공제계		2,252,041,016						
⑤ 과세표준	㉮ 직 접 배 분	420,000,000 (150,000,000)		220,000,000	50,000,000			150,000,000
	㉯ 안 분 계 산	1,460,181,880	752,954,996	194,535,436	197,272,146	166,770,540	148,648,761	
	계	1,880,181,880 (1,730,181,880)	(752,954,996)	(414,535,436)	(247,272,146)	(166,770,540)	(148,648,761)	150,000,000
산출세액		592,072,752						
할증과세액		16,244,298						
⑥ 산출세액계		608,317,050 (588,317,050)	(256,028,726)	(140,955,276)	(84,080,420)	(56,707,305)	(50,545,323)	20,000,000
⑦ 증여세액공제	ⓐ 산 출 세 액		0	34,000,000	5,000,000	0	0	20,000,000
	ⓑ 공 제 한도액		0	74,807,020	17,001,595	0	0	48,531,239
	ⓒ 공 제 세 액	59,000,000	0	34,000,000	5,000,000	0	0	20,000,000
⑧ 차감세액 (⑥-⑦)		549,317,050	256,028,726	106,955,276	79,080,420	56,707,305	50,545,323	0

3. 외국납부세액 공제

가. 외국납부세액 공제액 계산

외국납부세액 공제란 거주자의 사망으로 인하여 상속세를 부과하는 경우 상속재산 중
외국에 소재하고 있는 재산에 대하여 외국의 법령에 의하여 상속세를 부과받은 때에는
그 부과받은 상속세에 상당하는 금액과 다음 산식에 의한 금액 중 적은 금액을 상속세
산출세액에서 공제하는 것을 말한다. 피상속인이 거주자인 경우에 국내 및 국외에 소재

하는 모든 상속재산에 대하여 상속세를 부과하게 되고, 국외에 소재하는 상속재산에 대해서는 그 소재지국의 법령에 의하여 상속세가 부과될 경우 동일한 상속재산에 대해서 2개국에서 상속세가 과세될 수 있다.

이러한 이중과세를 방지하기 위하여 외국에서 부과받은 상속세액과 다음 산식에 의한 금액 중 적은 금액을 상속세 산출세액에서 공제한다.

$$
외국납부세액 = 상속세 \ 산출세액 \times \frac{외국에서 \ 상속세가 \ 부과된 \ 과세표준 \ (해당 \ 외국법령에 \ 의한 \ 상속세 \ 과세표준을 \ 말함)}{총 \ 상속세 \ 과세표준}
$$

1997.10.9.까지 상속이 개시된 경우 외국납부세액공제액은 상속세 산출세액에 총상속재산가액 중 외국에 소재하는 상속재산가액의 점유비율을 곱하여 계산하였던바, 이는 국가간 상속공제액 등에 차이가 있어 과세표준이 달라질 수 있는데 실제 납부하는 상속세액과는 관계없이 외국납부세액이 결정되는 불합리한 점이 있어 이를 상속세 납부세액과 직접 관련이 있는 상속세 과세표준에 대한 점유비율에 의해 외국납부세액을 공제하도록 개정하였다.

나. 외국에서 납부한 세액 산정시 환율적용방법

외국의 법령에 의하여 부과된 상속세액 및 외국에서 상속세가 부과된 상속재산의 과세표준을 원화로 환산할 때 적용할 환율에 관하여 명문규정은 없으나, 외국의 법령에 의하여 상속세가 과세된 재산의 평가는 상속증여세법 시행규칙 제15조 제2항에서 "국외재산의 가액은 평가기준일 현재 기준환율 또는 재정환율에 의하여 환산한 가액으로 평가한다."는 규정 등을 감안하여 외국법령 등에 따라 평가한 가액 및 납부할 상속세액을 상속개시일의 기준환율 또는 재정환율로 환산하는 것이 타당할 것으로 보인다.

다. 외국납부세액공제신청서의 제출

외국납부세액공제를 받고자 하는 자는 외국납부세액공제신청서에 외국에서 상속세가 부과된 사실을 입증할 수 있는 서류를 첨부하여 상속세 과세표준 신고와 함께 납세지 관할세무서장에게 제출하여야 한다.

관련 예규·심판결정례 및 판례 등

❑ 신고기한 전에 외국에서 세금납부한 경우에만 공제가능 여부(재산상속 46014-232, 2003.7.8.)

회신

상속증여세법 제76조의 규정에 의하여 세무서장 등이 상속세 과세표준과 세액을 조사하여 결정할 때에 국외에 소재하는 피상속인의 상속재산에 대해서 그 외국에서 상속세가 부과된 사실이 관련 증빙서류에 의하여 확인되고 외국납부세액공제신청서가 제출되는 경우에는 같은법 제29조의 규정에 의한 외국납부세액공제를 적용하는 것이 타당함.

질의

거주자의 국외재산을 상속재산에 가산하고 당해 재산에 대한 외국납부세액공제를 적용할 때, 상속세 신고기한 내에 외국에서 상속세가 부과되어 그 내용을 신고한 경우에만 외국납부세액공제가 되는지, 신고기한경과 후 부과된 경우에도 공제되는지 여부?

해설

외국에 있는 상속재산에 대하여 상속세를 부과받은 경우에는 그 부과받은 상속세에 상당하는 금액을 상속세산출세액에서 공제하며, 세액공제를 받고자 하는 자는 상속세과세표준신고와 함께 세액공제신청서 및 외국에서 상속세가 부과된 사실을 입증할 수 있는 서류를 제출하여야 하는바(상속증여세법 §29, 상속증여세법 시행령 §21 ②), 외국납부세액공제제도는 피상속인이 거주자인 경우에는 국내·외 모든 상속재산에 대해서 상속세를 부과하는데 상속재산이 소재하는 외국에서도 상속세가 부과되면 동일한 상속재산에 대해서 이중과세가 되므로 이를 방지하기 위한 것이므로 외국에서 실제 상속세가 부과된 경우에 한하여 세액을 공제함이 타당하다는 해석이다(상속세를 비과세하는 국가의 경우에는 공제불가).

그리고, 외국납부세액공제를 받기 위해서는 신고기한 내에 외국에서 상속세를 부과받은 사실을 입증할 수 있는 서류를 첨부하여 세액공제신청서를 제출하여야 한다고 규정하고 있으나, 동 세액공제는 신고기한 내 신청서 제출을 공제요건으로 하는 것은 아니며, 우리나라 상속세 신고기한 내에 외국에서 상속세가 부과되지 아니한 경우에는 공제를 받지 못하는 문제도 발생할 수 있으므로 상속세 신고기한 경과 후에라도 관련증빙서류를 제출하면 외국납부세액공제를 적용하는 것이 타당하다는 해석으로 볼 수 있다.

4. 단기재상속에 대한 세액공제

가. 개 요

단기재상속에 대한 세액공제란 상속개시 후 단기간에 다시 상속이 개시된 경우에 전의 상속세가 부과된 상속재산 중 재상속분에 대한 전의 상속세 상당액을 상속세 산출세액에서 공제하는 것을 말한다.

상속세는 재산이 세대 간에 이전될 때에 부과하는 조세로 볼 수 있고 정상적인 상속의 경우에는 통상 30년 정도의 단위로 일어나서 상속세를 부담하게 될 것인데, 교통사고 등으로 인하여 단기간에 여러 차례 걸쳐 상속이 개시되는 경우에 동일한 상속재산에 대해서 2회 이상의 상속세가 부과되는 등으로 해당 납세자의 재산가치가 급격하게 감소하는 등의 문제가 발생할 수 있고 이러한 문제를 해소하기 위한 조치로 볼 수 있겠다.

이에 따라 상속이 개시된 후 10년 이내 다시 상속이 개시되는 경우에는 그 재상속이 개시된 기간에 따른 체감 공제율을 적용하여 계산한 세액을 상속세 산출세액에서 공제한다.

나. 공제세액의 계산

상속개시 후 10년 이내에 상속인 또는 수유자의 사망으로 다시 상속이 개시된 때에는 계산식 (1)에 의하여 계산한 금액에 (2)의 재상속 기간별 공제율을 곱하여 계산한 금액을 상속세 산출세액에서 공제한다.

2020.1.1. 이후 상속개시분부터 재상속되는 상속재산에 상속세 과세가액에 가산하는 상속인이나 수유자가 증여받은 다음의 재산을 포함한다.

① 전의 상속세 부과당시 상속세 과세가액에 가산한 상속개시 전 10년 내의 증여재산
② 1차 상속개시 후 2차 상속 전에 사전증여한 재산으로서 2차 상속재산가액에 가산하는 증여재산

다만, 2019.12.31. 이전 상속개시분까지 (1)의 산식을 적용할 때에 前의 상속재산가액 중 다시 상속된 것이 前의 상속세과세가액 상당액을 초과할 때에는 그 초과액은 없는 것으로 본다.

(1) 재상속분에 대한 前의 상속세 상당액

$$\text{前의 상속세산출세액} \times \frac{\text{재상속분의 재산가액} \times \dfrac{\text{前의 상속세과세가액}}{\text{前의 상속재산가액}}}{\text{前의 상속세과세가액}}$$

(2) 공제율

재상속 기간	1년 이내	2년 이내	3년 이내	4년 이내	5년 이내	6년 이내	7년 이내	8년 이내	9년 이내	10년 이내
공제율	100%	90%	80%	70%	60%	50%	40%	30%	20%	10%

(3) 공제한도액

단기 재상속에 따른 세액공제는 상속세 산출세액에서 상속증여세법 제28조에 따른 증여세액 및 외국납부세액을 차감한 금액을 한도로 한다.

(4) 재상속 세액공제는 재산별로 구분하여 계산

단기재상속에 대한 세액공제는 재상속된 각각의 상속재산별로 구분하여 계산하며, 재상속되는 재산의 종류가 변경된 경우에도 단기재상속에 대한 세액공제를 적용한다(재산세과 - 53, 2011.1.25.).

▶▶ 상속증여세법 기본통칙 30 - 22…1【단기재상속에 대한 세액공제의 계산】
   ① 법 제30조 제1항에 따라 단기재상속세액공제는 전의 상속재산이 재상속재산에 포함되어 있는 경우의 그 재산별로 각각 구분하여 계산한다.
   ② 법 제30조 제2항 제1호의 계산식에서 "재상속분의 재산가액"이라 함은 전의 상속재산 중 재상속된 재산에 포함된 재산 각각에 대하여 전의 상속 당시 상속재산가액으로 한다.

 관련 예규 · 심판결정례 및 판례 등

❑ 재상속되는 상속재산에는 피상속인이 상속인 또는 수유자가 아닌 손자에게 증여한 재산가액은 포함되지 아니함(법규과 - 859, 2022.3.17.).

❑ 단기재상속 세액공제는 재상속 재산의 종류가 변경된 경우에도 적용함(서면4팀 - 1973, 2004.12.3.).
   상속증여세법 제30조(단기재상속에 대한 세액공제)의 규정은 재상속되는 재산의 종류가 변경된 경우에도 적용되는 것이며, 귀 질의의 경우 피상속인이 상속개시 전 인출한 금전의 사용처가 불분명하여 같은법 제15조의 규정에 의하여 상속세과세가액에 가산한 금액 중 피상속인보다 먼저 사망한 남편으로부터 상속받은 금전 및 부동산의 양도대금에 상당하는 금액과 상속개시일 현재의 금융재산 중 남편으로부터 상속받은 금전 및 부동산의 양도대금에 상당하는 금액에 대하여는 단기재상속에 대한 세액공제를 적용받을 수 있는 것임.

- 2007년도 중에 부친이 돌아가셔서 모친과 아들, 딸들이 부친재산을 상속 받았음.
- 2010년도에 모친이 다시 돌아가시게 되어 단기재상속에 대한 세액공제 대상이 됨.
- 부친이 돌아가실 당시에 아파트 1채를 모친이 상속받았는데 모친이 돌아가시기 8개월전인 2009년도에 당해 아파트를 양도하였으나 1년 이내 처분재산 사용처 소명을 못해 상속재산가액에 포함하여야 할 상황임.

☐ 상속받은 재산 중 일부만 재상속된 경우 단기재상속 세액공제액 계산방법(재산세과-93, 2010.2.12.)
상속증여세법 제30조에 따라 상속개시 후 10년 이내에 상속인 또는 수유자의 사망으로 다시 상속이 개시되는 경우 전의 상속세가 부과된 상속재산 중 재상속분에 대한 전의 상속세 상당액을 상속세산출세액에서 공제하며, 이 경우 1차 상속시 상속받은 부동산(8억원)을 양도(20억원)하고 해당 매각대금 중 일부만 재상속(10억원)된 때에는 재상속된 재산의 비율에 상당하는 전의 상속재산가액(4억원)을 기준으로 산정된 전의 상속세과세가액을 한도로 공제세액을 계산함.

- 전의 상속개시일 : 2001.6.6.
- 재상속의 상속개시일 : 2009.5.31.

구 분	전의 상속시(2001년)		재상속시(2009년)		특기사항
	재산가액	과세가액	재산가액	과세가액	
주택(A)	8억원	7억원	10억원	9억원	처분 후 펀드가입

- 주택을 재상속시 계속 보유하지 않고 2004년 6월경 20억원에 매각함.
- 매각내역 : 양도가액 20억원, 제세금 4억원, 잔액 16억원
- 정기예금 및 펀드투자로 재상속시 10억원이 상속가액에 포함됨(6억원은 펀드손실 및 사용함).

(5) 재상속분의 재산가액 계산

(1)의 계산식에서 "재상속분의 재산가액"이란 전의 상속재산 중 재상속된 재산에 포함된 재산 각각에 대하여 전의 상속 당시 상속재산가액으로 한다. 이 경우 2020.1.1. 이후 상속개시분부터 개정된 상증법(법률 제16846호로 2019.12.31. 개정)을 적용하여 재상속분의 재산가액은 '전의 상속세 상당액'을 차감하지 않는다(사전 법규과-2469, 2023.9.26.).

2003.1.1.부터 2019.12.31.까지 상속개시분은 전의 상속세 상당액을 차감한 금액을 재상속분의 재산가액으로 한다.

┃ 2002.12.31. 이전과 2003.1.1.~2019.12.31. 기간 중 단기재상속 세액공제방법 비교 ┃

구 분	1차상속	2차상속		
		상속재산으로 납부(물납 등)	고유재산으로 납 부	상속세 미납
재 산 가 액	50억원	37.1억원	50억원	50억원
공 과 금 등	5억원	–	–	12.9억원 (상속세 미납액)
과 세 가 액	45억원	37.1억원	50억원	37.1억원
상 속 공 제	10억원	5억원	5억원	5억원
과 세 표 준	35억원	32.1억원	45억원	32.1억원
산 출 세 액	12.9억원	11.45억원	17.9억원	11.45억원
단기재상속 공제액		① 9.6억원	② 12.9억원	③ 12.9억원

① $12.9억원 \times \dfrac{37.1억원 \times 45억원/50억원}{45억원} = 9.6억원$

② $12.9억원 \times \dfrac{50억원 \times 45억원/50억원}{45억원} = 12.9억원$

③ (②와 동일)

➡ 상속인의 입장에서는 총재산(상속재산＋고유재산)은 동일한데 고유재산으로 납부한 경우 세액공제에 있어서 불리하고, 상속세 미납의 경우가 오히려 상속재산으로 납부한 경우보다 세액공제에 있어서 유리할 수 있었으나, 2003.1.1.부터는 어느 경우든지 전의 상속세액 12.9억원을 재상속된 재산가액에서 차감하여 단기재상속 세액공제액이 9.6억원으로 동일하도록 함.

 관련 예규·심판결정례 및 판례 등

❑ 상속재산을 사전증여하고 사망한 경우 단기재상속 해당 여부(재재산-85, 2019.1.23.)

상속인이 상속개시일로부터 10년 이내에 사망하여 상속인의 재산이 재상속되는 경우로서, 상속인이 상속받은 재산을 재상속 전에 자녀에게 증여하였다면 그 증여한 재산은 단기재상속에 대한 세액공제 적용 대상에 해당함.

❑ 재상속된 상속재산에 유증한 재산을 포함함(상속증여세과-541, 2013.9.2.).

❑ 단기재상속 세액공제시 전의 상속재산에 부과된 상속세를 전의 상속재산으로 납부한 후의 나머지 재산이 재상속된 사실이 명백히 확인되는 경우에는 그 재상속분의 재산가액에서 전의 상속세상당액을 차감하지 아니하는 것임(서면4팀-1544, 2008.6.26.).

❑ 누가 상속세를 부담하였는지에 관계없이 재상속재산가액 계산시 전의 상속세 상당액을 공제함(대법원 2017두31668, 2017.4.27.).

父 사망 당시 상속재산을 배우자(청구인들의 母)와 자녀들이 공동상속받되, 전체 상속재산에

대한 상속세는 자녀들이 상속재산으로 납부한 후 母가 사망한 경우 '재상속분의 재산가액'을 산정함에 있어서 자녀들이 대신 납부한 전의 상속세 상당액을 차감하여야 할 것임.

□ 재상속분 재산가액은 전의 재산가액에서 전의 상속세액을 빼고 계산하며, 전의 상속세를 전의 상속재산에서 납부한 경우에도 동일함(서울고법 2009누35452, 2010.7.1., 대법원 2010두16059, 2011.2.10.).

□ 상속세가 부과된 상속재산 중 재상속분에 대한 전의 상속세 상당액을 상속세산출세액에서 공제하는 것임(서면4팀 - 258, 2005.2.17.).

□ 재상속분의 재산가액에 대한 전의 상속세과세가액 상당액을 계산할 때, 전의 상속재산가액에는 상속재산에 가산한 증여재산가액이 포함되는 것임(서일 46014 - 10556, 2001.12.1.).

□ 단기재상속에 대한 세액공제는 재상속되는 재산의 종류가 변경된 경우에도 적용됨(서면4팀 - 975, 2006.4.14.).

□ 전의 과세가액이란 전의 상속개시당시 평가한 가액을 말함(재삼 46014 - 2907, 1996.12.31.).

□ 상속개시 전 2년 이내 예금인출액 중 사용처 불명금액과 대여금에 대해 피상속인이 상속받은 금융재산 중 일부로 인정해 단기재상속재산으로 본 사례(국심 2001서781, 2002.2.9.)

□ 상속개시일 전 2년 내 처분재산이 가액의 변동없이 재상속되었다면 그 사용처나 재산종류별 가액 등이 확인되지 아니하여도 단기재상속세액공제는 적용됨(국심 2003부3519, 2004.6.16.).

다. 동시사망추정과 단기재상속에 대한 세액공제

동시사망추정의 경우, 예컨대 부와 모가 동일자 동시에 사망하였을 경우 상속세 부과는 부와 모의 상속재산에 대하여 각각 별개로 부과하므로 단기재상속에 대한 세액공제의 문제는 발생하지 아니한다.

그러나 부와 모가 동일자에 시차를 두고 사망한 경우 상속세의 부과는 부와 모의 재산을 각각 별개로 부과하되, 후에 사망한 자의 상속세 과세가액에 먼저 사망한 자의 상속재산 중 그의 지분이 포함되어 있는 경우에는 단기재상속에 대한 세액공제를 하여야 한다.

5. 신고세액공제

상속세 과세표준 신고기한 내에 신고서를 제출하는 경우 상속세 산출세액에서 신고세액공제하며, 자진납부를 공제요건으로 하는 것이 아니므로 무납부시에도 신고세액공제를 적용한다.

수정신고한 과세표준에 대해서는 신고세액공제를 적용하지 않는다.

구체적인 신고세액 공제방법에 대해서는 제5편 신고·납부 및 결정에서 기술하였다.

$$\begin{matrix} 신고세액 \\ 공 제 액 \end{matrix} = \left\{ \begin{matrix} 상 속 세 \\ 산출세액 \end{matrix} - \begin{matrix} 문화재자료 등의 \\ 징수유예 세액 \end{matrix} - 공제·감면세액 \right\} \times 3\%$$

➡ 산출세액은 세대생략할증 과세액을 포함하며, 증여재산을 합산하여 신고하지 않으면 증여세 신고를 했어도 신고세액공제를 할 수 없음.

▶▶ 상속증여세법 기본통칙 69-0…1【신고세액 공제방법】

① 법 제69조 제1항 및 제2항에서 "상속세산출세액" 또는 "증여세산출세액"이란 각각 법 제67조 또는 법 제68조에 따라 신고한 과세표준에 대한 산출세액을 말한다.

② 법 제67조 또는 제68조에 따라 신고한 과세표준에 대한 납부세액에 대하여 법 제70조에 따른 자진납부를 하지 않은 경우에도 법 제69조를 적용한다.

③ 제1항을 적용할 때 신고한 과세표준에 포함되어 있는 상속(증여)재산의 평가가액의 차이 및 각종 공제액의 적용상 오류 등으로 인한 과다신고금액은 신고한 과세표준에서 제외한다.

④ 공동상속인이 상속재산의 과세표준과 세액을 신고함에 있어 각자의 지분별로 각각 신고한 경우에도 지분별로 신고한 상속재산을 합산하여 이를 기준으로 법 제69조 제1항의 규정을 적용한다.

참고자료 사망신고, 상속재산 찾기, 상속세 신고서 작성사례

 I   사망자의 사망신고

1. 사망 신고기한

사람이 사망하면 가족관계의 등록 등에 관한 법률 제84조에 따라 사망신고를 하여 주민등록 또는 가족관계등록부를 정리하여야 한다.

사망의 신고는 사망한 사람과 동거하는 친족 등이 사망의 사실을 안 날부터 1개월 이내에 진단 서 또는 검안서를 첨부하여야 한다.

* 신고기한 이내에 신고하지 아니한 경우 5만원의 과태료 부과

2. 신고의무자 및 신고 내용

사망의 신고는 동거하는 친족이 하여야 한다. 친족·동거자 또는 사망장소를 관리하는 사람, 사망장소의 동장 또는 통·이장도 사망의 신고를 할 수 있다.

사망 신고서에는 다음 사항을 기재하여야 한다.

① 사망자의 성명, 성별, 등록기준지 및 주민등록번호
② 사망의 연월일시 및 장소

부득이한 사정으로 인하여 진단서나 검안서를 얻을 수 없는 때에는 사망의 사실을 증명할 만한 서면으로써 이에 갈음할 수 있다. 이 경우 신고서에 그 진단서 또는 검안서를 얻지 못한 사유를 기재하여야 한다.

3. 사망신고의 장소

사망의 신고는 사망지·매장지 또는 화장지에서 할 수 있다. 다만, 사망지가 분명하지 아니한 때에는 사체가 처음 발견된 곳에서, 기차나 그 밖의 교통기관 안에서 사망이 있었을 때에는 그 사체를 교통기관에서 내린 곳에서, 항해일지를 비치하지 아니한 선박 안에서 사망한 때에는 그 선박이 최초로 입항한 곳에서 할 수 있다.

II 상속재산 찾는 방법

행정안전부에서 『사망자 등 재산조회 통합처리에 관한 기준(행정자치부예규 제21호, 2015. 6.10. 제정)』을 마련하여 사망 신고시 또는 그 이후에 상속인 등이 시·군·구, 읍·면·동에 신청하는 사망자의 재산조회(금융거래내역, 국세 및 지방세 체납액·미납액, 국민연금 가입 여부, 자동차 소유 여부, 토지 소유내역)를 통합처리할 수 있도록 하였다. '안심상속 원스톱 서비스'를 확대시행함에 따라 전국 시·구, 읍·면·동사무소 어디에서나 신청할 수 있다.

1. 서비스(조회) 대상

① 지방세정보(체납액·고지세액·환급액), ② 자동차정보(소유내역), ③ 토지정보(소유내역), ④ 국세정보(체납액·고지세액·환급액), ⑤ 금융거래정보(은행, 보험 등), ⑥ 국민연금 정보 (가입여부 및 대여금 채무여부), ⑦ 공무원연금정보(가입여부 및 대여금 채무여부), ⑧ 사학연금정보(가입여부 및 대여금 채무여부), ⑨ 군인연금정보(가입유무), ⑩ 건설근로자 퇴직공제금 정보(가입유무), ⑪ 건축물정보(소유내역), ⑫ 대한지방행정공제회 가입상품(가입유무), ⑬ 군인 공제회 가입상품(가입유무), ⑭ 과학기술인공제회 가입상품(가입유무), ⑮ 한국교직원공제회 가 입상품(가입유무), ⑯ 근로복지공단 퇴직연금, 대지급금 채무, ⑰ 소상공인시장진흥공단 소상공 인정책자금대출 여부, ⑱ 어선정보(소유내역), ⑲ 4대사회보험료(건강보험, 국민연금, 고용보험, 산업재해보상보험)

2. 신청자격

① 방문신청 : 상속인 제1순위(직계비속, 배우자), 제2순위(직계존속, 배우자), 제3순위(형제, 자매) 및 대습상속인, 실종선고자의 상속인
② 온라인 신청인 : 상속인 제1순위(직계비속, 배우자), 제2순위(직계존속, 배우자)
  ※ 다만, 제1순위 상속인의 상속포기로 인한 제2순위 상속인은 제외

3. 신청시기 : 사망신고 동시에 또는 사망일이 속한 달의 말일부터 1년 이내

4. 신청방법

가. 온라인 신청
온라인 신청은 『정부24(www.gov.kr)』에서 공인인증서로 본인확인 후 '사망자 재산조회 통합처리 신청서'를 작성하면 됨.
  * '정부24(www.gov.kr)' 접속 → 공인인증서 본인인증 → 신청서 작성 → 구비서류(가족관계증명서) 교부 신청 및 수수료 결제 → 접수처(주민센터)에서 확인·접수 → 접수증 출력
나. 방문신청
① 신청장소 : 전국 가까운 시 구, 읍 면 동(주민센터)
② '사망자 등 재산조회 통합처리 신청서'를 작성하여 접수
③ 구비서류 : 신청인의 신분증(대리시 대리인 신분증), 가족관계증명서등 상속관계 증빙서류

5. 신청결과 확인방법

온라인 신청한 경우 금융감독원 등 각 기관을 선택하면 해당기관 정보조회가 가능하며, 방문신청한 경우 신청서에 선택한 조회결과 확인방법(휴대폰 문자, 해당기관 홈페이지, 우편 등)에 따라 확인할 수 있다.

Ⅲ 상속세 과세표준 신고서 작성사례

1. 상속세 과세표준 신고서 작성 전 준비할 서류

상속세 과세표준 신고서를 작성하기 전에 피상속인 및 상속인의 가족관계증명서, 상속재산가액 계산에 필요한 서류, 상속세 과세가액에서 빼는 금액 계산에 필요한 서류 등을 미리 준비하면 편리하다.

> ○ 피상속인 및 상속인의 가족관계증명서
> ○ 상속재산의 평가와 관련된 서류
>   - 토지 및 건물 : 등기부등본, 토지가격확인원, 건축물대장, 임대차계약서 등
>   - 예금, 상장주식 등 : 예금잔액증명서, 위탁자계좌 잔고확인서 등
> ○ 부채 등과 관련된 서류
>   - 부채증명서, 전세계약서, 공과금증명서 등
> ○ 상속인별 법정상속지분율 작성(상속순위 및 법정상속분을 참조하여 미리 작성)

2. 상속세 과세표준 신고서 작성 연습

상속세 과세표준 신고서는 상속인 등 납세자가 작성하여 납세지 관할 세무서장에게 제출하지만 과세관청에서도 신고 내용을 파악하고 분석하기 위하여 신고서 작성 방법에 대해 습득하는 것이 필요하며, 상속세 과세표준 신고서는 다음과 같은 순서로 작성하면 편리하다.

① 「상속세 과세표준 신고 및 자진납부계산서」의 기본사항 등 작성
② 「상속개시 전 1(2)년 이내 재산처분·채무부담 내역 및 사용처소명 명세서」
③ 상속세 과세가액에 가산하는 증여재산 가액 계산
④ 「상속받은 총재산 및 평가내용」(임의서식)
⑤ 「상속인별 상속재산 및 평가명세서」
⑥ 「채무·공과금·장례비용 및 상속공제 명세서」의 채무·공과금·장례비용
⑦ 「상속세과세가액계산명세서」
⑧ 「채무·공과금·장례비용 및 상속공제 명세서」의 상속공제액
⑨ 「상속세 과세표준 신고 및 자진납부계산서」
⑩ 자진납부서

1 상속개시 현황 및 상속재산 등 현황

1. 기본사항

○ 피상속인(甲, 85세, 거주자) 사망일 : 2022.7.4.
○ 상속인 : 배우자(乙, 83세), 장남(丙, 60세), 장녀(丁, 57세), 차남(戊, 54세, 상속포기)
○ 상속세 과세표준 신고기한 : 2023.1.31.

2. 상속재산 및 공과금 등

가. 부동산 및 기타 유형 자산

① A아파트(건물 160㎡, 대지 40㎡)는 甲과 乙이 상속개시일부터 소급하여 10년 이상 보유하면서 동거한 1세대 1주택이다. 시가로 볼 수 있는 매매사례가액은 12억원, 기준시가 12.5억원이며, 2019.11.10. R은행에서 대출받으면서 근저당권을 설정하였고 채권최고액은 9억원이며 상속개시일 현재 남은 채무액은 7억원이다. 아파트와 채무는 배우자가 상속받았다. 2022.12.10. A아파트에 화재가 발생하여 246,000,000원 재해손실을 입었다.
   * 평가액 : 시가와 채권액 중 큰 12억원

② B상가 건물 500㎡와 부수토지 100㎡에 대한 시가는 확인할 수 없고 기준시가는 7억원이다. 상속개시일 현재 임대보증금 600,000,000원이 있으며, 월 임대료 2,000,000원이다. 건물과 임대보증금은 장남이 상속받았다.
   * 평가액 : 기준시가와 임대보증금환산가액(6억원 + (2,000,000원×12월÷12%) = 800,000,000원) 중 큰 800,000,000원

③ C오피스텔 200㎡(전용면적)에 대한 국세청 기준시가는 3,000,000원/㎡이며 시가로 볼 수 있는 매매사례가액은 5억 5천만원이다. 상속개시일 현재 임대하고 받은 임대보증금은 3억원이며, U은행에서 저당권을 설정하여 담보하는 채권액은 3억 2천만원이다. 건물과 임대보증금 등 채무는 장녀가 상속받았다.
   * 평가액 : 매매사례가액과 담보하는 채권액 중 큰 620,000,000원

④ D대지 200㎡에 대한 개별공시지가는 2,400,000원/㎡이며, 2022.3.30. 시가 불인정 감정기관으로 지정된 1개 감정평가법인이 작성한 감정가액은 2,600,21000원/㎡이고 장녀가 상속받았다.
   * 평가액 : 1개의 감정가액은 시가 아니므로 개별공시지가 480,000,000원

⑤ E아파트당첨권을 소유하고 있으며, 사망일까지 납부한 금액 80,000,000원이고, 프리미엄은 2천만원 형성되어 있으며 배우자가 상속받았다.
   * 평가액 : 상속개시일까지 불입금액 + 프리미엄 = 100,000,000원

⑥ 배우자가 상속받은 F승용차의 재취득가액은 알 수 없고 지방세 시가표준액은 5천만원임.

⑦ 피상속인이 제사를 주재하고 있던 선조들의 분묘가 있는 G임야 6,200㎡는 제사를 주재하는 장남 丙이 승계받았다(시가가 없고, 개별공시지가 50,000원/㎡).
   * 평가액 : 6,200㎡×50,000/㎡=310,000,000원

⑧ H골프회원권에 대한 상속개시 당시 매매사례가액은 5억원이고 지방세 시가표준액으로 고시된 가액은 4억원이며, 장남이 상속받았다.

　＊ 평가액 : 시가에 해당하는 매매사례가액 5억원으로 평가

나. 주식, 예금 및 기타 상속재산

⑨ I상장주식 10,000주(지분율 1%, 최대주주 아님)를 보유하고 있으며, 이를 유증받은 손자가 상속개시 후 4월경에 한국거래소에서 1주당 25,000원에 전부 처분하였다. H상장주식의 상속개시일 전후 각 2개월간의 종가평균액은 27,000원이다.

　＊ 평가액 : 10,000주 × 27,000원(종가평균액) = 270,000,000원

⑩ J코스닥상장주식 20,000주(지분율 2.5%, 최대주주에 해당하지 아니함)를 보유하고 있으며, 상속개시일 현재 종가는 1주당 30,000원이고 상속개시일 전후 각 2개월간의 한국거래소 종가평균액은 1주당 28,000원이며 장녀가 상속받았다.

　＊ 평가액 : 20,000주 × 28,000원(종가평균) = 560,000,000원

⑪ K비상장법인의 주식 30,000주(지분율 60%)를 보유하고 있으며, 해당 법인은 피상속인이 1991.3.10. 설립하여 계속 경영한 중소기업에 해당하고 가업 영위기간 중 90% 이상 대표이사로 재직하였다. 2000.5.1.부터 상속개시일까지 계속하여 근무하는 장남이 전부 상속받고 신고기한 이내에 대표이사로 선임됨. 시가로 볼 수 있는 거래가액 등은 없고 평가기준일 현재 1주당 순손익가치는 30,000원이고 순자산가치는 20,000원이며 일반 법인에 해당한다.

　＊ 평가액 : (30,000 × 3 + 20,000 × 2) ÷ 5 × 30,000주 = 780,000,000원

⑫ L주식회사 발행 상장사채 1,000매를 보유하고 있으며, 상속개시일전 2개월간 종가평균액은 110,000원이고, 상속개시일 현재 최종시세가액은 120,000원이다.

　＊ 평가액 : 1,000매 × 120,000원 = 120,000,000원(2월 종가평균액과 최종시세가액 중 큰 금액으로 평가함)

⑬ M은행에 정기예금 200,000,000원이 있으며, 상속개시일 현재 미수이자 5,000,000원이 발생하였으며, 이자소득에 대한 원천징수세율은 30%(지방소득세 포함)이다. 해당 예금은 피상속인의 유언에 따라 W장학재단에 출연하였다.

　＊ 평가액 : 원금 2억원 + 미수이자 - 원천징수세액 상당 = 203,500,000원

⑭ 甲이 N생명보험에 가입한 후 보험료를 납부하다가 사망하였으며 상속개시일부터 1년을 경과하여 보험금 2억원(보험회사의 지연지급에 따른 배상금 2천만원이 포함됨)을 배우자 乙이 수령하였다.

　＊ 상속개시일까지 납부한 총보험료 5천만원 중 1천만원은 배우자가 납부한 것으로 확인됨.
　＊ 평가액 : (2억원 - 2천만원) × 40,000,000원 ÷ 50,000,000원 = 144,000,000원

⑮ 피상속인이 사망하여 K비상장법인으로부터 퇴직금 50,000,000원이 지급되었으며 이를 배우자 乙이 이를 수령하였다.

다. 처분재산(예금인출)과 채무부담 내용 및 사용처 소명내용

〈처분내용〉

⑯ 2022.3.6. O연립주택 84㎡를 실거래가 180,000,000원에 양도하였으며, 2022.5.1. 그 대금 중 80,000,000원은 채무상환에 사용하였으나 나머지는 그 사용처를 밝히지 못하고 있다. (양수자 : 己)

⑰ 2021.11.10. P대지를 실거래가 140,000,000원에 양도하고 2022.1.15. 주식취득에 2천만원을 사용하였으나 나머지는 사용처를 알 수 없다.(양수자 : 庚)

⑱ 2021.8.10. Q분양권의 양도대금 중 잔금 90,000,000원을 수령(계약금 10,000,000원, 중도금 70,000,000원은 2021.4.10, 2021.6.10.에 각각 수령)하여, 2021.10.31. 양도소득세 7,000,000원을 납부한 사실은 확인되나 그 나머지 사용처는 알 수 없다.(양수자 : 申)

⑲ 2020.7.4.~2022.7.4. 예금총인출액은 500,000,000원이고 총예입액은 200,000,000원이며, 2016.12.30. 주식처분액 220,000,000원이 있다. 예금인출액 및 주식처분액 중 4억원은 주식 등 취득자금으로 사용한 것을 확인되나, 나머지 금액에 대해서는 사용처를 확인할 수 없다.

⑳ 2020.11.10. R은행에서 7억원을 대출받아 2021.1.10. 주식 취득자금 등으로 4억원을 지출한 것은 확인되나 그 나머지는 그 사용처를 알지 못한다.

㉑ 2020.10.30. B상가건물 임대보증금 6억원을 받아 채무상환 등에 5억원을 지출한 것은 확인되나, 나머지에 대한 사용처는 알 수가 없다.

㉒ C오피스텔 임대보증금 3억원은 2020.12.20. 수령하고 2020.11.30. U은행에서 3억 2천만원을 대출받아 다른 재산 취득자금 등으로 550,000,000원을 사용하였으나 그 나머지 사용처는 알지 못한다.

라. 공과금, 채무 및 장례비용

㉓ 상속개시일 현재 피상속인 소유 토지에 대한 2022.9.30. 납기분 재산세 및 가산금 3,500,000원이 체납되어 있고 이를 장남이 납부하였다.

㉔ 2021.7.31. 납부기한으로 피상속인이 영위하던 사업에 대하여 2020년 1기 확정분 부가가치세 20,000,000원과 2020년 귀속 종합소득세 50,000,000원(지방소득세 포함) 납부고지서가 발부되었고 장남이 납부하였다.

㉕ 증빙에 의하여 확인되는 장례비용은 35,000,000원이며 이와는 별개로 봉안시설 사용료 8,000,000원이 있으며 49제(薺) 비용으로 사찰에 20,000,000원 전부를 장남이 지급하다.

㉖ R은행 대출금 7억원은 배우자가, B상가 임대보증금 6억원은 장남이, C오피스텔 임대보증금 3억원과 U은행 대출금 3억 2천만원은 장녀가 상속받았다.

마. 사망 전에 증여한 재산내역

㉗ 2016.10.1. 피상속인이 장남 乙에게 S대지 500㎡를 증여하였다(증여 당시 개별공시지가 800,000/㎡원이고, 상속개시 당시는 1,200,000/㎡원이며 감정가액 등 시가로 볼 수 있는 가액은 없음). 증여재산이 담보하는 대출금 100,000,000원을 장남에게 승계시켰고, 상속개시일 현재 장남은 미지급이자를 포함한 120,000,000원의 채무를 변제하지 아니한 상태이다. 증여세 과세표준은 270,000,000원, 산출세액은 44,000,000원, 납부세액은 39,600,000원이다.

㉘ 2017.7.5. 피상속인은 상속포기한 차남 丙에게 T주식 900,000,000원을 증여하였다. 증여세 과세표준은 870,000,000원이며 산출세액은 201,000,000원, 납부한 세액은 250,000,000원(가산세 포함)이다.

㉙ 2017.11.10. 배우자 乙은 피상속인이 최대주주인 K주식회사의 증자시 신주를 저가로 직접 배정받았고 이에 따른 증여재산가액은 800,000,000원이며 증여재산공제 600,000,000원을

차감한 후 증여세 산출세액은 30,000,000원이다. 신고기한 이내에 신고함에 따라 납부한 증여세액은 27,000,000원이다.

③⓪ 2019.1.10. 피상속인은 며느리에게 200,000,000원의 주식을 증여하였다. 증여세 과세표준은 195,000,000원, 산출세액은 29,000,000원, 납부한 세액은 26,100,000원이다.

③① 2016.9.30. 피상속인은 외손녀에게 300,000,000원의 주식을 증여하였다. 증여세 과세표준은 270,000,000원, 산출세액은 56,000,000원(세대생략 증여에 따른 할증세액 12,000,000원 포함), 납부한 세액은 50,400,000원이다.

2 상속세 과세표준과 세액 계산

1. 상속재산가액, 과세가액과 과세표준 및 산출세액 계산

(단위 : 원)

구 분	금 액	비 고
상속재산가액	6,694,500,000	㉮ 민법상 상속재산 5,993,500,000 ㉯ 의제 상속재산 194,000,000(보험금, 퇴직금) ㉰ 추정 상속재산 507,000,000
비과세, 공과금 등	2,412,000,000	㉱ 금양임야 2억원(비과세 한도) ㉲ 공익법인 출연재산 203,500,000 ㉳ 장례비 15,000,000
증여재산 가산액	2,200,000,000	㉴ 가산한 증여재산 : 장남 3억원, 차남 9억원, 배우자 8억원, 며느리 2억원
과세가액	6,482,500,000	
상속공제	2,510,000,000	㉵ 가업상속공제 780,000,000 ㉶ 배우자공제 964,000,000 ㉷ 금융재산상속공제 20,000,000 2,510,000,000 ㉸ 일괄공제 500,000,000 ㉹ 재해손실공제 246,000,000 ㉺ 상속공제한도액 4,677,500,000
과세표준	3,972,500,000	
산출세액	1,526,250,000	3,972,500,000원×50%−460,000,000원
세대생략 할증액	19,677,875	손자가 유증받은 상속재산에 대한 할증
산출세액 계	1,545,927,875	

2. 상속재산가액

㉮ 민법상 상속재산과 의제 상속재산의 분할내용

재산종류	평가액	배우자	장남	장녀	손자 (유증)	공익법인 (유증)	비 고
① A아파트	1,200,000,000	1,200,000,000					시가
② B상가	800,000,000		800,000,000				보증금 환산
③ C오피스텔	620,000,000			620,000,000			채권액
④ D대지	480,000,000			480,000,000			공시지가
⑤ E분양권	100,000,000	100,000,000					기준시가
⑥ F승용차	50,000,000	50,000,000					기준시가
⑦ G금양임야	310,000,000		310,000,000				공시지가
⑧ H회원권	500,000,000		500,000,000				시가
⑨ I상장주식	270,000,000				270,000,000		시가
⑩ J코스닥	560,000,000			560,000,000			시가
⑪ K비상장	780,000,000		780,000,000				보충적 가액
⑫ L상장사채	120,000,000	120,000,000					시가
⑬ M정기예금	203,500,000					203,500,000	
⑭ N보험금	144,000,000	144,000,000					
⑮ 퇴직금	50,000,000	50,000,000					
합 계	6,187,500,000	1,664,000,000	2,390,000,000	1,660,000,000	270,000,000	203,500,000	

㉯ 처분재산 및 채무부담액에 대한 추정 상속재산 (단위 : 백만원)

구 분	소명대상 금액			㉡ 소명 금액	㉢ 미소명 금액	㉣ ㉠의 20%상당	㉤ 소명 여부	㉥ 추정금액 (㉠-㉡-㉣)
	1년 이내	2년 이내	㉠ 소계					
⑯ O주택	180		180	80	100			
⑰ P대지	140		140	20	120			
⑱ Q분양권	90	(80)	90	7	83			
부동산 소계	410	제외	410	107	303	82	미소명	221
⑲ 주식등		520	520	400	120	104	미소명	16
⑳ R대출금		700	700	400	300			
㉑ B보증금		600	600	500	100			
㉒ C보증금		620	620	550	70			
채무소계		1,920	1,920	1,450	470	200	미소명	270
합 계								507

ⓐ 부동산 등 처분재산에 대한 추정상속재산 계산
- ⓗ 소명대상 금액 : 2년 이내 처분금액이 490,000,000원으로 5억원에 미달, 1년 이내에 처분금액 410,000,000원이 사용처 소명대상임.
- ⓜ 소명 여부 판단
  ⇒ 미소명금액 303,000,000원이 소명대상금액의 20%와 2억원 중 적은 82,000,000원 이상이므로 소명되지 아니한 것으로 보아 상속추정
- ⓗ 추정 상속재산가액
  ⇒ 소명대상금액 410,000,000원 − 소명금액 107,000,000원 − 20% 상당 82,000,000원
  = 221,000,000원
ⓑ 예금인출 및 주식 처분금액에 대한 추정 상속재산 계산
- 미소명금액 120,000,000원이 ⓗ 소명대상금액 520,000,000원의 20%와 2억원 중 적은 104,000,000원 이상이므로 상속추정 대상
- ⓗ 추정 상속재산가액
  ⇒ 소명대상금액 520,000,000원 − 소명금액 400,000,000원 − 20% 상당 104,000,000원
  = 16,000,000원
ⓒ 대출금 등 채무부담액에 대한 추정 상속재산 계산
- 미소명금액 470,000,000원이 ⓗ 소명대상금액 1,920,000,000원의 20%와 2억원 중 적은 2억원 이상이므로 상속추정 대상
- ⓗ 추정 상속재산가액
  ⇒ 소명대상금액 1,920,000,000원 − 소명금액 1,450,000,000원 − 20% 상당 200,000,000원
  = 270,000,000원

3. 비과세재산, 공과금, 채무 등 협의분할 내용

종 류	평가액	배우자	장남	장녀	출연(유증)	비 고
⑦ G금양임야	200,000,000		200,000,000			비과세
⑬ M정기예금	203,500,000				203,500,000	
㉓ 재산세	3,500,000		3,500,000			
㉔ 소득세 등	70,000,000		70,000,000			
㉕ 장례비	15,000,000		15,000,000			
㉖ R은행대출금	700,000,000	700,000,000				
㉖ B보증금	600,000,000		600,000,000			
㉖ C보증금, U은행대출금	620,000,000			620,000,000		
합 계	2,412,000,000	700,000,000	888,500,000	620,000,000	203,500,000	

4. 상속개시 전 증여한 재산

(단위 : 백만원)

증여재산	수증자	증여일	과세가액	공제액	과세표준	산출세액	비 고
㉗ S대지	장남	2012.10.1.	300	30	270	44	
㉘ T주식	차남	2012.7.5.	900	30	870	201	상속포기했으나 합산대상에 해당
㉙ K주식	배우자	2012.11.10.	800	600	200	30	
㉚ 주식	며느리	2015.1.10.	200	5	195	29	
㉛ 주식	외손녀	2012.9.30.	(300)	상속개시일부터 5년 전에 증여했으므로 합산 제외				
			2,200	665	1,535	304	

5. 상속공제액 계산

가. 가업상속공제 : 780,000,000원

○ 피상속인이 10년 이상 영위한 중소기업의 주식을 2년 이상 가업에 종사한 장남이 상속받아 대표이사로 취임하는 등 가업상속공제요건을 충족하면 K비상장주식 780,000,000원을 공제한도액(가업영위기간 20년 이상 30년 미만 300억원) 범위 내에서 공제

나. 배우자상속재산공제 : 964,000,000원

○ 배우자상속재산분할기한 내에 분할하여 실제 상속받은 재산가액(㉠)을 한도액(㉡) 범위 내에서 공제하되, 5억원에 미달하는 경우 5억원을 공제함.

　㉠ 상속재산가액 1,664,000,000원 − 채무 7억원 = 964,000,000원

　㉡ 한도액 : (상속재산가액 6,694,500,000원 + 상속인이 증여받은 재산가액 20억원 − 손자에게 유증한 재산가액 270,000,000원 − 금양임야 2억원 − 공과금과 채무 1,993,500,000 − 공익법인에 출연한 재산가액 203,500,000원) × 배우자 법정지분 3/9(차남이 상속포기하기 전 지분) − 가산한 증여재산에 대한 증여세 과세표준 2억원 = 1,809,166,666원

다. 금융재산상속공제 : 20,000,000원

○ 금융재산에서 금융채무를 차감한 순금융재산가액의 20%를 2억원 범위 내에서 공제하되, 순금융재산가액이 2천만원 이하인 경우에는 그 가액을 공제하고 20%에 해당하는 금액이 2천만원에 미달하면 2천만원을 공제함.

○ 금융재산가액 1,094,000,000원(I상장주식 270,000,000원 + J코스닥주식 560,000,000원 + L상장사채 120,000,000원 + 보험금 144,000,000원)

　* K비상장주식은 최대주주에 해당하므로 금융재산상속공제 안됨.

○ 금융채무 1,020,000,000원(R은행 대출금 7억원 + U은행 대출금 320,000,000원)

○ (1,094,000,000원 − 1,020,000,000원) × 20% = 14,800,000원 ⇒ 20,000,000원 공제

라. 일괄공제 : 500,000,000원

○ 기초공제 2억원과 자녀공제 9천만원의 합계가 5억원에 미달하므로 일괄공제 적용

마. 동거주택 상속공제

    ○ 피상속인과 10년 이상 동거하고 무주택자인 직계비속이 상속받은 등 공제요건을 충족하면 주택가액 12억원에서 채무액 7억원을 뺀 5억원을 6억원 범위 내에서 공제하나, 배우자가 상속받아 공제할 수 없음.

바. 재해손실공제 : 246,000,000원

    ○ 상속세 신고기한 이내에 화재·붕괴 등으로 인한 손실가액에서 보전받은 금액을 뺀 금액 공제

사. 상속공제 종합한도액 : 4,677,500,000원

    ○ 상속세 과세가액 6,482,500,000원 − (손자에게 유증한 재산가액 270,000,000원 + 가산한 증여재산의 증여세 과세표준 1,535,000,000원) = 4,677,500,000원

    * 공익법인에 유증한 재산은 과세가액 계산시 차감했으므로 다시 공제하지 아니함.

아. 상속공제액 : 2,510,000,000원

    ○ (가~바)의 공제합계액 2,510,000,000원이 종합한도액 이내이므로 해당 금액 공제

6. 과세표준 및 산출세액

    ○ 과세표준 : 과세가액 6,482,500,000 − 상속공제액 2,510,000,000원 = 3,972,500,000원

    ○ 산출세액 합계 : 1,545,927,875원

    ⇒ 산출세액 : 3,972,500,000원 × 50% − 누진공제 460,000,000원 = 1,526,250,000원

    ⇒ 세대생략 상속에 따른 할증과세액

$$⇒ \text{산출세액 } 1,526,250,000원 × \frac{\text{손자가 유증받은 재산 } 270,000,000원}{\text{상속세 과세가액상당 } 6,282,500,000원} × 30\% = 19,677,875원$$

    * 과세가액상당액은 상속재산에 상속인 또는 수유자가 증여받은 재산을 가산하고 비과세, 공과금과 장례비, 채무, 공익법인 출연재산을 차감하여 계산

7. 공제·감면세액 및 납부할 세액

가. 기납부증여세액 : 304,000,000원

    ○ 증여 당시 증여세 산출세액 상당액을 공제한도액 내에서 공제(한도액 등 기납부증여세공제액 계산은 상속인별 납부할 세액의 배분에서 기술함)

나. 신고세액 공제 : 124,192,787원

    ○ (산출세액 1,545,927,875원 − 기납부증여세액 304,000,000원) × 10%

다. 차감 후 납부할 세액 : 1,117,735,088원

    ○ 산출세액 1,545,927,875원 − 304,000,000원 − 124,192,787원

3 상속인 · 수유자별 납부할 상속세액 계산

1. 각자가 납부할 세액 및 기납부증여세 공제액 계산(요약)

(단위 : 원)

구 분		합 계	배우자	장남	장녀	차남	손자
① 상속재산가액		6,187,500,000	1,664,000,000	2,390,000,000	1,660,000,000	–	270,000,000
② 추정상속재산		507,000,000	169,000,000	112,666,667	112,666,666	112,666,666	
③ 비과세, 채무 등		2,412,000,000	700,000,000	888,500,000	620,000,000	–	–
④ 증여재산 가산액		2,200,000,000	800,000,000	300,000,000	–	900,000,000	
⑤ 과세가액		6,482,500,000					
Ⓐ 배분기준 과세가액 (증여재산 제외)		4,282,500,000	1,133,000,000	1,614,166,667	1,152,666,667	112,666,666	270,000,000
⑥ 상속공제액		2,510,000,000					
⑦ 과세표준		3,972,500,000					
Ⓑ 배분할 과세표준	직접	1,340,000,000	200,000,000	270,000,000	–	870,000,000	
	배분	2,437,500,000	644,877,408	918,746,352	656,071,220	64,127,262	153,677,758
	소계	3,777,500,000	844,877,408	1,188,746,352	656,071,220	934,127,262	153,677,758
⑦ 산출세액	산출세액	1,526,250,000					
산출 세액	세대생략 할증	19,677,875					
	소 계	1,545,927,875					
⑧ 며느리의 기납부증여 세공제		29,000,000					
⑨ 배분할 산출세액		1,516,924,875	339,276,794	477,363,992	263,458,033	375,116,793	61,712,263
⑩ 기납부 증여세	산출세액	275,000,000	30,000,000	44,000,000	–	201,000,000	–
	한도액		80,313,851	108,423,699	–	349,365,255	
	공제액	275,000,000	30,000,000	44,000,000	–	201,000,000	–
⑪ 차감후 세액		1,241,927,875	309,276,794	433,363,992	263,458,033	174,116,793	61,712,263

* ② 추정상속재산은 법정지분으로 배분함.
* ③ 비과세, 채무 등 2,412,000,000원에는 공익법인 출연재산 203,500,000원 포함되어 있으나 별도 표시 안함.
* ④ 증여재산 가산액 22억원에 며느리가 증여받은 2억원 포함되어 있으나, 별도 표시 안함.
* 각 항목에 대한 계산근거와 해설은 다음에서 기술함.

2. 상속인·수유자별 과세표준 배분

가. 배분할 과세표준 : 3,777,500,000원

- 총 과세표준 3,972,500,000원 – 며느리 증여재산에 대한 증여세 과세표준 195,000,000원

  * 며느리는 상속세 납세의무가 없고 해당 증여세 산출세액을 상속세 산출세액에서 차감한 후의 산출세액 상당액을 상속인·수유자별 과세표준으로 배분함.

나. 직접 배분한 상속세 과세표준

○ 가산한 증여재산에 대한 증여세 과세표준은 상속세 과세표준을 곧바로 구성하므로 직접 배분함.

직접 배분한 과세표준 합계	배우자	장남	차남
1,340,000,000	200,000,000	270,000,000	870,000,000

다. 상속세 과세가액으로 배분한 상속세 과세표준

① 과세가액으로 배분할 과세표준 : (가)배분할 과세표준 3,777,5000원 – (나)직접 배분한 과세표준 1,340,000,000원 = 2,437,500,000원

② 과세표준 배분 기준으로 삼는 과세가액 : 상속세 과세가액 6,482,500,000원 – 가산한 증여재산가액 2,200,000,000원 = 4,282,500,000원

구 분	상속재산가액	추정상속재산 (법정분으로 배분)	채무 등 인수	과세가액	과세표준 배분
배우자	1,664,000,000	169,000,000	700,000,000	1,133,000,000	644,877,408
장 남	2,390,000,000	112,666,667	888,500,000	1,614,166,667	918,746,352
장 녀	1,660,000,000	112,666,667	620,000,000	1,152,666,667	656,071,220
차 남	–	112,666,666	–	112,666,666	64,127,262
손 자	270,000,000	–	–	270,000,000	153,677,758
합 계	5,984,000,000	507,000,000	2,208,500,000	4,282,500,000	2,437,500,000

* 배우자 과세표준 배분 : 2,437,500,000원 × 1,133,000,000원 ÷ 4,282,500,000원

3. 상속인·수유자별 산출세액 배분 및 납부할 상속세액

가. 배분할 상속세 산출세액 : 1,516,924,875원

○ 총 상속세 산출세액 1,545,927,875원에서 며느리 증여재산에 대한 기납부증여세액 29,000,000원 차감

  ㉠ 증여세 산출세액 : 29,000,000원

  ㉡ 한도액 : 상속세 산출세액 $1,545,927,875원 \times \dfrac{195,000,000원}{3,972,500,000원} = 75,885,698원$

나. 상속인·수유자별 과세표준과 산출세액 배분 및 납부세액 계산

구 분		합 계	배우자	장남	장녀	차남	손자
과세 표준	직접	1,340,000,000	200,000,000	270,000,000		870,000,000	
	배분	2,437,500,000	644,877,408	918,746,352	656,071,220	64,127,262	153,677,758
	소계	3,777,500,000	844,877,408	1,188,746,352	656,071,220	934,127,262	153,677,758
산출세액		1,516,924,875	339,276,794	477,363,992	263,458,033	375,116,793	61,712,263
기납부증여세		275,000,000	30,000,000	44,000,000	–	201,000,000	–
차감 납부세액		1,241,927,875	309,276,794	433,363,992	263,458,033	174,116,793	61,712,263

○ 기납부증여세 공제액 계산

한도액은 상속인·수유자별 배분한 상속세 산출세액에 그의 상속세 과세표준에서 증여세 과세표준이 차지하는 비율을 적용하여 계산함.

⇒ 배우자 기납부증여세액(㉠과 ㉡ 중 적은 금액) : 30,000,000원

㉠ 증여세 산출세액 : 30,000,000원

㉡ 한도액 : 배우자 산출세액 $339,276,794$원 × $\dfrac{200,000,000원}{844,877,408원}$ = $80,313,851$원

⇒ 장남 기납부증여세액(㉠과 ㉡ 중 적은 금액) : 44,000,000원

㉠ 증여세 산출세액 : 44,000,000원

㉡ 한도액 : 장남 산출세액 $477,363,992$원 × $\dfrac{270,000,000원}{1,188,746,352원}$ = $108,423,699$원

⇒ 차남 기납부증여세액(㉠과 ㉡ 중 적은 금액) : 201,000,000원

㉠ 증여세 산출세액 : 201,000,000원

㉡ 한도액 : 차남 산출세액 $375,116,793$원 × $\dfrac{870,000,000원}{934,127,262원}$ = $349,365,255$원

■ 상속세 및 증여세법 시행규칙 [별지 제9호 서식]

상속세과세표준신고 및 자진납부계산서

(앞쪽)

① 관리번호				–			
신고인	② 성 명	乙 외 3	③ 주민등록번호	32****－2******	피상속인과의 관계		배우자
	④ 주 소	대표상속인 주소지 (☎ 123－4567)			전자우편 주소		
피상속인	⑤ 성 명	甲		⑥ 주민등록번호			30****－1******
	⑦ 주 소	상속개시 당시 주소지 기재					
⑧ 상 속 원 인		사 망		⑨ 상속개시일			2022.7.4.

구 분		금 액	구 분	금 액
⑩ 상 속 세 과 세 가 액		6,482,500,000	㉕ 신 고 불 성 실 가 산 세	
⑪ 상 속 공 제 액		2,510,000,000	㉖ 납 부 불 성 실 가 산 세	
⑫ 과 세 표 준 (⑩ － ⑪)		3,972,500,000	㉗ 납 부 할 세 액(합계액) (⑯ － ⑰ － ⑱ + ㉔ + ㉕ + ㉖)	1,179,831,482
⑬ 세 율		50%	납부방법 납부·신청 일자	
⑭ 산 출 세 액		1,526,250,000	㉘ 연부연납세액	
⑮ 세 대 생 략 가 산 액 「상속세 및 증여세법」 제27조		19,677,875	㉙ 물 납	
⑯ 산 출 세 액(⑭ + ⑮)		1,545,927,875	현금 ㉚ 분 납	589,915,741
⑰ 문 화 재 등 징수유예세액			㉛ 신고납부	589,915,741
⑱ 계(⑲ + ⑳ + ㉑ + ㉒ + ㉓)		428,192,787		
⑲ 증여 세액 공제	소 계	304,000,000		
	「상속세 및 증여세법」 제28조	304,000,000	「상속세 및 증여세법」 제67조 및 같은 법 시행령 제64조 제1항에 따라 상속세과세표준신고 및 자진납부계산서를 제출합니다.	
	「조세특례제한법」 제30조의 5 및 제30조의6			
⑳ 외국납부세액공제 「상속세 및 증여세법」 제29조			2013년 1월 일	
㉑ 단기세액 공제 「상속세 및 증여세법」 제30조			신 고 인 乙 (서명 또는 인)	
㉒ 신고세액공제 「상속세 및 증여세법」 제69조		62,096,393	세무대리인 (서명 또는 인)	
㉓ 그 밖의 공제			(관리번호 : ☎)	
영리 법인 면제	유증 등 재산가액		세무서장 귀하	
	면제세액 「상속세 및 증여세법」 제3조 제1항 단서			
	㉔ 면제분 납부세액(합계액)			

신청(신고)인 제출서류	1. 피상속인의 가족관계증명서 1부 2. 상속세과세가액계산명세서(부표 1) 1부 3. 상속인별 상속재산 및 평가명세서(부표 2) 1부 4. 채무·공과금·장례비용 및 상속공제명세서(부표 3) 1부 5. 상속개시 전 1(2)년 이내 재산처분·채무부담 내역 및 사용처소명명세서(부표 4) 1부 6. 영리법인 상속세 면제 및 납부 명세서(부표 5) 1부	수수료 없음
담당공무원 확인사항	상속인의 가족관계증명서	

행정정보 공동이용 동의서

본인은 이 건 업무처리와 관련하여 담당 공무원이 「전자정부법」 제36조 제1항에 따른 행정정보의 공동이용을 통하여 위의 담당 공무원 확인 사항을 확인하는 것에 동의합니다. * 동의하지 않는 경우에는 신청인이 직접 관련 서류를 제출하여야 합니다.

신청인 (서명 또는 인)

210mm×297mm[백상지 80g/㎡(재활용품)]

■ 상속세 및 증여세법 시행규칙 [별지 제9호 서식 부표 1]

상속세과세가액계산명세서

| ① 관리번호 | | | | — | | | |

가. 상속받은 총재산

② 재산종류	③ 소재지		④ 수량(면적)	⑤ 가 액	⑥ 비 고
	국외재산 국가명				
		<별 첨>			
⑦ 계					

나. 상속세 과세가액 계산

총상속재산 가 액	⑧ 상 속 재 산 가 액		6,187,500,000
	⑨ 상 속 개 시 전 처 분 재 산 등 산 입 액 (「상속세 및 증여세법」 제15조)		507,000,000
	⑩ 합	계	6,694,500,000
비과세 재산가액 (「상속세 및 증여세법」 제12조)	⑪ 계		200,000,000
	⑫ 금 양 (禁 養) 임 야 등 가 액 (「민법」 제1008조의3)		200,000,000
	⑬ 문 화 재 가 액		
	⑭ 기	타	
과세가액 불산입액	⑮ 계		203,500,000
	⑯ 공 익 법 인 출 연 재 산 가 액 (「상속세 및 증여세법」 제16조)		203,500,000
	⑰ 공 익 신 탁 재 산 가 액 (「상속세 및 증여세법」 제17조)		
	⑱ 기	타	
공제금액 (「상속세 및 증여세법」 제14조)	⑲ 계		2,008,500,000
	⑳ 공 과 금		73,500,000
	㉑ 장 례 비 용		15,000,000
	㉒ 채 무		1,920,000,000
가산하는 증여재산가액	㉓ 계 (㉔+㉕ 또는 ㉔+㉖)		2,200,000,000
	㉔ 「상 속 세 및 증 여 세 법」 제13조		2,200,000,000
	㉕ 「조 세 특 례 제 한 법」 제30조의5		
	㉖ 「조 세 특 례 제 한 법」 제30조의6		
㉗ 상 속 세 과 세 가 액 [⑩ − (⑪ + ⑮ + ⑲) + ㉓]			6,482,500,000

작성방법

1. "① 관리번호"란은 신고인이 적지 않습니다.

2. "③ 소재지"의 "국외재산 국가명"에는 재산 소재지가 국외인 경우 '재산소재지 국명'을 적습니다. 이 경우 국외재산 소재지는 한글 또는 영문으로 적는 것이 원칙입니다.

3. "⑥ 비고"란에는 ⑧·⑨·⑫·⑬·⑭·⑯·⑰·⑱·㉔·㉕·㉖에 해당되는 재산의 경우에 그 번호를 적습니다. 비과세재산과 과세가액불산입재산의 경우에는 해당 번호와 ⑧을 함께 적습니다.

4. "⑧ 상속재산가액"란에는 본래의 상속재산가액에 「상속세 및 증여세법」 제8조부터 제10조까지의 상속재산을 합산한 금액(㉔ 「상속세 및 증여세법」 제13조, ㉕ 「조세특례제한법」 제30조의5, ㉖ 「조세특례제한법」 제30조의6에 따라 가산하는 증여재산가액은 포함하지 않습니다)을 적습니다.

5. "⑨ 상속개시전 처분재산등 산입액"란에는 상속개시전 1(2)년 이내 재산처분·채무부담 내역 및 사용처명세서(별지 제9호 서식 부표 4)의 "⑯ 상속추정 재산가액"란의 금액을 적습니다.

6. "⑳ 공과금"란부터 "㉒ 채무"란까지는 채무·공과금·장례비용 및 상속공제명세서(별지 제9호 서식 부표 3)의 각 해당금액을 적습니다.

7. "㉕ 「조세특례제한법」 제30조의5", "㉖ 「조세특례제한법」 제30조의6"란은 증여 당시의 창업자금, 가업승계 주식등 증여재산 평가가액을 적습니다.

210mm×297mm[백상지 80g/㎡(재활용품)]

[별지 제9호 서식 부표 1] ("상속세과세가액명세서 ⑧"란의 별지 임의서식)

상속받은 총재산 명세 및 평가내용

① 재산종류	② 소재지	③ 수량 (면적)	④ 단가	⑤ 평가가액	⑥ 상속인 (수유자)	비 고
① A아파트				1,200,000,000	배우자	시가
② B상가				800,000,000	장남	보증금 환산
③ C오피스텔				620,000,000	장녀	채권액
④ D대지				480,000,000	장녀	공시지가
⑤ E분양권				100,000,000	배우자	기준시가
⑥ F승용차				50,000,000	배우자	기준시가
⑦ G금양임야				310,000,000	장남	공시지가
⑧ H회원권				500,000,000	장남	시가
⑨ I상장주식				270,000,000	손자	시가
⑩ J코스닥				560,000,000	장녀	시가
⑪ K비상장				780,000,000	장남	보충적 가액
⑫ L상장사채				120,000,000	배우자	시가
⑬ M정기예금				203,500,000	W장학재단	
⑭ N보험금				144,000,000	배우자	
⑮ 퇴직금				50,000,000	배우자	
합 계				6,187,500,000		

[별지 제9호 서식 부표 2]

상속인별 상속재산 및 평가명세서

가. 상속인별 상속현황

| ① 피상속인 과의 관계 | ② 성명 | ③ 주민등록번호 | ④ 주소 | ⑤ 법정상속지분율 | ⑥ 법정상속재산가액 |
				⑦ 실제상속지분율	⑧ 실제상속재산가액
배우자	乙	32**** -2******		3/7	2,869,071,430
				24.9%	1,664,000,000

나. 상속재산명세

⑨ 종류	⑩ 소재지	⑪ 수량(면적)	⑫ 단가	⑬ 평가가액	⑭ 평가기준
A아파트				1,200,000,000	시가
E분양권				100,000,000	보충적 평가액
F승용차				50,000,000	기준시가
L상장사채				120,000,000	시가
N보험금				144,000,000	
퇴직금				50,000,000	
계				1,664,000,000	

작성방법

1. 위 명세서는 상속인별 별지로 작성합니다.

2. ⑤란의 법정상속지분율은 $\dfrac{\text{당해 상속인 지분}}{\text{총상속지분}}$ 으로 표시하여 기재합니다.

3. ⑥란에는 [별지 제9호 서식 부표 1]의 ⑩란 및 ㉓란의 금액 합계액에서 상속인이 아닌 수유자가 유증 등을 받은 재산가액과 동 서식의 ⑪·⑳ 및 ㉒란의 금액을 차감한 금액에 대하여 ⑤란의 법정상속지분을 곱하여 계산한 금액을 기재합니다.

4. ⑦란에는 당해 상속인이 협의분할에 의하여 취득한 재산가액(⑧란의 금액)을 총상속재산가액 으로 나눈 비율을 기재합니다.

5. ⑧란에는 상속인간의 협의분할시에 의하여 당해 상속인이 실제 취득한 금액을 기재하고 협의분할서를 첨부하여야 합니다.

6. ⑨란의 종류가 주식(출자지분을 포함한다)인 경우에는 당해 주식을 발행한 법인의 명칭 및 법인의 사업자등록번호를 각각 기재합니다.

7. ⑭란은 시가·기타로 구분하여 기재합니다.

22226-75611일 99.1.28 승인   210mm×297mm(신문용지 54g/㎡)

[별지 제9호 서식 부표 2]

상속인별 상속재산 및 평가명세서

가. 상속인별 상속현황

① 피상속인 과의 관계	② 성명	③ 주민등록번호	④ 주소	⑤ 법정상속지분율	⑥ 법정상속재산가액
				⑦ 실제상속지분율	⑧ 실제상속재산가액
장남	丙	55**** －1******		2/7	1,912,714,285
				35.7%	2,390,000,000

나. 상속재산명세

⑨종류	⑩소재지	⑪수량(면적)	⑫단가	⑬평가가액	⑭평가기준
B상가건물				800,000,000	보증금환산액
G금양임야				310,000,000	공시지가
H골프회원권				500,000,000	시가
K비상장주식				780,000,000	보충적 평가
계				2,390,000,000	

작성방법

1. 위 명세서는 상속인별 별지로 작성합니다.

2. ⑤란의 법정상속지분율은 $\dfrac{\text{당해 상속인 지분}}{\text{총상속지분}}$ 으로 표시하여 기재합니다.

3. ⑥란에는 [별지 제9호 서식 부표 1]의 ⑩란 및 ㉓란의 금액 합계액에서 상속인이 아닌 수유자가 유증 등을 받은 재산가액과 동 서식의 ⑪·⑳ 및 ㉒란의 금액을 차감한 금액에 대하여 ⑤란의 법정상속지분을 곱하여 계산한 금액을 기재합니다.

4. ⑦란에는 당해 상속인이 협의분할에 의하여 취득한 재산가액(⑧란의 금액)을 총상속재산가액으로 나눈 비율을 기재합니다.

5. ⑧란에는 상속인간의 협의분할시에 의하여 당해 상속인이 실제 취득한 금액을 기재하고 협의분할서를 첨부하여야 합니다.

6. ⑨란의 종류가 주식(출자지분을 포함한다)인 경우에는 당해 주식을 발행한 법인의 명칭 및 법인의 사업자등록번호를 각각 기재합니다.

7. ⑭란은 시가·기타로 구분하여 기재합니다.

[별지 제9호 서식 부표 2]

상속인별 상속재산 및 평가명세서

가. 상속인별 상속현황

① 피상속인 과의 관계	② 성명	③ 주민등록번호	④ 주소	⑤ 법정상속지분율	⑥ 법정상속재산가액
				⑦ 실제상속지분율	⑧ 실제상속재산가액
장녀	丁	58**** −2******		2/7	1,912,714,285
				24.8%	1,660,000,000

나. 상속재산명세

⑨종류	⑩소재지	⑪수량(면적)	⑫단가	⑬평가가액	⑭평가기준
C오피스텔				620,000,000	담보 채권액
D대지				480,000,000	공시지가
J코스닥주식				560,000,000	시가
계				1,660,000,000	

작성방법

1. 위 명세서는 상속인별 별지로 작성합니다.

2. ⑤란의 법정상속지분율은 $\dfrac{당해\ 상속인\ 지분}{총상속지분}$ 으로 표시하여 기재합니다.

3. ⑥란에는 [별지 제9호 서식 부표 1]의 ⑩란 및 ㉓란의 금액 합계액에서 상속인이 아닌 수유자가 유증 등을 받은 재산가액과 동 서식의 ⑪·⑳ 및 ㉒란의 금액을 차감한 금액에 대하여 ⑤란의 법정상속지분을 곱하여 계산한 금액을 기재합니다.

4. ⑦란에는 당해 상속인이 협의분할에 의하여 취득한 재산가액(⑧란의 금액)을 총상속재산가액 으로 나눈 비율을 기재합니다.

5. ⑧란에는 상속인간의 협의분할시에 의하여 당해 상속인이 실제 취득한 금액을 기재하고 협의분할서를 첨부하여야 합니다.

6. ⑨란의 종류가 주식(출자지분을 포함한다)인 경우에는 당해 주식을 발행한 법인의 명칭 및 법인의 사업자등록번호를 각각 기재합니다.

7. ⑭란은 시가·기타로 구분하여 기재합니다.

22226−75611일 99.1.28 승인   210mm×297mm(신문용지 54g/㎡)

[별지 제9호 서식 부표 2]

상속인별 상속재산 및 평가명세서

가. 상속인별 상속현황

① 피상속인 과의 관계	② 성명	③ 주민등록번호	④ 주소	⑤ 법정상속지분율	⑥ 법정상속재산가액
				⑦ 실제상속지분율	⑧ 실제상속재산가액
손자		85**** −1******		—	
				4%	270,000,000

나. 상속재산명세

⑨종류	⑩소재지	⑪수량(면적)	⑫단가	⑬평가가액	⑭평가기준
1상장주식				270,000,000	시가
계				270,000,000	

작성방법
1. 위 명세서는 상속인별 별지로 작성합니다.
2. ⑤란의 법정상속지분율은 $\frac{당해\ 상속인\ 지분}{총상속지분}$ 으로 표시하여 기재합니다.
3. ⑥란에는 [별지 제9호 서식 부표 1]의 ⑩란 및 ㉓란의 금액 합계액에서 상속인이 아닌 수유자가 유증 등을 받은 재산가액과 동 서식의 ⑪·⑳ 및 ㉒란의 금액을 차감한 금액에 대하여 ⑤란의 법정상속지분을 곱하여 계산한 금액을 기재합니다.
4. ⑦란에는 당해 상속인이 협의분할에 의하여 취득한 재산가액(⑧란의 금액)을 총상속재산가액으로 나눈 비율을 기재합니다.
5. ⑧란에는 상속인간의 협의분할시에 의하여 당해 상속인이 실제 취득한 금액을 기재하고 협의분할서를 첨부하여야 합니다.
6. ⑨란의 종류가 주식(출자지분을 포함한다)인 경우에는 당해 주식을 발행한 법인의 명칭 및 법인의 사업자등록번호를 각각 기재합니다.
7. ⑭란은 시가·기타로 구분하여 기재합니다.

[별지 제9호 서식 부표 3]

채무·공과금·장례비용 및 상속공제명세서

채무	① 종 류	② 발생연월일	③ 성명 (대표자)	④ 주민등록번호 (사업자등록번호)	⑤ 주 소 (소 재 지)	⑥ 금 액(원)
	대출금	2020.11.10.	R은행			700,000,000
	보증금	2020.10.30.	임차인		B상가	600,000,000
	보증금	2020.12.20.	임차인		C오피스텔	300,000,000
	대출금	2020.11.30.	U은행			320,000,000
	계					1,920,000,000

공과금	⑦ 구 분	⑧ 연 도 별	⑨ 기 분 별	⑩ 금 액(원)
	재산세	2022년분		3,500,000
	부가가치세		2020년 1기분	20,000,000
	종합소득세	2020년		50,000,000
	계			73,500,000

장례비용	⑪ 지 급 처	⑫ 지 급 내 역	⑬ 금 액(원)
		식대 등 일반장례비용	35,000,000
		봉안시설 사용료	8,000,000
	계		43,000,000

상속공제		소 계	290,000,000
	기초공제 및 기타인적공제	⑭ 기 초 공 제	200,000,000
		⑮ 자 녀 공 제	90,000,000
		⑯ 미 성 년 자 공 제	
		⑰ 연 로 자 공 제	
		⑱ 장 애 인 공 제	
	⑲ 일 괄 공 제		500,000,000
	추가상속공제	⑳ 가 업 상 속 공 제	780,000,000
		㉑ 영 농 상 속 공 제	
	㉒ 배 우 자 상 속 공 제		964,000,000
	㉓ 금 융 재 산 상 속 공 제		20,000,000
	㉔ 재 해 손 실 공 제		246,000,000
	㉕ 동 거 주 택 상 속 공 제		
	㉖ 공 제 적 용 한 도 액		4,677,500,000
	㉗ 평 가 수 수 료 합 계		―
	㉘ 상 속 공 제 금 액 합 계		2,510,000,000

구비서류 : 채무부담 및 공과금·장례비·평가수수료 지급 입증서류
※ 채무와 공과금은 상속개시당시의 현황에 따라 적습니다.

[별지 제9호 서식 부표 4]

상속개시 전 1(2)년 이내 재산처분·채무부담내역 및 사용처소명명세서

가. 처분재산 및 부담부채 명세

① 재산소재지	② 종류	③ 면적	④ 처분일 (부담일)	⑤ 금액	⑥ 양수자(채권자)		
					주 소	성명	주민등록번호
합 계							
O연립주택			2022.3.6.	180,000,000		己	
P대지			2021.11.10.	140,000,000		庚	
Q분양권			2021.8.10.	90,000,000		申	
부동산 소계				410,000,000			

나. 사용처

⑦ 사용연월일	⑧ 금액	⑨ 사용용도	⑩ 거래상대방			
			주소	성명	주민등록번호	관계
합 계	107,000,000	재산 취득				

다. 상속재산가산액 계산

⑪ 재산처분 (부담채무)가액	⑫ 사용처소명금액	⑬ 미소명금액	⑭ ⑪금액의 20%와 2억원 중 적은금액	⑮ 상속추정 여부 ⑬ > ⑭	⑯ 상속추정 재산가액
410,000,000	107,000,000	303,000,000	82,000,000	부	221,000,000

작 성 방 법

1. 이 명세서는 상속세 및 증여세법 시행령 제11조 제5항 각호의 1에 해당하는 재산종류별 별지로 작성합니다.
2. ⑤금액란은 처분재산종류별 금액 또는 채무부담액을 기재합니다.
3. ⑪처분재산(부담채무)가액란은 ⑤란의 합계금액을 기재합니다.
4. ⑫사용처소명금액란은 ⑧란의 합계금액을 기재합니다.
5. ⑬미소명금액란은 ⑪란의 금액에서 ⑫란의 금액을 차감한 금액을 기재합니다.
6. ⑮상속추정 여부란은 여·부의 ○표를 기입합니다.
7. ⑯상속추정재산가액란은 ⑬란의 금액이 ⑭란의 금액보다 큰 경우 ⑬란의 금액에서 ⑭란의 금액을 차감한 금액을 기재합니다.

210㎜×297㎜(신문용지 54g/㎡ 재활용품)

[별지 제9호 서식 부표 4]

상속개시 전 1(2)년 이내 재산처분·채무부담내역 및 사용처소명명세서

가. 처분재산 및 부담부채 명세

① 재산소재지	② 종류	③ 면적	④ 처분일 (부담일)	⑤ 금액	⑥ 양수자(채권자)		
					주 소	성명	주민등록번호
합 계							
예금순인출액				300,000,000			
주식처분			2020.12.30.	220,000,000			
유가증권 소계				520,000,000			

나. 사용처

⑦ 사용연월일	⑧ 금액	⑨ 사용용도	⑩ 거래상대방			
			주소	성명	주민등록번호	관계
합 계	400,000,000	재산 취득				

다. 상속재산가산액 계산

⑪ 재산처분 (부담채무)가액	⑫ 사용처소명금액	⑬ 미소명금액	⑭ ⑪금액의 20%와 2억원 중 적은금액	⑮ 상속추정 여부 ⑬>⑭	⑯ 상속추정 재산가액
520,000,000	400,000,000	120,000,000	104,000,000	부	16,000,000

작 성 방 법

1. 이 명세서는 상속세 및 증여세법 시행령 제11조 제5항 각호의 1에 해당하는 재산종류별 별지로 작성합니다.
2. ⑤금액란은 처분재산종류별 금액 또는 채무부담액을 기재합니다.
3. ⑪처분재산(부담채무)가액란은 ⑤란의 합계금액을 기재합니다.
4. ⑫사용처소명금액란은 ⑧란의 합계금액을 기재합니다.
5. ⑬미소명금액란은 ⑪란의 금액에서 ⑫란의 금액을 차감한 금액을 기재합니다.
6. ⑮상속추정 여부란은 여·부의 ○표를 기입합니다.
7. ⑯상속추정재산가액란은 ⑬란의 금액이 ⑭란의 금액보다 큰 경우 ⑬란의 금액에서 ⑭란의 금액을 차감한 금액을 기재합니다.

210mm×297mm(신문용지 54g/㎡ 재활용품)

[별지 제9호 서식 부표 4]

상속개시 전 1(2)년 이내 재산처분·채무부담내역 및 사용처소명명세서

가. 처분재산 및 부담부채 명세

① 재산소재지	② 종류	③ 면적	④ 처분일 (부담일)	⑤ 금액	⑥ 양수자(채권자)		
					주소	성명	주민등록번호
합 계							
R은행 대출금			2020.11.10.	700,000,000			
B상가 보증금			2020.10.30.	600,000,000			
C오피스텔보증금			2020.12.20.	300,000,000			
U은행 대출금			2020.11.30.	320,000,000			
채무부담 소계				1,920,000,000			

나. 사용처

⑦ 사용연월일	⑧ 금액	⑨ 사용용도	⑩ 거래상대방			
			주소	성명	주민등록번호	관계
합 계	1,450,000,000	재산 취득 등				

다. 상속재산가산액 계산

⑪ 재산처분 (부담채무)가액	⑫ 사용처소명금액	⑬ 미소명금액	⑭ ⑪금액의 20%와 2억원 중 적은금액	⑮ 상속추정 여부⑬>⑭	⑯ 상속추정 재산가액
1,920,000,000	1,450,000,000	470,000,000	200,000,000	부	270,000,000

작 성 방 법

1. 이 명세서는 상속세 및 증여세법 시행령 제11조 제5항 각호의 1에 해당하는 재산종류별 별지로 작성합니다.
2. ⑤금액란은 처분재산종류별 금액 또는 채무부담액을 기재합니다.
3. ⑪처분재산(부담채무)가액란은 ⑤란의 합계금액을 기재합니다.
4. ⑫사용처소명금액란은 ⑧란의 합계금액을 기재합니다.
5. ⑬미소명금액란은 ⑪란의 금액에서 ⑫란의 금액을 차감한 금액을 기재합니다.
6. ⑮상속추정 여부란은 여·부의 ○표를 기입합니다.
7. ⑯상속추정재산가액란은 ⑬란의 금액이 ⑭란의 금액보다 큰 경우 ⑬란의 금액에서 ⑭란의 금액을 차감한 금액을 기재합니다.

210㎜×297㎜(신문용지 54g/㎡ 재활용품)

■ 상속세 및 증여세법 시행규칙 [별지 제1호 서식]

가업상속공제신고서

※ [ ]에는 해당되는 곳에 √표를 합니다.

가. 가업현황

상 호(법인명)	K주식회사	사업자등록번호	
성 명(대표자)	甲	주민등록번호	
개 업 연 월 일	1991.3.10.	업 종	제조
사업장 소재지		(☎)	
중소기업 여부	[○] 해당	상장 여부(상장일)	[ ] 상장(. .) [○] 비상장
	[ ] 해당 안됨	직전 사업연도 매출액	510억원

나. 피상속인

성 명	甲	주민등록번호	
가업영위기간	31년	대표이사(대표자) 재직기간	28년
최대주주 등 여부	해당	특수관계인 포함 보유주식 등 지분율	60%

다. 가업상속인

성 명	丁	주민등록번호	
가업종사기간	22년	임원/대표이사 취임일	2022.7.31.
주 소		(☎)	

라. 가업상속재산 명세

종 류	수 량(면적)	단 가	가 액	비 고
K비상장법인 주식	30,000주	30,000원	780,000,000	

마. 가업상속공제 신고액: 780,000,000원

「상속세 및 증여세법」 제18조 제3항 및 같은 법 시행령 제15조 제14항에 따라 가업상속공제신고서를 제출합니다.

2023년 1월 일

신고인   丁 (서명 또는 인)

세무서장 귀하

첨부서류	1. 중소기업기준검토표(「법인세법 시행규칙」 별지 제51호 서식을 말합니다) 2. 가업상속재산이 주식 또는 출자지분인 경우에는 해당 주식 또는 출자지분을 발행한 법인의 상속개시일 현재와 직전 10년간의 사업연도의 주주현황 각 1부 3. 그 밖에 상속인이 해당 가업에 직접 종사한 사실을 입증할 수 있는 서류 1부	수수료 없음

작 성 방 법

"라. 가업상속재산 명세"와 "마. 가업상속공제 신고액"은 별지 제1호 서식 부표(가업상속재산명세서)를 작성한 후 해당 금액 등을 적습니다.

210mm×297mm[백상지 80g/㎡ 또는 중질지 80g/㎡]

■ 상속세 및 증여세법 시행규칙 [별지 제1호 서식 부표]

가업상속재산명세서

※ 뒤쪽의 작성방법을 읽고 작성하시기 바랍니다. (앞쪽)

가. 「소득세법」을 적용받는 가업

구 분	자산종류	금 액
가업에 직접 사용되는 사업용자산	토지	
	건축물	
	기계장치	
	기타	
	① 계	

나. 「법인세법」을 적용받는 가업

② 상속개시일 현재 주식 등의 가액			780,000,000
사업관련 자산가액 비율	③ 총자산가액		11,050,330,000
	사업무관자산 가액	㉮ 「법인세법」 제55조의2 해당자산	
		㉯ 「법인세법 시행령」 제49조 해당자산 및 임대용부동산	
		㉰ 「법인세법 시행령」 제61조 제1항 제2호 해당자산	
		㉱ 과다보유현금	
		㉲ 영업활동과 직접 관련없이 보유하는 주식·채권 및 금융상품	
		④ 사업무관자산 가액 계	0
	⑤ 사업관련 자산가액 (③ - ④)		11,050,330,000
	⑥ 사업관련 자산가액 비율 (⑤ ÷ ③)		100%
⑦ 가업상속공제 대상금액 (② × ⑥)			780,000,000

다. 한도액 계산

⑧ 가업영위기간	⑨ 가업상속공제 대상금액 (① 또는 ⑦)	⑩ 한도액	⑪ 가업상속공제액 (⑨와 ⑩ 중 적은 금액)
10년 이상 20년 미만		200억원	
20년 이상 30년 미만	780,000,000	300억원	780,000,000
30년 이상		500억원	

첨부서류	1. 「소득세법」을 적용받는 가업의 경우, 기업에 직접 사용되는 사업용자산 입증서류 2. 「법인세법」을 적용받는 가업의 경우, 주식평가내역 및 사업무관자산 가액을 확인할 수 있는 입증서류(재무상태표 등)	수수료 없 음

210mm×297mm[백상지 80g/㎡ 또는 중질지 80g/㎡]

[별지 제5호 서식]

금융재산상속공제신고서

가. 피상속인

① 성 명	甲	② 주민등록번호	28**** – 1******
③ 주 소	상속개시 당시 주소지	(☎ :	)

나. 금융재산과 금융채무 명세

④ 금융재산의 종류	⑤ 수 량	⑥ 단 가	⑦ 가 액	⑨ 순금융재산의 가액
주식 및 회사채			950,000,000	
보험금			144,000,000	
계			1,094,000,000	
⑧ 금융채무의 종류				74,000,000
R, U은행 대출금			1,020,000,000	
계				

금융재산 및 금융채무현황

⑩ 보유형태	금융재산·금융채무를 취급하는 법인 또는 금융기관				⑮ 비 고
	⑪ 상호(법인명)	⑫ 사업자 등록번호	⑬ 성명(대표자)	⑭ 소 재 지	

　상속세 및 증여세법 제22조 및 동법시행령 제19조 제3항의 규정에 의하여 금융재산상속공제신고서를 제출합니다.

2023년　　　　1월　　　　일

신고인　　　　乙 외 3명(서명 또는 인)

세무서장 귀하

※ 구비서류 : 금융재산보유 및 금융채무 사실을 확인할 수 있는 서류

※ 작성방법
　1. ⑨란에는 금융재산의 계에서 금융채무의 계를 차감한 금액을 기재합니다.
　2. ⑩란에는 금융재산 및 금융채무의 개별 계좌번호 등을 기재합니다.

210㎜×297㎜
(신문용지 54g/㎡)

[별지 제6호 서식]

재해손실공제신고서

가. 신고인

① 성 명	乙 외		② 주민등록번호	32**** − 2******
③ 주 소			(☎ :	)
④ 피상속인과의 관계	배우자			

나. 재난으로 인하여 손실 · 훼손된 상속재산명세

⑤ 재산종류	⑥ 소재지	⑦ 수량 (면적)	⑧ 상속세 과세가액	⑨ 재난으로 손실 된 재산가액	⑩ 잔존가액
A아파트		160㎡	1,200,000,000	246,000,000	954,000,000
계					
⑪ 재난의 종류	화재	⑫재난 발생일	2022.12.10.		

　　상속세 및 증여세법 시행령 제20조 제3항 및 제47조의 규정에 의하여 재해손실공제신고서를 제출합니다.

　　　　　　　　　　　　　　2023년　　　　1월　　　　일

　　　　　　　　　　　　　　　　신고인　　　　　　乙 외 3(서명 또는 인)

　　　　세무서장 귀하

※ 구비서류 : 재해손실의 사실을 입증할 수 있는 서류

※ 작성방법
　1. ⑩란에는 재난발생 후 잔존가액과 보험금청구 · 구상권행사 등으로 재해손실 가액에 대하여 받거나 받을 수 있는 가액을 합하여 기재합니다.
　2. ⑪란에는 화재 · 붕괴 · 폭발 · 환경오염사고 및 자연재해 등으로 구분하여 기재합니다.

제**3**편

증여세

┃ 증여세 계산 흐름도 ┃

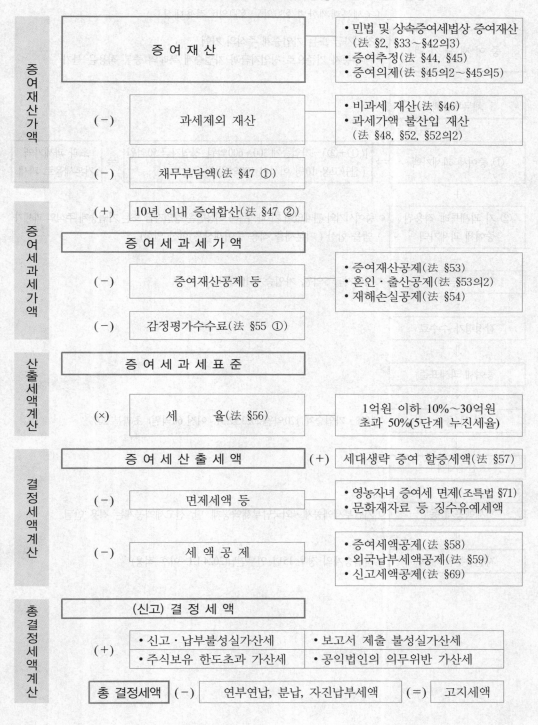

증여
재산
가액

증여재산
- 민법 및 상속증여세법상 증여재산
  (法 §2, §33~§42의3)
- 증여추정(法 §44, §45)
- 증여의제(法 §45의2~§45의5)

(－) 과세제외 재산
- 비과세 재산(法 §46)
- 과세가액 불산입 재산
  (法 §48, §52, §52의2)

(－) 채무부담액(法 §47 ①)

증여세
과세
가액

(＋) 10년 이내 증여합산(法 §47 ②)

증 여 세 과 세 가 액

(－) 증여재산공제 등
- 증여재산공제(法 §53)
- 혼인·출산공제(法 §53의2)
- 재해손실공제(法 §54)

(－) 감정평가수수료(法 §55 ①)

산출
세액
계산

증 여 세 과 세 표 준

(×) 세율(法 §56)
1억원 이하 10%~30억원
초과 50%(5단계 누진세율)

결정
세액
계산

증 여 세 산 출 세 액 (＋) 세대생략 증여 할증세액(法 §57)

(－) 면제세액 등
- 영농자녀 증여세 면제(조특법 §71)
- 문화재자료 등 징수유예세액

(－) 세 액 공 제
- 증여세액공제(法 §58)
- 외국납부세액공제(法 §59)
- 신고세액공제(法 §69)

총
결정
세액
계산

(신고) 결 정 세 액

(＋)
- 신고·납부불성실가산세
- 주식보유 한도초과 가산세
- 보고서 제출 불성실가산세
- 공익법인의 의무위반 가산세

총 결정세액 (－) 연부연납, 분납, 자진납부세액 (＝) 고지세액

▌창업자금 또는 가업승계주식에 대한 증여세 계산 흐름도 ▌

(조세특례제한법 §30의5 · §30의6 적용대상)

증 여 재 산 가 액	○ 창업자금 또는 가업승계 주식의 가액 　－수증자 기준으로 창업자금과 가업승계 특례의 중복 적용은 불가

－

채무부담액

⇩

① 증여세 과세가액	⇒ [(①+②) － 가업승계 300~600억원, 창업자금 50억원 　(신규고용 10명 이상시 100억원)]	⇒ 초과 과세가액 기본세율로 과세

＋

② 기 과세특례 적용된 증여세 과세가액	○ 증여시기와 관계없이 기 과세특례 적용받은 창업자금 또는 가업승계 주식의 과세가 액을 합산 (기본세율 적용 증여재산은 합산 안함)

－

공제금액	○ 창업자금 5억원, 가업승계 10억원

－

감정평가 수수료

⇩

증여세 과세표준

×

세 율	○ 10% · 가업승계 120억원(2023.12.31. 이전 60억원) 초과분 20%

⇩

산출세액

＋

세액공제 등	○ 기납부세액공제 · 외국납부세액공제. 단, 신고세액공제는 적용 안됨.

⇩

자진납부할 세액	○ 가업승계의 경우 15년 연부연납(2024.1.1. 이후 적용)

제1장 증여세 과세제도 개관

제1절 증여세 과세제도 개요

1. 증여세의 의의

　경제적 가치가 있는 재산의 소유권이 이전되는 형태는 크게 유상 이전과 무상 이전으로 나눌 수 있을 것이다. 대가를 지급하는 유상 이전에 대하여는 일반적으로 소득세법에 따른 과세대상이 될 것이고, 무상 이전의 경우에는 상속증여세법에 따른 과세대상이 된다. 경제적 가치가 있는 재산의 소유권이 무상으로 이전되는 원인으로는 상속, 유증, 사인증여 및 증여로 구분할 수 있다.

　자연인의 사망으로 인하여 피상속인의 소유 재산이 무상으로 이전되는 상속, 유증 및 사인증여의 경우에는 상속세를 부과하고 있으며, 자연인이 사망하기 전에 민법상 증여계약 등을 통하여 무상으로 이전하는 재산에 대해서는 증여세를 부과하고 있다. 자연인의 사망으로 인하여 재산의 소유권이 무상 이전되는 경우에만 상속세를 부과한다면 살아있을 때 모든 재산을 무상 이전하여 상속세를 회피할 수 있으므로 이를 방지하기 위하여 상속세에 보완적으로 부과하는 조세가 증여세라 할 수 있다.

　영리법인의 경우에도 재산을 무상으로 이전시키거나 무상으로 취득할 수 있는 바, 영리법인의 경우에는 유상 또는 무상 이전을 구분하지 않고 모두 법인세법에 따른 세금으로 다루고 있으므로 영리법인이 납부할 상속세 또는 증여세는 면제하고 있다.

　2003.12.31.까지는 상속증여세법상에서 증여의 의미를 규정하지 아니함에 따라 민법상 증여의 정의를 차용하게 되었고 당사자 사이의 증여계약에 의한 재산의 무상 이전이 아닌 경우에는 민법상 증여에 해당되지 않아 증여세 과세대상으로 삼을 수 없었다. 따라서 민법상 증여와 경제적 실질이 동일한 경우 증여세를 부과하기 위해서는 증여로 의제하거

나 추정하는 규정을 두어야 했다.

즉 상속증여세법상 과세대상 외의 새로운 거래형태를 통해 재산이나 이익을 무상으로 이전하는 경우 상속증여세법을 개정하여 과세대상으로 추가 규정하기 전까지는 증여세를 부과할 수 없어 적정한 세부담 없는 부의 세습을 차단하는데 한계가 있었다.

2004.1.1.부터 완전포괄주의 증여세 과세제도를 도입·시행함으로써 민법상 증여 또는 상속증여세법상 구체적으로 과세요건을 규정한 것에 해당되지 아니하더라도 사실상 타인으로부터 무상으로 취득한 재산이나 이익이 있는 경우에는 증여세를 부과할 수 있도록 하였다.

2. 증여의 정의

사인간의 법률관계를 전반적으로 규정하고 있는 민법에서 증여의 효력 등에 대하여 규정하고 있으며 세법에서 증여의 의미를 특별히 정의하고 있지 아니하면 민법상 증여의 정의를 차용한다고 볼 수 있다. 민법상 증여의 정의는 개정된 것이 없고 상속증여세법에서는 2004.1.1. 처음으로 증여에 대한 정의규정을 두게 되었다. 따라서 증여세 과세제도에 있어 증여의 의미는 2003.12.31. 이전에는 민법상 정의를 차용하였고 2004.1.1.부터 상속증여세법상 증여의 정의를 독자적으로 사용한다고 볼 수 있다.

가. 민법상 증여

1) 증여의 의의

증여란 당사자의 일방(증여자)이 무상으로 재산을 상대방에게 준다는 의사를 표시하고, 상대방(수증자)이 그것을 승낙함으로써 성립하는 계약이다(민법 §554). 증여는 통상 증여하는 행위 그 자체를 말하나 민법상은 이러한 증여의 실행행위의 원인이 되는 증여계약을 증여라고 한다.

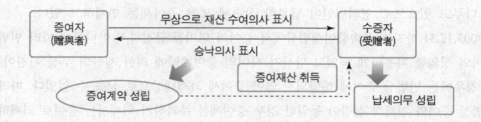

2) 증여의 법률적 성질

증여는 무상(無償)·낙성(諾成)·편무(片務)·불요식(不要式)계약이다.

(가) 증여는 계약이다.

증여는 증여자에 의한 단독행위가 아니라 증여자와 수증자 사이에 의사가 합치되었을 때 성립하는 계약이다. 그러므로 비록 타인에게 무상으로 재산을 주는 경우일지라도 단독행위인 유증이나 채무면제는 민법상 증여가 아니다.

(나) 증여는 무상계약이다.

무상이란 대가(代價)가 없는 것, 즉 수증자로부터 대가인 재산적 이익을 받지 아니하고 증여자의 재산적 이익을 주는 것을 말한다. 따라서 수증자가 어떤 부담 내지 의무를 지는 경우일지라도 그것이 대가로 되어 있지 아니한 때에는 역시 무상이며 증여가 된다.

(다) 증여는 낙성계약이다.

목적물의 인도, 기타의 출연행위를 하지 않더라도 당사자의 의사합치만으로도 증여는 성립하므로 증여자는 우선 계약상의 채무를 부담하고 이어서 그 목적물을 교부하는 것이 일반적이다. 한편, 현상광고[23]처럼 당사자 사이의 합의 외에 목적물의 인도와 기타의 급부를 하여야만 성립하는 계약을 요물계약(要物契約)이라 한다.

(라) 증여는 불요식행위이다.

여러 외국의 입법례는 증여를 요식행위로 하여 서면에 의할 것을 요구한다. 그러나 우리나라의 민법은 증여의 의사표시가 서면으로 표시되지 아니한 경우에는 각 당사자는 이를 해제할 수 있다(민법 §555)는 규정으로 볼 때 서면에 의하지 아니한 증여도 유효하므로 증여는 불요식계약이다.

(마) 증여는 편무계약이다.

증여는 증여자만이 증여채무를 부담하는 계약, 즉 편무계약이다.

한편, 이와 반대되는 개념의 쌍무계약은 매매·임대차 계약과 같이 계약 당사자 쌍방

---

23) 현상광고 : 광고자가 어떤 행위를 완료한 자에게 일정한 보수를 지급할 의사를 광고에 의하여 표시하고 <불특정다수인에 대한 의사표시>, 이에 응한 자가 그 광고에서 정한 행위를 완료함으로써 성립함.
   <예 : 신춘문예의 작품모집, 미아나 유실물을 찾는 경우> 광고자의 의사표시는 청약이고 이에 응한 자의 지정행위를 완료하는 것을 요물행위로서의 승낙이라 함.

이 서로 대가로서의 뜻을 가지는 채무를 부담하는 계약이다.

3) 증여의 효력

(가) 증여의 효력

증여계약에 의하여 증여자는 약속한 재산을 수증자에게 증여하여야 할 채무를 부담하고 수증자는 이에 대응하는 채권을 취득한다. 이러한 채권·채무는 보통 일반의 채권관계와 다르지 아니하므로 만일 증여자가 채무를 이행하지 아니하는 경우에는 수증자는 그 이행을 강제할 수 있으며 또한 이행지체 그 밖의 채무불이행이 있는 때에는 손해배상을 청구할 수 있다.

(나) 증여의 해제

해제란 당사자 일방의 의사표시에 의하여 효력이 발생하고, 상대방과의 합의를 요하지 않는 단독행위인 점에서 해제계약 또는 합의해제와 구별되며, 계약의 효력을 소급하여 소멸시키는 점에서 장래에 대하여 소멸시키는 해지(解止)와 구별된다. 또한 의사표시에 의하는 점에서 계약에서 정한 일정한 사실의 발생으로 당연히 계약의 효력이 소멸하거나 당사자 일방의 권리가 소멸하는 해제조건 또는 실권약관(失權約款)과 구별된다.

민법상 증여에만 있는 해제 원인으로는 다음의 세 가지가 있다.

① 서면에 의하지 않은 증여의 해제

증여의 의사가 서면으로 표시되지 아니한 경우에는 각 당사자(증여자 또는 수증자)는 이를 해제할 수 있다(민법 §555). 그러나 이미 이행된 부분(동산의 인도, 부동산의 등기)에 대하여는 영향을 미치지 아니한다(민법 §558).

② 망은행위(忘恩行爲)에 의한 증여의 해제

수증자가 증여자에 대하여 일정한 망은행위를 한 경우에는 증여자는 그 증여를 해제할 수 있다. 그러나 이 경우에도 증여자가 이미 이행한 부분이 있는 때에는 그 부분에 대하여는 영향을 미치지 아니한다(민법 §556, §558).

③ 재산상태의 변화에 의한 증여의 해제

증여계약 후에 증여자의 재산상태가 현저히 변경되고 그 이행으로 인하여 생계에 중대한 영향을 미칠 경우에는 증여자는 증여를 해제할 수 있다(민법 §557). 이 경우에도 역시 이미 이행된 부분에 대하여는 영향을 미치지 아니한다.

4) 특수한 증여

(가) 부담부증여

부담부증여란 수증자가 증여를 받는 동시에 일정한 부담, 즉 일정한 급부를 하여야 할 의무를 부담하는 증여이다. 민법은 이를 "상대 부담 있는 증여"라고 한다(민법 §559, §561). 그러나 부담은 증여에 대하여 대가관계에 서는 것이 아니므로 부담부증여는 쌍무·유상 계약은 아니다. 증여가 무효인 경우 부담도 당연히 무효이나 부담의 무효는 증여에 영향을 주지 않는다.

(나) 정기증여

정기증여란 그 증여가 1회에 그치는 것이 아니라 정기적(매 월말, 분기말, 연말 등)으로 무상으로 재산을 주는 증여를 말한다. 정기증여는 종신정기금 또는 무기정기금에 따라 증여자 또는 수증자의 사망으로 인하여 그 효력을 잃는다(민법 §560).

(다) 사인증여

사인증여란 증여자가 생전에 수증자와 증여계약을 체결하였으나 증여자가 사망할 때에 효력을 발생하게 하는 정지조건부 부관을 둔 증여를 말한다. 사인증여에 따른 재산에 대하여는 상속세를 과세하고 증여세는 과세하지 아니한다.

나. 상속증여세법상 증여

민법상 증여의 경제적 효과는 증여자가 소유하는 재산을 수증자에게 무상으로 이전하는 것이라 볼 수 있는데, 재산의 소유권이 무상으로 이전되는 경우에도 증여자와 수증자 사이에 증여계약이 없을 때에는 민법상 증여에 해당하지 아니한다. 상속증여세법에서 증여에 대한 정의규정을 두고 있지 아니한 2003.12.31. 이전에는 민법상 증여의 정의를 차용하여 증여세 과세대상 재산으로 삼을 수밖에 없었고 민법상 증여가 아니지만 재산의 무상이전이라는 경제적 효과가 동일한 것에 대해서는 증여로 의제하는 세법규정이 있어야 만이 증여세를 부과할 수 있었다.

2004.1.1. 이후 상증법 제2조 제3항(현행 제2조 제6호)에서 "증여"란 「그 행위 또는 거래의 명칭·형식·목적 등과 관계없이 경제적 가치를 계산할 수 있는 유형·무형의 재산을 직접 또는 간접적인 방법으로 타인에게 무상으로 이전(현저히 저렴한 대가를 받고 이전하는 경우를 포함한다)하는 것 또는 기여에 의하여 타인의 재산가치를 증가시키는 것을

말한다.」고 정의함으로써 민법상 증여 외에 상증법상 정의에 따라 증여세 과세대상이 되는 재산으로 하였다. 다만, 유증과 사인증여, 유언 대용 신탁 및 수익자 계속신탁은 상속세 과세대상으로 삼고 있어 상증법상 증여에서는 제외한다.

따라서 타인 간에 경제적 가치가 있는 재산을 무상으로 이전하는 경우 거래의 명칭이나 형식 등을 따지지 않고 상속증여세법상 증여에 해당할 수 있고 결국 증여세가 부과된다고 볼 수 있겠다.

3. 증여의제 및 증여추정

증여재산의 범위를 정함에 있어서 조세회피의 개연성이 큰 경우에는 일정한 전제사실(前提事實)이 있으면 그 사실을 증여로 보거나 추정함으로써 경제적 실질에 맞게 조세부과의 범위를 조정하여 운용하고 있다.

민법의 증여계약에는 해당되지 아니하는 경우일지라도 증여로 의제함으로써 증여세를 부과할 수 있는 규정을 두고 있는데, 이러한 규정들은 증여세 부담을 회피하기 위하여 주된 증여사실을 감추고 매매 등의 가장행위를 통하여 고율의 증여세 전부 또는 일부를 면탈하려는 조세회피행위를 방지하기 위한 것으로 민법상 증여에는 해당되지 아니한다 할지라도 민법상 증여와 동일한 경제적 효과가 있다고 보고 이를 과세대상에 포함하고 있다.

2003.12.31. 이전 상속증여세법에서는 민법상 증여의 의미를 차용하면서 많은 증여의제규정을 열거하는 방식으로 증여세 과세대상을 정하였다.

2004.1.1. 이후 완전포괄주의 과세제도를 도입함에 따라 증여의제규정은 대부분 포괄적 증여에 따른 과세대상으로 예시하고 명의신탁재산에 대한 증여의제규정과 2012.1.1. 이후 특수관계법인과의 거래를 통한 이익, 특수관계법인으로부터 제공받은 사업기회로 발생한 이익 및 특정법인과의 거래를 통한 이익에 대한 증여의제규정을 두고 있다.

가. 증여의제의 의미

증여의제(贈與擬制)란 어떤 사실(법률요건) A를 법률적 처리의 편의에서 그것과는 다른 사실 B와 같은 것으로 취급하여 B에게 인정된 법률효과를 A의 경우에도 발생시키고자 하는 것으로서 법조문에서는 "…이익(금액)을 증여받은 것으로 본다."라고 표현하고 있다. 증여의제규정에 따른 증여세 과세요건이 성립하는 경우에는 납세자가 그에 대해 반증을 들거나 증여의사가 없음을 입증하여도 과세 제외받을 수 없고 법원에 소송을 제기하여도 해당 법조문의 해석과 적용에 관한 사항은 판단을 받을 수 있을 것이나 근본적으로 증여가 없다는 점은 다툴 수 없는 것이 일반적이라 할 수 있다. 다만, 그 증여의제규정이 헌법상 조세법률주의나 재산권보장의 원칙에 위배되는 등으로 위헌이라는 것을 청구할 수 있을 뿐이다.

나. 증여추정의 의미

증여추정(贈與推定)이란 당사자 간에 별단의 약정이 없는 경우 또는 반증이 없는 경우에 어떤 사항에 대하여 법령이 일단 이러 이러할 것이라고 판단을 내리는 것을 말하며, 법조문에서는 "…자금을 증여받은 것으로 추정한다."라고 표현하고 있다. 증여추정은 증여의제와는 달리 납세자가 증여추정과세요건에 대한 반대사실을 입증하여 증여세 과세대상에서 벗어날 수 있다.

증여의제와 증여추정규정에 의하여 증여세 과세대상이 되는 경우 증여세 신고납부기한, 신고세액공제, 신고·납부지연가산세, 10년 이내 증여한 재산에 대한 합산과세(재산가치증가의 증여 등 및 명의신탁재산의 증여의제 등 3개 의제 재산은 합산배제), 연부연납 및 물납규정 등에 있어 민법상 증여재산과 동일하게 취급하고 있으며, 증여의제와 증여추정을 비교해 보면 다음과 같다.

구 분	증여의제	증여추정
법 적 의 미	어떠한 사실을 비유해서 진실에는 반하여도 법에서 이러하다고 정해 버리고 반대의 증거가 있어도 이를 변동시키지 않는 것을 말함.	증명의 곤란을 완화하기 위한 것으로서 일반적으로 어떤 사실에서 다른 사실을 추인하는 것을 말함.
증 여 효 력	반대사실에 대한 증명이 있더라도 상속증여세법에 정하여진 요건에 해당하는 경우 그 증여사실이 번복되지 아니함.	납세자로부터 증여에 해당하지 않는다는 반대사실에 대한 증명이 있는 경우 그 증여추정이 번복됨.
현 행 규 정	4개	2개

제 2 절 : 완전포괄주의 과세제도

1. 개요 및 도입취지

어떤 조세의 과세제도가 포괄주의냐 열거주의냐는 통상 각 세법에서 과세대상이 되는 소득이나 재산 또는 물건을 포괄적으로 규정하고 있느냐 아니면 구체적으로 열거하여 규정하고 있느냐에 따라 구분하고 있다. 소득세는 모든 소득금액에 대하여 과세하는 것이 아니고 소득세법에서 과세대상으로 열거하고 있는 소득에 대하여만 과세하고 있어 열거주의 과세방식이라 할 수 있고, 법인세는 과세대상 소득이 되는 익금을 소득의 원천이나 발생경위 등에 관계없이 해당 법인의 순자산을 증가시키는 거래로 인하여 발생하는 수익의 금액이라고 규정함으로써 포괄주의 과세방식이라 할 수 있을 것이다.

2003.12.31. 이전에는 상속증여세법상 증여의 정의 규정을 두지 아니함에 따라 민법상 증여 외에는 사실상 재산의 무상이전이 있는 경우에도 증여세 과세대상이라고 구체적으로 규정하기 전에는 부과할 수 없었다.

1991년 이후 여러 차례에 걸쳐 증여의제규정을 신설·보완하고 2001년부터 유형별 포괄주의를 시행하였으나 새로운 유형의 변칙증여행위에 대한 사전대처가 미흡한 점이 지적되어 왔다. 이를 개선하기 위해 2003.12. 상속증여세법 개정시 증여를 "민법상 증여뿐만 아니라 재산의 사실상 무상이전, 타인 기여에 의해 재산가치를 증가시킨 것"으로 정의하여 2004.1.1.부터 증여세 완전포괄주의 과세제도를 시행함으로써 적정한 세부담없는 부(富)의 세습(世襲)을 효율적으로 차단하도록 하여 공평과세 실현 및 부의 재분배를 통한 사회계층간 갈등해소에 기여하도록 하였다.

2. 도입전후 차이점

열거주의 과세방식에서는 증여세 과세대상 및 과세방법 등이 명확하여 법적안정성이나 예측가능성이 높았는데 반해 과세대상으로 규정한 거래 외의 새로운 거래형태로 재산을 무상이전하는 경우에는 증여세를 부과할 수 없어 변칙적인 부의 세습행위 차단에 미흡하였다. 완전포괄주의 시행으로 과세범위 등이 포괄적으로 규정되어 변칙적인 증여행위에 사전대처가 가능해진 장점은 있으나 법령에서 구체적으로 열거하지 아니한 증여사례의 경우에 부과대상 여부 및 과세가액 산정방법 등이 불분명하여 논란이 많다.

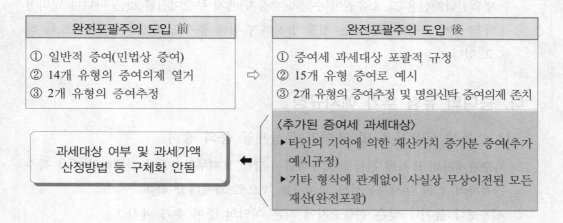

3. 법조문 체계 정비 내용

가. 증여의 정의규정 신설

증여란 「그 행위 또는 거래의 명칭·형식·목적 등과 관계없이 경제적 가치를 계산할 수 있는 유형·무형의 재산을 직접 또는 간접적인 방법으로 타인에게 무상으로 이전(현저히 저렴한 대가를 받고 이전하는 경우를 포함한다)하는 것 또는 기여에 의하여 타인의 재산의 가치가 증가하는 것을 말한다」고 정의하여 완전포괄주의 증여세 과세제도를 도입하였다.

나. 열거한 증여의제규정을 증여의 예시규정으로 전환

완전포괄주의 도입으로 열거한 증여의제규정을 삭제해도 법리상 무방하나, 국민의 법적안정성과 예측가능성을 도모하고 집행상 혼란 방지를 위하여 증여시기 및 증여가액의 산정기준 등을 예시하는 것으로 존치하였다.

○ 법조문 제목을 「···의 증여의제」 ⇨ 「··· 의 증여」로 변경하고
　－조문내용 중 「···을 증여받은 것으로 본다」 ⇨ 「···을 수증자에 대한 증여재산가액으로 한다」로 모두 수정하였다.
○ 증여추정 2개와 명의신탁재산 등에 대한 증여의제를 규정
　－배우자 등 양도시와 재산취득자금 등에 대한 증여추정을 유지 ⇨ 재산 양수대가

지급 및 자력취득·상환을 입증할 때에는 증여 추정하지 않는다.
- 명의신탁재산은 그 소유권이 수탁자(수증자)에게 무상이전된 것은 아니나 명의신탁을 통해 조세를 회피하는 것을 방지하기 위해 증여로 의제하여 과세하도록 하고 있다.

다. 증여의 유형 추가 예시규정

1) 부동산 무상사용 및 용역의 무상제공 등의 증여

○ 특수관계자의 토지에 건물을 소유하면서 당해 토지무상사용시 과세하던 것을 특수관계자의 건물 무상사용시도 과세하는 것으로 과세대상 확대
○ 시가보다 높거나 낮은 현물출자에 따른 이익의 증여 추가 예시
○ 기타재산의 무상사용·고저가 사용 및 용역의 무상제공·고저가 제공시 정상대가와 지급한 대가의 차액을 증여로 추가 예시

2) 타인의 기여에 의한 재산가치 증가분의 증여

미성년자 등 자기의 계산으로 형질변경 등을 할 수 없는 자가 재산취득 후 5년 이내에 개발사업을 시행하는 등 재산가치 증가사유 발생시 그 가치상승분은 타인의 기여에 의한 증여로 예시하였다.

3) 특수관계가 없는 자간 비정상적인 거래의 증여추정

타인간에 시가보다 30% 초과 또는 시가보다 70% 미만의 가액으로 거래시 시가와 대가의 차액에서 3억원을 차감한 금액은 증여로 추정하되, 납세자가 그 거래가액이 정상가액이라고 입증하면 과세제외하도록 하였다.

4) 경제적 실질에 따른 증여세 과세규정 신설

제3자를 통한 간접적인 방법, 하나의 행위 또는 거래를 2 이상 거치는 방법 등으로 증여세를 감소시킨 경우 당사자 간 직접 거래, 하나의 행위 또는 거래로 보아 증여 해당 여부를 판단하도록 하였다.

4. 2004.1.1. 이후 증여재산의 유형

완전포괄주의 증여세 과세제도를 도입한 2004.1.1. 이후 증여세 과세대상이 되는 증여재산의 유형은 다음과 같이 구분해 볼 수 있다.

가. 민법상 증여재산

나. 증여의제 아니나 증여로 취급하는 재산(2개)

① 상속재산 재분할에 따른 상속인간 몫의 변동시 증여
② 증여재산의 반환 및 재증여에 따른 증여

다. 예시 규정된 증여재산

① 신탁이익의 증여(상속증여세법 §33)
② 보험금의 증여(상속증여세법 §34)
③ 저가·고가 양도에 따른 이익의 증여(상속증여세법 §35)
④ 채무면제 등에 따른 증여(상속증여세법 §36)
⑤ 부동산 무상사용에 따른 이익의 증여(상속증여세법 §37)
⑥ 합병에 따른 이익의 증여(상속증여세법 §38)
⑦ 증자에 따른 이익의 증여(상속증여세법 §39)
⑧ 감자에 따른 이익의 증여(상속증여세법 §39의2)
⑨ 현물출자에 따른 이익의 증여(상속증여세법 §39의3)
⑩ 전환사채 등의 주식전환 등에 따른 이익의 증여(상속증여세법 §40)
⑪ 초과배당에 따른 이익의 증여(상속증여세법 §41의2, 2016.1.1. 신설)
⑫ 주식 등의 상장 등에 따른 이익의 증여(상속증여세법 §41의3)
⑬ 금전무상대출 등에 따른 이익의 증여(상속증여세법 §41의4)
⑭ 합병에 따른 상장 등 이익의 증여(상속증여세법 §41의5)
⑮ 재산사용 및 용역사용 등에 따른 이익의 증여(상속증여세법 §42, 2016.1.1. 신설)
⑯ 법인의 조직변경 등에 따른 이익의 증여(상속증여세법 §42의2, 2016.1.1. 신설)
⑰ 재산취득 후 재산가치에 따른 이익의 증여(상속증여세법 §42의3, 2016.1.1. 신설)

2015.12.31. 그 밖의 이익의 증여규정을 ⑮~⑰로 세분화하였다.

라. 증여추정 및 증여의제 재산

① 배우자 등에게 양도한 재산의 증여추정(상속증여세법 §44)

② 재산 취득자금 등의 증여추정(상속증여세법 §45)

③ 명의신탁재산의 증여의제(상속증여세법 §45의2)

④ 특수관계법인과의 거래를 통한 이익의 증여의제(상속증여세법 §45의3, 2012.1.1. 신설)

⑤ 특수관계법인으로부터 제공받은 사업기회로 발생한 이익의 증여의제(상속증여세법 §45의4, 2016.1.1. 신설)

⑥ 특정법인과의 거래를 통한 이익의 증여의제(상속증여세법 §45의5, 2016.1.1. 증여예시규정에서 증여의제규정으로 개정)

5. 2003.12.31. 이전 증여재산 유형 및 유형별 포괄주의

민법상 증여재산과 상속증여세법에서 열거하고 있는 증여의제 및 증여추정하고 있는 재산을 증여세 과세대상으로 삼았다.

재산의 매매 또는 각종 자본거래과정에서 실질적으로는 재산을 무상으로 이전시키면서도 민법상 증여의 성립요건을 피하여 증여세를 면탈하는 변칙적 증여행위를 방지하기 위하여 상속증여세법에서는 증여의제규정과 증여추정규정을 두어 증여세를 부과하고 있다. 2000.12.31. 이전에는 조세법률주의에 충실한 열거주의 과세방식에 따라 각종 변칙거래 유형별로 증여의제규정을 신설하거나 과세대상을 확대하는 등으로 증여세 부과를 강화하여 왔다.

그러나, 경제규모가 커지고 다변화하는 현실에서 모든 거래실체를 예측하여 명확한 과세요건을 규정하는 것은 사실상 어렵고, 새로운 유형의 변칙거래가 발생하여 입법보완한 경우에도 소급과세가 불가능하여 효과적으로 변칙상속·증여행위를 차단하지 못하였다는 지적에 따라 간접 거래 등에 대한 과세규정, 열거한 증여의제규정과 유사한 거래에 대하여 과세할 수 있는 유형별 포괄주의 과세규정을 도입하는 세법개정이 이루어졌다.

가. 제3자를 통한 거래의 경우 과세규정

1999.1.1.부터 상속증여세법 제42조 제2항에서 간접거래 등에 대하여 과세할 수 있도록 "제1항·제3항 또는 제33조 내지 제41조의4에 준하는 것으로서 제3자를 통한 간접적인 방법으로 재산(금전으로 환가할 수 있는 경제적 이익 및 법률상 또는 사실상의 권리

를 포함한다. 이하 이 조에서 같다)이 사실상 무상으로 이전된 경우에는 당해 재산을 이 전받은 자가 그 이전받은 때에 제3자를 통하여 당해 재산을 이전한 자로부터 대통령령이 정하는 재산가액을 증여받은 것으로 본다."고 규정하여 열거하고 있는 증여의제 과세대 상과 유사한 거래임에 불구하고 중간에 제3자를 개입시켜 과세요건을 피하는 경우 과세 가 가능하도록 하였다(상속증여세법 §42 ②, 상속증여세법 시행령 §31의3).

2004.1.1. 이후 완전포괄주의 과세제도를 도입하면서 동 과세규정은 삭제를 하고 상속 증여세법 제2조 제4항에서 경제적 실질에 따른 과세대상을 파악할 수 있는 규정을 신설 하였다.

 관련 예규·심판결정례 및 판례 등

☐ 주가가 과대평가된 합병당사법인의 대주주가 영리법인인 경우에는 당해 영리법인의 개인주주에게 상속증여세법(1998.12.28. 법률 제5,582호로 개정된 것) 제38조에 준하는 경우로서 제3자를 통한 간 접적인 방법으로 재산을 사실상 무상으로 이전된 것으로 보아 동법 제42조 제1항 및 동법 시행령 (1998.12.31. 대통령령 제15,971호로 개정된 것) 제31조의3의 규정에 의하여 증여세가 과세됨(재재 산 46014－95, 1999.12.31.).

질의
A와 B가 1 : 1로 합병할 경우에 영리법인(C)의 주주 丙(甲의 子)에게 증여세를 과세할 수 있는 지 여부?

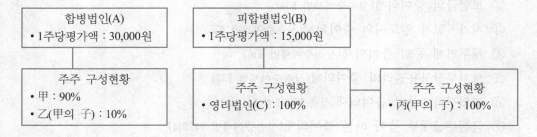

☐ 최대주주인 甲이 특수관계가 없는 제3자에게 시가보다 낮은 가액으로 비상장주식을 전부 양도하고 제3자가 甲의 子에게 매입가액으로 양도하는 경우 甲이 제3자를 통한 간접적인 방법으로 子에게 당해 주식을 저가로 양도한 것으로 보아 상속증여세법 제42조 제2항의 규정을 적용하여 증여세를 과세하는 것임(서일 46014－11271, 2002.9.27.).

나. 2001.1.1. 자본거래에 대한 유형별 포괄주의 도입

2001.1.1. 이후 자본거래와 관련한 증여의제규정에 대하여 유형별 포괄주의 과세제도를 도입하여 시행하였다. 다음에 해당하는 증여의제규정에 대해서는 법령에서 구체적으로 정한 과세요건과 동일하지는 않지만 거래의 유형이나 이익의 분여방법 등이 유사한 경우에는 법령에서 구체적으로 규정하고 있는 과세요건 및 증여가액 계산방법 등을 준용하여 증여세를 과세할 수 있도록 하였다.

① 합병(분할합병을 포함한다)과정에서의 이익 분여

② 자본금을 증가시키는 과정에서의 이익 분여

③ 자본금을 감소시키는 과정에서의 이익 분여

④ 전환사채 등을 발행·거래·전환하는 과정에서의 이익 분여

⑤ 결손법인 등 특정법인과 거래하는 과정에서의 이익 분여

⑥ 상장·협회등록을 추진하는 과정에서의 이익 분여

다. 2003.1.1. 일반거래에 대한 유형별 포괄주의 도입

2003.1.1. 이후에는 나머지 다음의 일반거래에 대한 증여의제규정에 대해서도 유형별 포괄주의 과세제도를 도입하였다.

① 신탁의 이익을 받을 권리의 증여의제(상속증여세법 §33)

② 보험금의 증여의제(상속증여세법 §34)

③ 저가·고가 양도시의 증여의제(상속증여세법 §35)

④ 채무면제 등의 증여의제(상속증여세법 §36)

⑤ 토지무상사용권리의 증여의제(상속증여세법 §37)

⑥ 명의신탁재산의 증여의제(상속증여세법 §41의2)

⑦ 금전무상대부 등에 따른 증여의제(상속증여세법 §41의4)

⑧ 합병에 따른 상장 등 이익의 증여의제(상속증여세법 §41의5)

유형별 포괄주의 과세제도의 경우 법령에서 규정한 거래 형태 또는 이익의 무상이전방법 등이 같지는 않지만 유사한 경우 추가적인 입법조치가 없어도 증여세를 과세할 수 있어 열거주의 과세방식보다는 실질과세의 원칙에 부합하는 것으로 볼 있을 것이다.

그러나 법령에서 구체적으로 규정하고 있는 거래 형태가 아닌 새로운 거래형태 또는 금융상품 등을 이용해 실질적인 부(富)의 무상이전이 일어난 경우에는 법적근거를 만들

어야 증여세를 과세할 수 있다. 2003.12.31. 이전 증여세 과세대상이 되는 재산의 유형을 요약하면 다음과 같다.

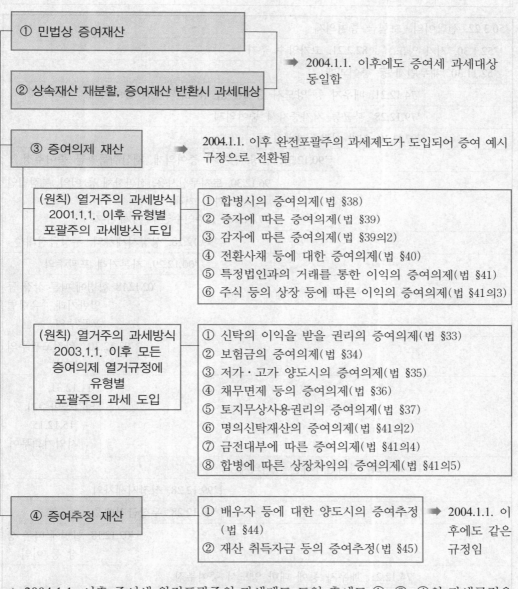

① 민법상 증여재산

② 상속재산 재분할, 증여재산 반환시 과세대상

➡ 2004.1.1. 이후에도 증여세 과세대상 동일함

③ 증여의제 재산

➡ 2004.1.1. 이후 완전포괄주의 과세제도가 도입되어 증여 예시 규정으로 전환됨

(원칙) 열거주의 과세방식 2001.1.1. 이후 유형별 포괄주의 과세방식 도입

① 합병시의 증여의제(법 §38)
② 증자에 따른 증여의제(법 §39)
③ 감자에 따른 증여의제(법 §39의2)
④ 전환사채 등에 대한 증여의제(법 §40)
⑤ 특정법인과의 거래를 통한 이익의 증여의제(법 §41)
⑥ 주식 등의 상장 등에 따른 이익의 증여의제(법 §41의3)

(원칙) 열거주의 과세방식 2003.1.1. 이후 모든 증여의제 열거규정에 유형별 포괄주의 과세 도입

① 신탁의 이익을 받을 권리의 증여의제(법 §33)
② 보험금의 증여의제(법 §34)
③ 저가・고가 양도시의 증여의제(법 §35)
④ 채무면제 등의 증여의제(법 §36)
⑤ 토지무상사용권리의 증여의제(법 §37)
⑥ 명의신탁재산의 증여의제(법 §41의2)
⑦ 금전대부에 따른 증여의제(법 §41의4)
⑧ 합병에 따른 상장차익의 증여의제(법 §41의5)

④ 증여추정 재산

① 배우자 등에 대한 양도시의 증여추정 (법 §44)
② 재산 취득자금 등의 증여추정(법 §45)

➡ 2004.1.1. 이후에도 같은 규정임

➡ 2004.1.1. 이후 증여세 완전포괄주의 과세제도 도입 후에도 ①, ②, ④의 과세규정은 동일하며, ③의 증여의제가 증여예시 규정으로 전환됨.

▌증여의제 · 증여추정 규정 개정연혁 ▌

1950	1960	1970	1980년	1990년	1996년	1999년	2002년	2004년	2012년

'50.3.22. 신탁이익 · 보험금 증여의제

'52.1.30. 저가 양도 　'82.2.21. 고가양수 추가

'52.11.30. 채무면제 등 증여의제

'74.12.21. 배우자 등 양도시 증여추정, 명의신탁재산 증여의제

'79.12.28. 불균등 저가증자시 증여의제

'97.11.10. 고가 실권주 재배정 등 추가

'90.12.31. 합병, 감자시 증여의제, 재산취득자금 증여추정

'96.12.30. 토지무상사용, 전환사채 등 이익, 특정법인과의 거래

'97.11.10. 신주인수권부 사채 추가

'99.12.28. 상장시세차익, 무상금전대출

'00.12.29. 자본거래 포괄주의

'02.12.18. 합병에 따른 상장 등 일반거래 유형별 포괄주의

'03.12.30. 완전포괄주의 도입

'11.12.31. 일감몰아주기, '15.12.15. 사업기회부여

'74.12.21. 명의신탁재산 증여의제

'99.12.28. 상장시세차익

'99.12.28. 무상금전대출

'02.12.18. 합병에 따른 상장 등 이익

'74.12.21. 배우자 등에 대한 양도시 증여추정

'90.12.31. 재산취득자금 증여추정

➡ 2000.12.29. 자본거래에 대한 유형별 포괄적 증여의제 신설
➡ 2002.12.18. 모든 증여의제에 대한 유형별 포괄주의 과세방식 도입

제**3**절 : 증여세 납부의무

1. 증여세 과세대상

2016.1.1. 상속증여세법 제4조(증여세 과세대상) 제1항에서 상속증여세법상 예시 규정한 증여재산과 추정증여재산 및 의제하는 증여재산에 대해서는 증여세를 부과한다고 규정하였다. 2015.12.31. 이전에 수증자가 거주자인가 아니면 비거주자인가에 따라 구분하였던 국내·외 증여재산에 대한 증여세 과세대상의 범위를 통일하고, 상속증여세법 제4조의2(증여세 납부의무)에서 수증자를 거주자와 비거주자로 구분하여 국내 및 국외에 소재하는 증여재산에 대한 증여세 납부의무의 범위를 규정하고 있다. 증여세 과세대상과 납부의무에 대한 법조문체계는 바뀌었지만 그 내용은 종전과 동일하며 증여세 과세대상인 다음의 증여재산에 대해서는 해당 항목에서 자세히 기술하였다.

① 무상으로 이전받은 재산 또는 이익

② 현저히 낮은 대가를 주고 재산 또는 이익을 이전받아 발생하는 이익이나 현저히 높은 대가를 받고 재산 또는 이익을 이전하여 발생하는 이익. 다만, 특수관계인이 아닌 자 간의 거래인 경우에는 거래의 관행상 정당한 사유가 없는 경우로 한정한다.

③ 재산 취득 후 해당 재산의 가치가 증가한 경우의 그 이익. 다만, 특수관계인이 아닌 자 간의 거래인 경우에는 거래의 관행상 정당한 사유가 없는 경우로 한정한다.

④ 법 제33조부터 제39조까지, 제39조의2, 제39조의3, 제40조, 제41조의2부터 제41조의5까지, 제42조, 제42조의2 또는 제42조의3에 해당하는 경우의 그 재산 또는 이익

⑤ 법 제44조 또는 제45조에 해당하는 경우의 그 재산 또는 이익(추정 증여재산)

⑥ ④의 각 경우와 경제적 실질이 유사한 경우 등 ④의 각 규정을 준용하여 증여재산의 가액을 계산할 수 있는 경우의 그 재산 또는 이익

⑦ 법 제45조의2부터 제45조의5까지의 규정에 해당하는 경우에는 그 재산 또는 이익을 증여받은 것으로 보아 그 재산 또는 이익(의제 증여재산)

⑧ 상속재산을 재분할하여 특정 상속인이 상속분을 초과하여 취득하는 재산

⑨ 증여재산을 신고기한을 경과하여 증여자에게 반환하거나 다시 증여하는 경우

관련 예규·심판결정례 및 판례 등

☐ 비특수관계인의 신주인수권증권을 취득하여 주식으로 전환한 경우(조심 2018서4650, 2018.12.19.)

처분개요

- 2015.12.4. 특수관계가 없는 김OOO 등으로부터 신주인수권증권을 취득하였다가, 2016.1.7. 신주인수권을 행사하여 보통주 70,521주를 취득

- 처분청은 주식으로 전환함에 따라 얻은 이익을 상속증여세법(2015.12.15. 법률 제13557호로 개정된 것) 제4조 제1항 제6호를 적용하여 2016.1.7. 증여분 증여세를 결정·고지함.

결정요지 증여세 과세처분은 정당함.

- 전환사채 등의 주식전환에 따른 이익 증여에 대한 증여세를 부과하는 취지는 거래당사자가 비정상적인 방법으로 거래상대방에게 신주인수권의 취득과 행사로 인한 이익을 사실상 무상으로 이전하는 경우에 그 거래상대방이 얻은 이익에 대하여 증여세를 부과하여 변칙적인 증여행위에 대처하고 과세의 공평을 도모하려는 데에 있는 점

- 2015.12.15. 개정법령의 입법취지는 증여세 완전포괄주의 원칙에 따라 열거된 개별예시 규정에 해당하지 아니하더라도 해당 규정을 준용하여 증여재산의 가액을 계산할 수 있는 경우에는 증여세를 부과할 수 있도록 하는 등 과세대상 증여재산의 범위를 명확히 하여 증여세 완전포괄주의의 운영상 나타난 일부 미비점을 개선·보완하려는 데 있고

- 개정 상속증여세법 부칙 제1조 및 제2조는 동법의 시행일을 2016.1.1.로 하고 시행 이후 증여받는 경우부터 개정 상증세법을 적용한다고 규정하고 있는 바, 전환사채 등의 주식전환 등에 따른 증여시기는 주식으로 전환 등을 한 때이고 쟁점신주인수권증권을 취득한 청구인이 신주인수권을 행사하여 주식으로 전환한 날은 2016.1.7.이므로 처분청이 개정 상증세법을 적용하여 청구인에게 증여세를 부과한 처분은 달리 잘못이 없는 것으로 판단됨.

가. 2003.1.1. 이후 증여자 사망 후 취득한 증여재산 과세 제외

증여자와 수증자가 증여계약을 체결하여 그 효력은 발생하였으나 해당 증여재산의 소유권을 수증자에게 이전하지 않고 사망하는 경우 해당 증여 대상인 재산은 증여자(피상속인)의 상속재산에 해당하므로 상속세가 과세되고 수증자에게 소유권이 이전되는 시점에서 다시 증여세 과세대상에 해당한다. 상속세를 부과할 때 증여자의 증여채무를 상속재산에서 공제하면 결과적으로 상속세가 부과되지 아니하지만 사망 전 증여재산의 상속세 합산과세제도 취지 등을 감안하여 피상속인이 상속인에게 상속개시 전 10년 이내에 진 증여채무와 상속인이 아닌 자에게 상속개시 전 5년 이내에 진 증여채무를 공제하지 않도록 규정함에 따라 증여 대상 재산에 대하여 상속세를 부과하고 있다. 2002.12.31. 이

전에는 상속세 과세와는 별개로 수증자에게 증여세를 부과함에 따라 동일한 재산에 대하여 상속세와 증여세가 부과되는 문제가 있어 2003.1.1. 이후 상속개시분부터 해당 재산에 대해서는 상속세만을 부과하고 증여세 과세대상에서 제외하고 있다.

나. 증여재산에 대해 소득세 등이 부과되는 경우 부과 제외

증여재산에 대하여 수증자에게 소득세법에 따른 소득세 또는 법인세법에 따른 법인세가 부과되는 경우에는 증여세를 부과하지 아니한다. 소득세 또는 법인세가 소득세법 및 법인세법 또는 다른 법률에 따라 비과세되거나 감면되는 경우에도 증여세는 부과하지 아니한다. 이는 납세의무자가 동일하고 과세되는 소득과 증여재산의 계산방법이 동일한 경우에 이중과세를 방지하기 위한 조치로 볼 수 있다.

 관련 예규 · 심판결정례 및 판례 등

❏ 내국법인이 주주 간 차등배당시 부당행위계산부인 대상 해당여부(서면법규과-364, 2013.3.29.)
  주주가 특수관계 있는 개인들로 구성된 내국법인이 차등배당을 실시하는 경우, 배당을 하는 법인과 주주들 간에는 법인세법 제52조에 따른 부당행위계산 부인규정이 적용되지 아니하는 것임.

❏ 배당처분하여 소득세 과세되는 경우 증여세 과세 제외(재재산 46014-222, 2000.7.31.)
  특수관계에 있는 법인으로부터 전환사채 취득에 대해 부당행위계산부인에 따라 법인세를 부과하고, 동 사채취득자에게 배당처분에 다른 소득세가 과세된 경우 증여세를 과세하지 아니함.

❏ 고가양도시 증여세와 양도세 과세대상임(국심 99전2744, 2000.8.8.).
  특수관계인에게 시가의 130% 이상으로 양도한 경우 양도자에게 시가를 초과한 금액에 대해서 증여세를, 그 시가를 양도가액으로 하여 양도세를 과세함은 정당하고 중복과세 아님.

❏ 저가거래에서 증여세와 양도소득세를 부과한 것이 이중과세인지 여부(대법원 2002두12458, 2003.5.13.)
  증여세와 양도소득세는 납세의무의 성립요건과 시기 및 납세의무자를 서로 달리하는 것이어서, 과세관청이 각 부과처분을 함에 있어서는 각각의 과세요건에 따라 실질에 맞추어 독립적으로 판단하여야 할 것으로, 위 규정들의 요건에 모두 해당할 경우 양자의 중복적용을 배제하는 특별한 규정이 없는 한 어느 한쪽의 과세만 가능한 것은 아니라 할 것인 바,
  형이 동생에게 주식을 액면가액인 @5,000원으로 양도한 것에 대해 세법상 평가액인 @28,000원과의 차액을 동생의 증여가액으로 하여 증여세를 부과하고, 형에게는 시가보다 저가로 양도한 부당행위로 보아 양도가액을 @28,000원으로 하여 양도세 과세한 것에는 잘못이 없음.

❏ 거주자인 父가 원화를 환치기 수법으로 비거주자인 子에게 증여하고, 子가 자신의 회사 사업자금으로 사용했더라도 子에게 증여세 과세되며 父는 연대납세의무 있음(대법원 2001두10370, 2002.4.26.).

부과제척기간이 만료되어 소득세를 부과 못한 경우 증여세 과세 여부

○ 대표이사가 당해 법인으로부터 상속증여세법상 평가액이 1주당 13,880원인 주식을 1 주당 7,000원에 저가로 양수함에 따라 법인세법상 부당행위대상으로서 시가와 대가의 차액에 대해 법인세를 과세하고 대표이사에게 소득처분하여 소득세를 부과해야 하나

- 부과제척기간이 만료되어 소득세를 부과할 수 없는 경우에 저가양수시 증여세 과세규 정을 적용하여 대표이사에게 증여세를 과세할 수 있는지 여부?

풀이

○ 증여재산이 소득세법상 소득세 과세대상에 해당되는 경우에는 소득세 부과 여부에 관계없 이 증여세는 과세하지 아니함(재산세과-581, 2011.12.6., 재산세과-3700, 2004.12.29.).

- 상속증여세법에서 "증여재산에 대하여 소득세법에 의하여 소득세가 부과되는 때에는 증여 세를 부과하지 아니한다"고 규정한 것은 소득세에 대한 보완세 성격을 가지는 증여세에 있 어 그 과세대상을 소득세 과세대상이 아닌 경우로 규정하여 1인의 납세자에게 귀속되는 동 일한 소득이 소득세법과 상속증여세법에서 이중으로 과세대상이 되는 것을 방지하기 조치 로 볼 수 있는 바, 하나의 거래과정에서 발생하여 동일 납세자에게 귀속된 소득이 소득세 과세대상으로 규정된 경우에는 부과할 소득세액이 증여세액보다 많은지, 소득세를 부과하 여 징수했는지, 증여세가 먼저 부과되었는지 등에 관계없이 증여세 과세대상에서 제외하는 것이 이중과세방지규정 취지에 부합된다고 할 것이며

- 소득세 과세대상인데도 소멸시효완성으로 부과하지 못한 것은 납세자가 납세의무를 성실하 게 이행하지 않은데서 기인한 것이나 종국적으로는 과세관청에 귀책사유가 있다고 볼 수 있 는데 이를 납세자에게 전가하여 증여세를 부과하는 것은 타당하지 않다고 할 것이다.

* 법인세법에 의해 상여로 처분된 금액은 소득세법상 소득세 과세대상이 되고 증여세 과세대상이 되 더라도 그 증여재산에 대해 소득세가 부과되는 때에는 증여세를 부과하지 아니하도록 규정하고 있 으므로 그 상여처분된 소득에 대하여 소득세를 부과하는 외에 증여세를 부과할 수 없고, 이와 같은 이치는 당해 소득에 대하여 실제로 소득세를 부과하였는지 여부와는 상관이 없다고 보아야 함(대법 원 92누3441, 1992.11.10.).

다. 영리법인에게 법인세 부과된 경우 주주에 대한 증여세 부과 제외

2016.1.1. 이후 증여분부터 영리법인이 증여받은 재산 또는 이익에 대하여 법인세법에 따른 법인세가 부과되는 경우(법인세가 법인세법 또는 다른 법률에 따라 비과세되거나 감면되는 경우를 포함한다) 해당 법인의 주주 등에 대해서는 다음의 경우를 제외하고는 증여세를 부과하지 아니하도록 명확하게 규정하였다.

① 법 제45조의3(특수관계법인과의 거래를 통한 이익의 증여의제)
② 법 제45조의4(특수관계법인으로부터 제공받은 사업기회로 발생한 이익의 증여의제)
③ 법 제45조의5(특정법인과의 거래를 통한 이익의 증여의제)

관련 예규·심판결정례 및 판례 등

☐ 특정법인에게 법인세 과세된 경우에도 최대주주에게 증여세 과세가능함(조심 2017부3375, 2018.7.24.).
2015.4월 특정법인이 특수관계인으로부터 주식을 저가로 양수한 경우 익금산입하여 법인세를
부과한 경우, 상속증여세법 제2조 제2항 등에 따르면 증여재산에 법인세가 부과되었다면 그 법
인에게 증여세가 부과되지 않는다고 할 수 있을 뿐, 그 법인의 주주에게 증여세를 부과할 수
없는 것으로 해석된다고 보기는 어려운 점 등에 비추어 특정법인의 최대주주에게 같은법 제41
조에 따라 증여세를 과세할 수 있다고 보아야 함.

2. 증여세 납부의무

증여세 납부의무자는 타인의 증여에 의하여 재산을 취득하는 자(수증자)이다. 상속증
여세법에서는 수증자가 거주자인 경우에는 국내·외에 소재하는 증여재산 전부에 대해
납부의무가 있고, 비거주자인 경우에는 국내에 소재하는 증여재산에 대해서만 납부의무
를 부여하고 있으며, 거주자가 비거주자에게 국외재산을 증여하는 경우에는 국제조세조
정법에서 증여자에게 납부의무를 부여하고 있다.

2019.1.1.부터 명의신탁재산에 대하여 증여를 부과하는 경우(명의자가 영리법인인 경
우를 포함한다)에는 실제소유자가 해당 재산에 대하여 증여세를 납부할 의무가 있다.
2018.12.31. 이전 실제소유자가 소유권을 취득하고 취득일의 다음 연도 말일까지 명의개
서를 하지 아니하여 명의신탁재산에 대한 증여세가 부과되는 경우에는 종전 규정에 따라
명의수탁자가 증여세를 납부할 의무가 있고 명의신탁자는 연대납부의무를 지며, 2019.1.1.
소유권을 취득하고 다른 사람으로 명의개서를 하거나 일정기간 명의개서를 하지 아니하
여 명의신탁재산에 대한 증여세 과세대상에 해당하는 경우에는 실제소유자에게 증여세
납부의무가 있다.

2013.1.1.부터 2016.12.31.까지 비거주자가 거주자로부터 증여받은 국외 예금이나 국
외 적금 및 국외법인 주식 등 다음의 증여재산에 대하여는 비거주자인 수증자가 상속증
여세법에 따라 증여세를 납부할 의무가 있다.

① 거주자로부터 증여받은 국외 예금이나 국외 적금 등 금융거래(금융실명법 제2조 제
3호에 따른 금융거래 및 이와 유사한 거래를 포함한다)를 위하여 해외금융회사에
개설한 계좌에 보유한 재산

② 거주자로부터 증여받은 외국법인(증여재산 취득일 현재 자산총액 중 국내 소재 자

산가액의 합계액이 100분의 50 이상인 법인을 말한다)의 주식 또는 출자지분

비거주자가 거주자로부터 국외재산을 증여받은 경우 2012.12.31. 이전에는 국제조세조정법 제21조에 따라 증여자에게 증여세 납부의무를 부여하였고, 2013.1.1.부터 2016.12.31.까지 거주자로부터 국외 예금 등을 증여받은 경우에는 상속증여세법 제2조 제1항 제2호에서 비거주자인 수증자에게 납부의무를 부여하고 증여자에게 연대납부의무를 부여하였으며, 그 외 국외재산에 대해서는 국제조세조정법에 따라 증여자에게 납부의무를 부여하였다. 2017.1.1.부터 2012.12.31. 이전과 같이 국제조세조정법 제21조에서 증여자에게 증여세 납부의무를 부여하고 있다.

┃ 증여세 과세가능 여부 및 연대납부의무 부여 여부 ┃

수증자	증여재산	증여자	부과 여부 및 근거규정		연대납부의무 여부
거주자	국내재산	거주자	과세대상 (상속증여세법 §2 ① 1호)		연대납부의무 부여 (상속증여세법 §4 ④)
		비거주자			
	국외재산	거주자			
		비거주자			
비거주자	국내재산	거주자	과세대상 (상속증여세법 §2 ① 2호)		연대납부의무 부여 (상속증여세법 §4 ⑤)
		비거주자			
	국외재산	거주자	2012.12.31. 이전	증여자에게 과세 (국제조세조정법 §21)	연대납부의무 없음
			2013.1.1. ~2016.12.31.	국외 예금·적금 등 : 상속증여세법 §2 ① 2호	연대납부의무 부여 (상속증여세법 §4 ⑤)
				그 밖의 국외재산 : 국제조세조정법 §21	연대납부의무 없음
			2017.1.1. 이후	증여자에게 과세 (국제조세조정법 §21)	연대납부의무 없음
		비거주자	과세대상 아님		

주) 1. 상증법 §4의2 ⑥ 1·2호 : 수증자에게 조세채권을 확보하기 어려운 경우에 증여자 연대납부의무
　　2. 상증법 §4의2 ⑥ 3호 : 수증자가 비거주자인 경우 무조건 증여자 연대납부의무

가. 수증자가 거주자인 경우

수증자가 거주자인 경우에는 국내 및 국외에 소재하는 모든 증여재산에 대하여 증여세를 납부할 의무가 있다. 이 경우 수증자에는 자연인뿐만 아니라 본점이나 주된 사무소의

소재지가 국내에 있는 비영리법인을 포함하며, 국세기본법 제13조 제4항에 따라 법인으로 보는 법인격이 없는 사단·재단 또는 그 밖의 단체는 비영리법인으로 보고, 법인으로 보지 않는 그 밖의 단체는 거주자 또는 비거주자로 본다.

나. 수증자가 비거주자인 경우

수증자가 비거주자인 경우에는 국내에 소재하는 증여재산에 대하여 증여세를 부과한다. 2013.1.1.부터 2016.12.31.까지 거주자로부터 증여받은 국외 예금이나 국외 적금 및 국외법인 주식 등에 대하여는 비거주자인 수증자에게 상속증여세법에 따라 증여세를 부과하였다. 즉 2012.12.31. 이전 증여분과 2017.1.1. 이후 증여분의 경우 상속증여세법에서는 비거주자가 국내에 소재하는 재산을 증여받은 경우에만 과세대상에 해당하고, 비거주자가 거주자로부터 국외 재산을 증여받은 경우에는 국제조세조정법 제21조에 따라 증여자에게 증여세 납부의무를 부여한다.

비거주자에는 거주자와 마찬가지로 본점이나 주된 사무소의 소재지가 국내에 없는 비영리법인 및 법인으로 보는 법인격이 없는 그 밖의 비영리단체를 포함한다.

다. 국제조세조정법에 따른 증여세 과세대상

비거주자가 국외에 소재하는 재산을 증여받은 경우 상속증여세법상 증여세 과세대상에 해당하지 아니하지만, 증여자가 거주자인 경우에는 국제조세조정법 제21조에 의거 증여자에게 납부의무를 부여하고 있다. 다만, 수증자가 증여자의 친족 등 특수관계인이 아닌 경우로서 해당 재산에 대하여 외국의 법령에 따라 증여세(실질적으로 이와 같은 성질을 가지는 조세를 포함한다)가 부과되는 경우(세액을 면제받는 경우를 포함한다)에는 증여세를 부과하지 아니하며, 2013.1.1.부터 2016.12.31.까지 증여분의 경우 비거주자가 거주자로부터 국외 예금이나 국외 적금 등을 증여받아 상속증여세법에 따라 비거주자인 수증자에게 증여세를 부과하는 경우에는 증여자에게 증여세를 부과하지 아니한다. 2015.1.1.부터 수증자가 증여자의 특수관계인인 경우에는 우리나라에서 증여자에게 증여세를 부과하고 해당 증여재산의 소재지 국가에서 납부하는 증여세 상당액은 외국납부세액으로 공제하도록 하여 증여세가 적은 국가를 이용한 국외 편법증여를 방지하도록 하였다.

증여재산 종류	증여세 과세방법 및 연대납부의무 부여 여부
① 국외 예금·적금 등	○ 2012.12.31. 이전 및 2017.1.1. 이후 : 거주자인 증여자에게 증여세 납부의무, 연대납부의무 없음(국제조세조정법 §21). ○ 2013.1.1.~2016.12.31. : 비거주자인 수증자에게 증여세 부과 및 증여자에게 연대납부의무 부여(상속증여세법 §4의2 ① 2호·⑤ 3호)
② ① 외의 재산	○ 2015.1.1. 이후 : 수증자와 증여자의 특수관계인 여부에 따라 차이 －특수관계인인 경우 : 증여자에게 증여세 부과하되, 국외에서 부과되는 경우 해당 증여세액 상당을 외국납부세액으로 공제 －특수관계인이 아닌 경우 : 국외에서 증여세 부과되는 경우 부과하지 않고, 부과되지 아니한 경우 증여자에게 증여세 부과 ○ 2012.12.31. 이전 : 수증자와 증여자 간 특수관계 여부에 관계없이 국외에서 증여세 부과되는 경우 부과하지 않고, 부과되지 아니한 경우 증여자에게 증여세 부과 ＊ 근거 : 국제조세조정법 §21, 공통적으로 연대납부의무 없음.

 관련 예규·심판결정례 및 판례 등

☐ 비거주자인 직계비속이 거주자인 직계존속으로부터 국외예금 등을 증여받은 경우에는 증여재산공제를 적용받을 수 없음(재재산-639, 2015.9.22.).

☐ 거주자가 국외주식을 비거주자에게 명의신탁한 경우(대법원 2018두35025, 2018.6.28.)
상속증여세법에 의하여 비로소 증여로 의제되는 명의신탁은 구 국제조세조정법 제21조의 특례규정에 의하여 증여세 과세대상이 되는 국외 증여에 포함되지 않는다고 보아야 하므로 구 국제조세조정법 제21조 제1항을 적용하여 명의신탁에 대한 증여세를 부과할 수는 없음.

☐ 비거주자가 국내에서 건물 신축자금을 비거주자인 父가 국내로 송금한 자금으로 충당한 경우 증여세 과세 대상임(대법원 96누13828, 1997.12.12.).

라. 수증자가 영리법인인 경우

영리법인이 증여받은 재산에 대하여 법인세가 부과되므로 영리법인이 납부할 증여세는 납세의무를 면제한다. 명의신탁재산에 증여세를 부과하는 경우 명의수탁자가 영리법인인 경우에는 명의신탁자(영리법인은 제외함)가 증여세 납부의무를 진다. 영리법인에는 외국 영리법인을 포함하여 증여세 납부의무를 면제하고 있다(재국조－56, 2004.2.3., 재산세과－19, 2010.1.13., 재산세과－708, 2009.4.8.).

마. 수증자가 비영리법인인 경우

타인의 증여에 의하여 재산을 취득한 자가 비영리법인, 법인격이 없는 비영리단체 등에 해당하는 경우에 자연인과 같이 증여세 납부의무를 진다. 여기에서 국가·지방자치단체 및 공공단체도 비영리법인의 범주에 들어가나 상속증여세법 제46조 제7호에서 국가 등이 증여받은 재산은 비과세대상으로 규정하고 있어 증여세 납부의무를 지지 않는다.

또한 공익법인의 경우에도 비영리법인에 해당하므로 증여받은 재산에 대한 증여세 납부의무가 있으나, 일정 요건을 충족하는 공익법인이 출연(증여)받은 재산에 대해서는 과세가액에 불산입하고 공익목적사업 등에 사용하지 않는 등 법령에서 정한 증여세 징수사유가 발생하게 되면 그 때에 증여세 납부의무를 지게 된다.

법인격이 없는 사단·재단 기타 단체에 대한 증여세 납세의무에 대하여 상속증여세법 제4조(증여세 납세의무)에서 다음과 같이 규정하고 있는 바, 2004.1.1.부터 2013.12.31.까지 기간 중에 국세기본법상 법인으로 보는 단체에 해당하지 않는 법인격이 없는 사단·재단 기타 단체가 증여세 납부의무자가 될 수 있는가에 대하여 대법원은 없다고 판결(대법원 2012두14897, 2014.4.24.)한 반면에, 기획재정부는 납부의무자에 해당한다고 유권해석(재재산-361, 2015.5.7.)하고 있다.

2003.12.31. 이전	2004.1.1.~2013.12.31.	2014.1.1. 이후
⑥ 법인격 없는 사단·재단 기타 단체에 대하여는 이를 비영리법인으로 보아 이 법을 적용한다.	⑦ 국세기본법 제13조 제4항의 규정에 의하여 법인으로 보는 법인격이 없는 사단·재단 기타 단체에 대하여는 이를 비영리법인으로 보아 이 법을 적용한다.	⑦ 법인격이 없는 사단·재단 또는 그 밖의 단체는 다음 각 호의 어느 하나에 해당하는 자로 보아 이 법을 적용한다. 1. 국세기본법 제13조 제4항에 따른 법인으로 보는 단체에 해당하는 경우 : 비영리법인 2. 제1호 외의 경우 : 거주자 또는 비거주자

 관련 예규·심판결정례 및 판례 등

☐ 비영리법인이 법령 등 개정으로 재산을 이전받는 경우 증여세 과세 여부(재재산-203, 2016.3.10.)

질의

정책적 목적으로 신설되는 비영리법인 및 기능조정으로 기존 비영리법인이 취득하는 다른 비영리법인이 이전재산에 대한 증여세 과세 여부

상속증여세법 제16조 및 같은 법 시행령 제12조에 따른 '공익법인 등'이 아닌 비영리법인이 다른 비영리법인으로부터 재산을 증여받는 경우에는 같은 법 제2조 제1항 제1호 및 제4조 제1항에 따라 증여세를 납부할 의무가 있음.

➡ 2017.1.1. 이후 법령 변경으로 비영리법인이 승계받는 재산은 비과세 증여재산에 추가규정함(상속증여세법 §46 10호).

❏ 법인으로 보지 않는 법인격 없는 단체의 증여세 납세의무자 해당 여부(재재산 - 361, 2015.5.7.)

국세기본법 제13조에 따른 '법인으로 보는 단체'에 해당하지 않는 법인 아닌 단체는 구 상속증여세법(2014.1.1. 법률 제12168호로 개정 전의 것) 제4조에 따라 증여세를 납부할 의무가 있음.

❏ 법령의 개정에 따라 비영리법인이 통합되거나 종전 비영리법인의 재산을 새로운 비영리법인이 승계한 경우 증여세 과세하지 아니함(상속증여세과 - 419, 2014.10.24., 상속증여세과 - 452, 2014.11.20.).

❏ 종중이 분할한 새로운 종중 명의로 재산을 이전하는 경우 증여 아님(재산세과 - 65, 2013.2.28.).

❏ 종중재산을 종중원간에 단순 명의이전하는 경우 증여 아님(상속증여세과 - 46, 2013.4.11.).

종중이 종중회원 등 수인명의로 등기되어 있던 종중재산을 단순히 관리편의를 위하여 다른 종중회원 등의 명의로 등기하는 경우에는 증여세가 과세되지 아니함.

❏ 소종중이 대종중 재산을 받은 경우(상속증여세과 - 346, 2014.9.17., 재산세과 - 535, 2010. 7.23.)

종중이 다른 종중으로부터 재산을 무상으로 이전받는 경우에는 상속증여세법 제2조에 따른 증여에 해당하므로 증여세 납부의무가 있는 것이나, 대종중 명의의 부동산을 매각하고 해당 매각대금을 소종중에게 분배하는 경우로서 이전받는 매각대금이 당초부터 소종중 소유인 재산의 매각대금으로 확인되는 경우에는 증여에 해당하지 않음.

❏ 비영리법인은 증여세 납세의무 있음(재재산 - 549, 2010.6.11., 재산세과 - 312, 2011.6.29.).

국세기본법 제13조 제4항에 따라 법인으로 보는 법인격이 없는 단체는 상속증여세법 제4조 제7항에 따라 비영리법인으로 보는 것으로, 공익법인이 아닌 비영리법인이 증여받은 재산은 상속증여세법 제2조 및 제4조에 따라 증여세 납부 의무가 있으며, 같은 법 제4조 제4항 각호의 어느 하나에 해당하는 경우 증여자는 수증자가 납부할 증여세를 연대하여 납부할 의무가 있음.

❏ 해외에 소재하는 종교단체는 공익법인에 해당하지 아니함(재산세과 - 72, 2011.2.15.).

❏ 비영리법인이 조직변경시 그 소유자 명의만이 변경된 경우 증여세과세 안됨(서면4팀 - 814, 2007.3.8.).

❏ 비영리법인이 탈회하는 회원사에 재산 반환하는 경우 과세 안됨(서면4팀 - 1496, 2004.9.22.).

❏ 2004.1.1.~2013.12.31. 법인으로 보는 단체가 해당하지 않는 법인격이 없는 사단, 재단, 기타 단체의 경우에는 증여세 납세의무자가 될 수 없음(대법원 2012두14897, 2014.4.24.).

➡ 2014.1.1. 이후 국세기본법상 법인으로 단체에 해당하는 경우에는 비영리법인으로, 그 외 단체는 거주자 또는 비거주자로 보도록 보완하여 증여세 납부의무자에 해당함.

3. 수증자에게 납세능력이 없는 경우 증여세 면제

2004.1.1.부터 상속증여세법 제35조(저가·고가양도에 따른 이익의 증여 등), 제36조(채무면제 등에 따른 이익의 증여), 제37조(부동산무상사용에 따른 이익의 증여) 및 제41조의4(금전무상대출 등에 따른 이익의 증여)에 의하여 증여세를 부과하는 경우로서 수증자가 증여세를 납부할 능력이 없다고 인정되는 때에는 그에 상당하는 증여세의 전부 또는 일부를 면제한다. 증여세를 면제하기 때문에 결과적으로 증여자가 연대납부의무를 지지 않는다(상속증여세법 §4의2 ⑤).

2020.1.1. 이후 증여분부터 수증자에게 납세능력이 없는 경우를 증여자에게 연대납부의무를 지우는 경우와 동일하게 수증자가 증여세를 납부할 능력이 없다고 인정되는 경우로서 강제 징수를 하여도 조세채권을 확보하기 곤란한 경우임을 명확히 규정하였다. 이는 수증자에게 납세능력이 없는 경우의 판단시기가 없어 대법원에서 증여세 납세의무의 성립시기(해당 증여 직전)을 기준으로 판단해야 한다고 판결(대법원 2014두43516, 2016.7.14.)을 보완한 것으로 볼 수 있다.

4. 증여세 연대납부의무

가. 증여자가 연대납부의무를 지는 경우

증여세는 수증자가 납부하는 것이 원칙이나, 수증자가 증여세를 납부하지 아니하고 증여재산을 탕진하는 등으로 납세자력을 상실하는 경우, 수증자가 비거주자인 경우 및 명의신탁재산에 대하여 증여세를 부과하는 등 다음의 사유가 발생한 때에는 증여자가 연대하여 납부할 의무를 진다. 수증자가 거주자인 경우에는 수증자에게 증여세를 징수할 수 없는 경우에만 증여자에게 연대납부의무가 발생하므로 증여자는 제2차납세의무자로서의 성격을 가지고 있다. 이 경우 증여자가 거주자 또는 비거주자에 해당하는지에 관계없이 연대납부의무 규정을 적용한다(상속증여세과-50, 2015.4.29.).

① 거주자인 수증자의 주소 또는 거소가 분명하지 아니한 경우로서 조세채권을 확보하기 곤란한 경우

② 거주자인 수증자가 증여세를 납부할 능력이 없다고 인정되는 경우로서 강제징수를 하여도 증여세에 대한 조세채권을 확보하기 곤란한 경우

2003.1.1. 이후 증여분부터 다음 ③과 ④의 경우에는 위 ①과 ②의 사유가 없는 경우에도 증여자가 연대납부의무를 지도록 하고 있다. 즉 수증자에게 재산이 있어 증여세를 징수할 수 있는 경우에도 증여자에게 연대납부의무를 부여하고 있으므로 과세관청에서 납세고지서를 수증자와 증여자에게 동시에 발부하고 누구로부터나 증여세를 징수할 수 있다.

③ 수증자가 비거주자인 경우

외환거래 자유화 폭이 커져서 국외재산을 증여하는 사례가 증가할 수 있는 점 등을 감안하여 수증자가 비거주자인 증여에 대하여 조세채권 확보가 용이하게 이루어질 수 있도록 증여자에게 연대납부의무를 부여하여 증여세를 자진신고납부하도록 하였다.

④ 2018.12.31. 이전 명의신탁재산에 대하여 증여세를 과세하는 경우

2019.1.1.부터 명의신탁재산에 대하여 증여세를 부과하는 경우(명의자가 영리법인인 경우를 포함한다)에는 실제소유자가 해당 재산에 대하여 증여세를 납부할 의무가 있으므로 연대납부의무자가 아닌 증여세 납부의무자에 해당한다. 이 경우 명의수탁자에게 연대납부의무를 부여하지 아니하며, 실제소유자가 증여세·가산금 또는 체납처분비를 체납한 경우에 그 실제소유자의 다른 재산에 대하여 체납처분을 집행하여도 징수할 금액에 미치지 못하는 경우에는 명의신탁재산으로 실제소유자의 증여세·가산금 또는 체납처분비를 징수할 수 있다. 2018.12.31. 이전에는 명의수탁자에게 증여세 납부의무가 있고 명의신탁자에게 명의수탁자의 납부능력 여부에 관계없이 연대납부의무를 부여하였다.

명의신탁을 통하여 조세를 회피하는 경우 그 경제적 이익은 사실상 명의신탁자가 향유하게 되므로 증여세 고지 당시부터 신탁자에게 수탁자와 동일하게 연대납부의무를 부여하는 것이 실질과세원칙에 부합하고 영리법인인 경우 증여세가 면제되는 점을 이용하여 증여세를 회피는 것도 방지하도록 한 것이다.

 관련 예규·심판결정례 및 판례 등

❏ 해외영리법인이 국내법인 주식을 명의수탁한 경우 증여세 과세 여부(재산세과 – 445, 2012.12.10.)
   해외영리법인이 재산을 증여받은 경우에는 그 영리법인이 납부할 증여세를 면제하되, 상속증여세법 제45조의2에 따른 증여세를 명의자인 영리법인이 면제받은 경우에는 실제소유자(실제소유자가 영리법인인 경우는 제외)가 그 증여세를 납부할 의무가 있는 것임.

❏ 고지 전에 수증자가 사망한 경우 증여세 연대납부의무(재산세과 – 121, 2010.2.26.)
   증여세를 결정 고지할 당시 수증자가 사망하고 수증자의 상속인이 상속받은 재산이 없거나 상

속받은 재산이 납부할 증여세에 미달하는 경우에도 세무서장은 납세의무의 승계자인 상속인에게 증여세를 결정고지한 후 연대납세의무자인 증여자에게 지정통지를 하는 것이며, 상속인은 상속받은 재산을 한도로 증여세 납세의무를 승계하는 것임.

❏ 수증자 사망 후 한정승인 상속인들에게 증여세 고지하고 증여자에게 연대납세의무를 부여한 것은 위법함(대법원2021두45817, 2021.11.11.).

주된 증여세 납세의무자인 수증자에 대한 증여세 납세의무가 확정되지 아니한 상태이고 상속재산도 없어 납세의무가 승계되지 않았고 증여자에게 증여세 연대납세의무도 성립하지 않은 상태에서 증여자에게 연대납부의무를 부여한 것은 위법함.

❏ 영리법인이 명의신탁한 경우 연대납부의무(재재산-148, 2011.2.27.)

명의수탁자가 개인인 거주자이고 명의신탁자가 영리법인인 경우 상속증여세법 제4조 제5항에 따라 증여자가 수증자와 연대하여 증여세를 납부할 의무를 짐.

❏ 수증자의 증여세 납부능력 유무 판단시기(대법원 2014두43516, 2016.7.14.)

구상속증여세법 제4조 제3항에서 "제35조부터 제37조까지 및 제41조의4에 해당하는 경우로서 수증자가 증여세를 납부할 능력이 없다고 인정될 때에는 그에 상당하는 증여세의 전부 또는 일부를 면제한다."라고 규정하면서 수증자의 납부능력 여부의 판단시점에 관하여 따로 정하지 아니하고 있는 바 만일 증여세 납세의무의 성립 이후 과세관청의 부과처분 등 집행 시점을 기준으로 이를 판단하게 되면 결국 증여세 납세의무의 부담 여부가 과세관청의 임의에 따라 좌우될 우려가 있는 점 등에 비추어 보면, '수증자가 증여세를 납부할 능력이 없다고 인정될 때'에 해당하는지 여부는 문제되는 증여세 납세의무의 성립 시점, 즉 그와 같은 증여가 이루어지기 직전을 기준으로 판단하여야 하고, 그 시점에 이미 수증자가 채무초과 상태에 있었다면 채무초과액의 한도에서 증여세를 납부할 능력이 없는 때에 해당한다고 할 것임.

➡ 저가로 양수한 수증자가 납부할 능력이 없어 상속증여세법 제4조 제3항에 따라 해당 증여세를 면제하면 수증자는 체납자가 되지 않고 증여자에게도 연대납부의무가 발생하지 아니하며, 증여세를 부과하는 경우에는 수증자는 체납자가 되고 상속증여세법 제4조 제4항 단서에 따라 증여자의 연대납부의무는 면제되는 차이가 있음.

사례 **수증자 사망 후 증여세 결정하는 경우 증여자의 연대납부의무 범위**

❏ (예시)
① 甲이 乙에게 재산을 증여한 경우(사례1), 甲이 乙에게 주식을 명의신탁한 경우(사례2)
② 乙 사망 : 乙의 자녀가 5억원의 재산을 상속받음.
③ (사례1)과 (사례2)에 대한 증여세액은 7억원으로 동일하며, 乙 사망 후 결정

풀이

○ 증여세 고지·징수절차, 증여자의 연대납부의무 범위 및 통지방법 비교

구 분	(사례1) 일반적 증여의 경우	(사례2) 명의신탁재산에 대한 증여세 및 수증자가 비거주자인 경우
㉮ 증여세 고지 방법	수증자에게 고지서 발부	수증자와 증여자에게 모두 고지
㉯ 증여자 연대납부의무 사유	수증자로부터 조세채권을 확보하기 곤란한 경우	수증자의 무자력에 관계없이 납세의무 성립시부터 연대납부의무 성립
㉰ 납부통지방법	2차 납세의무에 준하는 납부통지	당초 증여세 고지서 발부로 대신함
㉱ 연대납부의무 범위	5억원	7억원

○ (사례1)의 경우 증여자의 연대납부의무 범위
　－乙의 증여세를 그 자녀가 승계하는 범위는 상속받은 재산가액인 5억원을 한도로 하므로 5억원에 대한 증여세 납부고지서를 乙의 자녀에게 발부해야 하고
　－乙의 자녀에게 조세채권을 확보하기 곤란한 경우 甲에게 연대납부의무를 부여할 수 있으므로 증여세 고지가 가능한 5억원에 대하여 甲은 연대납부의무를 지게 됨.
　　➡ 주된 납세자는 乙이고 甲은 종된 납세자에 해당한다고 볼 수 있음.
○ (사례2)의 경우 증여자의 연대납부의무 범위
　－甲과 乙은 동등한 위치에서 연대납부의무를 부담하는 것이고 甲과 乙 각자에게 동일한 7억원의 증여세 납부고지서를 발부할 수 있으므로 甲으로부터는 7억원에 대하여, 乙의 자녀에게는 그가 상속받은 재산가액인 5억원을 한도로 승계한 증여세 납부고지서를 발부하여 징수할 수 있음.
　－민법상 연대채무의 경우 채권자는 채무자별 순차적 또는 무차별적으로 채권을 회수할 수 있고 연대채무 상환 후 채무자들 사이에 구상권이 문제될 뿐이며 세법에서도 민법상 연대채무를 준용하고 있음.
　　➡ 乙과 甲이 주종관계가 아닌 동등한 증여세 납세의무자에 해당한다고 볼 수 있음.
(법원판례내용)
○ 광주고등법원에서 (사례2) 명의신탁주식에 대한 증여세 부과처분에 대하여 (사례1)의 설명과 같이 수탁자의 상속인이 승계하는 증여세액을 한도로 하여 증여자에게 연대납부의무를 부여할 수 있다고 판결(광주고법 2015누5183, 2015.7.16.)하였으나,
○ 대법원은 甲에게는 7억원에 대한 연대납부의무가 있고 그의 자녀에게는 5억원의 납부의무가 있다고 판결함(대법원 2015두50290, 2017.7.18.).
➡ 2019.1.1.부터 명의신탁자인 甲에게 증여세 납부의무를 부여하므로 乙의 상속인에게 증여세 납부의무는 없음.

나. 증여자의 연대납부의무를 면제하는 경우

수증자가 납세자력을 상실한 경우에 증여자에게 연대납부의무를 지우고 있으나, 민법상 증여와 같이 증여자의 증여의사가 명백하게 있었는지를 따지지 않고 상속증여세법상 재산평가액과 거래가액 등이 일정 비율 또는 일정 금액 이상 차이가 발생하면 증여세를 부과하는 다음 과세규정의 경우 증여자에 대한 증여세 연대납부의무를 면제하고 있다.

① 저가·고가 양도에 따른 이익의 증여 등(상속증여세법 §35)
② 채무면제 등에 따른 증여(상속증여세법 §36).
③ 부동산무상사용에 따른 이익의 증여(상속증여세법 §37)
④ 합병에 따른 이익의 증여(상속증여세법 §38)
⑤ 증자에 따른 이익의 증여(상속증여세법 §39)
⑥ 감자에 따른 이익의 증여(상속증여세법 §39의2)
⑦ 현물출자에 따른 이익의 증여(상속증여세법 §39의3)
⑧ 전환사채 등의 주식전환 등에 따른 이익의 증여(상속증여세법 §40)
⑨ 초과배당에 따른 이익의 증여(상속증여세법 §41의2)
⑩ 주식 등의 상장 등에 따른 이익의 증여(상속증여세법 §41의3)
⑪ 금전무상대출 등에 따른 이익의 증여(상속증여세법 §41의4)
⑫ 합병에 따른 상장 등 이익의 증여(상속증여세법 §41의5)
⑬ 재산사용 및 용역사용 등에 따른 이익의 증여(상속증여세법 §42)
⑭ 법인의 조직변경 등에 따른 이익의 증여(상속증여세법 §42의2)
⑮ 재산취득 후 재산가치에 따른 이익의 증여(상속증여세법 §42의3)
⑯ 재산취득자금 등의 증여추정(상속증여세법 §45, 2022.1.1. 이후 적용)
⑰ 특수관계법인과의 거래를 통한 이익의 증여의제(상속증여세법 §45의3)
⑱ 특수관계법인이 제공한 사업기회로 발생한 이익의 증여의제(상속증여세법 §45의4)
⑲ 특정법인과의 거래를 통한 이익의 증여의제(상속증여세법 §45의5)

수증자에게 재산이 없어 증여세를 면제하는 경우 및 증여자 연대납부의무를 면제하는 규정을 종합하면 민법상 증여재산, 신탁이익의 증여, 보험금의 증여, 기타 2개 유형의 증여취급(상속재산 재분할에 따른 상속인간 몫의 변동시 증여 및 증여재산의 반환 및 재증여에 따른 증여) 및 배우자 등에게 양도한 재산을 증여추정으로 증여세를 부과하는 경우로서 거주자인 수증자로부터 증여세를 징수할 수 없는 경우에 증여자에게 연대납부의무를 부여하고 있다.

또한 공익법인 등이 출연받은 재산에 대하여 증여세를 과세하는 경우에도 증여자(출연자)는 연대납부의무를 지는 것이나, 다음의 요건을 모두 충족하는 경우에는 연대납부의무를 면제한다.

① 상속증여세법 제48조의 규정에 의한 증여세 또는 가산세 부과사유 발생일부터 소급하여 재산 출연일까지의 기간이 10년 이상일 것

② ①의 기간 중 출연자(상속증여세법 시행령 제38조 제10항에 따른 자를 말한다) 또는 그와 특수관계에 있는 자가 당해 공익법인의 이사 또는 임직원(이사를 제외한다)이 아니어야 하며, 이사의 선임 등 공익법인의 사업운영에 관한 중요사항을 결정할 권한을 가지지 아니할 것

5. 과세관할 및 증여재산 소재지

가. 과세관할

증여세는 수증자의 주소지(주소지가 없거나 분명하지 아니한 경우 거소지를 말함. 이하 같음)를 관할하는 세무서장이 과세하여야 하며, 수증자가 비거주자인 경우에는 증여자의 주소지를 관할하는 세무서장이 과세한다. 이때 거주자인 수증자의 주소 또는 거소가 분명하지 아니한 경우 증여자의 주소지를 관할하는 세무서장이 과세하며, 수증자와 증여자가 모두 비거주자이거나 주소지가 분명하지 아니한 경우에는 증여재산의 소재지를 관할하는 세무서장이 과세하여야 한다. 다만, 국세청장이 중요하다고 인정하는 경우에는 관할세무서장이 소속된 지방국세청장이 과세할 수 있다. 과세관할을 위반한 증여세 결정 및 경정은 효력이 없다.

국세의 과세표준과 세액의 결정 또는 경정결정은 그 처분당시 해당 국세의 납세지를 관할하는 세무서장이 행한다. 상속증여세법상 재산의 소재지는 상속·증여당시 재산의 소재지가 국내인가 아니면 국외인가를 구분하여 비거주자의 경우 과세대상 여부를 판단하는 기준으로서의 의미를 가진다고 볼 수 있고, 과세관할은 국세기본법 제44조에서 납세지를 관할하는 세무서장을 규정한 것으로서 증여 당시 관할 세무서장이 증여세를 부과해야 한다는 의미는 아니다. 따라서 증여재산인 채권을 발행한 법인의 소재지가 증여 당시에는 甲세무서 관할이었으나 과세처분 당시는 乙세무서 관할로 이전된 경우에 乙세무

서장이 결정·고지하여야 적법한 과세처분이 된다.

구 분	관할관서
① 수증자가 거주자인 경우	수증자 주소지 또는 거소지 관할세무서장
② 수증자가 비거주자이거나 거주자인 수증자의 주소·거소 불분명한 경우	증여자 주소지 또는 거소지 관할세무서장
③ 명의신탁재산 증여의제한 경우	증여재산 소재지 관할세무서장
④ 수증자·증여자 모두 비거주자이거나 주소·거소 불분명한 경우	
⑤ 수증자가 비거주자이거나 주소 등이 불분명한 경우로서 증여자가 의제된 경우	

2014.1.1. 이후 신고하거나 결정·경정하는 분부터 수증자가 비거주자이거나 주소 등이 불분명한 경우로서 증여자가 의제된 경우에는 증여재산 소재지 관할세무서장이 과세한다.

증여자가 의제된 경우란 상속증여세법 제38조 제2항·제39조 제2항·제39조의3 제2항에 따라 불공정합병·저가 증자시·저가 현물출자시 증여자가 2이상의 소액주주인 경우 증여자를 1인으로 의제하는 경우와 상속증여세법 제45조의3·제45조의4에 따라 특수관계법인과의 거래를 통한 이익과 특수관계법인으로부터 제공받은 사업기회로 발생한 이익의 증여의제시 수혜법인별 특수관계법인은 1인으로 의제하는 경우를 말한다.

나. 증여재산 소재지

수증자가 비거주자인 경우에는 국내에 소재하는 증여재산에 대하여만 증여세를 부과하며, 해당 증여재산의 소재지를 기준으로 과세관할을 결정하고 있다. 상속재산의 소재지와 동일하며 증여일 현재를 기준으로 증여재산소재지를 판단한다(상속증여세법 §5 ①).

증여재산구분	증여재산 소재지
① 부동산 또는 부동산에 관한 권리	부동산의 소재지
② 광업권 또는 조광권	광구의 소재지
③ 어업권 또는 입어권	어장에 가장 가까운 연안
④ 선박	선적의 소재지
⑤ 항공기	항공기 정치장의 소재지

증여재산구분	증여재산 소재지
⑥ 주식·출자지분 또는 사채	주식 등을 발행한 법인의 본점 또는 주된 사무소 소재지. 다만, 외국법인의 국내 발행 주식 등은 그 거래를 취급하는 금융회사 등 영업장의 소재지
⑦ 신탁재산 (자본시장법을 적용받는 신탁업을 경영하는 자)	신탁업자가 취급하는 금전신탁은 해당 신탁재산을 인수한 영업장의 소재지 다만, 금전신탁 외의 신탁재산에 대해서는 신탁한 재산의 소재지
⑧ 금융재산(⑥ 및 ⑦ 제외)	그 재산을 취급하는 금융회사 영업장의 소재지
⑨ 금전채권	채무자의 주소지. 다만 ⑥~⑧의 경우 제외
⑩ 그 밖의 유형재산 또는 동산	유형재산의 소재지 또는 동산이 현재 있는 장소
⑪ 특허권·상표권 등 등록이 필요한 권리	그 권리를 등록한 기관의 소재지
⑫ 저작권(출판권·저작인접권 포함)	저작권의 목적물이 발행되었을 경우 그 발행장소
⑬ 영업에 관한 권리	그 영업장의 소재지
⑭ 그 밖의 재산	그 재산의 권리자의 주소

 관련 예규·심판결정례 및 판례 등

❑ 종중 납세지는 주사무소 관할세무서이므로 종중 대표자의 주소지 관할세무서장의 과세 처분은 무효임(국심 2000서1710, 2000.7.21., 국심 97경520, 1997.7.24. 외).

제2장

증여재산의 범위

제1절 : 증여재산가액 계산 원칙과 특례 및 증여시기

1. 증여재산가액 계산의 원칙

증여재산의 범위에 모든 물건과 권리뿐만 아니라 금전으로 환산할 수 있는 모든 경제적 이익을 포함하고 있음을 명확히 하고, 유형별 증여재산가액의 계산에 대한 일반원칙을 규정하였다. 완전포괄적인 증여의 개념에 대응하는 일반적인 증여이익계산방법이 규정되어 있지 않아 증여세 완전포괄주의가 도입된 이후에도 법령에서 규정하지 않은 거래유형에 대해 증여세 부과가 가능한지에 대한 논쟁이 끊임없이 제기되는 문제가 있어 상속증여세법상 열거되어 있지 않은 유형의 증여행위에 대해 적극적으로 부과하지 못하는 문제를 보완하기 위한 조치로 볼 수 있다.

가. 증여재산의 범위

증여세 과세대상으로 삼는 증여재산에는 수증자에게 귀속되는 모든 재산 또는 이익을 말하며 다음에 해당하는 것을 포함한다. 일반적 재산의 범위에 경제적 이익을 상속증여세법상 과세대상을 추가한 것으로 볼 수 있는데 2013.1.1. 상속증여세법 개정 전에도 시가와 대가의 차이에 상당하는 여러 가지 거래유형의 이익을 과세대상으로 규정하고 있었으므로 창설적인 내용이라기보다는 여러 법조문에 있는 내용을 모아 선언적으로 규정한 성격으로 볼 수 있다.

① 금전으로 환산할 수 있는 경제적 가치가 있는 모든 물건
② 재산적 가치가 있는 법률상 또는 사실상의 모든 권리
③ 금전으로 환산할 수 있는 모든 경제적 이익

경제적 가치가 있는 모든 이익이란 용역을 무상 또는 현저히 낮은 가액으로 제공받음에 따라 얻은 이익이나 합병 또는 상장에 따라 증가한 이익 등 직접적인 물건 또는 권리의 이전 외에 우회거래 등을 통해 수증자의 경제적 이익이 증가한 경우를 의미한다.

나. 증여재산가액 계산의 원칙

증여재산의 가액은 다음의 재산종류와 거래의 무상이전 유형에 따라 계산한다는 원칙을 선언적으로 규정한 것으로 볼 수 있다. 납세자의 예측가능성 보호 등을 위하여 기왕에 예시 규정한 증여유형 및 이와 유사한 증여유형에 대해서는 각 증여유형별 증여재산가액 계산방법을 우선적으로 적용하고 증여재산가액 산정의 일반원칙은 현재 예시된 규정만으로 부과할 수 없는 경우에 한해 보완적으로 적용한다.

1) 재산 또는 이익을 무상으로 이전받은 경우

증여받은 재산의 시가(상속증여세법 제60조부터 제66조까지의 규정에 따라 평가한 가액을 말함)에 상당하는 금액으로 계산한다. 2013.1.1. 상속증여세법 개정 전에도 부동산, 기타 유형재산, 유가증권, 채권, 무체재산권 등 증여재산 종류별 평가방법을 구체적으로 규정하고 있으므로 창설적인 규정이라기보다는 일반원칙을 선언한 성격의 규정으로 볼 수 있다.

2) 재산 또는 이익을 현저히 낮은 대가를 주고 이전받거나 현저히 높은 대가를 받고 이전한 경우

시가와 대가의 차이 상당액을 증여재산가액으로 한다. 다만, 시가와 대가의 차액이 3억원 이상이거나 시가의 100분의 30 이상인 경우로 한정하며, 특수관계인이 아닌 자 간의 거래인 경우에는 거래의 관행상 정당한 사유가 없는 경우에만 증여세를 부과한다.

3) 재산 취득 후 해당 재산의 가치가 증가하는 경우

증가사유가 발생하기 전과 후의 재산의 시가의 차액으로서 다음 계산식에 따라 계산한 재산가치상승금액을 증여재산가액으로 한다. 다만, 그 재산가치상승금액이 3억원 이상이거나 해당 재산의 취득가액 등(②+③+④) 금액의 100분의 30 이상인 경우로 한정하며, 특수관계인이 아닌 자 간의 거래인 경우에는 거래의 관행상 정당한 사유가 없는 경우에만 증여세를 부과한다.

① 해당 재산가액 – (②취득가액 + ③통상적 가치상승분 + ④가치상승기여분)

① 해당 재산가액 : 재산가치증가사유가 발생한 날 현재의 가액(상속증여세법 제60조부터 제66조까지에 따라 평가한 가액을 말한다)
② 해당 재산의 취득가액 : 실제 해당 재산을 취득하기 위하여 지불한 금액(증여받은 재산의 경우에는 증여세과세가액을 말한다)
③ 통상적인 가치상승분 : 기업가치의 실질적인 증가로 인한 이익과 연평균지가상승률·연평균주택가격상승률 및 전국소비자물가상승률 등을 감안하여 해당 재산의 보유기간 중 정상적인 가치상승분에 상당하다고 인정되는 금액
④ 가치상승기여분 : 해당 재산가치를 증가시키기 위하여 수증자가 지출한 비용

4) 예시한 증여유형 및 증여추정·의제재산별 이익의 경우

상속증여세법 제33조부터 제39조까지, 제39조의2, 제39조의3, 제40조, 제41조, 제41조의2부터 제41조의5까지, 제42조, 제42조의2 또는 제42조의3, 제44조 또는 제45조, 제45조의2부터 제45조의5까지에 해당하는 경우에는 해당 규정에 따라 계산한 금액에 의한다. 즉 신탁이익, 보험금, 저가·고가양도에 따른 이익, 부동산무상사용에 따른 이익, 합병·증자·감자·현물출자에 따른 이익, 전환사채 등의 주식전환등에 따른 이익, 상장시세차익, 합병에 따른 상장시세차익, 금전무상대출 등에 따른 이익, 2개의 증여추정재산 및 4개의 증여의제재산의 경우에는 해당 규정에서 정하고 있는 증여재산가액의 계산방법에 의함을 선언하는 규정에 해당한다.

2. 증여재산가액 계산의 특례

하나의 거래가 둘 이상의 증여세 과세대상에 해당하는 경우 또는 한번에 재산을 거래하면 증여세 과세요건을 충족하는데 여러 차례로 나누어 거래를 함에 따라 증여세 과세대상에서 제외되는 경우에 대한 증여세 과세방법을 두고 있다(상속증여세법 §43).

가. 둘 이상 과세대상인 경우 이익이 큰 것 하나만 적용

하나의 증여에 대하여 상속증여세법 제33조부터 제39조까지, 제39조의2, 제39조의3, 제40조, 제41조의2부터 제41조의5까지, 제42조, 제42조의2, 제42조의3, 제44조, 제45조

및 제45조의3부터 제45조의5까지의 규정이 둘 이상 동시에 적용되는 경우에는 그 중 이익이 가장 많게 계산되는 것 하나만을 적용하여 증여세를 부과한다. 2010.12.31. 이전 상속증여세법 시행령 제31조의10에서 규정한 내용을 상속증여세법 제43조에서 규정하였다.

나. 1년 이내 동일한 거래 등의 이익 합산

증여세는 증여가 있을 때마다 증여재산의 가액 및 과세표준과 세액을 계산하여 과세하는 것을 원칙으로 하되, 동일인으로부터 10년 이내에 증여받은 재산 가액의 합계액이 1천만원 이상인 경우에는 예외적으로 종전 증여재산을 합산하여 증여세액을 산출하고 기납부증여세액을 공제하여 부과하고 있다.

이러한 증여세 과세원칙은 민법상 증여재산 외에 예시하고 있는 증여유형 및 증여추정 규정에서도 동일하게 적용하는 것이다. 또한 재산을 고가 또는 저가로 양도하는 경우 시가와 대가의 차액이 시가의 30% 이상이거나 그 차액이 3억원 이상인 경우의 증여세 과세규정을 적용할 때 동일한 양도자와 양수자가 재산을 매매하는 경우에도 거래가 있을 때마다 증여세 과세요건을 판단하여야 할 것이다. 이 경우 한번에 거래를 하지 아니하고 여러 차례 나누어 거래 등을 함으로써 차액이 일정금액(1억원 또는 3억원) 이상인 경우에 부과하는 규정을 피해갈 수 있을 것이다.

다음에 해당하는 이익을 계산함에 있어 그 이익과 관련한 거래 등을 한 날부터 소급하여 1년 이내에 동일한 거래 등이 있는 경우에는 각각의 거래 등에 따른 이익을 해당 이익별로 합산하여 각각의 증여유형별 금액기준(1억원 또는 3억원을 말한다)을 계산하도록 하고 있다. 이 경우 금액기준에 해당하여 증여세를 과세하더라도 각각의 거래 등을 한 날의 이익별로 과세표준과 세액을 계산하여야 할 것이다.

① 재산 또는 이익을 현저히 낮은 대가를 주고 이전받거나 현저히 높은 대가를 받고 이전한 경우 [금액기준 : 3억원] (상속증여세법 §31 ① 2호)

② 저가양수에 또는 고가양도에 따른 이익 [금액기준 : 3억원] (상속증여세법 시행령 §26 ②)

③ 부동산무상사용에 따른 이익 [금액기준 : 1억원] (상속증여세법 시행령 §27 ②)

④ 부동산담보이용에 따른 이익 [금액기준 : 1천만원] (상속증여세법 시행령 §27 ③)

⑤ 합병에 따른 이익 [금액기준 : 3억원] (상속증여세법 시행령 §28 ③)

⑥ 증자에 따른 이익. 이 경우 저가 증자 및 고가 증자에 따른 이익별로 구분된 것을 말한다. [금액기준 : 3억원] (상속증여세법 시행령 §29 ③)

⑦ 감자에 따른 이익. 이 경우 저가 감자 및 고가 감자에 따른 이익별로 구분된 것을

말한다. [금액기준 : 3억원] (상속증여세법 시행령 §29의2 ②)

⑧ 현물출자에 따른 이익. 이 경우 저가 현물출자 및 고가 현물출자에 따른 이익별로 구분된 것을 말한다. [금액기준 : 3억원] (상속증여세법 시행령 §29의3 ③)

⑨ 전환사채 등의 주식전환 등에 따른 이익. 이 경우 상속증여세법 제40조 제1항 각호의 이익별로 구분된 것을 말한다. [금액기준 : 1억원] (상속증여세법 시행령 §30 ⑤)

⑩ 2020.1.1. 이후 초과배당에 따른 이익의 증여(상속증여세법 §41의2) : 중간배당을 통해 증여세를 회피하는 것을 방지하도록 하였다.

⑪ 금전무상대출 등에 따른 이익 [금액기준 : 1천만원] (상속증여세법 §41의4 ①)

⑫ 재산사용 또는 용역제공 등에 따른 이익. 상속증여세법 §42 ① 각 호 행위에 따른 이익별로 구분된 것을 말한다. [금액기준 : 1천만원] (상속증여세법 시행령 §31의9 ①)

⑬ 특정법인과의 거래를 통한 이익의 증여의제. 상속증여세법 제45조의5 제1항 각 호 행위에 따른 이익별로 구분된 것을 말한다. [금액기준 : 1억원] (상속증여세법 시행령 §34의5 ⑤)

1) 동일한 거래의 범위

동일한 거래의 경우 1년 이내의 거래를 합하여 과세요건을 판단하고 증여의 이익을 합산하도록 하면서 동일한 거래를 재산의 양수도, 부동산무상사용, 합병, 증자, 감자, 현물출자, 전환사채 등의 주식전환 등, 특정법인과 거래로 구분하고는 있다. 그러나 재산의 양수·도 거래의 경우에도 거래당사자와 거래대상 재산의 종류가 달라질 수 있는데 거래요소 중 어떤 요소가 같을 때 동일한 거래로 볼 것인지에 대한 구체적인 규정은 없다.

즉 甲이 1년 이내에 乙, 丙 등과 부동산, 주식 등을 1년 이내에 여러 차례 거래한 경우 ① 甲이 乙, 丙 등과 여러 종류의 재산을 매매한 것 모두를 동일한 거래로 볼 것인가, ② 甲이 乙과 거래한 동일한 재산 종류(부동산과 주식 거래를 구분)를 매매한 것만을 동일한 거래로 볼 것인가, ③ 甲이 乙과 거래한 재산 모두(부동산과 주식으로 구분하지 아니함)를 동일한 거래로 볼 것인가 등에 대한 논란이 생길 수 있다.

필자는 거래당사자와 거래유형이 동일한 경우에는 거래대상 재산의 종류가 다른 경우에는 동일한 거래로 보되, 거래당사자가 다른 경우에는 거래대상 재산의 종류가 같더라도 동일한 거래로 보지 아니하는 것이 합리적이라 생각된다.(사견 ②)

2) 이익거래와 손실거래의 합산 여부

甲이 乙에게 시가 5억원인 부동산을 3억6천만원에 양도한 후 1년 이내에 甲이 乙로부터 시가 10억원인 부동산을 6억5천만원에 양수하여 동일한 거래당사자가 하나의 거래에 서는 이익을 보고 다른 거래에서는 손실을 보는 경우 두 거래의 재산에 대한 시가와 대 가를 합하여 과세요건을 판단하고 증여가액을 산정할 것인가, 이익이 있는 거래에 대해 서만 합산하여 과세요건 등을 판단할 것인가에 대한 구체적 규정은 없다.

상속증여세법 제43조 제2항에서 "각각의 거래 등에 따른 이익(시가와 대가의 차액을 말한다)을 해당 이익별로 합산하여 계산한다."고 규정하고 있으므로 엄격하게 해석하면 이익만을 합산하고 손실은 통산하지 않는 것으로 볼 수 있다. 다만 시차를 두고 이익과 손실이 발생하는 거래를 한 경우라도 두 개의 거래내용이 거래가액의 결정이나 대금지급 내용 등으로 볼 때 하나의 거래로 볼 수 있는 경우라면 합산하여 증여세 과세요건 등을 판단하는 것이 합리적이라 할 수 있겠으나, 이 경우에도 양도소득세 부당행위계산 부인 규정은 각 거래건별로 적용하여야 할 것이다.

사례　1년 이내 동일한 거래 등 이익의 합산방법

❏ **거래내용**
　① 2011.1.5. 甲이 乙에게 시가가 9억원인 A부동산을 7억원에 양도함.
　② 2011.9.5. 甲이 乙에게 시가가 7억원인 B주식을 5억원에 양도함.
　③ 2012.1.25. 甲이 乙에게 시가가 5억원인 C주식을 4.1억원에 양도함.
　④ 2012.2.10. 甲이 丙에게 시가가 8억원인 C주식을 6억원에 양도함.

풀이

○ ①, ②, ③ 세 개의 거래별로 과세요건을 판단하면 시가와 대가의 차이비율이 30%에 미달 하고 차액도 3억원에 미달하기 때문에 증여세 대상에 해당하지 아니하지만,
○ 2011.9.5. 거래의 경우 ①번 거래 내용을 합산하여 계산하면 시가 16억원과 대가 12억원의 차액이 4억원으로서 3억원 이상이므로 과세대상에 해당
　- 증여이익 : 시가 16억원 - 대가 12억원 - 3억원(Min 16억원의 30%, 3억원) = 1억원
○ 2012.1.25. 거래의 경우 1년 이내인 ②번 거래내용을 합산하더라도 시가와 대가의 차액이 2.9억원으로서 3억원에 미달하므로 과세대상에 해당하지 아니함.
○ ④ 甲과 丙의 거래는 甲과 乙의 거래를 합산하여 과세 여부를 판단해서는 아니 될 것이므 로 과세요건을 충족하지 못한 것으로 생각된다.

다. 1년을 경과하는 동일한 거래 등의 이익 합산 여부

동일한 양도자와 양수자가 1년을 초과하여 여러 차례 거래를 하고 각 거래별로는 증 여세 과세요건을 충족하지 못하는 경우 연속된 하나의 거래에 해당하는지에 대해서는

거래의 경위, 거래가액의 결정내용 등을 종합적으로 감안하여 사실판단하여야 할 것이고 연속된 하나의 거래라는 점에 대해서는 이를 주장하는 과세관청에서 입증해야 할 것이다.

사례　　1년을 초과하는 동일한 거래 등 이익의 과세방법

❑ **거래내용**

ㅇ 甲이 시가 20억원인 토지를 1/4씩 나누어서 3.7억원(합계 대가 14.8억원)씩 지급함.
　－2016.2.10. : 1차 거래시 대가 3.7억원 수수함.
　－2017.3.10. : 2차 거래시 대가 3.7억원 수수함.
　－2018.4.10. : 3차 거래시 대가 3.7억원 수수함.
　－2019.5.10. : 4차 거래시 대가 3.7억원 수수함.

풀이

ㅇ 1회시 시가 20억원과 대가 14.8억원의 차액이 3억원 이상으로 과세대상이나 4차례 분산거래한 경우 차이비율은 26%이고 차액은 1.3억원으로 과세요건 충족하지 못하며 1년 이내 거래가 아니므로 상속증여세법 제43조에 따라 합산하여 과세요건 판단할 수 없음.

ㅇ 위 거래의 경우처럼 대가가 동일하게 결정되는 등으로 연속된 하나의 거래로 볼 수 있을 경우에는 4차례 분산거래를 합산하여 과세 여부를 판단하는 것이 용이할 수 있을 것이나
　－거래하는 재산의 종류 및 거래가액이 다른 경우에는 연속된 하나의 거래라는 점을 과세관청에서 입증하여야 할 것으로 생각된다.

관련 예규 · 심판결정례 및 판례 등

❑ **1년 이내 2개 법인의 감자가 있는 경우 이익 합산여부**(법령해석과－1868, 2019.7.18.)

1년 이내에 2개 법인의 감자를 통해 동일한 주주가 상증법 제39조의2에 따른 이익을 얻은 경우 같은 법 제43조 제2항 및 상증령 제32조의4에 따라 증여이익을 합산하여 과세 금액기준을 계산함.

❑ **양도인이 다른 경우 합산하지 아니함**(조심 2018서1532, 2019.4.5.).

증여세는 증여가 있을 때마다 증여재산의 가액 및 과세표준과 세액을 계산하여 과세하는 것을 원칙으로 하고, 상증법 제35조의 저가 · 고가양도에 따른 이익의 증여 규정을 적용할 때에도 원칙적으로 거래가 있을 때마다 증여세 과세요건을 판단하여야 하되, 여러 차례 나누어서 거래를 함으로써 차액이 일정 금액 미만이 되도록 하여 과세를 피해가는 것을 방지하기 위하여 상증법 시행령 제31조의10 제2항에서 당해 그 이익과 관련된 거래 등을 한 날부터 소급하여 1년 이내에 동일한 거래가 있는 경우에는 그 이익을 합산하여 금액기준을 계산하도록 규정하고 있는

점 등을 고려하면, 복수의 양도인으로부터 별개의 계약에 의해 주식을 각각 저가양수한 이 건의 경우 '당해 그 이익과 관련된 거래와 동일한 거래'에 해당한다고 보기 어려우므로 증여재산가액을 각각 산정하는 것이 타당함.

사례 **여러 단계의 거래를 연속된 하나의 거래로 보아 증여세 과세할 수 있는지?**

❑ **사실관계**

① 甲이 경영하였던 A법인은 2006.1.1. 영업부서와 설계부서를 甲의 자녀들이 건설업 등을 목적으로 설립하였으나 영업손실 등으로 사업중단 상태에 있었던 B법인에 무상으로 이전(영업양도)

② 이후 A법인의 영업부서와 설계부서의 직원들을 승계한 B법인은 영업 및 설계 등을 대행하면서 별다른 위험부담 없이 거래금액의 5% 상당의 이익을 얻음

③ A법인은 2008.9.1. B법인을 흡수합병하면서 甲의 자녀들에게 A법인 주식 1,375,000주씩을 합병 신주로 교부하여 子1은 11.45%에서 20.37%로, 子2는 8.37%에서 18.01%로 각 증가함.

❑ **대법원 판결**(대법원 2014두41411, 2019.1.31.)

父가 지배하는 법인과 자녀가 지배하는 법인간의 사업양도, 합병 등의 결과로 자녀가 부친이 지배하는 법인의 주식을 취득한 경우 구 상속증여세법 제2조 제3항 및 제4항(국세기본법 제14조 제3항)에 따라 연속된 하나의 거래로 보아 증여로 과세할 수 있음.

○ 당사자가 거친 여러 단계의 거래 등 법적 형식이나 법률관계를 재구성하여 직접적인 하나의 거래에 의한 증여로 보고 증여세 과세대상에 해당한다고 하려면, 납세의무자가 선택한 거래의 법적 형식이나 과정이 처음부터 조세회피의 목적을 이루기 위한 수단에 불과하여 그 재산이전의 실질이 직접적인 증여를 한 것과 동일하게 볼 수 있어야 하고, 당사자가 그와 같은 거래형식을 취한 목적, 제3자를 개입시키거나 단계별 거래과정을 거친 경위, 그와 같은 거래방식을 취한 데에 조세 부담의 경감 외에 사업상의 필요 등 다른 합리적 이유가 있는지, 각각의 거래 또는 행위 사이의 시간적 간격, 그러한 거래형식을 취한데 따른 손실 및 위험부담의 가능성 등 관련 사정을 종합적으로 고려하여 판단하여야 한다(대법원 2017.2.15. 선고 2015두46963 판결 참조).

○ 영업양도 이후 합병까지의 일련의 행위는 그 실질이 甲이 지배·운영하는 A법인 중 일부 부서의 인적, 물적 설비를 자식들인 원고들과 함께 설립한 기업가치가 미미한 B법인에 무상으로 넘기는 외형을 만든 후, A법인에 불리하고 B법인에 전적으로 유리한 공급거래와 영업대행거래를 통하여 A법인의 부(富)를 B법인에 2년 8개월간 이전한 후, 다시 B법인을 합병하는 외형을 갖추어, 건실한 회사인 A법인에 대한 甲과 특수관계 회사 C법인의 지분율을 낮추고 甲의 자녀들의 지분율을 높이는 결과를 만들어낸 것이므로, 이는 구 상증세법 제2조 제3항, 제4항에 따라 연속된 하나의 거래로서 증여세 과세대상인 '증여'행위에 해당한다고 하겠다.

3. 증여재산의 취득시기

증여재산의 취득시기는 증여세 납세의무성립일로서 증여세 신고기한 및 부과제척기간의 기산일이 되며, 재산평가기준일 및 합산과세기간의 산정기준일이 되는 등 증여세 과세제도에 있어서 매우 중요한 의미를 가지게 된다. 상속증여세법에서는 민법상 증여재산과 그 밖의 증여재산을 구분하여 증여재산의 취득시기를 규정하고 있다.

가. 민법상 증여재산

민법상 증여계약을 통하여 취득하는 재산의 경우 취득시기에 대해서는 상속증여세법 시행령 제23조에서 재산종류별로 다음과 같이 정하고 있다.

기존 부동산 등	소유권이전 등기·등록신청서 접수일
신축 부동산	사용승인서 교부일, 사실상 사용일, 임시사용승인일 중 빠른 날
주식·출자지분	주권인도일(불분명하거나 인도 전 명의개서시 명의개서일)
무기명채권	이자지급 등으로 취득이 확인되는 날(불분명한 경우 이자지급청구일 또는 채권 상환청구일)
기타 동산	인도한 날 또는 사실상 사용일

1) 등기·등록을 요하는 재산

권리의 이전이나 그 행사에 등기·등록을 요하는 재산, 즉 부동산, 차량·선박·항공기 등에 대하여는 등기·등록일이 증여재산의 취득시기이다. 이 때 등기·등록일은 소유권 이전등기·등록 신청서 접수일을 말한다. 다만, 민법 제187조의 규정에 의한 등기를 요하지 아니하는 부동산은 실제로 부동산의 소유권을 취득한 날로 한다.

부동산에 대한 증여시기는 민법상 부동산의 물권변동 효력의 발생시기와 같다.

① 민법 제186조(부동산 물권변동의 효력) 부동산에 관한 법률행위로 인한 물권의 득실변경은 등기하여야 그 효력이 생긴다.

② 민법 제187조(등기 등을 요하지 아니하는 부동산 물권취득) 상속, 공용징수, 판결, 경매, 기타 법률의 규정에 의한 부동산에 관한 물권의 취득은 등기를 요하지 아니한다. 그러나 등기를 하지 아니하면 이를 처분하지 못한다.

관련 예규·심판결정례 및 판례 등

❑ 토지 환매권의 증여시기는 매각원부상 명의변경일임(서일 46014 – 10447, 2001.11.14.).

공공용지취득 및 손실보상에 관한 특례법 제9조의 규정에 의한 토지 등의 환매권을 자녀에게 증여한 경우 그 증여가액은 매각원부상 명의변경일 현재 시가에 의하되, 시가가 불분명한 경우에는 개별공시지가에 의하는 것이며, 이 경우 자녀가 당해 토지 등의 환매대금을 부담한 때에는 그 환매대금을 증여가액에서 공제하는 것임.

❑ 부담부증여의 증여시기는 소유권이전등기일임(재삼 46014 – 2187, 1998.11.11.).

❑ 가등기한 것은 증여에 해당되지 아니함(재삼 46014 – 1315, 1998.7.14.).

부동산을 증여받는 경우 소유권이전등기 접수일이 증여시기이며, 부동산에 가등기 또는 가처분금지등기를 설정한 사유만으로는 증여재산을 취득한 것으로 보지 아니함.

❑ 아파트 대지권이 등기되지 않은 경우 증여시기(재산세과 – 400, 2009.10.7., 재산 46014 – 664, 1996.3.12.)

사실상 아파트를 증여하였으나, 대지권등기가 되지 않은 경우 건물부분의 등기접수일에 전체 아파트를 증여한 것으로 보는 것임.

❑ 토지구획정리사업법 등에 의한 체비지를 증여하는 경우 행정기관의 체비지 매각대장상의 명의를 변경한 날임(재삼 46014 – 845, 1995.4.6.).

❑ 증여등기하지 않고 증여세 신고한 경우(재삼 46014 – 1955, 1995.7.31.)

부동산의 증여에 대하여 증여세 과세표준신고를 하였으나 소유권이전등기를 하지 않은 경우에는 증여세에 관한 신고 여부에 불구하고 증여세 과세문제는 발생하지 아니함.

❑ 토지를 증여받은 경우, 증여원인일 또는 증여계약일에 관계없이 증여등기접수일이 증여시기로서 증여재산 평가기준일이 됨(국심 2002중128, 2002.1.28.).

가) 상속개시일 전후에 증여등기를 한 경우

상속개시일 전에 부동산에 대하여 증여를 원인으로 한 소유권이전등기신청서가 접수된 경우에는 해당 부동산의 증여시기가 도래한 것이므로 증여세를 부과하고 다시 사망 전 증여재산으로서 상속세 과세가액에 가산하여 상속세를 계산하여야 할 것이다.

상속개시 후에 증여등기신청서가 접수된 경우에는 해당 부동산은 증여자(피상속인)의 상속재산에 포함시키고 2003.1.1. 이후 상속개시분부터 상속세만을 과세하게 된다.

관련 예규 · 심판결정례 및 판례 등

❑ **부모 사망후 증여등기한 경우**(재산세과−1472, 2009.7.17.)

상속재산은 상속개시일을 취득시기로 하는 것이며, 부모가 사망한 후에 부모 소유의 부동산을 자녀의 명의로 증여등기한 경우에는 부모 소유의 부동산을 상속받은 것으로 보는 것임.

❑ **상속개시일과 증여등기일이 같은 날인 경우**(재삼 46014−398, 1999.2.26.)

상속개시일과 부동산증여등기 접수일이 동일자로서 피상속인의 사망시간이 등기접수보다 빠른 경우는 당해 재산은 상속재산으로 봄.

❑ **2002.12.31. 이전 귀속분 증여자 사망 후 증여등기된 경우 과세방법**(국심 2001중2325, 2002.6.1.)

조부가 그 자식에게 명의신탁한 부동산을 손자에게 증여한다는 통지를 하고 사망한 후, 명의신탁해지를 원인으로 손자앞으로 소유권이전등기한 경우, 상속인들이 상속받은 증여채무를 이행한 것으로서 사망한 조부를 증여자로 소유권이전등기일을 증여시기로 하여 증여세 과세됨.

➡ 2002.12.31. 이전 귀속분에 대한 것이고, 2003.1.1. 이후 손자를 수유자로 보아 상속세 과세

나) 부동산등기특별조치법에 따라 등기를 한 경우

부동산의 실제 권리자와 등기부상 권리가 다름에도 불구하고 몇 차례에 걸쳐 상속의 개시 또는 종전 소유자의 사망 등으로 인하여 소유권이전등기가 어려운 지방 소재 농지나 임야 등에 대한 등기를 용이하게 위하여 여러 차례에 걸쳐 시행하고 있는 부동산소유권 이전등기 등에 관한 특별조치법[24]에 의하여 소유권을 이전하는 경우에도 사실상 이전원인에 따라 상속재산의 경우에는 상속개시일에 상속세를 부과하고, 증여재산의 경우에는 소유권이전등기신청서 접수일을 증여시기로 하여 증여세를 부과한다.

관련 예규 · 심판결정례 및 판례 등

❑ **특별조치법에 의하여 부동산을 소유권이전등기**(재산세과−522, 2010.7.15., 재삼 46014−465, 1999.3.8.)

부동산소유권이전등기에 관한 특별조치법(법률 제4502호, 1992.11.30.)에 의하여 부동산에 대한 소유권이전등기를 하는 경우에도 사실상의 취득원인에 따라 상속재산은 상속개시일, 증여재산은 등기접수일을 취득시기로 하여 상속세 또는 증여세가 과세됨. 부와 삼촌이 사망한 후에 부와 삼촌 소유의 부동산을 갑 명의로 증여등기한 경우 부 소유의 재산은 상속받은 것으로 보며, 삼촌소유의 재산은 삼촌의 상속인들로부터 증여받은 것이 됨.

---

24) 부동산소유권 이전등기 등에 관한 특별조치법[제정 2005.5.26. 법률 제7500호] (한시법 : 2007.12.31.)
　　제1조 (목적) 이 법은 「부동산등기법」에 따라 등기하여야 할 부동산으로서 이 법 시행 당시 소유권보존등기가 되어 있지 아니하거나 등기부의 기재가 실제 권리 관계와 일치하지 아니하는 부동산을 용이한 절차에 따라 등기할 수 있게 함을 목적으로 한다.

다) 명의신탁한 부동산을 증여하는 경우

명의신탁한 부동산을 증여하는 경우 취득시기는 수증자 명의로 소유권이전등기를 한 날이다. 해당 명의신탁한 부동산을 증여하면서도 등기부에 권리자는 수증자로 바꾸지 아니하고 종전 명의수탁자로 그대로 둘 수 있는데 이 경우 증여시기에 대하여 대법원은 "수탁자가 그 증여사실을 알고 신탁자의 지위가 제3자에게 승계되는 것을 동의 내지 승낙을 한 날이 된다(대법원 97누20663, 1999.2.5.)"고 판결하고 있다.

 관련 예규·심판결정례 및 판례 등

❑ **명의신탁한 부동산을 실소유자가 명의수탁자의 소유권을 인정하는 경우**(재삼 46014 – 783, 1998.5.8.)

제3자 명의로 등기한 부동산에 대하여 명의신탁을 해지하고 그 부동산의 실질상 소유자인 위탁자명의로 환원하는 경우 그 환원하는 것은 상속증여세법 제2조의 규정에 의한 증여세 과세대상에 해당하지 아니하는 것이나, 명의신탁한 부동산 중 일부지분만 실질소유자 명의로 환원하고 나머지 지분에 대하여는 실질소유자가 명의수탁자의 소유권을 인정하는 경우 명의수탁자가 당해 부동산의 일부지분에 대한 소유권을 사실상 취득하는 때에 증여받은 것으로 봄.

❑ **화해판결에 의해 자녀 소유로 인정한 경우 증여시기**(국심 2000구1771, 2001.3.27.)

父가 취득해 子명의로 명의신탁한 토지에 대해 화해판결에 의해 子소유로 인정된 부분은 '화해한 날'이 父가 子에게 증여한 날이 되고, 父소유로 화해한 부분의 子명의 토지수용보상금을 子가 수령·사용한 것은 父가 현금증여한 것에 해당함.

❑ **명의신탁재산을 자녀 앞으로 환원등기한 경우 증여시기**(대법원 2002두103, 2003.4.25.)

父가 토지를 제3자명의로 명의신탁한 후 이를 해지하고 子앞으로 소유권이전등기한 경우, 子명의로의 소유권이전등기일이 증여시기이며, 제3자에게 명의신탁에 따른 증여세부과와 子에게 증여세 부과하는 것은 이중과세가 아님.

❑ **명의신탁한 부동산을 신탁자가 그 등기명의를 그대로 둔 채 제3자에게 증여한 경우, 증여재산의 취득시기(=수탁자의 동의 내지 승낙시)**(대법원 97누20663, 1999.2.5.)

명의신탁한 부동산의 등기명의를 그대로 둔 채 제3자에게 증여하는 경우 증여시기는 수탁자가 그 증여사실을 알고 신탁자 지위가 제3자에게 승계되는 것을 동의 내지 승낙을 한 날임.

라) 타인으로부터 부동산을 취득하여 증여하는 경우

다른 자의 부동산을 취득한 후 이를 자녀 등에게 증여하는 경우 증여시기는 자녀 등의 명의로 소유권이전등기하는 날이 될 것이다. 하지만 부동산 소유자와 자녀 등이 매매계약을 체결하고 계약금·중도금 및 잔금은 부모가 매도자에게 직접 지급하거나 자녀 등의 예금계좌에 입금시키고 자녀 등이 매도자에게 지급하는 경우에 있어 증여재산이 부동산인지 아니면 현금인지에 따라 증여시기가 달라지고 그에 따라 증여세를 부과하는 내용에도 차이가 생길 수 있다. 이에 대하여 예규 및 심판결정례에는 부모가 매수할 부동산을 선택하고 가격을 결정하는 등 해당 부동산을 사실상 매수하는 자가 부모인 경우에는 부동산을 증여한 것으로 보아 소유권이전등기일을 증여재산의 취득시기로 하고 있다.

 관련 예규 · 심판결정례 및 판례 등

□ 증여재산이 부동산인 경우 등기일, 현금인 경우 지급일이 증여시기임(재산세과 – 1282, 2009.6.26.).

□ 자녀명의로 토지 매수하고 상당기간 경과후 등기한 경우 증여시기(대법원 97누19175, 1998.7.10.)
  토지를 아들 명의로 매수계약하고 매매대금지급 완료 후 장기간 방치했다가 소송에 의해 아들 명의로 등기이전한 경우 그 등기일이 증여일이 됨.

마) 판결에 의하여 소유권이전등기하는 경우

당사자 사이에 체결한 증여계약에 대하여 효력이 발생하였음에도 증여자가 증여재산의 소유권이전의무를 이행하지 아니함에 따라 수증자가 소송을 제기하여 판결에 따라 소유권이전등기를 마치는 경우 증여재산의 취득시기를 법원 판결일로 볼 것인가 아니면 소유권이전등기일로 볼 것인가에 따라 재산 평가액이 달라지는 등 증여세 과세방법에 큰 차이가 생길 수 있다.

민법 제187조에서 등기를 요하지 아니하는 물권변동 사유 중 하나로 규정한 "판결"은 판결의 확정으로 권리가 변동되는 '형성판결'(예 : 사행행위취소판결)을 의미하므로 '증여계약서에 근거하여 소유권이전등기절차를 이행하라'는 종류의 이행판결은 여기에 해당하지 아니하므로 소유권이전등기일이 증여시기가 된다.

 관련 예규 · 심판결정례 및 판례 등

□ 부동산을 증여받은 경우 그 취득시기는 소유권이전등기접수일임(재산세과 – 725, 2010.10.5.).

  사실관계
  – 아버지는 1965년부터 1필지의 임야를 다수인과 구분 특정하여 소유하면서 편의상 임야 전체에 관하여 공동 명의로 소유권 이전등기를 하였다가 2004년에 자녀인 저에게 "아버지 지분 전부이전"으로 증여하였음.
  – 이후 2009년에 해당 토지에 대한 소유권이 잘못되어 있음을 확인하고 소송한 결과 상호명의 신탁관계를 해지하였음을 이유로 다른 공유자들의 지분 중 일부를 저에게 소유권 이전등기 하라는 판결 받음.

❏ 판결에 의해 부동산 소유권이 이전되는 경우, 판결의 확정으로 권리가 변동되는 '형성판결' 이외에, 그 판결에 따른 '현실적인 이행'에 의해 물권이 변동되는 "···를 원인으로 한 소유권이전등기절차를 이행하라"는 판결의 경우는 그 등기접수일이 양도 또는 증여시기가 됨(심사증여 99 – 193, 1999.7.9.).

➡ 증여계약서 작성 후 소유권이전등기를 해주지 않자 법원의 판결을 받아 수증자 앞으로 소유권 이전한 경우 증여시기는?

2007.1.11.	2007.3.11.	2010.12.15.	2011.7.5.
①	②	③	④
증여계약체결	부동산 사용일	법원판결일	등기신청서 접수일

[해설]

물권변동의 효력이 생기는 민법 제187조에 따른 판결에 이행판결은 포함되지 아니하므로 2011.7.5. 소유권이전등기신청서 접수일이 증여재산의 취득시기이며, 이 날 이전에 증여자가 사망하는 경우에는 증여자의 사망일에 상속세를 부과하고 증여세는 부과하지 아니함.

----- 쉬어가기 ••• **증여계약 후 목적부동산에 저당권 설정시 배임죄에 해당하는가?**

○ 부동산에 관하여 서면에 의한 증여의 의사를 표시한 증여자가 금융기관에 근저당권을 설정해 주고 대출을 받은 경우 배임죄에 해당함(대법원 2016도19308, 2018.12.13.).

- 부동산 매매계약에서 중도금이 지급되는 등 계약이 본격적으로 이행되는 단계에 이른 때에는 계약이 취소되거나 해제되지 않는 한 매도인은 매수인에게 부동산의 소유권을 이전할 의무에서 벗어날 수 없다. 이러한 단계에 이른 때에 매도인은 매수인에게 매수인의 재산보전에 협력하여 재산적 이익을 보호·관리할 신임관계에 있게 되고, 그때부터 배임죄에서 말하는 '타인의 사무를 처리하는 자'에 해당한다고 보아야 한다. 그러한 지위에 있는 매도인이 매수인에게 계약 내용에 따라 부동산의 소유권을 이전해 주기 전에 부동산을 제3자에게 처분하여 등기를 하는 행위는 매수인의 부동산 취득이나 보전에 지장을 초래하는 행위로서 배임죄가 성립한다(대법원 2018.5.17. 선고 2017도4027 전원합의체 판결 참조).

- 이러한 법리는 서면에 의한 부동산 증여계약에도 마찬가지로 적용된다. 서면으로 부동산 증여의 의사를 표시한 증여자는 계약이 취소되거나 해제되지 않는 한 수증자에게 목적부동산의 소유권을 이전할 의무에서 벗어날 수 없다. 그러한 증여자는 '타인의 사무를 처리하는 자'에 해당하고, 그가 수증자에게 증여계약에 따라 부동산의 소유권을 이전하지 않고 부동산을 제3자에게 처분하여 등기를 하는 행위는 수증자와의 신임관계를 저버리는 행위로서 배임죄가 성립한다.

○ (증여재산의 취득시기) 수증자 명의로 소유권이전등기를 한 날이 되기 때문에 형법상 증여자가 배임죄에 해당하더라도 증여세 납부의무가 생기는 것은 아니다.

2) 신축 건물

건물을 증여할 목적으로 수증자 명의로 건축허가를 받거나 해당 건물을 취득할 수 있는 권리를 수증자 명의로 취득하는 다음의 경우에는 그 건물의 사용승인서 교부일을 증여시기로 한다. 이 경우 사용승인 전에 사실상 사용하거나 임시사용승인을 얻은 경우에는 그 사실상의 사용일 또는 임시사용승인일로 하고, 건축허가를 받지 아니하거나 신고하지 아니하고 건축하는 건축물에 있어서는 그 사실상의 사용일로 한다.

① 건물을 신축하여 증여할 목적으로 수증자의 명의로 건축허가를 받거나 신고를 하여 당해 건물을 완성한 경우

② 건물을 증여할 목적으로 수증자의 명의로 당해 건물을 취득할 수 있는 권리(이하 이 호에서 "분양권"이라 한다)를 건설사업자로부터 취득하거나 분양권을 타인으로 부터 전득한 경우

아파트 분양권을 자녀 명의로 취득하여 분양대금은 부모가 건설업자에게 직접 지급하거나 자녀를 통하여 지급하고 자녀 명의로 소유권보존등기를 하는 경우 증여재산이 분양대금 지급시마다 현금인지 아니면 소유권보존등기가 되는 날의 부동산인지에 대하여 논란이 있었으나, 2004.1.1.부터 해당 건물의 사용승인서 교부일에 부동산을 증여받은 것으로 본다. 민법 제187조에 따른 등기를 요하지 아니하는 물권변동 사유 중 "기타 법률의 규정에 의한 부동산에 관한 물권의 취득"의 대표적인 경우가 신축하는 건물에 대하여 행정기관에서 사용승인을 하면 물권을 취득하는 것이라 하겠다.

하지만 일반분양받은 아파트 분양권 또는 재건축·재개발지역의 아파트 입주권 또는 택지분양권 등 부동산을 취득할 수 있는 권리 자체를 증여한 경우에는 해당 권리에 대한 권리의무승계일 즉 분양계약서 또는 조합원분양계약서상 명의변경일이 증여시기가 됨을 구분하여야 한다.

 관련 예규·심판결정례 및 판례 등

☐ 분양권을 증여한 경우로서 사용승인일 이후 분양대금 청산한 경우 증여시기는 분양대금 청산일임 (재산세과-485, 2011.10.19.).

☐ 신축건물의 증여시기는 그 건물의 사용승인서 교부일(사용승인 전에 사실상 사용하거나 임시사용승인을 얻은 경우에는 그 사실상의 사용일 또는 임시사용승인일)이 되는 것으로, 건물을 증여할 목적으로 수증자 명의로 취득한 분양권을 사용승인서 교부일 전에 증여자 명의로 변경하는 경우에는

납세의무가 성립되지 않음(상속증여세과-1584 2015.9.8.).

□ 이주자 택지분양 권리의 증여시기는 명의변경일임(서면 상담4팀-479, 2008.2.27.).

□ 상가를 子명의로 분양받아 보존등기한 경우 분양대금 불입시마다 현금증여가 아니라 부동산 증여로서 등기시점을 증여시기로 봄(국심 2001서2937, 2002.4.11.).

3) 주식 또는 출자지분

주식 또는 출자지분의 경우에는 수증자가 배당금의 지급이나 주주권의 행사 등에 의하여 해당 주식 등을 인도받은 사실이 객관적으로 확인되는 날에 취득한 것으로 본다. 다만, 해당 주식 등을 인도받은 날이 불분명하거나 인도받기 전에 상법 제337조 또는 동법 제557조에 따라 취득자의 주소와 성명 등을 주주명부 또는 사원명부에 기재한 경우에는 그 명의개서일 또는 그 기재일을 증여재산의 취득시기로 본다.

 관련 예규·심판결정례 및 판례 등

□ 주식의 증여시기는 원칙적으로 주권 인도일임(서일 46014-11702, 2002.12.17.).
상장법인이 발행한 주식을 직접 보관하고 있는 증여자가 영리법인 및 자녀와 증여계약을 체결하고 당해 상장주식을 증여한 경우에 그 증여시기는 수증자가 당해 상장주식을 인도받은 것으로 확인되는 날이며, 당해 상장주식을 인도받은 날이 불분명하거나 당해 상장주식을 인도받기 전에 상법 제337조에 의하여 수증자의 주소와 성명 등을 주주명부에 기재한 경우에는 그 명의개서일이 증여시기가 되는 것으로서, 귀 질의의 경우 증여시기는 증여자가 실물로 보관하고 있었던 주권을 인도하고 수증자가 수령한 것에 관한 수령증 교부내용, 증권거래소의 공시내용 등 구체적인 사실을 조사하여 판단하는 것임.

질의
주식을 인도받은 다음 날 그 사실을 공증까지 하였으나 명의개서를 하기 전에 피상속인이 사망한 경우 당해 상장주식은 상속재산인지 또는 상속개시 전 상속인 등에게 증여한 재산인지 여부

□ 증여시기가 주식양도증서를 2006.11.20. 작성했으나 양도제한조건 등으로 이전되지 않아 2011. 10.15. 명의개서한 경우 명의개서일이 증여시기임(조심 2015부4509, 2016.5.19.).

□ 화해권고결정으로 당초 증여가 원인무효가 되었다고 보기 어려우므로 당초 증여받기로 하여 명의개서하고 증여세 신고할 때의 증여시기가 증여일로서, 새로운 증여가 성립되었다고 보기 어려움(조심 2015부74, 2015.3.25.).

□ 증여계약서 작성 이후 명의개서하지 않고 증여자가 배당금 수령 및 의결권 행사한 경우 증여시기 미도래한 것임(조심 2013서4497, 2014.11.11.).

❑ 상장주식의 증여시기는 고객계좌 입고일이 아닌 명의개서일임(국심 98서333, 1998.10.15.).

❑ 비상장주식의 증여시기는 명의개서일임(대법원 2017두47557, 2017.8.18.).

세법상 증여세 과세대상으로서의 주식증여가 있는지 여부는 주식증여에 대한 의사의 합치뿐만
아니라 주식을 취득하여 사실상 주주로서의 권리를 행사할 수 있는 지위를 취득하였는지에 따
라 판단되어야 하므로 父로부터 스톡옵션으로 받은 비상장주식에 대한 권리를 원고에게 넘겨
원고 명의로 명의개서를 한 날이 증여재산 취득시기임.

❑ 주식변동상황명세서 작성, 제출시 증여한 것으로 추정됨(대법원 2011두10010, 2011.8.25.).

주식 증여계약을 체결한 사실이 없고, 명의개서를 하지 않았다 하더라도 주식을 양수(무상)하
였다는 주식이동상황명세서가 제출된 이상 증여로 추정하는 것임.

❑ 주식을 증여받은 경우 명의개서 여부는 과세처분에 영향없음(대법원 2011두7960, 2011.5.17.).

주식의 양수 대가를 양수 전·후에 실질적으로 지급하였다고 볼 수 없어 주식을 증여받았다고
봄이 타당하고, 주주명부에의 명의개서 여부는 부과처분의 적법 여부에 영향을 미치지 못함.

❑ 명의신탁한 주식의 증여시기는 수증자로 명의개서한 날임(대법원 2000두7100, 2000.11.14.).

❑ 제3자와 매도과정을 거쳐 딸에게 증여한 경우 증여시기(대법원 97누9291, 1998.9.25.)

A가 딸인 B에게 주식을 증여하기 위해 C에게 매도하고 C는 B에게 매도하는 형식으로 가장된
경우, A가 B에게 주식을 증여한 시기는 C로부터 B에게 명의가 개서된 때임.

4) 채 권

증여받은 재산이 무기명채권 등인 경우에는 해당 채권에 대한 이자지급사실 등에 의하
여 취득사실이 객관적으로 확인되는 날에 취득한 것으로 본다. 다만, 그 취득일이 불분명
한 경우에는 해당 채권에 대하여 취득자가 이자지급을 청구한 날 또는 해당 채권의 상환
을 청구한 날로 한다.

5) 그 밖의 재산

그 밖의 재산, 즉 예금, 일반적 분양권, 재건축아파트의 입주권이나 골프회원권 등에
대하여는 수증자가 인도받는 날 또는 사실상 사용일을 증여재산의 취득시기로 한다.

 관련 예규·심판결정례 및 판례 등

❑ 부모계좌에서 자녀의 자산관리계좌로 예금 대체하는 경우 증여시기(서면법규과-1049, 2014.10.2.)

부모가 증여목적으로 부모 명의의 계좌에서 자녀 명의의 자산관리계좌(랩어카운트)로 예금을
대체하는 경우에는 자녀 명의의 계좌로 대체될 때마다 증여한 것으로 보는 것이나, 부모가 일

정기간동안 매월 일정액을 정기적으로 부모 명의의 계좌에서 자녀 명의의 자산관리계좌(랩어 카운트)에 대체하기로 자녀와 약정한 경우로서 그 사실을 최초 대체일부터 증여세 신고기한 이 내에 세무서장에게 신고한 경우에는 상속증여세법 시행령 제62조(정기금을 받을 권리의 평가) 에 의하여 평가한 가액을 최초 대체일에 증여한 것으로 보아 증여세를 계산할 수 있음.

❑ 예금의 증여시기(재산세과-47, 2010.1.26., 재산세과-1005, 2009.12.10.)

증여목적으로 자녀 명의의 예금계좌를 개설하여 현금을 입금한 경우 그 입금한 시기에 증여한 것으로 보는 것이며, 입금한 시점에서 자녀가 증여받은 사실이 확인되지 아니한 때에는 자녀가 실제 사용하는 날에 증여받은 것으로 보는 것임.

> **[사실관계]**
> - 父인 [갑]이 증여의 의사로 1995.1.1.부터 2009.12.31.까지 子인 [을]의 명의로 예금계좌를 개 설하여 매월 일정액을 불입함.
> - 만기가 3년인 당해 예금의 만기가 되면 원리금을 인출하여 자녀명의의 타 계좌에 입금한 후 운용을 계속함.
> - 10개의 계좌를 신규 및 해지로 운용하여 최종 J계좌 해지원리금 48,500,000원임.
> - 2010년 1월 [을]은 위 본인명의의 최종 계좌에서 인출하여 부동산을 취득하고자 함.

❑ 재개발아파트 조합원인 배우자가 불입해야 할 추가분담금을 남편이 불입한 경우에는 그 불입할 때 마다 그 추가부담금에 대하여 배우자에게 증여세가 과세되는 것임(서면4팀-847, 2008.3.28.).

❑ 부가 분양대금 납입중인 토지의 취득권리를 증여받은 경우, 증여시기는 그 승계계약일이며, 증여가 액은 개별공시지가에서 수증자인 자가 불입한 가액을 뺀 금액임(국심 98경1845, 1998.11.11.).

❑ 장인이 실질적으로 지배·관리하던 '사위' 명의 예금계좌에서 인출돼 사위의 토지 취득자금으로 입 금된 경우, 토지취득대금 지급일에 현금증여한 것으로 보아 과세함(국심 2001서612, 2001.7.5.).

❑ 부동산처분대금을 자 또는 부의 예금계좌에 수회 분산 예치된 후 이들의 부동산 공유지분 취득자금 으로 사용된 바, 해당 계좌에 입금시점에 현금증여 받은 것임(국심 2000부949, 2000.9.21.).

❑ 법정상속인이 상속포기 전에 피상속인의 예금을 인출해 자신의 계좌에 입금한 것은 상속재산 처분 으로 단순승인에 해당해 상속포기의 효력 없어, 차순위 상속인에게 상속재산이 이전되는 때에 법정 상속인이 상속받을 재산을 증여한 것으로 보아 증여세 과세한 사례(심사상속 2001-46, 2001.6.21.)

❑ 조모 명의 예금계좌에서 출금된 자기앞수표에 본인이 이서하여 본인 명의의 예금계좌에 입금한 날 을 증여시기로 함은 정당함(국심 2001부600, 2001.5.18.).

❑ 부의 가명계좌를 자 명의로 실명전환한 바, 가명계좌개설일에 자에게 증여된 것으로 인정 안되므로 자 명의 실명전환일을 증여시기로 봄(국심 99서2057, 2000.6.15.).

❑ 골프연습장의 개업자금을 대출받은 금액에 대해 부가 대신 상환한 경우 각각 그 대신 상환하는 날의 상황금액에 대해 증여로 과세함(심사증여 98-462, 1998.11.6.).

나. 민법상 증여재산 외의 증여재산

완전포괄주의 증여세 과세제도하에서 예시하고 있는 증여재산, 증여추정 및 증여의제하는 재산에 대해서는 해당 과세규정에서 증여시기를 다음과 같이 규정하고 있으며, 재산평가기준일 및 특수관계 해당 여부 등을 판단하는 시기로서 민법상 증여재산의 취득시기와 같은 의미를 가진다.

○ 신탁이익 : 실제지급일, 수회 분할지급시는 최초(분할)지급일

○ 보험금 : 보험사고 발생일(만기지급의 경우 만기일)

○ 저가·고가양도 : 대금청산일(불분명 또는 잔금청산 전 소유권이전시 그날)

○ 채무면제 : 채무를 면제받거나 제3자가 인수 또는 변제한 때

○ 부동산무상사용 : 무상사용 개시일, 계속 무상사용시 5년이 되는 날의 다음 날

○ 합병시 증여 : 합병등기일

○ 증자시 증여 : 주금납입일(납입 전 신주인수권증서 교부시 그 날)

○ 감자시 증여 : 감자를 위한 주주총회 결의일

○ 현물출자시 증여 : 현물 납입(출자)일

○ 전환사채 등의 증여 : 거래단계별로 인수·취득일 및 주식 전환일

○ 초과배당에 따른 이익의 증여 : 배당 등을 한 날

○ 주식 등 상장이익의 증여 : 당초 비상장주식을 증여받거나 취득한 날

○ 금전무상대출시 증여 : 대출일, 대출기간 없거나 1년 이상시 1년이 되는 날의 다음 날을 새로운 대출일로 봄.

○ 합병에 따른 상장이익의 증여 : 당초 비상장주식을 증여받거나 취득한 날

○ 재산사용 및 용역사용 등에 따른 이익의 증여 : 사용기간 없거나 1년 이상시 1년이 되는 날의 다음 날을 새로운 사용일로 봄.

○ 법인의 조직변경 등에 따른 이익의 증여 : 소유지분이나 가액이 변동된 날

○ 재산취득 후 재산가치에 따른 이익의 증여

ㄱ 개발사업의 시행 : 개발구역으로 지정되어 고시된 날

ㄴ 형질변경 : 해당 형질변경허가일

ㄷ 공유물의 분할 : 공유물 분할등기일

ㄹ 사업의 인가·허가 또는 지하수개발·이용의 허가 등 : 해당 인가·허가일

ㅁ 주식등의 상장 및 비상장주식의 등록, 법인의 합병 : 주식등의 상장일 또는 비상

장주식의 등록일, 법인의 합병등기일

ⓗ 생명보험 또는 손해보험의 보험금 지급 : 보험사고가 발생한 날

ⓢ ㉠부터 ⓗ까지의 규정 외의 경우 : 재산가치 증가사유가 발생한 날

○ 명의신탁재산에 대한 증여의제 : 명의자에게 등기·등록·명의개서를 한 날. 주주명부가 없는 경우에는 다음 순서에 따른 날을 증여일로 한다.

㉠ 양도소득세, 증여세 등의 과세표준신고서에 기재된 소유권이전일

㉡ 주식등변동상황명세서에 기재된 거래일

○ 특수관계법인과의 거래를 통한 이익의 증여의제 : 수혜법인 해당 사업연도 종료일

○ 특수관계법인으로부터 제공받은 사업기회로 발생한 이익의 증여의제 : 사업기회 제공일이 속하는 사업연도 종료일

○ 특정법인과의 거래를 통한 이익의 증여의제 : 특정법인에게 재산을 증여하거나 거래한 날

제 2 절 : 민법상 증여재산 등

1. 민법상 증여재산

2004.1.1. 이후 시행하는 완전포괄주의 증여세 과세제도에서는 민법상 증여도 상속증여세법상 증여에 포함된다고 할 것이다. 완전포괄주의 도입 전후 증여재산의 범위에 차이가 있는 점과 증여재산의 취득시기가 민법상 증여와 상속증여세법에서 예시하고 있는 증여에 차이가 있는 점 등을 감안하여 민법상 증여재산을 구분하여 설명하였다.

민법상 증여재산은 증여자와 수증자 사이에 체결한 증여계약에 근거하여 수증자에게 귀속되는 재산으로서 금전으로 환산할 수 있는 경제적 가치가 있는 모든 물건과 재산적 가치가 있는 법률상 또는 사실상의 모든 권리를 증여세 과세대상으로 한다.

권리의 이전이나 행사에 등기·등록·명의개서 등을 필요로 하는 민법상 증여재산의 경우 증여계약서에 근거하여 수증자 앞으로 소유권을 이전하고 그 내용은 공부상 표시되므로 증여세 과세대상 여부에 대한 논란은 많이 발생하지 않는다. 그러나 금융실명법이 소유에 관한 법률 즉, 실명확인을 받아 개설한 예금계좌의 예금주가 곧 소유자라고 인정해 주는 법률이 아닌 관계로 자녀 등의 예금계좌에 입금된 금전이 증여가 이루어진 것인

지 아니면 해당 예금계좌를 별도로 지배·관리하는 자의 차명계좌로 인정할 것인지에 따라 증여세 과세 여부가 달라지고 있으며 이에 대한 다툼은 현재도 일어나고 있다. 민법상 증여재산에 대하여 부동산, 부동산을 취득할 수 있는 권리, 주식 또는 출자지분, 예금 등 금융재산 및 기타 동산 등으로 구분하여 증여세 과세대상 여부 등을 살펴보겠다.

가. 부동산

토지와 건물을 증여하는 경우 증여계약서에 근거하여 소유권이전등기를 해야만이 민법상 물권변동이 생기게 되고 수증자가 부동산의 소유권을 취득하는 시점에서 증여세 납세의무가 성립하는 것이다. 따라서 증여계약을 체결하고 수증자가 해당 부동산을 사용·수익하더라도 소유권 이전등기를 마치지 않는 한 증여세 과세대상에 해당되지 아니한다. 2003.1.1. 이후 상속개시분부터 증여자가 사망한 후에 수증자에게 증여등기가 이루어진 부동산의 경우에는 상속세를 부과하고 증여세 과세대상에서 제외하고 있다.

 관련 예규·심판결정례 및 판례 등

❑ 상가건물과 부수토지를 유상으로 양수한 후, 공부기재착오로 무상이전등기한 것은 증여 아님(재삼 46014-2056, 1998.10.23.).

❑ 담보목적 가등기권리자를 손자로 하였다하여 증여는 아님(재삼 46014-93, 1999.1.5.).

❑ 증여일 이후 증여자가 증여재산 무상 사용하는 경우(재재산 46014-65, 1999.2.26.)
　증여재산의 가액은 증여일을 기준으로 하여 평가하는 것으로서 증여일 이후 증여자가 당해 재산을 사용·수익함에 따라 얻은 이익 상당액을 증여재산가액에서 차감하지 아니함.

❑ 부재자의 재산관리인이 부재자 재산을 무상으로 소유하는 경우 증여임(재산상속 46014-49, 2003.2.21.).

❑ 상가와 토지무상사용권을 분양받아 증여한 경우 토지사용권도 증여재산임(조심 2009서260, 2009.5.12.).
　집합건물의 구분소유권은 공유대지의 사용권과 불가분의 관계인 점을 감안할 때, 상가개발조합이 조합원들에게 점포를 배당하면서 대가를 수령하고 그 공유대지를 30년간 무상으로 사용할 수 있는 권리를 부여한 행위 및 이에 기초한 공유대지 무상소유권의 증여행위는 과세대상임.

❑ 수양딸에게 매매를 등기원인으로 소유권이전되었으나 그 대가가 객관적인 증빙으로 확인되지 않은 경우 증여에 해당함(조심 2011서5070, 2012.3.14.).

❑ 토지를 증여받은 경우, 증여원인일 또는 증여계약일에 관계없이 '증여등기접수일'이 증여시기로서 증여재산 평가기준일이 됨(국심 2002중128, 2002.1.28.).

☐ 명의신탁해지를 원인으로 소유권이전된 토지를 증여로 보았으나, 채권회수목적으로 유상취득한 것으로 인정되므로 증여세 부과는 부당함(국심 2002중2673, 2003.1.23.).

☐ 소유권이전등기시에 수증자가 부동산을 증여받은 것임(서울고법 2017누60521, 2018.4.4. 완료).

☐ 망인이 개설·관리한 자녀명의의 차명계좌에서 인출한 금전으로 자녀가 부동산을 취득한 것은 증여세 부과대상에 해당함(대법원 2014두8049, 2014.9.5.).

☐ 미성년자 법정대리인이 미성년자의 재산을 특별대리인에 의하지 않고 처분한 경우에는 특별한 사정이 없는 한 무효임(대법원 2010두27189, 2013.1.24.).

☐ 父가 취득한 재산을 子가 소송을 통해 취득한 경우 증여추정대상이 아니고 민법상 증여세과세대상임(대법원 2002두165, 2003.4.25.).

☐ 토지를 아들 명의로 매수계약하고 매매대금지급 완료 후 장기간 방치했다가 소송에 의해 아들 명의로 등기이전한 경우 그 등기일이 증여일이 됨(대법원 97누19175, 1998.7.10.).

☐ 명의신탁한 재산을 환원한 것인지 여부(대법원 2002두5740, 2002.10.22.)
토지를 종합토지세 중과세 회피 등의 목적으로 동생에게 명의신탁했다가 이를 해지하고 명의를 환원받은 것이라 주장하나, 명의신탁이 입증되지 않으므로 증여세 과세처분은 정당함.

☐ 수증자가 증여재산을 취득하기 위하여 쟁송과정에서 지출한 화해금 및 변호사보수는 증여가액에서 공제됨(대법원 93누6980, 1993.8.24.).

1) 공유물을 분할한 경우

토지 또는 건물 등을 공유로 소유하다가 토지 필지를 분할하거나 건물을 구분등기하여 단독소유로 변경하는 경우 분할 전과 분할 후의 면적은 동일하지만 가격에는 차이가 생기는 분할을 할 수 있을 것이다. 증여는 그 거래의 형식이나 목적 등에 불구하고 타인으로부터 얻은 이익을 의미하므로 면적은 동일하게 분할하였더라도 형질변경이나 개발예정 등으로 가격이 상승한 부분 또는 임대료가 높은 상가건물 1층 등을 특정 공유자가 분할받아 이익을 얻은 경우에는 증여세 과세대상에 해당한다 할 것이다.

 관련 예규·심판결정례 및 판례 등

☐ 2개의 상가건물 소유지분을 서로 증여하는 경우 증여세 등 과세 여부(재산세과 – 364, 2012.10.8.)
2개의 상가건물의 소유지분을 동일날짜에 갑·을·병이 3분의 1 지분으로 변경함에 있어 한 건물의 자기지분 감소분과 다른 건물의 자기지분 증가분이 발생하는 경우에는 이를 교환으로 보아 양도소득세를 과세하며, 차액에 대해서는 증여세를 과세함.

질의

상가건물 A와 B의 소유지분을 갑·을·병 각각 1/3로 하기 위하여 아래와 같이 갑은 402호의 지분 1/3씩을 을과 병에게 증여등기하고, 동시에 을과 병은 403호의 지분 중 1/3(전체의 1/6)씩 갑에게 증여등기한 경우 증여세 등 과세 여부?

| 증여등기로 인한 지분변경 현황 |

A건물(402호)				B건물(403호)			
당 초		변 경		당 초		변 경	
소유자	지분	소유자	지분	소유자	지분	소유자	지분
갑	100	갑	1/3	을	1/2	갑	1/3
		을	1/3			을	1/3
		병	1/3	병	1/2	병	1/3

❏ 공유물 분할 전과 후의 토지가액이 달라진 경우에는 그 차액에 대하여 증여세가 과세되는 것임(법규재산 2012-10, 2012.2.7.).

❏ 공동소유 2필지 토지를 각각 1인 단독소유로 교환하는 경우 각 필지의 교환차액에 대하여 증여세가 과세되는 것임(법규재산 2010-251, 2010.9.2.).

2인 이상이 공동으로 소유하던 각 필지를 각각 1인 단독소유로 함에 있어 교환하는 재산가액이 서로 같지 아니하는 때에는 그 차액에 대하여 증여세가 과세되는 것이며, 지분으로 공유하고 있는 토지를 소유자별 지분에 따라 공유물 분할등기하면서 도로접면 상황 등으로 가격이 상승한 특정부분을 분할받는 경우 가격차이로 인한 이익에 대하여 증여세가 과세되는 것임.

❏ 공유토지를 분할하면서 형질변경, 개발예정 등으로 가격이 상승한 부분만을 분할받은 경우 가격의 차액을 증여받은 것으로 봄(재삼 46014-650, 1999.4.1.).

2) 점유로 인한 시효취득한 재산

민법 제245조[25]에 따라 타인의 부동산을 20년 이상 점유하는 자가 등기함으로써 해당 부동산의 소유권을 취득한 경우 증여세 과세대상인가가 문제될 수 있다. 대가를 지급하지 아니하고 해당 부동산을 취득한 경우라도 이는 민법상 증여에 해당하지 아니하고 이

---

25) 민법 제245조(점유로 인한 부동산소유권의 취득기간) ① 20년간 소유의 의사로 평온, 공연하게 부동산을 점유하는 자는 등기함으로써 그 소유권을 취득한다.
② 부동산의 소유자로 등기한 자가 10년간 소유의 의사로 평온, 공연하게 선의이며 과실 없이 그 부동산을 점유한 때에는 소유권을 취득한다.
제246조(점유로 인한 동산소유권의 취득기간) ① 10년간 소유의 의사로 평온, 공연하게 동산을 점유한 자는 그 소유권을 취득한다.
② 전항의 점유가 선의이며 과실없이 개시된 경우에는 5년을 경과함으로써 그 소유권을 취득한다.

와 관련한 증여의제규정도 없었으므로 2003.12.31. 이전 취득분의 경우에는 증여세 과세 대상으로 삼기 어려웠다. 하지만 2004.1.1. 이후 완전포괄주의 증여세 과세제도에서는 증여를 '그 행위 또는 거래의 명칭·형식·목적 등에 관계없이 유·무형의 재산을 타인에게 무상으로 이전하는 이익'으로 정의함에 따라 증여세 과세대상에 해당할 수 있다.

다만 양도소득금액 계산에 있어 취득시기를 소득세법 시행령 제162조 제1항 제5호에서 증여재산의 경우 증여를 받은 날로 하고 같은항 제6호에서 민법 제245조에 따른 부동산의 취득시기를 해당 부동산의 점유를 개시한 날로 규정한 점에 비추어 점유취득한 부동산의 경우 증여세 과세대상으로 삼지 아니하는 것이 세법간 형평성 등에 비추어 합리적이라 생각된다.

 관련 예규·심판결정례 및 판례 등

☐ **점유로 인한 시효취득재산의 상속재산 등 해당 여부**(재산세과-619, 2011.12.29.)

피상속인 명의의 부동산이 상속개시 전에 취득시효가 완성되어 「민법」 제245조의 규정에 따라 소송을 통하여 제3자에게 소유권이 이전된 경우 그 재산은 상속세 과세 대상에 해당하지 않는 것이나, 귀 질의의 경우가 이에 해당하는지 또는 피상속인의 증여에 의한 취득인지 여부 등은 판결내용 등 구체적인 사실을 확인하여 판단할 사항이며 또한, 「민법」 제245조의 규정에 의하여 취득하는 재산은 증여세 과세대상에 해당하지 않는 것임.

➡ 소득세법 시행령 제162조 제1항 제6호 "「민법」 제245조 제1항의 규정에 의하여 부동산의 소유권을 취득하는 경우에는 당해 부동산의 점유를 개시한 날"로 규정함.

☐ **시효취득한 재산을 증여원인으로 등기한 경우**(국심 99중1699, 2000.7.11.)

부동산을 20년 이상 점유했어도 취득원인을 '증여'로 등기한 이상 '시효취득'한 것으로 볼 수 없어 증여등기일을 증여시기로 하여 증여세가 과세되며, '실종선고'의 경우 상속개시일은 실종기간의 만료일이 아닌 '실종선고일'이 됨.

나. 부동산을 취득할 수 있는 권리(분양권)

건물을 증여하기 위하여 부동산을 취득할 수 있는 권리(분양권)를 자녀 등의 명의로 취득하고 분양대금을 불입하는 경우 증여재산의 취득시기는 해당 부동산의 사용승인을 받은 날 등이 되고 대상 재산은 부동산이 되는 것이다. 증여재산을 부동산으로 볼 것인가 아니면 분양대금을 불입할 때마다 현금으로 볼 것인가에 따라 증여재산의 가액 및 증여시기 등에 차이가 발생하고 과세되는 증여세액에도 차이가 생길 수 있다.

관련 예규·심판결정례 및 판례 등

❑ 아파트분양권을 부인명의로 취득한 사실만으로는 증여세 과세 안됨(재산상속 46014－26, 2003.2.3.).

회신

아내가 실질소유자로서 취득한 아파트분양권에 대한 매수대금과 중도금 및 잔금 등을 남편의 금전으로 지급하고 아파트 소유권은 부부 공유로 등기를 한 경우에는 매수대금 등은 아내가 증여받은 것으로 보고 아파트는 남편이 아내로부터 증여받은 것으로 보아 과세하는 것이며, 실질적으로 남편이 아파트분양권을 취득하여 매수대금과 잔금 등을 본인의 금전으로 지급하면서도 분양권 매매계약 체결시 매수자를 단순히 아내명의로 했다가 아파트 소유권은 부부 공유로 등기를 한 경우에는 아내의 아파트 소유지분을 남편이 증여한 것으로 보아 증여세를 과세하는 것이 타당함. 증여세 과세방법은 아파트분양권의 실제 매수자가 누구인지, 매매계약서 작성경위와 소유권 공유등기의 경위 등에 관한 구체적인 사실을 조사하여 판단할 사항임.

질의

2001.8.16. 아파트 분양권 취득시 매수자를 妻 명의로 하고, 취득자금 전부를 夫 자금으로 지급한 후 2002.12.13. 소유권을 공유(夫 3/5, 妻 2/5)로 등기한 경우 증여세 과세방법은?

(갑설) 2002.12.13. 아파트 2/5만을 夫가 妻에게 증여한 것으로 보아 과세

(을설) 취득자금 전부를 夫가 妻에게 현금 증여한 것으로 보고, 아파트 지분 3/5를 妻가 夫에게 증여한 것으로 보아 과세

➡ 2004.1.1. 이후 분양권의 증여시기는 사용승인서 교부일이므로 (갑설)에 의하는 것임.

❑ 조성중인 토지 분양권을 증여받은 경우 증여시기는 그 승계계약일이며, 증여가액은 개별공시지가에서 수증자가 불입한 가액을 제외한 금액임(국심 98경1845, 1998.11.11.).

다. 주식 또는 출자지분

주식회사의 주식 또는 합명·합자·유한회사의 출자지분을 증여하는 경우 증여계약서에 근거하여 회사에서 비치하고 있는 주주명부 또는 사원명부에 수증자 명의로 명의개서가 이루어지는 것이 일반적이고 명의개서를 해야만이 주주는 회사에 대하여 대항권을 가지게 된다. 상법상 명의개서는 회사에 대한 대항권 유무를 판단하는 기준이 될 따름이고 민법상 소유권의 변경을 의미하는 것은 아니므로 해당 주식 또는 출자지분의 소유권이 주권의 인도 등으로 수증자에게 귀속된 경우에는 해당 인도일을 증여시기로 하고 인도일이 불분명하거나 인도일 이전에 수증자 명의로 주주명부 또는 사원명부에 명의개서를 한 경우에는 명의개서일이 증여재산의 취득시기가 된다.

설립된 회사의 주식 또는 출자지분을 증여하는 것이 대부분이지만 회사를 설립하는 과

정에서도 증여세 과세문제는 발생할 수 있다. 공동으로 경영하던 개인사업체를 법인으로 전환하면서 공동사업 출자지분과는 다르게 신주를 교부하거나 법인 설립시에 현물출자하는 부동산이나 유가증권을 시가보다 높게 또는 낮게 평가하여 신주를 교부함으로써 주주들 사이에 무상으로 이전되는 이익이 있다면 그 이익은 증여세 과세대상으로 볼 수 있다.

 관련 예규·심판결정례 및 판례 등

❑ 개인 공동사업의 법인전환시 지분율 산정과 증여세 해당 여부(재산세과-350, 2012.9.27.)

공동으로 운영하던 개인사업체를 법인으로 전환함에 있어 투자비율을 초과하여 주식을 배정받는 경우 그 초과분에 대하여는 증여세가 과세되는 것임. 이 경우 투자비율은 현물출자일 현재 시가에 의하는 것이며, 공동사업체의 사업용재산 중 단독 명의의 특유재산은 그 소유자의 재산으로, 나머지 재산은 각자의 공동사업 투자비율에 따라 안분하여 각각 산정하는 것임.

❑ 주식을 증여받아 명의개서하고 증권회사의 고객계좌부에 기재된 경우 그 증여시기는 고객계좌부에 입고된 시점이 아니라 적어도 명의개서시점임(국심 98서333, 1998.10.15.).

❑ 父가 주식을 명의신탁하였다가 子 명의로 명의개서한 경우 양도형식을 빌어 증여한 것임(대법원 2017두32104, 2017.4.13.).

❑ 주식 증여가 아닌 명의신탁의 해지에 해당함(대법원 2013두6329, 2013.7.26.).

소액의 소득세를 납부할 정도에 불과하여 주식을 소유할 정도의 재력을 가지고 있지 않았고, 특별한 사정없이 고액의 주식을 대그룹 회장에게 증여할 이유가 없어 명의신탁해지로 보여지며 이미 납부한 증여세액의 환급을 구한다는 사정만으로는 신의성실의 원칙에 위배될 정도로 심한 배신행위에 해당한다고 보기 어려움.

❑ 증여 여부는 의사의 합치와 사실상 주주로서의 권리를 행사할 수 있는 지위를 획득하였는지에 따라 판단해야 하는바 대가가 지급되지 않았다 하여 증여로 단정할 수 없음(대법원 2011두14579, 2012.1.26.).

❑ 합의이행을 담보할 목적으로 제공받은 주식을 합의불이행에 따라 양수받은 경우 주식을 무상으로 양수받았다기보다는 계약의 위약 또는 해약으로 인하여 받는 위약금과 배상금을 지급받은 것에 해당한다고 할 것임(대법원 2009두23884, 2010.4.15.).

❑ 주주명부 명의개서절차가 주식증여의 과세요건은 아님(대법원 97누6506, 1997.8.29.).

❑ 가장납입 방법으로 주금납입을 대신해 준 경우도 증여세 과세대상임(대법원 99두8039, 2001.3.27.).

라. 예금 등 금융재산

실명확인을 거친 예금계좌의 경우에도 해당 예금계좌의 예금주가 소유자로 인정되는 것은 아니므로 자금능력이 없는 자의 예금계좌에 입금된 금전을 그가 다른 자로부터 증여받은 것으로 단정하여 과세대상으로 삼을 수 없다. 다른 사람이 사실상 지배·관리하는 차명계좌로 확인되는 경우 증여세를 과세할 수 없을 것이며, 증여를 목적으로 자녀 등의 예금계좌에 입금한 것인지 아니면 단순히 차명계좌인지에 대해서는 계좌개설자, 입출금 내용 등을 종합적으로 고려하여 판단하여야 할 것이다. 다만, 금융실명법과 관련하여 대법원은 "실명확인 사실이 예금계약서 등에 명확히 기재되어 있는 경우에는 예금명의인을 예금계약의 당사자로 보아야 하고, 출연자 등을 예금계약의 당사자라고 볼 수 있으려면 명확한 의사의 합치가 있는 극히 예외적인 경우로 제한되어야 하며, 이러한 의사의 합치는 예금계약서 등의 증명력을 번복하기에 충분할 정도의 명확한 증명력을 가진 구체적이고 객관적인 증거에 의하여 매우 엄격하게 인정하여야 한다."(대법원 2008다45828, 2009.3.19.)고 판결[26]함에 따라 차명계좌의 경우 예금주가 협조하지 아니하면 실제 소유자가 해당 예금을 찾아가기 어려운 상황이 발생할 수 있을 것으로 보인다. 또한, 납세자 입장에서도 차명예금이라는 점을 입증하여야만이 증여세 과세를 받지 아니할 것이다.

1) 2013.1.1. 이후 차명예금의 경우

2013.1.1. 개정한 상속증여세법 제45조 제4항에서 "금융실명법 제3조에 따라 실명이 확인된 계좌 또는 외국의 관계법령에 따라 이와 유사한 방법으로 실명이 확인된 계좌에 보유하고 있는 재산은 명의자가 그 재산을 취득한 것으로 추정하여 재산취득자금에 대한 증여추정규정을 적용한다."고 신설하였다. 이는 실명확인을 거친 계좌에 자산이 입금되는 시점에 해당 계좌의 명의자가 재산을 취득한 것으로 추정하고 그 입금된 자금이 본인이 형성한 금전이라는 것을 입증하지 못하면 증여세를 부과한다는 의미로 볼 수 있다.

---

26) 금융실명거래 및 비밀보장에 관한 법률에 따라 실명확인 절차를 거쳐 예금계약을 체결하고 그 실명확인 사실이 예금계약서 등에 명확히 기재되어 있는 경우에는, 일반적으로 그 예금계약서에 예금주로 기재된 예금명의자나 그를 대리한 행위자 및 금융기관의 의사는 예금명의자를 예금계약의 당사자로 보려는 것이라고 해석하는 것이 경험법칙에 합당하고, 예금계약의 당사자에 관한 법률관계를 명확히 할 수 있어 합리적이다. 그리고 이와 같은 예금계약 당사자의 해석에 관한 법리는, 예금명의자 본인이 금융기관에 출석하여 예금계약을 체결한 경우나 예금명의자의 위임에 의하여 자금 출연자 등의 제3자(이하 '출연자 등'이라 한다)가 대리인으로서 예금계약을 체결한 경우 모두 마찬가지로 적용된다고 보아야 한다. 따라서 본인인 예금명의자의 의사에 따라 예금명의자의 실명확인 절차가 이루어지고 예금명의자를 예금주로 하여 예금계약서를 작성하였음에도 불구하고, 예금명의자가 아닌 출연자 등을 예금계약의 당사자라고 볼 수 있으려면, 금융기관과 출연자 등과 사이에서 실명확인 절차를 거쳐 서면으로 이루어진 예금명의자와의 예금계약을 부정하여 예금명의자의 예금반환청구권을 배제하고 출연자 등과 예금계약을 체결하여 출연자 등에게 예금반환청구권을 귀속시키겠다는 명확한 의사의 합치가 있는 극히 예외적인 경우로 제한되어야 한다. 그리고 이러한 의사의 합치는 금융실명거래 및 비밀보장에 관한 법률에 따라 실명확인 절차를 거쳐 작성된 예금계약서 등의 증명력을 번복하기에 충분할 정도의 명확한 증명력을 가진 구체적이고 객관적인 증거에 의하여 매우 엄격하게 인정하여야 한다.

하지만 추정규정이기 때문에 명의자가 차명재산임을 입증하는 경우에는 과세할 수 없을 것이며, 동 규정이 신설되기 전에도 대법원에서는 실명확인을 거친 예금계좌에 대하여 당사자가 차명예금이라는 것을 입증하지 못하는 경우에는 증여세 과세대상으로 삼을 수 있다고 판결하는 등 입증책임을 납세자가 부담하도록 하고 있어 상속증여세법에 명문규정을 두기 전이나 둔 이후나 증여세 과세 여부 판단에는 큰 차이는 없다할 수 있고 즉, 납세자의 입증책임을 명확하게 한 것에 의미가 있다고 하겠다.

 관련 예규 · 심판결정례 및 판례 등

❑ 가상자산 무상지급 거래시 증여세 과세 여부(재재산 – 814, 2022.7.25.)

「특정 금융거래정보의 보고 및 이용 등에 관한 법률」 제2조 제3호에 따른 가상자산을 타인에게 무상으로 이전하는 행위는 상속증여세법 제2조 제6호에 따른 증여에 해당하여 동 가상자산을 무상으로 이전받은 타인에게 증여세가 과세됨.

다만, 특정 가상자산 거래가 증여세 과세대상인지 여부는 대가성 여부, 실질적인 재산 및 이익의 이전 여부 등과 관련한 거래상황 등을 고려하여 사실판단할 사항임.

❑ 어음의 증여시기는 결제일이며, 증여가액은 실제 결제된 금액임(재산상속 46014 – 217, 2002.7.29.).

❑ 증여목적으로 자녀 명의 예금계좌에 현금입금시 그 입금시기에 증여로 보며, 증여 후 발생한 이자는 증여재산 아님(재삼 46014 – 2073, 1997.9.1.).

❑ 상속인이 경제활동이 어려운 피상속인을 대신하여 병원비 및 생활비 등을 부담한 것으로 보이므로 쟁점금액을 사망 전 증여로 본 처분은 부당함(조심 2012서3178, 2012.9.24.).

❑ 父의 부동산 양도대금을 子가 여러 차례 분산 · 장기간 예치, 카드대금으로 사용 등 子가 해당 명의계좌를 지배 · 관리한 경우 증여에 해당함(조심 2011구667, 2011.12.8.).

❑ 예금입금 자체가 증여는 아님(조심 2010서0034, 2010.6.21).

❑ 송금받은 금전이 증여가 아니라는 점은 납세자가 입증해야 함(조심 2011중1987, 2011.12.8.).

타인으로부터 예금이체받은 금액이 증여가 아니라는 것에 대한 입증책임은 납세자에게 있으므로, 납세자가 이를 입증하기 위한 구체적인 자료를 제출하지 못한다면 증여받은 것임.

❑ 상속인 계좌에 입금된 것이 증여가 아니라는 것은 납세자가 입증해야 함(조심 2011서2086, 2011.10.31.).

❑ 피상속인이 지배 · 관리하는 차명예금으로 보여짐(조심 2011중243, 2011.8.26.).

상속재산분할협의서에 쟁점금액이 상속재산에 포함되어 재산분할된 것으로 기재 되어 있고, 상속세 신고시 쟁점금액의 대부분을 상속재산에 포함하여 신고한 사실 등을 고려할 때, 쟁점계좌는 피상속인이 실제 지배 · 관리하던 차명계좌로서 보는 것이 합리적임.

❑ 장인의 차명계좌에서 사위가 인출하여 재산 취득한 경우 증여에 해당함(국심 2001서612, 2001.7.5.).

❑ 보험료 불입자가 중도해지하고 해약환급금을 사용한 경우 증여 아님(심사증여 2002 – 155, 2003.2.10.).

❑ 증여자로 인정된 자의 예금이 수증자 명의의 예금계좌 등에 입금된 사실이 밝혀진 이상 그 예금은 증여로 추정되고, 증여 목적이 아니라는 점을 입증 못하면 과세됨(대법원 2019두52690, 2020.1.1.).

❑ 형사판결에서 인정한 자금세탁 목적으로 모의 계좌에서 아들의 차명계좌로 이체한 금원은 증여에 해당함(대법원 2019두42808, 2019.9.25.).
  민・형사재판의 사실 판단을 채용하기 어렵다고 인정되는 특별한 사정이 없는 한 이와 반대되는 사실은 인정할 수 없으므로, 모의 계좌에서 자의 차명계좌에 입금된 시점에 원고에게 소유권 내지 처분권이 최종적으로 귀속되어 증여행위가 발생하였다고 봄이 타당함.

❑ 입금된 자금이 증여받은 그림의 매각대금인지, 증여받은 것인지(대법원 2017두60239, 2017.12.21.).
  쟁점그림을 부친으로부터 증여받았다는 점에 관하여 직접적이고 객관적인 자료를 제시할 수 없는 상황에서도 쟁점그림의 증여에 관하여 좀 더 구체적인 상황 설명 등을 제시하지 못하고 있는 점 등의 사정을 종합하여 보면, 원고 계좌로 입금된 위 13억원이 원고가 부친으로부터 증여받은 쟁점그림의 매각대금으로서 실제 원고에게 귀속되는 자금이라고 보기는 부족함.

❑ 배우자 명의 예금계좌에 입금한 것이 모두 증여는 아님(대법원 2015두41937, 2015.9.10.).
  부부 사이에서 일방 배우자 명의의 예금이 인출되어 타방 배우자 명의의 예금계좌로 입금되는 경우에는 증여 외에도 단순한 공동생활의 편의, 일방 배우자 자금의 위탁관리, 가족을 위한 생활비 지급 등 여러 원인이 있을 수 있으며, 예금의 인출 및 입금 사실이 밝혀졌다는 사정만으로는 경험칙에 비추어 해당 예금이 배우자에게 증여되었다는 사실이 추정된다고 할 수 없음.

❑ 공동명의계좌에 있는 돈은 특별한 사정이 없는 한 준공유관계에 있음(대법원 2013두23034, 2014.2.27.).
  공동명의자 중 일부만이 금원을 출연하였다 하더라도 출연자만이 공동명의예금의 예금주라고 할 수 없으므로 공동명의계좌에 있는 돈은 특별한 사정이 없는 한 공동명의자간 준합유 또는 준공유관계에 있다고 할 것인 바 공동명의계좌에 있는 돈은 각 1/2씩 소유하고 있다고 봄이 상당하므로 해당 금전으로 부부 공동명의 부동산 취득은 증여로 볼 수 없음.

❑ 피상속인이 명의만 빌려준 차명예금은 상속재산이 아님(대법원 2010두18321, 2010.12.23.).
  예금은 제3자의 소유이고, 망인은 위 예금계좌의 개설시 제3자의 대리인 자격으로 예금신청서의 성명란에 자신의 이름을 제3자 명의 아래에 기재하였을 뿐인 사실을 인정할 수 있으므로, 이 사건 예금이 망인의 소유임을 전제로 한 이 사건 처분은 상속재산의 범위를 오인한 것임.

❑ 증여자로 인정된 자 명의의 예금이 인출되어 납세자 명의 은행계좌로 인출되어 공사대금 채무변제를 위하여 사용된 금원은 증여받은 것으로 추정됨(대법원 2010두16585, 2010.11.11.).

❑ 피상속인의 예금이 인출되어 子의 대출금채무에 변제에 사용되거나 부동산매입대금으로 지급된 이상 증여로 추정되고 차명예금이라는 점은 납세자가 입증해야 함(대법원 2009두12266, 2009.10.29.).

☐ 차명예금이라는 점을 납세자가 입증 못하면 증여세 과세함(대법원 2005두8139, 2006.10.26.).

☐ 子예명의 계좌로 입금한 것이 증여한 것인지 차명계좌인지 여부(대법원 99두8312, 2001.7.24.)

피상속인이 상속인 명의의 계좌에 입금하였으나 입금된 수표에 상속인이 국외에 있을 때 그의 명의로 배서된 점, 계좌에 사용된 인감이 목도장인 점 등 여러 가지 정황에 비추어 볼 때 당해 예금을 실질적으로 지배하고 있는 예금주로 보이므로 상속인에게 증여한 것이라고 볼 수 없음.

사례   **子의 임차보증금을 지급한 것이 현금증여인지, 채무면제인지**

☐ 사실관계
  ○ 子가 임차인인 임대보증금을 母가 주택 소유자에게 직접 송금함
  ○ 子가 임대보증금 반환받은 후 자력을 상실하여 해당 임대보증금을 母가 회수하지 못함
☐ 쟁점
  ○ 현금을 증여한 것인지
  ○ 子의 임차보증금 채무를 대신 변제한 것으로서 채무면제인지
☐ 해설
  ○ 현금을 증여한 것으로 볼 경우 母에게 증여세 연대납부의무가 있고
  ○ 채무면제에 따른 증여세 과세대상으로 볼 경우 子가 자력을 상실하였으므로 증여세를 면제하거나 母에게 증여세 연대납부의무가 없는 차이가 있는바
  ○ 법원은 子가 해당 임대보증금을 母로부터 증여받은 것으로 판결(대법원 2020두45384, 2020.10.29.)
    - 母가 임대인 계좌에 직접 송금하였다고 하더라도, 母가 子의 임대차보증금 지급채무를 대신 변제 하였고 이를 통하여 원고가 단순히 임대차보증금 지급의무를 면하는 소극적인 이익만을 얻은 것이라고 평가할 수는 없음

---

2) 금전소비대차 인정 여부

소비대차란 당사자의 일방이 금전 기타 대체물의 소유권을 상대방(채무자)에게 이전할 것을 약정하고 상대방은 동종·동질·동량의 물건을 반환할 것을 약정함으로써 효력이 발생하는 계약(민법 §598)이며, 금전소비대차는 그 대상물이 금전인 것을 말한다. 배우자 또는 직계존비속 등 사이에 금전을 차입하고 변제한다면 해당 금전거래는 당연히 증여에 해당하지 아니할 것이다. 하지만 친족 간의 금전거래의 경우 증여인지 아니면 금전소비대차인지가 객관적인 증빙에 의해 명확하게 확인되지 않는 경우가 많이 발생하고 상속증여세법상 배우자 또는 직계존비속 간 부담부증여는 원칙적으로 인정하지 아니하는 점 등을 감안하여 직계존비속 등 친족 간의 금전소비대차를 인정하지 않고 증여세를 과세하는 사례도 많이 발생하고 있다. 금전의 증여인지 또는 금전소비대차인지에 대해서는 금융자

료에 의한 금전의 수수내용이나 금전소비대차의 당위성이나 해당 차입한 금전의 사용처 또는 변제한 금전의 출처 등을 고려하여 판단하여야 한다는 것이 과세관청 유권해석, 심 판결정례 또는 대법원 판례 내용이다.

 관련 예규 · 심판결정례 및 판례 등

☐ 증여인지 소비대차인지는 채무부담계약서, 이자지급, 담보제공 및 금융거래내용 등에 따라 판단할 사항이며, 원칙적으로 직계존비속 간 소비대차는 인정하지 아니함(재산세과 - 204, 2011.4.25.).

☐ 피상속인이 동생에게 빌려주고 변제받은 금액을 증여로 본 것은 잘못임(조심 2013서2902, 2013.10.7.). 금전소비대차약정서나 차용증 등 구체적인 증빙서류로 입증되지 않더라도 피상속인에게 금전을 대여하고 상속개시 전 피상속인이 대여금 상당액을 상환한 것이 확인되는 이상 동 금전의 대여 액 및 상환액이 서로 대응하지 않는다는 사실이 달리 입증되지 않는다면 형제 등 특수관계자에 해당하더라도 금전의 대차사실을 부인할 수 없는 것이고, 차용시점과 상환시점에 상당한 시간차 가 있더라도 이를 달리 볼 것은 아님.

☐ 상호 계좌이체한 금액의 차액을 사전현금증여로 보는 것은 부당함(조심 2013서1274, 2013.9.9.). 청구인은 피상속인과 결혼한 이후 각자 명의로 오랜 기간 동안 사업을 영위한 사실로 볼 때 각자의 재산증식이나 재력이 있어 보이고, 피상속인이 함께 사업을 영위한 청구인과 계좌이체 를 통한 금융거래를 사망하기 전 3년 동안만 한 것이 아니라 그 이전의 사업기간부터 지속적으 로 한 것인데도, 특정기간에 이루어진 피상속인 계좌와 청구인의 계좌 간 자금수수에 따른 그 차액을 대여금 및 그 상환액으로 보아 현금증여재산으로 추정하여 과세하는 것은 부당함.

☐ 부친의 금융계좌 등을 지배 · 관리하였고, 이자 정산내역 등이 없는 경우 소비대차로 보기 어려움(조 심 2012서3261, 2012.10.18.).

☐ 부동산 취득대금의 대부분에 상당하는 금액을 청구인이 동생으로부터 차입하여 상환하였다면 금전 소비대차로 인정하는 것이 합리적임(조심 2012서304, 2012.7.3.).

☐ 사위의 예금계좌에 송금한 금전이 현금증여인지 금전소비대차인지(조심 2012중0424, 2012.4.30.). 장인으로부터 송금받은 금액에 대해 장인의 유언에 따라 사업자금으로 사용하고 가족들이 반 환을 요구할 경우 이자와 함께 상환해야 할 차입금이라고 주장하면서 이를 증빙하기 위해 각서 등을 제출하였으나 이의신청 열람 후 제시되어 그 신빙성이 의심되고, 각서내용이 금전소비대 차로 인정할 만한 이자지급내용이나 중도상환내용 등이 기재되어 않는 등 금전소비대차 계약 서로 인정하기 어려우며, 청구인은 중도상환 또는 이자를 지급한 사실이 없고, 쟁점금액이 소액 으로 청구인의 계좌로 입금된 것은 상관행상 정상적인 금전소비대차로 인정하기 어려움.

☐ 父로부터 차입한 후 상속인이 사업자금, 대출금 상환에 사용하고 상환한 자금을 父가 부동산 취득에 사용했다면 증여가 아님(조심 2012서929, 2012.6.13.).

❏ 사돈 간 고액의 금전소비대차라도 소비대차계약서를 작성하고 이자지급 등 사항이 있는 것이 일반 적인데 그러한 내용이 없고 원금 및 이자회수에 대한 금융자료 등을 제시하지 못하고 있으므로 증여 로 본 과세처분은 잘못이 없음(대법원 2014두37634, 2014.8.29.).

❏ 남편 소유의 부동산 매각대금 중 일부가 원고 예금계좌로 송금되었으므로 특별한 사정이 없는 한 남편이 원고에게 증여한 것이라고 봄이 상당함(대법원 2011두25890, 2012.2.9.).

마. 그 밖의 동산 등의 증여

증여하기로 한 동산 등의 경우 수증자가 이를 인도받은 날에 증여받은 것으로 보며, 고용계약관계가 없는 법인의 대주주 등이 종업원에게 지급하는 금전은 증여세 과세대상 이다. 종중의 재산을 종회원에게 분배하는 경우 종중재산은 총유재산으로서 종회원의 지 분이 인정되지 않기 때문에 증여에 해당한다(재산세과-325, 2012.9.13.). 다만, 정신적 또는 재산적 손해배상의 성격으로 받는 보상금 등은 증여세 과세대상이 아니다.

 관련 예규·심판결정례 및 판례 등

❏ 단체소유 부동산의 대표자 명의만 변경하는 경우 증여 아님(재산세과-66, 2013.2.28.).
법인격이 없는 사단·재단 또는 그 밖의 단체가 부동산을 취득함에 있어 부동산등기용 등록번 호를 부여받아 단체명의와 그 대표자의 인적사항을 병기하여 등기를 한 경우로서 그 대표자의 임기만료 등으로 인하여 단순히 대표자 명의만을 변경하는 경우에는 이를 증여로 보지 아니함.

❏ 소종중 종중명의 재산을 대종중 명의로 이전한 경우 증여세 과세대상이나, 그 이전된 부동산이 당초 부터 대종중의 소유임이 확인되는 경우에는 과세되지 아니함(사전-법규과-2679, 2023.10.23.).

❏ 종중재산을 종회원에게 분배한 경우(재재산 46014-47, 1998.4.10.)
종중이 종중재산을 무상으로 종회원에게 분배하는 경우에는 증여세가 과세되는 것이나, 사회통 념상 인정되는 불우이웃돕기성금에 대해서는 증여세가 비과세됨.

❏ 토지보상금을 종중원들에게 분배한 경우 종중재산은 총유에 해당하므로 공유재산을 분배한 것이 아니므로 증여세의 과세대상인 증여에 해당함(서울고법 97구28966, 1998. 6.11. 완료)

❏ 종중 토지 양도대금을 개인적으로 사용하였더라도 종중의 의사표시가 없고 횡령의도가 있었던 점에 비추어 증여로 볼 수 없음(조심 2008광2756, 2008.11.7.).

❏ 종중원이 종중으로부터 임야양도대금을 지급받은 것은 증여임(조심 2012서1651, 2012.10.10.).

❏ 사내복지기금이 유가족에게 지급하는 사망위로금은 증여세 과세대상임(재삼 46014-2154, 1996.9.20.).

☐ 피상속인이 사고로 사망하여 그 유족이 수령하는 위자료 성격의 보상금에 대하여는 상속·증여세가 과세되지 않음(재삼 46014 – 2691, 1995.10.12.).

☐ 기업구조조정과정에서 대주주가 종업원에게 특별상여금 지급한 경우 근로소득, 퇴직소득에 해당되지 아니하며, 증여세 과세대상임(재삼 46014 – 1540, 1999.8.13.).

☐ 재산적 가치가 전혀 없는 주식을 대주주가 유상취득한 것은 증여임(국심 2002전1605, 2002.12.24.).

☐ 무이자 조건 대여한 사실이 있다고 주장하나 원금보다 많은 금액이 입금되었으며 구체적인 이자율을 인정할 근거가 없는 바 초과금액을 이자로 볼 수 없는 바 대여금의 상환조로 받은 것이 아니라 증여받은 것으로 봄이 타당함(대법원 2008두23405, 2009.2.26.).

사례   父子間 공동사업 영위시 소득분배비율에 따른 증여세 과세 여부

☐ 유권해석 내용

직계존비속 간에 공동사업을 영위하는 경우로서 공동사업장에 출자한 지분에 따른 손익분배의 비율에 의하여 소득금액을 분배받은 경우에는 증여세가 과세되지 아니하는 것이며, 상속증여세법 제2조 제2항에 의하여 증여재산에 대하여 수증자에게 소득세가 과세되는 때에는 증여세를 부과하지 아니한다는 규정을 적용함에 있어서 소득세법 제43조 제3항의 규정에 의하여 공동사업에서 발생하는 소득금액 전부에 대해서 손익분배의 비율이 큰 공동사업자의 소득금액으로 보아 소득세가 되는 경우는 이에 포함되지 아니함(서면4팀 – 2079, 2004.12.17.).

☐ 질의내용

父와 子가 출자지분 및 손익분배비율을 7 : 3으로 하여 실제적으로 공동사업을 영위하면서 소득세법 제43조에 의하여 子의 소득금액을 주된 소득자인 父의 소득금액으로 하여 종합소득세를 신고·납부하고 있으나, 子는 자기지분인 30%의 소득을 분배를 받고 있는 경우에, 子가 소득을 분배받지 않는 경우 子가 父에게 자기지분의 소득을 증여한 것으로 보는지, 주된 소득자인 父의 소득금액으로 보아 소득세가 과세되었으므로 증여세는 과세하지 않는지 여부?

☐ 유권해석 해설

특수관계자 간에 공동사업을 영위하여 발생하는 소득은 그 전부를 손익분배비율이 큰 자의 소득으로 보아 소득세를 과세하고(소득세법 §43 ③), 종된 소득자도 그의 손익분배비율에 해당하는 소득금액을 한도로 연대납세의무를 부여하는 바(소득세법 §2 ①) 이는 소득세법상 소득금액 계산의 특례에 해당될 뿐 공동사업자 간의 실질적인 소득분배까지 강제할 수는 없는 것이고, 증여재산에는 사실상 또는 법률상의 권리가 포함되며 본인의 출자비율에 따라 분배받을 수 있는 권리 또는 소득을 포기하여 다른 공동사업자에게 귀속시킨다면 소득세 과세방법과는 별개로 공동사업 출자지분에 따른 분배비율을 초과하여 소득을 얻은 자에게 증여세를 과세하는 것이 타당할 것이다.

그리고, 증여재산에 대하여 소득세가 과세되는 경우 증여세를 과세하지 아니하나, 주된 소득자에게 과세되는 소득세는 소득세법상 과세특례일 뿐 종된 소득자의 소득이 무상으로 이전된 것에 대한 과세가 아니기 때문에 주된 소득자가 종된 소득자에게 귀속될 소득을 얻은 경우에는 증여세 과세대상이라는 유권해석이라 할 수 있다.

2. 이혼시 재산분할에 의해 취득한 재산

부부가 혼인관계를 종료하면서 재산을 청산할 때 상대 배우자에게 위자료, 재산분할 및 자녀양육비 등의 명목으로 재산의 소유권을 이전시킬 수 있다.

위자료 또는 자녀양육비 명목으로 이전시키는 재산의 경우 대물변제로 보아 양도소득세 과세대상으로 삼고 있으며 재산분할의 경우 공유재산의 분배 성격을 가지고 있어 원칙적으로 양도소득세 과세대상에 포함되지는 아니한다.

민법에서 1991.1.1.부터 이혼시 배우자 일방이 다른 일방에게 재산분할을 청구할 수 있도록 규정[27](민법 §839의2, §843)하고 있는데, 1991.1.1. 이후 시행되는 구 상속세법 제29조의2 제1항 제1호에서 이혼한 자 일방이 상대방에게 재산분할청구권을 행사하여 재산을 취득한 경우에 그 취득한 재산가액이 배우자상속공제액 상당액을 초과하는 경우에는 그 초과금액을 증여받은 것으로 하여 증여세를 과세하였다. 이에 대하여 헌법재판소에서 관련규정이 헌법에 위배된다고 결정함에 따라 1998.12월 상속증여세법 개정시 관련 과세규정을 삭제하였고, 1997.1.1.부터 1998.12.31.까지 시행되는 관련규정에 대해서는 위헌결정이 내려지지 아니하였으나, 과세관청의 유권해석에 의해 증여세를 부과하지 아니하도록 하였다.

위자료 및 재산분할의 가액은 당사자 사이에 협의가 이루어지면 그 협의에 의하고, 협의가 되지 아니하거나 협의할 수 없어 소송이 제기된 경우 가정법원은 이혼의 귀책사유 등 참작하고 당사자의 청구에 의하여 당사자 쌍방의 협력으로 이룩한 재산의 액수 기타 사정을 참작하여 분할의 액수와 방법을 정하도록 하고 있다. 세법상 위자료의 금액 및 재산분할 방법을 규정하고 있지 않으므로 재산분할 가액이 많다는 사유 등을 들

---

27) 민법 제839조의2 (재산분할청구권)
　　재산분할청구권이란 이혼한 당사자의 일방이 다른 일방에 대하여 재산의 분할을 청구하는 권리이다. 민법 제839조의2에는 재산분할청구권에 대하여 다음과 같이 규정하고 있으며, 이 규정은 재판상 이혼의 경우에도 준용된다.
　　① 협의상 이혼한 자의 일방은 다른 일방에 대하여 재산의 분할을 청구할 수 있다.
　　② 재산분할에 관하여 협의가 되지 아니하거나 협의할 수 없는 때에는, 가정법원은 당사자의 청구에 의하여, 당사자 쌍방의 협력으로 이룩한 재산의 액수 기타 사정을 참작하여 분할의 액수와 방법을 정한다.
　　③ 재산분할청구권은 이혼한 날로부터 2년이 경과한 때에는 소멸한다.

어 증여세를 과세하기는 어렵다고 생각된다. 따라서 이혼하는 과정에서 배우자 사이에 이전되는 재산에 대하여는 조세포탈 목적의 위장이혼인 경우 등 특별한 사정이 없는 한 증여세가 과세되는 경우는 없을 것이다.

① 이혼으로 인한 재산분할청구권과 위자료의 과세 여부

구 분	증여세	양도소득세	
		과세 여부	납세의무자
재산분할청구권	과세 안됨	과세 안됨	-
		과세 안됨	-
위 자 료	과세 안됨	과세대상	위자료 지급자

② 이혼으로 인한 재산분할청구권 행사로 취득한 재산에 대한 증여세 과세제외

1996.12.31. 이전 취득	1997.1.1.~1998.12.31. 취득	1999.1.1. 이후 취득
1997.10.30. 위헌판결 (헌재 96헌바14)	국세청 업무지시 (재삼 46330 - 613, 1999.3.27.)	과세근거 규정 삭제

③ 이혼시 소유권 이전 원인에 따른 과세방법 예시

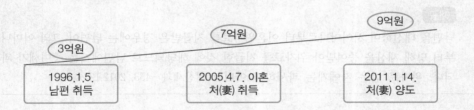

• 위자료 명목 : 2005.4.7. 남편에게 7억원과 취득가액 3억원의 양도차익에 대하여 양도소득세 납세의무 발생, 처가 양도할 때 취득가액은 7억원이 됨.

• 재산분할 명목 : 2005.4.7. 남편에게 양도소득세 납세의무는 발생하지 아니하고, 처가 양도할 때 취득시기는 1996.1.5.이 되는 것임.

  * 만약 재결합하고 2010.11.5. 처(妻)가 남편명의로 소유권을 무상으로 이전한다면 증여세 과세대상임.

사례 1   위자료를 시어머니 부동산으로 지급한 경우 과세내용

❑ 사실관계

○ 시어머니의 아파트를 며느리에게 소유권이전(등기원인 : 증여)

    – 이혼을 전제로 위자료 및 양육비 등을 아파트로 지급

○ 아파트 가액 및 며느리가 인수한 채무액

    – 시가 : 200,000,000원

    – 근저당권 설정된 대출금 인수액 : 90,000,000원(증여일 현재 잔액)

❑ 관련 세금부과방법

○ 며느리 입장 : 과세될 세금 없음.

    – 증여를 원인으로 소유권이전되었으나, 양도세 또는 증여세 과세 여부는 실질내용에 따라 판단하는 것이고, 아파트의 가액에서 인수한 채무액을 차감한 1억1천만원은 위자료 성격이므로 증여세 등 과세대상이 아님.

○ 남편 입장 : 채무의 대신 변제에 따른 증여세 과세대상

    – 본인이 지급하여야 할 위자료를 어머니가 대신 변제해 준 것에 해당하므로 1억1천 만원을 어머니로부터 증여받은 것에 해당함.

○ 시어머니 입장 : 채무의 대물변제 등에 따른 양도세 과세대상

    – 등기원인의 실질내용이 1억1천만원은 위자료를 대물변제한 것이고 9천만원은 부담 부증여한 것으로서 아파트 전부가 양도세 과세대상에 해당됨.

예규

남편을 대신하여 시어머니로부터 이혼위자료를 지급받은 경우에는 남편이 그의 어머니로부터 당해 재산을 증여받아 위자료를 지급한 것에 해당되므로 남편에게는 증여세가 과세되나, 위자료 받은 자에게는 과세하지 아니함(재산세과 – 453, 2012.12.20.).

사례 2   사실혼 해소에 따라 재산을 분할 또는 현금 지급한 경우 증여세 과세 여부

○ 대법원은 사실혼 해소시 재산분할로 취득한 재산에 대해서도 취득세율 특례(지방세법 제15조 제1항 제6호)를 적용한다고 판결한 것에 비추어 볼 때 사실혼 해소시 재산분할로 취득한 재산은 증여세 과세대상이 아니며, 위자료 성격의 현금지급은 증여세 과세대상이 아니라고 판단됨.

○ 취득세 관련 대법원 판결요지(대법원 2016두36864, 2016.8.30.)

    – 민법 제834조 및 제839조의2(재산분할청구권)는 협의상 이혼시 재산분할에 관한 규정으로서 민법 제839조의2는 민법 제843조에 따라 재판상 이혼시 준용되고 있고, 혼인 취소는 물론 사실혼 해소의 경우에도 해석상 준용되거나 유추적용되는데, 이는 부부 공동재산의 청산의 의미를 갖는 재산분할은 부부의 생활공동체라는 실질에 비추어 인정되는 것이라는 점에 근거함(대법원 94므1379, 1995.3.10. 등 참조).

－사실혼 해소의 경우에도 민법상 재산분할에 관한 규정이 준용되는 점, 법률혼과 사실혼이 혼재된 경우 재산분할은 특별한 사정이 없는 한 전체 기간 중에 쌍방의 협력에 의하여 이룩한 재산을 모두 청산대상으로 하는 점(대법원 99므1855, 2000.8.18. 등 참조), 실질적으로 부부의 생활공동체로 인정되는 경우에는 혼인신고의 유무와 상관없이 재산분할에 관하여 단일한 법리가 적용되는 점으로 볼 때 사실혼 해소시 재산분할로 인한 취득에 대해서도 취득세율 특례가 적용된다고 보는 것이 옳다.

○ 사실혼관계 청산으로 지급한 현금은 증여가 아님(조심 2016전737, 2016.6.8.).
사실혼관계를 유지하다가 청구인이 상속받을 권리가 없는 점을 우려하여 그 동안의 동거관계가 청산됨에 따른 정신적·물리적 보상의 대가로 현금을 준 것으로 보이므로 쟁점현금에 대해 증여세를 부과한 이 건 처분은 잘못이 있음.
－망인은 청구인과 사실혼 관계를 유지하다가 건강이 악화되어 사망이 우려되자 그 동안의 동거관계가 청산됨에 따라 정신적·물질적 보상의 대가로 쟁점재산을 준 것이라는 청구인의 주장이 신빙성이 있어 보이는 점 등을 종합하면 처분청이 쟁점재산을 증여재산으로 보아 청구인에게 증여세를 과세한 처분은 잘못이 있음(조심 2019서4379, 2020.7.14.).

 관련 예규·심판결정례 및 판례 등

❏ 위자료 등을 지급받고 법률상 이혼하지 않은 경우 증여세 과세대상임(법령해석재산－93, 2015.5.22.).
거주자가 이혼 및 위자료 등의 사건 소송에 대한 법원의 조정조서에 따라 해당 소송을 취하(다만, 계속 별거하고 4년이 경과한 후 일방이 이혼을 원할 경우 상대방은 이에 응하기로 함)하고 배우자로부터 일정액의 금전(이하 "해당 금전"이라 함)을 지급받기로 하면서 향후 이혼과 관련하여 위자료와 재산분할 명목의 금전적 청구를 하지 아니하기로 한 경우 해당 거주자가 배우자로부터 받은 해당 금전은 증여세가 과세됨.

❏ 재혼한 처의 재산으로 전처에게 위자료를 지급한 경우 과세 여부(서면4팀－1216, 2005.7.15.)
－2004.10월 甲과 乙 합의이혼, 乙은 甲으로부터 100억원의 위자료를 받기로 약정
－甲은 무재산이나 丙은 500억원의 재력가로서 2005.1월 甲과 丙은 혼인신고
－2005.2월 丙 사망 후인 2005.4월 甲이 乙에게 위자료 100억원 지급한 경우 과세방법은?
➡甲이 丙으로부터 500억원 상속받은 것에 대한 상속세 과세하고, 乙에게 지급된 이혼위자료가 조세회피목적이 없는 경우 증여세 과세는 제외함.

❏ 비거주자가 재산분할청구권에 의해 재산을 취득한 경우(서면4팀－3412, 2006.10.11.)
대한민국 국적을 가지고 있는 비거주자가 협의상 이혼한 자의 일방으로서 민법 제839조의2 제1항의 규정에 의한 재산분할청구권을 행사하여 국내에 소재한 부동산을 취득한 경우 증여재산으로 보지 아니하는 것임.

☐ 피상속인이 사실혼 관계를 유지하다가 건강 악화로 사망이 우려되자 법률상 배우자가 아닌 청구인이 상속받을 권리가 없는 점을 우려하여 그 동안의 동거관계가 청산됨에 따른 정신적·물질적 보상의 대가로 위자료로 준 것에 증여세를 부과한 처분은 잘못임(조심 2021서1157, 2021.8.6.).

☐ 전 남편이 이체한 금전은 이혼전 분할했으면 증여공제액 이하인 점, 위장이혼으로 보이지 않고 재산분할청구권소멸시효가 완성되지 않은 점에 비추어 재산분할에 해당함(조심 2017서5153, 2018.3.5.)

☐ 쟁점합의금을 사실혼 배우자 등으로부터 증여받은 것인지(조심 2016중2165, 2017.4.28.)
법률상 배우자가 법적후견인으로 선임되고 '사실혼관계 종료에 따른 위자료'임을 쟁점합의서에 명시되어 사실혼관계가 청산된 것으로 보이는 점, 쟁점합의금을 사실혼관계의 종료에 따른 위자료 및 재산분할 성격으로 받은 것으로 보이는 점 등에 비추어 청구인이 쟁점합의금 중 일부를 증여받은 것으로 보아 증여세를 과세한 처분은 잘못이 있음.

☐ 조세탈루 목적으로 위장이혼 했다고 보기는 어려워 전체 재산 중 40~50% 정도 재산분할한 쟁점예금에 대한 증여세 과세는 부당함(조심 2011서3801, 2012.9.5.).

☐ 재판상 이혼의 효력이 발생하지 아니한 경우(국심 2002중3250, 2003.2.25.)
협의이혼 약정에 의해 배우자에게 농지 증여 후, 혼인관계가 존속하거나 이혼청구의 소에 의해 재판상 이혼이 이루어진 경우, 그 조건의 불성취로 효력이 발생하지 않아 '재산분할'이 아닌 '증여'이며, 그 자경기간은 '증여이후'부터 기산함.

☐ 재산분할이 "민법 제839조의2 제2항의 규정 취지에 반하여 상당하다고 할 수 없을 정도로 과대하고 상속·증여세 등 조세를 회피하기 위한 수단에 불과하여 그 실질이 증여가 아니라고 인정하기에 부족함(대법원 2022두35268, 2022.5.26.).
이혼에 따른 재산분할은 부부가 혼인 중에 취득한 실질적인 공동재산을 청산·분배하는 것을 주된 목적으로 하는 제도로서 재산의 무상이전으로 볼 수 없으므로 그 이혼이 가장이혼으로서 무효가 아닌 이상 원칙적으로 증여세 과세대상이 되지 않는다. 다만 민법 제839조의2 제2항의 취지에 반하여 상당하다고 할 수 없을 정도로 과대하고 상속세나 증여세 등 조세 회피 수단에 불과하여 그 실질이 증여라고 평가할 만한 특별한 사정이 있는 경우에는 그 상당한 부분을 초과하는 부분에 한하여 증여세 과세대상이 될 수 있다(대법원 2017. 9. 12. 선고 2016두58901판결 등 참조).

☐ 재산분할을 원인으로 소유권을 취득한 경우에 해당하므로 전배우자 취득시기를 취득시기로 보아 양도차익을 산정하여 함(대법원 2012두10901, 2012.9.13.).

☐ 중혼적 사실혼은 법률혼에 준하는 보호를 해야 하는 것은 아님(대법원 2017두60710, 2017.12.21.).
차입 후 변제한 금액은 증여로 볼 수 없으며, 사실혼관계 청산합의서는 복사본으로 실제로 작성한 여부를 확인할 수 없을 뿐만 아니라 중혼적 사실혼은 법률혼에 준하는 보호를 해야 할 특별한 사정이 있다고 볼 수 없어 위자료 및 양육비 명목으로 지급한 금액은 증여세 과세함.

❑ 체납처분 회피목적의 위장이혼으로서 무효가 아닌 이상 원칙적으로 증여세 과세대상이 아님(대법원 2019두52201, 2020.1.4.).

❑ 조세회피 목적의 위장이혼인지 여부(대법원 2016두58901, 2017.9.12., 서울고법 2017누71576, 2018.7.16.) 82세인 남편이 후처에게 이혼을 하고 재산분할로 현금 10억원과 40억원의 약속어음 청구채권을 지급하고 7개월 후 사망한 경우에도 재산분할이 상당한 정도를 넘는 과대한 것으로서 상속세나 증여세를 회피하기 위한 수단에 불과하여 그 실질이 증여라고 평가할만한 특별한 사정이 있는 경우에만 그 상당한 부분을 초과하는 부분에 한하여 증여세를 과세할 수 있음.

❑ 이혼 후에도 함께 거주하다 세무조사 착수 이후 주소를 옮기고, 재산분할로 전재산을 이전하였다 할지라도 남편의 상속분쟁, 사채업 종사 등 제반 증거를 볼 때 가장이혼을 한 것으로 단정하기 어려움(대법원 2009두14415, 2009.11.2.).

3. 상속재산 협의분할과 관련한 증여재산

가. 개 요

민법상 상속재산은 피상속인의 유언에 따라 상속분을 지정할 수 있다. 피상속인의 유언이 없거나 유언이 있더라도 상속개시 후 해당 수유자가 유증을 포기하는 경우 등에는 공동상속인이 협의하여 상속재산을 분할할 수 있다. 공동 상속인간에는 언제든지 협의분할 할 수 있으며 그 효력은 상속개시 당시로 소급효가 인정된다(민법 §1013). 공동상속인 사이에 여러 차례에 걸쳐 상속재산에 대한 분할내용을 바꾸더라도 마지막 분할한 내용이 피상속인의 상속개시 당시로 소급하여 효력을 가지게 되므로 분할내용에 따른 공동상속인들의 몫이 바뀌더라도 피상속인으로부터 승계받은 재산에 해당될 뿐 공동상속인들 사이에 무상으로 이전시키는 재산에 해당하지 않는다.

이러한 민법상 상속재산의 협의분할방법을 통하여 상속세 또는 증여세를 회피할 수 있다. 상속세 과세를 받을 때에는 배우자가 상속받은 재산의 가액을 최대한 높여 상속세를 줄인 후 협의분할을 통해 자녀의 상속재산가액을 높여 주거나, 배우자가 상속받은 재산의 가액은 상속개시 후 급등하였는데 자녀들이 상속받은 재산의 가액은 상속개시 당시와 비슷한 경우 배우자와 자녀가 상속받은 재산을 교환하게 되면 양도소득세와 증여세가 과세되므로 이를 피하기 위하여 재분할을 통하여 서로 바꾸는 방법 등을 활용할 수 있다. 이러한 점 등을 감안하여 공동상속인의 각 상속분이 확정되어 등기 등이 된 후 협의분할을 이유로 원래 상속분의 증감이 있는 경우에는 감소된 상속인이 증가된 상속인에게 증여한 것으로 보아 증여세를 과세하는 규정을 1997.1.1.부터 두고 있다.

나. 최초 협의분할시 법정상속분을 초과하여 취득한 경우

공동상속인간에 상속개시 후 최초의 협의분할에 의하여 각자의 법정상속분을 초과하여 상속재산을 취득하더라도 증여세 과세문제는 발생하지 아니한다. 특정 상속인이 피상속인의 유언에 따라 더 많은 상속재산을 취득할 수 있음에도 불구하고 유증을 받을 권리를 포기하는 경우 해당 유언의 효력은 발생하지 아니하므로 이 경우에도 공동상속인들이 협의하여 재산을 분할하더라도 증여세 과세대상에 해당하지 않는다.

 관련 예규 · 심판결정례 및 판례 등

❑ 보험금을 협의분할한 경우 증여세 과세대상임(법령해석과 - 1672, 2015.7.13.).

　보험계약자인 피상속인의 사망으로 인하여 수익자로 지정된 상속인이 지급받는 생명보험금은 수익자의 고유재산에 해당하여 민법에 따른 협의분할 대상이 아니므로, 공동상속인간의 자의적인 협의분할에 의하여 지정 상속인 외의 자가 분배받은 경우에는 증여세가 과세되는 것임.

❑ 같은 날에 상속등기와 증여등기를 한 경우(재산세과 - 913, 2009.12.3., 서면4팀 - 2230, 2007.7.23.)

　공동상속인이 법정상속지분대로 등기한 후 같은 날짜에 특정상속인 앞으로 증여형식으로 이전등기한 것이 사실상 민법상의 협의분할에 의한 상속등기인 경우에는 증여세가 과세되지 않음.

❑ 1인이 상속재산가액을 초과하는 채무를 인수한 경우 증여세 과세됨(서면4팀 - 1542, 2006.6.1.).

❑ 상속지분 포기 대가로 현금을 지급받는 경우 증여세 과세안됨(재산세과 - 37, 2010.1.20.).

❑ 유증 포기하고 협의분할하는 경우 증여세 과세문제는 발생하지 아니하나 각 상속인의 상속지분이 확정된 후 특정상속인의 상속지분을 다른 상속인에게 무상으로 소유권 이전한 경우 증여세가 과세됨(재산 46014 - 276, 1997.2.11.).

❑ 상속인 일부 사망 후 협의분할한 경우 증여세 과세 여부(재산상속 46014 - 2010, 2004.7.16.)

　질의

○ 피상속인(재일교포) 73년 사망 당시 상속인은 본처와 그 자녀 3인(일본 거주), 국내의 혼인외 출생자(민원인)가 있었던 바

　－국내 상속인은 본처와 자녀 1인 사망, 자녀 1인 행방불명으로 협의분할을 통해 상속받을 수 없어 소송을 통해 72년 증여를 원인으로 소유권이전한 경우 증여세 과세 여부?

　회신

상속개시 후 최초로 공동상속인간에 협의분할할 때 특정상속인이 법정상속분을 초과하여 재산

을 취득하더라도 증여세 과세문제는 발생하지 아니하는 것이나, 상속증여세법 제31조 제3항의 규정에 의하여 상속개시 후 상속재산에 대하여 각 상속인의 상속지분이 확정되어 등기이전 된 후 특정상속인의 상속지분을 다른 상속인에게 무상으로 소유권 이전등기 등을 하는 경우 그 이전되는 부분에 상당하는 재산가액에 대하여는 증여세가 과세되는 것임. 귀 질의의 경우 소유권이전등기의 실질내용이 상속재산의 최초 협의분할에 해당하는 경우에는 등기원인에 관계없이 증여세를 과세하지 아니함이 타당함.

[해설]

○ 최초 협의분할시에는 증여세 과세문제가 없으나, 등기·명의개서 등을 통해 상속인간 지분이 확정된 후 상속지분을 변경한 경우에는 증여세 과세대상으로 규정하고 있는 바, 祖父의 상속재산을 분할하기 전에 일부 상속인이 사망한 경우 그의 상속인인 손자는 父가 祖父로부터 상속받을 권리를 상속받아 숙부 등과 함께 祖父의 상속재산을 협의분할할 수 있는 것이며, 이때가 祖父 상속재산의 1차 분할에 해당되므로 분할내용에 관계없이 증여세 과세문제는 발생하지 아니할 것이고, 질의사안의 경우에도 등기원인에 관계없이 실질내용이 父의 상속재산을 먼저 사망한 상속인들의 상속인과 협의분할하여 취득한 것에 해당될 때에는 증여세 과세대상이 아닌 것으로 보임.

○ 상속재산 분할 전에 상속인이 사망한 경우 사망한 자의 법정상속분을 그의 상속재산에 포함시켜 상속세를 과세하고 있어 법정상속분과 다르게 상속등기 등이 된 경우 상속지분이 변경된 것으로 보아야 한다는 견해도 있으나 상속재산 분할 전에는 법정상속분으로 상속세를 과세하고 납세의무를 부여할 수밖에 없어 택한 과세방법일 뿐, 상속재산의 분할을 국가에서 확정시킬 수는 없는 것이므로 증여세 과세는 곤란하다는 예규내용으로 볼 수 있다.

☐ 상속재산 매각대금의 분배가 증여인지 상속재산 분할인지 여부(대법원 2017두59055, 2017.11.9.)

- 각 상속인의 상속분이 확정되어 등기 등이 된 후 상속인들 사이의 별도 협의에 의하여 상속재산을 재분할하는 경우에 증여세 과세된다고 봄이 상당하고(대법원 2002.7.12. 선고 2001두441 판결 참조), 이 때 '각 상속인의 상속분이 확정되어 등기 등이 된 경우'는 실질적인 협의분할이 이루어져 그에 따른 등기 등이 이루어진 것을 의미한다고 할 것인 바,

- 망인 사망 27년 후 이 사건 부동산을 피상속인(망인의 처) 단독명의로 소유권이전등기한 직후 이루어진 이 사건 부동산의 매도와 매각대금 분배는 그 일련의 과정이 일체로서 실질적인 상속재산 협의분할에 해당하므로 이 사건 처분은 위법함.

다. 협의분할 후 재분할하여 상속분이 변경된 경우 과세

1997.1.1.부터 시행되는 상속증여세법 제31조 제3항에서 공동상속인간에 상속재산을 등기·등록·명의개서 등을 통하여 각 상속인의 상속분이 확정된 후에 그 상속재산에 대하여 다시 협의분할을 이유로 원래 상속분의 증감이 있는 경우에는 감소된 상속인이 증가된 상속인에게 증여한 것으로 보아 증여세를 부과하도록 규정하고 있다.

1996.12.31. 이전에는 법령에서 과세요건을 규정하지 아니하고 기본통칙 및 과세관청의 유권해석에 따라 증여세를 과세하였던 바, 대법원에서는 증여세 과세대상이 아니라고 판결(대법원 95누15087, 1996.2.9.)하였다. 1997.1.1. 이후 상속증여세법에서 과세요건을 명확하게 규정하고 있으므로 종전 대법원 판례를 그대로 적용할 수는 없을 것이다.

 관련 예규·심판결정례 및 판례 등

□ 유족연금을 수령한 유족이 상속인에게 분배하는 경우 증여세 과세됨(상속증여세과-704, 2016.6.23.).
공무원연금법 및 사립학교교직원연금법에 따른 유족연금일시금은 민법에 따른 협의분할대상이 아니므로, 유족연금일시금을 수령한 유족이 상속인에게 분배하는 경우 증여세 과세대상임.

　질의
공무원연금법상 유족순위(1. 배우자, 2. 19세 미만의 자녀, 3. 직계존속 등)로 인하여 배우자가 없고, 2명의 자녀 모두 19세가 넘어서 직계존속인 할아버지가 유족연금 일시금을 수령한 후 손자녀들에게 준 경우 증여세 과세 여부

　참고
보험계약자인 피상속인의 사망으로 인하여 수익자로 지정된 상속인(이하 "지정수익자"라 함)이 지급받는 생명보험금은 수익자의 고유재산에 해당하여 민법에 따른 협의분할대상이 아니므로, 공동상속인간의 자의적인 협의분할에 의하여 지정 수익자 외의 자가 분배받은 경우에는 증여세가 과세되는 것임(법령해석과-1672, 2015.7.13.).

□ 공유물분할소송에 의해 당초 상속등기된 지분을 초과하여 취득한 경우(조심 2015중2169, 2015.8.13.)
분할전토지에 대해 협의분할에 따른 상속을 원인으로 소유권이전등기가 경료된 후 공유물분할소송에 대한 판결에 따라 청구인이 당초 등기된 지분을 초과하여 재산을 취득하게 된 점 등에 비추어 이 건 과세처분은 잘못이 없음.

□ 상속재산 분할 전 단순히 예금명의만을 변경한 후 공동상속인이 협의하여 분할한 대로 명의변경하는 경우 증여세 과세 안됨(재산세과-437, 2011.9.20.).

□ 신고기한 경과 후 재분할하여 몫이 바뀐 경우 과세대상임(재산세과-966, 2010.12.22.).

□ 상속재산 매각대금을 다른 상속인에게 준 경우(상속증여세과-38, 2015.1.26.)
상속개시 후 공동상속인간에 상속재산을 분할하여 상속지분이 확정되어 등기 등이 된 후 특정 상속인이 당해 상속재산의 매각대금을 다른 상속인에게 분배하는 경우에는 증여세가 과세됨.

□ 상속등기 경료 후 상속협의 내용과 달리 등기되어 토지수용보상금으로 정산하였다는 주장은 신뢰할 수 없음(조심 2012서2307, 2012.9.24.).
상속등기가 경료되고 13년 후 토지수용보상금을 지급받은 후, 자녀에게 증여한 금액을 당초 상

속등기가 잘못되어 정산차원에서 지급했다는 주장은 신뢰하기 어렵고 사망 전 증여재산임.

❑ 상속받은 토지를 부득이한 사유로 청구인 단독명의로 등기하였다가 이를 양도한 후 그 대금을 다른 상속인들에게 송금한 것은 증여에 해당하지 않음(조심 2012서1618, 2012.8.29.).

❑ 장남이 상속받은 부동산을 차남에게 증여한 것으로 본 것은 적법함(대법원 2012두5077, 2012.6.14.). 母에 대한 부양의무는 도덕적, 비재산적 의무일 뿐 토지의 소유권이전과 대가관계에 있는 급부라거나 법적 이행의무를 가지는 부담이라고 보기 어려우므로 장남이 상속받은 부동산을 차남에게 증여한 것이며, 상속재산의 승계취득으로 비과세되어야 한다는 주장은 인정할 수 없음.

라. 상속분이 변경되어도 증여세 부과하지 않는 경우

공동상속인들의 상속재산 분할내용이 바뀌었다는 것은 당초 상속재산의 분할이 적법하게 이루어진 후에 다시 협의분할하여 공동상속인간 상속지분이 변경된 것을 의미하고 이에 대하여 증여세를 부과하겠다는 것이므로 당초 상속재산의 분할에 원인무효의 사유가 있어 다시 분할을 한다면 뒤에 분할한 내용이 최초로 상속재산을 분할하는 것에 해당하므로 증여세 과세대상으로 삼을 수는 없을 것이다. 이 경우 공동상속인 사이에 1차 상속등기 등을 하였다 하더라도 노모의 부양문제, 공동상속인 중 1인이 상속 부동산을 담보로 하여 은행으로부터 차용한 채무의 부담문제, 각 부동산 중 어느 부동산을 누구의 것으로 할 것인지에 대한 합의가 이루어지지 않아 특정 상속인 뜻에 따라 일단 법정 상속지분에 따라 상속등기를 한 후 최종적으로 상속재산의 분할을 합의하고 그에 따라 등기 등을 하더라도 뒤의 상속재산 분할내용이 최초의 분할로 보아야 하므로 증여세 과세가 위법하다고 판결하고 있다(대법원 2006두10535, 2006.8.31.). 또한 다음과 같이 부득이한 사유 등으로 재분할하여 공동상속인간의 몫이 변경된 경우에는 상속세 또는 증여세 회피목적이 없는 점 등을 감안하여 증여세 과세대상에서 제외한다.

① 당초 상속재산의 분할에 원인무효의 사유가 있는 경우
② 상속회복청구 소에 의한 법원의 확정판결로 상속인 및 상속재산에 변동이 있는 경우
③ 민법 제404조에 따른 채권자대위권의 행사에 의하여 공동상속인들의 법정상속분 대로 등기 등이 된 상속재산을 상속인 사이의 협의분할에 의하여 재분할하는 경우
④ 상속세과세표준 신고기한 내에 재분할에 따라 당초 상속분을 초과하여 취득한 경우
⑤ 상속세 과세표준 신고기한 내에 상속세를 물납하기 위하여 민법 제1009조에 따른 법정상속분으로 등기, 등록, 명의개서 등을 하여 물납을 신청하였다가 물납허가를 받지 못하거나 물납재산의 변경명령을 받아 물납 신청한 재산을 상속인 간의 협의 분할에 의해 재분할하는 경우

관련 예규·심판결정례 및 판례 등

- ❑ 협의분할하여 물납신청 후 거부되어 재분할한 경우 과세 여부(재경부 조세법령과 – 825, 2022.7.27.)
  법정상속분으로 등기 등을 하여 물납을 신청하였다가 물납허가를 받지 못하거나 변경명령을 받아 당초 물납재산을 협의분할에 의하여 재분할하는 경우에는 증여세가 과세되지 아니하나, 법정상속분으로 등기 등을 하지 아니하고 물납을 신청한 경우에는 증여세가 과세됨.

- ❑ 1997.1.1. 이후 재분할하여 각 상속인 몫이 변경되었으나, 협의분할내용에 반하는 등기로 원인무효 사유가 있는 경우 증여세 과세 안됨(대법원 2001두441, 2002.7.12.).

- ❑ 사정상 법정지분으로 등기한 후 협의분할한 경우 증여세 과세 제외함(대법원 2006두10535, 2006.8.31.).

사례 1 　상속등기후 상속인 중 1인이 실종선고를 받아 협의분할한 경우 증여세 과세 여부

❑ **사실관계**
- ○ 甲의 사망시 법원에서 子2에 대해 실종선고를 받지 않아 법정지분으로 상속등기하고 실종선고후 재분할하여 배우자(3/7), 子1(4/7)에게 상속등기한 경우 증여세 과세여부?

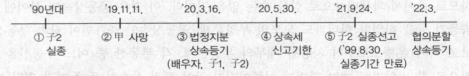

'90년대	'19.11.11.	'20.3.16.	'20.5.30.	'21.9.24.	'22.3.
① 子2 실종	② 甲 사망	③ 법정지분 상속등기 (배우자, 子1, 子2)	④ 상속세 신고기한	⑤ 子2 실종선고 ('99.8.30. 실종기간 만료)	협의분할 상속등기

❑ **국세청 유권해석 내용**(법규과 – 2158, 2022.7.20.)
- ○ 부친의 상속개시일 현재 「민법」 제27조의 규정에 따른 실종선고를 받지 아니한 생사불명인 자녀도 공동상속인이 되는 것이며, 이후, 실종선고를 받아 상속이 개시된 자녀의 소유재산이 상속인인 모친이 아닌 상속인 외의 자인 그 형제에게 무상 이전되는 경우 당해 재산은 상속인이 상속받아 상속인 외의 자에게 증여한 것이 되므로 상속인에게는 상속세가 과세되고, 상속인 외의 자에게는 증여세가 과세되는 것임.

❑ **저자 사견**
- ○ 민법상 子2의 상속개시일은 실종기간 만료일인 '99.8.30.이나 상속증여세법에서는 ⑤ 실종선고일로 규정하고 있어 ② 甲의 사망시점에서 子2는 생존자로서 상속인에 해당하여 甲의 상속재산을 상속받은 것으로 보고, ⑤ 子2의 상속증여세법상 상속개시일에 상속인인 모친에게 상속되지 아니한 경우 子2가 子1에게 증여한 것으로 보아 과세한다는 유권해석으로 보이나,
- ○ 실종선고에 대해 상속증여세법상 특례규정을 두고 있지만, 민법상 子2의 사망일은 '99.8.30.로서 ② 甲의 사망시점에서는 상속인이 아니므로 甲의 상속인인 배우자와 子1이 협의하여 상속받은 것에 대해 상속세를 부과하되, 子2에게 증여세를 부과하는 것은 논란이 있을 것으로 생각됨.

| 사례 2 | 상속세 신고시 제출한 협의분할서와 다르게 상속등기한 경우 과세 여부 |

❏ 상속세 신고시 제출한 협의분할서상 재산분할 및 최초 등기 등을 한 내용

상속재산 및 평가액	협의분할서상 상속인	최초 등기 등을 한 상속인
A토지, 35억원	배우자	아들
B주식, 25억원	아들	딸
C채권, 20억원	딸	배우자

❏ 설 명

○ 상속재산을 분할하여 각 상속인들의 몫이 확정된 후 다시 분할하여 몫이 바뀜에 따라 증여세를 과세하는 것은 각 상속인 앞으로 등기·등록·명의개서 등을 한 후 다시 등기 등을 한 내용이 바뀐 경우를 말하는 것이므로 협의분할서를 여러 차례에 걸쳐 작성하고 그 내용이 변경되더라도 증여세 과세대상은 아님.

○ 상속세 신고내용과 다르게 분할하여 상속등기 등을 한 경우로서 특정상속인이 법정상속분을 초과하여 재산을 취득하는 경우에도 증여세 과세문제는 발생하지 아니하는 것임(제도 46014-12395, 2001.7.26.).

4. 증여받은 재산(금전 제외) 반환 및 재증여

가. 개 요

수증자가 증여받은 재산을 증여자에게 다시 증여하는 경우 민법상 각 시점마다 새로운 증여의 효력이 발생할 것이고, 증여자와 수증자가 합의하여 증여계약을 해제하고 증여재산을 증여자에게 되돌려주는 경우 민법상 소급효가 있어 당초 증여의 효력은 없어질 것이다.

재산을 증여한 후 증여세를 감소시킬 목적 등으로 증여자가 반환을 받고 다시 증여를 하는 사례를 방지하기 위하여 상속증여세법에서는 증여자에게 다시 증여하는 경우와 합의해제 등을 통해 증여자가 반환받는 경우에 그 재증여 또는 반환시기에 따라 증여세를 부과하도록 규정하고 있다.

이 경우 금전은 일반적인 재화의 교환수단으로써 그 대상목적물이 특정되지 아니하는 등 증여받은 금전의 반환 여부를 현실적으로 파악하기가 어려운 점을 감안하여 그 시기에 관계없이 원래 증여분 및 반환(재증여)분에 대하여 모두 증여세를 부과한다.

반환기간		과세내용	
		원래 증여분	반환·재증여분
신고기한(3월) 이내	반환하기 전 결정	과　세	과세 제외
	미결정	과세 제외	과세 제외
신고기한 경과 후	3월 이내	과　세	과세 제외
	3월 이후	과　세	과　세

나. 신고기한 이내에 반환 또는 재증여하는 경우

증여를 받은 후 그 증여받은 재산(금전을 제외함)을 당사자 사이의 합의에 따라 증여세 신고기한(증여일이 속하는 달의 말일부터 3개월) 이내에 반환하는 경우에는 처음부터 증여가 없었던 것으로 본다. 다만, 반환하기 전에 납기 전 징수사유 등으로 증여세 과세표준과 세액의 결정을 받은 경우에는 당초 증여분에 대하여 증여세를 부과한다.

다. 신고기한 경과 후 3월 이내에 반환하는 경우

수증자가 증여받은 재산(금전을 제외함)을 증여세 신고기한 경과 후 3월 이내에 증여자에게 반환하거나 증여자에게 다시 증여하는 경우에는 그 반환하거나 다시 증여하는 것에 대하여는 증여세를 부과하지 아니하지만, 당초 증여분에 대해서는 증여세를 부과한다.

라. 신고기한 경과 후 3월을 지나서 반환하는 경우

증여세 신고기한의 다음 날부터 3월을 지나서 반환하거나 재증여하는 경우에는 당초 증여분 및 반환·재증여분 모두가 증여세 과세대상이다.

사례 1　반환·재증여시기별 증여세 과세방법 및 반환받고 사망한 경우 상속세 과세방법

❑ 甲이 자녀에게 증여 및 반환시기에 따른 과세방법 예시

| 2011.4.1. ① 최초 증여일 | ㉠ 반환 | 2011.7.31. ② 신고기한 | ㉡ 반환 | 2011.10.31. ③ 신고기한후 3월 | ㉢ 반환 |

○ ㉠(4.1.~7.31.) 기간 중 반환시 : 원래 증여분(①) 및 반환분(㉠) 과세제외
○ ㉡(8.1.~10.31.) 기간 중 반환시 : 원래 증여분(①) 과세, 반환분(㉡) 과세제외
○ ㉢(11.1.~　) 이후 반환시 : 원래 증여분(①) 및 반환분(㉢) 모두 과세함.

☐ 2011.11.30. 반환받고 2012.1.30. 증여자가 사망한 경우 세금은?
  - 2011.4.1. : 자녀에게 증여 당시 재산평가액에 대한 증여세 과세함.
  - 2011.11.30. : 반환받은 부모에게 당시 재산평가액에 대한 증여세 과세함.
  - 2012.1.30. : 증여자가 사망 당시 소유한 재산이므로 상속세 과세대상에 해당하며 사망 전 증여재산으로 합산하여 과세한 것이 아니므로 기납부증여세액 공제는 없음.
  ➡ 다만, 2011.4.1. 자녀의 증여재산을 상속세 과세가액에 다시 합산하지 아니하며, 甲이 납부할 증여세액을 미납부한 경우 공과금으로 공제 가능함.

사례 2   甲이 乙에게 증여한 재산을 반환받고 다시 乙에게 재반환시 과세방법

☐ 甲이 乙에게 증여한 후 반환받고 다시 반환한 내용

2011.1.15.	2011.4.30.	2011.7.15.	2011.10.15.
①	②	③	④
乙에게 증여	증여세 신고기한	甲에게 반환	乙에게 재반환

풀이

① 시점 : 증여세 과세대상임.
③ 시점 : 증여세 신고기한 후 3월 이내에 반환되었으므로 과세 제외함.
④ 시점 : 甲의 반환시점을 기준으로 한 증여세 신고기한 이내에 재반환이 이루어졌음으로 乙에게 증여세 과세하지 아니함.

예규

증여받은 재산을 1년이 경과하여 반환한 경우 원래 증여와 반환 모두에 대하여 증여세가 과세되는 것이나, 반환받은 재산을 신고기한 내에 원래 수증자에게 재반환하는 경우 반환 및 재반환에 대하여는 증여세가 과세되지 않음(재산상속 46014 - 690, 2000.6.5.).

관련 예규·심판결정례 및 판례 등

☐ 증여재산의 반환과 관련하여 과세제외하는 상속증여세법 제31조 제4항 본문 중 "금전을 제외한다" 부분은 헌법에 위반되지 아니함(헌재 2013헌바117, 2015.12.23.).

☐ 구 상속세법 제29조의2 제5항 합헌 결정(헌재 2000헌바35, 2002.1.31.)
   920백만원 상당의 부동산을 증여일부터 1년 경과 후 부에게 반환한 것에 대해 2차에 걸쳐 증여세 1,223백만원을 부과한 것은 위헌이라고 청구한 사건임.

1992.12.30.	1995.3.6.	1995.5.27.	1995.9.16.	1998.11.2.
①	②	③	④	⑤
부동산증여 (父→子)	합의해제 (子→父)	부동산처분 (父→3者)	①의 증여분 639백만 부과	②의 반환분 588백만 부과

❑ 증여재산을 국가의 사해행위 취소로 인해 환원된 경우 과세제외함(재재산-1576, 2022.12.23.).

납세자(증여자)가 국세의 징세를 피하기 위하여 수증자에게 금전을 증여(사해행위)한 후 납세자(증여자)의 납세지 관할 세무서장이「국세징수법」제25조에 따라 해당 사해행위의 취소를 법원에 청구하여 해당 사해행위가 취소된 경우 수증자의 증여세 납세의무는 취소되는 것임.

❑ 증여재산을 사해행위 취소로 인해 환원한 경우 원칙적으로 증여세 과세함(재재산-699, 2017.10.12.).

[질의]

배우자로부터 수증받은 후 증여세 신고·납부한 상황에서 제3의 채권자로부터 제기된 사해행위취소소송 판결에 따라 소유권이 배우자에게 원상회복된바, 기납부한 증여세 환급 여부
- 2005.10.6. 배우자로부터 아파트를 증여받고 2006.1.5. 증여세 신고·납부하였으나, 쟁점 부동산에 대하여 2009.11.25. 사해행위취소 확정판결 받음.
- 사해행위취소 확정판결에 따라 2006.1.5. 납부한 증여세 환급 경정청구함.
- 사해행위취소 확정판결에 따라 소유권이전 말소 신청, 2010.2.5. 소유권 원상회복된 상태임.
➡ 민법 제556조에 의거 수증자가 증여자 또는 그의 배우자나 직계혈족에게 범죄행위를 하거나 증여자에 대한 부양의무를 이행하지 아니한 때에는 증여자는 증여를 해제할 수 있음.

[회신]

사해행위취소의 판결에 따라 증여자에게 당초 증여재산의 소유권이 원상회복되더라도 해당 증여재산에 대한 증여세 납세의무자는 수증자(수익자)가 되는 것임.
➡ 원칙적으로 증여세 과세하되, 국가가 사해행위취소 판결 당사자인 경우 과세하지 않는다는 내용임.

❑ 사해행위취소판결로 취소된 경우 증여세 부과처분은 위법함(대법원 2015두44943, 2015.9.24.).
- 사해행위취소 소송의 원고인 국가는 사해행위취소판결의 효력이 미치는 당사자에 해당할 뿐만 아니라, 원고가 실질적으로 재산의 무상이전 등을 받은 것이라 볼 수 없음에도 증여세를 과세할 수 있는 것으로 본다면 원고로서는 이 사건 돈 상당의 재산가치의 증가없이 증여세만을 부담하게 되어 부당함.
- 피고가 이 사건 처분이 적법하다고 주장하면서 그 근거로 들고 있는 '대법원 2000.12.8. 선고 98두11458 판결'은 국가가 아니라 제3자인 개인이 증여자의 채권자로서 수증자(수익자)를 상대로 사해행위취소 소송을 제기하여 승소판결을 받은 사안으로, 이 사건과 그 사안을 달리하는 것으로 이 사건에 직접 원용할 수 없는 판결임.

❑ 공익법인 등에 출연한 재산을 반환받는 경우 증여세 과세 여부(상속증여세과-122, 2014.5.1.)

출연받은 금전을 출연자에게 반환하는 경우에는 직접 공익 목적사업 외에 사용한 것으로 보아 증여세가 과세되며, 반환받은 출연자는 그 반환받은 금전에 대하여 증여세 납부의무가 있음.

❑ 해제조건부 증여의 경우 조건성립으로 증여재산을 반환하는 경우에도 당초 부과된 증여세는 취소되지 않는 것임(재산세과-145, 2011.3.18., 재재산-798, 2011.9.26.).

증여세 과세대상이 되는 재산이 취득원인무효의 판결에 의하여 그 재산상의 권리가 말소되는 경우(형식적인 재판절차만 경유한 사실이 확인되는 경우는 제외한다) 및 증여세 과세표준 신고기한 이내에 증여받은 재산을 반환하는 경우에만 당초부터 증여가 없는 것으로 보는 것임.

질의

증여받은 일부직원 7인이 주식증여 관련 계약상 의무 근속기간을 채우지 못하여 당초 각자의 수증주식 3,473주를 동 계약에 따라 반환한 경우 과세 여부?

❑ 증여받은 상장주식을 증여세 신고기한 내에 위탁자계좌에서 출고하여 현물로 반환하였으나 반환에 따른 명의개서를 하지 않은 경우 당초부터 증여가 없었던 것으로 볼 수 있는가는 실제 반환 여부에 따라 사실판단할 사항임(서일 46014-11314, 2002.10.9.).

해설

증여계약을 합의해제한 것에 대해서는 법률사무소의 공증을 받았다 하더라도 주식의 증여시기는 주권 인도일이 원칙이며 주권인도일이 불분명하거나 주권인도전에 명의개서를 한 경우에는 그 명의개서일이 되는 바, 상기 질의사안에서 주권을 인도한 날이 증여세 신고기한 이전이라면 처음부터 증여가 없는 것으로 볼 수 있을 것이나 이는 직계존비속간에 이루어진 일로서 객관성이 없고 변칙증여로 활용할 수도 있으므로 과세관청에서는 명확한 증빙이 없는 한 증여세를 과세할 것으로 보인다.

❑ 전환사채를 인수한 날부터 3월 이내에 사채로 상환을 받은 경우에 증여재산의 반환으로 볼 수 있어 전환사채에 대한 증여세 과세대상 아님(재산상속 46014-2, 2003.1.7.).

❑ 甲이 타인으로부터 취득한 부동산의 소유권을 妻·子와 함께 공동등기했다가 3월 이내에 妻·子의 지분을 父로 증여등기한 경우 과세 여부(서일 46014-10394, 2003.3.28.)

상속증여세법 제31조 제4항의 규정에 의하여 父가 취득하여 子에게 증여한 부동산을 증여세 신고기한(3월)내에 父가 반환받은 경우에는 처음부터 증여가 없는 것으로 보아 당초 증여 및 반환분에 대하여 증여세를 부과하지 아니하는 것이나, 父로부터 현금을 증여받은 子가 그 금전으로 취득한 부동산을 父명의로 소유권이전하는 때에는 증여세 과세가 제외되는 증여재산의 반환에 해당하지 아니하는 것임. 귀 질의의 경우 당해 부동산의 매매과정, 매매대금의 지급자 등에 대한 구체적인 사실에 의하여 父가 당해 부동산을 실질적으로 취득한 것으로 인정되는 때에는 부동산의 증여와 반환에 해당하는 것임.

❑ 부동산 취득자금을 소명하지 못하여 증여세가 과세되는 경우에는 법원판결에 의하여 소유권 환원되어도 증여세 과세대상임(재삼 46014-1187, 1998.6.30.).

❑ 子가 母에게 매매를 원인으로 등기한 부동산을 3월 이내에 子에게 증여를 원인으로 등기한 경우 증여재산의 반환에 해당되는지 여부(재산상속 46014-10, 2003.1.11.)

子가 母에게 재산을 양도한 경우에는 상속증여세법 제44조 (배우자 등에 대한 양도시의 증여추정)의 규정에 의하여 母가 子로부터 당해 재산을 증여받은 것으로 추정하는 것이며, 증여세 신고기한 이내에 당해 재산의 소유권을 子에게 사실상 무상이전하는 경우에는 같은법 제31조 제4항에 의한 증여재산의 반환규정이 적용되나, 子가 母에게 재산을 양도하면서 양도대가를 수령한 후에 子가 당해 재산을 무상으로 취득하는 때에는 그러하지 아니함.

☐ 현금을 증여받고 3개월 이내 그 현금을 돌려준 경우 증여세 과세함(조심 2014전4866, 2014.12.4.).

☐ 예금의 반환시 증여 여부(국심 2001중1519, 2001.11.30.)

시아버지의 토지양도대금이 며느리의 예금계좌에 입금된 금액 중 증여세 신고기한 내에 반환되었더라도 '금전'이므로 증여재산가액에서 제외하지 않으며, 시어머니의 주택취득자금으로 지급된 금액은 시아버지가 처명의로 주택을 사주는 과정에서 심부름하는 며느리의 예금계좌에 일시적으로 입금한 것으로 보여지므로 증여세 과세 제외함.

☐ 신고기한 경과 후 증여재산 반환한 것에 대한 과세는 정당함(대법원 2010두12347, 2012.10.18.).

☐ 증여등기 후 1년 경과하여 반환받은 경우(대법원 2001두10295, 2002.3.26.)

乙이 甲으로부터 증여받은 임야를 1년 이상 경과한 후 甲에게 반환한 경우, 甲에게 증여세 부과함은 정당하고, 세무공무원의 상담내용은 신뢰의 대상이 되는 공적견해로 볼 수 없음.

┃ 관련규정 연혁 및 판례변경내용 요약 ┃

① 1982.12.21.	○ 법 §29의2 ④ 신설 －1년 이내에 증여재산을 반환한 때에는 이를 증여로 보지 않음.
② 1986.10.28. (대법원 86누133)	－법 §29의2 ④ 규정 중 "증여로 보지 아니한다"란 재증여 및 반환분에 대한 비과세 규정임.
③ 1987.11.10. (대법원 87누607)	－증여등기 후 합의해제는 국가조세채권에는 영향을 안줌. (과세처분 정당)
④ 1989.7.25. (대법원 87누561)	－과세처분 전에 적법 해제하여 반환시 증여세 과세는 위법 → 93년 이전 귀속분은 동지로 반복판결
⑤ 1993.12.31.	○ 법 §29의2 ④ 개정 및 ⑤ 신설 ④ 신고기한 내에 반환시 처음부터 증여가 없었던 것으로 본다. ⑤ 1년 이내에 반환시 그 반환분은 증여세를 부과하지 아니한다.
⑥ 1997.7.11. (대법원 97누1884)	－94년 귀속분에 대해서 신고기한 경과 후에 반환한 경우에 증여세 과세는 적법함. → 현재까지 유지되고 있음.
⑦ 1999.5.27.	○ 헌재 97헌바66 : 법 §29의2 제4항은 합헌임.

마. 반환 및 재증여의 의미

증여받은 재산을 증여자에게 다시 증여하거나 반환한다는 것은 당초 증여재산을 대가를 받지 않고 그대로 돌려주는 것을 말한다. 금전의 경우에는 증여세 신고기한 이내에 되돌려 주더라도 반환하는 재산에서 제외하고 있어 반환시기에 관계없이 당초 증여분 및 반환분 모두가 증여세 과세대상에 해당될 수 있다(재산세과-452, 2011.9.27.).

또한 명의신탁한 재산을 명의신탁자가 환원을 받는 경우 반환시기별로 증여세 과세 여부를 판단하는 것이나, 명의신탁재산을 명의수탁자 명의로 된 상태에서 처분하고 그 매각대금을 회수하는 경우에는 반환에 해당하지 아니하므로 증여세 과세대상에 해당한다는 대법원 판결이 있다. 이에 대한 내용은 "제3장 제3절 명의신탁재산의 증여의제"에서 상세하게 기술하였다.

 관련 예규·심판결정례 및 판례 등

❑ 건축자금 지급한 후 부동산을 반환하는 경우 증여세 과세 여부(재산세과-452, 2012.12.20.)

아들이 건물을 증여할 목적으로 아버지의 명의로 건축허가를 받거나 신고를 하여 당해 건물을 완성한 경우에는 그 건물의 사용승인서 교부일(사용승인 전에 사실상 사용하거나 임시사용승인을 얻은 경우에는 그 사실상의 사용일 또는 임시사용승인일로 함)에 아버지가 당해 건물을 증여받은 것으로 보나, 증여를 받은 후 그 건물을 증여세 과세표준 신고기한 이내에 아들에게 반환하는 경우에는 처음부터 증여가 없었던 것으로 보아 증여세가 과세되지 아니함(단, 반환하기 전에 과세표준과 세액을 결정받은 경우에는 그러하지 아니함).

❑ 父로부터 현금을 증여받은 子가 취득한 부동산을 父명의로 이전등기 하는 것은 반환에 해당되지 아니함(재삼 46014-994, 1999.5.25.).

❑ 저가로 취득한 주식을 신고기한 내에 반환한 경우 증여세 과세 제외함(국심 2004중2146, 2005.4.6.).

❑ 유상증자대금을 증여하고 주식으로 반환받은 경우 증여세 과세함(국심 2001부3277, 2002.2.25.).

❑ 증여일로부터 6개월 이내에 반환해야 반환분 증여세 과세 안됨(대법원 2017두54197, 2017.9.28.).

수증자의 증여재산 반환은 증여받은 날이 속하는 달의 말일부터 6개월 이내에 이루어져야 반환분에 대한 증여세가 부과되지 않는 것이며, 수년이 경과한 이후에 이루어진 증여재산의 반환은 증여세 부과대상에 해당하는 것임.

사례 1 증여한 재산을 반환받고 양도한 경우 양도소득세 계산시 취득시기

❏ 甲이 乙에게 증여한 후 반환받고 양도한 내용

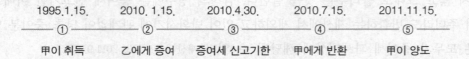

1995.1.15.	2010.1.15.	2010.4.30.	2010.7.15.	2011.11.15.
①	②	③	④	⑤
甲이 취득	乙에게 증여	증여세 신고기한	甲에게 반환	甲이 양도

❏ 쟁점 : 甲의 취득시기가 1995.1.15. 또는 2010.7.15. 중 어느 날인가?

풀이

○ 증여세 신고기한이내에 반환받아 처음부터 증여가 없는 것으로 볼 때는 1995.1.15.가 취득시기이고, 증여세 신고기한을 경과하여 반환받거나 재증여받은 경우에는 해당 반환일 또는 재증여일이 된다.

○ 취득시기를 언제로 보느냐에 따라 취득가액이 달라지는 문제만이 아니라 1세대 2주택인 사람이 1개 주택을 증여하고 다른 주택을 양도한 후 증여한 주택을 반환받았을 때 양도시 주택수가 1개인지 2개인지 달라질 수 있을 것이다.

예규

- 증여받은 날로부터 6월 후에 반환하거나 다시 증여하는 경우에는 당초 증여와 반환·재증여 모두에 대하여 증여세가 과세되며, 양도소득세를 계산함에 있어 당해 반환받은 재산의 취득시기는 증여계약 해제등기일이 되는 것임(부동산거래관리-2, 2013.1.4., 서면4팀-259, 2008.1.29.).

- 신고기한 경과 후 3월 이내에 증여자에게 증여 취소를 원인으로 반환하는 경우에 당해 자산의 취득시는 '반환받는 날'이 되는 것임(서면5팀-2075, 2007.7.16.).

사례 2 아들 명의 분양권에 대한 분양대금 납입 후 아파트 반환받은 경우 과세방법

❏ 사실관계

○ 아들 명의로 아파트 분양권을 매입하여 다음과 같은 과정을 거쳐 분양대금을 납입한 후 아파트를 반환받은 경우 분양대금 및 아파트에 대한 증여세 과세방법

1.20.	2.20.	3.20.	4.20.	5.10.	6.30.
①	②	③	④	⑤	⑥
子명의 분양권 취득 계약금 2억원 납입	중도금 3억원 납입	잔금 5억원 납입	사용승인서 교부일	子 명의 아파트 보존등기	父 명의 소유권이전등기

❏ 쟁점

○ 아들에게 분양대금 납입일에 현금을 증여한 것인지, 사용승인서 교부일에 아파트를 증

여한 것인지.

> **풀이**
>
> ○ 분양대금 납입일에 현금을 증여한 것으로 보면 子에게 현금 10억원에 대한 증여세를 과세하고 증여받은 현금으로 취득한 아파트를 父에게 돌려준 것으로서 반환에 해당하지 아니하므로 父에게 아파트에 대한 증여세를 과세해야 할 것이나
>
> ○ 증여목적으로 아들 명의로 분양권을 취득하고 분양대금을 납입한 경우 증여시기는 해당 신축 아파트에 대한 사용승인서교부일이 되고 증여재산은 해당 아파트가 되는 바,
>   - 사례의 경우 4.20. 자녀가 증여받은 아파트를 신고기한인 7.31. 이전에 증여자인 父에게 반환한 것에 해당하므로 증여세 과세대상이 아니라 할 것임.

바. 증여받은 재산이 취득원인무효에 해당하는 경우

증여세 과세대상이 되는 재산이 취득원인무효의 판결에 의하여 그 재산상의 권리가 말소되는 때에는 증여세를 부과하지 아니하며 부과된 증여세는 취소한다. 다만, 형식적인 재판절차만 경유한 사실이 확인되는 경우에는 그러하지 아니하다(상속증여세법 기본통칙 31-0…4).

당초 적법하게 증여된 후에 증여자에게 반환하는 경우에는 그 반환시기에 따라 증여세 과세 여부가 결정되는 것이나, 당초 증여등기 등이 증여자의 인감을 도용하거나 증여의 사에 반하는 등으로 무효에 해당하여 증여자에게 증여재산의 소유권이 환원되는 경우에는 그 환원시기에 관계없이 처음부터 증여세 과세대상이 아니다.

그러나 증여가 통상 직계존비속 등 특수관계인 간에 이루어지게 되고 무효청구소송에서 수증자가 재판에 참석하지 아니하는 등 의제자백으로 승소판결을 받는 경우가 많아 법원의 판결에 의하여 환원했다 하더라도 과세관청에서 판결내용대로 인정하지 아니하고 그 진실성을 다시 확인하여 증여세 과세 여부를 판단하고 있음에 유의하여야 한다.

 관련 예규·심판결정례 및 판례 등

❑ 증여조건 미이행으로 반환시 과세 여부(상속증여세과-456, 2019.5.28., 재재산-798, 2011.9.26.)

증여세 과세대상이 되는 재산이 취득원인무효의 판결에 의하여 그 재산상의 권리가 말소되는 경우(형식적인 재판절차만 경유한 사실이 확인되는 경우는 제외한다) 및 상증법 제4조 제4항(증여세 신고기한이내)에 따른 반환하는 경우에만 당초부터 증여가 없는 것으로 봄.

❑ 신고기한 내 증여해제 訴 제기하여 2년 후 반환시 증여세 과세 제외(재산세과-2276, 2004.8.13.)

질의

父母를 부양하겠다는 조건으로 증여했는데 자녀가 부양의무를 이행하지 아니함에 따라 증여해제와 증여등기 말소를 구하는 소송을 증여일부터 3월 이내에 제기하고, 2년 경과하여 확정판결이 있어 증여자가 증여재산을 반환받은 경우에 신고기한이내의 반환분으로 볼 수 있는지?

회신

상증법 제31조 제4항의 규정에 의하여 증여받은 재산(금전을 제외함) 증여세 신고기한 이내에 증여자에게 반환하는 경우에는 처음부터 증여가 없었던 것으로 보나, 반환하기 전에 증여세 과세표준과 세액의 결정을 받은 경우에는 그러하지 아니함. 이 경우 증여세 신고기한을 경과하여 증여등기가 말소되어 증여자에게 반환이 되었으나, 증여계약 해제 및 증여등기 말소를 구하는 소송을 증여세 신고기한이내에 제기하고 법원의 확정판결에 따라 증여자에게 환원된 경우에는 증여세 신고기한이내에 반환된 것으로 봄이 타당함.

❑ 형식상 합의해제로 환원되었으나, 증여와 관련한 증여 무효각서, 합의서 및 형사판결 등에 비추어 증여계약은 증여자의 의사와 무관하게 이루어져 원인무효라 할 것임(조심 2023중98, 2023.11.23.).

❑ 궐석재판으로 증여계약 무효판결한 경우 과세 여부(조심 2017중47, 2017.6.12.)

– 증여를 원인으로 한 소유권이전등기가 원인무효라는 이유로 그 말소를 명하는 판결이 확정되었다면 일단 그 증여는 처음부터 무효라고 볼 것이므로 그 증여가 부존재 또는 무효가 아닌데도 당사자 사이에 담합하여 원인무효인 것처럼 제소하여 판결을 받은 것이라는 점은 이를 주장하는 과세관청에 그 입증책임이 있다고 할 것으로

– 이 건의 경우 청구인 등은 형사고소, 형사항고, 재정신청을 하였고, 현재까지도 민사소송, 강제집행 등을 통하여 채권 회수를 위한 노력을 계속하고 있는 점 등으로 보아 서로 담합하여 증여계약이 원인무효인 것처럼 제소하여 판결을 받은 것이라 하기 어려움.

❑ 종중재산을 증여등기 후 종중의 소제기로 말소한 경우 과세 제외함(조심 2011중3484, 2012.5.24.).

❑ 의제자백판결로 말소등기된 경우(대법원 2001두9257, 2002.3.29.)

인감을 도용한 허위증여계약에 의한 소유권이전등기여서 원인무효라는 이유로 그 말소판결이 확정됐으나, 그 주장사실을 다투지 않고 판결이 확정된 경우로서 원인무효사실이 입증 안되므로 당초 증여세 과세처분 정당함.

❑ 증여를 원인으로 한 소유권이전등기가 원인무효라는 이유로 그 말소판결을 받아 말소등기 됐어도 과세처분 후의 담합에 의한 경우 당초 증여세 부과 적법함(대법원 98두2164, 1998.4.24.).

사. 증여받은 재산을 유류분으로 반환하는 경우

민법상 유류분제도는 상속인의 법정상속분 중에서 일정비율만큼은 보호하기 위한 제

도로서 피상속인이 사망 전 증여 또는 유증 등을 통하여 특정 상속인에게 많은 재산을 승계시킨 경우에 다음의 비율만큼 상속받을 수 있는 권리를 보장해 주고 있다.

① 피상속인의 배우자 및 직계비속 : 법정상속분의 2분의 1
② 피상속인의 직계존속 및 형제자매 : 법정상속분의 3분의 1

피상속인의 증여에 따라 재산을 증여받은 자가 민법 제1115조에 따라 증여받은 재산을 유류분 권리자에게 반환한 경우 반환한 재산가액은 당초부터 증여가 없었던 것으로 본다(상속증여세법 기본통칙 31 - 0…3).

다만, 피상속인의 증여에 의하여 재산을 증여받은 자가 증여받은 재산을 그대로 반환하는 대신에 금전으로 환가하여 현금으로 유류분 권리자에게 반환하는 경우에는 유류분 권리자는 당해 재산을 상속받아 양도한 것으로 보아 각각 상속세와 양도소득세 납부의무가 있으며, 이 경우 상속재산가액은 반환받는 금전에 상당하는 재산을 상속개시일 현재 상속증여세법 제60조부터 제66조에 따라 평가한 가액에 의한다(상속증여세과 - 3346, 2019.7.22., 재산세과 - 610, 2010.8.18., 재삼46014 - 959, 1994.4.8.). 이 경우 양도시기는 유류분 재산의 현금 지급일, 취득시기는 상속개시일, 양도소득세 납세의무자는 유류분 권리자가 된다(재산세과 - 1009, 2009.5.21., 재일 46014 - 1361 1994.5.20.).

5. 무환수입시 수증자가 납부한 관세의 취급

외국에서 물품을 증여받아 국내에 반입하는 경우 국내에 거주하는 수증자가 해당 물품에 대하여 납부한 관세는 상속증여세법 제47조 제1항에 규정하는 증여재산에 담보된 채무로 보지 아니하며 증여재산가액에도 포함하지 아니한다.

6. 국외재산을 국내반입하는 경우 증여세 과세제외

① 국내에 주소를 둔 상속인이 국외에 주소를 둔 피상속인의 국외재산을 상속받아 해당 재산을 국내로 반입하거나 해당 재산으로 국내재산을 취득하는 경우 해당 재산에 대하여는 증여세를 부과하지 아니한다.

② 국외에 주소를 둔 자가 자기소유재산(증여받은 국외소재 재산 포함)을 국내로 반입하거나 해당 재산으로 국내 재산을 취득하는 경우에는 해당 재산에 대하여는 증여세를 부과하지 아니한다(상속증여세법 기본통칙 31 - 0…2).

제 3 절 : 신탁이익의 증여

1. 개 요

신탁법 제2조 (신탁의 정의)는 "이 법에서 '신탁'이란 신탁을 설정하는 자(이하 "위탁자"라 한다)와 신탁을 인수하는 자(이하 "수탁자"라 한다) 간의 신임관계에 기하여 위탁자가 수탁자에게 특정의 재산(영업이나 저작재산권의 일부를 포함한다)을 이전하거나 담보권의 설정 또는 그 밖의 처분을 하고 수탁자로 하여금 일정한 자(이하 "수익자"라 한다)의 이익 또는 특정의 목적을 위하여 그 재산의 관리, 처분, 운용, 개발, 그 밖에 신탁목적의 달성을 위하여 필요한 행위를 하게 하는 법률관계를 말한다."고 규정하고 있다.

즉, 신탁이란 신탁설정자(위탁자)와 신탁을 인수하는자(수탁자)가 특별한 신임관계에 기하여 위탁자의 특정한 재산권을 수탁자에게 이전하거나 기타의 처분을 하고 수탁자로 하여금 수익자의 이익을 위하여 또는 특정한 목적을 위하여 그 재산권을 관리·처분하게 하는 법률관계를 말하는 것으로서 위탁자와 수익자가 다른 타익신탁의 경우 수익자는 위탁자에게 귀속될 신탁의 이익을 무상으로 취득하는 결과를 얻게 되므로 이에 대하여 증여세를 부과하는 것이다.

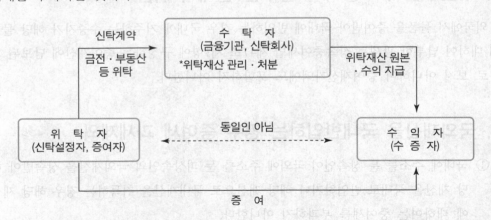

2. 과세내용

가. 수익자가 지정된 경우

신탁계약에 의하여 위탁자가 타인을 신탁의 이익 전부 또는 일부를 받을 수익자로 지정하여 다음에 해당하는 경우에 신탁의 이익을 받을 권리의 가액을 수익자의 증여재산가액으로 한다. 이 경우 수회로 분할하여 원본 및 수익을 받는 경우에는 증여시기를 기준으로 현재가치 할인평가 방법에 의하여 증여재산가액을 계산한다.

① 원본을 받을 권리를 소유하게 한 경우에는 수익자가 그 원본을 받은 경우
② 수익을 받을 권리를 소유하게 한 경우에는 수익자가 그 수익을 받은 경우

나. 수익자가 지정되지 아니한 경우

수익자가 특정되지 아니하거나 아직 존재하지 아니하는 경우에는 위탁자 또는 그 상속인을 수익자로 보고, 수익자가 특정되거나 존재하게 된 경우에 새로운 신탁이 있는 것으로 본다.

3. 증여시기

신탁이익의 원본 또는 수익이 수익자에게 실제 지급되는 때로 하며, 예외적으로 다음의 시기를 신탁의 이익을 받을 권리의 증여시기로 한다.

① 수익자로 지정된 자가 그 이익을 받기 전에 해당 신탁재산의 위탁자가 사망한 경우 : 위탁자가 사망한 날
② 신탁계약에 의하여 원본 또는 수익을 지급하기로 약정한 날까지 원본 또는 수익이 수익자에게 지급되지 않은 경우 : 해당 원본 또는 수익을 지급하기로 약정한 날
③ 원본 또는 수익을 여러 차례 나누어서 지급하는 경우(신탁계약체결일에 원본 또는 수익이 확정된 경우를 말함) : 해당 원본 또는 수익이 최초로 지급된 날
④ 신탁계약을 체결하는 날에 원본 또는 수익이 확정되지 아니한 경우로서 이를 분할하여 지급하는 때 : 해당 원본 또는 수익이 실제 지급된 날
⑤ 신탁계약체결일에 위탁자가 신탁계약 해지권, 수익자 변경권, 신탁 종료후 잔여재산 귀속권 등 신탁재산을 실질적으로 지배 또는 통제하는 경우 : 해당 원본 또는 수익이 실제 지급된 날

4. 증여재산가액

신탁이익에 따른 증여재산가액은 증여시기를 기준으로 하여 신탁의 이익을 받을 권리의 가액으로 한다. 신탁의 이익을 실제 수령한 날을 증여시기로 하는 경우 신탁의 이익에서 그 이익에 상당하는 원천징수세액을 차감하여 계산한다.

증여시기에 실제 지급이 이루어지지 아니하는 경우 또는 신탁계약을 체결하는 날에 원본 또는 수익이 확정된 경우로서 여러 차례 나누어서 원본과 수익을 지급하는 때에는 해당 원본 또는 수익이 최초로 지급된 날을 증여시기로 하는 경우 등은 상속증여세법 시행령 제61조에 따른 현재가치로 할인하여 평가한 가액의 합계액으로 한다.

관련 예규 · 심판결정례 및 판례 등

❏ 신탁이익이 확정되지 않은 경우 증여시기(재재산-593, 2011.7.26.)

상장법인주식의 신탁계약에 따라 위탁자가 그 자녀를 수익자로 지정하고 해당 상장법인으로부터의 배당금을 분할하여 수익자가 지급받는 경우 해당 신탁계약을 체결한 날에 수익의 이익이 확정되지 아니한 경우에는 상속증여세법 시행령 제25조 제1항 제3호에 따라 그 신탁이익의 증여시기는 배당금의 실제 분할지급일이며, 증여재산가액은 수익자에게 실제 지급한 가액임.

❏ 원본과 수익의 이익을 받을 때가 각각 다른 때에는 별도의 증여로 보아 증여시기를 판단하는 것임 (재산세과-23, 2010.1.14.).

❏ 신탁의 이익에 대한 소득세와 증여세 과세 여부(소득 46011-726, 2000.7.7.)

회신

– 내국법인으로부터 받는 신탁의 이익은 소득세법 제16조 제1항 제5호의 규정에 의하여 이자소득에 해당하는 것이며, 신탁재산에 귀속되는 소득은 같은법 제2조의2 제6항의 규정에 의하여 그 신탁의 수익자에게 당해 소득이 귀속되는 것으로 보아 소득금액을 계산하는 것임.
– 또한, 신탁계약에 의하여 위탁자가 타인을 신탁의 이익을 받을 수익자로 지정하고 그 타인이 신탁의 이익을 받을 권리를 소유하게 한 때에는 상속증여세법 제33조 제1항의 규정에 의하여 신탁의 이익을 받을 권리를 증여한 것으로 보는 것임.

질의

1996.1.5. 은행측의 권유로 절세상품이라는 신탁상품(상품명 : 가계금전신탁(타익신탁))에 원금수익자는 본인 명의로 수익자는 자녀로 하여 이자는 자녀명의의 통장에 입금하는 방식의 예금에 가입하였음. 이후 이자소득 발생시 은행에서는 자녀의 소득으로 원천징수하여 이자소득 등을 신고납부하였음. 그러나 종합소득세 신고 후 관할세무서에서는 은행측의 설명과 달리 본건 신탁상품의 이자소득을 원금수익자로 보기에 아래 (갑설)과 (을설) 중 어느 쪽이 타당한지 질의함.

(갑설) 원금 예탁자의 명의로 수익이 발생되어 자녀에게 증여되므로 원금예탁자가 이자소득세 과세대상이고, 자녀에게는 증여세 과세대상이 됨.

(을설) 원금은 예탁자 명의로 되어 있으나 수익은 자녀명의로 발생되어 이자소득세와 증여세 모두 자녀가 과세대상이 됨.

☐ 신탁의 이익을 받을 권리를 소유하게 된 경우 증여세 납세의무와 이자소득인 그 신탁의 이익에 대한 종합소득세 납세의무는 별개의 납세의무로서 이중과세에 해당되지 아니함(국심 97서2952, 1998. 6.22., 재재산 46014-446, 1995.12.4., 재삼 46014-2023, 1995.8.8.).

☐ 증여시기 이후 신탁계약 해지한 경우 당초 증여시기에 계산한 증여가액은 재계산 하지 아니함(재삼 46014-537, 1999.3.17.).

☐ 피상속인이 타인을 수익자로 지정하여 증여의제 되는 금액은 상속세 합산과세대상 증여재산에 해당 됨(재삼 46014-413, 1999.2.27.).

☐ 법인 A가 개인 B를 원본의 수익자로 하여 은행에 금전신탁예금을 하고 B는 이를 담보로 은행으로 부터 대출받은 후 당해 금전신탁원본을 A가 반환받고 B는 은행대출금을 상환한 경우로서 A에게 증 여의제로 과세함은 부당함(대법원 98두1069, 1999.3.15.).

판결요지

은행에서 대출받을 때 금전신탁예금을 담보로 제공하였을 뿐 해당 금전신탁의 원본과 이익을 받을 것이 아니므로 증여세 과세대상이 아님.

제 4 절 : 보험금의 증여

1. 개 요

보험금이란 보험계약을 체결할 때 약정한 보험금의 지급사유에 해당하는 보험사고나 손해가 발생한 때에 보험자가 보험계약자에게 지급하는 금전이라 할 수 있다. 보험료 불 입자가 보험금을 수령하는 경우 무상으로 이전되는 금전이 없을 수 있으나 보험금 수령 자가 보험료를 납부하지 않았다면 그는 결과적으로 보험금을 무상으로 취득하는 것이 될 것이다. 이에 따라 보험료 납부자와 보험금 수령인이 다른 경우 보험금 수령인이 증여받 은 것으로 하여 과세하는 것이다.

2003.1.1.부터 보험금 수령인과 보험료 불입자가 동일한 경우에도 보험료를 납부한 금

전이 타인으로부터 증여받은 금전일 경우에는 증여세 과세대상에 포함시켰고, 2004.1.1. 부터 증여받은 금전뿐만 아니라 증여받은 재산을 처분한 대금으로 보험료를 납부하는 경우에도 과세대상임을 명확히 규정하였다.

일반적으로 보험은 인보험과 손해보험으로 구분되며 인보험은 생명보험과 상해보험으로 구분되고, 손해보험은 화재보험·운송보험·해상보험 및 책임보험 등으로 구분된다. 보험금의 증여규정을 적용하며 생명보험과 손해보험만 해당되며 상해보험은 아니다.

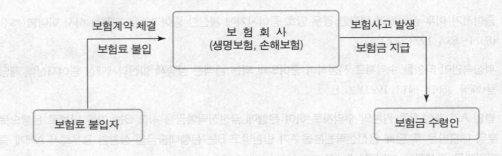

2. 과세요건 및 증여재산가액

가. 보험료 납부자와 보험금 수령인이 다른 경우

생명보험이나 손해보험에서 보험금 수령인과 보험료 납부자가 다른 경우(보험금 수령인이 아닌 자가 보험료의 일부를 납부한 경우를 포함한다)에는 보험사고가 발생한 경우에 보험금 상당액을 보험금 수령인의 증여재산가액으로 하여 보험금 수령인에게 증여세를 부과한다.

보험금 수령인이 납부한 보험료가 없는 경우에는 보험금 수령액 상당액이 증여재산가액이 될 것이며, 보험료 중 일부를 보험금 수령인이 납부하였을 경우에는 보험금에 납부한 보험료 총액 중 보험금 수령인이 아닌 자가 납부한 보험료액이 차지하는 비율에 상당하는 금액만을 증여재산가액으로 한다. 이 경우 보험계약서상 보험금 수령인이 보험금을 사용하지 아니하고 보험료 납부자가 실제 사용하는 경우에는 증여세 과세대상에서 제외하여야 할 것이다.

그리고 보험계약서상 보험금 수령인과 실제 보험금 수령인이 다른 경우에는 실질과세원칙에 따라 보험금을 실제 수령한 자에게 증여세 납부의무가 있다.

$$증여재산가액 = 보험금 \times \frac{보험금\ 수령인\ 외의\ 자가\ 납부한\ 보험료}{납부한\ 보험료\ 총액}$$

나. 보험료 납부자와 보험금 수령인이 동일인인 경우

보험계약기간에 보험금 수령인이 타인으로부터 재산을 증여받아 보험료를 납부한 경우에는 그 보험료 납부액에 대한 보험금상당액에서 해당 보험료 납부액을 뺀 가액을 보험금 수령인의 증여재산가액으로 한다. 고액 연금보험 등에 있어 보험료 납부자와 보험금 수령인이 다른 경우 수령인이 지급받는 고액의 보험금에 대하여 증여세가 부과되는 것을 피하기 위하여 보험료 납부자와 보험금 수령인을 동일한 사람으로 하는 방법 즉, 자녀가 부모로부터 금전을 증여받아 적은 액수의 증여세를 부담하고 그 금전으로 자녀가 보험료를 납입하면서 피보험자는 부모로 하고 보험금 수령인은 자녀로 정하여 고액의 보험금을 수령하는 경우에는 부과할 수 없는 문제를 2003.1.1. 이후 보완한 것이다.

상속증여세법 제34조 제1항에서 "보험계약기간에 보험금 수령인이 타인으로부터 재산을 증여받아 보험료를 납부한 경우"로 규정함에 따라 보험계약을 체결하기 전에 재산을 증여받은 후 보험계약 체결 및 보험료를 납부한 경우 과세대상에 해당하는지에 대하여 과세관청에서는 "보험금 수취인이 재산을 먼저 증여받아 보험료를 납부한 경우로서 당해 증여 및 보험계약의 구체적인 내용과 경제적인 실질이 이와 유사한 경우에도 상속증여세법 제2조 제3항 및 제42조에 따라 이를 보험금 수취인의 증여재산가액으로 한다."는 취지의 유권해석을 하고 있다(재산세과-362, 2012.10.5., 재재산-1239, 2007.10.11.).

증여재산가액은 다음 계산식에 따라 계산한다.

$$증여재산가액 = 보험금 \times \frac{재산을\ 증여받아\ 납부한\ 보험료}{총납부한\ 보험료} - 재산을\ 증여받아\ 납부한\ 보험료$$

 관련 예규·심판결정례 및 판례 등

□ 상속형 즉시연금보험의 평가방법(재재산-929, 2018.10.26.)

　상속형 즉시연금보험의 연금지급 개시 전에 연금보험의 계약자 및 수익자를 타인으로 변경한 경우 그 타인의 증여재산가액은 즉시연금보험의 약관에 따라 산출되는 해지환급금 상당액임.

❑ 즉시연금보험의 연금 개시 후 계약자와 수익자를 변경하는 경우 평가(상속증여세과 - 152, 2014.5.22.)

상속형 즉시연금보험의 연금 개시 후에 계약자를 변경하는 경우에는 상속증여세법 제2조에 따라 변경시점에 변경 후 수익자에게 증여세가 과세되는 것임.

❑ 즉시연금보험의 계약자와 수익자를 변경하는 경우 증여세 과세 여부(서면법규과 - 166, 2013.2.14.)

○ 甲이 상속형 즉시연금보험의 계약자 및 수익자를 甲으로 하여 보험에 가입하고 보험료를 일시에 납부한 후 그 보험의 연금지급이 개시되기 전에 보험계약의 계약자와 수익자를 乙로 변경하는 경우에는 상속증여세법 제2조에 따라 乙에게 증여세가 과세됨.

○ 이후 즉시연금보험의 연금의 지급이 개시되는 경우에는 같은 법 제34조 제1항 후단에 따라 연금개시 당시 그 연금보험의 평가액에서 보험료 납부액을 차감한 가액을 연금 수령자(乙)의 증여재산가액으로 하며, 이 경우 연금개시 당시 해당 연금보험의 평가는 같은 법 시행령 제62조에 따라 평가함. 다만, 해당 연금보험의 연금개시 당시 계약자와 수익자가 동일한 경우에는 그 보험의 해약환급금 상당액으로 평가할 수 있음.

○ 연금이 개시되는 경우로서 수령자가 보험료 불입자(변경 후 계약자)와 다른 경우에는 연금 지급이 개시된 때에 수령자에게 증여세가 과세되며, 수령자와 변경 후 계약자가 다른 경우 증여재산가액은 정기금을 받을 권리의 평가방법으로 평가함(법규과 - 177, 2013.2.18.).

❑ 타인의 자금으로 즉시연금보험에 가입 후 중도 해약하는 경우 과세방법(법규과 - 164, 2013.2.14.)

타인의 자금으로 즉시 연금보험의 보험료를 일시에 납입한 후 그 계약자가 보험계약을 중도해약하고 해약환급금을 수령하여 사용하는 경우에는 보험 계약시 계약자가 보험료 상당액을 증여받은 것으로 보아 증여세를 과세함.

❑ 피상속인의 수표로 상속인들이 보험료 불입 후 지급받는 경우 보험금은 증여세 과세대상임(재산세과 - 626, 2011.12.29.).

피상속인이 생전 증여목적으로 보험료를 입금한 때에 해당 보험료를 증여한 것으로 보는 것이며 이후 보험사고(만기 보험금 지급의 경우를 포함)의 발생으로 보험수익자인 상속인이 보험금을 수취하는 경우에는 상증법 제34조 제1항에 따라 그 보험료납부액에 대한 보험금상당액에서 당해 보험료납부액을 차감한 금액을 보험금 수취인의 증여재산가액으로 하는 것임.

❑ 연금보험료를 매월 母가 불입하기로 약정하고 증여세 신고한 경우로서 자녀가 보험금 수령하는 경우 수취한 보험금에서 불입액을 뺀 금액이 증여세 과세대상임(재산세과 - 590, 2010.8.13.).

❑ 보험금 수령인과 실제 보험료 불입자가 동일한 경우 과세 안됨(재산세과 - 151, 2011.3.22.).

아내를 보험계약자 및 수익자로 하는 보험계약(1차 보험계약이라 함)의 보험료를 남편의 금전으로 불입한 후 만기에 지급받은 보험금을 남편 및 자녀를 수익자로 하는 보험계약의 보험료로 다시 불입하는 등 1차 보험계약의 만기에 지급받은 보험금이 실질적으로 아내에게 귀속되는 것이 아닌 경우에는 증여세가 과세되지 아니함(재산세과 - 258, 2009.9.21.).

❑ **증여받은 후 보험계약체결하고 보험료 불입한 경우**(재산세과 – 616, 2011.12.26.)

보험금 수취인이 재산을 먼저 증여받아 보험료를 불입한 경우로서 당해 증여 및 보험계약의 구체적인 내용과 경제적인 실질이 보험계약기간 중에 재산을 증여받아 보험료를 불입하는 경우와 유사한 경우에도 이를 보험금 수취인의 증여재산가액으로 하는 것임.

> 질의 보험계약기간 전에 자녀에게 증여한 후 보장성 보험의 피보험자를 부모로, 보험계약자 및 수익자를 자녀로 하여 보험계약을 체결한 경우 과세 여부?

❑ **보험계약 전에 증여받은 금전으로 보험료 불입시 과세대상임**(서일 46014 – 10682, 2003.5.28.).

2003.1.1. 이후 타인으로부터 증여받은 금전이나 금전 외 유가증권 등의 재산을 증여받고 이를 양도하여 마련한 금전 등으로 보험료를 불입하는 자가 보험사고 발생시 보험금을 수취하는 경우에는 상속증여세법 제34조 및 제42조 제1항의 규정에 의하여 보험금 상당액에서 당해 보험료 불입액을 차감한 가액을 당초 금전이나 유가증권 등을 증여한 자가 보험금 수취인에게 증여한 것으로 보아 증여세를 과세하는 것이며, 이 경우 보험금상당액에서 차감하는 보험료 불입액은 증여세가 과세되는 금전 등으로 불입한 것이 확인되는 보험료를 말하는 것임.

> 해설

아래 사례에서 증여시기만 다를 뿐 5억원에 대한 증여세 0.9억원 납부하고 4억원으로 보험료 불입한 것은 ①·②가 동일한 경우에, ②는 보험계약기간 중에 증여를 받았으므로 상속증여세법 제34조에 의거 보험금 수취시점에서 6억원(보험금 수취액 10억원 – 보험료 불입액 4억원)을 증여받은 것으로 보아 과세가능하고, ①은 제34조의 과세대상이 아니나

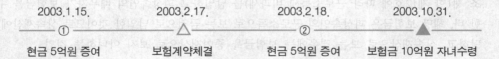

2003.1.15.	2003.2.17.	2003.2.18.	2003.10.31.
①	△	②	▲
현금 5억원 증여	보험계약체결	현금 5억원 증여	보험금 10억원 자녀수령

보험금 증여규정을 개정하여 보험금 수취액에서 보험료 불입액을 차감한 금액에 대해 증여세를 추가 과세하도록 한 것은 보험료 불입시 금액에 상당하는 증여세만을 납부하고 고액의 보험금을 수취할 때에는 증여세를 회피하는 것을 방지하기 위한 것이며 보험금 증여의제에 대해 유형별 포괄주의를 도입한 것은 법령에서 열거한 과세요건을 회피하고 유사한 방법으로 이익 분여시 곧바로 증여세를 부과하여 변칙증여를 차단하기 위한 것으로 볼 때에, 父로부터 보험계약 전에 증여받은 금전 또는 금전외의 유가증권 등을 증여받아 매각한 금전으로 보험료를 불입하고 보험금을 수취하는 것은 상속증여세법 제34조에서 규정한 보험금 증여의제와 방법 및 이익이 유사하므로 상속증여세법 제42조 제1항에 의한 유형별 포괄주의 과세규정을 적용하여 증여세를 과세하도록 유권해석한 것으로 보인다. 보험금 상당액에서 차감하는 보험료 불입액은 증여세 과세되는 금전으로 불입한 보험료를 말하는 바, 父가 子의 예금계좌에 금전을 입금한 것이 단순 차명거래일 뿐이고 증여세를 신고납부하지 않는 등으로 증여에 해당되지 아니할 때는 자녀 예금계좌에 입금된 금전은 증여세 과세제외하고 보험금 총액에 대해 1회 과세하며, 과세되는 금전으로 보험료 불입시는 보험금총액에서 보험료 불입액을 차감한 금액에 증여세를

과세함으로써 2회 분할과세가 될 것이다.

□ **상속연금형의 보험금의 평가방법**(재산세과 - 492, 2011.10.19.)

상속연금형의 경우 연금 및 적립금을 받을 권리는 종신정기금을 받을 권리의 평가방법으로 평가하며 당해 적립금은 피보험자의 기대여명의 최종연도에 받을 정기금액에 포함되는 것임.

□ **연금형 보험금의 평가방법**(재산세과 - 695, 2010.8.18.)

생명보험이나 손해보험에서 보험금 수령인과 보험료 납부자가 다른 경우에는 상속증여세법 제34조 규정에 의하여 보험사고(만기 보험금 지급의 경우 포함)가 발생한 때에 그 보험금상당액을 보험금 수령인의 증여재산가액으로 하며, 귀 질의와 같이 피보험자가 보험료 납입 후 수익자인 아들이 계약기간(10년) 동안 연금(이자상당액)을 수령한 후 10년이 되는 시점에서 원금을 수령하는 연금보험에 있어서, 보험사고가 발생한 때에 연금과 적립금의 평가는 유기정기금의 평가방법에 의하며, 적립금은 계약기간의 마지막 연도에 받을 정기금에 포함하여 평가함.

□ **증여받은 금전으로 보험료 불입한 경우 과세 여부**(재재산 - 1239, 2007.10.11.)

생명보험 또는 손해보험에 있어서 보험금 수취인이 재산을 증여받아 보험료를 불입한 경우에는 당해 증여 및 보험계약의 구체적인 내용 및 경제적 실질에 따라 상속증여세법 제2조, 제34조 또는 제42조의 규정이 적용되는 것임.

□ **사업주가 불입한 보험료(비과세 근로소득)로 종업원의 상속인이 보험금을 지급받은 경우 증여세 과세 여부**(조심 2019소3017, 2019.11.29.)

피상속인이 재직한 은행에서 단체순수보장성보험계약을 체결하고 보험료(소득세법시행령 제34조 제1항 제12호에 따라 근로소득세 비과세)를 납입하고 피상속인의 배우자가 보험금을 수령한 바, 해당 보험금은 피상속인의 근로소득으로 보는 금전으로 납입한 것이므로 상속재산에 해당하고, 상속재산으로 보는 경우에는 보험금을 증여재산으로 보지 아니하는 것임.

□ **자식이 부모가 납부한 보험의 보험수익자로 표기되어 있다고 하더라도 보험금의 실질적 수취인이 그 자식이 아닌 부모라면 증여세를 과세할 수 없음**(조심 2011서1453, 2011.9.16.).

□ **妻가 보험금 수령인이나 보험료를 납입한 남편이 해당 보험금의 실질적 소유자이므로 과세제외**(조심 2008전1426, 2010.9.7.)

□ **상속형 즉시연금계약의 수익자를 변경한 날에 증여한 것에 해당함**(대법원 2018두36486, 2018.6.15.).

증여일 당시 원고가 형식적으로는 계약자(원고의 母)의 지위를 취득하지 못하였을지라도 언제든지 '계약을 해지하고 해지환급금을 받을 수 있는 지위'를 취득하여 경제적 가치는 원고에게 귀속되어 있었다고 봄이 상당하고, 증여 당시 이 사건 즉시연금보험을 실제로 해지한 바 없었다고 하여 달리 볼 것은 아님.

□ **妻가 보험계약을 체결하고 보험료는 남편이 납입시 증여 여부**(대법원 2018두31443, 2018. 4.26.)

- 妻가 남편 자금으로 보험료를 불입한 이후 2년간 매월 약 500만 원의 보험금(2011.11.25.은 1,000만 원)을 수령하다가 해당 보험을 해지하였고, 보험납입금 10억 원 중 9억원 상당을

妻 은행 계좌로 환급받았다가 추후 남편 부동산 취득자금으로 사용한 경우
- 남편이 쟁점 금원을 妻에게 확정적으로 귀속시켜 증여한 것으로 보기 어렵고, 만기 전에 해약하였으므로 보험료가 남편의 자금으로 납입되었다는 사정만으로 보험금의 증여에 해당한다고 보기는 어려움.

☐ 저축성 보험의 보험차익에 대한 비과세혜택을 받기 위하여 자녀 명의로 보험계약을 체결하고 부친이 납입한 보험료는 증여세 과세대상이 아님(대법원 2018두35322, 2018.4.26.).

☐ 명목상의 보험금 수취인을 증여세 납세의무자로 볼 수 없음(대법원 2010두14459, 2012.6.14.).

☐ 보험금 수취인과 보험료 불입자가 부부관계로서 남편의 예금계좌에서 처의 생명보험 계좌로 이체하여 보험료가 납입된 경우 수취한 보험금 상당액에서 송금받아 불입한 금액을 제외한 금액을 증여로 보는 것임(대법원 2009두21185, 2010.2.25.).
- 2000.12.20.~2001.5.18. : 남편 계좌에서 처계좌로 5억원 이체됨(과세 미달).
- 2005.12.26. : 생명보험금 643,684,000원 처가 수령함.
- 증여재산가액 : 143,684,000원(643,684,000원 - 5억원)
➡ 2002.12.31. 이전 귀속분으로서 증여받은 금전과 보험금을 구분하여 과세한다는 취지임.

사례 1   보험계약 전에 증여받은 재산으로 보험료 불입한 자가 보험금 수령한 경우 증여가액

☐ 보험계약 체결 및 보험금 수령 내용
○ 2004.1.31. : 甲은 A보험회사와 생명보험 계약 체결
 - 보험계약자 甲, 피보험자 甲의 父, 보험금 수령인 甲
 - 일시 납입한 보험료 8억원은 父로부터 증여받은 금전임.
  • 甲이 父로부터 10억원을 증여받고 증여세 납부한 후의 금전임.
○ 2009.12.15. 甲의 사망으로 인하여 지급된 보험금 30억원을 甲이 수령

풀이

○ 30억원에서 8억원을 차감한 22억원에 대하여 다시 증여세를 과세한다.

관련예규

보험금 수취인이 재산을 먼저 증여받아 보험료를 불입한 경우로서 당해 증여 및 보험계약의 구체적인 내용과 경제적인 실질이 보험계약기간 중에 재산을 증여받아 보험료를 불입하는 경우와 유사한 경우 이를 보험금 수취인의 증여재산가액으로 함(재산세과 - 616, 2011.12.26.).

| 사례 2 | 즉시연금보험가액(정기금, 납입보험료, 해지환급금 상당액)의 평가방법 |

❑ 사실관계

○ 2012.6.14. 甲은 계약자, 피보험자, 수익자를 본인으로 하는 즉시연금보험 계약 및 보험료 18억원 일시납부함.

○ 2012.7.3. 청약철회기간이 경과한 후 甲은 계약자, 수익자를 자녀로 변경함으로써 증여함.

 - (납세자) 정기금을 받을 권리로 보아 평가한 1,563백만원으로 증여세 신고함.

 - (과세관청) 납입보험료 18억원으로 평가하여 과세함.

 - (대법원 판결) 약관에 따라 계산한 해지환급금 1,665백만원으로 과세하는 것이 정당함.

❑ 대법원 판결요지(대법원 2015두49535 · 51613 · 59303, 2016.10.13., 2015두53046, 2016.9.28.)

 - 증여자가 수증자에게 이전한 보험계약상의 지위가 증여재산에 해당하는 경우에, 그 보험계약상 지위 자체의 시가를 곧바로 산정할 수 있는 적절한 방법이 없는 반면, 증여시점에 보험계약을 해지하거나 청약을 철회하여 지급받을 수 있는 환급금 또는 보험계약을 그대로 유지하였을 때 받을 수 있는 각종 보험금 등 그 보험계약상의 지위에서 인정되는 여러 권리의 금전적 가치를 산정할 수 있고, 그와 같은 권리들이 서로 양립할 수 없는 관계에 있다면, 특별한 사정이 없는 한 그 권리들의 가액 중 가장 높은 것이 증여재산 가치에 가장 부합한다고 할 것이므로 이를 기준으로 증여세를 과세할 수 있다.

 - 즉시연금보험의 계약자, 연금수익자 및 만기수익자가 됨으로써 즉시연금보험을 해지하고 보험료를 환급받을 수 있는 권리를 취득하였다면, 약관에 의하여 계약이 소멸하기 전에 언제든지 계약을 해지하고 미리 정해진 산출방법에 따라 계산한 해지환급금을 지급받을 수 있도록 되어 있으므로, 즉시연금보험을 해지하여 보험료를 환급받을 수 있는 권리의 가액은 해지환급금 상당액으로 봄이 상당하고, 증여일 당시 그 즉시연금보험을 실제로 해지한 바 없었다고 하여 그와 같은 권리를 취득하지 않았다고 보거나 가액을 달리 산정하여야 할 것은 아니다.

   ➡ 즉시연금보험의 계약자 및 수익자 지위를 증여받은 사건에서, 즉시연금보험의 계약상 지위를 증여받은 경우 특별한 사정이 없는 한 보험료 환급금 등 그 권리의 금전적 가치를 산정할 수 있는 서로 양립할 수 없는 권리들의 가액 중 가장 높은 것이 그 증여재산의 재산적 가치에 가장 부합하므로 즉시연금보험의 계약해지환급금 상당액을 기준으로 증여세를 부과할 수 있다고 판단한 사안임.

 - 환급금은 청약철회기간이 도과하기 전 해지한 경우에는 납입보험료 전액을, 도과한 후에 해지한 경우에는 약정에 따라 계산한 금액이므로, 증여시기가 청약철회기간 도과 전이면 납입보험료 전액이, 도과한 후이면 약정한 해지환급금이 증여재산가액임.

3. 증여시기

보험금의 증여시기는 보험사고가 발생한 때이며, 보험사고에는 만기 보험금 지급의 경우를 포함한다(상속증여세법 기본통칙 34 - 0…1). 보험금을 실제 수령하는 날이 아니며, 피보험자 및 수익자를 변경하는 것은 보험사고가 발생한 것에 해당되지 아니한다(재산세과 - 545, 2011.11.22.). 연금보험의 경우 연금지급이 개시된 때를 증여시기로 보아야 할 것이다.

 관련 예규 · 심판결정례 및 판례 등

☐ 보험계약자의 명의변경시점을 증여시기로 보아 과세한 처분의 당부(조심 2014서251, 2016.3.18.)
   배우자가 보험금 납입 후 보험금 지급개시 전에 보험계약(수익)자를 청구인으로 변경한 것은 당초의 보험계약자(배우자)가 청구인을 위해 보험료 상당액을 대신 납입한 것과 경제적 효과가 동일한 점, 보험의 계약자와 수익자의 명의가 변경된 경우 약관대출을 받을 수 있는 권리뿐만 아니라 보험계약자 및 수익자 변경권, 보험해지권, 해지금 수령권 등 보험과 관련된 모든 권리가 당초 계약자에서 변경된 계약자로 이전되므로 계약자의 명의를 변경한 시점과 증여자가 보험료를 불입한 시점에 쟁점보험료를 청구인에게 증여한 것으로 볼 수 있는 점 등에 비추어 계약자 및 수익자의 명의 변경시점을 증여시기로 보아 과세한 것은 잘못이 없음.

☐ 보험계약을 중도해지한 경우 '처를 보험계약자이고 수익자로 한 저축성보험에 대한 보험료'를 '남편'이 불입하다 중도해약하고 수취한 보험금으로 '남편'의 부동산취득자금에 사용된 경우에 '처'에게 증여세 과세함은 부당함(심사증여 99 - 120, 1999.5.7., 국심 97서1102, 1998.7.10.).

☐ 父가 子를 보험계약자 및 수익자로 하는 보험계약을 체결하고 보험료를 불입하였다 하더라도 보험금의 증여시기는 보험사고가 발생한 때이므로 보험료 불입일에 불입액을 현금증여로 보아 과세한 처분은 부당함(국심 95구1571, 1995.12.15.).

☐ 보험사고가 발생하지 않고 만기가 도래한 경우 만기일이 증여일임(서울고법 2011누12421, 2011.9.28.).

☐ 보험금 수익자를 변경한 것은 증여에 해당하지 않음(대법원 2010두5493, 2010.6.24.).
   보험계약자 및 수익자의 변경만을 가지고 그때 상속증여세법상의 증여가 있었다고 볼 수 없고, 실제 보험금을 수취하거나 해약환급금을 수취하였을 때 실제 보험료 불입자로부터 증여받은 것으로 보는 것임.

4. 증여세 과세 제외

다음에 해당하는 생명·손해보험금에 대해서는 증여세를 과세하지 아니한다.

① 피상속인이 보험료를 불입하고 그의 사망으로 인하여 지급되는 보험금의 경우에는 상속재산으로 보아 과세하므로 증여세를 과세하지 아니한다.

② 보험사고가 발생하기 전에 보험계약을 해지하고 해약환급금을 보험료 불입자가 수령하는 경우 보험금에 대한 증여시기가 도래하지 않았기 때문에 보험금의 증여에는 해당하지 아니한다.

③ 장애인 및 상이자를 보험금 수취인으로 하는 보험금액에 대하여는 상속증여세법 제46조 제8호 및 같은 법 시행령 제35조 제6항의 규정에 의하여 연간 4천만원까지 증여세를 비과세한다.

 관련 예규·심판결정례 및 판례 등

❑ 장애인을 보험금 수령인으로 하는 보험금액에 대하여는 연간 4천만원을 한도로 증여세가 비과세되는 것임(재산세과-21, 2011.1.11.).

❑ 보험금을 장애인이 연금으로 수령하는 경우로서 매년 수령하는 보험금액이 연간 4천만원 이내인 경우 증여세가 비과세되는 것임(재산세과-357, 2010.6.3.).

제5절 : 저가양수·고가양도에 따른 이익의 증여

1. 개 요

헌법상 보장되는 계약자유의 원칙에 따라 거래 당사자들은 매매가액 또는 대금 지급조건 등을 자유롭게 결정하여 재산을 거래할 수 있을 것이다. 불특정다수인 사이에 자유롭게 거래가 이루어지는 경우에는 정상적인 시장가격을 기준으로 거래가 이루어질 것이고 그 거래내용에 따라 관련 세금을 부과한다. 그러나 친족 또는 법인의 대주주와 임원 등의 사이에 거래하는 경우에도 외형상 거래내용대로 세금을 부과한다면 시가보다 높거나 낮은 가액으로 거래를 함으로써 정상적인 경우 납부해야 할 조세를 부당하게 회피하는 경우가 발생할 수 있고 이 경우 과세형평성을 해치는 등으로 실질과세의 원칙 및 조세평등의 원칙에 오히려 위배되는 결과가 발생할 수 있을 것이다.

따라서 세법에서는 정상적인 시가를 초과하거나 미달한 가액으로 거래하여 부당하게 조세를 회피하는 경우 세법에서 정한 가액을 기준으로 세금을 계산하여 부과할 수 있는 제도로서 부당행위계산 부인규정 및 저가·고가 양수·양도에 따른 증여세 과세규정 등을 두고 있다. 이러한 증여세 과세규정 등을 적용하여 세법에서 정한 가액으로 세금을 부과하였다 하여 납세자들의 사법적 영역에 속하는 해당 거래내용에 대한 효력이 없어지는 것은 아니다.

2003.12.31. 이전에는 재산을 특수관계인 사이에 거래하는 경우로서 시가보다 높은 가액으로 양도하거나 특수관계인으로부터 시가보다 낮은 가액으로 자산을 양수하는 경우에는 시가와 대가의 차액 상당액을 증여받은 것으로 의제하여 증여세를 과세하였다.

2004.1.1.부터 특수관계 성립 여부에 관계없이 모든 거래에 대하여 시가와 대가의 차이가 시가의 30% 이상 차이가 발생하는 경우 등으로 과세대상을 확대하였다. 다만, 특수관계가 없는 자 간에 거래하는 경우에는 거래의 관행상 정당한 사유없이 현저히 낮은 가액 또는 높은 가액으로 거래한 경우에만 시가와 대가의 차액에 대해서 증여세를 과세하도록 하고 정당한 사유가 있으면 과세하지 않도록 하였다.

구 분	수증자	과세요건
저 가 양 수	양 수 자	시가 − 양수대가 ≥ 시가 × 30% or 3억원
고 가 양 도	양 도 자	양도대가 − 시가 ≥ 시가 × 30% or 3억원

저가양수·고가양도에 따른 증여세 과세요건 및 증여재산가액 계산방법 등에 대하여 특수관계인 간의 거래와 특수관계인이 아닌 자 간의 거래를 구분하여 약간의 차이를 두고 있는 바, 상속증여세법 제35조 및 상속증여세법 시행령 제26조의 조문체계를 요약해 보면 다음과 같다.

거래유형(상속증여세법 제35조)	과세요건 및 증여재산가액 등

① 특수관계인 간에 시가보다 낮은 가액으로 양수하거나 높은 가액으로 양도하는 경우
 – 과세대상에서 제외하는 재산(令 §26 ①)
 • 전환사채, 신주인수권부사채 등 거래
 • 상장·코스닥 상장주식의 증권시장 거래
  (시간외 시장 종가 외 거래는 과세)
	② 낮은 가액(과세요건)
	  (시가－대가) ≥ 시가의 30% or 3억원
	 ② 높은 가액(과세요건)
	  (대가－시가) ≥ 시가의 30% or 3억원

↓

• ② 과세요건 충족시 증여재산가액(法 §35 ①) :
시가와 대가의 차액－Min(시가의 30%, 3억원)

| ② 특수관계인(法 §2 10호, 令 §2의2)이 아닌 자 간에 정당한 사유없이 시가보다 낮은 가액 또는 높은 가액으로 거래한 경우 | ③ 낮은 가액(과세요건)
  (시가－대가) ≥ 시가의 30%
 ③ 높은 가액(과세요건)
  (대가－시가) ≥ 시가의 30% |

↓

| ③ 증여세 부과하지 않는 경우
 법인세법 또는 소득세법상 부당행위계산 부인대상이 아닌 거래 | ④ ③ 과세요건 충족시 증여재산가액(法 §35 ②) : 시가와 대가의 차액－3억원 |

| | ⑤ 대가와 시가 산정기준일
 • 원칙 : 잔금청산일 등 양도소득세 과세시
  양도시기 또는 취득시기
 • 예외 : 매매계약체결일 |

 관련 예규·심판결정례 및 판례 등

☐ 특수관계인 외의 자간에 거래의 관행상 정당한 사유없이 시가보다 현저히 낮은 가액으로 재산을 양수한 경우 과세규정은 헌법에 위반되지 않음(헌재 2012헌바370, 2014.7.24.).

특수관계에 있는 자 외의 자로부터 거래의 관행상 정당한 사유없이 시가보다 현저히 낮은 가액으로 재산을 양수한 경우 양수인에게 증여세를 부과하도록 규정한 상속증여세법 제35조 제1항 제1호 및 제2항은 과세의 공평을 도모하여 조세정의를 실현하기 위한 것으로서 그 입법목적이 정당하며, '거래의 관행상 정당한 사유없이 시가보다 현저히 낮은 가액으로 재산을 양수한 경우'로 과세요건을 한정하고 있고, 나아가 과세대상인 이익의 범위를 정함에 있어 일응 시가와 대가와의 차액을 이익으로 보면서도 다시 그 구체적 범위를 대통령령에 위임함으로써 그 범위를 또다시 축소할 수 있는 길을 열어 놓고, 정당한 사유가 있음을 들어 다툴 수 있는 등 납세의무자의 권익이 부당하게 침해되지 않도록 하는 제도적 장치를 마련하고 있어 이 법률조항으로 인한 불이익이 조세회피의 규제와 과세의 공평이라는 공익에 비하여 크다고 보기 어려우므로, 과잉금지원칙을 위배하여 청구인의 재산권을 침해한다고 볼 수 없음.

2. 과세요건

가. 재산의 양도 · 양수 행위일 것

재산을 양도하거나 양수하는 경우에 적용한다. 따라서 배우자나 직계존비속 등의 사이에 외형상으로는 매매형태를 취하고 있으나 재산의 매매대가를 지급하지 아니한 것으로 확인되는 때에는 재산의 양수 · 도가 아니고 민법상 증여에 해당하므로 저가양수 · 고가양도에 따른 증여규정을 적용하지 않고 해당 재산가액 전부에 대하여 증여세를 과세한다.

상속증여세법에서 양도에 대한 정의를 하고 있지 아니하므로 소득세법상 양도의 정의에 준하여 과세대상 거래 여부를 판단한다면 다음과 같이 구분할 수 있다.

양도로 보는 경우(양도소득세 과세대상)	양도로 보지 않는 경우(양도소득세 과세 제외)
① 매매, ② 부담부증여(채무인수분), ③ 교환, ④ 공매 · 경매, ⑤ 현물출자(공동사업조합체 및 법인), ⑥ 물납재산, ⑦ 대물변제, ⑧ 이혼위자료, ⑨ 수용 · 협의매수 등	① 양도담보, ② 공유물분할(분할 전후 면적동일), ③ 환지처분(환지청산금 제외), ④ 매매 원인무효(환원등기), ⑤ 이혼시 재산분할, ⑥ 담보제공, ⑦ 토지허가거래구역의 허가받지 못한 거래 등

그리고 재산의 범위는 상속증여세법 제2조 제7호에서 증여재산의 범위를 금전으로 환산할 수 있는 경제적 가치가 있는 모든 물건, 재산적 가치가 있는 법률상 또는 사실상의 모든 권리 및 금전으로 환산할 수 있는 모든 경제적 이익으로 규정하고 있으므로 명칭이나 형태 등에 관계없이 이에 해당하는 모든 재산으로 보아야 할 것이므로 부동산 · 주식 등 유형재산이나 특허권 · 실용신안권 · 영업권 등 무체재산권 및 공동사업체의 출자지분도 포함한다 할 것이다. 따라서 양도소득세 과세대상에 해당하는 부동산, 부동산을 취득할 수 있는 권리 또는 유가증권 등 재산의 거래로 한정할 것은 아니다.

 관련 예규 · 심판결정례 및 판례 등

❑ 공유토지의 지분교환은 양도로 보며 저가양도시 증여규정 적용됨(재삼 46014 - 1378, 1998.2.12.).

❑ 자녀들에게 명의신탁한 주식을 양도로 신고하였으나, 명의주식을 환원한 사실이 인정되므로 저가양

수에 따른 증여세 과세는 잘못임(조심2021인2601, 2021.7.22.).

☐ 담보목적의 명의이전이므로 양도거래로 보아 저가양수에 따른 이익의 증여세 과세는 잘못임(조심 2020전8251, 2021.2.1.).

☐ 조건부 매매계약이 양수인의 조건 미이행으로 적법하게 해제된 경우 계약 해제의 소급효로 인해 양도에 해당하지 않아 저가양수시 증여세 과세 대상 아님(조심 2017중5109, 2018.3.21.).

☐ 법원 판결로 주식거래가 원인무효임이 확인된 경우 및 주식 거래 후 3월 내에 매매취소한 경우 증여세 과세대상 아님(조심 2021서1799, 2022.1.12., 국심 2004중3167, 2005.4.6.).

☐ 주식의 포괄적 교환이 고·저가 양도에 따른 과세대상 여부(조심 2012서1968, 2012.7.17.)
주식의 포괄적 교환으로 발생한 증여이익에 대하여 상속증여세법 제35조를 적용하여 과세하는 것은 별론으로 하더라도 주식의 포괄적 교환과정에서 완전자회사의 쟁점주식이 과대평가된 것으로 보아 상속증여세법 제42조를 적용하여 산정한 증여이익으로 청구인에게 증여세를 과세한 처분은 부당함. ⇒ 대법원은 상속증여세법 제42조 적용대상으로 판결함.

☐ 주식의 포괄적 교환은 저가양수에 따른 증여세 과세대상 아님(대법원 2012두6797, 2014.9.26.).
주식의 포괄적 교환으로 인한 증여이익은 상속증여세법 제35조이나 제39조 제1항을 적용하여 증여세를 과세할 수 없고, '법인의 자본을 증가시키는 거래에 따른 이익의 증여'에 관한 같은 법 제42조 제1항 제3호를 적용하여 증여세를 과세하여야 함(대법원 2011두23047, 2014. 4.24.).

☐ 주식거래가 무효인 경우 과세할 수 없음(대법원 2017두42606, 2017.7.11.).
주식저가양도거래에 대해 증여세 과세 이후 무효판결에 따라 경제적 이익이 모두 환원되었다면 후발적 경정청구사유가 되어 당초 과세처분은 위법함.

☐ 유효한 매매계약으로 자산의 양도가 이루어진 후 환매약정에 따른 환매가 이루어지더라도 이는 원칙적으로 새로운 매매에 해당함(대법원 2013두12652, 2015.8.27.).
매매계약이 해제되었다면 매매계약의 효력은 상실되어 자산의 양도가 이루어지지 아니한 것이 되므로 양도소득세의 과세요건인 자산의 양도가 있다고 할 수 없으나(대법원 1992.12.22. 선고 92누9944 판결 등 참조), 유효한 매매계약을 토대로 자산의 양도가 이루어진 후 환매약정에 따른 환매가 이루어지더라도 이는 원칙적으로 새로운 매매에 해당하므로 이러한 환매는 당초 매매계약의 해제 또는 해제조건의 성취 등에 따른 원상회복의무의 이행으로 볼 수 없고 약정된 투자수익금 등의 지급을 위한 별개의 매매에 해당함.

☐ 해제권 행사로 계약이 해제되었거나 각서상의 실권약관에 의해 매매계약이 무효된 것이 아니므로 저가양도에 따른 증여세 부과는 적법함(대법원 2015두39330, 2015.6.24.).

☐ 계약내용에 협의이혼 조건없는 매매계약으로 저가양수에 해당됨(대법원 2012두12679, 2012.9.27.).
주식양도는 협의이혼을 정지조건으로 주식을 이전하기로 하였는데 이혼 의사를 철회함으로써 조건 불성취로 저가양수에 따른 증여세 과세처분을 취소해야 된다고 주장하나 당초 계약내용 등에 협의이혼 조건이 없는 정상적인 주식 매매계약으로 특수관계자 간 저가양수에 해당됨.

나. 시가보다 현저히 낮은 가액 또는 높은 가액으로 거래할 것

상속증여세법상 시가대로 대가를 정하지 아니한 모든 거래를 증여세 과세대상으로 삼는 것은 아니며 시가와 대가의 차이가 일정비율 또는 일정금액 이상으로서 과세요건을 충족하는 경우에 증여세를 과세한다. 증여세 과세요건은 특수관계인 간에 거래한 경우와 특수관계인이 아닌 자 간의 거래에 구분하여 규정하고 있다.

1) 특수관계인 간 거래의 경우 과세요건

양도자와 양수자 사이에 특수관계가 성립하는 경우에는 시가와 대가의 차액이 시가의 30% 이상 또는 그 차액이 3억원 이상인 경우에 증여세 과세대상에 해당한다.

구 분	2003.12.31. 이전	2004.1.1. 이후
저 가 양수시	(시가 − 대가)가 시가의 30% 이상이거나 그 차액이 1억원 이상인 경우	(시가 − 대가)가 시가의 30% 이상이거나 그 차액이 3억원 이상인 경우
고 가 양도시	(대가 − 시가)가 시가의 30% 이상이거나 그 차액이 1억원 이상인 경우	(대가 − 시가)가 시가의 30% 이상이거나 그 차액이 3억원 이상인 경우

➡ 1996.12.31. 이전에는 시가와 대가의 차이가 시가의 30% 이상인 경우에만 증여세 과세대상임.

관련 예규 · 심판결정례 및 판례 등

☐ 저가양수에 따른 증여의제 적용을 위해 수증자와 증여자의 무상이전에 대한 인식이 필요한 것은 아님(대법원 2012두7820, 2012.12.13.).

☐ 특수관계인 거래도 정당한 사유가 있으면 과세할 수 없음(조심 2017구878, 2017.10.24.).

  − 주식 거래가 특수관계인들 간의 거래이기는 하나 양도인과 양수인의 특수관계는 공동출자에 따른 형식적인 관계에 불과하고 실질적으로는 투자자와 쟁점산업단지 조성사업 추진자간의 병렬적 관계로 보이는 점 등에 비추어 주식 거래는 정상적이고, 거래가액은 쟁점주식의 객관적 교환가치를 합리적으로 고려하였다 할 것임(대법원 2007.1.11. 선고 2006두17055 판결 등).

  − 상속증여세법상 특수관계인 간 거래이나 당사자 간 대등한 관계에서 거래가액이 산정되었으며, 추정이익에 의해 산정된 가액이 거래가액과 거의 유사하고, 쟁점법인은 합병이라는 불합리한 사유가 발생하여 당기순이익이 급증하였으므로 보충적 평가방식을 그대로 적용하기에는 불합리해 보이므로 거래가액은 시가에 해당함(조심 2016중3788, 2017.6.5.).

  − 정부의 교복 최저가 입찰제시행 등으로 매출액 급감과 부실채권 증가 등 경영악화로 인해 당시 영업총괄책임자인 양도인이 실적부진의 책임을 지고 퇴사하면서 자신의 보유주식을 부

득이 처분한 것으로 보이는 점, 쟁점주식의 거래 전후 매매사례가격으로 보아 거래가액이 경제적 합리성이 결여된 비정상적인 가격이라 보기 어려운 점 등에 비추어 쟁점거래는 거래당사자의 이해관계와 자유의사에 따라 이루어진 합리적인 거래이므로 거래가액을 객관적 교환가치가 적정하게 반영된 정상적인 시가로 보는 것이 타당함(조심 2018서2242, 2018.9.11.).

– 청구인이 세법상 특수관계인으로부터 주식을 양수하였으나 거래당시에 이해관계가 상반되는 당사자가 협상을 통해 이루어진 거래이고 거래가액 역시 객관적인 교환가치를 적절하게 반영된 시가로 볼 수 있는 점 등에 비추어 과세처분은 잘못임(조심 2018서3647, 2019.1.8.).

2) 특수관계인이 아닌 자간 거래의 경우 과세요건

2004.1.1. 이후 특수관계인이 아닌 자간에 재산을 매매한 경우에도 거래의 관행상 정당한 사유가 없이 시가보다 30% 이상 낮은 가액 또는 높은 가액으로 재산을 매매하는 경우에 과세대상이 된다.

구 분	과세요건
저가 양수시	(시가－대가)가 시가의 30% 이상인 경우로서 정당한 사유가 없는 경우
고가 양도시	(대가－시가)가 시가의 30% 이상인 경우로서 정당한 사유가 없는 경우

가) 시가와 대가의 차이요건

시가와 대가의 차액이 시가의 30% 이상 높거나 낮은 경우를 말한다. 특수관계인 간의 거래에 대해서는 차이비율이 30%에 미달하더라도 시가와 대가의 차액이 3억원 이상이면 과세대상에 해당하지만 특수관계인이 아닌 자 간의 거래는 증여할 소지가 크지 않고 자유로운 거래를 위축시킬 수 있는 점 등을 고려하여 과세요건을 완화하고 있다.

나) 정당한 사유가 있는지 판단

특수관계인이 아닌 자간에 재산을 양도한 경우에는 "거래의 관행상 정당한 사유 없이 시가보다 현저히 낮은 가액 또는 높은 가액으로 거래한 경우"에 증여세 과세대상에 해당하는데 이때 "정당한 사유"가 어떤 것인지에 대한 구체적인 규정은 없다. 거래의 관행상 정당한 사유가 있는지 여부에 대하여 과세관청은 해당 거래의 경위, 거래 당사자의 관계, 거래가액의 결정과정 등을 감안할 때에 적정한 교환가치를 반영하여 거래하였다고 볼 수 있는지 여부 등 구체적인 사실을 확인하여 판단할 사항이라고 유권해석하고 있다.

또한 심판결정례나 대법원 판례에서도 개별사안에 따라 정당한 사유가 있는지 여부를 판단하고 있어 실무상으로도 거래당사자의 관계, 거래경위 및 거래가액 결정과정 및 입법취지 등을 고려하여 판단하여야 한다.

개정배경을 보면 실질적으로 특수관계인에게 무상으로 이익을 이전하면서도 세법상 특수관계인이 아닌 자간의 거래를 통하는 방법이나 세법상 열거된 특수관계는 아니지만 무상으로 이익을 분여할만한 관계에 있는 자간에 저가 또는 고가로 거래하는 사례에 대한 보완방법으로 특수관계인이 아닌 자간의 거래로서 정상적인 거래 범위를 벗어난 시가의 30%를 초과하여 거래한 경우 과세대상에 추가한 측면을 가지고 있다.

즉 자녀에게 시가보다 낮은 가액으로 재산을 양도하면 증여세 과세를 받게 되는 것을 피하기 위하여 본인은 친구의 아들에게 저가로 양도하고 친구는 본인의 아들에게 재산을 저가로 양도하여 실질적으로는 자녀들에게 무상으로 이익을 주면서도 특수관계가 성립되지 않도록 하는 사례 등 통상의 거래가액 범위를 넘어선 매매에 대하여 증여 여부를 검증할 수 있도록 증여추정의 성격으로 도입한 제도로 볼 수 있다.

정당한 사유가 있는지에 대해서는 거래 당사자 간에 세법상 특수관계는 없지만 무상으로 이익을 분여할만한 친밀한 관계인지, 거래의 필요성이 있는가, 대가가 세법상 평가액과 차이가 있지만 시장에서 거래가액을 결정할 때 일반적으로 적용하는 평가액을 기초하여 결정된 가액인지 및 거래의 불가피성 등을 고려하여 판단하여야 할 것이다.

 관련 예규 · 심판결정례 및 판례 등

❑ 특수관계 없는 자로부터 거래의 관행상 정당한 사유없이 시가보다 현저히 낮은 가액으로 부동산을 취득한 경우 증여세 과세대상임(재산세과 – 974, 2008.8.18.).
 – 거래의 관행상 정당한 사유가 있는지 여부는 당해 거래의 경위, 거래당사자의 관계, 거래가액의 결정과정 등 구체적인 사실을 확인하여 판단할 사항임.
 – 2002.5. P에게 사업자금 투자, P는 토지를 분양받아 건물을 지어 제조업 운영(본인은 투자금을 회수하기 위하여 P의 토지에 매매예약 가등기)
 – 2008년 P가 사업이 어려워 사업 및 부동산을 양도하려 하고 있음.
 – 위 부동산을 당초 매매예약 가등기한 금액(분양당시 공시지가가 22만원이었던 것이 현재 55만원임)으로 인수할 경우 증여세 해당 여부를 질의함.

❑ 경영권이 이전된 거래에서 시가 산정방법(조심 2018중3584, 2018.11.28.)
 쟁점주식 거래 전 세무법인의 자문을 받아 거래가액을 결정하였다고 주장할 뿐 그 근거를 제시하지 아니하고 있는 점, 청구인이 쟁점주식을 취득함으로써 당초 쟁점법인에 대한 지분율이 42%에서 과반을 넘어 100%가 됨에 따라 회사 경영권 확보를 지나 1인 주주회사로 전환된 것으로 나타나 쟁점주식을 취득함에 따라 청구인은 경제적 이익뿐만 아니라 회사 경영상 여러 가지 이익을 얻은 것으로 보이는 점, 거래가액이 미처분이익잉여금보다 현저히 낮은 점 등 양도인들이 쟁점주식을 양도함에 있어 거래이익 극대화를 위한 가격협상이나 주식의 가치에 대한 객관적인 평가 없이 거래가격을 결정하여 거래가액에 적정 가치가 정확히 반영되었다고 보기 어려운 점 등에 비추어 이 건 처분은 달리 잘못이 없는 것으로 판단됨.

❑ 특수관계인 간 거래가액을 비특수관계인 간 거래시 시가로 볼 수 있는지(조심 2017중5090, 2018.4.11.).
쟁점주식의 시가 평가와 관련하여 평가기간 이내에 쟁점주식의 매매사실(쟁점외거래)이 존재하고 그 거래가액이 '특수관계인과의 거래 등으로 객관적으로 부당하다고 인정되는 경우'에 해당하지 아니하는 점, 쟁점외거래는 청구인과는 특수관계 없는 자간의 거래로서 쟁점 주식 발행법인의 자산가치 및 비상장주식의 거래관행 등을 고려하여 당사자 간에 수차례 협의를 통해 자유로운 의사합치로 그 거래가액이 결정된 것으로 보이는 점 등에 비추어 쟁점외거래의 매매가액을 쟁점주식의 시가(매매사례가액)로 적용하여 그 과세표준 및 세액을 경정하는 것이 타당함.

❑ 시가보다 저가인 콜옵션 행사가격에 취득한 경우 정당한 사유 여부(조심 2017중3282, 2018.3.13.).
청구인이 일시적인 자금마련을 위하여 비특수관계자와 풋백옵션 및 콜옵션이 부여된 주식거래를 한 것이 정상적인 경제관행에 어긋난 것으로 보기 어렵고, 특수관계인이 아닌 ○○○이 청구인에게 이익을 분여할 이유도 없어 보이는 점, 주식양수도 계약 당시 향후 콜옵션이 행사되어 청구인에게 이익이 분여될 것을 예상할 수 있었다고 단정하기 어려운 점 등에 비추어 처분청이 거래 관행상 정당한 사유가 없는 것으로 보아 경정청구를 거부한 처분은 잘못임.

❑ 액면가액으로 거래했으나, 대등한 관계에서 거래가액 결정 및 이익분여할 이유없는 등 경제적 합리성을 결여한 비정상적 가액으로 보기 어려움(조심 2016전2153, 2017.1.10.).

❑ 특수관계 없는 법인과의 주식 거래가액이 보충적 평가방법으로 평가한 가액보다 높다고 하여 모두 과세할 수 없고, 경영권 프리미엄을 반영한 정당한 가액으로 보임(조심 2010서3710, 2011.6.29.).

❑ 특수관계가 없는 타인으로부터 취득한 주식에 대하여 단순히 거래가액이 평가한 가액보다 낮다는 이유만으로 시가에 비하여 저가양도한 것으로 본 과세처분은 잘못임(국심 2006광3705, 2007.6.7.).

❑ 주주권을 행사할 수 없는 소수지분의 양도자 요청으로 취득한 주식에 대해 저가양수로 보아 보충적 평가액과 대가와의 차액에 대하여 증여세를 부과한 처분은 잘못임(조심 2012서1754, 2012.8.28.).

❑ 이익을 줄 이유가 없는 비특수관계인으로부터 비상장주식을 시가보다 낮은 가액으로 양수한 쟁점주식거래가 경제적 합리성을 결여한 것으로 보기 어려움(조심 2012중2465, 2012.9.25.).

❑ 특수관계 없는 자 간의 대등한 합의과정을 거친 주식가액은 시가임(조심 2012중784, 2012.6.28.).

❑ 경영권을 확보한 청구인이 외국법인으로부터 고가양수할 필요가 없는 등 증여세를 과세함은 잘못임(조심 2010서3263, 2012.3.12.).

❑ 주식 양도대가에 경영권 프리미엄이 포함되어 정상가액으로 볼 수 있음(조심 2010서1315, 2011.6.15.).

❑ 세무법인 평가액의 1/8로 현저히 낮게 거래한 경우 합리적인 경제인의 관점에서 정상적이었다고 보기 어려움(대법원 2020두44176, 2020.10.29.).
이 사건 주식을 양수하는 과정에서 세무법인의 자문을 받아 이 사건 거래가액을 1주당 5만 원으로 결정하였다."고 주장하면서도 이에 관한 근거자료를 제출하지 아니하였고, 당 심에 이르러서는 "이 사건 주식을 매입할 당시 세무법인 ○○에 비상장주식 가치평가를 의뢰하여 이 사건 주식 1주당 평가액이 40만 원을 넘는다는 점을 통보받았으나 원고와 이 사건 양도인들은 이 사건 주식 1주당 실제 가치가 40만 원을 넘을 수 없고 적절한 가액은 1주당 5만 원이라는 데에 의견이 일치하여 이를 거래가액으로 정하였다."는 취지로 주장하여 원고 스스로도 이 사건 주식을 양수할 당시 이 사건 주식의 1주당 평가액이 40만 원을 넘는다는 점을 알고 있었다고 인정하면서도, 그 평가액의 1/8밖에 되지 않는 1주당 5만 원을 이 사건 거래가액으로 정하게 된 합리적인 이유와 이를 뒷받침할 만한 객관적인 자료를 제시하지 못하고 있음.

❑ 시가와 대가의 차이가 30% 이상인 경우 특수관계인간 거래는 과세가능하나, 비특수관계인간 거래는 정당한 사유가 있어 과세할 수 없음(대법원 2019두43955, 2019.9.25.).
- 유상증자한 액면가액으로 여러 차례 거래했어도 시가에 해당하지 아니하며 보충적 평가액과 대가의 차이가 30% 이상인 경우 특수관계인간의 거래는 증여세 과세대상이나
- 특수관계가 없고 다툼을 있는 경쟁관계에 있는 자 사이에 공동사업을 청산하는 과정에서 거래한 것은 정당한 사유가 있어 증여세 과세는 잘못임.

❑ 비상장주식을 비특수관계인으로부터 정당한 사유 없이 저가양수하여 이익을 얻은 것에 해당함(대법원 2018두50987, 2018.10.25.).

[사실관계]
- 노사분쟁 및 지입차주와의 분쟁에 대비, 관계회사 지분을 정리할 목적으로 비상장주식을 거래
- 거래가액은 세무법인이 순자산가치만으로 평가한 1주당 32,806원에서 현금배당 예정액을 공제하여 산정한 1주당 11,806원을 기준으로 한 11,000원으로 정함.
- 상속증여세법상 보충적 평가액은 1주당 667,266원임.

[판결요지]
주식의 거래는 경제적으로 긴밀한 신뢰·협력관계가 있는 사람들 사이에서만 제한적으로 이루어진 것으로 보이고 거래가액이 객관적 교환가치를 반영한 것이 아니므로 증여세 과세는 정당함.

❑ 법인이 재산을 증여받을 것을 전제로 순자산가치를 높게 평가한 주식가액으로 거래한 것은 고가양도에 해당함(대법원 2016두51504, 2016.12.29.).

❑ 코스닥주식을 장외에서 당일 종가보다 현저히 낮은 가액으로 양수한 것에 대해 정당한 사유가 없어 증여세 과세는 적법함(대법원 2015두36676, 2015.5.14.).

❑ 경영권 등을 양도하는 대가를 받은 거래로서 정당한 사유가 있음(대법원 2014두4214, 2014.7.1.).

❑ 경영권 프리미엄을 지급하는 경우가 다수 있는 점 등을 종합할 때 정당한 사유 없이 고가로 양도하였다고 보기는 어려움(대법원 2014두37047, 2014.8.28.).

❑ 인수대금과 유사한 4개의 투자제의가 있었던 점으로 보아 거래의 관행상 정당한 사유가 없다거나 비정상적인 거래행위에서 비롯된 것이라고 할 수 없는 점 등 주식을 시가보다 현저히 높은 가액으로

양도한 것에 '거래의 관행상 정당한 사유가 없다'고 볼 수 없음(대법원 2012두20915, 2014.6.12.).

❑ 교환가치를 반영한 거래로 인하여 형성된 가격은 시가에 해당함(대법원 2012두20687, 2013.1.15.).
회계법인에게 객관적인 회계자료를 제공하여 회사의 적정가치를 평가하였고 회사의 경영 및
재무현황을 반영하여 실질적인 가격협상을 통해 매수가격을 결정한 것으로서 주식의 객관적인
교환가치를 적정하게 반영하는 정상적인 거래에서 형성된 가격이므로 이는 시가에 해당함.

❑ 매매가액이 객관적 교환가치 이하로 결정되었다고 보기 어려움(대법원 2011두11181, 2012.11.29.).
매매사례가액은 실제 3개월에 걸쳐 협상이 진행되었고, 최종 매매가액 1주당 375,000원은 양측
이 상호 양보하여 결정된 점, 기타 주식보유 경위 등에 비추어 보면 매매가액이 객관적 교환가
치 이하로 결정되었다고 보기 어려움.
  - 보충적 평가액은 1주당 1백만원 정도이고, 양도자와 양수자가 종전에는 협력관계였으나 중국 투
    자로 인해 주식거래 당시에는 경쟁관계로 바뀌었으며, 매출액 감소 및 영업이익이 적자로 바뀜.

❑ 유상증자시 인수가액은 객관적 교환가치가 반영된 시가로 보기 어렵고 정당한 사유 없이 주식을
액면가액으로 양수하였다고 볼 여지가 큼(대법원 2011두6783, 2012.10.25.).

❑ 경영권과 상장이익까지 감안한 양도가액으로 고가양도에 대한 정당한 사유가 인정되어 증여세 과세
처분 위법함(대법원 2012두4708, 2012.5.24.).

❑ 보충적인 평가방법을 택할 수밖에 없었다는 점 및 거래관행상 정당한 사유가 없는 점 등에 대한
증명책임은 과세관청에 있음(대법원 2013두5081, 2013.8.23., 대법원 2011두22075, 2011.12.22.).

❑ 주주총회 특별결의에 의해 주식 포괄적 교환한 경우(대법원 2011두11075, 2011.9.8.)
구 증권거래법에 따른 주식의 포괄적 교환은 그 요건을 충족하는 경우 주주의 개인 의사와 관
계없이 주식이 강제적으로 이전되고, 쌍방 회사의 주주총회 특별결의로 승인된 이상 완전자회
사가 된 소외 회사의 주주인 원고들이 주식의 양도를 거절할 방법이 없어 정당한 사유 없이
현저히 높은 가액으로 그 주식을 양도한 것이라고 볼 수는 없음.

다. 2 이상 거래의 경우 과세요건 판단

동일인이 재산을 매매하는 경우에도 시가와 대가의 차이가 시가의 30% 이상 또는 차
액이 3억원 이상인지 여부는 증여자별·수증자별·증여시기별 증여세 과세원칙에 따라
재산을 거래할 때마다 판단하여야 할 것이다. 다만 하나의 거래를 여러 차례 나누어 거래
하는 경우에도 동일한 거래로 볼 수 있을 때에는 하나의 거래로 보아 과세요건을 판단하
도록 유권해석(재삼 46014-1098, 1998.6.18.)을 한 바 있고, 2004.1.1. 이후 1년 이내의 거래
에 대해서는 합산하여 과세요건을 판단하도록 하는 증여세 과세특례규정을 두고 있다.

관련 예규·심판결정례 및 판례 등

□ 여러 자산을 포괄적으로 거래한 경우 부당행위계산부인 방법 (대법원 2013두10335, 2013.9.27.)

부당행위계산부인 규정 적용시 여러 자산을 포괄적으로 양수한 것으로 인정되는 경우에는 원칙적으로 개개의 자산별로 그 거래가격과 시가를 비교하여 고가양수 등에 해당하는지 여부를 판단할 것이 아니라, 그 자산들의 전체 거래가격과 시가를 비교하여 포괄적 거래 전체로서 고가양수 등에 해당하는지 여부를 판단하여야 함.

사례 | 여러 개의 재산을 동시 거래한 경우 증여 해당 여부 판단방법

□ 甲이 특수관계가 있는 乙에게 토지, 건물 및 주식을 다음과 같이 양도함.

▌유형1 : 각 재산별로는 과세대상이나 통산시 과세 제외되는 경우 ▌

구 분	합 계	토 지	건 물	주 식
시 가	10억원	3억원	2억원	5억원
대 가	9억원	4억원	3억원	2억원
차 액	-1억원	+1억원	+1억원	-3억원

풀이

(갑설) 각 재산별로 판단시 토지와 건물은 甲이 고가로 양도한 것에 해당되고 주식은 乙이 저가 양수한 것에 해당되어 甲과 乙에게 각각 증여세 과세해야 하고

(을설) 3개의 재산을 통산하여 판단시는 시가와 대가의 차이가 시가의 30% 미만이고 차액도 3억원 미만이어서 과세 제외됨.

－(을설)이 합리적으로 보인다.

증여세 과세 여부는 증여자별·수증자별로 거래시점마다 각 재산별로 판단하는 것이 원칙일 것이나, 동일한 자간에 2개 이상의 재산을 동시에(포괄적으로 매매계약체결하고 잔금청산일은 다른 경우를 포함) 거래한 경우에는 3개 재산 전체의 시가와 총매매대가를 기준으로 고저가 양수도 여부를 판단하는 것이 합리적일 것이다.

▌유형2 : 각 재산별로는 과세 제외되나 통산시 과세대상인 경우 ▌

구 분	합 계	건 물	토 지	주 식
시 가	15억원	5억원	3억원	7억원
대 가	11억원	3.8억원	2.2억원	5억원
차 액	-4억원	-1.2억원	-0.8억원	-2억원

풀이

상속증여세법 제43조(증여세 과세특례)에서 1년 이내의 거래에 대해서는 각 거래에서의 시가

와 대가의 차이를 합산하여 고저가양수도 해당 여부를 판단하도록 규정하고 있으므로 각 재산별로는 과세대상이 아니나 합산하여 계산시에는 시가와 대가의 차액이 3억원 이상이 되어 증여세 과세대상이 된다고 볼 수 있다.

3. 증여재산가액

시가와 대가의 차액 전부를 증여재산가액으로 하여 과세하는 것은 아니며, 시가와 대가의 차액에서 일정 금액을 뺀 후의 금액을 증여재산가액으로 한다. 이 경우 특수관계인 간의 거래와 특수관계인이 아닌 자간의 거래에 차이를 두고 있다. 시가보다 낮은 가액으로 재산을 취득함에 따라 증여세가 부과되는 경우 해당 재산을 양도할 때 취득가액에는 증여재산가액을 가산하며, 시가보다 높은 가액으로 재산을 취득하는 자가 해당 재산을 양도하는 경우 소득세법상 부당행위계산 부인규정이 적용되면 시가를 초과하는 금액 상당액은 취득가액으로 인정을 받지 못할 수 있다(소득세법 시행령 §163 ⑩).

가. 특수관계인 간 거래의 경우 증여재산가액

시가와 대가의 차액에서 시가의 30%와 3억원 중 적은 금액을 뺀 금액을 증여재산가액으로 한다.

구 분	2000.12.31. 이전	2001. 1. 1. 이후	2004.1.1. 이후
저 가 양수시	(시가 - 대가)의 총액	(시가 - 대가) - (시가의 30%와 1억원 중 적은 금액)	(시가 - 대가) - (시가의 30%와 3억원 중 적은 금액)
고 가 양도시	(대가 - 시가)의 총액	(대가 - 시가) - (시가의 30%와 1억원 중 적은 금액)	(대가 - 시가) - (시가의 30%와 3억원 중 적은 금액)

1) 시가보다 낮은 가액으로 거래한 경우

시가와 대가의 차액에서 시가의 30%와 3억원 중 적은 금액을 빼고 증여재산가액을 계산한다. 이때 특수관계가 있는 개인과 법인이 거래를 함으로써 법인세법상 부당행위계산 부인규정에 따라 저가로 양수한 개인에게 소득처분이 이루어져 종합소득세가 과세될 수 있다. 증여재산에 대하여 수증자에게 소득세가 부과되는 때에는 증여세를 부과하지 아니하므로 소득세가 부과되는 금액 상당은 증여재산가액에서 빼야 할 것이다.

| 사례 | 저가로 양수한 경우 증여재산가액 및 양도소득세 과세방법 |

○ 父가 잔금청산일 현재 시가가 9억원인 재산을 子에게 6억1천만원을 받고 양도함.
　- 父는 해당 재산을 2억원에 취득하였음.

풀이

○ 子의 저가 양수에 따른 증여 해당 여부 및 해당시 증여재산가액
　• 시가와 대가의 차액 2.9억원이 시가의 30%인 2.7억원 이상이므로 과세요건 충족됨.
　• 증여가액 : 2천만원 = 시가 9억원 - 대가 6.1억원 - 2.7억원(Min 시가의 30%, 3억원)
　➡ 특수관계법인으로부터 양수하여 소득처분, 소득세 부과되는 경우 증여세 과세하지 아니함.
○ 父의 양도소득세 과세방법
　- 父의 양도소득 : 부당행위계산부인 대상으로 양도가액을 실제 수령한 6.1억원이 아닌 시가 9억원으로 하여 취득가액 2억원과의 차액 7억원을 양도차익으로 하여 양도소득세 과세

▌특수관계가 없는 자 간에 저가로 거래한 경우
　- 양수자의 증여가액 : 시가 9억원 - 대가 6.1억원 - 3억원 = 없음.

2) 시가보다 높은 가액으로 거래한 경우

대가와 시가의 차액에서 시가의 30%와 3억원 중 적은 금액을 빼고 증여재산가액을 계산한다. 이때 특수관계가 있는 개인과 법인이 거래를 하여 법인세법상 부당행위계산부인규정에 따라 고가로 양도한 개인에게 소득처분이 이루어져 종합소득세가 과세될 수 있고, 고가로 양도한 개인의 경우 당초 취득가액과 양도가액의 차액이 양도소득세 과세대상에 해당함으로써 하나의 거래에서 법인세법, 소득세법 및 상속증여세법이 동시에 적용될 수 있다.

법인세법상 부당행위계산 부인규정을 적용하는 경우 양도자에게 시가를 초과하는 대가 상당액에 대하여 소득처분하여 종합소득세가 과세되고 당초 취득가액과 시가의 차액상당을 양도차익으로 보아 양도소득세를 부과한다. 법인세법상 소득처분이 이루어지지 아니하는 경우에는 대가와 시가의 차액 상당액에 대하여 먼저 증여재산가액을 계산하여 증여세를 부과하고 양도차익을 계산할 때 양도가액에서 해당 증여재산가액을 뺀다.

개인 간의 고가 거래에 대한 양도소득세와 증여세 과세방법이 다음과 같이 나누어질 수 있고 그에 따른 납세자의 세금 부담액에도 차이가 생길 수 있다.

① 취득가액과 양도가액의 총 차액에 대하여 양도소득세를 부과하고 증여세를 과세하지 아니하는 방법

② 대가와 시가의 차액 상당을 증여재산가액으로 하여 증여세를 과세하고 양도차익은 해당 증여재산가액을 뺀 금액으로 하여 양도소득세를 과세하는 방법

이와 관련하여 유권해석과 심판결정례에 일부 차이가 있어 논란이 있었으나, 재정경제부 유권해석과 소득세법 개정[28]을 통하여 ②에 따른 과세방법으로 일치시켰다.

사례 **고가로 양도한 경우 증여재산가액 및 양도소득세 과세방법**

○ 子가 잔금청산일 현재 시가가 9억원인 재산을 父에게 15억원을 받고 양도함.
– 子는 해당 재산을 4억원에 취득하였음.

풀이

○ 子의 고가 양도에 따른 증여 해당 여부 및 해당시 증여재산가액
  • 시가와 대가의 차액이 6억원으로서 3억원 이상이므로 과세요건 충족됨.
  • 증여가액 : 3.3억원 = 대가 15억원 – 시가 9억원 – 2.7억원(Min 시가의 30%, 3억원)
  ➡ 특수관계법인으로부터 양수하여 소득처분, 소득세 부과되는 경우 증여세 과세하지 아니함.
○ 子의 양도차익 : 7.7억원
  • 대가 15억원 – 3.3억원(증여재산가액) – 취득가액 4억원

▮ 특수관계가 없는 경우로서 증여세 과세대상인 경우
  • 양도자의 증여가액 : 대가 15억원 – 시가 9억원 – 3억원 = 3억원
  • 양도자의 양도차익 : 대가 15억원 – 3억원(증여가액) – 취득가액 4억원 = 8억원

나. 특수관계인이 아닌 자 간 거래의 경우 증여재산가액

(시가 – 대가) 또는 (대가 – 시가)에서 3억원을 뺀 가액을 증여재산가액으로 한다. 따라서 시가와 대가의 차이가 시가의 30% 이상으로서 정당한 사유를 입증하지 못하더라도 그 차액이 3억원 이하인 경우 증여세를 부과하지 않는다.

---

28) 고가양도한 경우 시가와 대가의 차액에 대하여 양도자인 子에게 증여세와 양도소득세가 동시에 부과될 수 있으나 이중과세가 되므로 시가를 초과하는 금액 상당액은 현금증여의 성격으로 보아 증여세를 과세하고 양도대가와 취득가액의 총차액 중 증여세가 과세되지 아니한 금액에 대하여 양도소득세를 과세함 (재재산-873, 2007.7.13., 재재산-10, 2005.1.4.).
  – 고가양도시에는 양도가액에서 증여가액을 차감함(소득세법 §96 ③ 2호, 2009.12.31. 개정).

사례　특수관계인이 아닌 자 간 비정상적인 거래의 경우

❑ 거래내용
　○ 甲은 乙과 친한 친구사이로
　　－甲이 20억원짜리 소유부동산을 친구인 乙에게 1억원에 매매한 경우

풀이

　○ 2003.12.31. 이전 : 甲과 乙은 특수관계가 성립하지 아니하는 경우 대가와 시가 차이가 많이 나더라도 고저가 양도에 따른 증여세 과세할 수 없음.
　○ 2004.1.1. 이후 : 특수관계 없는 자간 거래의 경우 20억원의 30%에 해당되는 6억원을 차감한 14억원 이상 대가를 받은 경우는 정상거래로 인정되지만 20억원짜리 재산을 1억원에 판 경우 경제적인 합리성이 없으므로 증여재산가액을 16억원(19억원－3억원)으로 하여 증여세 과세가능함.

관련 예규 · 심판결정례 및 판례 등

❑ 잘못 부과된 소득세 취소전이라도 증여세 부과가능(재삼 46014－152, 2002.9.2.)

❑ 특수관계자인으로부터 주식을 시가보다 낮은 가액으로 양수한 경우에 양도인에게 부당행위계산 부인규정에 의하여 양도세를 부과하는 것과는 별개로 양수인에게 증여세 부과가능(대법원 98두11830, 1999.9.21., 93누517, 1993.9.24., 국심 96서1512, 1996.8.21., 국심 94구5795, 1995.3.24.)
　증여세와 양도세는 납세의무의 성립시기와 요건 및 납세의무자를 서로 달리하는 것이어서 각각의 과세요건에 따라 실질에 맞추어 독립적으로 판단해야 할 것으로 각 세법의 과세요건에 모두 해당될 경우 양자의 중복적용을 배제하는 특별한 규정이 없는 한 양자 과세가능함.

❑ 비상장주식의 고가양도시 시가상당액까지는 양도소득세를, 시가초과액은 증여세를 부과할 수 있음 (대법원 2012두3200, 2012.6.14., 국심 99전2744, 2000.8.8., 97서2427, 1999.6.1.).
　➡ 시가가 24억원인 재산을 30억원에 양도한 경우에 양도가액을 24억원으로 하여 양도세 부과하고, 30억원과 24억원의 차액 6억원에 대해서 증여세 부과

❑ 구상속세법(1996.12.30. 개정전) 저가 · 고가 양도시의 증여의제 제34조의2 제2항에서 규정하는 현저히 높은 가액의 대가는 헌법상 과세요건 명확주의 원칙에 반하지 않음(헌재 99헌바90, 2001.8.30.).

❑ 경매를 통해 감정가액보다 낮게 취득했으나 IMF 당시 특별한 정황과 통상 낙찰가액이 감정가액 대비 40% 정도인 점 등을 감안할 때에 거래가액은 시가로 인정됨(국심 2001서2743, 2002.5.9.).

❑ 형제간 법정화해에 의해 매매한 경우(국심 2001서684, 2001.7.5.)
　형제간의 부동산거래에 대해 저가양도로 보아 양도세 부당행위계산 부인하고 양수자에게는 증여의제로 증여세 과세했으나, 법정화해에 의한 경우로서 경제적 합리성을 결여한 비정상적인

거래에 해당하지 않아 증여세 과세는 부당함.

4. 시가와 대가의 의미 및 양수일 또는 양도일

저가양수·고가양도에 따른 이익의 증여규정은 시가와 대가의 차이가 일정비율 또는 일정금액 이상인 경우에 적용하므로 시가와 대가를 어떻게 산정하느냐에 따라 과세요건 해당 여부에 차이가 생길 수 있다. 또한 매매계약을 체결하고 대금을 지급한 후 소유권이 전을 하는데 일정기간이 소요되고 그 기간 중에 시가 등이 변동될 수 있으므로 어느 날을 기준으로 시가와 대가를 산정할 것인가를 명확히 규정하는 것이 법적안정성 측면에서 필요하다 할 것이다.

가. 시가의 의미

시가란 양수 또는 양도한 재산을 양수일 또는 양도일 현재 상속증여세법 제60조부터 제66조까지를 적용하여 평가한 가액을 말한다. 즉, 일반적 상속·증여재산의 평가방법을 그대로 준용하고 있으므로 유사재산에 대한 매매사례가액, 상장주식의 평가기준일 전후 각 2개월간의 종가평균액, 최대주주 등의 주식에 대한 할증평가규정(조세특례제한법상 중소기업 최대주주에 대한 할증평가 면제규정을 포함함) 및 저당권 등이 설정된 재산에 대한 평가특례규정을 적용한다.

 관련 예규 · 심판결정례 및 판례 등

☐ 고저가양도시의 증여의제규정을 적용할 때에 최대주주의 주식은 할증평가규정을 적용함(재삼 46014-521, 1998.3.25., 재산상속 46014-143, 2001.2.8.).

☐ 건물과 부수토지가액을 별도로 산정하여 특수관계인 외의 자에게 양도하는 경우 고가 양도 해당 여부 및 증여재산가액은 토지·건물 합계액을 기준으로 함(서면4팀-1208, 2004.7.30.).

☐ 특수관계인 간 거래도 객관적 교환가치를 반영한 거래가격은 시가로 봄(조심 2013서2114, 2013.6.20.). 거래당시 청구인이 쟁점주식의 양수인들과 특수관계인에 해당하기는 하나, 청구인은 양수인들의 선친과 경영권에 관한 다툼이 발생한 이후 수차에 걸쳐 고소·고발하거나 소송을 제기하는 등 서로 이해관계를 달리하고 있어 쟁점주식을 시가보다 낮은 저가에 양도할 이유가 없어 보이는 점, 쟁점주식의 거래가 완료된 후에는 청구인은 선친 등을 상대로 제기한 고소·고발 사건을 취하하기로 조건을 제시하는 등 주식의 거래가액에 대하여 지속적인 협상을 하였던 점, 쟁점주식과 일괄하여 거래되었지만 특수관계 없는 자의 양도주식이 9,360주로서 상당하고 거래

가 확정된 후에도 이들이 거래가액에 대한 이의를 제기한 사실이 없어 이를 매매사례가액으로 볼 수도 있는 점 등을 종합하여 보면, 주당매매가액은 서로 대등한 관계에서 객관적인 교환가치가 적정하게 반영된 정상적인 거래를 통해 형성된 것으로 보여 이를 시가로 보는 것이 타당함.

❏ 비상장주식의 거래가액이 시가에 해당하는지(국심 2001구2848, 2002.3.28.).

코스닥시장에 등록되기 전의 비상장주식을 특수관계인에게 1주당 13,000원에 양도한 것에 대해서 양도일 현재 경제신문에 게재된 기준가액의 평균액 44,250원을 시가로 보아 1주당 44,250원과 13,000원의 차액 상당액에 대한 증여세를 과세했으나 관련규정상 이를 시가로 볼 수는 없는 것이고, 양도일 전·후 3월 이내의 최근일에 특수관계 없는 자간에 장외에서 거래한 가액인 46,000원을 시가로 봄이 타당하나, 국세기본법 제79조 제2항 「불이익변경금지의 규정」에 의거 과세관청에서 44,250원을 시가로 보아 결정한 처분을 유지하도록 한 사례

❏ 비상장주식의 18개월 전 거래가액의 시가인정 여부(국심 2001구2122, 2002.1.15.)

특수관계인으로부터 대물변제받은 주식에 대해 18개월 전의 1주당 거래가액인 30,303원은 시가로 볼 수 없고 보충적 평가액인 55,159원과의 차액이 30% 이상이므로 저가양수의 증여의제 규정을 적용해 증여세 과세함은 정당함.

❏ 비상장주식의 거래가액 시가인정 여부(대법원 2011두14142, 2011.8.17.)

주식 양수거래는 특수관계인 간 거래인 점, 양수할 때까지 법인의 주식이 거래된 적이 없는 점, 감정가격도 존재하지 않는 점 등으로 보아 거래가액을 부인하고 보충적 평가방법으로 주식의 시가를 산정하여 증여세를 과세한 처분은 적법함.

❏ 외부전문가를 영입하는 특수한 사정에 따라 이루어진 제한된 거래의 가액은 시가로 볼 수 없음(대법원 2011두4756, 2011.5.26.).

❏ 특수관계인과의 주식 거래이나 객관적 교환가치가 반영된 정상적인 거래로서 시가에 해당함(대법원 2006두17055, 2007.1.11.).

❏ 명의신탁주식의 환원이 아니라 실제 매매한 경우 보충적 평가액과 거래가액의 차액에 대한 증여세 과세는 정당함(대법원 2001두2898, 2001.8.24.).

나. 대가의 의미

대가란 재산을 양수하는 자가 지급하는 양수대금 또는 재산을 양도하는 자가 받는 양도대금을 말한다. 이 경우 양수자가 양도자의 양도소득세 및 양도에 따른 제반비용을 부담하는 경우 그것이 재산의 매매와 관련한 직접적인 비용이라면 대가에 포함될 수 있다.

소득세법에 따른 부당행위계산 부인규정을 적용하여 시가를 기준으로 저가양도자의 양도소득세를 경정하였더라도 대가는 실제 취득가액을 말한다(대법원 2016두36635, 2016.6.23.).

관련 예규·심판결정례 및 판례 등

❑ 특수관계인의 주식을 장기할부조건으로 매입한 경우에 증여세 과세 여부는 그 거래조건 등이 사회
통념상 적정한 것인지를 조사하여 판단함(서일 46014-10176, 2003.2.14.).

[해설]
- 특수관계인으로부터 비상장주식을 양수하면서 거래가액은 계약일 현재 시가로 결정하였으
나, 거래대금은 장기할부조건으로 지급하는 경우에 증여세 과세대상이 되는가에 대해 고·저
가 양도시 증여의제규정은 양도한 때(잔금청산일 등 소득세법 시행령 §162 ① 1호 내지 3호
에서 규정한 날)가 증여시기가 되고 그 날을 기준으로 하여 평가한 가액과 대가를 비교하기
때문에 계약체결일의 평가액과 대가에 차이가 없다고 하여 증여세 과세대상에서 제외되는
것은 아니며
- 그렇다고, 장기할부조건의 매매를 일반적 거래와 동일하게 취급하여 무조건 증여세 과세대상
으로 삼을 수는 없으므로 장기할부조건에 따른 금융비용 등을 감안하는 등 특수관계가 없는
자 사이에 이루어질 수 있는 정상적인 거래가액인가 등을 종합적으로 조사하여 증여세 과세
여부를 판단한다는 취지의 유권해석이다.

❑ 토지를 물상보증채무와 함께 인수한 경우, 그 채무액은 양수가액에 포함해야 함(조심 2023전580,
2023.6.22.).

❑ 주식과 교환한 전환사채의 가액이 변동된 경우 양도대가(조심 2019서2387, 2019.12.24)
주식의 양도대금을 전환사채 인수대금과 상계하는 방법을 선택하여 AA가 발행한 전환사채를
정상적으로 수령하여 양도가 되었고 전환사채의 가치가 사후에 변동되었다 하더라도 당초 정
상적으로 체결한 양도가액에 영향을 미치지 않는 점, 정당한 사유 없이 정상가격 보다 고가로
거래한 점 등에 비추어 증여세 등을 부과한 처분은 달리 잘못이 없음.

❑ 양수자가 부담한 양도세를 대가에 포함할 때 저가양수에 해당 안됨(국심 2002서2642, 2002.11.22.).

❑ 양수자가 부담한 세입자의 전세보증금을 대가에 포함시키면 정상거래임(국심 98경257, 1999.9.29.).

❑ 대표이사 보유주식을 직원들의 사기진작을 위해 무상으로 명의이전해 준 사실이 확인되고, 양수대
가를 지급한 사실이 없다면 증여세 과세함이 타당함(국심 2005부2069, 2005.8.30.).

❑ 사위가 장모를 부양한 비용을 양수대가에 포함할 수 없음(대법원 2001두2300, 2002.7.26.).

❑ 과세처분 전에 매매대금이 증감된 경우 증여의제대상인 저가양도 해당 여부의 판단기준시기는 그
처분당시임(대법원 96누13194, 1997.5.7.).

다. 양수일 또는 양도일

재산의 양수일 또는 양도일은 해당 재산의 평가기준일, 특수관계 해당 여부의 판단기준일이 되는 등으로 중요한 의미를 가지며 결국 증여시기가 된다.

재산의 양수일 또는 양도일은 해당 재산의 대금을 청산한 날로 하고 다음에 해당하는 경우에는 그 날로 한다. 다만, 매매계약 후 환율의 급격한 변동 등으로 인하여 대금청산일을 재산의 평가기준일로 하는 것이 불합리하다고 인정되는 경우 즉, 매매계약일부터 대금청산일 전일까지 환율이 100분의 30 이상 변동하는 경우에는 매매계약일로 한다(재재산-966, 2018.11.6., 상속증여세법 시행령 §26 ⑤).

① 대금을 청산한 날이 분명하지 아니한 경우에는 등기부·등록부 또는 명부 등에 기재된 등기·등록접수일 또는 명의개서일

② 대금을 청산하기 전에 소유권이전등기(등록 및 명의의 개서를 포함한다)를 한 경우에는 등기부·등록부 또는 명부 등에 기재된 등기접수일

③ 장기할부조건의 경우에는 소유권이전등기(등록 및 명의개서를 포함한다) 접수일·인도일 또는 사용수익일 중 빠른 날

 관련 예규·심판결정례 및 판례 등

❑ 콜옵션계약에 따른 매매의 경우에도 잔금청산일을 기준으로 하여 고저가 양도시 증여의제규정을 적용함(서일 46014-11028, 2002.8.6.).

❑ 잔금청산일을 증여시기로 규정한 상속증여세법 시행령 제26조 제8항은 무효라고 볼 수 없음(대법원 2018두37793, 2018.6.28., 대법원 2017두59710, 2017.12.21.).

증여세는 수증자가 증여에 의하여 재산을 취득한 때 납세의무가 성립하는 것으로 증여세의 과세 대상은 증여계약 자체가 아니라 증여 대상 재산의 취득이라 할 것이므로, 상속증여세법 제35조를 적용할 때에도 저가 양수로 인한 이익이 저가 양수자에게 귀속된 때, 즉 증여일인 양수일(대금청산일)을 기준으로 증여재산가액을 산정하는 것이 타당함.

5. 특수관계인의 범위

가. 특수관계 여부 판단방법 및 판단기준일

1) 쌍방관계에 의하여 특수관계인 해당 여부를 판단한다.

일부 인척(姻戚) 관계 등의 경우 양도자를 기준으로 양수자를 대입시키면 특수관계에 해당하지 아니한데 반해 양수자를 기준으로 양도자를 대입시키면 특수관계가 성립하는 경우가 있다. 상속증여세법 시행령 제26조 제4항에서 "양도자 또는 양수자가 다음 각호의 어느 하나에 해당하는 관계에 있는 자"를 특수관계인으로 규정함에 따라 쌍방관계로 유권해석하여 과세하였다.

하지만 대법원에서는 이와는 달리 고가양도에서는 양도자 또는 저가양수에서는 양수자를 기준으로 특수관계의 범위를 판단하는 것으로 판결하였다(대법원 2016두60119, 2017.2.23., 대법원 2011두17226, 2013.9.13.).

2012.2.2. 상속증여세법 시행령 제12조의2 제1항(2016.1.1. 이후 상속증여세법 제2조 제10호)에서 특수관계인을 규정하면서 "이 경우 본인도 특수관계인의 특수관계인으로 본다"고 규정하여 쌍방관계임을 더 명확하게 하였다.

2012.2.2. 개정된 세법에 대하여 대법원은 '특수관계의 범위를 거래당사자 중 일방인 고가양도자 또는 저가양수자의 기준에서만 판단하여야 한다고 보기 어렵다'고 판결(대법원 2018두37793, 2018.6.28.)하여 쌍방관계임을 확인하고 있다.

2) 거래당사자간의 특수관계 성립 여부는 원칙적으로 매매계약일을 기준으로 판단한다(재재산-83, 2015.2.3.).

기획재정부 유권해석이 있기 전 국세청에서는 매매계약일부터 잔금청산일까지 한 번이라도 특수관계가 성립하면 특수관계인으로 해석하고 있었다(재삼 46014-1644, 1998.8.29.). 특수관계 해당 여부를 어느 날을 기준으로 하여 판단할 것인가에 대하여 명확한 규정이 없는 바, 기획재정부에는 거래가액 등이 확정되는 매매계약일로 하여 법인세법상 부당행위계산 부인규정과 일치시킨 것으로 보인다. 매매계약일과 잔금청산일의 기간이 크게 차이가 나지 않을 것이므로 신분상 변동이 발생하는 경우도 많지는 않을 수 있다. 그러나 혼인관계 또는 고용관계의 성립과 해소 등으로 인하여 ① 계약일에는 특수관계인이 아닌데 잔금청산일에는 특수관계가 성립하는 경우, ② 이와는 반대로 계약일에는 특수관계인인데 잔금청산일에는 특수관계가 해소된 경우가 생길 수 있다. 이러한 경우 기획재정부 유권해석은 원칙적으로 매매계약일을 기준으로 판단하므로 ①의 경우에는 특수관계인이 아닐 수 있으나, 예외적으로는 국세청 유권해석과 같이 ①과 ② 모두 특수관계가 성립하는 것으로 적용될 수도 있다.

나. 특수관계인의 범위

"특수관계인"이란 양도자 또는 양수자와 다음 어느 하나에 해당하는 관계에 있는 자를 말한다. 2012.2.2. 상속증여세법 시행령 제2조의2에서 특수관계인의 범위를 규정하였는 바, 그 범위는 국세기본법상 친족의 범위가 바뀐 것 외에는 종전과 유사하다.

① 친족 : 국세기본법 시행령 제1조의2 제1항 제1호부터 제4호까지의 어느 하나에 해당하는 자 및 직계비속의 배우자의 2촌 이내의 혈족과 그 배우자

　⇨ 2014.2.21. 이후 부계혈족을 혈족으로 개정하여 부계와 모계혈족을 동일하게 규정하였다.

　⇨ 국세기본법 시행령 제1조의2 제1항 제1호~제5호[29]
　　1. 4촌(2023.2.27. 이전 6촌) 이내의 혈족
　　2. 3촌(2023.2.27. 이전 4촌) 이내의 인척
　　3. 배우자(사실상의 혼인관계에 있는 자를 포함한다)
　　4. 친생자로서 다른 사람에게 친양자 입양된 자 및 그 배우자·직계비속
　　5. 본인이「민법」에 따라 인지한 혼인 외 출생자의 생부나 생모로서 본인의 금전이나 그 밖의 재산으로 생계를 유지하는 사람 또는 생계를 함께하는 사람(2023.2.28. 이후 추가함)

② 사용인이나 사용인 외의 자로서 본인의 재산으로 생계를 유지하는 자

사용인은 임원, 상업사용인, 그 밖에 고용계약관계에 있는 자를 말하며, 출자에 의하여 지배하고 있는 법인의 사용인을 포함한다.

"임원"은 법인세법 시행령 제40조 제1항에 따른 다음에 해당하는 자를 말한다.

---

29) 민법 제4편(친족)
　제767조(친족의 정의) 배우자, 혈족 및 인척을 친족으로 한다.
　제768조(혈족의 정의) 자기의 직계존속과 직계비속을 직계혈족이라 하고 자기의 형제자매와 형제자매의 직계비속, 직계존속의 형제자매 및 그 형제자매의 직계비속을 방계혈족이라 한다.
　제769조(인척의 계원) 혈족의 배우자, 배우자의 혈족, 배우자의 혈족의 배우자를 인척으로 한다.
　제770조(혈족의 촌수의 계산) ① 직계혈족은 자기로부터 직계존속에 이르고 자기로부터 직계비속에 이르러 그 세수를 정한다.
　　② 방계혈족은 자기로부터 동원의 직계존속에 이르는 세수와 그 동원의 직계존속으로부터 그 직계비속에 이르는 세수를 통산하여 그 촌수를 정한다.
　제771조(인척의 촌수의 계산) 인척은 배우자의 혈족에 대하여는 배우자의 그 혈족에 대한 촌수에 따르고, 혈족의 배우자에 대하여는 그 혈족에 대한 촌수에 따른다.
　제772조(양자와의 친계와 촌수) ① 양자와 양부모 및 그 혈족, 인척사이의 친계와 촌수는 입양한 때로부터 혼인 중의 출생자와 동일한 것으로 본다.
　　② 양자의 배우자, 직계비속과 그 배우자는 전항의 양자의 친계를 기준으로 하여 촌수를 정한다.

2019.2.11. 이전에는 퇴직 후 5년이 지나지 아니한 그 임원(2014.2.21.부터 2019.2.11. 까지 기간 중에 상속세 또는 증여세를 결정하는 경우 사외이사를 제외한다)이었던 사람을 임원에 포함하였다(상속증여세법 시행령 §12의2 ① 3호 가목).

ㄱ 법인의 회장, 사장, 부사장, 이사장, 대표이사, 전무이사 및 상무이사 등 이사회의 구성원 전원과 청산인

ㄴ 합명회사, 합자회사 및 유한회사의 업무집행사원 또는 이사

ㄷ 유한책임회사의 업무집행자

ㄹ 감사

ㅁ 그 밖에 ㄱ부터 ㄹ까지의 규정에 준하는 직무에 종사하는 자

"출자에 의하여 지배하고 있는 법인"은 다음에 ⑥과 ⑦에 해당하는 법인 및 ①부터 ⑦까지에 해당하는 자가 발행주식총수 등의 50% 이상 출자하고 있는 법인을 말한다(상속증여세법 시행령 §2의2 ③).

③ 다음 어느 하나에 해당하는 자

ㄱ 본인이 개인인 경우 : 본인이 직접 또는 본인과 ①친족에 해당하는 관계에 있는 자가 임원에 대한 임면권의 행사 및 사업방침의 결정 등을 통하여 그 경영에 관하여 사실상의 영향력을 행사하고 있는 기획재정부령으로 정하는 기업집단의 소속기업

기업집단의 소속기업이란 공정거래법 제3조 각 호의 어느 하나에 해당하는 기업집단에 속하는 계열회사를 말하며, 기업집단 소속기업의 법인세법 시행령 제40조 제1항에 따른 임원과 퇴직 후 3년(해당 기업이 공정거래법 제14조에 따른 공시대상기업집단에 소속된 경우에는 5년)이 지나지 않은 사람(이하 "퇴직임원"이라 한다)은 기업집단의 소속기업에 포함하여 특수관계인 해당 여부를 판단한다. 퇴직임원의 경우 2019.2.11. 이전에는 모든 기업의 임원 중 퇴직 후 5년이 지나지 않은 사람(2014.2.21.부터 2019.2.11. 기간 중에 상속세 또는 증여세를 결정하는 경우 사외이사를 제외한다)을 말한다.

ㄴ 본인이 법인인 경우 : 본인이 속한 기업집단의 소속기업(해당 기업의 임원과 퇴직임원을 포함한다)과 해당 기업의 임원에 대한 임면권의 행사 및 사업방침의 결정 등을 통하여 그 경영에 관하여 사실상의 영향력을 행사하고 있는 자 및 그와 ①에 해당하는 관계에 있는 자

④ 본인, ①부터 ③까지의 자 또는 본인과 ①부터 ③까지의 자가 공동으로 재산을 출연하여 설립하거나 이사의 과반수를 차지하는 비영리법인

⑤ ③에 해당하는 기업의 임원과 퇴직임원이 이사장인 비영리법인

⑥ 본인, ①부터 ⑤까지의 자 또는 본인과 ①부터 ⑤까지의 자가 공동으로 발행주식총수 또는 출자총액의 30% 이상 출자하고 있는 법인(A법인 ⇒ 1차 출자법인)

⑦ 본인, ①부터 ⑥까지의 자 또는 본인과 ①부터 ⑥까지의 자가 공동으로 발행주식총수 또는 출자총액의 50% 이상 출자하고 있는 법인(B법인 ⇒ 2차 출자법인)

⑧ 본인, ①부터 ⑦까지의 자 또는 본인과 ①부터 ⑦까지의 자가 공동으로 재산을 출연하여 설립하거나 이사의 과반수를 차지하는 비영리법인

임원 및 사용인의 범위 및 확대 개정한 내용 요약

❑ 2001.1.1. 이후 임원은 법인세법 시행령 §20 ① 4호(종전 §43 ⑥) 준용
  ○ 법인의 회장·사장·부사장·이사장·대표이사·전무이사·상무이사 등 이사회의 구성원 전원과 청산인
  ○ 합명회사·합자회사 및 유한회사의 업무집행사원 또는 이사
  ○ 감사
  ○ 그 밖에 위에 준하는 직무에 종사하는 자
❑ 2000.12.31. 이전 임원은 법인세법에 의한다는 심판결정례
  ○ 상속증여세법상 임원의 정의가 없다 하여 상법상의 임원에 관한 규정에 따라야 한다는 주장은 위 법리를 오해한 것으로 받아들이기 어렵다 할 것임(국심 2003중1444, 2003.7.15.).
❑ 2003.1.1. 이후 사용인의 범위 확대
  ○ 임원이 아닌 일반 직원도 지배주주의 사용인에 포함시킴.
    −2002년 직원은 지배주주의 사용인이 아님(조심 2011중1994, 2011.10.26.).
❑ 2004.1.1. 이후 임원은 퇴직 후에도 5년간은 임원으로 보도록 함.

사례 1 지배주주와 사용인(종업원)의 특수관계 사례

구 분	"A"주식회사
• 지배주주	甲, 乙, 丙 각각 1/3 소유
• 대표이사	甲
• 전무, 상무 등 임원	丁
• 직원	戊

해설

- 사용인이란 고용계약관계에 있는 피고용자를 말하는 것이므로 A회사의 甲·丁·戊가 A회사의 사용인에 해당하는 것은 법인세법, 소득세법, 상속증여세법 등에서 동일하며 법인세법, 소득세법에서는 甲·丁·戊가 지배주주인 甲·乙·丙의 사용인은 아니나
- 상속증여세법에서는 출자에 의해 지배(30% 이상 출자, 지배주주)하고 있는 법인의 임직원은 당해 지배주주의 사용인으로 규정하고 있어 A회사의 丁과 戊는 甲·乙·丙의 사용인이고 甲은 乙·丙의 사용인에도 해당되어 특수관계인임.

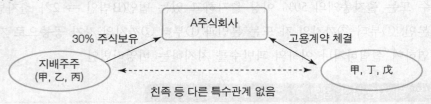

- 甲, 丁, 戊는 A회사의 사용인으로서 법인세법, 소득세법, 상속증여세법 등 공통이며
- 상속증여세법에서는 지배주주인 甲·乙·丙의 사용인에도 해당됨에 유의

■ 지배주주와 사용인(종업원)의 특수관계 사례 2

아래 출자관계에서 丙은 乙의 사용인으로서 특수관계가 성립하는 바, 그 이유는

㉠ 甲이 출자에 의하여 지배하는 (주)A의 임원인 乙은 甲의 사용인에 해당되고

㉡ 특수관계인인 甲과 乙이 출자에 의하여 지배하는 (주)B의 임원인 丙은 甲과 乙의 사용인으로서 특수관계가 성립된다.

(주) A			(주) B		
甲	48%	대표이사	甲	35%	-
乙	8.5%	이사	乙	23%	-
			丙	40%	대표이사

사례 2   **법인의 임원이 지배주주 자녀(주주가 아님)의 사용인인가?**

- 甲은 A법인의 주식을 35% 보유(임원)이고 그의 자녀는 주주 및 임직원이 아니며, 乙은 A법인의 주주이면서 임원인 경우
- 乙이 甲 자녀의 사용인으로서 특수관계가 성립하는가?

해설

- 국세청 유권해석은 지배주주와 그의 친족은 주식 소유 여부에 관계없이 지배주주로 보아 해당 법인의 임직원은 지배주주 친족의 사용인에 포함하고 있으나(재산세과-916,

2009.12.3.)

– 대법원에서는 주식이 없는 친족은 지배주주에 해당될 수 없으므로 특수관계가 성립하
지 않는다고 판결함(대법원 2009두1617, 2011.1.27.).
  ➡ 새로운 유권해석을 받아 처리해야 필요가 있을 것으로 보인다.

 관련 예규·심판결정례 및 판례 등

❑ 퇴직임원의 특수관계 적용 기간(3년 또는 5년)(재재산－913, 2023.07.27., 법규과－2013,2923.8.7.)

　질의

퇴직당시에는 기업집단의 소속 기업이었으나, 이후 공시대상기업집단으로 지정된 경우 퇴직임
원의 특수관계 적용 기간은?

(1안) 퇴직당시 기업집단의 소속기업인 경우 이후 공시대상기업집단으로 지정되더라도 퇴직 후
3년간만 특수관계인으로 봄 ⇒ <회신> (1안)이 타당함.

(2안) 퇴직당시와 무관하게 공시대상기업집단으로 지정된 경우 퇴직 후 5년이 지나지 않은 임
원은 특수관계인으로 봄.

❑ 기업집단에 속하는 계열회사에 해당하는지 여부(사전－법규재산－1796, 2021.12.17.)

　회신

내국법인(갑법인)이 다른 내국법인(을법인)의 조직변경 또는 신규 사업에의 투자등 주요 의사
결정이나 업무집행에 지배적인 영향력을 행사함으로써 을법인의 경영에 대하여 지배적인 영향
력을 행사하고 있다고 인정되는 경우 갑법인과 을법인은 「독점규제 및 공정거래에 관한 법률
시행령」 제3조에 따른 기업집단에 속하는 계열회사에 해당하며, 이 경우 을법인의 임원인 A와
을법인의 계열회사인 갑법인은 「상속세 및 증여세법」 제2조 제10호 및 같은 법 시행령 제2조
의2 제1항 제3호에 따라 특수관계인에 해당함.

다만, 갑법인이 을법인의 경영에 대하여 지배적인 영향력을 행사하는지 여부는 사실판단할 사항임.

　사실관계

○ ʼ20.12.15. A(신청인), B, 갑법인은 전자제품 제조 및 판매업 등의 사업을 영위하는 을법인
의 운영과 관련하여 구체적인 권리·의무 및 협업의 내용을 정하기 위한 동업계약을 체결

○ ʼ21.1.1. 을법인 설립(자본금 1억원)

○ A는 을법인의 대표이사이자 최대주주(80%)이고

– B는 을법인의 등기임원이자 주주(20%)이고 갑법인과 특수관계인에 해당함

○ ʼ21.4.1. A는 을법인의 주식 10%(액면가 1천만원)를 갑법인에 5억원에 양도함(고가양도임
을 전제하여 질의함)

❏ 내국법인과 기업집단 내 다른 법인의 퇴직 임원의 친족과 특수관계 여부(재재산 - 400, 2019.5.29.)

내국법인과 해당 내국법인이 속한 상증 규칙 제2조 제1항에 따른 기업집단의 소속 기업에서 퇴직 후 5년이 경과하지 아니한 임원의 친족은 상증령 제2조의2 제1항 제3호 나목에 따른 특수관계인에 해당하지 아니함.

다만, 이 경우 해당 임원이 소속 기업의 임원에 대한 임면권의 행사 및 사업방침의 결정 등을 통하여 그 경영에 관하여 사실상의 영향력을 행사하고 있는 자에 해당하는 경우 해당 임원의 친족은 특수관계인에 해당함.

❏ 콜옵션 행사로 취득한 주식에 대한 특수관계 판단시기(법령해석재산 - 5164, 2017.9.27.)

비상장법인(A법인)의 최대주주이자 대표자인 甲이 보유중인 A법인 주식을 B법인에게 양도하며, 양도 주식 일부를 甲이 B법인으로부터 재매입할 수 있는 권리(콜옵션)가 부여되어 있는 주식 매매계약을 체결하고,

– 해당 매매계약에 따라 甲이 A 주식을 양도한 후 콜옵션을 행사하여 A 주식 일부를 재매입하고 재매입일로부터 5년 이내에 A법인이 상장되어 상속증여세법 제35조 및 제41조의3 적용시 특수관계 성립 여부는 원칙적으로 매매계약일을 기준으로 판단하는 것임.

질의 특수관계 여부 판단기준일은?

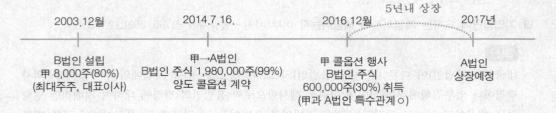

❏ 임원으로 근무하다 퇴직 후 5년 미경과시 임원에 해당함(법령해석과 - 1331, 2016.4.21.).

❏ 지배주주의 자녀(주식 미보유)와 임원은 특수관계인에 해당함(상속증여세과 - 561, 2013.9.26.).

양도자 C는 양수자 B(갑법인의 주주가 아님)의 친족(「국세기본법 시행령」 제1조의2 제1항 제1호부터 제4호까지의 어느 하나에 해당하는 자) A가 30% 이상 출자하여 지배하고 있는 갑법인의 사용인(퇴직 후 5년이 경과하지 아니한 임원이었던 자를 포함함)에 해당하므로 C와 B는 특수관계인에 해당함.

❏ 법인을 출자에 의하여 지배하고 있는 자와 3년전 퇴직한 당해 법인의 임원이었던 자는 특수관계인에 해당함(상담4팀 - 1834, 2004.11.12.).

❏ 법인 A의 특수관계인인 "갑"의 소유주식을 A가 매수한 바, 특수관계 없는 법인 C가 A를 인수한 후에 매수한 경우로서 A와 "갑"의 특수관계가 소멸된 후의 거래이므로 주식의 고가양도로 인한 증여세 과세되지 아니함(국심 98구822, 1999.6.14.).

❏ 퇴직 후 5년 미경과 기업의 임원은 특수관계인에 포함됨(대법원 2018두41921, 2018.7.27.).

❏ 특수관계의 범위를 거래당사자 중 일방인 '고가양도자 또는 저가양수자' 일방의 기준에서 판단하여
  야 한다고 보기 어려움(대법원 2018두37793, 2018.6.28.).
  양도자의 출자에 의하여 지배하는 법인의 사장이자 임원을 양수자로 하는 주식 매매계약은 양
  도자가 양수자와 특수관계에 있으므로 특수관계인 사이의 저가양도로서 과세되어야 함.

❏ 양도자가 30% 이상 출자하고 있는 법인의 사용인에게 주식을 저가로 양도한 경우 그 사용인은 저
  가양수에 따른 증여세 과세대상에 해당함(대법원 2017두32029, 2017.9.21.).

❏ 주주가 아닌 지배주주의 친족과 사용인은 특수관계인이 아님(대법원 2015두52241, 2016.1.28.).
  甲은 乙(10.6%)과 그 친족이 함께 A법인 발행주식 총수 등의 100분의 30 이상을 출자하고
  있는 이 사건 회사의 임원으로서 乙의 특수관계인에 해당하는 반면, 원고 丙이 위 회사의 주
  주가 아닌 이상 丁이 A법인의 임원이라도 丙의 사용인으로서 특수관계에 해당하지 아니함.

❏ 거래상대방 입장에서 특수관계인을 판단하는 것이 아님(대법원 2012두21604, 2013.10.11.).
  특수관계에 있는 자인 사용인은 증여세 납세의무자인 고가양도에서의 양도자 또는 저가양수에
  서의 양수자를 기준으로 하여 그의 사용인을 의미한다고 봄이 타당하며 거래상대방 입장에서
  특수관계인을 의미하는 것이 아님(2003.12.31. 이전 귀속분에 대한 판결임).

❏ 고가양도에서는 양도자 또는 저가양수에서는 양수자를 기준으로 특수관계의 범위를 판단하는 것임
  (대법원 2016두60119, 2017.2.23., 대법원 2011두17226, 2013.9.13.).
  양도인인 원고의 사용인에 해당하지 아니하는 이상 설령 원고가 이 사건 주식 양수 당시 거래
  상대방이 출자에 의하여 지배하고 있던 법인과 고용계약관계에 있었다고 하더라도 그러한 사
  정만으로 소정의 특수관계에 있는 자에 해당한다고 볼 수는 없음.
  ➡ 일방관계로 특수관계 여부 판단함. 다만 2012.2.2. 상증령 §12의2 ①에서 쌍방관계임을 명
    확하게 규정함.

❏ 주식이 없는 지배주주의 친족과 임원은 특수관계인 아님(대법원 2009두1617, 2011.1.27.).

❏ 출자에 의해 지배하는 법인의 임원과 지배주주는 특수관계인임(대법원 2009두17568, 2010.1.28.).

❏ 법인지분을 50%씩 소유한 공동대표이사는 특수관계임(대법원 2008두13514, 2008.11.13.).

6. 증여세 과세대상에서 제외하는 경우

전환사채 등의 주식전환 등에 따른 이익의 증여규정은 별도로 두고 있고, 재산의 양도
를 통하여 변칙적으로 증여한 것으로 보기 어려운 경우 등에 대하여 저가양수·고가양도
에 따른 증여세 과세대상에서 제외하고 있다.

가. 전환사채 등을 거래한 경우

전환사채·신주인수권부사채(신주인수권 증권) 또는 그 밖의 주식으로 전환·교환하거나 주식을 인수할 수 있는 권리가 부여된 사채의 경우 상속증여세법 제40조에서 증여세 과세규정을 별도로 두고 있으므로 저가양수·고가양도에 따른 이익의 증여규정을 적용하지 아니한다.

나. 상장·코스닥상장주식을 유가증권시장에서 거래한 경우

한국거래소에 상장된 법인의 주식 및 출자지분으로서 유가증권시장 또는 코스닥시장에서 거래되는 것은 저가양수·고가양도에 따른 이익의 증여규정을 적용하지 아니한다. 다만, 시간외 시장에서 당일 종가 외의 가액으로 매매된 것은 과세대상이며, 한국거래소 외에서 상장·코스닥상장주식을 거래하는 경우 당일 종가로 거래하더라도 과세대상에 해당될 수 있다.

또한 특수관계인 간에 한국거래소 정규시장(09:00~15:30) 개시 전에 상장주식을 '전일 종가'를 체결단가로 하여 대량매매 방식으로 거래한 경우에는 증여세 과세대상에 해당한다(재재산-874, 2021.10.5.).

🔷 시간외 시장 매매방법 요약

시간외 시장에서의 거래유형은 시간외 종가매매, 시간외 단일가 매매, 시간외 대량매매로 구분할 수 있는데, 시간외 종가매매의 경우에는 모두 과세대상에서 제외하고, 시간 외 단일가 매매와 시간외 대량매매의 경우 종가 거래분은 과세대상에서 제외하되 종가가 아닌 가격으로 거래한 것은 과세대상에 해당함.

구 분	시간외 종가 매매	시간외 대량(단일가) 매매
거래대상	주권, ETF, 외국주식예탁증권(당일 거래미형성 종목 제외)	
거래시간	30분(08:30~08:40, 15:40~16:00)	16:00~18:00(120분)
체결가격	당일종가(장종료 후), 전일종가(장개시 전)	투자자간 협상가격(당일 상·하한가 이내) 당일종가 ±10%
주문유형	종가 주문	지정가 주문
매매체결	가격 및 시간우선원칙을 적용	매도·매수 쌍방의 당해 호가간 당해 주문가격으로 체결
정정, 취소	주문가격의 정정은 불가 매매체결 전까지 수량정정 및 취소는 가능	매매체결 전까지 수량정정 및 취소는 가능

🔸 시간외 시장에서 종가로 거래한 경우 증여세 · 양도세 · 법인세 과세방법 비교

시간외 시장에서 종가로 거래한 경우로서 특수관계가 있는 개인 간에, 개인과 법인 간에 거래한 경우 증여세 과세대상, 법인세법 또는 소득세법상 부당행위대상 여부에 차이가 있음.

거래구분	증여세	법인세	양도소득세
개인 ⇒ 개인	종가로 거래한 경우 고저가 양수도에 따른 증여세 과세대상에서 제외함. (상증령 §26 ① 2호, 상증규칙 §10의6)	당일의 종가가 시가이므로 부당행위대상이 아님.	부당행위대상에 해당될 수 있음*
개인 ⇒ 법인		다만, 경영권 수반이 있는 경우는 20% 할증한 가액 (법인세법 시행령 §89 ①)	부당행위대상에 해당되지 아니함. (소득세법 시행령 §167 ⑥)

* 상장주식 저가양도(시간외대량매매거래)로 인한 양도소득의 부당행위계산 부인대상 여부를 판단함에 있어 양도하는 상장주식의 시가는 특별한 사정이 없는 한 양도일 이전 · 이후 각 2월간에 공표된 매일의 한국거래소 최종시세가액의 평균액이며, 이때 최대주주 할증률을 가산하므로
  ➡ 해당 평가액과 거래가액(종가)의 차이비율이 5% 이상이거나 차액이 3억원 이상인 경우 양도소득세 부당행위계산 부인대상에 해당함(대법원 2009두13061, 2011.1.27. 및 대법원 2010두4421, 2011.1.27.).

🔸 상장주식의 장내대량매매 또는 시간외시장에서 거래한 경우 증여세 또는 양도세 과세방법 비교

거래 유형	증여세 과세대상 여부	양도소득세 부당행위 적용 여부
① 장내시장(09:00~15:30)에서 대량매매한 경우	○ 적용대상 아님. － 재산상속 46014－193, 2002. 7.4. － 상증법 시행령 §26 ① 1호	○ 적용대상임. － 재산 969, 2009.5.18.
② 시간외시장(15:40~16:00, 07:30~08:30)에서 종가로 거래한 경우	○ 적용대상 아님. － 상증법 시행령 §26 ① 1호 － 상증법 시행규칙 §10의5	○ 적용대상임. － 국심 2006중1875, 2007.6.5., 대법원 2010두4421, 2011. 1.27.*
③ 시간외시장(15:40~18:00, 07:30~09:00)에서 종가 외의 가액으로 거래한 경우	○ 적용대상임. － 상증법 시행령 §26 ① 1호 － 상증법 시행규칙 §10의5	○ 적용대상임.
④ 장외에서 종가로 거래한 경우	○ 적용대상임. － 상장주식을 적용대상으로 삼되, 증권시장에서 거래된 것 (시간외대량매매 중 당일 종가 외의 거래는 제외)만을 제외하므로 장외거래분은 모두 적용대상임.	○ 적용대상임.
⑤ 장외에서 종가 외의 가액으로 거래한 경우		○ 적용대상임.

거래 유형	증여세 과세대상 여부	양도소득세 부당행위 적용 여부
⑥ 다자간매매체결회사를 통한 거래	○ 적용 제외규정 없음.	○ 장내거래에 해당(조특법 §104의4)하나, 적용대상임.

* 특수관계 있는 다른 상속인들 간의 쌍방 합의에 의하여 거래소의 정규시장이 아닌 시간외대량매매를 통한 거래로 조세의 부담을 감소시킨 경우에 해당되어, 거래일 이전·이후 2개월간의 최종시세가액의 평균액에 100분의 30을 가산한 가액을 시가로 하여 과세한 처분은 정당함(국심 2006중1875, 2007.6.5., 대법원 2010두4421, 2011.1.27.).

 관련 예규 · 심판결정례 및 판례 등

☐ 특수관계인간 시간외대량매매 방식으로 전일 종가거래시 증여세 과세여부(재재산 − 874, 2021.10.5.)
특수관계인 간에 거래소 정규시장(09:00~15:30) 개시 전에 상장주식을 '전일종가'를 체결단가로 하여 대량매매 방식으로 거래한 경우, 증여세 과세대상에 해당함.

☐ 상장주식을 장내에서 매매한 경우 증여의제대상이 아님(재산상속 46014 − 193, 2002.7.4.).
상장주식을 한국증권거래소에서 불특정다수인이 제한 없이 참여하는 매매거래시간 내에 경쟁매매방식의 장내거래를 통하여 매도하고 그 매도자와 특수관계에 있는 자 및 불특정다수인이 당해 상장주식을 거래 당일의 시세대로 매수한 거래에 대하여는 상속증여세법 제35조(저가·고가양도시의 증여의제)의 규정을 적용하지 아니하는 것임. 다만, 상장주식을 한국증권거래소 시장 외에서 거래하거나 시간외 대량매매방식 등 제3자의 참여를 제한하는 거래를 통하여 특수관계인 간에 시가보다 높거나 낮은 가격으로 매매하는 경우에는 같은법 제35조 및 같은법 시행령 제26조의 규정에 의하여 증여세를 과세하는 것이며, 이 경우 시가는 같은법 제63조 제1항 제1호 가목 및 같은조 제3항의 규정에 의하여 평가한 가액을 말하는 것임.

☐ 시간외 대량매매방식으로 상장주식 거래한 경우(서면4팀 − 649, 2004.5.12.)
한국증권업협회에 등록되어 있는 주식을 협회중개시장 외에서 거래하거나(장외거래) 협회중개시장업무규정에 의한 시간외 대량매매 방법 등 제3자의 참여를 제한하는 거래를 통하여 시가보다 높거나 낮은 가액으로 매매하는 경우에는 상속증여세법 제35조 및 같은법 시행령 제26조에 따라 증여세를 과세하는 것이며, 이 경우 시가는 같은법 제63조 제1항 제1호 나목 및 같은조 제3항에 따라 평가한 가액을 말하는 것임. 다만 시간외대량매매 방법으로 매매된 것 중 당일종가로 매매된 것에 대하여는 증여세 과세대상 아님.

다. 법인세법 및 소득세법상 부당행위대상이 아닌 경우

개인과 법인 간에 재산을 거래하는 경우로서 그 대가가 법인세법상 시가에 해당되어 당해 법인의 거래에 대하여 법인세법 제52조(부당행위계산의 부인)의 규정이 적용되지 아니하는 경우에는 증여세 과세요건을 충족하는 경우에도 증여세를 과세하지 아니한다.

2021.2.17. 이후 재산을 양수하거나 양도한 경우로서 소득세법 제101조 제1항에 따른 양도소득세 부당행위계산 대상에 해당하지 아니하는 경우에는 저가·고가에 따른 증여세 과세대상에서 제외하였다.

다만, 거짓 그 밖의 부정한 방법으로 상속·증여세를 감소시킨 것으로 인정되는 경우에는 과세한다.

이는 법인세법과 상속증여세법상 재산의 평가기준일 및 평가방법이 달라 어떤 가액으로 거래하더라도 하나의 세법에서 과세문제가 발생하는 등의 문제를 방지하기 위하여 특수관계에 있는 개인과 법인이 재산을 양수·양도한 경우 법인세법에서 인정하는 시가수준의 대가를 수수하고 거래하여 법인세법상 부당행위계산부인 규정이 적용되지 않는 경우에는 상속증여세법상 저가양수·고가양도에 따른 증여세 과세대상에서 제외하였다. 이 규정은 2004.1.1. 이후 증여세를 결정하거나 경정하는 분부터 적용한다.

▌법인세법과 상속증여세법상 평가기준일 및 평가방법 비교 ▌

구 분	법인세법	상속증여세법
재산 평가기준일	매매계약체결일	잔금청산일(예외 매매계약일)
상장주식 평가	평가기준일 현재 종가	평가기준일 전후 각 2개월 종가평균액
감정가액 인정	1개의 감정가액도 시가	2 이상 감정가액 평균액이 시가
저당권 설정재산	채권액과 비교평가 안함 (2014.2.20. 이전 비교평가 안함)	시가와 채권액 중 큰 금액으로 평가

법인세법상 부당행위에 해당하는 경우에는 어떤 세법의 시가 등을 적용하여 증여세 과세요건 및 증여재산가액을 계산할 것인가에 대해서는 명확한 규정이 없다. 이 경우 법인세법상 시가가 아닌 상속증여세법상 대금청산일 현재 시가를 적용하여 증여재산가액을 계산하고 법인세법에 따라 소득처분을 하여 소득세가 부과되는 금액은 증여재산가액에서 빼고 증여세를 부과하는 것이 타당할 것으로 생각된다.

라. 우리사주조합원이 저가로 취득한 경우

내국법인의 종업원으로서 우리사주조합에 가입한 소액주주가 그 법인의 주식을 우리사주조합을 통하여 시가보다 낮은 가액으로 취득한 경우에 그 취득가액과 시가의 차액은 비과세한다. 이때 "소액주주"는 당해 법인의 발행주식총수 등의 100분의 1 미만을 소유하는 경우로서 주식 등의 액면가액의 합계액이 3억원 미만인 주주를 말한다(상속증여세법 §46 2호).

마. 수증자에게 소득세를 부과하는 경우

법인이 소유자산을 특수관계인에게 저가로 양도하거나 특수관계인의 자산을 고가로 양수함에 따라 법인세법 제52조(부당행위계산의 부인)에 따라 자산의 시가와 대가의 차익에 대하여 양수자 또는 양도자에게 소득처분함으로써 소득세법에 따른 소득세를 부과(과세미달, 감면, 비과세를 포함함)하는 때에는 수증자에게 증여세를 부과하지 아니한다(상속증여세법 기본통칙 35-26…1).

▶▶ 참고 1

법인세법상 부당행위계산 부인규정 적용시 시가의 범위(법인세법시행령 제89조)

○ 시가는 해당 거래와 유사한 상황에서 해당 법인이 특수관계인 외의 불특정다수인과 계속적으로 거래한 가격 또는 특수관계인이 아닌 제3자간에 일반적으로 거래된 가격이 있는 경우에는 그 가격을 말함.

○ 다만, 상장주식을 다음의 방법으로 거래한 경우 해당 주식의 시가는 그 거래일의 자본시장법에 따른 거래소 최종시세가액(거래소 휴장 중에 거래한 경우에는 그 거래일의 직전 최종시세가액)으로 하며, 사실상 경영권의 이전이 수반되는 경우*)에는 그 가액의 100분의 20을 가산(상속증여세법상 최대주주 할증평가대상이 아닌 경우에는 제외) 함.

ㄱ 증권시장 외에서 거래 ㄴ 대량매매 등(증권시장업무규정에서 일정 수량 또는 금액 이상의 요건을 충족하는 경우에 한정하여 매매가 성립하는 거래방법)

* 경영권의 이전이 수반되는 경우
ㄱ 상증법 제63조 제3항에 따른 최대주주 또는 최대출자자가 변경되는 경우
ㄴ 최대주주등 간의 거래에서 주식의 보유비율이 100분의 1 이상 변동되는 경우

○ 시가가 불분명한 경우 다음의 차례에 따라 계산한 금액

ㄱ 감정평가법인등이 감정한 가액이 있는 경우 그 가액(감정한 가액이 2 이상인 경우에는 그 감정한 가액의 평균액). 다만, 주식등 및 가상자산은 제외함.

ㄴ 상증법 제38조부터 제39조의3까지 및 제61조부터 제66조까지를 준용하여 평가한 가액

▶▶ 참고 2

양도소득의 부당행위계산과 법인세법상 부당행위계산 비교

○ 소득세법시행령 제167조(양도소득의 부당행위계산) 제6항

개인과 법인간에 재산을 양수 또는 양도하는 경우로서 그 대가가 「법인세법 시행령」

제89조의 규정에 의한 가액에 해당되어 당해 법인의 거래에 대하여 「법인세법」 제52조의 규정이 적용되지 아니하는 경우에는 법 제101조 제1항의 규정을 적용하지 아니한다. 다만, 거짓 그 밖의 부정한 방법으로 양도소득세를 감소시킨 것으로 인정되는 경우에는 그러하지 아니하다.

 관련 예규 · 심판결정례 및 판례 등

❑ 개인이 법인에게 고가 양도한 경우 증여세 과세 여부(조심 2023서3484, 2023.7.24.)

개인이 양도자, 법인이 양수자인 고가거래인 경우 그 시가초과분은 양수자인 법인의 세무조정 및 소득처분 과정을 거쳐 양도자인 개인에게 종합소득세가 과세되어야 함에도 양수자에 대한 법인세법상 부당행위계산부인 규정 적용여부에 대한 판단 없이 양도자만을 고려하여 증여세를 부과할 수 없음.

❑ 법인세법상 부당행위로 보지 아니한 캠코 공매가액으로 거래한 경우(조심 2018광3733, 2021.10.27.)

합동회의 선결정례에서 쟁점공매가액은 양수인인 C산업의 법인세법상 시가로 인정한 만큼 동일한 거래의 양도인 입장에서도 상증세법 상 시가로 보는 것이 당연하고 또한 무엇보다도 일물 일가의 원칙에 부합한다고 할 것인 점, 청구인 D에 대하여 쟁점공매 및 매매가액이 아닌 상증세법 상 보충적 평가방법을 적용하여 산정한 가액을 시가로 인정하는 것은 동전의 양면인 양도인의 시가와 양수인의 시가를 달리 인정하는 것으로서 세법 해석 · 적용의 대원칙인 조세공평주의를 해할 수 있는 점(서울중앙지방법원 2021.1.19. 선고 2018고합1111 판결, 같은 뜻임) 등을 감안할 때, 이 건 처분은 잘못이 있는 것으로 판단됨.

❑ 구 상속증여세법 시행령 제26조 제9항은 특수관계 있는 개인과 법인간에 재산을 양수·양도한 경우에 적용다고 특수관계가 없는 경우에는 적용되지 않는 것으로 해석함이 타당함(서울고등법원 – 2022 – 누 – 36942, 2022.8.24. 완료).

❑ 최대주주가 특수관계법인에게 상장주식을 거래일 종가로 양도하지 아니한 경우 양도일 전후 각 2개월 동안 종가평균액을 기준으로 부당행위계산 여부를 판단함(대법원 2016두63439, 2021.5.7.).

사실관계

○ 2012.5.24. 상장주식을 시간외대량매매 방식으로 특수관계법인에게 양도
  - 거래가액 : 1주당 8,800원, 양도일의 종가 : 1주당 9,200원
  - 양도일 전후 각 2개월간 종가평균액 : 9,565원
  - 최대주주로서 할증평가액 : 11,478원(9,565원 × 120%)

과세내용

할증평가액 11,478원을 기준으로 부당행위계산 부인규정을 적용하여 양도소득세 부과함.

판결요지

- 개인이 한국거래소에서 특수관계에 있는 법인에 상장주식을 양도한 경우에는 소득세법 시행령 제167조 제6항(개인과 법인간 거래시 법인세법상 시가에 해당되어 법인세법상 부당행위로 볼 수 없으면 소득세법에서도 부당행위 적용불가)은 시가인 해당 거래일의 종가로 양도한 때에 한하여 적용가능하고
- 그 외의 경우에는 상속증여세법상 상장주식 평가액을 기준으로 소득세법상 부당행위계산 부인규정을 적용하여야 함.

사례　거래소 시간내 시장에서 동시호가로 거래된 경우 부당행위인지

❑ **쟁점**

거래소시장에서 특수관계인들이 매도주문과 매수주문을 동시에 하여 거래된 경우 세법상 부당행위에 해당하여 조세범처벌법에 따른 처벌대상인지

❑ **대법원 판결내용(2021도436, 2021.6.24.) : 부당행위에 해당하지 아니함**

　○ 세법상 거래일 전후 각 2개월 종가평균액에 최대주주의 경우 할증한 가액을 시가로 하고 있으나 다음과 같은 사유를 들어 부당행위가 아니라고 판단함.

　① 거래소의 경쟁매매는 거래상대방과 가격이 거래소 시스템에 따라 자동적으로 결정되고, 주문내용에는 상대방이 포함되지 아니하며, 제3자를 배제하고 호가대로 거래가 100% 체결된다는 보장도 없다.

　② 피고인들은 거래금액과 수량에만 관심이 있었을 뿐 제3자와의 체결을 막으려 하지 않았으며, 막을 수도 없다.

　③ 특수관계인간 체결된 것과 제3자와의 체결된 것이 혼재되어 있는 등 피고인이 의도한 것이 아니라 거래소 시스템에 따른 우연한 결과로서, 제3자와 체결된 부분은 정상적인 것으로 특수관계인과 체결된 부분은 비정상적인 거래로 보는 것은 지나치게 기교적이다.

7. 저가·고가 양도시 증여세와 법인세법·소득세법 적용방법

재산을 시가보다 높거나 낮은 가액으로 거래하는 경우 개인과 개인, 개인과 법인, 또는 법인과 법인이 특수관계 성립 여부에 따라 상속증여세법과 법인세법 및 소득세법에 따른 여러 가지 과세방법이 발생할 수 있는 바 거래당사자 관계, 특수관계 성립 여부 등에 따른 과세방법을 살펴보면 다음과 같다.

가. 법인세법상 부당행위계산부인

　법인세법상 특수관계가 성립하여 부당행위계산 부인규정을 적용하는 경우와 특수관계가 성립하지 아니하여 기부금의제로 과세하는 경우의 요건 및 소득금액 조정과 소득처분 내용을 요약하면 다음과 같다.

1) 특수관계인 간의 거래시 과세요건

구 분	적용 요건(정당한 사유 없음)	익금산입, 소득처분금액
저가 양도시	(시가 - 대가)가 시가의 5% 이상이거나 그 차액이 3억원 이상인 경우	(시가 - 대가)
고가 양수시	(대가 - 시가)가 시가의 5% 이상이거나 그 차액이 3억원 이상인 경우	(대가 - 시가)

➡ 소득세법상 양도소득세 부당행위계산부인 요건도 위와 동일함.

2) 특수관계인이 아닌 자간 거래시 과세요건

구 분	적용 요건(정당한 사유 없음)	기부금의제, 소득처분금액
저가 양도시	(시가-대가)가 시가의 30% 이상	(시가-대가)-시가의 30%
고가 양수시	(대가-시가)가 시가의 30% 이상	(대가-시가)-시가의 30%

3) 부당행위계산 부인적용시 익금산입·손금불산입액의 소득처분 개정내용

　법인세법 시행령 제106조 제1항 제3호 자목을 1997.2.28.과 2009.2.4.에 개정하였다. 1997.2.28. 개정시 부칙에서 1997.2.28. 이전 행위·계산분을 1997.2.28. 이후 처분하는 것부터 적용하도록 하였으며, 2009.2.4. 개정시 부칙 제19조 제2항에서 행위·계산분부터 적용하도록 규정하고 부칙 제32조에서 행위·계산시점에서 소득처분규정에 따른다고 규정하여 1997.2.28. 개정세법의 소급부칙에 대한 효력을 상실시켰는 바 해당 부칙을 요약하면 소득처분 및 증여세 과세내용을 다음과 같이 정리할 수 있다.

구 분	～2007.2.27.	2007.2.28.～2009.2.3.	2009.2.4.～
법인세법 시행령 §88 ① 8(자본거래)	증여세 과세(기타사외유출)		
법인세법 시행령 §88 ① 8의2 (자본거래)	(신설)	증여세 과세(기타사외유출)	
법인세법 시행령 §88 ① 1·3 (고저가 거래)	소득세 과세	증여세 과세 (기타사외유출)	소득세 과세 (2009.2.4. 개정)

➡ 특수관계 있는 법인에게 시가를 초과하여 주식을 양도한 경우에 시가를 양도가액으로 하여 양도소득세를 과세하고 시가를 초과하는 부분은 소득처분함(소득세법 §96 ③, 1999.12. 개정).

 관련 예규·심판결정례 및 판례 등

□ 풋옵션계약 이행시 특수관계 여부 판단시점(법령해석법인-21852, 2015.7.21.)

갑법인이 을법인과 함께 A법인에 투자하면서 A법인 주식에 대한 풋옵션계약을 체결하고 그후, 상법 제360조의2(주식의 포괄적 교환에 의한 완전모회사의 설립)에 따라 갑법인이 A법인의 완전모회사가 되기 위하여 을법인이 보유한 A법인 주식을 풋옵션계약에 따라 인수하고, 을법인에게 갑법인의 주식을 교부하는 거래가 법인세법 제52조에 따른 부당행위계산부인 적용대상인지 여부는 갑법인과 을법인이 체결한 풋옵션계약일을 기준으로 하여 판단하는 것임.

□ 2005년 행위분을 2009.3월 과세처분하면서 주식을 저가양도한 것에 대하여 기타사외유출처분하고 증여세를 과세한 것은 잘못임(조심 2009서2674, 2010.11.23.).

나. 시가보다 낮은 가액으로 거래한 경우 적용방법

(예시 : 취득가액 2억원, 대가 5억원, 시가 9억원)

1) 특수관계가 성립하는 경우

개인과 개인의 거래의 경우 양수자에게 증여세 부과하고 양도자는 양도소득세 부당행위 부인규정 적용하며, 개인과 법인이 거래하는 경우 소득세가 부과되는 금액에 대해서는 증여재산가액에서 차감하여 증여세를 부과한다.

거래 당사자	양 도 자	양 수 자	비 고
개인 ⇒ 개인	• 부당행위 : 시가로 과세 • 양도차익 : 9 - 2 = 7억원	• 증여가액 : 1.3억원 = 9억원 - 5억원 - 2.7억원(9×30%)	
개인 ⇒ 법인	• 부당행위 : 시가로 과세 • 양도차익 : 9 - 2 = 7억원	• 유가증권 양수시 4억원 익금산입(처분시 불산입)	법인세 선과세 성격
법인 ⇒ 개인	• 부당행위 : 4억원 익금산입 • 4억원 상여 등 소득처분	• 2009.2.4. 이후 소득세 과세시 증여세 과세제외	2007.2.28.~ 2009.2.3. 증여세 과세
법인 ⇒ 법인	• 부당행위 : 4억원 익금산입 • 4억원 기타사외유출	• 법인세 과세문제 없음	

2) 특수관계가 성립하지 않는 경우

개인과 개인의 거래의 경우 특수관계가 있는 경우와 동일한 방법에 의하고, 개인과 법인이 거래하는 경우 법인세법상 기타사외유출하므로 양수자에게 증여세를 부과한다.

거래 당사자	양 도 자	양 수 자	비 고
개인 ⇒ 개인	• 양도차익 : 5-2 = 3억원	• 증여가액 : 1억원 = 9억원-5억원- 3억원	정당한 사유 없는 경우 증여세 과세
개인 ⇒ 법인	• 양도차익 : 5-2 = 3억원	• 법인세 과세문제 없음	
법인 ⇒ 개인	• 기부금 : 1.3억원 익금산입 • 기타사외유출	• 증여가액 : 1억원 = 9억원-5억원-3억원	정당한 사유 없는 경우에만 적용
법인 ⇒ 법인	• 기부금 : 1.3억원 익금산입 • 기타사외유출	• 법인세 과세문제 없음	정당한 사유 없는 경우에만 적용

다. 시가보다 높은 가액으로 거래한 경우

(예시 : 취득가액 2억원, 시가 5억원, 대가 9억원)

1) 특수관계가 성립하는 경우

개인과 개인의 거래의 경우 양도자에게 증여세와 양도소득세를 부과하며, 개인과 법인이 거래하는 경우 법인세법상 소득처분을 하는 금액에 대해서는 증여재산가액에서 빼고 증여세를 부과한다.

거래 당사자	양 도 자	양 수 자	비 고
개인 ⇒ 개인	• 증여가액 : 9-5-1.5=2.5 • 양도차익 : 9-2.5-2= 4.5	• 부당행위대상인 경우 : 양도시 취득가액 5억원	
개인 ⇒ 법인	• 4억원 종합소득세 과세 * 2009.2.3. 이전 증여가액 2.5억원, 1.5억원 종소세 • 양도차익 : 5-2 = 3억원	• 부당행위 : 4억원 익금산입, 손금산입(△유보 처분시 손금불산입) • 4억원 상여 등 소득처분	양도자에게 소득세 과세된 경우 증여세 과세 제외
법인 ⇒ 개인	• 9억원 기준 법인세 과세	• 부당행위대상인 경우 : 양도시 취득가액 5억원	
법인 ⇒ 법인	• 9억원 기준 법인세 과세	• 부당행위 : 4억원 익금산입, 손금산입(△유보 처분시 손금불산입) • 4억원 기타사외유출	

2) 특수관계가 성립하지 않는 경우

개인과 개인의 거래의 경우 양도자에게 증여세와 양도소득세를 부과하며, 개인과 법인이 거래하는 경우 법인세법상 기타사외유출 처분하므로 증여재산가액에 대하여 양도자에게 증여세를 부과한다.

거래 당사자	양 도 자	양 수 자	비 고
개인 ⇒ 개인	• 증여가액 : 9 - 5 - 3 = 1억원 • 양도차익 : 9 - 1 - 2 = 6억원	• 과세문제 없음	정당한 사유 없는 경우 증여세 과세
개인 ⇒ 법인	• 증여가액 : 9 - 5 - 3 = 1억원 • 양도차익 : 9 - 1 - 2 = 6억원	• 기부금 : 9 - 5 - 1.5 = 2.5억원 익금산입, 손금산입(△ 유보, 처분시 손금불산입) • 2.5억원 기타사외유출	양수자 정당한 사유 입증시 부당행위적용 제외
법인 ⇒ 개인	• 9억원 기준 법인세 과세		
법인 ⇒ 법인	• 9억원 기준 법인세 과세	• 기부금 : 9 - 5 - 1.5 = 2.5억원 익금산입, 손금산입(△유보 처분시 손금불산입) • 2.5억원 기타사외유출	정당한 사유 없는 경우에만 적용

┃ 세법별 부당행위계산 부인요건 및 증여세 과세요건 등 요약 ┃

구 분	법인세법	상속증여세법	소득세법
과세요건 (부당행위 계산부인 규 정)	• 특수관계인 경우로서 - 개인 · 법인에게 저가 양도 - 개인 · 법인으로부터 고가양수(법 §52, 영 §88 ① 1 · 3) • 2007.2.28. 이후 거래분부터 적용 (시가 - 대가) ≧ 3억원 OR {(시가 - 대가) ÷ 시가} ≧ 5% 이상인 때(영 §88 ③)	• 특수관계 여부에 무관하게 - 개인 · 법인에게 저가 양도 - 개인 · 법인으로부터 저가 양수(법 §35, 영 §26) • (시가 - 대가) ≧ 3억원 OR {(시가 - 대가) ÷ 시가} ≧ 30% 이상인 때 (영 §26 ② · ⑤ · ⑥)	• 특수관계인 경우로서 - 개인 · 법인에게 저가 양도 - 개인 · 법인으로부터 고가양수(법 §96 ③, §101 ①) • 2007.2.28. 이후 양도분부터 적용 (시가 - 대가) ≧ 3억원 OR {(시가 - 대가) ÷ 시가} ≧ 5% 이상인 때(영 §167 ③)
판 단 (평 가) 기 준 일	행위 당시기준(매매계약일, 영 §88 ②)	원칙 : 대금청산일 예외 : 환율 급변시 등 매매 계약일 (영 §26 ⑧)	양도시기 또는 취득시기 (영 §162)

구 분	법인세법	상속증여세법	소득세법
시가평가 범 위	• 시가(매매사례가액 등) • 보충적 평가액(영 §89 ① · ②)	• 시가(평가기준일 전후 각 3월의 매매사례가액 · 수용보상가 · 감정가 등) • 보충적 평가액(영 §26 ①)	• 상속세 및 증여세법에 의한 평가액으로 하되, 양도 · 취득일 전후 3월의 매매사례가액 · 수용보상가 · 감정가 등) • 보충적 평가액(영 §167 ⑤)
주 식 등 평 가	• 상장주식 등 : 거래일의 증권시장(유가증권시장 · 코스닥시장) 종가 • 비상장주식 등 : 보충적 평가액	• 상장주식 등 : 증여일 이전 · 이후 각 2월의 증권시장(유가증권시장 · 코스닥시장) 종가평균액 • 비상장주식 등 : 보충적 평가액	

과 세
가 액
계 산
	특수관계인에 대한 부당행위 계산부인에 따른 차이액을 익금산입하고, 당해 차이액은 법인세법 시행령 개정규정과 부칙에 따라
	– 그 시기별로 부당행위한 때 · 처분한 때를 기준으로
	– 상여 · 배당 · 기타사외유출 · 기타소득으로 처분
	  • 저가양도 : 차액
	   (시가 – 대가)
	  • 고가양수 : 차액
	   (대가 – 시가)
		<증여재산가액 계산방법>
		• 특수관계 有(아래 차이액에서 시가의 30%와 3억원 중 낮은 금액을 공제)
		• 특수관계 無(아래 차이액이 시가의 30% 이상인 때로 한정하여 3억원을 공제)
		
		<시가와 대가의 차액>
		– 고가양도 : 차액
		  (대가 – 시가)
		– 저가양수 : 차액
		  (시가 – 대가)
			개인의 유형별(고가 · 저가양도) 양도가액
			• 고가양도 시 양도가액 : 양수자가 특수관계인 법인인 때는 법인세법상 시가를, 그 외의 경우는 거래가액에서 상증세법상 증여재산가액 차감
			• 저가양도 시 양도가액 : 부당행위계산 부인대상인 때는 상증세법상 시가를, 아닌 경우는 대가(§96 ①)
			
			개인의 유형별(고가 · 저가양수) 취득가액
			• 고가양수한 경우 취득가액 : 부당행위계산 부인대상인 경우는 상증세법상의 시가를, 아닌 경우는 대가(§97 ① 1 가목 본문)
			• 저가양수한 경우 취득가액 : 양도자가 특수관계가 있는 때는 대가와 상여 등 처분금액 또는 증여재산가액 합계를, 없는 경우는 대가와 증여재산가액 합계

│ 배우자 등 이월과세와 부당행위계산의 비교 │

구 분	부당행위계산 부인 (소득세법 제101조 제2항)	배우자 또는 직계존비속 이월과세 (소득세법 제97조의2 제1항)
증여시 관계	특수관계인(배우자 및 직계존비속으로부터 증여받아 양도하는 경우는 제외)	법률상 혼인한 배우자 또는 민법상 직계존비속 관계
납세의무자	당해 재산의 증여자 • 수증자(＝증여받아 양도한 자)에게 연대납세의무 있음 • 특수관계인인 비거주자도 적용	증여받은 배우자 또는 직계존비속 • 연대납세의무 없음 • 비거주자인 배우자 또는 직계존비속도 적용함
적용기간	2007.1.1. 이후 양도로서 수증 후 10년 이내에 양도한 경우 • 2006.12.31. 이전 양도분은 수증 후 3년 이내에 양도한 경우 • 배우자는 1997.1.1. 이후, 2009.1.1. 이후 직계존비속으로부터 증여받은 경우는 이월과세 대상으로 개정되어 제외	수증 후 10년 이내 양도(수용 등 제외) • 1997.1.1. 이후 배우자로부터 증여받거나 2009.1.1. 이후 직계존비속으로부터 증여받아 양도한 경우로서 • 증여받은 후 혼인관계가 소멸된 경우 포함하되 사망은 제외
적용대상자산	양도소득세 과세대상 자산 전체	토지, 건물, 특정시설물 이용권, 부동산 취득할 수 있는 권리
등기원인	등기원인과 관계없음(실질과세원칙에 따라 사실상 증여에 대해 적용함)	
조세회피	조세부담을 부당히 감소시킨 행위 증여자가 부담할 양도세가 수증자가 부담할 세액(증여세＋양도세)이 더 많은 경우	2017.7.1. 이후 수증자의 양도세가 많은 경우 제외
양도가액	• 2007.1.1. 이후 양도분은 수증자의 양도당시 실질거래가액 • 2006.12.31. 이전 양도분은 수증자의 양도당시 실질거래가액 또는 기준시가	
취득가액	• 2007.1.1. 이후 양도분은 증여자의 취득당시 실질거래가액 • 2006.12.31. 이전 양도분은 증여자의 취득당시 실질거래가액 또는 기준시가	
기타필요경비	증여자 취득시 실제 소요된 경비 또는 개산공제액	수증자 취득시 실제 소요된 경비 또는 개산공제액
수증자 증여세 기타필요경비 산입 여부	증여세 결정취소(기납부 증여세 환급) • 2003.12.31. 이전 기타필요경비 산입 • 2004.1.1. 이후 기타필요경비 불산입 • 수증자의 취득세 등 필요경비 불산입	• 증여세 산출세액을 기타필요경비로 산입(수증자 양도차익 한도) • 수증자의 취득세 등 필요경비 산입
세율적용 및 장기보유 특별공제시 보유기간 계산	증여자의 취득일부터 기산	수증한 배우자 또는 직계존비속의 등기접수일부터 기산

구 분	부당행위계산 부인 (소득세법 제101조 제2항)	배우자 또는 직계존비속 이월과세 (소득세법 제97조의2 제1항)
특수관계	증여받을 때와 양도할 때 모두 특수관계 유지 필요	배우자관계 소멸(이혼, 혼인취소)되어도 적용. 2011.1.1. 이후 증여분 배우자 사망 시 적용배제
적용 제외	• 양도소득이 수증자에게 실제 귀속된 경우 • 개인과 법인 간 거래로서 그 대가가 법인세법상 부당행위계산 부인대상이 아닌 경우	• 사업인정고시일로부터 2년 전에 증여받아 수용·협의매수되는 경우(2011.1.1. 이후 양도분) • 이월과세 적용시 1세대 1주택(고가주택 포함) 비과세에 해당할 경우(2014.1.1. 이후, 고가주택은 2016.1.1. 이후 양도분) • 이월과세 적용시 양도세액이 미적용시 양도세보다 적은 경우(2017.1.1. 이후)

제6절 : 채무면제 등에 따른 증여

1. 개 요

타인에게 금전을 빌려준 후 변제를 받지 아니하는 경우 또는 타인의 채무를 인수하거나 대신 변제하는 것은 금전을 증여한 것과 동일한 효과가 있으나, 이러한 채무의 면제 또는 인수·대신 변제는 민법상 증여계약에 해당하지 아니한다.

예를 들어 ① 부모가 은행에서 대출받은 금전을 자녀에게 증여하고 자녀가 그 금전으로 부동산 등을 취득하는 경우와 ② 자녀가 은행에서 직접 대출받은 금전으로 부동산 등을 취득한 후 해당 대출금을 부모가 대신 변제해 주는 경우에 자녀가 재산을 무상으로 취득하는 결과가 동일한데도 ①의 경우 민법상 증여에 해당하는데 비해 ②의 경우 민법상 증여에 해당하지 않는다.

즉 채무의 면제란 채권자의 일방적 의사표시에 의한 것이지 당사자간 계약에 의한 것이 아니며, 채무의 인수 및 대신 변제의 경우 채무 인수자 등의 요청을 채권자가 승낙하여 성립함으로써 민법상 증여에 해당하지 아니하나 경제적 실질이 민법상 증여와 동일하므로 이에 대하여 세금을 부과하고자 채무 면제 또는 인수 등에 대하여 2003.12.31. 이전까지는 증여로 의제하여 증여세를 과세토록 규정하였고, 2004.1.1. 이후 완전포괄주의 과세제도에서는 증여유형의 한 형태로 예시하고 있다.

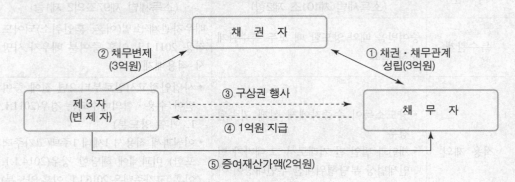

2. 과세내용

채권자로부터 채무의 면제를 받거나 제3자로부터 채무의 인수 또는 변제를 받은 경우에는 그 면제·인수 또는 변제로 인하여 채무자가 얻은 이익에 상당하는 금액을 증여재산가액으로 하여 증여세를 부과한다.

다만, 채무의 인수 또는 대신 변제 등을 받아 이익을 얻는 자(채무자)가 채무를 인수하거나 대신 변제 등을 한 자에게 보상액을 지급한 경우에는 그 보상액을 뺀 금액을 증여재산가액으로 한다.

3. 증여시기

다음의 시기를 증여시기로 하여 증여세 신고기한과 부과제척기간의 기산일 및 상속세와 증여세 합산과세 대상 여부를 판정하여야 할 것이다.

① 채권자로부터 채무를 면제받은 경우 : 채권자가 면제에 대한 의사표시를 한 날
② 제3자로부터 채무의 인수 또는 변제를 받은 경우 : 제3자와 채권자 간에 채무의 인수 또는 변제 계약이 체결된 날

채무자와 채무 인수인이 계약을 체결하여 인수하는 경우에는 채권자가 다른 의사표시를 하지 않으면 해당 계약을 체결한 때를 증여시기로 보아야 할 것이다.

4. 채무면제 등 유형별 과세방법

가. 증여자가 증여세를 대신 납부할 경우

증여세도 조세채무로서 채무면제 등에 따른 이익의 증여규정을 동일하게 적용한다. 수증자가 납부할 증여세를 증여자 등이 대신 납부해 주는 경우 수증자는 그 만큼 추가적인 이익을 얻게 되므로 이 또한 새로운 증여에 해당한다. 다만, 수증자가 납세자력을 상실하여 증여세를 징수할 수 없는 경우와 수증자가 비거주자이거나 명의신탁재산에 대하여 증여세를 과세하는 경우에는 조세채권을 원활하게 확보하기 위하여 증여자에게 연대납세의무를 부여하고 있는 바, 세법에서 부여한 연대납세의무에 따라 증여자가 납부하는 증여세는 본인의 조세채무를 이행하는 것이므로 수증자 채무를 대신 변제하는 새로운 증여세 과세대상으로 삼기는 어렵다 할 것이다.

다만, 연대납세의무가 없는 상태에서 대신 납부한 증여세액은 제3자가 증여세 채무를 대신 변제해 준 것에 해당하므로 새로운 증여에 해당한다.

 관련 예규 · 심판결정례 및 판례 등

❏ 국제조세조정법 제21조 제1항에 따라 증여자에게 과세된 증여세를 수증자가 대신 납부하는 경우 연대납부의무 이행에 해당하지 않고, 채무면제에 따른 증여세 과세대상임(법규과 – 2230, 2023.8.30.).

❏ 거주자가 비거주자에게 국내에 있는 재산을 증여하고 연대납세의무 통지를 받기 전에 수증자가 납부하여야 할 증여세를 납부한 경우, 증여재산에 해당하지 아니함(법령해석과 – 4330, 2021.12.10.).

❏ 양수인이 양도소득세를 부담하는 경우 증여 해당 여부(법령해석과 – 2504, 2016.7.29.)
양도자의 양도소득세 계산에 있어 해당 양도소득세 상당액을 양도가액에 포함하며, 해당 양도소득세를 양도가액에 포함하여 계산되는 양도소득세와 양도가액에 포함하기 전에 계산되는 양도소득세와의 차액은 증여세 과세대상 아님.

❏ 父로부터 자금을 일시 차용하여 증여세를 납부하고 본인의 금전으로 그 차용금을 변제한 사실이 입증되는 때에는 대신 납부에 따른 증여세 부과 안됨(재삼 46014 – 2396, 1998.12.8.).

❏ 증여세 대신 납부한 경우 몇 번까지 과세하는지(재삼 46014 – 2303, 1994.8.24.).
증여자가 연대납세의무자가 아닌 상태에서 증여세를 대신 납부하는 경우 그 대신 납부한 세액에 대하여는 증여세가 과세되는 것으로서, 계속하여 대신납부하는 경우에는 대신 납부할 때마다 재차증여에 해당됨.

☐ 명의수탁자에게 과세된 증여세를 명의 신탁자가 납부한 경우, 재차증여에 해당 안됨(조심 2012구 1409, 2012.11.29.).

➡ 2003.1.1. 이후 명의신탁자에게 처음부터 연대납세의무 부여함.

☐ 증여세 탈루 관련 벌금을 증여자가 대납 시 새로운 증여에 해당함(대법원 2019두50533, 2019.12.13.).

☐ 母가 원고계좌에 입금한 자금은 차용증의 이자지급일, 원금 및 이자 변제내역 등을 고려할 때 당초 증여에 수반하여 증여세 상당액까지 증여한 것으로 추정됨(대법원 2016두65244, 2017.4.13.).

☐ 증여받은 토지 지분 외는 직업이나 재력 없는 미성년자인 학생 등의 증여세 연부연납액을 아버지가 증여한 것으로 추정과세함은 정당함(대법원 96누10423, 1997.7.11.).

☐ 증여세를 대신 납부해준 경우 새로운 증여에 해당됨(대법원 97누7493, 1997.9.5.).

나. 부담부증여시 채무가 재산가액을 초과하는 경우

증여받는 재산가액을 초과하는 증여자의 채무를 인수하는 경우 그 채무 초과액은 수증자가 오히려 증여자에게 채무 인수에 따른 이익을 증여하는 것에 해당한다. 또한 증여자의 채무가 아닌 제3자의 채무를 인수하는 경우 이는 부담부증여에 해당하지 아니하므로 증여세 과세대상에 해당한다.

 관련 예규·심판결정례 및 판례 등

☐ 증여가액을 초과하여 채무 인수한 경우(재산세과 – 614, 2009.2.23.. 재삼 46014 – 2603, 1995.10.2.)
증여받은 부동산가액을 초과하는 채무를 인수한 경우 그 초과액은 부동산을 증여한 자가 채무 면제받은 것으로 보아 증여세 과세대상에 해당됨.

☐ 증여자의 채무가 아닌 제3자의 채무 인수한 경우 과세함(재삼 46014 – 2182, 1995.8.30.).
제3자의 채무를 인수하는 조건으로 부동산을 증여받은 경우 그 채무액은 당해 증여재산가액에서 공제되지 아니하는 것이며, 그 인수한 채무액에 대하여는 상속세법 제34조의3의 규정에 의하여 그 제3자(당초 채무자)에게 증여세가 과세됨.

다. 연대보증인이 구상권을 행사하지 않는 경우

연대보증인이 대신 채무를 변제하고 다른 연대보증인에게 구상권을 행사하지 아니하는 경우에도 채무면제 등에 따른 이익의 증여세 과세대상에 해당한다.

관련 예규·심판결정례 및 판례 등

❑ 공동불법행위자 중 1인이 손해배상액 전부를 변제한 경우(기재부 조세법령운용과-554, 2019.5.1.)

　손해배상채무를 이행한 공동불법행위자 1人(甲)이 다른 공동불법행위자(乙)에 대해 구상권을 행사할 수 있는 채권자에 해당하고 甲이 乙에게 구상채무를 면제한 경우, 乙의 채무면제이익에 상당하는 금액에 대해 증여세가 과세되는 것임.

❑ 연대보증인 중 1인이 채무변제 후 다른 연대보증인이 부담할 채무액에 대하여 구상권을 행사하지 않은 경우 과세대상임(서면4팀-567, 2005.4.12.).

❑ 이자채무면제 이익에 대한 과세는 적법함(대법원 2017두52948, 2017.10.26.).

　일정한 시기까지 무이자 약정을 한 것에 대하여 증여세를 부과하는 것이 아니라 이미 발생한 이자의 지급채무를 면제한 것에 대하여 증여세를 부과하는 것은 정당함.

❑ 아버지와 아들이 연대보증한 다음, 아버지가 해당 채무를 대위변제하고 아들에게 보증인간에 구상권을 행사하지 않은 것은 특별한 사정이 없는 한 채무면제익에 해당함(대법원 2008두21409, 2009.2.12.).

　수인의 보증인이 있는 경우에는 그 사이에 분별의 이익이 있는 것이 원칙이지만, 그 수인이 연대보증인일 때에는 각자가 별개의 법률행위로 보증인이 되었으므로 보증인 상호간에 연대의 특약이 없더라도 채권자에 대하여는 분별의 이익을 갖지 못하고 각자의 채무 전액을 변제하여야 하고, 다만 보증인들 상호간의 내부관계에 있어서는 일정한 부담부분이 있고 그 부담부분의 비율에 관하여는 특약이 없는 한 각자 평등한 비율로 부담하게 되며, 연대보증인 가운데 한 사람이 채무의 전액이나 자기의 부담부분 이상을 변제하였을 때에는 다른 보증인에 대하여 구상을 할 수 있고, 다만 다른 보증인 가운데 이미 자기의 부담부분을 변제한 사람에 대하여는 구상을 할 수 없다(대법원 1993.5.27. 선고, 93다4656 판결 등 참조).

라. 상속채무를 법정지분을 초과하여 인수 등을 하는 경우

　상속채무를 특정상속인이 법정지분을 초과하여 인수하는 경우 법정지분에 미달하게 인수한 상속인에게 채무면제 등에 따른 증여세를 과세할 수 있는가는 상속채무가 민법상 분할대상인가 아니면 법정상속분으로 승계하는 것인가에 따라 달라질 수 있다. 상속채무도 공동상속인간 분할대상이라면 증여세 과세대상에 해당하지 아니할 것이나, 법정상속분으로 승계하는 것이라면 증여세 과세대상에 해당한다.

　상속이 개시되는 경우 피상속인의 채무도 공동상속인은 포괄적으로 승계하는 바, 해당 상속채무를 공동상속인들이 협의하여 승계할 수 있는가 아니면 분할대상으로 볼 수 없어 법정상속분으로 승계한 것으로 볼 것인가에 대하여 공유설을 취하는 대법원 판례의 입장은 금전채무와 같이 급부의 내용이 분할할 수 있는 채무가 공동상속된 경우 이는 상속개시와 동시에 당연히 법정상속분에 따라 공동상속인에게 분할되어 귀속되는 것이므로 상속재산 분할의 대상이 될 여지가 없다(대법원 97다8809, 1997.6.24.)는 것이고, 이를 감안하여 과세관청에서는 특정 상속인이 채무를 전부 인수하는 등으로 다른 상속인이 법정상속분에 해당하는 채무를 면제받은 것에 대하여 증여세를 과세하는 입장을 취하고 있다.

상속개시 당시 상속인이 승계하여야 할 상속채무를 상속인이 아닌 손자 등이 승계하는 경우 상속인은 민법 제1005조에 따라 상속개시된 때로부터 피상속인의 재산(소극적 재산인 채무를 포함)에 관한 포괄적 권리·의무를 승계하는 것이므로 상속인이 승계해야 할 채무를 상속인이 아닌 손자 등이 승계하여 부담한 경우에는 채무면제 등에 따른 증여세를 부과한다(재산세과-229, 2012.6.11.).

마. 보상금의 지급이 있는 경우

채무를 대신 변제 등을 받은 후에 보상금을 지급하는 경우 해당 보상금은 증여재산가액에서 차감하여야 한다. 이 때 보상금의 지급이 있었는지에 대해서는 구체적인 사실관계에 따라 판단하여야 할 것이다.

 관련 예규·심판결정례 및 판례 등

❏ 상속재산을 초과하여 채무를 인수한 경우 증여세 과세대상임(법령해석재산-20602, 2015.7.22.).

❏ 시부모가 위자료를 남편 대신 지급한 경우 증여세 과세 대상임(재삼 46014-1263, 1995.5.25.).

❏ 추가퇴직금 반환의무를 면제받은 경우(면제받은 날까지의 법정이자를 포함) 증여세 과세대상에 해당하는 것임(재산세과-1260, 2009.6.23.).

❏ 재산 양수대금을 다른 자가 대신 지급한 경우 양수자에게 증여세 과세함(서면4팀-1676, 2007.5.21.).

❏ 아들 부동산을 담보로 대출받은 후 부동산이 매각되어 부채에 충당된 후 아버지가 아들에게 일정금액을 지급한 것이 명백한 경우에는 증여에 해당 안됨(재삼 46014-25, 1996.1.6).

❏ 친족의 부동산을 피담보로 한 채무의 불이행으로 인해 동 부동산의 경락대금이 당해 채무변제에 사용된 경우 채무면제익으로써 증여세 과세대상에 해당됨(국심 2002부2045, 2002.11.6.).

❏ 채무 대신 변제 후 보상금을 지급한 경우 대출금 채무자 명의가 子에서 아버지 명의로 변경된 사실에 대해 '채무면제 등에 의한 증여의제'로 과세했으나, 대출금 이자와 원금을 子가 변제한 것이 확인되므로 증여세 과세 처분은 부당함(국심 2002중2477, 2002.12.2.).

❏ 父의 토지에 子가 건물을 신축해 주유소를 운영하다 당해 주유소용 부동산을 양도하고 양도대금 중 父의 토지에 대한 양도대금으로 子의 주유소 채무액을 상계한 것으로 보아 증여세를 과세함은 정당함(국심 2001부3316, 2002.3.27.).

❏ 장인의 농장매각대금이 사위의 채무 상환에 사용된 바, 당초 채무명의만 사위일 뿐 실제 채무의 사용자는 장인이라 하나 입증 안되므로 증여로 보아 과세함은 정당함(국심 2002중149, 2002.3.19.).

❏ 대출금을 부모가 대신 변제한 것에 해당하는지(국심 2001서3034, 2002.3.6.)

모친과 형이 공유자인 아파트를 담보로 동생이 대출받은 채무를, 당해 아파트의 형 소유지분을 모친이 증여받은 후 당해 아파트 양도대금으로 상환한 것에 대해 동생에게 증여세를 과세한바, 당해 채무를 형이 사용한 사실 등이 확인되지 아니하므로 증여세 과세처분은 정당함.

❏ 대출금 채무자 명의가 사실과 다른 경우(국심 98부2849, 1999.9.10.)

학원의 사업자명의는 남편이나 실질사업자는 처로 인정되므로, 처 소유 당해 학원용부동산 신축자금인 신용금고대출금을 학원의 수입금으로 상환한 것에 대해 증여세 부과함은 부당함.

❏ 父가 子에게 명의신탁한 부동산에 대해 子가 제3자를 채무자로 하는 근저당권을 설정해 준 것에 대해 父가 당해 채무를 대위변제한 후 父 앞으로 소유권환원 등기한 경우, 子의 그 보증책임의 면제이익에 대해 증여세 과세됨(감심 98-296, 1998.9.29.).

❏ 父의 횡령자금으로 子의 대출을 상환한 것은 증여에 해당함(서울고등법원 2016누30837, 2016.7.30.).

父가 공제회로부터 횡령한 대금으로 子 명의의 빌딩을 취득하고 대출받아 증여세를 납부한 후 다시 횡령금으로 대출금을 상환한 경우 이 사건 빌딩은 子에게 귀속된 것으로서 이 사건 대출의 실질적인 주체도 子라고 볼 수 있으므로, 父가 이 사건 대출금을 상환함으로써 그 상환 금액 상당을 子에게 증여한 것으로 인정할 수 있음.

❏ 대출금채무를 대위변제한 것에 대한 정산으로 증여가 아님(대법원 2014두6609, 2014.8.28.).

❏ 부동산을 양수하면서 대출금 상당을 매매대금에서 공제받는 것에 대한 반대급부로 대출금을 인수한 것으로 보이므로 단순히 채무를 면제받았다고 보기 어려움(대법원 2010두225787, 2011.2.24.).

제 **7** 절 : 부동산무상사용에 따른 이익의 증여

1. 개 요

1997.1.1.부터 특수관계인의 토지에 건물을 신축하는 등 건물을 소유하면서 해당 토지를 무상으로 사용하는 경우에 건물소유자에게 토지무상사용에 따른 이익에 대하여 증여세를 부과하고 있다.

이는 자금능력이 없는 자녀가 부모의 토지에 임대용 건물을 신축하여 소유하면서 건축비는 토지를 담보로 제공하여 대출받은 금전이나 건물 준공 후 임대보증금 등으로 충당하고 해당 건물에서 수입한 임대료로 대출금 등을 변제하여 재산을 증식시키면서도 민법상 증여를 피하는 것을 방지하기 위한 것으로 볼 수 있다.

2004.1.1.부터 토지뿐만 아니라 특수관계인의 부동산(당해 부동산소유자와 함께 거주하는 주택은 제외함)을 무상으로 사용하는 경우로서 그 무상사용이익이 1억원 이상인 경우에는 해당 무상사용자에게 증여세를 부과한다.

2015.2.3.부터 타인의 부동산을 무상으로 담보로 이용하여 이익을 얻은 경우 상속증여세법 시행령 제31조의9 제1항 제1호 가목에서 증여세 과세대상임을 명확하게 규정하였고, 2016.1.1. 이후에는 상속증여세법 제37조 제2항에서 규정하고 있다.

2016.1.1.부터 특수관계인의 부동산뿐만 아니라 타인의 부동산을 무상으로 사용하는 경우에도 과세대상으로 삼되, 거래의 관행상 정당한 사유가 없는 경우에 한정하여 증여세를 과세한다.

2. 과세요건

가. 타인의 부동산을 무상으로 사용하는 경우

2016.1.1.부터 타인의 부동산을 무상으로 사용하는 경우에는 증여세 과세대상으로 하고, 그 이익이 기준금액에 미달하거나 특수관계인이 아닌 자 간의 거래인 경우에는 거래의 관행상 정당한 사유가 없는 경우에 한정하여 증여세를 부과한다.

2004.1.1.부터 특수관계인의 부동산을 무상으로 사용하는 경우로서 그 무상사용이익이 1억원 이상인 경우에는 증여세를 부과한다. 이 경우 2003.12.31.부터 계속하여 부동산을

무상으로 사용하는 경우에는 2004.1.1.에 무상사용을 개시한 것으로 보아 과세대상에 추가하였다.

특수관계인은 부동산무상사용자와 상속증여세법 시행령 제2조의2 제1항 각 호의 어느 하나에 해당하는 자를 말한다.

2003.12.31. 이전에는 특수관계인의 토지에 건물을 신축하는 등으로 소유하면서 해당 토지를 무상으로 사용하는 경우 증여세를 부과하였고, 1996.12.31. 이전부터 건물을 소유하면서 해당 토지를 무상으로 사용하는 경우 2003.12.31. 이전에는 증여세 과세대상에 해당하지 않는다.

┃ 부동산무상사용에 따른 증여세 과세대상 개정연혁 ┃

1996.12.31. 이전	1997.1.1.~2003.12.31.	2004.1.1.~2015.12.31.	2016.1.1.~
증여세 과세규정 없음	특수관계인의 토지에 건물을 소유하면서 해당 토지를 무상으로 사용하는 경우*	특수관계인의 부동산을 무상으로 사용하는 경우로서 그 이익이 1억원 이상인 경우	타인의 부동산을 무상으로 사용하는 경우로서 그 이익이 1억원 이상인 경우

* 1997.1.1.~2003.12.31. 토지무상사용에 따른 이익의 증여세 과세방법은 『2015년 개정증보판 상속세와 증여세 실무(최성일 저)』 575~577페이지 참조)

부동산무상사용자가 타인의 토지 또는 건물만을 각각 무상사용하는 경우에도 증여세 과세대상에 해당하며, 수인이 당해 부동산을 무상사용하는 경우에는 다음의 어느 하나에 해당하는 자를 당해 부동산의 무상사용자로 한다.

① 사용면적이 분명한 경우 : 실제 사용면적을 각 부동산무상사용자로 한다.

② 사용면적이 불분명한 경우 : 해당 부동산무상사용자들이 각각 동일한 면적을 사용한 것으로 보고 부동산무상사용자들의 관계에 따라 다음과 같이 무상사용자로 한다.

　　㉠ 친족관계가 있는 경우에는 당해 부동산소유자의 최근친인자를 무상사용자로 하되, 동친인 자가 둘 이상인 경우는 최연장자를 대표사용자로 한다.

　　㉡ 친족관계가 없는 경우에는 해당 부동산사용자를 각각의 무상사용자로 한다.

2019.2.11. 이전에는 다음에 해당하는 자를 무상사용자로 하였다.

① 해당 부동산의 실지사용자

② 실지사용자가 불분명한 경우에는 부동산소유자와의 근친관계 및 당해 부동산사용자들의 재산상태·소득·직업·연령 등을 고려할 때 실지사용자로 인정되는 자

나. 타인의 부동산을 담보로 제공하고 금전을 차입하는 경우

타인의 부동산을 무상으로 담보로 이용하여 금전 등을 차입함에 따라 이익을 얻은 경우에는 그 이익에 상당하는 금액을 부동산을 담보로 이용한 자의 증여재산가액으로 한다.

2015.2.3.부터 타인의 재산을 담보로 제공하는 경우 상속증여세법 시행령 제31조의9 제1항 제1호 가목에서 증여재산가액의 계산방법을 다음과 같이 명확하게 규정하였다. 무상으로 사용한 재산의 가액에 금전무상대출 등에 따른 이익을 계산할 때 적용하는 적정이자율을 곱하여 계산한 금액에서 금전 등을 차입할 때 실제로 지급하였거나 지급할 이자를 뺀 금액을 말한다.

위 개정규정은 2015.2.3. 새로 타인의 재산을 무상으로 사용하는 경우부터 적용하되, 2015.2.3. 현재 타인의 재산을 무상으로 사용하고 있는 경우로서 그 기간이 1년 이상이 되는 경우에는 2015.2.3. 이후 상속증여세법 제42조 제2항에 따라(1년이 지난날에) 새로 재산을 사용한 것으로 보는 경우부터 적용하고, 그 기간이 1년 미만이 되는 경우에는 개정규정에도 불구하고 종전의 규정에 따른다.

예를 들어 2014.7.1.부터 담보로 제공하는 경우로서 그 기간이 정해지지 아니한 경우에는 1년이 지난 날인 2015.7.1. 새로 담보를 제공받은 것으로 보아 증여재산가액을 계산하고, 담보로 제공한 날이 2015.4.30.인 경우에는 2015.5.1. 새로 담보를 제공받은 것으로 보아 해당 규정을 적용한다.

 관련 예규ㆍ심판결정례 및 판례 등

❑ 2003.12.31. 이전에 건물을 무상사용한 경우 과세대상 아님(국심 2001전2372, 2001.12.18.).

장모에게 부동산을 무상제공하여 여관업을 영위케 한 경우, '여관사용권에 대한 증여'로 보아 장모에게 증여세를 부과해야 한다고 주장하나, 증여세 과세대상으로 규정하고 있지 아니하며, 소득세법상 부당행위계산부인대상인 '무상임대'로 보아 사위에게 소득세 과세함은 정당함.

3. 증여시기

부동산무상사용에 따른 이익의 증여시기는 사실상 해당 부동산의 무상사용을 개시한 날로 하며, 해당 부동산에 대한 무상사용기간이 5년을 초과하는 경우에는 그 무상사용을 개시한 날부터 5년이 되는 날의 다음 날에 새로 해당 부동산의 무상사용을 개시한 것으로 본다. 2003.12.31. 현재 무상으로 사용하는 경우로서 2004.1.1. 이후에도 계속하여 무상으로 사용하는 경우에는 2004.1.1. 무상사용을 개시한 것으로 본다.

부동산담보이용이익의 증여일은 그 부동산담보이용을 개시한 날이다. 이 경우 차입기간이 정해지지 않은 경우에는 그 차입기간을 1년으로 보고, 차입기간이 1년을 초과하는 경우에는 그 부동산담보이용을 개시한 날부터 1년이 되는 날의 다음 날에 새로 차입한 것으로 본다.

4. 증여재산가액

가. 부동산무상사용이익

증여재산가액은 부동산가액의 연(年) 2%를 1년간 무상사용이익으로 하고 그 금액에 무상사용기간을 곱하여 계산하며, 무상사용기간이 없거나 5년을 초과하는 경우에는 5년 단위로 현재가치 할인한 금액의 합계액으로 과세한다.

2004.1.1. 이후 해당 이익이 1억원 이상인 경우에 증여세를 과세하도록 하고 있으므로 부동산의 가액이 13억 2천만원이 넘는 경우 과세대상에 해당한다.

$$부동산무상사용이익 = \sum_{n=1}^{n} \frac{증여일\ 현재\ 부동산\ 가액(시가\ 또는\ 보충적\ 평가액) \times 2\%}{(1+0.1)^n}$$

* n : 평가기준일부터의 경과연수

| 연도별 증여재산가액 계산방법(상속증여세법 시행령 §27 ⑤) **|**

1997.1.1. ~ 1998.12.31.	1999.1.1~2001.12.31.	2002.1.1. 이후
토지가액 × 연 2% × 지상권 잔존연수(30년)	토지가액 × 연 2% × 5년 ⇒ 5년 후 재과세	5년간 이익을 현재가치로 할인한 금액으로 과세 ⇒ 5년 후 재과세

1998.12.31. 이전 귀속분의 경우 지상권의 잔존연수에 준하여 증여재산가액을 계산하도록 함에 따라 토지가액의 60%까지 증여세가 과세되는 문제가 있었고 이에 대하여 대법원은 해당 규정이 위임범위를 벗어나 무효라고 판결(대법원 2001두5682, 2003.10.16.)[30]하였다.

---

30) 토지무상사용이익 계산을 위한 지상권 잔존연수 규정은 무효임(대법원 2001두5682, 2003.10.16.). 구 상속증여세법 시행령 제27조 제5항의 규정은 헌법상 실질적 조세법률주의와 재산권보장, 과잉입법금지의 원칙 등에 어긋나 모법인 위 구 상속증여세법 제37조 제3항의 내재적 위임범위와 한계를 벗어남으로써 무효라고 봄이 상당함.

이에 따라 증여재산가액은 5년 단위로 현재가치 할인한 금액의 합계액으로 개정하고 이에 대한 소급적용 부칙을 두게 되었다. 2001.12.31. 이전 증여분의 경우로서 2004.1.1. 이후 결정하거나 경정(이의신청·심사청구·심판청구 또는 행정소송이 제기된 것에 한함)할 것은 2002.1.1. 이후 증여세 과세가액 계산방법을 적용한다(부칙 §12).

나. 부동산담보이용이익

부동산담보이용이익은 차입금에 금전무상대출에 따른 이익의 증여에서 적용하는 적정 이자율을 곱하여 계산한 금액에서 금전 등을 차입할 때 실제로 지급하였거나 지급할 이자를 뺀 금액으로 한다. 다만, 그 이익에 상당하는 금액이 1천만원 미만인 경우에는 과세하지 않는다.

> **부동산담보이용이익 = 차입금 × 적정 이자율* - 실제 차입이자**
>
> * 적정 이자율(상증령 §31의4 ①) : 기획재정부령으로 정하는 당좌대출이자율 적용(상증규칙 §10의5, 법인세법 시행규칙 §43 ② : 4.6%)

사례 1 부동산사용에 따른 이익의 증여가액계산

❑ 평가액이 20억원인 부모의 부동산을 자녀가 무상으로 사용

풀이

○ 현재가치 할인액의 합계액(증여재산가액) ≒ 151,631,600원
- 1차년도 = 36,363,640원 = 20억원 × 2% ÷ $(1 + 01)^1$
- 2차년도 = 33,057,860원 = 20억원 × 2% ÷ $(1 + 01)^2$
- 3차년도 = 30,052,600원 = 20억원 × 2% ÷ $(1 + 01)^3$
- 4차년도 = 27,320,540원 = 20억원 × 2% ÷ $(1 + 01)^4$
- 5차년도 = 24,836,960원 = 20억원 × 2% ÷ $(1 + 01)^5$

○ 간편식 : 20억원 × 2% × 3.79079(이자율 10%, 5년간 연금의 현재가치 이자율)
   = 151,631,600원

➡ 2004년 이후 부동산무상사용이익이 1억원 이상인 경우 과세하므로 부동산의 가액은 13.2억원 이상인 경우에 증여세가 과세됨.

사례 2   **2003.12.31. 이전부터 계속하여 부동산을 무상사용하는 경우 과세방법**

○ 2003.12.31. 이전부터 2004.1.1. 현재까지 부동산을 무상으로 사용하는 경우에 증여세 과세방법은 다음과 같이 유형별로 구분

유형 1   2003.12.31. 이전 무상사용분이 증여세 과세대상에 해당하는 경우

- 2003.12.31. 이전에 시행되던 상속증여세법 시행령 제27조의 규정을 적용하여 5년간의 토지무상사용권리에 대하여 증여세를 과세하고, 그 5년이 되는 날의 다음 날을 부동산 무상사용에 따른 이익의 증여시기로 하여 2004.1.1. 이후 시행되는 상속증여세법 시행령 제27조의 규정에 의하여 증여재산의 가액을 계산한다.
- 즉, 토지무상사용일이 2002.1.1.인 경우에 증여시기를 2002.1.1.로 하여 5년간(2002.1. 1.~ 2006.12.31.)의 증여가액에 대해서 과세하고
- 2007.1.1.에도 무상사용하는 경우에는 2004.1.1. 이후 시행되는 법령에 의거 2007.1.1.을 증여시기로 하여 다시 5년간 증여가액을 계산하여 과세함.
  * 2002.1.1.~2003.12.31.은 종전법령에 의해 과세하고 2004.1.1. 이후분은 현행세법을 적용하여 과세하는 것이 아님.

유형 2   2003.12.31. 이전 무상사용분이 증여세 과세대상이 아닌 경우

- 2004.1.1.을 증여시기로 하여 2004.1.1. 이후 시행되는 상속증여세법 시행령 제27조를 적용하여 증여세를 과세함(증여재산가액이 1억원 이상인 경우만 과세대상임).

사례 3   **5년 기간 중 부동산의 가액이 변동된 경우 과세방법**

○ 2003.12.31. 현재 무상사용하는 건물가액이 2004.1.1. 현재 10억원이고 2007.1.1.에 15억원으로 증가된 경우 부동산무상사용에 따른 증여세 과세방법은?

(갑설) 2004.1.1.을 증여시기로 하여 2008.12.31.까지 계산한 부동산 무상사용이익이 증여세 과세대상이 아니므로 2007.1.1.에는 과세하지 않고 새로운 증여시기인 2009.1.1.에 과세대상 여부를 판단한다.

(을설) 2007.1.1.을 증여시기로 하여 증여세를 과세한다.

풀이 (갑설)이 타당할 것이다.

○ 부동산무상사용 개시일인 증여시기에 증여세 과세대상에 해당하지 않았다면 다음 증여시기인 5년의 다음 날에 과세대상 여부를 판단하는 것이 타당할 것으로 보인다.

○ 그렇지 않으면 매년 부동산의 가액이 변경되는 경우 과세방법이 복잡해지고 5년 단위로 과세하도록 한 규정의 내용이 의미가 없어질 수 있을 것이다.

관련 예규·심판결정례 및 판례 등

❑ 부동산무상사용에 따른 이익의 계산방법(서면4팀-3123, 2007.10.31.)

자녀의 토지 위에 부가 주택을 신축하고 그 주택을 자녀가 무상으로 사용하는 경우에는 자녀가 부의 주택을 무상으로 사용한 것으로 보아 부동산무상사용에 따른 이익을 계산하는 것임.

❑ 부동산무상사용이익도 상속세 합산과세대상임(조심 2008전2402, 2009.3.30.).

피상속인 소유 토지를 상속인이 무상으로 사용한 것에 대하여 무상사용이익을 상속재산에 가산하여 과세한 처분은 정당함.

❑ 1998.12.31. 이전 귀속분 2002.1.1. 개정 증여이익 적용 여부(대법원 2004두1834, 2008.2.1.)

1998년 귀속분에 대해 상속증여세법 시행령 제27조의 개정(2003.12.30.)에 따라 소급하여 2001.12.31. 개정된 동 시행령 제27조 제5항을 적용하도록 규정함에 따라 토지무상사용이익에 대하여 계산방법을 달리하여(무상사용기간 당초 30년에서 5년으로 계산) 과세한 것은 정당함.

5. 주택의 경우 증여세 과세 제외

부동산 소유자와 함께 거주하는 주택과 그 부수토지는 증여세 과세대상에서 제외한다. 이 때 주택의 일부에 점포 등 다른 목적의 건물이 설치되어 있거나 동일 지번에 다른 목적의 건물이 설치되어 있다면 주택의 면적이 주택 외의 면적을 초과하는 경우에 한하여 해당 부동산 전부를 주택으로 본다. 상가 등 주택 외의 면적이 주택의 면적 이상인 경우에는 동 증여규정을 적용받게 된다.

6. 경정 등 청구 인정

부동산무상사용에 따른 이익에 대한 증여규정은 부동산을 무상으로 사용하기 시작한 시점에서 향후 5년간 얻을 이익을 계산하여 부과하고 있으나, 5년이 경과하기 전에 해당 부동산을 무상으로 사용하고 있는 자에게 상속 또는 증여 등을 함에 따라 무상으로 사용한 기간이 5년에 미달할 수 있다. 이 경우에는 미사용기간의 이익에 대한 증여세를 경감시킬 수 있는 경정청구를 인정하고, 2004.1.1. 이후 증여세 결정·경정분부터 적용한다.

➡ 2003.12.30. 상속증여세법 시행령 부칙 제14조에 의거 소급 적용됨.

가. 경정 등 청구사유

경정 등을 청구할 수 있는 사유는 귀속연도별로 다음과 같다.

〈2004.1.1. 이후〉

① 부동산소유자가 당해 부동산을 양도한 경우
② 부동산소유자가 사망한 경우
③ 위와 유사한 경우로서 부동산무상사용자가 당해 부동산을 무상으로 사용하지 아니하게 되는 경우

〈2003.12.31. 이전〉

① 건물소유자가 당해 토지를 상속 또는 증여받은 경우
② 토지소유자가 당해 토지를 양도한 경우
③ 건물이 멸실된 경우
④ 건물소유자가 사망한 경우
⑤ 기타 토지무상사용자가 당해 토지를 사실상 무상으로 사용하지 아니하게 된 경우

나. 경정 등 청구 세액

다음 산식에 따라 계산한 증여세액을 감액하도록 하는 경정 등을 청구할 수 있다.

$$\text{부동산무상사용에 따른 증여세 산출 세액(세대생략 할증과세액 포함)} \times \frac{\text{경정 등 청구사유가 발생한 날부터 부동산무상사용기간의 종료일까지의 월수}^*}{\text{부동산무상사용기간의 월수(5년)}}$$

* 부동산무상사용기간의 종료일이란 원래 부동산을 무상으로 사용한 날(상속증여세법 시행령 §27 ②에 의한 증여시기)로부터 5년이 되는 날을 말하며, 월수는 역에 따라 계산하되, 1월 미만의 일수는 1월로 한다.

사례   경정 등 청구할 증여세액 계산

❏ 사실관계
  ㉠ 2011.1.10. 父가 소유하는 20억원 부동산을 무상으로 사용하기 시작함.
  ㉡ 2012.12.30. 父가 사망하여 당해 부동산을 子가 상속받음.
❏ 증여시기별 과세내용 및 경정청구할 세액
  ㉠ 2011.1.10. 부동산 무상사용에 대한 증여세 과세

- 증여가액 : 20억원 × 2% × 3.79079 = 151,631,600원
- 증여세 산출세액 : (151,631,600원 − 3천만원) × 20% − 1천만원 = 14,326,320원

ⓒ 2012.12.30. 경정청구할 세액

$$14,326,320원 × \frac{37월^*}{60월^{**}} = 8,834,564원$$

* 2012.12.31.부터 2016.1.10.까지의 월수(1월 미만은 1월로 함)
** 2011.1.10.부터 5년이 되는 2016.1.10.까지의 월수

☞ 경정청구시 부동산 사용이익이 1억원에 미달하는 경우 과세방법?
　① 무상사용이익이 1억원에 미달하는 경우 과세대상이 아니므로 전체 증여세액을 환급의견
　② 당초 과세대상이었으므로 경정청구할 증여세액 계산시에 따른 세액만을 환급의견
　　⇨ 명확한 규정이 없으므로 유권해석을 받아 해결해야 할 것으로 생각됨.

제 8 절 : 합병에 따른 이익의 증여

1. 개 요

　　상법상 합병이란 경영규모를 확장하거나 경영효율을 얻기 위한 목적 등에서 2개 이상의 회사가 법정 절차에 의하여 단일회사로 되는 것을 말하며, 합병의 경우 소멸하는 회사의 재산이 존속하는 회사에게 포괄적으로 이전되는 등으로 소멸하는 회사가 청산절차를 거치지 아니한다.

　　2 이상의 법인이 법적 절차에 따라 자산과 주주 등을 합하여 하나의 법인이 되는 합병에서 정상적인 경우라면 합병당사법인은 각각 이익을 최대화하기 위하여 노력할 것이고 시장가치에 의한 자산가치와 수익가치 등으로 기업가치를 정확히 평가하여 공정한 비율에 따른 합병을 할 것이다. 이러한 공정한 시장가치에 의해 합병을 하는 경우 합병당사법인의 주주들 사이에 부당하게 이익을 분여하는 사례가 발생하지 아니할 것이나 합병계약 내용을 주주총회에서 승인하면 합병이 이루어지는 등 합병에 따른 큰 제한을 받지 아니하는 비상장법인의 경우에는 합병과정에서 특정 주주에게 이익을 줄 수가 있을 것이다.

　　예를 들면 부모가 대주주로 있는 우량회사(A)와 자녀들이 대주주로 있는 부실회사(B)가 합병을 할 때에 B사의 주식가치를 과대평가하여 자녀들에게 우량회사인 A사의 주식을 교부함으로써 합병 후 자녀들의 주식가치가 증가하여 사실상 A사의 주식을 부모가

자녀들에게 증여하는 효과를 얻을 수 있다.

이러한 불공정 합병을 통하여 대주주간에 이전된 이익에 대하여 1991.1.1.부터 증여의 제규정을 신설하여 과세하고 있다. 다만, 상장법인 또는 코스닥상장법인이 합병하는 경우에는 자본시장법에 따른 주식 평가액을 기준으로 합병비율을 정해야 합병을 할 수 있는 등 시장가치에 의한 공정한 합병을 담보할 수 있는 점을 감안하여 증여세 과세대상에서 제외하고 있다.

사례 합병에 따른 이익의 증여 여부 판단

❑ 합병 전후 법인의 주식평가액 및 주주 현황(합병비율 1 : 1)

합병법인(A)				피합병법인(B)				합병 후 법인(A')		
1주당평가액	20,000			1주당평가액	10,000			1주당평가액	15,000	
주주	주식수	주식가액		주주	주식수	주식가액		주주	주식수	주식가액
								부	100	1,500,000
부	100	2,000,000	+	자1	100	1,000,000	→	모	100	1,500,000
								자1	100	1,500,000
모	100	2,000,000		자2	100	1,000,000		자2	100	1,500,000
합계	200	4,000,000		합계	200	2,000,000		합계	400	6,000,000

풀이

○ 합병전 @20,000원인 A법인과 @10,000원인 B법인의 주식을 동일하게 취급함에 따라 B법 인의 주주들은 합병후 이익을 얻게 되는 바, 합병후 1주당 평가액은 15,000원(6,000,000 ÷ 400주)이 되어 A법인 주주인 부모의 주식가액은 합병전 각 2,000,000원에서 1,500,000 원으로 500,000원만큼 줄어들었고, 반대로 B법인 주주인 자1·2는 주식가액이 각각 500,000원 만큼 증가하여 이익을 얻은 결과가 발생함.

○ 만약 합병비율을 1 : 0.5로 정했다면 자녀들의 합병후 주식수는 각각 50주가 되고, 합병후 1주당 평가액은 20,000원(6,000,000 ÷ 300주)이 되어 합병 전후 부모와 자녀들의 주식가액 에는 변동이 생기지 아니한다.

상법상 합병은 주식회사, 유한회사, 합명회사 및 합자회사 모두 가능하므로 증여세 과세대상에도 해당한다.

| 회사의 종류 |

구 분	합 명	합 자	주 식	유 한
구성	2인 이상 무한책임사원	1인 이상 무한책임사원 및 유한책임사원	1인 이상 주주	1인 이상 50인 이내의 유한책임사원
책임	직접·연대·무한 책임	• 무한책임사원은 직 접·연대·무한책임 • 유한책임사원은 직 접·연대·유한책임	간접·유한책임 (회사채권자에 대해서는 無책임)	간접·유한책임 (회사채권자에 대해서는 無책임)
지분	1사원 1지분	1사원 1지분	1주 1의결권	1좌 1의결권
출자	• 회사에 대하여 인수 한 출자좌수의 금액 을 한도로 하여 출자 의무를 부담 • 자본제한 없음 • 노무나 신용의 출 자도 인정	자본제한 없음	• 1주 금액은 100원 이상으로 균일하 여야 함. • 재산출자에 한하 고 신용 또는 노무 출자는 인정 안됨	출자 1좌의 금액은 100원 이상으로 균 일하게 하여야 함.
기관구성	사원은 원칙적으로 업무 집행할 권리· 의무와 회사 대표할 권리 가짐(자기 기관 의 원리)	• 무한책임사원은 합 명회사와 동일 • 유한책임사원은 업 무감시권만 있음(집 행권 ×, 대표권 ×)	주주는 주총에서 이사선임. 소유와 경영 분리	사원총회에서 이사·감사 선임 소유와 경영 분리
지분양도	다른 사원 전원 동의 혹은 정관에 규정	무한책임사원의 동의만 얻으면 됨	원칙적으로 자유	사원총회의 특별결의
지위상속 등	양도 제한, 사망시 탈퇴	유한책임사원 : 상속 무한책임사원 : 탈퇴	양도 자유, 주식 상속	양도 제한, 출자지분 상속
상법규정	§178~267	§268~287	§288~542의12	§543~613

2. 과세요건

특수관계에 있는 법인이 합병(분할합병 포함)하는 경우 등 다음의 3가지 요건을 충족하는 경우에 증여세 과세대상에 해당한다.

> 가. 특수관계에 있는 법인간의 합병일 것
> 나. 주가가 과대평가된 합병당사법인의 대주주가 존재하고
> 다. 그 대주주가 얻은 이익이 합병 전후 주식평가액 차이비율이 30% 이상 또는 1인의 대주주가 얻은 이익이 3억원 이상일 경우(30% Rule이라 함)

가. 특수관계에 있는 법인의 범위

특수관계에 있는 법인이란 합병등기일이 속하는 사업연도의 직전 사업연도 개시일(그 개시일이 서로 다른 법인이 합병한 경우에는 먼저 개시한 날을 말한다)부터 합병등기일까지의 기간 중에 한번이라도 특수관계가 성립하는 경우에는 특수관계가 있는 법인으로 본다. 다만, 자본시장법에 따라 상장·코스닥상장법인이 합병하는 경우에는 특수관계가 없는 것으로 보므로 증여세 과세대상에서 제외한다.

1) 「법인세법 시행령」 제2조 제5항에 따른 특수관계에 있는 법인

▶▶ 법인세법 시행령 제2조 【정의】

⑤ 법 제2조 제12호에서 "경제적 연관관계 또는 경영지배관계 등 대통령령으로 정하는 관계에 있는 자"란 다음 각 호의 어느 하나에 해당하는 관계에 있는 자를 말한다.

1. 임원(제40조 제1항에 따른 임원을 말한다. 이하 이 항, 제10조, 제19조, 제38조 및 제39조에서 같다)의 임면권의 행사, 사업방침의 결정 등 해당 법인의 경영에 대해 사실상 영향력을 행사하고 있다고 인정되는 자(상법 제401조의2 제1항에 따라 이사로 보는 자를 포함한다)와 그 친족(국세기본법 시행령 제1조의2 제1항에 따른 자를 말한다. 이하 같다)
2. 제50조 제2항에 따른 소액주주 등이 아닌 주주 또는 출자자(이하 "비소액주주 등"이라 한다)와 그 친족
3. 다음 각 목의 어느 하나에 해당하는 자 및 이들과 생계를 함께하는 친족
   가. 법인의 임원·직원 또는 비소액주주 등의 직원(비소액주주 등이 영리법인인 경우에는 그 임원을, 비영리법인인 경우에는 그 이사 및 설립자를 말한다)
   나. 법인 또는 비소액주주 등의 금전이나 그 밖의 자산에 의해 생계를 유지하는 자
4. 해당 법인이 직접 또는 그와 제1호부터 제3호까지의 관계에 있는 자를 통해 어느 법인의 경영에 대해 국세기본법 시행령 제1조의2 제4항에 따른 지배적인 영향력을 행사하고 있는 경우 그 법인
5. 해당 법인이 직접 또는 그와 제1호부터 제4호까지의 관계에 있는 자를 통해 어느 법인의 경영에 대해 「국세기본법 시행령」 제1조의2 제4항에 따른 지배적인 영향력을 행사하고 있는 경우 그 법인
6. 해당 법인에 100분의 30 이상을 출자하고 있는 법인에 100분의 30 이상을 출자하고

있는 법인이나 개인

7. 해당 법인이 「독점규제 및 공정거래에 관한 법률」에 따른 기업집단에 속하는 법인인
경우에는 그 기업집단에 소속된 다른 계열회사 및 그 계열회사의 임원

2) 상속증여세법 시행령 제2조의2 제1항 제3호 나목에 따른 법인

공정거래법 시행령 제3조에서 규정하고 있는 기업집단에 소속되는 법인을 말한다.

▶▶ **독점규제 및 공정거래에 관한 법률 시행령 제3조 【기업집단의 범위】**

법 제2조(정의) 제2호 각 목 외의 부분에서 "대통령령이 정하는 기준에 의하여 사실상
그 사업내용을 지배하는 회사"라 함은 다음 각 호의 어느 하나에 해당하는 회사를 말한다.

1. 동일인이 단독으로 또는 다음 각 목의 어느 하나에 해당하는 자(이하 "동일인관련자"라
한다)와 합하여 당해 회사의 발행주식[「상법」 제370조(의결권 없는 주식)의 규정에
의한 의결권 없는 주식을 제외한다. 이하 이 조, 제3조의2(기업집단으로부터의 제외),
제17조의5(채무보증금지대상의 제외요건), 제17조의8(대규모내부거래의 이사회 의결
및 공시) 및 제18조(기업결합의 신고 등)에서 같다] 총수의 100분의 30 이상을 소유하는
경우로서 최다출자자인 회사

가. 배우자, 6촌 이내의 혈족, 4촌 이내의 인척(이하 "친족"이라 한다)

나. 동일인이 단독으로 또는 동일인관련자와 합하여 총출연금액의 100분의 30 이상을
출연한 경우로서 최다출자자가 되거나 동일인 및 동일인관련자중 1인이 설립자인
비영리법인 또는 단체(법인격이 없는 사단 또는 재단을 말한다. 이하 같다)

다. 동일인이 직접 또는 동일인관련자를 통하여 임원의 구성이나 사업운용 등에 대하여
지배적인 영향력을 행사하고 있는 비영리법인 또는 단체

라. 동일인이 이 호 또는 제2호의 규정에 의하여 사실상 사업내용을 지배하는 회사

마. 동일인 및 동일인과 나목 내지 라목의 관계에 해당하는 자의 사용인(법인인 경우에는
임원, 개인인 경우에는 상업사용인 및 고용계약에 의한 피용인을 말한다)

2. 다음 각목의 1에 해당하는 회사로서 당해 회사의 경영에 대하여 지배적인 영향력을
행사하고 있다고 인정되는 회사

가. 동일인이 다른 주요 주주와의 계약 또는 합의에 의하여 대표이사를 임면하거나
임원의 100분의 50 이상을 선임하거나 선임할 수 있는 회사

나. 동일인이 직접 또는 동일인관련자를 통하여 당해 회사의 조직변경 또는 신규사업에의
투자 등 주요 의사결정이나 업무집행에 지배적인 영향력을 행사하고 있는 회사

다. 동일인이 지배하는 회사(동일인이 회사인 경우에는 동일인을 포함한다. 이하 이
목에서 같다)와 당해 회사 간에 다음의 1에 해당하는 인사교류가 있는 회사

(1) 동일인이 지배하는 회사와 당해 회사 간에 임원의 겸임이 있는 경우

(2) 동일인이 지배하는 회사의 임·직원이 당해 회사의 임원으로 임명되었다가
동일인이 지배하는 회사로 복직하는 경우(동일인이 지배하는 회사 중 당초의

회사가 아닌 회사로 복직하는 경우를 포함한다)

　　(3) 당해 회사의 임원이 동일인이 지배하는 회사의 임·직원으로 임명되었다가 당해 회사 또는 당해 회사의 계열회사로 복직하는 경우

　라. 통상적인 범위를 초과하여 동일인 또는 동일인관련자와 자금·자산·상품·용역 등의 거래를 하고 있거나 채무보증을 하거나 채무보증을 받고 있는 회사, 기타 당해 회사가 동일인의 기업집단의 계열회사로 인정될 수 있는 영업상의 표시행위를 하는 등 사회통념상 경제적 동일체로 인정되는 회사

3) 동일인이 합병당사법인을 지배하고 있는 경우

동일인이 임원의 임면권의 행사 또는 사업방침의 결정 등을 통하여 합병당사법인(합병으로 인하여 소멸·흡수되는 법인 또는 신설·존속하는 법인을 말한다)의 경영에 대하여 영향력을 행사하고 있다고 인정되는 관계에 있는 법인을 말한다.

4) 상장·코스닥상장법인이 합병하는 경우 과세대상에서 제외

자본시장법에 따른 주권상장법인이 다른 법인과 같은 법 제165조의4 및 같은 법 시행령 제176조의5에 따라 하는 합병은 특수관계에 있는 법인 간의 합병으로 보지 아니하도록 하여 증여세 과세대상에서 제외하고 있다.

이는 상장법인 또는 코스닥상장법인이 합병하는 경우에는 자본시장법에 따른 주식평가액으로 합병비율을 정해야 합병을 할 수 있고 시장의 공정가치에 의한 합병이 되도록 통제하고 있는데, 자본시장법과 상속증여세법상 평가기준일, 평가방법 등의 차이로 인해 합병계약 당시에는 공정한 합병으로 승인받은 후 합병등기일에는 불공정 합병이라 하여 증여세 과세문제가 발생하는 것을 해소하여 구조조정을 원만하게 지원하기 위한 조치로 볼 수 있다.

이러한 제도는 2001.1.1.에 도입하여 2001.1.1~2001.12.30. 기간 중에 합병하는 경우로서 합병당사법인이 모두 상장법인 또는 협회등록법인인 경우에 과세를 제외하였고, 2001.12.31. 이후 합병법인이 상장·코스닥상장법인인 경우 특수관계가 있는 비상장법인과 합병한 경우에도 종전 증권거래법상 평가액으로 합병한 경우에는 증여세 과세대상에서 제외하고 있다.

│ 합병가액 산정기준일 및 산정방법 비교 │

구 분	자본시장법 시행령 §176의5	상속증여세법
평가기준일	이사회결의일과 합병계약일 중 빠른 날의 전일	○ 상장법인 : 합병신고서 제출일과 대차대조표 공시일 중 빠른 날 ○ 비상장 : 대차대조표 공시일
상장법인 평가	○ 기준주가 　-1개월 평균종가, 7일간 평균종가, 최근일 종가의 산술평균가격에 일정률 할증 또는 할인 　-다만, 자산가치보다 낮을 경우 자산가치로 할 수 있음.	○ 2개월간의 종가 평균액
비상장법인 평가	○ 본질가치 : 자산가치와 수익가치를 1 : 1.5로 가중평균 　-자산가치 : 장부가액 　-수익가치 : 현금흐름할인모형 등 공정·타당한 모형으로 산정 ○ 상대가치 : 유사회사의 주가로 평가 * 증권의 발행 및 공시 등에 관한 규정시행세칙 §4~§8	○ 자산가치와 수익가치 2 : 3으로 가중평균(원칙) 　-자산가치 : 평가기준일 현재 재평가한 가액 　-수익가치 : 최근 3년간의 순손익액을 가중평균한 가액 ○ 순자산가치로만 평가(예외)

 관련 예규·심판결정례 및 판례 등

❑ 구 증권거래법에 따라 특수관계법인 간 합병시(재재산-816, 2011.9.29.)

　구 「증권거래법」에 의해 주권상장법인이 다른 법인과 같은 법 제190조의2 및 같은 법 시행령 제84조의7에 따라 하는 합병하는 경우 특수관계에 있는 법인의 합병으로 보지 않는 것이며, 합병당사법인의 대주주가 얻은 이익은 '그 밖의 이익의 증여'로 보아 그 이익을 얻은 자의 증여재산가액으로 할 수 없는 것임.

❑ 상장법인 주식의 포괄적 교환에 대한 증여세 과세방법(재재산-491, 2010.6.3.)

　-상법 제360조의2에 따른 '주식의 포괄적 교환'으로 증여이익이 발생한 경우 상속증여세법 제42조에 따라 증여재산가액을 계산하는 것이며

　-자본시장법에 따른 '주식의 포괄적 교환'의 경우 특수관계가 없는 자간의 거래로서 거래 관행상 정당한 사유가 있다고 인정되는 경우에 증여세 과세안함.

　해설

　포괄적 주식 교환에 따른 완전모회사 설립은 합병과 유사하지만 합병에 따른 이익의 증여규정 적용대상은 아니고 그 밖의 이익의 증여규정 적용대상이므로, 상장법인의 주식을 포괄적 교환하여 완전모회사를 설립하는 경우 상장법인이 합병할 때의 증여세 과세대상에서 제외하는 규

정을 적용할 수 없다는 내용의 유권해석으로 볼 수 있겠다.

➡ 상법 제360조의2【주식의 포괄적 교환에 의한 완전모회사의 설립】
   ① 회사는 이 관의 규정에 의한 주식의 포괄적 교환에 의하여 다른 회사의 발행주식의 총
      수를 소유하는 회사(이하 "완전모회사"라 한다)가 될 수 있다. 이 경우 그 다른 회사를
      "완전자회사"라 한다.
   ② 주식의 포괄적 교환(이하 이 관에서 "주식교환"이라 한다)에 의하여 완전자회사가 되는
      회사의 주주가 가지는 그 회사의 주식은 주식을 교환하는 날에 주식교환에 의하여 완전모
      회사가 되는 회사에 이전하고, 그 완전자회사가 되는 회사의 주주는 그 완전모회사가 되는
      회사가 주식교환을 위하여 발행하는 신주의 배정을 받음으로써 그 회사의 주주가 된다.

나. 주가가 과대평가된 합병당사법인의 대주주가 존재할 것

주가가 과대평가된 합병당사법인, 즉 합병에 따른 이익을 얻은 법인의 대주주란 해당
주주의 지분 및 그의 특수관계인의 지분을 포함하여 해당 법인의 발행주식 총수의 100분
의 1 이상을 소유하고 있거나 소유하고 있는 주식 등의 액면가액이 3억원 이상인 주주를
말한다(상속증여세법 시행령 §28 ②).

다. 대주주가 일정한 규모 이상의 이익을 얻을 것

합병 전후 1주당 평가액의 차액이 합병후 신설·존속법인의 1주당 평가액의 30% 이
상이거나 대주주가 합병 후 얻은 이익이 3억원 이상인 경우 즉, 다음의 ①과 ② 중 하나
에 해당하는 경우를 말한다.

① 비율기준

$$\frac{(\text{합병후 신설·존속법인의 1주당 평가액} - \text{합병전 1주당 평가액 상당액})}{\text{합병후 신설·존속법인의 1주당 평가액}} \geq 30\%$$

② 금액기준
대주주가 얻은 합병에 따른 이익이 3억원 이상인 경우를 말한다.

합병차익 = (합병 전후 1주당 평가액의 차액 × 합병후 대주주의 주식수) ≥ 3억원

1997.1.1.~1999.12.31. 기간 중 합병분은 대주주가 얻은 총이익이 1억원 이상이거나

차액비율이 30% 이상인 경우가 증여세 과세대상이며, 1996.12.31. 이전은 차액비율이 30% 이상인 경우에만 과세대상이다.

이 경우 합병차익이 3억원 이상인지 여부는 주가가 과대평가된 합병당사법인의 대주주 1인을 기준으로 하여 판단한다(상속증여세법 기본통칙 38-28…3).

합병전 주식 평가기준일, 합병전 주식 평가방법 및 합병후 신설·존속하는 법인의 주식 평가방법은 상장·코스닥상장법인과 비상장법인을 구분하여 설명하면 다음과 같다.

1) 합병 직전 주식 평가기준일 및 평가방법

주권상장법인과 비상장법인을 구분하여 다음과 같이 평가하되, 이 경우 최대주주 등의 주식에 대한 할증평가규정은 적용하지 아니한다.

① 주권상장법인

상장·코스닥상장법인의 경우 상법 제522조의2에 따른 대차대조표 공시일과 자본시장법 제119조 및 같은 법 시행령 제129조에 따라 합병의 증권신고서를 제출한 날 중 빠른 날이 평가기준일이 된다. 1주당 평가액은 평가기준일 이전 2개월간 한국거래소 최종시세가액의 평균액을 말한다.

② 비상장법인

주권상장법인 등에 해당하지 아니하는 법인인 경우에는 상법 제522조의2에 따른 대차대조표 공시일이 평가기준일이 되며, 일반적 비상장주식 평가방법에 의한다. 즉, 평가기준일 이전 3월간의 기간 중에 시가로 볼 수 있는 거래가액 등이 있는 경우 그 가액을 시가로 보아 평가하고, 시가를 확인할 수 없는 경우에는 순자산가치와 순손익가치에 의하여 평가한 가액을 말한다.

2017.1.1.부터 상속증여세법 제38조에 따른 합병으로 인한 이익을 계산할 때 합병(분할합병을 포함한다)으로 소멸하거나 흡수되는 법인 또는 신설되거나 존속하는 법인이 보유한 상장주식의 시가는 평가기준일 현재의 거래소 최종 시세가액으로 한다.

③ 분할합병시 합병직전 주식 평가방법

2016.2.5. 이후 증여분부터 분할합병을 하기 위하여 분할하는 법인(분할법인)의 분할사업부문에 대한 합병 직전 주식가액은 상속증여세법 제63조 제1항 제1호 다목에 따른 방법(비상장주식 보충적 평가방법)을 준용하여 분할사업부문을 평가한 가액으로 한다. 이 경우 분할사업부문의 손순익액은 분할법인의 순손익액을 구분하여 계산한다. 2016.2.4. 이전에

는 분할합병을 하기 위하여 분할하는 법인의 분할사업부문에 대한 합병직전 주식가액은 다음의 산식에 의한다.

$$분할법인의\ 분할직전\ 주식가액 \times \frac{분할사업부문의\ 순자산가액}{분할법인의\ 순자산가액}$$

 관련 예규·심판결정례 및 판례 등

❏ 합병 직전 주식평가액이 부수인 경우(재삼 46014 – 2871, 1995.11.2.)
합병당사법인의 1주당 평가액이 0 이하인 경우 0으로 보고 증여의제가액을 계산함.

❏ 동일인이 합병당사법인의 주주인 경우 본인으로부터 받은 이익을 뺀 후에 얻은 이익이 증여세 과세요건을 충족해야만이 과세할 수 있음(조심 2012중5346, 2014.4.23.).

❏ 다자간 합병시에도 과대평가된 합병당사법인별로 그 비율을 산정함(대법원 2011두18427, 2013.10.31.).
증여세 과세요건으로 합병 후 1주당 평가가액의 100분의 30 이상일 것을 요구하고 있는데 다자간 합병의 경우에도 주가가 과대평가된 합병당사법인별로 그 비율을 산정하여 합병당사법인별로 그 요건 해당 여부를 판단함이 상당함.

[해설]
주가가 과대평가된 A법인이 B법인과 C법인을 흡수합병한 경우 A법인의 대주주가 B법인으로부터 얻은 이익과 C법인으로부터 얻은 이익을 구분하여 증여세 과세요건(30% Rule)을 판단하고 증여재산가액도 구분하여 계산하여야 한다는 판결임.

2) 합병후 신설·존속하는 법인의 1주당 평가액

합병후 신설·존속하는 법인이 주권상장법인인 경우에는 ①과 ②의 가액 중 적은 가액으로 하며, 그 외 비상장법인은 ②의 가액을 말한다.

① 합병등기일부터 2월이 되는 날까지의 한국거래소 최종시세가액 평균액에 의한다(상속증여세법 기본통칙 38 – 28…4).

② 합병당사법인의 합병 직전 주식평가액의 합계액을 합병후 신설·존속하는 법인의 주식수로 나눈 다음 산식에 의한다.

$$\frac{\left(\begin{array}{c}\text{주가가 과대평가된}\\\text{법인의 합병직전}\\\text{1주당 평가액}\end{array} \times \begin{array}{c}\text{합병 직전}\\\text{주식수}\end{array}\right) + \left(\begin{array}{c}\text{주가가 과소평가된}\\\text{법인의 합병직전}\\\text{1주당 평가액}\end{array} \times \begin{array}{c}\text{합병 직전}\\\text{주식수}\end{array}\right)}{\text{합병후 신설 · 존속하는 법인의 주식수}}$$

합병후 신설 · 존속하는 법인이 합병전에 피합병법인의 주식을 소유하여 합병후 소각하는 경우 위 산식에 의한 합병후 신설 · 존속하는 법인의 1주당 평가액은 소각한 주식가액을 합병 직전 주식가액의 합계액에서 차감하여 합병후 주식수로 나누어서 평가하여야할 것이다(재재산 46014 - 67, 2002.3.28.). 즉, 소각하는 주식수를 계산식 분자의 합병 직전주식수에서 차감하여야 할 것이다.

사례 **합병법인이 보유한 피합병법인 주식을 소각한 경우 합병후 1주당 평가액**

□ 합병 전후 주식 평가액 및 주식수

	A법인	+	B법인	⇒	'A법인
㉠ 1주당평가액	@5,000	합	@25,000		?
㉡ 발행주식수	3,101,500주	병	1,637,872주		4,293,660주
• 주주	• 기타 개인 및	비	• 개인 : 238,432		(3,101,500+238,432×5)
	법인주주	율	• A법인 : 1,399,440		"0"포합주식 소각
㉢ 총주식가액	15,507,500,000	1 : 5	40,946,800,000		

풀이

○ A법인이 합병전에 보유한 B법인의 주식 1,399,440주(포합주식)의 가액은 이미 A법인의 순자산가액에 포함되어 있고, 동 포합주식은 합병과정에서 소각되어 아래 계산산식의 분모주식수에서 제외되어 있으므로 분자의 주식가액에서도 차감하여 계산하는 것이 타당할 것이다.

$$\frac{\text{A법인 주식가액 15,507,500,000(@5,000원×3,101,500주)} + \text{B법인 주식가액 5,960,800,000(@25,000×238,432주)}}{\text{합병후 신설 · 존속하는 법인의 발행주식총수(4,293,660주)}} = @5,000원$$

○ B법인의 합병 직전 환산한 주식 평가액은 5,000원(=@25,000원×238,432÷1,192,160주)이되어 합병 전후 주식평가액은 모두 5,000원이 되기 때문에 증여세 과세대상이 아니라 할것이다.

관련 예규·심판결정례 및 판례 등

❑ 피합병법인이 합병법인 주식을 100% 소유한 경우(재산세과-507, 2011.10.27.)

특수관계에 있는 법인이 합병할 때 주가가 과대평가된 합병당사법인의 대주주가 합병으로 인하여 이익을 얻는 경우 증여세가 과세되나 피합병법인이 합병법인의 주식을 100% 소유하여 피합병법인의 대주주들이 보유하고 있는 각자의 합병 전·후 주식가치에 변동이 발생하지 아니하여, 대주주들이 합병으로 인하여 다른 주주로부터 얻은 이익이 없는 때에는 그러하지 않음.

❑ 합병법인이 보유한 피합병법인 주식 소각시 합병후 주식가액 산정(재재산 46014-67, 2002.3.28.)

- 합병후 신설·존속하는 법인의 1주당 평가가액은 합병당사법인의 합병직전 주식가액의 합계액을 합병후 신설·존속하는 법인의 주식수로 나누어 계산하며
- 이 경우 합병당사법인의 합병직전 주식가액의 합계액을 계산할 때 합병법인이 피합병법인의 주식을 100% 소유한 상태에서 합병함에 따라 합병후 신설·존속하는 법인이 합병전에 보유하고 있던 피합병법인의 주식을 소각한 경우에는 동 소각한 주식의 가액을 합병당사법인의 합병직전 주식가액의 합계액에서 차감함.

3. 증여시기

합병에 따른 이익의 증여시기는 합병등기일이다. 일반적으로 증여시기를 재산 평가기준일로 하여 증여세를 부과하고 있으나 합병에 따른 이익의 경우에는 주식 평가기준일과 증여시기를 다르게 규정하고 있다. 증여시기는 합병에 따른 이익을 확정적으로 얻은 날인 합병등기일로 해야 할 것이나, 합병당사법인이 합병 직전 주식평가액을 확정해야 만이 합병비율을 정하여 합병을 할 수 있고 합병계약일로부터 합병등기일까지 많은 시간이 소요되는 점 등을 고려하여 주식의 평가기준일을 별도로 정한 것으로 볼 수 있다.

합병에 따른 이익에 대하여 증여세가 부과되는 경우 증여시기는 합병등기일이므로 이 날을 신고기한 또는 부과제척기간의 기산일로 보아야 할 것이고 상속·증여세 합산과세 규정 등 관련 규정을 적용하여야 할 것이다.

4. 증여재산가액

주가가 과대평가된 합병당사법인의 대주주가 얻은 이익은 합병후 신설·존속하는 법인의 1주당 평가액에서 합병직전 1주당 평가액을 뺀 금액에 대주주의 합병후 주식수를 곱하여 계산한다. 이 경우 주가가 과소평가된 합병당사법인의 소액주주가 2인 이상인 경

우에는 1인이 증여한 것으로 보아 증여가액을 계산하고, 대주주의 경우에는 증여자별·수증자별로 구분하여 증여재산가액을 계산하여야 한다.

> 증여재산가액 = (합병후 신설·존속하는 법인의 1주당 평가액 – 주가가 과대평가된 합병당사법인의 합병직전 1주당 평가액) × 주가가 과대평가된 합병당사법인 대주주의 합병 후 주식수

주가가 과대평가된 합병당사법인의 합병직전 1주당 평가액의 경우 합병 직전 주식 1주당 교부받은 합병후 신설·존속하는 법인의 주식이 1주인 경우에는 주식 평가액을 환산할 필요가 없으나, 그렇지 않은 경우에는 다음 산식에 의하여 환산한다. 즉, 주가가 과대평가된 합병당사법인의 대주주의 주식수가 합병직전보다 합병직후에 줄어든 경우에는 얻은 이익이 줄어들기 때문에 합병직전 1주당 평가액을 그만큼 증가시켜 증여가액을 감소시켜 주어야 할 것이고, 반대의 경우 합병직전 1주당 평가액을 감소시켜 합병 전후 차액인 증여가액을 증가시켜 주어야 할 것이다.

> 주가가 과대평가된 법인의 합병직전 1주당 평가액 × $\dfrac{\text{주가 과대평가된 법인의 합병직전 주식수}}{\text{주가 과대평가된 법인의 합병직후 주식수}}$

가. 동일인이 합병법인과 피합병법인의 주주인 경우

동일인이 주가가 과대평가된 합병당사법인과 주가가 과소평가된 합병당사법인의 주식을 동시에 보유하고 있는 경우 과대평가된 법인의 주주로서는 이익을 얻은 수증자가 되고 과소평가된 법인의 주주로서는 손해를 보는 증여자가 된다. 이 경우 본인으로부터 얻은 이익을 제외하고 순수하게 무상으로 얻은 이익에 대해서만 증여세를 부과하는 것이 타당할 것이다.

예를 들어 합병하는 A사와 B사에 甲이 동시에 주식을 소유하고 있는 경우에 본인(甲)으로부터 증여받은 금액은 증여세 과세가액에서 제외하며, 이때 제외할 금액은 다음과 같이 계산한다(재재산 46014 – 46, 1997.2.12.). 주가가 과소평가된 합병당사법인의 甲소유지분율은 甲이 직접 보유한 지분을 말하는 것으로 간접지분을 포함하지 않는다(조심 2015서 1302, 2015.11.12.). 이 경우 B / A >1인 경우에는 1로 보아 계산한다. 甲의 소유지분율이 주가가 과대평가된 법인보다 주가가 과소평가된 법인이 높은 경우에는 순이익이 없고, 오

히려 다른 주주에게 증여한 결과가 된다.

$$\begin{array}{c} \text{甲이 얻은 전체} \\ \text{증여재산가액} \end{array} \times \dfrac{\text{주가가 과소평가된 합병당사법인의 甲 소유지분율(B)}}{\text{주가가 과대평가된 합병당사법인의 甲 소유지분율(A)}}$$

 관련 예규·심판결정례 및 판례 등

❑ 동일인이 합병당사법인의 주주인 경우 이익 3억원 이상인지 여부(재산상속 46014 - 93, 2002.3.29.)

동일인이 합병당사법인의 주식을 동시에 소유하고 있는 경우에 그의 合倂前後 차익이 3억원 이상인지 여부를 판단의 기준금액은 합병으로 인한 이익에서 손해를 차감한 순이익임.

해설

합병전후 주식평가액의 차액비율이 30% 미만인 경우에도 대주주 1인이 얻은 합병전후 차익(증여의제가액)이 3억원 이상인 경우에는 증여세 과세대상으로 삼고 있는 바, 동일인이 합병당사법인 모두의 주식을 소유한 경우에는 주가가 과대평가된 법인의 주주로서 얻은 이익에서 주가가 과소평가된 법인의 주주입장에서 손해를 본 금액을 차감한 순이익을 증여세 과세가액으로 하도록 하고 있으므로(재경부 예규) 대주주 1인이 얻은 이익이 3억원 이상인지 여부도 증여세 과세가액을 기준으로 하여 판단한다는 것이다.

❑ 동일인이 합병당사법인의 주주인 경우(국심 2001중246, 2001.7.4.)

동일한 대주주가 합병당사 법인의 지분을 동시에 소유한 상태서 합병한 경우 피합병법인의 대주주 지분에 해당하는 평가차익은 대주주의 증여의제가액에서 제외됨.

사례 | 포합주식, 자기주식이 있는 경우 불공정합병에 따른 증여세와 법인세 과세대상 여부

1. 합병전후 주주구성 및 합병비율

○ 합병비율 : A법인 1 : B법인 0.2479

○ 합병전후 주주구성

A(합병법인)		B(피합병법인)		A'(합병후 존속법인)	
甲	55%	A법인	43%	甲	44%
乙	35%	기타주주	57%	乙	28%
B법인	10%			A'	18.8%(자기주식)

2. 과세내용 및 청구주장

○ (과세) 공정한 합병비율 1 : 0.3559(세무조사 및 A법인의 경정청구에 따른 평가액 변경)인데 1 : 0.2479로 합병함에 따라 주식이 과대평가된 A법인의 주주들은 이익을 얻었고(甲, 乙, B법인), 과소평가된 B법인의 주주인 A법인은 이익을 분여하여 부당행위계

산 대상에 해당하여 증여세 및 법인세를 부과함.

○ (청구주장) 甲과 乙은 A법인을 통해 B법인을 지배하는 등 甲 · 乙 · A법인 · B법인은 자기로부터 증여받은 것이므로 법인 · 증여세 과세가액에서 차감해야 함.

3. 대법원 판결내용(대법원 2017두66244, 2021.9.30.)

○ 포합주식 및 자기주식에 대해 불공정합병에 따른 증여세와 법인세(부당행위) 과세에 대해 예외규정이 없고, 법인이 보유한 자산과 주주들의 자산은 별개이므로 현행 법령에 따라 자기증여분을 차감하지 아니하고 과세하는 것은 정당함.

나. 합병당사법인의 1주당 평가액이 액면가액에 미달하는 경우

합병당사법인의 1주당 평가가액이 액면가액에 미달하는 경우로서 그 평가가액을 초과하여 합병대가를 주식(또는 출자지분) 외의 재산으로 지급한 경우에는 액면가액(합병대가가 액면가액에 미달하는 경우에는 당해 합병대가를 말한다)에서 그 평가가액을 차감한 가액에 합병당사법인의 대주주의 주식수를 곱한 금액이 3억원 이상인 때에 그 이익에 상당하는 금액을 합병당사법인의 대주주의 증여재산가액으로 한다.

합병대가를 주식으로 받지 않고 현금 등으로 수령하는 경우 해당 주주의 주식은 소각되는 등으로 의제배당소득세 과세대상에 해당될 것인데 합병대가가 당초 취득가액에 미달하는 경우에는 의제배당소득금액이 계산되지 않을 것이나 합병당시 주식 평가액보다 합병대가를 더 많이 지급받아 얻은 이익에 대하여 증여세 과세대상으로 삼고자 하는 것이다.

예를 들어 합병 전 주식 평가액이 1주당 3,000원인 주식에 대한 합병대가로 현금 등을 1주당 8,000원을 수령하였고, 해당 주식을 1주당 5,000원에 취득한 경우 의제배당소득은 1주당 3,000원(8,000원－5,000원)으로 계산하고 증여재산가액은 1주당 2,000원(5,000원－3,000원)으로 계산한다.

구 분	증여재산가액
① 합병대가가 액면가액 이하인 경우	(1주당 합병대가－1주당 평가액) × 합병당사법인의 대주주의 주식수
② 합병대가가 액면가액을 초과하는 경우	(1주당 액면가액－1주당 평가액) × 합병당사법인의 대주주의 주식수

▶▶ 상속증여세법 기본통칙 38－28…2 【합병에 따른 이익의 증여재산가액에 의제배당금액이 가산된 경우】 합병에 따른 이익의 증여재산가액에 소득세법상 의제배당금액이 포함된 경우에는 이를 차감한다.

다. 증여재산가액 계산특례

상장·코스닥상장법인의 경우 합병에 따른 증여재산가액을 비상장주식 평가방법에 의한 주식가액을 기준으로 계산한 것이 상장주식의 평가액에 의하는 것보다 적은 경우에는 비상장주식의 평가방법에 의한 주식가액으로 합병시 증여가액을 계산할 수 있다. 이 경우 특례규정은 합병한 후 동일한 주식평가방법에 의한 주식가액으로 합병차액을 계산하여야 한다(상속증여세법 시행령 §28 ⑥ 단서).

사례　　**상장법인 합병시 증여재산가액 계산특례 적용방법**

○ 합병시 증여가액을 아래 산식에 따라 계산할 때에(상속증여세법 시행령 §28 ④)

> (ⓒ합병후 존속법인의 1주당 평가가액 − ㉠주가가 과대평가된 법인의 합병전 1주당 평가가액) × 주가가 과대평가된 합병당사법인 대주주의 합병후 주식수

○ 합병 전후 평가방법은 합병법인 유형별, 합병시기별로 구분되는 바

구　분	㉠합병前 평가가액	ⓒ합병後 평가가액
상장(협회등록)	㉮ 합병전 2월 종가평균액 ㉯ 수익가치와 자산가치중 큰 금액	ⓐ 합병후 2월간 종가평균액
비상장법인	㉰ 수익가치와 자산가치중 큰 금액	ⓑ 합병당사 법인의 합병전 주식가액의 합계액÷합병후 주식수

(유형1) 상장 + 상장 → 합병후 상장(2001년부터 증여세 과세 제외함)
- 1999.1.1.∼2000.12.31. 기간 중은 합병이익이 적은 것으로 선택 가능함.
  ㉮와 ⓐ 또는 ㉯와 ⓑ로 차액계산 ↔ ㉮와 ⓑ, ㉯와 ⓐ는 안됨.

(유형2) 상장 + 비상장 → 합병후 상장(2001.12.31. 이후 합병등기분 과세제외)
- 1999.1.1.∼2000.12.31. 기간 중에 합병등기한 경우
  ㉮·㉰와 ⓐ, ㉯·㉰와 ⓑ로 계산 ↔ ㉮·㉰와 ⓑ, ㉯·㉰와 ⓐ는 안됨.
- 2001.1.1.∼2001.12.30. 기간 중에 합병등기한 경우(재경부 예규내용)

> • ㉯·㉰와 ⓐ에 의해서도 합병차익 계산가능하며(재산 46014 − 71, 2002.3.29.)
> • 합병전 평가기준일은 ㉮ 선택시는 B/S공시일과 합병신고일 중 빠른 날로 ㉯ 선택시는 B/S공시일로 하며, 합병후 평가기준일은 ⓐ 선택시는 합병등기일로 ⓑ 선택시는 B/S공시일과 합병신고일 중 빠른 날임(재산 46014 − 68, 2002.3.28.)

(유형3) 비상장 + 비상장 → 합병후 비상장 : ㉰와 ⓑ로만 계산

관련 예규·심판결정례 및 판례 등

☐ 합병법인이 피합병법인을 1 : 1로 흡수합병하면서 피합병법인 주주들의 합병차손을 합병법인의 주주들이 보유하고 있는 주식을 나누어 주는 방법으로 보전한 것은 증여에 해당되지 않음(국심 2004 중2891, 2004.11.16.).

사례 1　父가 주주로 있는 기업이 子가 주주(지분 : 100%)인 기업을 흡수합병

☐ 합병 당시 1주당 평가액 및 합병비율
　① 합병전 주식평가액 : 父 회사 @20,000원(총발행주식수 : 200주)
　　　　　　　　　　　　　子 회사 @10,000원(총발행주식수 : 200주)
　② 합병비율 : 1 : 1인 경우 증여가액은?

풀이

① 합병 전후의 1주당 평가액

구　분	父 법인	子 법인	존속법인
총발행주식수	200주	200주	400주
1주당평가액	20,000원	10,000원	15,000원
총주식평가액	4,000,000원	2,000,000원	6,000,000원

② 1주당 평가차액 : (15,000 − 10,000 × 200/200) = 5,000원
　5,000원 / 15,000원 = 33.1% ≥ 30%이므로 子법인의 주식이 과대평가되어 증여세 과세대상임.
③ 증여가액 : (15,000 − 10,000)×200주 = 1,000,000원
　➡ 최대주주 등에 해당되어도 할증평가를 하지 않음.

사례 2　합병비율이 1 : 1인 경우

(1) A법인이 특수관계 있는 B법인을 흡수합병(A · B : 비상장법인)
(2) 합병전후 주주구성 및 주식평가액

구　분	A(합병법인)	B(피합병법인)	A'(합병후 존속법인)
총발행주식수	2,000,000주	2,000,000주	4,000,000주
1주당평가액	25,000원	15,000원	20,000원
총주식평가액	500억원	300억원	800억원

구 분	A(합병법인)			B(피합병법인)			A' (합병후 존속법인)		
주주	주주	주식 수	지분율	주주	주식 수	지분율	주주	주식 수	지분율
	甲	1,000,000	50%	丙	1,200,000	60%	甲	1,000,000	25%
	乙	600,000	30%	丁	800,000	40%	乙	600,000	15%
	소액 주주	400,000	20%				丙	1,200,000	30%
							丁	800,000	20%
							소액 주주	400,000	10%

(3) 합병비율(1 : 1)

B법인 주식1주당 합병후 A'법인의 주식을 1주씩 교부함.

(4) 증여세 과세대상 검토

① 합병후 존속법인의 1주당 평가가액

$$\frac{(25,000원 \times 2,000,000주) + (15,000원 \times 2,000,000주)}{2,000,000주 + 2,000,000주} = 20,000원$$

② 1주당 평가가액 차이비율

$$\frac{(20,000원 - 15,000원)}{20,000원} = 25\% \le 30\%$$

③ B 법인의 각 주주가 얻은 이익

• 丙 : (20,000원 − 15,000원) × 1,200,000주 = 6,000,000,000원

• 丁 : (20,000원 − 15,000원) × 800,000주 = 4,000,000,000원

➡ 1주당 평가가액의 차이비율은 25%로서 30% 미만으로 과세요건을 갖추지 못했으나 대주주 丙·丁이 얻은 이익이 3억원 이상이므로 증여세 과세대상임.

(5) 증여세 과세방법

• 丙은 甲으로부터 30억원(50%)을, 乙로부터 18억원(30%)을, 소액주주로부터 12억원(20%)을 각각 증여받은 것으로 보아 증여세를 과세한다.

• 丁은 甲으로부터 20억원을, 乙로부터 12억원을, 소액주주로부터 8억원을 각각 증여받은 것으로 보아 증여세를 과세한다. 소액주주가 2인 이상인 경우에도 1인이 증여한 것으로 본다.

사례 3   합병비율이 1 : 0.5인 경우

(1) A법인이 특수관계있는 B법인을 흡수합병(A · B : 비상장법인)

(2) 합병 전후 주주구성 및 주식평가액

구 분	A(합병법인)			B(피합병법인)			A'(합병후 존속법인)		
총발행주식수	2,000,000주			2,000,000주			3,000,000주		
1주당평가액	40,000원			10,000원			33,330원		
총주식평가액	800억원			200억원			1,000억원		
주주	주주	주 식 수	지분율	주주	주 식 수	지분율	주주	주 식 수	지분율
	甲	800,000	40%	甲	1,400,000	70%	甲	1,500,000	50%
	乙	800,000	40%	丙	600,000	30%	乙	800,000	26.7%
	소액주주	400,000	20%				丙	300,000	10%
							소액주주	400,000	13.3%

(3) 합병비율(1 : 0.5)

　　B법인 주식2주당 합병후 A'법인의 주식을 1주씩 교부함.

(4) 증여세 과세대상 검토

　　① B법인의 합병 전 주식평가액 환산금액

$$10,000원 × \frac{2,000,000주}{1,000,000주} = 20,000원$$

　　② 합병후 존속법인의 1주당 평가가액

$$\frac{(40,000원×2,000,000주)+(10,000원×2,000,000주)}{2,000,000주+1,000,000주} = 33,333원$$

　　③ 1주당 평가가액 차이비율

$$\frac{(33,333원-20,000원)}{33,330원} = 39.9\% \geq 30\%$$

　　④ B법인의 각 주주가 얻은 이익

　　　• 甲 : (33,333원-20,000원) × 700,000주 = 9,333,100,000원

　　　• 丙 : (33,333원-20,000원) × 300,000주 = 3,999,900,000원

　　⑤ '甲'이 자기로부터 증여받은 금액 차감

　　　• 9,333,100,000원 × $\dfrac{A법인 \ 지분율 \ 40\%}{B법인 \ 지분율 \ 70\%}$ = 5,333,200,000원

　　　• 9,333,100,000원-5,333,200,000원 = 3,999,900,000원

(5) 증여세 과세방법

- 甲은 乙로부터 2,666,600,000원을, 소액주주로부터 1,333,300,000원을 각각 증여받은 것으로 보아 증여세를 과세한다.
  ➡ 乙과 소액주주의 주식 지분비율로 안분한 것임.

$$3,999,900,000원 \times \frac{800,000주(乙의 주식수)}{800,000주 + 400,000주} = 2,666,600,000원$$

- 丙은 乙로부터 2,666,600,000원을, 소액주주로부터 1,333,300,000원을 각각 증여 받은 것으로 보아 증여세를 과세한다.

사례 4   합병당사법인에 동일인 주주가 2인 이상인 경우

1. 합병전 주식평가액과 합병비율 및 합병후 주주내역

구 분	합병당사법인 A (주가가 과소평가된 법인)			합병당사법인 B (주가가 과대평가된 법인)			합병후 신설·존속법인 A'		
총발행주식수	1,500,000			1,000,000			2,000,000		
총주식평가액	120,000,000,000			20,000,000,000			140,000,000,000		
주식 1주당 평가액	80,000			20,000			70,000		
합병비율	1			0.5					
주주구성	성명	주식수	지분율(%)	성명	주식수	지분율(%)	성명	주식수	지분율(%)
대주주	㉮	225,000	15	㉮	300,000	30	㉮	375,000	18.75
	㉯	150,000	10	㉯	200,000	20	㉯	250,000	12.5
	㉰	225,000	15	㉰	200,000	20	㉰	325,000	16.25
	㉱	225,000	15	㉱	150,000	15	㉱	300,000	15
	㉲	225,000	25	㉲	100,000	10	㉲	275,000	13.75
	㉳	375,000	5	㉳	50,000	5	㉳	400,000	20
소액주주		75,000						75,000	3.75

2. 증여재산가액 계산

가. 1주당 평가액 차이 비율 또는 금액 기준에 의한 불공정합병 이익

가 - (1) 1주당 평가액 등 내역

주가가 과대평가된 합병당사법인의 주식평가액 환산 가액	① 1주당 평가액	② 합병전 주식수	③ 합병후 주식수	④ 환산가액 (①×②/③)
	20,000	1,000,000	500,000	40,000

⑤ 합병후 신설 또는 존속법인의 1주당 평가액		⑥ 전체 합병차익 [(⑤-④)×③]	
70,000		(70,000-40,000)×500,000 = 15,000,000,000	
증여세 과세요건 해당 여부	1차검토	1주당 평가액 차이 비율(30% 이상) [(⑤-④)/⑤] ≥ 30%	42.85%
	2차검토	대주주별 증여재산가액 계산(3억원 이상)	해당 대주주 유( ) 무( )

나 - (2) 증여주주 · 수증주주별 증여재산금액 계산

증여자 \ 수증자		㉮ ⑥×(30-15%)	㉯ ⑥×(20-10%)	㉰ ⑥×(20-15%)	계
	합병차익 ⑧	2,250,000,000	1,500,000,000	750,000,000	4,500,000,000
	합병차손 ⑨				
㉲ ⑥×(10-15%)	750,000,000	375,000,000	250,000,000	125,000,000	
㉳ ⑥×(5-25%)	3,000,000,000	1,500,000,000	1,000,000,000	500,000,000	
소액주주 ⑥×(10-20%)	750,000,000	375,000,000	250,000,000	125,000,000	
계	4,500,000,000				

* A, B 법인의 동시주주인 경우 수증자와 증여자 구분 방법
  • 수증자=B법인지분율＞A법인 지분율
  • 증여자=B법인지분＜A법인지분율
* 주주별 합병차익(⑧)금액 계산 : ⑥×(B법인의 지분율-A법인의 지분율)
* 증여자별 증여재산가액 계산 : ⑧×당해증여자차손/⑧합병차익 계(=⑨합병차손 계)

사례 5   3개 이상의 법인이 동시에 합병하는 경우 합병시 증여가액 계산방법

특수관계가 있는 3개 이상의 법인(A법인, B법인, C법인, D법인)이 합병하여 하나의 법인(A'법인)으로 되는 경우 대주주의 합병시 증여재산가액은 다음 순서에 따라 계산한다.

① 각 주주(㉮, ㉯, ㉰, ㉱ …)의 합병전 주식평가액 계산

예) 주주 ㉮의 합병전 주식평가 합계액의 계산

A법인	합병전 1주당 평가액 × ㉮의 합병전 소유주식수 =	○
B법인	합병전 1주당 평가액 × ㉮의 합병전 소유주식수 =	○
C법인	합병전 1주당 평가액 × ㉮의 합병전 소유주식수 =	○
D법인	합병전 1주당 평가액 × ㉮의 합병전 소유주식수 =	○
	합 계	(ⓐ)

② 각 주주(㉮, ㉯, ㉰, ㉱ …)의 합병후 주식평가액 계산

예) 주주 ㉮의 합병후 주식평가 합계액의 계산

A'법인 : 합병후 1주당 평가액 × ㉮의 합병후 소유주식수 = (ⓑ)

③ 주주(㉮, ㉯, ㉰, ㉱ …) 각자의 합병차익(과대평가이익) 또는 합병차손(과소평가손)
계산

예) ㉮ 주주 : ⓑ － ⓐ = ＋ ⓒ   (과대평가 : 수증자)

　　㉯ 주주 : ⓑ' － ⓐ' = ＋ ⓒ'   (과대평가 : 수증자)

　　㉰ 주주 : ⓑ" － ⓐ" = △ ⓒ"   (과소평가 : 증여자)

　　㉱ 주주 : ⓑ''' － ⓐ''' = △ ⓒ'''   (과소평가 : 증여자)

　　　　.　　.　　　.　　.

　　　　.　　.　　　.　　.

　　※ 각 주주의 합병차익(과대평가)의 합계액과 각 주주의 합병차손(과소평가)의 합계액은 항상
같음.

　　| ⓒ+ⓒ'+ … | = | △ⓒ" + △ⓒ''' + … | ⇒ T (전체합병차익)

④ 합병차액(과대평가)이 3억원 이상인 대주주의 합병시 증여재산가액의 계산

예) ㉮의 증여재산가액

　　$ⓒ × \dfrac{ⓒ"}{T}$ = 주주 ㉰로부터 수증한 증여재산가액

　　$ⓒ × \dfrac{ⓒ'''}{T}$ = 주주 ㉱로부터 수증한 증여재산가액

　　➡ 산식 = ㉮의 합병차익 × $\dfrac{\text{과소평가된 주주의 합병차손}}{\text{전체주주의 합병차익(or 차손)}}$

⑤ 합병차익(과대평가)이 3억원 미만인 대주주의 증여재산가액 계산

각 피합병법인(A법인, B법인, C법인…)별 대주주가 얻은 이익이 30%Rule에 해당하는지
여부를 검토

　　➡ 30% Rrule에 해당하는 회사에서 발생한 주주의 합병차익의 합계액과 전체 거래에서
발생한 주주의 이익 중 적은 금액을 <증여재산가액>으로 본다.

▌증여자별 수증금액의 계산▐

$\boxed{\text{증여재산가액}} × \dfrac{ⓒ"}{T}$ = ㉰로부터 수증한 증여재산가액

$\boxed{\text{증여재산가액}} × \dfrac{ⓒ'''}{T}$ = ㉱로부터 수증한 증여재산가액

상법상 합병제도

(1) 의의

2개 이상의 회사가 법정된 절차에 의하여 단일회사로 되는 것을 말하며, 합병의 경우 소멸하는 회사의 재산이 포괄적으로 이전되고 사원이 모두 수용되므로 해산회사가 청산절차를 거치지 않음.

(2) 합병의 종류

○ 신설합병 ⓐ+ⓑ=ⓒ

○ 흡수합병 ⓐ+ⓑ=ⓐ : 일반적 합병유형

(3) 합병의 자유와 제한

(가) 합병의 자유

상법상의 회사는 자유로 합병할 수 있는 것이 원칙이므로, 인적회사와 인적회사 간이나 인적회사와 물적회사 간에도 합병할 수 있다.

※ 인적회사 : 합명·합자회사, 물적회사 : 주식회사·유한회사

(나) 합병의 제한

○ 인적회사와 물적회사 간의 합병

존속회사 또는 신설회사는 물적회사여야 한다.

∵ 합병으로 존속회사 또는 신설회사가 인적회사 즉, 합명회사 또는 합자회사일 때에는 사원의 책임을 가중하는 결과 번잡한 절차를 밟아야 하기 때문

○ 물적회사 간의 합병

존속회사 또는 신설회사에 대한 일정한 제한 규정이 있음.

○ 해산후 회사와 존속중인 회사의 합병

해산후의 회사를 존속회사로 하는 흡수합병 인정되지 않음.

(4) 합병의 절차

(가) 합병계약

합병결의가 있기 전에 합병당사 회사의 대표자가 합병의 조건, 합병의 기일, 존속회사·신설회사의 정관의 내용 등에 관하여 계약을 체결

※ 합병결의와 합병계약은 선후의 문제가 없다.

(나) 합병의 결의(대내적 절차)

○ 인적회사의 경우

총사원의 동의가 있어야 한다.

○ 물적회사의 경우

－주식회사 : 주주총회의 특별결의

※ 주식회사의 경우 합병을 반대하는 주주는 주식매수청구권 행사가능

－유한회사 : 사원총회의 특별결의

※ 간이합병 : 흡수합병 중 소멸하는 회사가 일정한 요건을 갖춘 경우
주주총회 승인사항을 이사회 승인으로 갈음하는 것 － 소멸회사에 해당

※ 소규모합병 : 흡수합병 중 존속하는 회사가 일정한 법정요건에 해당하는 경우에 주주총회승인을 이사회승인으로 갈음 － 존속회사에 해당

○ 회사의 합병은 합병계약과 합병결의가 있는 때에 비로소 성립

   ⇨ 합병계약이 체결되었더라도 합병결의가 부결되면 계약은 효력을 상실

(다) 회사채권자의 보호절차 (대외적 절차)

○ 이의제출의 공고 · 최고

회사는 합병을 결의한 날로부터 2주 내에, 채권자에게 이의가 있으며 1개월 이상의 일정기간 내에 이의를 제출할 것을 공고하고, 이미 알고 있는 채권자에 대하여는 따로따로 이를 최고하여야 함.

※ 공고 · 최고를 해태하였거나 적법하게 하지 않은 경우 : 합병무효의 원인이 되며 500만원 이하의 과태료 처분

○ 이의채권자에 대한 조치

  – 이의제출기간 내에 이의를 제출하지 않은 채권자 : 합병 승인 간주

  – 이의제출기간 내에 이의를 제출한 채권자 : 변제하거나, 상당한 담보를 제공하거나, 이를 목적으로 하여 상당한 재산을 신탁회사에 신탁

(라) 기타의 절차

○ 설립위원의 선임(신설합병의 경우)

○ 창립총회 또는 보고총회의 소집

  – 신설합병 : 창립총회

  – 흡수합병 : 보고총회

  ※ 단, 이사회는 공고로써 창립총회 또는 보고총회에 갈음할 수 있다.

○ 주식회사에 있어서 합병반대주주의 주식매수청구권

합병결의에 반대하는 주주는 주주총회 전에 서면으로 그 결의에 반대하는 의사를 회사에 통지를 하여야 하며, 이 경우 총회의 결의일로부터 20일 이내에 서면으로 자기소유의 주식매수를 청구할 수 있다.

(마) 합병등기

등기는 합병의 효력발생요건이므로, 본점의 소재지에는 2주간 내, 지점의 소재지에서는 3주간 내에 존속회사는 변경등기, 소멸회사는 해산등기, 신설회사는 설립등기를 하여야 한다.

(5) 합병의 효과

○ 해산 · 설립 · 변경

흡수합병의 경우는 당사회사의 일부가 소멸하고, 신설합병의 경우는 모든 당사회사가 해산 또한 신설합병의 경우에는 회사가 신설되고, 흡수합병의 경우에는 존속회사의 정관변경이 생김.

○ 권리의무의 포괄적 이전

존속회사 또는 신설회사는 소멸회사의 권리를 포괄적으로 승계한다.

따라서 개별적인 이전행위는 필요없으나, 대항요건을 필요로 하는 권리, 즉 선박의 등기, 특허권의 등록, 기명주식의 명의개서 등의 요건을 이를 갖추어야 제3자에게 대항가능

제9절 : 증자에 따른 이익의 증여

1. 개 요

회사가 필요한 자금을 조달하는 방법은 크게 자기자본에 의하는 경우와 타인자본에 의하는 경우로 나눌 수 있다. 자기자본에 의한 자금조달의 경우 신주를 발행하고 그에 따른 주식대금의 납입을 받는 증자에 의할 것이고 타인자본은 금융기관 등에서의 차입 또는 회사채 발행 등을 통해 이루어진다.

법인이 신주를 발행하는 경우에는 상법상 주주평등의 원칙에 따라 증자전 지분율대로 구주주들에게 신주인수권이 부여되는 것이 보통이지만, 주주들의 자유의사의 합치에 따라 증자전 지분율에 의하지 않고 신주를 배정하거나 인수시키는 것도 자유이다. 이러한 유상증자를 통하여 법인의 자본(또는 출자액)을 증가시키는 과정에서 증자 전후 주주들의 지분율이 달라질 수 있고 주식가액에도 변동이 생길 수 있다.

예를 들어 증자 전의 1주당 평가액보다 낮은 가액으로 발행된 신주를 증자 전의 주주가 자기지분율에 해당하는 신주수에 미달하게 인수하게 되면 그 기존주주는 증자과정에서 손해를 입게 될 것이고 자기 몫의 신주수를 초과하여 인수한 기존주주 또는 신입주주는 이익을 얻게 될 것이다.

이와는 반대로 증자전 1주당 평가액보다 높은 가액으로 신주를 발행하는 경우 증자후 1주당 평가액은 이론적으로 증자전보다 증가하므로 기존주주가 자기 몫의 신주를 인수하지 아니하면 지분율의 하락과는 별개로 전체 주식평가액은 증가하게 되고 고가의 신주를 인수한 주주는 신주 인수가액보다 증자후 1주당 평가액이 하락하여 손해를 보게 된다.

이처럼 법인의 유상증자과정에서 주주들 사이에 무상으로 이전되는 이익에 대하여 증여세를 과세하고자 증자에 따른 이익의 증여규정을 두게 된 것이며, 증자전후 주주들의 지분율에 변동이 생겼다는 요건과 증자전 1주당 평가액과 1주당 신주인수가액에 차이가 있다는 요건이 모두 충족되었을 경우에 과세대상에 해당될 수 있다.

따라서 다음 사례와 같이 증자전 1주당 평가액과 신주인수가액에 차이가 있더라도 증자전 주주의 지분율대로 신주를 인수하는 경우 또는 증자전 주주의 지분율과는 다르게 신주를 인수했더라도 증자전 1주당 평가액과 신주인수가액이 동일한 경우에는 증자에 따른 이익의 증여세 과세대상에는 해당하지 아니한다.

▌ 증자전 주식평가액보다 낮은 가액으로 신주를 발행한 경우로서 균등증자인 경우 ▌

1주당 가액	증자전 Ⓐ100,000	신주발행 Ⓑ5,000	증자후 Ⓒ52,500	증자후 주식가액 차이		
				Ⓓ증자 시	Ⓔ증자후	Ⓕ차이(Ⓓ-Ⓔ)
주 주 甲	6주	6주	12주	630,000	630,000	-
주 주 乙	4주	4주	8주	420,000	420,000	-
합 계	10주	10주	20주	1,050,000	1,050,000	-

* 증자후 1주당 가액Ⓒ 52,500 = (Ⓐ100,000×10주 + Ⓑ5,000×10주) ÷ 증자후 주식수 20주
* Ⓓ증자시 가액 630,000원은 증자전 주식가액 600,000원과 신주 6주를 1주당 5,000원에 인수하면서 지급한 현금 30,000원의 합계액임.
* Ⓔ증자후 주식가액 630,000원은 증자후 1주당 Ⓒ52,500원에 주식수 12주 곱한 금액
  ⇒ 증자전 1주당 평가액보다 신주인수가액이 낮아도 증자전 주주들의 지분율대로 신주를 인수하게 되면 주주 간에 무상으로 이전되는 이익은 없게 된다.

▌ 증자전 주식평가액과 같은 가액으로 신주를 발행한 경우로서 불균등증자인 경우 ▌

1주당 가액	증자전 Ⓐ100,000	신주발행 Ⓑ100,000	증자후 Ⓒ100,000	증자후 주식가액 차이		
				Ⓓ증자 시	Ⓔ증자후	Ⓕ차이(Ⓓ-Ⓔ)
주 주 甲	6주	10주	16주	1,600,000	1,600,000	-
주 주 乙	4주	-	4주	400,000	400,000	-
합 계	10주	10주	20주	2,000,000	2,000,000	-

* 증자후 1주당 가액Ⓒ100,000 = (Ⓐ100,000×10주 + Ⓑ100000×10주) ÷ 증자후 주식수 20주
* Ⓓ증자시 가액 1,600,000원은 증자전 주식가액 600,000원과 신주 10주를 1주당 100,000원에 인수하면서 지급한 현금 1,000,000원의 합계액임.
* Ⓔ증자후 주식가액 1,600,000원과 400,000원은 증자후 1주당 Ⓒ100,000원에 甲과 乙 각 주식수 16주와 4주를 곱한 금액
  ⇒ 증자전 주주들의 지분율대로 신주를 인수하지 아니하여도 증자전 1주당 평가액과 신주인수가액이 동일하면 주주 간에 무상으로 이전되는 이익은 없게 된다.

증자에 따른 이익의 증여규정에서 과세요건(특수관계 성립 여부, 증자 전후 주식평가액의 차이비율 또는 차액이 30% 또는 3억원 이상인지 여부) 및 증여재산가액의 계산에 있어 유상증자유형별(신주의 저가 또는 고가발행, 실권주 재배정 또는 실권처리 및 직접배정)로 약간의 차이를 두고 있지만 기본적인 내용은 다음과 같다.

구 분	수증자	증여재산가액
저가로 신주 발행	신주 초과 인수자	(증자후 1주당 가액-1주당 신주인수가액) × 자기 몫을 초과하여 인수한 신주수
고가로 신주 발행	신주 인수 포기자	(1주당 신주인수가액-증자후 1주당 가액) × 자기 몫의 신주인수를 포기한 신주수

┃ 증자유형별 과세요건 및 증여재산가액 계산방법 요약 ┃

구 분	증여세 과세요건		납 세 자	증여재산가액 계산산식
	특수관계	30% 차이		
① 저가실권주 재배정 (法 §39 ① 1호 가목)	적용 안함	적용 안함	실권주 인수자	(A − B) × 배정받은 실권주수
② 저가실권주 실권처리 (法 §39 ① 1호 나목)	적용됨	적용됨	신주 인수자	(A − B) × 증자후 신주인수자 지분비율 × 실권주 총수 × 신주인수자의 특수관계인의 실권주수 ÷ 실권주 총수
③ 저가신주 제3자 직접배정 (法 §39 ① 1호 다목)	적용 안함 2000년 전 적용됨	적용 안함	신주 인수자	(A − B) × 균등 조건 초과인수한 신주수
④ 저가신주 주주 초과 직접배정 (法 §39 ① 1호 라목)	적용 안함	적용 안함	신주 인수자	(A − B) × 균등 조건 초과인수한 신주수
⑤ 고가실권주 재배정 (法 §39 ① 2호 가목)	적용됨	적용 안함	신주인수 포기자	(B − A) × 신주인수 포기자의 실권주수 × 특수관계인이 인수한 실권주수 ÷ 실권주 총수
⑥ 고가실권주 실권처리 (法 §39 ① 2호 나목)	적용됨	적용됨	신주인수 포기자	(B − A) × 신주인수 포기자의 실권주수 × 특수관계인이 인수한 신주수 ÷ 당초 증자 총수
⑦ 고가신주 제3자 직접배정 (法 §39 ① 2호 다목)	적용됨	적용 안함	신주인수 포기자	(B − A) × 균등증자시보다 미달하게 배정받은 신주수 × 특수관계인이 인수한 신주수 ÷ 균등증자시 주식수를 초과하여 인수한 신주의 총수
⑧ 고가신주 주주 초과 직접배정 (法 §39 ① 2호 라목)	적용됨	적용 안함	신주인수 포기자	(B − A) × 균등증자시보다 미달하게 배정받은 신주수 × 특수관계인이 인수한 신주수 ÷ 균등증자시 주식수를 초과하여 인수한 신주의 총수
⑨ 저가전환주식 인수자 (法 §39 ① 3호 가목)	적용 안함	적용 안함	신주 인수자	{(A − B) × 배정받은 신주수} −(①부터 ④까지에 따라 계산한 이익)
⑩ 고가전환주식 인수포기자 (法 §39 ① 3호 나목)	적용됨	적용 안함	신주인수 포기자	{(B − A) ×인수를 포기한 신주수} −(⑤부터 ⑧까지에 따라 계산한 이익)
⑪ 2015.12.31. 이전 그 밖의 신주발행 (法 §39 ① 3호)	적용됨	①~⑧ 유형에 따름	신주 인수자·포기자	상기 증여재산가액 계산방법을 준용하여 이익 계산

* A : 증자후 1주당 평가액   * B : 1주당 신주 인수가액

2. 과세요건

　신주의 인수를 포기한 주주와 신주를 인수하는 주주 사이에 특수관계가 성립하는 경우 과세하는 증자유형과 특수관계가 성립하지 않는 경우에도 과세하는 증자유형이 있으며, 증자 전후 주식평가액의 차이비율이 30% 이상 또는 차액이 3억원 이상인 경우에만 과세하는 증자유형과 차액이 조금이라도 발생하면 과세하는 증자유형으로 구분하여 과세요건을 규정하고 있다.

가. 특수관계인의 범위

　특수관계인이란 신주 또는 실권주를 인수하거나 인수하지 아니한 자와 상속증여세법 시행령 제2조의2 제1항 각 호의 어느 하나에 해당하는 관계에 있는 자를 말하며, 특수관계 성립 여부에 따른 과세요건은 증자유형별로 다음과 구분해 볼 수 있다.

특수관계 없는 경우 과세 유형	특수관계 성립하는 경우 과세 유형
① 저가실권주 재배정	② 저가실권주 실권처리
③ 저가신주 제3자 직접배정 또는 주주에게 초과배정	④ 고가실권주 재배정
	⑤ 고가실권주 실권처리
	⑥ 고가신주 제3자 직접배정 또는 주주 초과배정

나. 신주 인수가액 및 증자 전후 주식 평가액

1) 신주 1주당 인수가액(ⓐ)

　신주 1주당 인수가액이란 법인이 자본을 증가시키기 위하여 발행하는 신주를 인수하는 주주가 회사에 납입해야 하는 1주당 인수가액을 말한다.

 관련 예규 · 심판결정례 및 판례 등

❑ 증자후 주금의 추가 납입시 신주 인수가액 포함 여부(재산세과 - 282, 2010.5.7.)
　당초 증자시 발행가액 평가 등 오류로 저가발행 사실을 발견하여 증여세 신고기한 내에 신주를 인수한 주주가 추가로 주금을 납입하는 경우에는 해당 금액의 합계액을 신주발행가액으로 봄.

2) 증자전 주식의 평가기준일 및 평가방법

2015.2.3.부터 증자에 따른 이익의 계산은 다음의 구분에 따른 날을 기준으로 하도록 명확하게 규정하였다. 종전의 경우에도 상속증여세법 시행령 및 기본통칙에서 유사하게 규정하여 적용하였다.

가) 상장 · 코스닥상장법인의 경우

자본시장법 시행령 제176조의9 제1항에 따른 유가증권시장에 주권이 상장된 법인 또는 같은령에 따른 코스닥시장에 상장된 주권을 발행한 법인이 해당 법인의 주주에게 신주를 배정하는 경우 권리락이 있은 날이다.

해당 증자에 따른 권리락이 있는 날 전 2월이 되는 날부터 권리락이 있는 날의 전일까지 공표된 한국거래소 최종시세가액 평균액에 의한다(상속증여세법 기본통칙 39 – 29…2). 다만, 권리락이 발생하지 아니하는 제3자 직접배정 증자의 경우에는 종전 과세관청 유권해석은 "증자의 사실을 공시한 날을 권리락일로 보아 평가한다"(서면4팀 – 946, 2004.6.28.)고 하였으나, 대법원 판례(대법원 2007두7949, 2009.8.20.)는 "주식대금 납입일 전 2월간의 종가평균액에 의한다"는 취지의 판결을 내림에 따라 과세관청 유권해석을 삭제하였다. 따라서 제3자 배정방식으로 불균등하게 증자하는 경우 신주 인수가액이 정해진 후의 기간에 대한 한국거래소 최종시세가액을 기준으로 증여세 과세요건을 판단해야 하는 어려움이 있다.

나) 비상장법인의 경우

주식대금 납입일(주식대금 납입일 이전에 실권주를 배정받은 자가 신주인수권증서를 교부받은 경우에는 그 교부일을 말한다)을 말한다. 해당 증자 전에 불특정다수인 사이에 거래가 이루어져 형성된 거래가액이 시가에 해당하는 경우 그 시가에 의하고, 시가가 없는 경우에는 증자 전의 순자산가치와 순손익가치에 의하여 평가한 가액에 의한다. 당초 증자에 따른 주금납입일과 증자에 대한 가처분금지신청으로 실제 주금납입일이 다른 경우 실제 주금납입일을 증여시기로 하여 증여세 과세요건을 판단하여야 할 것이다.

사례 1

○ 다음 과정을 거쳐 유상증자를 한 경우 증자전 1주당 평가액 산정방법은?

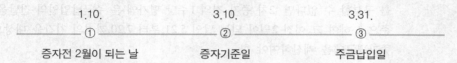

1.10.	3.10.	3.31.
①	②	③
증자전 2월이 되는 날	증자기준일	주금납입일

풀이

○ 주주에게 신주를 배정하는 유상증자의 경우 증자전 1주당 평가액은 증자에 따른 권리락이 발생하기 전 2월간의 종가평균액에 의하며

○ 증자에 따른 권리락이 발생하지 아니하는 제3자 배정의 경우에는 주금납입일 전일부터 2월 간(2월 기간 중에 증자가 있으므로 3.11.까지 기간)의 종가평균액에 의해야 한다는 것이 대법원판례(대법원 2013두22437, 2015.9.10.) 등의 내용이다.

사례 2   2차례 제3자 배정 유상증자한 경우 2차 증자전 1주당가액 계산

❑ 사실관계

○ 제3자 배정방식으로 2차례에 걸쳐 아래와 같이 유상증자함.

구 분	1차 유상증자내용		2차 유상증자내용	
	당초 이사회결의 및 공시내용	정정 이사회결의 및 공시내용	당초 이사회결의 및 공시내용	정정 이사회결의 및 공시내용
공시일 증자방법	2009.7.7. 제3자 배정방식	2009.7.8. 제3자 배정방식	2009.7.7. 제3자 배정 (보호예수조건)	2009.7.8. 제3자 배정방식
1주당 발행가액	16,180원	16,900원	16,480원	16,200원
발행주식수	61,804주	59,100주	606,796주	617,284주
주금납입일	2009.7.9.	2009.7.9.	2009.7.21.	2009.7.21.

○ 2차 증자전 종가평균액 산정기간은?

(갑설) 7.10.~7.20.의 종가평균액

　　　　1차 증자시 증여시기인 주금납입일의 다음 날부터 2차 유상증자시 증여시기인 주금납입일의 전날까지의 기간에 대한 종가평균액으로 산정하여야 함.

(을설) 7.8.~7.20.의 종가평균액

　　　　제3자 배정방식의 유상증자는 이를 이사회에서 결의하고 공시하는 시점에서 주식가격에 큰 영향을 미치므로 이사회 결의일 및 공시일을 '증자의 사유가 발생한 날'로 보아 그 다음 날부터 유상증자시 증여시기인 주금납입일의 전날까지의 기간에 대한 종가평균액으로 산정하여야 함.

(병설) 5.21.~7.20.의 종가평균액

1차 증자 및 2차 증자에 대한 1주당 발행가액과 발행주식수 등을 7.8. 같은 날에 정정 공시하여 1차 증자와 2차 증자로 인하여 새롭게 형성되는 각각의 주가를 구분할 수 없다면 '2차 증자 전의 1주당 평가액'은 주금납입일의 전날을 기준으로 하여 그 이전 2월이 되는 날인 5.21.부터 7.20.까지의 기간을 대상으로 종가평균액을 계산하여야 함.

풀이

○ 처분청은 (갑설)에 따른 평가액으로 증여세를 과세하였고, 서울고등법원은 (을설)로 판결하였으나 대법원은 (병설)에 의해야 한다고 판결함.

○ 대법원 판결요지(대법원 2014두2560, 2016.6.28.)

- '증자 전의 1주당 평가가액'은 유상증자에 따른 주가의 희석이 발생하기 전의 주식가치를 뜻하며, '주금납입일'을 기준으로 하여 신주의 저가인수에 따른 이익을 계산하도록 정하고 있으므로 '증자전 1주당 평가가액'을 산정함에 있어서 주금납입일 이후의 기간은 평가기간에서 제외하여야 함.

- 또한 신주의 저가인수에 따른 이익은 당해 유상증자 전후로 그 주식의 가치 변화를 고려하여 산정하는 것이므로 주금납입일 전의 평가기간 중에 다른 유상증자가 없는 이상 당해 유상증자가 있다는 사유는 평가기간의 제외사유로 정한 '증자·합병 등의 사유'에 해당한다고 할 수 없으므로 '증자전 1주당 평가가액'은 그 평가기준일인 주금납입일 전날을 기준으로 하여 특별한 사정이 없는 한 그 이전 2월의 기간 동안 형성된 주가의 평균액으로 산정하여야 할 것임.

- 제3자 배정방식의 유상증자의 경우 그에 대한 이사회결의 및 공시가 이루어지는 때에 주가에 상당한 영향을 미치므로, 제3자 배정방식의 2차 유상증자에 따른 주금납입일 전날부터 이전 2월의 기간 내에 제3자 배정방식의 1차 유상증자가 있는 경우에는 1차 유상증자에 관한 이사회결의 및 공시일을 '증자사유가 발생한 날의 다음 날'로 보아 '2차 유상증자 전의 1주당 평가가액'은 1차 유상증자에 관한 이사회결의 및 공시일부터 2차 유상증자시 주금납입일 전날까지의 종가평균액으로 계산하여야 할 것이나

- 1차 유상증자와 2차 유상증자에 관한 발행조건과 절차 등이 각각 별도라도 1차와 2차 유상증자에 관한 이사회결의 및 공시가 같은 날 함께 이루어진 경우에는 그로 인하여 새롭게 형성되는 각각의 주가를 구별할 수 없으므로 특별한 사정이 없는 한 '2차 유상증자 전의 1주당 평가가액'은 2차 유상증자에 관한 주금납입일의 전날을 기준으로 하여 그 이전의 기간을 대상으로 한 종가평균액으로 계산하여야 함.

관련 예규 · 심판결정례 및 판례 등

❏ 증자후 거래가액은 증자전 1주당 가액이 아님(재산세과-775, 2010.10.19.).

증자전 1주당 가액은 증자전 3개월 이내에 확인된 가액으로 산정하는 것이며, 증자후 거래가액은 적용하지 아니함.

❏ 증자시 증여가액을 계산할 때는 최대주주에 대하여 할증평가하지 아니함(재재산 46014-3, 2001.1.5., 재산세과-62, 2011.2.1., 재삼 46014-1781, 1997.7.21.).

❏ 여러 종류의 주식을 발행한 상장법인의 주식평가방법(재삼 46014-2152, 1998.11.6.)

수종의 주식을 발행한 상장법인의 경우 '증자전의 1주당 평가가액'과 '증자전의 발행주식총수'는 당해 법인이 자본을 증가시키기 위하여 발행하는 신주의 종류에 해당하는 주식에 대한 '증자전의 1주당 평가가액'과 '증자전의 발행주식총수'에 의하여 것임.

❏ 증자전 1주당 가액이 부수인 경우(재삼 46014-829, 1998.5.12.)

증자전 1주당 평가가액이 부수인 경우에는 그 주식가액을 0으로 보아 증여의제규정을 적용함.

❏ 증자전 1주당 가액은 권리락 전을 기준으로 평가(재재산 46014-285, 1997.8.20.)

-1997.5.2. 이전 3개월의 종가 평균액으로 평가함.

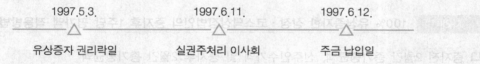

| 1997.5.3. | 1997.6.11. | 1997.6.12. |
| 유상증자 권리락일 | 실권주처리 이사회 | 주금 납입일 |

❏ 제3자배정 증자의 경우 상장주식 평가방법(대법원 2019두51635, 2019.12.27., 대법원 2013두22437, 2015.9.10., 대법원 2007두7949, 2009.8.20., 조심 2012중2660, 2012.9.24.)

제3자배정방식의 증자에 따른 이익의 계산방법에 관하여 '증자전의 1주당 평가가액'을 평가함에 있어서는 원칙적으로 증자에 관한 이사회결의일이 아니라 주금납입일의 전날을 기준으로 하여 그 이전의 기간을 대상으로 함이 상당함.

❏ 유상증자 신주에 대해 1년간 보호예수기간이 설정된 경우에도 주금납입일을 증여시기로 하여 증여이익을 계산하는 것임(조심 2014서53, 2014.3.17., 조심 2011중786, 2011.6.3.).

❏ 자기주식을 보유한 경우 증자전 주식평가방법(대법원 2007두5363, 2009.11.26.)

신주를 고가로 인수한 주주와 실권주주 사이의 분여이익 계산시 상법상 자기주식의 취득이 제한되어 신주를 배정받지 못한 자기주식이 있는 경우에는 이를 제외하고 '증자 전의 1주당 평가가액'이나 '증자 전의 발행주식총수'를 계산하여야 할 것임.

❏ 증자후 거래가액을 증자전 평가액으로 볼 수 있는지(대법원 2007두5110, 2009.6.25.)

증자전의 1주당 평가가액이란 증자전의 시점을 기준으로 한 주식의 평가가액을 의미한다 할 것이므로 증자후 3월 중 이루어진 매매거래가액을 증여세가 부과되는 재산의 시가로 볼 수 있다고 하여 이를 "증자전의 1주당 평가가액"으로 볼 수는 없음.

❑ 증자전 주식 평가액의 계산방법(대법원 2005두2063, 2007.1.25.)

실권주를 다시 배정받음으로써 얻게 되는 이익인 증여의제가액의 산정방법을 규정한 구 상속증여세법 시행령 제29조 제2항 제1호 산식 중 '증자 전의 1주당 평가가액'의 평가방법에 관하여 위 시행령에서 명시적인 규정을 두고 있지는 않으나, 관련 규정 및 문언 해석상 증자 직전의 시점을 기준으로 하여 위 시행령 제54조 내지 제56조의 규정에 의하여 산정한 금액을 의미함.

3) 증자후 주식 1주당 평가액(ⓑ)

증자후 1주당 평가가액은 다음 산식에 의한 이론적 권리락주가를 원칙으로 한다. 다만, 2001.1.1. 이후 상장·코스닥상장주식이 증자하는 경우 1주당 신주인수가액과의 차액(증여재산가액)이 적게 계산되는 경우에는 증자후 2월간의 종가평균액과 이론적 권리락주가 중 증여재산가액이 적게 계산되는 주식평가액으로 증여재산가액을 계산할 수 있다.

$$\text{이론적 권리락 주가} : \frac{(\text{증자전 1주당 가액} \times \text{증자전 주식수}) + (\text{신주 1주당 인수가액} \times \text{증자주식수})}{\text{증자전 주식수} + \text{증자 주식수}}$$

사례 **100% 유상증자한 상장·코스닥상장법인의 증자후 1주당 평가액 적용방법**

❑ 증자전 2월간 종가평균액, 신주인수가액 및 증자후 2월간 종가평균액

구 분	인수가액	증자전 주가	이론적 권리락주가	증자후 주가	증여가액
사례1	@12,000원	@15,000	(12,000+15,000)/ 2 = 13,500원	@13,000	13,000 − 12,000
사례2				@17,000	13,500 − 12,000
사례3	@20,000원		(20,000+15,000)/ 2 = 17,500원	@19,000	20,000 − 17,500
사례4				@16,000	20,000 − 16,000

풀이

(사례 1) 1주당 신주인수가액 12,000원과의 차액이 적은 증자후 종가평균액 13,000원을 적용하여 증여재산가액 계산함.

(사례 2) 1주당 신주인수가액 12,000원과의 차액이 적은 이론적 권리락주가 13,500원을 적용하여 증여재산가액 계산함.

> (사례 3) 1주당 신주인수가액 20,000원과의 차액이 적은 이론적 권리락주가 17,500원을 적용
> 하여 증여재산가액 계산함.
> (사례 4) 1주당 신주인수가액 20,000원과의 차액이 적은 증자후 종가평균액 16,000원을 적용
> 하여 증여재산가액 계산함.

 관련 예규·심판결정례 및 판례 등

❑ 상환전환우선주를 발행한 경우 증자에 따른 증여이익 산정방법(재재산-82, 2015.2.9.)
  - 비상장법인이 상환전환우선주를 고가 또는 저가로 발행하여 상속증여세법 제39조에 따른 이
    익의 증여가 있는 경우에는 증여세가 과세되며, 증여이익은 같은 법 시행령 제29조 제4항에
    따라 주식대금 납입일(주식대금 납입일 이전에 실권주를 배정받은 자가 신주인수권증서를
    교부받은 경우에는 그 교부일)을 기준으로 계산함.
  - 상속증여세법 시행령 제29조 제3항을 적용함에 있어 상환전환우선주의 주식수는 발행당시
    보통주 전환비율을 반영하여 증자에 따른 이익의 증여를 계산함.

❑ 증권공시규정에 의한 신주인수가액으로 증자한 경우 과세 여부(헌재 2014헌바468, 2016.6.30., 대법
  원 2014두14976, 2017.5.17., 대법원 2015두41531, 2015.12.10.)
  신주인수가액이 증권발행 및 공시에 관한 규정에서 정한 할인율의 제한 범위를 초과하지 않았
  다거나 금융감독원의 승인이 있었다는 사실만으로는 증자에 따른 이익의 증여에 해당하지 않
  는다고 할 수 없고, 증권공시규정은 신주발행의 공정성과 투명성을 확보하기 위한 것으로서 입
  법목적을 달리하며 해당 규정이 상속증여세법에 우선하여 적용된다고 할 수 없음.

❑ 보호예수기간이 지난 후 주가 하락한 경우에도 증자시점에서 얻을 이익에 대한 증여세 과세처분은 정당
  함(대법원 2014두14976, 2017.5.17., 대법원 2015두47362, 2015.12.10., 대법원 2013두21670, 2014.3.13.).

다. 증자 전후 가액의 차이비율

증자후 1주당 평가가액과 1주당 신주인수가액의 차액이 증자후 1주당 평가액의 30%
이상 차이가 있거나 1인별 증여재산가액이 3억원 이상인 경우에 증여세 과세요건(이하
"30% Rule"이라 함)이 성립되어 증여세를 과세하는 증자유형을 적용할 때에 차이비율
등은 다음과 같이 계산한다.

- 저가 증자시 : $\dfrac{\text{증자후 1주당 가액(ⓑ)} - \text{1주당 신주인수가액(ⓐ)}}{\text{증자후 1주당 가액(ⓑ)}} \geq$ 30% 이상 또는 주주 1인 총이익이 3억원 이상

- 고가 증자시 : $\dfrac{\text{1주당 신주인수가액(ⓐ)} - \text{증자후 1주당 가액(ⓑ)}}{\text{증자후 1주당 가액(ⓑ)}} \geq$ 30% 이상 또는 주주 1인 총이익이 3억원 이상

30% Rule 성립 여부에 따른 과세요건은 증자유형별로 다음과 같이 구분해 볼 수 있다.

30% Rule 성립되지 않는 경우 과세 유형	30% Rule 성립하는 경우 과세 유형
① 저가실권주 재배정	② 저가실권주 실권처리
③ 저가신주 제3자 직접배정 또는 주주 초과배정	⑤ 고가실권주 실권처리
④ 고가실권주 재배정	
⑥ 고가신주 제3자 직접배정 또는 주주 초과배정	

관련 예규 · 심판결정례 및 판례 등

❑ 증자전후 차액이 일정금액 이상인지 여부 판단방법(재삼 46014-2573, 1998.12.31.)

증여의제가액이 1억원 이상인지 여부는 수증자 1인이 얻은 전체이익을 기준으로 판단

❑ 증자전 평가액대로 불균등증자한 경우(서일 46014-11581, 2002.11.26.)

증자전 주식평가액이 2십만원인데 액면가 1만원으로 신주를 발행했다 하더라도 기존 주주가 지분율대로 균등하게 인수한 경우에는 증여세 과세대상이 아님.

❑ 신주인수권증서를 시가로 양도하는 경우(서일 46014-11164, 2002.9.6.)

법인의 유상증자시 주주가 신주인수권증서를 교부받아 증권사를 통해 불특정다수인에게 양도하는 경우에 증자시 증여의제규정이 적용되지 아니하며, 그 양도차익에 대해서는 소득세법 제94조에 의한 양도소득세 과세대상임.

❑ 임원 입사조건으로 저가로 신주를 발행하는 경우 과세될 수 있음(서일 46014-10040, 2003.1.14.).

❑ 인수가액이 상증법상 평가액과 차이가 있는 경우 모두 과세대상인지(조심 2022서1421, 2023.5.24.)

유상증자에 대해 내부직원만을 대상으로 한다거나 증자가액에 제한 및 신주인수 포기를 강요하지 아니하였고, 거래당사자들이 경제적 이익의 극대화를 위해 대등한 관계에서 인수가액이 정해졌으며, 기존 주주들이 청구인에게 초과이익을 줄 이유가 없는 등, 청구인이 인수한 신주가 시가보다 저가인 것으로 보기는 어려움.

❑ 객관적 근거 없는 제3자배정 주식은 실권주의 재배정으로 보아 증여세 과세요건을 판단하는 것임 (국심 2004중4, 2004.6.9.).

라. 증자의 유형

증자의 형태를 신주 인수가액이 증자전 주식 평가액에 비해 낮은 경우(저가증자)와 높은 경우(고가증자)로 구분하고 저가·고가증자를 각각 실권주 재배정, 실권주 실권처리, 신주의 직접배정 또는 주주 초과배정이라는 4가지 유형으로 구분(총 8가지 유형)하여 과세요건 및 증여재산가액 계산방법을 각각 규정하고 있는 바 이 경우 실권주 재배정 또는 실권처리, 직접배정(주주에게 초과배정한 경우를 포함한다)이란 다음과 같다.

1) 실권주 재배정

실권주 재배정이란 기존주주가 지분비율에 따라 신주를 배정받을 수 있는 권리의 전부 또는 일부를 포기한 경우로서 그 포기한 신주(이하 "실권주"라 함)를 이사회 결의를 통해 기존의 다른 주주 또는 제3자에게 배정하는 것을 말한다.

2) 실권주 실권처리

실권주 실권처리란 실권주를 재배정하지 않고 실권처리하는 것 즉, 원래 100,000주를 유상증자하기로 했으나 일부 주주가 인수를 포기한 실권주 10,000주를 재배정하지 아니함으로써 결과적으로 90,000주만 증자한 경우를 말한다.

3) 직접배정

직접배정이란 주주평등의 원칙에 대한 예외로서 기존주주의 지분비율에 관계없이 기존주주 또는 제3자에게 신주를 인수시키는 것을 말한다. 직접 배정은 정관에서 그 내용을 정해야 하므로 증자전 정관에 그러한 내용이 없을 때에는 임시주주총회 특별결의를 통해 직접 배정의 근거를 규정해야만이 가능하다고 할 것이다.

3. 증여재산가액

증여재산가액은 원칙적으로 증여자별·수증자별 과세원칙에 따라 이익을 분여받거나 이익을 얻은 주주별로 계산한다. 다만, 증여자가 소액주주로서 2명 이상인 경우에는 예외적으로 증여자를 1명으로 보고 증여재산가액을 계산한다.

가. 원 칙

이익을 분여한 주주(증여자)별·이익을 얻은 주주(수증자)별로 증여재산가액을 다음의 구분에 따라 계산하며, 구체적인 계산방법은 증자유형에 따른 증여재산가액의 계산방법에서 기술하였다.

구 분	증여재산가액
저가로 신주 발행	(증자후 1주당 가액 − 1주당 신주인수가액) × 자기 몫을 초과하여 인수한 신주수
고가로 신주 발행	(1주당 신주인수가액 − 증자후 1주당 가액) × 자기 몫의 신주인수를 포기한 주주의 포기한 신주수

나. 증여자가 소액주주로서 2명 이상인 경우

신주를 배정받을 수 있는 권리를 포기하거나 그 소유주식수에 비례하여 균등한 조건으로 배정받을 수 있는 수에 미달(신주를 배정받지 아니한 경우 포함)되게 신주를 배정받은 소액주주가 2명 이상인 경우에는 소액주주 1명이 그 권리를 포기하거나 신주를 미달되게 배정받은 것으로 보고 증여재산가액을 계산한다(상속증여세법 §39 ②).

즉, 증자전의 주식 평가액보다 낮은 가액으로 신주를 발행한 경우 신주를 인수하지 아니하는 등으로 증여자에 해당하는 주주가 소액주주로서 2명 이상인 경우에는 증여자를 1명으로 보고 증여재산가액을 계산한다.

이 경우 소액주주란 해당 법인의 발행주식총수 등의 100분의 1 미만을 소유하는 경우로서 주식 등의 액면가액의 합계액이 3억원 미만인 주주 등을 말한다(상속증여세법 시행령 §29 ②).

 관련 예규·심판결정례 및 판례 등

❑ 저가 실권주 재배정 시 증여자가 개인투자조합인지, 조합원인지(재재산−1438, 2022.11.17.)

「벤처투자 촉진에 관한 법률」에 따른 개인투자조합이 신주인수권의 전부 또는 일부를 포기하여 그 실권주를 배정받은 주주에게 「상속세 및 증여세법」 제39조 제1항 제1호 가목에 따라 증여세가 과세되는 경우 증여자는 개인투자조합의 조합원이며, 이 경우 개인투자조합의 조합원을 기준으로 같은 조 제2항의 소액주주에 해당하는지 여부를 판단함.

❑ 증여자가 2인 이상인 경우 1인으로 보는 증여세 과세규정은 합헌임(헌재 2014헌바468, 2016.6.30.).

− 증자에 따른 이익의 증여에 대하여 증여세를 부과하는 상속증여세법 제39조 제1항 제1호 가

목 및 다목은 재산권보장 및 조세평등주의에 위배되는 아니함.

- 증자이익을 계산함에 있어서 소액주주가 2인 이상인 경우에 소액주주 1인이 이익을 증여한 것으로 보는 같은법 제39조 제2항은 재산권을 침해하는지 아니함.

☐ 증여자가 2 이상 소액주주인 경우 증여재산공제 제외될 수 있음(재산세과 - 418, 2011.9.6.).

☐ 증여자가 소액주주에 해당하지 않는 경우(조심 2012중2660, 2012.9.24., 조심 2011중786, 2011.6.3.)
시가보다 낮은 가액으로 발행한 신주의 인수를 포기한 주주가 소액주주에 해당하지 않는 경우
신주 인수포기자(증여자)별로 증여가액을 계산하여야 함.

4. 증여시기

증여시기는 상장·코스닥상장법인의 경우 권리락이 있는 날이며, 비상장법인의 경우
에는 주금납입일(주금납입일 이전에 실권주를 배정받은 자가 신주인수권증서를 교부받
은 경우에는 신주인수권증서 교부일)이다. 전환주식을 다른 종류의 주식으로 전환한 날
을 말한다. 상장·코스닥상장법인이 제3자 직접배정방식으로 유상증자를 하는 경우에는
권리락 조치가 없으므로 증여시기는 주금납입일이 된다(법령해석과 - 3288, 2017.11.15.). 증
여시기는 주식의 평가기준일 및 특수관계인 해당 여부 판단기준일이 된다.

사례   **세무법인의 출자지분을 인수한 경우 증자에 따른 증여세 과세대상인지?**

☐ (과세처분) 지점법인을 신설하기 위해 출자지분을 인수한 것에 대해 저가증자에 따른
증여세 부과함

☐ (심판결정)
  ○ 취득한 출자지분의 권리내용이 기존 출자자의 출자지분과 다른 경우에는 이익배당 또
  는 잔여재산 분배 등에 관한 권리 차이 등을 감안하여 평가해야 하므로 저가증자에
  해당하지 아니함(조심 2023부7020, 2023.9.20.).
  - 정관상 이익배당에 대하여 '각 지점별 운영수익에 따라 소속 지점별 운영수익 한도
  내에서 그 출자좌수의 비율에 따라 배당한다'고 정하고 있고, 내부규정 역시 '잉여
  금의 배분은 매 결산기 말일 현재 각 지점별 운영수익에 따라 그 소속 지점별 운영
  수익의 한도 내에서 균등 배분을 원칙으로 하되 차등배당을 실시할 경우에는 정관
  에서 정하는 바에 따른다.'고 규정하고 있으며
  - 이익배분제한동의서에서도 '기 발생한 잉여금에 대하여 배분받지 아니한다.'고 규
  정하고 있는 등 기존출자자들의 지분과는 '이익 배당 또는 잔여재산의 분배 등'에
  있어 차이가 있는데도 이를 감안하지 않고 기존 출자지분과 동일한 금액으로 평가
  하는 것은 잘못임.

5. 신주를 저가 발행하는 경우 과세요건 및 증여재산가액

(증자 후의 1주당 평가가액 〉 1주당 신주인수가액 ⇒ 신주 초과인수자에게 과세)

법인이 자본을 증가시키기 위하여 신주를 발행함에 있어 해당 법인의 증자전 1주당 평가액이 30,000원인데 1주당 신주인수가액을 5,000원으로 정하는 경우 신주를 많이 인수할수록 이익을 얻을 수 있을 것이다. 물론 저가로 신주를 발행함에 따라 기존 주식가치가 희석되어 평가액이 떨어질 수 있으나 일반적으로 신주인수가액보다 낮아지지는 않을 것이므로 신주인수가액과 증자후 조정된 주식 평가액과의 차액 상당은 신주를 초과 인수한 주주가 이익을 얻고 증자전 지분율에 의한 자기 몫의 신주를 인수하지 아니한 주주는 손해를 볼 수 있다. 신주를 증자전의 주식 평가액보다 낮은 가액으로 발행하는 경우 증자후의 1주당 평가가액과 1주당 신주인수가액의 차액에 증자전 지분율에 의하여 균등하게 인수할 수 있는 신주를 초과하여 인수한 자의 그 초과 인수 신주수를 곱하여 계산한 금액을 해당 초과 인수자의 증여재산가액으로 하고 있다.

증여재산가액은 다음 사례와 같이 특정주주가 증자전에 보유한 주식 평가액에 유상증자시 납입한 현금을 합친 금액과 증자후 주식 평가액의 차액을 그 가액으로 한다.

사례   **신주 저가 발행시 증여재산가액 계산 요약**

❑ 증자전 주식평가액보다 낮은 가액으로 발행한 신주를 불균등하게 인수한 경우

| 1주당 가액 | 증자전 Ⓐ
100,000 | 신주발행 Ⓑ
5,000 | 증자후 Ⓒ
52,500 | 증자후 주식가액 차이 Ⓓ증자 시 | Ⓔ증자 후 | Ⓕ차이(Ⓓ-Ⓔ) |
|---|---|---|---|---|---|---|
| 주 주 甲 | 6주 | 10주 | 16주 | 650,000 | 840,000 | + 190,000 |
| 주 주 乙 | 4주 | - | 4주 | 400,000 | 210,000 | - 190,000 |
| 합   계 | 10주 | 10주 | 20주 | 1,050,000 | 1,050,000 | 0 |

* 증자후 1주당 가액Ⓒ 52,500 = (Ⓐ100,000×10주 + Ⓑ5,000×10주) ÷ 증자후 주식수 20주
* Ⓓ 증자시 가액 甲의 경우 650,000원은 증자전 주식가액 600,000원과 신주 10주을 1주당 5,000원에 인수하면서 지급한 현금 50,000원의 합계액이며, 乙은 증자전 1주당 100,000원에 4주를 곱한 금액임.
* Ⓔ 증자후 주식가액은 증자후 1주당 Ⓒ52,500원에 주식수 16주 및 4주를 곱한 금액
  ➡ 甲은 주식가액이 650,000원에서 840,000원으로 190,000원만큼 증가하여 이익을 얻었고 乙은 400,000원에서 210,000원 190,000원만큼 손해를 본 결과로서 이익을 본 주주들의 총이익과 손해를 본 주주들의 총손해액이 일치하는 계산산식을 증자유형별 증여재산가액의 계산방법으로 규정하고 있음.

가. 실권주를 다시 배정하는 경우

1) 개 요

증자전의 주식 평가액보다 낮은 가액으로 발행된 신주를 인수할 수 있는 권리의 전부 또는 일부를 포기함으로써 발생한 실권주를 이사회 결의 등을 통하여 기존주주 또는 신입주주에게 다시 배정하는 경우에 대한 과세규정이다.

2) 과세요건

신주의 인수를 포기한 주주와 그 실권주를 배정받은 자간에 특수관계가 성립하는지 여부 및 증자 전후 주식 평가액의 차이비율 등 30%Rule 충족 여부에 관계없이 증자 전후 주식평가액에 차이가 있으면 증여세 과세대상에 해당한다.

다만, 주권상장법인이 자본시장법에 따른 공모방식(2016.2.5.부터 간주모집은 제외함. 이하 이 절에서 같음)으로 실권주를 배정하는 경우에는 증여세를 과세하지 아니한다.

➡ 1993.12.31. 이전에는 신주인수를 포기한 주주와 실권주를 배정받은 자 사이에 특수관계가 성립하고, 30%Rule에 해당하는 경우에 증여세를 과세하였다.

3) 증여재산가액

① 원칙 : 신주를 인수하지 아니한 주주별·실권주를 다시 배정을 받은 주주별로 구분하여 다음 산식에 의하여 증여재산가액을 계산한다.

증여재산가액 = (증자후의 1주당 평가가액 - 1주당 신주인수가액) × 신주를 초과배정받은 자의 초과배정받은 신주수

증자후의 1주당 평가가액 =

$$\frac{\left(\begin{array}{c}증자전의\ 1주당\\평가가액\end{array} \times \begin{array}{c}증자전의\\발행주식총수\end{array}\right) + \left(\begin{array}{c}신주\ 1주당\\인수가액\end{array} \times \begin{array}{c}증자에\ 의하여\\증가한\ 주식수\end{array}\right)}{(증자전의\ 발행주식총수\ +\ 증자에\ 의하여\ 증가한\ 주식수)}$$

☞ 증자후의 1주당 평가가액 : 2001.1.1.부터 주권상장법인의 경우에는 증자한 날의 다음 날부터 2월이 되는 날까지의 기간 중 한국거래소 최종시세가액의 평균액과 위 산식에 의한 가액 중 적은 가액으로 하며, 1997.1.1.~2000.12.31. 기간 중에는 위 산식에 의한다.
비상장법인의 경우에는 위 산식에 의한다.

② 예외 : 신주의 인수를 포기한 주주가 소액주주(증여자)로서 2명 이상인 경우에는 소액주주 1명이 신주 인수를 포기한 것으로 보고 증여재산가액을 계산한다.

사례　**저가 실권주를 재배정하는 경우**

❏ 저가의 신주발행 및 실권주를 재배정 내용
　(1) A사의 증자전 현황
　　○ 발행주식 총수 : 20,000주(자본금 2억원)
　　○ 증자전 1주당 평가가액 : 15,000원
　(2) A사의 유상증자 내용
　　○ 증자금액 : 2억원
　　　(증자주식수 : 20,000주, 1주당 인수가액 : 10,000원)
　　○ 甲주주가 자기에게 배정된 신주 10,000주의 인수를 포기하여 발생한 실권주를 乙이 모두 인수함.

주　주	증자전		당초배정 (주식수)	당초인수 (주식수)	재배정 (주식수)	증자후	
	주식수	지분율				주식수	지분율
甲	10,000	50%	10,000	(실 권)		10,000	25%
乙	5,000	25	5,000	5,000	10,000	20,000	50
丙	2,000	10	2,000	2,000		4,000	10
소액주주	3,000	15	3,000	3,000		6,000	15
합　계	20,000	100	20,000	10,000	10,000	40,000	100

❏ 증여재산가액 계산
　① 증자후 1주당 평가가액

$$\frac{(15,000원 \times 20,000주) + (10,000원 \times 20,000주)}{20,000주 + 20,000주} = 12,500원$$

　② 乙의 증여재산가액

　　(12,500원 − 10,000원) × 10,000주 = 25,000,000원

　➡ 甲과 乙의 특수관계 해당 여부 및 증자전후 1주당 평가가액의 차액비율이 30% 이상인지 여부에 관계없이 모두 과세대상임.

■ 기존주주가 실권후 다시 실권주를 재배정받은 경우 이익 계산
❏ 증자내용
　− 증자전 1주당 평가액 : 15,000원, 1주당 신주인수가액 : 5,000원
　− 신주 및 실권주 인수내용

주 주	증자전 보유주식수	증자내용			증자후 보유주식수
		신주배정	실권주수	재배정내용	
甲	5,000주(50%)	2,500주	2,500주	1,000주	6,000주(40%)
乙	3,000주(30%)	1,500주	–	1,500주	6,000주(40%)
丙	2,000주(20%)	1,000주	–	–	3,000주(20%)
합 계	10,000주	5,000주	2,500주	2,500주	15,000주

○ 쟁점 : 甲의 경우 재배정받은 1,000주에 대해서 과세하는지 원래 배정받을 수 있는 2,500주에 미달하게 재배정받았으므로 과세 제외되는지 여부?

❑ 증여재산가액 계산방법

○ 상기 증자에서 증여자는 甲이 되므로 乙이 증여받은 1,500주의 증여자를 甲으로 하여 증여세를 과세하는 것은 타당하나, 甲이 재배정받은 1,000주에 대해서 증여세를 과세할 경우 증여자도 甲 본인이 되기 때문에 甲에게는 증여세를 과세할 수 없어 보인다.

나. 실권주를 다시 배정하지 않는 경우

1) 개 요

증자전의 주식 평가액보다 낮은 가액으로 발행된 신주를 인수할 수 있는 권리의 전부 또는 일부를 포기함으로써 발생한 실권주를 다시 배정하지 아니하고 증자를 끝내는 경우에 대한 과세규정이다.

2) 과세요건

신주의 인수를 포기한 주주와 증자 전의 지분율에 따라 배정된 신주를 인수한 기존주주 사이에 특수관계가 성립하여야 하고 증자 전후 주식 평가액의 차이비율 등 30%Rule을 충족하여야 증여세 과세대상에 해당한다.

대법원은 2012.2.1. 이전 구 상속증여세법 시행령 제29조 제1항의 '특수관계에 있는 신주인수포기자'는 당해 신주인수를 포기한 자를 기준으로 판단하는 것으로서 납세의무자(신주인수자)의 입장에서도 특수관계에 있는 신주인수포기자를 규정한 것으로 해석하는 것은 조세법률주의의 원칙에 반하여 무효라고 판결하여 쌍방관계를 인정하지 아니한 바가 있다(대법원 2015두35635, 2015.4.23.).

➡ 2000.12.31. 이전 증자분의 경우에는 신주를 인수하여 이익을 얻은 자가 해당 법인의 대주주이어야 하며, 2001.1.1. 이후 증자분부터는 대주주 해당 여부에 관계없이 적용된다.

3) 증여재산가액

① 원칙 : 신주를 인수하지 아니한 주주별·신주를 인수한 주주별로 구분하여 다음 산식에 의하여 증여재산가액을 계산한다.

$$증여재산가액 = (균등증자시의 증자후 1주당 평가가액 - 1주당 신주인수가액)$$
$$\times 실권주 \ 총수 \times 증자후 \ 신주인수자의 \ 지분비율$$
$$\times \frac{신주인수자의 \ 특수관계인의 \ 실권주수}{실권주 \ 총수}$$

$$균등증자시의 \ 증자후 \ 1주당 \ 평가가액 =$$
$$\frac{\left(\begin{array}{c}증자 \ 전의 \ 1주당 \\ 평가가액\end{array} \times \begin{array}{c}증자전의 \\ 발행주식총수\end{array}\right) + \left(\begin{array}{c}신주 \ 1주당 \\ 인수가액\end{array} \times \begin{array}{c}증자전 \ 지분율대로 \\ 균등하게 \ 증자하는 \\ 경우의 \ 증가주식수\end{array}\right)}{\left(증자전의 \ 발행주식총수 + \begin{array}{c}증자전 \ 지분율대로 \ 균등하게 \\ 증자하는 \ 경우의 \ 증가주식수\end{array}\right)}$$

☞ 균등증자시의 증자후 1주당 평가가액 : 2001.1.1.부터 주권상장법인의 경우에는 증자한 날의 다음 날부터 2월이 되는 날까지의 기간 중 한국거래소 최종시세가액의 평균액과 위 산식에 의한 가액 중 적은 가액으로 하며, 1997.1.1.~ 2000.12.31. 기간 중에는 위 산식에 의한다.
비상장법인의 경우에는 위 산식에 의한다.

② 예외 : 신주의 인수를 포기한 주주가 소액주주(증여자)로서 2명 이상인 경우에는 소액주주 1명이 신주 인수를 포기한 것으로 보고 증여재산가액을 계산한다.

사례   **저가 실권주를 실권처리한 경우**

❑ 증자 내용 및 증자 전후 현황
(1) A사의 증자전 현황
  ○ 발행주식 총수 : 100,000주(자본금 10억원)
  ○ 증자전 1주당 평가가액 : 40,000원
(2) A사의 유상증자 내용
  ○ 증자금액 : 10억원
    (증자할 주식수 : 100,000주, 1주당 인수가액 : 10,000원)
  ○ 甲주주가 자기에게 배정된 신주 40,000주의 인수를 포기하여 발생한 실권주를 다시 배정하지 아니함.

주 주	증자전		당초배정 (주식수)	당초인수 (주식수)	재배정 (주식수)	증자후	
	주식수	지분율				주식수	지분율
甲(父)	40,000	40%	40,000	(실 권)	–	40,000	25%
乙(子)	30,000	30	30,000	30,000	–	60,000	37.5
丙(子)	20,000	20	20,000	20,000	–	40,000	25
소액주주	10,000	10	10,000	10,000	–	20,000	12.5
합 계	100,000	100	100,000	60,000	0	160,000	100

풀이

(1) 증여세 과세대상 검토

① 증자후 1주당 평가가액

$$\frac{(40,000원 \times 100,000주) + (10,000원 \times 100,000주)}{100,000주 + 100,000주} = 25,000원$$

② 30%Rule 해당 여부 : 과세요건 충족함.

$$\frac{(25,000원 - 10,000원)}{25,000원} = 60\% \geq 30\%$$

(2) 증여재산가액 계산

乙 = (25,000원 − 10,000원) × 40,000주 × 37.5% × (40,000주 ÷ 40,000주) = 225,000,000원

丙 = (25,000원 − 10,000원) × 40,000주 × 25% × (40,000주 ÷ 40,000주) = 150,000,000원

소액주주 = (25,000원 − 10,000원) × 40,000주 × 12.5% × (40,000주 ÷ 40,000주)
= 75,000,000원

➡ 2001.1.1. 이후 증자분부터 소액주주가 甲과 특수관계가 있는 경우에는 증여세가 과세되나, 2000.12.31. 이전 증자분의 경우는 소액주주는 특수관계가 성립하더라도 증여세가 과세되지 아니함.

다. 신주를 불균등하게 직접배정하는 경우

1) 개 요

불균등배정은 주주평등의 원칙에 대한 예외로서 기존주주의 지분비율에 관계없이 정관상 규정 또는 주주총회 특별결의를 통해 기존주주 또는 제3자에게 신주를 인수시키는 것을 말한다.

신주인수권은 구주주들의 지분비율에 따라 균등하게 배정하는 것이 원칙이다. 그럼에도 불구하고 해당 법인의 주주가 아닌 자가 신주를 직접배정받거나 해당 법인의 주주가 지분비율에 따라 배정받을 신주수를 초과하여 배정받은 경우에는 이익의 무상이전이 일

어날 수 있으며, 이 경우에 1997.11.10.부터 증여세 과세대상으로 규정하였다.

직접배정에는 자본시장법 제9조 제12항에 따른 인수인으로부터 인수·취득하는 경우와 제3자에게 증권을 취득시킬 목적으로 그 증권의 전부 또는 일부를 취득한 자로부터 인수·취득한 경우를 말한다. 2017.1.1. 이후 신주를 인수·취득하는 경우부터 제3자에게 증권을 취득시킬 목적으로 그 증권의 전부 또는 일부를 취득한 자로부터 신주를 인수·취득하는 것을 발행회사로부터 직접 인수·취득하는 경우에 포함시켜 자본시장법에 따라 인가를 받지 아니한 금융업자 등으로부터 신주를 인수·취득한 경우에도 증여세 과세대상임을 명확히 규정하였다.

2) 과세요건

증자전의 주식 평가액보다 낮은 가액으로 발행된 신주의 인수를 포기한 주주와 그 실권주를 배정받은 자 간에 특수관계가 성립하는지 여부 및 증자 전후 주식 평가액의 차이비율 등 30%Rule 충족 여부에 관계없이 증자 전후 주식평가액에 차이가 있으면 증여세 과세대상에 해당한다.

➡ 1999.12.31. 이전에는 신주인수를 포기한 주주와 실권주를 배정받은 자 사이에 특수관계가 성립하는 경우에만 30%Rule 충족 여부에 관계없이 증여세를 과세하였다.

3) 증여재산가액

① 원칙 : 신주를 인수하지 아니한 주주별·신주를 직접 배정받은 주주별로 구분하여 다음 산식에 의하여 증여재산가액을 계산한다.

증여재산가액 = (증자후의 1주당 평가가액 − 1주당 인수가액) × 신주를 초과배정받은 자의 초과배정받은 신주수

$$증자후의\ 1주당\ 평가액 = \frac{\left(증자전의\ 1주당\ 평가가액 \times 증자전의\ 발행주식총수\right) + \left(신주\ 1주당\ 인수가액 \times 증자에\ 의하여\ 증가한\ 주식수\right)}{(증자전의\ 발행주식총수\ +\ 증자에\ 의하여\ 증가한\ 주식수)}$$

☞ 증자후의 1주당 평가가액 : 2001.1.1.부터 주권상장법인의 경우에는 증자한 날의 다음 날부터 2월이 되는 날까지의 기간 중 한국거래소 최종시세가액의 평균액과 위 산식에 의한 가액 중 적은 가액으로 하며, 1997.1.1.~2000.12.31. 기간 중에는 위 산식에 의한다.

비상장법인의 경우에는 위 산식에 의한다.

② 예외 : 신주의 인수를 포기한 주주가 소액주주(증여자)로서 2명 이상인 경우에는 소액주주 1명이 신주 인수를 포기한 것으로 보고 증여재산가액을 계산한다.

사례   저가 신주를 기존주주에게 직접배정한 경우

❏ 저가의 신주를 직접배정 내용 및 증자전후 현황
  (1) A사의 증자전 현황
    ○ 발행주식 총수 : 100,000주(자본금 10억원)
    ○ 증자전 1주당 평가가액 : 40,000원
  (2) A사의 유상증자 내용
    ○ 증자금액 : 10억원
      (증자주식수 : 100,000주, 1주당 인수가액 : 10,000원)
    ○ 甲주주에게 배정될 신주 60,000주를 乙에게 20,000주를, 丙에게 40,000주를 직접 배정함.

주 주	증자전		당초배정 (주식수)	초과배정 (주식수)	증자후	
	주식수	지분율			주식수	지분율
甲(父)	60,000	60%	–	–	60,000	30%
乙(子)	30,000	30	50,000	20,000	80,000	40
丙(子)	–		40,000	40,000	40,000	20
소액주주	10,000	10	10,000	–	20,000	10
합 계	100,000	100	100,000	60,000	200,000	100

❏ 증여재산가액 계산
  ① 증자후 1주당 평가가액

$$\frac{(40,000원 \times 100,000주) + (10,000원 \times 100,000주)}{100,000주 + 100,000주} = 25,000원$$

  ② 증여세 과세가액
    • 乙 = (25,000원 − 10,000원) × 20,000주 = 300,000천원
    • 丙 = (25,000원 − 10,000원) × 40,000주 = 600,000천원

❏ 증여재산가액 적정 여부 검증내용
  증여재산가액 계산산식에 의한 금액과 일치 여부 및 증여자들의 손해금액의 총액과 수증자들의 이익의 총액이 일치하는지 여부를 주주별 증자전 주식평가액과 증자후 주식평가액의 차액을 단순 계산하여 비교함.

주주별	① 증자전 주식가액	② 증자시 납입 증자금액	③ 증자후 주식가액	증 감 (①＋②)－③
甲(父)	2,400,000천원	×	1,500,000천원	↓900,000천원
乙(子)	1,200,000천원	500,000천원	2,000,000천원	↑300,000천원
丙(子)	×	400,000천원	1,000,000천원	↑600,000천원
소액주주	400,000천원	100,000천원	500,000천원	－
계	40억원	10억원	50억원	0

- 저가 신주를 기존주주 및 신입주주에게 직접배정한 경우
- 저가의 신주를 직접배정 내용 및 증자 전후 현황
  - (1) 증자내역

주주별	증자전	신주인수	증자후
부	5,000주	×	5,000주
장 남	3,000주	4,000주	7,000주
차 남	×	4,000주	4,000주
타 인	2,000주	2,000주	4,000주
계	10,000주	10,000주	20,000주

(父주주에게 배정될 신주 5,000주를 장남에게 1,000주, 차남에게 4,000주를 직접배정함)
  - (2) 주식가치 변동내역

구 분	증자전	증자금액	증자후
1주당가액	@30,000	@10,000	@20,000
주식가액	3억원	1억원	4억원

풀이

장남, 차남이 추가 배정된 신주에 의하여 얻은 이익
1) 장남의 경우 : (@20,000 － @10,000) × 1,000주 = 10,000,000원(과세) ← 父
2) 차남의 경우 : (@20,000 － @10,000) × 4,000주 = 40,000,000원(과세) ← 父

6. 신주를 고가 발행하는 경우 과세요건 및 증여재산가액

(증자 후의 1주당 평가액 < 1주당 신주인수가액 ⇨ 신주인수포기한 주주에게 과세)

법인이 자본을 증가시키기 위하여 신주를 발행함에 있어 해당 법인의 증자전 1주당 평가액이 10,000원인데 1주당 신주인수가액을 30,000원으로 정하는 경우 10,000원 상당의 주식을 30,000원 상당의 높은 가액으로 취득하는 것과 같이 신주를 많이 인수할수록

손해를 보게 될 것이다. 고가로 신주를 발행함에 따라 해당 법인의 순자산가치 등은 증가하여 증자후 주식가치는 높아질 수 있으며 고가의 신주를 인수하지 아니한 기존주주의 경우 지분율은 하락하지만 증자전과 동일한 주식수에 높아진 1주당 평가액을 곱하게 되면 전체적으로 주식 평가액은 증자 전보다 커짐으로써 이익을 얻을 수 있다.

1997.11.10. 고가 증자에 대한 증여세 과세규정을 신설하여 신주인수가액과 증자후 조정된 주식 평가액과의 차액 상당을 기존주주가 자기에게 배정된 신주를 인수하지 아니함에 따라 고가의 신주를 초과 인수한 주주로부터 얻은 이익에 대하여 증여세를 과세하고 있다.

기본적인 증여재산가액의 계산은 다음 사례와 같이 기존주주가 증자전보다 증자후에 증가한 1주당 평가액에 자기 몫에 배정된 신주 중 인수를 포기한 주식수를 곱하여 증여재산가액으로 한다.

사례   **신주 고가 발행시 증여재산가액 계산 요약**

❏ 증자전 주식평가액보다 높은 가액으로 발행한 신주를 불균등하게 인수한 경우

1주당 가액	증자전	신주발행	증자후	증자후 주식가액 차이		
				Ⓓ증자 시	Ⓔ증자후	Ⓕ차이(Ⓓ－Ⓔ)
	Ⓐ100,000	Ⓑ200,000	Ⓒ150,000			
주 주 甲	6주	10주	16주	2,600,000	2,400,000	－ 200,000
주 주 乙	4주	－	4주	400,000	600,000	＋ 200,000
합 계	10주	10주	20주	2,000,000	2,000,000	0

* 증자후 1주당 가액Ⓒ150,000 = (Ⓐ100,000×10주 + Ⓑ200,000×10주) ÷ 증자후 주식수 20주
* Ⓓ증자시 가액 1,600,000원은 증자전 주식가액 600,000원과 신주 10주을 1주당 200,000원에 인수하면서 지급한 현금 2,000,000원의 합계액임.
* Ⓔ증자후 주식가액 2,400,000원과 600,000원은 증자후 1주당 Ⓒ150,000원에 甲과 乙 각 주식수 16주와 4주를 곱한 금액
* 증자후 1주당 가액Ⓒ150,000 = (Ⓐ100,000×10주 + Ⓑ200,000×10주) ÷ 증자후 주식수 20주
➡ 甲은 주식가액이 2,600,000원에서 2,400,000원으로 200,000원만큼 감소하여 손해를 보았고 乙은 400,000원에서 600,000원 200,000원만큼 이익을 본 결과로서 이익을 본 주주들의 총이익과 손해를 본 주주들의 총손해액이 일치하는 계산산식을 증자유형별 증여재산가액의 계산방법으로 규정하고 있음.

가. 실권주를 다시 배정하는 경우

1) 개 요

증자전의 주식 평가액보다 높은 가액으로 발행된 신주를 인수할 수 있는 권리의 전부 또는 일부를 포기함으로써 발생한 실권주를 이사회 결의 등을 통하여 기존주주 또는 신

입주주에게 다시 배정하는 경우에 대한 과세규정이다.

2) 과세요건

신주의 인수를 포기한 주주와 그 실권주를 배정받은 자 간에 특수관계가 성립하여야 하지만 증자 전후 주식 평가액의 차이비율 등 30%Rule 충족 여부에 관계없이 증자 전후 주식평가액에 차이가 있으면 증여세 과세대상에 해당한다. 다만, 주권상장법인이 자본시장법에 따른 공모방식으로 실권주를 배정하는 경우에는 증여세를 과세하지 아니한다.

3) 증여재산가액

신주의 인수를 포기한 주주별·실권주를 인수한 주주별로 구분하여 다음 산식에 의하여 증여재산가액을 계산한다.

$$
증여재산가액 = \left(\begin{array}{c} 1주당\ 신주 \\ 인수가액 \end{array} - \begin{array}{c} 증자후의\ 1주당 \\ 평가가액 \end{array} \right) \times \begin{array}{c} 신주인수를\ 포기한 \\ 주주의\ 실권주수 \end{array} \times \frac{\begin{array}{c} 실권주주의\ 특수관계인이 \\ 인수한\ 실권주수 \end{array}}{실권주\ 총수}
$$

$$
증자후의\ 1주당\ 평가가액 = \frac{\left(\begin{array}{c} 증자전의\ 1주당 \\ 평가가액 \end{array} \times \begin{array}{c} 증자전의 \\ 발행주식총수 \end{array} \right) + \left(\begin{array}{c} 신주\ 1주당 \\ 인수가액 \end{array} \times \begin{array}{c} 증자에\ 의하여 \\ 증가한\ 주식수 \end{array} \right)}{(증자전의\ 발행주식총수 + 증자에\ 의하여\ 증가한\ 주식수)}
$$

☞ 증자후의 1주당 평가가액 : 2001.1.1.부터 주권상장법인의 경우에는 증자한 날의 다음 날부터 2월이 되는 날까지의 기간 중 한국거래소 최종시세가액의 평균액과 위 산식에 의한 가액 중 큰 가액으로 하며, 1997.11.10.~2000.12.31. 기간 중에는 위 산식에 의한다.
비상장법인의 경우에는 위 산식에 의한다.

사례　**고가 실권주를 재배정한 경우**

❏ 고가의 실권주 재배정 및 증자 전후 현황
　(1) A사의 증자전 현황
　　○ 발행주식 총수 : 100,000주(자본금 10억원)
　　○ 증자전 1주당 평가가액 : 5,000원
　(2) A사의 유상증자 내용

○ 증자금액 : 10억원

　(증자주식수 : 100,000주, 1주당 인수가액 : 10,000원)

○ 乙주주가 자기에게 배정된 신주 30,000주의 인수를 포기하여 발생한 실권주를 甲이 배정받음.

주 주	증자전		당초배정 (주식수)	당초인수 (주식수)	재배정 (주식수)	증자후	
	주식수	지분율				주식수	지분율
甲(父)	40,000	40%	40,000	40,000	30,000	110,000	55%
乙(子)	30,000	30	30,000	(실 권)	-	30,000	15
丙(子)	20,000	20	20,000	20,000	-	40,000	20
소액주주	10,000	10	10,000	10,000	-	20,000	10
합 계	100,000	100	100,000	70,000	30,000	200,000	100

❑ 증여재산가액 계산

① 증자후 1주당 평가가액

$$\frac{(5,000원 \times 100,000주) + (10,000원 \times 100,000주)}{100,000주 + 100,000주} = 7,500원$$

② 乙의 증여세 과세가액

$$(10,000원 - 7,500원) \times 30,000주 \times (30,000주 \div 30,000주) = 75,000,000원$$

나. 실권주를 다시 배정하지 않는 경우

1) 개 요

증자전의 주식 평가액보다 높은 가액으로 발행된 신주를 인수할 수 있는 권리의 전부 또는 일부를 포기함으로써 발생한 실권주를 다시 배정하지 아니하고 증자를 끝내는 경우 신주의 인수를 포기한 주주가 얻은 이익에 대한 과세규정이다.

2) 과세요건

신주의 인수를 포기한 주주와 그 실권주를 배정받은 자간에 특수관계가 성립하고 증자 전후 주식 평가액의 차이비율 등 30%Rule을 충족한 경우에 증여세 과세대상에 해당한다.

3) 증여재산가액

신주의 인수를 포기한 주주별·실권주를 인수한 주주별로 구분하여 다음 산식에 의하여 증여재산가액을 계산한다.

$$\left(\begin{matrix} \text{신주 1주당} \\ \text{인수가액} \end{matrix} - \begin{matrix} \text{증자후 1주당} \\ \text{평가가액} \end{matrix} \right) \times \begin{matrix} \text{신주인수를 포기한} \\ \text{주주의 실권주수} \end{matrix} \times \cfrac{\begin{matrix} \text{신주인수를 포기한 주주의} \\ \text{특수관계인이 인수한 신주수} \end{matrix}}{\begin{matrix} \text{증자전의 지분비율대로 균등하게} \\ \text{증자하는 경우의 증자주식총수} \end{matrix}}$$

사례   **고가 실권주를 재배정하지 않은 경우**

❑ 고가의 실권주 실권처리 및 증자 전후 현황

(1) A사의 증자전 현황
   ○ 발행주식 총수 : 100,000주(자본금 10억원)
   ○ 증자전 1주당 평가가액 : 5,000원

(2) A사의 유사증자 내용
   ○ 증자금액 : 8억원
      (증자주식수 : 80,000주, 1주당 인수가액 : 10,000원)
   ○ 丙주주가 자기에게 배정된 신주 20,000주의 인수를 포기하여 발생한 실권주를 다시 배정하지 아니함.

주 주	증자전		당초배정 (주식수)	당초인수 (주식수)	재배정 (주식수)	증자후	
	주식수	지분율				주식수	지분율
甲(父)	40,000	40%	40,000	40,000	-	80,000	44.5%
乙(子)	30,000	30	30,000	30,000	-	60,000	33.3
丙(子)	20,000	20	20,000	(실 권)	-	20,000	11.1
소액주주	10,000	10	10,000	10,000	-	20,000	11.1
합 계	100,000	100	100,000	80,000	0	180,000	100

❑ 증여세 과세대상 검토 및 증여재산가액 계산

① 증자후 1주당 평가가액

$$\cfrac{(5,000원 \times 100,000주) + (10,000원 \times 80,000주)}{100,000주 + 80,000주} = 7,222원$$

② 30%Rule 해당 여부 : $\cfrac{(10,000원 - 7,220원)}{7,220원} = 38.5\% \geq 30\%$

③ 丙의 증여재산가액

$$(10,000원 - 7,220원) \times 20,000주 \times \cfrac{40,000주(甲) + 30,000주(乙)}{100,000주} = 38,888,880원$$

   ○ 丙이 얻은 총이익 44,444,440원 중 특수관계 없는 소액주주로부터 받은 5,555,560 원을 차감한 38,888,860원에 대하여만 증여세가 과세됨.

❏ 증여재산가액 적정 여부 검증내용

증여재산가액 계산산식에 의한 금액과 일치 여부 및 증여자들의 손해금액의 총액과 수증자들의 이익의 총액이 일치하는지 여부를 주주별 증자전 주식평가액과 증자후 주식평가액의 차액을 단순 계산하여 비교함.

주주별	증자전 주식가액①	증자금액②		증자후 주식가액③	증 감 (①+②) - ③
		당초인수	재배정		
갑(부)	200,000,000	400,000,000	-	577,777,780	↓22,222,220
을(자)	150,000,000	300,000,000	-	433,333,330	↓16,666,670
병(자)	100,000,000	×	-	144,444,440	↑44,444,440
소액주주	50,000,000	100,000,000	-	144,444,440	↓ 5,555,560
계	5억원	8억원		13억원	0

다. 신주를 불균등하게 직접배정하는 경우

1) 개 요

불균등배정은 주주평등의 원칙에 대한 예외로서 기존주주의 지분비율에 관계없이 정관상 규정 또는 주주총회 특별결의를 통해 기존주주 또는 제3자에게 신주를 인수시키는 것을 말한다. 증자전의 주식 평가액보다 높은 가액으로 발행된 신주에 대한 인수권을 기존주주에게 부여하지 아니하고 정관에서 정하는 바에 따라 이사회 결의 등을 통하여 기존주주 또는 신입주주에게 직접배정하는 경우에 대한 과세규정이다.

직접배정에는 자본시장법 제9조 제12항에 따른 인수인으로부터 인수·취득하는 경우와 제3자에게 증권을 취득시킬 목적으로 그 증권의 전부 또는 일부를 취득한 자로부터 인수·취득한 경우를 말한다. 2017.1.1. 이후 신주를 인수·취득하는 경우부터 제3자에게 증권을 취득시킬 목적으로 그 증권의 전부 또는 일부를 취득한 자로부터 신주를 인수·취득하는 것을 발행회사로부터 직접 인수·취득하는 경우에 포함시켜 자본시장법에 따라 인가를 받지 아니한 금융업자 등으로부터 신주를 인수·취득한 경우에도 증여세 과세대상임을 명확히 규정하였다.

2) 과세요건

신주의 인수를 포기한 주주와 그 실권주를 배정받은 자간에 특수관계가 성립하여야 하지만, 증자 전후 주식 평가액의 차이비율 등 30%Rule 충족 여부에 관계없이 증자 전후 주식평가액에 차이가 있으면 증여세 과세대상에 해당한다.

3) 증여재산가액

신주를 인수하지 아니하거나 균등한 조건으로 배정받을 수 있는 주식수에 미달하게 배정받은 기존주주별·신주를 초과하여 인수한 주주별로 구분하여 다음 산식에 의하여 증여재산가액을 계산한다.

$$\text{증여재산가액} = \left(\begin{array}{c}\text{1주당 신주}\\\text{인수가액}\end{array} - \begin{array}{c}\text{증자후의}\\\text{1주당}\\\text{평가가액}\end{array}\right) \times \begin{array}{c}\text{미배정·미달}\\\text{배정받은 주주의}\\\text{미배정·미달}\\\text{배정받은 신주수}\end{array} \times \frac{\text{미배정·미달 배정받은 주주의}}{\text{특수관계인이 인수한 신주수}}\\ \overline{\begin{array}{c}\text{주주 아닌 자에게 배정된 신주 및}\\\text{주주가 초과 배정받은 신주의 총수}\end{array}}$$

$$\text{증자후의 1주당 평가가액} = \frac{\begin{array}{c}(\text{증자전의 1주당 평가가액} \times \text{증자전의 발행주식총수})\\ + (\text{신주 1주당 인수가액} \times \text{증자에 의하여 증가한 주식수})\end{array}}{(\text{증자전의 발행주식총수} + \text{증자에 의하여 증가한 주식수})}$$

☞ 증자후의 1주당 평가가액 : 2001.1.1.부터 주권상장법인의 경우에는 증자한 날의 다음 날부터 2월이 되는 날까지의 기간 중 한국거래소 최종시세가액의 평균액과 위 산식에 의한 가액 중 큰 가액으로 하며, 1997.11.10.~2000.12.31. 기간 중에는 위 산식에 의한다.
비상장법인의 경우에는 위 산식에 의한다.

사례 1 **고가 신주를 신입주주에게 직접배정한 경우**

❑ 고가의 실권주 재배정 및 증자 전후 현황
  (1) A사의 증자전 현황
    ○ 발행주식 총수 : 100,000주(자본금 10억원)
    ○ 증자전 1주당 평가가액 : 10,000원
  (2) A사의 유상증자 내용
    ○ 증자금액 : 30억원
    (증자주식수 : 100,000주, 1주당 인수가액 : 30,000원)
    ○ 丙주주에게 배정할 신주 60,000주를 甲에게 직접 배정함.

주 주	증자전		당초배정 (주식수)	당초인수 (주식수)	초과배정 (주식수)	증자후	
	주식수	지분율				주식수	지분율
甲(父)	×	–		60,000	60,000	60,000	30%
乙(子)	30,000	30%	30,000	30,000	–	60,000	30
丙(子)	60,000	60	60,000	–	–	60,000	30

주 주	증자전		당초배정	당초인수	초과배정	증자후	
	주식수	지분율	(주식수)	(주식수)	(주식수)	주식수	지분율
소액주주	10,000	10	10,000	10,000	–	20,000	10
합 계	100,000	100	100,000	100,000	60,000	200,000	100

❏ 증여세 과세대상 검토 및 증여재산가액

① 증자후 1주당 평가가액

$$\frac{(10,000원 \times 100,000주) + (30,000원 \times 100,000주)}{100,000주 + 100,000주} = 20,000원$$

② 丙의 증여세 과세가액

$$(30,000원 - 20,000원) \times 60,000주 \times (60,000주 \div 60,000주) = 600,000,000원$$

❏ 증여재산가액 적정 여부 검증내용

증여재산가액 계산산식에 의한 금액과 일치 여부 및 증여자들의 손해금액의 총액과 수증자들의 이익의 총액이 일치하는지 여부를 주주별 증자전 주식평가액과 증자후 주식평가액의 차액을 단순 계산하여 비교함.

(단위 : 원)

주주별	증자전 주식가액①	증자금액②	증자후 주식가액③	증 감 (① + ②) – ③
甲(父)	0	1,800,000천원	1,200,000천원	↓600,000천원
乙(子)	300,000천원	900,000천원	1,200,000천원	–
丙(子)	600,000천원	–	1,200,000천원	↑600,000천원
소액주주	100,000천원	300,000천원	400,000천원	–
계	10억원	30억원	40억원	0

사례 2 고가 신주를 기존주주에게 직접배정한 경우

❏ 고가의 실권주 재배정 및 증자 전후 현황

(1) 증자내역

주주별	증자전	증자 주식수	증자후
부	2,000주	4,000주	6,000주
장 남	3,000주	×	3,000주
차 남	3,000주	3,000주	6,000주
타 인	2,000주	3,000주	5,000주
합 계	10,000주	10,000주	20,000주

장남주주에게 배정될 신주 3,000주를 부에게 2,000주, 타인에게 1,000주를 직접배

정함.

(2) 주식가치 변동내역

구 분	증자전	증자금액	증자후
1주당가액	@10,000	@30,000	@20,000
주식가액	1억원	3억원	4억원

□ 설명

장남이 신주인수를 포기하고 특수관계인이 신주를 초과 인수함으로써 장남이 父로부터 얻은 이익에 대하여 증여세를 과세한다.

$$= (@30,000 - @20,000) \times 3,000주 \times \frac{2,000주}{3,000주} = 20,000,000원$$

 관련 예규·심판결정례 및 판례 등

□ 불균등증자에 따른 이익에 대해 법인세가 부과되는 경우 개인주주에게 증여세를 부과할 수 있는지
(기준-법무재산-178, 2023.7.13.)

사실관계

① ㈜A가 ㈜C로부터 차입한 238,400,000,000원을 출자전환하고, 신주 60,000,000주를 발행함.
 - ㈜A 액면가액 @1,000, 신주발행가액 @3,840, 법인세법상 ㈜A의 시가 @3,430, 상증법상 시가 @3,150
 - 출자전환 당시 甲은 ㈜A주식 2%, C㈜주식 30%를 소유하여 甲과 C㈜는 특수관계 성립함.
② 법인세법상 세무처리(법인세법 §17 ① 1호)
 - 자본금 60,000,000,000원
 - 주식발행액면초과액 : (3,430 - 1,000) × 60,000,000주 = 145,800,000,000원 ⇒ 익금불산입
 - 채무면제이익 : (3,840 - 3,430) × 60,000,000주 = 24,600,000,000원 ⇒ 익금산입
③ 상속증여세법상 불균등증자에 따른 甲에 대한 증여재산가액(§39 ① 2호)
 - 증여가액 : (3,840 - 3,150) × 60,000,000주 × 2% = 828,000,000원

신청내용

甲에게 ③에 해당하는 금액에 대해 증여세를 부과할 수 있는지?

자문내용 증여세 부과할 수 없음.

특수관계인인 주주등이 얻은 이익에 대하여 상증법 제39조의 증자에 따른 이익의 증여 규정을 적용하고자 하더라도 영리법인의 수증이익에 대하여 법인세가 부과된 경우 같은법 제4조의2 제4항에 따라 해당 법인의 주주들에게는 제45조의3부터 제45조의5까지에 따른 경우를 제외하고는 증여세를 부과하지 아니하는 것임.

▶ (시사점) ㈜A가 얻은 채무면제이익과 ㈜A의 기존주주들이 불균등증자에 따라 얻은 이익의 금액은 동일하지 아니하며(증여가액이 더 많음), 증여자와 수증자(㈜C ⇒(㈜A, ㈜C ⇒ 甲)도 동일하지 아니한데 ㈜A에게 채무면제이익에 대해 법인세가 부과되는 경우에는 상증법 §4의2 ④을 적용하여 甲에게 증여세 부과할 수 없다는 해석으로 볼 수 있다.

7. 전환주식을 발행한 경우 전환 당시 증여재산가액

2017.1.1. 이후 상법 제346조에 따른 종류주식(이하 "전환주식"이라 함)을 발행하는 경우부터 해당 권리행사의 시점에서 전환이익 등이 발생하는 경우 추가 과세한다. 회사는 이익의 배당, 잔여재산의 분배, 주주총회에서의 의결권의 행사, 상환 및 전환 등에 관하여 내용이 다른 종류의 주식("종류주식"이라 한다)을 발행할 수 있다(상법 §344 ①).

우선주를 발행하면서 일정 기간 후에 보통주로 전환할 수 있는 권리가 부여된 전환주식을 발행한 경우 해당 우선주를 발행한 시점에서 신주의 6개 발행유형(저가 또는 고가의 실권주 재배정·실권처리 및 신주 직접배정)에 따라 증여세를 부과하고, 다른 종류의 주식으로 전환함에 따라 전환시점에서 전환주식을 인수하는 주주가 이익을 얻은 경우(저가 신주인수) 또는 전환주식을 시가보다 높은 가액으로 인수함에 따라 실권한 주주가 이익을 얻은 경우(고가 신주인수) 증여세를 부과한다.

가. 전환주식을 시가보다 낮은 가액으로 발행한 경우

전환주식을 통해 교부받았거나 교부받을 주식(신주)의 가액이 전환주식 발행 당시 전환주식의 가액을 초과함으로써 그 주식을 교부받은 자가 얻은 이익은 저가로 발행한 신주 또는 실권주를 자기 몫을 초과하여 인수한 경우 증여재산가액 계산방법을 준용하여 계산한 금액에서 신주 등 인수시점에서 과세되는 이익을 뺀 금액으로 한다.

{(교부받은 주식 가액 - 발행 당시 전환주식의 가액) ×배정받은 신주수} - 신주 등 인수시점에서 증여재산가액

☞ (예시) 저가의 우선주를 발행한 경우

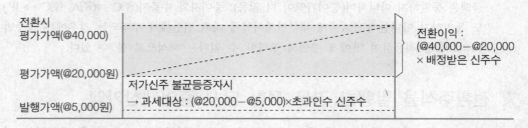

나. 전환주식을 시가보다 높은 가액으로 발행한 경우

전환주식을 통해 교부받았거나 교부받을 주식(신주)의 가액이 전환주식 발행 당시 전환주식의 가액보다 낮아짐으로써 그 주식을 교부받은 자의 특수관계인이 얻은 이익은 다음 식에 따라 계산한다.

$$
\left[\begin{array}{l} \{(\text{발행 당시 전환주식의 가액} - \text{교부받은 주식가액}) \\ \times \text{신주인수를 포기한 주주의 실권주수}\} \end{array} \times \dfrac{\begin{array}{c}\text{신주인수를 포기한 주주의}\\ \text{특수관계인이 인수한 신주수}\end{array}}{\begin{array}{c}\text{증자전의 지분비율대로 균등하게}\\ \text{증자하는 경우의 증자 주식총수}\end{array}} \right]
$$

– 신주 등 인수시점에서 증여재산가액

☞ (예시) 고가의 우선주를 발행한 경우

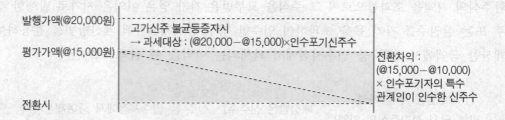

8. 2015.12.31. 이전 유사한 기타 유형의 증자에 대한 과세

위에서 살펴본 6가지 유형의 증자와 동일하지 아니하지만 그 경우와 방법 및 이익이 유사한 경우로서 신주 또는 실권주를 인수하거나 인수하지 아니함으로써 특수관계인으로부터 직접 또는 간접적으로 얻은 이익은 그 이익을 얻은 자의 증여재산가액으로 한다.

즉, 회사의 자본금 증가와 그에 따른 신주의 발행 등이 이루어지고 증자 전후 주주들 사이에 무상으로 이전된 이익이 발생하고 있으나 법령에서 규정한 과세요건을 충족하지 아니하는 경우에도 법령에서 정한 증여재산가액의 계산방법 등을 준용하여 과세하도록 하고 있다.

2001.1.1. 신설한 동 규정이 유형별 포괄주의 과세제도의 하나이며 과세대상으로 삼을 수 있는 대표적인 유형이 현물출자에 따른 신주의 발행이었으나, 2004.1.1. 별도 과세규정으로 신설하였다.

① 특수관계 성립요건 : 이익을 얻은 자와 이익을 준 자 사이에 특수관계가 성립하여야 한다. 특수관계인의 범위는 상속증여세법 시행령 제12조의2에서 규정한 특수관계인의 범위와 동일하다.

② 30%Rule 충족 여부 : 6가지 증자유형 중 가장 유사한 유형에 해당하는 과세규정과 동일하게 적용하여야 할 것으로 보인다. 30%Rule 성립 여부가 과세요건인 경우와 그렇지 아니하는 경우 다음 증자유형별 내용에 따라 판단하여야 할 것이다.

30%Rule 성립되지 않는 경우 과세 유형	30%Rule 성립하는 경우 과세 유형
① 저가실권주 재배정	② 저가실권주 실권처리
③ 저가신주 제3자 직접배정	⑤ 고가실권주 실권처리
④ 고가실권주 재배정	
⑥ 고가신주 제3자 직접배정	

③ 증여재산가액 : 6가지 증자유형 중 가장 유사한 유형에 해당하는 증여재산가액의 계산방법을 준용하여 계산하여야 할 것으로 보인다.

 관련 예규·심판결정례 및 판례 등

❏ 포괄적 주식에 따른 교환 이익을 증자시 증여로 과세한 것은 잘못임(대법원 2011두23047, 2014.4.24.).
- 상법상 주식의 포괄적 교환은 완전자회사가 되는 회사의 주식이 완전모회사가 되는 회사에 이전되는 거래와 완전자회사가 되는 회사의 주주가 완전모회사가 되는 회사로부터 완전자회

사가 되는 회사의 주식과 대가관계에 있는 신주를 배정받아 완전모회사가 되는 회사의 주주가 되는 거래가 결합하여 일체로 이루어진다. 따라서 완전자회사가 되는 회사의 주주가 주식의 포괄적 교환을 통하여 이익을 얻었는지 여부는 주식교환비율 산정의 기초가 된 완전자회사가 되는 회사 주식의 1주당 평가액이 상증세법상의 평가액보다 높은 가액이었는지 또는 완전모회사가 되는 회사로부터 배정받은 신주의 인수가액이 상증세법상의 평가액보다 낮은 가액이었는지 여부만에 의하여 결정되는 것이 아니라, 완전자회사가 되는 회사의 주주가 완전모회사가 되는 회사에 이전한 완전자회사가 되는 회사의 주식에 대한 상증세법상의 평가액과 완전모회사가 되는 회사로부터 배정받은 신주에 대한 상증세법상의 평가액의 차액, 즉 교환차익이 존재하는지 여부에 따라 결정된다.

- 이러한 상법상 주식의 포괄적 교환거래의 구조와 특성, 그리고 앞서 본 규정을 비롯한 상증세법상 관련 규정의 문언 내용과 입법 취지 및 체계 등을 종합하여 보면, 상법상의 주식의 포괄적 교환에 의하여 완전자회사가 되는 회사의 주주가 얻은 이익에 대하여는 '재산의 고가양도에 따른 이익의 증여'에 관한 상증세법 제35조 제1항 제2호, 제2항이나 '신주의 저가발행에 따른 이익의 증여'에 관한 상증세법 제39조 제1항 제1호 (다)목을 적용하여 증여세를 과세할 수는 없고, '법인의 자본을 증가시키는 거래에 따른 이익의 증여'에 관한 상증세법 제42조 제1항 제3호를 적용하여 증여세를 과세하여야 할 것임.

- 따라서 상법상의 주식의 포괄적 교환에 의하여 완전자회사가 되는 회사의 주주가 얻은 이익에 대하여 '신주의 저가발행에 따른 이익의 증여'에 관한 상증세법 제39조 제1항 제1호 (다)목을 적용하여 증여세를 과세한 것은 잘못임.

9. 증여세를 과세하지 아니하는 경우

증자에 따른 이익이 계산되는 경우에도 불특정다수인이 참여할 수 있는 유상증자로서 변칙적인 증여행위로 보기 어렵거나 비과세 증여재산으로 규정한 경우 및 신주 인수 또는 포기로 인하여 실질적으로 얻은 이익이 없는 경우 등은 증여세를 부과하지 않도록 하고 있다.

가. 주권상장법인이 공모방식으로 유상증자하는 경우

상장법인·코스닥상장법인이 자본시장법 제9조 제7항에 따른 유가증권 모집방법으로 신주 또는 실권주를 배정하는 경우는 증자전후 지분율 변동과 주식평가액에 변동이 생겼는지에 관계없이 증여세를 부과하지 아니한다.

자본시장법에 따른 일반공모방식으로 신주를 발행하는 경우 자본시장법에 의한 주식평가액으로 신주 인수가액을 정해야 하고 일반 투자자들이 모두 참여할 수 있다. 상속증여세법상 주식평가액과 차이가 생긴다하더라도 자본시장법에 의한 시가에 따라 신주 인수가액이 정해진 것이고 일반인도 신주를 인수할 수 있는 경쟁시장에서의 거래이므로 변칙적인 증여의 통로로 활용할 수 없는 점 등을 감안하여 과세제외한 것으로 볼 수 있겠다.

상장법인이 제3자 배정방식으로 유상증자를 하는 경우로서 자본시장법에 따른 유가증 권신고서가 금융감독원에서 수리되지 아니하였거나 50인에 미달하게 청약 권유하는 경우에는 모집방법에 해당하지 않는다. 대법원에서 구 자본시장법 제11조 제2항 및 증권의 발행 및 공시 등에 관한 규정 제2−2조에 따른 증권의 모집으로 보는 간주모집의 경우도 유가증권의 모집방법에 의한 증자에 해당한다고 판결(대법원 2012두22225, 2014.3.27.)한 바 있으나, 2016.2.5. 이후 증여분부터 "간주모집"으로 신주 또는 실권주를 배정하는 경우에는 증여세 과세대상임을 명확하게 규정하였다. 간주모집이란 청약권유를 받은 자가 50인 미만이더라도 증권의 발행일로부터 1년 이내에 50인 이상의 자에게 양도될 수 있는 경우에는 유가증권의 모집으로 보는 것을 말한다(자본시장법 시행령 §11 ③).

또한, 실제 투자인원이 50명을 초과하였다 할지라도 유가증권신고서가 금융감독원에서 수리되지 않아 모집에 해당하지 않는다고 판결하였다(대법원 2015두41531, 2015.12.10.). 대법원은 ① 구 증권거래법 제2조 제3항, 제8조 제1항 및 제10조 제1항 등 관련법령에 따르면 일정 금액 이상의 유가증권을 모집하기 위해서는 발행인이 유가증권신고서를 금융위원회에 제출하여 수리되어야 하는 점, ② 소외 회사는 2007.8.1. 이 사건 유상증자에 관하여 금융위원회에 유가증권신고서 철회신고서를 제출하였고, 금융위원회로부터 모집방식에 의한 유상증자 신고의무를 이행하지 않았다는 이유로 제재를 받은 적이 없는 점, ③ 이 사건 유상증자로 인한 발행 신주는 1년간 한국증권예탁결제원에 보호예수되어 양도될 수도 없었던 점 등에 비추어 보면, 증여세를 과세하지 않는 '유가증권의 모집방법으로 배정하는 경우'에 해당한다고 볼 수 없다고 판단하였다.

그리고 전매가능성을 충족하더라도 당해 유가증권이 1년간 보호예수되는 경우에는 모집으로 간주되지 아니하는 결과로 증여세가 부과된다고 하여 헌법상 재산권 보장 또는 평등의 원칙에 위배된다고 할 수는 없다고 판단하였다(대법원 2015두47362, 2015.12.10.).

다만, 비상장법인의 경우에는 모집방법에 의하더라도 2001.1.1.부터 과세요건을 충족하는 경우 예외없이 증여세를 과세한다.

▶▶ **참고 법령**

자본시장법 제9조【그 밖의 용어의 정의】

⑦ 이 법에서 "모집"이란 대통령령으로 정하는 방법에 따라 산출한 50인 이상의 투자자에게 새로 발행되는 증권의 취득의 청약을 권유하는 것을 말한다.

자본시장법 시행령 제2조【용어의 정의】

자본시장법 시행령 제11조【증권의 모집·매출】

증권의 발행 및 공시 등에 관한 규정 제1-3조【청약권유 제외기준 등】

관련 예규·심판결정례 및 판례 등

□ **신주를 49명 인수한 경우 코스닥법인 공모해당 여부**(재산세과-455, 2011.9.27.)

코스닥상장법인이 유상증자를 함에 있어 자본시장법 제9조 제7항에 따른 유가증권의 모집방법으로 신주 또는 실권주를 배정한 경우에는 상속증여세법 제39조에 의한 증여세 과세대상에서 제외하나, 유상증자의 전반적인 과정이 유가증권의 모집방법에 의한 경우에 해당하는 경우로서 자본시장법 시행령 제2조의 청약의 권유에 해당하는지 여부를 확인하여 판단할 사항임.

사실관계

- 당해 법인은 코스닥상장법인(이하 '발행회사')으로써, 2010년 12월 30일을 납입일로 하는 주주배정 후 실권주 제3자 배정 방식의 유상증자를 실시했으며,
- 주주배정 후 실권주 5,277,380주를 기존주주가 아닌 제3자 49인에게 배정하였음.
- 또한, 주주배정 유상증자의 모집방식은 자본시장법 제9조 제7항에 따른 유가증권의 모집방법으로 주주를 배정했으며, 투자설명서 교부시 "주주배정 후 실권주에 대하여 제3자 배정방식으로 모집할 예정이며"라고 기재되어 있음.

□ **비상장법인 상장시 공모방식 신주발행한 경우**(재산세과-356, 2010.6.3.)

비상장법인이 일반공모증자방식의 유상증자로 신규 상장하는 경우 공모가격이 미상장주식 등으로 평가한 가액보다 낮은 경우에는 증자에 따른 이익의 증여규정을 적용함.

□ **공모 후 발생한 실권주를 이사회에서 배정한 경우**(재산상속 46014-1987, 2004.7.14.)

협회등록법인이 유상증자를 함에 있어 증권거래법 제2조 제3항의 규정에 의한 유가증권의 모집방법으로 신주 또는 실권주를 배정한 경우에는 상속증여세법 제39조 (증자에 따른 증여의제)에 의한 증여세 과세대상에서 제외하는 것이며, 귀센터 질의와 같이 유상증자의 전반적인 과정이 유가증권의 모집방법에 의한 경우에는 증여의제 대상에서 제외하는 것이 타당함.

질의

시가가 1주당 3,500원인 협회등록주식을 액면가 5,000원에 주주 우선공모방식으로 유상증자를 실시하면서 구주주의 실권주를 일반공모 후 잔여실권주는 이사회에서 최대주주(甲)에게 배정한 경우 그와 특수관계에 있는 乙과 丙에게 증여세가 과세되는지?

┃ 신주발행 및 공모, 실권주 재배정 내용 ┃

증자전			주주 우선공모 배정			일반 공모		이사회 재배정
주주	주식수		배정분	인수분	실권주			
甲(최대주주)	600,000		30,000	30,000	–			160,000
乙(甲의 子)	450,000		22,500	–	22,500	청약 내용 전혀 없음		–
丙(甲의 子)	150,000	⇒	7,500	–	7,500		⇒	–
B(계열사)	380,000		19,000	–	19,000			–
소액주주	2,420,000		121,000	10,000	111,000			–
합 계	4,000,000		200,000	40,000	160,000	–		160,000

해설

신주를 시가가 낮은 또는 높은 가액으로 발행한 경우로서 증자전 지분율대로 균등하게 인수하지 아니함으로써 주주 간에 이익을 분여한 경우 증여세를 과세하되, 상장법인이 증권거래법 제2조 제3항에 의한 유가증권의 모집방법(공모)으로 신주 또는 실권주를 배정한 경우에는 과세하지 않는 바, 질의사안의 경우 결과적으로 甲이 공모시 배정받지 않고 이사회결의를 통해 인수했으므로 과세대상이라는 견해도 있으나 증자과정 전반이 공모방식에 의한 신주발행에 해당되고 아래 내용을 감안할 때 과세대상으로 삼기는 곤란하다는 예규로 볼 수 있다.

즉, 실권주 공모시에 인수한 것(과세 제외됨)과 동일한 결과인데 실권주 인수절차에 따라 과세문제를 달리하는 것은 형평성에 문제가 있고, 고가의 신주라서 일반인이 인수하지 아니할 것이고 그 실권주를 실권처리해도 과세대상이 되며, 변칙증여 목적없이 운영자금 등 필요상 실권주를 인수한 경우까지 과세하는 것은 입법취지에 맞지 아니한 측면을 고려한 것으로 볼 수 있겠다.

❑ 금융감독원 전자공시시스템에 증자공시한 것은 공모배정방법이 아님(조심 2012부1508, 2012.10.30.).
  금융감독원 전자공시시스템에 유상증자 결정을 공시한 행위는 청약의 권유가 아니며, 청약의 권유절차 없이 이사회 결의를 통해 특정인 45인에게 제3자 배정방식으로 발행하는 것은 증여세 과세대상에서 제외하는 공모배정방법이 아님.

❑ 청약을 권유받은 자가 50명 이상이면 증권거래법에서 규정하는 유가증권의 모집방법으로 이루어졌다고 봄이 타당함(조심 2012중0217, 2012.5.29.).

❑ 형식적으로 청약 권유한 경우 증자시 증여세 과세대상임(조심 2011서4899, 2011.12.28.).

❑ 저가의 실권주를 3자에게 배정한 경우 증여세 과세대상임(대법원 2014두14976, 2017.5.17.).
  유가증권 발행규정 제57조의 제한(10% 할인)보다도 높은 할인율(30%)이 적용된 가액으로 발행된 신주가 제3자에게 배정되어 그 시가와 발행가액의 차액에 해당하는 이익이 무상으로 이전된 경우에는 처음부터 제3자 배정 방식에 의하여 일반적인 모집 또는 그와 마찬가지의 규제를 받는 간주모집 방법으로 신주를 배정하는 경우와 동일하게 취급하여야 할 이유가 없음.

□ 증권신고서가 수리되지 아니하여 모집방법에 해당 안됨(대법원 2015두41531, 2015.12.10. 외).

쟁점 유상증자는 상장법인이 제3자 배정방식으로 증자한 경우로서 구 증권거래법 제8조 제1항에 따른 증권신고서가 수리되지 아니하였고, 청약을 권유받은 자의 수가 50인에 미달하여 '상속세 및 증여세법' 제39조 제1항의 '모집방법'에 해당하지 않으므로 증여세 부과처분은 정당함.

나. 증자 전·후의 주식평가액이 모두 "0" 이하인 경우

2003.1.1. 이후 증자분부터 증자 전·후의 주식 1주당 가액이 모두 '0' 이하인 경우에는 이익이 없는 것으로 보도록 규정하고 있다.

증자전 순자산가치와 순손익가치가 부수로서 1주당 평가액이 "0"인 법인이 고가로 유상증자를 하는 경우 증자전 주식 평가액을 "0"로 보고 이론적 권리락주가를 계산하여 신주 인수가액과 비교하면 차액이 계산되어 증여세가 과세될 수 있다. 증자 후에도 주식평가액이 여전히 부수인 법인의 유상증자시 신주를 인수하고 해당 주식을 증여한 경우 증여세가 과세되지 않는데 반해 유상증자에 참여할 경우 증여세가 과세되는 문제를 해소하기 위한 조치로 볼 있다. 하지만 증자후 주식가액이 10원으로 평가되는 경우에는 증자에 따른 이익의 증여세 과세대상이 된다.

 관련 예규 · 심판결정례 및 판례 등

□ 증자후 주식평가액이 부수인 경우(재재산 46014-44, 2002.2.22., 국심 2001광3148, 2002.4.26.)

증자전 3년 계속하여 결손금이 있고 순자산가액도 부수인 법인이 고가로 불균등증자했으나, 증자후에도 순자산가액이 부수인 경우에 증여의제 과세대상에서 제외함.

□ 고가증자로 인하여 순자산가액이 (−)에서 (+)로 증가된 경우 그 증여가액의 계산방법(적부 2017-105, 2017.9.27., 대법원 2003두11872, 2004.11.11.)

유상증자로 인하여 순자산가액이 (−)228억원에서 (+)271억원으로 증가되었다고 하더라도 그 증자한 주식 1,000만주 중에서 4,569,815주에 해당하는 증자 부분은 증자 후에도 여전히 순자산가액이 '0'원에 미달하여 그 증자로 실권주주인 원고가 어떠한 경제적 이익을 얻었다고 할 수 없으므로, 위 4,569,815주에 해당하는 증자 부분은 증여세 과세대상에서 제외되어야 함.

구 분	순손익액	주식총수	1주당순손익
2008.12.31.	△2,500,000원	1,000주	△2,500원
2007.12.31.	2,300,000원	1,000주	2,300원
2006.12.31	△700,000원	1,000주	△700원

사례 증자 전후 주식평가액이 부수인 "0" 이하인 경우 과세 제외

1. 증자전 1주당 평가액 – 최근 3년간 순손익액, 발행주식총수

0원＝순자산가치와 순손익가치 모두 부수

㉠ 순손익가치 : 0

$$\frac{(△2,500×3 + 2,300×2 + △700)/6}{10\%(자본환원율)}$$

㉡ 순자산가치 : 0원＝순자산가액△5,000,000원/주식총수 1,000주

– 자산총액 : 10,000,000원

– 부채총액 : 15,000,000원

2. 증자내용

– @5,000원에 800주 발행한 신주를 주주가 아닌 자가 전부를 인수함.

3. 증자에 따른 증여가액

{5,000원 － (0원×1,000주＋5,000주×800주)/1,800주＝2,222}×800주＝2,222,400원

4. 신주 800주를 인수한 후 증여하였을 경우 증여가액

증자대금 4,000,000원을 자산가액에 가산해도 채무가 많아 부수이고 순손익가치도 부수이기 때문에 1주당 평가액은 "0"으로서 증여가액 없음.

다. 우리사주조합에 우선 배정하는 경우

내국법인의 종업원으로서 우리사주조합에 가입한 자가 해당 법인의 주식을 우리사주조합을 통하여 취득한 경우로서 그 조합원이 소액주주의 기준에 해당하는 경우 그 주식의 취득가액과 시가의 차액으로 인하여 받은 이익에 상당하는 가액에 대하여 증여세를 부과하지 아니한다(상속증여세법 §46 2호).

이 경우 소액주주란 발행주식총수 등의 100분의 1 미만을 소유하는 경우로서 주식 등의 액면가액의 합계액이 3억원 미만인 주주를 말한다.

관련 예규·심판결정례 및 판례 등

❑ 실권주를 우리사주조합원에게 배정한 경우 비과세 대상임(재삼 46014-1576, 1999.8.19.).

10. 차명으로 유상증자에 참여하는 경우

명의신탁주식에 대하여 배정된 신주를 명의신탁자가 인수하는 등 차명으로 신주를 인수하거나 신주의 인수를 포기하는 경우 증자에 따른 이익의 증여규정은 실제 주주를 기준으로 하여 판단한다.

자기지분의 신주를 초과하여 인수 또는 인수하지 아니하였는지, 주주들 간의 특수관계 해당 여부 및 증여재산가액의 계산 등은 주주명부에 등재된 명의수탁자가 아닌 실제 주주인 명의신탁자를 기준으로 판단하는 것이다.

관련 예규·심판결정례 및 판례 등

❑ 차명으로 실권주를 인수한 경우(재산상속 46014-109, 2003.4.8., 대법원 93누3974, 1993.11.23.)
차명으로 실권주를 초과 배정받은 경우에 실질 주주를 기준으로 하여 증자시 증여의제규정을 적용하여 증여세를 과세하며, 이와는 별도로 명의수탁자에게는 명의신탁에 따른 증여세가 됨.

11. 기타 증자와 관련한 내용

증자가 있을 때마다 과세요건을 판단하고 증여재산가액을 계산한다. 따라서 1차 유상증자시 신주를 인수하지 아니한 주주가 1차 유상증자에서 인수하지 아니한 주식수를 포함하여 2차 유상증자시 초과 인수한 경우에도 원칙적으로 각 증자시점마다 증여세 과세규정을 적용한다. 다만, 1회의 증자를 여러 차례로 나누어서 증자하는 경우에는 하나의 증자로 보아 과세요건 등을 판단하고 증여재산가액을 계산할 수 있다.

회사정리법 등에 의해 유상증자하는 과정에서 대주주에게 신주인수권을 부여하지 아니하는 경우 또는 자기주식에 대하여 신주를 배정하지 아니하는 경우에는 증여세 과세대상으로 삼지 아니하는 것이 타당할 것이다.

관련 예규 · 심판결정례 및 판례 등

❏ **보통주를 우선주로 전환하는 경우 과세대상 여부**(자본거래과 – 471, 2022.9.28.)

　법인의 일부주주가 보유한 보통주를 우선주로 전환함으로써 우선주로 전환한 주주 또는 우선주로 전환하지 않은 주주의 전환 후 주식가액이 증가하여 이익을 얻은 경우에는 증여세 과세대상에 해당하는 것이며, 법인이 우선주 등 이익배당에 관하여 내용이 다른 수종의 주식을 발행한 경우에는 주식의 종류별로 그 내용을 감안하여 적정한 가액으로 평가하는 것임.

❏ **공직자윤리법에 따른 백지신탁상태에서 저가로 유상증자한 경우**(서면법규과 – 1126, 2014.10.27.)

　공직자윤리법 제14조의4에 따라 보유 주식을 매각 또는 신탁하여야 하는 자가 수탁기관과 보유주식에 대한 주식 백지신탁계약을 체결한 후 해당 주식의 발행 법인이 신주를 시가보다 낮은 가액으로 발행한 경우로서, 해당 유상증자에 따른 신주를 배정받을 권리를 포기하고 그 포기한 신주(이하 "실권주")를 다른 주주에게 재배정하는 경우 해당 다른 주주가 실권주를 재배정받음으로써 얻은 이익에 대하여는 상속증여세법 제39조에 따라 증여세가 과세되는 것임.

❏ **1년 이내에 2회 이상 증자한 경우 합산하여 판단함**(서면4팀 – 1842, 2004.11.15.).

❏ **증권발행규정에 따라 신주발행가액을 정한 경우 과세 여부**(조심 2018서3069, 2018.11.6.)

　증권발행규정 제5 – 18조 제2항에 따라 이사회결의일 전일을 기산일로 하여 과거 1개월간의 가중산술평균주가, 1주일간의 가중산술평균주가 및 최근일 가중산술평균주가를 산술평균한 가격과 최근일 가중산출평균주가 중 낮은 가격을 기준주가로 하여 할인율 10%를 적용한 금액으로 신주발행가액을 확정하였으나, 이는 신주 발행조건 및 청약권유절차의 공정성을 확보하기 위한 목적에 불과한 점 등에 비추어 인수가액을 시가로 보아야 한다는 주장은 받아들이기 어려움.

❏ **국가가 실권하여 이익을 얻은 경우 증여세를 부과하지 않음**(조심 2011중3838, 2012.7.4.).

❏ **유상증자를 3회 실시한 경우 증여세 과세요건 판단방법**(대법원 2016두52637, 2016.12.29.)

　- 3차 유상증자는 1차 유상증자 당시 그 구체적인 사항들이 결정되었고 납입시기만 달리할 뿐이므로 1차 유상증자와 일련의 1개 행위로 보아 과세 여부를 판단하여야 한다고 주장하나,

　- 1차 유상증자에 관한 이사회 당시 증자 참여 동기 부여를 위해 1차 유상증자에 참여하면 향후 실시할 유상증자에서 참여 기회를 보장한다는 취지만 의결하였을 뿐, 3차 유상증자에 관한 청약일, 주금 납입일 등 구체적인 사항을 의결한 바 없는 사정 등에 비추어, 1차와 3차 유상증자는 별개의 행위로 보아야 하고, 증여세 부과요건 해당 여부도 별도로 판단하여야 함.

❏ **1차 증자시 신주인수포기하고 2차 증자시 초과인수한 경우**(대법원 93누1343, 1993.7.27.)

　종전의 증자과정에서 신주인수권을 포기한 주식이 있다 하더라도 그 후의 증자에서 지분비율을 초과하여 신주를 배정받은 경우 증여의제 적용된다.

❏ 청구인이 2차 증자시 주식을 배정받은 데에 대한 증여의제금액은 2차 증자후 1주당 평가가액에서

신주인수가액을 차감한 가액으로 계산한 사례(국심 2004부1846, 2005.4.22.)

처분개요

○ 1차 유상증자시 증여이익
 - 증자일 : 2001.12.7.
 - 증자전 발행주식총수 : 35,000주
 - 증자전 1주당가액 : 96,620원(MAX 순이익가치, 순자산가치)
 - 증자 주식수 : 70,000주(인수가액 @10,000원)
 - 증자후 1주당가액 : 38,870원[(35,000주 × 96,620원) + (70,000주 × 10,000원)/200,000주
 - 증여이익 : (38,870원 - 10,000원) × 초과인수주식수
○ 2차 유상증자시 증여이익
 - 증자일 : 2001.12.18.
 - 증자전 발행주식총수 : 105,000주
 - 증자전 1주당가액 : 96,620원(MAX 순이익가치, 순자산가치)
 - 증자 주식수 : 95,000주(인수가액 @10,000원)
 - 증자후 1주당가액 : 55,470원[(105,000주 × 96,620원) + (95,000주 × 10,000원)/200,000주
 - 증여이익 : (55,470원 - 10,000원) × 초과인수주식수

판단

○ 심판원 결정에 따른 2차 유상증자 후 1주당 평가액
 - 25,158원[(105,000주 × 38,870원) + (95,000주 × 10,000원)]/ 200,000주
 - 증여이익 : (25,158원 - 10,000원) × 초과인수 주식수
 ➡ 2011.7.24. 이전 유상증자에 따른 순손익가치를 환산하기 전의 심판결정임.

❑ 단기간 내에 2회 이상 유상증자한 경우(서면4팀 - 691, 2004.5.19.)
비상장법인이 동일년도에 2회 이상 유상증자를 실시한 경우 "증자전 1주당 평가가액"은 각 증여시마다 상증법 제60조 및 제63조 제1항 제1호 다목에 따라 평가한 가액을 말하는 것임.

❑ 단기간 내 여러 차례 유상증자한 경우 과세방법(국심 2002서1115, 2002.6.25.)
6개월간 6회 증자시의 특수관계자 간 신주인수권 포기 및 실권주 배정의 경우, 최종지분율에 의하지 않고 각 유상증자시마다 증여의제가액을 산정해 증여세 과세한 사례

❑ 5일 간격으로 유상증자한 경우 동일 증자로 보아 과세요건 판단함(국심 2001서219, 2001.5.21.).

❑ 회생절차과정에서 금융기관 출자전환시 증자 또는 감자시 증여 여부(재산세과 - 618, 2022.12.29.)
「채무자 회생 및 파산에 관한 법률」에 따른 회생절차에 따라 금융기관 등의 출자전환 등으로 주식가치가 상승한 사실만으로는 그 증가이익에 대하여 증여세를 과세하지 않는 것이 타당하나, 이 경우에도 증여세를 회피할 목적 등 부당한 방법으로 증여세를 감소시킨 경우에 해당하는 경우에는 그러하지 않는 것이며 이에 해당하는지 여부는 상호관계, 주식증여 경위, 채권자와의 합의내용 등을 확인하여 판단할 사항임.

☐ 회사정리계획안 등에 따라 주주의 의결권이 법률상 또는 사실상 제한된 상태에서 정리채권을 출자전환하여 불균등하게 증자한 경우 과세 제외함이 타당(재산상속 46014-1886, 2004.7.3.).

☐ 회사정리절차과정에서 출자전환한 경우 증여의제 적용대상 아님(국심 2000광2545, 2000.12.30.).

☐ 전환우선주 발행한 경우 증자시 증여세 과세 여부(재산세과-546, 2011.11.22.)

법인이 자본을 증가시키기 위하여 신주를 발행함에 따라 증자에 따른 이익을 얻은 경우에는 그 이익에 상당하는 금액을 그 이익을 얻은 자의 증여재산가액으로 하는 것이며, 이 경우 전환우선주에 대하여도 동 규정이 적용되는 것임.

☐ 신주인수권증서를 취득하여 신주를 취득한 경우 과세대상임(재산세과-148, 2010.3.9.).

☐ 증자대금을 다른 사람이 대신 납입한 경우(재재산 46014-55, 1997.2.29.)

법인의 유상증자시 특정주주 1인이 다른 주주들이 납입할 증자대금을 대납한 경우에 대납한 증자대금은 증여재산에 해당됨. 다만, 그 납입대금이 주주간의 금전소비대차로 확인되거나, 가공불입된 것으로 확인되어 당해 유상증자가 원인무효가 되는 경우에는 그러하지 아니함.

☐ 법인전환시 투자비율과 다르게 주식 배정한 경우 과세대상임(재삼 46014-658, 1995.3.17.).

☐ 증자시 자기주식에 신주배정하지 아니한 경우 과세대상 아님(재산상속 46014-971, 2004.4.12.).

☐ 고가 상환우선주를 주주가 인수 포기하여 실권주를 배정한 경우(재재산-11, 2004.1.5.)

법인이 자본을 증가시키기 위하여 새로운 주식(이하 "신주"라 함)을 시가보다 높은 가액으로 발행한 경우로서 신주인수권포기자가 얻은 이익에 대하여는 상속증여세법 제39조 제1항 제2호 각목의 규정에 의하여 증여세가 과세됨. 이 경우 상법 제345조 제1항의 규정에 의하여 이익배당에 관하여 우선적 내용이 있는 신주에 대하여도 동호 각목의 규정이 적용되는 것임.

질의

○ 갑법인은 2001.9.15.에 상환우선주를 1주당 인수가액 20,000원에 발행

－우선주 발행 전 당해 법인의 1주당 평가액 7,000원

－2003.9.15.에 차액 13,000원을 상환하였음.

○ 주식의 시가(1주당 7,000원)에 비해 고가(인수가액 : 20,000원)로 상환우선주를 발행한 것을 고가 신주발행으로 보아 신주인수자와 특수관계인 기존주주에게 증여 여부

☐ 유상증자한 주식을 동일한 가액으로 유상감자한 경우 과세 어려움(조심 2010전3863, 2011.9.29.).

☐ 합자회사 출자액 불균등 증가시도 증여세 과세대상임(국심 97구1473, 1998.12.12.).

☐ 고가유상증자로 부당행위계산 적용된 경우 증여세 과세 여부(대법원 2020두42392, 2020.10.15.)

특수관계법인이 제3자 배정에 의해 고가로 증자에 참여시 법인세법상 부당행위계산부인에 따른 과세표준의 증가여부와는 상관없이 이익을 받은 자에게는 증여세가 부과되어야 할 것이고, 고가증자 여부의 판단시점이자 행위당시는 이사회결의일이 아닌 주금납입일로 보아야 함.

□ 가장납입의 방법으로 주금납입을 대신해 준 경우도 증여세 과세대상임(대법원 99두8039, 2001.3.27.).

□ 증여세 과세 후 당사자 사이의 담합에 의하여 증자에 관한 주주총회결의 및 이사회결의의 부존재확
인 승소판결이 이루어진 경우, 증여세부과처분은 적법함(대법원 2006두10672, 2006.12.7.).

□ 신주인수권 포기에 따른 증여규정은 그 요건에 해당시 증여로 보아 과세되는 것으로 증여의사나 조세
회피목적 또는 실질적인 재산권의 무상이전 여부와는 관계없음(대법원 99두2505, 2000.2.11.).

□ 증자시 증여의제규정은 헌법에 위배되지 아니함(헌재 2001헌바13, 2002.1.31.).

사례 1 **불균등하게 인수한 신주를 명의신탁한 경우 과세방법**

□ 증자내용, 증자전 주식평가액 및 명의신탁 내용

① A법인의 증자전(2010.5.31.) 주식 평가 관련 자료

－A법인은 부동산과다보유법인 및 중소기업에 해당되지 아니함.

㉠ 1주당 순손익가치 : 19,000원

$$\frac{3년간\ 순손익액의\ 가중평균액\{(2,500 \times 3 + 2,300 \times 2 + \triangle 700) \div 6 = 1,900원\}}{자본환원이자율(10\%)}$$

－최근 3년간 순손익액 및 발행주식총수

	각 사업연도 순손익액	발행주식총수	1주당 순손익액
2009.12.31.	2,500,000원	1,000주	2,500원
2008.12.31.	2,300,000원	1,000주	2,300원
2007.12.31.	△700,000원(결손)	1,000주	△700원

㉡ 1주당 순자산가치 : 12,000원

2010.5.31. 현재 순자산가액 12,000,000원

2010.5.31. 현재 발행주식총수 1,000주

㉢ 2010.5.31. 현재 A법인 1주당 평가액

$$\frac{(19,000원 \times 3) + (12,000원 \times 2)}{5} = 16,200원$$

② A법인 유상증자 내용(주금불입일 2010.6.1.)

－㉣액면가액 @5,000원에 신주 4,000주(주금불입액 2천만원) 전부를 甲이 인수하여
타인인 丙 명의로 2010.6.30. 명의개서함.

－증자전 주주별 지분율 : 甲 40%, 甲의 子 20%, 특수관계 없는 乙 40%

풀이

① 증자에 따른 증여세 과세방법
  ○ 증자전 주식 평가액

    –⊙ 증자전 1주당 가액 : $\left(\dfrac{(19,000원 \times 3 + 12,000원 \times 2)}{5}\right) = 16,200원$

    –순손익가치 : $\left(\dfrac{(2,500원 \times 3 + 2,300원 \times 2 + \triangle 700) \div 6}{10\%}\right) = 19,000원$

    –ⓛ 증자후 1주당 가액 : $\left(\dfrac{(16,200원 \times 1,000주 + 5,000원 \times 4,000주)}{1,000주 + 4,000주}\right) = 7,240원$

  ○ 증여재산가액 : 증여자별, 수증자별 과세원칙에 따라 증여재산가액 계산
    –子로부터 증여받은 이익 : (7,240원 − 5,000원) × 800주 = 1,792,000원
    –乙로부터 증여받은 이익 : (7,240원 − 5,000원) × 1,600주 = 3,584,000원
② 명의신탁에 따른 증여세 과세방법
  丙에게 명의신탁한 날(2010.6.1.)을 기준으로 순자산가치를 평가하며, 순손익가치는 직전 3년 사업연도를 기준으로 평가하므로 변동이 없으며 최대주주에 대한 할증평가규정을 적용함.

    –2010.6.1. 1주당 순자산가치 : $\left(\dfrac{(12,000,000 + 20,000,000)}{5,000}\right) = 6,400원$

    –2010.6.1. 1주당 가액 : $\left(\dfrac{(19,000원 \times 3 + 6,400원 \times 2)}{5}\right) = 13,960원$

  –증여가액 : 13,960원×130%(최대주주할증)×4,000주 = 72,592,000원
➡ 2011.7.25. 이후 귀속분부터 평가기준일로부터 직전 3년 중에 유상증자를 한 경우 유상증자한 주식수를 직전 사업연도말 주식수에 포함시키고 유상증자대금의 10%를 순손익액에 가산하여 순손익가치를 평가한다.

2011.7.25. 이후 불균등하게 유상증자 후 명의신탁한 경우 과세방법

❑ 사실관계

① B법인의 증자전 주식 평가 관련 자료

‒B법인은 비상장법인으로서 중소기업이 아니며, 부동산과다보유법인에 해당함.

‒㉠ 최근 3년간 순손익액 및 발행주식총수

	각 사업연도 순손익액	발행주식총수	1주당 순손익액
2011.12.31.	90,000,000원	20,000주	4,500원
2010.12.31.	70,000,000원	20,000주	3,500원
2009.12.31.	△20,000,000원	20,000주	△1,000원
2008.12.31.	50,000,000원	20,000주	2,500원

‒㉡ 1주당 순자산가치 : 20,000원 = $\dfrac{2011.12.31. \ 현재 \ 순자산가액 \ 400,000,000원}{2011.12.31. \ 현재 \ 발행주식총수 \ 20,000주}$

② B법인 유상증자 내용(주금불입일 2012.1.10.)

‒㉢ 액면가액 @5,000원에 발행된 신주 10,000주 전부를 甲이 인수하였다.

‒甲, 乙, 丙은 각각 특수관계인이 아니다.

주 주	증자전 주식수	증자전 지분율	당초배정 (주식수)	당초인수 (주식수)	재배정 (주식수)	증자후 주식수	증자후 지분율
甲	10,000	50%	5,000	5,000	5,000	20,000	66.7%
乙	4,000	20%	2,000	(실 권)	–	4,000	13.3%
丙	6,000	30%	3,000	(실 권)	–	6,000	20%
합 계	20,000	100%	10,000	5,000	5,000	30,000	100%

‒실권주 5,000주를 자본시장법 제9조 제7항에 따른 모집방법으로 배정하였다.

‒2012.1.31. 丁에게 명의신탁한 날 순자산가액은 4억5천만원이며, 해당 주식에 대한 명의신탁을 해지하고 2012.6.30.에 甲에게 명의개서하였다.

① B법인의 증자에 따른 과세내용

○ 증자전 1주당 평가액

㉠ 1주당 순손익가치 : $\dfrac{(4,500×3＋3,500×2＋△1,000)÷6＝3,250}{순손익가치환원율(10\%)}$＝32,500

㉡ 1주당 순자산가치 : $\dfrac{400,000,000원}{20,000주}$＝20,000

㉢ 2012.1.10. 현재 1주당 평가액 : $\dfrac{(20,000×3)＋(32,500×2)}{5}$＝25,000

○ 甲이 乙과 丙으로부터 얻은 이익을 구분하여 과세함.

‒비상장법인은 자본시장법에 따른 모집방식으로 신주를 배정하여도 과세대상이며, 저가

로 발행한 실권주는 주주간 특수관계가 성립하지 아니하여도 과세대상에 해당함.

- 乙로부터 증여받은 이익

$$: \frac{(25,000 \times 20,000 + 5,000 \times 10,000)}{(20,000주 + 10,000주)} - 5,000원 \times 2,000주 = 26,666,000원$$

- 丙으로부터 증여받은 이익

$$: \frac{(25,000 \times 20,000 + 5,000 \times 10,000)}{(20,000주 + 10,000주)} - 5,000원 \times 3,000주 = 39,999,000원$$

② 2012.1.31. 명의신탁에 따른 증여세 과세내용

○ 2012.1.31. 명의신탁하고 2012.6.30. 명의신탁을 해지한 후 환원하였다 하더라도 신고기한을 경과하여 반환한 것이므로 증여의제 대상에 해당함.

○ 2011.7.25. 이후 유상증자 내용을 반영하여 순손익가치를 평가하므로 유상증자 주식수를 최근 3년간의 발행주식총수에 가산하고 유상증자대금의 10%에 해당하는 금액을 각 사업연도 순손익액에 가산하여 1주당 순손익가치를 평가함.

	환산한 순손익액	환산 발행주식총수	1주당 순손익액
2011.12.31.	95,000,000원	30,000주	3,166원
2010.12.31.	75,000,000원	30,000주	2,500원
2009.12.31.	△15,000,000원	30,000주	△500

- ㉠ 1주당 순손익가치 : 23,330원

$$\frac{3년간 \ 순손익액의 \ 가중평균액\{(3,166 \times 3 + 2,500 \times 2 + △500) \div 6 = 2,333원\}}{순손익가치환원율(10\%)}$$

- ㉡ 1주당 순자산가치 : 450,000,000원 / 30,000주 = 15,000원

- 2012.1.31. 평가액 : $\frac{(15,000 \times 3 + 23,330 \times 2)}{5} = 18,932원$

○ 명의신탁에 따른 증여의제가액을 계산할 때 최대주주가 보유한 주식을 명의신탁한 경우에는 할증평가하여야 함.

: @18,332원 × 130%(甲 최대주주 할증평가액) × 10,000주 = 238,310,000원

상법상 신주의 발행

┃ 유상증자 일반적 진행 절차 ┃

1. 신주발행을 위한 이사회 결의 → 2. 증권신고서 제출 → 3. 증권신고서 효력발생 → 4. 신주배정기준일 및 명의개서 정지 공고 → 5. 신주배정기준일 → 6. 신주배정통지 및 청약안내공고 → 7. 청약 → 8. 청약결과 배정 공고 → 9. 주금납입 → 10. 실권주 처리 이사회 → 11. 증자등기

(1) 의의

신주의 발행이라 함은 회사성립 후 발행할 주식의 총수 중에서 이미 발행한 주식의 총수를 공제한 나머지의 주식을 발행하는 것을 말하며, 이 신주발행은 자본의 증가를 가져오는 것이므로

증자신주발행이라 한다.

(2) 신주발행의 형태
　○ 통상의 신주발행
　　'회사가 성립 후'에 회사가 실질적인 자본증가를 위하여 주식을 발행하는 것을 말한다. 따라서 발행주식의 액면총액만큼 자본이 증가함. 상법 제416조 이하의 신주발행에 관한 규정은 통상의 신주발행을 말한다.
　○ 특수한 신주발행
　　그 목적이 자금조달에 있는 것이 아니라 특수한 요청에 따라 신주를 발행하는 것으로 자본이나 회사재산의 증감을 일률적으로 말할 수 없다.

☞ **전환주식, 전환사채의 전환에 의한 신주발행**
　주식분할 · 병합에 의한 신주발행
　준비금의 자본전입 및 주식배당에 의한 신주발행
　회사합병 · 분할합병에 의한 존속회사의 신주발행
　신주인수권부사채권자의 청구에 의한 신주발행

(3) 신주인수권
(가) 의의
　○ 회사가 성립 후 신주를 발행하는 경우에 그 신주를 우선적으로 인수할 수 있는 권리
　○ 상법은 주주의 이익을 보호하기 위하여 주주의 신주인수권을 원칙적으로 인정하고, 정관으로써 제3자에게 배정할 수 있게 된다.
(나) 신주인수권자
　○ 주주의 신주인수권
　　주주에게는 정관에 다른 정함이 없는 한 그가 가진 주식의 수에 따라서 신주의 배정을 받을 권리가 있다. 이 경우에는 이사회의 결의로서 배정기일을 정하고 그 날의 주주명부에 기재되어 있는 주주가 가진 주식수에 따라 구체적으로 신주인수권을 취득한다.
　○ 제3자의 신주인수권
　　주주이외의 특정한 제3자가 일정한 신주의 우선적 배정을 받을 수 있는 권리를 말하며 제3자에 신주인수권을 부여하기 위하여는 정관에 규정이 있어야 한다.
　○ 신주인수권의 양도
　　신주인수권의 양도는 신주인수권증서의 교부에 의하여만 할 수 있다. 신주인수권증서의 점유자는 적법한 소지인으로 추정받고 선의취득자가 된다.
(다) 신주인수권의 행사
　신주인수권을 가진 자가 그 권리를 행사하는 여부는 자유이며 인수의 의무를 지는 것이 아니므로, 신주인수권을 행사할 기회를 주는 동시에 이 권리의 행사의 여부를 확인하기 위하여 신주발행시에 있어서 인수권이 있을 때에는 다음과 같은 최고 등의 절차가 정해져 있다.
　① 실권예고부 최고절차
　　회사는 신주인수권을 가진 주주에게 인수권을 가지는 주식의 종류와 수 및 일정한 기일(청약기일)까지 주식의 인수청약을 하지 않을 때에는 그 권리를 잃는다는 뜻의 통지를 하여야

한다. 무기명주식이 발행되고 있는 때에는 청약기일 2주전에 실권사항을 공고하여야 한다.
이러한 통지와 공고가 있었음에도 불구하고 신주인수권자가 기일까지 청약을 하지 아니한
때에는 그 권리를 상실한다.

② 신주배정일의 설정과 공고

주주가 신주인수권을 가지는 때에는 아직 명의개서를 하지 않은 것에도 신주인수권을 행사
할 기회를 주기 위하여, 회사는 일정한 날(배정일)을 정하여 그 날로 주주명부에 기재가 있
는 주주가 신주배정을 받을 권리가 있다는 뜻과 신주인수권을 양도할 수 있다는 뜻을 그
날의 2주간 전에 공고를 하여야 한다.

③ 주식의 청약

주식청약을 하고자 하는 자는 현물출자자의 경우를 제외하고 주식청약서 2통에 법정사항
을 기재하여 청약을 하여야 한다. 신주인수권증서를 발행한 때에는 이 증서에 의하여 청약
을 한다.

④ 출자의 이행

신주의 인수인은 이사회가 정하는 납입기일까지 배정을 받은 각 주에 대한 인수가액의 전
액을 납입 또는 현물출자의 목적인 재산 전부의 급부를 하여야 한다.

⑤ 신주발행의 효력

납입기일까지 납입 또는 현물출자의 이행을 한 신주인수인은 납입기일로부터 주주가 된다.
따라서, 납입기일까지 납입 또는 현물출자의 이행을 하지 않을 때에는 당연히 그 권리를
잃게 되며 또 출자의무위반에 따르는 손해배상책임을 진다.

○ 증자라 함은 회사가 자본을 증가시키는 것을 말하며, 자본을 증가시키는 데에는 신주의 발
행이 따르므로 증자를 신주의 발행이라고도 한다.

회사 주식자본의 증가와 함께 실질적인 재산의 증가를 가져오는 유상증자와 주식자본은 증
가하지만 실질재산은 증가하지 않는 무상증자의 두 가지 형태가 있다.

즉, 전자는 주주의 주금납입으로써 신주를 발행하여 회사의 주식자본을 증가시키는 방법이
고, 후자의 경우는 주금의 납입 없이 준비금의 자본전입에 의하여 주식자본을 증가시키고
동액만큼의 신주를 발행하여 이를 주주에게 무상으로 할당하는 방법이다.

○ 발행가액에 따른 분류

– 액면가액에 의한 유상증자 : 현재 상장법인의 경우 거의 사용하지 않는다.

– 시가발행에 의한 유상증자 : 대부분 이 형태에 의한다.

○ 배정, 인수방법에 따른 분류

– 구주주 배정 : 가장 일반적인 형태로서 기존주주에게 신주인수권을 부여하는 방법이다.
단, 전환사채의 전환 또는 흡수합병으로 인한 신주발행의 경우는 구주주의 신주인수권이
미치지 아니한다.

– 제3자 배정(연고자 배정) 회사의 특정연고자(임원, 거래처, 거래은행 등)에게 신주인수권
을 부여하는 것으로서 이는 회사의 경영권 및 기존주주의 이해관계에 중대한 영향을 주
기 때문에 정관에 특별히 정하거나 주주총회의 특별결의 절차를 거쳐야 하는 등 엄격한
통제를 가하고 있다.

　우리사주제도가 대표적인 예이다.

- 공모방식의 유상증자 : 주주우선 공모, 일반공모(주주의 신주인수권을 완전히 배제하고 인수단이 유상증자분을 총액인수하여 일반투자자에게 청약을 받는 방식), 직접공모가 있으며 직접공모는 증권회사 등의 인수인을 통하지 않고 발행회사가 직접 자기의 책임과 계산 하에 신주를 공모하는 방식으로 비상장법인의 경우 발행가액의 적정성에 대하여 유가증권분석전문기관(증권회사, 신용평가회사, 회계법인)의 평가를 받아야 한다.
○ 기타의 증자
- 전환사채의 전환에 의한 증자 : 전환사채의 소유자가 전환권을 행사하여 사채를 주식으로 전환시켜 신주를 발행하는 경우이다.
- 주식배당에 의한 증자 : 이익의 자본화
- 신주인수권부사채에 의한 증자
- 기타 : 회사가 전환주식을 발행한 후 이를 전환시키는 경우와 기업의 흡수합병에 의하여 증자신주를 발행하게 되는 경우가 있으나 매우 드물다.

제 10 절. 현물출자에 따른 이익의 증여

1. 개 요

　현물출자란 법인이 자본을 증가시키기 위하여 신주를 발행함에 있어 주식대금을 현금이 아닌 부동산이나 유가증권 등 현물로 납입하는 것이다. 현물출자를 할 때에 신주의 인수가액이 현물출자 전의 주식평가액보다 높거나 낮음에 따라 현물출자자 또는 기존주주가 이익을 얻은 경우에는 증자에 따른 이익의 증여와 경제적 실질이 동일하므로 증자에 따른 이익의 증여규정을 준용하여 증여세를 과세함을 명확히 규정하였다.

　이 규정은 현물출자가 경제적인 실질이 증자와 동일함에도 기존주주에게는 상법상 신주인수권이 없다하여 현물출자하면서 저가 또는 고가로 신주를 발행하여 얻은 이익에 과세할 수 없다는 대법원판례(대법원 88누889, 1989.3.14.)를 반영하여 현물출자에 따른 이익의 증여규정을 2004.1.1. 신설한 것이다.

　해당 규정은 2004.1.1.에 신설되었지만 2001.1.1.부터 증자에 따른 이익의 증여규정에 대한 유형별 포괄주의가 도입되었기 때문에 2001.1.1. 이후 현물출자에 대해서는 증여세가 과세될 수 있다.

2. 과세요건

현물출자시 신주를 저가로 발행한 경우와 고가로 발행한 경우에 있어 특수관계 및 30%Rule 해당 여부의 과세요건에 차이가 있다.

가. 특수관계 해당 여부 요건

현물출자시 신주를 현물출자 전의 1주당 평가액보다 낮은 가액으로 발행하는 경우에는 현물출자자와 기존주주 사이에 특수관계가 없는 경우에도 과세대상에 해당하는 데 비해 신주를 고가로 발행하는 경우에는 현물출자자와 특수관계가 있는 기존주주가 얻은 이익에 대하여만 증여세를 부과한다. 이 경우 특수관계인은 현물출자자와 상증령 제2조의2 제1항 각호의 어느 하나에 해당하는 자를 말한다.

나. 30%Rule 적용 여부 요건

현물출자시 신주를 현물출자 전 1주당 평가액보다 낮은 가액으로 발행하는 경우에는 현물출자 전후 주식 평가액의 차이비율 및 차액에 관계없이 모두 과세대상이며, 신주를 고가로 발행하는 경우에는 현물출자 전 1주당가액과 인수가액의 차이비율이 30% 이상이거나 주주 1인이 얻은 이익이 3억원 이상 차이가 있는 경우 증여세를 부과한다.

다. 현물출자에 따른 이익의 증여시 증여자 및 수증자의 범위

현물출자시 신주 인수가액	증여자	수증자
신주를 저가 인수한 경우	현물출자자 외 다른 주주	현물출자자
신주를 고가 인수한 경우	현물출자자	특수관계있는 기존 주주

이익을 얻은 자(수증자)별로 이익을 준 자(증여자)를 구분하여 증여재산가액을 계산한다. 다만, 2014.1.1. 이후 증여분부터 신주를 시가보다 낮은 가액으로 인수하는 경우 현물출자자가 아닌 주주 또는 출자자 중 소액주주가 2명 이상인 경우에는 소액주주(증여자)가 1명인 것으로 이익을 계산한다(상증법 §39의3 ②).

이 경우 소액주주란 해당 법인의 발행주식총수 등의 100분의 1 미만을 소유하는 경우로서 주식 등의 액면가액의 합계액이 3억원 미만인 주주 등을 말한다(상증령 §29 ②).

라. 현물출자하는 재산의 가액

현물출자하는 재산의 가액이 확정되어야 현물출자에 따른 이익을 계산할 수 있는데 해당 재산의 평가방법에 대하여 명확한 규정은 없다. 현물출자일 현재 해당 재산에 대하여 상속증여세법에 따른 재산평가액을 현물출자액으로 하여 증여세 과세 여부를 판단하고 있으나 현물출자하는 재산가액은 법원에서 감정인의 감정가액을 고려하여 인정하고 있는 점을 감안하여 특별한 사유가 없는 한 해당 감정가액을 현물출자하는 재산의 가액으로 하는 것이 타당하다고 생각된다.

3. 증여시기

현물출자에 따른 이익의 증여시기는 현물출자납입일이다. 2016.1.1. 증여시기를 명확하게 규정하기 전에는 증자시 증여시기를 감안하여 현물출자시 증여시기는 주금 납입일(주금 납입일 이전에 실권주를 재배정 받은 자가 신주인수권증서를 교부받은 경우는 그 교부일)을 말한다(서면4팀-4140, 2006.12.21.)고 유권해석하였다.

4. 증여재산가액

가. 신주를 저가 인수하는 경우

현물출자에 의하여 법인이 발행하는 주식 등을 시가보다 낮은 가액으로 인수하여 현물출자자가 이익을 얻은 경우에는 다음의 금액을 그 현물출자자의 증여재산가액으로 한다.

> 증여재산가액 = (현물출자 후의 1주당 평가가액 - 1주당 신주 인수가액) × 현물출자자가 배정받은 신주수

$$\text{현물출자 후의 1주당 평가액} = \frac{\left(\begin{array}{c}\text{현물출자전의}\\\text{1주당 평가가액}\end{array} \times \begin{array}{c}\text{현물출자전의}\\\text{발행주식총수}\end{array}\right) + \left(\begin{array}{c}\text{신주 1주당}\\\text{인수가액}\end{array} \times \begin{array}{c}\text{현물출자에 의하여}\\\text{증가한 주식수}\end{array}\right)}{\text{현물출자전의 발행주식총수 + 현물출자에 의하여 증가한 주식수}}$$

☞ 현물출자 후 1주당 평가가액 : 주권상장법인의 경우에는 증자한 날의 다음 날부터 2월이 되는 날까지의 기간 중 한국거래소 최종시세가액의 평균액과 위 산식에 의한 가액 중 적은 가액으로 한다. 즉,

위의 산식에 의한 현물출자 후 1주당 평가액 또는 2개월 종가평균액 중 1주당 신주 인수가액과의 차액이 적게 계산되는 가액에 의한다.

현물출자 전 1주당 평가액은 상장·코스닥상장법인의 경우 현물출자일 이전 2개월간의 한국거래소 최종시세가액 평균액에 의하고 비상장법인의 경우에는 시가에 의하되, 시가를 산정하기 어려운 경우에는 보충적 평가액에 의해야 할 것이다.

나. 신주를 고가 인수하는 경우

현물출자에 의하여 법인이 발행하는 주식(또는 지분)을 시가보다 높은 가액으로 인수함에 따라 현물출자자와 특수관계가 있는 현물출자자 외의 주주가 이익을 얻은 경우에는 다음의 금액을 그 주주의 증여재산가액으로 한다.

증여재산가액 =

$$\left(\begin{array}{c}\text{1주당 신주}\\\text{인수가액}\end{array} - \begin{array}{c}\text{현물출자 후의}\\\text{1주당 평가가액}\end{array}\right) \times \begin{array}{c}\text{현물출자자가}\\\text{인수한 신주수}\end{array} \times \frac{\text{현물출자자의 특수관계인인}\ \text{주주의 현물출자 전 주식수}}{\text{현물출자 전 발행주식총수}}$$

* 현물출자자 외의 주주는 현물출자 전에 현물출자자의 특수관계인에 한함.

현물출자 후의 1주당 평가액 =

$$\frac{\left(\begin{array}{c}\text{현물출자전의}\\\text{1주당 평가가액}\end{array} \times \begin{array}{c}\text{현물출자전의}\\\text{발행주식총수}\end{array}\right) + \left(\begin{array}{c}\text{신주 1주당}\\\text{인수가액}\end{array} \times \begin{array}{c}\text{현물출자에 의하여}\\\text{증가한 주식수}\end{array}\right)}{\text{현물출자전의 발행주식총수} + \text{현물출자에 의하여 증가한 주식수}}$$

☞ 현물출자 후 1주당 평가가액 : 주권상장법인의 경우에는 증자한 날의 다음 날부터 2월이 되는 날까지의 기간 중 한국거래소 최종시세가액의 평균액과 위 산식에 의한 가액 중 큰 가액으로 한다. 즉, 위의 산식에 의한 현물출자 후 1주당 평가액 또는 2개월 종가평균액 중 1주당 신주 인수가액과의 차액이 적게 계산되는 가액에 의한다.

현물출자 전 1주당 평가액은 상장·코스닥상장법인의 경우 현물출자일 이전 2개월간의 한국거래소 최종시세가액 평균액에 의하고 비상장법인의 경우에는 시가에 의하되, 시가를 산정하기 어려운 경우에는 보충적 평가액에 의해야 할 것이다.

다. 현물출자 전·후의 주식평가액이 모두 "0" 이하인 경우

현물출자 전 주식 평가액과 현물출자 내용을 반영한 현물출자 후 주식 평가액이 모두 영 이하인 경우에는 이익이 없는 것으로 보아 증여세를 과세하지 아니한다(상증령 §29의3 ②).

라. 일반공모하는 경우 과세 제외

2013.2.15.부터 자본시장법에 따른 주권상장법인이 일반공모증자의 방법으로 배정하는 경우는 증여세 과세대상에서 제외하도록 하였다. 주권상장법인은 정관으로 정하는 바에 따라 이사회 결의로써 일반공모증자 방식으로 신주를 발행할 수 있으며, 일반공모증자 방식이란 주주의 신주인수권을 배제하고 불특정 다수인(해당 법인의 주주를 포함한다)을 상대방으로 하여 신주를 모집하는 방식을 말한다. 이 경우 일반공모증자 방식으로 발행되는 신주의 발행가격은 청약일 전 제3거래일부터 제5거래일까지의 가중산술평균주가(그 기간 동안 증권시장에서 거래된 해당 종목의 총거래금액을 총거래량으로 나눈 가격을 말한다)의 100분의 70 이상으로서 금융위원회가 정하여 고시하는 가격으로 정하여야 한다.

사례 1 저가로 신주를 발행한 경우

❑ 신주 저가발행 내용
- ○ 발행주식총수 : 20,000주
- ○ 현물출자 전 1주당 평가액 : 25,000원
- ○ 현물출자내용 : 甲은 1억원을 현물출자하면서 1주당 ⓛ10,000원에 ⓒ10,000주 발행

❑ 현물출자자가 얻은 이익 계산
- ○ 甲의 현물출자액 1억원을 현물출자 전 1주당 평가액 25,000원으로 나누면 4,000주를 인수하는 것이 정당한데 10,000주를 인수함으로써 이익을 얻음.
- ○ 현물출자 후 1주당 가액(㉠)
  (25,000원 × 20,000주 + 10,000원 × 10,000주) ÷ (20,000주 + 10,000주) = 20,000원
- ○ 현물출자자가 얻은 이익(증여재산가액)
  (㉠ 20,000원 - ⓛ 10,000원) × ⓒ10,000주 = 100,000,000원
- ➡ 현물출자자와 기존주주의 특수관계 성립 여부 및 현물출자 전후 주식평가액의 차이 비율 등에 관계없이 증여세 과세대상에 해당함.

사례 2　　**고가로 신주를 발행한 경우**

❏ **신주 고가발행 내용**

○ 발행주식총수 : 20,000주(甲 10,000주, 甲의 子 10,000주 소유)

○ 현물출자 전 1주당 평가액 : 10,000원

○ 현물출자내용 : 甲은 8억원을 현물출자하면서 1주당 ㉠ 40,000원에 ㉡ 20,000주 발행

❏ **현물출자자가 얻은 이익 계산**

○ 甲의 현물출자액 8억원을 현물출자 전 1주당 평가액 10,000원으로 나누면 80,000주를 인수하는 것이 정당한데 20,000주를 인수함으로써 손해를 보게 되는 반면, 甲의 子는 주식 상승에 따른 이익을 얻게 됨.

○ 현물출자 후 1주당 가액(㉡)

(10,000원 × 20,000주 + 40,000원 × 20,000주) ÷ (20,000주 + 20,000주) = 25,000원

○ 과세요건 : (40,000원 − 25,000원) ÷ 25,000원 = 60% ≥ 30% 충족함.

○ 현물출자자의 특수관계인인 기존주주 子가 얻은 이익

(㉠ 40,000원 − ㉡ 25,000원) × 20,000주 × 10,000주/20,000주 = 150,000,000원

➡ 현물출자자와 특수관계가 성립하는 주주가 얻은 이익 중 현물출자 전후 주식평가액의 차이비율이 30% 이상인 경우 증여세 과세대상에 해당함.

관련 예규 · 심판결정례 및 판례 등

❏ 해외법인에 현물출자하여 이익을 얻은 경우 과세대상임(재산세과 - 90, 2011.2.21.).

❏ 지분율대로 주식을 현물출자한 경우 과세대상 아님(재산세과 - 1660, 2009.8.10.).

❏ 개인사업체 현물출자지분 변동시 증여 해당 여부(재산세과 - 1306, 2009.6.30.)

양도소득세 과세대상 자산을 공동사업에 현물출자한 후 그 출자지분이 감소하는 경우 그 감소로 인하여 대가를 지급받게 되면 양도소득세가, 무상인 때에는 증여세가 과세되는 것임.

❏ 현물출자시 최대주주 할증평가규정 적용방법(재산세과 - 2118, 2004.7.27.)

최대주주가 보유한 A비상장주식을 B법인에 현물출자하는 경우 A주식은 할증평가한 가액을 현물출자액으로 하며, B주식평가시에는 할증평가규정을 적용하지 아니함.

[해설]

합병·증자·현물출자 등에 따른 이익 계산시 할증평가 제외규정은 증자·감자·현물출자 등을 하는 법인의 주식평가액과 신주인수가액·감자시 지급금액과의 차액을 계산하기 위하여 당해 법인의 주식을 평가할 때에 최대주주의 경우에도 할증평가를 하지 아니한다는 의미이지 현물출자를 하는 비상장주식을 평가할 때에 할증평가하지 않는다는 의미가 아니며, 최대주주가 현물출자(양도와 동일함)하는 주식은 이를 출자받은 법인이 최대주주로서 경영권을 행사할 수

있으므로 할증평가를 한다는 유권해석으로 볼 수 있다.

☐ 증자에 따른 증여의제 규정은 현물출자 의한 증자에도 적용됨(제도 46014-12396, 2001.7.26.).

☐ 공모방식에 의한 현물출자는 증여세 과세대상에서 제외함(조심 2013서5027, 2014.12.27.).

☐ 현물출자가액을 초과하여 취득한 주식은 증여세 과세대상임(조심 2011서2754, 2011.12.27.).

☐ 과대평가된 비상장주식을 특수관계가 없는 법인에 현물출자한 경우(조심 2011부312, 2011.8.10.)
비상장법인 주식을 특수관계 없는 코스닥 등록법인에 현물출자하여 저가로 코스닥 법인 발행
주식을 취득한 경우 상속증여세법에 따른 시가를 양도 당시의 실지거래가액으로 보아 그 차액
에 대해 '고가양도에 따른 이익'으로 보아 증여세를 과세함이 타당함.

☐ 현물출자자가 얻은 이익을 과세할 경우 주주별로 계산함(조심 2010서3736, 2011.6.29.).

☐ 현물출자 전 상장주식평가방법 및 증여가액 계산방법(조심 2020서3741, 2011.6.29.)
현물출자시 증여시기는 현물출자 납입일이며, 증여시기 이전에 증자가 발생한 경우 증자가 발
생한 날의 다음 날부터 평가기준일 전일까지의 기간의 평균액으로 현물출자 전 1주당가액을
산정해야 하며 현물출자에 따른 증여이익을 각 주주(증여자)별로 구분하여 계산하여야 함.

☐ 신주인수권이 미치지 않는 현물출자시 신주발행은 증여세 과세대상 아님(대법원 88누889, 1989.3.14.,
국심 1994전3065, 1994.11.3.). ← 2000년 이전 현물출자에 대하여만 적용됨.

제11절. 감자에 따른 이익의 증여

1. 개 요

회사에서 자본금을 감소시키는 것을 감자라고 한다. 자본금은 회사가 보유해야 할 순
재산의 최저기준을 표시하는 것이므로 감자는 회사의 이해관계자와 밀접한 관계가 있다.
따라서 상법에서는 감자를 하는 경우에 반드시 주주총회의 특별결의와 2월 이상의 채
권자의 이의신청기간을 둘 것을 규정하고 있다. 감자는 다음의 2가지가 있다.

① 과잉자본을 주주에게 반환할 목적으로 행하는 감자는 회사가 영업활동을 축소해야
하고 현재 소유하고 있는 순재산을 장래에 유리하게 운영할 수 없는 경우에 행하는
것이다.

② 자본을 감소해서 결손보전하기 위하여 행하는 감자는 감자에 의해서 결손을 보전
하여 회사의 신용을 회복하고 배당의 계속·유지 등을 위한 경우에 행하는 것이다.

자본감소의 방법에는 주금감소의 방법과 주식수감소의 방법이 있으며 이 중 주식의 액면가치를 일률적으로 절하시키는 주금감소에 의한 감자는 증여세 과세대상 감자의 범위에 포함하지 않는다.

주식수감소에 의한 감자 방법은 주식소각에 의한 방법과 주식의 병합에 의한 방법으로 구분되는 바, 법인이 발행한 모든 주식에 대하여 일률적으로 행하여지는 주식병합의 경우에도 증여세 과세대상이 되는 감자의 범위에서 제외된다.

주식소각의 방법에는 그 소각대상주식의 선정과 관련하여 강제소각과 임의소각이 있다. 강제소각은 주주의 의사와는 관계없이 회사의 일방적 행위에 의하여 특정주식을 소멸시키는 방법으로서 추첨이나 안분비례 또는 특정한 순서 등의 방법을 이용하며, 임의소각은 회사의 주주 간의 임의적 법률행위에 의하여 회사가 주식을 취득하여 소멸시키는 방법으로서 회사와 주주 간의 매매계약에 의하는 것이 보통이고, 이 밖에 대물변제나 교환 또는 증여 등에 의하여도 가능하다.

또한 주식소각은 그 대가의 지급 여부에 따라 유상소각과 무상소각으로 구분되며 유상소각은 주주에게 대가가 제공되고 따라서 실질상의 감자가 되며 무상소각은 대가가 제공되지 아니하며 명목상의 감자가 된다.

법인이 자본(또는 출자액)을 감소시키기 위하여 주식(또는 지분)을 소각함에 있어 일부 주주(또는 출자자)의 주식을 저가로 소각하는 경우로서 그의 특수관계인에 해당하는 대주주가 상대적으로 현저한 경제적 이익을 받는 것으로 나타나는 경우에 그 이익에 상당하는 금액을 당해 대주주의 증여재산가액으로 하여 증여세를 과세하도록 규정하고 있다.

감자시 증여세 과세규정은 1990.12.31. 신설되었으며, 그 이전 불균등감자분의 경우에 국세청 예규(재산 1264 - 2471, 1984.7.25.)에서 증여세 과세대상이 아닌 것으로 해석했으나 재무부 예규(재산 22607 - 1033, 1990.10.26.)에서는 증여세 과세대상이라고 해석하였다.

그러나, 동 해석에 따른 증여세 과세처분 행정소송에서 법원(서울고법 92누7728, 1993.1.9. 선고)은 증여세 과세대상이 아니라고 판결함에 따라 1991.1.1.부터 시행하는 감자시의 증여규정에 의하여 비로소 과세할 수 있게 되었다.

또한 2004.1.1.부터 감자전의 주식평가액보다 주식 소각대가를 많이 지급하는 경우에는 의제배당소득금액에 포함되지 아니하는 금액은 증여세 과세대상으로 삼고 있다.

2. 과세요건

다음의 요건을 충족하였을 때 증여세 과세대상에 해당한다.

① 주식소각을 수반하는 감자가 있을 것

② 주주 간에 특수관계가 있을 것

　　주식을 소각한 주주와 상속증여세법 시행령 제2조의2 제1항 각호의 어느 하나에 해당하는 자를 말한다.

③ 감자로 인하여 이익을 얻은 대주주가 있을 것

　　이 경우 대주주란 특수관계인의 주식을 포함하여 해당 법인의 발행주식총수의 100분의 1 이상을 소유하고 있거나 소유하는 주식의 액면가액이 3억원 이상인 주주를 말한다.

④ 2016.2.5.부터 수증자별 증여이익이 ㉠과 ㉡의 금액 중 적은 금액에 미달하는 경우에는 증여세를 과세하지 않는다(상속증여세법 §39의2 ①단서 및 같은법 시행령 §29의2 ②, 재재산-476, 2017.8.1.).

　　㉠ 감자한 주식등의 평가액의 100분의 30에 상당하는 가액

　　㉡ 3억원

3. 증여시기

　　감자를 위한 주주총회 결의일이 증여일이다. 주주총회 결의 후 주식을 매입하여 소각하고 감자등기가 이루어질 때까지 시차가 생길 수 있는데 이 경우 실제 주식을 소각한 날을 증여시기로 하여 주식을 다시 평가하는 등으로 증여세 과세규정을 적용하지는 아니한다.

4. 증여재산가액

가. 주식등을 시가보다 낮은 대가로 소각한 경우

　　감자전 지분율보다 적게 소각한 주주가 얻은 이익에 대하여 과세한다.

　　법인이 자본을 감소시키기 위하여 주식(또는 지분)을 소각함에 있어서 일부 주주의 주식을 저가로 소각함으로 인하여 그의 특수관계인에 해당하는 대주주가 이익을 얻은 경우에는 다음의 금액을 당해 대주주의 증여재산가액으로 한다.

$$증여재산가액 = \left(\begin{array}{c}감자한 \\ 주식 1주당 \\ 평가액\end{array} - \begin{array}{c}주식소각시 \\ 지급한 1주당 \\ 금액\end{array}\right) \times \begin{array}{c}총감자 \\ 주식수\end{array} \times \begin{array}{c}대주주의 \\ 감자후 \\ 지분비율\end{array} \times \left(\dfrac{대주주의 \ 특수관계인의 \ 감자주식수}{총 \ 감자 \ 주식수}\right)$$

감자한 주식 1주당 평가액은 상장·코스닥상장법인의 경우 주주총회 결의일 이전 2개월간의 한국거래소 최종시세가액 평균액에 의하고 비상장법인의 경우에는 시가에 의하되, 시가를 산정하기 어려운 경우에는 보충적 평가액에 의해야 할 것이다.

감자에 따른 이익의 증여재산가액을 계산할 때에는 최대주주가 보유한 주식에 대한 할증평가규정은 적용하지 아니한다(서일 46014-10278, 2001.10.6.).

 관련 예규·심판결정례 및 판례 등

❏ 증여재산가액 계산시 30%를 차감하는지(서일 46014-10563, 2002.4.30.).
  감자시 증여의제가액은 감자전후 주식평가액의 차액 전부를 말하는 것이지 주식평가액의 30% 상당액과 1억원 중 적은 금액을 총차액에서 차감하는 것은 아님.

❏ 감자에 따른 이익의 증여시기는 주주총회 결의일임(재산세과-115, 2012.3.20.).

❏ 감자결의 시기를 기준으로 특수관계의 존부를 판단한 것은 정당함(대법원 2012두11430, 2012.9.27.).
  증여시기를 감자결의가 있었던 때로 보고 특수관계의 존부 역시 그때를 기준으로 판단한 것은 정당하고 이 사건 조정에서 정한 1주당 가액이 객관적 교환가치가 적정하게 반영된 거래가격이라고 아니한 것은 그 조정에 이른 경위, 금액을 정한 배경 사실 등에 비추어 정당함.

나. 주식등을 시가보다 높은 대가로 소각한 경우

주식을 소각한 주주가 얻은 다음 계산식에 따른 이익 중 의제배당소득금액을 뺀 금액에 대하여 증여세를 과세한다. 주식 등 1주당 평가액이 액면가액(소각대가가 액면가액에 미달하는 경우에는 해당 대가를 말함)에 미달하는 경우에 한정하여 증여세를 부과한다.

증여재산가액 = (주식소각시 지급한 1주당 금액 - 감자한 주식 1주당 평가액) × 당해 주주의 감자주식수

2004.1.1. 이후 소각대가를 감자전 주식평가액보다 많이 지급한 경우 과세방법

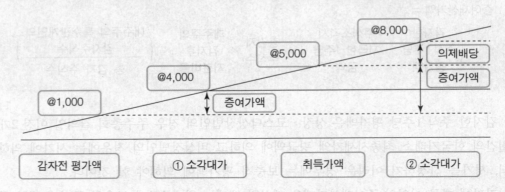

① 소각대가(4,000원)가 취득가액(5,000원) 이하인 경우

  − 2003.12.31. 이전 : 소득세 및 증여세 과세대상 아님.

  − 2004.1.1. 이후 : 평가액(1,000원)을 초과하는 소각대가 3,000원(①)에 대해서 증
    여세를 과세한다.

② 소각대가(8,000원)가 취득가액(5,000원)을 초과하는 경우

  − 취득가액 초과부분 3,000원(②)에 대해서 소득세를 과세한다.

  − 평가액(1,000원)과 액면가액(5,000원)의 차액에 대한 증여세 과세내용

    (2003.12.31. 이전) 증여세가 과세되지 아니하였고

    (2004.1.1. 이후) 소득세 과세되지 않는 4,000원에 대해서 증여세를 과세한다.

사례 1   무상으로 감자한 경우

❑ 감자 내용 및 감자전 주식 평가액

  ○ 乙주주의 소유주식 500주를 무상으로 감자

  ○ 감자한 주식 1주당 평가액 15,000원

  ○ 감자 전·후 주주의 지분율 현황

구 분	감자전		乙주식 감자후	
	주식수	지분율(%)	주식수	지분율(%)
甲 (父)	1,200	60.0	1,200	80.0
乙 (子)	500	25.0	0	0
丙 (子)	300	15.0	300	20.0
합 계	2,000	100.0	1,500	100.0
1주당 액면가액(원)	5,000		5,000	
액면가액 합계(원)	10,000,000		7,500,000	

풀이

○ 과세요건 검토

- 특정주주인 乙주주만 불균등감자하여 다른 특수관계 있는 甲, 丙의 소유주식 지분율이 증가하고(甲 60% → 80%, 丙 15% → 20%)

- 소각시 지급대가 없는 무상감자로서 1주당 평가액의 차이비율이 30% 이상으로서 증여세 과세대상임.

○ 증여재산가액 계산

① 甲의 증여재산가액

$$(15,000원 - 0) \times 500주 \times \frac{80}{100} \times \frac{500주}{500주} = 6,000,000원$$

② 丙의 증여재산가액

$$(15,000원 - 0) \times 500주 \times \frac{20}{100} \times \frac{500주}{500주} = 1,500,000원$$

사례 2 **액면가액으로 감자한 경우**

❑ 감자 내용 및 감자전 주식 평가액

○ 甲주주의 소유주식 1,500주(지분율 50%) 감자

○ 감자한 주식 1주당 평가액 15,000원

○ 감자 전·후 주주의 지분율 현황

구 분	감자전		甲주식 액면가액으로 감자후	
	주식수	지분율(%)	주식수	지분율(%)
甲 (父)	1,500	50.0	0	0
乙 (子)	900	30.0	900	60.0
丙 (子)	600	20.0	600	40.0
합 계	3,000	100.0	1,500	100.0
1주당 액면가액(원)	5,000		5,000	
액면가액 합계(원)	15,000,000		7,500,000	

풀이

○ 과세요건 검토

① 특정주주인 甲주주만 불균등감자하여 다른 특수관계있는 乙, 丙의 소유주식 지분율이 증가하고(乙 30% → 60%, 丙 20% → 40%)

② 소각시 지급대가가 1주당 5,000원(액면가액)으로 주당 평가액 15,000원과의 차액 10,000원은 평가액의 66%이므로 증여세 과세대상에 해당함.

○ 증여가액의 계산

① 乙의 증여재산가액

$$(15,000원 - 5,000원) \times 1,500주 \times \frac{60}{100} \times \frac{1,500주}{1,500주} = 9,000,000원$$

② 丙의 증여재산가액

$$(15,000원 - 5,000원) \times 1,500주 \times \frac{40}{100} \times \frac{1,500주}{1,500주} = 6,000,000원$$

사례 3   **감자하지 아니한 주주 중 소액주주가 있는 경우**

❏ 감자 내용 및 감자전 주식 평가액

(1) B사의 증자전 현황

　○ 발행주식 총수 : 100,000주(자본금 10억원)

　○ 감자전 1주당 평가액 : 25,000원

(2) B사의 유상감자 내용

　○ 감자금액 : 5억원

　　(감자주식수 : 50,000주, 1주당 지급금액 : 10,000원)

　○ 甲의 주식 전부를 액면가액 10,000원을 지급하고 소각함.

주 주	감자전		감자내용 (소각 주식수)	감자후	
	주식수	지분율		주식수	지분율
甲(父)	50,000	50%	50,000	×	×
乙(子)	30,000	30	–	30,000	60
丙(子)	10,000	10	–	10,000	20
소액주주	10,000	10	–	10,000	20
합 계	100,000	100	50,000	50,000	100

풀이

○ 증여세 과세대상 검토

$$\frac{(25,000원 - 10,000원)}{25,000원} = 60\% \geq 30\%이므로 \ 과세요건 \ 충족함.$$

○ 증여재산가액 계산

① 乙 $= (25,000원 - 10,000원) \times 50,000주 \times 60\% \times \frac{50,000주}{50,000주} = 450,000,000원$

② 丙 $= (25,000원 - 10,000원) \times 50,000주 \times 20\% \times \frac{50,000주}{50,000주} = 150,000,000원$

• 소액주주는 과세 제외함.

| 사례 4 | 모든 주주의 주식을 불균등하게 소각한 경우 |

❑ 감자 내용 및 감자 전후 주식 평가액

○ 감자에 따라 甲·乙·丙은 이익을 얻고 丁은 손해를 본 경우로서 甲과 乙만이 특수관계인이고 丙과 丁은 특수관계가 없는 경우에 甲·乙에게 증여세가 과세되는지 여부?

‖ 감자내용 및 감자 전후 주식평가액 ‖

(단위 : 주, 원, %)

주주	감자전 내용		감자내용		감자후 내용			감자 전후 차액[(ⓛ+ⓒ) - ⑤]
	주식수	⑤총평가액	주식수	ⓛ지급액	주식수	지분율	ⓒ총평가액	
甲	2,500	100,000,000	500	5,000,000	2,000	40	140,000,000	45,000,000
乙	2,500	100,000,000	900	9,000,000	1,600	32	112,000,000	21,000,000
丙	2,500	100,000,000	1,200	12,000,000	1,300	26	91,000,000	3,000,000
丁	2,500	100,000,000	2,400	24,000,000	100	2	7,000,000	△69,000,000
합계	10,000	400,000,000	5,000	50,000,000	5,000	100	350,000,000	-

* 감자후 평가액 = (감자전 총평가액 - 감자시 지급액) ÷ 감자후 주식수

풀이

○ 위의 감자내용을 아래 증여가액 계산산식에 대입하게 되면 甲은 乙로부터 얻은 이익이, 乙은 甲으로부터 얻은 이익이 있는 것으로 계산될 수 있는데, 이는 ⓔ대주주와 특수관계에 있는 자의 감자주식수에 甲과 특수관계에 있는 자인 乙의 감자주식수를 무조건 대입시키는 경우에 발생한다.

$$[\text{ⓐ감자한 주식 1주당 평가액} - \text{ⓑ주식소각시 지급한 1주당 금액}] \times \text{ⓒ감자주식수} \times \text{ⓓ대주주의 감자후 지분비율} \times \frac{\text{ⓔ대주주의 특수관계인의 감자주식수}}{\text{ⓕ총감자주식수}}$$

<甲의 경우>

(40,000 - 10,000) × 5,000주 × 40% × 乙감자수 900주 ÷ 5,000주 = 10,800,000원

<乙의 경우>

(40,000 - 10,000) × 5,000주 × 32% × 甲감자수 500주 ÷ 5,000주 = 4,800,000원

○ 그러나, 불균등감자시 증여규정은 대주주가 얻은 총이익 또는 소액주주가 얻은 이익에 대해서 과세하는 것이 아니고, 대주주가 그와 특수관계에 있는 주주가 지분율을 초과하여 낮은 가액으로 주식을 소각함에 따라 얻은 이익에 대하여 과세하는 것이므로

이에 합당한 이익에 대해 과세하기 위해서는 ⓔ대주주와 특수관계에 있는 자의 감자주식수를 "대주주에게 이익을 증여한 주주로서 그와 특수관계에 있는 주주의 감자주식수"로 해석하는 타당하다고 보이며 이렇게 해석하면 甲과 乙은 증여받은 주주이지 증여한 주주가 아니고 증여한 주주인 丁은 그들과 특수관계가 없기 때문에 분자의 주식수가 "0"이 되고 증여가액도 계산되지 아니한다(재산상속 46014-184, 2003.6.9. 위와 같은 취지의 예규임).

사례 5　　감자전 주식평가액보다 소각대가를 많이 지급한 경우 증여세 등 과세방법

❏ 감자전 현황
○ 주식 1주당 취득가액은 @5,000원, 소각대가는 @6,000원, 감자전 평가액은 @3,000원임.
○ 감자전 주주별 소유주식, 감자내용 및 감자후 주주별 소유주식 등 현황

주주	감자전 내용		감자 내용		감자후 내용		초과·미달 감자주식수
	주식수	총평가액	주식수	소각대가	주식수	총평가액	
甲	6,000	18,000,000	2,000	12,000,000	4,000	8,000,000	+500
乙	3,000	9,000,000	500	3,000,000	2,500	5,000,000	△250
丙	1,000	3,000,000	–	–	1,000	2,000,000	△250
	10,000	30,000,000	2,500	15,000,000	7,500	15,000,000	–

* 감자후 평가액 : (감자전 총평가액 − 감자시 지급액) ÷ 감자후 주식수

풀이

가. 소득세 과세내용
○ 소각한 주식의 취득가액을 초과하여 지급받은 소각대가에 대해 의제배당소득으로 과세
－甲의 의제배당소득 : (@6,000 − @5,000) × 2,000주 = 2,000,000원
－乙의 의제배당소득 : (@6,000 − @5,000) × 500주 = 500,000원

나. 증여세 과세내용
○ 감자전 1주당 평가액과 1주당 소각대가에 감자한 주식수를 곱하여 증여재산가액 계산
－甲의 증여가액 : (@5,000 − @3,000) × 2,000주 = 4,000,000원
－乙의 증여가액 : (@5,000 − @3,000) × 500주 = 1,000,000원
○ 그러나 해당 감자에서 불균등감자에 따른 이익을 얻은 주주는 甲이고 乙과 丙은 손해를
본 주주에 해당하며, 본인으로부터 얻은 이익을 차감하지 아니함에 따라 甲과 乙의 증여
가액이 과대하게 계상되는 문제가 있음.
－따라서 甲 또는 乙이 본인으로부터 얻은 이익을 차감한 후 증여가액을 산정하는 것이
합리적이라 생각되고 그렇게 하려면 甲이 균등한 비율로 주식을 소각할 때보다 초과
하여 소각한 주식수(500주)에 대해서만 乙과 丙으로부터 얻은 이익을 구분하여 계산
해야 할 것으로 보이고
－구체적인 사안에 대해서는 과세관청의 유권해석 등을 받아서 처리해야 할 것으로 생
각됨.
－甲의 증여재산가액
• 乙로부터 얻은 증여가액 : (@5,000 − @3,000) × 250주 = 500,000원
• 丙으로부터 얻은 증여가액 : (@5,000 − @3,000) × 250주 = 500,000원

관련 예규·심판결정례 및 판례 등

❑ 감자하는 비상장법인이 보유한 상장주식의 평가방법(재산세과 - 1577, 2009.7.30.)

"감자한 주식 1주당 평가액"은 감자를 위한 주주총회 결의일을 기준으로 평가하는 것이며, 이 경우 비상장법인의 순자산가액 계산시 보유하는 상장주식의 가액은 평가기준일 이전·이후 각 2월간에 한국거래소 최종시세가액의 평균액에 의함.

❑ 물납주식을 감자목적으로 취득하여 소각하는 경우 증여 해당 여부(서면4팀 - 2776, 2007.9.21.)

감자를 통해 특수관계에 있는 자 외의 자가 이익을 얻은 경우로서 거래의 관행상 정당한 사유가 있다고 인정되지 아니한 경우에는 상속증여세법 제42조 제1항 제3호·제3항의 규정에 의하여 증여세가 과세되는 것이나, 국가 또는 지방자치단체로부터 증여받은 재산의 가액에 대하여는 같은법 제46조 제1호의 규정에 의하여 증여세가 비과세되는 것임.

❑ 감자한 협회등록주식 전후 2개월 종가 평균액에 의함(서면4팀 - 1698, 2004.10.22.).

❑ 유상소각한 주식이 양도에 해당하는지(재산상속 46014 - 1536, 2000.12.26.).

법인이 자본을 감소하기 위하여 상법상 절차에 따라 주식을 소각할 때에 당해 감자전에 각 주주들이 소유하고 있는 주식수 대로 균등하게 주식을 소각하는 경우에는 상속증여세법 제39조 제1항 제2호에 의한 감자시의 증여의제규정이 적용되지 아니하는 것이며, 또한 유상감자에 따라 감소된 주식은 양도한 주식에 포함되지 아니하는 것이므로 같은법 제35조 제1항에 의한 고가양도시의 증여의제규정이 적용되지 아니하는 것임.

질의

A법인 감자前 내용	98.12.	감자 내용	99년	양도後 내용
• 자본금 : 10억원 • 甲 등 지분 : 100% • 평가가액 : @6,000	➡ 감자등기	• 95% 유상감자 → 자본금 : 5천만 • 지급액 : @10,000	➡ 甲 등 5% 지분양도	• 자본금 : 5천만 • 乙 등 지분 : 100%(甲 등 0)

* 특정주식의 양도(50% 이상 양도) 해당 여부 판정시 유상감자에 따라 감소된 주식은 양도주식수에 포함되지 아니함(재경원 재산 46014 - 143, 1997.5.1.).

❑ 2 이상의 감자가 있는 경우 증여세 과세요건 등 적용방법(재산상속 46014 - 139, 2002.5.16.)

감자시 대주주가 얻은 이익이 1억원 이상인지 여부는 상법상 감자가 있을 때마다 판정하나, 2회 이상 감자시 대금지급 등이 동일하는 등 1회의 감자로 볼 수 있을 때에는 합산하여 판단함.

❑ 특수관계에 있는 자의 주식수 의미(재산상속 46014 - 184, 2003.6.9.)

상증령 제29조의2 제2항에서 "대주주와 특수관계에 있는 자의 주식수"는 "감자에 따른 이익을 증여한 자로서 대주주와 특수관계에 있는 자의 감자주식수"에 의하며, 상증법 제42조 제1항에 의한 감자에 따른 포괄적 증여의제대상도 특수관계인 간에 분여된 이익이 있는 경우에 적용함.

❏ 2003.12.31. 이전 특수관계없는 주주의 주식을 소각한 경우(서일 46014-11351, 2002.10.16.)
45%를 소유한 甲과 특수관계가 없는 乙의 주식(25% 지분) 전부를 1주당 평가액은 5만원이나 액면가 1만원에 소각하는 경우에도 甲과 乙이 특수관계인이 아니므로 과세대상이 아님.

❏ 구조조정에 따른 감자시 증여 해당 여부(재산세과-244, 2012.6.28., 재산세과-890, 2010.11.29.)
불균등 증자·감자로 인하여 어느 주주가 이익을 분여받은 경우에는 증여세 과세대상에 해당하는 것이나, 「채무자회생 및 파산에 관한 법률」에 따른 회생절차로 주주의 의결권이 법률상 또는 사실상 제한된 상태에서 증자·감자가 이루어지고 이러한 행위가 증여세 회피목적 없이 이루어진 경우에는 증여세 과세대상에서 제외함이 타당함.

❏ 증권거래법에 따른 공개매수방식으로 소각한 경우(서면4팀-211, 2005.2.1.)
감자전에 각 주주들이 소유하고 있는 주식수대로 균등하게 주식을 매입하여 소각하지 아니한 경우에는 상속증여세법 제39조의2 및 제42조의 규정에 의하여 증여세가 과세되는 것이나, 상장법인이 한국증권거래소에서 경쟁매매방식의 장내거래를 통하여 취득하거나, 증권거래법 제21조 제3항에 따른 공개매수방식으로 취득한 자기주식을 소각하는 경우에는 그러하지 않음.

❏ 감자후 3월 내 거래가액으로 감자시 증여가액 계산 여부(서면4팀-2078, 2004.12.17.)
감자에 따른 증여의제가액은 감자를 위한 주주총회결의일이 증여시기가 되는 것이며, 상증령 제29조의2 제2항 계산식에 따른 "감자한 주식 1주당 평가액"은 당해 증여시기 이전 3월 이내에 같은령 제49조 제1항 각호에 따른 시가가 있는 경우에는 당해 시가에 의하되 시가가 없는 경우에는 같은령 제54조에 따라 평가하는 것임. 다만, 유상감자를 통하여 대주주의 주식을 고가로 양도하는 등으로 대주주와 특수관계에 있는 법인이 당해 대주주에게 이익을 준 것으로 인정되는 경우에는 같은법 제42조 제1항에 따라 당해 대주주에게 증여세가 과세될 수 있음.

[질의]
- A법인의 감자전 주주가 아래와 같이 구성되어 있는 상태에서
  • 개인B 50%, 법인C 30%, 개인D 20% (B, C, D는 특수관계인임)
- 법인C의 보유주식 30%만을 상증법상 보충적 평가액인 1주당 @10,000원에 감자하고, 감자를 위한 주주총회결의일로부터 3월 이내에 개인 B의 보유주식 50%를 특수관계 없는 제3자에게 1주당 @60,000원에 양도한 경우 감자시 증여의제가액 계산시 감자한 주식 1주당 평가액을 감자후 3월 이내의 거래가액인 1주당 @60,000원으로 할 수 있는지 여부?

[해설]
감자시 대주주와 특수관계에 있는 자의 판단시기 및 감자한 주식의 평가기준일은 감자를 위한 주주총회결의일(증여시기)이 되며 증여일 전후 3월 이내에 특수관계가 없는 자간의 비상장주식 거래가액은 시가에 해당하나, 감자후 거래가액은 주식총수와 자산가액 등이 감자전과는 달라 감자 당시 시가로 채택하기 어려울 것이나, 법인C가 감자 당시 지급받아야 할 대가를 적게 받고 개인B가 이에 대한 대가를 제3자에게 주식을 양도할 때에 더 지급받는 등 법인C로부터 변칙적인 방법으로 이익을 증여받은 것으로 인정되는 경우에는 유형별포괄주의를 적용하여 증여

세 과세가 가능하다는 취지의 유권해석으로 보인다.

☐ 주식 소각시 증여세 및 소득세 과세 여부(서일 46011 – 10127, 2002.1.28.)

법인이 주주로부터 자기주식을 취득해 소각하는 경우, 주식을 소각한 주주는 '양도소득'이 아니라 '의제배당소득'에 대해 과세되며, 일부 주주의 주식소각으로 인해 그와 특수관계있는 대주주가 주식을 소각하지 아니함으로써 감자후 얻는 이익은 '증여의제'로 과세함.

☐ 단기간 내에 여러 차례 감자한 경우(재산상속 46014 – 139, 2002.5.16.)

감자에 따른 증여의제가액 및 과세대상 여부는 상법상 감자가 있는 때마다 계산하여 판단하되, 2회 이상에 걸쳐 父의 주식만을 감자하였으나 그 2회 이상의 감자가 사실상 1회의 감자로 볼 수 있는 경우에는 전체 감자내용을 기준으로 하여 증여의제가액 등을 계산하는 것임.

> **질의**

○ 지분율은 父 50%, 子1 25%, 子2 25%로서 父의 지분 50%를 2차에 걸쳐 감자할 예정임.
 – 1차 감자 : 父의 주식 25%를 감자한 후 감자한 1주당 평가액의 30% 이내에서 주식가액을 지급하고 평가액과 지급액의 차액이 2인의 子(수증자)의 증여의제가액이 1억원 이하여서 증여의제에 해당하지 않음.
 – 2차 감자 : 父의 주식 25%를 1차 감자와 동일한 조건으로 감자하여 증여의제에 해당하지 않으나, 1차 감자와 2차 감자를 합산할 경우 수증자별로 증여의제가액이 1억원을 초과함으로써 증여의제에 해당됨.

(갑설) 1차 감자와 2차 감자를 별개로 계산하여 증여의제금액을 계산함.

(을설) 1차 감자와 2차 감자를 합산하여 증여의제금액을 계산함. 당해법인은 특수관계인인 개인 甲으로부터 A법인의 주식을 시가로 취득하고자 함.

> **해설**

증여의제대상 여부는 상법상 감자가 있을 때마다 판단하는 것이 원칙이나, 증여세를 회피할 목적 등으로 수차례에 걸쳐 분할 감자한 경우에는 전체적인 감자내용을 기준으로 하여 증여세 과세대상 여부를 판단할 수 있다는 유권해석이다.

☐ 합병시 취득한 주식을 적법하게 소각하는 경우 합병이익 및 감자이익은 증여세과세대상 아님(재재산 – 767, 2007.6.29., 재산세과 – 80, 2010.2.5.).

☐ 유한회사가 상환이 예정된 특별출자좌를 발행한 후 소각한 경우 감자에 따른 증여세 과세대상 여부 (조심 2020중1499, 2021.11.22.)

> **과세내용**

○ (유) A가 공장신축자금에 사용하기 위해 최대사원인 甲에게 상환기간 5년, 이자율 年 5% 조건으로 특별출자좌를 발행하여 자금을 조달한 후, 당초 조건에 따라 액면가로 상환 및 소각

○ 감자가액(상환가액)이 상속증여세법상 평가액보다 저가로서 (유) A의 출자자인 청구인이 얻은 이익에 대해 상속증여세법 제39조의2에 따른 증여세를 부과함.

결정요지

○ (유) A 정관의 특별출자좌에 대한 규정과 이메일 등을 볼 때, 쟁점특별출자좌는 공장신축 목적으로 발행되어 상환이 예정되어 있었고, 실제 감자를 통해 상환이 이루어졌으며

○ 선결정례에서 상환우선주나 환매조건부주식이 발행되고, 예정대로 상환·환매된 경우 차입 거래로 보고 있는 점(조심 2017서2835, 2017.12.18., 2015중4676, 2016.6.23. 등) 등을 고려할 때 불균등감자에 따른 증여세 과세는 잘못이 있다고 판단됨.

☐ 불균등 유상감자시 과세규정은 조세법률주의에 위배되지 않음(대법원 2011두9010, 2011.8.25.).

☐ 외형상 주식 양도가 실질적으로 감자에 해당하는 경우 불균등감자에 따라 대주주가 얻은 이익은 증여세 과세대상 아님(대법원 2008두19635, 2010.10.28.).

☐ 1990.12.31. 이전 불균등감자시 증여세 과세대상 아님(대법원 5누15964, 1996.9.24.).

특정주주의 주식은 주당 평가액보다 적은 액면가액으로 취득, 소각함으로써 다른 주주들의 주당 평가액이 감자 이전보다 높아진 이익을 과세대상 증여로 볼 수 없음.

➡ 1990.12.31. 구법 제34조의5 제1항 제2호 증여의제규정 신설 전의 판결임.

☐ 1990.12.31. 이전 합병회사 출자지분 감소시킨 경우 과세대상 아님(대법원 97누15791, 1998.1.23.).

제12절. 전환사채 등의 주식전환 등에 따른 이익의 증여

1. 개 요

전환사채 등이란 전환사채(CB)·신주인수권부사채(BW)·분리형의 경우 신주인수권증권[31] 또는 그 밖의 주식으로 전환·교환하거나 주식을 인수할 수 있는 권리가 부여된 사채를 말한다. 이러한 전환사채 등을 특수관계인으로부터 취득하거나 발행법인의 최대주주 및 그의 특수관계인이 전환사채 등을 시가보다 낮은 가액으로 인수·취득함으로써 얻은 이익 및 전환사채 등을 인수·취득한 자가 당해 전환사채 등을 주식으로 전환 등을 하여 얻은 이익 및 전환사채 등을 양도하거나 인수하지 아니한 자로부터 증여받은 것으로 보아 증여세를 부과한다.

---

31) 자본시장법 제165조의10(사채의 발행 및 배정 등에 관한 특례)
② 주권상장법인이 「상법」 제516조의2 제1항에 따른 사채를 발행할 때 같은 조 제2항 제4호에도 불구하고 사채권자가 신주인수권 증권만을 양도할 수 있는 사채는 사모의 방법으로 발행할 수 없다.(2013.5.28. 신설, 2013.8.31. 시행)

① 1997.1.1. 이후 전환사채를 발행회사에서 인수, 취득한 자로부터 시가보다 낮은 가액으로 취득한 자가 얻은 이익에 대한 증여세 과세규정을 신설하였다.

② 1997.11.10. 이후 과세대상 회사채에 신주인수권부사채, 교환사채 등을 추가하면서 사채를 발행한 회사로부터 최초에 인수, 취득한 자가 얻은 이익도 증여세 과세대상으로 추가 규정하였다.

③ 2001.1.1. 이후 전환사채 등을 주식으로 전환하는 시점에서 당초 인수, 취득시점보다 주식평가액이 증가하는 등으로 추가이익을 얻은 경우에도 증여세를 과세하도록 하였다. 또한 증자시에 고가 신주를 배정한 경우와 같이 전환가액 등이 전환사채 등으로 교부받은 주식가액보다 높아 주식을 교부받지 아니한 주주의 주식평가액이 주식전환 후에 상승함으로써 얻은 이익에 대해서도 증여세를 과세하도록 하였다.

전환사채 등에 대한 증여세 과세는 전환사채 등을 발행회사에서 인수한 시점, 중도에 거래하는 단계 및 주식으로 전환 등을 하는 시점별로 과세요건 및 증여재산가액 계산방법 등을 구분하여 규정하고 있다.

┃ 거래유형별 과세요건 및 증여재산가액 요약 ┃

거래유형	증여재산가액	30%Rule 등 적용 여부
① 특수관계인으로부터 저가로 취득한 자가 얻은 이익 (法 §40 ① 1호 가목)	(ⓐ시가 − ⓑ인수 · 취득가액)	30%Rule 적용
② 최대주주나 그의 특수관계인으로서 주주가 인수 · 취득한 경우 (法 §40 ① 1호 나목)	자기 몫을 초과하여 취득한 전환사채 등의 (ⓐ시가 − ⓑ인수 · 취득가액)	30%Rule 적용
③ 주주가 아닌 자로서 최대주주의 특수관계인이 인수 · 취득한 경우 (法 §40 ① 1호 다목)	(ⓐ시가 − ⓑ인수 · 취득가액)	30%Rule 적용
④ ①의 자가 주식으로 전환하여 얻은 이익(法 §40 ① 2호 가목)	(ⓒ − ⓔ) × 교부받은 주식수 − ⓕ − 기과세된 가액(①의 증여가액)	−1억원 이상인 경우 과세 −2003.12.31. 이전 전부 과세대상
⑤ ②의 자가 주식으로 전환하여 얻은 이익(法 §40 ① 2호 나목)	(ⓒ − ⓔ) × 자기지분 초과하여 교부받은 주식수 − ⓕ − 기과세된 가액(②의 증여가액)	−1억원 이상인 경우 과세 −2003.12.31. 이전 전부 과세대상

거래유형	증여재산가액	30%Rule 등 적용 여부
⑥ ③의 자가 주식으로 전환하여 얻은 이익(法 §40 ① 2호 다목)	(ⓒ − ⓔ) × 교부받은 주식수 −ⓕ− 기과세된 가액(③의 증여 가액)	−1억원 이상인 경우 과세 −2003.12.31. 이전 전부 과세대상
⑦ 전환가액 등이 주식평가액보다 높아 전환사채 등으로 주식을 교부받지 않은 자가 얻은 이익 (法 §40 ① 2호 라목)	(ⓔ − ⓒ) × 전환 등에 의하여 증가한 주식수 × 주식을 교부받은 자의 특수관계인의 전환 등을 하기 전 지분비율	전부 과세대상
⑧ 특수관계인에게 시가보다 높은 가액으로 양도한 자가 얻은 이익 (法 §40 ① 2호 마목)	(양도가액 − ⓓ전환사채 등의 시가)	30%Rule 적용
⑨ 기타 유사한 거래로 전환사채 등 인수·취득한 자 및 전환한 자 등이 얻은 이익(法 §40 ① 3호)	상기 증여가액 계산방법을 준용하여 이익을 계산	30%Rule 적용

☞ 30%Rule 등은 다음 요건에 해당하는 경우에만 과세하는 것을 말함.

$$\frac{ⓐ시가 − ⓑ인수·취득가액}{ⓐ시가} ≥ 30\% \text{ 이상이거나}$$

(ⓐ시가 − ⓑ인수·취득가액)이 1억원 이상인 경우

➡ 2000.12.31. 이전은 30%Rule 해당 여부와 관계없이 과세대상임.

2. 과세요건 및 용어 정의

전환사채 등을 취득하거나 양도하는 경우 거래 당사자 또는 주식으로 전환 등을 하는 자와 기존주주들 사이에 특수관계가 성립하여야 한다. 전환사채 등 취득가액과 시가 등의 차이비율이 30% 이상 또는 차액이 1억원 이상인지 여부에 따른 과세요건은 전환사채 등의 거래유형별로 일부 차이가 있다.

가. 특수관계인의 범위

특수관계인이란 전환사채 등을 취득하는 자 등과 상속증여세법 시행령 제2조의2 제1항 각 호의 어느 하나에 해당하는 관계에 있는 자를 말한다.

나. 주식 평가액 등의 의미

ⓐ 전환사채 등의 시가 : 상속증여세법 제60조와 제63조에 따라 평가한 가액을 말한다. 시가가 있는 경우 시가에 의하되, 시가를 산정하기 어려운 경우에는 상속증여세법 시행령 제58조의2에 따라 평가하며 구체적인 평가방법은 제4편 상속·증여재산의 평가에서 기술하였다.

ⓑ 전환사채 등의 인수·취득가액 : 전환사채 등을 인수하거나 취득하면서 지급한 금액을 말한다.

ⓒ 교부받은 주식가액 : 증자시 이론적 권리락 주가의 계산방법과 유사한 다음 산식에 의한 가액으로 하되, 상장·코스닥상장주식은 전환 등 후의 1주당 평가액(2월간 종가평균액)이 낮은 경우에는 당해 가액(고가로 전환하는 경우에는 높은 가액)을 말한다. 이는 증자시 증여규정에서와 마찬가지로 증여재산가액이 적게 계산되는 가액에 의할 수 있도록 한 내용으로 볼 수 있다.

$$
\frac{\left(\begin{array}{c}\text{전환 등 전의} \\ \text{1주당 평가가액}\end{array} \times \begin{array}{c}\text{전환 등 전의} \\ \text{발행주식총수}\end{array}\right) + \left(\begin{array}{c}\text{주식 1주당} \\ \text{전환가액 등}\end{array} \times \begin{array}{c}\text{전환 등에 의하여} \\ \text{증가한 주식수}\end{array}\right)}{\text{전환 등 전의 발행주식총수 + 전환 등에 의하여 증가한 주식수}}
$$

전환 등 전의 1주당 평가가액은 전환 등을 한 날을 평가기준일로 하여 상장·코스닥상장주식의 경우 평가기준일 이전 2개월간 한국거래소 최종시세가액 평균액에 의하며 비상장주식의 경우 시가에 해당하는 거래가액 등이 있으면 그 시가에 의하되, 시가를 산정할 수 없는 경우에는 순자산가치와 순손익가치에 의한 보충적 평가액을 말한다.

ⓓ 교부받을 주식가액 : 전환사채 등을 주식으로 전환 등을 하기 전에 양도하는 경우로서 양도일 현재 주식으로 전환 등을 할 경우에 교부받을 주식가액은 다음 산식에 의한 가액으로 하되, 상장·코스닥상장주식은 양도일 현재 1주당 평가가액(양도일 전후 각 2개월간 종가평균액)이 적은 경우에는 해당 가액에 의한다.

$$\frac{\left(\begin{array}{c}\text{양도전의 1주당} \\ \text{평가가액}\end{array} \times \begin{array}{c}\text{양도전의} \\ \text{발행주식총수}\end{array}\right) + \left(\begin{array}{c}\text{주식 1주당} \\ \text{전환가액 등}\end{array} \times \begin{array}{c}\text{전환 등을 할 경우} \\ \text{증가하는 주식수}\end{array}\right)}{\text{양도전의 발행 주식총수 + 전환 등을 할 경우 증가하는 주식수}}$$

양도전의 1주당 평가가액은 양도일을 평가기준일로 하여 상장·코스닥상장주식의 경우 평가기준일 이전 2개월간 한국거래소 최종시세가액 평균액에 의하며 비상장 주식의 경우 시가에 해당하는 거래가액 등이 있으면 그 시가에 의하되, 시가를 산정할 수 없는 경우에는 순자산가치와 순손익가치에 의한 보충적 평가액을 말한다.

ⓔ 주식 1주당 전환가액 등 : 전환사채 등을 주식으로 전환할 때 납입하는 주식대금 즉 증자시의 1주당 신주인수가액을 말한다.

ⓕ 이자손실분 : 전환사채 등의 경우 주식으로 전환할 수 있는 권리를 부여함에 따라 일반 회사채보다 통상 이자율이 낮으며 이러한 이자율 차이로 인한 손해를 주식으로 전환 등을 할 권리의 가액에서 차감함으로써 무상으로 얻은 순이익을 과세하기 위하여 이자손실분을 빼주고 있다. 이자손실분은 전환사채 등의 만기상환금액(만기 전에 발생하는 이자상당액을 포함한다)을 사채발행이율에 의하여 취득당시의 현재가치로 할인한 금액에서 전환사채 등의 만기상환금액을 기획재정부령에서 정한 적정이자율(2010.11.5. 이후 8%)에 따라 취득 당시의 현재가치로 할인한 금액을 뺀 금액을 말한다. 다만, 신주인수권증권에 의하여 전환 등을 하는 경우에는 신주인수권부사채의 만기상환금액을 사채발행이율에 따라 발행 당시의 현재가치로 할인한 가액에서 그 만기상환금액을 적정이자율에 따라 발행 당시의 현재가치로 할인한 가액을 뺀 가액을 말하며, 이 경우 그 가액이 0원 이하인 경우에는 0원으로 한다.

$$\text{이자손실분} = \left[\frac{\text{만기상환금액}}{(1 + \text{사채발행이자율})^n} - \frac{\text{만기상환금액}}{(1 + \text{적정이자율})^n}\right]$$

* 사채발행이자율 : 전환사채 등에 대한 이자율
* 적정이자율 : 기획재정부령에서 규정한 이자율(2010.11.5. 이후 8%)
* n : 취득일부터 만기일까지의 연수

다. 30%Rule의 의미

전환사채 등의 시가와 인수·취득가액 또는 양도가액의 차액이 시가의 30% 이상이거나 그 차액이 1억원 이상인 경우에 과세하는 거래유형에서 다음 요건(30%Rule이라 함)을 갖춘 경우를 말한다.

$$\frac{ⓐ시가 - ⓑ인수·취득가액}{ⓐ시가} ≥ 30\% \ 이상이거나$$

(ⓐ시가 - ⓑ인수·취득가액)이 1억원 이상인 경우를 말한다.

 관련 예규·심판결정례 및 판례 등

❑ **매입한 신주인수권증권으로 주식 전환한 경우**(재산세과 - 359, 2011.7.27.)

특수관계인으로부터 신주인수권증권을 매입한 후 신주인수권을 행사하여 주식으로 전환한 경우 증여이익은 상속증여세법 시행령 제30조 제5항에 따라 계산하고, 주식 1주당 전환가액 등에는 신주인수권증권 취득가액이 포함되는 것임.

사실관계

○ 코스닥상장법인이 2008.7.7. 분리형 신주인수권부사채를 발행하였고, 상당기간 경과 후 코스닥상장법인의 최대주주 법인이 위 사채에서 분리된 신주인수권증권을 매입한 후

- 다시 본인에게 2009.7.23. 당시 시가상당액인 1주 전환권당 6,895원에 매도하였음.

- 본인은 2009.7.24. 신주인수권증권에 따라 코스닥상장법인으로부터 1주당 신주인수가액 2,535원을 납부하고 신주를 인수함(합계 1주당 9,430원).

- 본인은 신주인수권 매입당시 최대주주 법인에 30%를 출자하고 있는 주주임(최대주주는 아님).

- 신주인수일 기준 상증법상 평가한 평가된 코스닥상장법인의 주식가액은 8,711원임.

(질의) "주식 1주당 전환가액"에 위 신주인수권증권 매입당시의 시가(또는 매입대가 중 낮은 금액)를 포함하는지 여부

➡ 2013.8.29. 이후 주권상장법인은 분리형 신주인수권부사채를 발행할 수 없음(자본시장법 §165의10 ②, 2013.5.28. 개정).

❑ **상장법인의 주식전환 전의 1주당 평가액 의미**(재산세과 - 12, 2011.1.7.)

전환사채 등 전환이익과 관련하여 교부받은 주식가액 산정시 주권상장법인 등의 주식으로 전환 등을 한 경우 동 산식에서 "전환 등 전의 1주당 평가가액"이란 전환일 전 2월이 되는 날부터 전환일 전일까지의 최종시세가액의 평균액에 의함.

3. 증여시기

전환사채 등의 주식전환 등에 따른 이익의 증여시기는 거래 유형별로 구분하여 전환사채 등을 인수·취득하는 경우에는 전환사채 등의 대금청산일(대금청산 전에 전환사채 등을 교부받은 경우에는 그 교부일)(상속증여세법 기본통칙 40-30…1 ②), 고가로 양도한 경우에는 양도일, 주식 등으로 전환하여 이익을 얻은 경우에는 주식 전환일이다.

① 전환사채 등을 인수·취득하여 이익을 얻은 경우	전환사채 등의 대금청산일(대금청산 전에 전환사채 등을 교부 받은 경우에는 그 교부일)
② 양도하여 이익을 얻은 경우	양도일(대금청산일)
③ 전환사채 등을 주식으로 전환하여 이익을 얻은 경우	주식 전환일

4. 전환사채 등을 저가로 취득하는 경우

가. 개 요

전환사채 등의 발행회사로부터 인수·취득한 자가 보유하고 있는 전환사채 등을 그와 특수관계에 있는 자가 당해 전환사채 등을 시가보다 낮은 가액으로 취득함으로써 얻은 이익을 취득한 자의 증여재산가액으로 하여 과세한다.

전환사채는 1997.1.1.부터 과세대상이었고, 신주인수권부사채 등은 1997.11.10.부터 과세대상으로 규정하였다.

나. 과세요건

전환사채 등의 양도자와 양수자가 특수관계인인 경우로서 전환사채 등을 취득한 자가 얻은 이익이 일정금액 이상(30%Rule 충족)이어야 한다.

$$\frac{(전환사채\ 등의\ 시가 - 전환사채\ 등의\ 취득가액)}{전환사채\ 등의\ 시가} \geq 30\%\ 이상이거나$$

취득한 자가 얻은 총이익이 1억원 이상인 경우를 말한다.

다. 증여재산가액

전환사채 등의 시가와 취득가액의 차액을 증여재산가액으로 한다. 시가는 상속증여세법 제60조 및 제63조에 따라 평가한 가액을 말한다.

> 증여재산가액 = 전환사채 등의 시가 - 인수·취득가액

┃ 1997.1.1.~2000.12.31. 기간 중의 증여의제가액 ┃

$$\left(\begin{array}{c} \text{전환사채 발행법인} \\ \text{주식 1주당 가액}^* \end{array} \times \frac{\text{주식으로 전환할 수 있는 전환사채의 총액면가액}}{\text{주식 1주당 전환기준가격}} \right) - \begin{array}{c} \text{전환사채} \\ \text{취득가액} \end{array}$$

* 1997.1.1.~1997.11.9. 기간 중의 평가방법
  ① 한국증권거래소에서 거래되는 주식인 경우에는 전환사채 취득일 현재 공표된 한국증권거래소 최종시세가액(거래실적의 유무를 불문한다)
  ② '①' 외의 주식의 경우에는 전환사채 취득일 현재 상속증여세법 시행령 제53조 내지 제57조의 규정에 의하여 평가한 가액
* 1997.11.10.~2000.12.31. 기간 중의 평가방법
  전환사채 취득일 현재 상속증여세법 제60조 및 제63조의 규정에 의하여 평가한 가액
  ① 상장·협회등록주식은 평가기준일 이전 3월(2000년은 전후 각 2월)간 종가평균액
  ② 비상장주식은 시가 또는 보충적 평가가액

5. 주주가 발행회사로부터 저가로 인수 등을 한 경우

가. 개 요

전환사채 등을 발행한 법인의 최대주주나 그의 특수관계인으로서 주주인 자가 전환가액 등이 시가보다 낮은 가액으로 발행된 전환사채 등을 소유주식수에 비례하여 배정받을 수 있는 수를 초과하여 인수·취득함으로써 얻은 이익에 대하여 증여세를 과세한다. 1997.11.10.부터 증여세 과세대상으로 규정하였다.

자본시장법에 따른 인가를 받지 아니한 금융업자 등이 발행회사로부터 인수한 전환사채 등을 취득한 경우 자본시장법에 따른 인수인으로부터 인수·취득한 경우에 해당하는가에 대하여 논란이 있었다. 2017.1.1. 이후 전환사채 등을 인수·취득하는 경우부터 자본시장법에 따른 인수인으로부터 인수·취득한 경우뿐만 아니라 제3자에게 증권을 취득시킬 목적으로 그 증권의 전부 또는 일부를 취득한 자로부터 인수·취득한 경우를 발행회

사로부터 직접 인수·취득(이하 "인수 등"이라 함)한 것에 포함시켜 자본시장법에 따라 인가를 받지 아니한 금융업자로부터 전환사채 등을 인수·취득한 경우에도 증여세 과세 대상임을 명확히 규정하였다.

기획재정부는 2016.12.31. 이전 상속증여세법 제40조 제1항 제1호 나목의 자본시장법 제9조 제12항에 따른 인수인이란 같은 법 제12조 제1항 제1호에 따라 금융투자업인가를 받은 인수인을 말한다'고 유권해석을 하였다(기재부 조세법령운용과-790, 2019.7.4.).

나. 과세요건

전환사채 등을 발행하는 법인의 최대주주이거나 그의 특수관계인으로서 주주인 자가 인수 등을 한 경우로서 얻은 이익이 30%Rule을 충족하여야 한다.

"최대주주"란 주주 1인과 그의 특수관계인의 보유주식을 합하여 그 주식의 합계가 가장 많은 경우의 해당 주주 등 중 보유주식수가 가장 많은 1인을 말한다. 다만, 자본시장법에 따른 주권상장법인으로서 같은 법 제9조 제7항에 따른 유가증권의 모집방법으로 전환사 채 등을 발행한 법인은 제외하므로 공모방식으로 전환사채 등을 인수 등을 하는 경우에는 증여세 과세대상이 아니다(2016.2.5.부터 간주모집은 과세대상임. 이하 이 절에서 같음).

- 30%Rule

$$\frac{(전환사채\ 등의\ 시가 - 전환사채\ 등의\ 취득가액)}{전환사채\ 등의\ 시가} \geq 30\%\ 이상이거나$$

최대주주 및 그의 특수관계인인 주주별로 얻은 이익이 1억원 이상인 경우를 말한다.

다. 증여재산가액

최대주주 또는 그의 특수관계인에 해당하는 주주가 소유주식수에 비례하여 균등하게 배정받을 수 있는 수를 초과하여 전환사채 등을 인수 등을 한 금액과 시가의 차액을 증여재산가액으로 한다. 따라서 전환사채 등의 시가와 인수 등 가액에 차이가 있더라도 전환사채 등 발행당시 소유주식수에 비례하는 전환사채 등을 인수 등을 하는 경우에는 증여세를 부과하지 아니한다.

> 증여재산가액 = 자기 몫을 초과하여 인수한 전환사채 등의 시가 - 인수·취득가액

관련 예규 · 심판결정례 및 판례 등

☐ 우회 취득한 전환사채의 주식전환 등에 따른 증여이익 과세대상 여부(자본거래과 – 4363, 2021.9.6.)

전환사채등을 발행한 법인의 최대주주나 그의 특수관계인인 주주가 그 법인으로부터 전환사채 등을 시가보다 낮은 가액으로 그 소유주식 수에 비례하여 균등한 조건으로 배정받을 수 있는 수를 초과하여 인수 · 취득함으로써 얻은 이익에 대하여는 상속증여세법 제40조 제1항 제1호 나목을 적용하며, 이 경우 자본시장법 제9조 제12항에 따른 인수인으로부터 인수 · 취득하는 경우이거나 제3자에게 증권을 취득시킬 목적으로 그 증권의 전부 또는 일부를 취득한 자로부터 인수 · 취득한 경우에도 상속증여세법 제40조 제1항 제1호 나목이 적용되는 것임.

☐ 신주인수권증권 매입 · 소각시 초과인수한 신주인수권증권 계산방법(법령해석재산 – 284, 2016.4.11.)

질의

신주인수권부사채를 발행한 법인의 최대주주가 신주인수권증권을 행사하기 전에 발행법인이 제3자가 보유한 신주인수권증권을 매입하여 소각한 경우 최대주주가 자기 몫을 초과하여 인수한 신주인수권증권 계산방법은?

회신

신주인수권증권을 발행한 법인이 신주인수권증권을 매입 · 소각한 경우 주식전환에 따른 증여이익 계산시 초과인수한 최대주주의 자기 몫에 해당하는 신주인수권증권 수는 소각 후 신주인수권증권 수를 기준으로 계산하는 것임.

해설

발행법인이 매입 · 소각하기 전 신주인수권증권 수를 기준으로 하면 최대주주가 지분율에 따라 배정받을 신주인수권증권 수는 실제 주식으로 전환될 수 없는 신주인수권증권 수가 포함되어 과다하게 계산됨으로써 소각분은 이미 소멸하여 주식으로 전환을 할 수 없음에도 소각되지 않은 경우와 동일한 결과가 되는 불합리를 방지하기 위한 해석으로 볼 수 있다.

사례 **2001.1.1. 전후 전환사채 등 인수자에 대한 증여재산가액 비교**

☐ 전환사채 인수내역

주　　주	보유주식수	전환사채 인수내역	전환가능한 주식수
甲	500,000주(50%)	–	
乙(甲의 子)	200,000주(20%)	100억원	1,000,000주
丙(타인)	300,000주(30%)	–	
합　　계	1,000,000주	100억원	1,000,000주

– 교부받은 주식가액 : 1주당 20,000원
– 전환가액 : 1주당 10,000원(액면가액)

❑ 乙의 증여재산가액 계산 비교

1997.11.10.~2000.12.31.	2001.1.1. 이후
• 甲으로부터 얻은 이익 (20,000원 − 10,000원) × 500,000주 = 5,000,000,000원	• 甲으로부터 얻은 이익 (20,000원 − 10,000원) × 500,000주 = 5,000,000,000원 • 丙으로부터 얻은 이익 (20,000원 − 10,000원) × 300,000주 = 3,000,000,000원
• 상속증여세법 시행령 §31의5 ①에서 "지배주주 등 또는 특수관계인으로부터 증여받은 것으로 본다"고 규정함에 따라 ㅡ 전환사채 등 인수자가 얻은 이익 중 그와 특수관계인이 포기한 전환사채 등이 증여세 과세대상임.	• 상속증여세법 §40에서 "최대주주나 그와 특수관계에 있는 자가 전환사채 등을 시가보다 낮은 가액으로 인수함으로써 얻은 이익"라고 규정함에 따라 ㅡ 전환사채 등 인수자가 얻은 이익 전부가 증여세 과세대상임.

6. 주주가 아닌 자가 발행회사로부터 저가로 인수한 경우

가. 개 요

전환사채 등을 발행한 법인의 주주가 아닌 자로서 그 법인의 최대주주의 특수관계인이 그 법인으로부터 전환사채 등을 시가보다 낮은 가액으로 인수 등을 함으로써 얻은 이익에 대하여 증여세를 과세한다. 1997.11.10.부터 증여세 과세대상으로 규정하였다.

나. 과세요건

전환사채 등을 발행하는 법인의 최대주주의 특수관계인이 인수 등을 한 경우로서 얻은 이익이 30%Rule을 충족하여야 한다.

다만, 자본시장법에 따른 주권상장법인으로서 같은 법 제9조 제7항에 따른 유가증권의 모집방법으로 전환사채 등을 발행한 법인은 제외하므로 공모방식으로 전환사채 등을 인수 등을 하는 경우에는 증여세 과세대상이 아니다.

· 30%Rule(전환사채 등을 취득한 자가 얻은 이익이 일정금액 이상일 것)

$$\frac{(전환사채\ 등의\ 시가 - 전환사채\ 등의\ 취득가액)}{전환사채\ 등의\ 시가} \geq 30\%\ 이상이거나$$

최대주주의 특수관계인으로서 각자가 얻은 이익이 1억원 이상인 경우를 말한다.

다. 증여재산가액

최대주주의 특수관계인이 전환사채 등을 인수 등을 한 금액과 시가의 차액을 증여재산 가액으로 한다. 전환사채 등 발행당시 소유주식이 없기 때문에 인수 등을 한 전환사채 등 전액이 증여세 과세대상에 해당한다.

> 증여재산가액 = 전환사채 등의 시가 - 인수·취득가액

 관련 예규·심판결정례 및 판례 등

❏ 신주인수권을 감독기관 미허가 금융투자업자로부터 취득한 경우 발행법인으로부터 인수한 것에 해당 되지 아니함으로 증여세 과세는 잘못임(조심 2012중3133, 2013.5.14., 조심 2013서3965, 2014.1.10.).

➡ 2017.1.1. 이후 과세대상에 포함하도록 상증법 §40 개정됨.

사례 자본시장법상 인수인이 아닌 금융업자로부터 전환사채를 취득한 경우 과세 여부

❏ 사실관계
  ○ 자본시장법상 인수인이 아닌 금융업자 등이 전환사채 또는 신주인수권부사채를 인수 한 후 전환사채 등 발행법인의 최대주주가 해당 전환사채 등을 취득함.
  ○ 최대주주가 취득한 전환사채 등을 주식으로 전환한 경우로서 전환사채 등의 취득 및 전환시점에서 이익을 얻은 경우 증여세 과세가능 여부

  (쟁점1) 금융위원회의 허가를 받지 아니한 금융업자가 자본시장법상 인수인에 해당하는지?
  (쟁점2) 2회 이상 거래를 거치는 방법으로 증여세를 감소시킨 것에 해당하는지(상속증여 세법 제2조 제4항 적용 여부)?

풀이
  (쟁점1) 금융위원회의 허가를 받은 금융업자 등이 인수인에 해당하므로 2016.12.31. 이전에 발 행된 전환사채 등은 상속증여세법 제40조 제1항 제1호 나목·다목을 적용하여 증여

세를 부과하기는 어렵고, 관련 법령이 개정된 2017.1.1. 이후 전환사채 등 발행분부터 증여세 과세대상에 해당함.

➡ 관련 심판결정례 및 판례 : 조심 2012중3133(2013.5.14.), 조심 2012서2261(2013.7.2.), 대법원 2015두3270(2017.1.25.)

(쟁점2) 전환사채 등의 발행시 회사의 재무상태 및 필요성, 최대주주가 취득한 경위와 위험부담 수준 등을 감안하여 증여세를 부당하게 회피한 것인지를 판단하고 있음.

➡ 증여세 과세 부당함 : 조심 2012중3133(2013.5.14.), 조심 2012서2261(2013.7.2.), 대법원 2015두3270(2017.1.25.)

- 구 상증세법 제2조 제4항에서 2 이상의 행위 또는 거래를 거치는 방법에 의하여 증여세를 부당하게 감소시킨 것으로 인정되는 경우에 그 경제적인 실질에 따라 연속된 하나의 행위 또는 거래로 보아 과세하도록 규정한 것은, 증여세의 과세대상이 되는 행위 또는 거래를 우회하거나 변형하여 여러 단계의 거래를 거침으로써 증여의 효과를 달성하면서도 부당하게 증여세를 감소시키는 조세회피행위에 대처하기 위하여 그와 같은 여러 단계의 거래 형식을 부인하고 실질에 따라 증여세의 과세대상인 하나의 행위 또는 거래로 보아 과세할 수 있도록 한 것으로서, 실질과세 원칙의 적용 태양 중 하나를 증여세 차원에서 규정하여 조세공평을 도모하고자 한 것이다. 그렇지만 한편 납세의무자는 경제활동을 할 때 동일한 경제적 목적을 달성하기 위하여 여러 가지의 법률관계 중의 하나를 선택할 수 있고 과세관청으로서는 특별한 사정이 없는 한 당사자들이 선택한 법률관계를 존중하여야 하며(대법원 2001.8.21. 선고 2000두963 판결 등 참조), 또한 여러 단계의 거래를 거친 후의 결과에는 손실 등의 위험 부담에 대한 보상뿐 아니라 외부적인 요인이나 행위 등이 개입되어 있을 수 있으므로, 그 여러 단계의 거래를 거친 후의 결과만을 가지고 그 실질이 증여 행위라고 쉽게 단정하여 증여세의 과세대상으로 삼아서는 아니 된다.

- 전환사채의 발행한 것이 발행회사의 자금사정 및 경영상태로 볼 때 조세회피목적 외에 별다른 사업상 목적이 없다고 할 수 없으며, 원고가 전환사채 등을 취득한 것은 환차손, 영업활동의 부진 또는 거래처의 부실에 따른 신용위험 등으로 주가가 하락할 가능성을 감수하였음을 전제로 한 것으로서, 이에 더하여 이 사건 전환사채 발행으로 인한 자금조달과 코스닥시장 상장 및 경영개선 노력 등을 통하여 주가가 상승함에 따라 발생한 결과이다.

➡ 증여세 과세 정당함(대법원 2013두19769, 2014.1.16., 부산고등법원 2013누1761, 2014.8.21.).

- 신주인수권 행사와 관련하여 대표이사로 재직시절 신주인수권 1주당 행사가액을 유리하게 조정한 점 등을 종합하면 신주인수권 취득 및 행사를 통해 기준을 초과하는 이익을 취득한 것이 거래관행상 정당한 사유가 있다고 보이지 아니함.

7. 전환사채 등을 주식으로 전환 등을 하는 경우

가. 개 요

전환사채 등을 특수관계인으로부터 시가보다 낮은 가액으로 취득하거나 발행회사로부터 소유주식수에 비례하여 배정받을 수 있는 전환사채 등을 초과하여 인수 등을 한 최대주주 및 그의 특수관계인에 해당하는 주주 또는 전환사채 등을 발행하는 법인의 최대주주의 특수관계인으로서 주주가 아닌 자가 인수 등을 한 전환사채 등에 의하여 교부받은 주식가액이 전환·교환 또는 인수가액(이하 "전환가액 등"이라 함)을 초과함으로써 얻은 이익에 대하여 추가로 증여세를 부과한다.

또한, 전환가액 등이 교부받은 주식가액보다 높아 전환사채 등을 주식으로 전환 등을 한 자의 특수관계인이 얻은 이익에 대하여 증여세를 부과한다. 이는 증자 전의 1주당 평가액보다 높은 가액으로 신주를 인수함으로써 자기 몫의 인수를 인수하지 아니한 주주가 얻은 이익에 대한 증여세 부과와 유사한 의미를 가진다.

주식으로 전환 등을 하는 시점에서 과세규정은 2001.1.1. 이후 최초로 전환사채 등을 인수·취득하는 분부터 적용한다.

전환사채 등을 주식으로 전환 등을 하여 얻은 이익에 대하여 증여세를 부과하는 경우 증여자가 주권발행법인인지 아니면 주식으로 전환 등을 하지 않거나 전환 등 전의 지분율보다 적게 전환 등을 한 주주인지에 대한 명확한 규정 및 대법원판결은 아직 없다. 조세심판원에서는 주식으로 전환 등을 한 사람이 주권발행법인의 특수관계인이면 증여세 부과가 타당하다는 결정(조심 2018서778, 2018.10.24., 조심 2018중1202, 2018.10.24.)에서 증여자를 주권발행법인으로 본 것이 아닌가 생각된다. 그렇다면 전환사채 등을 인수하거나 주식으로 전환하여 이익을 얻은 경우 전부 증여세 과세대상으로 삼아야 할 것인데 균등한 조건에서 배정받을 수 있는 수를 초과하여 전환사채 등을 인수하거나 주식으로 전환 등을 한 경우를 과세대상으로 규정하고 있어 자기 몫의 전환사채 등을 인수 등을 하지 아니한 기존주주가 증여자가 아닌지에 대한 의문이 남는다.

나. 교부받은 주식가액이 전환가액 등을 초과하는 경우

1) 과세대상

다음에 해당하는 이익을 얻은 경우 그 이익을 얻은 자의 증여재산가액으로 한다. 다만,

수증자가 추가로 얻은 이익이 1억원 이상인 경우에 한정하여 적용한다.

① 전환사채 등을 특수관계인으로부터 취득한 경우로서 전환사채 등에 의하여 교부받은 주식가액이 전환·교환 또는 인수가액(이하 이 항에서 "전환가액 등"이라 한다)을 초과함으로써 얻은 이익

② 전환사채 등을 발행한 법인의 최대주주나 그의 특수관계인으로서 주주인 자가 당해 법인으로부터 전환사채 등을 그 소유주식수에 비례하여 균등한 조건에 의하여 배정받을 수 있는 수를 초과하여 인수 등을 한 경우로서 전환사채 등에 의하여 교부받은 주식가액이 전환가액 등을 초과함으로써 얻은 이익

③ 전환사채 등을 발행한 법인의 주주가 아닌 자로서 최대주주의 특수관계인이 그 법인으로부터 전환사채 등의 인수 등을 한 경우로서 전환사채 등에 의하여 교부받은 주식가액이 전환가액 등을 초과함으로써 얻은 이익

2) 증여시기

전환사채 등을 주식으로 전환 등을 한 때이다.

3) 증여재산가액

전환사채 등에 의하여 교부받은 주식 1주당 가액에서 1주당 전환가액을 뺀 가액에 교부받은 주식수를 곱하여 계산한 금액에서 이자손실분 및 인수·취득 당시 증여재산가액을 빼고 계산한다.

2003.12.31. 이전 증여분은 증여재산가액이 계산되는 경우 전부 과세하였으나, 2004.1.1.부터 증여재산가액이 1억원 이상인 경우에 한정하여 증여세를 과세한다.

주식으로 전환 등을 하기 전에 전환사채 등을 양도한 경우에는 전환사채 등의 양도가액에서 취득가액을 뺀 금액을 한도로 하여 증여재산가액을 계산한다.

> 증여재산가액 = (교부받은 주식 1주당 가액 − 주식 1주당 전환가액 등) × 교부받거나 교부받을 주식수 − 이자손실분 − 전환사채 등을 인수·취득할 당시의 증여재산가액

① 주식을 교부받은 경우 주식가액

교부받은 주식 1주당 가액은 다음 계산식에 따라 계산하되, 주권상장법인 등의 주식으로 전환 등을 한 경우로서 전환 등 후의 1주당 평가가액(전환 등 후 2개월간 한국거래소 종가평균액을 의미함)이 다음 산식에 의하여 계산한 1주당 가액보다 적은 경우에는 당해

가액에 의한다. 즉 증여재산가액이 적게 계산되는 가액에 의하도록 한 것이다.

$$
\text{교부받은 주식가액} = \frac{\left(\begin{array}{c}\text{전환 등 전의} \\ \text{1주당 평가가액}\end{array} \times \begin{array}{c}\text{전환 등 전의} \\ \text{발행주식총수}\end{array}\right) + \left(\begin{array}{c}\text{주식 1주당} \\ \text{전환가액 등}\end{array} \times \begin{array}{c}\text{전환 등에 의하여} \\ \text{증가한 주식수}\end{array}\right)}{\text{전환 등 전의 발행주식총수} + \text{전환 등에 의하여 증가한 주식수}}
$$

전환 등 전의 1주당 평가가액은 전환 등을 한 날을 평가기준일로 하여 상장·코스닥상장주식의 경우 평가기준일 이전 2개월간 한국거래소 최종시세가액 평균액에 의하며 비상장주식의 경우 시가에 해당하는 거래가액 등이 있으면 그 시가에 의하되, 시가를 산정할 수 없는 경우에는 순자산가치와 순손익가치에 의한 보충적 평가액을 말한다.

② 주식으로 전환하기 전에 양도한 경우 교부받을 주식가액

전환사채 등을 주식으로 전환 등을 하기 전에 양도하는 경우 교부받을 주식가액은 다음 계산식에 따른 가액으로 하되, 상장·코스닥상장주식은 양도일 현재 1주당 평가가액이 적은 경우에는 당해 가액에 의한다. 양도일 현재 1주당 평가가액을 어떻게 산정하는지에 대한 명확한 규정이 없는 바, 일반적 재산 평가규정을 적용할 경우 평가기준일 이전·이후 각 2개월간의 한국거래소 종가평균액에 의해야 할 것으로 보인다.

$$
\frac{\left(\begin{array}{c}\text{양도 전의 1주당} \\ \text{평가가액}\end{array} \times \begin{array}{c}\text{양도 전의} \\ \text{발행주식총수}\end{array}\right) + \left(\begin{array}{c}\text{주식 1주당} \\ \text{전환가액 등}\end{array} \times \begin{array}{c}\text{전환 등을 할 경우} \\ \text{증가하는 주식수}\end{array}\right)}{\text{양도 전의 발행 주식총수} + \text{전환 등을 할 경우 증가하는 주식수}}
$$

사례 1　　**전환사채 등 인수·취득, 주식 전환 등 및 양도시 과세방법**

① 전환사채 등 인수·취득시점
　ⓐ 전환사채 등 인수·취득가액 : 10억원
　ⓑ 전환사채 등 시가 : 14억원
　➡ 시가와 인수·취득가액의 차액(ⓒ) 4억원을 증여재산가액으로 하여 과세

② ①의 전환사채 등으로 주식 등 전환시점
　ⓓ 교부받은 주식가액 : 20억원
　ⓔ 전환가액 등 : 12억원

  ⓕ 이자손실분 : 5천만원
  ➡ 증여재산가액 : 20억원(ⓓ) − 12억원(ⓔ) − 5천만원(ⓕ) − 4억원(ⓒ) = 3억5천만원
  ➡ ①과 ②의 증여재산가액 합산과세 여부
   전환사채 등 전환·교환·인수하거나 양도함으로써 얻은 이익(상속증여세법 §40 ①
   2호의 증여가액은 다른 증여재산과 합산하여 과세하지 않도록 상속증여세법 §47 ①
   에서 규정하고 있으므로 취득·인수시점의 증여재산가액과 전환 등 시점의 증여재
   산가액은 각각 과세하는 것이 타당할 것으로 보임.

③ ①의 전환사채 등으로 주식 등 전환하지 않고 양도한 경우
 ⓓ 교부받을 주식가액 : 20억원
 ⓔ 전환가액 등 : 12억원
 ⓕ 이자손실분 : 5천만원
 ⓖ 양도가액 : 19억원
 ➡ 증여재산가액 : 20억원(ⓓ) − 12억원(ⓔ) − 5천만원(ⓕ) − 4억원(ⓒ) = 3억5천만원(ⓘ)
 ➡ 양도가액 19억원에서 취득가액 14억원(ⓘ취득가액 10억원에 증여재산가액 4억원
  (ⓒ)을 더한 금액임)을 뺀 6억원이 증여재산가액을 초과하지 아니하므로 증여세 과
  세대상으로 삼고, 양도소득세 과세대상인 경우 양도차익은 취득가액 10억원(ⓐ)에
  증여재산가액 7억5천만원(ⓒ+ⓘ)을 더하여 계산(소득세법 시행령 §163 ⑩ 1호)

사례 2 신주인수권증권 양도시 증여세와 양도소득세 과세방법

❑ **사실관계**
 ○ 2013.7.2. 甲은 코스닥상장 A법인이 발행한 분리형 신주인수권부사채에서 분리된 신
  주인수권증권을 취득
 ○ 2015.12.31. 甲은 위 신주인수권증권을 양도하고, 양도소득세 신고·납부
 ○ 처분청은 甲이 지분율을 초과하여 취득한 신주인수권증권에 대한 양도소득세는 환급
  하고, 상속증여세법 제40조 제1항 제2호 나목에 따라 증여세를 과세

❑ **쟁점**
 증여재산에 소득세가 과세되는 경우 증여세를 과세하지 않도록 한 구 상속증여세법 제2
 조 제2항 적용 여부(소득세 우선의 원칙 위반 여부)

❑ **판결내용**(대법원 2020두43739, 2020.10.29.)
 (요지) 구 상증세법 제2조 제2항은 그 문언 내용이나 증여세가 소득세의 보완세로서의 성
 격도 가지는 점 등에 비추어 수증자에 대하여 증여세를 부과하는 경우 그에 대하여 소득
 세가 부과되는 때에는 증여세를 부과하지 아니한다는 뜻으로서 양도소득세 규정과 증여
 세 규정의 중복적용을 배제하는 특별한 규정에 해당하지 않음.
 ○ 구 소득세법 제94조 제1항 제3호 (가)목은 '대주주가 신주인수권을 양도하는 경우 그
  양도차익에 관하여 양도소득세가 발생'하는 것으로 정하고 있어 일응 구 상증세법 제

40조 제1항 제2호 (나)목과 그 과세대상이 일치하여 소득세 우선의 원칙을 적용하여야 하는 것으로 보일 여지가 있으나,

○ 전환사채 등 이익에 대한 증여세와 양도소득세는 그 성립요건 등을 달리하고 있어 중복과세에 해당하지 아니함.

① (증여세)는 전환사채 등에 의하여 교부받을 주식의 가액이 전환가액 등을 초과하는 것을 요건으로 발생하고, 교부받을 주식가액에서 주식 1주당 전환가액 등을 차감한 가액에 교부받을 주식수를 곱하여 계산한 가액에서 이자손실분 등을 차감하여 계산한 금액을 과세표준으로 하여 부과되는 것으로서

(양도세)는 총수입금액에서 필요경비를 공제하는 등의 방법으로 산출된 금액을 과세표준으로 하여 과세되므로 그 성립요건 등을 서로 달리하며

② 양도세를 부과할 때 증여재산가액을 빼주고 있어 중복으로 양도소득세가 부과되지 아니함.

 관련 예규 · 심판결정례 및 판례 등

❑ 신주인수권의 취득가액은 전환가액에 포함 안되며 이자손실분은 차감함(재재산-1300, 2022.10.17.).
특수관계인으로부터 취득한 신주인수권증권에 의하여 주식을 인수하여 상속증여세법 제30조 제1항 제2호에 따른 이익을 계산하는 경우 이자손실분을 차감하며, 같은 호 나목에 따른 전환가액 등에는 신주인수권증권의 취득가액이 포함되지 아니함.

❑ 신주인수권 중 일부만을 전환하여 본인 지분율 해당분과 초과분이 혼재된 경우 증여이익 계산방법 (기재부 조세법령-855, 2019.7.19., 조심 2018서3714, 2019.9.9.)
신주인수권증권을 발행한 법인의 최대주주가 그 법인으로부터 신주인수권증권을 그 소유주식수에 비례하여 균등한 조건으로 배정받을 수 있는 수를 초과하여 인수를 하고 인수한 신주인수권증권의 일부만 행사하여 교부받은 주식의 가액이 인수가액을 초과함으로써 얻은 이익의 계산은 그 최대주주가 인수한 신주인수권증권의 수가 최대주주의 소유주식 수에 비례하여 균등한 조건으로 배정받을 수 있는 수를 초과하는 부분이 최대주주가 인수한 신주인수권증권의 수에서 차지하는 비율을 교부받은 주식 수에 곱하여 산정하는 것임.

❑ 최대주주와 특수관계가 없는 주주가 인수한 경우(재산세과-401, 2011.8.26.)
전환사채 등을 발행한 법인의 최대주주와 특수관계에 있지 아니한 주주가 자본시장법에 따른 인수인이 아닌 자로부터 전환사채 등을 취득한 경우에도 사실상 전환사채 등을 발행한 법인 또는 인수인으로부터 전환사채 등을 취득한 후에 당해 전환사채 등을 주식으로 전환 · 인수 · 교환 등을 하여 이익을 얻은 경우로서 거래의 관행상 정당한 사유가 있다고 인정되지 아니한 경우에는 상증법 제2조 및 제42조 제1항 제3호 · 제3항에 따라 증여세가 과세되는 것이며, 증여이익 계산은 그 소유주식수에 비례하여 균등한 조건에 의하여 배정받을 수 있는 수를 초과하여 인수한 전환사채 등 및 그 초과하여 인수한 전환사채 등에 의하여 주식으로 전환 등을 한 주식수를 기준으로 상증령 제31조의9 제2항 제4호에 따라 계산하는 것임.

❑ 시가로 인수한 후 전환시 이익이 발생한 경우(재산세과-4298, 2008.12.17.)

전환사채 등을 발행법인으로부터 시가대로 인수한 경우로서, 그 전환사채 등에 의하여 주식으로 전환·인수·교환 등을 함으로써 이익을 얻은 경우에는 상속증여세법 제42조 제1항 제3호에 의하여 증여세가 과세되는 것임. 다만, 특수관계에 있는 자 외의 자가 전환사채 등을 인수한 것이 거래의 관행상 정당한 사유가 있다고 인정되는 경우에는 같은 법 제42조 제3항의 규정에 의하여 증여세 과세대상에서 제외하는 것임.

❑ 최대주주가 전환사채 인수하여 주식전환한 경우 증여가액(재산세과-195, 2012.5.21.)

전환사채 등의 주식전환 등에 따른 이익의 증여규정을 적용할 때 증여이익은 최대주주 등이 그 소유지분을 초과한 전환사채 등 및 그 초과하여 인수한 전환사채 등에 의하여 주식으로 전환 등을 한 주식수를 기준으로 계산함.

❑ 전환시 종가평균액과 전환가액의 차액에 대하여 증여세 과세함(국심 2007서1856, 2008.6.30.).

– 2006.2.27. 코스닥등록법인인의 주식 208,982주를 1주당 629원에 취득할 수 있는 신주인수권증권을 19,646,520원에 취득, 취득당일 주식으로 전환하여 주식 208,982주를 1주당 629원에 취득한 것에 대하여

– 주식전환에 따른 이익의 증여가액을 613,150천원[(평가액 3,657원-행사가액 629원) × 208,982주-19,646,520원(취득가액)]으로 산정하여 과세함.

– 평가기준일(2006.2.27.) 전후 2월 이내인 2006.2.16. 및 2006.3.21. 각각 유상증자를 한 사실이 있어 2006.2.17.～2006.3.20. 기간 중 코스닥시장의 1주당 최종시세가액 평균액을 3,657원으로 산정함.

❑ 비특수관계인으로부터 취득한 신주인수권증권을 주식으로 전환한 경우 과세 여부(대법원 2021두41709, 2021.10.14.)

– 2010.6.25. A법인이 발행한 분리형신주인수권부사채를 금융기관등이 인수하고 같은 날 甲이 신주인수권증권을 취득하여 2014.5.15. 등에 주식으로 전환하여 1주당 행사가액 10,740원과 주식평가액 34,900원과의 차액에 대해 증여세를 부과한 것에 대해

– 대법원은 특수관계자가 아닌 자로부터 신주인수권을 취득하였으나, 행사시 특수관계에 있는 발행회사에 대하여 신주인수권을 행사하여 이익을 얻었으므로 이는 특수관계인간 거래에 해당하며, 정당한 사유가 없어 제42조 제1항 제3호에 의하여 과세가능하다고 판결함.

❑ 특별한 사정이 없는 한 특수관계인이 아닌 자로부터 신주인수권증권을 취득한 자가 그 신주인수권증권에 의하여 교부받은 주식의 가액이 전환 또는 인수가액을 초과함으로써 얻은 이익은 상증세법 제40조 제1항 제2호 가목의 경우와 경제적 실질이 유사하다거나 이를 준용하여 증여재산의 가액을 계산할 수 있는 경우에 해당한다고 볼 수 없다.(서울행정법원 2019구합58889, 2020.2.13.)

❑ 과세대상 워런트는 계약 당시 이미 주식전환이 가능하여, 행사가액만 지불하면 상장 시세차익을 얻을 수 있었음이 분명한 상태였고, 불특정다수인에게 양도에 따른 법률적 제한이 없어 보이는 등 거래 관행상 정당한 사유가 없음이 상당한 정도로 증명되어 과세처분은 정당함(대법원 2020두4888, 2020.12.24.).

다. 교부받은 주식가액이 전환가액 등에 미달하는 경우

1) 개 요

전환가액 등이 전환사채 등에 의하여 전환 등을 한 주식가액보다 높아 주식으로 전환 등을 한 자와 특수관계에 있는 주주의 주식가치가 상승함으로써 얻은 이익에 대하여 2001.1.1.부터 증여세를 과세한다. 고가로 신주를 발행하고 기존주주가 신주의 인수를 포기한 증자유형과 비슷한 과세규정으로 볼 수 있다.

2) 과세요건

주식으로 전환 등을 한 자의 특수관계인인 주주가 주식전환 등 시점에서 얻은 이익이 있는 경우에 증여세를 과세한다. 이 경우 30%Rule은 적용하지 아니한다.

3) 증여시기

전환사채 등을 주식으로 전환 등을 한 때이다.

4) 증여재산가액

전환사채 등에 의하여 주식으로 전환·교환하거나 주식을 인수한 경우로서 전환사채 등에 의하여 교부받은 주식가액이 전환가액 등보다 낮게 됨으로써 해당 주식을 교부받은 자의 특수관계인이 이익을 얻은 경우에는 다음 계산식에 따른 금액을 그 특수관계인의 증여재산가액으로 한다.

> 증여재산가액 = (주식 1주당 전환가액 등 − 교부받은 주식가액) × 전환 등에 의하여 증가한 주식수 × 당해 주식을 교부받은 자의 특수관계인이 전환 등을 하기 전 보유한 지분비율

8. 전환사채 등을 고가로 양도하는 경우

가. 개 요

전환사채 등을 특수관계인에게 양도한 경우로서 양도가액이 시가를 초과함으로써 양도자가 이익을 얻은 경우 시가와 양도가액의 차이 상당액을 양도자의 증여재산가액으로 한다. 1999.1.1.부터 증여세 과세대상으로 규정하였다.

나. 과세요건

양도자와 양수자 사이에 특수관계가 성립하여야 하고 양도대가와 전환사채 등의 시가에 일정금액 이상 차이가 있어야 한다.

특수관계인의 범위는 양도자 또는 양수자가 상속증여세법 시행령 제2조의2 제1항 각 호의 어느 하나에 해당하는 관계가 있는 경우를 말한다.

전환사채 등을 양도한 자가 얻은 이익이 일정금액 이상인 경우란

$$\frac{(\text{전환사채 등의 양도가액} - \text{전환사채 등의 시가})}{\text{전환사채 등의 시가}} \geq 30\% \text{ 이상이거나}$$

전환사채 등의 양도가액과 시가의 차액이 1억원 이상인 경우를 말한다.

다. 증여시기

전환사채 등을 양도한 때이다.

라. 증여재산가액

저가양수·고가양도에 따른 이익의 증여규정에서는 시가와 대가의 차액에서 시가의 30%와 3억원 중 적은 금액 상당액을 차감하여 증여재산가액을 계산하고 있으나, 전환사채 등의 양도가액과 시가의 차액 전부가 증여재산가액이다.

> 증여재산가액 = 전환사채 등의 양도가액 - 전환사채 등의 시가

9. 증여세 과세 제외

상장·코스닥상장법인이 자본시장법 제9조 제7항에 따른 유가증권의 공모방식으로 전환사채 등을 발행한 경우에는 과세대상에서 제외한다.

2016.2.5. 이후 증여분부터 "간주모집"방법으로 전환사채 등을 발행하는 경우에는 증여세 과세대상임을 명확하게 규정하였다. 간주모집이란 청약권유를 받은 자가 50인 미만이더라도 증권의 발행일로부터 1년 이내에 50인 이상의 자에게 양도될 수 있는 경우에는 유가증권의 모집으로 보는 것을 말한다(자본시장법 시행령 §11 ③).

10. 2015.12.31. 이전 유사거래의 경우

위에서 기술한 것과 방법 및 이익이 유사한 경우로서 전환사채 등의 거래를 하거나 전환사채 등에 의하여 주식으로의 전환 등을 함으로써 특수관계인으로부터 직접 또는 간접적으로 얻은 이익은 그 이익을 얻은 자의 증여재산가액으로 한다. 이 경우 증여재산가액은 위의 경우를 준용하여 계산한다.

전환사채 등의 발행·취득·전환 과정별 과세 여부 요약

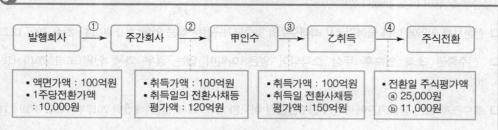

① 시점 ⇨ 과세문제 발생 안함 : 주간회사는 수수료만 받음.
② 시점 ⇨ 甲이 발행회사 최대주주 또는 그의 특수관계인인 경우 과세
  (1997.11.10. 이후 인수, 취득한 전환사채, 신주인수권부사채 등에 대하여 과세가능)
  • 증여가액 = 120억원 - 100억원(인수가액) = 20억원
③ 시점 ⇨ 乙이 친족 등 특수관계 있는 경우 차액 50억원 과세
  (1997.1.1. 이후 취득한 전환사채, 1997.11.10. 이후 취득한 신주인수권부사채 등에 대해 과세 가능)
④ 시점 ⇨ 2000.12.31. 이전 전환할 때 주식 평가액이 ⓐ25,000원이라도 과세 안되며,
    ⓑ11,000원인 경우에도 ③에서 과세한 증여세 환급 안됨.
  ⇨ 2001.1.1. 이후 전환사채 등을 인수, 취득하여 전환한 경우에 추가 이익 과세 가능
[(25,000원 × 100억원/10,000원) - 100억원(취득가액) - 50억원(기과세가액)] = 100억원

관련 예규·심판결정례 및 판례 등

❏ 전환사채 전환 전후의 평가액이 0 이하인 경우 증여세 과세 여부(서면법규과-1077, 2014.10.10.)
  상속증여세법 제40조 및 같은 법 시행령 제30조를 적용함에 있어 전환사채 등 발행법인의 '전환 등 전의 1주당 평가가액'이 "0" 이하인 경우에는 "0"으로 보고 동 조항을 적용하는 것임.

❏ 전환사채 취득자에게 소득세가 과세된 경우(재재산 46014 – 222, 2000.7.31.)

특수관계에 있는 법인으로부터 전환사채를 취득한 데 대하여 구 법인세법(1996.12.30. 법률 제 5192호로 개정된 것) 제20조에 의하여 부당행위계산부인에 따른 법인세를 과세하고, 동 사채 취득자에게 배당으로 소득처분함에 따라 종합소득세가 과세된 경우에는 상속증여세법 제2조 제2항에 의하여 동 사채취득자가 증여세를 신고납부하고 결정되었더라도 증여세는 과세하지 아니함<증여세 결정취소함>.

❏ 전환사채를 인수한 날부터 3월 이내에 사채로 상환받은 경우에 증여재산의 반환으로 볼 수 있음(재 산상속 46014 – 2, 2003.1.7.).

❏ 전환사채 이익에 대한 증여의제시 최대주주의 할증평가규정은 적용 안함(재삼 46014 – 2989, 1997.12.22.).

❏ 신주증권 초과 인수후 무상 소각되어 얻은 이익이 없는 경우 과세 안됨(조심 2019서1242, 2019.8.12.).

❏ 특수관계 없는 금융기관에서 신주인수권증권 취득한 경우 과세 안됨(대법원 2017두57899, 2019.4.11.).

❏ 신주인수권부사채에 대한 증여가액 계산방법 등(국심 2002서1557, 2003.2.27., 서울행정법원 2004구 합15591, 2004.11.25.)

1. 상증법 제42조 제2항은 특수관계인 간에 경제적 이익을 무상이전한 것 중 대통령령으로 정 한 것에 대하여 증여세를 과세할 수 있도록 규정하여 법에서 위임범위를 구체적으로 명시하 여 위임하였으므로 조세법률주의에 위배된다고 볼 수 없음.

2. 청구인 등의 증여의제금액 계산시 신주인수권부사채에 부여된 신주인수권을 행사하여 교부 받을 주식의 1주당 가액은 상증법 제39조 제1항 제1호 가목 및 상증령 제29조 제2항 제1호 를 준용하여 쟁점 신주인수권부사채의 발행당시 구주 12백만주의 1주당 가액 55,000원(장 외거래 가액)과 신주인수권행사시 3,216,780주의 1주당 주금납입액 7,150원의 차액에 대해 과세하였으나,

   – 아래 산식에 의하여 총평균한 가액과 1주당 납입액 7,150원의 차액에 대해 과세하는 것이 타당하다고 판단됨.

┃ 개정된 시행령에 의하여 전환기준가격과 비교하는 주식가액 계산산식 ┃

$$\frac{(전환전의\ 주당평가액 \times 전환전의\ 발행주식총수) + (주식1주당전환가액 \times 전환증가주식수)}{전환전의\ 발행주식총수 + 전환증가주식수}$$

3. 국세기본법 제48조는 가산세감면대상을 구체적으로 규정하면서 증여재산가액을 알 수 없어 증여세를 신고하지 아니한 경우를 가산세의 감면대상으로 열거하고 있지 아니하고, 상증법 제78조는 증여재산을 신고한 경우에 한하여 증여재산의 평가이익으로 인한 과세분에 대한 신고불성실가산세 및 납부불성실가산세를 감면하도록 규정하고 있으나, 청구인은 쟁점 신주

인수권부사채를 증여재산으로 신고한 사실이 없으므로 가산세를 면제할 수 없다고 판단됨.

전환사채와 신주인수권부사채

① 전환사채(CB : Convertible Bond)

[사채로서 발행되었지만 일정기간 경과 후 소유자의 청구에 의하여 주식(보통주식)으로 전환할 수 있는 사채]

전환사채란 사채로 발행되나 일정 기간이 지나면 채권 보유자의 청구가 있을 때 미리 결정된 조건대로 발행회사의 주식으로 전환할 수 있는 특약이 있는 사채를 말한다. 전환사채는 주식과 같이 가격이 변동하므로 채권 보유자는 이자 외에 가격상승에 따른 이익을 얻을 수 있다.

전환사채를 발행하려면 정관을 통해 주식으로의 전환 조건과 전환으로 인해 발행할 수 있는 사항이나 전환을 청구할 수 있는 기간 등을 정해야 한다.

전환사채의 발행방식은 다른 증권과 마찬가지로 私募와 公募로 구분된다. 公募란 인수단이 구성돼 증권을 인수한 후 불특정 다수의 투자자에게 판매하는 방식으로 거래소 상장, 신고서, 사업설명서 제출 등 법적 장치를 수반해 발행되므로 관련 사항이 투자자에게 신속히 전달된다. 이에 반해 私募는 특정 소수의 기관을 대상으로 모집됨으로써 일반투자자는 투자참여 및 발행 정보 공유에서 배제된다. 따라서 기존 일반주주의 경우 사모전환사채가 주식으로 전환될 때는 통상적 신주인수권을 원칙적으로 봉쇄당한 채 증자에 따른 불이익을 고스란히 떠안게 된다.

② 신주인수권부사채(BW : Bond with Stock Warrant)

[발행회사의 주식을 매입할 수 있는 권리가 부여된 사채]

사채권자에게 사채 발행 이후에 기채회사가 신주를 발행하는 경우 미리 약정된 가격에 따라 일정한 수의 신주 인수를 청구할 수 있는 권리가 부여된 사채이다. 따라서 사채권자는 보통사 채의 경우와 마찬가지로 일정한 이자를 받으면서 만기에 사채금액을 상환받을 수 있으며, 동시 에 자신에게 부여된 신주인수권을 가지고 주식시가가 발행가액보다 높은 경우 회사측에 신주 의 발행을 청구할 수 있다.

기채회사 입장에서 보면 일반사채에는 없는 신주인수권을 사채권자에게 부여함으로써 주가상 승에 따르는 투자수익을 기대할 수 있어 사채에 대한 투자수요를 유발시켜 자금조달을 촉진시 킨다. 또한 신주인수권에 대한 대가로 저리의 사채를 모집할 수 있으며, 신주인수권의 행사로 사채는 그대로 존속하면서 추가자금이 납입되어 새로운 자금조달을 도모할 수 있다는 이점이 있다.

투자자 입장에서 보면 사채가 지니는 이자소득기능과 주식이 지니는 자본소득기능을 동시에 가지고 있기 때문에 투자의 안전성과 투기성을 모두 가지고 있다. 즉 신주인수권을 행사하면 사채는 그대로 사채권자에게 남을 뿐만 아니라 새로 발행회사의 주식을 취득하여 주주가 될 수 있다. 따라서 사채에 의한 이자소득과 주식에 의한 배당소득, 주가상승에 따른 이익을 동시 에 꾀할 수 있다.

③ 두 회사채의 차이점

전환사채는 전환권을 행사하면 전환사채가 주식으로 전환되므로 사채로서의 지위는 소멸되나, 신주인수권부사채는 신주인수권을 행사하여도 만기까지 사채의 형태가 존속하게 된다.

구 분	전환사채	신주인수권부사채	교환사채
공통점	• 미리 정한 조건(전환·행사·교환가격, 배당률)과 비율(전환·행사·교환·참가비율)에 의거 사채권자가 권리를 행사 • 보통주를 구입할 수 있는 옵션(call option)을 갖고 있음. • 이자율이 일반사채보다 저렴(만기까지 주식 미전환시 통상 추가 이자 지급)		
권리 행사시 신주대금	• 사채가 소멸 • 신주에 대한 주금을 납입 안함.	• 사채는 만기까지 존속 • 신주구입시 주금납입	• 상장법인 발행하는 회사채 • 교환권청구시 자금납입 안함.
신주발행 가액	• 신주발행가격 =전환사채최초발행	• 신주발행가액 ≤ 최초의 발행가격	• 교환가격 ≥ 기준가격 × 90%
주주 시기	• 즉시 주주가 됨.	• 신주의 주금납입시 주주가 됨.	• 타상장회사의 주식 교환 시 교환을 청구한 때
상환의무	• 상환의무가 소멸	• 상환의무가 있음.	• 상환의무가 소멸
외화환산	• 비화폐성 항목	• 화폐성 항목	
자본금	• 자본금의 증가	• 자본금의 증가	• 자본금이 증가 안됨.

제13절: 초과배당에 따른 이익의 증여

1. 개 요

2016.1.1.부터 법인이 이익이나 잉여금을 배당 또는 분배(이하 이 절에서 "배당등"이라 함)하는 경우로서 상법상 주주평등원칙[32]에 따라 지분율대로 균등하게 배당등을 하지 아니하는 차등배당을 통해 이익을 얻은 주주에게 증여세를 과세하도록 규정하였다.

2020.12.31. 이전 증여분의 경우 초과배당금액에 상당하는 증여세액에서 초과배당금액에 대한 소득세액을 뺀 금액에 대해 증여세를 과세하던 것을 2021.1.1.이후 증여분부터 초과배당금액에 대한 소득세를 과세하고, 초과배당금액에서 해당 소득세 상당액을 뺀 금액을 증여재산가액으로 하여 증여세를 과세하도록 하였다. 즉, 초과배당을 지급받은 시점에서 증여세액을 가계산한 후 실제 소득세액을 반영하여 증여세액을 정산(추가 과세 또는 환급)하도록 하고 정산증여재산가액의 증여세 과세표준 신고를 초과배당금액이 발

---

32) 상법 제464조 (이익배당의 기준) 이익배당은 각 주주가 가진 주식의 수에 따라 한다. 다만, 제344조 제1항을 적용하는 경우에는 그러하지 아니하다.

생한 연도의 다음 연도 5월 1일부터 5월 31일(소득세법상 성실신고확인대상 사업자의 경우에는 6월 30일)까지 하도록 하였다.

　2015.12.31. 이전에는 기획재정부에서 '법인이 현금배당을 지급함에 있어 각 주주들이 소유하고 있는 주식의 수에 따라 배당금을 지급하지 않은 경우로서 균등한 조건에 의하여 지급받을 배당금을 초과하는 금액을 소득세법상 배당소득으로 보아 소득세가 과세되는 경우 증여세를 과세하지 않는다'고 유권해석하였다(재재산-591, 2012.7.18., 재재산-927, 2011.10.31.).

2. 과세요건

① 법인이 이익이나 잉여금을 배당등을 할 것
② 해당 법인의 최대주주 등이 본인이 지급받을 배당등의 금액의 전부 또는 일부를 포기하거나 본인이 보유한 주식등에 비례하여 균등하지 아니한 조건으로 배당등을 받을 것
③ 최대주주 등의 특수관계인이 본인이 보유한 주식등에 비하여 높은 금액의 배당등을 받을 것

　이 경우 최대주주 등이란 주주등 1인과 그의 특수관계인의 보유주식 등을 합하여 그 보유주식 등의 합계가 가장 많은 경우의 해당 주주등 1인과 그의 특수관계인 모두를 말한다.

3. 증여시기

　법인 등이 배당등을 한 날(배당금을 실제로 지급한 날)을 증여시기로 한다.

　2022.1.1. 이후 증여를 받은 분부터 법인이 배당 또는 분배한 금액을 실제로 지급한 날을 증여시기로 명확하게 개정하였고, 2021.12.31. 이전분에 대해 기획재정부는 동일한 유권해석(재재산-1548, 2022.12.21.)을 하였다.

　"배당 등을 한 날"이 ① 배당을 결의한 날인지 ② 배당금을 실제로 지급한 날인지에 대해 조세심판원은 배당을 결의한 날이라고 결정하였다(조심 2020서8533, 2021.11.15.). 조세심판원은 초과배당에 따른 증여세 과세규정이 신설되기 전인 2015.11.20. 초과배당에 대한 임시주주총회를 하고, 2016.2.29. 배당금을 지급한 것에 대해 ㉮ 소급과세금지의 원칙 ㉯ 배당소득에 대한 소득세 귀속시기 ㉰ 배당금 청구권이 주주총회를 통해 확정되는 점 ㉱ 배당금 지급전에 청구권을 양도한 경우 증여세 과세대상이 되지 않는 점 등을 들어

주주총회 결의일을 증여시기로 결정하였다.

4. 증여세와 소득세 비교 과세

가. 2021.1.1. 이후 과세방법

초과배당금액에 대하여 소득세법에 따른 소득세를 과세하는 것과는 별도로 증여세를 과세한다. 즉, 2020.12.31. 이전 초과배당금액에 상당하는 증여세액에서 해당 초과배당 소득세액을 뺀 금액을 증여세액으로 과세하던 것을 2021.1.1. 이후 증여분부터 초과배당 금액에서 해당 소득세액을 뺀 금액을 증여재산가액으로 하여 증여세를 과세하도록 함으로써 일정금액 이하 초과배당금액의 경우 소득세만 과세되던 것이 소득세 부담과는 별도로 증여세를 납부해야할 경우가 생긴다.

나. 2020.12.31. 이전 과세방법

증여세를 부과할 때 해당 초과배당금액에 대한 소득세 상당액은 상속증여세법 제56조에 따른 증여세 산출세액에서 공제한다. 초과배당금액에 대한 증여세액이 초과배당금액에 대한 소득세 상당액보다 적은 경우에는 증여세를 부과하지 아니한다.

초과배당금액에 대한 증여세액이 초과배당금액에 대한 소득세 상당액보다 적은 경우에는 초과배당에 따른 이익의 증여규정이 적용되지 아니하므로 해당 초과배당금액은 재차증여 합산과세대상 증여재산에도 해당하지 않는다(상속증여세과-1037, 2017.9.26.). 또한 각 연도 초과배당금액에 대한 증여세액이 초과배당금액에 대한 소득세액보다 적지만 10년간 합산한 초과배당금액에 대한 증여세액이 초과배당금액에 대한 소득세액보다 많은 경우에도 증여세 과세대상에 포함시킬 수 없어 보인다.

5. 증여재산가액

가. 초과배당금액

증여재산가액을 계산할 때 초과배당금액은 특정주주의 균등배당금액을 초과하는 배당금액에 대하여 과소배당받은 주주 전체의 과소배당금액 중 그 특정주주와 특수관계에 있는 최대주주 등이 균등배당금액에 미달하게 배당받은 금액이 차지하는 비율을 곱하여 계산한다.

$$\text{초과배당금액} = \text{특정주주*의 (배당금액} - \text{균등배당액**)} \times \frac{(\text{최대주주 등의 균등배당액} - \text{최대주주 등의 배당금액})}{(\text{과소배당*** 받은 주주 전체의 균등배당액} - \text{과소배당 받은 주주 전체의 배당금액})}$$

* 특정주주 : 최대주주 등의 특수관계인인 주주
** 균등배당액 : 보유지분에 따라 받을 배당금액
*** 과소배당 : 보유지분에 따른 배당보다 적게 받은 배당

나. 2021.1.1. 이후 증여재산가액

2021.1.1. 이후 증여분부터 초과배당금액에서 해당 소득세액을 뺀 금액을 증여재산가액으로 하여 증여세를 과세한다. 초과배당금액에서 빼는 소득세액은 다음의 구분에 따라 계산한다.

(1) 소득세액이 확정되지 아니한 경우

소득세액이 확정되지 아니한 상태에서 증여세 신고기한이 도래한 경우에는 초과배당금액에 「5 - 다. 소득세액이 확정하기 전의 소득세액 계산」에 따른 소득세율의 적용하여 소득세액을 계산한다.

(2) 소득세액이 확정된 경우

증여세 과세표준 신고기한 또는 정산증여재산가액 신고기한 이내에 소득세액이 확정된 경우에는 다음의 구분에 따라 소득세액을 계산한다.

① 소득세법 시행령 제26조의3 제6항에 따라 배당소득에 포함되지 않는 경우 등 소득세 과세대상에서 제외되거나 비과세 대상인 초과배당금액의 경우 : 0
② 소득세법 제14조 제5항에 따른 분리과세 배당소득에 해당하는 경우 등 초과배당금액이 분리과세된 경우 : 해당 분리과세된 세액
③ 소득세법 제14조 제2항에 따라 종합과세되는 경우 : ㉮와 ㉯의 금액 중 큰 금액
   ㉮ 다음 계산식에 따라 계산한 금액

> 초과배당금액이 발생한 연도의 종합소득과세표준에 「소득세법」 제55조 제1항의
> 종합소득세율을 적용하여 계산한 금액 - 해당 연도의 종합소득과세표준에서 초과배당금액을
> 뺀 금액에 종합소득세율을 적용하여 계산한 금액(0보다 작은 경우 0으로 한다)

ⓛ 초과배당금액에 100분의 14를 곱한 금액

다. 2020.12.31. 이전 증여재산가액

증여재산가액은 특정주주의 균등배당금액을 초과하는 배당금액에 대하여 과소배당받은 주주 전체의 과소배당금액 중 그 특정주주와 특수관계에 있는 최대주주 등이 균등배당금액에 미달하게 배당받은 금액이 차지하는 비율을 곱하여 계산한 초과배당금액으로 한다.

라. 소득세액이 확정하기 전의 소득세액 계산

상증규칙 제10조의3에서 규정한 다음의 율을 곱하여 소득세액을 계산한다.

초과배당금액	율
5천220만원 이하	초과배당금액 × 100분의 14
5천220만원 초과 8천800만원 이하	731만원 + (5천220만원을 초과하는 초과배당금액 × 100분의 24)
8천800만원 초과 1억5천만원 이하	1천590만원 + (8천800만원을 초과하는 초과배당금액 × 100분의 35)
1억5천만원 초과 3억원 이하	3천760만원 + (1억5천만원을 초과하는 초과배당금액 × 100분의 38)
3억원 초과 5억원 이하	9천460만원 + (3억원을 초과하는 초과배당금액 × 100분의 40)
5억원 초과 10억원 이하	1억7천460만원 + (5억원을 초과하는 초과배당금액 × 100분의 42)
10억원 초과	3억8천460만원 + (10억원을 초과하는 초과배당금액 × 100분의 45)

2018.3.19.부터 다음의 표에 따른 율을 곱한 금액을 소득세 상당액으로 하고 개정규칙 시행 구분 전인 2018.1.1. 이후 증여받는 경우에도 적용한다(부칙§2).

초과배당금액	율
5천220만원 이하	초과배당금액 × 100분의 14
5천220만원 초과 8천800만원 이하	731만원 + (5천220만원을 초과하는 초과배당금액 × 100분의 24)
8천800만원 초과 1억5천만원 이하	1천590만원 + (8천800만원을 초과하는 초과배당금액 × 100분의 35)
1억5천만원 초과 3억원 이하	3천760만원 + (1억5천만원을 초과하는 초과배당금액 × 100분의 38)
3억원 초과 5억원 이하	9천460만원 + (3억원을 초과하는 초과배당금액 × 100분의 40)
5억원 초과	1억7천460만원 + (5억원을 초과하는 초과배당금액 × 100분의 42)

6. 증여세 신고기한 및 증여세액 정산

배당금 또는 분배금을 지급받은 날(증여시기)이 속하는 달의 말일부터 3개월 이내에 증여세 과세표준을 신고하여야 하며, 정산증여재산가액의 증여세 과세표준의 신고기한은 초과배당금액이 발생한 연도의 다음 연도 5월 1일부터 5월 31일(소득세법 제70조의2 제2항에 따라 성실신고확인서를 제출한 성실신고확인대상사업자의 경우에는 6월 30일로 한다)까지로 한다.

이 경우 소득세액이 확정되기 전에 초과배당금액에 대하여 증여세를 부과받은 자는 해당 초과배당금액에 대한 소득세를 납부할 때(납부할 세액이 없는 경우를 포함한다) ②의 증여세액에서 ①의 증여세액을 뺀 금액을 관할 세무서장에게 납부하여야 한다. 다만, ①의 증여세액이 ②의 증여세액을 초과하는 경우에는 그 초과되는 금액을 환급받을 수 있다.

① 초과배당금액에 대한 소득세액이 확정된 전의 증여재산가액을 기준으로 계산한 증여세액

② 초과배당금액에 대한 실제 소득세액을 반영한 정산증여재산가액을 기준으로 계산한 증여세액

| 사례 1 | 초과배당에 따른 이익의 증여세 계산 |

□ 사실관계

○ A법인은 주주들에게 30억원을 다음과 같이 배당함.

주 주	지분율	균등배당액	실제 배당액	초과·과소배당액
합 계	100	30억원	30억원	0
父	60	18억원	5억원	△13억원
子1	20	6억원	10억원	4억원
子2	10	3억원	10억원	7억원
타인	10	3억원	5억원	2억원

○ 子1과 子2가 父로부터 10년 이내에 증여받은 재산은 없음.

풀이

① 2020.12.31. 이전 증여분의 경우

○ 최대주주인 父와 특수관계인이 子1과 子2가 초과배당에 따라 얻은 이익은 증여세 과세대상이나 특수관계인이 아닌 타인에게는 증여세 부과되지 아니함.

○ 子1의 초과배당에 따른 증여세 계산

㉠ 초과배당액 = 子1의 (실제 배당액 10억원 - 균등배당액 6억원)

$$\times \frac{(父의\ 균등배당액\ 18억원 - 父의\ 실제\ 배당금액\ 5억원)}{(과소배당받은\ 주주\ 전체의\ 균등배당액}$$

18억원 - 과소배당받은 주주 전체의 배당금액 5억원) $=4억원$

㉡ 초과배당액 4억원에 대한 소득세 산출세액 : 132,600,000원

3천760만원 + (1억 5천만원을 초과하는 초과배당액 × 38%) = 132,600,000원

㉢ 증여세 산출세액 : (과세가액 4억원 - 증여재산공제 5천만원) × 20% - 1천만원
= 6천만원

㉣ 증여세 산출세액이 소득세 산출세액보다 적으므로 증여세를 과세하지 아니함.

○ 子2의 초과배당액 7억원에 대해서도 증여세 135,000,000원 상당이 소득세 246,600,000원보다 적으므로 증여세는 과세되지 아니함.

➡ 10년 이내에 동일인으로부터 증여받은 재산이 없는 경우 초과배당액이 36억 8천만원 이상인 경우 증여세 산출세액이 소득세 산출세액보다 많아져 증여세가 부과될 수 있었다.

② 2021.1.1. 이후 증여분의 경우

○ 子1의 초과배당에 따른 증여세 계산

㉠ 초과배당액 = 子2의 (실제 배당액 10억원 - 균등배당액 3억원) = 7억원

㉡ 초과배당액 7억원에 대한 소득세 산출세액 : 246,600,000원

: 3천760만원 + (1억 5천만원을 초과하는 초과배당액 × 38%) = 246,600,000원

㉢ 증여세 산출세액 : (증여재산가액 7억원 - 소득세 상당액 132,600,000원 - 증여재산공제 5천만원) × 30% - 6천만원

= 95,220,000원

➡ 2021.1.1.부터 초과배당액에서 소득세 상당액을 빼고 증여재산가액을 산정하여 증여세를 부과하도록 하였다.

사례 2 **합산대상 증여재산이 있는 경우 초과배당에 따른 이익의 증여세 계산**

❏ 사실관계

　　○ [사례1]에 子1이 10년 이내에 父로부터 16억원의 재산을 증여받은 사실만을 추가함.
　　　－증여재산가액 16억원에 대한 증여세 산출세액
　　　 : (16억원－증여재산공제 5천만원) × 40%－누진공제 1.6억원 = 460,000,000원

풀이

　　○ 子1의 초과배당에 따른 증여세 계산
　　　㉠ 초과배당액 = 子1의 (실제 배당액 10억원－균등배당액 6억원) = 4억원
　　　㉡ 초과배당액 4억원에 대한 소득세 산출세액 : 132,600,000원
　　　 : 3천760만원 + (1억 5천만원을 초과하는 초과배당 × 38%) = 132,600,000원
　　　㉢ 합산과세한 증여세 산출세액
　　　 : (16억원 + 4억원－증여재산공제 5천만원) × 40%－1.6억원 = 620,000,000원
　　　㉣ 초과배당액에 대한 증여세 산출세액 상당액
　　　 : (620,000,000원－기납부증여세액 460,000,000원) = 160,000,000원
　　　㉤ 초과배당액에 대한 증여세 납부할 세액
　　　 : (증여세액 160,000,000원－소득세액 132,600,000원) = 27,400,000원

관련 예규 · 심판결정례 및 판례 등

❏ 법무사법인이 출자비율을 초과하여 배당한 경우 증여세 과세대상여부(법규과－1216, 2023.5.10.)
「법무사법」 제47조에 따라 「상법」 중 합명회사에 관한 규정이 준용되는 「법무사법」 제33조의 법무사법인이 각 사원별로 당해법인의 소득형성 및 성과에 대한 기여도 등을 감안하여 정관에 규정을 정하거나 사원간 손익분배비율을 정하고 그 기준에 따라서 이익을 배당한 경우, 단순히 사원별 출자지분에 따라 이익을 배당하지 않은 사실만으로 상증법 제41조의2의 초과배당에 따른 이익의 증여규정을 적용할 수 없는 것임.

❏ 다수의 증여자로부터 받은 초과배당금에 대한 실제 소득세액은 전체 실제 소득세액을 증여자별 초과배당금액의 비율대로 안분 계산함(법규과－3265, 2022.11.10.).

❏ 1년 이내 1회 이상 초과배당 증여이익을 합산하여 계산 시 산출세액에서 공제하는 소득세 상당액도 합산하여 계산함(법령해석과－4691, 2021.12.24.).

☐ 법인의 해산시 잔여재산의 불균등 분배로 최대주주가 과소배당 받음에 따라 그 자녀가 이익을 얻는 경우 그 상당 의제배당 금액은 초과배당금액에 해당함(법령해석재산 – 219, 2020.9.29.).

☐ 초과배당금액에 대한 소득세 상당액과 비교하는 초과배당금액에 대한 증여세액은 해당 증여일 전 10년 이내에 동일인으로부터 증여받은 재산을 합하여 계산함(법령해석과 – 2948, 2017.10.20.).

☐ 초과배당에 따른 이익 증여후 동일인으로부터 다른 증여가 있어 합산과세하는 경우 합산하는 증여재산가액은 초과배당금액 전액이며, 공제하는 납부세액은 직전 증여의 산출세액 상당액임(법령해석과 – 1868, 2017.6.30.).

☐ 다수인으로부터 초과배당액을 증여 받은 경우 소득세와 증여세 계산방법(조심 2023서140, 2023.9.5.)
초과배당금액에 대한 소득세는 수증자가 실제 부담한 소득세액이며, 증여세액은 증여자별로 계산한 증여세의 합계액을 기준으로 소득세와 증여세를 비교하여야 함(2020이전 귀속분).

☐ B법인의 주주인 A법인이 초과배당을 받은 경우 B법인의 주주에게 증여세 과세 여부(법규과 – 747, 2023.3.23.)
A법인의 주주이자 대표이사인 甲이 A법인으로부터 지급받을 배당 금액을 포기하여 A법인의 다른 주주인 B법인이 주식보유비율을 초과하여 초과배당을 받는 경우, B법인의 개인주주이자 甲의 자녀는 상증세법 제41조의2에 따른 증여세 과세대상에 해당하지 아니함.

사실관계

– A법인 주주 : 甲 50%, 자기주식 25%, B법인 25%
– B법인 주주 : 甲의 아들과 딸이 각각 50%
– A법인 배당시 甲은 배당을 받지 않고, B법인만 배당을 받아 법인세 납부함.

제14절 : 금전무상대출 등에 따른 이익의 증여

1. 개 요

2000.1.1.부터 특수관계인 사이에 일정금액 이상의 금전을 무상으로 대출하거나 적정이자율보다 낮은 이자율로 대출받은 경우에는 그 금전을 대출받은 날에 적정이자율에 의한 금액과 실제 지급한 이자와의 차액에 상당하는 금액을 대출받은 자의 증여재산가액으로 하여 증여세를 부과한다.

특수관계가 없는 자 사이에 금전을 무상 또는 적정이자율보다 낮은 이자율로 대출받은 경우 상속증여세법 제42조(그 밖의 이익의 증여 등) 제1항에 따라 증여세 과세대상으로 삼다가 2013.1.1.부터 상속증여세법 제41조의4에서 특수관계 해당 여부에 관계없이 금전 무상대출 등에 따른 이익의 증여세 과세대상으로 규정하였다. 다만 특수관계인이 아닌 자 간의 거래로서 거래의 관행상 정당한 사유가 있다고 인정되는 경우에는 증여세를 부과하지 아니한다.

금전을 대출하고 그 채무를 면제하는 경우 채무면제 등에 따른 이익의 증여규정을 적용하여 증여세를 부과할 것이고 대출금 원본은 변제를 하되 적정이자를 지급하지 아니하는 경우에는 적정이자율에 의한 이자액과의 실제 지급한 이자와의 차액에 대하여 증여세를 부과한다.

2. 과세요건

① 금전의 대출로서 ② 적정이자율보다 낮은 이자율에 의한 이자를 지급하고 ③ 증여재산가액이 1천만원 이상인 경우에 증여세 과세대상에 해당한다. 2015.12.31. 이전에는 대출금액이 1억원 이상인 경우에 증여세를 부과하였는데 2016.1.1.부터 적정이자율이 연 4.6%인 경우 대출금액이 218백만원 이상인 경우에 증여세 과세대상에 해당한다.

가. 금전의 대출일 것

2013.1.1.부터 금전을 대출한 자와 대출받은 자가 특수관계인이 아닌 경우에도 과세요건에 해당하며, 2012.12.31. 이전에는 금전을 대출한 자가 상속증여세법 시행령 제2조의2 제1항 각호의 어느 하나에 해당하는 자에게 금전을 대출하여야 한다.

나. 무이자 또는 적정이자율보다 저리일 것

적정이자율보다 낮은 이자율에 의한 이자를 지급하는 경우를 말한다. 적정이자율은 2016.3.21.부터 당좌대출이자율을 고려하여 기획재정부령으로 정하며(법인세법 시행규칙 §43 ②), 2016.3.20. 이전에는 금융실명법 제2조 제1호에 따른 금융회사 등이 보증한 3년 만기회사채의 유통수익률을 감안하여 기획재정부장관이 고시하였다.

| 고시한 적정이자율 |

2000.1.1.~2001.12.31.	2002.1.1.~2010.11.4.	2010.11.5.~2016.3.20.	2016.3.21. 이후
11%	9%	8.5%	4.6%

2014.2.21. 대출받은 분부터 개인이 법인으로부터 대출받은 경우 법인세법 시행령 제89조 제3항에 따라 시가로 보는 가중평균차입이자율, 당좌대출이자율 등을 적정이자율로 인정한다. 개인이 법인으로부터 대출받은 경우 이자율이 상속증여세법상 적정이자율보다 낮은 경우 법인세법에서는 부당행위가 적용되지 않지만 상속증여세법에서는 증여에 해당되는 등 세법상 불일치로 생기는 납세자 불편을 해소하기 위해서 법인세법상 시가를 적정이자율로 인정하도록 하였다.

다. 증여재산가액이 1천만원 이상일 것

2016.1.1.부터 증여재산가액이 1천만원 이상인 경우에 증여세를 과세하도록 하여 소액금전대출에 대해서도 증여세가 과세되는 것을 방지하였다.

2016.1.1. 현재 타인으로부터 1억원 미만의 금전을 무상으로 또는 적정이자율보다 낮은 이자율로 대출받은 상태로서 그 대출기간이 1년 이상인 경우에는 2016.1.1. 이후 종전의 제41조의4 제1항 각 호 외의 부분 후단에 따라 새로 대출받은 것으로 보는 날부터 개정규정을 적용한다(부칙 제8조). 예를 들어 2015.7.1. 타인으로부터 8천만원을 무상으로 대출받은 경우 2016.6.30.까지는 증여세 과세대상에 해당하지 아니하며, 2016.7.1. 이후 추가로 대출을 받아 증여재산가액이 1천만원 이상인 경우에 증여세 과세대상에 해당한다.

라. 2015.12.31. 이전 대출금액이 일정금액 이상일 것

1년 이내에 대출한 금액이 1억원 이상이어야 한다. 이 경우 1억원 미만의 금액으로 수회에 걸쳐 대출하는 경우에는 최종 대출일부터 소급하여 1년 내에 대출한 각각의 금전을 합산하여 1억원 초과 여부를 계산하고, 2004.1.1.부터 증여시기는 1억원 이상이 되는 날로 하여 1억원에 미달할 때의 이익에 대하여 자진신고납부할 수 있도록 하였다.

2000.1.1.부터 2003.12.31.까지 기간 중에 1억원 미만을 대출한 경우 각각의 날을 증여시기로 하여 증여세를 과세하였다.

3. 증여시기

금전을 대출한 날을 증여시기로 증여재산가액을 계산하되, 대출기간이 정하여 정하여지지 아니한 경우에는 대출기간을 1년으로 보고 대출기간이 1년 이상인 경우에는 대출일로부터 1년이 되는 날의 다음 날에 매년 새로 대출받은 것으로 보아 증여시기로 하여 1년 단위로 증여재산가액을 계산한다. 2015.12.31. 이전 1억원 미만을 대출하는 경우로서 최종 대출일로부터 소급하여 1년 이내에 대출한 금액의 합계가 1억원 이상으로서 증여세 과세 대상이 되는 경우에는 1억원 이상이 되는 대출일을 증여시기로 하여 증여세를 과세한다.

4. 증여재산가액

이자를 받지 아니하는 무상대출의 경우에는 적정이자율에 의한 이자액을 증여재산가액으로 하며 낮은 이자율에 의한 이자를 지급하는 경우에는 적정이자율과 실제 지급 이자율에 의한 이자의 차액을 증여재산가액으로 한다.

① 무상 대출 = 대출금액 × 적정이자율
② 저리 대출 = (대출금액 × 적정이자율) - 실제 지급한 이자상당액

적정이자율은 연(年) 단위로 고시하고 있으므로 대출기간이 1년인 경우에는 동일하게 적용하되, 대출기간이 1년 미만인 경우에는 월수에 의한 적정이자율을 적용하여야 할 것이다. 이 경우 대출기간은 계약내용이 있으면 그 대출기간에 의하며, 그 기간이 1년을 넘는 경우 1년 단위로 매년 증여재산가액을 계산하여 과세하고, 대출기간이 정하여지지 않은 경우 1년 단위로 매년 과세한다.

여러 차례 나누어 대출받은 경우에는 각각의 대출받은 날을 기준으로 이익을 계산한다.

사례 1   **법인으로부터 적정이자율보다 낮은 이자율로 대출받은 경우 과세 여부**

❑ 법인으로부터 대출받은 내용
　○ 2011.4.1. 특수관계에 있는 법인으로부터 15억원 대출받음.
　○ 대출이자율은 연(年) 5%이며 해당 법인의 가중평균차입이자율 연(年) 4%임.

풀이

법인세법상 해당 법인의 가중평균차입이자율 이상으로 대출하는 경우 부당행위계산 대상이 아니지만, 상속증여세법상 적정이자율보다 낮은 경우 증여세 과세대상에 해당함(재재산-443, 2011.6.14.).

-2011.4.1. 증여재산가액 = 15억원 × (8.5% - 5%) = 52,500,000원

➡️ 이익 증여 여부의 판단기준이 되는 적정이자율에 관한 규정은 거래당사자가 개인인지 법인인
지 여부를 불문하고 특수관계인 사이의 모든 금전거래에 적용되는 규정으로 봄이 상당하며,
법인세법과 상속증여세법상 기준이 다르게 규정되어 있고, 관련 조세법규에 양자 사이의 차
이를 조정하는 규정도 존재하지 아니하므로 상속증여세법에 따른 적정이자율을 적용하여 증
여세를 과세하는 것에는 잘못이 없음(대법원 2013두17633, 2014.5.16.).

사례 2 **2015.12.31. 이전 분할하여 금전대출시 과세방법**

❑ 1억원 미만으로 분할하여 대출한 경우

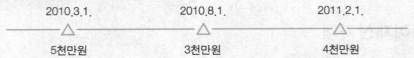

2010.3.1.	2010.8.1.	2011.2.1.
5천만원	3천만원	4천만원

풀이

○ 2010.3.1. 대출금 5천만원과 2010.8.1. 대출금 3천만원을 합하여 1억원에 미달하므로 과세
대상이 아니나,
2011.2.1.에 4천만원을 추가로 무상대출 받음으로써 그 합계액이 1억원 이상이므로
2011.2.1.을 증여시기로 하여 무상대출에 따른 이익에 대해 증여세 과세
-2011.2.1. 증여재산가액 = 1억2천만원 × 8.5% = 10,200,000원
* 2012.2.1.에도 계속 무상대출하는 경우 다시 2013.1.31.까지 기간에 대한 증여재산가액을 계산
하여 증여세를 과세하되, 2012.12.31. 상환을 한 경우 1개월 이자에 대한 증여세를 환급

❑ 1억원 이상을 분할하여 대출한 경우

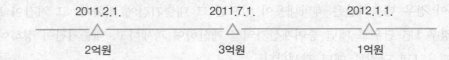

2011.2.1.	2011.7.1.	2012.1.1.
2억원	3억원	1억원

풀이

○ 각 대출일을 증여시기로 하여 증여재산가액을 계산하고, 재차증여 합산과세규정 적용하여
증여세를 과세한다.
-2011.2.1. 증여재산가액 : 2억원 × 8.5% = 17,000,000원
-2011.7.1. 증여재산가액 : 3억원 × 8.5% = 25,500,000원
-2012.1.1. 증여재산가액 : 1억원 × 8.5% = 8,500,000원

사례 3   **이자를 만기에 지급하는 경우 각 연도별 증여재산가액 계산방법은?**

❑ **사실관계**

○ 특수관계인에게 20억원을 3년간 대출하고 이자율은 연(年) 6%로 하되 만기에 일괄지급하기로 약정한 경우

○ 매년 증여재산가액을 계산할 때 만기에 지급하는 이자를 매년 안분하여 차감할 것인지?

풀이

○ 금전무상대출 등에 따른 이익의 증여규정은 1년 단위로 적정이자율에 따른 금액에서 실제 지급한 이자액을 뺀 금액을 증여재산가액으로 하여 과세하는 바,

- 1년차와 2년차에는 실제 지급한 이자가 없으므로 적정이자율 연(年) 8.5%를 적용한 금액을 증여재산가액이라고 볼 수도 있으나

- 증여재산가액은 타인으로부터 무상으로 얻은 이익만으로 계산하여야 하고 3년차에는 지급한 이자액이 적정이자율에 따른 금액을 초과하는 등으로 불합리함.

○ 따라서 만기에 지급한 이자를 매년 단위로 구분하여 이를 적정이자율에 따른 금액에서 뺀 금액에 대하여 증여세를 부과하는 것이 합리적으로 보임.

5. 증여세 감액 경정 등 청구

2010.1.1.부터 1년이 되기 전에 채무를 상환하거나 적정이자를 지급한 경우 등에는 그 날까지 증여세를 재계산하여 환급 등을 요구할 수 있는 경정 등 청구권을 인정하고 있다. 이는 국세심판결정례(국심 2007서2211, 2008.7.31.)에서 1년 이내에 대출금을 상환한 경우 그 상환일까지의 이자에 대해서만 증여세를 과세하도록 한 것을 반영한 것으로 볼 수 있으며, 이에 대하여는 2010.1.1. 이후 증여세를 결정하거나 경정하는 것부터 적용하는 소급 부칙을 두고 있다.

가. 경정 등 청구사유

금전 대출기간 중에 다음의 사유가 발생하는 경우 경정 등을 청구할 수 있다.

① 대출자로부터 해당 금전을 상속 또는 증여받은 경우

② 해당 금전에 대한 채권자의 지위가 이전된 경우

③ 금전대출자가 사망한 경우

④ 금전을 무상으로 또는 적정이자율보다 낮은 이자율로 대출받은 자가 해당 금전을 무상으로 또는 적정이자율보다 낮은 이자율로 대출받지 아니하게 되는 경우

나. 경정 등 청구 세액

다음 산식에 의하여 계산한 증여세액을 감액하도록 요구하는 경정 등을 청구할 수 있다.

$$
\text{금전무상대출 등에 따른 증여세 산출세액(세대생략 할증과세액 포함)} \times \frac{\text{경정 등 청구사유가 발생한 날부터 금전무상대출 등의 종료일까지의 월수}}{\text{금전무상대출 등의 월수(1년 등)}}
$$

☞ 금전무상대출 등의 종료일이란 원래 금전을 무상으로 또는 낮은 이자율로 대출받은 날로부터 1년(대출기간이 있는 경우에는 그 날)이 되는 날을 말하며, 월수는 역에 따라 계산하되, 1개월 미만의 일수는 1개월로 한다.

관련 예규 · 심판결정례 및 판례 등

□ 법인세법상 부당행위대상이 아닌 금전 저리대출의 경우(재재산 – 443, 2011.6.14.)

법인이 특수관계인에게 금전을 대여하고 가중평균차입이자율을 적용하여 이자를 받은 경우 가중평균차입이자율이 적정이자율보다 낮은 경우 적정이자율과의 차액에 대하여 증여세 과세됨.

□ 금전무상대출의 경우 증여재산가액 계산방법(재산세과 – 583, 2011.12.8.)

특수관계에 있는 자로부터 1억원 이상의 금전을 무상으로 또는 적정이자율보다 낮은 이자율로 대출받은 경우에는 그 금전을 대출받은 날에 상속증여세법 제41조의4 제1항 각 호의 구분에 따른 금액을 그 금전을 대출받은 자의 증여재산가액으로 하는 것이며 이 경우 대출기간이 정해지지 아니한 경우에는 그 대출기간을 1년으로 보고, 대출기간이 1년 이상인 경우에는 1년이 되는 날의 다음 날에 매년 새로 대출받은 것으로 보아 해당 금액을 계산하는 것임.

□ 금전 무상대부금의 중도상환시 증여이익 계산(재산세과 – 623, 2009.3.25.)

대부기간이 정하여지지 아니하여 그 대부기간을 1년으로 보고 증여세를 신고 납부한 후 대부기간이 1년이 되기 전에 상환한 경우에는 상환일까지의 금전무상 대부이익을 과세함.

□ 금전대출시 증여세를 사업소득 계산시 필요경비 인정 여부(서일 46014 – 10966, 2002.7.24.)

父로부터 무상으로 대부받은 금전을 사업자금으로 사용한 경우에도 증여세 과세대상이며, 당해 증여세를 사업소득금액 계산시 필요경비에 산입할 수 없음.

□ 비영리법인이 특수관계인으로부터 무상금전대부받은 경우(재산상속 46014 – 608, 2000.5.19.)

출자자별로 출자지분에 대한 권리가 인정되지 아니하는 재단법인의 경우 상속증여세법 제41조가 적용되지 아니하며, 비영리법인이 특수관계에 있는 자로부터 무상으로 금전을 대부받은 경우 상증법 제41조의4에 의하여 증여세가 과세됨.

❑ 父가 아파트 전세계약을 체결하고 자녀들이 거주하는 경우 금전무상대여라기보다는 임차권을 무상 제공(부동산 임대용역)한 것으로 봄이 합리적임(조심 2023서7797, 2023.10.25.).

    * (상증법§41의4 금전무상대여 : 대여금×年4.6%) ⇔ 상증법§42 부동산 임대용역(부동산가액×年2%)

❑ 특수관계인과의 금전무상대부에 대하여 증여세 부과한 것은 정당함(조심 2011부2907, 2011.12.14.). 매매계약을 체결하기 전부터 선수금 형식으로 이자 없이 금전을 지급한 거래는 이례적인 점 등에 비추어 금전무상대부이익 상당액에 대하여 증여세를 부과한 처분은 정당함.

❑ 전(前) 동서로부터 장기간 차입한 경우(조심 2011중3412, 2011.12.6.)

    전 동서로부터 금전을 차입하여 장기간 동안 상환하지 아니한 경우, 증여세 포괄주의 규정의 취지 등에 비추어 특수관계인 외의 자로부터 무상 또는 시가보다 낮은 대가를 지급하고 금전을 대부받아 이자 상당액의 이익을 얻은 것에 거래관행상 정당한 이유가 있다고 인정되지 않는 이상 금전무상대부에 대한 이자상당액에 대하여 증여세를 과세한 처분은 잘못이 없음.

❑ 父로부터 차용한 것인지 증여받은 것인지(조심 2011서2804, 2011.11.21.).

    청구인와 아버지와의 금전소비대차 계약서도 없고, 이자에 대한 언급이 없으며, 신청인이 근무한 법인으로부터 대여하여 상환하였다고 하나 법인이 아버지가 대표자로 있으며 결손법인으로써 대여할 여력이 없는 점 등을 미루어 증여세 과세한 처분은 정당함.

❑ 중도상환시 대부기간 약정이 없어도 상환일을 기준으로 과세하여야 함(국심 2007서2211, 2008.7.31.).

❑ 금전소비대차약정은 없으나 매월 이자 지급한 경우 과세할 수 없음(국심 2002전13, 2002.7.16.).

❑ 2000.1.1. 전부터 금전무상대출이 받아 계속 사용하는 경우(국심 2004부25, 2004.4.29.)

    특수관계에 있는 자들이 결손법인에 금전을 무상대여한 경우 실질적인 이익배당이 없었다고 하더라도 증여의제로 보아 증여세를 과세하며, 2000.1.1. 이전에 금전 등을 무상으로 대여받은 경우에는 2000년부터 매년 1월 1일에 이익을 증여받은 것으로 보는 것이 타당함.

❑ 특수관계가 없는 자 간의 금전무상대출은 증여세 과세 못함(대법원 2014두40722, 2015.12.23., 대법원 2014두37925, 2015.10.15.).

    2006년~2007년 기간 및 2010.6월경에 특수관계 없는 자간에 금전을 무상으로 대출한 경우, 상속증여세법 제41조의4에 따른 증여세 과세는 특수관계가 성립하는 경우에 가능하고, 같은법 제42조 제1항 제1호에서 부동산과 금전을 제외한다고 규정하고 있으므로 증여세 과세는 위법함.

제15절. 주식 등의 상장 등에 따른 이익의 증여

1. 개 요

최대주주 등의 특수관계인이 최대주주 등으로부터 주식 또는 출자지분(이하 "주식 등"이라 함)을 증여받거나 유상으로 취득(또는 유상취득일부터 소급하여 3년 이내에 최대주주 등으로부터 증여받은 재산으로 최대주주 등 외의 자로부터 주식 등을 취득한 경우를 포함한다)한 날부터 5년 이내에 당해 법인의 주식 등이 한국거래소에 상장됨에 따라 상장 등을 한 후 3월이 되는 시점을 기준으로 평가한 주식가액이 증가되어 원래 비상장주식을 증여받거나 취득한 특수관계인이 이익을 얻은 경우에는 해당 이익을 그 특수관계인의 증여재산가액으로 하여 증여세를 과세한다.

기업의 내부정보를 이용하여 상장 또는 코스닥상장에 따른 거액의 시세차익을 얻게 할 목적으로 대주주가 자녀 등 그의 특수관계인에게 비상장주식을 증여하는 것은 상장 또는 코스닥상장에 따른 시세차익을 증여할 의사가 있음에도 불구하고 자녀들이 이를 양도하지 아니하고 계속 보유하는 한 과세할 수 없어 사실상 세금부담없이 계열사를 지배하는 문제가 있었다.

이에 따라 2000.1.1.부터 이러한 상장시세차익 등에 대하여 적정 과세함으로써 고액재산가의 변칙적인 부의 세습을 방지할 수 있는 규정을 신설하였다. 이 경우 상장 등이 예상되는 비상장주식의 평가액은 비상장주식의 증여 또는 취득시점에서는 제대로 평가할 수 없고 상장 후에나 가능하게 되므로, 동 증여세 과세규정은 무상이전되는 상장시세차익에 대한 평가를 유보하였다가 실제로 상장된 후 정확히 평가하여 증여·취득당시 비상장주식 가액을 상장된 주식 평가액으로 수정하여 과세하는 제도로 볼 수 있다.

상장 등을 한 후 3월이 되는 시점을 기준으로 평가한 실제 주식가액이 비상장주식을 증여 등을 받은 시점보다 떨어질 경우에는 그 떨어진 주식 평가액을 기준으로 증여세를 정산하여 환급한다.

 관련 예규·심판결정례 및 판례 등

❑ 구 상증법 제41조의3(상장차익 증여)은 합헌임(헌재 2012헌가5, 2012헌바114·183(병합), 2015.9.24.).

2. 과세요건

주식 등의 상장 등에 따른 이익의 증여규정을 적용하여 증여세를 과세하기 위해서는 ① 비상장주식의 증여자 또는 양도자가 최대주주 등으로서 그와 수증자 또는 양수자 사이에 특수관계가 성립하고 ② 해당 비상장주식을 증여받거나 취득한 날로부터 5년 이내에 한국거래소에 상장 등이 된 경우로서 ③ 상장 등을 한 후 3월이 되는 시점의 1주당 평가액이 비상장주식을 증여받거나 취득한 날의 1주당 평가액에 비해 30% 이상 차이가 나거나 그 차액이 3억원 이상인 경우 등 일정 과세요건을 충족하여야 한다.

가. 최대주주 등으로부터 비상장주식을 증여받거나 취득

해당 비상장법인의 최대주주(최대출자자를 포함한다) 또는 해당 비상장법인의 주식을 100분의 25 이상을 소유한 자(이하, 이 단락 및 합병에 따른 이익의 증여규정에서 "최대주주 등"이라 한다)로부터 그의 특수관계인이 해당 비상장주식(전환사채 등을 포함)을 증여받거나 유상으로 취득하는 경우 또는 최대주주 등으로부터 증여받은 재산(증여받은 재산을 담보로 제공하고 차입한 금전을 포함함)으로 3년 이내에 최대주주 등 외의 자로부터 해당 비상장주식을 취득하여야 한다.

최대주주는 주주 1인과 그의 특수관계인의 보유주식 등을 합하여 그 보유주식 등의 합계가 가장 많은 경우의 당해 주주 등을 말하며(상속증여세법 시행령 제19조 제2항과 동일하다), 지분율 25% 이상인 주주 등은 주주 등 1인과 그의 특수관계인의 소유주식 등을 합하여 당해 내국법인의 발행주식총수의 25% 이상을 소유한 경우의 당해 주주를 말한다.

그리고 특수관계인인 수증자는 최대주주 등과 상속증여세법 시행령 제2조의2 제1항 각 호의 어느 하나에 해당하는 관계에 있는 자를 말한다.

1) 증여 또는 유상으로 취득하는 범위

해당 비상장법인의 주식 등을 최대주주 등으로부터 직접 증여받거나 취득하는 경우뿐만 아니라 2003.1.1.부터 비상장주식을 취득하기 전 3년 이내에 최대주주 등으로부터 증여받은 재산으로 최대주주 등이 아닌 자로부터 취득하는 경우 및 증여받은 재산을 담보로 한 차입금으로 취득한 것도 과세대상에 포함시켰다.

증여받은 재산과 다른 재산이 섞여 있어 증여받은 재산으로 주식 등을 취득한 것이 불분명한 경우에는 그 증여받은 재산으로 주식 등을 취득한 것으로 추정한다.

2) 증자할 때 발행한 신주를 취득한 경우

2003.1.1.부터 주식 등의 취득에는 법인이 자본금을 증가시키기 위하여 신주를 발행함에 따라 인수·배정받은 신주를 포함하도록 명확히 규정하였다.

3) 전환사채 등을 증여받거나 취득한 경우

주식 등으로 전환할 수 있는 전환사채·신주인수권부사채 등을 증여받거나 유상으로 취득(발행법인으로부터 직접 인수·취득하는 경우를 포함함)한 경우로서 그 전환사채 등이 5년 이내에 주식 등으로 전환된 경우에는 그 전환사채 등을 증여받거나 취득한 때에 그 전환된 주식 등을 증여받거나 취득한 것으로 본다.

4) 특수관계인이 아닌 자 간의 증여

거짓이나 그 밖의 부정한 방법으로 증여세를 감소시킨 것으로 인정되는 경우에는 특수관계인이 아닌 자 간의 증여에 대해서도 증여세를 과세한다. 이 경우 5년 이내에 상장이 되지 아니한 경우에도 증여세 과세대상에 해당한다.

나. 증여·취득일부터 5년 이내 상장

해당 비상장주식을 증여받거나 유상으로 취득한 날(이하 "증여일 등"이라 함)로부터 5년 이내에 자본시장법에 따른 한국거래소에 상장되어야 한다.

➡ 2002.12.31. 이전 증여분의 경우 3년 이내에 상장·협회등록한 경우 과세

자본시장법에 따른 한국거래소에 상장된다는 것은 유가증권시장, 코스닥시장 및 코넥스시장에 상장되는 것을 의미하는데 2013년 개설된 코넥스시장에 상장되는 경우 과세대상인가에 논란이 있었다. 2017.1.1. 이후 상장하는 것부터 증권시장에 상장되는 경우를 유가증권시장과 코스닥시장에 상장되는 경우임을 명확히 하여 코넥스시장에 상장되는 경우 증여세 과세대상에서 제외하였다. 2016.12.31. 이전에 주식등을 상장한 경우에 대해서는 상속증여세법 제41조의3 제1항의 개정규정에도 불구하고 종전의 규정에 따르도록 부칙 제15조(주식등의 상장 등에 따른 이익의 증여에 관한 경과조치)에서 규정하고 있으나, 기획재정부는 2016.12.31. 이전에도 유가증권시장 또는 코스닥시장에 상장되는 경우에 상장 등에 따른 이익의 증여규정을 적용한다고 유권해석(재재산-44, 2017.1.17.)하여 코넥스시장에 상장하는 경우에는 증여세 과세대상에서 제외하고 있다.

비상장주식을 증여받거나 취득한 후 5년 1일을 경과하여 상장 또는 코스닥상장한 경

우 과세대상에 제외할 것인가에 대하여 상속증여세법 제41조의3 적용대상은 아니지만, 상속증여세법 제2조 제3항과 제42조에 따른 완전포괄주의 과세대상에 해당할 수 있다는 것이 과세관청의 유권해석내용이다.

 관련 예규·심판결정례 및 판례 등

□ 흡수합병으로 교부받은 합병신주가 상장된 경우 상장차익 과세 여부(법규과-2161, 2023.8.23.)

비상장법인이 다른 비상장법인을 흡수합병한 후 상장되는 경우로서 합병법인의 최대주주 등으로부터상증법 제41조의3 제2항 제1호 및 제2호에 따른 방법으로 취득한 주식을 보유하지 아니한 피합병법인의 주주에게 교부한 합병신주에 대하여 같은 법 제41조의3을 적용할 수 없음.

질의

甲이 비상장인 A법인 40%, B법인 100%를 보유한 상태에서 A법인이 B법인을 흡수합병하여 합병신주를 교부받은 후 A법인이 5년 이내에 상장되는 경우

– 甲이 교부받은 합병신주에 대해 상장에 따른 이익의 증여세 과세대상인지?

□ 조세법률주의 원칙상 피합병법인 주주가 흡수합병에 따라 교부받은 합병신주의 상장을 당해 주식의 상장으로 볼 수 없음(대법원 2022두69513, 2023.4.13.).

□ 유·무상증자 및 주식매수선택권 행사로 취득한 주식의 경우 상장에 따른 증여세 과세대상 여부(사전-법규재산-131, 2022.10.19.)

질의

1. 특수관계인으로부터 취득한 지 5년이 경과하여 상장된 경우 과세여부
2. 위 주식에 근거하여 유상·무상증자로 취득한 신주가 5년 이내에 상장된 경우 과세여부
3. 주식매수선택권을 행사하여 취득한 주식이 5년 이내에 상장된 경우 과세 여부

회신

1. 특수관계인으로부터 취득한 지 5년이 경과되어 상장된 경우 과세대상이 아니나
2. 증권시장에 상장되는 주식에 기반해 유상증자 또는 의제배당으로 과세되는 무상증자로 취득한 주식이 취득일로부터 5년 이내 상장하는 경우 증여세 과세대상임.

다만, 무상증자로 취득한 신주가 주식발행초과금의 자본전입에 의한 무상증자로 교부받은 신주로서 「소득세법」 제17조 제2항에 의해 의제배당으로 과세되지 않는 경우에는 그 취득시기는 당해 무상주 취득의 원인이 되는 기존주식의 취득일을 적용하는 것임(과세대상 아님).
3. 내국법인의 임직원이 법인으로부터 부여받은 주식매수선택권 행사로 취득한 주식은 과세대상에 해당하지 않음.

□ 퇴직임원으로부터 유상 취득한 주식이 상장한 경우 상장이익 과세 여부(자본거래-5997, 2021.10.6.)

최대주주 등의 특수관계인이 최대주주 등으로부터 주식을 유상으로 취득한 경우로서 그 취득

한 날부터 5년 이내에 상장됨에 따라 취득가액을 초과하여 기준 이상의 이익을 얻은 경우에는 증여세가 과세되는 것이며, 특수관계인에는 사용인을 포함하고, 사용인의 범위에 포함되는 임원은 퇴직후 5년이 지나지 아니한 그 임원이었던 사람으로서 사외이사가 아니었던 사람임.

☐ 코스닥시장에 상장하는 경우 사이닝보너스(신입임직원 1회성 인센티브)로 취득한 주식이 상장된 경우 최대주주로부터 취득한 주식이 아니므로 과세대상 아님(자본거래관리과−137, 2021.3.12.).

☐ 상증령 제19조 제2항의 "해당 주주등 1인의 특수관계인"은 해당 주주등 1인이 보유하고 있는 주식 등을 발행한 법인의 주식등(자기주식 및 자기출자지분은 제외)을 보유한 자에 한정하는 것임(재재산 과−299, 2020.3.24., 기준 법령해석과-962, 2020.3.30.).

> **사실관계 및 질의**
>
> ○ 2016.6월 A법인의 자회사인 B법인과 C법인의 주주들("자회사 주주")은 각 법인의 보유주식 전부를 A법인에 이전하고, A법인 주식을 새로 배정받음(포괄적 교환")
>   − 쟁점 포괄적 교환으로 A법인은 완전모회사, B법인과 C법인은 완전자회사가 되고, 자회사 주주는 A법인의 새로운 주주가 됨
> ○ 2017.5월 A법인은 유가증권 시장에 상장, 자회사 주주가 보유한 A법인주식 가액이 증가함
>
> **질의**
>
> 자회사 주주가 모회사와의 주식의 포괄적 교환으로 모회사 주식을 취득한 후 해당 모회사가 5년 내 상장된 경우 당초 포괄적 교환으로 취득한 주식이 상증세법 §41의3에 따른 "최대주주 등으로부터 유상으로 취득"한 주식에 해당하는지 여부

☐ 재배정받은 실권주 등이 상장되는 경우 증여세 과세 여부(재재산−931, 2018.10.31.)
비상장법인의 최대주주 등으로부터 증여받거나 유상취득하지 않고, 재배정 실권주 및 제3자 배정 유상신주 방식으로 주식을 취득하고 5년 이내 상장되는 경우 구 상속증여세법(2015.12.31. 이전 시행 법률)상 포괄주의(제2조, 제42조)에 따라 증여세를 과세할 수 없는 것임.

☐ 2012.2.2. 개정전 최대주주와의 특수관계 여부는 일방관계에 따라 판단함(재재산−659, 2018.8.3).
상속증여세법 제41조의3 및 제41조의5의 "최대주주 등"을 판단함에 있어서 같은법 시행령 (2012.2.2. 대통령령 제23591호로 개정되기 전의 것) 제19조 제2항 본문의 "주주 또는 출자자 1인과 다음 각 호의 어느 하나에 해당하는 관계에 있는 자"는 주주 또는 출자자인 증여자를 기준으로 일방관계에 따라 판단하는 것임.
➡ 판례(대법원 2010두11559, 2012.5.10.)에 따라 유권해석을 변경한 것이며, 2012.2.2. 상속증 여세법 시행령 제19조 제2항을 개정하여 쌍방관계임을 명확히 규정함.

☐ 최대주주 등으로부터 유상취득한 주식을 상장 전 양도하는 경우 적용방법(재재산−329, 2015.4.24.)
상속증여세법 제41조의3을 적용할 때 최대주주 등의 특수관계인이 최대주주 등으로부터 해당 법인의 주식등을 유상으로 취득하여 그 주식등을 거래소에 상장되기 전에 양도한 경우 그 양도 한 주식등의 취득시기는 소득세법 제98조에 따른 장부 등에 따라 확인되는 경우 그에 따르고,

그 밖에 취득시기가 불분명한 경우로서 상장일 현재 상장된 주식등의 수가 유상으로 취득하기 전보다 증가하지 아니한 때에는 주식등의 상장등에 따른 이익의 증여규정은 적용 안함.

❑ 상장일 전에 양도한 주식은 상장에 따른 증여에 해당하지 아니함(법규재산 2014-152, 2014.7.2.).

❑ **고가 유상증자로 취득한 주식이 5년 이내 상장되는 경우 증여세 과세 여부**(재산세과-234, 2012.6.22.)
비상장법인의 최대주주 등과 특수관계에 있는 자가 비상장법인의 유상증자시 시가보다 높은 가액으로 신주를 취득한 후 그 주식이 5년 이내에 한국거래소에 상장됨에 따라 이익을 얻은 경우에는 상속증여세법 제2조·제42조가 적용되는 것이며, 이에 해당하는지는 그 거래의 경위, 내용 등 구체적인 사실관계에 따라 판단할 사항임.

> 질의
> – 최대주주와 특수관계 있는 자가 법인의 주주배정방식 유상증자에서 발생한 실권주를 시가보다 고가로 재배정받아 취득한 주식이 5년 이내에 한국거래소에 상장되는 경우 상속증여세법 §41의3(상장에 따른 이익의 증여)을 적용하여 증여세가 과세되는지 여부?

❑ 현물출자로 취득한 주식이 상장된 경우 증여세 과세될 수 있음(재산세과-89, 2012.2.29.).

❑ **2인 이상으로부터 취득한 주식이 상장된 경우 과세방법**(조심 2021전2583, 2022.4.28.)
상장이익에 대한 증여세는 증여자별로 과세표준과 세액을 구분하여 계산하는 것이 타당하다 할 것이므로, 수증자별로 이익을 합산하여 과세표준과 세액을 계산하여 과세처분한 것은 잘못임.

❑ **대표이사가 취득한 자기주식에 대한 상장시세차익 과세 여부**(조심 2017중2856, 2018.6.21.)
상법상 회사는 원칙적으로 자기주식의 취득이 제한되었을 뿐만 아니라 자기주식은 의결권이 없다고 규정하고 있는 점 등을 감안할 때, 쟁점법인이 일시적으로 자기주식을 보유하였다 하여 주주권행사의 대상이 되는 당해 법인 자체를 동 법인의 주주로 보는 것은 논리적·순환론적 모순에 빠지게 되는 문제가 있는 점 등에 비추어 증여세를 부과한 이 건 처분은 잘못임.

❑ **증여재산으로 신설법인 주식을 인수하여 상장된 경우 과세 여부**(대법원 2015두40941, 2018.12.13.)

> 사실관계
> 원고는 A법인의 설립 시 발기인으로서 당시 최대주주로 예정되어 있던 자와 다른 기존 법인에서 특수관계에 있었는데 그로부터 증여받은 금전으로 A 법인의 최초 발행주식(지분 2%)을 취득하였고 그로부터 약 4년 1개월 후 상장이 된 것에 대하여 증여세 부과함.

> 판결요지 상증법 §41조의3 ①에 열거한 취득사유가 아니면 과세할 수 없음.
> – 구 상증법 제41조의 3 제1항에서 상세히 정한 법인의 주식 취득 등에 대해서만 증여세 과세대상이 되고, 그 밖에 법인 설립 전 발기인의 주식 인수 등 다른 유형의 주식 취득에 대해서는 이후 상장으로 이익을 얻더라도 증여세를 부과하지 않도록 한계를 정하였다고 봄이 타당하다. 이러한 결론은 이 규정의 내용과 문언, 입법 취지, 법인 설립 전 발기인의 주식 인수와 설립 이후 미공개 경영 정보를 이용한 주식 취득 사이의 성질상 차이, 납세자의 예측가능성

등을 종합하여 도출할 수 있다. 따라서 이 규정의 적용 요건에 해당하지 않는 주식의 취득 등에 대해서는 위 규정을 유추하여 증여세를 부과할 수 없다.

❑ 최대주주 등이 실권한 신주를 본인 자금으로 인수하여 상장된 경우 과세할 수 없음(대법원 2017두 35691, 2017.9.21., 대법원 2017두37871, 2017.5.26., 서울고법 2016누46795, 2017.1.18.).

상속증여세법 제41조3 제6항은 제1항이 적용됨을 전제로 하므로 유상으로 취득한 주식이 아니고 증여받은 재산과도 관계없이 인수하거나 배정받은 신주는 포함되지 아니하므로 상장이익을 얻었더라도 법에 정한 증여재산가액으로 볼 수 없으며, 해당 규정은 증여세 과세범위와 한계를 설정한 것으로 같은법 제2조 제3항에 근거하여 증여세를 과세할 수 없음.

❑ 상장시세차익 과세시 25% 이상 주주의 범위 및 유상증자 신주 포함 여부(대법원 2013두15385, 2016.3.24., 대법원 2012두25187, 2015.10.29.)

−100분의 25 이상을 소유한 주주란 주주 1인과 그의 특수관계인이 소유한 주식을 합하여 25% 이상인 경우 해당 주주들을 말하며, 해당 시행령이 위임한계를 벗어나 무효라고 할 수 없음.

−상장차익에 대하여 증여세가 부과되는 대상을 '법인이 자본을 증가시키기 위하여 발행하는 신주'라고만 규정하여 유상신주와 무상신주를 따로 구분하지 않고 있는 점 등에 비추어 보면, 상속증여세법 제41조의3 제6항에서 정한 '신주'에는 '최대주주 등'으로부터 증여 또는 양수한 주식에 비례하여 주주배정 방식에 따라 유상으로 인수하는 신주도 포함된다고 봄이 타당함.

−세무조사를 실시하면서 유상증자 주식에 대하여 과세하지 않았다 하더라도 관련 법령에 위배된 것이 명백한 경우 가산세를 부과함.

❑ 증여받은 주식이 코스닥상장되어 이익을 얻은 것에 해당함(대법원 2014두5057, 2014.6.26.).

조세회피목적이 없는 명의신탁받은 주식이라고 주장하지만 코스닥 상장에 따른 주가급등을 예상하고 저평가된 주식을 미리 배우자에게 증여하였을 가능성이 충분한 점으로 미루어 주식을 증여받은 것으로 보아 주식가치 증가분에 대한 증여세를 부과한 처분은 적법함.

❑ 상장대가를 사례금이라고 단정하기도 어려울 뿐 아니라, 원고가 받은 이익이 소득세법 제21조 제1항 제17호에서 규정한 사례금으로서 기타소득에 해당한다면 이를 증여이익으로 과세할 수도 없음 (대법원 2014두1352, 2014.4.24.).

❑ 주식 상장 등에 따른 이익을 증여세로 과세할 경우 최대주주의 범위에는 그와 특수관계에 있는 자는 포함되지 않음(대법원 2010두11559, 2012.5.10.).

사실관계

−甲이 보유한 주식 11.8%를 2005.10.7. 乙 등에게 양도한 후 5년 이내에 해당 법인이 상장함.

−乙은 해당 법인의 주식을 44% 보유하면서 대표이사이며, 甲은 루게릭병으로 인해 이사 사임 후 5년 이내에 乙 등에게 주식을 양도함.

쟁점

甲이 최대주주 등에 해당하고 甲이 특수관계가 성립하는 乙 등에게 주식을 양도한 후 5년 이내에 해당 비상장주식이 상장되었는가 여부?

판결요지

해당 법인의 최대주주는 44%를 보유한 乙 등 중 지분율이 가장 높은 주주 1인인 乙을 의미하고 그와 특수관계에 있는 甲은 최대주주가 아니므로 甲으로부터 乙 등이 주식을 취득한 후 상장한 경우 상장에 따른 이익의 증여세 과세대상은 아니라는 것임.

➡ 최대주주 등에 대한 상속증여세법 시행령 제19조 제2항이 2012.2.2. 개정되었으므로 귀속연도에 따라 위의 판례를 적용하여야 할 것임.

2012.2.1. 이전 상속증여세법 시행령 제19조	2012.2.2. 이후 상속증여세법 시행령 제19조
② 법 제22조 제2항에서 "대통령령으로 정하는 최대주주 또는 최대출자자"란 주주 또는 출자자(이하 "주주등"이라 한다) 1인과 다음 각 호의 어느 하나에 해당하는 관계가 있는 자의 보유주식 등을 합하여 그 보유주식 등의 합계가 가장 많은 경우의 해당 주주등을 말한다.	② 법 제22조 제2항에서 "대통령령으로 정하는 최대주주 또는 최대출자자"란 주주등 1인과 그의 특수관계인의 보유주식 등을 합하여 그 보유주식 등의 합계가 가장 많은 경우의 해당 주주등 1인과 그의 특수관계인 모두를 말한다.

사례 **최대주주인 양도인이 상장된 법인에 기여한 사실이 없는 경우 과세 여부?**

❑ 사실관계
  ○ 甲은 A법인의 최대주주인 乙로부터 주식을 취득한 후 5년 이내에 상장됨.
  ○ A법인은 甲이 주식을 취득한 후 결손 상태로서 상장을 할 상태가 아니었고, 甲이 경영하면서 특허권 등록 등으로 매출신장 등이 이루어져 상장하게 됨.

❑ 쟁점
  상장이익에 대한 형식적 과세요건은 충족하고 있으나, 甲이 주식취득시점에서 상장이 예견되거나 乙이 상장에 따른 이익을 분여한 것이 아닌 경우 과세 여부

❑ 심판결정내용(조심 2021서6914, 2022.12.5.) ⟹ **증여세 과세처분은 잘못임.**
  ① 청구인이 쟁점주식을 취득한 2008.2.20.이 속한 사업연도를 전후로, A법인의 2008년 영업이익이 흑자 전환하였으나, 2009년에 다시 영업이익이 적자인 상태에 있었던 점
  ② 뿐만 아니라 A법인은 2008년 말 거래처로부터 거래중단을 통보받기까지 하였는 바, 청구인이 쟁점주식을 취득한 2008년 당시에는 A법인의 상장을 예견할 수 있었다거나 이를 통하여 '실현이 예견되는 부'가 있었다고 보기 어려운 점
  ③ 2010년 이후 기술전환에 성공하여 신기술을 바탕으로 매출증가와 이익의 극대화가 가능해진 점
  ④ A법인은 2011.10.4.에 이르러서야 증권회사들에게 "기업공개 주간사 선정을 위한 제안서 제출 요청" 문서를 발송하는 등, A법인의 코스닥 상장은 2011년 전후로 추진되기 시작한 것으로 보이는 점 등에 비추어 보면, 청구인이 쟁점주식을 취득한

2008.2.20. 당시에는 상장을 통하여 실현이 예견되는 부가 있었다고 보기는 어렵다 할 것임.

다. 증여일 등과 상장 후의 주식가액이 일정 이상 차이 발생

비상장법인이 상장을 한 후 3개월이 되는 날(정산기준일)을 기준으로 평가한 주식의 가격과 증여받거나 취득할 당시 비상장주식의 가격에 다음의 차이가 있는 경우에 증여세를 추가 과세하거나 증여받거나 취득한 시점에서 과세한 증여세를 환급한다. 상장 등을 한 날부터 3개월 이내에 그 주식 등을 보유한 자가 사망하거나 그 주식 등을 증여 또는 양도한 경우에는 그 사망일·증여일 또는 양도일을 정산기준일로 한다.

1) 과세기준

정산기준일의 상장주식 평가액이 비상장주식 증여·취득 당시의 가격에 비해 30% 이상 상승하였거나 그 차액이 3억원 이상인 경우(2003.12.31. 이전은 5억원 이상)에는 정산기준일 현재 1주당 평가액을 기준으로 추가 과세한다.

$$\frac{\text{정산기준일 현재 1주당 평가액(A)} - \text{증여일 등의 1주당 평가액(B)} - \text{1주당 기업가치 실질적 증가분(C)}}{\text{증여일 등의 1주당 평가액(B)}} \geq \text{30\% 이상이거나 주주 1인의 총차액이 3억원 이상인 경우}$$

주주 1인의 총차액 = [{정산기준일 현재 1주당 평가액(A) − 증여일 등의 1주당 평가액(B) − 1주당 기업가치 실질적 증가분(C)} × 증여받거나 유상으로 취득한 주식수]

2) 환급기준

정산기준일의 주식가액(기업가치 실질 증가분은 포함하지 아니한다)이 증여·취득 당시의 가격에 비해 30% 이상 하락하였거나 그 차액이 3억원 이상인 경우(2003.12.31. 이전은 5억원 이상)에는 정산기준일 현재 1주당 평가액을 기준으로 증여세를 정산하여 환급 등을 한다.

> 증여일 등의 1주당 평가액(B)
>
> $\dfrac{-\ 정산기준일\ 현재\ 1주당\ 평가액(A)}{증여일\ 등의\ 1주당\ 평가액(B)}$ ≥ 30% 이상이거나 주주 1인의 총차액이 3억원 이상인 경우
>
> 주주 1인의 총차액 = [{증여일 등의 1주당 평가액(B) - 정산기준일 현재 1주당 평가액(A)} × 증여받거나 유상으로 취득한 주식수]

3. 정산기준일 및 증여세 정산 신고기한

주식의 상장 등에 따른 이익은 해당 주식 등의 상장일부터 3개월이 되는 날(이를 '정산기준일'이라 함)을 기준으로 계산한다.

여기서 '상장일'이란 자본시장법 제9조 제13항에 따른 증권시장에서 최초로 주식 등의 매매거래를 시작한 날을 말한다.

상장 등을 한 날로부터 3개월 이내에 그 주식 등을 보유한 자가 사망하거나 그 주식 등을 증여 또는 양도한 경우에는 그 사망일·증여일 또는 양도일을 정산기준일로 한다.

증여세 과세표준의 정산 신고기한은 정산기준일이 속하는 달의 말일부터 3개월이 되는 날이다(상속증여세법 §68 ① 단서).

그리고 증여자가 정산기준일 전에 사망한 경우에도 증여세를 과세할 수 있다는 것이 판례 입장이다(대법원 2012두7660, 2012.7.12.).

4. 증여시기

증여시기가 비상장주식을 증여받거나 유상으로 취득한 날인지 또는 위의 정산기준일 인지에 대하여 명확히 규정하지 아니함에 따라 논란이 있다. 하지만 다음과 같은 점을 고려할 때 증여시기는 비상장주식을 증여받거나 취득한 날로 적용하는 것이 타당할 것으로 생각한다.

① 해당 증여규정은 상장일에 새롭게 증여받은 것으로 과세하고자 하는 것이 아니라 상장추진 중에 있는 비상장주식을 정확하게 평가하지 못하였던 것을 유보하였다가 실제 시장 주식가액에 따라 증여세를 추가 과세 또는 환급하는 등으로 정산한다는 취지로 각종 규정을 구성하고 있다.

② 정산기준일을 증여시기로 볼 경우 정산기준일 전에 비상장주식을 증여 등을 한 최대 주주 등이 사망한 경우 증여자가 없는 문제뿐만 아니라 증여세를 환급하는 경우에는

주식의 소유권 이전 등이 전혀 없는 날에 환급 결정을 해야 하는 문제 등이 생긴다.
③ 정산기준일이 증여시기라면 증여세 정산신고기한을 굳이 정산기준일부터 3개월 이
내로 별도 규정할 필요가 없을 것이다.

따라서 증여시기는 비상장주식을 증여받거나 유상으로 취득한 날로 하고 정산기준일
만을 상장 등을 한 후 3개월이 되는 날로 구분하여 적용하여야 할 것이다.

 관련 예규·심판결정례 및 판례 등

□ 증여세 신고세액공제율은 당초 주식등을 증여받거나 취득한 때를 기준으로 적용함(사전 법령해석과
-1729, 2020.6.8.).

➡ 정산기준일의 법령을 적용하는 것은 아님.

□ 상장 등에 따른 이익의 증여 시기는 당초 주식을 증여받거나 취득한 때임(대법원 2015두3096,
2017.9.26., 조심 2012부0850, 2012.11.15., 조심 2012전851, 2012.11.14.).

상속증여세법상 상장 등에 따른 이익 과세규정은 당초 주식 증여 시 그 평가를 유보하였다가
실제로 상장된 후 일정한 시점인 정산기준일의 가격을 기준으로 평가하도록 한 것으로 증여시
기는 당초 주식을 증여받거나 취득한 때로 판단함.

5. 주가가 상승한 경우 증여세 정산

가. 개 요

정산기준일 현재 주식 등의 가액이 비상장주식의 1주당 가액보다 많은 경우로서 [1주
당 평가이익 − 1주당 기업가치의 실질적인 증가로 인한 이익]이 해당 1주당 가액의 30%
이상이거나 증여재산가액이 3억원(2003.12.31. 이전 : 5억원) 이상인 경우에는 그 증여재
산가액을 당초의 증여세 과세가액(증여받은 재산으로 주식 등을 취득한 경우에는 그 증
여받은 재산에 대한 증여세 과세가액을 말한다)에 가산하여 증여세를 정산한다. 이 경우
증여재산가액은 다음과 같이 계산한다.

$$\text{증여재산}\atop\text{가 액} = \left(\text{1주당}\atop\text{평가이익} - \text{1주당 기업가치의 실질적인}\atop\text{증가로 인한 이익}\right) \times \text{증여받거나}\atop\text{유상취득한 주식수}$$

$$\text{1주당}\atop\text{평가이익} = \text{정산기준일 현재 1주당 평가액}\atop\text{(상속증여세법 §63에 따라 평가)} - \text{증여일 등 비상장주식의 1주당}\atop\text{평가액}$$

나. 증여일 등 및 정산기준일 현재 1주당 평가액

증여일 등의 1주당 평가액은 증여받은 경우에는 비상장주식을 최대주주 등으로부터 증여받은 날을 평가기준일로 하여 시가 또는 보충적 평가액에 의한 1주당 증여세 과세가액으로 하고 유상으로 취득한 경우에는 주식 등의 1주당 취득가액을 말한다.

정산기준일 현재 1주당 평가액은 정산기준일 이전·이후 2월간에 공표된 매일의 한국거래소 최종시세가액의 평균액에 의한다. 수증자가 최대주주로서 해당 법인이 정산기준일 현재 할증평가대상인 경우에는 할증한다(대법원 2016두39726, 2016.10.27.).

상장일로부터 3개월 이전에 양도한 경우 1주당 평가액을 양도가액 또는 양도일 이전·이후 각 2개월의 종가평균액 중 어느 금액을 기준으로 증여재산가액을 계산할 것인지 논란이 있을 수 있다. 이에 대하여 대법원은 주식을 증여받거나 취득한 자가 이를 상장일부터 3개월 이전에 처분한 경우와 그 이후에 처분하거나 계속 보유하는 경우에 그 상장이익의 계산방법에 본질적인 차이를 둘 이유가 없으므로 양도일 이전·이후 각 2개월의 종가평균액에 의하도록 판결하였다(대법원 2017두53729, 2017.10.26.).

다. 1주당 기업가치 실질증가분

1주당 기업가치의 실질적인 증가로 인한 이익은 다음 산식에 의하여 계산한다. 이 경우 결손금 등이 발생하여 1주당 순손익액으로 당해 이익을 계산하는 것이 불합리한 경우에는 상속증여세법 시행령 제55조의 규정에 의하여 계산한 1주당 순자산가액의 증가분으로 당해 이익을 계산할 수 있다.

상장일 이전 유상증가가 있는 경우는 2011.7.25.부터 상증령 제56조는 제5항에서 순손익가치에 순자산 증가에 따른 미래기대수익을 적절하게 반영하고 있어 '결손금 등이 발생하여 1주당 순손익액으로 당해 이익을 계산하는 것이 불합리한 경우'에 해당하여 1주당 순자산가액의 증가분으로 기업가치 실질증가분을 계산할 수 있는 경우로 어렵다 하겠다(조심 2021서575, 2021.12.14., 사전 법령해석과-1729, 2020.6.8.).

기업가치증가분에 대한 입증서류 : 대차대조표, 손익계산서, 그 밖에 기업가치의 실질적인 증가를 확인할 수 있는 서류

비상장주식의 증여 또는 취득일이 속하는 사업연도
개시일부터 상장일 전일까지의 1주당 순손익액의 합계액
─── × 증여 또는 취득일부터
증여 또는 취득일이 속하는 사업연도 개시일부터   정산일까지의 월수
상장일 전일까지의 월수

☞ 월수계산시 1월 미만의 월수는 1월로 본다.

  이때 1주당 순손익액의 합계액은 각 사업연도 단위별 상속증여세법 시행령 제56조 제
4항의 규정에 의하여 계산한 1주당 순이익액의 합계액으로 하고, 마지막 사업연도분은
중도결산을 원칙으로 하되, 중도결산이 어려운 경우에는 상장일 등이 속하는 사업연도
직전 사업연도 순손익액을 당해 사업연도의 월수로 나눈 금액에 상장일 등이 속하는 월
수를 곱하여 계산한다.

라. 증여받거나 취득한 주식수

  증여받거나 취득한 주식수는 증여·취득 당시 주식수에 의하되, 증여·취득일부터 상
장일 전일까지의 기간 중에 무상주를 발행한 경우에는 상증령 제56조 제3항 단서규정에
의한 환산주식수에 의한다.

```
        |←────── ① ──────→|←────── ② ──────→|
        주식증여일           상장일            정산기준일
```

  ①의 기간 중에 무상주를 발행한 경우에는 환산주식수에 의하지만,
  ②의 기간 중에 무상주를 발행한 경우와 ①, ②기간 중에 무상감자를 한 경우 주식환
산에 대한 규정이 없으므로 보완할 필요가 있다. 다만 ②기간 중에 무상주를 발행한 경우
환산주식수에 의한다고 유권해석하고 있다(법규과재산 2014-153, 2014.7.2.).

관련 예규·심판결정례 및 판례 등

❑ 수회에 걸쳐 주식을 취득·증여받은 경우 상장에 따른 증여이익 과세방법(재재산-102, 2015.2.10.)
  수회에 걸쳐 유상취득 또는 증여받은 경우 주식이 같은 날 상장되어 상장 등에 따른 이익의
  증여가 발생한 경우, 상장 등에 따른 이익을 합산하여 증여세 과세표준 및 세액을 계산함.

□ 상장일부터 정산기준일 사이에 무상증자가 있는 경우 주식수 계산(법규재산 2014 – 153, 2014.7.2.)
상증법 제41조의3에 따른 증여재산가액을 계산하는 때, 상장일부터 정산기준일 사이에 상법 제461조에 따른 무상증자가 있는 경우의 '증여받거나 유상으로 취득한 주식수'는 상증령 제56조 제3항의 단서규정에 따라 환산한 주식수에 의하는 것임.

| 사례 1 | **기업가치실질증가분 계산** |

– 비상장주식 취득가액 : 1주당 10,000원

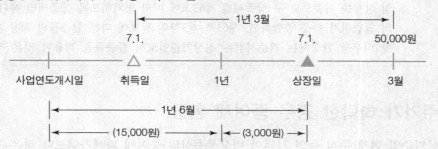

① 비상장주식 취득일이 속하는 사업연도 개시일로부터 상장일 전일까지의 1주당 월평균 순이익의 증가분 계산(월 미만은 1월로 계산)

$$\frac{[15,000원(각\ 사업연도\ 순이익액) + 3,000원(상장일이\ 속하는\ 사업연도\ 중도결산)]}{18월}$$

= 18,000원 ÷ 18월 = 1,000원(1주당 월평균 순이익가치 증가분)

② 1주당 실질가치 증가분 : 1,000원 × 15월 = 15,000원
③ 증여재산가액
  –[50,000원(정산기준일의 1주당 가액) – 10,000원(1주당 취득가액) – 15,000원(1주당 실질가치 증가분)] × 증여받거나 취득한 주식수

| 사례 2 | **경영성과보상금으로 받은 비상장주식이 상장된 경우 과세 여부 및 최대주주 할증평가 여부** |

□ 사실관계
  – 2008.12월 甲은 A법인 대표이사로서 경영성과 보상 명목으로 A법인 최대주주인 A'홀딩스의 이사회 결의를 거쳐 A비상장주식을 지급받음.
  – 2010.6월 A법인은 상장함.
    (쟁점1) 甲이 받은 A비상장주식이 증여인지, 근로소득에 해당하는지?
    (쟁점2) A주식이 상속증여세법 제41조의3의 상장에 따른 이익의 과세대상인지?
    (쟁점3) 상장에 따른 이익을 계산할 때 최대주주에 대한 할증평가 적용대상 여부 판단 일이 당초 취득일인 2008.6월인지, 정산기준일인 2010.9월인지?

❏ 대법원 판결내용(대법원 2016두39726, 2016.10.27.)

(쟁점1) 甲이 A법인에 제공한 근로와 일정한 대가관계가 있으므로 근로소득에 해당함.

(쟁점2) 최대주주로부터 '유상으로 취득한 경우'란 주식의 취득이 대가관계에 있는 반대급부의 이행으로서 이루어진 경우를 의미하므로, 최대주주 등과 특수관계에 있는 자가 최대주주 등으로부터 근로제공에 대한 대가로 주식을 취득하였다면 이 역시 '유상으로 취득한 경우'에 해당함.

(쟁점3) 주식의 상장에 따른 이익을 계산할 때 상장된 주식의 1주당 평가가액을 정산기준일 현재를 기준으로 구 상증세법 제63조에 따라 평가하도록 상증세법 제41조의3의 입법취지 등을 종합하면, 제63조 제3항의 괄호에 따른 할증률의 적용 제외대상 여부를 판정하는 기준시점은 정상기준일로서 할증률을 적용한 것은 적법함.

6. 주가가 하락한 경우 증여세 환급

정산기준일 현재 주식 등의 가액이 비상장주식의 증여세 과세가액보다 적은 경우로서 1주당 평가손실이 해당 1주당 가액의 30% 이상이거나 3억원 이상인 경우에는 평가손실에 상당하는 증여세액, 즉 증여받은 때에 납부한 증여세액을 환급받을 수 있다. 이 경우 평가손실은 다음과 같이 계산하며 기업가치 실질적 증가분은 차감하지 아니한다.

평가손실 = 1주당 평가손실 × 증여받거나 유상으로 취득한 주식수

1주당 평가손실 = 비상장주식의 1주당 평가액 − 정산기준일 현재 1주당 평가액 (상속증여세법 §63에 따라 평가)

7. 상속세 또는 증여세 합산과세방법

2004.1.1.부터 상장 등에 따른 이익의 증여재산가액은 상속세 과세가액에 가산하는 사망 전 증여재산 및 동일인의 재차증여재산 합산과세대상에서 제외하고 있으며, 증여재산공제를 배제하되, 증여가액에서 3천만원을 공제한 금액을 증여세 과세표준으로 하고 있다(상속증여세법 §13, §47 ① · ②, §55 ① 2).

이 경우 합산과세 등을 하지 아니하는 증여재산가액을 당초 비상장주식의 증여 재산가액을 포함한 금액으로 할 것인가 정산기준일의 추가 증여재산가액으로 할 것인가에 대하여 명확한 규정이 없어 논란이 생길 수 있다.

비상장주식으로 증여받거나 취득한 때의 증여재산가액을 제외한 정산기준일의 추가

증여재산가액을 합산배제규정 등을 적용하는 금액으로 하고 비상장주식 증여일 등의 증여재산가액에 대해서는 일반 증여재산과 동일하게 취급하여야 할 것으로 판단된다. 그렇게 적용하여야만이 정산기준일에 환급되는 경우 해당 증여재산가액에 대하여 합산과세규정 등을 적용할 수 있고 증여재산공제를 적용하는데도 논리적 모순이 생기지 않기 때문이다.

○ 2003년 이전 주식 증여·취득분의 상장시세차익에 대한 과세표준

= 상장 등 이익의 증여재산가액 + 동일인 재차증여재산 − 증여재산공제 등

○ 2004년 이후 증여·취득분의 상장시세차익에 대한 과세표준

= 상장 등 이익의 증여재산가액 − 3천만원(일괄공제)

사례   상장시세차익의 증여와 일반 증여재산 합산과세방법 연도별 비교

❏ 사실관계

○ 비상장주식 10억원을 증여받아 증여세 납부한 후 5년 이내에 상장함.

㉠ 증여세 과세표준 : (10억원 − 증여재산공제 3천만원) = 970,000,000원

㉡ 증여세 산출세액 : 970,000,000원 × 30% − 6천만원 = 231,000,000원

풀이

❏ 상장 후 주식가액 증가 또는 하락에 따른 연도별 증여세 정산방법

(상장 후 3월이 되는 시점의 주식 평가액이 15억원인 경우 정산방법)

: ㉢ 상장 등에 따른 이익의 증여재산가액 : 15억원 − 10억원 = 5억원

○ 2003.12.31. 이전 증여분의 경우

− {(15억원 − 증여재산공제 3천만원) × 40% − 160,000,000원} − ㉡231,000,000

= 197,000,000원

○ 2004.1.1. 이후 증여분의 경우

(1안) 상장시세차액에서 개괄공제 3천만원을 뺀 후 증여세 계산

: (㉢ 5억원 − 개괄공제 3천만원) × 20% − 1천만원 = 84,000,000원

− 동일인의 10년 이내 다른 증여재산 합산과세 배제한 규정을 적용

(2안) ㉠의 과세표준에 상장시세차액의 과세표준을 가산하여 증여세 정산

: {(㉠ 970,000,000원 + 470,000,000원) × 40% − 160,000,000원} − ㉡231,000,000

= 185,000,000원

− 상장등에 따른 이익의 증여시기는 당초 비상장주식을 증여받은 날로서 해당 비상장주식 평가액에 상장시세차익을 가산하여 증여세를 정산하는 것이므로 동일인의 10년 이내 다른 증여재산 합산과세 배제규정과는 관계없음.

⇒ 합산과세하는 것이 아니라 정산하는 것이므로 (2안)이 타당할 것으로 보임.

(상장 후 3월이 되는 시점의 주식 평가액이 7억원인 경우 정산방법)
- {(7억원 - 증여재산공제 3천만원) × 30% - 60,000,000원} - ⓒ231,000,000
- = △90,000,000원
- 2004.1.1. 전·후 동일하게 9천만원 환급 대상

❑ 동일인으로부터 10년 이내에 다른 재산을 증여받은 경우 합산과세방법
(상장 후 3월이 되는 시점의 주식 평가액이 15억원인 경우 합산과세방법)
○ 2003.12.31. 이전 증여분의 경우
- 증여시기는 당초 10억원을 증여받은 때로, 15억원을 합산과세대상 증여재산가액으로 함.
○ 2004. 1. 1. 이후 증여분의 경우
(1안) 당초 10억원을 증여받은 것에 대해서만 합산과세대상으로 함.
- 상장 등에 따른 이익의 증여재산가액을 합산과세하지 않도록 규정하고 있음.
(2안) 15억원 전부를 합산과세대상에서 제외함.
- 상증법 제41조의3에 따른 증여재산을 합산하지 않도록 하고 상장차익을 당초 증여재산가액에 가산하여 증여세를 정산하므로 정산시 증여재산가액 전부가 합산배제대상임.
⇒ 당초 증여재산가액 10억원은 합산배제증여재산이 아니므로 (1안)이 타당할 것으로 보임.

※ 10억원을 합산과세할 경우 기납부증여세액으로 공제할 금액?
(1안) 10억원 증여 당시 산출세액 ⓒ 231,000,000원
(2안) 10억원과 상장 이익 5억원을 합산하여 계산한 산출세액 중 10어원에 상당하는 세액
　 288,222,222원
　 416,000,000원{(970,000,000원 + 470,000,000원)×40% - 160,000,000원}
$$\times \frac{970,000,000원}{1,4400,000,000원}$$
➡ 당초 증여분 10억원에 대해 누진세액이 적용되었으므로(2안) 타당할 것으로 보임.

(상장 후 3월이 되는 시점의 주식 평가액이 7억원인 경우 합산과세방법)
- 2004.1.1. 전·후 동일하게 7억원을 합산대상금액으로 함.

8. 전환사채 등을 증여받거나 취득한 경우

비상장법인이 발행한 주식 등으로 전환할 수 있는 전환사채, 신주인수권부사채 또는 교환사채 등(이하 "전환사채 등"이라 한다)을 증여받거나 유상으로 취득(발행법인으로부터 직접 인수·취득하는 경우를 포함한다)한 경우로서 당해 전환사채 등의 증여일 등으로부터 5년 이내에 주식 등으로 전환한 경우에는 해당 전환사채 등을 증여받거나 취득한 때에 그 전환된 주식 등을 증여받거나 취득한 것으로 보아 위의 과세규정을 적용한다.

이 경우 정산기준일까지 주식 등으로 전환하지 아니한 경우에는 정산기준일에 주식 등

으로 전환한 것으로 보아 증여세 과세규정을 적용하되, 해당 전환사채 등의 만기일까지 주식 등으로 전환하지 아니한 경우에는 정산기준일을 기준으로 과세한 증여세액을 환급한다.

사례 1　　**전환사채 등의 상장에 따른 이익의 증여재산가액 계산**

❑ 전환사채 취득 및 주식 평가액 등 현황
　① 2014.3.1. 甲은 父로부터 A법인(12월말 비상장법인)이 발행한 전환사채를 액면가액인 100억원 취득함.
　　- 전환가액 : 1주당 100,000원, 교부받을 주식수 : 100,000주
　② 시점별 전환사채 시가 및 1주당 평가액
　　㉠ 2014.4.1.(전환사채 취득일) : 전환사채 시가 110억원
　　㉡ 2015.3.31.(주식으로 전환일) : 교부받은 주식가액 @125,000원
　　㉢ 2015.10.31.(A법인 상장일) : 최종시세가액 @105,000원
　　㉣ 2016.1.31.(정산기준일) : 140,000원
　③ 2014.1.1.~2015.10.31. 사업연도 1주당 순손익액 : 4,400원

풀이

❑ 2014.3.1. 전환사채 취득시 증여재산가액
　• 10억원 = 전환사채 시가 110억원 - 취득가액 100억원
❑ 2015.3.31. 주식으로 전환시 증여재산가액
　• 15억원 = (교부받은 주식가액 @125,000원 - 전환가액 @100,000원) × 교부받은 주식수 100,000주 - 취득시 기과세액 10억원
❑ 2016.1.31. 정산기준일 상장시세차익
　㉮ 1주당 실질가치 증가이익 : 4,000원 = 4,400원 ÷ 22월 × 20월(취득일~정산기준일까지 월수)
　㉯ 증여세 과세대상 해당 여부 검토 : (㉣140,000원 - ㉡125,000원 - ㉮4,000원) ÷ 125,000원 = 8.8%로 30%에 미달하지만 주식수를 곱하여 계산한 차액이 21억원이므로 증여세 과세대상에 해당됨.
　㉰ 추가될 증여재산가액 : {(㉣140,000원 - ㉡125,000원 - ㉮4,000원) × 100,000주} = 11억원

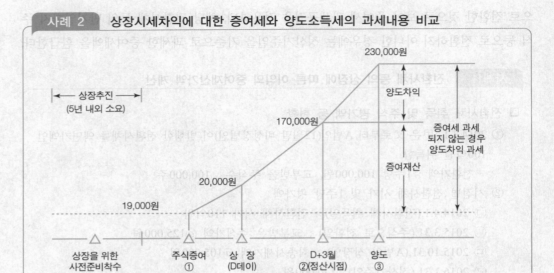

사례 2 상장시세차익에 대한 증여세와 양도소득세의 과세내용 비교

① 비상장주식 증여시 : 시가 19,000원으로 증여세 부담

➡ 증여받은 경우는 19,000원에 대한 증여세를, 15,000원에 저가취득한 경우라면 4,000원(19,000원−15,000원)에 대해 증여세 과세

② D+3월이 되는 날(정산기준일)과 원래 증여시점의 평가차액에 대해 증여세 과세

➡ (170,000원−19,000원)에 대하여 증여세 부과

➡ 만약 주가가 @10,000원 경우 @19,000원을 @10,000원으로 하여 증여세 환급

③ D+3월 이후에 대주주가 양도하는 경우

➡ (230,000원−170,000원)에 대하여 양도세 부담

➡ (230,000원−10,000원)에 대하여 양도세 부담

④ 시점에서 증여세가 부과 또는 환급되지 않은 주주에 대한 양도차익은 211,000원 (230,000원−19,000원)

➡ 양도세과세대상자 : 상장·코스닥상장법인 대주주(연도별 지분율 또는 시가총액으로 판단)

 관련 예규·심판결정례 및 판례 등

❑ 미성년자가 균등배정된 유상증자 신주의 인수대금을 증여받아 취득 후 상장되는 경우 그 밖의 이익의 증여에 해당하는 것임(재재산−1044, 2010.10.28.).

회신

−상속증여세법 제41조의3을 적용함에 있어서 비상장주식을 유상증자로 취득하고 5년 이내에 상장된 주식의 상장차익은 "주식 또는 출자지분의 상장 등에 따른 이익의 증여"에 해당하는

것이나, 수증자의 최대주주 등과 특수관계인 여부 및 최대주주 등으로부터 증여받은 재산으로 취득한 재산인지 여부 등은 구체적인 사실관계에 따라 판단할 사항임.

– 상속증여세법 제42조를 적용함에 있어서 유상증자 신주의 인수대금을 부(父)로부터 증여받은 금전으로 취득한 비상장주식을 취득 후 5년 이내에 상장으로 인한 상장차익은 "그 밖의 이익의 증여"에 해당하는 것이나, 자신의 계산으로 당해 행위를 할 수 없다고 인정되는 자 및 타인의 재산증여로 취득한 재산 또는 특수관계인으로부터 내부정보를 받아 유상취득한 재산인지 여부 등은 구체적 사실관계에 따라 판단할 사항임.

사실관계

– 1994.1. 미성년자 ○○○은 부 △△△로부터 현금 5백만원을 증여받아 ㈜★★ 주식 500주(지분 5%) 보유

– 2005.5.24. 최대주주인 부 △△△로부터 현금 147백만원을 증여받아 비상장법인 ㈜☆☆의 주식을 14,700주 147백만원에 취득한 후

– 2005.7.12. ㈜☆☆주식 5,700주를 57백만원에 양도하고 동 자금을 2005.8.12. ㈜★★ 유상증자시 균등배정된 주식 납입 자금으로 사용

– 2006.3.24. 최대주주인 부△△△로부터 현금 38백만원을 증여받아 2006.3.24. ㈜★★ 유상증자시 균등배정된 주식의 납입 자금으로 사용

– 2006.10.8. ㈜★★ 코스닥에 등록

질의

본인이 소유한 주식수에 따라 배정받은 유상증자 신주의 인수대금을 부로부터 증여받은 금전으로 불입한 후 5년 이내에 상장한 경우, 상장 등에 따른 이익의 규정이 적용되는지 또는 그 밖의 이익의 증여에 해당하는지 여부

❑ 증여받은 주식을 현물출자하고 받은 주식이 상장된 경우(재산세과-984, 2010.12.29.)

최대주주 등이 아닌 자로부터 증여받은 주식을 현물출자하여 신주를 인수하고, 신주를 취득한 날로부터 5년 이내에 해당 법인이 한국거래소에 상장됨에 따라 그 가액이 증가되어 얻은 이익에 대하여 상속증여세법 제2조 및 제42조가 적용되는지 여부는 사실 판단할 사항임.

❑ 자기주식을 직원이 취득한 후 코스닥상장된 경우(조심 2011부167, 2011.11.14.)

상법상 자기주식 관련규정에 비추어 법인이 일시적으로 자기주식을 보유하였다 하여 동 법인의 주주로 보기 어렵고, 사실관계 등에 비추어 상속증여세법상 주식 등의 상장 등에 따른 이익 증여과세규정의 취지에 부합하지 않는 등 법인으로부터 자기주식을 취득한 후 상장되었다 하여 이를 증여세 과세대상으로 삼기는 어려움.

❑ 우리사주조합원이 취득한 주식을 상장한 경우(재산세과-894, 2009.12.2.)

법인의 주주가 아닌 우리사주조합원이 우리사주조합을 통하여 당해 법인으로부터 저가의 신주를 직접 배정받은 후 상장되는 경우 상장에 따른 이익의 증여에 해당하지 않음.

❑ 상장차익 적용시 중소기업주식 할증평가 제외규정 적용함(재산세과-3673, 2008.11.8.).

❏ 주식 증여 후 유상증자한 신주의 상장차익 과세 여부(조심 2010부3685, 2011.9.19.)

자본을 증가시키기 위하여 신주를 발행함에 따라 인수·배정받은 신주를 포함하므로 특수관계인이 최대주주로부터 증여받은 주식을 모태로 유상증자 취득한 주식도 최대주주로부터 취득한 것과 동일한 효과가 있어, 신주도 상장에 따른 이익의 과세범위에 포함하는 것이 타당함.

❏ 균등 배정된 신주를 증여받은 현금으로 인수한 경우 과세대상임(조심 2011부1385, 2011.6.27.).

❏ 미공개정보를 이용한 경우에만 과세대상인지(조심 2011서1820, 2011.8.9.).

상속증여세법 제41조의3 규정의 취지는 미공개 정보를 이용할 수 있는 지위에 있다고 인정되는 자가 그 특수관계인에게 주식을 이전하여 동 주식이 상장된 경우 그 특수관계인이 얻은 상장이익에 대하여 증여세를 과세하겠다는 것이며, 그 시세차익을 얻기 위해 기업의 미공개 정보를 이용할 것을 그 요건으로 하고 있지 아니함.

❏ 무상주를 교부받고 증여자 사망 후 상장된 경우에도 과세정당함(조심 2010부1213, 2010.12.17., 대법원 2012두7660, 2012.7.12.).

당초 증여주식과 무상주가 상장시세차익 과세대상이며, 증여자가 상장 전에 먼저 사망한 경우에도 증여규정 적용하며, 상장일까지 유상증자가 4회 실시된 경우 1주당 기업가치의 실질적인 증가로 인한 이익은 1주당 순자산가액의 증가분을 적용함이 타당함.

> **사실관계**
> - 2004.9.30. 비상장주식을 손자에게 28,000주 증여
> - 2006.8.21. 무상증자시 9,833주 배정
> - 2006.10.4. ~2007.12월 4회 30% 유상증자(상장 70일 전 27% 증자)
> - 2007.8.12. 증여자 사망
> - 2007.12.17. 코스닥 상장
> - 2008.3.16. 상장에 따른 주식가액 정산기준일

❏ 2002.12.31. 이전 직원이 신주취득하여 상장된 경우(조심 2011중1994, 2011.10.26.)

2002.10.1. 유상증자일 현재에는 모회사와 자회사의 사용인은 특수관계에 해당하지 아니하므로(2003.1.1.부터 지배하는 법인의 임직원을 사용인으로서 특수관계인에 포함함) 자회사의 유상증자시 모회사 지분 상당분의 신주를 직원이 취득한 후 자회사가 상장(2005.7.26.)되자 이에 대해 주식의 상장 등 이익증여규정을 적용한 처분은 잘못이 있음.

❏ 주식 보호예수기간이 있는 경우 정산기준일(조심 2011서2540, 2011.10.26.)

주식상장 등에 따른 증여이익 계산시 정산기준일은 보호예수기간이 종료되는 시점으로 하여야 한다는 청구주장은 증권거래법에 의한 보호예수기간에 해당되는 경우에는 예외를 인정한다는 별도의 규정을 두고 있지 아니하므로 받아들이기 어려움.

> **사실관계**
> - 2005.10.25. 특수관계인인 최대주주로부터 비상장주식 취득

- 2006.3.23. 무상증자, 2006.4.25. 유상증자시 주식 취득
- 2010.2.4. 코스닥상장
- 보호예수기간 1년(상장일부터 1년간은 주식 처분을 금지함)

❑ 증여자 사망 이후 정산기준일이 도래하였어도 증여세 과세는 적법함(대법원 2012두2801, 2012.5.10.). 주식의 상장 등에 따른 이익 계산은 정산기준일을 기준으로 평가하는 것이며 정산기준일은 증여이익을 계산하는 시점의 기준일을 정한 것뿐이지 위 정산기준일에 증여가 이루어진 것으로 보는 것은 아니므로 정산기준일에 증여자 생존여부는 과세요건에 해당하지 않으며, 상속세 과세가액의 대상이 되었다고 해서 증여세를 부과할 수 없는 것은 아님.

제 16 절: 합병 등에 따른 상장 등 이익의 증여

1. 개 요

최대주주 등("제15절 주식 등의 상장 등에 따른 이익의 증여규정"에 의한 최대주주 및 지분율 25% 이상인 주주를 말한다)의 특수관계인이 최대주주 등으로 부터 해당 법인의 주식 등을 증여받거나 유상으로 취득한 경우 또는 증여받은 재산으로 최대주주 등 외의 자로부터 해당 법인의 주식 등을 취득하거나 다른 법인의 주식 등을 취득한 경우로서 그 주식 등의 증여일 등으로부터 5년(2003.12.31. 이전 3년) 이내에 해당 법인 또는 다른 법인이 특수관계에 있는 주권상장법인 또는 코스닥상장법인과 합병함에 따라 합병 후 3개월이 되는 시점에 주식가액이 일정금액 이상 차이가 발생하는 경우 "제15절 주식 등의 상장 등에 따른 이익의 증여규정"을 준용하여 추가로 증여세를 과세하거나 환급을 하도록 하고 있다.

이 규정은 상장(코스닥상장을 포함함. 이하 같음) 추진 중에 있는 비상장주식을 증여받거나 취득하여 해당 비상장법인이 직접 상장하는 경우 증여세 과세대상에 해당하는 것을 피하기 위하여 직접 상장하지 아니하고 기왕에 상장되어 있는 특수관계법인과 합병을 함으로써 결과적으로 상장법인의 주식을 소유할 수 있다. 이는 증여 등을 받은 비상장법인을 직접 상장을 한 후에 시세차익을 얻는 것과 비상장법인이 상장법인과 합병하여 상장주식을 교부받음으로써 이익을 얻는 것은 동일한 점을 감안하여 2003.1.1.부터 해당 규정을 신설하였다.

해당 과세규정에 대한 과세요건, 증여재산가액의 계산방법 등은 "제15절 주식 등의 상장 등에 따른 이익의 증여규정"을 대부분 준용하고 있으므로 중복되는 내용에 대해서는 간략하게 기술하고 차이가 있는 내용을 중심으로 설명하였다.

 관련 예규·심판결정례 및 판례 등

□ 주식 등의 합병에 따른 상장이익에 대한 증여세 과세규정은 합헌임(헌재 2013헌바372, 2016.3.31.). 기업의 주요정보를 알 수 있는 최대주주 등의 특수관계인에 대한 우회적인 상장이익 증여행위에 대하여 적정한 과세를 함으로써 조세정의의 확보라는 공익을 실현하는 중요한 역할을 수행하는 데 비하여, 납세의무자가 입게 되는 불이익은 크지 않으므로, 재산권을 침해하지 아니함.

2. 과세요건

주식 등의 상장 등에 따른 이익의 증여규정을 적용하여 증여세를 과세하기 위해서는 ① 비상장주식의 증여자 또는 양도자가 최대주주 등으로서 그와 수증자 또는 양수자 사이에 특수관계가 성립하고 ② 해당 비상장주식을 증여받거나 취득한 날로부터 5년 이내에 한국거래소에 상장되어 있는 특수관계에 있는 법인과 합병을 하는 경우로서 ③ 합병을 한 후 3월이 되는 시점의 1주당 평가액이 비상장주식을 증여받거나 취득한 날의 1주당 평가액에 비해 30% 이상 차이가 나거나 그 차액이 3억원 이상인 경우 등 일정 과세요건을 충족하여야 한다.

가. 최대주주 등으로부터 비상장주식을 증여받거나 취득

해당 비상장법인의 최대주주 등으로부터 그의 특수관계인이 해당 비상장주식(전환사채 등을 포함)을 증여받거나 유상으로 취득하는 경우 또는 최대주주 등으로부터 증여받은 재산(증여받은 재산을 담보로 제공하고 차입한 금전을 포함함)으로 3년 이내에 최대주주 등 외의 자로부터 해당 비상장주식을 취득하여야 한다.

그리고 특수관계인인 수증자는 최대주주 등과 상속증여세법 시행령 제2조의2 제1항 각 호의 어느 하나에 해당하는 관계에 있는 자를 말한다.

1) 증여 또는 유상으로 취득하는 범위

해당 비상장법인의 주식 등을 최대주주 등으로부터 직접 증여받거나 취득하는 경우뿐만 아니라 2003.1.1.부터 비상장주식을 취득하기 전 3년 이내에 최대주주 등으로부터 증여받은 재산으로 최대주주 등이 아닌 자로부터 취득하는 경우 및 증여받은 재산을 담보로 한 차입금으로 취득한 것도 과세대상에 포함시켰다.

증여받은 재산과 다른 재산이 섞여 있어 증여받은 재산으로 주식 등을 취득한 것이 불분명한 경우에는 그 증여받은 재산으로 주식 등을 취득한 것으로 추정한다.

2016.1.1.부터 증여받은 재산으로 최대주주 등이 주식 등을 보유하고 있는 다른 법인의 주식 등을 최대주주 등이 아닌 자로부터 취득함으로써 최대주주 등과 그의 특수관계인이 보유한 주식 등을 합하여 그 다른 법인의 최대주주 등에 해당하게 되는 경우를 과세대상에 추가하였다.

2) 증자할 때 발행한 신주를 취득한 경우

2003.1.1. 이후부터 주식 등의 취득에는 법인이 자본금을 증가시키기 위하여 신주를 발행함에 따라 인수·배정받은 신주를 포함하도록 명확히 규정하였다.

3) 전환사채 등을 증여받거나 취득한 경우

주식 등으로 전환할 수 있는 전환사채·신주인수권부사채 등을 증여받거나 유상으로 취득(발행법인으로부터 직접 인수·취득하는 경우를 포함함)한 경우로서 그 전환사채 등이 5년 이내에 주식 등으로 전환된 경우에는 그 전환사채 등을 증여받거나 취득한 때에 그 전환된 주식 등을 증여받거나 취득한 것으로 본다.

4) 특수관계인이 아닌 자 간의 증여

거짓이나 그 밖의 부정한 방법으로 증여세를 감소시킨 것으로 인정되는 경우에는 특수관계인이 아닌 자 간의 증여에 대해서도 증여세를 과세한다. 이 경우 5년 이내에 합병되지 아니한 경우에도 증여세 과세대상에 해당한다.

 관련 예규·심판결정례 및 판례 등

❑ 합병에 따른 상장이익규정에서 증여자인 최대주주의 의미(재재산 – 700, 2018.8.23.)

상속증여세법(2015.12.15. 법률 제13557호로 개정되기 전의 것) 제41조의5 제1항의 "최대주주 등"은 같은 법 제41조의3 제1항 제1호(최대주주 등) 또는 제2호(지분율 25% 이상인 주주 등)에 해당하는 동시에 "기업의 경영 등에 관하여 공개되지 아니한 정보를 이용할 수 있는 지위에 있다고 인정되는" 자임.

□ 합병상장이익에 대한 과세규정은 헌법에 위배되지 아니함(대법원 2020두41207, 2020.9.24.).

합병상장이익이란 비상장법인과 상장법인의 합병 이후 교부받은 신주에 대한 가액에서 당초의 증여세 과세가액 또는 취득가액 등을 뺀 이익임. 상증세법 제41조의5는 실질과세원칙에 부합하며 재산권 침해나 응능부담원칙의 위배에 해당되지 않으며, 같은 법 시행령 제31조의6 제5항은 모법의 위임범위를 벗어나지 않음.

□ 자기자금으로 취득한 구주에 대한 유상증자시 신주를 최대주주로부터 증여받은 재산으로 인수한 경우 합병상장차익에 대하여 증여세를 부과함(대법원 2020두52405, 2023.7.13.).

(사실관계) 甲이 父로부터 증여받은 현금으로 A주식을 취득하고 유상증자시 신주를 인수한 후, 父가 최대주주이면서 상장되어 있는 B법인이 A법인을 흡수합병함으로써, 甲은 상장법인인 B 주식을 취득한 경우 합병에 따른 증여세 과세대상인지에 대한 소송임

□ 피합병법인 주주에게 의제배당소득이 없어 소득세가 과세되지 않는 경우에 합병상장이익 증여세를 부과하는 것은 소득세법에 따른 소득세가 수증자에게 부과되거나 비과세 또는 감면되는 때에 해당하지 아니함(대법원 2015두3096, 2017.9.26.).

□ 본인의 자금으로 유상증자시 취득한 최대주주 등이 실권한 주식은 합병에 따른 상장 등 이익의 증여세 과세대상이 아님(대법원 2017두35691, 2017.9.21., 대법원 2016두55926, 2017.3.30.).

구 상속증여세법(2011. 12. 31. 법률 제11130호로 개정되기 전의 것, 이하 '상속증여세법'이라 한다) 제41조의3 제1항의 입법 취지는 최대주주 등과 특수관계에 있는 자가 얻은 비상장주식의 상장이익에 대하여 증여세를 부과하여 증여나 취득 당시 실현이 예견되는 부의 무상이전까지 과세함으로써 조세평등을 도모하려는 데에 있고, 제41조의5 제1항은 합병을 통한 상장 역시 비상장주식을 직접 상장하는 것과 실질적으로 차이가 없다는 점을 고려하여 제41조의3 제1항과 같은 취지에서 합병에 따른 상장이익에 대하여 증여세를 과세하도록 하고 있다. 그리하여 상속증여세법 제41조의3 제1항과 제41조의5 제1항은 특수관계에 있는 자가 그 주식을 최대주주 등으로부터 증여받거나 유상으로 취득한 경우 또는 증여받은 재산으로 취득한 경우를 그 적용요건으로 규정하고 있고, 제41조의5 제3항 본문에서 준용하는 제41조의3 제6항은 제41조의3 제1항이 적용됨을 전제로 하여 법인이 발행한 신주를 그 적용대상에 포함시키고 있다. 이러한 위 규정들의 내용과 취지와 아울러 그 문언과 체계에 비추어 보면, 상속증여세법 제41조의3 제6항에서 정한 '신주'에는 최대주주 등으로부터 증여받거나 유상으로 취득한 주식에 기초하지 아니하고 또한 증여받은 재산과도 관계없이 인수하거나 배정받은 신주가 포함되지 아니하며, 이러한 신주에 의하여 합병에 따른 상장이익을 얻었다 하더라도 위 조항이 준용되는 제41조의5 제1항에서 정한 증여재산가액에 해당한다고 해석할 수 없다.

나. 증여·취득일부터 5년 이내 상장법인과 합병

최대주주 등으로부터 해당 비상장주식을 증여받거나 취득한 날 또는 증여받은 재산

으로 최대주주 외의 자로부터 해당 법인의 주식을 취득한 날(이하 "증여일 등"이라 함)
부터 5년 이내에 그 법인이나 다른 법인이 특수관계에 있는 주권상장법인과 합병을 하
여야 한다. 해당 법인이란 비상장주식 자체를 증여받거나 취득한 법인을 말하며 다른
법인이란 증여받은 재산으로 주식을 취득함으로써 최대주주 등에 해당하는 등 다음의
법인을 말한다.

1) 다른 법인의 범위(상속증여세법 시행령 §31의8 ③)

최대주주 등 및 그와 상속증여세법 시행령 제2조의2 제1항 각호의 어느 하나에 해당하
는 자가 주식 등을 취득함으로써 그 법인의 최대주주에 해당하거나 최대주주 등 및 그의
특수관계인이 소유하는 주식 등의 합계가 해당 법인 발행주식총수의 100분의 25 이상을
소유하고 있는 경우 해당 법인을 말한다.

2) 특수관계에 있는 주권상장법인의 범위

해당 비상장법인 또는 다른 비상장법인과 특수관계에 있는 주권상장법인이란 합병등
기일이 속하는 사업연도의 직전 사업연도 개시일(그 개시일이 서로 다른 법인이 합병한
경우에는 먼저 개시한 날을 말한다)부터 합병등기일까지의 기간 중 다음의 어느 하나에
해당하는 법인을 말한다.

① 해당 법인 또는 다른 법인의 주식 등을 취득한 자와 그의 특수관계인이 유가증권시
   장에 주권이 상장된 법인 또는 코스닥상장법인의 최대주주 등에 해당하는 경우의
   해당 법인

② 상속증여세법 시행령 제2조의2 제1항 제3호 나목에 따른 법인
   공정거래법 시행령 제3조 각 호 어느 하나에 해당하는 기업집단에 소속되는 계열
   대사를 말한다.

③ 동일인이 합병당사법인을 지배하고 있는 경우
   동일인이 임원의 임면권의 행사 또는 사업방침의 결정 등을 통하여 합병당사법인
   (합병으로 인하여 소멸·흡수되는 법인 또는 신설·존속하는 법인을 말한다)의 경
   영에 대하여 영향력을 행사하고 있다고 인정되는 관계에 있는 법인을 말한다.

다. 증여일 등과 합병 후의 주식가액이 일정 이상 차이발생

비상장법인과 상장법인이 합병을 한 후 3개월이 되는 날(정산기준일)을 기준으로 평가
한 주식의 가액과 증여받거나 취득할 당시 비상장주식의 가액에 일정 차이가 있는 경우

에 증여세를 추가 과세하거나 증여받거나 취득한 시점에서 과세한 증여세를 환급한다. 합병등기일부터 3개월 이내에 그 주식 등을 보유한 자가 사망하거나 그 주식을 증여 또는 양도한 경우에는 그 사망일·증여일 또는 양도일을 정산기준일로 한다.

1) 과세기준

정산기준일의 주식 평가액이 증여·취득 당시의 가격에 비해 30% 이상 상승하거나 그 차액이 3억원 이상인 경우에는 정산기준일 현재 1주당 평가액을 기준으로 추가 과세한다.

$$\frac{\text{정산기준일 현재 1주당 평가액(A)} - \text{증여일 등의 1주당 평가액(B)} - \text{1주당 기업가치 실질적 증가분(C)}}{\text{증여일 등의 1주당 평가액(B)}} \geq 30\% \text{ 이상이거나 주주 1인의 총차액이 3억원 이상인 경우}$$

주주 1인의 총차액 = [{정산기준일 현재 1주당 평가액(A) − 증여일 등의 1주당 평가액(B) − 1주당 기업가치 실질적 증가분(C)} × 증여받거나 유상으로 취득한 주식수]

2) 환급기준

정산기준일의 주식가액(기업가치 실질 증가분은 포함하지 아니한다)이 증여·취득 당시의 가격에 비해 30% 이상 하락하였거나 그 차액이 3억원 이상인 경우(2003.12.31. 이전은 5억원 이상)에는 정산기준일 현재 1주당 평가액을 기준으로 증여세를 정산하여 환급 등을 한다.

$$\frac{\text{증여일 등의 1주당 평가액(B)} - \text{정산기준일 현재 1주당 평가액(A)}}{\text{증여일 등의 1주당 평가액(B)}} \geq 30\% \text{ 이상이거나 주주 1인의 총차액이 3억원 이상인 경우}$$

주주 1인의 총차액 = [{증여일 등의 1주당 평가액(B) − 정산기준일 현재 1주당 평가액(A)} × 증여받거나 유상으로 취득한 주식수]

3. 정산기준일 및 증여세 정산 신고기한

합병에 따른 상장 등 이익은 합병등기일부터 3개월이 되는 날(이를 '정산기준일'이라 함)을 기준으로 계산한다.

합병등기일부터 3개월 이내에 해당 주식의 소유자가 사망하거나 해당 주식을 증여 또는 양도한 경우에는 그 사망일·증여일 또는 양도일을 정산기준일로 한다.

증여세 과세표준의 정산 신고기한은 정산기준일 속하는 달의 말일부터 3개월이 되는 날이다(상속증여세법 §68 ① 단서).

4. 증여시기

증여시기는 "제15절 주식 등의 상장 등에 따른 이익의 증여규정"과 마찬가지로 비상장 주식을 증여받거나 유상으로 취득한 날 또는 다른 법인의 주식을 취득한 날로 적용하는 것이 타당할 것으로 필자는 생각한다.

5. 주가가 상승한 경우 증여세 정산

가. 개 요

정산기준일 현재 주식 등의 가액이 해당 비상장주식의 1주당 가액보다 많은 경우로서 [1주당 평가이익 - 1주당 기업가치의 실질적인 증가로 인한 이익]이 해당 비상장주식 1주 당 가액의 30% 이상이거나 증여재산가액이 3억원 이상인 경우에는 그 증여재산가액에 대하여 증여세를 과세하며, 이 경우 증여재산가액은 다음과 같이 계산한다.

$$\text{증여재산가액} = \left(\text{1주당 평가이익} - \text{1주당 기업가치의 실질적인 증가로 인한 이익} \right) \times \text{증여받거나 유상취득 한 주식수}$$

$$\text{1주당 평가이익} = \text{정산기준일 현재 1주당 평가액 (상속증여세법 §63에 따라 평가)} - \text{비상장주식의 1주당 평가액}$$

나. 증여일 등 및 정산기준일 현재 1주당 평가액

증여일 등의 1주당 평가액은 증여받은 경우에는 비상장주식을 최대주주 등으로부터 증여받은 날을 평가기준일로 하여 시가 또는 보충적 평가액에 의한 1주당 증여세 과세가 액으로 하고 유상으로 취득한 경우에는 주식 등의 1주당 취득가액을 말한다.

정산기준일 현재 1주당 평가액은 정산기준일 이전·이후 2월간에 공표된 매일의 한국 거래소 최종시세가액의 평균액에 의한다.

다. 1주당 기업가치 실질증가분

1주당 기업가치의 실질적인 증가로 인한 이익은 다음 계산식에 따라 계산한다. 이 경우 결손금 등이 발생하여 1주당 순손익액으로 해당 이익을 계산하는 것이 불합리한 경우에는 상속증여세법 시행령 제55조에 따라 계산한 1주당 순자산가액의 증가분으로 해당 이익을 계산할 수 있다.

$$\frac{\text{비상장주식의 증여 또는 취득일이 속하는 사업연도 개시일부터 합병등기일 전일까지의 1주당 순손익액의 합계액}}{\text{증여 또는 취득일이 속하는 사업연도 개시일부터 합병등기일 전일까지의 월수}} \times \frac{\text{증여 또는 취득일부터}}{\text{정산일까지의 월수}}$$

☞ 월수계산시 1월 미만의 월수는 1월로 본다.

이때 1주당 순손익액의 합계액은 다음과 같이 계산한다.

① 각 사업연도별로 상속증여세법 시행령 제56조 제4항에 따라 계산한 1주당 순이익액의 합계액으로 하고, 마지막 사업연도분은 중도결산을 원칙으로 하되, 중도결산이 어려운 경우에는 상장일 등이 속하는 사업연도 직전 사업연도 순손익액을 당해 사업연도의 월수로 나눈 금액에 상장일 등이 속하는 월수를 곱하여 계산한다.

② 결손금 등의 발생으로 순손익액에 의하는 것이 불합리한 경우에는 상속증여세법 시행령 제55조에 따라 계산한 1주당 순자산가액의 증가분에 의한다.

③ 증여하거나 취득한 주식수는 증여·취득 당시 주식수에 의하되, 증여·취득일부터 상장일 전일까지의 기간 중에 무상주를 발행한 경우에는 상속증여세법 시행령 제56조 제3항 단서에 따른 환산주식수에 의한다.

④ 기업가치증가분에 대한 입증서류 : 대차대조표, 손익계산서, 그 밖에 기업가치의 실질적인 증가를 확인할 수 있는 서류

6. 주가가 하락한 경우 증여세 환급

정산기준일 현재의 주식 등의 가액이 비상장주식의 증여세 과세가액보다 적은 경우로서 1주당 평가손실이 해당 1주당 가액의 30% 이상이거나 평가손실 총액이 3억원 이상인 경우에는 평가손실에 상당하는 증여세액을 환급받을 수 있다. 이 경우 평가손실은 다음과 같이 계산하며 기업가치 실질적 증가분은 차감하지 아니한다.

평가손실 = 1주당 평가손실 × 증여받거나 유상으로 취득한 주식수

1주당 평가손실 = 비상장주식의 1주당 평가액 − 정산기준일 현재 1주당 평가액 (상속증여세법 §63에 따라 평가)

7. 상속세 또는 증여세 합산과세방법

2004.1.1.부터 합병에 따른 상장 등 이익의 증여재산가액은 상속세 과세가액에 가산하는 사망 전 증여재산 및 동일인의 재차증여재산 합산과세대상에서 제외하고 있으며, 증여재산공제를 배제하되, 증여가액에서 3천만원을 공제한 금액을 증여세 과세표준으로 하고 있다(상속증여세법 §13, §47 ① · ②, §55 ① 2호).

이 경우 합산과세 등을 하지 아니하는 증여재산가액을 비상장주식의 증여재산가액을 포함한 금액으로 할 것인가 정산기준일의 추가 증여재산가액으로 할 것인가에 대하여 명확한 규정이 없어 논란이 생길 수 있는 바, 비상장주식으로 증여받거나 취득한 때의 증여재산가액을 제외한 정산기준일의 추가 증여재산가액을 합산배제규정 등을 적용하는 금액으로 하고 비상장주식 증여일 등의 증여재산가액에 대해서는 일반 증여재산과 동일하게 취급하는 것이 타당할 것으로 생각된다. 그렇게 적용하여야만이 정산기준일에 환급되는 경우 비상장주식의 증여재산가액에 대하여 합산과세규정 등을 적용할 수 있고, 증여재산공제를 적용하는데도 논리적 모순이 생기지 않기 때문이다.

8. 전환사채 등을 증여받거나 취득한 경우

비상장법인이 발행한 주식 등으로 전환할 수 있는 전환사채 등을 증여받거나 유상으로 취득(발행법인으로부터 직접 인수 · 취득하는 경우를 포함한다)한 경우로서 당해 전환사채 등의 증여일 등으로부터 5년 이내에 주식 등으로 전환된 경우에는 당해 전환사채 등을 증여받거나 취득한 때에 그 전환된 주식 등을 증여받거나 취득한 것으로 보아 위의 과세규정을 적용한다.

이 경우 정산기준일까지 주식 등으로 전환되지 아니한 경우에는 정산기준일에 주식 등으로 전환된 것으로 보아 증여세 과세규정을 적용하되, 당해 전환사채 등의 만기일까지 주식 등으로 전환되지 아니한 경우에는 정산기준일을 기준으로 과세한 증여세액을 환급한다.

▎비상장법인과 상장법인 합병에 따른 상장차익 과세방법[33] ▎

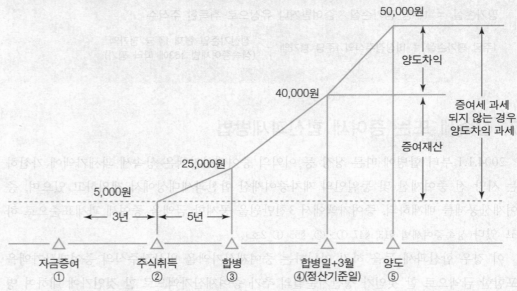

① 비상장주식 취득일부터 소급하여 3년 내 자금(20억원) 증여시 : 증여세 6.4억원 납부
   – 증여받은 자금으로 부동산을 취득하였다가 주식취득 직전에 30억원에 처분

② 비상장주식 취득시 : 제3자 배정방식으로 1주당 5,000원, 60만주 인수
   ➡ 증여세 부담 없었음.

③ 합병시 : 공정한 합병의 경우로서 증여세 부담 없었고, 합병신주를 95% 이상 교부
   받고 1:1 합병의 경우로서 의제배당 소득세 과세 없었음.

④ 정산기준일의 주가와 당초 주식취득가액의 차액에 대하여 증여세 과세
   ➡ (40,000원−5,000원) × 60만주 × 20억원/30억원 = 140억원에 대하여 65.4억원
   증여세 부과 : 기업가치 실질증가분 없는 것으로 가정함.
   * 정산기준일 현재 주가가 1주당 3,000원으로 하락한 경우
   ➡ 6.4억원 × 20억원/20억원 × (5,000원−3,000원)/5,000원 = 2.56억원 환급

⑤ 정산기준일 이후 양도하는 경우
   ➡ (50,000원−40,000원)에 대하여 양도소득세 과세

---

33) 2002년 개정세법에 대한 재정경제부 적용사례를 발췌한 것임.

제17절. 재산사용 및 용역제공 등에 따른 이익의 증여

1. 개 요

2016.1.1.부터 그 밖의 이익의 증여규정을 거래유형별로 법조문을 세분하여 ① 재산사용 및 용역제공 등에 따른 이익의 증여, ② 법인의 조직 변경 등에 따른 이익의 증여, ③ 재산 취득 후 재산가치 증가에 따른 이익의 증여를 각각 규정하고 있으므로 이에 따라 기술하였다.

재산(부동산과 금전은 제외한다. 이하 이 절에서 같다)의 무상·저가로 사용하거나 고가로 사용하게 하는 경우 또는 용역을 무상·저가로 제공받거나 고가로 제공함으로써 이익을 얻은 경우에는 그 이익에 상당하는 금액(시가와 대가의 차액을 말한다)을 그 이익을 얻은 자의 증여재산가액으로 한다. 다만, 그 이익에 상당하는 금액이 1천만원(기준금액) 미만인 경우에는 증여세를 부과하지 않는다.

특수관계인이 아닌 자 간의 거래로서 거래의 관행상 정당한 사유가 있다고 인정되는 경우에는 증여세를 부과하지 아니한다. 특수관계인은 이익을 얻은 자와 상속증여세법 시행령 제2조의2 제1항 각호의 어느 하나에 해당하는 관계에 있는 자를 말한다.

2015.12.31. 이전 그 밖의 이익의 증여규정에서는 상속증여세법 제33조부터 제41조의5에 예시한 증여유형과 유사한 거래 또는 예시하지 아니한 거래유형 등에 대한 과세요건 및 증여재산가액의 계산방법 등을 규정하고 있었다.

2. 과세요건 및 증여재산가액

가. 재산을 무상·저가로 사용하거나 고가로 사용하게 하는 경우

타인에게 시가(상속증여세법 제60조부터 제66조까지에 따라 평가한 가액을 말함)보다 낮은 대가를 지급하거나 무상으로 재산을 사용하거나, 타인으로부터 시가보다 높은 대가를 받고 재산을 사용하게 함으로써 이익을 얻은 경우 무상 또는 저가로 사용하는 경우에는 그 사용자에게, 시가보다 고가로 사용하게 하는 경우에는 그 사용하게 한 자에게 증여세를 부과한다. 이 경우 그 이익은 시가와 실제 지급하거나 받은 대가의 차액 상당액으로 한다.

2015.12.31. 이전에는 1억원 이상의 재산을 사용하는 경우 증여세 과세대상으로 삼았

으나, 2016.1.1. 이후 증여분부터 모든 재산의 사용을 과세대상으로 삼되 증여재산가액이 1천만원 미만인 경우에는 증여세를 부과하지 않는다.

2016.1.1. 현재 1억원 미만의 재산을 타인에게 무상 또는 시가보다 낮은 대가를 지급하고 사용하거나 타인으로부터 시가보다 높은 대가를 받고 사용하게 한 경우로서 그 재산의 사용기간이 1년 이상인 경우에는 2016.1.1. 이후 종전의 제42조 제2항에 따라 새로 재산을 사용한 것으로 보는 날부터 개정규정을 적용한다(부칙 제9조 제1항).

2016.1.1. 현재 불특정다수인 간에 통상적인 지급대가가 1천만원 미만인 용역을 타인에게 무상 또는 시가보다 낮은 대가를 지급하고 제공받고 있거나 타인으로부터 시가보다 높은 대가를 받고 제공하고 있는 경우로서 그 용역의 제공기간이 1년 이상인 경우에는 2016.1.1. 이후 종전의 제42조 제2항에 따라 새로 용역을 제공받은 것으로 보는 날부터 개정규정을 적용한다(부칙 제9조 제2항).

1) 과세요건

① 무상으로 사용하는 경우

타인의 재산을 무상으로 사용하는 경우에 과세대상에 해당한다. 이 경우 무상으로 사용하는 이익이 1천만원 미만인 경우에는 증여세를 부과하지 않는다.

② 저가로 사용하거나 고가로 사용하게 하는 경우

타인의 재산을 시가보다 낮은 대가를 지급하고 사용하거나 시가보다 높은 대가를 받고 사용하게 하는 경우에는 시가와 대가의 차액이 시가의 30% 이상인 경우에 과세대상에 해당한다.

2) 증여재산가액

재산의 사용기간이 정해지지 아니한 경우에는 그 기간을 1년으로 하고, 그 기간이 1년 이상인 경우에는 1년이 되는 날의 다음 날에 매년 새로 재산을 사용하는 것으로 보아 증여재산가액을 계산한다.

① 재산 담보이용이익

타인의 재산을 무상으로 담보로 제공하고 금전 등을 차입한 경우 차입금에 금전무상대출에 따른 이익의 증여에서 적용하는 적정이자율을 곱하여 계산한 금액에서 금전 등을 차입할 때 실제로 지급하였거나 지급할 이자를 뺀 금액으로 한다. 다만, 그 이익에 상당하는 금액이 1천만원 미만인 경우에는 부과하지 않는다.

> 재산담보이용이익 = 차입금 × 적정이자율* - 실제 차입이자
>
> * 적정이자율(상증령 §31의4 ①) : 상증규칙 §10의5(법인세법 시행규칙 §43 ② : 4.6%)

상속세 또는 증여세 연부연납을 허가받을 때 특수관계인이 소유하는 재산을 납세담보로 제공하는 것은 증여세 과세대상에 해당하지 아니한다는 기획재정부 유권해석(재재산과-158, 2018.2.27.)이 있다.

② 재산을 무상으로 사용하는 경우

무상으로 재산을 사용함에 따라 지급하여야 할 시가 상당액 전체를 말한다.

③ 재산을 저가 또는 고가로 사용하거나 사용하게 하는 경우

시가와 대가와의 차액이 시가의 100분의 30 이상인 경우 시가와 대가의 차액 상당액이 증여재산가액으로서 저가양수·고가양도에 따른 이익의 증여와 동일하게 시가의 30% 상당액을 빼지 않는다.

나. 용역을 무상·저가로 제공받거나 고가로 제공하는 경우

타인으로부터 시가보다 낮은 대가를 지급하거나 무상으로 용역을 제공받는 경우 또는 타인에게 시가보다 높은 대가를 받고 용역을 제공함으로써 이익을 얻은 경우 그 이익을 얻은 자에게 증여세를 부과한다. 이 경우 그 이익은 시가와 실제 지급하거나 받은 대가의 차액 상당액을 말한다.

다만, 특수관계가 없는 자 간의 거래로서 거래의 관행상 정당한 사유가 있다고 인정되는 경우에는 증여세를 부과하지 않는다.

1) 과세요건

① 무상으로 사용하는 경우

통상 지급대가가 1천만원 이상인 용역을 무상으로 사용하는 경우에 과세대상에 해당한다.

② 저가로 제공받거나 고가로 제공한 경우

시가와 대가의 차액이 시가의 30% 이상인 경우에 과세대상에 해당한다. 이 경우 용역의 시가는 해당 거래와 유사한 상황에서 불특정다수인 간 통상적인 지급대가에 의한다.

다만, 시가가 불분명한 경우에는 다음에 따라 계산한 금액에 의한다.

부동산임대용역	부동산 평가액(㉠) × 연간 2%
부동산임대용역 외 경우	원가(㉡) + (원가 × 수익률(㉢)) (법인세법 시행령 §89 ④ 2호 준용)

㉠ 부동산의 평가액 : 상속증여세법 제60조부터 제66조까지에 따라 평가한 가액을 말한다.

㉡ 원가 : 건설 기타 용역을 제공하거나 제공받는 경우에는 당해 용역의 제공에 소요된 금액(직접비 및 간접비를 포함한다)을 말한다.

㉢ 수익률 : 기업회계기준에 의하여 계산한 매출액에서 원가를 차감한 금액을 원가로 나눈 율을 말한다.

2) 증여재산가액

용역의 제공기간이 정해지지 아니한 경우에는 그 기간을 1년으로 하고, 그 기간이 1년 이상인 경우에는 1년이 되는 날의 다음 날에 매년 새로 용역을 제공받은 것으로 보아 증여재산가액을 계산한다.

① 용역을 무상으로 제공받는 경우

무상으로 용역을 제공받음에 따라 지급하거나 지급받아야 할 시가 상당액 전체를 말한다.

② 용역을 저가 또는 고가로 제공받거나 제공하는 경우

시가와 대가와의 차액이 시가의 100분의 30 이상인 경우 시가와 대가의 차액 상당액을 증여재산가액으로 한다.

다. 특수관계인이 아닌 자의 재산사용 또는 용역제공하는 경우

특수관계인이 아닌 자 간의 거래로서 거래의 관행상 정당한 사유가 있다고 인정되는 경우에는 증여세를 부과하지 않는다. 이 경우 특수관계인은 이익을 얻은 자와 상속증여세법 시행령 제2조의2 제1항 각호의 어느 하나에 해당하는 관계에 있는 자를 말한다.

3. 증여세 감액 경정 등 청구

2017.1.1.부터 타인의 재산을 무상으로 담보로 제공하고 금전 등을 차입함에 따라 증

여세를 결정 또는 경정받은 자가 증여세를 부과한 해당 재산의 사용기간 중에 재산 제공자로부터 해당 재산을 상속받는 등으로 무상으로 또는 적정이자율보다 낮은 이자율로 차입하지 아니하게 되는 경우에는 무상으로 사용하지 아니한 기간에 대한 증여세를 재계산하여 환급 등을 요구할 수 있는 경정 등 청구를 할 수 있다. 2016.12.31. 이전에 경정 등 청구사유가 발생한 경우에도 2017.1.1. 이후 증여세를 결정하거나 경정하는 것부터 적용하는 부칙을 두고 있다.

가. 경정 등 청구사유

재산 사용기간 중에 다음의 사유가 발생하는 경우 경정 등을 청구할 수 있다.

① 재산 제공자로부터 해당 재산을 상속 또는 증여받는 경우
② 담보제공자가 사망한 경우
③ ②와 유사한 경우로서 해당 재산을 담보로 사용하지 아니하게 되는 경우

나. 경정 등 청구 세액

다음 계산식에 따른 증여세액의 감액을 경정 등을 청구할 수 있다.

$$
\text{담보제공에 따른 증여세 산출세액(세대생략 할증과세액 포함)} \times \frac{\text{경정 등 청구사유가 발생한 날부터 담보를 제공받은 기간의 종료일까지의 월수}}{\text{재산무상사용 등의 월수(1년 등)}}
$$

☞ 재산무상사용 등의 종료일이란 당초 타인의 재산을 무상으로 담보로 제공하고 금전을 무상으로 또는 낮은 이자율로 차입한 날로부터 1년(사용기간이 있는 경우에는 그 날)이 되는 날을 말하며, 월수는 역에 따라 계산하되, 1개월 미만의 일수는 1개월로 한다.

관련 예규·심판결정례 및 판례 등

❑ 자녀가 부친의 토지를 저가로 사용하는 경우 증여세 과세 대상임(상속증여세과 – 438, 2014.11.11.).

❑ 저가 부동산 임대용역에 대한 이익계산방법(재산세과 – 110, 2011.3.2.)
   저가 부동산 임대용역의 증여이익 계산시 지급한 임대보증금의 대가는 임대보증금에 법인세법 시행령 제89조 제4항 제1호에 의한 정기예금이자율을 곱하여 산출한 가액으로 하는 것임.
   ➡ 임대차계약이 체결된 재산평가시 임대보증금 환원이자율(12%)을 적용하지 않음.

❏ ☆ 토지를 무상사용한 이익이 1억 미만인 경우 상증세법 제42조에 따라 증여세 과세하고 상속재산 가액에 가산 여부(조심 2019소3052, 2019.12.26.)

상속증여세법 제42조 제1항 제1호는 부동산과 금전이외의 '재산'의 무상사용을, 제3호는 무상으로 '용역'을 제공받음으로써 얻는 이익에 대하여 규정하고 있는 바, 쟁점 토지는 피상속인이, 지상 건물은 청구인의 소유로서 청구인이 단독으로 사업자 등록하여 타인에게 임대하고 임대료를 수입하고 있으나, 피상속인에게 토지분에 대한 임대료를 지급하지 않은 점 등에 비추어 증여세를 과세하고 상속재산가액에 가산한 것은 잘못이 없음.

➡ 토지무상사용에 따른 이익이 1억원에 미달하여 상증법 §37에 따른 과세대상은 아님.

❏ ☆ 소유의 토지를 아들에게 저가로 임대한 것으로 보아 증여이익을 계산하여 증여세 및 상속세를 과세한 처분은 정당함(조심 2012서3914, 2012.11.13.).

❏ 비특수관계인 간 금전무상대여도 증여세 과세대상임(조심 2012구3526, 2012.10.18.).

❏ 담보제공한 경우 용역제공으로 인한 이익의 증여에 해당함(대법원 2011두18458, 2013.11.14.).

정기예금을 담보로 제공하여 대출을 받을 수 있게 한 것은 원고에게 정기예금의 담보가치를 일정 기간 사용하게 함으로써 금전대출에 관한 신용을 무상으로 공여한 것으로서 일종의 용역제공으로 인한 이익의 증여에 해당하나, 금전의 저리 대부에 따른 증여이익의 계산에 관한 상증세법 제41조의4 제1항 제2호를 유추적용하여 '대출금액에 적정이자율을 곱하여 계산한 금액에서 원고가 실제 지급한 이자 상당액을 뺀 금액'을 증여재산가액으로 과세함은 잘못임.

제18절: 법인의 조직 변경 등에 따른 이익의 증여

1. 개 요

주식의 포괄적 교환 및 이전, 사업의 양수·양도, 사업 교환 및 법인의 조직 변경 등에 의하여 소유지분이나 그 가액이 변동됨에 따라 이익을 얻은 경우에는 그 이익에 상당하는 금액(소유지분이나 그 가액의 변동 전·후 재산의 평가차액을 말한다)을 그 이익을 얻은 자의 증여재산가액으로 한다. 다만, 그 이익에 상당하는 금액이 변동 전 해당 재산가액의 30%에 상당하는 금액과 3억원 중 적은 금액 미만인 경우는 제외한다.

2. 과세요건 및 증여재산가액

주식의 포괄적 교환 또는 사업양수도·사업교환·법인의 조직 변경 등의 경우 소유지분 또는 그 가액의 변동 전·후에 있어서 해당 재산의 평가차액이 변동 전 해당 재산가액의 100분의 30 이상이거나 그 금액이 3억원 이상인 경우에 증여세 과세대상에 해당하며, 증여재산가액은 다음과 같이 계산한다.

소유지분이 변동된 경우	(변동 후 지분 – 변동 전 지분) × 지분 변동 후 1주당 가액 (상속증여세법 시행령 제28조, 제29조, 제29조의2 및 제29조의3을 준용하여 계산한 가액을 말한다)
평가액이 변동된 경우	변동 후 가액 – 변동 전 가액 * 이 경우 변동 전·후의 가액은 증자, 현물출자, 합병 등에서 규정하고 있는 이익의 산정방법을 준용하여 계산

3. 특수관계인이 아닌 자 사이에 거래 등을 하는 경우

특수관계인이 아닌 자 간의 거래로서 거래의 관행상 정당한 사유가 있다고 인정되는 경우에는 증여세를 부과하지 않는다. 이 경우 특수관계인은 이익을 얻은 자와 상속증여세법 시행령 제2조의2 제1항 각호의 어느 하나에 해당하는 관계에 있는 자를 말한다.

2015.12.31. 이전 출자·감자·주식전환 등 관련 예규·심판결정례 및 판례 등

❑ 감자로 인해 기타이익의 증여규정 적용 시 증여이익은 구 상증령 제31의9 제1항 제5호의 평가액이 변동된 경우의 계산방법을 적용함(재재산 – 722, 2019.10.28.).

> 참고 구 상증령 제31의9 제1항 제5호 : 그 밖의 이익의 증여 등에 따른 이익 계산

5. 법 제42조 제1항 제3호 중 제4호 외의 경우 : 소유지분 또는 그 가액의 변동 전·후에 있어서 해당 재산의 평가차액이 변동 전 해당 재산가액의 100분의 30 이상이거나 그 금액이 3억원 이상인 경우의 해당 평가차액. 이 경우 해당 평가차액은 다음 각 목에 따라 계산한다.

가. 지분이 변동된 경우 : (변동 후 지분 – 변동 전 지분) × 지분 변동 후 1주당 가액(제28조, 제29조, 제29조의2 및 제29조의3을 준용하여 계산한 가액을 말한다)

나. 평가액이 변동된 경 우: 변동 후 가액 – 변동 전 가액

❑ 최대주주의 특수관계인이 최대주주가 간접지배하는 특정법인에 재산을 증여하는 경우 상속증여세법 제42조에 따라 증여세 과세대상에 해당될 수 있음(과세기준 2015 – 109, 2015.7.22.).

❏ 특수관계 없는 자로부터 취득한 신주인수권을 주식으로 전환하여 이익을 얻은 경우(법규재산 2012 -210, 2012.6.29.)

전환사채 등을 특수관계 있는 자 외의 자로부터 취득한 후에 당해 전환사채 등을 주식으로 전환·인수·교환 등을 함으로써 이익을 얻은 경우로서 거래의 관행상 정당한 사유가 있다고 인정되지 아니한 경우에는 상속증여세법 제42조 제1항 제3호에 따라 증여세가 과세되는 것이며, 거래의 관행상 정당한 사유가 있는지 여부는 당해 전환사채 등의 취득경위와 거래당사자의 관계 및 거래가액의 결정과정 등 구체적인 사실관계에 따라 판단할 사항임.

질의

○ 2007.5.30. 코스닥상장법인인 (주)K(이하 "회사")는 사업다각화를 위한 인수합병 자금 등의 확보를 목적으로 무보증 해외공모의 방식으로 외화전환사채를 발행하였으며,
  - 2009.5.30. 회사는 외환위기 등으로 인한 환리스크 증가로 위 전환사채를 조기 상환하기로 하고 조기상환 자금을 마련하기 위하여 기명식 무보증 사모 신주인수권부사채를 발행함.

〈발행조건〉

• 사채의 종류 : 기명식 무보증 사모 신주인수권부사채(분리형)
• 사채의 총액 및 발행가액 : 4,000백만원(사채이율 : 표면이율 연 8.25%)
• 사채의 발행일 : 2009.3.6.(만기일 : 2012.3.6.), 신주인수권 행사가격 : 1주당 3,500원(나중에 1주당 2,254원으로 조정)
• 신주인수권 행사 가능기간 : 2010.3.7.~2012.3.5.
• 사채인수자 : ○○은행
  - 회사는 2010년 사채권면 4,000백만원 중 2,000백만원을 조기 상환하였으며,
  - 전체 1,632,653주(이하 "전환가능 주식수") 상당의 신주인수권 중 1,032,653주 상당을 회사가 매입하여 소각하였고,
  - 나머지는 2010.6.3. 김○○(회사의 대표이사 겸 대주주)이 600,000주 상당의 신주인수권 (액면금액 1,470백만원)을 ○○증권으로부터 75,705천원(@126원)에 매입함.
  - 2012.2.22. 김○○은 1주당 2,254원에 행사하여 회사의 보통주 600,000주를 취득함.

❏ 보통주를 우선주로 전환한 경우 과세 여부(재산세과-960, 2010.12.16., 서면4팀-2419, 2007.8.9.)

법인의 일부주주가 보유한 보통주를 우선주로 전환함으로써 우선주로 전환한 주주 또는 우선주로 전환하지 않은 주주의 전환 후 주식가액이 증가하여 이익을 얻은 경우에는 상증법 제42조 제1항 제3호에 따라 증여세 과세대상에 해당함.

❏ 골프장영위법인의 주식을 시범라운딩 개시전 증여받은 경우(재재산-875, 2007.7.18.)

재산가치증가사유에 해당되는지 여부는 당해 주식의 증여, 당해 골프장 건설의 인가·준공·등록 등의 시행절차 등 구체적인 사실에 따라 상증법 제42조 제4항 적용여부를 판단할 사항이며, 이 경우 같은법 시행령 제31조의9 제7항 제3호에 의한 통상적인 가치상승분을 계산함에 있어 주식의 경우에는 같은령 제31조의6 제5항에 의한 기업가치의 실질적인 증가로 인한 이익을 감

안한 정상적인 가치상승분에 의하는 것임.

❑ **주식 포괄적 교환의 증여재산가액 계산방법**(재산세과 – 216, 2011.4.28.)

상법 제360조의2에 따른 '주식의 포괄적 교환'으로 증여이익이 발생한 경우 상증법 제42조를 적용하는 것이며, 증여재산가액은 상증령 제31조의9 제2항 제5호에 따라 같은 령 제28조 제4항을 준용하여 다음과 같이 산정하는 것임. 이 경우 "교환후 완전모회사 법인의 1주당 평가액"은 상속증여세법 제60조 및 제63조 제1항 제1호에 따라 평가한 가액으로 하는 것임.

 – 증여재산가액 = {교환후 완전모회사 법인의 1주당 평가액 – [주가가 과대평가된 교환당사법인의 교환전 1주당 평가액 × (주가가 과대평가된 교환당사법인 주주의 교환전 주식수 ÷ 주가가 과대평가된 교환당사법인 주주의 교환후 주식수)]}×주가가 과대평가된 교환당사법인 주주의 교환후 주식수

❑ **포괄적 교환 전·후 평가액 차이있으면 과세가능, 교환후 주식평가방법**(대법원 2019두19, 2022.12.29.)

 ○ 포괄적 주식교환은 구조, 효과 등이 합병과 유사한 점 등을 고려하면, 변동 전·후의 '가액'은 합병에 따른 이익의 계산방법 등에 관한 상증령 §28 ③ 내지 ⑥을 준용하여 산정하는 것이 타당함.

 ○ 주식교환후 존속법인의 1주당 평가가액을 평가기준일 이후 2개월간 종가평균액과 '주가가 과대평가된 합병당사법인의 합병직전 주식가액과 주가가 과소평가된 합병당사법인의 합병직전 주식가액을 합한 가액을 합병법인의 주식수로 나눈 가액' 중 적은 가액으로 한다는 합병규정을 준용함이 타당함.

❑ **주식회사에서 유한회사로 조직변경하면서 소유지분 또는 그 가액이 변동되는 경우 증여세 과세됨**(서면4팀 – 1778, 2007.5.30.)

❑ **주권상장법인이 비상장법인을 흡수합병한 경우**(재재산 – 816, 2011.9.29.)

구 증권거래법에 의해 주권상장법인이 다른 법인과 같은 법 제190조의2 및 같은 법 시행령 제84조의7에 따라 하는 합병하는 경우 특수관계에 있는 법인의 합병으로 보지 않는 것이며, 합병당사법인의 대주주가 얻은 이익은 '그 밖의 이익의 증여'로 보아 그 이익을 얻은 자의 증여재산가액으로 할 수 없는 것임.

❑ **증권거래법 관련규정에 따라 적법하게 발행되고 특수관계 없는 자 간의 거래인 경우 정당한 사유가 있으면 증여의제 적용대상이 될 수 없음**(조심 2012서2648, 2012.11.15.)

❑ **허위 기술로 인한 손해를 배상하기 위해 불균등무상감자에 거래의 관행상 정당한 사유가 있어 증여세 부과처분은 잘못임**(조심 2012서2774, 2012.12.12.)

❑ **거래의 관행상 정당한 사유가 없이 신주인수권의 전환가액이 재조정된 것은 증여세 과세대상에 해당함**(조심 2012서1809, 2012.9.10.)

신주인수권 발행은 사모방식으로 이루어졌고 신주인수증권 발행을 주도한 자는 청구인의 지인으로서 청구인은 그의 권유로 신주인수권을 취득하였으며 당초 신주인수권 행사가격이 30%

할인조정된 점 등을 고려할 때 거래의 관행상 정당한 사유가 있다고 보기 어려움.

☐ 주식증여는 사업양수도나 조직변경에 해당되지 않는 등 포괄증여 과세처분은 위법함(대법원 2016두 53425, 2016.12.27., 서울행정법원 2014구합56383, 2016.1.29.).

☐ 신주인수권 행사가능한 기간 중에 특수관계 없는 자 간에 시가보다 낮은 가액으로 거래하여 이익을 얻은 경우로서 정당한 사유가 있다고 보기 어려워 증여세 과세 정당함(대법원 2013두24495, 2015.2.12.).

☐ 다른 법인 발행 신주인수권부사채 중 신주인수권만을 취득·행사하여 얻은 이익에 대한 증여세 부과 처분은 적법함(대법원 2013두19769, 2014.1.16.).

☐ 2005년 귀속분 우선매수선택권의 행사가격과 시가와의 차이는 증여세 과세대상임(대법원 2008주 17882, 2011.4.28.).

  - 주식보유비율에 상응하는 우선매수청구권을 포기하는 등의 방법으로 원고로 하여금 혼자서 우선매수청구권을 행사하게 한 것은 주식보유비율을 초과한 범위에서는 시가와 우선매수청 구권 행사가격과의 차액 상당의 이익을 무상으로 이전한 것으로 볼 수 있음.
  - 우선매수청구권은 그 행사가격과 이 사건 주식의 시가와의 차액 상당의 이익을 얻을 수 있는 권리인 점에서 신주인수권과 성격이 유사하므로 신주인수권증권 또는 신주인수권증서의 가 액 평가방법에 관한 상속증여세법 제63조 제1항 제2호, 구 상속증여세법 시행령 제58조의2 제2항 제2호 다목 및 라목을 준용하여 이 사건 우선매수청구권의 가액은 그것을 행사하여 취득한 주식의 가액에서 그 취득에 소요된 비용을 차감하는 방식으로 산정하되, 취득한 주식 의 가액은 상속증여세법 제63조 제1항 제1호 가목에 의하여 평가기준일 이전·이후 각 2월 간에 공표된 매일의 종가평균액을 시가로 봄이 상당함.

제19절: 재산 취득 후 재산가치 증가에 따른 이익의 증여

1. 개 요

직업, 연령, 소득 및 재산상태로 보아 자력으로 해당 행위를 할 수 없다고 인정되는 자가 재산을 증여받거나 내부정보를 제공받는 등으로 취득하고 그 재산을 취득한 날부터 5년 이내에 개발사업의 시행, 형질변경, 공유물 분할, 사업의 인가·허가 등 사유(이하 이 절에서 "재산가치증가사유"라 한다)로 인하여 이익을 얻은 경우에는 그 이익에 상당 하는 금액을 그 이익을 얻은 자의 증여재산가액으로 한다. 다만, 그 이익에 상당하는 금 액이 일정 비율 또는 3억원 미만인 경우에는 증여세를 부과하지 않는다.

이 규정은 2004.1.1. 이후 타인의 증여 등에 의하여 재산을 취득하고 해당 증여재산 가치의 증가사유가 발생하는 것부터 적용한다. 따라서 2003.12.31. 이전에 증여 등에 의하여 취득한 재산에 대하여 2004.1.1. 이후 개발사업 시행 등으로 재산가치가 증가한 경우에는 해당 규정에 따른 증여세 과세대상이 아니다(재산세과-312, 2012.9.6.). 다만, 타인이 개발사업 시행 등에 소요되는 비용을 지급하는 경우에는 해당 금전 등은 증여세 과세대상에 해당될 것이다.

2. 과세요건

증여를 받은 자의 요건, 재산 취득사유 및 재산가치증가사유 요건과 재산가치 상승금액이 일정비율 또는 일정금액 이상이어야 하는 요건을 충족하는 경우 증여세 과세대상에 해당한다.

1) 적용대상자(수증자)의 범위

재산을 증여받거나 취득한 후 다른 사람이 재산가치를 증가시켜 주어 이익을 얻은 자가 그 직업·연령·소득·재산상태 등으로 보아 자신의 계산으로 해당 행위를 할 수 없다고 인정되는 자이어야 한다.

2) 재산의 취득사유

재산가치가 증가한 재산을 다음 사유로 취득한 경우를 말한다.
① 특수관계인으로부터 재산을 증여받은 경우
② 특수관계인으로부터 증여받거나(2024.1.1.부터 적용함) 기업의 경영 등에 관하여 공표되지 아니한 내부정보를 제공받아 그 정보와 관련된 재산을 유상으로 취득한 경우
③ 특수관계인으로부터 증여받거나(2024.1.1.부터 적용함) 차입한 자금 또는 특수관계인의 재산을 담보로 차입한 자금으로 재산을 취득한 경우

이 경우 특수관계인은 이익을 얻은 자와 상속증여세법 시행령 제2조의2 제1항 각호의 어느 하나에 해당하는 관계에 있는 자를 말한다.

3) 재산가치의 증가 기간 및 사유

증여받거나 유상으로 취득한 재산이 증여일 또는 취득일로부터 5년 이내에 다음의 사유로 인하여 재산가치가 증가되어야 한다.

① 개발사업의 시행, 형질변경, 공유물(共有物) 분할, 지하수개발·이용권 등의 인가·허가 및 그 밖에 사업의 인가·허가

② 비상장주식의 자본시장법 제283조에 따라 설립된 한국금융투자협회에의 등록

③ 그 밖에 ①과 ②의 사유와 유사한 것으로서 재산가치를 증가시키는 사유

 관련 예규·심판결정례 및 판례 등

□ 코넥스시장에 상장된 경우 재산가치 증가사유에 해당하는지(조심 2022서6979, 2022.12.8.)
 - 미성년자인 청구인이 특수관계인으로부터 쟁점법인 발행주식을 양수 및 유상증자 취득한 이후 쟁점법인이 한국거래소 코넥스 시장에 상장됨에 따라 재산가치가 증가한 경우
 - 상증법 시행령 제32조의3에서 주식의 코넥스시장 상장을 재산가치 증가사유로 규정하고 있지는 아니하지만 같은 조 제2호 및 제3호에서 재산가치 증가사유로 비상장주식의 한국금융투자협회에의 등록 및 이와 유사한 것을 명시하고 있으므로 이는 재산가치 증가사유에 해당하는 것으로 볼 수 있음.

4) 재산가치 상승금액이 일정비율 또는 일정금액 이상 요건

재산가치상승금액이 3억원 이상이거나 그 재산가치상승금액이 해당 재산의 취득가액과 통상적인 가치증가분 및 가치상승기여분 합계액의 100분의 30 이상인 경우에 증여세 과세대상에 해당한다.

① 재산가치상승금액이 3억원 이상이거나

② $\dfrac{\text{재산가치상승금액}}{\text{당해 재산의 취득가액} + \text{통상적인 가치증가분} + \text{가치상승기여분}} \geqq 30\%$

재산가치상승금액 = (재산가치상승 발생일 현재 해당 재산가액 - 해당 재산의 취득가액 - 통상적인 가치상승분 - 가치상승기여분)

5) 특수관계 없는 자가 재산가치를 증가시키는 경우

거짓이나 그 밖의 부정한 방법으로 증여세를 감소시킨 것으로 인정되는 경우에는 특수관계인이 아닌 자 간의 증여 또는 5년이 경과한 후에 재산가치증가사유가 발생한 경우에도 증여세 과세대상이다.

3. 증여가액의 계산방법

재산가치증가사유 발생일 현재의 재산가액에서 해당 재산의 취득가액과 통상적인 가치상승분 및 가치상승기여분을 뺀 재산가치상승금액을 증여재산가액으로 한다.

그리고, 재산가치증가사유 발생일 전에 해당 재산 양도시는 그 양도일을 재산가치증가사유 발생일로 하여 증여가액을 계산한다.

> 증여재산가액 = (①해당 재산가액 − ②해당 재산의 취득가액 − ③통상적인 가치상승분 − ④가치상승기여분)

1) 해당 재산가액

재산가치 증가사유가 발생한 날 현재 상속증여세법 제60조부터 제66조까지에 따라 평가한 가액을 말한다.

다만, 2014.2.21. 이후 평가하는 분부터 해당 가액에 재산가치증가사유에 따른 증가분이 반영되지 아니한 것으로 인정되는 경우에는 개별공시지가·개별주택가격 또는 공동주택가격이 없는 경우로 보아 세무서장이 평가한 가액에 의한다. 개발사업 시행 등 재산가치증가사유는 이미 발생하였으나, 개별공시지가 등 공시지가가 추후 고시되어 증여재산가액이 과소계상되는 경우를 보완하기 위한 것이다.

이에 따라 개별공시지가가 없는 해당 토지와 해당 토지와 지목·이용상황 등 지가형성요인이 유사한 인근토지를 표준지로 보고 「부동산 가격공시 및 감정평가에 관한 법률」 제9조 제2항에 따른 비교표에 따라 납세지 관할세무서장이 평가한 가액을 말한다. 이 경우 납세지 관할세무서장은 둘 이상의 감정기관에 의뢰하여 해당 감정기관의 감정가액을 참작하여 평가할 수 있다. 또한 해당 주택과 구조·용도·이용 상황 등 이용가치가 유사한 인근주택을 표준주택으로 보고 주택가격비준표에 따라 납세지 관할세무서장이 평가한 가액, 공동주택의 경우에는 인근 유사 공동주택의 거래가격·임대료 및 해당 공동주택과 유사한 이용가치를 지닌다고 인정되는 공동주택의 건설에 필요한 비용추정액 등을 종합적으로 고려하여 납세지 관할세무서장이 평가한 가액을 말한다.

2) 해당 재산의 취득가액

실제 취득하기 위하여 지급한 금액을 말하며, 증여받은 재산의 경우에는 증여세 과세가액을 말한다.

3) 통상적인 가치상승분

상속증여세법 시행령 제31조의6 제5항의 규정에 의한 기업가치의 실질적인 증가로 인한 이익과 연평균지가상승률·연평균주택가격상승률 및 전국소비자물가상승률 등을 감안하여 해당 재산의 보유기간 중 정상적인 가치상승분에 상당한다고 인정되는 금액을 말한다.

4) 가치상승기여분

개발사업의 시행, 형질변경, 사업의 인·허가 등에 따른 자본적지출액 등 당해 재산가치를 증가시키기 위하여 지출한 비용을 말한다. 이러한 비용을 재산가치 상승이익을 얻은 자가 지출한 경우에는 해당 금액을 차감하여 증여재산가액을 계산하는 것은 당연하지만, 재산가치를 증가시켜준 자가 지출한 경우에는 해당 지출금액을 별개의 증여재산으로 볼 것인지 재산가치증가분에 포함시켜서 과세할 것인지 명확한 규정은 없다. 이 경우 재산가치상승분에 포함시켜서 증여재산가액을 계산하는 것이 합리적이라 생각한다.

사례 1   **형질변경에 따른 이익 계산**[34]

□ 형질변경내용
  ○ 甲은 5살짜리 자녀에게 임야(1천평, 시가 1억원)를 증여하고 그 증여일부터 3년이 되는 해에 대지로 형질변경
  ○ 형질변경 후 토지면적 및 가액 : 800평, 시가 20억원으로 상승
    − 형질변경 소요된 비용 : 9천만원(자녀가 부담함)

풀이

  ○ 2003.12.31. 이전에는 임야 증여에 대한 증여세만을 과세했으나
  ○ 2004.1.1. 이후에는 형질변경에 의한 재산가치증가는 父의 기여에 의한 것이므로 그 가치증가분(18억원)에 대한 증여세를 추가 과세함.
    − 증여재산가액 = 18억원(① − ② − ③ − ④)
    ① 형질변경 후 토지가액 : 20억원
    ② 임야 증여시 과세가액 : 1억원
    ③ 3년간 평균지가상승률 누계 : 10%(1억원×10% = 1천만원)
    ④ 형질변경 소요된 비용 : 9천만원

---

34) 국세청 발간 2004년 개정세법 해설 책자에 수록된 사례를 발췌함.

사례 2   **공유물 분할에 따른 이익 계산**

❑ 공유물 분할내용
- ○ 父·子 공동소유의 토지를 분할하면서 도로에 접면된 토지는 子소유로, 그 후면 토지를 父소유로 함으로써 면적은 동일하나 子소유 토지가격이 증가

도 로	공유물 분 할	도 로
父·子 1/2씩 공유 (1천평) : 100억원 * 평당 1천만원		子소유 500평 : 75억원 * 평당 1천5백만원
		父소유 500평 : 25억원 * 평당 5백만원

풀이
- ○ 공유물을 子에게 유리한 조건으로 분할하여 子소유 토지가액이 증가했으므로 그 증가된 이익 25억원을 증여세 과세대상으로 함.

사례 3   **사업의 인·허가에 따른 이익 계산**

❑ 사업의 인·허가내용
- ○ 父의 부동산을 담보로 10살짜리 자녀 명의로 1억원의 자금을 차입하여 임야 1천평(시가 1억원)을 취득한 후 양질의 지하수 개발
- ○ 지하수개발권(온천)을 관할관청에 허가를 받자 땅값이 50억원으로 상승

풀이
- ○ 父로부터 자금을 차입하고 적정이자의 지급 및 채무를 변제하는 경우 증여세 과세대상이 아니지만, 이 경우에도
- ○ 2004.1.1.부터는 부동산 증여 후 5년 내 지하수개발이용권의 허가를 받아 父가 재산가치를 증가시켜주는 경우에는 그 가치상승분에 대해 증여세 과세
  - 증여재산가액은 재산가치 증가사유 발생일 현재 재산가액 50억원에서 임야로 증여받은 재산가액 1억원과 지하수개발권 허가에 소요된 비용(5천만원 가정) 및 보유기간 중 평균 지가상승분(5천만원 가정) 등을 차감하여 계산함.

 관련 예규·심판결정례 및 판례 등

❑ 기술수출계약이 재산가치 증가사유에 해당하는지(재재산 – 432, 2019.6.18.)

제약회사의 신약관련 기술수출계약은 상속증여세법 시행령 제32조의3 제1항 제1호의 개발사업의 시행에 해당하지 아니함.

❑ **주식을 증여받고 개발사업시행 등으로 주식가치가 증가한 경우**(재재산-759, 2019.11.7.)

상속증여세법 제42조의3을 적용할 때 취득한 재산이 주식 또는 출자지분인 경우에도 같은 조 제1항에 따른 재산가치 증가사유는 같은 법 시행령 제32조의3 제1항 각 호의 어느 하나에 해당하는 사유를 말하는 것임.

[사실관계]

○ 2015.1.7. A종합건설(주) 대표이사 甲은 아들인 乙에게 A주식 10%를 증여함.

    * 증여 당시 비상장 결손법인으로 1주당 가액(보충적 평가액)은 0원

○ 2015.7.14. A법인은 보유토지에 'AA아파트' 주택건설 사업계획승인을 받아 2016.3.17. 입주자 모집공고를 거쳐 2018.7.24. 준공함.

    * 준공일 기준 1주당 가액은 170,533원

❑ **증여받은 주식의 가치가 증가한 경우 과세 여부**(법령해석재산-5651, 2017.6.13.)

○ 상속증여세법(2015.12.15. 법률 제13557호로 개정된 것) 제42조의3 제1항에 따른 직업, 연령, 소득 및 재산상태로 보아 자력으로 재산가치를 증가시킬 수 없는 자가 특수관계인으로부터 주식을 증여받은 경우로서, 주식을 증여받은 날로부터 5년 이내에 해당 주식의 발행법인이 토지를 취득하고 개발사업을 시행하는 등 같은 항에서 규정하는 재산가치증가사유로 인하여 해당 법인의 주식가치가 상승하는 경우, 같은 조 제2항 및 같은 법 시행령(2016.2.5. 대통령령 제26960호로 개정된 것) 제32조의3 제3항에 따른 가액을 증여이익으로 하여 주식을 증여받은 자에게 증여세가 과세되는 것임.

[질의]

○ 특수관계인이 자녀에게 주식을 증여하고 해당 주식을 발행한 법인이 토지를 취득하여 개발사업을 시행하는 등의 사유로 주식가치가 상승하는 경우

  - 해당 법인이 재산가치증가사유 발생으로 얻은 이익에 대해 법인세를 납부하는 경우 상속증여세법 제4조의2 제3항에 따라 주주에게 증여세를 부과하지 않는 것인지 여부

❑ **상속증여세법 제42조 제4항은 같은 법 부칙 제8조 제3항에 따라 2004.1.1. 이후 재산을 취득한 이후 재산가치증가사유가 발생하는 분부터 적용하는 것임**(재산세과-312, 2012.9.6.).

❑ **공유부동산을 층별로 구분 등기한 경우**(재산세과-954, 2010.12.15.)

층별로 구분하여 보유하던 부동산을 각 층별 공동지분으로 분할하는 경우로서 소유자별 지분변동이 없는 경우에는 증여세가 부과되지 아니하는 것이나, 지분변동시 가격차이가 발생하는 경우에는 그 차이에 대하여 증여세가 부과되는 것임.

❑ **비상장주식 증여 후 주식가치 상승한 경우**(재산세과-319, 2011.7.4.)

"증여"란 그 행위 또는 거래의 명칭·형식·목적 등에 불구하고 경제적 가치를 계산할 수 있는 유형·무형의 재산을 타인에게 직접·간접적인 방법으로 무상으로 이전(현저히 저렴한 대가로 이전하는 경우를 포함)하는 것 또는 기여에 의하여 타인의 재산가치를 증가시키는 것을 말함.

사실관계

① 대표적인 가족법인으로 설립시 미성년자 자녀에게 주금납입을 부모가 대신 해주었고 그 후 회사의 영업활동이 왕성해져서 상당한 매출과 순이익이 발생하게 되었음.

② 비상장법인 甲사의 대표이사인 A는 소득이 없는 자녀 B(대학생)에게 현금(10년간 3천만원에 미달)을 증여하고 그 돈으로 비상장법인 甲사의 주식을 취득하였고 그 뒤에 배당을 받은 자금으로 유상증자에 참여하여 주식수가 약간씩 증가하였음.

③ 형제인 甲의 토지는 100억원, 乙의 토지는 50억원으로 평가결과가 나왔으나 양도가액은 각각 75억원으로 하여 양도하고 대금을 수령한 경우

④ 미성년자가 주주로 있는 부동산임대법인의 실질적인 경영을 그의 부가 하는 경우로서 당해 부동산가격의 상승으로 인하여 주식가치가 증가한 경우

❑ 경품에 당첨되어 아파트를 증여원인으로 취득한 경우(재산세과-403, 2010.6.16.)

대납한 소득세 및 주민세는 증여에 해당하며 아들이 경품이벤트에 직접 응모하여 당첨된 아파트는 증여에 해당하지 않는 것으로 판단되나 이는 경품권의 응모내용 및 이벤트사 당첨관련 서류 등을 통해 사실관계를 확인하여 판단할 사항임.

사실관계

- 아들이 경품이벤트에 응모하여 34평형 아파트에 당첨되어 본인에게 소득세와 주민세를 父가 납부하고 2010.3.3.자로 아들 명의로 아파트 명의(증여원인)를 이전함.
- 증여받은 금전으로 자녀명의로 부모가 주식투자를 하여 번 돈으로 부동산 매입함.

❑ 아파트 우선분양받을 수 있는 며느리 명의로 시부모가 분양받은 경우(서면4팀-4208, 2008.12.28.)

아파트의 분양권에 대한 실질소유자가 시아버지인 경우로서 편의상 며느리 명의로 분양계약을 체결한 후 시아버지의 명의로 아파트 분양권리자 명의를 변경하는 경우에는 증여세가 과세되지 아니하는 것이나, 아파트를 우선적으로 분양받을 수 있는 권리를 가진 며느리의 지위를 이용하여 시아버지가 아파트를 분양받음으로써 시아버지가 이익을 얻은 경우에는 당해 이익상당액에 대하여 증여세를 과세하는 것으로 이에 해당하는지 여부는 사실판단할 사항임.

❑ 주식의 양도를 개발사업 시행 등 재산가치 증가사유로 볼 수 없음(조심 2019서3250, 2021.12.1.).

처분청이 주장하는 재산가치 증가사유는 청구인이 쟁점주식을 양도한 날과 같은 날 자회사의 주식을 양도하였다는 사실 등은 법 소정의 개발사업의 시행 등 또는 이와 경제적 실질이 유사한 경우에 해당한다고 보기 어렵고, 자회사 주식을 양도한 행위 자체는 청구인의 신주인수권 취득 및 행사, 쟁점주식의 취득 및 양도와는 별개로 이루어진 투자의사결정으로 보이는 등 주식가치가 직접적으로 증가하는 이익이 발생하였다고 보기 어려움.

❑ 오피스텔 신축·분양이 이루어진 경우 재산가치 증가사유 발생일(조심 2023서8256, 2023.10.24.)

주식을 증여받은 후 그 법인의 토지취득·오피스텔 신축 분양이 이루어진 것에 대하여 그 재산가치 증가사유 발생일(증여시기)을 사용승인일로 보고, 증여일 기준 100% 분양계약이 체결되는 등 분양상황이 양호한 등 개발사업에 따른 재산가치 증가발생이 객관적으로 예정되었던 것

으로 보이고 청구인은 직업·연령 및 그 간의 주거지 등을 고려할 때 국내에서 자력으로 부동산개발사업을 영위한 것으로 인정하기 어려워, 재산가치 증가에 따른 이익의 증여에 해당함.

❑ 주식 취득후 5년 이내에 분양사업으로 가치가 증가한 경우 과세 여부(조심 2020중1576, 2021.7.27.)
 - 청구인은 2013.11.8. 외숙부 A로부터 주식회사 Z의 주식을 취득하였고, Z법인은 건물 신축 및 분양사업을 하기 위하여 2015.6.25. B로부터 토지를 분양받은 후, 상업시설을 신축(사용승인일 : 2017.4.28.)하여 분양하였는바,
 - 쟁점주식 취득 후, 5년 이내에 상가 신축·분양사업으로 주식가치가 상승한 것은 상증법 제42조의3의 경우와 경제적 실질이 유사한 경우로서 같은 법 제4조 제1항 제6호의 적용대상에 해당하므로 사용승인일을 증여일로 하여 과세한 것은 잘못이 없음.

❑ 최대주주의 처남이 주식취득 후 상장된 경우 과세 여부(조심 2017서4175, 2018.9.17.)

　사실관계
 - ㈜A의 코스닥 상장을 위한 신주 발행시, 최대주주이자 대표이사의 처남인 청구인은 우리사주조합에 배정된 신주를 대출금(A법인이 정기예금을 담보 제공)으로 취득하였고
 - 최대주주의 특수관계인이 처남은 우리사주조합원이 될 수 없는데도 해당 신주를 취득하고 상장됨으로써 얻은 이익을 타인의 기여에 의한 재산가치증가분으로 보아 과세

　결정요지
타인의 기여에 의한 재산가치 증가분에 해당되지 아니함.
 - 구 상증세법 제42조 제4항 및 같은 법 시행령 제31조의9 제4항에 '자신의 계산으로' 해당 행위를 할 수 없는 자란 직업·연령·소득·재산상태로 보아 자신이 그 행위를 할 수 없는 경제적 무능력자 또는 의사결정을 정상적으로 할 수 없는 자 등으로 오직 특수관계인의 기여에 의하여 재산취득행위를 한 자로 판단되고, '해당행위'도 '재산가치 증가 사유 행위(주식상장)'로 보기보다는 '재산취득 행위' 자체를 말하는 것으로 해석함이 문언상 자연스러운 바, 청구인들은 쟁점주식의 취득 당시 성년자로 A법인의 ○○실장 및 △실장으로 근무하는 등 원활한 경제활동을 영위하여 자기의 계산으로 쟁점주식을 취득할 수 있는 자로 판단됨.

❑ 재산가치증가사유 중 '개발사업'의 범위(조심 2014서1982, 2015.11.13.)

　사실관계
 - 25세인 유학생이 父로부터 증여받은 금전으로 A법인 주식(父와 삼촌 보유) 및 신주를 취득
 - A법인은 5~7차 지식산업센터(아파트형 공장) 분양사업 인허가, 분양공고를 거쳐 분양
 - A법인은 설립 당시 평가액이 '0'원에서 5차분 분양공고일에 @10,000원, 6차분 분양공고일에 @55,266원, 7차분 분양공고일에 @1,177,336원으로 증가함.

　과세내용
주식 취득 후 5년 이내 개발사업 시행으로 주식가치가 증가한 것으로 보아 증여세 과세함.

결정요지

- '개발사업'이란 「개발이익환수에 관한 법률」 제2조 제1호에 따른 개발사업 등과 같이 장래의 재산가치 증가발생이 객관적으로 예상되는 택지개발사업, 산업단지개발사업, 관광단지조성사업(온천개발사업 포함) 등 개발부담금 부과대상인 개발사업으로 봄이 타당함.
- 분양사업은 미분양 발생이 큰 리스크로 작용하고 주식가치의 증가는 분양공고가 아닌 실제 분양의 성공여부에 따라 결정되며, 분양공고일 이후 최종 사업완료시점에서 주식가치가 하락할 경우 환급정산규정이 없는 점 등에 비추어 분양공고일을 증여시기로 하여 주식가치증가분에 과세하는 것은 잘못임.

❑ 취득한 재산과 재산가치증가사유의 직접적 대상이 되는 재산이 동일하지 않다는 이유만으로 과세대상에서 배제된다고 볼 것은 아님(인과관계 인정되면 과세가능함)(대법원 2018두41327, 2023.6.29.).

사실관계

甲은 A법인을 설립하여 아파트 건설사업 승인을 받고 B법인이 시공하여 분양하고, 甲은 C법인을 설립하여 B법인을 시공사로 하여 아파트를 신축·분양함에 따라 A와 C법인의 주식가치가 증가함에 따라 재산가치증가에 따른 증여세를 부과함.

❑ 해외공장 완공의 경우 재산가치증가에 따른 이익 과세 여부(대법원 2019두31921, 2023.6.1.)

- 상증법 제42조 제4항의 '개발사업'이 구 개발이익환수법의 개념을 차용한 것이 아니라고 하더라도 이는 적어도 '행정청의 개발구역 지정·고시가 수반된 것으로서 그 대상 토지를 개발하여 그 토지가치를 증가시키는 사업'을 의미한다고 볼 수 있으며
- 해외 공장의 완공은 일정한 토지에 대한 개발과 그로 인한 토지 가치 상승분을 예정하고 있는 '개발사업의 시행'이라는 재산가치증가사유와 유사하다고 보기 어려움.

❑ 증여받은 주식이 상장 아닌 합병으로 가치 증가해도 과세대상 아님(대법원 2017두37376, 2021.9.30.).

자녀들에게 비상장법인의 주식을 증여하고, 증여 후 3년 만에 해당 법인이 사주의 다른 비상장법인과 합병하여 증여한 주식의 가치가 급상승하게 되었으나, 재산가치 증가사유로 '상장 및 합병 등'으로 규정하고 있으므로 상장을 수반하는 합병만은 세법에서 정한 재산가치 증가사유에 해당하지 아니함.

❑ 증여재산으로 취득한 주식이 2년 뒤 상장된 경우 증여세 과세 여부(대법원 2017두54784, 2017.11.9.).

미성년자가 부로부터 현금을 증여받아 그 금원으로 비상장주식을 취득한 행위가 처음부터 조세회피의 목적을 이루기 위한 수단, 즉 이 사건 주식이 장차 상장됨으로써 구 상속증여세법 제42조 제4항 제1호에 따라 원고들이 추가로 부담해야 할 증여세를 회피하기 위한 수단에 불과하여 그 실질이 이 사건주식을 증여받은 것과 동일하게 평가될 수 있다고 단정하기는 어렵고, 달리 이를 인정할 증거가 없으므로 증여세 부과는 위법함.

❑ **재산가치 증가가 예정된 경우라고 볼 수 없어 증여세 과세는 위법함**(대법원 2014두4238, 2014.6.12.).
양도차익을 누린 것은 매수자의 경영판단에 따른 것이며 재산가치 증가가 객관적으로 예정되
는 경우라고 볼 수 없고, 타인의 기여에 의한 증여는 그 태양이 매우 다양하고 정형화되어 있지
아니하여 보다 제한적으로 해석할 필요성이 있는 점으로 보아 증여세 과세는 위법함.

제3장

증여추정 및 증여의제

증여세를 과세하기 위해서는 누가 언제 어떤 재산을 누구로부터 증여받았다는 등에 관한 과세요건을 과세관청에서 입증해야 하는 것이 원칙이라 할 것이다. 친족들 사이에 은밀하게 이루어지는 증여행위를 파악하는데 많은 시간과 행정비용이 소요될 수 있고 과세가 안될 경우 공평과세를 해 칠 소지가 있는 점 및 증여받은 것이 아니라는 점을 당사자가 입증하는 것이 과세관청에서 증여라는 사실을 입증하는 것보다 훨씬 쉬울 수 있다는 점 등을 감안하여 어떤 사실관계가 발생하면 증여로 추정하되 당사자가 증여가 아니라는 것을 입증하면 과세하지 아니하는 것을 증여추정제도라 한다.

이와는 구분하여 증여의제는 법령에서 규정한 과세요건을 충족하는 경우 납세자의 반증을 허용하지 아니하고 증여세를 과세하는 제도로 볼 수 있다.

제1절 : 배우자 등에게 양도한 재산의 증여추정

1. 개 요

배우자 또는 직계존비속(이하 "배우자 등"이라 함) 사이에 재산을 매매하는 경우에 외형상은 양도형태를 취하고 있으나 실질적으로는 증여에 해당할 가능성이 높은 점을 감안하여 증여로 추정하되, 거래당사자가 대가를 주고받은 유상양도라는 것을 입증하게 되면 증여혐의가 해소되어 증여세를 부과하지 않는다.

2. 배우자 등에게 재산을 직접 양도한 경우

배우자 등에게 양도한 재산은 양도자가 그 재산을 양도한 때에 그 재산의 가액을 배우자 등이 증여받은 것으로 추정하고 이를 배우자 등의 증여재산가액으로 한다.

배우자란 민법상 혼인으로 인정되는 혼인관계에 의한 배우자를 말하므로(재재산 46014
-272, 1997.8.13.) 사실혼 관계에 있는 배우자는 포함하지 아니한다.

직계존비속이란 혈족으로 자기의 직계존속과 직계비속을 의미하며, 직계존속(直系尊
屬)은 조상으로부터 자기에 이르기까지 이어 내려온 혈족 즉, 부모, 조부모, 외조부모, 증
조부모, 외증조부모 등을 말한다. 직계비속(直系卑屬)은 자기로부터 아래로 내려가는 혈
족 즉, 자녀, 손자, 증손자, 외손자 등을 말한다.

양자로 간 사람의 경우 양부모(법정혈족)와 친생부모(자연혈족) 모두의 직계비속에 해
당하나, 민법 제908조의2 규정 등에 의한 친양자 입양은 입양으로 인하여 친생부모와 친
족관계가 종료되므로 친생부모와는 직계존비속 사이가 아니다.

1991.1.1. 이후 민법에서는 적모(嫡母)와 계모(繼母)는 법정모자 관계가 폐지되었으므
로 이들은 직계존속이 아니다.

 관련 예규 · 심판결정례 및 판례 등

❏ 딸에게 대가를 지급하고 아파트를 양수한 경우 증여세 과세 안됨(재산세과-82, 2013.3.18.).

❏ 사실혼 관계의 배우자는 포함하지 아니함(대법원 90누6897, 1991.5.24.).

❏ 생모와 출양한 자녀는 직계존비속에 해당함(재삼 46014-1675, 1998.9.3.).
  생모와 출양한 자녀는 직계존비속이며 부동산을 매매한 경우에 증여로 추정하나, 대가를 지급
  한 사실 입증되면 양도로 보아 양도세 과세대상에 해당됨.

❏ 계모 · 자 관계는 직계존비속이 아님(재산상속 46014-1640, 1999.9.6.).

❏ 직계존비속에게 양도한 재산은 증여한 것으로 추정함(대법원 2017두58540, 2017.12.21.).
  - 조세심판 단계에서 이 사건 아파트 취득자금의 출처로 밝힌 내용과 달리 원고가 가족들에게
    생활비 명목으로 송금한 돈으로 매매대금의 지급에 갈음하였다고 주장하였다가, 다시 이 법원
    에서는 원고가 미국변호사로서 얻은 미국 소득을 한국에 현금으로 반입한 돈과 원고 소유의
    부동산 처분대금 등을 보관한 원고의 우리은행계좌에서 원고의 가족들이 임의로 인출하여 사
    용한 돈의 반환에 갈음하여 ccc로부터 이 사건 아파트를 양도받은 것이라고 주장을 변경하는
    등 원고가 매수자금의 출처에 대하여 밝힌 주장은 여러 차례에 걸쳐 번복되어 일관성이 없어
    어머니로부터 이 사건 아파트를 대가를 지급하고 매수하였음을 인정할 증거가 없으며,
  - 허위로 양도계약서를 작성하고 뺑뺑이 거래를 하였으므로 부정행위 가산세를 부과함은 적법함.

3. 특수관계인을 통해 재산을 간접 양도하는 경우

가. 과세요건

특수관계인에게 양도한 재산을 그 특수관계인(양수자)이 양수일부터 3년 이내에 당초 양도자의 배우자 등에게 다시 양도한 경우에는 특수관계인이 그 재산을 양도한 당시의 재산가액을 당초 양도자가 그 배우자 등에게 증여한 것으로 추정한다.

다만, 당초 양도자 및 양수자가 부담한 소득세법에 따른 양도소득세 결정세액의 합계 액이 양수자가 그 재산을 양도한 당시의 재산가액을 당초 그 배우자 등이 증여받은 것으로 추정할 경우의 증여세액보다 큰 경우에는 증여추정을 하지 아니한다.

따라서 증여추정에 의하여 당초 양도자의 배우자 또는 직계존비속에게 증여세를 부과 하기 위해서는 다음 요건을 모두 충족하여야 한다.

> ① 양수자가 3년 이내에 당초 양도자의 배우자 또는 직계존비속에게 양도할 것
> ② 당초 양도자 및 양수자가 부담한 양도소득세 결정세액의 합계액이 증여로 추정할 경우의 증여세액보다 적을 것
> ③ 당초 양도자의 배우자 또는 직계존비속이 대가지급사실을 입증하지 못할 것

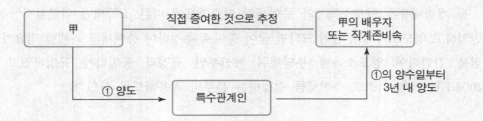

특수관계인이란 양도자 및 양도자의 배우자 또는 직계비속과 상속증여세법 시행령 제 2조의2 제1항 각호의 어느 하나에 해당하는 관계에 있는 자를 말한다.

나. 증여세와 소득세의 이중과세 조정

재산을 특수관계인을 통하여 우회 양도한 경우로서 증여추정규정에 의하여 배우자 등 에게 증여세가 부과된 경우에는 소득세법의 규정에도 불구하고 당초 양도자 및 양수자에 게 그 재산 양도에 따른 소득세를 부과하지 아니한다(상속증여세법 §44 ④). 이는 증여세와 소득세의 이중과세를 방지하는 데 그 취지가 있다.

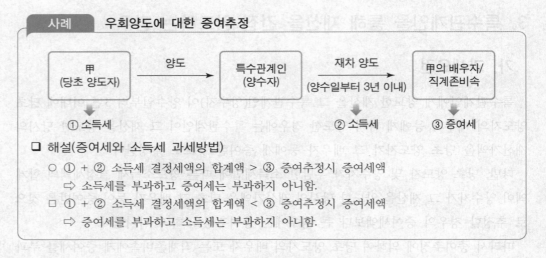

사례 우회양도에 대한 증여추정

□ 해설(증여세와 소득세 과세방법)
  ○ ① + ② 소득세 결정세액의 합계액 > ③ 증여추정시 증여세액
     ⇨ 소득세를 부과하고 증여세는 부과하지 아니함.
  □ ① + ② 소득세 결정세액의 합계액 < ③ 증여추정시 증여세액
     ⇨ 증여세를 부과하고 소득세는 부과하지 아니함.

2004.1.1. 당초 양도자가 특수관계인(양수자)에게 재산을 양도하고 3년 이내에 다시 당초 양도자의 배우자 등에게 그 재산을 양도함으로써 당초 양도자가 배우자 등에게 직접 증여한 것으로 추정하는 규정을 적용함에 있어 당초 양도자와 양수자가 부담한 양도소득세의 합계액이 증여세액보다 큰 경우에는 증여세를 과세하지 않도록 하고(소득세법 §101 ③), 배우자 등에게 증여세를 과세할 때에는 당초 양도자 및 양수자에게 양도소득세를 부과하지 않도록 개정하였다.

동 개정내용은 양도소득세와 증여세의 이중과세에 따른 소득세법 위헌결정[35] 취지를 반영하고 양도소득세 부담이 크다면 굳이 증여로 추정하여 증여세를 과세할 필요가 없는 점을 감안하여 양도소득세 부당행위 계산부인 규정과 동일하게 규정하였고 이는 2004.1.1. 이후 최초로 증여세를 결정하는 분부터 적용하도록 하였다.

4. 증여추정의 배제

증여추정의 취지는 재산을 배우자 등에게 양도한 경우 외관상으로는 정상적인 사인간의 거래인 것처럼 보이지만 그 실질은 증여에 해당할 가능성이 높은데도 과세관청에서

---

[35] 헌법재판소 결정요지(헌재 2000헌바28, 2003.7.24.)
舊 소득세법 제101조 (양도소득의 부당행위계산) 제2항이 증여라는 거래형식을 취하여 고율의 누진세율에 의한 양도소득세를 회피하려는 납세자의 행위에 대하여 과세하기 위한 입법목적은 정당하지만 특수관계에 있는 수증자에 대하여 증여세를 과세하면서 증여자에게는 양도소득세를 부과하는 것은 이중과세에 해당하며 국세청 과세실무상 수증자의 증여세를 증여자에 대한 양도소득세액 산출시 필요경비로 공제(1999.3.24. 국세청 법령심사협의회)해주고 있으나 이 경우도 납부한 증여세의 일부만 공제되는 결과이므로 여전히 증여세액 전부를 환급받지 못하여 중복과세이므로 소득세법(1995.12.29. 법률 제5031호로 개정되어 1996.12.30. 법률 제5191호로 개정되기 이전의 것) 제101조 제2항은 헌법에 합치되지 아니한다.

증여라는 것을 입증하는 데는 어려움이 생길 수 있으므로 증여가 아니라는 것을 더 쉽게 입증할 수 있는 납세자에게 그 입증책임을 전환하는데 있다 할 것이다.

따라서 배우자 등에게 재산을 양도한 경우에도 대가를 수수한 것이 다음과 같이 객관적으로 확인되는 경우에는 증여세 과세대상에 해당하지 않는다.

① 법원의 결정으로 경매절차에 따라 처분된 경우

② 파산선고로 인하여 처분된 경우

③ 국세징수법에 따라 공매된 경우

　법원 등의 경매 또는 공매절차에 의하여 父의 재산을 자녀가 경락을 받은 경우 소유권이전등기 등은 父에서 자녀로 직접 이루어지지만 자녀는 공매기관 등에게 경락대금을 납입하고 공매기관 등은 채권자에게 공매대금을 분배한 후 남은 금전이 있으면 父에게 지급하는 등으로 대가를 지급한 것이 명확하게 확인되므로 증여추정 대상에서 제외하고 있다.

④ 자본시장법에 따른 증권시장을 통하여 유가증권이 처분된 경우. 다만, 불특정다수인간의 거래에 의하여 처분된 것으로 볼 수 없는 경우(시간외시장에서 매매된 것을 말한다)를 제외하되, 당일 종가로 거래하는 경우에는 증여추정을 하지 않는다.

▶▶ 상속증여세법 시행규칙 제10조의6【시간외시장 매매의 범위】
　영 제33조 제2항에서 "기획재정부령으로 정하는 시간외시장에서 매매된 것"이란 자본시장과 금융투자업법 제393조 제1항의 규정에 따른 거래소의 증권시장업무규정에 따라 시간외대량매매 방법으로 매매된 것(당일 종가로 매매된 것을 제외한다)을 말한다.

　시간외 대량매매방법으로 배우자 등에게 상장주식을 매도하는 경우에도 증권회사를 통하여 매매대금을 수수하므로 증여추정대상에 해당하지 아니할 것이다. 다만, 당일 종가가 아닌 다른 가액으로 거래하는 경우 상속증여세법 제35조에서 규정한 저가·고가양도에 따른 이익의 증여세 과세대상으로 삼기 위하여 1차적으로 증여추정대상으로 규정한 것으로 볼 수 있다.

⑤ 배우자 등에게 대가를 받고 양도한 사실이 명백히 인정되는 다음의 경우

　㉠ 권리의 이전이나 행사에 등기·등록을 요하는 재산을 서로 교환한 경우

　㉡ 당해 재산의 취득을 위하여 이미 과세(비과세 또는 감면받은 경우 포함)받았거나 신고한 소득금액 또는 상속·수증재산의 가액으로 그 대가를 지급한 사실이 입증되는 경우

　㉢ 당해 재산의 취득을 위하여 소유재산을 처분한 금액으로 그 대가를 지급한 사

실이 입증되는 경우

대법원은 증여추정 배제사유는 납세의무자가 입증하여야 하며 해당 양도행위 조건이 친족관계 없는 일반적인 거래당사자들 사이에서도 통상적으로 이루어지는 경제적인 합리성을 가지고 있는지가 증여추정 배제사유 여부 판단에 중요한 기준임을 판시하고 있다(대법원 2020두47427, 2020.12.10.).

▶▶ 상속증여세법 기본통칙 44−33 … 1【직계존비속 간에 정상적인 상거래로 행하는 상품의 양도양수】법 제44조를 적용할 때 정상적인 상거래에 따라 배우자 등에게 판매하는 상품에 대하여 소득세법에 따라 소득세가 부과되는 때에는 해당 상품을 배우자 등에게 증여한 것으로 추정하지 아니한다.

5. 증여추정 시기

양도자가 배우자 등에게 재산을 양도한 때 또는 특수관계인이 당초 양도자의 배우자 등에게 재산을 양도한 때를 증여시기로 한다.

6. 증여추정가액

증여추정가액은 증여시기를 평가기준일로 하여 상속증여세법 제60조부터 제66조까지에 따라 평가한 가액이다.

사례 1 **특수관계인을 통한 우회양도의 경우**

❏ 양도 내용

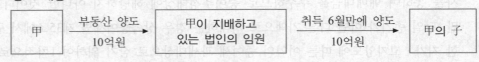

○ 甲은 6억원에 취득한 부동산을 자신이 최대주주(지분율 40%)로 있는 법인의 임원(상속증여세법상 사용인에 해당)에게 10억원에 2011.11.30. 양도함.
　−甲의 양도소득세 부담액 : 과세표준 3억원(가정) × 35% = 90,100,000원
○ 그 임원은 부동산 취득 6월만에 甲의 子에게 10억원에 양도
　−임원은 양도소득세 부담 없음.

풀이

○ 甲이 子에게 증여한 것으로 추정하여 증여세 부과함.
　(양도자 甲과 양수자인 임원이 부담한 양도소득세액의 합계액이 증여추정에 의한 증여세

보다 적음)
  - (10억원 - 0.3억원) × 30% = 2.3억원
○ 甲이 기납부한 90,100,000원은 경정청구에 의하여 양도소득세 환급

사례 2 父 ⇒ 子 ⇒ 母 ⇒ 子 반복 양도한 경우

❏ 양도내용
  ○ 2001.11.27. 부동산A를 父가 子에게 증여
  ○ 2011.4.22. 부동산A를 子가 母에게 양도
  ○ 2011.6.19. 부동산A를 母가 子에게 양도한 경우 누구에게 증여세를 과세할 것인가?

父	2001.11.27. 증 여	子	2011.4.22. 양 도	母	2011.6.19. 양 도	子

풀이
  ○ 2001.11.27. 父가 子에게 증여한 A부동산에 대한 증여세 과세
  ○ 子가 5년 경과하여 母에게 양도하였으므로 양도소득세 이월과세대상은 아니며, 母에게 증여한 것으로 추정할 대상임.
  ○ 그러나, 母가 증여세 신고기한 이내에 子에게 양도한 것이 증여재산의 반환에 해당하므로 처음부터 증여가 없는 것으로 볼 수 있음(국심 2003구844, 2003.5.13.).

 관련 예규·심판결정례 및 판례 등

❏ 직계존비속간 양도시 증여추정 여부(재산세과 - 512, 2010.7.14.)
  - 직계존비속에게 양도한 재산은 그 재산을 양도한 때에 증여한 것으로 추정하는 것이나, 직계존비속에게 대가를 지급받고 양도한 사실이 같은 상속증여세법 시행령 제33조 제3항 각호에 의하여 명백히 인정되는 경우에는 그러하지 아니하는 것임.
  - 또한, 증여추정규정이 적용되지 아니하는 재산은 양도소득세 과세대상이 되는 것이며, 당해 재산의 시가보다 높거나 낮은 대가를 지급하는 경우에는 상속증여세법 제35조 (저가·고가 양도에 따른 이익의 증여 등)의 규정이 적용됨.

❏ 대출금 등이 있는 재산을 딸에게 양도한 경우(재산세과 - 54, 2010.1.26.)
  직계존비속에게 양도한 재산은 그 재산을 양도한 때에 증여한 것으로 추정하는 것이나, 직계존비속에게 대가를 지급받고 양도한 사실이 상속증여세법 시행령 제33조 제3항 각호에 의하여 명백히 인정되는 경우에는 그러하지 아니하는 것임. 당해 사안이 증여에 해당하는지 양도에 해당하는지 여부는 귀하의 채무를 자녀가 실제 인수하였는지 여부를 차입금에 대한 이자 및 원금

지급사항 등에 의하여 확인하고, 자금출처가 확인되는 자녀의 자금을 실제 귀하가 차용하였는 지와 실제 양도대금을 수령하였는지를 금융자료 등에 의하여 사실확인한 후 판단함.

사실관계

본인은 20년 가까이 소유한 본인주택(아파트)을 딸에게 양도하고자 함.
- 시가는 16억원 - 17억원 정도 함.
- 대출 7억원, 임대보증금 3억5천만원이 있으며, 딸에게 빌린돈 3억3천만원이 있음.
- 따라서 집값을 16억원으로 하고, 대출금 7억원, 보증금 3억5천만원, 차용금 3억3천만원 합계 13억8천만원을 공제하고 2억2천만원 중 일부는 현금을 받고 일부는 증여로 하고자 함.
- 그런데 7억원 대출이 있는 금융기관에서 채무자 DTR(원리금 상환 비율)에 해당되어 딸에게 양도명의변경을 하여도 대출금 7억원은 본인의 이름으로 있어야 한다고 함.

❑ 차입금으로 父의 재산을 취득한 경우(재산세과-1823, 2008.7.22., 서면4팀-1729 2004.10.27.)

父로부터 취득한 토지를 담보로 하여 금융기관으로부터 차입한 금전을 父에게 지급하고 그 차입한 금전에 대한 원리금을 아들이 부담하는 사실이 명백히 확인되는 경우에는 그 차입한 금전은 양도대가에 포함되는 것임.

❑ 부동산등기특별조치법에 따라 父의 토지를 자녀가 취득한 경우(조심 2011서911, 2011.7.12.)

상속증여세법 제44조 취지상 직계존비속간의 양도거래는 대가를 지급받고 양도한 사실이 있음을 객관적으로 입증하지 않는 한, 그 거래의 특수성으로 인하여 증여로 추정되는 것임.

사실관계

청구인이 부친의 토지를 매수(1988.4.10. 매매 원인, 2008.6.23. 소유권이전등기 경료)한데 대해, 이를 부친이 청구인에게 증여한 것으로 추정하여 과세함.

❑ 증여추정재산가액은 시가(기준시가)에서 인수한 채무를 차감하여 산정함(국심 2000서2046, 2001.2.5.).

❑ 父의 재산을 취득하면서 채무를 子가 인수한 경우 채무차감함(국심 2000광2445, 2001.1.10.).

❑ 건물신축중 직계존비속간 사업포괄양도로 증여추정시 공사미지급금으로서 추후 임대보증금으로 충당된 금액은 그 증여가액에서 공제됨(국심 97서658, 1997.7.18.).

❑ 제3자를 통해 자녀에게 토지를 양도한 경우(국심 2000서778, 2001.1.13.)

토지를 甲이 乙에게 양도하고 乙은 이를 甲의 子에게 양도하는 형식을 빌려 사실상 甲이 子에게 증여한 경우이므로 子에게 증여세 과세함은 정당함.

❑ 담보하는 채무가 많은 재산을 취득한 경우(국심 99서2501, 2000.11.3.)

母의 부동산을 子앞으로 소유권이전당시 그 매매대금을 상회하는 채무의 물적담보로 제공돼 있었고, 근저당권자의 담보권 실행에 따라 그 소유권을 상실한 경우, 모자간 대물변제 여부와 관계없이 실질적으로 증여받은 재산없어 증여추정 과세는 부당함.

❑ 미성년자인 자녀의 재산을 취득한 경우 이해가 상반되는 행위를 특별대리인에 의하지 않고 한 경우

에는 특별한 사정이 없는 한 무효임(대법원 2010두27189, 2013.1.24.).

- 미성년자인 자녀의 법정상속지분을 2000.7.26.에 등기한 후 2002.9.27. 이모에게 소유권이전
  하였다가 2004.12.24. 母명의로 등기한 것에 대해 증여추정으로 과세하였으나,

- 증여를 원인으로 한 소유권이전등기가 경료되었더라도 그 등기원인이 된 증여행위가 부존재
  하거나 무효인 경우라면 그로 인한 소유권이전의 효력이 처음부터 발생하지 아니한 것이며
  미성년자의 법정대리인이 미성년자의 재산을 자신에게 처분한 행위는 특별대리인에 의하여
  행하지 아니한 이상 무효임.

❑ 배우자간에 재산을 매매한 것인지(대법원 2000두2754, 2002.1.11.).

취득한 토지의 소유권을 배우자 등과 공유지분으로 했다가 명의신탁해지하여 환원등기한 것이
고 주장하나, 토지에 대한 배우자 등 특수관계자의 공유지분이 각자 자력취득한 것으로 인정되
고 배우자의 공유지분을 명의신탁했다가 해지한 것으로 입증되지 아니하므로 증여에 해당함.

❑ 직계존비속간 재산을 매매한 경우 대가 수수가 입증 못해 과세대상임(대법원 91누9589, 1992.2.11.).

❑ 대가를 지급한 사실이 명백할 때에는 증여세 과세할 수 없음(대법원 90누6002, 1990.9.28.).

❑ 父가 제3자를 거쳐 자녀에게 주식 양도한 경우(대법원 98두10066, 1998.10.23.)

父 소유 주식을 제3자 명의로 개서한 후 子 명의로 개서된 바, '父가 특수관계자를 통해 子에
게 양도한 때'에 해당되며 대가지급관계가 없으므로 증여로 보아 과세함은 정당함.

제 2 절 : 재산취득자금 등의 증여추정

1. 개 요

일정 금액 이상의 재산을 취득하거나 채무를 상환하는 경우 그 재산취득 또는 채무상
환한 자의 직업·연령·소득 및 재산상태 등으로 볼 때 자력으로 취득하거나 상환하였다
고 인정하기 어려운 경우에는 그 재산을 취득한 때 또는 채무를 상환한 때에 그 재산
취득자 또는 채무 상환자(이하 "재산취득자 등"이라 함)가 다른 자로부터 취득자금 또는
상환자금(이하 "재산취득자금 등"이라 함)을 증여받은 것으로 추정한다.

1999.1.1.부터 일정금액 이상의 채무를 상환한 경우에도 재산취득과 동일하게 채무를
상환한 자금을 증여받은 것으로 추정하고 있다.

이에 따라 증여추정 대상이 되는 재산취득 또는 채무상환에 대해서는 납세자가 그 자
금원의 출처를 소명하여야 하고 소명하지 못하는 경우에는 증여세를 부과한다.

2. 재산취득자금 등의 증여추정 대상 및 배제기준

가. 증여추정 대상

재산취득자금 등이 재산취득일 전 또는 채무상환일 전 10년 이내에 해당 재산 취득자금 또는 해당 채무 상환자금의 합계액이 5천만원(2014.2.20. 이전 3천만원) 이상으로서 연령·직업·재산상태·사회경제적 지위 등을 고려하여 국세청장이 정하는 금액 이상인 경우 증여추정 대상에 해당한다. 즉, 국세청장이 정한 증여추정 배제기준 이상의 재산취득자금 등에 대하여 자금출처 확인대상으로 한다.

재산취득자금 등에는 재산을 취득하기 위하여 실제로 소요되는 중개업소 수수료 및 취득세 등을 포함하며, 실제 취득가액에 의하되 그 금액을 확인하기 어려운 경우에는 취득 당시 상속증여세법에 따라 평가한 가액에 의한다.

나. 증여추정 배제기준

국세청장이 정하는 다음의 증여추정 배제기준에 해당하는 금액에 미달하는 재산취득자금 등에 대해서는 증여추정하지 않는다.

▶▶ 상속증여세 사무처리규정 제42조【재산취득자금 등의 증여추정 배제기준】
① 재산취득일 전 또는 채무상환일 전 10년 이내에 주택과 기타재산의 취득가액 및 채무상환금액이 각각 아래 기준에 미달하고, 주택취득자금, 기타재산 취득자금 및 채무상환자금의 합계액이 총액한도 기준에 미달하는 경우에는 법 제45조 제1항과 제2항을 적용하지 않는다.

┃증여추정배제기준┃

구 분	취득재산		채무상환	총액한도
	주택	기타재산		
30세 미만	5천만원	5천만원	5천만원	1억원
30세 이상	1.5억원	5천만원	5천만원	2억원
40세 이상	3억원	1억원	5천만원	4억원

② 제1항과 관계없이 취득가액 또는 채무상환금액이 타인으로부터 증여받은 사실이 확인될 경우에는 증여세 과세대상이 된다.

증여추정 배제에 해당하는 재산취득자금 등에 대하여 증여세를 과세하기 위해서는 재산취득자금 등을 다른 자로부터 증여받은 사실을 과세관청이 입증해야 할 것이다.

다. 차명계좌에 대한 증여추정

2013.1.1.부터 금융실명법 제3조에 따라 실명이 확인된 계좌 또는 외국의 관계법령에 따라 이와 유사한 방법으로 실명이 확인된 계좌에 보유하고 있는 재산은 명의자가 그 재산을 취득한 것으로 추정하여 재산취득자금에 대한 증여추정을 적용한다. 개정내용은 2013.1.1. 이후 신고하거나 결정·경정하는 분부터 적용하도록 하고 있으며, 수증자의 명의로 되어 있는 증여자의 금융자산(50억원 초과)을 수증자가 사용·수익한 경우 해당 재산의 증여를 안 날부터 1년 이내에 증여세를 부과할 수 있도록 부과제척기간을 연장하였다(국세기본법 §26의2 ④).

2015.11.29.부터 금융실명법 제3조 제5항에서도 "거래자의 실지명의(실명)가 확인된 계좌 또는 외국의 관계 법령에 따라 이와 유사한 방법으로 실명이 확인된 계좌에 보유하고 있는 금융자산은 명의자의 소유로 추정한다"고 규정하고 있다.

 관련 예규·심판결정례 및 판례 등

☐ 실명확인된 계좌에서 재산취득시 자금출처인정 여부(조심 2019소2847, 2019.12.3.)

상증세법 제45조 제4항은 실명확인된 계좌 명의자의 직업, 연령, 소득 및 재산상태 등으로 볼 때 계좌에 예금되어 있는 금원을 계좌 명의자가 자력으로 취득하였다고 보기 어려울 때 이를 증여받았다고 추정하는 규정이므로, 실명확인된 계좌에 예금되어 있는 돈을 계좌명의자의 소유로 보아 이를 계좌명의자의 다른 재산취득자금의 출처로 인정하여야 하는 것은 아님.

☐ 수증인 계좌로 예치된 후 반환한 것이 명백하면 증여 아님(대법원 2018두46872, 2018.10.4.).

☐ 원고의 차명계좌에 입금한 금액은 타인이 횡령한 자금을 회수하여 국외에서 관리하다가 송금한 것으로서 증여로 볼 증가가 없음(서울고법 2017누88550, 2018.5.2, 완료).

☐ 증여자 예금이 인출되어 납세자 계좌로 예치된 경우 증여추정되며, 증여가 아니라는 사실의 입증책임은 납세자에게 있음(대법원 2018두53269, 2018.11.15.).

☐ 실명확인을 거친 계좌라고 하여 명의자 소유 아님(대법원 2014두42728, 2017.6.15.).

- 원고가 이 사건 계좌의 명의자로 실명확인절차를 이행하였더라도, 이는 원칙적으로 금융기관을 상대로 한 예금채권자가 원고로 확정되었다는 의미일 뿐 당사자들 사이에서 재산의 실질적 권리자가 누구인지를 판단하는 것은 별개의 문제임.
- 박○○이 원고 명의로 개설한 계좌는 차명계좌로서 그가 줄곧 직접 관리와 자금운용을 해왔던 것으로 보이는 점 등에 비추어 보면, 원고 명의의 계좌를 통하여 '85년경 취득된 주식과 '95년경 취득된 채권을 원고 소유로 추정하고, 나아가 그 취득자금 역시 위 규정에 따라 원고

가 그 당시 증여받은 것으로 추정하여야 하므로, 이를 토대로 형성된 이 사건 금전도 '10.11.22. 경 이전에 이미 원고의 것이었다고 추정하여야 한다는 취지의 원고 주장은 이유 없음.

3. 증여시기

재산을 취득한 때 또는 채무를 상환한 날을 증여시기로 한다. 따라서 부동산의 경우 잔금청산일(잔금을 청산하기 전에 소유권이전등기를 한 경우 그 이전등기일), 증여를 목적으로 분양권을 취득하거나 건물을 신축하는 경우에는 사용승인서교부일 등, 주식의 경우 잔금청산일(잔금청산일 이전에 명의개서를 한 경우에는 그 명의개서일) 등 일반적 취득시기를 증여시기로 보아야 할 것이다.

 관련 예규·심판결정례 및 판례 등

❑ 재산취득자금에 대한 증여추정시 증여시기는 부동산의 경우 소유권이전등기접수일(또는 잔금청산일)을 의미함(국심 2004중2430, 2005.2.14.).

4. 증여재산가액

재산취득 또는 채무상환을 위해 지급한 자금 중 본인의 소득금액 등에 의하여 자금출처를 입증하지 못하는 금액 전체를 증여재산가액으로 한다.

➡ 추정상속재산가액을 계산할 때에는 용도가 입증되지 아니한 금액에서 재산처분가액 등의 20% 상당액(재산처분 등으로 인해 받은 금액 × 20%와 2억원 중 적은 금액)을 차감하여 계산하나, 증여추정가액을 계산할 때에는 차감하지 아니한다.

5. 자금출처로 인정하는 범위

상속증여세법 시행령 제34조 제1항에서 규정한 재산취득자금 등으로 입증되는 금액은 다음에 의하며, 상속증여세법 기본통칙에서 자세하게 규정하고 있다. 재산취득자금 등에 대한 출처를 요구받은 경우 다음의 금액에 대한 증빙자료를 첨부하여 소명하여야 할 것이다.

① 신고하였거나 과세(비과세 또는 감면받은 금액 포함)받은 소득금액
② 신고하였거나 과세받은 상속 또는 수증재산의 가액
③ 재산을 처분한 대가로 받은 금전이나 부채를 부담하고 받은 금전으로 당해 재산의 취득 또는 당해 채무의 상환에 직접 사용한 금액

▶▶ 상속증여세법 기본통칙 45 – 34…1【자금출처로 인정되는 경우】

① 영 제34조 제1항 각호에 따라 입증된 금액은 다음 각호의 구분에 따른다.

1. 본인 소유재산의 처분사실이 증빙에 따라 확인되는 경우 그 처분금액 (그 금액이 불분명한 경우에는 법 제60조부터 제66조까지에 따라 평가한 가액)에서 양도소득세 등 공과금 상당액을 뺀 금액

2. 기타 신고하였거나 과세받은 소득금액은 그 소득에 대한 소득세 등 공과금 상당액을 뺀 금액

3. 농지경작소득

4. 재산취득일 이전에 차용한 부채로서 영 제10조 규정의 방법에 따라 입증된 금액. 다만, 원칙적으로 배우자 및 직계존비속간의 소비대차는 인정하지 아니한다.

5. 재산취득일 이전에 자기재산의 대여로서 받은 전세금 및 보증금

6. 제1호 내지 제5호 이외의 경우로서 자금출처가 명백하게 확인되는 금액

② 제1항에 따라 자금출처를 입증할 때 그 재산의 취득자금을 증여받은 재산으로 하여 자금출처를 입증하는 경우에는 영 제34조 제1항 단서의 규정을 적용하지 아니한다.

6. 자금출처를 소명한 것으로 인정하는 경우

재산취득자금 등을 본인의 소득금액이나 재산의 처분대가 또는 차입금으로 전액 소명한 경우라면 당연히 증여세가 과세되지 아니할 것이다. 이 경우 재산취득자금 등에 대한 전액 소명을 요구하지 아니하고 소명 책임을 일부 완화하고 있다. 자금출처를 소명하지 못한 금액이 재산취득자금 등의 100분의 20과 2억원 중 적은 금액에 미달하는 경우에는 증여추정을 배제하여 증여세를 과세하지 않도록 하고 있다.

➡ 증여추정 배제 : 자금출처 입증하지 못한 금액 〈 Min (재산취득가액 등 × 20%, 2억원)

사례 1   재산취득자금의 소명에 따른 과세 여부 판단

❑ 재산취득가액 및 자금출처 입증된 금액

	취득재산가액	입증금액	증여추정대상
①의 경우	10억원	8.1억원	없 음
②의 경우	10억원	7.0억원	3억원
③의 경우	20억원	18.1억원	없 음
④의 경우	20억원	17.4억원	2.6억원

풀이

①의 경우 입증하지 못한 1.9억원은 2억원에 미달하므로 증여추정 제외

⇨ 증여추정 적용기준금액 : 10억원 × 20% = 2억원
②의 경우 입증하지 못한 3억원은 2억원 이상이므로 증여추정 대상임.
　　⇨ 증여추정 적용기준금액 : 10억원 × 20% = 2억원
③의 경우 입증하지 못한 1.9억원은 2억원에 미달하므로 증여추정 제외
　　⇨ 증여추정 적용기준금액 : (20억원 × 20%) = 4억원과 2억원 중 적은 금액 ⇨ (2억원)
④의 경우 입증하지 못한 2.6억원은 2억원 이상이므로 증여추정 대상임.
　　⇨ 증여추정 적용기준금액 : (20억원 × 20%) = 4억원과 2억원 중 적은 금액 ⇨ (2억원)

사례 2　단기간 내에 여러 건의 재산을 취득한 경우 과세 여부 판단

❏ 재산취득가액 및 자금출처 입증된 금액

(단위 : 백만원)

재산 취득사항	취득가액	甲의 소명내용			乙의 소명내용		
		소명금액	미소명액	소명률	소명금액	미소명액	소명률
2017.6.21. 재산①	500	410	90	82.0%	450	50	90.0%
2017.7.5. 재산②	100	–	100	–	70	30	70.0
2017.12.4. 재산③	95	–	95	–	50	45	52.6
2018.3.8. 재산④	550	500	50	90.9	400	150	72.7
2018.7.1. 재산⑤	480	330	150	68.7	600	+120	–
합　계	1,725	1,240	485	71.9	1,570	155	91.0

○ 위의 사례 甲의 경우 소명 여부 판단 및 증여재산가액의 계산방법이
　－총미소명액 485백만원인지?
　－취득재산별로 80%에 미달한 재산②·③·⑤의 345백만원인지?

풀이

○ 증여세는 증여시점별 과세가 원칙이며, 증여의제 또는 증여추정규정도 증여시기(재산취득시점 또는 증자일 등)별로 과세 여부를 판단하는 것이므로, 재산 취득시기별로 그에 대응되는 자금원을 소명받아 증여세 과세 여부를 판단할 사항이지, 일정기간의 총취득재산가액과 총소명금액을 가지고서 소명 여부를 판단할 것은 아니라고 할 것이다.
○ 따라서 甲의 경우에서는 80%에 미달한 재산②·③·⑤의 345백만원이 증여추정대상이고, 乙의 경우에서는 재산②·③·④의 225백만원이 증여추정대상으로 볼 수 있다.

❏ 관련 예규 등

○ 상속증여세법 제45조 제2항 및 같은법 시행령 제34조 제2항의 규정에 의하여 취득자금 등이 직업·연령·소득·재산상태 등을 감안하여 국세청장이 정하는 금액 이하여서 증여추정규정을 적용하지 아니하는 경우 취득자금 등은 10년 이내의 재산취득자금 등의 합계액에 의하는 것이며, 재산취득자금 등의 80% 상당액 이상을 소명함으로써

증여추정규정을 적용하지 아니하도록 규정한 같은령 제34조 제1항 단서의 규정은 재산취득 또는 채무상환이 있을 때마다 그 해당 여부를 판단하는 것임(재산상속 46014-184, 2003.6.9., 재삼 46014-1033, 1998.6.9., 심사증여 99-344, 1999.8.13.).

사례 3   로또복권당첨금의 부부공유재산 인정 여부

❏ **사실관계**

부부가 공동으로 취득한 재산에 대한 자금출처로 아내가 지급받은 로또복권당첨금을 제시함. 남편이 처로부터 증여받은 것으로 보아 증여세 과세함.

❏ **청구주장**

부부가 각 2만원씩 내고 같이 숫자를 조합하여 당첨되었으나 편의상 처명의로 당첨금을 수령한 것이므로 부부공유재산에 해당하고 증여가 아님.

❏ **대법원 판결요지, 대법원 2014두35461, 2014.5.29.**

복권을 구입하고 당첨금을 수령한 사실, 이후 이 사건 복권당첨금의 사용처와 그 취득 재산의 소유명의, 복권당첨 전후의 부부의 생활관계 등 여러 사정에 비추어보면 해당 당첨금은 부부 쌍방의 공유로 봄이 타당함.

사례 4   재산취득자금을 배우자로부터 증여받았다고 작성한 확인서를 부인할 수 있는가?

❏ **사실관계**

- '원고가 2008.7.25. 그의 배우자로부터 12억 5,000만원을 증여받아 조카에게 대여함으로써 위 근저당권설정등기상 피담보채권을 취득하였다'는 내용으로 확인서를 작성·제출한 후
- 증여세가 부과된 뒤 사실관계를 오인하여 확인서를 잘못 작성한 것이라고 주장

❏ **판결내용**

확인서에 신빙성 있음(대법원 2018두50154, 2018.11.2.).

- 세무조사과정에서 조사상대방으로부터 구체적인 위반사실을 자인하는 내용의 확인서를 작성받았다면 그 확인서가 작성자의 의사에 반하여 강제로 작성되었거나 또는 내용의 미비 등으로 구체적인 사실에 대한 증명자료로 삼기 어렵다는 등의 특별한 사정이 없는 한 그 확인서의 증거가치를 쉽게 부정할 수 없는 바(대법원 2002.12.6. 선고 2001두2560 판결, 대법원 2017.7.11. 선고 2015두2864 판결 등 참조)
- 근저당권설정등기상 피담보채권의 취득자금원천에 관한 소명요구와 관련하여 원고는 확인서의 작성에 앞서 그와 관련한 사실관계를 파악하고 검토할 충분한 기회가 부여되었고 이를 바탕으로 확인서를 작성하였으므로, 이러한 작성경위에 비추어 확인서는 신빙성이 있다고 보아야 하며

- 일부 금융거래사실만으로는 그 자금의 이동이 원고와 배우자 사이에 어떠한 원인관계에서 비롯된 것인지 전혀 나타나지 아니하므로 12억 5,000만원을 증여받았다는 사실을 인정하는 데 지장을 초래하지 아니함.

 관련 예규 · 심판결정례 및 판례 등

□ 증여받은 자금으로 구입한 로또복권 당첨금의 소유자는 당첨자이며 그의 소득금액에 해당함(상속증여세과-453, 2014.11.20.).

□ 타인명의 대출금도 실질내용에 따라 자금출처로 인정됨.

- 부동산을 취득함에 있어서 금융기관으로부터 타인명의로 대출 받았으나 그 대출금에 대한 이자지급 및 원금 변제상황과 담보제공 사실 등에 의하여 사실상의 채무자가 그 부동산 취득자임이 확인되는 경우 당해 대출금은 취득자금출처로 인정받을 수 있음(상속증여세과-1315, 2015.12.18., 재산세과-1257, 2009.6.23., 재삼 46014-1120, 1996.5.4.).
- 사촌형명의로 대출받은 자금을 동생이 부동산 취득자금으로 사용했으나, 그 원리금의 사실상 상환자가 동생으로 확인되므로 증여로 보아 과세함은 부당함(국심 2001서1063, 2001.12.28.).
- 자녀명의로 대출받은 자금으로 자녀와 父의 공유 부동산 취득에 대해 그 1/2을 자녀가 父에게 증여한 것으로 보았으나, 父와 그 자녀가 공동사업을 영위하고 있는 쟁점부동산의 사업소득에서 대출금의 이자를 지급하여 이자를 공동부담하고 있다는 사실 등에 비추어 볼 때, 쟁점대출금은 비록 대출자의 명의자가 청구인의 자녀로 되어 있다 하더라도 그 실질에 있어서는 청구인 자녀의 단독대출금이 아니라, 청구인 및 그 자녀의 공동대출금으로 봄이 타당한 것으로 판단되므로 증여세 부과는 부당함(국심 2001중1516, 2001.11.13.).
- 부동산 공유지분 취득자들이 서로 인척관계인 경우로서 그 중 1인 명의로 대출받은 자금으로 당해 부동산을 취득한 경우에도 실질 대출받은 자가 공유자로 인정되므로 증여세 과세는 부당함(국심 2000광206, 2000.11.18.).

□ 전세보증금 인수 조건으로 재산취득시 보증금은 자금출처로 인정함(재삼 46014-2253, 1996.10.7.).

□ 재산취득건별로 취득자금 소명여부를 판단하는지(조심 2019소2847, 2019.12.3.)

취득재산별로 그 취득자금을 소명하여야 하나, 이 건은 단순한 재산의 취득이 아니라 증여자가 청구인들에게 증여한 토지 위에 건물을 신축하기 위한 건축자금과 신축건물에 입점할 업체의 개업자금 등을 수년간 지원한 사실이 확인되고, 처분청이 소명대상금액을 연도별로 산출한 다음 소명자료를 연도별로 비교하여 각 연도별 그 부족분을 증여세 과세표준으로 보아 이 건 과세를 한 것으로 보이는 바, 이러한 경우까지 개별취득자산별로 취득자금을 소명하게 한다는 것은 현실적으로 어렵다고 판단되므로, 처분청이 소명대상금액과 소명자료를 연도별로 비교하여 증여가액을 산정하고, 미입증금액을 판정함에 있어서도 연도별로 판정할 수밖에 없다 할 것임(국심 1999중2451, 2000.7.21., 같은 뜻임).

❑ 주식취득금액 중 신용으로 매입한 가액은 자금출처 소명대상이 아니므로 동 금액은 증여재산가액에서 차감하여야 함(조심 2017서230, 2017.6.22.).

❑ 부동산 취득자금인 배우자의 복권당첨금을 부부공동재산으로 볼 수 없음(조심 2012서2312, 2012.8.17.).

❑ 소득세를 신고·납부한 자의 소득으로 보지 않고 증여추정함은 부당함(조심 2012중46, 2012.6.28.).

❑ 부부가 쌍방 증여를 할 필요가 없다고 보이므로 증여가액에서 차감함(조심 2011서2370, 2011.12.7.).

❑ 별다른 소득원이 없는 자의 배우자는 재력이 있는 경우(조심 2010부2861, 2011.11.25.)
별다른 소득원이 없이 소득이 미비한 자가 취득·보유한 부동산 및 금융자산에 대한 객관적인 자금 출처를 대지 못하고, 그 배우자가 증여할만한 충분한 재력이 있는 경우에는 그 취득 및 보유자금을 배우자로부터 증여받았다고 추정함이 타당함.

❑ 아파트 취득자금을 母로부터 빌려 상환한 것이 확인되면 과세제외함이 타당(조심 2011서252, 2011.8.9.)

❑ 승계한 임대보증금, 비과세 근로소득은 부동산 취득자금출처로 인정됨(국심 1999중2427, 2000. 7.21.).

❑ 임대보증금은 건물신축자금에 충당한 경우 자금출처 인정됨(국심 2000중2231, 2001.3.12.).

❑ 수년전 부동산 처분한 사실이 있는 경우 자금출처 인정범위(국심 2000서1972, 2001.1.26.)
수년전의 부동산 처분대금이나 급여소득이 다른 재산을 취득하는데 사용되는 등으로 특정 사용용도가 없으므로 그 증식과정이나 당해 재산취득에 사용된 사실이 금융자료 등에 의해 명백히 입증되지 않아도 자금출처로 인정함.

❑ 父와 子가 공동으로 대출받아 건물신축했으나 子의 자금원이 확인되지 않는 경우 증여추정됨(국심 2000서1473, 2000.11.13.).

❑ 재력이 있는 자가 자금출처를 일일이 입증하지 못한 경우(대법원 2010두29222, 2011.4.14.)
재산취득 당시 일정한 직업과 상당한 재력이 있고 실제로도 상당한 소득이 있었던 자라면 취득자금 중 출처를 명확히 제시하지 못한 부분이 있더라도 증여추정 규정을 적용할 수 없음.

❑ 통장 송금액을 건물 취득자금으로 인정 가능 여부(대법원 2009두13085, 2009.11.12.)
본인 명의 통장으로 타인으로부터 송금받은 사실, 토지 양도대금이 입금된 사실, 대출받은 사실은 인정할 수 있으나 건물신축공사 대금으로 사용하였다는 객관적 증빙이 없어 건물 취득자금으로 인정할 수 없으므로 증여세 부과처분은 적법함.

❑ 계좌로 입금된 금원을 소명하지 않은 경우 증여추정 여부(대법원 2009두7134, 2009.8.20.)
취득재산이 본인 계좌에 입금되어 있던 금원을 인출하여 다시 재입금한 것으로 봄이 상당하며, 동 금원 취득 당시 상당한 수입이 예상되는 직업과 재력이 있었음이 인정되므로 증여받은 것으로 보여지지 아니함.

❑ 명의자 아닌 다른 일방 배우자가 매수자금의 출처라는 사정만으로 명의신탁이라고 할 수 없고 취득 자금을 증여받은 것으로 추정함이 타당함(대법원 2006두8068, 2008.9.25.).

❑ 일정한 직업 또는 소득이 없는 子의 재산 취득자금을 재력 있는 父로부터 증여받아 취득한 것으로 보아 증여세 과세한 내용 정당함(대법원 99두5733, 2001.9.18.).

❑ '처'가 주택취득당시 일정한 직업과 재력, 상당한 소득이 있으므로 취득자금출처를 일일이 제시 못 하고 제출자료가 신빙성 없어도 '남편'으로부터 증여추정할 수 없음(대법원 99두12236, 2000.4.25.).

❑ 재산 취득시 일정한 직업이나 재산이 없는 사람이 재산 취득자금의 출처를 명확히 제시하지 못하는 경우 증여로 추정함(대법원 2004두8958, 2005.4.14.).

7. 증여자 입증 여부와 관련한 2004.1.1. 전후 규정 차이

재산취득자금 등에 대한 증여추정규정을 적용할 때 증여자를 지정하여야 하는가, 자금 출처를 소명하지 못하는 경우에는 증여자를 지정하지 아니하여도 과세할 수 있는가 및 2003.12.31. 이전 상속증여세법 제45조 제1항에서 "당해 재산의 취득자가 다른 자로부터 취득자금을 증여받은 것으로 추정한다."고 규정하였다가 2004.1.1. 이후 "다른 자로부터" 를 삭제함에 따라 세법개정 전후 차이가 있는가에 대하여 논란이 생길 수 있다.

증여세 과세요건은 수증자, 증여자, 증여재산 및 증여시기라 할 수 있을 것이며 이러한 과세요건은 민법상 증여뿐만 아니라 증여의제 및 증여추정에서도 동일하게 충족되어야 할 것이고 증여의 의미는 본인이 창출한 이익 등을 말하는 것이 아니고 다른 자로부터 무상으로 취득한다는 의미가 본질적으로 내제되어 있으므로 세법개정 전후에 관계없이 증여자를 특정하여야 할 것이고 대법원 판례(대법원 2008두20598, 2010.7.22.)에서도 이를 확 인하고 있다.

2003.12.31. 이전 법률	2004.1.1. 이후 법률
제45조 【재산취득자금 등의 증여추정】 ① 직업·연령·소득 및 재산상태 등으로 보아 재산을 자력으로 취득하였다고 인정하기 어려운 경우로서 대통령령이 정하는 경우에는 당해 재산을 취득한 때에 당해 재산의 취득자가 <u>다른 자로부 터</u> 취득자금을 증여받은 것으로 추정한다.	제45조 【재산취득자금 등의 증여추정】 ① 직업·연령·소득 및 재산상태 등으로 보아 재산을 자력으로 취득하였다고 인정하기 어려운 경우로서 대통령령이 정하는 경우에는 당해 재산을 취득한 때에 당해 재산의 취득자금을 그 재산의 <u>취득자가 증여받은 것으로</u> 추정하여 이를 그 재산 취득자의 증여재산가액으로 한다.

☞ 2022.1.1. 이후 재산취득자금 증여추정재산이 재차증여 합산배제된 것이 증여자를 특정하지 않아도 과세가능한지?

⇒ ①과 ②의 주장에 대한 법원의 판단을 받아 볼 필요가 있다고 생각됨.

① 동일인의 10년 이내 재차증여 합산대상에서 제외함으로써 증여자를 특정하지 아니하여도 증여추정하여 과세가능하다는 주장(국세청 및 기획재정부 유권해석)과

② 상증법 제2조 제6호 증여란 "타인에게 무상으로 유형·무형의 재산 또는 이익을 이전하거나 타인의 재산가치를 증가시키는 것을 말한다."고 규정하고 있어 증여세의 기본적 과세체계(수증자별 증여자별 과세, 증여재산 및 증여시기) 등으로 볼 때 별도의 명확한 규정이 없는 한, 증여자를 특정하지 아니하고 과세할 수 없다는 주장이 있음.

 관련 예규·심판결정례 및 판례 등

☐ **재산 취득자금의 증여추정 적용 시 증여인을 특정하지 않아도 과세가능한지 여부**(과세기준자문 – 565, 법령해석과 – 805, 2021.3.9., 재재산 – 200, 2021.3.5.)

상속증여세법 §45에 따라 직업, 연령, 소득 및 재산상태 등으로 볼 때 재산취득자금의 출처에 대해 소명하지 못해 증여받은 것으로 추정하는 경우, 증여자를 특정하지 않아도 과세 가능함.

☐ **妻의 부동산취득자금이 대출분 확인되고 취득자력이 인정되므로 일부 자금출처가 불분명하더라도 재력없는 남편으로부터 증여추정함은 부당함**(국심 2001중365, 2001.8.31.).

☐ **부동산의 취득자금출처가 배우자인 사실이 밝혀졌다면 명의자가 취득자금을 증여받은 것임**(대법원 2017두54593, 2017.11.23.).

☐ **일정한 직업과 수입 매매대금의 자금출처에 대하여도 납득할 만한 입증을 하지 못하는 등 자금출처를 입증하지 못하면 증여에 해당함**(대법원 2017두55251, 2017.10.31.).

☐ **수증자에게 일정한 직업이나 소득이 없다는 점 외에도 증여자에게 재산을 증여할 만한 재력이 있다는 점을 과세관청이 입증해야 함**(대법원 2003두10732, 2004.4.16.).

☐ **재산취득자금의 증여추정 규정에 있어서는 증여자에게 재산을 증여할 만한 재력이 있다는 점 등을 과세관청이 증명하여야 하며, 완전 포괄주의 도입 전후 동일함**(대법원 2008두20598, 2010.7.22.).

♪ **증여받은 부동산 처분대금으로 다른 재산 취득시 증여세 과세한 사례**

• 경락받은 부동산의 취득자금을 부모로부터 기 증여받은 재산의 매각대금으로 충당한 것에 대한 증여세 과세 여부(대법원 2000두1294, 2001.11.9.)

금융기관의 대출금으로 부동산을 경락받고 그 대출금은 원고 명의로 된 다른 부동산을 처분한 대금 등으로 변제한 것에 대해 증여세를 과세하였는 바, 그 다른 부동산은 원고가 18세의 학생으로서 아무런 수입이 없을 때에 소유권이전등기를 경료하고 그 부동산의 처분대금 및 수용보상금도 원고가 아닌 父의 회사 이사가 수령하여 대출금을 변제하는 등 다른 부동산이 원고 앞으로 실질적으로 증여되었다는 점에 관하여 인정할 만한 아무런 증거가 없어 실제로는 부모가 명의신탁해 둔 것일 뿐 증여한 것은 아니라는 이유로, 경락받

은 부동산의 취득자금을 부모로부터 증여받은 것으로 인정한 원심의 판단은 정당함.

- 자녀명의 건물매각대금으로 다른 재산을 취득한 경우에도 당해 건물이 자녀에게 실질적으로 증여된 경우에만 자력취득 인정됨(대법원 91누6115, 1992.3.27.).
재력이 있는 자가 그 단독소유의 지상에 임대빌딩을 건축하면서 일정한 직업이나 수입이 없는 아들들과 공동명의로 건물을 신축하였다면 위 아들들이 그 신축자금을 제공하였다는 점에 관한 별도의 입증이 없는 이상, 이는 부친이 단독으로 자금을 출자하여 건물을 신축하면서 아들들에게 건물의 해당지분을 증여하였다고 봄이 상당하며, 부동산을 다수 보유하는 자가 일부 부동산을 미성년자인 아들의 명의로 취득하는 경우에 있어서 그 등기사실만으로 막바로 아버지로부터 아들 앞으로 증여에 따른 실질적인 소유권이 이전이 있는 것이라고 단정할 수는 없다고 할 것이므로, 위 부동산의 처분대금 등을 다른 증여사건의 자금출처로 내세우기 위하여는 위 부동산이 아들 앞으로 실질적으로 증여되었다는 점을 인정할 만한 별도의 증거자료가 필요함.

- 판례내용의 시사점
미성년자 등 경제적 활동능력이 없는 자녀에게 부동산을 증여한 후 부모가 당해 재산을 관리하는 등으로 재산가치를 증식시킨 경우에 그 증식된 재산가액이 재산의 명의자인 자녀에게 당연히 귀속되는 것이 아니라 부모의 재산이라는 취지의 판결로 볼 수 있는 바, 증여받은 재산을 매각한 대금으로 다른 재산을 취득하였다 하여 자력취득으로서 항상 증여세 과세가 제외되는 것이 아니므로 형식상뿐만 아니라 실질적으로도 자녀가 당초의 재산을 증여받았다는 점을 입증해야 만이 과세 제외받을 수 있다 할 것이다.

사례　　증여재산에 대해 양도소득세 부당행위적용시 양도대금의 소유자는?

☐ **사실관계**

○ 자녀가 父로부터 증여받은 A부동산을 3년 이내에 양도함.

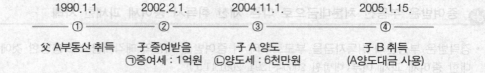

－ⓒ 父가 1990.1.1. 취득하여 2004.11.1. 양도한 것으로 볼 경우 양도소득세 : 3억원

〈양도소득세 및 증여세 과세내용〉

○ 父가 양도한 것으로 볼 경우 양도소득세(3억원)가 子의 증여세와 양도소득세의 합계액(1.6억원)보다 많으므로 父에게 양도소득세 3억원 과세하고, 子가 납부한 증여세 1억원은 환급될 것임.

〈子의 양도대금 수령 및 사용에 따른 과세문제〉
○ 子는 父로부터 증여받아 본인의 소유가 된 재산을 처분하고 그 양도대금을 수령하여
    다른 재산을 취득하는데 사용한 것이므로 증여세 과세문제 없음.
  - 증여행위 등을 통하여 양도소득세 부담을 줄이는 것을 방지할 목적으로 수증자가
     부담하는 증여세와 양도소득세의 합계액과 당초 증여자가 양도한 것으로 보아 계산
     한 양도소득세 중 큰 세액을 부과하는 부당행위계산 부인규정을 두고 있으나, 이는
     세법상 조세부과의 특례에 해당되는 것일 뿐 私法上 효력까지 부인하는 것은 아니
     므로 적법하게 재산을 증여받은 수증자가 이를 처분하고 수령하는 양도대금은 그
     수증자의 소유임.

〈관련 예규(서면4팀 - 2119, 2004.12.28.)〉
○ 양도소득에 대한 소득세를 부당하게 감소시키기 위하여 특수관계인에게 자산을 증여
    한 후 그 자산을 증여받은 자가 그 증여일로부터 3년 이내에 타인에게 이를 양도함으
    로 인하여 소득세법 제101조의 규정에 의한 양도소득의 부당행위계산규정이 적용되
    어 증여자가 타인에게 그 자산을 직접 양도한 것으로 보아 양도소득세를 계산하고 당
    초 증여받은 자산에 대하여 증여세를 부과하지 아니하는 경우에도 수증자가 당해 증
    여받은 재산의 처분가액으로 다른 재산을 취득하거나 사용한 경우 수증자의 다른 재
    산의 취득자금 등의 출처로 인정되는 것임.
  ➡ 2010.1.1. 이후 양도소득이 해당 수증자에게 실질적으로 귀속되는 경우 양도소득세
     부당행위 대상이 아니므로 수증자의 자금출처로 당연히 인정됨(소득세법 §101 ②).

8. 해외이주비 등 자금출처 확인방법

가. 개 요

해외이주자가 해외이주비를 지급하는 경우 또는 재외동포가 국내 재산을 반출하고자
하는 경우에는 지정거래외국환은행을 통하여 지급하여야 하며, 이 경우 해외이주자 등은
외국환거래규정에 따라 관할 세무서장으로부터 해외이주비 자금출처 확인서 또는 부동
산 매각자금 확인서 등을 발급받아야 한다.

① "재외동포"란 다음의 어느 하나에 해당하는 자를 말한다.
  ㉠ 해외이주법에 의한 해외이주자로서 외국 국적을 취득한 자
  ㉡ 대한민국 국민으로서 외국의 영주권 또는 이에 준하는 자격을 취득한 자
② "지정거래외국환은행"이란 이 규정의 적용을 받는 행위 또는 거래의 당사자가 대

외거래 및 사후관리를 위하여 지정한 외국환은행을 말한다.

③ "해외이주비"란 해외이주자(해외이주법 등 관련 법령에 의하여 해외이주가 인정된 자를 말한다) 및 해외이주예정자(영주권 등을 취득하려고 하는 자)가 지급할 수 있는 경비를 말한다.

나. 해외이주비의 지급절차(외국환거래규정 제4~6조)

① 해외이주자가 해외이주비를 지급하고자 하는 경우에는 다음 각호의 1에서 정하는 날부터 3년 이내에 지정거래외국환은행을 통하여 지급하거나 제5~11조의 규정에 의하여 휴대수출할 수 있다.

   1. 국내로부터 이주하는 자 : 외교통상부로부터 해외이주신고확인서를 발급받은 날

   2. 현지 이주하는 자 : 재외공관으로부터 최초로 거주여권을 발급받은 날

② 해외이주예정자가 영주권 등을 취득하기 위한 자금을 지급하고자 하는 경우에는 지정거래외국환은행을 통하여 지급하거나 제5~11조의 규정에 의하여 휴대수출할 수 있다.

③ 해외이주자(해외이주예정자를 포함하며 이 항에서 같다)는 세대별 해외이주비 지급 누계금액이 미화 10만불을 초과하는 경우에는 해외이주자의 관할세무서장이 발급하는 해외이주비 전체금액에 대한 자금출처확인서를 지정거래외국환은행의 장에게 제출하여야 한다.

④ 해외이주예정자는 해외이주비의 지급 후 1년 이내에 영주권 등을 취득하였음을 입증하는 서류를 지정거래외국환은행의 장에게 제출하거나, 지급한 자금을 국내로 회수하여야 한다.

다. 재외동포의 국내재산 반출절차(외국환거래규정 제4-7조)

① 재외동포가 본인 명의로 보유하고 있는 다음 각호의 1에 해당하는 국내재산(재외동포 자격 취득 후 형성된 재산을 포함한다)을 국외로 반출하고자 하는 경우에는 거래외국환은행을 지정하여야 한다.

   1. 부동산 처분대금(부동산을 매각하여 금융자산으로 보유하고 있는 경우를 포함한다)

   2. 국내예금·신탁계정관련 원리금, 증권매각대금

   3. 본인명의 예금 또는 부동산을 담보로 하여 외국환은행으로부터 취득한 원화대출금

4. 본인명의 부동산의 임대보증금

② 제1항 각호의 자금을 반출하고자 하는 자는 별지 제4-1호 서식의 재외동포재산반출신청서에 다음 각호의 1에 해당하는 취득경위 입증서류를 지정거래외국환은행의 장에게 제출하여야 한다.

  1. 부동산처분대금의 경우 별지 제4-2호 서식에 의한 부동산소재지 관할세무서장이 발행한 부동산매각자금확인서. 다만, 확인서 신청일 현재 부동산 처분일로부터 5년이 경과하지 아니한 부동산 처분대금에 한함

  2. 제1항 제2호 내지 제4호의 지급누계금액이 미화 10만불을 초과하는 경우 지정거래외국환은행의 주소지 관할세무서장이 발행한 전체 금액에 대한 자금출처확인서 등

라. 자금출처 확인서 등 발급

1) 해외이주비 자금출처 확인서 발급(상속증여세 사무처리규정 §57)

① 외국환거래규정 제4-6조에 규정된 해외이주자 및 해외이주예정자(이하 "해외이주자 등"이라 한다)가 신청한 해외이주비 자금출처 확인서(별지 제19호 서식)는 해외이주자 등의 최종 주소지를 관할하는 세무서장(재산세과장)이 다음 각 호의 내용을 확인한 후 접수일부터 20일 이내에 전산으로 발급하여야 한다. 다만, 서면으로 자금출처를 확인할 수 없는 경우에는 실지조사 후 발급할 수 있다.

  1. 신청인 및 그 세대원의 양도소득세, 상속증여세 등의 신고·납부 여부

  2. 국세의 체납 여부

  3. 재산반출 금액의 적정 여부

② 세무서장(재산세과장)은 세대별 해외이주비 지급 누계액이 미화 10만 달러를 초과하는 경우에는 해외이주비 전체 금액에 대하여 자금출처 확인서를 발급하여야 한다.

2) 부동산 매각자금 확인서 발급(상속증여세 사무처리규정 §58)

① 외국환거래규정 등에 규정된 부동산 매각자금 확인서(별지 제7호 서식)는 아래 각 호의 세무서장이 발급하여야 한다.

  1. 외국환거래규정 제2-3조 제1항 제3호 나목에 규정된 외국인거주자 : 매각한 부동산 소재지 관할 세무서장(부동산이 둘 이상으로 이를 관할하는 세무서가 다른 경우에는 신청서를 접수한 세무서장을 말한다)

  2. 외국환거래규정 제4-7조 제1항 제1호에 규정된 재외동포 : 신청자의 최종주소지

관할 세무서장 또는 매각한 부동산 소재지 관할 세무서장(부동산이 둘 이상으로 이를 관할하는 세무서가 서로 다른 경우에는 신청서를 접수한 세무서장을 말한다)

3. 외국환거래업무 취급지침 제9장 제5절에 규정된 비거주자 : 신청자의 최종주소지 관할 세무서장(국민인 경우로 한정한다) 또는 매각한 부동산 소재지 관할 세무서장(부동산이 둘 이상으로 이를 관할하는 세무서가 서로 다른 경우에는 신청서를 접수한 세무서장을 말한다)

② 부동산 매각자금 확인서를 발급하는 세무서장은 다음 각 호의 내용을 확인한 후 접수일로부터 20일 이내에 전산으로 발급하여야 한다. 다만 서면으로 부동산 매각자금을 확인할 수 없는 경우에는 실지조사 후 발급할 수 있다.

1. 해당 부동산에 대한 양도소득세, 상속세 및 증여세 등의 신고·납부 여부

2. 국세의 체납 여부

3. 재산반출 금액의 적정 여부

③ 부동산 매각자금 확인서상의 양도가액은 실지거래가액으로 계산하고, 실제 반출 가능한 금액(확인금액)은 양도가액에서 해당 부동산의 채무액(전세보증금, 임차보증금 등을 포함한다) 및 양도와 관련된 제세공과금(양도소득세, 지방소득세 등을 포함한다), 양도비 등을 공제한 금액으로 한다.

④ 부동산 매각자금 확인서의 발급대상은 신청자가 신청일 현재 5년 이내에 매각한 부동산으로 한다.

3) 예금 등에 대한 자금출처 확인서 발급(상속증여세 사무처리규정 §59)

① 외국환거래규정 제4-7조 제1항 제2호부터 제4호까지 규정된 재외동포의 국내재산 반출을 위한 「예금 등에 대한 자금출처 확인서(별지 제12호 서식)」는 지정거래 외국환은행 소재지 또는 신청자의 최종 주소지를 관할하는 세무서장(재산제세 담당과장)이 재산반출금액이 국세의 신고납부 금액과 대비하여 적정한지 다음 각 호의 내용을 확인하여야 하며 서면으로 자금출처를 확인할 수 없는 경우에는 실지조사 후 발급할 수 있다.

1. 「예금 등에 대한 자금출처 확인서」에 기재된 내용의 자금출처와 관련된 국세의 신고·납부 여부

2. 국세의 체납 여부

3. 국세징수법 제9조 제1항 각 호의 납기전 징수 사유 해당 여부

② 「예금 등에 대한 자금출처 확인서」는 국세징수·예금 압류 등 조세채권확보에 필요

한 조치 후 접수일로부터 10일 이내에 전산으로 발급하여야 한다. 다만 조세채권확
보 및 실지조사 등에 시간이 추가 소요되는 경우 1회에 한하여 발급기한을 20일
이내에서 연장할 수 있다.

③ 다음 각 호의 지급누계 금액(2006.1.1. 이후 지급분부터 적용)이 미화 10만 달러를
초과하는 경우에는 전체금액에 대하여 자금출처 확인서를 발급하여야 한다.

1. 국내예금·신탁계정관련 원리금, 증권매각대금
2. 본인명의 예금 또는 부동산을 담보로 하여 외국환은행으로부터 취득한 원화대
   출금
3. 본인명의 부동산의 임대보증금

┃ 자금출처 확인제도 요약 ┃

구 분	해외이주비 자금출처 확인서	부동산매각자금 확인서	예금 등 자금출처 확인서
발급대상자	- 해외이주자 • 해외이주법 등 관련법령에 의하여 해외이주가 인정된 자 - 해외이주예정자 • 영주권 등을 취득하려고 하는 자	- 재외동포 • 해외이주법에 의한 해외이주자로서 외국 국적을 취득한 자 • 대한민국 국민으로서 외국의 영주권 또는 이에 준하는 자격을 취득한 자	
발급가능번호	- 원칙 : 주민등록번호	- 원칙 : 주민등록번호 - 예외 : 재외국민등록번호, 외국인등록번호, 국내 거소신고번호	
발급대상금액	- 해외이주비로서, 세대별 지급누계금액이 미화 10만불을 초과하는 경우 전체 금액	- 본인 명의 부동산 처분대금으로서, 실제 반출가능한 금액(양도가액에서 해당 부동산의 채무액을 공제한 금액)	- 본인 명의 국내 예금 등으로서, 인별 지급누계금액이 미화 10만불을 초과하는 경우 전체 금액
발급가능기간	- 해외이주자인 경우 아래에서 정하는 날부터 3년 이내 • 해외이주확인서를 발급받은 날 또는 최초로 거주여권을 발급받은 날	- 확인서 신청일 기준으로 부동산처분일로부터 5년 이내	
발급관서	최종 주소지 관할세무서	부동산소재지 또는 최종 주소지 관할세무서	지정거래외국환은행 소재지 또는 최종 주소지 관할세무서
처리기한	접수일부터 20일 이내		

구 분	해외이주비 자금출처 확인서	부동산매각자금 확인서	예금 등 자금출처 확인서
관련규정	외국환거래규정 제4-6조 상증법 사무처리규정 제47조	외국환거래규정 제4-7조 상증법 사무처리규정 제48조	외국환거래규정 제4-7조 상증법 사무처리규정 제49조

▌용어의 정의 ▌

용 어	정 의	근거규정
국민	대한민국의 국민	출입국관리법 제2조【정의】
외국인	대한민국의 국적을 가지지 아니한 사람	
해외이주자	생업에 종사하기 위하여 외국에 이주하는 사람과 그 가족 또는 외국인과의 혼인(외국에서 영주권을 취득한 대한민국 국민과 혼인하는 경우를 포함한다) 및 연고 관계로 인하여 이주하는 사람	해외이주법 제2조【정의】
해외이주예정자	영주권 등을 취득하려고 하는 자	
재외동포(외국환거래규정)	해외이주법에 의한 해외이주자로서 외국국적을 취득한 자 또는 대한민국 국민으로서 외국의 영주권 또는 이에 준하는 자격을 취득한 자	외국환거래규정 제1-2조【용어의 정의】
재외동포(재외동포법)	재외국민 또는 외국국적동포	재외동포의 출입국과 법적 지위에 관한 법률 제2조【정의】
재외국민	대한민국의 국민으로서 외국의 영주권을 취득한 자 또는 영주할 목적으로 외국에 거주하고 있는 자	
외국국적 동포	대한민국의 국적을 보유하였던 자(대한민국정부 수립 전에 국외로 이주한 동포를 포함한다) 또는 직계비속으로서 외국국적을 취득한 자 중 대통령령으로 정하는 자	
지정거래 외국환은행	외국환거래규정의 행위 또는 거래의 당사자가 대외거래 및 사후관리를 위하여 지정한 외국환은행	외국환거래규정 제1-2조【용어의 정의】
재외국민 등록번호	주민등록번호가 없는 재외국민이 부동산 등기의 권리자에 관한 사항을 기록하기 위해 대법원 소재지 관할 등기소의 등기관으로부터 부여받은 번호	부동산등기법 제49조【등록번호의 부여절차】법인 및 재외국민의 부동산 등기용등록번호 부여에 관한 규칙 제5조【재외국민등록번호의 부여신청】
외국인 등록번호	외국인이 국내에 90일을 초과하여 체류하기 위해 체류지 관할 출입국관리사무소장 또는 출장소장에게 외국인등록을 하고 부여받은 번호	출입국관리법 제31조【외국인등록】

용 어	정 의	근거규정
국내거소 신고번호	재외국민과 재외동포 체류자격으로 입국한 외국 국적동포가 거소를 관할하는 출입국관리소장 등 에게 국내거소 신고를 하고 부여받은 번호	재외동포의 출입국과 법적 지 위에 관한 법률 제6조【국내거 소신고】

제 3 절 : 명의신탁재산의 증여의제

1. 개 요

2004.1.1. 이후 상속증여세법에서 증여란 그 형식에 불구하고 경제적 가치를 계산할 수 있는 유형·무형의 재산을 타인에게 직접 또는 간접적인 방법으로 무상으로 이전하는 것 또는 타인의 기여에 의하여 재산의 가치가 증가하는 것을 말한다.

이러한 증여에 해당하지 않는 경우에도 일정한 사실이 발생하면 증여한 것으로 보아 증여세를 부과하는데, 이를 증여의제라고 한다.

증여의제에 해당하는 경우에는 납세의무자의 반증이 허용되지 않고 일률적으로 증여세를 부과한다.

권리의 이전이나 그 행사에 등기 등이 필요한 재산(부동산실명법의 실시로 1997.1.1. 이후 명의신탁한 부동산을 제외한다)의 실질소유자와 명의자가 다른 경우에는 그 명의자로 등기 등을 한 날에 실질소유자가 그 명의자에게 그 재산가액을 증여한 것으로 본다. 이는 재산의 소유자를 제3자로 내세웠다가 자녀 등에게 우회 상속·증여하거나 명의신탁을 통해 여러 가지 조세를 회피할 소지가 크므로 이를 방지할 목적으로 실질과세의 원칙을 포기하면서 증여세를 과세하도록 한 것이다. 다만, 명의신탁재산의 증여의제규정은 조세회피행위를 방지하기 위한 것이므로 납세자가 조세회피목적이 없는 명의신탁이라는 점을 입증하면 부과하지 않는다.

명의신탁재산에 대하여 증여세를 부과하는 경우에는 수증자(명의자)와 증여자(신탁자)가 처음부터 연대납부의무가 있으며, 2019.1.1.부터 명의신탁자가 증여세 납부의무자에 해당하고 수탁자에게 연대납부의무는 부여하고 있지 않다.

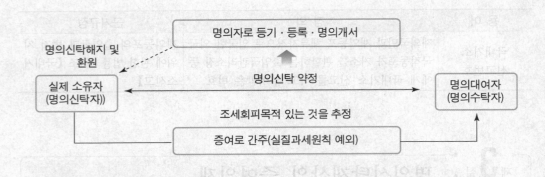

 관련 예규 · 심판결정례 및 판례 등

□ 상속증여세법 제45조의2 제1항 등은 헌법에 위배되지 아니함(헌재 2012헌바259, 2013.9.26.).

　－명의신탁에 대한 증여세 부과는 명의신탁이 증여의 은폐수단 또는 증여세의 누진부담을 회피하는 수단으로 이용되는 것을 방지하는 데 결정적으로 기여함으로써 조세정의와 조세공평이라는 중대한 공익 실현에 중요한 역할을 수행하므로 해당 조항은 법익의 균형성 원칙에 위반된다고 할 수도 없으므로 과잉금지원칙에 위배된다고 볼 수 없다.

　－심판대상조항과 부동산 실권리자명의 등기에 관한 법률은 입법목적, 규제 방식, 제재 유형, 제재를 받는 인적 범위 등이 상이하기 때문에 배우자 간의 명의신탁에 있어서 주식 등의 명의수탁자와 부동산의 명의수탁자는 본질적으로 동일한 두 개의 비교집단이라고 볼 수 없다. 따라서 조세회피목적추정조항은 평등원칙에 위배되지 아니한다.

□ 명의신탁재산의 증여의제를 규정한 구 상속증여세법 제41조의2 제1항의 입법목적의 정당성이 인정되며, 이는 그 목적을 달성하는 데 적합하며 최소침해의 원칙에 어긋나지 아니하는 등 헌법에 반하지 아니함(헌재 2012헌바173, 2012.8.23., 헌재 2004헌바40, 2005헌바24[병합], 2005.6.30.).

□ 구 상증법 제43조(명의신탁재산의 증여추정)는 헌법에 위배되지 아니함(헌재 2002헌바66, 2004.11.25.).

□ 명의신탁자가 특정되지 않더라도 증여세 부과 처분은 적법함(대법원 2018두41792, 2018.8.16.).

　－명의신탁재산의 증여의제규정에서 '등기 등을 요하는 재산에 있어서 실제소유자와 명의자가 다를 것'을 요구할 뿐 반드시 실제소유자가 특정될 것을 요구하고 있지 않은데, 입법취지 등에 비추어 보면 재산권의 실질적인 귀속 주체를 불분명하게 하여 국가의 과세권 행사에 지장을 초래하는 형태의 조세회피 행위로서 그 명의신탁자가 특정되지 않은 경우에도 위 조항을 적용하여 명의수탁자에게 증여세를 부과할 수 있다고 해석하여야 함.

　－명의신탁이 밝혀진 이상 그 신탁자가 특정되지 않더라도 신탁자의 조세회피행위에 명의수탁자가 동조하였다는 비난 가능성에 있어 특정 신탁자가 밝혀진 경우와 별다른 차이가 없고 만일 신탁자가 특정된 경우에만 적용할 수 있는 것으로 해석하게 되면 보다 치밀하게 조세회피 행위를 하는 사람에게 이익을 주는 형평에 반하는 결과가 초래될 수 있기 때문임.

❑ 거주자가 국외주식을 비거주자에게 명의신탁한 경우 과세 안됨(대법원 2018두35025, 2018.6.28.).

❑ 증여추정에서 명의신탁 증여의제로 처분사유 추가·변경은 허용됨(대법원 2010두7277, 2012.5.24.).
증여추정에 의한 당초 과세처분을 명의신탁에 따른 증여의제로 처분사유를 추가한 것은 명의
개서가 이루어진 하나의 객관적 사실관계에 관하여 과세요건의 구성과 법적 평가만을 달리할
뿐 과세원인이 되는 기초사실을 달리하는 것은 아니므로 처분의 동일성이 유지되는 범위 내에
서 이루어진 처분사유의 추가·변경에 해당하여 허용됨.

> 🖐 **쉬어가기 ··· 명의수탁자가 증여세 납부시 신탁자에게 구상권 행사 여부**
>
> ○ 명의신탁 증여의제 따른 증여세를 납부한 명의수탁자는 명의신탁자에게 구상권을
> 행사할 수 있음(대법원 2018다228097, 2018.7.12.).
>
> – 자신의 출재로 조세채무를 공동면책시킨 연대납세의무자는 다른 연대납세의무자에게
> 그 부담부분에 대하여 구상권을 행사할 수 있다(국세기본법 §25의2, 민법 §425). 증여세
> 는 원래 수증자에 대한 조세채권의 확보가 곤란한 경우에 비로소 증여자에게 연대납세
> 의무가 인정되나, 명의신탁 증여의제에 따른 증여세는 일반적인 증여세와 달리 수증자
> 에 대한 조세채권의 확보가 곤란하지 않더라도 명의신탁자가 명의수탁자와 연대하여
> 이를 납부할 의무가 있다. 따라서 주식에 관한 명의수탁자가 증여세를 납부한 경우 위
> 국세기본법 규정에 따라 명의신탁자를 상대로 구상권을 행사할 수 있다.
>
> – 이때 그 구상권의 범위는 당사자들 사이에 증여세 분담에 관하여 별도로 약정하였거나
> 명의수탁자가 배당금 등 경제적 이득을 취득하였다는 등의 특별한 사정이 없는 한 자
> 신이 부담한 증여세액 전부에 대하여 미친다고 보아야 함.

2. 과세요건

권리의 이전이나 그 행사에 명의개서 등을 요하는 재산의 소유자와 명의대여자가 명의
신탁 약정을 체결하여 명의자의 이름으로 명의개서 등을 하는 경우로서 조세회피 목적이
없다는 것을 입증하지 못하였을 때 증여세 과세대상에 해당한다.

> 가. 권리의 이전이나 그 행사에 등기·등록·명의개서 등이 필요한 재산(1997.1.1. 이후 토지와
> 건물은 제외)의 명의신탁일 것
> 나. 명의신탁에 대한 당사자의 합의 또는 의사소통이 있을 것
> 다. 타인 명의로 등기 등을 하거나 종전 소유자 명의로 두고 있을 것
> 라. 조세회피 목적이 있는 명의신탁에 해당할 것

가. 등기 · 등록 · 명의개서 등이 필요한 재산

명의신탁에 따른 증여세 과세대상이 되는 재산은 권리의 이전이나 그 행사에 명의개서 등을 요하는 재산을 말하므로 소유권 이전에 대한 민법상 물권변동의 효력발생 또는 명의 자만이 권리를 행사할 수 있는 등으로 명의개서 등을 요하는 재산이 아닌 보험금, 예금, 아파트 분양권, 골프회원권 등은 명의신탁에 대한 증여의제재산에 해당하지 아니한다.

등기를 요하는 재산	입목, 공장재단, 광업재단, 선박(토지, 건물 제외)
등록을 요하는 재산	특허권, 실용신안권, 의장권, 상표권, 저작권, 어업권, 광업권, 자동차, 항공기, 건설기계
명의개서를 요하는 재산	주권, 사채권
등기 · 등록 · 명의개서 등을 요하지 아니한 재산	아파트당첨권, 아파트 분양계약권, 중도금 등을 납입한 상태에서 이전 하는 부동산을 취득할 수 있는 권리, 예금청구권, 차입예탁반환청구권, 보험, 예금, 상호신용금고계금

1) 등기가 필요한 재산

권리의 이전이나 그 행사에 등기가 필요한 재산이란 등기부에 소유자로 등재되어야 권 리의 이전 등이 발생하는 재산을 말한다. 이러한 재산에는 부동산과 입목, 공장재단과 광 업재단, 선박등기법에 따른 선박 등이 있다. 다만, 1995.7.1.부터 시행하는 부동산실권자명 의등기에 관한 법률에서 부동산의 명의신탁은 무효로 하고 과징금 등을 부과하고 있으므 로 1997.1.1. 이후 토지와 건물의 경우 명의신탁재산의 증여의제 대상에서 제외하고 있다.

 관련 예규 · 심판결정례 및 판례 등

❑ 1997.1.1. 이후 부동산을 명의신탁한 경우(재삼 46014 - 2415, 1998.12.10.)

1997.1.1. 이후 명의신탁한 토지와 건물은 상속증여세법 제43조의 규정에 의한 증여세 과세대 상에 포함되지 않으며, 부동산을 명의신탁한 사실이 확인되어 명의신탁자 등에게 과징금 등이 부과되는 경우로서 당해 부동산을 제3자에게 양도하고 그 대금을 명의신탁자가 받은 경우, 그 를 실질소유자로 보아 양도소득세를 과세하며, 명의신탁자와 수탁자사이에 증여세는 과세안함.

> 🚣 **부동산 명의신탁에 따른 벌칙**
>
> 1. 과징금 : 과징금 부과 당시 부동산 평가액 × 가.와 나.의 부과율 합계치
>
> | 가. 부동산 평가액에 따른 부과율 | | 나. 의무위반 경과기간에 따른 부과율 | |
> |---|---|---|---|
> | 5억원 이하 | 5% | 1년 이하 | 5% |
> | 5억원 초과 30억원 이하 | 10% | 1년 초과 2년 이하 | 10% |
> | 30억원 초과 | 15% | 2년 초과 | 15% |
>
> 2. 강제 이행금 : 과징금 부과후 일정기간 경과시까지 실명전환하지 않은 경우
>   - 과징금 부과후 1년 경과시까지 실소유자로 환원하지 않은 경우 : 부동산가액의 10%
>   - 과징금 부과후 1년 경과시까지 실소유자로 환원하지 않은 경우 : 부동산가액의 20%
> 3. 벌칙
>   - 명의신탁자 : 5년 이하 징역 또는 2억원 이하 벌금
>   - 명의수탁자 : 3년 이하 징역 또는 1억원 이하 벌금

2) 등록이 필요한 재산

권리의 이전이나 그 행사에 등록이 필요한 재산이란 행정관청의 등록원부에 소유권을 등록하여야 하는 재산을 말한다. 특허권, 실용신안권, 디자인권, 상표권, 저작권, 수산업법에 따른 어업권, 광업권, 자동차관리법에 따른 자동차, 항공법에 의한 항공기, 건설기계관리법에 의한 건설기계 등이 여기에 해당한다.

3) 명의개서가 필요한 재산

권리의 이전이나 그 행사에 명의개서가 필요한 재산이란 회사에 비치된 주주명부 또는 사원명부, 사채명부 등에 소유자로 등재해야 하는 재산을 말한다. 1997.1.1. 이후 명의신탁재산에서 토지와 건물이 제외됨에 따라 증여세가 과세되는 명의신탁재산은 대부분 주식 및 출자지분이라 할 수 있다.

기명사채의 이전은 취득자의 성명과 주소를 사채원부에 기재하고 그 성명을 채권에 기재하지 아니하면 회사 기타의 제3자에게 대항하지 못한다(상법 §479 ①).

무기명인 전환사채는 민법 제523조에 따라 증권의 소지인을 증권상 권리자로 인정하므로 증권의 교부에 의하여 양도의 효력이 생겨서(대항요건이 아니라 성립요건 내지 효력발생요건이다) 명의신탁 증여의제 대상이 되지 아니한다. 다만, 공사채등록법에 따라 증권의 교부에 의하지 아니하고 등록에 의하여만 대항요건을 취득하게 되므로 이때에는 명의신탁 증여의제에서 정한 '권리의 이전이나 그 행사에 등기 등이 필요한 재산'에 해당한다.

관련 예규·심판결정례 및 판례 등

☐ 전환사채를 주식으로 전환하여 주주명부에 개서된 날이 증여시기임(조심 2012서2744, 2012.11.15.). 무기명 전환사채의 경우 권리의 이전이나 그 행사에 등기 등이 필요한 재산에 해당하지 아니하는 것으로 판단되므로 무기명 전환사채가 주식으로 전환되어 주주명부에 개서된 날을 명의신탁 증여의제 시기로 보아 과세한 처분은 정당함.

☐ 자본금 가장납입의 경우 명의신탁재산의 증여의제로 볼 수 있음(조심 2012중2749, 2012.8.31.).

☐ 명의신탁이 민법상 통정허위 표시로 무효인 경우 과세대상 여부(대법원 2020두35929, 2020.6.11.) 명의신탁재산에 대해 증여의제로 규정한 것은 통정허위 표시에 관한 민법 제108조에도 불구하고, 조세회피목적의 명의신탁행위를 효과적으로 방지하여 조세정의를 실현한다는 취지에서 법률적으로 유효 여부를 불문하고 증여로 간주하여 과세하기로 한 입법자의 의사에 따른 것인바, 설령 명의수탁자 앞으로 이루어진 명의개서가 외관과는 다르게 법률적으로 무효라고 하더라도, 증여로 의제하기로 하는 것에 그 본질이 있는 이상 원고의 위 주장은 독자적 견해에 불과함.

☐ 명의신탁 증여시기를 연도와 월만 기재하여 고지한 경우 적법여부(대법원 2020두35929, 2020.6.11.) ① 증여의 납세의무 성립시기는 증여재산을 취득한 때에 발생하나, 납세고지서상 '귀속란'에 반드시 납세의무 성립 연월일 모두가 기재되어야 한다고 볼 수 는 없는 점, ② 피고는 2010. 10.과 2011. 5.로 기재하여 일자만을 기재하지 않았는데, 이 사건 명의신탁은 그 해당 월에 1회 씩만 증여의제가 발생하였기 때문에, 납세의무자인 원고가 납세의무 성립시기에 관하여 오인을 일으킬만한 사정이 전혀 없었던 점, ③ 원고는 피고에게 이 사건 명의신탁에 관하여 2010.12. 28.자 및 2011.5.25.자를 수증일로 하여 과세표준신고 및 자진납부계산서를 제출하였고, 피고는 이후 각 과세예고통지를 하였던 바, 해당 월에 1회씩만 납세의무가 성립한 이 사건 명의신탁에 관하여 원고가 납세의무의 존부를 다툼에 있어 어떠한 지장을 받았다고 볼 수 없는 점, ④ 이 사건 처분은 납세의무 성립일에 따라 과세표준 및 세액은 물론 적용법조가 달라지는 경우에도 아닌 점 등을 종합하면, 피고가 납세고지서에 납세의무 성립일자를 월단위로만 특정하였다는 사정만으로, 중대한 하자가 있어 무효이거나 위법하여 취소되어야 한다고 볼 수 없음.

☐ 기명식 전환사채에 대해 명의신탁 증여의제로 과세할 수 있다면 전환된 주식에 대해서는 재차 과세할 수 없음(대법원 2016두1165, 2019.9.10.).

☐ 조합법인 출자지분은 권리의 이전이나 행사에 있어 등기 등을 요하는 재산이 아니므로 명의신탁재산에 해당되지 않음(대법원 2009두13979, 2009.11.26.).

☐ 자기주식을 취득하여 명의신탁한 것이 강행법규 위반으로 무효라고 하더라도 법인세 부담을 회피하려는 의도도 있었으므로 증여의제로 과세 가능함(대법원 2012두10765, 2012.8.30.).

나. 명의신탁에 대한 당사자 합의가 있을 것

명의신탁이란 소유관계를 공시하도록 되어 있는 재산에 대하여 소유자 명의를 실소유자가 아닌 다른 사람 이름으로 해놓는 것을 말하는데 이는 명의신탁자와 명의자가 명의신탁에 관한 약정을 체결하고 그에 따라 공부상에 명의자 이름으로 등재하는 것을 말한다고 할 것이다. 따라서 명의신탁자와 명의자 사이에 명의신탁에 관한 합의가 이루어진 후에 명의자 이름으로 명의개서 등을 한 경우 증여세 과세대상이라 할 것이다.

이 경우 명의신탁 관계는 반드시 신탁자와 수탁자 간의 명시적 계약에 의하여서만 성립되는 것이 아니라 묵시적 합의에 의하여서도 성립될 수 있다(대법원 2023두39267, 2023.6.15.).

1) 명의도용의 경우

명의신탁도 하나의 계약에 해당하므로 명의신탁자와 명의자의 합의가 없는 명의도용의 경우에는 명의신탁재산에 대한 증여의제 대상으로 삼을 수 없을 것이다.

명의도용이 아니라는 점은 이를 주장하는 자가 입증해야 한다는 것이 대법원 판례의 입장이며, 명의가 도용된 것을 뒤에 알고서도 명의를 바로 잡지 아니하고 추인(追認)하는 경우에는 명의도용에 해당하지 아니한다 할 것이다.

 관련 예규·심판결정례 및 판례 등

❑ 명의도용의 경우 명의신탁 증여의제 규정을 적용할 수 없음(심사증여 2012-30, 2012.8.31.).
    명의신탁 약정이 있다고 볼 만한 객관적이고 구체적인 증빙이 없고 주식의 양도자와 양수자가 각각 다름에도 동일날짜, 동일서식, 동일필체로 미상인에 의해 '주식양도양수계약서'가 작성된 점에 비추어 명의신탁 증여의제 규정을 적용하기 어려움.

❑ 사문서위조죄로 형사처벌 받은 점 등으로 보아 명의도용에 해당함(조심 2014부2483, 2015.6.23.).

❑ 주식 명의신탁을 묵시적으로 승낙한 것으로 볼 수 있으면 명의도용 아님(조심 2012부3813, 2012.11.13.).

❑ 甲이 해외SPC를 설립하고 SPC명의로 신주인수권을 인수하고 해외금융기관명의로 주주명부에 등재했더라도 甲과 해외SPC 혹은 해외금융기관과의 명의신탁사실을 합의했다고 보기 어려움(대법원 2022두32993, 2022.5.12.).

❑ 특별한 사정이 없는 한 확인서의 증거가치는 쉽게 부인할 수 없으므로, 명의신탁여부에 대한 확인서에 기초한 처분은 적법함(대법원 2020두40150, 2020.9.10.).

❑ 사위가 사업상 필요하다고 생각하여 계좌를 개설해 주었으나 자신의 명의로 주식을 취득하여 명의자가 될 수 있음을 인식하고 승낙한 것으로 명의도용임(대법원 2018두60397, 2019.2.1.).

❑ 수탁자들이 명의신탁을 모르는 등 명의도용에 해당함(대법원 2018두43910, 2018.8.30.).
- 최초 명의수탁자들의 명의를 더 이상 사용할 수 없게 되자 회사의 임직원이었던 甲과 乙에게 주주 명의 용도로 쓴다는 말은 하지 말고 명의를 대체할 수 있는 다른 사람의 주민등록등본 1통씩을 구해 오라고 지시하였고, 甲과 乙은 처남 및 동서의 주민등록등본과 임의로 만든 막도장을 이용하여 위 원고들 명의로 기존 명의수탁자들 명의의 주식을 일부 양수하는 내용의 주식매매계약서를 작성하여 명의개서하였는 바,
- 원고들은 주민등록등본의 사용목적을 알지 못하였고 명의신탁사실을 전혀 모르고 있다가 국세청에서 확인하는 과정에서 비로소 알게 되었다고 설명하는 등 명의도용에 해당함.

❑ 이혼한 배우자 명의로 주식거래한 경우 명의도용 여부(대법원 2017두69885, 2018.2.28.)
명의신탁관계는 신탁자와 수탁자 사이의 명시적 계약에 의하여만 성립하는 것이 아니라 묵시적 합의에 의하여도 성립할 수 있고, 묵시적 합의가 있었는지 여부는 위탁자와 수탁자 사이의 관계, 수탁자가 그 재물을 보관하게 된 동기와 경위, 위탁자와 수탁자 사이의 거래 내용과 태양 등 모든 사정을 종합하여 판단하여야 하는 바, 이혼시 재산분할약정서에 계좌를 이용하도록 하는 내용이 있는 등 명의도용으로 보기 어려움.

❑ 명의신탁약정이 통정허위표시로서 무효라는 원고 주장은 이유 없음(대법원 2017두54135, 2017.11.23.).
주식명의신탁 약정이 명의자의 의사와는 관계없이 실질소유자의 일방적인 행위로 명의가 도용되어 취득된 것임을 인정할 만한 증거가 없고, 회사 발행주식에 대한 외관상 지분을 낮추어 회사의 조세채무 체납에 따른 과점주주로서의 제2차납세의무의 책임을 지지 않게 될 가능성이 있었으므로 명의신탁재산의 증여 의제에 해당함.

❑ 주주총회에서 신주발행내용을 경정했어도 당초 명의신탁은 무효 아님(대법원 2017두48017, 2017.9.21.).

❑ 유죄판결이 확정된 점 등에 비추어 명의도용에 해당함(대법원 2015두39316, 2015.6.24.).
형사재판에서 원고의 명의를 도용하여 주식양도양수증 등을 작성하고 임의로 주주로 등재하였다는 범죄사실이 인정되어 유죄판결이 확정된바, 조세소송에서 형사재판에서 인정된 사실에 구속을 받은 것은 아니더라도 이미 확정된 관련 형사판결에서 인정된 사실은 이를 채용할 수 없는 특별한 사정이 없는 한 유력한 자료가 되어서 이를 함부로 배척할 수 없음.

❑ 주식에 관한 양도양수계약서에 본인이 발급받은 인감증명서가 각 첨부되어 있는 점 등으로 보아 명의도용에 해당하는 것이 아니라 명의신탁에 해당함(대법원 2014두14174, 2015.2.12.).

❑ 실제소유 주식으로 판단되므로 명의신탁에 따른 증여세 과세는 위법함(대법원 2012두11539, 2012.9.13.).

❑ 명의도용에 해당하는지 여부(대법원 2012두10765, 2012.8.30.)
개인주주들 명의로 자기주식을 매입할 때 원고 회사가 예금을 담보로 제공했으므로 명의도용이라는 주장은 이유가 없으며, 개인주주들과 명의신탁약정을 함에 있어 원고 회사 주식의 주가관리라는 주된 목적 외에 이 사건 자기주식을 원고 회사 명의로 실명전환하여 매각할 경우 발생할 법인세 부담을 회피하려는 의도도 있었다고 봄이 상당함.

☐ 실소유자의 일방적 행위로 증권계좌개설되는 등 명의도용에 해당함(대법원 2007두15780, 2008.2.14.).

☐ 합의 없이 명의개서한 경우에는 증여의제 규정이 적용될 수 없음(대법원 2012두6483, 2012.6.28.).

2) 채권을 담보할 목적 등으로 등기 등을 한 경우

양도담보란 담보물의 소유권 그 자체를 채권자에 이전하고 일정한 기간 내에 채무자가 변제하지 않으면 채권자는 그 목적물로부터 우선변제를 받게 되지만, 변제하면 그 소유권을 다시 채무자에게 반환하는 담보제도이다. 민법이 규정하는 담보제도는 아니지만 경제적 필요에 의하여 많이 이용되고 있다. 양도담보 목적으로 주식의 소유 명의가 채무자로부터 채권자에게 이전되었다고 하더라도 실질적으로는 채권자가 위 주식에 대한 소유권을 보유하고 있는 것이 아니라 담보권을 보유하고 있는 것에 불과하므로 명의신탁의 증여의제 규정을 적용하지 않는다.

 쉬어가기 ··· **지배주주가 명목회사를 통해 명의신탁한 것으로 볼 수 있는가?**

> **사실관계**
>
> −甲은 A주식을 취득·보유·처분 등의 목적으로 C법인을 설립
> −C법인은 자신의 명의로 A주식매매계약 및 주식인수계약을 체결하고 그 자금을 지급함. C법인은 A주식을 乙명의로 명의개서함.
> (쟁점) 甲이 A주식을 乙에게 명의신탁한 것으로 볼 수 있는지.
> (판결) 명의신탁자는 甲이 아닌 C법인임(대법원 2013두13655, 2018.10.25.)
> ○ C법인과 그 상위 지주회사는 적법하게 설립된 법인으로 법인격을 가지며, 甲이 지주회사 지배구조의 최종 1인 주주로서 명목회사인 C법인을 지배·관리하고 있다는 사정만으로는 C법인의 법인격이나 이를 전제로 한 사법상 효과 및 법률관계를 부인하여 C가 아니라 그 최종 지배주주인 甲이 A주식을 취득하였다고 볼 수 없고, 甲이 C법인과의 관계에서 A주식의 소유권을 유보하고 있었다고 보기 어려움.
> ○ 명의신탁이 주식의 원활한 상장을 목적으로 하였고 부수적으로 회피되는 조세가 사소한 경우 조세회피 목적이 있었다고 볼 수 없음.

 관련 예규·심판결정례 및 판례 등

☐ 양도담보 목적으로 주식명의가 이전되어 증여의제 대상이 아님(대법원 2012두4326, 2012.5.24.).

☐ 추가차용금의 담보를 위하여 취득한 것은 명의신탁에 해당안됨(대법원 2011두29953, 2012.3.15.).

다. 타인 명의로 등기 등을 하거나 종전 소유자 명의로 두고 있을 것

타인 명의로 등기·등록·명의개서 등을 한 경우와 2003.1.1.부터 명의개서를 하여야 하는 재산을 취득한 후 소유권취득일이 속하는 연도의 다음 연도 말까지 취득자 이름으로 명의개서하지 않은 경우에 증여의제대상에 해당한다. 주식 등을 취득한 자가 본인 또는 제3자 이름으로 바꾸지 않고 종전 소유자 이름으로 둔 경우 2002.12.31. 이전에는 명의신탁에 따른 증여세를 과세할 수 없었으나, 주주명부에는 명의를 변경한 사실이 없지만 장기간 명의개서를 하지 아니한 경우에는 종전 소유자에게 명의신탁한 것으로 의제한다는 의미로 볼 수 있다.

2003.1.1. 개정된 법은 소유자가 바뀌었는데도 명의개서를 하지 아니한 경우 적용대상이므로 명의신탁시점에서 이미 증여의제 대상이 된 경우로서 현재까지 명의자 이름으로 명의개서하고 있는 것은 적용대상이 아니다.

예를 들어 甲이 1990.12.31.에 乙에게 명의신탁한 A법인의 주식을 현재까지도 乙 명의로 주주명부에 기재하고 있는 경우 2003.1.1. 취득한 것으로 보아 개정세법을 적용하는 것은 아니다.

라. 조세회피 목적이 있을 것

증여세는 재산의 소유권을 무상으로 취득한 경우 그 무상취득자에게 부과하는 세금이다. 공부상 소유자와 실제 소유자가 다르게 등재된 명의신탁재산의 경우 공부상 소유자가 실제 소유권을 취득하는 것은 아니며 더불어 실제 소유자로부터 무상으로 해당 재산을 취득한 것도 아니므로 원칙적으로는 증여세 과세대상에 해당되지 아니한다. 그럼에도 불구하고 명의자에게 증여한 것으로 보아 증여세를 과세하는 것은 명의신탁을 통해 여러 가지 조세를 회피하는 것을 방지하기 위한 입법적 목적을 가지고 있다.

명의신탁을 통하여 회피할 수 있는 조세는 상속세와 증여세뿐만 아니라 주식을 소액주주로 분산 명의개서를 함으로써 배당소득의 종합소득세와 대주주가 양도하는 상장·코스닥상장주식에 대한 양도소득세를 회피할 수 있으며 과점주주의 제2차 납세의무지정을 면탈하는 등 명의신탁자가 본인 명의를 공부상 소유자로 등재하는 경우에 비해 조세를 회피할 개연성은 커질 것이다. 하지만 명의신탁의 목적이 조세를 회피하기 위한 것이 아니고 다른 불가피한 사유로 인한 것이라면 증여세 과세대상으로 삼아서는 안 될 것이다. 만약 모든 명의신탁재산에 대하여 제한없이 증여세를 과세한다면 실질과세의 원칙을 포기하고 과세대상으로 삼는 입법목적의 범위를 넘어서는 등 과잉규제의 문제가 발생할 수 있다.

따라서 조세회피목적이 없는 명의신탁에 대해서는 증여세를 과세하지 아니하도록 하고 있으며, 상속증여세법에서는 조세회피목적이 있는 것으로 추정하고 있으므로 조세회피목적이 없는 명의신탁이라는 것은 납세자가 입증하여야 할 것이다.

여기에서 조세란 국세기본법 제2조 제1호 및 제7호에 규정된 국세 및 지방세와 관세법에 규정된 관세를 말하며, 조세회피목적이 있는가에 대해서는 명의신탁을 한 경위와 불가피성, 해당 명의신탁을 통해 조세를 회피할 수 있는 개연성 및 실제 회피한 조세의 내용 등을 종합적으로 고려하여 판단하고 있다.

다만, 실제소유자 명의로 명의개서를 하지 아니한 경우로서 다음 어느 하나에 해당하는 경우에는 조세회피 목적이 있는 것으로 추정하지 아니한다. 이 경우 ①은 2003.1.1.부터, ②는 2016.2.5. 이후 신고하는 경우부터 적용한다.

① 매매로 소유권을 취득한 경우로서 종전 소유자가 소득세법 제105조 및 제110조에 따른 양도소득 과세표준신고 또는 증권거래세법 제10조에 따른 신고와 함께 소유권 변경 내용을 신고하는 경우

② 상속으로 소유권을 취득한 경우로서 상속인이 다음의 신고와 함께 해당 재산을 상속세 과세가액에 포함하여 신고한 경우. 다만, 상속세 과세표준과 세액을 결정 또는 경정할 것을 미리 알고 수정신고하거나 기한 후 신고를 하는 경우는 제외한다.
㉮ 상속증여세법 제67조에 따른 상속세 과세표준신고
㉯ 국세기본법 제45조에 따른 수정신고
㉰ 국세기본법 제45조의3에 따른 기한 후 신고

피상속인이 명의신탁한 주식을 상속받아 상속인 명의로 명의개서를 하지 아니하였으나 상속인이 2016.1.1. 이후 국세기본법 제45조에 따른 수정신고와 함께 해당 명의신탁주식을 상속세 과세가액에 포함하여 신고한 경우에는 상속인이 실제 소유자 명의로 명의개서하지 않은 것에 대해서는 상속증여세법 제45조의2 제3항에 따라 조세회피 목적이 있는 것으로 추정하지 아니하지만, 피상속인의 명의신탁 행위까지 조세회피 목적이 없는 것으로 추정하는 것은 아니다(법령해석과-1279, 2017.5.16.).

관련 예규·심판결정례 및 판례 등

【조세회피목적이 있다고 본 사례】

□ 명의신탁으로 인해 체납 국세 등의 징수 절차에 문제가 야기되었으며 과점주주에서 벗어나게 되어 제2차 납세의무자의 지위에서 벗어나게 되는 등 조세회피목적이 없다고 할 수 없음(대법원 2020두 41535, 2020.10.28.).

□ 형제들에게 명의신탁한 주식임을 은폐하기 위하여 허위로 현금차용증을 작성하고 원고의 형제들이 원고의 자녀에게 주식을 직접 증여한 점 등에 비추어 조세회피목적이 없다고 보기 어려움(대법원 2019두40826, 2019.8.29.).

□ 명의신탁주식을 증여 전 처분한 경우 조세회피 여부(서울고법 2017누81559, 2018.5.3. 완료)

명의신탁 주식이 아들에게 실제 증여되기 전에 처분되었다 하더라도 실제 조세회피 여부와 무관하게 신탁자의 증여세 경감의도가 뚜렷이 존재하였고, 최대주주로서 15% 할증 평가비율만큼 증여세를 회피할 수 있게 되어 명의신탁에 조세회피 목적을 부정할 수는 없음.

□ 신탁자가 조세회피목적이 없음을 입증 못하면 과세 정당함(대법원 2017두67162, 2018.2.28.).

주식을 명의신탁함으로써 배당소득에 대한 누진세율 적용이나 국세기본법상의 제2차 납세의무, 지방세법상의 간주취득세 등의 부담에서 벗어날 수 있었던 점 등에 비추어 보면 조세회피목적이 없었다고 보기 어려움.

□ 미처분이익잉여금이 증가하는 등 조세회피목적이 있음(대법원 2017두69083, 2018.2.13.).

금융기관 대출채무 변제기 연장 등을 받아내기 위하여 명의신탁을 하였음이 인정된다고 하더라도, 그러한 주된 목적과 아울러 조세회피의 의도도 있었다고 인정되면 조세회피의 목적이 없다고 할 수 없는 바, 배당소득세 회피가능성 등이 존재하여 부과처분은 적법함.

□ 법인이 개인에게 명의신탁한 경우 조세회피목적 여부(대법원 2017두66237, 2017.12.21.)

영리법인이 개인에게 주식들을 명의신탁함으로써 양도세율보다 높은 법인세율을 적용받게 될 가능성도 생기고, 차명으로 양도하는 경우에는 법인세법 제52조 부당행위계산부인 규정의 적용을 회피할 수 있는 등의 이점이 있으므로, 이 사건 주식의 명의신탁에는 이러한 법인세 부담을 회피하고자 하는 의도도 있었다고 봄이 타당함.

□ 페이퍼컴퍼니인 외국영리법인에게 주식을 명의신탁한 경우에도 조세회피목적이 있는 경우 증여의제 과세처분은 적법함(대법원 2017두54562, 2017.11.9.).

□ 명의신탁주식에 신주배정받은 경우 조세회피목적 여부(대법원 2017두52689, 2017.10.16.)

유상증자가 건설산업기본법상의 공사업 등록 요건을 맞추기 위한 것이라고 보기 어렵고, 그렇더라도 명의신탁의 필요성이 없으므로 조세회피목적이 없었다고 단정할 수 없고, 명의신탁상태에서 기존 지분비율에 따른 유상증자의 경우에도 조세회피목적이 없다고 볼 수 없음.

❏ **명의자의 조세회피목적 없다하여 과세제외하지 아니함**(대법원 2014두43905, 2017.5.31.).

명의신탁에 있어 조세회피의 목적이 없었다고 인정될 정도로 조세회피와 상관없는 뚜렷한 목적이 있었다거나 그 명의신탁 당시나 장래에 회피할 조세가 없었다는 점에 관하여 증명이 부족하고, 명의자에게 조세회피의 목적이 없다는 점만으로 증여의제규정의 적용을 배제할 수 없음.

❏ **과점주로서의 조세부담 등 회피목적이 있어 보임**(대법원 2012두14521, 2014.5.29.).

명의신탁의 특별한 이유가 보이지 않고, 오히려 명의신탁에 따라 과점주주로서의 조세부담 등 의무부담에서 벗어나게 된 점 등에 비추어 과점주주로서의 조세부담 등을 회피하려는 목적이 있었다고 봄이 상당하고 보충적 평가방법에 의한 증여재산가액 평가는 적법함.

❏ **신주의 명의신탁에 조세회피목적이 존재하는 경우 증여의제함**(대법원 2014두3761, 2014.5.29.).

유상증자주식의 명의신탁 시 조세회피목적은 회피사실의 여부 이전에 양도소득세 및 증여세 등을 회피할 개연성만 있으면 성립하는 것이며 미처분이익잉여금의 추세를 보아 배당가능성이 있는 점, 장래 과점주주 제2차 납세의무, 장래부동산 등을 취득할 경우 간주취득세 등의 조세를 회피할 가능성이 있으므로 증여세를 과세한 처분은 잘못이 없음.

❏ **체납처분을 회피하기 위한 명의신탁에 해당됨**(대법원 2013두16982, 2014.1.16.).

조세회피 목적이 있는 경우란 새롭게 성립하는 조세에만 한정되는 것이 아니라 기존에 성립한 조세를 회피하려는 목적의 명의신탁에도 해당됨.

❏ **조세회피목적 유무는 명의신탁 당시를 기준으로 판단해야 함**(대법원 2012두546, 2013.11.28.).

조세회피목적은 조세회피의 개연성만 있으면 성립한다 할 것인 바, 이익잉여금에 대한 배당이 이루어지면 낮은 소득세율을 적용받고 과점주주에 해당하지 아니하여 32회에 걸쳐 24억원 체납한 세금에 대한 2차 납세의무를 회피할 가능성 있어 장래에 있어 조세회피 목적이 없었다거나 회피될 조세가 없었다고 보기 어려움.

❏ **2차 납세의무를 회피하려는 의도 있음**(대법원 2013두9779, 2013.10.17.).

차용자금에 대한 이자지급 내역이 없고 회사의 운영에 전혀 관여하지 아니한 점에 비추어 보면, 원고명의로 주식을 취득하였다고 판단되며 경업금지의무를 회피하면서 동종 영업을 하기 위한 주된 목적 외에도 명의신탁에 따라 제2차 납세의무를 회피하려는 의도도 있었다고 보임.

❏ **조세회피의 목적이 있는 명의신탁에 해당함**(대법원 2012두8229, 2012.6.28.).

주식의 양도와 관련한 양도소득세를 신고·납부하지 않았고 과세관청 역시 이를 발견해 내지 못하였으며, 주식 취득자금에 대한 출처조사가 시작된 이후에 이르러 양도소득세를 신고·납부한 점 등에 비추어, 양도소득세나 배당소득에 대한 누진세율에 따른 종합소득세 등을 회피할 목적으로 명의신탁한 것으로 보임.

❏ **증권거래법상 공시위반 재제를 피하기 위해 명의신탁**(대법원 2011두12092, 2011.9.8.)

명의신탁이 증권거래법상 공시위반으로 인한 제재를 피하기 위한 목적으로 이루어졌다면 계열회사도 명의신탁을 하여야 함에도 그러하지 아니한 점, 일부만을 명의신탁해서 최대주주에서 벗어나면 공시의무위반을 벗어날 수 있음에도 원고에게 전부 명의신탁한 점으로 보아 조세회피목적 있는 명의신탁이 있었음.

❏ **무상증자 및 현금배당을 실시한 경우**(대법원 2010두3282, 2010.5.27.)

법인이 무상증자와 현금배당한 사실이 있고 배당소득에 따른 누진세율 회피금액이 상당한 점, 명의신탁함으로써 과점주주의 지위를 면한 점으로 보아 조세회피 목적이 있었다고 판단됨.

❏ **조세회피목적이 있는지 여부**(대법원 2009두18899, 2010.2.11.)

발기인 요건을 오인하여 명의신탁을 주장하나 회사설립당시 발기인 요건에 관한 법률이 개정된 지 5년이 지난 점에 비추어 오인하였다고 납득하기 어렵고, 배당세액의 합계액이 작아 조세회피목적이 없었다고 주장하나 우리나라 평균임금에 비추어 조세회피목적이 있는 것임.

❏ **배당소득 및 제2차 납세의무부담가능성이 있는 경우**(대법원 2009두11348, 2009.10.29.)

주식 자금원천에 관하여 구체적인 입증을 전혀 하지 아니하는 점으로 보아 명의신탁에 해당되고, 명의신탁 당시 장차 배당소득세 납부의무가 발생될 수 있는 점, 제2차 납세의무를 부담할 수 있는 점으로 보아 조세회피목적이 있었다고 판단됨.

❏ **추가 대출받기 위해 명의자로 증권계좌 개설한 경우**(대법원 2009두11836, 2009.10.15.)

주식 명의신탁에 있어 다른 목적과 아울러 조세회피의 의도가 부수적으로라도 있었다고 인정되면 조세회피의 목적이 없다고 할 수는 없다 할 것인데 원고는 추가로 대출받기 위한 목적이외에 수탁자 명의로 증권계좌를 개설하고 주식을 취득하여 발생된 배당소득에 대해 누락한 점 등으로 보아 조세회피목적이 없었다고 할 수 없음.

❏ **조세회피목적 외 법령상 제한을 피하기 위한 명의신탁인지**(대법원 2008두21096, 2009.2.26.).

주식의 명의신탁이 조세회피목적 이외에 법령상의 제한을 회피하기 위해서라는 등의 뚜렷한 이유가 있는 것으로 보이지 않고, 이 사건 주식의 증여에 대해 명의수탁자인 원고들이 양도한 것으로 매매계약서를 작성하는 등 증여세를 회피한 것을 보아 조세회피의 목적이 있었다고 봄이 타당함.

❏ **조세회피목적을 판단할 때 조세의 범위**(대법원 2008두22105, 2009.2.12.)

명의신탁 목적이 조세회피에 있는 경우 조세를 증여세에 한정할 수는 없고, 다른 배당소득의 종합소득합산과세에 따른 누진세율 적용 회피 목적 등 다른 조세회피의 목적이 있었다고 인정되므로 명의신탁 증여의제 과세는 정당함.

【조세회피목적이 없다고 본 사례】

❏ **명의신탁후 상장된 경우 조세회피목적이 있다고 보기 어려움**(대법원 2022두47698, 2022.10.27.).

명의신탁이 뚜렷한 특정 목적에 기해서 이루어진 것이 아니고 실제 주식시장 상장이 최초 명의신탁 시점으로부터 10년 넘게 지나서 실현되었으며 그 방법이 최초의 의도와 달라졌다고 하더라도, 그러한 사정만으로 명의신탁이 조세회피 목적으로 이루어진 것이라고 보기는 어려움.

❏ **범죄사실 은닉 등 목적의 명의신탁은 조세회피목적 없음**(대법원 2022두45609, 2022.9.29.).

명의신탁 당시 범죄사실 은닉과 단기시세차익을 얻기 위한 목적이 있었으며, 설령 명의신탁으로 조세회피 가능성이 있더라도 이는 명의신탁에 부수하여 사소한 조세경감이 생기는 것에 불과하므로 명의신탁 증여의제 과세는 위법함.

❏ 배당소득세신고, 명의환원등으로 볼 때 조세회피목적 없음(조심 2023서3177, 2023.11.1.).
법인 인수 이후 사업진행 내용과 함께 청구인은 쟁점주식 관련 배당금을 대부분 자신의 것으로 신고하였고 그 명의를 환원하는 등 사정에 비추어 조세회피 목적이 없었다고 봄이 상당함.

❏ 강제집행을 피할 목적으로서 조세회피목적이 있다고 보기 어려움(조심 2020서8218, 2021.9.16).
명의신탁에 대하여 쟁점법인의 워크아웃이 성사되지 않을 경우에 대비하여 채권자들의 강제집행을 피하기 위함이었다는 청구인의 소명은 정당성에 대한 가치판단은 별론으로 하더라도, 최소한 조세회피목적 외에 뚜렷한 다른 목적으로 보기에 충분하고, 당시 청구인과 쟁점법인에게 체납세액이 없었음이 이러한 청구인의 소명을 뒷받침하는 점 등에 비추어 이 건 명의신탁에는 조세회피목적이 있었다고 단정하기에 부족한 점이 있다고 할 것임.

❏ 명의자의 의사와 관계없이 일방적으로 명의를 변경하였다고 보기 어려우나, 조세회피목적과 무관한 명의신탁에 해당함(대법원2018두62591, 2019.2.28.).
이 사건 주식은 2006.1. 원고 명의로 변경된 2,500주가 2007.10.부터 2012.12.까지 4차례의 유상증자를 거쳐 6,000주로 된 것인데, 위 각 유상증자 과정에서 원고 명의로 인수된 주식은 이 DD가 EEEE의 경영상 필요에 의하여 유상증자를 하면서 절차상의 번거로움을 피할 목적에서 주주명부상의 종래 주식보유현황에 기초하여 원고 명의로 인수한 것이므로, 위 주식에 대한 원고 명의의 명의신탁은 조세회피목적과는 무관함(대법원 2017.12.13. 선고 2017두39419 판결 등 참조).

❏ 명의신탁주식 환원한 경우 조세회피목적 여부(조심 2018중2914, 2018.10.31.)
쟁점법인의 미처분이익잉여금이 매년 증가하였으나 법인설립 이후 명의신탁주식을 환원하기 전까지 한 번도 배당을 실시한 사실이 없을 뿐 아니라 조세의 체납이나 탈루도 없으며, 명의신탁주식에 부수하여 조세경감도 발생하지 아니하였고 향후의 조세회피 가능성도 차단된 점 등에 비추어 조세회피목적이 있었다고 인정하기는 부족함.

❏ 투자계약 체결조건으로 약정한 경업금지의무를 준수하기 위하여 명의신탁하였고, 실제로 이익배당을 실시한 적이 없는 등 조세회피 목적이 있다고 볼 수 없음(대법원 2018두32477, 2018.4.26.).

❏ 경영개선이라는 뚜렷한 목적이 있고 조세회피혐의가 없음(대법원 2016두51689, 2017.6.19.).
이 사건 명의신탁은 경영상 어려움을 타개하기 위한 조치로 보이고, 명의수탁자들 또한 특수관계인들로서 제2차 납세의무를 회피할 목적이 있었다고 보기 어려우며 배당소득의 종합소득합산과세에 따른 누진세율 적용을 회피할 목적이 없었다고 볼 여지가 큼.

❏ 절차상 번거로움을 피할 목적이지 조세회피 목적으로 보기 어려움(대법원 2017두38621, 2017.6.29.).
명의신탁한 주식은 총발행주식의 약 0.2%에 불과하여 YYY이 자신 명의로 이 사건 주식을 취득한다고 하더라도 국세기본법이나 지방세법상의 제2차 납세의무 또는 간주취득세의 부담을

824 제 3 편 증여세

지게 되는 과점주주에는 해당하지 않고, 명의신탁한 기간 동안 이익배당을 실시한 적이 없었을 뿐만 아니라, 배당가능한 이익잉여금이 있었던 것도 아니므로 회피된 종합소득세도 없음.

❑ 조달청 신인도 평가부분에서 여성기업으로 인정받기 위한 경영상 목적으로 명의신탁한 경우 조세회피 목적이 없다고 보여짐(국심 2007서2634, 2008.6.17.).

❑ 상장시 2년간 처분제한 피하기 위한 명의신탁으로 조세회피목적 없음(대법원 2014두786, 2014.5.16.).

❑ 후처로부터 재산을 보전한 목적으로 명의신탁한 경우(대법원 2009두1471, 2009.5.14.)

주식을 명의신탁한 것은 후처로부터 자신의 재산을 보전하기 위한 것으로서 명의신탁 당시 조세회피의 목적이 없었다고 봄이 상당하고 장래에 조세경감의 결과가 발생할 가능성이 존재할 수 있다는 막연한 사정만으로 달리 볼 것은 아님.

❑ 금융위원회의 행정규제를 피하기 위해 명의신탁한 경우(대법원 2007두24302, 2008.11.27.)

명의신탁의 목적은 금융감독위원회에 대한 신고 등 행정규제를 피하기 위한 것으로서, 위 명의신탁 당시 조세회피의 목적이 없었다고 봄이 상당하므로 이 처분은 위법함.

❑ 증권투자신탁업법의 규제를 피하기 위해 명의신탁한 경우(대법원 2007두22719, 2008.2.1.)

주식의 명의신탁과정 등을 종합하면, 이 사건 주식을 명의신탁한 것은 조세를 회피하기 위한 것이 아니라 구 증권투자신탁업법을 비롯한 여러 법령의 규정과 투자각서에 의한 제한 때문으로 보임.

❑ 본인 명의로 주식취득해도 과점주주에 해당하지 않은 경우(대법원 2007두12606, 2007.8.20.)

명의신탁자가 자신 명의로 주식을 취득하였다고 하더라도 과점주주에 해당하지 않는 점, 주식과 관련된 배당소득의 종합소득합산과세에 따른 누진세율 적용을 회피할 목적이 있었다고 보기 어려워 명의신탁으로 인한 조세회피목적이 없음.

❑ 방송경력자가 주식취득해야 하는 요건으로 인한 명의신탁(대법원 2005두14714, 2006.6.9.)

주식 취득 요건이 15년 이상 방송경력자를 요구한 점, 명의신탁 주식을 합해도 과점주주에 해당하지 않는 점, 주식 중 절반 이상을 명의신탁 후 2개월여 만에 양도한 점으로 보아 주식의 명의신탁에 있어서 조세회피목적이 있었다고 보기 어렵다고 판단됨.

❑ 회사업무처리절차상 명의신탁한 것으로 증여세 부과는 부당함(대법원 2004두13936, 2006.5.25.).

3. 증여의제시기

명의신탁재산에 대하여 증여세를 과세하는 경우 일반 증여재산과 마찬가지로 증여의제시기를 기준으로 재산을 평가하여 증여세액을 계산하고 증여세 신고기한 및 부과제척기간의 기산일로 삼고 있다. 또한 증여의제시기의 도래 여부에 따라 명의신탁재산에 대한 증여세 납세의무 성립 여부가 결정되는데 특히, 주식의 경우 증여의제 과세대상 여부를 판단하는 데 있어 중요한 의미를 가진다.

가. 등기·등록이 필요한 재산

권리의 이전이나 그 행사에 등기가 필요한 재산인 입목, 공장재단, 광업재단, 선박 등의 경우 등기부상 소유자를 명의자 이름으로 등기한 날이 증여시기가 된다. 등록이 필요한 재산인 특허권, 실용신안권, 디자인권, 저작권 및 자동차, 항공기, 건설기계 등의 경우 행정관청의 등록원부에 소유자를 명의자 이름으로 등록한 날이 증여시기가 된다.

나. 명의개서가 필요한 재산

권리의 이전이나 그 행사에 명의개서가 필요한 주식이나 출자지분 등의 경우 회사에서 비치하고 있는 주주명부 또는 사원명부 등에 명의자 이름으로 명의개서한 때가 일반적인 증여의제시기이다. 주주명부 등에 명의개서를 하지 아니한 경우에도 소유자가 바뀐 뒤 장기간 방치한 경우에는 종전 소유자에게 명의신탁한 것으로 보는 규정을 2003.1.1.부터 시행하는 등으로 주식 등의 경우 몇 가지 사례별로 증여의제시기에 차이를 두고 있다.

2002.12.31. 이전	2003.1.1.~2003.12.31.	2004.1.1. 이후
① 주주명부에 타인명의로 명의개서한 경우	①의 경우 종전과 같음 ② 소유자 변경 후 주주명부에 미개서한 경우	①, ②의 경우 종전과 같음 ③ 주주명부가 없는 경우로서 주식 변동상황명세서에 타인명의로 기재하여 제출한 경우

1) 타인 명의로 명의개서를 한 경우

주식이나 출자지분의 경우 상법 제337조에 따라 취득자의 주소와 성명을 회사에서 비치하고 있는 주주명부 또는 사원명부에 다른 사람으로 기재한 때가 명의신탁에 따른 증여의제시기로서 증여세 납세의무성립일이 된다. 비상장법인의 경우 회사에서 주주명부 등을 비치하고 직접 명의개서를 하고 있지만 매일매일 주주가 바뀌는 주권상장법인의 경우 그 때마다 주주명부에 명의개서를 하거나 회사에서 주주 변동상황을 파악하는 것도 어렵기 때문에 일반적으로 명의개서 대행기관을 통하여 명의개서를 하고 있다. 명의개서 대행기관에서 실질주주명부를 작성하는 경우 상법상 주주명부에 명의개서를 한 효력이 생긴다.

따라서 상장주식 또는 코스닥상장주식을 타인 명의의 증권예탁계좌를 통하여 거래하는 경우 해당 상장주식의 명의신탁에 따른 증여의제시기는 자본시장법 제316조에 따른 실질주주명부를 작성한 날이다(상속증여세법 기본통칙 45의 2-0…3). 다른 사람 명의의 증권예탁계좌를 통하여 상장주식을 취득한 날 또는 고객예탁계좌에 입고한 날이 아니다.

 관련 예규·심판결정례 및 판례 등

□ 명의자 변경 및 유상증자한 경우 명의신탁시기는 각 명의개서일임(재산세과 – 86, 2013.3.19.).

□ 상장주식을 타인명의로 취득한 경우 명의신탁시기(재재산 – 1721, 2004.12.30.)

상속증여세법 제45조의2의 규정에 의한 명의신탁재산의 증여시기는 실제소유자가 명의자로 등기·등록 또는 명의개서를 한 날을 말함(갑설 타당함).

(질의) 타인명의의 고객예탁계좌부를 통하여 상장주식을 취득한 것에 대하여 명의신탁재산의 증여의제규정을 적용할 때, 증여시기가 고객예탁계좌부에 기재한 날인지 또는 주주명부 (실질주주명부 포함)에 명의수탁자의 주소와 성명을 기재한 날인지 여부?

(갑설) 주주명부(실질주주명부)에 기재한 날이다.

(을설) 고객계좌부에 기재한 때이다.

□ 증권회사 고객계좌부에 기록한 것만으로는 명의신탁 아님(재재산 – 76, 2011.1.26.).

2) 종전 소유자 명의로 둔 경우

주식 등을 취득한 자가 본인 또는 제3자 이름으로 바꾸지 않고 종전 소유자 이름으로 둔 경우 종전에는 명의신탁에 따른 증여세를 과세할 수 없었으나, 2003.1.1.부터 재산을 취득한 후 소유권취득일이 속하는 연도의 다음 연도 말까지 취득자 이름으로 명의개서하지 않은 경우에는 종전 소유자에게 명의신탁한 것으로 본다.

이 경우 2002.12.31. 이전 소유권이 변경되었으나 종전 소유자 이름으로 방치하고 있는 미명의개서분은 2003.1.1. 취득한 것으로 보아 2004.12.31.까지 취득자 이름으로 명의개서하지 아니하면 2005.1.1. 취득자가 종전 소유자에게 명의신탁한 것으로 보도록 부칙에서 규정하여 개정세법을 적용하도록 하였다.

3) 명의자는 동일인인데 실제 소유자가 바뀐 경우

예를 들어 甲이 乙에게 주식을 명의신탁하고 있는 상태에서 甲이 사망한 경우로서 주주명부에는 계속하여 乙명의로 기재되어 있는 경우 등 상속, 증여 또는 매매 등으로 인하여 명의신탁재산의 소유자가 바뀌었는데 공부상 명의자는 변경되지 아니한 경우 2003.1.1. 이후 시행하는 개정세법 적용방법에 대한 논란이 생길 수 있다.

즉, 상속개시일 또는 증여일 등에 새로운 소유자인 상속인 또는 수증자가 명의자에게 다시 명의신탁한 것으로 보아 그 날을 증여의제시기로 하여 과세할 것인가, 명의개서를 하지 아니한 경우로서 2003.1.1. 취득한 경우로 보아 개정세법을 적용할 것인가 등에 대해서는 여러 가지 주장이 생길 수 있다. 증여일 등에 새로운 명의신탁으로 보는 심판결정례가 있으며, 과세관청 유권해석은 개정세법 적용대상으로 보는 견해를 밝히는 반면(법규과－969, 2011.7.22.), 대법원은 상속의 경우에는 적용되지 아니한다고 판결하고 있다(대법원 2014두43653, 2017.1.13.). 상속으로 소유권을 취득한 경우로서 2016.1.1. 이후 해당 명의신탁한 재산을 상속세 과세가액에 포함하여 상속세 신고·수정신고·기한 후 신고한 경우에는 과세하지 아니하도록 규정함에 따라 상속도 포함하는 것임을 명확히 규정하였다.

 관련 예규·심판결정례 및 판례 등

❑ 상속받은 명의신탁 주식에 대한 명의개서해태 증여의제 적용 여부(재재산－880, 2019.12.27.)

상속 취득에 대한 조세회피목적을 배제하는 규정 신설 후인 '16.1.1. 이후 과세하며 '16.1.1. 이후 상속하는 분부터 명의개서해태 증여의제 규정을 적용함.

❑ 장기 미명의개서분의 경우 증여의제시기(재재산－306, 2012.4.20.)

명의개서가 필요한 주식의 소유권을 취득하고도 실제소유자 명의로 명의개서를 하지 아니한 경우 상속증여세법 제45조의2에 따라 소유권 취득일이 속하는 해의 다음 해 말일의 다음 날에 그 주식의 가액을 명의자가 실제소유자로부터 증여받은 것으로 보는 것임.

❑ 미명의개서분 증여의제 대상 여부(재산세과－605, 2011.12.20., 서면4팀－132, 2004.2.25.)

상속증여세법 제41조의2(2002.12.18. 대통령령 제6780호로 개정된 것)의 규정은 2003.1.1. 이후 최초로 소유권을 취득하는 분부터 적용하는 것이며, 같은 법 부칙 제9조에 의하여 2002.12.31. 이전에 소유권을 취득하고 2003.1.1. 현재 명의개서를 하지 아니한 분에 대하여는 2003.1.1.에 소유권을 취득한 것으로 보는 것임.

(질의) 2002년 주식을 취득한 후 2010.12. 소유자에게 명의개서한 경우 과세 여부

❑ 명의신탁주식을 증여한 경우 명의신탁시기(조심 2011서1091, 2011.11.24.)

명의신탁한 주식을 증여하여 실소유자가 변동되는 과정에서 명의수탁자와 묵시적 합의나 의사소통(검찰 조사 등에서 진술 등)이 있었던 것으로 보아 새로운 명의신탁으로 보아 증여세 과세함.

(사실관계 및 처분내용)

－2001.12.31. 甲이 A상장주식을 乙에게 명의신탁함.

－2006.3.31. 甲이 손자에게 증여하고 乙명의로 그대로 둠.

－2007.7.18. 甲 사망

－2006.12.31. 주주명부폐쇄일에 손자가 乙에게 명의신탁한 것으로 보아 과세

❑ 양도인과 명의신탁 합의가 있어 기존 명의수탁자로 명의개서가 되어 있는 주식을 양수인이 양도받

는 경우에는 명의개서해태 증여의제규정이 적용되지 않음(서울고법 2020누33833, 2020.10.16.).

- 양수인과 수탁자 사이에 명의신탁 합의가 있었다면 그 합의일이 새로운 명의신탁 시기이고,
- 주식 양도사실을 신고할 수 없는 기존 명의수탁자에게 당초 명의신탁시점에서 과세하는 외 다시 명의개서해태 증여의제규정에 의하여 과세하는 것은 중복과세금지 원칙에 위배됨.

☐ 명의수탁자는 동일한데 신탁자가 바뀐 경우 과세대상 여부(대법원 2020두53378, 2023.9.21.)

(사실관계)

① 甲이 1991년에 b, c, d, e에게 명의신탁한 A주식을 1998년 乙에게 양도함.

② 乙은 A주식 중 일부는 1998년 본인으로 명의개서하고, 나머지 주식은 2010년 본인 명의로 명의개서함

(과세내용) 2010년 명의개서한 주식에 대해 2005.1.1.을 증여시기로 하여 증여세 부과함.

(판결내용)

乙이 A주식을 양수한 1998년에 b, c, d, e와 명의신탁 합의가 있었다고 인정되고, 그 시점에서 명의신탁 증여의제를 할 수 있었으므로 명의개서해태 증여의제 규정을 중복하여 적용될 수 없으며, 1998년 명의신탁 합의일부터 15년의 부과제척기간이 경과한 후에 이루어진 과세처분은 위법함.

☐ 명의신탁된 주식을 상속받은 후 장기간 명의개서를 미이행한 경우 이를 새로운 명의신탁으로 볼 수 없고 명의개서해태 대상도 아님(대법원 2016두40030, 2017.4.13., 대법원 2014두43653, 2017.1.12.).

☐ 상속으로 명의수탁자 지위를 그대로 승계하는 것이므로 명의신탁으로 볼 수 없음(부산고등법원 2012누2702, 2013.1.30. 완료).

주식의 명의를 상속으로 취득하는 경우 피상속인의 명의수탁자 지위를 그대로 승계하는 것이므로 애초의 명의신탁을 해지하고 상속인들과 사이에 새로운 명의신탁약정을 체결할 아무런 이유를 찾아볼 수 없는 점 등으로 보아 명의신탁에 따른 증여세 과세는 위법함.

사례 **명의신탁 유형별 증여의제규정 적용방법**

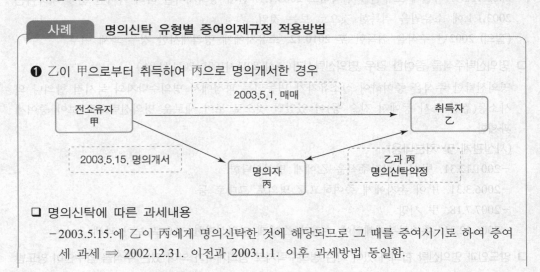

❶ 乙이 甲으로부터 취득하여 丙으로 명의개서한 경우

☐ 명의신탁에 따른 과세내용

- 2003.5.15.에 乙이 丙에게 명의신탁한 것에 해당되므로 그 때를 증여시기로 하여 증여세 과세 ⇒ 2002.12.31. 이전과 2003.1.1. 이후 과세방법 동일함.

* 취득한 연도의 다음 연도 말일(2004.12.31.)까지 乙명의로 변경하거나 甲이 소유권 변경내용을 신고하더라도 증여세 과세 제외되는 것이 아님.

❷ 2003.1.1. 이후 乙이 취득하여 전소유자 甲명의로 둔 경우

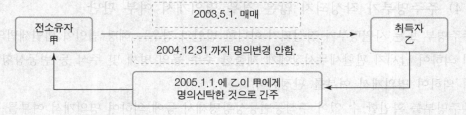

□ 명의신탁에 따른 과세내용

- 乙이 甲으로부터 취득한 후에도 계속 甲명의로 두는 미명의개서의 경우 과세할 수 없었으나, 2003.1.1.부터 乙이 취득한 연도의 다음 연도 말일까지도 종전소유자인 甲명의로 둔 경우에는 그 다음 날 乙이 甲에게 명의신탁한 것으로 보아 증여세 과세대상으로 삼되, 甲이 양도소득세 또는 증권거래세 신고와 함께 소유권변경내용을 신고한 경우에는 과세 제외함.

- 따라서, 2005.1.1.에도 甲명의로 된 경우에는 그 날을 증여시기로 하여 증여세를 과세하나, 2004.12.31. 이전에 乙명의로 명의개서를 했거나 甲이 양도소득세 등 신고와 함께 소유권변경내용을 신고한 경우에는 과세되지 않음.

❸ 2002.12.31. 이전 乙이 취득하여 전소유자 甲명의로 둔 경우

□ 명의신탁에 따른 과세내용

- 2002.12.31. 현재 종전 소유자(甲) 명의를 그대로 유지하고 있는 경우에는 2003.1.1.에 乙이 甲으로부터 취득한 것으로 보므로(부칙 §9)

- 2005.1.1.에도 甲명의로 되어 있는 경우에는 그 날을 증여시기로 하여 증여세를 과세하고, 2004.12.31. 이전에 乙명의로 명의개서를 했을 때에는 과세되지 않음.

❹ 乙이 丙에게 명의신탁한 날이 부과제척기간이 만료된 경우

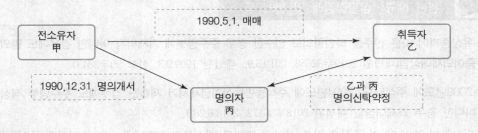

□ 명의신탁에 따른 과세내용

- 1990.12.31.에 乙이 丙에게 명의신탁한 것에 해당되므로 그 때를 증여시기로 하여 증여세 과세대상임.

> * 부과제척기간이 만료되어 증여세를 부과하지 못한다하여 2003.1.1.에 취득한 것으로 보아 개정
> 세법에 따른 증여세 과세대상으로 삼을 수 없다고 생각된다.

4) 주주명부가 작성되지 않은 경우 명의개서 여부 판단

주주명부 또는 사원명부가 작성되지 아니한 법인의 경우는 해당 법인이 법인세법의 규정에 의하여 납세지 관할세무서장에게 제출한 주주 등의 명세 및 주식 등 변동상황명세서에 의하여 명의개서 여부를 판정한다.

주주명부를 확인할 수 없어 주식등변동상황명세서 등에 의하여 명의개서 여부를 판단하는 경우 증여의제일은 실제 소유권 이전 처리일(소유권 이전 처리일이 확인되지 않는 경우 주식등변동상황명세서 등의 거래일)을 기준으로 판단하며(재재산-489, 2018.6.11., 법령해석재산-282, 2018.6.11.) 2020.1.1.부터 다음의 순서에 따른 날임을 명확하게 규정하였다(상속증여세법 시행령§34의5).

㉠ 양도소득세, 증여세 등의 과세표준신고서에 기재된 소유권이전일

㉡ 주식등변동상황명세서에 기재된 거래일

중소법인의 경우 주주명부 또는 사원명부 자체가 없는 경우가 있어 주식 등 변동상황명세서 등에 의하여 타인 명의로 등재된 사실이 확인됨에도 주주명부 또는 사원명부상 명의개서가 아니어서 증여세를 과세할 수 없다는 주장이 있어 법인설립시 제출하는 주주등의 명세 또는 법인세 과세표준 신고시 제출하는 주식 등 변동상황명세서에 의하여 명의개서 여부를 판정하는 것으로 명확히 규정하였다.

2004.1.1. 이후 주주 등의 명세, 주식 등 변동상황명세서를 제출하는 분부터 적용한다.

 관련 예규·심판결정례 및 판례 등

☐ 유상증자에 따른 신주를 타인명의로 인수한 경우 주주명부에 기재되지 아니한 경우에도 명의신탁 증여의제대상임(대법원 2019두32658, 2019.5.9., 대법원 1999.9.3. 선고 99두3843).

☐ 2003년도에 주식양도, 2004년도에 주식등변동상황명세서가 제출된 경우에도 주주명부 작성되지 아니한 경우 과세대상임(대법원 2018두36172, 2018.6.28.).

원고들이 2003.12.경 주식을 다른 사람의 명의로 매수하고 2004.3.31. 그 주식거래 등이 기재된 주식등변동상황명세서를 제출한 경우 그 제출일에 명의신탁 증여의제 요건이 완성되었다고 보아야 하므로 이로 인한 증여세 납세의무가 2004.1.1. 이후 성립된 경우이므로 2004.3.31.을 증여의제일로 보아 증여세를 과세할 수 있다고 봄이 타당함.

❏ 2003.12월 이전 타인명의로 명의개서한 주주명부 미제출로 보여 증여세 과세는 타당함(대법원 2016두55049, 2017.5.17.).

2004.3.30. 주식등 변동상황명세서를 제출하였고, 대주주와 친족 외 일반주주가 존재하는 상황에서 배당금 지급과 유상증자 및 유상감자 후 주주명부를 등기소에 제출한 사실 그리고 임원의 컴퓨터에 보관된 '주식이동현황' 문서에서 회사 설립이후 명의신탁시점까지 각 주주의 주식수, 취득연월일, 취득사유, 지분율 등이 상세히 기록된 점을 볼 때 주주명부가 작성된 것으로 보이는 바 2003.12.31. 이전 주주명부가 작성되지 아니하여 명의신탁에 따른 증여세 과세할 수 없다는 원고 주장은 수긍할 수 없음.

❏ 주식등변동상황명세서에 의한 명의신탁 규정 적용시 증여의제시기는 외부에 주주변동사실이 표시된 주식변동상황 명세서 제출일로 보아야 함(대법원 2017두32395, 2017.5.11.).

❏ 주주명부가 작성되어 있는 경우 주식등변동상황명세서를 기준으로 명의개서 여부를 판단하여 과세처분한 것은 잘못임(대법원 2011두11099, 2014.5.16.).

❏ 2003.12.31. 이전 주주명부가 작성되지 아니한 경우 증여의제대상 아님(대법원 2014두5880, 2014.3.20.).
주주명부가 작성되지 아니한 경우 주식등 변동상황명세서에 의하여 명의개서 여부를 판정한다고 개정된 상속증여세법 제45조의2 제3항은 2004.1.1. 전의 증여분에 대하여 소급 적용할 수 없음.

5) 유·무상증자 또는 합병 후 교부된 신주 등의 명의신탁 여부

법인이 유상증자를 할 때 명의신탁주식에 배정된 신주를 인수하거나 교부받은 무상주를 기존주주로 기재된 명의자 이름으로 다시 주주명부를 작성하는 경우 새로운 명의신탁한 주식으로 볼 것인가, 명의신탁주식의 수가 늘어난 것에 불과하므로 증여의제대상에서 제외할 것인가에 대한 논란이 생길 수 있다. 유상증자의 경우 과세관청 및 대법원 판례 등은 금전을 추가로 납입하여 교부받은 신주를 새롭게 명의신탁한 것으로 본다. 무상주의 경우에는 무상주를 발행한 재원이 무엇이냐에 따라 과세관청의 유권해석과 대법원 판례에 차이가 있었다. 자본준비금이나 재평가적립금 등에 의해 무상주를 발행하는 경우에는 새로운 명의신탁이 아니라는 견해가 동일하였고, 이익준비금의 자본전입에 따라 배정된 무상주의 경우 대법원에서는 새로운 명의신탁주식이 아니라고 판결하였으나 과세관청에서는 새로운 명의신탁이라고 유권해석하다가 2014.11.14 이후 결정·경정분부터 증여의제 대상이 아니라고 유권해석을 바꾸었다.

또한 인적분할로 신설된 분할신설법인의 주식의 경우 새로운 명의신탁주식이 아니라는 유권해석하면서도 명의신탁한 피합병법인의 주식을 합병 후 존속하는 법인의 주식으로 교부받은 경우와 주식의 포괄적 교환으로 완전모회사의 주식을 명의자 이름으로 교부받아 명의개서한 것도 새로운 명의신탁에 해당한다고 유권해석하였다.

그러나 명의신탁한 주식에 대하여 합병 후 교부된 신주를 종전 주주 명의로 명의개서한 것이 새로운 명의신탁에 해당하는지에 대해서 서울고등법원은 서울행정법원 판결(서울행정법원 2015구합53817, 2015.11.27.)과는 다르게 새로운 명의신탁으로 판결(서울고법 2015누38872, 2015.11.27.)하였으나 대법원에서 새로운 명의신탁에 해당하지 않는다고 최종 판결(대법원 2016두30644, 2019.1.31.)하였고, 주식의 포괄적 교환의 경우에도 새로운 명의신탁이 아니라고 판결(대법원 2012두27787, 2018.3.29.)하였다.

 관련 예규·심판결정례 및 판례 등

☐ 인적분할 신설법인에 다시 명의자로 명의개서한 경우 과세대상 아님(재재산-376, 2010.4.22.).

☐ 흡수합병에 따라 교부받은 합병법인의 주식을 실제소유자가 아닌 타인 명의로 다시 명의개서를 하는 경우 새로운 명의신탁에 해당함(재재산-187, 2015.2.17., 재재산-257, 2011.4.12.).

☐ 명의신탁주식에 배정된 신주도 새로운 명의신탁에 해당함(대법원 2014두38491, 2017.10.26.).

☐ 명의신탁된 구주에 교부되는 합병신주에 대해 명의신탁 증여의제로 재차 과세할 수 없음(대법원 2016두30644, 2019.1.31.).

최초로 명의신탁된 합병구주와 이후 합병으로 인해 취득한 합병신주에 대하여 각각 이 사건 법률조항을 적용하게 되면 애초에 주식이나 그 인수자금이 수탁자에게 증여된 경우에 비하여 지나치게 많은 증여세액이 부과될 수 있어서 형평에도 어긋난다.

☐ 포괄적 교환에 따른 신주는 과세 대상임(조심 2010서2642, 2011.4.18., 재산세과-466, 2009. 10.14.).

☐ 주식의 포괄적 교환으로 신주 교부시 증여의제 대상 아님(대법원 2012두27787, 2018.3.29.).

주식의 명의신탁을 받은 자가 상법상 주식의 포괄적 교환에 의하여 완전자회사가 되는 회사의 주주로서 그 주식을 완전모회사가 되는 회사에 이전하는 대가로 완전모회사의 신주를 배정받아 인수한 경우 그 신주에 관하여 재차 명의신탁 증여의제 규정을 적용할 수 없음.

– 최초로 증여의제 대상이 되어 과세되었거나 과세될 수 있는 명의신탁 주식의 매도대금으로 취득하여 다시 동일인 명의로 명의개서 된 주식은 특별한 사정이 없는 한 다시 구 상속증여세법 제45조의2 제1항이 적용되어 증여세가 과세될 수는 없다(대법원 2017.2.21. 선고 2011두10232 판결 등 참조). 상법상 주식의 포괄적 교환의 경우에도 최초의 명의신탁 주식과 명의수탁자가 완전모회사가 되는 회사로부터 배정받은 신주에 대하여 각각 별도의 증여의제 규정을 적용하게 되면, 위와 같이 증여세의 부과와 관련하여 최초의 명의신탁 주식에 대한 증여의제의 효과를 부정하는 모순을 초래하고 형평에 어긋나는 부당한 결과가 발생하는 것은 마찬가지이므로, 원칙적으로 위 법리가 그대로 적용된다고 할 것이다.

➡ 종전 판결(대법원 2014두1512, 2014.4.30. 외)에서는 새로운 명의신탁으로 보았으나 판례를 변경한 것으로 볼 수 있음

❑ 명의신탁된 주식에 배정된 자본준비금, 재평가적립금 등에 해당하는 무상주는 증여의제 규정이 적용되지 아니함(재재산-929, 2007.7.27., 대법원 2006두20600, 2009.3.12.).

❑ 이익잉여금 자본준비금으로 발행한 무상주는 명의신탁 증여의제 대상 아님(재재산-739, 2014.11.14., 대법원 2009두21352, 2011.7.14.).

다. 명의자 또는 명의신탁재산 종류가 변경된 경우

명의신탁자 및 명의신탁재산은 동일한데 명의자가 변경되는 경우 또는 명의신탁자와 명의자는 동일한데 명의신탁재산의 종류가 변경되는 경우 최초 명의신탁시점을 증여의 제시기로 하여 증여세를 과세하였다 하더라도 뒤에 명의자 또는 명의신탁재산의 종류가 변경된 시점에서 새로운 명의신탁에 해당한다고 유권해석하였으나 대법원에서는 증여세가 과세되는 명의신탁주식의 매도대금으로 주식을 취득하고 다시 명의신탁한 경우에는 증여의제대상으로 삼을 수 없다고 판결(대법원 2011두10232, 2017.2.21. 외)하였고, 기획재정부에서도 대법원 판결에 따른 유권해석(기재부 재재산-538, 2017.8.25.)을 하였다. 이때 최초에 증여의제 대상이 되어 과세될 수 있는 명의신탁주식의 매도대금으로 취득한 주식이라는 점은 원칙적으로 이를 주장하는 납세자가 입증하여한다고 판결(대법원 2019두36971, 2020.6.25.)하였다.

 관련 예규 · 심판결정례 및 판례 등

❑ 피상속인이 명의수탁받은 주식을 상속인으로 명의개서한 경우(재산세과-935, 2010.12.13.)
  피상속인이 명의수탁한 주식을 상속개시 후 상속인명의로 명의개서한 경우에는 당초 피상속인 명의로 명의개서한 때와 그 상속인 명의로 명의개서한 때에 각각 그 증여받은 것으로 보는 것이나, 새로운 명의신탁 약정이 없었다고 인정되는 경우에는 그렇지 않음.

❑ 피상속인이 명의신탁한 주식을 사망 후 명의자 변경한 경우(서일 46014-10535, 2003.4.30.)
  피상속인의 주식을 상속개시 전에 명의 수탁한 타인이 상속개시 후 제3자에게 직접 양도하고 양도세 납부했으나 사실상 또 다른 명의신탁에 해당하는 경우, 상속세 과세와 상속전후 명의신탁에 따른 증여세 과세와는 별개의 사안이며, 기납부 양도세는 환급대상임.

❑ 수탁자를 달리하여 순차로 명의신탁이 이루어진 경우 최초의 명의신탁과 별개의 증여의제대상임(대법원 2021두50512, 2021.12.16.).
  동일한 주식에 대하여 종전의 명의신탁과 동일성이 유지되지 않는 별개의 새로운 명의신탁이 이루어진 이상, 구 상속증여세법 제45조의2 제2항에 따라 명의신탁자에게 조세회피의 목적이 있었던 것으로 추정되어 연대납세의무자에게 한 증여세 및 가산세 고지처분은 적법함.

☐ 명의수탁자가 바뀐 경우 새로운 명의신탁에 해당함(대법원 2012두13207, 2017.4.7.).

甲이 乙에게 명의신탁한 A주식을 매도하고 그 매도대금으로 취득한 B주식을 丙에게 명의신탁한 경우 새로운 명의신탁주식 증여의제대상임.

☐ 상속재산을 상속개시 후 명의신탁한 경우 증여세와 상속세를 부과하는 것은 중복과세 아님(대법원 98두17937, 2000.11.28.).

☐ 명의수탁자만이 변경된 경우 과세 여부(대법원 2009두8212, 2009.9.10.)

명의신탁재산의 증여의제 규정에 따라 증여세가 과세된 재산을 제3자에게 명의수탁자의 지위를 이전하여 제3자에게 다시 증여세가 부과된다고 하더라도 이는 이중과세가 아님.

사례 1 피상속인이 명의신탁한 주식을 사망 후 재명의신탁한 경우 과세방법

☐ **사실관계**

甲이 실제 소유자인 A주식을 乙명의로 주주명부에 등재한 상태에서 甲이 사망하고, 甲 사망 후 동 주식을 乙이 丙에게 양도한 것으로 매매계약서를 작성하여 丙으로 명의개서 하고 양도소득세를 신고납부한 경우에

㉮ A주식에 대하여 상속세 및 丙에게 증여세를 과세하는지

㉯ A주식을 丙에서 甲의 상속인 명의로 환원시 증여세 부과 여부

㉰ 丙에게 부과된 증여세를 상속인이 납부할 경우 증여세 부과 여부

㉱ 乙이 신고납부한 양도소득세는 환급되는지 여부

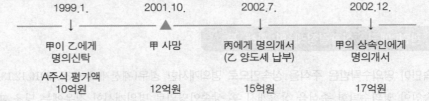

1999.1.	2001.10.	2002.7.	2002.12.
↓	▲	↓	↓
甲이 乙에게 명의신탁	甲 사망	丙에게 명의개서 (乙 양도세 납부)	甲의 상속인에게 명의개서
A주식 평가액 10억원	12억원	15억원	17억원

풀이

㉮ 乙에게 A주식의 명의신탁에 따른 증여세가 부과된 경우에도 동 A주식의 실제 소유자인 甲의 상속재산으로 보아 12억원에 대한 상속세를 부과하며, 상속개시 후 상속인들이 丙에게 명의신탁한 것으로 보아 15억원에 대한 증여세를 부과함.

㉯ 명의신탁한 주식을 실제 소유자인 상속인 명의로 환원하는 것은 증여세 과세대상이 아니며

㉰ 명의수탁자인 丙에게 부과된 증여세를 차명의 A주식 명의를 환원받은 실질소유자인 甲의 상속인이 대신 납부한 경우에는 그 대신 납부한 세금에 대해 증여세를 부과하지 아니하는 것임.

㉱ 乙이 丙에게 A주식을 양도한 것으로 신고하여 납부한 양도소득세는 실제 양도행위가 없었으므로 환급하는 것임.

그리고, 증여의제로 과세되는 재산가액도 상속세 과세가액에 가산하는 증여재산에 해당되는 것이나, 乙에게 명의신탁하여 증여세가 과세된 A주식이 고유의 상속재산에 포함되었으므로 사망 전 증여재산으로 다시 가산하지 아니한다.

| 사례 2 | 명의신탁자와 명의수탁자는 동일한데 주식종류가 바뀐 경우 과세방법 |

❑ 타인의 증권예탁계좌를 통해 상장주식 거래한 내용

①	②	③	④	⑤
甲이 乙명의 2005.9. 10억원 입금	2005. 말	2006.말	2007.도중 D주식	2007. 말
예탁계좌 계설	B주식 취득	B주식 보유	C주식 보유	취득 및 처분	E주식 보유
주식 평가가액	5억원	7억원	8억원	9억원	11억원

풀이

❑ 종전 예규 및 서울고등법원 판결에 따른 과세방법

① 타인명의 위탁계좌에 입금하고 B주식을 취득한 것은 아직 명의개서가 이루어진 것이 아니므로 증여의제대상은 아니라 할 것임.

② 사업연도 말 乙명의로 B법인 실질주주명부를 작성한 시점이 증여의제시기이고 해당 B주식 평가액에 대하여 증여세 과세

③ 다음 연도 C주식을 새롭게 명의신탁한 것으로 보아 증여의제규정 적용함.

④ 2007년도 중에 취득하였다가 처분한 D주식의 경우 실질주주명부가 작성되지 않았으므로 명의신탁 증여의제에 해당하지 아니함.

⑤ 2007년도 취득하여 사업연도 말까지 보유함으로서 乙명의로 실질주주명부가 작성된 E주식을 새로운 명의신탁주식으로 보아 증여의제규정을 적용하는 것임.

➡ 명의신탁자와 명의자가 동일한 경우에도 명의신탁주식의 종류가 바뀌거나 주식수가 증가한 경우 새로운 주식 및 동일 주식 중 증가한 주식은 새로운 명의신탁으로서 증여세 대상임(서울고법 2010누27778, 2011.4.19., 재산세과-819, 2010.11.3.).

❑ 대법원 판결내용(파기환송, 대법원 2011두10232, 2017.2.21., 대법원 2012두5848, 2017.4.13.)

○ 여러 종목의 상장주식을 장기간 타인 명의로 매매한 경우 최초 명의신탁주식에 대해서만 증여의제로 과세함이 타당함.

– 명의신탁주식에 대한 과세규정은 실제소유자로부터 명의자에게 해당 재산이 증여된 것으로 의제하여 증여세를 과세하도록 허용하는 규정이므로 조세회피를 방지하기 위하여 필요하고도 적절한 범위 내에서만 적용되어야 한다는 점

– 최초의 명의신탁 주식이 매도된 후 그 매도대금으로 취득하여 다시 동일인 명의로 명의개서되는 이후의 다른 주식에 대하여 각각 별도의 증여의제규정을 적용하게 되면 애초에 주식이나 그 매입자금이 수탁자에게 증여된 경우에 비하여 지나치게 많은 증여세액이 부과될 수 있어서 형평에 어긋나는 점 등을 고려할 때

– 당초 증여의제 과세규정에 따라 증여세 부과대상이 되었던 주식을 매도하여 그 매도대금으로 다시 동일인 명의로 명의개서된 주식에 대해서는 최초의 명의신탁 주식과 시기상 또는 성질상 단절되어 별개의 새로운 명의신탁 주식으로 인정되는 등의 특별한 사정이 없는 한 다시 이 사건 법률조항을 적용하여 증여세를 과세할 수는 없다고 봄이 타당함.

❑ 대법원 판결 후 변경된 기획재정부 유권해석(재재산-538, 2017.8.25.)

최초의 명의신탁 주식의 매도대금으로 취득한 주식을 다시 동일인 명의로 명의신탁한 경우

해당 주식이 최초 명의신탁 주식과 시기상 또는 성질상 단절되어 새로운 명의신탁으로 인정되지 않으면 증여세 과세할 수 없음.

(질의) 다음과 같이 명의신탁 증여의제 과세대상이 되는 주식(A)을 매각한 대금으로 다른 주식(B,C,D)을 동일한 명의수탁자 명의로 명의개서한 경우 다른 주식(B,C,D)에 대한 명의신탁 증여의제 과세 여부?

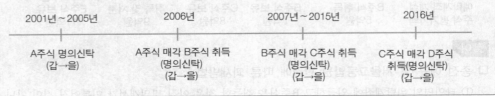

2001년~2005년	2006년	2007년~2015년	2016년
A주식 명의신탁 (갑→을)	A주식 매각 B주식 취득 (명의신탁) (갑→을)	B주식 매각 C주식 취득 (명의신탁) (갑→을)	C주식 매각 D주식 취득(명의신탁) (갑→을)

4. 증여의제가액

증여의제시기 또는 소유권취득일을 평가기준일로 하여 상속증여세법 제60조부터 제66조까지에 따라 평가한 가액이다. 2015.12.31. 이전에는 모두 증여의제시기를 평가기준일로 하였으나, 2016.1.1. 이후 명의개서하지 아니한 주식 등에 대하여 증여로 의제하는 것부터 소유권취득일을 기준으로 평가한 가액에 의한다. 명의신탁재산의 경우에도 일반적인 증여재산과 동일하게 시가가 있는 경우 시가로 평가하되, 시가가 없는 경우에는 개별공시지가, 기준시가 등 보충적 평가방법에 의하여 평가하는 것이며, 최대주주가 명의신탁한 주식의 경우에도 할증평가규정을 적용하였으나, 2016.2.5.부터 명의신탁주식의 경우에는 실제 소유권이 이전된 것이 아닌 점을 감안하여 할증평가규정을 적용하지 아니한다. 이는 2016.2.5. 이후 최초로 평가하여 결정·경정하는 분부터 적용한다(재재산-8, 2017.1.7.).

 관련 예규·심판결정례 및 판례 등

❑ 유상증자시 신주를 명의신탁한 경우 과세가액은 액면가액이나 신주인수가액이 아니라 상증법상 평가가액임(재산세과-585, 2011.12.8., 조심 2012중3707, 2013.4.18.).

❑ 유상증자 후 명의신탁주식의 순손익가치 평가방법(조심 2011부1116, 2011.10.19.)
명의신탁주식에 근거한 유상증자로 취득하는 신주의 경우 1주당 순손익가치 평가시 증자에 의하여 증가한 주식수를 반영하여 희석된 평균가치로 과세하는 것이 합리적임.

❑ 명의신탁에 의한 증여의제시 은행차입금 등은 공제할 수 없음(국심 90서2671, 1991.2.11.).

❑ 명의신탁주식 증여의제시 대출금을 차감하지 아니함(대법원 2015두43650, 2016.8.18.).

5. 명의신탁 해지 및 환원

명의신탁한 재산에 대하여 수탁자에게 증여한 것으로 의제하여 증여세를 과세하는 것은 명의신탁을 통해 여러 가지 조세를 회피하는 것을 방지하기 위한 상속증여세법상 조치로 볼 수 있다. 증여세가 과세되는 재산은 원칙적으로 증여자로부터 수증자에게 소유권이 무상으로 이전된 재산을 의미하는 것인 바, 명의신탁재산의 경우 해당 재산의 소유권이 수탁자에게 무상으로 이전된 것은 아니고 수탁자는 명의를 빌려 준 것에 불과하므로 법조문에서도 실질과세의 원칙에 불구하고 명의신탁자(증여자)가 명의수탁자(수증자)에게 증여한 것으로 의제하도록 하고 있다. 또한 상속증여세법에서 증여한 것으로 의제한다 하여 민법상 소유권까지 수탁자에게 있는 것으로 볼 수 없으므로 명의신탁재산에 대하여 증여세가 과세된 경우에도 동 재산에 발생하는 배당소득이나 양도소득에 대한 소득세를 과세하거나 특수관계인 해당 여부, 최대주주 또는 과점주주를 판단하는 경우 등 세법상 여러 가지 과세규정을 적용할 때 명의신탁재산의 소유자인 명의신탁자를 기준으로 납세의무 또는 관련규정을 적용하여야 한다.

가. 실질소유자에게 환원하는 경우

명의신탁을 해지하고 실질소유자 명의로 환원하는 경우 명의신탁에 따른 증여세 과세 여부에 관계없이 환원시점에서는 증여세 과세문제가 발생하지 않는다. 이는 명의신탁한 재산에 대해서 증여한 것으로 의제하였다 하더라도 민법상 소유권은 명의신탁자에게 있으므로 실질소유자 명의로 환원하는 것은 재산의 무상이전에 해당하지 않는다. 이 경우 실질소유자가 명의신탁한 재산을 환원하는 것인지 아니면 양도, 증여 등을 감추기 위한 방편으로 명의신탁해지를 원인으로 명의를 바꾼 것인지에 대해서는 최초 명의신탁한 내용을 종합하여 판단해야 한다. 즉, 명의신탁자가 명의신탁재산을 취득할 때의 자금출처 및 지급사실, 명의신탁재산에 대한 관련 조세 부담내용이나 소유권 행사내용 등에 대한 구체적인 입증자료를 근거로 하여 사실 판단할 사항이다.

나. 실질소유자가 아닌 자에게 환원하는 경우

실질소유자 명의로 환원하지 않고 실질소유자의 자녀 등의 명의로 소유권을 이전한 경우에는 그 시점에서 실질소유자가 자녀 등에게 증여한 것에 해당한다. 또한 외형상 명의신탁 해지일 뿐 실질내용은 양도 등에 해당하는 경우 실질과세의 원칙에 따라 실제 소유권 이전원인에 따라 관련 세금을 과세하여야 한다.

다. 증여세 신고기한 내에 환원하는 경우 과세제외 여부

명의신탁한 재산을 증여세 신고기한 이내에 명의신탁자에게 환원하는 경우 신고기한 이내에 반환하는 증여재산과 동일하게 취급하여 증여세 과세대상에서 제외할 것인가, 증여의제재산은 일반 증여재산과 구분하여 시기에 관계없이 증여세 과세대상으로 삼을 것인가 등에 대하여 논란이 있다. 이에 대해 증여세 신고기한 이내에 명의신탁을 해지하고 명의신탁자에게 환원하는 경우 증여세 과세대상에서 제외한다는 것이 과세관청 유권해석 및 대법원 판례의 입장으로 볼 수 있다. 다만, 원본으로 환원하지 아니하고 명의신탁 재산을 신탁자가 처분하여 그 대금을 회수하는 경우 증여세 신고기한 이내에 반환한 증여재산으로 보지 아니한다. 명의신탁재산을 처분하고 그에 따른 양도소득세를 명의신탁자를 납세의무자로 하여 신고한 경우 반환으로 보아 과세제외한 사례도 있다.

관련 예규·심판결정례 및 판례 등

□ 명의신탁주식을 실질소유자로 환원하는 경우 환원분은 과세대상 아님(재산세과-159, 2011.3.28., 재삼 46014-2017, 1998.10.20., 서면상담4팀-3179, 2006.9.15.).

□ 명의신탁한 주식을 신고기한 내에 반환의 경우 증여세 과세 대상 아님(재산세과-159, 2011.3.28.).

□ 명의신탁재산의 처분대금을 지급한 경우 반환으로 볼 수 없음(조심 2012서1953, 2012.6.29.).

□ 증여받은 것이 아니라 명의신탁된 주식을 환원한 것임(대법원 2018두47813, 2018.10.12.).
사서증서의 진정 성립이 추정되고 명의수탁자 등의 주주권 확인소송 등이 기각되었으므로 타인 명의로 등재되어 있던 주식이 그 주주명의에도 불구하고 사실은 원고들의 소유였고 명의변경을 통하여 원고들의 명의로 환원된 것에 불과함.

□ 사해행위취소 소송결과 원상회복하였다하여 과세 제외할 수 없음(대법원 2012두8151, 2012.8.23.).
사해행위의 취소와 원상회복은 채권자와 수익자에 대한 관계에 있어서만 효력이 발생하는 것이므로 사해행위취소 소송결과 원상회복하였다는 이유로 명의신탁재산에서 제외할 수 없음.

□ 명의신탁주식을 증여세 신고기한 내에 반환한 경우(심사증여 2002-55, 2002.7.25.)
증여를 받은 후 당사자 간의 합의에 따라 증여재산을 신고기한 내에 반환하는 경우에는 처음부터 증여가 없었던 것으로 본다고 규정하고 있고, 명의신탁재산이 타인의 증여에 의하여 취득한 실질증여재산은 아니라 하더라도 이에 대하여 실질증여재산과 같이 증여세를 과세하고 있으므로 명의신탁재산을 증여세 신고기한 이내에 반환하였다면 처음부터 명의신탁이 없었던 것으로 보아 증여세를 과세할 수 없다고 할 것임(국심 95서1130, 1998.7.25. 같은 뜻임).

□ 명의신탁주식 3월 내에 반환시 증여세를 부과할 수 없음(대법원 2016두52170, 2016.12.29., 대법원 2011두8765, 2011.9.29.).

□ 명의신탁 후 3월 이내에 환원한 경우(대법원 2008두13200, 2008.11.27.)

처에게 명의신탁한 것은 3월 이내에 반환하였기 증여에 해당하지 않으나, 처가 식구들에게 명의신탁한 주식은 증여의제되는 것은 물론 조세회피 목적이 없다고 볼 수 없어 과세 정당함.

□ 명의신탁재산을 처분하여 반환받은 경우 과세대상임(대법원 2005두10200, 2007.2.8.).

□ 주권이 발행된 주식의 경우 주식양도의 합의와 주권의 교부로 주식이 반환되었다고 봄이 타당하므로 신고기한 이내에 반환된 경우 증여세 과세는 위법함(대법원 2014두11076, 2014.11.27.).

□ 명의신탁자의 자산·소득이 전혀 없고 관리·수익을 얻었다는 자료도 없는 등 증여하면서 그 형식만을 명의신탁해지 또는 대물변제로 한 것이므로 증여세 과세는 적법함(대법원 2011두100, 2011.12.8.).

□ 父가 명의신탁한 재산을 子명의로 이전등기한 경우 등기일이 증여시기이며, 명의신탁에 따른 과세와 토지 증여에 따른 부과처분은 과세대상이 서로 달라 중복과세가 아님(대법원 2002두103, 2003.4.25.).

6. 증여세 과세 제외

다음에 해당하는 경우에는 명의신탁재산의 증여의제규정을 적용하지 아니한다.

① 1997.1.1. 이후 토지와 건물을 명의신탁하는 경우(부동산실명법상 명의신탁은 무효임)

② 조세(국세·지방세·관세를 말한다) 회피목적 없이 타인명의로 재산의 등기 등을 하거나 소유권을 취득한 실제소유자 명의로 명의개서를 하지 아니한 경우

③ 자본시장법에 따른 신탁재산인 사실의 등기 등을 하는 경우

④ 비거주자가 법정대리인 또는 재산관리인 명의로 등기 등을 하는 경우

7. 1997.1.1.~1998.12.31. 기간 중 차명주식의 실명전환

1996.12.31. 현재 소유자와 다른 사람의 이름으로 주주명부에 기재되어 있는 명의신탁 주식을 1997.1.1.부터 1998.12.31.까지 실소유자 명의로 실명전환하면 증여세를 과세하지 아니하는 명의신탁주식 실명전환유예기간을 설정하였다.

가. 실명전환 대상 주식

1996.12.31. 현재 명의신탁한 주식을 대상으로 하며, 1996.12.31. 이전에 명의신탁을 해지하거나 양도한 주식 및 1997.1.1. 이후에 새로 명의신탁한 주식을 제외한다.

나. 실명전환유예기간 및 전환방법

1997.1.1.~1998.12.31. 기간 중에 실질소유자 명의로 명의개서하고 그 전환내용을 명의전환한 날부터 1월 내에 그 주식을 발행한 법인이나 그 주식이 출자된 법인의 본점 또는 주된 사무소의 관할세무서장에게 신고하는 경우에만 적용된다.

따라서 실명전환유예기간 내에 실명전환을 하고서도 그 전환내용을 신고하지 아니한 경우에는 증여세 면제혜택을 받을 수 없다.

다. 실명전환자에 대한 혜택

최초 명의신탁한 시점에서 납세의무가 성립된 증여세를 면제한다. 다만, 1997.1.1. 현재 미성년자 명의로 전환하거나 신탁자와 수탁자 사이에 특수관계가 있을 경우에는 증여세 면제혜택을 부여하지 아니한다. 이 경우 특수관계인은 배우자, 직계존비속 및 그 배우자, 형제자매 및 그 배우자를 말한다.

라. 실명전환을 하지 아니한 경우

실명전환을 하지 아니하였다 하여 1999.1.1. 새롭게 명의신탁한 것으로 보는 것은 아니므로 최초 명의신탁시점에 증여세 과세대상이면 해당 증여세를 부과할 뿐이다.

8. 명의신탁주식 실제소유자 확인제도

가. 개요

2001.7.23. 이전에는 상법에 따라 발기인이 3명(1996.9.30. 이전은 7명, 1996.10.1.~ 2001.7.23. 기간 중 3명, 2001.7.24.부터 1인, 상법 §288) 이상일 경우에만 법인설립이 허용되어 부득이하게 친인척, 지인 등 다른 사람을 주주로 등재한 명의신탁주식에 대하여 간편한 확인신청 절차에 의해 실명전환 할 수 있도록 하는 제도이다.

즉, 명의신탁한 주식이라는 관련 증빙을 제대로 갖추지 못해 이를 입증하는 데 많은 불편과 어려움을 겪고 있는 사정을 고려하여 일정한 요건을 갖추면 세무조사 등 복잡하고 까다로운 확인절차 없이 통일된 기준에 따라 납세자가 제출한 증빙서류와 국세청 내부자료 등을 활용하여 간소화된 절차에 따라 실제소유자를 확인해 줌으로써 납세자의 입증부담을 덜어주고 원활한 가업승계를 지원하고 있다.

* 근거 : 상속세 및 증여세 사무처리규정 제12조 및 별지 제24호 서식

나. 확인신청 요건

다음의 요건을 모두 충족한 거주자인 실제소유자가 명의신탁주식 실명전환에 따른 실제소유자 확인을 신청할 수 있다.

① 주식발행법인이 2001.7.23. 이전에 설립된 법인으로 조세특례제한법 시행령 제2조에서 정하는 중소기업에 해당할 것

② 실제소유자와 명의수탁자(실명전환 전 주주명부 등에 주주로 등재되어 있던 자로서 국내에 주소를 두고 있는 거주자를 말한다)가 법인설립 당시 발기인으로서 설립 당시에 명의신탁한 주식을 실제소유자에게 환원하는 경우일 것

③ ②의 설립 당시 명의신탁주식에는 법인설립 이후에 주주배정방식으로 배정된 신주를 기존주주가 실권 없이 인수하는 균등증자(무상증자 또는 주식배당으로 증자한 경우를 포함한다)를 원인으로 명의수탁자가 새로이 취득한 주식을 포함한다.

다. 신청 및 처리절차

실제소유자가 본인 명의로 주식을 명의개서한 후 명의신탁주식 실제소유자 확인신청서와 중소기업 등 기준 검토표, 주식발행법인이 발행한 주식명의개서확인서 및 명의신탁 관련 증빙서류 등을 주소지 관할세무서장에게 제출하여야 한다.

신청서를 접수한 세무서장은 명의신탁주식 확인 판정 검토표에 의한 일정요건을 검토한 후 실제소유자 인정 또는 불인정을 통보하거나 자문위원회의 자문을 통해 실제소유자 여부를 판단하여 그 결과를 통지한다.

라. 확인 처리결과에 따른 세무

실제소유자로 인정된 경우에도 당초 명의신탁에 따른 증여세, 배당에 따른 종합소득세

등이 부과될 수 있다. 실제소유자 확인제도는 간편한 절차를 통해 실명전환을 할 수 있도록 지원하는 것일 뿐 일정 유예기간 이내에 실명전환을 하는 경우 조세특혜를 인정하는 것이 아니다. 따라서 실제소유자가 명의신탁주식을 처음부터 소유한 것이므로 배당소득이 있는 경우 실제소유자에게 종합소득세 등 납세의무가 있는 것이며, 당초 명의신탁시점에서 조세회피목적이 있는 경우 증여세 과세대상이 될 수 있다.

또한 실소유자가 주주명부에 본인 명의로 개서하고 실제소유자 확인 신청을 하였으나, 그 실질이 유상거래인 경우에는 양도소득세 및 증권거래세가 과세될 것이고 무상거래인 경우에는 증여세가 부과된다.

 관련 예규·심판결정례 및 판례 등

☐ 부동산실명법이 명의자를 소유자로 인정하는 방법은 아님(재산 46014-310, 1999.12.10.).

☐ 1996.12.31. 현재 차명주식에 대해 1997년에 무상주가 배정된 경우로서 1996·1997년 차명주식 모두를 실명유예기간 중 실명전환한 경우 증여세 면제됨(재재산 46014-115, 2002.6.1.).

 쉬어가기 ••• 명의신탁주식이 있는 경우 지방세법상 과점주주 판단방법은?

사실관계

- 법인 설립시 주주구성 : 甲과 그 친족 95%, 乙 5%(甲이 명의신탁한 주식임)
- 丙은 甲 등의 주식 45%와 乙 주식 5%를 양수함.
- 甲이 丙으로부터 50%의 주식을 양수하여 100% 소유함.
- (취득세 부과내용) 甲의 지분 증가분 5%에 대해 과점주주에 대한 취득세 부과

판결내용

- (대전고법) 주주명부에 등재된 乙의 소유 주식으로 보아야 한다는 취지로 부과처분 정당
- (대법원) 실질과세의 원칙에 따라 실질주주인 甲이 설립시 100%를 소유하여 과점주주에 해당하고 양도한 후 양수한 경우에도 100%로서 증가된 주식이 없으므로 부과처분 부당하다고 판결하여 종전 판례 유지함(대법원 2018두49376, 2018.11.9., 대법원 2011두26046, 2016.3.10.).

쉬어가기 ··· 주주명부상 주주만이 의결권등 주주권을 행사할 수 있는가?

○ 대법원은 실제소유자와 주주명부상 주주가 다른 경우, ①주주명부상 주주만이 의결권 등 주주권을 행사할 수 있고 ② 이 경우 회사는 주주명부상 주주의 주주권 행사를 부인할 수 없다고 판결(대법원 2015다248342, 2017.3.23., 전원합의체 판결)

○ 주식 소유권에 대한 판결은 아니므로 명의신탁주식의 증여의제 및 지방세법상 과점주주에는 영향이 없지만 주주권 행사에 관한 종전 판결을 변경한 것으로써 명의신탁주식에 대한 명의신탁자(실제 소유자)의 권리행사에는 제약이 있을 것으로 예상됨.

① 주주명부상 주주만이 원칙적으로 의결권 등 주주권을 행사할 수 있음.
  - 상법이 주주명부제도를 둔 이유는 주식의 발행 및 양도에 따라 주주의 구성이 계속 변화하는 단체법적 법률관계의 특성상 회사가 다수의 주주와 관련된 법률관계를 외부적으로 용이하게 식별할 수 있는 형식적이고도 획일적인 기준에 의하여 처리할 수 있도록 하여 이와 관련된 사무처리의 효율성과 법적 안정성을 도모하기 위함이며
  - 이는 주식을 발행하거나 양도되는 단계 또는 회사에 대한 관계에서 주주권을 행사할 자를 주주명부의 기재에 따라 획일적으로 확정하기 위한 것이므로
  - 주식을 양수하고 명의개서를 하지 아니한 경우 또는 주식을 인수하거나 양수하려는 자가 타인 명의로 인수·양수하고 그 명의로 주주명부 기재를 마친 경우 회사와 관계에서 주주명부상 주주만이 의결권 등 주주권을 적법하게 행사할 수 있다.

② 회사는 주주명부상 주주의 주주권 행사를 부인할 수 없고 주주명부에 기재하지 아니한 자의 주주권 행사를 인정할 수 없음.
  - 주주명부상의 주주만이 회사에 대한 관계에서 주주권을 행사할 수 있다는 법리는 주주에 대하여만 아니라 회사에 대하여도 마찬가지로 적용되므로 회사는 특별한 사정이 없는 한 주주명부에 기재된 자의 주주권 행사를 부인하거나 주주명부에 기재되지 아니한 자의 주주권 행사를 인정할 수 없다.
  - 특별한 사정 즉, 주주명부에 기재하지 않고도 주주권을 행사할 수 있는 경우는 주주명부에의 기재 또는 명의개서청구가 부당하게 지연·거절되었다는 등 극히 예외적인 경우에 한한다.

➡ 따라서 특별한 사정이 없는 한 회사는 실제 소유자가 따로 존재한다는 사실을 알았든 몰랐든 간에 주주명부상 주주의 주주권 행사를 부인할 수 없으며, 주주명부에 기재를 마치지 아니한 자의 주주권 행사를 인정할 수도 없다.

③ 종전 판결(대법원 2010다22552, 2011.5.26., 96다45818, 1998.9.8. 외)을 변경함.
  - 실질주주인 명의차용자만이 주주권을 행사할 수 있는 주주에 해당한다는 취지, 회사가 주주명부상 주주가 형식주주에 불과하다는 것을 알았거나 중대한 과실로 알지 못하였고 또한 이를 용이하게 증명하여 의결권 행사를 거절할 수 있었음에도 의결권 행사를 용인하거나 의결권을 행사하게 한 경우에 그 의결권 행사가 위법하다는 취지로 판시한 판결들은 이 판결의 견해에 배치되는 범위 내에서 모두 변경한다.

제 4 절 : 특수관계법인과의 거래를 통한 이익의 증여의제

1. 개 요

2012.1.1.부터 특수관계법인 사이에 일감 몰아주기를 통하여 해당 수혜법인의 주식가치를 증가시키고 지배주주 등에게 부(富)를 이전하는 변칙적인 증여 사례를 방지하기 위하여 특수관계법인이 일감을 몰아주어 이익을 얻는 수혜법인의 지배주주가 얻은 이익을 증여로 의제하여 과세한다.

증여로 의제하는 이익은 특수관계법인으로부터 일감을 받은 수혜법인의 사업연도를 기준으로 수혜법인과 특수관계법인과의 거래비율이 일정 비율을 초과하는 경우 해당 영업이익을 기준으로 계산한다.

2004.1.1. 이후 완전포괄주의 증여세 과세제도를 도입하여 증여의 의미를 포괄적으로 규정하고 여러 가지 증여유형을 예시하여 시행하였지만 일감을 몰아주어 지배주주들의 주식가치를 증가시켜주는 거래의 경우 적용할 증여시기, 증여자 및 증여재산가액의 계산방법 등이 구체적으로 규정되지 아니하여 새로운 증여의제규정을 신설한 것으로 볼 수 있겠다.[36]

2013.1.1.부터 증여의제가액을 계산할 때 특수관계법인과의 거래비율에서 30%를 빼주던 것을 15%만 빼주도록 하여 일감몰아주기에 대한 과세를 강화하였다. 또한 지배주주의 범위 일부 조정, 수혜법인의 지배주주가 100% 출자하고 있는 특수관계법인 및 외국법인과의 거래 과세대상에서 제외하고 세후영업이익의 계산방법 등을 개선하였다.

2014.1.1. 세법 개정시 중소·중견기업에 대한 과세요건을 완화하고 특수관계법인과의 매출액 중 과세 제외하는 매출액 조정 및 증여의제이익을 계산할 때 배당소득 상당액을 빼주는 등 일감 몰아주기에 대한 과세제도를 개선하고, 개정된 내용은 대부분 2014.1.1. 이후 최초로 증여세 과세표준 신고기한이 도래하는 분(2013년 거래분)부터 적용하도록 하였다.

2018.1.1.부터 증여의제가액을 계산할 때 정상거래비율에서 차감하는 비율은 중소기업 50%, 중견기업 20%, 일반법인 5%로 하고, 주식 한계비율에서 차감하는 비율은 중소기업 10%, 중견기업 5%, 일반법인 0으로 하여 중견기업 및 일반법인에 대한 과세를 강화하였다.

2023.1.1.부터 수혜법인이 사업부문별로 회계를 구분하여 기록하는 등 다음의 요건을 갖

---

36) 이 절은 기획재정부 "2011 간추린 개정세법" 책자 190~194페이지를 참고하였음.

춘 경우에는 사업부문별로 특수관계법인거래비율 및 세후영업이익 등을 계산할 수 있다.
  ① 사업부문별로 자산·부채 및 손익을 각각 독립된 계정과목으로 구분하여 경리할 것
  ② 한국표준산업분류에 따른 세세분류 이상으로 사업부문을 구분할 것

 관련 예규·심판결정례 및 판례 등

□ 일감몰아주기에 대한 증여의제규정은 헌법에 위반되지 아니함(헌재 2016헌바347, 2018.6.28.).
  납세의무자의 경제적 불이익이 소득의 재분배 촉진 및 일감 몰아주기 억제라는 공익에 비하여
  크다고 할 수 없고, 구 상증세법 제45조의3 제1항은 재산권을 침해하지 아니한다.

□ 2011.12.31. 이전 특수관계기업 간 정상가격으로 일감을 몰아준 경우(재재산-664, 2014.9.24.)
  2011.12.31. 이전에 특수관계기업 간 정상가격에 의한 '일감몰아주기'를 이용하여 수혜를 받은
  법인의 주주의 주식가치 증가에 대한 증여세 과세는 곤란함.

참고

과세요건 판단 및 증여의제이익 계산방법 요약

1단계	수증자 확정(지배주주 중 주식보유비율 3%, 10% 초과자) ① 지배주주 : 최대주주 등 그룹 중 직·간접 주식보유비율이 가장 높은 개인주주 선정 ② 지배주주와 그 친족 확인 ③ 그 중 직·간접 주식보유비율이 3%(중소·중견기업 10%)를 초과하는 개인주주 확정

↓3%(10%) 초과   ↓ 이하
                                    → 과세 제외

2단계	특수관계법인과의 거래비율 30%(40%, 50%) 초과여부 확인 ① 수혜법인의 중소·중견기업 해당 여부 확인 ② 지배주주와 특수관계에 있는 법인 확정 및 관련 매출액 확인 ③ 과세제외매출액 확인 ④ 특수관계법인 거래비율 확정

$$\text{특수관계법인 거래비율} = \frac{\text{특수관계법인 매출액} - \text{과세제외매출액}}{\text{수혜법인 총 매출액} - \text{과세제외매출액}} \times 100$$

→ 일반법인 30%, 중견기업 40%, 중소기업 50% 초과여부 확인
↓30%(40%, 50%) 초과   ↓ 이하
                                    → 과세 제외

3단계	증여의제이익 계산 ① 세후영업이익 ② 특수관계법인거래비율 – 5%(중소 50% · 중견기업 20%) * ① 및 ② 산정시 '추가되는 과세제외매출액' 감안하여 계한 특수관계법인 거래비율 $= \dfrac{\text{특수관계법인 매출액} - \text{과세제외매출액(추가 과세제외 포함)}}{\text{수혜법인 총 매출액} - \text{과세제외매출액(추가 과세제외 포함)}} \times 100$ ③ 수증자의 직·간접 주식보유비율 – 0(중소기업 10%, 중견기업 5%) ④ 신고기한 내 받은 배당소득에 대한 공제액 ⑤ 증여의제이익 산정 : (① × ② × ③) – ④ → 주식 직·간접보유분으로 구분하여 계산(㉮ + ㉯) ㉮ 주식 직접보유분에 대한 이익 ㉯ 주식 간접보유분에 대한 이익

2. 과세요건

일감몰아주기에 대한 증여세는 다음의 과세요건을 충족하는 경우 과세한다.

① 수혜법인의 주식을 한계보유비율(3% 또는 10%)을 초과 보유하고 있는 지배주주가 개인이고

☞ 한계보유비율 개정연혁

구 분	2012.1.1.~2013.12.31.	2014.1.1.~
중소기업	3%	10%
중견기업	3%	10%
일반법인	3%	3%

② 일감을 몰아주는 특수관계법인과 수혜법인의 지배주주가 특수관계인에 해당하며

③ 수혜법인과 특수관계법인의 사업연도별 매출비율이 정상거래비율(일반기업 30%, 중견기업 40%, 중소기업 50%)을 초과하여야 한다.

☞ 정상거래비율 개정연혁

구 분	2012.1.1.~2013.12.31.	2014.1.1.~2017.2.6.	2017.2.7.~
중소기업	30%	50%	50%
중견기업	30%	50%	40%
일반법인	30%	30%	30%

3. 수증자

수혜법인이란 어느 내국법인의 사업연도 매출액 중에서 그 내국법인의 지배주주와 특

수관계에 있는 법인에 대한 매출액이 차지하는 비율이 정상거래비율을 초과하는 경우 해당 내국법인을 말한다.

수증자는 수혜법인의 지배주주와 그 지배주주의 친족을 말한다. 이 경우 수증자가 되는 지배주주와 그 친족은 수혜법인의 발행주식총수 등을 직접 또는 간접으로 보유하는 주식보유비율이 한계보유비율을 초과하는 주주에 한정하며, 외국인 지분율이 100분의 50 이상인 외국인 투자법인은 제외한다.

한계보유비율은 지배주주와 그 지배주주의 친족이 수혜법인에 대하여 직접 또는 간접으로 보유하는 주식보유비율이 다음의 구분에 따른 비율을 말한다.

일반법인	중소기업 및 중견기업
100분의 3	100분의 10

중소기업이란 조세특례제한법 제6조 제1항에 따른 중소기업을 말하며, 중견기업(조세특례제한법 시행령 §9 ④)이란 중소기업의 매출액 요건을 충족하지 못한 법인 중 직전 3개 과세연도의 매출액(매출액은 기업회계기준에 따라 작성한 손익계산서상의 매출액을 말하며, 과세연도가 1년 미만인 과세연도의 매출액은 1년으로 환산한 매출액을 말한다)의 평균금액이 5천억원 미만인 기업을 말한다.

지배주주를 판정할 때 주식보유비율은 주식으로 전환되지 않은 신주인수권증권은 포함되지 않는다(상속증여 - 0197, 2020.7.30.).

가. 지배주주의 범위

지배주주란 증여시기인 수혜법인의 해당 사업연도 종료일을 기준으로 최대주주 중 최대출자자가 개인인 경우와 법인인 경우로 구분하여 판단한다. 이 경우 이에 해당하는 자가 두 명 이상일 때에는 다음 순서에 따라 판단하며, 지배주주는 증여시기인 수혜법인의 해당 사업연도 종료일을 기준으로 하여 판단한다.

2015.2.3.이 속하는 사업연도에 발생하는 특수관계법인과의 거래부터 수혜법인의 최대주주등 중에서 본인과 그의 특수관계인(사용인은 제외하며, 이하 "본인의 친족등"이라 한다)의 주식등 보유비율의 합계가 사용인의 주식등 보유비율보다 많은 경우에는 본인과 본인의 친족등 중에서 지배주주를 판정하도록 하여 사용인의 보유비율이 적은 경우 지배주주에서 제외하도록 하였다(상증령 §34의3 ①).

① 본인과 그 친족의 주식보유비율 합계가 가장 높은 경우의 그 본인

② 본인과 특수관계에 있는 법인에 대한 수혜법인의 매출이 더 큰 경우의 그 본인
③ 사업연도 종료일을 기준으로 가장 최근에 수혜법인의 대표이사였던 자

1) 수혜법인의 최대주주 등 중 최다출자자가 개인인 경우

수혜법인의 상속증여세법 시행령 제19조 제2항에 따른 최대주주 또는 최대출자자(이하 "최대주주 등"이라 한다) 중에서 수혜법인에 대한 직접 보유비율이 가장 높은 자가 개인인 경우에는 그 개인을 말한다. 최대주주 등이란 주주 등 1인과 상속증여세법 시행령 제2조의2 제1항 각 호의 어느 하나에 해당하는 관계에 있는 자의 보유주식을 합하여 그 보유주식 등의 합계가 가장 많은 경우의 해당 주주 등 1인과 그의 특수관계인 모두를 말한다.

2) 수혜법인의 최대주주 등 중 최다출자자가 법인인 경우

수혜법인의 최대주주 등 중에서 수혜법인에 대한 직접보유비율이 가장 높은 자가 법인인 경우에는 수혜법인에 대한 직접보유비율과 간접보유비율을 모두 합하여 계산한 비율이 가장 높은 개인을 말한다. 다만, 그 개인이 다음의 자에 해당하는 경우에는 지배주주로 보지 아니한다.
① 수혜법인의 주주등이면서 수혜법인의 최대주주 등에 해당하지 아니한 자
② 수혜법인의 최대주주 등 중에서 수혜법인에 대한 직접보유비율이 가장 높은 자에 해당하는 법인의 주주등이면서 최대주주 등에 해당하지 아니한 자

가) 수혜법인에 대한 직접보유비율

직접보유비율은 최대주주 등이 보유하고 있는 법인의 주식등을 그 법인의 발행주식총수 등(자기주식과 자기출자지분은 제외함. 이하 같음)으로 나눈 비율을 말한다.

나) 수혜법인에 대한 간접보유비율

수혜법인에 대한 간접보유비율은 개인과 수혜법인 사이에 주식보유를 통하여 한 개 이상의 법인(이하 "간접출자법인"이라 한다)이 개재되어 있는 경우(이하 "간접출자관계"라 한다)에 각 단계의 직접보유비율을 모두 곱하여 산출한 비율을 말한다. 이 경우 개인과 수혜법인 사이에 둘 이상의 간접출자관계가 있는 경우에는 개인의 수혜법인에 대한 간접보유비율은 각각의 간접출자관계에서 산출한 비율을 모두 합하여 산출한다.

간접보유비율 = 개인의 간접출자법인에 대한 출자비율 × 간접출자법인이 수혜법인에 출자한 비율

다) 간접출자법인

간접출자법인이란 다음의 어느 하나에 해당하는 법인을 말한다.

다만, 공정거래법 제8조에 따른 지주회사[지배주주 및 그의 친족(이하 "지배주주 등" 이라 함)이 발행주식총수 등의 100분의 50 미만으로 출자한 경우로 한정한다]는 간접출 자법인에서 제외하였으나, 2013.2.15.이 속하는 연도에 최초로 개시하는 사업연도 분부 터는 간접출자법인에 포함하고 있는 바, 이는 동일한 이익에 대하여 기업의 지배구조에 따라 증여세 부담이 달라지는 불합리를 없애고자 한 것이다.

① 지배주주 등이 발행주식총수 등의 100분의 30 이상을 출자하고 있는 법인

② 지배주주 등 및 ①에 해당하는 법인이 발행주식총수 등의 100분의 50 이상을 출자 하고 있는 법인

③ ①과 ②의 법인과 수혜법인 사이에 주식 등의 보유를 통하여 하나 이상의 법인이 개재되어 있는 경우에는 해당 법인

수혜법인의 주식을 직접보유한 경우에만 과세대상으로 삼으면 제3의 법인을 이용하여 조세회피할 소지가 있으므로 간접보유비율을 포함하되, 지배주주 등이 적은 지분을 출자 한 간접출자법인까지 과세대상으로 확대하는 경우 과세실익은 적으면서 증여재산가액의 계산 등이 복잡해지는 점 등을 감안하여 일정 범위로 제한하고 있다.

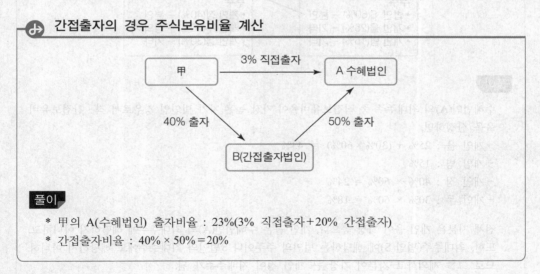

♬ 간접출자의 경우 주식보유비율 계산

풀이

* 甲의 A(수혜법인) 출자비율 : 23%(3% 직접출자+20% 간접출자)

* 간접출자비율 : 40% × 50%＝20%

🔹 수혜법인의 최다출자자가 법인인 경우 지배주주

```
        ┌─────────────┐   40% 출자   ┌─────────────┐
        │  A 수혜법인  │ ◄─────────── │   B 법인     │
        └─────────────┘              └─────────────┘
        〈주주현황〉                   〈주주현황〉
        甲 : 20%                      甲 : 50%
        甲의 처 : 10%                 甲의 子 : 30%
        甲의 子 : 30%                 기타소액주주 : 20%
        B법인 : 40%
```

풀이

주주별 수혜법인 출자비율
- 甲 : 직접출자 20% + 간접출자 20%(40% × 50%) = 40%
- 甲의 처 : 직접출자 10%
- 甲의 子 : 직접출자 30% + 간접출자 12%(40% × 30%) = 42%
  ⇒ 최대출자자는 甲의 子로서 지배주주에 해당함.

사례 **수혜법인의 최다출자자가 법인인 경우 지배주주**

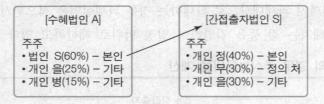

풀이

수혜법인(A)의 최대주주 중 직접보유비율이 가장 높은 자가 법인인 경우로서 직·간접보유비율을 산정하면,
- 개인 을 : 25% + (30% × 60%) = 43%
- 개인 병 : 15%
- 개인 정 : 40% × 60% = 24%
- 개인 무 : 30% × 60% = 18%

전체 지분은 개인 을이 가장 높으나, 개인 을은 수혜법인(A)의 최대주주에 해당하지 아니하고, 또한, 최대주주(법인 S)에 해당하는 법인의 주주이나 S법인의 최대주주에도 해당하지 아니하므로 그를 제외하고 지분이 가장 큰 개인 정이 지배주주가 됨.

나. 지배주주의 친족 범위

지배주주의 친족이란 지배주주의 6촌 이내의 혈족 및 4촌 이내의 인척, 배우자(사실혼 관계에 있는 자를 포함한다), 친생자로서 다른 사람에게 친양자 입양된 자 및 그 배우자·직계비속으로서 수혜법인의 사업연도 말에 수혜법인에 대한 직접보유비율과 간접보유비율을 합하여 계산한 비율이 한계보유비율을 초과하는 자를 말한다(재재산-570, 2020.7.22.).

다. 과세하지 아니하는 수혜법인 등의 범위

수혜법인은 법인세법 제2조 제1호에 따른 내국법인으로 한정하므로 외국법인은 과세대상이 아니다. 또한, 2013.6.11. 이후 증여세 과세표준을 신고하는 분부터 외국인투자촉진법 제2조 제1항 제6호에 따른 외국인투자기업으로서 같은 법 제2조 제1항 제1호에 따른 외국인이 해당 외국인투자기업의 의결권 있는 발행주식총수 등의 100분의 50 이상을 소유하는 법인은 제외한다. 이 경우 거주자 및 내국법인이 의결권 있는 발행주식총수 등의 100분의 30 이상을 소유(2019.2.12. 이후 개시하는 사업연도분부터 간접으로 소유하는 부분을 포함한다)하는 외국법인은 외국인으로 보지 아니한다.

 관련 예규·심판결정례 및 판례 등

❑ 특정법인과 거래하는 지배주주의 특수관계인 범위는 쌍방관계를 적용함(재재산-705, 2023.5.19., 자문-법무과-3613, 2023.5.22.).

사실관계

- ○ '20.9.30. 현재 C법인은 상속세및증여세법 §45의5 ①에 따른 특정법인에 해당하며, 주주(주식보유비율)는 甲(60%), A법인(25%), B법인(15%)으로 甲은 특정법인C의 지배주주임.
- ○ '20.10.7. 丙(甲 동생 乙의 장인)은 A법인 주식(2,500주, 119억원)을 특정법인C에 증여함
    - 丙의 입장에서 지배주주甲은 직계비속의 배우자의 2촌 이내의 혈족으로 상속세및증여세법 §2의2 ① 1호에 따라 특수관계인에 해당함.
    - 지배주주 甲 입장에서 丙은 상증법상 특수관계인으로 규정하고 있지 않음.

❑ 일감몰아주기 증여의제시 지배주주 등에서 친족의 범위(재재산-261, 2022.2.22.) 【2안이 타당함】

질의

상속증여세법 §45의3에 따른 「특수관계법인과의 거래를 통한 이익의 증여의제」 적용 시 상증령 §34의3 ⑯의 간접출자법인을 판단함에 있어 지배주주등에서 친족의 범위
(제1안) 상속증여세법 §45의3 ①에 따른 지배주주만을 인용하고, 친족은 "한계보유비율을 초과

하는 자"에 한정되지 않음.

(제2안) 상속증여세법 §45의3에 따른 지배주주와 그 친족으로 "한계보유비율을 초과하는 자"로 한정함.

❑ 2019.2.11. 이전 외국인투자기업 판단 시 간접보유 주식 포함 여부(재재산 – 24, 2019.1.4.)

상속증여세법 시행령 제34조의2 제1항에 따라 일감몰아주기 적용 제외되는 외국인투자기업 판단 시 거주자 및 내국법인이 외국법인의 의결권 있는 발행주식총수의 100분의 30 이상 소유 여부는 거주자 및 내국법인이 직접 보유한 의결권 있는 발행주식총수를 기준으로 판단함.

❑ 자기주식 있는 경우 및 사업연도 중 지배주주가 변경된 경우(서면법규과 – 1487, 2012.12.14.)

지배주주 등의 보유지분을 산정할 때 자기주식은 발행주식총수에서 제외하며, 수혜법인의 사업연도 중 지배주주가 변경된 경우 변경 전 기간에 대한 증여의제 이익의 납세의무자는 증여시기인 수혜법인의 사업연도 종료일 현재 지배주주가 되는 것임.

❑ 일감을 준 법인의 주주와 수혜법인 지배주주가 같은 경우 증여세 과세 여부(재산세과 – 198, 2012.5.21.)

일감을 준 법인의 주주와 수혜법인의 지배주주가 동일인에 해당하는 경우에도 특수관계법인 간의 거래 증여의제로 과세됨.

【사실관계】

−A법인 주식보유현황

가 : 대표이사(甲) 27%

나 : 대표이사의 처 24%(회사설립부터 대표이사와 같이 회사경영에 참여, 현 직책 관리상무)

다 : 자녀 22%(2인 11%씩)

라 : 기타

−B법인 주식보유현황

가 : A법인 대표이사(甲) 50%(A, B사 공동대표, 겸임)

나 : 대표의 처 50%

−A법인은 전문건설업체로 그간 생산분야의 외주비 절감을 위해 B사(강교제작을 위한 생산공장)를 2010년도 말에 설립하였고, 2011년부터 제작공정 100% 일감을 주는 경우 과세 여부?

❑ 수혜법인의 최대주주가 법인인 경우 지배주주 판정 방법(재산세과 – 193, 2012.5.21.)

수혜법인의 최대주주 등 중에서 수혜법인에 대한 직접보유비율이 가장 높은 자가 법인인 경우에는 수혜법인에 대한 직접보유비율과 간접보유비율을 모두 합한 결과, 수혜법인의 주주이면서 최대주주 등에 해당하지 않는 자를 제외하고 그 비율이 가장 높은 개인이 지배주주임.

【사실관계】

−甲법인 : 수혜법인이며, 丙법인과의 매출거래비율 70%)

•주주구성 : 乙법인 60%, 개인A 40%

−乙법인 : 수혜법인의 최대주주

•주주구성 : 개인B 80%, 개인C 20%

－丙법인 : 甲법인에게 일감을 제공하는 법인
　　• 주주구성 : 개인A 60%, 개인B 20%, 개인C 20%
－개인A, 개인B, 개인C는 상호 특수관계인에 해당되지 않음.

[해설]
－수혜법인의 최대주주인 乙법인의 개인B의 간접출자비율은 48%이고, 개인C는 12%에 해당
　하고 특수관계가 없어 수혜법인 A의 최대주주로서 최대출자자는 乙법인에 해당하므로 증여
　의제대상에 해당하지 아니한다는 취지의 유권해석으로 볼 수 있음.

☐ 계열회사의 대표이사와 그 기업집단 소속 다른 법인의 특수관계 여부(재산세과 - 341, 2012.9.25.)
　수혜법인이 기업집단의 소속 기업인 경우 기업집단 소속의 다른 법인은 해당 수혜법인의 대표
　이사와 특수관계에 있는 법인에 해당함.

☐ 지배주주 등의 보유지분을 산정할 때 자기주식은 발행주식총수에서 제외하며, 수혜법인의 사업연도
　중 지배주주가 변경된 경우 변경 전 기간에 대한 증여의제 이익의 납세의무자는 증여시기인 수혜법
　인의 사업연도 종료일 현재 지배주주가 되는 것임(서면법규과 - 1487, 2012.12.14.).

☐ 수혜법인이 외국인투자기업인 경우 증여의제규정이 적용 안됨(조심 2018서891, 2018.11.6.).

☐ 수혜법인의 지배주주와 일감을 몰아 준 법인의 주주가 동일한 경우 자기증여에 해당하는지(서울고
　법 2019누36669, 2020.9.23.)

－수혜법인이 특수관계법인과의 거래를 통하여 얻은 이익을 지배주주 등의 증여이익으로 의제
　하여 과세하는 것이고, 여기서 특수관계법인은 수혜법인에 거래의 기회를 제공할 뿐 직접적
　으로 그 거래를 통해 수혜법인이 얻는 이익만큼의 손실을 입는 것은 아니므로, 지배주주가
　수혜법인과 특수관계법인의 지분을 동시에 보유하였다고 하더라도, 특수관계법인이 거래를
　통하여 손실을 입었다고 인정할 수 없는 이상 수혜법인의 이익과 특수관계법인의 손실이 하
　나의 주체에 귀속되어 증여이익이 발생하지 않는다고 볼 수 없다.
－조세법률주의의 원칙과 이 사건 각 조항의 문언 및 그 입법취지 등에 비추어 보면, 각 법률조
　항을 근거로 과세처분을 할 때, 각 법률조항에 직접 규정된 요건 외에 다른 요건을 추가적으
　로 고려하여 일감몰아주기 규정 적용여부를 판단하여야 하는 것은 아님.

4. 증여자

증여자는 특수관계법인이 되며, 수혜법인의 사업연도 매출액 중에서 그 법인의 지배주
주와 특수관계에 있는 법인에 대한 매출액이 차지하는 비율(이하 "특수관계법인 거래비
율"이라 함)이 정상거래비율을 초과하는 경우 증여세 과세대상에 해당한다.

정상거래비율은 법인의 구분에 따라 다음과 같다.

일반법인	중견기업	중소기업
100분의 30	- 2017.2.7. 이후 개시하는 사업연도부터 100분의 40 - 2017.2.6. 이전 개시하는 사업연도까지 100분의 50	100분의 50

- 중소기업 : 조세특례제한법 제5조 제1항에 따른 중소기업으로서 공정거래법 제14조에 따른 공시대상기업집단(자산총액 5조원 미만)에 소속되지 아니하는 기업
- 중견기업 : 조세특례제한법 시행령 제9조 제4항에 따른 중견기업으로서 공정거래법 제14조에 따른 공시대상기업집단에 소속되지 아니하는 기업
- 일반법인 : 중소·중견기업이 아닌 법인 및 특수관계법인거래비율이 정상거래비율의 3분의 2(20%)를 초과하는 경우로서 특수관계법인에 대한 매출액이 1천억원을 초과하는 경우

2023.1.1. 이후부터 사업부분별로 특수관계법인거래비율 및 세후영업이익을 계산하는 경우에는 다음의 계산식에 따른 매출액을 말한다.

$$1천억원 \times \frac{해당\ 사업연도의\ 사업부문별\ 매출액}{해당\ 사업연도의\ 전체\ 매출액}$$

가. 특수관계법인

특수관계법인이란 수혜법인의 지배주주와 상속증여세법 시행령 제2조의2 제1항 제3호부터 제8호까지의 관계에 있는 자를 말한다. 즉, 다음의 상속증여세법 시행령에서 ③부터 ⑧에 해당하는 법인을 말한다.

▶▶ 상속증여세법 시행령 제2조의2 제1항
① 친족 : 국세기본법 시행령 제1조의2 제1항 제1호부터 제5호까지의 어느 하나에 해당하는 자 및 직계비속의 배우자의 2촌 이내의 혈족과 그 배우자
② 사용인이나 사용인 외의 자로서 본인의 재산으로 생계를 유지하는 자
    사용인은 임원·상업사용인 및 그 밖에 고용계약관계에 있는 자와 출자에 의하여 지배하고 있는 법인의 사용인을 말한다.
③ 다음 어느 하나에 해당하는 자
    ㉠ 본인이 개인인 경우 : 본인이 직접 또는 본인과 ①친족에 해당하는 관계에 있는 자가 임원에 대한 임면권의 행사 및 사업방침의 결정 등을 통하여 그 경영에 관하여

사실상의 영향력을 행사하고 있는 기획재정부령으로 정하는 기업집단의 소속기업 기업집단의 소속기업이란 공정거래법 제3조 각 호의 어느 하나에 해당하는 기업집단에 속하는 계열회사를 말하며, 기업집단 소속기업의 법인세법 시행령 제40조 제1항에 따른 임원과 퇴직 후 3년(해당 기업이 공정거래법 제14조에 따른 공시대상기업집단에 소속된 경우에는 5년)이 지나지 않은 사람(이하 "퇴직임원"이라 한다)은 기업집단의 소속기업에 포함하여 특수관계인 해당 여부를 판단한다. 퇴직임원의 경우 2019.2.11. 이전에는 모든 기업의 임원 중 퇴직 후 5년이 지나지 않은 사람(2014.2.21.부터 2019.2.11. 기간 중에 상속세 또는 증여세를 결정하는 경우 사외이사를 제외한다)을 말한다.

    ⓛ 본인이 법인인 경우 : 본인이 속한 기업집단의 소속 기업(해당 기업의 임원과 퇴직임원을 포함한다)과 해당 기업의 임원에 대한 임면권의 행사 및 사업방침의 결정 등을 통하여 그 경영에 관하여 사실상의 영향력을 행사하고 있는 자 및 그와 ①에 해당하는 관계에 있는 자

④ 본인, ①부터 ③까지의 자 또는 본인과 ①부터 ③까지의 자가 공동으로 재산을 출연하여 설립하거나 이사의 과반수를 차지하는 비영리법인

⑤ ③에 해당하는 기업의 임원과 퇴직임원이 이사장인 비영리법인

⑥ 본인, ①부터 ⑤까지의 자 또는 본인과 ①부터 ⑤까지의 자가 공동으로 발행주식총수 또는 출자총액의 30% 이상 출자하고 있는 법인(A법인 ⟹ 1차 출자법인)

⑦ 본인, ①부터 ⑥까지의 자 또는 본인과 ①부터 ⑥까지의 자가 공동으로 발행주식총수 또는 출자총액의 50% 이상 출자하고 있는 법인(B법인 ⟹ 2차 출자법인)

⑧ 본인, ①부터 ⑦까지의 자 또는 본인과 ①부터 ⑦까지의 자가 공동으로 재산을 출연하여 설립하거나 이사의 과반수를 차지하는 비영리법인

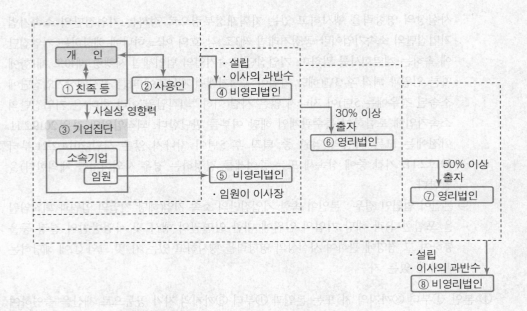

나. 특수관계법인에서 제외하는 법인

2014.2.20. 이전에는 다음에 해당하는 법인은 특수관계법인에서 제외하였으나, 2014.2.21. 이후 증여세 신고기한이 도래하는 분부터 특수관계법인에서 제외하는 방식을 폐지하고 과세대상에서 제외하는 법인 간 매출액에 포함시켰다. 이 경우 수혜법인이 둘 이상인 경우에는 해당 수혜법인별로 각각 판단한다.

  ㉠ 수혜법인이 발행주식총수 등의 100분의 50 이상을 출자하고 있는 법인과 그 법인이 발행주식총수 등의 100분의 50 이상을 출자하고 있는 다른 법인

  ㉡ 수혜법인이 공정거래법 제8조에 따른 지주회사인 경우로서 같은 법 제2조 제1호의3에 따른 수혜법인의 자회사와 같은 법 제2조 제1호의4에 따른 수혜법인의 손자회사 (같은 법 제8조의2 제5항에 따른 증손회사를 포함한다)

  ㉢ 수혜법인이 속한 공정거래법 제9조에 따른 상호출자제한기업집단이 아닌 다른 기업집단의 소속 기업. 2014.2.21.이 속하는 사업연도까지는 특수관계법인에서 제외한다.

예를들어 삼성전자 그룹에 소속된 기업과 신세계 또는 CJ그룹에 소속된 기업은 특수관계법인으로 보지 아니한다는 의미로 볼 수 있다.

관련 예규·심판결정례 및 판례 등

☐ 동일기업집단소속 수혜법인의 지배주주와 시혜법인의 특수관계 판단 방법(법령해석-455, 2018.9.20.)

회신

상증령 제34조의2 제3항에 따른 "법인의 지배주주와 특수관계에 있는 법인"은 "지배주주를 기준(일방관계)"으로 특수관계 여부를 판단하는 것으로 기업집단의 경영에 관하여 사실상의 영향력을 행사하고 있지 않는 기업집단 내 수혜법인의 지배주주인 대표이사와 동일한 기업집단 소속 법인은 지배주주 기준에서 특수관계가 없는 것임.

질의

B기업집단의 경영에 관하여 사실상 영향력을 행사하고 있지 않는 B기업집단 소속 ㈜A의 지배주주인 대표이사 김××와 동일한 기업집단 소속 ㈜B가 상속증여세법 시행령 제34조의2 제3항에 따른 "법인의 지배주주와 특수관계에 있는 법인"인지 판단함에 있어서 같은 영 제2조의2 제1항 제3호의 관계에 있는 법인에 해당하는지 여부
- 임원에 대한 임면권의 행사 및 사업방침의 결정 등 사실상의 영향력을 행사하는 자는 B그룹의 최대주주인 "이씨일가"임.

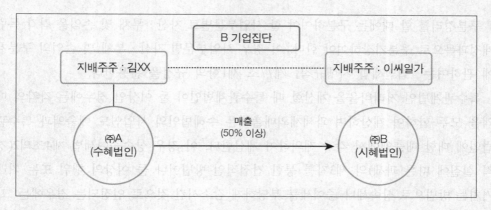

☐ 기업집단에 속한 기업의 임원과 기업집단 내 기업의 특수관계 해당 여부(재재산-307, 2016.5.2.)
구 상속증여세법 제45조의3 제1항 및 같은법 시행령 제34조의2 제3항에 따른 '법인의 지배주주와 특수관계에 있는 법인'이란 같은 영 같은 조 제1항에 따른 지배주주(개인)를 기준으로 같은 영 제12조의2 제1항 제3호부터 제8호까지의 관계에 있는 법인을 말하는 것으로, 乙기업집단의 경영에 관하여 사실상의 영향력을 행사하고 있지 않은 甲법인의 지배주주가 乙기업집단에 속한 법인의 임원인 경우 해당 지배주주와 乙기업집단의 소속기업은 같은 영 제34조의2 제3항 단서 외의 본문에 따른 특수관계에 있는 자에 해당하지 아니함.

5. 특수관계법인과의 거래비율

가. 특수관계법인 거래비율이 정상거래비율을 초과할 것

수혜법인의 사업연도 매출액 중에서 그 법인의 지배주주와 특수관계에 있는 법인에 대한 매출액이 차지하는 비율(이하 "특수관계법인 거래비율"이라 함)이 정상거래비율(30%, 40% 또는 50%)을 초과하는 경우 증여세 과세대상에 해당하며, 특수관계법인 거래비율은 수혜법인의 총매출액 중 특수관계법인과의 매출액이 차지하는 비율을 말한다.

2023.1.1. 이후부터 아래의 요건을 모두 갖춘 법인의 특수관계법인거래비율은 상속증여세법 제45조의3 제1항 각 호 외의 부분 후단에 따라 사업 부문별로 계산할 수 있다. 이 경우 상속증여세법 제45조의3 제1항 제1호에 해당하는 사업부문이 둘 이상인 경우에는 그 둘 이상의 사업부문을 하나의 사업부문으로 보아 특수관계법인 거래비율을 계산한다.

㉮ 사업부문별로 자산·부채 및 손익을 각각 독립된 계정과목으로 구분하여 경리할 것
㉯ 한국표준산업분류에 따른 세세분류 이상으로 사업부문을 구분할 것

구분경리를 할 때에는 구분하여야 할 사업부문별로 자산·부채 및 손익을 각각 독립된 계정과목으로 구분기장하여야 한다. 이 경우 사업부문별 자산·부채 및 손익의 구분계산에 관하여는 「법인세법 시행규칙」 제77조 제1항의 규정을 준용한다.

특수관계법인 거래비율을 계산할 때 특수관계법인이 둘 이상인 경우에는 각각의 매출액을 모두 합하여 계산하며 과세제외매출액은 수혜법인의 사업연도 매출액과 특수관계법인에 대한 매출액에서 각각 제외하여 계산한다. 이 경우 상속증여세법 제4조의2(경제적 실질에 따른 과세)의 제3자를 통한 간접적인 방법이나 둘 이상의 행위 또는 거래를 거치는 방법으로 상속세나 증여세를 부당하게 감소시킨 것으로 인정되는 경우에는 그 행위 또는 거래의 명칭이나 형식에 관계없이 그 경제적 실질 내용에 따라 당사자가 직접 거래한 것으로 보거나 연속된 하나의 행위 또는 거래로 보아 해당 규정을 적용한다(상속증여세법 시행령 §34의2 ⑦).

매출액은 법인세법 제43조의 기업회계기준에 따라 계산한 매출액을 말한다.

2018.1.1. 이후 개시하는 사업연도 분부터 일감몰아주기 과세 등을 회피하기 위한 공시대상기업집단 간의 교차거래, 삼각거래 등에 대해서도 해당 매출액을 특수관계법인 거래비율에 포함하여 계산하도록 하였다.

즉, 증여의제를 회피하거나 공정거래법 제23조의2에 따른 특수관계인에 대한 부당한 이익제공 등의 금지를 회피할 목적으로 공정거래법 제14조에 따른 공시대상기업집단 간에 계약·협정 및 결의 등에 따라 제3자를 통한 간접적인 방법이나 둘 이상의 거래를 거치는 방법으로 발생한 수혜법인의 매출액을 포함한다.

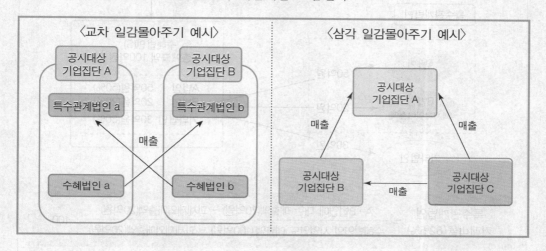

$$\text{특수관계법인 거래비율} = \frac{\text{특수관계법인에 대한 매출액} - \text{'5-나. 과세제외매출액'}}{\text{수혜법인의 사업연도 매출액} - \text{'5-나. 과세제외매출액'}} \times 100$$

▶▶ **법인세법 제43조【기업회계기준과 관행의 적용】**
   내국법인의 각 사업연도의 소득금액을 계산할 때 그 법인이 익금과 손금의 귀속사업연도와 자산·부채의 취득 및 평가에 관하여 일반적으로 공정·타당하다고 인정되는 기업회계기준을 적용하거나 관행(慣行)을 계속 적용하여 온 경우에는 이 법 및 「조세특례제한법」에서 달리 규정하고 있는 경우를 제외하고는 그 기업회계의 기준 또는 관행에 따른다.

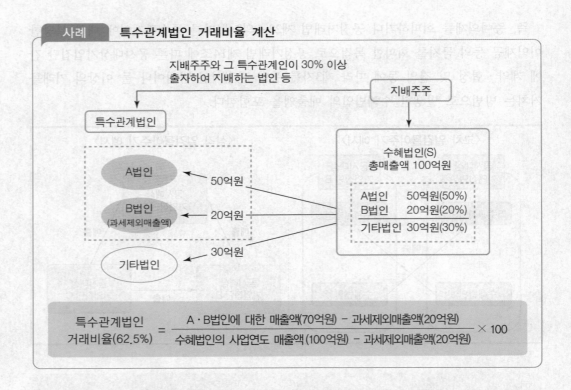

사례　　특수관계법인 거래비율 계산

나. 사업연도 중에 특수관계법인에 해당하는 경우 매출액

수혜법인의 사업연도 개시일 현재 지배주주와 특수관계법인에 해당하지 아니하였으나 사업연도 종료일에는 특수관계법인에 해당하는 경우 특수관계법인 거래비율은 해당 법인과의 사업연도 전체 매출액을 기준으로 산정한다. 즉 특수관계법인에 해당하지 아니하는 기간 중에 발생한 매출액을 제외하지 아니한다(서면법규과 – 1487, 2012.12.14.). 반대로 사업연도 개시일 현재 지배주주와 특수관계법인에 해당하였으나 사업연도 종료일에는 특수관계법인에 해당하지 아니한 경우에는 과세대상이 아니다.

또한, 특수관계법인이 수혜법인의 사업연도 중에 수혜법인에 흡수합병되어 소멸된 경우 당해 특수관계법인에 대한 수혜법인의 매출액은 특수관계법인에 대한 매출액에 포함되지 않는다(사전 – 법령해석재산 – 210, 2021.10.27.).

지배주주와 특수관계에 있는 법인에 해당 여부는 수혜법인의 사업연도 종료일을 기준으로 판단하기 때문이다.

다. 특수관계법인과의 거래에서 제외하는 금액

2014.2.21. 이후 증여세 과세표준 신고분부터 특수관계법인에서 제외하여 과세하는 방식에서 매출액에서 제외하는 방식으로 변경하였다.

특수관계법인과의 매출액 중 다음의 어느 하나에 해당하는 금액(이 절에서 "과세제외매출액"이라 함)을 제외하고 특수관계법인 거래비율을 계산한다. 이 경우 다음에 동시에 해당하는 경우에는 더 큰 금액으로 한다(상증령 §34의2 ⑧).

① 중소기업인 수혜법인이 중소기업인 특수관계법인과 거래한 매출액

② 수혜법인이 본인의 주식보유비율이 100분의 50 이상인 특수관계법인과 거래한 매출액

③ 수혜법인이 본인의 주식보유비율이 100분의 50 미만인 특수관계법인과 거래한 매출액에 그 특수관계법인에 대한 수혜법인의 주식보유비율을 곱한 금액

④ 수혜법인이 공정거래법 제2조 제1호의2에 따른 지주회사인 경우로서 수혜법인의 같은 법 제2조 제1호의3에 따른 자회사 및 같은 법 제2조 제1호의4에 따른 손자회사(같은 법 제8조의2 제5항에 따른 증손회사를 포함하며 이하 "손자회사"라 한다)와 거래한 매출액

　수혜법인의 사업연도 종료일인 증여일에 지주회사인 경우 해당 사업연도 자회사와의 거래가액 전부를 특수관계법인과의 거래가액에서 제외하는 것이므로 수혜법인이 ①사업연도 중인 6.30.까지는 지주회사였으나 사업연도 종료일에는 지주회사가 아닌 경우에는 제외할 거래가액이 없는 것이고, 반대로 ②사업연도 중인 6.30.까지는 지주회사가 아니었으나 사업연도 종료일에 지주회사가 된 경우에는 해당 사업연도 자회사와의 거래가액 전체를 제외하여야 할 것이다.

⑤ 수혜법인이 제품·상품의 수출을 목적으로 특수관계법인 거래한 매출액

　2014.2.21. 당시 수혜법인이 제품·상품의 수출을 목적으로 국외에 소재하는 특수관계법인과 거래한 매출액 및 다른 법률에 따라 의무적으로 특수관계법인과 거래한 경우의 해당 매출액은 2016.12.31.까지 과세제외매출액에 포함한다.

⑥ 수혜법인이 용역을 국외에서 공급(「부가가치세법」 제22조에 따라 영세율이 적용되는 용역의 공급을 말한다)할 목적으로 특수관계법인과 거래한 매출액

⑦ 수혜법인이 「부가가치세법」 제24조 제1항에 따라 영세율이 적용되는 용역의 공급으로서 같은 법 시행령 제33조 제2항 제1호 다목 또는 바목에 따른 용역의 공급(해당 용역을 공급받은 비거주자 또는 외국법인이 공급받은 용역과 동일한 용역을 다

시 거주자 또는 내국법인에 공급하는 경우는 제외한다)을 목적으로 특수관계법인과 거래한 매출액

⑧ 수혜법인이 다른 법률에 따라 의무적으로 특수관계법인과 거래한 매출액

⑨ 한국표준산업분류에 따른 스포츠클럽 운영업 중 프로스포츠구단 운영을 주된 사업으로 하는 수혜법인이 특수관계법인과 거래한 광고 매출액. 2015.2.3. 이후 증여세 과세표준을 신고하는 경우부터 적용한다.

⑩ 국가사업에 참여함에 따라 공공기금과 수혜법인이 공동으로 출자(공공기금이 50% 이상)·설립한 법인과 거래한 매출액(2020.2.11. 이후 증여세 신고분부터 적용)

수혜법인이 국가, 지방자치단체, 공공기관의 운영에 관한 법률에 따른 공공기관 또는 지방공기업법에 따른 지방공기업(이하 "국가등"이라 함)이 운영하는 사업에 참여함에 따라 국가 등이나 국가재정법 별표 2에서 규정하는 법률에 따라 설립된 기금(이하 "공공기금"이라 함) 또는 공공기금이 발행주식총수 또는 출자총액의 100분의 100을 출자하고 있는 법인이 발행주식총수 또는 출자총액의 100분의 50 이상을 출자하고 있는 법인에 출자한 경우 해당 법인과 거래한 매출액

 관련 예규·심판결정례 및 판례 등

☐ 수출판매법인에 대한 매출액이 과세제외 매출액 해당 여부(법규과-1516, 2023.6.13.)

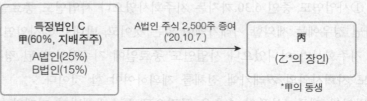

의약품 제조법인(수혜법인, A법인)이 국내 판매는 할 수 없는 수출판매법인(특수관계법인, B법인)과 수출을 전제로 체결한 공급계약에 따라 거래하는 경우로서 A법인이 B법인에 공급한 물량이 전량 해외로 수출되는 경우, A법인이 B법인과 거래한 매출액은 상증령(2023.2.28. 대통령령 제33278호로 개정된 것) 제34조의3 제10항 제5호에 따른 과세제외매출액에 해당하는 것임.

☐ 방위사업법상 방산업체로 지정된 법인이 특수관계인 다른 방산업체에게 방위사업법상 의무적으로 방산물자 등을 공급하여 발생하는 매출액은 과세제외 매출액에 해당함(상속증여세과-911, 2020.12.18.).

☐ 특수관계법인과의 거래시 과세제외 매출이 중복되는 경우(사전 법령해석과-3220, 2019.12.10.)

사실관계 및 질의

○ 지배주주가 수혜법인 22%와 특수관계법인 5%를 보유, 수혜법인의 매출액 1,000억원 중 특

수관계법인에 대한 매출액은 500억원이고, 500억원 중 제품·상품의 수출을 목적으로 거래한 금액은 100억원임.

➡ 수혜법인과 특수관계법인은 지배주주와 그의 친족이 100% 지분 보유

○ 특수관계법인과의 거래에서 제외하는 매출액(제품·상품의 수출을 목적으로 거래)과 증여의제가액 계산시 과세제외하는 매출(지배주주의 특수관계법인에 대한 주식보유비율 상당 매출액)의 계산방법은?

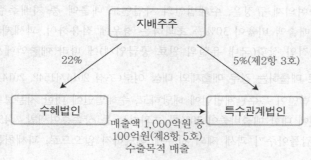

회신

상증령 제34조의2 제8항 제5호와 같은 조 제12항 제3호에 동시에 해당하는 경우 과세제외매출액은 같은 조 제8항 제5호에 해당하는 금액으로 하며, 같은 조 제11항에 따른 증여의제이익을 계산할 때는 특수관계법인과 거래한 매출액에서 같은 조 제8항 제5호에 따른 과세제외매출액을 차감한 가액에 같은 조 제12항 제3호를 적용한 금액을 과세제외매출액에 포함하여 계산함.

해설

특수관계법인과의 거래비율이 정상거래비율(30, 40, 50%)을 초과하는지는 상증령 제34조의2 제8항 제5호(제품·상품의 수출을 목적으로 거래)의 금액을 제외하고 판단하며, 증여의제이익을 계산할 때는 상증령 제34조의2 제8항 제5호의 금액과 같은 조 제12항 제3호(지배주주의 특수관계법인에 대한 주식보유비율 상당 매출액)의 금액을 뺀다는 유권해석으로 볼 수 있다.

☐ 수출 목적의 매출액은 내국신용장등을 통해 거래한 경우를 말함(법규재산 2014 – 150, 2014.6.11.). 중소기업 또는 중견기업에 해당하는 수혜법인이 상속증여세법 시행령(2014.2.21. 개정된 것) 제34조의2 제8항 제5호에 따라 제품·상품의 수출을 목적으로 국내에 소재한 특수관계법인과 거래한 매출액(이하 '과세제외매출액'이라 함)은 같은 조 제9항에 따라 특수관계법인거래비율을 계산할 때 수혜법인의 사업연도 매출액과 특수관계법인에 대한 매출액에서 각각 제외하는 것으로, 이 경우 해당 과세제외매출액은 부가가치세법상 내국신용장이나 구매확인서를 통해 제품·상품의 수출을 목적으로 거래한 사실이 확인되는 경우에 한하여 제외하는 것임.

☐ 여객자동차운송사업자와 거래시 매출액 제외 여부(상속증여세과 – 629, 2013.12.24.)

「여객자동차 운수사업법」에 따른 여객자동차터미널사업자가 같은 법에 따라 특수관계법인이 운영하는 여객자동차운송사업자에게 시설 사용료, 승차권 위탁 판매 수수료 등을 지급받는 경우 특수관계법인에 대한 거래비율 계산시 해당 매출액은 상속증여세법 시행령 제34조의2 제7

항 단서에 따라 특수관계법인에 대한 매출액에서 제외하는 것임.

☐ 해외특수관계법인에 대한 수출의 범위에 중계무역수출도 포함함(서면법규과-1392, 2013.12.23.).
상속증여세법 시행령 제34조의2 제7항의 단서에서 말하는 수출의 범위에는 「대외무역관리규정」
제2조 제11호의 정의에 따른 '중계무역'도 포함되는 것임.

☐ 과세제외매출액으로 규정된 외 매출액은 제외할 수 없음(상속증여세과-405, 2013.7.23.).
일감몰아주기 증여의제 규정은, 수혜법인의 사업연도 매출액 중 지배주주와 특수관계에 있
는 법인에 대한 매출액 비율이 30%를 초과하는 경우에 적용하며, 과세제외매출액으로 규정
한 것 외에 개별적인 상황(국내 유일의 원료 공급업체)에 따라 매출액에서 제외할 수 없음.

☐ 경쟁입찰방식으로 매출하는 경우 매출제외 대상 여부(조심 2014서1542, 2014.7.17.)
수혜법인과 증여법인이 특수관계법인에 해당하고, 수혜법인에 대한 지분보유 비율이 3%를 초
과하며, 증여법인에 대한 매출비중이 30%를 초과하는 등 상속증여세법 제45조의3의 요건을 충
족하고 있어, 일감몰아주기 과세 제외 사유에 해당하지 않으므로, 과세처분은 잘못이 없음.

사례 **과세제외 매출액 계산**

(①유형) 중소기업인 수혜법인이 중소기업인 특수관계법인과 거래한 경우 해당 매출액 전액

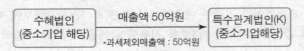

(②유형) 수혜법인이 50% 이상 출자한 특수관계법인과 거래한 경우 해당 매출액 전액

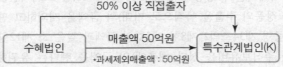

* 2014.2.20. 이전에는 특수관계법인에서 제외하였음.

(③유형) 수혜법인이 50% 미만 출자한 특수관계법인과 거래한 경우 주식보유비율에 상당하
는 매출액

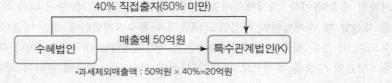

(④유형) 수혜법인이 지주회사인 경우로서 자회사 및 손자회사와 거래한 경우 해당 매출액 전액

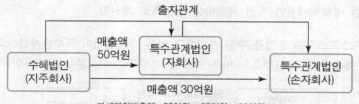

* 2014.2.20. 이전에는 특수관계법인에서 제외하였음.

(⑤유형) 수혜법인이 제품·상품의 수출을 목적으로 특수관계법인(수혜법인이 중소·중견기업이 아닌 경우에는 국외에 소재하는 특수관계법인에 한정함)과 거래한 경우 해당 매출액 전액

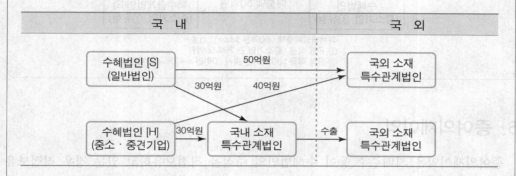

* 과세제외 매출액 해당 여부

　수혜법인 [S] : 국외수출분 50억원 → 부칙에 따라 2014.2.20. 이전 규정을 적용하므로 특수관계법인에 대한 매출액에서 제외(과세제외매출액 0원)

　수혜법인 [S] : 국내수출분 30억원 → 과세매출액

　수혜법인 [H] : 국외수출분 40억원 → 부칙에 따라 2014.2.20. 이전 규정을 적용하므로 특수관계법인에 대한 매출액에서 제외 (과세제외매출액 0원)

　수혜법인 [H] : 국내수출분 30억원 → 과세제외 매출액

※ 2014.2.21. 개정 상증령 부칙 제14조(특수관계법인의 범위 및 과세제외매출액에 관한 경과조치) 제2항에는 "수혜법인의 특수관계법인거래비율을 계산할 때 이 영 시행 당시 수혜법인이 제품·상품의 수출을 목적으로 국외에 소재하는 특수관계법인과 거래한 매출액 및 다른 법률에 따라 의무적으로 특수관계법인과 거래한 경우의 해당 매출액은 제34조의2 제8항 및 제9항의 개정규정에도 불구하고 이 영 시행일이 속하는 사업연도까지 종전의 규정에 따른다."고 규정되어 있음.

따라서, 수혜법인이 제품·상품의 수출을 목적으로 국외에 소재하는 특수관계법인과 거래한 매출액은 개정규정에 따른 "과세제외매출액"에 해당하지 아니하고, 2014.2.21.이 속하는 사업연도분까지는 종전과 같이 특수관계법인거래비율 계산시 특수관계법인에 대한 매출액에서만 직접 제외하는 방법으로 계산함.

(⑥유형) 수혜법인이 다른 법률에 따라 의무적으로 특수관계법인과 거래한 매출액은 과세제
외매출액에 포함되지 않고 2014.2.21.이 속하는 사업연도분까지는 특수관계법인에
대한 매출액에서만 직접 제외하는 방법으로 계산함.

(⑦유형) 프로스포츠구단 운영을 주된 사업으로 하는 수혜법인이 특수관계법인과 거래한 광
고 매출액 전액(2015.2.3. 이후 증여세 과세표준 신고분부터 적용함)

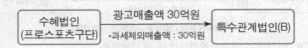

■ 2가지 유형에 동시에 해당하는 경우에는 가장 큰 금액을 과세제외 매출액으로 함.

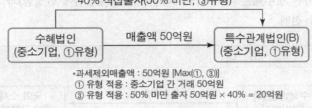

6. 증여의제이익

증여의제이익은 지배주주 등이 수혜법인의 주식을 직접보유하고 있는 경우 직접보유
비율에 따른 증여의제이익과 간접보유하고 있는 경우의 간접보유비율에 따른 증여의제
이익의 합계액으로 한다.

이 경우 증여의제이익은 수혜법인의 사업연도 단위로 계산하며, 사업연도 말 현재 지배
주주 등의 수혜법인에 대한 출자관계(간접보유비율이 1천분의 1 미만인 경우의 해당 출자
관계는 제외한다)별로 각각 구분하여 계산한 금액을 모두 합하여 계산한다. 또한 특수관계
법인이 둘 이상인 경우에도 하나의 법인으로부터 이익을 얻은 것으로, 즉 증여자를 1인으
로 보고 증여세를 과세한다. 2014.1.1. 이후 증여세 과세표준 신고기한이 도래하는 분부터
배당소득 상당액을 빼고 증여세를 과세할 증여의제이익을 다음 산식에 의해 계산한다.

동일인이 2 이상의 수혜법인의 지배주주 등에 해당하는 경우 수혜법인별로 증여의제
이익을 계산하고 증여세를 각각 산출하여야 한다.

증여의제이익 = 수혜법인의 세후영업이익 × [특수관계법인과의 거래비율 – 정상거래비율 상당
(5%, 20% 또는 50%)] × [주식보유비율 – 한계보유비율 상당(5% 또는 10%)]
– 배당소득 상당액

가. 세후영업이익

세후영업이익은 수혜법인의 영업이익(매출액에서 매출원가 및 판매비·관리비 차감)
을 법인세법상 세무조정한 「세법상 영업이익」에서 법인세 상당액을 뺀 금액에 과세매출
비율을 곱하여 계산한다.

2023.1.1. 이후부터 아래의 요건을 모두 갖춘 법인의 세후영업이익은 법 제45조의3 제
1항 각 호 외의 부분 후단에 따라 사업 부문별로 계산할 수 있다. 이 경우 상속증여세법
제45조의3 제1항 제1호에 해당하는 사업부문이 둘 이상인 경우에는 그 둘 이상의 사업부
문을 하나의 사업부문으로 보아 세후영업이익을 계산한다.

㉮ 사업부문별로 자산·부채 및 손익을 각각 독립된 계정과목으로 구분하여 경리할 것
㉯ 한국표준산업분류에 따른 세세분류 이상으로 사업부문을 구분할 것

(①세법상 영업이익 – ②법인세 상당액) × ③과세매출비율

① 세법상 영업이익

수혜법인의 영업손익(법인세법 제43조의 기업회계기준에 따라 계산한 매출액에서
매출원가 및 판매비와 관리비를 차감한 영업손익을 말한다)에 대해 해당 영업손익
에 다음의 세무조정사항을 반영한 가액을 세법상 영업손익이라 한다.

– 감가상각비 손금불산입(법인세법 §23)

– 퇴직급여충당금 손금산입(법인세법 §33)

– 퇴직보험료 등의 손금불산입(법인세법 시행령 §44의2)

– 대손충당금 손금산입(법인세법 §34)

– 손익의 귀속사업연도(법인세법 §40)

– 자산의 취득가액(법인세법 §41)

– 재고자산의 평가손익(법인세법 시행령 §74)

② 법인세 상당액 : (㉠ × ㉡)로 계산한 가액(㉡이 1을 초과하는 경우에는 1로 한다)을 말한다.

㉠ 법인세법 제55조에 따른 수혜법인의 산출세액(같은 법 제55조의2에 따른 토지 등 양도소득에 대한 법인세액은 제외한다)에서 법인세액의 공제·감면액을 뺀 세액

㉡ 세법상 영업손익 ÷ 법인세법 제14조에 따른 각 사업연도 소득금액

* 비율이 1을 초과하는 경우에는 1로 함.

③ 과세매출비율

$$1 - (\text{과세제외매출액} \div \text{과세제외매출액이 포함된 사업연도의 매출액})$$

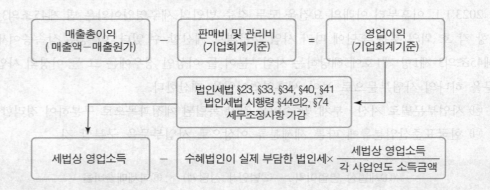

 관련 예규 · 심판결정례 및 판례 등

❑ 단기매매증권 평가이익은 제외하나 이자수익은 포함함(법령해석재산 2014-20484, 2015.4.30.).

수혜법인의 세후영업이익을 계산할 때 기업의 주된 영업활동으로부터 발생한 단기매매증권 평가이익은 법인세법 제43조의 기업회계기준에 따라 계산한 매출액에서 제외하는 것이며, 기업의 주된 영업활동으로부터 발생한 이자수익은 동 매출액에 포함함.

❑ 수혜법인의 세후영업이익 계산시 이자비용은 차감하지 아니하는 것임(조심 2014부4697, 2015.5.28.).

❑ 배당금수익 등이 특수관계법인과의 매출액 해당 여부(상속증여세과-630, 2013.12.24.)

수혜법인의 세후영업이익을 계산함에 있어 기업의 주된 영업활동으로부터 발생한 배당금수익·지분법이익은 법인세법 제42조의 기업회계기준에 따라 계산한 매출액에서 제외하는 것이며, 기업의 주된 영업활동으로부터 발생한 상표 사용에 따른 로열티수익은 동 매출액에 포함함.

나. 특수관계법인과의 거래비율 및 정상거래비율

수혜법인의 사업연도 매출액 중에서 그 법인의 지배주주와 특수관계에 있는 법인에 대한 매출액이 차지하는 비율을 말하며, 특수관계법인이 둘 이상인 경우에는 각각의 매출액을 모두 합하여 계산한다. 이 경우 과세제외 매출액은 수혜법인의 사업연도 매출액과 특수관계법인에 대한 매출액에서 각각 제외하고 계산한다.

정상거래비율과 증여의제이익을 계산할 때 특수관계법인 거래비율에서 빼는 비율은 일반법인과 중소·중견기업이 다음과 같이 차이가 있다.

구 분	2012.1.1.~ 2012.12.31.	2013.1.1.~ 2013.12.31.	2014.1.1.~ 2017.2.6.	2017.2.7.~ 2017.12.31.	2018.1.1.~
중소기업	30%	15%	50%	50%	50%
중견기업	30%	15%	50%	40%	20%
일반법인	30%	15%	15%	15%	5%

다. 주식보유비율 및 한계보유비율

주식보유비율은 각 사업연도 말 현재 지배주주 및 그의 친족 각자가 보유하고 있는 수혜법인의 주식보유비율과 간접출자법인의 주식보유비율을 합하여 계산한다. 수혜법인에 대한 간접보유비율은 개인과 수혜법인 사이에 주식보유를 통하여 한 개 이상의 간접출자법인이 개재되어 있는 경우에 각 단계의 직접보유비율을 모두 곱하여 산출한 비율을 말한다. 이 경우 개인과 수혜법인 사이에 둘 이상의 간접출자관계가 있는 경우에는 개인의 수혜법인에 대한 간접보유비율은 각각의 간접출자관계에서 산출한 비율을 모두 합하여 산출한다.

한계보유비율은 일반법인의 경우에는 3%이고 중소기업과 중견기업의 경우 10%이다. 수혜법인에 대한 간접보유비율이 있는 경우에는 해당 간접보유비율에서 한계보유비율을 먼저 빼고 간접출자관계가 두 개 이상인 경우에는 각각의 간접보유비율 중 작은 것에서부터 주식보유비율에서 다음의 비율을 뺀다.

구 분	2012.1.1.~2013.12.31.	2014.1.1.~2017.12.31.	2018.1.1.~
중소기업	3%	10%	10%
중견기업	3%	10%	5%
일반법인	3%	3%	0

라. 증여의제이익 계산시 과세제외매출

증여의제이익을 계산할 때 특수관계법인 거래비율을 계산할 때 과세제외매출에 해당하지 아니하는 경우로서 지배주주 등의 출자관계별로 다음의 어느 하나에 해당하는 금액(자기증여에 해당)을 과세제외매출액(이 절에서 "추가하는 과세제외 매출액"이라 함)에 포함하여 계산한다. 이 경우 다음의 어느 하나에 동시에 해당하는 경우에는 더 큰 금액으로 한다(상증령 §34의2 ⑫).

① 수혜법인이 간접출자법인인 특수관계법인과 거래한 매출액

② 지주회사의 자회사 또는 손자회사에 해당하는 수혜법인이 그 지주회사의 다른 자회사 또는 손자회사에 해당하는 특수관계법인과 거래한 매출액에 그 지주회사의 특수관계법인에 대한 주식보유비율을 곱한 금액. 다만, 지배주주 등이 수혜법인 및 특수관계법인과 지주회사를 통하여 각각 간접출자관계에 있는 경우로 한정한다.

③ 수혜법인이 특수관계법인과 거래한 매출액에 지배주주 등의 그 특수관계법인에 대한 주식보유비율을 곱한 금액

④ 수혜법인이 간접출자법인의 子법인으로서 다른 子법인과 거래한 경우 매출액에 간접출자법인의 특수관계법인에 대한 지분율을 곱하여 계산한 매출액(2020.2.11. 이후 증여세 신고분부터 적용)

간접출자법인의 자법인(특정 법인이 어느 법인의 최대주주등에 해당하는 경우 그 법인을 특정 법인의 자법인이라 한다)에 해당하는 수혜법인이 그 간접출자법인의 다른 자법인에 해당하는 특수관계법인과 거래한 경우로서 다음을 모두 충족하는 경우에는 해당 거래에 따른 매출액에 그 간접출자법인의 특수관계법인에 대한 주식보유비율을 곱한 금액

㉠ 지배주주등 및 지배주주의 특수관계인(그 간접출자법인은 제외한다)이 수혜법인 및 특수관계법인의 주식등을 보유하지 않을 것

㉡ 특수관계법인이 수혜법인의 주식등을 직접 또는 간접으로 보유하지 않고 수혜법인이 특수관계법인의 주식등을 직접 또는 간접으로 보유하지 않을 것

㉢ 수혜법인 및 특수관계법인이 지배주주등과 수혜법인 및 특수관계법인 사이에 주식보유를 통하여 개재되어 있는 법인의 주식을 직접 또는 간접으로 보유하지 않을 것

추가하는 과세제외 매출액은 증여의제 과세요건에서 특수관계법인거래비율을 계산할

때에는 반영하지 아니하고, 수증자별 증여의제이익을 계산할 때에만 반영한다.

 관련 예규·심판결정례 및 판례 등

❑ 일감몰아주기 과세 시 공동수급체를 구성하는 특수관계법인에 대한 매출액 산정방법(법령해석과 - 3092, 2019.11.28.)

상속증여세법 제45조의 3을 적용함에 있어 수혜법인이 공동수급체를 구성한 시혜법인과 하도급계약을 체결하여 매출액이 발생한 경우 같은 법 같은 조 제1항에 따른 '특수관계법인거래비율'은 해당 하도급계약으로 인한 수혜법인의 매출액 중 공동수급체 내 시혜법인의 지분율에 해당하는 매출액을 기준으로 산정함.

다만, 수혜법인이 제공하는 용역이 실질적으로 시혜법인에만 귀속되는 것으로 볼 수 있는 경우에는 그러하지 않는 것이며, 이는 공동수급체 약정서, 하도급계약서, 실제 제공한 용역의 내용 등에 따라 사실 판단함.

사실관계

○ 갑*은 AA(주)(이하 "수혜법인")의 지배주주(89.69%)이자 AA산업(이하 "시혜법인")과 특수관계에 있는 자임.

　*갑과 그의 부친 등은 수혜법인과 AA산업이 속한 기업집단을 지배하는 자임.

○ 시혜법인과 기타 건설사 4곳(C건설, D건설, E건설, F건설)은 공동수급체를 구성하여 발주처로부터 '광양시 우회도로 건설공사(이하 "원도급공사")'를 수주하였고,

　* (지분율) 시혜법인 52%, C건설 24%, D건설 10%, E건설 7%, F건설 7%

　- 시혜법인은 수혜법인과 원도급공사 현장의 전기공사에 대해 하도급계약을 체결함.

○ 수혜법인은 시혜법인에 하도급공사 금액 전액에 대한 세금계산서를 교부하며 대금을 청구, 시혜법인은 하도급공사 대금을 선집행한 후, 공동수급체 구성원의 지분율에 따라 정산하고 세금계산서 발행

　* 수혜법인의 감사보고서 주석상 쟁점 하도급공사 금액 전액을 특수관계법인에 대한 매출액으로 기재

❑ 지배주주가 수혜법인에 간접출자하는 경우 과세제외매출액 계산방법(상속증여세과 - 517, 2018.6.5.)

상속증여세법 제45조의3을 적용할 때 수혜법인이 같은 법 시행령 제34조의2 제8항 제3호와 같은 조 제12항 제1호에 동시에 해당하는 특수관계법인에 대한 매출액이 있는 경우 과세제외매출액은 같은 법 시행령 제34조의2 제8항 제3호에 해당하는 금액으로 하는 것이며, 증여의제이익을 계산할 때 특수관계법인에 대한 매출액에서 과세제외매출액을 차감한 후 지배주주 등의 출자관계별로 같은 조 제12항 제1호에 해당하는 금액을 과세제외매출액에 포함하여 계산함.

❑ 지배주주와 수혜법인이 특수관계법인에 출자한 경우 과세제외 매출액 계산(재재산 - 228, 2015.3.13.)

수혜법인과 지배주주 등이 동일한 특수관계법인에 출자한 경우 상속증여세법 시행령 제34조의

2 제12항 제3호에 따른 과세제외매출액은 수혜법인이 특수관계법인과 거래한 매출액에서 같은 조 제8항 제3호에 따른 과세제외매출액을 차감한 후 지배주주 등의 특수관계법인에 대한 주식 보유비율을 곱하여 계산함.

☐ 상속증여세법 시행령 제34조의2 제12항 제3호의 과세제외매출액은 지배주주 등의 그 특수관계법인에 대한 각각의 직접출자비율을 곱하여 계산하는 것임(상속증여세과 - 1081, 2015.8.4.).

> **질의**
>
> 지배주주는 수혜법인의 지분 60%, 특수관계법인A의 지분 60% 및 특수관계법인B의 지분 30%를 보유하고 있음.
>
> * 특수관계법인B에 대한 지배주주의 지분율은 직접보유비율 30%와 간접보유비율 18%를 합산한 48%

> **회신**
>
> 지배주주가 A법인에 직접 출자한 60%, B법인에 출자한 30%를 각각의 매출액에 곱하여 과세제외매출액을 계산함.

☐ "추가되는 과세제외매출액"(§34의2 ⑫)의 적용범위(상속증여세과 - 82, 2014.4.2.)

- 상속증여세법 제45조의3 제1항에 따른 증여의제이익 계산식에서 같은 법 시행령 제34조의2 제12항 각 호의 어느 하나에 해당하는 금액("추가되는 과세제외매출액")은 지배주주 등의 출자관계별로 수혜법인의 세후영업이익을 계산할 때(같은 조 제10항에 따른 과세매출비율 산정 시 적용)와 정상거래비율을 초과하는 특수관계법인거래비율을 계산할 때 모두 같은 조 제8항의 과세제외매출액에 포함하여 계산하는 것임.
- 다만, 특수관계법인거래비율이 정상거래비율 30%(중소·중견법인은 50%)를 초과하는지에 대한 과세요건을 판단할 때에는 그 "추가되는 과세제외매출액"을 같은 조 제8항의 과세제외매출액에 포함하여 계산하지 아니하는 것임.

☐ 수혜법인의 부동산임대 매출액이 특수관계법인에 대한 매출액에서 제외되는 것에 해당하지 아니함 (조심 2014부4697, 2015.5.28.).

☐ 甲이 수혜법인과 특수관계법인의 지배주주인 경우 '자기증여' 차감 여부(대법원 2020두52214, 2022.11.10.)

- 20142.21. 개정된 상속증여세법 시행령 제34조의2 제10항 제1호에서 수혜법인의 특수관계법인에 대한 매출액 중 수혜법인의 지배주주가 보유한 특수관계법인 지분율 만큼의 매출액은 증여세 과세대상에서 제외하였으나, 상증령 개정전 증여의제분에서 자기증여분을 과세제외하는 것은 아니며 지배주주 판단시 간접으로 보유하는 주식도 포함됨.
- 일감몰아주기 법률조항을 근거로 과세처분을 할 때 그 법률조항에 직접 규정된 요건 외 재산가치 증가여부 등 다른 요건이 추가적으로 필요하다고 볼 수 없음(셀트리온 관련).

사례 1 증여의제이익 계산시 추가하는 과세제외 매출액 계산

(⑧유형) 수혜법인이 간접출자법인인 특수관계법인과 거래한 매출액

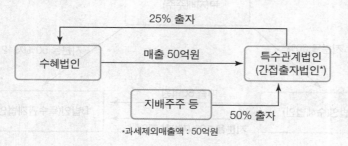

*과세제외매출액 : 50억원

(⑨유형) 지주회사의 자회사 등에 해당하는 수혜법인이 그 지주회사의 다른 자회사 등에 해당하는 특수관계법인과 거래한 매출액에 그 지주회사의 특수관계법인에 대한 주식보유비율을 곱한 금액

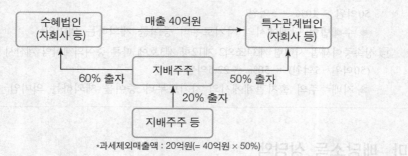

*과세제외매출액 : 20억원(= 40억원 × 50%)

(⑩유형) 수혜법인이 특수관계법인과 거래한 매출액에 지배주주 등의 특수관계법인에 대한 주식보유비율을 곱한 금액

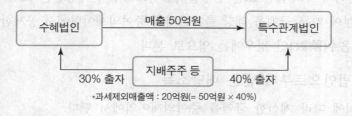

*과세제외매출액 : 20억원(= 50억원 × 40%)

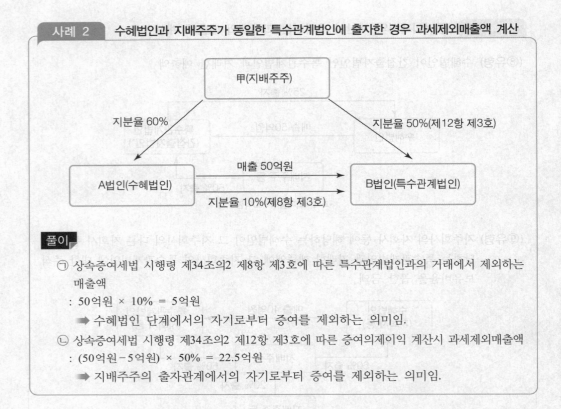

사례 2   수혜법인과 지배주주가 동일한 특수관계법인에 출자한 경우 과세제외매출액 계산

甲(지배주주)

지분율 60%   지분율 50%(제12항 제3호)

A법인(수혜법인)   ── 매출 50억원 ──▶   B법인(특수관계법인)

지분율 10%(제8항 제3호)

풀이

㉠ 상속증여세법 시행령 제34조의2 제8항 제3호에 따른 특수관계법인과의 거래에서 제외하는 매출액

: 50억원 × 10% = 5억원

➡ 수혜법인 단계에서의 자기로부터 증여를 제외하는 의미임.

㉡ 상속증여세법 시행령 제34조의2 제12항 제3호에 따른 증여의제이익 계산시 과세제외매출액

: (50억원－5억원) × 50% = 22.5억원

➡ 지배주주의 출자관계에서의 자기로부터 증여를 제외하는 의미임.

마. 배당소득 상당액

증여의제이익을 계산할 때 지배주주 등이 수혜법인의 사업연도 말일부터 증여세 과세표준 신고기한까지 수혜법인 또는 간접출자법인으로부터 배당받은 소득이 있는 경우에는 다음의 구분에 따른 금액을 해당 출자관계의 증여의제이익에서 공제한다. 다만, 공제 후의 금액이 음수(陰數)인 경우에는 영으로 본다.

1) 수혜법인으로부터 받은 배당소득

다음 계산식에 따라 계산한 금액을 증여의제이익에서 뺀다.

$$\frac{배당}{소득} \times \frac{직접\ 출자관계의\ 증여의제이익}{(수혜법인의\ 사업연도\ 말일\ 배당가능이익 \times 지배주주\ 등의\ 수혜법인에\ 대한\ 직접보유비율)}$$

이 경우 배당가능이익은 기업회계기준에 따라 작성한 재무제표상의 법인세비용 차감

후 당기순이익에 이월이익잉여금을 가산하거나 이월결손금을 공제하고, 상법 제458조에 따라 적립한 이익준비금을 차감한 금액을 말한다. 이 경우 당기순이익, 이월이익잉여금 및 이월결손금 중 법인세법 시행령 제73조 제2호 가목부터 다목까지의 규정에 따른 자산의 평가손익은 제외하되, 같은 영 제75조 제3항에 따라 시가법으로 평가한 투자회사 등의 같은 영 제73조 제2호 다목에 따른 자산의 평가손익에 대하여는 그러하지 아니하다 (법인세법 시행령 §86의2 ①).

2) 간접출자법인으로부터 받은 배당소득

다음 계산식에 따라 계산한 금액을 증여의제이익에서 공제한다.

$$\frac{배당}{소득} \times \frac{간접\ 출자관계의\ 증여의제이익}{[간접출자법인의\ 사업연도\ 말일\ 배당가능이익\ +\ (수혜법인의\ 사업연도\ 말일\ 배당가능이익\ \times\ 간접출자법인의\ 수혜법인에\ 대한\ 주식보유비율)]\ \times\ 지배주주\ 등의\ 간접출자법인에\ 대한\ 직접보유비율}$$

간접출자는 지배주주 등이 수혜법인 주식을 직접 보유하고 있지 않아 간접출자법인의 배당소득에서 조정한다. 간접출자법인의 배당가능이익을 계산할 때 간접출자법인과 수혜법인은 경제적 동일체로 보아 계산하며 수혜법인의 배당가능이익 중 간접출자법인의 수혜법인에 대한 지분율만큼은 간접출자법인의 배당가능이익에 포함한다.

사례 **배당소득 상당액 공제방법**

❑ 사실관계
 - 지배주주인 甲은 수혜법인(S)에 대하여 40% 직접출자하고, 간접출자법인(H)에는 40% 출자하고 있으며
 - H법인은 수혜법인(S)에 50% 출자하고 있음.
 - 甲의 증여의제이익
  · 직접출자관계 증여의제이익 : 40억원
  · 간접출자관계 증여의제이익 : 20억원
 - 증여세 신고기한 전인 2014년 3월에 수혜법인과 간접출자법인이 각각 배당을 실시함.
  · S법인 : 甲의 배당소득 20억원, 전체 배당가능이익 160억원
  · H법인 : 甲의 배당소득 10억원, 전체 배당가능이익 80억원

> **풀이**
>
> ① 수혜법인(S)으로부터 배당을 받은 경우 증여의제이익 계산
>   : 직접 증여의제이익 40억원 - [배당소득 20억원 × {직접증여의제이익 40억원/(S법인 배당가능이익 160억원 × 직접보유비율 40%)}]
>   → 40억원 - [20억원 × {40억원/64억원}] = 27.5억원
> ② 간접출자법인(H)으로부터 배당을 받은 경우 증여의제이익 계산
>   : 간접 증여의제이익 20억원 - [배당소득 10억원 × 간접증여의제이익 20억원/{H법인 배당가능이익 80억원 + (S법인 배당가능이익 160억원 × H법인의 S법인 지분율 50%)} × 지배주주의 H법인 지분율 40%]
>   → 20억원 - [10억원 × 20억원 / {80억원 + (160억원 × 50%)} × 40%]
>   = 16.875억원

관련 예규·심판결정례 및 판례 등

□ 일감떼어주기와 몰아주기가 동일사업연도에 있는 경우 과세방법(재재산-882, 2019.12.27.)

상증법 제45조의3 및 제45조의4 과세요건을 모두 충족하는 사업연도(이하 "동시적용연도")의 경우에는 같은 법 제43조를 적용할 때 같은 법 제45조의3 및 제45조의4 중 이익(제45조의3의 이익은 제45조의4에 따른 사업기회로부터 발생하는 매출분에 한정하고, 제45조의4 이익은 특수관계법인에 대한 매출분에 한정한다. 이하 같다)이 많게 계산되는 것 하나만을 해당 이익에 대해 적용하며, 동시적용연도가 아닌 사업연도에는 같은 법 제45조의3 및 제45조의4 중 과세요건을 충족하는 것을 적용함.

이 경우 같은 법 제45조의4 제3항을 적용할 때 같은 항 계산식에 따른 금액과 같은 법 제45조의3에 따른 이익(동시적용연도의 이익을 말한다) 중 큰 금액에 대한 증여세액과 전단에 따라 납부한 증여세액과의 차액을 납부하거나 환급받는 것임.

□ 일감몰아주기 증여의제이익에서 차감하는 배당소득에는 배당가산액(gross-up)을 포함하지 않은 금액임(법규과-1001, 2022.3.29.).

□ 배당가능이익을 계산할 때 감자차손과 상계된 이익잉여금은 배당가능이익에서 제외하는 것임(서면법인-3423, 2016.8.30.).

□ 의제배당 계산시 증여의제이익은 취득가액 가산에 포함함(서면법규과-1155, 2013.10.24.).

□ 다수의 수혜법인과 지배주주가 있는 경우 증여이익계산방법 등(서면법규과-1487, 2012.12.14.)

－수혜법인의 사업연도 중 지배주주와 특수관계법인 간 특수관계가 성립하는 경우라도 '특수관계법인거래비율'은 증여시기인 수혜법인의 사업연도 종료일 현재 특수관계법인의 전체 매출액을 기준으로 산정하는 것이며

- 지배주주가 다수의 수혜법인을 보유한 경우 과세대상 증여의제 이익은 수혜법인별·지배주주별로 산정하는 것임.
- 수혜법인의 세후영업이익을 산정할 때 법인세의 부가세목인 지방소득세는 고려하지 아니함.

7. 증여시기 및 신고기한

수혜법인의 해당 사업연도 종료일을 증여시기로 보고, 증여의제이익의 계산은 수혜법인의 사업연도 단위로 한다. 증여세 신고납부기한은 수혜법인의 법인세법에 따른 과세표준 신고기한이 속하는 달의 말일부터 3개월이 되는 날로 한다.

8. 동일인의 다른 증여재산과 합산과세 및 증여재산공제 배제

특수관계법인과의 거래를 통한 이익의 증여의제이익은 상증법 제13조에 따른 사망 전 증여재산의 상속세 과세가액 가산 및 제47조 제2항에 따른 동일인으로부터 증여받은 재산의 합산과세대상에 해당하지 아니한다. 또한 해당 증여의제이익은 증여자와 수증자의 관계에 따른 증여재산공제를 적용하지 아니하며, 수증자가 납세자력을 상실하는 등으로 증여세를 징수할 수 없는 경우에도 증여자에게 연대납부의무를 부여하지 않는다.

9. 주식양도시 취득가액 조정

특수관계법인과의 거래를 통한 이익에 대하여 증여세를 과세받은 수혜법인의 주식을 양도하는 경우 해당 증여의제이익을 양도하는 주식의 취득가액에 더하여 양도차익을 계산한다(소득세법 시행령 §163 ⑩).

$$\text{양도차익} : \text{양도가액} - (\text{취득가액} + \text{증여의제이익} \times \frac{\text{양도하는 주식수}}{\text{수혜법인의 주식수}})$$

사례 1 | **지배주주가 수혜법인의 주주인 A법인에 출자(간접출자)한 경우**

1. 출자관계 : 지배주주의 주식보유비율 22%

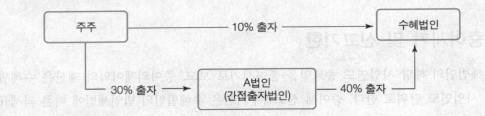

주식보유비율(22%) = 직접출자(10%) + 간접출자(12%)

* 간접출자 = 30% × 40% = 12%

2. 특수관계법인(A · B법인)과의 거래비율 : 70%

특수관계법인(A, B법인) 거래비율

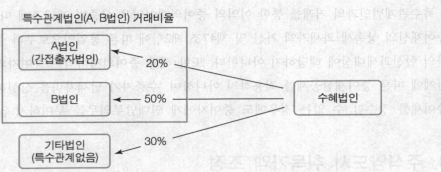

❑ 증여의제이익 : ① + ②

① 직접출자 : 세후영업이익 × (70% − 정상거래비율 15% 또는 50%) × 10%(직접출자)

② 간접출자 : 세후영업이익 × (70% − 20%* − 정상거래비율 15% 또는 50%) × [12% (간접출자) − 3% 또는 10%]

　　　　* 수혜법인에 출자한 A법인(간접출자법인)과 수혜법인과의 거래비율(과세제외매출액)

사례 2   수혜법인에 30% 출자한 주주(甲)의 증여의제이익 계산

① 출자관계 : 甲은 수혜법인에 30% 출자한 지배주주

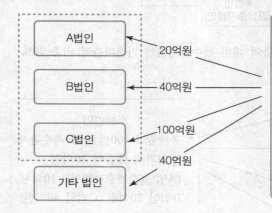

② 일감몰아주기 거래비율 : 총매출액 대비 특수관계법인거래매출액 비중 80%

수혜법인	
구분	금액
세법상 영업손익	50억원
각 사업연도 소득금액	60억원
법인세 결정세액	20억원

* 총매출액 200억원 중 특수관계법인거래매출 160억원(A법인 20억원, B법인 40억원, C법인 100억원)

③ 증여의제이익

- 세후영업이익 = 33.3억원

  *세후영업이익 : 50억원 − [20억원 × (50억원/60억원) = 16.7억원] = 33.3억원

- 특수관계법인과의 거래비율(80%) − 정상거래비율(15% 또는 50%)

  *일반법인 65%, 중소·중견기업 30%

- 주식보유비율(30%) − 한계보유비율(3% 또는 10%)

  *일반법인 27%, 중소·중견기업 20%

- 증여의제이익

  *일반법인 : 33.3억원 × 65% × 27% = 585,000,000원
  *중소·중견기업 : 33.3억원 × 30% × 20% = 200,000,000원

사례 3   지배주주가 수혜법인의 주주인 A법인에 출자(간접출자)한 경우

① 출자관계 : 甲(지배주주)은 수혜법인에 17%(2%＋15%) 출자

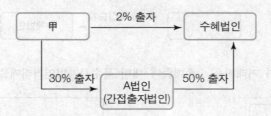

② 특수관계법인 간 거래비율 : 총매출액 대비 특수관계법인 거래매출액 비중 70%

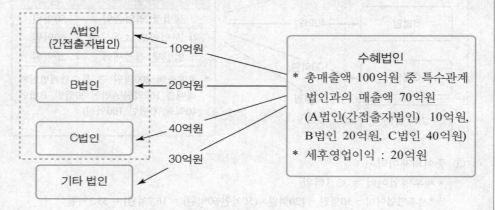

③ 일반법인 증여의제이익 : ㉮ ＋ ㉯ ＝ 1.3억원
   ㉮ 직접출자 : 20억원(세후영업이익) × 55%(거래비율 70% － 15%) × 2%(직접출자비율)
              ＝ 22,000,000원
   ㉯ 간접출자 : 20억원 × 45%(70%－15%－10%) × [15%(간접출자비율)－3%]
              ＝ 108,000,000원
④ 중소·중견기업 증여의제이익 : ㉮ ＋ ㉯ ＝ 18,000,000원
   ㉮ 직접출자 : 20억원 × 20%(70% － 50%) × 2% ＝ 8,000,000원
   ㉯ 간접출자 : 20억원 × 10%(70%－50%－10%) × 5%(15%－10%)
              ＝ 10,000,000원

참 고

일감 몰아주기 및 일감 떼어주기 과세규정 비교

1. 과세요건

구 분		일감 몰아주기 증여의제			일감 떼어주기 증여의제
조 문		상속세 및 증여세법 제45조의3			상속세 및 증여세법 제45조의4
납세의무자		수혜법인의 지배주주와 그의 친족			(좌동)
특수관계법인		수혜법인 지배주주와 특수관계가 있는 법인			(좌동)
과세요건 ①		수혜법인의 지배주주*로 주식보유비율**이 3% 초과 (중견·중소기업인 경우 10%)			수혜법인의 지배주주*로써 주식보유비율**이 30% 이상
과세요건 ②		수혜법인의 매출액 중 특관법인과의 거래비율이 아래의 비율 초과			특관법인이 수혜법인에게 아래의 방법으로 사업기회를 제공
	중소기업	중견기업	그 외		상증법 시행규칙 제10조의 8 [사업기회 제공방법]
			30%		① "임대차계약, 입점계약 등 기획재정부령으로 정하는 방법"이란 임대차계약, 입점계약, 대리점계약 및 프랜차이즈계약 등 명칭 여하를 불문한 약정
	50%	40%	20% & 특관매출 1,000억원		

* 지배주주

구 분	내 용
법인의 최대주주 등 중에서 직접보유비율이 가장 높은 자가 개인인 경우	그 개인
법인의 최대주주 등 중에서 직접보유비율이 가장 높은 자가 법인인 경우	그 법인에 대한 주식보유비율이 가장 높은 개인

** 주식보유비율: 직접보유비율 + 간접보유비율(각 단계별 직접보유비율을 곱한 값)

2. 증여의제이익 계산

구 분		일감 몰아주기 증여의제	일감 떼어주기 증여의제
계산 방법	중소 기업	세후 영업이익* × [특수관계거래 비율 − 50%] × [주식보유비율 − 10%]	$[\{(① \times ②) - ③\} \div ④ \times 12] \times 3$
	중견 기업	세후 영업이익* × [특수관계거래 비율 − 20%] × [주식보유비율 − 5%]	① 제공받은 사업부문의 세후영업손익** ② 주식보유비율 ③ 제공받은 사업부문에 상당하는 법인세 ④ 개시사업연도 월수
	그 외	세후 영업이익* × [특수관계거래 비율 − 5%] × [주식보유비율 − 0%]	

구 분	일감 몰아주기 증여의제	일감 떼어주기 증여의제
정산	정산 규정 없음	(① × ②) - ③ ① 제공받은 사업부문의 3년간 실제 세후 영업손익** ② 주식보유비율 ③ 제공받은 사업부문에 상당하는 3년간 실제 납부한 법인세

* 세후영업이익

> [세후 영업손익(아래 **와 같음) - 수혜법인산출세액 中 세후 영업손익 상당액]
>
> $\times \left[\dfrac{\text{과세제외매출액}}{\text{사업연도매출액(과세제외 포함)}} \right]$

- 과세제외 매출액 : 상증세법시행령 제34조의 3 제8항

> 1. 중소기업간의 거래   4. 법률상 의무인 거래
> 2. 사실상 자회사와의 거래   5. 프로스포츠구단의 광고매출액
> 3. 수출목적 거래   6. 국가 및 지자체 등과의 거래

** 세후영업손익

> 회계상 영업손익   { 매출액 - 매출원가 - 판매비와 관리비
>
> ± 세무조정사항   { 감가상각비, 퇴직급여충당금, 대손충당금, 손익귀속연도,
                      자산취득가액, 재고자산 평가손익, 퇴직연금충당금
>
> 세후 영업손익

3. 기타사항

구 분		일감 몰아주기 증여의제	일감 떼어주기 증여의제
증여의제시기		수혜법인 사업연도 종료일	사업기회제공일 사업연도 종료일
신고·납부기한		수혜법인 법인세 과세표준 신고기한의 말일부터 3개월이 되는 날	(좌동) 단, 정산시 신고기한은 3년 후 법인세 과세표준 신고기한의 말일부터 3개월이 되는 날
이중 과세조정	배당소득	증여의제이익에서 배당소득 과세분을 공제함	정산시 증여의제이익에서 배당소득 과세분을 공제함
	양도소득세	주식 양도시 주식 취득가액에 증여의제이익을 가산	(좌동)
가산세		과소신고가산세·납부지연가산세 적용배제	(좌동)

구 분	일감 몰아주기 증여의제	일감 떼어주기 증여의제
증여세 합산여부	합산배제	(좌동)

제 5 절 : 특수관계법인으로부터 제공받은 사업기회로 발생한 이익의 증여의제

1. 개 요

지배주주와 특수관계에 있는 법인으로부터 사업기회를 제공받은 경우에 그 제공받은 사업기회로 인하여 발생한 수혜법인의 이익에 지배주주 등의 주식보유비율을 고려하여 계산한 금액 상당액을 지배주주 등이 증여받은 것으로 보아 과세하되, 3년 후 실제 손익을 반영하여 이미 납부한 증여세의 과부족액을 다시 계산하여 정산하도록 하였다.

증여세 완전포괄주의 과세제도를 도입한 이후에도 예상하지 못한 다양한 형태로 발생할 수 있는 재산의 변칙적인 무상이전에 대해서 증여시기 및 증여재산가액을 산정할 수 있는 법령상 근거나 집행기준이 제대로 마련되어 있지 않아 증여세 과세대상으로 판단되는 행위에 대해 증여세를 부과하지 못하거나 집행과정에서 혼선이 발생하였다.

특히, 자녀 등이 지배주주로 있는 특수관계법인에게 사업기회를 떼어주는 등의 내부거래를 통해 수년간 지속적으로 부가 이전되는 경우 사실상 증여가 이루어지고 있음에도 법령상 직접 유추해서 적용할 만한 증여시기, 증여재산가액에 대한 규정이 미흡하여 증여세가 제대로 부과되지 못하고 있었던 것을 입법적으로 보완한 것이다.

2016.1.1. 이후 개시하는 사업연도에 사업기회를 제공받는 경우부터 해당 증여의제규정을 적용한다.

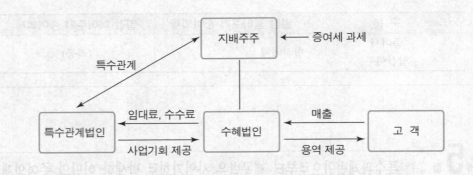

 관련 예규 · 심판결정례 및 판례 등

□ 일감몰아주기, 일감떼어주기 중복적용 여부(재재산-1340, 2023.11.21.)

수혜법인이 특수관계법인과 물품매매계약을 체결하고 그 특수관계법인에게 자재 등을 판매하는 경우로서 그 수혜법인의 지배주주등에게 상증법 제45조의3(일감몰아주기)에 따라 증여세가 과세되는 경우에는 같은 법 제45조의4(일감떼어주기)를 적용하지 아니함.

2. 과세요건

일감떼어주기에 대한 증여세는 다음의 과세요건을 충족하는 경우 과세한다.
① 수혜법인의 주식을 30% 이상을 보유하고 있는 지배주주와 그 친족이 개인이고
② 수혜법인의 지배주주 등과 특수관계에 있는 법인이 사업기회를 제공하여야 하며
③ 사업기회를 임대차계약, 입점계약, 대리점 · 프랜차이즈 계약 등으로 제공하여야 한다.

가. 증여자

수혜법인의 지배주주와 특수관계에 있는 법인이 사업기회를 제공하는 경우 해당 특수관계법인이 증여자에 해당한다. 사업기회를 제공하는 특수관계법인이 조세특례제한법 제6조 제1항에 따른 중소기업인 경우 증여세 과세대상에서 제외하며, 2017.2.7. 이후 증여세 과세 표준 신고기한이 도래하는 분부터 수혜법인의 주식보유비율이 100분의 50 이상인 법인도 포함시켜 자기증여분에 대하여 증여세 과세대상에서 제외하였다. 중소기업에는 조세특례 제한법시행령 제2조 제2항에 따른 유예기간 중인 기업도 포함되며, 중소기업 유예기간이 종료된 후 새로운 사업기회를 제공받는 경우에는 증여세 과세대상에 해당한다(법령해석과 -1333, 2019.5.28.). 특수관계법인은 지배주주와 상속증여세법 시행령 §2의2 ① 3호부터 8호

까지 어느 하나에 해당하는 관계에 있는 자를 말한다. 이 경우 본인도 특수관계인의 특수
관계인으로 본다.

특수관계법인과의 거래를 통한 이익의 증여의제에서 특수관계법인과 같다.

나. 수증자

사업기회를 제공받는 수혜법인의 주식을 직접 또는 간접으로 30% 이상을 보유하고 있
는 지배주주와 그 친족이 수증자이다. 이 경우 지배주주는 상속증여세법 제45조의4(특수
관계법인과의 거래를 통한 이익의 증여의제) 제1항에 따른 지배주주와 동일하며, 지배주
주의 친족이란 지배주주의 6촌 이내의 혈족 및 4촌 이내의 인척, 배우자(사실혼 관계에
있는 자를 포함한다), 친생자로서 다른 사람에게 친양자 입양된 자 및 그 배우자·직계비
속을 말한다. 지배주주 등의 주식보유비율은 사업기회를 제공받은 날(사업기회제공일)이
속하는 사업연도(개시 사업연도) 종료일을 기준으로 적용한다.

다. 사업기회 제공방법

사업기회를 제공받는 경우란 특수관계법인이 직접 수행하거나 특수관계법인과 제2조의
2 제1항 제3호부터 제8호까지의 관계가 아닌 법인이 수행하고 있던 사업기회를 임대차계
약, 입점계약, 대리점계약 및 프랜차이즈 계약 등 명칭 여하를 불문한 약정을 말한다.

(1) 직영하던 사업의 일부를 수혜법인에게 제공

사례 1 극장업을 운영하는 A법인(특수관계법인)은 극장 내 팝콘·음료수 등 판매사
업을 직영하다가, A법인 대주주의 친족이 설립한 B법인(수혜법인)에게 임대
하여 B법인의 수익 증가

(2) 다른 법인에 부여하던 사업기회를 수혜법인에게 제공

사례 2 극장업을 운영하는 C법인(특수관계법인)은 특수관계 없는 D법인의 스크린 독
점 광고대행 계약을 해지하고, C법인 대주주의 친족이 설립한 E법인(수혜법
인)과 계약을 체결하여 E법인의 수익 증가

사례 3 ○○그룹의 계열사 F법인은 베이커리 사업부문을 분할하고 그룹 총수의 아들
등과 출자하여 G법인을 설립. G법인은 ○○그룹 계열사가 영위하는 대형할인
마트 등에 입점하여 수익 증가

관련 예규·심판결정례 및 판례 등

❑ 일감떼어주기 사업기회 제공의 의미(재재산 - 1435, 2022.11.17.)

[질의]

일감떼어주기 과세대상에 장래 '수행할 사업기회'가 포함되는지 여부
(제1안) '수행할 사업기회'가 포함되지 않음
(제2안) '수행할 사업기회'가 포함

[회신] (제1안)이 타당함.

3. 증여의제이익

증여의제이익은 사업기회를 제공받은 날이 속하는 사업연도의 종료일에 수혜법인의 지배주주 등이 다음 계산식에 따라 계산한 금액에서 배당소득 상당액을 뺀 금액이다.

> [{(가. 제공받은 사업기회로 인하여 발생한 개시사업연도의 수혜법인의 이익 × 나. 지배주주 등의 주식보유비율) - 다. 개시사업연도분의 법인세 납부세액 중 상당액} ÷ 개시사업연도의 월 수 × 12] × 3

가. 수혜법인의 이익

수혜법인의 이익은 사업기회를 제공받은 해당 사업부문의 기업회계기준에 따라 계산한 매출액에서 매출원가 및 판매비와관리비를 차감한 영업손익에 법인세법 제23조(감가상각비의 손금불산입)·제33조(퇴직급여충당금의 손금산입)·제34조(대손충당금의 손금산입)·제40조(손익의 귀속사업연도)·제41조(자산의 취득가액) 및 법인세법 시행령 제44조의2(퇴직보험료 등의 손금불산입)·제74조(재고자산의 평가)에 따른 세무조정사항을 반영한 금액으로 한다.

다만, 사업부문별로 회계를 구분하여 기록하지 아니하는 등의 사유로 해당 사업부문의 영업이익을 계산할 수 없는 경우에는 ①의 금액에 ②의 비율을 곱한 금액으로 한다.

① 수혜법인의 영업이익(「법인세법」 제43조의 기업회계기준에 따라 계산한 매출액에서 매출원가 및 판매비와 관리비를 차감한 영업이익을 말한다)에 「법인세법」 제23조·제33조·제34조·제40조·제41조 및 같은 법 시행령 제44조의2·제74조에

따른 세무조정사항을 반영한 금액
② 수혜법인의 전체 매출액에서 사업기회를 제공받은 해당 사업부문의 매출액이 차지하는 비율

나. 지배주주 등의 주식보유비율

지배주주 등의 주식보유비율은 지배주주 및 그 친족 각자의 개시사업연도 종료일 현재 보유하는 주식에 의한다.

다. 법인세 납부세액 상당액

수혜법인의 이익에서 빼는 법인세 납부세액 중 상당액은 수혜법인의 법인세 산출세액에 수혜법인의 이익이 수혜법인의 법인세법 제14조에 따른 각 사업연도 소득금액에서 차지하는 비율(1을 초과하는 경우에는 1로 함)을 곱하여 계산한 금액을 말한다.

$$수혜법인의\ 법인세\ 산출세액\ 상당액 \times \frac{가.\ 수혜법인의\ 이익}{수혜법인의\ 각\ 사업연도\ 소득금액}$$

수혜법인의 법인세 산출세액 상당액은 법인세법 제55조에 따른 수혜법인의 산출세액(법인세법 제55조의2에 따른 토지 등 양도소득에 대한 법인세액은 제외한다)에서 법인세액의 공제·감면액을 뺀 세액을 말한다.

라. 배당소득 상당액

증여의제이익을 계산할 때 지배주주 등이 수혜법인의 사업연도 말일부터 증여세 과세표준 신고기한까지 수혜법인으로부터 배당받은 소득이 있는 경우에는 다음의 계산식에 따라 계산한 금액을 증여의제이익에서 공제하며, 공제 후의 금액이 음수(陰數)인 경우에는 영으로 본다.

$$\frac{배당}{소득} \times \frac{3.\ 증여의제이익}{(수혜법인의\ 사업연도\ 말일\ 배당가능이익 \times 지배주주\ 등의\ 수혜법인에\ 대한\ 주식보유비율)}$$

이 경우 배당가능이익은 기업회계기준에 따라 작성한 재무제표상의 법인세비용 차감 후 당기순이익에 이월이익잉여금을 가산하거나 이월결손금을 공제하고, 상법 제458조에 따라 적립한 이익준비금을 차감한 금액을 말한다. 이 경우 당기순이익, 이월이익잉여금 및 이월결손금 중 법인세법 시행령 제73조 제2호 가목부터 다목까지에 따른 자산의 평가손익은 제외하되, 같은 영 제75조 제3항에 따라 시가법으로 평가한 투자회사 등의 같은 영 제73조 제2호 다목에 따른 자산의 평가손익을 반영한다(법인세법 시행령 §86의2 ①).

참고

수혜법인의 사업연도가 1년에 미달하는 경우 환산여부?

① 사업연도 1.1.~12.31.이고 사업기회제공일 7.1.인 경우 실제 이익을 정산하여 증여세 부과 하므로 1년으로 정산할 필요가 없음

② 최초 사업연도 4.1.~12.31.이거나 사업연도 변경하여 1.1.~9.30.로서 사업기회제공일 5.1. 인 경우 年으로 환산한 이익으로 증여의제이익 계산함이 타당할 것으로 보이나

⇒ 최종적으로 지배주주가 얻은 이익에 대해 정산(과세 or 환급)하므로 年으로 환산하는 것은 큰 의미가 없어 보인다.

---

4. 증여의제이익의 정산

증여의제이익이 발생한 수혜법인의 지배주주 등은 개시사업연도부터 사업기회제공일 이후 2년이 경과한 날이 속하는 사업연도(정산사업연도)까지 수혜법인이 제공받은 사업 기회로 인하여 발생한 실제 이익을 반영하여 다음 계산식에 따라 계산한 금액(정산증여 의제이익)에 대한 증여세액과 당초 납부한 증여의제이익에 대한 증여세액과의 차액을 납 부하여야 한다. 다만, 정산증여의제이익이 당초의 증여의제이익보다 적은 경우에는 그 차액에 상당하는 증여세액(당초 납부한 세액을 한도로 한다)을 환급받을 수 있다.

> [(제공받은 사업기회로 인하여 개시사업연도부터 정산사업연도까지 발생한 수혜법인의 이익 합계액) × 지배주주 등의 주식보유비율] - 개시사업연도분부터 정산사업연도분까지의 법인 세 납부세액 중 상당액

2018.2.13. 이후 증여의제이익을 신고하는 분부터 지배주주 등이 수혜법인의 개시사업 연도 말일부터 증여세 과세표준 신고기한까지 수혜법인으로부터 배당받은 소득이 있는 경우에는 다음의 계산식에 따라 계산한 금액을 정산증여의제이익에서 공제(공제 후의 금

액이 음수인 경우에는 영으로 본다)한다.

> 개시사업연도 말일부터 정산증여의제이익에 대한 증여세 과세표준 신고기한 종료일까지 수혜법인으로부터 배당받은 소득의 합계 × 정산증여의제이익 ÷ (수혜법인의 개시사업연도 말일부터 정산사업연도 말일까지의 기간에 각 사업연도 말일을 기준으로 각 사업연도 단위로 계산 법인세법 시행령 제86조의2 제1항에 따른 배당가능이익의 합계) × 지배주주 등의 수혜법인에 대한 주식보유비율

5. 증여시기 및 신고(정산신고)기한

수혜법인의 개시 사업연도 종료일을 증여시기로 보며, 정산증여의제이익에 대한 증여세 과세표준의 신고기한 또는 환급신고기한은 정산사업연도의 법인세 과세표준의 신고기한이 속하는 달의 말일부터 3개월이 되는 날이다.

6. 동일인의 다른 증여재산과 합산과세 배제 및 증여재산공제 배제 등

특수관계법인으로부터 제공받은 사업기회로 발생한 이익은 상속증여세법 제13조에 따라 상속세 과세가액에 가산하는 사망 전 증여재산 및 제47조 제2항에 따른 동일인으로부터 증여받은 재산의 합산과세대상이 아니다. 또한 해당 증여의제이익은 증여자와 수증자의 관계에 따른 증여재산공제를 적용하지 아니하며, 수증자가 납세자력을 상실하는 등으로 증여세를 징수할 수 없는 경우에도 증여자에게 연대납부의무를 부여하지 아니한다.

제 **6** 절 : 특정법인과의 거래를 통한 이익의 증여의제

1. 개 요

1997.1.1. 결손법인이나 휴면법인(이하 "특정법인"이라 함)과의 거래를 통한 이익의 증여의제규정을 신설하였다. 결손금이 누적된 영리법인이 타인으로부터 재산을 증여받은 경우 증여세가 면제되고 해당 자산수증이익 등을 결손금에 보전하게 되면 그 시점에서 법인세도 부담하지 아니하고 자녀들의 주식가치를 증가시키는 것에 대하여 증여세를 과세하고자 하는 취지에서 해당 증여세 과세규정을 도입한 것으로 볼 수 있다.

2004.1.1. 이후 완전포괄주의 과세제도하에 하나의 증여유형으로 예시하고, 증여재산가액이 1억원 이상인 경우에 한하여 증여세를 과세하도록 하고 있다.

2014.1.1. 이후 증여분부터 특정법인의 범위를 상장·코스닥상장법인으로 확대하고 지배주주와 지배주주의 친족이 보유하는 주식비율이 100분의 50 이상인 법인을 포함하였고, 증여재산가액은 특정법인이 부담하는 법인세 상당액을 빼고 계산하도록 하였다.

2016.1.1.부터 특정법인과의 거래를 통한 이익의 증여규정을 증여의제규정으로 전환하였고 과세요건 및 증여재산가액 계산방법은 종전과 유사하다.

2020.1.1. 이후 증여받는 분부터 특정법인은 지배주주와 그 친족의 주식보유비율이 100분의 30이상인 법인(일감떼어주기 증여세 과세규정에서 지배주주 등과 동일함)으로 개정하여 결손법인과 흑자법인으로 구분하여 주식보유비율에 따라 증여세 과세 여부가 달라지는 문제를 해소하는 한편, 증여세액이 지배주주 등이 직접 증여받은 경우의 증여세 상당액에서 특정법인이 부담한 법인세 상당액을 차감한 금액을 초과하는 경우 증여세를 부과하지 않도록 하였다.

2016.2.4. 이전 증여재산가액과 관련하여 상속증여세법 시행령 제31조 제6항은 위임한계를 벗어나 무효라고 대법원에서 판결(대법원 2003두4249, 2003.11.28., 대법원 2021두33937, 2021.10.14. 외)하였고, 기획재정부 유권해석(재재산-499, 2018.6.14.)과 조세심판원 심판결정(조심 2018중484, 2018.10.26.)에 따라 **2016.2.4.** 이전 증여분에 대해서는 과세할 수 없다고 하겠다.

관련 예규·심판결정례 및 판례 등

❏ 특정법인이 지배주주의 특수관계인과 상속증여세법 제45조의5 제1항 제1호부터 제4호까지의 거래를 한 경우에 적용되므로, 불균등 유상감자로 특정법인이 이익을 얻은 경우에는 과세대상에 해당되지 아니함(자본거래관리과 – 149, 2021.3.23.).

❏ 특정법인을 간접지배하는 개인주주에게는 증여세 과세할 수 없음(사전 법령해석과 – 627, 2020.2.27. 법령해석과 – 472, 2020.2.17.).

질의

○ 甲의 父가 甲이 간접 지배하고 있는 (주) B법인(결손법인)에 증여(2019.12.24.)
  – 甲 100% 소유 ⇒ A법인 100% 소유 ⇒ B법인(결손법인) ⇐ 甲의 父가 B법인에게 증여
○ A법인을 통해 B법인을 간접 지배하고 있는 甲에게 증여세가 과세되는지
  – 유사사안 질의에 대한 사실관계는 아래와 같음.

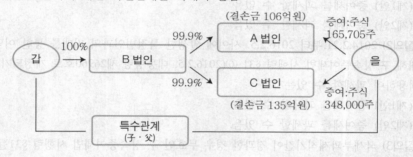

회신

A법인이 상속증여세법 (2019.12.31. 법률 제16846호로 개정되기 전의 것) 제45조의5 제1항 제1호에 따른 결손금이 있는 B법인의 최대주주이고, 甲은 A법인을 100% 지배하고 있는 경우로서 甲의 父가 B법인에 현금을 증여하는 경우 A법인의 개인주주인 甲에 대해서는 같은 법 제45조의5 또는 제4조에 따라 증여세가 과세되지 아니함(사전 법령해석재산 – 103, 2020.2.14.)

❏ 특정법인과 거래를 통한 이익 증여 시 구 상속증여세법 시행령 제31조 제6항이 무효인 경우 증여세 과세 여부 등(재재산 – 499, 2018.6.14., 상속증여세과 – 929, 2018.10.23.)

요지

구 상증령 §31 ⑥(2014.2.21. 대통령령 제25195호로 개정되기 전의 것)이 법원의 판결에 따라 무효로 되어 2010.2.18.부터 2014.2.21. 사이에 발생한 특정법인과의 거래를 통한 이익의 증여에 대해 구 상증법 §41를 적용할 수 없는 경우 상증법 §2, §42 등을 적용하여 증여세 과세할 수 없음.

귀 질의의 쟁점 1 · 2 · 3 모두 1안이 타당합니다.

사실관계

○ 결손법인인 A법인의 주주인 甲의 부친 乙은 A법인에게 5,000백만원의 현금을 별도의 대출기간을 정하지 않고 무상으로 대여하였고

　－ 현재도 乙은 A법인에게 5,000백만원의 현금을 계속하여 대여중에 있으며, 별도의 이자를 수수한 사실이 없음.

질의

○ (질의1) 구 상속증여세법 시행령 §31 ⑥(2014.2.21. 대통령령 제25195호로 개정되기 전의 것)이 법원의 판결에 따라 무효로 되어 2010.2.18.부터 2014.2.21. 사이에 발생한 특정법인과의 거래를 통한 이익의 증여에 대해 구 상속증여세법 §41를 적용할 수 없는 경우 상속증여세법§2, §42 등을 적용하여 증여세 과세 가능 여부?

　－ (제1안) 증여세를 과세할 수 없음.

　－ (제2안) 증여세를 과세할 수 있음.

○ (질의2) 2014.2.21.부터 2016.2.5. 사이에 발생한 특정법인과의 거래를 통한 이익의 증여에 대해 구 상속증여세법 시행령 §31 ⑥(2016.2.5. 대통령령 제26960호로 개정되기 전의 것)을 적용하여 과세할 수 있는지?

　－ (제1안) 증여세를 과세할 수 없음.

　－ (제2안) 증여세를 과세할 수 있음.

○ (질의3) 국세부과제척기간이 경과한 경우 무효인 구 상속증여세법 시행령 §31를 근거로 한 과세처분을 상속증여세법 §76에 따라 경정이 가능한지?

　－ (제1안) 경정할 수 없음.

　－ (제2안) 경정할 수 있음.

❏ 2016.2.4. 이전 법인이 특수관계인으로부터 낮은 이자율로 금전을 대출받은 경우 법인의 주주가 이익을 증여받았다고 보아 과세할 수 있는지 여부(조심 2018중484, 2018.10.26.)

　－ 대법원 판결(대법원 2017.4.20. 선고 2015두45700 판결)에서 2010.1.1. 상증법 개정에도 불구하고 2014.2.21. 개정 전 상증법 시행령이 여전히 무효라고 선고하였고, 기획재정부장관도 2018.6.14. 이 건과 관련한 질의회신문(재산세제과－499, 2018.6.14.)에서 2014.2.21.부터 2016.2.4. 사이에 발생한 특정법인과의 거래를 통한 이익은 2014.2.21. 개정 상증령을 적용하여 과세할 수 없다고 회신한 점 등에 비추어 증여세를 과세한 처분은 잘못임.

❏ 2014.9.24. 지배주주 등이 50% 이상 보유한 흑자법인에게 특수관계인이 부동산을 증여한 경우 지배주주 등이 얻은 이익에 대한 증여세 과세는 정당함(대법원 2018두47356, 2018.10.12.).

　－ 증여가액 : (법인의 자산수증이익 － 법인세 상당액) × 지배주주 등의 지분율

2. 과세요건

① 특정법인에 해당하는 경우로서 ② 특정법인의 최대주주 또는 지배주주 등의 특수관계인이 재산을 증여 등을 하고 ③ 최대주주 또는 지배주주 등이 얻은 이익이 일정금액 이상인 경우에 증여세 과세대상에 해당한다.

특정법인의 최대주주 또는 지배주주 등에게 증여세를 부과하므로 특정법인의 최대주주에 해당하는 다른 법인의 최대주주에게 증여세를 부과할 수 없다(법령해석과-3111, 2018.11.29.).

가. 특정법인에 해당될 것

2020.1.1. 이후 증여받는 분부터 특정법인은 지배주주와 그 친족이 직접 또는 간접으로 보유하는 주식보유비율이 100분의 30이상인 법인(일감떼어주기 과세규정에서 지배주주 등과 동일함)으로 개정하여 결손법인과 흑자법인으로 구분하여 주식보유비율에 따라 증여세 과세 여부가 달라지는 문제를 해소하였다.

이 경우 특정법인은 지배주주와 그 친족이 직접 또는 간접으로 보유하는 주식보유비율이 100분의 30 이상인 법인을 말하므로 특정법인을 직접 보유지분이 없이 간접 지배하고 있는 경우에도 특정법인에 해당한다(사전-법규과 1619, 2023.6.21.).

┃ 특정법인 개정연혁 ┃

1997.1.1.~2013.12.31.	2014.1.1.~2019.12.31.	2020.1.1.~

① 결손금이 있는 법인
② 증여일 현재 휴업중이거나 폐업상태인 법인
  * 상장·코스닥상장법인은 제외
	① 결손금이 있는 법인
	② 증여일 현재 휴업중이거나 폐업상태인 법인
	③ 수혜법인 지배주주 등의 주식보유비율이 50% 이상인 법인
		• 지배주주 등의 주식보유비율이 30% 이상인 법인
		  * 결손·흑자법인을 구분하지 않고 지분율(일감떼어주기 지분율과 동일함)에 따라 판단

2014.1.1.부터 2019.12.31.까지 특정법인은 다음에 해당하는 법인을 말한다.

① 증여일이 속하는 사업연도까지 법인세법 시행령 제16조 제1항 제1호에 따른 결손금이 있는 법인

이 경우 결손금은 상속증여세법 제45조의5 제1항의 규정에 의하여 재산의 증여 등에 의한 결손금 보전 전의 것으로 하되, 증여일이 속하는 사업연도의 결손금은 상속증여세법 제45조의5 제1항의 규정에 의한 재산의 증여 등의 금액을 법인세법의 규정에 의하여 익금에 산입하기 전의 것으로 한다.

② 증여일 현재 휴업중이거나 폐업상태인 법인

③ 증여일 현재 ①과 ②에 해당하지 아니하는 법인으로서 특수관계에 있는 법인과의 거래를 통한 이익의 증여의제규정(상속증여세법 제45조의3)에 따른 수혜법인의 지배주주와 그 지배주주의 친족(이하 "지배주주 등"이라 함)의 주식보유비율(직접보유비율과 간접보유비율을 합하여 계산한 비율을 말함)이 100분의 50 이상인 법인

1997.1.1.부터 2013.12.31.까지 기간 중 특정법인이란 상장·코스닥상장법인이 아닌 경우로서 위의 ①과 ②에 해당하는 결손법인과 휴·폐업상태인 비상장법인을 말한다.

 관련 예규 · 심판결정례 및 판례 등

❑ 증여일이 속하는 사업연도의 익금이 손금을 초과시 과세대상임(재산세과 – 1657, 2009.8.10.).

❑ 무상으로 금전대부받은 경우 결손금의 의미(서일 46014 – 10009, 2002.1.4.)

최대주주 등과 특수관계인으로부터 무상으로 차입한 금전에 대한 지급이자 상당액을 손금에 가산하여 결손금을 계산하는 것은 아님.

❑ 협회등록법인은 특정법인에 해당되지 아니하며, 투자유의증목으로 지정된 경우에도 동일함(재삼 46014 – 486, 1998.3.20.).

❑ 이월결손금을 다음 사업연도 소득에서 소급공제받은 경우(서일 46014 – 10680, 2003.5.28.)

결손금이 있는 법인이란 증여일이 속하는 사업연도까지 법인세법 시행령 제18조 제1항 제1호의 규정에 의한 결손금이 있는 법인을 말하는 것이므로, 법인세법 제72조의 규정에 의하여 결손금을 직전 사업연도의 소득에서 소급공제를 받음으로써 법인세법상 결손금이 없고 특수관계인으로부터 증여받은 재산에 대하여 법인세가 과세되는 경우에는 특정법인에 해당하지 아니하는 것임. 다만, 증여일이 속하는 사업연도의 결손금은 증여받은 재산의 가액을 익금에 산입하기 전의 익금을 손금이 초과하는 경우 그 결손금을 말하는 것임.

➡ 2001사업연도에 발생한 결손금을 2000사업연도 소득에서 소급공제(법인세법 §72)함에 따라 2002사업연도에는 이월결손금이 없는 경우에는 2002사업연도 중에는 특정법인에 해당되지 않는 것으로 봄이 타당할 것임.

❑ 증여재산으로 이월결손금 보전 후 증여받은 경우(서일 46014 – 10434, 2002.4.2.)

1999년도에 이월결손금이 15억원인 법인이 특수관계인으로부터 재산을 2000년도에 16억원을 증여받아 이월결손금을 모두 보전하고, 2001년도에 다시 10억원을 증여받은 경우에 2001년도 증여시에는 증여의제대상이 아님.

❑ 자녀가 90% 주식을 보유한 흑자법인에게 증여한 부동산에 대한 법인세 납부와 무관하게 자녀가 얻은 이익에 대해 구 상증법 제41조에 근거한 증여세 과세 가능함(대법원 2018두 – 47356, 2018. 10.11.).

❑ 결손금은 증여일의 사업연도에 발생한 것도 포함됨(대법원 2008두6813, 2011.4.14.).

나. 특수관계인의 범위

1) 2020.1.1. 이후

상속증여세법 제45조의3 일감몰아주기 증여의제규정에 따른 지배주주(친족 등과의 지분율이 가장 높은 자 등)와 다음의 특수관계에 있는 자를 말한다.

① 국세기본법 시행령 제1조의2 제1항 제1호부터 제4호까지의 어느 하나에 해당하는 자(이하 "친족"이라 한다) 및 직계비속의 배우자의 2촌 이내의 혈족과 그 배우자
② 사용인(출자에 의하여 지배하고 있는 법인의 사용인을 포함한다. 이하 같다)이나 사용인 외의 자로서 본인의 재산으로 생계를 유지하는 자
③ 다음 각 목의 어느 하나에 해당하는 자
　㉮ 본인이 개인인 경우 : 본인이 직접 또는 본인과 제1호에 해당하는 관계에 있는 자가 임원에 대한 임면권의 행사 및 사업방침의 결정 등을 통하여 그 경영에 관하여 사실상의 영향력을 행사하고 있는 기획재정부령으로 정하는 기업집단의 소속 기업[해당 기업의 임원(「법인세법 시행령」 제40조 제1항에 따른 임원을 말한다. 이하 같다)과 퇴직 후 3년(해당 기업이 「독점규제 및 공정거래에 관한 법률」 제14조에 따른 공시대상기업집단에 소속된 경우는 5년)이 지나지 않은 사람(이하 "퇴직임원"이라 한다)을 포함한다]
　㉯ 본인이 법인인 경우 : 본인이 속한 기획재정부령으로 정하는 기업집단의 소속 기업(해당 기업의 임원과 퇴직임원을 포함한다)과 해당 기업의 임원에 대한 임면권의 행사 및 사업방침의 결정 등을 통하여 그 경영에 관하여 사실상의 영향력을 행사하고 있는 자 및 그와 제1호에 해당하는 관계에 있는 자
④ 본인, 제1호부터 제3호까지의 자 또는 본인과 제1호부터 제3호까지의 자가 공동으로 재산을 출연하여 설립하거나 이사의 과반수를 차지하는 비영리법인
⑤ 제3호에 해당하는 기업의 임원 또는 퇴직임원이 이사장인 비영리법인
⑥ 본인, 제1호부터 제5호까지의 자 또는 본인과 제1호부터 제5호까지의 자가 공동으로 발행주식총수 또는 출자총액(이하 "발행주식총수등"이라 한다)의 100분의 30 이상을 출자하고 있는 법인
⑦ 본인, 제1호부터 제6호까지의 자 또는 본인과 제1호부터 제6호까지의 자가 공동으

로 발행주식총수등의 100분의 50 이상을 출자하고 있는 법인

⑧ 본인, 제1호부터 제7호까지의 자 또는 본인과 제1호부터 제7호까지의 자가 공동으로 재산을 출연하여 설립하거나 이사의 과반수를 차지하는 비영리법인

2) 2019.12.31. 이전

가) 결손법인 또는 휴·폐업상태인 법인의 경우

그 특정법인의 최대주주 등(상속증여세법 시행령 제19조 제2항에 따른 최대주주 등)과 상속증여세법 시행령 제2조의2 제1항 각 호의 어느 하나에 해당하는 자를 말한다.

나) 지배주주 등의 주식보유비율이 100분의 50 이상인 법인의 경우

그 특정법인의 지배주주 등과 다음 어느 하나에 해당하는 관계에 있는 자를 말한다.

① 배우자 또는 직계존비속

② ①에 해당하는 자가 최대주주 등으로 있는 법인

다. 특정법인과의 거래가 다음에 해당될 것

특정법인에게 재산이나 용역을 무상으로 제공하는 경우, 시가보다 현저히 낮거나 높은 가액으로 양도·제공하거나 받는 거래 및 채무를 면제·인수 또는 변제하는 경우 등 다음의 거래에 해당하여야 한다.

특정법인이 지배주주의 특수관계인과 상증법 제1항 제1호부터 제4호까지의 거래를 한 경우에 적용되므로 불균등 유상증자로 특정법인이 이익을 얻은 경우 과세대상이 아니다(서면-법규재산-940, 2022.6.29.).

또한, 특수관계법인의 불균등 유상감자 시 특정법인이 이익을 얻은 경우 특정법인의 주주에게 증여세를 과세할 수는 없다(사전-법규과 1907, 2023.7.21.).

1) 재산이나 용역을 무상으로 제공받는 것

특정법인이 지분율을 초과하여 배당을 받는 경우 초과배당은 재산을 무상으로 제공한 거래에 해당하므로 증여세 과세대상에 해당한다는 해석이 있다(재재산-434, 2019.6.18.).

2) 재산이나 용역을 통상적인 거래관행에 비추어 볼 때 현저히 낮은 대가로 양도·제공받는 것

$$\frac{(\text{양도} \cdot \text{제공} \cdot \text{출자하는 재산과 용역의 시가} - \text{대가})}{\text{양도} \cdot \text{제공} \cdot \text{출자하는 재산과 용역의 시가}} \geq 30\% \ \text{이상이거나}$$

양도·제공·출자하는 재산과 용역의 시가의 차액이 3억원(2016.2.4. 이전은 1억원) 이상인 경우를 말한다.

금전을 대부받는 경우에는 금전무상대출 등에 따른 이익의 증여(상속증여세법 §41의4)의 규정을 준용하여 계산한 이익으로 한다.

☞ **저가 양도시에 과세대상으로 규정한 재산의 범위 개정내용**
- 1997.1.1.~ 1997.11. 9. 기간 중은 부동산
- 1997.11.10.~ 1999.12.31. 기간 중은 부동산 및 유가증권
- 2000.1.1. 이후 모든 재산 및 용역으로 확대함.

3) 재산이나 용역을 통상적인 거래관행에 비추어 볼 때 현저히 높은 대가로 양도·제공하는 것

$$\frac{(\text{대가} - \text{양도} \cdot \text{제공} \cdot \text{출자하는 재산과 용역의 시가})}{\text{양도} \cdot \text{제공} \cdot \text{출자하는 재산과 용역의 시가}} \geq 30\% \ \text{이상이거나}$$

양도·제공·출자하는 재산과 용역의 시가의 차액이 3억원(2016.2.4. 이전은 1억원) 이상인 경우를 말한다.

금전을 대부받는 경우에는 금전무상대출 등에 따른 이익의 증여(상속증여세법 §41의4)의 규정을 준용하여 계산한 이익으로 한다.

☞ **고가 양수시에 과세대상으로 규정한 재산의 범위 개정내용**
- 1997.11.10.~ 1999.12.31. 기간 중은 부동산 및 유가증권
- 2000.1.1. 이후 모든 재산 및 용역으로 확대함.

4) 당해 법인의 채무를 면제·인수 또는 변제하는 것

다만, 2001.1.1. 이후 해산(합병 또는 분할에 의한 해산을 제외한다)중인 법인의 주주 또는 출자자 및 그의 특수관계인이 당해 법인의 채무를 면제·인수 또는 변제한 경우로서 주주 등에게 분배할 잔여재산이 없는 경우를 제외한다.

특정법인의 주주와 특수관계에 있는 자가 법원의 회생계획 인가결정에 따라 그 특정법인의 채무를 면제하거나 재산을 무상으로 제공하여 그 특정법인의 주주가 이익을 얻은

경우에는 증여세를 부과한다(상속증여세과 – 899, 2015.9.2., 법규과 – 221, 2014.3.13.).

5) 시가보다 낮은 가액으로 현물출자하는 것

$$\frac{(교부받은\ 주식의\ 액면가액\ 합계액 - 현물출자한\ 재산의\ 시가)}{현물출자한\ 재산의\ 시가} \geq 30\%\ 이상이거나$$

교부받은 주식의 액면가액 합계액과 현물출자한 재산의 시가의 차액이 3억원(2016.2.4. 이전은 1억원) 이상인 경우에 과세한다.

3. 증여시기

특정법인이 재산 또는 용역을 무상으로 제공받은 경우에는 재산종류별 증여시기 즉, 부동산의 경우 소유권이전등기신청서접수일, 주식의 경우 주권인도일 등 일반적 증여재산의 취득시기가 증여시기이다. 재산 또는 용역을 낮은 가액 또는 높은 가액으로 양도 또는 제공하거나 제공받은 경우에는 잔금청산일(잔금청산 전에 소유권이전등기 또는 명의개서 등을 한 경우에는 그 등기일 또는 명의개서일)이 증여시기가 될 것이며, 현물출자의 경우에는 현물출자일 및 채무면제 등을 한 날을 증여시기로 보아야 할 것이다.

4. 증여의제이익

2014.1.1. 이후 증여분부터 특정법인이 얻은 이익에서 해당 이익에 대한 법인세 상당액을 뺀 금액에 특정법인의 최대주주 또는 지배주주 등의 주식보유비율을 곱하여 증여재산가액을 계산한다. 이 경우 그 금액이 1억원 이상인 경우로 한정하여 증여세를 부과한다.

$$\left(\begin{array}{c}특정법인이\ 증여받거나\ 채무면제받은\ 가액 \\ 또는\ 시가와\ 대가의\ 차액\ 상당액\end{array} - \begin{array}{c}법인세 \\ 상당액\end{array}\right) \times 지배주주\ 등의\ 주식\ 보유비율$$

법인세 상당액은 ㉠의 금액에 ㉡의 비율을 곱하여 계산한다.

㉠ 특정법인 법인세 산출세액(토지 등 양도소득에 대한 법인세액은 제외함) – 법인세액의 공제ㆍ감면액

$$㉡\ 비율 = \frac{특정법인이\ 얻은\ 증여ㆍ채무면제이익\ 또는\ 시가와\ 대가의\ 차이\ 등\ 해당\ 거래이익}{특정법인의\ 각\ 사업연도\ 소득금액}$$

해당 비율이 1을 초과하는 경우에는 1로 한다. 다만, 증여의제이익이 1억원 이상인 경우에만 증여세를 과세한다(상속증여세법 시행령 §34의5 ⑤).

2020.1.1. 이후 증여분부터 특정법인과의 거래를 통한 이익의 증여세액이 지배주주 등이 직접 증여받은 경우의 증여세 상당액에서 특정법인이 부담한 법인세 상당액을 차감한 금액(증여세 한도액)을 초과하는 경우 증여세를 부과하지 않는다.

☞ **증여세 한도액**
2022.2.15. 이후
[[(특정법인에게 증여 등을 한 재산가액 × 각 지배주주등의 직·간접주식보유비율) × 증여세율] − [법인세 산출세액 × (특정법인에게 증여 등을 한 재산가액 ÷ 각 사업연도 소득금액) × 해당 지배주주 등의 주식보유비율]

* 2020.1.1.~2022.2.14. : 지배주주 등이 직접 증여받은 경우의 증여세 상당액 − [법인세 산출세액 × (증여 재산가액 / 각사업연도소득금액) × 해당 지배주주의 주식보유비율]

2013.12.31. 이전에는 특정법인이 재산을 증여 등을 받은 금액에 최대주주의 지분율을 곱하여 증여재산가액을 계산하며, 특정법인 중 결손금이 있는 법인의 증여재산가액은 결손금을 한도로 하였다. 만약 결손금이 10억원인 특정법인이 15억원을 증여받은 경우에 10억원을 한도로 하여 특정법인의 최대주주 지분율을 곱하여 계산한 증여재산가액에 대한 증여세를 과세하였으나, 2014.1.1. 이후 증여분부터 결손금을 한도로 증여재산가액을 계산하는 내용을 삭제하여 15억원 전부를 증여세 과세대상에 포함한다.

가. 증여 등을 받은 재산의 평가액

2019.2.12.부터 현저히 낮거나 높은 대가 여부의 판단을 위한 시가의 기준을 법인세법 시행령에 따른 시가로 통일하였다. 2019.2.11. 이전에 재산의 가액은 상속증여세법에 따른 평가방법에 의하고 용역은 법인세법시행령(§89, 부당행위계산 부인)에 따른 시가에 의하였던 것을 2019.2.12.부터 재산과 용역 모두 법인세법시행령에 따른 시가를 적용하도록 하여 법인세법과 상속증여세법 간 다음과 같은 시가의 불일치로 인한 불합리한 과세를 최소화하기 위해 2019.2.12. 이후 결정·경정분부터 적용하도록 하였다.

	법인령	상증령
상장주식	• 거래일 현재 최종시세가액	• 평가기준일 전·후 각 2개월 간 최종시세가액 평균

	법인령	상증령
비상장주식	• (원칙) 1주당 순손익액과 1주당 순자산가치를 3:2로 가중평균한 가액	• (좌 동)
순자산 중 상장주식	• 거래일 현재 최종시세가액	• 평가기준일 전·후 각 2개월 간 최종시세가액 평균

특정법인이 증여를 받은 재산가액은 일반적 상속·증여재산의 평가방법인 시가에 의하되 시가를 산정하기 어려운 경우 개별공시지가, 기준시가 등 보충적 평가가액에 의한다.

나. 금전을 대출하거나 대출받은 경우 평가액

금전을 낮은 이자율로 대출하는 경우에는 금전무상대출 등에 따른 이익의 증여규정을 준용하여 증여재산가액을 계산한다. 즉, 적정이자율보다 낮게 대출하는 경우 그 이자율과 실제 이자율에 따른 차액을 연(年) 단위로 계산하여 증여재산가액을 계산한다.

▎연도별 고시한 이자율 ▎

2000.1.1.~ 2001.12.31.	2002.1.1.~ 2010.11.4.	2010.11.5.~2016.3.20.	2016.3.21. 이후
11%	9%	8.5%	4.6%

2014.2.21. 대출받은 분부터 개인이 법인으로부터 대출받은 경우 법인세법 시행령 제89조 제3항에 따라 시가로 보는 가중평균차입이자율, 당좌대출이자율 등을 적정이자율로 인정한다.

다. 용역에 대한 평가액

용역을 제공하거나 제공받은 경우 그 용역의 가액은 시가에 의하되 시가를 확인하기 어려운 경우에는 법인세법 시행령 제89조에 따른 시가에 의하는 바 다음과 같다.

① 유형 또는 무형의 자산을 제공하거나 제공받는 경우에는 당해 자산시가의 100분의 50에 상당하는 금액에서 그 자산의 제공과 관련하여 받은 전세금 또는 보증금을 차감한 금액에 정기예금이자율을 곱하여 산출한 금액

② 건설 기타 용역을 제공하거나 제공받는 경우에는 당해 용역의 제공에 소요된 금액(직접비 및 간접비를 포함한다)과 원가에 당해 사업연도 중 특수관계인 외의 자에게 제공한 유사한 용역제공거래에 있어서의 수익률(기업회계기준에 의하여 계산한

매출액에서 원가를 차감한 금액을 원가로 나눈 율을 말한다)을 곱하여 계산한 금액
을 합한 금액

사례 1   특정법인과의 거래시 증여가액 계산

(1) A법인 및 B법인 주주 구성
- A법인 주주 : 甲(10%), 乙(40%), 丙(30%), B법인(20%)
- B법인 주주 : 甲(40%), 乙(60%)

(2) A법인과의 거래내용 및 A법인의 소득금액과 법인세 결정세액
- 2015.10.31. 甲이 A법인에 20억원의 부동산을 증여함.
- 2015년 사업연도 소득금액 50억원, 법인세 결정세액 9억원

풀이

① 전체 증여가액 : 20억원 − (9억원 × 20억원 ÷ 50억원) = 1,640,000,000원
② 주주별 증여가액 : ①1,640,000,000원 × 주주별 A법인의 지분율(직접지분 + 간접지분)
- 甲 → 甲 : 1,640,000,000원 × (직접지분 10% + 간접지분 20%×40%) = 295,200,000원
  * 甲의 경우 본인으로부터 증여받은 재산이기 때문에 증여세를 과세하지 아니함.
- 甲 → 乙 : 1,640,000,000원 × (직접지분 40% + 간접지분 20%×60%) = 852,800,000원
- 甲 → 丙 : 1,640,000,000원 × 직접지분 30% = 492,000,000원

사례 2   특정법인에 2인 이상이 증여한 경우 과세방법

❏ 사실관계
① '20.1.11. 특정법인(A)에게 甲이 30억 원, 乙이 7억 원의 부동산을 증여함.
　－증여자인 甲은 丙의 父이고, 乙은 丙의 叔父임.
　－A법인의 100% 주주인 丙이 얻은 증여의제이익은 甲으로부터 4억, 乙로부터 0.9억임.
② '22.1.11. 甲이 丙에게 5억 원의 주식을 증여함.
③ '23.6.30. 甲 사망함.

❏ 쟁점
① 증여이익이 1억원 이상(상증령 §34의5 ⑤)여부 판단시 丙이 甲과 乙로부터 얻은 이익
　합산여부, 丙에게 과세시 증여자를 甲과 乙 각자로 보는지 1인으로 보는지?
② '22.1.11. 재차증여합산가액, 증여재산공제 및 기납부증여세액 공제방법 등
③ '23.6.30. 상속세 과세가액 가산액 및 기납부증여세액 공제방법 등

❏ 해설
○ 증여세는 증여가 있을 때마다 수증자를 기준으로 증여자별로 증여재산공제를 적용하
　여 증여세액을 산출하여 과세하되, 분산증여를 통한 누진세율 회피를 방지하기 위해

동일인의 10년 이내 증여재산을 합산하여 세액을 산출하고 기납부세액을 공제하며
- 상장차익·재산가치증가·일감몰아주기 등 이익은 합산배제증여재산으로 규정하고 증여재산공제도 매번 3천만원(수증자와 증여자 관계 불문)하여 세액 계산하지만
- 특정법인과의 거래시 증여의제는 합산배제증여재산에 해당하지 아니함.

○ 따라서 상증법상 예외규정이 없는 한 증여자별·수증자별 과세원칙을 적용하여야 하므로 丙이 甲과 乙로부터 얻은 이익을 구분하여 1억원 이상인 甲으로부터 얻은 증여의제이익에 대해 증여재산공제를 적용하여 세액을 산출해야 함. ⇒ 증여의제가액 계산시 차감하는 "법인세 상당액"은 甲과 乙의 증여재산가액으로 안분할 필요는 있음.

○ 만약, 甲과 乙을 1인으로 취급하여 1억원 이상여부를 판단하고 증여의제이익을 계산하여 과세한다면
- 증여재산공제액이 甲은 5천만원, 乙은 1천만원인데 합산할 것인지
- ②과 ③ 시점에서 재차증여재산가산액과 상속세 과세가액에 가산할 금액 및 기납부증여세액 계산에 대한 구체적 규정이 없어 적용상 곤란

※ 합산배제증여재산인 상장차익에 대한 증여세 과세의 경우에도 증여자별·수증자별 과세원칙을 따르고 있음(조심 2021전2583, 2022.4.28.).

 관련 예규·심판결정례 및 판례 등

☐ 결손법인이 결손금을 초과하는 재산을 증여받은 경우 결손금 이내의 금액은 결손법인으로, 초과금액은 흑자법인으로 보아 과세하는지(자문-법무재산-71, 2023.4.28.)

상증법(2019.12.31. 제16568호로 개정되기 전) 제45조의5 및 상증령(2017.2.7. 개정되어 2020.2.11. 개정되기 전) 제34조의4에 따라 특정법인과의 거래를 통한 이익의 증여 의제 규정을 적용하는 경우, '증여일이 속하는 사업연도의 직전 사업연도까지 결손금 있는 법인'의 결손금을 초과하는 증여이익에 대해서는 상증령 제34조의4 제1항 제2호를 적용할 수 없음.

☐ 과세대상 기준금액 1억원 이상 여부 판단 방법(자본거래과-621, 2022.12.29., 상속증여과-2262, 2018.8.14.)

상증법 제45조의5 제1항을 적용할 때 같은 항 각 호의 거래에 따른 이익별로 구분하여 그 거래일부터 소급하여 1년 이내에 동일한 거래 등이 있는 경우에는 각 거래 유형에 따른 이익별로 합산하여 1억원 이상인지 여부를 판단함.

☐ 특정법인을 간접 지배하는 주주의 증여의제 적용 여부 등(재경부 조세법령과-823, 2022.7.28.)

(질의1) 특정법인을 간접 지배하는 개인주주에게 증여세를 과세할 수 있는지 여부

(질의2) 증여세 과세후 시가와 실제 거래가액의 차액을 사후정산한 경우 증여세 과세 여부

(회신1) 상속증여세법(2019.12.31. 법률 제16846호로 개정되기 전의 것)」 제45조의5 제1항에 따라 제3호의 법인(이하 "흑자법인"이라 함)과의 거래로 증여받은 것으로 의제되는 흑

자법인의 주주 등은 같은 법 시행령(2020.2.11. 대통령령 제30391호로 개정되기 전의 것) 제34조의4 제1항 제2호에 따른 해당 법인의 지배주주 등을 말하는 것으로, 그 지배주주 등은 같은 영 제34조의2 제1항 제2호에서 규정한 바와 같이 간접보유비율도 포함하여 판정하며, 증여의제 금액을 계산하기 위해 흑자법인의 이익에 곱하게 되는 "주식보유비율"에는 간접보유한 주식도 포함하는 것임.

(회신2) 특정법인과 저가양도 등의 거래로 증여의제가 된 후, 거래 당사자 간에 그 저가양도 등으로 인한 이익을 환원하는 방법으로 사후정산한다고 하더라도, 상속증여세법 제4조 제4항에 따른 증여재산의 반환에 해당한다는 등의 특별한 사정이 없는 한, 당초 증여의제의 효력에는 영향이 없는 것임.

❑ **특정법인과 저가 현물출자 거래를 통한 이익의 증여 의제 시 증여이익 계산방법**(기재부 조세법령운용과 – 846, 2021.10.1.)

질의1

특정법인이 주주등 및 그의 특수관계인들로부터 저가로 현물출자를 받아*, 상속증여세법 §45의5에 따른 증여이익 계산 시 증여이익계산 대상과 주식보유비율 적용기준

(제1안) 현물출자 전 주주등 / 현물출자 전 주식보유비율

(제2안) 현물출자 후 주주등 / 현물출자 후 주식보유비율

(제3안) 현물출자 전 주주등 / 현물출자 후 주식보유비율 ⇒ 타당함

* 특정법인의 주주등이 특정법인에 해당 특정법인 주식(자기주식)을 무상 또는 저가로 제공(양도)하는 경우도 유사 유형임.

질의2

(질의1)이 2안인 경우, 특정법인 주주등의 특수관계자 판단 ⇒ 해당없음

(제1안) 현물출자 전 주주등을 기준으로 특수관계자 판단

(제2안) 현물출자 후 주주등을 기준으로 특수관계자 판단

질의3

특정법인의 주주등을 포함하여 특수관계에 있는 자 2 이상이 동시에 특정법인에 저가로 현물출자하는 경우 증여이익의 계산 방법

(제1안) (각 증여이익 합계액 – 본인이 증여한 이익) × 주식보유비율

(제2안) 각 증여이익의 합계액 × 주식보유비율 – 본인이 증여한 이익 ⇒ 타당함

사실관계

○ A법인은 지주회사 전환을 위해 2016.4.6. 최대주주인 甲과 그의 특수관계자들로부터 상장회사인 B법인 보통주 14,884,956주(1주당평가액: 4,932원※, 합계 73,412백만원, 지분율 31.4%, 이하 "쟁점주식") 및 현금 500백만원을 출자받고, 신주 14,782,517주(주당발행가액: 5,000원, 합계 73,912백만원)를 발행하였는 바, 그 구체적인 내용은 다음과 같음

※ B법인의 주식 가액은 상법 제422조 제2항 제2호, 동법 시행령 제14조 제2항 제1호에서 정한

방법으로 산정하여 법원의 현물출자 검사를 면제받았음

※ A법인은 2016.9.1. 공정거래위원회로부터 지주회사 전환을 확인받음

▌현물출자 및 신주납입금▐

출자자	주식현물출자	현금(백만원)	현물출자 배정주식	현금출자 배정주식
甲(본인)	8,610,005주	350	8,492,908주	70,000주
戊(모친)	2,959,288주		2,919,041주	
乙(장인)	435,441주		429,519주	
丙(장모)	237,009주		233,785주	
丁(처)	111,128주	150	109,616주	30,000주
己(누나의 시부)	2,532,085주		2,497,648주	
계	14,884,956주	500	14,682,517주	100,000주

▌현물출자 및 현금 납입에 따른 신주 발행 전후의 A법인의 주주구성▐

출자자	현물출자 전	주식현물출자 후	현금출자 후
甲(본인)	1,641,838주(96.08%)	10,134,746주(61.82%)	10,204,749주(61.87%)
戊(모친)	67,060주(3.92%)	2,986,101주(18.22%)	2,986,101주(18.11%)
乙(장인)	-	429,519주(2.62%)	429,519주(2.60%)
丙(장모)	-	233,785주(1.43%)	233,785주(1,42%)
丁(처)	-	109,616주(0.67%)	139,616주(0.85%)
己(누나의 시부)	-	2,497,648주(15.24%)	2,497,648주(15.15%)
계	1,708,898주(100%)	16,391,415주(100%)	16,491,415주(100%)

○ 甲 외의 5인이 현물출자한 B법인 주식의 상속세및증여세법상 평가액은 상장주식 평가방법에 따라 평가기준일('16.4.6) 2개월 이전('16.2.7)부터 증자일 전일('16.4.25)까지 종가평균액 @4,996원에 최대주주 할증평가율 20%(최대주주등 지분율 50% 이하, 비중소기업인 경우)를 적용하여 1주당 @5,995원으로 현물출자한 주식 14,884,956주의 상증법상 평가액은 89,235백만원이고, 현물출자하여 배정받은 주식 14,682,517주(@5,000원)의 발행가액은 73,412백만원임.

○ A법인의 재무상태표 상 '15.12.31. 현재 결손금은 23백만원이고, 현물출자일 '16. 4. 6. 현재 결손금은 394백만원임.

❑ 상증법(2019.12.31. 법률 제16846호로 개정되기 전의 것) 제45조의5 적용 시 특정법인의 지배주주와 친족(지배주주등)의 범위, 특수관계에 있는 자의 범위, 본인 증여이익 차감 여부(기재부 조세법령운용과 – 844, 2021.10.1.)

질의1

상속증여세법(2019.12.31. 법률 제16846호로 개정되기 전의 것) §45의5에 따른 특정법인의 거

래를 통한 증여의제 적용 시 "지배주주의 친족"은 상증법 §45의3 제1항에 따른 "한계보유비율"을 초과하는 주주를 의미함(재재산-570, 2020.7.22.).

질의2

상증세법(2019.12.31. 법률 제16846호로 개정되기 전의 것) 제45조의5 제1항 제3호에 해당하는 특정법인의 경우 그 특정법인의 주주등과 특수관계에 있는 자란 같은 법 시행령(2020.2.11. 대통령령 제30391호로 개정되기 전의 것) 제34조의4 제2항 제2호 각 목의 어느 하나에 해당하는 관계에 있는 자를 의미함. 이 경우 최대주주등 여부는 특정법인의 지배주주등 본인 및 그의 배우자 또는 직계존비속의 보유주식등을 합산하여 판정함.

질의3

특정법인의 주주등과 "특수관계법인"의 주주가 동일인인 경우에도 그 주주의 증여이익 중 해당 특수관계법인 지분에 상당하는 금액을 증여세 과세가액에서 제외하지 않고, 특정법인의 이익에 특정법인의 주주등의 주식보유비율을 곱하여 계산하는 것임.

❏ 특정법인이 상장주식을 법인세법상 시가로 거래한 경우 2019.2.12. 이후 결정·경정하는 분부터 특정법인과의 거래를 통한 이익의 증여의제규정을 적용하지 아니함(법령해석재산-253, 2019.3.18.).

❏ 특정법인이 법인으로부터 자금을 차입하는 경우 적정이자율은 법인세법 시행령 제89조 제3항 각 호에서 열거한 사유에 미해당시 가중평균차입이자율임(법령해석재산-511, 2016.12.22.).

❏ 특정법인의 주주인 자가 주주로 있는 법인이 특정법인에 증여한 경우에도 그 특정법인의 주주에게 증여세가 과세됨(법령해석재산-87, 2015.6.1.).

❏ 회생계획 인가결정에 따라 채무면제가 되는 경우 증여세 과세 대상임(상속증여세과-336, 2014.9.1.).

❏ 결손금을 초과하여 증여받은 경우(재산세과-542, 2010.7.26.)
상증령 제31조 제1항 제1호에 해당하는 특정법인의 주주와 특수관계에 있는 자가 당해 특정법인의 결손금을 초과하여 특정법인에게 증여하는 경우 당해 특정법인의 결손금 이내 증여금액은 상증법 제41조에 따라 증여세가 과세되며, 결손금을 초과한 증여금액은 그 초과분으로 인하여 그 주주가 사실상 증여이익을 얻은 경우 같은 법 제2조 및 제42조에 따라 증여세가 과세됨.

사실관계

- A법인은 서비스, 부동산임대업을 주업으로 하는 비상장 중소기업임.

주주명	갑	을	병	정	무	계
관 계	본인	배우자	자	자	자	
지분율	64%	5%	22%	7%	2%	100%

- B법인은 컴퓨터 장비유지보수를 주업으로 하는 비상장 중소기업임.

주주명	A법인의 병	A법인의 정	계	비 고
지분율	50%	50%	100%	결손금 2.5억원

질의

- A법인의 주주 갑이 소유한 주식 51%(주식가치 약 300억원)를 B법인에게 무상증여하는 경우 B법인의 결손금에 상당하는 금액에 대하여는 증여세가 과세되고 나머지 금액에 대하여는 B 법인에게 법인세가 과세되는지?

☐ 결손법인 명의로 父가 경락받은 경우(서일 46014 - 11691, 2002.12.14.)

경락대금에 대한 과세문제는 父가 법인에게 증여한 것인지(자산수증익), 父가 실제 경락받은 부동산을 법인에게 명의신탁한 것인지(부동산실명법 위반)에 따라 판단하며, 父가 경락대금을 증여하거나 무이자로 법인에 대여한 경우에는 특정법인과의 거래시 증여의제규정을 적용하여 자녀에 대한 증여세 과세 여부를 판단함.

☐ 증여일 및 전전 사업연도부터 계속해 결손금이 있는 경우(재재산 46014 - 300, 2000.10.27.)

상속증여세법 시행령 제31조 제1항에 따른 특정법인이란 증여일이 속하는 사업연도 전 2년 내 의 사업연도(증여일이 속하는 사업연도 전 사업연도와 그 전전 사업연도를 말함)부터 계속하여 법인세법 제13조 제1호에 의한 결손금(동법 제41조 제1항의 규정에 의하여 재산의 증여 등에 의한 결손금 보전전의 결손금을 말함)이 있는 법인을 말함.

☐ 본인으로부터 증여받은 금액을 차감하여 증여세를 과세함(재삼 46014 - 2493, 1998.12.22.).

☐ 특정법인의 주주 전원이 동시에 그 소유주식수에 비례하여 특정법인 채무를 면제하는 경우에는 증 여세가 과세되지 아니함(자본거래관리과 - 255, 2021.5.27.).

☐ 특정법인과 거래를 통한 이익이 1억원 이상 여부 판단 방법(상속증여세과 - 772, 2018.8.14.)

☐ 주식양도과정에서 채무면제한 경우 최대주주에게 증여세 과세 여부(조심 2017서3231, 2018.5.16.)

특정법인에 대한 채무면제는 결손법인의 주주에게 경제적 이익을 주려고 변칙적인 증여의 일 환으로 이루어진 것이 아니라, 청구인 및 ○○가 제3자인 △△법인과 "주식 및 경영권 양도양 수계약"을 체결하는 과정에서 거래가액 결정 및 불필요한 자금회전을 줄이기 위하여 부수적으 로 이루어진 것에 불과하다는 청구인의 주장에 설득력이 있는 점 등에 비추어 쟁점채무면제로 인해 청구인이 증여이익을 것으로 보아 증여세를 과세한 것은 잘못임.

☐ 해산 중인 법인의 출자자 등이 법인의 채무를 변제한 경우로서 주주 등에게 분배할 잔여재산이 없는 경우 증여에 해당하지 않음(조심 2012서4182, 2012.12.28.).

☐ 위임 범위를 벗어나 무효로 판결한 상증령 제31조 제6항에 근거하여 이루어진 하자가 있는 과세처 분이 당연무효인지(대법원 2019두56319, 2022.3.11.)

피고가 과세할 당시에는 구 상증령 제31조 제6항을 적용할 수 없다는 법리가 명백히 밝혀지지 아니하여 해석에 다툼의 여지가 있었던 때이므로 피고가 이를 잘못 해석하여 과세처분을 하였더라도 그 하자가 명백하다고 보기 어려워 이 사건 처분을 무효라고 할 수는 없음.

☐ 2016.2.4. 이전 상증령 제31조 제6항은 상증법 제41조의 규정 취지에 반할 뿐만 아니라 그 위임범위를 벗어난 것으로서 무효임(대법원 2019두35695, 2021.9.9., 대법원 2021두33937, 2021.10.14.).

➡ 2016.2.4. 이전 특정법인과의 거래를 통한 증여에 대해 2016.1.1. 개정된 상속증여세법 제45조의5 및 상증령 제34조의4를 적용할 수 없음(재경부 조세법령과 – 480, 2022.5.16.).

☐ 경영정상화 위해 결손법인에 채무면제한 경우 증여세 부과는 위법함(대법원 2016두56660, 2017.4.26.).

☐ 상속증여세법 시행령 제31조 제6항(특정법인 최대주주 증여이익 계산규정)은 무효임(대법원 2015두45700, 2017.4.20. 전원합의체, 조심 2017서2570, 2017.10.19.).

(과세내용) 2011.4.20. 결손금이 있는 소외회사에 증여를 하자, 과세관청은 원고들이 실제로 얼마만큼의 증여 이익을 얻었는지와 상관없이 위 증여가액에 각자의 보유주식 비율을 곱하여 계산한 금액 상당의 이익을 얻은 것으로 간주된다는 이유로 원고들에게 증여세를 부과함.

(판결) 2010.1.1. 개정 법률 조항은 그 문언의 일부 개정에도 불구하고 개정 전 법률과 마찬가지로 재산의 무상제공 등 특정법인과의 거래를 통하여 특정법인의 주주 등이 이익을 얻었음을 전제로 하여 그 이익, 즉 '주주 등이 보유한 특정법인 주식 등의 가액 증가분'의 정당한 계산방법에 관한 사항만을 대통령령에 위임한 것이므로, 특정법인의 주주 등과 특수관계에 있는 자가 특정법인에 재산을 증여하는 거래를 하였더라도 그 거래를 전후하여 주주 등이 보유한 주식 등의 가액이 증가하지 않은 경우에는 그로 인하여 그 주주 등이 얻은 증여 이익이 없으므로 개정 법률에 근거하여 증여세를 부과할 수는 없다고 보아야 함.

– 그런데 이 사건 시행령 조항은 특정법인에 재산의 무상제공 등이 있으면 그 자체로 주주 등이 이익을 얻은 것으로 간주함으로써, 주주 등이 실제로 얻은 이익의 유무나 다과와 무관하게 증여세 납세의무를 부담하도록 정하고 있으므로, 결국 이 사건 시행령 조항은 모법인 개정 법률 조항의 규정취지에 반할 뿐만 아니라 그 위임범위를 벗어난 것으로서 2010.1.1. 상증세법 개정에도 불구하고 여전히 무효라고 봄이 타당함.

☐ 특정법인과의 거래시 증여세 대상거래에 금전무상대부가 포함되며, 증여이익은 대부금이 아니라 적정이자액임(대법원 2012두263, 2012.2.9.).

☐ 특정법인과의 거래시 증여가액 계산규정은 무효임(대법원 2009두3309, 2009.4.23.).

▌특정법인과의 거래를 통한 이익의 증여규정에 대한 대법원 판결 및 개정연혁 ▌

	상속증여세법 제41조 제1항	상속증여세법 시행령 제31조 제6항
1997.1.1. 신설	특정법인에게 특수관계인이 재산을 증여하는 등으로 최대주주등이 얻은 이익에 대하여 증여받은 것으로 본다.	증여재산가액 등으로 인하여 특정법인의 '증가된 주식 1주당 가액' × 해당 최대주주의 주식수

↓

대법원 판결 (2003두4249, 2003.11.28.)	특정법인에 대한 채무면제 등을 전후하여 그 1주당 가액이 모두 부수(-)로 산정되는 데도 채무면제액 등 거래로 인한 가액만을 주식수로 나누어 산정하거나 단순히 부수(-)의 절대치가 감소하였다는 이유로 주식 등의 1주당 가액이 증가된 것으로 보는 것은 개정전 시행령 제31조 제6항의 해석상 허용될 수 없다는 입장이었음.

↓

2004년 상증령 제31조 제6항의 개정	증여재산가액 등 × 해당 최대주주의 주식지분율 한편, 부칙 제6조는 개정 시행령 시행 전에 과세요건 사실이 완성된 것에 대하여도 위 규정을 소급적용하도록 하였음.

↓

대법원 무효 판결	2003.12.30. 개정된 상증령 제31조 제6항의 규정은 무효이고, 위 규정을 소급적용하 도록 한 부칙 제6조 역시 효력이 없다(대법원 2006두19693, 2009.3.19. 전원합의체).

↓

2010.1.1. 상속증여세법 제41조 제1항 개정(이익의 위임근거를 둠)	
개정 전	개정 후
제41조 (특정법인과의 거래를 통한 이익의 증여) ① ……특정법인의 주주 또는 출자자가 이익을 얻은 경우에는 그 이익에 상당하는 금액을 당해 특정법인의 주주의 증여재산가액으로 한다.	제41조 (특정법인과의 거래를 통한 이익의 증여) ① ……그 특정법인의 주주가 대통령령으로 정하 는 이익을 얻은 경우에는 그 이익에 상당하는 금액 을 그 특정법인의 주주의 증여재산가액으로 한다.

↓

대법원 판결 (2015두45700, 2017.4.20.)	2010.1.1. 개정 법률도 주주가 실제 얻은 이익의 유무나 과다와 무관하게 증여세 납세의무를 부담하도록 정하고 있어 위임범위를 벗어나 무효임.

↓

2014년 개정	• 특정법인에 지배주주가 50% 이상 출자한 흑자법인등을 추가 • 증여재산가액 : (특정법인의 증여가액 - 법인세 상당액) × 최대주주등의 지분율

↓

대법원 판결 및 예규 등	2016.2.4. 이전 상증령 제31조 제6항 무효 판결(대법원 2019두35695, 2021.9.9.) 및 기재부 유권해석(재재산 - 449, 2018.6.14.)에서 과세할 수 없음

↓

2016.1.1. 상속증여세법 제41조 및 제45조의 5개정(증여의제규정으로 전환 및 증여세 한도액 설정)	
개정 전	개정 후
제41조(특정법인과의 거래를 통한 이익의 증여) ① … 특수관계인이 그 특정법인과 다음 각 호의 어느 하나에 해당하는 거래를 하여 그 특정법인의 주주 또는 출자자가 대통령령으로 정하는 이익을 얻은 경우에는 …그 특정법인의 주주의 증여재산 가액으로 한다.	제45조의5(특정법인과의 거래를 통한 이익의 증 여 의제) ① … 특수관계에 있는 자가 그 특정법인 과 제2항에 따른 거래를 하는 경우에는 그 특정법 인의 이익에 특정법인의 주주등의 주식보유비율 을 곱하여 계산한 금액을 그 특정법인의 주주등이 증여받은 것으로 본다.

5. 흑자법인 등의 주식가치가 상승한 경우

결손법인 또는 휴·폐업 중에 있는 비상장법인이 아닌 이익이 발생하는 비상장법인이나 상장·코스닥상장법인에 재산을 증여하는 등으로 해당 법인의 주식가치가 상승한 경우 해당 법인의 최대주주 등에게 증여세를 과세할 것인가에 대하여 과세관청에서는 상속증여세법 제2조 제3항 및 제42조에 따른 완전포괄주의 과세규정에 의하여 증여세를 과세한다는 입장(재재산-977, 2012.12.3.)이었으나, 대법원에서 2015.10.15. 이후 과세처분이 위법하다고 판결함에 따라 이를 기획재정부 유권해석 및 국세청 과세지침에 이를 반영하였다. 이에 따라 2014.1.1. 상속증여세법 제40조 개정 전 흑자법인에게 증여 등을 하여 주식가치가 상승한 경우에는 해당 법인의 최대주주 등에게 증여세 부과할 수 없고, 상속증여세법 제42조 제1항 제3호에서 규정하는 사업양수·양도, 사업교환 및 법인의 조직변경 등에 해당하는 경우 증여세를 부과할 수 있다.

2014.1.1.부터 특정법인에 특수관계에 있는 법인과의 거래를 통한 이익의 증여의제규정(상속증여세법 §45의3)에 따른 수혜법인의 지배주주 등의 주식보유비율이 100분의 50 이상인 상장·코스닥상장·비상장법인 등을 포함하고 있으므로 이에 해당하는 흑자법인이 재산을 증여 등을 받은 경우 해당 법인의 최대주주에게 부과할 수 있다.

2014.1.1. 전후 특정법인과의 거래를 통한 이익의 증여세 과세 여부를 요약하면 다음과 같다.

구 분	2013.12.31. 이전	2014.1.1. 이후
흑자법인	(원칙) 증여세 과세대상 아님 (예외) 상속증여세법 제42조 제1항 제3호에서 규정하는 사업양수·양도, 사업교환 및 법인의 조직변경 등에 해당 시 증여세 과세가능	증여일 현재 결손법인 및 휴·폐업법인에 해당하지 아니하는 법인으로서 지배주주와 그 친족의 주식보유비율이 50% 이상인 법인의 경우 증여이익(1억원 이상인 경우)은 증여세 과세대상
휴·폐업법인	증여이익(1억원 이상인 경우)은 증여세 과세대상	증여이익(1억원 이상인 경우)은 증여세 과세대상
결손법인	결손금에 상당하는 증여이익(1억원 이상인 경우)은 증여세 과세대상(결손금을 초과하는 증여이익은 증여세 과세대상 아님)	증여이익(1억원 이상인 경우)은 증여세 과세대상
증여이익	증여 등 각 거래에 따른 이익 × 주주 등의 지분율	(증여 등 각 거래에 따른 이익 - 법인세 상당액) × 주주등의 지분율

특정법인의 최대주주와 특수관계인이 재산을 증여하는 등으로 주식가치가 상승한 경우에 피상속인이 특정법인에 유증을 한 경우가 포함되느냐에 대해 영리법인에게 유증한 상속재산은 상속세 과세대상에는 포함하는 것이나 해당 법인의 주주에게 증여세를 과세하지 아니한다는 취지의 유권해석을 하고 있다(재재산-11, 2012.1.5.).

 관련 예규 · 심판결정례 및 판례 등

□ 2013.12.31. 이전 흑자법인에 재산증여시 주주에 대한 증여세 부과 안됨(재재산-273, 2016.4.20.). 상속증여세법(2014.1.1. 법률 제12168호로 개정되기 전의 것) 제41조의 특정법인이 아닌 법인의 주주와 특수관계에 있는 자가 2013.12.31. 이전 당해 자산을 증여하는 경우 당해 법인의 주주에 대해서는 증여세가 과세되지 아니함.

□ 이월결손금 초과분을 상증법 제42조에 따라 증여세 과세할 수 없음(조심 2015서2108, 2016.4.4.).

□ 흑자법인에게 100% 주식을 증여하였다 하여 사업 양수도와 동일시할 수 없어 증여세 과세는 부당함(대법원 2016두285, 2016.6.23.).

> **사실관계**
>
> A그룹의 지주회사인 A맥주의 주식을 9.8% 보유한 A법인(주류도매업) 주식을 父(A주식 100% 보유)가 B법인(子가 100% 주주임)에게 증여함에 따라 B법인은 생맥주 냉각기 제조 · 판매업을 영위하다가 A맥주의 주식 11%를 직간접적으로 소유함으로써 子는 A맥주의 차순위 최대주주가 됨.

> **판결요지**
>
> 주식의 증여로 B법인은 A법인을 지배하게 되었으므로 자회사를 통하여 기존의 사업 외의 다른 분야에 진출하게 된 것으로 볼 여지도 있으나, A법인은 인적 · 물적 조직의 동일성을 유지하면서 일체로서 B법인에 이전되지 않았음은 분명하므로 '사업의 양수도'와 동일시할 수 없고, B법인의 물적 자산가치가 증가된 것 외에 회사 내에서 사업 양수도나 사업교환에 준하는 정도의 어떠한 사업내용의 변경이 있었다거나 법적 형태가 변경되는 등의 변화가 초래되지 않아 조직변경에 유사한 거래로 볼 수 없음.
> - 서울행정법원은 증여세 과세대상으로 판결함(서울행정법원 2011구합42543, 2012.8.17.).

□ 흑자법인에게 비상장주식(18%)을 증여한 것에 대하여 주주에게 증여세 부과한 것은 잘못임(대법원 2013두14283, 2015.10.15.).

□ 흑자법인에게 주식과 건물을 증여한 것에 대하여 주주에게 증여세 부과한 것은 잘못임(대법원 2013두3648 · 2014두47945, 2015.10.15.).

□ 흑자법인에게 부동산을 증여한 것에 대하여 주주에게 증여세 부과한 것은 잘못임(대법원 2013두13266 · 2014두5392, 2015.10.15.외 다수).

제4장 비과세 및 과세가액 불산입 재산

증여세는 타인으로부터 재산 또는 이익을 무상으로 얻은 경우에 그 무상취득자에게 과세한다. 그러나 공익성 또는 조세정책적 목적에 따라서 납세의무를 면제하는 비과세제도와 일정한 요건과 절차에 따라 세액을 면제해 주는 제도를 두고 있다. 상속증여세법에서 비과세 증여재산으로 규정한 경우와 공익법인 등이 출연받은 재산 및 장애인이 증여받은 재산에 대한 과세가액 불산입규정 등이 있으며 증여세 비과세재산의 경우에는 그 항목에 해당되면 무조건 비과세하는 것으로서 증여받은 후 사후관리를 하여 위반시 증여세를 추징하는 공익법인의 출연재산 또는 장애인이 증여받은 재산과는 구분된다.

제 1 절 : 비과세 증여재산

상속증여세법 제46조 및 상속증여세법 시행령 제35조에서 규정하고 있는 비과세 증여재산은 다음과 같다. 법령에서 열거하여 규정한 비과세 증여재산 외에는 증여재산의 성격이 유사하다 하여 비과세규정을 적용받을 수 없다.

1. 국가 · 지방자치단체로부터 증여받은 재산

국가 또는 지방자치단체로부터 증여받은 재산에 대하여 증여세를 비과세한다. 공익법인이 국가 등으로부터 증여받은 재산은 비과세가 되므로 일반적 출연재산과 같은 사후관리대상은 아니다.

국가가 근로자 휴가지원 사업에 참여한 기업의 근로자에게 지급하는 국고보조금을 직접 지급하지 않고 정부투자기관을 통해 근로자가 지급받는 경우에도 국가로부터 증여받은 재산에 포함하여 비과세한다(법령해석과 - 3366, 2018.12.26.).

2. 우리사주조합원인 소액주주의 시세차익

내국법인의 종업원으로서 근로복지기본법 또는 자본시장법에 따른 우리사주조합원인 소액주주가 해당 법인의 주식을 우리사주조합을 통하여 취득한 경우로서 그 주식의 취득가액과 시가의 차액으로 인하여 받은 이익에 상당하는 가액은 비과세한다.

이 경우 소액주주란 당해 법인 발행주식총수의 100분의 1 미만 소유자로서 액면가액이 3억원 미만인 주주를 말한다.

 관련 예규 · 심판결정례 및 판례 등

❑ SW마에스트로과정 연수생이 지원받는 금전은 비과세대상임(사전 법령해석과 - 2176, 2020.7.9.).

(사)한국정보산업연합회가 「정보통신산업 진흥법」에 따른 정보통신진흥기금을 재원으로 「정보통신 · 방송 연구개발 관리규정」에 따라 과학기술정보통신부 및 정보통신기획평가원으로부터 업무를 위탁받아 「SW마에스트로」 지속성장지원사업을 추진하면서 「SW마에스트로」 창의인재 양성과정을 수료한 창업기업 및 예비창업자들에게 지급하는 개인지원금은 국가나 지방자치단체로부터 증여받은 재산(비과세)의 가액에 해당함.

❑ 아동수당법 제6조 및 같은 법 시행령 제9조에 따라 지급받은 아동수당은 증여세 비과세 재산임(사전 - 법령해석과 - 1178, 2020.4.20.).

❑ 지방자치단체에서 이주대책에 따라 부담한 주택지의 조성비용은 비과세함(재산세과 - 136, 2012.4.3.).

전원개발촉진법 제10조 및 같은 법 시행령 제21조에 따른 이주대책의 수립 · 실시에 따라 지방자치단체에서 부담한 주택지의 조성비용에 대해서는 상속증여세법 제46조 제1호의 규정에 따라 증여세를 부과하지 아니함.

❑ 우리사주조합을 통해 주식을 저가로 취득한 경우(상속증여세과 - 447, 2013.8.6.)

우리사주조합원이 당해 법인의 주식을 그 조합을 통해 취득한 경우로서 소액주주에 해당하고 일정기간 증권금융회사에 예탁하는 경우, 취득가액과 시가와의 차액상당은 증여세 비과세됨.

❑ 우리사주조합원이 대표이사로부터 주식 취득한 것이 아니라 우리사주조합으로부터 취득한 것이므로 비과세됨(조심 2009중1621, 2010.2.8.).

청구인과 대표이사가 주식 양도양수계약서를 작성하였으나, 취득대금은 우리사주조합장 예금계좌에 입금하고 한국증권금융주식회사에 일괄 예탁한 사실 확인됨.

❑ 주주가 우리사주조합에게 주식을 무상양도하고, 우리사주조합이 조합원에게 당해 주식을 무상양도한 경우, 증여세 비과세대상 아님(국심 2000서1919, 2000.12.11.).

3. 정당이 증여받은 재산

정당법에 따른 정당이 증여받은 재산은 비과세한다. 다만, 2005.1.1. 이후 정당 또는
정치인이 증여받은 재산 중 불법정치자금에 대해서는 몰수·추징 여부에 관계없이 증여
세를 과세한다(조세특례제한법 §76).

대법원은 정치자금법을 위반하여 받은 정치자금을 증여세 신고기한 이내에 반환한 경
우에도 금전을 반환한 것이므로 증여세 과세는 정당하다고 판결하였다(대법원 2013두7384,
2016.2.18.).

 관련 예규·심판결정례 및 판례 등

❑ 정치자금법을 위반한 정치자금으로 확정된 경우(서울고등법원 2013누46527, 2014.5.27. 완료)
관련 형사사건의 판결에서 인정된 사실은 특별한 사정이 없는 한 민사재판에서 유력한 증거자
료가 되고, 정당에 기부한 정치자금 외 정치자금에 대하여는 증여세를 부과하는 것임.

4. 사내근로복지기금, 근로복지진흥기금 등이 증여받은 재산

근로복지기본법에 따른 사내근로복지기금, 우리사주조합 및 2019.2.12. 이후 공동근로
복지기금 및 근로복지진흥기금이 증여받은 재산의 가액은 비과세한다.

 관련 예규·심판결정례 및 판례 등

❑ 최대주주가 우리사주조합원에게 금전증여시 과세 여부(사전-법규재산-1017, 2022.11.30.)
최대주주인 거주자가 법인의 임원·종업원인 우리사주조합원들 중 우리사주 취득을 위한 대출
을 보유한 자들에게 주가하락에 따른 부담 경감 목적으로 근로조건과 관계없이 일정 금액을
금전증여계약에 따라 무상으로 지급한 경우, 해당 금원은 증여세 과세대상에 해당함.

❑ 근로복지기본법 제86조의2에 따른 공동근로복지기금이 증여받은 재산과 공동근로복지기금이 그 출
연기업의 근로자에게 증여한 재산은 비과세되지 아니함(상속증여세과-463, 2018.5.18.).

❑ 사내근로복지기금이 출연받는 재산에 대한 증여세 과세 여부(재산세과-33, 2013.1.25.)
근로복지기본법에 따른 사내근로복지기금이 같은 법의 관련규정에 따라 사업주 또는 사업주
외의 자로부터 출연받는 재산의 가액은 증여세가 비과세되는 것임.

❑ 사내근로복지기금에서 근로자에게 지급한 연금보조금은 증여세 과세됨(재삼 46014-2081, 1996.9.10.).

❑ 사내근로복지기금이 근로자에게 지급하는 학자금은 증여세 비과세(재산 46300-2032, 1999. 11.29.)

5. 사회통념상 인정되는 이재구호금품 기타 이와 유사한 것

다음에 해당하는 증여재산의 가액은 비과세한다.

① 사회통념상 인정되는 이재구호금품, 치료비, 피부양자의 생활비, 교육비

② 학자금 또는 장학금 기타 이와 유사한 금품

③ 기념품·축하금·부의금·이와 유사한 금품으로서 통상 필요하다고 인정되는 금품

④ 혼수용품으로서 통상 필요하다고 인정되는 금품

⑤ 타인으로부터 기증을 받아 외국에서 국내에 반입된 물품으로서 당해 물품의 관세의 과세가격이 100만원 미만인 물품

⑥ 무주택근로자가 건물의 총연면적이 85제곱미터 이하인 주택(주택에 부수되는 토지로서 건물연면적의 5배 이내의 토지를 포함한다)을 취득 또는 임차하기 위하여 사내근로복지기금 및 2019.2.12. 이후 공동근로복지기금으로부터 증여받은 주택취득보조금중 그 주택취득가액의 100분의 5 이하의 것과 주택임차보조금 중 전세가액의 100분의 10 이하의 것

⑦ 불우한 자를 돕기 위하여 언론기관을 통하여 증여한 금품

▶▶ 상속증여세법 기본통칙 46-35…1 【비과세 증여재산의 범위】

① 증여세가 비과세되는 생활비 또는 교육비는 필요시마다 직접 이러한 비용에 충당하기 위하여 증여로 취득한 재산을 말하는 것이며, 생활비 또는 교육비의 명목으로 취득한 재산의 경우에도 그 재산을 정기예금·적금 등에 사용하거나 주식, 토지, 주택 등의 매입자금 등으로 사용하는 경우에는 증여세가 비과세되는 생활비 또는 교육비로 보지 아니한다.

② 영 제35조 제3항 제3호에서 규정하는 기념품, 축하금, 부의금은 그 물품 또는 금액을 지급한 자별로 사회통념상 인정되는 물품 또는 금액을 기준으로 한다.

③ 영 제35조 제4항 제4호에 규정하는 통상 필요하다고 인정하는 혼수용품은 일상생활에 필요한 가사용품에 한하며, 호화·사치용품이나 주택·차량 등은 포함하지 아니한다.

 관련 예규·심판결정례 및 판례 등

❑ 거주자가 미국 사립고등학교에 학교시설 건축비 명목으로 증여한 금원은 비과세 증여재산인 학자금 또는 장학금 기타 이와 유사한 금품에 해당하지 아니함(재재산-192, 2016.3.8.).

❑ 은행이 고객에게 지급하는 경조사비는 증여에 해당함(서면법규-691, 2013.6.17.).

내국법인이 고객의 경조사시 고객에게 축하금 등을 직접 지급하는 대신 기부금단체에 고객 명의로 기부하는 경우 해당 경조사비는 소득세법 제21조에 따른 기타소득에 해당하지 아니하나,

그 금액이 사회통념상 필요하다고 인정되는 금액을 초과하는 경우에는 해당 경조사비 총액에 대하여 증여세가 과세되는 것임.

☐ 부모가 부양능력이 있는 손자에게 조부가 유학자금 등을 지급하는 것은 비과세대상이 아님(재산세 과 - 292, 2011.6.17., 서일 46014 - 11554, 2002.11.20.).

☐ 직장이 있는 자녀의 학비 융자금을 변제할 경우(재산세과 - 119, 2011.3.7.)

증여세가 비과세되는 생활비 또는 교육비란 필요시마다 직접 이러한 비용에 충당하기 위하여 증여에 의하여 취득한 재산을 말함.

☐ 독립세대를 구성하고 부동산임대소득이 있는 자녀가 받은 유학비는 비과세 증여재산 아님(조심 2018서1528, 2018.6.29.).

☐ 생계를 같이 하지 않은 삼촌으로부터 받은 교육비는 비과세 증여재산 아님(조심 2018부938, 2018.4.30.).

☐ 소득이 있는 자녀가 교육비 등을 증여받은 경우 비과세 증여재산 아님(국심 1999전2750, 2000.6.16.).

☐ 외국에서 의약품을 기증받은 금액이 100만원 이상인 경우에도 사회통념상 치료비로 인정되는 경우에는 비과세 대상임(재삼 46014 - 2412, 1998.12.10.).

☐ 재산이 있는 국가 유학 자금으로 송금받은 금전은 비과세대상 아님(대법원 2021두57896, 2022.3.17.).

☐ 父가 재력이 있고, 청구인의 祖母로부터 증여받은 금전으로 교육비에 충당할 수 있어 祖父로부터 받은 유학자금은 비과세대상 아님(서울고법 2021누54523, 2022.2.11.).

6. 신용보증기금 등이 증여받은 재산

신용보증기금법에 따라 설립된 신용보증기금이나 다음의 단체가 증여받은 재산의 가액은 비과세한다.

① 기술신용보증기금법에 의한 기술신용보증기금

② 지역신용보증재단법에 따른 신용보증재단 및 동법 제35조에 따른 신용보증재단중앙회

③ 예금자보호법 제24조 제1항에 따른 예금보험기금 및 동법 제26조의3 제1항에 따른 예금보험기금채권상환기금

④ 한국주택금융공사법 제55조에 따른 주택금융신용보증기금(동법 제59조의2에 따라 설치된 주택담보노후연금보증계정을 포함한다)

⑤ 2021.2.17. 이후 증여세 결정분부터 「서민의 금융생활 지원에 관한 법률」에 따른 서민금융진흥원(같은 법 제46조에 따라 설치된 신용보증계정에 대하여 출연하는 경우로 한정한다)을 추가하였다.

7. 국가 등이 증여받은 재산

국가 · 지방자치단체 또는 공공단체가 증여받은 재산의 가액은 비과세한다. 이 때 공공단체란 지방자치단체조합, 공공도서관, 공공박물관을 말한다.

8. 장애인이 지급받는 보험금 중 연간 4천만원

장애인복지법에 의한 장애인 및 국가유공자 등 예우 및 지원에 관한 법률에 의한 상이자 및 이와 유사한 자로서 근로능력이 없는 자를 수익자로 한 보험의 보험금 중 연간 4천만원을 한도로 하여 비과세한다.

2016.2.5. 이후 증여분부터 항시 치료를 요하는 중증환자를 비과세되는 보험금의 수익자에 포함하였다.

9. 국가유공자 또는 의사자의 유족이 증여받은 재산

2016.1.1. 이후 증여분부터 「국가유공자 등 예우 및 지원에 관한 법률」에 따른 국가유공자의 유족이나 「의사상자 등 예우 및 지원에 관한 법률」에 따른 의사자(義死者)의 유족이 증여받은 성금 및 물품 등 재산의 가액을 비과세한다.

10. 법령에 따라 비영리법인 사이에 이전한 재산

2017.1.1.부터 비영리법인의 설립근거가 되는 법령의 변경으로 비영리법인이 해산되거나 업무가 변경됨에 따라 해당 비영리법인의 재산과 권리 · 의무를 다른 비영리법인이 승계받은 경우 승계받은 해당 재산의 가액은 비과세한다.

 관련 예규 · 심판결정례 및 판례 등

❏ 4천만원을 초과하여 장애인 보험금을 수령한 경우 4천만원을 차감한 보험금에 대해서는 증여세가 과세되는 것임(재산세과-21, 2011.1.11.).

❏ 장애인이 보험금을 연금으로 받는 경우 4천만원까지 비과세임(재산세과-357, 2010.6.3.).

❏ 2016.12.31. 이전 정부정책에 의해 비영리법인의 조직이 분리 · 통합되는 과정에서 발생한 자산의 무상이전에 대해서도 개정된 세법취지에 따라 비과세하는 것이 타당함(조심 2018서2102, 2019.1.17).

결혼축의금은 누구에게 귀속되는가?(혼주 또는 신랑·신부)

❑ 사실관계 및 처분내용(증여세액 : 115백만원)

  – 1993.5. 청구인 父로부터 부동산 5건 증여받음(증여가액 : 725백만원).

  – 1993.8. 증여세 254백만원 자진 신고 및 납부

  – 증여세 254백만원에 대한 자금출처소명 요구 및 소명 내용

    • 부동산 임대보증금 135백만원

    • 결혼축하금 132백만원(청구인 분 102백만원, 청구인 남편 분 30백만원)

  – 1997.12. 결혼축하금 132백만원 父로부터 증여받은 것으로 보아 과세함.

❑ 불복청구에 대한 진행

  – 결혼축하객을 구분하여 실질에 따라 혼주 또는 결혼당사자에게 귀속되는 것으로 보아야 하므로, 사회저명인사인 父(현역 국회의원)에게 귀속된 축의금을 딸에게 증여한 것으로 봄은 타당함(심사청구 1998.4.10. 결정).

  – 1999.9. 서울행정법원 과세정당 판결

❑ 관련 예규 및 판례내용

  ○ 통상 필요하다고 인정하는 혼수용품은 일상생활에 필요한 가사용품에 한하며, 호화·사치용품이나 주택·차량 등을 포함하지 아니함. 결혼축의금이 누구에게 귀속되는지는 사회통념 등을 고려하여 구체적인 사실에 따라 판단하는 것임(서면4팀–1642, 2005.9.12.).

  ○ 일반적으로 결혼축하금이란 우리 사회의 전통적인 미풍양속으로 확립되어 온 사회적 관행에 따라 지급되는 것으로서, 상속증여세법에서도 사회통념상 인정되는 축하금 등은 비과세하므로 청구인에게 귀속되는 결혼축하금은 증여재산가액에서 제외하고 청구인의 父에게 귀속되는 것에 대해서만 과세함이 타당함(조심 2016서1353, 2017.2.8.).

  ○ 축의금의 귀속은 교부의 주체, 취지 및 금액 등을 감안하여 판단(서울고법 2008누22831, 2010.2.10.)

  – 결혼축의금이란 우리 사회의 전통적인 미풍양속으로 확립되어 온 사회적 관행으로서, 혼사가 있을 때 일시에 많은 비용이 소요되는 혼주인 부모의 경제적 부담을 밀어주려는 목적에서, 대부분 그들과 친분 관계에 있는 하객들이 혼주인 경제적 부담을 밀어주려는 목적에서, 대부분 그들과 친분 관계에 있는 하객들이 혼주인 부모에게 성의의 표시로 조건 없이 무상으로 건네는 금품을 가리킨다고 할 것이어서, 그 중 신랑, 신부인 결혼 당사자와의 친분 관계에 기초하여 결혼 당사자에게 직접 건네진 것이라고 볼 부분을 제외한 나머지는 전액 혼주인 부모에게 귀속된다고 봄이 상당하고, 별지 결혼축의금 내역의 기재에 나타난 그 교부의 주체, 취지 및 금액 등을 종합하여 보면, 위 결혼축의금은 하객들이 원고의 아버지인 전KK을 보고 교부한 금원으로서, 혼주 중 아버지인 전KK에게 전액 귀속되었다고 봄이 상당함.

제2절 : 공익목적 출연재산 등의 과세가액 불산입

I 과세가액 불산입 및 사후관리

1. 개 요

비영리법인 또는 비영리단체에 해당하는 공익법인 등이 재산을 출연(무상으로 취득하는 유증, 증여 등을 포함함)받는 경우 해당 공익법인 등은 상속세 또는 증여세 납세의무가 있다. 하지만 국가나 지방자치단체가 수행하여야 할 교육, 의료, 사회복지, 문화, 환경 등의 공익사업을 민간단체가 수행하는 것에 대하여 지원을 하고 공익사업을 유도할 필요가 있으므로 세제 측면에서 여러 가지 혜택을 부여하고 있다.

공익법인에 대한 조세지원은 공익사업을 원활하게 할 수 있도록 하기 위한 것이나 공익사업을 명목으로 조세지원제도를 조세회피 수단으로 이용하거나 공익사업을 성실하게 수행하지 않는 것을 방지하기 위하여 상속증여세법에서는 출연재산의 사용의무 등을 규정하고 공익사업에 제대로 사용하는지 여부 등을 관리(이하 이 절에서 "사후관리"라 함)하고 있으며, 출연재산의 공익목적사업 사용의무 등을 지키지 않은 경우에는 위반한 날을 증여일로 하여 공익법인에게 증여세 등을 과세하고 있다. 출연재산에 대한 사후관리는 당해 공익법인 등이 청산할 때까지 계속하며 세금추징사유가 발생한 시점을 증여시기로 하여 그 시점의 재산평가액에 세율을 적용하여 증여세를 과세하며 부과제척기간의 기산일도 세금추징사유가 발생한 날로 한다.

또한 공익사업의 투명성을 높이기 위하여 외부회계감사제도, 공익목적사업비 수입과 지출에 대한 전용계좌사용, 결산서류 공시 등 의무를 부여하고 있다.

일반 재산 출연의 경우 재산종류에 따른 세제지원에 차등이 없지만 주식의 경우에는 일정 제한을 두고 있다. 이는 공익법인이 주식을 출연받거나 취득하여 출연자의 의사에 따라 의결권을 행사하는 등으로 지주회사화하는 것을 방지하기 위한 것이다.

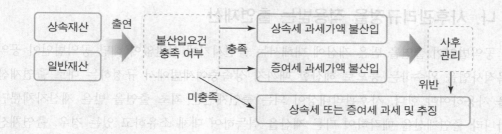

2. 증여세 과세가액 불산입 요건

가. 과세가액 불산입 요건

공익법인 등이 출연(증여)받은 재산에 대한 증여세 과세가액 불산입 요건은 상속세 과세가액 불산입 요건 중 공익법인 등의 범위 및 내국법인의 주식 출연에 대한 내용은 동일하지만 출연시한 및 이사의 선임요건 등에는 차이가 있다.

상속재산을 출연하는 경우 상속세 신고기한까지 출연이 이행되어야 하지만 일반재산을 출연하는 경우에는 그 시한은 없다. 또한 상속인들이 합의하여 상속재산을 출연하는 경우 공익법인 등의 이사 현원의 1/5을 초과해서는 안되지만 일반재산을 출연하는 경우 이사 선임 등 제한을 받지 아니하되 일정비율 이상 이사 등으로 취임하는 경우 그 이사 등에게 지급하는 경비에 대하여 증여세를 부과한다.

 관련 예규 · 심판결정례 및 판례 등

❑ 회원의 정기적인 회비는 출연재산 아니나 비정기회비는 출연재산임(서면4팀-1274, 2008.5.26.).

❑ 공익법인이 유상증자시 얻은 이익도 출연재산에 해당함(서면4팀-1185, 2005.7.12.).

❑ 비영리법인이 출연일부터 2월 후에 지정기부금단체로 지정을 받은 경우 증여세 과세가액에 산입하지 아니함(법령해석재산-543, 2016.12.30., 재재산-615, 2009.2.23.).

❑ 법령에 따라 해산하는 공익법인의 잔여재산이 다른 공익법인에 승계된 경우 새로운 출연에 해당함(법령해석재산-50, 2016.2.25.).

❑ 공익법인이 아닌 비영리법인이 증여받은 경우 증여세 과세됨(서면4팀-1189, 2005.7.12.).

❑ 2000.1.1. 이전 근로자직업훈련기관이 출연받은 경우 과세대상임(국심 2005구311, 2005.4.22.).

❑ 부동산등기용 등록번호를 부여받을 수 있는 사찰이 개인명의로 소유권이전한 부동산은 종교단체 출연재산 아님(조심 2012중655, 2012.8.31.).

나. 사후관리규정을 적용받는 출연재산

공익법인이 출연을 받은 재산에 대해서는 출연시기에 상관없이 해당 공익법인이 공익목적사업을 완수하는 등으로 해산할 때까지 상속증여세법에서 규정하는 대로 출연재산을 사용하여야 한다. 사후관리대상이 되는 출연재산은 최초 출연을 받은 재산자체뿐만 아니라 출연재산을 매각하여 다른 재산을 취득하여 대체 소유하고 있는 경우, 출연재산을 수익용 등으로 운용하여 발생한 운용소득으로 취득한 재산 및 출연재산에서 증식된 재산 등을 모두 포함한다.

공익법인이 출연받은 재산이 출연자에 대한 사해행위취소 소송결과에 따라 출연자 명의로 원상회복되어 출연자의 채무에 충당된 경우에도 당초 출연재산에 대한 공익법인의 증여세 납세의무가 소멸되지 아니한다 할 것이다(참고 예규 재재산-991, 2010.10.18.). 따라서 출연자로부터 당초 출연받은 재산에 상당하는 재산을 대체취득하여 공익목적사업에 사용하지 아니할 경우 증여세가 과세될 수 있다.

다만, 공익법인이 출연받은 재산에 대하여 사후관리하다가 위반시 상속세 또는 증여세를 과세하는 것은 출연시점에서 면제해 주었던 세금을 추징하기 위한 것이므로 한번 세금이 부과된 출연재산이라면 공익목적사업 외에 사용하더라도 다시 추징할 세금이 없으므로 사후관리대상에서 제외한다.

공익법인이 사후관리의무를 위반하여 증여세를 부과하는 경우에는 공익법인에게 신고납부의무를 부여하지 아니하고 세무서장이 관련 세금을 부과하도록 하고 있으므로 신고·납부불성실가산세가 부과되지 않는다[37].

다. 사후관리규정을 적용받지 않는 출연재산

불특정 다수인으로부터 출연받은 재산 중 출연자별로 출연받은 재산가액을 산정하기 어려운 재산으로서 종교단체에 출연하는 헌금은 사후관리대상에서 제외하고 있다. 다만, 종교단체가 부동산, 주식 또는 출자지분을 출연받은 경우에는 직접 공익목적사업에 사용하여야 하는 등 사후관리대상에 해당된다.

또한 국가 등으로 증여받은 재산과 같이 증여세 비과세되는 재산의 경우에도 사후관리대상에 해당하지 않는다.

---

37) 서울고등법원은 사후관리규정 위반으로 증여세를 부과하는 경우 신고의무가 없다고 판결(서울고법 2018누58198, 2019.1.31.)한데 반해, 대구지방법원에서는 신고납부불성실가산세를 부과하여야 한다고 판결(대구지법 2018구합25204, 2019.8.28.)하였다.

관련 예규 · 심판결정례 및 판례 등

☐ 종교사업에 출연하는 기부금영수증이 발행된 헌금의 경우 사후관리대상 출연재산에 해당하지 아니함(공익법인지원팀-742, 2022.7.16.).

☐ 종교사업에 출연하는 헌금(부동산 및 주식 또는 출자지분으로 출연하는 경우 제외)은 출연자별로 출연금액이 확인되더라도 사후관리대상에 해당하는 출연재산에서 제외함(재재산-368, 2016.5.26.).

☐ 공익법인 등이 출연받은 재산에 대해 증여세가 과세된 경우 사후관리규정을 적용하지 아니함(재산세과-540, 2010.7.26., 재재산 46014-321, 1995.8.17.).

3. 내국법인 발행주식총수의 5%를 초과하여 출연받는 경우

공익법인이 내국법인의 의결권 있는 주식(출자지분 포함)을 출연받는 경우로서 출연받는 주식과 보유하고 있는 주식 등의 합계가 해당 내국법인의 의결권 있는 발행주식 총수(2017.1.1. 이후 출연받거나 취득하는 분부터 자기주식과 자기출자지분은 제외)의 일정 주식수를 초과하는 경우에는 그 초과분에 대하여 출연시점에서 상속세 또는 증여세를 과세한다. 주식을 출연하여 상속세 또는 증여세를 면제받은 후에도 해당 공익법인을 통하여 의결권을 행사함으로써 계열회사를 지배하는 등 공익법인을 지주회사화하는 것을 방지하기 위한 조치로 볼 수 있다.

상속개시 당시 의결권 있는 보통주를 신고기한 내에 의결권 없는 우선주로 전환한 후에 공익법인에 출연하는 경우 주식등이 의결권이 있는지 여부는 상속개시일이 아닌 주식을 출연하는 시점을 기준으로 판단한다(사전-법규과-3153, 2023.12.21.).

2021.1.1. 이후부터 성실공익법인 등과 일반 공익법인 등의 구분을 없애고 원칙적으로 내국법인 주식에 대한 보유비율을 100분의 10으로 하되, 상호출자제한기업집단과 특수관계에 있거나 상속증여세법 제48조 제11항의 요건을 갖추지 못한 공익법인 등은 100분의 5까지, 사회복지법인 등의 경우에는 100분의 20까지, 국가가 출연하여 설립한 공익법인 등은 종전과 같이 보유비율에 제한이 없는 등 주식 보유허용비율은 다음과 같다(「제2편 상속세 제4장 제3절 5.」 내용과 동일).

① (원칙) 100분의 10

② 다음의 요건을 모두 갖춘 공익법인등(나목 또는 다목에 해당하는 공익법인 등은 제외한다)에 출연하는 경우 : 100분의 20

㉮ 출연받은 주식등의 의결권을 행사하지 아니할 것

　　㉯ 자선·장학 또는 사회복지를 목적으로 할 것

③ 공정거래법 제14조에 따른 상호출자제한기업집단과 특수관계에 있는 공익법인 등
　: 100분의 5

④ 상속증여세법 제48조 제11항 각 호 다음의 요건을 충족하지 못하는 공익법인 등
　: 100분의 5

　　㉮ 운용소득을 1년내 80% 이상 사용할 것

　　㉯ 출연자 등이 출연재산을 사용·수익하지 아니할 것(자기내부거래 금지)

　　㉰ 출연자·특수관계인 5분의 1 초과하여 이사로 취임하지 아니할 것

　　㉱ 정당한 대가없이 특수관계법인 광고·홍보하지 아니할 것

　　㉲ 출연재산가액의 1% 상당액 이상 사용의무(2022.1.1. 이후 시행)

　　다만, 주식보유비율이 10% 초과하는 공익법인은 30%임

　㉮ 내지 ㉱의 요건은 2020.12.31. 이전 성실공익법인의 요건 중 네 가지이며, ㉲의 요건은 2022.1.1. 이후 적용하는 요건이다.

⑤ 국가가 출연하여 설립한 공익법인 등 일정요건을 갖춘 공익법인 등 : 100분의 100

2020.12.31. 이전까지 다음의 구분에 따른 비율을 초과하는 경우 그 초과하는 주식가액은 상속세 과세가액에 산입한다.

① 일반 공익법인 등이 출연받은 경우 : 100분의 5

② 2018.1.1. 이후 상속개시분부터 성실공익법인 등으로서 상호출자제한기업집단과 특수관계에 있지 아니한 자선·장학 또는 사회복지를 목적으로 하는 등 일정 요건을 모두 갖춘 성실공익법인 등에 출연하는 경우 : 100분의 20

③ ②에 해당하지 아니한 성실공익법인 등에 출연하는 경우 : 100분의 10

④ 국가가 출연하여 설립한 공익법인 또는 성실공익법인 등이 일정요건을 갖춘 경우
　: 100분의 100

┃ 주식출연 제한비율 연혁 ┃

'90년 이전	'91~'93년	'94~'07년	'08~'17년	'18년~
제한없음	20%	5%	①5%, ③10%, ④100%	①5%, ②20%, ③10%, ④100%

내국법인의 주식을 출연하는 경우 과세가액 불산입하는 내용은 상속재산을 출연한 경우와 동일하므로 "제2편 상속세, 제4장 상속세 과세가액, 제3절 공익목적 출연재산의 과세가액 불산입"에서 설명한 내용을 참고하기 바란다.

관련 예규·심판결정례 및 판례 등

❏ 주식지분율 계산시 발행주식총수에서 자기주식 제외 여부(법령해석과 – 2147, 2018.7.27.)

상속증여세법(2016.12.20. 법률 제14388호로 개정된 것) 제48조 제1항 단서 및 같은 조 제2항 제2호에서 내국법인의 의결권 있는 발행주식총수에서 자기주식을 제외하도록 한 개정 규정은 부칙 제14388호 제9조 제1항에 따라 2017.1.1. 이후 공익법인이 출연 받거나 취득하는 분부터 적용하는 것이며, 2017.1.1. 이후 공익법인이 주식을 출연받거나 취득하지 않은 경우에는 주식 보유비율 계산 시 주식발행법인이 보유한 자기주식을 포함하는 것임.

❏ 의결권 있는 주식 5%초과하여 출연받은 경우 증여세 과세 여부(대법원 2011두 – 21447, 2017.4.20.)

구 상증령 제13조 제4항 제1호 판단 기준시점은 주식이 출연된 후의 시점이고, 동 시행령 제19 조 제2항 제4호는 비영리법인의 설립을 위하여 재산을 출연하고 정관 작성 등 실질적으로 지배 적인 영향력을 행사한 자를 의미하므로 출연자가 출연 전에는 출연한 주식을 발행한 법인의 최대주주였으나, 출연 후에는 그러하지 아니한 경우 증여세 과세할 수 없음.

▎공익법인이 출연받은 재산에 대하여 지켜야 할 의무 요약 ▎

제 목	가산세 등 부과내용	관련 법령
1. 출연재산의 직접 공익목적사업 등에 사용 －출연일부터 3년 이내에 직접 공익목적사업에 전부 사용	공익목적사업 외에 사용 및 미사용금액에 증여세 부과	상증법 §48 ② 1호, 상증령 §38 ②
2. 출연재산 매각대금의 공익목적사업 사용 －매각대금을 매각일이 속하는 사업연도 종료일부터 3년 내에 90% 이상 공익목적사업에 사용 －수익사업용 재산의 취득을 포함	－1·2년 이내에 30%·60%에 미달 사용금액의 10% 가산세 부과 －공익목적 외 사용 및 3년 이내 90% 미달사용액에 증여세 부과	상증법 §48 ② 4호, 상증령 §38 ④, ⑦
3. 출연재산 운용소득의 공익목적사업 사용 －운용소득으로 수익사업용 재산을 취득하는 것은 공익목적사업에 사용한 것으로 보지 아니함	1년 이내 80% 미달사용액의 10% 가산세 부과 (출연재산 평가액×공익목적 외 사용액/운용소득금액)에 증여세 부과	상증법 §48 ② 3호, 5호, 상증령 §38 ⑤, ⑥
4. 주식 취득 및 보유 제한 －내국법인의 주식 5%(성실공익법인 10·20%) 초과하여 출연·취득시 증여세 과세 －계열기업의 주식보유액이 총재산가액의 30%(외부감사 등 이행 공익법인 50%) 초과시 가산세 부과	－5%(10·20%) 초과 출연 또는 주식가액에 증여세 부과 －30%(50%) 초과하는 매 사업연도 말 주식가액에 5% 가산세 부과	상증법 §48 ①, 상증령 §38 19항 상증법 §48 ⑨

제 목	가산세 등 부과내용	관련 법령
5. 기준금액 이상 공익목적사업비 지출 – 성실공익법인 지분율에 따른 기준 　• 5~10% : 자산가액의 1% 이상 　• 10% 초과 : 자산가액의 3% 이상 – 기타 공익법인 : 자산가액의 1% 이상 　(제외) 자산이 5억원 미만이면서 수 　입금액이 3억원 미만, 공공기관 및 　특정 사업목적 설립 법인, 종교법인	[수익용·수익사업용 총자산가액 – (부채가액 + 당기 순이익)]×10%	상증법 §48 ②7호 상증령 §37, 상증법 §48 ⑨
6. 출연자 등의 일정수 이상 이사 취임제한 –이사 1/5 초과 취임 및 임직원이 되는 경우 가산세 부과	기준 초과 이사와 임직원에게 지출된 직·간접경비를 가산세로 부과	상증법 §48 ⑧
7. 특정기업의 광고·홍보행위 제한 –특수관계 있는 내국법인의 이익을 증 가시키기 위하여 정당한 대가를 받지 않은 광고 등 제한	다음의 금액을 가산세로 부과 –광고·홍보매체의 이용비용 –팸플릿 등 행사비용	상증법 §48 ⑩
8. 자기내부거래 제한 –출연자 등에게 정당한 대가를 받지 않 고 출연재산을 사용·수익케 하는 경 우 증여세 부과	–다음 금액에 증여세 부과 　• 무상사용 : 출연재산가액 　• 저가사용 : 정상가액과의 차액	상증법 §48 ③, 상증령 §39
9. 수혜자의 범위 한정 금지 –출생지 등 특정계층에만 혜택을 제공 하는 경우 증여세 부과	특정계층에 제공된 재산가액 또는 이 익에 대하여 증여세 부과	상증법 §48 ②6호, 상증령 §38 ⑧2호
10. 공익법인 해산시 잔여재산 귀속 의무 –잔여재산은 국가·지방자치단체 또 는 유사 공익법인에 귀속시키지 않은 경우 증여세 부과	–귀속되지 아니한 재산가액에 증여 세 부과 –재산귀속자에게 증여세 부과	상증법 §48 ②6호, 상증령 §38 ⑧1호

4. 출연재산의 직접 공익목적사업 등에 사용의무

가. 개 요

출연받은 재산을 출연일로부터 3년 내에 직접 공익목적사업 등에 전부 사용하여야 하며 직접 공익목적사업 외에 사용하지 아니하여야 한다. 다만, 부득이한 사유를 주무부장관이 인정한 경우에는 사용기한을 연장할 수 있다.

출연일로부터 3년 내에 사용하지 아니하는 출연재산은 3년이 지난날을 증여시기로 하고 직접 공익목적사업 등 외에 사용하는 경우에는 그 사용일을 증여시기로 하여 상속증여세법상 평가액과 증여세율을 적용하여 증여세를 과세한다.

이 경우 직접 공익목적사업 등에 사용하는 것에는 해당 공익법인이 직접 사용하는 것과 다른 공익법인에 출연하는 것으로 구분할 수 있다. 즉

① 출연받은 재산을 당해 공익법인 등의 정관상 고유목적사업에 사용하거나 직접 공익목적사업에 충당하기 위하여 해당 재산을 수익사업용 또는 수익용으로 운용하는 것과

② 출연받은 재산을 당해 공익사업의 효율적인 수행을 위하여 주무관청의 허가를 받아 다른 공익법인에 출연하는 경우를 포함한다.

☞ 2000.12.29. 법개정(2001.1.1. 이후 최초로 증여세를 결정하는 분부터 적용)으로 당해 공익사업의 효율적 수행을 위하여 주무관청의 허가를 받은 경우에는 고유사업목적이 다른 공익법인에 재출연할 수 있으며 수익용 재산도 재출연이 가능하다.

따라서 주무관청의 허가를 받지 아니하고 다른 공익법인 등에게 재산을 출연하는 경우에는 증여세가 과세된다(재산세과 - 199, 2012.5.21.). 공익법인 등 중 법인이 아닌 단체의 경우 주무관청 또는 주무부장관의 허가를 받을 수 없는 문제가 있어 이 경우에는 관할세무서장으로 허가를 받을 수 있도록 개정하였고, 개정내용은 2013.2.15. 이후 주무관청에 재출연 허가를 신청하는 것부터 적용하도록 하였다.

공익법인이 사후관리규정을 위반하여 상속증여세법 제16조 제2항에 따라 상속세 과세가액에 산입된 출연재산을 보유하고 있는 경우 해당 출연재산은 같은법 제48조 제2항 제7호의 출연재산가액에 포함되지 아니하므로 추가적인 사후관리대상은 아니라 할 것이다(사전 - 법규재산 - 392, 2022.5.26.).

공익법인 등이 그 공익법인 등의 정관상의 고유목적사업의 수행에 직접 사용되는 자산을 취득하는데 소요된 금액은 이를 직접공익목적사업 사용금액에 포함한다(상속증여세법 기본통칙 48 - 38…3).

다만, 다음에 해당하는 과다 인건비 및 일반관리비는 직접공익목적사업 등에 사용한 것에 해당하지 아니한다.

㉠ 장학재단, 사회복지법인이 지급한 연간 1인당 인건비가 8천만원을 초과하는 경우 그 초과하는 금액. 다만, 주무관청의 승인을 얻은 경우에는 인정한다. 이는 2012.2.2. 이후 개시하는 과세기간 또는 사업연도 분부터 적용한다.

㉡ 해당 공익법인 등의 정관상 고유목적사업에 직접 사용하는 시설에 소요되는 수선

비, 전기료 및 전화사용료 등의 관리비를 제외한 관리비

▶▶ 법인세법 시행령 제56조 【고유목적사업준비금의 손금산입】

⑪ 해당 사업연도에 다음 각 호의 어느 하나에 해당하는 법인의 임원 및 종업원이 지급받는 「소득세법」 제20조 제1항 각 호의 소득의 금액의 합계액(이하 "총급여액"이라 하며, 해당 사업연도의 근로기간이 1년 미만인 경우에는 총급여액을 근로기간의 월수로 나눈 금액에 12를 곱하여 계산한 금액으로 한다. 이 경우 월수의 계산은 제39조 제2항을 준용한다)이 8천만원을 초과하는 경우 그 초과하는 금액은 제6항 제1호에 따른 인건비로 보지 아니한다. 다만, 해당 법인이 해당 사업연도의 법 제60조에 따른 과세표준을 신고하기 전에 해당 임원 및 종업원의 인건비 지급규정에 대하여 주무관청으로부터 승인받은 경우에는 그러하지 아니하다.

1. 법 제29조 제1항 제4호에 따라 수익사업에서 발생한 소득에 대하여 100분의 50을 곱한 금액을 초과하여 고유목적사업준비금으로 손금산입하는 비영리내국법인

2. 「조세특례제한법」 제74조 제1항 제2호 및 제8호에 해당하여 수익사업에서 발생한 소득에 대하여 100분의 50을 곱한 금액을 초과하여 고유목적사업준비금으로 손금산입하는 비영리내국법인

▶▶ 상속증여세법 기본통칙 48 - 38···2 【직접공익목적사업 등에 사용한 금액의 범위】

○ 직접 공익목적사업 등에 사용한 금액은 다음 각호의 구분에 의한다.

1. 출연재산이 현금인 경우
  - 직접공익목적사업용 재산을 취득하기 위하여 지출한 금액
  - 직접공익목적사업비로 지출한 금액
  - 수익사업용 또는 수익용재산을 취득하기 위하여 지출한 금액

2. 출연재산이 제1호 외의 재산인 경우
  - 직접공익목적사업에 사용하는 재산의 금액
  - 수익사업용 또는 수익용재산으로 사용되는 재산의 금액
  - 당해 출연재산 매각한 대금으로 제1호 각목의 용도에 지출한 금액

나. 출연받은 날로부터 3년 이내 사용의무

출연받은 재산은 공익사업을 수행하는 재원으로서 이를 임의로 장기간 방치하는 것은 조세지원취지에 맞지 않으므로 출연일부터 3년 이내에 출연재산 전부를 사용하도록 하고 있다.

출연일부터 3년 이내에 직접 공익목적사업 등에 사용하다가 3년이 지난 이후 직접 공익목적사업 등에 계속하여 사용하지 아니하는 경우 증여세가 과세됨을 유권해석(재재산

-1074, 2020.12.11.)하였고, **2021.1.1.** 상속증여세법 제48조 제2항 제1호에 명확히 규정하였다.

다만, 직접 공익목적사업 등에 사용하는 데에 장기간이 걸리는 등 다음 어느 하나의 부득이한 사유 출연 받은 재산을 3년 이내에 직접 공익목적사업 등에 전부 사용하거나 3년 이후 직접 공익목적사업 등에 계속하여 사용하는 것이 곤란한 경우로서 주무부장관(권한을 위임받은 자를 포함함)이 사용기간을 연장해 준 경우에는 그 날까지 사용하여야 한다.

① 법령상 또는 행정상의 부득이한 사유 등으로 사용이 곤란한 경우로서 주무부장관 (권한을 위임받은 자를 포함한다)이 인정한 경우

② 해당 공익목적사업 등의 인가·허가 등과 관련한 소송 등으로 사용이 곤란한 경우

이 경우 주무부장관이 인정한 사실을 출연재산의 사용계획 및 진도 보고서 등과 함께 납세지 관할세무서장에게 보고하여야 하고 만약에 주무부장관이 인정한 서류를 제출하지 아니하면 가산세를 부과한다.

다. 공익목적사업 외에 사용하거나 3년 내 사용하지 않는 경우

출연받은 재산을 직접 공익목적사업 등(직접 공익목적사업에 충당하기 위하여 수익용 또는 수익사업용으로 운용하는 경우 포함)외에 사용하거나 출연 받은 날로부터 3년 이내에 직접 공익목적사업 등에 사용하지 아니하는 경우에는 공익목적사업 등 외에 사용하였거나 미사용된 재산가액을 증여가액으로 하여 공익법인에게 증여세를 부과한다.

출연받은 날로부터 3년 이내에 직접 공익목적사업 등에 사용하지 아니한 경우 증여재산가액은 당초 출연일이 아닌 증여세 부과사유가 발생한 시점인 출연받은 날로부터 3년이 지난 날을 기준으로 상속증여세법에 따라 평가한 가액이다(대법원 2015두50696, 2017.8.18.).

다만, 출연을 받은 재산 중 일부를 다음 사유로 직접 공익목적에 사용할 수 없는 때에는 해당 금액을 출연받은 재산가액에서 빼고 계산한다.

㉠ 공익법인 등의 이사 및 사용인의 불법행위로 인하여 출연받은 재산 등이 감소된 경우(다만, 출연자 및 그 친족의 불법행위로 인한 경우 제외)

㉡ 출연받은 재산 등을 분실하거나 도난당한 경우

➡ 2004.1.1. 이후 상속세 또는 증여세를 결정하거나 경정하는 분부터 적용

> 증여재산가액 = 직접 공익목적사업 등 외에 사용한 재산의 가액 + 3년 이내에 직접 공익목적 사업 등에 사용하지 아니하거나 미달하게 사용한 재산의 가액

라. 증여세 연대납세의무

공익법인이 사후관리 요건을 위배하여 증여세가 추징되는 경우에는 출연자에게도 연대납세의무를 부여한다.

다만, 2003.1.1. 이후 출연분부터 재산을 출연한 날이 10년을 경과하였고 출연자 및 그 특수관계인이 공익법인의 이사·임직원이 아니면서 공익법인의 사업운영에 관한 중요사항을 결정할 권한이 없는 상태에서 공익법인에게 증여세를 부과하는 경우에는 출연자에게 연대납세의무를 지우지 않도록 하고 있다.

사례 **출연자 등의 사망시까지 무료의료용역 등을 제공하는 경우 과세 여부**

❑ 사실관계
- 공익법인에게 재산을 출연한 후 출연자 및 그 배우자 사망시까지 정기적인 금액 지급 및 무료의료용역을 제공하는 조건에 따라 일정금액을 지급하는 경우 증여세 과세 여부?

❑ 유권해석 요지
○ 거주자가 일정한 조건을 붙여 공익법인에 부동산을 출연하고 출연재산가액에서 일정한 금전을 지급받은 경우 양도에 해당하며, 이 경우 증여세를 과세하지 아니함(재재산 -364, 2011.5.18.).
- 거주자가 일정한 조건을 붙여 공익법인에 부동산을 출연하는 경우 그 출연부동산에 대한 상속증여세법 제48조에 따른 증여세 과세가액 산입 여부는 그 조건의 내용, 출연부동산과 부담 조건의 관련성 등을 감안하여 사실판단할 사항인 바,
- 공익법인에 부동산을 출연하면서 해당 공익법인이 출연자인 거주자와 그 배우자의 사망시까지 출연자와 그 배우자에게 정기적으로 일정금액을 지급하고 무료의료용역 등을 제공하는 조건을 붙인 경우에는 그 출연부동산의 가액 중 사망시까지 지급하는 금액 및 무료의료용역 등에 상당하는 부분은 출연자인 거주자가 공익법인에 그 부동산을 유상으로 사실상 이전하는 것(양도)에 해당하는 것이며,
- 이 경우 양도에 해당하는 부분을 계산함에 있어서 그 양도차익은 소득세법 시행령 제159조에 따르는 것이며, 사망시까지 정기적으로 지급하는 금액 및 무료의료용역 상당액 등의 계산은 출연부동산과 관련하여 공익법인이 부담하는 금액, 출연당시 출연자와 그 배우자의 상황 등을 감안하여 상속증여세법 제60조에 따라 평가하는 것임.

관련 예규·심판결정례 및 판례 등

❑ 출연재산을 손해배상금으로 지출한 것은 공익목적사업에 사용한 것이 아님(법규과-1627, 2023.6.21.).
산업재해예방기술의 연구·개발과 보급 등의 사업을 영위하는 법인이 청사용 건물의 매입협상이 결렬됨에 따라 매도인측이 소를 제기하여 관련비용(변호사비용 및 손해배상금을 말함)이 발생한 경우로서 출연받은 재산을 해당 관련비용에 지출한 경우 상증법 제48조 제2항 제1호에 따른 직접 공익목적사업 등의 용도에 사용한 것으로 보지 않는 것임.

❑ 학교법인이 수령한 기부금을 학교에 전출한 경우 증여세 과세 여부(공익지원팀-212, 2023.2.7.)
「사립학교법」에 따른 사립학교를 운영하는 학교법인이 기부금을 수령하고 사립학교에 전출처리하여 해당 학교법인의 정관상 고유목적사업에 사용하는 경우에도 상증령 제38조 제2항에 따라 직접 공익목적사업에 사용하는 것에 해당함.

❑ 공익법인이 법령 개정에 따라 공익법인에서 제외된 경우 과세 여부(재재산-859, 2021.9.29.)
법령개정으로 공익법인에 해당하지 아니하게 되는 경우 증여세가 부과되지 않으나, 2020.12.31. 이전에 상속증여세법 제16조 및 제48조에 따라 출연받은 재산의 가액을 증여세 과세가액에 산입하지 아니한 공익법인등은 같은 법 시행령 부칙(대통령령 제28638호 2018.2.13.)에 따라 2021.1.1.부터 공익법인등에 해당하지 않게 된 이후에도 모든 의무를 준수하여야 함.

❑ 출연받은 재산을 3년 이내에 공익목적사업에 사용하지 아니한 경우 3년이 경과하는 날의 평가액으로 과세하며, 출연받은 이후 공익법인이 대출받은 채무액은 증여재산가액에서 차감하지 아니함(사전 법령해석재산-1299, 2021.9.28.).

❑ 출연받은 주식을 배당소득의 원천에 사용하기 위해 공익목적사업등의 용도로 사용하는 경우 증여세가 과세되지 아니하며, 운용소득에 대한 사후관리규정을 적용함(사전 법령해석법인-1231, 2021.3.31.).

❑ 공익법인이 출연받은 재산을 주무관청의 허가를 받아 국가등에 기부하는 것은 사후관리 위반에 해당하지 않음(공익지원팀-1312, 2022.10.19., 상속증여세과-1612, 2019.7.15.).

❑ 학교법인을 분리하여 신설학교법인에 출연재산 이전시 과세안됨(상속증여세과-891, 2018.9.18.).

   질의 A학교법인이 주무관청으로부터 승인을 받아 학교법인을 분리하고 B신설 학교법인에 재산을 귀속시키는 경우 증여세 과세 여부

❑ 출연재산의 매각이 유찰된 경우 부득이한 사유 해당 여부(법령해석재산-308, 2016.3.11.)
출연받은 부동산을 매각하고자 하였으나 계속 유찰되어 주무관청으로부터 공익목적 사용기간의 연장을 승인받은 것은 직접 공익목적사업 등에 사용하는 데에 있어 법령상 또는 행정상의 부득이한 사유 등으로 인하여 3년 이내에 전부 사용한 것이 곤란한 경우에 해당하지 아니함.

❑ 이사회 회의경비는 직접고유목적사업에 사용한 것에 해당함(상속증여과-463, 2015.5.6.).

❑ 의료법인이 출연재산을 간호사 등 직원용 기숙사로 사용하는 경우 직접공익목적사업(수익사업용)에 사용한 것에 해당함(상속증여세과 - 166, 2014.5.29., 재재산 - 735, 2012.9.6.).

❑ 실비변상적인 해외출장경비는 공익목적사업에 사용한 것임(상속증여세과 - 543, 2013.9.3.).

❑ 의료업에서 발생한 소득을 교회에 기부하는 것은 공익목적사업에 사용이 아님(상속증여세과 - 7, 2013.3.27.).

❑ 부채를 운용소득으로 상환한 경우 공익목적사업 사용 여부(상속증여세과 - 7, 2013.3.27.)

  의료법에 따른 의료법인이 운용소득으로 정관상 고유목적사업에 직접 사용하는 의료시설 취득 및 병원확장에 사용된 차입금을 상환한 경우에는 동 운용소득을 직접 공익목적사업에 사용한 것임.

❑ 출연재산을 횡령 · 도난을 당한 경우(재산상속 46014 - 355, 2003.10.22.)

  공익법인이 출연받은 재산을 이사장 또는 출연자 및 그와 특수관계에 있는 자 등이 유용하는 경우에는 상속증여세법 제48조 제2항 제1호에 따라 직접 공익목적사업 외에 사용한 것으로 보아 증여세를 부과하는 것임. 다만, 출연자 등과의 친족관계가 없는 사용인이 공익법인의 출연재산을 횡령하거나 출연재산을 도난당한 경우로서 그 횡령금 및 도난물의 회수를 위하여 그 사용인과 입사시 보증인등에 대해서 민 · 형사상 모든 법적조치를 한 후에도 회수할 수 없다고 인정되는 경우에는 부과하지 아니함.

❑ 주무관청의 허가를 받지 않고 재출연한 경우 증여세 과세됨(재산세과 - 161, 2011.3.30.).

❑ 3년 경과 후 주무관청에서 부득이한 사유 인정받은 경우 사용기간을 연장한 기간까지는 과세하지 아니함(재산세과 - 150, 2011.3.22., 대법원 96누3494, 1997.6.13.).

❑ 학교법인이 원거리간 근무지 이동 등으로 무주택 교직원에게 주택매입자금 등으로 대여한 경우 직접 공익목적사업 등 외에 사용한 경우에 해당하지 아니함(재재산 - 89, 2011.2.1.).

❑ 출연자의 증여세를 대신납부 등을 한 경우(재산세과 - 41, 2011.1.18.)

  공익법인 등이 출연자에게 금전을 지급하거나 출연자가 납부할 증여세를 대신 납부한 경우에는 출연재산 등의 직접공익목적사업 외 사용에 해당하는 것이며, 또한 출연자는 공익법인 등으로부터 금전을 지급받거나 출연자가 부담할 증여세를 공익법인 등이 대신 납부한 때마다 증여세 납부의무가 있는 것임.

[사실관계]

- 거주자 [갑]은 서울시 ○○동에 있는 토지 및 건물(식당, 카센터 등 근린생활시설, 기준시가 160억원, 시가 약 400억원)을 다음과 같은 조건으로 공익법인인 학교법인 ○○○○학원과 ○○대학교 의료원에 2007.4월 출연하였음.
  • 정기금 지급 : 부동산의 소유권이전등기를 받은 때로부터 10년간(2017.5.31.까지)은 매월 4천만원, 그 다음 날부터는 증여인 [갑]과 그 배우자 [을]이 사망할 때까지 월 2천만원을 받기로 함.
    ➡ 출연자 [갑]은 출연하기 전까지 이 토지/건물에서 매월 33,373,494원의 임대료를 받고 있었음.

- 출연자 [갑]이 납부하여야 할 제세공과금이 전혀 없어질 때까지 반복, 재반복 부가하여 출연자에게 지급
- [갑]과 그 배우자 [을]의 사망시까지 ○○대학교 의료원에서의 무료 의료혜택 부여
- 임대차 보증금 270백만원의 지급의무 승계

질의

- 위와 같이 정기금 등을 지급받는 조건으로 공익법인에 재산을 출연할 경우의 과세방법에 대하여 아래와 같이 양론이 있어 질의함.

(갑설) 정기금 등을 지급받는 조건으로 공익법인에 출연한 경우 공익법인이 지급하는 금액에 대하여 출연자와 공익법인에 대하여 각각 증여세가 과세된다.

(을설) 정기금 등을 지급받는 조건으로 공익법인에 출연한 경우 그 부분만큼 출연자에게 양도소득세를 과세해야 한다.

❑ 출연재산을 시가보다 낮은 가액으로 양도한 경우(재재산-806, 2010.8.25.)

공익법인이 그 특수관계인에게 시가보다 낮은 가액으로 양도한 경우 그 대가와 시가와의 차액에 상당하는 금액은 공익목적사업 외에 사용하는 것에 해당됨.

❑ 공익사업과 관련하여 영리법인에 대가를 지급한 경우(재산세과-455, 2010.6.28.)

직접 공익목적사업에 사용하는 것이란 당해 공익법인 등의 정관상 고유목적사업에 사용하는 것을 말하는 것으로, 영리법인과의 거래 여부에 불문하고 정관상 고유목적사업 수행을 위한 지급의 경우에는 이에 해당함.

❑ 법령에 따라 지출한 비용은 공익목적사업에 사용한 금액임(재산세과-52, 2010.1.26.).

공익법인 등이 「평생교육법」에 따른 원격대학형태의 평생교육시설을 사이버대학으로 전환하면서 「사이버대학 설립・운영규정」 부칙(제20796호, 2008.6.5.) 제3조에 따라 수익용기본재산 확보를 위하여 지출한 보증보험료 및 「사립학교법」 제31조 제4항의 감사증명서를 제출하기 위하여 지출한 감사비용과 「국민건강보험법」 제67조 제1항에 따라 사용자가 부담한 보험료는 직접 공익목적사업에 사용한 금액에 해당하는 것임.

❑ 교회재산을 부목사 사택으로 사용하는 경우(재산세과-213, 2009.9.14.)

교회재산을 부목사, 전도사 등의 사택으로 사용함은 직접공익목적 외에 사용한 것이나, 경내에 있는 경우로서 그 목적사업수행을 위하여 사용하는 경우는 공익목적사업사용에 해당하며, 매각대금을 교인 등에게 6개월 이상 대여하는 것은 직접공익목적사업 사용에 해당하지 않음.

❑ 매각대금 등을 공익목적사업에 사용된 차입금 상환에 사용한 경우 직접 공익목적사업에 사용한 것으로 봄(재재산-322, 2008.2.25.).

❑ 임원 등기비와 이사회 회비는 공익목적사업에 해당함(서면4팀-605, 2005.4.22.).

❑ 명예직 이사에게 업무와 관계없이 금품을 지급하는 경우 증여세 부과함(법규과-1439, 2008.4.1.).

❑ 교역자 퇴직시 정관에 따라 퇴직금 지급한 경우 증여세 과세 안됨(법규과 - 748, 2008.2.22.).

❑ 출연재산을 출연자에게 반환하는 경우(서면4팀 - 2999, 2007.10.18.)

　종교단체가 출연 받은 금전을 출연자에게 반환하는 경우에는 직접 공익목적사업 외에 사용한 것으로 보아 증여세가 과세되는 것이며, 반환 받은 출연자는 상속증여세법 제31조 제5항에 의하여 그 반환 받은 금전에 대하여 증여세 납부의무가 있는 것임.

❑ 출연받은 골동품을 정관상 고유목적사업인 박물관에 전시한 경우 과세 안됨(서면4팀 - 1044, 2007.3.30.).

❑ 출연받은 건물을 장학사업수행을 위해 직접 사용하는 경우 공익목적사업에 사용한 것에 해당함(제도 46014 - 12636, 2001.8.11.).

❑ 출연재산을 학교건축비에 사용한 차입금 상환에 사용한 경우 과세 안됨(서면4팀 - 1978, 2006.6.26.).

❑ 공익법인 등이 이사장에게 지급하는 거마비, 경조사비, 판공비 등은 고유목적사업을 수행하기 위한 경비로 볼 수 없음(서일 46014 - 10258, 2002.2.28.).

❑ 출연재산을 3년 이상 방치한 경우(조심 2010전2070, 2010.11.8.)

　참선야외수련장 등으로 사용한다고 주장하나 그와 관련된 구체적인 증빙자료는 제시된 바 없고, 처분청이 제시한 분석보고서 등에 의하면 쟁점토지의 경우 자연발생적 등산로가 형성되어 있고, 종교시설로 볼만한 건축물이나 시설물 없이 방치된 상태이므로 쟁점토지를 출연받은 날로부터 3년 이내에 공익목적에 사용하지 않은 것으로 보아 증여세 부과함은 정당함.

❑ 종교단체와 별도로 위치한 주거용 아파트를 출연받아 교회 부목사의 사택으로 사용하는 경우 이를 고유목적사업에 사용하는 것으로 볼 수 없음(국심 2004중887, 2004.5.19.).

❑ 이사장이 횡령한 출연재산을 조사 전 회수한 경우 과세 대상 아님(국심 2006중3063, 2007.3.30.).

❑ 출연재산 불법매각한 대금을 유출한 경우 증여세 추징 대상임(국심 2000서2243, 2001.2.21.).

❑ 출연재산을 출연받은 날부터 3년이내에 공익목적사업에 사용하지 아니한 경우 3년이 지난 날을 재산평가기준일로하여 증여세를 부과하도록 한 상속증여세법 제48조 제2항 제1호는 헌법에 위배되지 아니함(헌재 2018헌바51, 2019.4.11.).

❑ 공익목적사업에 미사용시 출연일로부터 3년 지난날이 평가 기준일임(대법원 2018두32804, 2018.4.26.).

❑ 출연 당시 이미 개발 제한구역 내에 있는 임야에 종교시설을 건축하지 못한 것이 직접 공익목적사업에 사용하지 아니한 데에 부득이한 사유가 있다고 볼 수 없음(대법원 2011두25807, 2014.1.29.).

❑ 사용기간 연장받은 후 설립허가 취소된 경우(대법원 2011두12580, 2013.6.27.)

　공익법인이 토지를 출연받고 출연재산의 사용기한 연장승인을 받았으나 이후 공익법인설립 허가가 취소된 경우 취소일을 증여시기로 보아 과세함은 정당함.

- 원고 법인은 1992.1.경 의료법인 설립허가를 받은 다음, 의료기관의 설립을 위하여 김AA 등 으로부터 토지를 출연받았으나, 사업부지의 변경 등의 사정으로 인하여 사업이 지연되었고, 대구광역시장으로부터 1996.1.경부터 2004.1.6.경까지 5차례에 걸쳐 의료기관의 개설기한 및 출연재산의 사용기한 연장을 승인받음.
- 이후 개설기한 내에 의료기관을 개설하지 아니하였다는 이유로 의료법에 의하여 설립허가취 소절차를 진행하였으나, 2004.5.29.까지 의료기관의 설립공사에 착공하겠다는 확약을 하여 설립허가취소처분을 유예 받음.
- 유예기한까지 의료기관 설립공사의 착공을 하지 못하였고, 결국 2004.5.29. 자진해산 통보하 여 2004.5.31. 원고 법인에 대하여 의료법인 설립허가를 취소함.

5. 출연재산 매각금액의 직접 공익목적사업 사용

가. 개 요

공익법인이 출연재산을 공익목적사업 또는 수익용 등으로 직접 사용하는 경우도 있지 만 직접 공익목적사업에 사용할 수도 없고 수익성도 없는 임야 등을 출연받은 경우에는 이를 매각하고 공익목적사업용 재산 등을 취득할 필요가 있을 것이다. 출연재산을 매각 하는 경우에는 해당 매각금액을 매각한 날이 속하는 사업연도의 종료일부터 1년 내 30%, 2년 내 60%, 3년 내 90%에 상당하는 금액 이상을 직접 공익목적사업에 사용하도 록 하여 매각대금이 장기간 방치 또는 출연자 등이 유용 등을 하는 것을 방지하고 있다.

매각대금을 3년 이내에 기준금액에 미달하게 사용하거나 직접 공익목적사업 외에 사 용하는 경우에는 10%의 가산세 또는 증여세율을 적용한 세금을 부과한다.

나. 매각대금 및 직접 공익목적사업 등의 범위

매각대금이란 출연을 받은 재산, 출연받은 재산으로 취득한 재산 및 출연재산에서 증 식된 재산을 포함한 사후관리대상 재산의 총 매각대금에서 자산매각에 따라 부담하는 국 세·지방세를 뺀 금액을 말한다.

직접 공익목적사업 등에 사용이란 매각대금으로 직접 공익목적사업에 지출하거나 직 접 공익목적사업용, 수익용 또는 수익사업용 재산을 취득하는 것을 말한다.

2019.2.12. 이후 주식 등을 취득하는 분부터 공정거래법 제14조에 따른 공시대상기업 집단(자산총액 5조원 이상)에 속하는 법인과 같은 법 시행령 제3조 제1호에 따른 동일인

관련자의 관계에 있는 공익법인 등이 매각대금으로 해당 기업집단에 속하는 법인의 의결권 있는 주식등을 취득한 경우는 직접공익목적사업 사용실적에서 제외하여 공익법인 등의 출연재산 매각대금으로 공시대상기업집단 소속 회사 지배를 위한 주식 취득을 제한하였다.

그리고 2000.1.1.부터 매각대금으로 일시 취득한 수익용 또는 수익사업용 재산으로서 그 운용기간이 6월 미만인 재산(예, 일시적 요구불 예금 예치)은 직접공익목적사업용 또는 수익사업용 재산의 취득으로 보지 않는다(상속증여세법 시행규칙 §11의2).

 관련 예규·심판결정례 및 판례 등

☐ **매각대금으로 법인세 등 납부시 직접공익목적사업에 사용 여부 등**(재재산-32, 2017.1.12.)

고유목적사업준비금 미사용 등에 따라 납부하는 증여세 및 법인세 상당액은 매각대금 사후관리대상에서 제외되며, 공익법인에 부과된 법인세 등 납부에 사용한 차입금을 운용소득 등으로 상환한 경우 증여세를 부과하지 않고, 직접공익목적사업에 사용한 금액에도 포함하지 않음.

☐ **매각대금을 운용기간 6월 이상인 수익사업용 재산을 취득하는 경우는 직접공익목적사업에 사용한 것임**(상속증여세과-1260, 2015.12.2.).

질의

－재단은 2015.12월 중에 보통재산으로 보유하고 있는 미술품 중 일부를 25억원에 매각할 예정이며 장기적 계획으로 미술관을 보유할 계획을 하고 있으나, 이에 필요한 자금을 일시에 확보할 수 없어 미술품 매각대금 전액을 정기예금 등의 금융자산으로 일정기간 보유하고자 함.
－보통재산을 매각한 대금을 정기예금 등의 금융자산으로 예치할 경우에 고유목적사업에 사용한 것으로 보는지 여부?

회신

공익법인 등이 출연받은 재산의 매각대금으로 정관상 고유목적사업의 수행에 직접 사용하는 재산을 취득하거나 운용기간 6월 이상인 수익용 또는 수익사업용 재산의 취득 및 운용에 사용하는 경우는 직접공익목적사업에 사용한 것으로 보는 것임.

☐ **매각대금으로 취득한 수익용재산을 6개월 미만으로 운용하다가 다시 매각한 경우 해당 수익용 재산의 매각이익은 출연재산 매각대금의 사후관리가 적용됨**(재산세과-196, 2012.5.21.).

☐ **출연재산을 매각한 경우 사용의무**(재산세과-1228, 2009.6.19.)

공익법인이 출연받은 재산을 매각하는 경우 그 매각대금을 3년 이내에 90% 이상을 직접공익목적사업에 사용하여야 하는 것이며, 이 경우 종교단체가 정관에 규정된 퇴직금 지급규정에 따라 25년간 목회하고 퇴임하는 담임목사에게 지급하는 금품은 직접공익목적사업에 사용한 것임.

❏ 매각대금을 공익사업용 건물의 전세보증금에 사용한 경우 과세 안됨(재산세과-3144, 2008.10.7.).
출연재산 매각대금으로 전세보증금에 사용하는 경우 해당 보증금이 정관상 고유목적사업 수행을 위한 건물의 임차와 관련하여 사용하는 보증금에 해당하는 경우에는 직접공익목적사업에 사용한 것으로 보는 것임.

❏ 출연재산 매각대금으로 취득한 재산도 사후관리대상임(서면4팀-2755, 2006.8.10.).

다. 직접공익목적사업에 사용하지 아니한 경우

공익목적사업에 사용하지 아니한 경우란 출연재산을 매각하고 그 매각대금을 공익목적사업 외에 사용하거나 매각한 날이 속하는 과세기간 또는 사업연도의 종료일로부터 3년 이내에 매각대금 중 직접공익목적사업에 사용한 실적(매각대금으로 직접 공익목적사업용 또는 수익사업용 재산을 취득한 경우를 포함한다)이 매각대금의 90%에 미달하는 경우를 말한다.

출연재산 매각대금 중 공익목적사업 외 사용금액과 90%에 미달 사용액을 증여재산가액으로 하여 공익법인에게 증여세가 과세된다.

다만, 출연받은 재산 중 일부를 다음 사유로 직접 공익목적에 사용할 수 없는 경우에는 증여세 과세 및 가산세를 부과할 때 출연받은 재산가액에서 빼고 계산한다.

㉠ 공익법인 등의 이사 및 사용인의 불법행위로 인하여 출연받은 재산 등이 감소된 경우(다만, 출연자 및 그 친족의 불법행위로 인한 경우 제외)

㉡ 출연받은 재산 등을 분실하거나 도난당한 경우

☞ 2004.1.1. 이후 상속세 또는 증여세를 결정하거나 경정하는 분부터 적용

2004.1.1. 이후 개시 사업연도분

$$
* \text{증여세 과세가액} = \left[\text{매각대금의 } 90\%^{1)} \times \frac{\text{목적 외 사용금액}}{\text{매각대금}^{1)}} \right] + \text{미달사용금액}
$$

1) 매각대금에는 증가된 재산이 포함되며 매각에 따라 부담하는 국세, 지방세를 뺀 금액

사례 **매각대금을 공익목적사업 외 사용에 따른 증여재산가액 계산**

❑ 출연재산 매각 및 사용내용

○ 출연받은 건물을 10백만원에 매각하고 제세금 1백만원을 납부하였으며, 매각일로부터 3년 내에 고유목적사업용 부동산 2백만원, 수익사업용 부동산 2백만원 및 고유목적사업비로 1백만원을, 고유목적사업 외로 2백만원을 사용하였음.

풀이

① 매각대금 고유목적사업 외에 사용한 분
= [매각대금{10백만원 – 제세금(1백만원)} × 90%] × {공익목적 외 사용금액(2백만원) / 매각대금(9백만원)} = 1.8백만원

② 사용기준 미달금액 = 매각대금사용기준액(9백만원 × 90% = 8.1백만원)
– {직접고유목적사용액(5백만원) + ①(1.8백만원)} = 1.3백만원

③ 증여세과세가액 = ① + ② = 3.1백만원

라. 사용기준금액에 미달하게 사용하는 경우

출연재산 매각일이 속하는 사업연도의 종료일부터 1년 내에 30%, 2년 내에 60% 이상을 직접공익목적사업에 사용하지 아니할 경우에는 매각대금 중 2년 이내에 각각의 비율에 미달하게 사용하는 금액에 대하여 2000.12.29.이 속하는 사업연도부터 미달사용액의 10%의 가산세를 부과한다.

│ 매년 사용기준 │

구 분	사용비율	미달 사용하는 경우
1년 이내	30%	미달사용액의 10% 가산세 부과
2년 이내	60%	미달사용액의 10% 가산세 부과
3년 이내	90%	미달사용액을 증여가액으로 증여세 부과

사례 **매각대금 미달사용에 따른 증여세액 계산**

❑ 출연재산 매각 및 사용내용

○ 12월말 공익법인인 A법인이 2007.5.1. 출연받은 건물을 10백만원에 매각하고 제세금 1백만원을 납부하였으며, 2007년도에 고유목적사업에 2백만원, 2008년도에 2백만원, 2009년도에 1백만원 사용하였고, 2010.5.1.에 고유목적사업 외로 1백만원을 사용하였으며, 2010년도 중에는 고유목적사업에 1백만원을 사용함.

일 자	수입 및 지출 내용	금 액	누적 사용비율	비 고
2007.5.1.	매각대금	9백만원		
2007년도	고유목적사업비	2백만원		
2008년도	고유목적사업비	2백만원	44%	
2009년도	고유목적사업비	1백만원	55%	
2010.5.1.	목적 외 사용	1백만원		
2010년도	고유목적사업비	1백만원	66%	

풀이

① 2008년도

고유목적사업비 지출액이 매각일이 속하는 사업연도와 1차년도의 합계액이 4백만원으로 매각대금 사용비율 44%(4백만원/9백만원)로서 30%을 초과하므로 가산세 부과대상이 아님.

② 2009년도 : 사용기준미달금액 = 9백만원 × 60% - 5백만원 = 40만원

가산세액 = 40만원 × 10% = 4만원

③ 2010년도

ⅰ) 고유목적사업외 사용

증여세과세가액 = 매각대금의 90% × 목적외사용금액/매각대금 = (9백만원 × 90%) × (1백만원/9백만원) = 90만원

※ 고유목적 외 사용일이 2010.5.1.에 공익법인에 증여세 과세

ⅱ) 사용기준미달금액 = 9백만원 × 90% - 0.9백만원 - 6백만원 - 4만원(가산세) = 116만원

ⅲ) 증여세액 = (90만원 + 116만원) × 10% = 20만6천원

6. 출연재산 운용소득의 직접 공익목적사업 사용

가. 개 요

공익법인이 출연재산을 직접 공익목적사업용 재산으로 사용하는 경우도 있지만 공익목적사업에 충당할 재원을 마련하기 위하여 수익사업용 또는 수익용으로 운용할 필요가 있을 것이다. 출연재산을 수익사업용 또는 수익용으로 운용하는 경우 직접 공익목적사업 등에 사용한 것으로 인정하되, 수익사업용 또는 수익용으로 사용하여 발생한 운용소득에 대한 사용의무를 별도로 두고 있다. 즉 운용소득의 70%에 상당하는 금액 이상을 그 사업연도 종료일부터 1년 이내에 직접 공익목적사업에 사용하도록 하고 미달하게 사용한 경우에는 미달사용금액의 10%에 해당하는 가산세를 부과하고 운용소득을 공익목적사업

외에 사용한 경우에는 증여세를 부과하도록 하고 있다.

나. 운용소득 및 사용실적

1) 운용소득 및 사용기준

(가) 운용소득

운용소득이란 출연재산을 법인세법 제3조 제3항 각호에 따른 수익사업이나 예금 등 수익의 원천에 사용함에 따라 생긴 소득금액으로서 법인세법 제14조의 규정에 의한 각 사업연도의 소득계산 방법에 준하여 계산한 금액(출연재산과 관련없는 수익사업에서 발생한 소득금액 및 출연재산 매각금액을 제외하고 법인세법 제29조 제1항에 규정하는 고유목적사업준비금과 손금에 산입된 고유목적사업비를 포함한다)을 말한다.

다만, 법인세가 부과되지 않는다는 등의 이유로 법인세 과세표준을 신고하지 아니하는 경우에는 그 공익법인의 결산재무제표상 당기순이익을 기준으로 운용소득을 계산하며, 사업용 고정자산이나 기타 수익의 원천이 되는 자산을 처분하거나 평가함으로써 생긴 소득은 운용소득에 포함하지 아니한다.

2012.2.2. 이후 개시하는 사업연도 분부터 출연재산과 관련이 없는 수익사업에서 발생한 소득금액은 운용소득에서 제외하도록 하여 대법원 판례(대법원 2007두26711, 2010.5.27.)를 반영하였다.

2121.2.17. 이후 가산세를 결정하는 분부터 다음에 해당하는 소득금액은 운용소득에서 제외한다.

 ㉠ 법인세법 제16조 제1항 제5호 또는 소득세법 제17조 제2항 제4호에 해당하는 금액(합병대가 중 주식등으로 받은 부분으로 한정한다)으로서 해당 과세기간 또는 사업연도의 소득금액에 포함된 금액

 ㉡ 법인세법 제16조 제1항 제6호 또는 소득세법 제17조 제2항 제6호에 해당하는 금액(분할대가 중 주식으로 받은 부분으로 한정한다)으로서 해당 과세기간 또는 사업연도의 소득금액에 포함된 금액

◆ 운용소득 = Ⓐ - Ⓑ + Ⓒ
   Ⓐ 당해 사업연도의 수익사업에서 발생한 소득금액 등
    (-) 출연재산과 관련 없는 수익사업에서 발생한 소득금액
    (-) 출연재산 양도차익
    (+) 고유목적사업준비금과 손금에 산입한 고유목적사업비
    (+) 출연재산을 수익의 원천에 사용함으로써 생긴 소득금액(분리과세를 선택한
        이자소득도 운용소득에 포함됨)
    (-) 합병·분할대가 중 주식으로 받은 의제배당소득금액
   Ⓑ 당해 소득에 대한 법인세(소득세)·농어촌특별세·지방소득세 및 이월결손금
   Ⓒ 직전연도 운용소득 미달사용금액 - 미달금액에 대한 가산세

(나) 사용기준

출연재산을 수익사업에 사용한 결과 발생한 운용소득에 대하여는 해당 소득에 대한 법인세 또는 소득세·농어촌특별세·지방소득세와 이월결손금을 공제한 금액의 70%(1999. 12.31. 이전 개시하는 사업연도는 50%) 이상을 그 소득이 발생한 사업연도의 말일로부터 1년 내에 직접 공익목적사업에 사용하여야 한다.

사용기준금액 : (Ⓐ - Ⓑ + Ⓒ) × 80%

┃ 운용소득 사용기준 개정 연혁 ┃

구 분	1999.12.31. 이전	2000.1.1. ~2000.12.31.	2001.1.1. ~2010.2.17.	2010.2.18. ~2021.12.31.	2022.1.1.~
일반 공익법인	50%	70%	70%	70%	80%
성실 공익법인	max ㉠, ㉡ ㉠ 운용소득 80% ㉡ 출연재산가액 5%	max ㉠, ㉡ ㉠ 운용소득 90% ㉡ 출연재산가액 5%	㉠ 운용소득 90% ㉡ 삭 제	㉠ 80%	

   관련 예규·심판결정례 및 판례 등

❑ **출연받은 재산과 관련 없이 발생한 소득의 경우 '운용소득' 계산**(법령해석과-3717, 2021.10.26.)
   상증령 제38조 제5항 제1호의 운용소득 계산 시 '해당 사업연도의 수익사업에서 발생한 소득금액'에 고유목적사업준비금을 가산하고 출연받은 재산과 관련이 없는 수익사업*에서 발생한 소득금액(해당 소득금액과 관련된 고유목적사업준비금등이 포함된 금액)을 차감함.

* 국제회의 개최 수익으로 취득한 부동산 임대수입으로서 출연받은 재산과 관련 없음.

❑ 출연받은 현금을 정기예금을 하여 발생한 이자소득은 운용소득에 해당하나, 해당 이자소득을 다시 정기예금하여 발생한 이자소득은 운용소득에 해당하지 않음(사전 – 법령해석법인 – 1112, 2021.2.26.).

❑ 운영소득이 결손인 경우 사용 여부 판단방법(법령해석과 – 1624, 2019.6.25.)

전년도 출연재산 운용소득이 부(△)의 금액인 경우 사용기준금액에 미달하게 사용하였는지 여부를 판단할 대상이 부(△)의 금액이므로 상속증여세법 제48조 제2항 제5호에 해당하지 않아 가산세를 부과하지 않음(1년 또는 5년 기준 중 하나만 충족하면 됨).

❑ 의료업을 영위하여 얻은 소득은 운용소득에 해당함(재재산 – 724, 2013.10.23.).

❑ 채권을 매각한 경우 매각대금과 운용소득 구분(재산세과 – 222, 2010.4.7.)

공익법인 등의 해외 콜옵션부 채권의 매각과 관련하여 그 이자수익은 운용소득으로, 동 채권의 매매익을 포함한 매매대금과 주가지수 또는 환율 선물거래로 얻은 이익은 매각대금으로 봄.

[사실관계]

① 공익법인이 $10,000(취득당시 환율 1,500원)을 원화 15,000,000원에 취득하고 환율변동을 우려해 달러당 환율이 1,400원 이하로 내려갈 경우 환헤지를 걸어놓음.
 - 이후 양도시 총 $13,000을 받았는데 그 중 원금 $12,000이고, 이자는 $1,000임.
 - 양도당시 기준환율(달러당 1,300원)을 적용하여 이자와 원금을 달러로 받고 이후 주말을 지나 환전(달러당 1,301)하여 통장에 들어옴.
 - 손익의 내용
   • 원금에 대한 환율하락에 대한 외환차손 : $10,000 × (1,500 − 1,300) = 2,000,000
   • 투자자산의 가치증분에 대한 투자자산처분이익 :
     ($12,000 − $10,000) × 1,300 = 2,600,000
   • 이자수익 : $1,000 × 1,300 = 1,300,000
   • 환헤지에 대한 이익 : (1,400 − 1,300) × $10,000 = 1,000,000
② 주가지수 또는 환율 선물거래에 대한 손익이 발생함.

❑ 등록금 또는 출연재산에서 이자 발생한 경우(서일 46014 – 10184, 2001.9.15.)

운용소득이란 출연받은 재산으로 수익사업을 영위하여 발생한 소득금액과 출연재산을 수익의 원천으로 사용함으로써 생긴 소득금액의 합계액을 말하는 것으로서, 학교법인이 등록금, 수업료 등을 관리 · 고유목적 사업에 사용하는 중에 일시적으로 발생한 이자소득은 운용소득에 포함되지 아니하나, 출연재산을 수익의 원천에 사용하여 발생한 이자소득은 법인세 신고방법에 관계없이 운용소득에 포함되며, 당해 사업연도 중 고유목적사업비로 지출되어 손금에 산입된 금액은 운용소득의 사용기준 금액 및 사용실적에 모두 포함시키는 것임.

❑ 수익사업에서 발생한 소득금액이란 출연재산으로 영위하는 수익에서 발생한 소득만을 의미하고, 출연재산과 무관한 수익사업에서 발생한 소득금액은 포함하지 아니함(대법원 2007두26711, 2010.5.27.).

2) 직접 공익목적사업 등 사용실적

직접 공익목적사업에 사용하는 것이란 정관상의 고유목적에 사용함을 의미하므로 고유목적사업의 수행을 위해 직접 사용되는 자산을 취득하는 데 소요된 비용을 포함한다.

2000.12.29. 상속증여세법 개정 전에는 사용인의 인건비 등 관리비는 공익목적사업 사용실적에서 제외하면서 이 중 의사·보모·사서·학교의 교사 등에게 지급하는 급여 및 고유목적에 직접 사용되는 시설의 수선비·전기료 등 관리비는 직접공익목적에 사용한 것으로 하였으나,

2000.12.29. 이후 종료하는 사업연도 분부터는 고유목적사업의 수행을 위한 사용인의 인건비 전액이 직접 공익목적사업에 사용한 것으로 본다.

그러나 운용소득으로 수익용 재산을 취득한 금액은 직접 공익목적사업에 사용한 금액에 포함하지 아니한다(상속증여세법 기본통칙 48-38…3).

▶▶ 상속증여세법 기본통칙 48-38…4【수익사업용 재산의 운용소득 중 직접공익목적사업에 사용하는 금액 기준】
① 사업용 고정자산이나 기타 수익의 원천이 되는 재산을 처분하거나 평가함으로써 생긴 소득은 법 제48조 제2항 제3호에 따른 출연받은 재산의 운용소득에 포함하지 아니한다.
② (생략)
③ 법 제48조 제2항 제5호 및 영 제38조 제6항을 적용할 때 직접공익목적사업에 사용한 실적은 수익사업용 또는 수익용으로 사용하는 출연재산의 운용소득을 재원으로 하여 직접공익목적사업에 사용한 금액의 합계액을 말한다.
④ 법 제48조 제2항의 규정을 적용할 때 직접공익목적사업에 사용한 금액이 재원별로 구분할 수 있는 경우에는 실제구분에 의하고, 구분할 수 없는 경우에는 출연재산 운용소득·출연재산 매각금액·출연받은 재산·기타 재산의 순서대로 사용한 것으로 본다.

 관련 예규·심판결정례 및 판례 등

❑ 학교법인이 학교건물을 신축하기 위해 운용소득 중 일부를 교비회계로 전출한 사실만으로는 운용소득의 사용으로 보지 않는 것임(법령해석과-3668, 2021.10.22.).

❑ 운용소득을 정기예금 등을 한 경우(재산세과-174, 2010.3.19.)
   공익법인 등이 출연받은 재산을 수익용 또는 수익사업용으로 운용하는 경우로서 그 운용소득 중 정기 예금한 금액 및 임대보증금 반환에 사용한 금액은 직접공익목적 사용실적에 포함되지 않음.

❑ 운용소득을 의료기 취득에 사용한 차입금변제에 사용한 경우 과세 안됨(재산세과-1255, 2009.6.23.).

❑ 이자소득을 다시 정기예금한 경우 증여세 과세 안되나, 그 정기예금은 공익사업 사용실적에 포함되지 않음(서면4팀 – 1899, 2006.6.21.).

❑ 공익법인이 출연받은 토지에 주상복합건물을 신축하여 수익사업을 영위하는 경우에는 수익사업에서 발생하는 운용소득에 관한 사후관리규정을 적용함(서면1팀 – 130, 2004.1.28.).

질의

공익법인이 3년 이상 고유목적사업에 사용하던 토지에 주무관청의 허가를 받아 주상복합건물을 신축하여 분양하는 수익사업을 영위하는 경우에 동 토지에 대해 적용할 사후 관리 규정이 출연재산의 매각대금인지 또는 수익사업용 재산에서 발생하는 운용소득인지 여부

회신

공익법인이 출연받은 토지에 주상복합건물을 신축하여 수익사업을 영위하는 경우에는 상속증여세법 제48조 제2항 제3호와 제4호의2 및 같은법 시행령 제38조 제5항에서 규정하는 수익사업에서 발생하는 운용소득에 관한 사후관리 규정을 적용하는 것이 타당함.

※ 공익법인이 1년 이내에 70% 이상 사용하여야 할 운용소득은 수익사업에서 발생한 소득금액과 출연재산을 수익의 원천에 사용함으로써 생긴 소득금액의 합계액에서 법인세 등을 차감하여 계산하는 바
  – 주상복합건물 신축분양업은 법인세법상 수익사업에 해당되고 토지의 가액은 원가로 인식하여 분양수입금액에서 차감 후 소득금액이 계산되므로
  – 상가분양사업에서 발생한 소득 전부를 운용소득으로 보아 사후관리규정을 적용하는 것이지 토지의 분양가액만을 별도 구분하여 출연재산의 매각대금에 대한 사후관리규정을 적용하는 것은 아님.

❑ 공익법인이 수익사업에서 발생한 자금을 관계회사와 금전소비대차계약을 체결하고 대여하면서 약정이자를 수입금액으로 계상하는 경우 동 대여금은 직접공익목적사업 외에 사용한 것으로 보아 증여세 부과하지 않으나, 직접 공익목적사업에 사용한 실적에 포함하지 아니함(서면4팀 – 2016, 2004.12.10.).

❑ 공익목적사업 사용기준금액은 전체운용소득을 기준으로 계산함(재산 46014 – 630, 1995.3.15.).

3) 사용의무의 탄력적 운용

출연재산 운용소득 등을 공익사업에 사용함에 있어 사업연도별로 많이 지출하거나 적게 지출할 수 있으므로 사용의무 기준금액과 사용실적을 각각 5년 평균액을 기준으로 계산할 수 있도록 하고 있다.

즉, 해당 사업연도에 미달사용금액이 있더라도 운용소득과 공익사업에 사용한 실적을 해당 사업연도와 직전 4사업연도와의 5년간 평균하여 그 사용금액이 사용기준금액에 미달하지 않으면 증여세를 부과하지 않는다.

다만, 사업개시 후 5년이 경과되지 아니한 경우에는 사업개시 후 5년이 경과한 때부터 적용한다(상속증여세법 시행령 §38 ⑥).

관련 예규 · 심판결정례 및 판례 등

☐ 5년 이내 사업연도 중 결손 발생한 경우(재산세과-273, 2009.9.21.)

공익법인 등의 운용소득 사용기준과 관련하여 5년간 평균금액으로 운용소득 사용실적 및 기준금액을 산정하는 경우 결손이 발생한 연도는 (0)으로 보는 것임.

| 사례 | 운용소득 누적사용실적 계산 |

☐ 운용소득 및 사용실적 내용

(단위 : 백만원)

구 분	2013년	2014년	2015년	2016년	2017년 (당해년도)	5년 평균
① 출연재산 운용소득(전년소득)	100	120	100	50	80	90.0
② 사용의무기준금액 → ① × 70% (1999.12.31. 이전 50%)	70	84	70	35	56	63.0
③ 직접 공익목적사업 사용실적 *	100	120	70	40	50	76.0
④ 적합 여부 판정	적합	적합	적합	적합	미달	적합

* 직접공익목적사업 사용실적이란 수익사업용 또는 수익용으로 사용하는 출연재산의 운용소득을 재원으로 하여 직접공익목적사업에 실제 사용한 금액을 말함.

풀이

○ 2017귀속 사업연도를 기준으로 볼 경우 사용의무 위반 여부 검토
　- 직접 공익목적사업 사용실적이 운용소득의 사용의무 기준에 미달
○ 5년간 평균금액을 기준으로 볼 경우 사용의무 위반 여부 검토
　- 사용실적 76백만원이 사용의무기준 63.0 [(70 + 84 + 70 + 35 + 56) ÷ 5]백만원을 초과하므로 세법상 사용의무 위반 아님.
　➡ 2017년도의 운용소득 사용의무 충족된 것으로 보아 과세하지 아니함.

다. 운용소득 중 공익목적사업 외에 사용한 경우

수익용 또는 수익사업용으로 운용하는 출연재산의 운용소득 중 직접 공익목적사업 외에 사용한 경우에는 공익목적사업 외에 사용한 금액이 운용소득에서 차지하는 비율을 곱하여 계산한 금액을 증여세 과세가액으로 하여 공익법인에게 증여세를 부과한다.

$$증여세\ 과세가액 = 출연재산의\ 평가가액 \times \frac{공익목적사업\ 외\ 사용한\ 금액}{운용소득}$$

출연재산의 평가가액은 운용소득을 사용하여야 할 사업연도의 직전 사업연도 말 현재 수익용 또는 수익사업용으로 운용하는 출연재산(직접공익목적에 사용한 분은 제외한다)에 대한 재무상태표상 가액을 기준으로 한다.

다만, 재무상태표상 가액이 상속증여세법 제60조부터 제66조까지에 따라 평가한 가액의 70% 이하인 경우에는 상속증여세법상 평가한 가액으로 한다. 이 경우 출연재산 중 1년 이상 보유한 주식이 있는 경우 그 주식은 액면가액을 기준으로 평가한다(상속증여세법 시행령 §40 ① 2호의2, 상속증여세법 시행규칙 §13 ②, ③).

이 때 공익법인이 1년 이상 보유한 주식이란 해당 공익법인 등이 직접공익목적사업에 사용하여야 할 사업연도의 직전 사업연도 말 현재 1년 이상 보유한 주식을 말한다(상속증여세법 기본통칙 48-40…8).

다만, 출연받은 재산 중 일부를 다음 사유로 직접 공익목적에 사용할 수 없는 때에는 증여세 및 가산세를 부과할 때 출연받은 재산가액에서 차감한다.

㉠ 공익법인 등의 이사 및 사용인의 불법행위로 인하여 출연받은 재산 등이 감소된 경우(다만, 출연자 및 그 친족의 불법행위로 인한 경우 제외)

㉡ 출연받은 재산 등을 분실하거나 도난당한 경우

➡ 2004.1.1. 이후 상속세 또는 증여세를 결정하거나 경정하는 분부터 적용

라. 사용기준금액에 미달하게 사용하는 경우

운용소득 중 사용기준금액에 미달하게 사용하는 경우에는 미달하게 사용한 운용소득의 100분의 10에 상당하는 금액을 공익법인 등이 납부할 세액에 가산하여 부과한다. 사용기준금액에 미달하게 사용한 금액에서 가산세를 뺀 후의 금액은 다음 사업연도 운용소득에 가산하여 사용기준금액을 계산하므로 한 번 가산세가 과세되었다 하여 사후관리대상에서 제외하는 것이 아니다.

| 사례 | 운용소득 기준금액에 미달 사용한 경우 과세방법 |

1. 100억원의 수익용재산에서 발생한 10억원의 운용소득 사용기준금액 7억원 중 4억원만을 직접공익목적에 사용하고 나머지 3억원은 미사용한 경우

풀이

3억원(미달사용액)×10%(가산세율) = 3천만원

⇨ 미달사용액에 대하여 10%의 가산세를 부과하되 미사용액(3억원 − 0.3억원＝2.7억원)은 다음 연도 운용소득에 가산한다(상속증여세법 시행령 §38 ⑤ 후단).

2. 운용소득, 공익사업 사용실적이 다음과 같은 경우 2010년 운용소득 사용의무기준 위반 여부 및 2010년에 발생한 운용소득이 90백만원(이월금액 제외)인 경우 2011년 사용의무 기준금액은?

(단위 : 백만원)

구 분	2006년	2007년	2008년	2009년	2010년 (당해년도)	2011년
① 출연재산 운용소득(전년소득)	100	120	100	50	80	90
② 사용의무기준금액 → ①×70%	70	84	70	35	56	?
③ 직접 공익목적사업 사용실적	80	85	70	40	20	
④ 적합 여부 판정	적합	적합	적합	적합	미달	

2-1. 상기 사례에 대한 다음 사업연도 운용소득 및 사용실적

(단위 : 백만원)

구 분	2007년	2008년	2009년	2010년	2011년	2012년
① 출연재산 운용소득(전년소득)	120	100	50	80	90	100
② 사용의무기준금액	84	70	35	56	?	??
③ 직접 공익목적사업 사용실적	85	70	40	20	30	
④ 적합 여부 판정	적합	적합	적합	미달		

❑ 해설(2009사업연도 운용소득에 대한 2010년 사용실적)

○ 사용의무 위반 여부 검토

　－2009년 사업연도 기준 : 직접 공익목적사업 사용실적 20이 운용소득의 사용의무기준 56(2009사업연도 80의 70%)에 미달(미달금액 36백만원)

　－5년간 평균사용금액 기준 : 사용실적이 59.0[(80 + 85 + 70 + 40 + 20) ÷ 5]백만원으로서 사용의무기준 63.0[(70 + 84 + 70 + 35 + 56) ÷ 5]백만원에 미달(미달금액 4백만원)

　➡ 해당 사업연도 기준, 5년 기준 모두 미달하지만 미달사용액이 적은 5년 기준을 적용하며 미달사용액은 4백만원임.

○ 가산세 추징

　－미달사용액(4백만원) × 10% = 0.4백만원(가산세로 추징)

　－2010년 운용소득에 포함하여야 할 금액 : 4백만원 − 0.4백만원＝3.6백만원

□ 해설(2010사업연도 운용소득에 대한 2011년 사용실적)

  ○ 2011년 사용의무 기준금액

    －해당 사업연도 기준 : (90 + 3.6) × 70% = 65.52백만원

    －5년간 평균사용금액 기준 : (84 + 70 + 35 + 56 + 65.52) ÷ 5 = 62.104백만원

  ○ 2011연도 가산세 추징

    －2010년 사업연도 기준 미달사용금액 : 65.52 － 30 = 35.52백만원

    －5년간 평균사용금액 기준 미달사용금액 : 62.104 － [(85 + 70 + 40 + 20 + 30) ÷ 5] = 13.104백만원(→ 절사 : 13.10백만원)

    ➡ 해당 사업연도 기준, 5년 기준 모두 미달하지만 미달사용액이 제일 적은 5년 기준을 적용하며 미달사용액은 13.1백만원임.

    －가산세액 13.1백만원 × 10% = 1.31백만원

    －이월 추가 의무사용 기준금액 : 13.1 － 1.31 = 11.79백만원

  ○ 2012연도 사용의무 기준금액

    －2012년 사업연도 기준 : (100 + 11.79) × 70% = 78.253백만원

    －5년간 평균사용금액 기준 : [70 + 35 + 56 + {(90 + 3.6) × 70%} + {(100 + 11.79) × 70%}] ÷ 5 = 60.2706백만원

7. 주식 취득제한 및 보유주식 매각의무

가. 개 요

공익법인이 의결권이 있는 내국법인의 주식을 5%(성실공익법인의 경우 10% 또는 20%, 이하 "5% 등"이라 함)를 초과하여 출연을 받는 경우 그 초과분에 대해서는 상속세 또는 증여세를 부과한다. 이는 공익법인을 지주회사화하여 세금 없는 경영권 세습을 방지하기 위한 조치로 볼 수 있는데 주식을 출연하는 경우에만 과세한다면 주식이 아닌 현금 또는 부동산 등을 출연하고 공익법인이 그 출연재산으로 주식을 취득하여 보유하게 함으로써 주식보유제한을 피해갈 수 있을 것이다.

이에 따라 공익법인이 주식을 취득하는 경우에도 공익법인에게 주식을 출연하는 경우와 마찬가지로 5% 등을 초과하여 주식을 취득한 출연재산에 대하여 증여세를 부과한다.

또한, 공익법인의 주식보유제한이 없었던 1990.12.31. 이전 및 주식보유 비율을 20%까지 허용하였던 1991.1.1.부터 1993.12.31.까지 기간 중에 주식을 출연받거나 취득하여 5%를 초과하여 보유하고 있는 공익법인에 대하여 1997.1.1.부터 일정 유예기간을 두고 처분하도록

하고 있으며, 처분하지 않는 경우에는 10년 동안 가산세를 부과하도록 하고 있다.

1997.1.1.부터 기업집단에 속하는 공익법인 등이 여러 계열회사의 동일한 주식을 5% 이내에서 보유하고 있더라도 총자산가액 중 특수관계에 있는 내국법인의 주식가액이 30%(성실공익법인의 경우 50%)를 초과하여 보유하는 경우에는 증여세를 부과한다.

1996.12.31. 현재 총자산가액 중 특수관계가 있는 법인의 주식가액이 30%를 초과하는 경우에는 일정 유예기간을 정하여 30% 초과분을 처분하도록 하고 처분하지 않는 경우에는 가산세를 과세한다.

구분	판정시기	초 과 지분율	과세하지 않는 경우	과세내용
취득	출연받을 때 또는 출연 재산으로 취득시	5% 또는 10% (성실공 익법인)	a. 성실공익법인인 경우 또는 국가·지방자치단체가 출연하여 설립한 공익법인 등 b. 상호출자제한기업집단과 특수관계 없을 것 c. 출연자와 특수관계 없는 내국법인 주식 보유 경우 d. 주무부장관이 필요하다고 인정하는 경우 (4가지 요건을 모두 충족하는 경우 과세제외)	초과분 상속세 또는 증여세 과세
보유	1996.12.31. 현재 동일 종목	5%	성실공익법인인 경우 또는 국가·지방자치단체가 출연하여 설립한 공익법인 등	초과보유분 가산세부과
	1996.12.31. 현재 계열 기업 주식	30% 또는 50%		초과보유분 가산세부과

나. 내국법인 발행주식총수의 5%를 초과하여 취득하는 경우

「3. 내국법인 발행주식총수의 5%를 초과하여 출연받는 경우」와 동일하므로 이를 참고하기 바란다.

1) 5% 초과 여부의 판정방법 및 판정시기

공익법인이 주식을 취득하는 날 현재 보유하고 있는 주식 및 출연자가 재산을 출연하는 등 다음에 해당하는 공익법인이 보유하는 주식을 합하여 발행주식총수의 5% 등 초과 여부를 계산한다.

〔Ⓐ + Ⓑ + Ⓒ + Ⓓ + Ⓔ + Ⓕ〕 ≤ K내국법인 총발행주식수의 5%(또는 10%, 20%)

Ⓐ : 해당 공익법인(甲)이 취득하는 K법인의 주식

Ⓑ : 해당 공익법인(甲)이 취득 당시 보유하고 있는 K법인의 주식

Ⓒ : 출연자 및 그의 특수관계인이 해당 공익법인(甲) 외의 다른 공익법인 등(乙 외)에 출연한 K법인의 주식

Ⓓ : 출연자 및 그의 특수관계인으로부터 재산을 출연받은 다른 공익법인 등(乙, 丙 외)이 출연 당시 보유하고 있는 K법인의 주식(상속증여세법 시행령 §37 ⑦ 3호)

Ⓔ : 해당 내국법인(K법인)과 특수관계에 있는 출연자가 해당 공익법인 등 외의 다른 공익법인 등에 출연한 K법인의 주식등

Ⓕ : 해당 내국법인(K법인)과 특수관계에 있는 출연자로부터 재산을 출연받은 다른 공익법인 등이 보유하고 있는 K법인의 주식등

출연자 丁이 성실공익법인(A)에게 K법인의 10%를 출연한 후에 다른 일반 공익법인 (B)에게 K법인의 주식을 출연하는 경우 B가 출연받은 주식수에 A가 출연받은 10%를 합산하여 5% 초과 출연여부를 판단하는가, 합산할 경우 10% 전부인지 아니면 5%인지 에 대하여 가중치(1/2 또는 2)를 부여하지 않고 단순 합산(10%) 합산한다는 판결이 있다 (서울고법 2019누41340, 2019.10.17.).

주식 5% 등 초과 여부는 다음에 해당하는 날을 기준으로 판단한다.

① 공익법인 등이 매매 또는 출연에 의하여 주식등을 취득하는 경우에는 그 취득일

② 공익법인 등이 보유하고 있는 주식등을 발행한 내국법인이 자본 또는 출자액을 증가시키기 위하여 발행한 신주 중 공익법인 등에게 배정된 신주를 유상으로 취득하는 경우에는 그 취득하는 날이 속하는 과세기간 또는 사업연도 중 상법 제354조에 의한 주주명부의 폐쇄일 또는 권리행사 기준일(주식회사 외의 회사의 경우에는 과세기간 또는 사업연도의 종료일로 함)

③ 공익법인 등이 보유하고 있는 주식등을 발행한 내국법인이 자본 또는 출자액을 감소시킨 경우에는 감자를 위한 주주총회결의일이 속하는 연도의 주주명부폐쇄일(주식회사 외의 회사의 경우에는 과세기간 또는 사업연도의 종료일로 함)

④ 공익법인등이 보유하고 있는 주식등을 발행한 내국법인이 합병을 함에 따라 그 합병법인이 발행한 주식등을 취득하는 경우에는 합병등기일이 속하는 과세기간 또는 사업연도 중 「상법」 제354조에 따른 주주명부의 폐쇄일 또는 권리행사 기준일(주식회사 외의 회사의 경우에는 과세기간 또는 사업연도의 종료일로 한다)

공익법인이 보유하던 전환사채를 행사하여 주식으로 전환하는 경우 주식 취득비율 초과 여부 판정은 주식전환일을 기준으로 판정한다(서면법규과-419, 2013.4.12.).

관련 예규·심판결정례 및 판례 등

❑ 출연자와 특수관계없는 주식을 두 공익법인이 취득한 경우 합산하지 아니함(대법원 201658659, 2021.6.24.)

사실관계

– 甲이 출연하여 乙성실공익법인과 丙의료법인을 설립하고, 甲이 특수관계가 없는 A내국법인
의 주식을 乙이 9.92%, 丙이 4.97%를 취득함

쟁점 乙과 丙이 취득한 A주식을 합하여 내국법인 주식 초과취득여부를 판단하는지?

대법원 판단

甲과 A내국법인은 특수관계가 없으므로 乙과 丙이 취득한 A주식을 합하여 5(10)% 초과여부
를 판단할 수 없음.

❑ 감자시 5% 초과 주식가액의 평가기준일은 주주총회결의일임(대법원 2016두36116, 2016.7.27.).

2) 5% 등 초과시 증여세 부과방법

동일종목 주식을 5% 등을 초과하여 취득하는 경우 취득일 현재 5% 등 초과하는 가액
을 증여가액으로 하여 공익법인에게 증여세를 부과한다.

3) 5% 등을 초과취득해도 과세하지 않는 경우

다음의 ① 내지 ④의 4가지 요건을 모두 충족하는 공익법인 및 ⑤와 ⑥에 해당하는
경우에는 5% 또는 10%를 초과하여도 증여세를 과세하지 아니한다. ① 내지 ④의 요건
은 동일종목 주식을 5% 초과하여 출연받은 경우로서 상속세 또는 증여세를 과세하지 않
는 경우와 동일하다(상증법 §48 ① 단서).

① 운용소득 사용요건 등(상증법 §48 ⑪ 충족), 2021.12.31. 이전 성실공익법인에 해당하
거나 국가·지방자치단체가 출연하여 설립한 공익법인 등이

② 상호출자제한기업집단과 특수관계에 있지 않고

③ 당해 공익법인의 출연자와 특수관계 없는 내국법인의 주식 등을 출연받고

④ 주무부장관이 당해 공익법인의 목적사업을 효율적으로 수행하기 위하여 필요하다
고 인정하는 경우

(➡ 2001.1.1. 이후 최초로 결정하는 분부터 적용)

⑤ 산학협력단이 신기술창업전문회사를 설립하여 취득하게 되는 등 다음의 요건을 갖
춘 주식의 경우(상속증여세법 §48 ② 2호, 상속증여세법 시행령 §37 ⑥)

ⓐ 「산업교육진흥 및 산학연협력촉진에 관한 법률」에 따른 산학협력단이 보유한 기술을 출자하여 같은 법에 따른 기술지주회사 또는 「벤처기업 육성에 관한 특별조치법」에 따른 신기술창업전문회사를 설립할 것

ⓑ 산학협력단이 출자하여 취득한 주식 등이 기술지주회사인 경우에는 발행주식총수의 100분의 50 이상(「산업교육진흥 및 산학연협력촉진에 관한 법률」 제36조의2 제1항에 따라 각 산학협력단이 공동으로 기술지주회사를 설립하는 경우에는 각 산학협력단이 출자하여 취득한 주식등의 합계가 발행주식총수의 100분의 50 이상인 경우를 말한다), 신기술창업전문회사인 경우에는 발행주식총수의 100분의 30 이상일 것

ⓒ 기술지주회사 또는 신기술창업전문회사는 자회사 외의 주식 등을 보유하지 아니할 것

⑥ 2017.1.1. 이후 「공익법인의 설립·운영에 관한 법률」 및 그 밖의 법령에 따라 내국법인의 주식 등을 취득하는 경우

☞ 공익법인의 주식 출연 및 취득 제한규정 변천
- 1990.12.31. 이전 : 주식에 대한 규제 없음.
- 1991.1.1.~1993.12.31. : 내국법인 발행주식총액 또는 출자총액의 20%
  ⇨ 1990.12.31. 이전에 20%를 초과하여 출연 또는 취득한 분에 대하여는 적용 안함.
- 1994.1.1. 이후 : 내국법인 발행주식 총액 또는 출자총액의 5%
  ⇨ 1993.12.31. 이전에 5%를 초과하여 출연하거나 취득한 분에 대하여는 적용 안함.
- 2008.1.1. 이후 : 내국법인 발행주식 총액 또는 출자총액의 5%
  다만, 2007.12.31. 법률 개정을 통해 성실공익법인에 한해 5% 초과취득 제한규정을 10%로 완화 (☞ 2008.1.1. 이후 주식 출연 및 취득분부터 적용)

관련 예규·심판결정례 및 판례 등

❑ 성실공익법인이 10% 초과 보유한 법인이 인적분할로 분할신설법인의 주식을 취득한 경우 증여세 과세할 수 없음(재재산-926, 2021.10.27.).

질의

성실공익법인이 분할 전 법인의 주식을 출연받아 내국법인(분할 전 법인)의 발행주식총수의 10%를 초과하여 보유하던 중 분할 전 법인이 인적분할하여 동 공익법인이 분할전 주식보유비율로 분할신설법인의 발행주식총수의 10%를 초과하여 주식을 취득하게 된 경우 과세 여부

❑ 성실공익법인이 자기주식을 제외한 주식배당에 따라 내국법인의 주식을 10% 초과 보유하는 경우 주식 취득에 해당하지 아니하므로 증여세 과세 안됨(재재산-588, 2019.5.15.).

❏ 협동조합기본법 제2조 제3호에 따른 사회적 협동조합에 출자한 경우는 내국법인의 의결권 있는 주식 등을 취득한 행위에 해당하지 않는 것임(재재산-396, 2018.4.30.).

❏ 자산운용사의 수익증권 취득이 주식취득에 해당하는지(상속증여세과-123, 2018.2.6.)

공익법인이 특수관계 없는 자산운용사 등에 출연받은 재산 등을 투자하여 수익증권을 취득하고 그 자산운용사 등이 부동산(임대 및 양도 목적)을 취득하는 경우로서 공익법인 등이 실제로 자산운용에 개입하지 않는 경우에는 단순히 개별 수익증권을 취득한 것으로 봄.

질의

자산운용사의 수익증권을 취득(총 펀드 설정금액의 94%)하는 경우 수익증권 취득이 내국법인의 의결권 있는 주식을 직접 취득하는 경우에 해당되는지?

❏ 합병으로 인해 주식비율이 5%를 초과한 경우 과세 대상 아님(기준-법령해석법인-245, 2021.12.21.).

❏ 신설 공익법인의 성실공익법인 판정시기(서면4팀-2382, 2005.11.30.)

새로 설립한 공익법인 등에 대한 최초 성실공익법인 등의 판정시기는 당해 공익법인이 설립한 사업연도의 다음 사업연도의 종료일 현재를 기준으로 판정하는 것임.

❏ 내국법인이 자기주식을 취득하여 의결권이 없어진 경우(재재산-417, 2005.10.18.)

공익법인 등이 출연받은 재산에 대한 증여세 과세가액 불산입 규정을 적용할 때 당해 내국법인이 보유하고 있는 자기주식은 의결권 있는 발행주식총수에 포함됨(2017.1.1. 이후 제외함).

❏ 공익법인이 보유한 우선주를 보통주로 전환한 경우 주식취득에 해당함(서면4팀-3004, 2007.10.18.).

❏ 5% 초과 보유한 상태에서 유상증자에 참여한 경우(재삼 46014-872, 1996.4.3.)

1993.12.31. 현재 동일종목의 주식을 5%를 초과하여 소유하고 있는 공익법인이 1994.1.1. 이후 유상증자에 의하여 새로이 주식을 취득하는 경우에는 주식지분율이 5% 미만으로 떨어지지 않는 한 지분율 변동유무에 불구하고 5% 초과지분의 증자금액에 대하여 증여세가 과세됨.

❏ 5% 초과 보유한 주식에서 무상주 교부받은 경우 과세 안함(재삼 46014-1519, 1995.6.23.).

다. 5% 초과 보유주식에 대한 매각의무

1990.12.31.과 1993.12.31. 구 상속세법 개정시 각각 발행주식수의 20%와 5%를 초과하여 출연받거나 취득하는 주식에 대하여는 증여세를 과세하도록 하였고, 개정일 이전부터 보유하고 있는 주식에 대하여는 개정규정을 적용하지 아니하였다.

공익법인이 동일종목의 주식을 과다하게 보유하여 지주회사화되는 폐해를 방지하기 위하여 1996.12.31. 현재 공익법인이 동일 내국법인의 주식 20%를 초과하여 보유하고 있는 경우에는 5년(2001.12.31.까지) 내에, 5% 초과 20% 이하 보유하고 있는 경우에는 3년

(1999.12.31.까지) 내에 그 초과분을 다른 주식으로 대체하여 보유하거나 처분토록 하는 5% 초과보유주식 매각의무기준을 1996.12.31. 신설하였다.

1) 5% 초과보유주식의 판정

[Ⓐ + Ⓑ] ≤ K법인 총발행주식수의 5%

Ⓐ : 당해 공익법인이 보유하고 있는 내국법인(K법인)의 주식수

Ⓑ : 출연자와 특수관계 있는 자 및 K법인과 특수관계에 있는 출연자로부터 재산을 출연받은 다른 공익법인이 보유하는 K법인의 주식

➡ 총발행주식수란 당해 내국법인(K법인)의 의결권 있는 주식 또는 출자지분을 의미한다(상속증여세법 §16 ② 본문).

2) 주식 처분유예기간

공익법인이 보유하고 있는 동일종목 주식의 지분율에 따라 다음과 같이 매각할 수 있는 기간을 주고 매각유예기간을 경과한 후에도 5%를 초과하여 보유하고 있는 경우에는 그 초과분에 대하여 가산세를 부과하도록 하고 있다.

- 지분율 5% 초과 20% 이하 보유 : 3년 이내 → 1999.12.31.까지 처분
- 지분율 20% 초과 보유 : 5년 이내 → 2001.12.31.까지 처분

3) 주식매각의무 적용제외 공익법인 등

다음의 공익법인은 주식매각의무대상에서 제외한다.

(가) 2020.12.31. 이전 성실공익법인 등

공익법인이 성실공익법인에 해당하는지 여부의 판정기준일은 공익법인의 과세기간 또는 사업연도의 종료일 현재를 기준으로 한다.

그러나 1996.12.31. 이전에 주식 등의 보유기준을 초과하여 보유하고 있는 공익법인은 그 보유비율에 따라 1999.12.31. 또는 2001.12.31. 까지 그 초과분을 처분하도록 유예하여 그로 인하여 최초로 당해 성실공익법인 등을 판정하는 경우 그 판정기준일은 처분유예기간의 종료일로 한다.

즉, 동일내국법인의 주식 등 5% 초과 20% 이내 보유법인 → 1999.12.31.

동일내국법인의 주식 등 20% 초과 보유법인 → 2001.12. 31.에 최초로 판단한다.

(나) 국가·지방자치단체가 출연하여 설립한 공익법인 등

① 국가·지방자치단체가 재산을 출연하여 설립한 공익법인

② "①"의 공익법인이 재산을 출연하여 설립한 공익법인

③ 정부투자기관 관리기본법상의 정부투자기관이 재산을 출연하여 설립한 공익법인

④ "③"의 공익법인이 재산을 출연하여 설립한 공익법인

4) 주식 초과보유분 미매각에 대한 가산세 부과(상속증여세법 §78 ④)

공익법인 등이 주식처분유예기간 경과 후에도 그 보유기준(5%)을 초과하여 보유하는 경우에는 초과하는 주식에 대하여 매 사업연도 말 현재 시가의 5%에 상당하는 금액을 가산세로 과세한다. 다만, 이 경우 가산세의 부과기간은 10년을 초과하지 못한다.

이 경우 처분유예기한 종료일의 다음 날부터 매년 1월 1일을 기산일로 하여 총 10년간 가산세를 부과하며, 부과제척기간은 10년을 적용한다(법령해석기본-289, 2016.12.26.).

가산세 = 5% 초과보유주식의 매사업연도말 현재의 시가 × 5%

---

* 2 이상 공익법인이 보유한 동일 내국법인의 주식을 합하여 5% 초과보유 여부를 판단하는 경우로서 5%를 초과하여 보유하고 있는 경우 2 이상 공익법인 중 나중에 취득한 주식부터 가산세를 부과한다.

 관련 예규·심판결정례 및 판례 등

❏ 5% 초과분에 증여세 과세된 경우 사후관리 대상 아님(재산상속 46014-849, 2000.7.11.).

❏ 2 이상 공익법인이 동일 주식 보유한 경우(재재산 46014-81, 2001.3.21.)

주식보유기준을 초과해 2 이상의 공익법인이 동일한 내국법인의 주식을 보유하여 그 기한을 경과한 경우 가산세 적용대상 주식수 산정시, 성실공익법인 보유분은 제외됨.

❏ 2008년 개정된 성실공익법인 요건을 충족하지 못한 경우 5% 초과분에 대하여 가산세 과세 여부(조심 2019전464, 2019.11.14)

2008.2.22. 개정된 상증법 시행령 제13조 제5항에서 성실공익법인 요건으로 회계감사요건이 추가되었으나, 청구법인은 회계감사를 받지 아니함으로써 위 개정된 성실공익법인 요건을 충족하지 못한 것이므로 소급과세금지원칙에 위반되었다고 보기 어려운 점, 청구주장과 같이 2008년 이전에 취득한 주식에 대하여 개정 전 법령을 적용한다면 공익법인이 보유한 주식을 그 취득일을 기준으로 2008년 이전 취득분은 개정 전 성실공익법인 요건을, 2008년 이후 취득분은 개정 후 요건을 각각 달리 적용하여야 하는 결과가 되어 불합리한 점 등에 비추어 청구법인이 성실공익법인 요건을 충족하지 못하는 것으로 보아 출연받은 주식 중 5% 초과분에 대하여 초과보유가산세를 과세한 이 건 처분은 잘못이 없음.

라. 계열기업의 주식보유 한도

공익법인을 지주회사화하는 것을 방지하기 위하여 동일종목 주식 5% 또는 10% 이상의 보유 금지의무 외에 해당 공익법인의 총재산가액 중 특수관계에 있는 내국법인의 주식 등의 가액이 30%(2008.1.1. 이후 외부감사, 전용계좌 개설, 결산서류 등 공시의무 등을 이행하는 성실공익법인의 경우 50%)를 초과할 경우 그 초과하는 가액에 대하여 가산세를 적용하도록 1999.12.28. 신설하였다(상속증여세법 §48 ⑨).

1) 특수관계에 있는 내국법인의 범위

특수관계에 있는 내국법인이란 다음 ①~③에 해당하는 자가 ①에 해당하는 기업의 주식 등을 출연하거나 보유한 경우의 당해 기업(당해 기업과 함께 ①에 해당하는 자에 속하는 다른 기업을 포함)을 말한다.

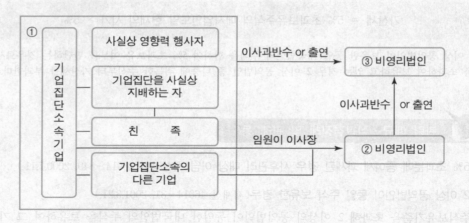

① 출연자가 기획재정부령이 정하는 기업집단소속 특정기업의 주주인 경우로서 당해 기업(해당 기업의 임원과 퇴직임원을 포함한다)과 다음 각 목의 어느 하나에 해당하는 관계에 있는 자 또는 당해 기업의 임원에 대한 임면권의 행사·사업방침의 결정 등을 통하여 그 경영에 대하여 사실상의 영향력을 행사하고 있다고 인정되는 자
　가. 기업집단소속의 다른 기업
　나. 기업집단을 사실상 지배하는 자
　다. 나목의 자의 친족
② ①의 각목 외의 부분에 따른 소속기업 또는 가목에 따른 기업의 임원 또는 퇴직임원이 이사장인 비영리법인
③ ① 및 ②의 자가 이사의 과반수이거나 재산을 출연하여 설립한 비영리법인

2) 초과보유분에 대한 주식 등 처분유예기간

해당 공익법인과 특수관계에 있는 법인의 주식가액이 해당 공익법인의 총자산가액에서 차지하는 비율 중 30%를 초과하는 비율의 1/2 이상은 2000.12.31.까지 처분하고 나머지는 2001.12.31.까지 처분하여야 하며, 처분하지 않은 경우에는 가산세를 과세한다 (1999.12.28. 개정, 상속증여세법 부칙 §7 ③).

3) 초과보유에 대한 가산세 부과

공익법인이 주식처분유예기간 경과 후에도 총자산가액의 30%(2008.1.1. 이후 외부감사, 전용계좌의 개설 및 사용, 결산서류 등의 공시를 이행하는 공익법인 등에 해당하는 경우에는 50%) 이상을 특수관계에 있는 내국법인의 주식을 보유하고 있는 경우에는 초과하는 주식에 대하여 매 사업연도 말 현재 시가의 5%에 상당하는 금액을 가산세로 과세한다(상속증여세법 §78 ⑦).

> 가산세 = 30%(또는 50%) 초과보유주식의 매 사업연도 말 현재의 시가 × 5%

4) 초과하는 내국법인의 주식 등의 가액

보유비율을 초과하는 주식 등의 가액은 다음과 같이 계산한다.

> 초과하는 주식 등의 가액 = Ⓐ-(Ⓑ×30% 또는 50%)

Ⓐ : 이동평균법에 의한 당해 내국법인의 주식 등의 취득가액과 대차대조표상의 가액 중 적은 금액
Ⓑ : 공익법인 등의 총 재산(당해 내국법인의 주식 등을 제외함)에 대한 대차대조표상의 가액에 "Ⓐ" 가액을 가산한 가액

5) 가산세 부과 예외

성실공익법인과 국가·지방자치단체가 출연하여 설립한 공익법인 및 공공기관의 운영에 관한 법률상 공공기관이 재산을 출연하여 설립한 공익법인 등에 대해서는 계열기업 주식보유한도를 위반하는 경우에도 가산세를 부과하지 않는다.

 관련 예규·심판결정례 및 판례 등

❑ 초과보유 주식에 의결권이 없는 우선주는 제외함(서일 46014-11705, 2003.11.25.).

❑ 외국법인이 발행한 주식은 보유제한을 받지 아니함(서면4팀 – 441, 2005.3.24.).

8. 공익법인 등의 기준금액 이상 공익목적사업비 지출의무

공익법인 등이 출연받은 재산을 수익용·수익사업용으로 운용하여 발생하는 운용소득의 일정비율 이상을 직접 공익목적사업에 사용하도록 한 것과는 별도로 출연재산가액의 일정비율 이상을 직접 공익목적사업에 최소한 사용하도록 공익성을 강화하였다.

가. 사용의무 비율

┃ 출연재산 기준금액 이상 의무사용 개정 연혁 ┃

구 분	2018.1.1.~2020.12.31.			2021.1.1.~		
주식보유비율	5% 이하	5%~10%	10%~20%	5% 이하	5%~10%	10%~20%
사용의무비율	없 음	1%	3%	1%	1%	3%

2018.1.1. 이후 개시하는 소득세 과세기간 또는 법인세 사업연도부터 내국법인의 의결권 있는 주식 등을 그 내국법인의 발행주식총수 등의 100분의 5를 초과하여 보유하고 있는 공익법인 등은 출연재산가액에 100분의 1을 곱하여 계산한 금액("기준금액"이라 한다) 이상을 직접 공익목적사업에 사용하여야 한다. 2018.2.13.이 속하는 사업연도부터 사회복지 목적사업 등을 영위하는 공익법인 등이 발행주식총수 등의 100분의 10을 초과하여 보유하고 있는 경우에는 출연재산가액에 100분의 3을 곱하여 계산한 금액을 기준금액으로 한다. 기준금액에 미달하게 사용한 경우에는 기준금액에서 직접 공익목적사업에 사용한 금액을 뺀 금액에 100분 10을 곱한 가산세를 부과한다.

2021.1.1. 이후 개시하는 사업연도 분부터 내국법인의 의결권 있는 주식 보유비율에 관계없이 모든 공익법인 등에 대해서 출연재산가액의 100분의 1에 상당하는 금액 이상을 직접 공익목적사업에 사용하도록 하였다.

직접 공익목적사업에 사용한 실적은 직접 공익목적사업에 사용해야 할 과세기간 또는 사업연도 중 고유목적사업비로 지출된 금액으로서 손금에 산입한 금액을 포함하며, 직접 공익목적사업에 사용한 실적을 계산할 때 공익법인등이 해당 공익목적사업 개시 후 5년이 지난 경우에는 직접 공익목적사업에 사용해야 할 과세기간 또는 사업연도와 그 과세기간 또는 사업연도 직전 4개 과세기간 또는 사업연도와의 5년간의 평균금액을 기준으로 계산할 수 있다.

나. 출연재산가액

출연재산가액이란 직접 공익목적사업에 사용하여야 할 과세기간 또는 사업연도의 직전 과세기간 또는 직전 사업연도 종료일 현재 재무상태표 및 운영성과표를 기준으로 다음의 계산식에 따라 계산한 가액을 말한다. 다만, 공익법인 등(운용소득 80% 미만 사용, 이사수 1/5 초과, 출연자 등 내부거래, 특수관계법인 광고·홍보하는 공익법인)과 외부회계감사 대상 공익법인의 재무상태표상 가액이 상속증여세법 제4장에 따라 평가한 가액의 100분의 70 이하인 경우에는 상속증여세법상 평가한 가액을 말한다.

> 수익용 또는 수익사업용으로 운용하는 재산(직접 공익목적 사업용 재산을 제외한다)의
> [총자산가액 - (부채가액 + 당기 순이익)]

2022.1.1. 이후 개시하는 사업연도 분부터 총자산가액 중 해당 공익법인이 3년 이상 보유한 유가증권시장 또는 코스닥시장에 상장된 주권상장법인의 주식가액은 보유기간별로 다음의 과세기간 또는 사업연도 종료일 현재 각 재무상태표 및 운영성과표를 기준으로 한 가액의 평균액으로 한다.

주식 보유기간	주식의 가액 평균기간
3년 이상 5년 미만	직전 3개 과세기간 또는 사업연도
5년 이상	직전 5개 과세기간 또는 사업연도

다. 사용의무 배제대상 공익법인

다음에 해당하는 공익법인 등은 지출의무규정을 적용하지 않는다.
㉠ 자산가액이 5억원 미만이면서 수입금액이 3억원 미만인 공익법인 등
㉡ 지정기부금단체 중 공공기관 또는 특정 사업목적으로 특별법에 따라 직접 설립된 법인
㉢ 종교법인

라. 사용의무금액에 미달한 경우 가산세 등 부과

2024.1.1. 이후부터 주식보유비율에 따라 다음의 가산세를 부과한다.

㉠ 주식 5% 초과 보유 공익법인 : 미달지출액의 200% 가산세

㉡ 주식 5% 이하 보유 공익법인 : 미달지출액의 10% 가산세

2023.12.31. 이전에는 다음과 같이 상속세 또는 증여세, 가산세를 부과하였다.

2018.1.1. ~ 2021.12.31.	2022.1.1. ~ 2023.12.31.
○ 3% 또는 1% 미달사용액의 10%	○ 출연재산의 3% 미달 사용시 　• 가산세 : 미달 사용액 × 10% ○ 출연재산의 1% 미달 사용시: ⓐ+ⓑ 　• ⓐ 가산세 : 미달 사용액의 10% 　• ⓑ 증여세 : 주식 5% 초과보유분

9. 출연자 등의 이사·임직원 취임제한

가. 개 요

2000.1.1.부터 출연자 또는 그와 특수관계에 있는 자가 공익법인 등(의료법인은 제외)의 이사 현원의 1/5을 초과하여 이사가 되거나 당해 공익법인 등의 임직원으로 되는 경우에는 그들에게 지급하는 급여, 판공비 등 직·간접경비에 대하여 가산세를 부과한다. 재산을 출연하여 상속세 또는 증여세를 면제받은 후 출연자 또는 그의 친족 등이 해당 공익법인의 운영을 좌지우지하는 등으로 사유화하거나 평생직장으로 만드는 등 공익법인 출연재산에 대한 조세감면제도를 악용하는 것을 방지하기 위한 조치로 볼 수 있다.

다만, 2016.1.1. 이후 가산세를 결정하거나 경정하는 분부터 이사의 사망, 사임, 특수관계인에 해당하지 않던 이사가 특수관계인에 해당하는 부득이한 사유로 출연자 또는 그의 특수관계인이 공익법인 등의 현재 이사 수의 5분의 1을 초과하여 이사가 된 경우로서 해당 사유가 발생한 날부터 2개월 이내에 이사를 보충하거나 개임(改任)하는 경우에는 가산세를 부과하지 아니한다.

나. 출연자 및 특수관계인의 범위

출연자란 해당 공익법인에 재산을 출연한 자를 말하되, 재산 출연일 현재 해당 공익법

인 등의 총출연재산가액의 1%에 상당하는 금액과 2천만원 중 적은 금액을 출연한 자는 제외한다.

특수관계인은 출연자의 친족, 사용인 등 공익법인의 주식보유제한에서 기술하고 있는 일반적 특수관계인의 범위와 동일하다.

다. 공익법인 등(의료법인 제외)의 범위

다음에 해당하는 공익법인에 대하여 이사 등 취임을 제한하며, 2000.12.29. 이후 최초로 종료하는 사업연도분부터 의료법인의 경우에는 이사 등 취임제한 공익법인에서 제외하였다. 이것은 의료법인은 다른 공익법인과는 달리 목적사업 자체가 법인세가 과세되는 수익사업이므로 원활한 목적사업 수행을 위하여 특수관계인이 임·직원이 되는 경우에도 가산세를 부과하지 않도록 한 것이다.

① 기업집단의 소속기업의 임원, 기업집단을 사실상 지배하는 자 및 그의 친족이 이사의 과반수를 차지하거나 재산을 출연하여 설립한 비영리법인

② 출연자와 그의 친족 및 사용인, 기업집단소속의 기업·임원 등이 이사의 과반수를 차지하거나 재산을 출연하여 설립한 비영리법인

③ 기업집단소속의 기업 등의 임원 등이 이사장인 비영리법인

라. 가산세 부과방법

출연자 또는 그와 특수관계 있는 자가 이사현원(5인 이하인 경우 5인으로 본다)의 1/5을 초과하여 이사가 된 경우 그 초과하는 이사와 임직원(이사를 제외한다)이 있는 경우 그 사람과 관련하여 지출된 급료, 판공비, 비서실 운영경비 및 차량유지비 등 직·간접경비에 상당하는 금액 전액을 가산세로 부과한다.

다만, 의사, 학교의 교직원, 아동복지시설의 보육사, 도서관의 사서, 사회복지시설의 사회복지사 자격소지자, 박물관·미술관의 학예사와 관련된 경비에 대해서는 가산세를 부과하지 않는다. 2021.2.17. 이후 경비를 지출하는 분부터 「국가과학기술 경쟁력 강화를 위한 이공계지원 특별법」에 따른 연구기관의 다음에 해당하는 연구전담요원과 관련된 경비도 가산세를 부과하지 않도록 하였으며, 가산세를 부과할 이사가 2인 이상인 경우 경비가 큰 특수관계인 이사의 경비부터 가산세로 부과하고 경비가 동일한 경우 가장 늦게 취임한 이사의 경비부터 가산세로 부과하도록 개정하였다.

① 및 ②의 요건을 충족했는지 여부는 공익법인등에서 근무를 시작한 시점을 기준으로 판단한다.

① 자연계·이공계·의학계 분야의 학사 학위 이상을 소지한 사람일 것. 이 경우 각 분야의 예시는 조세특례제한법 시행규칙 별표 1의2와 같다.

② 다음의 어느 하나의 연구기관에서 5년(박사 학위를 소지한 사람의 경우 2년) 이상 연구개발 및 기술개발 경험이 있을 것. 연구기관 등에서 연구원으로 근무(학위 취득 기간 및 휴직 등으로 인해 실제로 연구원으로 근무하지 않은 기간은 제외한다)한 경우 연구개발 및 기술개발 경험이 있는 것으로 본다.

㉮ 「국가과학기술 경쟁력 강화를 위한 이공계지원 특별법」 제2조 제3호에 따른 연구기관

㉯ 외국의 대학과 그 부설연구소, 국책연구기관 및 기업부설연구소

③ 해당 공익법인등에서 연구원(행정 사무만을 담당하는 사람은 제외한다)으로 근무하는 사람일 것

2021.2.16. 이전에는 이사의 취임시기가 다른 경우에는 나중에 취임한 이사에 대한 분부터 적용하며, 취임시기가 동일한 경우에는 지출경비가 큰 이사에 대한 경비 등부터 가산세를 부과한다(재산-80, 2013.3.18.).

가산세를 부과할 해당 이사가 임기가 끝난 후 연속하여 이사에 임명된 경우 동 이사의 취임시기는 최초 취임일이며, 해당 이사가 임기가 끝난 후 연속하지 않고 다시 이사에 임명된 경우에는 동 이사의 취임시기는 중임일이라고 해석하고 있다(재재산-1076, 2020.12.11., 법령해석재산-394, 2020.12.17.).

※ 가산세가 부과되는 임직원 예외범위 확대(2008.2.22. 이후 결정하는 분부터 적용)

2008.2.21. 이전	2008.2.22. 이후
- 의사 - 학교의 교사 - 고아원·탁아소의 보모 - 도서관의 사서 - 사회복지법인 등의 사회복지사	- 의사(종전과 동일) - 학교의 교직원* - 아동복지시설의 보육사 - 도서관의 사서(종전과 동일) - 사회복지시설의 사회복지사 자격 소지자 - 박물관·미술관의 학예사 - 연구기관의 전담연구요원(2021.2.17. 신설)

* 개정전 학교의 교사에 교장, 총장 등이 포함되지 않을 수 있었던 것을 교장, 교감, 총장, 학장, 직원도 가산세 부과대상에서 제외하되, 직원은 학교회계에서 경비를 지급하는 자에 한함.

마. 가산세 부과 유예기간

출연자 및 그의 특수관계인에 대한 이사·임직원 취임제한규정은 2000.1.1. 이후 최초로 개시하는 사업연도 분부터 적용하되 1999.12.31. 현재 출연자 및 그의 특수관계인이 이사 현원의 1/5을 초과하는 경우 일정 유예기간을 두어 그 초과인원을 감소시키는 경우에는 가산세를 적용하지 아니한다(1999.12.28. 개정, 상속증여세법 부칙 §7 ②).

  – 1/5의 초과인원 중 1/2 이상은 2000.12.31.까지

  – 나머지는 2001.12.31.까지 감소시키도록 함.

➡ 기준초과(1/5) 이사의 가산세에 대해서만 유예규정이 있으며, 임직원의 가산세에 대한 유예규정은 없음.

관련 예규 · 심판결정례 및 판례 등

❑ 임직원 관련 가산세 부과 제외 대상에 요양보호사는 해당하지 않음(자문 – 법무과 6966, 2023.10.6.).

❑ '박물관·미술관의 학예사'는 「박물관 및 미술관 진흥법」 제6조에 따른 '학예사 자격을 가진 자'를 말함(과세자문 – 법령해석법인 – 256, 2021.4.8.).

❑ 이사에게 지급한 경비를 환수한 경우(재산세과 – 210, 2009.9.14.)

  공익법인 등의 이사취임 관련 제한 위반으로 가산세가 부과된 경우로서, 해당 직, 간접경비를 환수하는 경우에는 가산세를 환급한다는 별도의 규정은 없음.

❑ 출연자가 2 이상인 경우 이사현원의 1/5초과 여부 판정방법(서면4팀 – 1218, 2008.5.20.)

  출연자 또는 그와 특수관계에 있는 자가 공익법인 등 이사현원의 5분의 1을 초과하는지 여부는 출연자별로 각각 판단하는 것임.

❑ 교장, 총장 등에 지급한 경비의 과세 여부(법규과 – 10721, 2008.3.13.)

  초·중등학교의 교장과 교감 및 대학의 총장과 학장, 학교의 직원(학교회계로 급여를 지급하는 자에 한함) 및 부속병원의 행정직원도 가산세 부과대상에서 제외하도록 한 상속증여세법 시행령 제80조 제10항의 규정은 2008.2.22. 이후 최초로 가산세를 결정하는 분부터 적용함.

❑ 이사 1/5 판정방법 및 대학교 교수의 교사 여부(서면4팀 – 84, 2005.1.11.)

  이사 현원이 16명인 경우 5분의 1을 초과하지 않는 이사의 수는 3명이며, '학교의 교사'의 범위에는 대학교의 교수 등 학생을 교육하는 업무에 종사하는 자를 포함하는 것임.

❑ 이사에 대한 가산세는 경비 지급액 전액임(조심 2008서3357, 2008.12.10.).

10. 특정기업의 광고 · 홍보행위 제한

2000.1.1.부터 공익법인이 언론매체 또는 공익사업 수행시 팜플렛 등을 통해 특수관계에 있는 내국법인의 이익을 증가시키기 위하여 정당한 대가를 받지 아니하고 광고 · 홍보를 하는 경우에는 가산세를 부과한다.

다만, 2005.1.1.부터 공익법인에 출연한 내국법인의 명칭만을 사용하여 홍보하거나 해당 공익법인의 상품을 기념품으로 제공하는 경우에는 가산세를 부과하지 않도록 하여 기부문화 활성화를 통하여 문화사업진흥을 지원하도록 하고 있다.

가. 특수관계 있는 내국법인의 범위

특수관계에 있는 내국법인이란 기업집단소속의 임원 등이 이사장인 비영리법인, 주주 1과 그의 친족 및 사용인 등이 이사의 과반수를 차지하거나 재산을 출연하여 설립한 비영리법인 등이 기업집단소속의 주식을 출연하거나 보유한 경우 당해 내국법인을 말한다.

나. 광고 · 홍보의 범위

가산세를 부과하는 광고 · 홍보는 다음에 해당하는 것을 말한다.
① 신문 · 잡지 · 텔레비전 · 라디오 · 인터넷 또는 전자광고판 등을 이용하여 내국법인을 위하여 홍보하거나 내국법인의 특정상품에 관한 정보를 제공하는 행위(다만, 내국법인의 명칭만을 사용하는 홍보는 제외)
② 팜플렛 · 입장권 등에 내국법인의 특정상품에 관한 정보를 제공하는 행위(다만, 내국법인의 명칭만을 사용하는 홍보는 제외)

다. 광고 · 홍보에 대한 가산세

공익법인이 특수관계에 있는 내국법인을 광고 · 홍보하는 경우에는 다음의 금액 전액을 가산세로 하여 부과한다.
- 광고 등을 하는 경우(위 나. ①) : 당해 광고 · 홍보매체의 이용비용
- 정보를 제공하는 경우(위 나. ②) : 당해 행사비용 전액

11. 자기내부거래하는 경우

자기내부거래란 특수관계인 간에 내부거래를 통하여 무상으로 이익을 이전하는 것을 말하는 것으로, 공익법인이 출연받은 재산을 출연자 및 그의 특수관계인이 정당한 대가를 지급하지 아니하고 사용·수익하는 경우에는 그 제공된 이익에 상당하는 가액을 공익사업에 사용하지 아니한 것으로 보아 증여세를 과세한다.

이 경우 출연받은 재산에는 출연받은 재산을 원본으로 취득한 재산 및 출연받은 재산의 매각대금을 포함한다.

가. 과세대상 자기내부거래

공익법인의 출연재산을 특수관계인이 정당한 대가를 지급하지 않고 사용·수익하는 경우(예 : 건물의 임대, 금전소비대차 등)에는 공익법인에게 증여세를 과세한다. 따라서 공익법인이 출연자 및 특수관계인과의 거래를 하는 경우에도 용역을 제공하고 정상적인 대가를 지급받는 경우에는 과세하지 아니하며, 출연일부터 3월 이내에 출연자 등이 사용하는 등 다음의 경우에는 과세대상에서 제외한다.

> **♪ 과세대상에서 제외하는 내부거래 유형**
>
> • 출연받은 날로부터 3월 이내에 한하여 출연자 및 그의 특수관계인이 사용하는 경우
> • 교육기관이 특정 연구시험용 건물 및 시설 등*을 출연받아 출연자와 공동으로 사용하는 경우
> • 해당 공익법인 등이 의뢰한 연구용역 등의 대가 또는 직접 공익목적사업의 수행과 관련한 경비 등을 지급하는 경우
> • 출연받은 부동산을 다음의 정당한 대가를 지급하고 사용하는 경우
>   * 상속증여세법상 정당한 대가 : 부동산가액 × 기획재정부령으로 정하는 율(2%)
>   * 법인세법 시행령상 시가도 통상적인 지급대가에 포함 : (제공하거나 제공받은 자산 시가×50% - 전세금 또는 보증금)×정기예금이자율(1.6%)
>   * 특정 연구시험용 시설 등의 범위
>   • 출연받은 기부금에 의하여 설립한 건물
>   • 법인세법 시행규칙 [별표2] 시험연구용자산의 내용연수표에 규정된 시설 및 설비

특수관계인의 범위

1. 출연자 및 그 친족
2. 출연자가 출연한 다른 공익법인 등
3. 출연자가 비영리법인인 경우 그 법인에 대한 출연자 및 그 친족
4. 출연자가 영리법인인 경우 당해 법인을 출자에 의하여 지배하고 있는 자와 그 친족
5. 출연자의 사용인
6. 출연자로부터 재산을 출연받은 다른 공익법인 등의 임원
7. 출연자가 출자에 의하여 지배하고 있는 법인(상증령 §13 ⑧ 참조)
   ※ 5~7의 출연자는 개인과 법인 출연자를 구분하지 아니하며, 단순히 출연자의 사용인이 전액 출연한 법인이라 하여 그 출자한 법인과 출연받은 공익법인은 특수관계에 해당 안됨(기준-2022-법무과-8555, 2023.12.18.)
8. 출연자가 기업집단 소속기업이거나 그 기업의 임원인 경우 그 기업집단 소속의 다른 법인
9. 출연자가 임원의 임면권의 행사 또는 사업방침의 결정 등을 통하여 법인의 경영에 대하여 영향력을 행사하고 있다고 인정되는 관계에 있는 법인

자기내부거래 예시

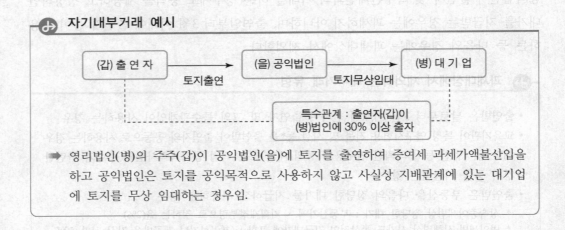

➡ 영리법인(병)의 주주(갑)이 공익법인(을)에 토지를 출연하여 증여세 과세가액불산입을 하고 공익법인은 토지를 공익목적으로 사용하지 않고 사실상 지배관계에 있는 대기업에 토지를 무상 임대하는 경우임.

나. 증여세 과세방법

출연자 등에게 출연재산을 무상으로 사용·수익하게 하는 경우에는 해당 출연재산가액을 증여가액으로 하여 증여세를 부과하여, 정상적인 대가보다 낮은 가액으로 사용·수익하게 하는 경우에는 그 차액에 상당하는 출연재산가액을 증여가액으로 하여 증여세를 과세한다.

2013.2.15. 이후부터 상속증여세법 시행령 제39조 제3항에서 정상적인 대가를 산정하는 방법을 상속증여세법 시행령 제31조의9 제8항을 준용하도록 명확하게 규정하였다.

부동산임대용역	부동산 평가액(㉠) × 연간 2%
부동산임대용역 외 경우	원가(㉡) + (원가 × 수익률(㉢)) (법인세법 시행령 §89 ④ 2호 준용)

㉠ 부동산의 평가액 : 상속증여세법 제60조부터 제66조까지에 따라 평가한 가액을 말한다.

㉡ 원가 : 건설 기타 용역을 제공하거나 제공받는 경우에는 당해 용역의 제공에 소요된 금액(직접비 및 간접비를 포함한다)을 말한다.

㉢ 수익률 : 기업회계기준에 의하여 계산한 매출액에서 원가를 차감한 금액을 원가로 나눈 율을 말한다.

▶▶ 상속증여세법 기본통칙 48-39…6【공익법인 등의 자기내부거래에 대한 증여세 과세】
① 공익법인 등이 출연받은 재산 등을 출연자 등에게 사용·수익하게 하는 경우 영 제39조 제3항의 규정에 의한 증여세 과세가액은 다음의 각 호에 따른다.
1. 대가없이 사용·수익하게 하는 경우 : 해당 출연재산가액
2. 낮은 대가로 사용·수익하게 하는 경우

$$: 당해\ 출연재산가액\ \times\ \frac{(정상적인\ 대가\ -\ 실제\ 지급한\ 대가)}{정상적인\ 대가}$$

③ 영 제39조 제3항, 영 제40조 제1항 제1호 및 제4호부터 제5호까지에 따라 공익법인 등에 부과되는 증여세 과세가액은 각 규정에 따른 가액을 과세요인 발생일 현재 법 제60조부터 제66조까지에 따라 평가한 가액으로 한다.

관련 예규·심판결정례 및 판례 등

❏ 출연재산을 출연자에게 무상임대한 경우 증여재산가액은 상증령 제39조 제3항에 따라 전체 출연재산가액 중 출연자가 사용·수익하는 해당 출연재산가액임(법령해석과-582, 2018.3.6.).

❏ 출연받은 채권을 다시 대여하는 경우(재상상속 46014-202, 2002.7.18.)
공익법인이 특수관계에 있는 법인의 대여금 채권을 출연받은 경우에 출연재산으로서 증여세가 면제되나, 출연받은 후 정상적인 이자를 지급받지 않는 경우에는 증여세가 과세됨.

❏ 출연받은 토지를 저가로 양도한 경우 시가와 대가의 차액 과세됨(대법원 99두967, 2000.2.8.).

❏ 학교운영비를 입금한 사실은 있으나 이는 별개의 채권·채무로서 쟁점토지의 사용료로 볼 수 없으므로 무상임대에 대하여 부당행위계산 부인규정에 의거 증여세를 과세한 당초 처분은 적법함(국심 2005서1473, 2006.12.15.). 다만, 일부 토지의 사용대가를 지급한 부분에 대한 과세는 취소함(대법원

2009두17575, 2011.10.13.).

- 특수관계인 간에 토지무상사용으로 조세부담을 부당히 감소시키는 것으로 인정되는 경우 당해 법인에게 법인세를 과세하도록 규정하고, 또한 공익법인 등이 출연받은 재산 등을 특수관계 있는 자에게 임대차, 소비대차 및 사용대차 등의 방법으로 당해 재산을 사용·수익하게 하는 경우 출연요건위반으로 당초 공익법인에게 출연할 때 면제받은 증여세를 추징하는 경우 양자의 중복적용을 배제하는 특별한 규정이 없는 한 중복과세라 할 수 없음(대법원 98두11830, 1999.9.21. 같은 뜻).

12. 수혜자의 범위를 한정하는 경우

공익법인이 출연받은 재산을 사회전체의 불특정다수인의 이익을 위하여 사용하지 아니하고 출생지·직업·학연 등에 의하여 특정계층에만 공익사업의 혜택이 제공되는 경우에는 출연받은 재산을 공익목적에 맞게 사용하지 아니한 것으로 보아 공익법인에 대하여 증여세를 부과한다. 다만, 공익법인의 주무부장관이 기획재정부장관과 협의하여 공익법인이 수혜자를 한정하는 것을 인정하는 경우에는 증여세를 부과하지 아니한다.

가. 증여세 과세방법

특정계층에 제공된 재산가액이나 경제적 이익을 증여가액으로 하여 그 공익법인에게 증여세를 부과한다.

나. 증여세를 과세하지 않는 경우

공익법인의 설립시 또는 정관의 변경허가를 받는 경우에 해당 공익법인의 주무부장관이 기획재정부장관과 협의하여 공익법인이 공익사업 수혜자를 한정하는 것에 대하여 타당성이 있다고 인정하는 경우에는 증여세 과세대상에서 제외하고 있다(재산세과-225, 2012.7.10.).

이 경우 행정권한의 위임 및 위탁에 관한 규정에 의하여 공익법인 설립허가에 관한 권한이 위임된 경우에는 해당 권한을 위임받은 기관과 그 공익법인의 관할 세무서장이 수혜자범위의 한정을 협의하여야 한다.

다. 수혜자 명단 작성의무

공익법인이 출연자 및 그와 특수관계에 있는 자에게 출연재산을 사용·수익하게 하거나 수혜자를 근무지·출생지가 동일한 자 등 일부에게 한정하는 경우 증여세를 부과하기 위해서는 그 수혜자 내역이 필요하므로 2001.1.1. 이후 최초로 개시하는 사업연도에서 지급하는 것부터 수혜자의 인적사항 및 지급내역을 작성·비치하도록 하였다.

관련 예규·심판결정례 및 판례 등

❑ 공익법인이 일부 수혜자에게만 장학금을 지급하는 경우 부과 여부(재산세과 – 255, 2012.7.10.)

　출연받은 재산을 직접공익목적사업에 사용하는 것이 일부에게만 혜택을 제공하는 것인 때에는 증여세가 부과되나, 이 때 주무부장관이 기획재정부장관과 협의(위임된 경우 위임기관과 관할 세무서장이 협의)하여 따로 수혜자의 범위를 정하여 이를 공익법인 등의 설립허가 조건으로 붙인 경우는 과세대상에서 제외함.

　해설

　정관에는 수혜자 한정내용이 명확하게 규정되어 있으나, 법인설립허가증에는 기재되지 아니한 경우 과세 여부에 대하여 정관은 주무관청의 승인사항이고 정관에 수혜자 한정내용을 규정하고 이를 세무서장과 협의하여 승인한 것이므로 증여세 과세대상에 해당하지 아니한다.

❑ 정관에서 수혜자의 범위를 제한한 경우 증여세 부과하지 않음(국심 2003서1779, 2003.10.15.).

13. 공익법인 해산시 잔여재산의 국가 등 귀속 의무

　공익법인이 보유하고 있는 재산은 공익사업을 목적으로 출연된 재산이므로 공익법인이 공익사업을 종료하고 해산시에는 그 잔여재산을 국가·지방자치단체 또는 해당 공익법인과 유사한 공익사업을 영위하는 공익법인에 귀속시켜야 한다.

　유사한 공익법인 등이란 주무부장관이 해당 공익법인 등과 유사한 것으로 인정한 공익법인 등을 말한다.

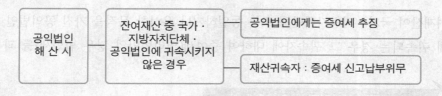

가. 공익법인에 대한 과세

공익법인이 사업을 종료한 때 잔여재산을 국가·지방자치단체 또는 해당 공익법인과 동일하거나 유사한 다른 공익법인에 귀속시키지 아니한 경우에는 그 귀속시키지 아니한 재산가액에 대하여 공익법인에게 증여세를 과세한다.

공익법인 등은 주무관청의 허가를 받고 기본재산을 처분하여야 하는데, 이 경우 공익법인이 사업을 종료한 때의 잔여재산을 통합한 공익법인에 귀속시키기 위하여 주무관청에 허가를 신청하였으나 주무관청의 허가가 지연되어, 잔여재산을 통합하는 공익법인에 귀속시킨 이후 청산절차가 종료되기 전까지 주무관청의 허가를 얻는 경우에도 그 잔여재산에 대하여 증여세를 부과하지 않는다(법령해석재산-282, 2016.8.16.).

다만, 잔여재산 중 일부를 다음 각 호의 1에 해당하는 사유로 인하여 국가·지방자치단체 및 공익법인 등에 귀속시킬 수 없는 때에는 증여세 과세하는 경우 동 금액을 증여재산가액에서 차감하여 계산한다.

- ㉠ 공익법인 등의 이사 및 사용인의 불법행위로 인하여 출연받은 재산 등이 감소된 경우(다만, 출연자 및 그 친족의 불법행위로 인한 경우 제외)
- ㉡ 출연받은 재산 등을 분실하거나 도난당한 경우
- ➡ 2004.1.1. 이후 상속세 또는 증여세를 결정하거나 경정하는 분부터 적용

※ 학교법인의 해산 및 잔여재산 처리에 따른 증여세 부과특례
학교법인이 사립학교법 제35조의2의 규정에 의하여 해산함에 있어서 그 재산의 전부 또는 일부를 동조의 규정에 의한 잔여재산처분계획서에서 정한 자에게 2006.12.31. 이전에 귀속시키는 경우에 당해 학교법인에 대한 증여세 과세가 제외됨.
(2001.1.1. 이후 최초 결정분부터 적용) ⇨ 2006.12.30. 개정시 삭제됨.

나. 잔여재산의 귀속자에 대한 과세

잔여재산이 국가·지방자치단체 또는 동일하거나 유사한 목적을 가진 공익법인 이외의 자에게 귀속되는 경우 그 귀속자에 대하여 증여세(영리법인의 경우 법인세)를 과세한다.

관련 예규·심판결정례 및 판례 등

❑ 잔여재산을 다른 공익법인에 귀속시킨 경우(서일 46014-10399, 2001.11.2.)
공익법인 등이 사업을 종료한 때의 잔여재산을 주무부장관의 허가를 받아 다른 공익법인 등에 귀속시키는 경우 증여세가 과세되지 아니함.

❑ 학교법인 잔여재산을 출연자 등에게 환원하는 경우(제도 46014 - 11768, 2001.6.29.)

　학교법인이 잔여재산 처분계획서에 정한 자에게 환원하는 경우 2001.1.1. 이후 결정분부터는 학교법인에게는 증여세를 추징하지 아니하나 잔여재산을 환원받은 자에게는 증여세가 과세됨.

❑ 설립허가 취소 후 잔여재산 국가 등에 귀속시키지 않은 경우(국심 2001서516, 2002.6.4.)

　공익법인이 그 설립허가가 취소된 후 잔여재산인 부동산을 국가 등에 귀속시키지 않은 경우, 그 설립허가 취소일을 증여시기로 하여 기준시가로 평가해 증여세 과세함.

Ⅱ 공익법인의 보고서 등 작성·제출의무

　공익법인이 출연받은 재산에 대해서는 공익사업을 유도하고 지원할 목적으로 여러 가지 조세혜택을 부여하고 있으나, 출연재산을 장기간 방치하거나 개인의 이익을 위하여 사용하는 등 공익목적사업에 제대로 사용하지 않는다면 조세혜택을 준 취지가 없어질 것이다. 따라서 출연재산을 공익목적사업에 효율적으로 사용하도록 강제하고 세법에서 정한대로 사용하고 있는지를 관리할 필요가 있을 것이다.

　공익법인이 출연재산을 공익목적사업에 제대로 사용하고 있는지를 관리하기 위해서 출연을 받은 재산명세와 사용계획 및 사용한 내용, 매각대금 및 운용소득의 사용계획과 사용실적 등 출연재산 사용과 관련한 보고서를 작성·제출하도록 하고 있다.

　또한, 공익법인 운용에 대한 투명성을 높여 기부문화를 활성화하기 위하여 장부 작성·비치, 외부전문가의 세무확인 및 보고제도, 공익사업의 수입과 지출에 대한 전용계좌 개설·사용의무 및 결산서류 등 공시의무를 부여하고 있다.

　이러한 각종 보고의무내용을 위반하였을 경우에는 가산세를 부과하거나 주식 보유 제한을 받지 않는 성실공익법인에서 제외하고 있다.

| 공익법인의 납세협력의무 |

납세협력의무 내용	관련규정
1. 출연재산 명세 및 사용계획서	상증법 §48 ⑤, 상증령 §41
2. 주식보유 관련 의무이행 신고	상증법 §48 ⑬, 상증령 §41의2
3. 외부전문가의 세무확인서 보고	상증법 §50 ①, 상증령 §43
4. 외부 회계감사보고서 제출	상증법 §50 ③, 상증령 §43
5. 공익법인 등 회계기준 준수의무	상증법 §50의4, 상증령 §43의6
6. 장부의 작성·비치 의무	상증법 §51, 　상증령 §44

납세협력의무 내용	관련규정
7. 전용계좌 개설·사용의무	상증법 §50의2, 상증령 §43의4
8. 결산서류 공시의무	상증법 §50의3, 상증령 §43의5
9. 기부영수증 발급명세 작성·보관·제출 의무	법인세 §112의2
10. (세금)계산서합계표 등 자료제출 의무	법인세법 §120의3 · §121

1. 출연재산 명세 및 사용계획서 등 제출의무

재산을 출연받은 공익법인은 납세지 관할세무서장에게 「공익법인 출연재산 등에 대한 보고서」를 사업연도 종료일부터 4개월(2021. 이전 3개월) 이내에 제출하여야 한다.

가. 제출서류

1) 결산에 관한 서류

2007년부터 공익법인은 결산에 관한 서류(관련 법령에 따라 주무관청에 제출하는 것에 한정함)를 관할세무서장에게 제출하여야 한다.

🔔 공익법인 결산보고서 제출제도 신설(상속증여세법 시행령 §41 ①)

○ 주요내용

공익법인은 주무관청에 제출하는 재무상태표 및 손익계산서(수지계산서 등 포함)를 사업연도 종료일부터 3개월 이내에 관할세무서장에게 제출하여야 함.

○ 결산보고서 주무관청 제출제도가 없는 경우에는 주무관청에 제출하는 것이 없으므로 관할 세무서에 동 결산보고서를 제출할 필요가 없음.

○ 위 결산보고서 제출제도에서 결산보고서란 ① 고유목적사업부문 ② 수익사업부문 ③ 총계부문별로 작성된 것을 의미하므로

  －수익사업을 영위하는 공익법인이 법인세 신고시 수익사업부문의 결산보고서를 제출하더라도 고유목적사업부문과 총계부문의 결산보고서를 추가로 제출해야 함.

○ 시행일(2007.2.28.) 이후 최초로 종료하는 사업연도분부터 적용

➡ 학교법인이 주무관청에 제출하는 결산에 관한 서류 중 재무상태표 및 손익계산서(학교회계 관련 세입·세출결산서 포함)는 사업연도 종료일부터 3월 이내에 납세지 관할세무서장에게 제출하여야 하는 것임(재산세과－3958, 2008.11.25.).

2) 출연재산에 관한 보고서

「공익법인 출연재산 등에 대한 보고서(상속증여세법 시행규칙 별지 제23호 서식)」에는 다음 각 호의 서식을 첨부하여 함께 제출하여야 한다.

① 출연재산·운용소득·매각대금의 사용계획 및 진도내역서(별지 제24호 서식)
② 출연받은 재산의 사용명세서(별지 제25호의2 서식)
③ 출연재산 매각대금 사용명세서(별지 제25호의3 서식)
④ 운용소득 사용명세서(별지 제25호의4 서식)
⑤ 주식(출자지분) 보유명세서(별지 제26호 서식)
⑥ 이사 등 선임명세서(별지 제26호의2 서식)
⑦ 특정기업광고 등 명세서(별지 제26호의3 서식)
⑧ 출연재산을 3년 이내에 출연목적에 사용하지 못하고 그 사용에 장기간을 요하여 주무부장관이 이를 인정하는 경우에는 그 관련 서류

나. 제출기한

공익법인은 결산에 관한 서류 및 출연재산 등에 대한 보고서를 사업연도 종료일부터 4개월(2021. 이전 3개월) 이내에 제출하여야 한다. 이 경우 공익법인의 사업연도는 당해 공익법인에 관한 법률 또는 정관의 규정에 의하며, 사업연도가 따로 정하여져 있지 아니한 경우에는 매년 1월 1일부터 12월 31일까지로 한다(상속증여세법 시행규칙 §11).

👉 **법률에 사업연도 예시**
- 공익법인의 설립 및 운영에 관한 법률 제12조 : 정부의 회계연도(국가재정법상 국가의 회계연도는 1.1.~12.31.임)
- 사립학교법 : 사립학교의 학년도
- 사회복지법인 재무회계규칙 : 정부의 회계연도
- 의료기관회계기준규칙 : 정부의 회계연도(다만 사립학교가 운영하는 병원은 사립학교의 회계연도를 따름)
- 산학협력단 : 당해 대학의 회계연도

다. 보고서 등 미제출 가산세 부과

공익법인 출연재산 등에 대한 보고서를 제출하지 아니하였거나 제출된 보고서에 출연 재산·운용소득 및 매각재산 등의 명세를 누락 또는 잘못 기재하여 사실을 확인할 수 없는 경우에는 제출하지 아니하였거나 불분명한 금액에 상당하는 상속세액 또는 증여세

액의 1%를 가산세로 과세한다.

2. 주식보유 관련 의무

2021.1.1. 이후 개시하는 과세기간 또는 사업연도부터 내국법인의 주식등을 100분의 5를 초과하여 출연받거나 보유하는 공익법인 등은 해당 과세기간 또는 사업연도 종료일부터 4개월 이내에 주식보유 관련 의무이행, 운용소득 사용, 이사 등 선임명세서 등 및 관련 서류를 납세지 관할 지방국세청장에게 제출해야 한다.

가. 신고 대상

주식보유 관련 의무이행 신고 대상은 다음과 같이 주식을 초과 보유하는 공익법인증중 「나. 신고제외대상」에 해당하지 아니하는 공익법인 등을 말한다.

① 동일 내국법인 발행주식총수의 5%를 초과하여 출연받은 공익법인등

② 상증법 §48 ② (2)에 따라 출연받은 재산(수익용 또는 수익사업용으로 사용하는 경우 운용소득 포함) 및 출연재산의 매각대금으로 내국법인 발행주식총수 등의 5%를 초과하여 주식 등을 취득한 공익법인 등

③ 특수관계 있는 내국법인 주식을 총재산가액의 30%(50%*)를 초과하여 보유하는 공익법인(상증법 §48 ⑨)이 특수관계에 있는 내국법인(상증령 §38 ⑬)의 주식등을 보유하는 경우로서 상증령 §38⑭에 따른 가액이 0보다 큰 공익법인등

   * 회계감사, 전용계좌 개설·사용, 결산서류 등 공시 의무 이행시

④ '96.12.31. 현재 의결권 있는 발행주식총수 등의 5%를 초과하는 동일한 내국법인의 의결권 있는 주식 등을 보유하고 있는 공익법인 등으로서, 해당 주식 등을 5% 초과하여 계속하여 보유하고 있는 공익법인 등(상증칙 §13의2 ① (4))

   다만, 국가·지방자치단체가 출연하여 설립한 공익법인 등 이거나 상증령 §42 ② 각 호의 어느 하나에 해당하는 공익법인 등은 주식보유 의무이행 신고대상에서 제외

나. 신고제외 대상

다음 어느 하나에 해당하는 경우 주식보유 의무이행 신고대상에서 제외한다.

다음 ①~⑥의 공익법인 등이 주식 등을 출연받은 경우로써 상호출자제한 기업집단과

특수관계에 있지 아니한 공익법인 등이 출연자와 특수관계 없는 내국법인의 주식 등을 출연받거나 취득한 경우로서 주무관청이 공익법인 등의 고유목적사업을 효율적으로 수행하기 위하여 필요하다고 인정하는 경우(상증법 §16 ③ 1호)에 해당하는 경우

① 국가·지방자치단체가 출연하여 설립한 공익법인 등

② ①의 공익법인 등이 재산을 출연하여 설립한 공익법인 등(상증령 §42② 1호)

③ 「공공기관의 운영에 관한 법률」 제4조 제1항 제3호에 따른 공공기관이 재산을 출연하여 설립한 공익법인 등(상증령 §42 ② 2호)

④ 위 ③의 공익법인 등이 재산을 출연하여 설립한 공익법인 등(상증령 §42 ② 3호)

⑤ 「공익법인의 설립·운영에 관한 법률」 및 그 밖의 법령에 따라 내국법인의 주식 등을 출연하는 경우(상증법 §16 ③ 3호)

⑥ 「산업교육진흥 및 산학연협력촉진에 관한 법률」 제25조에 따른 산학협력단이 주식 등을 취득하는 경우로서 상증령 §37 ⑥ 각 호의 요건을 모두 갖춘 경우(상증칙 §13의 2 ① 2호 다목)

다. 의무이행 요건(상증법 §48 ⑪, 상증령 §41의2 ①② ·③)

신고대상 공익법인이 다음 각 호의 어느 하나에 해당하는 요건을 충족하지 아니하게 된 경우에는 주식초과 보유분에 대하여 증여세 또는 가산세를 부과한다.

① 출연재산 운용소득의 100분의 80 이상을 직접 공익목적사업에 사용할 것

② 출연재산가액의 100분의 1(주식보유비율이 10% 초과하는 경우 100분의 3) 이상을 직접 공익목적사업에 사용할 것(2022.1.1. 이후 개시하는 사업연도 분부터 적용)

③ 출연자 또는 그의 특수관계인이 이사의 5분의 1을 초과하지 아니할 것(이사의 사망 또는 사임, 특수관계인에 해당하지 아니하던 이사가 특수관계인에 해당함에 따라 5분의 1을 초과한 경우로서 해당 사유가 발생한 날부터 2개월 이내에 이사를 보충하거나 개임하여 5분의 1을 초과하지 아니하게 된 경우 ③요건을 계속하여 충족한 경우에는 제외함)

④ 상증법 §48 ③에 따른 자기내부거래를 하지 아니할 것

⑤ 상증법 §48 ⑩에 전단에 따른 광고·홍보를 하지 아니할 것

라. 의무이행 여부 신고방법(상증법 §48 ⑬, 상증령 §41의2 ⑦)

신고대상 공익법인은 매년 사업연도 종료일부터 4개월 이내에 상증규칙 제13조의2 제2항에 따른 서류를 납세지 관할 지방국세청장에 제출하여야 한다.

① 공익법인등 의무이행 신고서, ② 해당 공익법인등의 설립허가서 및 정관, ③ 운용소득 사용명세서, ④ 이사등 선임명세서, ⑤ 특정기업광고 등 명세서, ⑥ 출연자 등 출연받은 재산의 공익목적사용 현황(2022.1.1. 이후 개시하는 사업연도 분부터 제출), ⑦ 출연자 등 특수관계인 사용수익명세서

* ③~⑦ 서류는 상증법 제48조 제5항, 제50조 제2항 및 제50조의3 제1항에 따라 이미 제출하거나 공시한 경우에는 제출하지 않을 수 있음.

마. 의무 미이행시 가산세(상증법 §78 ⑭)

신고대상 공익법인이 신고하지 아니한 경우에는 신고해야 할 과세기간 또는 사업연도 종료일 현재 그 공익법인 등의 자산총액 1천분의 5에 상당하는 금액을 가산세로 부과한다.

➡ 1억원(중소기업기본법 §2 ①에 따른 중소기업인 경우 5천만원)을 한도로 함. 다만, 고의적으로 위반한 경우 한도 없음(국기법 §49 ①).

3. 외부전문가의 세무확인 및 보고의무

공익법인 운영의 투명성을 확보하기 위하여 자산총액 10억원 이상인 공익법인 등은 과세기간별 또는 사업연도별로 출연재산의 운용과 공익사업 운영내역 등을 2명 이상의 외부전문가로부터 세무확인을 받아 세무서장에게 제출하여야 한다.

➡ 2007.12.31. 이전 30억원 이상 공익법인은 2년마다 3인 이상의 전문가 세무 확인

가. 세무확인 대상 공익법인

사업연도의 종료일 현재 재무상태표상 총자산가액이 10억원 이상인 공익법인을 대상으로 한다. 1999.1.1. 이후 개시하는 사업연도분부터는 자산총액 판정시 부동산(토지·건물)은 상속증여세법 제60조부터 제66조까지에 따라 평가한 가액과 재무상태표상의 가액 중 큰 가액을 기준으로 판정한다.

➡ 재무상태표상 총자산가액이란 고유목적사업과 수익사업 등에 사용되는 모든 자산가액을 말함(재삼 46014-1295, 1997.5.23.).

나. 세무확인 대상에서 제외되는 공익법인

자산가액이 10억원에 미달하는 소규모 공익법인 또는 감사원의 회계감사를 받는 등 외부전문가 세무확인에 따른 비용 부담이 가중될 수 있거나 이중의 검사를 받을 필요가 없는 다음에 해당하는 공익법인은 외부전문가의 세무확인을 받지 아니하여도 된다.

2021.1.1. 이후 개시하는 과세기간 또는 사업연도부터 상속증여세법 시행령 제41조의2 제6항에 해당하는 공익법인 등(내국법인 주식을 100분의 5를 초과하여 출연받거나 취득하여 보유하는 공익법인 등)의 경우에는 외부전문가 세무확인 대상에 해당한다. 다만, 다음에 해당하는 공익법인 등은 제외한다.

① 국가·지방자치단체가 출연하여 설립한 공익법인등 및 영 제42조 제2항 각 호의 어느 하나에 해당하는 공익법인 등으로서 법 제16조 제3항 제1호에 해당하는 경우

② 공익법인의 설립·운영에 관한 법률 및 그 밖의 법령에 따라 내국법인의 주식등을 출연하는 경우

③ 산업교육진흥 및 산학연협력촉진에 관한 법률에 따른 산학협력단이 주식등을 취득하는 경우로서 영 제37조 제6항 각 호의 요건을 모두 갖춘 경우

④ 재무상태표상 총자산가액(부동산인 경우 상속증여세법 제60조·제61조 및 제66조에 따라 평가한 가액이 재무상태표상 가액보다 큰 경우에는 평가가액)이 기간별 다음의 금액 미만인 공익법인 등

2007.12.31. 이전	1998.1.1.~2013.12.31.	2014.1.1.~
30억원	10억원	5억원

다만, 해당 과세기간 또는 사업연도의 수입금액(해당 공익사업과 관련된 소득세법에 따른 수입금액 또는 법인세법에 따라 법인세 과세대상이 되는 수익사업과 관련된 수입금액을 말한다)과 그 과세기간 또는 사업연도에 출연받은 재산가액의 합계액이 기간별 다음의 금액 이상인 공익법인 등은 세무확인을 받아야 한다.

2011.7.25.~2013.12.31.	2014.1.1.~
5억원	3억원

⑤ 불특정다수인으로부터 재산을 출연받은 공익법인 등(출연자 1인과 그의 특수관계인이 출연한 출연재산가액의 합계액이 공익법인이 출연받은 총재산가액의 100분의 5에 미달하는 경우에 한함)

⑥ 국가·지방자치단체가 출연하여 설립한 공익법인 등으로서 감사원의 회계 검사를 받는 공익법인 등(회계검사를 받는 연도분에 한함)

⑦ 외부 회계감사를 받은 공익법인 등(2008.1.1. 이후 개시하는 사업연도부터 2016. 12.31. 이전 종료하는 사업연도까지 적용)

다. 보고기한

공익법인에 대한 세무확인을 한 외부전문가는 그 결과를 외부전문가의 세무확인서에 의하여 세무확인을 받은 해당 공익법인 등의 과세기간 또는 사업연도 종료일부터 3월 이내에 당해 공익법인 등을 관할하는 세무서장에게 보고하여야 한다.

라. 외부전문가의 세무확인 보고 미이행 가산세

외부전문가 세무확인 대상 공익법인이 외부전문가의 세무확인에 대한 보고의무 등을 이행하지 아니할 경우에는 다음 계산식에 의하여 계산한 금액과 100만원 중 큰 금액의 가산세를 부과한다.

$$(\text{해당 사업연도 또는 과세기간 수입금액}^{1)} + \text{출연재산가액}^{2)}) \times 0.07\%$$

1) 당해 연도 수입금액이란 법인세법 제3조 제3항에 따른 수익사업에서 발생한 수입금액을 말함(재산세과 −168, 1999.9.9.).
2) 외부전문가의 세무확인에 대한 보고를 이미 이행한 분으로서 계속 공익목적사업에 직접 사용하고 있는 출연재산가액을 차감함(2004.1.1. 이후 상속세 또는 증여세를 결정하거나 경정하는 분부터 적용).

마. 외부전문가

외부전문가는 변호사·공인회계사·세무사를 말하며, 세무확인을 받는 공익법인으로부터 업무수행상 독립되어야 하므로 외부전문가가 출연자의 친족 또는 사용인 등 다음에 해당하는 경우에는 선임할 수 없다.

① 해당 공익법인 등의 출연자·설립자(이하 "출연자 등") 또는 임직원
  −출연자 : 재산출연일 현재 당해 공익법인 등의 총출연재산가액의 100분의 1에 상당하는 금액과 2천만원 중 적은 금액을 출연한 자 제외
  −임직원 : 퇴직 후 5년이 경과하지 아니한 자 포함
② 출연자 등과 친족 및 직계비속의 배우자의 2촌 이내의 혈족과 그 배우자

③ 출연자 등의 사용인 또는 사용인 외의 자로서 출연자 등의 재산으로 생계를 유지하
는 자

④ 출연자 등 또는 그가 경영하는 회사(당해 회사가 법인인 경우에는 출연자 등이 영
제19조 제2항에서 규정하는 "최대주주 또는 최대출자자"인 경우를 말함)와 소송대
리, 회계감사, 세무대리, 고문 등의 거래가 있는 사람

⑤ 공익법인 등과 채권·채무 관계에 있는 사람

⑥ 기타 당해 공익법인과 이해관계가 있어서 그 직무의 공정한 수행을 기대하기 어렵
다고 인정되는 사람

⑦ 외부전문가가 소속된 법인이 ①(임직원은 제외) 및 ④, ⑤, ⑥에 해당하는 사람

이 경우 수익사업을 영위하는 공익법인의 수익사업 분야 세무대리인은 외부전문가로
선임할 수 있다.

바. 세무확인을 하여야 할 사항

외부전문가는 공익법인이 출연받은 재산을 적정하게 공익목적사업에 운용하고 있는지
의 여부 등을 확인하여야 하는데 주요 확인사항은 다음과 같다.

① 출연재산 및 그 운용에 관한 사항
- 출연재산의 3년 내 공익목적사용 여부 및 사용내역의 적정 여부
- 주식을 출연받거나 취득하는 경우 주식보유기준 초과 여부
- 수익용 또는 수익사업용으로 운용하는 출연재산의 운용소득 중 기준금액 이상을
직접 공익목적사업에 사용하였는지 여부
- 출연재산 매각대금을 기준금액이상 공익사업에 사용하였는지 여부
- 공익사업 수혜자의 적정 여부 등

② 자기내부거래에 관한 사항
- 출연재산을 출연자 및 그의 특수관계인에게 무상 또는 낮은 가액으로 사용·수익
하게 하였는지 여부 등

③ 기타 공익법인 등의 운영에 관한 사항
- 이사 중 특수관계인의 기준 초과 여부 및 특수관계인의 임직원 채용 여부
- 특정법인에 대한 광고·홍보 여부
- 장부의 작성·비치의무 준수 여부
- 각종 보고서의 제출 여부

　　　－기타 공익법인의 운영 등과 관련하여 공익목적에 부합되지 않는 사업 또는 행위
　　　　에 대한 조치사항 등

　④ 세무확인 보고 : 공익법인세무확인규정 별지 제1호 내지 제7호(부록 수록)

사. 세무확인서 작성 · 보고 및 열람

　외부전문가는 위 세무확인사항을 확인하여 공익법인 등이 작성한 상속증여세법 시행
규칙 제25조 제1항 각호 서식의 적정 여부를 검증하고, 「공익법인 등의 세무확인규정」 별
지 제1호부터 제7호 서식까지에 따라 세무확인서 등을 작성하여야 하며, 외부전문가 세
무확인서 등은 공익법인 등이 비치하고 있는 장부, 결산보고서 및 그 부속서류, 기타 증
빙서류 등에 의하여 정확하게 작성하여야 하며, 장부 등이 사실과 다른 경우에는 외부전
문가가 확인한 사실에 따라 작성하여야 한다.

　납세지 관할세무서장은 공익법인 출연재산의 공익목적사업 사용 여부 등에 관련된 외
부전문가의 세무확인 결과를 일반인이 열람할 수 있게 하여야 한다.

아. 외부전문가의 의무 및 제재

　외부전문가는 법 제50조에 따라 세무확인을 함에 있어 외부전문가의 직무를 규율하는
법령에 규정된 바에 따라 직무상 의무를 성실히 수행하여야 한다.

　세무서장은 외부전문가가 의무위반시에는 관련 규정 등이 정하는 바에 따라 징계 등
처벌을 요청하여야 하며(2007.5.1. 임의규정에서 강제규정으로 전환) 관련 규정에 따라
처벌을 받은 외부전문가는 처벌을 받은 날로부터 3년간 공익법인 등의 세무확인 업무를
수행할 수 없다.

 관련 예규 · 심판결정례 및 판례 등

❏ 공익법인의 세무대리 수행 회계사가 세무확인 외부전문가 배제대상인지(재재산－865, 2023.7.13.)
　공익법인의 세무대리를 수행하는 회계사 및 공익법인의 세무대리를 수행하는 회계사가 속한
　회계법인의 다른 회계사는 외부전문가 배제대상에 해당하지 않음.

❏ 총자산가액 계산시 국고보조금 포함여부(서면 법인－4659, 2020.11.19.)
　공익법인 외부전문가 세무확인과 관련하여 5억원 미만인 공익법인 등에 해당되는지 여부는 사
　업연도의 종료일 현재 재무상태표상 총자산가액의 합계액을 기준으로 판단하고, 사업연도의 종

    료일 현재 재무상태표상 총자산가액의 합계액에는 국고보조금을 포함함.

❏ **30억원 이상 여부 판단방법**(재재산 - 583, 2007.5.21.)

    외부전문가의 세무확인을 받지 않아도 되는 30억원 미만인 공익법인 등에 해당하는지 여부는 재무상태표상 총자산가액의 합계액을 기준으로 판단함(차입금으로 취득한 자산을 제외하지 않음).

❏ **2개 사업연도 모두 세무확인받지 않은 경우**(재산상속 46014 - 192, 2002.11.27.)

    외부전문가의 세무확인은 2년마다 과거 2년간의 사업연도에 대하여 받고 그 결과를 보고해야 하므로 세무확인 보고의무 등의 불이행에 따른 가산세는 2개 사업연도 각각에 대하여 적용함.

❏ **국가 등으로부터 출연받은 재산만 있는 경우**(재삼 46014 - 174, 1999.1.25.)

    국가 또는 지방자치단체로부터 출연받은 재산 외에 일반개인이나 법인 등으로부터 출연받은 재산이 없는 공익법인 등은 외부전문가의 세무확인을 받아야 하는 공익법인 등에 포함 안됨.

❏ **국가와 일반인의 출연재산이 있는 경우 사후관리규정 적용함**(서면4팀 - 1101, 2007.4.4.).

❏ **출연받은 재산가액의 의미**(재산세과 - 1966, 2004.7.12., 국심 2003구2247, 2003.10.15.)

    공익법인 등의 세무확인 불성실가산세 적용시, '출연받은 재산가액'은 사업연도 종료일 현재 출연재산가액 '누계액'이 아닌 당해 사업연도 중에 출연받은 '연간' 재산가액임.

❏ **출연재산가액 증가분에 대한 가산세 부과 여부**(국심 2003서 3502, 2004.4.21.)

    학교법인이 외부전문가에 의한 세무확인을 받지 아니하여 부과받은 가산세 중 가액변동으로 증가된 출연재산에 대하여는 가산세를 취소하여야 함.

❏ **정당한 사유없이 보고의무 위반한 경우**(대법원 2000두5944, 2002.4.12.)

    납세자가 정당한 이유없이 법에 규정된 보고의무 등을 위반한 경우에 법이 정하는 바에 의하여 부과하는 행정상의 제재로서 납세자의 고의·과실은 고려되지 아니하는 것이고, 법령의 부지나 오인은 그 정당한 사유에 해당한다고 볼 수 없는 바 세무확인보고서 제출기한 내에 세무확인보고서를 제출하지 아니한 이상 가산세를 부과할 수 있음(대구지법 2004구합420, 2004.12.16.).

4. 외부 회계감사제도

가. 개 요

    2008.1.1. 이후 개시하는 사업연도부터 공익법인(종교, 학교법인 등은 제외)은 과세기간별로 또는 사업연도별로 「주식회사의 외부감사에 관한 법률」 제3조에 따른 감사인에게 회계감사를 받아야 한다.

※ 2017.1.1. 이후 개시하는 사업연도분부터 외부전문가 세무확인 보고대상에 포함

나. 회계감사 제외 대상

자산총액 100억원 미만의 소규모 공익법인(2020.12.31. 이전), 사립학교법에 따라 외부 회계감사를 받는 학교법인 등 다음의 공익법인은 회계감사를 받지 아니할 수 있다.

① 회계감사를 받아야 하는 과세기간 또는 사업연도의 종료일(2013.2.15. 이후 외부회 계감사를 받아야 할 것부터는 직전 과세기간 또는 사업연도 종료일을 말한다.) 현 재 재무상태표상 총자산가액(부동산인 경우 법 제60조, 법 제61조 및 법 제66조에 따라 평가한 가액이 재무상태표상의 가액보다 크면 그 평가한 가액을 말함)의 합계 액이 100억원 미만인 공익법인

2020.1.1. 이후 개시하는 사업연도 분부터 총자산가액이 100억원 미만인 경우에도 해당 사업연도 수입금액과 그 사업연도에 출연받은 재산가액의 합계액이 50억 원 이상 또는 해당 사업연도 출연받은 재산가액이 20억 원 이상인 공익법인은 외부회 계감사를 받아야 한다.

② 종교의 보급 기타 교화에 현저히 기여하는 사업

③ 초·중등교육법 및 고등교육법에 의한 학교, 유아교육법에 따른 유치원을 설립·경 영하는 사업

2021.1.1. 이후 개시하는 과세기간 또는 사업연도부터 상속증여세법 시행령 제41조의2 제6항에 해당하는 공익법인 등(내국법인 주식을100분의 5를 초과하여 출연받거나 취득 하여 보유하는 공익법인 등)의 경우에는 회계감사 대상에 해당한다. 다만, 다음에 해당하 는 공익법인 등은 제외한다.

① 국가·지방자치단체가 출연하여 설립한 공익법인등 및 영 제42조 제2항 각 호의 어느 하나에 해당하는 공익법인 등으로서 법 제16조 제3항 제1호에 해당하는 경우

② 공익법인의 설립·운영에 관한 법률 및 그 밖의 법령에 따라 내국법인의 주식 등을 출연하는 경우

③ 산업교육진흥 및 산학연협력촉진에 관한 법률에 따른 산학협력단이 주식 등을 취득 하는 경우로서 영 제37조 제6항 각 호의 요건을 모두 갖춘 경우

다. 감사인 지정 및 회계 감리(상증법 §50 ④, ⑤, 상증령 §43의2)

2022.1.1.부터 기획재정부장관은 주기적으로 공익법인에 대한 감사인을 지정할 수 있 고 감사보고서 등을 감리할 수 있다.

1) 주기적 감사인 지정 제도(상증령 §43의2)

기획재정부장관은 자산 규모 등을 고려하여 대통령령으로 정하는 공익법인 등이 연속하는 4개 과세기간 또는 사업연도에 대하여 제3항에 따른 회계감사를 받은 경우에는 그 다음 과세기간 또는 사업연도부터 연속하는 2개 과세기간 또는 사업연도에 대하여 기획재정부장관이 지정하는 감사인에게 회계감사를 받도록 할 수 있다. 이 경우 기획재정부장관은 감사인 지정 업무의 전부 또는 일부를 국세청장에게 위탁할 수 있다.

(가) 지정대상

지정기준일(지정회계감사의 대상이 되는 과세연도의 직전 과세연도 개시일부터 11개월 15일이 되는 날)이 속하는 과세연도(과세기간 또는 사업연도를 말한다)의 직전 과세연도 종료일 현재 재무상태표상 총자산가액이 1,000억원 이상인 공익법인 등을 지정대상으로 하되, 다음의 공익법인등은 제외한다.

① 지정기준일 이전 4년 이내에 상속증여세법 제50조 제5항에 따른 감리를 받은 공익법인등으로서 그 감리 결과 법 제50조의4 제1항에 따른 회계기준(다른 법령에 따라 별도의 회계기준이 적용되는 공익법인 등의 경우에는 해당 회계기준을 말한다)을 위반한 사실이 발견되지 않은 공익법인 등

②「공공기관의 운영에 관한 법률」제4조에 따른 공공기관인 공익법인 등

(나) 지정절차

직전 과세연도 종료일 현재 재무상태표상 총자산가액이 1,000억원 이상인 지정대상 공익법인 등은 과세연도가 시작된 후 9개월째되는 달의 초일부터 2주 이내에 상속증여세법 제50조 제4항에 따른 회계감사(이하 "지정회계감사"라 한다)에 필요한 자료로서 기획재정부령으로 정하는 자료를 기획재정부장관에게 제출해야 한다. 다만, 지정회계감사 대상인 2개 과세연도 중 두 번째 과세연도 및 그 직후 3개 과세연도에는 제출하지 않을 수 있다.

(다) 지정감사인 요건

기획재정부장관은「주식회사 등의 외부감사에 관한 법률」에 따른 감사인 중에서 신청을 받아 지정감사인을 지정하되, 다음의 자는 지정감사인으로 지정하지 않을 수 있다.

① 감사보고서에 기재해야 할 사항을 기재하지 않았거나 거짓으로 기재한 혐의로 공소가 제기된 자

② 특별한 사유 없이 제7항(제10항에 따라 준용되는 경우를 포함한다)에 따른 기간 내

에 감사계약을 체결하지 않은 자

③ 회계감사기준 또는 회계기준을 위반한 것으로 주무관청, 국세청장 및 금융위원회에 통보된 자

④ 그 밖에 과도한 감사보수를 요구하는 등의 사유로 지정감사인으로 지정하는 것이 적절하지 않다고 기획재정부장관이 인정하는 자

(라) 지정기간

기획재정부장관은 지정회계감사의 대상이 되는 과세연도의 직전 과세연도 개시일부터 11개월 15일이 되는 날(이하 이 조에서 "지정기준일"이라 한다)까지 지정감사인을 지정하고 이를 지정회계감사 대상 공익법인등 및 지정감사인에게 각각 통지해야 한다.

기획재정부장관은 지정감사인을 지정하기 전에 지정회계감사 대상 공익법인등과 지정감사인으로 지정하려는 감사인에게 지정기준일 4주 전까지 지정 예정 사실을 문서로 통지해야 한다. 다만, 신속하게 지정감사인을 지정할 필요가 있는 경우에는 그 기간을 단축할 수 있다.

이 경우 통지를 받은 공익법인등과 지정 예정 감사인은 통지를 받은 날부터 2주 이내에 기획재정부장관에게 의견을 제출할 수 있으며, 기획재정부장관은 그 의견에 상당한 이유가 있는 경우 그 의견을 반영할 수 있다.

또한, 지정감사인 지정 통지를 받은 공익법인등은 지정기준일부터 2주 이내에 지정감사인과 감사계약을 체결해야 한다. 다만, 다음 각 호의 경우에는 지정감사인을 다시 지정해 줄 것을 기획재정부장관에게 요청할 수 있다.

① 지정감사인이 특별한 사유 없이 지정기준일부터 2주 이내에 감사계약을 체결하지 않은 경우

② 지정감사인이 「공인회계사법」 제33조 및 그 밖의 법령에 따라 해당 공익법인등의 감사인이 될 수 없는 경우

2) 회계감사 적정성에 대한 감리제도(상증령 §43의3)

기획재정부장관은 회계감사를 받을 의무가 있는 공익법인 등이 공시한 감사보고서와 그 감사보고서에 첨부된 재무제표가 다음에 해당하는 경우 감리할 수 있다.

① 계량적 분석 또는 무작위 표본 추출 등의 방법에 따라 감리 대상으로 선정된 경우

② 기획재정부장관이 공익법인등의 회계 관련 법령 위반사실의 확인을 위하여 감리가 필요하다고 인정하는 경우

이 경우 기획재정부장관은 감리 업무의 전부 또는 일부를 대통령령으로 정하는 바에 따라 회계감사 및 감리에 관한 전문성을 갖춘 법인이나 단체에 위탁할 수 있다.

기재부장관이 회계 감리 후 감사기준 위반 감사인은 금융위에 통보, 금융위에서 감사인 제재할 수 있으며, 회계 감리 업무는 외부 전문기관에 위탁할 수 있다.

3) 감리업무에 대한 수수료

감리업무를 위탁받은 법인이나 단체는 「주식회사 등의 외부감사에 관한 법률」 제2조 제7호에 따른 감사인 또는 기획재정부장관이 지정하는 감사인이 받는 회계감사의 감사 보수 중 일부를 감사인으로부터 기획재정부령으로 정하는 바에 따라 감리업무 수수료로 받을 수 있다.

라. 감사보고서 관할세무서 제출

공익법인 등은 감사인이 작성한 감사보고서를 과세기간 또는 사업연도 종료일부터 3 개월 이내에 관할세무서장에게 제출하여야 한다.

마. 외부회계감사 미이행 가산세

회계감사를 받아야 하는 공익법인이 동 의무를 이행하지 않은 경우에도 가산세를 부과 하지 아니하였으나, 2017.1.1. 이후 개시하는 과세기간 또는 사업연도부터 다음 계산식에 의하여 계산한 가산세를 부과한다. 2016.12.31. 이전에 동일기업 주식출연·취득제한 완 화(5% → 10%), 계열기업 주식보유제한 완화(30% → 50%) 규정을 적용받기 위해서는 반드시 회계감사를 받아야 한다.

(해당 사업연도 또는 과세기간 수입금액[1] + 출연재산가액[2]) × 0.07%

1) 해당 사업연도 수입금액이란 회계감사를 이행하지 아니한 소득세 과세기간 또는 법인세 사업연도의 법인 세법 제3조 제3항에 따른 수익사업에서 발생한 수입금액을 말함(재산세과 - 168, 1999.9.9.).
2) 외부회계감사를 이미 이행한 분으로서 계속 공익목적사업에 직접 사용하고 있는 출연재산가액을 차감함 (상속증여세법 시행령 §80 ⑧).

 관련 예규·심판결정례 및 판례 등

❑ 외부 회계감사 의무대상 여부 판단 시, 유형자산(의료업에 사용한 토지·건물) 처분이익은 사업연도

수입금액에 포함됨(공익지원팀 - 1823, 2022.12.9.).

□ 회계감사 의무 제외 대상인 "출연받은 재산가액 20억원 미만"인지를 판단할 때, 지방자치단체로부터 받은 출연금은 "출연받은 재산가액"에는 포함되지 아니함(공익법인지원팀 - 428, 2022.4.26.).

□ 특수학교를 설립·운영하면서 그 외 복지시설을 함께 운영하는 경우 회계감사를 받지 않아도 됨(사전 - 법령해석법인 - 323, 2021.4.7.).

「사회복지사업법」에 의해 설립된 사회복지법인이 舊「교육법」(1997.12.13. 법률 제5437호로 폐지되기 전의 것, 現「초·중등교육법」) 제85조 제1항에 따라 특수학교의 설립을 인가받아 운영하면서 그 외 복지시설을 함께 운영하는 경우 해당 사회복지법인은 상속증여세법 제50조 제3항 단서 규정에 의해 회계감사를 받지 않아도 되는 것임.

5. 공익법인 등에 적용되는 회계기준 준수의무

2018.1.1. 이후 개시하는 소득세 과세기간 또는 법인세 사업연도부터 공익법인 등은 외부 회계감사의무 및 결산서류 등의 공시의무를 이행할 때에는 기획재정부에 설치된 공익법인회계기준심의위원회에서 정하는 회계기준을 따라야 한다(공익법인회계기준, 기획재정부고시 제2017 - 35호, 2018.1.1. 시행).

가. 적용범위

회계기준을 따라야 하는 공익법인은 외부 회계감사를 받아야 하는 공익법인과 결산서류 등의 공시의무가 있는 공익법인이다. 다만, 「의료법」에 따른 의료법인 또는 「사립학교법」에 따른 학교법인 및 다음의 대학교는 해당 근거 법률에 따른 회계기준을 적용받고 있으므로 제외한다.

① 「국립대학법인 서울대학교 설립·운영에 관한 법률」에 따른 국립대학법인 서울대학교
② 「국립대학법인 인천대학교 설립·운영에 관한 법률」에 따른 국립대학법인 인천대학교

나. 공익법인 회계기준심의위원회 설치

(1) 위원장 및 위원 구성

위원회는 위원장 1인을 포함한 15인 이내의 위원으로 구성한다. 위원장은 기획재정부 1차관이 되고, 위원은 다음의 사람 중에서 기획재정부장관이 임명 또는 위촉한다.

① 기획재정부, 국세청 등 관계 부처 3급 공무원 또는 고위공무원단에 속하는 일반직

공무원

② 회계업무에 관한 학식과 경험이 풍부한 사람. 임기는 2년으로 한다.

공인회계사 자격을 가진 사람으로서 회계 관련 업무 10년 이상 경험자, 대학에서 회계학 등을 전공하고 대학 또는 연구기관에서 부교수 이상인 자 등을 말한다.

(2) 위원의 해임 또는 해촉

기획재정부장관은 위원이 다음의 어느 하나에 해당하는 경우에는 해당 위원을 해임 또는 는 해촉할 수 있다.

① 심신장애로 인하여 직무를 수행할 수 없게 된 경우

② 직무와 관련된 비위사실이 있는 경우

③ 직무태만, 품위손상이나 그 밖의 사유로 인하여 위원으로 적합하지 아니하다고 인 정되는 경우

④ 위원 스스로 직무를 수행하는 것이 곤란하다고 의사를 밝히는 경우

(3) 기능

위원회는 공익법인에 적용되는 회계기준과 그 밖의 회계제도의 운영과 절차, 회계기준 해석, 관련 법령에 대한 제·개정 등에 대하여 심의한다.

6. 장부의 작성·비치 의무

공익법인은 사업연도별로 출연받은 재산 및 공익사업 운용내역 등에 대한 장부를 작성 하여야 하며 장부 및 장부와 관계있는 중요한 증빙서류를 사업연도 또는 과세연도 종료 일부터 10년간 보존하여야 한다.

가. 장부의 작성방법

출연받은 재산의 보유 및 운용상태와 수익사업의 수입 및 지출내용의 변동을 빠짐없이 이중으로 기록하여 계산하는 부기 형식의 장부이어야 하며, 증빙서류에는 수혜자에 대한 지급명세가 포함되어야 한다.

다만, 이중으로 대차 평균하게 기록된 전표와 증빙서류 또는 계산서(세금계산서 포함) 와 영수증에 의하여 재산의 보유 및 운용상태와 수입·지출의 변동내용을 빠짐없이 기

록·보관하고 있는 경우에는 장부를 작성·비치하고 있는 것으로 본다.

한편, 소득세법 제160조 및 법인세법 제112조 단서에 따라 공익법인의 수익사업에 관하여 작성·비치된 장부와 증명서류는 상속증여세법에 의한 장부를 작성·비치하고 있는 것으로 보며 장부와 증명서류에는 마이크로필름·자기테이프·디스켓 또는 그 밖의 정보 보존장치에 저장된 것을 포함한다.

나. 장부의 작성·비치의무 불이행 가산세

장부를 작성·비치하여야 할 공익법인이 그 장부의 작성·비치 의무를 불이행하였을 경우에는 다음에 의하여 계산한 가산세를 납부하여야 한다.

$$(\text{당해연도 수입금액} + \text{출연재산가액}^{1)}) \times 0.07\%$$

1) 외부전문가의 세무확인에 대한 보고를 이미 이행한 분으로서 계속 공익목적사업에 직접 사용하는 분을 차감함(2004.1.1. 이후 상속세 또는 증여세를 결정하거나 경정하는 분부터 적용).

다. 가산세가 부과되지 않는 경우

다음의 공익법인은 장부의 작성·비치의무 불이행 가산세를 부과하지 않는다.
① 재무상태표상 총자산가액(부동산인 경우 상속증여세법 제60조·제61조 및 제66조에 따라 평가한 가액이 재무상태표상 가액보다 큰 경우에는 평가가액)이 기간별 다음의 금액 미만인 공익법인 등

2007.12.31. 이전	1998.1.1.~2013.12.31.	2014.1.1.~
30억원	10억원	5억원

다만, 해당 과세기간 또는 사업연도의 수입금액(해당 공익사업과 관련된 소득세법에 따른 수입금액 또는 법인세법에 따라 법인세 과세대상이 되는 수익사업과 관련된 수입금액을 말한다)과 그 과세기간 또는 사업연도에 출연받은 재산가액의 합계액이 기간별 다음의 금액 이상인 공익법인 등은 가산세를 부과한다.

2011.7.25.~2013.12.31.	2014.1.1.~
5억원	3억원

② 불특정다수인으로부터 재산을 출연받은 공익법인(출연자 1인과 그의 특수관계인이 출연한 출연재산가액의 합계액이 공익법인이 출연받은 총재산가액의 100분의 5에 미달하는 경우에 한함)

③ 국가·지방자치단체가 출연하여 설립한 공익법인 등으로서 감사원의 회계검사를 받는 공익법인 등(회계검사를 받는 연도분에 한함)

7. 전용계좌 개설·사용의무

가. 개 요

공익법인은 직접공익목적사업과 관련하여 수입과 지출을 지급받거나 지급하는 경우에는 직접공익목적사업용 전용계좌를 개설·사용하여야 한다. 다만, 종교단체의 경우 전용계좌 개설·사용의무를 면제하고 있다.

2021.1.1. 이후 개시하는 과세기간 또는 사업연도부터 상속증여세법 시행령 제41조의2 제6항에 해당하는 공익법인 등(내국법인 주식을100분의 5를 초과하여 출연받거나 취득하여 보유하는 공익법인 등)의 경우에는 전용계좌 개설·사용의무 대상에 해당한다. 다만, 다음에 해당하는 공익법인 등은 제외한다.

① 국가·지방자치단체가 출연하여 설립한 공익법인 등 및 영 제42조 제2항 각 호의 어느 하나에 해당하는 공익법인 등으로서 법 제16조 제3항 제1호에 해당하는 경우

② 공익법인의 설립·운영에 관한 법률 및 그 밖의 법령에 따라 내국법인의 주식 등을 출연하는 경우

③ 산업교육진흥 및 산학연협력촉진에 관한 법률에 따른 산학협력단이 주식등을 취득하는 경우로서 영 제37조 제6항 각 호의 요건을 모두 갖춘 경우

여기서 전용계좌란 ⅰ) 공익법인의 공익목적사업외의 용도로 사용되지 않는 것으로서 ⅱ) 금융실명법 제2조 제1호에 해당하는 금융회사 등에 개설한 계좌를 의미하며, 공익법인별로 둘 이상 개설할 수 있다.

다만, 2016년 1월 1일, 2017년 1월 1일 또는 2018년 1월 1일이 속하는 소득세 과세기간 또는 법인세 사업연도의 수입금액(해당 공익사업과 관련된 소득세법에 따른 수입금액 또는 법인세법에 따라 법인세 과세대상이 되는 수익사업과 관련된 수입금액을 말한다)과 그 과세기간 또는 사업연도에 출연받은 재산가액의 합계액이 5억원 미만인 공익법인 등

으로써 전용계좌 개설 신고를 하지 아니한 경우에는 2019.6.30.까지 전용계좌의 개설 신고를 할 수 있다. 전용신고 미신고한 소규모 공익법인 등에게 시정기회를 부여하여 2019.6.30. 전용계좌를 개설 신고한 경우에는 가산세를 부과하지 아니한다.

나. 전용계좌 사용의무 거래

직접 공익목적사업과 관련된 수입과 지출을 금융기관을 통하여 결제하거나 결제를 받는 경우에 전용계좌를 사용하여야 하며 다음의 경우를 포함한다.
- 송금 및 계좌간 자금이체
- 수표·어음으로 이루어진 거래대금의 지급 및 수취
- 신용카드·선불카드·직불카드를 통하여 이루어진 거래대금의 지급 및 수취
① 기부금·출연금 또는 회비를 받는 경우
  다만, 현금으로 직접 받은 경우로서 기부금·출연금 또는 회비를 받는 날로부터 5일까지 전용계좌에 입금하는 경우는 제외함. 이 경우 기부금·출연금 또는 회비의 현금수입 명세를 작성하여 보관하여야 한다.
② 인건비·임차료를 지급하는 경우
③ 공익목적사업과 관련된 기부금·장학금·연구비·생활비 등을 지급하는 경우
  다만, 100만원을 초과하는 경우에 한한다.
④ 수익용 또는 수익사업용 자산의 처분대금, 그 밖의 운용소득을 고유목적사업회계에 전입(현금 등 자금의 이전이 수반되는 경우에 한함)하는 경우

다. 전용계좌 외 거래명세서 작성 보관

전용계좌 사용대상거래가 아닌 경우 그 거래일자, 거래상대방(확인이 가능한 경우에 한함) 및 거래금액 등을 기재한 전용계좌 외 거래명세서를 작성·보관하여야 하며, 전산처리된 테이프 등에 수록·보관하여 즉시 출력할 수 있는 경우에는 전용계좌 외 거래명세서를 작성·보관한 것으로 본다.

다만, 소득세법 제160조의2 제2항 제3호 또는 제4호에 해당하는 증명서류를 갖춘 경우, 거래건당 금액(VAT 포함)이 1만원(2008.12.31.까지는 3만원) 이하인 수입과 지출 등은 그러하지 아니하다.

라. 전용계좌 개설, 변경 및 추가

공익법인은 최초로 공익법인에 해당하게 된 날부터 3개월 이내에 전용계좌 개설(변경·추가) 신고서를 납세지 관할 세무서장에게 신고하여야 하며, 전용계좌를 변경·추가하는 때에는 사유발생일부터 1개월 이내에 납세지 관할 세무서장에게 신고하여야 한다.

설립일부터 1년 이내에 「법인세법 시행령」 제39조 제1항 제1호 바목에 따라 지정·고시된 공익법인 등의 경우에는 이 영 제12조 각 호 외의 부분 단서에도 불구하고 공익법인등으로 고시된 날을 공익법인등에 해당하게 된 날로 본다.

이 제도 시행일(2008.1.1.) 현재 공익법인에 해당하거나 2008.3.31. 이전에 설립한 공익법인은 2008.6.30.까지 전용계좌를 개설하고 신고하면 된다.

마. 의무위반시 가산세 부과

전용계좌를 사용하지 않거나 전용계좌 개설·신고하지 아니한 경우 다음의 구분에 따른 가산세를 부과한다.

① 전용계좌 사용의무 대상거래에 해당하는 경우로서 전용계좌를 사용하지 아니한 경우에는 전용계좌를 사용하지 아니한 금액의 1천분의 5

② 전용계좌를 개설·신고하지 아니한 경우 ⇨ MAX(㉠, ㉡)

㉠ 다음 계산식에 따라 계산한 금액(2022.1.1. 이후 가산세 결정분부터 적용)

$$A \times \frac{B}{C} \times 1천분의 5$$

A : 해당 각 과세기간 또는 사업연도의 직접 공익목적사업과 관련한 수입금액의 총액
B : 해당 각 과세기간 또는 사업연도 중 전용계좌를 개설·신고하지 아니한 기간으로서 신고기한의 다음 날부터 신고일 전날까지의 일수
C : 해당 각 과세기간 또는 사업연도의 일수

㉡ 전용계좌 사용의무대상 거래금액 합계액의 1천분의 5에 상당하는 금액

바. 적용시기

전용계좌 개설·사용의무는 2008.1.1. 이후 최초로 지급받거나 지급하는 수입 또는 지출분부터 적용하며, 의무위반시 가산세 규정은 2009.1.1. 이후 최초로 개시하는 과세기간 또는 사업연도분부터 적용한다.

관련 예규·심판결정례 및 판례 등

☐ 수익용 계좌인 주식계좌는 전용계좌 사용의무 대상이 아님(자문-법령해석법인-87, 2021.8.31.).
공익법인이 상장주식을 주식계좌로 출연받거나, 비상장주식을 현물로 출연받은 후 상장되어 주
식계좌로 입고하여 해당 주식계좌가 수익용 계좌로 사용되고 해당 주식계좌에서 발생하는 운
용수익금은 전용계좌로 이체하여 고유목적사업에 사용하고 있는 경우, 해당 주식계좌는 직접
공익목적사업용 전용계좌 개설·사용의무 대상에 해당하지 아니함.

☐ 학교법인 전용계좌 개설 및 사용 의무(재산세과-3956, 2008.11.25.)
「고등교육법」 제2조에서 규정하는 학교를 경영하는 「사립학교법」 제10조에 따라 설립된 학교
법인이 학생들로부터 등록금을 받기 위하여 사용하는 계좌와 등록금을 교육사업비로 지출하기
위하여 사용하는 계좌는 전용계좌의 개설·사용의무규정이 적용되지 아니하는 함.

☐ 국가 등으로 출연받은 재산의 전용계좌 사용의무대상 여부
　-국가출연기관인 한국기초과학지원연구원이 보유하고 있는 국가출연금 수입계좌, 국가연구개
　　발 및 민간연구개발(수익사업 관련) 목적으로 지급받은 연구비 수입계좌, 국가출연금과 연구
　　비의 운용을 위한 금융상품 계좌 및 지출예산을 집행하기 위한 계좌는 전용계좌의 사용 의무
　　대상 아님(재산세과-3781, 2008.11.14.).
　-공익법인이 국가 또는 지방자치단체로부터 출연받은 재산에 대하여는 전용계좌 사용의무가
　　없으며, 출연받은 재산을 정기예금으로 운용하는 경우 당해 정기예금계좌는 직접 공익목적사
　　업용 전용계좌에 해당하지 아니하는 것임(재산세과-2789, 2008.9.11.).

8. 결산서류 공시의무

가. 개 요

　2008.1.1. 이후 개시하는 사업연도부터 공익법인의 투명한 운용을 확보하기 위해 일반인이
공익법인의 수입과 지출, 자산보유현황, 이사 현황 등의 내용을 열람할 수 있는 결산서류 등
공시제도를 도입하였다. 이에 따라 자산총액 일정규모 이상 공익법인은 결산서류 등을 사업
연도 종료일부터 4개월 이내에 국세청의 홈페이지에 게재하는 방법으로 공시하여야 한다.
예시) 사업연도가 2011.1.1.~2011.12.31.인 경우 2012.4.30.까지
　　　사업연도가 2011.3.1.~2012.2.29.인 경우 2012.6.30.까지

나. 공시의무 제외대상

　2020.1.1. 이후 개시하는 사업연도 분부터 공시대상을 종교단체를 제외한 모든 공익법인으로 확대하였다. 다만, 결산서류 등 공시대상 사업연도의 종료일 현재 재무상태표상 총자산가액(부동산의 경우 상속증여세법에 따라 평가한 가액이 재무상태표상의 가액보다 크면 그 평가액을 말한다)이 5억원 미만이고 해당 사업연도 수입금액과 출연받은 재산가액의 합계액이 3억원 미만인 법인은 간편 서식에 따라 작성된 결산서류 등을 직접 공시하도록 하고, 간편 서식에 따라 공시하는 공익법인의 경우 2022.12.31.까지 가산세 부과하지 않는다(상속증여세법 §78 ⑪).

　2019.12.31. 이전 자산가액이 일정규모 미만으로 소규모인 경우 등 결산서류 공시에 따른 공익법인의 업무 부담 및 제도의 실효성 등을 감안하여 다음에 해당하는 공익법인에 대하여는 결산서류 등 공시의무를 면제하고 있다.

　① 공시대상 과세기간 또는 사업연도 종료일 현재 재무상태표상 총자산가액(부동산인 경우 상속증여세법 제60조·제61조 및 제66조에 따라 평가한 가액이 재무상태표상 가액보다 큰 경우에는 평가가액)이 기간별 다음의 금액 미만인 공익법인 등

2007.12.31. 이전	1998.1.1.~2013.12.31.	2014.1.1.~
30억원	10억원	5억원

　　다만, 해당 과세기간 또는 사업연도의 수입금액(해당 공익사업과 관련된 소득세법에 따른 수입금액 또는 법인세법에 따라 법인세 과세대상이 되는 수익사업과 관련된 수입금액을 말한다)과 그 과세기간 또는 사업연도에 출연받은 재산가액의 합계액이 기간별 다음의 금액 이상인 공익법인 등은 결산서류 등을 공시하여야 한다.

2011.7.25.~2013.12.31.	2014.1.1.~
5억원	3억원

　② 상속증여세법 시행령 제12조 제1호의 사업을 영위하는 경우(종교단체를 말함)

　　2021.1.1. 이후 개시하는 과세기간 또는 사업연도부터 상속증여세법 시행령 제41조의2제6항에 해당하는 공익법인 등(내국법인 주식을100분의 5를 초과하여 보유하는 공익법인이 지켜야 요건을 충족하지 못한 경우)의 경우에는 결산서류 등 공시 대상에 해당한다.

다. 공시대상 결산서류 등

공익법인이 공시해야 할 결산서류 등은 다음에 게재하는 서류이다.

① 재무제표 및 주식기재사항
② 외부회계감사 대상 공익법인의 경우 감사보고서와 그 감사보고서에 첨부된 재무제표
③ 기부금 모집 및 지출내용
④ 해당 공익법인 등의 대표자, 이사, 출연자, 소재지 및 목적사업에 관한 사항
⑤ 출연재산의 운용소득 사용명세
⑥ 주식관련 서류
  - 공익법인의 주식 등의 출연·취득·보유 및 처분사항
  - 공익법인에 주식 등을 출연한 자와 그 주식 등의 발행법인과의 관계
  - 주식 등의 보유로 인한 배당현황, 보유한 주식 등의 처분에 따른 수익현황 등
  - 주식보유비율이 5%를 초과하는 성실공익법인의 경우 의결권 행사결과

2012.2.2. 이후 국세청장은 공익법인 등이 공시한 결산서류 등을 다음에 해당하는 자가 제공을 신청하는 경우 제공할 수 있다.

① 「정부출연연구기관 등의 설립·운영 및 육성에 관한 법률」 제8조 제1항에 따라 설립된 연구기관 또는 「과학기술분야 정부출연연구기관 등의 설립·운영 및 육성에 관한 법률」 제8조 제1항에 따라 설립된 연구기관
② 공시의무를 이행한 공익법인 등

2013.2.15.이 속하는 연도에 최초로 개시하는 사업연도부터 외부회계감사 대상인 자산총액 100억원 이상 공익법인의 경우 출연받은 재산의 공익목적 사업수행 여부를 공시대상에 추가하였다.

라. 공시기한, 국세청장의 공시요구 및 오류사항 시정요구

공익법인은 위 공시대상 서류를 과세기간 또는 사업연도 종료일부터 4개월 이내에 국세청의 인터넷 홈페이지에 직접 공시하여야 한다.

국세청장은 공익법인이 결산서류 등을 공시하지 아니하거나 그 공시내용에 오류가 있는 경우에는 해당 공익법인 등에게 1개월 이내의 기간을 정하여 공시하도록 하거나 오류를 시정하도록 요구할 수 있다.

마. 공시요구 및 오류시정요구 불이행시 가산세 부과

국세청장은 공시요구를 하거나 오류시정을 요구할 때에는 문서로 하여야 하며, 요구를 이행하지 아니하는 공익법인에 대해서는 가산세를 부과하고 해당 공익법인의 주무부장관에게 관련 사실을 통보하여야 한다.

국세청장의 공시요구 또는 시정요구를 지정된 기한 이내에 이행하지 아니하는 경우 공시하여야 할 과세기간 또는 사업연도의 종료일 현재 해당 공익법인의 재무상태표상 자산총액(부동산인 경우 법 제60조, 법 제61조 및 법 제66조에 따라 평가한 가액이 재무상태표상의 가액보다 크면 그 평가한 가액을 말함)의 1천분의 5에 상당하는 금액을 가산세로 부과한다.

> 결산서류 등 공시하지 아니한 사업연도 재무상태표상 자산총액 × 0.005

바. 자율공시 제도 도입

총자산가액의 합계액이 5억원 미만이고 해당 사업연도 수입금액과 출연재산의 합계액이 3억원 미만인 공익법인 등과 종교단체의 경우에도 자율서식에 따라 결산서류 등을 작성하여 공시할 수 있다(상속세 및 증여세법 시행규칙 [별지 제31호의2 서식] 공익법인 결산서류 등의 공시).

2011.1.1. 이후 불성실기부금수령단체 명단 공개제도

- 국세기본법 제85조의5 【고액·상습체납자 등의 명단 공개】
  ○ 국세청장은 다음에 해당하는 불성실기부금수령단체의 인적사항, 국세추징명세 등을 공개할 수 있음.
- 명단공개일이 속하는 연도의 직전연도 12월 31일을 기준으로 최근 2년 이내에 상속증여세법에 따른 의무불이행으로 추징당한 세액의 합계액이 1천만원 이상인 경우
- 명단 공개일을 기준으로 최근 3년간의 「소득세법」 제160조의3에 따른 기부자별 발급명세 또는 「법인세법」 제112조의2에 따른 기부법인별 발급명세를 작성하여 보관하고 있지 아니한 경우
- 명단 공개일을 기준으로 최근 3년 이내에 기부금액 또는 기부자의 인적사항이 사실과 다르게 발급된 기부금영수증을 5회 이상 발급하였거나 그 발급금액의 합계액이 5천만원 이상인 경우
  ○ 불성실기부금수령단체의 인적사항, 국세추징명세 등에 대한 공개 여부를 심의하기 위하여 국세청에 국세정보공개심의위원회를 둠.

○ 국세청장은 위원회의 심의를 거친 공개 대상자에게 불성실기부금수령단체 명단공개 대
상자임을 통지하여 소명 기회를 주어야 하며, 통지일부터 6개월이 지난 후 위원회로
하여금 기부금영수증 발급명세의 작성·보관 의무 이행 등을 고려하여 체납자 또는 불
성실기부금수령단체 명단 공개 여부를 재심의하게 한 후 공개대상자를 선정함.

9. 기부금영수증 발급명세 작성·보관·제출 의무 (법인세법 §112의2)

가. 기부금영수증 발급명세 작성 및 보관

기부자에게 기부금영수증을 발급하는 법인은 기부자의 성명, 주민등록번호 및 주소,
기부금액 등이 포함된 기부자별 발급명세서(법인칙 제75의2 서식)를 작성하여 발급한 날부
터 5년간 보관하여야 한다. 기부금영수증을 발행하는 법인은 해당 사업연도의 기부금영
수증 총 발급 건수 및 금액 등이 적힌 기부금영수증 발급합계표(법인칙 제75호의3 서식)를
해당 사업연도의 종료일이 속하는 달의 말일부터 6개월 이내에 관할세무서장에게 제출
하여야 한다. 이 경우 기부자별 발급명세를 국세청장, 지방국세청장 또는 납세지 관할세
무서장이 요청하는 경우 제출하여야 한다.

다만, 2021.7.1. 이후 전자기부금영수증을 발급한 경우에는 그러하지 아니한다.

나. 의무 위반시 가산세(법인세법 §75의4)

기부금영수증을 발급하는 자가 기부금영수증을 사실과 다르게 발급(기부금액 또는 기
부자의 인적사항 등 주요사항을 적지 아니하고 발급하는 경우 포함)하거나 기부자별 발
급명세를 작성·보관하지 아니한 경우에는 산출세액이 없더라도 다음과 같이 가산세가
부과된다.

① 기부금영수증의 경우

㉠ 기부금액을 사실과 다르게 적어 발급한 경우 : 사실과 다르게 발급한 금액(영수
증에 실제 적힌 금액(영수증에 금액이 적혀 있지 아니한 경우에는 기부금영수증
을 발급받은 자가 기부금을 손금 또는 필요경비에 산입하거나 기부금세액공제를
신청한 해당 금액으로 함)과 건별로 발급하여야 할 금액과의 차액을 말한다)의
100분의 5에 해당하는 금액

㉡ 기부자의 인적 사항 등을 사실과 다르게 적어 발급하는 등 ㉠ 외의 경우 : 영수

증에 적힌 금액의 100분의 5에 해당하는 금액

② 기부자별 발급명세의 경우 : 작성·보관하지 아니한 금액의 1천분의 2(다만, 상증법 제78조 제3항에 따라 보고서 제출의무를 이행하지 아니하거나, 제5항에 따라 장부의 작성·비치 의무를 이행하지 아니하여 가산세가 부과되는 경우 적용하지 아니함)

10. (세금)계산서합계표 등 자료제출 의무 (법인세법 §120의3·§121)

과세자료는 직·간접적으로 과세의 근거가 되게 하는 자료이며 과세자료 제출의무는 국가·지방자치단체를 포함한 모든 납세 의무자가 부담하고 있는 협력 의무이다. 따라서 수익사업이 없는 비영리·공익법인의 경우에도 과세자료제출의 납세협력의무가 있으므로 수취한 (세금)계산서합계표등 과세자료를 과세당국에 제출하여야 한다.

가. 매입처별 세금계산서합계표 제출 (부법 §54⑤, 부령 §99)

세금계산서를 교부받은 국가·지방자치단체·지방자치단체조합과 아래의 법인, 단체는 부가가치세의 납세의무가 없는 경우에도 매입처별 세금계산서 합계표를 해당 과세기간 끝난 후 25일 이내에 사업장 관할세무서장에게 제출하여야 합한(부법 §54 ⑤).

- 부가가치세가 면제되는 사업자 중 소득세 또는 법인세의 납세의무가 있는 자(조세특례제한법에 따라 소득세 또는 법인세가 면제되는 자를 포함)
- 「민법」 제32조의 규정에 따라 설립된 법인
- 특별법에 의하여 설립된 법인
- 각급학교 기성회·후원회 또는 이와 유사한 단체

또한, 부가가치세가 면제되는 사업을 하는 법인이 재화나 용역을 공급받고 세금계산서를 발급받은 경우 매년 2월 10일까지 매입처별 세금계산서합계표를 납세지 관할세무서장에게 제출하여야 한다(법법 §120의3, 법인령 §163의2 ①).

이러한 매입처별 세금계산서합계표 제출의무를 이행하지 않는 경우에는 공급가액의 1,000분의 5(법법 §75의8 ① (4)에 해당하는 경우는 제외)에 상당하는 금액을 가산세로 부과한다(법인세법 §75의8).

다만, 국가 및 지방자치단체, 비영리법인(수익사업과 관련된 부분은 제외)의 경우에는 합계표를 제출하지 아니하여도 가산세를 부과하지 않는다(법인령 §120③).

나. 매출·매입계산서합계표 제출(법법 §121 ⑤)

법인이 부가가치세가 면제되는 재화 또는 용역에 대한 계산서를 발급하였거나 발급받은 경우 매출·매입처별 계산서합계표를 매년 2월 10일까지 납세지 관할 세무서장에게 제출하여야 한다.

매출·매입처별 계산서합계표 제출의무를 이행하지 아니한 경우에는 공급가액의 1,000분의 5(재화 또는 용역의 공급 없이 계산서를 발급하는 등 법인세법 제75조의8 제1항 제4호에 해당하는 경우 100분의 2)에 상당하는 금액을 가산세로 부과한다.

다만, 국가 및 지방자치단체, 비영리법인(수익사업과 관련된 부분은 제외)의 경우에는 가산세를 부과하지 않는다.

Ⅲ 공익신탁재산에 대한 증여세 과세가액 불산입

공익신탁은 학술·종교·제사·자선 등의 공익을 목적으로 하는 신탁으로 그 목적 및 사회적 기능이 공익법인과 사실상 차이가 없음에도 불구하고 공익신탁에 대한 증여세 과세가액 불산입규정이 없었던 문제점을 보완하기 위하여 1997.1.1. 이후 신탁하는 것부터 증여세 과세가액에 불산입한다.

증여자가 신탁법 제106조에 따른 공익신탁으로서 종교·자선·학술 또는 그 밖의 공익목적으로 하는 신탁을 통하여 공익법인 등에 출연하는 재산은 증여세 과세가액에 산입하지 아니한다. 이 경우 다음의 요건을 충족해야만 한다.

① 공익신탁의 수익자가 상속증여세법 시행령 제12조에 규정된 공익법인 등이거나 그 공익법인 등의 수혜자일 것
② 공익신탁 만기일까지 신탁계약이 중도해지 되거나 취소되지 아니할 것
③ 공익신탁의 중도해지 또는 종료시 잔여신탁재산이 국가·지방자치단체 및 다른 공익신탁에 귀속될 것

제 **3** 절 : 장애인이 증여받은 재산의 과세가액 불산입

1. 개 요

  1999.1.1.부터 장애인이 그의 직계존비속 또는 친족(2017.1.1. 이후 증여분부터 타인을 포함함)으로부터 증여받은 금전, 부동산, 유가증권 등을 증여세 신고기한이내에 자본시장법에 따른 신탁업자에게 신탁하는 경우 증여재산가액에서 5억원까지 증여세 과세가액에 불산입한다. 2020.1.1. 이후 신탁하는 분부터 「나. 타인이 장애인을 수익자로 하여 신탁(타익신탁)하는 경우」에도 「가. 장애인이 증여받은 재산을 본인을 수익자로 하여 신탁(자익신탁)하는 경우」와 합산한 금액에 대해 5억원까지 증여세 과세가액에 불산입한다. 다만, 중도에 신탁을 해지하거나 수익자를 장애인 외의 자로 변경하는 경우 등에는 증여세를 부과한다.

2. 과세가액 불산입 요건

  장애인이 그의 타인(2016.12.31. 이전 증여분은 직계존비속과 친족)으로부터 재산을 증여받고 증여세 과세표준 신고기한까지 신탁을 하는 등 다음 요건을 모두 갖춘 경우에는 그 증여받은 재산가액(그 장애인이 살아 있는 동안 증여받은 재산가액을 합친 금액을 한다)을 증여세 과세가액에 산입하지 아니한다.

가. 장애인이 본인을 수익자로 하여 증여받은 재산을 신탁한 경우

① 증여받은 재산 전부를 자본시장법에 따른 신탁업자에게 신탁하였을 것
② 그 장애인이 신탁의 이익 전부를 받는 수익자일 것
③ 신탁기간이 그 장애인이 사망할 때까지로 되어 있을 것. 다만, 장애인이 사망하기 전에 신탁기간이 끝나는 경우에는 신탁기간을 장애인이 사망할 때까지 계속 연장하여야 한다.

나. 타인이 장애인을 수익자로 하여 재산을 신탁한 경우

타인이 장애인을 수익자로 하여 재산을 신탁한 경우로서 해당 신탁이 다음의 요건을

모두 충족하는 경우에는 장애인이 증여받은 그 신탁의 수익(부득이한 사유 또는 의료비 등을 지출하기 위해 신탁원본의 인출이 있는 경우에는 해당 인출금액을 포함한다.)은 증여세 과세가액에 산입하지 아니한다.

① 신탁업자에게 신탁되었을 것
② 그 장애인이 신탁의 이익 전부를 받는 수익자일 것. 다만, 장애인이 사망한 후의 잔여재산에 대해서는 그러하지 아니하다.
③ 다음의 내용이 신탁계약에 포함되어 있을 것
　㉮ 장애인이 사망하기 전에 신탁이 해지 또는 만료되는 경우에는 잔여재산이 그 장애인에게 귀속될 것
　㉯ 장애인이 사망하기 전에 수익자를 변경할 수 없을 것
　㉰ 장애인이 사망하기 전에 위탁자가 사망하는 경우에는 신탁의 위탁자 지위가 그 장애인에게 이전될 것

1) 장애인의 범위

장애인이란 소득세법 시행령 제107조 제1항 각 호의 어느 하나에 해당하는 장애인을 말한다.

① 장애인복지법에 의한 장애인 및 장애아동복지지원법에 따른 장애아동으로서 발달재활서비스 지원을 받고 있는 사람
② 국가유공자 등 예우 및 지원에 관한 법률에 의한 상이자 및 이와 유사한 자로서 근로능력이 없는 사람
③ 그 외에 항시 치료를 요하는 중증환자

2) 친족의 범위

친족이란 장애인과 국세기본법 시행령 제1조의2 제1항 제1호, 제2호 및 제4호의 관계에 해당하는 자를 말하며 배우자는 제외한다.

① 6촌 이내의 혈족
② 4촌 이내의 인척
③ 친생자로서 다른 사람에게 친양자 입양된 자 및 그 배우자·직계비속

3) 증여재산의 범위

증여세과세가액에 불산입하는 증여재산은 금전, 유가증권 및 부동산을 말한다.

3. 증여세 추징하는 경우

신탁을 해지하거나 연장하는 등 다음과 같은 사유가 발생하는 경우에는 그 사유가 발생한 날에 증여받은 것으로 보아 증여세를 부과한다. 다만, 부득이한 사유가 있는 경우에는 증여세를 부과하지 아니하며, 2018.4.1. 이후 장애인이 본인의 의료비·교육비 등으로 인출하는 경우에도 증여세를 부과하지 않는다.

가. 추징사유 및 증여시기

① 신탁을 해지하거나 신탁기간이 끝난 경우에 그 기간을 연장하지 아니하는 경우 : 신탁해지일 또는 신탁기간의 만료일을 증여시기로 한다.

이 경우 신탁해지일 또는 신탁기간 만료일부터 1월 내 신탁에 가입한 경우 신탁기간을 연장한 것으로 본다.

② 수익자를 장애인 외의 자로 변경한 경우 : 수익자를 변경한 날이 증여시기다.

③ 신탁의 원본이 감소한 경우 : 신탁재산의 인출 또는 처분일이다.

④ 신탁이익이 장애인 외의 자에게 귀속되는 경우 : 장애인 외의 자에게 귀속되는 것으로 확인되는 날을 증여시기로 한다.

나. 추징하지 아니하는 사유

다음의 경우는 부득이한 사유로 보아 증여세를 부과하지 않는다.

① 신탁회사가 관계법령 또는 감독기관의 지시·명령 등에 의하여 영업정지·영업폐쇄·허가취소 또는 신탁된 재산이 수용 등의 사유로 처분되어 신탁을 해지하고 신탁해지일부터 2월 내에 다시 신탁에 가입한 경우. 2016.12.31. 이전 증여분의 경우에는 해지한 신탁과 동일한 종류의 신탁에 가입한 때에 증여세를 부과하지 아니하였으나 신탁한 부동산이 재건축 또는 재개발로 멸실되어 신탁을 해지한 경우 동일 종류의 신탁에 가입할 수 없는데도 증여세가 부과되는 문제가 있어 재가입 요건을 완화한 것이다.

② 신탁회사가 신탁재산운영중 그 재산가액이 감소한 경우

③ 신탁재산인 부동산이 「도시 및 주거환경정비법」에 따른 재개발 사업 또는 재건축 사업 및 「빈집 및 소규모주택 정비에 관한 특례법」에 따른 소규모 재건축 사업으로 인해 종전의 신탁을 중도해지하고, 준공인가일부터 2개월 이내에 신탁에 다시 가입

한 경우. 2019.2.12. 이후 증여세를 결정 또는 경정하는 분부터 적용한다.

다. 장애인이 본인의 의료비 등을 인출하는 경우 과세제외

2018.4.1. 이후 장애인이 본인의 의료비 등을 인출하는 경우에는 증여세를 부과하지 않도록 하고 있다.

① 적용대상 장애인의 범위

　　㉠ 5.18민주화운동 관련자 보상 등에 관한 법률 제5조 제5항에 따라 장해등급 3등급 이상으로 판정받은 사람

　　㉡ 고엽제후유의증 등 환자지원 및 단체설립에 관한 법률에 따른 고엽제후유의증 환자로서 장애등급 판정을 받은 사람

　　㉢ 장애인고용촉진 및 직업재활법 제2조 제2호에 따른 중증장애인

② 중도인출이 허용되는 의료비 등의 범위

　　㉠ 소득세법 시행령 제118조의5 제1항 및 제2항에 따른 장애인 본인의 의료비 및 간병인 비용

　　㉡ 소득세법 시행령 제118조의6 제11항에 따른 장애인 본인의 특수교육비

　　㉢ 2020.2.11. 이후 인출분부터 장애인 본인의 생활비(월 150만원 이하로 한정함)

본인의 의료비 등의 용도로 신탁재산을 인출하는 장애인은 장애인신탁 원금 인출신청서와 관련 증빙 서류 등을 인출일 전 3개월부터 인출일 후 3개월까지의 기간 이내에 신탁업자에게 제출하여야 한다.

신탁업자는 장애인으로부터 제출받은 서류를 해당 의료비등 인출일로부터 5년간 보관하여야 하며 장애인신탁 원금 인출내역서를 인출일이 속하는 연도의 말일부터 3개월 이내에 관할 세무서에 제출하여야 한다.

4. 증여세 과세방법

증여세 추징사유가 발생하는 경우 다음의 추징사유별 재산가액을 추징사유가 발생한 날을 기준으로 하여 상속증여세법 제60조부터 제66조까지에 따라 평가하고 그 평가액에 증여세율을 적용하여 증여세를 과세한다.

① 신탁을 해지 또는 신탁기간을 연장하지 아니하거나 수익자를 장애인 외의 자로 변

경한 경우 : 당해 신탁재산의 가액 전액
② 신탁한 증여재산의 가액이 감소한 경우에는 그 감소한 재산의 가액
③ 신탁의 이익 전부 또는 일부가 장애인 외의 자에게 귀속되는 경우에는 신탁재산의
　가액에 신탁이익 전액 중 장애인 외의 자에게 귀속된 신탁이익이 차지하는 비율을
　곱하여 계산한 금액

$$신탁재산의 \ 가액 \times \frac{장애인 \ 외의 \ 자에게 \ 귀속된 \ 것으로 \ 확인된 \ 신탁이익}{신탁이익의 \ 전액}$$

5. 장애인이 증여받은 재산의 보고

증여인이 자익신탁 또는 타익신탁 재산에 대한 증여세 과세가액 불산입규정을 적용받
고자 하는 경우에는 증여세 과세표준신고서에 다음을 첨부하여 관할세무서장에게 제출
하여야 한다. 이는 증여세 신고기한 이내에 제출하지 아니하였다 하여 증여세를 면제받
지 못하는 면제요건은 아니라 할 것이다.

① 증여재산명세서 및 증여계약서 사본
② 신탁계약서(자본시장법 제103조 제2호에 따른 불특정금전신탁의 계약에 있어서는
　신탁증서사본 또는 수익증권사본)
③ 장애인 증명서류

 관련 예규·심판결정례 및 판례 등

❑ **중도해지 후 신탁에 재가입한 경우 추징 여부**(상속증여세과 – 888, 2018.9.18.)
　신탁해지일 또는 신탁기간의 만료일부터 1월 내에 신탁에 다시 가입한 때에는 상증령 제45조
　의2 제10항에 따라 신탁기간을 연장한 것으로 보아 증여세를 부과하지 아니함.

❑ **신탁회사와 신탁해지하고 재건축조합에 신탁하는 경우 과세 여부**(서면법규과 – 406, 2014.4.24.)
　장애인이 증여받은 주택을 자본시장법에 따른 신탁업자에게 신탁하여 해당 주택가액을 증여세
　과세가액에 산입하지 아니하였다가 그 후 해당 주택이 「도시 및 주거환경정비법」에 의해 재건
　축됨에 따라 해당 신탁업자와 신탁을 해지하고 재건축조합에 해당 주택을 신탁하는 경우 신탁
　해지일에 증여받은 것으로 보아 증여세를 부과함(2019.2.12. 개정으로 과세 제외).

❑ 장애인이 신탁이익을 수령하여 치료비 지출한 경우 과세하지 아니함(재산세과 – 96, 2011.2.23.).

1002 제3편 증여세

- ❑ 신탁한 토지의 수용보상금을 2월 내 신탁에 가입한 경우 과세 제외함(재산세과-583, 2010.8.12.).

- ❑ 증여자 사망 후 신탁해지한 경우에도 증여세 추징함(서일 46014-11554, 2002.11.20.).
  상속증여세법 제52조의2 제1항의 규정에 의하여 증여세 과세가액에 불산입된 재산에 대하여
  같은조 제2항에 해당하는 경우에는 예외없이 증여세를 부과하는 것임. 이 경우 당초 증여자가
  사망한 후에 증여세 과세사유가 발생한 때에는 같은법 제53조에 의한 증여재산공제규정을 적
  용하지 아니하는 것이며, 같은법 제13조 제3항의 규정에 의하여 같은조 제1항에서 규정한 증여
  재산가액에 포함하지 아니함(사망 전 증여재산으로 상속세 합산과세하지 아니함).

- ❑ 장애인이 증여받은 토지를 신탁하지 아니한 경우 과세함(대법원 2003두11889, 2004.1.29.).

제 5 장
과세가액 및 과세표준과 세액 계산

제 1 절 : 증여세 과세가액

1. 개 요

증여세 과세가액은 증여일 현재 증여재산가액을 합친 금액에서 그 증여재산에 담보된 채무로서 수증자가 인수한 금액을 뺀 금액에 해당 증여일 전 10년 이내에 동일인으로부터 받은 증여재산가액을 합친 금액이 1천만원 이상인 경우에는 그 가액을 가산한 금액을 말한다. 다만, 상속증여세법상 7가지 유형의 합산배제증여재산 및 조세특례제한법상 영농자녀가 증여받은 농지, 창업자금·가업승계에 따른 증여세 과세특례가 적용되는 증여재산의 경우에는 가산하지 않는다.

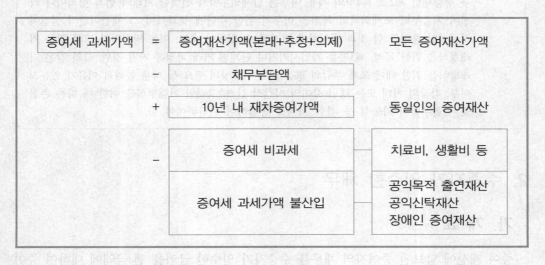

사례 | 형제가 각자의 직계비속에게 교차 증여한 증여세 과세방법

☐ **사실관계**

○ 甲과 乙(甲의 여동생)이 A주식을 직계비속에게 교차 증여한 내용

- 甲과 乙의 직계비속이 증여받은 A주식수는 각각 16,000주이나, 증여세액은 증여자가 1명인 경우와 2명인 경우 누진세율에 따라 차이가 발생함.

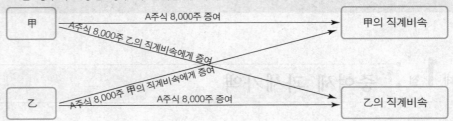

풀이

○ 대법원은 교차증여를 직접증여로 보아 증여세 부과처분한 것에 대해서 정당하다고 판결함 (대법원 2015두46963, 2017.2.15.).

- 증여자들이 자신의 직계후손들에게 직접 증여하는 것과 동일한 효과를 얻으면서도 합산 과세로 인한 증여세 누진세율 등을 회피하여 증여세 부담을 줄이려는 목적으로 교차증여를 의도적으로 그 수단으로 이용한 것이므로, 구 상증세법 제2조 제4항에 따라 그 실질에 맞게 증여자들이 자신의 직계후손들에게 위 주식을 직접 추가로 증여한 것으로 보아 누진세율 등을 적용한 증여세를 과세할 수 있음.

- 구 상증세법 제2조 제4항의 적용 여부는 납세의무자가 선택한 거래의 법적 형식이나 과정이 처음부터 조세회피의 목적을 이루기 위한 수단에 불과하여 그 재산이전의 실질이 직접적인 증여를 한 것과 동일하게 평가될 수 있어야 하고, 이는 당사자가 그와 같은 거래형식을 취한 목적, 제3자를 개입시키거나 단계별 거래 과정을 거친 경위, 그와 같은 거래방식을 취한 데에 조세 부담의 경감 외에 사업상의 필요 등 다른 합리적 이유가 있는지 여부, 각각의 거래 또는 행위 사이의 시간적 간격, 그러한 거래형식을 취한 데 따른 손실 및 위험부담의 가능성 등 관련 사정을 종합하여 판단하여야 함.

2. 수증자가 인수한 채무

가. 개 요

증여 재산에 담보된 증여자의 채무를 수증자가 인수한 금액을 뺀 금액에 대하여 증여세를 과세한다. 부담부증여에 있어서 증여자의 채무를 수증자가 인수하는 경우에 수증자가 무상으로 취득한 재산가액은 채무인수액 만큼 줄어들기 때문에 차감하여 무상으로 취

득한 순재산가액에 대하여 증여세를 과세하고, 증여자는 그 채무액에 상당하는 부분은
유상으로 양도한 것과 같은 효과를 얻게 되므로 양도소득세를 과세한다.

나. 부담부증여 인정 범위

부담부증여를 인정받기 위해서는 다음의 요건을 갖추어야 한다.

① 증여일 현재 채무일 것

② 증여재산에 담보된 채무일 것

③ 증여자의 채무일 것

④ 수증자가 실제 인수한 채무일 것

첫째, 증여일 현재 증여자가 부담하고 있는 채무이어야 한다. 증여일 이전에 변제한
채무 또는 증여일 이후에 발생하는 채무는 차감하지 아니한다.

부담부증여에서 증여재산가액에서 빼는 채무가 증여일 현재의 채무로 제한한다는 명
확한 규정은 없으나 상속증여세법 제47조 제1항에서 "증여세 과세가액은 증여일 현재
이 법에 따른 증여재산가액을 합친 금액 – (중략) –에서 – (중략) – 수증자가 인수한
금액을 뺀 금액으로 한다"라고 규정한 법조문을 '증여일 현재 증여재산가액에서 증여일
현재의 채무를 뺀다'로 과세관청과 조세심판원은 해석하고 있다. 다만 법원에서는 증여
의 개념상 증여자가 부담부증여를 한 경우 증여재산가액은 증여재산에서 그 부담부분이
공제되어야 하므로 오피스텔 분양권을 증여할 당시 준공후 수증자가 임대보증금을 받아
증여자에게 지급하기로 약정하고 실제 지급한 경우에는 증여재산가액에서 해당 임대보
증금을 빼야한다고 판결(대법원 2007두25107, 2008.2.28., 서울행정법원 2007구합1583, 2007.5.11.)
하였다.

둘째, 증여재산에 저당권 등을 설정하여 담보하는 채무에 해당하여야 하며, 등기되지
아니한 임대보증금은 채무에 포함한다. 증여자의 채무를 증여재산이 아닌 다른 재산이
담보하고 있거나 증여자의 개인신용대출과 같이 증여재산에 저당권 등이 설정되지 아니
한 경우 부담부증여를 인정받을 수 있는가에 대하여 논란이 있었다. 상속증여세법 제47
조 제1항에서 "그 증여재산에 담보된 채무로서 수증자가 인수한 금액을 뺀 금액으로 한
다."라고 규정하여 과세관청에서는 저당권 등이 설정된 채무로 한정한 경향이 있었으나,
법원에서는 수증자가 인수한 채무가 당해 증여재산 외의 재산에 담보된 것이라 하더라도
그 채무가 진실한 것이라면 실질적으로 양도와 같은 성격을 가지므로 증여재산에서 공제
함이 타당하다고 판결한 바 있다(서울고등법원 2007누11049, 2007.11.16.). 또한, 국세청 심사

청구사례에서도 증여재산에 담보된 채무 외에 증여자의 개인신용대출을 수증자가 실질적으로 인수하여 변제하였다면 개인신용대출에 상당하는 증여재산 부분은 수증자가 증여받았다고 보기 어려우므로 증여재산가액에서 차감할 수 있다(심사증여 2016-7, 2016.6.20.)고 결정하였다.

셋째, 수증자가 증여자의 채무를 인수한 것이 확인되어야 한다. 증여계약서에 채무를 인수한다는 내용을 기재하지 아니하거나 채무자의 명의를 변경하지 아니한 경우에도 실제 인수한 사실이 확인되면 공제 가능하지만 채무인수의 내용을 증여계약서에 기재하고서도 실제 인수하지 아니한 경우에는 부담부증여를 인정받을 수 없을 것이다(사전법령해석과-4168, 2020.12.17.).

또한 증여재산에 저당권 등이 설정되거나 임대차계약이 체결되어 채무를 담보하는 경우에도 해당 채무를 수증자에게 승계시키지 아니하는 경우 또는 채무를 승계시키면서 해당 채무에 상당하는 금전을 수증자에게 동시에 교부하는 경우에는 부담부증여에 해당하지 아니한다.

인수한 채무에 해당하는지에 대해서는 증여일 이후 채무자의 변경내용, 이자의 지급 및 원금의 상환내용 등을 종합하여 판단하여야 할 것이다.

 관련 예규·심판결정례 및 판례 등

❑ 증여세 과세가액 계산 시 증여재산가액에서 차감하는 채무에 복구충당부채는 포함되지 아니함(재재산-13558, 2022.10.27.).

  ※ 복구충당부채 : 유형자산의 경제적 사용이 종료된 후에 원상회복을 위해 그 자산을 제거, 해체하거나 부지를 복원하는 데 소요될 것으로 추정되는 비용

❑ 수증자가 재산을 증여받으면서 증여재산 외의 부동산에 담보된 채무를 함께 인수 시 해당 채무가액을 증여재산가액에서 차감하지 아니함(재경부 조세법령과-696, 2022.6.29.).

❑ 수증자 명의로 된 증여자의 채무를 인수한 경우 부담부증여 해당 여부(상속증여세과-1257, 2015.12.1.)
  직계존비속 간의 부담부증여 시 인수할 채무가 증여자가 아닌 수증자 명의로 되어 있는 경우 그 채무가 사실상 증여자의 채무임이 명백히 확인되고 수증자가 그 채무를 인수한 사실이 객관적으로 입증되는 경우에 한정하여 그 채무액을 증여재산가액에서 공제하는 것임.

❑ 전세계약이 체결된 주택에서 건물만을 증여하는 경우 부담부증여 인정범위(상속증여세과-29, 2013.4.5.)
  임대차계약이 체결된 토지·건물에 있어서 그 토지와 건물의 소유자가 각각 다른 경우에 증여재산가액에서 차감할 임대보증금은 실지 임대차계약 내용에 따라 그 귀속을 판정하고 임대보증금을 인수한 내용에 따라 판단함.

❑ 임대보증금 중 일부 금전을 수증자에게 인도한 경우(재산세과 - 563, 2011.11.28.)

증여자가 임차인들로부터 받아 보관중인 임대보증금 중 증여하는 재산에 해당되는 금액을 수증자에게 인도하는 경우에는 부담부증여에 해당하지 않음.

❑ 증여 전에 일부 채무를 상환한 경우 채무인수액(재산세과 - 672, 2010.9.7.)

증여등기접수일 현재 증여재산인 부동산에 담보된 증여자의 채무에 한하여 당해 채무를 수증자가 인수한 사실이 입증되는 경우 그 채무액을 증여재산가액에서 차감하는 것임.

❑ 증여계약서 채무인수내용을 기재해야 하는지 여부(재산세과 - 1004, 2009.12.10.)

계약내용에 불구하고 당초 증여시 증여재산에 담보된 증여자의 채무를 수증자가 실제 인수한 것으로 확인되는 경우에는 해당 채무액을 증여재산가액에서 차감하는 것임.

❑ 채무가 증여재산가액을 초과하는 경우(재산세과 - 1473, 2009.7.17.)

재산을 증여받으면서 증여재산가액을 초과하는 채무를 인수한 경우에는 수증자가 증여자에게 그 초과분을 증여한 것으로 보는 것이며, 시부모와 며느리는 직계존비속에 해당하지 않음.

❑ 증여등기 후 전세금을 수령한 경우 부담부증여로 인정되는 금액(서일 46014 - 11580, 2002.11.26.)

父로부터 부동산을 증여받으면서 그 부동산에 담보된 父의 채무를 자녀가 인수한 사실이 입증되는 경우 증여받은 부동산의 가액에서 그 채무액을 공제한 금액이 증여세과세가액이며, 그 채무액에 상당하는 부분에 대하여는 양도소득세가 과세되는 것임(잔금도 부담부증여에 해당).

질의

주택을 자녀에게 증여하기 전 제3자와 전세계약을 체결하고 계약금 및 중도금을 수령하였으나 잔금은 잔여등기 후에 수령한 경우, 부담부증여로 인정되는 금액은 전세보증금 전액인지 증여일 현재까지 수령한 계약금과 중도금에 한하는 것인지 여부

❑ 1필지 전부에 근저당권이 설정된 부동산 중 일부면적만을 증여받으면서 채무는 전액을 인수한 경우에 전액을 공제함(재재산 46014 - 37, 2002.2.15.).

➡ 父의 채무 9억원을 인수한 경우로서 부동산가액이 15억원인 경우 子의 증여가액은 6억원이고 父는 9억원에 대한 양도세 납부해야 하며, 부동산가액이 5억원인 경우 子의 증여가액은 "0"이고 父가 고가로 양도한 것으로 보아 양도세 및 증여세 과세대상이 됨.

❑ 수증자의 채무를 담보하는 부동산을 증여받은 경우 부담부증여 아님(재삼 46014 - 217, 1998.11.11.).

❑ 증여계약서 채무인수내용을 기재하지 않은 경우(재삼 46014 - 2542, 1998.12.30.)

증여계약서에 채무인수내용을 기재하지 않았더라도 수증자가 채무 인수하여 이자지급, 원금상환한 사실이 확인되는 경우에는 부담부증여 인정됨.

❑ 증여 직전 증여자 채무를 수증자가 인수하여 상환한 경우 공제함(조심 2012광4354, 2013.3.7.).

수증인이 증여재산에 담보된 증여자의 채무를 증여일로부터 12일 전에 대위변제하고 쟁점부동산을 증여받은 후 대출금의 이자와 원금도 상환하였다면 쟁점부동산에 담보된 채무인수액은

증여재산가액에서 공제되는 채무로 봄이 합리적임.

❑ 채무인수내용 불분명한 경우 부담부증여 여부(조심 2010중2274, 2010.11.9.)

재산을 증여받으면서 증여재산가액을 초과하는 채무를 인수한 경우에는 수증자가 증여자에게 그 초과분을 증여한 것으로 보는 것이며, 시부모와 며느리는 직계존비속에 해당하지 않음.

❑ 채무를 인수한 부담부증여로 인정할 수 있는지 여부(대법원 2006두15387, 2006.11.30.)

증여로 인한 소유권이전등기 이후에도 이 사건 부동산에 담보된 채무가 증여자 명의로 저당권변경등기가 이루어지지 않은 점, 수증자의 자력에 비추어 인수할 능력이 없는 점에 비추어 부담부증여로 볼 수 없음.

❑ 수증자가 등기하기 위해 지출한 변호사비용(감심 2002 – 42, 2002.3.12.)

미등기 상태의 토지를 증여받기로 하고 수증자가 증여자명의로 소유권보존등기를 하기 위해 지출한 소송비용 등은 당해 증여토지의 증여세 과세가액에서 공제대상임.

다. 배우자 또는 직계존비속 간 부담부증여 인정 범위

배우자 또는 직계존속 간의 부담부증여의 경우에는 원칙적으로 채무를 인수하지 않는 것으로 추정하되 다음과 같이 채무를 인수한 사실이 객관적으로 확인되는 경우에는 부담부증여를 인정한다.

① 국가·지방자치단체 및 금융기관에 대한 채무
② 그 외의 경우 채무부담계약서, 채권자확인서, 담보설정 및 이자지급에 관한 증빙에 의해 채무인수사실이 확인되는 경우

 관련 예규·심판결정례 및 판례 등

❑ 수증자가 증여일 전에 임차한 경우 부담부증여 인정 여부(상속증여세과 – 18, 2015.1.20.)

母소유 아파트를 딸이 임대보증금을 지급하고 거주한 경우로서 해당 아파트를 증여하면서 임대보증금을 딸(수증자)이 인수하는 사실이 입증되면 증여재산가액에서 그 채무를 차감함.

❑ 직계존비속 간 부담부증여 인정 여부(재삼 46014 – 1587, 1998.8.18.)

직계존비속 간 부담부증여시 채무인수사실은 은행대출금 상환통장 등을 제출하여 인정받을 수 있으며, 그 채무액에 상당하는 부분에 대하여는 양도소득세가 과세되나, 당해 증여재산이 소득세법 제89조 제3호의 규정에 의한 1세대 1주택에 해당하는 경우에는 양도소득세가 면제됨.

❑ 모(母)로부터 증여받은 경우 부담부증여 인정 여부(재산세과 – 66, 2012.2.20.)

모친이 소유한 토지가 담보하는 피상속인 명의의 채무를 당초 상속 당시부터 모친이 인수하였는지 여부와 당해 토지를 증여받은 자녀가 해당 채무를 증여자로부터 인수하였음이 객관적으

로 입증되는 경우에는 그 인수한 채무액은 증여재산가액에서 차감할 수 있는 것으로 이에 해당하는지 여부는 구체적인 사실을 확인하여 판단할 사항임.

❑ 직계존비속 간 부담부증여 인정 여부(재재산－581, 2007.5.18.)

　직계존비속 간의 부담부증여로 인하여 증여일 현재 당해 증여재산에 담보된 증여자의 채무로서 수증자가 인수한 사실이 상속증여세법 시행령 제10조 제1항 각호의 1의 규정에 의하여 입증된 때에는 그 채무액을 차감한 금액을 증여세과세가액으로 하는 것임.

❑ 직계존비속 간의 부담부증여를 인정하지 아니한 처분은 잘못임(조심 2011구1709, 2012.3.13.).

　청구인은 아파트를 증여받은 후 이자지급계좌인 아들 명의의 계좌에 입금한 사실이 확인되고 청구인의 임대수입원이 소멸되지 않은 것으로 보이는 점 등에 비추어 주택에 담보된 채무를 증여재산가액에서 차감하지 않고 한 처분은 잘못임.

❑ 등기상 채무의 승계가 늦게 이루어졌으나, 채무상환과 수증자의 소득발생내역을 볼 때에 수증자가 채무를 인수한 것으로 보임(조심 2012중3659, 2012.10.30.).

❑ 수증자가 추가 지급한 임대보증금은 부담부증여에 해당함(조심 2012중289, 2012.7.2.).

❑ 수증자가 아버지의 양도세를 대신 납부한 경우 증여세 과세대상임(조심 2012서999, 2012.6.21.).

　청구인이 아버지로부터 부동산 양도대금 중 일부를 현금으로 증여받은 이후 비록 청구인이 아버지의 양도세 체납액을 청구인이 대신 납부하였다 하더라도 이는 청구인 아버지의 조세채무를 대위변제한 것일 뿐 당초 증여받은 증여재산가액이 변동되는 것이 아니므로 양도세 상당액을 증여재산가액에서 공제하여야 한다는 주장은 법적 근거가 없어 이를 받아들이기 어려움.

❑ 장래에 대출금을 상환할 수 없다고 단정할 수 없으므로 그 대출금은 증여재산가액에서 공제하는 것이 타당함(조심 2011부9, 2012.5.18., 대법원 93누6966, 1993.9.10.).

　증여일 현재 수증자의 자력 변제 능력의 유무를 채무인수 여부에 대한 판단의 기준으로 삼을 것이 아니라 수증자가 향후 인수할 채무를 자력으로 변제할 가능성이 없는 사실이 객관적으로 명백한 경우를 제외하고는 부채사후관리를 통하여 증여자가 실질적으로 대신하여 상환한 사실이 확인되는 때에 증여세 과세함이 타당함.

❑ 직계존비속 간 부담부증여 인정 여부(대법원 2007두25107, 2008.2.28.)

　직계존비속 간의 부담부증여인 경우에도 수증자가 인수하거나 부담하는 채무가 진정한 것인 때에는 이러한 신분관계가 없는 자들 간의 부담부증여의 경우와 마찬가지로 그 부담액은 증여재산가액에서 공제되어야 하는 것임.

라. 제3자의 채무를 담보한 재산을 증여받은 경우

　증여자가 제3자의 채무를 물상보증함에 따라 증여재산에 저당권 등이 설정된 상태에서 증여를 한 경우 수증자는 해당 보증채무를 인수하게 될 것이다. 증여자의 채무를 인수한 경우 부담부증여를 인정하므로 보증채무를 인수하는 것은 부담부증여에 해당하지 않는다. 다만, 채무자가 자력을 상실하여 보증인이 채무를 상환해야 하고 상환한 후에도 구상권을 행사할 수 없는 경우에는 부담부증여로 인정하고 있다.

 관련 예규·심판결정례 및 판례 등

□ 타인명의로 되어 있는 채무를 인수하는 경우 부담부증여 해당 여부(재산세과 – 381, 2012.10.18.)
증여재산인 토지에 담보된 금융기관의 채무가 증여자가 아닌 타인명의로 되어 있는 경우, 해당 채무가 사실상 증여자의 채무임이 명백히 확인되는 경우로서 수증자가 그 채무를 인수한 사실이 객관적으로 입증되는 경우에 한정하여 그 채무액을 증여재산가액에서 공제하는 것임.

□ 제3자의 채무를 인수하는 조건으로 증여받은 경우 증여가액에서 그 채무액은 공제되지 않음(재삼 46014 – 1641, 1998.8.29.).

□ 보증채무를 담보하는 부동산을 증여 받으면서 주채무자가 변제불능상태인 보증채무를 인수하는 경우 부담부증여에 해당함(재삼 46014 – 2054, 1998.10.23.).

□ 제3자의 보증채무를 인수한 경우(대법원 92누10456, 1992.10.13.)
증여자가 물상보증채무를 부담하고 있는 부동산을 증여함에 있어서 수증자가 피담보채무를 인수하지 않은 경우 증여세과세가액은 피담보채무를 공제하지 않은 재산가액이 되는 것이 원칙이고, 다만 주채무자의 채무불이행으로 담보권실행이 확실시되고 주채무자의 무자력으로 수증자의 구상권행사가 실효성이 없을 것이 명백한 경우에 한하여 피담보채무액을 공제한 재산가액이 증여세과세가액이 되는 것임.

□ 제3자의 보증채무를 인수한 경우(대법원 2000두8868, 2001.5.8.)
증여한 부동산에 담보된 근저당 채무 불이행으로 담보권실행이 확실시 되거나, 수증자가 그 채무 이행 후 구상권 행사가 불가능하다고 볼 수 없어 부담부증여에 해당하지 않음.

□ 제3자의 보증채무를 인수한 경우(대법원 99두12168, 2000.3.24.)
3자의 근저당권이 설정된 부동산을 직계존속으로부터 증여받은 경우, 바로 부담부증여로 볼 수 없고 수증자가 인수하거나 채무가 진정한 것으로 입증되어야만이 부담부증여로 인정함.

사례 1   증여일 이후 증여자의 채무를 부담하는 경우 등 부담부증여 여부?

□ 증여일 이후 채무 발생 등 사례
　(사례 1) 증여자가 15억원의 A부동산을 증여한 후, 3년간 임대료 1억원은 본인이 사용수익하기로 한 경우 부담부증여 인정 여부? 다른 세금문제는?
　(사례 2) 15년 장기 임대계약 체결하고 임대료 선수입한 경우 부담부증여 여부?

1999.1.1. 임대계약	2009.1.1. 증여등기	2018.12.31.
기간20년, 임대료 : 10억원	임대차계약내용 승계	임대차계약기간 만료

풀이

○ (사례 1)의 경우 증여일 이후 발생하는 임대료를 증여자가 수입함으로써 수증자의 재산가
치는 그 만큼 줄어들 수 있지만, 증여재산의 평가 및 부담부증여 인정 여부는 증여일을 기
준으로 판단하므로 부담부증여에 해당하지 아니한다.

  – 오히려 증여자가 증여일 이후 무상으로 사용하는 것에 해당하므로 증여자에게 부동산무
상사용에 따른 증여세 문제가 발생하며, 수증자에게는 소득세법상 부당행위계산 부인규
정이 적용될 수 있다.

    ➡ 부동산을 증여한 후, 동 재산에서 발생하는 임대료를 증여자가 수익하기로 한 경우에
도 동 임대료상당액을 증여재산가액에서 차감하지 아니함(재삼 46014 – 233, 1999.2.2.,
재재산 46014 – 65, 1999.2.26.).

○ (사례 2)의 경우에는 증여일 현재 증여자의 확정된 채무를 수증자가 인수한 것으로 보아
부담부증여를 인정하고 있다.

    ➡ 증여자가 임대차계약기간 중 월세를 일시불로 받고 수증자가 임대차계약에 따른 증여
자의 의무를 포괄적으로 승계한 경우 선수입한 월세에 대하여 부담부증여를 인정함
(재재산 46014 – 22, 2002.1.24.).

사례 2   **증여자가 제3자 명의로 대출받은 금전도 부담부증여 인정되는지?**

○ 대출자명의는 다른 사람이지만, 실제 채무자가 증여자이고 수증자가 인수한 것이
확인되면 부담부증여로 인정됨(재산세과 – 381, 2012.11.2., 국심 2001부1707, 2001.12.28.).
채무의 대출자 명의는 청구외 甲으로 되어 있으나 甲은 명의만 빌려주었지 실제대출자는
아니라고 확인하고 있고, 청구인의 어머니 乙의 선순위 담보채무(근저당 1)의 상환일과
쟁점채무 대출일이 비슷한 것으로 보아 乙의 선순위 담보채무(근저당 1)상환과 관련된 자
금으로 활용하기 위해 쟁점채무를 대출받았다는 청구인의 주장은 신빙성이 있어 보여지
므로 쟁점채무의 실제 대출자는 청구인의 어머니 乙로 인정되고, 청구인이 재산을 증여받
은 이후 쟁점채무의 이자를 부담해온 사실과 채무상환을 한 점 등으로 보아 수증자인 청
구인의 실질적인 채무로 전환되었음이 확인되므로 쟁점채무는 부담부증여라는 청구인의
주장은 이유있는 것으로 판단됨.

사례 3 **공동저당권이 설정된 A·B 재산 중 A만 증여시 부담부증여 인정범위는?**

❏ 증여자가 1억원을 대출받으면서 A와 B부동산에 근저당권을 설정하였고 A부동산을 자녀에게 증여하면서 대출금 1억원을 인수시킨 경우에

  - 증여가액에서 차감할 채무가 1억원인지 아니면 1억원을 A와 B부동산가액으로 안분한 금액인지 여부?

풀이

실제 인수한 1억원을 증여재산가액에서 차감하는 것이 타당할 것이다. 공동저당권이 설정된 재산을 평가할 때에는 담보하는 채권액을 각 재산의 가액으로 안분하여 각 재산이 담보하는 채권액을 계산하여 평가하도록 규정하고 있으나, A와 B부동산은 각각 1억원까지를 담보하는 것이지 재산가액으로 안분한 금액만을 담보하는 것이 아니므로 부담부증여시 증여재산이 담보하는 채무액이 얼마인가는 총채무액을 의미하는 것으로 보아야 하고 그 금액 범위 내에서 수증자가 인수한 것으로 확인되는 금액을 부담부증여로 인정하는 것이 타당할 것으로 보인다.

사례 4 **채권자가 채무승계를 승낙하지 아니한 경우 부담부증여 인정 여부**

❏ 사실관계

  甲이 의료법인에 부동산을 증여하면서 의료법인이 근저당권의 피담보채무(채무자 : 甲)를 인수하기로 약정하였으나, 채권자의 승낙을 받지 못하여 면책적 채무인수로서의 효과는 발생하지 아니함.

풀이

증여세 과세처분에 대한 대법원 판결은 아니나, 부담부증여에서의 채무인수와 관련한 동일 사안에서 양도소득세 납세의무가 성립한다고 대법원 판결하고 있어 증여세에서도 부담부증여에 해당하는 것으로 봄이 타당하다고 생각된다.

○ 양도소득세 관련 판결내용(대법원 2016두45400, 2016.11.10.)

  - 소득세법 제88조 제1항은 전단에서 과세대상인 양도를 정의하는 한편, 후단에서 '부담부증여에 있어서 증여자의 채무를 수증자가 인수하는 경우에는 증여가액 중 그 채무액에 상당하는 부분은 그 자산이 유상으로 사실상 이전되는 것으로 본다'고 규정하고 있는 바, 부담부증여에 있어서 증여가액 중 수증자의 인수채무액에 상당하는 부분은 양도소득세의 과세대상이 되고, 이는 이른바 면책적 채무인수로서 증여자의 채무를 소멸시키고 수증자가 채무자의 지위를 승계하는 경우는 물론, 증여자의 종전 채무가 그대로 존속하는 중첩적 채무인수의 경우에도 수증자가 증여자와 함께 채무를 부담하거나 증여자를 대신하여 채무를 변제할 의무를 확정적으로 부담하므로 부담부증여 당시에 이미 수증자의 무자력 등으로 인하여 수증자의 출재에 의한 채무변제가 이루어지지 아니할 것임이 명백하다는 등의 특별한 사정이 없는 한 마찬가지라고 할 것이며

  - 이후 수증자가 채무의 변제를 게을리 함으로써 부담부증여계약이 해제된다면 그 계약의

효력이 소급적으로 상실되어 수증자의 인수채무액에 상당하는 부분도 양도소득세의 과세요건인 자산의 양도가 처음부터 없었던 것이 될 뿐임.

사례 5　A부동산을 乙·丙에게 증여하면서 채무는 乙에게만 승계한 경우 부담부증여 인정방법?

❏ 甲이 은행에서 2건의 4억원을 대출받으면서 근저당권을 설정한 A부동산을 乙과 丙에게 1/2씩 증여하면서 해당 채무는 乙이 전부 인수한 경우에
　－乙이 인수한 채무액이 4억 원인지, 증여재산가액으로 안분한 2억원을 乙과 丙이 인수한 채무액으로 볼 것인지 여부

풀이

○ 증여받은 당해 재산에 담보된 증여자의 채무를 수증자가 부담하기로 약정하여 인수한 사실이 입증되는 경우에 한하여 증여재산의 가액에서 그 채무액을 공제한 금액을 증여세 과세가액으로 하는 것(법령해석재산－448, 2016.5.4.)이므로
　－乙의 증여세 과세가액은 그가 인수한 채무액 4억원을 빼고 계산하여야 하며,
　－丙은 A부동산에 근저당권 설정된 은행채무에 대하여 丙의 지분만큼 물상보증하나, 증여자로부터 인수한 채무가 아니므로 증여재산가액에서 차감할 채무액은 아님.

마. 부담부증여의 경우 양도소득세 과세방법

부담부증여에 해당하는 증여자는 본인의 채무를 수증자에게 인계함에 따라 사실상 대가를 받고 재산의 소유권을 유상이전한 것에 해당하므로 양도소득세 과세대상에 포함하고 있다(소득세법 §88 ①). 이 경우 부담부증여재산이 1세대 1주택에 해당하는 등 양도소득세가 비과세되거나 조세특례제한법에 따른 감면대상에 해당하는 경우에는 그에 따라 비과세 또는 감면대상에 해당한다.

부담부증여의 경우 양도로 보는 부분에 대한 양도차익을 계산함에 있어 그 취득가액 및 양도가액은 다음에 따른다.

$$\text{양도로 보는 부분의 양도가액(또는 취득가액)} = \text{해당 자산의 가액}^{*} \times \frac{\text{채무액}}{\text{증여가액}^{**}}$$

* 해당자산의 가액
　－양도시 : 상속증여세법 제60조부터 제66조까지의 규정에 따른 평가액
　－취득시 : 실지거래가액(실지거래가액을 알 수 없는 경우 매매사례가액, 감정가액, 환산가액의 순서로 평가)
** 증여가액 : 상속증여세법 제60조부터 제66조까지의 규정에 따른 평가액

양도가액을 기준시가에 따라 산정한 경우에는 취득가액도 기준시가에 따라 산정한다. 이 때 양도소득세 과세대상에 해당하는 자산과 해당하지 아니하는 자산을 함께 부담부 증여하는 경우로서 증여자의 채무를 수증자가 인수하는 경우 채무액은 다음 계산식에 따라 계산한 금액으로 한다.

$$채무액 = 총\ 채무액 \times \frac{과세대상\ 자산가액}{총\ 증여\ 자산가액}$$

| 사례 | 부담부증여의 경우 양도가액 또는 취득가액 산정방법(양도소득세 집행기준 100-159-1) |

□ 사실관계
 − 증여 당시 자산가액 : 1억원
 − 수증자가 인수한 증여재산에 담보된 증여자의 채무 : 6천만원
 − 실지 취득가액 : 5천만원

풀이

양도차익 산정내용

$$부담부증여의\ 양도가액\ 6천만원 = 1억원 \times \frac{6천만원}{1억원}$$

$$부담부증여의\ 취득가액\ 3천만원 = 5천만원 \times \frac{6천만원}{1억원}$$

3. 10년 이내 동일인의 증여재산 합산과세

가. 개 요

해당 증여일 전 10년 이내에 동일인(증여자가 직계존속인 경우에는 배우자를 포함한다)으로부터 증여받은 재산가액을 합친 금액이 1천만원 이상인 경우에는 그 증여재산가액을 해당 증여세 과세가액에 가산하여 과세한다. 누진세율 체계인 증여세에 있어 동일한 재산가액이라도 일시에 증여한 경우 산출한 세액과 나누어 증여하는 경우 각 증여시점에 산출한 세액의 합계가 달라질 수 있고 나누어서 증여할 때의 부담하는 세액이 일시에 증여할 때보다 적게 될 수 있다. 이에 따라 일정기간 이내에 동일인으로부터 증여받은 재산의 경우 증여시점마다 증여세를 과세하고 뒤의 증여재산에 가산하여 증여세를 산출

한 후 종전 증여시점에서 납부하는 증여세액은 기납부증여세액으로 공제를 해 줌으로써 누진세율을 적용하는 효과를 얻고자 합산과세제도를 두고 있다.

나. 재차증여 합산과세기간

종전 증여재산을 가산하는 기간은 해당 증여일 전 10년 이내에 동일인으로부터 증여받은 재산의 가액이 1천만원 이상인 경우이다. 해당 증여재산의 가액을 포함하지 아니하고 증여일의 그 전날부터 소급하여 10년 이내에 동일인으로부터 증여받은 재산이 1천만원 이상인 경우 가산하는 것이다.

합산과세기간은 다음과 같이 개정되었으며 세법개정 전에 증여한 재산은 개정세법을 적용하여 합산과세기간을 연장하지 아니하도록 부칙에서 규정하고 있다.

또한 종전 증여재산에 대한 증여세 부과제척기간이 만료되어 증여세를 과세하지 못한 경우에도 종전 증여일이 합산과세기간 이내에 있으면 가산하여 과세하고 기납부증여세액은 공제하지 아니하도록 하고 있다.

▌ 재차증여 합산과세기간 개정연혁 ▌

1990.12.31. 이전	1991.1.1.~1998.12.31.	1999.1.1. 이후
3년 이내 증여재산	5년 이내 증여재산	10년 이내 증여재산

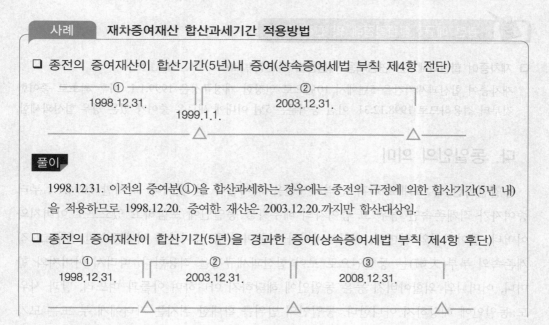

`사례`　　**재차증여재산 합산과세기간 적용방법**

❑ 종전의 증여재산이 합산기간(5년)내 증여(상속증여세법 부칙 제4항 전단)

```
        ①                          ②
    1998.12.31.                 2003.12.31.
            1999.1.1.
          △                        △
```

`풀이`

1998.12.31. 이전의 증여분(①)을 합산과세하는 경우에는 종전의 규정에 의한 합산기간(5년 내)을 적용하므로 1998.12.20. 증여한 재산은 2003.12.20.까지만 합산대상임.

❑ 종전의 증여재산이 합산기간(5년)을 경과한 증여(상속증여세법 부칙 제4항 후단)

```
      ①              ②                ③
   1998.12.31.    2003.12.31.      2008.12.31.
       △             △                △
```

□ 종전의 증여재산이 합산기간(5년)내 증여(상속증여세법 부칙 제4항 전단)

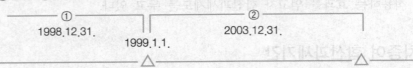

①	②
1998.12.31.	2003.12.31.
1999.1.1.	

풀이

1998.12.31. 이전의 증여분(①)을 합산과세하는 경우에는 종전의 규정에 의한 합산기간(5년 내)을 적용하므로 1998.12.20. 증여한 재산은 2003.12.20.까지만 합산대상임.

□ 종전의 증여재산이 합산기간(5년)을 경과한 증여(상속증여세법 부칙 제4항 후단)

| ① | ② | ③ |
| 1998.12.31. | 2003.12.31. | 2008.12.31. |

풀이

1999.1.1. 이후 증여분으로서 종전의 규정에 의한 합산기간(5년)을 경과한 증여분(③)과 종전의 증여분(①)을 개정규정에 의하여 10년의 합산기간을 적용하여 합산과세하지 아니함.
➡ 개정규정에 의한 합산기간(10년)을 적용받는 1999.1.1. 이후 증여분에 대하여만 적용(②+③)

 관련 예규 · 심판결정례 및 판례 등

□ 재차증여 합산과세기간 연장내용 적용방법(재산상속 46014-76, 2000.1.18.)
재차증여 합산과세기간을 5년에서 10년으로 연장한 개정규정은 1999.1.1. 이후 최초로 증여한 것부터 적용하므로 1998.12.31. 이전 증여분은 5년 이내에 새로운 증여가 있는 경우 합산과세함.

다. 동일인의 의미

동일인이란 말 그대로 각각 인격체 1인을 의미한다 할 것이다. 하지만 1994.1.1.부터 증여자가 직계존속인 경우 그 증여자의 배우자를 동일인에 포함하고 있으므로 아버지와 어머니, 할아버지와 할머니, 외할아버지와 외할머니 등 증여자가 직계존속인 경우 그 직계존속의 부부(夫婦)는 동일인으로 보아 합산과세규정을 적용한다. 따라서 아버지와 할머니, 어머니와 외할아버지 등은 동일인에 해당하지 아니하며 아들과 며느리, 딸과 사위도 동일인에 해당하지 아니한다. 동일인의 범위를 확대한 취지는 자녀에게 부 또는 모가 재산을 증여하기 전에 배우자 증여재산공제 범위 내에서 부부 사이에 재산을 증여하고 부 또는 모가 각각 증여함으로써 누진세율을 피하는 것을 방지하려는 데 있다.

양자로 간 사람의 양부모도 직계존속에 해당하므로 동일인에 해당하는 것이나 계모 또는 적모는 직계존속에 해당하지 않는다. 부로부터 증여를 받은 후 10년 이내에 재혼한 생모로부터 증여를 받은 경우 부와 재혼한 생모는 모두 직계존속에 해당하지만 생모로부터 증여받은 시점에서 부와 재혼한 생모는 부부 사이가 아니므로 합산대상에 해당하지 않는다.

또한 생부와 계모 또는 생모와 계부는 동일인으로 보지 않는다(상속증여세법 집행기준 47-36-6 ①).

 관련 예규ㆍ심판결정례 및 판례 등

❏ 비거주자인 수증자가 증여일 전 10년 이내에 거주자로서 父로부터 증여받은 재산이 있는 경우 해당 증여세 과세가액은 합산하는 것이며, 증여재산공제 받은 경우 거주자로서 증여받은 재산에 한하여 적용되는 것임(상속증여-7855, 2022.10.31.).

❏ 父로부터 증여받은 시기에 母가 이혼 후 父와 재혼한 경우 동일인으로 보아 10년 이내의 증여재산은 합산하여 과세함(상속증여세과-579, 2020.7.30.).

❏ 父증여 ⇒ 父사망 ⇒ 母증여(5년 이내 발생)받은 경우 母의 증여재산에 父의 증여재산은 합산과세 안함(상속증여세과-999, 2017.9.18.).

❏ 父와 이혼한 母로부터 증여받은 재산은 父의 증여재산에 합산과세안함(재산상속 46014-271, 2002.10.11.).

❏ 증여자인 종중을 동일인으로 보아 합산과세 여부(조심 2014중4235, 2014.12.22)
국세기본법 제13조 제4항에 따른 법인으로 보는 단체 외의 경우 거주자 또는 비거주자로 보아 상속증여세법을 적용하도록 되어있는 점 등에 비추어 청구인이 쟁점종중으로부터 수증한 재산에 대하여 동일인으로부터 재차증여받은 것으로 보아 증여세를 과세한 처분은 잘못이 없음.

사례 **국내 증여재산과 국외 증여재산 합산과세 여부**

○ 거주자인 父가 비거주자인 자녀에게 10년 이내에 다음과 같이 증여함.
　① 국내 소재하는 A재산과 B재산을 동시에 증여함.
　(과세방법)
　－상속증여세법 제2조 제1항 제2호에 따라 수증자인 자녀에게 증여세 과세
　－상속증여세법 제47조 제1항에 따라 A, B재산을 합산하고

- 수증자가 비거주자이므로 상속증여세법 제53조에 따른 증여재산공제는 적용하지 아니함.
② 국외 소재하는 C부동산을 증여함.

(과세방법)
- 국제조세조정법 제21조에 따라 증여자인 父에게 증여세 과세
- 상속증여세법과 국제조세조정법에 따른 증여세 납세의무자가 다르고 父가 동일인으로부터 증여받은 재산이 없으므로 C재산에 대해서만 증여세 과세
③ 국외 소재하는 D부동산을 증여함.

(과세방법)
- 국제조세조정법 제21조에 따라 증여자인 父에게 증여세 과세
- 국제조세조정법 제21조 제3항에서 상속증여세법 제47조를 준용하도록 규정하고 있으므로 C부동산을 D부동산 가액에 합산하여 증여세액 계산

라. 합산과세하는 경우 재산가액

합산과세하는 증여재산가액은 각각의 증여가 있을 때마다 그 증여당시의 평가한 가액으로 한다. 합산과세하는 종전 증여재산의 가액을 합산과세하는 뒤의 증여일을 기준으로 다시 평가하지 아니한다. 종전 증여가 부담부증여인 경우에는 그 당시 채무인수액을 뺀 증여세 과세가액을 가산한다.

4. 10년 이내 증여재산의 합산과세 배제

가. 상속증여세법상 합산과세 배제

2004.1.1. 이후 증여분부터 다음에 해당하는 증여재산은 증여자 또는 그 원천을 확정하기 어려운 점 등을 감안하여 동일인 재차증여재산 합산과세대상에서 제외하도록 하였다.

따라서 이에 해당하지 아니하는 증여재산의 경우 그 재산이 본래 의미의 증여재산이든 증여추청 또는 증여의제재산이든 구분하지 아니하고 합산과세대상에 해당한다.

① 재산 가치 증가에 따른 증여(상속증여세법 §31 ① 3호)
② 전환사채 등의 주식전환 등에 따른 이익의 증여(상속증여세법 §40 ① 2호 · 3호)

　　상속증여세법 제40조 제1항 제1호에 따라 전환사채 등을 인수하거나 취득한 시점에서 과세되는 증여재산가액이 있는 수증자가 다시 상속증여세법 제40조 제1항 제2호 · 제3호에 따른 이익을 얻은 경우 해당 전환 등의 시점에서 얻은 같은 항 제2호 · 제3호의 증여재산가액은 합산배제증여재산으로 규정하고 있으므로 제1호와

제2호 · 제3호의 이익은 합산하여 과세하지 아니하는 것이 타당할 것이다.

③ 주식 등의 상장 등에 따른 이익의 증여(상속증여세법 §41의3)

④ 합병에 따른 상장 등 이익의 증여(상속증여세법 §41의5)

⑤ 재산 취득 후 재산가치증가에 따른 이익의 증여(상속증여세법 §31 ① 3호, §42의3)

⑥ 재산 취득자금 등의 증여추정(상속증여세법 §45, 2022.1.1. 신설)

⑦ 명의신탁재산의 증여의제(상속증여세법 §45의2, 2019.1.1. 이후 증여분부터 적용)

⑧ 특수관계법인과의 거래를 통한 이익의 증여의제(상속증여세법 §45의3)

⑨ 특수관계법인으로부터 제공받은 사업기회로 발생한 이익의 증여의제(상속증여세법 §45의4)

 관련 예규 · 심판결정례 및 판례 등

❏ 신고기한으로부터 3개월이 경과한 후 증여재산을 반환하고 다른 재산을 증여받는 경우 반환한 당초 증여재산은 합산과세대상임(상속증여세과 - 1256, 2015.12.1.).

❏ ① 증여 재산을 신고기한 내에 반환하고 동일한 재산을 ② 재증여한 경우 합산과세 대상아님(과세기준 2015 - 196, 2015.9.23.)

　➡ (유사 심판결정례) 동일한 부동산에 대하여 합의해제된 후 재차증여된 경우 합산과세 규정을 배제함(조심 2011서2867, 2011.12.14.).

　- 민법상 증여계약이 합의해제된 경우 당초 증여계약의 효력이 소멸되었으므로 동일 부동산에 대하여 증여재산 합산과세 규정을 적용함에 있어서도 당초 증여는 없고 재차증여만 있는 것으로 보아 합산과세를 배제하는 것이 타당함.

　➡ ②시점 증여시 증여재산공제액은 ①시점에서 공제한 금액을 차감함(조심 2018중1155, 2018.6.4.).

❏ 부과제척기간이 만료된 재산의 합산과세방법(재산세과 - 300, 2011.6.22., 서면4팀 - 2928, 2006.8.24.)
종전증여가 국세부과제척기간이 만료된 경우에도 재차증여의 합산기간에 해당하는 때에는 증여재산가액에 합산하는 것이며, 합산된 증여가액이 국세부과제척기간의 만료로 인하여 증여세가 징수되지 아니한 세액에 대하여는 기납부증여세액을 공제하지 아니하는 것임.

❏ 특정법인과의 거래시 증여재산도 합산과세 대상임(서면4팀 - 1232, 2005.7.19.).

❏ 토지무상사용이익과 증여받은 토지는 합산과세 대상임(서면4팀 - 455, 2005.3.29.).

❏ 재산취득자금증여추정 과세된 경우 증여자가 동일하면 합산과세함(재삼 46014 - 1906, 1998.10.1.).

❏ 명의신탁주식도 10년 내 재차증여 합산대상임(대법원 2016두50792 2019.6.13., 대법원 2015두52876, 2016.1.14., 조심 2013중4791, 2014.3.25.).

➡ 2019.1.1. 합산배제 증여재산으로 상속증여세법 제47조에서 규정함.

❑ 합병상장이익의 정산기준일이 2004.1.1. 이후인 경우 합산과세 배제함(대법원 2015두3096, 2017.9.26.). 합병상장이익에 대한 증여세는 정산기준일을 기준으로 증여이익을 계산할 수 있을 때 비로소 과세표준과 세액을 산정할 수 있고, 증여세 정산 신고기한은 정산기준일부터 3개월이 되는 날이며, 합병상장이익이 합산배제증여재산에 해당하는지 여부도 정산기준일을 기준으로 정하는 것이 타당하므로 2004.1.1. 이후 합산과세 배제하는 합병상장이익의 증여세 정산기준일이 도래하면 개정 상증법 제47조 제2항 단서에 따라 합산과세 배제함.

나. 조세특례제한법상 합산과세 배제

조세특례제한법에 따라 영농자녀가 증여받은 농지 등, 창업자금 또는 가업승계받은 중소 · 중견기업주식에 대하여 증여세 과세특례가 적용되는 경우에는 동일인으로부터 증여받은 재산에 대한 합산과세규정을 적용하지 아니한다.

① 영농자녀가 증여받은 농지 등에 대한 증여세 면제된 경우(조세특례제한법 §71 ⑥)
② 창업자금에 대한 증여세 과세특례가 적용된 증여재산(조세특례제한법 §30의5 ⑩)
③ 가업의 승계에 증여세 과세특례가 적용된 증여재산(조세특례제한법 §30의6 ③)

따라서 영농자녀가 증여받은 농지 등에 대한 증여세가 면제되지 아니하는 증여세액 1억원을 초과하는 농지 등에 대한 증여재산가액 및 창업자금 중 50억원(10명 이상 신규고용시 100억원)초과 또는 가업승계받은 중소 · 중견기업주식의 가액 중 600억원을 초과하여 증여세 과세특례를 적용받지 못한 증여재산가액은 합산과세대상에 해당한다. 영농자녀가 증여받은 농지 등에 대한 증여세를 감면받거나 창업자금 또는 가업승계받은 중소 · 중견기업주식에 대한 증여세 과세특례를 적용받은 후 정당한 사유가 없이 영농에 종사하지 아니하거나 창업을 하지 아니하는 등으로 인해 증여세액을 징수하는 경우에는 동일인 증여재산의 합산과세대상에 해당한다(재산세과-823, 2009.4.29.).

⒟ 재차증여합산과세시 종전 증여분에 대해 불복가능한지?

○ 재차증여 및 결정사례
 - 1차 증여재산에 대한 증여세 결정 : 1996.6월
 - 2차 증여재산에 1차 증여분을 합산하여 증여세 결정 : 1999.8월
 - 심판결정 : 2차 증여재산은 유상취득이므로 증여세 부과처분은 취소
 - 1차 증여재산도 유상취득이므로 증여세 부과처분의 취소를 구함.

○ 대법원 판결내용(대법원 2003두9800, 2004.12.10.)
  - 1 · 2심에서는 당초결정(1996.6월)은 그에 대한 증액경정(1999.8월)에 흡수되어 그 증액경정의 통지일부터 90일 이내에 소를 제기하였으므로 적법하다고 판시했으나
  - 대법원에서는 "재차증여에 따라 종전 증여의 가액을 합산한 다음 기납부세액을 공제하여 이루어지는 형식의 증여세 부과처분은 재차증여에 따른 별개의 처분으로서 단지 누진세율에 의한 합산과세를 하는데에 불과하여 당초결정이 이에 흡수된다고 할 수 없으므로, 각 처분에 대한 불복 역시 별도의 불복절차를 거쳐야 하므로 당초결정이 있은 후 3년이 지난 후 재차결정에 대하여만 불복하였을 뿐 당초결정에 대하여는 별도로 불복절차를 거치지 아니한 채 소를 제기한 당해 건은 부적법하다"고 결정하였음.

사례	부과제척기간이 경과한 증여재산의 합산과세 여부

❑ **사실관계**

1995.9월	1995.10월	1996.3월 또는 4월	1996.4월	2011.8월
①	②	③	④	⑤
1차 증여재산	2차 증여재산	1차, 2차분 신고기한	3차 증여재산	1 · 2 · 3차 증여재산 합산과세

❑ **쟁점**
  - 1차 · 2차분 증여재산이 3차 증여재산에 합산할 대상이나, 2011.8월 현재 1 · 2차분에 대한 증여세 부과제척기간은 만료되었고 3차분은 부과제척기간 이내인 경우 1 · 2 · 3차 증여재산의 합산 여부

풀이

○ 1995년 증여분은 부과제척기간 만료되어 합산할 수 없음(대법원 2013두23195, 2015.6.24.).
  - 구법에 의하면 부과제척기간이 이미 지나서 증여세를 부과할 수 없는 종전 증여에 대해 개정법을 적용하여 증여세를 부과하는 것은 소급과세에 해당하여 허용될 수 없다는 것이다. 개정법의 부칙에는 개정법을 개정법 시행 후에 이루어진 증여에 대해서 적용한다는 조문도 있고, 개정법을 개정법 시행 후에 매기는 증여세에 대해서 적용한다는 조문도 있어 두 조문 사이의 관계가 모호하다.
  - 대법원은 개정법 시행 전에 이미 이루어진 증여에 대해서는 개정법 시행 이후 증여세를 부과하는 경우라도 구법이 적용되므로 부과제척기간이 지난 종전 증여를 증여세 과세가액에 합산하지 못한다고 보았다. 개정법의 부칙을 문언대로만 해석한다면 개정법 시행 전에 이루어진 종전 증여가 부과제척기간이 지났어도 그 후 재차 증여에 합산하여 과세할 수 있다는 해석도 불가능하지는 않지만, 대법원은 원칙적으로 소급과세는 허용되지 않는다는 입장에서 납세자의 신뢰와 법적 안정성을 중시하는 판결을 하였다는 점에서 의미가 있다.

1. 증여세 과세표준

과세표준이란 세액 산출의 기초가 되는 과세물건의 수량이나 가액을 말하며, 과세표준의 구간에 따른 세율을 곱하여 산출세액을 계산한다. 증여세 과세표준은 과세가액에서 증여재산공제와 재해손실공제 및 감정평가수수료를 빼고 계산한다.

2003.12.31. 이전에는 증여재산의 종류별을 구분하지 아니하고 동일하게 과세표준을 계산하던 것을 2004.1.1.부터는 증여재산종류별로 증여재산공제 적용방법을 다르게 적용하여 증여세 과세표준을 계산한다.

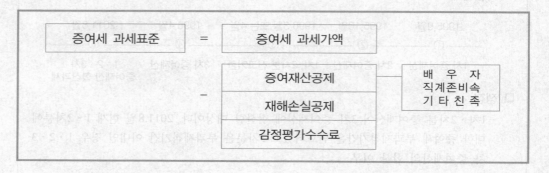

가. 일반적인 증여재산의 과세표준

동일인의 재차증여재산 합산배제대상 및 명의신탁 증여의제재산 등 외의 증여재산에 대한 과세표준은 증여세 과세가액에서 증여재산공제와 재해손실공제 및 감정평가수수료를 빼고 계산한다.

나. 그 밖의 증여재산의 과세표준

1) 명의신탁재산의 증여의제 및 특수관계법인과의 거래시 증여의제 등

증여재산공제를 적용하지 아니하고 해당 명의신탁재산의 가액(2019.1.1. 이후 증여분) 또는 특수관계법인과의 거래를 통한 이익과 특수관계법인으로부터 제공받은 사업기회로 발생한 이익의 증여의제이익에서 감정평가수수료만을 빼고 증여세 과세표준을 계산한다.

2) 10년 이내 증여재산의 합산과세 배제대상

증여재산 합산과세 배제대상 8개 유형의 증여재산 중 명의신탁재산의 증여의제, 특수관계법인과의 거래를 통한 이익의 증여의제와 특수관계법인으로부터 제공받은 사업기회로 발생한 이익의 증여의제를 제외한 5개 증여재산의 경우 증여자와 수증자의 관계에 따른 증여재산공제는 배제하되, 직계존비속간 공제액 수준인 3천만원의 개산공제액과 감정평가수수료를 공제하여 과세표준을 산출한다. 일반 증여재산에 대한 증여재산공제액은 10년 동안 공제받을 수 있는 금액을 의미하지만, 합산과세 배제대상 증여재산에 대한 3천만원의 공제는 증여세 과세대상에 해당하는 거래가 있을 때마다 적용하여야 할 것이다.

다. 과세최저한

증여세 과세표준이 50만원에 미달하는 경우에는 조세행정비용 등을 감안하여 증여세를 부과하지 아니하도록 규정하고 있다.

2. 증여재산공제

가. 개 요

수증자가 거주자인 경우로서 증여자와의 관계가 직계존비속, 배우자 또는 친족인 경우에는 다음의 금액을 증여세 과세가액에서 공제한다. 증여재산 공제금액은 증여를 받을 때마다 적용하는 것이 아니라 수증자가 각 항목별 증여자로부터 10년 동안 증여받은 재산가액에서 공제받을 수 있는 합계액이다.

2010.1.1. 이후 증여분부터 계부모(繼父母, 부모가 재혼한 경우 그 배우자를 말함)와 재혼한 사람의 친생자 사이도 직계존비속간에 증여한 경우와 같이 3천만원(수증자가 미성년자인 경우 1,500백만원)의 증여재산공제를 적용한다.

2014.1.1. 이후 증여받은 분부터 직계존속(계부모 포함)으로부터 증여받은 경우 5천만원(수증자가 미성년자인 경우에는 2천만원)으로 공제금액을 인상하였다.

1) 배우자로부터 증여를 받은 경우 : 6억원

배우자는 민법상 혼인관계로 인정되는 자를 말하는 것이므로 사실혼 관계에 있는 배우자는 포함하지 아니한다.

사실혼 관계에 있는 배우자에게 증여를 하고 증여일 이후에 법률상 배우자가 된 경우 배우자 증여재산공제는 적용되지 않는다(대법원 2019두50564, 2019.12.13. 서울고법2018누76820, 2019.8.13.).

2) 직계존속으로부터 증여를 받은 경우 : 5천만원(2013.12.31. 이전 3천만원)

2014.1.1. 이후 증여받은 분부터 직계존속 및 수증자의 직계존속과 혼인(사실혼은 제외한다) 중인 배우자(계부모)로부터 증여받은 경우 5천만원을 공제한다. 다만, 증여일 현재 미성년자인 자가 직계존속 및 계부모로부터 증여를 받은 경우에는 2천만원을 공제한다.

이 경우 미성년자는 증여일 현재 만 20세 미만인 사람을 말하며, 2013.7.1. 이후 증여분부터 만 19세 미만인 사람을 말한다(민법 §4). 또한 미성년자가 부모의 승낙을 받아 혼인을 하여 민법 제816조의2에 따라 성년자로 의제하는 경우에도 미성년자로 본다.

2010.1.1. 이후 증여분부터 직계존속에는 수증자의 직계존속과 혼인(사실혼은 제외한다) 중인 배우자를 포함한다.

이 경우 계모의 부모로부터 증여를 받는 경우에는 직계존비속 간 증여재산공제가 적용되지 아니하며(재재산−998, 2010.10.21.), 전처소생의 자녀가 직계존속인 부(父)가 사망한 후 재혼하지 않은 계모로부터 증여를 받은 경우에도 직계존비속 간의 증여가 아닌 그 밖의 친족 간의 증여재산공제를 적용한다(재산세과−174, 2012.5.8., 재재산−512, 2012.6.26.).

직계존속인 조부가 사망한 후 재혼하지 않은 계조모로부터 증여를 받는 경우에도 증여재산공제가 적용된다(상속증여세과−984, 2017.9.12.).

또한 父로부터 증여받은 재산가액에서 5천만원의 증여재산공제를 받고 父의 사망시 상속세 과세가액에 가산한 후 10년 이내에 母로부터 증여받은 경우 증여재산공제를 받을 수 없다는 심판결정례가 있다(조심 2019인2710, 2019.9.17.).

3) 직계비속으로부터 증여를 받은 경우 : 5천만원(2015.12.31. 이전 3천만원)

직계비속 및 수증자와 혼인(사실혼은 제외한다) 중인 배우자의 직계비속으로부터 증여받은 경우 5천만원을 공제한다. 2010.1.1. 이후 증여분부터 수증자와 혼인 중인 배우자의 직계비속을 포함하고 있다.

사례 1 입양자의 경우 직계존비속 판단방법

○ 일반 입양의 경우 양부모와 친부모 모두가 직계존비속 사이이나, 친양자의 경우 친부모와는 혈족관계가 소멸하고 양부모와만이 직계존비속에 해당함.

　−2008.1.1.부터 친양자제도가 도입됨에 따라 기존의 민법상 양자제도와 친양자제도

가 있다. 일반 양자의 경우 입양자는 양부모의 혼인 중의 자녀로 간주되고 친부모와의 친생자 관계도 그대로 유지되므로 이 경우 입양자는 양부모 및 친부모와 각각 직계존비속의 관계가 된다.

- 하지만 친양자 입양(아이가 만 15세 미만이고, 입양자와 1년 이상 같이 살며, 친부의 동의를 얻어, 법원의 허가를 받아야 함)의 경우에는 재판확정시부터 양부모의 혼인 중의 자녀로 간주되나, 친부모와의 혈족관계는 소멸하므로 양부모와는 직계존비속이고 친부모와는 직계존비속 사이가 아니다.

사례 2 **입양자의 자녀가 친·양가 조부로부터 증여받는 경우 증여재산공제 및 세대생략할증과세**

○ 양자로 입양시킨 아들이 낳은 자녀에게 증여한 경우 직계비속에 해당하는지 여부(재삼 46014 - 2695, 1993.8.31.)

  - 상증법 제31조 제1항을 적용할 때 직계존비속이란 민법 제768조에 의한 자기의 직계존속과 직계비속인 혈족을 말하며, 출양한자인 경우에는 양가 및 생가에 모두 해당하는 것임.

---

4) 그 밖의 친족인 수증자의 6촌 이내의 혈족, 4촌 이내의 인척으로부터 증여를 받은 경우 : 1천만원(2015.12.31. 이전 500만원)

사례 1 **2013.12.31. 이전 증여받은 재산이 있는 경우 증여재산공제방법**

▌2013.12.31. 이전 증여재산가액이 3천만원을 초과하는 경우 ▌

구 분	사례①	사례②
2013.12.31. 이전 증여가액	5천만원	6천만원
2014. 1. 1. 이후 증여가액	1천만원	3천만원
합산한 증여세 과세가액	6천만원	9천만원
증여재산공제	3천만원 + 1천만원 = 4천만원	3천만원 + 2천만원 = 5천만원

▌2013.12.31. 이전 증여재산가액이 3천만원 이하인 경우 ▌

구 분	사례③	사례④
2013.12.31. 이전 증여가액	3천만원	1천만원
2014. 1. 1. 이후 증여가액	3천만원	6천만원
합산한 증여세 과세가액	6천만원	7천만원
증여재산공제	3천만원 + 2천만원 = 5천만원	1천만원 + 4천만원 = 5천만원

2013.12.31. 이전·후 부모와 자녀로부터 증여받은 경우 증여재산공제방법

① 2013.12.31. 이전 부모로부터 1억원을 증여받고 2014.1.1. 이후 자녀로부터 5천만원을 증여받은 증여재산공제 및 증여세 과세표준은?

   - 2013.12.31. 이전 부모로부터 1억원 증여받은 경우 과세표준 :

    1억원 - 3천만원 = 7천만원

   - 2014.1.1. 이후 자녀로부터 5천만원 증여받은 경우 과세표준 :

    5천만원 - 3천만원 = 2천만원

② 2013.12.31. 이전 자녀로부터 1억원을 증여받고 2014.1.1. 이후 부모로부터 7천만원을 증여받은 증여재산공제 및 증여세 과세표준은?

   - 2013.12.31. 이전 자녀로부터 1억원 증여받은 경우 과세표준 :

    1억원 - 3천만원 = 7천만원

   - 2014.1.1. 이후 부모로부터 7천만원 증여받은 경우 과세표준 :

    7천만원 - 5천만원 = 2천만원

해설

'증여재산공제는 각호의 구분에 따른 금액을 증여세 과세가액에서 공제한다.'고 규정하고 있는 바, 2013.12.31. 이전에는 직계존속과 직계비속을 같은 호에서 규정하고 있어 부모와 자녀로부터 재산을 증여받은 경우 10년 동안 3천만원의 증여재산공제금액이 적용되지만, 2014.1.1. 이후 직계존속과 직계비속을 각각 다른 호에서 규정하고 있으므로 부모와 자녀로부터 증여받은 재산에서 각각의 증여재산공제금액을 적용할 수 있다고 보임.

父로부터 ①증여 ⇒ ②반환 ⇒ ③재증여한 경우 ③재증여시 증여재산공제방법

❏ 사실관계

   ③ 증여시점에서 증여재산공제액 계산시 ①증여시 공제액 차감여부

'11.6.14.	'14.2.3.	'17.2.20.
①父로부터 A재산 증여받음	②父에게 A증여재산 반환	③父로부터 A재산 다시 증여받음

(심판결정 내용 : 조심 2018중1155, 2018.6.4.)

○ ③재증여시 증여재산공제액은 ①증여시 기 공제받은 증여재산공제를 차감하여 계산함.

   - 2011.6.14.(①) A토지에 관하여 증여를 원인으로 한 소유권이전등기를 마친 후 그로부터 증여세 신고기한인 3개월이 훨씬 지난 2014.2.3.(②)에야 비로소 합의에 따라 위 소유권이전등기의 말소등기를 마침으로써 A토지를 반환하였으므로 그 반환으로 인하여 A토지에 대한 증여가 처음부터 없었던 것으로 볼 수 없고

   - 이에 따라 ①당초 증여 및 ③재차증여시에 각 증여세를 과세하였다면 A토지 ①증여시

증여세 과세가액에서 공제받은 금액은 ③재차증여로 인한 증여세 계산시 증여재산공제에서 차감하는 것이 타당하다고 판단됨.

○ ③재증여시점에서 ①증여재산가액을 동일인으로부터 10년 이내에 증여받은 재산으로 보아 합산하여 과세하지는 아니함(과세기준 2015-196, 2015.9.23., 조심 2011서2867, 2011.12.14.).

┃ 증여재산공제(친족공제) 개정연혁 ┃

구 분		기 간 1996.1.1. 이전	1997년 ~ 2002년	2003년 ~ 2007년	2008년 ~ 2009년	2010년 ~ 2013년	2014년 ~ 2015년	2016년 이후
증여자	직계존속	3,000만원 (미성년자 1,500만원)					5,000만원 (미성년자 2,000만원)	좌동
	직계비속	3천만원						5천만원
	배 우 자	5,000만원+(결혼 연수 × 500만원)	5억원	3억원	6억원			좌동
	그 밖의 친족	5백만원						1천만원
	타 인	없 음						없음

* 2010.1.1. 이후 증여분부터 직계존속에는 수증자의 직계존속과 혼인 중인 배우자를 포함하며, 직계비속에는 수증자와 혼인 중인 배우자의 직계비속을 포함한다. 즉 계부모자(繼父母子) 관계에 있는 자를 직계존비속에 포함한다. 2009.12.31. 이전에는 그 밖의 친족에 해당한다. 2012.1.1. 이후 그 밖의 친족이란 6촌 이내의 혈족과 4촌 이내의 인척을 말한다.

나. 2 이상 증여자로부터 증여받은 경우

증여재산공제액은 수증자를 기준으로 4개 항목별 증여자(배우자, 직계존속, 직계비속 및 그 밖의 친족)로부터 10년 이내에 증여받은 재산가액에서 공제할 수 있는 합계액이다. 따라서 2 이상 직계존속, 직계비속(2013.12.31. 이전에는 직계존속과 직계비속은 같은 항목이었음) 또는 그 밖의 친족으로부터 동시에 또는 순차적으로 증여받은 경우 항목별 공제금액을 안분하여 공제받거나 앞선 증여재산에서부터 순차적으로 공제액을 적용하여야 한다.

① 동시에 증여받은 경우 : 증여재산가액으로 안분하여 공제한다.

☞ (예) 2016.1.31.에 조부 3억원, 부 2억원, 자녀 1억원을 증여받은 경우 각 과세표준
  - 조부 1억원 증여분 = 3억원 - 30,000,000(5천만원 × 3억원/5억원) = 270,000,000원
  - 부 2억원 증여분 = 2억원 - 20,000,000(5천만원 × 2억원/5억원) = 180,000,000원

- 자녀 1억원 증여분 = 1억원 - 5천만원 = 50,000,000원

☞ (예) 2013.12.31.에 조부 1억원, 부 2억원, 자녀 1억원을 증여받은 경우 각 과세표준
- 조부 1억원 증여분 = 1억원 - 7,250,000(3천만원 × 1억원/4억원) = 92,500,000원
- 부 2억원 증여분 = 2억원 - 15,000,000(3천만원 × 2억원/4억원) = 185,000,000원
- 자녀 1억원 증여분 = 1억원 - 7,250,000(3천만원 × 1억원/4억원) = 92,500,000원

② 순차로 증여받은 경우 : 앞의 증여재산에서부터 순차적으로 공제한다.

☞ (예) 2014.1.1. 이후 조부 1천만원, 부 1억원, 자녀 1억원을 10년 이내에 순차로 증여받은 경우 각 과
세표준
- 1차 조부 증여분 = 1천만원 - 1천만원 = 0
- 2차 부 증여분 = 1억원 - 40,000,000(5천만원 - 1천만원) = 60,000,000원
- 3차 자녀 증여분 = 1억원 - 3천만원(2016.1.1. 이후 5천만원) = 70,000,000원(50,000,000원)

☞ (예) 2013.12.31. 이전 조부 1천만원, 부 1억원, 자녀 5천만원을 10년 이내에 순차로 증여받은 경우
각 과세표준
- 1차 조부 증여분 = 1천만원 - 1천만원 = 0
- 2차 부 증여분 = 1억원 - 20,000,000(3천만원 - 1천만원) = 80,000,000원
- 3차 자녀 증여분 = 5천만원 - 0 = 50,000,000원

♻ 2인 이상 직계존속으로부터 10년 경과하여 증여받은 경우 공제방법

○ 조부, 부, 외조부로부터 성년자가 증여받은 재산 및 공제액 계산
- 2005.1.11. 조부로부터 2천만원 증여 ➡ 증여재산공제액 2천만원
- 2014.1.11. 부로부터 5천만원 증여 ➡ 증여재산공제액 3천만원
➡ 2014.1.1. 이후 공제액 5천만원에서 2005.1.11. 증여시 공제받은 2천만원을 뺀 금액임.
- 2016.1.11. 외조부로부터 1억원 증여 ➡ 증여재산공제액 2천만원
➡ 공제액 5천만원에서 2014.1.11. 공제받은 3천만원(2005.1.11. 증여시 공제받은 2천만
원은 10년 경과했으므로 제외)을 뺀 금액임.

다. 배우자로부터 증여받은 경우 개정 세법 적용방법

배우자증여재산공제액이 1997.1.1.부터 5억원이었으나 2003.1.1.부터 2007.12.31.까지
는 3억원으로 줄어들었다가 2008.1.1. 이후 다시 6억원으로 상향 개정되었는 바, 공제액이
다른 시기의 증여재산을 합산과세하는 경우 세법개정에 따른 소급과세를 하지 않도록 부
칙에서 규정하고 있다. 부칙규정에 따른 공제방법을 사례를 통해 살펴보면 다음과 같다.

(사례 1) - 2002년 6억원 증여시 = 6억원 - 5억원 = 1억원
- 2003년 1억원 증여시 = 1억원 + 6억원 - 5억원 = 2억원
- 2008년 3억원 증여시 = 3억원 + 7억원 - 6억원 = 4억원

(사례 2) − 2002년 2억원 증여시 = 2억원 − 2억원 = 0원

− 2003년 3억원 증여시 = 2억원 + 3억원 − 3억원 = 2억원

− 2008년 4억원 증여시 = 4억원 + 5억원 − 6억원 = 3억원

(사례 3) − 2002년 2억원 증여시 = 2억원 − 2억원 = 0원

− 2003년 3억원 증여시 = 2억원 + 3억원 − 3억원 = 2억원

− 2008년 2억원 증여시 = 2억원 + 5억원 − 5억원* = 2억원

* 2003년 공제액 3억원에 2008년 증여재산가액을 한도로 한 공제액 2억원을 합침.

라. 영농자녀가 농지 등을 증여받은 경우 등 공제방법

조세특례제한법 제71조에 따라 증여세가 감면되는 영농자녀가 증여받은 농지 등과 과세대상 일반 증여재산을 직계존속으로부터 동시에 또는 순차로 증여받은 경우 증여재산 공제는 일반 증여재산과 동일하게 적용한다. 농지 등에 대한 증여세 감면범위는 농지 등 가액을 기준으로 하는 것이 아니고 면적과 증여세액(1억원 한도)을 기준으로 판단하므로 일반 증여재산과 마찬가지로 증여세액을 계산하여야 한다. 따라서 농지 등과 과세대상 증여재산을 순차로 증여받은 경우에는 앞선 증여재산의 가액에서부터 증여재산공제를 적용하고 동시에 증여받은 경우에는 농지 등의 가액과 일반 증여재산의 가액으로 안분하여 증여재산공제액을 계산하여야 한다.

하지만 창업자금 또는 가업 승계한 중소기업주식에 대해서는 30억원 등의 범위 내에서 5억원을 뺀 금액에 대하여 10%의 세율을 적용하여 증여세를 과세하도록 규정하고 있으므로(조세특례제한법 §30의5 ①, §30의6 ①) 증여재산공제를 적용하지 않는다.

 관련 예규 · 심판결정례 및 판례 등

❏ 며느리가 계모로부터 증여받는 경우 5백만원 공제함(상속증여세과 − 563, 2013.9.27.).

계모와 며느리의 관계는 4촌 이내의 인척에 해당하여 상속증여세법 제53조 제3호에 따라 증여 재산 공제액은 500만원을 적용하는 것임.

❏ 직계존비속의 범위에 계모의 부모는 포함되지 아니함(재재산 − 998, 2010.10.21.).

❏ 민법상 성년의제자(기혼자)도 20세 미만인 경우에는 미성년자 공제함(재산상속 46014 − 384, 2001.8.1.).

❏ 거주자가 비거주자인 배우자로부터 수증시 증여재산 공제됨(재산상속 46014 − 1704, 1999.9.18.).

❑ 취득자금의 증여추정으로 증여세과세시 증여자와 수증자의 관계가 확인되는 경우 증여재산 공제 적용됨(재산상속 46014 - 2087, 1999.12.10.).

❑ 배우자의 범위(서면4팀 - 2584, 2005.12.22.)

상속증여세법 제53조 제1항 제1호의 규정을 적용함에 있어 배우자란 민법상 혼인으로 인정되는 혼인관계에 있는 배우자를 말하며, 협의이혼신고서를 접수한 날과 부동산의 증여등기일이 같은 경우 증여당시 배우자 해당 여부는 그 시차에 의하여 구분하는 것이 타당함.

❑ 증여한 조부가 사망한 후 조모로부터 증여받은 경우 공제액(재재산 - 125, 2011.2.18.)

성년인 거주자가 직계존속으로부터 증여를 받은 경우 수증자를 기준으로 증여를 받기 전 10년 이내에 공제받은 금액과 해당 증여가액에서 공제받을 금액을 합친 금액이 3천만원을 초과하지 못하는 것임.

사실관계

- 2004.6.18. 조부로부터 증여받아 18,000,000원 공제
- 2008.8.19. 조부 사망
- 2010.3.18. 조모로부터 증여받을 경우 30,000,000원 공제 여부

❑ 중국에서 사업하는 남편으로부터 증여받은 경우 거주자 여부(조심 2017서3590, 2018.10.16.)

청구인은 국내에 계속하여 주민등록상 주소를 두고 있고, 중국에서 영주권 등을 취득한 사실이 없는 점, 청구인의 배우자는 중국에서 발생한 소득의 대부분을 매년 국내로 송금하였고, 청구인은 그 중 일부를 증여받아 국내에서 가족과 함께 생활할 아파트를 취득한 점 등에 비추어 청구인이 중국으로 출국한 이후 다시 국내에서 거주할 것을 예정하고 있었다고 보이고, 청구인의 항구적 주거가 중국으로 이전되었다고 인정하기 어렵다고 보이므로 배우자에 대한 증여재산공제를 하지 아니한 과세처분은 잘못이 있음.

❑ 2인 이상 소액주주인 증여자를 1인으로 보아 과세하는 경우 증여재산공제 여부(국심2000서1410, 2000.11.23.)

소액주주인 배우자와 동생이 인수 포기한 실권주를 인수하여 이익을 얻은 청구인에게 증여자를 1인으로 보아 증여세를 과세하는 경우 증여재산공제를 배제한 처분은 부당함.

❑ 증여재산공제 규정은 실질적인 조세법률주의에 위배된다거나 재산권을 침해한다고 볼 수 없음(헌재 2007헌바13, 2008.7.31.).

증여재산공제 규정 소정의 공제한도는 입법자가 직계존비속이라는 인적 관계의 특수성 및 증여세의 과세목적과 기능 등을 종합적으로 고려하여 규정한 것으로, 이러한 입법자의 조세정책적 판단이 현저히 불공정하거나 불합리하다고 보이지 아니하여 조세법률주의에 위배된다거나 재산권을 침해한다고 볼 수 없음.

3. 혼인·출산 증여재산 공제

가. 혼인 증여재산 공제

거주자가 직계존속으로부터 혼인일(「가족관계의 등록 등에 관한 법률」 제15조 제1항 제3호에 따른 혼인관계증명서상 신고일을 말한다) 전후 2년 이내에 증여를 받는 경우에는 출산 증여재산공제 및 일반 증여재산공제와 별개로 1억원을 증여세 과세가액에서 공제한다. 이 경우 그 증여세 과세가액에서 공제받을 금액과 수증자가 이미 전단에 따라 공제받은 금액을 합한 금액이 1억원을 초과하는 경우에는 그 초과하는 부분은 공제하지 아니한다.

나. 출산 증여재산 공제

거주자가 직계존속으로부터 자녀의 출생일(「가족관계의 등록 등에 관한 법률」 제44조에 따른 출생신고서상 출생일을 말한다) 또는 입양일(「가족관계의 등록 등에 관한 법률」 제61조에 따른 입양신고일을 말한다)부터 2년 이내에 증여를 받는 경우에는 혼인 증여재산공제 및 일반 증여재산공제와 별개로 1억원을 증여세 과세가액에서 공제한다. 이 경우 그 증여세 과세가액에서 공제받을 금액과 수증자가 이미 전단에 따라 공제받은 금액을 합한 금액이 1억원을 초과하는 경우에는 그 초과하는 부분은 공제하지 아니한다.

다. 출산·혼인 증여재산공제 한도 및 공제 배제대상 증여재산

출산 또는 혼인에 따라 증여세 과세가액에서 공제받았거나 받을 금액을 합한 금액이 1억원을 초과하는 경우에는 그 초과하는 부분은 공제하지 아니한다.

다만, 민법상 증여재산이 아닌 신탁이익부터 재산취득 후 재산가치 증가에 따른 이익까지(상증법 제33조부터 제39조까지, 제39조의2, 제39조의3, 제40조, 제41조의2부터 제41조의5까지, 제42조, 제42조의2 또는 제42조의3에 해당하는 경우의 그 재산 또는 이익) 증여재산, 증여추정재산 및 증여의제재산에 대해서는 출산·혼인 증여재산공제를 적용하지 않는다.

라. 증여재산 반환특례

거주자가 혼인 증여재산 공제를 받은 후 약혼자의 사망 등 다음의 부득이한 사유가 발생하여 해당 증여재산을 그 사유가 발생한 달의 말일부터 3개월 이내에 증여자에게 반환하는 경우에는 처음부터 증여가 없었던 것으로 본다.

※ 정당한 사유
- 약혼자의 사망
- 민법 제804조 각 호의 약혼해제 사유*
  * 자격정지 이상의 형 선고받은 경우, 약혼 후 1년 이상 생사불명, 불치병, 그 밖의 중대한 사유(혼인 준비 중 파혼하는 경우 등)
- 혼인할 수 없는 중대한 사유로서 국세청장이 인정하는 사유

마. 혼인을 하지 않거나 혼인이 무효 등인 경우

① 2년 이내에 혼인하지 아니한 경우

혼인 전에 혼인 증여재산 공제를 받은 거주자가 증여일(공제를 적용받은 증여가 다수인 경우 최초 증여일을 말한다. 이하 같음)부터 2년 이내에 혼인하지 아니한 경우로서 증여일부터 2년이 되는 날이 속하는 달의 말일부터 3개월이 되는 날까지 「국세기본법」 제45조에 따른 수정신고 또는 같은 법 제45조의3에 따른 기한 후 신고를 한 경우에는 같은 법 제47조의2부터 제47조의4까지에 따른 가산세의 전부 또는 일부를 부과하지 아니하되, 이자상당액을 증여세에 가산하여 부과한다.

② 혼인이 무효가 된 경우

혼인 증여재산 공제를 받은 거주자가 혼인이 무효가 된 경우로서 혼인무효의 소에 대한 판결이 확정된 날이 속하는 달의 말일부터 3개월이 되는 날까지 「국세기본법」 제45조에 따른 수정신고 또는 같은 법 제45조의3에 따른 기한 후 신고를 한 경우에는 같은 법 제47조의2부터 제47조의4까지에 따른 가산세의 전부 또는 일부를 부과하지 아니하되, 이자상당액을 증여세에 가산하여 부과한다.

※ 이자상당액 : 공제받은 혼인·출산증여재산공제에 대한 증여세액×증여세 신고기한부터 혼인하지 아니하여 그 사유를 신고한 날까지의 기간×이자율(국세기본법시행령 제27조의4, 年10만분의 29, 8.03%)

4. 재해손실공제

1997.1.1.부터 타인으로부터 증여받은 재산에 대하여 증여세 과세표준 신고기한 이내에 화재 등 재난으로 증여재산이 멸실·훼손된 경우의 손실가액 상당액을 공제한다.

증여재산의 가액에서 공제되는 손실가액은 재난으로 인하여 손실된 증여재산의 가액으로 하나, 그 손실가액에 대한 보험료 등의 수령 또는 구상권 행사에 의해 해당 손실가액 상당액을 보전받을 수 있는 경우 그 금액을 제외한다.

이때 재해손실가액 중 보험금 등의 수령 또는 구상권행사 등에 의하여 보전받을 수 있는 가액이 확정되지 아니한 경우에는 재난의 종류, 발생원인, 보험금의 종류 및 구상권 행사에 따른 분쟁관계의 진상 등을 참작하여 적정한 가액을 그 손실가액으로 한다.

5. 감정평가수수료

증여세를 신고하기 위하여 증여재산에 대하여 감정을 받아 지급한 감정평가수수료가 있는 경우 증여세 과세가액에서 뺀다. 이 경우 감정평가수수료의 공제방법은 상속세에서의 공제와 동일하므로 상속세편을 참고하기 바란다.

6. 증여세 산출세액

증여세 산출세액은 증여세 과세표준에 해당 세율을 곱하여 계산한 금액에 세대를 생략한 증여에 따른 할증과세액을 가산하여 계산한다.

가. 증여세 세율

2000.1.1. 이후 상속개시분 및 증여분에 대한 상속·증여세율은 과세표준의 구간에 따라 다음과 같으며 수증자가 거주자인 경우와 비거주자인 경우 동일하게 적용한다.

과세표준	세 율	간편 계산식
1억원 이하	과세표준의 100분의 10	과세표준의 100분의 10
1억원 초과 5억원 이하	1천만원 + 1억원을 초과하는 금액의 100분의 20	과세표준 × 20% − 누진공제액 1천만원
5억원 초과 10억원 이하	9천만원 + 5억원을 초과하는 금액의 100분의 30	과세표준 × 30% − 누진공제액 6천만원
10억원 초과 30억원 이하	2억4천만원 + 10억원을 초과하는 금액의 100분의 40	과세표준 × 40% − 누진공제액 1억6천만원
30억원 초과	10억4천만원 + 30억원을 초과하는 금액의 100분의 50	과세표준 × 50% − 누진공제액 4억6천만원

┃ 증여세율 개정연혁 ┃

1996.1.1. ~ 1996.12.31.			1997.1.1. ~ 1999.12.31.			2000.1.1. 이후		
과세표준	세율	누진공제	과세표준	세율	누진공제	과세표준	세율	누진공제
2,000만원 이하	10%	–	1억원 이하	10%	–	1억원 이하	10%	–
1억5천만원 이하	20%	200만원	5억원 이하	20%	1,000만원	1억원 초과 5억원 이하	20%	1,000만원
3억원 이하	30%	1,700만원	10억원 이하	30%	6,000만원	5억원 초과 10억원 이하	30%	6,000만원
3억원 초과	40%	4,700만원	50억원 이하	40%	16,000만원	10억원 초과 30억원 이하	40%	16,000만원
			50억원 초과	45%	41,000만원	30억원 초과	50%	46,000만원

나. 세대생략 증여 할증과세

수증자가 증여자의 자녀가 아닌 직계비속인 경우에는 증여세 산출세액에 30%를 할증과세액으로 하여 산출세액에 가산한다. 다만, 아버지가 할아버지 또는 할머니보다 먼저 사망한 상태에서 손자가 조부모로부터 증여받은 경우 또는 어머니가 사망한 상태에서 외조부모로부터 증여받은 경우에는 할증과세하지 않는다.

2016.1.1. 이후 증여분부터 수증자가 증여자의 자녀가 아닌 직계비속이면서 미성년자인 경우로서 증여재산가액이 20억원을 초과하는 경우에는 100분의 40에 해당하는 금액을 가산한다.

직계비속에 대한 증여의 할증과세액(20억원 초과분)을 계산할 때 증여재산가액은 해당 증여일 전 10년 이내에 증여받아 상속증여세법 §47 ②에 따라 증여세 과세가액에 가산(합산배제증여재산은 제외함)하는 증여재산 중 수증자의 부모를 제외한 직계존속으로부터 증여받은 재산을 포함한다.

할증과세액은 다음의 구분에 따른 금액으로 하며, 그 금액이 음수(陰數)인 경우에는 영으로 한다.

1) 증여재산가액이 20억원을 초과하는 경우

수증자가 증여자의 자녀가 아닌 직계비속이면서 미성년자인 경우로서 증여재산가액이 20억원을 초과하는 경우에는 다음 계산식에 의한다.

$$\text{증여세}\atop\text{산출세액} \times \frac{\text{수증자의 부모를 제외한 직계존속으로부터 받은 증여재산가액}}{\text{총증여재산가액}} \times 40\% - {\text{종전에 납부한}\atop\text{할증과세액}}$$

2) 증여재산가액이 20억원 이하인 경우

수증자가 증여자의 자녀가 아닌 직계비속이면서 미성년자인 경우로서 증여재산가액이 20억원 이하인 경우에는 다음 계산식에 의한다.

$$\text{증여세 산출세액} \times \frac{\text{수증자의 부모를 제외한 직계존속으로부터 받은 증여재산가액}}{\text{총증여재산가액}} \times 30\% - \text{종전에 납부한 할증과세액}$$

2016.2.5. 당시 수증자가 미성년자이며, 증여재산가액이 20억원을 초과한 경우로서 2016년 1월 1일 전에 수증자의 부모를 제외한 직계존속으로부터 증여받은 재산에 대하여는 상속증여세법 시행령 제46조의3의 개정규정에도 불구하고 해당 재산에 대한 할증과세액은 다음의 계산식에 따라 계산한 금액으로 한다[부칙 제9조(직계비속에 대한 증여의 할증과세액 계산방법에 관한 경과조치)].

{증여세 산출세액 × (수증자의 부모를 제외한 직계존속으로부터 증여받은 재산가액/총증여재산가액) × 30/100} - 종전에 납부한 할증과세액

증여세 할증과세율	1994~1996	1997.1.1.~2015.12.31.	2016.1.1. 이후
	120%	130%	미성년자 20억원 초과 140% - 그 외 : 130%
할증과세방법	증여세 산출세액 × 할증과세율		

 관련 예규·심판결정례 및 판례 등

❏ 2016.1.1. 이후 2차 증여받은 경우 할증과세액 계산방법(법령해석과-3645, 2017.12.18.)

미성년자인 수증자가 부모 외의 직계존속으로부터 2016.1.1. 전에 1차 증여를 받고 2016.1.1. 이후에 2차 증여를 받아 증여받은 총증여재산가액이 20억원을 초과하는 경우 2차 증여분에 대한 상속증여세법(2015.12.15. 법률 제13557호로 개정된 것) 제57조에 따른 할증과세액은 1차·2차 증여재산을 합산한 총증여재산에 대한 증여세산출세액을 1차 증여분의 증여재산가액과 2차 증여분의 증여재산가액 비율로 안분한 후, 1차 증여재산가액에 대한 증여세산출세액에 100분의 30을 곱한 후 종전에 납부한 할증과세액을 차감한 금액에 2차 증여분에 대한 증여세산출세액에 100분의 40을 곱한 금액을 가산함.

❏ 합병에 따른 상장이익 등 합산배제증여재산은 세대생략 할증과세 적용하지 아니함(재재산-16, 2016.1.6.).

❏ 수증자가 비거주자인 경우에도 할증과세 대상임(재산세과-1133, 2009.6.9.).

❏ 재차증여합산과세시 할증과세방법(재재산-610, 2007.5.23.)

조부로부터 3차에 걸쳐 재산을 증여받은 경우로서 3차 증여시에는 2차 증여분만 합산과세하는 경우 세대생략 할증과세시 기할증과세액은 기납부증여세액 공제방법으로 준용하여 계산한 금액을 한도로 공제함.

해설

○ 재차증여합산과세시 기납부세액으로 공제하는 금액은 합산과세시 산출세액에 합산과세표준에 대하여 가산한 증여재산의 과세표준이 차지하는 비율을 곱하여 계산한 금액을 한도로 함으로써 3차 증여분 과세시 1차 증여분은 합산대상에서 제외되고 2차 증여분만 합산하여 과세하는 경우에도 3차 증여분에 대하여 적정한 증여세가 과세되도록 하고 있는 바

○ 세대생략 할증과세액 계산시 합산과세시의 할증과세액에서 차감하는 기할증과세된 증여세액의 한도액에 대하여 명문규정은 없으나

－3차 증여분에 대한 적정한 할증과세를 위해서는 합산과세시의 할증과세액에서 공제하는 기할증과세된 증여세액의 한도액을 두어야 할 것이며, 그 계산방법은 본세인 기납부세액의 공제방법을 준용하는 것이 타당하다는 유권해석으로 볼 수 있다.

❏ 조카에게 재산을 증여하는 경우 세대생략 할증과세 적용 안함(서일 46014-11009, 2002.8.2.).

사례 | **2016.1.1. 전후 세대생략 증여시 할증과세액 계산**

❏ 증여사례

할아버지가 미성년자인 손자에게 증여한 재산

(단위 : 백만원)

증여일	증여재산	과세가액	증여공제	과세표준	산출세액	할증과세액
2015.10.11.	1,000	1,000	20	980	234	70.2
2017.10.11.	2,100	3,100	20	3,080	1,080	?

❏ 설명

○ 재차증여재산합산한 증여세 산출세액을 종전과 당해 증여재산가액으로 안분한 후 연도별 할증률을 적용하고 기할증과세액을 차감한 금액을 합하여 계산함.

－ ㉠ 34,316,130원 + ㉡ 292,645,160원 = 326,961,290원

㉠ 2015.12.31. 이전 증여재산에 대한 할증과세액

{(합산한 증여세 산출세액 1,080,000,000 × 1,000,000,000 / 3,100,000,000 = 348,387,100원) × 30% － 기할증과세액 70,200,000 = 34,316,130원

　　ⓛ 2016.1.1. 이후 증여재산에 대한 할증과세액
　　　{(합산한 증여세 산출세액 1,080,000,000 × 2,100,000,000 / 3,100,000,000
　　　= 731,612,900원) × 40% = 292,645,160원

참고

　　1993.12.31. 할증과세제도 신설시에도 현재와 같이 해석함(재삼 46014-2608, 1994.10.5.).

7. 기납부 증여세액공제

　　증여세는 증여가 있을 때마다 세액을 계산하여 과세하는 것이 원칙이나 분산증여를 통해 누진세율을 회피하는 것을 방지하기 위하여 동일인으로부터 10년 이내에 증여받은 재산이 1천만원 이상인 경우 종전 증여재산을 금번 증여재산에 합산하여 과세하고 있다. 이러한 증여세액 계산특례라 할 수 있는 합산과세규정을 적용함에 있어 종전 증여당시 납부한 증여세액을 공제함으로써 동일 증여재산에 대한 이중과세를 방지하도록 하고 있다.

　　다만, 부과제척기간이 만료되어 증여세를 과세하지 못한 증여재산을 합산과세하는 경우에는 증여세액을 공제하지 아니한다.

　　증여세 과세가액에 가산한 증여재산의 가액에 대하여 납부하였거나 납부할 증여세액(종전 증여재산에 대한 증여세 산출세액)을 산출세액에서 공제하되, 세율을 인하 등으로 인하여 합산과세받는 것이 합산과세하지 아니할 때보다 납부세액이 줄어들거나 환급되는 문제 등을 방지하기 위하여 증여세 공제한도액을 설정하고 있다.

　　다음의 ① · ② 중 적은 금액을 증여세액으로 공제한다.

　　① 종전 증여 당시의 당해 증여재산에 대한 산출세액

　　증여세 산출세액에는 세대생략 직계비속에 대한 증여세 할증세액(30%)은 포함되지 아니한다.

　　② 기납부세액 공제한도액

$$\text{합산된 증여재산가액에 대한 증여세 산출세액} \times \frac{\text{당해 증여 전 10년 이내 동일인으로부터 증여받은 가액에 대한 증여세 과세표준}}{\text{합산과세하는 증여세 과세표준}}$$

관련 예규·심판결정례 및 판례 등

☐ 동일인으로부터 1·2차분 증여분 합산과세 후 3차 증여 시 2차분만 합산과세하는 경우 납부세액공제액의 계산방법(상속증여세과 - 366, 2014.9.24., 상속증여세과 - 1776, 2023.12.28.)

- 아들이 아버지로부터 여러 차례에 걸쳐 재산을 증여받은 경우 당해 증여재산가액(3차)에 대한 증여세 합산과세 시 합산기간이 경과한 증여가액(1차)이 있어 일부(2차)만이 재차증여재산의 합산과세대상이 된 경우 상속증여세법 제58조 제1항에 따른 납부세액공제를 적용할 때 "가산한 증여재산의 가액에 대하여 납부하였거나 납부할 증여세액"이란 당해 증여가액에 가산된 증여재산가액에 대한 합산과세 산출세액(1·2차)에서 그 직전 증여(1차) 시의 산출세액을 차감한 금액을 당해 증여세 산출세액에서 공제하는 것이며,

- 이때 납부세액공제의 한도를 적용할 때 "가산한 증여재산의 과세표준"은 가산한 증여재산(2차)의 증여 당시 증여세를 과세할 때에 가산한 증여재산에 대하여 증여재산공제가 적용된 경우에는 가산한 증여재산에서 그 증여재산공제액을 뺀 금액이 되며, 증여재산공제가 적용되지 아니한 경우에는 당해 재차증여 합산과세 시 적용되는 증여재산공제액을 당해 증여재산(3차)의 가액과 가산한 증여재산(2차)의 가액으로 안분 후 가산한 증여재산에 해당하는 증여재산공제액을 가산한 증여재산의 가액에서 뺀 금액임.

이 경우 가산한 증여재산(2차)의 증여재산공제액은 가산한 증여재산(2차)의 증여당시 증여재산공제액을 한도로 하는 것임.

☐ 동일인으로부터 3차례에 걸쳐 증여받았으나, 3차 증여시에는 2차분만 합산과세하는 경우 기납부세액 계산방법(재산세과 - 602, 2011.12.21.)

질의

③ 1997.7.1. 증여받을 때는 ② 1994.7.1. 증여재산만 합산과세할 때 기납부세액으로 공제할 가산한 증여재산에 대한 증여세액은? (한도액 계산은 별도임)

(단위 : 천원)

증여일	재산가액	재차증여액	합산증여가액	친족공제	과세표준	산출세액	기납부공제액	차감세액
① 91.7.1	35,000	–	35,000	15,000	20,000	4,000	0	4,000
② 94.7.1	60,000	35,000	95,000	30,000	65,000	14,250	4,000	10,250
③ 97.7.1	70,000	60,000	130,000	30,000	100,000	10,000	?	

(갑설) ②차 증여재산 60,000천원에 대한 산출세액[(60,000 - 30,000)×25%]=5,500,000원
(을설) ②차 합산과세시 추가 납부세액 10,250천원
(회신내용) (을설) 타당

☐ 기납부증여세액의 한도초과액을 공제하지 아니한 처분은 정당함(조심 2015부1208, 2015.6.23.).

상속증여세법 제58조 제2항에서 기납부한 증여세액은 증여세산출세액에 해당 증여재산의 가액

과 가산한 증여재산의 가액을 합친 금액에 대한 과세표준에 대해 가산한 증여재산의 과세표준이 차지하는 비율을 곱하여 계산한 금액을 한도로 공제하도록 규정하고 있는 점 등에 비추어 청구인에게 증여세를 과세한 처분은 잘못이 없음.

❑ 기납부증여세액 공제방법(대법원 97누13146, 1998.11.13.)

종전 증여재산 중 일부만이 합산과세대상이 된 경우, 합산과세 산출세액에서 공제할 기납부증여세액은 당해 증여의 가액에 가산된 각 증여시의 합산과세 산출세액에서 각 직전 증여시의 합산과세 산출세액 상당액을 공제한 나머지 금액을 합산하는 방식으로 산출함이 상당함.

❑ 재차증여에 대한 합산과세시 공제할 기납부증여세액 계산방법 및 동 계산방법에 관한 시행령 규정이 모법의 위임근거 없어 무효인지 여부〈무효의 규정 아님〉 (대법원 2000두474, 2001.9.14.)

> **사례** **1·2차 증여재산 중 2차분만을 다시 합산과세시 기납부증여세 공제방법**

❑ 사실관계

○ 甲이 父로부터 증여받은 재산 및 증여세액 계산 요약

구분	증여연도	증여가액	가산액	과세가액	증여공제	과세표준	산출세액	기납부 공제세액
1차	2005.1.	1억원		1억원	3천만원	7천만원	7백만원	–
2차	2014.1.	2억원	1억원	3억원	3천만원	270백만원	44백만원	①
3차	2016.1.	3억원	2억원	5억원	3천만원	470백만원	84백만원	②
4차	2021.1.	6억원	5억원	11억원	5천만원	1,050백만원	260백만원	③

> **풀이**

① 2차 증여재산에 대한 기납부증여세 공제액 계산(㉮과 ㉯ 중 적은 금액)

㉮ 1차 증여재산에 대한 산출세액 상당 : 7백만원

㉯ 한도액 : $44,000,000원 \times \dfrac{1차분\ 증여재산의\ 과세표준(70,000,000)}{합산과세표준(270,000,000원)} = 11,407,400원$

- 1차분 증여재산에 대하여 증여재산공제가 적용되었으므로 해당 과세표준을 기준으로 한도액을 계산함.
- 기납부세액 공제 후 증여세액 : 37,000,000원(44,000,000원 – 7,000,000원) … ⓐ

② 3차 증여재산에 대한 기납부증여세 공제액 계산(㉰와 ㉱ 중 적은 금액)

㉰ 2차 증여재산에 대한 산출세액 상당 : 37,000,000원(ⓐ)

⇒ 합산하는 2억원에 대한 산출세액을 재계산하지 아니함.

㉱ 한도액 : $84,000,000원 \times \dfrac{2차분\ 증여재산의\ 과세표준(188,000,000)}{합산과세표준(470,000,000원)} = 33,600,000원$

- 합산한 2차 증여재산에 대한 증여세 과세표준 : 해당 재산에 증여재산공제가 적용되지 아니하였으므로 3천만원 공제액을 2차 증여재산가액과 3차 증여재산가액으로 안분한 후 2차 증여재산에 대한 공제액을 빼서 계산

$$2억원 - (30,000,000원 \times \frac{2차분\ 증여가액(2억원)}{2차분\ 3차분\ 증여가액(5억원)}) = 188,000,000원$$

- 기납부세액 공제 후 증여세액 : 50,400,000원(84,000,000원 - 33,600,000원) ··· ⓑ

③ 2 · 3차 증여재산에 대한 기납부증여세 공제액 계산(㉮와 ㉯ 중 적은 금액)

㉮ 2 · 3차 증여재산에 대한 납부세액 상당 합계 : 37,000,000원(ⓐ)+50,400,000원(ⓑ)

= 87,400,000원 ⇒ 합산하는 5억원에 대한 산출세액을 재계산하지 아니함.

㉯ 한도액 : $260,000,000원 \times \dfrac{2 \cdot 3차분\ 증여재산의\ 과세표준(470,000,000)}{합산과세표준(1,050,000,000원)} = 116,380,952원$

- 합산한 2 · 3차 증여재산에 대한 증여세 과세표준 : 해당 재산에 증여재산공제가 적용되었으므로 해당 과세표준을 기준으로 한도액을 계산함.

8. 외국납부세액공제

국외에 소재하는 증여재산에 대하여 외국의 법령에 따라 증여세를 부과받은 경우에는 그 부과받은 증여세에 상당하는 금액을 증여세 산출세액에서 공제한다.

2015.1.1.부터 국제조세조정법 제21조에 따라 증여자에게 증여세를 과세하는 경우 증여세 산출세액에서 공제할 증여세액은 다음의 세액(가산세 및 가산금은 제외)으로서 증여세 납부의무자가 실제로 외국정부(지방자치단체를 포함한다)에 납부한 세액으로 한다.

① 증여를 원인으로 과세하고, 증여한 재산의 가액을 과세표준으로 하여 외국의 법령에 따라 부과된 조세(실질적으로 이와 같은 성질을 가지는 조세를 포함한다)의 세액

② 증여세액의 부가세액

이 경우 외국납부세액은 상속증여세법에 따른 증여세 산출세액에 다음 계산식에 따른 비율을 곱하여 산출한 금액을 한도로 하여 증여세 산출세액에서 공제한다. 이 경우 다음 계산식에 따른 비율이 1보다 큰 경우에는 비율을 1로 본다.

$$\frac{외국의\ 법령에\ 따라\ 증여세를\ 납부한\ 증여재산의\ 과세표준}{(해당\ 외국의\ 법령에\ 따른\ 증여세의\ 과세표준을\ 말한다)}$$
$$\frac{}{상속증여세법에\ 따른\ 증여세\ 과세표준}$$

증여재산의 과세표준에 대한 원화환산은 증여일 현재의 외국환거래법에 따른 기준환율 또는 재정환율에 따르고 외국납부세액에 대한 원화환산은 기획재정부령으로 정하는

바에 따른다.

외국납부세액을 공제받으려는 자는 증여세 과세표준을 신고할 때 기획재정부령으로
정하는 외국납부세액 공제 신청서와 증명서류를 납세지 관할 세무서장에게 제출하여야
한다.

이 경우 외국정부의 증여세 결정·통지의 지연, 납부기간의 차이 등의 사유로 증여세
과세표준을 신고할 때 증명서류를 제출할 수 없는 경우에는 외국정부의 증여세 결정통지
를 받은 날부터 2개월 이내에 외국납부세액 공제 신청서와 증명서류를 납세지 관할 세무
서장에게 제출할 수 있다.

외국정부가 해당 증여재산에 대하여 결정한 증여세액을 경정함으로써 외국납부세액에
변동이 생긴 경우 변동된 공제 신청서 등을 제출하여야 하며, 이 경우 환급세액이 발생하
면 국세기본법 제51조에 따라 충당하거나 환급할 수 있다.

 관련 예규·심판결정례 및 판례 등

❑ 국외 주택을 거주자가 증여받은 경우 외국납부세액공제 적용 여부(상속증여세과 – 224, 2014.7.1.)
  미국에 있는 증여재산에 대하여 미국의 법령에 따라 증여세를 부과받은 경우에는 그 부과받은
  증여세 상당액은 외국납부세액으로 증여세 산출세액에서 공제하는 것임. 귀 질의의 경우 외국
  납부세액공제가 가능한 것이며, 공제할 증여세액은 증여세 산출세액에 증여세 과세표준 중 당
  해 외국의 법령에 의한 증여세 과세표준이 차지하는 비율을 곱하여 계산한 금액과 외국의 법령
  에 따라 부과받은 증여세액(가산세는 제외) 중 적은 금액을 적용함.

제6장 조세특례제한법상 감면과 과세특례

제1절 영농자녀가 증여받은 농지 등에 대한 감면

1. 개 요

농지 등의 소재지에 거주하고 증여일 이전에 3년 이상 직접 영농에 종사하는 자경농민(증여자)이 증여자와 비슷한 요건을 갖춘 영농자녀(수증자)에게 농지 등을 2025.12.31.까지 증여하는 경우에는 해당 농지 등에 대한 증여세액 중 5년간 1억 원까지 감면한다.

2007.1.1.부터 시행되는 "영농자녀가 증여받은 농지에 대한 증여세 감면(조세특례제한법 §71)" 규정은 2006.12.31. 이전 증여세 감면요건과 유사한 형태를 취하고 있지만 감면한도 증여세액이 1억원으로 설정된 것 그리고 농지 등을 양도한 경우에 증여자의 당초 취득시기를 기준으로 양도소득세를 과세하도록 규정한 것 등에 차이가 있다.

증여세가 면제된 농지 등은 사망 전 증여재산의 상속세 과세가액 가산 및 재차증여합산과세대상에서 제외한다.

2. 증여세 감면요건

농지 등에 대한 증여세를 감면받기 위해서는 자경농민(증여자)와 영농자녀(수증자)의 요건 및 농지 등의 요건을 모두 충족하여야 한다.

가. 자경농민(증여자)의 요건

증여자인 자경농민은 거주자이어야 하며 농지 등의 소재지에 거주하고 증여일 이전에 3년 이상 직접 영농(양축, 영어 및 영림을 포함한다)에 종사하여야 하는 등 다음의 요건을 모두 충족하여야 한다.

① 증여하는 농지·초지·산림지·어선·어업권·어업용 토지 등 또는 축사 용지(이
  하 "농지 등"이라 한다)가 소재하는 시·군·구(자치구를 말한다. 이하 같다), 농지
  등과 연접한 시·군·구 또는 해당 농지 등으로부터 직선거리 30킬로미터(2014.2.2.
  이전 증여분은 20킬로미터) 이내에 거주할 것
② 농지 등의 증여일로부터 소급하여 3년 이상 계속하여 직접 영농에 종사(이하 '직접
  경작'이라 말한다)하고 있을 것

나. 직접 경작의 범위

2015.2.3. 이후 증여분부터 직접 경작이란 다음에 해당하는 경우를 말한다. 이 경우 자
경농민 또는 영농자녀의 소득세법 제19조 제2항에 따른 사업소득금액(농업·축산업·어
업 및 임업에서 발생하는 소득, 소득세법 제45조 제2항에 따른 부동산임대업에서 발생하
는 소득과 같은 법 시행령 제9조에 따른 농가부업소득은 제외한다)과 같은 법 제20조 제
2항에 따른 총급여액의 합계액이 3천700만원 이상인 과세기간이 있는 경우에는 자경농
민 또는 영농자녀가 영농에 종사하지 아니한 것으로 본다.

2018.1.1. 이후 증여분부터 사업소득금액이 음수인 경우에는 해당 금액을 0으로 본다.

① 영농 : 소유 농지 등 자산을 이용하여 농작물의 경작 또는 다년생식물의 재배에 상
  시 종사하거나 농작업의 2분의 1 이상을 자기의 노동력으로 수행하는 경우(단, 자
  기 노동시간의 2분의 1 이상을 경작 또는 재배에 투입하는 경우에 한한다)
② 양축 : 소유 초지 등 자산을 이용하여 축산법 제2조 제1호에 따른 가축의 사육에
  상시 종사하거나 축산작업의 2분의 1 이상을 자기의 노동력으로 수행하는 경우(단,
  자기노동시간의 2분의 1 이상을 가축의 사육에 사용하는 경우에 한한다)
③ 영림 : 소유 산림지 등 자산을 이용하여 산림자원의 조성 및 관리에 관한 법률 제13
  조에 따른 산림경영계획 인가 또는 같은 법 제28조에 따른 특수산림사업지구 사업
  에 따라 산림조성에 상시 종사하거나 산림조성작업의 2분의 1 이상을 자기의 노동
  력으로 수행하는 경우(단, 자기노동시간의 2분의 1 이상을 산림조성에 사용하는 경
  우에 한한다)

2015.2.2. 이전 증여의 경우 직접 영농에 종사하는 것이란 거주자가 그 소유농지에서
농작물의 경작 또는 다년생식물의 재배에 상시 종사하거나 농작업의 2분의 1 이상을 자

기의 노동력에 의하여 경작 또는 재배하는 것을 말한다.

다. 영농자녀(수증자)의 요건

2015.2.3. 이후 증여분부터 영농자녀는 다음의 요건을 모두 갖춘 직계비속으로 하여 증여일 전 3년 이상 영농에 종사하여야 하는 요건 등을 폐지하였다.

① 농지 등의 증여일 현재 만 18세 이상인 직계비속일 것

② 증여세 과세표준 신고기한까지 농지 등이 소재하는 시·군·구(자치구를 말한다. 이하 같다), 그와 연접한 시·군·구 또는 해당 농지 등으로부터 직선거리 30킬로미터 이내에 거주할 것

③ 증여세 과세표준 신고기한까지 증여받은 농지 등에서 직접 영농에 종사할 것

영농자녀가 증여받은 농지 등에 대한 증여세는 수증자가 증여세 과세표준 신고기한까지 증여받은 농지 등에서 직접 영농에 종사하여야 감면하므로 군 복무기간 중 증여받은 경우에는 감면을 받을 수 없다는 점(상속증여세과-249, 2019.3.20.)이 사후관리 기간 중에 병역법에 따라 징집되는 경우 증여세를 추징하지 아니하는 정당한 사유로 인정하는 것과 차이가 있다.

2015.2.2. 이전 증여분의 경우 영농자녀는 직접 경작하는 증여자의 18세 이상인 직계비속이어야 하며, 거주요건 및 직접 영농에 종사요건은 증여자와 마찬가지로 농지 등의 소재지에서 거주하여야 하고, 증여일부터 소급하여 3년 이상 계속하여 직접 영농에 종사하여야 한다.

다만 후계농업경영인, 임업후계자로 지정된 자의 경우에는 3년 이상 직접 영농에 종사하지 아니한 경우에도 감면을 받을 수 있다.

구 분	영농 및 임업후계자	3년 이상 영농에 종사한 자
연령 요건	농지 등의 증여일 현재 만 18세 이상인 직계비속일 것	
거주 요건	농지 등이 소재하는 시·군·구, 농지 등과 연접한 시·군·구 또는 해당 농지 등으로부터 직선거리 20km 이내에 거주할 것	
영농·임업 후계자 및 영농 요건	-농어업경영체 육성 및 지원법 제10조에 의한 후계농업경영인 -임업 및 산촌진흥촉진법 제2조 제4호에 의한 임업후계자 (조세특례제한법 시행규칙 §28)	농지 등의 증여일부터 소급하여 3년 이상 계속하여 직접 영농에 종사하고 있을 것

라. 농지 등의 요건

다음의 요건을 모두 충족하는 농지 등이어야 하며, 해당 농지 등을 영농·영어조합법인에 현물출자하여 취득한 출자지분을 증여해도 증여세 감면대상 농지 등에 포함한다.

① 증여세를 감면받을 수 있는 농지 등의 요건과 면적은 다음과 같으며 자경농민(증여자)이 2인 이상의 직계비속에게 농지 등을 증여한 경우 또는 2회 이상에 걸쳐 증여하는 경우 농지 등의 면적 한도는 자경농민을 기준으로 판단하여야 할 것이다. 2006.12.31. 이전에 영농자녀에게 증여한 농지 등이 있는 경우 당해 농지 등의 면적은 2007.1.1. 이후 증여하는 농지 등의 면적에 합산할 필요는 없을 것으로 보인다.

㉮ 농지 : 농지법 제2조 제1호 가목[38]에 따른 토지로서 4만제곱미터(2014.12.31. 이전 증여분은 2만9천700제곱미터) 이내의 것

㉯ 초지 : 초지법 제5조[39]에 따른 초지조성허가를 받은 초지로서 14만8천500제곱미터 이내의 것

㉰ 산림지 : 산지관리법 제4조 제1항 제1호[40]에 따른 보전산지 중 「산림자원의 조

---

38) 농지법 제2조 (정의) 이 법에서 사용하는 용어의 뜻은 다음과 같다.
　1. "농지"란 다음 각 목의 어느 하나에 해당하는 토지를 말한다.
　　가. 전·답, 과수원, 그 밖에 법적 지목(地目)을 불문하고 실제로 농작물 경작지 또는 다년생식물 재배지로 이용되는 토지. 다만, 「초지법」에 따라 조성된 초지 등 대통령령으로 정하는 토지는 제외한다.
　　나. 가목의 토지의 개량시설과 가목의 토지에 설치하는 농축산물 생산시설로서 대통령령으로 정하는 시설의 부지
39) 초지법 제5조 (초지조성의 허가) ① 초지를 조성하려는 자는 대통령령으로 정하는 바에 따라 해당 토지의 소재지를 관할하는 시장·군수·구청장에게 초지조성허가를 신청하여야 한다.
　② 시장·군수·구청장은 제1항에 따른 신청이 다음 각 호의 어느 하나에 해당하는 경우를 제외하고는 허가를 하여야 한다.
　1. 제5조의2에 따른 초지조성의 적지조사 결과 표고, 경사도와 토지성질 등 농림축산식품부령으로 정하는 해당 토지의 입지조건이 초지조성 및 이용에 부적합하다고 판단되는 경우
　2. 초지를 조성하려는 토지에 대한 소유권 또는 사용권·수익권이 없는 경우[국유지·공유지의 경우에는 제1항에 따른 신청자가 국유지·공유지의 관리권자·처분권자(이하 "재산관리청"이라 한다)와 대부에 관한 협의가 성립되지 아니한 경우를 말하며, 협의의 성립에 관하여는 농림축산식품부령으로 정한다]
　3. 그 밖에 이 법 또는 다른 법령에 따른 제한에 위반되는 경우
40) 산지관리법 제4조 (산지의 구분) ① 산지를 합리적으로 보전하고 이용하기 위하여 전국의 산지를 다음 각 호와 같이 구분한다.
　1. 보전산지(保全山地)
　　가. 임업용산지(林業用山地) : 산림자원의 조성과 임업경영기반의 구축 등 임업생산 기능의 증진을 위하여 필요한 산지로서 다음의 산지를 대상으로 산림청장이 지정하는 산지
　　　1) 「산림자원의 조성 및 관리에 관한 법률」에 따른 채종림(採種林) 및 시험림의 산지
　　　2) 「국유림의 경영 및 관리에 관한 법률」에 따른 요존국유림(要存國有林)의 산지
　　　3) 「임업 및 산촌 진흥촉진에 관한 법률」에 따른 임업진흥권역의 산지

성 및 관리에 관한 법률」에 따라 산림경영계획을 인가받거나 특수산림사업지구로 지정받아 새로 조림한 기간이 5년 이상인 산림지(보안림·채종림 및 산림유전자원보호림을 포함한다)로서 29만7천제곱미터 이내의 것. 다만, 조림기간이 20년 이상인 산림지의 경우에는 조림기간이 5년 이상인 29만7천제곱미터 이내의 산림지를 포함하여 99만제곱미터 이내의 것으로 한다.

㉗ 축사용지 : 축사 및 축사에 딸린 토지로서 해당 축사의 실제 건축면적을 건축법 제55조에 따른 건폐율로 나눈 면적의 범위 이내의 것

2018.1.1.부터 다음의 어선, 어업권 및 어업용 토지 등을 감면대상에 포함하였다.

㉘ 어선 : 어선법 제13조의2에 따른 총톤수 20톤 미만의 어선

㉙ 어업권 : 수산업법 제2조 또는 내수면어업법 제7조에 따른 어업권으로서 10만 제곱미터 이내의 것

㉚ 어업용 토지 등 : 4만제곱미터 이내의 것

㉛ 염전 : 소금산업진흥법 제2조 제3호에 따른 염전으로서 6만제곱미터 이내의 것 (2020.1.1. 이후 증여분부터 적용함)

② 「국토의 계획 및 이용에 관한 법률」 제36조에 따른 주거지역·상업지역 및 공업지역 외에 소재하는 농지 등일 것

③ 「택지개발촉진법」에 따른 택지개발지구 그 밖에 개발사업지구로 지정된 지역 외에 소재하는 농지 등일 것

 관련 예규·심판결정례 및 판례 등

□ 축산에 사용하는 축사의 부속토지를 소유한 영농자녀가 축사만 증여받은 경우에도 증여세 감면을 받을 수 있음(사전 – 법령해석재산 – 1188, 2021.10.22.).

□ 상속받은 후 3년 내에 농지를 증여하는 경우 감면 여부(상속증여과 – 677, 2015.5.22.)

증여자인 자경농민이 증여일부터 소급하여 3년 이상 직접 경작한 농지를 영농자녀에게 증여하는 경우 조세특례제한법 제71조가 적용되는 것이나, 증여자가 3년 미만 보유한 해당 농지를 영농자녀에게 증여하는 경우에는 감면규정을 적용하지 아니함.

---

4) 그 밖에 임업생산 기능의 증진을 위하여 필요한 산지로서 대통령령으로 정하는 산지

나. 공익용산지 : 임업생산과 함께 재해 방지, 수원 보호, 자연생태계 보전, 자연경관 보전, 국민보건 휴양 증진 등의 공익 기능을 위하여 필요한 산지로서 다음의 산지를 대상으로 산림청장이 지정하는 산지

1) 「산림문화·휴양에 관한 법률」에 따른 자연휴양림의 산지부터 15)까지

❑ 母의 농지를 자녀가 임차하여 경작하던 중 증여받는 경우 감면 여부(상속증여세과 - 269, 2014.7.22.)

영농자녀에 대한 증여세 감면은 농지를 직접 경작하던 증여자가 수증자에게 증여하는 경우 적용되며 증여자가 증여일부터 소급하여 3년 이상 직접 경작한 농지가 아닌 경우에는 감면 안됨.

❑ 농지를 합병한 경우 영농자녀가 증여받는 농지에 대한 감면 적용 여부(재산세과 - 342, 2012.9.24.)

자경농민이 3년 이상 직접 자경한 A농지(8,800㎡)에 3년 이상 직접 경작하지 아니한 B, C농지 (628㎡)를 단순 합병한 경우 그 자경농민이 증여일로부터 소급하여 3년 이상 직접 경작한 합병 전 A농지(8,800㎡)에 대해서는 조세특례제한법 제71조에 의한 증여세의 감면을 받을 수 있음.

❑ 임시직으로 근무했다 하여 영농자녀 감면규정을 배제한 것은 부당함(조심 2012중3675, 2012.10.18.).

임시직 직원(소사)근무한 학교는 농지소재지와 동일 지역에 위치하고, 그 직무가 근무시간 외에 농사일에 전념할 수 없을 정도의 힘든 직무로 보이지 않는 점 등을 종합하여 볼 때, 청구인을 자경농민이 아닌 것으로 보아 영농자녀에 대한 감면을 배제하고 과세한 것은 부당함.

❑ 다른 직업에 전념하면서 농업을 간접적으로 경영하는 것에 불과한 경우에는 영농자녀에 해당한다고 볼 수 없음(대법원 2018두34572, 2018.5.15.).

비상근이사로 근무하면서 주 2일 출근을 하고 1일 근무시간이 6시간에 불과하였다고 하더라도 ○○시에 있는 위 회사 소재지와 원고가 거주하였다고 볼 여지가 있거나 수시로 왕래하였던 '서울 ○○구 ○○동 ○○○ ○○아파트' 사이의 거리는 약 48km이고, 회사 소재지와 농지 사이의 거리는 약60km나 되어 출·퇴근이나 이동에 상당한 시간이 소요되었을 것으로 보이는 점까지 고려하면, 원고가 위와 같은 가족 거주 상황과 취업 상황 하에서 이 사건 농지를 실질적으로 경작한다는 것은 더더욱 용이하다고 보기 어렵다.

❑ 보건주사로서 근로소득 등이 있어 영농자녀에 해당하지 아니함(대법원 2012두18066, 2012.11.15.).

❑ 자경농민의 농지 소유기간이 3년 미만인 경우 감면 안됨(재산세과 - 302, 2011.6.22.).

❑ 근로소득이 많은 법인 대표이사가 농지 증여받은 경우(조심 2011전2173, 2011.12.9.)

❑ 근로소득이 있는 자가 농지 증여받은 경우(조심 2011전2443, 2011.10.11., 조심 2011전1896, 2011.6.27.)

청구인이 근로소득이 있지만 근무시간 외에도 영농에 종사할 수 있는 여건으로 보이고, 아버지가 76세 고령임에도 대리경작을 한 사실이 없어, 청구인이 직접 경작에 참여할 수밖에 없었던 점 등을 감안하면 청구인이 영농에 종사하였던 것으로 보이므로 증여세 감면함이 타당

❑ 청원경찰로 근무한 자가 농작업의 2분의 1 이상을 자기노동력을 투입하여 자경하였다고 보기는 어려움(대법원 2014두41777, 2015.9.1.).

❑ 시간강사가 농지 증여받은 경우(대법원 2011두14487, 2011.10.13.)

학원강사로 평일에는 오전에, 토요일은 오후부터 초저녁까지 강의하고 나머지 시간에 충분히 농작물을 재배할 수 있었고, 농지면적이 넓지 않아 자경이 가능하였을 것으로 보이는 점으로 보아 영농자녀에 해당하며, 증여자가 3년 이상 직접 경작하여 증여세 감면요건을 충족함.

☐ 공무원이 농지를 증여받은 경우 영농에 종사한 것으로 볼 수 없음(대법원 2007두23804, 2008.1.17.).
증여세를 면제받기 위하여는 증여받는 직계비속이 영농에 종사하여야 하고, 증여받는 직계비속
이 다른 직업에 전념하면서 증여자의 농업을 간접적으로 도운 것에 불과한 경우에는 앞서 본
영농자녀에 해당한다고 볼 수는 없다고 할 것임.

마. 탈세·회계부정 영농자녀 또는 자경농민에 대한 감면 배제

2024.1.1. 이후 증여분부터 영농자녀 또는 자경농민등이 영농과 관련하여 탈세 또는
회계부정(증여일 전 10년 이내 또는 증여일로부터 5년 이내의 기간 중의 행위에 한정한
다)으로 영농자녀 또는 자경농민등이 증여세 결정이 있기 전에 형이 확정된 경우에는 영
농자녀에 대한 증여세 감면규정을 적용하지 아니하며, 증여세 감면을 받은 이후 형이 확
정된 경우에는 감면세액에 상당하는 금액에 이자상당액을 가산하여 징수한다.

(조세포탈) 포탈세액 등이 3억원 이상이고, 그 포탈세액등이 신고·납부하여야 할 세
액(납세의무자의 신고에 따라 정부가 부과·징수하는 조세의 경우에는 결
정·고지하여야 할 세액을 말한다)의 100분의 30 이상인 경우 또는 포탈
세액등이 5억원 이상인 경우(조세범처벌법 제3조 제1항)

(회계부정) 주식회사 등의 외부감사에 관한 법률 제39조 제1항에 따른 죄를 범하여
받은 벌금형(재무제표상 변경된 금액이 자산총액의 100분의 5 이상인 경
우로 한정한다)

3. 증여기한 및 감면한도액

농지 등을 2007.1.1.부터 2025.12.31.까지 증여등기 또는 출자지분의 인도를 한 경우에
증여세를 감면받을 수 있다.

감면받을 증여세액의 5년간 합계액이 1억원을 초과하는 경우 1억원까지 감면하고 그
초과 세액에 대해서는 증여세를 납부하여야 한다(조세특례제한법 §133 ②). 이 경우 증여세
감면한도액은 그 감면받을 증여세액과 그 증여일 전 5년간 감면받은 증여세액을 합친 금
액으로 계산한다. 따라서 부(父)로부터 두 번에 걸쳐 농지 등을 증여받은 경우 그 농지
등의 가액을 합친 금액에 대한 증여세액을 산출하여 감면세액 및 감면한도액을 계산하지
않고, 각 증여시점의 증여세액의 합계액을 기준으로 감면세액 및 감면한도액을 계산한다.

또한 자경농민이 2 이상의 영농자녀에게 농지 등을 증여하는 경우 농지 등 면적한도는

증여자인 자경농민을 기준으로 적용하는 것이나, 감면한도액은 수증자인 영농자녀별로 1억원까지 적용한다.

2006.12.31. 이전 농지 등의 증여분에 대해서는 면적 한도만 설정하고 감면세액에는 한도가 없었던 것과는 차이가 있다.

 관련 예규 · 심판결정례 및 판례 등

❏ **영농자녀가 감면대상농지를 수회 증여받는 경우 감면한도초과액 계산 및 과세방법**(법규과-2456, 2023.9.21.)

10년 이내에 부모로부터 조세특례제한법 제71조에 따른 감면대상 농지를 3회에 걸쳐 증여받은 경우로서 1차 증여분 산출세액을 전액 감면받은 경우, 2차 증여분에 증여세 과세 시 상증법 제47조 제2항에 따라 1차 증여분 농지가액을 합산하여 과세하는 것으로 2차 증여분 농지가액 중 감면받은 농지가액(감면부분)과 그 외 가액(과세부분)의 계산은 기존 해석(재재산-1454, 2022.11.22.)을 참고 바람.

그리고, 3차 증여분에 증여세 과세 시 같은 규정에 따라 '1차 증여분 농지가액'과 '2차 증여분 농지가액'을 각각 증여세 과세가액에 가산하는 것으로서, 3차 증여분에 대한 감면세액은 해당 증여일 전 5년 내 감면받은 2차 증여분 감면세액과의 합계 1억원 한도 내에서 적용하며, 3차 증여농지의 과세부분에 대한 납부세액은 1차, 2차, 3차 증여분 농지가액에 대한 산출세액에서 1차, 2차, 3차의 감면세액과 그 외 납부세액 등을 차감하여 계산함.

사실관계 아래와 같이 영농인 부모로부터 농지를 증여받음

구분	증여일	증여자	증여가액	비 고
1차	'16.1.	父	547백만원	산출세액 89,400,000원 전액 감면
2차	'20.3.	父	159백만원	1 · 2차 증여분에 대한 산출세액 136,000,000원 중 1억원 감면함
3차	'21.2.	母	422백만원	

❏ **감면한도 초과분 상당의 농지가액 계산방법**(재재산-1454, 2022.11.22.)

[쟁점] 영농자녀가 자경농민으로부터 「조세특례제한법」 제71조 감면대상 농지를 재차 증여받은 경우 감면한도(5년간 1억원) 초과분 상당의 농지가액 계산 및 해당 초과분 농지가액에 대한 증여세 과세방법

[질의1] 감면받은 B농지가액(감면범위) 계산방법은?

<제1안> ⑤(A+B 농지가액) × (⑦1억원 / ⑥A+B 농지 산출세액) - ①153,167천원 = 266,417천원
⇒ 과세되는 B농지가액 : 814,000천원 - 266,417천원 = ❶547,583천원

<제2안> ④B농지가액×(B농지 감면세액=1억원-③20,750천원)/(B농지분 산출세액 184,200천원*)
= 350,595천원

⇒ 과세되는 B농지가액 : 814,000천원 － 350,595천원 ＝❷463,405천원
  * 814,000천원을 과세표준으로 하여 산출한 증여세액임

[질의2] 감면한도 초과분 B농지가액 및 다른 일반 증여재산(농지C, 대지) 과세방법은?

<제1안> 감면한도 초과분과 일반 증여재산을 별도과세
<제2안> 감면한도 초과분과 일반 증여재산을 합산과세

회신 질의1, 질의2 각각 제2안이 타당함.

사실관계

| 증여일 | 증여재산 (단위 천원) | | 증여세 과세방법 | | | | (단위 천원) |
	종류	가액	과세 가액	공제액	과세 표준	산출 세액	감면 세액	납부 세액
2015.1.	현금	50,000	50,000	50,000	0			0
2019.5.	A농지	①153,750	153,750	0	153,750	②20,750	③20,750	0
2019.4.	B농지	④814,000	⑤ 967,750	0	967,750	⑥230,325	⑦100,000	⑧130,325
	C농지	56,200	❶463,785+ 56,200+15,000	0	534,985	100,495	0	100,495- 신고세액 공제
	대지	15,000						

❑ 감면한도액을 초과하는 경우 감면하는 농지가액 계산방법(재재산－521, 2009.3.18.)

 － 영농자녀가 증여받은 농지에 대한 증여세 감면세액이 조세특례제한법 제133조 제2항에서 규
   정하는 한도액을 초과하는 경우에는 감면한도 초과분을 포함한 전체 농지에 대한 증여세 산
   출세액에서 감면한도액(1억원)을 공제하여 납부할 증여세액을 산출하는 것이며

 － 이 경우 같은 법 제71조 제5항 및 제6항을 적용함에 있어서 '감면받은 농지'의 가액은 감면
   한도 초과분을 포함한 전체 농지의 가액을 '전체 농지에 대한 증여세 산출세액'에서 감면한
   도액(1억원)이 차지하는 비율로 안분계산하는 것임.

❑ 농지와 과세대상 재산을 증여받은 경우(재산세과－2450, 2008.8.25.)

 영농자녀가 증여받아 감면받은 농지 등은 동일인으로부터 증여받아 합산하는 증여재산가액에
 포함시키지 아니하는 것이며, 증여재산공제는 과세와 감면재산을 동시에 증여받은 경우는 증여
 세 과세가액으로 안분함.

❑ 2 이상 영농자녀가 농지를 증여받는 경우 면적 및 감면세액 한도적용방법(서면4팀－1193, 2007.4.11.)

 자경농민이 소유하는 농지 등을 2 이상의 영농자녀에게 증여하는 경우 면적기준은 증여자인
 자경농민을 기준으로 판단하는 것이며, 감면한도액은 수증자별로 각각 적용하는 것임.

| 사례 | 감면한도액을 초과하는 농지와 일반 증여재산이 있는 경우 과세방법 |

❑ **사실관계**

  ○ 영농자녀가 자경농민인 父로부터 농지를 20,000㎡를 증여받은 후 10년 이내에 증여세
    과세대상인 재산 2억원을 증여받았고, 직계존비속으로부터 10년 이내에 증여받은 다
    른 재산은 없음.

  ○ 농지의 가액은 8억원이며 증여세 감면요건은 모두 충족하고 있음.

❑ **증여세 감면 및 합산과세방법**

  가. 농지 등의 감면세액, 감면된 농지의 가액과 그 밖의 농지의 가액 등 산정

   ○ 증여세산출세액 : (8억원−53천만원)×30%−누진공제액 6천만원=165,000,000원
      −증여세 감면한도액 : 1억원
      −증여세 납부할 세액 : 65,000,000원

   ○ 증여세 감면된 농지의 가액 : 8억원 × $\dfrac{1억원}{165,000,000원}$ =484,848,485원

   ○ 증여세 과세되는 농지의 가액 : 315,151,515원

   ○ 증여세 과세된 농지가액에 대한 증여재산공제액 : 5천만원× $\dfrac{315,151,515원}{8억원}$ =19,696,970원

  나. 증여세 과세된 농지가액과 일반 증여재산 2억원 합산과세방법

   ○ 합산과세한 증여세 과세표준 : (315,151,515+2억원)−315,151,515원=495,454,545원

   ○ 증여세 산출세액 : 495,454,545 × 20%−1천만원=89,090,910원

   ○ 기납부증여세 공제한도액 : 89,090,910원× $\dfrac{319,707,603원(315,151,515-12,456,140)}{495,454,545원}$ =53,157,606원

   ○ 납부할 세액 : 산출세액 89,090,910원−기납부증여세액 59,002,186원=35,963,304원

4. 감면신청

증여세를 감면받으려는 영농자녀는 증여세 과세표준 신고기한(증여일이 속하는 달의
말일로부터 3월)까지 세액감면신청서에 다음의 서류를 첨부하여 납세지 관할세무서장에
게 제출하여야 한다. 2008.12.31. 이전 증여분의 경우에는 감면신청을 한 경우에 한하여
감면을 받을 수 있었으나, 2009.1.1. 이후 증여분부터는 감면신청서를 신고기한 이내에
제출하지 아니한 경우에도 감면요건을 충족하면 감면받을 수 있다.

영농자녀가 농지 등을 동시에 2필지 이상 증여받은 경우에는 증여세를 감면받으려는

농지 등의 순위를 정하여 감면을 신청하여야 하며, 감면받으려는 농지 등의 순위를 정하지 아니하고 감면을 신청한 경우에는 증여 당시 농지 등의 가액이 높은 순으로 감면을 신청한 것으로 본다.

① 자경농민 및 영농자녀의 농업소득세 납세증명서 또는 영농사실을 확인할 수 있는 서류
② 해당 농지 등 취득시의 매매계약서 사본
③ 해당 농지 등에 대한 증여계약서 사본
④ 증여받은 농지 등의 명세서
⑤ 해당 농지 등을 영농조합법인에 현물출자한 경우에는 영농조합법인에 출자한 증서
⑥ 자경농민의 가족관계기록사항에 관한 증명서
⑦ 후계농업경영인 또는 임업후계자임을 증명하는 서류

세액감면신청서를 제출받은 납세지 관할세무서장은 전자정부법 제36조 제1항에 따른 행정정보의 공동이용을 통하여 다음의 서류를 확인하여야 한다. 다만, 신청인이 ⑧ 및 ⑨의 확인에 동의하지 아니하는 경우에는 그 서류를 첨부하도록 하여야 한다.

⑧ 자경농민의 주민등록표 등본
⑨ 신청인의 주민등록표 등본
⑩ 증여받은 농지 등의 등기부 등본
⑪ 증여받은 농지 등의 토지이용계획 확인서

5. 증여세 면제세액의 추징

1) 증여세 추징사유

농지 등을 증여받은 영농자녀가 정당한 사유가 없이 증여일부터 5년 이내에 당해 농지 등을 양도하거나 해당 농지 등에서 직접 영농에 종사하지 아니한 때에는 당해 농지 등에 해당하는 감면세액에 이자상당액을 가산하여 추징한다. 정당한 사유가 없이 양도 등을 한 농지 등에 해당하는 증여세액(①)에 이자상당가산액(②)을 포함하여 증여세를 추징한다.

> ① 증여세액 : 양도 등을 하거나 직접 영농에 종사하지 아니한 농지 등에 대한 증여세액
> ② 이자상당가산액 : ①의 세액 × 증여세 신고기한의 다음 날부터 추징사유가 발생한 날까지의
>   일수 × 10만분의 22(조세특례제한법 시행령 제11조의2 ⑨)

정당한 사유란 다음 어느 하나에 해당하는 경우를 말한다.

① 공익사업을 위한 토지 등의 취득 및 보상에 관한 법률에 따른 협의매수·수용 및 그 밖의 법률에 따라 수용되는 경우

② 국가·지방자치단체에 양도하는 경우

③ 농어촌정비법 그 밖의 법률에 따른 환지처분에 따라 해당 농지 등이 농지 등으로 사용될 수 없는 다른 지목으로 변경되는 경우

④ 영농자녀가 「해외이주법」에 따른 해외이주를 하는 경우

⑤ 소득세법 제89조 제1항 제2호 및 법 제70조에 따라 농지를 교환·분합 또는 대토한 경우로서 종전 농지 등의 자경기간과 교환·분합 또는 대토 후의 농지 등의 자경기간을 합하여 8년 이상이 되는 경우

⑥ 영농자녀가 1년 이상의 치료나 요양을 필요로 하는 질병으로 인하여 치료나 요양을 하는 경우

⑦ 영농자녀가 고등교육법에 따른 학교 중 농업계열의 학교에 진학하여 일시적으로 영농에 종사하지 못하는 경우

⑧ 병역법에 따라 징집되는 경우

⑨ 공직선거법에 따른 선거에 의하여 공직에 취임하는 경우

⑩ 그 밖에 기획재정부령이 정하는 부득이한 사유가 있는 경우

2) 증여세 자진신고·납부의무

2023.1.1.부터 증여세 추징사유에 해당하는 거주자는 추징사유가 발생하게 되는 날이 속하는 달의 말일부터 3개월 이내에 납세지 관할 세무서장에게 신고하고 해당 증여세와 이자상당액을 납세지 관할 세무서, 한국은행 또는 체신관서에 납부하여야 한다. 다만, 이미 증여세와 이자상당액이 부과되어 납부된 경우에는 그러하지 아니하다.

자진 신고 및 납부의무를 부여함에 따라 해당 의무를 이행하지 아니한 경우에는 신고·납부불성실가산세 부과대상에 해당한다.

관련 예규·심판결정례 및 판례 등

☐ 농지가 주거지역에 편입되어 5년 이내 양도하는 경우 추징 여부(상속증여세과-462, 2014.11.28.)

조세특례제한법 제71조 제1항에 따라 해당 농지에 대한 증여세를 감면받은 후 그 농지가 주거지역에 편입되어 증여받은 날로부터 5년 이내에 양도하는 경우에 같은 법 시행령 제68조 제5항에 따른 정당한 사유에 해당하지 않아 그 농지에 대한 증여세 감면세액의 상당하는 금액에 이자상당액을 가산하여 영농자녀로부터 징수함.

☐ 5년 이내에 농지를 증여하는 경우 증여세 감면세액을 추징함(재산세과-380, 2012.10.18.).

☐ 영농자녀가 증여받은 농지에 축사를 신축하여 축산업에 종사하는 경우 영농에 직접 종사한 것으로 봄(재산세과-175, 2011.4.5.).

☐ 농지에 대한 증여세를 추징하는 경우 과세방법(재산세과-823, 2009.4.29.)

영농자녀 증여세의 감면 후 사후관리로 추징하는 경우 수증자가 납부할 증여세에 대하여 증여자에 연대납세의무가 있는 것이며, 이 경우 당초 증여받은 재산가액은 일반 증여재산과 동일인 증여재산 합산함.

☐ 감면 농지를 5년 내에 한국농어촌공사에 양도한 경우 추징 여부(조심 2018전3083, 2018.10.2.)

증여세 감면받은 농지를 5년 이내에 국가나 지방자치단체가 아닌 공공기관에 양도한 경우 정당한 사유가 있다고 보기 어렵고, 환매권 행사로 인해 소유권이 회복된다 하더라도 당초 매매행위의 효력에는 영향이 없는 점 등에 비추어 추징대상에 해당함.

6. 상속세 또는 동일인의 증여재산 합산과세 배제

증여자인 자경농민이 농지 등을 증여한 날로부터 10년 이내에 사망하여 상속이 개시된 경우 증여세를 감면받은 농지 등은 상속세 과세가액에 가산하지 아니한다(조세특례제한법 §71 ⑥).

또한 증여세를 감면받은 농지 등은 상속증여세법 제47조 제2항에 따라 해당 증여일 전 10년 이내에 자경농민(자경농민의 배우자를 포함한다)으로부터 증여받아 합산하는 증여재산가액에 포함시키지 아니한다(조세특례제한법 §71 ⑦). 증여세를 감면받은 농지 등을 정당한 사유없이 5년 이내에 양도하는 등으로 인하여 증여세를 징수하는 경우에는 증여세 과세대상인 일반 증여재산으로 바뀌므로 상속세 또는 증여세 합산과세대상에 포함된다 할 것이다.

7. 감면받은 농지 등을 양도한 경우 양도소득세 과세방법

증여세를 감면받은 농지 등을 양도하여 양도소득세를 부과하는 경우 소득세법에도 불구하고 취득시기는 자경농민이 그 농지 등을 취득한 날로 하고, 필요경비는 자경농민의 취득 당시 필요경비로 한다(조세특례제한법 §71 ③). 장기보유특별공제를 적용할 때 보유기간은 자경농민이 취득한 날부터 계산한다. 증여받은 농지 등이 증여세 감면한도액을 초과하는 경우로서 해당 농지 등을 양도하는 경우에는 증여세를 감면받은 농지 등과 증여세가 과세된 농지 등을 구분하여 양도소득세를 계산하여야 한다(조세특례제한법 시행령 §68 ⑦). 증여세 감면대상 농지 등과 과세대상 농지 등은 해당 농지 등에 대한 증여세 상당액 중 감면받은 금액이 차지하는 비율에 따라 안분하여 계산한다.

농지 등을 동시에 2필지 이상 증여받은 경우 납세자가 감면받을 대상을 신청하되 신청이 없는 경우 농지 등의 가액이 높은 것부터 감면을 적용하여야 하고 이에 따라 양도소득세를 계산한다.

① 감면받은 농지 등에 대한 양도차익 계산방법

- 양도차익 : (양도가액 - 자경농민의 당초 취득가액) × $\dfrac{\text{증여세 감면세액}}{\text{농지 등의 증여세액}}$

*장기보유특별공제 : 자경농민이 취득한 시점부터 기산

② 감면한도액을 초과한 농지 등에 대한 양도차익 계산방법

- 양도차익 : (양도가액 - 증여당시 증여재산가액) × $\dfrac{\text{증여세 감면세액}}{\text{농지 등의 증여세액}}$

*장기보유특별공제 : 영농자녀가 증여받은 시점부터 기산

사례 **영농자녀가 증여받은 농지 등 양도한 경우 증여세와 양도소득세 과세방법**

❑ 사실관계

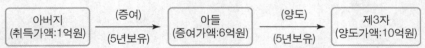

풀이

1. 증여시점에서 증여세 감면 및 납부할 세액계산
   - ○ 농지 등의 증여에 대한 증여세 산출세액이 감면한도(1억원)를 초과하는 경우 그 초과금액은 증여세 납부

$-$ 산출세액 $=$ (증여재산가액 $-$ 증여재산공제) $\times$ 세율(10 $\sim$ 50%)

$=$ (6억원 $-$ 3천만원) $\times$ 30% $-$ 6천만원 $=$ 111,000,000원

$-$ 증여세 감면세액 : 1억원

$-$ 납부세액(감면한도 초과분) $=$ 11,000,000원

2. 양도시 양도소득금액 상당 계산

① 증여세를 감면받은 부분

○ 양도차익 : (양도가액 10억원 $-$ 취득가액 1억원) $\times \dfrac{\text{1억원}}{\text{111,000,000원}} = 810,810,810$원

$-$ 장기보유특별공제 : 양도차익의 30%(10년) $=$ 810,810,810원 $\times$ 30% $=$ 243,243,243원

$-$ 양도소득금액 $=$ 810,810,810원 $-$ 243,243,243원 $=$ 567,567,567원

② 증여세가 과세된 부분

○ 양도차익 : (양도가액 10억원 $-$ 취득가액 6억원) $\times \dfrac{\text{11,000,000원}}{\text{111,000,000원}} = 39,639,639$원

$-$ 장기보유특별공제 : 양도차익의 15%(5년) $=$ 39,639,639원 $\times$ 15% $=$ 5,945,945원

$-$ 양도소득금액 $=$ 39,639,639원 $-$ 5,945,945원 $=$ 33,693,694원

③ 양도소득금액 소계 $=$ 567,567,567원 $+$ 33,693,694원 $=$ 601,261,261원

$-$ 다른 양도소득금액과 합친 금액에서 기본공제 등 적용하여 과세표준 계산 및 양도소득세 산출

 관련 예규 · 심판결정례 및 판례 등

☐ 영농자녀 증여세 감면 후 당해 농지 양도시 취득시기 등(서면4팀 $-$ 2623, 2007.9.10.)

$-$ 조세특례제한법 제69조의 규정을 적용함에 있어 증여받은 농지를 양도하는 경우 '8년 이상 계속하여 직접 경작한 기간'은 증여받은 날(증여등기 접수일)부터 계산하는 것이며, 동법 제71조 제2항의 규정에 따라 증여세 감면세액을 추징하는 경우 동법 제71조 제3항의 규정은 적용되지 아니하는 것임.

$-$ 감면한도를 초과하는 1필지를 증여받은 후 일부를 양도하는 경우, 감면한도를 초과하는 부분이 먼저 양도된 것으로 보는 것임.

제 **2** 절 : 창업자금에 대한 증여세 과세특례

1. 개 요

2005.12.31. 창업자금에 대한 사전상속제도를 도입하였는 바 이는 출산율 저하, 고령화 진전에 대응하여 젊은 세대로의 부(富)의 조기이전을 촉진함으로써 경제 활력을 증진토록 하기 위한 정책적 목적을 가지고 있다고 할 것이다.

60세(2007.12.31. 이전 65세) 이상의 부모 등이 18세(2007.12.31. 이전 30세) 이상 또는 결혼한 자녀에게 창업자금을 증여하는 경우에는 50억원(2022.12.31. 이전 30억원) 또는 10명 이상 신규고용시 100억원(2016.1.1부터 2022.12.31.까지 50억원) 범위 내의 증여세 과세가액에서 5억원을 차감한 금액에 대하여 10%의 낮은 세율로 과세하고 증여자가 사망하였을 때에 상속재산에 포함시켜서 상속세를 정산하는 제도로서 2006.1.1. 이후 증여하는 분부터 적용한다.

다만, 창업을 가장하여 증여세과세특례제도를 악용하는 것을 방지하기 위하여 증여일부터 일정기간 내에 창업 또는 창업자금에 사용하지 아니하거나 창업 후 10년 이내에 폐업 등을 하는 경우에는 증여세를 추징하도록 하였는 바, 증여세 과세특례 적용요건 및 추징사유 등은 다음과 같다(조세특례제한법 §30의5).

2. 증여세 과세특례 요건

가. 증여자 및 수증자

18세 이상인 거주자가 창업을 목적으로 60세 이상의 부모로부터 증여받은 경우에 적용한다. 증여를 받을 당시에 부 또는 모가 사망한 경우에는 사망한 부 또는 모의 부모인 조부모와 외조부모로부터 증여받은 경우에도 증여세 과세특례를 적용한다.

가업승계에 따른 증여세 과세특례를 적용받는 거주자는 창업자금에 대한 증여세 과세특례규정을 적용받을 수 없다(조세특례제한법 §30의5 ⑬).

나. 증여재산의 범위

창업자금에 대한 증여세 과세특례가 적용되는 연도별 금액은 다음과 같으며, 이하 이 절에서는 현행법령상 적용되는 금액을 기준으로 기술하였다.

┃증여세 과세특례 적용금액 개정연혁┃

구 분	2006~2015년	2016~2022년	2023.1.1. ~
일반 창업자금	30억원	30억원	50억원
신규 고용인원 10인 이상	–	50억원	100억원

증여세 과세특례가 적용되는 증여재산은 현금, 채권, 상장주식 중 소액주주의 주식 등, 소득세법 제94조 제1항에 따른 다음의 양도소득세 과세대상이 되는 재산을 제외한다.

① 토지·건물 또는 부동산에 관한 권리

② 주식 또는 출자지분. 다만, 한국거래소 상장법인·코스닥상장법인 주식 중 소액주 주분은 증여세 과세특례가 적용되고 다음에 해당하는 지분율 또는 시가총액 이상 인 대주주의 경우에는 증여세 과세특례를 적용받을 수 없다.

구 분	2013.7.1.이 속하는 사업연도 종료 후~2016.3.31.	2016.4.1.~ 2018.3.31.	2018.4.1.~ 2020.3.31.	2020.4.1.~
상장주식	2%, 50억원	1%, 25억원	1%, 15억원	1%, 10억원
코스닥주식	4%, 40억원	2%, 20억원	2%, 15억원	2%, 10억원
KONEX	4%, 10억원	좌 동	좌 동	좌 동
K-OTC (중소벤처)	4%, 40억원	좌 동	좌 동	좌 동
K-OTC (중소, 중견)	모든 주주		4%, 15억원 (2018.1.1. 이후)	4%, 10억원

③ 영업권, 시설물이용권 등 기타자산

④ 파생상품 등

⑤ 신탁의 이익을 받을 권리(신탁 수익권)

증여세 과세특례에서 부동산 등 양도소득세 과세대상자산을 제외한 것은 동 부동산 등의 경우 증여시점까지 발생한 양도소득세를 회피하기 위한 수단으로 악용될 소지가 있기 때문이다. 예를 들어, 창업자금으로 토지 그 자체를 증여할 경우와 시가 30억원의 토지를 현금화하여 증여할 경우를 비교하여 볼 때 양도소득세의 부담분 만큼 부담세액에 차이가 있다.

☞ 예) 父소유 토지 시가 30억원을 子에게 증여한 경우(양도할 경우 양도소득세액은 10억원을 가정)

　㉠ 현금화하여 증여시 양도세 10억원을 납부한 나머지 금액만 증여 가능

　 – 순증여액 18억5천만원(30억원 – 양도세 10억원 – 증여세 1.5억원)

ⓒ 부동산으로 증여시 30억원 전액 증여 가능
  - 순증여액 27억5천만원(30억원 - 양도세 0 - 증여세 2.5억원)

다. 창업의 범위

창업자금을 증여받은 날로부터 2년(2019.12.31. 이전 1년) 이내에 새로운 중소기업(개인 또는 법인)을 설립하고 소득세법·법인세법 및 부가가치세법에 따라 납세지 관할 세무서장에게 사업자등록을 하고 사업을 개시하여 실제 독립적인 경영을 하여야 한다.

창업자금이란 창업기업에 직접 사용되는 토지, 건축물, 기계장치 등 사업용 자산을 취득하기 위한 자금 및 사업장의 임차보증금·전세보증금 및 임차료 지급액을 말한다.

2014.1.1. 이후 증여분부터 업종을 창업중소기업 세액감면에 해당하는(조세특례제한법 §6 ③)에서 규정하는 업종을 영위하는 중소기업으로 제한하고 창업자금에 대한 증여세 과세특례 적용기한을 폐지하였다.

> **창업의 범위(조세특례제한법 §6 ③, 같은법 시행령 §5)**
>
> 광업, 제조업(제조업과 유사한 사업으로서 대통령령으로 정하는 사업을 포함), 수도·하수. 폐기물 처리·원료 재생업, 건설업, 통신판매업, 물류산업, 음식점업, 정보통신업(다만, 비디오물 감상실 운영업·뉴스제공업·블록체인 기반 암호화자산 매매 및 중개업·금융 및 보험업 중 대통령령으로 정하는 정보통신을 활용하여 금융서비스를 제공하는 업종, 전문·과학·기술 서비스업(엔지니어링사업은 포함하되, 변호사업·변리사업·법무사업·공인회계사업·세무사업·수의업·행정사업·건축사업은 제외함), 사업시설 관리, 사업시설 관리 및 조경 서비스업·사업지원 서비스업(고용 알선업 및 인력 공급업은 농업노동자 공급업을 포함), 사회복지 서비스업, 예술·스포츠 및 여가관련 서비스업(다만, 자영예술가, 오락장 운영업, 수상오락 서비스업, 사행시설 관리 및 운영업, 그 외 기타 오락관련 서비스업, 협회 및 단체, 수리 및 기타 개인 서비스업 중 개인·소비용품 수리업 및 이용·미용업, 직업기술 분야를 교습하는 학원을 운영하는 사업 또는 직업능력개발훈련시설을 운영하는 사업(직업능력개발훈련을 주된 사업으로 하는 경우로 한정), 관광숙박업·국제회의업·유원시설업 및 관광객 이용시설업, 노인복지시설을 운영하는 사업, 전시산업
>
> (2020년 시행령에 추가한 업종) 육상·수상·항공 운송업, 화물 취급업, 보관 및 창고업, 육상·수상·항공 운송지원 서비스업, 화물운송 중개·대리 및 관련 서비스업, 화물포장·검수 및 계량 서비스업, 선박의 입항 및 출항 등에 관한 법률에 따른 예선업, 도선법에 따른 도선업, 기타 산업용 기계·장비 임대업 중 파렛트 임대업, 전자금융거래법 제2조 제1호에 따른 전자금융업무, 자본시장법 제9조 제27항에 따른 온라인소액투자중개, 외국환거래법 시행령 제15조의2 제1항에 따른 소액해외 송금업업무

2013.12.31. 이전 증여분의 경우 중소기업은 조세특례제한법 시행령 제2조의 업종별 자본금·매출액·종업원 등이 일정규모 이내인 경우를 말하며 다음의 업종을 제외한다.

○ 영농·영어·영림 및 음식점업 중 과세유흥장소를 영위하는 사업

1) 창업으로 보지 않는 경우

합병 등을 통하여 종전의 사업을 승계하는 경우 등은 실질적인 창업에 해당되지 아니하므로 증여받은 재산을 다음에 해당하는 사업자금으로 사용하는 경우에는 증여세 과세특례를 적용하지 않도록 하였다. 다만, 창업자금을 증여받아 창업을 한 자가 새로이 창업자금을 증여받아 당초 창업과 관련하여 ④, ⑤, ⑥에 사용하는 경우에는 과세특례가 인정된다.

① 합병·분할·현물출자 또는 사업의 양수를 통하여 종전의 사업을 승계하는 경우
  ➡ (예) 타인이 운영하던 공장·사업장을 매수하여 창업하는 경우

② 종전의 사업에 사용되던 자산을 인수 또는 매입하여 같은 종류의 사업을 하는 경우로서 인수 또는 매입한 자산가액의 합계액이 사업개시일이 속하는 과세연도의 종료일 또는 그 다음 과세연도의 종료일 현재 대통령령으로 정하는 사업용자산의 총가액에서 차지하는 비율이 100분의 50 미만으로서 대통령령으로 정하는 비율을 초과하는 경우
  ➡ (예) 타인이 사용하던 창고·화물자동차를 인수하여 물류산업을 새로이 시작하는 경우

③ 기존에 하던 사업을 법인으로 전환하여 새로운 법인을 설립하는 경우
  새로 증여받은 창업자금을 당초 창업한 사업과 관련하여 사용하는 경우에는 ④, ⑤를 적용하지 아니하므로 창업의 범위에 포함된다(조특법 §30의5 ③).

④ 폐업 후 사업을 다시 개시하여 폐업 전의 종전의 사업과 같은 종류의 사업을 하는 경우

⑤ 다른 업종을 추가하는 경우 등 새로운 사업을 최초로 개시하는 것으로 보기 곤란한 경우
  2016.2.5. 이후 증여받은 분부터 사업용 자산을 취득하거나 확장한 사업장의 임차보증금·전세보증금 및 임차료를 지급하는 경우 창업으로 보지만 2015.12.31. 이전에는 창업으로 보지 않았다.
  창업자금으로 기존사업을 확장한 후 확장 전 상태로 사업을 축소하는 경우에는 증여 전에 하던 기존사업을 축소한 것인지 증여받아 확장한 사업을 축소한 것인지가 명확치 아니하여 납세자와의 마찰이 예상되고, 수십 개의 설비 중 일부만을 창업자금으로 대체하거나 기존사업의 이익에서 마련된 운용자금과 창업자금으로 마련

된 운용자금이 혼재된 경우 사후관리가 사실상 불가능한 점 등을 감안하여 과세특
례를 배제한 것으로 볼 수 있다.

⑥ 기존에 영위한 사업의 운용자금과 대체설비자금 등으로 사용하는 경우

기존에 영위하던 사업의 운용자금 · 대체설비자금으로 사용하는 것을 창업으로 보
지 않는 것은 기존사업의 일부분을 매각한 자금으로 부동산 등에 투자한 후 창업자
금으로 기존사업을 축소 전 상태로 환원해 놓는 등 창업자금이 기업의 생산활동이
아닌 개인의 부동산 투기자금 등에 악용될 우려가 있고 창업자금에 대한 증여세
과세특례를 도입한 취지에 맞지 않기 때문이다.

 관련 예규 · 심판결정례 및 판례 등

❑ 창업 후 수증자와 증여자가 공동대표이사인 경우 과세특례 적용 안됨(재산세과 – 291, 2012.8.21.).
 조세특례제한법 제30조의5의 규정을 적용함에 있어 18세 이상인 거주자가 60세 이상의 부모로
 부터 창업자금을 증여받아 법인을 설립하고 증여자인 부모와 함께 해당 법인의 공동대표이사로
 취임한 경우 해당 창업자금에 대해 창업자금에 대한 증여세 과세특례를 적용할 수 없는 것임.

❑ 창업 후 기계장치 취득에 사용할 목적의 자금은 과세특례 적용 안됨(재산세과 – 446, 2012.12.10.).

❑ 창업 후 증자대금에 사용된 대출금 상환 목적의 증여 자금은 과세특례 적용 안됨(재산세과 – 434,
 2012.12.3.).

❑ 창업 후 증자자금을 증여받아 창업기업 사용시 증여세 과세특례 적용함(재산세과 – 250, 2012.7.4.).

❑ 부동산임대사업자가 지하층에 음식점업 창업시 과세특례 적용 안됨(법규재산 2011 – 118, 2011.4.5.).

❑ 종전의 사업에 사용되던 자산을 인수하여 부모가 영위하던 사업과 동종의 사업을 공동으로 창업하
 는 경우 과세특례 적용 여부 등(재산세과 – 198, 2011.4.19.)
  – 조세특례제한법 제30조의5를 적용함에 있어 거주자가 60세 이상의 부 또는 모로부터 창업자
   금을 증여받아 창업하는 경우로서, 합병 · 분할 · 현물출자 또는 사업의 양수를 통하여 종전의
   사업을 승계하거나 종전의 사업에 사용되던 자산을 인수 · 매입하여 통계법 제17조 제1항에
   의하여 통계청장이 작성 · 고시하는 한국표준산업분류상의 세분류가 동일한 업종을 영위하는
   경우 등 같은 조 제2항 각호의 1에 규정된 사유에 해당하지 아니하는 경우에는 부모가 영위
   하던 사업과 동종의 사업을 공동으로 창업하는 경우에도 과세특례가 적용되는 것임.
  – 창업자금을 공동사업 또는 당해 거주자가 발기인이 되어 설립한 법인에 출자한 경우에는 창
   업자금에 대한 증여세 과세특례를 적용받을 수 있으며, 같은 조 제4항을 적용함에 있어 당해
   증여받은 자금을 법인에 출자한 사실만으로 창업목적에 사용한 것으로 보지는 아니함.

□ 창업자금으로 부의 토지를 매입하여 물류업을 영위하는 경우 창업자금 증여세특례를 적용받을 수 있음 (재산세과-250, 2009. 1.21.).

□ 신축 중인 주유소 관련 건축물과 토지 등을 양수하여 주유소업을 영위하는 경우 사업의 양수를 통하여 종전의 사업을 승계하거나 종전의 사업에 사용되던 자산을 인수 또는 매입하여 동종의 사업을 영위하는 경우에 해당하는 것임(재산세과-717, 2009.4.9.) ⇒ 특례적용되지 아니함.

□ 사업의 양수를 통하여 종전의 사업을 승계하거나 종전의 사업에 사용되던 자산을 인수 또는 매입하여 동종의 사업을 영위하는 경우에는 창업에 해당되지 아니함(서면4팀-312, 2007.1.23.).

라. 창업자금에 대한 과세특례 신청 및 사용내역 제출의무

증여세 신고기한까지 증여세 과세표준신고와 함께 창업자금 특례신청서를 제출한 경우에 한하여 과세특례가 적용되므로 증여세 신고기한이내에 창업자금 특례신청서를 납세지 관할세무서장에게 제출하여야 함에 유의하여야 한다.

그리고 창업자금을 증여받은 자가 창업을 하는 경우 다음에 해당하는 날까지 창업자금 사용명세(창업자금이 50억원을 초과하는 경우에는 고용내용을 확인할 수 있는 사항)에 증여받은 창업자금내역 및 그 사용내역을 기재하고 사용관련 증빙 등을 제출하여야 하며, 미제출 또는 불성실하게 제출하는 경우에는 가산세가 부과된다.

① 창업일이 속하는 달의 다음 달 말일
② 창업일이 속하는 과세연도부터 4년 이내의 과세연도(창업자금을 모두 사용한 경우에는 그 날이 속하는 과세연도)까지 매 과세연도 과세표준신고기한

창업자금사용명세를 기한 내에 제출하지 않거나 그 기재내용이 불분명한 경우에는 다음에 해당하는 가산세를 부과한다.

> 가산세 = 미제출분 또는 불분명한 부분의 금액 × 1천분의 3

3. 창업자금에 대한 증여세 과세 및 상속세 정산

가. 창업자금에 대한 증여세 과세

창업자금에 대한 증여세특례규정이 적용되는 증여세 과세가액에서 증여재산공제는 적용하지 아니하고 5억원을 공제한 금액에 100분의 10을 곱한 금액을 산출세액으로 하여 증여세를 과세한다. 창업자금을 2회 이상 증여받거나 부모(부 또는 모가 사망한 경우 조

부모 또는 외조부모를 말함)로부터 각각 증여받은 경우에는 증여받은 재산을 합산하여 과세한다.

만약에 60억원을 증여받은 경우 50억원을 초과하는 10억원에 대해서는 일반 증여재산에 대한 증여세를 과세하고 50억원에서 5억원을 뺀 금액에 대해서는 10%에 해당하는 증여세를 과세한다.

1) 동일인으로부터 증여받은 다른 재산과의 합산과세 배제

동일인으로부터 창업자금 외의 재산을 증여받은 경우에는 상속증여세법 제47조 제2항에 불구하고 재차증여재산에 대한 합산과세를 하지 아니한다. 창업자금에 대한 증여세 과세특례를 적용받은 후 정당한 사유없이 폐업하는 등으로 증여세를 징수하는 경우에는 일반 증여재산으로 보아 합산과세규정 등을 적용하여야 할 것이다.

2) 가업의 승계에 대한 과세특례와 중복적용 배제

창업자금에 대한 증여세 과세특례를 적용받은 거주자에게는 가업의 승계에 대한 증여세 과세특례를 적용하지 아니한다(조세특례제한법 §30의5 ⑬). 이는 동일한 수증자에게 두 가지 과세특례를 중복하여 적용하지 아니하므로 두 자녀 중 한 명에게는 창업자금을 증여하고 다른 자녀에게는 가업을 승계하는 경우 각각 증여세 과세특례를 적용받을 수 있다.

3) 신고세액공제 배제

창업자금에 대한 증여세 과세표준신고서를 제출한 경우에도 해당 증여세액에 대해서는 신고세액공제 및 연부연납을 적용하지 아니하지만, 2015.1.1. 이후 증여분부터 연부연납은 허용하고 있다.

나. 창업자금에 대한 상속세 정산

창업자금은 증여받은 날부터 상속개시일까지의 기간에 관계없이 상속세과세가액에 가산하며, 각 상속인별 상속세 납세의무와 연대납세의무를 정할 때의 사망 전 증여재산에 포함한다. 그러나, 상속공제한도액을 계산할 때에 상속세 과세가액에서 차감하는 증여재산가액으로 보지 아니하므로 창업자금으로 증여받은 재산가액에 대해서는 상속공제를 적용받을 수 있다.

그리고 창업자금에 대한 증여세액에 대하여는 상속증여세법 제28조 제2항에 따른 기납부증여세 공제한도액에 관계없이 상속세산출세액에서 기납부증여세액으로 공제받을 수 있으나, 창업자금에 대해서 납부하였거나 납부할 증여세액이 상속세 산출세액보다 많은 경우 그 차액에 상당하는 증여세액은 환급하지 아니한다.

4. 창업자금에 대한 증여세 추징

창업자금 사전상속제도를 악용하는 것을 방지하기 위하여 사후관리 규정을 두고 있는 바, 기한 내에 창업을 하지 않거나 창업자금으로 사용하지 아니한 경우와 증여받은 후 10년 이내에 폐업 등을 하는 경우에는 증여 당시 정상세율에 의한 증여세 산출세액에 이자상당액을 가산한 세액을 추징하도록 하고 있다.

 관련 예규 · 심판결정례 및 판례 등

☐ 증여자 사망 후 계속 사후관리하는지(재산세과 – 222, 2011.5.2., 재재산 – 678, 2011.8.22.).
　창업자금 증여세 과세특례 적용 후 증여자가 사망하여 창업자금에 대하여 상속세를 신고한 경우에도 사후관리규정이 적용되는 것임.

1) 추징사유 및 증여재산가액

① 2년(2019.12.31. 이전 1년) 이내에 창업하지 아니한 경우 : 창업자금 전부
　창업자금을 증여받은 날부터 1년 이내에 창업을 하지 아니한 경우에는 창업자금 전부에 대하여 증여세를 부과한다.
② 증여받은 후 4년(2019.12.31. 이전 3년) 내 증여받은 재산 중 창업에 사용하지 아니한 재산이 있는 경우에는 그 미사용금액에 대하여 증여세를 부과한다.
③ 창업자금으로 창업 중소기업업종 외의 업종에 사용한 경우 그 금액에 대하여 증여세를 부과한다.
④ 새로 증여받은 창업자금을 당초 창업한 사업과 관련하여 사용하지 아니한 경우: 해당 목적에 사용되지 아니한 창업자금
⑤ 증여받은 후 10년 내 창업자금을 다른 용도로 사용하는 경우
　증여받은 후 10년 이내에 창업자금(창업으로 인한 가치증가분을 포함)을 당해 사업 용도 외의 용도로 사용한 경우에는 그 용도 외 사용금액을 증여재산가액으로 하여 증여세를 부과한다.

⑥ 창업 후 10년 내 휴·폐업하는 경우

창업 후 10년 이내에 수증자의 사망, 당해 사업을 폐업하거나 휴업(사실상 휴업을 포함함)을 한 경우에는 당해 창업자금(창업으로 인한 가치증가분을 포함함)에 대하여 증여세를 부과한다.

⑦ 증여받은 창업자금이 50억원을 초과하는 경우로서 창업한 날이 속하는 과세연도의 종료일부터 5년 이내에 각 과세연도의 근로자 수가 다음 계산식에 따라 계산한 수보다 적은 경우에는 50억원을 초과하는 창업자금에 대하여 증여세를 부과한다.

창업한 날의 근로자 수 - (창업을 통하여 신규 고용한 인원 수 - 10명)

◦ (근로자의 범위) 해당 기업에 계속하여 고용되어 있는 조세특례제한법 시행령 제27조의3 제1항에 따른 상시근로자를 말한다(주주인 임원은 제외).
◦ (근로자 수 계산방법) 해당 과세연도의 매월 말일 현재의 인원을 합하여 해당 월수로 나눈 인원을 기준으로 계산한다.

2) 추징제외 사유

수증자가 창업자금을 증여받은 날로부터 10년 이내에 사망하는 등 다음의 사유로 휴·폐업하는 경우에는 증여세를 추징하지 아니한다.

① 수증자가 창업자금을 증여받고 창업하기 전에 사망한 경우로서 수증자의 상속인이 수증자의 지위를 승계하여 증여세 과세특례 적용요건에 따라 창업하는 경우
② 수증자가 창업자금을 증여받고 적법하게 창업한 후 증여일부터 3년 이내에 창업목적에 사용하기 전에 사망한 경우로서 수증자의 상속인이 수증자의 지위를 승계하여 증여세 과세특례 적용요건에 따라 창업하는 경우
③ 수증자가 창업자금을 증여받고 적법하게 창업을 완료한 후 10년 이내에 사망한 경우로서 수증자의 상속인이 수증자의 지위를 승계하여 증여세 과세특례 적용요건에 따라 창업하는 경우
④ 부채가 자산을 초과하여 폐업하는 경우
⑤ 최초 창업 이후 영업상 필요 또는 사업전환을 위하여 1회에 한하여 2년(폐업의 경우에는 폐업 후 다시 개업할 때까지 2년) 이내의 기간 동안 휴업하거나 폐업하는 경우(휴업 또는 폐업 중 어느 하나에 한한다)

3) 추징세액

> 추징세액 = 증여 당시 증여세액 + 이자상당액

증여세액은 증여시점을 기준으로 10~50%의 정상세율로 계산하고, 이자상당액은 창업자금에 대한 증여세 신고기한의 다음 날부터 추징사유 발생일까지의 기간에 이자율 1일 10만분의 22(조세특례제한법 시행령 제11조의2 ⑨)를 곱하여 계산한 금액으로 한다.

4) 증여세 자진신고 · 납부의무

2023.1.1.부터 증여세 추징사유에 해당하는 거주자는 추징사유가 발생하게 되는 날이 속하는 달의 말일부터 3개월 이내에 납세지 관할 세무서장에게 신고하고 해당 증여세와 이자상당액을 납세지 관할 세무서, 한국은행 또는 체신관서에 납부하여야 한다. 다만, 이미 증여세와 이자상당액이 부과되어 납부된 경우에는 그러하지 아니하다.

자진 신고 및 납부의무를 부여함에 따라 해당 의무를 이행하지 아니한 경우에는 신고 · 납부불성실가산세 부과대상에 해당한다.

 관련 예규 · 심판결정례 및 판례 등

❑ 이월과세를 적용받을 수 있는 사업을 법인전환한 경우 증여세 추징 안함(상속증여세과-9, 2015.2.26.).
  조세특례제한법 제30조의5 제1항에 따라 창업자금을 증여받아 개인사업을 창업하여 증여세 과세특례를 적용받은 거주자가 창업 후 10년 이내에 같은 법 제32조 제1항의 사업 양도 · 양수의 방법에 따라 법인으로 전환하는 경우 같은 법 시행령 제27조의5 제8항 제2호 나목의 영업상 필요 또는 사업전환을 위하여 폐업하는 경우에 해당함.

❑ 창업 후 2회 이상 폐업하는 경우 증여세 추징사유에 해당함(서면법규과-528, 2013.5.9.).
  형제인 A와 B가 아버지로부터 창업자금을 증여받아 서로 다른 장소에 甲과 乙의 공동사업을 창업하고 그 공동사업 계약을 해지하여 각자의 1인 단독 사업장으로 한 후 A가 그의 단독사업인 甲 사업장을 폐업하는 경우에는 조세특례제한법 시행령 제27조의5 제8항 제2호 단서에서 규정하는 증여세 부과제외 사유에 해당하지 아니함.

❑ 창업자금을 증여받은 경우로서 최초 창업 이후 영업상 필요 또는 사업전환을 위해 1회에 한하여 폐업 후 2년 내 개업하는 경우에는 증여세를 추징하지 않는 것임(재산세과-98, 2012.3.9.).

❑ 창업자금과 대출금으로 취득한 사업용 자산을 처분한 경우 추징방법(재재산-441, 2011.6.16.)
  창업자금을 증여받은 자가 해당 창업자금과 대출금 등의 자금을 합하여 사업용 자산을 취득하고 해당 사업용 자산 중 일부를 해당 사업목적 외의 사업용도로 사용한 경우, 그 사업목적 외 사업용도로 사용한 창업자금 부분은 같은 조에 따른 창업자금에 대한 증여세 과세특례가 적용되지 아니하며, 조세특례제한법 제30조의5 제6항에 따라 증여세를 부과함.

이 경우 창업자금의 해당 사업목적 사용부분에 대한 실지 귀속이 구분되는 경우에는 그 구분에 따라 판단하는 것이나 실지 귀속이 구분되지 아니하는 경우 그 사업목적 외 사업용도로 사용한 창업자금 부분의 계산은 사업용 자산 중 사업목적 외 사업용도로 사용한 부분의 취득금액을 증여받은 창업자금과 대출금 등의 자금의 비율에 의하여 안분계산하는 것임.

제3절 : 가업의 승계에 대한 증여세 과세특례

1. 개 요

2008.1.1.부터 가업을 상속하는 경우 상속세에서 공제해 주던 것을 상속개시 전에 자녀 등에게 승계시킨 경우에도 비슷한 세제혜택을 부여함으로써 젊은 층으로 부의 이전을 유도하여 경제 활성화를 꾀할 목적으로 가업승계에 대한 증여세 과세특례제도를 도입하였다.

이 제도는 상속세 및 증여세를 비과세하는 것이 아니라 증여시점에서 일정 금액 내에서 요건을 갖춘 경우에 낮은 세율로 증여세를 과세하고 증여자가 사망한 경우 증여받은 재산가액을 기준으로 상속세를 정산하는 것이다. 즉 가업승계를 받은 시점에서 증여재산이 50억원인 경우로서 증여자의 사망시에 해당 재산가액이 100억원 또는 30억원이 된 경우 상속세는 50억원을 기준으로 과세하는 것이므로 가업승계 여부는 신중하게 판단하여야 할 것이다.

가업승계에 따른 증여세 과세특례와 유사한 창업자금에 대한 증여세 과세특례규정을 적용받는 거주자는 가업승계에 대한 과세특례규정은 적용받을 수 없다(조세특례제한법 §30 의 6 ⑥).

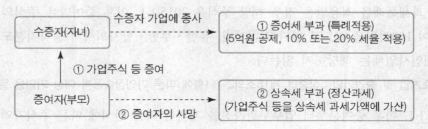

2. 과세특례적용 금액 및 과세방법

증여세 과세가액에서 증여시기별로 일정 금액을 공제한 금액에 100분의 10 또는 20의 세율을 적용하여 증여세를 과세하고, 증여자 사망시에 상속재산에 가산하여 상속세를 정산한다. 연도별 과세특례적용 대상 금액과 공제금액 및 증여세율은 다음과 같으며, 이하이 절에서 관련내용은 현행법령상 적용되는 과세특례금액을 기준으로 기술하였다.

증여세 과세특례 적용금액 및 공제금액·증여세율 개정연혁

구 분	2008 ~2014년	2015 ~2022년	2023.1.1. ~		2024.1.1.~
증여가액 한도	30억원	100억원	증여자 영업기간	10~20년 300억원 20~30년 400억원 30년 이상 600억원	좌동
공제금액	5억	5억원	10억원		10억원
증여세율	10%	30억원 이하 10% 30억원 초과분 20%	60억원 이하 10% 60억원 초과분 20%		120억원 이하 10% 120억원 초과 20%

3. 증여세 과세특례 요건

가. 증여자 및 증여재산의 범위

증여자는 증여일 현재 60세 이상인 수증자의 부모(부모가 사망시 사망한 부모의 부모 포함)이어야 한다.

증여하는 주식은 증여자가 10년 이상 계속하여 경영한 중소기업 또는 중견기업인 법인으로서 증여자가 해당 법인의 최대주주에 해당하고, 그와 친족 등 특수관계에 있는 자의 주식 등을 합하여 해당 법인의 발행주식총수의 50% (상장법인은 30%, 2010.12.31. 이전 40%) 이상의 주식 등을 소유하고 있어야 한다. 2014.12.31. 이전에 주식을 증여받는 증여세 과세특례를 적용받은 경우 해당 주식은 2015.1.1. 이후 증여받은 주식의 가액에 포함하여 100억원을 한도로 한다고 하겠다. 유한·무한·합자회사의 출자지분도 포함하지만 개인사업체는 해당하지 않는다.

➡ 중소기업 및 중견기업 : 상증법 제18조의2 제1항에 따른 가업상속공제 대상 기업을 말함.

2014.1.1. 이후 증여분부터 업무무관자산을 제외한 다음 산식에 따른 주식가액 상당액

에 대하여 과세특례를 적용하도록 하였다.

$$\text{가업승계에 해당하는 법인의 주식 등 평가액} \times \frac{\text{증여일 현재 법인의 총자산가액} - \text{사업무관 자산가액}}{\text{증여일 현재 법인의 총자산가액}}$$

이 경우 법인의 총자산가액 등은 상속개시일 현재 상속증여세법 제60조부터 제66조까지에 따라 평가한 가액에 의하며, 사업무관자산의 범위는 다음과 같다.

㉠ 법인세법 제55조의2에 해당하는 비사업용 토지 등

㉡ 법인세법 시행령 제49조에 해당하는 업무무관자산, 임대하고 있는 부동산(지상권 및 부동산임차권 등 부동산에 관한 권리를 포함한다)

㉢ 법인세법 시행령 제61조 제1항 제2호에 해당하는 대여금 : 금전소비대차계약 등에 의하여 타인에게 대여한 금액

㉣ 과다보유 현금[상속개시일 직전 5개 사업연도 말 평균 현금(요구불예금 및 취득일부터 만기가 3개월 이내인 금융상품을 포함한다)보유액의 100분의 150을 초과하는 것을 말한다.

㉤ 법인의 영업활동과 직접 관련이 없이 보유하고 있는 주식, 채권 및 금융상품(㉣에 해당하는 것은 제외한다)

 관련 예규 · 심판결정례 및 판례 등

❏ 증여자의 대표이사 재직기간이 10년 미만인 경우 과세특례 적용 여부(상속증여세과 – 553, 2013.9.16.)

가업승계에 대한 증여세 과세특례는 증여자의 대표이사 재직요건을 요하지는 않으나, 증여일 전 10년 이상 계속하여 부 또는 모가 상속증여세법 제18조 제2항 제1호에 따른 가업을 실제 영위한 경우에 적용되는 것임.

❏ 창업자금 과세특례를 적용받은 자가 일반세율로 증여세를 수정신고할 경우 가업승계에 대한 증여세 과세특례 적용 여부(상속증여세과 – 395, 2013.7.22.)

증여세 과세표준 신고기한까지 창업자금 특례신청서를 제출하여 조세특례제한법 제30조의5에 따른 창업자금에 대한 증여세 과세특례를 관할세무서장으로부터 결정받은 거주자는 같은 법 제30조의6에 따른 가업의 승계에 대한 증여세 과세특례를 적용받을 수 없는 것임.

❏ 증여자가 10년 이상 가업에 종사하다가 증여일 현재에는 자녀가 영위하는 경우 과세특례 해당 여부 (재산세과 – 45, 2013.2.6.)

증여일 전 10년 이상 계속하여 父가 해당 가업을 실제 영위하지 않은 경우에는 가업승계 증여

세 과세특례가 적용되지 않는 것이며, 주식 50% 지분 유지 요건은 최대주주 등과 그 특수관계인의 주식을 합하여 산정하는 것임(가업승계에 따른 증여세 과세특례 적용 안됨).

❑ 여러 차례에 걸쳐 주식 등을 증여받는 경우 과세특례 적용 여부(상속증여세과-548, 2013.9.11.)

여러 차례에 걸쳐 주식 등을 증여받는 경우에도 증여일 현재 증여자가 가업을 10년 이상 계속하여 경영하는 등 증여자 및 수증자의 요건을 갖춘 경우에는 증여세 과세가액 30억원을 한도로 가업승계에 대한 증여세 과세특례를 적용하는 것임.

❑ 다수의 가업 경영시 가업승계 과세특례 적용 방법(재재산-35, 2012.1.16.)

2개 이상 복수의 가업 전부를 승계받는 수증자 1인에 대하여만 적용되는 것임(갑설이 타당).

사실관계

- 상증법 제18조 제2항 제1호에 따른 가업을 62세인 父가 10년 이상 계속하여 영위한 아래 두 기업을 가업의 승계를 목적으로 자식에게 증여하는 경우임.
- C법인 : 소유주식 父 80%, 기타 20%
- D법인 : 소유주식 父 70%, 母 10%, 기타 20%

질의

- C법인의 父 소유주식은 거주자인 장남(30세)이, D법인의 父 소유주식은 거주자인 장녀(32세)가 각각 증여받고, 각각 대표이사로 취임하여 실제 경영하는 경우 가업승계에 대한 증여세 과세특례를 장남, 장녀가 각각 적용받을 수 있는지 여부

(갑설) 2개 이상 복수의 가업 전부를 승계받는 수증자 1인에 대하여만 적용되는 것임.

(을설) 2개 이상 복수의 가업 중 1개 가업이라도 가업 전부를 승계받은 각각의 수증자에게도 적용되는 것임.

❑ 개인사업체는 가업승계에 따른 증여세 과세특례 적용 안됨(재재산-862, 2011.10.12.).

가업상속공제에서의 중소기업요건과 같으나 소득세법을 적용받는 개인사업체는 가업승계특례 적용이 안됨.

❑ 개인사업체 법인전환한 경우(재산세과-28, 2011.1.12.)

개인사업자가 영위하던 가업을 동일한 업종의 법인으로 전환하고 증여자가 계속하여 최대주주 등에 해당하는 경우에는 개인사업자로서 가업영위기간을 포함하여 가업영위기간을 계산함.

❑ 부와 모로부터 가업승계받은 경우(재재산-825, 2011.9.30.)

가업승계에 대한 증여세 과세특례는 증여자인 60세 이상의 부 또는 모가 각각 10년 이상 계속하여 가업을 경영한 경우에 적용되는 것으로, 여기서 경영이란 단순히 지분을 소유하는 것을 넘어 가업의 효과적이고 효율적인 관리 및 운영을 위하여 실제 가업운영에 참여한 경우를 의미하는 것이고, 가업의 실제 경영 여부는 사실판단 사항임.

- 母는 주식은 보유하고 있으나 경영에 참여하지 않은 경우 과세특례 적용 안됨.

➡ 부모 중 1인이 10년 이상 가업을 영위한 경우 가업을 영위하지 않은 부 또는 모로부터

증여받은 주식의 경우 국세청은 과세특례가 적용되는 것으로 유권해석했으나(재산세과-964, 2010.12.21.) 기획재정부에서는 증여세 과세특례가 적용되지 않는다고 해석(재재산-825, 2011.9.30.)한바, 변경된 유권해석은 2011.9.30. 이후 납세의무가 성립되는 분부터 적용함(재산세과-53, 2012.2.10.).

☐ 가업승계와 창업자금 증여세 과세특례의 중복적용 여부(재산세과-968, 2010.12.22.)

가업승계 증여세 과세특례 규정을 적용받는 거주자 외의 자녀는 수증자별로 각각 창업자금에 대한 증여세 과세특례 규정을 적용받을 수 있는 것임.

☐ 인적분할 후 증여하는 경우 분할 전과 동일한 업종을 유지하는 법인 주식에 대해 특례 적용하며, 증여 후 인적분할시는 분할 및 신설법인에 모두 대표이사로 취임해야 함(재산세과-809, 2010.11.1.).

－가업의 법인을 인적분할한 경우로서 분할법인 또는 분할신설법인 중 분할 전 법인과 동일한 업종을 유지하는 법인의 주식을 조세특례제한법 제30조의6에 따라 증여하는 경우 먼저 증여하는 주식의 순서에 따라 30억원을 한도로 증여세 과세특례를 적용받을 수 있는 것이며, 이 경우 당해 분할신설법인의 사업영위기간은 분할 전 분할법인의 사업개시일부터 계산하는 것임.

－가업을 승계받은 후 법인을 인적분할한 경우로서 그 가업을 승계받은 자가 증여일부터 5년 이내 분할법인 및 분할신설법인의 대표이사로 취임하지 아니하는 경우에는 증여세 부과함.

☐ 합병 후 주식 증여시 가업영위기간 산정방법(재산세과-723, 2010.10.5.)

10년 이상 영위한 기업의 기존 사업부문을 인적분할한 후 최근에 설립한 법인과 합병한 경우 가업승계 증여세 과세특례 요건 중 10년 이상 계속 경영하였는지 여부는 합병법인이 합병 후 사업을 개시한 날부터 기산하여 판단함.

☐ 최대주주와 그의 특수관계인 지분율 50% 판단 시 우리사주조합원은 30% 이상 보유한 최대주주의 특수관계인에 해당함(상속증여세과-314, 2014.8.20.).

☐ 가업승계에 대한 증여세 과세특례는 증여자가 실제 영위하는 경우로서 10년간 계속하여 최대주주 등의 지분율이 50%(상장은 40%)를 유지하여야 적용하는 것임(재산세과-635, 2010.8.25.).

☐ 가업승계에 대한 증여세 과세특례 적용시 가업이란 증여자가 10년 이상 계속하여 중소기업을 동일 업종으로 유지·경영한 기업을 말하는 것임(재산세과-394, 2010.6.10.).

☐ 동일기업을 50%의 지분으로 공동 경영하던 2인이 각각의 자녀에게 주식을 증여하는 경우 가업승계에 대한 증여세 과세특례는 수증자별로 적용하는 것임(재재산-547, 2009.3.20.).

☐ 증여자가 해당 주식을 10년 이상 보유해야 하는 것은 가업의 승계에 대한 증여세 과세특례를 적용하기 위한 요건이라 할 수 없음(서울행법 2021구합53771, 2021.10.15., 대법원 2019두-44095, 2020.5.28.).

| 사례 | 위탁경영한 경우 가업승계 증여세 과세특례 적용 여부? |

□ 사실관계
  - 1960.12.15. 甲은 ㈜A관광호텔을 설립하여 운영
  - 2009.11.16.~2014.11.15. ㈜A는 ㈜B와 임대차계약을 체결하여 B가 관광호텔을 위탁경영함.
  - 2011.10.31. 임대차계약을 중도해지하고 ㈜A가 관광호텔을 다시 운영함.
  - 2013.12.31. 甲은 자녀에게 ㈜A 발행 주식을 증여함.
  (쟁점) 甲이 증여 당시 ㈜A 가업을 계속하여 10년 이상 영위한 것인지.
  (판단) ㈜A는 임대차기간에도 관광호텔사업을 주된 사업으로 영위하는 중소기업으로서의 실질이 변하지 아니하였다고 볼 수 있음(대법원 2018두40485, 2018.7.25., 서울고법 2017누52704, 2018.3.28.).
  (요지) 호텔회사들의 위탁경영 사업모델을 도입해 보기로 결심하고, ㈜B라는 위탁경영 회사를 설립하여 위탁경영을 맡겼으나, 수탁인에 의한 새로운 사업장 확장이 이루어지지 아니하고, 호텔A도 새로운 호텔 등에 투자하기 어려워 당초 위탁경영에 의한 임대차를 해지하고 호텔A가 직접 운영하기로 한 바,
  A호텔은 이 사건 임대차기간에도 이 사건 호텔사업을 영위하기 위한 핵심자산인 상표와 같은 무형자산, 호텔 객실(토지와 건물)과 같은 유형자산 및 인력을 지배하고 있었고, 이러한 핵심 자산을 기반으로 하여 A호텔에 의하여 호텔사업이 이루어진 것으로 볼 수 있음.

나. 수증자 및 가업승계 요건

18세 이상인 거주자가 60세 이상의 부모(증여 당시 아버지나 어머니가 사망한 경우에는 그 사망한 아버지나 어머니의 부모를 포함한다)로부터 해당 가업의 승계를 목적으로 주식 또는 출자지분을 증여받은 경우 적용한다.

2020.1.1. 이후 증여분부터 2인 이상이 가업을 승계하는 경우에도 가업승계자 모두에게 증여세 과세특례를 적용한다. 주식 등을 증여받고 가업을 승계한 거주자가 2인 이상인 경우에는 각 거주자가 증여받은 주식 등을 1인이 모두 증여받은 것으로 보아 증여세를 부과한다. 이 경우 각 거주자가 납부하여야 하는 증여세액은 다음에 따라 계산한 금액으로 한다.

2019.12.31. 이전에 주식을 증여받아 가업의 승계에 대한 증여세 과세특례를 적용받은 이후 해당 수증자를 포함한 2인 이상이 가업승계를 받은 경우 증여세 과세가액 100억원을 한도로 해당 증여세 과세특례를 적용받을 수 있다고 유권해석하고 있다(상속증여-2204, 2022.7.4.).

① 2인 이상의 거주자가 같은 날에 주식 등을 증여받은 경우: 1인이 모두 증여받은 것으로 보아 부과되는 증여세액을 각 거주자가 증여받은 주식 등의 가액에 비례하여 안분한 금액

② 해당 주식 등의 증여일 전에 다른 거주자가 해당 가업의 주식 등을 증여받고 증여세를 부과받은 경우: 그 다른 거주자를 해당 주식 등의 수증자로 보아 부과되는 증여세액

2011.1.1.부터 2019.12.31.까지는 가업의 승계 후 가업의 승계 당시 해당 주식등의 증여자 및 상속증여세법 제22조 제2항에 따른 최대주주 또는 최대출자자에 해당하는 자(가업의 승계 당시 해당 주식등을 증여받는 자는 제외한다)로부터 증여받는 경우에는 증여세과세특례를 적용하지 않는다. 즉, 최대주주 등이 2인 이상인 경우에는 1인의 최대주주 등에 대해서만 과세특례가 적용된다.

수증자 또는 그 배우자가 가업인 중소기업주식을 증여받은 후 신고기한 내에 가업에 종사하고 증여일부터 3년(2023.3.27. 이전 5년) 이내에 대표이사로 취임하여야 한다.

 관련 예규 · 심판결정례 및 판례 등

❑ 재차 증여 시 가업승계 증여세 특례 적용여부(법규재산-4361, 2022.6.29.)

공동사업을 경영하던 父와 母의 지분 중 母 지분 증여로 가업승계 증여세 특례를 받은 후 父의 지분을 재차 증여받는 경우에는 가업승계 증여세 특례를 적용할 수 없는 것임.

(질의) 母로부터 가업 주식을 증여받아 가업승계 증여세 특례를 적용받은 후 父로부터 가업 주식을 증여받은 경우 가업승계 증여세 특례를 적용할 수 있는지 여부

사실관계

○ A법인의 2017년 주주현황은 甲(父) 70%, 乙(母) 9.4%, 丙(子) 0.16%로 구성됨.

○ 2017. 3월 乙은 주식 9.4%를 丙에게 증여하고, 가업승계 증여세 과세특례를 적용받음.

○ 丙은 2020.3월 대표이사로 취임하고 현재 甲과 丙이 A법인의 각자대표로 경영에 참여하고 있음.

○ 甲의 소유 주식을 丙에게 증여할 예정

※ 乙은 사내이사로 10년 이상 실제 경영에 참여함.

❑ 父와 母가 장남, 차남에게 각각의 가업을 승계하는 경우 특례 적용방법(법규과-1077, 2022.3.31.)

부(父)가 차남에게, 모(母)가 장남에게, 각각 경영하던 가업의 주식 등을 증여하여 가업을 승계함으로서 조세특례제한법 §30의6 ① 등에 따른 요건을 충족한 경우에도, 같은법 §30의6 ②에 따라 거주자 1인이 모두 증여받은 것으로 보아 증여세 계산함.

□ 수증자가 공동대표이사로 취임하는 경우 가업의 승계 해당됨(상속증여세과-1336, 2016.12.21.).

□ 2개의 가업을 상속, 2개의 가업을 가업승계 과세특례시 적용 방법(상속증여세과-3616, 2016.5.17.)
2016.2.5. 이후 2개 이상의 가업을 각각 다른 상속인에게 상속하는 경우 가업상속공제 적용되며, 2개 이상 가업 전부를 승계받는 수증자 1인에게 가업승계 과세특례가 적용되는 것임.

□ 수증자가 가업승계 전에 대표이사로 취임한 경우 과세특례 적용됨(법령해석과-4009, 2016.12.9.).

다. 탈세·회계부정 기업인에 대한 과세특례 배제

2024.1.1. 이후 증여분부터 거주자 또는 부모가 가업의 경영과 관련하여 탈세 또는 회계부정(증여일 전 10년 이내 또는 증여일로부터 5년 이내의 기간 중의 행위에 한정한다)으로 거주자 또는 부모에게 증여세 결정이 있기 전에 형이 확정된 경우에는 증여세 과세특례규정을 적용하지 아니하며, 증여세 감면을 받은 이후 형이 확정된 경우에는 상속증여세법에 따라 증여세를 부과한다. 이 경우 이자상당액을 가산하여 부과한다.

(조세포탈) 포탈세액 등이 3억원 이상이고, 그 포탈세액등이 신고·납부하여야 할 세액(납세의무자의 신고에 따라 정부가 부과·징수하는 조세의 경우에는 결정·고지하여야 할 세액을 말한다)의 100분의 30 이상인 경우 또는 포탈세액 등이 5억원 이상인 경우(조세범처벌법 제3조 제1항)

(회계부정) 주식회사 등의 외부감사에 관한 법률 제39조 제1항에 따른 죄를 범하여 받은 벌금형(재무제표상 변경된 금액이 자산총액의 100분의 5 이상인 경우로 한정한다)

라. 증여세 특례신청 요건

증여세 신고기한까지 신고서와 함께 「가업승계 주식 등 증여세 과세특례 적용신청서」를 납세지 관할세무서장에게 제출하여야 한다.

➡ 증여세신고기한까지 특례신청을 하지 아니하면 적용받을 수 없음.

마. 증여받은 해당 주식이 상장 등이 된 경우

증여세 과세특례 적용대상 주식 등을 증여받은 후 해당 주식 등이 상장 등이 된 경우 상속증여세법 제41조의3(주식 등의 상장 등에 따른 이익의 증여) 또는 제41조의5(합병에 따른 상장 등 이익의 증여)에 따른 증여이익은 증여세 과세특례 대상 주식 등의 과세가액과 증여이익을 합하여 100억원까지 납세자의 선택에 따라 가업승계에 대한 증여세 과세특례를 적용받을 수 있다. 이 경우 증여세 과세특례 적용을 받은 증여이익은 상속증여세법 제13조 제3항(합산배제증여재산의 상속세 과세가액 산입제외)에 불구하고 상속세 과세가액에 가산한다.

4. 증여세 납부유예제도

2023.1.1. 부터 가업승계시 수증자가 낮은 세율 과세방식의 증여세 과세특례를 적용받거나 증여세 납부유예를 선택할 수 있도록 하였다.

가. 적용대상 및 납부유예 기간

가업승계를 받는 거주자가 다음의 요건을 모두 갖추어 증여세의 납부유예를 신청하는 경우에는 납세지 관할세무서장은 납부유예를 허가할 수 있다. 이 경우 거주자는 증여세 과세표준 신고시에 납부유예신청서를 납세지 관할세무서장에게 제출하여야 하며 담보를 제공하여야 한다.

1) 거주자가 가업(중소기업으로 한정한다)의 승계를 목적으로 해당 가업의 주식 등을 증여받았을 것
2) 창업자금 및 가업의 승계에 따른 증여세 과세특례를 적용받지 아니하였을 것

납부유예기간은 수증자가 증여받은 가업주식 등을 양도하거나 상속 또는 증여하는 시점까지이며, 납부유예가 할 수 있는 세액은 다음과 같다.

$$납부유예 \ 가능 \ 세액 = 증여세 \ 납부세액 \times \frac{가업주식상당액}{총 \ 증여재산가액}$$

나. 납부유예세액 납부 및 납부유예 재신청

1) 납부유예세액 납부사유

거주자가 정당한 사유 없이 다음의 어느 하나에 해당하는 경우 납부유예 허가를 취소하거나 변경하고, 다음에 해당하는 세액과 이자상당액을 징수한다.

① 해당 거주자가 가업에 종사하지 아니하게 된 경우 : 납부유예된 세액의 전부

☞ 가업에 종사하지 않는 것으로 보는 사유
  ❶ 수증자가 대표이사로 종사하지 않는 경우
  ❷ 해당 사업을 1년 이상 휴업하거나 폐업하는 경우

② 주식등을 증여받은 거주자의 지분이 감소한 경우 : 다음의 구분에 따른 세액
  ㉮ 증여일부터 5년 이내에 감소한 경우 : 납부유예된 세액의 전부
  ㉯ 증여일부터 5년 후에 감소한 경우 : 납부유예된 세액 중 지분 감소 비율을 고려하여 대통령령으로 정하는 바에 따라 계산한 세액

③ 다음에 모두 해당하는 경우 : 납부유예된 세액의 전부
  ㉮ 증여일부터 5년간 정규직 근로자(이하 "정규직근로자"라 한다) 수의 전체 평균이 증여일이 속하는 사업연도의 직전 2개 사업연도의 정규직근로자 수의 평균의 100분의 70에 미달하는 경우
  ㉯ 증여일부터 5년간 총급여액(이하 "총급여액"이라 한다)의 전체 평균이 증여일이 속하는 사업연도의 직전 2개 사업연도의 총급여액 평균의 100분의 70에 미달하는 경우

④ 해당 거주자가 사망하여 상속이 개시되는 경우 : 납부유예된 세액의 전부
납부유예 허가를 받은 자는 위의 사유에 해당하는 경우 그 날이 속하는 달의 말일부터 3개월 이내에 납세지 관할세무서장에게 신고하고 해당 증여세와 이자상당액을 납세지 관할세무서, 한국은행 또는 체신관서에 납부하여야 한다. 다만, 이미 증여세와 이자상당액이 징수된 경우에는 그러하지 아니하다.

다. 납부유예 재신청

납부유예세액에 대해 위의 납부사유 중 ① 거주자의 지분이 감소하거나 ② 상속이 개시된 다음의 경우에 거주자가 해당 세액과 이자상당액에 대하여 납부유예를 신청할 수 있다.

① 거주자의 지분이 감소하는 경우로서 수증자가 조특법 제30조의6에 따른 과세특례를 적용받거나 따른 납부유예 허가를 받은 경우. 납부유예세액은 지분 감소 비율을 고려하여 계산한다.

② 수증자가 사망하는 경우로서 상속인이 상속받은 가업에 대하여 상속증여세법 제18조의2 제1항에 따른 가업상속공제를 받거나 같은 법 제72조의2 제1항에 따른 납부

유예 허가를 받은 경우

라. 납부유예세액 징수

담보의 변경 명령에 따르지 아니하거나 납부기한 전 징수사유 등 다음의 사유가 발생한 경우 세무서장은 납부유예 세액과 이자상당액을 징수할 수 있다.

① 담보의 변경 또는 그 밖의 담보 보전에 필요한 관할 세무서장의 명령에 따르지 아니한 경우

② 「국세징수법」 제9조 제1항 각 호의 어느 하나에 해당되어 납부유예된 세액의 전액을 징수할 수 없다고 인정되는 경우

5. 상속세 과세시 가업상속공제 적용방법

증여세 과세특례를 적용받은 후에 증여자인 부모가 사망하여 상속이 이루어진 경우 증여시기에 관계없이 모두 상속세 과세가액에 가산하여 상속세로 정산한다. 이 경우 증여자의 사망 당시 다음의 요건을 모두 갖추고 있으면 상속세 계산시 가업상속공제를 적용받을 수 있다.

① 피상속인의 10년 이상 가업영위 등 가업상속공제요건을 충족할 것. 이 경우 피상속인이 보유한 가업의 주식 등의 전부를 증여하여 주식보유요건(비상장주식 50%, 상장주식 30% 이상)을 충족하지 못하는 경우에는 상속인이 증여받은 주식 등을 상속개시일 현재까지 피상속인이 보유한 것으로 보아 해당 요건을 적용하며 피상속인의 대표이사 재직요건은 갖추지 아니하여도 된다.

② 수증자가 증여받은 주식을 처분하거나 지분율이 낮아지지 아니한 경우로서 가업에 종사하거나 대표이사로 재직

6. 가업승계에 대한 증여세 추징

주식 등을 증여받은 수증자가 가업을 승계하지 아니하거나 해당 주식 등을 증여받고 가업을 승계한 수증자가 증여일부터 5년 등 일정기간 이내에 정당한 사유 없이 다음의 어느 하나에 해당하게 된 경우에는 해당 주식 등의 가액에 대하여 증여세를 부과한다. 이 경우 이자상당액을 증여세에 가산하여 부과한다.

사후관리기간 개정연혁

2008 ~ 2014년	2015 ~ 2022년	2023.1.1. ~
10년	7년	5년

☞ **사후관리기간 개정규정 적용방법**
- 2015.1.1. 개정규정 : 2014.12.31. 이전에 증여받은 경우에도 적용함
- 2023.1.1. 개정규정 : ①, ②, ③의 요건을 모두 충족하는 자 및 2023.1.1. 이 후에 증여를 받은 경우로서 2023.1.1. 이후 증여세 과세표준을 신고하는 자에 대해서도 적용함.
   ① 2023.12.31. 이전에 과세특례를 적용받았을 것
   ② 2023.1.1. 현재 주식등을 증여받은 날부터 7년이 경과하지 아니하였을 것
   ③ 2023.12.31.이전에 종전규정에 따른 증여세 및 이자상당액이 부과되지 아니하였을 것

1) 증여세 추징사유

① 가업 주식을 증여받은 수증자 또는 그의 배우자가 증여세 신고기한까지 가업에 종사하지 아니하거나 증여일부터 5년 이내에 대표이사에 취임하지 아니하거나 5년까지 대표이사직을 유지하지 아니하는 경우

② 증여일부터 5년 이내에 정당한 사유 없이 다음에 해당하게 된 경우
  - 가업에 종사하지 아니한 경우
  - 가업의 주된 업종변경 또는 1년 이상 휴업(사업실적이 없는 경우를 포함한다)하거나 폐업하는 경우
    2020.2.11. 이후 다음에 해당하는 주된 업종 변경의 경우에는 증여세를 추징하지 아니한다.
      ㉠ 한국표준산업분류에 따른 대분류(2024.2.28. 이전 중분류) 내에서 업종을 변경하는 경우
      ㉡ 그 외 상증령 제49조의2에 따른 평가심의위원회의 심의를 거쳐 업종의 변경을 승인하는 경우
    ※ 2016.2.5.이 속하는 사업연도부터 통계법 제22조에 따라 통계청장이 작성 · 고시하는 한국표준산업분류상 소분류 내에서 업종을 변경하는 경우로서 증여일 현재 영위하고 있는 업종(한국표준산업분류에 따른 세분류 업종을 말한다)의 매출액이 사업연도 종료일을 기준으로 30% 이상인 경우에는 업종을 변경한 경우로 보지 않는다.

  - 수증자가 증여받은 주식 등을 처분하는 경우
  - 수증자가 가업승계 전에 보유한 주식을 가업승계 후 처분하는 경우로서 처분 후에도 최대주주 등에 해당하면 증여세를 과세하지 않는다(상속증여세과 – 1646.

2019.8.8.).

－증여받은 주식 등을 발행한 법인이 유상증자 등을 하는 과정에서 실권 등으로 수
증자의 지분율이 낮아지는 경우

－수증자와 특수관계에 있는 자의 주식처분 또는 유상증자 시 실권 등으로 지분율
이 낮아져 수증자가 최대주주 등에 해당되지 아니하는 경우

2) 증여세 추징하지 않는 정당한 사유

증여세를 부과하지 않는 정당한 사유는 다음과 같다.

① 수증자가 사망한 경우로서 수증자의 상속인이 상속세 과세표준 신고기한 이내에
수증자의 지위를 승계하여 가업에 종사하는 경우

② 증여받은 주식을 국가·지방자치단체에 증여하는 경우

③ 합병·분할 등 조직변경에 따른 처분으로서 수증자가 최대주주 등에 해당하는 경우

④ 자본시장과 금융투자업법 제390조 제1항에 따른 상장규정의 상장요건을 갖추기 위
하여 지분을 감소시킨 경우

⑤ 증여받은 주식 등을 발행한 법인의 시설투자·사업규모의 확장 등에 따른 유상증자
로서 수증자의 특수관계인(상속증여세법 시행령 제2조의2 제1항 각 호의 어느 하나
에 해당하는 자를 말한다) 외의 자에게 신주를 배정하기 위하여 실권하는 경우로서
수증자가 최대주주 등에 해당하는 경우

⑥ 수증자가 법률에 따른 병역의무의 이행, 질병의 요양, 취학상 형편 등으로 가업에 직
접 종사할 수 없는 부득이한 경우. 다만, 증여받은 주식 또는 출자지분을 처분하거나
그 부득이한 사유가 종료된 후 가업에 종사하지 아니하는 경우는 증여세를 추징한다.

⑦ 2018.2.13. 이후 해당 법인의 채무가 출자전환됨에 따라 수증자의 지분율이 낮아지
는 경우로서 수증자가 최대주주 등에 해당하는 경우

3) 증여세 자진신고·납부의무

2018.1.1.부터 증여세 추징사유에 해당하는 거주자는 추징사유가 발생하게 되는 날이
속하는 달의 말일부터 3개월 이내에 납세지 관할 세무서장에게 신고하고 해당 증여세와
이자상당액을 납세지 관할 세무서, 한국은행 또는 체신관서에 납부하여야 한다. 다만, 이
미 증여세와 이자상당액이 부과되어 납부된 경우에는 그러하지 아니하다.

자진 신고 및 납부의무를 부여함에 따라 해당 의무를 이행하지 아니한 경우에는 신
고·납부불성실가산세 부과대상에 해당한다.

7. 창업자금에 대한 증여세 과세특례규정 준용

증여세 과세 및 상속세 정산방법 등은 창업자금에 대한 증여세 과세특례규정을 준용한다. 2024.1.1. 이후 증여세 신고기한 이내에 연부연납을 신청하는 분부터 연부연납기간을 5년에서 15년으로 확대하였다.

 관련 예규·심판결정례 및 판례 등

❑ 가업상속공제를 적용받지 못한 경우에도 가업승계 증여세 과세특례 사후관리의무를 위배한 경우 증여세 추징함(법령해석과 – 2331, 2021.6.30.).

❑ 가업승계 과세특례 적용받은 후 인적분할하는 경우 부과 여부(상속증여세과 – 148, 2019.2.19.)

> 질의
>
> A법인의 주식을 乙이 증여받아 가업승계 과세특례를 적용받고 A법인을 법인B와 법인C로 인적분할하여 법인B 주식은 장남 乙에게, 법인C 주식은 차남 丙에게 상속할 경우 증여세 과세 여부
>
> 회신
>
> 조세특례제한법 제30조의6 제1항에 따라 주식 등을 증여받은 자가 같은 법 시행령 제27조의6 제1항에 따라 가업을 승계하지 아니하거나 가업을 승계한 후 주식 등을 증여받은 날부터 7년 이내에 정당한 사유 없이 같은 법 제30조의6 제2항 각 호의 어느 하나에 해당하게 된 경우에는 해당 주식 등의 가액에 대하여 증여세를 부과하는 것임.

❑ 워크아웃 과정에서 채무출자전환으로 가업승계주식 지분이 낮아진 경우 증여세 추징배제사유인지 (조심 2018부2318, 2019.2.11.)

> 주식 등의 지분이 감소된 경우 상속인이나 수증자에게 본래 부담하였어야 할 상속세와 증여세를 부과하도록 명시적으로 규정하고 있는 점, 워크아웃과정에서 특수관계인인 청구인의 아버지에게 신주가 배정되어 조세특례제한법 시행령 제27조의6에서 규정하는 예외규정의 적용대상에 해당하지 않는 점 등에 비추어 청구주장을 받아들이기 어려움.

❑ 가업승계 과세특례 적용받은 후 기존공장 매각하고 새로운 공장으로 확장·이전한 경우 증여세 부과하지 아니함(서면법규과 – 150, 2014.2.18.).

❑ 합병 등으로 주식처분 후에도 최대주주에 해당하면 증여세 부과 안함(재산세과 – 351, 2012.9.27.).

❑ 코스닥상장으로 인해 지분이 감소된 경우 추징 여부(재재산 – 651, 2015.10.5.)

> 조세특례제한법 제30조의6에 따라 증여받은 주식을 발행한 법인이 시설투자·사업규모의 확장을 위하여 유상증자한 경우에는 자본시장법에 따라 코스닥시장에 상장한 경우에도 조세특례제한법 시행령 제27조의6 제6항 제2호 단서에 따라 증여세가 부과되지 아니함.

❏ 승계한 가업을 거래처의 부도 등에 따른 경영악화 및 채무 누적 등으로 폐업한 경우 증여세를 추징하지 아니하는 '부득이한 사유'에 해당하지 아니함(조심 2018전2864, 2018.12.10.).

❏ 법원의 파산선고에 따라 폐업하는 경우 정당한 사유로 열거하고 있지 않아 증여세 추징대상에 해당함(조심 2018서2171, 2018.9.10.).

> **사례**　**가업승계한 경우와 그렇지 않은 경우 과세방법 비교**
>
> ❏ 10억원을 증여하는 경우
> ○ 증여시 : (증여재산 10억원－5억원) × 10% = 5천만원
> ○ 상속시 : 다른 상속재산이 없고 배우자가 없는 경우
> 　　　　(10억원－상속세 일괄공제 5억원) × 20%－5천만원 = 4천만원
> 　　　　(총부담세액 : 9천만원)
> 　* 가업승계 증여세 과세특례제도가 없는 경우 10억원을 증여할 경우 증여세 부담
> 　　(증여재산 10억원－증여재산공제 5천만원) × 30% = 2억2천5백만원
> 　* 10억원을 사망 전 증여하지 않고 상속이 개시된 경우 상속세 부담
> 　　(상속재산 10억원－상속세 일괄공제 5억원) × 20% = 9천만원
>
> ❏ 30억원을 증여하는 경우
> ○ 증여시 : (증여재산 30억원－5억원) × 10% = 2억5천만원
> ○ 상속시 : 다른 상속재산이 없고 배우자가 없는 경우
> 　　　　(30억원－상속세 일괄공제 5억원) × 40%－2억5천만원
> 　　　　= 5억9천만원 납부(총부담세액 : 8억4천만원)
> 　* 가업승계 증여세 과세특례제도가 없는 경우 30억원을 증여할 경우 증여세 부담
> 　　(증여재산 30억원－증여재산공제 5천만원) × 40% = 10억2천만원
> 　* 30억원을 사망 전 증여하지 않고 상속이 개시된 경우 상속세 부담
> 　　(상속재산 30억원－상속세 일괄공제 5억원) × 40% = 8억4천만원

제 **4** 편

상속·증여재산의 평가

│ 상속증여세법 제60조부터 제66조까지의 상속·증여재산 평가방법 요약 │

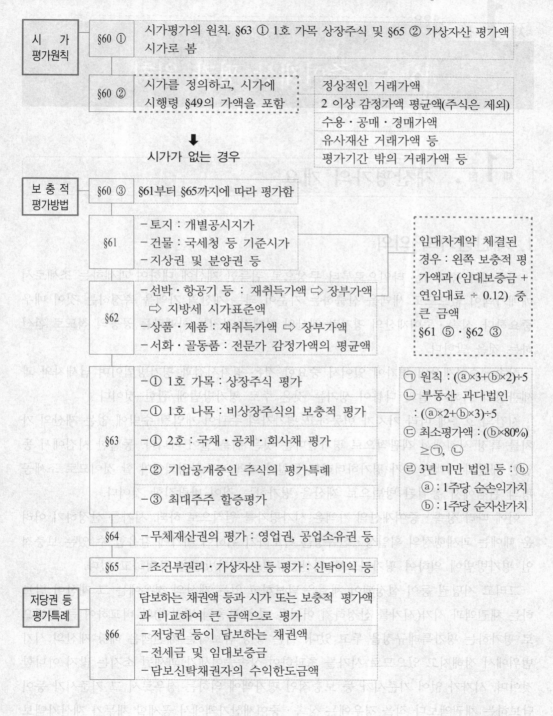

시 가 평가원칙	§60 ①	시가평가의 원칙. §63 ① 1호 가목 상장주식 및 §65 ② 가상자산 평가액 시가로 봄
	§60 ②	시가를 정의하고, 시가에 시행령 §49의 가액을 포함	정상적인 거래가액 2 이상 감정가액 평균액(주식은 제외) 수용·공매·경매가액 유사재산 거래가액 등 평가기간 밖의 거래가액 등

⬇
시가가 없는 경우

보 충 적 평가방법	§60 ③	§61부터 §65까지에 따라 평가함
	§61	- 토지 : 개별공시지가 - 건물 : 국세청 등 기준시가 - 지상권 및 분양권 등
	§62	- 선박·항공기 등 : 재취득가액 ⇨ 장부가액 　⇨ 지방세 시가표준액 - 상품·제품 : 재취득가액 ⇨ 장부가액 - 서화·골동품 : 전문가 감정가액의 평균액
	§63	- ① 1호 가목 : 상장주식 평가 - ① 1호 나목 : 비상장주식의 보충적 평가 - ① 2호 : 국채·공채·회사채 평가 - ② 기업공개중인 주식의 평가특례 - ③ 최대주주 할증평가
	§64	- 무체재산권의 평가 : 영업권, 공업소유권 등
	§65	- 조건부권리·가상자산 등 평가 : 신탁이익 등

임대차계약 체결된
경우 : 왼쪽 보충적 평
가액과 (임대보증금 +
연임대료 ÷ 0.12) 중
큰 금액
§61 ⑤ · §62 ③

㉠ 원칙 : ((ⓐ×3+ⓑ×2)÷5
㉡ 부동산 과다법인
　: (ⓐ×2+ⓑ×3)÷5
㉢ 최소평가액 : (ⓑ×80%)
　≥㉠, ㉡
㉣ 3년 미만 법인 등 : ⓑ
　ⓐ : 1주당 순손익가치
　ⓑ : 1주당 순자산가치

저당권 등 평가특례	§66	담보하는 채권액 등과 시가 또는 보충적 평가액 과 비교하여 큰 금액으로 평가 - 저당권 등이 담보하는 채권액 - 전세금 및 임대보증금 - 담보신탁채권자의 수익한도금액

제1장 상속·증여재산 평가 원칙

제1절 재산평가의 개요

1. 재산평가의 의의

상속세와 증여세는 타인으로부터 무상으로 취득한 재산에 대하여 과세하는 조세로서 매매가액이 없으므로 세액을 산출하는 기준이 되는 재산의 가액을 측정하는 것이 매우 중요하다. 상속·증여재산의 평가란 재산의 경제적 가치를 화폐라는 공통의 척도로 환산하는 것을 말한다.

상속·증여재산의 평가에 있어서 중요한 것은 평가시점과 평가방법이며 납세자와 과세관청의 이해가 달라 다툼이 생기는 것은 주로 평가방법에 관한 것이다.

시간의 흐름에 따라 가치가 변동하고 평가자의 주관이 개입될 수밖에 없는 재산의 가치를 특정 시점에서 객관적으로 평가한다는 것은 쉬운 일이 아니다. 동일한 시점에서 동일한 재산의 가액은 누가 평가하더라도 동일한 가액으로 산정되어야 할 것이므로 조세공평의 관점에서 통일된 방법으로 재산을 평가하는 것이 바람직할 것이다.

이에 따라 상속·증여재산의 가액은 시가평가를 원칙으로 하되, 시가를 산정하기 어려운 때에는 과세행정의 획일성·신속성을 확보하기 위하여 시가에 갈음할 수 있는 보충적인 평가방법에 의하여 평가하도록 재산종류별로 평가방법을 규정하고 있다.

그리고 저당권 등이 설정되어 채권을 담보하고 있는 재산의 경우에는 그 재산이 담보하는 채권액과 시가(시가를 산정하기 어려운 경우 보충적 평가액)와 비교하여 큰 금액으로 평가하는 평가특례규정을 두고 있다. 이는 통상 담보하는 채권액은 해당 재산의 시가 범위에서 정해지고 있으므로 시가를 초과하여 상속증여세가 과세될 소지는 많지 아니할 것이며, 시가가 없어 기준시가 등 보충적인 평가액에 의하는 경우로서 그 기준시가 등이 담보하는 채권액보다 적을 경우에는 상속·증여재산가액에서 공제할 채무가 재산가액보다 많아지는 문제를 방지하기 위한 것이다.

원 칙 적 평가방법	• 상속개시일·증여일(평가기준일)의 시가로 평가함을 원칙으로 한다. • 상속재산의 가액에 가산하는 증여재산의 가액은 증여일 기준 평가
	• 재산평가시 계산단위 : 원 미만의 금액은 이를 없는 것으로 한다. • 국외재산가액의 평가 → 평가기준일 현재 외국환거래법에 따른 기준환율 또는 재정환율에 의한 환산가액으로 평가
보 충 적 평가방법	• 시가를 확인할 수 없는 경우 상속증여세법 제61조부터 제65조까지에 따라 평가 ※ 다만, 상속증여세법 §63 ① 1 가목(상장주식 및 코스닥상장주식평가)에 따라 평가한 가액은 이를 시가로 본다.
평가특례	• 저당권 등이 설정된 재산은 시가 또는 보충적 평가방법에 의한 평가액과 채권액을 비교하여 큰 금액으로 평가

2. 평가기준일

평가기준일은 대부분 상속세와 증여세의 납세의무성립일과 같은 날이지만 상속개시 전 처분한 재산에 대한 상속추정 및 주식 상장 등에 따른 이익과 합병에 따른 상장 등 이익의 증여규정 등에서는 납세의무성립일과 평가기준일에 차이가 있다.

부동산이나 주식 등 대부분의 재산은 어느 시점에서 평가하느냐에 따라 그 재산의 가액이 달라지게 된다. 이러한 재산가액의 가변성에 비추어 어느 시점에서 평가할 것인가에 대한 기준시점을 명확히 할 필요가 있고 상속 개시일 증여당시의 재산가액에 대한 예측이 가능하도록 다음과 같이 평가기준일을 정하고 있다.

가. 상속재산

1) 상속개시일(사망일)

민법상 상속은 피상속인의 사망으로 인하여 개시되며 상속세 부과에 있어 납세의무의 성립시기인 사망일(사망진단서에 표시된 사망한 연, 월, 일, 시, 분)이 재산평가일이다.

2) 실종선고일

실종선고로 상속이 개시되는 경우 민법(§28)에서는 실종선고일자에 불구하고 실종기간이 만료되는 때에 사망한 것으로 본다.

민법과 같이 실종기간 만료일을 상속세 납세의무성립일로 하게 되면 상속세 부과 제척기간이 경과한 후에 상속인이 실종선고를 청구하여 실종선고가 되는 경우에는 상속세를 과세할 수 없는 경우가 생길 수 있다.

따라서 상속증여세법 제2조 제2호에서 실종선고로 인하여 상속이 개시된 경우에는 민법과 다르게 실종선고일을 상속개시일로 하고 이 날이 상속재산 평가기준일이 된다.

3) 상속 추정하는 상속개시 전 처분한 재산

피상속인이 처분한 재산의 가액이 재산 종류별로 계산하여 상속개시일 전 1년 이내에 2억원 이상이거나 2년 이내에 5억원 이상인 경우로서 용도가 객관적으로 명백하지 아니한 경우에 상속받은 것으로 추정하여 과세한다.

이 경우 해당 처분한 재산가액은 실제 수입한 금액을 기준으로 하되, 그 금액이 확인되지 아니한 경우에는 해당 재산의 처분 당시를 기준으로 상속증여세법 제60조부터 제66조까지에 따라 평가한 가액으로 한다.

4) 공과금 또는 채무의 평가

상속재산에서 공제하는 공과금 또는 채무의 경우 평가기준일을 명확하게 규정한 것은 없지만 상속재산과 마찬가지로 상속개시일을 기준으로 평가하여야 한다. 따라서 상속개시일 이후 발생한 가산금, 체납처분비 또는 지급할 이자 등은 공과금 또는 채무로 공제하지 않는다.

5) 상속재산에 가산하는 증여재산

거주자의 사망으로 인하여 상속이 개시되는 경우 피상속인이 상속개시일 전 10년 이내에 상속인에게 증여한 재산가액과 상속개시일 전 5년 이내에 상속인이 아닌 자에게 증여한 재산가액은 상속세 과세가액에 가산하며, 비거주자의 사망으로 인하여 상속이 개시되는 경우에는 국내에 있는 재산을 증여한 경우에만 상속세 과세가액에 가산한다.

이와 같이 상속세 과세가액에 가산되는 증여재산가액은 증여일 현재 시가에 의하여 평가한 금액으로 한다. 따라서 상속세 과세가액에 가산되는 증여재산을 상속개시일을 기준으로 다시 평가할 필요는 없다.

➡ 상속개시 당시 평가액에 의하도록 한 1993.12.31. 이전 구상속세법 제9조 제1항은 위헌결정을 받음(헌법재판소 96헌바67, 1999.6.24. 결정).

나. 증여재산

1) 민법상 증여재산

민법상 증여재산의 평가기준일은 "제3편 제2장 제1절 3. 증여재산 취득시기"에서 기술한 증여재산의 취득시기와 동일하다.

기존 부동산 등	소유권이전 등기·등록신청서 접수일
신축 부동산	사용승인서교부일, 사실상 사용일, 임시사용승인일 중 빠른 날
주식·출자지분	주권인도일(주권인도일이 불분명하거나 인도전 명의개서시 명의개서일)
무기명채권	이자지급 등으로 취득이 확인되는 날, 채권상환청구일
기타 동산	인도한 날 또는 사실상 사용일

2) 민법상 증여재산 외의 재산

민법상 증여재산 외에 상속증여세법에서 예시하고 있는 증여재산과 증여추정 및 증여의제하는 재산의 평가기준일은 다음과 같다. 증여시기와 재산평가기준일은 대부분 같은 날이지만 합병, 증자 등 일부 자본거래 관련 증여재산의 경우 약간의 차이가 있다.

① 신탁이익 : 지급약정일, 수회 분할지급시는 최초 분할지급일 등

② 보험금 : 보험사고 발생일(만기 지급의 경우 만기일)

③ 저가·고가양도에 따른 이익 : 대금청산일(불분명 또는 잔금청산 전에 소유권이전하는 경우에는 소유권이전등기일). 예외 매매계약체결일

④ 채무면제 등에 따른 이익 : 채무를 면제받거나 제3자가 인수 또는 변제한 때

⑤ 부동산무상사용에 따른 이익 : 부동산무상사용개시일. 계속하여 무상으로 사용하는 경우 그 무상사용개시일로부터 5년이 되는 날의 다음 날

⑥ 합병에 따른 이익 : 주권상장법인은 대차대조표 공시일과 합병의 증권신고서 제출일 중 빠른 날의 전일이며, 비상장법인은 대차대조표 공시일

⑦ 증자에 따른 이익 : 주금납입일(주금납입 전 신주인수권증서를 교부받은 경우에는 그 교부일). 다만, 주권상장법인의 증자 전 주식가액을 산정할 때는 증자에 따른 권리락 발생일의 전날

⑧ 감자에 따른 이익 : 감자를 위한 주주총회 결의일

⑨ 현물출자에 따른 이익 : 현물 납입(출자)일

⑩ 전환사채 등의 주식전환 등에 따른 이익 : 거래단계별로 인수·취득일, 양도일 및

주식 전환일

⑪ 특정법인과의 거래를 통한 이익 : 특정법인에게 재산을 증여하거나 거래한 날

⑫ 주식 등 상장 등에 따른 이익 : 상장일부터 3개월이 되는 날

⑬ 합병에 따른 상장 등 이익 : 합병등기일부터 3개월이 되는 날

⑭ 금전무상대출에 따른 이익 : 대출일. 대출기간이 없거나 1년 이상인 경우로서 계속하여 대출받은 경우에는 앞선 대출일로부터 1년이 되는 날의 다음 날을 새로운 대출일로 본다.

⑮ 그 밖의 이익 증여(타인의 기여에 의한 재산가치증가분 등) : 이익을 받은 날

⑯ 배우자 등에 대한 양도시 증여추정 : 소유권이전등기일, 주권인도일 등

⑰ 재산취득자금 등의 증여추정 : 재산취득일 또는 채무상환일

⑱ 명의신탁재산에 대한 증여의제 : 주주명부 등에 명의개서한 날

⑲ 특수관계법인과의 거래를 통한 이익 및 특수관계법인으로부터 제공받은 사업기회로 발생한 이익의 증여의제 : 수혜법인의 해당 사업연도 종료일

3) 재차증여로 합산되는 증여재산

증여일 전 10년 이내에 동일인으로부터 받은 증여재산가액의 합계액이 1천만원 이상인 경우에 종전 증여가액을 금번 증여재산가액에 가산함에 있어 종전 증여재산의 평가기준일에 대하여 명확한 규정은 없다.

상속재산에 가산하는 증여재산의 평가기준일을 고려하여 상속증여세법 기본통칙(47-0…2)에서 재차증여재산의 합산과세시 증여재산의 가액은 각 증여일 현재의 재산가액에 따른다고 해석하고 있다.

따라서 종전 증여재산을 재차증여가 있는 시점에서 다시 평가하는 것이 아니라 각각의 증여시기에 이미 평가된 증여재산가액을 단순히 가산하여 증여세를 부과한다.

다. 신고하지 아니한 상속 · 증여재산

상속증여세 과세표준 신고기한이내에 신고한 재산과 신고하지 아니한 재산에 대한 평가기준일은 동일하다. 구 상속세법 제9조 제2항에서 신고하지 아니한 재산의 경우 평가기준일과 상속증여세 부과 당시의 평가액 중 큰 금액으로 평가하도록 하였으나, 해당 규정은 헌법재판소에서 위헌판결(헌재90헌바54, 1992.12.24.)을 받아 삭제하였다.

관련 예규·심판결정례 및 판례 등

❏ 주식증여 이후 법인이 직권폐업된 경우 평가기준일(대법원 2009두23204, 2010.3.25.)

　증여 이후 증여재산의 가치가 급격히 하락한 경우에도 증여재산가액 계산은 증여세 부과처분 시점이 아닌 증여당시를 기준으로 함.

3. 재산의 평가방법

가. 개 요

　상속 또는 증여재산의 가액은 평가기준일 현재 시가에 의하되, 시가를 산정하기 어려운 경우에는 개별공시지가, 기준시가 등 재산종류별 보충적 평가액으로 평가한다. 이 경우 저당권 등이 설정되어 채권을 담보하는 재산의 경우에는 담보하는 채권액과 시가 또는 보충적 평가액 중 큰 금액으로 평가한다.

　상속·증여재산의 가액은 그 재산 자체에 있는 거래가액 등에 의해 평가하는 것이 원칙이지만, 2004.1.1.부터 평가대상 재산과 면적·위치·용도·종목 및 기준시가가 동일하거나 유사한 다른 재산에 대한 거래가액 등이 있으면 그 가액으로 평가하도록 하고 있다.

　2011.1.1.부터 평가대상 재산 및 그와 유사한 재산에 대하여 거래가액 등이 있는 경우 평가대상 재산의 거래가액 등을 먼저 적용한다. 상속·증여재산의 가액은 다음 순서에 따른 평가액으로 하며, 저당권 등이 설정된 경우에는 담보하는 채권액과 비교하여 큰 금액으로 평가한다. 이 경우 시가로 보는 거래가액·감정가액·수용보상·경매·공매가액에 대한 적용순서는 없고, 평가기준일에서 가장 가까운 날에 있는 가액을 시가로 본다.

　(1순위) 평가대상 재산의 거래가액, 감정가액, 수용보상·경매·공매가액

⇩

　(2순위) 유사매매가액 등 : 신고한 재산은 평가기준일 전 6개월(2019.2.11. 이전 증여는 3개월)부터 상속·증여세 신고기한 이내 신고일까지의 가액을 시가로 인정

⇩

　(3순위) 평가대상 재산의 개별공시지가, 공시가격 등

⇩

　(평가특례) 저당권 등이 설정된 재산의 경우 위 순서에 따른 평가액과 담보하는 채권액 중 큰 금액으로 평가함.

나. 시가평가의 원칙

상속세 또는 증여세가 부과되는 재산의 가액은 상속개시일 또는 증여일(이하 '평가기준일'이라 한다) 현재의 시가에 의한다. 여기서 '시가'란 불특정 다수인 사이에 자유로이 거래가 이루어지는 경우에 통상 성립된다고 인정되는 가액을 말하며, 수용·공매가격 및 감정가격 등 시가로 인정되는 것을 포함한다.

시가에 의한 평가를 원칙으로 하고 있으므로 시가보다 개별공시지가, 기준시가 등 보충적 평가액이 높은 경우에도 시가를 적용하여 평가하여야 한다.

다. 보충적 평가방법의 적용

시가를 산정하기 어려운 경우에는 해당 재산의 종류·규모·거래상황 등을 고려하여 규정하는 상속증여세법 제61조부터 제65조까지의 보충적 평가방법으로 평가한 가액에 의한다.

1) 보충적 평가방법의 의의 및 필요성

재산의 시가는 항상 시간의 경과와 함께 그 재산과 관련된 경제적 상황의 변화와 주관적 판단에 의하여 가변성을 가지고 있으므로 일정한 시점에서의 객관적 교환가치를 반영한 재산의 시가를 산정하기란 이론적으로나 실무적으로 많은 어려움이 따르게 된다.

따라서 상속 또는 증여재산의 시가를 산정하기 어려운 때에는 상속증여세법 제61조부터 제65조까지 및 상속증여세법 시행령 제50조부터 제63조까지에서 규정하고 있는 방법에 따라 평가하도록 하고 있는 바, 이와 같이 시가를 산정하기 어려운 경우에 한정하여 적용되는 평가방법을 보충적 평가방법이라 한다.

시가를 산정하기 어려운 경우에 적용할 수 있는 대체 평가방법이 없을 경우 납세의무자와 과세관청 모두에게 상속 또는 증여 당시의 재산을 어떻게 평가하여야 할지 몰라서 혼란이 일어날 수 있으므로 시가를 산정하기 어려운 경우에 적용할 수 있는 보충적 평가방법의 존재는 납세의무자와 과세관청 모두에게 필요하다.

국가는 법률에 근거하지 않고서는 조세를 부과·징수할 수 없고 국민은 조세의 납부를 요구받지 아니하는 바, 시가를 산정하기 어려운 경우에 적용할 보충적 평가방법을 법률에 명시함으로써 납세의무자에게 법적 안정성과 예측가능성을 부여하고 있다.

또한, 보충적 평가방법을 명확하게 규정함으로써 과세관청은 상속재산 및 증여재산의 평가업무를 획일적이고 신속하게 수행할 수 있다.

2) 적용요건과 입증책임

상속 및 증여재산을 평가할 때 시가에 의하지 아니하고 보충적인 평가방법을 적용하기 위해서는 "과세대상 재산의 시가를 산정하기 어려운 경우"라는 요건이 충족되어야 한다.

즉 보충적인 평가방법에 의할 수밖에 없었다는 점을 과세관청이 주장·입증하여야 하고 그에 대한 입증을 다하지 못하고 보충적 평가액에 의한 과세처분은 위법하다는 것이 판례의 입장이다(대법원 2000두406, 2001.9.14., 대법원 97누8502, 1997.9.26. 외 다수).

라. 저당권 등이 설정된 재산에 대한 평가의 특례

저당권 등이 설정된 재산은 평가기준일 현재 시가(또는 보충적 평가방법에 의한 평가액)와 해당 재산이 담보하는 채권액 등 중 큰 금액으로 평가한다. 평가특례규정을 둔 취지는 담보하는 채권액은 통상 당해 재산가액의 범위 내에서 설정되는 점을 감안하여 시가보다 낮은 기준시가 등으로 과세할 경우 재산평가액보다 해당 재산이 담보하는 채권액(납세의무자에게는 채무액)이 더 많이 공제되는 것을 방지하기 위한 것으로 볼 수 있다. 해당 재산이 담보하는 채권액 등이란 다음의 금액을 말한다.

구 분	당해 재산이 담보하는 채권액 등
① 저당권(공동저당권·근저당권 제외)이 설정된 재산	해당 재산이 담보하는 채권액
② 공동저당권이 설정된 재산	해당 재산이 담보하는 채권액을 공동저당된 재산의 평가기준일 현재 가액으로 안분한 가액
③ 근저당권이 설정된 재산	평가기준일 현재 해당 재산이 담보하는 채권액
④ 질권이 설정된 재산, 양도담보된 재산	해당 재산이 담보하는 채권액
⑤ 전세권이 등기된 재산(임대보증금을 받고 임대한 재산 포함)	등기된 전세금(임대보증금을 받고 임대한 경우에는 임대보증금)
⑥ 담보신탁계약 체결된 재산	우선수익자인 채권자의 수익한도금액

마. 국외재산의 평가

국외에 소재하는 상속 또는 증여재산으로서 상속증여세법 제60조부터 제65조까지의 규정을 적용하는 것이 부적당한 경우에는 해당 재산이 소재하는 국가에서 양도소득세·상속세 또는 증여세 등의 부과목적으로 평가한 가액을 평가액으로 한다. 이러한 평가액이 없는 경우에는 세무서장 등이 2 이상의 국내 또는 외국의 감정기관에 의뢰하여 감정한 가액을 참작하여 평가한 가액에 의한다(상증령 §58의3). 그리고 국외재산의 가액은 평가기준일 현재 외국환거래법에 따른 기준환율 또는 재정환율에 따라 환산한 가액을 기준으로 평가한다.

바. 재산종류별 평가원칙 및 계산단위

재산의 가액은 각각의 재산을 개별 평가하여 그 평가액의 합계액을 재산평가액으로 한다. 예를 들어 건물과 그 부수토지를 평가하는 경우로서 건물은 시가를 산정할 수 있는데 부수토지는 시가를 산정하기 어려운 경우 건물은 시가에 의하고 토지는 개별공시지가로 평가하는 것이다.

그리고 배율에 따른 부동산의 제곱미터당 가액, 상장주식의 1주당 최종시세가액의 평균액과 비상장주식의 1주당가액, 1주당 순손익액 및 3년간 가중평균액 등의 계산에 있어서 원단위 미만의 금액은 이를 버린다(상증법 기본통칙 60-0…1).

사. 원물과 과실

천연과실의 가액은 원물의 가액에 포함해서 평가하고 법정과실의 가액은 원물과는 별개로 평가한다. 다만, 장래에 확정될 법정과실 등에 대하여 거래의 관행이 있거나 법령에서 특별히 정한 경우에는 그 관행 및 법령에서 정한 바에 따라 평가한다.

아. 연부 또는 월부로 취득하여 상환완료 전에 있는 재산의 평가

연부 또는 월부에 따라 취득한 재산으로서 평가기준일 현재 상환이 완료되지 아니한 재산에 대하여는 그 재산의 가액에서 미상환금을 뺀 가액으로 평가하며, 이 경우 그 뺀 가액이 음수인 경우에는 "0"으로 한다(상증법 기본통칙 65-0…1).

자. 공유재산의 평가

공유재산은 지분별로 구획하지 아니하고 전체로서 평가한 재산가액에 그 공유자의 지분비율에 따라 안분한 가액에 따라 평가한다. 또한 공유재산의 타인지분에 감정가액이 있는 경우에는 해당 감정가액을 재산의 시가로 볼 수 있다.

다만, 공유물이 현실적으로 각자가 별도로 관리·처분할 수 있고 이에 대한 계약 등에 따라 그 사실이 확인되거나 상호 명의신탁재산에 해당하여 사실상 이를 공유물로 볼 수 없는 경우에는 타인지분에 대한 감정가액을 평가대상 재산의 시가로 보지 아니한다(상증법 기본통칙 60-49…3).

차. 구체적인 평가방법이 규정되지 않은 재산의 평가

상속증여세법에서 평가방법을 구체적으로 정하지 아니한 재산의 가액은 상속증여세법 제65조 제1항 및 같은법 제60조부터 제64조까지에 규정된 평가방법을 준용하여 평가한다(상증법 §65 ②).

제2절 : 시가평가의 원칙

1. 시가의 정의

상속증여세법상 상속재산 및 증여재산의 가액은 상속개시일 또는 증여일(이하 "평가기준일"이라 함) 현재 시가에 의한다. 시가란 평가기준일 현재 각 재산의 현황에 따라 불특정다수인 사이에 자유로이 거래가 이루어지는 경우에 통상 성립된다고 인정되는 금액을 말하며, 수용·공매가격 및 감정가액 등을 포함한다.

2003.12.31. 이전에는 상속개시일 전후 6개월(증여재산의 경우에는 2019.2.12. 이후 평가기준일 전 6개월부터 평가기준일 후 3개월까지, 2019.2.11. 이전 증여일 전후 3개월) 이내의 기간(이하 "평가기간"이라 함) 중에 해당 상속·증여재산에 대한 거래가액, 2 이상 감정평가액의 평균액, 수용보상·공매·경매가액이 있는 경우에만 이를 시가로 인정함으로써 법적안정성과 예측가능성을 높이고 과세관청에서도 집행상 용이한 면은 있었다.

그러나 평가기간을 경과하여 거래가액 등이 있거나 상속·증여재산과 용도·면적 등이 동일하거나 유사한 재산에 대한 거래가액 등이 있어 상속·증여재산의 시가에 부합하는 가액이 확인되어도 이를 시가로 볼 수 없는 평가제도의 경직성이 있었다.

이를 해소하기 위하여 2004.1.1.부터 시가의 범위를 조정하고, 감정가액이나 공매·경매가액을 이용하여 조세를 회피하는 사례를 방지하기 위하여 일부 거래가액 등의 시가인정 범위를 제한하고 있다.

 관련 예규·심판결정례 및 판례 등

❑ 상속 부동산에 대한 유류분 산정과 상속세 산정은 그 목적과 방법을 달리하는 것이어서, 유류분 산정액은 상속재산 평가에 있어 아무런 구속력을 가지지 아니함(대법원 2017두46301, 2017.9.14.).

❑ 과세처분 취소소송 중에 상속재산의 시가가 입증된 경우 정당한 상속세액 산출기준(대법원 95누 13821, 1996.8.23., 대법원 94누8402, 1995.6.30.)

보충적 평가방법에 의하여 상속재산을 평가하여 과세처분한 후 그 과세처분 취소소송에서 상속재산의 시가가 입증된 경우 그 상속재산의 시가에 의한 정당한 상속세액을 산출한 다음 과세처분의 세액이 정당한 세액을 초과하는지 여부에 따라 과세처분의 위법 여부를 판단하여야 함.

❑ 대법원판례에서 시가로 보기 위한 일반 요건(대법원 93누22333, 1994.12.22.)
- 주관적인 요소가 배제된 객관적인 것이어야 하고
- 거래에 의하여 형성된 것이어야 하며
- 그 거래는 일반적이고 정상적인 것이어야 하고
- 그 기준시점의 재산의 구체적인 현황에 따라 평가된 객관적 교환가치를 적정하게 반영하는 것이어야 한다.

2. 시가의 범위

평가기간 내에 상속·증여재산 자체에 있는 거래가액, 2 이상(기준시가 등 10억 이하 재산은 1개) 감정가액의 평균액, 수용보상·공매·경매가액이 확인되는 경우에는 이를 시가로 본다.

2004.1.1.부터 상속·증여재산과 면적·위치·용도 등이 동일하거나 유사한 재산에 있는 거래가액 등도 시가의 범위에 포함시켰고, 2005.1.1.부터는 상속·증여재산 및 그와 유사한 재산에 대하여 평가기간 내에 있는 거래가액 등뿐만 아니라 평가기간 밖에 있는 거래가액 등도 가격변동이 없다고 인정되는 경우에는 국세청(지방국세청) 평가심의위원회의 자문을 거쳐 시가로 볼 수 있도록 하였다.

시가의 범위는 가액에 대한 것과 기간에 대한 것으로 구분할 수 있다. 시가로 인정되는 가액은 대략 얼마에서 얼마까지라는 의미를 가지는 시세를 말하는 것이 아니고 가액이 확정되어 있는 거래가액, 감정가액, 수용가액, 공매·경매가액을 말한다.

기간에 대한 범위는 우선 평가기간 내에 있는 거래가액 등은 세무서장 등이 시가 인정 여부를 자체적으로 결정할 수 있는 데 비해 평가기간 밖에 있는 거래가액 등은 평가심의 위원회의 심의를 걸쳐서 시가 인정 여부를 판단하여야 한다.

┃ 평가기간 ┃

구 분	1997.1.1. ~ 2019.2.11.	2019.2.12. ~
상속세	평가기준일 전후 6개월	
증여세	평가기준일 전후 3개월	평가기준일 전 6개월부터 평가기준일 후 3개월까지

상속증여세법 시행령 제49조에서 규정한 시가의 범위를 열거규정으로 해석할 것인가 아니면 시가로 볼 수 있는 대표적인 가액을 예시한 것으로 해석할 것인가에 따라 시가의 범위는 달라질 수 있다. 예를 들어 신고기한을 경과하여 소급 감정가액을 받은 경우 과세 관청에서는 열거규정으로 해석·적용하여 시가로 인정하지 아니한 데 비해 일부 대법원 판례 등에서는 시가로 인정해 주는 경우가 있다.

┃ 시가의 범위에 대한 개정연혁 요약 ┃

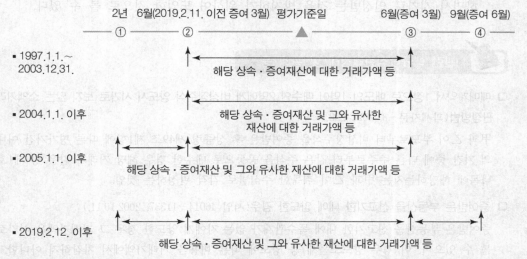

※ 2011.1.1. 이후 신고한 상속·증여재산에 대한 유사재산의 거래가액 등은 평가기준일 전 6개월 (2019.2.11. 이전 증여는 3개월)부터 신고기한내의 신고일까지에 있는 것만을 시가로 인정함.

※ ①~② 및 ③~④ 기간 중에 있는 가액은 평가심의위원회 심의를 거쳐 시가로 채택 가능

※ 평가기준일 전 ① 2년 기간 제한 : 2014.2.20. 이전은 국세청평가심의위원회 운영규칙 제34조에 서 규정했다가 2014.2.21. 이후 상증령 제49조 제1항에서 규정함.

가. 거래가액

1) 매매가 완성된 경우

평가대상 재산에 대한 매매사실이 있는 경우에는 그 실제 거래가액을 시가로 본다. 다만, 그 거래가액이 다음에 해당되는 경우에는 시가로 보지 아니한다.

① 상속증여세법 시행령 제2조의2 제1항 각 호의 어느 하나에 해당하는 특수관계인과의 거래 등으로 그 거래가액이 객관적으로 부당하다고 인정되는 경우

② 거래된 비상장주식의 가액(액면가액의 합계액을 말한다)이 소액주주의 주식에 해당하는 다음의 금액 중 적은 금액 미만인 경우. 다만, 평가심의위원회의 자문을 거쳐 그 거래가액이 거래의 관행상 정당한 사유가 있다고 인정되는 경우에는 시가로 볼 수 있다.

㉠ 액면가액의 합계액으로 계산한 해당 법인의 발행주식총액 또는 출자총액의 100분의 1에 해당하는 금액

㉡ 3억원

2012.2.2. 상속 · 증여분부터 적용하는 이 내용은 비상장주식을 사전에 특수관계가 없는 자와 소액의 거래를 통해 매매사례가액을 만든 후 대주주 등이 상속 또는 증여하면서 시가로 인정받는 것을 방지하기 위하여 도입한 것으로 볼 수 있다.

 관련 예규 · 심판결정례 및 판례 등

❑ 매매계약서 1장으로 매도인 1명이 매수인 2명에게 비상장주식 양도시 시가로 보지 않는 소액거래 판정방법(과세자문 - 3, 2021.4.22.)

　甲과 乙이 부모로부터 비상장주식을 증여받은 후 상증령 제49조 제1항에 따른 평가기간 이내의 기간 중에 다른 주주로부터 같은 주식을 공동으로 매수한 경우 해당 거래가 같은 항 제1호 나목에 해당하는지는 甲과 乙이 취득한 주식별로 각각 판정하는 것임.

❑ 증여받은 부동산을 신고기한 내에 양도한 경우(서일 46014 - 11337, 2002.10.11.)

　증여받은 부동산을 신고기한 내에 특수관계가 없는 자에게 양도한 경우 그 거래가액은 시가로 볼 수 있으며, 이 경우 양도소득세 등 양도에 따른 비용을 거래가액에서 차감하지 아니함.

❑ 증여계약서에 기재한 증여가액 또는 토지거래신고금액은 시가가 아니므로 이와 관계없이 상증법 제60조 내지 제66조에 따라 평가함(재삼 46014 - 1341, 1999.7.9., 재삼 46014 - 2598, 1995.10.2.).

❑ 평가기간 이내에 양도합의서를 작성하고, 평기기간을 경과하여 매매계약서를 작성하여 매매한 경우 시가 인정됨(조심 2023서7321, 2023.9.26.)

양도합의서를 살펴보면 쟁점부동산 및 기타부동산의 매도인 및 매수인, 매매가액, 잔금시기가 모두 기재되어 있고, 쟁점부동산과 기타부동산은 조합원지위양도에 관한 건으로 일괄매매가 원칙이므로 1차 매매(기타부동산) 이후 2차 매매(쟁점부동산)하기로 하여, 합의서대로 매매계약서가 작성되고 동일한 금액으로 실제 매매거래가 이루어진 점 등에 비추어 시가에 해당함.

❏ 소액주주의 주식에 대한 캠코 공매가액을 시가로 볼 수 있는지(조심 2021중3152, 2021.10.14.)

다수의 소액주주로 구성된 A는 부동산임대법인으로 매년 유사한 이익잉여금이 발생하고 이를 현금배당 등을 하는 것으로 나타나고 이에 따라 소액주주들 간에 계속하여 주식거래가 있어 왔던 점, 피상속인은 AAA의 주식을 1.73%만을 보유하고 있어 AAA의 최대주주에도 해당하지 아니하는 것으로 보이고 이에 따라 소액거래를 통하여 인위적으로 AAA의 주식의 매매가액을 조작하기도 어려웠을 것으로 보이는 점, A주식의 매매사례가액은 순손익가치를 감안한 가액이나 현금흐름할인법에 의한 주식가액과 유사한 수준으로 객관적인 교환가치를 반영하고 있다고 볼 수 있는 점 등에 비추어 시가로 봄이 타당함.

❏ 특수관계인과의 거래라 하여도 제3자의 평가결과를 기초로 하여 객관적인 교환가치가 적정하게 반영된 정상적인 거래를 통한 경우에는 시가로 보는 것임(조심 2011서1687, 2012.7.17.).

❏ 국가로부터 증여일 3월전에 취득한 경우 시가인정 여부(조심 2011서969, 2011.11.15.)

증여자는 증여토지를 국가가 제시한 가격에 취득할 수밖에 없는 궁박한 처지에 있었다고 주장하나 그 매매가액의 기초가 된 감정가액에 대해 이의를 제기하지 아니하는 등의 사정에 비추어 그 취득가액을 증여 당시 시가로 본 처분은 달리 잘못이 없음.

❏ 분할된 토지의 매매가액이 상속재산의 시가인지 여부(조심 2011전1085, 2011.8.19.)

상속토지에서 분할된 비교대상토지는 위치와 면적, 용도가 본래의 상속토지와 상이하고 기준시가도 2배 이상 차이가 나며 매매사례가액이 상속개시일 전후 6개월 이내에 해당하지 않으므로 매매사례가액으로 평가한 처분은 부당함.

❏ 상속재산가액의 시기를 매매가액으로 보고 과세한 처분은 적법함(대법원 2011두28417, 2012.2.9.).

2) 매매계약이 해제된 경우

시가로 보는 거래가액은 매매계약에 따라 잔금을 청산하고 소유권이전등기를 마치는 등으로 해당 매매가 완성된 경우 그 가액을 의미하므로 중도에 매매계약이 해제된 경우에는 원칙적으로 시가에 해당하지 아니한다 할 것이다. 다만 매매계약을 해제한 경우에도 그 거래가액이 평가기준일 현재 객관적인 교환가치를 반영한 경우 등에는 시가로 인정하는 예규, 심판결정례 및 대법원 판례가 있다.

관련 예규 · 심판결정례 및 판례 등

❑ 매매계약 체결 후 계약금의 일부만을 수령한 상태에서 장기간 매매계약이 이행되지 않고 있는 경우 시가로 보기 어려움(재재산 - 658, 2017.9.26.).

❑ 매매계약 해지한 경우 평가방법(재산세과 - 561, 2011.11.28.)

상속개시일전 피상속인이 부동산 양도계약을 체결하고 잔금을 영수하기 전에 사망한 경우에는 양도대금 전액에서 상속개시 전에 영수한 계약금과 중도금을 차감한 잔액을 당해 상속재산의 가액으로 하는 것이나, 중도에 매매계약이 해지된 경우에는 상속개시일 현재 시가 등에 의함.

❑ 중도해지된 매매계약의 거래가액 시가인정 여부(조심 2011중2542, 2011.10.31.)

토지수용위원회의 인접한 토지 등에 대하여 재결한 개별공시지가가 당해 토지의 금액보다 큰 점, 당해 토지의 실가로 본 매매계약서는 잔금지급이행이 되지 않아 매매거래가 파기된 것으로 보이므로 계약서상의 매매가액은 당해 토지의 적정한 실가를 반영한다고 보기는 어려움.

❑ 1차 매매계약해지 후 7일만(신고기한 경과 1개월)에 동일한 가액으로 2차 매매계약체결한 경우 당 해 거래가액 시가로 볼 수 있음(조심 2011구695, 2011.6.27.).

2007.10. 2.	2007.3.27.	2008.4.2.	2008.5.1.	2008.5.2.
▲	①	②	③	④
상속개시일	1차 매매계약체결(7억)	신고기한	1차 매매계약해지	2차 매매계약(7억)

- 납세자 7억원으로 상속세 신고 및 양도세 취득가액으로 신고한 것에 대해 6월 경과 후 거래 가액이라 하여 시가 부인함.
- 2차 매수자는 법인으로서 거래를 위한 2개 감정가액 평균액 4억2천만원 산정

❑ 상속개시일로부터 6개월 후에 매매계약내용을 변경한 경우(재산세과 - 393, 2012.11.2.)

상속개시일부터 6개월 이내에 매매계약을 체결한 후 6개월을 경과하여 당초 계약시 특약에 따라 매매가액을 변경하는 경우로서 해당 조건의 내용 등을 감안하여 합리적인 것으로 볼 수 있는 경우에는 변경된 매매가액을 상속재산가액으로 할 수 있는 것임.

사실관계

- 상속개시일 : 2011년 10월
- 2012년 3월 : 상속재산 중 임야 1,200백만원 매매계약 체결(건축허가 조건이며 건축불허가시 계약금을 반환하여야 함)
- 2012년 4월 : 매매계약일 현재 매매가액으로 상속세 신고
- 2012년 9월 : 매매가액이 1,150백만원으로 변경되어 변경계약서 작성 및 잔금수령
- 건축허가는 매수인이 받기로 하였으며 매매가액이 변경된 이유는 예측한 녹지면적보다 허가 된 녹지면적이 증가하여 건축물설계를 변경하였으며, 실제로 허가받은 건축물의 면적이 예상 한 면적보다 감소되어 50백만원 감액된 것임.

❑ 시가를 인정할 수 없는 경우 보충적 평가액으로 과세함(대법원 2014두7565, 2017.7.18.).

사실관계

- 피상속인이 2008.4.26. 32억원에 토지 매매계약 체결하였다가 해제
- 피상속인 2008.6.21. 사망, 상속받은 토지를 32억원으로 상속세 신고
- 과세관청은 개별공시지가 256억원으로 상속세 결정

판결요지

상증법 제60조 제1, 3항에 의할 경우 상속재산의 시가가 보충적 평가가액보다 낮음에도 과세관청이 시가를 산정하기 어렵다는 이유만으로 보충적 평가가액을 산정하여 과세처분을 할 수 있다는 점을 들어, 해당 조항은 납세의무자의 재산권 및 사유재산제도의 본질적 내용을 침해하여 위헌이라는 주장은 이유 없음.

❑ 매매계약이 사후에 해제된 경우에도 시가 판단기준으로 삼을 수 있음(대법원 2010두27936, 2012.7.12.).
당해 재산에 대한 매매사실이 있는 경우에는 그 거래가액에 해당하므로 부동산의 증여당시의 시가로 볼 수 있고, 그 매매계약이 해제되었다고 하여 달리 볼 것이 아님.

사실관계

2003.4.22.	2003.6.4.	2003.6.25.	2004.7.27.	2004.8.6.	2005.11.27.
①	②	③	④	⑤	⑥
甲과 ㈜K 매매계약 80억, 계약금 8억 수령	잔금 최고후 매매계약 해제	해당 토지 자녀에게 증여(기준시가 16억)	자녀와 ㈜K 매매계약 110억	잔금수령	甲사망

나. 2 이상의 감정가액 평균액

1) 시가로 보는 감정가액의 범위

2개 이상의 「감정평가 및 감정평가사에 관한 법률」에 따른 감정평가업자가 평가한 감정가액이 있는 경우 그 감정가액의 평균액을 시가로 본다. 2014.3.13. 이전에는 감정평가법인의 감정가액만을 인정하였으나, 2014.3.14. 이후 평가하는 분부터 개인감정평가사 포함하여 감정기관을 확대하였다. 2018.4.1. 이후 감정을 의뢰하는 분부터 소득세법 제99조 제1항 제1호에 따른 부동산 중 기준시가 10억원 이하인 부동산의 경우에는 하나 이상의 감정기관에서 감정을 받은 경우에도 시가에 포함한다. 다만, 상장·코스닥 상장주식 및 비상장주식에 대한 감정가액과 다음에 해당하는 감정가액은 시가로 보지 아니한다. 이는 평가기준일 현재 재산 현황에 따라 평가하지 아니하고 상속·증여받은 재산의 주변에 혐오시설이 설치되거나 도로가 개설될 경우 등을 가정하여 평가한 감정가액은 시가로 보지 않는다.

① 일정한 조건이 충족될 것을 전제로 해당 재산을 평가하는 등 상속증여세의 납부목
적에 적합하지 아니한 감정가액
② 평가기준일 현재 해당 재산의 원형대로 감정하지 아니한 경우의 해당 감정가액

┃ 시가로 인정하는 감정가액의 범위 개정연혁 ┃

2014.3.13. 이전	2014.3.14.~ 2018.3.31.	2018.4.1. 이후
① 2개 이상 감정평가법인	② 2개 이상 감정평가법인 또는 개인감정평가사	①, ②는 종전과 같음 ③ 기준시가 10억원 이하인 부동산 : 1개 이상 감정평가법인 또는 개인감정평가사

2) 세무서장 등이 재감정하는 경우

상속세 또는 증여세 납세의무자가 과세표준을 신고할 때 제시한 감정가액 평균액이 일
정 금액에 미달하는 경우에는 세무서장 등이 다른 감정기관에 재감정을 의뢰하여 감정한
재감정가액과 납세자가 신고한 감정가액의 평균액 중 높은 감정가액으로 평가한다. 세무
서장 등이 재감정을 의뢰하는 경우는 연도별로 다음과 같다.

(가) 2011.1.1. 이후 상속개시분 또는 증여분의 경우

① 2 이상 감정가액 평균액이 개별공시지가, 기준시가 등과 유사재산에 대한 거래가
액 등의 100분의 90에 해당하는 가액 중 적은 금액에 미달하는 경우
원감정가액이 개별공시지가 또는 임대료환산가액의 90%에 미달하는 경우 재감
정하는 것이 아니라 개별공시지가에 미달하는 경우 재감정한다(대법원 2015두46116,
2015.10.15.).
② 기준금액 이상인 경우에도 평가심의위원회의 심의를 거쳐 감정평가목적 등을 감안
하여 동 가액이 부적정하다고 인정되는 경우

(나) 1997.1.1.~2010.12.31. 기간 중에 평가기준일이 있는 경우

1997.1.1.~1999.12.31. 기간 중에는 상속세 또는 증여세 납부 외의 목적으로 재산을
평가한 감정가액을 시가로 인정하였으며, 2000.1.1.부터 감정가액 평균액이 개별공시지
가 등의 80%에 미달할 경우에는 세무서장 등이 다른 감정기관에 재감정을 의뢰하여 감
정한 재감정가액과 납세자가 신고한 감정가액 중 높은 감정가액으로 평가한다.

2005.1.1.부터 2010.12.31.까지 기간 중에는 감정가액 평균액이 개별공시지가 등의
80%에 미달하는 경우뿐만 아니라 그 이상인 경우에도 비상장주식 평가심의위원회 자문

을 거쳐 감정평가목적 등에 비추어 당해 감정가액을 시가로 보는 것이 부적정하다고 인정되는 경우에는 세무서장 등이 다른 감정기관에 재감정을 의뢰하여 평가하도록 하였다.

▌재감정 의뢰 대상 개정연혁 요약 ▌

기간별	내 용
1997.1.1. ~ 1999.12.31.	상속세 및 증여세 납부 외의 목적으로 재산을 평가한 경우에만 그 감정가액을 시가로 인정
2000.1.1. 이 후	감정평가 목적에 관계없이 2 이상 감정가액을 시가로 인정. 감정가액 평균액이 공시지가 등의 80%에 미달할 경우에는 세무서장이 다른 감정기관에 재감정을 의뢰하여 감정한 재감정가액과 납세자가 신고한 가액 중 높은 감정가액을 시가로 인정 (추가 신설)
2005.1.1. ~ 2010.12.31.	감정가액의 평균액이 공시지가 등의 80% 이상인 경우에도 재산 평가심의위원회 자문을 거쳐 감정평가 목적 등에 비추어 해당 감정가액을 시가로 보는 것이 부적정하다고 인정되는 경우에는 세무서장이 다른 감정기관에 의뢰하여 평가한 가액을 시가로 인정 (추가 신설)
2011.1.1. 이 후	감정가액의 평균액이 보충적 평가액과 유사재산의 거래 가액 등의 90% 중 적은 금액("기준금액"이라 함)에 미달하는 경우 또는 기준금액 이상인 경우에도 평가심의위원회 심의를 거쳐 감정평가 목적 등에 비추어 해당 감정가액을 시가로 보는 것이 부적정하다고 인정되는 경우에는 세무서장이 다른 감정기관에 의뢰하여 평가한 가액을 시가로 인정

 관련 예규·심판결정례 및 판례 등

❏ 일부 감정가액을 전체 지분으로 환산한 가액은 당해 재산을 원형대로 감정한 경우에 해당하지 아니하므로 시가에서 제외함(재재산-474, 2023.3.21., 자문-법무과-2177, 2023.3.29.).

〔사실관계〕

○ A는 자산 100억원(비주거용 부동산 80억, 기타자산 20억원)을 보유중인 부동산과다보유 법인 주식(1주당 평가액 : 1,000,000원, 발행주식: 10,000주) 3,000주(30%)를 자녀에게 증여

○ 과세관청은 법인이 보유한 비주거용 부동산을 감정평가하여 주식가치를 재평가하고자 하며 이때 법인이 전체(100%) 보유한 비주거용 부동산의 일부 지분(30%)만을 감정평가

❏ 다세대 주택 호당 공동주택가격이 10억원 이하인 경우에는 하나의 감정기관 감정가액은 시가로 인정함(사전-법령해석재산-1051, 2021.9.28., 사전-법규재산-4, 2013.1.19.).

❏ 부동산의 일부지분을 증여하는 경우, 당해 부동산의 전체기준시가가 10억원인 경우에 한해 하나의 감정기관 감정가액도 시가로 인정함(상속증여과-2038, 2020.7.29.).

❑ 하나의 감정기관이 평가한 감정가액은 시가의 범위에 포함되지 아니함(재재산 – 582, 2007.5.18.).
  ➡ 2018.4.1. 이후 감정을 의뢰하는 경우 기준시가가 10억원 이하인 부동산은 1개의 감정가액도 인정됨.

❑ 1개의 감정기관이 3회 감정한 가액은 시가로 볼 수 없음(심사양도 2012–0131, 2012.9.18.).

❑ 상속인이 감정가액의 존재를 알지 못한 경우에도 시가에 포함됨(재삼 46014–1225, 1999.6.25.).

❑ 증여받은 토지에 다른 법인 소유의 건물이 있음에도 그에 따른 영향을 배제한 감정평가액으로 평가한 것은 잘못이 있음(조심 2021중6764, 2022.12.26.).

❑ 주거용 부동산도 감정가액으로 평가할 수 있음(조심 2021서220, 2021.12.2.).
  청구인은 조사청에서 법정결정기한내에 감정한 부동산에는 주택을 포함하고 있어 내부규정에 어긋나고 가격변동 등이 있어 부당하다고 주장하나,
  감정가액을 적용할 수 없는 재산은 상장 또는 비상장주식으로 한정하고 있어 주거용 건물이라 하더라도 시가로 인정되는 감정가액을 확인한 경우에는 보충적 평가방법으로 평가한 가액보다 해당 감정가액을 우선하여 적용하는 것이 상증법 상 재산평가의 원칙에 부합하고, 평가심의위원회에 심의를 거쳤으며 감정가액의 적정성 및 가격변동의 특별한 사정 유무 등을 감안하여 그 시가로 결정한 것으로 확인되는 점 등에 비추어, 적법함.

❑ 청구인과 조사청의 각 2개(4개) 감정가액의 평균액으로 평가함이 타당함(조심 2021서485, 2021.12.6.).

❑ 6개월 이내 1개의 감정가액 시가인정 여부(조심 2010중2791, 2011.2.15.)
  2 이상의 공신력 있는 감정기관이 평가한 감정가액을 시가로 보도록 규정하고 있으나, 하나의 감정가액이라도 평가기간 내에 객관적이고 합리적인 방법으로 평가한 가액은 상속증여세법 제60조 제1항과 제2항의 전단 규정을 적용하여 시가로 인정될 수 있다 할 것임.

❑ 1개 감정평가법인이 감정한 경우 시가 여부(조심 2009서182, 2010.2.2.)
  2개 이상 감정기관의 감정가액 평균액을 시가로 본다고 규정하고 있어 1개 감정기관의 감정가액을 시가로 인정하기는 어려운 만큼 기준시가를 증여재산가액으로 봄이 타당함.
  – 2008.2월 금융기관에서 근저당권 설정을 위해 1개 감정기관에서 감정평가(33억)
  – 2008.3.21. 당해 재산 증여(채권액 18억, 기준시가 11억, 채권최고액 21억)
  – 감정가액으로 신고하고 연부연납 신청했으나, 기준시가가 채권최고액보다 적다는 사유로 담세담보 부적합하므로 연부연납 허가거부
  – 납세자 기준시가에 의한 증여세 경정청구한 건에 대해 거부처분함.

❑ 1년 6월 전 1개의 감정가액은 시가로 인정하기 어려움(조심 2010서1778, 2011.6.29.).
  평가기준일 전 1년 6개월 전 1개의 감정가액을 비상장주식평가심의위원회를 거치지 않은 경우 시가로 인정할 수 없으며, 또한 법원에서 청구인의 취득가액이 부당하게 낮은 것이 아니라 하여 무죄판결을 받은 점을 감안하면 청구인에게 저가양수에 따른 증여세를 부과한 처분은 부당함.

사실관계

- 1999.5월 甲은 상가 건물 2,070㎡ 중 333㎡를 子에게 증여
- 2005.8.31. 乙이 丙에게 9,500만원 3개월간 대여시 甲은 연대보증하고 쟁점 토지에 근저당권 설정, 丙이 2005.11.4. 쟁점토지 임의경매 신청
- 2005.12.16. 법원에서 의뢰하여 1개 감정기관 45억8천만원으로 감정가액 산정
- 2006.5.~2006.11. 기간 중 6회 유찰된 후 2007.1. 丁이 15억에 낙찰받았으나 공유자우선매수 권자인 甲의 子가 경락받음.
    ➡ 1999.2. 甲은 쟁점토지를 10여 차례 유찰된 후 감정가액 122.6억의 15%(공유지분)에 불과한 18.5억에 낙찰받아 子에게 증여할 당시 과세관청에서 인정

❑ 감정가액이 공시지가보다 높은 경우 공시지가로 평가하는지(대법원 99두1595, 1999.4.27.)
상속재산인 토지에 대해 당초 결정시 감정평가법인의 감정평가액을 시가로 했다가 부인하고 보충적 평가방법인 개별공시지가로 경정결정한 것에 대해 원심에서 새로운 한국감정원의 감정 평가액을 시가로 인정하고서도 토지필지별로 감정가액이 개별공시지가보다 높은 경우에는 개별공시지가로 평가한 것은 잘못임.

3) 주식에 대한 감정가액의 인정 여부

감정평가사가 평가할 수 있는 재산은 토지와 그 정착물뿐만 아니라 저작권·산업재산권·어업권·광업권 그 밖에 물권에 준하는 권리, 공장재단과 광업재단, 입목, 자동차·건설기계·선박·항공기 등 관계법령에 의하여 등기 또는 등록하는 재산 및 유가증권을 포함하고 있어 주식도 감정가액을 산정할 수 있다. 그러나 상속증여세법 및 법인세법에서 비상장법인의 각 자산가액을 산정할 때 토지와 건물 등에 대한 감정가액은 시가로 인정하면서도 특정 기업의 주식 1주당가액이 몇 원이라는 감정가액은 시가로 인정하고 있지 않다.

 관련 예규·심판결정례 및 판례 등

❑ 주식의 감정가액을 시가로 인정하지 아니하도록 한 상속증여세법 시행령 제49조 제1항 제2호가 모법의 위임한계를 벗어나거나 조세법률주의를 위반한 것은 아님(대법원 2015두53558, 2016.2.18.).

❑ 비상장주식 자체의 감정가액을 시가로 보지 않음(재재산 46014-150, 1999.5.6.).
비상장주식을 평가함에 있어 순자산가액은 평가기준일 현재 당해 법인의 자산을 상속증여세법 제60조 내지 제66조의 규정에 의하여 평가한 가액에서 부채를 차감하여 계산함.

❑ 비상장주식에 대한 감정가액은 특별한 사정이 없는 한 시가에 해당하지 않음(대법원 2008두1849, 2011.5.13., 대법원 93누18891, 1993.12.10.).

4) 시가불인정 감정기관에 대한 시가불인정

납세의무자가 제시한 감정기관(이하 "원감정기관"이라 함)의 감정가액이 세무서장 등이 다른 감정기관에 의뢰하여 평가한 감정가액의 100분의 80에 미달하는 경우에는 원감정기관이 평가하는 감정가액은 부실감정의 고의성 · 미달정도 등을 감안하여 1년의 범위 안에서 시가불인정 감정기관으로 지정할 수 있으며, 시가불인정 감정기관으로 지정된 기간 동안 해당 시가불인정 감정기관이 평가하는 감정가액은 시가로 보지 아니한다.

시가불인정 감정기관으로 지정통보를 받은 원감정기관이 시가불인정 감정기관 지정 취소소송을 제기하여 시가불인정 감정기관 지정처분에 대해 법원으로부터 「행정소송법」 제23조에 따라 집행정지결정을 받은 경우에는 본안소송에서 판결의 결과와 관계없이 집행정지결정 기간 중에는 원감정기관의 감정가액은 시가로 인정된다(재재산 – 600, 2016.9.6.).

① 평가심의위원회 심의제도

원감정기관의 감정가액이 세무서장 등이 다른 감정기관에 의뢰하여 평가한 감정가액의 100분의 80에 미달하는 경우 세무서장 등은 평가심의위원회의 심의를 거쳐 원감정기관을 시가불인정 감정기관으로 지정할 수 있다.

② 원감정기관에게 의견 제출기회 부여

세무서장 등은 시가불인정 감정기관 지정 전에 다음의 내용 등을 해당 감정기관에 통지하고 의견을 청취하여야 한다. 이 경우 사전통지를 받은 감정기관은 사전통지를 받은 날부터 20일 이내에 의견을 제출해야 하며, 정당한 사유 없이 의견을 제출하지 않은 경우에는 의견이 없는 것으로 본다. 시가불인정 감정기관 지정 전에 의견제출 기회를 주지 아니하여 절차적 위법이 있다는 판결(대법원 2012두27497, 2013.3.28.)을 반영하였다.

㉠ 시가불인정 감정기관 지정내용 및 법적근거

㉡ ㉠에 대하여 의견을 제출할 수 있다는 뜻과 의견을 제출하지 아니하는 경우의 처리방법

㉢ 의견제출기한

㉣ 그 밖에 의견제출에 필요한 사항

③ 시가불인정 기간 및 그 기산일

2016.3.21.부터 시가불인정 기간을 상속증여세법 시행규칙 제15조 제3항에서 규정하고 있으며, 종전에는 국세청장 훈령으로 고시하였다. 시가불인정 기간은 다음의

구분에 따르며, ㉮ 및 ㉯에 동시에 해당되는 경우에는 해당 기간 중 가장 긴 기간으로 한다.

㉮ 고의 또는 중대한 과실로 다음의 어느 하나에 해당하는 부실감정을 한 경우 : 1년

    ㉠ 평가대상 재산의 위치·지형·이용상황·주변환경 등 객관적 가치에 영향을 미치는 요인을 사실과 다르게 조사한 경우

    ㉡ 「감정평가 및 감정평가사에 관한 법률」 제2조 및 제25조 제2항을 위반한 경우

    ㉢ 납세자와 담합하여 상속세·증여세를 부당하게 감소시킬 목적으로 감정평가한 경우

㉯ 원감정가액이 재감정가액에 미달하는 경우 : 재감정가액에 대한 원감정가액의 비율에 따른 다음의 기간

    ㉠ 100분의 70 이상 100분의 80 미만인 경우 : 6월

    ㉡ 100분의 60 이상 100분의 70 미만인 경우 : 9월

    ㉢ 100분의 60 미만인 경우 : 1년

이 경우 시가불인정 기간은 세무서장 등이 원감정기관을 시가불인정 감정기관으로 지정하여 통지한 날부터 기산하며, 시가로 인정되지 아니하는 감정가액은 세무서장 등이 통지한 시가불인정 감정기관 지정통지서를 수령한 날 이후 최초로 감정가액평가서를 작성하는 분부터 적용한다.

> ♪ **시가불인정 감정기관 시가불인정 적용사례**
>
> ○ 원감정가액이 재감정가액의 65%에 해당, 시가불인정 기간이 9월인 경우
> ○ 시가불인정 기간 : ④시가불인정 감정기관 지정통지서 수령일인 2015.12.20.부터 2016.9.20.까지
> ○ 시가불인정 감정기관 지정통지서 수령일(④) 이후 최초로 작성한 감정가액평가서부터 2016.9.20.(⑤)까지 작성한 감정가액평가서는 시가불인정함.

2015.2.7.	8.31.	10.30.	11.30.	12.20.	2016.9.20.
△	①	②	③	④	⑤
상속개시일	신고기한	재감정 의뢰일	재감정평가서 작성일	시가불인정 감정기관 지정통지서 수령일	시가불인정 기간종료일

시가불인정 감정기관으로 지정된 감정평가법인의 감정가액에 대한 시가불인정 규정은 상속·증여재산을 평가할 때에만 적용되며 다른 세법에서는 적용되지 아니한다.

<국세청 홈페이지 ⇒ 국세청뉴스 ⇒ 공지사항 ⇒ 부실감정기관 지정현황>

5) 소급 감정가액의 시가 인정 여부

감정가액의 가격산정기준일은 평가기간 이내로 하고 감정평가서는 상속세 또는 증여세 과세표준 신고기한을 경과하여 작성하는 경우 해당 감정가액이 시가에 해당하는가에 대하여는 논란이 있다.

과세관청에서는 상속증여세법 시행령 제49조에서 규정하는 시가의 범위를 열거규정으로 해석하고 감정가액이 평가기간 이내에 있느냐 여부는 감정평가서 작성일을 기준으로 하여 판단함에 따라 평가기준일을 가격산정기준일로 하고 상속개시 후 6개월을 경과하여 작성한 소급 감정가액은 시가로 인정하지 아니하는데 반해 대법원 판례(대법원 2000두5098, 2001.8.21.)에서는 시가의 범위를 예시규정으로 해석하여 소급하여 산정한 감정가액이라도 평가기준일 현재 시가를 적정하게 반영하고 있으면 시가로 인정하는 사례가 있다.

다만, 2003.1.1.부터 평가기간에 있는 감정가액인지를 판단하는 기준일을 감정평가서 작성일로 한다고 상속증여세법 시행령 제49조 제2항에서 규정한 점을 고려하여 판례를 적용하여야 할 것이다.

 관련 예규·심판결정례 및 판례 등

❏ 소급 감정가액은 시가의 범위에 포함되지 않음(법규과-1054, 2012.9.12., 재산세과-612, 2011.12.26.).
평가기준일 후 6개월(증여재산인 경우 3개월)을 경과하여 2 이상의 공신력 있는 감정기관이 평가한 감정가액의 평균액이 있는 경우 그 가액은 시가의 범위에 포함되지 않는 것임.

❏ 증여일부터 6개월 이상 지난 소급 감정가액은 시가로 인정할 수 없음(조심 2015서0921, 2015.4.1.).

❏ 법원조정에 의한 감정가액의 시가 인정 여부(조심 2011서4738, 2011.12.22.)
상속 재산의 양도세 계산시 취득가액은 상속세 계산시 상속재산가액이 되므로, 법원 조정권고에 따라 쟁점부동산에 대한 감정가액 614백만원을 양도소득세의 취득가액으로 받아들였다가, 상속세 계산시 불리하다 하여 상속재산가액으로 받아들일 수 없다는 청구주장은 잘못으로 판단됨.

❏ 구 상증령 제49조 제1항 각 호에서 열거한 평가방법은 상속재산의 시가로 볼 수 있는 대표적인 경우를 예시한 것이므로 유사비교토지에 대한 감정과정에서 산출된 단가로 산정한 가액이 객관적이고 합리적인 방법으로 평가된 가액이므로 시가로 볼 수 있음(대법원 2021두35148, 2021.6.24.).

❏ 과세관청의 재감정가액은 소급감정이더라도 시가에 해당함(대법원 2014두44205, 2015.3.12.).
원감정가액이 상증세법시행령 제49조 제1항 제2호 단서에 따른 일정한 기준에 미달하기 때문에 과세관청의 재감정을 통하여 시가를 확정하여야 하는데, 이 경우 평가심의위원회의 자문은 피고 감정가액을 시가로 인정하기 위해 필요한 절차라고 볼 수 없을 뿐만 아니라, 설령 그것이 필요하다고 하더라도 피고 감정가액은 객관적이고 합리적인 방법으로 평가된 가액으로서 원고 감정가액보다 높으므로 피고가 이를 시가로 본 것은 적법함(2011년 귀속분).

❑ 1심 법원에서 의뢰한 소급 감정가액도 시가로 볼 수 있음(대법원 2012두21109, 2013.2.14.).

❑ 소송중 과세관청의 요청으로 법원에서 감정한 경우(대법원 2010두4247, 2010.5.27.)

비교아파트의 거래가액이 '당해 재산과 유사한 다른 재산에 대한 거래가액'에 해당한다고 보기 어려워 비교아파트의 거래가액을 시가로 볼 수는 없지만 피고가 신청에 의하여 법원이 시가감정을 한 감정평가액을 시가로 인정한 사례(2006년 귀속분)

❑ (2000년 귀속)소급 감정가액의 인정 여부(대법원 2006두12005, 2006.10.26.)

수용, 공매, 감정가액은 법 위임에 의한 시행령의 시가로 볼 수 있는 대표적인 예시에 불과하며, 납세자가 소급 감정한 가액이 6월이 경과한 시점이라거나 감정가액의 평균액이 보충적 평가액의 80%에 미치지 못하였다는 이유만으로 소급감정한 가액을 시가로 볼 수 없는 것은 아니다. 다만 이 사건의 경우 감정가액이 적정한 교환가치를 반영한 시가로 볼 수 없을 뿐임.

❑ 소급 감정가액도 시가로 인정할 수 있음(대법원 2000두5098, 2001.8.21.).

☞ 국세청 소급 감정가액으로 과세하는 것이 위법한 것인지?

ㅇ 국세청에서 상속·증여세 법정결정기한 이내에 감정한 가액으로 과세할 수 있도록 한 상증령 제49조 제1항 단서는 조세법률주의 원칙 등에 위배되지 아니함(서울고등법원 2023누
-35380, 2023.6.16.).

다. 수용가액, 공매·경매가액

해당 재산에 대하여 수용·경매(민사집행법에 따른 공매를 말한다) 또는 공매 사실이 있는 경우에는 그 수용가액·경매가액 또는 공매가액을 시가로 본다.

2004.1.1. 이후 상속개시분 또는 증여분부터 상속세 또는 증여세에 대하여 물납한 비상장주식을 상속인·증여자·수증자 또는 그의 특수관계인이 낮은 가액으로 공매를 받고 그 공매가액으로 해당 주식 등과 같은 종목의 주식을 증여하여 증여세를 부당하게 감소시키는 것을 방지할 목적으로 이러한 공매가액은 시가로 인정하지 않도록 하였고, 2006.2.9.부터 물납재산의 공매·경매가액에 대한 시가 인정을 더욱 제한하는 등 다음에 해당하는 공매 또는 경매가액은 시가로 보지 아니한다.

① 물납한 재산을 상속인·증여자·수증자 또는 그의 특수관계인이 경매 또는 공매로 취득한 경우

② 경매 또는 공매로 취득한 비상장주식의 가액(액면가액의 합계액을 말한다)이 다음

의 금액 중 적은 금액 미만인 경우. 즉 소액주주 지분에 해당하는 비상장주식을 취득한 경우를 말한다.

ㄱ 액면가액의 합계액으로 계산한 당해 법인의 발행주식총액 또는 출자총액의 100분의 1에 해당하는 금액

ㄴ 3억원

③ 경매 또는 공매절차의 개시 후 관련 법령이 정한 바에 따라 수의계약에 의하여 취득하는 경우

④ 최대주주 등의 비상장주식을 경매·공매로 최대주주 등의 특수관계인 또는 상속인이 취득하는 경우(2020.2.11.이후 상속개시되거나 증여분을 평가하는 경우부터 적용)

2005.12.31. 이전 주식 공매가액의 시가인정 범위

□ 공매된 주식과 동종의 주식 증여시 공매가액 시가 부인하고 과세한 내용
  ○ 사실관계
    - 2000.11.20. (주)○○의 주식을 "△△△외 14명"이 조부 등으로부터 증여받아 공매가액인 1주당 672,380원으로 평가한 것에 대해
    - 과세관청은 상속증여세법상 보충적 평가액에 최대주주의 할증률을 적용한 1주당 3,408,486원으로 평가하여 증여세 221억원 과세예고 통지

공매가액	보충적 평가액
2000.10.9. 상속세 물납한 (주)○○의 주식이 672,380원에 낙찰됨.	1주당 순자산가액 2,621,913원 × 할증률 130% = 3,408,486원

  * 1993.4.8. 상속개시되어 상속세 물납시 수납가액 1주당 1,644천원
  * 공매된 주식은 (주)○○의 전체 주식 중 5.3%이고 증여한 주식은 75.4% 상당

  ○ 물납한 비상장주식을 증여일로부터 3개월 이내에 특수관계인이 한국자산관리공사로부터 공매취득한 경우, 이를 정상적인 거래에 의해 형성된 객관적인 교환가치가 반영된 시가로 인정하기 어려운 것임(국심 2004서2625, 2004.11.30.).

□ 대법원에서는 시가로 인정하는 취지로 판결함.
  ○ 물납주식의 공매가액은 다른 특별한 사정이 없는 한 시가로 봄이 상당하므로 이를 부인하고 보충적 평가방법에 의하여 비상장주식의 시가를 평가하여 증여세를 부과한 처분은 위법함(대법원 2005두12022, 2007.9.21.).
    - 비상장주식을 증여받을 당시에 적용되던 구 시행령 제49조 제1항 제3호는 별다른 제한 없이 공매가액을 시가로 인정하였고, 2003.12.30. 개정된 상속증여세법 시행령 제49조 제1항 제3호 단서에 의하여 비로소 일정한 경우 공매가액 등을 시가에서 배제하는 제한 규정이 도입된 점 등 공매가액의 시가성과 관련된 법령의 내용, 취지 및 개정경과 등에 비추어, 그 공매절차의 공정성이 훼손되었다는 등의 특별한 사정

이 없는 한 당해 재산의 공매가액은 시가로 인정되고, 비상장주식에 대한 공매가액에 대하여도 같은 법리가 적용된다 할 것이다.

 관련 예규·심판결정례 및 판례 등

❏ 증여 후 3월을 경과하여 보상가액이 결정된 경우 시가로 볼 수 없음(재산세과-139, 2012.4.5.).

❏ 보상금을 채권으로 받은 경우 평가방법(재삼 46014-265, 1999.2.8., 재재산 46014-76, 1999.3.3.)
  토지수용보상을 토지개발채권으로 받은 경우에도 시가로 보는 금액 수용보상가액으로 확정된 금액임 ⇨ 현재가치로 할인하지 아니함.

❏ 낙찰되었으나, 계약 미성사로 공매가 무효된 경우 시가 아님(제도 46014-10507, 2001.4.11.)

사례　수용보상가액이 변경된 경우 평가방법

❏ 수용보상가액 변경 및 수령내용
  ○ 상속개시 후 6개월 이내에 수용보상가액이 322백만원으로 결정되어 지방자치단체로 소유권이전등기까지 마쳤으나, 지목이 '답'인 것을 '대지'로 잘못 평가되었다 하여 상속세 신고기한 경과 후에 재평가하여 3억원의 수용보상금을 수령한 경우에 상속재산의 가액이 322백원인가 또는 3억원인가?

1999.11.19.	2000.4.4.	5.4.	5.19.	6.14.	6.20.
▲	△	△	▲	△	△
상속개시일	1차 감정평가 322백만원	수용보상가액 322백만원 확정	신고기한	2차 감정평가 3억원	수용보상가액 3억원 확정

풀이

  ○ 신고기한 이내에 평가된 감정가액의 평균액 322백만원을 시가로 보아 평가하는 것이나
  ○ 상속개시 후 1년 이내에 수용이 된 경우에 그 수용보상가액으로 경정청구(상증법 §79 및 상증령 §81 ③)가 가능하므로 결과적으로 3억원을 상속재산의 가액으로 한다.

라. 상속·증여재산과 동일하거나 유사한 재산의 거래가액 등

2003.12.31. 이전에는 상속·증여재산 그 자체에 거래가액 등이 있는 경우에 한정하여 시가로 인정하고 시가를 산정하기 어려운 경우 재산종류별로 시가의 70% 내지 80% 정도에서 고시하는 개별공시지가 또는 기준시가에 의하여 평가하였다. 이러한 기준시가 등

은 1년에 1회 정도 고시하고 있어 부동산의 가액이 급등하는 경우 시가를 반영하여 과세하지 못하는 문제 등이 있었다.

2004.1.1. 이후 상속개시분 및 증여분부터는 평가대상 재산과 면적 · 위치 · 용도 및 종목이 동일하거나 유사한 다른 재산에 거래가액 · 2 이상 감정가액 평균액 등이 있는 경우에도 시가로 볼 수 없는 경직성을 해소하고 시가를 반영한 가액으로 상속세 또는 증여세를 과세한다는 취지에서 유사재산에 대한 거래가액 등을 시가의 범위에 포함시켰다.

2012.2.2.부터 유사재산으로 볼 수 있는 요건에 기준시가를 포함시켜서 해당 재산과 면적 · 위치 · 용도 · 종목 및 기준시가가 동일하거나 유사한 다른 재산에 대한 거래가액, 2 이상 감정가액 평균액 및 수용가액, 공매 · 경매가액을 시가로 인정하고 있다.

2017.3.10.부터 상속 · 증여재산과 동일하거나 유사한 재산의 범위를 주택과 주택 외의 재산으로 구분하여 규정하였다. 첫째 주택의 경우 「부동산 가격공시에 관한 법률」에 따른 공동주택가격(새로운 공동주택가격이 고시되기 전에는 직전의 공동주택가격을 말한다)이 있는 주택으로서 다음의 요건을 모두 충족하는 주택을 말한다. 요건을 충족하는 공동주택이 여러 채인 경우 공동주택가격의 차이가 가장 적은 주택을 말한다.

① 평가대상 주택과 동일한 공동주택단지(「공동주택관리법」상 공동주택단지를 말한다) 내에 있을 것
② 평가대상 주택과 「주택법」상 주거전용면적의 차이가 100분의 5 이내일 것
③ 평가대상 주택과 「부동산 가격공시에 관한 법률」에 따른 공동주택가격의 차이가 100분의 5 이내일 것

둘째, 주택 외의 재산의 경우 평가대상 재산과 면적 · 위치 · 용도 · 종목 및 기준시가가 동일하거나 유사한 다른 재산을 말한다.

2011.1.1. 이후 상속개시분 또는 증여분부터는 상속세 · 증여세 신고기한 이내에 신고한 재산의 경우에는 평가기준일 전 6개월(2019.2.11.까지 증여의 경우 3개월)부터 과세표준 신고기한 내의 신고일까지에 있는 유사매매사례가액으로만 평가하도록 하였고, 평가대상 재산에 거래가액 등 시가로 볼 수 있는 가액이 있는 경우에는 유사재산에 대한 거래가액 등은 시가로 보지 아니하도록 하였다(상증령 §49 ② 단서).

┃ 유사재산의 거래가액 등 시가 인정기간 요약 ┃

구 분	2004.1.1. ~ 2010.12.31.	2011.1.1. ~
신고한 재산	평가기준일 전 2년 이내부터 상속·증여세 법정결정기한까지 있는 거래가액 등으로서 평가위원회 자문	평가기준일 전 6개월부터 평가기간 내 신고일
무신고 재산		2004.1.1.~2010.12.31. 기간 중 신고·무신고한 재산의 평가방법(평가기준일 전 6개월부터 법정결정기한까지 있는 거래가액 등)과 동일함

※ 2011.1.1. 이후부터 신고한 재산은 신고일까지의 거래가액 등 만을 시가로, 무신고 재산의 경우에는 법정결정기한까지 있는 거래가액 등을 시가로 볼 수 있도록 차이를 두고 있음.

유사매매사례가액의 시가 적용 여부와 관련하여 다툼이 일어나는 대부분의 재산은 아파트로 볼 수 있는 바 과세관청, 조세심판원 및 대법원에서는 평가대상 아파트와 같은 단지 내의 동일 평형으로서 기준시가 등이 동일하거나 유사하고 한강조망권 등 시세형성의 동일성 또는 유사성을 기준으로 사안별 판단하고 있다.

토지의 경우에도 연접 또는 인근에 위치한 필지의 거래가액 등을 시가로 보아 평가할 수 있지만 심판결정례에서는 토지의 경우 면적, 토지의 모양 및 도로 접근성 등에 따라 가액에 차이가 발생하는 등 유사매매사례가액을 시가로 인정하지 아니하는 경향을 보이고 있다.

 관련 예규·심판결정례 및 판례 등

❑ 법정신고기한 내 증여세를 여러 번 신고한 경우 상증령 제49조 제4항(유사재산 매매사례가액 적용)의 "신고일"은 최종 신고일을 의미함(법규과 – 2583, 2022.9.7.).

❑ 유사매매사례 시가규정은 헌법상 조세법률주의 등에 위배되지 아니함(헌재 2008헌바140, 2010.10.28.).

❑ 비교대상아파트의 거래가 특수관계인 간의 거래라고 하나 동일한 동·면적의 아파트로 방향과 기준시가가 비슷하고, 같은 동의 다른 매매사례 아파트와 비교해 봐도 큰 차이가 없어 동 거래가액이 부당하다고 볼 수 없음(심사상속2014 – 3, 2014.4.15.).

❑ 분양권도 유사매매사례가액을 시가로 볼 수 있음(사전 법령해석재산 – 676, 2021.10.29.).

❑ 평가기간 밖 매매사례가액 중 증여일과 가장 가까운 가액이 아닌, 증여아파트와 공동주택가격 차이가 가장 작은 주택의 거래가액으로 증여재산가액을 산정해야 함(조심 2023서7811, 2023.10.5.).

❑ 비교대상아파트의 거래가액이 2 이상인 경우 시가 적용방법(조심 2021서1777, 2021.12.15.)

결정요지

상증규칙 제15조 제3항 제1호에서 시가로 볼 수 있는 거래가액이 2 이상인 경우 공동주택가액 차이가 가장 적은 주택을 비교대상으로 삼도록 규정하고 있으므로, ①의 거래가액이 가까운 날이 있으나 비교대상아파트 ②의 거래가액을 시가로 채택한 것은 잘못이 없음.

사실관계

- 상속개시일 : 2019.6.4.
- 상속세 신고일 : 2019.12.31.
- 매매계약일 : 비교대상아파트 ①은 2019.6.6., 비교대상아파트 ②는 2019.12.1.
- 기준시가 : 비교아파트 ①은 상속재산과 5% 이내이고, 비교대상 ②는 상속재산과 같음.

❏ 증여일은 2020.5.22., 증여세 신고일은 2020.6.1.이며, 비교대상주택의 매매계약일은 2020.5.23.로 비교대상주택 매매사례가액은 신고일까지의 거래가액에 해당하므로 청구인이 이를 확인하기 어려웠다해도 시가에 해당함(조심 2021중3156, 2021.11.3.).

❏ 비교대상아파트와 층수 및 한강조망권 등이 달라 시가로 보기 어려움(조심 2018소3703, 2018.12.10.).

❏ 비교아파트가 지하철역에 연접하는 등 유사매매사례로 보기 어려움(조심 2018서491, 2018.5.14.).

❏ 개발사업지역 내 인근 토지의 매매사례가액 시가인정 여부(조심 2018서2637, 2018.11.19.)
- 증여받은 토지 대부분은 비교대상토지와 지목, 면적 및 공시지가가 동일하거나 유사한 사실이 확인되고 사업시행에 따른 부지 조성으로 개별 토지의 특성 및 현황에 의존하여 거래가액이 결정된다고 보기 어려운 점, 비교대상토지의 매매계약일로 보아 평가기준일 전·후 3개월 이내에 해당하는 점, 이 건은 도시개발사업의 특성을 고려하여 계약서에 잔금지급시기를 "공동주택사업승인 완료 후 3개월 이내"로 약정하고 있으므로 잔금이 장기간 청산되지 아니할 것이 이미 예정되어 있다거나, 실제 매매계약이 해제될 가능성이 있다고 보이지도 않는 점 등에 비추어 쟁점토지를 비교대상토지와 유사성이 있다고 보아 매매사례가액으로 증여재산가액을 산정하여 과세한 처분은 타당함.
- 다만, 쟁점토지 중 일부토지는 비교대상토지의 계약해제, 면적차이 등으로 유사성이 있다고 보기 어려우므로 해당 매매사례가액으로 증여재산가액을 산정한 것은 잘못임.

❏ 도로변 비교토지의 매매가액으로 맹지인 상속재산 평가한 것은 잘못임(조심 2014전2309, 2015.5.15.).

❏ 같은 단지 내 같은 평형 아파트의 거래가액은 매매계약일이 상속개시일 1월 이내이고 거래합산가액에 항상 큰 차이가 없는 등 시가로 본 것은 정당함(조심 2012중1578, 2012.12.28.).

❏ 평가기준일에 가까운 매매사례가액으로 평가해야 함(조심 2012서0481, 2012.10.10.).
- 상속개시일 2010.5.9., 과세관청 매매가액 2010.1.11., 납세자 신고한 매매가액 2010.5.18.
- 청구인이 당초 신고하였던 매매사례는 상속개시일에 근접한 2010.5.18. 매매계약이 체결된 것으로서 그 기준시가도 쟁점아파트보다 높아 그 매매가액이 쟁점아파트보다 낮지는 아니하였을 것으로 보이며, 청구인은 이 중 가액이 높았을 것으로 보이는 매매사례가액으로 신고한

것이므로 상속재산을 과소평가하여 신고하였다고 할 수는 없음.

❑ 매매사례가액이 확인되지 않는 아파트는 공동주택가격으로 평가함(조심 2012서1022, 2012.9.13.).

❑ 시가로 볼 수 있는 유사매매사례가액이 다수가 존재할 경우 상속개시일에 근접한 유사매매사례가액을 시가로 보는 것임(조심 2011서2279, 2011.10.7.).

❑ 증여일 전 3월 7일 전 매매사례가액이나 기준시가 동일하고 가격변동 사유 없어 시가에 해당함(조심 2012서0613, 2012.3.30.).

❑ 증여세 신고 후 확인된 비교대상아파트 매매가액도 시가에 해당됨(조심 2011서967, 2011.12.14.).

❑ 상속개시일에 더 가깝더라도 기준시가에 차이가 있는 경우 시가 아님(조심 2011서2980, 2011.11.23.).

❑ 유사재산 매매가액을 시가로 본 사례(국심 2005서2196, 2005.9.21.)

　－증여일 : 2004.6.3., 증여재산 : 서향, 내부시설 상이, 기준시가 : 483백만원

　－유사재산 : 계약체결 4.14., 잔금 6.18., 전망좋음, 거래가 : 680백만원

　➡ 같은 단지 내에 증여물건과 인접한 동에 위치하고 건축시기(1981년), 면적(34평형), 서향, 층이 동일하며, 재건축대상으로 내부시설에 관계없이 동일한 시세여건임.

❑ 평형, 층, 기준시가가 다른 매매사례가액은 시가로 인정 안됨(국심 2005서2003, 2005.11.17.).

　증여 아파트와 매매아파트는 평형, 층이 다르고 국세청기준시가는 물론 통상 거래되는 매매가액도 더 높게 형성되는 바, 동 아파트의 매매사례가액을 증여재산가액으로 과세한 것으로 부당함.

[사실관계]

　－2004.3.22. A아파트 101동 616호(대지 27.06㎡·건물 84.90㎡, 35평형) 기준시가 202,500천원

　－2004.2.14. A아파트 내 평수가 유사한 101동 925호(대지 27.07㎡·건물 84.96㎡, 33평형) 328,000,000원에 매매계약된 사례가 있어 동 매매실례가액으로 과세

구 분	증여아파트 101동 616호	매매아파트 101동 925호
평 형	35평형(복도식) 대지 27.06㎡, 건물 84.9㎡	33평형(계단식) 대지 27.07㎡, 건물 84.96㎡
2004.2.14. 매매실례가액	－	328,000천원
2004.3.22. 시점 기준시가	202,500천원	217,500천원
2005.9.14. 시장평균매매가	340,830천원	374,170천원

　➡ 2005.9.14. 현재 매매가의 시장평균가 출처 : 인터넷 포털사이트 야후코리아

❑ 유사매매사례보다 낮은 가액으로 결정한 경우(국심 2007서0054, 2007.3.21.)

　쟁점아파트의 시가를 매매사례아파트의 산술평균가액(12.5억원)으로 보기보다는 평가기준일에서 가까운 날의 매매사례가액인 12억7,500만원으로 평가하는 것이 법리에 부합된다고 할 것이

나, 오히려 청구인에게 불이익이 되므로 청구인의 주장을 받아들이기 어려움.

☐ 토지의 유사매매사례가액 적용 여부(국심 2006서3083, 2006.12.4.)

분할토지는 도로변에 접한 토지로 확인되므로 매매사례토지와 증여토지는 도로 인접성 등 위치나 면적 등이 다른 토지에 해당하므로 매매사례가액을 시가로 과세처분은 위법함.

☐ 토지의 유사매매사례가액 적용 여부(국심 2006중2014, 2007.3.21.)

토지의 면적이 매매사례토지와 차이가 있고, 도로에의 접근성 및 주위상황도 동일하지 아니하며, 토지의 형태 및 지형 등도 차이가 있어 매매사례토지의 거래가액을 시가로 보기는 어려움. 증여토지(증여일 2004.6.28.)의 2004.6.30.자 개별공시지가는 65,165원/㎡이고, 매매사례토지는 60,624원/㎡이며, 거래가액은 150,547원/㎡(계약일자 2004.4.20.)

☐ 거래시세에 차이가 있고, 가격변동이 있어 비교대상아파트의 매매사례가액을 시가로 볼 수 없음(대법원 2011두30038, 2012.4.26.).

☐ 아파트의 동 및 층수는 다르지만 같은 단지 내이고 면적과 기준시가가 동일·유사하며 매매가액 변동도 크지 않아 시가에 해당함(대법원 2010두5622, 2010.6.24.).

마. 평가기간 밖의 매매사례가액 등

2005.1.1. 이후 상속개시분 또는 증여분부터 평가기간에 해당하지 아니하는 기간 중에 해당 상속·증여재산 또는 이와 동일하거나 유사한 재산에 대한 거래가액, 2 이상 감정가액의 평균액, 수용가액, 공매·경매가액이 있는 경우에도 평가기준일로부터 매매계약일·감정평가서작성일 등의 기간 중에 주식발행회사의 경영상태, 시간의 경과 및 주위환경의 변화 등을 감안하여 가격변동의 특별한 사정이 없다고 인정되는 경우 세무서장 또는 지방국세청장은 국세청 또는 지방국세청에 설치된 평가심의위원회의 심의를 거쳐 해당 거래가액 등을 시가로 볼 수 있다.

2016.2.5.부터 상속세 또는 증여세 납세자도 평가심의위원회에 심의를 신청할 수 있다.

상속증여세법 시행령 제49조 제1항에서는 평가기간에 해당하지 아니하는 기간 중에 거래가액 등이 있는 경우 시가로 볼 수 있다고 규정함에 따라 기간의 제한을 받지 아니하지만 이 경우 법적안정성 등에 문제가 생길 수도 있을 것이다.

이러한 점을 감안하여 평가심의위원회 운영 규정에서는 평가기준일 전 2년 이내의 기간(상속개시일 전 6월 이내의 기간 및 증여일 전 3월 이내의 기간을 제외함) 중에 있는 거래가액 등에 대해서 시가로 인정하도록 하였고, 2014.2.21. 이후 평가하는 분부터는 상속증여세법 시행령 제49조 제1항에서 명확히 규정하였다.

따라서 과세관청은 2019.2.11. 이전 상속·증여분까지는 평가기준일로부터 소급하여 2

년 전의 기간 또는 평가기준일 이후 6개월(증여의 경우 3개월)을 경과한 기간 중에 있는 거래가액 등은 시가로 인정하지 아니하였다.

2019.2.12.부터 평가기준일 이후의 경우 평가기간 경과 후 법정결정기한(신고기한부터 상속세는 9개월, 증여세는 6개월까지) 발생한 매매사례가액 등도 평가심의위원회의 심의를 거쳐 시가로 볼 수 있다.

다만, 평가기간이 경과한 후부터 법정결정기한까지의 기간 중에 매매 등이 있는 경우 납세자는 해당 매매 등이 있은 날부터 6개월 이내에 평가심의위원회에 신청해야 하며, 위원회는 신청을 받은 날부터 3개월 이내에 그 결과를 서면으로 통지해야 한다.

이 경우 매매사례가액이 시가로 인정되어 과세관청이 그 가액으로 결정(납세자가 수정신고하여 결정하는 경우 포함)하는 경우에 과소신고가산세는 면제한다(국기법 §47의3 ④ 1호 다목). 또한 납부지연가산세의 경우에도 2020.12.31. 이전에는 국세청 지침으로, 2021.1.1. 이후 결정·경정하는 분부터 국세기본법 시행령 §27의5에 따라 면제한다.

 관련 예규·심판결정례 및 판례 등

❑ 평가기간 밖 1개의 감정가액과 평가기간 내 1개의 감정가액이 존재할 경우 평가심의위원회 심의를 거쳐 2개의 감정가액의 평균액을 시가로 인정 가능함(재재산-816, 2022.7.25.).

❑ 상속세 무신고시 유사매매사례가액 적용방법(재산세과-607, 2011.12.20.)
상속세 과세표준을 신고하지 않은 경우로서, 상속재산인 부동산과 유사한 다른 재산에 대하여 상속개시일 전후 6월 이내에 매매 등 가액이 있는 경우에는 그 가액은 시가로 인정될 수 있는 것이며, 상속개시일 전 2년 이내의 기간(상속개시일 전 6월 이내의 기간을 제외) 중에 유사한 다른 재산에 대한 매매 등 가액이 있는 경우 평가심의위원회의 심의를 거쳐 당해 재산의 시가로 인정되는 가액에 포함시킬 수 있는 것임.

❑ 신고기한 경과 후에 있는 거래가액·공매가액은 시가에 해당 안됨(재산세과-33, 2011.1.19., 서면4팀-983, 2006.4.17.).

❑ 주거용 부동산을 처분청의 감정가액으로 과세한 것이 위법은 아님(조심 2022서7997, 2023.2.21.).
상증법 사무처리규정 제72조에서 감정평가대상을 비주거용 부동산으로 규정하고 있다고 하여 조세법률주의나 세무공무원의 재량한계를 넘었다고 보기 어려움.

❑ 평가기간 밖의 매매가액을 위원회 자문 거치지 않은 경우 위법함(조심 2011서1567, 2011.7.12.).

❑ 평가위원회 자문을 거친 증여일 전 2년 내의 매매가액을 시가로 보아 증여세를 과세한 것은 정당함(조심 2012서2837, 2012.9.11.).

❑ 평가기간 밖의 거래가액 시가인정 여부(조심 2011중1601, 2011.6.27.)

평가기준일 전 3개월을 벗어나 매매계약되었으나 평가기준일 전 2년 이내의 거래로서 그 적용에 관하여 평가심의위원회의 심의를 받고, 비교대상상가의 매매계약일부터 평가기준일까지의 기간에 가격변동의 특별한 사정이 없다고 인정되므로 매매사례 가액을 시가로 인정할 수 있음.

> **사례** **비상장주식 평가시 법인의 자산도 국세청에서 감정 평가하는가?**
>
> **관련규정** [상속증여세법 사무처리규정 제72조(감정평가 대상 및 절차)]
>
> ① 지방국세청장 또는 세무서장은 상속세 및 증여세가 부과되는 재산에 대해 시행령 제49조 제1항에 따라 둘 이상의 감정기관에 의뢰하여 평가할 수 있다. 다만, 비주거용 부동산 감정평가 사업의 대상은 비주거용부동산등(소득세법 제94조 제1항 제4호 다목에 해당하는 부동산과다보유법인이 보유한 부동산 포함)으로 한다.
>
> ② 지방국세청장 또는 세무서장은 다음 각 호의 사항을 고려하여 비주거용부동산 감정평가 대상을 선정할 수 있으며, 이 경우 대상 선정을 위해 5개 이상의 감정평가법인에 의뢰하여 추정시가(최고값과 최소값을 제외한 가액의 평균값)를 산정할 수 있다.
>
> 1. 추정시가와 법 제61조부터 제66조까지 방법에 의해 평가한 가액(이하 "보충적 평가액"이라 한다)의 차이가 10억원 이상인 경우
>
> 2. 추정시가와 보충적 평가액 차이의 비율이 10%이상[(추정시가 - 보충적평가액)/추정시가]인 경우
>
> **해설**
>
> ○ 비상장법인의 순자산가치는 상증법상 자산총액에서 부채총액을 차감하여 평가하며, 자산가액은 상증법상 시가, 시가가 없는 경우 기준시가 또는 장부가액에 의하는 바(상증령 §55 ①)
>
> － 시가에 상속·증여세 법정결정기한 내에 있는 감정가액 등을 포함하므로 과세관청에서 법인의 자산에 대해서도 감정 의뢰할 수 있는데, 상증법 사무처리규정에서 부동산의 보유비율이 50% 이상인 법인의 자산가액을 산정할 때 비주거용부동산을 감정평가대상으로 규정하고 있으므로
>
> ○ 부동산 등 비율이 50% 미만인 법인의 경우에는 국세청 감정평가대상이 아니라 할 것이므로 장부가액과 기준시가 중 큰 금액으로 순자산가치를 평가하는 것으로 볼 수 있음.
> ⇒ <관련 심판결정례> (조심 2023서563, 2023.8..29.)
>
> ○ 상속받은 비상장주식의 평가시 그 발행법인이 소유한 쟁점부동산을 2개 감정평가를 받은 후 평가심의위원회 심의를 거쳐 그 평균액을 자산가액으로 한 바
>
> － 과세관청이 감정대상 재산 선정기준을 공개하지 않았다고 하여 법적 안정성 등을 침해하는 위법한 처분으로 보기 어려운 반면, 이 건 감정가액은 공인된 감정기관에 의하여 평가된 것으로 달리 하자가 없고 가격산정기준일·평가서 작성일 역시 법정결정기한 이내로 평가심의위원회 심의를 거치는 등 처분에 잘못이 없음.

바. 자본적 지출액을 시가에 포함

2014.2.21. 이후 최초로 평가하는 분부터 평가기준일 전에 있는 거래가액, 감정가액, 수용가액, 공매가액 또는 경매가액을 시가로 인정하는 경우로서 해당 거래가액 등이 있는 날부터 평가기준일까지 해당 재산에 대한 자본적 지출액이 확인되는 경우에는 그 자본적 지출액을 시가에 따른 가액에 더할 수 있다.

매매계약일, 감정가액평가서 작성일, 수용 보상가액 등이 결정된 날이 평가기준일 이전 일정기간 내에 있는 경우 해당 거래가액 등을 시가로 볼 수 있으나, 거래가액 등이 확정된 후 해당 재산에 대하여 평가기준일까지 자본적 지출(대수선, 토목공사 등)이 있는 경우 이를 반영하지 못하는 문제를 보완하기 위한 개정으로 볼 수 있다.

사. 상장주식·코스닥상장주식의 종가평균액

상장·코스닥상장주식의 경우 한국거래소에서 매일 불특정다수인간에 거래가 성립하여 시가로 볼 수 있는 거래가액이 있으나, 상속증여세법에서는 동 거래가액을 시가로 보지 아니하고 평가기준일 전후 각 2개월 동안의 종가평균액을 시가로 보도록 상속증여세법 제60조 제1항에서 규정하고 있다. 이에 대해서는 주식의 평가방법에서 구체적으로 기술하였다.

3. 2개 이상의 시가가 있는 경우

시가에 해당하는 가액이 2 이상인 경우 평가기준일로부터 가장 가까운 날에 해당하는 가액을 시가로 보며, 그 가액이 2 이상인 경우에는 평균액을 시가로 본다. 따라서 시가로 볼 수 있는 가액 중 가장 큰 금액으로 평가하거나 그 가액을 가중평균한 가액 등으로 평가하지 아니한다.

다만, 가장 가까운 날에 해당하는 가액이 둘 이상인 경우에는 그 평균액에 의한다.

2011.1.1. 이후 상속개시분 또는 증여분부터는 평가대상 재산에 있는 거래가액, 감정가액, 수용가액 및 공매·경매가액을 시가로 볼 수 있는 경우에는 유사매매사례가액 등은 시가로 보지 아니한다.

관련 예규·심판결정례 및 판례 등

□ 납세자와 조사청의 감정가액이 각각 2인 경우 평가방법(조심 2021서485, 2021.12.6., 조심 2021서1465, 2021.11.22.)

결정요지

국세청 평가심의위원회로부터 시가로 인정받은 조사청의 감정평가액과 청구인의 감정평가액 4개를 평균한 금액을 증여 당시 시가로 보아 증여세를 부과한 것은 잘못이 없음.

사실관계

- 증여시기 : 2019.8.8., 증여세 신고일 : 2019.11.30.
- 납세자의 감정가액 : 가격산정기준일 2020.5.15. 감정평가서 작성일 2020.5.28.
- 조사청의 감정가액 : 가격산정기준일 2019.11.9. 감정평가서 작성일 2020.5.26., 2020.5.27.

□ 감정가액과 보상가액이 있는 경우 감정가액평가서 작성일과 보상가액 결정일 중 상속개시일부터 가장 가까운 날에 있는 가액을 시가로 봄(재산세과-132, 2011.3.14.).

4. 시가적용시 판단기준일

재산의 거래가액 등이 평가기간에 있느냐 또는 평가기간 밖에 있느냐를 판단하는 기준일은 시가유형별로 다음과 같다.

이 내용은 2003.1.1. 신설되었는 바 특히 소급하여 작성한 감정가액의 경우 시가로 인정할 것인가에 대하여 평가기준일별로 판례를 참고할 필요가 있다.

① 거래가액 : 거래가액이 확정되는 계약체결일
② 감정가액 : 가격산정기준일과 감정가액평가서를 작성한 날
③ 수용보상·공매·경매가액 : 보상가액 등이 결정된 날

경매가액이 결정된 날은 민사집행법 제128조에 따라 매각허가를 결정하는 날을 의미한다(법령해석재산-757, 2015.6.12.).

5. 시가가 2 이상의 재산에 중복된 경우 안분방법

2개 이상의 재산을 일괄 매매하거나 감정가액을 작성하는 등으로 그 거래가액, 감정가액 등이 재산별로 구분되지 아니하는 경우 등에는 그 거래가액 등을 각 재산별로 상속증여세법 제61조부터 제65조까지에 따라 평가한 가액으로 안분하여 해당 재산의 시가를

산정한다. 이 경우 각각의 재산에 대한 동일 감정기관이 동일한 시기에 작성한 감정가액이 있는 경우에는 그 감정가액을 우선 적용하여 안분한다.

　다만, 토지와 그 토지에 정착된 건물 기타 구축물의 가액이 구분되지 아니하는 경우에는 부가가치세법 시행령 제64조에 따라 안분계산한다(상증령 §49 ③).

제2장

부동산 등 평가방법

제1절 : **부동산의 평가**

1. 개 요

시가를 산정하기 어려운 경우 토지는 평가기준일 현재 고시된 개별공시지가에 의하여 평가하며, 건물의 경우 건물종류별로 국토교통부장관 및 국세청장, 시·군·구청장이 고시하는 기준시가 등에 의하여 평가한다.

평가기준일 현재 사실상 임대차계약이 체결된 토지와 건물의 경우에는 개별공시지가 또는 기준시가와 임대료 등 환산가액을 비교하여 큰 금액으로 평가하는 특례규정을 두고 있다.

토지 및 건물에 대한 기준시가를 고시하는 주관기관 및 고시일은 다음과 같다.

부동산의 종류		최초고시일	매년 고시일	주관기관
토지 (공시지가)	표준지	1989.12.30.	2월 말	국토교통부장관
	개별	1990.8.30.	5월 말	시·군·구청장
주택 (공시가격)	공동주택 (아파트, 연립, 다세대)	2006.4.28.	4월 말	국토교통부장관
	표준주택(단독)	2005.1.30.	1월 말	국토교통부장관
	개별주택(단독)	2005.4.30.	4월 말	시·군·구청장
비주거용 건물 (고시가격)	상업용건물·오피스텔	2005.1.1.	1월 초	국 세 청 장
	기타 건물(건물기준시가 적용)	2001.1.1.	〃	〃
	안전행정부 시가표준액	1945.1.1.	〃	시·군·구청장

2. 토지의 평가

가. 개 요

토지의 가액은 거래·감정·수용·공매·경매가액 등 시가에 의하되, 시가를 산정하기 어려운 경우에는 개별공시지가에 의한다. 개별공시지가가 없는 경우에는 인근 유사토지의 개별공시지가를 고려하여 세무서장이 평가한 가액에 의하며, 지가가 급등하는 지역으로서 국세청장이 지정지역으로 고시한 지역은 배율방법에 의하여 평가한 가액으로 한다.

※ 1990.9.1. 이후 현재까지 국세청 지정지역 없음.

나. 개별공시지가에 의한 평가

「부동산 가격공시에 관한 법률」에 의하여 국토교통부장관이 매년 1.1.을 가격산정 기준일로 하여 토지의 이용상황이나 주변환경 그 밖의 자연적, 사회적 조건을 조사·평가하여 공시한 공시지가를 바탕으로 시장·군수·구청장 등이 산정하여 매년 5.31.(2004년 이전은 매년 6.30. 고시)에 고시하는 개별공시지가에 의하여 평가한다.

매년 1월 1일을 가격산정 기준일로 하여 개별공시지가를 고시하되, 1.1.부터 6.30.까지의 기간 중에 토지의 분할이나 합병, 지목변경 등의 사유가 생기면 해당 토지는 7.1.을 가격산정기준일로 하여 산정한 개별공시지가를 10월 31일까지 결정·고시하도록 하고 7.1.부터 12.31.까지의 기간 중에 해당 사유가 생기는 경우 다음 연도 1.1.을 기준으로 결정·고시하고 있다.

이때 적용할 개별공시지가는 평가기준일 현재 고시된 것이므로 매년 새로운 개별공시지가가 고시되기 전(통상 매년 1.1.에서 5.30. 사이)에 상속이 개시되거나 증여한 경우에 적용하는 개별공시지가는 직전 연도에 고시된 개별공시지가이다(상증법 §61 ① 1호, 상증령 §50 ⑥).

다. 개별공시지가가 없는 토지의 평가

1) 평가방법

개별공시지가가 고시되지 아니한 토지의 가액은 납세지관할세무서장이 평가대상 토지와 지목·이용상황 등 지가형성요인이 유사한 인근 토지를 표준지로 보고 「부동산 가격공시에 관한 법률」 제9조 제2항에 따른 토지특성 비교표를 작성하여 평가한다.

납세지관할세무서장과 해당 토지의 소재지를 관할하는 세무서장이 서로 다른 경우로서 납세지관할세무서장의 요청이 있는 경우에는 해당 토지의 소재지를 관할하는 세무서장이 평가하며, 이 경우 세무서장은 지방세법 제4조 제1항 단서[32]에 따라 시장·군수가 산정한 가액을 평가한 가액으로 하거나 2 이상의 감정기관에 의뢰하여 해당 감정가액을 참작하여 평가할 수 있다(상증법 §61 ① 1호 단서, 상증령 §50 ①).

세무서장이 의뢰하여 받은 2 이상의 감정가액은 그 자체가 시가에 해당하는 것은 아니며 이를 참작하여 산정한 개별공시지가에 해당하므로 해당 토지에 사실상 임대차계약이 체결된 경우에는 임대료 등의 환산가액과 비교하여 큰 금액으로 평가하여야 한다.

2) 적용대상

평가대상 토지에 개별공시지가가 고시된 경우에도 토지이용상황 또는 지목 등이 가격산정기준일과 평가기준일에 차이가 있는 경우에는 개별공시지가가 없는 토지로 보아 평가하여야 한다. 즉 1.1.에는 지목이 답(畓)이었는데 5.10.에 대지로 변경된 후 6.15. 증여를 한 경우라면 대지에 대한 개별공시지가는 없는 경우로 보아야 할 것이다. 개별공시지가가 없는 토지의 유형은 다음과 같다.

① 「공간정보의 구축 및 관리 등에 관한 법률」에 의한 신규등록 토지

② 「공간정보의 구축 및 관리 등에 관한 법률」에 의하여 분할 또는 합병된 토지

③ 토지의 형질변경 또는 용도변경으로 인하여 「공간정보의 구축 및 관리 등에 관한 법률」상의 지목이 변경된 토지

④ 개별공시지가의 결정·고시가 누락된 토지(국·공유지를 포함한다)

▶▶ 상속증여세법 기본통칙 61-50 … 1 【개별공시지가가 없는 토지의 평가】

① 법 제61조 제1항 제1호에 따른 토지의 평가시 환지 및 택지개발 등에 따라 토지의 형질이 변경된 경우로서 평가기준일 현재 고시되어 있는 개별공시지가를 적용하는 것이 불합리하다고 인정되는 경우에는 법 제61조 제1항 제1호 단서에 규정된 개별공시지가가 없는 토지의 평가방법을 준용하여 평가한다.

② 분할 또는 합병된 토지의 개별공시지가는 제1항에 따라 평가하되 분할 또는 합병 전후 그 토지의 지목변경 및 이용상태 등으로 보아 종전의 개별공시지가를 적용하는 것이 합리적

---

32) 지방세법 제4조 (부동산 등의 시가표준액) ① 이 법에서 적용하는 토지 및 주택에 대한 시가표준액은 「부동산 가격공시 및 감정평가에 관한 법률」에 따라 공시된 가액(價額)으로 한다. 다만, 개별공시지가 또는 개별주택가격이 공시되지 아니한 경우에는 시장·군수 또는 구청장(자치구의 구청장을 말한다. 이하 "시장·군수"라 한다)이 같은 법에 따라 국토교통부장관이 제공한 토지가격비준표 또는 주택가격비준표를 사용하여 산정한 가액으로 하고, 공동주택가격이 공시되지 아니한 경우에는 대통령령으로 정하는 기준에 따라 시장·군수가 산정한 가액으로 한다.

이라고 인정되는 경우에는 다음 각 호의 방법에 따른다.
1. 분할된 토지 : 분할 전 토지에 대한 개별공시지가
2. 합병된 토지 : 합병 전 토지에 대한 각 개별공시지가의 합계액을 총면적으로 나눈 금액

3) 평가신청

개별공지시가가 없는 토지에 대하여 상속세 또는 증여세 과세표준을 신고하고자 하는 납세자는 납세지 관할세무서장에게 상속증여세 사무처리규정 별지 제3호 서식 "개별공시지가가 없는 토지의 가격평가 신청서"에 의해 평가를 신청할 수 있다.

▶▶ 상속증여세 사무처리규정 제60조【개별공시지가가 없는 토지의 평가절차】·제61조 【개별공시지가가 없는 토지의 평가신청 및 결과통보】

라. 국세청장이 지정하는 지역의 토지 평가

각종 개발사업 등으로 지가가 급등하거나 급등할 우려가 있는 지역으로서 국세청장이 지정한 지역의 토지는 배율방법에 의하여 평가한다. 배율방법이란 개별공시지가에 대통령령이 정하는 배율을 곱하여 계산한 금액으로 평가하는 것을 말하며, "배율"은 국세청장이 평가기준일 현재의 개별공시지가에 지역마다 그 지역에 있는 가격사정이 유사한 토지의 매매실례가액을 감안하여 고시하는 배율을 말한다. 1990.9.1.부터 현재까지 국세청장이 지정한 지역은 없으므로 실질적으로 배율방법은 적용하지 않고 있다.

마. 개별공시지가가 경정고시된 경우

공시지가는 표준지에 대한 공시기준일 현재의 적정가격을 조사·평가한 것으로서 그 공시기준일(매년 1월 1일)을 기준으로 하여 효력이 있고 공시지가가 토지특성조사의 착오 등 지가산정에 명백한 잘못이 있어 경정되어 공시된 이상 당초에 결정공시된 개별공시지가는 그 효력을 상실하고 경정된 새로운 공시지가가 그 공시기준일에 소급하여 그 효력이 발생한다(대법원 93누16925, 1993.12.7.).

🔨 관련 예규·심판결정례 및 판례 등

❑ 영구적 묘지사용권의 수인 의무를 부담하고 있는 토지의 평가(적부-국세청-2022-71, 2022.12.7.)
쟁점토지는 평가대상법인의 소유물이기는 하나 영구적 묘지사용권의 수인 의무를 부담하고 있으므로, 쟁점토지가 해당 법인에게 귀속되는 '금전으로 환가할 수 있는 경제적 가치가 있는 물

건'에 해당한다고 보기는 어려워, 그 평가가액은 0원으로 보는 것이 타당함.

❏ 공시지가가 경정된 경우 경정된 새로운 공시지가를 적용함(재삼 46014 - 1774, 1998.9.17.).

❏ 증여일과 공시지가 고시일이 동일한 경우 새로운 공시지가 적용함(재삼 46014 - 35, 1999.1.7.).

❏ 골프장 용지의 개별공시지가 적용방법(재산상속 46014 - 141, 2002.5.16., 국심 2001중1268, 2002.1.12., 법인 46012 - 166, 1994.11.2., 감심 93 - 51, 1993.2.23.)

시가가 없는 골프장 용지를 공시지가로 평가하는 경우에 코스비 등 별도의 자산으로 볼 수 없는 장부상 가액은 당해 법인의 순자산가액에서 차감함.

❏ 골프장용지 개별공시지가 산정방법(건교부 지일58321 - 70, 1997.2.26.)

골프장용지의 개별공시지가는 토지의 소지가격과 토지에 체화되지 아니한 사업비를 제외한 공사비 및 개발이익의 적정부분을 고려한 가격과 수익재산으로서의 가격 및 거래사례 등을 종합적으로 고려하여 결정한 가격임.

❏ 한 필지 임야 중 건물 있는 부분만 분할하여 증여받는 경우(재삼 46014 - 2382, 1998.12.5.)

증여받은 토지의 지목·증여받은 토지가 분할전 토지와 지목·이용상황 등이 동일한 때에는 토지를 분할하기 전의 개별공시지가로 평가하나, 임야인 한 필지의 토지 중 건물이 있는 부분만 분할하여 증여받은 경우에는 개별공시지가가 없는 토지로 보아 세무서장이 평가한 가액에 의함.

❏ 개별공시지가 산정이 위법하여 법원의 감정가액으로 결정(대법원 2010두19201, 2010.12.23.)

❏ 공시지가 적용방법에 대한 대법원판결 변경(재산 46330 - 135, 2001.2.3.)

  ○ 1996.5.15. 증여받은 토지의 평가시 적용할 개별공시지가에 대하여

종전의 판결	새로운 판결
② 공시지가(1백5십만원/㎡)를 적용 (1996.8.23. 선고, 96누4411 외)	① 공시지가(2백만원/㎡)를 적용 (2001.1.19. 선고, 99두2277)

```
 1995.6.30.      1996.5.15.      1996.6.30.           1998.5.31.            2001.2.2.
 ──────①──────  ▲  ─────────②─────────  ─────────③─────────  ▲
 95년공시지가고시   증여일   96년공시지가        95년공시지가         증여세결정
 (1995.1.1. 기준)         고시(1996.1.1 기준)   경정고시(1995.1.1. 기준)
 (2백만원/㎡)             (1백5십만원/㎡)       (1백8십만원/㎡)
```

  ○ 1996.5.15. 증여받은 토지를 개별공시지가로 평가하는 경우 증여일 현재 고시되어 있는
    ① 1995년 개별공시지가(2백만원/㎡)를 적용하여 증여세를 과세하는 것이며,
    - 증여일 현재 고시되어 있던 ① 개별공시지가가 경정고시된 경우에는 그 경정고시된 ③ 개별공시지가(1백 8십만원/㎡)로 토지를 평가하여 증여세를 과세함.
    ➡ 개별공시지가 적용방법을 상속세법 기본통칙에서 규정한 1995.12.31. 이전에는 평가기

준일이 속하는 연도의 1.1.을 가격산정기준일로 고시한 개별공시지가를 적용하도록 판결하였고, 1996.1.1. 이후부터 상속증여세법 시행령에서 규정함에 따라 1996.1.1.부터 평가기준일 현재 고시되어 있는 개별공시지가를 적용하도록 판례가 변경된 것임.

평가기준일	개별공시지가 적용방법 관련규정
• 1992~1995년	• 구 상속세법 기본통칙 60 - 4···9 (1992.2.9. 신설)
• 1996년	• 구 상속세법 시행령 제5조 제8항 (1995.12.30. 신설)
• 1997년 이후	• 상속증여세법 시행령 제50조 제6항 (1996.12.31. 신설)

❏ 1997.1.1. 이후 공시지가 적용방법에 대한 대법원 판결(대법원 2001두10677, 2003.9.2.)

[사실관계]

○ 납세자가 1999.3.15. 상속받은 토지에 대하여 1999.6.30. 고시된 1999년 공시지가(4,100,000 원/㎡)로 상속세를 신고한 것에 대해 세무서는 상속개시일 현재 고시된 1998년도 공시지가(4,600,000원/㎡)로 평가하여 상속세 206백만원 추가과세함.

1998.6.30.고시	1999.3.15.	1999.6.30.고시	1999.9.15.	2000.7.8.
△	▲	△	△	△
1998.1.1. 기준 ①(4,600,000 원/㎡)	상속 개시일	1999.1.1. 기준 ②(4,100,000원/㎡)	상속세 신고	상속세 결정

○ 서울고등법원은 199.6.30. 고시된 공시지가를 적용해야 한다고 판결(서울고법 2001누5936, 2001.11.9.)하였으나

○ 대법원에서는 1998.6.30. 고시된 공시지가를 적용하도록 판결(대법원 2001두10677, 2003.9.2.)함.
  – 당해 연도의 개별공시지가가 공시되기 전이라도 조세법률관계를 미리 예상하거나 조기에 확정할 수 있도록 하여 법적 안정성이나 예측가능성을 기함에 그 취지가 있는 점과 시행령 제49조는 시가의 예시규정으로서 전연도 개별공시지가가 시가보다 불리한 경우 납세의무자가 시가를 입증하여 정당한 세액을 납부할 수 있는 길이 열려있는 점에 비추어 평가기준일 현재 공시된 개별공시지가에 의하여 평가하도록 한 규정이 모법의 위임이 없다거나 시가주의 원칙에 위배되어 무효라고 할 수 없음.

바. 그 밖의 토지 평가

1) 환지예정지의 평가(상증법 기본통칙 61 - 50···3)

도시개발법, 그 밖의 법률에 의한 환지처분이 예정된 토지의 가액은 환지권리면적에 따라 계산한 가액에 따른다.

환지란 토지구획정리사업방식으로 도시개발사업을 할 때 종전의 토지 중 되돌려 줄 토

지를 정하는 일을 말한다. 환지는 사업시행자가 토지를 매입하지 않고 목적에 맞게 변경하여 원 소유주에게 돌려주는 행위로 도시개발사업 시행 전의 권리관계를 변경시키지 아니하고 각 토지의 위치·면적·토지이용상황 및 환경 등을 고려하여 토지구획정리사업 시행 후 새로이 조성된 대지에 해당 권리를 이전시킨다. 환지예정지에 대한 개별공시지가가 없는 경우 납세지 세무서장 등이 개별공시지가를 산정하여 평가한다.

2) 도로 등의 평가(상증법 기본통칙 61-50…4)

불특정다수인이 공용하는 사실상 도로 및 하천·제방·구거 등은 상속재산 또는 증여재산에 포함되나, 평가기준일 현재 도로 등 외의 용도로 사용할 수 없는 경우로서 보상가격이 없는 등 재산적 가치가 없다고 인정되는 때에는 그 평가액을 영(0)으로 한다.

3) 조성중인 토지의 평가

조성중인 토지의 가액은 그 토지의 지목에 대한 개별공시지가에 그 조성에 관련된 비용의 금액을 가산한 가액에 의해 평가하며, 이 경우 매입·조성에 소요되는 차입금에 대한 지급이자 또는 유사한 성질의 지출금은 그 조성에 관련된 비용에 포함된다.

 관련 예규·심판결정례 및 판례 등

❑ 상속받은 환지예정지는 권리면적에 대한 시가 또는 공시지가로 평가함(재산세과-236, 2011.5.13.).

❑ 하천으로 사용되는 토지의 평가(재산세과-580, 2011.11.30.)
  불특정다수인이 공용하는 사실상 도로·하천 등은 상속재산에 포함되나, 평가기준일 현재 도로·하천 등 외의 용도로 사용할 수 없는 경우로서 보상가격이 없는 등 재산적 가치가 없다고 인정되는 때에는 그 평가액을 영(0)으로 하는 것임.

❑ 공부상 대지이나 도로로 사용되면서 개별공시지가가 고시되지 않았으나 주택재개발정비예정구역 내에 있어 향후 수용보상이 예상되므로 연접도로의 기준시가로 평가하여 증여세를 과세한 처분은 정당함(조심 2012서1415, 2012.9.7.).

❑ 도로는 재산적 가치가 없는 경우 영(0)으로 평가하는 것임(대법원 2012두25019, 2013.3.14.).
  - 도로를 물납신청한 것에 대해 상속재산가액이 낮게 평가되었다는 이유로 제기한 소송임.

3. 건물의 평가

가. 개 요

시가가 없는 건물의 경우 국토교통부장관 또는 국세청장 등이 건물의 종류별로 고시하는 가격에 의하여 평가한다. 상업용 건물과 오피스텔, 개별주택가격 및 공동주택가격은 토지와 건물의 가액을 일괄하여 고시하고 있으므로 해당 기준시가를 적용할 때에 부수토지를 별도로 평가할 필요가 없으나 그 외의 일반 건물의 경우에는 건물의 가격만을 고시하고 있으므로 부수토지의 경우 시가가 있으면 시가에 의하고 시가를 산정하기 어려운 경우에는 개별공시지가에 의하여 평가한다.

｜ 건물 기준시가의 유형 ｜

부동산의 종류	공시(고시)일자	공시(고시)기관
공동주택(아파트 · 연립 · 다세대)	매년 4월 말	국토교통부장관
개별주택(단독)	〃	시 · 군 · 구청장
상업용건물 · 오피스텔	매년 1.1.	국세청장
기타 건물(건물기준시가 적용)	〃	국세청장

나. 일반건물의 평가

토지와 건물의 가액을 일괄하여 산정 · 고시하는 공동주택(아파트 · 고급빌라), 오피스텔과 상업용 건물 · 개별주택 외 일반건물의 경우 건물의 신축가격 · 구조 · 용도 · 위치 · 신축연도 등을 고려하여 매년 1회 이상 국세청장이 산정 · 고시하는 가액으로 평가한다.

1) 기준시가 적용방법

평가대상 건물의 ㎡당 기준시가를 산출하고 그 금액에 평가대상 건물의 연면적을 곱하여 평가한다.

건물 기준시가 산정 기본 계산식

(1) 기준시가 = 평가대상 건물의 면적(㎡)[1] × ㎡당 금액[2]
(2) ㎡당 금액 = 건물신축가격기준액 × 구조지수 × 용도지수 × 위치지수 × 경과연수별잔가율
　　　　　　　× 개별건물의 특성에 따른 조정률[3]

1) 연면적을 말하며, 집합건물의 경우 전용면적과 공용면적을 포함한 면적을 말한다.
2) ㎡당 금액은 1,000원 단위 미만은 버린다.

> 3) 개별건물의 특성에 따른 조정률은 「상속세 및 증여세법」 제61조 제1항 제2호에 따라 기준시가를 계산하는 경우에만 적용하고, 「소득세법」 제99조 제1항 제1호 나목에 따라 기준시가를 계산하는 경우에는 적용하지 않는다.

매년 고시된 연도별 건물신축가격기준액(천원/㎡)은 다음과 같다.

매년 고시하는 건물신축가격기준액은 지방세(취득세 · 재산세 등) 건물 시가표준액을 계산할 때에도 적용한다(지방세법 시행령 §4 ①).

2014	2015	2016	2017	2018	2019	2020	2021	2022	2023	2024
640	650	660	670	690	710	730	740	780	820	830

구조지수, 용도지수, 위치지수, 경과연수별잔가율 및 개별건물의 특성에 따른 조정률을 적용하여 평가대상 건물의 신축가격기준액을 조정한 결과 ㎡당 가액이 830,000원/㎡당이 나오면 그 금액을 면적에 곱하여 기준시가를 산정한다.

국세청 홈택스(www.hometax.go.kr와 모바일 홈택스 상담 · 불복 · 고충 · 제보기타 ≫ 기준시가 조회 ≫ 건물기준시가(양도, 상속, 증여)」)에서 해당 건물의 건축물 대장에 표기된 구조 · 용도 · 신축연도와 토지의 공시지가를 입력하면 기준시가가 계산된다.

2) 연도별 기준시가 적용대상 지역 및 건물유형

건물에 대한 연도별 기준시가 적용대상 등은 다음과 같다.

① 1998.1.1.~1998.12.31. 기간 중 상속개시 · 증여분의 경우

서울, 인천, 대전, 광주, 대구, 부산, 울산, 고양, 의정부, 남양주, 구리, 하남, 성남, 과천, 안양, 광명, 부천시내에 소재하는 상업용 건물 또는 특수용도의 건물 즉, 단독주택, 공동주택, 근린공공시설, 공공업무시설, 발전소, 교정시설, 군사시설을 제외한 모든 용도의 건물(무허가 건물을 포함한다)에 대하여 적용한다.

② 1999.1.1.~2000.6.30. 기간 중 상속개시 · 증여분의 경우

기준시가 적용대상 지역을 전국으로 확대하여 적용하였다.

③ 2000.7.1.~2000.12.31. 기간 중 상속개시 · 증여분의 경우

일반주택 및 공동주택에 대한 기준시가를 추가 고시하여 적용하였다.

④ 2001.1.1. 이후 상속개시·증여분의 경우

2001.1.1.부터 상업용 건물 등과 일반주택 등에 대한 기준시가를 통합하여 고시함으로써 근린공공시설, 공공업무시설, 발전소, 교정시설, 군사시설을 제외한 전국의 모든 용도의 건물(무허가 건물을 포함한다)에 대하여 적용한다.

다만, 토지와 건물의 가액을 일괄하여 기준시가를 산정·고시한 아파트 등 공동주택과 개별주택, 오피스텔 및 상업용 건물에 대해서는 그 기준시가를 적용한다.

다. 오피스텔 및 상업용 건물의 평가

1) 개 요

국세청장이 정하는 지역 내에 있는 오피스텔 및 상업용 건물에 대해서는 토지와 건물의 가액을 일괄하여 산정·고시한 가액으로 평가하며, 그 외의 지역에 소재하는 오피스텔 및 상업용 건물의 경우에는 일반 건물기준시가에 의하여 평가한다.

이 경우 오피스텔이란 건축법 제2조 제2항에서 정한 업무시설 중 오피스텔(이들에 부수되는 토지를 포함한다)을 말하며, 상업용 건물이란 건축법 제2조 제2항에서 정한 근린생활시설, 판매시설과 업무시설의 용도로 사용되고 있는 건물(부수되는 토지를 포함한다)을 말한다.

2) 지정지역 내의 오피스텔 및 상업용 건물

오피스텔 및 상업용 건물 기준시가가 적용되는 지정지역은 건물의 용도·면적 및 구분소유하는 건물의 수 등을 고려하여 국세청장이 정하는 지역으로 하며, 통상 서울특별시, 부산광역시, 대구광역시, 인천광역시, 광주광역시, 대전광역시, 울산광역시, 경기도, 세종특별자치시를 지정지역으로 하고 있다. 2023.1.1.부터 오피스텔의 경우 전국으로 확대하였다.

국세청장이 '상업용 건물 및 오피스텔 기준시가'가 적용되는 지정지역을 고시하고 해당 오피스텔 및 상업용 건물(이에 딸린 토지를 포함한다)에 대해서는 건물의 종류·규모·거래상황·위치 등을 고려하여 매년 1회 이상 토지와 건물에 대한 가격을 일괄하여 산정·고시한다.

☞ 고시대상 건물
- 오피스텔 : 전국 전체
- 상업용 건물 : 수도권(서울·인천·경기)과 5대 광역시(대전·광주·대구·부산·울산, 세종특별자치시)에 소재하고, 동·호별로 구분등기가 가능한 아래 건물의 호별 ㎡당 기준시가를 정기

고시한다.
- 건물 연면적이 3,000㎡ 이상이거나 100개호 이상인 건물 전체

국세청장이 고시하는 금액은 오피스텔 및 상업용 건물의 각 호별 단위면적(㎡)당 가액
이므로 평가대상 해당 호의 건물면적(전용면적과 공용면적의 합)에 해당 호의 단위면적
당 가액을 곱하여 전체 가액을 계산한다(상증법 §61 ① 3호 및 상증령 §50 ③).

기준시가 기본 계산식

호별 기준시가[1] = 기준시가[1]×건물면적[2]
1) 단위면적(㎡)당 가액 : 국세청인터넷 홈페이지에 수록된 가액
   * 호별 단위면적(㎡)당 가액은 국세청 홈택스(www.hometax.go.kr 「상담·불복·고충·제보 기타
   ≫ 기준시가 조회 ≫ 상업용건물/오피스텔」)에 수록된 가액으로 한다.
2) 건물면적 : 공부상 전용면적과 공유면적을 합한 면적

다만, 오피스텔 및 상업용 건물에 대한 재산세, 종합부동산세 등 보유세 및 건강보험료
등 사회보험료에는 행정안전부의 시가표준액이 적용되며, 기준시가는 적용되지 않는다.

▌연도별 기준시가 고시현황 ▌

(단위: 동, 호)

시행 년도	계		오피스텔		상업용 건물		복합용 건물*			
								호수		
	동수	호수	동수	호수	동수	호수	동수	계	오피스텔	상업용 건물
2024	**33,111**	**2,289,626**	**12,465**	**374,234**	**12,034**	**927,690**	**8,612**	**987,702**	**843,833**	**143,869**
2023	31,764	2,162,068	12,018	353,492	11,583	874,227	8,163	934,349	800,915	133,434
2022	27,755	1,871,970	9,074	192,864	11,056	808,968	7,625	870,138	745,340	124,798
2021	24,132	1,565,934	10,658	205,570	8,575	630,989	4,899	729,375	631,145	98,230
2020	22,581	1,443,701	9,847	180,509	8,291	604,384	4,443	658,808	567,712	91,096

* 복합용 건물 : 1동의 건축물 내 오피스텔과 상업용 건물이 모두 있는 건축물

3) 지정지역 외의 오피스텔 및 상업용 건물

지정지역 외에 소재하는 오피스텔 및 상업용 건물은 국세청장이 고시하는 일반 건물에
대한 기준시가를 적용한다. 일반 건물에 대한 기준시가는 건물의 가액을 고시한 것이므
로 토지의 경우 시가에 의하되 시가를 산정하기 어려운 경우에는 개별공시지가를 적용하
여 별도로 평가하여야 한다.

라. 주택 (아파트, 연립주택 포함)의 평가

2005년 주택가격 공시제도를 도입하여 주택과 부수토지를 일괄 평가하여 매년 4월 30일 관보와 국토교통부 등 홈페이지에 공시하고 있다. 국토교통부장관은 용도지역, 건물구조 등이 일반적으로 유사하다고 인정되는 단독주택(다가구주택 포함) 중에서 선정한 표준주택에 대한 가격을 산정한 뒤 이 표준주택가격을 토대로 시·군·구청장은 표준주택가격의 공시일 현재 관할구역안의 단독주택에 대하여 개별주택가격을 결정·공시한다.

아파트 및 165㎡ 이상 대형 연립주택 등 공동주택에 대해서는 공시기준일 현재 적정가격을 조사하여 공동주택가격을 산정·고시하고 있다.

1) 개별주택

부동산가격공시 및 감정평가에 관한 법률에 의한 개별주택가격으로 평가한다. 개별주택가격은 토지와 건물의 가격을 일괄하여 매년 4월 말에 산정·고시하고 있다.

2) 지정지역 내의 공동주택(아파트 및 165㎡ 이상의 연립주택)

건물에 부수되는 토지를 공유하고 건물을 구분 소유하는 공동주택 중 아파트와 165제곱미터 이상의 연립주택의 경우 재산의 종류·규모·거래상황 등을 참작하여 국토교통부장관이 매년 1회 이상 토지와 건물의 가액을 일괄하여 산정·고시한 가액으로 평가한다. 다만, 국세청장이 국토교통부장관과 협의하여 공동주택가격을 별도 결정·고시하는 경우에는 그 공동주택가격으로 평가한다.

3) 고시주택가격이 없거나 대수선 등을 한 주택의 평가

다음에 해당하는 경우에는 단독주택과 공동주택으로 구분하여 다음과 같이 평가한 가액으로 한다.

㉠ 해당 주택의 고시주택가격이 없는 경우

㉡ 고시주택가격 고시 후에 해당 주택을 건축법 제2조 제1항 제9호 및 제10호에 따른 대수선 또는 리모델링을 하여 고시주택가격으로 평가하는 것이 적절하지 아니한 경우

① 단독주택

평가대상 주택과 구조·용도·이용상황 등 이용가치가 유사한 인근주택을 표준주택으로 보고 주택가격비준표에 따라 세무서장이 평가한 가액 또는 시장·군수가 산정한 가액이나 2 이상 감정기관에 감정을 의뢰하여 산정된 감정가액을 고려하여 세무서장이 평가한 가액에 의한다.

개별주택가격이 없는 경우 납세자는 납세지 관할세무서장에게 평가를 의뢰할 수 있다(상속증여세 사무처리규정 §64).

② 공동주택

인근 유사 공동주택의 거래가격·임대료 및 이용가치가 유사한 공동주택의 건설에 필요한 비용추정액 등을 종합적으로 고려하여 세무서장이 평가한 가액 또는 시장·군수가 산정한 가액이나 2 이상 감정기관에 감정을 의뢰하여 산정된 감정가액을 고려하여 세무서장이 평가한 가액에 의한다.

2009.12.31. 이전 귀속분으로서 개별주택가격 또는 공동주택가격이 없는 경우 토지는 개별공시지가로 평가하고 건물은 국세청장이 고시하는 일반건물의 기준시가를 적용하여 평가한다.

▶▶ 상속증여세 사무처리규정 제63조【공시가격이 없는 주택의 평가절차】·제64조【공시가격이 없는 주택의 평가신청 및 결과통보】

 관련 예규·심판결정례 및 판례 등

❑ 공동주택의 새로운 기준시가가 고시되기 전에 상속이 개시되는 경우에는 직전의 기준시가를 적용함 (사전 – 법규재산 – 676, 2022.7.21.).

❑ 상가 겸용주택의 경우, 개별주택가격이 있는 경우에는 해당 가액을 적용하고, 그 외의 부분은 토지는 개별공시지가와 일반건물의 평가방법에 의한 가액을 적용하는 것임(법령해석과 – 392, 2019.2.18).

❑ 건축물대장만 구분등기로 전환된 경우 개별주택가격의 적용방법(재산세과 – 212, 2012.5.29.)

– 시가가 없는 토지는 같은 법 제61조 제4호에 따른 개별주택가격을 상증법 제61조 제1항 제1호(토지 개별공시지가) 및 제2호(건물 국세청장 고시가액)에 의한 가액으로 안분하여 토지가액을 산정한 후, 전체 토지면적에서 개별주택가격 해당 토지가 차지하는 비율을 각 증여받는 토지면적에 곱하여 산정한 면적의 합계를 개별주택가격 해당 토지면적으로 보아 각각의 비율에 따라 주택분 토지 해당 가액을 산정하고, 그 외의 면적은 개별공시지가를 적용함.

– 건물은 개별주택가격을 같은 법 제61조 제1항 제1호 및 제2호에 의한 가액으로 안분하여 주택 해당 가액을 산정하고 개별주택가격 공시에서 제외된 주택면적 및 주택 외의 건물을 같은 항 제2호를 적용하여 평가하는 것임.

사실관계

– 모친 소유의 겸용주택을 2011.12.20. 건축물대장을 집합건물로 전환하여 2012.3.21. 지하1층, 1층, 2층, 3층, 4층으로 구분하여 건물을 두 아들에게 각 층별로 구분하여 증여함.

– 부수토지는 대지권으로 구분하지 아니하고 두 아들과 두 며느리에게 각 증여하였음.

- 2011년도 개별주택공시가격은 297,000,000원(토지 70.19㎡, 건물 198.79㎡)임.
- 2011.12. 건축물대장이 전환되어 건물면적(전유+공유)이 225.9㎡로 변경되었음(주택 부수토지분은 대지권구분이 되지 않음).

❑ 공부상 주택이나 사실상 펜션으로 사용한 경우 토지는 개별공시지가로, 건물은 국세청 기준시가로 평가함(재산세과 – 551, 2011.11.22.).

❑ 개별주택 중 토지만 평가대상인 경우(서면4팀 – 1462, 2007.5.2.)

개별주택 중 토지만을 상속 또는 증여하는 경우 평가액은 개별주택가격을 토지의 개별공시지가와 일반건물의 기준시가로 안분하여 계산함.

(예) 시가가 없는 개별주택가격은 2억원, 부수토지의 개별공시지가 1.5억원, 일반건물 기준시가 1억원인 경우 토지의 가액?

[해설]

2억원 × 1.5억원 ÷ (1.5억원 + 1억원) = 1.2억원으로 평가한다.

마. 그 밖의 건물평가

1) 철거대상 건물의 평가

평가기준일 현재 다른 법령에 따라 철거대상에 해당하는 건물의 평가액은 그 재산의 이용도, 철거의 시기 및 철거에 따른 보상의 유무 등 제반상황을 감안한 적정가액에 따라 평가한다(상증법 기본통칙 61 – 50…2).

2) 건물의 일부가 훼손, 멸실된 경우

건물의 일부가 훼손, 멸실되어 정상가액으로 평가하는 것이 부적당하다고 인정되는 경우에는 이에 상당하는 금액을 빼고 평가한다.

3) 건설(신축)중인 건물의 평가

건설중인 건물의 가액은 건설에 소요된 비용의 합계액으로 평가한다. 이 경우 건설에 소요되는 차입금에 대한 이자비용 등의 지출금은 건설에 소요된 비용에 가산한다.

관련 예규 · 심판결정례 및 판례 등

❑ 신축 중인 주택과 부수토지의 평가방법(재산세과 – 501, 2011.10.21.)

다세대주택을 신축하던 중 당초 주택과 그 부수토지를 취득한 날부터 6월 이내에 사망한 경우 신축 중인 주택과 그 부수토지의 상속재산가액은 당초 주택과 그 부수토지의 취득가액에 상속개시일까지 발생한 공사비를 가산한 금액으로 평가하는 것임.

☐ 증여재산인 건물의 신축가액의 시가 인정 여부(서면상담4팀-3429, 2007.11.28)

증여일 전 3월을 경과하고 증여일 전 2년 이내의 기간 중에 건축한 증여재산인 건물의 신축가액은 시간의 경과 및 주위환경의 변화 등을 감안하여 가격변동의 특별한 사정이 없다고 인정되는 때에 평가심의위원회의 자문을 거쳐 시가로 인정됨.

☐ 상속재산인 신축건물의 가액은 건설에 소요된 비용의 합계액으로 평가함(건설에 소요되는 차입금에 대한 이자 또는 유사한 성질의 지출금은 가산하며, 등록세 또는 취득세는 포함하지 아니함)(서일 46014-11727, 2002.12.20).

4. 지상권 등의 평가

지상권 및 부동산을 취득할 수 있는 권리와 특정시설물을 이용할 수 있는 권리는 그 권리 등이 남은 기간, 성질, 내용, 거래상황 등을 고려하여 다음과 같이 평가한 가액에 의한다(상증법 §61 ③).

가. 지상권의 평가

1) 지상권의 의의

지상권이란 타인의 토지에서 건물 기타의 공작물이나 수목을 소유하기 위하여 그 토지를 사용할 수 있는 물권(민법 §279)이며, 통상 토지소유자에게 사용료를 지급한다. 지상권은 토지소유자에 대한 권리가 아니라 토지를 배타적으로 지배하는 권리에 해당하므로 토지소유자가 변경되더라도 지상권에 영향을 주지 아니한다.

지상권은 이를 설정한 권리자의 재산에 해당하는 것으로서 지상권을 설정해준 토지소유자의 재산이 아니다. 따라서 지상권이 설정된 토지를 평가할 때 지상권의 평가액을 토지가액에 가산하는 것이 아니라 지상권의 권리자가 해당 지상권을 상속 또는 증여하는 경우의 그 지상권에 대한 평가방법이다.

2) 지상권 평가방법

지상권의 가액은 지상권이 설정되어 있는 토지의 가액에 일정률을 곱하여 계산한 금액을 해당 지상권의 잔존연수를 고려하여 현재가치로 환산한 가액에 의한다. 이 경우 그 잔존연수는 민법 제280조 및 제281조에 규정된 지상권의 존속기간을 준용한다(상증령 §51 ①).

다음의 산식에 의하여 환산한 금액의 합계액으로 평가하며 기획재정부령이 정하는 일정률(임대료율 성격)은 연간 2%이다(상증규칙 §16 ①).

$$지상권평가 = \sum_{n=1}^{잔존연수} \frac{지상권이\ 설정된\ 토지가액 \times 2\%}{(1+0.1)^n}$$

* n = 평가기준일부터의 경과연수

민법상 지상권의 존속기간은 당사자 간에 약정하는 경우 최소기간을 건물 종류별로 규정하고 존속기간을 그 이상으로 약정하도록 하고 있으며, 약정이 없는 경우에는 존속기간을 15년 이상으로 한다.

▶▶ 민법 제280조 【존속기간을 약정한 지상권】
　① 계약으로 지상권의 존속기간을 정하는 경우에는 그 기간은 다음 연한보다 단축하지 못한다.
　1. 석조, 석회조, 연와조 또는 이와 유사한 견고한 건물이나 수목의 소유를 목적으로 하는 때에는 30년
　2. 1호 이외의 건물의 소유를 목적으로 하는 때에는 15년
　3. 건물 이외의 공작물의 소유를 목적으로 하는 때에는 5년

▶▶ 민법 제281조 【존속기간을 약정하지 아니한 지상권】
　② 지상권 설정당시에 공작물의 종류와 구조를 정하지 아니한 때에는 지상권은 전조 제2호의 건물의 소유를 목적으로 한 것으로 본다.

 관련 예규·심판결정례 및 판례 등

❑ 평가대상 토지에 설정된 지상권은 토지소유자 권리가 아님(재삼 46014-2826, 1996.12.19.).

❑ 상속재산인 임야에 타인이 지상권을 설정한 경우 토지소유자는 수인의무가 발생하므로 지상권 상당액을 상속재산가액에서 공제하여 평가함이 타당(국심 2003서3869, 2004.4.28.)

지상권 평가

■ 시가 300,000천원(개별공시지가 250,000천원)원에 대하여 평가기준일 이후 존속기간이 10년인 지상권을 증여한 경우 당해 지상권의 가액은?

풀이

$$지상권평가 = \sum_{n=1}^{10년} \frac{300,000,000원(토지가액) \times 2\%}{(1+0.1)^n}$$

$$n = 평가기준일부터의 경과연수$$

간편식 : 연간수입금액 × 이자율 10%시 10년간 = 36,867,420원
평가액 (6,000천원)   연금의 현가율(6.14457)

※ 연간 수입금액 계산 : 토지가액(300,000천원)×2% = 6,000천원

나. 부동산을 취득할 수 있는 권리의 평가

부동산을 취득할 수 있는 권리란 소득세법 제98조 및 소득세법 시행령 제162조에 따른 취득시기가 도래하기 전에 해당 부동산을 취득할 수 있는 다음의 권리를 말한다.

① 건물이 완성되는 때에 그 건물과 이에 부수되는 토지를 취득할 수 있는 권리(아파트당첨권 등)

② 지방자치단체 · 한국토지공사가 발행하는 토지상환채권 및 주택상환사채

③ 부동산매매계약을 체결한 자가 계약금만 지급한 상태에서 양도하는 권리

부동산을 취득할 수 있는 권리(건물이 완성되는 때에 그 건물과 그에 부수되는 토지를 취득할 수 있는 권리를 포함)의 가액은 평가기준일까지 납입한 금액과 평가기준일 현재의 프리미엄에 상당하는 금액을 합한 금액으로 평가한다.

이 경우 지방세법에 따라 고시한 시가표준액이 있는 경우에는 그 가액에 의한다.

1) 재개발조합원 또는 재건축조합원의 아파트 분양권

재개발 또는 재건축아파트 조합원으로서 아파트를 분양받을 수 있는 권리의 가액은 평가기준일까지 납입한 금액과 평가기준일 현재 프리미엄에 상당하는 금액을 합한 금액으로 평가한다. 납입한 금액은 조합원으로서 출자한 토지와 건물에 대하여 조합이 산정한 조합원의 권리가액을 말하며, 이 경우 조합원이 조합에 추가로 납입한 금전이 있으면 그 금액을 합하고 조합으로부터 청산금을 지급받은 경우에는 그 금액을 빼고 계산한다.

이 경우 납입한 금액에는 자산을 취득함에 있어서 법령 등의 규정에 따라 매입한 국민주택채권 및 토지개발채권을 만기 전에 양도함으로써 발생하는 매각차손(소득세법 시행령 §163 ⑤ 2호)을 포함한다(상속증여과 – 464, 2015.5.6.).

그리고 프리미엄 상당액은 평가기준일 현재 불특정 다수인 사이에 거래하는 경우 통상 성립되는 시세 상당액을 말하는 것으로서 실제 거래가액이 없는 경우에도 해당 권리에 대한 거래상황, 가격변동 및 해당 권리와 면적이나 위치·용도 등이 동일하거나 유사한 분양권에 대한 프리미엄 등을 확인하여 평가한다.

이 경우 조합원권리가액이란 「도시 및 주거환경정비법」 제74조 제1항에 따라 인가받은 관리처분계획을 기준으로 다음 계산식에 따라 계산한 가액을 말한다(상증규칙 §16 ③).

$$
조합원권리가액 = \frac{분양대상자의\ 종전}{토지\ 및\ 건축물\ 가격} \times \frac{(정비사업\ 완료\ 후의\ 대지\ 및\ 건축물의}{종전의\ 토지\ 및\ 건축물의\ 총\ 가액}
$$

2) 일반분양 아파트 분양권

일반분양으로 취득한 아파트를 분양받을 수 있는 권리의 가액은 평가기준일까지 납입한 금액과 평가기준일 현재 프리미엄에 상당하는 금액을 합한 금액으로 평가한다. 납입한 금액은 평가기준일까지 납입한 금액을 말하며, 프리미엄 상당액의 산정은 재개발 등 조합원의 아파트 분양권과 동일하게 평가한다.

다. 특정시설물을 이용할 수 있는 권리의 평가

특정시설물을 이용할 수 있는 권리란 특정시설물 이용권·회원권 기타 명칭 여하를 불문하고 해당 시설물을 배타적으로 이용하거나 일반 이용자에 비하여 유리한 조건으로 이용할 수 있도록 약정한 단체의 일원이 된 자에게 부여되는 권리, 즉 골프회원권, 콘도미니엄회원권, 종합체육시설이용권 등을 말한다. 특정시설물을 이용할 수 있는 권리의 가액은 평가기준일까지 납입한 계약금, 중도금 등의 합계액에 평가기준일 현재의 프리미엄에 상당하는 금액을 합한 금액에 의한다.

다만, 당해 권리에 대하여 지방세법에 따라 고시한 시가표준액이 있는 경우에는 당해 가액에 의한다(상증령 §51 ②).

➡ 2009.2.3. 이전 국세청장이 골프회원권에 대한 기준시가 고시하였음.

관련 예규 · 심판결정례 및 판례 등

❑ 승계조합원입주권의 일부만 증여한 경우 평가액은 시가에 의하되, 시가 없으면 조합원권리가액에 프리미엄을 가산한 금액임(상속증여과 – 3201, 2020.10.20.).

❑ 관리처분계획인가 후에는 "부동산을 취득할 수 있는 권리"로 봄(상속증여세과 – 667, 2016.6.30.).

❑ 재개발조합원 분양권의 프리미엄 산정방법(서면4팀 – 3042, 2007.10.23.)

"평가기준일 현재의 프리미엄"은 그 당시 불특정 다수인간의 거래에 있어서 통상 지급되는 프리미엄이며, 이는 당해 권리에 대한 거래상황 및 가격변동, 당해 권리와 면적 · 위치 · 용도 등이 동일하거나 유사한 다른 권리에 대한 프리미엄 등 구체적인 사실을 확인하여 판단할 사항임.

❑ 재건축 중에 있는 아파트분양권평가방법(재산세과 – 202, 2012.5.24., 서면4팀 – 634, 2007.2.20.)

　사실관계

－재건축시행예정구역 안의 아파트 2003년 취득
－2005.12.27. 재건축 관리처분계획인가
－2006년 5월 건물 멸실신고
－현재 재건축 공사중으로 동, 호수 확정
－당해 아파트 분양권에 대한 매매 또는 증여된 사례가 확인되지 않음.

　회신

상증법 제61조 제5항 및 상증령 제51조 제2항에 따른 부동산을 취득할 수 있는 권리는 평가기준일까지 불입한 금액과 평가기준일 현재 프리미엄에 상당하는 금액을 합한 금액으로 평가하며, 재개발조합원으로서 아파트를 분양받을 수 있는 권리를 증여하는 경우 "평가기준일까지 불입한 금액"은 조합원으로서 출자한 토지와 건물의 감정가액 등을 감안하여 재개발조합이 산정한 조합원의 권리가액과 평가기준일까지 불입한 계약금, 중도금 등을 합한 금액임.

❑ 추정비례율법에 의한 평가는 적법한 감정평가방법으로 볼 수 없음(대법원 2014두14211, 2015.2.26.).

5. 그 밖의 시설물 등의 평가

그 밖의 시설물 및 구축물(토지 또는 건물과 일괄하여 평가하는 것을 제외한다)은 그것을 다시 건축하거나 다시 취득할 경우에 소요되는 가액, 즉 재취득가액에서 그것의 설치일부터 평가기준일까지의 감가상각비상당액을 뺀 금액으로 평가한다.

이 경우 감가상각비 상당액은 법인세법 제23조 및 동법 시행령 제24조 · 제26조 및 제28조의 규정에 의하여 계산한 금액을 말하며, 감가상각자산의 내용연수는 법인세법 시행령 제28조 제1항 제2호의 규정에 의한 기준내용연수를 적용한다. 재취득가액 등을 산정하기 어려운 경우에는 지방세법 시행령 제4조 제1항에 따른 가액을 해당 시설물 및 구축물의 가액(지방세법 시행령 제6조 각 호에 규정된 특수부대설비에 대하여 지방세법 시행령 제4조 제1항에 따라 해당 시설물 및 구축물과 별도로 평가한 가액이 있는 경우에는 이를 가산한 가액을 말한다)으로 할 수 있다. 이 경우 공동주택에 부속 또는 부착된 시설물 및 구축물은 토지 또는 건물과 일괄하여 평가한 것으로 본다.

 관련 예규·심판결정례 및 판례 등

❏ 임대차계약이 체결된 구축물은 임대료 등 환산가액과 재취득가액에서 감가상각비를 뺀 금액 중 큰 금액으로 평가(재산세과 – 194, 2012.5.21.)

6. 임대차계약이 체결된 재산의 평가특례

가. 개 요

임대차계약은 당사자의 일방이 상대방에게 목적물을 사용·수익하게 할 것을 약정하고 상대방이 이에 대하여 임차료를 지급할 것을 약정함으로써 성립하는 계약이다. 이러한 임대차계약에 의하여 임차인이 임차목적물을 사용·수익할 수 있는 권리를 임차권이라 하며 임차권이 등기되었거나 사실상 임대차계약이 체결된 부동산의 경우에는 개별공시지가 또는 건물의 기준시가와 임대료 등의 환산가액과 비교하여 큰 금액으로 평가한다.

1999.1.1. 이후 임대차계약이 체결된 재산에 대한 평가특례규정은 시가가 없는 재산에 대하여만 적용하므로 시가가 있는 부동산의 경우에는 임대료 등의 환산가액과 비교하여 큰 금액으로 평가하지 않는다.

다만, 임대보증금은 저당권 등이 설정된 재산에 대한 평가규정에서 담보하는 채권액에 포함되므로 시가가 있는 재산의 경우에도 시가와 임대보증금과 비교하여 큰 금액으로 평가하여야 한다.

나. 임대료 등 환산가액

부동산의 기준시가 등과 비교하는 임대료 등 환산가액은 다음과 같이 계산한다.

① 2022.2.15. 이후 선박, 항공기, 차량, 기계장비의 임대보증금 환산방법

$$\frac{\text{각 연도에 받을 임대료}}{(1 + \text{이자율})^n} + \text{임대보증금}$$

- n : 평가기준일 이후 해당 자산의 「법인세법 시행령」 제26조의3 제2항 제1호에 따른 기준내용연수(이하 이 계산식에서 "기준내용연수"라 한다)까지의 잔여 기간
- 각 연도에 받을 임대료 : 임대차계약에 따라 각 연도에 받을 임대료(기준내용연수 도래 전에 임차계약이 종료되는 경우 임대차계약 종료일이 속하는 연도의 임대료를 말한다)
- 이자율 : 연간 1000분의 30

② 2022.2.14. 이전 모든 재산 및 2022.2.15. 이후 ① 외의 재산에 대한 임대보증금 환산방법

(연간 임대료 합계액 ÷ 12%) + 임대보증금

※ 2009.4.23. 이전 임대료 등 환산이자율은 18%임.

이 경우 임대료는 평가기준일 현재 월 임대료를 연(年)으로 환산한 금액에 의하며, 명칭여하에 불구하고 임차인이 임차건물의 사용대가로 임대인에게 지급하는 금전을 말한다. 관리비가 일정액으로 고정되어 있는 경우에는 그 실질 내용을 구분하여 사실상 임차인이 부담할 관리비 외의 금액은 임대료에 포함하는 것이나, 관리비에 포함된 임대건물의 기계실 근무자의 급료 및 환경개선부담금 등과 같이 임차인이 부담하는 실비변상적인 관리비에 해당하는 것은 임대료에 포함하지 아니한다.

또한, 임대건물의 전세금 또는 임대보증금에 대하여 부가가치세법 시행령 제65조에 따라 임대인이 납부하여야 할 간주임대료에 대한 부가가치세 상당액을 임차인이 부담한 경우 해당 금액은 임대료에 포함하여야 한다.

다. 임대료 등 환산가액의 안분방법

1) 토지와 건물의 소유자가 동일한 경우

토지 및 건물의 소유자가 임차인으로부터 받은 임대료 등의 환산가액을 상속증여세법 제61조 제1항부터 제4항까지의 규정으로 평가한 토지와 건물의 가액("기준시가"라 함)으로 나누어 계산한 금액을 각각 토지와 건물의 평가가액으로 한다.

2) 토지와 건물의 소유자가 다른 경우

① 토지 소유자와 건물 소유자가 제3자와의 임대차계약 당사자인 경우에는 토지 및 건물 소유자에게 구분되어 귀속되는 임대료 등 환산가액을 각각 토지와 건물의 평가가액으로 한다.

② 토지와 건물의 소유자 중 어느 한 사람만이 제3자와의 임대차계약 당사자인 경우에는 토지 소유자와 건물 소유자 사이의 임대차계약의 존재 여부 및 그 내용에 상관없이 임대료 등 환산가액을 토지의 개별공시지가와 건물의 기준시가로 안분한 금액을 각각 토지와 건물의 평가가액으로 한다.

 예규 · 심판결정례 및 판례 등

❑ 임대면적과 미임대면적이 있는 경우(사전 – 법령해석재산 – 1133, 2021.6.4.)

평가기준일 현재 1동의 건물 중 일부가 임대되고 일부가 임대되지 않은 경우 임대된 부분과 임대되지 않은 부분을 구분하여 임대부분은 「임대료 등의 환산가액과 기준시가 중 큰 금액」으로, 공실은 「기준시가」로 평가하는 것임.

※ 위의 해석에 따라 삭제한 해석사례 : (서면 – 3731, 2007.12.31., 재산세과 – 859 2010.11.18., 서일 46014 – 10073, 2002.1.17.) ⇒ 임대면적의 임대보증금환산가액과 임대 · 미임대 면적의 전체 기준시가 중 큰 금액으로 평가함.

❑ 보관업에 사용하는 창고는 임대료 환산가액으로 평가하지 않음(상속증여세과 – 1007, 2015.9.25.).

❑ 임대료 산정시 주차료 등 포함 여부(재산세과 – 204, 2012.5.24.)

일정액으로 고정되어 있는 관리비 중 사실상 임차인이 부담할 관리비가 아닌 것으로 구분되는 금액과 건물 내 주차장으로서 임대인과 임차인의 계약에 따라 수입하는 주차료는 임대료에 포함하는 것임.

❑ 회원제 콘도미니엄은 임대차계약이 체결된 재산이 아니며, 전대계약은 임대차계약에 포함되지 아니함(서일 46014 – 10380, 2001.10.31., 재재산 46014 – 253, 1997.7.25.).

❑ 사실상 임대차계약이 체결된 재산은 상속개시일 현재 임대차계약기간 내인 재산에 대하여 적용함(재재산 46014 – 248, 1996.7.3.).

[해설]

상속개시일(2002.12.31.) 전에 피상속인이 임대기간을 2003.2.1.부터 2006.1.31.까지로 하여 2002.12.15.에 임대차계약을 체결한 경우 상속개시일 현재는 당해 임대차계약의 개시일이 미도래하여 임대차계약기간이 아니므로 "사실상 임대차계약이 체결된 재산"에 해당하지 아니한다는 유권해석으로 볼 수 있다.

❑ **임대료의 범위**(재재산 46014-121, 1997.4.14.)

- 사실상 임대차계약이 체결된 재산의 가액을 평가할 때 있어 "임대료"란 임대인이 당해 임대 재산으로부터 실제수입하는 금액을 말하는 것으로 임차인이 부담하는 실비변상적인 관리비는 임대료에 포함하지 않는 것이나, 당해 관리비가 일정액으로 고정되어 있는 경우에는 그 실질 내용을 구분하여 사실상 임차인이 부담할 관리비 이외의 금액은 임대료에 포함함.
- 관리비에 포함된 임대건물의 기계실 근무자의 급료 및 환경개선부담법에 의해 냉·난방용 유류분에 부과되는 환경개선부담금은 임차인이 부담하는 실비변상적인 관리비에 해당하는 것이나, 그 지급사실 및 실질내용에 따라 "임대료"에 해당하는지 여부를 판정하는 것이며,
- 당해 임대건물의 전세금 또는 임대보증금에 대하여 부가가치세법 시행령 제49조의2 규정에 의하여 임대인이 납부하여야 할 간주임대료에 대한 부가세 상당액을 임차인이 부담한 경우 당해 금액은 "임대료"에 포함되는 것임.

❑ **피상속인과 상속인이 임대용 상가를 공동소유한 경우**(서일 46014-10207, 2002.2.22.)

질의

피상속인과 상속인이 임대용 상가의 토지와 건물을 다음과 같이 공동소유하는 경우로서, 피상속인이 단독으로 임대차계약의 당사자가 된 경우 상속재산의 평가방법?

	토 지	건 물
피상속인	2.6㎡	22.31㎡
상속인	10.4㎡	7.43㎡

회신

상속개시일 현재 시가를 산정하기 어려운 토지와 건물에 대하여 사실상 임대차계약이 체결되어 있는 경우에 당해 토지와 건물의 가액은 상속증여세법 제61조 제1항 내지 제7항에 따라 토지의 개별공시지가 및 건물의 기준시가와 1년간 임대료를 같은법 시행규칙 제15조의2에서 정한 율(18%)로 나눈 금액에 임대보증금을 합계한 금액(토지와 건물의 기준시가로 안분한 금액을 말하며, 이하 "임대보증금 환산가액"이라 함)을 토지와 건물별로 비교하여 큰 금액으로 평가하는 것임. 이 때 공동소유하는 토지와 건물에 대해 1인만이 임대차계약의 당사자가 됨으로써 그가 반환해야 할 임대보증금이 그의 지분에 대한 상기 토지·건물의 평가액보다 큰 경우에는 같은법 제66조 제3호에 따라 당해 임대보증금으로 평가하는 것임.

❑ **임대료에서 재산세 중과세분을 차감하지 아니함**(조심 2022서6391, 2022.12.8.)

❑ **1층 상가는 임대, 2층 주택은 자가 사용시 평가방법**(조심 2019서2495, 2019.9.27)

건물 중 임대차계약이 체결된 부분에 대하여만 비교가액을 적용하였다 하여 잘못된 재산평가라 보기 어렵고, 기준시가 공시에 있어서도 하나의 건물에 대하여 상가부분과 주택부분을 각각 별도로 공시하고 있는 점 등에 비추어 쟁점평가액이 잘못 평가되었으니 쟁점부동산 전체를 기준시가로 평가하여야 하는 것은 아님.

사례 1 　임대한 면적과 공가 등이 있는 경우 평가방법

❏ 기준시가와 임대현황 및 공가 및 자가사용면적

층 수	면적 (㎡)	① 기준 시가	사례 1		사례 2	
			② 임대료 등 환산가액	평가액?	③ 임대료 등 환산가액	평가액?
1	200	1억원	3억원		공　가	
2	200	1억원	1.7억원		1.7억원	
3	200	1억원	5천만원		5천만원	
4	200	1억원	공　가		5천만원	
5	200	1억원	자　가		자　가	
합　계	1,000	5억원	5.2억원		2.7억원	

풀이

○ 기준시가와 임대료 등 환산가액을 층별로 비교하여 큰 금액의 합계액으로 평가할 것인가 전체 기준시가와 임대료 등 환산가액을 비교하여 큰 금액으로 평가할 것인가에 따라 평가액이 달라지는 바

○ 2021.6.4. 유권해석 전에는 전체 금액을 비교하여 큰 금액인 (사례 1)의 경우 5.2억원으로, (사례 2)의 경우에는 기준시가인 5억원으로 평가했으나

○ 새로운 해석(서면 – 법령해석재산 – 1133, 2021.6.4.)에 따르면 임대면적은 임대보증금 환산가액과 기준시가 중 큰 금액으로, 미임대면적은 기준시가로 하여 합친 금액으로 평가하도록 하여 (사례 1)은 7.7억원 (사례 2)는 5.7억원으로 평가함.

사례 2 　건물과 토지의 소유자가 동일한 경우 평가방법

❏ 임대차계약내용 및 개별공시지가 등
- 평가대상 : 대지 200㎡, 건물 500㎡
- 개별공시지가 2,400천원/㎡
- 건물기준시가 410천원/㎡, 감정가액 등 없음.
- 임대차계약내역 : 임대보증금 500,000천원, 월 임대료 3,000천원

풀이

○ 기준시가와 임대료 등 환산가액 중 큰 가액인 ②800,000,000원으로 평가함.
○ 개별공시지가 및 건물 기준시가
　– 대지 480,000,000 (= 200㎡ × 2,400,000원)
　– 건물 205,000,000 (= 500㎡ × 410,000원) – 계 685,000,000 ⋯⋯⋯ ①

○ 임대료 등 환산가액

$$임대보증금\ (500,000,000) + \frac{월임대료(3,000,000)×월수(12)}{기획재정부령이\ 정하는\ 율(0.12)} = 800,000,000 \ \cdots\cdots ②$$

- 임대료 등 환산가액을 대지와 건물의 기준시가에 의해 대지분과 건물분으로 안분한 후 공시지가 및 기준시가와 각각 비교하여 큰 금액으로 평가하는데. 대지와 건물의 소유자가 동일한 경우에는 총액으로 비교하는 것과 결과치는 동일하다.

$$대지분: \ 800,000,000 \ × \ \frac{480,000,000}{685,000,000} = 560,583,941$$

$$건물분: \ 800,000,000 \ × \ \frac{205,000,000}{685,000,000} = 239,416,059$$

사례 3 건물과 토지의 소유자가 다른 경우 평가방법

□ 건물소유자가 단독으로 임대차계약 체결함.
 - 임대보증금 1.6억원이며, 年 임대료 36백만원임.

풀이

○ 임대료 등 환산가액 : (36백만원 ÷ 0.12) + 1.6억원 = 4.6억원
○ 임대료 등 환산가액(②)은 건물과 토지의 기준시가로 안분하여 비교평가
- 임대보증금(③)은 반환의무가 있는 건물소유자의 단독 채무로 보고 상속증여세법 제66조에 따라 ①과 ② 중 큰 금액과 비교하여 큰 금액으로 최종 평가액 계산함.

구 분	①기준시가	②임대료 등 환산가액	③임대보증금	④평가액
건물(父)	1억원	1.15억원	1.6억원	1.6억원
토지(子)	3억원	3.45억원	–	3.45억원
합 계	4억원	4.6억원	1.6억원	5.05억원

제2절 : 선박 등 그 밖의 유형재산의 평가

1. 선박·항공기·차량·기계장비 및 입목의 평가

선박·항공기·차량·기계장비 및 입목에 관한 법률의 적용을 받는 입목에 대하여는 그것을 처분할 때 다시 취득할 수 있다고 예상되는 가액으로 평가한다. 다만, 그 가액이 확인되지 아니하는 경우에는 장부가액(취득가액에서 감가상각비를 뺀 가액을 말한다) 및 지방세법 시행령 제4조 제1항의 시가표준액에 따른 가액을 순차로 적용하여 평가한다(상 증령 §52 ①).

(1순위) 재취득 예상가액

⇓

(2순위) 장부가액(취득가액에서 감가상각비 뺀 금액)

⇓

(3순위) 지방세법상 시가표준액

※ 시가표준액 열람방법
　서울특별시 홈페이지(www.seoul.go.kr) - 분야별 정보 - 세금 - 세금자료실에서 열람할 수 있다.

2004.1.1.부터 사실상 임대차계약이 체결되거나 임차권이 등기된 선박, 항공기 등 그 밖의 유형자산의 경우에도 해당 임대료 등을 기준으로 하여 계산한 임대료 등 환산가액 과 위의 평가액 중 큰 금액으로 평가한다(상증법 §62 ③ 및 상증령 §52 ③).

"환산한 금액"이란 ①과 ②의 금액을 합한 금액을 말한다.

① 임대보증금 × (1 - 기준경비율). 이 경우 기준경비율은「소득세법시행령」제145조에 따른 기준경비율(이하 "기준경비율"이라 한다)을 말한다.

② 다음의 계산식에 따라 계산한 각 연도별 금액의 합계액

$$\frac{각\ 연도에\ 받을\ 임대료 \times (1 - 기준\ 경비율)}{(1 + \frac{30}{1,000})^n}$$

- 각 연도에 받을 임대료[「법인세법 시행령」 제26조의3 제2항 제1호에 따른 기준애용연수 도래 전에 임대차계약이 종료되는 경우 임대차계약 종료일이 속하는 연도까지의 임대료만 계산한다]
- n: 평가기준일부터 사용가능기한까지의 경과연수(사용가능기한 도래 전에 임대차계약이 종료되는 경우에는 평가기준일부터 임대차계약종료일까지의 경과연수를 적용한다)

 관련 예규 · 심판결정례 및 판례 등

□ 재취득가액계산서 차감하는 감가상각비 의미(재산세과 – 29, 2012.2.1., 서면4팀 – 1928, 2005.10.20.)
취득가액에서 차감하는 감가상각비는 법인이 납세지 관할세무서장에게 신고한 상각방법에 의하여 계산한 취득일부터 평가기준일까지의 감가상각비 상당액을 말하는 것이며, 감가상각자산의 내용연수는 법인세법 시행령 제28조 제1항 제2호의 규정에 의한 기준내용연수를 적용함.

□ 의료기기는 취득가액에서 감가상각비를 차감하여 증가함(심사증여 99 – 132, 1999.5.7.).

□ 차량에 대해 차량정보지에 게재된 중고차시세표상의 가격은 시가로 볼 수 없어 시가표준액으로 평가함이 타당함(심사상속 99 – 485, 2000.2.25.).

□ 중고차량의 견적가격은 시가가 아니므로 과세시가표준액으로 평가함(국심 99서2691, 2000.8.8.).

□ 중고 기계장치에 대한 감정가액이 감가상각을 고려하지 않아 객관적이고 합리적인 평가액이라 할 수 없음(대법원 98두5804, 1998.6.12.).

2. 상품 · 제품 · 반제품 · 재공품 · 원재료 및 기타 동산의 평가

상품 · 제품 · 반제품 · 재공품 · 원재료 기타 이에 준하는 동산 및 소유권의 대상이 되는 동산의 평가는 그것을 처분할 때에 취득할 수 있다고 예상되는 가액에 의한다. 다만 그 가액이 확인되지 않을 경우에는 장부가액으로 한다.

이때 "그것을 처분할 때에 취득할 수 있다고 예상되는 가액"이란 재취득가액을 말하며, 사업용 재고자산인 경우 재취득가액에는 부가가치세가 포함되지 아니한다(상증법 기본통칙 62 – 52…1).

재취득가액이란 동일한 상품 등을 다른 사업자로부터 다시 취득할 때에 소요되는 금액이며, 장부가액은 기업회계기준 등에 따라 작성된 재무상태표상 장부가액으로서 자본금과 적립금조정명세서(을)상의 유보금액을 자산가액에 가감한다(상속증여세과-1196, 2016.11.7.).

3. 판매용이 아닌 서화·골동품 등의 평가

판매용이 아닌 서화·골동품 등 예술적 가치가 있는 유형재산의 평가는 다음의 구분에 따른 전문분야별로 2인 이상의 전문감정기관이 감정한 가액의 평균액에 의한다.

다만, 그 가액이 국세청장이 위촉한 3인 이상의 전문가로 구성된 감정평가심의회에서 감정한 감정가액에 미달하는 경우와 특수관계인간에 양도·양수하는 경우로서 감정평가심의회에서 감정한 감정가액의 100분의 150을 초과하는 경우에는 감정평가심의회에서 감정한 감정가액으로 한다.

㉮ 서화·전적　　㉯ 도자기·토기·철물　　㉰ 목공예·민속장신구
㉱ 선사유물　　㉲ 석공예　　　　　　　㉳ 기타 골동품
㉴ 위에 해당하지 않는 미술품

➡ 서화·골동품 등 감정평가심의회 설치 및 운영규정(국세청훈령 제2546호, 2022.12.22.)

4. 소유권의 대상이 되는 동물 그 밖의 유형재산 평가

소유권의 대상이 되는 동물 및 따로 평가방법을 규정하지 아니한 그 밖의 유형재산의 평가는 그것을 처분할 때에 취득할 수 있다고 예상되는 가액에 의한다.

다만, 그 가액이 확인되지 않을 경우에는 재취득가액, 재취득가액이 확인되지 아니한 경우 장부가액으로 한다(상증령 §52 ② 3호).

5. 미착상품

평가기준일 현재 미착된 상품의 가액은 평가기준일까지의 해당 상품을 취득하는 데 소요된 비용의 합계액으로 평가한다.

제3장

주식과 출자지분 평가방법

제 1 절 ： 개 요

1. 주식 및 출자지분의 의의

가. 주 식

주식이란 주식회사의 주주가 출자자로서의 회사에 대하여 갖는 지분을 말하는데 주식은 자본의 구성부분으로서의 의미와 주주가 회사에 대하여 갖는 권리의무의 기초인 사원의 지위 또는 자격(주주권)으로서의 의미가 있다.

주식은 때로는 주주권을 나타내는 유가증권 자체를 의미하기도 하고 상법상은 이를 주권으로 표현하고 있으며, 주식은 우선주식 · 보통주식 · 후배주식 · 혼합주식 · 상환주식 · 전환주식 · 의결권 없는 주식 등 그 권리의 내용에 따라 종류를 나눌 수 있다.

주주의 권리에는 이익배당청구권, 신주인수권, 잔여재산분배청구권 등의 자익권과 의결권 등의 공익권이 있으며 출자의무가 있다. 이런 권리를 나타내는 주식은 특별한 경우 외에는 자유로운 양도가 보장되어 재산적 가치물로서 상속 또는 증여재산이 된다.

나. 출자지분

사업을 경영하기 위한 자본으로서 금전, 기타 재산, 노무 또는 신용을 법인 또는 조합에 제공하는 것을 출자라 하고 전체 출자액에 대한 출자자의 소유권리를 출자지분이라 한다. 법률상 출자란 각종의 회사, 익명조합, 민법상의 조합, 자본시장법상의 한국거래소 등에서 사용되며, 주식회사의 주금의 납입도 이에 해당한다.

한편, 상속증여세법상 주식과 대응하여 사용되고 있는 출자지분이란 용어를 명확하게 규정하고 있지 아니하지만, 상법에 의하여 설립된 합명회사, 합자회사 및 유한회사의 사원이 가지는 출자지분을 의미하는 것으로 볼 수 있겠다. 출자의 종류에는 재산출자, 노무출자, 신용출자가 있는데, 회사의 무한책임사원이나 조합원에 대해서는 모든 출자가 인정되나, 유한책임사원, 주주, 유한회사의 사원, 익명조합원 등에 대해서는 재산출자만이 인정된다. 출자의무는 사원, 조합원 등의 자격에 당연히 수반되는 것이다.

> ### ♬ 주식의 분류
>
> - **보통주**(普通株) : 이익배당상의 순위에 따라 상대적으로 분류된 주식
>   우선주·후배주(後配株)·혼합주 등과 같은 특별주식에 대립되는 일반적인 주식을 말하며 보통주는 주식의 일반적인 성격을 지니고 각 주식은 평등의 권리내용을 가진다. 일반적으로 주식이라 할 때는 보통주를 말하며, 회사가 단일 종류의 주식만을 발행하는 경우에는 특별히 이 명칭을 붙일 필요는 없다.
>   주권평등(株券平等)의 원칙에 의해 현재 발행되는 한국의 주식은 대부분이 보통주이다. 그러나 이 주식은 사업부진 때는 배당을 받지 못하게 되고, 반대로 사업이 호전되면 고율의 배당을 받을 수 있어 투기적인 색채가 농후한 주식이라 할 수 있다.
> - **우선주**(優先株) : 보통주보다 재산적 내용(이익·이자배당·잔여재산의 분배 등)에 있어서 우선적 지위가 인정된 주식
>   보통주에 대응하며, 이익배당우선주가 대표적이다. 대개 영업이 부진한 회사가 신주(新株) 모집을 용이하게 하기 위하여 또는 설립시의 발기인을 우대하기 위하여 발행하며 우선주는 우선권의 내용에 따라 여러 가지로 분류된다.

2. 증권시장

유가증권이 거래되는 시장은 한국거래소의 유가증권시장, 코스닥시장 및 프리보드와 장외시장 등이 있다. 여러 가지 형태의 시장에서 거래되는 주식의 종류에 따라 상속증여세법상 평가방법을 구분하고 있는 바 증권시장은 다음과 같다.

가. 유가증권시장

2005.1.27. 증권거래소, 코스닥시장, 선물거래소가 통합되어 한국증권선물거래소가 출범하여 종전 거래소시장이 유가증권시장으로 명칭이 변경되고 한국증권선물거래소는 한국거래소로 상호가 바뀌었다. 유가증권시장에 상장된 주권을 발행한 법인을 주권상장법인이라 하며 동 시장에서는 주식, 채권, 외국주권과 채권 및 외국주식예탁증서, 주식워런트증권 시장을 운영하고 있다. 상장 주식은 일정기간의 종가평균액으로 평가한다.

나. 코스닥시장

증권업협회에서 시장을 개설하고 운영하던 것을 2005.1.27. 출범한 한국증권선물거래소가 그 권한을 이어받았고, 코스닥시장운영본부가 위임받아 운영하고 있다. 이에 종전 협회중개시장이 코스닥시장으로 명칭이 변경되었다.

코스닥상장 주식의 경우 매매거래가 정지되거나 관리종목으로 지정된 경우가 아니면 상장주식과 마찬가지로 일정기간 동안의 종가평균액을 시가로 보아 평가한다.

다. 코넥스시장

코넥스(KONEX, Korea New Exchange)는 자본시장을 통한 초기 중소기업 지원을 강화하여 창조경제 생태계 기반을 조성하기 위해 새로이 개설한 중소기업전용 신시장이다.

2013년 코넥스시장을 개설한 배경은 현재 중소기업의 자금조달은 대부분 은행대출에 편중되어 있으며, 직접금융(주식발행)을 통한 자금조달은 매우 낮은 수준으로 인해 중소기업 등 비상장기업의 부채비율이 높아지고 이자비용 부담도 상장기업에 비해 과중한 실정이며 은행의 대출정책 변화 등에 따라 기업의 존립이 위협받을 수 있는 가능성도 있어 초기 중소기업 특성을 반영한 시장제도를 마련한 것이다.

코넥스시장에서 거래하는 주식의 경우 비상장주식에 해당하므로 그 평가방법에 따라 평가하여야 한다(서면법규과-1021, 2013.9.16.).

┃ 코넥스시장의 진입요건(외형요건) ┃

구 분	내 용	비 고
중소기업 여부	중소기업기본법에 따른 중소기업 해당 여부	
주권의 양도제한	정관 등에 양도제한의 내용이 없을 것 * 다만, 他법령에 의해 제한되는 경우로서 그 제한이 코넥스시장에서의 매매거래를 저해하지 않는다고 인정되는 경우에는 예외	
감사의견	최근 사업연도 감사의견이 적정일 것	
액면가액	100원, 200원, 500원, 1,000원, 2,500원, 5,000원 중 하나일 것	액면주식에 한함

라. K-OTC 시장(종전 프리보드)

K-OTC 시장(Korea Over-The-Counter, 한국장외시장)은 비상장주식의 매매거래를 위하여 한국금융투자협회가 「자본시장과 금융투자업에 관한 법률」에 따라 개설·운영하는 제도화·조직화된 장외시장으로서 프리보드를 개편하여 2014.8.25. 출범하였다.

한국금융투자협회는 비상장 중소·벤처기업의 직접금융 활성화를 위해 2005.7월부터 프리보드를 운영하여 왔으나, 주식거래 대상기업이 소수의 중소기업 위주로 한정되어 시장의 역할이 크게 저하되었고, 2013.7월 중소기업 전용 주식시장인 코넥스시장이 개설되면서 그 역할이 모호해졌다. 이에 중소·벤처기업의 직접금융 활성화에 중점을 두던 시장운영방식을 개선하여 중소기업을 포함한 모든 비상장법인의 주식을 투명하고 원활하게 거래할 수 있는 실질적인 장을 제공하는데 중점을 두고 시장개편을 하였다.

시장은 등록기업부(기업의 신청에 따라 협회가 매매거래대상으로 등록한 비상장주식을 발행한 기업)와 지정기업부(기업의 신청 없이 협회가 직접 매매거래대상으로 지정한 비상장주식을 발행한 기업)로 구성되며 지정기업부는 협회가 장외에서 활발하게 거래되고 있는 비상장 대기업이나 중견기업 등 공모실적이 있는 사업보고서 제출대상 비상장법인을 지정하여 해당 법인의 발행주식을 K-OTC 시장에서 거래한다(비신청 지정제도 도입).

K-OTC BB시장에서 거래되는 주식도 비상장주식의 평가방법에 의하는 것으로서 객관적인 교환가치를 반영한 거래가액이 확인되면 이를 시가로 보아 평가하고 없는 경우에는 보충적 평가가액에 의한다(자본거래관리과-303, 2019.7.15.).

마. 장외시장

장외시장은 한국거래소 등과 같이 조직화된 시장 외에 증권회사의 창구에서 거래가 이루어지는 점두시장거래 및 투자자 상호간에 직접 접촉과 협상하여 이루어지는 거래 등 비조직적이고 추상적인 시장을 뜻하며 제도권 시장과의 상대적 용어라 할 수 있다.

상장·코스닥상장주식을 장외시장에서 거래하는 경우에도 상속증여세법상 평가방법은 일정기간 동안의 종가평균액을 시가로 보며, 비상장주식의 경우에는 특수관계가 없는 자간에 거래 등 객관적 교환가치를 반영한 경우 그 거래가액을 시가로 볼 수 있다.

3. 각 세법상 주식평가방법 비교

소득세법, 법인세법에 따른 부당행위계산 부인규정을 적용하는 경우와 상속증여세법상 주식의 종류별 평가방법을 요약하면 다음과 같다.

구 분	소득세법	상속증여세법	법인세
	(실거래가액)	(시 가)	(시 가)
① 평가원칙	실거래가액을 인정·확인할 수 없는 경우 매매사례가액, 감정가액, 환산가액, 기준시가 등에 의하여 추계결정·경정	불특정다수인 사이에 자유로이 거래가 이루어지는 경우에 통상 성립된다고 인정되는 가액 - 평가기준일 전 2년 이내부터 법정결정 기한 내 거래가액, 공매·경매가액	건전한 사회통념 및 상거래 관행과 특수관계인이 아닌 자 간의 정상적인 거래에서 적용되거나 적용될 것으로 판단되는 가격·이자율 등 (법인세법 시행령 §89 ①)
② 상장·코스닥 상장주식	양도·취득일 이전 1월간 종가평균액	평가기준일 이전·이후 각 2월간 종가평균액	거래일의 최종시세가액
③ 비상장법인의 주식 보충적 평가방법	• 2007.2.28. 이후 양도분 기준시가 - 일반법인 $\{(\textcircled{ㄱ} \times 3) + (\textcircled{ㄴ} \times 2)\} \div 5$ - 부동산 과다보유법인 $\{(\textcircled{ㄱ} \times 2) + (\textcircled{ㄴ} \times 3)\} \div 5$ 순자산가치 평가 도입 • 부당행위계산시 상속증여세법 준용(소득세법 시행령 §167 ⑤) ㉠ 1주당 순손익가액 : 직전 사업연도의 1주당 순손익액 ㉡ 1주당순자산 : 장부가액(토지 : 기준시가) - 평가기준일 : 양도·취득일이 속한 사업연도의 직전사업연도 종료일	• 2018.4.1. 이후 가중평균액과 순자산가치의 80% 중 큰 금액 - 일반법인 $\{(\textcircled{ㄱ} \times 3) + (\textcircled{ㄴ} \times 2)\} \div 5$ - 부동산 과다보유법인 $\{(\textcircled{ㄱ} \times 2) + (\textcircled{ㄴ} \times 3)\} \div 5$ ㉠ 1주당 순손익가액 : 최근 3년간 1주당 순손익액의 가중평균액 ㉡ 1주당 순자산가액 : 시가(또는 보충적 평가방법에 의한 가액) - 평가기준일 : 상속개시일 또는 증여일 현재(평가기준일 현재로 가결산) • 2004.1.1. 이후 순자산가치로만 평가 - 청산절차 진행 중 법인 등 - 부동산가액 80% 이상 등	상속증여세법 준용 (법인세법 시행령 §89 ② 2호)
④ 할증평가	적 용	적 용	적 용

제 **2** 절 : 상장주식의 평가

1. 평가 원칙

자본시장법에 따른 유가증권시장 또는 코스닥시장에서 거래되는 주권상장법인의 주식 및 출자지분은 평가기준일 이전·이후 각 2개월 동안 공표된 매일의 한국거래소 최종 시세가액(거래실적 유무를 따지지 아니한다)의 평균액을 시가로 보아 평가한다.

다만, 평균액을 계산할 때 평가기준일 이전·이후 각 2개월 동안에 증자·합병 등의 사유가 발생하여 그 평균액으로 하는 것이 부적당한 경우에는 동 사유가 발생한 다음 날 부터 평가기준일 이후 2월까지의 기간 또는 평가기준일 이전 2월이 되는 날부터 동 사유 가 발생한 날의 전일까지의 기간에 대한 종가평균액으로 계산한다.

2000.1.1. 이후 상속개시분 또는 증여분부터 평가기준일 이전·이후 각 2월간의 종가 평균액에 의하여 평가하며, 1997.1.1.부터 1999.12.31.까지 평가기준일 이전 3월간의 종 가평균액으로 평가하였다.

2017.1.1.부터 합병으로 인한 이익을 계산할 때 합병(분할합병을 포함한다)으로 소멸하 거나 흡수되는 법인 또는 신설되거나 존속하는 법인이 보유한 상장주식의 시가는 평가기 준일 현재의 거래소 최종시세가액으로 한다.

상장주식의 종가평균액은 이를 해당 주식의 시가로 본다고 상속증여세법 제60조 제1 항에서 규정하고 있으므로 특수관계가 없는 자 사이에 매매가 이루어진 경우에도 해당 거래가액 등은 시가로 보지 아니한다.

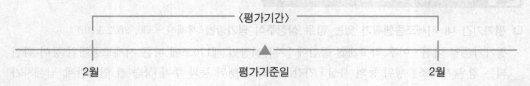

⟨평가기간⟩

2월   평가기준일   2월

❚ 상장주식 평가방법 개정연혁 ❚

1996.12.31. 이전	1997.1.1.~1999.12.31.	2000.1.1. 이후
평가기준일 전 1월간의 최종시세가액 평균액과 평가기준일의 최종시세가액 중 적은 금액으로 평가	평가기준일 이전 3월간의 최종시세가액 평균액	평가기준일 이전·이후 각 2개월의 최종시세가액 평균액

가. 평가기준일 이전 · 이후 각 2개월 동안의 기간계산

평가기준일 이전 · 이후 각 2개월(총 4개월)간의 최종시세가액의 평균액을 계산할 때 기간계산은 평가기준일 이전 · 이후로 월력에 따라 2월 이전 · 이후로 계산한다.

예를 들어 평가기준일이 6.27.인 경우 평가기준일을 산입하여 이전과 이후의 2개월을 계산하므로 4.28.부터 8.26.까지 4개월간의 기간이 된다.

평가기준일이 공휴일, 대체공휴일 및 토요일, 매매거래 정지일 등인 경우에는 그 전일을 기준으로 기간을 계산하며, 평가기준일 이전 · 이후 각 2개월간의 기간이 4개월에 미달하는 경우에는 해당 기간을 기준으로 한다(상증령 §52의2 ④, 상증법 기본통칙 63 - 0…1).

나. 상장되는 날이 평가기준일인 경우

재산종류별 평가방법은 평가기준일 현재 평가대상 재산의 종류에 따라 적용하므로 평가기준일 현재 한국거래소에 상장되는 주식의 가액은 상속증여세법 제63조 제1항 제1호 가목에 따라 평가하여야 한다. 이 경우 평가기준일 이전 2개월의 종가는 없으므로 평가기준일 이후 2개월의 종가평균액으로 계산하여야 한다.

다. 평가기준일 다음 날에 상장이 폐지된 경우

평가기준일 현재 상장주식에 해당하므로 평가기준일 이전 2개월부터 상장이 폐지된 날까지의 종가평균액으로 평가하여야 한다.

 관련 예규 · 심판결정례 및 판례 등

❑ 평가기간 내 시세조종행위가 있는 경우 상장주식 평가방법(재재산 - 330, 2022.3.10.)

평가기준일 이전 · 이후 각 2개월 동안에 「자본시장법 제176조에 따른 시세조종행위 등이 확인되는 경우(시세조종행위 등의 사실 · 기간, 시세조종행위 등과 주가 상승 간 인과관계, 납세자가 시세조종행위 등에 관여하지 않은 사실이 법원의 확정된 판결에 의하여 확인되는 경우에 한함)로서 평가기간의 종가평균액으로 하는 것이 부적당한 경우는 평가기간 중 해당 시세조종행위 등이 있는 기간을 제외한 기간의 종가평균액으로 평가할 수 있음.

❑ 평가기준일이 권리락일인 경우 상장주식 평가방법(재산세과 - 23, 2012.1.18.)

평가기준일이 권리락일인 경우에는 권리락일 이후 2개월 종가평균액으로 평가하며, 2011.10.7. 이후 2개월 동안 공표된 매일의 한국거래소 종가의 평균액으로 평가하는 것임.

(질의) 상장주식을 2011.10.7.(금요일) 증여하고, 해당 법인은 2011.10.10.(월요일)을 신주배정 기준일로 하여 유상증자를 한 경우 종가평균액 산정기간은?

❏ 매매거래 정지기간이 있는 경우 상장주식 평가방법(재산세과-601, 2011.12.20.)

유가증권시장에서 평가기준일 이전·이후 각 2개월 기간 중 일부 매매거래가 정지된 기간이 있는 주권상장법인의 주식도 평가기준일 이전·이후 각 2개월 동안 공표된 매일의 한국거래소 최종 시세가액의 평균액으로 평가하는 것임.

사실관계

- 2011.6.10. 피상속인의 사망으로 상속이 개시됨.
- 상속재산 중 주권 상장법인의 주식이 있으며 당해 주권상장법인은 기업회생절차 개시신청서 조회공시 위반으로 매매거래 정지된 상태
- 피상속인은 주권상장법인 32% 주주(특수관계인 포함 52%)
- 2011.4.15. 회생절차개시 신청, 2011.7.12. 회생절차 개시결정
- 매매거래정지(2011.4.18.~7.12.)

❏ 상속개시일 이전·이후 각 2월간의 최종시세가액을 계산함에 있어서 평가기준일의 최종시세가액이 포함됨(재삼 46014-684, 1999.4.7.).

❏ 평가기준일 이후 상장폐지된 경우 평가기준일 이전 3개월 간의 종합평균액에 의함(국심 2000부413, 2000.10.11.).

❏ 평가기준일이 매매거래정지일인 경우 기간계산(서일 46014-10598, 2002.5.7.)

평가기준일(2001.12.31.)이 납회기간(2001.12.29.~2001.12.31.)인 경우 그 전일을 기준으로 이전·이후 2월간의 종가평균액을 계산하므로, 2001.10.29.~2002.2.27. 기간의 종가평균액임.

❏ 예금보험공사가 소유하여 거래실적 없고 보통주로 전환이 불가능한 우선주는 시가, 시가 없으면 상증법 제63조 제1항 제1호 다목(비상장주식 평가)에 따라 평가함(재재산 46014-235, 2000.8.10.).

❏ 상장주식은 신고기한 내에 증권시장에서 처분한 경우에도 상장주식의 시가는 상속개시일 전후 2개월 간의 종가평균액임(서일 46014-11491, 2002.11.11., 국심 2001부1709, 2001.11.17.).

2. 관리종목으로 지정된 경우 등 평가

유가증권시장에 상장된 주식은 시장성을 고려하여 예외없이 한국거래소 종가로 평가하던 것을 2017.1.1.부터 종가평균액 산정기간 중에 매매거래가 정지되거나 관리종목으로 지정된 기간이 일부 또는 전부 포함되는 등 한국거래소 거래가액을 시가로 보기 어려운 경우에는 비상장주식의 평가방법에 의한다.

다만, 단순 공시의무 위반 및 사업보고서 제출의무 위반 등으로 인하여 관리종목으로

지정·고시되거나 등록신청서 허위기재 등으로 인하여 일정기간 매매거래가 정지된 경우로서 적정하게 시가를 반영하여 정상적으로 거래가 이루어지는 경우에는 최종시세가액의 평균액으로 평가한다(상증규칙 §16의2 ②).

거래실적 부진, 분산기준 미달, 감사의견 부적정, 자본전액잠식, 주된 영업활동 정지, 주된 영업의 양도 또는 피흡수합병, 당좌거래정지, 최종부도, 회사정리절차 개시신청으로 인해 관리종목으로 지정된 경우에는 시장성이 없는 것으로 보아 비상장주식의 평가방법에 따라 평가한다.

3. 증자·합병 등의 사유가 발생한 경우의 평가

상장주식의 종가평균액을 계산할 때에 평가기준일 이전·이후 각 2월간의 기간 중에 증자·합병 등의 사유가 발생하여 해당 평균액에 의하는 것이 부적당한 경우에는 증자 등의 사유가 평가기준일 이전 또는 이후 언제에 발생했느냐에 따라 다음의 기간에 대한 종가평균액으로 평가한다.

증자·합병 등의 사유로 신주를 발행하면 권리락이 생기고, 권리락 전과 그 후의 주가가 변동하는 것이 일반적이므로 이를 고려하여 종가평균액을 산정하기 위한 것이다.

증자·합병 등의 사유에는 감자, 주식 등의 액면분할·병합, 회사의 분할을 포함하며, "증자·합병 등이 있는 날의 다음 날"이란 권리락일을 말한다(상증법 기본통칙 63-0…2).

가. 평가기준일 전에 증자 등이 있는 경우

평가기준일 이전에 증자·합병 등의 사유가 발생한 경우에는 동 사유가 발생한 날(증자·합병 등의 사유가 2회 이상 발생한 경우에는 평가기준일에 가장 가까운 날을 말함)의 다음 날부터 평가기준일 이후 2월이 되는 날까지의 기간에 대한 종가평균액에 의한다.

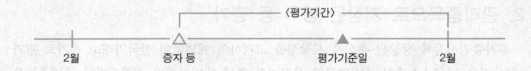

나. 평가기준일 후에 증자 등이 있는 경우

평가기준일 이후에 증자·합병 등의 사유가 발생한 경우에는 평가기준일 이전 2월이 되는 날부터 동 사유가 발생한 날의 전일까지의 기간에 대한 종가평균액으로 평가한다.

다. 평가기준일 전후에 증자 등이 있는 경우

평가기준일 이전·이후에 증자·합병 등의 사유가 발생한 경우에는 평가기준일 이전 그 사유가 발생한 날의 다음 날부터 평가기준일 이후 그 사유가 발생한 날의 전일까지의 기간에 대한 종가평균액으로 평가한다.

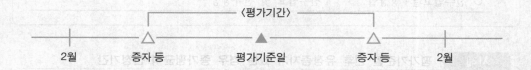

🔔 권리락의 의미 및 적용방법

① 권리락의 의미

신주배정기준일이 경과되어 구주에 부여되어 있는 신주인수권 등이 소멸됨에 따라 이론 적으로 계산된 가격(권리부가격과 권리락가격의 차이)만큼 주가를 떨어뜨리는 시장조치 를 말한다.

주식회사가 증자를 하는 경우에는 신주인수권을 확정하기 위하여 신주배정기준일을 정 하는데 이때 그 기준일 이후에 결제되는 주권에는 신주인수권이 없어진다. 따라서 거래 소에서는 배당락의 경우와 마찬가지로 신주배정기준일 전일에 실제로 해당종목에 권리 락 조치를 취함으로써 주가가 합리적으로 형성되도록 관리한다. 즉, 신주배정기준일 이 틀 전까지가 권리부가 되어 인수권을 가진다.

상장기업이 유무상증자를 할 때에는 권리락 전과 후의 주가가 차이가 발생하기 때문에 이를 수정주가로 계산하여 이동평균치를 구하는데 이때의 수정주가를 '이론권리락주가' 라고 한다. 이는 다음과 같이 산출한다.

① 유상증자의 경우 이론권리락주가	$\dfrac{[기준주가 + (시가발행가액 \times 증자비율)]}{1 + 증자비율}$
② 무상증자의 경우 이론권리락주가	$\dfrac{기준주가}{1 + 증자비율}$
③ 유 · 무상증자 병행시 이론권리락주가	$\dfrac{[기준주가 + (1주당액면가 \times 유상증자비율)]}{1 + 유상증자비율 + 무상증자비율}$

② 권리락 조치시기 : 배정기준일 전일(5.30.임)

[예] 증자기준일이 5.31.이며, 5.30.~6.1.은 토요일 · 공휴일이 아닌 것을 전제함.

일 자	권리락 관련조치
○ 5.30.	권리락 조치
○ 5.31.	신주배정 기준일(증자기준일)
○ 6.1.	5.30. 매매분 결제일
○ 청약일	청약
○ 실권주 공모일	실권주에 대한 추가공모
○ 신주입고일 · 상장일	신주입고 및 신규상장

사례   **평가기준일 전후 유상증자가 있는 경우 종가평균액 산정기간**

8.18.		9.5.	9.6.		10.17.		12.5.		12.16.
①		②	③		△		④		⑤
2월		1차 유상증자	권리락일		평가기준일		2차 유상증자		2월

풀이

○ 평가기준일 이전 · 이후 각 2개월은 일반적인 경우 8.18.부터 12.16.까지이나

○ 평가기준일 전후 증자가 있는 경우 증자가 있는 다음 날인 9.6.부터 증자하기 전인 12.4.까지 기간에 대한 종가평균액으로 평가함.

 관련 예규 · 심판결정례 및 판례 등

□ 평가기준일 이전 합병한 경우 평균액 계산의 산출기산일(기재부 조세법령운용과 – 814, 2021.9.23.)

상증법 제63조 제1항 제1호 가목에 따른 상장주식의 평가에 있어 같은 법 시행령 제52조의2 제2항 제1호의 평가기준일 이전에 합병의 사유가 발생한 날의 다음 날이란 상법 제523조 제6 호에 따른 합병을 할 날의 다음 날을 말하는 것임.

사실관계

내 용	일 자
이사회 결의일, 계약일	2018.8.8.
(주주총회를 위한) 주주확정기준일	2018.8.23.
주주명부폐쇄기간	2018.8.24.~2018.8.30.
합병계약승인을 위한 주주총회일	2018.10.30.
B법인(피합병법인) 매매거래정지예정기간	2018.11.29.~2018.12.18.
합병기일	2018.12.1.
신주배정기준일	
합병등기일	2018.12.4.
신주교부일	2018.12.18.
신주상장일	2018.12.19.

❑ 주식의 액면가액을 분할하여 상장하는 경우에도 변경상장일부터 평가기준일까지의 종가평균액에 의함(재삼 46014 – 824, 1998.5.12.).

❑ 주식 병합시에도 매매 재개시일부터 평가기준일까지의 종가평균액에 의함(재삼 46014 – 1388, 1999.7.19.).

❑ "증자·합병 등의 사유"에는 상법 제530조의2의 규정에 의하여 회사가 분할·분할합병하는 경우를 포함함(서일 46014 – 11315, 2002.10.9.).

❑ 주식 분할도 증자 등의 사유에 해당함(대법원 2015두41531, 2015.12.10.).
'증자·합병 등의 사유'가 발생한 경우 상장주식의 평가가액을 달리 산정하도록 규정한 것은 그러한 사유가 향후 주가의 형성에 상당한 영향을 미친다는 점, 주식 분할의 경우 납입 자본금의 증감이 없지만 기존 주식을 일정 비율로 분할함으로써 발행주식 총수가 늘어나고 같은 비율로 각 주주의 소유주식수도 늘어날 뿐만 아니라 1주당 가격을 낮추어 주식 거래를 촉진함으로써 통상적으로 주가상승을 초래하게 되는 점 등에 비추어 보면, 상증세법 제63조 제1항 제1호 (가)목에서 정한 '증자·합병 등의 사유'에는 주식 분할도 포함된다고 보아야 함.

❑ 평가기준일 이전에 시작된 매매거래정지가 평가기준일 후에 해제되고 그동안에 유상증자와 증여가 순차로 이루어진 경우, 상장주식의 평가기간은 매매거래정지 해제일부터 평가기준일 이후 2개월이 되는 날까지임(대법원 2013두23058, 2016.6.9.).

사실관계

– 주주배정방식으로 유상증자를 하되, 실권주의 경우 제3자 배정하기로 이사회에서 결의함.

매매거래정지기간(1.22.~3.21.)

1.14.	1.22.	2.7.	2.8.	3.12.	3.15.	3.21.	3.22.	5.14.	5.21.
이사회 결의	①	권리락 일	증자 기준일	실권주 배정 결의	평가 기준일	△ ②	매매 재개		

종가평균액 산정기간

- (처분청) 1.15.~5.14. : 권리락이 생기지 않는 제3자 배정 유상증자로 보아 평가기준일 이전·이후 각 2개월을 산정

- (서울고법 판결) 3.22.~5.21. : 당초 주주배정방식의 증자이므로 실권주에 대해서도 권리락일부터 종가평균기간 산정하여야 하나, 매매거래정지기간이 해제된 날에 권리락이 반영되었으므로 이날을 평가기준일로 하여 그 이후 2개월간 종가평균액으로 평가하여야 함.

- (대법원 판결) 3.22.~5.14. : 당초 주주배정방식의 증자이고 같은 조건에서 발행되므로 실권주에 대해서도 권리락일부터 종가평균기간 산정하여야 하고 평가기준일이 매매거래정지기간에 해당된다고 하여 평가기준일이 매매거래정지가 해제된 날로 바뀌는 것은 아님.

사례	인적분할한 상장법인의 주식 평가방법

□ 회사분할 및 재상장 내용

○ 2002.6.27. A상장주식 100주를 증여받은 후에 A법인과 B상장법인(신설법인)이 0.6 : 0.4로 분할되어 A주식 60주와 B주식 40주를 소유하게 되는 경우에 있어 증여받은 A상장주식의 평가방법은?

- 분할 이사회 결의(금감원 분할신고서 제출) : 2002.4.10.
- 주식거래정지일, 평가기준일(증여일) : 2002.6.27.
- 법인분할로 인한 매매거래 정지기간 : 2002.6.27. ~ 8.4.
- 분할등기일(분할기준일 : 2002.7.1.) : 2002.7.3.
- 주식거래 재개일(A, B 재상장일) : 2002.8.5.

(갑설) 평가기준일 이전 2월간(4.27.~6.26.)의 종가평균액으로 평가

(을설) 재상장일 이후(8.5.~8.25.) 기간에 대한 (A주식 종가평균액 × 0.6 + B주식 종가평균액 × 0.4)로 평가

(병설) [(갑설의 가액 × 일수 + 을설의 가액 × 일수) ÷ 합계일수]로 평가

풀이

○ A상장주식 100주에 대한 증여일 이전·이후 각 2월간의 종가평균액을 산정함에 있어 증여일(2002.6.27.)이 매매거래정지일이므로 그 전일(6.26.)부터 소급하여 2월간을 계산하고, 증여일 이후는 인적분할(분할등기일 : 7.3)된 날의 전일까지의 종가평균액을 계산해야 하는데 매매거래정지기간에 속하므로

- 2002.4.27.부터 6.26.까지의 종가평균액에 의하여 평가하는 것이 타당하다는 유권해석임 (갑설이 타당)(서일 46014-11315, 2002.10.9.).

4. 비상장주식 등의 평가

가. 개 요

한국거래소에 상장되어 있는 법인의 주식 중 해당 법인의 증자시 발행한 신주로서 평가기준일 현재 상장되지 아니한 주식을 미상장된 주식이라 하며, 그 주식의 가액은 상장되어 거래되고 있는 구주의 평가액에서 배당차액을 뺀 금액으로 평가한다.

> **비상장주식의 평가액 = ① - ②**
>
> ① 한국거래소에 상장되어 있는 당해 법인의 주식에 대해 평가기준일 이전·이후 각 2월간의 한국거래소의 최종시세가액(거래실적의 유무를 불문한다)의 평균액
> ② 기획재정부령이 정하는 배당차액

배당차액이란 다음의 산식에 의하여 계산한 금액을 말한다.

다만, 해당 법인의 정관에 의하여 해당 법인의 증자시 발행한 신주에 대한 배당기산일을 평가기준일 현재 상장되어 있는 해당 법인의 주식과 배당기산일을 동일하게 정하는 경우에는 배당차액이 없는 것이다(상증법 시행규칙 §18 ②). 즉, 9.1.에 발행한 신주의 배당기산일을 1.1로 정한 경우 배당차액은 없다.

$$\text{배 당 차 액} = \text{1주당 액면가액} \times \text{직전기 배당률} \times \frac{\text{신주발행일이 속하는 사업연도 개시일부터 배당기산일}^* \text{전일까지의 일수}}{365}$$

※ '배당기산일'은 신주발행의 효력발생시기인 '주금납입기일의 다음 날'이 된다(상법 §423 ①).

나. 신주의 주식납입대금을 피상속인(증여자)이 납입한 경우

상장법인이 유·무상증자를 하고 신주의 주금을 피상속인(증여자)이 납입한 경우로서 해당 신주를 아직 상장하지 아니한 시점에서 상속이 개시되거나 증여를 하여 평가하는 경우에는 이미 상장되어 있는 구주식과 아직 상장되지 아니한 신주식 모두가 과세대상이 되며, 이 경우 평가액은 다음과 같이 구분된다.

① 구주식의 평가 : 상장주식의 평가방법(평가기준일 전후 각 2월간 종가평균액)
② 신주식의 평가 : 구주식의 평가가액 - 배당차액

다. 신주의 주금을 상속인(수증자)이 납입한 경우

상장법인이 유 · 무상증자를 하고 신주의 주금을 납입하지 아니한 상태에서 상속이 개시되거나 증여가 이루어져 상속인(수증자)이 주금을 납입한 경우로서 신주를 아직 상장하지 아니한 경우 이미 상장되어 있는 구주식과 신주인수권이 과세대상이 되며, 이 경우 평가액은 다음과 같이 구분된다.

① 구주식의 평가 : 상장주식의 평가방법(평가기준일 전후 각 2월간 종가평균액)
② 신주인수권의 평가 : 구주식의 평가가액 − 배당차액 − 주금납입액

5. 배당의 내용을 달리하는 증자를 한 경우

법인이 우선주 등 이익배당에 관하여 내용이 다른 수종의 주식을 발행한 경우에 그 내용을 감안하여 적정한 가액으로 평가하여야 한다.

회사는 이익이나 이자의 배당 또는 잔여재산의 분배에 관하여 내용이 다른 여러 종류의 주식을 발행할 수 있으며, 이때에는 정관으로 각종 주식의 내용과 수를 정하여야 한다 (상법 §344). 주식은 그 권리의 내용에 따라 우선주 · 보통주 · 후배주 · 혼합주 등이 있다. 예를 들어 특정연도의 배당액이 정관에서 정한 우선배당률에 미달하는 때에 그 부족액을 후년도의 이익에 대하여 우선적인 배당추징권이 있는 누적적 우선주의 경우 그 배당추징권은 주식평가시 감안하여야 한다.

사례	비상장주식의 평가방법

❑ 다음 사례에서 신주와 미상장주식의 평가가액은?
  ○ 평가기준일 : 2011.9.8.
  ○ 주식수 : 10,000주(구주)
  ○ 신주배정기준일(유상증자 15%) : 2011.8.23.
  ○ 주금납입일 : 2011.8.31.   재상장예정일 : 2011.10.1.
  ○ 전기배당률 : 액면가액(5,000원)의 20 %
  ○ 증자가 있는 날의 다음 날부터 평가기준일 이후 2월이 되는 날까지의 기간의 종가평균액은 20,000원이며 최대주주 보유주식은 아님.

풀이
  ○ 신주와 구주를 구별하여 별도 평가
    −① 구주 평가액 : 구주 20,000원 × 10,000주 = 200,000,000원

```
  -② 신주평가액 : 20,000원-665원 = 19,335원
     • 구주평가액 : 20,000원
     • 배당차액 : (5,000원 × 20%) × 243일/365일 = 665원
       (2011.1.1.~2011.8.31.의 일수 243일)
  -신주 19,335원 × 1,500주 = 29,002,500원
  ○ 주식평가 합계액 : 229,002,500원
```

제 3 절 : 코스닥상장주식의 평가

1. 평가의 원칙

자본시장법에 따른 코스닥시장에서 거래되는 주식 및 출자지분의 경우 상장법인의 주식 및 출자지분과 마찬가지로 평가기준일 이전·이후 각 2개월 동안 공표된 매일의 한국거래소 최종 시세가액(거래실적의 유무를 불문함)의 평균액으로 평가한다.

다만, 평가기준일 전후 6월(증여세가 부과되는 주식 또는 출자지분의 경우에는 3월로 한다) 이내에 한국거래소가 정하는 기준에 따라 매매거래가 정지되거나 관리종목으로 지정·고시되는 등 일부 사유가 있는 경우에는 비상장주식으로 보아 평가한다.

2. 관리종목으로 지정된 경우 등 평가

코스닥상장주식을 한국거래소 종가로 평가하는 것은 시장성이 있음을 고려한 것이나, 관리종목으로 지정되거나 매매가 정지되는 등으로 거래가액을 시가로 보기 어려운 경우에는 비상장주식의 평가방법에 의한다.

다만, 2000.1.1.부터 단순 공시의무 위반 및 사업보고서 제출의무 위반 등으로 인하여 관리종목으로 지정·고시되거나 등록신청서 허위기재 등으로 인하여 일정기간 매매거래가 정지된 경우로서 적정하게 시가를 반영하여 정상적으로 거래가 이루어지는 경우에는 최종시세가액의 평균액으로 평가한다(상증법 시행규칙 §16의2 ②).

주식거래실적부진, 주식분산기준미달, 감사의견 부적정, 자본전액잠식, 주된 영업활동정지, 주된 영업의 양도 또는 피흡수합병, 당좌거래정지, 최종부도, 회사정리절차 개시신

청으로 인해 관리종목으로 지정된 경우에는 시장성이 없는 것으로 보아 비상장주식의 평가방법에 의하여 평가한다.

 관련 예규 · 심판결정례 및 판례 등

☐ 코스닥상장주식이 관리종목으로 지정 · 고시된 경우 평가(법규과-248, 2011.3.9.)
  - 상증규칙 제16조의2에서 규정한 "등록신청서 허위기재"는 관리종목 지정사유에 해당하고
  - 관리종목 지정 · 고시라는 명시적인 언급이 없어도 관리종목 지정 · 고시사유가 발생하여 매매거래가 일정기간 동안 정지된 경우 예외 없이 비상장주식 평가방법을 적용하는 것이 아니라, 적정하게 시가를 반영하여 정상적으로 매매거래가 이루어진 경우에는 평가기준일 전 · 후 2월간의 종가평균액을 시가로 적용할 수 있음.

☐ 코스닥주식을 평가기준일 전후 각 2월간의 종가평균액으로 평가하는 규정은 헌법에 위배되지 아니함(헌재 2014헌바363 · 364, 2016.2.25.).

사실관계

  - 코스닥주식을 1주당 5,099원에 장외에서 특수관계없는 자로부터 양수한 것에 대해
  - 종가평균액 1주당 7,783원보다 저가양수로 보아 그 차액에 대해 증여세 과세

결정요지

코스닥상장법인의 주식은 증권시장의 동향에 따라 시세 변동의 폭이 매우 커 거래가 체결된 특정시점의 시세가액만으로는 주식의 내재적 가치를 합리적으로 평가할 수 없으므로, 평가의 시적 범위를 확장할 필요성이 인정된다. 특히, 평가기준일 하루만을 기준으로 코스닥상장법인의 주식을 평가하게 되면, 증여 이후 주가의 단기적인 변동에 따라 증여계약을 해제하고 하락한 주가를 기준으로 재차 증여하는 행위를 반복하여 과세행정에 혼란이 야기되거나, 법인의 내부정보에 쉽게 접근할 수 있는 사람들이 주가상승이 임박한 시점에 주식을 양도하는 등 주식의 양도가 증여세 부담을 회피하면서 거액을 증여하기 위한 수단으로 악용될 가능성이 있다. 또한, 평가기준일 이전 · 이후 각 2월간을 평가기간으로 정한 것은 평가의 안정성과 객관성을 높이기 위하여 구법 조항들에 비해 그 기간을 늘린 것으로 주식의 내재적인 가치를 평가함에 있어 적절한 기간이고, 그 기간이 예측가능성을 현저하게 해할 정도로 장기간으로 보이지도 아니한바, 상속증여세법 제63조 제1항 제1호 나목은 청구인들의 재산권을 침해하지 아니함.

3. 증자 · 합병 등의 사유 발생시 평가방법

평가기준일 이전 · 이후 각 2개월간의 공표된 매일의 최종시세가액(거래실적의 유무를 불문함)의 평균액을 계산함에 있어서 평가기준일 이전 · 이후 각 2개월의 기간 중에 증자 · 합병 등의 사유가 발생하여 당해 평균액에 의하는 것이 부적당한 경우에는 상장주식

과 마찬가지로 다음의 구분에 따른 기간의 평균액으로 평가한다.

① 평가기준일 이전에 증자·합병 등의 사유가 발생한 경우에는 그 사유가 발생한 날 (증자·합병의 사유가 2회 이상 발생한 경우에는 평가기준일에 가장 가까운 날을 말함. 이하 같음)의 다음 날부터 평가기준일 이후 2월이 되는 날까지의 기간

② 평가기준일 이후에 증자·합병 등의 사유가 발생한 경우에는 평가기준일 이전 2개 월이 되는 날부터 그 사유가 발생한 날의 전일까지의 기간

③ 평가기준일 이전·이후에 증자·합병 등의 사유가 발생한 경우에는 평가기준일 이 전 동 사유가 발생한 날의 다음 날부터 평가기준일 이후 그 사유가 발생한 날의 전일까지의 기간

제4절 · 상장추진 중인 법인 등의 주식평가

1. 개 요

재산의 평가방법은 평가기준일 현재 평가대상 재산의 현황에 따라 적용하는 것이 원칙이다. 상장이 예정된 법인의 주식이라도 평가기준일 현재 비상장주식인 경우 비상장주식의 평가방법을 적용하여야 할 것이나, 평가기준일 직후에 상장되어 시가를 확인할 수 있는 경우 등에는 상장되어 최초 거래할 때의 기준가액과 비상장주식의 평가액 중 큰 금액으로 평가하는 특례규정을 두고 있다.

이러한 비교 평가대상 주식은 기업공개를 목적으로 금융위원회에 일정기간 내에 유가증권 신고를 한 법인의 주식 등과 자본시장법에 따른 코스닥시장에서 주식 등을 거래하기 위하여 일정기간 내에 한국거래소에 상장을 신청한 법인의 주식 등이다.

2. 상장추진 중에 있는 법인의 주식 평가

기업공개를 목적으로 금융위원회에 유가증권신고를 한 법인(코스닥상장 및 비상장법인 포함)의 주식에 대하여는 해당 법인의 사업성, 거래상황 등을 고려하여 주식평가를 하도록 규정하고 있다.

1997.1.1. 이후 상속개시분 또는 증여분부터 상장추진기간 중에 있는 코스닥상장주식 및 비상장주식은 다음의 ①과 ②의 가액 중 큰 금액으로 평가하도록 하였다.

> ① 자본시장법에 따라 금융위원회가 정하는 기준에 따라 결정된 공모가격
> ② 상속증여세법 제63조 제1항 제1호 가목(코스닥상장주식) 또는 나목(비상장주식)에 따라 평가한 해당 주식의 가액

이때 "상장추진기간 중"이란 기업공개를 목적으로 금융위원회에 유가증권신고를 한 법인의 주식으로서 평가기준일 현재 유가증권신고(유가증권신고를 하지 아니하고 상장신청을 한 경우에는 상장신청을 말함) 직전 6개월(증여세가 부과되는 주식의 경우에는 3개월)부터 한국거래소에 최초로 주식을 상장하기 전까지의 기간을 말한다.

가. 상장을 위하여 유가증권신고를 한 경우

평가기준일이 유가증권신고일(②) 직전 6개월(증여의 경우 3개월)이 되는 ①부터 상장되기 전인 ③의 전날의 기간 중에 있는 경우 공모가격과 비교하여 큰 금액으로 평가한다.

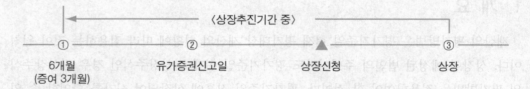

나. 유가증권신고 없이 직접 상장신청하는 경우

유가증권 신고를 하지 아니하고 등록신청을 한 경우에는 등록신청일(②)을 유가증권신고일로 보아 해당 규정을 적용한다.

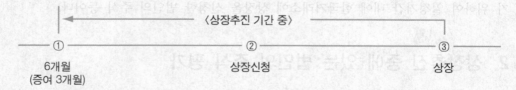

➡ 평가기준일이 ①~③의 기간 중에 있는 경우 적용

3. 코스닥상장추진 중에 있는 법인의 주식평가

비상장주식 중 자본시장법에 의한 코스닥시장에서 주식 등을 거래하고자 상장 추진중에 있는 법인의 경우에도 평가기준일 현재 유가증권 신고(유가증권 신고를 하지 아니하고 등록신청을 한 경우에는 등록신청을 말한다) 직전 6개월(증여세가 부과되는 주식 등의 경우에는 3개월로 한다)부터 한국금융투자협회에 등록하기 전까지의 기간 중에는 금융위원회가 정하는 기준에 따라 결정된 공모가격(①)과 비상장주식의 보충적 평가방법에 의한 평가액(②) 중 큰 가액으로 평가한다.

> ① 자본시장법에 따라 금융위원회가 정하는 기준에 따라 결정된 공모가격
> ② 상속증여세법 제63조 제1항 제1호 나목(비상장주식)의 규정에 따라 평가한 해당 주식의 가액

 관련 예규·심판결정례 및 판례 등

❑ **기업공개 준비중인 주식은 거래가액등 시가가 있으면 시가에 의하고, 시가가 없는 경우 공모가격과 보충적 평가액 중 큰 가액으로 평가함**(상속증여세과 - 474, 2014.12.9.).

❑ **기업공개 준비중인 주식의 평가방법**(재산세과 - 22, 2012.1.18.)

상장 신청한 법인의 주식으로서 평가기준일이 유가증권신고 직전 6개월(증여세 적용시는 3개월)부터 상장하기 전까지의 기간 내에 있는 법인 주식의 가액은 공모가격과 보충적 평가액 중 큰 가액으로 함.

[사실관계]

○ 2011.10.25. 현재 甲법인의 주식을 평가할 때 甲법인이 보유한 A주식 평가방법은?

○ A사는 2011.11.23. 코스닥시장에 상장됨.

- 상장예비심사청구서 제출일 : 2011.4.14.
- 상장예비심사승인 통보일 : 2011.6.9.
- 유가증권 최초신고일(금융위원회) : 2011.9.5.
- 유가증권 정정신고일(금융위원회) : 2011.11.10.
- 코스닥상장일 : 2011.11.23.

- A사 주식의 평가기준일 주식가액, 공모가액 및 상장일 종가는 다음과 같음.

구 분	상속증여세법상 평가액	공모가액	상장일 종가
평가기준일	2011.10.25.	2011.11.10.	2011.11.23.
주식가액(원)	20,000	34,000	78,000

❑ 인적분할 신설법인이 코스닥시장에 재상장하는 경우 주식 평가방법(재산세과-556, 2011.11.22.)

코스닥상장법인으로부터 인적분할하여 재상장되는 분할신설법인의 주식으로서 재상장되기전 주식의 평가는 공모가격과 보충적 평가가액 중 큰 가액으로 하는 것이며 공모가격이 없는 경우에는 보충적 평가가액으로 하는 것임.

사실관계

- 상속개시일 : 2011.3.5.
- 상속인 : 배우자, 아들 2명
- 상속주식 : ○○홀딩스, ○○
- 상속주식 평가기간 : 2011.1.6. ~ 2011.5.4.
- ○○홀딩스는 코스닥 상장회사로 인적분할에 의해 2011.1.1. 2개 회사로 분할됨 : ○○홀딩스(존속회사), ○○(신설회사)
- 회사분할로 2011.1.1.부터 거래 정지된 후 ○○홀딩스는 2011.2.1. 코스닥에 재상장되었고, ○○은 2011.5.2. 코스닥에 상장됨.

❑ 증여일부터 기업공개를 위한 유가증권신고서 접수일까지의 기간이 3월 10일인 경우 상속증여세법 제63조 제2항을 적용하여 공모가격과 비교하여 큰 금액으로 평가하지 아니함(서일 46014-11264, 2002.9.27., 재산상속 46014-2013, 1999.11.25.).

❑ 협회등록을 위한 유가증권신고 후 정정신고한 경우 평가방법

협회등록을 위한 유가증권신고 직전 6월(증여는 3월)부터 협회등록 전까지의 비상장주식은 공모가격과 보충적 평가가액 중 큰 가액으로 평가하는 바, 아래와 같이 당초 유가증권신고를 정정신고한 경우에 증여일이 유가증권신고 직전 3월 이내인지 여부를 판단할 때에 그 기준일을 어느 날로 할 것인가에 따라 평가액이 달라질 수 있는데

(1안) 당초 신고일(1999.11.6.)로 하여 공모가(40,000)로 평가한다. ⇨ 타당함.

(2안) 정정신고일(1999.11.19.)로 하여 공모가로는 평가하지 않는다.

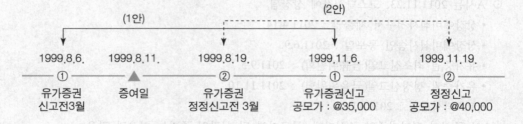

해설

(1안)에 의하는 것이 기업공개중인 주식에 대한 평가특례규정의 취지에 적합한 것으로 보인다. 즉, 유가증권신고서상 주요내용이라 할 수 있는 공모가격이 변경되었고 증여세 신고기한 이내에 최종 확정된 공모가격으로 주식을 평가하고 과세표준 및 세액을 산출하여 신고할 수 없으므

로 공모가격이 확정된 유가증권정정신고서를 제출한 날을 기준으로 해야 한다는 주장도 생길 수 있으나, 기업공개중에 있는 법인의 주식에 대하여 공모가격과 상증법상 평가액을 비교하여 큰 금액으로 평가하는 것은 통상 보충적 평가액이 시가에 못 미치는 점을 감안하여 보다 시가에 근접한 가액으로 평가하고자 하는데 취지가 있다고 볼 때에 한국증권업협회에 등록한 법인이라면 그 등록을 위한 유가증권신고를 언제 했느냐가 주식평가방법을 결정하는데 있어 중요한 것으로서, 공모가격이 언제 확정되느냐 또는 당초 신고내용을 정정했느냐 하는 것은 등록절차상 부수적인 문제일 뿐 협회등록 자체에 또는 시가평가 취지에 영향을 주는 것은 아니며 증여세 신고는 신고기한 내에 확인되는 공모가격에 의하고 그 가격 변경시에는 수정신고 또는 경정청구하여 바로 잡을 수 있는 것이고 이에 따른 납세자 불이익은 가산세 면제 등을 통하여 해결할 사항이지 평가방법을 변경할 사항은 아니라고 보인다.

제5절 : 비상장주식의 평가

1. 개 요

비상장주식이란 한국거래소에서 거래되는 상장주식과 코스닥상장주식 외의 주식을 말한다. 비상장주식의 가액은 시가에 의하되, 시가를 산정하기 어려운 경우에는 순자산가치와 순손익가치의 가중평균액, 순자산가치 등에 의하여 평가하고 있다.

기업가치를 평가하는 이론과 모델은 여러 가지가 있으며 대부분 시장가치를 반영하고 장래의 수익력을 측정하는 방법 등으로 이루어지고 있다. 그러나 세법상 주식의 평가방법은 법적안정성과 예측가능성을 확보할 필요가 있으므로 원칙적으로는 이미 확정된 재무상태 또는 영업실적 등에 의하여 평가하고 있다.

일반적 기업의 가치를 평가하는 방법에는 다음 세 가지 측면에서 살펴볼 수 있다.

가. 순자산가치법(Net Asset Value)

기업회계상 기업의 가치는 총자산에서 총부채를 차감한 순자산가치로 평가한 가액이라는 논리로부터 출발된 전통적인 평가방법 이론이다.

그러나 이 자산가치의 평가에 있어서도 재무상태표상 각 자산과 부채항목을 어떤 기준에 의해 어떻게 평가할 것인가에 따라 자산가치금액은 상이할 수 있다. 일반적으로

M&A 등 거래에 있어서는 장부가치에 자산, 부채의 각 항목을 적절히 평가한 후 그 평가차액을 빼거나 더하여 산정하는 시가평가방법에 의하여 기업의 실제가치를 반영한다.

나. 수익가치법(Revenue Value)

미래수익창출능력은 향후 영업을 통해 기대되는 순현금흐름(Net Cash Flow)이라 할 수 있으며, 미래의 순현금흐름을 일정한 할인율로 할인한 현재가치가 미래의 영업을 고려한 기업가치가 된다. 그러므로 기업을 매수하려는 매수자는 매수가격보다 매수 후 미래현금흐름의 현재가치가 크다고 판단될 때 매수를 결정하게 될 것이다.

① 현금흐름할인가치(Discounted Cash Flow Method)

미래의 영업을 통해 기대되는 순현금흐름을 일정한 할인율로 할인한 현재가치를 기업의 가치로 평가하는 평가방법으로 기업의 존재목적과 기업에 대한 투자목적을 고려할 때 이론적으로 가장 합리적인 평가방법이라 할 수 있으나, 평가과정에서 고려하여야 할 변수가 많고 복잡하여 평가결과에 대한 이해를 구하기가 상당히 어렵다는 단점이 있다.

② 이익할인가치

이익할인가치 평가방법은 현금흐름할인가치가 논리적 강점이 있으나 실용성이 떨어지는 면을 고려하여 좀더 계산하기 간편하고 이해하기 쉽게 변형한 평가방법이다.

③ 배당평가모형가치(Discounted Dividend Payout)

기업의 미래수익 또는 미래의 순현금흐름이 투자자의 수익으로 실현되는 것은 배당을 통해서라고 가정할 때 투자자 입장에서의 기업가치는 향후에 기대되는 투자기업으로부터의 배당금을 적정한 할인율로 할인한 현재가치가 될 것이라는 논리에 따라 개발된 고전적인 기업가치평가모델로 배당평가모형이 있다.

다. 시장가치법(Market Value)

자산가치와 수익가치가 평가대상 기업의 고유한 재무상황 및 미래 수익창출능력만을 가지고 기업가치를 평가하는 가치개념이라면 시장가치는 이런 기업의 재무상황과 미래 수익창출가능성을 기초로 시장메카니즘을 통해 형성되는 기업의 가치를 말한다. 즉, 상장기업의 경우 증권시장에서의 주가는 바로 주식발행기업의 시장가치가 되는 것이다. 시장가치 형성의 기초는 물론 자산가치와 수익가치 즉, 기업의 본질가치가 그 기준이 되지만 주식시장 전체의 상황에 따라 주가는 끊임없이 변동하는 특성을 갖는다.

2. 시가평가의 원칙

비상장주식의 가액도 부동산이나 그 밖의 유형재산 등과 마찬가지로 불특정다수인 사이의 객관적 교환가치를 반영한 거래가액 또는 경매·공매가액 등 시가가 확인되는 경우에는 시가로 평가하는 것이 원칙이다.

시가를 적용함에 있어 소액주주 지분에 해당하는 주식의 거래가액, 감정가액 및 물납한 비상장주식의 공매·경매가액은 다른 재산과 달리 시가로 인정하지 않는다.

즉, 평가기준일 전후 일정기간 이내에 매매사실이 있는 경우 그 거래가액이 특수관계인과의 거래 등 객관적으로 부당하다고 인정되는 경우를 제외하고는 시가로 볼 수 있다. 이 경우 그 가액이 객관적으로 부당하다고 인정되는 경우란 평가기준일부터 매매계약일까지의 가격변동 요인과 거래당사자 사이의 관계, 거래경위 및 가격결정 과정과 거래규모 등을 종합적으로 고려하여 해당 가액이 불특정다수인 사이에 자유로이 거래가 이루어지는 경우에 통상 성립된다고 인정되는 가액에 해당하는지 여부를 거래별로 판단하여야 할 것이다.

또한, 평가기준일 전 2년부터 법정 결정기한까지(평가기준일 전 6월부터 6월, 증여는 3월까지 있는 거래가액 등은 세무서장 등이 시가여부 직접 판단함) 해당 비상장주식에 대한 거래가액이 있는 경우로서 평가기준일과 매매계약일까지의 기간 중에 주식발행회사의 경영상태, 시간의 경과 및 주위환경의 변화 등을 감안하여 가격변동의 특별한 사정이 없다고 인정되는 때에는 그 거래가액은 관할세무서장 등의 신청에 따라 평가심의위원회의 자문을 거쳐 해당 재산의 시가로 채택할 수 있다.

가. 소액주주 지분에 해당하는 주식의 거래가액

2012.2.2. 이후 상속·증여분부터 비상장주식을 특수관계인이 아닌 자와 소액의 거래를 통해 매매사례가액을 만든 후 대주주 등이 상속 또는 증여하면서 시가로 인정받는 것을 방지하기 위하여 거래된 비상장주식의 가액(액면가액의 합계액을 말한다)이 다음의 금액 중 적은 금액 미만(소액주주에 해당)인 경우에는 시가로 보지 아니한다.

다만, 평가심의위원회의 자문을 거쳐 그 거래가액이 거래의 관행상 정당한 사유가 있다고 인정되는 경우에는 시가로 볼 수 있다.

　㉠ 액면가액의 합계액으로 계산한 해당 법인의 발행주식총액 또는 출자총액의 100분의 1에 해당하는 금액

　㉡ 3억원

 관련 예규·심판결정례 및 판례 등

❑ 캠코가 운영하는 온비드를 통한 매각시 공매가액은 시가로 보는 공매가액에 해당하지 아니함(법령해석과-2626, 2019.10.9.).

❑ 유상증자시 1주당 주금납입액은 시가에 해당 안됨(재산상속 46014-604, 2000. 5.19.).

❑ 평가기준일부터 2월전 비상장법인의 유상증자시 기관투자자가 공모방식으로 신주를 인수한 경우 당해 주금납입액은 시가에 해당되지 아니함(법규과-798, 2006.3.3.).

❑ 비상장회사의 증권업협회 등록시의 공모희망가액이나 신주공모가액을 주식 시가로 볼 수 없음(대법원 2005두2841, 2007.5.31.).

【매매사례가액을 시가로 본 판례 등】

❑ 1년 1개월 전의 거래가액 시가 인정한 사례(조심 2012중1365, 2012.10.31.)
　　처분청은 쟁점주식의 시가로 인정할 만한 가격이 없다고 보아 상속증여세법상 보충적 평가액인 1주당 ○○○원으로 증여세과세가액을 산정하여 청구인에게 명의신탁재산의 증여의제에 따른 증여세를 과세하였으나, 쟁점주식은 2006.2.28. 주당 ○○○원에 거래되었고, 쟁점주식의 명의신탁자인 유○○○이 2008.6.27. 주당 ○○○원에 취득하였으며(조심 2012중2465, 2012.9.25. 참조), 2008.6.27. 이후 이 건 명의신탁일 현재까지 쟁점주식의 가격변동이 있을만한 특별한 사정이 없어 보이는 점, 쟁점주식의 1주당 상속증여세법에 의한 보충적 평가액은 ○○○원으로 큰 변동이 없는 것으로 나타나는 점 등을 종합하여 볼 때, 쟁점주식의 매매사례가액(1주당 ○○○원)을 인정하여 이를 증여당시 쟁점주식의 1주당 시가로 보는 것이 합리적이라 판단됨.

❑ 비상장주식의 매매사례가액의 시가해당 여부(대법원 2011두21539, 2011.12.27.).
　　주식 거래에 참여한 자가 13명에 이르는 점, 거래자들 사이는 특수한 관계가 있다는 등 주식거래 가액이 객관적으로 부당하다고 인정할 만한 사정을 입증할 증거가 없는 점 등으로 보아 주식 매매사례가액을 시가로 인정함이 타당함.

❑ 보충적 평가방법에 대한 증명책임은 과세관청에 있음(대법원 2011두22075, 2011.12.22.).
　　비상장주식의 증여 당시 시가를 산정하기 어려워서 보충적인 평가방법을 택할 수밖에 없었다는 점에 관한 증명책임은 과세관청에 있고, 원고가 주식교환계약의 방법으로 비상장주식을 정

당한 사유 없이 시가보다 현저히 높은 가액으로 양도하였다고 볼 수 없음.

❑ 주식의 거래가액이 객관적 교환가격을 반영한 시가인지 여부(대법원 2010두26766, 2011.3.24.)

제3자에게 양도가 금지된 주식이고, 주식의 양도는 미리 정하여진 주당가치에 의하여 결정되도록 강제된 점, 주식의 양도가 피상속인의 사망으로 이뤄진 점, 약정가액이 영업이익을 기준으로 정하여 진 점 등으로 보아 객관적 교환가치를 반영한 시가에 해당됨.

❑ 매매가액이 다수인 경우 거래량에 비추어 시가로 봄이 타당함(대법원 2010두5400, 2010.6.24.)

비상장주식의 명의신탁 무렵, 제3자가 비상장주식을 매도하면서 45명에게 주당 50,000원에 11,620주를 매도하였고, 2명에게는 주당 30,000원에 7,330주를 매도하였는 바, 거래대상의 수와 거래량에 비추어 보면 주당 50,000원을 시가로 봄이 타당함.

❑ 상속개시 후 6월 이내에 실지거래된 비상장주식의 가액이 채권자인 금융기관이 평가한 가액과 거래 당사자들의 관계, 시기, 거래경위 등으로 보아 객관적 교환가치가 적정하게 반영된 경우에는 그 거래 가액을 시가로 보아 당해 주식을 평가하여야 함(대법원 2000두1287, 2000.7.28.).

➡ 금융기관이 순자산가치와 순손익가치를 기초로 하여 산정한 평가액은 @27,704원이고 거래가액 @25,000원인데도 과세관청은 보충적 평가액인 @32,283원으로 상속세 부과했으나, 거래가액을 시가로 인정함(國敗).

❑ 비상장주식의 매매실례가액이 객관적인 교환가치를 반영한 시가로 인정되므로 보충적 평가방법의 평가액은 부당함(대법원 96누17080, 1998.8.21.).

➡ 납세자가 상속개시 당시 시가로 신고한 것을 과세관청이 시가로 인정하지 않고 상속세법상 보충적 평가방법으로 주식을 평가하여 결정(國敗)

❑ 우리사주조합 또는 원고와 타인간의 거래로 특수관계가 없고 다른 특별한 사정이 없는 한 거래가격은 주식의 객관적인 교환가치를 적정하게 반영한 것으로 보아야 함(대법원 98두19612, 1998.2.10.).

➡ 우리사주조합을 통한 매매실례가액이 있음에도 과세관청이 상속세법상 보충적 평가방법에 의해 주식을 평가하여 결정(國敗)

❑ 비상장주식의 매매실례가액이 불특정다수인 간의 수차례에 걸친 가액은 아니더라도 정상적인 거래에 의해 형성된 객관적인 교환가치를 반영하였으므로 시가로 인정됨(대법원 97누8502, 1997.9.26.).

➡ 납세자가 매매실례가액에 의해 신고한 것을 과세관청이 상속세법상 보충적 평가방법에 의하여 주식을 평가하여 결정(國敗)

❑ 상속개시일로부터 5개월 후의 비상장주식 거래는 불특정다수인 간의 수차례에 걸친 거래도 아니고 대량 거래한 것이 아니더라도 거래당사자간의 관계, 거래의 경위, 가격결정과정 등에 비추어 의도적인 조작거래가 아닌 객관적인 교환가치를 반영한 정상적인 거래가격임(대법원 92누17174, 1993.7.27.).

➡ 납세자가 5개월 후의 매매실례가액으로 상속세 신고한 것을 과세관청은 상속세법상 보충적 평가방법에 의하여 주식을 평가하여 결정(國敗)

❑ 비상장주식이라도 반드시 시가를 산정하기 어렵다고 볼 수 없으므로 객관적인 교환가치를 적정하게 반영된 정상적인 거래의 실례가 있으면 그 거래가격을 시가로 보아야지 보충적 평가방법으로 평가해서는 안됨(대법원 88누3765, 1989.6.13.).

　➡ 납세자가 액면가에 미달하는 매매실례가액으로 증여의제 신고한 것을 과세관청이 상속세법상 보충적 평가방법으로 주식가액을 높게 평가하여 결정(國敗)

❑ 비상장주식의 거래가액인 @2,500을 시가로 보아 과세했으나, 당해 거래가액은 다른 법인과의 합병 과정이라는 특수상황에서 이루어진 것이어서 시가로 인정하기 어렵고, 상속세법상 보충적 평가액인 "0"원도 아니어서 합병시 평가액 및 합병비율을 감안한 @1,345원으로 평가하여 과세함이 타당함(국심 99서2186, 2000.7.20.).

【매매사례가액을 시가로 보지 않은 판례 등】

❑ 증여일 전후 3개월 이내의 매매가액에 해당하지 않는데도, 단순히 경영권을 포함한 큰 규모의 지분 거래라는 이유만으로 증여일 이전에 쟁점주식 매매거래가 사실상 확정되었다고 추정하여 쟁점매매 가액을 증여일 현재 쟁점주식의 시가로 본 것은 잘못임(조심 2020서1189, 2021.7.29).

❑ 매매사례로 적용한 주식의 내용이 다른 경우 적용할 수 없음(대법원 2014두45031, 2015.2.26.).
매매사례로 적용한 주식에는 전환청구권이 있는 것이었고 이 사건 주식은 전환청구권이 유보 된 채로 매매된 것이므로 매매사례가액을 적용한 이 사건 처분은 위법함.

❑ 특수관계인 간 거래가액으로서 시가로 볼 수 없음(대법원 2011두14142, 2011.8.17.).
원고의 주식 양수거래는 특수관계인간 거래인 점, 양수할 때까지 법인의 주식이 거래된 적이 없는 점, 감정가격도 존재하지 않는 점 등으로 보아 거래가액을 부인하고 보충적 평가방법으로 주식의 시가를 산정하여 증여세를 과세한 처분은 적법함.

❑ 외부전문가를 영입하는 특수한 사정에 따라 이루어진 제한된 특수관계 외의 거래라도 객관적 교환 가치 반영한 경우 시가로 볼 수 없음(대법원 2011두4756, 2011.5.26.).

❑ 경영권과 함께 양도하는 비상장주식의 거래가액을 시가로 볼 수 없음(대법원 2010두17977, 2010.12.9.).

❑ 비상장주식의 거래가액을 증여당시의 시가라고 할 수 있기 위하여는 객관적으로 보아 그 거래가액 이 일반적이고도 정상적인 교환가치를 반영하고 있다고 볼 사정이 있어야 하고, 또한 증여시와 거래 일 사이에 가격의 변동이 없어야 할 것이므로, 주식거래일 이후 당해 법인의 영업실적 등이 크게 달라진 경우에는 시가로 볼 수 없음(대법원 99두2529, 2000.1.21.).

　➡ 납세자가 액면가보다 약간 높은 거래가액을 시가로 주장하였으나, 거래이후 법인의 영업실 적 등에 변동이 있어 시가로 채택할 수 없다하여 과세관청이 상속세법상 보충적 평가방법 으로 주식가액을 높게 평가한 처분을 인정(國勝)

❑ 비상장법인의 주식에 대하여 적절한 거래실례가 인정 안되고, 객관적·합리적인 감정가액도 없는 경우 시가를 산정하기 어려운 때로서 보충적 평가액에 의할 수 있음(대법원 95누18062, 1996.12.10.).

　➡ 납세자가 매매실례가액을 주장하였으나 과세관청이 불특정 다수인간의 거래가 아니고 주식의 객관적 교환가치가 적정하게 반영되지 않았다 하여 보충적 평가방법으로 과세

❑ 거래실례가 있다하여도 그 거래가액을 객관적인 교환가치를 적정하게 반영하는 정상적인 거래로 인하여 형성된 가격이라고 할 수는 없고 증여의 대상이 비상장주식이라면 그 시가를 산정하기 어려운 것으로 보고 보충적 평가방법에 따라 그 가격을 산정할 수 있음(대법원 96누9423, 1996.10.29.).

　➡ 매매실례가액으로 액면가액을 주장하였으나 과세관청이 보충적 평가방법에 의해 과세

❑ 상속된 주식과 동일한 주식이 상속개시일에 근접하여 일시에 거래되었다 해도 비상장주식의 거래가액이 객관적인 교환가치를 반영하고 있지 않으면 시가로 볼 수 없음(대법원 80누543, 1982.2.23.).

　➡ 상속개시일에 근접하여 거래된 주식이라도 비상장주식의 거래가액이 경영권의 지배를 수반하는 이례적인 경우는 객관적 가치를 반영하고 있지 않아 시가 아님.

나. 비상장주식의 감정가액

비상장주식에 대한 감정가액은 시가로 인정하지 아니하도록 상증령 제49조 제1항 제2호에서 규정하고 있다. 이 때 감정가액은 '특정 비상장법인의 1주당 가액은 몇 원이다'라는 형식의 감정평가액을 말하는 것이며, 시가가 없는 비상장주식을 보충적 평가방법으로 평가할 때에 감정평가법인 또는 개인감정평가사로부터 해당 법인의 각 자산별 감정가액으로 1주당 순자산가치를 평가할 수 있다.

다. 물납한 비상장주식의 공매·경매가액

2004.1.1. 이후 상속개시분 또는 증여분부터 상속세액 또는 증여세액에 대하여 물납한 비상장주식을 상속인·증여자·수증자 또는 그의 특수관계인이 낮은 가액으로 공매를 받고 그 공매가액으로 해당 주식 등과 동일한 종목의 주식을 증여하여 증여세를 부당하게 감소시키는 것을 방지할 목적으로 이러한 공매가액은 시가로 인정하지 않도록 하였고, 2006.2.9.부터 물납재산의 공매·경매가액에 대한 시가 인정을 더욱 제한하는 등으로 다음에 해당하는 공매 또는 경매 가액은 시가로 보지 아니한다.

① 물납한 재산을 상속인·증여자·수증자 또는 그의 특수관계인이 경매 또는 공매로 취득한 경우

② 경매 또는 공매로 취득한 비상장주식의 가액(액면가액의 합계액을 말한다)이 다음

의 금액 중 적은 금액 미만인 경우, 즉 소액주주 지분에 해당하는 비상장주식을 취
득한 경우를 말한다.

    ㉠ 액면가액의 합계액으로 계산한 당해 법인의 발행주식총액 또는 출자총액의 100
        분의 1에 해당하는 금액

    ㉡ 3억원

③ 경매 또는 공매절차의 개시 후 관련 법령이 정한 바에 따라 수의계약에 의하여 취
    득하는 경우

 관련 예규·심판결정례 및 판례 등

❑ **매각 실익이 없어 공매대행이 해제된 비상장주식의 평가방법**(자본거래관리과-502, 2021.10.22.)

    비상장주식의 공매대행을 의뢰받은 한국자산관리공사가 자체 평가기준으로 당해 비상장주식을
    평가한 결과 매각 실익이 없어 공매대행을 해제하고, 세무서장도 압류를 해제한 경우에 당해
    비상장주식은 시가에 의하며, 시가를 산정하기 어려운 경우에는 상속증여세법 제63조 제1항 제
    1호 나목 및 같은 법 시행령 제54조에 따라 평가함.

❑ **비상장주식 자체의 감정가액은 시가 아님**(재재산 46014-45, 1999.2.9.).

    ➡ 1999.1.1. 이후는 시행령 제49조 제1항 제2호에서 명문화함.

❑ **비상장주식 감정가액은 특별한 사정이 없는 한 시가에 해당하지 않음**(대법원 2008두1849, 2011.5.13.).

3. 보충적 평가방법 등

가. 개 요

    시가를 확인하기 어려운 비상장주식은 1주당 순자산가치와 순손익가치에 의한 보충적
평가방법으로 평가한다. 이 때 1주당 순자산가치는 기업을 청산할 때에 자산에서 부채를
지급하고 남아 주주에게 분배할 수 있는 잔여재산이 얼마인가를 측정하는 청산가치 의미
이고 1주당 순손익가치는 계속기업을 전제로 하여 장래 수익력이 얼마 정도되는가를 측
정하는 의미로 볼 수 있다.

    순자산가치와 순손익가치를 어떤 비중으로 하여 평가할 것인가는 평가의 목적이나 경
제상황 등을 감안하여 입법정책적으로 결정하고 있다.

1) 1주당 순자산가치

　1주당 순자산가치는 평가기준일 현재 평가대상 법인의 자산을 상속증여세법령에 따라 평가한 가액의 합계액에서 부채총액을 뺀 순자산가액을 발행주식총수로 나누어서 계산한다.

　순자산가치는 청산가치를 측정하는 의미가 있으므로 순자산가치가 부수로 된다는 것은 결국 해당 법인이 평가기준일 현재 청산하는 경우 주주에게 귀속되는 잔여재산이 전혀 없다는 것을 의미한다. 이러한 점을 고려하여 순자산가치가 부수로 산출되는 경우 0원으로 하도록 유권해석하여 적용하던 것을 2009.2.4. 이후 상속증여세법 시행령 제55조 제1항에서 명확하게 규정하였다.

$$1주당\ 순자산가치 = \frac{평가기준일\ 현재\ 순자산가액}{평가기준일\ 현재\ 발행주식총수}$$

2) 1주당 순손익가치

　순손익가치는 평가기준일 이전 최근 3년간의 1주당 순손익액 가중평균액을 순손익가치환원율로 나누어서 계산한다. 순손익가치는 계속기업으로서 영위할 때에 장래의 수익력을 측정하는 측면에서 볼 때 장래 예상되는 이익을 추정하여 산출하는 것이 이론적으로 타당하겠지만 보충적 평가방법이 가지는 획일성과 신속성 등을 고려하여 이미 확정된 최근 사업연도 순손익액으로 평가하도록 하고 있다.

　다만, 평가기준일 이전 최근 3년간의 순손익액이 일시우발적 사건으로 인하여 비정상적인 경우 등의 사유로 인해 장래의 순손익가치를 측정하기 불합리한 경우에는 신용평가 전문기관 등의 추정이익에 의하여 순손익가치를 평가할 수 있도록 하고 있다.

$$1주당\ 순손익가치 = \frac{\begin{array}{c}1주당\ 최근\ 3년간의\ 순손익액의\ 가중평균액\\ 또는\ 신용평가전문기관\ 등의\ 1주당\ 추정이익의\ 평균가액\end{array}}{순손익가치환원율(기획재정부장관\ 고시,\ 10\%)}$$

　이 경우 1주당 최근 3년간의 순손익액의 가중평균액이 0원 이하인 경우에는 0원으로 한다(상증령 §56 ①). 따라서 이 경우 순손익가치는 0원이 된다.

관련 예규 · 심판결정례 및 판례 등

❏ 법인이 우선주 등 이익배당에 관하여 내용이 다른 수종의 주식을 발행한 경우에는 그 내용을 감안하여 적정한 가액으로 평가해야 함(재산세과 – 603, 2011.12.20.).

❏ 비상장주식을 보충적 평가방법으로 평가하는 경우로서 1주당 순손익가치와 순자산가치가 모두 부수인 경우에는 그 평가액은 영(0)으로 하는 것임(재산세과 – 40, 2012.2.7.).

나. 순자산가치와 순손익가치의 가중평균액에 의한 평가

2004.1.1.부터 법인별 유형에 따라 순자산가치와 순손익가치에 각각 가중치를 둔 가중평균액으로 1주당 가액을 평가하되, 사업개시 전 법인, 휴 · 폐업중이거나 청산중인 법인 등은 순자산가치로만 평가한다.

2017.4.1. 이후 상속이 개시되거나 증여받은 분부터 그 가중평균한 가액이 1주당 순자산가치에 100분의 80을 곱한 금액보다 낮은 경우에는 1주당 순자산가치에 100분의 80을 곱한 금액으로 한다. 이 경우 2017.4.1.부터 2018.3.31.까지 상속이 개시되거나 증여받는 비상장주식 등에 대해서는 100분의 80을 100분의 70으로 한다(상증령 부칙 §7).

1) 원 칙

2004.1.1.부터 순자산가치와 순손익가치의 가중치를 각각 2와 3을 주고 더한 금액을 5로 나눈 가중평균액으로 평가하는 것이 원칙이다.

$$1주당\ 평가액 = \frac{1주당\ 순자산가치 \times 2 + 1주당\ 순손익가치 \times 3}{5}$$

2) 자산총액 중 부동산가액이 50% 이상인 법인

2004.1.1.부터 순자산가치와 순손익가치의 가중치를 각각 3과 2를 주고 더한 금액을 5로 나눈 가중평균액으로 평가한다.

$$1주당\ 평가액 = \frac{1주당\ 순자산가치 \times 3 + 1주당\ 순손익가치 \times 2}{5}$$

여기서 자산총액 중 부동산가액이 50% 이상인 부동산 과다보유법인이란 소득세법 제

94조 제1항 제4호 다목에 해당하는 법인 즉, 해당 법인의 자산총액 중 소득세법 제94조 제1항 제1호 및 제2호에 해당하는 다음의 자산의 합계액(이하 '부동산등 가액'이라 함)이 차지하는 비율이 50% 이상인 법인을 말한다. 2012.2.2.부터 부동산가액이 자산총액의 80% 이상인 법인은 순자산가치로만 평가한다.

평가대상 법인이 보유한 다른 법인(소득세법 시행령 제158조 제6항 제1호 또는 제2호 의 요건에 해당하는 특정주식 또는 부동산과다보유법인에 한정한다)의 주식가액 중 부동 산 등 가액은 다음 계산식에 의하여 산출한 주식가액을 평가대상 법인의 부동산 등 가액 에 포함한다.

$$
\text{평가대상 법인이 보유한} \atop \text{다른 법인의 주식가액} \times \frac{\text{다른 법인의 부동산 등 가액}^{*)}}{\text{다른 법인의 총 자산가액}}
$$

*) 다른 법인의 부동산 등 가액(소득세법 시행령 제158조 제7항)
①토지 또는 건물의 가액 ②부동산을 취득할 수 있는 권리 등 ③다른 법인이 보유한 경영지배관계에 있는 법인의 주식가액에 부동산 등 보유비율을 곱하여 산출한 금액

① 토지 또는 건물(건물에 부속된 시설물과 구축물을 포함함)
② 부동산을 취득할 수 있는 권리(건물이 완성되는 때에 그 건물과 이에 부수되는 토 지를 취득할 수 있는 권리를 포함함)
③ 지상권
④ 전세권과 등기된 부동산임차권
⑤ 평가대상법인이 보유한 다른 법인의 주식가액에 그 다른 법인의 부동산 등 보유비 율을 곱한 금액(2015.2.3. 신설)

부동산 과다보유법인을 판정할 때 자산총액 및 부동산 등의 가액은 해당 법인의 장부 가액(2011.1.1. 이후 토지와 건물의 경우에는 기준시가가 장부가액보다 큰 경우 기준시가 에 의하며, 2010.12.31. 이전 토지의 경우에는 기준시가에 의함)에 의하며, 다음은 자산가 액에 포함하지 아니한다(소득세법 시행령 §158 ④).

① 개발비
② 사용수익기부자산가액
③ 양도일부터 소급하여 1년이 되는 날부터 양도일까지의 기간 중에 차입금 또는 증자 등에 의하여 증가한 현금·금융재산(금융실명법 제2조 제2호에 의한 금융재산을 말함) 및 대여금의 합계

④ 동일인에 대한 법인세법 제28조 제1항 제4호 나목에 따른 가지급금 등(특수관계인에게 해당 법인의 업무와 관련 없이 지급한 가지급금을 말함)과 가수금이 함께 있는 경우에는 이를 상계한 금액을 자산총액으로 한다. 다만, 동일인에 대한 가지급금 등과 가수금의 발생시에 각각 상환기간 및 이자율 등에 관한 약정이 있는 경우에는 상계하지 않는다(소득세법 시행령 §158 ⑤, 2016.2.17. 신설).

 관련 예규·심판결정례 및 판례 등

❏ 세무법인 출자지분의 평가액은 시가를 감안하여 사실판단할 사항이며, 이때 해당 출자지분의 시가를 산정하기 어려운 경우에는 상속증여세법 제63조 제1항 제1호 나목 및 이익배당 또는 잔여재산 분배 등에 관한 출자지분의 권리 내용 등을 감안하여 적정한 가액으로 평가함.

❏ 토지를 증여받은 후 부동산과다법인이 된 경우 가중평가방법(재산세과-142, 2012.4.6.)
비상장주식의 평가방법이 증여 전후 변동된 경우 해당 재산의 변동 전 가액과 변동 후 가액은 1주당 순손익가치와 1주당 순자산가치를 각각 3과 2의 비율로 가중평균한 가액으로 하는 것이며, 다만 부동산과다보유법인(소득세법 시행령 제158조 제1항 제1호 가목에 해당하는 법인)이 아닌 비상장법인이 토지를 증여받은 후에 부동산과다보유법인이 된 경우 변동 후 가액은 1주당 순손익가치와 순자산가치를 각각 2와 3의 비율로 가중평균한 가액으로 함.

❏ 부동산 매각하고 수령한 계약금·중도금을 자산가액에서 차감 여부(조심 2016서2856, 2018.3.16.)
부동산과다보유법인 판단시 자산총액에서 차감하는 현금 등은 차입이나 증자 등 자산의 유출 없이 현금이 유입되는 재무활동을 통하여 인위적으로 자산비율을 조정하는 경우에 한하여 현금 등 증가액을 자산총액에서 제외하는 것이 타당한바, 이 건 매매계약은 상속개시 3년 전부터 진행되던 것으로서 상속개시 여부와는 무관하게 체결되고 진행된 점 등에 비추어 수령한 계약금 및 중도금 상당액을 자산총액에서 제외하여 부동산 보유비율을 계산한 것은 잘못임.

┌─ 사례 ── 건설업체가 재고자산으로 보유하는 미분양 상가가 부동산인지? ─┐

(쟁점) 부동산과다보유법인을 판단할 때 건설업체가 재고자산으로 보유하고 있는 미분양 상가 등이 부동산인지 재고자산인지?

풀이
○ 건설 중인 자산은 부동산에 포함하지 아니하지만(부동산거래관리과-134, 2010.1.27.)
○ 사용승인서 교부일 등 이후 미분양 상가는 법인의 장부상 재고자산으로 계상하고 있다하더라도 소득세법상 건물에 해당하므로 부동산의 가액에 포함하여 부동산과다보유법인 해당 여부를 판단하여야 할 것임.

○ 양도소득세에서 기타자산으로 분류하고 상속증여세법상 부동산과다보유법인에 대한 평가
방법을 일반법인과 다르게 적용토록 한 입법취지로 볼 때 보유목적이 아닌 판매목적의 미
분양 상가 등은 재고상품으로 보는 것이 타당하다 할 것이나 법조문상으로는 부동산(건물)
으로 볼 수밖에 없다고 생각됨.

다. 순자산가치로만 평가하는 법인

장래의 수익력을 측정할 필요가 없는 청산법인 또는 휴·폐업중이거나 계속하여 결손
이 발생하는 등으로 경상적인 순손익가치를 측정하기 곤란한 다음 유형의 법인에 대해서
는 순자산가치로만 평가한다(의무 규정).

다만, 2004.1.1.~2004.12.31. 기간 중에는 ①에 해당하는 청산법인에 대해서만 순자산
가치로만 평가할 수 있도록 하여(선택 규정) 납세자가 순자산가치 또는 순자산가치와 순
손익가치의 가중평균액 중 선택하여 평가할 수 있었다.

① 상속세 및 증여세 과세표준 신고기한 내에 청산절차 진행 또는 사업자의 사망으로
계속 사업이 곤란하다고 인정되는 법인

② 사업개시 전이거나 사업개시 후 3년 미만인 법인, 휴업·폐업 중에 있는 법인
이 경우 사업개시일은 법인이 처음으로 재화 또는 용역의 공급을 개시한 때를 말하
는 것이므로 영위하는 사업부를 양도하거나 업종을 변경하였다고 하여 당초 사업
개시일이 바뀌는 것은 아니며(법령해석과-1783, 2018.6.27.), 법인세법 제46조의3, 제
46조의5, 제47조의 요건을 갖춘 적격분할 또는 적격물적분할로 신설된 법인의 사
업기간은 분할 전 동일 사업부분의 사업개시일부터 기산한다.

③ 평가기준일이 속하는 사업연도 전 3년 내의 사업연도부터 계속하여 법인세법상 각
사업연도에 속하거나 속하게 될 손금의 총액이 그 사업연도에 속하거나 속하게 될
익금의 총액을 초과하는 결손금이 있는 법인(2018.2.13. 삭제)

④ 부동산 등 가액이 자산총액의 80% 이상인 법인(2012.2.2. 신설)
이 경우 평가기준일이 언제인가에 따라 (자산기준)과 (사업기준)의 적용범위에 차이
가 있다.
- 평가기준일이 2018.2.13.이후인 경우(재재산-955, 2021.11.2.)와 2012.2.2.부터 2017.2.6.
까지인 경우에는 (자산기준)에 해당하면 순자산가치로만 평가한다.
- 평가기준일이 2017.2.7.부터 2018.2.12.까지인 경우에는 (자산기준)과 (사업기준)
을 갖춘 경우에 순자산가치로만 평가한다. 따라서 평가기준일이 2017.2.7.

~2018.2.12. 기간 중에 있는 경우에는 부동산등 비율이 80% 이상이더라도 골프장, 스키장, 휴양콘도미니엄, 전문휴양시설의 경영·분양·임대 사업에 해당하지 않는 경우에는 순자산가치로만 평가하는 법인에 해당하지 않는다(재재산-362, 2018.4.25., 법령해석과-1442, 2018.5.29.).

▌참고 : 순자산가치로만 평가하는 법인에 대한 개정연혁(상증령 §54④) ▌

2012.2.2.~2017.2.6.	2017.2.7.~2018.2.12.	2018.2.13.~
4. 소득세법 시행령 제158조 제1항 제5호 가목에 해당하는 법인의 주식등	4. 소득세법 제94조 제1항 제4호 라목에 해당하는 법인의 주식등	3. 법인의 자산총액 중 소득세법 제94조 제1항 제4호 다목 1) 및 2)의 합계액이 차지하는 비율이 100분의 80 이상인 법인의 주식등

(자산기준)

자산총액 중 부동산과 해당 법인이 보유한 다른 법인의 주식가액에 그 다른 법인의 부동산 등 보유비율을 곱하여 산출한 가액의 합계액이 차지하는 비율이 100분의 80 이상인 법인

부동산 등 가액이 50% 이상으로써 순자산가치에 3의 가중치를 주는 경우와 자산총액 및 부동산 등의 가액은 유사하지만, 귀속연도별

이 경우 법인의 자산총액 중 '부동산등 가액'이 차지하는 비율'을 계산할 때, '법인의 자산총액' 및 '부동산등 가액'에 대해서는 귀속연도에 따라 적용방법에 차이가 생길 수 있다. 2018.2.13. 상증령 제54조 제4항 개정 전후에 차이를 두지 않고 기획재정부와 국세청은 자산총액과 부동산 등의 가액에 대해 소득세법 시행령 제158조 제4항에 따라 해당 법인의 장부가액에 따라 산정하며(재정부 조세법령운용과-1086, 2022.9.30.), '법인의 장부가액'이란 해당 법인이 법인세법 제112조에 따라 기장한 장부가액에 대하여 각 사업연도의 소득에 대한 법인세 과세표준 계산 시 자산의 평가와 관련하여 익금 또는 손금에 산입한 금액을 가감한 세무계산상 장부가액을 의미한다고 유권해석(자본거래과-355, 2022.7.7.)하고 있다.

➡ (참고: 저자의견) 2018.2.12. 이전에는 소득세법 제94조 제1항 제4호 라목에 해당하는 법인으로 규정하고 소득세법시행령 제제158조 제4항에서 장부가액(토지와 건물은 장부가액과 기준시가 중 큰 금액)에 의하므로 기획재정부와 국세청 유권해석내용이 상증법령에 부합한다고 할 수 있으나, 2018.2.13. 이후에는 상증령 제54조 제3항 제5호에서 '법인의 자산총액'으로 개정하였고, '자산총액'에 대하여 구체적 규정이 없으므로 일반적 상증법상 재산평가규정에 따라 평가한 가액에 따라 평가한 가액을 '자산총액'으로 삼는 것이 타당할 것으로 보인다. 특히, 순자산가치로만 평가하는 법인의 자산총액 중 주식 등 가액의 합계액이 차지하는 비율이 80% 이상인 법인(상증령 제54조 제3항 제5호)에 대해 자산총액과

주식 등의 가액을 상증법 제60조 내지 제66조에 따라 평가한 가액이라고 기획재정부에서 유권해석(재재산-943, 2020.10.27.)하고 있는 점에 비추어 같은 상증령 제54조 제3항에서 4호와 5호로 구분 규정하였다하더라도 자산총액에 대한 평가방법은 동일하게 적용하는 것이 타당하다고 생각된다.

(사업기준)

「체육시설의 설치·이용에 관한 법률」에 따른 골프장업·스키장업 등 체육시설업, 「관광진흥법」에 따른 관광사업 중 휴양시설관련업 및 부동산업·부동산개발업으로서 골프장·스키장·휴양콘도미니엄·전문휴양시설에 해당하는 시설을 건설 또는 취득하여 직접 경영하거나 분양 또는 임대하는 사업을 말한다.

⑤ 2017.2.7.부터 해당 법인의 자산총액 중 주식등의 가액의 합계액이 차지하는 비율이 100분의 80 이상인 법인의 주식등

이 경우 자산총액 및 주식등의 가액은 상속증세법 제60조 내지 제66조에 따라 평가한 가액에 의한다(재재산-943, 2020.10.27.).

⑥ 2017.2.7.부터 법인의 설립시부터 존속기한이 확정된 법인으로서 평가기준일 현재 잔여 존속기한이 3년 이내인 법인의 주식등

 관련 예규·심판결정례 및 판례 등

【사업개시일 관련 예규 등】

❑ 비적격 인적분할에 따른 분할신설법인의 사업개시일은 분할신설법인이 처음으로 재화 또는 용역의 공급을 개시하는 날부터 기산하여 판단함(자문-법령해석재산-206, 2020.12.9.).

❑ 사업개시 후 3년 미만인 내국법인이 사업개시 후 3년 이상인 내국법인을 흡수합병한 경우 당해 합병법인은 "사업개시 후 3년 미만의 법인"에 해당함(재재산-364, 2018.4.25.).

❑ 민간투자사업 방식(BTO)으로 사업을 영위하는 법인의 사업개시일은 기부채납한 발전시설을 운영하여 처음으로 재화 또는 용역의 공급을 개시한 날을 기준으로 판단함(서면법규과-1046, 2014.10.1.).

❑ 농업협동조합법에 의해 분할신설된 법인은 법인세법상 적격물적분할로 보아 질의대상법인의 사업영위기간은 분할 전 동일사업부문의 사업개시일부터 기산하는 것임(서면법규과-973, 2014.9.5.).

❑ 휴면법인이 영업 재개한 경우 사업개시일은 사업 재개일임(서면4팀-879, 2007.3.14.).

❑ 합병존속 법인의 사업개시일은 존속법인의 당초 사업개시일임(서면4팀-945, 2007.3.21.).

❑ 2017.2.6. 이전 분할신설법인의 사업개시일(재재산-715, 2005.7.8., 재재산-1065, 2009.6.15.)

인적분할 및 물적분할 신설법인의 사업영위기간은 분할 전 분할법인의 사업개시일부터 기산함.

❙ 분할신설법인의 사업개시일 예규변경 내용 ❙

구 분		분할신설법인의 사업개시일
인적분할		분할 전 분할법인의 사업개시일(재재산-715, 2005.7.8.)
물적분할	종전	분할신설법인의 사업개시일(재재산-744, 2007.6.27.)
	변경	분할 전 분할법인의 사업개시일(재재산-1065, 2009.6.15.)

❑ 2009.6.14. 이전 평가분의 경우 물적분할 신설법인의 사업개시일은 분할신설법인의 사업개시일로 하여 사업개시 후 3년 미만에 해당하는 법인인지를 판단하여야 함(종전 기획재정부 유권해석에 따라야 함)(조심 2013서3983·3984·4393·4400, 2015.2.24.).

❑ 2017.2.6. 이전 비적격 분할신설법인의 사업개시일은 상증령 제54조 제4항 제2호 후단 개정 전이라도 분할일임(조심 2017서708, 2017.9.21.).

❑ 합병 후 법인이 결손법인인지는 합병법인과 피합병법인의 손금총액과 익금총액의 합계액을 기준으로 판단함(서면4팀-1745, 2007.5.29.).

❑ 합병시 소멸법인의 사업개시일을 존속법인의 사업개시일로 볼 수 없음(대법원 2004두13721, 2006.3.24.).

【자산총액, 휴업법인 등 관련 예규 등】

❑ 순자산가치로만 평가하는 법인의 자산총액은 법인의 장부가액에 의함(법령해석재산-1263, 2019.6.25.).

❑ 배당금 수입만 있어 법인세신고 감사의견적정, 외국주식매매, 사무실임차내용으로 볼 때 휴업법인 아님(적부 2017-202, 2018.2.5.)

❑ 골프장을 일괄매각하고 호텔 등 새로운 사업 준비 중이고 이자·임대료 수입에 대해 법인세 신고를 하고 있는 경우 휴업법인 아님(조심 2017광4943, 2018.8.21.).

❑ 3년 내의 사업연도부터 계속하여 결손금이 있는 법인의 의미(상속증여세과-578, 2013.10.14.)
　"평가기준일이 속하는 사업연도 전 3년 내의 사업연도부터 계속하여 법인세법상 결손금이 있는 법인에 해당하는지 여부"는 각 사업연도소득을 기준으로 판단하는 것임.
　※ 소득조정에서 익금산입액이 손금산입액보다 많다고 하여 이익이 발생한 법인으로 보는 것이 아니라 손금의 총액이 익금의 총액을 초과하는 결손금이 있는 법인을 말함.

❑ 신설법인이 다른 법인의 기존 사업부를 포괄적 사업양수한 경우 평가방법(재재산-379, 2013.5.30.)
　신설법인이 다른 법인의 사업부문을 포괄적으로 양수한 후 당해 사업부문을 그대로 영위하는 것이 법인세법 제46조 제2항 또는 제47조 제1항의 법인분할과 그 경제적 실질이 동일한 경우 당해 신설법인이 상속증여세법 시행령 제54조 제4항 제2호의 '사업개시 후 3년 미만'에 해당하는지 여부는 사업양수 전 사업부문의 사업개시일부터 기산하여 판단하는 것임.

질의내용

○ 2009.11.10. (주)FFF 법인설립, (주)FFF : (주)AAA 100% 출자

　　- 2010.1.1. (주)FFF는 (주)AAA의 OO사업부문*을 포괄적 양수도 방식으로 인수
　　　* (주)AAA의 OO소매 사업부문으로 2000년부터 사업개시

　○ 2010.4.29. (주)AAA의 최대주주인 갑은 (주)FFF의 제3자배정 유상증자에서 동 주식 44,450주
　　(18.18%, 이하 "쟁점주식") 취득
　　- 2012.9.20. 갑은 쟁점주식을 자녀에게 증여한 경우 사업개시 후 3년 미만 해당 여부

☐ "사업개시 후 3년 미만의 법인"은 당해 법인의 사업개시일부터 평가기준일까지 역에 의하여 계산한
　기간이 3년 미만인 법인을 말하는 것임(재산세과-21, 2012.1.18.).

☐ 법인전환한 법인의 경우 사업개시일은 개인사업체 개시일이며, 순자산가액 계산시 납세의무가 성립
　되지 아니한 이월과세액은 부채에 포함하지 아니함(재산세과-397, 2011.8.26.).

☐ 사업개시 후 3년 미만 여부는 사업개시일부터 평가기준일까지 역에 의해 계산함(재산세과-201,
　2011.4.20.).

☐ 사업자 사망 후 사업의 계속이 곤란한지 여부(조심 2011서3513, 2011.12.16.)
　피상속인의 사망 이후 주거래처에 대한 매출액 및 총수입금액이 급감하였고, 업무진행이 제3자
　에게 잔여현장 및 입찰참여권 등을 양도한 것으로 나타나는 점 등에 비추어 사업자의 사망으로
　인하여 사업의 계속이 곤란한 경우에 해당한다는 청구주장에 신빙성이 있음.

☐ 지주회사의 부동산과다보유법인 판정방법(서면4팀-788, 2005.5.20.)
　지주회사인 甲주식 평가시 乙의 부동산가액을 甲에 자산에 포함시켜서 부동산과다보유법인 여
　부를 판단하지 않음.
　- 甲(지주회사) 자산 15억원 : 현금 등 4억원, 乙주식 10억원(지분 100%), 부동산 1억원
　- 乙의 자산 20억원 : 현금 등 1억원, 부동산 19억원
　➡ 2015.2.3. 이후 乙의 부동산에 상당하는 주식가액은 甲의 부동산 가액에 포함됨.

라. 2003.12.31. 이전 평가방법

1) 2000.1.1.~2003.12.31.의 기간 중

시가를 산정할 수 없는 모든 비상장법인의 주식은 순손익가치와 순자산가치 중 큰 금
액으로 평가하였다.

2) 1999.12.31. 이전

① 원칙

　1주당 순자산가치와 1주당 순손익가치를 더한 금액을 2로 나눈 단순 평균액으로
　1주당 평가액을 계산하였다.

$$1주당\ 평가액 = \frac{1주당\ 순자산가치 + 1주당\ 순손익가치}{2}$$

② 순자산가치로만 평가하는 법인

다음에 해당하는 법인의 경우 순자산가치로만 평가하였다.

비상장법인 현황	대상기간
• 사업개시 후 3년 미만	1991.1.~1999.12.31.
• 휴·폐업 상태 및 청산중	1991.1.~1999.12.31.
• 평가기준일 전 3년 계속 결손법인	1997.1.1.~1999.12.31.
• 토지 등 부동산가액이 총자산가액의 50% 이상 법인	1997.1.1.~1999.12.31.
• 1주당 순손익가치가 1주당 순자산가치의 50% 미만 법인	1998.12.31.~1999.12.31.

> **사례** 연도별 보충적 평가가액 비교

○ 순손익가치 : @10,000원, 순자산가치 : @15,000원

1999년 이전	2000~2003년	2004.1.1. 이후
- 순손익가치와 순자산가치를 단순산술평균 • (10,000원 + 15,000원) ÷ 2 = 12,500원	- 순손익가치와 순자산가치 중 큰 금액 • 15,000원(순자산가치로 평가)	- 순손익가치와 순자산가치를 가중평균 • 일반법인 : (10,000원 × 3 + 15,000원 × 2) ÷ 5 = 12,000원 • 부동산과다법인 : (10,000원 × 2 + 15,000원 × 3) ÷ 5 = 13,000원

 관련 예규·심판결정례 및 판례 등

❑ 1997~1999년 귀속분 부동산가액 의미(재삼 46014-1465, 1998.8.4., 국심 2000서2612, 2001.4.9.)
주식평가시 부동산 등의 가액이 50% 이상인지 여부는 상속증여세법상 평가액에 의하는 것이지 장부가액으로 판단하는 것은 아님.

❑ 업종을 변경한 경우(당초 주택건설업을 영위하다가 골프장업을 운영)에도 당해 법인이 처음으로 재화 또는 용역의 공급을 개시한 때를 사업개시일로 함(재재산 46014-126, 1996.3.13.).

❑ 화재로 인하여 당기순손실이 발생하고 자본금이 잠식된 경우에도 청산하지 않고 계속 사업하므로 순자산가치보다 큰 순손익가치로 주식을 평가한 처분이 타당함(국심 2003전3284, 2004.5.13.).

마. 중소기업 법인의 주식

　2005.1.1. 이후 상속이 개시되거나 증여하는 분부터 시가를 산정할 수 없는 비상장 중소기업으로서 일정요건을 갖춘 중소기업의 경우에는 납세자가 국세청(지방국세청) 평가심의위원회에 주식의 평가를 신청할 수 있으며, 위원회에서 제시하는 1주당 평가액에 의하거나 동 위원회가 제시하는 평가방법 등을 감안하여 평가한 가액에 의할 수 있다.

　2017.7.1. 이후 상속이 개시되거나 증여하는 분부터 중소기업뿐만 아니라 그 외 일반법인의 비상장주식 등을 평가할 때 보충적 평가방법에 따른 주식평가액이 불합리하다고 보아 납세자가 평가심의위원회에 다음 어느 하나에 해당하는 방법에 따른 평가가액을 첨부하여 비상장주식 등의 평가가액 및 평가방법에 대한 심의를 신청하는 경우에는 평가심의위원회가 심의하여 제시하는 평가가액에 의하거나 그 위원회가 제시하는 평가방법 등을 고려하여 계산한 평가가액에 의할 수 있다.

　다만, 납세자가 평가한 가액이 보충적 평가방법에 따른 주식평가액의 100분의 70에서 100분의 130의 범위 안의 가액인 경우에만 평가심의위원회가 제시하는 평가가액 등에 의한다.

　① 해당 법인의 자산·매출액 규모 및 사업의 영위기간 등을 감안하여 같은 업종을 영위하고 있는 다른 법인(유가증권시장과 코스닥시장에 상장된 법인을 말한다)의 주식가액을 이용하여 평가하는 방법

　② 향후 기업에 유입될 것으로 예상되는 현금흐름에 일정한 할인율을 적용하여 평가하는 방법

　③ 향후 주주가 받을 것으로 예상되는 배당수익에 일정한 할인율을 적용하여 평가하는 방법

　④ 그 밖에 ①부터 ③까지의 규정에 준하는 방법으로서 일반적으로 공정하고 타당한 것으로 인정되는 방법

평가심의위원회의 평가제도에 대해서는 절을 달리하여 살펴보겠다.

바. 질권 등이 설정된 주식의 평가

　금융기관 등으로부터 금전을 대출받는 경우 담보물로 부동산을 제공하는 것이 일반적이지만 주식 등 유가증권을 담보물로 제공하는 경우도 있다. 평가대상 주식 등을 담보물로 제공하여 해당 주식 등이 담보하는 채권이 있는 경우에는 일반 재산과 마찬가지로 담보하는 채권액과 시가(시가가 없는 경우 보충적 평가액)를 비교하여 큰 금액으로 평가하여야 한다.

[평가심의위원회 운영규정 별지 제4호 서식 부표3] (2018.4.25. 개정)

(단위 : 주, 원) (제1쪽)

비 상 장 주 식 등 평 가 서

1. 평가대상 비상장법인

법인명		사업자등록번호		대표자 성명	
① 발행주식총수		1주당 액면가액		자본금	
평가기준일			②부동산과다보유법인 해당여부		[ ]

2. 순자산가치로만 평가하는 경우 [v] 표시 (상속세 및 증여세법 시행령 제54조 제4항 해당여부)

가. 신고기한 이내에 청산절차가 진행 중이거나, 사업자의 사망 등으로 사업의 계속이 곤란하다고 인정되는 경우 해산(합병)등기일 (. .)	[v]
나. 사업 개시전의 법인, 사업개시 후 3년 미만의 법인, 휴업·폐업 중인 경우 사업개시일 (. .), 휴·폐업일 (. .)	[ ]
다. 평가기준일이 속하는 사업연도 전 3년 내의 사업연도부터 계속하여「법인세법」상 각 사업연도에 속하거나 속하게 될 손금의 총액이 그 사업연도에 속하거나 속하게 될 익금의 총액을 초과하는 결손금이 있는 경우	[ ]
라.「소득세법 시행령」제94조 제1항 제4호 라목에 해당하는 법인의 주식등에 해당하는 경우	[ ]
마. 법인의 자산총액 중 주식등의 가액의 합계액이 차지하는 비율이 100분의 80 이상인 법인의 주식등	[ ]
바. 법인의 설립 시 정관에 존속기한이 확정된 법인으로서 평가기준일 현재 잔여 존속기한이 3년 이내인 법인의 주식등	[ ]

3. 1주당 가액의 평가

③ 순자산가액		제2쪽 4. 순자산가액 "마"
④ 1주당 순자산가액 (③ ÷ ①)		
⑤ 최근3년간 순손익액의 가중평균액에 의한 1주당가액 또는 2이상의 회계법인등이 산출한 1주당 추정이익의 평균액		제6쪽 7. 순손익액 "차"
⑥ 1주당 평가액(㉮ 평가액과 ㉯의 평가액 중 많은 금액)		
㉮ [{(④×2)+(⑤×3)} ÷ 5] (부동산과다보유법인 [{(④ × 3)+(⑤ × 2)} ÷ 5]		
㉯ 1주당 순자산가액(④)의 80%		
⑦ 최대주주등에 해당하는 경우 1주당 평가액		
㉮ 최대주주등의 주식등의 1주당 평가액 (⑥ × 할증율)		
㉯ (⑥ + ㉮)		

※ 1주당 평가액 산정내용
 - 자산가액 중 부동산가액이 50%에 미달함
 - 甲과 특수관계인인 사용자의 주식 보유비율이 52%이고 중소기업에 해당하지 아니하므로 30% 할증하여 평가함.

작 성 방 법

※ 이 서식은 상속세 및 증여세법 제63조 제1항 제1호나목에 따른 거래소에 상장되지 아니한 주식 및 출자지분의 평가관련 서식입니다.

  1. 최대주주등의 주식등의 1주당 평가액 : ⑥ × 할증율 :「상속세 및 증여세법」제63조 제3항 및 같은 법 시행령 제53조 제4항에 따른 할증평가율을 적용하여 계산합니다. (이 경우 중소기업 최대주주 등에 해당하는 경우에는 2005.1.1.부터 2020.12.31.까지 할증평가에서 제외합니다.)

구분	중소기업	비중소기업
지분율 50% 이하	10%	20%
지분율 50% 초과	15%	30%

   - 중소기업이란 중소기업기본법 제2조 제3항에 따른 중소기업을 말합니다.

4. 순자산가치의 계산

가. 개 요

순자산가치는 평가기준일 현재 평가대상 비상장법인의 자산총액에서 부채총액을 뺀 금액에 자기창설적인 영업권의 가액을 가산한 순자산가액을 발행주식총수로 나누어서 평가한다. 이 경우 순자산가액이 부수(負數)인 경우 "0"으로 한다.

$$1주당 \ 순자산가치 = \frac{평가기준일 \ 현재 \ 순자산가액}{평가기준일 \ 현재 \ 발행주식총수 \ 등}$$

※ 순자산가액 = 자산총액 - 부채총액 + 영업권평가액

순자산가치는 기업이 청산할 때를 가정하여 해당 기업의 자산총액을 현금화하여 부채 등을 변제한 후 잔여재산을 주주에게 주식 1주당 얼마씩 분배할 수 있는가를 측정하는 의미를 가지고 있다.

평가기준일 현재 기업회계기준에 따라 가결산한 재무상태표 또는 평가기준일 이전 사업연도 말 재무상태표를 기준으로 평가기준일 현재 상속증여세법령에 따라 자산별로 평가한 자산총액에서 부채총액을 차감하여 평가하는 바, 재무상태표에 계상된 자산 또는 부채라도 현금의 유입 또는 유출이 생기지 아니하는 항목은(예 : 멸실된 재고자산 또는 세법상 각종 충당금 등) 자산과 부채에서 빼야 한다.

또한 재무상태표에 계상되지 아니한 것이라도 현금의 유입과 유출이 확실시되는 항목(예 : 장부외 소유 자산 또는 주채무자가 변제불능인 보증채무)은 자산과 부채에 더하여 순자산가액을 계산한다.

1) 평가기준일

순자산가치의 계산을 위한 자산 및 부채의 평가기준일은 상속개시일 또는 증여일이다. 또한 장부상 자산과 부채를 기준으로 순자산가치를 평가하는 것이 아니므로 평가기준일 현재 가결산한 재무상태표 또는 평가기준일의 직전 사업연도 말 재무상태표를 기준으로 순자산가액을 평가하더라도 상속증여세법에 따라 자산과 부채의 가액을 조정하여 평가기준일 현재 순자산가치를 산출하여야 한다.

2) 발행주식총수

1주당 순자산가치를 계산할 때 발행주식총수 등은 평가기준일 현재의 발행주식총수 등에 의하며, 보통주뿐만 아니라 배당우선주식이 포함된다(재삼 46014-3209, 1995.12.13.).

법인이 합병하는 과정에서 취득한 자기주식 중 주식을 소각하기 위하여 보유하는 자기주식은 발행주식총수 및 자산가액에 포함하지 않지만(사전법령해석과-3841, 2020.11.25. 재삼 46070-442, 1993.2.24.), 일시적으로 보유한 후 처분할 목적인 자기주식은 발행주식총수 및 자산가액에 포함하도록 하고 있다(재재산-1494, 2004.11.10.).

또한 골프장을 운영하는 법인이 일반 이용자보다 유리한 조건으로 이용할 수 있는 권리와 발행 당시 가액으로 매수를 청구할 수 있는 권리가 부여된 회원권 성격의 우선주 및 일정기간 경과 후 일정 이자율로 상환받기로 한 채무 성격의 상환우선주 등 외형상 자본에 의하여 발행한 주식이지만 실질적 성격이 부채에 해당하는 경우에는 발행주식총수 및 자산가액에서 제외하도록 한 사례가 있다(법규과-3465, 2006.8.25., 대법원 2009두2788, 2009.5.14.).

 관련 예규 · 심판결정례 및 판례 등

❏ 장부에 계상되어 있지 않은 발전사업권은 자산에 포함되며, 시가가 없는 경우 보충적 평가액에 의함 (재재산-345, 2021.4.6.).

❏ 비상장법인의 전환우선주에 포함하여 평가함(상속증여세과-231, 2014.7.3.).

❏ 장부상 계상된 채권도 회수불가능한 경우 자산에서 제외해야 함(조심 2018중3483, 2018.11.19.).

❏ 순자산가액이 부수인 경우 평가기준일이 2005.3.31.인 경우에는 0원으로 평가할 수 없음(대법원 2014두44847, 2017.12.22.).

3) 순자산가액의 계산방법 요약

순자산가액을 계산할 때 재무상태표상 자산가액 및 부채가액을 상속증여세법에 따라 조정하여야 할 항목을 요약하면 다음과 같다.

┃ 재무상태표상 자산가액 ┃

가산 항목	평가차액	상속증여세법에 의한 평가액과 재무상태표상 금액과의 차액을 각 자산별로 조정하고 가산 또는 차감하여 계산한 차액
	법인세법상 유보금액	(제외금액) • 상속증여세법에 의해 평가한 자산에 포함된 유보금액 − 보험업법에 의한 책임준비금과 비상위험준비금 부인 유보액 − 당기 익금불산입 유보된 이자(△미수수익 등) • 제충당금, 제준비금 유보액 • 이연자산 관련 유보금액
	유상증자 금액	• 직전 사업연도 말 현재의 재무상태표를 기준으로 평가할 경우 ⇨ 평가기준일의 사업연도 개시일부터 평가기준일까지 유상증자액
	기　　타	• 평가기준일 현재 지급받을 권리가 확정된 가액(상속증여세법 시행규칙 §17의2 1호) (예 : 손해배상채권 등)
차감 항목	선급비용 무형고정자산	• 선급비용 중 평가기준일 현재 비용으로 확정된 것(상속증여세법 시행규칙 §17의2 2호) • 외화환산차(평가기준일 현재 환율로 직접 평가) • 개발비 • 이연법인세자산 등
	증자일전의 잉여금 유보액	• 증자전 유보금액을 신입주주(사원)에게 분배하지 아니할 것을 조건으로 증자한 경우 ⇨ 신입주주(사원)의 주식 및 출자지분 평가시 분배하지 않은 잉여금 상당액(상속증여세법 기본통칙 63−55…6)

⇩

자　산　총　액　(가)

| 재무상태표상 부채가액 |

가산 항목	미계상된 법인세 등	• 부채로 계상되지 아니한 평가기준일 현재까지 발생된 법인세액, 농어촌 특별세액 및 지방소득세액
	배당금· 상여금	• 평가기준일 현재 주주총회에서 처분의결된 주주에 대한 배당금 및 임원에 대한 상여금 • 기타 지급의무가 확정된 금액
	퇴직금 추계액	재직중인 사용인(임원포함) 전원이 퇴직할 경우 지급할 퇴직금 추계액(상속증여세법 시행규칙 §17의2 3호 다목)
	기　타	• 종업원의 사망에 따라 지급확정된 퇴직수당, 공로금 기타 이에 준하는 금액 • 충당금 중 평가기준일 현재 비용으로 확정된 것 • 가수금(법인이 변제할 의무가 있는 것에 한함)
차감 항목	제준비금	• 재무상태표상(조특법 및 기타 법률) 제준비금의 합계액 　(예 : 중소기업투자준비금, 연구및인력개발준비금·기술개발준비 　금 등) ※ 비상장 보험회사 주식평가시 법인세법 제57조 제1항 내지 제3항 한도 　내의 책임준비금, 비상위험준비금은 부채로 인정(상속증여세법 시행 　규칙 §17의2 4호 나목)
	제충당금	• 재무상태표상 제충당금의 합계액 　(퇴직급여충당금, 대손충당금, 단체퇴직급여충당금 등)
	보증 채무 등	• 주채무자가 변제불능의 상태이고 주채무자에게 구상권을 행사할 수 없는 보증채무는 부채에 포함 • 외화환산대 등

⇩

부　채　총　액 (나)

⇩

영　업　권　평　가　금　액　(다)

⇩

순　자　산　가　액 (가) − (나) + (다)

나. 자산가액 평가

1) 개 요

순자산가액은 평가대상 법인이 소유한 자산 종류별로 평가기준일 현재 상속증여세법에 따라 평가한 가액에서 부채를 차감하여 계산한다.

각 자산 종류별로 시가에 의하여 평가하되 시가를 산정하기 어려운 경우에는 상속증여세법 제61조부터 제65조까지에 규정된 보충적 평가방법에 따라 평가한 가액에 의한다. 저당권 등이 설정되어 채권을 담보하는 자산의 경우 시가 또는 보충적 평가액과 담보하는 채권액 중 큰 금액으로 평가하는 등 일반 상속·증여재산과 동일하게 평가한다.

다만, 2004.1.1.부터 시가가 없는 자산의 경우 보충적 평가액이 장부가액보다 적은 경우로서 정당한 사유가 없는 경우에는 장부가액으로 평가하도록 하고 있다.

회수기간이 5년을 초과하는 대부금·외상매출금·받을어음 등의 채권과 회사정리절차 또는 화의절차의 개시 등의 사유로 당초 채권의 내용이 변경된 경우에는 각 연도에 회수할 금액을 적정할인율에 따라 현재가치로 할인한 가액으로 평가하며, 이러한 채권에 상응하는 채무 및 골프장 입회금 등도 현재가치로 할인하여 평가한다.

그리고 사업개시 후 3년 미만의 법인 등도 영업권의 가액을 순자산가액에 가산하나, 2004.1.1. 이후 청산중인 법인과 사업자의 사망 등으로 계속 사업이 곤란한 법인 등 순자산가치로만 평가하는 다음 법인의 경우에는 자기창설적인 영업권 평가액을 자산에 합산하지 아니함을 명확히 규정하였다.

① 상속세 및 증여세 과세표준 신고기한 내에 청산절차 진행 또는 사업자의 사망으로 계속 사업이 곤란하다고 인정되는 법인

② 사업개시 전이거나 사업개시 후 3년 미만인 법인, 휴업·폐업 중에 있는 법인. 다만, 2015.2.3.부터 다음 요건을 모두 갖춘 경우에는 영업권의 가액을 자산가액에 포함한다.

   ㉮ 개인사업자가 무체재산권을 현물출자하거나 조세특례제한법 시행령 제29조 제2항에 따른 사업 양도·양수의 방법에 따라 법인으로 전환하는 경우로서 그 법인이 해당 사업용 무형자산을 소유하면서 사업용으로 계속 사용하는 경우

   ㉯ ㉮에 따른 개인사업자와 법인의 사업 영위기간의 합계가 3년 이상인 경우

③ 평가기준일이 속하는 사업연도 전 3년 내의 사업연도부터 계속하여 법인세법상 각 사업연도에 속하거나 속하게 될 손금의 총액이 그 사업연도에 속하거나 속하게 될

익금의 총액을 초과하는 결손금이 있는 법인

④ 2012.2.2.부터 부동산 평가액이 총자산가액의 80% 이상인 법인

□ 순자산가액 = 영업권 포함 전 순자산가액 + 영업권
- 영업권 포함 전 순자산가액 = 자산가액 - 부채가액
- 자산가액 = 재무상태표상 자산가액 + 평가차액 + 자산에 추가하는 가액
  - 자산에서 제외되는 가액
- 부채가액 = 재무상태표상 부채가액 + 평가차액 + 부채에 추가하는 가액
  - 부채에서 제외되는 가액

2) 시가가 없는 재산의 경우 장부가액과 비교 평가

2004.1.1.부터 비상장법인의 자산가액을 평가할 때 시가를 산정하기 어려워 보충적 평가방법에 의하여 평가하는 경우로서 그 보충적 평가가액(저당권 등이 설정된 재산의 경우 담보하는 채권액 등이 보충적 평가가액보다 큰 경우 그 금액을 말함)이 장부가액(취득가액에서 감가상각비를 차감한 가액을 말한다)보다 적은 경우에는 장부가액으로 평가하도록 하고 있다. 다만, 보충적 평가가액이 장부가액보다 적은 경우로서 정당한 사유가 있는 경우에는 보충적 평가가액에 의한다.

이러한 장부가액과의 비교 평가방법은 보충적 평가가액에 의하더라도 최소한 취득원가로는 평가되어야 한다는 취지로서 특히 골프장 토지의 경우에 개별공시지가가 토지의 자본적 지출에 해당하는 개발비용(코스·그린조성비 등)과 토지의 원시 취득가액의 합계액에 미달하게 평가되는 문제가 있어 이를 방지하기 위한 조치로 볼 수 있다.

평가대상 비상장법인이 보유하고 있는 주식을 발행한 다른 비상장법인이 계속적인 결손금 발생 등으로 인해 취득 당시에 비하여 평가기준일에 주식 평가액이 현저히 낮아진 경우 등은 정당한 사유가 있는 것으로 볼 수 있는 바, 정당한 사유에 해당하는지에 대해서는 각 사안별로 판단하여야 한다.

자산가액 = ①, ② 중 큰 금액
① 상속증여세법 제60조 제3항의 규정에 의한 평가액
② 장부가액 (취득가액 - 감가상각비)

보충적 평가가액과 장부가액은 각 자산별로 비교하여 평가하는 것이 원칙이므로 여러 필지의 토지를 보유하는 경우에도 필지별로 장부가액과 개별공시지가를 비교하여 큰 금액으

로 평가한다. 다만, 골프장용지 또는 공장용지 등과 같이 여러 필지가 용도상 불가분의 관계
에 있어 장부가액이 구분되지 아니하는 경우에는 전체 필지의 장부가액과 개별공시지가의
합계액을 비교하여야 할 것이다(재산세과 - 109, 2011.3.2., 서면4팀 - 133, 2004.2.25.).

개인사업체에서 사용하던 부동산의 장부가액이 기준시가보다 큰 경우에는 장부가액이
아닌 기준시가로 평가한다(법령해석과 - 3076, 2017.10.26.).

사례 **비상장법인의 자산별 평가액 계산**

❏ 자산별 시가, 보충적 평가액, 장부가액 및 담보하는 채권액 (단위 : 원)

구 분	장부가액	시 가	공시지가 등	담보 채권액	최종 평가액
토지1	1,200,000,000	1,050,000,000	1,150,000,000	1,070,000,000	1,070,000,000
토지2	900,000,000	–	850,000,000	780,000,000	900,000,000
건물1	500,000,000	550,000,000	560,000,000	555,000,000	555,000,000
건물2	600,000,000	–	660,000,000	670,000,000	670,000,000
기계장치	850,000,000	–	820,000,000	830,000,000	850,000,000

풀이

○ 토지 1 : 시가에 의하되 담보하는 채권액과 비교하여 큰 금액인 1,070,000,000원으로 평가
○ 토지 2 : 장부가액과 개별공시지가 중 큰 금액인 900,000,000원으로 평가하되 다시 담보하
는 채권액과 비교하여 큰 금액인 900,000,000원으로 평가
(정당한 사유가 있는 경우에는 개별공시지가 850,000,000원으로 평가)
○ 건물 1 : 시가에 의하되 담보하는 채권액과 비교하여 큰 금액인 555,000,0000원으로 평가
○ 건물 2 : 기준시가 660,000,000원과 담보하는 채권 670,000,000원 중 큰 금액인 670,000,000
원으로 평가
○ 기계장치 : 장부가액 850,000,0000원과 재취득가액 등 820,000,000원 중 큰 금액으로 평가
하되 담보하는 채권액과 비교하여 큰 금액인 850,000,000원으로 평가(정당한 사유가 있는
경우 830,000,000원으로 평가)

 관련 예규 · 심판결정례 및 판례 등

❏ 비상장주식의 순자산가액 계산시 장부가액의 의미(자본거래관리과 - 164, 2022.3.28.)

시가가 없는 비상장법인의 자산을 상속증여세법 제60조 제3항 및 제66조에 따라 평가한 가액
이 장부가액보다 적은 경우에는 장부가액으로 하며(장부가액보다 적은 정당한 사유가 없는 경
우에 한함), 이 경우 장부가액이란 취득가액에서 감가상각비를 차감한 가액을 말함.

감가상각 대상자산이 아닌 경우(지분법적용 투자주식 등)의 장부가액은 해당자산의 취득가액
을 말함(기준 - 2020 - 법령해석재산 - 0031, 2020.9.25.).

❑ 자산별로 임대료 등 환산가액과 장부가액을 비교평가함(상속증여세과-34, 2014.2.26.).

❑ 자산가액 평가시 포괄적 주식교환 후 합병하는 사유만으로는 장부가액보다 적은 정당한 사유가 있는 것으로 볼 수 없음(서면법규과-115, 2014.2.6., 재산세과-110. 2012.3.15.).

❑ 순자산가액은 평가기준일 현재 당해 법인의 자산을 각 자산별로 평가한 가액의 합계액에서 부채를 차감하여 계산하는 것임(재산세과-447, 2011.9.27.).

> **질의**
>
> 대차대조표상 대표이사 단기대여금이 실제 대여되지 않은 가공자산이며, 임차보증금도 실제 존재하지 않는 가공자산이고, 단기차입금 계상 누락, 기타 부채누락 등이 확인되는 바, 2005년 2월 현재 평가시 자산차감 부채 추가해도 되는지 여부를 질의함.
>
> ➡ 가공자산으로 확인되는 경우 자산가액에서 제외함.

❑ 국제회계기준에 따라 결산한 법인의 순자산가액 평가할 때도 보충적인 평가액이 장부가액보다 적은 경우에는 장부가액에 의함(재산세과-391, 2011.8.23.).

❑ 비상장법인의 장부가액은 임의평가증을 제외한 가액이라 보기 어려움(조심 2014전816, 2014.4.30.). 상증법상의 장부가액은 취득원가가 아닌 기업회계기준 등에 의하여 작성된 대차대조표상 가액으로 해석(조심 2008서799, 2008.11.24. 같은 뜻임)되고 처분청은 순자산가액 계산시 2010.1.1.부터 평가기준일인 2010.8.10.까지의 감가상각비 상당액 및 개인의 자산해당액을 차감하여 이미 결정하였으므로 청구주장을 받아들이기 어려움.

❑ 비상장법인의 보유 주식가액이 장부상 가액보다 적은 경우 장부가액에 의함(서면4팀-133, 2004.2.25.).

❑ 비상장법인이 보유하고 있는 다른 비상장법인의 보충적 평가가액이 세법상 평가방법의 개정으로 인하여 장부가액보다 낮은 경우에도 장부가액에 의함(재재산-1491, 2004.11.10.).

(질의) 2003년 특수관계인으로부터 비상장주식을 취득시 순손익가치와 순자산가치 중 큰 금액에 최대주주 할증률을 적용한 @169,000원에 매입하여 장부가액으로 계상했는데, 2005년 최대주주 할증평가면제로 인하여 보충적 평가가액이 @100,050원인 경우 정당한 사유에 해당하는지 여부?

3) 자산별 평가방법

(가) 토지

기업회계기준상 토지의 취득원가는 매입가액에 취득부대비용을 가산한 가액으로 계상하지만 상속증여세법상 토지의 평가는 시가에 의하되 시가를 산정하기 어려운 경우 개별공시지가를 적용하여 평가하며 차액이 발생하는 경우에는 그 차액을 재무상태표상의 토지가액에서 빼거나 더하여야 한다.

이 경우 개별공시지가가 장부가액보다 적은 경우로서 정당한 사유가 없는 경우에는 장부가액으로 평가한다. 골프장 용지의 장부가액과 개별공시지가를 비교하는 경우 장부가액은 토지의 취득원가와 골프장 조성비용으로 지출하여 코스비 등 계정항목으로 계상한 금액의 합계액을 의미하는 것으로 보아야 한다.

따라서 토지의 취득가액과 개별공시지가를 비교하여 큰 금액으로 평가하고 장부상 계상된 코스비 등을 별도 자산에 포함하는 것이 아니라 토지의 취득가액과 코스비 등 자산항목의 합계액과 개별공시지가 중 큰 금액으로 평가한다.

사례 **골프장업을 영위하는 비상장법인의 순자산가액 계산**

① 골프장 토지에 대한 장부가액과 공시지가 비교평가 방법
- ○ 골프장 용지의 장부가액과 개별공시지가가 아래와 같은 경우 평가액은?
  - 토지에 대한 장부가액 합계 : 10억원, 코스조성비 20억원
  - 토지에 대한 개별공시지가 합계 : 15억원

(갑설) MAX(10억원(순수토지장부가액), 15억원(공시지가)) + 20억원 = 35억원
이유 : 코스조성비에는 수목공사비, 잔디식재비 등 토지와 성격이 다른 비용이 포함되므로 별도의 구축물로 보아야 하므로 토지와 분리하여 평가함.

(을설) MAX(10억원(토지장부가)+20억원(코스조성비), 15억원) = 30억원
이유 : 코스조성비는 토지의 자본적지출로 보아야 하므로 토지가액과 합쳐서 평가함.

풀이

코스조성비 등은 토지의 자본적 지출로서 별도 독립된 재산에 해당하지 아니하므로(독립된 재산인 구축물 등은 제외) 개별공시지가와 장부상 토지가액 및 코스조성비의 합계액 중 큰 금액으로 평가하는 것이며, 이 경우 토지 필지별 장부가액과 개별공시지가를 비교하는 것이 아니고 전체 토지면적에 대한 장부가액과 개별공시지가를 비교하여 큰 금액으로 평가하는 것이 타당하다.

〈참고〉국세심판결정례(국심 2001중1268, 2002.1.12.)
- 골프장용 토지의 개별공시지가에는 당해 토지의 소지가격과 개발비용, 개발이익이 포함되어 평가(지가공시 및 토지 등의 평가에 관한 법률에 관한 훈령 제163호, 제21조·제41조)되므로 토지를 개별공시지가로 평가하는 경우 코스·그린조성비 등 토지 개발비용을 자산가액에서 차감
  ➡ 2004.1.1. 이후 개정규정에 의할 경우 토지 원시 취득가액과 코스 등 개발비의 합계액을 토지의 장부가액으로 보아 그 장부가액과 개별공시지가 중 큰 것으로 평가

② 2004.1.1. 전후 골프장 등 영위법인 자산 및 부채 평가방법 비교
- ○ 2004.1.1. 이후 상속증여세법 개정으로 인하여 자산가액은 장부가액과 개별공시지가 등 중 큰 금액으로 평가하도록 하여 증가시키고

○ 부채는 현재가치로 할인 평가하여 감소시킴으로써 골프장 영위 법인 등의 주식평가액은 대체로 높아짐.

구 분	개정 전	개정 후
골프장용지 등 자산평가	① 공시지가로 평가	①과 장부가액(장부상 토지가액 + 코스조성비 등) 중 큰 가액으로 평가
입회금 등 부채평가	장부상 계상된 액면가액으로 평가	장부상 액면가액을 현재가치로 할인평가

〈골프장 주식 평가 사례〉

○ 발행주식총수 : 10만주

(단위 : 억원)

과 목	금 액	과 목	금 액
토지	120	부채	570
코스조성비 등	480	(입회금)	(400) → 현재가치 292
(공시지가)	(560)	(기타부채)	(170)
기타자산	200	자본금	230
자산총계	800	부채와 자본총계	800

○ 1주당 평가액 비교

2003년 이전	2004년 이후
○ 토지는 공시지가(560), 입회금은 액면 가액(400)으로 평가	○ 토지는 공시지가(560)와 장부가액(600) 중 큰 금액(600) ※ 입회금 400억원은 현재가치할인시 292억원 [400억 × 0.73(5년 후 상환, 6.5%할인율)]
○ 1주당 평가액 = (560억원 + 200억원－570억원) / 10만주 = 190,000원	○ 1주당 평가액 = [600억원 + 200억원－462억원 (292+170)] / 10만주 = 338,000원

 관련 예규 · 심판결정례 및 판례 등

❑ 비상장법인의 순자산가액 산정시 법령상 제한된 분양 전환가격의 최고한도액을 시가의 최고한도액으로 보고 임대주택의 자산가액을 계산함(조심 2011서4859, 2012.7.18.).

❑ 공공건설임대주택(분양전환가격) 양도시 공공임대주택건설 및 관리지침에 따라 매각가격 산정기준을 준수해야 하므로 최고거래한도인 택지비를 초과하는 개별공시지가로 토지의 가액을 산정할 수 없음(대법원 2006두14049, 2009.1.30.).

(나) 건물, 구축물 등

재무상태표상 건물·구축물 등은 취득가액에서 평가기준일까지의 감가상각비 누계액을 차감하여 표시하며 상속증여세법상 건물 등의 평가는 시가에 의하되 시가를 확인하기 어려운 경우 건물 종류별로 국토교통부장관, 국세청장, 시·군·구청장이 고시하는 가액으로 평가한다.

장부가액과 상속증여세법상 평가액에 차액이 발생한 경우에는 그 차액을 재무상태표상의 건물 등의 가액에서 빼거나 더하여야 한다.

(다) 유가증권, 투자유가증권

재무상태표상 유가증권, 투자유가증권 등의 가액과 상속증여세법상 평가액에 차이가 발생하는 경우 그 차액을 자산가액에서 빼거나 더하여야 한다.

기업회계기준상 투자유가증권의 평가시 지분법회계를 적용하여 지분법평가손익이 계상되었거나 투자유가증권평가손익(자본조정항목)이 계상되어 있는 경우에도 이와 관련된 자본금과 적립금조정명세서상의 유보금액(지분법평가손익, 투자유가증권평가손익 등)을 고려할 필요가 없다.

또한 주식평가대상인 비상장법인이 다른 법인에 출자하여 최대주주에 해당되는 경우에는 최대주주의 할증평가 규정을 적용하여 투자유가증권을 평가하여야 한다.

(라) 비상장법인이 보유하고 있는 상장주식

평가대상법인인 비상장법인이 보유하고 있는 상장주식 또는 코스닥상장주식의 가액은 평가기준일 이전·이후 각 2개월 동안 공표된 매일의 한국거래소 최종시세가액(거래실적의 유무를 불문함)의 평균액에 의한다.

특수관계인 사이에 시가가 없는 비상장주식을 상속증여세법상 평가액으로 매매하고자 하는 등에 있어 매매계약체결일 현재 상장주식의 평가액을 알 수 없는 경우 등에는 현실적으로 평가상 어려움이 생길 수 있다.

2017.1.1.부터 상속증여세법 제38조에 따른 합병으로 인한 이익을 계산할 때 합병(분할합병을 포함한다)으로 소멸하거나 흡수되는 법인 또는 신설되거나 존속하는 법인이 보유한 상장주식의 시가는 평가기준일 현재의 거래소 최종 시세가액으로 한다.

(마) 비상장법인이 보유하고 있는 다른 비상장주식

2009.2.4. 이후 평가하는 분부터 평가대상 비상장법인이 보유하고 있는 다른 비상장법인

의 주식에 대한 시가가 있는 경우에는 그 시가에 의하여 평가하고, 시가가 없는 경우에는 보유비율에 따라 평가방법을 구분하고 있다. 보유지분율이 10% 이하인 경우에는 해당 비상장주식의 보충적 평가가액과 법인세법 시행령 제74조 제1항 제1호 마목에 의한 취득가액(이동평균법에 의한 취득가액) 중 선택하여 평가할 수 있다. 2009.2.3. 이전에는 시가가 있는 경우에도 시가, 보충적 평가가액, 이동평균법에 의한 취득가액 중 하나를 선택할 수 있었다. 한편 보유지분이 10%를 초과하는 경우에는 비상장주식의 평가방법에 의하여 다른 비상장주식을 평가한 가액을 자산가액으로 한다.

보유비율을 계산할 때 주식발행법인이 보유하고 있는 자기주식 · 출자지분은 발행주식총수에서 제외함을 2016.2.5. 상속증여세법 시행령 제54조 제3항에서 명확하게 규정하였다.

 관련 예규 · 심판결정례 및 판례 등

□ 비상장법인의 순자산가액 계산시 전환사채 등의 평가방법(재산세과 – 192, 2012.5.21.)

비상장법인의 순자산가액 계산시 전환청구기간 내에 반드시 주식으로 전환하여야 하는 조건으로 발행된 전환사채는 부채에 해당하는 것이며, 주식으로 전환되지 않은 경우는 주식수에 포함하지 않음.

□ 비상장법인이 보유한 다른 비상장법인 주식의 평가방법(재산세과 – 33, 2012.2.1.)

상증령 제54조 제3항을 적용할 때 있어 평가대상 법인(A)과 평가대상법인이 100% 출자하고 있는 법인(B)이 동일한 비상장법인(C)의 주식을 소유하고 있는 경우 A법인이 C법인의 발행주식총수의 100분의 10 이하의 주식을 소유하고 있는지는 A법인이 소유하는 C법인 발행주식 수에 B법인이 소유하고 있는 C법인 발행주식수를 더하여 판단하는 것임.

□ 비상장주식 평가시 이자율스왑 파생금융상품을 순자산가액에 포함 여부(재산세과 – 14, 2012.1.13.)

비상장주식의 보충적 평가시 주식발행법인이 보유하고 있는 원화차입금에 대한 이자율스왑 파생금융상품(자산 또는 부채)은 순자산가액에 포함하지 아니함.

[사실관계]

○ 원화차입금의 이자율변동으로 인한 위험을 회피하기 위해 (주)○○은행과 이자율 스왑계약을 체결하고 있으며, 이를 공정가액으로 평가하여 파생상품자산(부채)로 계상하고 있음.

－이자율스왑 계약내용

계약처	계약일	계약금액	계약이자율		만기일
			매입	매도	
(주)○○은행	2007.6월	4천억원	3개월CD+1.15%	6.31%	2014.4월

○ 이자율스왑(현금흐름 위험회피)의 구조

－이자율스왑계약을 맺은 거래처에 고정금리의 이자를 지급하고, 거래처로부터 변동금리 이

자를 받아 기존의 차입처에 이자를 지급하는 구조

- 파생상품 투자자는 원화를 변동이자율로 차입함에 따라 부담하게 되는 이자율변동 위험에
대하여 변동이자율을 고정이자율로 변환하여 이자율 변동을 회피하게 되는 효과를 얻음.

질의

비상장주식 순자산가치 평가시 평가대상 법인의 파생상품(이자율스왑)의 평가손실액을 기업회
계기준에 따라 파생상품부채로 계상하고 있는 경우 동 부채 평가방법

(바) 상품, 제품, 반제품, 원재료 기타 이에 준하는 동산

평가기준일 현재 동일한 상품·제품 등을 다른 자로부터 다시 취득할 때 소요되는 금
액(재취득가액)에 의하여 평가하되 부가가치세는 포함하지 아니한다.

 관련 예규·심판결정례 및 판례 등

❑ 신축분양 진행 중인 비상장법인 주식의 평가방법(기재부 조세정책과-1153, 2023.5.17.)

상증령 제54조 제4항 제5호에 따라 순자산가치로 평가하는 비상장주식등에 해당하는지 여부를
판단할 때 법인의 자산총액은 상증법 제60조부터 제66조까지의 규정에 따라 평가하는 것으로,
평가대상 법인이 소유한 신축분양 중인 건물과 부수토지의 분양가액이 시가에 해당하는 경우
에는 건물에 대한 분양가액 중 평가기준일까지의 작업진행률에 따라 계산한 금액을 그 건물가
액으로, 부수토지에 대한 분양가액을 토지가액으로 하여 산출하는 것임.

❑ 주택건설업법인이 목적물의 건설 중인 경우 평가방법(재재산-788, 2011.9.23.)

주택건설업법인이 목적물의 건설 중에 해당 법인의 순자산 가치를 산정하는 경우에는 법인세
법 시행령 제69조에 따라 작업진행률을 기준으로 계산된 평가기준일 현재의 해당 법인 자산을
상증령 제55조에 따라 평가기준일 현재 해당 법인이 보유하고 있는 자산(재고자산을 포함함)을
상증법 제60조 내지 제66조에 따라 평가한 가액에서 부채를 차감하여 산정하는 것임.

❑ 주택건설업법인의 비상장주식을 평가하는 경우(재재산-47, 2002.2.22.)

회신

주택건설업법인이 목적물 건설에 따라 법인세법시행령 제69조에 따라 작업진행률을 기준으로
계산한 수익과 비용을 각각 해당 사업연도의 익금과 손금에 산입한 경우에도 평가기준일 현재
당해 법인의 보유하고 있는 토지 전체를 상증법 제60조 내지 제66조에 따라 평가하며, 익금에
산입한 분양수입금액중 토지에 상당하는 가액은 부채에 가산함.

회신

주택건설업체가 보유하는 용지의 경우 분양분에 대해서는 건축부분의 공사진행률만큼은 분양
원가에 대체되어 장부상가액에서 차감되는데(용지의 가액은 변동이 있으나 용지 자체에 대한

소유권이전이나 면적에는 변동이 없음) 이때 비교대상이 되는 장부가액과 시가는 어떤 가액을 말하는지 다음 여러 설이 있어 질의함.

〈갑설〉 분양원가에 대체된 후의 대차대조표상의 장부가액과 원가투입률을 반영한 시가[용지 전체 면적에 대한 시가×(1 - 원가대체율)]과의 차액을 순자산가액에 차가감함.

〈을설〉 용지의 당초 취득가액＋자본지출액, 즉 분양원가에 대체되기 전의 장부가액과 용지 전체에 대한 시가(공시지가)와의 차액을 순자산가액에 차가감함.

〈병설〉 분양원가에 대체된 후의 대차대조표상 장부가액과 용지 전체에 대한 시가(공시지가)와의 차액을 순자산가액에 차가감하고, 아파트 분양으로 인해 주택건설업체가 평가기준일까지 받기로 한 계약금 및 중도금의 합계액중 토지가 차지하는 부분을 부채에 가산함.

(사) 예금, 저금, 적금

평가기준일 현재 예입총액과 이미 경과한 기간에 대한 미수이자 상당액의 합계액에서 원천징수세액상당액을 차감한 가액으로 평가한다.

(아) 매입한 무체재산권

매입가액에서 평가기준일까지의 법인세법상의 감가상각비를 뺀 가격으로 평가하며, 매입가액은 매입당시 부대비용을 포함한다.

$$\text{감가상각비} = \text{매입가액} \times \frac{\text{매입시기부터 평가기준일까지의 월수}}{\text{법인세법 시행규칙 별표 3의 무형고정자산내용연수의 월수}}$$

(자) 대부금, 외상매출금 등

대부금, 외상매출금, 받을어음 등의 채권은 평가기준일 현재 원본에 미수이자를 가산하여 평가하되, 평가기준일 현재 해당 채권액 중 회수가 불가능한 것으로 확인되는 금액을 빼서 평가한다. 따라서 재무상태표상 대부금 등 채권에서 대손충당금을 차감하는 형식으로 표시되어 있는 경우 대손충당금을 빼지 아니한 금액에서 회수 불가능한 금액을 뺀 금액이 상속증여세법상 평가액이 된다.

정리채권 또는 회수기간이 5년을 초과하는 장기채권의 경우에는 만기일의 원본가액에 만기일까지의 이자를 합한 금액을 현재가치로 할인하여 평가한다.

관련 예규·심판결정례 및 판례 등

❏ 전환청구기간 내 미청구서 만기에 원금을 상환하지 않는 조건의 의무전환사채는 발행가액으로 평가
  함(재산세과 - 77, 2011.2.15.).

(차) 합병차손을 영업권으로 계상한 경우

합병법인이 피합병법인의 자산을 초과하는 부채를 승계함에 따라 해당 합병차손을 영
업권으로 계상한 경우 자산가액에 포함시킬 것인지에 대하여 과세관청은 자산가액에 포
함하도록 유권해석하고 있는데(법규과 - 4110, 2006.9.27., 적부 2001 - 1007, 2001.11.6., 법규과 -
4110, 2006.9.27.) 반해, 국세심판결정례는 피합병법인의 이월결손금을 영업권으로 계상한
것은 자산성이 없으므로 순자산가액 계산시 자산가액에서 제외(국심 2002서840, 2002.7.10.)
하고 있으므로 이를 고려하여 평가하여야 한다.

 관련 예규·심판결정례 및 판례 등

❏ 사업포괄양수도에 따른 순자산가액 계산 시 회계상 계상한 이연수익(부채)의 평가방법(사전 - 법규
  재산 - 867, 2024.1.24.)

  특수관계법인인 B에 A의 사업을 포괄양도하면서 A의 순자산가액(자산 및 부채)을 상증법 §61
  부터 §65까지에 따라 평가하는 경우, 회계상 부채로 계상한 이연수익에 대하여는 회계상 장부금
  액에 해당 이연수익과 관련된 세무조정사항(유보금액)을 가감한 세무상 장부금액으로 평가함.

  질의

  재무상태표상 계상된 이연수익(부채계정)을 상증법에 따라 평가하여 거래하는 경우, 그 평가가액
  이 회계상 장부금액인지, 회계상 장부금액에 세무상 유보를 가감한 금액으로 하는지 여부

  * 이연수익 : 회계상 이연수익은 회계상 매출인식조건을 만족하여 매출로 인식하였고 관련 대가도 수취
    하였으나, 동 매출과 관련된 의무이행사유가 발생하지 아니하여 원가로 인식할 수 없고, 추후 원가 발
    생될 때 매출로 인식하기 위해 매출에서 차감하고 부채 계정으로 계상하는 것을 말함(선수수익).

❏ '발전사업권'의 감정가액이 있는 경우 순자산가액에 합산함(재재산 - 345, 2021.4.6.).

❏ 장부상 계상된 합병차손으로 영업권에 포함됨(재산세과 - 20, 2011.1.11.).

(카) 외국법인에 출자한 주식평가

외국법인에 출자한 주식가액은 내국법인의 주식과 동일한 방법으로 평가한 금액으로
한다. 다만, 외국에 있는 상속 또는 증여재산으로서 상속증여세법 제60조부터 제65조까

지의 규정을 적용하는 것이 부적당한 경우에는 해당 재산이 소재하는 국가에서 양도소득세·상속세 또는 증여세 등의 부과목적으로 평가한 가액을 평가액으로 하며, 그 평가액이 없는 경우에는 세무서장 등이 2 이상의 국내 또는 외국의 감정기관에 의뢰하여 감정한 가액을 참작하여 평가한 가액에 의한다.

(타) 국외재산의 원화환산

국외재산의 가액은 평가기준일 현재 외국환거래법 제5조 제1항에 따른 기준환율 또는 재정환율에 의하여 환산한 가액을 기준으로 평가한다(상증령 §58의4).

(파) 담보제공된 재산의 평가

비상장법인의 자산가액은 각 자산별로 상속증여세법 제60조부터 제66조(저당권 등이 설정된 재산에 대한 평가특례)까지에 따라 평가하도록 규정하고 있으므로 저당권 등이 설정되어 채권을 담보하는 자산의 경우 담보하는 채권액과 비교하여 큰 금액으로 평가하여야 한다. 다만, 1998.12.31. 이전 귀속분은 평가특례규정을 적용할 수 없다고 대법원에서 판결하여 과세관청에서도 이를 수용하였고 기획재정부에서도 주식 자체에 질권 등이 설정된 경우에는 평가특례규정이 적용되지만 비상장법인의 순자산가치 평가시에는 적용하지 않는다고 유권해석(재재산 46014-298, 2000.10.25.)하였다.

┃ 관련규정 개정내용 ┃

1982.1.1. ～ 1998.12.31.	1999.1.1. ～ 현재
○ 법 제66조 【저당권 등이 설정된 재산의 평가특례】 저당권 등이 설정된 <u>상속재산</u>은 당해 재산이 담보하는 채권액 등을 기준으로 대통령령이 정하는 바에 의하여 평가한 가액과 제60조의 규정에 의하여 평가한 가액 중 큰 금액을 그 재산의 가액으로 한다.	○ 법 제66조 【저당권 등이 설정된 재산의 평가특례】 <u>상속재산</u> ⇨ 재산
○ 영 제55조 【순자산가액의 계산방법】 주식평가를 위한 순자산가액은 평가기준일 현재 당해 법인의 자산을 <u>이 법의 규정</u>에 의하여 평가한 가액에서 부채를 차감한 가액으로 한다.	○ 영 제55조 【순자산가액의 계산방법】 <u>의 법의 규정</u> ⇨ 법 제60조 내지 제66조의 규정

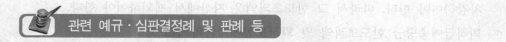
관련 예규·심판결정례 및 판례 등

❑ 1999.1.1. 이후 저당권 등 설정시 평가특례 적용함(재재산 46014-233, 2001.9.21.).

4) 자산가액에 가산하는 항목

비상장법인의 순자산가액을 계산함에 있어 가산하여야 할 사항은 다음과 같다.

(가) 평가기준일 현재 지급받을 권리가 확정된 가액

재무상태표에 계상되어 있지 아니한 지급받을 권리가 확정된 가액을 더한다. 예를 들면 평가대상이 되는 비상장법인이 가지는 손해배상 채권은 비록 법인의 장부에 계상되어 있지 아니하였더라도 순자산가액에 가산한다(대법원 1989.9.12. 선고, 89누916 판결).

(나) 법인세법상의 유보금액

비상장법인의 순자산가액을 계산함에 있어 법인세법상 유보금액은 순자산가액에 가산한다. 다만, 상속증여세법에 의하여 평가한 자산의 가액에 포함된 유보금액과 부채로 보지 아니하는 준비금 및 충당금에 대한 유보금액은 제외한다. "자본금과 적립금조정명세서(을)" 상의 유보금액은 법인세법에 의한 세무조정 결과 순자산의 증가 또는 감소를 나타내는 금액이므로 주식평가를 위한 순자산가액 계산시 빼거나 더해 주어야 하지만, 법인의 기장내용과는 별도로 상속증여세법에 의하여 평가한 자산의 경우 유보내용을 이미 반영하여 평가한 것이므로 추가적으로 더하거나 뺄 필요가 없다(예 : 익금불산입 유보처분된 △미수이자).

또한, 자산이나 부채로 보지 아니하는 계정과목과 관련한 유보금액도 순자산가액 계산과 관계가 없으므로 자산가액을 조정할 필요가 없다.

① (+)로 유보된 금액(순자산의 증가액)의 경우
　㉠ 자산의 평가내용을 대사하여 상속증여세법상 자산의 평가가 기준시가 등 장부상 자산가액과 관련이 없는 방법으로 이루어진 경우에는 이와 관련된 유보금액은 제외하여야 한다.
　　○ 예 : 건설자금이자, 재고자산평가감, 감가상각충당금 한도초과액 등
　㉡ 대손충당금 한도초과액
　　대손충당금은 부채로 보지 아니하는 충당금이므로 순자산가액 계산시 부채에서

차감하여야 한다. 따라서 그 한도초과액은 자산에서 제외하여야 한다.

© 퇴직급여충당금 한도초과액 및 퇴직보험예치금의 신고조정

상속증여세법 시행규칙 제17조의2 제3호 다목에서는 평가기준일 현재 재직하는 임원 또는 사용인 전원이 퇴직할 경우에 퇴직급여로 지급되어야 할 금액의 추계액을 부채로 가산하도록 규정하고 있다.

이에 따라 순자산가액계산서⑬란의 퇴직금추계액을 부채에 가산하는 경우 "자본금과 적립금조정명세서(을)" 상의 퇴직급여충당금 한도초과액 및 퇴직보험예치금의 손금가산액(부의 유보금액)은 고려할 필요가 없다.

② (△)로 유보된 금액(순자산의 감소액)의 경우

㉠ 조세특례제한법상의 제준비금은 순자산가액 계산시 부채로 보지 아니하므로 손금가산 유보처분한 금액은 전부 제외하여야 한다.

㉡ 당기 익금불산입 유보처분된 이자의 경우 상속증여세법상 미수이자는 평가기준일까지 발생한 이자에서 원천징수세액을 차감하여 평가하고 있으므로 고려할 필요가 없다.

(다) 유상증자 등 금액

평가기준일 현재 가결산한 재무상태표가 아닌 직전 사업연도 말 현재의 재무상태표를 기준으로 하여 순자산가액을 계산하는 경우 평가기준일이 속하는 사업연도 개시일로부터 평가기준일까지 유상증자한 경우 유상증자대금은 자산에 더한다. 유상감자를 한 경우 주식소각대가로 지급한 금액은 자산가액에서 빼야 할 것이다.

5) 자산가액에서 빼는 항목

비상장법인의 순자산가액 계산시 자산성이 없는 다음 사항들은 빼야 한다.

(가) 선급비용(평가기준일 현재 비용으로 확정된 것에 한함)

장부상 계상되어 있는 선급비용 중 기간 경과로 인하여 평가기준일 현재 비용으로 확정된 선급보험료 등은 자산가액에서 뺀다. 따라서 자산성이 있는 선급비용은 자산가액에 포함된다.

(나) 법인세법상 무형고정자산 중 개발비(사용수익기부자산가액 제외)

개발비란 상업적인 생산 또는 사용 전에 재료·장치·제품·공정·시스템 또는 용역

을 창출하거나 현저히 개선하기 위한 계획 또는 설계를 위하여 연구결과 또는 관련지식을 적용하는데 발생하는 비용으로서 해당 법인이 개발비로 계상한 것(산업기술연구조합 육성법에 의한 산업기술연구조합의 조합원이 동 조합에 연구개발 및 연구시설 취득 등을 위하여 지출하는 금액을 포함한다)을 말한다. 법인세법 시행령 제24조 제1항 제2호 바목에 규정된 개발비는 자산가액에서 뺀다.

다만, 사용수익기부자산은 금전 외의 자산을 기부한 후 그 자산을 사용하거나 그 자산으로부터 수익을 얻은 경우에 당해 자산의 가치를 자산가액에서 제외하지 아니한다.

○ 법인세법상 사용수익기부자산가액

　법인세법상 사용수익기부자산가액이라 함은 금전 외의 자산을 국가 또는 지방자치단체, 법인세법 제24조 제2항 제4호부터 제7호까지의 규정에 따른 법인(지정기부금단체) 또는 법인세법 시행령 제36조 제1항 제1호의 규정에 따른 법인에게 기부한 후 그 재산을 사용하거나 그 자산으로부터 수익을 얻은 경우 당해 자산의 장부가액을 말함(법인세법 시행령 §24 ① 2호 사목).

　법인세법상 사용수익기부자산가액은 당해 자산의 사용수익기간(그 기간에 특약이 없는 경우 신고내용연수를 말함)에 따라 균등하게 안분한 금액(그 기간 중에 당해 기부자산이 멸실되거나 계약이 해지된 경우 그 잔액을 말함)을 상각하는 방법으로 감가상각을 한다.

▶ 참고 : 사용수익기부재산 유형(기부채납의 방식)

① BOT방식 : 건설(Build) − 소유(Own) − 이전(Transfer)의 방식으로 이루어진다.

　⇒ 기부채납재산을 기부채납법인의 자산으로 계상하여 감가상각비등 처리

② BTO방식 : 건설(Build) − 이전(Transfer) − 운영(Operate)의 순으로 이뤄지는 기부채납 방식이다.

　⇒ 기부채납재산을 무형자산으로 계상하여 감가상각비등 처리

 관련 예규 · 심판결정례 및 판례 등

❏ 사용수익기부자산은 장부가액(취득가액에서 법인세법상 감가상각비를 차감한 가액을 말함)으로 평가함(법규과 − 4036, 2006.9.25.).

❏ 사용수익기부자산의 평가방법(상속증여세과 − 303, 2014.8.12., 재산세과 − 165, 2010.3.15.)

　비상장법인의 순자산가액 계산시 국가 등으로부터 보조받아 사회간접시설을 준공한 후 준공과 동시에 해당 자산을 기부채납하고 일정기간 운영권을 갖는 사용수익기부자산의 자산가액에는 국가 등이 부담한 사업비를 포함하지 아니함.

❏ 평가기준일 현재 지급받을 권리가 없는 경우 자산가액에서 제외함(심사상속 2014 − 25, 2015.9.11.).

(다) 이연법인세자산

이연법인세자산이란 기업회계기준상으로는 아직 당기순이익에 가산되지 아니하였으나 법인세법에 의하여 당해 사업연도 중 익금가산되어 해당 연도의 법인세를 상대적으로 많이 납부한 부분으로서 추후 회계상 당기순이익에 가산되는 사업연도에는 법인세를 상대적으로 적게 납부할 수 있는 효과가 있으므로 이를 재무상태표의 투자자산 중 이연법인세자산의 계정과목으로 회계처리하도록 기업회계기준에서 규정하고 있다. 이러한 이연법인세자산은 자산에서 제외한다.

(라) 증자일 전 잉여금의 유보액

증자일 전의 잉여금의 유보액을 신입주주 또는 신입사원에게 분배하지 아니한다는 것을 조건으로 증자한 경우 신입주주 또는 신입사원의 출자지분을 평가할 때 순자산가액에는 신입사원 또는 신입주주에게 분배하지 아니하기로 한 잉여금에 상당하는 금액은 포함되지 아니한다(상증법 기본통칙 63-55…6).

다. 부채가액 평가

1) 개 요

부채의 경우 평가기준일 현재 평가대상법인이 변제하거나 지급해야 할 것으로 확인되는 금액으로 평가한다. 따라서 평가기준일까지 발생한 미지급이자는 부채에 가산하는 것이나 평가기준일 이후 발생하는 이자 상당액 등은 부채에 포함시켜서는 안된다.

또한 재무상태표에 계상된 부채의 경우에도 실질적으로 현금의 유출이 생기지 아니하는 세법상 준비금이나 충당금은 부채의 가액에서 제외하여야 할 것이고 반대로 재무상태표에 계상되어 있지 않지만 보증채무를 평가대상법인이 변제한 후에도 구상권을 행사할 수 없는 경우에는 부채에 가산하여야 할 것이다.

그리고 정리채무, 지급기간이 5년을 초과하는 장기채무 또는 골프장 입회금 등은 현재가치로 할인하여 평가하도록 하고 있다.

2) 부채에 가산하는 사항

비상장법인의 순자산가액 계산시 자산가액에서 뺄 부채는 평가기준일 현재 해당 법인이 변제할 의무가 있는 금액을 말하며, 이러한 변제 또는 지급할 의무가 확정된 것 중 재무상태표에 계상되지 아니한 다음의 금액 등을 부채에 더한다.

**(가) 평가기준일까지 발생된 소득에 대한 법인세액, 법인세액의 감면액
또는 과세표준에 부과되는 농어촌특별세액 및 지방소득세액**

평가기준일까지 발생된 소득에 대하여 납부하여야 할 법인세액 등에서 재무상태표상
미지급법인세로 계상된 금액을 뺀 금액을 부채에 더하는 것이다.

 관련 예규·심판결정례 및 판례 등

☐ 조특법상 익금불산입금액은 자산가액 및 운용소득에서 가감하지 아니함(법령해석재산 - 4000,
  2021.2.9.).

☐ 사후관리기간이 경과한 이월과세액은 법인의 부채에 가산함(재재산 - 125, 2021.2.4.).

☐ 회생·파산법에 따라 출자전환 예정인 채무를 출자전환 채무로 회계 처리한 경우 조정대상 채무는
  부채에 해당함(법령해석과 - 3690, 2016.11.16.).

☐ 상환전환우선주는 자산가액에서 차감하는 부채에 해당 안됨(법령해석과 - 3691, 2016.11.16.).

☐ 분양가액으로 자산평가시 관련 취득세등 의 채무 해당 여부(조심 2020중1849, 2021.11.10.)
  평가기준일 현재 쟁점자산이 준공 직전이었음에도 그 분양과 관련된 수익을 전부 포함(공사진
  행율 100%)하여 계산하였으므로, 쟁점자산과 관련 있는 취득세 등과 분양금액 반환금은 평가
  기준일 당시 확정된 부채도 반영하는 것이 수익비용대응 및 실질과세원칙에도 부합함.

☐ 조특법상 양도소득 이월과세액은 부채에 해당하지 아니함(재재산 - 498, 2018.6.14., 상속증여과 -
  115, 2015.5.11., 조심 2018서2127, 2018.9.13., 대법원 2021두37090, 2021.7.15.).

☐ 부채로 가산할 법인세액 등의 의미(대법원 96누2392, 1997.2.11.)
  평가기준일까지 발생한 소득에 대한 법인세 및 주민세 등으로서 납부할 세액과 이익처분에 의
  하여 확정된 배당금과 상여금 등도 부채에 포함되는 바, 법인세액 등은 실제로 납부하였거나
  납부할 세액을 의미하므로 세액공제감면이 행하여지기 전의 산출세액이 아니라 결정세액임.

☐ 평가기준일까지 발생한 소득이란 평가기준일이 속하는 사업연도 개시일부터 상속개시일까지 가결산
  에 의하여 산출된 소득을 말함(재삼 46014 - 1035, 1996.4.20.).

☐ 원천징수된 세액(자산 차감됨)은 부채에서 차감하는 부채에 포함 안됨(재재산 46014 - 25, 1998.4.3.).

☐ 법인자산의 잔금청산 전 양도소득에 대한 법인세는 부채 아님(서일 46014 - 11690, 2002.12.12.).

☐ 법인세법상 익금에 산입하지 않는 고정자산 평가익에 대한 법인세상당액은 부채에 해당되지 아니함
  (재재산 46014 - 25, 1998.4.3., 대법원 2000두5180, 2002.5.14.)

(나) 평가기준일 현재 재직하는 임원 또는 사용인 전원이 퇴직할 경우에 퇴직
급여로 지급되어야 할 금액의 추계액

이 경우 퇴직금추계액은 법인의 장부에 계상하였는지 여부에 관계없이 부채로 보아 평
가한다(재삼 46014-1654, 1997.7.4.).

 관련 예규 · 심판결정례 및 판례 등

❑ 근속연수를 반영한 퇴직금추계액을 부채로 인정해야 함(대법원 2013두17251, 2013.12.18.).

(다) 충당금 중 평가기준일 현재 비용으로 확정된 것

평가기준일 현재의 제충당금과 조세특례제한법 및 기타 법률에 의한 제준비금은 이를
각각 부채에서 차감하여 계산하되, 평가기준일 현재 대손확정되는 등 비용으로 확정된
것은 부채로 인정한다(국심 2001전2440, 2002.1.12.).

(라) 법인세법 제30조 제1항에 규정된 보험업을 영위하는 법인의 책임준비
금과 비상위험준비금으로서 법인세법 시행령 제57조 제1항 내지 제3항
에 규정된 범위내의 것은 부채에 해당한다.

▌ **책임준비금과 비상위험준비금** ▌

종 류	설정대상 법 인	손금산입범위액	사 용	환 입
책 임 준 비 금	보험업을 영위하는 법인	① + ② + ③ ① 기말 현재 모든 보험계약 해약시 지급할 환급액 ② 기말 현재 보험사고가 발생하였으나 보험금이 미확정된 경우의 추정보험금 상당액(인보험의 경우에는 보험계약상의 보험금) ③ 배당준비금으로서 손금산입기준에 따라 적립 한 금액 (2009.1.28. 삭제)		다음 사업 연도에 환입
비상위험 준 비 금	보험업을 영위하는 법인	① + ② 중 적은 금액 ① 단기손해보험의 보유보험료 × 보험종목별 적 립기준율 ② 단기손해보험의 경과보험료 × 50%(자동차보험 40%) - 기말 세무상 준비금 잔액		보험업법 시행규칙의 규정에 의하여 금융 위원회가 정하는 바에 의함.

(마) 평가기준일 현재 이익의 처분으로 확정된 배당금, 상여금 및 기타 지급의무가 확정된 금액

배당기준일 현재 생존하고 있던 주주가 주주총회에서 잉여금 처분결의가 있기 전(주주명부 폐쇄기간 중을 말한다)에 사망한 경우로서 상속개시 후에 주주총회에서 잉여금의 처분이 확정된 경우 당해 배당금과 상여금은 상속세과세가액에 포함하지 아니하는 것이며, 상속받은 당해 비상장주식 평가시에는 동 배당금과 상여금은 상속증여세법 시행규칙 제17조의2 제3호 나목의 규정에 의한 부채에 포함하지 아니한다. 다만, 사망 전에 처분한 주식에 대한 배당금 등이 상속개시 후에 지급되는 경우 당해 배당금 등은 상속재산에 포함한다(상증법 기본통칙 63-55…8).

배당금과 상여금의 경우 상속증여세법 기본통칙 63-55…8에 의하여 잉여금 처분결의일에 따른 부채가산 여부를 요약하면 다음과 같다.

	잉여금 처분결의일	
	상속개시일 전	상속개시일 후
배당·상여금	상속세 과세가액산입	상속세 과세가액불산입
비상상주식 평가시 미지급 배당·상여금	부채로 인정함	부채로 인정하지 않음

 관련 예규·심판결정례 및 판례 등

□ K-IFRS에 따라 자본으로 처리한 자본증권은 부채에 해당함(자문 법령해석과-221, 2020.1.22.).

□ 평가기준일 현재 이익처분으로 확정되지 아니한 배당금은 부채 아님(재재산-240, 2011.4.5.).
   법인의 부채에 가산하는 배당금은 상증령 제55조 제2항 및 상증 규칙 제17조의2 제3호 나목에 따라 평가기준일 현재 이익의 처분으로 확정된 가액으로 계산하는 것이므로 평가기준일 현재 확정되지 아니한 배당금은 해당 법인의 부채에 가산하지 아니하는 것임.

(바) 그 밖에 변제하거나 지급할 의무가 확정된 부채

해당 법인 종사자의 사망에 따라 유족 등에게 지급하여야 할 것이 확정된 퇴직수당금, 공로금 그 밖에 이에 준하는 금액 또는 손해배상청구권 소송 등이 제기되어 피해자에게 손해배상을 해야 할 것으로 확인되는 금액도 부채에 가산하여야 할 것이다.

보증채무의 경우 원칙적으로는 채무로 공제하지 아니하는 것이나, 주채무자가 변제불능상태이고 주채무자에 구상권을 행사할 수 없는 보증채무는 부채에 포함한다(재산 01254 -2342, 1989.6.28.).

 관련 예규·심판결정례 및 판례 등

❑ **카드회사 포인트제도의 충당부채**(재재산-607, 2010.6.29.)
   카드회사의 선적립/후사용 포인트제도의 충당부채상당액은 부채에 가산할 항목에 해당하며, 선사용/후적립 포인트제도 중 신용카드 미사용분은 자산에 가산할 것에 해당하지 아니함.

❑ **보험업 영위법인의 순자산가액 계산시 자산으로 계상된 미상각신계약비는 자산에서 차감하고, 부채로 계상된 책임준비금은 부채에서 차감하지 않음**(재재산-1056, 2008.11.19.).
   보험업감독규정에 따라 자산으로 계상된 미상각신계약비 상당액은 상증칙 제17조의2 제2호에 따라 자산에서 차감하고, 법인세법 시행령 제57조 제1항에 따른 책임준비금은 상증 규칙 제17조의2 제4호 나목에 따라 부채에서 차감하지 아니함.

❑ **파생상품의 평가손익은 자산가액에서 차감하는 부채로 볼 수 없음**(대법원 2009두2788, 2009.5.14.).
   비상장주식 평가시 파생상품의 평가손익은 당해 파생상품계약이 만료되어 권리와 의무가 확정되기 이전 상태인 '파생상품의 평가'에 관한 것이므로, 파생상품의 평가손익은 자산가액에서 차감하는 부채로 볼 수 없음.

3) 부채에서 차감하는 사항

(가) 평가기준일 현재 제충당금 및 제준비금

제충당금(퇴직급여충당금, 단체퇴직급여충당금, 대손충당금 등)과 조세특례제한법 및 기타 법률에 의한 제준비금(중소기업투자준비금, 연구 및 인력개발준비금, 지방이전·기술개발준비금 등)의 합계액은 부채가액에서 제외한다.

다만 다음에 해당하는 것은 부채에 해당한다.

① 충당금 중 평가기준일 현재 비용으로 확정된 것

② 법인세법 제30조 제1항에 규정된 보험업을 영위하는 법인의 책임준비금 및 비상위험준비금으로서 법인세법 시행령 제57조 제1항 내지 제3항에 규정된 범위 내의 것

(나) 이연법인세부채

이연법인세부채란 기업회계상 아직 비용으로 처리되지 아니하였으나 법인세법에 의하여 해당 사업연도 중 손금가산되어 해당 사업연도의 법인세를 적게 납부하는 금액이며, 다음에 회계상 비용 처리하는 사업연도에는 법인세를 상대적으로 많이 납부하게 하는 효

과가 있다. 이를 기업회계기준에서는 고정부채 중 이연법인세부채라는 계정과목으로 처리하도록 하고 있다. 이와 같이 재무상태표의 고정부채에 포함된 이연법인세부채는 부채에서 차감한다(재산상속 46014-587, 2000.5.15.).

(다) 사채할인(할증)발행차금과 장기미지급이자

상속증여세법 시행령 제55조에 의한 비상장법인의 순자산가액 계산시 부채의 가액은 평가기준일 현재 확정된 부채 등을 기준으로 하여 계산하는 것으로서 사채할인(할증)발행차금은 해당 법인의 부채에서 빼거나 더하지 아니하는 것이며, 전환사채 및 신주인수권부사채의 권리자가 중도에 전환권 또는 신주인수권을 행사하지 않아 만기상환할 것을 가정하여 발행회사가 채권자에게 만기에 지급하는 이자비용을 장기미지급이자로 계상한 경우 해당 장기미지급이자는 부채에 가산하지 아니한다(서일 46014-10359, 2001.10.26.).

라. 자기창설에 의한 영업권의 평가

1) 영업권 평가방법

영업권의 평가는 자기자본이익률 초과 순손익액을 평가기준일 이후의 영업권지속연수(원칙적으로 5년)를 감안하여 다음 산식에 의하여 환산한 가액에 의한다. 다만 매입한 무체재산권으로서 그 성질상 영업권에 포함시켜 평가되는 무체재산권의 경우에는 이를 별도로 평가하지 아니하되, 해당 무체재산권의 평가액이 환산한 가액보다 큰 경우에는 해당 가액을 영업권의 평가액으로 한다(상증령 §59 ②). 또한 어업권의 가액은 영업권에 포함하여 계산한다.

$$\text{영업권평가액} = \sum_{n=1}^{\text{지속연수}} \frac{\text{자기자본이익률 초과 순손익액}}{(1+0.1)^n}$$

* n : 평가기준일부터의 경과연수

평가기준일 이후 영업권의 지속연수는 원칙적으로 5년을 적용하지만, 평가기준일 이후 해당 법인이 폐업한 경우에는 평가기준일 이후 폐업일까지의 영업기간에 해당하는 기간만을 계산하여 영업권을 평가하여야 한다(심사 상속98-267, 1998.12.4.). 다만, 2004.1.1. 이후 순자산가치로만 평가하는 법인의 경우에는 자기창설적인 영업권의 가액은 자산가액에 포함하지 아니한다.

2) 영업권을 산출하기 위한 순손익의 대상기간 계산

영업권을 산출하기 위한 순손익의 대상기간은 평가기준일 전 3년간을 대상으로 하며, 2004.1.1.부터 사업개시 후 3년 미만인 법인은 영업권을 평가하지 아니하지만, 평가기준일이 2003.12.31. 이전인 경우 3년에 미달할 때에는 해당 연수로 한다.

3) 자기자본이익률 초과 순손익액

자기자본이익률 초과 순손익액 = [(평가기준일 이전 3년간의 순손익액의 가중평균액 × 50%) − (평가기준일 현재 자기자본 × 10%)]

평가기준일 이전 최근 3년간 순손익액의 가중평균액은 상속증여세법 시행령 제56조 제1항의 순손익액 가중평균액을 준용하여 평가한다.

4) 자기자본의 의미

평가기준일 현재 자기자본이란 상속증여세법 시행령 제55조 제1항에 따라 계산한 당해 법인의 총자산가액에서 부채를 뺀 가액을 말한다. 이 경우 상속증여세법 시행령 제59조 제2항에 따른 영업권은 총자산가액에 포함하지 아니한다(상증법 기본통칙 64-59…1 ②).

영업권을 평가함에 있어 제시한 증빙에 의하여 자기자본을 확인할 수 없는 경우에는 다음 각호의 산식에 의하여 계산한 금액 중 많은 금액으로 한다.

① 사업소득금액 ÷ 소득세법 시행령 제165조 제10항 제1호에 따른 자기자본이익률
② 수입금액 ÷ 소득세법 시행령 제165조 제10항 제2호에 따른 자기자본회전율자기자본이익률 및 자기자본회전율은 한국은행이 업종별, 규모별로 발표한 자기자본이익률 및 자기자본회전율을 말한다.

5) 부수(-)의 영업권과 정수(+)의 영업권을 통산할 수 없음

상속·증여재산가액 산정시 영업권 평가산식에 따라 정수(+)의 가액이 산정되는 영업권만을 재산가액에 포함시키고 부수(-)의 가액이 산정되는 영업권은 이를 없는 것으로 보아야 한다. 단순히 영업권이 부수(-)로 평가되었다고 하여 이를 소극적 재산인 채무와 같은 개념으로 보기는 어려워서 재산가액에서 공제할 수는 없고, 그러한 의미에서 영업장이 2개 이상이라 하더라도 각 영업권의 평가가액을 통산하여 재산가액을 산정할 수는 없다(대법원 2000두7766, 2002.4.12.).

사례 **영업권 평가방법**

❏ 영업권 평가를 위한 자료
  ① 평가기준일 : 2011.8.1.
  ② 각 사업연도의 순손익액
    - 2010.1.1. ~ 2006.12.31. : 6억원
    - 2009.1.1. ~ 2005.12.31. : 5억원
    - 2008.1.1. ~ 2004.12.31. : 8억원
  ③ 평가기준일 현재 자기자본 : 20억원
  ④ 평가기준일 현재 기획재정부령이 정하는 율 : 10%
  ⑤ 이자율 10%, 기간 5년의 정상연금 1원의 현재가치는 3.7908이다.

풀이

  ① 최근 3년간 순손익액의 가중평균액의 50% 계산
    (6억원 × 3 + 5억원 × 2 + 8억원) × 1/6 × 50% = 3억원
  ② 초과이익금액의 계산
    (3년간 순손익액의 가중평균액 × 50% - 자기자본 × 10%) = 3억 - 20억 × 10% = 1억원
  ③ 영업권의 평가
    영업권의 평가는 자기자본이익률을 초과하는 순손익액(초과이익금액)을 영업권 지속연수
    (원칙적으로 5년)을 감안하여 현재가치로 환산한 가액에 의한다.
    영업권의 평가액 = 100,000,000원 × 3.7908 = 379,080,000원
  ◆ 매입한 영업권의 가액이 7억원인 경우 : 최종적인 영업권 가액은 7억원이며
    매입한 영업권의 가액이 3억원인 경우 : 379,080,000원으로 평가함.

관련 예규·심판결정례 및 판례 등

❏ 골프장영위 법인 비상장주식 평가시 영업권 산정방법(재산세과-560, 2011.11.28.)

  비상장주식의 시가를 산정하기 어려워 보충적으로 평가하는 경우 순자산가액에 합산되는 영업
  권평가액은 상속증여세법 시행령 제59조 제2항에 따른 영업권 평가방법에 의하는 것임.

사실관계

  - 일반적으로 골프장 신설중인 회사의 지분을 매각할 때 골프장허가권을 포함하여 주식가치가
    산정되고, 골프장 허가권을 포함하여 주식이 거래되고 있는 실정임.
  - 그런데 이 허가권은 당사자 간의 합의에 의해 결정이 되는 상황이라 정확한 허가권을 산정하
    는 것은 어려운 실정임.

❏ 고정자산처분이익이 많은 경우에도 자기창설적 영업권 평가규정을 적용한 것은 적법함(대법원 99
  두8459, 2001.8.21.).

5. 순손익가치의 계산

가. 개 요

순손익가치는 평가대상법인이 계속기업으로서 사업을 영위할 때 장래 수익력을 측정하는 의미가 있으므로 장래 예상되는 현금흐름에 따른 수익을 추정하여 평가하는 것이 합리적이라 할 것이다.

그러나 장래 예상되는 수익력은 평가자의 주관이 개입되는 등으로 일관성과 예측가능성이 떨어질 수밖에 없고 이렇게 될 경우 보충적 평가방법이 가지는 획일성 및 법적안정성을 해칠 수 있을 것이다.

이에 따라 원칙적으로 평가기준일 이전 최근 3년간의 확정된 순손익액을 기준으로 평가하되, 최근 3년간의 기간 중에 일시우발적인 거액의 특별손익이 발생하거나 증자·합병·주요업종 변경 등의 사유가 있어 과거 손익으로 장래 수익력을 측정하는 것이 불합리한 경우에는 신용평가전문기관, 회계·세무법인의 추정이익으로 평가할 수 있다.

1) 1주당 순손익가치 계산

$$1주당\ 순손익가치 = \frac{1주당\ 최근\ 3년간의\ 순손익액의\ 가중평균액}{순손익가치\ 환원율}\ 또는\ 신용평가전문기관\ 등의\ 1주당\ 추정이익의\ 평균가액$$

위의 산식에서 1주당 최근 3년간의 순손익액의 가중평균액이 "0" 이하인 경우 1주당 순손익가치는 "0"으로 한다.

2) 최근 3년간의 순손익액

법인세법상 각 사업연도 소득금액에 익금불산입 또는 손금불산입한 금액 중 상속증여세법 시행령 제56조 제4항에서 규정한 금액을 더하거나 빼서 계산한다.

3) 1주당 순손익액 계산을 위한 발행주식총수

각 사업연도 말 발행주식총수에 의한다. 다만 평가기준일로부터 소급하여 최근 3년간의 기간 중에 증자 또는 감자를 한 경우에는 해당 증자 또는 감자하기 전 사업연도 말 주식수를 환산하여야 한다. 증자로 인하여 증가한 주식수는 증자전 사업연도 말 주식수에 더하고 감자한 주식수는 감자 전 사업연도 말 주식수에서 빼서 각 사업연도 말 환산

주식수를 계산한다.

4) 순손익가치 환원율

1주당 순손익액의 가중평균액을 1주당 순손익가치로 환산하는 순손익가치 환원율은 3년 만기 회사채의 유통수익률을 감안하여 정하는 연도별 이자율은 다음과 같다.

적용시기	연 이자율	근 거
• 2016.3.21.~	연 10%	상속증여세법 시행규칙 제17조
• 2010.11.5.~2016.3.20.	연 10%	기획재정부고시 제2010-19호(2010.11.5.)
• 2003.1.1.~2010.11.4.	연 10%	국세청고시 제2002-38호(2002.12.31.)
• 2000.4.3.~2002.12.31.	연 10%	국세청고시 제2000-30호(2000.4.3.)
• 1991.1.1.~2000.4.2.	연 15%	구 상속세법 시행규칙 제17조 제1항
• 1990.12.31. 이전	연 10%	구 상속세법 시행규칙 제17조 제1항

나. 1주당 최근 3년간 순손익액의 가중평균액

1주당 최근 3년간 순손익액의 가중평균액은 평가기준일 이전 최근 3년간의 순손익액을 각 사업연도 말 발행주식총수로 나누어서 연수가산법에 따라 계산한다. 이 경우 그 가액이 '0' 이하인 경우에는 '0'으로 한다. 이 경우 '0' 이하란 어느 사업연도가 결손인 경우 그 결손금을 반영하여 계산한 1주당 최근 3년간의 순손익액 가중평균액이 '0' 이하인 경우에는 '0'으로 한다는 것을 의미한다.

따라서 다음 계산식에서 각 사업연도별 1주당 순손익액이 '0' 이하인 경우에는 '0' 이하의 수치 그대로 적용하여야 한다.

$$\frac{(평가기준일\ 이전\ 1년이\ 되는\ 사업연도의\ 1주당\ 순손익액×3)}{+\ (평가기준일\ 이전\ 2년이\ 되는\ 사업연도의\ 1주당\ 순손익액×2)\ +\ (평가기준일\ 이전\ 3년이\ 되는\ 사업연도의\ 1주당\ 순손익액×1)}{6}$$

※ 각 사업연도 1주당 순손익액 = $\dfrac{각\ 사업연도의\ 순손익액}{각\ 사업연도\ 종료일\ 현재\ 발행주식총수}$

1) 최근 3년간의 의미

평가기준일 이전 1년이 되는 사업연도란 평가기준일 이전 1년이 되는 날이 속하는 사업연도를 말한다. 평가기준일 이전 3개 사업연도의 순손익액을 기준으로 평가하는 것이 일반적이지만, 사업연도를 변경하는 경우 등에 있어서 평가기준일 이전 최근 3개 사업 연도에 의할 경우 순손익가치가 잘못 평가가 될 수 있다. 예를 들어 평가기준일이 2012.12.31.인 경우 평가기준일 이전 1년이 되는 날은 2012.1.1.이고 2년이 되는 날은 2011.1.1.이 되므로 그 날이 속하는 사업연도의 순손익액과 사업연도 종료일 현재 발행주식총수를 기준으로 평가하는 것이다.

2001.12.31. 이전 상속개시분 또는 증여분의 경우에는 "상속개시 전 1년이 되는 사업 연도"라고 규정하고 2002.1.1. 이후부터는 "평가기준일 이전 1년이 되는 사업연도"로 개 정하였는 바, 2001.12.31. 이전은 평가기준일을 포함하지 아니하고 역(曆)에 의하여 기간 을 계산하였고 2002.1.1. 이후부터는 평가기준일을 포함하여 기간을 계산한다.

이러한 세법개정에 따른 차이는 평가기준일이 사업연도 종료일인 경우 평가기준일이 속 하는 사업연도의 순손익액을 반영하여 평가하느냐 그렇지 않느냐에 있다. 이는 사업연도 종료일이 평가기준일인 경우에는 중간결산 없이 순손익가치의 산정이 가능하고 최근 현황 을 반영하여 평가하는 것이 기업의 실질가치에 더 부합한 점을 고려한 것으로 보인다(대법 원 2014두44847, 2017.12.22. 같은 뜻).

2001.12.31.까지	2002.1.1. 이후
[(상속개시 전 1년이 되는 사업연도의 1주당 순손익액×3) + (상속개시 전 2년이 되는 사업연도의 1주당 순손익액×2) + (상속개시 전 3년이 되는 사업연도의 1주당 순손익액×1)] × 1/6	[(평가기준일 이전 1년이 되는 사업연도의 1주당 순손익액×3) + (평가기준일 이전 2년이 되는 사업연도의 1주당 순손익액×2) + (평가기준일 이전 3년이 되는 사업연도의 1주당 순손익액×1)] × 1/6

순손익액 평가대상 사업연도 중 1년 미만인 사업연도의 1주당 순손익액은 당해 기간 의 1주당 순손익액을 연(年)으로 환산한 가액에 의한다(상증법 기본통칙 63-56…12).

1개 사업연도를 1년에서 3개월로 변경한 경우에는 4개의 사업연도를 1개 사업연도로 보아 1주당 순손익액을 산정하도록 유권해석하고 있다(법령해석재산-21246, 2015.3.27.). 이 경우 평가기준일 이전 3년이 되는 날이 속하는 사업연도인 최초 변경된 사업연도(4개월 사업연도)와 연속된 2개의 사업연도(3개월 사업연도, 3개월 사업연도)를 합산하여 1개로 보는 사업연도가 1년 미만인 경우에는 1주당 순손익액은 해당 3개 사업연도를 연으로 환산한 가액에 의하며, 1년으로 보는 사업연도가 1년을 초과할 수 없다.

｜ 사업연도 변경사례 ｜

사업연도	기간	사업연도	기간	사업연도	기 간
제1기 (11개월)	2010.2~2010.12.	제6기 (3개월)	2012.8.~2012.10.	제11기 (3개월)	2013.11.~2014.1.
제2기 (12개월)	2011.1.~2011.12.	제7기 (3개월)	2012.11.~2013.1.	제12기 (3개월)	2014.2.~2014.4.
제3기 (4개월)	2012.1.~2012.4.	제8기 (3개월)	2013.2.~2013.4.	제13기 (3개월)	2014.5.~2014.7.
제4기 (3개월)	2012.5.~2012.7.	제9기 (3개월)	2013.5.~2013.7.	제14기 (3개월)	2014.8.~2014.10.
제5기 (3개월)	2012.8.~2012.10.	제10기 (3개월)	2013.8.~2013.10.	제15기 (3개월)	2014.11.~2015.1.

➡ 3·4·5기를 1개 사업연도로 볼 경우 연(年)으로 환산하고, 6·7·8·9기를 1개 사업연도로 봄.

> **사례** 　**사업연도 변경 등 사례별 순손익가치 평가방법**
>
> ① 평가기준일에 따른 평가방법
>
> ○ 사업연도 예시(해당 법인의 사업개시일 : 2008.3.1.)
>
> | ① 2008사업연도 | ② 2009사업연도 | ③ 2010사업연도 | ④ 2011사업연도 |
> |---|---|---|---|
> | 3.1.~12.31. | 1.1.~12.31. | 1.1.~12.31. | 1.1.~12.31. |
> | 10개월 | 12개월 | 12개월 | 12개월 |
>
> ○ 평가기준일에 따른 순손익액 가중평균액 계산방법
>
> | 평가기준일 | 최근 3년간 순손익가치 가중평균액 계산방법 |
> |---|---|
> | 2012.3.31. | {(2011사업연도×3) + (2010사업연도×2) + (2009사업연도×1)} ÷ 6 |
> | 2011.12.31. | {(2011사업연도×3) + (2010사업연도×2) + (2009사업연도×1)} ÷ 6 |
> | 2011.12.30. | {(2010사업연도×3) + (2009사업연도×2) + (2008사업연도[*]×1)} ÷ 6 |
>
> [*]) 2008 사업연도의 경우 1년에 미달하므로 연(年)으로 환산한 순손익액에 의해야 한다.
(2008 사업연도 순손익액×12월÷10월)
>
> ② 사업연도가 변경된 경우 순손익가치 평가방법
>
> ○ 사업연도 예시(해당 법인의 사업연도 변경일 : 2010.4.1.)
>
> | 2007
사업연도 | 2008
사업연도 | 2009
사업연도 | 2010
사업연도 | 2011
사업연도 | 2012
사업연도 |
> |---|---|---|---|---|---|
> | 1.1.~12.31. | 1.1.~12.31. | 1.1.~12.31. | 2010.1.1.~3.31. | 2010.4.1.
~2011.3.31. | 2011.4.1.~
2012.3.31. |
> | 12개월 | 12개월 | 12개월 | 사업연도 변경 | 12개월 | 12개월 |

○ 평가기준일에 따른 순손익액 가중평균액 계산방법

평가기준일	최근 3년간 순손익가치 가중평균액 계산방법
2012.3.31.	{(2012사업연도×3) + (2011사업연도×2) + (2009사업연도×1)} ÷ 6
2012.3.30.	{(2011사업연도×3) + (2010사업연도×12월÷3월×2) + (2009사업연도×1)} ÷ 6
2011.4.30.	{(2011사업연도×3) + (2009사업연도×2) + (2008사업연도×1)} ÷ 6

- 평가기준일이 2012.3.31.인 경우 평가기준일 이전 1년, 2년, 3년이 되는 날은 2011.4.1., 2010.4.1., 2009.4.1.이 되므로 2010.1.1.~3.31.까지의 순손익액은 제외된다.

③ 평가기준일별 최근 3년간의 1주당 순손익액 가중평균액 계산방법

사업연도	2007.5.1.~ 2007.12.31.	2008.1.1.~ 2008.12.31.	2009.1.1.~ 2009.12.31.	2010.1.1.~ 2010.12.31.	2011.1.1.~ 2011.6.30.
1주당 순손익액	△900	△1,200	800	1,400	1,000

○ 평가기준일이 2011.7.10.인 경우 : $\dfrac{1,400 \times 3 + 800 \times 2 + \triangle 1,200 \times 1}{6} = 766원$

○ 평가기준일이 2010.12.31.인 경우 : $\dfrac{1,400 \times 3 + 800 \times 2 + \triangle 1,200 \times 1}{6} = 766원$

○ 평가기준일이 2010.12.30.인 경우 :

$$\dfrac{800 \times 3 + \triangle 1,200 \times 2 + \triangle 900 \times \dfrac{12월}{8월} \times 1}{6} = 0(부수이므로)$$

2) 합병 후 3년 경과되지 않은 법인 등의 순손익가치 평가

1주당 최근 3년간의 순손익액의 가중평균액 계산할 때 합병 후 3년이 경과하지 아니한 경우 합병 전 각 사업연도의 1주당 순손익액은 합병법인과 피합병법인의 순손익액의 합계액을 합병 후 발행주식총수로 나누어 계산한 가액에 의한다(상증법 기본통칙 63-56…12).

이 경우 피합병법인의 순손익액이 없는 사업연도에 대해서는 합병법인의 순손익액을 합병법인의 발행주식총수로 나누어서 계산한다.

| 사례 | 합병법인의 1주당 최근 3년간 순손익액의 가중평균액 계산방법 |

❑ 합병법인 및 피합병법인의 각 사업연도 순손익액 및 발행주식총수

○ 2010.12.31. 합병비율을 1 : 1로 하여 합병함.

○ 평가기준일 : 2012.1.31.

구분 연도	합병법인			피합병법인			합 계		
	주식수	순손익	1주당 순손익	주식수	순손익	1주당 순손익	주식수	순손익	1주당 순손익
2009	1,000	100,000	100	500	△50,000	△100	1,500	50,000	33
2010	1,000	200,000	200	500	△75,000	△150	1,500	125,000	83
2011	1,500	300,000	200	소 멸			1,500	300,000	200

| 풀이 |

○ 2009사업연도 1주당 순손익액 : $\dfrac{100,000 + \triangle 50,000}{1,000주 + 500주} = 33$

○ 2010사업연도 1주당 순손익액 : $\dfrac{200,000 + \triangle 75,000}{1,000주 + 500주} = 83$

○ 2011사업연도 1주당 순손익액 : 300,000원 ÷ 1,500주 = 200

○ 1주당 최근 3년간 순손익액 가중평균액 : (200×3) + (83×2) + (33×1) ÷ 6 = 52원

① 결산기가 다른 법인이 합병한 후 3년이 경과되기 전의 순손익가치 평가

합병 후 3년이 경과되지 아니한 합병법인의 1주당 최근 3년간 순손익액의 가중평균액은 평가기준일 이전 1년 · 2년 · 3년이 되는 날이 속하는 사업연도별로 합병법인과 피합병법인의 순손익액을 합계하여 합병 후 발행주식총수로 나누어서 계산한다. 이 경우 1년 미만인 사업연도의 순손익액은 연으로 환산한 가액에 의하는 것이나, 합병일이 속하는 피합병법인의 사업연도가 1년 미만으로서 합병 후부터 피합병법인과 합병법인의 순손익액이 합산되어 계산되는 경우에는 연으로 환산하지 아니한다(서일 46014 - 10352, 2001.10.24.).

| 사례 | 사업연도가 다른 법인이 합병한 경우 순손익가치 평가방법 |

❑ 합병법인 및 피합병법인의 사업연도

○ 평가기준일 : 2011.4.30.

2008.1.1. 2008.9.30. 2008.12.31. 2009.9.30. 2009.12.31. 2010.6.30. 2010.12.31.

(사업연도 월수)   합병일

- 피합병법인 : 2008년도 9개월, 2009년도 12개월, 2010년도 9개월
- 합병법인 : 2008년도 12개월, 2009년도 12개월, 2010년도 12개월

풀이

㉠ 평가기준일 전 3년이 되는 사업연도(2008사업연도) : 피합병법인 2008사업연도(2008.1.1. ~2008.9.30.) 9개월의 손익을 年으로 환산한 금액과 합병법인 2008사업연도 손익을 합계하여 합병 후 발행주식총수로 나눔.

㉡ 평가기준일 전 2년이 되는 사업연도(2009사업연도) : 피합병법인 2009사업연도(2008.10.1. ~2009.9.30.) 손익과 합병법인 2009사업연도 손익을 합계하여 합병 후 발행주식총수로 나눔.

㉢ 평가기준일 전 1년이 되는 사업연도(2010사업연도) : 피합병법인 2010사업연도(2009.10.1. ~2010.6.30.) 9개월의 손익과 합병법인 2010사업연도 손익을 합계하여 합병 후 발행주식 총수로 나눔.

   ➡ 피합병법인의 사업월수가 9개월이나, 합병 후 7월부터 9월까지 3월간 영업실적은 합병법인의 손익에 포함되므로 年으로 환산할 필요가 없다.

❑ **평가기준일 전 3년 내에 합병한 법인으로서 합병 전 사업연도가 다른 경우 수익가치 평가방법**(재산세과-1959, 2004.7.12.)

질의

○ 2001.10.31. A법인 순손익가치 평가시 1차연도(2000.1.1.~12.31.), 2차연도(1999.1.1.~12.31.), 3차연도(1998.1.1.~12.31.)에 피합병법인의 손익을 어떤 방법으로 합산하는지? (합병일 : 1999.6.30.)

| 합병법인 | 1998.1.~1998.12. | 1999.1.~1999.12. | 2000.1.~2000.12. | 2001.10.31. |

———————————————— 합병 ————————————————

| 피합병법인 | 1997.7.~1998.6. | 1998.7.~1999.6. | | 증여일 |

구분	1차 연도	2차 연도	3차 연도
갑설	–	1998.7.1.~1999.6.30.	1997.7.1.~1998.6.30.
을설	–	–	1998.7.1.~1999.6.30.
병설	–	(1998.7.1.~1999.6.30.)×1/2	(1998.7.1.~1999.6.30.) × 1/2 + (1997.7.1.~1998.6.30.) × 1/2

회신

<병설이 타당>

평가기준일 전 3년 이내에 합병한 비상장법인의 합병 전 1주당 순손익액은 합병법인과 피합병법인의 순손익액의 합계액을 합병 후 발행주식총수로 나누어 계산하는 것이며, 합병법인과 피합병법인의 순손익액은 각각 1년간의 순손익액을 기준으로 하는 것이므로 1년에 미달하는 사업연도 순손익액은 연으로 환산한 가액에 의하는 것입니다. 귀 센터 질

의의 경우 합병법인의 99사업연도 순손익액에 피합병법인의 순손익액은 6개월분만 포함되어 있으므로 피합병법인의 99사업연도 손손익액 중 6개월분을 안분하여 합병법인의 99사업연도 순손익액에 합산하고, 98사업연도의 경우에도 피합병법인의 98사업연도와 99사업연도에 대한 순손익액을 각 6개월분으로 안분한 후 1년간의 순손익액을 계산하여 합병법인의 98사업연도 순손익액에 합산하는 방법으로 순손익가치를 평가하는 것이 타당함.

■ 사업개시 후 3년 미만인 피합병법인이 1 : 0.5로 합병한 경우 순손익가치 계산방법
❑ 합병내용 및 각 사업연도 순손익액
   ○ 기초 자료
   - 합병법인(갑) 사업개시일 : 1991.7.1.(사업연도 1.1.~12.31.)
   - 피합병법인(을) 사업개시일 : 2006.1.1.(사업연도 1.1.~12.31.)
   - 합병등기일 : 2007.6.30.   - 합병비율 : 갑 1 : 을 0.5
   - 평가기준일 : 2008.2.1.
   ○ 합병 전후 갑과 을의 각 사업연도 순손익액 및 발행주식총수

구 분	합병법인(갑)		피합병법인(을)	
	주식수	순손익액	주식수	순손익액
2007	15,000	40,000,000	10,000	2,000,000
2006	10,000	30,000,000	10,000	△5,000,000
2005	10,000	20,000,000	-	-

풀이

   ○ 합병 후 합병법인의 1주당 순손익액

구 분	갑과 을의 순손익액 합계액 및 각 사업연도 주식수		
	주식수	순손익액	1주당 순손익액
2007	15,000	42,000,0000[1]	2,800
2006	15,000[2]	25,000,000[3]	1,666
2005	10,000[4]	20,000,000	2,000

1) 을의 2007.7.1.~12.31. 손익은 갑의 손익에 포함되어 있으므로 연 환산하지 않음.
2) 합병 후 발행주식총수인 15,000주로 1주당 순손익액 계산함.
3) 을의 결손금을 "0"으로 하지 않고 갑의 이익과 통산함.
4) 2005년의 경우 갑의 손익만 있으므로 갑의 합병 후 주식수를 기준으로 함.

   ○ 1주당 최근 3년간 순손익액의 가중평균액

$$\frac{(2,800\times3) + (1,666\times2) + 2000}{6} = @2,288$$

② 2004.12.31. 이전 사업개시 후 3년 미만인 법인의 순손익가치 평가

평가기준일 전 사업연도가 2개인 법인의 경우 "가중평균액"은 직전사업연도의 1주
당 순손익액에 2를, 직전 전 사업연도의 1주당 순손익액에 1을 곱하여 계산한 금액
의 합계액을 3으로 나누어 계산한다(상증법 기본통칙 63-56…13).

 관련 예규·심판결정례 및 판례 등

☐ 인적·물적 분할 신설법인의 경우 순손익가치 평가방법(재재산-744, 2007.6.27.)
 - 인적분할의 경우 분할신설법인의 사업영위기간은 분할 전 분할법인의 사업개시일부터 기산
  하는 것이며(재재산-715, 2005.7.8.)
 - 1주당 순손익액은 분할법인의 분할 전 순손익액이 사업부문별로 구분되는 경우에는 그 구분
  에 의하고 구분되지 아니하는 경우에는 상증규칙 제10조의2 제1항을 준용하여 순자산가액
  비율로 안분하여 계산하는 것임.

☐ 사업연도 종료일의 직전일이 평가기준일인 경우 순손익가치 평가방법(대법원 2010두12378, 2012.5.24.)
 주식양도가 2003 사업연도의 말일인 2004.3.31.을 불과 하루 남겨둔 2004.3.30.에 이루어졌다
 고 하더라도 조세법률주의의 원칙상 상증령 제54조 제1항 제1호에서 규정한 내용과 달리 위
 주식양도일이 속한 사업연도(2003 사업연도)를 포함한 직전 3개 사업연도의 순손익액을 기초
 로 1주당 주식가액을 평가할 수는 없다고 할 것임.

다. 각 사업연도 종료일 현재 발행주식총수

1주당 최근 3년간의 순손익액의 가중평균액을 계산함에 있어 각 사업연도의 주식수는
각 사업연도 종료일 현재 발행주식총수에 의한다. 다만, 평가기준일이 속하는 사업연도
이전 3년 이내에 증자 또는 감자를 한 사실이 있는 경우에는 증자 또는 감자 전의 각
사업연도 종료일 현재 발행주식총수는 다음의 산식에 의하여 환산한 주식수에 의한다.
"평가기준일이 속하는 사업연도 전 3년 이내에 무상증자 또는 무상감자를 한 사실이
있는 경우"란 평가기준일이 속하는 사업연도 중에 무상증자 또는 무상감자를 하여 평가
기준일 현재 주식수가 증가하거나 감소한 경우도 포함된다(재재산 46014-44, 2002.2.22.).
따라서 평가기준일이 2010.5.10.인 경우 2010.1.1.부터 2010.5.10. 사이에 무상증자 또는
무상감자가 이루어졌다면 과거 3년간인 2009년, 2008년 및 2007년의 1주당 순손익액의 계
산시 무상증자 또는 무상감자에 따른 환산주식수를 발행주식총수로 적용하여야 한다.
2011.7.24. 이전 귀속분의 경우에는 무상증자 또는 무상감자한 경우에만 증자 또는 감

자 전 사업연도 말 발행주식총수를 환산함에 따라 높은 비율의 유상증자를 실시한 후 3년이 경과되기 전에 주식을 평가하는 경우 순손익가치가 과대평가되는 경향이 있었다.

2011.7.25. 이후 상속개시·증여분부터는 유상증자·감자의 경우에도 무상증자·감자와 같이 주식수를 환산한다. 무상증자감자의 경우에는 자본금 등에 변동이 없이 주식수만이 변경된 것이므로 주식수만을 환산하였으나 유상·유상감자의 경우에는 자본금에도 변동이 생기므로 주식수뿐만 아니라 순손익액도 조정하여 순손익가치를 평가한다.

1) 증자의 경우 환산주식수 및 순손익액 조정

다음 계산식에 따라 증자 전의 사업연도 말 발행주식총수를 환산한다.

$$\text{증자전 각 사업연도 말 주식수} \times \frac{(\text{증자 직전 사업연도 말 주식수} + \text{증자 주식수})}{\text{증자 직전 사업연도 말 주식수}}$$

산식에 의하여 주식수를 환산한 결과는 평가기준일 현재 발행주식총수가 될 것이다.

유상증자가 있는 경우 유상증자를 한 사업연도와 그 이전 사업연도의 순손익액은 각 사업연도 순손익액에 다음의 금액을 더하여 순손익가치를 평가한다. 이 경우 유상증자를 한 사업연도의 순손익액은 사업연도 개시일부터 유상증자를 한 날까지의 기간에 대하여 월할로 계산하며, 1개월 미만은 1개월로 하여 계산한다.

➡ 각 사업연도 순손익액에 가산한 금액 : 유상증자한 납입금액 × 기획재정부령으로 정하는 율(10%)

2) 감자의 경우 환산주식수 및 순손익액 조정

다음 계산식에 따라 감자전의 사업연도 말 발행주식총수를 환산한다.

$$\text{감자전 각 사업연도 말 주식수} \times \frac{(\text{감자 직전 사업연도 말 주식수} - \text{감자 주식수})}{\text{감자 직전 사업연도 말 주식수}}$$

무상감자의 경우 2001.1.1.부터 감자 직전 사업연도 발행주식총수를 환산하도록 하였고, 그 이전에는 환산하지 아니하였다.

2011.7.25. 이후 상속개시·증여분부터는 무상·유상감자한 주식수를 반영하므로 최근 3년간의 사업연도 말 발행주식총수는 평가기준일 현재 발행주식총수와 같아진다.

유상으로 주식을 소각한 경우 유상감자를 한 사업연도와 그 이전 사업연도의 순손익액은 각 사업연도 순손익액에 다음에 따른 금액을 뺀 금액으로 한다. 이 경우 유상감자를 한 사업연도의 순손익액은 사업연도 개시일부터 유상감자를 한 날까지의 기간에 대하여 월할로 계산하며, 1개월 미만은 1개월로 하여 계산한다.

➡ 각 사업연도 순손익액에서 차감한 금액 : 유상감자 시 지급한 1주당 금액×유상감자에 의하여 감소된 주식 등 수×기획재정부령으로 정하는 율(10%)

3) 주식 액면가액이 변경된 경우

평가기준일 이전 최근 3년간에 1주당 액면가액을 변경함으로써 총발행주식수가 달라진 경우 액면가액 변경 전 사업연도 말 발행주식총수는 평가기준일 현재 액면가액을 기준으로 발행주식총수를 다시 환산하여 1주당 순손익액을 계산한다(재산 01254-717, 1988.3.10.).

관련 예규·심판결정례 및 판례 등

□ 채무를 출자전환한 경우 순손익액에 출자전환가액의 10%를 가산함(법령해석재산-581, 2015.8.18.).

□ 2011.7.25. 법령개정 전 유상증자에 따른 희석효과 반영하여 평가함(재재산-395, 2018.4.30.).

회신

질의1·2·3은 각각 1안이 타당함(종전 유권해석 재재산-277, 2015.4.3. 변경함).

질의 1

법령개정 전 상속·증여재산에 대한 유상증자 희석효과 반영 여부
　(제1안) 희석효과를 반영함.
　(제2안) 희석효과를 반영하지 않음.

질의 2

희석효과 반영할 경우 변경되는 유권해석의 적용시기
　(제1안) 해석변경 이후 결정·경정분 부터 적용(결정·경정으로 이미 확정된 경우는 제외)
　(제2안) 법령개정 전 상속·증여분에 소급하여 적용

질의 3

희석효과 반영할 경우 희석효과 반영방법
　(제1안)유상증자 시 증자 후 1주당 주식가치 산정방법을 준용하여 적용
　* (증자 전 순손익가치 + 유상증자액) / (증자전 주식수 + 유상증자 주식수)
　(제2안) 개정법령의 반영방법을 준용하여 적용
　* 유상증자분 손익액 증가분(= 유상증자액 × 순손익가치환원율(10%) 반영
　* 주식수 : 사업연도 발행주식총수를 증자비율 대로 환산한 주식수

❏ **100% 무상감자 후 동시에 유상증자시 주식수 산정방법**(재산세과 - 348, 2011.7.20.)

전체주식을 무상감자하고 동시에 유상증자한 경우 감자 주식수에서 증자 주식수를 뺀 주식을 무상감자한 것으로 보아 각 사업연도 말 주식수를 환산함.

> 사실관계

- 평가기준일 : 2010.12.31.
  2008년 말 주식수 : 100주 - 2008년 말 순손익액 : △100,000
- 2009년 중 기존의 100주를 모두 무상감자함과 동시에 200주를 제3자배정 유상증자함.
- 상속증여세법에 의한 2008년의 환산주식수는 0주이며, 따라서 2008년의 주당 순손익액은 산정되지 않음.

❏ **주식배당의 경우에도 무상증자와 같이 직전 사업연도 주식수를 환산함**(서일 46014 - 10141, 2002.1.31.).

❏ **무상증자시 환산 주식수를 계산할 때 무상증자주식수는 무상증자 직전 사업연도 말 주식수에 배정되어 발행된 무상증자주식수를 말하는 것임**(서일 46014 - 11648, 2003.11.18.).

❏ **2011.7.24. 이전에도 유상증자 희석효과를 반영하여 평가해야 함**(조심 2018부2903, 2018.11.6., 조심 2013서236, 2013.2.27., 조심 2008서4077, 2009.12.28. 합동회의).

❏ **2011.7.24. 이전 평가분을 유상증자 희석효과 반영하는 것은 법령의 소급적용으로 부당함**(대법원 2019두48059, 2019.11.14.).

2010.12.17. 평가분에 대해 유상증자가 있어 최근 3년간의 순손익액에 의해 1주당 순손익가치를 산정할 수 없는 경우 순자산가치만에 의하여 평가하도록 한 상속증여세법 시행령 제54조 제4항의 방법 등 객관적이고 합리적인 방법을 준용하여 평가하여야지(대법원 2012.4.26. 선고 2010두26988 판결 참조), 유상증자 희석효과를 반영하도록 개정된 상증령 제56조 제3항 및 제5항을 소급하여 적용할 수 없음.

❏ **2011.7.24. 이전 발행주식총수는 평가기준일 현재의 발행주식총수가 아닌 해당 사업연도 종료일 현재의 발행주식총수에 의하는 것임**(대법원 2002두9667, 2003.10.10).

주식의 순손익가치는 사업연도라는 일정한 기간 동안 올린 순손익액을 해당 사업연도의 발행주식총수로 나누어 산정되는 것으로서, 그 기간 동안의 순손익액 실현에 전혀 기여한 바 없는 신주의 수를 합산하지 아니하고 '사업연도 종료일 현재의 발행주식총수'를 기준으로 이를 산정한다 하더라도 실질과세원칙이나 시가주의원칙에 위배된다고 볼 수 없고, 더구나 관계 규정에 따른 '사업연도 종료일 현재의 발행주식총수' 대신 평가기준일 현재의 발행주식총수를 적용하여 순손익가치를 산정할 아무런 근거가 없음.

사례 1   **2011.7.24. 이전 무상증자와 무상감자한 경우 주식수 환산방법**

❑ 무상주 발행 및 무상감자 내용

2006.12.31.   2007.5.1.   2007.12.31.   2008.12.31.   2009.3.1.   2009.5.1.(평가기준일)

△   ▲   △   △   ▲   ▲

<사례 1> 5,000주   무상증자 1,000   6,000주   6,000주   무상증자 2,000   8,000주

<사례 2> 6,000주   무상감자 1,000   5,000주   5,000주   무상감자 2,000   3,000주

풀이

<사례1>의 경우

○ 평가기준일이 2009.5.1.인 경우 1주당 순자산가치 계산시 발행주식총수는 8,000주, 순손익가치 계산시 각 사업연도 말 발행주식총수

   1. 2008년도 말 주식수 : 8,000주

   2. 2007년도 말 주식수 : 8,000주

   3. 2006년도 말 주식수 : 8,000주

$$5,000 \times \frac{5,000주 + 1,000주 + 2000주}{5,000주} = 8,000주$$

<사례2>의 경우

○ 2009.5.1. 현재 1주당 순자산가치 계산시 발행주식총수는 3,000주, 순손익가치 계산시 각 사업연도 말 발행주식총수

   1. 2008년도 말 주식수 : 3,000주 ⇒ 2000.12.31. 이전에는 5,000주

   2. 2007년도 말 주식수 : 3,000주 ⇒ 2000.12.31. 이전에는 5,000주

   3. 2006년도 말 주식수 : 3,000주 ⇒ 2000.12.31. 이전에는 6,000주

   * 2000.12.31. 이전에는 무상감자한 주식수는 직전 사업연도 말 주식수에 대한 환산규정이 없었음.

사례 2   **2011.7.24. 이전 무상증자와 유상증자한 경우 주식수 환산방법**

❑ 유상증자 및 무상증자 내용

각 사업연도 말 발행주식수

• 2006.12.31. : 1,000,000주

• 2007.12.31. : 1,200,000주(기중 유상증자 200,000주)

• 2008.12.31. : 1,700,000주(기중 무상증자 500,000주)

• 평가기준일 : 2009.5.31.

풀이

연도별	기초 주식수	유상증자	무상증자	사업연도 말 주식수
2006년도	1,000,000			1,000,000
2007년도	1,000,000	200,000		1,200,000
2008년도	1,200,000		500,000	1,700,000

○ 2008년도 : 1,700,000주

○ 2007년도 : $1,200,000 \times \dfrac{1,200,000 + 500,000}{1,200,000} = 1,700,000$

○ 2006년도 : $1,000,000 \times \dfrac{1,200,000 + 500,000}{1,200,000} = 1,416,667$

* 무상증자한 500,000주는 2006년도 말 1,000,000주에 416,667주가 배정되고, 2007년 유상증자한 200,000주에 83,333주가 배정된 것이므로 2006년 말 환산주식수에는 2007년도 유상증자한 주식에 배정된 무상주는 포함하지 않는 것임.

사례 3 **2011.7.24. 이전 무상감자와 무상증자한 경우 주식수 환산방법**

❑ 무상감자와 무상증자 내용

각 사업연도 말 발행주식수
• 2006.12.31. : 1,000,000주
• 2007.12.31. : 800,000주(기중 무상감자 200,000주)
• 2008.12.31. : 1,300,000주(기중 무상증자 500,000주)
• 평가기준일 : 2009.7.31.

풀이

연도별	기초 주식수	무상감자	무상증자	기말 주식수
2006년도	1,000,000			1,000,000
2007년도	1,000,000	200,000		800,000
2008년도	800,000		500,000	1,300,000

○ 2008년도 : 1,300,000주

○ 2007년도 : $800,000 \times \dfrac{800,000 + 500,000}{800,000} = 1,300,000$

○ 2006년도 : 1,300,000주
  • 2006년도의 경우 2007년도 무상감자수로 2006년도 주식수를 환산한 후 그 주식수

800,000주를 무상증자 전 각 사업연도 말 주식수로 보아 무상증자주식수를 환산하는 계산과정을 거치는 것이 필요함.

$$-2006년도 : 1,000,000 \times \frac{1,000,000 - 200,000}{1,000,000} = 800,000$$

$$-2006년도 : 800,000 \times \frac{800,000 + 500,000}{800,000} = 1,300,000$$

사례 4 　**2011.7.25. 이후 유상증자의 경우 주식수 및 순손익액 환산방법**

❏ 각 사업연도 손손익액 및 유상증자 내용
　○ 2011.10.31. 유상증자함.
　　－1주당 신주 인수가액은 5,000원에 200,000주 발행하여 주금 납입액은 10억원임.
　○ 평가기준일 : 2012.3.31.

연도별	기초 주식수	유상증자	사업연도 말 주식수	순손익액
2009.12.31.	100,000		100,000	80,000,000
2010.12.31.	100,000		100,000	110,000,000
2011.12.31.	100,000	200,000	300,000	150,000,000

풀이

○ 각 사업연도 말 환산주식수
　－2011년도 : 300,000주

$$-2010년도 : 100,000 \times \frac{100,000 + 200,000}{100,000} = 300,000$$

$$-2009년도 : 100,000 \times \frac{100,000 + 200,000}{100,000} = 300,000$$

○ 각 사업연도 순손익액에 가산할 순손익액

$$-2011년도 : 10억원 \times 10\% \times \frac{10월}{12월} = 83,333,333원$$

　－2010년도 및 2009년도 : 10억원×10% = 100,000,000원

연도별	환산 주식수	환산 순손익액	1주당 순손익액
2009.12.31.	300,000	180,000,000	600
2010.12.31.	300,000	210,000,000	700
2011.12.31.	300,000	233,333,333	777

○ 1주당 최근 3년간의 순손익액 : (777 × 3)+(777 × 2)+(600 × 1) ÷ 6 = 721
○ 1주당 순손익가치 = 721 ÷ 10% = 7,210원

※ 2011.7.24. 이전 1주당 순손익가치

$$\frac{(500 \times 3) + (1,100 \times 2) + (800 \times 1) \div 6}{10\%} = 7,500$$

사례 5   **2011.7.25. 이후 유상감자의 경우 주식수 및 순손익액 환산방법**

❏ 각 사업연도 순손익액 및 유상감자 내용

  ○ 2011.10.31. 유상감자함.

    - 1주당 가액은 5,000원에 50,000주 매입하여 주식소각대가는 2억5천만원임.

  ○ 평가기준일 : 2012.3.31.

연도별	기초 주식수	유상감자	사업연도 말 주식수	순손익액
2009.12.31.	100,000		100,000	80,000,000
2010.12.31.	100,000		100,000	110,000,000
2011.12.31.	100,000	50,000	50,000	100,000,000

풀이

○ 각 사업연도 말 환산주식수

  - 2011년도 : 50,000주

  - 2010년도 : $100,000 \times \dfrac{100,000 - 50,000}{100,000} = 50,000$

  - 2009년도 : $100,000 \times \dfrac{100,000 - 50,000}{100,000} = 50,000$

○ 각 사업연도 순손익액에 차감할 순손익액

  - 2011년도 : 2억5천만원×10% $\times \dfrac{10월}{12월} = 20,833,333$원

  - 2010년도 및 2009년도 : 2억5천만원×10% = 25,000,000원

연도별	환산 주식수	환산 순손익액	1주당 순손익액
2009.12.31.	50,000	55,000,000	1,100
2010.12.31.	50,000	85,000,000	1,700
2011.12.31.	50,000	79,166,666	1,583

○ 1주당 최근 3년간의 순손익액 : $(1,583 \times 3) + (1,700 \times 2) + (1,100 \times 1) \div 6 = 1,541$

○ 1주당 순손익가치 = 1,541 ÷ 10% = 15,410원

※ 2011.7.24. 이전 1주당 순손익가치

$$\frac{(2,000 \times 3) + (1,100 \times 2) + (800 \times 1) \div 6}{10\%} = 15,000$$

라. 각 사업연도의 순손익액 계산

1) 개 요

비상장주식의 순손익가치를 산출하기 위하여 평가기준일 이전 최근 3개 사업연도의 연도별 순손익액을 계산하여야 한다.

순손익액은 기업회계기준에 의한 당기순손익이 아니라 법인세법상 각 사업연도 소득금액을 기준으로 상속증여세법 시행령 제56조 제4항 제1호 및 제2호에 해당하는 금액을 소득에 가산하거나 차감하여 계산한다.

법인세법상의 각 사업연도 소득이란 법인세법상 사업연도의 익금총액에서 손금총액을 차감(이월결손금을 공제하기 전의 금액)한 금액을 말한다.

법인이 실제 수입 또는 지출한 비용이지만 법인세법에서 익금불산입 또는 손금불산입한 항목 중 일부를 다시 소득에 더하거나 빼서 평가대상법인의 수익과 비용에 상응하는 미래 수익력을 측정하도록 하고 있다.

이는 조세정책적 목적으로 법인 소득계산에 있어 익금 또는 손금으로 보지 아니하지만 실제로는 수익과 비용에 해당하는 것(영구적 차이)이므로 순손익액 계산시에 다시 반영하려는 것이다.

이와 같이 상속증여세법 시행령 제56조 제4항에 의하여 순손익액을 계산함에 있어 해당 법인에 대한 법인세 경정으로 소득금액 등에 변동이 생긴 때에는 그 내용을 반영하여 주식을 평가하고 상속세 또는 증여세 과세표준과 세액을 경정하여야 한다(상증법 기본통칙 63-56…10).

> 각 사업연도 순손익액 = 각 사업연도 소득금액(이월결손금 공제전의 금액을 말함)
> + 익금불산입항목 중 상속증여세법 시행령 §56 ④ 1호의 금액
> - 손금불산입항목 중 상속증여세법 시행령 §56 ④ 2호의 금액

법인이 영위하는 사업부를 양도하거나 업종을 변경하는 경우에도 순손익가치는 양도한 사업부 등을 포함한 최근 3개 사업연도의 전체 순손익액을 기준으로 계산한다(법령해석과-1783, 2018.6.27.).

각 사 업 연 도 소 득	법인세법에 의해 경정된 경우 경정 내용에 따라 주식 재평가해야 함

가산

국세·지방세 과오납 환급금이자	법인세법 §18 4호
지주회사 수입배당금 익금불산입	법인세법 §18의3
내국법인 수입배당금 익금불산입	법인세법 §18의2
지정·법정기부금의 손금산입한도초과금액, 업무용승용차 관련 이월손금산입액	법인세법 §24 ④ ⑤, §27의 2 ③, ④
외화환산이익(법인세 계산시 해당 이익 미반영시)	법인세법 시행령 §76

공제

벌금, 과료, 과태료, 가산금, 체납처분비	법인세법 §21 3호
손금 용인되지 않는 공과금, 징벌적 벌과금	법인세법 §21 4호, §21의 2
업무와 관련없는 지출	법인세법 §27
각 세법상 징수불이행 납부세액	법인세법 §21 1호
기부금한도 및 접대비한도 초과	법인세법 §24, §25
업무용승용차 관련 손금불산입액	법인세법 §27의 2
업무무관자산 등에 관련한 지급이자 손금불산입액	주식취득, 가지급금 관련 지급 이자 포함(법인세법 §27, §28)
조세특례제한법상 접대비 손금불산입액	조세특례제한법 §136
감가상각비 시인부족액에서 손금추인한 금액을 뺀 금액 상당	법인세법 시행령 §32 ①
외화환산손실(법인세 계산시 해당 손실 미반영시)	법인세법 시행령 §76
징벌적 목적의 손해배상금 등	법인세법 시행령 §50 ① 4호
업무용 승용차 관련 손금불산입액	법인세법 시행령 §50의2
법인세액, 농어촌특별세액, 지방소득세액	• 총결정세액 = 산출세액 　－공제감면세액 + 가산세액

순 손 익 액

2) 각 사업연도 소득

각 사업연도 소득이란 법인세법 제14조의 규정에 의한 각 사업연도 소득금액을 말한다.

법인세법상 각 사업연도 소득의 계산은 그 사업연도의 익금총액에서 손금총액을 공제한 금액으로서 이월결손금을 공제하기 전의 금액을 말한다.

익금이란 자본 또는 출자의 납입을 제외하고 그 법인의 순자산을 증가시키는 거래로 인하여 발생하는 수익의 금액을 말하며, 손금이란 자본 또는 출자의 환급, 잉여금의 처분을 제외하고 그 법인의 순자산을 감소시키는 거래로 인하여 발생하는 비용을 말한다.

법인세법상 각 사업연도 소득은 기업회계기준에 의하여 작성한 결산서상 당기순손익을 기준으로 세무조정과정을 거쳐서 계산하며, 별지 제3호 서식 "법인세 과세표준 및 세액조정계산서"의 ⑩란의 금액을 말한다.

법인세를 경정함에 따라 평가액에 변동이 생긴 경우에는 상속증여세법 제76조 제1항 단서 및 제4항에 따라 비상장주식을 다시 평가하여야 한다(상증법 기본통칙 63-56…10).

3) 각 사업연도 소득에 더하는 항목

순손익액을 계산하기 위하여 법인세법상의 각 사업연도 소득에 다음 항목들을 더한다. 이 경우 각 사업연도 소득을 계산할 때 손금에 산입된 충당금 또는 준비금이 세법의 규정에 따라 일시 환입되는 경우에는 해당 금액이 환입될 연도를 기준으로 안분한 금액을 환입될 각 사업연도 소득에 가산한다.

예를 들어 손금으로 산입된 90의 준비금은 3년 거치 후 3년 분할하여 익금에 산입하도록 되어 있으나, 손금산입 후 4년 차에 사후관리위반으로 90 모두가 익금산입된 경우 4 · 5 · 6차에 각각 30씩을 소득금액에 더하라는 의미이다. 이러한 안분산입규정은 당초 환입될 연도별로 안분하여 각 사업연도 순손익액을 계산하여 순손익가치를 평가함으로써 일시에 환입된 연도의 순손익가치가 왜곡되는 문제를 방지하기 위한 것이다.

 관련 예규 · 심판결정례 및 판례 등

❏ 과거 사업연도에 제조원가에 포함되어 비용처리된 취득세가 환급된 경우, 당해 환급금이 확정된 사업연도의 순손익액에 포함하여 계산함(사전-2021-법규재산-1855, 2022.9.30.).

❏ 순손익액 계산시 연구 · 인력개발준비금 · 익금산입액의 제외 여부(법령해석재산-22396, 2015.5.4.)
법인세법 제14조에 따른 각 사업연도소득금액을 계산할 때 조세특례제한법 제9조에 따른 연구 · 인력개발준비금의 손금산입액과 균등환입(익금산입)액을 포함하는 것이며, 일시환입되는 경우에는 환입될 연도를 기준으로 안분한 금액을 환입될 각 사업연도소득에 가산함.

❏ 조특법상 과세이연된 유형자산처분이익의 순손익액 가산방법(대법원 2021두47394, 2021.11.25.)

사실관계

A법인의 유형자산처분이익에 대한 과세이연익금 세무조정내용 등
○ 2009사업연도 양도차익 104억 장부계상 및 조특법 §85의7 ① 1호에 따라 익금불산입
○ 2012, 2013, 2014사업연도에 34.7억 균등하게 익금산입
○ 2015년 A법인의 주식을 보유한 甲 사망

쟁점

순손익가치 평가시 유형자산처분이익 104억을 2009사업연도 소득금액인지, 2012, 2013, 2014 사업연도 소득금액인지

판결내용

2009사업연도 소득금액임
○ 상속증여세법 시행령 §56 ④ 2호 각 목은 예시규정에 불과하고 2012~2014사업연도에는 가공의 익금에 해당하므로, 소득금액에서 차감하여야 상속개시일 현재 객관적이고 실제 가치를 반영한 평가액을 산출할 수 있음.
○ 비상장주식의 각 사업연도의 순손익액을 계산함에 있어 구 조세특례제한법 제85조의8 제1항에 따라 위 각 사업연도 익금으로 산입된 이 사건 환입금액 상당은 가공의 익금에 해당하여 해당 사업연도 소득금액에서 차감되어야 함.
➡ 상속증여세법 시행령 §56 ④ 2호 각 목을 예시규정으로 본 판결이라 할 것이나, 평가기준일이 2010~2011년에 해당하는 경우에는 순손익가치의 증가에 따른 세부담이 많아지는 납세자가 예측가능성 등 조세법률주의 위배를 주장할 수 있다고 보임.

❏ 순손익액 산정시 준비금 환입액은 각 사업연도 소득금액에서 제외함(대법원 2011두22280, 2013.11.14.).

❏ 각 사업연도 순손익액 계산시 신계약비를 그 지출된 해당 사업연도에 전액 손금으로 산입하지 아니하고 보험료 납입기간(그 기간이 7년을 초과하는 경우에는 7년)에 안분하여 손금으로 산입하고 이에 따라 계산한 순손익액을 기초로 이 사건 주식양도 당시의 1주당 가액을 평가한 것은 정당함(대법원 2014두47693, 2017.12.22.).

❏ 평가기준일 이후 분양계약이 해지된 경우 이를 반영하여 평가할 것이 아니고 평가기준일 현재의 가액으로 평가해야 함(대법원 2017두48192, 2017.9.21.).

(가) 국세 또는 지방세의 과오납금(過誤納金)의 환급금에 대한 이자

납세의무자의 착오납부 또는 과세관청의 착오부과 등으로 인하여 실제 납부해야 할 세액을 초과하여 납부한 금액에 대하여 환급을 할 때 그 환급금에 대한 이자상당액인 환급가산금을 포함하여 지급한다. 법인에서 실제 수입한 수익이지만 보상성격을 가지고 있는

점 등을 고려하여 환급가산금은 익금불산입하고 있다.

(나) 수입배당금 중 익금불산입액

영리법인이 지급하는 배당금은 이미 법인세가 부과된 소득이므로 배당소득을 수입한 자에게 다시 법인세 또는 소득세를 과세하게 되면 동일한 소득에 대하여 이중으로 과세하는 결과가 된다. 이에 따라 수입 배당금중 일부는 이중과세 조정을 위해 법인세법 제18조의2에 따라 익금불산입하고 있으나, 주식 평가시에는 해당 법인의 실질가치를 평가해야 하므로 법인세법상 익금불산입하는 수입배당금을 순손익가치 평가시 소득금액에 가산한다. 이에 대해서는 2004.12.31. 상속증여세법 시행령 개정시 명확히 규정하였다. 2023.1.1.부터 지주회사와 일반법인에 대한 익금불산입률은 아래와 같다.

┃ 익금불산입률 ┃

출자비율	익금불산입률
50% 이상	100%
20% ~ 50%	80%
20% 미만	30%

2019.1.1.부터 2022.12.31.까지 지주회사가 자회사로부터 받은 수입배당금 중 익금불산입률은 다음과 같다.

자회사의 구분	자회사에 대한 출자비율	익금불산입률
주권상장법인	40% 이상	100%
	30% 이상 ~ 40% 미만	90%
	30% 미만	80%
주권상장법인 외의 법인	80% 이상	100%
	50% 이상 ~ 80% 미만	90%
	50% 미만	80%

| 2022.12.31. 이전 일반법인의 수입배당금 중 익금불산입된 금액(법인세법 §18의2) **|**

출자대상	지분비율	익금불산입률
비상장법인	100%	100%
	50% 이상~100% 미만	50%
	50% 미만	30%
주권상장법인 코스닥상장법인	100%	100%
	30% 이상~100% 미만	50%
	30% 미만	30%

(다) 지정·법정기부금의 손금산입한도 초과액 이월손금산입액

법인세법 제24조의 규정에 의하여 손금에 산입하지 아니한 지정기부금의 손금산입한도 초과금액 및 법정기부금 손금산입한도 초과금액은 당해 사업연도의 다음 사업연도 개시일부터 5년(법정기부금은 1년, 2012.1.1. 이후 3년) 이내에 종료하는 각 사업연도에 이월하여 손금에 산입한다. 다만 이월된 각 사업연도에 있어 지정기부금 및 법정기부금이 각각 손금산입한도액에 미달하는 경우에는 그 미달하는 금액의 범위에서 손금에 산입한다.

이러한 이월하여 손금산입된 초과금액은 순손익액을 계산할 때 그 손금산입된 각 사업연도 소득금액에 가산한다. 즉 지정·법정기부금의 손금산입한도 초과로 손금불산입된 사업연도의 각 사업연도의 소득금액에서 차감하고 이월하여 손금산입되는 경우에 그 손금산입된 각 사업연도 소득금액에 다시 가산하는 것이다. 이는 기부금이 지출된 사업연도 순손익액 계산시 한도초과액을 소득금액에서 이미 차감하였으므로 이중으로 소득금액에서 차감하는 것을 방지하기 위한 것이다.

(라) 특례지정기부금 손금산입한도 초과금액 이월손금산입액

2010.12.31. 이전에는 조세특례제한법 제73조(2010.12.31. 삭제됨)에 따른 특례지정기부금 중 손금에 산입하지 아니한 금액은 당해 사업연도의 다음 사업연도의 개시일부터 1년(제1항 제11호에 따른 기부금은 3년) 이내에 종료하는 사업연도에 이월하여 손금에 산입할 수 있다. 기부금을 지출한 사업연도에 한도를 초과하여 손금불산입한 금액을 그 사업연도 소득에서 차감하여 순손익액이 계산하고 하고 있으므로 이월하여 손금에 산입하는 사업연도에는 상기 법인세법상 지정·법정기부금 손금산입한도 초과금액 이월손금산입액과 마찬가지로 소득에 가산하는 것이다.

(마) 외화환산이익(법인세 계산시 해당 이익을 반영하지 않은 경우)

각 사업연도소득을 계산할 때 법인세법 시행령 제76조에 따른 화폐성 외화자산 · 부채 또는 통화선도 등(이하 "화폐성외화자산 등"이라 한다)에 대하여 해당 사업연도 종료일 현재의 같은 조 제1항에 따른 매매기준율 등(이하 "매매기준율 등"이라 한다)으로 평가 하지 않은 경우 해당 화폐성외화자산 등에 대하여 해당 사업연도 종료일 현재의 매매기 준율 등으로 평가하여 발생한 이익을 말한다.

화폐성 외화자산 · 부채의 평가손익을 금융회사 등의 경우에는 강제하고 있으나 금융 회사 등 외의 법인은 외화자산 · 부채의 평가손익을 익금 또는 손금에 산입할 것인지를 해당 법인이 선택하도록 허용하는 바, 2019.2.12. 이후 평가하는 분부터 각 사업연도 소 득금액을 산정할 때 외화환산이익을 반영하지 아니한 법인의 경우에는 해당 외화환산이 익을 소득금액에 가산하도록 함으로써 외화환산이익 반영 여부에 대한 법인의 선택에 따 라 비상장주식 평가시 순손익액에 차이가 생기는 것을 방지하도록 하였다.

 관련 예규 · 심판결정례 및 판례 등

❑ 조특법에 따른 공장의 대도시 밖 이전 관련 이월익금을 각 사업연도 소득에서 추가로 가감하지 않음
(법령해석재산 – 4000, 2021.2.9., 상속증여과 – 722, 2015.6.4., 재산세과 – 858, 2010.11.18).

❑ 수입배당금 중 익금불산입액 소득 가산규정 적용방법(서면4팀 – 737, 2005.5.11.)
비상장법인의 순손익가치를 계산할 때에 법인세법 제18조의2와 제18조의3에 의한 수입배당금 액 중 익금불산입액을 각 사업연도의 소득금액에 가산하도록 한 상속증여세법 시행령 (2004.12.31. 대통령령 제18627호로 개정된 것) 제56조 제3항 제1호의 개정규정은 같은법 시행 령 부칙 제2조에 의하여 2005.1.1. 이후 상속이 개시되거나 증여하는 분부터 적용하는 것임 ⇒ 3개 사업연도 모두 가산하라는 의미임.

[질의]
평가기준일이 2006.6.30.인 경우로서 순손익가치를 2003, 2004, 2005사업연도 손익으로 평가 하는 경우 지주회사 수입배당금 중 익금불산입액을 소득에 가산하는 방법은?
– 2005사업연도만 가산하고 2003과 2004는 제외 OR 3개 사업연도 모두 가산

❑ 조세특례제한법상 감가상각시 손금산입 특례 후 추인되어 익금산입한 금액은 소득금액에서 차감하
지 아니함(재재산 – 1226, 2010.12.21.).

❑ 과세이연된 후 익금에 산입한 금액을 각 사업연도 소득에서 차감하지 아니함(조심 2019서761, 2019.
9.26., 서울행법 2019구합74881, 2020.8.28.).

쟁점

조세특례제한법 제85조의 7(공익사업을 위한 수용 등에 따른 공장 이전에 대한 과세특례)를 적용하여 부동산의 양도차익을 2009사업연도의 익금으로 반영하지 아니하고 2012~2014 사업연도까지 균분한 금액을 각각 익금에 산입한 경우

- 2012~2014 사업연도 순손익가치 평가시 소득금액에서 차감 여부

판단

비상장법인의 순손익가치를 평가할 때 적용할 "최근 3년간의 순손익액"은 법인세법 제14조에 따른 각 사업연도소득에 제1호의 금액을 더한 금액에서 제2호의 금액을 뺀 금액으로 산정하도록 하고 있고, 조세법률주의 원칙상 예시규정이 아닌 열거규정으로 해석함이 타당한 것으로 합리적 이유 없이 소득금액에 가산하거나 차감할 수 없고, 조세특례제한법상 과세가 이연된 익금산입액은 순자산을 감소시키는 손비로서 조세정책상 부인된 손금 항목이 아니므로 차감 항목에 해당되지 않는 것으로 볼 수 있음.

> **♬ 매출누락으로 대표자상여처분한 금액 소득금액에서 차감 여부**
>
> 매출누락된 금액을 익금가산하고 기타사외유출되어 대표자 상여처분한 경우 순손익가치 평가시 동 금액을 소득금액에서 차감할 수 없을 것으로 보인다. 순손익액은 상속증여세법 시행령 제56조 제3항에 의하여 각 사업연도 소득에 동항 제1호의 금액을 가산하고 제2호의 금액을 차감하는 바, 차감하는 항목으로 규정되어 있지 아니할 뿐만 아니라 순손익가치가 전적으로 배당가능액을 측정하는 개념이 아니기 때문이다. 배당가능액의 측정이라면 각 사업연도 소득에서 다음 연도에 확정된 배당금이나 상여금 또는 평가기준일 이전의 중간배당금 등을 차감하여야 할 것인데 그러한 규정을 두고 있지 아니하며, 순손익가치는 추가 수익력을 측정하는 것으로서 소득이 발생했으면 되는 것이지 동 금액이 기업 내에 유보되어 있어야 한다는 것을 전제로 하는 것은 아니라고 볼 수 있기 때문이다.

4) 각 사업연도 소득에서 빼는 항목

순손익액을 계산하기 위하여 법인세법상의 각 사업연도 소득에서 다음의 항목들을 차감한다. 상속증여세법 시행령 제56조 제4항에 열거된 것만을 차감할 것인가 열거된 것과 유사하는 등 기업의 실질가치를 평가하는데 부합하는 항목들도 차감할 것인가에 대하여 논란이 생길 수 있다.

감가상각비 한도액 범위 내에서 미계상된 감가상각비의 차감 여부 또는 퇴직급여충당금 과소계상액의 차감 여부 등에 대하여 과세관청은 열거규정으로 해석하여 차감하지 아니하는 데 반해 조세심판원과 대법원은 예시규정으로 보아 소득에서 차감하도록 결정하였고, 2014.2.21. 상속증여세법 시행령에 반영하였다.

(가) 당해 사업연도의 법인세액(법인세법 제18조의4에 따른 익금불산입의 적용대상이 되는 수입배당 금액에 대하여 외국에 납부한 세액과 같은 법 제57조에 따라 세액공제를 적용하는 경우의 따른 외국법인세액을 포함한다), 법인세액의 감면액 또는 과세표준에 부과되는 농어촌특별세액 및 지방소득세액

차감할 법인세액 등은 법인세법 등에 따라 각 사업연도의 소득에 대하여 납부하였거나 납부하여야 할 법인세액을 말하며, 이 경우 법인세액에는 토지등 양도소득에 대한 법인세, 미환류소득에 대한 법인세, 법인세 부가세액, 법인세 감면세액에 대한 농어촌특별세를 포함한다(상증법 기본통칙 63 – 56…9).

또한, 2011.1.1. 이후 법인세법 제57조에 따른 외국납부세액으로서 손금에 산입하지 아니한 금액을 포함한다.

법인세의 경정시 총결정세액은 법인세산출세액에서 공제감면세액을 차감하고, 가산세를 가산한 총결정세액으로 하며(재삼 46014 – 2519, 1994.9.27.), 각 사업연도 소득에서 차감하는 법인세액이란 이월결손금 차감전 법인세액(감면세액이 있는 경우는 차감)을 말한다(재산세과 – 486, 2011.10.19., 재산상속 46014 – 140, 2002.5.16., 조심 2021중2201, 2021.12.7.).

 관련 예규·심판결정례 및 판례 등

❏ 시인부족 감가상각비를 소득에서 차감 후 재계산한 법인세액을 차감하는 것은 아니고, 법인세법에 따라 납부한 각 사업연도 세액으로 봄이 타당함(조심 2014구3419, 2014.10.23.).

❏ 순손익액 계산시 차감할 법인세액은 이월결손금 공제 전 소득의 법인세임(재산세과 – 486, 2011.10.19., 대법원 2019두56838, 2023.6.29.).

❏ 임시투자세액공제이월액을 공제한 후의 법인세 총결정세액을 차감함(재산세과 – 212, 2011.4.28.).

사실관계

- 2011년에 주식증여 계획이 있는 비상장 중소제조업법인과 관련임.
- 당초 2009회계연도 법인세 신고시 각 사업연도 소득금액 37억원, 이월결손금 15억원, 2004년 투자분에 따른 임시투자세액공제이월액 3.8억원, 중소제조업특별세액감면 0.66억원에 따라 최저한세에 따른 세액(주민세 등 포함)을 계산하여 2.4억원을 납부하였음.
- 귀속연도 당해분 임시투자세액공제대상 투자는 없음.
- 회사는 퇴직급여충당부채에 대하여 별도의 예치금을 적립하지 않아 매년 1.5억원
- 2억원 정도의 퇴직급여충당금한도초과액(유보)이 발생하고 있으며 2009.12.31. 퇴직금추계액은 33억원(전액 부채계상)이며 누적손금불산입액은 26억원임.

순손익가치 계산시 당기사업연도의 순손익에서 차감하는 법인세액의 계산시 이월결손금이 있는 경우에는 공제하기 전으로 계산하도록 되어 있는 바 과거연도의 투자에 따른 임시투자세액 공제이월액도 적용 전으로 법인세를 재계산하여야 하는지.

❑ **분할법인의 주식평가시 공제할 법인세액**(재산세과-290, 2010.5.13.)

분할존속법인과 분할신설법인의 최근 3년간의 순손익액을 각각 구분된 순손익액을 기준으로 계산할 때, 각 사업연도 소득에서 차감하는 법인세액은 각 사업연도 소득에 대하여 납부하였거나 납부하여야 할 법인세 총결정세액을 말하는 것임.

사실관계

- 특례요건을 갖추었고 분할 전 각 사업부문의 손익이 구분되는 분할의 분할법인 및 분할신설법인의 상속증여세법에 따른 비상장주식 평가시 순손익가치를 분할 전 동일사업부문의 손익을 기준으로 산정하고자 함.
- 평가기준일 : 2010.3.31.
- 분할일 : 2009.12.31.
- 회사 전체로는 세액공제를 적용받아 2007, 2008, 2009년 모두 법인세 납부액은 0임.
- 손익을 구분할 경우 분할법인 및 분할신설법인의 각 사업연도소득 및 법인세 산출세액, 세액 공제액, 법인세비용은 다음과 같음.

구 분	분할법인			분할신설법인		
	2007년	2008년	2009년	2007년	2008년	2009년
각 사업연도소득	150	(100)	200	100	300	100
법인세산출세액	30	(15)	44	20.5	60	14.7
세액공제액	50.5	45	58.7	-	-	-
법인세비용	(20.5)	(60)	(14.7)	20.5	60	14.7

질의

- 분할 전 동일사업부문의 손익을 기준으로 구분경리한 결과 상기와 같이 분할법인은 (-)법인세 비용이 분할신설법인은 (+)법인세비용이 발생하는 경우 순손익가치 계산시 차감하는 법인세비용은 어떻게 적용하는지 여부

(갑설) 분할법인의 (-)법인세 비용, 분할신설법인의 (+)법인세 비용을 각각 적용

(을설) 분할법인, 분할신설법인 모두 0으로 본다.

(병설) 분할법인의 0으로 하고, 분할신설법인의 (+)법인세 비용을 각각 적용

(나) 벌금 · 과료 · 과태료 · 가산금 및 체납처분비

법인세법 제21조 제3호에 따른 벌금, 과료, 과태료, 가산금 및 체납처분비로서 각 사업연도 소득금액계산상 손금에 산입하지 아니한 금액을 말한다. 이 경우 순손익 계산시 공제하는 벌금 등은 최근 3년간의 각 사업연도에 발생한 벌금 등을 말하는 것이며, 단순히 범칙행위가 최근 3년간의 기간에 발생한 사실만으로는 순손익 계산시 빼지 아니한다(대법원 86누190, 1988.12.27.).

(다) 손금으로 용인되지 않는 공과금

법인세법 제21조 제4호에 따라 법령에 의하여 의무적으로 납부한 것이 아닌 공과금으로서 각 사업연도 소득금액계산상 손금에 산입하지 아니한 금액을 말한다.

(라) 업무에 관련 없는 비용

법인세법 제27조에 따라 법인이 각 사업연도에 지출한 경비 중 법인의 업무와 직접관련이 없다고 인정되는 다음 자산의 취득 · 관리함으로써 생기는 비용, 유지비, 수선비 및 이에 관련되는 비용으로 하여 각 사업연도 소득금액계산상 손금에 산입하지 아니한 금액을 말한다.

① 업무무관 부동산 : 업무에 직접 사용하지 아니하는 부동산
② 업무무관 동산 : 서화 및 골동품 및 업무에 직접 사용하지 아니하는 자동차 · 선박 및 항공기
③ 당해 법인이 직접 사용하지 아니하고 다른 주주 등이 주로 사용하고 있는 장소 · 건축물 · 물건 등의 유지비, 관리비, 사용료 등
④ 주주, 출연자인 임원 또는 그 친족이 사용하고 있는 사택의 유지관리비 등
⑤ 업무와 관련없는 자산을 취득하기 위해 지출한 자금의 차입과 관련된 비용

(마) 각 세법에 규정하는 의무불이행 납부세액

법인세법 제21조 제1호 및 동법 시행령 제21조의 규정에 의하여 각 세법에 규정하는 의무불이행으로 인하여 납부하였거나 납부하여야 할 세액(가산세 포함)으로 각 사업연도 소득금액계산상 손금에 산입하지 아니한 금액을 말한다.

(바) 기부금 한도초과액과 비지정기부금

법인세법 제24조의 규정에 의한 기부금한도초과액 및 비지정기부금(소득금액조정합계

표에 계산되어 비지정기부금으로 손금불산입된 금액)을 말한다.

(사) 특례지정기부금 손금산입한도 초과금액 이월손금산입액

2010.12.31. 이전에는 조세특례제한법 제73조(2010.12.31. 삭제됨)에 따른 특례지정기부금 중 손금에 산입하지 아니한 금액은 당해 사업연도의 소득에서 차감한다.

(아) 접대비한도초과액

법인세법 제25조에 따른 접대비 한도초과액과 조세특례제한법 제136조에 의한 소비성서비스업 등은 동조에 따른 접대비 한도초과액을 말한다.

(자) 과다경비 등의 손금불산입액

법인세법 제26조에 따른 인건비, 복리후생비, 여비 및 교육·훈련비, 보험사업을 영위하는 법인의 사업비, 법인이 당해 법인 외의 자와 동일한 조직 또는 사업 등을 공동으로 운영하거나 영위함에 따라 발생되거나 지출된 손비 등 중에서 과다하거나 부당하다고 인정되는 금액으로 각 사업연도 소득금액계산상 손금에 산입하지 아니한 금액을 말한다.

(차) 업무무관자산 등에 대한 지급이자 손금불산입액

법인세법 제28조의 규정에 의한 지급이자로서 각 사업연도 소득금액계산상 손금에 산입하지 아니한 금액을 말한다.

① 채권자가 불분명한 사채의 이자

② 채권·증권의 이자·할인액 또는 차익 중 그 지급받은 자가 불분명한 채권·증권의 이자·할인액 또는 차익

③ 건설자금에 충당한 차입금의 이자 등

(카) 국제조세조정에 관한 법률 제14조에 따라 배당으로 간주된 이자의 손금불산입액(상증법 기본통칙 63-56…9 ②)

▶▶ 국제조세조정에 관한 법률 제14조【배당으로 간주된 이자의 손금불산입】

① 내국법인(외국법인의 국내사업장을 포함한다)의 차입금 중 국외지배주주로부터 차입한 금액(친족 등 대통령령으로 정하는 국외지배주주의 특수관계인으로부터 차입한 금액을 포함한다)과 국외지배주주의 지급보증(담보의 제공 등 실질적으로 지급을 보증하는 경우를 포함한다)에 의하여 제3자로부터 차입한 금액이 그 국외지배주주가 출자한 출자금액의 2배를 초과하는 경우에는 그 초과분에 대한 지급이자 및 할인료는 그 내국법인의 손금에

산입하지 아니하며 대통령령으로 정하는 바에 따라 법인세법 제67조에 따른 배당 또는 기타사외유출로 처분된 것으로 본다. 이 경우에 차입금의 범위와 손금에 산입하지 아니하는 것으로 보는 금액 및 출자금액의 산정방법은 대통령령으로 정한다.

(타) 감가상각비 시인부족액에서 상각부인액을 손금으로 추인한 금액을 뺀 금액

감가상각비 시인부족액이 있는데 이를 손금으로 계상하지 아니한 경우 해당 금액을 추가적으로 빼고 각 사업연도 소득금액을 계산할 것인지에 대하여 심판결정례와 예규에서 해석이 상충되었다. 법인세법 시행령 제32조 제1항에 따른 시인부족액에서 같은 조에 따른 상각부인액을 손금으로 추인한 금액을 뺀 금액을 각 사업연도 소득에서 빼도록 시행령에서 명확하게 규정하고 2014.2.21. 이후 최초로 평가하는 분부터 적용한다.

(파) 외화환산손실(법인세 계산시 해당 손실을 반영하지 않은 경우)

각 사업연도소득을 계산할 때 법인세법 시행령 제76조에 따른 화폐성 외화자산·부채 또는 통화선도 등에 대하여 해당 사업연도 종료일 현재의 같은 조 제1항에 따른 매매기준율 등으로 평가하지 않은 경우 해당 화폐성외화자산 등에 대하여 해당 사업연도 종료일 현재의 매매기준율 등으로 평가하여 발생한 손실

2019.2.12. 이후 평가하는 분부터 각 사업연도 소득금액을 산정할 때 외화환산손실을 반영하지 아니한 법인의 경우에 (마) 외화환산이익과 같이 소득금액에서 뺀다.

(하) 결산서 미계상으로 손금산입되지 아니한 미지급이자 등

최근 3개 사업연도의 순손익액은 각 사업연도 소득금액에 상속증여세법 시행령 제56조 제4항 제1호에서 규정한 익금불산입 금액을 더하고 같은 항 제2호에서 규정한 손금불산입 금액을 차감하여 계산하는데 해당 규정을 예시규정으로 볼 것인가 아니면 열거규정으로 볼 것인가에 대한 논란이 있다. 과세관청은 상속증여세법 시행령에 열거되지 아니한 항목은 반영하지 않고 순손익가치를 평가하도록 유권해석하고 있는 반면에 조세심판원에서는 예시규정의 성격으로 보고 주식가치에 실제 영향을 주는 경우 소득금액에서 차감하여야 한다고 결정한 사례(조심 2018중1804, 2018.11.6.)[33]가 있다.

---

33) 처분청은 쟁점부외이자비용은 미지급 이자로서 법인세법상 결산조정사항으로 보아야 하고 쟁점법인 결산서에 계상되지 아니한 이상 이를 쟁점주식 순손익가치 산정에 반영할 수 없다는 의견이나, 비상장주식 평가시 순손익액에 의한 평가규정의 취지는 법인세법상의 법인세 과세표준계산의 손익과는 다르더라도 해당 주식의 가치를 정확하게 평가하고자 함에 있으므로 결산에 반영되지 아니하였다 하여 이를 제외하기는 어렵다 할 것이다(국심 2005서2606, 2005.11.24., 같은 뜻임).

반면에 법인 결산서에 반영하지 않은 퇴직급여충당금을 각 사업연도 소득금액에서 차감하지 아니한다는 결정한 사례(조심 2017서3405, 2018.3.8.)[34]도 있다.

▶▶ 법인세법 시행령 제32조【상각부인액 등의 처리】

① 법인이 각 사업연도에 손금으로 계상한 감가상각비 중 상각범위액을 초과하는 금액(이하 이 조에서 "상각부인액"이라 한다)은 그 후의 사업연도에 있어서 법인이 손금으로 계상한 감가상각비가 상각범위액에 미달하는 경우에 그 미달하는 금액(이하 이 조에서 "시인부족액"이라 한다)을 한도로 하여 이를 손금으로 추인한다. 이 경우 법인이 감가상각비를 손금으로 계상하지 아니한 경우에도 상각범위액을 한도로 하여 그 상각부인액을 손금으로 추인한다.

┃ 감가상각비 시인부족액 차감 여부와 관련한 해석 ┃

차감하도록 해석한 사례	차감하지 않도록 해석한 사례
○ 국심 2001서2725, 2002.2.8.	○ 서면4팀－1418, 2004.9.13.
○ 국심 2006서1176, 2007.2.9.	○ 서면4팀－2013, 2005.10.31.
○ 재산－876, 2010.11.24.	○ 재재산－854, 2011.10.11.

 관련 예규·심판결정례 및 판례 등

☐ 순손익액 계산시 각 사업연도소득에 포함된 영업권손상차손 및 합병양도차익은 차감하지 아니함(법령해석재산－1758, 2016.1.14.).

☐ 톤세를 적용받는 해운기업의 최근 3년간 순손익액 산정방법(재산세과－260, 2012.7.18.)

톤세를 적용받는 비상장 해운기업의 주식 평가시 최근 3년간 순손익액은 각 연도의 해운소득 등에 대한 법인세법상 각 사업연도소득(익금총액－손금총액)을 기준으로 산정하는 것으로 각 사업연도소득 계산시 해운기업의 해운소득을 차감하지 않는 것임.

사실관계

－당사는 해운기업으로 2006년부터 해운기업에 대한 법인세 과세표준 계산 특례(조특법 제104조의10)를 적용하여 법인세를 신고하는 기업임.

－조특법 제104조의10은 해운기업의 해운소득에 대해서는 법인세법 제13조부터 제54조까지의 규정에도 불구하고 해운기업이 운항한 선박의 순톤수를 기준으로 계산한 선박표준이익으로 법인세 과세표준을 신고함(개별선박 순톤수 × 톤당 1운항일 이익 × 운항일수 × 사용률 =

---

34) 조세법규의 엄격해석의 원칙상 상속증여세법 시행령 제56조 제4항에서 규정하고 있는 각 사업연도의 소득금액에서 가감할 항목들은 단순한 예시규정이 아니라 열거규정으로 해석하여야 할 것인 바, 위 규정에서 각 사업연도의 순손익액을 계산함에 있어 법인세법상 소득금액에서 퇴직급여충당금 한도초과액을 차감한다고 규정하고 있지 아니하므로 비상장주식의 순손익액 계산시 법인 결산서에 반영하지 않는 퇴직급여충당금을 각 사업연도 소득금액에서 차감하여야 한다는 청구주장을 받아들이기 어려움.

선박표준이익).

- 따라서 해운기업은 이익이 크게 발생하여도 해운활동에서 발생한 사업소득은 전혀 계산되지 않고 선박표준이익으로만 계산됨.

- 결국 비해운소득에서 발생한 소득과 선박표준이익만이 사업소득으로 계산됨(해운활동에서 발생한 소득은 손금산입(기타) 처리함).

- 상증법상 비상장주식의 평가시 법인세법 제14조에 따른 사업소득을 계산하면 해운기업의 해운소득은 손금산입 처리했으므로 익금에서 손금을 차감한 사업소득은 비해운소득과 선박표준이익만 사업소득에 반영되어 일반적 주식가치와 전혀 다른 가치로 산정됨.

❑ 재고자산평가손실 차감 여부(서일 446014-10830, 2002.6.21.)

법인세법상 각 사업연도 소득금액 계산시 증빙불비 등으로 손금불산입된 재고자산평가손실을 순손익가치를 평가시 각 사업연도 소득금액에서 차감하지 않음.

❑ 순손익액 계산시 조세특례제한법에 따라 손금산입한 제 준비금은 각 사업연도 소득에 가산하지 아니함(재산 46014-1006, 1998.6.2.).

❑ 토지의 양도차익을 일시우발적인 소득으로 보아 1주당 순손익액의 산정시 양도차익을 제외할 수 없음(조심 2009중2870, 2009.12.30.).

❑ 순손익액계산시 증빙없어 손금부인되었으나, 실제 지출인정되므로 각 사업연도소득에서 차감함(조심 2020중8462, 2021.11.4.).

❑ 결산서상 미계상한 대손상각비·퇴직급여충당금과 법인세 총결정세액 등을 차가감하여 평가해야 함(조심 2021인1211, 2021.8.17., 국심 2005중3051, 2006.6.19.).

❑ 미계상된 대손금도 사실상 대손으로 확정된 경우 순자산가액 및 순손익에서 차감함이 타당함(국심 2004중2880, 2005.3.11., 국심 2004서173, 2004.5.18.).

❑ 퇴직급여충당금 유보금액은 순손익액에서 차감하지 아니함(재산세과-13, 2012.1.13.).

질의

평가대상인 비상장법인은 매 사업연도 말 퇴직급여충당금 설정 대상인 임직원에 대한 퇴직금 추계액을 재무상태표에 계상하고 있으며, 동 퇴직급여충당금에 대해 법인세법 제33조 및 동법 시행령 제60조에 의한 한도초과액을 손금불산입한 유보금액이 법인세 세무조정계산서상 자본금과적립금조정명세서(을)에 존재함.

❑ 퇴직급여충당금 과소계상액은 소득금액에서 차감하는 것임(대법원 2008두4275, 2011.7.14.).

❑ 직전 퇴직급여충당금 과소계상액은 당해 사업연도 손금에 산입안됨(대법원 2005두15311, 2007.11.29.).

마. 1주당 추정이익에 의한 순손익가치 평가

1) 개 요

일시적이고 우발적인 사건으로 해당 법인의 최근 3년간의 순손익액이 증가하는 등 다음에 해당하는 사유가 있는 경우에는 2 이상의 신용평가전문기관 및 회계법인 또는 세무법인이 산출한 1주당 추정이익의 평균가액으로 평가할 수 있다(상증령 §56 ② 1호).

2001.1.1. 이후 최초로 상속이 개시되거나 증여하는 분부터 다음의 사유가 있는 경우에만 추정이익에 의한 순손익가치 평가를 허용하고 있다.

2003.12. 세법개정시 ⑤부터 ⑦까지의 사유를 추정이익 평가가능사유로 추가 규정하고 이를 2004.1.1. 이후 상속세 또는 증여세를 결정하거나 경정하는 분부터 적용하도록 하였다.

① 사업개시 후 3년 미만인 경우(2005.3.19. 삭제, 순자산가치로만 평가인)

② 기업회계기준의 자산수증이익, 채무면제이익, 보험차익 및 재해손실("자산수증이익 등"이라 함)의 합계액에 대한 최근 3년간 가중평균액이 법인세 차감전 손익에서 자산수증이익 등을 뺀 금액에 대한 최근 3년간의 가중평균액의 50%를 초과하는 경우

③ 평가기준일 전 3년이 되는 날이 속하는 사업연도 개시일부터 평가기준일까지의 기간 중 합병·분할을 하였거나 주요업종이 바뀐 경우
2015.3.12. 이전에는 증자와 감자를 한 경우에도 추정이익으로 순손익가치를 평가할 수 있었다.
2 이상 업종을 영위하는 법인의 경우 주요업종은 매출액이 가장 많은 업종을 의미한다고 볼 수 있다.

④ 합병시의 증여규정에 의한 증여받은 이익을 산정하기 위하여 합병당사법인의 주식가액을 산정하는 경우

⑤ 최근 3개 사업연도 중 1년 이상 휴업한 사실이 있는 경우

⑥ 기업회계기준상 유가증권·유형자산의 처분손익과 자산수증이익 등의 합계액에 대한 최근 3년간 가중평균액이 법인세 차감전 손익에 대한 최근 3년간 가중평균액의 50%를 초과하는 경우

⑦ 주요업종(당해 법인이 영위하는 사업 중 직접 사용하는 유형고정자산의 가액이 가장 큰 업종을 말함)에 있어서 정상적인 매출 발생기간이 3년 미만인 경우

⑧ ①부터 ⑦까지와 유사한 경우로서 기획재정부장관이 정하여 고시하는 사유에 해당하는 경우(2023.12.31. 현재 고시된 사유없음)

관련 예규 · 심판결정례 및 판례 등

❑ 기업회계기준에 따라 중단된 사업과 관련된 유형자산처분손익을 중단사업손익으로 분류한 경우에도 해당 중단사업손익은 유형자산의 처분손익에 해당하는 것임(자본거래관리과 - 588, 2021.12.15.).

❑ 추정이익 산정 사유중 자산수증이익 등이 50% 초과여부를 판단할 때 국고보조금은 자산수증이익 등에 해당하지 아니함(재재산 - 240, 2016.4.1.).

❑ 배당금수익이 비정상적으로 증가한 경우 추정이익 산정사유 아님(조심 2022중5244, 2022.11.15.).

❑ 평가기준일 직전 완전모회사인 비상장회사가 그 자회사를 청산하여 모든 자산·부채를 그대로 승계한 경우 합병과 유사한 결과가 발생하므로 추정이익으로 순손익가치를 평가할 수 있는 경우에 포함함이 타당함(대법원 2014두14228, 2017.2.3.).

❑ 외화환산손익은 특별손익에 해당한다고 보기 어려움(대법원 2014두3723, 2014.6.12.).

2) 추정이익 산정기간

순손익가치 평가시 인정되는 1주당 추정이익의 평균액은 상속증여세 과세표준 신고기한 내에 신고한 경우로서 1주당 추정이익의 산정기준일과 평가서 작성일이 과세표준 신고기한 내에 속하고, 산정기준일과 상속개시일 또는 증여일이 동일연도에 속하는 경우에 한하므로 과세표준 신고기한을 경과한 후에 소급하여 산정한 추정이익으로는 평가할 수 없다.

만약 1개의 추정이익은 과세표준 신고기한이내에 작성하였고 1개의 추정이익은 과세표준 신고기한을 경과하여 작성한 경우 해당 추정이익으로 순손익가치를 평가할 수 없다.

3) 1주당 추정이익 산출방법

"1주당 추정이익의 평균가액"이란 자본시장법 시행령 제176조의5 제2항에 따라 금융위원회가 정한 수익가치에 순손익가치환원율을 곱한 금액을 말한다. 2012.12.5. 이후 수익가치는 현금흐름할인모형, 배당할인모형 등 미래의 수익가치 산정에 관하여 일반적으로 공정하고 타당한 것으로 인정되는 모형을 적용하여 합리적으로 산정한다. 2012.12.4. 이전 '주당 추정이익'이란 다음 산식에 의한 제1차 사업연도(당해 사업연도) 및 제2차 사업연도(차기 사업연도)의 주당 추정이익을 각각 3과 2로 하여 가중산술평균한 가액을 말한다.

다만, 제2차 사업연도(차기 사업연도)의 주당 추정이익이 제1차 사업연도(당해 사업연도)의 주당 추정이익보다 적을 경우에는 단순평균한 가액으로 한다.

$$\text{주당 추정이익} = \frac{\text{(추정경상이익 + 유상증자추정이익 - 우선주배당조정액 - 법인세 등)}}{\text{사업연도 말 발행주식수}}$$

➡ 추정이익으로 1주당 순손익가치 계산시 순손익가치환원율은 차입금 가중평균 이자율의 1.5배가
  아닌 상속증여세법상 이자율 10%를 적용함.
  자본시장법에서는 2010.12월부터 차입금 가중평균이자율의 1.5배와 상속증여세법상 순손익가치
  환원율 중 큰 비율을 적용함.

4) 1주당 추정이익 산출기관

추정이익은 다음 중 2 이상 기관이 산출한 경우에 인정한다. 신용평가전문기관 2개,
신용평가전문기관 1개와 회계법인 1개 또는 세무법인 2개 등에서 추정이익의 산정을 의
뢰하여 받으면 가능하다.

① 자본시장법 제335조의3에 따라 신용평가업 인가를 받은 자
  ※ 한국신용평가(주), 한국신용정보(주), 한국기업평가(주), 서울신용평가정보(주)
② 공인회계사법에 따른 회계법인
③ 세무사법에 따른 세무법인

세무법인의 경우 2011.1.1. 이후 상속·증여분부터 적용한다.

5) 추정이익 산정사유가 있으나 추정이익을 받지 않은 경우 평가방법

상속증여세법 시행규칙 제17조의3 제1항에 따라 추정이익에 의하여 순손익가치를 산
정할 수 있는 사유가 있으나, 적법한 추정이익을 산정받지 못한 경우 대법원에서는 1주
당 순자산가치에 의하여 평가하는 것이 합리적이라는 취지로 판결하고 있다(대법원 2011
두23306, 2012.6.14.).

 관련 예규·심판결정례 및 판례 등

❑ 추정이익 평가사유가 있는 경우에도 신고기한 내 신고 등 다른 요건을 모두 충족하지 못한 경우
  추정이익으로 평가할 수 없음(재재산-278, 2015.4.3.).

❑ 2014.3.14. 상속증여세법 시행규칙 제17조의3 규정이 개정되기 전에 2012.12.5. 개정된 금융위원
  회가 정한 시행세칙에 따라 1주당 추정이익의 평균가액을 산정한 경우 상증법 시행규칙 제17조의3
  제4항의 규정이 적용되는 것임(법규재산 2014-214, 2014.7.18.).

금융위원회가 정한 기준은 2012.12.5. 개정되었으나 상증법 시행규칙 제17조의3 제4항은 2014.3.14. 개정되고 평가기준일이 2012.12.5.~2014.3.14. 기간에 있는 경우 1주당 추정이익의 평균가액 적용방법은?

□ 신고기한 내에 추정이익 인정요건을 갖추어 산출한 추정이익 관련 서류를 상속세 조사시 제출한 경우에도 추정이익으로 순손익가치를 평가할 수 있음(서일 46014-10332, 2003.3.18.).

□ 신고기한을 경과하여 작성한 추정이익은 인정할 수 없음(재재산 46014-94, 1999.12.31.).

□ 파생금융상품 거래 시 거액손실은 추정이익 산정사유 아님(재산세과-638, 2010.8.25.)

□ 추정이익으로 순손익액을 산정할 수 있는지 여부(재산세과-615, 2011.12.26.)

추정이익에 의한 순손익액 산정 여부 판단시 "기업회계기준상 유형자산의 처분손익"은 해당 유형자산의 처분당시 양도가액에서 취득가액을 차감하여 계산하는 것임.

- 회사는 2008년 말 기업회계기준서에 따라 토지에 대해 재평가한 후 재평가차액을 기타포괄손익누계액의 과목으로 하여 자본에 계상한 후, 2010년 2월에 본 토지를 처분하였음.
- 토지 처분시에는 재평가차액을 고려함이 없이 장부가액만 고려하여 처분이익을 산정함.

차) 현금　　　000　/　대) 토지(재평가 후 금액)　　　000
　　　　　　　　　　　　　　　　처분이익　　　　　　　000

- 한편, 회사는 2009년 결산시 동 포괄손익누계액에 계상된 재평가차액을 결손금 보전을 위해 처리(2009년 말 결손금처리계산서에 반영)하였음.

- 위와 같은 경우 상속증여세법상 주식평가시에 최근 3년간의 순손익액이 비정상적으로 증가하는 불합리한 경우 상속증여세법 시행령 제56조 제1항 단서 및 제2항을 적용하기 위한 판단기준으로 결손보전을 위해 처리한 재평가차액을 동 시행규칙 제17조의3 제1항 제6호에 따른 유형자산처분이익으로 볼 수 있는지 여부를 질의함.

□ 평가기준일 전 3년 물적분할 신설법인은 추정이익 평가가능함(재산세과-257, 2009.9.21.).

□ 결손금이 있는 경우 경상손익과 특별손익 비율계산방법(서면상담4팀-4182, 2006.12.27.)

기업회계기준상의 특별손익의 최근 3년간 가중평균액이 경상손익의 최근 3년간 가중평균액의 50퍼센트를 초과하는지 여부는 절댓값을 기준으로 판단하는 것임.

□ 독점판매대리점 해지 후 매출액 '0'인 경우 추정이익 평가 여부(조심 2018서1885, 2018.8.21.)

평가대상법인은 2015.4.30. A회사와의 독점판매 대리점 계약이 해지되어 2015년 6월부터 2017년 5월까지 2년여 동안 쟁점법인의 매출액이 0원으로서 사실상 휴업상태였던 것으로 보이는 점에서 추정이익으로 평가하는 것이 합리적이라고 판단됨.

❏ 무신고 및 신고기한 내 추정이익 산출보고서 미제출한 경우 추정이익으로 평가할 수 없음(조심 2020중2417, 2010.12.23.).

❏ 일시·우발적 사유가 있으므로 추정이익으로 평가해야 함(대법원 2016두62009, 2017.3.30.).
추정이익으로 평가하는 사유로 규정되어 있지는 않으나, 농장주의 갑작스러운 사망, A농장이 2011.7.경 수용되고 B농장도 2012.4.경 매각되어 전체 농장 규모가 2분의 1로 축소되었으며, 2011년 구제역 발생 및 정부 보상으로 2011년 이익이 급증하는 등 일시·우발적인 사건으로 '최근 3년간의 순손익액'이 비정상적으로 증가하였는 바, 추정이익으로 평가하는 것이 타당함.

❏ 추정이익 평가사유가 있는데 적법한 추정이익이 없는 경우 최근 3년간의 순손익액 가중평균액으로는 평가할 수 없고 순자산가치 등 객관적·합리적인 방법으로 평가하여야 함(대법원 2011두31253, 2013.11.14., 대법원 2011두9140, 2012.5.24., 대법원 2010두26988, 2012.4.26, 조심 2012중558, 2012.11.21.).

❏ 1주당 추정이익의 평균가액으로 시가를 평가할 수 있는 전제조건(대법원 2011두5568, 2011.4.5.)
증여세 과세표준 신고의 기한 내에 신고한 경우로서 1주당 추정이익의 산정기준일과 평가서 작성일이 과세표준 신고기한 내에 속하고 산정기준일과 증여일이 동일연도에 속하는 경우로 한정하여, 1주당 추정이익의 평균가액으로 시가를 평가할 수 있는 것으로 규정하고 있음.

6. 상호출자지분 및 자기주식 평가

가. 상호출자지분의 평가

상호출자지분의 평가란 A법인이 B법인의 주식을 보유하고, B법인도 A법인의 주식을 보유한 상태에서 A법인의 주식을 평가할 때에 B법인의 주식가액이 확정되어야만 A법인의 순자산가액이 결정되고 B법인도 A법인의 주식가액이 확정되어야만 순자산가액이 확정됨에 따라 두 법인의 주식가액을 동시에 확정시켜야만이 평가가 가능해진다. 따라서 다음의 다원일차연립방정식에 의할 때에 평가가 가능해진다.

• 상호출자지분이 10% 이하인 경우
  비상장주식의 보충적 평가가액과 장부상 취득가액 중에서 선택하여 평가(상증령 §54 ③)
• 상호출자지분이 10% 초과하는 경우
  다음의 다원일차 연립방정식에 의해 평가(일반법인의 경우)

$$1주당 \; 가액 = \frac{2a + 3\rho 1}{5} = \left(\frac{p+b \cdot \dfrac{2\beta + 3\rho 2}{5} + \dfrac{2c \, \curlyvee +3\rho 3}{5}}{n} - dt + 3\rho 1 \right) \div 5$$

① p, p′, p″ : A·B·C 각 법인의 소유하고 있는 주식가액을 제외한 A·B·C 법인의 자산총액
  (p는 A법인이 소유하고 있는 B·C법인의 발행주식가액을 제외한 자산의 총액)

---

② a, b, c : A·B·C 각 법인이 발행한 주식 중 각 법인이 소유하고 있는 주식수
③ dt, dt′, dt″ : A·B·C 각 법인의 부채
④ n, n′, n″ : 평가기준일 현재 A·B·C 각 법인의 발행주식총수
⑤ α, β, γ : A·B·C 각 법인의 1주당 순자산가액
⑥ ρ1, ρ2, ρ3 : A·B·C 각 법인의 1주당 수익환원가치

 관련 예규·심판결정례 및 판례 등

☐ 상호주식평가시에도 최대주주 할증평가규정 적용함(재재산 46014-201, 2000.7.4.).

평가대상 비상장법인이 다른 비상장법인의 최대주주로서 소유하고 있는 주식은 상증법 제63조 제3항을 적용하여 할증한 가액으로 평가하는 것임. 또한 평가대상 비상장법인의 최대주주가 보유하고 있는 주식에 대하여는 당해 비상장법인의 순자산가액 계산시와는 별도로 그 지분에 따라 상증법 제63조 제3항을 적용하여 할증한 가액으로 평가하는 것임.

사례 상호출자주식 평가방법

☐ 상호출자관계 및 甲·乙주주의 소유 주식

A법인				B법인			
자산	80,000,000	부채	22,000,000	자산	17,000,000	부채	3,000,000
B주식	1,400,000			A주식	2,500,000		
	81,400,000				19,500,000		

- 총발행주식수 : 1,000주
- B주식 : 280주(70%)
- 甲주주(A법인 최대주주) : 60%
- α : A법인 주식평가액

- 총발행주식수 : 400주
- A주식 : 500주(50.5%)
- 乙주주(B법인 최대주주) : 70%
- β : B법인 주식평가액

풀이

○ 할증률을 적용하여 각 법인별 주식가치를 평가하고 당해 금액에 주주별 소유지분비율에 따라 할증률을 적용

$$\alpha = \frac{80,000,000 + 280주 \times 1.3\beta - 22,000,000}{1,000주} = 58,000 + 0.364\beta$$

$$\beta = \frac{17,000,000 + 500주 \times 1.3\alpha - 3,000,000}{400주} = 35,000 + 1.625\alpha$$

법인별 주식평가액	주주별 주식평가액
α(A법인) : 173,170원	갑주주(α × 1.3) : 225,121원
β(B법인) : 316,401원	을주주(β × 1.3) : 411,321원

나. 자기주식의 평가

2012.4.15.부터 다음의 방법에 따라 자기 명의와 계산으로 자기의 주식을 취득할 수 있다. 다만, 그 취득가액의 총액은 직전 결산기의 순자산액에서 자본금·자본준비금·이익준비금 등을 뺀 금액(이익배당 가능한 금액 상당)을 초과하지 못한다(상법 제341조).[35]

– 거래소에서 시세가 있는 주식의 경우에는 거래소에서 취득하는 방법

– 주식의 상환에 관한 종류주식의 경우 외에 각 주주가 가진 주식 수에 따라 균등한 조건으로 취득하는 것으로서 모든 주주에게 통지 또는 공고와 공개매수의 방법

2012.4.14. 이전에는 상법상 자기주식은 주식을 소각하기 위한 때와 회사의 합병 또는 다른 회사의 영업 전부의 양수로 인한 때 및 회사의 권리를 실행함에 있어 그 목적을 달성하기 위하여 필요한 때를 제외하고는 자기의 계산으로 자기의 주식을 취득하지 못한다.

자기주식을 취득하여 보유하고 있는 상태에서 당해 비상장법인의 주식을 평가하는 경우에 다음의 구분에 따라 자기주식을 평가한다(재재산 46014-38, 1992.1.27.).

1) 주식소각 · 자본감소를 위해 보유하는 경우

비상장법인이 주식을 소각하거나 자본을 감소하기 위하여 보유하는 자기주식은 자본에서 차감하여 평가한다. 주식소각·자본감소는 주주의 출자금액을 환급한 것과 동일한 결과를 가져오므로 이러한 자기주식은 현금은 이미 지급되어 실제 자산가액이 감소한 것으로 볼 수 있어 자본에서 차감하는 것이다. 또한, 1주당 순자산가치 및 1주당 순손익가치를 계산할 때에 적용할 발행주식총수에서 자기주식수는 차감하여야 한다.

---

35) 상법 제341조의2 (특정목적에 의한 자기주식의 취득) 회사는 다음 각 호의 어느 하나에 해당하는 경우에는 제341조에도 불구하고 자기의 주식을 취득할 수 있다.
  1. 회사의 합병 또는 다른 회사의 영업전부의 양수로 인한 경우
  2. 회사의 권리를 실행함에 있어 그 목적을 달성하기 위하여 필요한 경우
  3. 단주(端株)의 처리를 위하여 필요한 경우
  4. 주주가 주식매수청구권을 행사한 경우

2) 일시적으로 보유한 후 처분할 경우

자본시장법상 주주가 주식매수청구권을 행사하는 등으로 취득한 자기주식을 일시적으로 보유한 후에 처분할 자기주식은 자산으로 보아 상속증여세법 시행령 제55조 제1항의 규정에 의하여 평가하며(재재산-1494, 2004.11.10.), 이 경우 1주당 순자산가치 및 1주당 순손익가치를 계산할 때에 발행주식총수에는 자기주식수를 포함한다.

 관련 예규·심판결정례 및 판례 등

❏ 일시 보유후 처분할 자기주식의 평가방법(재재산-616, 2023.4.26., 자문-법무과-3575, 2023.5.19.)
1주당 가중평균한 가액이 1주당 순자산가치에 100분의 80을 곱한 금액보다 낮은 경우로서 당해 법인이 일시적으로 보유한 후 처분할 자기주식이 있는 경우에는 1주당 순자산가치에 100분의 80을 곱한 금액을 비상장주식의 가액으로 하며, 1주당 순자산가치는 다음 산식에 의하여 평가한 가액으로 함.
1주당 순자산가치={자기주식을 제외한 순자산가액+(자기주식수×1주당 순자산가치×80%)}/총발행주식수

사례 **자기주식 보유목적에 따른 평가방법**

❏ 기본사항
• 1주당 액면가액 : 10,000원, 발행주식총수 : 50,000주, 자본금 : 5억원
• 자기주식 매입가액 : 38.08억원(1주당 80,000원에 47,600주 매입)
  ⇨ 43,000주는 소각하고, 4,600주는 대주주에게 매각함.

〈 자기주식 취득前 B/S 〉

제자산 183억	제부채	120억
	자본금	5억
	잉여금	58억
183억	183억	

〈 자기주식 취득後 B/S 〉

제자산 144.92억	제부채	120억
(현금△38.08억)	자본금	5억
	잉여금	58억
	자본조정	△38.08억
144.92억	144.92억	

1997.12.31.	1998.12.	1999.12.	2000.10.	2000.12.31.
발행주식총수 50,000주	자기주식 취득 소각목적 : 43,000주 처분목적 : 4,600주	소각 43,000주	매각 4,600주	발행주식총수 7,000주

풀이

○ 일시보유 후 처분목적의 자기주식이 있는 경우에 아래의 산식에 따라 당해 법인의 주식을 평가할 경우 동 산식은 법인의 자산가액이 이중으로 계산되는 등으로 과대평가되는 문제가 있다고 보인다.

- 1주당 평가액$(x) = \dfrac{[\text{자기주식 외의 순자산가액} + \{\text{자기주식수} \times \text{1주당 평가액}(x)\}]}{\text{발행주식총수}}$

- 다음 계산사례⑤에서의 1주당 평가액 1,038,333원은 자기주식 47,600주 전부를 소각했을 때와 동일한 평가액이 되는 바, 이는 자기주식 전부를 소각한 후의 1주당 평가액인 1,038,333원에 소각하지 않고 매각한 4,600주를 취득했다고 보고 그 가액을 순자산가액에 가산시킨 결과이나

$$x = \frac{(144.92\text{억} - 120\text{억}) + (4,600\text{주} \times x)}{7,000\text{주}}$$

$$x = 1,038,333\text{원}$$

- 동 법인의 자기주식 취득전후 자산 총량치에는 변동이 없고 자산종류만이 변경된 것이므로 자기주식가액을 가산시키는 대신에 현금자산을 감소시켜주는 항목이 있어야 하는데도 그러하지 못해 순자산가액이 과대하게 평가되는 문제가 있고 또한, 자사주 일부를 순자산가액만큼 또는 순자산가액을 초과하여 취득함으로써 계산산식상 "자기주식 외의 순자산가액"이 "0" 또는 부수가 될 경우에는 1주당 평가액이 "0"이 되는 문제가 발생한다.

- 그리고, 자기주식을 취득한 경우에 전부를 자본에서 차감하는 방식으로 회계처리하는 것을 감안하여 취득시점에서 전부가 소각된 것으로 보아 평가하고 일부를 매각한 경우에는 신주를 교부(유상증자)한 것으로 보아 평가하도록 하여, 취득과 매각을 별개의 행위로 보아 그 단계별로 평가하자는 주장도 있으나, 이와 같이 평가할 경우에는 자기주식의 취득금액과 매각대금 외에 다른 자산가액에는 변동이 없는데도 1주당 평가액이 취득시점에서는 1,038,333원(사례에서 ②의 가액)이고, 취득가액대로 매각한 후의 시점에서는 408,571원(사례에서 ⑦의 가액)이 계산되는 문제가 있다고 보인다.

■ **순자산가치에 의한 주식평가액 계산사례**

- 1주당가액 = (자산 - 부채) ÷ 발행주식총수 ⇨ (1주당 순자산가치)로 평가
  ① 자기주식 취득 전 주식평가액
  (183억 - 120억) ÷ 50,000주 = 126,000원 ·· ①
  ② 47,600주를 80,000원에 매입하여 소각한 경우 주식평가액
  (183억 - 38.08억 - 120억) ÷ 2,400주 = 1,038,333원 ····························· ②
  ③ 43,000주를 80,000원에 매입하여 소각한 경우 주식평가액
  (183억 - 34.4억 - 120억) ÷ 7,000주 = 408,571원 ································· ③
  ④ 처분목적인 4,600주를 취득가액으로 자산가액 산정시 주식평가액
  (144.92억 - 120억 + 4,600주 × 80,000원) ÷ 7,000주 = 408,571원 ············· ④
  ⑤ 처분목적인 4,600주를 재평가하여 자산가액 산정시 주식평가액

$$1주당 평가액(x) = \frac{[자기주식 외의 순자산가액 + \{자기주식수 \times 1주당 평가액(x)\}]}{발행주식총수}$$

$(144.92억 - 120억 + 4,600주 \times x) \div 7,000주 = x, \quad x = 1,038,333원$ ·················· ⑤

⑥ 자기주식을 처분한 후의 주식평가액

- $(144.92억 - 120억 + 4,600주 \times 10,000원) \div 7,000주 = 362,571원$ ·················· ⑥
- $(144.92억 - 120억 + 4,600주 \times 80,000원) \div 7,000주 = 408,571원$ ·················· ⑦
- $(144.92억 - 120억 + 4,600주 \times 500,000원) \div 7,000주 = 684,571원$ ··············· ⑧
- $(144.92억 - 120억 + 4,600주 \times 1,000,000원) \div 7,000주 = 1,013,142$ ·················· ⑨

제6절 : 최대주주 보유 주식의 할증평가

1. 개 요

최대주주 등 및 그의 특수관계인이 보유하는 주식 및 출자지분은 해당 기업의 자산가치와 수익가치 외에 경영권을 지배할 수 있는데 따른 프리미엄이 있다는 점을 고려하여 일반주주의 주식평가액보다 일정률을 할증하여 평가한 가액으로 상속세 또는 증여세를 과세하도록 하고 있다.

1993.1.1.부터 지배주주가 보유한 비상장주식에 대하여 10% 할증평가하는 규정을 신설하였고, 1997.1.1.부터 상장법인과 코스닥상장법인(협회등록법인)도 할증평가대상에 포함시켰으며, 2020.1.1.부터 중소기업을 제외한 법인에 대해서 최대주주등의 지분율에 관계없이 20% 할증평가한다.

비상장주식에 대한 거래가액 등이 확인되어 이를 시가로 보아 평가하는 경우 할증평가를 할 수 있는가에 대하여 2008.12.31. 이전 상속증여세법 제63조 제3항에서는 비상장주식의 시가규정인 상속증여세법 제60조 제2항을 적용할 때는 할증평가대상이라는 것을 명확히 규정하지 아니함에 따라 대법원에서는 할증평가대상이 아니라고 판결[36]하였다.

이에 따라 2009.1.1.부터 인용 법조문을 명확히 규정하여 비상장주식을 시가로 평가하는 경우에도 최대주주 등의 보유 주식에 대하여 할증평가하도록 하였다.

---

36) 비상장주식의 시가가 존재하는 경우 최대주주에 대한 할증평가규정 적용 안함(대법원 2005두7228, 2006.12.7.).

2008.12.31. 이전	2009.1.1. 이후
제63조【유가증권 등의 평가】 ③ 제1항 제1호 및 제2항의 규정을 적용함에 있어서 대통령령이 정하는 최대주주 또는 최대출자자 및 그와 특수관계에 있는 주주 또는 출자자(이하 이 항에서 "최대주주 등"이라 한다)의 주식 등	제63조【유가증권 등의 평가】 ③ 제1항 제1호, 제2항 및 제60조 제2항을 적용함에 있어서 대통령령이 정하는 최대주주 또는 최대출자자 및 그와 특수관계에 있는 주주 또는 출자자(이하 "최대주주 등"이라 한다)의 주식 등

2. 할증률

가. 2020.1.1. 이후 할증률

기업규모 및 최대주주 등의 지분율에 따라 할증률에 차이를 두던 것을 폐지하고 20%의 할증률을 일률적으로 적용하되, 중소기업과 2023.1.1. 이후 중견기업에 대해서는 할증평가를 하지 않도록 하는 등 연도별 할증률은 다음과 같다.

┃ 할증률 개정연혁 ┃

구분	'93.1.1.~ '99.12.31.	'00.1.1.~ '02.12.31.	'03.1.1.~'04.12.31.		'20.1.1.~ '22.12.31.	'23.1.1.~
			중소기업*	중소기업 외		
지분율 50% 이하	10%	20%	10%	20%	20% (중소기업 제외(0)	20% (중소기업 및 중견기업 제외
지분율 50% 초과		30%	15%	30%		

중소기업의 범위는 중소기업기본법 제2조 제3항에 따른 중소기업으로서 조세특례제한법 시행령 제2조에서 규정한 중소기업과는 약간 차이가 있다.

중소기업의 범위가 중소기업기본법에서는 모든 업종을 대상으로 하나 조세특례제한법은 시행령에서 열거한 업종만을 대상으로 하고, 규모의 기준과 독립성의 기준은 같은바 자세한 내용은 가업상속공제에서 기술하였다.

이 경우 유예기간 중에 있는 중소기업을 포함한다(자본거래과-571, 2022.11.16.).

"중견기업"이란 「중견기업 성장촉진 및 경쟁력 강화에 관한 특별법」 제2조에 따른 중견기업으로서 평가기준일이 속하는 과세기간 또는 사업연도의 직전 3개 과세기간 또는 사업연도의 매출액의 평균이 5천억원 미만인 기업을 말한다. 이 경우 매출액은 기업회계기준에 따라 작성한 손익계산서상의 매출액을 기준으로 하며, 과세기간 또는 사업연도가 1년 미만인 과세기간 또는 사업연도의 매출액은 1년으로 환산한다.

나. 2019.12.31. 이전 할증률

(1) 일반법인의 할증률

1999.12.31. 이전에는 최대주주 등의 주식보유비율에 관계없이 일률적으로 10%를 할증하였으나, 2000.1.1.부터 할증률을 최대주주 등의 주식보유비율에 따라 차등 적용하도록 하여 지분율이 50%를 초과하는 경우에는 할증률을 30%로 하고 그 외는 20%로 한다.

경영권이 포함된 주식은 자산가치보다 높은 고액의 프리미엄이 붙어 거래되며 지분율이 높을수록 경영권프리미엄(지배가치)이 높게 형성되는 것이 일반적이므로 기업 경영권의 세대이전에 대해 상속세 및 증여세를 적정하게 과세하기 위한 조치로 볼 수 있다.

구 분	1993~1996년	1997~1999년	2000년 이후
할증대상	비상장법인의 지배주주	모든 법인의 최대주주	좌 동
할증률	10%	10%	- 지분율에 따른 할증률 차등 적용 • 지분율 50% 이하 : 20% • 지분율 50% 초과 : 30%

➡ 1987.1.1.~1992.12.31. : 지배주주의 주식은 평가액대로 과세하고, 그 외 주주의 주식은 평가액에서 10%를 경감하였다.

(2) 중소기업에 대한 할증률 경감 및 할증평가 면제

2003.1.1.부터 중소기업에 대해서는 할증률을 50% 경감하였다.

이는 지분율이 50%를 초과하여 30% 할증률을 적용받는 기업이 통상 중소기업이고 중소기업이 대기업에 비해 상대적으로 불리한 점을 시정하여 원활한 가업승계를 지원하도록 한 것으로 볼 수 있다.

또한 경영권이 포함된 주식은 대기업이나 중소기업 모두 프리미엄이 붙어 거래될 것이나 기술력과 경쟁력이 있는 중소기업의 원활한 기업승계를 지원하고 기업의 영속성을 유지시켜 경제에 활력을 불어넣기 위하여 2005.1.1.부터 2019.12.31.까지 한시적으로 할증평가를 제외하도록 하였다(조세특례제한법 §101).

구 분	일반법인 주식	중소기업 주식	
지분율 50% 이하	20% 할증	10% 할증	2019.12.31.까지 할증 적용배제
지분율 50% 초과	30% 할증	15% 할증	

│ 각 세법상 중소기업 최대주주의 할증평가 배제규정 적용방법 │

구 분	적용시기	할증평가 여부	관련규정 및 유권해석내용
상속증여세법	2005.1.1.~	할증평가 배제	재재산-614, 2007.5.28.
소득세법상 부당행위계산 부인규정 적용시	2005.1.1.~2006.2.8.	할증평가	서면4팀-1326, 2005.7.27.
	2006.2.9.~	할증평가 배제	소득세법 시행령 §167 ⑤
법인세법상 부당행위계산 부인규정 적용시	2005.1.1.~2010.12.31.	할증평가	서면2팀-1223, 2005.7.27. 법인세과-37, 2012.1.11.
	2011.1.1.~	할증평가 배제	법인세법 시행령 §89 ② 2호
법인이 증여받은 경우	2005.1.1.~	할증평가 배제	재재산-1138, 2008.12.31.

 관련 예규·심판결정례 및 판례 등

❑ 중소기업 주식평가시 최대주주에게 115% 할증평가하는 규정은 합헌임(헌재 2007헌바82, 2009.2.26.).

❑ 최대주주가 보유한 중소기업의 주식을 양도한 경우로서 법인세법 및 소득세법을 적용하는 경우에는 할증평가규정을 적용하는 것임(서면2팀-1223, 2005.7.27., 서면4팀-1326, 2005.7.27.).

　➡ 2006.2.9. 이후 양도분부터 소득세법 시행령 제167조 제5항을 개정하여 중소기업 주식에 대한 할증평가를 면제하도록 함.

❑ 중소기업 최대주주 보유주식의 저가·고가양도로 인한 이익 증여 판정시 및 순자산가치 평가시 평가대상법인이 최대주주로서 보유한 중소기업주식도 할증평가하지 아니함(재재산-613·614, 2007.5.28.).

❑ 국외 비상장주식 평가시 최대주주 할증평가 배제 대상 아님(재산세과-318, 2011.7.4.).

　➡ 외국법인의 주식은 중소기업기본법에 따른 중소기업이 아니므로 할증평가면제대상 아님.

3. 최대주주 등의 범위

　"최대주주 등"이란 주주 1인 및 그의 특수관계인에 해당하는 주주(특수관계에 있는 주주그룹을 말함)가 평가기준일 현재 보유하고 있는 의결권이 있는 주식 등의 합계를 주주그룹별로 계산하여 해당 법인에서 보유지분율이 가장 많은 주주그룹에 속하는 모든 주주 등 중 보유주식수가 가장 많은 1인을 말한다. 최대주주 등 1인과 그의 특수관계인이 보유한 주식 등에 대하여 할증평가한다. "특수관계인"이란 주주 1인과 상속증여세법 시행령 제2조의2 제1항 각호의 어느 하나에 해당하는 자를 말한다. 이 경우 최대주주 등은 피상속인, 증여자 및 양도자 입장에서 판단하므로 최대주주 등이 아닌 자가 상속·증여받거나 양수한 후에 최대주주 등에 해당된다고 하여 할증평가하는 것은 아니며, 다음 사항에 유의하여 최대주주 등에 해당하는지 여부를 판단하여야 한다.

최대주주 등의 범위는 가업상속공제 및 금융재산상속공제에서 최대주주 등과 같다.

---

① 연도별 할증평가대상 최대주주 등의 범위가 개정됨
② 의결권이 있는 주식이 할증대상이므로 자기주식을 제외하고 지분율을 계산
③ 평가기준일 전 1년 이내 양도 · 증여한 주식을 합산하여 지분율을 계산
④ 최대주주 등에 해당되면 지분율에 관계없이 동일한 할증률을 적용

최대주주 할증평가 적용대상을 판단할 때 최대주주등 주식등에 우리사주조합의 조합원 보유지분은 포함하지 아니한다(기재부 조세법령운용과-1072, 2021.12.15., 기준-법령해석재산-85, 2021.12.15.).

대법원도 우리사주조합 명의의 주식은 특수관계인인 사용인이 보유한 주식에 포함되지 아니하므로 최대주주 할증평가 대상이 아니라고 판결하였다(대법원 2020두34902, 2020.6.11.).

가. 연도별 최대주주 등의 범위는 다음과 같다.

1993.1.1.~1996.12.31.	1997.1.1~1999.12.31.	2000.1.1. 이후
• 지배주주 소유지분율이 1% 이상인 주주로서 그와 특수관계에 있는 주주의 주식 합계가 당해 법인에서 가장 많은 경우의 당해 주주 등	• 최대주주 등 주주 1인과 특수관계에 있는 주주가 보유한 주식의 합계가 10% 이상인 경우로서 당해 법인에서 가장 많은 경우의 당해 주주 등	• 최대주주 등 주주 1인과 그의 특수관계인에 해당하는 주주가 보유한 주식의 합계가 당해 법인에서 가장 많은 경우의 당해 주주 등

나. 평가기준일 현재 의결권이 제한되는 자기주식은 발행주식총수에서 제외하고 최대주주 등의 주식보유지분율을 계산한다.

최대주주가 보유한 주식에 대한 할증평가율을 적용할 때에 해당 내국법인의 의결권있는 발행주식총수와 최대주주의 보유주식수에는 상법 제369조 제2항 및 신탁업법 제17조의8 제2항 제2호의 규정에 의하여 평가기준일 현재 의결권이 제한되는 자기주식과 신탁계약에 따라 신탁회사로 하여금 취득하게 한 자기주식을 제외한다(재산상속 46014-404, 2001.8.31.).

다. 2000.1.1.부터 최대주주 등이 평가기준일 이전 1년 이내에 양도하거나 증여한 주식을 합산하여 지분율 등을 계산한다.

2000.1.1.부터 최대주주가 높은 할증률 적용을 피하기 위해 일부 주식을 양도 또는 증여한 후 대부분의 주식을 증여하는 것을 방지하겠다는 취지에서 평가기준일부터 소급하

여 1년 이내에 양도하거나 증여한 주식을 합산하여 최대주주의 지분율을 계산하도록 하였다. 이 경우 최대주주가 1년 이내에 양도하거나 증여한 명목상 주식이라 하여 무조건 합산할 것은 아니고 다음의 구분에 따라 합산 여부를 판단하는 것이 타당하다.

    ㉠ 최대주주와 특수관계 있는 자에게 양도·증여한 주식은 합산하지 않는다.

        최대주주의 지분율은 주주 1인 및 그의 특수관계인이 보유하고 있는 주식을 합산하여 판단하므로 최대주주가 특수관계인에게 양도·증여한 후에도 최대주주의 지분율에 합산되고 있는 주식은 다시 합산할 필요가 없다. <사례 1>에서 甲이 子와 계열사에 양도·증여한 3%의 주식은 甲의 보유 주식수에 합산되고 있으므로 다시 합산할 필요가 없고 비특수관계인에게 양도한 4%의 주식을 합산하여 지분율을 51% 또는 58%가 아닌 55%로 계산한다는 의미이다.

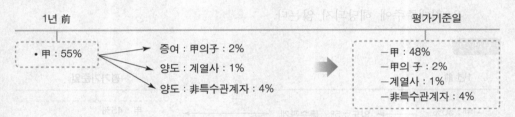

    ㉡ 양도·양수한 주식이 있는 경우 순양도분을 합산한다.

        최대주주가 당해 주식을 한국거래소에서 반복적으로 양도·양수한 경우에는 최대주주 판단기준일부터 소급하여 1년 이내의 기간 중에 최대주주가 양도한 주식에서 양수한 주식을 차감한 주식수(부수인 경우에는 "0"으로 함)을 판단기준일 현재 보유주식에 합산하도록 유권해석[37]하고 있는 바, <사례 2-1>에서는 양수하여 판단기준일 현재 보유하고 있는 주식수가 양도한 주식수보다 많으므로 양도한 주식수를 합산할 필요가 없으며, <사례 2-2> 경우에는 양도한 주식 6%에서 양수한 주식 4%를 차감한 2%에 해당하는 주식수를 판단기준일 현재 보유주식수에 가산하게 되면 1년 전 지분율 55%와 같은 최대주주의 지분율이 된다.

---

37) 국세청 유권해석(재산상속 46014-449, 2001.10.23.)

사례 2

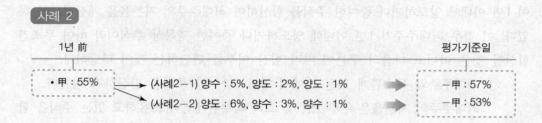

ⓒ 주식양도 후 최대주주가 아닌 자가 양도한 주식은 합산하지 않는다.

최대주주가 1년 이내에 증여하거나 양도한 주식을 합산한다는 의미는 최대주주 판단기준일 현재 보유하는 주식수에 따라 먼저 최대주주를 판정한 후 최대주주에 해당하는 자가 증여 등을 한 주식을 합산하라는 것이지 모든 주주들에 대해서 보유주식수와 1년 이내에 양도·증여한 주식수를 합산하여 최대주주를 판단하라는 것은 아니라 할 것이다.[38] 따라서 <사례 3> 경우 최대주주는 乙이고 甲은 최대주주에 해당되지 않는다.

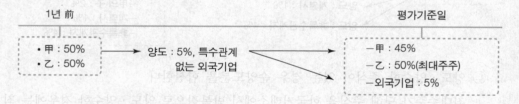

라. 최대주주 등에 해당되는 주주는 그의 지분율에 관계없이 동일한 할증률을 적용하며, 최대주주 등의 그룹이 2 이상인 경우에는 모두를 최대주주 등으로 보아 할증평가한다. 子의 주식보유지분율이 51%이고 피상속인인 父의 주식보유지분율이 1%인 경우에 父의 주식에 대해 30% 할증평가하여 상속세를 과세하며, 甲 및 그의 특수관계인에 해당하는 주주(甲주주그룹)의 주식보유지분율이 45%이고, 乙 및 그의 특수관계인에 해당하는 주주(乙주주그룹)의 주식보유지분율이 45%인 경우에 甲주주그룹과 乙주주그룹에 속한 모든 주주에 대해 20%의 할증률을 적용하는 것이다(상증법 기본통칙 22-19…1).

마. 비상장법인(A)이 다른 법인(B)의 최대주주로서 주식을 보유하고 있는 경우에 B법인의 주식을 할증평가, A법인의 순자산가액을 산정하여 A법인의 주식을 평가하며,

---

38) 국세종합상담센터 질의회신(서면2팀-107, 2007.1.15.)

A법인의 최대주주 등에 대해서는 그 주식평가액에 다시 할증평가하는 것이다.

4. 할증평가를 하지 않는 경우

경영권 프리미엄이 형성되어 있다고 보기 어렵거나 경영권 프리미엄이 반영된 거래가액을 시가로 인정하는 경우 등 다음에 해당하는 법인에 대해서는 할증평가를 하지 아니한다.

가. 최근 3개 사업연도가 모두 결손인 법인

상속증여세법 제63조 제3항에서 최대주주의 주식에 대하여 할증평가를 제외하는 경우로 규정한 "평가기준일이 속하는 사업연도 전 3년 이내의 사업연도부터 계속하여 법인세법 제14조 제2항에 따른 결손금이 있는 법인"이란 상속증여세법 시행령 제56조 제1항 제1호에 따라 "1주당 최근 3년간의 순손익액의 가중평균액"을 계산할 때의 각 사업연도 순손익액이 모두 결손인 법인을 말하는 것이며, 외국법인의 경우에는 당해 법인 소재지 국의 관련 조세법령에 따라 산출한 각 사업연도의 순손익액이 모두 결손인 법인의 주식에 대하여 적용하는 것이 타당하다(재산상속 46014-39, 2003.2.17.).

나. 기타 할증평가 제외사유

2002.12월 상속증여세법 시행령 제53조 제5항에서 최대주주가 보유한 주식에 대한 할증평가규정을 적용하지 아니하는 경우를 규정하고 이를 평가기준일에 관계없이 2003.1.1. 이후 상속세 또는 증여세를 결정하는 것부터 적용하도록 하였는 바, 다음에 해당하는 경우 할증평가를 하지 아니한다.

1) 최대주주가 특수관계없는 자에게 매도한 가액이 시가로 인정된 경우

최대주주의 주식 전부를 특수관계가 없는 자에게 평가기준일 전 6월부터 평가기준일 후 6개월(증여의 경우 3개월) 이내에 전부 매매하고 그 거래가액을 시가로 보는 경우에 할증평가하지 아니한다. 이는 경영권 프리미엄이 이미 포함된 가액으로 거래가액이 결정된 것으로 볼 수 있으므로 다시 할증평가하지 않도록 한 것이다.

2) 합병·증자·감자·현물출자·전환사채이익등 증여규정 적용하는 경우

합병 등과 관련된 증여규정은 주식 자체를 증여한 것에 대해 과세하는 것이 아니므로 최대주주의 주식에 대한 할증평가를 하지 아니한 그 동안의 과세관청 유권해석을 상속증여세법 시행령에 규정하였다.

하지만 현물출자에 따른 이익을 계산할 때 최대주주등이 현물출자한 주식은 할증평가 대상임을 구분하여 적용하여야 할 것이다(기준-법령해석재산-143, 2021.9.17.).

▌유권해석에 따른 할증평가 적용 여부에 대한 예규내용▐

할증평가하는 경우	할증평가하지 않는 경우
□ 저가·고가 양도시 증여(상속증여세법 §35) 　－재경부 재산 46014－229, 2001.9.18., 국세청 　　재삼 46014－521, 1998.3.25. □ 명의신탁주식에 대한 증여(상속증여세법 §41의2) 　－재경부 재산 46014－44, 2002.2.22. □ 상장시세차익에 대한 증여(상속증여세법 §41의3) 　－유권해석한 것은 없으나, 할증평가함이 타당 □ 배우자 등 간 양도시 증여추정(상속증여세법 §44) 　－배우자 또는 직계존비속간에 주식을 양도하 　　여 주식의 소유권이 이전된 것에 대해 증여추 　　정하는 것이므로 할증평가	□ 합병시 증여(상속증여세법 §38) 　－재삼 46014－1411, 1999.7.23 □ 증자시 증여(상속증여세법 §39) 　－재경부 재산 46014－3, 2001. 1. 5, 국세청 재 　　산상속 46014－1417, 2000.11.28. □ 감자시 증여(상속증여세법 §39의2) 　－재산상속 46014－425, 2001.9.29., 콜센터 제 　　도 46014－12237, 2001.7.19. □ 전환사채 등 이익에 대한 증여(상속증여세법 §40) 　－국세청 재삼 46014－2989, 1997.12.22. □ 특정법인과의 거래시 증여(상속증여세법 §41) 　－주식을 평가하여 증여세를 과세하는 것이 아 　　니므로 할증평가 불필요함.

3) 평가대상 법인이 보유한 다른 법인의 주식

2021.2.17. 이후 상속세 과세표준 또는 증여세 과세표준을 신고하는 경우부터 평가대상인 주식을 발행한 법인이 다른 법인이 발행한 주식 등을 최대주주 등으로서 보유하는 경우 다른 법인이 발행한 주식 등에 대해서는 할증평가하지 아니한다. 상속증여세법 시행령 개정에는 1차 출자·보유분에 대해서만 할증하여 평가하던 것을 1차 출자·보유분에 대해서도 할증평가하지 않도록 한 것이며, 2021.2.16. 이전에는 A, B, C 법인 등이 상호출자하고 있는 경우로서 A법인의 주식을 평가하는 경우에는 1회(A·B법인 간)에 한해 할증평가하도록 하여 C법인이 A법인의 최대주주에 해당되는 경우에는 할증률 적용이 순환되지 않도록 하였다.

예를 들어, 다음과 같은 출자관계에 있는 경우로서 A법인의 주식을 평가하는 경우에 C법인의 주식평가액에 할증하지 않은 가액을 B법인의 순자산가액에 포함하여 B법인의 주식을 평가하고, B법인의 주식평가액에 30%를 할증한 가액을 A법인의 순자산가액에 포함시켜서 A법인의 주식을 평가한 후에 A법인의 최대주주에 대해서 할증평가규정을 적용한다는 것이다. 만약에 이러한 규정을 두고 있지 아니하면 C법인의 주식평가액이 B법인 순자산가액에 포함될 때 30%를 할증하고, A법인 순자산가액에 포함될 때 그 할증한 가액에 다시 30%를 할증하게 되어 과대평가되는 문제가 생기며, B·C법인이 A법인의 주식을 최대주주로서 보유한 경우에는 할증률이 무한대로 순환되는 문제까지 발생한다.

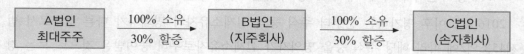

4) 사업개시 3년 미만인 법인으로서 영업이익이 결손인 법인 주식

사업초기에 결손이 발생하는 상태에서는 현실적으로 경영권 프리미엄이 형성되기 어려운 점을 감안하여 할증평가에서 제외하도록 하였다.

이 경우 평가기준일이 속하는 사업연도에 사업을 개시한 법인에 대해서는 사업개시일부터 평가기준일까지의 기업회계기준에 의한 영업이익이 영(0) 이하인 경우 최대주주 등의 할증평가를 적용하지 않는다(재재산 - 474, 2009.3.13.).

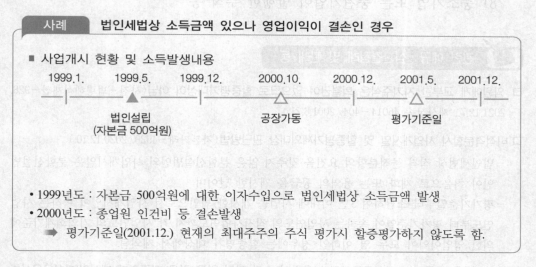

5) 상속증여세 신고기한 이내에 청산이 완료된 법인의 주식

경영권 프리미엄은 법인이 계속하여 사업을 영위할 때 의미가 있는 것이므로 상속증여세 과세표준 신고기한 이내에 법인의 청산이 확정된 경우에는 할증평가를 하지 않는다.

6) 최대주주로부터 최대주주 등 외의 자가 상속·증여받은 경우

최대주주 등과 특수관계가 없는 자(공익법인 등)가 소량의 주식 등을 증여재산합산 기간인 10년 이내에 상속받거나 증여받은 경우로서 최대주주 등에 해당하지 아니하는 경우에는 상속 · 증여받은 자 입장에서 보면 경영권을 상속 · 증여받은 것으로 보기 어려우므로 할증평가를 제외하도록 하였다.

7) 명의신탁주식에 대하여 증여세를 과세하는 경우

2016.2.5. 이후 평가하는 분부터 주식 등의 실제소유자와 명의자가 다른 경우로서 법 제45조의2에 따라 해당 주식 등을 명의자가 실제소유자로부터 증여받은 것으로 보는 경우에는 할증평가를 하지 않는다. 해당 개정 내용은 2016.2.5. 이후 최초로 평가하여 결정 · 경정하는 분부터 적용한다(재재산 – 8, 2017.1.6.). 최대주주 등이 명의신탁한 주식을 증여의제하는 경우 실제 소유권이 이전된 것이고 의결권 또한 수증자가 행사할 수 있는 것이 아님을 감안하여 할증평가제도를 합리적으로 개선하였다.

개정 전에는 최대주주 등이 명의신탁한 주식에 대하여 할증평가하는 것은 헌법에 위배되지 않는다는 판결이 있었다(헌재 2006헌바22, 2007.1.17.).

8) 중소기업 또는 중견기업이 발행한 주식 등

 관련 예규 · 심판결정례 및 판례 등

☐ 임원에게 교부한 자기주식은 의결권이 없으므로 할증평가대상이 아님(사전 – 법령해석재산 – 928, 2021.12.7., 재산상속 46014 – 404, 2001.8.21.).

☐ 비적격분할시 사업개시일 및 할증평가제외대상 판단방법(자본거래 – 4920, 2020.12.10.)
 – 법인세법상 적격 물적분할의 요건을 갖추지 않은 분할신설법인의 사업개시일은 분할신설법인이 처음으로 재화 또는 용역의 공급을 개시한 날이며
 – 평가기준일부터 소급하여 3년 이내에 사업을 개시한 법인으로서 사업개시일이 속하는 사업연도부터 평가기준일이 속하는 사업연도의 직전사업연도까지 각 사업연도의 기업회계기준에 의한 영업이익이 모두 영 이하인 경우에는 할증평가 대상에서 제외됨.

☐ 투자신탁을 운용하는 자산운용사의 보유주식 수가 가장 많은 경우 할증평가 대상임(자산운용사를 제외하고 최대주주를 판단하지 않음)(재재산 – 168, 2020.2.13., 자문 법령해석과 – 684, 2020.3.4.).

☐ 주식의 포괄적 교환시 완전모회사 주식의 할증평가 적용 여부(상속증여세과 – 432, 2014.11.7.)
 상법 제360조의2에 따른 주식의 포괄적 교환절차에 따라 완전자회사가 되는 법인의 최대주주가 완전모회사가 되는 법인에 이전하는 주식은 할증평가하나, 완전모회사가 교환대가로 발행하는 신주에 대해서는 할증평가하지 아니함.

❑ 감자에 따른 증여이익을 계산할 때 감자 전 최대주주의 주식은 할증평가하지 아니하나, 평가대상법인(A법인)이 보유하고 있는 다른 비상장법인(B법인)의 주식가액은 최대주주의 주식 할증평가규정을 적용하여 계산하는 것임(상속증여세과-592, 2013.10.31.).

❑ 현물출자에 따른 양도차익 계산시 현물출자하는 주식은 할증평가대상이나 대가로 받은 주식은 할증평가 대상 아님(법인세제과-994, 2012.9.20.).

  ➡ 물적분할하고 교부받는 신주에 대해서도 할증평가하지 아니함.

❑ 최대주주가 현물출하는 비상장주식은 할증평가 대상임(재산상속 46014-2118, 2004.7.27.).

❑ 연부연납 각 회분 물납하는 경우 할증평가 여부(법규과-882, 2006.3.9.)
  연부연납 각 회분을 최대주주가 상속받은 비상장주식으로 물납하는 경우 수납가액은 상속세 결정시 적용한 할증평가율을 적용함(상속개시 당시 할증평가율).

  질의

  상속개시 당시(2002년)와 물납허가일(2006년)에 있어 최대주주의 주식지분율 및 할증평가율이 변경된 경우 할증률 적용방법은?

❑ 1·2차 법인이 순환출자한 경우 1차 출자분에 한하여 할증평가함(국심 2003전3142, 2003.12.31.).

❑ 특수관계인의 범위에 출자로 지배하고 있는 법인의 사용인도 포함함(대법원 2011두6899, 2012.10.11.).
  특수관계에 있는 자의 범위는 최대주주 등과 직접적인 사용관계에 있는 사용인뿐만 아니라 출자에 의하여 지배하고 있는 법인의 사용인도 포함하는 것임.

❑ 비상장회사의 지배주주가 소유하는 주식에 대한 10% 할증평가에 있어, 현실적으로 경영권 이전의 결과발생 여부에 따라 달라지는 것은 아님(대법원 2001두8292, 2003.2.11.).

❑ 피합병법인이 보유한 합병법인의 주식 할증평가 여부(재재산-23, 2007.1.5.)
  피합병법인의 주주가 합병대가로 받는 합병법인의 주식과 관련하여 상증법 제38조를 적용할 때 피합병법인이 보유한 합병법인의 주식에 대하여는 할증평가규정을 적용하지 아니함.

  해설

  피합병법인이 최대주주로서 다른 법인의 주식을 보유한 경우 할증평가한 가액을 피합병법인의 자산가액에 포함시켜야 하나, 피합병법인이 보유한 합병법인의 주식은 합병시 소각되어 경영권 이전이 수반되지 아니한 점 등을 감안하여 할증평가규정을 적용하지 아니하도록 유권해석한 것으로 보임.

❑ 친족 간에 분쟁이 있는 경우에도 할증평가 대상임(국심 2006서2441, 2006.9.12.).

❑ 평가기준일 전 3년간 계속 결손인 경우에는 평가기준일이 속하는 사업연도가 결손이 아닌 경우에도 할증평가하지 아니함(국심 2007서2841, 2007.10.17.).

❑ 평가대상 주식의 발행법인이 보유하고 있는 주식의 할증평가 여부(대법원 2016두47512, 2019.3.28.)
  -1차 출자법인 및 2차 출자법인이 최대주주로서 보유하고 있는 주식은 순차적으로 할증될 수 있으므로 할증평가 대상에서 제외한 것으로 보이는 점 등에 비추어 보면, '1차 출자법인 및

2차 출자법인의 주식을 평가하는 경우'는 '1차 출자법인 및 2차 출자법인이 보유하고 있는 주식을 평가하는 경우'를 의미한다고 봄이 타당하므로
- 평가대상인 주식을 발행한 법인이 보유하고 있는 다른 법인인 자회사가 발행한 주식을 평가하는 경우에는 할증평가 대상임.

☐ 명의신탁 주식의 경우 최대주주 할증평가 대상임(대법원 2017두48451, 2018.2.8.).
➡ 2016.2.5. 이후부터 할증평가 제외대상으로 상증령 §53⑧ 8호에서 규정함.

사례 **비상장주식 보충적 평가방법**

☐ 甲이 자녀에게 미래(주)의 주식 20,000주를 2019.5.31. 증여하였는 바, 미래(주)의 결산서 및 세무조정내용 등을 참고하여 1주당 가액을 계산하시오.

가. 평가대상 법인의 현황 및 甲의 주식소유현황

- 사업개시일 : 1991.1.1.(12월말 결산 법인)
- 액면가액 : 5,000원(변동없음)   - 중소기업에 해당하지 아니함.
- 甲 및 그 사용인 소유 주식수 : 甲 35,000주, 사용인 17,000주

	기초주식수	유상증자	무상증자	기말주식수	환산주식수
2016.12.31.	50,000			50,000	
2017.12.31.	50,000			50,000	
2018.12.31.	50,000	30,000		80,000	
2019.5.31.	80,000		20,000	100,000	

* 20,000주 무상증자일 : 2019.3.31.
* 2018.7.1. 유상증자 30,000주는 액면가액 5,000원에 신주발행함(주금납입액 150,000,000원).

나. 순손익액 계산 관련 자료

1) 2018사업연도
- 각 사업연도 소득금액   185,000,000
- 국세환급금 이자   3,800,000
- 수입배당금 중 익금불산입액   17,000,000
- 부가가치세 불성실신고가산세   6,500,000
- 과태료 및 벌금   1,050,000
- 업무무관가지급금에 대한 지급이자   5,750,000
- 기부금 한도초과액   8,800,000
- 재고자산평가손실   7,856,000
- 감가상각비 한도초과액   18,600,000
- 개발비   20,000,000
- 법인세 등 결정세액(지방소득세 등 포함)   48,500,000
※ 감가상각비 시인부족액은 12,000,000원임.

2) 2017사업연도
- 각 사업연도 소득금액   138,500,000
- 지방세환급금 이자   585,000
- 수입배당금 중 익금불산입액   13,500,000
- 벌금 및 중가산금   7,250,000
- 업무무관 자산 관련 경비   6,870,000
- 기부금 한도초과액
- 접대비 한도초과액   3,250,000
- 지급조서 제출불성실가산세   5,205,000
- 대손충당금 한도초과액   720,000
- 퇴직급여충당금 한도초과액   28,560,000
- 법인세 등 결정세액(지방소득세 등 포함)   25,560,000
  27,850,000

3) 2016사업연도
- 각 사업연도 소득금액   22,500,000
- 국세환급금 이자   1,350,000
- 수입배당금 중 익금불산입액   5,370,000
- 법인세 체납액에 대한 중가산금   1,055,000
- 영세율 과세표준 불성실신고가산세   830,000
- 업무무관 자산 관리비 등   5,985,000
- 업무무관가지급금에 대한 지급이자   6,850,000
- 기부금 한도초과액   15,870,000
- 감가상각비 한도초과액   18,600,000
- 법인세 등 결정세액(지방소득세 등 포함)   3,045,000

※ 감가상각비 시인부족액은 없음.

다. 재무상태표

미 래 (주)				
				(2018.12.31.)
과 목	금 액	과 목	금	액
자 산		부 채		
I. 유 동 자 산	1,890,000,000	I. 유 동 부 채		2,285,000,000
(1) 당 좌 자 산	1,370,000,000	매 입 채 무		835,000,000
현금 및 현금성자산	87,000,000	단 기 차 입 금		850,000,000
예 금 (원 금)	65,000,000	미 지 급 금		106,000,000
예 금 미 수 이 자	5,100,000	선 수 금		185,000,000
유 가 증 권	205,900,000	예 수 금		193,000,000
매 출 채 권	550,000,000	미 지 급 비 용		73,000,000
대 손 충 당 금	30,000,000 / 520,000,000	미 지 급 배 당 금		25,000,000
단 기 대 여 금	380,000,000	미 지 급 법 인 세		18,000,000

대 손 충 당 금	40,000,000	340,000,000	Ⅱ. 비 유 동 부 채		2,015,000,000
선 급 비 용		65,000,000	장 기 차 입 금		1,337,000,000
선 급 금		58,000,000	임 대 보 증 금		293,000,000
이 연 법 인 세 차		24,000,000	퇴 직 급 여 충 당 금		385,000,000
(2) 재 고 자 산		520,000,000	부 채 총 계		4,300,000,000
원 재 료		375,000,000			
상 품 및 제 품		145,000,000	자 본		
Ⅱ. 비 유 동 자 산		3,160,000,000	Ⅰ. 자 본 금		500,000,000
(1) 투 자 자 산		1,050,000,000	보 통 주 자 본 금		500,000,000
장 기 금 융 상 품		380,000,000	Ⅱ. 자 본 잉 여 금		180,000,000
장 기 대 여 금	345,000,000		주 식 발 행 초 과 금		50,000,000
대 손 충 당 금	30,000,000	315,000,000	기 타 자 본 잉 여 금		130,000,000
임 차 보 증 금		150,000,000	Ⅲ. 이 익 잉 여 금		70,000,000
기 타 투 자 자 산		205,000,000	이 익 준 비 금		25,000,000
(2) 유 형 자 산		1,900,000,000	기 타 임 의 적 립 금		15,000,000
토 지		808,000,000	차 기 이 월 이 익 잉 여 금		30,000,000
건 물	985,000,000		(당 기 순 이 익)		
감 가 상 각 충 당 금	158,000,000	827,000,000	:		
구 축 물	286,000,000				
감 가 상 각 충 당 금	78,000,000	208,000,000			
기 계 장 치	105,000,000				
감 가 상 각 충 당 금	48,000,000	57,000,000	자 본 총 계		750,000,000
(3) 무 형 자 산		210,000,000			
무 체 재 산 권		180,000,000			
개 발 비		30,000,000			
자 산 총 계		5,050,000,000	부 채 와 자 본 총 계		5,050,000,000

라. 자산 및 부채와 관련한 사항은 다음과 같다.

(1) 예금원본은 동일하고, 미수이자는 평가기준일 현재 8,550,000원이며 원천징수세액은 1,300,000원이다(장부상 5,100,000원은 익금불산입 유보처분됨).

(2) 유가증권에 대한 시가는 확인할 수 없고 보충적 평가가액은 185,000,000원이며, 장부가액보다 적은 것에 대한 정당한 사유는 없다.

(3) 매출채권 중 15,500,000원과 단기대여금중 10,000,000원은 회수할 수 없는 것으로 확인되었다.

(4) 선급비용 중 10,500,000원은 평가기준일 현재 비용으로 확정되었다.

(5) 재고자산인 원재료 중 15,000,000원은 멸실된 것으로 확인되었다.

※ 토지·건물·기계장치 기준시가가 장부가액보다 적은 데에 정당한 사유없음.

(6) 토지에 대한 필지별 시가 및 개별공시지가는 다음과 같다.

구 분	장부가액	시 가	개별공시지가	최종 평가액
토 지 1	200,000,000	190,000,000	210,000,000	
토 지 2	250,000,000	270,000,000	240,000,000	
토 지 3	148,000,000	–	160,000,000	
토 지 4	210,000,000	–	190,000,000	
합 계	808,000,000			

(7) 건물에 대한 시가 및 기준시가는 다음과 같다.

구 분	장부가액	시 가	기준시가	담보 채권액	최 종 평가액
건물 1	230,000,000	200,000,000	205,000,000	210,000,000	
건물 2	255,000,000	270,000,000	210,000,000	250,000,000	
건물 3	142,000,000	–	158,000,000	160,000,000	
건물 4	200,000,000	–	175,000,000	190,000,000	
합 계	827,000,000				

(8) 구축물에 대한 재취득예상가액은 330,000,000원이고 당초 취득일부터 평가기준일까지의 감가상각비는 110,000,000원으로 계산되었다.

(9) 기계장치에 대한 재취득예상가액은 50,000,000원이다.

(10) 무체재산권에 대한 법인세법상 감가상각비 30,000,000원을 계산하지 않았다.

(11) 평가기준일 현재 미지급 배당금 총액은 33,000,000원이며, 미지급법인세 18,000,000원은 2019.3.31. 전액 납부하였다.

(12) 평가기준일 현재 사용인 전원이 퇴직할 경우 퇴직금추계액은 455,000,000원이다.

(13) 2019.1.1.부터 2019.5.31.까지 소득금액은 결손이다.

[평가심의위원회 운영규정 별지 제4호 서식 부표3] (2018.04.25. 개정)

(단위 : 주, 원) (제1쪽)

비 상 장 주 식 등 평 가 서

1. 평가대상 비상장법인

법인명	미래(주)	사업자등록번호	124 – 81 – 00000	대표자 성명	최미래
① 발행주식총수	100,000	1주당 액면가액	5,000	자본금	500,000,000
평가기준일	2019.5.31.	②부동산과다보유법인 해당여부		[×]	

2. 순자산가치로만 평가하는 경우 [v] 표시 (상속세 및 증여세법 시행령 제54조 제4항 해당여부)

가. 신고기한 이내에 청산절차가 진행 중이거나, 사업자의 사망 등으로 사업의 계속이 곤란하다고 인정되는 경우　　　　　　　　해산(합병)등기일 (　　.　.　)	[ ]
나. 사업 개시전의 법인, 사업개시 후 3년 미만의 법인, 휴업·폐업 중인 경우 사업개시일 (　　.　.　), 휴·폐업일 (　　.　.　)	[ ]
다. 평가기준일이 속하는 사업연도 전 3년 내의 사업연도부터 계속하여「법인세법」상 각 사업연도에 속하거나 속하게 될 손금의 총액이 그 사업연도에 속하거나 속하게 될 익금의 총액을 초과하는 결손금이 있는 경우	[ ]
라.「소득세법 시행령」제94조 제1항 제4호 라목에 해당하는 법인의 주식등에 해당하는 경우	[ ]
마. 법인의 자산총액 중 주식등의 가액의 합계액이 차지하는 비율이 100분의 80 이상인 법인의 주식등	[ ]
바. 법인의 설립 시 정관에 존속기한이 확정된 법인으로서 평가기준일 현재 잔여 존속기한이 3년 이내인 법인의 주식등	[ ]

3. 1주당 가액의 평가

③ 순자산가액	686,150,000	제2쪽 4. 순자산가액 "마"
④ 1주당 순자산가액 (③ ÷ ①)	6,861	
⑤ 최근3년간 순손익액의 가중평균액에 의한 1주당가액 또는 2이상의 회계법인등이 산출한 1주당 추정이익의 평균액	10,590	제6쪽 7. 순손익액 "차"
⑥ 1주당 평가액(㉮ 평가액과 ㉯의 평가액 중 많은 금액)	9,098	
㉮ [{(④×2)+(⑤×3)} ÷ 5] (부동산과다보유법인 [{(④ × 3)+(⑤ × 2)} ÷ 5]	9,098	
㉯ 1주당 순자산가액(④)의 80%	5,488	
⑦ 최대주주등에 해당하는 경우 1주당 평가액		
㉮ 최대주주등의 주식등의 1주당 평가액 (⑥ × 할증율)	2,729	
㉯ (⑥ + ㉮)	11,827	

※ 1주당 평가액 산정내용
- 자산가액 중 부동산가액이 50%에 미달함
- 甲과 특수관계인 사용자의 주식 보유비율이 52%이고 중소기업에 해당하지 아니하므로 30% 할증하여 평가함.

작 성 방 법

※ 이 서식은 상속세 및 증여세법 제63조 제1항 제1호나목에 따른 거래소에 상장되지 아니한 주식 및 출자지분의 평가관련 서식입니다.

1. 최대주주등의 주식등의 1주당 평가액 : ⑥ × 할증율 :「상속세 및 증여세법」제63조 제3항 및 같은 법 시행령 제53조 제4항에 따른 할증평가율을 적용하여 계산합니다. (이 경우 중소기업 최대주주 등에 해당하는 경우에는 2005.1.1.부터 2020.12.31.까지 할증평가에서 제외합니다.)

구분	중소기업	비중소기업
지분율 50% 이하	10%	20%
지분율 50% 초과	15%	30%

- 중소기업이란 중소기업기본법 제2조 제3항에 따른 중소기업을 말합니다.

210mm×297mm[일반용지 70g/㎡(재활용품)]

(단위 : 원)   (제2쪽)

4. 순자산가액		
가. 자산총액		
① 재무상태표상의 자산가액	5,050,000,000	
② 평가차액	14,150,000	제4쪽 5. 평가차액 "가"
③ 법인세법상 유보금액		
④ 기타(평가기준일 현재 지급받을 권리가 확정된 가액 등)		
⑤ 선급비용등		
⑥ 증자일 전의 잉여금의 유보액		
⑦ 소계 (①＋②＋③＋④ － ⑤ － ⑥)	5,064,150,000	
나. 부채총액		
⑧ 재무상태표상의 부채액	4,300,000,000	
⑨ 법인세		
⑩ 농어촌특별세		
⑪ 지방소득세		
⑫ 배당금 · 상여금	8,000,000	
⑬ 퇴직급여추계액	455,000,000	
⑭ 기타(충당금 중 평가기준일 현재 비용으로 확정된 것 등)		
⑮ 제준비금		
⑯ 제충당금	385,000,000	
⑰ 기타(이연법인세대 등)		
⑱ 소계((⑧＋⑨＋⑩＋⑪＋⑫＋⑬＋⑭ － ⑮ － ⑯ － ⑰)	4,378,000,000	
다. 영업권포함전 순자산가액(⑦ － ⑱)	686,150,000	
라. 영업권	0	제5쪽 6. 영업권 "자"
마. 순자산가액(다 ＋ 라)	686,150,000	

210mm×297mm[일반용지 70g/㎡(재활용품)]

(단위 : 원) (제4쪽)

5. 평가차액

| 가. 평가차액 계산 (① - ②) | | | 14,150,000 | 제2쪽 4. 순자산가액 "가"의 ② 기재 | |

자산금액 / 부채금액

계정과목	상증법에 따른 평가액	재무상태표상 금액	차액	계정과목	상증법에 따른 평가액	재무상태표상 금액	차액
		① 합계	14,150,000			② 합계	–
미수이자	7,250,000	5,100,000	2,150,000				
매출채권	534,500,000	520,000,000	14,500,000				
단기대여금	370,000,000	340,000,000	30,000,000				
선급비용	54,500,000	65,000,000	△10,500,000				
이연법인세차	–	24,000,000	△24,000,000				
원재료	360,000,000	375,000,000	△15,000,000				
장기대여금	345,000,000	315,000,000	30,000,000				
토 지	830,000,000	808,000,000	22,000,000				
건 물	840,000,000	827,000,000	13,000,000				
구축물	220,000,000	208,000,000	12,000,000				
무체재산권	150,000,000	180,000,000	△30,000,000				
개발비	–	30,000,000	△30,000,000				

작 성 방 법

평가기준일 또는 직전사업연도말 현재의 재무상태표상의 자산 또는 부채금액을 기준으로 하여 순자산가액을 계산시 재무상태표상 미계상된 경우를 포함한 평가차액을 계산하는 경우에 사용합니다.

1. 계정과목란에는 평가대상 자산 또는 부채를 재무상태표에 기재된 계정명으로 기입하며 재무상태표상 미계상된 경우에는 추가로 기재합니다.
2. 평가차액은 "①"에서 "②"를 차감한 잔액을 기재합니다.

210mm×297mm[일반용지 70g/㎡(재활용품)]

(단위 : 원) (제5쪽)

6. 영업권		
가. 평가기준일 이전 3년간 순손익액의 가중평균액	105,927,500	(① × 3 + ② × 2 + ③) / 6
① 평가기준일 이전 1년이 되는 사업연도 순손익액	130,700,000	
② 평가기준일 이전 2년이 되는 사업연도 순손익액	116,440,000	
③ 평가기준일 이전 3년이 되는 사업연도 순손익액	10,585,000	
나. 가 × 50%	52,963,750	
다. 평가기준일 현재 자기자본	686,150,000	
라. 기획재정부령이 정하는 이자율	10%	10%
마. 다 × 라	68,615,000	
바. 영업권 지속연수	5년	5년
사. 영업권 계산액 $$\sum_{n=1}^{n} = [\ \frac{(나 - 마)}{(1 + 0.1)^n}\ ]$$ n은 평가기준일부터의 경과연수	(52,963,750 - 68,615,000) 負數이므로 영업권 없음	
아. 영업권 상당액에 포함된 매입한 무체재산권 가액 중 평가기준일까지의 감가상각비를 공제한 금액	-	
자. 영업권 평가액 (사 - 아)	0	제2쪽 4. 순자산가액 "라" 기재

작 성 방 법

1. 순자산가액에 가산하는 영업권은 「상속세 및 증여세법 시행령」 제59조 제2항에 따른 평가액을 말합니다.
2. 아래의 경우에는 영업권 평가액을 순자산가액에 가산하지 않습니다.
   가. 「상속세 및 증여세법 시행령」 제54조 제4항 제1호·제3호 또는 제4호에 해당하는 경우
   나. 「상속세 및 증여세법 시행령」 제54조 제4항 제2호에 해당하는 경우. 다만, 다음에 모두 해당하는 경우는 제외합니다.
   ① 개인사업자가 「상속세 및 증여세법 시행령」 제59조에 따른 무체재산권을 현물출자하거나 「조세특례제한법 시행령」 제29조 제2항에 따른 사업 양도·양수의 방법에 따라 법인으로 전환하는 경우로서 그 법인이 해당 사업용 무형자산을 소유하면서 사업용으로 계속 사용하는 경우
   ② ①에 따른 개인사업자와 법인의 사업 영위기간의 합계가 3년 이상인 경우

210mm×297mm[일반용지 70g/㎡(재활용품)]

(단위 : 원)

7. 순손익액					
평가기준일 1년, 2년, 3년이 되는 사업연도			2018	2017	2016
① 각 사업연도 소득금액			185,000,000	138,500,000	22,500,000
소득에 가산할 금액	② 국세, 지방세 과오납에 대한 환급금이자		3,800,000	585,000	1,350,000
	③ 수입배당금 중 익금불산입한 금액		17,000,000	13,500,000	5,370,000
	④ 기부금의 손금산입한도액 초과금액의 이월손금 산입액				
가. 소계(① + ② + ③ + ④)			205,800,000	152,585,000	29,220,000
소득 에서 공제할 금액	⑤ 벌금, 과료, 과태료 가산금과 체납처분비		1,050,000	7,250,000	1,055,000
	⑥ 손금 용인되지 않는 공과금				
	⑦ 업무에 관련 없는 지출			6,870,000	5,985,000
	⑧ 각 세법에 규정하는 징수불이행 납부세액		6,500,000	720,000	830,000
	⑨ 기부금 한도초과액		8,800,000	3,250,000	15,870,000
	⑩ 접대비 한도초과액			5,205,000	
	⑪ 과다경비등의 손금불산입액				
	⑫ 지급이자의 손금불산입액		5,750,000		6,850,000
	⑬ 감가상각비(시행령 제56조 제4항 라목)		12,000,000		
	⑭ 법인세 총결정세액(지방소득세 등 포함)		48,500,000	27,850,000	3,045,000
	⑮ 농어촌특별세 총결정세액				
	⑯ 지방소득세 총결정세액				
나. 소계(⑤ ~ ⑯)			82,600,000	51,145,000	33,635,000
다. 순손익액(가 - 나)			123,200,000	101,440,000	△4,415,000
라. 유상증자·감자시 반영액			7,500,000	15,000,000	15,000,000
마. 순손익액(다 ± 라)			130,700,000	116,440,000	10,585,000
바. 사업연도말 주식수 또는 환산주식수			100,000	100,000	100,000
사. 주당순손익액 (마÷바)			⑰ 1,307	⑱ 1,164	⑲ 105
아. 가중평균액 {(⑯×3 + ⑰×2 + ⑱) / 6}			1,059		
자. 기획재정부령이 정하는 율			10%		
차. 최근 3년간 순손익액의 가중평균액에 의한 1주당 가액 (아÷자)			10,590		

210mm×297mm[일반용지 70g/㎡(재활용품)]

| 풀이 | 평가차액 계산명세서 및 순자산가액계산서 작성방법 |

(1) 미수이자는 평가기준일 현재 8,550,000원에서 원천징수세액은 1,300,000원을 차감한 7,250,000원이며, 차액 2,150,000원을 자산에 가산함.
   유보처분된 △5,100,000원을 반영하여 평가한 것이므로 유보내용 반영할 필요없음.
(2) 보충적 평가가액이 장부가액보다 적은 것에 대한 정당한 사유가 없어 장부가액으로 평가하므로 차액 조정할 것은 없다.
(3) 매출채권은 원본 550,000,000원에서 회수불능인 15,500,000원을 차감한 534,5000원으로 평가하고 단기대여금은 원본 380,000,000원에서 회수불능으로 확인된 10,000,000원을 차감한 370,000,000원으로 평가하여 차액을 자산가액에 가산한다.
(4) 선급비용 65,000,000원에서 평가기준일 현재 비용으로 확정된 10,500,000원은 자산가액에서 제외한 54,500,000원 평가하고 자산가액에서 차감한다.
(5) 재고자산인 원재료 375,000,000원에서 멸실된 것으로 확인된 15,000,000원은 자산가액에서 차감한다.
   ※ 토지·건물·기계장치 기준시가가 장부가액보다 적은 것에 정당한 사유가 없는 것으로 가정하였으므로 시가가 없는 자산은 장부가액과 보충적 평가가액 중 큰 금액으로 평가한다.
(6) 필지별로 시가, 장부가액 또는 개별공시지가로 평가한 가액의 합계액이 830,000,000원이므로 차액 22,000,000원을 자산가액에 가산한다.

구 분	장부가액	시 가	개별공시지가	최종 평가액
토 지 1	200,000,000	190,000,000	210,000,000	190,000,000
토 지 2	250,000,000	270,000,000	240,000,000	270,000,000
토 지 3	148,000,000	-	160,000,000	160,000,000
토 지 4	210,000,000	-	190,000,000	210,000,000
합 계	808,000,000			830,000,000

(7) 건물별로 시가, 장부가액, 기준시가 및 담보하는 채권액으로 평가한 가액의 합계액이 840,000,000원이므로 차액 13,000,000원을 자산가액에 가산한다.

구 분	장부가액	시 가	기준시가	담보 채권액	최종 평가액
건물 1	230,000,000	200,000,000	205,000,000	210,000,000	210,000,000
건물 2	255,000,000	270,000,000	210,000,000	250,000,000	270,000,000
건물 3	142,000,000	-	158,000,000	160,000,000	160,000,000
건물 4	200,000,000	-	175,000,000	190,000,000	200,000,000
합 계	827,000,000				840,000,000

(8) 구축물은 재취득예상가액 330,000,000원에서 당초 취득일부터 평가기준일까지의 감가상각비는 110,000,000원을 뺀 220,000,000원으로 평가하므로 차액 12,000,000원을 자산가액에

가산한다.

(9) 기계장치는 재취득예상가액 50,000,000원이 장부가액보다 적고 정당한 사유가 없으므로 장부가액으로 평가한다.

(10) 무체재산권 180,000,000원에서 대한 법인세법상 감가상각비 30,000,000원을 차감하여 평가하므로 30,000,000원을 자산가액에서 차감한다.

(11) 장기대여금은 대손충당금을 차감하지 아니한 345,000,000원으로 평가해야 하므로 30,000,000원을 자산가액에 가산한다.

(12) 이연법인세차 24,000,000원 및 개발비 30,000,000원은 자산가액에서 차감한다.
   ▶ 여기까지 내용을 평가차액계산명세서에 기재하여 평가차액을 순자산가액계산서 ②란에 기재하고 다음 사항은 순자산가액계산서에 기재하여 순자산가액을 계산하였다.
   작성방법은 평가자의 편의에 따라 선택하면 될 것이다.

(13) 평가기준일 현재 미지급 배당금 총액 33,000,000원에서 부채에 계상한 25,000,000원을 차감한 8,000,000원을 부채에 가산한다.

(14) 미지급법인세 18,000,000원을 2019.3.31. 전액 납부하였으므로 부채에서 차감하고 현금도 동일하게 차감해야 하므로 조정하지 아니하였다.

(15) 평가기준일 현재 사용인 전원이 퇴직할 경우 퇴직금추계액 455,000,000원을 부채에 가산하고 퇴직급여충당금 385,000,000원을 부채에서 차감한다.

(16) 2019.1.1.~2019.5.31. 소득금액이 결손이므로 차감할 법인세액은 없다.

풀이 **1주당 순손익가치 계산**

○ 2018.7.1. 유상증자(액면가액 5,000원으로 신주 30,000주를 발행) 내용을 반영하여 각 사업연도 말 발행주식총수를 환산하고 순손익액을 다시 계산하여 평가액 산정함.

☐ 각 사업연도 말 발행주식총수 환산내용

	기초주식수	유상증자	무상증자	기말주식수	환산주식수
2016.12.31.	50,000			50,000	100,000
2017.12.31.	50,000			50,000	100,000
2018.12.31.	50,000	30,000		80,000	100,000
2019. 5.31.	80,000		20,000	100,000	100,000

○ 2018.12.31. : $80,000주 \times \dfrac{80,000주 + 20,000주}{80,000주} = 100,000주$

○ 2017.12.31. : $50,000주 \times \dfrac{50,000주 + 20,000주 + 30,000주}{50,000주} = 100,000주$

○ 2016.12.31. : $50,000주 \times \dfrac{50,000주 + 20,000주 + 30,000주}{50,000주} = 100,000주$

❑ 각 사업연도 순손익액 계산
　○ 각 사업연도 소득에 상속증여세법 시행령 제56조 제4항 제1호에 규정된 항목을 가산
　　하고 제2호에 규정된 항목을 차감한 후 유상증자로 증가된 자본금의 10%를 각 사업
　　연도 순손익액에 가산하고 1주당 순손익가치 평가함.
　○ 2018사업연도 : 재고자산평가손실 및 개발비는 열거하고 있지 않고 감가상각비 한도
　　초과액은 시인부족액 12,000,000원이 있으므로 소득에서 차감함.
　○ 2017사업연도 : 대손충당금 한도초과액, 퇴직급여충당금 한도초과액은 열거하고 있지
　　아니므로 소득에 차감하지 아니함.
　○ 2016사업연도 : 감가상각비 한도초과액은 시인부족액이 없으므로 소득에서 차감하지
　　아니함.

	환산주식수	각 사업연도 순손익액			1주당 순손익액
		순손익액	가산할 금액	환산 순손익액	
2018.12.31.	100,000	123,200,000	7,5000,000*	130,700,000	1,307
2017.12.31.	100,000	101,440,000	15,000,000	116,440,000	1,164
2016.12.31.	100,000	△4,415,000	15,000,000	10,585,000	105

* 2018.7.1. 유상증자하였으므로 6개월분에 해당하는 금액을 순손익액에 더함.

　○ 1주당 순손익가치 : $\frac{(1,307 \times 3 + 1,164 \times 2 + 105) \div 6}{순손익가치환원율(10\%)} = 10,590원$

제7절 평가심의위원회 평가제도

1. 개 요

　국세청과 지방국세청에 각각 평가심의위원회를 설치하여 평가기간 밖에 있는 매매가
액 등의 시가인정, 시가불인정 감정기관의 지정, 비상장주식의 가액평가 및 평가방법을
심의하도록 하고 있다.
　해당 평가위원회제도는 2005.1.1. 이후 상속이 개시되거나 증여하는 분부터 시가가 없
는 중소기업 비상장주식에 대하여 개별 회사의 특성을 감안할 수 없어 기업의 실질가치에
비해 과대평가되는 문제를 해소하기 위하여 도입한 이후 평가심의대상을 확대하고 있다.
　2017.7.1.부터 평가대상법인을 중소기업으로 제한하던 것을 비상장법인의 보충적 평가가

액이 유사상장법인의 시가와 비교하여 불합리하다고 인정되는 법인으로 확대하였다.

이 경우 납세자는 국세청(지방국세청)에 설치된 평가심의위원회에 다음의 방법에 따른 평가가액을 심의해 줄 것을 신청할 수 있고, 위원회에서 제시하는 평가가액에 의하거나 위원회에서 제시하는 평가방법 등을 고려하여 평가한 가액으로 상속증여세를 신고할 수 있도록 함으로써 과세형평 및 납세자와의 마찰소지를 줄이도록 하였다.

① 해당 법인의 자산 · 매출액 규모 및 사업의 영위기간 등을 고려하여 같은 업종을 영위하고 있는 다른 법인(유가증권시장과 코스닥시장에 상장된 법인을 말한다)의 주식가액을 이용하여 평가하는 방법

② 향후 기업에 유입될 것으로 예상되는 현금흐름에 일정한 할인율을 적용하여 평가하는 방법

③ 향후 주주가 받을 것으로 예상되는 배당수익에 일정한 할인율을 적용하여 평가하는 방법

④ 그 밖에 ①부터 ③까지의 규정에 준하는 방법으로서 일반적으로 공정하고 타당한 것으로 인정되는 방법

2. 위원회 구성 및 기능

가. 위원회 구성

평가심의위원회는 평가업무의 일관성 유지와 전문성 제고 등을 감안하여 국세청에 설치하도록 하고 다음과 같이 구성한다. 2006.1.1.부터 지방국세청에도 평가심의위원회를 설치할 수 있도록 하였다(평가심의위원회 운영규정 §4. 이하 이 절에서 '운영규정'이라 한다).

1) 국세청평가심의위원회

국세청평가심사위원회는 3명의 내부위원과 11명 이내의 외부위원으로 구성하며, 외부위원 중 2명은 비상임위원으로 한다. 다만 비상임위원은 업종변경의 승인 심의에 한하여 참석한다. 위원장은 국세청 자산과세국장으로 한다(운영규정 §4 ①).

2) 지방청평가심의위원회

지방청평가심의위원회는 3명의 내부위원과 4명 이내의 외부위원으로 구성한다. 지방청평가심의위원회의 위원장은 평가심의위원회 내부위원 중 성실납세지원국장으로 한다(운영규정 §4 ②).

나. 위원회의 기능

국세청(지방청)평가심의위원회는 비상장주식에 대한 평가와 관련한 심의 외에 다음에 해당하는 사항을 심의한다.

① 평가기준일 전후 6개월(증여의 경우 3개월)을 경과한 상속·증여재산에 대한 거래 가액 등을 시가에 포함하고자 하는 경우(상증령 §49의2 ① 1호)

② 시가불인정 감정기관 지정심의(상증령 §49의2 ① 1호의2)

③ 상속증여세법 시행령 제54조 제6항에 따른 비상장주식의 가액평가 및 평가방법(상증령 §49의2 ① 2호)

④ 거래된 비상장주식의 가액(액면가액의 합계액을 말한다)이 지분율 1% 또는 액면가 액 3억원 중 적은 금액 미만인 경우로서 해당 거래가액을 시가에 포함하고자 하는 경우(상증령 §49 ① 1호 나목)

⑤ 납세자가 제출한 감정가액이 기준시가 등과 유사재산에 대한 거래가액의 90% 중 적은 금액 이상이지만 감정목적 등을 감안할 때 부적정하여 재감정을 의뢰할 경우 (상증령 §49 ① 2호)

⑥ 가업상속공제 또는 가업승계받은 가업의 업종을 중분류 외로 변경하는 경우

⑦ 건물·오피스텔·상업용 건물 기준시가 고시가액(위원회 심의 후 국세청장 고시)

1) 국세청평가심의위원회

국세청평가심의위원회는 평가심의위원회의 운영방법, 재산의 가액에 대한 시가인정심 의 기준설정을 정할 수 있고, 상속증여세법 시행령 제54조 제6항에 따른 비상장주식의 평가를 신청하는 경우 가액의 적정성 여부를 심의하여 의견을 제시할 수 있다.

가) 평가심의위원회 운영규정의 제정

국세청평가심의위원회는 운영규정 제5조에 따른 재산의 가액에 대한 평가 및 비상장 기업의 주식에 대한 평가업무를 효율적으로 수행하기 위하여 필요한 경우에 다음의 사항 을 심의하여 이를 평가심의위원회 운영규정에 포함하도록 국세청장에게 요청할 수 있다.

① 재산의 가액에 대한 시가인정 심의 요건 및 절차

② 비상장주식에 대한 평가신청의 요건 및 절차

③ 평가신청 반려의 기준

④ 비상장주식의 가액산정 및 평가방법

⑤ 그 밖에 운영규정 제5조에 따른 업무를 수행하기 위해 필요한 사항

나) 신용평가전문기관에 대한 평가 의뢰

국세청평가심의위원회는 공정하고 객관적인 심의를 위하여 납세자별 주식평가액의 차이가 10억원 이상(보충적 평가방법에 따른 주식평가액을 기준으로 계산한다)에 해당하는 경우 상속증여세법 시행령 제56조 제2항에 따른 신용평가전문기관에 평가를 의뢰하거나 심의에 앞서 관계인의 증언을 청취할 수 있다. 이 경우 비상장주식의 평가를 신청한 납세자는 상속증여세법 시행령 제49조의2 제8항에 따라 신용평가전문기관의 평가에 따른 평가수수료를 부담하여야 하고 해당 평가수수료는 과세표준을 계산할 때 과세가액에서 뺀다.

2) 지방청평가심의위원회

지방청평가심의위원회는 납세자, 지방국세청장 또는 관할세무서장이 평가기준일 전 2년 이내의 기간{상속개시일 전 6개월 이내의 기간 및 증여일 전 3개월 이내의 기간(이하 이 절에서 "평가기간"이라 한다)을 제외한다} 중에 매매 등의 가액에 대한 시가심의를 신청한 경우 가액의 적정성 여부를 심의하여 의견을 제시할 수 있다. 다만, 지방청평가심의위원회에서 평가가액 또는 평가방법을 제시하는 것이 불합리하다고 인정되는 경우에는 신청을 반려할 수 있다.

또한, 지방청평가심의위원회는 상속증여세법 제60조 제5항 및 상속증여세법 시행령 제49조 제7항에 따라 시가불인정 감정기관 지정여부를 심의한다.

3. 평가신청 및 결과통지

상속세 또는 증여세 납세의무자는 평가심의위원회의 심의가 필요한 경우에는 평가기간 밖에 있는 거래가액 등의 시가 입증자료, 비상장주식의 보충적 평가가액과 그 평가 부속서류 및 보충적 평가가액이 불합리하다고 인정할 수 있는 근거자료와 유사상장법인 주가비교평가방법·현금흐름할인법·배당할인법 등에 따라 평가한 비상장주식 등의 평가액과 그 평가 부속서류를 첨부하여 다음의 기한 내에 위원회에 신청하여야 하고, 국세청평가심의위원회는 납세자가 신청한 가액 및 신용평가전문기관의 평가가액 등을 참고하여 평가대상 비상장주식의 적정한 평가가액이나 평가방법을 결정하고 그 결과를 서면으로 통지하여야 한다. 납세자가 제출한 평가서의 기재내용이 허위인 것으로 확인되는 경우에는 결과통지는 효력이 상실된 것으로 본다.

납세자는 국세청평가심의위원회가 통지한 평가가액 또는 평가방법으로 계산한 평가가액을 해당 비상장기업의 1주당가액으로 할 수 있다.

구 분		납세자의 신청기한	위원회의 통지기한
비상장주식 평가신청	-상속세	-신고기한 만료 4월 전	-신고기한 만료 1월 전
	-증여세	-신고기한 만료 70일 전	-신고기한 만료 20일 전
평가기간 경과 법정결정기 한 이내 매매가액 등		매매 등이 있는 날부터 6개월 이내	납세자 신청일부터 3개월 이내

4. 비상장 기업의 주식에 대한 평가신청

가. 평가신청대상

비상장 기업 주식에 대한 평가대상은 상속증여세법 시행령 제54조 제1항·제4항, 제55조 및 제56조(이하 이 절에서 '보충적 평가방법'이라 한다)에 따라 평가하는 것이 불합리하다고 인정되는 법인이 발행한 비상장주식 등을 말한다(운영규정 §11).

나. 평가신청

납세자는 상속세 신고기한 만료 4개월(증여 70일) 전까지 「비상장 기업의 주식평가 신청서」에 다음의 서류를 첨부하여 지방국세청장(개인납세2과장)에게 신청하여야 한다.
① 보충적 평가방법에 따른 주식평가액 및 그 평가 부속서류
② 보충적 평가방법에 따른 주식평가액이 불합리하다고 인정할 수 있는 근거자료와 해당 평가업무에 적용한 평가방법
③ 유사상장법인 비교평가방법, 현금흐름할인방법, 배당흐름할인방법 및 이에 준하는 방법으로서 일반적으로 공정하고 타당한 것으로 인정되는 평가방법에 따라 평가한 비상장주식 등의 평가액 및 그 평가 부속서류

평가신청서류 중 일부를 제출하지 아니하거나 부실하게 제출한 경우 또는 해당 서류에 오류가 있는 경우에는 납세지 관할 지방국세청장(개인납세2과장)은 1회 10일 이내의 기한을 정하여 보정요구를 할 수 있다.

다. 평가신청 반려

납세자가 평가를 신청한 것 중에 다음의 어느 하나에 해당하는 경우에는 평가신청서를 반려한다.

① 납세자가 신청기한을 경과하여 신청하는 경우

② 납세자가 평가한 가액이 보충적 평가방법에 따른 주식평가액의 100분의 70에서 100분의 130까지의 범위 안의 가액에 해당하지 아니한 경우

③ 상속증여세 납부의무가 없는 자가 평가를 신청하는 경우

④ 납세자가 보정기한까지 필요한 보정을 하지 아니하거나 보정기한이 지난 후 보정서류를 제출하는 경우

5. 비상장 기업의 주식에 대한 평가방법

가. 평가서 작성자

납세자는 유사상장법인 비교평가방법, 현금흐름할인방법, 배당흐름할인방법 등에 따른 평가서를 작성하여 평가신청을 하여야 한다.

평가서의 작성자는 자본시장법 제335조의3에 따라 신용평가업인가를 받은 신용평가전문기관, 공인회계사법에 따른 회계법인, 세무사법에 따른 세무법인을 말한다.

이 경우 평가서 작성자는 평가대상법인(평가대상법인의 최대주주와 대표이사를 포함한다)과 이해관계 등이 없는 자로서 아래에 해당하지 않는 자이어야 한다.

① 평가대상법인의 소송대리, 회계감사, 세무대리, 고문 등의 거래가 있는 자

② 평가대상법인과 채권 · 채무 관계가 있는 자

③ 평가대상법인과 상속증여세법 시행령 제2조의2 각 호에 해당하는 자

④ 국세청평가심의위원회의 심의에서 2번 이상 평가서를 작성하여 신청한 가액이 인정되지 않은 자

⑤ 그 밖에 평가서 작성이 부적절한 자

나. 현금흐름할인법 및 배당할인법

평가서 작성자는 평가심의위원회 운영규정에서 별도로 규정한 부분을 제외한 다른 부분에 대해서는 한국공인회계사회가 제정한 "가치평가서비스 수행기준" 및 금융감독원 기업공시본부에서 제시한 "외부평가업무 가이드라인"을 준수하여 평가업무를 수행하여야 한다(운영규정 §15, §16).

이 경우 추정기간 및 할인율 등은 아래에 따른다.

① 추정기간은 5년을 적용한다.

② 할인율은 10%로 적용한다.

③ 영구성장률은 0%로 한다.

④ 주요 거시경제지표, 임금상승률 등의 가정은 한국은행 경제전망보고서 및 한국은행 경제통계시스템을 이용하여 산출한다.

다. 자산평가법

평가서 작성자는 상속증여세법 시행령 제54조 제2항 및 제55조에 따라 평가업무를 수행하여야 한다. 즉 상속증여세법 시행령상 순자산가치 평가방법을 적용하여 평가하여야 한다.

라. 유사상장법인 비교평가방법

1) 평가신청의 요건

유사상장법인의 주가와 비교하여 평가할 수 있는 법인은 다음의 요건을 모두 갖추어야 한다(운영규정 §18).

① 보충적 평가방법으로 평가하는 것이 불합리하다고 인정되는 비상장기업에 해당할 것

② 사업개시 후 3년 이상 경과할 것

③ 1주당 경상이익, 1주당 순자산가액이 양수일 것

④ 유사상장법인이 2개 이상 있을 것

⑤ 자산총액 중 부동산등이 80% 이상인 법인의 주식 등에 해당하지 않을 것

납세자는 위의 요건을 모두 갖춘 경우 다음의 서류를 첨부하여 납세지 관할지방국세청장(개인납세2과장)에게 신청하여야 한다.

① 비상장 기업의 주식평가 신청서(운영규정 별지 제3호 서식)

② 비상장 기업의 주식평가 관련 검토서(운영규정 별지 제3호 서식 부표)

③ 유사상장법인 주가 비교평가액 계산서(운영규정 별지 제4호 서식)

④ 유사상장법인 종가명세서(운영규정 별지 제4호 서식 부표1)

⑤ 유사상장법인 선정기준 검토서(운영규정 별지 제4호 서식 부표2)

⑥ 비상장주식 평가조서(운영규정 별지 제4호 서식 부표3)

⑦ 순손익액계산서(운영규정 별지 제4호 서식 부표4)

⑧ 순자산가액계산서(운영규정 별지 제4호 서식 부표5)

⑨ 평가차액계산명세서(운영규정 별지 제4호 서식 부표6)

⑩ 영업권 평가조서(운영규정 별지 제4호 서식 부표7)

⑪ ①~⑩에 따른 서식의 기재내용을 증명할 수 있는 증거서류

2) 유사상장법인의 요건

유사상장법인 평가기준일 현재 다음의 일반기준, 업종기준 및 규모기준에 모두 해당하는 유가증권시장 상장법인 및 코스닥상장법인이어야 한다.

① 일반기준

    ㉠ 상장일로부터 6개월이 경과할 것

    ㉡ 최근 2년간의 감사의견이 적정의견에 해당할 것

    ㉢ 최근 2년간 경영에 중대한 영향을 미칠 수 있는 합병, 영업의 양수도, 분할 등이 없을 것

    ㉣ 최근 2년간 기업회계기준 위배로 인한 조치를 받은 사실이 없을 것

    ㉤ 최근 6개월 이내에 관리종목으로 지정된 사실이 없을 것

    ㉥ 1주당 경상이익, 1주당 순자산가액이 양수(陽數)일 것

② 업종기준

    소득세법 시행령 제145조 제1항에 따라 국세청장이 결정하는 기준경비율·단순경비율의 업종분류를 기준으로 하여 평가대상 비상장 기업과 같은 중분류 이내에 해당하는 업종을 영위하되, 도·소매 및 소비자용품 수리업의 경우에는 소분류 이내에 해당하는 업종을 영위할 것. 이 경우 해당 비상장 기업 및 유사상장법인이 2 이상의 업종을 영위하는 경우에는 매출의 비중이 가장 높은 업종을 주업종으로 한다.

③ 규모기준

    ㉠ 유사상장법인의 총자산가액이 평가대상 비상장 기업의 총자산가액의 5배를 초과하지 않을 것. 총자산가액은 해당 법인이 법인세법 제60조에 따라 제출한 평가기준일이 속하는 사업연도의 직전 사업연도의 재무상태표상의 자산총계에 따른다.

    ㉡ 유사상장법인의 매출액이 평가대상 비상장 기업의 매출액의 5배를 초과하지 않을 것. 매출액은 해당 법인이 법인세법 제60조에 따라 제출한 평가기준일이 속하는 사업연도의 직전 사업연도의 손익계산서에 기재된 매출액에 따른다.

다만, 유가증권시장 상장법인 및 코스닥시장 상장법인이 다음의 어느 하나에 해당하는
경우에는 유사상장법인으로 선정할 수 없다.

- ㉠ 자본시장법에 따른 집합투자기구, 사모집합투자기구, 투자목적회사 및 기업인수목
  적회사
- ㉡ 공정거래법에 따른 지주회사
- ㉢ 「금융지주회사법」 제2조 제1항 제1호에 따른 금융지주회사
- ㉣ 그 밖에 ㉠부터 ㉢까지와 유사한 법인

3) 유사상장법인의 선정방법

평가대상 비상장 기업과 기준경비율·단순경비율의 업종분류를 기준으로 세세분류가
동일한 2개 이상의 법인을 유사상장법인으로 선정하며, 세세분류가 동일한 법인이 2개
미만일 경우에는 세분류, 소분류, 중분류까지 순차로 적용하여 2개 이상의 유사상장법인
을 선정한다. 유사상장법인 중에서 자본이익률이 평가대상 비상장 기업의 자본이익률과
가장 근접한 상위 2개 법인과 하위 2개 법인을 유사상장법인으로 선정한다. 이 경우 유
사상장법인의 수가 상하 각각 2개에 미달하는 경우에는 그 미달하는 법인을 유사상장법
인으로 선정하는 것이나, 중분류까지 선정된 유사상장법인의 수가 2개에 미달하는 경우
에는 위원회에 평가를 신청할 수 없다(운영규정 §20).

자본이익률은 평가기준일이 속하는 사업연도의 직전 사업연도의 재무상태표 및 손익
계산서를 기준으로 다음 산식에 의하여 계산한다.

$$\text{자본이익률} = \text{당기순이익} \div \text{자산총계}$$

이 경우 1년 미만의 사업연도가 있는 경우에는 해당 사업연도의 자본이익률은 다음
산식에 의하여 연으로 환산한 가액에 따른다. 이 경우 월수의 계산은 달력에 따라 계산하
되, 평가기준일이 속하는 달의 일수가 1개월 미만인 경우에는 1개월로 본다.

$$\text{환산자본이익률} = \text{1년 미만 사업연도의 자본이익률} \times (12\text{월} \div \text{월수})$$

┌───┐
│ **사례** **유형별 유사상장법인 선정방법**

○ 유사상장법인 A, B, C, D, E, F는 유사상장법인의 선정기준을 모두 충족함.

〈유형 1〉		〈유형 2〉		〈유형 3〉		〈유형 4〉		〈유형 5〉	
유사법인	자본이익률	유사법인	자본이익률	유사법인	자본이익률	유사법인	자본이익률	유사법인	자본이익률
C	0.11	–		–		–		A	0.11
B	0.10	ⓑ평가기업	**0.08**	A	0.08	–	0.11	ⓕ평가기업	**0.09**
A	0.08	A	0.07	B	0.07	A	0.09	–	
ⓐ평가기업	**0.06**	B	0.06	C	0.06	ⓔ평가기업	**0.08**	–	
D	0.05	C	0.05	ⓓ평가기업	**0.05**	B	0.07	ⓖ평가기업	**0.08**
E	0.03	D	0.04	D	0.04	–	0.06	C	0.07
F	0.02	ⓒ평가기업	**0.03**	–		–		–	

○ 유사상장법인 선정내용

ⓐ 평가기업	ⓑ 평가기업	ⓒ 평가기업	ⓓ 평가기업	ⓔ 평가기업	ⓕ, ⓖ 평가기업
A, B, D, E	A, B	C, D	B, C, D	A, B	2개 미만으로 평가제외
└───┘

4) 비상장기업의 유사상장법인 주가 비교평가액의 계산방법

평가대상 비상장주식의 유사상장법인 주가 비교평가액은 유사상장법인의 주가 비교평가액의 단순평균값에 따라 평가한 가액에 의하되, 그 가액이 1주당 순자산가치의 100분의 70에 해당하는 가액(최소 평가액)보다 적은 경우에는 최소 평가액에 의한다.

가) 유사상장법인의 주가 비교평가액의 단순평균값

유사상장법인별로 아래 계산식에 따라 계산한 유사상장법인의 주가 비교평가액의 단순평균값을 말한다.

┌───┐
◆ 유사상장법인 비교평가액 = A × [b/B × 3 + c/C × 2] ÷ 5
다만, 부동산과다보유법인(소득세법 제94조 제1항 제4호 다목에 해당하는 법인을 말한다)에 해당하는 법인의 경우에는 1주당 경상이익과 순자산가액의 비율을 각각 2와 3으로 가중평균 한다.

- A : 유사상장법인의 주가
- B : 유사상장법인의 1주당 경상이익
- b : 평가할 비상장기업의 1주당 경상이익
- C : 유사상장법인의 1주당 순자산가액
- c : 평가할 비상장기업의 1주당 순자산가액
└───┘

① 유사상장법인의 주가 : 평가기준일 이전 2개월간의 보통주의 종가평균액

유사상장법인의 1주당 가액은 유사상장법인의 평가기준일 이전 2개월간의 보통주의 종가평균액을 말한다. 다만, 2개월간의 기간 중에 증자·감자·주식의 액면분할 또는 액면병합 등의 사유가 발생하여 해당 평균액에 의하는 것이 부적당한 경우에는 그 사유가 발생한 날의 다음 날부터 평가기준일까지의 최종시세가액 평균액에 따른다.

이 경우 평가기준일 현재 유사상장법인의 주식 액면가액이 평가기준일이 속하는 사업연도의 직전 사업연도 말의 액면가액과 다른 경우에는 유사상장법인의 1주당 가액은 다음 산식에 의하여 환산한 1주당 가액에 따른다.

> 유사상장법인의 환산 1주당 가액 = 유사상장법인의 1주당 가액 × (직전 사업연도 말의 액면가액 ÷ 평가기준일 현재의 액면가액)

② 1주당 경상이익

경상이익은 법인세차감 전 손익에서 자산수증익, 채무면제익, 보험차익 및 재해손실의 금액을 차감하여 계산하며, 1주당 경상이익은 다음 산식에 의하여 계산한 가액에 따른다.

> 1주당 경상이익 = {(평가기준일이 속하는 사업연도의 직전 사업연도의 경상이익 ÷ 평가기준일이 속하는 사업연도의 직전 사업연도 말 현재 발행주식총수) + (평가기준일이 속하는 사업연도의 직전 전 사업연도의 경상이익 ÷ 평가기준일이 속하는 사업연도의 직전 전 사업연도 말 현재 발행주식총수)} ÷ 2

1년 미만의 사업연도가 있는 경우에는 해당 사업연도의 경상이익은 연으로 환산한 가액에 의하며, 월수의 계산은 달력에 따라 계산하되, 평가기준일이 속하는 달의 일수가 1월 미만인 경우에는 1월로 본다.

> 환산경상이익 = 1년 미만의 사업연도의 경상이익 × (12월 ÷ 월수)

1주당 경상이익을 계산할 때 평가기준일이 속하는 사업연도 직전 사업연도 개시일부터 평가기준일까지의 기간 중에 증자 또는 감자를 한 사실이 있는 경우에는 증자

또는 감자전의 각 사업연도 종료일 현재의 발행주식총수는 다음의 산식에 의하여 환산한 주식수에 따른다.

㉠ 증자의 경우

> 환산주식수 = 증자전 각 사업연도 말 주식수 × [(증자 직전 사업연도 말 주식수 + 증자주식수) ÷ 증자 직전 사업연도 말 주식수)]

㉡ 감자의 경우

> 환산주식수 = 감자전 각 사업연도 말 주식수 × [(감자 직전 사업연도 말 주식수 - 감자주식수) ÷ 감자 직전 사업연도 말 주식수)]

또한, 평가기준일이 속하는 사업연도의 직전 사업연도 말의 주식 액면가액과 직전전 사업연도 말의 주식 액면가액이 다른 경우에는 평가기준일이 속하는 사업연도의 직전전 사업연도 말의 발행주식총수는 다음 산식에 의하여 환산한 주식수에 따른다.

> 환산 주식수 = 평가기준일이 속하는 사업연도의 직전 전 사업연도말의 발행주식총수 × (평가 기준일이 속하는 사업연도의 직전 전 사업연도 말의 액면가액 ÷ 평가기준일이 속하는 사업연도의 직전 사업연도 말의 액면가액)

③ 1주당 순자산가액

1주당 순자산가액은 평가기준일이 속하는 사업연도의 직전 사업연도 말의 재무상태표를 기준으로 다음 산식에 의해 계산한다.

> 1주당 순자산가액 = (자산총계 - 부채총계) ÷ 발행주식총수

나) 비상장주식의 1주당 순자산가치의 100분의 70에 해당하는 가액

유사상장법인 주가 비교평가액에 대한 적정성 등이 검증되지 아니한 점과 주주들은 청산가치 상당액을 분배받을 수 있는 점 등을 고려하여 최소평가액을 순자산가치 상당액으로 설정하되, 비상장주식의 비현금성과 청산할 때 법인세 비용 등을 고려하여 일정 할인율을 적용한 가액에 의한다.

• 최소평가액 : (평가기준일 현재 상속증여세법상 순자산가액 ÷ 발행주식총수) × 70%

마. 「유사상장법인 비교요소일람표」의 이용

국세청에서는 상장·코스닥상장법인이 법인세법에 따라 제출한 재무상태표 및 손익계산서 등을 기준으로 매년 1회 이상 「유사상장법인 비교요소일람표」를 작성하여 발표하여야 한다. 납세자는 비상장주식의 평가신청자격 해당여부 판정, 유사상장법인의 선정 및 비상장 기업의 유사상장법인 주가 비교평가액의 계산 등을 위하여 유사상장법인 비교요소일람표를 이용할 수 있다. 이 경우 납세자는 평가기준일 직전 사업연도의 재무제표를 기준으로 작성한 비교요소일람표를 이용하되, 해당 비교요소일람표가 발표되지 않은 경우에는 직전 전 사업연도의 재무제표를 기준으로 작성하여 발표된 일람표에 따른다.

납세자는 비교요소일람표에 사실과 다른 부분이 있는 경우에는 정당한 내용에 의해 비상장주식의 평가액을 계산하고, 평가기준일이 속하는 사업연도 중에 실시한 무상증자 또는 무상감자 등과 같이 직전 사업연도 말의 재무제표에 의해 파악할 수 없는 비교평가요소에 대하여는 납세자가 유사상장법인, 한국거래소 등으로부터 자료를 수집하여 활용하여야 한다.

➡ 「유사상장법인 비교요소일람표」는 국세청 홈페이지(www.nts.go.kr)에 게시되어 있음.
　국세정보 ⇨ 국세청발간책자 ⇨ 기타참고책자 ⇨ 「유사상장법인 비교요소일람표」

> **사례**　　**유사상장법인 주가 비교평가액 산출**

가. 평가대상 비상장 기업 "甲"에 대한 기본사항

	비 교 요 소							**발행 주식수**	**액면 가액**	**자본 이익률**
개업일	**직전 사업연도**		**1주당가액**		**업 종 코 드**	**순자산가액**	**매출액**			
	결산월	**사 업 연 도**	**순자산 가 액**	**경상 이익**						
2000.1.1.	2017.12.	1.1.~12.31.	36,983	4,205	153300	22,190,315,986	63,215,126,537	600,000	5,000	0.0645

－평가기준일 : 2018.3.3.
－비교요소는 평가기준일 직전 사업연도(2017.12월) 재무제표 기준으로 작성하고, 1주당 경상이익은 운영규정 제22조에 따라 계산함.
－1주당 보충적 평가액 : 31,830원(순손익가치와 순자산가치 가중치를 각각 3 : 2로 함)
　•1주당 순자산가액 : 28,832원(평가기준일 현재 상속증여세법 시행령 제54조 제2항에 의함)

- 최근 3년간 순손익액의 가중평균액에 의한 1주당 가액 : 33,844원

나. 평가신청기준 검토

평가신청기준 (훈령 제18조 제1항 1호~6호)	여	부
1. 보충적 평가가액이 불합리한 비상장 기업에 해당할 것	○	
2. 사업개시 후 3년 이상 경과할 것	○	
3. 1주당 경상이익, 1주당 순자산가액이 양수일 것	○	
4. 유사상장법인이 2개 이상일 것	○	
5. 부동산평가액이 총자산의 80% 이상인 법인이 아닐 것	○	

다. 유사상장법인 해당 여부 검토 및 선정

일반기준 및 규모기준(순자산가액, 매출액) 범위 내에 있는 상장법인을 유사상장법인으로 선정

- 순자산가액의 5배 범위 내 : 22,190,315,986×5배 = 110,951,579,930원
- 매출액의 5배 범위 내 : 63,215,126,537×5배 = 316,075,632,685원

(단위 : 원)

상장법인	자본이익률	일 반 기 준 (훈령 §19 ① 1호)		규모기준(훈령 §19 ① 3호)				유사상장법인여부
				순자산가액		매출액		
		적	부	금 액	범위내	금 액	범위내	
A	−0.3040		×(다)	25,757,917,653	○	94,705,494,925	○	×
B	0.0119	○		33,402,845,865	○	26,957,271,570	○	○
C	0.0166	○		26,568,453,496	○	79,057,100,640	○	○
D	0.0170	○		32,989,842,430	○	49,283,813,010	○	○
E	0.0296	○		203,696,882,341	×	725,731,448,759	×	×
F	**0.0351**	○		**28,068,530,541**	○	**48,516,775,529**	○	○
G	0.0428		×(라)	24,359,722,163	○	39,401,583,499	○	×
H	0.0430	○		132,942,785,550	×	223,760,147,344	○	×
I	**0.0515**	○		**51,867,430,759**	○	**169,464,605,936**	○	○
J	**0.0782**	○		**25,593,793,463**	○	**59,442,128,462**	○	○
K	**0.0950**	○		**34,086,626,327**	○	**113,543,434,045**	○	○
L	0.1214		×(바)	10,669,899,529	○	24,659,732,674	○	×
M	0.1233	○		74,001,751,183	○	194,470,622,431	○	○

- 유사업종에 속하는 상장법인은 13개이나, 유사상장법인의 선정기준(훈령 제19조 제1항)에 부합되는 유사상장법인은 8개로 훈령 제18조 제1항 5호에 의한 유사상장법인이 2개 이상이므로 평가신청대상에 해당함.

➡ 세세분류에서 유사상장법인이 2개 미만인 경우에는 세분류부터 시작하여 소분류, 중분류까지 순차적으로 유사상장법인 선정기준을 적용하여 2개 이상이 될 때까지 검토함.

- 유사상장법인 8개 중 평가대상법인의 자본이익률과 가장 근접한 상위 2개 법인과 하위 2개 법인을 선정하면(훈령 제20조 제2항) 상위 2개 법인으로 J, K, 하위 2개 법인으로 F, I가 유사상장법인으로 선정됨.

라. 유사상장법인의 주가 비교평가액의 단순평균값 : 14,150원(원단위 이하 버림)

(단위 : 원)

법인명	2월간종가 평균액(㉠)	1주당 순자산가액	1주당 경상이익	비교평가 비율(㉡) (ⓑ/b + ⓒ/c) ÷ 2	비교 평가액(㉠주가 × ㉡비교평가비율)
F	1,957	7,506(b)	296(c)	10.49	20,528
I	725	2,881(b)	309(c)	13.30	9,642
J	6,244	23,057(b)	3,628(c)	1.34	8,366
K	650	987(b)	182(c)	28.85	18,752
				합계액	57,288
평가대상 (甲)법인		36,983(ⓑ)	4,205(ⓒ)	평균값 (합계액 ÷ 유사법인수)	14,322

※ F, I, J, K의 1주당 순자산가액 및 경상이익은 「유사상장법인 비교요소일람표」에 의함.

※ 비교평가비율 계산식

[{(비상장 기업의 1주당 경상이익 ÷ 유사상장법인의 1주당 경상이익) × 3 + (비상장기업의 1주당 순자산가액 ÷ 유사상장법인의 1주당 순자산가액) × 2} ÷ 5]
(다만, 부동산과다보유법인의 경우에는 1주당 경상이익과 순자산가액의 비율을 2 : 3으로 함)

• 유사상장법인 F 대비 甲법인의 비교평가비율

[{(4,205 ÷ 296) × 3 + (36,983 ÷ 7,506) × 2} ÷ 5] = 10.49(소수점 셋째자리에서 반올림)

• 유사상장법인 F 대비 甲법인의 비교평가액

[1,957원 × 10.49] = 20,528원(소수점 이하 버림)

➡ 유사상장법인 I, J, K도 위와 같은 방법으로 비교평가비율 및 비교평가액을 산출함.

제**4**장

국채·공채·사채 및 기타 유가증권 평가

제**1**절: 국채·공채·사채 등 기타 유가증권의 평가

유가증권 중 주식과 출자지분을 제외한 국채(國債)·공채(公債) 등 그 밖의 유가증권의 평가는 해당 재산의 종류, 규모, 거래 상황 등을 고려하여 상속증여세법 시행령에서 정한 방법으로 평가하는 바, 국·공채 및 일반사채와 전환사채 등 주식으로 전환 등을할 수 있는 권리가 부여된 사채에 대하여 구분하여 평가방법을 기술하였다.

1. 한국거래소에 상장된 국채 등의 평가

한국거래소에서 거래되는 유가증권 중 국채·공채 및 사채(전환사채 등을 제외함)는 평가기준일 이전 2개월간에 공표된 매일의 한국거래소 최종시세가액(거래실적 유무를 불문함)의 평균액과 평가기준일 이전 최근일의 최종시세가액 중 큰 가액에 의하여 평가하며, 평가기준일 이전 2개월의 기간 중 거래실적이 없는 국채 등은 「2. 한국거래소에 상장되지 아니한 국채 등의 평가방법」에 따라 평가한다(상증령 §58 ①). 국·공채 또는 사채의 경우 발행 후 만기일에 가까워질수록 발생하는 이자가 늘어나고 그에 따라 거래가액도 높아지므로 이를 고려하여 상장주식과는 달리 평가기준일 이전 2개월간의 종가평균액과 최근일의 종가 중 큰 금액으로 평가한다.

Max (①, ②)
① 평가기준일 이전 2개월간에 공표된 매일의 한국거래소 최종시세가액의 평균액
② 평가기준일 이전 최근일의 최종시세가액

---

2. 한국거래소에 상장되지 아니한 국채 등의 평가

한국거래소에 상장되지 아니하거나 상장된 국채 등 중 평가기준일 이전 2개월의 기간 중에 거래실적이 없는 국채 등은 다음과 같이 평가한다.

가. 타인으로부터 매입한 국채 등의 평가

타인으로부터 매입한 국채 등(국채 등의 발행기관 또는 발행회사로부터 액면가액으로 직접 매입한 것을 제외함)은 매입가액에 평가기준일까지의 미수이자상당액을 가산한 금액으로 평가한다.

나. 액면가액으로 직접 매입한 국채 등의 평가

국채 등의 발행기관 또는 발행회사로부터 액면가액으로 직접 매입한 국채 등은 평가기준일 현재 이를 처분하는 경우에 받을 수 있다고 예상되는 금액(이하 "처분예상금액"이라 함)으로 평가한다.

다만, 처분예상금액을 산정하기 어려운 경우에는 2 이상의 투자매매업자, 투자중개업자, 회계법인 및 세무법인이 해당 국채 등의 상환기간·이자율·이자지급방법 등을 참작하여 평가한 금액의 평균액으로 평가한다(상증령 §58 ① 2호).

3. 대부금·외상매출금 및 받을어음 등의 채권

대부금·외상매출금 및 받을어음 등의 채권가액과 입회금·보증금 등의 채무가액은 원본의 회수기간·약정이자율 및 금융시장에서 형성되는 평균이자율 등을 감안하여 현재가치로 할인하거나 원본에 미수이자상당액을 가산하는 등으로 평가한다. 다만, 채권의 전부 또는 일부가 평가기준일 현재 회수불가능한 것으로 인정되는 경우에는 그 가액을 빼고 평가한다.

회수불가능한 채권의 범위를 구체적으로 규정하고 있지 아니함에 따라 채권의 가액에서 차감 여부가 논란이 될 수 있는데 평가기준일 현재 채무자가 재산이 없고 장래에도 채무를 변제할 상태가 아니라는 점 등을 고려하여 판단해야 한다. 이 경우 법인세법 시행령 제19조의2 제1항에서 규정한 다음의 회수할 수 없는 채권범위를 참고할 수는 있지만 다음 사항에 해당한다고 하여 회수불가능이고 그렇지 아니한 경우에는 회수가능하다고 단정할 수는 없다.

① 상법에 따른 소멸시효가 완성된 외상매출금 및 미수금
② 어음법에 따른 소멸시효가 완성된 어음
③ 수표법에 따른 소멸시효가 완성된 수표
④ 민법에 따른 소멸시효가 완성된 대여금 및 선급금
⑤ 채무자 회생 및 파산에 관한 법률에 따른 회생계획인가의 결정 또는 법원의 면책결정에 따라 회수불능으로 확정된 채권
⑥ 민사집행법 제102조에 따라 채무자의 재산에 대한 경매가 취소된 압류채권
⑦ 물품의 수출 또는 외국에서의 용역제공으로 발생한 채권으로서 외국환거래에 관한 법령에 따라 한국은행총재 또는 외국환은행의 장으로부터 채권회수의무를 면제받은 것
⑧ 채무자의 파산, 강제집행, 형의 집행, 사업의 폐지, 사망, 실종 또는 행방불명으로 회수할 수 없는 채권
⑨ 부도발생일부터 6개월 이상 지난 수표 또는 어음상의 채권 및 외상매출금(중소기업의 외상매출금으로서 부도발생일 이전의 것에 한정한다). 다만, 해당 법인이 채무자의 재산에 대하여 저당권을 설정하고 있는 경우는 제외한다.
⑩ 국세징수법 제86조 제1항에 따라 납세지 관할세무서장으로부터 국세 결손처분을 받은 채무자에 대한 채권(저당권이 설정되어 있는 채권은 제외한다) (2013.2.15. 삭제)
⑪ 회수기일이 6개월 이상 지난 채권 중 채권가액이 20만원 이하(채무자별 채권가액의 합계액을 기준으로 한다)인 채권
⑫ 금융감독원장으로부터 대손금으로 승인을 받거나 대손처리를 요구한 채권으로 금융회사 등이 대손금으로 계상한 것

대부금 등 채권의 회수기간이 5년을 초과하는 장기채권인가 5년 이하인 채권인가에 따라 현재가치할인 여부를 구분하여 평가방법을 정하고 있다.

가. 회수기간 5년 초과 또는 정리채권 등의 경우

원본의 회수기간이 5년을 초과하거나 회사정리절차 또는 화의절차의 개시 등의 사유로 원래 채권의 내용이 변경된 경우에는 각 연도에 회수할 금액(원본에 이자상당액을 가산한 금액을 말한다)을 적정이자율에 의하여 현재가치로 할인한 금액의 합계액으로

평가한다. 이 경우 소득세법 제94조 제1항 제4호 나목에 따른 시설물이용권에 대한 입회금 · 보증금 등으로서 원본의 회수기간이 정하여지지 아니한 것은 그 회수기간을 5년으로 본다.

$$\text{현재가치 할인액} = \sum_{n=1}^{\text{지속연수}} \frac{\text{각 연도별 회수할 금액(원본 + 이자상당액)}}{(1+0.08)^n}$$

* n : 평가기준일부터의 경과연수

➡ 적정할인율

2001.1.1.~2002.7.9.	2002.7.10.~2002.11.7.	2002.11.8.~2010.11.4.	2010.11.5.~
7.5%	7%	6.5%	8%

나. 회수기간이 5년 이하인 대부금 등의 경우

회수기간이 5년 이하인 대부금 · 외상매출금 및 받을어음 등 채권의 가액은 원본의 가액에 평가기준일까지의 미수이자상당액을 가산한 금액으로 평가한다.

 관련 예규 · 심판결정례 및 판례 등

❑ 2000.12.31. 이전 회사정리법에 의한 정리채권 · 채무 외 장기채권 · 채무는 현재가치로 할인평가하지 아니함(재산상속 46014 – 67, 2002.3.4.).

회사정리법에 의한 정리채권 또는 정리채무의 경우에는 2000.12.31. 이전 상속개시분 또는 증여분에 대해서도 국세청 업무지시내용(재산 46330 – 1557, 2000.12.29.)에 따라 현재가치를 감안하여 평가하며, 회수기간 또는 상환기간이 3년을 초과하는 일반적인 장기채권 또는 장기채무의 경우에는 2001.1.1. 이후 상속이 개시되거나 증여하는 것부터 상증령(2000.12.29. 대통령령 제17039호로 개정된 것) 제58조 제2항 및 상증규칙 제18조의2 제2항을 적용하여 평가함.

❑ 채무자가 상속개시 후 고액 국세납부하고, 파산선고 및 면책결정을 받은 사실이 없는 점 등에 비추어 회수불가능한 채권 아님(조심 2015중1349, 2015.6.11.).

❑ 심각한 자본잠식상태라는 사실만으로 회수불능채권이라 보기 어려움(조심 2010광2613, 2012.5.31.).

❑ 증여일 후에 채무자의 도산으로 회수불능이 된 사실이 명백한 경우에도 채권의 회수불능 평가기준일은 증여일 현재임(대법원 2015두40866, 2015.7.10.).

❑ 채권회수지연, 채무자 신용상태악화 등 금전채권 회수가능성을 의심할 중대한 사유가 있는 경우 원금에 미수이자 가산하여 평가할 수 없고, 다른 객관적이고 합리적인 방법에 의하여 평가하여야 함

(대법원 2013두26989, 2014.8.28.).

| 사례 | 채무자에게 부도발생한 경우 외상매출금의 평가방법 |

❑ 외상매출금 250억원 중 담보설정한 재산의 자체 평가액 105억원을 초과하는 145억
원을 대손상각(B/S상 가액에서 차감)했으나, 법인세법상 대손요건 충족하지 못해 익
금가산으로 세무조정한 바

– 동 외상매출금의 평가액이 ① 250억원, ② 210억원, ③ 105억원인지 여부?

채무자	① 총 채권액	② 근저당권설정 재산의 채권최고액	③ 담보재산에 대한 회사측 평가액	④ 회계처리상 대손상각(①－③)	
합계	250억	210억	105억	145억	대손상각은
•A	100억	90억	45억	55억	법인세법상 전액부인
•B	150억	120억	60억	90억	(익금산입)

❑ 해 설

– 외상매출금에서 평가기준일 현재 회수불가능한 금액을 차감하여 평가하나, 회수불능
여부는 사실판단 사항으로 유권해석하고 있어 실무상 적용하기 어려운 점이 있다. 즉,
대부금·외상매출금 등 채권은 평가기준일 현재 원본에 미수이자를 합하여 평가하되,
채무자의 파산선고·부도발생·폐업·담보설정한 재산이 채권가액에 미달하는 등으로
채권의 전부 또는 일부를 회수하기 어렵다고 인정되는 경우에 그 금액을 차감하여 평
가하도록 하면서 회수불능의 판정기준에 관한 구체적인 규정은 없는 바, 상속증여세법
상 재산의 평가는 시가평가를 원칙으로 하기 때문에 평가기준일 현재 채무자의 재산현
황이나 담보설정한 재산의 평가액 등 구체적인 사항을 감안하여 회수가능한 채권액을
산정할 수밖에 없다고 보인다.

– 세법상 일관성 유지를 위해 법인세법상 대손상각 기준을 준용하여 회수불가능 채권가
액을 산정하는 것이 타당한 측면도 있으나, 법인세법상은 대손상각을 하더라도 추후 회
수될 때에 익금산입할 수 있어 결과적으로 누락되는 소득금액이 없는 데 반해, 상속증
여세법상 채권의 가액은 상속개시 또는 증여 시점에서 평가하여 과세하는 것으로 종료
되기 때문에 양 세법간 평가의 의미가 다르다고 할 것이어서 법인세법을 그대로 따르
기는 어려운 측면이 있다고 보인다.

– 그리고, 외상매출금을 담보하기 위하여 근저당권 등을 설정한 재산이 있는 경우에 당해
재산에서 회수할 수 있는 금액을 얼마로 볼 것인가에 대해서도 상속증여세법상 구체적
인 규정이 없어 ① 채권최고액, ② 경매 진행시 감정가액, ③ 공시지가 등 기준시가,
④ 경락 후 실제 회수한 가액 등 여러 주장이 있을 수 있는 바, 이 또한 평가기준일
현황에 따라 판단할 수밖에 없을 것으로 보인다. 다만, 근저당권이 설정되었더라도 우
선 변제받을 수 있는 한도는 채권최고액까지인 점을 감안하여 그 가액을 초과한 외상
매출금은 회수불가능한 것으로 보는 것이 합리적이라 하겠다.

4. 입회금·보증금 등의 평가

골프장·스키장 또는 콘도미니엄 시설 운영법인의 회원이 보유하고 있는 입회금·보증금 등의 경우 입회금은 회원의 요구에 의하여 반환하여야 하는 의무가 있는 장기성부채로서 회수기간이 5년을 초과하는 장기성 채권과 성격은 유사하다고 할 것이다.

유사한 성격을 가진 채권과 채무는 그 소유자만 다를 뿐이므로 평가방법도 동일하게 적용하는 것이 타당할 것인데 2003.12.31. 이전에 장기채권에 대한 현재가치 평가방법은 규정하였으나 장기채무에 대한 평가규정은 없었다.

골프장 입회금 등의 경우 발행회사는 부채로 인식하고 있어도 회원권시세가 입회금을 상회하는 경우에는 입회금의 반환을 요구하지 아니할 것이며, 실제로 골프장 등을 영위하는 법인이 설립된 이후 입회금을 반환한 사례가 거의 없는 점 등을 고려하여 2004.1.1. 부터 회수기간이 5년을 초과하는 채권과 동일하게 현재가치에 의한 평가방법을 두게 되었다.

이 경우 소득세법 제94조 제1항 제4호 나목에 따른 시설물이용권에 대한 입회금·보증금 등으로서 원본의 회수기간이 정하여지지 아니한 것은 그 회수기간을 5년으로 본다.

$$\text{현재가치 할인액} = \sum_{n=1}^{\text{지속연수}} \frac{\text{각 연도별 회수할 금액(원본 + 이자상당액)}}{(1+0.08)^n}$$

* n : 평가기준일부터의 경과연수
* 2010.11.5. 이후 평가기준일인 경우 8%

입회금 등에 대하여 현재가치 할인평가를 할 것인가에 대해서 국세청과 기획재정부는 할인평가하는 것으로 유권해석을 하고 있으나, 조세심판원에서는 상속증여세법 시행규칙 제18조의2가 채권평가규정임을 들어 현재가치 평가대상이 아니라고 결정하고 있다.

| 입회금 평가방법에 대한 예규와 심판결정례 비교 |

구 분	현재가치 할인평가 여부	관련 예규와 심판결정례
국세청	할인평가 대상	서면4팀 − 1033, 2008.4.25., 서면4팀 − 3537, 2007.12.11.
기획재정부	할인평가 대상	재재산 − 1026, 2009.6.9.
조세심판원	할인평가 대상 아님	조심 2010서351, 2010.3.23., 국심 2007서5150, 2008.6.25.

하지만 2010.2.18. 상속증여세법 시행령 제58조 제2항을 다음과 같이 개정하여 입회

금 · 보증금 등의 채무가액에 대해서도 현재가치 할인평가하도록 명확하게 규정하였다.

2010.2.17. 이전	2010.2.18. 이후
②대부금 · 외상매출금 및 받을 어음 등의 채권가액은 원본의 회수기간 · 약정이자율 및 금융시장에서 형성되는 평균이자율 등을 감안하여 기획재정부령이 정하는 바에 따라 평가한 가액에 의한다.	②대부금 · 외상매출금 및 받을 어음 등의 채권가액과 입회금 · 보증금 등의 채무가액은 원본의 회수기간 · 약정이자율 및 금융시장에서 형성되는 평균이자율 등을 감안하여 기획재정부령으로 정하는 바에 따라 평가한 가액으로 한다.

 관련 예규 · 심판결정례 및 판례 등

☐ 회수기간 정해지지 않은 상조회사 부금예수금은 회수기간 5년으로 보아 현재가치 할인평가함(법령해석과 - 114, 2015.2.2.).

☐ 시설물이용권에 대한 잔금이 미납된 입회금과 그 시설물의 준공 전까지 납부된 입회금은 상증규칙 제18조의2 제2항에 따라 평가함(재재산 - 499, 2012.6.20.).

☐ 골프장 입회금에 대한 현재가치 할인평가시 회수기간은 입회계약서상 보증금 반환에 관한 약정 및 실제 반환사례 등 구체적인 사실관계에 따라 판단함(재재산 - 69, 2012.1.30.).

☐ 골프장의 저렴한 이용혜택분은 이자에 해당하지 아니함(재재산 - 877, 2011.10.17.).

☐ 시설물이용권에 대한 입회금 평가방법(서면4팀 - 1981 2007.6.26., 서면4팀 - 844, 2007.3.12)
   상증령 제58조 제2항 및 상증규칙 제18조의2 제2항 제1호를 적용할 때 원본의 회수기간이 5년을 초과하는지 여부는 평가기준일부터 원본을 반환받기로 약정한 날까지의 기간을 기준으로 판단하는 것이며, 소득세법 제94조 제1항 제4호 나목에 의한 시설물이용권에 대한 입회금 · 보증금 등(잔금납부 전의 계약금과 중도금을 포함한다)으로서 원본의 회수기간이 정하여지지 아니한 경우에 해당하는지 여부는 입회계약서상 보증금 반환에 관한 약정 등 구체적인 사실관계에 따라 판단하는 것임.

질의

- 호텔업을 영위하고 있는 법인으로서 휘트니스센터의 운영과 관련하여 회원들로부터 입회금(보증금)을 받은 후 일정기간이 경과한 후 회원이 탈퇴할 경우 입회금을 반환하고 있음. 동 입회금의 만기는 현재 회칙(약관)에 따라 제4조 및 제9조에 규정하고 있으며, 제4조에는 만기가 정회원은 30년, 특별회원은 5년 이내에 규정되어 있음.
- 평가기준일 현재 회원입회금의 장부가액은 120억원이며, 동회원 입회금(부채)에 대해 상속증여세법에 따라 평가하고자 하는 바, 평가시 적용되어야 할 회수기간은?
- (갑설) 회칙에 정회원은 30년, 특별회원은 5년 미만으로 가입기간이 정하여 져 있는 바, 평가기준일을 기준으로 입회금을 반환하기로 약정한 날(가입일 후 30년)까지 남은 기간이 5년

을 초과하는 경우에는 잔여기간으로 현재가치로 평가하고 5년을 초과하지 아니하는 경우에는 현재가치 평가를 하지 아니함. 다만, 특별회원의 경우에는 만기가 5년 미만이므로 현재가치를 평가하지 아니하고 장부가액으로 평가함.

(을설) 회칙(약관)에 정회원은 30년, 특별회원은 5년 미만으로 가입기간이 정하여져 있는 바, 정회원의 입회금에 대하여 일괄적으로 30년에 대해 현재가치로 평가하고, 특별회원의 경우는 만기가 5년 미만이므로 현재가치평가를 하지 아니하고 장부가액으로 평가함.

(병설) 입회금의 특성상 회수와 관련하여 약정된 기간에 따라 반환될 가능성이 희박하기 때문에 원본의 회수기간이 정해지지 아니한 것으로 보아 회수기간을 5년으로 하여 현재가치로 평가하지 아니함.

(정설) 정회원의 경우 입회 후 5년이 경과한 후에는 언제든지 탈퇴가 가능하므로 회수기간을 5년으로 보아 평가기준일을 기준으로 입회금의 회수가능일(가입 후 5년)까지 남은 기간이 5년을 초과하는 경우에는 잔여기간으로 현재가치로 평가하고 5년을 초과하지 아니하는 경우에는 현재가치 평가를 하지 아니함.

❏ **선박을 장기연불조건으로 구입하여 계상한 장기미지급금 평가**(재산세과 – 469, 2010.6.30.)

상증령 제58조 제2항 및 상증규칙 제18조의2 제2항 제1호에 따라 원본의 회수기간이 5년을 초과하는 채무는 각 연도에 상환할 금액(원본에 이자상당액을 가산한 금액)을 금융기관이 보증한 3년만기 회사채의 유통수익률을 감안하여 국세청장이 고시하는 이자율에 의하여 현재가치로 할인한 금액의 합계액으로 평가하는 것임. 이 경우 원본의 가액을 5년을 초과하는 기간 동안 분할하여 매 연도마다 이자상당액과 함께 상환하는 경우 현재가치로 할인할 금액은 각 연도에 상환할 금액이 되는 것임.

> **사실관계**
>
> - 당해 법인은 비상장법인으로서 해상화물이 운송을 주업으로 하는 해운회사이며 회사주식의 매매가격 산정을 위해 상증법 제63조 제1항 제1호 다목 및 상증령 제54조 제1항 및 제2항에 규정된 비상장주식의 평가규정에 따라 1주당 가액을 평가할 예정임.
> - 평가기준일 현재 당사 재무상태표상에는 선박을 장기연불조건으로 구입함에 따라 발생한 채무인 장기미지급금이 계상되어 있음.
> - 동 장기미지급금은 외화표시부 사채로 액면이자율은 변동이자율(LIBOR + Speread) 조건이며, 채권자가 원리금상환 개시일부터 약 12년 이후에 조기상환 청구권을 행사할 수 있는 PUT OPTION이 부여되어 있음.

❏ **입회보증금의 회수기간이 없는 것으로 본 것은 잘못임**(조심 2012부759, 2012.7.2.).

입회약정서 등에서 회원은 골프장 개장 후 7년간 입회보증금의 반환을 요구할 수 없다고 규정되어 있는 점, 회원의 입회보증금 반환의 의사표시가 없어 연장되는 경우, 우리원 선결정례에서 골프장회원권의 계약기간을 연장하는 것은 새로운 골프장회원권의 취득이 이루어진 것으로 보고 있는 점 등을 감안할 때, 입회보증금에 대해 원본의 회수기간이 정하여지지 아니한 것으로 보아 과세한 처분은 잘못이 있다고 판단됨.

5. 집합투자증권의 평가

자본시장법에 따른 집합투자증권의 평가는 평가기준일 현재의 한국거래소의 기준가격으로 하거나 집합투자업자 또는 투자회사가 같은 법에 따라 산정·공고한 기준가격으로 한다. 다만, 평가기준일 현재의 기준가격이 없는 경우에는 평가기준일 현재의 환매가격 또는 평가기준일전 가장 가까운 날의 기준가격으로 한다.

뮤추얼펀드의 평가방법에 대한 명확한 규정은 현행법상 없는 상태이며, 과세관청에서는 개방형 뮤추얼펀드의 가액은 수익증권의 평가방법을 준용하여 평가하도록 유권해석하고 있다(재산상속 46014-168, 2003.5.27.).

수익증권과 뮤추얼펀드의 구분

❑ 수익증권

투자신탁의 법적인 조직형태가 신탁계약으로 이뤄지며, 투신사와 투자자가 자산 위탁관리에 대해 맺은 신탁계약에 따라 관리·운영되는 투자신탁으로서 투자자에게 수익증권을 발행함.

❑ 뮤추얼펀드

주식을 발행하여 자금을 모집한 후 이 자금을 전문적인 자산운용회사에 맡겨 그 수익을 투자자 즉 주주에게 배분하는 투자회사(Investment Company)를 말하며(통상 서류상 회사인 Paper Company의 형태를 취함) 투자자에게 주식을 발행함. 이는 투자회사의 최초 공모 이후의 운용방식에 따라 개방형 펀드와 폐쇄형 펀드로 나누어짐.

○ 개방형 뮤추얼펀드(open-end fund) : 투자회사의 지분은 정상적인 유통시장에서 사고 팔 수 있고 가격이 수요와 공급에 의하여 결정되며 최초 공모이후에도 언제라도 순자산가치를 기준으로 추가발행할 수 있고 또한 언제라도 순자산가치(NAV : Net Asset Value)를 기준으로 상환할 의무가 있으며, 상환수수료를 받는 경우도 있고 안받는 경우도 있음.

* 순자산가치 : 펀드에 편입되어 있는 모든 유가증권과 현금, 발생한 이자소득의 가치를 합산하여 부채와 제반 비용을 차감한 금액을 총발행주식수로 나눈 값을 말하며, 매 영업일 마다 순자산가치를 계산하고 이를 매매기준가격으로 공시함.

순자산가치 = (시장가격의 증권·현금·이자 - 부채 및 비용)/발행주식수

○ 폐쇄형 뮤추얼펀드(closed-end fund) : 최초 공모이후 더 이상의 추가발행이 없으며, 매매가 자유롭지 않으며 신탁기간 중에 환매를 청구할 수 없음. 투자자의 입장에서는 환금성이 제약되는 단점을 가지고 있으며, 투자자의 환금성을 부여하기 위하여 증권거래소나 코스닥 시장에 상장 또는 등록함.

관련 예규·심판결정례 및 판례 등

❏ 해외 상장지수집합투자의 가액은 자본시장법상 집합투자증권의 평가방법을 준용함(법규과-44, 2024.1.4.).

❏ 상장지수집합투자기구(ETF) 평가방법(재산세과-399, 2011.8.26.)

한국거래소에 상장되어 거래되는 ETF(상장지수 집합투자 기구, Exchange Tade Fund)의 평가는 상속증여세법 시행령 제58조 제3항에 따라 평가기준일 현재의 한국거래소의 기준가격으로 하거나 집합투자업자 또는 투자회사가 자본시장법에 따라 산정·공고한 기준가격으로 평가함. 다만, 평가기준일 현재의 기준가격이 없는 경우에는 평가기준일 현재의 환매가격 또는 평가기준일전 가장 가까운 날의 기준가격으로 하는 것임.

사실관계

미성년자에게 ETF를 증여하고자 함.
• 2011.6.1. 500만원 상당 ETF 구입 후 증여
• 2011.7.1. 500만원 상당 ETF 구입 후 증여
• 2011.8.1. 500만원 상당 ETF 구입 후 증여
- 이렇게 증여할 경우 6.1.에 구입한 ETF가 두 달여 기간 동안 평가액이 상승할 수 있는데 증여신고일(2011.8.15. 예정)기준 평가액으로 증여가 되는 건지 아니면 최초 증여해준 날짜의 평가액 기준으로 증여가 되는 건지 궁금함.

❏ 간접투자증권의 가액은 상속개시일 현재 한국증권선물거래소의 기준가격에 의하거나 자산운용회사 또는 투자회사가 산정·공고한 기준가격에 의함(재산세과-3769, 2008.11.14.).

❏ 개방형 뮤추얼펀드의 상속재산가액 평가방법(서일 46014-10676, 2003.5.28.)

개방형 뮤추얼펀드의 가액은 수익증권의 평가방법을 준용하여 평가하는 것이며, 증권투자신탁 수익증권의 가액은 평가기준일 현재 기준가액으로 평가하는 경우에, 당해 기준가액에서 원천징수세액 상당액을 차감하지 아니하는 것임.

6. 전환사채 등의 평가

전환사채, 신주인수권부사채 등은 만기에 원금과 이자를 상환받거나 주식으로 전환 등을 할 수 권리가 부여된 특수회사채이다. 이러한 특수회사채는 일반 사채에 비해 이자율이 낮은 것이 일반적이므로 기업 입장에서 적은 금융비용으로 자금을 조달할 수 있고 주식으로 전환 등을 할 경우 자기자본이 증가하므로 유리한 점이 있다.

2000.12.31. 이전 상속개시분 또는 증여분의 경우 전환사채, 신주인수권부사채 등의

가액은 일반 국 · 공채 및 사채의 평가방법에 의한 평가가액과 전환사채 등을 주식으로 전환 등을 할 경우에 교부받을 주식가액 중 큰 금액으로 평가하였고 2001.1.1.부터 전환 가능기간이냐 불가능기간이냐에 따라 그 평가방법을 구분하고 있는 바, 구체적인 평가방법은 다음과 같다.

가. 한국거래소에서 거래되는 전환사채 등

1) 거래실적이 있는 경우

한국거래소에서 거래되는 전환사채 등은 평가기준일 이전 2개월간에 공표된 매일의 한국거래소 최종시세가액(거래실적 유무를 불문함)의 평균액과 평가기준일 이전 최근일의 최종시세가액 중 큰 가액에 의하여 평가한다.

> Max (①, ②)
> ① 평가기준일 이전 2개월간에 공표된 매일의 한국거래소 최종시세가액의 평균액
> ② 평가기준일 이전 최근일의 최종시세가액

2) 평가기준일 이전 2개월의 기간 중 거래실적이 없는 경우

평가기준일 이전 2개월의 기간 중 거래실적이 없는 전환사채 등은 다음과 같이 평가한다.

① 타인으로부터 매입한 전환사채 등(전환사채 등의 발행기관 또는 발행회사로부터 액면가액으로 직접 매입한 것을 제외한다)은 매입가액에 평가기준일까지의 미수이자상당액을 가산한 금액으로 평가한다.

② 전환사채 등의 발행기관 또는 발행회사로부터 액면가액으로 직접 매입한 전환사채 등은 평가기준일 현재 이를 처분하는 경우에 받을 수 있다고 예상되는 금액(이하 "처분예상금액"이라 함)으로 평가한다.

다만, 처분예상금액을 산정하기 어려운 경우에는 2 이상의 투자매매업자, 투자중개업자, 회계법인 및 세무법인이 당해 국채 등의 상환기간 · 이자율 · 이자지급방법 등을 참작하여 평가한 금액의 평균액으로 평가한다.

나. 한국거래소에서 거래되지 아니하는 전환사채 등

한국거래소에서 거래되지 아니하는 전환사채 등은 평가기준일이 전환 금지기간이냐 전환이 가능한 기간이냐에 따라 다음과 같이 평가방법을 구분하고 있다. 이 경우 2 이상의 투자매매업자, 투자중개업자, 회계법인 및 세무법인이 당해 전환사채 등의 상환기간·이자율·이자지급방법 등을 참작하여 평가한 금액의 평균액으로 평가할 수 있다.

| 한국거래소에서 거래되지 않는 전환사채 등 평가방법 |

구 분	전환금지기간 중 평가방법	전환가능기간 중 평가방법
신주인수권 증권	**Ⓐ** $\{$만기상환금액 $\div (1+R)^n\}$ $-\{$만기상환금액 $\div (1+r)^n\}$	**Ⓔ** MAX(①, ②) ① $\{$만기상환금액$\div(1+R)^n\}$ $-\{$만기상환 금액 $\div(1+r)^n\}$ ② 신주인수권증권으로 인수할 수 있는 주식가액$-($배당차액$+$신주인수가액$)$
전환사채	**Ⓑ** $\{$만기상환금액 $\div[1+\min(R,\ n)^n]\}$ $+$ 평가기준일까지의 이자상당액	**Ⓒ** MAX(①, ②) ① $\{$만기상환금액 $\div[1+\min(R,\ n)^n]\}$ $+$ 평가기준일까지의 이자상당액 … **Ⓑ** ② 전환할 수 있는 주식가액 $-$ 배당차액
신주인수권 부사채	**Ⓑ** $\{$만기상환금액 $\div[1+\min(R,\ n)^n]\}$ $+$ 평가기준일까지의 이자상당액	**Ⓓ** MAX(①, ②) ① $\{$만기상환금액 $\div[1+\min(R,\ n)^n]\}$ $+$ 평가기준일까지의 이자상당액…**Ⓑ** ② **Ⓑ**$-$**Ⓐ**$+$**Ⓔ**
	• R : 사채발행이율 • r : 적정할인율 • n : 사채만기까지의 기간 • 만기상환금액 : 만기 전에 발생하는 이자와 만기상환할증금을 포함함	

1) 평가기준일이 전환 금지기간[39] 중인 경우

(가) 신주인수권증권

분리형 신주인수권부사채에서 교부되는 신주인수권증권의 가액은 신주인수권부사채의 만기상환금액(만기 전에 발생하는 이자상당액을 포함한다. 이하 이 단락에서 같다)을 사채발행이율에 따라 발행 당시의 현재가치로 할인한 가액에서 그 만기상환금액을 적정할인율에 따라 발행당시의 현재가치로 할인한 가액을 뺀 가액으로 평가한다. 이 경우 그 가액이 음수인 경우에는 '0'으로 한다.

---

39) 증권의 발행 및 공시등에 관한 규정 제5-21조 (전환금지기간) : 전환사채 등 발행일부터 1년(공모 발행은 1월) 이내 전환금지

➡ 장기채권 및 전환사채 등의 평가시 적용할 적정할인율

2001.1.1.~2002.7.9.	2002.7.10.~2002.11.7.	2002.11.8.~2010.11.4.	2010.11.5.~
7.5%	7%	6.5%	8%

| 만기상환금액(이자 포함)을 사채발행 이자율에 따라 현재가치로 할인한 금액 | − | 만기상환금액(이자 포함)을 적정할 인율에 따라 현재가치로 할인한 금액 | ······ Ⓐ |

* Ⓐ의 가액이 부수이면 "0"으로 함.

(나) 전환사채 등

신주인수권증권 외 전환사채, 신주인수권부사채 등은 만기상환금액을 사채발행이율과 적정이자율 중 낮은 이율에 의하여 발행 당시의 현재가치로 할인한 가액에서 발행 후 평가기준일까지 발생한 이자상당액을 가산한 가액으로 평가한다.

| 만기상환금액(이자 포함)을 사채발행 이자율과 적정할인율 중 낮은 이자율에 의하여 현재가치로 할인한 금액 | + | 발행후 평가기준일까지 발생한 이자상당액 | ······ Ⓑ |

2) 평가기준일이 전환 가능기간인 경우

(가) 전환사채 등

전환금지기간 중 평가액(Ⓑ)과 전환사채 등으로 전환할 수 있는 주식가액에서 배당차액을 차감한 가액 중 큰 금액으로 평가한다.

| Ⓑ의 가액과 전환사채 등을 주식으로 전환할 수 있는 주식가액(배당차액 차감) 중 큰 금액 | ······ Ⓒ |

전환사채 등으로 전환할 수 있는 주식가액은 상장·코스닥상장주식의 경우 평가기준일 이전·이후 각 2개월간 한국거래소 최종시세가액 평균액에 의하며 비상장주식의 경우 시가에 해당하는 거래가액 등이 있으면 그 시가에 의하되, 시가를 산정할 수 없는 경우에는 순자산가치와 순손익가치에 의한 보충적 평가액을 말한다.

$$배당차액 = 1주당 액면가액 × 직전기 배당률 × \frac{\text{신주발행일이 속하는 사업연도 개시일부터 배당기산일 전일까지의 일수}}{365}$$

(나) 신주인수권부사채

전환금지기간 중 신주인수권부사채 평가액(**B**)과 그 가액(**B**)에서 전환금지기간 중 신주인수권증권의 가액(**A**)을 빼고 전환가능기간 중 신주인수권증권의 가액(**E**)을 가산한 가액 중 큰 금액으로 평가한다.

B의 가액과
(**B** − **A** + **E**) 중 큰 금액 …… **D**

(다) 신주인수권증권(warrant)

전환금지기간 중 신주인수권증권의 가액(**A**)과 당해 신주인수권증권으로 인수할 수 있는 주식가액에서 배당차액과 신주인수가액을 차감한 가액 중 큰 금액으로 평가한다.

A의 가액과
당해 증권으로 인수할 주식의 평가액(배당차액 차감) 중 큰 금액 …… **E**

(라) 신주인수권증서(right)

법인이 유상증자를 할 때 주주에게 배정된 신주를 인수할 수 있는 권리를 양도할 수 있는데 이러한 신주인수권을 양도할 수 있도록 만든 증표가 신주인수권증서이다. 신주인수권증서는 해당 증서로 인수할 수 있는 주식의 권리락 전 가액에서 배당차액과 신주인수가액을 뺀 가액으로 평가한다.

다만, 상장·코스닥상장법인의 경우에는 권리락 후 2월간 종가평균액이 권리락 전 주식가액에서 배당차액을 차감한 가액보다 적은 경우에는 권리락 후 주식가액에서 신주인수가액을 빼고 평가한다.

2018.2.13. 이후 평가하는 분부터 거래소에서 거래되는 신주인수권증서의 가액은 거래소에 상장되어 거래되는 전체 거래일의 종가 평균액에 의한다.

> **용어의 정의**
>
> • 신주인수권증서(Right)
> 유상증자에 참여할 수 있는 구주주의 권리를 서류화한 시한부 증서로서 발행회사가 증자를 결의하면서 구주주의 신주인수권 양도를 허용하고 기존 주주가 발행을 청구할 때 선별적으로 발행됨.

- 신주인수권증권(Warrant)

  신주인수권부 사채에서 분리되어 발행되는 유가증권으로서 일정한 행사기간에 일정한 가격으로 발행회사의 신주를 인수할 권리가 있음. 여기서 신주인수란 신주인수권을 가진 투자자가 요구하면 발행회사가 약속한 행사가격으로 새로운 주식을 발행하는 것을 말함.

사례 **비상장 전환사채 등의 평가방법**

(1) 전환사채 등 발행내용
- 발행일 : 2014.1.1.
- 발행금액 : 100억원(표면이자율 연 2%, 5년 만기)
- 만기상환금액 : 110.48억 = 100억원 + 10.48억원(2% 이자 5년 복리계산)
- 주식전환가액 : 1주당 10,000원(전환가능 주식수 : 1,000,000주)
- 주식전환가능기간 : 2015.1.1.~2018.12.31.

(2) 참고사항
- 고시된 적정이자율 : 연 8%
- 발행법인의 직전기에 배당은 없음.
- 2 이상의 증권회사가 동 전환사채 등을 평가한 가액은 없음.
- 2015.12.31. 당해 법인의 발행주식총수는 4,000,000주이며, 1주당 평가액은 15,000원임.

(3) 평가기준일

△	①	△	③	△
2014.1.1.	2014.7.1.	2015.1.1.	2015.12.31.	2018.12.31.
발 행	①평가기준일	전환가능기간	②평가기준일	만 기 일

풀이

① 현재가치 할인율 계산 : $\dfrac{1}{(1 + 이자율)^n}$ * n = 기간(5년)
- 사채발행이율(2%)에 의한 현재가치 할인율 : 0.90573
- 고시된 이자율(6.5%)에 의한 현재가치 할인율 : 0.68058
- 평가기준일까지 발생한 이자(2% 이자 5년 복리계산)
  - 2014.7.1. : 1억원   - 2015.12.31. : 4.04억원

② 전환사채 등 평가가액

《전환 금지기간 중 평가》
- ⓐ 분리형 신주인수권부사채인 경우의 신주인수권증권 가액
  - = (110.48억원×0.90573) - (110.48억원×0.68058)
  - = 100억원 - 7,519,047,840원 = 2,480,952,160원

 ⓑ 전환사채 등의 가액(2014.7.1. 기준)
= (110.48억원×0.90573) + 1억원(평가기준일까지 발생이자)
= 100억원+1억원 = 101억원

《전환 가능기간 중 평가》
 ⓒ 전환사채인 경우의 평가액
  : ⓑ의 가액(2015.12.31. 기준)과 전환시의 주식가액 중 큰 금액으로 평가
  : ⓑ 104.04억(100억+이자 4.04억)＜(15,000×1,000,000주) ⇨ 150억원으로 평가
 ⓓ 신주인수권부사채인 경우의 평가액
  : ⓑ의 가액(2015.12.31. 기준)과 (ⓑ－ⓐ＋ⓔ)중 큰 금액으로 평가
  : ⓑ 104.04억＜(104.04억－2,480,952,160원＋50억) ⇨ 12,623,047,840원으로 평가
 ⓔ 신주인수권증권인 경우의 평가액
  : ⓐ의 가액과 주식으로 전환시의 주식가액에서 신주인수가액을 차감한 금액 중 큰 금액으로 평가
  : ⓐ 2,480,952,160원＜(15,000－10,000)×1,000,000주) ⇨ 50억원으로 평가
 ⓕ 신주인수권증서인 경우의 평가액
  : (15,000－10,000)×1,000,000주 ⇨ 50억원으로 평가

관련 예규·심판결정례 및 판례 등

❏ 상장법인이 발행한 신주인수권증권을 매도한 경우 시가인정 여부(법령해석재산－365, 2016.9.27.)

상속받은 코스닥상장법인의 주식과 해당 법인이 발행한 신주인수권부사채에서 분리된 신주인수권증권을 상속개시일로부터 6개월 이내에 특수관계 없는 자에게 양도하는 경우 상속개시일 현재 해당 주식의 시가는 평가기준일 전후 2개월간의 종가평균액이며, 신주인수권증권의 시가는 상증령 제49조 제1항에 따라 해당 매매가액으로 하는 것임.

다만, 신주인수권증권의 매매가액이 거래 당사자 사이의 관계, 거래경위 및 가격결정 과정과 거래규모 등을 종합적으로 고려하여 당해 가액이 불특정다수인 사이에 자유로이 거래가 이루어지는 경우에 통상 성립된다고 인정되는 가액에 해당하지 않는 경우에는 해당 매매가액을 시가로 볼 수 없고, 같은 령 제58조의2에 따라 평가한 가액을 시가로 볼 수 있음.

❏ 주식으로 미전환시 상환할증금의 만기상환금액 포함 여부(재재산－678, 2010.7.14.)

상증령 제58조의2 제2항 제1호 나목의 만기상환금액을 계산할 때, 주식으로의 전환이 불가능한 기간 중인 전환사채를 만기상환 하는 경우 전환사채 발행자가 발행조건에 따라 일정 수준의 수익률을 보장하기 위하여 지급하기로 한 상환할증금은 만기상환금액에 포함함.

(질의) 전환사채 표시이자율 연 1%이고 만기보장수익률 연복리 5%(주식으로 미전환시 만기에 표시이자율(1%)과 보장수익률(5%)의 차이 4% 추가 보장) 조건인 전환사채를 전환금지기간 중에 평가하는 경우 만기상환금액에 상환할증금(주식으로 전환하지 않을 때 추가 보장수익률 4% 이자상당액)을 포함하는지 여부?

❑ 만기상환할증금이 있는 경우 사채발행이자율 의미(재재산 – 1036, 2011.12.2.)

주식전환이 불가능한 기간 중의 전환사채 등을 평가하는 경우 만기상환할증금은 만기상환금액에 포함함. 또한, 사채발행이율이란 사채발행에 따라 만기일까지 지급할 액면이자와 만기상환금액의 현재가치 합계액과 사채의 발행가액을 일치시키는 이자율을 말함.

7. 예금·저금·적금 등의 평가

예금·저금·적금 등의 평가는 평가기준일 현재 예입(預入) 총액과 같은 날 현재 이미 지난 미수이자(未收利子) 상당액을 합친 금액에서 소득세법 제127조 제1항에 따른 원천징수세액 상당 금액을 뺀 가액으로 한다.

> 평가기준일 현재 예입총액 + 평가기준일 현재 이미 경과한 미수이자 상당액 – 원천
> 징수세액 상당금액

8. 국외재산에 대한 평가

외국에 있는 상속 또는 증여재산의 경우에도 국내재산과 동일하게 상속증여세법 제60조부터 제65조까지의 평가방법에 따라 평가하되 상속증여세법의 규정을 적용하는 것이 부적당한 경우에는 해당 재산이 소재하는 국가에서 양도소득세·상속세 또는 증여세 등의 부과목적으로 평가한 가액을 평가액으로 한다. 다만, 평가액이 없는 경우에는 세무서장 등이 2 이상의 국내 또는 외국의 감정기관에 의뢰하여 감정한 가액을 참작하여 평가한 가액에 의한다. 2022.2.15. 이후 상속이 개시되거나 증여받은 경우의 국외재산 중 주식을 평가하는 경우 회계법인, 세무법인에서 평가한 가액을 참작하여 평가하도록 하였다(자본시장법 제335조의3에 따라 신용평가업인가를 받은 자).

 관련 예규·심판결정례 및 판례 등

❑ 외국 증권거래소에서 거래되고 있는 외국 국채는 평가기준일 이전 2개월 동안 공표된 매일의 한국거래소 최종시세가액의 평균액과 평가기준일 이전 최근일 최종 시세가액 중 큰 가액)을 준용하여 평가함(상속증여세과 – 25, 2014.2.6.).

❑ 미국 나스닥시장에 상장된 국외주식은 한국거래소에 상장된 주식의 평가방법을 준용하여 평가함(평가기준일 전후 종가평균액으로 평가한다는 의미)(서면법규과 – 1284, 2012.11.2.).

❑ **외국법인이 발행한 비상장주식의 평가**(재산세과-311, 2011.6.29.)

- 비상장외국법인의 주식을 평가할 때 순자산가액 및 순손익액의 계산은 국내법인과 같이 상증법 제63조 및 상증령 제54조 내지 제56조에 따라 평가한 후 평가기준일 현재의 외국환거래법에 의한 기준환율 또는 재정환율에 의하여 환산한 가액으로 하는 것임(서면4팀-2557, 2007.8.31.).

- 외국법인이 발행한 비상장주식의 순손익액의 계산시 각 사업연도소득에서 뺄 당해 사업연도의 법인세액은 그 법인이 실제 납부하였거나 납부해야 할 세액을 적용함.

> **질의**
>
> - 비상장외국법인이 발행한 주식을 상증령 제54조에 따라 평가시 순자산가액 및 순손익액의 환산방법
>
> **(갑설)** 비상장외국법인의 주식 평가시 순자산가액 및 순손익액의 계산은 국내법인의 비상장주식 평가방법을 준용하여 평가한 후 평가기준일 현재의 외국환거래법에 의한 기준환율 또는 재정환율에 의해 환산한 가액으로 함.
>
> **(을설)** 순자산가액은 평가기준일 현재의 외국환거래법에 의한 기준환율 또는 재정환율에 의하여 환산하고 순손익액은 최근 3년간의 외화표시 순손익액을 각 연도별 외국환거래법에 의한 평균환율에 의하여 환산된 금액을 가중 평균한 가액으로 함.
>
> - (갑설)이 타당하다면 최근 3년간의 한국 법인세액에 따른 법인세 총결정세액의 산출 및 환산방법은?

❑ **외국법인이 발행한 비상장주식 평가방법**(재산세과-296, 2011.6.17.)

순자산가액 및 순손익액은 원칙적으로 국내법인과 같이 한국 기업회계기준과 법인세법을 기준으로 재조정하여 계산하는 것임. 이 경우 법인세액은 그 법인이 실제 납부하였거나 납부해야 할 세액을 적용하는 것임.

❑ **외국법인 발행한 비상장주식 평가방법**(대법원 2017두62716, 2020.12.30.)

홍콩법인 주식의 가액을 순자산가치로만 평가한 것은 합리적이고 적절한 조치로서, 과세관청이 홍콩법인의 주식에 이와 같이 '순자산가치에 의한 보충적 평가방법을 적용하는 것이 부적당한 경우'가 아니라고 봄이 타당함.

❑ 외국 비상장주식에 대해 증자전 1주당 평가가액을 산정할 때 보충적 평가방법을 적용하는 것이 부적당하지 아니한 때 한하여 보충적 평가방법을 적용하는 것임(부적당하지 않다는 점에 관한 입증책임=과세관청)(대법원 2007두5646, 2010.1.14., 서울행법 2015구합71747, 2016.12.8.).

- 3년 만기 회사채 유통수익률을 감안하여 기획재정부장관이 정하는 이자율로 나누어 산출하므로 외국소재 법인은 적용할 수 없어 순자산가치로 평가해야 한다는 취지임.

제2절 : 무체재산권 등의 평가

무체재산권이란 지적재산권 또는 지식재산권이라고도 하며, 산업재산권과 저작권으로 구분할 수 있다. 무체재산권은 무체물을 대상으로 한다는 점에서 유체물을 대상으로 하는 물건에 대응한다. 그러나 무체재산권도 배타적 이익을 향유할 수 있는 권리라는 점에서 물권에 준하며, 성질이 허용하는 범위 내에서 물권의 규정이 유추적용될 수 있다.

상속증여세법에서는 영업권, 저작권, 특허권, 실용신안권, 상표권, 디자인권, 광업권, 채석권 및 어업권의 평가방법을 규정하고 있다.

2013.12.31. 이전에는 타인으로부터 매입한 경우와 자기가 창설한 경우로 구분하여 평가방법을 규정하였으나, 2014.1.1. 이후 상속이 개시되거나 증여하는 분부터 다음 중 큰 금액으로 평가하도록 보완하였다. 매입한 무체재산권은 취득가액에서 감가상각비 상당액을 뺀 금액과 상속증여세 시행령에 따라 평가한 가액 중 큰 금액으로 평가하여야 할 것이고, 매입하지 아니한 무체재산권은 종전과 같이 평가하는 것으로 볼 수 있다.

① 취득가액에서 취득한 날부터 평가기준일까지의 법인세법상의 감가상각비를 뺀 금액
② 장래의 경제적 이익 등을 고려하여 평가한 금액

1. 매입한 무체재산권

타인으로부터 매입한 무체재산권의 경우 2014.1.1. 이후에는 ①과 ② 중 큰 금액으로 평가하며, 2013.12.31. 이전에는 ①의 가액으로 평가한다. 이때 매입가액에는 매입부대비용을 포함한다.

① 취득가액 상당액 : 매입가액 – 매입한 날부터 평가기준일까지의 감가상각비

➡ 감가상각비 계산 $= 매입가액 \times \dfrac{\text{매입한 날부터 평가기준일까지의 월수}}{\text{무형고정자산의 내용연수의 월수}}$

② 장래의 경제적 이익 등을 고려하여 평가한 금액
다음의 매입하지 않은 특허권 등 그 밖의 무체재산권의 평가방법에 따른 가액을 말한다.

관련 예규·심판결정례 및 판례 등

❑ 장부상 계상하지 아니한 감가상각비 차감 여부(법규재산 2014-393, 2014.8.22.)

상증법 제64조 제1호를 적용할 때 국제회계기준상 비한정(순현금유입 예측가능기간에 제한 없음) 내용연수가 적용되어 장부상 상각하지 아니하는 상표권의 가액은 재산의 취득가액에서 취득한 날부터 평가기준일까지의 법인세법상의 감가상각비를 뺀 금액으로 평가함.

2. 매입하지 않은 특허권 등 그 밖의 무체재산권

가. 영업권의 평가

1) 영업권 평가액

영업권이란 특정기업이 동종의 다른 기업보다 많은 이익을 창출할 수 있는 미래에 기대되는 초과 수익력 또는 기술·지식·경영기법·시장조사 및 판매촉진 등에서 평균 이상의 능력에 의해 발생하는 무형의 자원과 상태라고 통상 정의하고 있다.

자기창설 영업권의 평가는 자기자본이익률 초과 순손익액을 평가기준일 이후의 영업권 지속연수(원칙적으로 5년)를 감안하여 다음 산식에 따라 환산한 가액에 의한다.

다만, 매입한 무체재산권으로서 그 성질상 영업권에 포함시켜 평가되는 무체재산권의 경우에는 이를 별도로 평가하지 아니하되, 해당 무체재산권의 평가액이 환산한 가액보다 큰 경우에는 해당 가액을 영업권의 평가액으로 한다(상증령 §59 ②). 또한 어업권 및 양식업권의 가액은 영업권에 포함하여 계산한다(상증령 §59 ④).

$$\text{영업권평가액} = \sum_{n=1}^{\text{지속연수}} \frac{\text{자기자본이익률 초과 순손익액}}{(1+0.1)^n}$$

* n : 평가기준일부터의 경과연수

평가기준일 이후 영업권의 지속연수는 원칙적으로 5년을 적용하지만, 평가기준일 이후 해당 법인이 폐업한 경우에는 평가기준일 이후 폐업일까지의 영업기간에 해당하는 기간만으로 영업권을 평가하여야 한다(국세청 심사상속 98-267, 1998.12.4.). 다만, 2004.1.1. 이후 순자산가치로만 평가하는 법인의 경우에는 자기창설 영업권의 가액을 평가하지 아니한다.

2) 영업권을 산출하기 위한 순손익의 대상기간 계산

영업권을 산출하기 위한 순손익의 대상기간은 평가기준일 전 3년간을 대상으로 하며, 평가기준일이 2003.12.31. 이전인 경우 3년에 미달할 때에는 해당 연수로 한다.

2021.2.11. 이후 평가분부터 ①과 ②의 요건을 모두 충족하는 법인의 경우 최근 3년 기간에 개인사업자였던 기간을 포함하도록 하였다.

① 개인사업자가 상속증여세법 시행령 제59조에 따른 무체재산권을 현물출자하거나 조세특례제한법 시행령 제29조 제2항에 따른 사업 양도·양수의 방법에 따라 법인 으로 전환하는 경우로서 그 법인이 해당 사업용 무형자산을 소유하면서 사업용으로 계속 사용하는 경우

② ①에 따른 개인사업자와 법인의 사업 영위기간을 합한 기간이 3년 이상인 경우

3) 자기자본이익률 초과 순손익액

자기자본이익률 초과 순손익액 = [(평가기준일 이전 3년간의 가중평균순이익×50%)
－(평가기준일 현재 자기자본×10%)]

평가기준일 이전 최근 3년간 순손익액의 가중평균액은 상속증여세법 시행령 제56조 제1항의 순손익액 가중평균액을 준용하여 평가한다.

4) 자기자본의 의미

평가기준일 현재 자기자본이란 상속증여세법 시행령 제55조 제1항의 규정에 의하여 계산한 당해 법인의 총자산가액에서 부채를 차감한 가액을 말한다. 이 경우 상속증여세 법 시행령 제59조 제2항에 따른 자기창설적 영업권은 총자산가액에 포함하지 아니한다 (상증법 기본통칙 64-59…1).

영업권을 평가함에 있어 증빙에 의하여 자기자본을 확인할 수 없는 경우에는 다음 각 호의 산식에 의하여 계산한 금액 중 많은 금액으로 한다.

① 사업소득금액 ÷ 소득세법 시행령 제165조 제10항 제1호에 따른 자기자본이익률

② 수입금액 ÷ 소득세법 시행령 제165조 제10항 제2호에 따른 자기자본회전율

자기자본이익률 및 자기자본회전율은 한국은행이 업종별, 규모별로 발표한 자기자본 이익률 및 자기자본회전율을 말한다.

5) 부수(-)의 영업권과 정수(+)의 영업권을 통산할 수 없음

상속·증여재산가액 산정시 영업권 평가산식에 따라 정수(+)의 가액이 산정되는 영업권만을 재산가액에 포함시키고 부수(-)의 가액이 산정되는 영업권은 이를 없는 것으로 보아 평가한다.

단순히 영업권이 부수(-)로 평가되었다고 하여 이를 소극적 재산인 채무와 같은 개념으로 보기는 어려워 재산가액에서 공제할 수는 없고 그러한 의미에서 영업장이 2개 이상이라 하더라도 각 영업권의 평가액을 통산하여 재산가액을 산정할 수는 없다(대법원 2000 두7766, 2002.4.12.).

➡ 2003.12.31. 이전의 영업권 평가방법 : 현재가치로 할인하지 않음.

> 영업권 = [(평가기준일 이전 3년간의 가중평균순이익×50%) - (평가기준일 현재 자기자본 ×10%)]×영업권의 존속연수(원칙적으로 5년)

 관련 예규·심판결정례 및 판례 등

☐ 사업양수·도시 계상한 영업권 평가방법(사전 법령해석과 - 1034, 2020.4.3.)

비상장주식의 순자산가액을 계산할 때 사업 양도·양수 과정에서 유상으로 취득하여 기업회계기준에 따라 장부에 계상한 영업권 상당금액은 해당 법인의 자산가액에 포함되는 것이며, 상증법 제64조 제1호를 적용할 때 국제회계기준상 비한정 내용연수가 적용되어 장부상 상각하지 아니하는 영업권의 가액은 재산의 취득가액에서 취득한 날부터 평가기준일까지의 법인세법상의 감가상각비를 뺀 금액으로 평가하나, 해당 영업권이 법인세법시행령 제24조 제2항과 같은법 시행규칙 제12조 제2항 각 호의 요건을 갖추지 못해 법인세법상 손금산입 대상 감가상각비가 없는 경우에는 영업권의 취득가액에서 감가상각비를 차감하지 아니한 금액으로 평가함.

☐ 최근 3년 중에 결손이 발생한 사업연도가 있는 경우(재삼 46014 - 2188, 1998.11.11.)

1주당 최근 3년간의 순손익액의 가중평균액을 계산할 때 각 사업연도 중 "순손익액"이 負數인 경우 "0"으로 하여 가중평균액을 계산하는 것은 아니며, 각 사업연도 이익과 결손금에 가중치를 적용하여 계산한 금액이 負數인 경우에 수익가치를 "0"으로 함.

☐ 매입한 영업권(기술이전료)은 시가에 의하되, 시가가 없는 경우에 보충적 평가방법에 의하며, 동 평가액과 상증령상 계산식에 따른 평가액 중 큰 금액이 영업권의 가액임(서일 46014 - 10473, 2001.11.17.).

☐ 영업권 평가시 최근 3년간에 양도한 사업부가 있다하여 그 사업부에서 발생한 손익을 차감하지 아니함(재산상속 46014 - 35, 2003.1.10.).

❑ 상표권은 영업권과 별도로 평가함이 타당함(서울행정법원 구합-50552, 2014.11.20. 완료).

자가창설 무체재산권 중 '어업권'만 예외적으로 영업권에 포함하여 계산하고, 특허권·실용신안권·상표권·디자인권·저작권 및 광업권·채석권 등은 각각 그 평가방법에 따라 평가하도록 규정하고 있으므로 이 사건 상표권은 영업권과 별도로 평가함이 타당함(앤드레김 관련).

❑ 영업권 평가시 자기자본은 자산별 평가가액의 합계액에서 부채를 공제함(재삼 46014-1833, 1996.8.5.).

❑ 상속한 사업이 상속개시일부터 5년 내 폐업한 경우 상속개시일(2000.4.29.)부터 폐업일(2002.3.31.)까지를 영업권 지속연수로 함(국심 2002부2737, 2002.12.24.).

❑ 매입한 무체재산권(영업권)은 상속개시일 이후 폐업 여부와 관계없이 법인세법상 내용연수 중 매입일로부터 상속개시일 현재까지의 감가상각비를 공제하여 평가함(국심 2003구3374, 2004.3.3.).

❑ 고정자산의 처분으로 순이익이 일시에 크게 증가한 경우 영업권 평가가능함(대법원 99두8459, 2001.8.21.).

사례 1   2004.1.1. 전후 영업권 평가방법 비교

❑ 평가 관련 자료내용

① 평가기준일 : 2008.4.30.

② 평가기준일 이전 3년간 순손익 : 2005년 90,000천원, 2006년 150,000천원, 2007년 50,000천원

③ 자기자본 : 300,000천원

④ 기획재정부령이 정하는 율 : 10%

풀이

○ 2004.1.1. 이후 상속·증여분의 경우 영업권의 가액

① 최근 3년간 순손익액의 가중평균액 50% 계산 : [(50,000×3 + 150,000×2 + 90,000×1) ÷ 6]×50% = 45,000천원

② 자기자본 300,000천원×10% = 30,000천원

③ 자기자본이익률을 초과하는 순손익 : (45,000천원-30,000천원) = 15,000천원

➡ 영업권 평가액 : 15,000원 × 3.79079 = 56,861천원

※ 3.79079 : 이자율 10%일 때 연금1원에 대한 현재가치

○ 2003.12.31. 이전 상속·증여분의 경우 영업권의 가액

① 최근 3년간 순손익액의 가중평균액 50% 계산 : [(50,000×3 + 150,000×2 + 90,000×1) ÷ 6]×50% = 45,000천원

② 자기자본 300,000천원×10% = 30,000천원

※ 평가액 : (45,000천원-30,000천원)×5년= 75,000천원

| 사례 2 | **자기창설적 영업권 평가방법** |

❏ 평가 관련 자료내용

① 평가기준일 : 2019.1.25.

② 각 사업연도 순손익액

- 2016.1.1.~12.31. : 3억원
- 2017.1.1.~12.31. : 3억원
- 2018.1.1.~12.31. : 5억원

③ 평가기준일 현재 자기자본 : 10억원

④ 현재가치 할인에 적용할 이자율 : 10%

⑤ 매입한 영업권은 없음.

풀이

① 최근 3년간 순손익액 가중평균액의 50%

[(5억×3)+(3억×2)+(3억)]×1/6×50% = 2억원

② 자기자본 10억원×10% = 1억원

③ 자기자본이익률을 초과하는 순손익 : (2억원−1억원) = 1억원

○ 다음 산식에 의해 환산한 금액의 합계액으로 계산하거나

$$영업권\ 평가액 = \sum_{n=5}^{지속연수} \frac{100,000,000}{(1+0.1)^n}$$

* n : 평가기준일부터의 경과연수

○ 연금의 현재가치율을 적용하여 계산 : 1억원×3.79079 = 379,079,000원

※ 3.79079 : 이자율 10%일 때 연금 1원에 대한 현재가치

영업권평가조서

평가대상 법인명 : ○○상사(주)

① 평 가 기준일	평가기준일 전 3년간 순손익액 가중평균액			⑤ 가중 평균액 (②×3+③×2+④)/6
	② 평가기준일 이전 1년이 되는 사업연도 순손익액	③ 평가기준일 이전 2년이 되는 사업연도 순손익액	④ 평가기준일 이전 3년이 되는 사업연도 순손익액	
2019.1.25.	500,000,000	300,000,000	300,000,000	400,000,000

⑥ 3년간 순손익액의 가중평균액의 50% (⑤×50/100)	⑦ 평가기준일 현재의 자기자본	⑧ 기획재정부령이 정하는 이자율	⑨ 영업권 지속연수
200,000,000	1,000,000,000	10%	5년

⑩ 영업권계산액(5년 현재가치) 할인액의 합계액 $\left[\dfrac{⑥ - (⑦ × ⑧)}{(1 + 0.1)^n}\right]$ n : 평가기준일부터의 경과연수	⑪ 영업권 상당액에 포함된 매입한 무체재산권 가액 중 평가기준일까지의 감가상각비를 공제한 금액	⑫ 영업권 평가액(⑩-⑪)
379,079,000	–	379,079,000

※ 계산근거 : 상속세 및 증여세법 시행령 제59조 제2항

나. 어업권의 평가

어업권이란 어업을 하고자 하는 자는 시·도지사의 면허를 받아야 하는데 이 면허를 받은 자가 어업권원부에 등록을 함으로써 취득하게 되는 권리이다. 수산업법에서 말하는 어업이란 수산동식물을 포획·채취 또는 양식하는 사업을 말한다.

매입한 어업권의 가액은 매입가액에서 매입일로부터 평가기준일까지의 감가상각비를 뺀 금액으로 평가하며 그 외의 어업권은 영업권에 포함하여 계산한다(상증령 §59 ④).

다. 특허권·실용실안권·디자인권 및 저작권 등의 평가[40]

무체재산권은 무형의 재산적 이익을 배타적으로 지배할 수 있는 권리. 사람의 정신적인 산출물을 대상으로 하는 권리의 총칭으로서 물권과 대응하는 개념이며, 특허권·실용신안권·디자인권·상표권 등 이른바 공업소유권과 문예·학술·음악 등에 관한 창작을 대상으로 하는 저작권의 두 가지가 대표적이다.

산업재산권은 특허청에 등록함으로써 취득하며, 등록에는 선출원주의가 적용된다(특허법 §36·38, 실용신안법 §7·8, 디자인보호법 §46, 상표법 §35). 산업재산권은 새로운 창작에 대하여 그 창작자에게 일정기간 동안 독점적·배타적 권리를 부여하는 대신 이를 일반에게 공개하여 일정한 존속기간이 지나면 누구나 이용할 수 있도록 함으로써 기술진보와 산업발전을 추구하는 것이다.

저작권은 인간의 지적 창작에 의한 문화상 이용가치를 갖는 저작물 등에 대한 권리이다. 저작물은 인간의 지적·정신적 문화활동의 결과 창작된 지적 산물인 문학·학술·예술의 범위에 속하는 창작물을 말한다. 저작권은 별도의 등록을 하지 않아도 창작과 동시에 권리가 발생한다. 저작권은 저작인격권과 저작재산권으로 이루어진다.

특허권·실용실안권·상표권·디자인권 및 저작권 등 평가는 그 권리에 의하여 장래에 받을 각 연도의 수입금액을 다음 산식에 의하여 환산한 금액의 합계액에 의한다.

$$환산가액 = \frac{각\ 연도\ 수입금액(보상금)}{(1 + 0.1)^n}$$

* n : 평가기준일부터의 경과연수

40) 권리의 존속기간 : 특허권 등록일부터 20년, 실용신안권 10년, 상표권 10년, 디자인권 20년, 저작권 : 저작권자 사망일부터 70년, 광업권(탐사권 7년, 채굴권 20년)

1) 각 연도 수입금액

특허권·실용신안권·상표권·디자인권 및 저작권 등의 권리에 의한 각 연도의 수입금액이 확정되지 아니한 경우에는 평가기준일 전 최근 3년간(3년에 미달하는 경우에는 그 미달하는 연수로 한다. 이하 이 항에서 같다)의 각 연도의 수입금액의 합계액을 평균한 금액을 각 연도의 수입금액으로 하되, 최근 3년간 수입금액이 없거나 저작권(저작인접권을 포함한다)으로서 평가기준일 현재 장래에 받을 각 연도의 수입금액이 하락할 것이 명백한 경우에는 납세지 관할세무서장 등이 2 이상의 부동산 가격공시 및 감정평가에 관한 법률에 의한 감정평가업자(2016.3.20. 이전 감정평가법인) 또는 전문가의 감정가액 및 해당 권리의 성질 기타 제반사정을 감안하여 적정한 가액으로 평가할 수 있다.

2) 평가기준일부터의 경과연수

평가기준일부터의 최종 경과연수는 해당 권리의 존속기간에서 평가기준일 전일까지 경과된 연수를 차감하여 계산한다. 이 경우 평가기준일부터의 최종 경과연수가 20년을 초과하는 때에는 20년으로 한다(상증규칙 §19 ③).

 관련 예규·심판결정례 및 판례 등

☐ 무체재산권 평가시 전문가의 범위에 특허법인이 포함됨(법령해석과-3031, 2017.10.25.)

☐ 비상장주식 평가시 특수관계인으로부터 현물출자받은 상표권의 평가방법(재산세과-454, 2012.12.26.)
평가대상 비상장법인이 특수관계 있는 개인으로부터 현물출자를 받아 취득한 「상표권법」상 상표·서비스표는 매입한 무체재산권 평가방법이 아닌 그 밖의 무체재산권 평가방법(수입금액을 현재가치로 할인한 금액의 합계액)에 의하여 평가하는 것임.

☐ 수입금액이 없는 무체재산권은 2 이상 감정평가법인, 한국발명진흥회 및 기술평가기관의 감정가액으로 평가할 수 있음(법령해석과-4350, 2021.12.13., 재산세과-951, 2010.12.15.).

☐ 외국상표에 대한 독점적 사용권은 상표권 평가방법을 준용하여 평가함(재산 46014-971, 1998.5.29.).

☐ 저작권의 장래 수입금액의 산정방법(재산 46014-2899, 1996.12.31.)
장래 받을 각 연도의 인세, 기타 보상금 등이 확정되어 있지 않는 경우에는 취득한 보상금액 범위 내에서 그 저작권의 내용에 비추어 그 저작권에 기대되는 경상적 수입으로 인정되는 금액을 기초로 하여 그 저작권의 수요 및 지속성을 감안한 금액을 각 연도의 보상금액으로 함.

> **사례**　**특허권 평가**
>
> ❏ **평가관련 자료**
>   ○ 차량부품 제조관련 특허권을 소유하고 있는 바 ○○주식회사에 매월 1,000,000원씩 지급받기로 하고 임대하여 주고 있으며 특허권 잔존연수는 3년임.
>
> **풀이**
>   ○ 특허권평가액 : ① + ② + ③ = 29,842,222원
>
>   • 1차연도 수입금액 : $\dfrac{1,000,000 \times 12월}{(1+0.1)^1}$ = 10,909,090 ·············· ①
>
>   • 2차연도 수입금액 : $\dfrac{1,000,000 \times 12월}{(1+0.1)^2}$ = 9,917,355 ·············· ②
>
>   • 3차연도 수입금액 : $\dfrac{1,000,000 \times 12월}{(1+0.1)^3}$ = 9,015,777 ·············· ③

라. 광업권 및 채석권 등의 평가

광업권이란 일정 광구에서 광물을 채굴할 수 있도록 등록된 권리이다. 탐사권과 채굴권(採掘權)으로 구분되며 일종의 물권(物權)에 해당된다. 광업권은 자기가 창설한 경우 시굴에 소요된 제 경비를 그 자산가치로 하며, 다른 사람으로부터 유상취득한 경우에는 취득가액에 추가로 소요된 비용을 합산한 금액을 광업권의 자산가액으로 한다. 광업권을 부여할 권능은 국가가 가지며(광업법 §2), 미채굴광물은 광업권 없이는 채굴할 수 없다(§4). 광업권은 통상산업자원부장관에게 출원하여 허가를 받아(§15), 광업원부에 등록함으로써 발생한다(§39). 광업원부에는 등기에 갈음하여 광업권의 설정 · 변경 · 이전 · 소멸 및 처분의 제한과 존속기간 등이 등록된다.

채석권이란 타인 소유의 토지에서 암석을 채굴할 수 있는 권리로서 지상권에 관한 규정이 준용된다.

1) 조업할 수 있는 경우

광업권 및 채석권 등은 평가기준일 후 채굴가능연수에 평가기준일 전 3년간 평균소득(실적이 없는 경우에는 예상 순소득)을 각 연도마다 다음 계산식에 따라 환산한 금액의 합계액에 의한다.

$$환산가액 = \frac{각 \ 연도 \ 소득금액(평가기준일 \ 전 \ 3년간 \ 평균소득)}{(1 + 0.1)^n}$$

* n : 평가기준일부터의 채굴가능연수

 관련 예규·심판결정례 및 판례 등

☐ 광업권 평가시 순소득은 광물의 매출액에서 그 생산비용을 차감하여 계산하는 것이며, 이때「광물」
   이란 광업법 제3조에서 정하는 법정 광물을 말함(재삼 46014-278, 1996.1.31.).

☐ '평가기준일전 3년간 평균소득'은 광물의 매출액에서 그 광물의 채굴까지 소요되는 생산비용을 차감
   하는 것으로서, 광물의 판매비와 일반관리비는 생산비용에 포함되지 아니함(재삼 46014-867,
   1999.5.7.).

☐ 광업권의 평가시 예상순소득 계산방법(재산상속 46014-357, 2000.3.23.)
   예상순소득은 예상되는 광물의 매출액에서 그 광물의 채굴까지 소요되는 생산비용을 차감하여
   계산함. 다만, 조업할 가치가 없는 광업권의 경우에는 설비 등의 가액으로만 평가하는 것임.

☐ 광업권 평가시 적용되는 평가기준일 전 3년간의 평균소득의 의미(대법원 2008두7625, 2008.8.21.)
   평균소득에 관하여 명문의 규정이 없어 영업권평가시 적용되는 순손익의 개념을 차용하여 광
   업권 평가시의 평균소득도 소득금액의 개념이므로 평균소득의 산출시 매출액에서 매출원가와
   판매비 및 일반관리비를 제외하여야 함.

2) 조업할 수 없는 경우

조업할 가치가 없는 경우에는 설비 등에 의하여만 평가한 가액으로 한다.

광업권의 가액은 없더라도 광산 및 고정자산과 유동자산은 별도 평가하여야 한다.

제3절 : 그 밖의 조건부권리 등의 평가

조건부 권리란 조건이 성취될 지가 확정되지 아니하는 동안에 당사자 일방은 조건의
성취로 일정한 이익을 얻게 될 것을 기대하게 되는데 이러한 상태의 권리를 말한다. 조건
부권리는 이른바 기대권 또는 희망권의 일종이다.

조건부권리, 존속기간이 불확정한 권리, 신탁의 이익을 받을 권리 또는 소송중에 있는 권리 및 정기금을 받을 권리에 대하여는 당해 권리의 성질, 내용, 잔존기간 등을 기준으로 하여 그 가액을 평가한다.

1. 조건부 권리 등의 평가

조건부권리, 존속기간이 불확정한 권리 및 소송중인 권리의 가액은 다음과 같이 평가한다.

구 분	평가방법
조건부권리의 평가	본래의 권리가액을 기초로 하여 평가기준일 현재의 조건내용을 구성하는 사실, 조건성취의 확실성, 기타 제반사정을 감안한 적정 가액
존속기간이 불확정한 권리의 평가	평가기준일 현재의 권리의 성질, 목적물의 내용연수 기타 제반사항을 감안한 적정가액
소송중인 권리의 가액	평가기준일 현재의 분쟁관계의 진상을 조사하고 소송진행의 상황을 감안한 적정가액

 관련 예규·심판결정례 및 판례 등

❑ **주식매수선택권의 평가방법**(법규재산-1024, 2022.7.5., 재산세과-137, 2010.3.5.)

주식매수선택권의 가액은 본래 권리의 가액을 기초로 평가기준일 현재의 조건내용을 구성하는 사실, 조건성취의 확실성, 기타 제반사정을 감안하여 적정하게 평가한 가액으로 산정함.

【사실관계】

– 상장법인의 임직원이 상속 개시되어 당 임직원은 당사 법인의 스톡옵션을 부여받음.
– 스톡옵션 매수가격 : @10,000원, 1,000주(매수가액은 납부하지 않음)
– 상속개시일 현재 동 주식의 종가 : @20,000원
– 상속개시일 전후 2월 종가평균액 : @25,000원
– 실제 스톡옵션 행사가격 : @30,000원
○ 위와 같은 경우 상속개시일 현재 스톡옵션의 상속재산 평가방법은
  1) 스톡옵션을 상장주식으로 보아 상속개시일 전후 2월간의 종가평균액을 적용하여 [(25,000-10,000)×1,000주]로 평가하는지,
  2) 상속개시일 현재 종가를 적용하여 [(20,000-10,000) × 1,000주]를 적용하여 평가하는지

❑ **환매요청권의 평가방법**(재산세과-31, 2011.1.14.)

환매요청권(put option)의 가액은 상증법 제65조 제1항 및 상증령 제60조 제1호에 따라 본래

권리의 가액을 기초로 평가기준일 현재의 조건내용을 구성하는 사실, 조건성취의 확실성, 기타 제반사정을 감안하여 적정하게 평가한 가액으로 산정하는 것임.

> **사실관계**
>
> – 내국법인 A법인의 주식(상장주식), B법인의 주식(비상장주식)을 개인 甲이 소유하고 있으며 甲은 A법인과 B법인 주식에 대한 환매요청권(이하 풋옵션)의 최초취득자(권리자)에 해당
> – B법인은 A법인의 주식을 보유하고 있음.
> – 乙은 甲이 보유한 풋옵션의 의무자에 해당하며 甲은 丙(특수관계 있는 법인)에게 2010년 중 풋옵션을 매각하고자 하며 동 매각거래는 계속·반복성이 존재하지 아니함.
>   * 풋옵션 내역(A법인) : 액면가 5,000원, 행사가격 27,500원
>   * 풋옵션 내역(B법인) : 액면가 5,000원, 행사가격 27,500원

> **질의**
>
> – 甲은 丙에게 A법인의 풋옵션과 B법인의 풋옵션을 매각할 예정인데, 풋옵션의 평가방법은?

☐ 소송중인 권리는 법원의 판결에 따라 확정된 권리의 가액을 기초로 상속개시 당시의 현황에 따라 평가함(대법원 2002두110, 2004.4.9.).

구체적으로 소송중의 권리의 가액을 평가하는 방법에 관하여 아무런 규정을 두고 있지 아니하므로, 결국 소송중의 권리는 상속재산평가의 일반원칙에 따라 상속개시 당시의 현황, 즉 상속개시 당시의 시가에 의하여 산정할 수밖에 없을 것인데, 상속개시 당시에는 상속재산인 소송중의 권리가 그 권리의 존부나 범위를 둘러싸고 다툼이 있어 분쟁관계에 있었다고 하더라도 그 후 당해 과세처분취소소송의 변론종결 이전에 법원의 판결 등을 통하여 소송중의 권리의 내용과 범위가 구체적으로 확정되었다면, 다른 특별한 다른 사정이 없는 한, 판결에 따라 확정된 권리의 가액을 기초로 상속개시 당시의 현황에 의하여 소송중의 권리의 가액을 평가하여야 할 것이다(대법원 1993.4.13. 선고, 92누10982 판결 참조).

2. 가상자산

2022.1.1. 이후 상속이 개시되거나 증여받는 분부터 가상자산에 대한 평가방법을 신설하였다.

가. 가상자산의 정의

가산자산이란 특정 금융거래정보의 보고 및 이용 등에 관한 법률 제2조 제3호에 따라 경제적 가치를 지닌 것으로서 전자적으로 거래 또는 이전될 수 있는 전자적 증표(그에 관한 일체의 권리를 포함한다)를 말하며, 다음의 어느 하나에 해당하는 것은 제외한다.

㉠ 화폐·재화·용역 등으로 교환될 수 없는 전자적 증표 또는 그 증표에 관한 정보로

서 발행인이 사용처와 그 용도를 제한한 것

ⓛ 「게임산업진흥에 관한 법률」 제32조 제1항 제7호에 따른 게임물의 이용을 통하여 획득한 유·무형의 결과물

ⓒ 「전자금융거래법」 제2조 제14호에 따른 선불전자지급수단 및 같은 조 제15호에 따른 전자화폐

ⓔ 「주식·사채 등의 전자등록에 관한 법률」 제2조 제4호에 따른 전자등록주식등

ⓜ 「전자어음의 발행 및 유통에 관한 법률」 제2조 제2호에 따른 전자어음

ⓗ 「상법」 제862조에 따른 전자선하증권

ⓢ 거래의 형태와 특성을 고려하여 대통령령으로 정하는 것

나. 평가방법

① 특정 금융거래정보의 보고 및 이용 등에 관한 법률 제7조에 따라 신고가 수리된 가상자산사업자중 국세청장이 고시하는 가상자산사업자의 사업장에서 거래되는 가상자산 : 평가기준일 전·이후 각 1개월 동안에 해당 가상자산사업자가 공시하는 일평균가액의 평균액

② 그 밖의 가상자산 : ①에 해당하는 가상자산사업자 외의 가상자산사업자 및 이에 준하는 사업자의 사업장에서 공시하는 거래일의 일평균가액 또는 종료시각에 공시된 시세가액 등 합리적으로 인정되는 가액

3. 신탁의 이익을 받을 권리의 평가

신탁의 이익을 받을 권리의 가액은 다음에 의하여 평가한다.

다만, 2019.2.12. 이후 평가하는 분부터 평가기준일 현재 신탁계약의 철회, 해지, 취소 등을 통해 받을 수 있는 일시금이 다음 구분에 따라 평가한 가액보다 큰 경우에는 그 일시금의 가액에 의한다.

가. 원본과 수익을 받을 권리의 수익자가 같은 경우

평가기준일 현재 상속증여세법에 따라 평가한 가액(시가)에 의한다.

나. 원본과 수익을 받을 권리의 수익자가 다른 경우

1) 원본을 받을 권리를 수익하는 경우

원본을 받을 권리를 수익하는 경우에는 평가기준일 현재 상속증여세법에 따라 평가한 신탁재산의 가액에서 2)의 계산식에 따라 계산한 금액의 합계액을 뺀 금액에 의한다.

2) 수익을 받을 권리를 수익하는 경우

평가기준일 현재 기획재정부령으로 정하는 방법에 따라 추산한 장래에 받을 각 연도의 수익금에 대하여 수익의 이익에 대한 원천징수세액상당액등을 고려하여 다음의 계산식에 따라 계산한 금액의 합계액에 의한다.

$$\frac{\text{각 연도에 받을 수익의 이익} - \text{원천징수세액상당액}}{(1 + \text{신탁재산의 평균 수익률 등을 감안하여 기획재정부령으로 정하는 이자율})^n}$$

* 이자율 : 2017.3.10. 이후 연간 3%, 2017.3.9. 이전 연간 10%
* n: 평가기준일부터 수익시기까지의 연수

위의 계산식을 적용할 때 수익시기가 정해지지 않은 경우 평가기준일부터 수익시기까지의 연수는 정기금을 받을 권리를 평가할 때 적용하는 20년 또는 기대여명의 연수로 계산한다.

 관련 예규·심판결정례 및 판례 등

☐ **신탁된 유가증권의 배당금만을 수익자에게 지급할 경우 평가방법**(재재산−593, 2011.7.26.)

상장법인주식의 신탁계약에 따라 위탁자가 그 자녀를 수익자로 지정하고 해당 상장법인으로부터의 배당금을 분할하여 수익자가 지급받는 경우 그 신탁이익의 증여시기는 배당금의 실제 분할지급일이며, 증여재산가액은 수익자에게 실제 지급한 가액임.

다. 정기금을 받을 권리의 평가

정기금이란 정기적이고 반복적으로 금전이나 그 밖의 물건을 받을 것을 목적으로 하는 정기금 계약에 따라 받는 금전 등을 말한다. 정기금을 받을 권리의 가액은 다음의 정기금별 각 연도에 받는 정기금액을 현재가치 할인계산 산식에 따라 할인한 가액의 합계액으로 평가한다. 다만, 2019.2.12. 이후 평가하는 분부터 평가기준일 현재 계약의 철회, 해지,

취소 등을 통해 받을 수 있는 일시금이 다음 구분에 따라 평가한 가액보다 큰 경우에는 그 일시금의 가액에 의한다.

1) 유기정기금

정기금을 받을 기간이 정해져 있는 유기정기금은 그 잔존기간에 각 연도에 받을 정기금액을 기준으로 다음 현재가치 할인계산 산식에 의하여 환산한 가액의 합계액에 의한다. 매월 단위로 지급받는 정기금을 받을 권리의 평가는 첫 회 수령일로부터 1년 미만의 기간 중 지급받을 금액의 단순 합계액과 첫 회 수령일로부터 1년 이후부터 수령할 금액을 다음 계산식에 따라 평가한 가액을 합계하는 방식으로 평가하며, 이 경우 각 연도에 받을 정기금액은 1년 동안 지급받을 금액의 합계액을 적용한다(상속증여세과-247, 2019.3.20.). 다만, 그 가액은 1년분 정기금액의 20배를 초과할 수 없다.

$$\frac{\text{각 연도에 받을 정기금액}}{(1 + \text{보험회사의 평균공시이율 등을 감안하여 기획재정부령으로 정하는 이자율})^n}$$

* n : 평가기준일부터의 경과연수
* 이자율 : 2017.3.10. 이후 연간 3%, 2016.3.21.~2017.3.9. 3.5%,
  2016.3.20. 이전 6.5%

2) 무기정기금

정기금을 받을 기간이 정하여지지 아니한 무기정기금은 증여자 또는 수증자의 사망으로 인하여 효력이 상실된다(민법 §560). 이러한 무기정기금의 가액은 그 1년분 정기금액의 20배에 상당하는 금액으로 평가한다.

3) 종신정기금

종신정기금은 당사자 일방이 자기, 상대방 또는 제3자의 종신까지 정기로 금전 기타의 물건을 상대방 또는 제3자에게 지급할 것을 약정함으로써 그 효력이 생긴다(민법 §725).

종신정기금의 가액은 그 계약의 목적으로 된 자의 기대여명의 연수(2010.12.31. 이전 75세)까지의 기간 중 각 연도에 받을 정기금액을 기준으로 유기정기금에 대한 현재가치 할인계산식에 따라 환산한 가액의 합계액으로 평가한다.

라. 기타 따로 평가방법을 규정하지 아니한 재산의 평가

상속증여세법에서 따로 평가방법을 규정하지 아니한 재산의 가액은 상속증여세법 제

65조 제1항(조건부 권리 등에 대한 평가방법) 및 제60조부터 제64조까지에서 규정한 평가방법을 준용하여 평가한다.

 관련 예규·심판결정례 및 판례 등

❑ **연금형 보험금의 평가방법**(재산세과 - 492, 2011.10.19.)

상속연금형의 경우 연금 및 적립금을 받을 권리는 종신정기금을 받을 권리의 평가방법으로 평가하며 당해 적립금은 피보험자의 기대여명의 최종연도에 받을 정기금액에 포함되는 것임.

사실관계

- 父가 상속형연금에 일시납으로 10억원 가입하였다가 子로 계약자 및 수익자를 변경함.

구 분	변경 전	변경 후
계약자	아버지	큰아들
피보험자	큰아들	큰아들
수익자	아버지	큰아들
사망시 수익자	손자	손자

* 아버지가 보험가입시 10억원을 일시로 납입하고 매월 일정액의 연금을 받는 상품으로 피보험자인 큰아들이 사망하면 당초 일시불로 불입한 10억원을 손자에게 지급하는 형태의 보험임.
* 상기의 상속형연금은 언제든지 해지가 가능하며 해지환급금은 계약자인 큰아들에게 지급됨.

질의

- 계약자와 수익자를 아버지에서 큰아들로 변경할 경우 증여재산가액 평가는?

❑ 보험사고 발생 전에 상속이 개시되는 경우 피상속인에게 귀속되는 보험금을 지급받을 수 있는 권리의 가액은 상속개시일까지 피상속인이 불입한 보험료의 합계액과 불입한 보험료에 가산되는 이자수입상당액을 합계하여 평가함(재산세과 - 480, 2011.10.13.).

❑ **매월 단위로 지급받는 경우 정기금을 받을 권리의 평가방법**(재산세과 - 313, 2011.6.29.)

종신정기금을 매월 단위로 지급받는 경우 정기금을 받을 권리의 평가는 첫 회 수령일로부터 1년 미만의 기간 중 지급받을 금액의 단순 합계액과 첫 회 수령일로부터 1년 이후부터 수령할 금액을 상증규칙 제19조의2 제2항에 따라 평가한 가액을 합계하는 방식으로 평가하는 것임. 이 경우 각 연도에 받을 정기금액은 1년 동안 지급받을 금액의 합계액을 적용하며, 경과연수(n)는 상증령 제62조 제3호의 기대여명의 연수에서 1년을 차감한 연수를 적용함.

❑ **연금식복권 당첨금의 평가방법**(재산세과 - 767, 2010.10.19.)

복권 및 복권기금법에 따른 복권당첨금을 당첨금지급기간(20년) 동안 매월 일정액으로 수령하던 자가 사망으로 인하여 상속인에게 잔여복권당첨금을 매월 지급하는 경우 해당 금액은 상속세 과세대상이며, 이 경우 상속재산의 평가는 상속증여세법 시행령 제62조 제1호에 따라 평가

하는 것임. 다만, 상속인이 복권 당첨금을 일시금으로 수령하는 경우 기획재정부 복권위원회가
정하여 실제 수령하는 금액으로 평가하는 것임.

☐ 실질적 가치가 종신정기금이 아니라면 유기정기금으로 평가할 수 있음(대법원 2012두768, 2012.4.26.).
보험계약으로 받게 되는 정기금은 그 보험계약의 명칭이나 형식에도 불구하고 실질적인 측면
에서 20년 동안 금원을 정기적으로 지급받는 유기정기금으로 봄이 상당하고, 이와 같이 해석한
다고 하여 조세법규의 엄격해석의 원칙이나 조세평등의 원칙에 반한다고 할 수 없음.

제5장

저당권 등이 설정된 재산의 평가특례

제1절 : 개 요

저당권 등이 설정된 재산은 평가기준일 현재의 시가(또는 보충적 평가방법에 의한 평가액)와 해당 재산이 담보하는 채권액 등 중 큰 금액으로 평가한다. 채권자가 채권을 용이하게 회수하기 위하여 제공받는 담보물건의 가액은 채권액보다는 높을 것이므로 채권액은 통상 해당 재산가액의 범위 내에서 설정된다 할 것이다.

평가특례규정을 둔 취지는 상속 · 증여재산의 가액을 시가에 근접한 가액으로 평가하기 위한 목적과 해당 재산의 시가가 없어서 기준시가 등으로 평가할 경우 재산가액보다 납세자의 채무액(채권자에게는 채권액)이 더 많이 공제되는 것을 방지하기 위한 목적으로 볼 수 있다.

저당권 등이 설정된 재산의 평가방법을 요약하면 다음과 같다.

저 당 권	해당 재산이 담보하는 채권액(공동저당권 및 근저당권 제외)
공동저당권이 설정된 재산	$채권액 \times \dfrac{평가대상\ 재산가액}{공동저당권이\ 설정된\ 전체\ 재산가액}$
근저당권이 설정된 재산	1999.1.1. 이후 당해 재산이 담보하는 채권액
질권 설정재산 양도담보재산	해당 재산이 담보하는 채권액
전세권이 등기된 재산	등기된 전세금(임대보증금 포함)
담보신탁한 재산	우선수익자인 채권자의 수익한도금액

⇩

여러 개의 저당권 등이 설정된 재산의 평가방법 : 담보하는 채권액의 합계액

1. 저당권 등이 설정된 재산의 판단기준일

저당권 등이 설정되어 담보하는 채권액과 비교하여 평가할 상속재산 또는 증여재산에 해당하는가는 상속개시일 또는 증여일이 판단기준일이다. 상속ㆍ증여재산에 대한 시가의 범위를 평가기준일 전후 일정기간으로 정함에 따라 저당권 등이 설정된 재산인지 여부도 그 일정기간을 기준으로 판단하는 오류가 생길 수 있으나 저당권 등이 설정된 재산에 대한 평가특례규정은 평가기준일 현재 저당권 등이 설정된 재산에 한정하여 적용한다.

따라서 평가기준일 전날에 저당권 등이 말소되었거나 평가기준일의 다음 날에 저당권 등이 설정된 경우에는 평가특례규정을 적용하지 않는다. 이때 저당권 등은 적법하고 유효하게 설정된 저당권 등을 의미한다 할 것이므로 원인무효로서 말소되어야 할 저당권이 설정 등기된 재산은 채권액과 비교평가해서는 아니 될 것이다(대법원 89누6457, 1990.1.25.).

저당권 등이 설정된 재산의 평가특례규정은 자동차저당법 등에 따라 담보제공된 자동차 등 단기소모성재산에 대하여도 적용하고, 담보제공재산에 대한 채권액 등은 평가기준일 현재 설정되어 있는 채권액 등에 한하여 적용하며, 해당 채권액 등이 외화로 표시된 경우에는 평가기준일 현재 외국환거래법에 따른 기준환율 또는 재정환율에 따라 환산한 가액으로 평가한다(상증법 기본통칙 66-0…1).

 관련 예규ㆍ심판결정례 및 판례 등

❑ 증여일에 근저당권을 해지한 경우 평가특례가 적용됨(재산세과-714, 2010.9.30.).

❑ 증여일에 증여한 부동산에 근저당을 설정한 경우는 평가특례가 적용됨(증여등기접수 시각 이후에 설정된 재산도 동일자이면 포함)(재산세과-277, 2010.5.4.).

❑ 평가기준일 현재 설정되어 있는 채권액 등에 한하여 적용함(재산세과-533, 2010.7.22.).

❑ 평가기준일 전에 근저당권이 말소되거나 평가기준일 후(6월 이내)에 근저당권이 설정된 경우에는 평가특례규정이 적용되지 아니함(재산 46014-2050, 1998.10.23.).

❑ 평가기준일 후에 근저당권 등기한 경우 채권최고액으로 평가할 수 없음(국심 93서1996, 1993.12.30.).
　　➡ 물권변동은 등기를 하여야만 효력이 발생하기 때문임.

❑ 저당권 등이 설정된 재산에 대하여 담보채권액을 기준으로 평가한 가액과 보충적 평가액 중 큰 금액으로 순자산가치를 평가한 것은 잘못이 없음(대법원 2017두31866, 2017.4.28.).

❑ 평가기준일에 근저당권을 설정하였어도 담보하는 채권액에 해당함(대법원 2013두1850, 2013.6.13.).

2. 다수의 저당권 등이 설정된 재산의 평가

하나의 평가대상 재산에 다수의 저당권·근저당권이 설정되거나 전세권 등이 등기된 경우에는 그 담보하는 채권액의 합계액을 채권액으로 보아 해당 재산의 시가 또는 시가가 없는 보충적 평가가액 중 큰 금액으로 평가한다.

3. 1997~1998년 기간 중 증여재산의 평가특례 적용 여부

1997.1.1.부터 시행한 상속증여세법 제66조에서 저당권 등이 설정된 재산을 "상속재산"으로만 규정하였는 바 과세관청에서는 평가특례규정의 취지와 1996년 이전 귀속분 및 1999년 이후 귀속분과의 평가 형평성을 감안하여 증여재산에 대해서도 평가특례규정을 적용하도록 해석을 하였다. 그러나 대법원에서는 관련 규정을 엄격하게 해석하여 1997년부터 1998년까지 기간 중에 증여재산을 평가하는 경우에는 평가특례규정을 적용하지 아니한다고 판결하였다(대법원 2000두10489, 2002.1.25.).

1999.1.1. 이후에는 다음과 같이 '재산'으로 개정하여 증여재산에 대해서도 평가특례규정이 적용됨을 명확히 하였다.

1982.1.1.~1998.12.31.	1999.1.1.~현재
법 제66조 【저당권 등이 설정된 재산의 평가특례】 저당권 등이 설정된 상속재산은 당해 재산이 담보하는 채권액 등을 기준으로 대통령령이 정하는 바에 의하여 평가한 가액과 제60조의 규정에 의하여 평가한 가액 중 큰 금액을 그 재산의 가액으로 한다.	법 제66조 【저당권 등이 설정된 재산의 평가특례】 상속재산 → 재산

제**2**절 : **저당권이 설정된 재산의 평가**

저당권이란 채권자가 채무자 또는 제삼자가 점유를 이전하지 아니하고 채무의 담보로 제공한 부동산에 대하여 다른 채권자보다 자기채권의 우선변제를 받을 권리를 말한다(민법 §356). 민법상 저당권의 목적물이 되는 재산은 부동산, 지상권 및 전세권, 입목, 어업권,

광업권, 등기된 선박, 자동차, 항공기, 중기, 여러 가지의 재단저당법에 의한 재단 등이 된다.

저당권이 설정된 재산은 평가기준일 현재 해당 재산이 담보하고 있는 채권액과 시가(시가를 산정하기 어려운 재산은 기준시가 등 보충적 평가가액) 중 큰 금액으로 평가한다.

이 경우 채권액이란 등기부 또는 등록부 등에 기재되어 있는 채권액을 의미한다.

제 3 절 : 공동저당권이 설정된 재산의 평가

공동저당권이란 동일한 채권의 담보로서 2 이상의 부동산 등에 설정된 저당권을 말하며, 이러한 공동저당권이 설정된 재산은 해당 재산들이 담보하는 채권액을 평가대상 재산의 가액으로 안분하여 평가한다.

근저당권이 설정된 재산이 공유물로서 공유자와 공동으로 그 재산을 담보로 제공한 경우에는 그 재산이 담보하는 채권액 중 각 공유자의 지분비율에 상당하는 금액을 그 채권액으로 한다.

그리고 평가할 재산과 그 외의 재산에 동일한 공동저당권 등이 설정되어 있거나 동일한 채무를 담보하기 위하여 양도담보된 경우 평가할 재산이 담보하는 채권액은 전체 채권액을 평가할 재산과 그 외 재산의 가액(평가기준일 현재 법에 의한 평가액을 말한다)으로 안분하여 계산한다(상증법 기본통칙 66 – 63…3).

$$\text{담보하는 채권액} \times \frac{\text{평가대상 재산가액}}{\text{담보하는 전체 재산가액}}$$

제**4**절 : 근저당권이 설정된 재산의 평가

저당권은 그 담보할 채무의 최고액만을 정하고 채무의 확정을 장래에 보류하여 이를 설정할 수 있는데 이를 근저당권이라 한다. 이 경우에는 채무가 확정될 때까지의 채무의 소멸 또는 이전은 저당권에 영향을 미치지 아니한다(민법 §357).

저당권은 특정의 채권을 담보하는 것이며 근저당권은 장래의 변동하는 불특정의 채권을 일정한도액(채권최고액)까지 담보하는 것이다. 근저당계약을 체결하고 그에 따른 등기·등록을 하기 전이라면 민법상 물권변동이 생기지 아니하였으므로 근저당권이 설정된 재산에 해당하지 아니한다.

1999.1.1.부터 근저당권이 설정된 재산의 평가방법을 저당권이 설정된 재산과 마찬가지로 평가기준일 현재 해당 재산이 담보하고 있는 채권액(채권의 잔액)과 해당 재산의 시가 등과 비교하여 큰 금액으로 평가한다.

1991.1.1.부터 1998.12.31.까지의 기간 중에는 당해 근저당권을 설정하기 위하여 감정평가업자가 감정한 가액(2 이상의 감정가액이 있을 때에는 최고의 감정가액)과 해당 재산의 시가 등과 비교하여 큰 금액으로 평가하였던 바, 이는 수년 전에 근저당권을 설정하면서 감정하였던 감가상각대상 재산의 경우에 과대평가되는 문제와 시가로 인정되는 2 이상의 감정가액의 평균액과 근저당권 설정시의 감정가액을 다시 비교하여 평가하는 문제 등을 보완하기 위한 조치로 볼 수 있다.

1. 채권최고액이 담보하는 채권액보다 적은 경우

근저당권이 설정된 재산이 담보하는 채권액이란 평가기준일 현재 남아있는 채권액을 의미한다. 따라서 근저당권이 설정된 재산의 경우에도 평가기준일 현재 남아있는 채권액이 없으면 시가 또는 보충적 평가가액으로 평가하는 것이다.

다만, 당해 재산에 설정된 근저당의 채권최고액이 담보하는 채권액보다 적은 경우에는 채권최고액으로 평가하는 바, 이는 채권최고액을 초과하는 채권액은 채무자의 신용 등을 감안하여 대출한 점 등을 고려한 것으로 볼 수 있다.

2. 신용보증기관의 보증이 있는 경우

해당 재산에 설정된 물적담보 외에 신용보증기관[41]의 보증이 있는 경우에는 담보하는 채권액에서 해당 신용보증기관이 보증한 금액을 차감한 가액을 담보하는 채권액으로 한다.

 관련 예규·심판결정례 및 판례 등

❑ 근저당권이 설정된 재산의 평가방법(재재산 46014 - 54, 2001.2.26.)
  - 상속재산이 담보하는 채권액과 공시지가 중 큰 금액으로 평가할 때에 "담보하는 채권액"이란(상증령 §63 ① 3호에 반영)
  • 상속개시일의 채권액이 채권 최고액을 초과할 경우에는 채권최고액을,
  • 신용보증기관이 보증한 경우에는 그 보증액을 채권액에서 차감하며,
  • 상속재산과 다른 재산이 공동담보하는 경우에는 채권액을 그 공동담보 재산가액으로 안분하여 상속재산이 담보하는 채권액을 계산함.

❑ 근저당권이 설정된 재산의 채권액은 평가기준일의 채권잔액임(재산세과 - 178, 2011.4.7.).

---

41) 신용보증기관(법인세법 시행령 제63조 제1항)
  1. 제61조 제2항 제18호부터 제23호까지 및 제29호의 법인
  2. 「주택도시기금법」에 따른 주택도시보증공사
  3. 「사회기반시설에 대한 민간투자법」에 의한 산업기반신용보증기금
  4. 「지역신용보증재단법」 제35조에 따른 신용보증재단중앙회
  5. 「엔지니어링산업 진흥법」에 따른 엔지니어링공제조합
  6. 「소프트웨어산업 진흥법」에 의한 소프트웨어공제조합
  7. 「방문판매 등에 관한 법률」에 의한 공제조합
  8. 「한국주택금융공사법」에 의한 한국주택금융공사
  9. 「건설산업기본법」에 따른 공제조합
  10. 「전기공사공제조합법」에 따른 전기공사공제조합
  11. 「산업발전법」에 따른 자본재공제조합
  12. 「소방산업의 진흥에 관한 법률」에 따른 소방산업공제조합
  13. 「정보통신공사업법」에 따른 정보통신공제조합
  14. 「건축사법」에 따른 건축사협회

제 5 절 질권 설정 또는 양도담보된 재산의 평가

질권이란 채권자가 채권의 담보로 채무자 또는 제3자가 제공한 동산을 점유하고 그 동산에 대하여 다른 채권자보다 자기채권의 우선변제를 받을 권리를 말한다(민법 §329). 또한 질권은 재산권을 그 목적으로 할 수 있으나, 부동산의 사용 · 수익을 목적으로 하는 권리는 그러하지 아니하다(민법 §345).

양도담보란 채권자가 채권을 담보하기 위하여 담보목적 물건의 소유권을 채권자에게 이전하고 채무자가 해당 채무를 이행하지 아니하면 그 목적물로 우선 변제를 받고 채무를 이행하면 목적물의 소유권을 채무자에게 넘겨주는 것을 말한다.

이러한 질권이 설정된 재산 또는 양도담보된 재산은 해당 재산이 평가기준일 현재 담보하고 있는 채권액과 해당 재산의 시가 등 중에서 큰 금액으로 평가한다.

제 6 절 전세권이 등기된 재산의 평가

전세권은 전세금을 지급하고 타인의 부동산을 그 용도에 따라 사용 · 수익하는 용익물권이며, 전세권은 보통 부동산소유자와 전세권취득자 사이에 설정계약과 등기에 의하여 설정 · 취득된다(민법 §303).

이러한 전세권이 설정된 재산은 등기된 전세금과 평가기준일 현재 해당 재산의 시가 등 중에서 큰 금액으로 평가하며, 이때 전세권이 설정된 재산에는 임대보증금을 받고 임대한 재산을 포함하게 되므로 전세금에는 임대보증금도 포함된다.

제7절 : 담보신탁 계약이 설정된 재산

2019.1.1. 이후 상속이 개시되거나 증여받는 분부터 위탁자의 채무이행을 담보하기 위하여 수탁으로 운용하는 내용으로 체결되는 신탁계약을 체결한 재산의 경우 신탁계약 또는 수익증권에 따른 우선수익자인 채권자의 수익한도금액을 담보하는 채권액으로 하여 그 가액과 평가기준일 현재 시가 등과 비교하여 큰 가액으로 평가한다.

이 경우 적용대상은 자본시장법 제103조 제1항 제5호(부동산) 또는 제6호(지상권, 전세권, 부동산임차권, 부동산소유권 이전등기청구권, 그 밖의 부동산 관련 권리)에 따른 재산을 말한다.

관련 예규·심판결정례 및 판례 등

❑ 담보설정된 선박의 평가방법(서면법규과-635, 2014.6.24.)

　담보채권가액이 실제가액보다 비정상적으로 크다는 예외적인 사실을 납세자가 입증한다면 상증법 제66조의 적용을 배제하며 장기운송계약이 체결되어 있고 매매사례가액을 확인할 수 없는 선박을 감정평가법에 따라 평가한 것이 객관적이고 합리적인 가액에 해당할 경우 위 실제가액의 범위에 포함되는 것이나, 이에 해당하는지 여부는 사실판단사항임.

❑ 증여시점에서 재산이 담보하는 채권액이 재산의 실제가액보다 크다는 사실을 납세자가 입증하는 경우 저당권 등이 설정된 재산에 대한 평가특례는 적용하지 않음(재재산-799, 2012.9.28.).

❑ 무체재산권과 부동산 및 예금이 공동담보로 제공된 경우 부동산이 담보하는 채권액은 전체 채권액에서 예금 및 무체재산권의 평가액을 공제한 금액임(재재산-257, 2008.6.4.).

❑ 3자의 채무 담보목적으로 저당권 설정한 경우에도 특례규정 적용함(재재산 46014-207, 2001.8.21.).

❑ 다른 자의 채무에 대한 담보원용을 받은 경우 채권액 의미(재재산 46014-233, 2001.9.21.)

　동일한 채권을 담보하기 위하여 평가대상 재산에 물적담보가 설정된 것 외에 평가대상 재산의 담보력이 부족하여 타사로부터 담보원용을 받은 경우 평가할 재산이 담보하는 채권액은 전체 채무액에서 담보원용받은 금액으로 인하여 발생한 실채무액을 차감함.

❑ 부동산을 담보로 제공하고 어음을 할인한 경우 그 어음할인액은 당해 재산이 담보하는 채권액에 포함됨(서일 46014-10283, 2003.3.12.).

❑ 신용대출금액은 증여일 현재 당해 재산이 담보하는 채권액에 포함됨(법규과-1752, 2006.5.8.).

(질의) 담보하는 채권액이 7.8억원인지 5.1억원인지? ⟹ 7.8억원임
- 2002년 증여재산을 담보로 제공하고 8억원 대출받음(채권최고액 10억원).
  • 여러 가지 형태의 금융거래를 포괄하는 근저당 설정계약 체결
- 2003년 추가로 3억원을 신용대출받음.
- 2005년 증여일 현재 채권잔액 7.8억원(2002년 대출금 5.1억, 2003년 대출금 2.7억)

❑ 1997~1998년 기간중 증여재산의 경우 평가특례규정을 적용할 수 없음(대법원 2000두10489, 2002.1.25).

❑ 비상장주식 자체에 저당권 등이 설정되지 아니한 경우, 당해 법인의 순자산가액 평가시까지 저당권 등 설정된 재산의 평가특례규정을 적용하는 것은 아님(대법원 95누5301, 1996.5.10. 외 다수).

  ⇨ 1999.1.1. 이후 상증령 제55조에서 순자산가액 계산시 평가특례규정이 적용됨을 명확히 함.

제**5**편

신고·납부 및 결정

제1장

상속증여세 과세표준 신고

납세의무를 확정하는 방법은 납세의무자의 신고에 의하여 확정하는 신고납부방식과 정부가 확정하는 정부부과방식으로 나뉜다. 상속세와 증여세의 경우 정부부과방식을 취하고 있으나 납세의무자에게 신고와 납부의 의무는 신고납부방식과 동일하게 부여하고 의무를 해태하는 경우 가산세 등 불이익도 같이 적용하고 있다.

상속세와 증여세의 경우 납세의무자의 신고납부의무가 협력의무에 불과하지만 이를 제대로 이행하지 아니한 경우 가산세 등의 불이익은 다른 세목과 동일하며 다만, 과세표준과 세액에 탈루 또는 오류가 있는 경우 상속세와 증여세는 납세의무자의 경정 등 청구가 없더라도 납세지 관할세무서장이 경정 등을 통해 바로 잡을 수 있다.

상속세와 증여세의 과세표준 신고기한과 납부기한은 1997.1.1. 이후 6개월과 3개월로 차이가 있지만 각각의 신고와 납부의 기한은 동일하며 요약하면 다음과 같다.

신고의무자	신고 · 납부 기한
상속인 · 수유자	상속개시일이 속하는 달의 말일부터 6개월(피상속인 또는 상속인 전원이 외국에 주소를 둔 경우 9개월) 이내
유언집행자 · 상속재산관리인	직무를 시작한 날을 상속개시일로 하여 계산
증여세 납세의무자	증여받은 날이 속하는 달의 말일부터 3개월 이내

제 **1** 절 **상속세 과세표준 신고**

1. 신고의무자

상속인 또는 유증을 받은 자(사망으로 인하여 효력이 발생하는 증여에 의하여 재산을 취득하는 자를 포함하며, 이하 "수유자"라 한다)는 상속세 과세표준 신고의무가 있으며, 상속인의 유무가 불분명하거나 상속인이 상속재산을 처분할 권능이 없을 때에는 유언집행자 또는 상속재산관리인이 상속세과세표준신고 및 자진납부계산서의 제출의무를 진다.

이 경우에 민법상 상속을 포기한 자도 상속인에 포함되며, 법정상속인이 없어 특별연고자가 상속재산을 받았거나 받을 경우에 특별연고자도 상속세 신고의무가 있으나 상속세가 면제되는 영리법인에게는 신고의무도 면제된다고 볼 수 있다.

2. 상속세 신고기한

가. 신고기한의 기산일

상속세과세표준의 신고와 납부기한의 기산일은 상속개시일 또는 실종선고일이 되며 초일을 불입하고 계산한다. 이 경우 상속개시일은 피상속인의 사망일을 의미하는 것이므로 상속인들이 상속의 개시를 알거나 상속재산이 있음을 알게 된 날 또는 상속재산의 등기 등을 한 날이 아니다. 다만, 유언집행자 또는 상속재산관리인이 지정 또는 선임이 된 경우에는 상속세과세표준 신고기한 내에 지정되거나 선임되는 경우에 한정하여 그 지정되거나 선임되는 날부터 계산한다.

 관련 예규 · 심판결정례 및 판례 등

☐ 가정법원 결정으로 상속인이 되는 특별연고자의 경우 상속개시일(조심 2021서5847, 2022.7.19.)
　상속세 신고기한 이내에 상속재산관리인이 선임되고 상속개시후 4년 경과하여 특별연고자로서 상속재산을 받은 경우 상속세 신고기간은 상속재산관리인에 대해서는 그들이 상속세 신고기간 내에 지정되거나 선임되는 경우에 한정하며 그 지정되거나 선임되는 날부터 계산함.

☐ 신고기한이 지난 후 상속재산관리인이 선임된 경우 신고기한 기산일은 상속재산관리인으로 선임되어 직무를 시작한 날이 아니라 상속개시일임(대법원 2012두2498, 2014.8.26.).

나. 피상속인이 국내에 주소를 둔 경우

피상속인이 거주자인 경우 상속인 또는 수유자는 상속개시일이 속하는 날의 말일부터 6개월 이내에 상속세과세표준신고 및 자진납부계산서를 제출하여야 한다. 2008.12.31. 이전 상속개시분의 경우 상속개시일부터 6월이 되는 날이 신고기한이었다.

다. 피상속인이 국외에 주소를 둔 경우 등

피상속인이 비거주자인 경우 상속인 또는 수유자는 상속개시일이 속하는 날의 말일부터 9개월 이내에 상속세과세표준신고 및 자진납부계산서를 제출하여야 한다.

피상속인이 거주자인 경우에도 상속인 모두가 외국에 주소를 둔 경우에는 상속개시일이 속하는 날의 말일부터 9개월 이내에 제출하여야 한다(상증법 기본통칙 67-0…1).

라. 신고기한 이내에 상속인이 확정되지 아니한 경우

신고기한까지 상속인이 확정되지 아니한 경우에 상속세과세표준신고 및 자진납부계산서 등을 상속개시일이 속하는 날의 말일부터 6개월 이내에 제출하고 이와 별도로 상속인이 확정된 날부터 30일 이내에 확정된 상속인의 상속관계를 적어 제출하여야 한다.

3. 상속세 과세표준 신고서류

상속세과세표준신고 및 자진납부계산서에 세액의 산출근거 등을 기재하고, 상속재산의 명세, 사망 전 증여받은 재산의 명세 및 각종 공제와 관련한 증명서류를 함께 제출하여야 한다. 이 경우 공동상속인 중 1인이 상속세신고서 등의 서류를 제출한 때는 다른 상속인들도 신고한 것으로 본다.

- 상속세과세표준신고 및 자진납부계산서
- 피상속인의 제적등본·상속인의 가족관계기록사항에 관한 증명서
- 상속인별 상속재산명세 및 그 평가명세서
- 채무사실 입증서류
- 배우자의 상속재산이 분할된 경우 상속재산분할명세 및 그 평가명세서
- 가업상속, 영농상속 등 기타 법에 의한 제출서류(상증령 §64 ② 5호)

* 신고에 필요한 서식은 국세청 홈페이지(www.nts.go.kr)에서 다운받아 받아 사용할 수 있으며, 전자정부법 제36조 제1항에 따른 행정정보의 공동이용을 통하여 상속인의 가족관계기록사항에 관한 증명서를 확인할 수 있다.

4. 관할세무서를 위반한 신고서의 제출

상속세과세표준신고 및 자진납부계산서는 상속증여세법 제6조의 규정에 의한 납세지 관할세무서장에게 제출하여야 하지만 이러한 납세지 관할세무서장 외의 세무서장에게 신고한 경우에도 신고의 효력은 있다(국세기본법 §43 ②).

제 2 절 : 증여세 과세표준 신고

1. 신고의무자

증여세 납세의무자인 수증자가 증여세과세표준신고 및 자진납부계산서를 제출하여야 한다. 영리법인의 경우 증여받은 재산에 대한 증여세를 면제하므로 신고의무가 없으나 공익법인이 아닌 비영리법인은 신고납부의무가 있으므로 신고기한 내에 신고를 하여야 한다.

또한 거주자가 비거주자에게 재산을 증여한 경우 또는 명의신탁재산에 대하여 증여의 제하는 경우 등은 증여자가 증여세 연대납세의무를 부담하게 되므로 증여세 신고납부의무도 있다 할 것이다. 신고납부를 해태한 것에 대한 가산세 등의 불이익을 증여자가 동일하게 부담하기 때문이다.

2. 일반적인 경우 신고기한

증여세 납세의무자는 증여재산을 취득한 날(증여일)이 속하는 달의 말일부터 3개월 이내에 증여세과세표준과 세액을 납세지 관할세무서장에게 신고하여야 한다. 증여세의 경우 상속세와는 다르게 수증자가 거주자인지 비거주자인지에 관계없이 신고기한은 동일하다.

1996.12.31. 이전 증여분의 경우에는 상속세와 같이 거주자는 6월 이내에 신고하고 비거주자는 9월 이내에 신고하도록 하였으나, 증여세의 경우 세액을 산출하는 데 많은 시간이 소요되지 아니하고 신고기한이 장기인 것을 악용하여 주식을 증여하고 주가가 하락하면 신고기한 이내에 반환받고 다시 증여하는 등으로 변칙증여하는 것을 방지하기 위하여

1997.1.1.부터 3월 이내로 단축하였다. 증여세의 신고기한은 신고에 따른 혜택과 불이익 외에 증여재산의 반환과 재증여에 따른 증여세 과세 여부와 관련이 있다.

3. 주식 등의 상장 등에 따른 이익 등의 신고기한

주식 등의 상장 등에 따른 이익, 합병에 따른 상장 등 이익에 대한 증여세의 경우 신고기한은 해당 증여이익의 정산기준일이 속하는 날의 말일부터 3개월이 되는 날이다. 이 때 정산기준일은 상장일 또는 합병등기일을 의미한다.

또한 특수관계법인과의 거래를 통한 이익의 증여의제 및 특정법인과의 거래를 통한 이익의 증여의제의 경우 신고기한은 수혜법인의 법인세법상 법인세과세표준 신고기한이 속하는 달의 말일부터 3개월이 되는 날이다.

특수관계법인으로부터 제공받은 사업기회로 발생한 이익의 증여의제에 대한 증여세 과세표준의 신고기한은 개시사업연도의 법인세법 제60조 제1항에 따른 과세표준의 신고기한이 속하는 달의 말일부터 3개월이 되는 날이며, 정산증여의제이익에 대한 증여세 과세표준의 신고기한은 정산사업연도의 법인세법 제60조 제1항에 따른 과세표준의 신고기한이 속하는 달의 말일부터 3개월이 되는 날이다.

4. 증여세 과세표준 신고서류

증여세과세표준신고 및 자진납부계산서에 세액의 산출근거 등을 기재하고, 증여받은 재산의 명세 및 각종 공제와 관련한 증명서류를 함께 제출하여야 한다.

 관련 예규·심판결정례 및 판례 등

☐ 증여자를 다르게 하여 신고한 경우 당초 증여세가 무신고인지 여부(상속증여세과-140, 2014.5.9.)
　 재산을 증여받고 증여세를 신고·납부한 이후 해당 증여자로 신고한 자가 명의수탁자임이 확인 되는 경우 실제소유자가 증여한 것으로 보며, 당초 명의수탁자를 증여자로 기재한 증여세 신고를 무신고로 보지는 않는 것임.

제 **3** 절 : 기한 후 신고 및 수정신고

1. 기한 후 신고

가. 개 요

납부불이행에 따른 가산세는 대부분 납부기한의 다음 날부터 자진납부일 또는 납세고 지일까지의 기간(무납부 기간)에 이자율을 적용하여 계산하도록 하고 있다. 납세의무자 가 법정신고납부기한까지 과세표준과 세액을 신고하지 아니한 경우 과세관청에서 고지 를 하기 전까지 납부하지 않은 세금을 납부할 수 없어서 가산세를 계속 부담해야 하는 문제가 있어 1999.8.31. 국세기본법 제45조의3에서 기한 후 신고제도를 신설하였다.

나. 신고대상 및 신고기한

법정신고기한까지 과세표준신고서를 제출하지 아니한 자는 관할 세무서장이 세법에 따라 해당 국세의 과세표준과 세액을 결정하여 통지하기 전까지 기한 후 과세표준신고서를 제출 할 수 있다. 다만, 자산재평가법 제15조에 따른 재평가신고의 경우에는 그러하지 아니하다.

다. 가산세의 감면

기한 후 과세표준신고서를 제출한 자로서 세법에 따라 납부하여야 할 세액이 있는 자 는 기한 후 과세표준신고서 제출과 동시에 그 세액을 납부하여야 한다.

법정신고기한이 지난 후 기한 후 신고(2014.12.31. 이전에는 납부하여야 함)를 한 경우 에는 다음의 구분에 따른 금액을 감면한다(무신고에 따른 가산세만 해당하며, 과세표준 과 세액을 결정할 것을 미리 알고 기한 후 과세표준신고서를 제출한 경우는 제외한다).

2019.12.31. 이전	2020.1.1. 이후
○ 법정신고기한 경과 후	○ 법정신고기한 경과 후
- 1개월 이내 : 50% 감면	- 1개월 이내 : 50% 감면
- 1개월 초과 6개월 이내 : 20% 감면	- 1개월 초과 3개월 이내 : 30% 감면
	- 3개월 초과 6개월 이내 : 20% 감면

라. 결 정

기한 후 과세표준신고서를 제출한 경우(납부할 세액이 있는 경우에는 그 세액을 납부한 경우만 해당한다) 관할 세무서장은 세법에 따라 신고일부터 3개월 이내에 해당 국세의 과세표준과 세액을 결정 또는 경정하여 신고인에게 통지하여야 한다. 다만, 그 과세표준과 세액을 조사할 때 조사 등에 장기간이 걸리는 등 부득이한 사유로 신고일부터 3개월 이내에 결정 또는 경정할 수 없는 경우에는 그 사유를 신고인에게 통지하여야 한다.

2. 수정신고

가. 개 요

납세의무자가 법정신고기한 이내에 과세표준과 세액을 신고한 후에 그 신고내용에 오류 또는 누락 등이 있어 추가적으로 납부할 세액이 있는 경우 납세의무자가 스스로 수정할 수 있도록 하는 제도이다. 납세의무자 입장에서는 가산세 부담을 줄일 수 있고 과세관청은 조사하여 결정하는 등에 따른 행정비용을 줄 일 수 있는 제도라 하겠다.

나. 신고대상 및 신고기한

상속증여세 과세표준신고서를 법정신고기한까지 제출한 자 및 기한 후 과세표준신고서를 제출한 자는 다음의 어느 하나에 해당할 때에는 관할세무서장이 각 세법에 따라 해당 국세의 과세표준과 세액을 결정 또는 경정하여 통지하기 전으로서 부과제척기간이 끝나기 전까지 과세표준수정신고서를 제출할 수 있다.

① 과세표준신고서 또는 기한 후 과세표준신고서에 기재된 과세표준 및 세액이 세법에 따라 신고하여야 할 과세표준 및 세액에 미치지 못할 때
② 과세표준신고서 또는 기한 후 과세표준신고서에 기재된 결손금액 또는 환급세액이 세법에 따라 신고하여야 할 결손금액이나 환급세액을 초과할 때
③ 그 밖에 원천징수의무자의 정산 과정에서의 누락, 세무조정 과정에서의 누락 등 불완전한 신고를 하였을 때(경정 등의 청구를 할 수 있는 경우는 제외한다)

다. 가산세의 감면

법정신고기한이 지난 후 수정신고한 경우에는 다음의 구분에 따른 금액을 감면한다(과

소신고·초과환급신고 가산세만 해당하며, 과세표준과 세액을 경정할 것을 미리 알고 과세표준수정신고서를 제출한 경우는 제외한다).

2019.12.31. 이전	2020.1.1. 이후
○ 법정신고기한 경과 후 　- 1개월 이내 : 50% 감면 　- 6개월 초과 1년 이내 : 20% 감면 　- 1년 초과 2년 이내 : 10% 감면	○ 법정신고기한 경과 후 　- 1개월 이내 : 90% 감면 　- 1개월 초과 3개월 이내 : 75% 감면 　- 3개월 초과 6개월 이내 : 50% 감면 　- 6개월 초과 1년 이내 : 30% 감면 　- 1년 초과 1년 6개월 이내 : 20% 감면 　- 1년 6개월 초과 2년 이내 : 10% 감면

제4절 : 신고세액공제

상속증여세 과세표준 신고기한 이내에 신고서를 제출하는 경우 신고한 과세표준에 대한 상속증여세 산출세액에서 공제·감면세액 등을 뺀 금액에 다음 공제율을 곱하여 계산한 금액에 대하여 신고세액공제를 적용한다.

신고세액공제는 자진납부를 공제요건으로 하는 것이 아니므로 과세표준신고서를 제출하고 납부할 세액을 납부하지 아니한 경우에도 신고세액공제를 적용한다.

수정신고한 과세표준에 대해서는 신고세액공제를 적용하지 않는다.

1. 신고세액 공제액

법정신고기한 이내에 제출한 상속증여세 과세표준신고서에 따른 산출세액에서 징수유예세액 및 각종 공제 또는 감면되는 금액을 뺀 세액에 공제율을 곱하여 계산한 금액을 신고세액공제액으로 한다.

상속개시일 또는 증여시기별 신고세액 공제율은 다음과 같다.

상속개시일 또는 증여일	2016.12.31. 이전	2017.1.1.~ 2017.12.31.	2018.1.1.~ 2018.12.31.	2019.1.1.~
공제율	10%	7%	5%	3%

$$\begin{array}{c} \text{신고세액} \\ \text{공 제 액} \end{array} = \left[\begin{array}{c} \text{상속증여세} \\ \text{산출세액} \end{array} - \begin{array}{c} \text{지정문화재자료 등의} \\ \text{징수유예 세액} \end{array} - \text{공제 · 감면세액} \right] \times \text{공제율}$$

2. 신고한 과세표준 및 산출세액의 의미

신고한 과세표준이란 법정신고기한 이내에 제출한 상속증여세 과세표준신고 및 자진납부계산서에 기재한 과세표준을 말하되, 신고한 과세표준에 포함되어 있는 상속(증여)재산의 평가가액의 차이 및 각종 공제액의 적용상 오류 등으로 인하여 과다하게 신고금액은 신고한 과세표준에서 제외한다.

공동상속인이 상속재산의 과세표준과 세액을 신고함에 있어 각자의 지분별로 각각 신고한 경우에도 지분별로 신고한 상속재산을 합산하여 이를 기준으로 신고세액공제를 적용한다(상증법 기본통칙 69-0…1).

증여받은 재산에 대한 증여세를 신고한 경우로서 동 증여재산을 상속세 과세표준에 합산하여 신고하지 아니한 경우 또는 동일인의 재차증여에 따른 합산신고를 하지 아니한 경우에는 종전 증여재산에 대하여 상속세 또는 재차증여에 따른 증여세에 대한 신고세액공제는 적용하지 아니한다. 합산신고를 이행하지 아니한 경우 해당 기납부증여세액은 상속세 또는 증여세 산출세액에서 빼는 각종 공제 · 감면세액에도 포함하지 아니한다.

산출세액이란 위와 같이 계산한 과세표준에 해당 세율을 적용한 금액을 말하며 세대를 생략한 상속 또는 증여에 따른 할증과세액을 포함한다.

상속세 또는 증여세 과세표준 신고기한이 도래하기 전에 국세징수법 제14조에 따른 납기 전 징수사유가 발생하여 과세표준과 세액을 결정받은 후 신고기한 이내에 과세표준 신고서를 제출하는 경우 신고세액공제를 적용할 수 있는가에 대한 논란이 생길 수 있다. 신고세액공제는 신고기한까지 제출하는 과세표준신고서에 따라 적용하는 것이고 법령에 별도의 규정이 없는 한 납세자에게 부여된 기간이익은 박탈할 수 없으므로 신고세액공제를 적용하는 것이 합리적이라 생각된다.

 관련 예규 · 심판결정례 및 판례 등

❑ 소송 등으로 상속재산이 신고기한까지 미확정되어 판결일로부터 1개월 내에 상속세 기한 후 신고한 경우 신고세액공제 적용할 수 없음(법령해석과-1176, 2016.4.8.).

❑ 신고누락한 재산이 있는 경우 신고세액 공제방법(재재산 - 118, 2014.2.12.)

신고기한 내 상속재산 일부를 신고누락한 경우 신고세액공제는 결정산출세액 중 신고한 과세표준에 대한 산출세액을 기준으로 함(갑설 타당함).

[질의]

상속재산 일부 신고누락시 신고세액공제액의 계산방법

(갑설) 당초 신고한 신고 산출세액 기준

(을설) 신고 누락분을 포함함에 따라 누진세율 적용으로 증가한 결정 산출세액 중 신고한 과세표준에 대한 산출세액 기준

❑ 사망 전 증여재산을 합산신고하지 아니한 경우 신고한 상속세 과세표준에 포함되지 아니하므로 신고세액공제 안됨(재삼 46014 - 2268, 1998.11.23.).

❑ 유류분반환액의 수정신고분에 대한 신고세액공제는 적용 안됨(조심 2018서2278, 2018.11.26.).

❑ 산출세액에서 기납부증여세액을 차감하여 신고세액공제함(대법원 98두15115, 2000.5.26.).

❑ 신고한 상속재산으로서 결정시에 평가액이 높아져 증가한 상속세액에 대해서는 신고세액공제를 적용하지 아니함(국심 2000부413, 2000.10.11.).

❑ 신고누락한 금융재산을 상속재산에 가산하고 금융재산상속공제를 적용한 경우 신고세액공제시 신고한 과세표준에서 금융재산상속공제액을 차감하지 아니하며, 신고누락한 공과금은 신고과세표준에서 차감하여 신고세액공제함(국심 2004서2219, 2005.1.14.).

❑ 공제액 과소하게 신고하여 과세표준이 증가한 금액은 신고과세표준에서 차감함(서면4팀 - 508, 2005.4.4.).

❑ 과다신고한 금액이 있는 경우 신고한 과세표준 의미(대법원 99두4860, 2001.10.30.)

신고세액공제의 기준이 되는 신고한 과세표준은 상속재산의 평가상의 차이 및 각종 공제액의 적용상 오류로 인한 과다신고금액을 제외한 금액이라 할 것이고, 상속재산의 정당한 평가액을 의미하는 것은 아님.

○ 산출세액 = 신고한 과세표준×세율 + 세대생략 할증세액

○ 신고한 과세표준(① - ② - ③)

 - ① 상속세 신고서상의 과세표준

 - ② 신고한 과세표준에 포함된 상속재산의 평가오류(평가방법의 차이 포함)로 인한 과다신고금액

 - ③ 채무 과소신고, 각종공제 과소신고로 인한 과다신고금액(조사결정시 추가로 공제한 각종 공제금액 포함)

❑ 사망 전 증여재산을 추정상속재산으로 잘못 신고한 경우라도 신고한 과세표준 자체가 달라지지 않으므로 납세의무자가 신고한 과세표준에서 공제할 것은 아님(대법원 2007두19508, 2009.10.29.).

사례 1 **신고세액공제시 합산신고하지 않은 증여재산에 대한 증여세액 차감 여부?**

❏ 신고내용 및 신고누락한 사망 전 증여재산

○ 사망 전 증여재산을 상속세 과세가액에 가산하지 아니한 과세표준에 대한 상속세 산출세액 1억원에서 산출세액의 10%를 신고세액공제하여 자진신고함.

○ 상속세 결정시 합산신고 누락한 사망 전 증여재산 5억원을 과세표준에 가산한 바, 상속세 산출세액이 253백만원이고, 기납부증여세공제액이 8천만원임.

<쟁점> : 신고세액공제시 기납부증여세액을 신고 당시 산출세액에서 차감 여부

(갑설) 상속세 신고당시 산출세액 1억원에서 기납부증여세액 8천만원을 차감한 2천만원의 10%인 2백만원이 신고세액공제액인지.

(을설) 자진신고 당시 신고세액공제액 1천만원을 그대로 인정하는지.

풀이

○ (을설)에 의하는 것이 타당하다.

○ 신고세액공제시 산출세액에서 공제·감면세액 등을 차감하도록 규정하고 있는 바, 이는 공제·감면세액 등이 산출세액에 포함되어 있는 경우에 차감하는 것으로 해석해야지 신고한 과세표준 및 산출세액에 포함되지 않은 공제·감면세액 등까지 차감하는 것으로 해석할 것은 아니므로 신고 당시 신고세액공제를 그대로 인정하는 것이 타당하다.

○ 다만, 사망 전 증여재산을 합산하여 정당한 산출세액으로 신고를 하면서도 기납부증여세액을 적게 공제하여 신고세액공제를 계산한 경우에는 적법한 증여세공제액을 산출세액에서 차감하여 신고세액공제액을 산출하여야 할 것이다.

사례 2 **과다·과소 신고금액이 동시에 있는 경우 신고세액 공제방법**

❏ 신고 및 결정내용

구 분		신고내용	결정내용	신고세액 공제대상
① 상속재산	A재산	10억원	12억원	10억원
	B재산	8억원	8억원	8억원
	C재산	7억원	6억원	6억원
② 채무액		3억원	5억원	5억원
③ 상속공제액		10억원	8억원	10억원
④ 과세표준		12억원	13억원	9억원
⑤ 산출세액		320,000,000원	360,000,000원	210,000,000원

풀이

○ 과다신고한 재산(C재산)가액은 결정가액으로, 과소신고한 재산(A재산)가액은 신고금액을

재산 평가액으로 하며

○ 공제금액의 경우 과소신고한 금액(채무)은 결정금액으로, 과다신고한 금액(상속공제액)은 신고금액을 기준으로 하여 재계산한 과세표준에 대한 산출세액 상당의 10%를 신고세액공제한다.

○ 과소신고한 재산가액과 단순 착오로 인해 과다신고한 상속공제액으로 인해 미달신고한 과세표준에 대한 신고불성실가산세는 부과하지 아니한다.

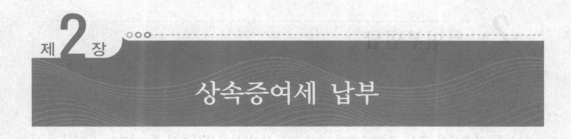

제**2**장

상속증여세 납부

제**1**절 : 개 요

1. 자진납부세액

상속세 또는 증여세를 신고하는 자는 각 신고기한까지 각 산출세액에서 다음에 해당
하는 금액을 뺀 금액을 납세지 관할세무서, 한국은행 또는 우체국에 납부하여야 한다.

① 문화재자료 등의 징수유예세액

② 기납부증여세액공제, 외국납부세액공제, 단기재상속세액공제, 신고세액공제 등

③ 연부연납(年賦延納)을 신청한 금액

④ 가업상속재산에 대한 납부유예를 신청한 금액

⑤ 물납(物納)을 신청한 금액

> 납부할 세액 = 산출세액 - (신고세액공제 등 + 연부연납 · 납부유예 · 물납 신청액)

※ 신고세액공제 등 : 기납부증여세액 + 외국납부세액 + 단기재상속세액 + 신고세액 + 문화재징수유예세액

2. 분할납부

2009.1.1. 이후 신청분부터 상속증여세 신고납부세액이 1천만원을 초과하는 경우에는
납부기한이 지난 후 2개월 이내에 다음 구분에 따라 분할납부를 할 수 있다.

다만, 연부연납을 허가받은 경우에는 분할납부를 할 수 없으며, 분할납부하는 경우 추
가적인 이자부담은 없다.

납부세액이 1천만원 초과 2천만원 이하인 경우	납부세액이 2천만원 초과하는 경우
1천만원을 초과하는 세액	납부세액의 1/2 이하의 금액

제 **2** 절 : 연부연납

1. 개 요

　납부할 상속세액 또는 증여세액이 많고 부동산이나 비상장주식 등 처분이 용이하지 아니한 재산을 상속받거나 증여받은 경우에는 일시에 현금으로 세금을 납부하기 위하여 헐값에 재산을 처분해야 하는 등으로 어려움을 겪을 수 있다. 이러한 경우 납세편의를 위하여 일정기간 동안 그 세금을 분할하여 납부할 수 있는 연부연납제도를 두고 있다.

　연부연납제도는 일정요건을 갖춘 납세의무자가 일정기간 동안 이자를 부담하고 분할하여 납부하는 제도로서 신고기한 또는 납부고지서상 납부기한 이내에 신청을 하고 담보를 제공한 경우 허용되고 있다.

　2003.1.1.부터 증여자가 연대납세의무자로 통지받은 증여세액에 대해서도 연부연납을 허용하고 있다.

2. 연부연납 요건

　납세의무자는 다음의 요건을 갖춘 경우 연부연납을 신청하여 허가를 받게 되면 연부연납을 할 수 있다.

　① 상속세 또는 증여세 납부세액이 2천만원(2007년 이전 1천만원)을 초과할 것

　② 과세표준신고시 또는 납부고지서상 납부기한까지 연부연납을 신청할 것

　③ 납세담보를 제공할 것

3. 연부연납 신청 및 허가

　납세의무자는 자진신고납부할 세액, 기한 후 신고한 세액 및 고지서상 납부할 세액에 대하여 신고납부기한 이내에 연부연납을 신청하여야 하고 과세관청에서도 일정 기한 이내에 허가 여부를 통지하여야 한다. 기한 이내에 허가 여부를 통지하지 아니한 경우 허가한 것으로 간주하는 제도를 두고 있다.

　2011.7.26. 상속증여세법 시행규칙 별지 11호 서식 "상속세(증여세)연부연납 허가 신청서"의 작성방법(5번)을 개정하여 상속세의 경우 상속인 전부가 연부연납을 신청하여야 허가할 수 있도록 하였다. 2013.2.23. 이후 연부연납 신청분부터 일부 상속인이 연부연납을 원하지 않거나 주소불명 등 부득이한 사유로 상속인 전부 신청이 어려운 경우 일부 상속인이 각자의 상속재산분에 해당하는 상속세액에 대해 연부연납을 신청하여 허가받을 수 있도록 하였다.

구 분	신청기한	허가통지기한
과세표준 신고시의 자진납부세액	신고기한	법정결정기한(신고기한부터 상속세 9개월, 증여세 6개월)
− 무신고·미달신고자 등의 신고세액을 초과한 고지세액 − 신고 후 무납부세액(2010.2.18. 이후 신청분부터 가능)	고지서상 납부기한	납부기한 다음 날부터 14일
− 증여자에게 연대납부의무 통지한 경우	납부통지서상 납부기한	
− 기한 후 신고시 납부할 세액 − 수정신고시 납부할 세액	신고시	신고한 날이 속하는 달의 말일부터 9개월(증여세의 경우 6개월)

가. 신고기한 이내 자진납부세액에 대한 연부연납

　상속세 또는 증여세 과세표준 신고시에 납부하여야 할 세액은 그 신고기한 이내에 신청하여야 하며, 2001.1.1. 이후 연부연납신청분부터 세무서장은 상속세 또는 증여세 법정결정기간 이내에 허가 여부를 통지하여야 한다.

　상속개시일 또는 증여시기별 법정결정기한은 신고기한의 다음 날부터 다음 기간 이내이다.

구 분	2018.2.13. 이후	2018.2.12. 이전
상속세	9개월	6개월
증여세	6개월	3개월

법정신고기한 이내에 증여세 과세표준신고서를 제출하고 국세기본법 제45조에 의한 수정신고를 하는 경우 당해 수정 신고시 납부할 세액에 대하여 연부연납을 신청할 수 있다는 해석사례(재산세과-778, 2010.10.19.)가 있다.

┃ 연부연납 허가 여부 통지기한 개정연혁 ┃

신청기간	2001.1.1.~	2000.1.1.~2001.12.31.	1999.12.31. 이전
통지기한	법정결정기한	신고기한 다음 날부터 30일 이내	상속·증여세 결정통지시

나. 기한 후 또는 수정신고한 세액에 대한 연부연납

기한 후 신고하거나 수정신고한 세액은 납세의무자가 상속세 또는 증여세 과세표준신고서를 관할세무서장에게 제출할 때 연부연납신청서를 제출하여야 한다. 이 경우 세무서장은 기한 후 또는 수정 신고한 날이 속하는 달의 말일부터 9개월(증여세의 경우 6개월) 이내에 허가 여부를 통지하여야 한다.

다. 납부고지서상 세액에 대한 연부연납

상속세 또는 증여세 과세표준을 신고하지 아니하였거나 신고기한 내에 신고한 세액을 초과하여 고지서가 발부된 세액에 대해서는 해당 고지서상의 납부기한까지 연부연납을 신청하여야 하며, 2003.1.1.부터 증여자가 연대납세의무를 통지받은 경우에는 해당 납부통지서상의 납부기한까지 신청하여야 한다.

2000.1.1. 이후 연부연납 신청분부터 세무서장은 납부기한(1999년 이전분은 연납 신청일) 다음 날부터 14일 이내에 그 허가 여부를 통지하여야 한다.

2000.1.1.부터 2010.2.17.까지는 법정신고기한 이내에 신고하여 납부할 세액에 대하여 납부하지 아니함에 따라 납세고지서가 교부된 경우 해당 세액에 대해서는 연부연납을 신청할 수 없었으나, 2010.2.18. 이후 납세고지서상 납부기한이 도래하는 분부터 납세고지서상 납부기한까지 연부연납을 신청할 수 있도록 하였다.

관련 예규·심판결정례 및 판례 등

❑ 가업상속공제 사후관리규정 위반으로 추징세액 신고시 연부연납 적용 여부(재재산 – 1039, 2023.9.4., 법규과 – 2279, 2023.9.5.)

〈질의 1〉 가업상속공제를 적용받은 상속인이 사후관리 규정을 위반하여 상증법 제18의2 제9항에 따라 추징세액을 신고하는 경우, 동 추징세액에 대해 연부연납을 적용할 수 있는지 여부

　　　(1안) 적용할 수 없음

　　　(2안) 적용할 수 있음

〈질의 2〉 질의1이 (2안)인 경우, 연부연납의 기간은 상증세법(2019.12.31. 법률 제16846호로 개정되기 전의 것) 제71조 제2항 제1호(연부연납기간 특례)를 적용할 수 있는지 여부

　　　(1안) 적용할 수 없음

　　　(2안) 적용할 수 있음

〈회신〉 질의1과 질의2는 각각 (2안)이 타당함.

❑ 징수유예 세액도 당초 고지서상 납부기한까지 연부연납을 신청해야 함(재재산 46014 – 26, 1999.10.6., 재산세과 – 128, 2012.3.26.).

연부연납을 허가받고자 하는 자는 반드시 상증령 제67조 제1항에 의한 기간 내에 연부연납신청서를 관할세무서장에게 제출하여야 함. 이 경우 국세징수법에 의한 징수유예의 경우에도 당해 기간 내(국세징수법 제17조에 의한 징수유예의 경우에는 당초 납세고지서상 납부기한을 말함)에 연부연납신청서를 제출하지 아니한 경우에는 연부연납의 허가를 받을 수 없음.

❑ 상속인 중 일부가 연부연납신청하는 경우 허가 받을 수 없음(재재산 – 781, 2011.9.22.).

❑ 2010.2.18. 이전 물납재산의 변경명령에 의하여 물납기일이 연장된 경우 그 기간에는 물납신청한 세액에 대하여 연부연납을 신청할 수 없음(재삼 46014 – 273, 1996.1.31.).

❑ 2002.12.31. 이전 체납된 증여세액은 연부연납 안됨(재삼 46014 – 2316, 1998.11.27.).

❑ 재차증여합산과세시 납부세액 2천만원 초과 여부 판단기준(조심 2014서1333, 2014.6.25.)

재차증여에 따른 합산과세시 고지서별로 2천만원에 미달하는 건의 경우에도 연부연납을 허가하더라도 조세채권을 확보하는데 아무런 문제가 없어 보이고, 상증법상 동일인으로부터 10년 내에 증여받은 가액을 증여세 과세가액에 합산하여 과세하도록 한 취지 등에 비추어 연부연납 허가 요건을 충족한 것으로 보는 것이 타당함.

라. 연부연납 허가간주

세무서장이 연부연납 허가 여부 통지기한까지 허가 여부에 대한 서면통지를 하지 아니한 경우에는 허가된 것으로 간주한다.

국세징수법 제18조 제1항 제1호부터 제4호까지에 따른 납세담보를 제공하여 연부연납 신청하는 경우 신청일에 허가받은 것으로 본다.

4. 허가 여부 통지 전 가산금 면제

납부고지서의 납부기한 및 증여자가 연대납세의무 통지를 받은 경우 해당 납부고지서상 납부기한까지 연부연납을 신청한 경우로서 각 납부기한을 경과하여 연부연납허가여부통지를 하는 경우 그 연부연납액에 상당한 세액의 징수에 있어서는 연부연납허가여부통지일 이전에 한정하여 「국세기본법」 제47조의4 제1항 제1호(납부고지서에 따른 납부기한의 다음 날부터 성립하는 부분에 한정한다) 및 제3호의 납부지연가산세를 부과하지 아니한다. 그러나 연부연납 허가요건을 갖추지 아니하고 신청하여 허가되지 아니한 경우에는 가산금 등을 징수한다(상증령 §67 ③).

5. 납세담보의 제공

연부연납을 허가받기 위해서는 그에 상당하는 납세담보를 제공하여야 하며, 국세징수법 제18조부터 제23조까지에 규정한 납세담보의 제공 및 해제에 관한 내용을 준용한다. 연부연납의 신청시 제공한 담보재산의 가액이 연부연납 신청세액에 미달하는 경우에는 그 담보로 제공된 재산의 가액에 상당하는 세액의 범위 내에서 연부연납을 허가할 수 있다. 또한 세무서장은 연부연납을 허가받은 자가 연부연납세액의 각 회분을 납부한 경우에는 동 금액에 상당하는 담보를 순차로 해제할 수 있다(상증법 기본통칙 71－67…2).

관련 예규·심판결정례 및 판례 등

❏ 담보부족시는 담보액에 상당하는 세액을 연부연납 허가함(재삼 46014－1289, 1998.7.11.).

▶▶ 국세징수법 제18조(담보의 종류 등)
① 이 법 및 다른 세법에 따라 제공하는 담보(이하 "납세담보"라 한다)는 다음 각 호의 어느 하나에 해당하는 것이어야 한다.

1. 금전
2. 「자본시장과 금융투자업에 관한 법률」 제4조 제3항에 따른 국채증권 등 대통령령으로 정하는 유가증권(이하 이 절에서 "유가증권"이라 한다)
3. 납세보증보험증권(보험기간이 대통령령으로 정하는 기간 이상인 것으로 한정한다)
4. 「은행법」 제2조 제1항 제2호에 따른 은행 등 대통령령으로 정하는 자의 납세보증서(이하 "납세보증서"라 한다)
5. 토지
6. 보험(보험기간이 대통령령으로 정하는 기간 이상인 것으로 한정한다)에 든 등기·등록된 건물, 공장재단(工場財團), 광업재단(鑛業財團), 선박, 항공기 또는 건설기계

② 납세담보를 제공하는 경우에는 담보할 국세의 100분의 120(금전, 납세보증보험증권 또는 「은행법」 제2조 제1항 제2호에 따른 은행의 납세보증서로 제공하는 경우에는 100분의 110) 이상의 가액에 상당하는 담보를 제공하여야 한다. 다만, 국세가 확정되지 아니한 경우에는 국세청장이 정하는 가액에 상당하는 담보를 제공하여야 한다.

▶▶ **국세징수법 제19조【담보의 평가】** 금전 외의 납세담보의 가액(價額)은 다음 각 호의 구분에 따른다.
1. 유가증권 : 대통령령으로 정하는 바에 따라 시가(時價)를 고려하여 결정한 가액
2. 납세보증보험증권 : 보험금액
3. 납세보증서 : 보증금액
4. 토지, 건물, 공장재단, 광업재단, 선박, 항공기 또는 건설기계 : 대통령령으로 정하는 가액

▶▶ **국세징수법시행령 제19조(납세담보의 평가)**
① 법 제19조 제1호에서 "대통령령으로 정하는 바에 따라 시가(時價)를 고려하여 결정한 가액"이란 담보로 제공하는 날의 전날을 평가기준일로 하여 「상속세 및 증여세법 시행령」 제58조 제1항을 준용하여 계산한 가액(價額)을 말한다.
② 법 제19조 제4호에서 "대통령령으로 정하는 가액"이란 다음 각 호의 구분에 따른 가액을 말한다.
1. 토지 또는 건물 : 「상속세 및 증여세법」 제60조 및 제61조에 따라 평가한 가액
2. 공장재단, 광업재단, 선박, 항공기 또는 건설기계 : 「감정평가 및 감정평가사에 관한 법률」 제2조 제4호에 따른 감정평가법인등의 평가액 또는 「지방세법」 제4조에 따른 시가표준액

▶▶ **국세징수법 제20조【담보의 제공 방법】** ① 금전이나 유가증권을 납세담보로 제공하려는 자는 이를 공탁(供託)하고 그 공탁수령증을 관할 세무서장(이 법 및 다른 세법에 따라 국세에 관한 사무를 세관장이 관장하는 경우에는 세관장을 말한다. 이하 이 절에서 같다)에게 제출하여야 한다. 다만, 등록된 유가증권의 경우에는 담보 제공의 뜻을 등록

하고 그 등록확인증을 제출하여야 한다.

② 납세보증보험증권이나 납세보증서를 납세담보로 제공하려는 자는 그 보험증권이나 보증서를 관할 세무서장에게 제출하여야 한다.

③ 토지, 건물, 공장재단, 광업재단, 선박, 항공기 또는 건설기계를 납세담보로 제공하려는 자는 그 등기필증, 등기완료통지서 또는 등록필증을 관할 세무서장에게 제시하여야 하며, 관할 세무서장은 이에 따라 저당권 설정을 위한 등기 또는 등록 절차를 밟아야 한다. 이 경우 화재보험에 든 건물, 공장재단, 광업재단, 선박, 항공기 또는 건설기계를 납세담보로 제공하려는 자는 그 화재보험증권도 관할 세무서장에게 제출하여야 한다.

6. 연부연납기간

연부연납기간은 각 회분 분납세액이 1천만원을 초과(2008.1.1.부터 적용함)하도록 하여 연도별·유형별로 다음의 구분에 따른 가장 긴 기간 이내에서 납세의무자가 선택할 수 있으며, 매연도 연부연납할 세액은 (연부연납 대상 세액/연부연납기간+1)의 범위 내에서 허가받을 수 있다.

구 분		2008~2017	2018~2021	2022	2023	2024~
가업상속 외 상속세		5년	5년	10년	10년	좌동
가업상속재산	50% 미만	허가 후 2년이 되는 날부터 5년	허가일부터 10년 또는 허가 후 3년이 되는 날부터 7년		허가일부터 20년 또는 허가후 10년이 되는날부터 10년	
	50% 이상	허가 후 3년이 되는 날부터 12년	허가일부터 20년 또는 허가 후 5년이 되는 날부터 15년			
증여세	일반	5년				5년
	기업특례	5년				15년

※ 연부연납기간은 1999.12.31.까지는 세액 결정통지일부터, 2000.1.1. 이후 허가받은 날부터 계산

가. 상속세

1) 가업상속재산 또는 중소·중견기업의 경우

가업상속공제를 받은 재산, 사립유치원의 교지 등 및 중소·중견기업에 대해 적용하는 연부연납 대상을 확대하고 있으며, 가업상속재산 등의 가액이 50% 이상이냐에 따라 연부연부기간에 차이를 두던 것을 2023.1.1. 이후부터 가업상속재산 등의 가액 비율에 관계

없이 20년의 동일한 연부연납기간을 적용한다.

2017.12.31. 이전	2016.1.1.~	2018.1.1.~	2020.1.1.~
가업상속공제받은 재산	사립유치원의 교지·실습지 등	공제받지 않았으나 가업상속공제요건 충족한 경우	중소·중견기업을 상속받은 경우

가) 가업상속공제를 받은 경우

상속증여세법 제18조의 2에 따라 가업상속공제를 받은 상속재산에 대한 다음 계산식에 따른 상속세액을 말한다.

$$\text{2018.2.13. 이후 신청분} \atop \text{연부연납할 상속세 납부세액} = \text{상속세 납부세액} \times \frac{(\text{기업상속재산가액} - \text{가업상속 공제금액})}{(\text{총상속재산가액} - \text{가업상속 공제금액})}$$

$$\text{2018.2.12. 이전 신청분} \atop \text{연부연납할 상속세 납부세액} = \text{상속세 납부세액} \times \frac{\text{가업상속재산가액}}{\text{총상속재산가액}}$$

기업상속재산이란 가업상속공제를 받은 상속인이 상속이 받거나 받을 다음의 상속재산의 가액을 말한다.

㉮ 소득세법을 적용받는 기업 : 기업활동에 직접 사용되는 토지, 건축물, 기계장치 등 사업용 자산의 가액에서 해당 자산에 담보된 채무액을 뺀 가액

　　2021.2.17. 이후 상속개시분부터 사업용 자산의 가액에서 타인에게 임대하고 있는 부동산, 지상권 및 부동산임차권등 부동산에 관한 권리를 제외한다.

㉯ 법인세법을 적용받는 기업 : 법인의 주식 등의 가액. 즉, 해당 주식 등의 가액에 상속개시일 현재 상속증여세법에 따라 평가한 그 법인의 총자산가액 중 상속개시일 현재 사업무관자산을 제외한 자산가액이 차지하는 비율을 곱하여 계산한 금액을 말한다.

나) 사립유치원 교지 등 및 중소·중견기업의 경우

(1) 사립유치원 교지 등의 경우

2016.1.1. 이후 상속개시분부터 가업상속재산과 동일하게 연부연납기간을 적용하는 상속재산은 유아교육법 제7조 제3호에 따른 사립유치원에 직접 사용하는 교지, 실습지, 교

사 등의 상속재산을 말한다.

(2) 중소·중견기업의 경우

2020.1.1. 이후 상속개시분부터 가업상속재산과 같은 연부연납기간을 적용하는 중소기업 또는 중견기업이란 다음의 요건을 모두 충족하는 경우를 말한다.

가업상속 공제를 받은 경우 또는 2018.1.1. 이후 상속개시분부터 가업상속공제를 받지아니하였으나 가업상속공제요건(2019.1.1. 신설된 상속세 납부능력요건은 제외함)을 모두 갖춘 경우에는 가업상속재산가액에 상당하는 상속세 납부세액은 10년 또는 20년 동안 연부연납할 수 있다. 2016.1.1. 이후 상속개시분부터 가업상속재산에 유아교육법 제7조 제3호에 따른 사립유치원에 직접 사용하는 교지, 실습지, 교사 등의 상속재산을 포함하여 장기간 연부연납을 허용함으로써 상속세 일시납부에 따른 부담을 완화하였다.

2020.1.1. 이후 상속개시분부터 다음의 요건을 모두 충족하는 중소기업 또는 중견기업을 상속받은 경우에도 가업상속재산과 같은 연부연납기간을 적용한다.

① (대상 기업) 조세특례제한법 시행령 제2조 제1항에 따른 중소기업 또는 같은 영제9조 제2항에 따른 중견기업을 상속받은 경우를 말한다.

② (피상속인) 피상속인이 다음의 요건을 모두 갖춘 경우를 말한다.

  ㉮ 중소기업 또는 중견기업의 최대주주등인 경우로서 피상속인과 그의 특수관계인의 주식 등을 합하여 해당 기업의 발행주식총수 등의 100분의 40(거래소에 상장되어 있는 법인이면 100분의 20) 이상을 5년 이상 계속하여 보유할 것

    ※ 2022.12.31. 이전 지분율 : 일반법인 50%, 상장법인 30%

  ㉯ 피상속인이 해당 기업을 5년 이상 계속하여 경영한 경우로서 해당 기업의 영위기간 중 다음의 어느 하나에 해당하는 기간을 대표이사 등으로 재직할 것

    ㉠ 100분의 30 이상의 기간

    ㉡ 5년 이상의 기간(상속인이 피상속인의 대표이사 등의 직을 승계하여 승계한 날부터 상속개시일까지 계속 재직한 경우로 한정한다)

    ㉢ 상속개시일부터 소급하여 5년 중 3년 이상의 기간

③ (상속인) 상속인이 다음의 요건을 모두 갖춘 경우. 이 경우 상속인의 배우자가 다음 각 목의 요건을 모두 갖춘 경우에는 상속인이 그 요건을 갖춘 것으로 본다.

  ㉮ 상속개시일 현재 18세 이상일 것

  ㉯ 상속세 신고기한까지 임원으로 취임하고, 상속세 신고기한부터 2년 이내에 대표이사 등으로 취임할 것. 상속개시일부터 소급하여 2년 이상 가업에 종사해야 하

는 요건은 없다.

기업상속재산에 대하여 연부연납할 수 있는 상속세액은 다음과 같이 계산한다. 이 경우 기업상속재산가액이란 위 ③ 상속인(요건을 갖춘 것으로 보는 경우를 포함한다)이 받거나 받을 다음의 상속재산의 가액을 말한다.

㉮ 소득세법을 적용받는 기업: 기업활동에 직접 사용되는 토지, 건축물, 기계장치 등 사업용 자산의 가액에서 해당 자산에 담보된 채무액을 뺀 가액

2021.2.17. 이후 상속개시분부터 사업용 자산의 가액에서 타인에게 임대하고 있는 부동산, 지상권 및 부동산임차권등 부동산에 관한 권리를 제외한다.

㉯ 법인세법을 적용받는 기업: 법인의 주식 등의 가액. 즉, 해당 주식 등의 가액에 상속개시일 현재 상속증여세법에 따라 평가한 그 법인의 총자산가액 중 상속개시일 현재 사업무관자산을 제외한 자산가액이 차지하는 비율을 곱하여 계산한 금액을 말한다.

다) 가업상속재산 등의 비율에 따른 연부연납기간

2023.1.1. 이후부터 가업상속재산가액 등이 50% 이상인지에 관계없이 동일한 연부연납기간을 적용하며, 2022.12.31. 이전에는 50% 이상 여부에 따라 다음과 같은 차이가 있었다.

① 가업상속재산 또는 중소·중견기업의 가액이 50% 이상인 경우

상속재산(상속인이 아닌 자에게 유증 등을 한 재산은 제외함)의 가액 중 가업상속재산(사립유치원의 교지, 실습지, 교사 등을 포함함)가액의 비율이 50% 이상인 경우에는 연부연납 허가일부터 20년 또는 연부연납 허가 후 5년이 되는 날부터 15년 (2017.12.31. 이전 상속개시분은 연부연납 허가 후 3년이 되는 날부터 12년) 이내에서 납세의무자가 신청한 기간을 연부연납기간으로 한다. 상속재산에 사립유치원이 포함된 경우에만 해당 상속세액에 대하여 연부연납을 할 수 있으므로 유치원을 운영하는 개인사업자로부터 유치원을 증여받는 경우에는 증여세액에 대한 연부연납은 할 수 없다(상속증여세과-547, 2018.6.14.).

② 가업상속재산 또는 중소·중견기업의 가액이 50% 미만인 경우

가업상속재산이 전체 상속재산 중 50%에 미달하는 경우 해당 가업상속재산에 대한 상속세액은 연부연납 허가일부터 10년 또는 연부연납 허가 후 3년이 되는 날부터 7년 이내에서 납세의무자가 신청한 기간을 연부연납기간으로 한다.

2) 가업상속재산 외 상속세의 경우

연부연납기간은 연부연납 허가통지일부터 10년(2008.~2021. 5년, 2008년 이전 3년) 이내에서 납세의무자가 신청한 기간으로 한다.

나. 증여세

연부연납기간은 연부연납허가통지일부터 5년(2008년 전에는 3년) 이내에서 납세의무자가 신청한 기간으로 한다.

7. 연부연납기간의 단축 또는 연장

연부연납허가를 받은 자가 연부연납기간을 단축(5년 → 4년 이내 일시납부)하거나 연장(3년 → 5년으로 연장)을 하기 위하여 그 사실을 서면에 의하여 신청하는 경우 세무서장은 납세의무자의 형편을 감안하여 상속증여세법상 연부연납기한 내에서 허가할 수 있다(재재산 46014-26, 1998.4.3.).

이 경우 연부연납가산금은 변경된 연부연납기간에 따라 계산하여 징수한다(상증법 기본통칙 71 - 0 … 1).

 관련 예규·심판결정례 및 판례 등

❑ 가업상속재산의 연부연납기간을 적용받을 수 있는 가업상속재산은 가업상속공제를 적용받는 경우에 한하는 것임(재재산-1096, 2010.1.10.).

❑ 연부연납기간이 변경된 경우 가산금 계산(재삼 46014-1793, 1998.9.18.)
  연부연납 허가세액의 전부 또는 일부를 일시에 납부하고자 하는 경우 세무서장에게 신청하여 고지서를 발부받아 납부할 수 있으며, 이자상당액은 당해 고지서상 납부기한까지 다시 계산함.

8. 연부연납 신청 시 납부할 세액 및 각 회분 납부세액

가. 일시에 납부해야 할 세액

연부연납을 신청하는 경우에 신고기한 또는 고지서상 납부기한 이내에 납부하여야 세액은 연부연납기간에 따라 다음에 해당하는 금액이다. 이 경우 납세고지서상 납부기한 내에 연부연납을 신청하는 경우에 신고기한 이내에 자진납부한 세액은 일시에 납부한 세액에 포함시킬 수 있다(상증법 기본통칙 71 - 68 …3). 일시에 납부해야 할 세액을 납부하지 아니한 경우에도 담보제공 등 다른 연부연납 요건을 충족하면 허가할 수 있다(재삼 46014 -92, 1997.1.16.). 또한, 그 세액을 물납으로 신청할 수도 있다(재재산 46014 - 410, 1995.11.2.).

$$\text{일시에 납부할 세액} = \text{연부연납 대상 납부세액} \times \frac{1}{\text{연부연납기간}+1}$$

나. 연부연납기간 중 매년 납부할 세액

1) 증여세의 경우

$$\text{각 회분 납부할 세액} = \text{증여세 납부세액} \times \frac{1}{\text{연부연납기간}+1}$$

각 회분의 납부할 세액이 1천만원을 초과하도록 연부연납기간을 정해야 한다.

2) 일반 상속재산에 상당하는 상속세의 경우

$$\text{각 회분 납부할 세액} = \left[\text{상속세 납부세액} - \left(\text{상속세 납부세액} \times \frac{\text{기업상속재산가액} - \text{가업상속공제액}}{\text{총상속재산가액} - \text{가업상속공제액}}\right)\right] \times \frac{1}{\text{연부연납기간}+1}$$

각 회분의 납부할 세액이 1천만원을 초과하도록 연부연납기간을 정해야 한다.

3) 가업상속재산에 상당하는 상속세의 경우

연부연납허가 후 연부연납기간에 매년 납부할 금액은 다음 계산식으로 계산한 금액이다.

$$각\ 회분\ 납부할\ 세액\ =$$

$$\left(상속세\ 납부세액 \times \dfrac{가업상속재산가액 - 가업상속공제액}{총상속재산가액 - 가업상속공제액}\right) \times \dfrac{1}{연부연납기간 + 1}$$

각 회분의 납부할 세액이 1천만원을 초과하도록 연부연납기간을 정해야 한다.

4) 연부연납기간 중에 세액이 경정된 경우의 연부연납 방법

연부연납기간 중에 행정소송 등에 따라 세액이 감액결정된 때에는 최종 확정된 세액에서 연부연납 각 회분의 납부기한이 지난 분납세액을 뺀 잔액에 대하여 나머지 분납할 회수로 평분한 금액을 각 회분의 연납금액으로 한다(상증법 기본통칙 71-68…4).

9. 연부연납가산금

연부연납허가세액의 각 회분 분납세액에 대하여는 일정 이자율로 계산한 가산금을 상속세액 및 증여세액에 합산하여 납부하여야 한다.

가. 연부연납가산금의 가산율

연부연납가산금의 이자율은 시중은행의 1년 만기 정기예금 평균수신금리를 고려하여 기획재정부령으로 정하는 율에 의하며, 국세환급가산금 이자율(국세기본법 시행령 제43조의 3 ②)과 동일하다(상증령 §69, 국세기본법 시행령 §43의3 ②).

가산금 납부의 대상이 되는 기간 중에 가산율이 1회 이상 변경된 경우 그 변경 전의 기간에 대해서는 변경 전의 가산율을 적용하여 계산한 금액을 각 회분의 분할납부 세액에 가산한다.

2020.2.11. 이후 연부연납 신청분부터 이자율은 연부연납세액 각 회분의 분할납부세액의 납부일 현재 이자율을 적용한다. 2020.2.11. 개정된 이자율은 개정된 이후 연부연납을 신청하는 분부터 적용하되, 개정 전에 연부연납 기간 중에 있는 분에 대해서는 개정 이후 납부하는 분부터 개정규정을 적용할 수 있으며, 같은 개정규정을 적용한 이후 연부연납 기간에 대해서는 개정규정을 계속하여 적용해야 한다(상속증여세법 시행령 부칙 제12조 (연부연납 가산금의 가산율에 관한 적용례). 2020.2.10. 이전에 연부연납 신청분에 대하

여 연부연납을 허가한 건에 대한 각 회분의 연부연납가산금의 가산율은 연부연납 신청 당시 국세기본법 시행령 제43조의3 및 같은 법 시행규칙 제19조의3에 따른 이자율을 적용하도록 유권해석 및 심판결정을 하였으므로 연부연납 신청 당시와 허가 당시 또는 허가 당시와 연부연납기간 중에 이자율이 바뀐 경우에도 신청 당시 이자율에 의하였고(법령해석과-2850, 2015.11.2.) 2016.2.5. 상속증여세법 시행령 제69조에서 연부연납 신청일 현재 국세기본법 시행령에 따른 이자율을 적용함을 명확하게 규정하였다.

2016.3.7. ~ 2017.3.14.	2017.3.15. ~ 2018.3.18.	2018.3.19. ~ 2019.3.19.	2019.3.20 ~ 2020.3.12.	2020.3.13. ~ 2021.3.15.	2021.3.16. ~ 2023.3.19.	2023.3.20. ~ 2024.3. .	2024.3. . ~
연 1.8%	연 1.6%	연 1.8%	연 2.1%	연 1.8%	연 1.2%	연 2.9%	연 3.5%

 관련 예규·심판결정례 및 판례 등

❑ 연부연납가산금의 이자율도 국세환급가산금과 같이 이자율 변경기간별로 적용함(조심2015서3596, 2015.10.27.)

각 증여세 연부연납 고지처분의 연부연납가산금은 2015.3.6. 개정된 국세기본법 시행규칙 시행 이전 기간분은 연 1천분의 29, 시행 이후 기간분은 연 1천분의 25의 각 가산율을 적용함.
⇒ 2016.2.5. 이후 연부연납 신청분부터 세법개정으로 해당 심판결정례는 적용 안됨.

❑ 연부연납가산금의 이자율은 연부연납 신청 당시 이자율을 적용함(조심 2017서2859, 2017.9.25.).

➡ 2016.2.4. 이전 연부연납 신청분에 대하여 종전 심판결정(조심 2015서3596, 2015.10.27. 외)을 조세심판관합동회의를 통해 변경하였음.

❑ 개정된 연부연납가산금 가산율 적용시기(상속증여세과-340, 2013.7.9.)

상속증여세법 시행령 제69조(2013.2.15. 대통령령 제24358호로 개정된 것)에 따른 연부연납가산금의 가산율은 국세기본법 시행령 제43조의3 제2항(2013.2.15. 대통령령 제24366호로 개정된 것) 및 같은 법 시행규칙 제19조의3(2013.2.23. 기획재정부령 제320호로 개정된 것)에 따른 이자율을 말하며, 이는 2013.3.1. 이후 최초로 연부연납을 신청하는 분부터 적용하는 것으로, 귀 질의와 같이 2013.2.24. 연부연납을 신청한 건에 대한 각 회분의 연부연납가산금 이자율은 연 4.0%가 적용되는 것임.

1) 첫 회분 연부연납가산금

1회분 분할납부세액에 대한 가산금은 연부연납을 허가받은 총세액에 대하여 상속세 또는 증여세 과세표준 신고기한 또는 납세고지서상 납부기한의 다음 날부터 해당 분할납부세액에 대한 납부기한까지의 일수에 이자율을 적용하여 계산한다.

$$\text{연부연납세액 총액} \times \frac{\text{신고기한 또는 납부기한의 다음 날부터}}{\text{첫 회 분납세액의 납부기한까지의 일수}} \times \text{1일의 이자율}$$

2) 첫 회분 이후 연부연납가산금

2회분 분할납부세액부터는 연부연납을 허가받은 총세액에서 직전 회까지 납부한 세액의 합계액을 뺀 금액에 대하여 직전 회의 납세고지서상 납부기한의 다음 날부터 해당 분할납부세액의 납부기한까지의 일수에 이자율을 적용하여 계산한다.

$$\left(\begin{array}{c} \text{연부연납} \\ \text{허가 총세액} \end{array} - \begin{array}{c} \text{직전회까지} \\ \text{납부합계액} \end{array} \right) \times \frac{\text{직전회의 분납세액의 납부기한의}}{\text{다음 날부터 당해 분납기한까지의 일수}} \times \text{1일의 이자율}$$

> **사례**　　연부연납기간 중 일시납부 또는 감액된 경우 연부연납세액 및 가산금 재계산

- 연부연납 금액 : 500,000,000원(납부세액 6억원 중 1억원은 일시에 납부해야 함)
- 상속세 신고기한 : 2013.9.30., 연부연납 허가일 : 2013.12.31.(기간 : 5년)

회 분	납부연월일	연부연납세액	가산금	납부할 세액
1	2014.12.31.	100,000,000	21,284,931	121,284,931
2	2015.12.31.	100,000,000	13,600,000	113,600,000
3	2016.12.31.	100,000,000	10,200,000	110,200,000
4	2017.12.31.	100,000,000	6,800,000	106,800,000
5	2018.12.31.	100,000,000	3,400,000	103,400,000
	합　계	500,000,000	55,284,931	500,000,000

➡ 1회분 가산금 : 5억원 × 연 3.4% × 457일(2013.10.1.~2014.12.31.)/365일 = 21,284,931원
➡ 2회분(3, 4, 5회분) : 4억원(3억, 2억, 1억) × 연 3.4% = 13,600,000원(10,200,000원, 6,800,000원, 3,400,000원)

☐ 1회분 연부연납세액 1억원을 2014.6.30. 납부하는 경우 가산금 재계산방법
　: 1억원에 대한 2014.7.1.~12. 31. 기간 중 가산금 1,713,972원을 21,284,931원에서 차감하여 납부세액을 계산하고, 2·3차 분납세액 및 가산금에는 변동 없음.
　: 1억원 × 연 3.4% × 184일 / 365일 = 1,713,972원

② 연부연납세액 5억원을 2014.6.30. 납부하는 경우 가산금 재계산방법

: 연부연납허가 당시 계산된 가산금 55,284,931원 중에서 5억원에 대한 2013.10.1.~2014.6.30. 기간 중 가산금 12,715,068원만을 징수

: 5억원 × 연 3.4% × 273일 / 365일 = 12,715,068원

③ 2016.1.31. 상속세액이 6억원에서 5억원으로 감액 경정된 경우 연부연납세액 재계산

- 5억원에서 일시납부한 1억원을 뺀 4억원이 연부연납세액이므로 이를 기준으로 가산금을 다시 계산하며

- 납부기한이 지난 1, 2회분 2억원을 뺀 2억원을 나머지 분납할 회수 3회로 평분한 금액을 3, 4, 5회 연부연납세액으로 함.

➡ 1회분 가산금 : 4억원 × 연 3.4% × 457일(2013.10.1.~2014.12.31.)/365일 = 17,027,945원

➡ 2회분 : 3억원 × 연 3.4% = 10,200,000원

➡ 3회분 : 2억원 × 연 3.4% = 6,800,000원

➡ 4회분 : 133,333,333원 × 연 3.4% = 4,533,333원

➡ 5회분 : 66,666,666원 × 연 3.4% = 2,266,666원

회 분	납부연월일	연부연납세액	가산금	납부할 세액	납부한 세액	환급세액
1	2014.12.31.	100,000,000	17,027,945	117,027,945	121,284,931	4,256,986
2	2015.12.31.	100,000,000	10,200,000	110,200,000	113,600,000	3,400,000
3	2016.12.31.	66,666,666	6,800,000	73,466,666		
4	2017.12.31.	66,666,667	4,533,333	72,000,000		
5	2018.12.31.	66,666,666	2,266,666	68,933,332		
	합 계	400,000,000	40,827,944	441,627,943	234,884,931	7,656,986

➡ 1, 2회 초과납부한 가산금은 국세환급가산금을 가산하여 환급

▶▶ 상속증여세법 기본통칙 71-68…4【변경된 세액에 대한 연부연납 방법】연부연납 기간 중에 행정소송 등에 따라 세액이 감액결정된 때에는 최종 확정된 연부연납 각 회분의 납부기한이 지난 분납세액을 뺀 잔액에 대하여 나머지 분납할 회수로 평분한 금액을 각 회분의 연납금액으로 한다.

72-0…1【경정시 연부연납 가산금의 환급】법 제71조에 따라 연부연납된 세액을 경정에 따라 감액 결정하는 경우 그 연부연납세액에 대한 연부연납가산금에 대해서는 국세기본법 제52조 제1호 단서를 준용하여 환급한다.

관련 예규·심판결정례 및 판례 등

□ 연부연납 허가세액을 일시에 납부하는 경우 가산금은 고지서상 납부기한까지 다시 계산함(재삼 46014 -1793, 1998.9.18.).

 쉬어가기 ··· **연부연납 허가서상 납부기한에 미고지시 가산세 등 부과 여부?**

예시

연부연납 허가시 2차 분납분 납부기한이 2018.10.31.인데 납부고지서가 발급되지 않아 납세자가 세금을 납부하지 않았고, 납부기한을 2019.3.31.로 하여 고지서를 발급하는 경우 납부불성가산세 및 연부연납 가산금을 2019.3.31.까지 계산하여 징수하는지 여부

설명

① 납부불성실가산세 부과대상에 해당하지 않는 것으로 보임.
　－가산세는 법에서 납세의무자에게 일정 의무를 부여하고 이를 이행하지 아니한 경우 부과하는 행정벌에 해당하는데 연부연납 허가세액에 대해서는 자진납부의무를 부여하고 있지 않기 때문에 가산세 부과대상도 아니라 할 것이다.
② 연부연납 가산금의 경우 당초 허가시 납부기한까지 부과하느냐 고지서상 납부기한까지 부과하느냐에 대한 논란이 있다. 실제 납부시까지의 기간혜택에 따른 이자 성격을 고려하여 추가이자 상당액을 부담시켜야 하는 측면도 있으나, 연부연납 허가세액에 대하여 자진납부의무를 부여하지 않고 있으며 고지한 세액에 대하여 납부할 세액의 성격인 점과 허가당시 정해진 이자 상당액에 대해서 국가(채권자)가 권리를 행사하지 아니하는 점 등에 비추어 당초 허가당시 납부기한까지의 이자 상당액만을 납세의무자에게 부담시키는 것이 합리적이라 생각한다.
　➡ 이와 관련한 유권해석은 확인되지 않고 조세심판원 결정(조심 2019소3027, 2019. 10.10.)이 있는 바 법원판결 등을 고려하여 처리해야 할 것이다.

사례　2020.2.11. 개정 전 연부연납 가산율에 따른 종전 가산금이 부당이익금 반환대상인지

□ 사실관계
○2012.8.29. 상속개시분에 대해 2013.2.28. 상속세 신고시 연부연납을 신청함
　－2014.2.~ 2018.2. 5년간 연부연납을 허가하면서 가산율을 신청 당시 4%를 적용하여 부과, 납부함
○연부연납가산금의 가산율 개정연혁

2013.2.28.	2014.2.28.	2015.2.28.	2016.2.28.	2017.2.28.	2018.2.28.
연 4%	연 4%	연 2.9%	연 2.5%	연 1.8%	연 1.6%

□ 쟁점
  ○ 연부연납세액 납부일 현재 가산율을 적용한 가산금을 초과하는 금액이 부당이익에 해당하는지
  ○ 연부연납 신청일 또는 납부일의 가산율 적용과 관련한 법령, 예규 및 심판결정례

구 분	2016.2.4. 이전	2016.2.5.~2020.2.10	2020.2.11.
상증령 §69	명문규정 없음	연부연납 신청일	각 분할세액 납부일
국세청 예규	연부연납 신청일의 가산율을 적용함을 계속 유권해석		－부칙§12에서 개정 이후 연부연납신청분부터 적용하되, 2020.2.10. 이전 분도 개정법을 적용할 수 있으나 납세자가 선택한 이자율을 계속하여 개정법을 적용해야 함.
심판결정례	－2016.2.4. 이전 신청분에 대해 2015.10.27. 납부일이라고 결정했다가 －2017.9.25.에 합동회의에서 신청일로 변경하여 유지		

□ 대법원 판결내용(대법원 2020다288184, 2021.2.25.)
  ○ 분할납부세액 납부일의 가산율에 따른 가산금을 초과하는 부분은 부당이익에 해당함.
  ○ 상속세를 분납하는 납세자와 일시 납부하는 납세자 사이에 과세의 형평을 이루기 위해서 연부연납 가산금은 시중 금리를 가능한 한 적시에 반영해야 할 필요가 있고, 이자율이 개정되어 온 것은 시중은행의 금리변동을 매년 반영한 결과로서
    －연부연납 가산금은 각 연부연납기간에 따라 개정된 이자율을 적용하는 것은 과세의 형평과 상속세 연부연납 가산금의 취지에 비추어 타당하며
    －또한 구 상증령 제69조에 '연부연납 신청일 현재'의 이자율을 적용한다는 문언이 없음에도 불구하고 연부연납 신청일이나 허가일의 이자율을 일률적으로 적용한다면 이는 유추·확장해석으로서 납세자인 원고의 재산권을 부당하게 침해하므로
    －특별한 규정이 없는 데도 신청시 고정 이자율로 연부연납 가산금액을 산정한 것은 법령의 근거가 없어 무효에 해당한다.

10. 연부연납 취소 또는 변경

가. 취소 또는 변경사유

납세지 관할세무서장은 연부연납을 허가받은 납세의무자가 다음의 어느 하나에 해당하게 된 경우에는 그 연부연납 허가를 취소하거나 변경하고 그에 따라 연부연납에 관계되는 세액의 전액 또는 일부를 징수할 수 있다.

연부연납 허가를 취소한 경우에는 납세의무자에게 그 사실을 알려야 한다.

① 연부연납세액을 지정된 납부기한(담보를 제공하여 허가받은 것으로 보는 경우에는 연부연납세액의 납부예정일을 말한다)까지 납부하지 아니한 경우

② 담보변경 또는 그 밖에 담보 보전에 필요한 관할세무서장의 명령에 따르지 아니한 경우

③ 납기 전 징수사유(국세징수법 §14)에 해당되어 연부연납기한까지 세액의 전액을 징수할 수 없다고 인정되는 경우

④ 상속받은 사업을 폐업하거나 해당 상속인이 그 사업에 종사하지 아니하게 된 경우 등 다음 사유에 해당하는 경우

㉮ 기업상속재산의 100분의 50 이상을 처분하는 경우. 다만, 기업상속재산의 수용, 국가 등에 양도되거나 증여하는 경우 등 가업상속공제액을 추징하지 아니하는 정당한 사유가 있는 경우 연부연납 허가를 취소하지 않는다.

㉯ 다음의 어느 하나에 해당하는 경우. 다만, 상속인의 사망, 가업상속재산을 국가 등에 증여하는 경우, 상속인이 병역의무의 이행이나 질병의 요양 등 가업상속공제액을 추징하지 아니하는 정당한 사유가 있는 경우 연부연납 허가를 취소하지 않는다.

　㉠ 상속인(또는 대표이사 등으로 취임한 상속인의 배우자)이 대표이사 등으로 종사하지 아니하는 경우

　㉡ 해당 가업을 1년 이상 휴업(실적이 없는 경우를 포함한다)하거나 폐업하는 경우

㉰ 상속인이 최대주주 등에 해당되지 아니하게 되는 경우. 다만, 상속인의 사망, 가업상속재산을 국가 등에 증여하는 경우 등 가업상속공제액을 추징하지 아니하는 정당한 사유가 있는 경우 연부연납 허가를 취소하지 않는다.

⑤ 사립유치원에 직접 사용하는 재산 등을 해당 사업에 직접 사용하지 아니하는 경우 등 다음에 해당하는 경우

㉮ 사립유치원이 폐쇄되는 경우

㉯ 상속받은 사립유치원 재산을 사립유치원에 직접 사용하지 아니하는 경우

나. 취소 또는 변경방법

연부연납 허가 후 일시 징수사유가 발생하면 다음의 방법에 따라 당초 허가한 연부연

납을 취소하거나 변경한다.

① 연부연납 허가일부터 10년 이내에 상속증여세법 제71조 제4항 제4호 또는 제5호에 해당하는 경우에는 연부연납기간(10년을 초과하는 경우에는 10년으로 한다)에서 허가일부터 같은 항 제4호 또는 제5호에 해당하게 된 날까지의 기간을 뺀 기간의 범위에서 연부연납을 변경하여 허가한다.

② 납세의무자가 공동으로 연부연납 허가를 받은 경우로서 납세의무자 중 일부가 연부연납 세액을 납부하지 않아 상속증여세법 제71조 제4항 제1호에 해당하는 경우에는 연부연납 세액을 납부하지 않은 납세의무자에 대한 연부연납 허가를 취소하고, 나머지 납세의무자에 대해서는 연부연납기간에서 허가일부터 상속증여세법 제71조 제4항 제1호에 해당하게 된 날까지의 기간을 뺀 기간의 범위에서 연부연납을 변경하여 허가하며, 미납자가 납부해야 할 연부연납 세액을 일시에 징수한다. 이 경우 제공한 담보로써 해당 세액을 징수하려는 경우에는 먼저 미납자가 제공한 담보(미납자가 다른 납세의무자와 공동으로 담보를 제공한 경우로서 미납자의 담보에 해당하는 부분을 특정할 수 있는 경우에는 그 부분을 말한다)로써 해당 세액을 징수해야 한다.

③ 그 밖의 경우에는 연부연납 허가를 취소하고 연부연납에 관계되는 세액을 일시에 징수한다.

제 3 절 : 물 납

1. 개 요

조세채무의 이행은 금전으로 납부하는 것이 원칙이나, 고액의 상속세를 금전으로만 납부하도록 할 경우에 대부분의 상속재산이 부동산이나 유가증권으로 구성되어 있는 상속인 등은 이를 단기간에 처분해야 함에 따른 경제적 손실 등을 입게 될 것이다. 이러한 납세불편을 해소하기 위하여 상속세의 경우 일정요건을 갖춘 납세의무자에게 상속받은 부동산이나 유가증권으로 세금을 납부할 수 있는 물납제도를 두고 있다.

2015.12.31. 이전에는 증여세의 경우에도 물납을 허용하였으나, 2016.1.1.부터 상속세에 대해서만 물납을 허용하고 상속세 납부세액이 상속받은 금융재산의 가액을 초과하는 경우에만 물납을 허가하는 등 물납허가요건을 강화하였다.

2018.4.1.부터 비상장주식 외의 상속재산으로 물납이 가능한 경우 비상장주식으로 물납할 수 없도록 하였다.

2023.1.1. 이후 상속개시하는 분부터 부동산 및 유가증권 외 다음의 문화재 등에 대한 물납을 허용하였다.

2. 물납의 요건

	2015.12.31. 이전	2016.1.1.	2018.4.1.~
상속세	가능	가능	비상장주식 외 물납가능시 비상장주식 물납 불가
증여세	가능	물납제외	

가. 2016.1.1. 이후 물납을 신청하는 경우

2016.1.1.부터 상속세의 물납은 다음의 요건을 모두 갖춘 납부의무자가 신청하여 허가를 받을 수 있다. 2015.12.31. 이전에 물납을 신청한 경우에 대해서는 개정규정에도 불구하고 종전의 규정에 따른다.

① 상속재산(상속증여세법 제13조에 따라 상속재산에 가산하는 증여재산 중 상속인 및 수유자가 받은 증여재산을 포함한다) 중 부동산과 유가증권(국내에 소재하는 부동산 등 상속증여세법 시행령 제74조 제1항에서 정한 물납에 충당할 수 있는 재산으로 한정한다)의 가액이 해당 상속재산가액의 2분의 1을 초과할 것

　물납을 신청할 수 있는 유가증권에는 내국법인이 발행한 채권(전환사채 등)이 포함된다(상속증여세과 – 1141, 2015.11.3.).

② 상속세 납부세액이 2천만원을 초과할 것

③ 상속세 납부세액이 상속재산가액(2020.1.1. 이후부터 상속재산에 가산하는 증여재산의 가액은 제외함) 중 금융재산의 가액을 초과할 것

　이 경우 금융재산이란 금전과 금융회사 등이 취급하는 예금 · 적금 · 부금 · 계금 · 출자금 · 특정금전신탁 · 보험금 · 공제금 및 어음을 말한다.

나. 2015.12.31. 이전에 물납을 신청하는 경우

① 상속받거나 증여받은 재산 중 부동산과 유가증권의 가액이 해당 재산가액의 2분의 1을 초과할 것

2008.1.1.부터 한국거래소에 상장되어 있지 아니한 법인의 주식 또는 출자지분(이하 "비상장주식 등"이라 한다)을 제외하되, 비상장주식 등 외에는 상속재산이 없거나 다른 상속재산으로 물납에 충당한 후 남은 세액이 있는 경우에는 물납할 유가증권에 포함한다. 따라서 2008.1.1.부터 증여세의 경우에는 비상장주식 등으로 물납을 할 수 없다.

② 상속세 또는 증여세 납부세액이 2천만원(2013.12.31. 이전 물납신청분은 1천만원)을 초과할 것

③ 신고기한 또는 고지서상 납부기한까지 물납신청을 할 것

 관련 예규 · 심판결정례 및 판례 등

❑ 비상장주식을 증여세 물납대상에서 제외한 구 상속증여세법 제73조 제1항은 합리적인 이유가 있어 합헌임(헌재 2013헌바137 · 203(병합), 2015.4.30.).

❑ 증여세납부세액이 1천만원 미만인 경우 물납 불허한 법률조항은 합헌임(헌재 2006헌바49, 2007.5.31.).

❑ 증여받은 부동산을 상속개시 전 양도한 경우 물납요건 판단방법(법령해석과, 2018.7.2.)
상속법 제73조 제1항 제1호에 따라 상속재산 중 부동산과 유가증권의 가액이 해당 상속재산가액의 2분의 1을 초과하는지를 판단할 때, 사전증여재산을 상속개시일 전 양도한 경우에도 같은 법 제73조 제1항 제1호 및 상증령 제74조 제1항 제1호의 부동산에 포함함.

❑ 물납요건 판단시 유가증권에 비상장주식이 포함되는지 여부(법령해석과 - 839, 2018.3.30.)
부동산과 유가증권의 가액이 상속재산가액의 2분의 1을 초과하는지 여부를 판단할 때, 비상장주식은 그 밖의 다른 상속재산이 없거나 상증법 시행령 제74조 제2항 제1호부터 제3호까지의 선순위 물납대상재산으로 상속세 물납에 충당하더라도 부족한 경우에 한정하여 유가증권의 범위에 포함하여 상증법 제73조 제1항에 따라 비상장주식으로 물납을 신청할 수 있음.

❑ 건설중인 자산이 물납대상인지 여부(재재산 - 27, 2015.1.9.)
상속개시일 현재 건설중인 부동산이 추후 완공되고 다른 물납요건 등을 만족한 경우 상증법 제73조 및 상증령 제67조 및 제70조에 따라 전체 부동산 중 상속재산가액에 포함된 구분등기된 재산 상당액에 한하여 물납이 가능함.

[질의] 상속개시일 현재 건설 중인 재산이 물납신청일에는 준공된 경우 물납가능 여부?

❑ 물납요건을 판단함에 있어 상속받은 재산은 적극적 상속재산으로서 상속개시전 처분재산 등의 상속추정에 의한 금액은 포함하지 아니함(재재산 46014 - 66, 2001.308., 상증법집행기준 73 - 70 - 10).

❏ 2007년 이전 증여분에 대한 연부연납세액은 주식으로 물납가능함(법규재산-322, 2012.9.4.).

2017.12.31. 이전 증여분에 대해 증여세 연부연납 허가를 받은 자가 연부연납기간 중 각 회분의 분납세액에 대하여 증여받은 재산인 비상장주식으로 물납을 하고자 하는 경우에는 상증법 제73조(2007.12.31. 개정되기 전의 것) 및 상증령 제70조 제2항과 같은 법 부칙 제9조(2007.12.31.)에 의하여 각 회분의 분납세액 납부기한 30일 전까지 물납신청을 할 수 있는 것임.

❏ "납부세액"은 가산세를 포함한 고지서상 납기 내 납부세액임(재삼 46014-26, 1999.4.15.).

❏ 물납요건 해당 여부는 상속인별로 분배하지 아니한 상속재산 및 상속세 납부세액을 기준으로 판단함(재삼 46014-2213, 1998.11.16.).

❏ 고지서상 납부기한 경과 후 과세표준과 세액 중 일부를 감액경정 통지받고서는 물납을 신청할 수 없음(재재산 46014-414, 1997.12. 3.).

❏ 납부기한이 경과하여 체납된 증여세액은 물납할 수 없음(재삼 46014-2097, 1998.10.29.).

❏ 부동산 등의 가액의 1/2 초과 여부 판단방법(재재산 46014-66, 2001.3.8.)

상증법 제73조(물납) 제1항에 따라 상속받은 재산 중 부동산과 유가증권의 가액이 50%를 초과하는지 여부를 판단할 때에 "상속받은 재산"은 적극적 상속재산으로서 같은법 제15조(상속개시일 전 처분재산 등의 상속추정 등)의 규정에 의한 금액은 포함하지 아니하는 것임. 따라서 적극적 재산가액에서 채무, 공과금 등의 소극적 재산가액은 차감하지 아니함.

3. 문화재 등에 대한 물납

2023.1.1. 이후 상속개시하는 분부터 물납을 할 수 있는 문화재 등의 범위와 요건 및 허가 범위 등은 다음과 같으며, 신청기한 및 허가여부 통지기한 등은 문화재 등 외의 재산과 동일하다.

가. 문화재 등의 범위

문화재 등이란 다음 것(부동산은 제외한다)을 말한다.

① 「문화재보호법」에 따른 유형문화재 또는 민속문화재로서 같은 법에 따라 지정 또는 등록된 문화재

② 회화, 판화, 조각, 공예, 서예 등 미술품

나. 물납 요건

다음의 요건을 모두 갖춘 납세의무자는 상속재산에 문화재 및 미술품이 포함된 경우 해당 문화재 등에 대한 물납을 신청할 수 있다.

① 상속세 납부세액이 2천만원을 초과할 것
② 상속세 납부세액이 상속재산가액 중 금전과 금융회사 등이 취급하는 예금·보험금 등 금융재산의 가액(상속재산에 가산하는 증여재산의 가액은 포함하지 아니한다)을 초과할 것

다. 물납 신청 및 문화체육관광부장관의 허가요청

납세지 관할 세무서장은 문화대 등에 대한 물납 신청이 있는 경우 세무서장은 그 신청을 받은 날부터 2주 이내에 해당 물납 신청 내역 등을 문화체육관광부장관에게 통보하여야 한다.

문화체육관광부장관은 물납을 신청한 문화재 등이 역사적·학술적·예술적 가치가 있는 등 물납이 필요하다고 인정되는 경우 통보일이 속하는 달의 말일부터 120일 이내에 다음의 자료를 납세지 관할 세무서장에게 제출해야 한다. 다만, 해당 문화재등에 대한 조사가 지연되는 등의 사유로 제출 기한을 연장할 필요가 있는 경우에는 30일 이내의 범위에서 한 차례만 연장할 수 있다.

① 문화재등의 역사적·학술적·예술적 가치를 입증하는 자료 등 물납의 필요성을 입증하는 자료
② 문화재등의 활용 방안 및 계획에 관한 자료
③ 그 밖에 물납 허가 여부 판단에 필요한 자료

라. 물납 가능세액 및 허가 거부사유

세무서장은 국고 손실의 위험이 크지 아니하다고 인정되는 경우 물납을 허가하며, 물납을 할 수 있는 납부세액은 상속재산 중 물납에 충당할 수 있는 문화재 등의 가액에 대한 상속세 납부세액을 초과할 수 없다.

이 경우 상속개시일 이후 물납 신청 이전까지의 기간 중 문화재등이 정당한 사유 없이 물납허가 거부사유에 해당하게 된 경우에는 해당 문화재등의 가액에 대한 상속세 납부세액은 물납을 신청할 수 있는 납부세액에서 제외한다.

1) 물납허가 거부사유

물납 신청을 받은 문화재등이 다음의 어느 하나에 해당하는 경우에는 물납을 허가하지 않을 수 있고, 물납 허가일부터 물납재산의 수납일까지의 기간 중 문화재등이 다음의 어느 하나에 해당하는 경우에는 물납 허가를 취소할 수 있다.

① 문화재등에 질권 등 재산권이 설정된 경우
② 문화재등을 다른 사람과 공유하는 경우
③ 문화재등이 훼손, 변질 등으로 가치가 감소한 경우

2) 허가여부 통지기한

세무서장은 다음의 구분에 따른 기간 이내에 물납 신청인에게 그 허가 여부를 서면으로 통지해야 한다.

① 상속세 과세표준신고를 한 경우: 신고기한이 지난 날부터 9개월
② 수정신고 또는 기한 후 신고를 한 경우: 수정신고 또는 기한 후 신고를 한 날이 속하는 달의 말일부터 9개월
③ 과세표준과 세액의 결정통지를 받은 경우: 납부고지서에 따른 납부기한이 지난 날부터 9개월

4. 물납 신청 및 허가

물납의 신청기한 및 허가 여부 통지기한 등은 연부연납과 동일하다.

구 분	신청기한	허가통지기한
과세표준 신고시의 자진납부세액	신고기한	법정결정기한(신고기한 경과 후 상속세 9개월, 증여세 6개월)
- 무신고·미달신고자 등의 신고세액을 초과한 고지세액 - 신고 후 무납부세액(2010.2.28. 이후 신청분부터 가능)	고지서상 납부기한	납부기한 다음 날부터 14일
- 기한 후 신고시 납부할 세액	신고시	신고한 날이 속하는 달의 말일부터 6개월(증여세의 경우 3개월)

가. 신고기한 이내 자진납부세액에 대한 물납

상속세 과세표준 신고시에 납부하여야 할 세액은 그 신고기한 이내에 신청하여야 하며, 2001.1.1. 이후 물납신청분부터 세무서장은 상속세 법정결정기간 이내에 허가 여부를 통지하여야 한다.

허가 여부 통지기한은 2000.1.1.~2000.12.31. 기간에 신청한 것은 신고기한 다음 날부터 30일 이내이었고, 1999.12.31. 이전 신청분의 경우 상속세 또는 증여세 과세표준과 세액을 결정하여 이를 통지할 때였다.

나. 기한 후 신고한 세액에 대한 물납

기한 후 신고하는 세액은 납세의무자가 상속세 과세표준신고서를 관할세무서장에게 제출할 때 물납신청서를 제출하여야 한다. 이 경우 세무서장은 기한 후 신고할 날이 속하는 달의 말일부터 6개월 이내에 허가 여부를 통지하여야 한다.

다. 납세고지서상 세액에 대한 물납

상속세 과세표준을 신고하지 아니하였거나 신고기한 내에 신고한 세액을 초과하여 고지서가 발부된 세액에 대해서는 해당 고지서상의 납부기한까지 물납을 신청하여야 한다.

2000.1.1. 이후 물납 신청분부터 세무서장은 납부기한(1999년 이전분은 물납 신청일) 다음 날부터 14일 이내에 그 허가 여부를 통지하여야 한다.

2000.1.1.부터 2010.2.17.까지는 법정신고기한 이내에 신고하여 납부할 세액에 대하여 납부하지 아니함에 따라 납세고지서가 교부된 경우 해당 세액에 대해서는 물납을 신청할 수 없었으나, 2010.2.18. 이후 납세고지서상 납부기한이 도래하는 분부터 납세고지서상 납부기한까지 물납을 신청할 수 있도록 하였다.

라. 연부연납 각 회분 분납세액에 대한 물납

2013.2.15. 이후 물납을 신청하는 분부터 상속세 또는 증여세의 연부연납허가를 받은 자는 연부연납기간 중 분납세액에 대해서는 물납을 신청할 수 없도록 하되, 첫 회분 분납세액과 조세특례제한법 시행령 제28조 제1항 각 호 외의 부분 전단에 따른 중소기업자는 5회분 분납세액까지 한정하여 물납을 신청할 수 있다. 다만, 연부연납가산금은 물납할 수

없으며, 물납하려는 경우에는 분납세액 납부기한 30일 전까지 납세지 관할세무서장에게 신청할 수 있다. 중소기업자는 소비성서비스업(소비성서비스업과 다른 사업을 겸영하고 있는 경우에는 부동산양도일이 속하는 사업연도의 직전사업연도의 소비성서비스업의 사업별수입금액이 가장 큰 경우에 한한다)을 제외한 사업을 영위하는 중소기업기본법에 의한 중소기업자를 말한다. 2013.2.14. 이전에는 상속세 또는 증여세의 연부연납을 허가받은 자가 연부연납기간 중 각 회분의 분납세액(연부연납가산금은 제외한다)에 대하여 물납을 신청할 수 있었다. 이 경우 물납신청일부터 14일 이내에 허가 여부를 서면으로 통지하여야 한다.

 관련 예규·심판결정례 및 판례 등

❑ 연부연납기간 중 물납신청 시 중소기업자 여부는 물납신청 당시(분납세액 납부기한 30일전을 말한다)를 기준으로 판단하며, 물납신청 세액은 중소기업자 본인이 받았거나 받을 상속재산에 대한 상속세를 한도로 함(재재산-1177, 2022.9.20., 조심2022서5085, 2022.8.25.).

❑ 차후연도 분납세액에 대하여도 물납 신청 가능함(재삼 46014-1917, 1998.10.2.).

❑ 연부연납세액의 납부기한 30일 전에 물납신청 못했어도 납부기한 내에 신청한 경우 물납허가 가능함(재재산 46014-85, 1999.3.8.).

5. 물납 허가간주 및 허가기한 연장

물납 허가 여부 통지기한까지 허가 여부에 대한 서면통지가 없는 경우에는 허가된 것으로 간주된다. 물납을 신청한 재산의 평가, 관리처분 적정유무 등을 확인하는 데 소요되는 시일을 감안하여 그 허가 여부 통지기한을 1회 30일의 범위 내에서 연장할 수 있다. 그러나 물납신청한 재산이 저당권 등이 설정되어 국유재산법 제11조에 따라 국유재산으로 취득할 수 없는 재산인 경우에는 허가간주규정이 적용되지 아니한다.

6. 허가 여부 통지 전 가산금 면제

납부기한을 경과하여 허가 여부를 통지하는 경우 납부기한의 다음 날부터 통지일 이전까지의 경과기간에 대한 가산금·중가산금은 적용하지 아니한다. 다만, 물납 허가요건을 갖추지 아니하고 신청함에 따라 허가를 받지 못한 경우에는 가산금 등을 징수한다.

7. 물납재산의 수납일 지정 및 미수납시 허가효력 상실

물납재산의 수납일은 물납을 허가한 날부터 30일(2015.2.2. 이전 수납일 지정분의 경우 20일) 이내로 지정하도록 규정하고 있다. 이 경우 물납재산의 분할 등의 사유로 해당 기간 이내에 물납재산의 수납이 어렵다고 인정되는 경우에는 1회에 한하여 20일의 범위 내에서 다시 물납재산의 수납일을 지정할 수 있다.

물납재산 수납일까지 수납되지 아니하는 때는 물납허가의 효력이 상실되므로 물납신청한 세액에 대해서 납부불성실가산세 및 가산금·중가산금의 부과대상이 된다. 또한, 재산을 분할하거나 재산분할을 전제로 한 물납신청의 경우에는 물납을 신청한 재산의 가액이 분할 전보다 감소하지 아니하는 경우에만 물납을 허가할 수 있다.

즉, 한 필지의 토지 중 일부를 물납하기 위하여 분할한 후에 도로면에 접하지 아니한 필지로 물납을 신청하는 등 분할 전보다 가액이 하락한 재산으로 물납을 신청하는 경우 등에는 물납을 허가하지 아니한다.

 관련 예규·심판결정례 및 판례 등

☐ 주식의 평가액에 따른 수납가의 정정 등으로 물납의 허가기간을 도과하여 통지한 물납허가처분은 정당함(조심 2012중1539, 2012.8.20.).

☐ 물납신청토지의 분할 후 평가액 변동시 물납허가취소 처분은 정당함(조심 2012중1125, 2012.9.20.).

☐ 물납 거부된 재산을 판결 전에 처분한 경우 가산금취소 이익이 있으나 물납거부처분 취소소송은 각하 대상임(대법원 2017두44091, 2017.9.12.).

8. 관리·처분이 부적당한 물납재산 변경

납세의무자는 관리·처분에 하자가 없는 재산으로 물납을 신청하여야 한다. 관리·처분상 부적당하다고 인정되는 경우에도 관리·처분이 가능한 다른 재산으로 물납을 변경 신청하도록 하고 이에 따르지 아니할 경우 물납신청의 효력은 상실되므로 그에 따른 납부불성실가산세를 부과한다.

가. 관리·처분이 부적당한 재산

물납을 신청한 재산이 다음의 사유로 인하여 관리·처분상 부적당하다고 인정되는 경우에는 관리·처분이 적당한 다른 재산이 있으면 그 관리·처분이 가능한 다른 재산으로 변경하도록 하며, 관리·처분이 가능한 재산이 없을 때에는 물납을 허가하지 아니한다. 즉, 관리·처분이 가능한 다른 재산이 있는 경우에는 원래 물납신청한 재산이 관리·처분상 부적당하다는 사유만으로는 물납허가를 거부할 수 없다. 이 경우 세무서장은 물납 재산변경과 관련한 사유를 납세의무자에게 통지하여야 한다.

① 저상권·지역권·전세권·저당권 등 재산권(제한물권)이 설정된 경우
② 물납신청한 토지와 그 지상건물의 소유자가 다른 경우
③ 토지의 일부에 묘지가 있는 경우
④ 건축허가를 받지 아니하고 건축된 건축물 및 그 부수토지
⑤ 소유권이 공유로 되어 있는 재산
⑥ 2020.2.11. 이후 물납을 신청하는 분부터 다음에 해당하는 유가증권
㉮ 유가증권을 발행한 회사의 폐업 등으로 부가가치세법 제8조 제9항에 따라 관할 세무서장이 사업자등록을 말소한 경우
㉯ 유가증권을 발행한 회사가 상법에 따른 해산사유가 발생하거나 채무자 회생 및 파산에 관한 법률에 따른 회생절차 중에 있는 경우
㉰ 유가증권을 발행한 회사의 물납신청일 전 2년 이내 또는 물납신청일부터 허가일까지의 기간이 속하는 사업연도에 법인세법 제14조 제2항에 따른 결손금이 발생한 경우. 다만, 납세지 관할 세무서장이 한국자산관리공사 설립 등에 관한 법률에 따라 설립된 한국자산관리공사와 공동으로 물납 재산의 적정성을 조사하여 물납을 허용하는 경우는 제외한다.
㉱ 유가증권을 발행한 회사가 물납신청일 전 2년 이내 또는 물납신청일부터 허가일까지의 기간이 속하는 사업연도에 주식회사 등의 외부감사에 관한 법률에 따른 회계감사 대상임에도 불구하고 감사인의 감사보고서가 작성되지 않은 경우
⑦ 자본시장법에 따라 상장이 폐지된 경우의 해당 주식 등
⑧ 문화재 등에 다음의 사유가 있는 경우
- 문화재등에 질권 등 재산권이 설정된 경우
- 문화재등을 다른 사람과 공유하는 경우
- 문화재등이 훼손, 변질 등으로 가치가 감소한 경우
- 위와 유사한 경우로서 기획재정부령으로 정하는 경우
⑨ 위와 유사한 것으로서 국세청장이 인정하는 것

나. 물납재산의 변경

물납을 신청한 재산이 관리·처분상 부적당하다고 인정되는 경우 세무서장은 물납재산을 변경하도록 요구하여야 하며, 물납재산 변경명령을 통보받은 자는 그 통보받은 날부터 20일(납세의무자가 국외에 주소를 둔 경우 3개월) 이내에 물납에 충당하고자 하는 다른 재산의 명세서를 첨부하여 다시 신청하여야 한다.

납세의무자가 기한 내에 변경신청을 하지 아니한 경우에는 물납신청의 효력이 상실되므로 그와 관련한 세액에 대해서는 납부불성실가산세 및 가산금·중가산금 등 부과대상이 된다.

다. 물납 신청 철회(상증령 §70)

2020.2.11. 이후 물납을 신청하는 분부터 물납신청 후 물납 불허 요건에 해당하는 경우 납세자에게 물납신청 철회 의무를 부여하였다. 해당 사유 발생시 납세지 관할세무서장에게 물납신청 철회서를 제출하여야 한다.

▶▶ 물납에 관한 허가여부 검토 및 업무지휘 등(국세징수사무처리규정 제49조)
물납허가신청을 받은 세무서장은 한국자산관리공사에 공동현장 확인을 요청하여 관리·처분 적정여부를 판단하는 절차를 규정하여 물납허가 후 국유재산으로 이전(세금수납) 또는 물납허가 거부한 재산이 물납대상에 해당하는지에 대한 쟁송을 줄이고자 행정절차를 마련하고 있다.

 관련 예규·심판결정례 및 판례 등

❑ 공동소유 토지에서 상속토지를 필지분할하여 상속세 물납 가능 여부(재산세과-235, 2012.6.25.)
피상속인과 타인이 공동소유하고 있던 토지를 상속받은 상속인이 그 토지에서 상속인의 지분을 필지분할하여 상속세 연부연납기간 중의 분납세액에 대하여 물납을 신청할 수 있으나, 물납허가 여부는 그 분할된 토지가 관리·처분이 부적당한지 여부에 따라 판단함.

사실관계
- 피상속인과 타인(특수관계자가 아님)이 공동소유하고 있던 토지 중 피상속인 지분을 상속받고 공동소유자와 협의, 필지분할하여 도로인접지역은 타인 소유로, 도로변에서 벗어난 토지는 상속인들 명의로 분할 후 물납신청을 하려고 함.

❑ 부동산은 납세담보로 제공하고 비상장주식으로 물납신청 가능 여부(재산세과-153, 2012.4.19.)
부동산이 연부연납에 대한 납세담보로 제공된 사실만으로는 그 부동산이 관리·처분이 부적당한 재산으로 인정되지 아니하므로 부동산과 비상장주식을 물납신청을 하게 되면 부동산 먼저 물납이 되어야 하는 것임.

❑ 관리 · 처분이 부적당한지 여부의 판단시기는 물납허가 당시임(재재산 46014-132, 2000.5.3.).

❑ 도로라 하여 물납허가를 거부한 처분은 부당함(조심 2012중1964, 2012.7.20.).

❑ 분묘를 이장했는데 관리처분 부적당한 것으로 본 것은 부당함(조심 2012중494, 2012.6.29.).

❑ 법원에서 가처분금지 결정한 재산에 대해 물납함은 타당(국심 2001중2517, 2001.11.29.)

❑ 비상장주식이 특정주주에게 집중되어 있고 그 가치 하락이 예상된다는 이유로 물납 불허하는 것은 부당함(국심 2004서2032, 2004.9.23.).

❑ 개발제한구역 내의 보전임야로서 처분에 제한이 있다고 하여 물납 불허한 것은 부당함(국심 2004전 123, 2004.5.24.).

❑ 소유권에 관해 소송중인 주식이 주권 발행이 불가능한 상태라면 관리처분이 부적당한 경우임(대법 원 2018두56831, 2019.1.17.).

❑ 무허가주택이 밀집된 대지 및 공유물인 대지가 관리처분상 부적당하여 물납을 허가할 수 없다는 피고의 처분은 재량권을 남용한 위법한 처분임(대법원 2003두2564, 2004.2.27.).

9. 물납을 청구할 수 있는 세액의 범위

2018.3.31. 이전 물납을 신청할 수 있는 납부세액은 상속받거나 증여받은 재산 중 물납에 충당할 수 있는 부동산 및 유가증권의 가액에 대한 상속세 납부세액 또는 증여세 납부세액을 초과할 수 없다. 다만, 물납청구할 재산 중 상속세 또는 증여세를 납부하는데 적합한 가액의 물건이 없을 때에는 부동산 및 유가증권의 가액에 상당하는 납부세액을 초과하는 세액에 대해서도 물납을 허가할 수 있다.

상속개시일 또는 증여(증여추정 또는 증여의제되는 행위를 포함한다)일 이후 물납신청 이전까지의 기간 중에 해당 상속재산 또는 증여재산이 정당한 사유없이 관리 · 처분이 부적당한 재산으로 변경되는 경우에는 당해 관리 · 처분이 부적당한 재산가액에 상당하는 상속세 또는 증여세 납부세액은 물납을 청구할 수 있는 납부세액에서 제외한다.

2018.4.1. 이후 물납을 신청하는 분부터 물납을 신청할 수 있는 납부세액은 다음 ①과 ②의 금액 중 작은 금액을 초과할 수 없다.

① 상속재산 중 물납에 충당할 수 있는 부동산 및 유가증권의 가액에 대한 상속세 납부세액

$$상속세\ 납부세액 \times \frac{부동산 + 유가증권\ 가액}{총상속재산\ 가액}$$

② 상속세 납부세액에서 금융재산(금융회사 등에 대한 채무의 금액을 차감한 금액을 말한다)과 거래소에 상장된 유가증권(법령에 따라 처분이 제한된 것은 제외한다)의 가액을 차감한 금액

상속세 납부세액 – 순금융재산 가액 – 상장된 유가증권 가액(처분제한 주식 등은 제외)

이 경우에도 거래소에 상장되어 있지 아니한 법인의 주식등("비상장주식 등"이라 한다)으로 물납할 수 있는 납부세액은 상속세 납부세액에서 상속세 과세가액[비상장주식 등과 상속개시일 현재 상속인이 거주하는 주택 및 그 부수토지의 가액을 차감한 금액을 말한다(해당 자산에 담보된 채무액을 차감한 금액을 말한다)]을 차감한 금액을 초과할 수 없다.

사례　비상장주식 등으로 물납을 신청할 수 있는 상속세액

－상속세액 : 100
－재산종류별 상속세 과세가액

구 분	① 상속세 과세가액(②+③)	② 비상장주식 등 가액	③ 비상장주식 등 외 재산가액	④ 비상장주식 등으로 물납신청할 수 있는 상속세액(100 – ③)
(사례1)	300	260	40	100 – 40 = 60
(사례2)		160	140	100 – 140 = △60

－ (사례1)의 경우 상속세액(100)에서 비상장주식 등 외의 상속세 과세가액을 뺀 금액을 초과할 수 없으므로 60까지는 비상장주식 등으로 물납을 신청할 수 있으나, (사례2)의 경우에는 비상장주식 등으로 물납을 할 수 없다.

관련 예규·심판결정례 및 판례 등

❑ 물납할 수 없는 비상장주식에는 사전증여재산가액을 포함함(법령해석과–1688, 2019.6.28.).

❑ 증자·합병 등의 증여의제로 과세된 경우에도 물납 가능함(재재산 46014–68, 1999.12.13.).

❑ 재차증여 합산과세시 물납청구의 범위(서일 46014-10197, 2003.2.20.)

당해 증여일 전 10년 이내에 증여받은 재산가액을 당해 증여세 과세가액에 가산하고 증여세 산출세액에서 상증법 제58조에 의한 기납부증여세액을 공제한 후의 납부세액에 대하여 물납을 신청하는 경우에 같은법 제73조 및 상증령 제73조 제1항에 의한 물납요건 해당 여부 및 물납청구의 범위는 과세가액에 가산한 종전 증여재산을 제외하고 당해 증여재산만을 가지고서 판단하는 것이 타당함(질의내용 1안이 타당).

[질의]

父로부터 1차 증여받은 현금을 2차 증여받은 유가증권에 합산과세시 증여세 납부세액(1차분 증여세액 차감 후 세액임)에 대하여 유가증권으로 물납을 신청할 수 있는 세액의 범위는?

$$\text{(1 안) 2차 증여시 납부세액} \times \frac{\text{2차 증여재산 중 부동산·유가증권}}{\text{2차 증여재산}}$$

$$\text{(2 안)} \left[\begin{array}{c} 1\cdot2\text{차} \\ \text{증여세액} \end{array} \times \frac{1\cdot2\text{차 증여재산 중 부동산·유가증권}}{1\cdot2\text{차 증여재산의 합계액}} \right] - 1\text{차 증여시 물납액}$$

❑ 부동산 매각 후 주식으로 물납신청한 경우 허가가능세액(조심 2018부1099, 2018.6.21.)

(처분청 허가세액) 물납신청 범위액에서 매각한 부동산가액을 차감한 세액

(심판결정) 매각한 부동산을 제외한 비상장주식의 비율에 해당하는 금액이 물납가능세액임. 물납신청기한 이전에 물납대상이 되는 쟁점부동산을 처분한 이 건의 경우 청구인은 이미 매각한 쟁점부동산으로는 물납을 신청할 수 없고 다음 순위의 비상장주식인 물납신청주식이 법 소정의 물납요건에 충족된다면 동 주식을 물납대상으로 하여 물납을 신청할 수 있다고 할 것인바, 처분청이 물납신청기한 이전에 이미 매각한 쟁점부동산의 평가액을 물납허가금액에서 차감하여 물납을 허가한 것은 적법한 처분으로 보기 어렵다 할 것임.

❑ 사전증여재산 합산과세시 상속세 물납가능 여부(조심 2013전4947, 2014.9.23.)

물납대상인 상속재산은 상속인이 상속개시 이전에 증여받은 재산을 포함하는 것이며, 사전증여재산으로 물납할 수 있는 상속세액은 사전증여재산의 가액을 상속세과세가액에 가산함에 따라 증가된 그 세액의 범위 내에서 할 수 있음.

❑ 물납 청구가능한 세액의 한도는 당해 상속재산인 부동산 및 유가증권의 가액에 대한 상속세 납부세액임(대법원 2010두19942, 2013.4.11.).

당해 납부세액을 초과하는 납부세액에 대하여도 물납을 허가할 수 있는 경우는 분할할 수 없어 그 납부세액조차도 물납할 수 없게 되는 것을 방지하려는 데 있으므로 당해 상속재산인 부동산 및 유가증권의 가액에 대한 상속세 납부세액을 초과하여 물납을 허가할 수 없음.

10. 물납에 충당할 재산 및 물납순위

가. 물납에 충당할 수 있는 재산의 범위

물납에 충당할 수 있는 부동산 및 유가증권은 다음에 해당하는 재산이다.

① 국내에 소재하는 부동산

② 국채·공채·주권 및 내국법인이 발행한 채권 또는 증권. 다만, 다음의 어느 하나에
해당하는 유가증권은 제외한다.

    ㉮ 한국거래소에 상장된 것. 다만, 최초로 한국거래소에 상장되어 물납허가통지서
발송일 전일 현재 자본시장법에 따라 처분이 제한된 경우에는 물납에 충당할 수
있다.

    ㉯ 상속증여세법 제73조 제1항에 따른 비상장주식 등. 다만, 상속의 경우로서 그 밖
의 다른 상속재산이 없거나 「나. 물납에 충당할 수 있는 재산의 순위 ①, ②, ③」
의 상속재산으로 상속세 물납에 충당하더라도 부족하면 그러하지 아니하다.

③ 자본시장법에 따른 신탁업자가 발행하는 수익증권

④ 자본시장법에 따른 집합투자증권

⑤ 자본시장법에 따른 종합금융회사가 발행하는 수익증권

나. 물납에 충당할 수 있는 재산의 순위

물납에 충당하는 재산은 세무서장이 인정하는 정당한 사유가 없는 한 다음의 순서에
따라 신청 및 허가하여야 한다.

① 국채 및 공채

② 최초로 한국거래소에 상장되어 처분이 제한된 상장·코스닥상장된 유가증권(①의
국·공채 제외)

    2000.1.1.부터 상장주식 및 코스닥상장주식 또는 상장채권은 현금전환이 용이하므
로 물납대상재산에서 제외하되, 다른 상속·증여재산이 없는 경우에는 물납 가능
하였으며 2003.1.1. 이후 상장·코스닥상장 후 일정기간 대주주의 주식처분이 제
한된 경우에는 물납이 가능하다. 2013.2.15.부터 상장·코스닥상장주식으로 물납
할 수 있는 경우를 자본시장법에 따라 처분이 제한된 경우로 한정하여 물납가능하
며 다른 상속재산이 없는 경우에는 상장·코스닥상장주식으로 물납을 할 수 없고
그 주식을 처분하는 등으로 현금납부하여야 한다.

③ 국내 소재하는 부동산(⑥은 제외)

④ 「가. 물납에 충당할 수 있는 재산의 범위 ②, ③, ④, ⑤」에 해당하는 유가증권(① 국채 및 공채, ② 상장·코스닥상장된 유가증권, ⑤ 비상장주식 등은 제외함)
자본시장법에 따른 신탁업자가 발행하는 수익증권, 집합투자증권 및 종합금융회사가 발생하는 수익증권을 말한다.

⑤ 비상장주식 등

⑥ 상속개시일 현재 상속인이 거주하는 주택 및 그 부수토지

 관련 예규·심판결정례 및 판례 등

❑ 물납을 할 수 있는 '유가증권'에는 내국법인이 발행한 채권(전환사채 등)이 포함되는 것임(상속증여세과-1141, 2015.11.3.).

❑ 증여 후 상장된 경우 상장된 해당 주식이외의 다른 증여재산이 없는 경우에 상장된 그 해당 주식은 물납신청 증여재산에 해당함(재재산-804, 2011.9.27.).

❑ 증여받은 부동산의 수용으로 보상받은 채권으로 물납할 수 없음(재재산 46014-333, 1997.9.26.).

❑ 골프회원권은 물납에 충당할 수 있는 재산 아님(재삼 46014-165, 1997.2.2.).

❑ 비상장주식이라는 이유로 물납신청을 거부할 수 없음. 담보권의 목적이 되었거나 법령 또는 정관상 양도제한, 매각할 수 없는 등 구체적인 사정이 있어야 거부할 수 있음(대법원 96누15404, 1997.8.22.).

11. 물납재산 수납가액

물납에 충당할 재산의 수납가액은 원칙적으로 상속세 또는 증여세 과세가액에 의한다. 다만 납세의무성립일 이후 증자 또는 감자가 있거나 주식의 평가액이 급격하게 하락한 경우 및 연부연납세액에 대하여 물납을 하는 경우에는 수납가액을 조정한다.

가. 신고기한 또는 고지서상 납부기한내의 물납신청분

물납에 충당할 부동산 또는 유가증권의 수납가액은 상속세 또는 증여세 과세표준을 결정할 때의 상속재산가액 또는 증여재산가액에 의하므로 상속개시일 또는 증여일로부터 상당한 기간이 경과한 후에 물납이 허가되더라도 수납일을 기준으로 다시 해당 재산을 평가할 필요는 없다.

나. 수납일 전에 증자·감자가 있는 경우 수납가액 조정

주식의 경우에 상속개시일 또는 증여일부터 수납할 때까지 신주를 발행하거나 주식을 감소시킨 경우에는 이를 감안하여 다음과 같이 수납가액을 조정하여 결정한다. 주식을 감소시킨 경우에 수납가액을 조정하는 것은 2000.1.1. 이후 최초로 상속이 개시되거나 증여분에 대하여 물납신청한 것부터 적용된다.

다만, 자본시장법 제119조에 따라 공모증자하는 경우의 신주 발행 및 특별법에 의하여 증자하는 경우의 신주 발행에 대하여는 수납가액을 조정하지 아니한다(상증규칙 §20의2).

① 무상으로 주식을 발행한 경우

$$\text{구주 1주당 수납가액} = \frac{\text{구주 1주당 과세가액}}{1 + \text{구주 1주당 신주배정수}}$$

② 유상으로 주식을 발행한 경우

$$\text{구주 1주당 수납가액} = \frac{\text{구주 1주당 과세 가액} + \left(\text{신주 1주당 주금납입액} \times \text{구주 1주당 신주배정수} \right)}{1 + \text{구주 1주당 신주배정수}}$$

③ 무상으로 주식을 감소시킨 경우

$$\text{구주 1주당 수납가액} = \frac{\text{구주 1주당 과세가액}}{1 - \text{구주 1주당 감자주식수}}$$

④ 유상으로 주식을 감소시킨 경우

$$\text{구주 1주당 수납가액} = \frac{\text{구주 1주당 과세 가액} - \left(\text{1주당 지급액} \times \text{구주 1주당 감자주식수} \right)}{1 - \text{구주 1주당 감자주식수}}$$

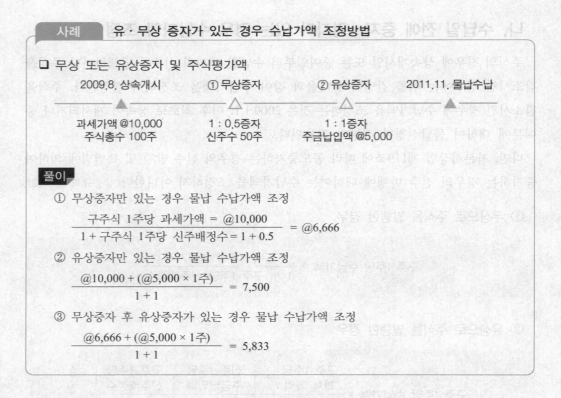

사례 유 · 무상 증자가 있는 경우 수납가액 조정방법

□ 무상 또는 유상증자 및 주식평가액

2009.8. 상속개시	① 무상증자	② 유상증자	2011.11. 물납수납
▲	△	△	▲
과세가액 @10,000 주식총수 100주	1 : 0.5증자 신주수 50주	1 : 1증자 주금납입액 @5,000	

풀이

① 무상증자만 있는 경우 물납 수납가액 조정

$$\frac{구주식\ 1주당\ 과세가액\ =\ @10,000}{1\ +\ 구주식\ 1주당\ 신주배정수\ =\ 1\ +\ 0.5}\ =\ @6,666$$

② 유상증자만 있는 경우 물납 수납가액 조정

$$\frac{@10,000\ +\ (@5,000 \times 1주)}{1\ +\ 1}\ =\ 7,500$$

③ 무상증자 후 유상증자가 있는 경우 물납 수납가액 조정

$$\frac{@6,666\ +\ (@5,000 \times 1주)}{1\ +\ 1}\ =\ 5,833$$

다. 연부연납 각 회분 분납세액의 물납신청분

연부연납기간 중에 각 회분의 분할납부세액에 대하여 물납하는 경우에 물납재산의 수납가액은 물납허가 통지서 발송일 전일 현재를 기준으로 다시 평가하는 바, 이 경우 평가방법은 다음과 같이 적용한다(상증령 §75 2호).

① 상속 또는 증여재산을 시가로 평가하여 상속세 또는 증여세를 결정한 경우에는 물납재산의 수납가액도 시가로 평가한다.

② 상속 또는 증여재산의 시가를 산정하기 어려워 상속증여세법 제61조부터 제65조까지에 의한 보충적 평가가액으로 상속세 또는 증여세를 결정한 경우에는 물납재산의 수납가액도 보충적 평가방법으로 평가한다.

라. 유가증권의 가액이 일정비율 이상 하락한 경우

2020.2.11. 이후 물납을 신청하는 분부터 다음의 사유가 있는 경우로서 상속 당시의 가액에 비하여 30% 이상 하락한 경우에는 재평가하도록 구체화하였다.

① 주식 발행법인의 분할·합병, ② 주식 발행법인의 주요재산 처분, ③ 물납신청 전 사업연도 대비 배당액 증가 등

또한 물납신청 후 수납가액 재평가 사유에 해당하는 경우 납세자에게 재평가신청의무 부여하여 해당 사유 발생시 납세지 관할세무서장에게 재평가 신청서를 제출하도록 하였다(상증령 §70).

2003.1.1.부터 2020.2.10.까지 물납신청분부터 물납에 충당할 유가증권의 가액이 평가기준일부터 물납허가통지서 발송일 전일까지의 기간 중 유가증권을 발행한 법인의 주요재산을 처분하는 등 상속인의 부실 경영으로 인하여 해당 유가증권의 가액이 평가기준일 현재의 상속재산 또는 증여재산의 가액에 비하여 100분의 50 이상 하락한 경우에는 물납허가통지서 발송일 전일을 기준으로 다시 평가한 가액을 수납가액으로 한다.

이 경우 물납신청한 유가증권(물납신청한 것과 동일한 종목의 유가증권을 말한다)의 전체 평가액이 물납신청세액에 미달하는 경우로서 물납신청한 유가증권 외의 상속 또는 증여받은 다른 재산의 가액을 합산하더라도 해당 물납신청세액에 미달하는 경우에는 해당 미달하는 세액을 물납신청한 유가증권의 전체 평가액에 가산한다.

마. 상속재산에 가산하는 증여재산의 수납가액

기획재정부에서 피상속인이 상속개시일 전 10년 이내에 상속인에게 증여하여 상속세 과세가액에 포함되는 사전증여재산가액은 상속증여세법 제73조(물납) 제1항에서 규정하고 있는 상속받은 재산에 해당한다고 유권해석(재재산-772, 2015.11.20.)하고, 2016.1.1. 상속증여세법 제73조 제1항 제1호에 이를 반영하였다.

이 경우 상속재산에 가산하는 증여재산의 수납가액에 대하여 2016.2.5. 상속증여세법 시행령 제75조 제2항에서 "상속개시일 현재 상속증여세법 제4장에 따라 평가한 가액으로 한다."고 신설하였고, 2016.2.4. 이전 상속세 과세가액에 가산하는 증여재산으로 상속세를 물납하는 경우 해당 증여재산의 수납가액은 상속개시일 현재 상속증여세법 제4장에 따라 평가한 가액에 의하는 것으로 해석(상속증여세과-691, 2016.6.20.)하고 있다.

물납하는 증여재산의 수납가액이 증여 당시 증여재산가액보다 큰 경우에는 양도소득세가 과세될 수 있다.

사례 **2003.1.1. 이후 주식 평가액 하락시 수납가액 조정방법**

❑ 물납신청한 주식의 평가액

○ 2002.10.31. 코스닥상장주식 1,530,000,000원(102,000주 × 1주당 15,000원)을 증여받고 2003.1.31. 당해 주식으로 증여세액 물납신청함.
   - 산출세액 : (15.3억원 − 3천만원) × 40% − 1.6억원 = 440,000,000원
   - 납부세액 : 440,000,000 − 신고세액공제(44,000,000) = 396,000,000원

❑ 2002.12.31. 이전과 이후 수납가액 조정방법

① 2002.12.31. 이전 물납신청한 경우

물납허가일의 주식가액이 하락하였는지에 관계없이 증여세액 396,000,000원을 코스닥상장주식으로 물납할 수 있으며, 1주당 수납가액을 15,000원으로 하여 26,400주를 물납하면 세금이 완납된다.

② 2003.1.1. 이후 물납신청한 경우

<예시1> 주가가 5,000원으로 하락시 5,000원으로 79,200주 수납

⇒ 주식 평가액이 408,000,000원으로서 증여세 396,000,000원을 초과하므로 수납가액은 1주당 5,000원으로 하여 79,200주로 물납가능하다.

<예시2> 주가가 3,000원으로 하락시 102,000주 전부를 수납

⇒ 수납일 당시 전체 주식가액이 306,000,000원으로서 증여세 납부세액 396,000,000원에 미달하므로 그 미달세액 90,000,000원을 수납가액에 가산하여 증여받은 주식 102,000주 전부로 물납가능하다.

 관련 예규 · 심판결정례 및 판례 등

❑ 주가 하락시 수납가액은 수납일의 주가에 의함(재산상속 46014−25, 2003.1.29.).

증여세액의 물납에 충당할 협회등록주식을 발행한 법인이 증여일부터 물납허가통지서 발송일 전일까지의 기간 중에 주요 재산을 처분하거나 사업부를 양도 또는 폐지하는 등으로 인하여 물납허가통지서 발송일 전일의 당해 주식평가액이 증여 당시의 주식평가액에 비하여 50퍼센트 이상 하락한 경우에는 상증령(2002.12.30. 대통령령 제17828호로 개정된 것) 제75조 제3호에 의하여 물납허가통지시의 주식평가액 상당액을 수납가액으로 하는 것이나, 주요 재산의 처분이 없는 등 증여 당시와 물납허가 당시에 있어 당해 법인의 자산상태 및 영위하는 주요업종 등이 변경되지 않았는데 주식시세가 하락한 경우에는 그러하지 아니함. 이에 대해서는 수증자의 부실경영 여부에 관계없이 주요 재산의 처분, 사업부의 양도 또는 폐지여부 등을 확인하여 상기 내용에 따라 수납가액을 결정하는 것임.

➡ 주요 자산을 처분하는 등 상속인의 부실경영으로 인하여 50% 이상 하락한 경우를 상속세는 「자산처분 + 부실경영 + 50% 이상 하락」의 3가지 요건이 충족되는 경우에 적용하고, 증여세는 「자산처분 + 50% 이상 하락」의 2가지 요건이 충족되는 경우에 적용한다는 해

석으로 볼 수 있다.

❏ 부과처분 조세소송에서 기 수납한 물납재산의 가액이 변경된 경우에는 수납증서의 수납가액을 변경함(징세 46101 – 188, 1999.4.19., 재산상속 46014 – 143, 2002.5.16.).

❏ 물납재산의 평가액이 소송중에 변경된 경우 변경된 가액이 수납가액임(대법원 2010다25018, 2010.8.26.).

12. 물납재산의 환급

2002.12.18. 이후 물납신청분부터 납세자가 상속증여세법 제73조에 따라 상속증여세를 물납한 후 그 부과의 전부 또는 일부를 취소하거나 감액하는 경정 결정에 따라 환급하는 경우에는 다음 순서에 따라 해당 물납재산으로 환급한다(국세기본법 §51의2).

㉮ 납세자의 신청이 있는 경우에는 그 신청한 순서에 따라 환급한다.

㉯ 납세자의 신청이 없는 경우에는 상속증여세법 시행령 제74조 제2항에 따른 물납충당재산의 허가순서의 역순으로 환급한다.

다만, 물납재산이 매각되었거나 다른 용도로 사용되고 있는 경우 등 다음에 해당하는 경우에는 금전으로 환급하여야 한다.

① 해당 물납재산의 성질상 분할하여 환급하는 것이 곤란한 경우

② 해당 물납재산이 임대 중이거나 다른 행정용도로 사용되고 있는 경우

③ 사용계획이 수립되어 해당 물납재산으로 환급하는 것이 곤란하다고 인정되는 경우 등 국세청장이 정하는 경우

물납한 주식의 발행법인이 상장이 폐지되거나 휴업 중이라는 사유는 금전으로 환급해야 하는 경우에 해당하지 아니한다(조심 2016서3665, 2016.12.29., 법령해석 2016 – 150, 2016.7.26., 법령해석 2018 – 264, 2019.2.8.).

쉬어가기 ··· **물납 증권의 처분 제한(국유재산법 제44조의2)**

○ 상속증여세법 제73조에 따라 물납된 증권의 경우 물납한 본인 및 다음의 자에게는 수납가액보다 적은 금액으로 처분할 수 없다. 다만, 자본시장법 제8조의2 제4항 제1호에 따른 증권시장에서 거래되는 증권을 그 증권시장에서 매각하는 경우에는 그러하지 아니하다.

① 물납한 본인의 배우자, 직계혈족, 형제자매, 배우자의 직계혈족, 배우자의 형제자매, 직계혈족의 배우자

② 물납한 본인 및 물납한 본인과 ①의 관계에 있는 사람이 물납 증권 처분 당시 보유한 지분증권의 합계가 그 외 각 주주가 보유한 지분증권보다 많은 법인

쉬어가기 ··· **물납된 상가건물의 임차인이 허가취소의 소를 제기할 수 있는가?**

사실관계

- 임대차계약기간이 종료되지 아니한 상가건물에 대해 상속세 물납을 허가함.
- 상증법상 관리·처분이 부적당한 재산에 대해서는 물납재산 변경을 요구하거나, 변경하지 아니한 경우 물납을 허가하지 아니함.
  ⇒ 국세청 내부규정 등에 의해 임차인이 있는 상태에서는 물납허가를 하지 아니함.
- **(쟁점)** 국유재산이 됨에 따라 재산상 손해를 본 임차인이 물납허가 취소를 청구할 수 있는지
- **(판결)** (창원지방법원 2022구합53967, 2023.10.19.)
- 물납신청 건물의 임차인은 물납허가처분의 취소를 구할 원고적격이 있고, 물납신청 건물이 관리·처분이 부적당한 재산인지 여부에 관하여 재량권 불행사와 비례원칙 위반이 인정됨.
- 관리·처분이 부적당한 재산에 대한 물납허가처분은 취소해야 함.

제 **4** 절 : **가업상속재산의 납부유예 및 지정문화재 등의 징수유예**

1. 가업상속 또는 승계에 대한 상속세 또는 증여세 납부유예

2023.1.1.부터 가업을 상속한 경우 가업상속공제를 적용 받거나 상속세 납부유예를 선택할 수 있다.

가. 적용대상 및 납부유예 기간

가업을 상속받는 납세의무자가 다음의 요건을 모두 갖추어 상속세의 납부유예를 신청하는 경우에는 납부유예를 허가할 수 있다. 이 경우 납세의무자는 담보를 제공해야 한다.

① 상속인이 가업(중소기업으로 한정한다)을 상속받았을 것

② 가업상속공제(가업상속공제 대신 영농상속공제를 받은 경우에는 가업상속공제를 받은 것으로 본다)를 받지 아니하였을 것

납부유예기간은 상속인이 상속받은 가업재산을 양도하거나 상속 또는 증여하는 시점까지이며, 납부유예가 할 수 있는 세액은 다음과 같다.

$$\text{납부유예 가능 세액} = \text{상속세 납부세액} \times \frac{\text{가업상속재산상당액}}{\text{총 상속재산가액}}$$

납세지 관할세무서장은 다음의 기간 이내에 신청인에게 허가 여부를 통지해야 한다.

㉮ 상속세 과세표준신고를 한 경우: 신고기한이 지난 날부터 9개월

㉯ 증여세 과세표준신고를 한 경우: 신고기한이 지난 날부터 6개월

㉰ 국세기본법에 따른 수정신고 또는 따른 기한 후 신고를 한 경우 : 수정신고 또는 기한 후 신고를 한 날이 속하는 달의 말일부터 9개월(증여세의 경우에는 6개월)

㉱ 납부고지서에 따른 납부기한이 지난 날부터 14일 : 납부고지서에 따른 납부기한을 경과하는 경우에는 그 통지일 이전 기간에 대한 납부지연가산세를 부과하지 않는다.

나. 납부유예 상속세액 징수

1) 납부유예세액 납부사유

상속인이 정당한 사유 없이 다음의 어느 하나에 해당하는 경우 납부유예 허가를 취소하거나 변경하고, 다음에 해당하는 세액과 이자상당액을 징수한다.

① 「소득세법」을 적용받는 가업을 상속받은 경우로서 가업용 자산의 100분의 40 이상을 처분한 경우: 납부유예된 세액 중 가업용자산의 처분 비율을 곱하여 계산한 세액

② 해당 상속인이 가업에 종사하지 아니하게 된 경우 : 납부유예된 세액의 전부

③ 주식등을 상속받은 상속인의 지분이 감소한 경우 : 다음의 구분에 따른 세액

㉮ 상속개시일부터 5년 이내에 감소한 경우 : 납부유예된 세액의 전부

㉯ 상속개시일부터 5년 후에 감소한 경우 : 납부유예된 세액 중 다음 계산식에 따라 계산한 세액

④ 상속증여세법 제18조의2 제5항 제4호 각 목에 모두 해당하는 경우(이 경우 같은 호 가목 및 나목 중 "100분의 90"은 각각 "100분의 70"으로 본다) : 납부유예된 세액의 전부

⑤ 해당 상속인이 사망하여 상속이 개시되는 경우 : 납부유예된 세액의 전부

상속인 또는 그 상속인의 배우자가 상속개시일부터 5년 이내의 기간 중에 대표이사로 종사하지 않거나 해당 가업을 1년 이상 휴업 또는 폐업하는 경우를 말한다.

$$납부유예된 세액 \times 감소한 지분율 \div 상속개시일 현재 지분율$$

2) 납부유예세액 납부하지 않는 정당한 사유

가업상속공제를 받은 후 사후관리위반으로 상속세를 추징할 때 정당한 사유가 있어 추징하지 아니하는 경우와 유사하다. (자세한 내용은 「제2편 상속세 제5장 상속공제 제2절 가업상속공제」에서 기술한 내용을 참고하기 바람)

① 가업용 자산을 처분한 경우에 있어 정당한 사유

㉠ 가업용 자산이 「공익사업을 위한 토지 등의 취득 및 보상에 관한 법률」 그 밖의 법률에 따라 수용, 국가 또는 지방자치단체에 양도되거나, 시설의 개체, 사업장 이전 등의 사유로 처분하는 경우. 다만, 처분자산과 같은 종류의 자산을 대체 취

득하여 가업에 계속 사용하는 경우에 한한다.

ⓛ 국가 또는 지방자치단체에 증여하는 경우

ⓒ 합병·분할, 통합, 개인사업의 법인전환 등 조직변경으로 인하여 자산의 소유권이 이전되는 경우. 다만, 조직변경 이전의 업종과 같은 업종을 영위하는 경우로서 이전된 가업용 자산을 당해 사업에 계속 사용하는 경우에 한한다.

ⓔ 내용연수가 지난 자산을 처분하는 경우

ⓜ 주된 업종 변경과 관련하여 자산을 처분하고 변경된 업종을 가업으로 영위하기 위하여 자산을 대체 취득하여 가업에 계속 사용하는 경우

ⓗ 자산처분금액을 조세특례제한법 제10조에 따른 연구·인력개발비로 사용하는 경우

② 상속인이 가업에 종사하지 아니하는 경우 정당한 사유

㉠ 가업상속재산을 국가 또는 지방자치단체에 증여하는 경우

㉡ 상속인이 법률에 따른 병역의무의 이행, 질병의 요양, 취학상 형편 등으로 가업에 직접 종사할 수 없는 사유가 있는 경우. 다만, 그 부득이한 사유가 종료된 후 가업에 종사하지 아니하거나 가업상속받은 재산을 처분하는 경우를 제외한다.

③ 상속인의 지분이 감소된 경우 정당한 사유

㉠ 합병·분할·분할합병 등 조직변경에 따라 주식 등을 처분하는 경우. 다만, 처분 후에도 상속인이 합병법인 또는 분할신설법인 등 조직변경에 따른 법인의 최대주주 등에 해당하는 경우에 한한다.

㉡ 해당 법인의 사업확장 등에 따른 유상증자시 상속인의 특수관계인 외의 자에게 주식 등을 배정함에 따라 상속인의 지분율이 낮아지는 경우. 다만, 상속인이 최대주주 등에 해당하는 경우에 한한다.

㉢ 주식 등을 국가 또는 지방자치단체에 증여하는 경우

㉣ 자본시장법 제390조 제1항에 따른 상장규정의 상장요건을 갖추기 위하여 지분을 감소시킨 경우. 다만, 상속인이 최대주주 등에 해당하는 경우에 한한다.

㉤ 주주 또는 출자자의 주식 및 출자지분의 비율에 따라서 무상으로 균등하게 감자하는 경우

㉥ 「채무자 회생 및 파산에 관한 법률」에 따른 법원의 결정에 따라 무상으로 감자하거나 채무를 출자전환하는 경우

다. 납부유예 재신청

납부유예세액에 대해 위의 납부사유 중 ① 거주자의 지분이 감소하거나 ② 상속이 개시된 다음의 경우에 거주자가 해당 세액과 이자상당액에 대하여 납부유예를 신청할 수 있다.

① 거주자의 지분이 감소하는 경우로서 수증자가 조특법 제30조의6에 따른 과세특례를 적용받거나 따른 납부유예 허가를 받은 경우. 납부유예세액은 지분 감소 비율을 고려하여 계산한다.

② 상속인이 사망하는 경우로서 다시 상속을 받은 상속인 상속받은 가업에 대하여 가업상속공제를 받거나 상증법 제72조의2 제1항에 따른 납부유예 허가를 받은 경우

라. 납부유예세액 징수

담보의 변경 명령에 따르지 아니하거나 납부기한 전 징수사유 등 다음의 사유가 발생한 경우 세무서장은 납부유예 세액과 이자상당액을 징수할 수 있다.

① 담보의 변경 또는 그 밖의 담보 보전에 필요한 관할 세무서장의 명령에 따르지 아니한 경우

② 「국세징수법」 제9조 제1항 각 호의 어느 하나에 해당되어 납부유예된 세액의 전액을 징수할 수 없다고 인정되는 경우

2. 지정문화재 등의 상속세 징수유예

가. 상속세 징수유예 대상 및 세액

상속재산 중 다음에 해당하는 재산이 포함되어 있는 경우 그 재산가액(상속증여세법 제13조의 규정에 의하여 상속재산에 가산하는 증여재산을 포함한다)중 다음에 해당하는 재산이 차지하는 비율을 곱하여 계산한 금액에 상당하는 상속세액의 징수를 유예한다. 2023.1.1. 이후 상속개시분부터 국가지정문화재 등에 대해 상속세 비과세에서 징수유예 방식으로 전환하였다.

① 문화재보호법 제2조 제2항 제3호에 따른 문화재자료 및 같은법 제53조 제1항에 따른 국가등록문화재(이하 "문화재자료 등"이라 한다)와 같은법 제27조 제1항에 따른 보호구역에 있는 토지로서 대통령령으로 정하는 토지

② 박물관 및 미술관 진흥법에 따라 등록한 박물관자료 또는 미술관자료로서 같은법
에 따른 박물관 또는 미술관(사립박물관이나 사립미술관의 경우에는 공익법인 등
에 해당하는 것만을 말한다)에 전시 중이거나 보존 중인 재산(이하 "박물관자료"
라 한다)

③ 2023.1.1. 이후 상속개시분부터 문화재보호법에 따른 국가지정문화재 및 시·도지
정문화재와 같은 법에 따른 보호구역에 있는 토지로서 대통령령으로 정하는 토지
(이하 "국가지정문화재등"이라 한다)

$$징수유예 \ 세액 = 상속세 \ 산출세액 \times \frac{징수유예대상 \ 문화재자료 \ 등 \ 재산가액}{총상속 \ 재산가액}$$

나. 징수유예한 상속세액 추징사유

지정문화재 등이나 박물관자료를 상속받은 상속인 또는 수유자가 이를 유상으로 양도
하는 등 다음의 사유로 박물관자료를 인출하는 경우에는 징수유예한 상속세를 즉시 징수
한다. 한편으로 징수유예를 받은 후에 상속인 또는 수유자의 사망으로 다시 상속이 개시
되는 경우에는 징수유예한 상속세액의 부과결정을 철회하고 그 철회한 상속세액을 다시
부과하지 아니한다.

① 문화재자료 등이나 박물관자료를 유상양도

② 박물관 또는 미술관의 등록취소 및 폐관

③ 문화체육관광부에 등록된 박물관자료·미술관자료에서 제외되는 경우

다. 담보제공

문화재자료 및 박물관자료에 대한 상속세의 징수유예를 받고자 하는 자는 그 징수유예
한 상속세액에 상당하는 담보를 제공하여야 하며, 담보제공에 관하여는 연부연납 허가세
액에 대한 담보제공규정을 준용한다.

국가지정문화재 등에 대한 상속세를 징수유예 받으려는 자는 그 유예할 상속세액에 상
당하는 담보를 제공하지 아니할 수 있다. 다만, 납세담보를 제공하지 아니한 자는 매년
말 관할 세무서장에게 대통령령으로 정하는 바에 따라 국가지정문화재등의 보유현황을
제출하여야 하며, 관할 세무서장은 보유현황의 적정성을 점검한다.

이 경우 납세담보를 제공하지 아니한 자가 국가지정문화재등을 유상으로 양도할 때에는 국가지정문화재등을 양도하기 7일 전까지 그 사실을 대통령령으로 정하는 바에 따라 관할 세무서장에게 신고하여야 하며, 신고하지 아니한 경우에는 징수유예받은 상속세액의 100분 1 또는 100분의 20에 상당하는 가산세를 부과한다(상증법 §78 ⑮).

라. 상속인이 신고기한 내에 박물관 등을 설립한 경우

상속인이 박물관 또는 미술관을 설립하여 상속재산 중 박물관자료 또는 미술관자료를 당해 박물관 또는 미술관에 전시·보존하는 경우에도 징수유예를 받을 수 있으며, 이 경우에 상속세 과세표준 신고기한 이내에 박물관 또는 미술관의 설립과 자료의 전시가 이루어져야 한다. 다만, 법령상 또는 행정상의 사유로 인하여 박물관 또는 미술관의 설립이 지연되는 경우에는 그 사유가 종료된 날부터 6월 이내에 설립·전시하여야 한다.

3. 박물관자료 등의 증여세 징수유예

증여재산 중에 박물관 및 미술관 진흥법에 따라 등록한 박물관자료·미술관자료로서 박물관 또는 미술관(사립박물관 또는 사립미술관인 경우에는 공익법인에 해당하는 것에 한한다)에 전시·보관중에 있는 재산이 포함되어 있는 경우에 그 재산에 상당하는 증여세액에 대해서는 상속세와 동일하게 징수유예를 받을 수 있다.

 관련 예규·심판결정례 및 판례 등

☐ 「문화재보호법」에 따라 "역사문화환경 보존지역"으로 지정된 토지라도 동법에 따라 보호구역으로 지정된 토지가 아닌 경우 '지정문화재 등에 대한 상속세의 징수유예' 안됨(사전-법규과-2512, 2023.9.26.).

☐ 국가등록문화재 보유법인의 주식 상속 시 상속세 징수유예 여부(법규과-2132, 2022.7.18.)
상속세가 징수유예되는 국가등록문화재를 보유하고 있는 주식을 상속받은 경우에는 다음 계산식에 의한 가액을 징수유예 대상 상속재산 가액으로 보아 상증령 제76조 제1항을 적용함.
➡ 비상장법인의 1주당 평가액 × (국가등록문화재가액 ÷ 비상장법인의 순자산가액) × 상속인이 상속받은 주식 수

☐ 징수유예받은 후 세액 추징시에 무납부가산세 부과 안함(재산상속 46014-1338, 2000.11.9.).

❑ 문화재자료 등의 상속세 징수유예세액은 산출세액에 상속재산 중 문화재나 박물관자료에 해당하는 재산이 차지하는 비율을 곱하는 방법으로 계산하며, 문화재나 박물관자료의 가액을 상속재산가액에 산입하지 아니하고 산출한 세액을 공제하는 방법으로 계산할 수 없음(대법원 98두3204, 1999.6.2.).

제3장 과세표준과 세액의 결정과 경정

제1절. 과세표준과 세액의 결정

　상속증여세의 과세표준과 세액은 원칙적으로 상속인 또는 수유자, 수증자의 신고에 의하여 결정한다. 다만, 신고가 없거나 신고내용에 탈루 또는 오류가 있는 경우에는 세무서장 등이 과세표준과 세액을 조사하여 결정한다.

　납세의무자가 신고한 과세표준과 세액에 변동이 없는 경우에는 신고내용대로 과세표준과 세액이 확정되지만, 만약 과세표준과 세액을 신고하지 아니하였거나 신고한 과세표준과 세액에 탈루 또는 오류가 있는 경우에는 이에 대하여 결정하고 미납부세액에 가산세액을 가산하여 납세의무자로부터 징수한다.

1. 법정결정기한

　상속세와 증여세는 정부에서 과세표준과 세액을 결정하여야만 납세의무가 확정되는 정부부과세목으로서 납세의무자의 신고에 의하여 납세의무가 확정되는 법인세, 부가가치세, 종합소득세 등과 구분되며, 이러한 납세의무의 확정처분을 통상 부과처분이라 한다. 납세지 관할세무서장은 상속세 또는 증여세 과세표준과 세액신고서에 의하여 상속세 또는 증여세의 과세표준과 세액을 결정하여야 한다. 그리고 상속세 또는 증여세 과세표준 신고서를 제출하지 아니하였거나 그 신고한 과세표준이나 세액에 탈루 또는 오류가 있는 경우에는 그 과세표준과 세액을 조사하여 결정한다.

　이 경우 세무서장이 상속세 또는 증여세를 결정하여야 하는 기한(법정결정기한)은 상속세의 경우는 상속세 과세표준 신고기한부터 9월(2018.2.12. 이전 상속개시분은 6월), 증여세의 경우는 증여세 과세표준신고기한부터 6월(2018.2.12. 이전 증여분은 3월)이다.

다만, 상속재산 또는 증여재산의 조사, 가액의 평가 등에 장기간이 걸리는 등 부득이한 사유가 있어 그 기간 내에 결정할 수 없는 경우에는 그 사유를 상속인·수유자 또는 수증자에게 알려야 한다. 이 법정결정기한은 훈시적 성격의 규정으로서 동 기한 이내에 과세표준과 세액을 결정하지 아니하였다하여 납세의무자가 신고한 내용대로 과세표준과 세액이 결정되는 의미의 결정간주제도는 아니다.

2. 수시결정

세무서장 등은 국세징수법 제14조 제1항 각 호의 어느 하나에 해당하는 납기 전 징수사유가 있는 경우에는 상속증여세 과세표준 신고기한 전이라도 수시로 과세표준과 세액을 결정할 수 있다.

국세징수법상 납기 전 징수사유는 다음과 같다.

① 국세의 체납으로 체납처분을 받을 때
② 지방세 또는 공과금의 체납으로 체납처분을 받을 때
③ 강제집행을 받을 때
④ 어음법 및 수표법에 따른 어음교환소에서 거래정지처분을 받은 때
⑤ 경매가 시작된 때
⑥ 법인이 해산한 때
⑦ 국세를 포탈하려는 행위가 있다고 인정될 때
⑧ 납세관리인을 정하지 아니하고 국내에 주소 또는 거소를 두지 아니하게 된 때

3. 과세표준과 세액의 경정

세무서장 등은 신고에 의한 결정 또는 수시결정을 할 수 없거나 결정 후 그 과세표준과 세액에 탈루 또는 오류가 있는 것을 발견한 경우에는 즉시 그 과세표준과 세액을 조사하여 결정 또는 경정한다.

가. 일반적인 경우 경정사유

상속세 또는 증여세 과세표준과 세액을 결정한 내용에 탈루 또는 오류가 있는 것을 발견한 경우에는 세무서장 등은 즉시 그 과세표준과 세액을 조사하여 경정하여야 하며, 이는 과세표준과 세액을 추가적으로 경정하는 것뿐만 아니라 감소시키는 것을 포함한다.

나. 고액 상속인의 주요재산 변동에 따른 경정

상속재산의 가액이 30억원 이상인 경우로서 상속개시일부터 5년이 되는 날까지의 기간 이내에 상속인이 보유한 부동산·주식·금융재산·서화·골동품·그 밖에 유형재산 및 무체재산권 등의 가액이 상속개시 당시에 비하여 크게 증가한 경우에는 그 증가한 재산에 대한 증가요인을 납세의무자에게 입증하도록 함으로써 세무서장은 결정한 과세표준과 세액에 탈루 또는 오류가 있는지 여부를 조사하도록 하고 있다(상증법 §76 ⑤, 상증령 §78 ②·③·④·⑤).

이 경우 현저히 증가한 경우란 상속개시일부터 5년이 되는 날까지의 경제상황 등의 변동 등에 비추어 정상적인 증가규모를 크게 초과하였다고 인정되는 경우로서 그 증가요인이 객관적으로 명백하지 아니한 경우를 말하며, 상속인이 그 증가한 재산에 관한 자금출처를 입증하는 경우에는 상속세를 추가로 부과하지 아니한다.

자금출처의 입증에 관하여는 상속증여세법 시행령 제34조 제1항 각호의 재산취득·부채상환자금에 대한 자금출처규정을 준용한다.

4. 결정 및 경정권자

가. 피상속인 거주자인 경우

거주자가 사망한 경우 상속세는 피상속인의 주소지(주소지가 없거나 분명하지 아니한 경우에는 거소지를 말하며, 이하 "상속개시지"라 함)를 관할하는 세무서장(국세청장이 특히 중요하다고 인정하는 것에 대하여는 관할 지방국세청장으로 하며, 이하 "세무서장 등"이라 함)이 과세한다.

나. 피상속인이 비거주자인 경우

비거주자가 사망한 경우에는 국내에 있는 재산의 소재지를 관할하는 세무서장 등이 과세하고, 상속재산이 2 이상의 세무서장 등의 관할구역 안에 있을 경우에는 주된 재산의 소재지를 관할하는 세무서장 등이 과세한다.

다. 증여세의 경우

증여세 결정 당시 수증자의 주소지(주소지가 불분명한 경우 거소지를 말함)를 관할하는 세무서장 등이 결정 또는 경정하여야 한다. 수증자의 주소지 또는 거소지가 국내에 없는 경우 및 명의신탁재산에 대한 증여세의 경우에는 증여자의 주소지 등을 관할하는 세무서장 등이 결정 등을 하여야 하며, 수증자와 증여자의 주소지 등이 국내에 없는 경우에는 증여재산의 소재지를 관할하는 세무서장 등이 결정 등을 하여야 한다.

 관련 예규 · 심판결정례 및 판례 등

❑ 감사결과 처분요구는 종전 세무조사에서 이미 취득한 자료를 토대로 사실관계 인정 여부에 대한 판단만을 달리하는 것으로 재조사 허용사유의 하나인 과세자료로 볼 수 없음(서울고법 2018누151, 2020.5.27. 진행 중, 대법원 2016두1240, 2018.6.19.).

❑ 지방국세청장이 결정한 경우 그 지방국세청장에게 소송제기해야 함(대법원 2015두41562, 2016.8.18.).
  - 증여세액이 과세표준신고서를 제출할 당시 이미 자진납부한 금액과 동일하므로 별도로 고지할 세액이 없다는 내용의 신고시인결정 통지를 하였다면, 그 신고시인결정 통지는 과세관청의 결정으로서 소송의 대상이 되는 행정처분에 해당함(대법원 82누383, 1984.3.27. 참조).
  - 피고를 주소지 관할세무서장으로 하여 서울지방국세청장이 행한 신고시인결정 통지의 취소를 구하는 소는 피고적격이 없는 자를 상대로 한 것이어서 부적법함. 따라서 원심은 석명권을 행사하여 원고로 하여금 피고를 처분청인 서울지방국세청장으로 경정하게 하여 소송을 진행했어야 함(대법원 96누1757, 1997.2.28. 참조).

❑ A를 증여자로 과세하였다가 A가 수탁자로 확인됨에 따라 신탁자인 B를 증여자로 변경한 것은 처분의 동일성이 유지되는 범위 내에서 처분사유의 변경으로서 허용된다고 할 것임(대법원 2009두1617, 2011.1.27.).

❑ 여러 명의 증여자를 1인으로 보고 과세한 처분은 증여자별 과세단위 등 과세의 기초사실이 달라져 당초 처분의 동일성이 유지된다고 할 수 없음(대법원 2005두17058, 2006.4.27.).

❑ 당초 과세처분 당시와 증여자가 달라진 경우(서울고등법원 2008누22831, 2010.2.10. 완료)
  당초의 과세원인사실과 동일한 사실의 범위 내로서 과세의 기초사실이 달라지는 것이 아니라면 과세관청이 증여자로 인정한 자가 실제 증여자의 자금관리자에 불과하더라도 처분은 동일성은 유지되어 당초의 증여세 과세처분은 적법하다고 봄이 상당함.

5. 결정내용의 통지

세무서장은 상속세 또는 증여세를 결정한 경우에 그 과세표준과 세액을 상속인·수유자 또는 수증자에게 통지하여야 한다. 결정내용을 통지할 때에는 납세고지서에 과세표준과 세액의 산출근거를 명시하여야 하고, 지방국세청장이 과세표준과 세액을 결정한 경우에는 지방국세청장이 조사·결정하였다는 것을 명시하여야 한다(상증법 §77, 상속증여세법 시행령 §79).

상속인 또는 수유자가 2인 이상인 경우에는 그 상속인이나 수유자 모두에게 통지하여야 한다. 2015.12.31. 이전에는 다음의 1인에게만 통지하더라도 그 통지의 효력은 나머지 상속인 또는 수유자 모두에게 미쳤다.

① 상속세과세표준신고서를 제출한 자
② 국세기본법 시행령 제12조의 규정에 의한 상속인 대표자

6. 상속·증여세 부과제척기간

가. 개 요

부과란 일반적으로 국가가 이미 성립한 납세의무에 대하여 결정, 경정 또는 부과취소 등의 행정처분을 하여 확정시키는 것을 말한다.

제척기간이란 어떤 권리에 대하여 법률이 예정하는 존속기간을 의미하며, 법정기간의 경과로써 당연히 권리의 소멸을 가져오는 것이다. 즉 권리의 존속기간인 제척기간이 만료하게 되면 그 권리는 당연히 소멸하는 것이 된다. 따라서 국세부과 제척기간이 끝난 후에는 세금을 부과할 수 없으며 이는 조세에 관한 채권관계를 조속히 확정시키려는 데 목적이 있다. 국세부과 제척기간은 국세징수권 소멸시효와 더불어 일정한 기간 안에 행사하지 않으면 해당 권리가 소멸된다는 점에서는 같지만 제척기간은 소멸시효와는 달리 정지·중단이 없다는 점에서 차이가 있다.

나. 제척기간

신고한 상속재산 또는 증여재산과 신고하지 아니한 재산 등으로 구분하여 부과제척기간을 두고 있으며, 다른 세목에 비하여 장기라는 특징이 있다.

1) 신고한 상속·증여재산의 경우

상속세 또는 증여세 과세표준 신고기한 이내에 신고한 상속·증여재산에 대해서는 상속세 또는 증여세를 부과할 수 있는 날부터 10년간이다. 이 때 부과할 수 있는 날이란 상속세 또는 증여세 과세표준 신고기한의 다음 날을 말한다.

① 주식 등의 상장 등에 따른 이익의 증여와 합병에 따른 상장 등 이익의 증여에 대한

증여세의 경우 신고기한은 해당 증여이익의 정산기준일이 속하는 날의 말일부터 3개월이 되는 날이므로 그 신고기한의 다음 날이 증여세를 부과할 수 있는 날이 된다.

② 특수관계법인과의 거래를 통한 이익의 증여의제 및 특정법인과의 거래를 통한 이익의 증여의제의 경우 신고기한은 수혜법인 또는 특정법인의 법인세법상 법인세과세표준 신고기한이 속하는 달의 말일부터 3개월이 되는 날이므로 그 신고기한의 다음 날이 증여세를 부과할 수 있는 날이 된다.

③ 특수관계법인으로부터 제공받은 사업기회로 발생한 이익의 증여의제에 대한 증여세 과세표준의 신고기한은 개시사업연도의 법인세법 제60조 제1항에 따른 과세표준의 신고기한이 속하는 달의 말일부터 3개월이 되는 날로 한다. 정산증여의제이익에 대한 증여세 과세표준의 신고기한은 정산사업연도의 「법인세법」 제60조 제1항에 따른 과세표준의 신고기한이 속하는 달의 말일부터 3개월이 되는 날이므로 그 신고기한의 다음 날이 증여세를 부과할 수 있는 날이 된다.

2) 무신고 또는 부정행위로 상속·증여세를 포탈한 경우

다음에 해당하는 경우에는 부과할 수 있는 날부터 15년간으로 한다.

① 납세자가 부정행위로 상속세·증여세를 포탈하거나 환급·공제받은 경우

② 상속증여세법 제67조 및 제68조에 따른 신고서를 제출하지 아니한 경우, 즉 법정신고기한 이내에 신고를 하지 아니한 경우를 말한다.

③ 상속증여세법 제67조 및 제68조에 따라 신고서를 제출한 자가 다음과 같이 거짓신고 또는 누락신고를 한 경우(그 거짓신고 또는 누락신고를 한 부분만 해당한다)

㉮ 상속재산가액 또는 증여재산가액에서 가공(架空)의 채무를 빼고 신고한 경우

㉯ 권리의 이전이나 그 행사에 등기, 등록, 명의개서 등이 필요한 재산을 상속인 또는 수증자의 명의로 등기 등을 하지 아니한 경우로서 그 재산을 상속재산 또는 증여재산의 신고에서 누락한 경우

㉰ 예금, 주식, 채권, 보험금, 그 밖의 금융자산을 상속재산 또는 증여재산의 신고에서 누락한 경우

3) 부정행위로 상속·증여세를 포탈한 경우로서 재산가액이 50억원을 초과하는 경우

납세자가 부정행위로 상속세·증여세를 포탈하는 경우로서 다음의 어느 하나에 해당하는 경우에는 해당 재산의 상속 또는 증여가 있음을 안 날부터 1년 이내에 상속세 및

증여세를 부과할 수 있다. 다만, 상속인이나 증여자 및 수증자가 사망한 경우(2009.1.30. 시행)와 포탈세액 산출의 기준이 되는 재산가액(다음의 어느 하나에 해당하는 재산의 가액을 합친 것을 말한다)이 50억원 이하인 경우에는 15년의 부과제척기간을 적용한다.

① 제3자의 명의로 되어 있는 피상속인 또는 증여자의 재산을 상속인이나 수증자가 보유하고 있거나 그 자의 명의로 실명전환을 한 경우

② 계약에 따라 피상속인이 취득할 재산이 계약이행기간에 상속이 개시됨으로써 등기·등록 또는 명의개서가 이루어지지 아니하고 상속인이 취득한 경우

③ 국외에 있는 상속재산이나 증여재산을 상속인이나 수증자가 취득한 경우

④ 등기·등록 또는 명의개서가 필요하지 아니한 유가증권, 서화(書畵), 골동품 등 상속재산 또는 증여재산을 상속인이나 수증자가 취득한 경우

⑤ 수증자의 명의로 되어 있는 증여자의 금융실명법 제2조 제2호에 따른 금융자산을 수증자가 보유하고 있거나 사용·수익한 경우. 이는 2013.1.1. 이후 증여세를 부과할 수 있는 날이 개시하는 분부터 적용한다.

⑥ 상속증여세법 제3조 제2호에 따른 비거주자인 피상속인의 국내재산을 상속인이 취득한 경우. 2017.1.1. 이후 상속세를 결정·경정하는 분부터 적용하되, 2016.12.31. 이전 제척기간이 만료된 경우에는 개정규정에도 불구하고 종전의 규정에 따른다(국세기본법 부칙 §8 ②).

⑦ 상속증여세법 제45조의 2에 따른 명의신탁 증여의제의 경우(해당 명의신탁과 관련한 국세를 포함한다). 2020.1.1. 이후 제3자 명의 재산을 상속·증여 받거나 명의신탁이 있음을 안 경우부터 적용하되, 2019.12.31. 이전 개정 전의 부과제척기간이 만료된 경우에는 적용하지 않는다.

⑧ 상속재산 또는 증여재산인 「특정 금융거래정보의 보고 및 이용 등에 관한 법률」에 따른 가상자산을 같은 법에 따른 가상자산사업자(같은 법 제7조에 따라 신고가 수리된 자로 한정한다)를 통하지 아니하고 상속인이나 수증자가 취득한 경우(2023.1.1. 이후 상속개시·증여분부터 적용함)

4) 이의신청·소송 등에 대한 결정 또는 판결 등이 있는 경우

지방국세청장 또는 세무서장은 다음 어느 하나에 해당하는 경우에는 다음의 구분에 따른 기간이 지나기 전까지 경정이나 그 밖에 필요한 처분을 할 수 있다.

① 이의신청, 심사청구, 심판청구, 감사원법에 따른 심사청구 또는 행정소송법에 따른 소송에 대한 결정이나 판결이 확정된 경우: 결정 또는 판결이 확정된 날부터 1년

② ①의 결정이나 판결이 확정됨에 따라 그 결정 또는 판결의 대상이 된 과세표준 또는 세액과 연동된 다른 세목이나 과세기간의 과세표준 또는 세액의 조정이 필요한 경우 : ①의 결정 또는 판결이 확정된 날부터 1년

③ 형사소송법에 따른 소송에 대한 판결이 확정되어 소득세법 제21조 제1항 제23호 또는 제24호의 소득이 발생한 것으로 확인된 경우 : 판결이 확정된 날부터 1년 (2022.1.1. 신설)

④ 조세조약에 부합하지 아니하는 과세의 원인이 되는 조치가 있는 경우 그 조치가 있음을 안 날부터 3년 이내(조세조약에서 따로 규정하는 경우에는 그에 따른다)에 그 조세조약의 규정에 따른 상호합의가 신청된 것으로서 그에 대하여 상호합의가 이루어진 경우 : 상호합의 절차의 종료일부터 1년

⑤ 국세기본법 제45조의2 제1항 및 제2항 또는 국제조세조정법 제19조 제1항 및 제33조 제2항에 따른 경정청구 또는 같은 법 제20조 제2항에 따른 조정권고가 있는 경우 : 경정청구일 또는 조정권고일부터 2개월

⑥ ⑤에 따른 경정청구 또는 조정권고가 있는 경우 그 경정청구 또는 조정권고의 대상이 된 과세표준 또는 세액과 연동된 다른 과세기간의 과세표준 또는 세액의 조정이 필요한 경우 : 제3호에 따른 경정청구일 또는 조정권고일부터 2개월

⑦ 최초의 신고·결정 또는 경정에서 과세표준 및 세액의 계산 근거가 된 거래 또는 행위 등이 그 거래·행위 등과 관련된 소송에 대한 판결(판결과 같은 효력을 가지는 화해나 그 밖의 행위를 포함한다. 이하 이 호에서 같다)에 의하여 다른 것으로 확정된 경우 : 판결이 확정된 날부터 1년

⑧ 역외거래와 관련하여 국세기본법 제26조의2 제1항에 따른 기간이 지나기 전에 국제조세조정법 제36조 제1항에 따라 조세의 부과와 징수에 필요한 조세정보를 외국의 권한 있는 당국에 요청하여 조세정보를 요청한 날부터 2년이 지나기 전까지 조세정보를 받은 경우 : 조세정보를 받은 날부터 1년

▌상속세와 증여세 부과제척기간 개정연혁 ▌

상속개시일(증여일)	부과제척기간
1990.6.30. 이전	• 신고기한 경과일부터 5년
1990.7.1.~1993.6.30.	• 일반적인 경우(평가오류 등 기타) → 신고기한 경과일부터 5년 • 무신고·허위신고·신고누락 → 신고기한 경과일부터 10년
1993.7.1.~1994.6.30.	• 신고기한 경과일로부터 10년
1994.7.1. 이후	• 일반적인 경우(평가오류 등 기타) → 신고기한 경과일부터 10년 • 무신고·허위신고·신고누락·조세포탈 → 신고기한 경과일부터 15년
1999.7.1. 이후 상속 또는 1999.10.1. 이후 증여	• 신고분 및 일반적인 무신고 등은 종전과 동일(신고분 10년, 무신고 등 15년) • 다음 유형의 탈루 상속·증여재산의 합계액이 50억을 초과하는 경우 당해 재산의 발견일부터 1년까지 부과 － 제3자 명의로 된 상속·증여재산 － 계약이행기간 중 상속개시되어 피상속인 생략되고 상속인이 직접 취득한 재산 － 국외 소재하는 상속·증여재산 － 등기 등 요하지 않는 서화·골동품

※ 허위신고 : 상속·증여재산에서 가공의 채무를 공제하여 신고한 경우
※ 신고누락 ┬ 상속·증여 등기 등을 하지 않고 신고에서 누락한 경우
　　　　　　 └ 예금 등 금융자산을 신고에서 누락한 경우

 관련 예규·심판결정례 및 판례 등

❑ 증여재산 합산신고불이행시 부정행위가 없더라도 부과제척기간은 15년임(2018.10.14.까지 적용함)(법령해석기본－214, 2017.10.30.).

질의

피상속인이 사망하기 전에 증여한 재산을 상속세 과세가액에 가산하지 않고 신고한 경우 해당 증여재산에 대한 상속세 부과제척기간은?

'03.4.14.	'03.10.14.	'04.9.2.	'17.11.11.
◆	◆	◆	◆
상속개시일	상속세 신고	세무조사 결과통지 후 조사종료	현금·예금 등 사전증여재산 신고누락사실 확인

- ❑ 2000.1.1. 개정된 증여세 부과제척기간 연장 규정에 대해 부과할 수 있는 날부터 적용하도록 한 국제기본법 부칙 제3조는 헌법에 위배되지 아니함(헌재 2001헌바132, 2012.12.27.).

- ❑ 출연재산을 공익목적사업 외에 사용한 경우 사용한 날이 증여세를 부과할 수 있는 날이며 이날부터 15년의 부과제척기간이 적용됨(대법원 2019두36131, 2019.6.27., 서울고법 2018누58198, 2019.1.31.).

- ❑ 명의신탁주식의 무신고에 따른 일반무신고가산세 및 부과제척기간 15년 적용은 적법함(서울고법 2017누77499, 2018.5.16., 대법원 2018두47974, 2019.6.13.).

- ❑ 명의신탁주식에 대한 양도세 등 무신고시 부과제척기간(대법원 2017두69991, 2018.3.29.)

  명의신탁이 유지되고 있는 이상 배당금에 대한 소득세는 수탁자의 명의로 징수될 수밖에 없고, 주식양수도 계약이나 양도세 신고 역시 수탁자 명의로 이루어질 수밖에 없는 바, 명의신탁으로 인하여 양도소득 기본공제에 다소 차이가 생겼지만, 종합소득세나 양도소득세의 적용 세율이 달라졌다는 사정도 입증되지 않는 점을 고려할 때 주식명의신탁 행위와 이에 뒤따르는 부수행위는 조세포탈의 목적에서 비롯된 적극적인 부정행위로 보기는 어려우므로 10년의 장기 부과제척기간이 적용되지 아니함.

- ❑ 무신고자의 연장된 부과제척기간의 적용 대상(대법원 2001두9431, 2002.3.29.)

  증여세 무신고시에 장기의 부과제척기간(10년)을 적용함은 정당하고 1991.1.1. 이후 증여세 결정분부터 개정법률을 적용하도록 한 부칙은 위헌 아니며(1993.12.3. 개정전), 증여등기가 원인무효로 입증 안되므로 증여세 부과처분 정당함.

제**2**절 : 가산세

2006.12.31. 이전 가산세는 개별세법마다 다르게 규정하고 있어 가산세 체계가 복잡하고 선진국에 비해 가산세 부담수준이 낮다는 지적에 따라 모든 세목에 공통적으로 적용될 수 있는 신고·납부불성실가산세를 2007년부터 국세기본법에서 통일시켜 체계적으로 규정하였다.

모든 세목에 대하여 부당한 신고위반과 단순한 신고위반으로 구분하여 부당한 신고

위반에 대하여는 가산세를 중과(40%)함으로써 성실신고를 유도하고 탈세를 방지하도록 하였다.

법인세법상 기한 후 1개월 내 지연협력시 단순협력의무 가산세 50% 감면제도를 다른 세목인 부가가치세 및 상속세로 확대 적용하여 단순과실에 대한 가산세 부담을 완화하였으며 고의성 없는 단순협력의무 위반에 대하여는 가산세 한도제를 도입하여 위반정도에 비해 가산세가 지나치게 높지 않도록 개선하였다.

2015.7.1. 이후 상속·증여하는 분부터 신고불성실가산세의 계산 기준을 산출세액(과세표준에 세율을 곱하여 산출한 금액)에서 납세자가 추가로 납부해야 할 세액(산출세액에서 세액공제·세액감면과 기납부세액을 차감한 금액)으로 변경하였다. 부정무신고와 부정과소신고의 경우 산출세액에서 기납부증여세액을 공제하지 아니하거나 세액공제·세액감면액이 무신고세액 등에 포함되어 납세자에게 불합리한 부담을 주던 문제 등을 해소하였다.

∥ 상속·증여세 신고·납부 불성실가산세 요약 ∥

내 용	가 산 세 액	근 거
① 무신고가산세	• 일반무신고 : 무신고납부세액 × 20% • 부정무신고 : 부정행위에 따른 무신고납부세액 × 40%	국세기본법 §47의2
② 과소신고가산세	• 일반과소신고 : 과소신고납부세액 등 × 10% • 부정과소신고 : ㉠ + ㉡ 　㉠ 부정행위에 따른 과소신고납부세액 등 × 40% 　㉡ (과소신고납부세액 등 − 부정행위에 따른 과소신고 　　납부세액 등) × 10%	국세기본법 §47의3
③ 납부불성실가산세	미달하였거나 미달 납부한 세액 × 납부기한의 다음 날부터 자진납부일 또는 납세고지일까지의 기간 × 3/10,000	국세기본법 §47의4

1. 무신고가산세

납세의무자가 법정신고기한까지 상속세 또는 증여세의 과세표준 신고를 하지 아니한 경우에는 상속증여세법에 따른 산출세액(세대를 건너뛴 상속에 대한 할증과세, 직계비속에 대한 증여의 할증과세 규정에 따라 가산하는 금액을 포함)의 100분의 20에 상당하는 금액을 가산세로 하되(국기법 §47의2 ①), 부정행위로 신고하지 아니하는 경우에는 100분의 40에 상당하는 금액을 가산세로 한다(국기법 §47의2 ①). 2011.12.31. 이전에는 일반무신고분과 부정무신고분을 구분하여 가산세를 과세하였으나, 2012.1.1.부터 부정행위로 무신고한 경우에는 100분의 40에 해당하는 가산세를 과세하도록 제도를 단순화하고 강화하였다.

2007.1.1.~2010.12.31.	2011.1.1.~2011.12.31.	2012.1.1.~
○ 국세기본법에 일률적으로 규정(무신고)	○ 무신고가산세의 면제 사유 신설	○ 제도 단순·합리화하고 부정무신고시 불이익 강화
○ 가산세율 　－일반무신고 : 20% 　－부당무신고 : ①＋② 　　① 부당신고분 40% 　　② 일반무신고분 20%	○ 가산세율 　－일반무신고 : 좌동 　－부당무신고 : 좌동	○ 가산세율 　－일반무신고 : 20% 　－부정무신고 : 전체산출세액 × 40%
	○ 면제사유 신설 등 　－추가납부세액이 없는 경우 　－산출세액에서 기납부세액을 빼고 적용	○ 면제사유 신설 등* 　－좌동 　－좌동(단, 부정행위 무신고시는 공제제외)

* 2015.7.1. 이후 가산세 기준 금액을 무신고납부세액(산출세액－기납부세액, 공제·감면세액)으로 바뀜에 따라 면제사유를 삭제하였다.

가. 일반무신고가산세

납세의무자가 법정신고기한까지 세법에 따른 상속세 및 증여세의 과세표준 신고를 하지 아니한 경우에는 그 신고로 납부하여야 할 세액(국세기본법 및 세법에 따른 가산세와 세법에 따라 가산하여 납부하여야 할 이자 상당 가산액이 있는 경우 그 금액은 제외하며, 이하 "무신고납부세액"이라 한다)의 100분의 20에 상당하는 금액을 가산세로 한다.

> 일반무신고 가산세액 ＝ 무신고납부세액* × 20%
> * 무신고납부세액 ＝ 산출세액(할증세액 포함)－기납부증여세액 및 공제감면세액

나. 부정무신고가산세

부정행위로 법정신고기한까지 세법에 따른 상속세 및 증여세의 과세표준 신고를 하지 아니한 경우에는 무신고납부세액의 100분의 40(국제거래에서 발생한 부정행위로 국세의 과세표준 신고를 하지 아니한 경우에는 100분의 60)에 상당하는 금액을 가산세로 한다. 2015.7.1. 이후 상속·증여분부터 다음 산식에 따라 부정무신고가산세를 계산한다.

부정무신고 가산세액 = 무신고납부세액* × 40%

* 무신고납부세액 = 산출세액(할증세액 포함) - 기납부증여세액 및 공제감면세액

2015.6.30. 이전 상속·증여분의 경우 다음 산식에 따라 부정무신고가산세를 계산한다.

부정무신고 가산세액 = 산출세액(할증세액 포함) × 40%

* 산출세액 : 상속세 또는 증여세를 결정할 때 산출세액을 말하며 세대를 건너뛴 상속 또는 증여에 따른 할증세액을 포함한다. 사망 전 증여재산 또는 재차증여재산을 상속세 또는 증여세 과세표준에 합산하여 신고하지 아니한 경우 산출세액에서 증여세액을 공제하느냐에 대하여 2012.1.1.부터 2015.6.30.까지 상속이 개시되거나 증여받은 분은 부정무신고의 경우 공제하지 아니하며, 2011.1.1. 이후 최초로 상속세 또는 증여세 신고·결정 또는 경정하는 것부터 2011.12.31.까지는 공제한다.

▶▶ **부정행위의 유형(국세기본법 시행령 §12의2, 집행기준 47의2-0-2)**
부정무신고가산세를 적용하는 경우 부정행위란 조세범처벌법 제3조 제6항에 해당하는 행위를 말한다.

> **참고**
>
> **조세범처벌법 제3조 제6항**
> "사기나 그 밖의 부정한 행위"란 다음 각 호의 어느 하나에 해당하는 행위로서 조세의 부과와 징수를 불가능하게 하거나 현저히 곤란하게 하는 적극적 행위를 말한다.
> 1. 이중장부의 작성 등 장부의 거짓 기장
>   예 • 최대주주 등 이중장부의 작성을 알 수 있다고 인정되는 지위에 있는 자가 당해 이중장부를 근거로 주식·출자지분 등을 실질과 다르게 평가한 경우
>   • 상속재산 및 증여재산 평가와 관련된 장부를 실질거래 내용과 다르게 작성하거나 거짓 기록
> 2. 거짓 증빙 또는 거짓 문서의 작성 및 수취
>   예 • 재산평가기관과 통모하여 시가에 비해 낮게 평가한 감정 서류를 근거로 상속·증여세 과세표준 신고를 한 경우
>   • 당해 재산에 대한 매매사실이 있는 경우 그 거래가액에 대한 거짓계약서를 작성 제출한 경우
> 3. 장부와 기록의 파기
> 4. 재산의 은닉, 소득·수익·행위·거래의 조작 또는 은폐
>   예 • 조세탈루 및 증거인멸 등의 목적으로 상속재산을 은닉하거나 등기원인 등을 다르게

하여 증여행위를 은폐
- 부동산, 주식, 예금 등을 미등기·명의신탁·차명계좌 등의 방법으로 재산을 은닉하여 상속·증여세를 탈루한 경우
- 특수관계인 간의 증여 행위를 매매 행위로 가장하여 상속·증여세를 탈루한 경우
- 기타 위와 유사하게 재산을 은닉하거나 소득·수익·행위·거래를 조작·은폐하여 사실과 다르게 신고한 경우

5. 고의적으로 장부를 작성하지 아니하거나 비치하지 아니하는 행위 또는 계산서, 세금계산서 또는 계산서합계표, 세금계산서합계표의 조작

6. 조세특례제한법 제5조의2 제1호에 따른 전사적 기업자원 관리설비의 조작 또는 전자세금계산서의 조작

7. 그 밖에 위계(僞計)에 의한 행위 또는 부정한 행위

 관련 예규·심판결정례 및 판례 등

□ 증여세 신고서에 증여시기를 잘못 기재하였더라도 증여재산의 종류, 수량, 평가가액 등을 신고하였으므로 무신고로 볼 수 없어 무신고가산세 적용할 수 없음(적부-국세청-2022-47, 2022.8.31.).

□ 명의신탁주식의 증여자를 신탁자가 아닌 명의 수탁자로 신고한 경우 부당한 방법에 따른 것인지 여부는 사실관계를 종합하여 판단함(기재부 조세법령운용과-122, 2016.3.14.).

□ 부동산 증여사실을 몰랐고, 증여세 포탈을 위한 적극적인 부정행위를 한 사실이 확인되지 아니한 점 등에 비추어 일반무신고가산세 부과 대상임(조심 2016구1381, 2017.1.31.).

□ 증여받은 현금을 은폐하는 등 부당하게 무신고한 것인지 여부(조심 2011중3480, 2012.1.12.)
처분청이 청구인 명의로 취득한 부동산의 소유권자를 청구인으로 하여 배우자로부터 현금 증여받은 것으로 판단한 점, 쟁점부동산의 취득자금 921백만원 중 447백만원은 000명의계좌에서 매도인에게 직접 이체된 점, 청구인 명의계좌에서 매도인에게 지급된 474백만원도 000의 자금이었음이 계좌이체 기록으로 투명하게 확인되는 점 등을 감안할 때 청구인이 증여받은 현금을 은폐하거나 가장하는 등 부당한 방법으로 증여세를 무신고하였다기보다는 단순히 무신고한 것으로 보여지므로 부당무신고가산세를 적용하는 것은 잘못임.

□ 차명주식 처분대금 중 상속세 과세시 부정과소신고가산세 해당 여부(대법원 2015두44158, 2017.4.13.)
① 상속세를 신고하면서 소외 2, 소외 3 명의로 된 차명계좌의 잔액 등을 상속재산에 포함시켰던 점, ② 소외 2 명의의 주식을 제외한 나머지 명의신탁 주식은 이미 매각되어 상속인인 원고들의 입장에서는 망인이 관리하던 명의신탁 주식 관련 소득의 내용을 모두 파악하기는 어려웠던 점, ③ 원고들로서는 망인의 사망 후에 실시된 세무조사의 결과가 나온 이후에야 망인이 진로발효 주식 등을 명의신탁한 사실을 구체적으로 알게 되었던 점 등에 비추어 보면, 원고들이

상속세 신고 시 위 명의수탁자 명의의 계좌에서 상속개시일 전 2년 이내에 인출된 금전 중 사용처가 불분명한 부분을 상속재산에 포함하지 아니한 것은 단순 누락에 불과할 뿐 부당한 방법으로 상속세 과세표준을 과소신고하였다고 볼 수 없으므로 상속세 부당과소신고가산세 부과처분 중 일반과소신고가산세액을 초과하는 부분은 위법함.

☐ 가산세의 종류와 산출근거 등을 기재하지 않은 납세고지는 위법함(대법원 2010두12347, 2012.10.18.).

☐ 양도세는 신고하고 증여세는 신고하지 아니한 경우 고저가 양도에 따른 증여세 과세시 신고불성실가산세 적용됨(재재산-940, 2009.5.26.).

☐ 확정판결을 통하여 소유권을 회복한 경우 확정판결일로부터 6개월 이내에 상속재산으로 신고하지 아니한 경우에는 신고 · 납부불성실가산세를 부과하는 것임(재조세-461, 2012.5.4.).

☐ 유류분 반환소송에 따른 상속세 가산세 적용방법(징세과-219, 2012.2.16.)

납세자가 법원의 확정판결에 따라 유류분으로 반환받은 상속재산에 대한 상속세액을 6개월 이내에 신고 · 납부하는 경우에는 무신고 · 과소신고가산세 또는 납부불성실가산세를 적용안함.

질의

상속개시일 현재 상속재산이 과세미달에 해당되어 상속세를 무신고한 후 법원의 판결(유류분 청구소송)에 따라 유류분 반환으로 인하여 상속세가 과세되는 경우 신고불성실가산세와 납부불성실가산세가 적용되는지 여부

☐ 증여자를 잘못 신고하고 납부한 경우 가산세 부과 여부(대법원 2017두68417, 2019.7.11.)

증여세 과세가액 및 과세표준을 신고하고 납부하면서 단순히 증여자에 대한 기재를 사실과 다르게 하였다는 이유만으로 '과세가액 및 과세표준 산정에 관한 본질적이고 중요한 사항'을 제대로 신고하지 않았다고 보기는 어려우므로 신고 · 납부불성실가산세 부과할 수 없음.

☐ 명의수탁자를 증여자로 신고한 경우 가산세 부과 여부(대법원 2017두65159, 2019.7.25.)

명의신탁된 주식을 증여받으면서 증여자가 명의수탁자로 기재된 증여계약서를 작성하고 기한 후 신고를 하면서 본세 및 가산세의 납부가 이루어졌다고 하더라도 법정신고 기한내에 과세표준을 신고하지 않았으므로 일반무신고가산세는 적법하나, 증여자가 허위로 기재된 증여계약서를 작성하였다는 사정만으로 사기 기타 부당한 방법으로 증여세를 신고하였다고 보기 어려움.

☐ 명의신탁 증여세 과세시 부정행위자가 신탁자인지 수탁자인지(대법원 2018두3775, 2022.9.15.)

명의신탁재산의 증여의제 규정에 따른 증여세를 무신고한 행위에 대하여, 명의수탁자에게 부당무신고가산세를 부과하거나 명의신탁자에게 이에 대한 연대납세의무를 부담시키기 위해서는, 명의신탁자를 기준으로 부정행위 여부를 판단할 것이 아니라, 그 무신고와 관련하여 본래의 증여세 납세의무자인 명의수탁자를 기준으로 부정행위 여부를 판단해야 함.

☐ 명의신탁재산 증여세 과세시 부당무신고가산세 부과대상 아님(대법원 2019두57732, 2020.2.27., 대법원 2018두36004, 2018.12.13., 대법원 2017두54821, 2017.10.16., 대법원 2015두52876, 2016.1.14.).

명의신탁의 결과로 증여세를 부담할 따름인 원고가 이를 포탈할 목적으로 주식의 매매가 있었던 것과 같은 외관을 형성하여 그 형식에 따른 주식양수도계약서를 작성하고 대금지급이 이루어진 것처럼 계좌거래내역을 남기는 부수행위 등을 동반하여 과세요건사실인 명의신탁과 같은 부정한 적극적인 행위를 하였다고 보기 어려워 부당무신고가산세 부과대상이 아님.

☐ 상속재산을 과다신고한 금액이 있는 경우 이를 무시하고 과소신고한 부분만을 들어 신고불성실가산세 부과하는 것은 위법함(대법원 2003두7064, 2004.10.15.).

2. 과소신고가산세

가. 일반과소신고가산세

납세의무자가 법정신고기한까지 세법에 따른 상속세 및 증여세의 과세표준 신고를 한 경우로서 납부할 세액을 신고하여야 할 세액보다 적게 신고(이하 "과소신고"라 한다)하거나 환급받을 세액을 신고하여야 할 금액보다 많이 신고(이하 "초과신고"라 한다)한 경우에는 과소신고한 납부세액과 초과신고한 환급세액을 합한 금액(국세기본법 및 세법에 따른 가산세와 세법에 따라 가산하여 납부하여야 할 이자 상당 가산액이 있는 경우 그 금액은 제외하며, 이하 "과소신고납부세액 등"이라 한다)의 100분의 10에 상당하는 금액을 가산세로 한다.

> 일반과소신고가산세액 = 과소신고납부세액 등* × 10%
> * 과소신고납부세액 등 = 과소신고 산출세액(할증세액 포함) - 기납부증여세액 및 공제감면세액

※ 2015.6.30. 이전 상속개시분 증여분의 일반과소신고가산세

$$\{ (\text{산출세액} \times \frac{\text{과소신고분 과세표준}}{\text{과세표준}}) - \text{기납부증여세액} \} \times 10\%$$

나. 부정과소신고가산세

2015.7.1. 이후 상속·증여분부터 다음에 따라 가산세를 계산한다(①과 ②의 합계액).

① 부정과소신고가산세

부정행위로 인한 과소신고납부세액 등의 100분의 40(국제거래에서 발생한 부정행위로 과소신고하거나 초과신고한 경우에는 100분의 60)에 상당하는 금액을 부정과소신고가산세로 한다.

② 일반과소신고가산세

> 일반과소신고 가산세액 = (과소신고납부세액 등 − 부정행위로 인한 과소신고납부세액 등) × 10%

과소신고납부세액 등 중에 부정행위로 인한 과소신고납부세액 등(이하 "부정과소신고납부세액"이라 한다)과 그 외의 과소신고납부세액 등(이하 "일반과소신고납부세액"이라 한다)이 있는 경우로서 부정과소신고납부세액과 일반과소신고납부세액을 구분하기 곤란한 경우 부정과소신고납부세액은 다음 계산식에 따라 계산한 금액으로 한다.

> $$과소신고납부세액\ 등 \times \frac{부정행위로\ 인하여\ 과소신고한\ 과세표준}{과소신고한\ 과세표준}$$

2015.6.30. 이전 상속 · 증여분의 경우에는 다음에 따라 가산세를 계산한다(①과 ②의 합계액).

③ 부정과소신고가산세

부정행위로 인한 과소신고분 과세표준(이하 "부정과소신고 과세표준")이 과세표준에서 차지하는 비율을 산출세액에 곱하여 계산한 금액의 100분의 40에 상당하는 금액을 가산세로 한다.

> $$부정과소신고 가산세액 = ⓐ\ 산출세액 \times \frac{ⓒ\ 부정과소신고\ 과세표준}{ⓑ\ 결정\ 과세표준} \times 40\%$$

ⓐ 산출세액 : 상속세 또는 증여세를 결정할 때 산출세액을 말하며 세대를 건너뛴 상속 또는 증여에 따른 할증세액을 포함한다. 사망 전 증여재산 또는 재차증여재산을 상속세 또는 증여세 과세표준에 합산하여 신고하지 아니한 경우 산출세액에서 증여세액을 공제하느냐에 대하여 2012.1.1.부터 2015.6.30.까지 상속이 개시되거나 증여받은 분은 부정과소신고의 경우 공제하지 아니하며, 2011.1.1. 이후 최초로 상속세 또는 증여세 신고 · 결정 또는 경정하는 것부터 2011.12.31.까지는 공제한다.

ⓒ 결정 과세표준 : 정부에서 상속세 또는 증여세를 부과할 때에 최종적으로 확정된 과세표준을 말한다.

ⓒ 부정과소신고 과세표준 : 정부에서 결정한 상속세 또는 증여세 과세표준에서 납세자가 법정신고기한 내에 제출한 신고서상 과세표준을 차감한 과소신고 과세표준 중 부정무신고 과세표준과 마찬가지로 부정행위로 세법에 따라 신고하여야 할 과세표준에 미달하게 신고한 과세표준을 말한다.

④ 일반과소신고가산세(위 ① 외의 부분에 대한 가산세액)

과소신고분 과세표준에서 부정과소신고 과세표준을 뺀 금액이 과세표준에서 차지하는 비율을 산출세액에 곱하여 계산한 금액(이하 "일반과소신고산출세액")의 100분의 10에 상당하는 금액을 가산세로 한다.

$$\text{일반과소신고} \atop \text{가산세액} = \left[\left\{ {\text{[산출세액} \atop \text{(할증세액 포함)}} \times \frac{\text{과소신고 과세표준} - \text{부정과소신고 과세표준}}{\text{결정 과세표준}} \right\} - \text{증여세액]} \right] \times 10\%$$

다. 과소신고가산세를 부과하지 않는 경우

다음의 어느 하나에 해당하는 사유로 상속세 · 증여세 과세표준을 과소신고한 경우에는 과소신고가산세를 과세하지 않는다.

① 신고 당시 소유권에 대한 소송 등의 사유로 상속재산 또는 증여재산으로 확정되지 아니하였던 경우

② 상속증여세법 제18조부터 제23조까지, 제23조의2, 제24조, 제53조 및 제54조에 따른 여러 가지 상속공제 및 증여재산공제의 적용에 착오가 있었던 경우

③ 신고한 상속재산 및 증여재산에 대하여 상속증여세법에 따라 평가한 가액으로 과세표준을 결정한 경우(2023.1.1. 이후 상속 개시 · 증여분부터 부정행위로 과소신고한 경우에는 제외하므로 가산세 부과 대상임)

④ 법인세법 제66조에 따라 법인세 과세표준 및 세액의 결정 · 경정으로 상속증여세법 제45조의3(특수관계법인과의 거래를 통한 이익의 증여의제) · 제45조의4(특수관계법인으로부터 제공받은 사업기회로 발생한 이익의 증여의제) · 제45조의5(특정법인과의 거래를 통한 이익의 증여의제)에 증여의제 · 이익이 변경되는 경우(부정행위로 인하여 법인세의 과세표준 및 세액을 결정 · 경정하는 경우는 제외한다). 2015.1.1.

이후 증여세를 경정하는 분부터 적용한다.

유류분반환청구소송이 임의조정으로 종결된 경우 유류분 상속재산가액을 합산하여 종결일부터 6월 이내에 상속세를 수정신고하고 납부한 경우에는 가산세를 감면할 정당한 사유가 인정될 수 있으나, 상속세 수정신고가 이루어지지 않았으므로 임의조정 종결일 말일로부터 6개월이 되는 날의 다음 날을 기산일로 하여 가산세를 적용하는 것은 잘못이 없다는 심판결정례가 있다(조심 2015서2383, 2015.9.30.).

사례 **합산신고 불이행에 따른 신고불성실가산세 계산**

❏ 증여세 신고, 상속세 합산신고 불이행
(사실관계)
① 2010.3.31. 甲이 父로부터 증여받은 재산에 대한 증여세 신고내용

과세가액	과세표준	산출세액	신고세액공제	결정세액
500,000,000	470,000,000	84,000,000	8,400,000	75,600,000

② 2012.7.31. 父 사망시 상속세 신고내용

과세가액	과세표준	산출세액	신고세액공제	결정세액
3,000,000,000	2,000,000,000	640,000,000	64,000,000	576,000,000

- 2010.3.31. 증여받은 재산은 상속세 과세가액에 가산하여 신고하지 아니함.

풀이

과세가액	과세표준	산출세액	신고세액공제	기납부증여세액	결정세액
3,500,000,000	2,470,000,000	828,000,000	64,000,000	84,000,000	680,000,000

○ 일반과소신고가산세를 적용하는 경우

$$: (산출세액\ 828,000,000원 \times \frac{과소신고과세표준\ 470,000,000원}{결정\ 과세표준\ 2,470,000,000원} - 기납부증여세액$$

84,000,000원) × 10% = 7,355,465원

❏ 증여세 무신고, 재차증여 합산신고 불이행
(사실관계)
① 2010.5.31. 乙이 父로부터 3억원을 증여받고 증여세 무신고
② 2012.9.30. 乙이 母로부터 5억원 증여받은 재산에 대한 증여세 신고내용

과세가액	과세표준	산출세액	신고세액공제	결정세액
500,000,000	470,000,000	84,000,000	8,400,000	75,600,000

-2010.5.31. 증여받은 재산을 증여세 과세가액에 가산하여 신고하지 아니함.

풀이

○ 2010.5.31. 父로부터 증여받은 재산에 대한 증여세 결정내용

과세가액	과세표준	산출세액	신고불성실가산세	결정세액 상당
300,000,000	270,000,000	44,000,000	17,600,000	61,600,000

– 부정무신고가산세를 적용하는 경우

$$: 산출세액\ 44,000,000원 \times \frac{부정무신고\ 과세표준\ 270,000,000원}{결정\ 과세표준\ 270,000,000원} \times 40\% = 17,600,000원$$

– 납부불성실가산세의 경우 고지서상 납부기한까지 미납일수에 대해 부과

○ 2012.9.30. 母로부터 증여받은 재산에 대한 증여세 결정내용

과세가액	과세표준	산출세액	신고세액공제	기납부증여세	결정세액 상당
800,000,000	770,000,000	171,000,000	8,400,000	44,000,000	118,600,000

– 일반과소신고가산세를 적용하는 경우

: (산출세액 171,000,000원 – 기납부증여세액 44,000,000원) ×

$$\frac{과소신고과세표준\ 300,000,000원}{결정\ 과세표준\ 770,000,000원} \times 10\% = 4,948,051원$$

– 납부불성실가산세의 경우 고지서상 납부기한까지 미납일수에 대해 부과

3. 사망 전 증여 · 재차증여재산 합산신고불이행에 따른 가산세

가. 1997.1.1.부터 2002.12.31. 기간 중

상속증여세법상 20%의 가산세 부과대상이나 대법원판례(대법원 96누13361, 1997.7.25.), 재경부 및 국세청 예규(재재산 46014-96, 1999.12.31., 재산상속-25, 2000.1.10.)에 의해 수증자가 개인인 경우 가산세 면제하고 영리법인이 증여받은 재산을 상속세 합산누락시는 산출세액의 20%를 가산세로 부과하였다.

나. 2003.1.1.부터 2010.12.31. 기간 중

2002.12월 상속증여세법 제78조 제1항을 개정하여 사망 전 증여재산의 상속세 과세가액 합산신고불이행 및 동일인 재차증여재산 합산신고불이행에 따른 신고불성실가산세는 10%를 부과하도록 함에 따라 종전 예규내용은 폐지되고 수증자가 개인이든 영리법인이든 관계없이 모두 산출세액의 10%를 가산세로 부과하였다.

다. 2011.1.1.부터 2011.12.31.까지 신고, 결정 · 경정분

사망 전 증여재산 또는 재차증여재산을 합산하여 계산한 상속세 또는 증여세 산출세액에서 기납부증여세액을 공제한 후의 세액에 대하여 과소신고가산세를 부과하도록 하였다.

라. 2012.1.1.부터 2015.6.30.까지 상속개시되거나 증여받은 분

사망 전 증여재산 또는 재차증여재산을 합산하여 계산한 상속세 또는 증여세 산출세액에서 기납부증여세액을 공제한 후의 세액에 대하여 과소신고가산세를 부과하되, 부정(무)과소신고가산세의 경우에는 기납부증여세액을 공제하지 않고 가산세를 부과하도록 하였다.

$$\text{일반과소신고가산세액} = \{(\text{산출세액} \times \frac{\text{일반과소신고분 과세표준}}{\text{과세표준}}) - \text{기납부증여세액}\} \times 10\%$$

마. 2015.7.1. 이후 상속개시되거나 증여받은 분

무신고 또는 과소신고에 따른 가산세를 부과할 때 기준이 되는 세액을 「그 신고로 납부하여야 할 세액(가산세와 세법에 따라 가산하여 납부하여야 할 이자상당가산액이 있는 경우 그 금액은 제외하며, 이하 "무신고납부세액"이라 한다)과 「납부할 세액을 신고하여야 할 세액보다 적게 신고(과소신고)하거나 환급받을 세액을 신고하여야 할 금액보다 많이 신고(초과신고)한 경우에는 과소신고한 납부세액과 초과신고한 환급세액을 합한 금액(가산세와 세법에 따라 가산하여 납부하여야 할 이자상당가산액이 있는 경우 그 금액은 제외하며, 이하 "과소신고납부세액 등"이라 한다)」으로 규정하였다. 이에 따라 사망 전 증여재산 또는 재차증여재산을 합산하여 계산한 상속세 또는 증여세 산출세액에서 기납부증여세액을 공제한 후의 세액이 "무신고납부세액" 또는 "과소신고납부세액 등"이 되며, 이는 부정과소신고나 일반과소신고 모두 동일하게 적용한다.

관련 예규·심판결정례 및 판례 등

❏ 2012.1.1.부터 2015.6.30.까지 재차증여 합산과세시 기납부세액을 산출세액에서 차감하지 아니하고 부정무신고가산세를 적용함(조심 2015서3486, 2016.10.28.).

❏ 영리법인에게 증여한 재산 합산신고하지 아니한 경우(재재산 46014 – 299, 2000.10.27.)

상속개시일전 5년 이내에 피상속인이 영리법인에 증여한 재산가액을 상속세 과세가액에 가산하는 경우로서 이를 신고하지 아니한 경우에는 신고불성실가산세가 적용되는 것임.

❏ 사망 전 증여재산에 대한 합산불이행 가산세 개정 규정은 불복청구를 통하여 다투는 경우에도 적용되는 것임(조심 2010서1754, 2011.6.17.).

증여세 합산신고불이행에 대하여는 증여세 산출세액에서 상속증여세법 제58조 제1항에 따라 공제되는 증여세액을 차감한 금액을 기준으로, 상속세 합산신고불이행에 대하여는 상속세 산출세액에서 같은법 제28조 제1항에 따라 공제되는 증여세액을 차감한 금액을 기준으로, 가산세를 재계산하여 그 세액을 경정함이 타당함.

4. 2006.12.31. 이전 신고불성실가산세

가. 1997.1.1.~ 2003.12.31. 신고불성실가산세

무신고 또는 미달신고한 과세표준에 상당하는 산출세액의 20%를 부과하되, 평가차이로 인한 미달신고 등의 경우 가산세를 면제하였다.

┃ 신고불성실가산세를 부과하지 않는 경우의 개정연혁 ┃

1997~1999년	2000년	2001.1.1. 이후
• 신고한 재산으로서 평가방법의 차이로 미달신고한 금액	• 신고한 재산으로서 모든 평가가액의 차이로 미달신고한 금액	• 평가가액의 차이 좌동 • 상속공제 단순착오로 미달신고한 금액

나. 2004.1.1.~2006.12.31. 신고불성실가산세

법정신고기한 내에 신고하지 아니하였거나 신고하여야 할 과세표준에 미달하게 신고한 때 상속세 또는 증여세 산출세액의 10% 또는 20%를 신고불성실가산세로 부과하였다.

$$\text{신고불성실가산세} = \text{산출세액} \times \frac{\text{무신고 및 미달신고 과세표준}}{\text{결정 과세표준}} \times 10\% \ \text{또는} \ 20\%$$

1) 원칙 : 결정 과세표준에 미달신고한 금액에 대한 산출세액의 10%

2) 무신고자 및 다음 사유로 인한 미달신고분은 20% 부과

가공의 채무·명의신탁·감정기관 또는 신용평가전문기관과 통모하여 시가보다 낮게 평가·허위의 매매계약서 제출 및 재산평가 또는 각종 공제와 관련한 허위의 증빙서류 제출

 관련 예규·심판결정례 및 판례 등

❏ 가업승계에 따른 증여세를 과다신고하여 일반세율로 과세하는 경우(조심 2019서1912, 2019.9.9.)
가업승계 증여세 과세특례에 업무무관자산을 포함함으로써 과다신고하여 증여세를 과세하는 경우, 당초 과세특례로 신고한 주식가액이 당초 신고세액으로 보이므로 처분청이 청구인에게 가업승계 증여세특례 과다신고세액을 환급하면서 지급한 국세환급가산금을 환수하는 것은 별론으로 하더라도 과다신고한 증여세 과세가액의 증여세율 차이로 인한 과소신고납부세액에 대하여 신고·납부불성실가산세를 부과하는 것이 타당함.

❏ 배우자공제 등 상속공제액의 단순한 착오로 인하여 미달신고한 금액에 대해서는 신고불성실가산세는 부과하지 아니함이 타당함(조심 2013서0114, 2013.4.11., 국심 2000서1205, 2001.2.5.).

❏ 상속개시 당시 상속인의 미확정으로 무신고한 경우 정당한 사유가 인정되므로 신고불성실가산세 부과는 부당하나, 납부불성실가산세는 부과하여야 함(조심 2011서1524, 2011.6.30.).

❏ 당초 결정에 대한 오류가 있어 경정(기준시가→매매사례가액으로 평가함)한 경우 가산세 부과는 부당함(조심 2010구1248, 2010.9.29.).

❏ 기증여분에 대하여 증여세 합산과세대상임을 안내하지 않은 것과 증여세 과세표준 신고기한으로부터 3개월이 지나서 증여세 과세표준을 경정한 사실만으로는 가산세 부과처분이 위법한 것으로 볼 수 없음(대법원 2018두56084, 2018.12.27.).

❏ 상속개시 당시 대여금을 알고 있었으므로 가산세 부과는 정당함(대법원 2018두32149, 2018.4.26.).

❏ 증여세 무신고가산세가 부과된 재산에 대해 상속세 합산신고 불이행가산세를 부과하는 것은 잘못임(대법원 96누13361, 1997.7.25., 96누15862, 1997.6.27.).

❏ 가산세 관련 의무해태를 탓할 수 없는 정당한 사유가 있는지(대법원 2008두16209, 2008.11.27.).
 - 상속재산의 소유권이 확정되지 않은 상태이므로 상속세 과소신고·미납부를 탓할 수 없는

정당한 사유가 있다고 할 것임.

- 피고는 이 사건 유언장의 효력이 인정된다고 하더라도 망인의 법정상속들인 원고 및 선정자들은 민법에서 정한 유류분인 법정상속분의 1/3에 해당하는 상속재산에 대해서는 확정적으로 상속세 납부의무가 발생하였다고 보아야 하므로, 적어도 이 부분에 대해서는 상속세 납세의무의 해태를 탓할 수 없는 정당한 사유가 있다고 볼 수 없다는 취지로 주장하나, ① 상속인들과 학교법인 ○○대학교 사이에 유류분을 포함한 상속재산 전부에 대하여 소유권에 관한 다툼이 계속되고 있었던 점, ② 유류분만을 기준으로 하더라도 전체 상속세액이 18억원을 넘는 거액인 점 등에 비추어 보면, 원고 및 선정자들에게 전체 상속세 중 유류분에 해당하는 부분만을 미리 납부할 것을 기대하는 것 역시 무리였다고 인정됨.

❑ **수정신고내용을 인정하지 아니한 경우**(대법원 92누17174, 1993.7.27.)

신고기간 내에 신고한 과세표준을 줄여서 수정신고하였으나 과세관청이 인정하지 아니한 경우에 당초 신고한 과세표준과의 차액에 대해서만 신고불성실가산세를 적용함.

5. 납부지연가산세

2020.1.1.부터 납부성실가산세와 납부기한 후 가산금을 통합하여 납부지연가산세를 부과한다. 법정납부기한까지 납부하지 아니한 세액에 대한 가산세(가)와 납부고지서에 따른 납부기한까지 완납하지 아니한 세액에 대한 가산세(나)를 합하여 납부지연가산세를 부과하고, 체납세금에 대한 가산금(납부기한의 다음 날 체납세액의 3% + 매 1개월마다 체납세액의 월 1.2%)은 폐지하였다(국세기본법 §47의4).

2019.12.31. 이전에는 법정 납부기한(신고기한)내에 세액을 납부하지 아니하였거나 납부하여야 할 세액에 미달하게 납부한 경우에 미납부세액에 대하여 미납부일수에 1일 10만분의 25 등 이자율을 곱하여 계산한 가산세를 부과하였다.

구분	2020.1.1.~2021.2.14.	2022.2.15.~
이자율	1일 10만분의 25	1일 10만분의 22

(가) 1일 지연이자 성격의 가산세

납부하지 아니한 세액 또는 과소납부분 세액(세법에 따라 가산하여 납부하여야 할 이자 상당 가산액이 있는 경우에는 그 금액을 더한다) × 법정납부기한의 다음 날부터 납부일까지의 기간*)(납부고지일부터 납부고지서에 따른 납부기한까지의 기간은 제외한다) × 금융회사 등이 연체대출금에 대하여 적용하는 이자율 등을 고려하여 대통령령으로 정하

는 이자율(1일 10만분의 22) (국기법 시행령 §27의4)

* 납부고지서에 따른 납부기한의 다음 날부터 납부일까지의 기간(「국세징수법」 제17조에 따라 체납액의 징수를 유예한 경우에는 그 징수유예기간은 제외한다)이 5년을 초과하는 경우에는 그 기간은 5년으로 한다(국세기본법 §47의4 ⑦).
* 체납된 국세의 납부고지서별·세목별 세액이 150만원(2021.12.31. 이전 100만원) 미만인 경우에는 가산세를 부과하지 않는다(국세기본법 §47의4 ⑧).

(나) 체납세액에 대한 제재

법정납부기한까지 납부하여야 할 세액(세법에 따라 가산하여 납부하여야 할 이자 상당 가산액이 있는 경우에는 그 금액을 더한다) 중 납부고지서에 따른 납부기한까지 납부하지 아니한 세액 또는 과소납부분 세액 × 100분의 3(국세를 납부고지서에 따른 납부기한까지 완납하지 아니한 경우에 한정한다)

┃ 2019.12.31. 이전 납부불성실가산세 부과방법 연혁 ┃

2019.2.12. ~ 2019.12.31.	[법정납부기한 다음 날의 미납세액 × 미납일수* × 0.00025] ⇒ 한도액 없음
2004.1.1. ~ 2019.2.11.	[신고기한 다음 날의 미납세액×미납일수×0.0003](연 10.95%) ⇒ 한도액 없음
2000.1.1. ~ 2003.12.31.	[미납부세액 × 10%] + [1년 경과 후 미납세액 × 미납일수 × 0.0003] ⇒ 미납부세액의 20% 한도
1997.1.1.~ 1999.12.31.	납부불성실가산세 = 미납부세액(미납부·미달납부세액) × 10%
1996.12.31. 이전	[미납부세액 × 10%] + [미납부세액 × 미납일수 × $\frac{4}{10,000}$ − 미납부세액 × 10%] ⇒ 미납부세액의 20% 한도

* 미납일수 : 납부기한의 다음 날부터 자진납부일 또는 납세고지일까지의 기간

(다) 납부지연가산세 부과하지 않는 경우

1997.1.1.부터 1999.12.31.까지 기간 중에 신고한 재산으로서 평가방법의 차이로 인하여 미달하게 납부한 세액에 대해서는 가산세를 부과하지 아니하였으나 2000.1.1. 이후 미달하게 납부한 경우에는 모든 미납세액에 대해서 가산세를 부과한다.

법인세 과세표준과 세액의 결정·경정으로 일감몰아주기 등에 따른 증여의제이익이 변경되거나 상속세와 증여세를 신고한 자에 대해 감정가액으로 결정·경정함에 따라 과소납부세액이 발생한 경우에는 납부지연가산세를 부과하지 않는다(국세기본법 §47의4 ③).

① 법인세법 제66조에 따라 법인세 과세표준 및 세액의 결정·경정으로 상속증여세법 제45조의3(특수관계법인과의 거래를 통한 이익의 증여의제)·제45조의4(특수관계 법인으로부터 제공받은 사업기회로 발생한 이익의 증여의제)·제45조의5(특정법인 과의 거래를 통한 이익의 증여의제)에 증여의제·이익이 변경(부정행위로 인하여 법인세의 과세표준 및 세액을 결정·경정하는 경우는 제외한다)됨에 따라 과소납 부분에 대한 납부지연가산세를 부과하지 않는다. 납부불성실가산세 면제규정은 2015.1.1. 이후 증여세를 경정하는 분부터 적용한다.

② 상속증여세법 제67조 또는 제68조에 따라 상속세 또는 증여세를 신고한 자가 같은 법 제70조에 따라 법정신고기한까지 상속세 또는 증여세를 납부한 경우로서 법정 신고기한 이후 평가심의위원회를 거치는 방법에 따라 상속재산 또는 증여재산을 평가하여 과세표준과 세액을 결정·경정한 경우에는 납부지연가산세를 부과하지 않는다.

2024.1.1. 이후부터 신고한 상속재산 또는 증여재산의 경우에는 평가기간에 해당하 지 아니하는 기간으로서 평가기준일 전 2년 이내의 기간 중이거나 평가기간이 경과 한 후 법정결정기한까지의 기간 중에 매매등이 있어 평가심의위원회를 거치는 방 법에 따라 평가한 가액의 차이로 인하여 미달하게 납부한 세액에 대해서는 납부지 연가산세를 부과하지 않도록 하였다.

▶ 납부불성실가산세 이자율 개정내용 적용방법(2019.2.12. 개정된 국세기본법 시행령 부칙 §9)
(예시) 납부기한이 2018.12.31.인 상속세를 납부하지 아니하여 2019.3.4. 납부고지서를 교부함.
(이자율) 2019.1.1.~2019.2.11. 기간 중에는 1일 1만분의 3, 2019.2.12.~2019.3.4. 기간 중에는 1일 10만분의 25의 이자율을 적용하여 납부불성실가산세를 부과함.

 관련 예규·심판결정례 및 판례 등

❑ 상속증여세법 제78조 제2항(납부불성실가산세)은 헌법에 위반되지 아니함(헌재 2016헌바268, 2016.12.29.).

❑ 연부연납기한까지 납세고지서를 발부받지 못한 것이 가산세 감면사유인지(심사상속 2019-1, 2019.4.10., 조심 2019소3027, 2019.10.10.)
상속세 연부연납은 당초 자진신고에 의한 청구인의 납부로 「국세징수법」 제8조에 따라 납세자 가 그 국세의 과세기간, 세목, 세액 및 인적사항을 납부서에 적어 그 의무를 이행하여야 하는 점, 납세의무 이행의 편의를 위한 자진납부안내문 및 자진납부서를 발부하는 국세행정의 실행 여부가 납세자의 납세의무 미이행의 정당한 사유에 해당한다고 보기 어려운 점 등에 비추어 가산세를 감면할 정당한 사유가 있다고 보기 어려움.

❏ 감사지적에 따라 당초 평가위원회의 심의 거친 매매사례가액이 바뀐 경우 납부지연가산세 부과는 잘못임(조심 2020서7750, 2021.11.30.).

❏ 연부연납신청시 제공한 담보물 중 처분청의 평가 잘못으로 인해 연부연납이 불허된 경우 가산세 부과는 잘못임(조심 2021광2891, 2021.11.18.).

❏ 특정법인과의 거래를 통한 증여의제이익이 법인세 경정으로 변경된 경우 해당 증여세를 신고 · 납부하지 아니한 경우에도 납부지연가산세 면제됨(조심 2021소785, 2021.10.21., 조심 2021서782, 2021.10.21).

❏ 물납신청을 불허한 경우 납부불성실가산세 부과는 적법함(조심 2016서1510, 2016.10.28.).

❏ 정부부과 확정방식의 증여세에서 납부불성실가산세의 기산일(대법원 2018두57667, 2019.1.17.)
법정결정기한(신고기한부터 6월) 이후 상속세를 조사결정하면서 법정신고 · 납부기한의 다음날부터 납세고지일 전일까지의 미납일수(법정결정기한을 포함)에 대하여 납부불성실가산세를 산정 · 부과한 것은 타당함(조심 2019부1715, 2019.10.15.).

❏ 영농상속공제대상이 아닌데 잘못 공제하여 과세하였다가 경정하는 경우 신고기한의 다음날부터 납부불성실가산세 부과함(대법원 2017두59390, 2017.12.27.).

❏ 신고한 재산의 평가액 차이로 과소납부한 세액에 대한 납부불성실가산세 부과는 적법함(대법원 2007두23200, 2010.1.14.).

❏ 상속세를 자진신고하면서 신고세액에 대하여 연부연납 신청을 하였다면 그 금액에 대하여는 신고기한내의 자진납부 의무가 없고, 철회시까지의 기간에 대하여는 납부불성실가산세를 부과할 수 없음(대법원 95누11078, 1996.7.26.).
  ※ 1997.1.1. 이후부터는 신고기한 내에 연부연납 및 물납을 신청했더라도 허가되지 않은 세액에 대해서는 가산세를 부과하도록 상속증여세법 제78조 제2항이 개정됨.

❏ 물납대상에 해당하지 아니한 자가 물납신청한 경우 가산세부과대상임(대법원 97누12853, 1998.9.8.).

6. 공익법인에 대한 가산세

2007.1.1.부터 고의성 없이 다음의 세법상 협력의무를 위반한 경우 그 의무위반 종류별로 가산세는 1억원 한도로 부과하며 2011.1.1. 이후 세법에 규정하는 의무를 최초로 위반하는 분부터 가산세는 5천만원(중소기업기본법 제2조 제1항에 따른 중소기업이 아닌 기업은 1억원)을 한도로 하여 부과한다.
  ① 보고서 제출 불성실가산세
  ② 외부전문가의 세무확인 및 보고의무 불성실가산세

| 공익법인에 대한 가산세 요약 |

종 류	내 용	가산세 계산	근 거
가. 보고서 미제출	공익법인 등이 법 §48 ⑤의 규정에 의하여 제출해야 할 보고서 미제출 또는 불분명	미제출 또는 불분명 금액에 상당하는 상속세액·증여세액 × 1/100(한도액 5천만원, 1억원)	상속증여세법 §78 ③
나. 주식보유비율 초과	공익법인 등이 보유한 동일내국법인의 주식을 5%를 초과하는 경우 유예기간 내 미처분시	보유기준 초과주식 시가(매년 도말) × 5/100(10년간 부과)	상속증여세법 §78 ④
다. 외부확인 및 장부작성·비치 의무 불이행	공익법인 등이 외부전문가의 세무확인 및 보고의무 불이행, 출연재산 등의 장부작성·비치의무 불이행	(불이행 사업연도의 수입금액+출연재산) × 7/10,000(세무확인 가산세 최소액은 100만원, 한도액은 5천만원 또는 1억원)	상속증여세법 §78 ⑤
라. 외부회계감사 의무 불이행	외감법에 따른 회계감사를 받아야 함(종교, 교육단체 제외) ・대상 : 총자산가액 100억원 이상	(수입금액+출연재산) × 0.07%	상증법 §50 ③·§78 ⑤
마. 이사취임 기준 초과	출연자 및 그의 특수관계인이 이사취임 제한기준(이사현원의 1/5 이하)을 초과	기준 초과 이사와 관련된 경비	상속증여세법 §78 ⑥
바. 계열기업 주식 보유기준 초과	공익법인이 계열기업 주식을 총재산가액의 30% 초과 보유	보유기준 초과 주식 시가 × 5/100	상속증여세법 §78 ⑦
사. 특수관계기업 광고·홍보	언론매체 또는 공익사업 수행시 팜플렛 등에 의해 특수관계에 있는 내국법인을 광고 홍보	광고·홍보매체이용 비용 또는 공익사업 수행 행사비용 전액	상속증여세법 §78 ⑧
아. 운용소득·매각대금 미사용	공익법인의 운용소득 또는 출연재산 매각대금을 일정기한 내에 일정비율 이상을 사용하지 않는 경우	미사용액 × 10/100	상속증여세법 §78 ⑨
자. 전용계좌 미개설·사용	전용계좌를 개설하지 아니하거나 사용하지 아니한 경우	수입금액과 미사용금액 중 큰 금액 × 5/1,000	상속증여세법 §78 ⑩
차. 결산서류 등 미공시	결산서류 등을 공시하지 아니한 경우	공시하지 아니한 사업연도 B/S상 자산총액 × 5/1,000	상속증여세법 §78 ⑪

종 류	내 용	가산세 계산	근 거
카. 기부금영수증 발급내역 작성·보관·제출 의무	• 기부법인별·기부자별 발급내역을 작성하여 5년간 보관 • 기부금영수증 발급명세서 제출 * 불성실기부금 수령단체 명단 공개 (국기법 §85의5, 국기령 §66)	• 사실과 다르게 발급한 금액의 2% • 명세서 미작성 금액의 0.2%	법인세법 §112의2 소득세법 §160의3
타. 계산서합계표 등 자료제출 의무	• 매입처별 세금계산서합계표 및 매출·매출처별 계산서합계표 제출 → 매년 2월 10일까지 제출 * 국가·지방자치단체, 비영리법인(수익사업부분 제외)은 제외	미제출한 공급가액의 1%	법인세법 §121 부가가치세법 §54

가. 보고서 제출 불성실가산세

공익법인 등이 출연받은 재산에 대한 사용계획 및 진도보고서를 결산보고일까지 미제출하거나 출연재산 등 명세서 누락·잘못기재로 사실을 확인할 수 없는 불분명한 경우 다음에 의한 가산세를 부과한다(상증법 §78 ③).

> 미제출·불분명금액에 상당하는 상속세(증여세)액 × 1%

나. 공익법인 보유주식 매각불이행 가산세

공익법인 등이 주식 등의 보유기준(5%)을 초과보유한 주식을 허용기한 경과 후 보유기준을 초과하여 보유하는 경우 공익법인 등이 납부할 세액에 가산하여 부과하며, 계속적으로 매각하지 아니하는 경우 10년간 가산세 부과한다(상증법 §78 ④).

> 보유허용기한 종료일 현재 보유기준 초과주식 등의 매년 말 현재시가 × 5%

다. 외부전문가 세무확인, 회계감사 및 장부의 작성·비치의무 불이행 가산세

공익법인 등은 2년마다 출연재산의 공익목적사업 여부 등 외부전문가의 세무확인·결과를 보고하여야 한다. 또한 출연재산 및 공익사업운영내역 등 장부(부기형식)의 작성·비치, 소득세 과세기간 또는 법인세 사업연도 종료일부터 10년간 보존하여야 하는데 이를 이행하지 아니한 경우 다음의 가산세를 부과한다.

2017.1.1. 이후 개시하는 과세기간 또는 사업연도분부터 외부회계감사를 받지 아니한 경우 가산세를 부과한다.

2014.1.1. 이후 개시하는 과세기간 또는 사업연도분부터 세무확인 미이행 가산세의 경우 최저금액을 100만원으로 설정하여 100만원과 다음 산식에 따른 가산세 중 큰 금액을 부과하며, 가산세 한도액은 5천만원(중소기업이 아닌 경우 1억원)이다.

$$\left[\begin{array}{l}\text{세무확인의 결과보고 또는 회계감사 불이행, 장부의}\\\text{작성·비치의무 불이행한 과세기간의 수입금액}\end{array} + \begin{array}{l}\text{해당 과세기간}\\\text{출연재산가액}\end{array}\right] \times \frac{7}{10,000}$$

라. 출연자 등의 이사·임직원 취임시 가산세

출연자 및 그의 특수관계인이 이사현원의 1/5을 초과하여 이사에 있거나 임직원이 있는 경우 그들에게 지급된 인건비 등 직·간접경비에 상당하는 금액 전액을 가산세로 부과한다. 다만, 의사, 교사, 보육사, 학예사, 사회복지사, 사서와 관련된 경비는 제외한다.

2021.2.17. 이후부터 국가과학기술 경쟁력 강화를 위한 이공계지원 특별법 제2조 제3호에 따른 연구기관의 연구원과 관련된 경비는 가산세를 부과하지 아니한다.

마. 계열회사 주식보유제한 의무 불이행시 가산세

계열사 주식보유금액이 총자산가액의 30%를 초과하지 못하도록 상속증여세법 제48조 제9항을 위반한 경우 30% 초과분 주식에 대한 매년 말 현재 시가의 5%를 가산세로 부과한다(상증법 §78 ⑦).

바. 특정법인 광고·홍보금지규정 불이행시 가산세

특수관계있는 법인의 이익을 위하여 정상적인 대가를 받지 아니하고 언론매체 또는 공익사업수행시 팜플렛 등에 의해 광고하거나 홍보하는 경우(상증법 §48 ⑩ 위반) 그 광고·홍보와 관련한 경비에 상당하는 금액을 가산세로 부과한다(상증법 §78 ⑧).

사. 운용소득 또는 매각대금을 사용하지 아니한 경우

운용소득 또는 출연재산 매각대금을 공익목적사업 외로 사용하는 등 외부로 유출된 경우에는 그 금액에 대한 증여세를 과세하고, 기준금액에 미달하게 사용한 그 미사용액이 공익법인 내부에 유보되어 있는 경우에는 미사용액의 10%를 가산세로 부과하고 가산세를 차감한 나머지 미사용액은 다음 연도로 이월하여 다음 연도의 의무사용액에 추가한다.

출연재산 매각대금 미사용 1·2년차에는 미사용액의 10%를 가산세로 부과하고 3년차에는 나머지 미사용액에 대하여 증여세를 부과한다.

> **사례** **운용소득을 미달 사용한 경우 2000.12.28. 전후 과세방법비교**
>
> ○ 100억원 상당의 수익용재산으로 10억원의 운용소득을 획득하였으므로 운용소득의 70%인 7억원을 사용하여야 하나, 4.5억원만을 직접공익목적에 사용하고 나머지 2.5억원은 미사용한 경우
>
> (2000.12.28. 이전) : 13억3천만원의 증여세 부과
>
>   100억원(수익용재산가액) × 2.5억원(미달사용액)/
>
>   7억원(사용기준금액) × 50%(증여세율)
>
> (2000.12.29. 이후) : 0.25억원의 가산세 부과
>
>   = 2.5억원(미달사용액) × 10%(가산세율)
>
> * 미사용액(2.5억원 − 0.25억원 = 2.25억원)은 다음 연도 의무사용액으로 이월됨.

아. 기준금액 이상 공익목적사업비 미지출시 가산세

2018.1.1. 이후 개시하는 소득세 과세기간 또는 법인세 사업연도부터 내국법인의 의결권 있는 주식 등을 그 내국법인의 발행주식총수 등의 100분의 5를 초과하여 보유하고 있는 성실공익법인 등은 출연재산가액에 100분의 1을 곱하여 계산한 금액("기준금액"이라 한다) 이상을 직접 공익목적사업에 사용하여야 한다. 2018.2.13.이 속하는 사업연도부터 사회복지 목적사업 등을 영위하는 성실공익법인 등이 발행주식총수 등의 100분의 10

을 초과하여 보유하고 있는 경우에는 출연재산가액에 100분의 3을 곱하여 계산한 금액을 기준금액으로 한다. 기준금액에 미달하게 사용한 경우에는 기준금액에서 직접 공익목적사업에 사용한 금액을 뺀 금액에 100분 10을 곱한 가산세를 부과한다.

자. 전용계좌 개설·사용의무 위반시 가산세

전용계좌를 사용하지 않거나 전용계좌 개설·신고하지 아니한 경우 다음의 구분에 따른 가산세를 부과한다.

① 전용계좌 사용의무 대상거래에 해당하는 경우로서 전용계좌를 사용하지 아니한 경우에는 전용계좌를 사용하지 아니한 금액의 1천분의 5
② 전용계좌를 개설·신고하지 아니한 경우 ⇒ MAX(㉠, ㉡)

㉠ 다음 계산식에 따라 계산한 금액(2022.1.1. 이후 가산세 결정분부터 적용)

$$A \times \frac{B}{C} \times 1천분의 5$$

A : 해당 각 과세기간 또는 사업연도의 직접 공익목적사업과 관련한 수입금액의 총액
B : 해당 각 과세기간 또는 사업연도 중 전용계좌를 개설·신고하지 아니한 기간으로서 신고기한의 다음 날부터 신고일 전날까지의 일수
C : 해당 각 과세기간 또는 사업연도의 일수

※ 2021.12.31. 이전 : 개설·신고하지 아니한 사업연도의 직접공익목적사업과 관련한 수입금액(당해 공익법인 수입금액 총액에서 법인세가 과세되는 수익사업 관련 수입금액을 차감)의 1천분의 5

㉡ 전용계좌 사용의무대상 거래금액 합계액의 1천분의 5

차. 공시요구 및 오류시정요구 불이행시 가산세 부과

국세청장은 공시요구를 하거나 오류시정을 요구할 때에는 문서로 하여야 하며, 요구를 이행하지 아니하는 공익법인에 대해서는 가산세를 부과하고 해당 공익법인의 주무부장관에게 관련 사실을 통보하여야 한다.

국세청장의 공시요구 또는 시정요구를 지정된 기한까지 이행하지 아니하는 경우 공시하여야 할 과세기간 또는 사업연도의 종료일 현재 그 공익법인의 재무제표상 자산총액(부동산인 경우 상증법 제60조, 제61조, 제66조에 따라 평가한 가액이 재무제표상의 가액보다 크면 그 평가한 가액을 말함)의 1천분의 5에 상당하는 금액을 가산세로 부과한다.

공시하지 아니한 사업연도 대차대조표상 자산총액 × 0.005

7. 지급명세서 제출 불성실가산세

2009.1.1. 이후 최초로 지급명세서 제출의무가 발생하는 분부터 미제출·제출누락 및 불분명한 자료제출분에 대해서 가산세를 부과하도록 하였다.

- 생명·손해보험금, 퇴직금·퇴직수당·공로금, 전환사채 등의 발행 및 인수자의 명세서 미제출· 제출누락 및 불분명한 금액 × 1,000분의 2

- 주식·출자지분·공채·사채 및 특정시설물이용권 등의 명의개서·변경내용, 위탁자와 수익자 가 다른 신탁의 명세서 미제출·제출누락 등 금액 × 1만분의 2

지급명세서 등을 제출기한이 지난 후 1개월 이내에 제출하는 경우에는 해당 가산세의 50%를 감면한다.

지급명세서 등 제출의무를 고의적으로 위반하지 아니한 경우 가산세는 5천만원(중소 기업이 아닌 기업은 1억원)을 한도로 한다.

 관련 예규·심판결정례 및 판례 등

❑ 주권상장법인이 해외에서 50인 이상에게 청약을 권유하여 교환사채를 발행한 경우는 지급명세서 제출대상 아님(재재산－1057, 2010.11.1.).

주권상장법인이 해외에서 50인 이상에게 청약을 권유하여 교환사채를 발행한 경우 및 50인 미 만에게 청약을 권유하였으나 발행 즉시 해외 채권시장에 상장하여 50인 이상에게 전매가 가능 하도록 교환 사채를 발행한 경우에는 상속증여세법 제82조 제6항에 의한 자본시장법 제9조 제 7항에 따른 유가증권의 모집방법으로 전환사채 등을 발행하는 법인에 해당하는 것임.

8. 가산세의 감면

2007.1.1.부터 대법원에서 계속적으로 판시한 "납세자가 그 의무를 알지 못한 것이 무 리가 아니었다고 할 수 있는 등 그 의무해태를 탓할 수 없는 정당한 사유가 있는 경우에 는 가산세를 부과할 수 없다(대법원 96누15404, 1997.8.22.)"는 판례를 수용하여 가산세 감면 대상으로 명확하게 규정하였다.

천재·지변 등 기한연장 사유가 있어 세무서장이 법정신고납부기한을 연장하였거나 납세자가 의무를 불이행한 것에 대하여 정당한 사유가 있는 때에는 해당 가산세를 부과하지 않는다. 이 경우 납세자는 감면을 받고자 하는 가산세의 종류와 금액 등 및 해당 의무를 이행할 수 없었던 사유와 이를 증명할 수 있는 문건을 첨부하여 관할세무서장에게 신청서를 제출하여야 하고 세무서장은 승인 여부를 통지하도록 하고 있다.

납세자에게 납세의무 불이행에 따른 귀책사유가 없는 경우가 어떤 경우인지에 대해서는 명문규정이 없고 일률적으로 정하기도 어려울 것인 바, 구체적 사안별로 입법취지 및 기존 대법원 판례 등을 고려하여 판단할 수밖에 없어 보인다. 이 경우 납세자가 관련 세법규정을 제대로 알지 못하여 납세의무를 불이행한 경우는 정당한 사유에 해당되지 아니할 것이며, 신고한 재산으로서 민사소송 등으로 인해 상속·증여재산의 가액이 확정되지 아니한 금액은 납세자에게 귀책사유가 없는 것으로 보아 가산세 면제대상에 해당할 것으로 보인다.

국세기본법 제6조 제1항에 따른 기한연장 사유가 있는 경우 및 2019.2.12. 이후 다음의 사유로 가산세의 감면을 신청하는 경우부터 가산세를 감면한다.

① 국세기본법 시행령 제10조에 따른 세법해석에 관한 질의·회신 등에 따라 신고·납부하였으나 이후 다른 과세처분을 하는 경우
② 「공익사업을 위한 토지 등의 취득 및 보상에 관한 법률」에 따른 토지 등의 수용 또는 사용, 「국토의 계획 및 이용에 관한 법률」에 따른 도시·군계획 또는 그 밖의 법령 등으로 인해 세법상 의무를 이행할 수 없게 된 경우

관련 예규·심판결정례 및 판례 등

❑ 법인세 경정으로 주식평가액이 증가한 경우 증여세 신고·납부불성실가산세를 부과하는 것은 잘못임(조심 2020서1742, 2021.5.27.).

❑ 사전안내를 받지 못했다 하여 가산세가 면제되는 것은 아님(조심 2016중2159, 2016.7.27.).

❑ 평가가액의 차이 또는 공제적용의 착오로 미달신고·납부한 경우 신고불성실가산세는 부과 안되나, 납부불성실가산세는 부과함(재재산-1386, 2007.12.6.).

❑ 재감정가액으로 결정하는 경우 납부불성실가산세 부과할 수 없음(대법원 2014두44205, 2015.3.12.). 대법원은 납세자가 공신력 있는 감정기관의 감정가액을 신뢰할 수밖에 없고, 납세자가 제출한 감정가액이 과세관청의 의뢰에 따른 재감정가액보다 높을 경우에는 추가로 납부할 세액이 존재하지 않을 수도 있다는 점을 주목하여 대법원은 고등법원과 달리 납세자가 공신력 있는 감정

기관의 감정가액에 기초하여 증여세를 납부하였다면 납세자에게 나중에 있을지도 모르는 증액된 증여세액을 납부기한 내 제대로 납부하지 않은 의무의 해태를 탓할 수 없는 정당한 사유가 있다고 봄.

☐ 법령의 부지·착오 등은 정당한 사유 아님(대법원 98두3532, 1999.12.28., 대법원 99두3515, 1999.8.20.).

☐ 과세관청의 회신이나 납세지도가 잘못된 경우 가산세 부과 여부(대법원 95누10181, 1995.11.14.)
세법상 가산세는 과세권의 행사 및 조세채권의 실현을 용이하게 하기 위하여 납세자가 정당한 이유 없이 법에 규정된 신고, 납세 등 각종 의무를 위반한 경우에 개별세법이 정하는 바에 따라 부과되는 행정상의 제재로서 납세자의 고의, 과실은 고려되지 않는 반면, 이와 같은 제재는 납세의무자가 그 의무를 알지 못한 것이 무리가 아니었다고 할 수 있어서 그를 정당시할 수 있는 사정이 있거나 그 의무의 이행을 당사자에게 기대하는 것이 무리라고 하는 사정이 있을 때 등 그 의무해태를 탓할 수 없는 정당한 사유가 있는 경우에는 이를 부과할 수 없음.

제3절 : 경정 등의 청구특례

1. 상속재산이 수용되어 가액이 하락한 경우

상속개시일부터 1년 이내에 상속재산이 수용되어 그 수용보상가액이 상속세 과세가액보다 하락한 경우에 그 수용된 날부터 6개월 이내에 결정 또는 경정을 청구할 수 있다.

2002.1.1. 이후 상속개시분부터 민사소송법에 의한 경매 또는 공매도 수용과 같이 상속재산의 처분에 강제성이 있음을 감안하여 경매가액 또는 공매가액이 상속세 과세가액보다 하락한 경우에 경정 등의 청구대상에 포함시켰다.

2. 상속인간 상속재산가액에 변동이 있는 경우

상속재산에 대한 상속회복청구소송, 피상속인 또는 상속인과 그 외의 제3자와의 분쟁으로 인한 상속회복청구소송의 확정판결이 있어서 상속개시일 현재 상속인 간 상속재산가액의 변동이 있는 경우에 그 사유가 발생한 날부터 6개월 이내에 결정 또는 경정을 청구할 수 있다.

2013.2.15. 이후 경정청구하는 분부터 유류분 반환청구 소송의 확정판결을 통해 상속재산의 가액이 변경되는 경우 경정청구할 수 있다.

유류분반환청구소송의 조정이 성립된 경우에도 확정판결이 있는 것으로 보아 경정청구가 가능할 것이다. 민사소송법상 재판상의 화해는 확정판결과 같은 효력이 있고 민사조정법상 조정은 재판상 화해와 동일한 효력이 있는 것으로 규정하고 있으므로 확정판결에는 재판상의 화해, 조정 기타 판결과 동일한 효력이 있는 것을 포함한다고 하겠다.

3. 최대주주의 주식을 일괄매각하여 가액이 하락한 경우

상속증여세법 제63조 제3항의 규정에 의하여 최대주주가 보유한 주식을 할증평가한 경우로서 그 주식을 상속개시일부터 1년 이내에 피상속인 및 상속인의 친족 외의 제3자에게 일괄하여 매각한 경우로서 그 매각가액이 상속세 과세가액에 미달하는 경우에 결정 또는 경정을 청구할 수 있다.

이 경우에 경정청구를 받은 세무서장이 감액경정해야 하는 금액이 실제 매각금액인지, 최대주주 할증평가 전의 주식평가액인지 여부가 불분명하다. 예를 들어, 일반주주 주식평가액 100, 최대주주 할증평가액이 120인 주식을 일괄매각하여 85를 받은 경우에, 100으로 감액할 것인지 또는 85로 감액할 것인지 여부에 논란이 있고, 이에 대하여 상속증여세법 기본통칙(79-81…1)에서는 100(할증평가되기 전의 금액)까지만 감액하도록 규정하고 있는 반면에, 심판결정(99부1065, 1999.12.16.)은 85(실제 매각금액)까지 감액하도록 결정한 바 있다.

2002.1.1. 이후 상속개시분부터는 상기 사례의 경우에 경정청구할 수 있는 금액이 100까지임을 명확히 규정하여 집행상 혼란을 방지하고, 일반주주의 주식 평가와의 과세형평을 유지하도록 개정하였다.

4. 부동산무상사용에 따른 이익의 증여

부동산무상사용을 개시한 날부터 5년이 경과하기 전에 해당 부동산을 상속·증여 또는 양도하는 등으로 무상으로 사용하지 아니하는 경우 미사용기간에 대한 증여세액의 감액을 청구할 수 있다. 구체적인 내용은 "제3편 제2장 제7절 부동산무상사용에 따른 이익의 증여"에서 기술하였다.

5. 금전무상대출 등에 따른 이익의 증여

금전을 무상 또는 낮은 이자율로 대출을 받은 날부터 1년이 경과하기 전에 해당 금전을 변제 하는 등으로 무상 또는 낮은 이자율로 대출받지 아니하는 경우 미대출기간에 대한 증여세액의 감액을 청구할 수 있다. 구체적인 내용은 "제3편 제2장 제14절 금전무상대출 등에 따른 이익의 증여"에서 기술하였다.

6. 재산사용 등에 따른 이익의 증여

2017.1.1.부터 타인의 재산을 무상으로 담보로 제공하고 금전 등을 차입함에 따라 증여세를 결정 또는 경정받은 자가 증여세를 부과한 해당 재산의 사용기간 중에 재산 제공자로부터 해당 재산을 상속 또는 증여를 받거나 담보제공자가 사망한 경우 및 해당 재산을 담보로 사용하지 아니하게 되어 무상으로 또는 적정이자율보다 낮은 이자율로 차입하지 아니하게 되는 경우에는 무상으로 사용하지 아니한 기간에 대한 증여세를 재계산하여 환급 등을 요구할 수 있는 경정 등 청구를 할 수 있다. 2016.12.31. 이전에 경정 등 청구 사유가 발생한 경우에도 2017.1.1. 이후 증여세를 결정하거나 경정하는 것부터 적용한다.

7. 상속받은 주식이 의무보호예수기간 중에 가액이 하락한 경우

2021.2.17. 이후 상속세를 결정 또는 경정을 청구하는 분부터 상속재산이 다음의 주식에 해당하여 그 주식을 의무적으로 보유해야 하는 기간의 만료일부터 2개월 이내에 매각한 경우로서 그 매각가액이 상속세 과세가액보다 낮은 경우에는 보유하고 있었던 사실을 증명할 수 있는 서류를 국세청장에게 제출한 경우로 한정하여 경정 등을 청구할 수 있다.

① 자본시장법에 따라 처분이 제한되어 의무적으로 보유해야 하는 주식

② 「채무자 회생 및 파산에 관한 법률」 및 「기업구조조정 촉진법」에 따른 절차에 따라 발행된 주식으로서 법원의 결정에 따라 보호예수(保護預受)해야 하는 주식

조세심판원은 2018.8.17. 상속분으로서 의무보호예수기간의 만료일부터 2개월 이내에 전부 매각한 가액이 상속세 과세가액보다 낮아졌고 매각일로부터 6개월 이내에 경정청구한 것에 대한 거부처분은 잘못이라고 결정하였다(조심 2019서3779, 2021.7.29.).

8. 경정 등의 청구서 제출

　상속세 과세표준과 세액을 신고한 후 또는 상속세 과세표준과 세액의 결정·경정을 받은 후에 상속인 간에 상속재산가액에 변동이 생기거나, 상속재산이 수용되어 가액이 하락한 경우 및 최대주주 등이 상속받은 모든 주식을 일괄매각한 가액이 상속세 과세가액에 미달하는 경우에는 그 사유 발생일부터 6개월 이내에 결정 또는 경정청구를 할 수 있으며, 이 경우 다음의 사항을 기재한 결정·경정청구서를 제출하여야 한다.

　① 청구인의 성명과 주소 또는 거소
　② 결정 또는 경정 전의 과세표준 및 세액
　③ 결정 또는 경정 후의 과세표준 및 세액
　④ 상속회복청구소송의 확정판결내용, 수용보상내용 및 주식의 일괄매각 내용 등

[별지 제16호 서식]

상속세(증여세)과세표준 및 세액의 결정(경정)청구서

청구인	① 성 명		② 주민등록번호		
	③ 주 소		(☎ :)		
피상속(증여)인	④ 성 명		⑤ 주민등록번호		
	⑥ 주 소			⑦상속개시일 증여일 . .	

청 구 내 용					
⑧ 상속(증여)세과세 표준신고일		⑨결정 통지일		⑩결정(경정) 청구사유	

⑪ 결정(경정)청구대상재산		⑯ 신고(결정)금액	⑰ 결정(경정)청구금액
종 류	소 재 지		
⑫			
⑬			
⑭			
⑮ 계			
⑱ 과세표준금액			
⑲ 산출세액			
⑳ 가산세			
㉑ 공제세액 및 징수유예액			
㉒ 납부(환급)할 세액			

「상속세 및 증여세법」 제79조 및 같은 법 시행령 제81조 제1항·제7항에 따라 상속세(증여세) 과세표준 및 세액의 결정(경정) 청구서를 제출합니다.

년 월 일

청 구 인 (서명 또는 인)

세 무 서 장 귀하

※ 구비서류 : 결정(경정) 청구사유에 해당됨을 입증할 수 있는 서류	수 수 료
	없 음

※ 작성방법 : ③란에는 청구인의 주소와 전자우편주소를 함께 적습니다.

210mm×297mm(신문용지 54g/㎡)

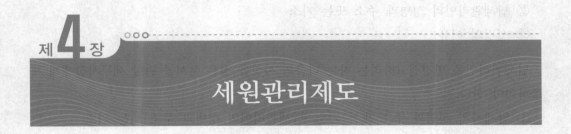

세원관리제도

1. 자료의 제공

가. 가족관계 등록사항에 관한 전산정보자료 요청

국세청장은 상속증여세의 과세 및 징수업무를 위하여 법원행정처장에게 「가족관계의 등록 등에 관한 법률」 제9조에 따른 가족관계 등록사항에 관한 전산정보자료를 요청할 수 있다. 이 경우 요청을 받은 법원행정처장은 특별한 사유가 없으면 적극 협조하여야 한다.

나. 재산세 과세대상 자료 통보

행정안전부장관, 특별시장, 광역시장, 도지사, 특별자치도지사 또는 특별자치시장은 재산세 과세대상 토지 · 건축물 및 주택, 납세의무자의 명세와 그 과세현황을 해당 연도 10월 31일까지 매년 국세청장에게 통보하여야 한다.

2. 납세관리인 등 신고

납세자가 국내에 주소 또는 거소를 두지 아니하거나 국외로 주소 또는 거소를 이전할 때에는 국세에 관한 사항을 처리하기 위하여 납세관리인을 정하여야 한다. 납세자는 국세에 관한 사항을 처리하게 하기 위하여 변호사, 세무사 또는 세무사법 제20조의2 제1항에 따라 등록한 공인회계사를 납세관리인으로 둘 수 있다(국세기본법 §82).

납세관리인의 설정을 신고하려는 자는 다음의 사항을 적은 문서를 관할 세무서장에게 제출하여야 한다.

① 납세자의 성명과 주소 또는 거소

② 납세관리인의 성명과 주소 또는 거소

③ 설정의 이유

납세관리인을 변경신고하려는 자는 다음의 사항을 적은 문서를 관할 세무서장에게 제출하여야 한다.

① 납세자의 성명과 주소 또는 거소, 납세관리인의 성명과 주소 또는 거소

② 변경 후 납세관리인의 성명과 주소 또는 거소

③ 변경의 이유

관할세무서장은 납세자가 위에 따른 신고를 하지 아니할 때에는 납세자의 재산이나 사업의 관리인을 납세관리인으로 정할 수 있다.

세무서장이나 지방국세청장은 상속증여세법에 따라 상속세를 부과할 때에 납세관리인이 있는 경우를 제외하고 상속인이 확정되지 아니하였거나 상속인이 상속재산을 처분할 권한이 없는 경우에는 특별한 규정이 없으면 추정상속인, 유언집행자 또는 상속재산관리인에 대하여 상속증여세법 중 상속인 또는 수유자(受遺者)에 관한 규정을 적용할 수 있다(국세기본법 §82 ⑤).

비거주자인 상속인이 금융회사 등에 상속재산의 지급·명의개서 또는 명의변경을 청구하려면 납세관리인을 정하여 납세지 관할 세무서장에게 신고하고, 그 사실에 관한 확인서를 발급받아 금융회사 등에 제출하여야 한다(국세기본법 §82 ⑥).

3. 지급명세서 등의 제출의무

가. 보험금·퇴직금 등을 지급하는 자

국내에서 생명보험·손해보험의 보험금(해약환급금 및 중도인출금을 포함한다), 퇴직금·퇴직수당·공로금 또는 그 밖에 이와 유사한 금액(연금을 제외한다)을 지급하거나 명의변경을 취급하는 자는 그 지급명세서 또는 명의변경 명세서를 지급자 또는 명의변경을 취급하는 자별로 그 지급일 또는 명의변경일이 속하는 분기종료일의 다음 달 말일까지 본점 또는 주된 사무소의 소재지 관할세무서장에게 제출하여야 한다.

다만, 보험금수취인과 보험료납입자가 같은 경우로서 보험금 지급누계액이 1천만원 미만인 경우에는 그러하지 아니하다.

보험금을 지급하거나 명의변경을 취급하는 자중 전산처리시설을 갖춘 자는 전산처리

된 테이프 또는 디스켓으로 제출하여야 하며, 이 때에 보험의 종류·지급보험금액·보험사고발생일·보험금수취인 및 보험계약자등 보험금 지급내용을 확인할 수 있는 사항을 포함하여야 한다.

나. 주식 등의 명의개서 또는 변경을 취급하는 자

국내에서 주식, 출자지분, 공채, 사채(社債), 채권, 집합투자증권 및 특정시설물을 이용할 수 있는 권리 등의 명의개서 또는 변경을 취급하는 자(명의개서 또는 변경에 관한 확인업무를 국가나 지방자치단체로부터 위탁받은 자를 포함한다)는 명의변경 또는 이전된 날이 속하는 분기종료일의 다음 달 말일까지 본점 또는 주된 사무소의 소재지를 관할하는 세무서장에게 제출하여야 한다.

2017.1.1. 이후부터 국내에서 투자자로부터 예탁받은 외국환거래법 제3조 제1항 제8호에 따른 외화증권(외국통화로 표시된 증권 또는 외국에서 지급받을 수 있는 증권을 말한다)을 자본시장법 제294조에 따른 한국예탁결제원에 다시 예탁하는 예탁자는 주식 등의 명의개서 또는 변경을 취급하는 자와 동일하게 명의개서 또는 변경내용을 관할 세무서장에게 제출하여야 한다.

세무서장에게 제출하는 명의개서 또는 변경내역에는 명의개서 또는 변경전후의 명의자의 인적사항, 발행회사 또는 예금기관, 수량 및 금액 등을 적어야 한다. 이 경우 권리관계의 확정을 위하여 주주명부(자본시장법 제309조 및 제310조에 따라 주권을 직접 보유하지 아니하고 한국예탁결제원에 예탁한 주식의 경우에는 같은 법 제316조에 따른 실질주주명부를 말한다)의 기재사항 변경이 있는 경우에는 해당 주주명부를 작성할 때마다 주주명부에 등재된 명의자의 인적사항, 발행회사, 수량 및 금액 등을 별도로 적어야 한다.

전자계산조직에 의하여 명의개서 또는 변경을 취급하는 자는 상속증여세법 제82조 제3항의 규정에 의한 명의개서내역 또는 변경내역과 동조 제4항의 규정에 의한 신탁의 내역을 전산처리된 테이프 또는 디스켓 등으로 제출할 수 있다.

다. 신탁업무를 취급하는 자

신탁업무를 취급하는 자는 신탁업무를 취급하는 자별로 다음의 기준에 따라 당해 신탁의 내역을 본점 또는 주된 사무소의 소재지를 관할하는 세무서장에게 제출하여야 한다.

① 위탁자와 수익자가 다른 신탁재산의 수탁계약을 체결하는 날(계약을 체결하는 날에

원본 및 수익의 이익이 확정되지 아니하는 경우에는 실제로 원본 및 수익의 이익이 확정되어 지급하는 날)이 속하는 분기종료일의 다음 달 말일까지

② 계약기간 중에 수익자 또는 신탁재산가액이 변경된 경우에는 그 변경된 날이 속하는 분기종료일의 다음 달 말일까지

라. 전환사채 등의 발행 및 인수자의 내역 제출

전환사채 등을 발행하는 법인(자본시장법에 따른 주권상장법인으로서 같은 법 제9조 제7항에 따른 유가증권의 모집방법으로 전환사채 등을 발행하는 법인은 제외하며, 같은 법에 따른 인수인은 포함한다)은 전환사채 등의 발행 및 인수자의 구체적 사항은 전환사채 등을 발행한 날이 속하는 분기종료일의 다음 달 말일까지 기획재정부령으로 정하는 바에 따라 해당 법인(자본시장과 금융투자업에 관한 법률에 따른 인수인을 포함한다)의 본점 또는 주된 사무소의 소재지를 관할하는 세무서장에게 제출하여야 한다.

마. 증권계좌 간 이체내역 제출

「자본시장과 금융투자업에 관한 법률」 제8조 제1항에 따른 금융투자업자는 그가 관리하는 증권계좌를 통하여 주식등이 계좌 간 이체된 경우(개인에게 이체한 경우에 한하며, 주식등의 양도로 이체되는 경우는 제외한다)에는 다음의 사항을 적은 이체명세서를 이체한 날이 속하는 분기의 말일부터 2개월 이내에 관할 세무서장에게 제출하여야 한다.

① 이체한 자 및 이체받은 자의 상호 또는 성명
② 이체 연월일
③ 이체대상 주권 등 종목명 및 이체수량

바. 소득세법 등에 의해 지급명세서를 제출하는 경우

소득세법 제164조 또는 법인세법 제119조에 따라 제출하는 지급명세서 또는 주식 등 변동상황명세서에 제1항부터 제3항까지의 지급명세서 등의 해당 사항이 있는 경우에는 그 지급명세서 등을 제출한 것으로 본다.

4. 금융재산 일괄조회

국세청장(지방국세청장을 포함한다)은 세무서장 등이 상속세 또는 증여세를 결정·경정하기 위하여 조사하는 경우에는 직업·연령·재산상태·소득신고상황 등으로 보아 상속세 또는 증여세의 탈루혐의가 있다고 인정되거나 상속증여세법 제85조의 납세자별 재산과세자료 관리대상에 포함되는 상속인·피상속인 또는 증여자·수증자의 금융재산에 관한 과세자료를 일괄하여 조회할 수 있으며, 이 경우 국세청장은 피상속인·상속인 또는 증여자·수증자의 인적사항, 사용목적, 요구하는 자료 등의 내용을 기재한 문서에 의하여 금융회사 등의 장에게 조회를 요구하여야 한다. 조회를 요구받은 금융회사 등의 장은 그 요구받은 과세자료를 지체없이 국세청장에게 제출하여야 한다(상증법 §83).

5. 질문·조사권

세무에 종사하는 공무원은 상속세나 증여세에 관한 조사 및 그 직무수행에 필요한 경우에는 납세의무자 또는 납세의무가 있다고 인정되는 자, 피상속인 또는 납세의무자 등과 재산을 주고받은 관계이거나 재산을 주고받을 권리가 있다고 인정되는 자, 상속증여세법 제82조에 규정된 지급명세서 등을 제출할 의무가 있는 자에게 질문하거나 관련 장부·서류 또는 그 밖의 물건을 조사하거나 그 제출을 명할 수 있다. 이 경우에 세무에 종사하는 공무원은 조사원증을 관계자에게 제시하여야 한다(상증법 §84, 상속증여세법 시행령 §86).

6. 납세자별 재산 과세자료의 수집 및 관리

재산규모·소득수준 등을 고려하여 일정규모 이상의 재산을 보유하고 있는 자에 대해서는 상속세 또는 증여세의 부과·징수업무를 효율적으로 수행하기 위하여 납세자 등이 제출하는 과세자료나 과세 또는 징수목적으로 수집한 부동산·금융재산 등 재산자료를 그 목적에 사용할 수 있도록 납세자별로 매년 전산조직에 의하여 관리한다.

이 경우 수집·관리하고 있는 자료는 국세기본법 제81조의13 제1항 각 호의 어느 하나에 해당하는 경우를 제외하고는 재산과세자료의 제공이나 이용을 요구할 수 없으며, 요구하는 재산과세자료의 구체적인 목적을 밝혀 납세자 비밀보장의 본질을 해치지 아니하는 범위에서 요구하여야 하고 그 내용을 타인에게 누설해서는 아니된다(상증법 §85, 상증령 §87, 상증규칙 §23).

국세청장이 납세자별 재산과세자료를 수집·관리하는 대상자는 다음에 해당하는 자이며, 구체적인 금액 범위는 기획재정부령이 정하는 바에 의한다.

① 부동산과다보유자로서 재산세를 일정금액 이상 납부한 자 및 그 배우자
② 부동산임대에 대한 소득세를 일정금액 이상 납부한 자 및 그 배우자
③ 종합소득세를 일정 금액 이상 납부한 자 및 그 배우자
④ 납입자본금 또는 자산규모가 일정금액 이상인 법인의 최대주주 및 그 배우자
⑤ 고액의 배우자 상속공제를 받거나 증여에 의하여 일정금액 이상의 재산을 취득한 자
⑥ 일정금액 이상의 재산을 상속받은 상속인
⑦ 일정금액 이상의 재산을 처분하거나 재산이 수용된 자로서 일정연령 이상인 자
⑧ 기타 상속세 또는 증여세를 포탈할 우려가 있다고 인정되는 자

7. 상속증여세에 부가세 부과금지

지방자치단체나 그 밖의 공공단체는 상속세 또는 증여세의 부가세를 부과할 수 없다. 즉, 지방소득세와 같은 부가세를 부과할 수 없다는 것이다(상증법 §86).

부 록

┃ 상속증여세법에서 적용하는 이자율 ┃

구 분	이자율 및 적용시기	근 거
1. 가업·영농상속공제금액 추징시	• 2018.3.19.~2019.3.19. : 연1.8% ÷ 365일 • 2019.3.20.~2020.3.12. : 연2.1% ÷ 365일 • 2020.3.13.~2021.3.15. : 연1.8% ÷ 365일 • 2021.3.16.~2023.3.19. : 연1.2% ÷ 365일 • 2023.3.20.~2024.3. . : 연2.9% ÷ 365일 • 2024.3. .~ : 연3.5% ÷ 365일	상속증여세법 시행령 §15 ⑯, §16 ⑦ 국세기본법 시행규칙 §19의3
2. 부동산무상사용에 따른 이익 3. 재산사용 및 용역제공에 따른 이익	• 부동산무상사용 1997.1.1.~ : 2% • 부동산담보이용 2015.2.3.~ : 2%	상속증여세법 시행규칙 §10 ② 상속증여세법 시행령 §27 ③, §32 ③
4. 금전무상대출 등에 따른 이익	• 2010.11.5.~2016.3.20. : 8.5% • 2016.3.21.~ : 4.6%	상속증여세법 시행규칙 §10의5 법인세법 시행규칙 §43 ②
5. 지상권(토지가액에 적용) 평가시	• 1997.1.1.~ : 2%	상속증여세법 시행규칙 §16 ①
6. 임대료 환산가액 계산시	• 2009.4.23.~ : 12%	상속증여세법 시행규칙 §15의2
7. 비상장주식 순손익가치 8. 유상증자·감자대금 순손익액 반영시 9. 추정이익 산정시	• 2000.4.3.~ : 10%	상속증여세법 시행규칙 §17 상속증여세법 시행규칙 §17의3 ⑥
10. 장기채권 및 전환사채등 평가시	• 2002.11.8.~2010.11.4. : 6.5% • 2010.11.5.~ : 8%	상속증여세법 시행규칙 §18의3
11. 자기창설적 영업권 평가시	• 1997.1.1.~ : 10%	상속증여세법 시행규칙 §19 ①
12. 신탁이익을 받을 권리 평가시	• 2017.3.9. 이전 : 10% • 2017.3.10.~ : 3.0%	상속증여세법 시행규칙 §16 ② 상속증여세법 시행규칙 §19의2
13. 정기금을 받을 권리의 평가시	• 2004.1.17.~2016.3.20. : 6.5% • 2016.3.21.~2017.3.9. : 3.5% • 2017.3.10.~ : 3%	기획재정부 고시 제2010-21호 상속증여세법 시행규칙 §19의2

구 분	이자율 및 적용시기	근 거
14. 연부연납 가산금 이자율 (국세환급금 이자율)	• 2016.3.7.~2017.3.14. : 1.8% • 2017.3.15.~2018.3.18. : 1.6% • 2018.3.19.~2019.3.19. : 1.8% • 2019.3.20.~2020.3.12. : 2.1% • 2020.3.13.~2021.3.15. : 1.8% • 2021.3.16.~2023.3.19. : 1.2% • 2023.3.20.~2024.3. . : 연2.9% ÷ 365일 • 2024.3. .~ : 연3.5% ÷ 365일	상속증여세법 시행령 §69 국세기본법 시행규칙 §19의3
15. 영농자녀 감면 증여세 추징시 16. 창업자금 과세특례 증여세 추징시 17. 가업승계 과세특례 증여세 추징시 18. 납부불성실가산세 계산시	• 2019.2.11. 이전 : 1일 1만분의 3% • 2019.2.12.~ : 1일 10만분의 25%	조세특례제한법 §71 ④ 조세특례제한법 시행령 §27의5 ⑦ 조세특례제한법 시행령 §27의6 ④ 국세기본법 시행령 §27의4

민법 제5편 상 속(제997조~제1118조)

제1장 상 속

제1절 총칙

제997조【상속개시의 원인】 상속은 사망으로 인하여 개시된다.

제998조【상속개시의 장소】 상속은 피상속인의 주소지에서 개시한다.

제998조의2【상속비용】 상속에 관한 비용은 상속재산 중에서 지급한다.

제999조【상속회복청구권】 ① 상속권이 참칭상속권자로 인하여 침해된 때에는 상속권자 또는 그 법정대리인은 상속회복의 소를 제기할 수 있다.

② 제1항의 상속회복청구권은 그 침해를 안 날부터 3년, 상속권의 침해행위가 있은 날부터 10년을 경과하면 소멸된다.

제2절 상속인

제1000조【상속의 순위】 ① 상속에 있어서는 다음 순위로 상속인이 된다.

1. 피상속인의 직계비속
2. 피상속인의 직계존속
3. 피상속인의 형제자매
4. 피상속인의 4촌 이내의 방계혈족

② 전항의 경우에 동순위의 상속인이 수인인 때에는 최근친을 선순위로 하고 동친 등의 상속인이 수인인 때에는 공동상속인이 된다.

③ 태아는 상속순위에 관하여는 이미 출생한 것으로 본다.

제1001조【대습상속】 전조 제1항 제1호와 제3호의 규정에 의하여 상속인이 될 직계비속 또는 형제자매가 상속개시 전에 사망하거나 결격자가 된 경우에 그 직계비속이 있는 때에는 그 직계비속이 사망하거나 결격된 자의 순위에 가름하여 상속인이 된다.

제1003조【배우자의 상속순위】 ① 피상속인의 배우자는 제1000조 제1항 제1호와 제2호의 규정에 의한 상속인이 있는 경우에는 그 상속인과 동순위로 공동상속인이 되고 그 상속인이 없는 때에는 단독상속인이 된다.

② 제1001조의 경우에 상속개시 전에 사망 또는 결격된 자의 배우자는 동조의 규정에 의한 상속인과 동순위로 공동상속인이 되고 그 상속인이 없는 때에는 단독상속인이 된다.

제1004조【상속인의 결격사유】 다음 각 호의 어느 하나에 해당한 자는 상속인이 되지 못한다.

1. 고의로 직계존속, 피상속인, 그 배우자 또는 상속의 선순위나 동순위에 있는 자를 살해하거나 살해하려한 자
2. 고의로 직계존속, 피상속인과 그 배우자에게 상해를 가하여 사망에 이르게 한 자
3. 사기 또는 강박으로 피상속인의 상속에 관한 유언 또는 유언의 철회를 방해한 자
4. 사기 또는 강박으로 피상속인의 상속에 관한 유언을 하게 한 자
5. 피상속인의 상속에 관한 유언서를 위조·변조·파기 또는 은닉한 자

제3절 상속의 효력

제1관 일반적 효력

제1005조【상속과 포괄적 권리의무의 승계】 상속인은 상속개시된 때로부터 피상속인의 재산에 관한 포괄적 권리의무를 승계한다. 그러나 피상속인의 일신에 전속한 것은 그러하지 아니하다.

제1006조【공동상속과 재산의 공유】 상속인이 수인인 때에는 상속재산은 그 공유로 한다.

제1007조【공동상속인의 권리의무승계】 공동상속인은 각자의 상속분에 응하여 피상속인의 권리의무를 승계한다.

제1008조【특별수익자의 상속분】 공동상속인 중에 피상속인으로부터 재산의 증여 또는 유증을 받은 자가 있는 경우에 그 수증재산이 자기의 상속분에 달하지 못한 때에는 그 부족한 부분의 한도에서 상속분이 있다.

제1008조의2【기여분】 ① 공동상속인 중에 상당한 기간 동거·간호 그 밖의 방법으로 피상속인을 특별히 부양하거나 피상속인의 재산의 유지 또는 증가에 특별히 기여한 자가 있을 때에는 상속개시 당시의 피상속인의 재산가액에서 공동상속인의 협의로 정한 그 자의 기여분을 공제한 것을 상속재산으로 보고 제1009조 및 제1010조에 의하여 산정한 상속분에 기여분을 가산한 액으로써 그 자의 상속분으로 한다.

② 제1항의 협의가 되지 아니하거나 협의할 수 없는 때에는 가정법원은 제1항에 규정된 기여자의 청구에 의하여 기여의 시기·방법 및 정도와 상속재산의 액 기타의 사정을 참작하여 기여분을 정한다.

③ 기여분은 상속이 개시된 때의 피상속인의 재산가액에서 유증의 가액을 공제한 액을 넘지 못한다.

④ 제2항의 규정에 의한 청구는 제1013조 제2항의 규정에 의한 청구가 있을 경우 또는 제1014조에 규정하는 경우에 할 수 있다.

제1008조의3【분묘 등의 승계】 분묘에 속한 1정보 이내의 금양임야와 600평 이내의 묘토인 농지, 족보와 제구의 소유권은 제사를 주재하는 자가 이를 승계한다.

제2관 상속분

제1009조 【법정상속분】 ① 동순위의 상속인이 수인인 때에는 그 상속분은 균분으로 한다.

② 피상속인의 배우자의 상속분은 직계비속과 공동으로 상속하는 때에는 직계비속의 상속분의 5할을 가산하고, 직계존속과 공동으로 상속하는 때에는 직계존속의 상속분의 5할을 가산한다.

제1010조 【대습상속분】 ① 제1001조의 규정에 의하여 사망 또는 결격된 자에 가름하여 상속인이 된 자의 상속분은 사망 또는 결격된 자의 상속분에 의한다.

② 전항의 경우에 사망 또는 결격된 자의 직계비속이 수인인 때에는 그 상속분은 사망 또는 결격된 자의 상속분의 한도에서 제1009조의 규정에 의하여 이를 정한다. 제1003조 제2항의 경우에도 또한 같다.

제1011조 【공동상속분의 양수】 ① 공동상속인 중에 그 상속분을 제삼자에게 양도한 자가 있는 때에는 다른 공동상속인은 그 가액과 양도비용을 상환하고 그 상속분을 양수할 수 있다.

② 전항의 권리는 그 사유를 안 날로부터 3월, 그 사유있은 날로부터 1년 내에 행사하여야 한다.

제3관 상속재산의 분할

제1012조 【유언에 의한 분할방법의 지정, 분할금지】 피상속인은 유언으로 상속재산의 분할방법을 정하거나 이를 정할 것을 제삼자에게 위탁할 수 있고 상속개시의 날로부터 5년을 초과하지 아니하는 기간 내의 그 분할을 금지할 수 있다.

제1013조 【협의에 의한 분할】 ① 전조의 경우 외에는 공동상속인은 언제든지 그 협의에 의하여 상속재산을 분할할 수 있다.

② 제269조의 규정은 전항의 상속재산의 분할에 준용한다.

제1014조 【분할 후의 피인지자 등의 청구권】 상속개시 후의 인지 또는 재판의 확정에 의하여 공동상속인이 된 자가 상속재산의 분할을 청구할 경우에 다른 공동상속인이 이미 분할 기타 처분을 한 때에는 그 상속분에 상당한 가액의 지급을 청구할 권리가 있다.

제1015조 【분할의 소급효】 상속재산의 분할은 상속개시된 때에 소급하여 그 효력이 있다. 그러나 제삼자의 권리를 해하지 못한다.

제1016조 【공동상속인의 담보책임】 공동상속인은 다른 공동상속인이 분할로 인하여 취득한 재산에 대하여 그 상속분에 응하여 매도인과 같은 담보책임이 있다.

제1017조 【상속채무자의 자력에 대한 담보책임】 ① 공동상속인은 다른 상속인이 분할로

인하여 취득한 채권에 대하여 분할당시의 채무자의 자력을 담보한다.

② 변제기에 달하지 아니한 채권이나 정지조건있는 채권에 대하여는 변제를 청구할 수 있는 때의 채무자의 자력을 담보한다.

제1018조【무자력공동상속인의 담보책임의 분담】 담보책임있는 공동상속인 중에 상환의 자력이 없는 자가 있는 때에는 그 부담부분은 구상권자와 자력있는 다른 공동상속인이 그 상속분에 응하여 분담한다. 그러나 구상권자의 과실로 인하여 상환을 받지 못한 때에는 다른 공동상속인에게 분담을 청구하지 못한다.

제4절 상속의 승인 및 포기

제1관 총칙

제1019조【승인, 포기의 기간】 ① 상속인은 상속개시있음을 안 날로부터 3월 내에 단순승인이나 한정승인 또는 포기를 할 수 있다. 그러나 그 기간은 이해관계인 또는 검사의 청구에 의하여 가정법원이 이를 연장할 수 있다.

② 상속인은 제1항의 승인 또는 포기를 하기 전에 상속재산을 조사할 수 있다.

③ 제1항에도 불구하고 상속인은 상속채무가 상속재산을 초과하는 사실(이하 이 조에서 "상속채무 초과사실"이라 한다)을 중대한 과실 없이 제1항의 기간 내에 알지 못하고 단순승인(제1026조 제1호 및 제2호에 따라 단순승인한 것으로 보는 경우를 포함한다. 이하 이 조에서 같다)을 한 경우에는 그 사실을 안 날부터 3개월 내에 한정승인을 할 수 있다. 〈개정 2022.12.13.〉

④ 제1항에도 불구하고 미성년자인 상속인이 상속채무가 상속재산을 초과하는 상속을 성년이 되기 전에 단순승인한 경우에는 성년이 된 후 그 상속의 상속채무 초과사실을 안 날부터 3개월 내에 한정승인을 할 수 있다. 미성년자인 상속인이 제3항에 따른 한정승인을 하지 아니하였거나 할 수 없었던 경우에도 또한 같다. 〈신설 2022.12.13.〉

부칙(법률 제16069호, 2022.12.13.)

제2조【미성년자인 상속인의 한정승인에 관한 적용례 및 특례】 ① 제1019조 제4항의 개정규정은 이 법 시행 이후 상속이 개시된 경우부터 적용한다.

② 제1항에도 불구하고 이 법 시행 전에 상속이 개시된 경우로서 다음 각 호의 어느 하나에 해당하는 경우에는 제1019조 제4항의 개정규정에 따른 한정승인을 할 수 있다.

1. 미성년자인 상속인으로서 이 법 시행 당시 미성년자인 경우

2. 미성년자인 상속인으로서 이 법 시행 당시 성년자이나 성년이 되기 전에 제1019조 제1항에 따른 단순승인(제1026조 제1호 및 제2호에 따라 단순승인을 한 것으로 보

는 경우를 포함한다)을 하고, 이 법 시행 이후에 상속채무가 상속재산을 초과하는 사실을 알게 된 경우에는 그 사실을 안 날부터 3개월 내

제1020조【제한능력자의 승인·포기의 기간】 상속인이 제한능력자인 경우에는 제1019조 제1항의 기간은 그의 친권자 또는 후견인이 상속이 개시된 것을 안 날부터 기산(起算)한다.

제1021조【승인, 포기기간의 계산에 관한 특칙】 상속인이 승인이나 포기를 하지 아니하고 제1019조 제1항의 기간 내에 사망한 때에는 그의 상속인이 그 자기의 상속개시있음을 안 날로부터 제1019조 제1항의 기간을 기산한다.

제1022조【상속재산의 관리】 상속인은 그 고유재산에 대하는 것과 동일한 주의로 상속재산을 관리하여야 한다. 그러나 단순승인 또는 포기한 때에는 그러하지 아니하다.

제1023조【상속재산보존에 필요한 처분】 ① 법원은 이해관계인 또는 검사의 청구에 의하여 상속재산의 보존에 필요한 처분을 명할 수 있다.

② 법원이 재산관리인을 선임한 경우에는 제24조 내지 제26조의 규정을 준용한다.

제1024조【승인, 포기의 취소금지】 ① 상속의 승인이나 포기는 제1019조 제1항의 기간 내에도 이를 취소하지 못한다.

② 전항의 규정은 총칙편의 규정에 의한 취소에 영향을 미치지 아니한다. 그러나 그 취소권은 추인할 수 있는 날로부터 3월, 승인 또는 포기한 날로부터 1년 내에 행사하지 아니하면 시효로 인하여 소멸된다.

제2관 단순승인

제1025조【단순승인의 효과】 상속인이 단순승인을 한 때에는 제한없이 피상속인의 권리의무를 승계한다.

제1026조【법정단순승인】 다음 각호의 사유가 있는 경우에는 상속인이 단순승인을 한 것으로 본다.

1. 상속인이 상속재산에 대한 처분행위를 한 때
2. 상속인이 제1019조 제1항의 기간 내에 한정승인 또는 포기를 하지 아니한 때
3. 상속인이 한정승인 또는 포기를 한 후에 상속재산을 은닉하거나 부정소비하거나 고의로 재산목록에 기입하지 아니한 때

제1027조【법정단순승인의 예외】 상속인이 상속을 포기함으로 인하여 차순위 상속인이 상속을 승인한 때에는 전조 제3호의 사유는 상속의 승인으로 보지 아니한다.

제3관 한정승인

제1028조【한정승인의 효과】 상속인은 상속으로 인하여 취득할 재산의 한도에서 피상속인의 채무와 유증을 변제할 것을 조건으로 상속을 승인할 수 있다.

제1029조【공동상속인의 한정승인】 상속인이 수인인 때에는 각 상속인은 그 상속분에 응하여 취득할 재산의 한도에서 그 상속분에 의한 피상속인의 채무와 유증을 변제할 것을 조건으로 상속을 승인할 수 있다.

제1030조【한정승인의 방식】 ① 상속인이 한정승인을 함에는 제1019조 제1항 또는 제3항의 기간 내에 상속재산의 목록을 첨부하여 법원에 한정승인의 신고를 하여야 한다.
② 제1019조 제3항의 규정에 의하여 한정승인을 한 경우 상속재산 중 이미 처분한 재산이 있는 때에는 그 목록과 가액을 함께 제출하여야 한다.

제1031조【한정승인과 재산상권리의무의 불소멸】 상속인이 한정승인을 한 때에는 피상속인에 대한 상속인의 재산상 권리의무는 소멸하지 아니한다.

제1032조【채권자에 대한 공고, 최고】 ① 한정승인자는 한정승인을 한 날로부터 5일 내에 일반상속채권자와 유증받은 자에 대하여 한정승인의 사실과 일정한 기간 내에 그 채권 또는 수증을 신고할 것을 공고하여야 한다. 그 기간은 2월 이상이어야 한다.
② 제88조 제2항, 제3항과 제89조의 규정은 전항의 경우에 준용한다.

제1033조【최고기간 중의 변제거절】 한정승인자는 전조 제1항의 기간만료 전에는 상속채권의 변제를 거절할 수 있다.

제1034조【배당변제】 ① 한정승인자는 제1032조 제1항의 기간만료 후에 상속재산으로서 그 기간 내에 신고한 채권자와 한정승인자가 알고 있는 채권자에 대하여 각 채권액의 비율로 변제하여야 한다. 그러나 우선권있는 채권자의 권리를 해하지 못한다.
② 제1019조 제3항의 규정에 의하여 한정승인을 한 경우에는 그 상속인은 상속재산 중에서 남아있는 상속재산과 함께 이미 처분한 재산의 가액을 합하여 제1항의 변제를 하여야 한다. 다만, 한정승인을 하기 전에 상속채권자나 유증받은 자에 대하여 변제한 가액은 이미 처분한 재산의 가액에서 제외한다.

제1035조【변제기 전의 채무 등의 변제】 ① 한정승인자는 변제기에 이르지 아니한 채권에 대하여도 전조의 규정에 의하여 변제하여야 한다.
② 조건있는 채권이나 존속기간의 불확정한 채권은 법원의 선임한 감정인의 평가에 의하여 변제하여야 한다.

제1036조【수증자에의 변제】 한정승인자는 전2조의 규정에 의하여 상속채권자에 대한 변제를 완료한 후가 아니면 유증받은 자에게 변제하지 못한다.

제1037조 【상속재산의 경매】 전3조의 규정에 의한 변제를 하기 위하여 상속재산의 전부나 일부를 매각할 필요가 있는 때에는 민사집행법에 의하여 경매하여야 한다.

제1038조 【부당변제 등으로 인한 책임】 ① 한정승인자가 제1032조의 규정에 의한 공고나 최고를 해태하거나 제1033조 내지 제1036조의 규정에 위반하여 어느 상속채권자나 유증받은 자에게 변제함으로 인하여 다른 상속채권자나 유증받은 자에 대하여 변제할 수 없게 된 때에는 한정승인자는 그 손해를 배상하여야 한다. 제1019조 제3항의 규정에 의하여 한정승인을 한 경우 그 이전에 상속채무가 상속재산을 초과함을 알지 못한 데 과실이 있는 상속인이 상속채권자나 유증받은 자에게 변제한 때에도 또한 같다.
② 제1항 전단의 경우에 변제를 받지 못한 상속채권자나 유증받은 자는 그 사정을 알고 변제를 받은 상속채권자나 유증받은 자에 대하여 구상권을 행사할 수 있다. 제1019조 제3항의 규정에 의하여 한정승인을 한 경우 그 이전에 상속채무가 상속재산을 초과함을 알고 변제받은 상속채권자나 유증받은 자가 있는 때에도 또한 같다.
③ 제766조의 규정은 제1항 및 제2항의 경우에 준용한다.

제1039조 【신고하지 않은 채권자 등】 제1032조 제1항의 기간 내에 신고하지 아니한 상속채권자 및 유증받은 자로서 한정승인자가 알지 못한 자는 상속재산의 잔여가 있는 경우에 한하여 그 변제를 받을 수 있다. 그러나 상속재산에 대하여 특별담보권있는 때에는 그러하지 아니하다.

제1040조 【공동상속재산과 그 관리인의 선임】 ① 상속인이 수인인 경우에는 법원은 각 상속인 기타 이해관계인의 청구에 의하여 공동상속인 중에서 상속재산관리인을 선임할 수 있다.
② 법원이 선임한 관리인은 공동상속인을 대표하여 상속재산의 관리와 채무의 변제에 관한 모든 행위를 할 권리의무가 있다.
③ 제1022조, 제1032조 내지 전조의 규정은 전항의 관리인에 준용한다. 그러나 제1032조의 규정에 의하여 공고할 5일의 기간은 관리인이 그 선임을 안 날로부터 기산한다.

제4관 포기

제1041조 【포기의 방식】 상속인이 상속을 포기할 때에는 제1019조 제1항의 기간 내에 가정법원에 포기의 신고를 하여야 한다.

제1042조 【포기의 소급효】 상속의 포기는 상속개시된 때에 소급하여 그 효력이 있다.

제1043조 【포기한 상속재산의 귀속】 상속인이 수인인 경우에 어느 상속인이 상속을 포기한 때에는 그 상속분은 다른 상속인의 상속분의 비율로 그 상속인에게 귀속된다.

제1044조 【포기한 상속재산의 관리계속의무】 ① 상속을 포기한 자는 그 포기로 인하여

상속인이 된 자가 상속재산을 관리할 수 있을 때까지 그 재산의 관리를 계속하여야 한다.

② 제1022조와 제1023조의 규정은 전항의 재산관리에 준용한다.

제5절 재산의 분리

제1045조【상속재산의 분리청구권】① 상속채권자나 유증받은 자 또는 상속인의 채권자는 상속개시된 날로부터 3월 내에 상속재산과 상속인의 고유재산의 분리를 법원에 청구할 수 있다.

② 상속인이 상속의 승인이나 포기를 하지 아니한 동안은 전항의 기간경과 후에도 재산의 분리를 법원에 청구할 수 있다.

제1046조【분리명령과 채권자 등에 대한 공고, 최고】① 법원이 전조의 청구에 의하여 재산의 분리를 명한 때에는 그 청구자는 5일내에 일반상속채권자와 유증받은 자에 대하여 재산분리의 명령있은 사실과 일정한 기간 내에 그 채권 또는 수증을 신고할 것을 공고하여야 한다. 그 기간은 2월 이상이어야 한다.

② 제88조 제2항, 제3항과 제89조의 규정은 전항의 경우에 준용한다.

제1047조【분리후의 상속재산의 관리】① 법원이 재산의 분리를 명한 때에는 상속재산의 관리에 관하여 필요한 처분을 명할 수 있다.

② 법원이 재산관리인을 선임한 경우에는 제24조 내지 제26조의 규정을 준용한다.

제1048조【분리후의 상속인의 관리의무】① 상속인이 단순승인을 한 후에도 재산분리의 명령이 있는 때에는 상속재산에 대하여 자기의 고유재산과 동일한 주의로 관리하여야 한다.

② 제683조 내지 제685조 및 제688조 제1항, 제2항의 규정은 전항의 재산관리에 준용한다.

제1049조【재산분리의 대항요건】재산의 분리는 상속재산인 부동산에 관하여는 이를 등기하지 아니하면 제삼자에게 대항하지 못한다.

제1050조【재산분리와 권리의무의 불소멸】재산분리의 명령이 있는 때에는 피상속인에 대한 상속인의 재산상 권리의무는 소멸하지 아니한다.

제1051조【변제의 거절과 배당변제】① 상속인은 제1045조 및 제1046조의 기간만료 전에는 상속채권자와 유증받은 자에 대하여 변제를 거절할 수 있다.

② 전항의 기간만료 후에 상속인은 상속재산으로써 재산분리의 청구 또는 그 기간 내에 신고한 상속채권자, 유증받은 자와 상속인이 알고 있는 상속채권자, 유증받은 자에 대하여 각 채권액 또는 수증액의 비율로 변제하여야 한다. 그러나 우선권 있는 채권자

의 권리를 해하지 못한다.

③ 제1035조 내지 제1038조의 규정은 전항의 경우에 준용한다.

제1052조【고유재산으로부터의 변제】① 전조의 규정에 의한 상속채권자와 유증 받은 자는 상속재산으로써 전액의 변제를 받을 수 없는 경우에 한하여 상속인의 고유재산으로부터 그 변제를 받을 수 있다.

② 전항의 경우에 상속인의 채권자는 상속인의 고유재산으로부터 우선변제를 받을 권리가 있다.

제6절 상속인의 부존재

제1053조【상속인없는 재산의 관리인】① 상속인의 존부가 분명하지 아니한 때에는 법원은 제777조의 규정에 의한 피상속인의 친족 기타 이해관계인 또는 검사의 청구에 의하여 상속재산관리인을 선임하고 지체없이 이를 공고하여야 한다.

② 제24조 내지 제26조의 규정은 전항의 재산관리인에 준용한다.

제1054조【재산목록제시와 상황보고】관리인은 상속채권자나 유증받은 자의 청구가 있는 때에는 언제든지 상속재산의 목록을 제시하고 그 상황을 보고하여야 한다.

제1055조【상속인의 존재가 분명하여진 경우】① 관리인의 임무는 그 상속인이 상속의 승인을 한 때에 종료한다.

② 전항의 경우에는 관리인은 지체없이 그 상속인에 대하여 관리의 계산을 하여야 한다.

제1056조【상속인없는 재산의 청산】① 제1053조 제1항의 공고있은 날로부터 3월 내에 상속인의 존부를 알 수 없는 때에는 관리인은 지체없이 일반상속채권자와 유증받은 자에 대하여 일정한 기간 내에 그 채권 또는 수증을 신고할 것을 공고하여야 한다. 그 기간은 2월 이상이어야 한다.

② 제88조 제2항, 제3항, 제89조, 제1033조 내지 제1039조의 규정은 전항의 경우에 준용한다.

제1057조【상속인수색의 공고】제1056조 제1항의 기간이 경과하여도 상속인의 존부를 알 수 없는 때에는 법원은 관리인의 청구에 의하여 상속인이 있으면 일정한 기간 내에 그 권리를 주장할 것을 공고하여야 한다. 그 기간은 1년 이상이어야 한다.

제1057조의2【특별연고자에 대한 분여】① 제1057조의 기간 내에 상속권을 주장하는 자가 없는 때에는 가정법원은 피상속인과 생계를 같이 하고 있던 자, 피상속인의 요양간호를 한 자 기타 피상속인과 특별한 연고가 있던 자의 청구에 의하여 상속재산의 전부 또는 일부를 분여할 수 있다.

② 제1항의 청구는 제1057조의 기간의 만료 후 2월 이내에 하여야 한다.

제1058조【상속재산의 국가귀속】① 제1057조의2의 규정에 의하여 분여(分與)되지 아니한 때에는 상속재산은 국가에 귀속한다.

② 제1055조 제2항의 규정은 제1항의 경우에 준용한다.

제1059조【국가귀속재산에 대한 변제청구의 금지】전조 제1항의 경우에는 상속재산으로 변제를 받지 못한 상속채권자나 유증을 받은 자가 있는 때에도 국가에 대하여 그 변제를 청구하지 못한다.

제2장 유 언

제1절 총칙

제1060조【유언의 요식성】유언은 본법의 정한 방식에 의하지 아니하면 효력이 생하지 아니한다.

제1061조【유언적령】만17세에 달하지 못한 자는 유언을 하지 못한다.

제1062조【제한능력자의 유언】유언에 관하여는 제5조, 제10조 및 제13조를 적용하지 아니한다.

제1063조【피성년후견인의 유언능력】① 피성년후견인은 의사능력이 회복된 때에만 유언을 할 수 있다.

② 제1항의 경우에는 의사가 심신회복의 상태를 유언서에 부기(附記)하고 서명날인하여야 한다.

제1064조【유언과 태아, 상속결격자】제1000조 제3항, 제1004조의 규정은 수증자에 준용한다.

제2절 유언의 방식

제1065조【유언의 보통방식】유언의 방식은 자필증서, 녹음, 공정증서, 비밀증서와 구수증서의 5종으로 한다.

제1066조【자필증서에 의한 유언】① 자필증서에 의한 유언은 유언자가 그 전문과 연월일, 주소, 성명을 자서하고 날인하여야 한다.

② 전항의 증서에 문자의 삽입, 삭제 또는 변경을 함에는 유언자가 이를 자서하고 날인하여야 한다.

제1067조【녹음에 의한 유언】녹음에 의한 유언은 유언자가 유언의 취지, 그 성명과 연월일을 구술하고 이에 참여한 증인이 유언의 정확함과 그 성명을 구술하여야 한다.

제1068조 【공정증서에 의한 유언】 공정증서에 의한 유언은 유언자가 증인 2인이 참여한 공증인의 면전에서 유언의 취지를 구수하고 공증인이 이를 필기낭독하여 유언자와 증인이 그 정확함을 승인한 후 각자 서명 또는 기명날인 하여야 한다.

제1069조 【비밀증서에 의한 유언】 ① 비밀증서에 의한 유언은 유언자가 필자의 성명을 기입한 증서를 엄봉날인하고 이를 2인 이상의 증인의 면전에 제출하여 자기의 유언서임을 표시한 후 그 봉서표면에 제출 연월일을 기재하고 유언자와 증인이 각자 서명 또는 기명날인 하여야 한다.

② 전항의 방식에 의한 유언봉서는 그 표면에 기재된 날로부터 5일 내에 공증인 또는 법원서기에게 제출하여 그 봉인상에 확정일자인을 받아야 한다.

제1070조 【구수증서에 의한 유언】 ① 구수증서에 의한 유언은 질병 기타 급박한 사유로 인하여 전4조의 방식에 의할 수 없는 경우에 유언자가 2인 이상의 증인의 참여로 그 1인에게 유언의 취지를 구수하고 그 구수를 받은 자가 이를 필기낭독하여 유언자의 증인이 그 정확함을 승인한 후 각자 서명 또는 기명날인하여야 한다.

② 전항의 방식에 의한 유언은 그 증인 또는 이해관계인이 급박한 사유의 종료한 날로부터 7일 내에 법원에 그 검인을 신청하여야 한다.

③ 제1063조 제2항의 규정은 구수증서에 의한 유언에 적용하지 아니한다.

제1071조 【비밀증서에 의한 유언의 전환】 비밀증서에 의한 유언이 그 방식에 흠결이 있는 경우에 그 증서가 자필증서의 방식에 적합한 때에는 자필증서에 의한 유언으로 본다.

제1072조 【증인의 결격사유】 ① 다음 각 호의 어느 하나에 해당하는 사람은 유언에 참여하는 증인이 되지 못한다.

1. 미성년자
2. 피성년후견인과 피한정후견인
3. 유언으로 이익을 받을 사람, 그의 배우자와 직계혈족

② 공정증서에 의한 유언에는 「공증인법」에 따른 결격자는 증인이 되지 못한다.

제3절 유언의 효력

제1073조 【유언의 효력발생 시기】 ① 유언은 유언자가 사망한 때로부터 그 효력이 생긴다.

② 유언에 정지조건이 있는 경우에 그 조건이 유언자의 사망 후에 성취한 때에는 그 조건성취한 때로부터 유언의 효력이 생긴다.

제1074조 【유증의 승인, 포기】 ① 유증을 받을 자는 유언자의 사망 후에 언제든지 유증을

승인 또는 포기할 수 있다.

② 전항의 승인이나 포기는 유언자의 사망한 때에 소급하여 그 효력이 있다.

제1075조【유증의 승인, 포기의 취소금지】① 유증의 승인이나 포기는 취소하지 못한다.

② 제1024조 제2항의 규정은 유증의 승인과 포기에 준용한다.

제1076조【수증자의 상속인의 승인, 포기】수증자가 승인이나 포기를 하지 아니하고 사망한 때에는 그 상속인은 상속분의 한도에서 승인 또는 포기할 수 있다. 그러나 유언자가 유언으로 다른 의사를 표시한 때에는 그 의사에 의한다.

제1077조【유증의무자의 최고권】① 유증의무자나 이해관계인은 상당한 기간을 정하여 그 기간 내에 승인 또는 포기를 확답할 것을 수증자 또는 그 상속인에게 최고할 수 있다.

② 전항의 기간 내에 수증자 또는 상속인이 유증의무자에 대하여 최고에 대한 확답을 하지 아니한 때에는 유증을 승인한 것으로 본다.

제1078조【포괄적 수증자의 권리의무】포괄적 유증을 받은 자는 상속인과 동일한 권리의무가 있다.

제1079조【수증자의 과실취득권】수증자는 유증의 이행을 청구할 수 있는 때로부터 그 목적물의 과실을 취득한다. 그러나 유언자가 유언으로 다른 의사를 표시한 때에는 그 의사에 의한다.

제1080조【과실수취비용의 상환청구권】유증의무자가 유언자의 사망 후에 그 목적물의 과실을 수취하기 위하여 필요비를 지출한 때에는 그 과실의 가액의 한도에서 과실을 취득한 수증자에게 상환을 청구할 수 있다.

제1081조【유증의무자의 비용상환청구권】유증의무자가 유증자의 사망 후에 그 목적물에 대하여 비용을 지출한 때에는 제325조의 규정을 준용한다.

제1082조【불특정물유증의무자의 담보책임】① 불특정물을 유증의 목적으로 한 경우에는 유증의무자는 그 목적물에 대하여 매도인과 같은 담보책임이 있다.

② 전항의 경우에 목적물에 하자가 있는 때에는 유증의무자는 하자없는 물건으로 인도하여야 한다.

제1083조【유증의 물상대위성】유증자가 유증목적물의 멸실, 훼손 또는 점유의 침해로 인하여 제삼자에게 손해배상을 청구할 권리가 있는 때에는 그 권리를 유증의 목적으로 한 것으로 본다.

제1084조【채권의 유증의 물상대위성】① 채권을 유증의 목적으로 한 경우에 유언자가 그 변제를 받은 물건이 상속재산 중에 있는 때에는 그 물건을 유증의 목적으로 한 것으로 본다.

② 전항의 채권이 금전을 목적으로 한 경우에는 그 변제받은 채권액에 상당한 금전이 상속재산 중에 없는 때에도 그 금액을 유증의 목적으로 한 것으로 본다.

제1085조【제삼자의 권리의 목적인 물건 또는 권리의 유증】유증의 목적인 물건이나 권리가 유언자의 사망당시에 제삼자의 권리의 목적인 경우에는 수증자는 유증의무자에 대하여 그 제삼자의 권리를 소멸시킬 것을 청구하지 못한다.

제1086조【유언자가 다른 의사표시를 한 경우】전3조의 경우에 유언자가 유언으로 다른 의사를 표시한 때에는 그 의사에 의한다.

제1087조【상속재산에 속하지 아니한 권리의 유증】① 유언의 목적이 된 권리가 유언자의 사망당시에 상속재산에 속하지 아니한 때에는 유언은 그 효력이 없다. 그러나 유언자가 자기의 사망당시에 그 목적물이 상속재산에 속하지 아니한 경우에도 유언의 효력이 있게 할 의사인 때에는 유증의무자는 그 권리를 취득하여 수증자에게 이전할 의무가 있다.

② 전항 단서의 경우에 그 권리를 취득할 수 없거나 그 취득에 과다한 비용을 요할 때에는 그 가액으로 변상할 수 있다.

제1088조【부담있는 유증과 수증자의 책임】① 부담있는 유증을 받은 자는 유증의 목적의 가액을 초과하지 아니한 한도에서 부담한 의무를 이행할 책임이 있다.

② 유증의 목적의 가액이 한정승인 또는 재산분리로 인하여 감소된 때에는 수증자는 그 감소된 한도에서 부담할 의무를 면한다.

제1089조【유증효력발생 전의 수증자의 사망】① 유증은 유언자의 사망 전에 수증자가 사망한 때에는 그 효력이 생기지 아니한다.

② 정지조건있는 유증은 수증자가 그 조건 성취 전에 사망한 때에는 그 효력이 생기지 아니한다.

제1090조【유증의 무효, 실효의 경우와 목적재산의 귀속】유증이 그 효력이 생기지 아니하거나 수증자가 이를 포기한 때에는 유증의 목적인 재산은 상속인에게 귀속한다. 그러나 유언자가 유언으로 다른 의사를 표시한 때에는 그 의사에 의한다.

제4절 유언의 집행

제1091조【유언증서, 녹음의 검인】① 유언의 증서나 녹음을 보관한 자 또는 이를 발견한 자는 유언자의 사망 후 지체없이 법원에 제출하여 그 검인을 청구하여야 한다.

② 전항의 규정은 공정증서나 구수증서에 의한 유언에 적용하지 아니한다.

제1092조【유언증서의 개봉】법원이 봉인된 유언증서를 개봉할 때에는 유언자의 상속인, 그 대리인 기타 이해관계인의 참여가 있어야 한다.

제1093조 【유언집행자의 지정】 유언자는 유언으로 유언집행자를 지정할 수 있고 그 지정을 제삼자에게 위탁할 수 있다.

제1094조 【위탁에 의한 유언집행자의 지정】 ① 전조의 위탁을 받은 제삼자는 그 위탁 있음을 안 후 지체없이 유언집행자를 지정하여 상속인에게 통지하여야 하며 그 위탁을 사퇴할 때에는 이를 상속인에게 통지하여야 한다.

② 상속인 기타 이해관계인은 상당한 기간을 정하여 그 기간 내에 유언집행자를 지정할 것을 위탁 받은 자에게 최고할 수 있다. 그 기간 내에 지정의 통지를 받지 못한 때에는 그 지정의 위탁을 사퇴한 것으로 본다.

제1095조 【지정유언집행자가 없는 경우】 전2조의 규정에 의하여 지정된 유언집행자가 없는 때에는 상속인이 유언집행자가 된다.

제1096조 【법원에 의한 유언집행자의 선임】 ① 유언집행자가 없거나 사망, 결격 기타 사유로 인하여 없게 된 때에는 법원은 이해관계인의 청구에 의하여 유언집행자를 선임하여야 한다.

② 법원이 유언집행자를 선임한 경우에는 그 임무에 관하여 필요한 처분을 명할 수 있다.

제1097조 【유언집행자의 승낙, 사퇴】 ① 지정에 의한 유언집행자는 유언자의 사망 후 지체없이 이를 승낙하거나 사퇴할 것을 상속인에게 통지하여야 한다.

② 선임에 의한 유언집행자는 선임의 통지를 받은 후 지체없이 이를 승낙하거나 사퇴할 것을 법원에 통지하여야 한다.

③ 상속인 기타 이해관계인은 상당한 기간을 정하여 그 기간 내에 승낙 여부를 확답할 것을 지정 또는 선임에 의한 유언집행자에게 최고할 수 있다. 그 기간 내에 최고에 대한 확답을 받지 못한 때에는 유언집행자가 그 취임을 승낙한 것으로 본다.

제1098조 【유언집행자의 결격사유】 제한능력자와 파산선고를 받은 자는 유언집행자가 되지 못한다.

제1099조 【유언집행자의 임무착수】 유언집행자가 그 취임을 승낙한 때에는 지체없이 그 임무를 이행하여야 한다.

제1100조 【재산목록작성】 ① 유언이 재산에 관한 것인 때에는 지정 또는 선임에 의한 유언집행자는 지체없이 그 재산목록을 작성하여 상속인에게 교부하여야 한다.

② 상속인의 청구가 있는 때에는 전항의 재산목록작성에 상속인을 참여하게 하여야 한다.

제1101조 【유언집행자의 권리의무】 유언집행자는 유증의 목적인 재산의 관리 기타 유언의 집행에 필요한 행위를 할 권리의무가 있다.

제1102조 【공동유언집행】 유언집행자가 수인인 경우에는 임무의 집행은 그 과반수의 찬성으로써 결정한다. 그러나 보존행위는 각자가 이를 할 수 있다.

제1103조 【유언집행자의 지위】 ① 지정 또는 선임에 의한 유언집행자는 상속인의 대리인으로 본다.

② 제681조 내지 제685조, 제687조, 제691조와 제692조의 규정은 유언집행자에 준용한다.

제1104조 【유언집행자의 보수】 ① 유언자가 유언으로 그 집행자의 보수를 정하지 아니한 경우에는 법원은 상속재산의 상황 기타 사정을 참작하여 지정 또는 선임에 의한 유언집행자의 보수를 정할 수 있다.

② 유언집행자가 보수를 받는 경우에는 제686조 제2항, 제3항의 규정을 준용한다.

제1105조 【유언집행자의 사퇴】 지정 또는 선임에 의한 유언집행자는 정당한 사유 있는 때에는 법원의 허가를 얻어 그 임무를 사퇴할 수 있다.

제1106조 【유언집행자의 해임】 지정 또는 선임에 의한 유언집행자에 그 임무를 해태하거나 적당하지 아니한 사유가 있는 때에는 법원은 상속인 기타 이해관계인의 청구에 의하여 유언집행자를 해임할 수 있다.

제1107조 【유언집행의 비용】 유언의 집행에 관한 비용은 상속재산 중에서 이를 지급한다.

제5절 유언의 철회

제1108조 【유언의 철회】 ① 유언자는 언제든지 유언 또는 생전행위로써 유언의 전부나 일부를 철회할 수 있다.

② 유언자는 그 유언을 철회할 권리를 포기하지 못한다.

제1109조 【유언의 저촉】 전후의 유언이 저촉되거나 유언후의 생전행위가 유언과 저촉되는 경우에는 그 저촉된 부분의 전유언은 이를 철회한 것으로 본다.

제1110조 【파훼로 인한 유언의 철회】 유언자가 고의로 유언증서 또는 유증의 목적물을 파훼한 때에는 그 파훼한 부분에 관한 유언은 이를 철회한 것으로 본다.

제1111조 【부담있는 유언의 취소】 부담있는 유증을 받은 자가 그 부담의무를 이행하지 아니한 때에는 상속인 또는 유언집행자는 상당한 기간을 정하여 이행할 것을 최고하고 그 기간 내에 이행하지 아니한 때에는 법원에 유언의 취소를 청구할 수 있다. 그러나 제삼자의 이익을 해하지 못한다.

제3장 유류분

제1112조 【유류분의 권리자와 유류분】 상속인의 유류분은 다음 각호에 의한다.
1. 피상속인의 직계비속은 그 법정상속분의 2분의 1
2. 피상속인의 배우자는 그 법정상속분의 2분의 1
3. 피상속인의 직계존속은 그 법정상속분의 3분의 1
4. 피상속인의 형제자매는 그 법정상속분의 3분의 1

제1113조 【유류분의 산정】 ① 유류분은 피상속인의 상속개시시에 있어서 가진 재산의 가액에 증여재산의 가액을 가산하고 채무의 전액을 공제하여 이를 산정한다.
② 조건부의 권리 또는 존속기간이 불확정한 권리는 가정법원이 선임한 감정인의 평가에 의하여 그 가격을 정한다.

제1114조 【산입될 증여】 증여는 상속개시 전의 1년간에 행한 것에 한하여 제1113조의 규정에 의하여 그 가액을 산정한다. 당사자쌍방이 유류분 권리자에 손해를 가할 것을 알고 증여를 한 때에는 1년 전에 한 것도 같다.

제1115조 【유류분의 보전】 ① 유류분 권리자가 피상속인의 제1114조에 규정된 증여 및 유증으로 인하여 그 유류분에 부족이 생긴 때에는 부족한 한도에서 그 재산의 반환을 청구할 수 있다.
② 제1항의 경우에 증여 및 유증을 받은 자가 수인인 때에는 각자가 얻은 유증가액의 비례로 반환하여야 한다.

제1116조 【반환의 순서】 증여에 대하여는 유증을 반환받은 후가 아니면 이것을 청구할 수 없다.

제1117조 【소멸시효】 반환의 청구권은 유류분 권리자가 상속의 개시와 반환하여야 할 증여 또는 유증을 한 사실을 안 때로부터 1년 내에 하지 아니하면 시효에 의하여 소멸한다. 상속이 개시한 때로부터 10년을 경과한 때도 같다.

제1118조 【준용규정】 제1001조, 제1008조, 제1010조의 규정은 유류분에 이를 준용한다.

참고 서적

1. 金疇洙 · 金相瑢 共著, 親族 · 相續法(9판), 法文社
2. 金俊鎬, 民法講義(全訂版), 法文社
3. 郭潤直, 民法槪說, 博英社
4. 李英俊, 物權法, 博英社
5. 李哲松, 商法講義(7판), 博英社
6. 鄭燦亨, 會社法講義, 博英社
7. 1996년 ～ 2023년 간추린 개정세법, 기획재정부 등 발간
8. 2023년 세법 개정자료, 기획재정부 보도자료 등
9. 1996년 ～ 2023년 개정세법해설, 국세청 발간
10. 질의회신, 심사 · 심판결정례 및 판례 등의 자료는 국세법령정보시스템, 삼일인포마인, 국가법령정보센터, 조세심판원 및 대법원 수록자료 활용

|저|자|소|개|

■ 최성일

〈약력〉
• 광주동신고 졸업
• 국립세무대학 2회 졸업
• 성균관대학교 경영대학원(경영학 석사)
• 1984. ～ 1993. 개포세무서 등 근무
• 1994. 8. ～ 2005. 8. 국세청 재산세과「상속세 및 증여세법」유권해석 담당
• 2005. 9. ～ 2013. 12. 국세공무원교육원 교수과「상속세 및 증여세법」전임교수
• 2014. 1. ～ 2014. 12. 여수세무서장
• 2015. 1. ～ 2015. 6. 서울지방국세청 조사3국 조사1과장
• 2015. 7. ～ 2016. 12. 국세청 자본거래관리과장
• 2017. 1. ～ 2017. 12. 국세청심사2담당관
• 2018. 1. ～ 2018. 6. 국세청심사1담당관
• 2018. 7. ～ 2019. 6. 서초세무서장
• 2019. 7. ～ 현재 예일세무법인 대표세무사

〈강의〉
• 국세공무원교육원 교수
• 한국공인회계사 및 한국세무사회 교육과정 강의 외

〈책자발간〉
•「증여의제 과세제도 해설」, 국세청
•「완전포괄주의 증여세 과세제도 해설」, 국세청
•「상속세 및 증여세법 실무」, 국세공무원교육원
•「주식변동조사 실무」외, 국세공무원교육원

2024년 개정증보판 **상속세와 증여세 실무**

2012년 5월 24일   초판 발행
2024년 3월 19일   13판 발행

저　　　자 최　성　일
발 행 인 이　희　태
발 행 처 **삼일인포마인**
서울특별시 용산구 한강대로 273 용산빌딩 4층
등록번호 : 1995. 6. 26 제3-633호
전　　　화 : (02) 3489-3100
F A X : (02) 3489-3141
I S B N : 979-11-6784-235-0 93320

저자협의
인지생략

♣ 파본은 교환하여 드립니다.

정가 100,000원